Y BEIBL
CYMRAEG NEWYDD
Argraffiad Diwygiedig

Y Beibl Cymraeg Newydd
Argraffiad diwygiedig © Cymdeithas y Beibl 2004

Y Beibl Cymraeg Newydd © 1988

Am wybodaeth am y cyfieithiad hwn neu am hawliau dyfynnu,
ymweler â www.beiblcymraeg.com
neu danfoner e-bost i permissions@biblesociety.org.uk.

Rheolwyd y Prosiect gan Gymdeithas y Beibl
www.biblesociety.org.uk
BFBS/1.8M/04

Argraffwyd yn China
Gosodwyd gan Wordworks Ltd, Gairloch, Yr Alban,
gan ddefnyddio BookmanITC Lt BT 8.5/9.75pt
Testun y Beibl Cymraeg Newydd 063 wedi ei chwyddo, Corel Ventura.

Y mae Cymdeithas y Beibl yn aelod o Gymdeithasau Unedig y Beibl, cyfuniad ar raddfa fyd-eang o gymdeithasau cenedlaethol sy'n gweithio mewn mwy na 180 o wledydd. Eu hamcan yw cyflwyno'r Beibl, neu rannau ohono, i holl bobloedd y byd mewn iaith y gallant ei deall ac am bris y gallant ei fforddio. Dosberthir dros 500 miliwn o gopïau o'r Ysgrythurau bob blwyddyn. Fe'ch gwahoddir i gyfrannu at y gwaith hwn trwy eich gweddïau a'ch rhoddion ariannol. Am ragor o wybodaeth, ymweler â'n safle ar y we, www.cymdeithasybeibl.org.uk.

NW 063 Beibl Cymraeg CYFFREDIN C/C ISBN: 0564 097659
NW 067 Beibl Cymraeg LLEDR ISBN: 0564 097756
NW 073 Beibl Cymraeg PRINT BRAS ISBN: 0564 099252

RHAGAIR I ARGRAFFIAD 1988

Cyflwynwn yn awr fersiwn *Y Beibl Cymraeg Newydd* o'r Beibl cyflawn, gan gynnwys yr Apocryffa, i'r Eglwysi a'n penododd ac i'n cyd-Gymry yn gyffredinol, gan ddeisyf iddo fod yn gyfrwng i genhadaeth Duw yn y Gymru gyfoes. Eisoes cyhoeddwyd fersiwn o'r Testament Newydd yn 1975 a fersiwn o'r Salmau yn 1979, a chalondid inni fu'r derbyniad brwd a gafodd y naill a'r llall. Y mae'r argraffiad presennol o'r Beibl cyflawn yn cynnwys fersiynau diwygiedig o Destament Newydd 1975 ac o Salmau 1979; wrth eu diwygio rhoddwyd ystyriaeth ofalus i bob beirniadaeth a sylw ac awgrym a gynigiwyd gan adolygwyr a gohebwyr, a diolchwn yn ddiffuant i bawb a'u cynigiodd.

Yn gynnar yn 1961 daeth gwahoddiad o Gyngor Eglwysi Cymru i'r Eglwysi a berthyn iddo i sefydlu Cydbwyllgor er mwyn trefnu, paratoi a chyhoeddi cyfieithiad newydd o'r Beibl cyflawn i Gymraeg. Derbyniwyd y gwahoddiad gan yr Eglwys yng Nghymru, Eglwys Bresbyteraidd Cymru, yr Eglwys Fethodistaidd, Undeb yr Annibynwyr ac Undeb y Bedyddwyr; a phenodwyd cynrychiolwyr gan yr Eglwys Gatholig Rufeinig hithau. Pan gyfarfu'r Cydbwyllgor am y tro cyntaf yn Rhagfyr y flwyddyn honno, penodwyd yn Gyfarwyddwr ar y gwaith y diweddar Barchedig Brifathro W.R.Williams, prif ysgogydd y penderfyniad gwreiddiol yng Nghyngor Eglwysi Cymru. Penodwyd hefyd y Gwir Barchedig Gwilym O. Williams (Esgob Bangor, ac yn ddiweddarach Archesgob Cymru) yn Gadeirydd y Cydbwyllgor, y Parchedig Griffith T. Roberts yn Ysgrifennydd, a'r diweddar Ddr T.I.Ellis yn Drysorydd. Bu'r Cadeirydd a'r Ysgrifennydd yn eu swyddi yn ddi-fwlch hyd heddiw, ond bu gan y Cydbwyllgor bedwar o drysoryddion: dilynwyd Dr Ellis gan Mr Edward Rees, ac yntau yn ei dro gan y diweddar Mr Alwyn Hughes-Jones, a'r Trysorydd presennol yw'r Hybarch H. Arfon Evans.

Oherwydd gwaeledd y Cyfarwyddwr, araf fu'r datblygiadau hyd Ionawr 1963. Ar ei farwolaeth ef, cydsyniodd y diweddar Barchedig Athro Bleddyn Jones Roberts i ddod yn Gyfarwyddwr. Sefydlwyd Panel Cyfieithu'r Hen Destament dan ei oruchwyliaeth ef, Panel Cyfieithu'r Testament Newydd dan ofal y Parchedig Owen E. Evans, a Phanel Llenyddol dan gadeiryddiaeth y diweddar Brifathro Dr (wedi hynny Syr) Thomas Parry. Gorfu i'r Athro Bleddyn Jones Roberts ymddiswyddo er lles ei iechyd yn 1974, ac fe'i dilynwyd fel Cyfarwyddwr gan y Parchedig Owen E. Evans, ac fel Cadeirydd Panel Cyfieithu'r Hen Destament gan Mr Dafydd R. Ap-Thomas. Parhaodd Syr Thomas Parry i ofalu am iaith ac arddull y cyfieithiad hyd ei farwolaeth yn Ebrill 1985; erbyn hynny yr oedd y cyfieithu wedi ei gwblhau, a Syr Thomas wedi medru darllen a chywiro pob rhan ohono ac eithrio un llyfr o'r Hen Destament ac un llyfr o'r Apocryffa. Penodwyd yr Athro Bedwyr Lewis Jones i'w olynu fel Cadeirydd y Panel Llenyddol.

Bwriad y Cydbwyllgor o'r cychwyn oedd paratoi fersiwn mewn Cymraeg cyfoes o'r Beibl cyflawn, gan gynnwys yr Apocryffa—fel y gwnaeth yr Esgob William Morgan yn 1588. Ar ôl cwblhau'r Testament Newydd a'i gyhoeddi yn 1975, ymgymerodd y Panel Cyfieithu a fuasai'n gyfrifol amdano â'r dasg o gyfieithu'r Apocryffa, a chwblhawyd y dasg honno tua'r un adeg ag y cwblhaodd Panel Cyfieithu'r Hen Destament ei dasg yntau. Gan gofio'r gwahaniaeth barn sy'n bod ymhlith yr Eglwysi ynglŷn â statws ysgrythurol yr Apocryffa (gw. y Rhagarweiniad i'r fersiwn presennol o'r Apocryffa), penderfynodd y Cydbwyllgor gyhoeddi *Y Beibl Cymraeg Newydd* mewn dau argraffiad, y naill yn cynnwys yr Apocryffa a'r llall hebddo.

Testun llawenydd i'r Cydbwyllgor yw bod Cymdeithas y Beibl wedi parhau ei hen gysylltiad â Chymru drwy gyhoeddi *Y Beibl Cymraeg Newydd* drosom; ac yr ydym yn diolch yn ddiffuant i'w swyddogion am eu cydweithrediad, eu cyfarwyddyd a'u cymorth cyson. Testun balchder hefyd yw bod y gwaith o osod y teip, ar gyfer yr argraffiad presennol fel yn 1975 ac 1979, wedi ei gyflawni yng Nghymru; mawr yw ein dyled i staff Gwasg Cambrian News Cyf., Aberystwyth am eu cydweithrediad brwd a'u gwaith crefftus a gofalus.

O'r cychwyn bu Coleg Prifysgol Gogledd Cymru, Bangor yn ganolfan gweinyddol y gwaith, ac yn y Coleg hwnnw y cynhaliwyd y mwyafrif mawr o gyfarfodydd y Panelau. Yr ydym yn drwm yn nyled awdurdodau'r Coleg am eu cefnogaeth gyson i brosiect *Y Beibl Cymraeg Newydd* ac am bob hwylustod gweinyddol a roesant yn ddiwarafun at ein gwasanaeth. Buom yn dra ffodus i gael gwasanaeth medrus, deallus a phrofiadol Mrs Evelyn Gwynne Jones fel ysgrifenyddes ran-amser am gyfnod o un mlynedd ar hugain, a mawr yw ein diolch iddi hithau. Dymunwn gydnabod yn ddiolchgar y croeso cynnes a brofodd y Cydbwyllgor ar hyd y blynyddoedd yn y Coleg Diwinyddol Unedig, Aberystwyth; yno y cynhaliwyd ei holl gyfarfodydd, ac eithrio dau neu dri ym mlynyddoedd cyntaf ei fodolaeth.

Cydnabyddwn yn dra diolchgar y cymorth ariannol, at gostau'r cyfieithu a'r cyhoeddi, a gafwyd trwy'r blynyddoedd gan Ymddiriedolaeth Catherine a'r Fonesig Grace James a chan Gynghorau Sir Clwyd, Dyfed, Gwent, Gwynedd, Morgannwg Ganol, De Morgannwg, Gorllewin Morgannwg a Phowys (a'r amrywiol Gynghorau Sir a'u rhagflaenodd hwy). Derbyniwyd cyfraniadau hefyd, o bryd i'w gilydd, gan ein Heglwysi, gan amryw gyrff crefyddol a chyhoeddus, a chan ambell unigolyn, a diolchwn yn gynnes am yr holl gefnogaeth hael hon.

Wrth gyflwyno'r cyfieithiad o'r Testament Newydd yn 1975, mynegasom ein gobaith "y gellir dathlu Pedwar-Canmlwyddiant Beibl yr Esgob William Morgan drwy gyhoeddi'r Beibl cyflawn, gan gynnwys yr Apocryffa, yn 1988". Hynny a fu'r nod cyson gan y Cydbwyllgor byth er 1975, ac achos llawenydd a diolchgarwch iddo yw bod y nod bellach wedi ei gyrraedd, a bod cyhoeddi *Y Beibl Cymraeg Newydd* ar Ŵyl Ddewi yn rhan amlwg a phwysig o'r dathliadau nodedig a drefnwyd ar gyfer y flwyddyn hon gan Bwyllgor Dathlu Pedwarcanmlwyddiant Cyfieithu'r Beibl. Dymunwn bwysleisio eto, fel y gwnaed o'r cychwyn, nad yw'n fwriad gan y Cydbwyllgor na'r cyfieithwyr i'r *Beibl Cymraeg Newydd* ddisodli Beibl William Morgan; yn hytrach, gobeithiwn y gwelir o hyn allan y ddau fersiwn, yn gyfochrog â'i gilydd, yn ein heglwysi a'n capelau, yn ein hysgolion dyddiol a'n hysgolion Sul, yn ein colegau a'n myfyrfeydd, ac yng nghartrefi ein pobl. Erys y Beibl Cymraeg y dathlwn ei bedwarcanmlwyddiant eleni yn brif drysor crefyddol, diwylliannol a llenyddol ein cenedl. Ein gobaith yw y bydd y fersiwn cyfoes a gyflwynwn yn awr yn gyfrwng i oleuo ei ystyr a galluogi ein cyd-Gymry yn niwedd yr ugeinfed ganrif i amgyffred a gwerthfawrogi ei neges yn llawnach.

Ar ran y Cydbwyllgor,

	G.O. Williams	Cadeirydd
	Griffith T. Roberts	Ysgrifennydd
1988	Owen E. Evans	Cyfarwyddwr

RHAGAIR I'R ARGRAFFIAD DIWYGIEDIG

Nid yw cyhoeddi argraffiad diwygiedig o gyfieithiad blaenorol o'r Beibl yn beth dieithr. Diwygiwyd cyfieithiad yr Esgob William Morgan (1588) gan yr Esgob Richard Parry a'r Dr John Davies a'i gyhoeddi yn 1620. Fel y nodir yn y Rhagair uchod, yr oedd *Y Beibl Cymraeg Newydd* (1988) yn cynnwys fersiynau diwygiedig o'r Testament Newydd a gyhoeddwyd yn 1975 ac o Lyfr y Salmau a ymddangosodd yn 1979. Yn y traddodiad hwnnw felly y cyflwynir yr argraffiad diwygiedig hwn o'r Hen Destament a'r Testament Newydd a geir ym Meibl 1988, a gobeithir yn ddiweddarach gynnwys yr Apocryffa mewn argraffiad arall.

Yn fuan ar ôl cyhoeddi Beibl 1988 sylweddolwyd y byddai angen ei ddiwygio. Derbyniwyd beirniadaeth ac awgrymiadau mewn adolygiadau, gohebiaethau ac ar lafar, ac yr oedd angen rhoi ystyriaeth i'r rheini. Yn annibynnol ar yr hyn a dderbyniwyd yr oedd aelodau'r panelau cyfieithu yn ymwybodol o'r angen i ail-edrych ar rai materion er mwyn gwella'r cyfieithiad ac er mwyn cywiro nifer o gamgymeriadau a lithrodd i'r gwaith yn ystod rhyw gam neu'i gilydd o'i daith droellog o ddesg cyfieithydd hyd at y cyhoeddiad terfynol. Gwelwyd yr angen am fwy o gysondeb wrth gyfieithu enwau priod a geiriau technegol; aed ati i wneud hynny, gan gofio na ellir glynu'n haearnaidd wrth yr egwyddor o gysondeb gan fod y cyd-destun yn aml yn rhoi arlliw gwahanol i air. Daeth galwad ar i'r *Beibl Cymraeg Newydd*, fel llawer o gyfieithiadau diweddar eraill, ddefnyddio iaith gynhwysol. Fel y gwelir yn y Rhagarweiniad Cyffredinol isod, y mae'r argraffiad hwn yn dilyn yr egwyddor honno lle gellir yn rhesymol wneud hynny, ond yn ymgadw rhag mynd i eithafion annaturiol. Derbyniwyd nifer helaeth o awgrymiadau gan y Gweithgor Efengylaidd; cytunodd Cydbwyllgor Cyfieithu'r Beibl i'r panelau gynnal trafodaethau gyda'r grŵp hwn, a dechreuodd hynny yn 1995, ond yn ddiweddarach, wedi i'r panelau cyfieithu fynd trwy'r Beibl cyfan, caed nifer o gyfarfyddiadau, gryn hanner dwsin ohonynt, a'r rheini'n ymestyn dros gyfnod o ddeuddydd neu dri. Yr ydym yn hynod o ddiolchgar am y diddordeb a ddangoswyd yn *Y Beibl Cymraeg Newydd*, am yr holl awgrymiadau a dderbyniwyd ac am lafur cyfeillion yn mynd trwyddo'n fanwl ac yn cynnig newidiadau. Ar yr un pryd rhaid nodi mai'r panelau a benodwyd gan y Cydbwyllgor oedd yn gyfrifol am y penderfyniadau terfynol wrth baratoi'r argraffiad diwygiedig hwn, ac mai gan y Cydbwyllgor y mae pob hawl ar y testun.

Oherwydd marwolaethau ac ymddeoliadau, dau yn unig o'r cyfieithwyr gwreiddiol a gychwynnodd ar y dasg yn 1963 sydd wedi ymwneud â'r argraffiad newydd hwn. Bu'n rhaid cael aelodau newydd i'r panelau, ac yn 1990 bu newid yn swyddogion y Cydbwyllgor. Y Parchedig John Rice Rowlands, cyn-bennaeth Coleg y Bedyddwyr, Bangor a ddewiswyd yn Gadeirydd, ac ef a fu'n llywio holl drafodaethau'r Cydbwyllgor, gyda'r Parchedig Euros Wyn Jones, o Goleg yr Annibynwyr Cymraeg, Aberystwyth, yn Ysgrifennydd iddo. Y Trysorydd presennol yw Mr Alun Creunant Davies, Aberystwyth. Gydag ymddeoliad y Parchedig Ddr Owen E. Evans daeth y Parchedig Athro Gwilym H. Jones yn Gyfarwyddwr Cyffredinol i'r gwaith ac yn Gadeirydd Panel yr Hen Destament, a'r Parchedig Athro D.P. Davies yn Gadeirydd Panel y Testament Newydd. Gwahoddwyd yr Athro Gwyn Thomas i fod yn Gadeirydd y Panel Llenyddol.

Bu cydweithio hapus â Chymdeithas y Beibl trwy gydol amser paratoi'r argraffiad hwn, a bu swyddogion y Gymdeithas yn hael iawn eu cymorth a'u cyfarwyddyd. Buom yn gwbl ddibynnol ar arweiniad Mr Derek Hill, Pennaeth

Cyfieithu a Chynhyrchu'r Gymdeithas, a hynny trwy gyd-ddigwyddiad hapus yn cadw'n fyw hen gysylltiad, gan mai ei dad oedd pennaeth The Bath Press a argraffodd Feibl 1988. Cymdeithas y Beibl sydd yn gyfrifol am yr holl waith o gynhyrchu'r Beibl hwn, a chawsom fantais o'r adnoddau technegol a'r arbenigedd sydd gan y Gymdeithas. Cyhoeddwyd *Y Beibl Cymraeg Newydd* ym mlwyddyn dathlu pedwarcanmlwyddiant Beibl yr Esgob William Morgan, a chyhoeddir yr argraffiad hwn ym mlwyddyn dathlu daucanmlwyddiant sefydlu Cymdeithas y Beibl trwy ysgogiad y Parchedig Thomas Charles. Bu holl adnoddau Cyngor Llyfrau Cymru hefyd at ein gwasanaeth, a diolchwn i'r Cyfarwyddwr, Miss Gwerfyl Pierce Jones, a'r staff, am eu parodrwydd i ysgwyddo tasgau ynglŷn â dylunio, darllen proflenni a marchnata. Mawr yw ein dyled hefyd i Gyngor Llyfrgell Genedlaethol Cymru am gefnogi'r gwaith hwn trwy ddyfarnu swm sylweddol o arian o Gronfa Ann a Margaret Eilian Owen.

Trwy'r cydweithio hwn â phobl broffesiynol a phrofiadol gobeithiwn yr arbedir ni rhag unrhyw lithriad. Arbedwyd ni hefyd rhag gorfod cyflogi ysgrifenyddes; oherwydd hwylustod cyfrifiaduron a phrosesyddion geiriau, gwnaed yr holl waith o baratoi drafftiau a rhestrau ar gyfer y cyhoeddiad hwn yn wirfoddol gan aelodau'r panelau. Gan nad oeddem mor ddibynnol felly ar wasanaeth Prifysgol Cymru, Bangor, fe gynhaliwyd y cyfarfyddiadau ynglŷn â'r cyfieithu yma ac acw. Ond yn y Coleg Diwinyddol yn Aberystwyth y bu holl gyfarfodydd y Cydbwyllgor, a diolchwn am y croeso a'r hwylustod a gawsom yno.

Wrth gyflwyno Argraffiad Diwygiedig 2004 gobeithiwn y bydd cymaint o ddefnyddio arno ag a fu ar Feibl 1988, y dangosir yr un diddordeb ynddo ac y cyflawna'r un gwaith yn ein heglwysi a'r tu allan iddynt. Ar sail yr awgrymiadau a dderbyniwyd a'r ymgynghori a fu, ein hyder yw mai 'Beibl i bawb' fydd hwn.

Ar ran y Cydbwyllgor,

	John Rice Rowlands	*Cadeirydd*
	Euros Wyn Jones	*Ysgrifennydd*
2004	Gwilym H. Jones	*Cyfarwyddwr*

CYNNWYS

Tudalen

Rhagair i Argraffiad 1988	iii
Rhagair i'r Argraffiad Diwygiedig	v
Mapiau	ix
Rhagarweiniad Cyffredinol	xi

YR HEN DESTAMENT

Rhagarweiniad i'r Hen Destament		xxix
Mesurau a Phwysau yn yr Hen Destament		xxxiii

Enw'r Llyfr	*Talfyriad*	
Llyfr Genesis	Gen.	1
Llyfr Exodus	Ex.	49
Llyfr Lefiticus	Lef.	90
Llyfr Numeri	Num.	119
Llyfr Deuteronomium	Deut.	160
Llyfr Josua	Jos.	197
Llyfr y Barnwyr	Barn.	220
Llyfr Ruth	Ruth	245
Llyfr Cyntaf Samuel	1 Sam.	248
Ail Lyfr Samuel	2 Sam.	280
Llyfr Cyntaf y Brenhinoedd	1 Bren.	308
Ail Lyfr y Brenhinoedd	2 Bren.	338
Llyfr Cyntaf y Cronicl	1 Cron.	367
Ail Lyfr y Cronicl	2 Cron.	394
Llyfr Esra	Esra	428
Llyfr Nehemeia	Neh.	437
Llyfr Esther	Esth.	451
Llyfr Job	Job	459
Llyfr y Salmau	Salm.	490
Llyfr y Diarhebion	Diar.	576
Llyfr y Pregethwr	Preg.	605
Caniad Solomon	Can.	613
Llyfr Eseia	Es.	619
Llyfr Jeremeia	Jer.	683
Llyfr Galarnad	Galar.	745
Llyfr Eseciel	Esec.	752
Llyfr Daniel	Dan.	803
Llyfr Hosea	Hos.	817
Llyfr Joel	Jl.	827
Llyfr Amos	Am.	831
Llyfr Obadeia	Ob.	838
Llyfr Jona	Jon.	840
Llyfr Micha	Mic.	842
Llyfr Nahum	Nah.	848
Llyfr Habacuc	Hab.	850
Llyfr Seffaneia	Seff.	853
Llyfr Haggai	Hag.	856
Llyfr Sechareia	Sech.	858
Llyfr Malachi	Mal.	867

Y TESTAMENT NEWYDD

		Tudalen
Rhagarweiniad i'r Testament Newydd		ix
Enw'r Llyfr	*Talfyriad*	
Yr Efengyl yn ôl Mathew	Mth.	1
Yr Efengyl yn ôl Marc	Mc.	37
Yr Efengyl yn ôl Luc	Lc.	60
Yr Efengyl yn ôl Ioan	In.	99
Actau'r Apostolion	Act.	128
Llythyr Paul at y Rhufeiniaid	Rhuf.	164
Llythyr Cyntaf Paul at y Corinthiaid	1 Cor.	181
Ail Lythyr Paul at y Corinthiaid	2 Cor.	196
Llythyr Paul at y Galatiaid	Gal.	206
Llythyr Paul at yr Effesiaid	Eff.	211
Llythyr Paul at y Philipiaid	Phil.	216
Llythyr Paul at y Colosiaid	Col.	220
Llythyr Cyntaf Paul at y Thesaloniaid	1 Thes.	224
Ail Lythyr Paul at y Thesaloniaid	2 Thes.	227
Llythyr Cyntaf Paul at Timotheus	1 Tim.	229
Ail Lythyr Paul at Timotheus	2 Tim.	233
Llythyr Paul at Titus	Tit.	236
Llythyr Paul at Philemon	Philem.	238
Y Llythyr at yr Hebreaid	Heb.	239
Llythyr Iago	Iag.	251
Llythyr Cyntaf Pedr	1 Ped.	255
Ail Lythyr Pedr	2 Ped.	260
Llythyr Cyntaf Ioan	1 In.	263
Ail Lythyr Ioan	2 In.	267
Trydydd Llythyr Ioan	3 In.	268
Llythyr Jwdas	Jwd.	269
Datguddiad Ioan	Dat.	270

MAPIAU

HEN DESTAMENT

BYD GENESIS	xx
Y DAITH O'R AIFFT	xxi
RHANIADAU CANAAN	xxii
Y DEYRNAS UNEDIG	xxiii
JERWSALEM YNG NGHYFNOD YR HEN DESTAMENT	xxiv
Y DEYRNAS RANEDIG	xxv

TESTAMENT NEWYDD

JERWSALEM YNG NGHYFNOD Y TESTAMENT NEWYDD	i
PALESTINA YN NYDDIAU IESU	ii
PALESTINA A SYRIA YN YR ACTAU	iii
TAITH GENHADOL GYNTAF PAUL	iv
AIL A THRYDEDD DAITH PAUL	v
TAITH PAUL I RUFAIN	vi

RHAGARWEINIAD CYFFREDINOL

Gellir olrhain hanes cyfieithu'r Ysgrythurau Iddewig a Christionogol yn ôl i'r cyfnod a ddilynodd y Gaethglud i Fabilon. Iaith cenedl fechan fu'r Hebraeg erioed. Wedi'r Gaethglud a'r Gwasgariad yr oedd llai a llai o'r Iddewon eu hunain yn ei harfer. O ganlyniad, troswyd ei Hysgrythurau i'r Aramaeg, iaith feunyddiol masnach a gweinyddiaeth dros ran helaeth o'r Dwyrain Agos, gan gynnwys gorllewin Ymerodraeth Persia. *Targwm*, "dehongliad", yw'r enw ar y cyfieithiadau Aramaeg hyn, sydd weithiau yn lled lythrennol, dro arall yn weddol rydd ac yn cynnwys ychwanegiadau heb gynsail yn yr Hebraeg. Y mae o leiaf un *Targwm* ar gael i bob un o lyfrau'r Hen Destament, ar wahân i Daniel ac Esra-Nehemeia—y llyfrau sydd yn rhannol mewn Aramaeg eisoes.

Wedi i Alexander Fawr oresgyn y Dwyrain Agos yn 334 CC, aeth yr iaith Roeg fel gorlif dros wyneb yr hen fyd, a chyfieithwyd yr Hen Destament i'r iaith honno hefyd. Pumllyfr y Gyfraith a droswyd gyntaf, a hynny yn y drydedd ganrif CC, a'r gweddill o fewn y ganrif ddilynol, gan gynnwys llyfrau sy'n gynwysedig bellach yn yr Apocryffa (gw. y Rhagarweiniad i Apocryffa *Y Beibl Cymraeg Newydd*). Hwn, sef Cyfieithiad y Deg a Thrigain (LXX), i roi'r enw traddodiadol iddo, oedd Ysgrythur yr Eglwys Fore—o leiaf y tu allan i Balestina—ac arhosodd fel yr "Hen Destament" ym Meibl yr Eglwys hyd yn oed wedi iddi gasglu Ysgrythurau y "Testament Newydd". Fersiwn y LXX a gyfieithwyd i'r iaith Ladin ar gyfer Eglwys y Gorllewin cyn i Jerôm yn y bedwaredd ganrif OC ymgymryd â chyfieithu'r Hen Destament o'r newydd yn uniongyrchol o'r Hebraeg. Yr unig hen gyfieithiad ("Fersiwn") arall y mae angen ei grybwyll yw'r Syrieg, tafodiaith Aramaeg dinas Edessa, a ledaenwyd cyn belled ag India gan genhadon Cristionogol. Nid yw'n hollol eglur eto pa faint o'r cyfieithiad Syrieg a wnaed o'r Hebraeg, a pha faint o'r LXX.

Y mae cyfieithu'r Testament Newydd yntau yn gyfoed, bron, â'r Eglwys Gristionogol ei hun. Troswyd geiriau Iesu o Aramaeg Palestina i Roeg amrywiol bobloedd dwyrain yr Ymerodraeth Rufeinig gan y genhedlaeth gyntaf o Gristionogion. Ymhen ychydig ganrifoedd, wrth i'r genhadaeth ymledu i blith pobloedd na fedrent Roeg, cafwyd ganddi fersiynau o'r Ysgrythurau yn Lladin y Gorllewin, yn y Gopteg, y Syrieg, yr Armeneg, yr Ethiopeg, a hyd yn oed yng Ngotheg yr herwyr o'r Gogledd. Symbyliad y cyfieithu hwn, yn ddi-os, oedd yr argyhoeddiad y peidiai Cristionogaeth â bod yr hyn ydoedd oni ellid gafael ynddi â'r deall, a bod hynny'n ei gwneud yn angenrheidiol gyflwyno'i neges mewn iaith ddealladwy.

Ond y mae'r hanes yn wahanol yn achos Eglwys Ladin y Gorllewin. Ochr yn ochr â'i gyfieithiad o'r Hen Destament, y cyfeiriwyd ato uchod, diwygiodd Jerôm fersiwn yr Hen Ladin o'r Testament Newydd, a hynny yn ôl yr egwyddor fod pob dim o'r hen fersiwn i'w gadw ond hynny oedd yn gwyro oddi wrth ystyr y Groeg gwreiddiol. Yn araf ond yn sicr daeth Fersiwn Jerôm o'r Beibl, y Fwlgat fel y'i gelwid yn ddiweddarach, i ennill ei le fel unig Ysgrythur ddilys Eglwys y Gorllewin. Yn wir, gyda dymchweliad yr Ymerodraeth Rufeinig yn y Gorllewin, a'r methiant i gadw'n fyw wybodaeth o ieithoedd gwreiddiol y Beibl, rhoddwyd i'r Fwlgat statws ac awdurdod a oedd yn gyfuwch ag eiddo'r Ysgrythurau Hebraeg yn synagogau Palestina. Ond yn wahanol i'r synagog, ac yn wahanol i Eglwys Roeg y Dwyrain, ni ddarparodd Eglwys Ladin y Gorllewin gyfieithiad o'i Hysgrythurau i'r un o bobloedd newydd Ewrop.

Fe all mai'r esboniad ar hyn yw'r rheidrwydd oedd ar Eglwys y Gorllewin i ddal ei gafael yn ddiollwng ar y Lladin, ei hunig gyswllt â'i gorffennol, a'i hunig amddiffyn rhag y farbariaeth a'r baganiaeth oedd yn ei bygwth ar bob llaw. Yr argyfwng hanesyddol hwn, yn ddiau, a roes fod i'r ddogma ddiweddarach mai dirgelwch sanctaidd oedd yr Ysgrythurau a bod yn rhaid wrth y Lladin i'w gadw a'i warchod. Heb ddysg a heb ras arbennig urddau eglwysig nid oedd hawl dynesu ato, "rhag i berlau Crist gael eu sarhau".

Cyn diwedd yr Oesoedd Canol, fodd bynnag, cododd mudiadau a fynnai dorri drwy gloddiau amddiffynnol yr Eglwys, a chael yr Ysgrythurau i'w dwylo eu hunain yn eu hiaith eu hunain. Ni bu gan y mudiadau hyn nemor ddim dylanwad uniongyrchol ar Gymru, ond yn anuniongyrchol y maent wedi gadael eu hôl yn gwbl eglur, oherwydd rhan o ymateb cyffredinol yr Eglwys Ladin iddynt hwy yw'r corff sylweddol hwnnw o lenyddiaeth grefyddol Gymraeg a gynhyrchwyd yng nghanrifoedd olaf yr Oesodd Canol. Cyfieithiadau yw'r cwbl, bron, o'r gweithiau hyn, ac y maent yn cynnwys cyfieithiadau o ddarnau o'r Ysgrythurau Lladin. Y mae'r crynodeb o hanes yr Hen Destament a adwaenir fel *Y Bibyl Ynghymraec* yn cynnwys Gen. 1:1—2:2, 21–3. Ceir wyth salm ar hugain, heblaw ychydig adnodau o'r Testament Newydd a'r Apocryffa, yn *Gwassanaeth Meir*. Yn y gwahanol draethodynnau sydd wedi eu casglu yn *Llyfr yr Ancr* (ac mewn llawysgrifau eraill) ceir adnodau cyntaf Efengyl Ioan, Gweddi'r Arglwydd, y Gwynfydau a'r Deg Gorchymyn. Y mae *Llyfr yr Ancr* yn cynnwys hefyd draethawd diwinyddol a elwir *Hystoria Lucidar*, ac y mae yn hwn ryw gant a hanner o adnodau o'r Hen Destament a'r Newydd. Mth. 26:1—28:7 yw testun *Y Groglith*. Ac y mae *Y Seint Greal*, sydd yn gyfieithiad o'r Ffrangeg, yn cynnwys rhai damhegion ac adnodau o'r Testament Newydd. Yn ôl pob tebyg ni fwriadwyd y darnau hyn i'w darllen fel llithiau y gwasanaethau eglwysig. Eu swydd oedd diddanu'r lleygwr llythrennog a'i dywys yn ei ddefosiwn preifat, neu fod yn ddeunydd yn llaw'r offeiriad i holwyddori a goleuo pobl ei ofal a'u cadw rhag heresi. Unig "Ysgrythur" yr Eglwys Ladin oedd y Fwlgat.

Ond yn yr unfed ganrif ar bymtheg daeth tro ar fyd. Yng ngrym cyffroadau mawr y ganrif honno—dadeni dysg, diwygio crefydd, deffro cenedlaethol—troes gwŷr blaengar dysg a chrefydd oddi wrth y Fwlgat at destunau gwreiddiol yr Ysgrythurau yn yr Hebraeg a'r Roeg. Ymroesant i'w cyfieithu o'r newydd i'r Lladin, ac am y tro cyntaf i ieithoedd brodorol Ewrop, a hefyd i'w taenu ar led, yn destunau a fersiynau, gyda chymorth rhyfeddol y ddyfais newydd honno, y wasg argraffu. Yn ffodus, yr oedd yng Nghymru wŷr a allai amgyffred amcanion a dulliau'r ysgolheigion a'r diwygwyr hyn, gwŷr a feddai'r ddysg a'r sêl a'r dygnwch i ddilyn y llwybrau newydd i ben y daith.

Gwelir yr arwydd cyntaf o'r newid yng Nghymru yn y cyfieithiad hwnnw o ychydig ddarnau o'r Efengylau sydd wedi ei gadw yn Llawysgrif Hafod 22. Ond gan mor fychan yw'r defnydd hwn ac anghelfydd y cyfieithu, ei unig arwyddocâd yw ei fod yn dangos maint ac anhawster y dasg oedd yn aros y neb a fynnai drosi'r Ysgrythurau i'r Gymraeg. Ond yr oedd yng Nghymru y pryd hwnnw ŵr yr oedd ei weledigaeth a'i fedr yn gyfartal â'r gofyn, sef William Salesbury o Lansannan a Llanrwst. Fe'i ganwyd c. 1520, a'i fagu yn Gymro uniaith mewn ardal ddihafal ei thraddodiad llenyddol. Cafodd ei addysg brifysgol yn Rhydychen, ac yno daeth i afael y mudiadau hynny oedd yn trawsnewid Gorllewin Ewrop, a'i argyhoeddi mai ei waith ef fyddai troi'r grymusterau hyn i adnewyddu dysg a chrefydd ymhlith ei bobl ei hun. Yn dilyn ei waith ar yr iaith Gymraeg, cyhoeddodd yn 1551 ei gyfieithiad o "Epistolau ac Efengylau" y Llyfr Gweddi Gyffredin dan y teitl *Kynniver llith a ban*, a oedd yn cynnwys, yn ychwanegol at y darlleniadau o'r Testament Newydd, saith llith o'r Hen Destament, sef Diar. 31:10–31; Eseia 7:10–15; 40:1–11; 50:5–11; 63; Jer. 23:5–8; a Joel 2:12–17. Amcan Salesbury yn y gyfrol hon oedd darparu fersiwn Gymraeg a allai, ar gyfrif ffyddlondeb y cyfieithu ac aruchededd y mynegiant, gymryd lle'r fersiwn Lladin (neu Saesneg) yng ngwasanaeth y Cymun, a thrwy hynny ddechrau'r gwaith o Gymreigio holl wasanaethau'r Eglwys.

Llugoer fu'r croeso i *Kynniver llith a ban*, ac ymhen blwyddyn neu ddwy ar ôl ei gyhoeddi yr oedd Mari Tudur wedi esgyn i'r orsedd a dechrau ei hymdrech ddidostur i adfer y ffydd Gatholig. Yn ystod ei theyrnasiad hi, bu'n rhaid celu pob bwriad ynglŷn â chyfieithu'r Ysgrythurau, ond gydag esgyniad Elisabeth, a'r atrefnu eglwysig a gododd Richard Davies yn esgob Llanelwy (1560), daeth cyfle i Salesbury a'i gyfeillion ailafael yn eu hymgyrch i gael yr Ysgrythurau a gwasanaethau'r Eglwys yn Gymraeg. Yr oedd yr esgob newydd yn sicr o'u plaid. Yr oedd ef wedi ei fagu yn Nyffryn Conwy a'i addysgu yn Rhydychen; wedi cael bywoliaeth yn swydd Buckingham, a'i cholli o achos ei ddaliadau Protestannaidd; wedi bod yn alltud yn Frankfurt ac ymgyfathrachu yno â rhai o ddiwygwyr blaenaf Lloegr a'r Cyfandir, ac nid yw'n amhosibl iddo dreulio peth amser yn Genefa, ac ymddiddori, nid yn unig yn yr astudiaethau Beiblaidd a'r cyfieithu oedd ar waith yno dan arweiniad John Calfin a Beza, ond hefyd yn llafur y cwmni alltud o Saeson oedd wrthi'n paratoi'r fersiwn Saesneg a ddaeth i'w adnabod fel "Beibl Genefa".

Wedi dychwelyd i Gymru ni allai na welai'r gŵr hwn fod cael yr Ysgrythurau yn Gymraeg yn amod cyntaf sefydlu "eglwys cywair-grefydd" yng Nghymru. Ymroes i gael gan y Senedd awdurdodi cyfieithiad, ac yn 1563 tywysodd ef a'i gyfaill Humphrey Lhuyd fesur drwy'r Senedd yn deddfu bod i'r esgobion oedd â Chymry yn eu gofal drefnu "i'r Beibl cyfan, gan gynnwys yr Hen Destament a'r Newydd, ynghyd â'r Llyfr Gweddi Gyffredin a Gweinyddiad y Sacramentau, fel y mae ar arfer oddi mewn i'r Deyrnas hon yn Saesneg, gael ei gyfieithu gyda chywirdeb manwl." Ar Richard Davies ei hun, ac yntau erbyn hyn yn esgob Tyddewi, y gosodwyd y cyfrifoldeb o gyflawni gofynion y Ddeddf, ac y mae'n ymddangos, oddi wrth y trosiad o'i eiddo o 1 a 2 Timotheus, Titus a Philemon a welir yn Llawysgrif Gwysane, iddo ddechrau ar y gwaith yn ddiymdroi trwy gyfieithu'r Beibl Saesneg. Ond oherwydd baich ei ofalon, a'i ymrwymiad i drosi rhai o lyfrau'r Hen Destament ar gyfer fersiwn Saesneg newydd ("Beibl yr Esgobion"), y mae'n bur debyg i'r esgob, yn gynnar yn 1564, wahodd Salesbury ato i Abergwili a throsglwyddo iddo ef y rhan fwyaf o'r cyfieithu, ynghyd â goruchwyliaeth yr holl waith.

Daeth y Llyfr Gweddi o'r wasg fis Mai 1567, a'r Testament Newydd fis Hydref yr un flwyddyn. Ceir mai Thomas Huet, Cantor Tyddewi, a gyfieithodd Lyfr y Datguddiad, mai'r Esgob Davies a gyfieithodd 1 Timotheus, yr Hebreaid, Iago ac 1 a 2 Pedr, ac mai Salesbury fu'n gyfrifol am y gweddill o'r Testament Newydd, a hefyd am y Llyfr Gweddi. Y mae Llyfr Gweddi 1567 yn cynnwys fersiwn diwygiedig o "Epistolau ac Efengylau" *Kynniver llith a ban*, a hefyd fersiwn arloesol Salesbury o'r Salmau Hebraeg. Yn wir, y Sallwyr hwn, efallai, yw campwaith Salesbury fel cyfieithydd, ac ef yw cynsail fersiwn William Morgan o'r Salmau ym Meibl 1588.

Yn anffodus, bu anghydfod rhwng yr Esgob Davies a Salesbury a'u cadwodd rhag cwblhau fersiwn o'r Beibl cyfan yn unol â gofynion Deddf 1563. Ond fe ddichon i'r Esgob weld gobaith dwyn y bwriad i ben pan benododd William Morgan, brodor o blwyf Penmachno ac ysgolhaig yng Ngholeg Ioan Sant, Caergrawnt, yn ficer Llanbadarn Fawr yn 1572. Efallai, yn wir, mai ef a argyhoeddodd Morgan fod "cyfieithiad o weddill yr Ysgrythurau yn anghenraid". Ond daeth Morgan, o'i brofiad ei hun fel offeiriad yn Llanbadarn Fawr, yn y Trallwng ac yn Llanrhaeadr-ym-Mochnant, i sylweddoli "mai aros yn guddiedig ac anhysbys y bydd crefydd, oni ddysgir hi yn iaith y bobl". Dyma'n ddiau a'i cymhellodd i ymgymryd â'r dasg oedd ar ôl, a'i dwyn i gyflawniad gogoneddus ym Meibl 1588. Yng "Nghyflwyniad" y Beibl hwnnw gall ddweud, "Yr wyf yn awr nid yn unig wedi cyfieithu'r cwbl o'r Hen Destament ond hefyd wedi glanhau'r Newydd o'r dull gwallus hwnnw o ysgrifennu a'i nodweddai ymhobman."

Wrth ddweud ei fod "wedi cyfieithu'r cwbl o'r Hen Destament", cyfeirio y mae Morgan at yr Hen Destament Hebraeg a'r Apocryffa Groeg (gw. y Rhagarweiniad i

Apocryffa *Y Beibl Cymraeg Newydd*). Nid yw Morgan yn honni iddo wneud mwy yn y Testament Newydd na diwygio cyfieithiad Salesbury; y mae'n cydnabod cywirdeb Testament 1567 fel fersiwn. Prin, yn wir, yw'r gwelliannau sydd ganddo ar y cyfieithu, a'r rheini, gan amlaf, wedi eu cymryd o destun Groeg a fersiwn Lladin 1582 Beza. Ond yr oedd Morgan yn ymwybodol fod i Destament 1567 rai elfennau oedd yn ei rwystro rhag cael effaith cymesur â champ ddigamsyniol ei gyfieithu. Yn ei dyb ef, dieithrio'r Ysgrythurau, nid eu hagor, yr oedd addurniadau llenyddol ac orgraffyddol Salesbury. A symud rhwystr y dieithrwch hwn fu nod diwygio Morgan ar Destament Salesbury. Amcanodd ato trwy docio amrywiaeth y mynegiant, trwy gael iaith gyfoes, gyfarwydd a Chymroaidd yn lle'r hen a'r ddieithr a'r Lladinaidd, a thrwy gysoni, safoni a diweddaru'r orgraff. Yr un nodweddion a welir, wrth gwrs, yng nghyfieithiadau gwreiddiol Morgan o'r Hen Destament a'r Apocryffa.

Ond nid fersiwn Beibl 1588 yw terfyn cyfraniad Morgan i hanes y Beibl Cymraeg. Ymhlith y defnyddiau a oedd gan y cyhoeddwr Thomas Salisbury yn barod i'w hargraffu yn 1603 yr oedd "Testament Newydd yn Gymraeg wedi ei ailddiwygio gan y Parchedig Dad, Esgob Elwy". Yn anffodus, yn anhrefn ffoi o Lundain rhag pla, collodd Salisbury lawysgrif y fersiwn newydd, ac ni chafodd Cymru Destament diwygiedig Morgan. Ond, oni wnaeth ddau fersiwn diwygiedig yn yr un blynyddoedd, y mae rhannau helaeth o destun diwygiedig Morgan ar gael o hyd yn "Epistolau ac Efengylau" Llyfr Gweddi Gyffredin 1599. Fe'i nodweddir gan gais cyson am gysondeb llwyrach ac am gywirdeb manylach yn y cyfieithu, a chan ddefnydd pur helaeth o "Feibl yr Esgobion", y Beibl a oedd ar arfer, bellach, yn yr eglwysi Saesneg.

Yr oedd William Morgan, erbyn hyn, wedi ei ddyrchafu'n esgob, ac yr oedd ganddo wrth ei ochr yn Llandaf, ac yna yn Llanelwy, ysgolhaig o Goleg Iesu, Rhydychen, brodor o blwyf Llanferres, sir Ddinbych. Y mae'n bur debyg i'r Esgob drosglwyddo peth o'r gwaith o ddiwygio'r Llyfr Gweddi a'r Testament Newydd i'r gŵr hwn, y Dr John Davies, Mallwyd, fel y'i hadwaenir yn ddiweddarach. Yr oedd bwriad Morgan i ddiwygio Testament Newydd Beibl 1588 a'i ddulliau o wneud hynny, felly, yn gwbl hysbys i John Davies, ac nis anghofiodd ar ôl i'r Esgob farw (1604) ac iddo yntau gael ei benodi yn gaplan i'w olynydd, yr Esgob Richard Parry. A chyda chyhoeddi'r fersiwn Saesneg "awdurdodedig" yn 1611, daeth ysgogiad pellach i ystyried diwygio Beibl 1588 "a gwneud i'r fersiwn Cymraeg yr hyn sydd wedi ei wneud i'r fersiwn Saesneg". Daeth y bwriad i ben gyda chyhoeddi Beibl 1620. Yn ôl "Cyflwyniad" y Beibl hwn, gwaith yr Esgob yw'r fersiwn diwygiedig, ond y farn gyffredin yn yr ail ganrif ar bymtheg oedd mai llafur John Davies a geir yn y rhan helaethaf ohono, onid yn y cwbl. Awgrym go bendant o gysylltiad John Davies â'r gwaith yw mai'r testun a geir yn "Epistolau ac Efengylau" Llyfr Gweddi 1599 yw cynsail y diwygio ar y rhannau cyfatebol ym Meibl 1620. Ategir hyn gan natur y diwygio, nad yw, gan mwyaf, ond cymhwysiad llwyrach o egwyddorion cyfieithu Morgan at ei waith ei hun. Y mae'n wir y dilynir fersiwn Saesneg 1611 yn bur aml. Ond fe'i gwrthodir bron yr un mor aml, yn enwedig lle bo'r Saesneg yn cefnu ar egwyddor cyfieithu "air am air". Yn wir, y mae fersiwn Cymraeg 1620 yn trosi nid yn unig "air am air" ond "gystrawen am gystrawen", ond bod hynny wedi ei wneud gan gyfieithydd oedd yn feistr ar y Gymraeg, ac yn eiddigeddus iawn am gywirdeb iaith a safonau llenyddol. Y canlyniad yw fersiwn sy'n gwbl addas i'r hyn a alwodd Erasmus yn "iaith seml yr Apostolion", ond sydd ar yr un pryd yn fynegiant teilwng o urddas cynhenid a gwerth yr hyn a draethir.

Felly, trwy lafur olyniaeth o gyfieithwyr hynod ddawnus cafodd Cymru fersiwn o'r Ysgrythurau sydd wedi bod am dros dair canrif yn darddle cyson ei chrefydd a rhan helaeth o'i bywyd cymdeithasol a diwylliannol. Yn ystod y ganrif bresennol gwnaeth y diweddar Athro Henry Lewis gymwynas werthfawr â'r genedl a'i hiaith trwy safoni a diweddaru orgraff y fersiwn clasurol hwn, ond heb ymyrryd â'i gystrawen na'i eirfa; cyhoeddwyd y Testament Newydd yn y ffurf ddiwygiedig hon yn 1936, y Beibl cyfan (heb yr Apocryffa) yn 1955, a'r Apocryffa yn 1959.

O bryd i'w gilydd cafwyd fersiynau diwygiedig, neu newydd, o rannau o'r Beibl Cymraeg, yn enwedig o'r Sallwyr a'r Testament Newydd. Cymharol brin fu cyfieithiadau o lyfrau eraill yr Hen Destament. Gellir nodi bod Thomas Briscoe wedi cyhoeddi cyfieithiad o'i waith ei hun gyda nodiadau byrion ar bedwar llyfr, sef Eseia (1853), Job (1854) a'r Salmau a'r Diarhebion (1855). Cyfieithodd A. Rhys Thomas *Cân y Caniadau* (1876); ac, ychydig yn ddiweddarach, dangosodd John Davies (Siôn Gymro) ei ddawn yntau drwy drosi'r Proffwydi Byrion (1881). Ni chyhoeddwyd ei gyfieithiad o Coheleth (Y Pregethwr) na Hosea (ail gynnig?). Yn y ganrif hon cyhoeddodd G. Hughes a D.F. Roberts *Lyfr Jehoshûa* (1913). Hwy hefyd, dan gynllun *Cyfieithiad Newydd y Brifysgol* (gw. isod), a gyfieithodd yr unig ran o'r Hen Destament a gyhoeddwyd ynddo, sef *Amos a Hosea* (1924). Caed ymgais i gyfieithu ambell ran o'r Salmau, megis gan L.E.Valentine, *Detholiad o'r Salmau* (1936); ac yn *Llyfr y Salmau: Cyfieithiad Cymraeg o'r Llyfr Cyntaf, sef Salmau 1–41, gyda Nodiadau ar y Testun Hebraeg* (1967), gan J.D.Vernon Lewis, gwelir ymgais i ddefnyddio gwybodaeth ddiweddar am y testun Hebraeg a chyflwyno trosiad llawer cywirach nag oedd yn bosibl gynt. Ond y mae nodwedd y cyfieithiad yn fwy trwm a henffasiwn na'r hyn yr amcanwyd ato yn *Y Beibl Cymraeg Newydd*. Cynsail i'r cyfieithiad hwn yw'r detholiad o Salmau yn esboniad Gwilym H. Jones, *Cerddi Seion* (1975).

Yng nghwrs y bedwaredd ganrif ar bymtheg a hanner cyntaf yr ugeinfed ganrif cyhoeddwyd nifer o fersiynau Cymraeg o'r Testament Newydd, neu rannau ohono. Fersiynau diwygiedig o Feibl 1620, yn hytrach na chyfieithiadau newydd ac annibynnol, ydynt bob un. Y Pedair Efengyl yw cynnwys *Y Cyfammod Newydd* (1818), gan John Jones. Fersiwn o'r Testament cyflawn a geir yn *Yr Oraclau Bywiol* (1842), gan John Williams, Rhos. Yn dilyn cyhoeddi'r *Revised Version* Saesneg yn 1881-5, cafwyd nifer o geisiadau i ddiwygio'r Testament Newydd Cymraeg ar yr un llinellau. Yn *Y Testament Newydd Diwygiedig* (1882), gan J. Ogwen Jones, y Rhyl, rhoddir trosiad Cymraeg o'r cwbl bron o'r cyfnewidiadau a wnaed gan y diwygwyr Saesneg, gan gynnwys darlleniadau ymyl y tudalen. Yr oedd *Testament yr Efrydydd* (1888), gan Owen Williams, Tregarth, yn waith mwy uchelgeisiol, sy'n cynnwys Testament Newydd 1620 wedi ei ddiwygio yn y mannau lle diwygiwyd yr *A.V.* gan y diwygwyr Saesneg, ac mewn rhai mannau eraill hefyd. Amcan tebyg oedd i waith Thomas Briscoe, Caergybi, *Y Testament Newydd, newly translated from the readings adopted by the Revisers of the Authorized Version* (1894); nodweddir y fersiwn hwn gan hynodrwydd a dieithrwch sy'n ffrwyth mympwyon ysgolheigaidd ac ieithyddol y cyfieithydd. Rhwng 1894 a 1915 ymddangosodd pedair cyfrol o waith William Edwards, Caerdydd, dan y teitl, *Cyfieithiad Newydd o'r Testament Newydd* (I 1894, II 1898, III 1913, IV 1915), gyda'r amcan (yng ngeiriau'r awdur) o "roddi i'r Cymro deallgar Gyfieithiad Diwygiedig ac hefyd gipdrem ar y pynciau pwysicaf a ddaliant gysylltiad â'r Testament Newydd". Yn y cyfnod a ddilynodd y Rhyfel Byd Cyntaf, aeth Adran Ddiwinyddol Urdd Graddedigion Prifysgol Cymru ati i baratoi *Cyfieithiad Newydd y Brifysgol o'r Testament Newydd* (ac fel y sylwyd uchod, o ddau lyfr bychan o'r Hen Destament hefyd). Rhwng 1921 a 1945 cyhoeddwyd dan y teitl hwn un ar bymtheg o lyfrynnau bach yn cynnwys cyfieithiadau o holl lyfrau'r Testament Newydd. Gwaith amrywiol bwyllgorau o ysgolheigion yng ngwahanol ganolfannau'r Brifysgol oedd y cyfieithiadau hyn, heb lawer o gysylltiad rhyngddynt, a heb fod iddynt unrhyw bolisi unol a llywodraethol, ac ni chyhoeddwyd byth mohonynt yn un gyfrol. Fersiwn, neu'n gywirach casgliad o fersiynau, i fyfyrwyr diwinyddol a llenyddol yn hytrach nag i'r werin, a fu'r gwaith hwn.

Daw hyn â ni at y cyfnod a ddilynodd yr Ail Ryfel Byd, pan ddechreuwyd ymdeimlo â'r angen am wisgo'r Ysgrythurau mewn iaith gyfoes a mwy dealladwy i'r werin. Cafwyd arbrawf diddorol yn y cyfeiriad hwn yn *Efengyl Mathew: Trosiad i Gymraeg Diweddar* (1961), gan Islwyn Ffowc Elis, a deng mlynedd yn ddiweddarach cyhoeddodd Cymdeithas y Beibl *Y Ffordd Newydd: Y Newyddion Da yn ôl Mathew, Marc, Luc a Ioan (1971)*. Erbyn hynny, fodd bynnag, yr oedd y gwaith o baratoi *Y Beibl Cymraeg Newydd*, dan nawdd Cydbwyllgor Cyfieithu'r Beibl i'r Gymraeg (gw. y Rhagair ar ddechrau'r gyfrol hon am hanes sefydlu'r Cydbwyllgor hwn), eisoes ar droed, a phenderfynodd Cymdeithas y Beibl, a oedd wedi ymgymryd â chyhoeddi'r *BCN*, ohirio cwblhau'r fersiwn mwy poblogaidd, yng nghywair yr iaith lafar, a oedd wedi ei gychwyn gyda *Y Ffordd Newydd*. Cyhoeddwyd Testament Newydd y *BCN* yn 1975 a'r Salmau yn 1979, a phenderfynodd y Cydbwyllgor, mewn cyd-ddealltwriaeth â'r Cyhoeddwyr, anelu at 1988 fel blwyddyn cyhoeddi'r Fersiwn yn ei gyfanrwydd, er mwyn dathlu'n deilwng bedwarcanmlwyddiant Beibl William Morgan.

Y mae *Y Beibl Cymraeg Newydd* yn ffrwyth gweithgarwch tawel a chyson dros gyfnod o chwarter canrif er pan sefydlwyd y Panelau Cyfieithu a'r Panel Llenyddol yn 1963. Cyfarfu'r Panelau Cyfieithu yn gyson, am ryw dridiau ar y tro, rhwng dwywaith a phedair gwaith yn y flwyddyn yn ôl y galw, o Ebrill 1964 hyd Ebrill 1985. Ar ôl cyhoeddi'r Testament Newydd yn 1975, aeth y Panel a fu'n gyfrifol am hwnnw rhagddo i gyfieithu'r Apocryffa, gan roi sylw hefyd o dro i dro i'r dasg o adolygu a diwygio'r Testament Newydd lle y gwelwyd bod galw am hynny.

Dull y panelau o weithredu oedd gofyn i un aelod baratoi drafft cyntaf o lyfr neu grŵp o lyfrau, a dosbarthu copïau o'r drafft hwnnw i holl aelodau'r panel. Disgwylid i bob aelod astudio'r drafft yn fanwl ac anfon ei sylwadau arno, a'i awgrymiadau ynglŷn â'i wella, i'r cyfieithydd gwreiddiol. Byddai yntau wedyn, ar sail y sylwadau hyn, yn paratoi ail ddrafft gan gynnwys dau neu ragor o amrywiadau yn y mannau hynny lle'r oedd yn amlwg fod gwahaniaeth barn ymhlith aelodau'r panel. Yr ail ddrafftiau hyn fyddai'n cael eu hystyried yn fanwl, fesul adnod, yng nghyfarfodydd y panel; byddai'r panel yn trafod pob pwynt dadleuol nes dod i gytundeb ynglŷn â'r cyfieithiad oedd i'w fabwysiadu. Byddai'r drafft diwygiedig hwn y cytunodd y Panel Cyfieithu arno yn cael ei ddosbarthu wedyn i aelodau'r Panel Llenyddol, a disgwylid iddynt hwythau anfon eu sylwadau arno, a'u hawgrymiadau ynglŷn â gwella'r iaith a'r mynegiant, i gadeirydd y panel hwnnw. Yna, byddai cadeiryddion y Panelau Cyfieithu a Llenyddol, gyda'i gilydd, yn adolygu'r holl welliannau ieithyddol er mwyn sicrhau nad oedd unrhyw gyfnewidiad yn y Gymraeg yn peri cyfnewidiad yn yr ystyr a fwriadwyd gan y Panel Cyfieithu. Wedi i'r ddau gadeirydd, ar ôl ymgynghori â'u panelau os oedd rhaid, gytuno ar y drafft cywiredig, fe'i dosberthid i holl aelodau'r gwahanol banelau, a hefyd i aelodau'r Cydbwyllgor, gyda gwahoddiad iddynt i gynnig unrhyw sylwadau neu awgrymiadau a fynnent. Rhoddid ystyriaeth i'r sylwadau a'r awgrymiadau hynny gan y ddau gadeirydd cyn penderfynu ar ffurf derfynol y cyfieithiad.

Yn unol â'r arfer sy'n gyson mewn fersiynau cyfoes, rhannwyd y testun yn baragraffau yn hytrach nag yn adnodau unigol, ac yn adrannau o dan benawdau syml a disgrifiadol; bernir bod hyn yn fantais i'r darllenydd cyffredinol a hefyd i'r sawl sy'n darllen y fersiwn yn gyhoeddus. Yn y Testament Newydd, fel yr eglurwyd yn y Rhagarweiniad i argraffiad 1975, mabwysiadwyd y rhaniadau a'r penawdau a geir yn yr argraffiad o'r testun Groeg sy'n sail i'r fersiwn. Yr un rhaniadau a phenawdau, fwy neu lai, a fabwysiadwyd yn Nhestament Newydd y fersiwn Saesneg poblogaidd, *The Good News Bible*, a chan fod rhaniadau a phenawdau'r fersiwn hwnnw yn yr Hen Destament a'r Apocryffa hefyd at ei gilydd wedi ennill cymeradwyaeth y Panelau Cyfieithu Cymraeg, y mae'r patrwm penawdau yn y *BCN* drwyddo draw yn cyfateb yn bur agos i'r hyn a welir yn y *GNB*. Nodir rhifau'r adnodau, nid ar ymyl y tudalen fel y gwnaed yn yr argraffiadau blaenorol o'r Testament Newydd a'r Salmau, ond yng nghorff y testun ar ddechrau pob adnod; ceir y rhif mewn print bras ar ddechrau pob paragraff newydd—ac eithrio mewn barddoniaeth—ac mewn print mân yng nghorff y paragraff. Gan mai prif amcan y rhifau hyn yn y fersiwn presennol yw hwyluso'r ffordd i'r darllenydd gymharu'r fersiwn â'r fersiwn Cymraeg traddodiadol, y mae'r rhaniadau a'r rhifau yn cyfateb yn union i'r hyn a geir ym Meibl 1620, hyd yn oed lle nad yw hynny'n cytuno â'r hyn a welir yn y testunau Hebraeg a Groeg a gyfieithwyd. Mewn rhai achosion prin nid oedd modd rhannu testun ein fersiwn yn daclus i adnodau unigol ar batrwm y fersiwn traddodiadol, oherwydd cymhlethdod brawddeg sy'n ymestyn dros fwy nag un adnod, a rhaid oedd bodloni ar osod rhifol cyfansawdd ar ddechrau'r rhaniad—e.e., 1-2 ar ddechrau rhaniad sy'n cynnwys adnodau 1 a 2, neu 3-5 ar ddechrau rhaniad sy'n cynnwys adnodau 3, 4 a 5.

Yn wahanol i'r holl argraffiadau blaenorol, defnyddia'r argraffiad hwn ddull arall i ddynodi'r troednodiadau. Seren (neu ddwy, yn ôl y gofyn) a ddefnyddiwyd yn *Y Testament Newydd* (1975) ac yn *Y Salmau* (1979). Newidiwyd y dull ym Meibl 1988, ac yno defnyddir llythrennau mân yr wyddor Gymraeg (o 'a' i 'y') i wneud yr un gwaith. Yn yr argraffiad hwn rhoddir seren yn y testun, a chyfeiriad llawn at y bennod a'r adnod yn y troednodyn. Eglurir natur ac amcanion amrywiol y nodiadau godre yn y Rhagarweiniadau i'r Hen Destament, yr Apocryffa a'r Testament Newydd. Prin yw'r enghreifftiau o nodiadau eglurhaol neu esboniadol, gan fod aelodau'r Panelau Cyfieithu o'r farn mai *cyfieithu*, ac nid *esbonio*, oedd y dasg a ymddiriedwyd iddynt.

Am yr un rheswm ceisiodd y panelau, hyd y gallent, ymgadw rhag unrhyw duedd i aralleirio'r gwreiddiol yn hytrach na'i gyfieithu. Y mae'n wir bod pob cyfieithiad da i ryw fesur yn esboniad ar y gwaith gwreiddiol, yn gymaint â'i fod yn goleuo ystyr y testun i'r darllenydd. Ond nid yr un yw gwaith y cyfieithydd ac eiddo'r esboniwr, ac y mae'r naill a'r llall mor anhepgorol â'i gilydd. Amcan cyfieithiad yw cyfleu mewn iaith arall yr hyn a *ddywedodd* yr awdur gwreiddiol; amcan esboniad yw cyfleu'r hyn a *olyga'r* hyn a ddywedodd. Nid yw'r cyfieithiad presennol yn ceisio osgoi pob amwysedd yn y gwreiddiol trwy fabwysiadu un dehongliad posibl ar draul un arall. Pan yw'r gwreiddiol yn amwys, ceisir cyfleu, hyd y gellir, yr un amwysedd yn y cyfieithiad; lle nad yw hynny'n bosibl, os yw'r gwahaniaeth ystyr yn fater o bwys, rhoddir yr ystyr a fernir yn fwyaf tebygol o fod yn gywir yn y testun, a'r ystyr (neu'r ystyron) posibl arall (eraill) mewn nodyn godre. Lle'r oedd yn bosibl cyfleu ystyr y testun gwreiddiol mewn Cymraeg rhywiog, naturiol trwy gyfieithu'n fwy neu lai llythrennol a dilyn trefn geiriau a chymalau'r iaith wreiddiol, hynny a wnaed. Ond ni phetruswyd ymadael, lle'r oedd angen, â'r dull "gair am air", "cymal am gymal", o gyfieithu. Yr amcan llywodraethol oedd cyfleu, mor ffyddlon ag y gellid, ystyr y cyfansoddiad gwreiddiol fel cyfanwaith.

Ni wnaed unrhyw ymdrech fwriadol, fel y gwnaed gan gyfieithwyr y *New English Bible*, i osgoi iaith "feiblaidd" ei naws a bod mor wahanol ag y gellid i'r cyfieithiad clasurol a thraddodiadol. O ganlyniad, y mae'r *BCN* yn llai chwyldroadol o newydd na'r *NEB*. Y mae hyn i'w briodoli i fesur, yn ddiau, i'r ffaith fod yr iaith Gymraeg wedi newid llai na'r Saesneg yng nghwrs y tair neu bedair canrif ddiwethaf. Ychydig, yn wir, yw'r adnodau sydd, yn y cyfieithiad a gynigir yn awr, heb eu newid o gwbl. Ond mewn cyfartaledd pur uchel o'r enghreifftiau y mae'r cyfnewidiadau'n gyfyngedig i fanylion yn ymwneud â gramadeg a chystrawen.

Penderfynwyd, dan gyfarwyddyd y Panel Llenyddol, ddiweddaru'r iaith mewn dwy ffordd, fel y gwnaed mewn cyfieithiadau eraill a gaed yn ystod y ganrif hon, sef trwy ddefnyddio'r orgraff safonol, a thrwy dderbyn trefn y gystrawen normal (berf, goddrych, gwrthrych) yn lle'r drefn a fabwysiadwyd fynychaf gan y cyfieithwyr cynnar (goddrych, berf, gwrthrych). Hefyd fe geisiwyd adfer ffurf gwmpasog y ferf i'w lle priodol yn yr iaith lenyddol, fel y mae yn yr iaith lafar, oherwydd bron yn ddieithriad y ffurf gwmpasog sy'n mynegi'r amser presennol ("yr wyf yn mynd") a'r ffurf gryno yn mynegi'r dyfodol ("mi af"). Yn gyffelyb fe gadwyd y gwahaniaeth rhwng y ffurf gryno a'r ffurf gwmpasog yn yr amser amherffaith. Yn yr amser sy'n cael ei alw'n orberffaith defnyddiwyd y ffurf gwmpasog (gyda "wedi") yn gyson, gan mai ystyr amodol sydd i'r ffurf gryno mewn gwirionedd.

Yr oedd y treigladau yn peri problemau. Penderfynwyd peidio â threiglo enwau personau, ac eithrio (i) ychydig o enwau, fel Mair a Dafydd, sy'n dra chyffredin heddiw; a (ii) pan fyddai peidio â threiglo yn cymylu'r ystyr. Mewn enwau lleoedd cytunwyd i dreiglo pan fyddai'r enw yn weddol adnabyddus (er enghraifft, Bethel, Bethlehem, Capernaum, Carmel, Damascus, Macedonia), ac na fyddai perygl camddeall y ffurf wreiddiol. Ond pan fydd enw yn dechrau â'r gytsain G-, fel Galilea, ni ddangosir y treiglad meddal.

Defnyddiwyd ffurfiau cywasgedig yn hytrach na'r hen ffurfiau safonol—mynd, dweud, gwneud, rhoi, dŵr, pam, ple, prun, etc. Ond ni farnwyd mai doeth fyddai derbyn ffurfiau fel "chi", "nhw", "fedra i ddim", etc. Y mae lle yn ddiamau i fersiwn o'r Beibl a fyddai'n cynnwys ffurfiau llafar fel hyn, ond ym marn y rhai a fu'n darparu'r cyfieithiad hwn y mae lle hefyd, a phob cyfiawnhad, i fersiwn sy'n ymdebygu i'r corff sylweddol o lenyddiaeth dda, yn farddoniaeth a rhyddiaith, sydd wedi ei ysgrifennu yn Gymraeg yn y ganrif hon. Nid diogelu urddas yr Ysgrythurau ar gyfer darllen cyhoeddus yw'r unig amcan wrth gyfieithu fel y gwnaed yma, ond hefyd (ac yn bennaf efallai) cadw cyswllt rhwng y Beibl a'n llenyddiaeth gyfoes. Y mae lle i gyfieithiadau i'r iaith lafar lai ffurfiol a arferir bob dydd; ac yn sicr fe bery Beibl 1588/1620 yn drysor llenyddol dihafal. Amcan y cyfieithiad presennol yw rhoi i'r darllenydd fwy o oleuni heb iddo lwyr golli rhin mynegiant yr hen gyfieithiad.

Ceidw'r argraffiad diwygiedig at ysbryd ac egwyddorion yr argraffiad cyntaf yn 1988. Fel y nodir yn y Rhagair uchod, anelwyd at fwy o gysondeb wrth gyfieithu. Er enghraifft, ym Meibl 1988 defnyddiwyd 'Mynedfa Hamath' a 'Lebo-Hamath' i gyfeirio at yr un lle, ac i osgoi hynny defnyddia'r argraffiad hwn 'Lebo-hamath' yn gyson. Yr un modd eto osgoir defnyddio'r termau gwahanol 'ebyrth hedd', 'offrymau hedd' a 'heddoffrymau' am un o aberthau crefydd yr Hen Destament trwy fabwysiadu un ohonynt, sef 'heddoffrymau'. Ychydig iawn o newid a fu ar yr eirfa Gymraeg; diflannodd rhai geiriau nad ydynt mor arferedig erbyn hyn, megis 'palf', 'palfais' a 'hesbwrn'. Am fod y gair 'anwiredd' wedi magu ystyr gweddol gyfyng bellach, ni ddefnyddir ef i gyfieithu un o'r nifer o eiriau sydd yn y Beibl Hebraeg am bechod.

Er ein bod yn sylweddoli fwyfwy yr angen dybryd am fersiwn o'r Beibl â'i iaith a'i arddull yn nes at yr hyn a arferir ar lafar, ac a fyddai felly'n fwy rhydd a phoblogaidd ei naws ac a fyddai hefyd, o bosibl, yn nes at fod yn aralleiriad nag yn gyfieithiad, nid oedd y Cydbwyllgor na'r panelau yn ystyried mai dyna ein tasg ni. Ymgynghorwyd yn gyson â'r Panel Llenyddol ar bob mater yn ymwneud â'r Gymraeg, boed hynny'n benderfyniad ar lefel yr iaith neu'n ymholiad am air unigol.

Y newid mwyaf a welir yn y fersiwn diwygiedig yw'r defnydd helaeth o iaith gynhwysol, sef dewis geiriau a all gynnwys y ddau ryw ac nad ydynt o angenrheidrwydd yn cau allan y benywod. Am amryw o resymau nid oedd hwn yn waith hawdd. Gan mai llyfrau'n perthyn i gyfnod patriarchaidd ei agwedd a'i strwythur cymdeithasol yw llyfrau'r Beibl, yr oedd gennym dasg a ymylai ar fod yn amhosibl, sef cerdded y llwybr cul rhwng adlewyrchu'r amgylchiadau gwreiddiol a gofalu bod y Beibl yn berthnasol i'n cyfnod ni. At hyn eto, fe'n rhybuddiwyd gan y Panel Llenyddol fod 'dyn' a 'dynion' yn y Gymraeg yn eiriau generig a ddefnyddir i gyfeirio at ddynoliaeth yn gyffredinol ac nid at y rhyw wrywaidd yn unig. Gellid defnyddio'r arfer hwn yn ddadl dros beidio â newid o gwbl. Ceisio cerdded y llwybr anodd a wnaed. Mewn amryw o fannau cedwir y ffurf wrywaidd am mai at swyddogaethau gwrywod, megis offeiriaid, neu aelodau o'r fyddin, y cyfeiria'r testun. Ni welwyd rheswm i wrthod 'dyn/dynion' fel termau generig mewn mannau lle byddai eu newid i eiriau eraill, megis 'pobl', yn ymddangos yn fwriadus ac anystwyth. Lle mae newid rhwydd wedi bod yn bosibl, gwelir i hynny ddigwydd. Daeth 'y dyn' mewn mannau yn 'y sawl', a 'tadau' yn 'hynafiaid', ac eithrio, wrth gwrs, lle mae'r cyfeiriad yn benodol at Abraham, Isaac a Jacob. Nid oedd anhawster ychwaith i newid 'meibion Israel' yn 'blant Israel' neu'n 'Israeliaid'. Yn y Testament Newydd fe roddir, yn ôl y cyd-destun, y geiriau 'cydaelodau', 'cyd-Gristionogion' neu 'cyfeillion', yn lle 'brodyr'. Y nod oedd ceisio newidiadau a fyddai'n gorwedd yn eu lle mor esmwyth a rhesymol â phosibl ac osgoi'r hyn a fyddai'n dramgwydd i glust a llygad.

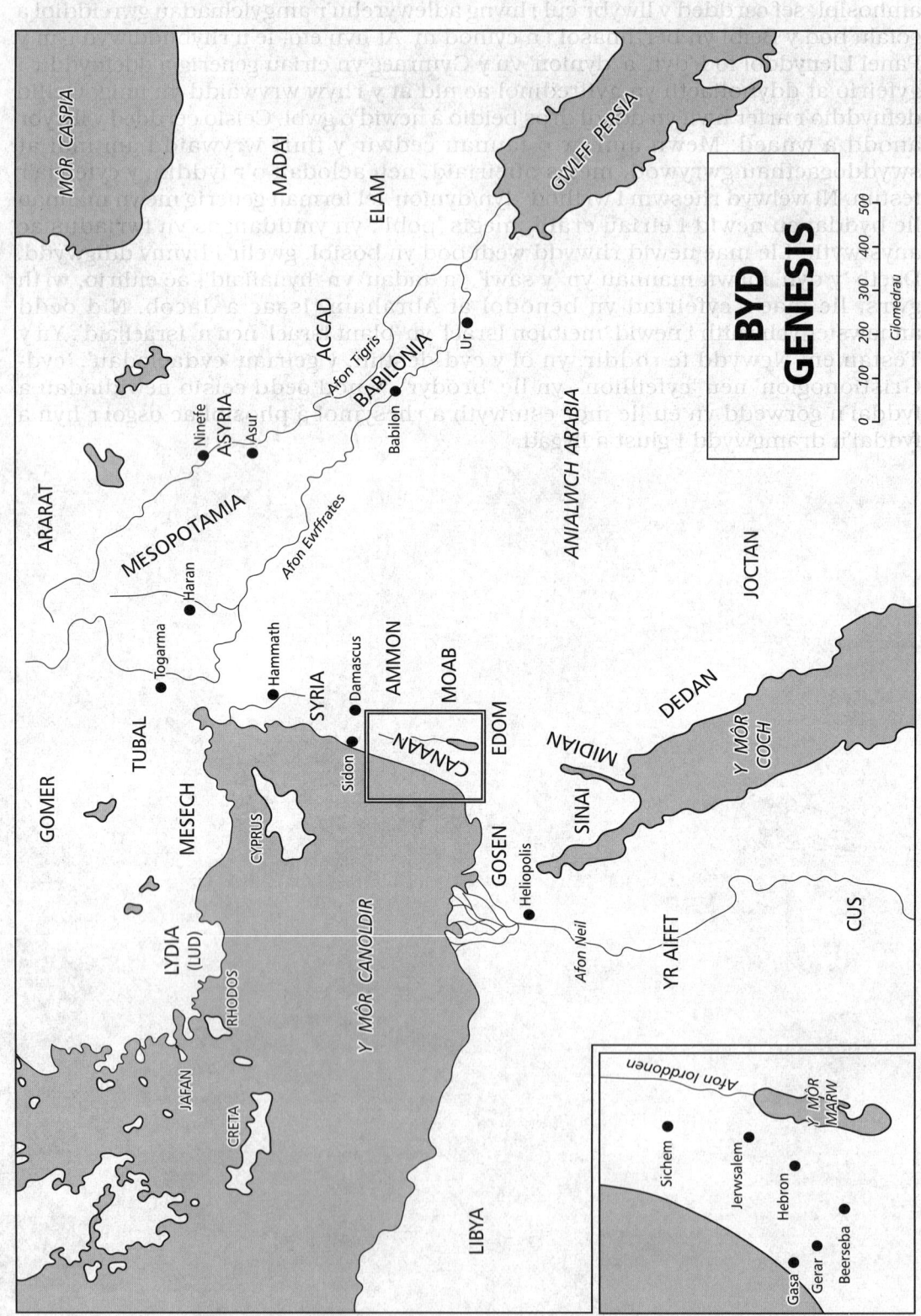

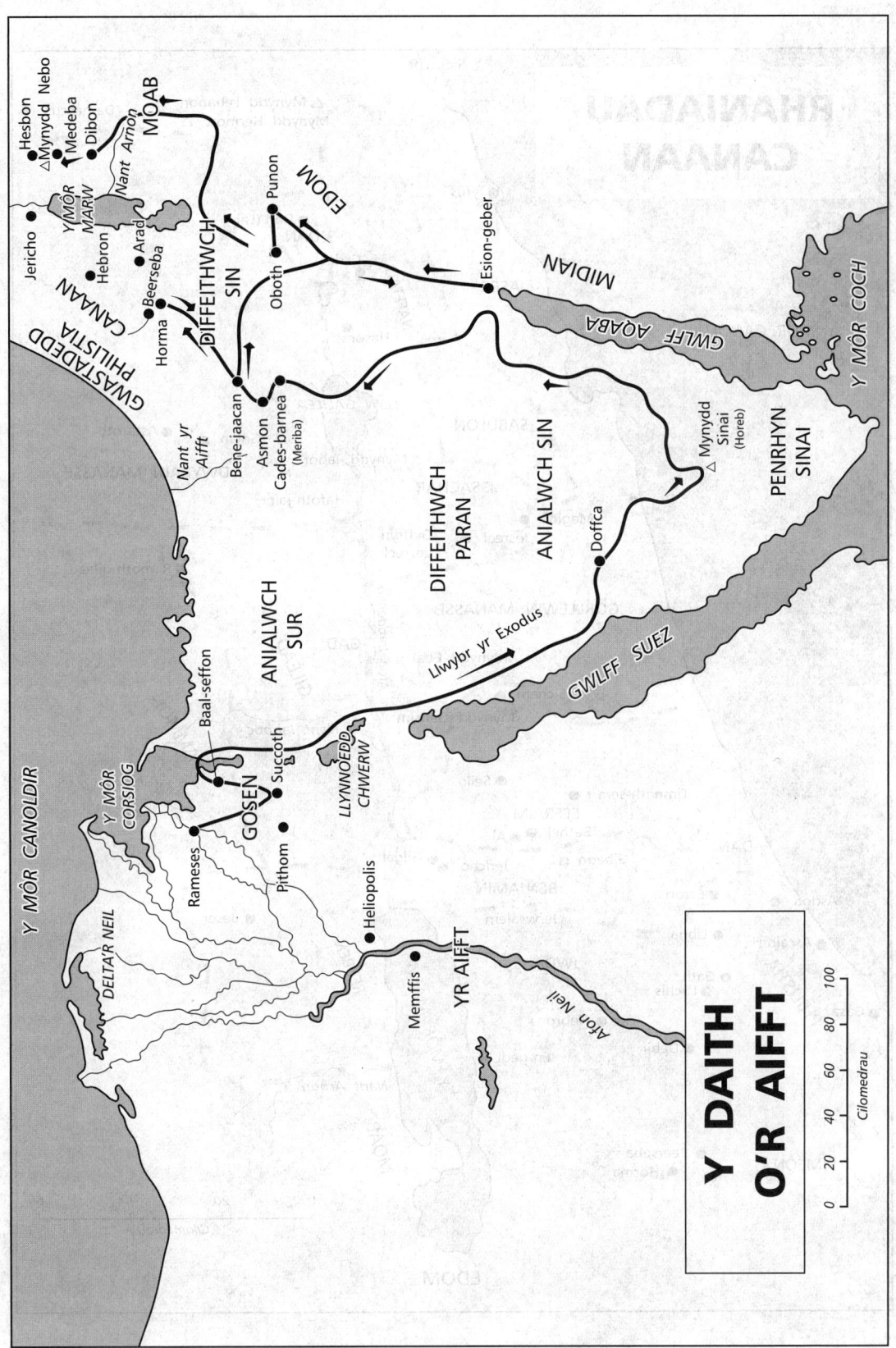

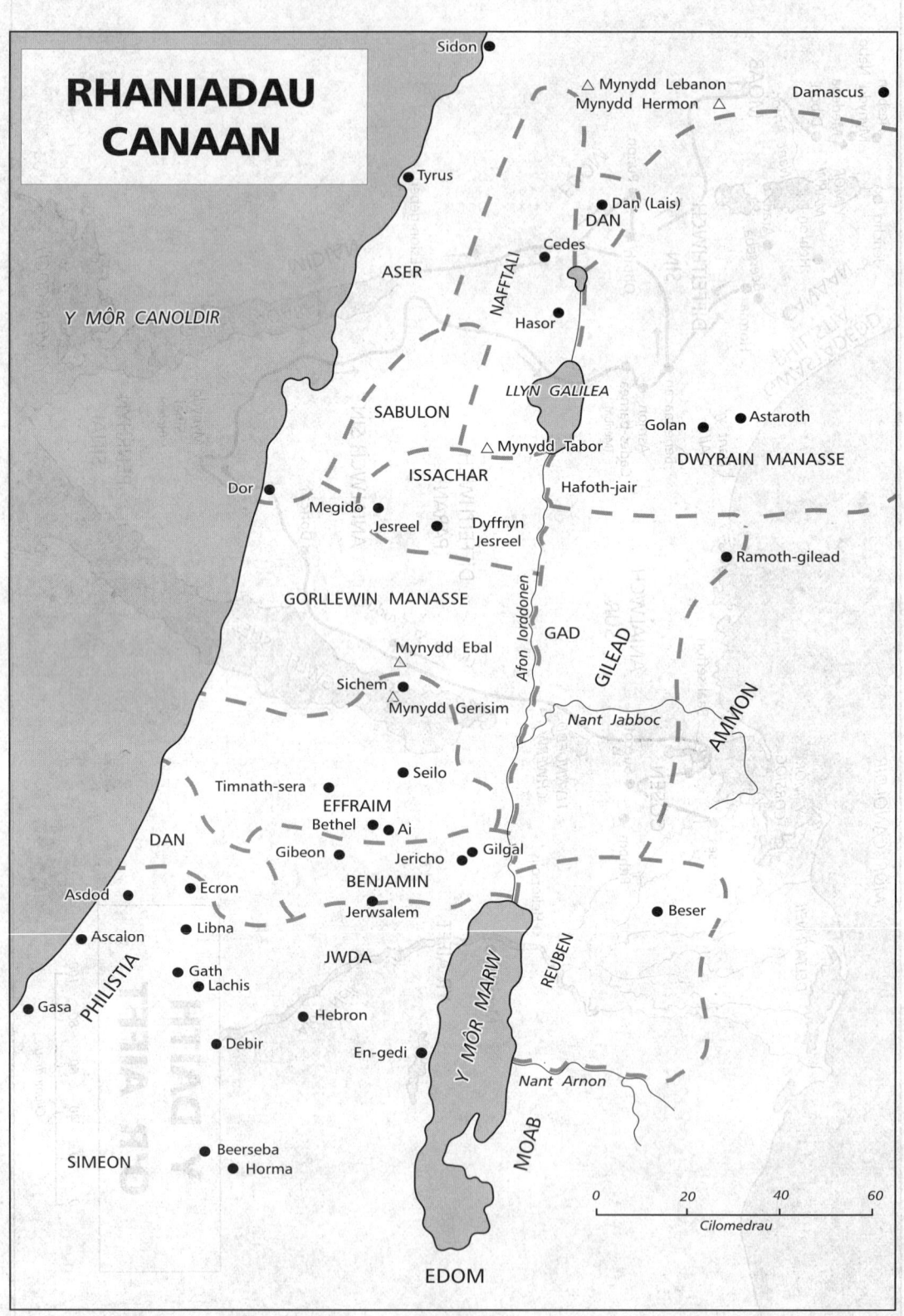

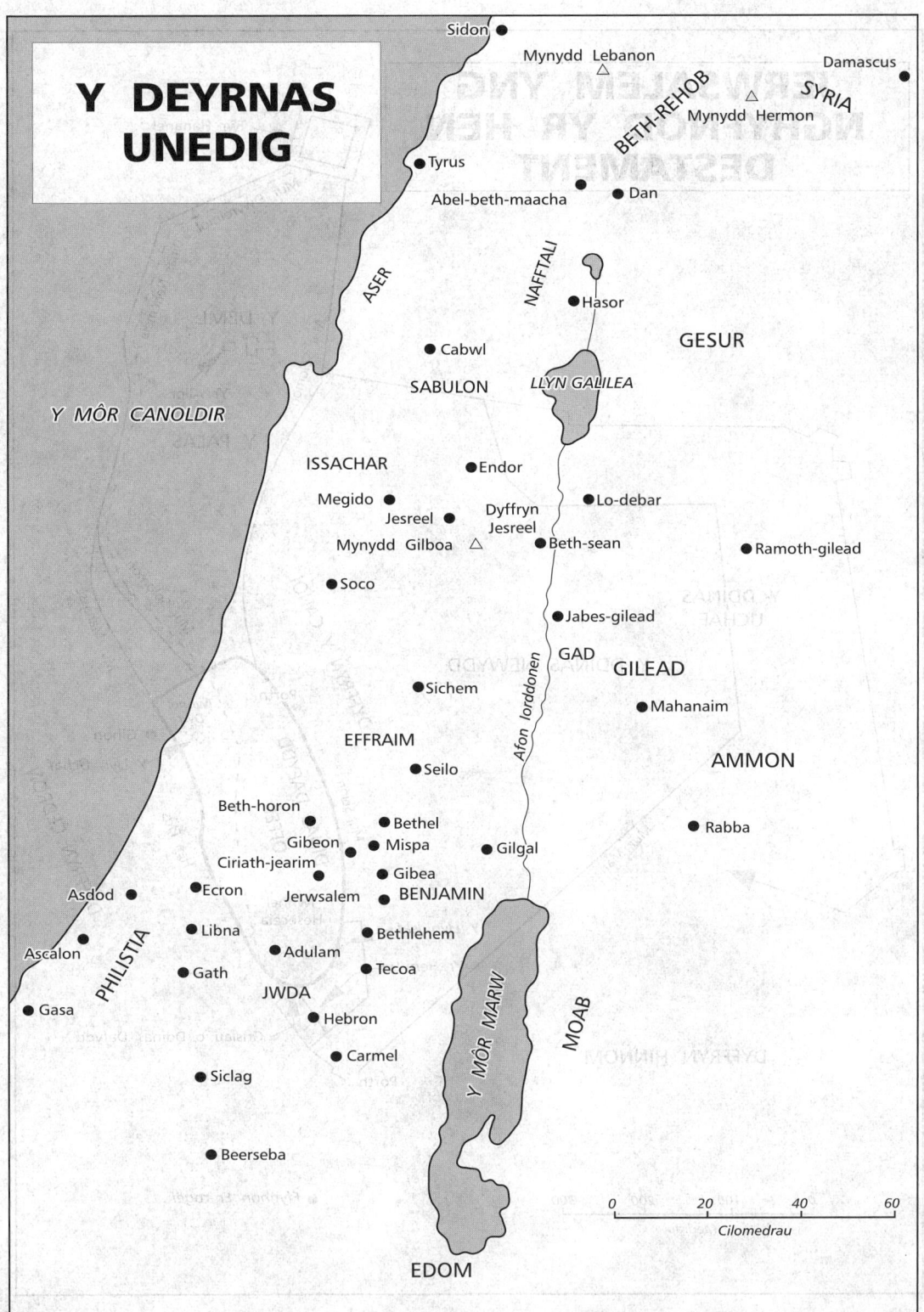

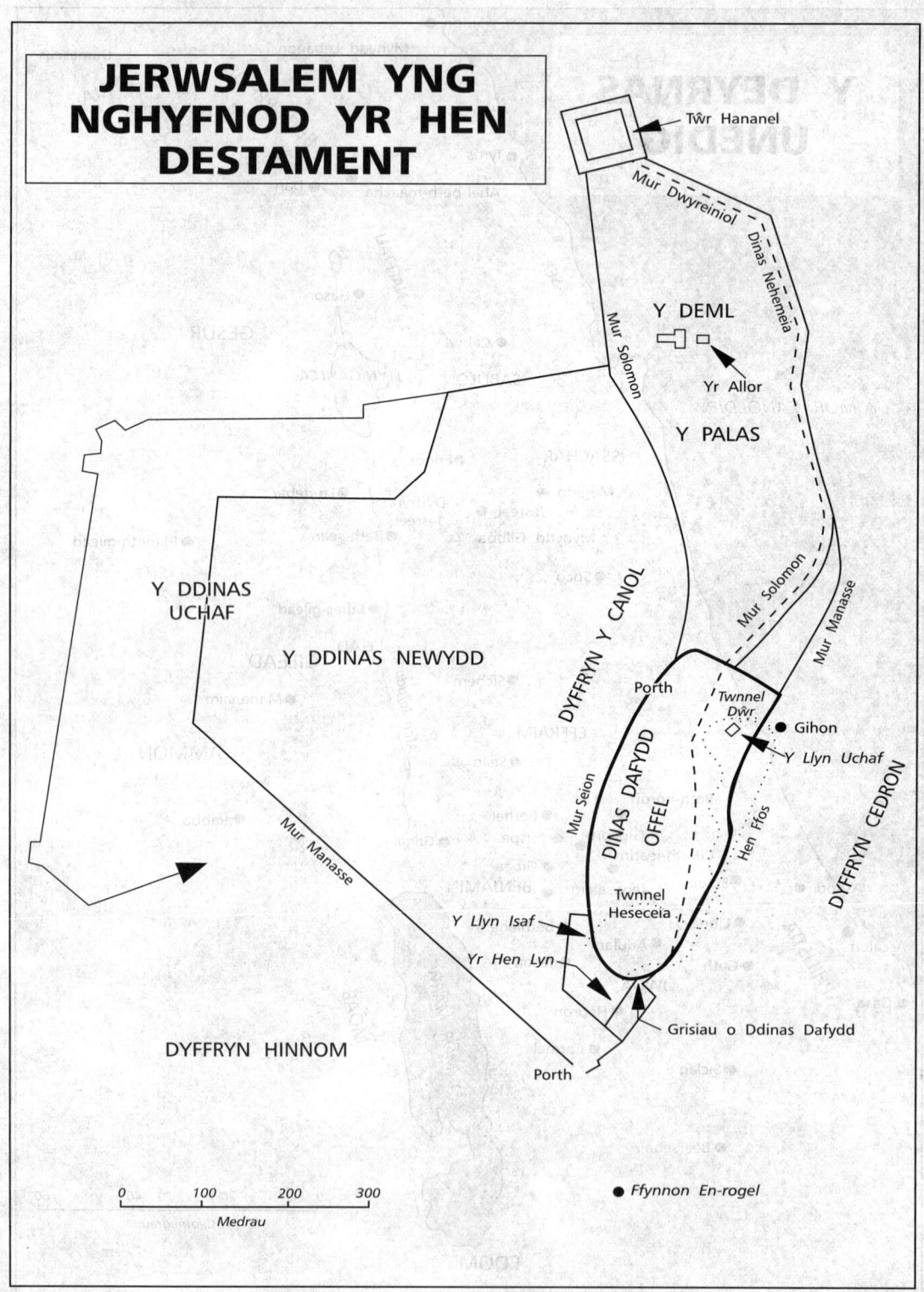

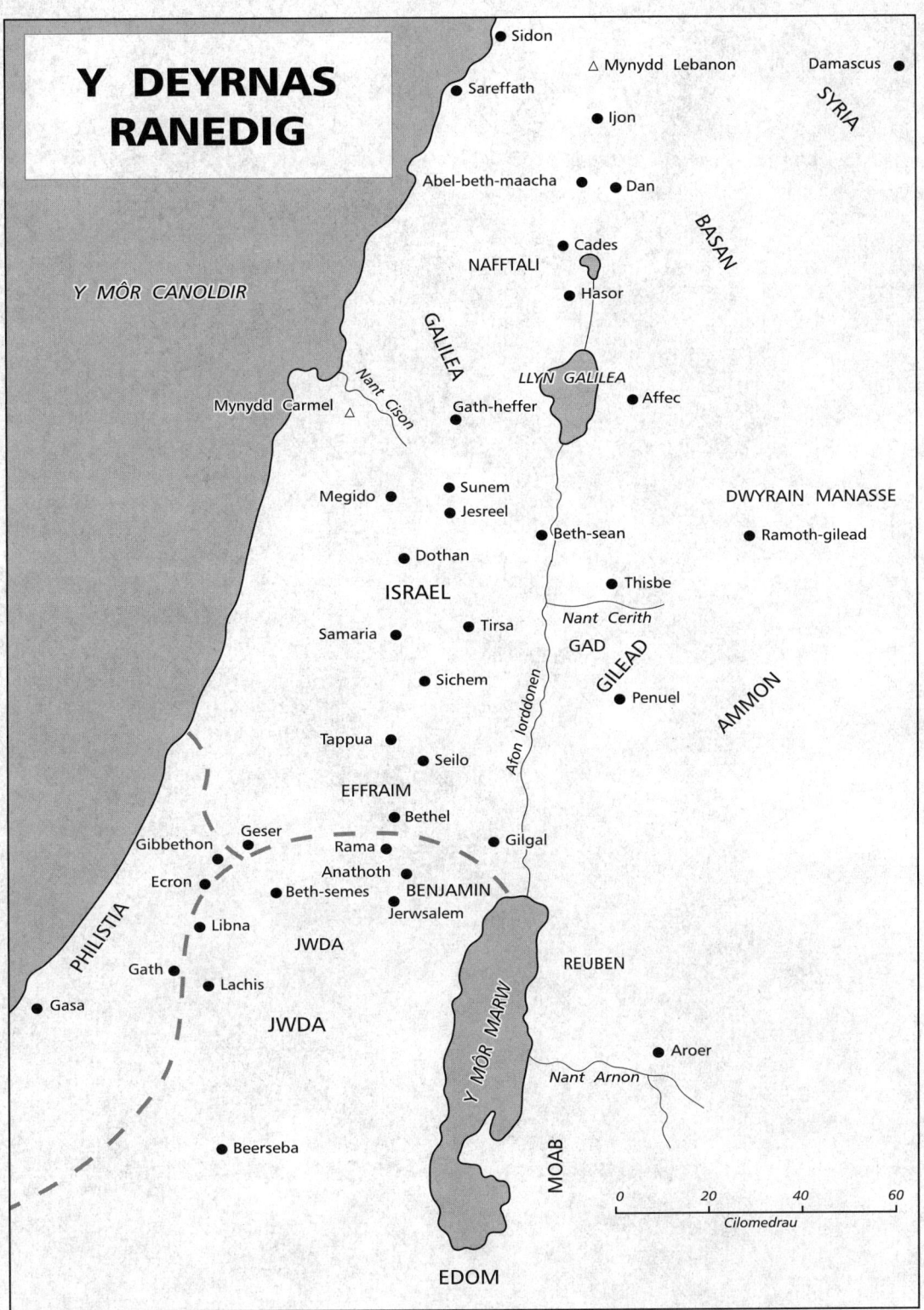

YR HEN DESTAMENT

RHAGARWEINIAD I'R HEN DESTAMENT

Hyd y gwyddom, gydag argraffiad o'r Sallwyr a gyhoeddwyd yn Bologna yn 1477 y dechreuwyd argraffu'r Beibl Hebraeg. O wasg Soncino yr ymddangosodd y Beibl Hebraeg cyflawn am y tro cyntaf, a hynny yn 1488. Cafwyd nifer wedi hynny, yn enwedig o wasg Daniel Bomberg yn Fenetia, ac yr oedd copi o'i drydydd argraffiad ef (1525-28) ym meddiant William Morgan. Ar lawysgrifau diweddar a gwallus y dibynnai Jacob ben Chaim, golygydd Bomberg, am ei destun. Erbyn heddiw nid yw hwnnw'n foddhaol. Ar gyfer *Y Beibl Cymraeg Newydd* defnyddiwyd yr argraffiad a ddefnyddir gan fwyafrif mawr ysgolheigion heddiw, sef y testun a argreffir gan y Gymdeithas Feiblaidd Almaenig dan yr enw *Biblia Hebraica Stuttgartensia*, a ddaeth bellach yn olynydd i'r *Biblia Hebraica*, gol. R. Kittel.

Erbyn dyddiau Crist yr oedd amrywiaeth mawr rhwng darlleniadau llawysgrifau Hebraeg y Beibl. Oherwydd yr anwadalwch testunol hwn, penderfynwyd gan yr Iddewon eu hunain gael un testun safonol a swyddogol, a gwneud i ffwrdd â phob llawysgrif nad oedd yn cydymffurfio â hwnnw. Ond parhaodd peth ansicrwydd, i raddau oherwydd yr amhosibilrwydd o gysoni traddodiadau testunol amrywiol, ac yn arbennig oherwydd mai mewn math o "law-fer" yr ysgrifennid y llawysgrifau cynnar i gyd, gan roi'r cytseiniaid, ond heb fanylu am y llafariaid, fel bod ystyr gair, neu yn wir frawddeg, weithiau'n amwys. Erbyn y seithfed ganrif OC yr oedd y dysgedigion Iddewig (y Masoretiaid) wedi creu cyfres o arwyddion i ddynodi llafariaid, i hyrwyddo darllen a deall y testun safonol; gelwir hwn y Testun Masoretaidd (TM), ac ef sydd mewn rhyw ffurf ym mhob Beibl Hebraeg argraffedig. Pan ddarganfuwyd Sgroliau'r Môr Marw daeth llawysgrifau Hebraeg i'r golau a oedd yn hŷn o ganrifoedd na'r llawysgrif hynaf oedd ar gael cyn hynny. Y mae darlleniadau'r llawysgrifau hyn, gan hynny, o'r pwys mwyaf i'r cyfieithydd. Felly hefyd dystiolaeth y Fersiynau cynnar o'r Hen Destament mewn Groeg, Syrieg ac ieithoedd eraill, gan fod y rheini'n seiliedig ar lawysgrifau Hebraeg a oedd yn hŷn o ganrifoedd na'r TM.

Cais y cyfieithiad presennol ddefnyddio pob cyfrwng, hen a newydd, i gyrraedd ystyr wreiddiol y testun, a mynegi hwnnw mewn Cymraeg syml a fydd yn ddealladwy i'r darllenydd cyffredin. Cadwyd y dull traddodiadol o drosi'r enw dwyfol Iafe (Yahweh) yn ARGLWYDD (mewn priflythrennau), a defnyddio Arglwydd am *'adonai*; ond nid osgowyd termau technegol lle teimlwyd bod angen amdanynt yn y cyd-destun, e.e., Sheol.

Prin yw'r adnodau na welir ynddynt ryw newid ar gyfer y cyfieithiad hwn. Gellid nodi egwyddorion y Panel Cyfieithu fel a ganlyn: (i) Ceisiwyd cyfieithu'r testun Hebraeg yng ngoleuni'r wybodaeth ddiweddaraf ynglŷn ag ystyr yr Hebraeg gwreiddiol, o bob ffynhonnell, gan gynnwys yr ieithoedd cytras. Ambell dro derbyniwyd atalnodi a llafarnodi sy'n wahanol i'r traddodiad Masoretaidd, yn enwedig pan geid tystiolaeth dros hynny yn y Fersiynau. Dro arall yr oedd y Masoretiaid eu hunain yn awgrymu dau draddodiad gwahanol (y *cerê* a'r *cethîb*, etc.). Ni osodir nodyn wrth y cyfnewidiadau hyn, gan fod y Panel yn credu mai rhan o swydd pob cyfieithydd yw dewis rhyngddynt. (ii) Lle bynnag y newidiwyd cytsain o'r Testun Masoretaidd (TM) ar sail testun Hebraeg gwahanol (e.e., Sgrôl), neu o ganlyniad i ddarlleniad mewn un neu ragor o'r Fersiynau, tynnir sylw at y newid a'i sail mewn nodyn, a rhoddir cyfieithiad llythrennol o'r TM, os yw hynny'n bosibl. (iii) Weithiau ni ellid darganfod ystyr synhwyrlawn yn y TM, hyd yn oed gyda chymorth llawysgrifau a Fersiynau. Mewn achosion o'r math hwn ceisiodd y Panel y darlleniad oedd debycaf o fod yn wreiddiol, a rhoddir y nodiad "Tebygol" wrtho. (iv) Lle'r oedd dau gyfieithiad o'r un geiriau yn bosibl, a'r Panel yn amharod i dderbyn y naill a gwrthod y llall, nodir yr ail ddewis ar odre'r tudalen gyda "neu" wrtho. (v) Lle mae ystyr enw priod, person neu le, yn arwyddocaol yn y cyd-destun, gosodir cyfieithiad neu eglurhad wrtho ar odre'r tudalen.

Yr un canllawiau a ddefnyddiwyd wrth baratoi'r Argraffiad Diwygiedig. Mewn rhai cyfieithiadau Saesneg diweddar tueddwyd i leihau'r ddibyniaeth ar y defnydd o ieithoedd cytras ac o'r Fersiynau wrth ddehongli'r Testun Masoretaidd. Teimlwyd rheidrwydd felly i ailystyried yr holl droednodiadau yn *Y Beibl Cymraeg Newydd*. Lle teimlai'r panel cyfieithu y gellid cael synnwyr o'r Testun Masoretaidd fel y saif, heb fynd ar ôl darlleniadau gwahanol yn y Fersiynau na chynnig darlleniad 'tebygol', fe newidiwyd y cyfieithiad a dileu'r troednodyn a ymddangosodd ym Meibl 1988. Rhoddwyd ystyriaeth hefyd i eiriau y ceir goleuni ar eu hystyr yn yr ieithoedd cytras, a bu newid yma ac acw; ond yn hyn o beth gellir dweud bod yr Argraffiad Diwygiedig ar y cyfan yn nes at Feibl 1988 nag yw'r *Revised English Bible* (1989) at y *New English Bible* (1970).

Byth oddi ar ddyddiau Luther, yr un llyfrau sydd yn yr Hen Destament ag sydd yn y Beibl Hebraeg (gw. y Rhagarweiniad i Apocryffa *Y Beibl Cymraeg Newydd*), ond eu bod mewn pedwar dosbarth (Cyfraith, Hanes, Barddoniaeth, Proffwydoliaeth) yn hytrach na dilyn dosbarthiad triphlyg y Beibl Hebraeg (Cyfraith, Proffwydi, Amryw). Ymgais y LXX i ddosbarthu i bedwar math o lên yw'r naill, ond dynodi tri cham yn y broses o ddod i gydnabod llyfrau arbennig fel rhai ysbrydoledig yw'r llall. Pumllyfr y "Gyfraith" yn ddiamau oedd y casgliad cynharaf, a'r llyfrau olaf i'w cydnabod fel Ysgrythur (ond nid o angenrheidrwydd y rhai olaf i'w cyfansoddi) sydd yn y trydydd dosbarth Hebreig. Yn y dosbarth olaf hwn y ceir y llên farddol i gyd a hefyd y pum llyfr hanes diweddaraf (o 1 Cronicl hyd Esther) a llyfr Daniel. Diddordeb crefyddol yn anad dim arall sydd wrth wraidd y casgliad triphlyg; arwydd o hynny yw'r ffaith mai fel isddosbarth o'r llên broffwydol y dosberthir y llyfrau hanes cynnar, o Josua hyd 2 Brenhinoedd. Er mai "Y Gyfraith" y gelwir y Pumllyfr (Genesis–Deuteronomium), Lefiticus yw'r unig un o'r pump sy'n ddeddfau i gyd. Nid oes dim deddfau yn Genesis; ac yn y tri arall, ceir adrannau cyfreithiol, ond y mae'r gweddill yn adrodd hynt a helynt Israel o'r Aifft i Ganaan. Oherwydd hyn y mae'n gywirach, yn aml, drosi'r gair Hebraeg *torâ* yn "cyfarwyddyd" yn hytrach na "deddf" neu "cyfraith", oni bo'r cyswllt cyfreithiol yn amlwg.

Rhyddiaith, fel y gellid disgwyl, yw'r Pumllyfr a'r llyfrau hanes bron yn llwyr. Ond, gyda rhai eithriadau, ysgrifennwyd llyfrau'r proffwydi mewn arddull farddonol, neu un sydd o leiaf yn tueddu at farddoniaeth; ac felly y ceisiwyd trosi'r rhannau hynny—yn ogystal, wrth gwrs, â'r llyfrau a ystyrir erioed yn farddoniaeth—yn y cyfieithiad presennol.

Y mae problemau arbennig ynghlwm wrth gyfieithu barddoniaeth; e.e., y mae ei hiaith yn aml yn fwy hynafol a chryno na rhyddiaith. Ceisiwyd cadw hyn yn y cyfieithiad, heb ei or-wneud. Nid yw odl na mydr yn ein hystyr arferol ni i'w cael mewn barddoniaeth Hebraeg, ac ni cheisiwyd eu creu wrth gyfieithu. Y nodwedd amlycaf yw'r gyfatebiaeth termau, y cyfochredd ystyr rhwng llinell a llinell, yn y mwyafrif mawr o gwpledi. Cofier bob amser mai'r cwpled, weithiau tripled, yw'r uned farddol; i ganfod meddwl y bardd, y mae'n rhaid ystyried yr uned gyfan, ac nid llinell unigol ar ei phen ei hun. Efallai mai buddiol fyddai nodi'r mathau mwyaf cyffredin o gyfochredd: *(a)* cyfochredd cyflawn, lle mae cyfatebiaeth lawn rhwng y termau yn y ddwy linell, fel yn Salm 70:1; *(b)* cyfochredd anghyflawn oherwydd gadael term allan, a naill ai (i) peri bwlch, fel yn Salm 51:2, neu (ii) llanw'r bwlch â therm newydd, fel yn Salm 2:9; *(c)* cyfochredd cyferbyniol, lle mae'r ail linell yn gyfochrog drwy wrthgyferbyniad â'r gyntaf, fel yn Salm 15:4.

Bu peth diwygio ar fersiwn 1979 o'r Salmau, o ganlyniad i ambell sylw ac awgrym gwerthfawr a dderbyniwyd gan adolygwyr a darllenwyr, ac er mwyn sicrhau cysondeb â rhannau eraill o'r *Beibl Cymraeg Newydd*. Fel yr eglurwyd yn y Rhagarweiniad i argraffiad 1979, cadwyd y teitlau uwchben rhai o'r Salmau, er gwaethaf y ffaith nad yw eu harwyddocâd bellach yn gwbl ddealladwy bob amser, ac er nad ydynt yn rhan wreiddiol o destun y Salmau, am eu bod i'w cael yn y Testun Masoretaidd (gw. isod) sy'n sail i'r cyfieithiad. Nodiadau golygyddol yw'r teitlau hyn, yn ymdrin ag amryw bynciau, megis (i) natur y Salm a'i dosbarthiad (Cân, Salm, Gweddi, Mascîl, etc.); (ii) i ba gasgliad(au) blaenorol y perthynai (Solomon, Meibion Cora, y Cyfarwyddwr, Dafydd, etc.); (iii) yn sgîl y traddodiad am awduraeth Dafydd, i ba ddigwyddiad yn ei hanes y tybid y gweddai'r Salm ("pan ffodd rhag ei fab Absalom", etc.); (iv) y cyfeiliant neu'r alaw ("ar ffliwtiau", "ar Golomen y Derw Pell", etc.); (v) pwrpas y Salm ("i gysegru'r Deml", "i ddiolch", etc.). Gwelir yn y teitlau hyn olion tyfiant a datblygiad y Sallwyr, ac felly cadwyd hwy a'u cyfieithu; yn ogystal, fe nodir rhaniad diweddarach y Sallwyr cyfan i bum "llyfr". Cadwyd hefyd y term technegol *Sela* sydd ar ddiwedd rhai adnodau; ei bwrpas oedd rhoi rhyw gyfarwyddyd defodol nad yw bellach yn wybyddus, neu o leiaf yn ansicr, ei ystyr.

Fel yr eglurwyd yn y Rhagarweiniad Cyffredinol i'r gyfrol bresennol, y mae rhaniadau'r testun, a'r penawdau uwch eu pen, yn cyfateb i raddau helaeth i'r hyn a welir yn Fersiwn Saesneg *The Good News Bible*. Pan yw hynny'n berthnasol, rhoddir o dan y penawdau groes-gyfeiriadau at adrannau cyfochrog mewn mannau eraill yn yr Hen Destament. Ac eithrio'r rhain, ni chynhwyswyd, yn yr argraffiad presennol, unrhyw groes-gyfeiriadau at adrannau eraill o'r Beibl.

MESURAU A PHWYSAU YN YR HEN DESTAMENT

Ni cheisiwyd, yn y testun nac yn y troednodiadau, drosi mesurau Hebreig i fesurau cyfwerth yn y dull metrig. Gwaith anodd, onid amhosibl, yw cyfleu'n gwbl bendant union werth y mesurau y cyfeirir atynt yn yr Hen Destament, gan eu bod yn amrywio o le i le ac o bryd i'w gilydd. Sylwer hefyd y defnyddir dau fesur 'cufydd', y naill yn gyffredin a'r llall yn hen fesur (2 Cron.3:3); yr oedd hefyd ddau 'mina' a dau 'sicl', y naill yn ôl 'pwysau'r marchnatwyr' (Gen.23:16) a'r llall yn 'sicl y cysegr' (Ex.30:13). Gan fod sawl dull o bennu cyfwerthedd, ceir bod amrywiaeth mawr yn y rhestrau sydd ar gael. O gofio mai bras amcan yn unig sy'n bosibl, lluniwyd y rhestr hon yn bennaf ar sail yr un a roddir yn *The Oxford Companion to the Bible* (1993). Cynhwysir un cyfeiriad beiblaidd gyda phob un o'r mesurau a phwysau.

1. Mesurau Llinellol

modfedd	lled bys	1 Bren.7:15	0.019 medr
dyrnfedd	cledr llaw (4 bys)	Esec.40:5	0.074 medr
rhychwant	blaen y bawd i flaen y bys bach (3 dyrnfedd)	1 Sam.17:5	0.221 medr
cufydd	o'r penelin i flaen y bysedd (6 dyrnfedd)	Barn.3:16	0.443 medr
cufydd	yr hen fesur (7 dyrnfedd)	2 Cron.3:3	0.520 medr

2. Mesurau Cynhwysedd Sych

pwys (Hebraeg *qab*)		2 Bren.6:15	1.3 litr
omer	degfed ran o effa	Ex.16:32	2.3 litr
hobaid	3 omer a hanner	1 Sam.25:18	7.7 litr
effa	10 omer	Ex.16:36	22.9 litr
corus	10 effa	1 Bren.4:22	229.7 litr
homer	10 effa	Esec.45:11	229.7 litr

3. Mesurau Cynhwysedd Gwlyb

log		Lef.14:10	0.32 litr
hin	12 log	Num.15:7	3.829 litr
bath	6 hin	Esec.45:14	23 litr
corus	10 bath	Esec.45:14	230 litr

4. Pwysau

gera		Esec.45:12	0.57 gram
beca	10 gera (1/2 sicl)	Ex.38:26	5.71 gram
sicl	20 gera	Lef.27:25	11.42 gram
mina	50 sicl	1 Bren.10:17	571.2 gram
mina	60 sicl	Esec.45:12	582.62 gram
talent	60 mina	Ex.38:25	34.3 cgr

5. Arian

Pwysau o fetalau a ddefnyddid yn arian yng nghyfnod yr Hen Destament, ac felly defnyddir 'sicl' (2 Bren.15:20) a 'talent' (1 Bren. 9:14) i ddynodi pwysau o aur neu arian a ddefnyddid i farchnata. Mewn rhannau sy'n perthyn i gyfnod diweddar yn llenyddiaeth yr Hen Destament cyfeirir at ddau ddarn arall o arian:

daric	1 Cron.29:7	8 gram
dracmon	Neh.7:70	4.4 gram

LLYFR
GENESIS

Hanes y Creu

1 Yn y dechreuad creodd Duw y nefoedd a'r ddaear. ² Yr oedd y ddaear yn afluniaidd a gwag, ac yr oedd tywyllwch ar wyneb y dyfnder, ac ysbryd Duw* yn ymsymud ar wyneb y dyfroedd. ³ A dywedodd Duw, "Bydded goleuni." A bu goleuni. ⁴ Gwelodd Duw fod y goleuni yn dda; a gwahanodd Duw y goleuni oddi wrth y tywyllwch. ⁵ Galwodd Duw y goleuni yn ddydd a'r tywyllwch yn nos. A bu hwyr a bu bore, y dydd cyntaf.

⁶ Yna dywedodd Duw, "Bydded ffurfafen yng nghanol y dyfroedd yn gwahanu dyfroedd oddi wrth ddyfroedd." ⁷ A gwnaeth Duw y ffurfafen, a gwahanodd y dyfroedd odani oddi wrth y dyfroedd uwchlaw iddi. A bu felly. ⁸ Galwodd Duw y ffurfafen yn nefoedd. A bu hwyr a bu bore, yr ail ddydd.

⁹ Yna dywedodd Duw, "Casgler ynghyd y dyfroedd dan y nefoedd i un lle, ac ymddangosed tir sych." A bu felly. ¹⁰ Galwodd Duw y tir sych yn ddaear, a chronfa'r dyfroedd yn foroedd. A gwelodd Duw fod hyn yn dda. ¹¹ Dywedodd Duw, "Dyged y ddaear dyfiant, llysiau yn dwyn had, a choed ir ar y ddaear yn dwyn ffrwyth â had ynddo, yn ôl eu rhywogaeth." A bu felly. ¹² Dygodd y ddaear dyfiant, llysiau yn dwyn had yn ôl eu rhywogaeth, a choed yn dwyn ffrwyth â had ynddo, yn ôl eu rhywogaeth. A gwelodd Duw fod hyn yn dda. ¹³ A bu hwyr a bu bore, y trydydd dydd.

¹⁴ Yna dywedodd Duw, "Bydded goleuadau yn ffurfafen y nefoedd i wahanu'r dydd oddi wrth y nos, ac i fod yn arwyddion i'r tymhorau, a hefyd i'r dyddiau a'r blynyddoedd. ¹⁵ Bydded iddynt fod yn oleuadau yn ffurfafen y nefoedd i oleuo ar y ddaear." A bu felly. ¹⁶ Gwnaeth Duw y ddau olau mawr, y golau mwyaf i reoli'r dydd, a'r golau lleiaf y nos; a gwnaeth y sêr hefyd. ¹⁷ A gosododd Duw hwy yn ffurfafen y nefoedd i oleuo ar y ddaear, ¹⁸ i reoli'r dydd a'r nos ac i wahanu'r goleuni oddi wrth y tywyllwch. A gwelodd Duw fod hyn yn dda. ¹⁹ A bu hwyr a bu bore, y pedwerydd dydd.

²⁰ Yna dywedodd Duw, "Heigied y dyfroedd o greaduriaid byw, ac uwchlaw'r ddaear eheded adar ar draws ffurfafen y nefoedd." ²¹ A chreodd Duw y morfilod mawr, a'r holl greaduriaid byw sy'n heigio yn y dyfroedd yn ôl eu rhywogaeth, a phob aderyn asgellog yn ôl ei rywogaeth. A gwelodd Duw fod hyn yn dda. ²² Bendithiodd Duw hwy a dweud, "Byddwch ffrwythlon ac amlhewch a llanwch ddyfroedd y moroedd, a lluosoged yr adar ar y ddaear." ²³ A bu hwyr a bu bore, y pumed dydd.

²⁴ Yna dywedodd Duw, "Dyged y ddaear greaduriaid byw yn ôl eu rhywogaeth: anifeiliaid, ymlusgiaid a bwystfilod gwyllt yn ôl eu rhywogaeth." A bu felly. ²⁵ Gwnaeth Duw y bwystfilod gwyllt yn ôl eu rhywogaeth, a'r anifeiliaid yn ôl eu rhywogaeth, a holl ymlusgiaid y tir yn ôl eu rhywogaeth. A gwelodd Duw fod hyn yn dda.

²⁶ Dywedodd Duw, "Gwnawn ddyn ar ein delw, yn ôl ein llun ni, i lywodraethu ar bysgod y môr, ar adar yr awyr, ar yr anifeiliaid gwyllt, ar yr holl ddaear, ac ar bopeth sy'n ymlusgo ar y ddaear." ²⁷ Felly creodd Duw ddyn ar ei ddelw ei hun; ar ddelw Duw y creodd ef; yn wryw ac yn fenyw y creodd hwy. ²⁸ Bendithiodd Duw hwy a dweud, "Byddwch ffrwythlon ac amlhewch, llanwch y ddaear a darostyngwch hi; llywodraethwch ar bysgod y môr, ar adar yr awyr, ac ar bopeth byw sy'n ymlusgo ar y ddaear."

²⁹ A dywedodd Duw, "Yr wyf yn rhoi i chwi bob llysieuyn sy'n dwyn had ar wyneb y ddaear, a phob coeden â had yn ei ffrwyth; byddant yn fwyd i chwi. ³⁰ Ac i bob bwystfil gwyllt, i holl adar yr

---

1:2 Neu, *a gwynt nerthol.*

awyr, ac i bopeth sy'n ymlusgo ar y ddaear, popeth ag anadl einioes ynddo, bydd pob llysieuyn glas yn fwyd." A bu felly. ³¹ Gwelodd Duw y cwbl a wnaeth, ac yr oedd yn dda iawn. A bu hwyr a bu bore, y chweched dydd.

2 Felly gorffennwyd y nefoedd a'r ddaear a'u holl luoedd. ² Ac erbyn y seithfed dydd yr oedd Duw wedi gorffen y gwaith a wnaeth, a gorffwysodd ar y seithfed dydd oddi wrth ei holl waith. ³ Am hynny bendithiodd Duw y seithfed dydd a'i sancteiddio, am mai ar hwnnw y gorffwysodd Duw oddi wrth ei holl waith yn creu.

⁴ Dyma hanes cenhedlu'r nefoedd a'r ddaear pan grewyd hwy.

Gardd Eden

Yn y dydd y gwnaeth yr ARGLWYDD Dduw ddaear a nefoedd, ⁵ nid oedd un o blanhigion y maes wedi dod ar y tir, nac un o lysiau'r maes wedi blaguro, am nad oedd yr ARGLWYDD Dduw eto wedi peri iddi lawio ar y ddaear, ac nad oedd yno ddyn i drin y tir; ⁶ ond yr oedd tarth yn esgyn o'r ddaear ac yn dyfrhau holl wyneb y tir. ⁷ Yna lluniodd yr ARGLWYDD Dduw ddyn o lwch y tir, ac anadlodd yn ei ffroenau anadl einioes; a daeth y dyn yn greadur byw. ⁸ A phlannodd yr ARGLWYDD Dduw ardd yn Eden, tua'r dwyrain; a gosododd yno y dyn yr oedd wedi ei lunio. ⁹ A gwnaeth yr ARGLWYDD Dduw i bob coeden ddymunol i'r golwg, a da i fwyta ohoni, dyfu o'r tir; ac yr oedd pren y bywyd yng nghanol yr ardd, a phren gwybodaeth da a drwg.

¹⁰ Yr oedd afon yn llifo allan o Eden i ddyfrhau'r ardd, ac oddi yno yr oedd yn ymrannu'n bedair. ¹¹ Enw'r afon gyntaf yw Pison; hon sy'n amgylchu holl wlad Hafila, lle y ceir aur; ¹² y mae aur y wlad honno'n dda, ac yno ceir bdeliwm a'r maen onyx. ¹³ Enw'r ail yw Gihon; hon sy'n amgylchu holl wlad Ethiopia. ¹⁴ Ac enw'r drydedd yw Tigris; hon sy'n llifo o'r tu dwyrain i Asyria. A'r bedwaredd afon yw Ewffrates.

¹⁵ Cymerodd yr ARGLWYDD Dduw y dyn a'i osod yng ngardd Eden, i'w thrin a'i chadw. ¹⁶ Rhoddodd yr ARGLWYDD Dduw orchymyn i'r dyn, a dweud, "Cei fwyta'n rhydd o bob coeden yn yr ardd, ¹⁷ ond ni chei fwyta o bren gwybodaeth da a drwg, oherwydd y dydd y bwytei ohono ef, byddi'n sicr o farw."

¹⁸ Dywedodd yr ARGLWYDD Dduw hefyd, "Nid da bod y dyn ar ei ben ei hun; gwnaf iddo ymgeledd cymwys." ¹⁹ Felly fe luniodd yr ARGLWYDD Dduw o'r ddaear yr holl fwystfilod gwyllt a holl adar yr awyr, a daeth â hwy at y dyn i weld pa enw a roddai arnynt; a pha enw bynnag a roes y dyn ar unrhyw greadur, dyna fu ei enw. ²⁰ Rhoes y dyn enw ar yr holl anifeiliaid, ar adar yr awyr, ac ar yr holl fwystfilod gwyllt; ond ni chafodd ymgeledd cymwys iddo'i hun. ²¹ Yna parodd yr ARGLWYDD Dduw i drymgwsg syrthio ar y dyn, a thra oedd yn cysgu, cymerodd un o'i asennau a chau ei lle â chnawd; ²² ac o'r asen a gymerodd gwnaeth yr ARGLWYDD Dduw wraig, a daeth â hi at y dyn. ²³ A dywedodd y dyn,

"Dyma hi!
Asgwrn o'm hesgyrn, a chnawd o'm
  cnawd.
Gelwir hi yn wraig,
  am mai o ŵr* y cymerwyd hi."

²⁴ Dyna pam y bydd dyn yn gadael ei dad a'i fam, ac yn glynu wrth ei wraig, a byddant yn un cnawd. ²⁵ Yr oedd y dyn a'i wraig ill dau yn noeth, ac nid oedd arnynt gywilydd.

Anufudd-dod Dyn

3 Yr oedd y sarff yn fwy cyfrwys na'r holl fwystfilod gwyllt a wnaed gan yr ARGLWYDD Dduw. A dywedodd wrth y wraig, "A yw Duw yn wir wedi dweud, 'Ni chewch fwyta o'r un o goed yr ardd'?" ² Dywedodd y wraig wrth y sarff, "Cawn fwyta o ffrwyth coed yr ardd, ³ ond am ffrwyth y goeden sydd yng nghanol yr ardd dywedodd Duw, 'Peidiwch â bwyta ohono, na chyffwrdd ag ef, rhag ichwi farw.' " ⁴ Ond dywedodd y sarff wrth y wraig, "Na! ni fyddwch farw; ⁵ ond fe ŵyr Duw yr agorir eich llygaid y dydd y bwytewch ohono, a byddwch fel Duw*

2:23 Hebraeg yn chwarae ar y geiriau *'issa* (gwraig) ac *'is* (gŵr).
3:5 Neu, *duwiau*.

yn gwybod da a drwg." ⁶ A phan ddeallodd y wraig fod y pren yn dda i fwyta ohono, a'i fod yn deg i'r golwg ac yn bren i'w ddymuno i beri doethineb, cymerodd o'i ffrwyth a'i fwyta, a'i roi hefyd i'w gŵr oedd gyda hi, a bwytaodd yntau. ⁷ Yna agorwyd eu llygaid hwy ill dau i wybod eu bod yn noeth, a gwnïasant ddail ffigysbren i wneud ffedogau iddynt eu hunain.

⁸ A chlywsant sŵn yr ARGLWYDD Dduw yn rhodio yn yr ardd gyda hwyr y dydd, ac ymguddiodd y dyn a'i wraig o olwg yr ARGLWYDD Dduw ymysg coed yr ardd. ⁹ Ond galwodd yr ARGLWYDD Dduw ar y dyn, a dweud wrtho, "Ble'r wyt ti?" ¹⁰ Atebodd yntau, "Clywais dy sŵn yn yr ardd, ac ofnais oherwydd fy mod yn noeth, ac ymguddiais." ¹¹ Dywedodd yntau, "Pwy a ddywedodd wrthyt dy fod yn noeth? A wyt ti wedi bwyta o'r pren y gorchmynnais iti beidio â bwyta ohono?" ¹² A dywedodd y dyn, "Y wraig a roddaist i fod gyda mi a roes i mi o ffrwyth y pren, a bwyteais innau." ¹³ Yna dywedodd yr ARGLWYDD Dduw wrth y wraig, "Pam y gwnaethost hyn?" A dywedodd y wraig, "Y sarff a'm twyllodd, a bwyteais innau."

Dedfryd Duw

¹⁴ Yna dywedodd yr ARGLWYDD Dduw wrth y sarff:

"Am iti wneud hyn, yr wyt yn fwy melltigedig
na'r holl anifeiliaid,
ac na'r holl fwystfilod gwyllt;
byddi'n ymlusgo ar dy dor,
ac yn bwyta llwch holl ddyddiau dy fywyd.
¹⁵ Gosodaf elyniaeth hefyd rhyngot ti a'r wraig,
a rhwng dy had di a'i had hithau;
bydd ef yn ysigo dy ben di,
a thithau'n ysigo'i sawdl ef."

¹⁶ Dywedodd wrth y wraig:

"Byddaf yn amlhau yn ddirfawr dy boen a'th wewyr;
mewn poen y byddi'n geni plant.
Eto bydd dy ddyhead am dy ŵr,
a bydd ef yn llywodraethu arnat."

¹⁷ Dywedodd wrth Adda:

"Am iti wrando ar lais dy wraig,
a bwyta o'r pren y gorchmynnais i ti beidio â bwyta ohono,
melltigedig yw'r ddaear o'th achos;
trwy lafur y bwytei ohoni holl ddyddiau dy fywyd.
¹⁸ Bydd yn rhoi iti ddrain ac ysgall, a byddi'n bwyta llysiau gwyllt.
¹⁹ Trwy chwys dy wyneb y byddi'n bwyta bara
hyd oni ddychweli i'r pridd,
oherwydd ohono y'th gymerwyd;
llwch wyt ti, ac i'r llwch y dychweli."

²⁰ Rhoddodd y dyn i'w wraig yr enw Efa, am mai hi oedd mam pob un byw. ²¹ A gwnaeth yr ARGLWYDD Dduw beisiau crwyn i Adda a'i wraig, a'u gwisgo amdanynt.

²² Yna dywedodd yr ARGLWYDD Dduw, "Edrychwch, y mae'r dyn fel un ohonom ni, yn gwybod da a drwg. Yn awr, rhaid iddo beidio ag estyn ei law a chymryd hefyd o bren y bywyd, a bwyta, a byw hyd byth." ²³ Am hynny anfonodd yr ARGLWYDD Dduw ef allan o ardd Eden, i drin y tir y cymerwyd ef ohono. ²⁴ Gyrrodd y dyn allan; a gosododd gerwbiaid i'r dwyrain o ardd Eden, a chleddyf fflamllyd yn chwyrlïo, i warchod y ffordd at bren y bywyd.

Cain ac Abel

4 Cafodd Adda gyfathrach â'i wraig Efa, a beichiogodd ac esgor ar Cain, a dywedodd, "Dygais* ŵr trwy yr ARGLWYDD." ² Esgorodd wedyn ar ei frawd Abel. Bugail defaid oedd Abel, a Cain yn trin y tir. ³ Ymhen amser daeth Cain ag offrwm o gynnyrch y tir i'r ARGLWYDD, ⁴ a daeth Abel yntau â blaenffrwyth ei ddefaid, sef eu braster. ⁵ Edrychodd yr ARGLWYDD yn ffafriol ar Abel a'i offrwm, ond nid felly ar Cain a'i offrwm. Digiodd Cain yn ddirfawr, a bu'n wynepdrist. ⁶ Ac meddai'r ARGLWYDD wrth Cain, "Pam yr wyt wedi digio? Pam yr wyt yn wynepdrist? ⁷ Os gwnei yn dda, oni fyddi'n gymeradwy? Ac oni wnei yn dda, y mae pechod yn llercian

---

4:1 Hebraeg, *canah*. Cymh. *Cain*.

wrth y drws; y mae ei wanc amdanat, ond rhaid i ti ei drechu." ⁸ A dywedodd Cain wrth Abel ei frawd, "Gad inni fynd i'r maes."* A phan oeddent yn y maes, troes Cain ar Abel ei frawd, a'i ladd. ⁹ Yna dywedodd yr ARGLWYDD wrth Cain, "Ble mae dy frawd Abel?" Meddai yntau, "Ni wn i. Ai fi yw ceidwad fy mrawd?" ¹⁰ A dywedodd Duw, "Beth wyt wedi ei wneud? Y mae llef gwaed dy frawd yn gweiddi arnaf o'r pridd. ¹¹ Yn awr, melltigedig fyddi gan y pridd a agorodd ei safn i dderbyn gwaed dy frawd o'th law. ¹² Pan fyddi'n trin y pridd, ni fydd mwyach yn rhoi ei ffrwyth iti; ffoadur a chrwydryn fyddi ar y ddaear." ¹³ Yna meddai Cain wrth yr ARGLWYDD, "Y mae fy nghosb yn ormod i'w dwyn. ¹⁴ Dyma ti heddiw yn fy ngyrru ymaith o'r tir, ac fe'm cuddir o'th ŵydd; ffoadur a chrwydryn fyddaf ar y ddaear, a bydd pwy bynnag a ddaw ar fy nhraws yn fy lladd." ¹⁵ Dywedodd yr ARGLWYDD wrtho, "Nid felly*; os bydd i rywun ladd Cain, dielir arno seithwaith." A gosododd yr ARGLWYDD nod ar Cain, rhag i neb a ddôi ar ei draws ei ladd. ¹⁶ Yna aeth Cain ymaith o ŵydd yr ARGLWYDD, a phreswylio yn nhir Nod, i'r dwyrain o Eden.

Disgynyddion Cain

¹⁷ Cafodd Cain gyfathrach â'i wraig, a beichiogodd ac esgor ar Enoch; ac adeiladodd ddinas, a'i galw ar ôl ei fab, Enoch. ¹⁸ Ac i Enoch ganwyd Irad; Irad oedd tad Mehwiael, Mehwiael oedd tad Methwsael, a Methwsael oedd tad Lamech. ¹⁹ Cymerodd Lamech ddwy wraig; Ada oedd enw'r gyntaf, a Sila oedd enw'r ail. ²⁰ Esgorodd Ada ar Jabal; ef oedd tad pob preswylydd pabell a pherchen anifail. ²¹ Enw ei frawd oedd Jwbal; ef oedd tad pob canwr telyn a phib. ²² Esgorodd Sila, y wraig arall, ar Twbal-Cain, cyfarwyddwr pob un sy'n gwneud cywreinwaith pres a haearn. Naama oedd chwaer Twbal-Cain.

²³ A dywedodd Lamech wrth ei wragedd:
 "Ada a Sila, clywch fy llais;
 chwi wragedd Lamech, gwrandewch
  fy lleferydd;
 lleddais ŵr am fy archolli, a llanc
  am fy nghleisio.
²⁴ Os dielir am Cain seithwaith,
 yna Lamech saith ddengwaith a
  seithwaith."

Seth ac Enos

²⁵ Cafodd Adda gyfathrach â'i wraig eto, ac esgorodd ar fab, a'i alw'n Seth, a dweud, "Darparodd* Duw i mi fab arall yn lle Abel, am i Cain ei ladd." ²⁶ I Seth hefyd fe anwyd mab, a galwodd ef yn Enos. Yr amser hwnnw y dechreuwyd galw ar enw yr ARGLWYDD.

Disgynyddion Adda

5 1 Cron. 1:1-4
Dyma lyfr cenedlaethau Adda*. Pan greodd Duw bobl, gwnaeth hwy ar lun Duw. ² Fe'u creodd yn wryw ac yn fenyw, a bendithiodd hwy; ac ar ddydd eu creu fe'u galwodd yn ddyn. ³ Bu Adda fyw am gant tri deg o flynyddoedd cyn geni mab iddo, ar ei lun a'i ddelw; a galwodd ef yn Seth. ⁴ Wedi geni Seth, bu Adda fyw am wyth gan mlynedd, a bu iddo feibion a merched eraill. ⁵ Felly yr oedd oes gyfan Adda yn naw cant tri deg o flynyddoedd; yna bu farw.

⁶ Bu Seth fyw am gant a phump o flynyddoedd cyn geni iddo Enos. ⁷ Ac wedi geni Enos, bu Seth fyw am wyth gant a saith o flynyddoedd, a bu iddo feibion a merched eraill. ⁸ Felly yr oedd oes gyfan Seth yn naw cant a deuddeg o flynyddoedd; yna bu farw.

⁹ Bu Enos fyw am naw deg o flynyddoedd cyn geni iddo Cenan. ¹⁰ Ac wedi geni Cenan, bu Enos fyw am wyth gant a phymtheg o flynyddoedd, a bu iddo feibion a merched eraill. ¹¹ Felly yr oedd oes gyfan Enos yn naw cant a phump o flynyddoedd; yna bu farw.

¹² Bu Cenan fyw am saith deg o flynyddoedd cyn geni iddo Mahalalel. ¹³ Ac wedi geni Mahalalel, bu Cenan fyw am wyth gant pedwar deg o flynyddoedd, a bu iddo feibion a merched eraill. ¹⁴ Felly yr oedd oes

---

4:8 Felly Fersiynau. Hebraeg heb *"Gad . . . maes."*
4:15 Felly Fersiynau. Hebraeg, *Felly.*
4:25 Hebraeg, *sith.* Cymh. *Seth.*
5:1 Neu, *dyn.*

gyfan Cenan yn naw cant a deg o flynyddoedd; yna bu farw.

15 Bu Mahalalel fyw am chwe deg a phump o flynyddoedd cyn geni iddo Jered. 16 Ac wedi geni Jered, bu Mahalalel fyw am wyth gant tri deg o flynyddoedd, a bu iddo feibion a merched eraill. 17 Felly yr oedd oes gyfan Mahalalel yn wyth gant naw deg a phump o flynyddoedd; yna bu farw.

18 Bu Jered fyw am gant chwe deg a dwy o flynyddoedd cyn geni iddo Enoch. 19 Ac wedi geni Enoch, bu Jered fyw am wyth gan mlynedd, a bu iddo feibion a merched eraill. 20 Felly yr oedd oes gyfan Jered yn naw cant chwe deg a dwy o flynyddoedd; yna bu farw.

21 Bu Enoch fyw am chwe deg a phump o flynyddoedd cyn geni iddo Methwsela. 22 Wedi geni Methwsela, rhodiodd Enoch gyda Duw am dri chan mlynedd, a bu iddo feibion a merched eraill. 23 Felly yr oedd oes gyfan Enoch yn dri chant chwe deg a phump o flynyddoedd. 24 Rhodiodd Enoch gyda Duw, ac yna nid oedd mwyach, oherwydd cymerodd Duw ef.

25 Bu Methwsela fyw am gant wyth deg a saith o flynyddoedd cyn geni iddo Lamech. 26 Ac wedi geni Lamech, bu Methwsela fyw am saith gant wyth deg a dwy o flynyddoedd, a bu iddo feibion a merched eraill. 27 Felly yr oedd oes gyfan Methwsela yn naw cant chwe deg a naw o flynyddoedd; yna bu farw.

28 Bu Lamech fyw am gant wyth deg a dwy o flynyddoedd cyn geni iddo fab; 29 a galwodd ef yn Noa, a dweud, "Fe ddaw hwn â chysur i ni o waith a llafur ein dwylo yn y pridd a felltithiodd yr ARGLWYDD." 30 Ac wedi geni Noa, bu Lamech fyw am bum cant naw deg a phump o flynyddoedd, a bu iddo feibion a merched eraill. 31 Felly yr oedd oes gyfan Lamech yn saith gant saith deg a saith o flynyddoedd; yna bu farw. 32 Bu Noa fyw am bum can mlynedd cyn geni iddo Sem, Cham a Jaffeth.

Drygioni'r Bobl

6 Dechreuodd y bobl amlhau ar wyneb y ddaear, a ganwyd merched iddynt; 2 yna gwelodd meibion Duw fod y merched yn hardd, a chymerasant wragedd o'u plith yn ôl eu dewis. 3 A dywedodd yr ARGLWYDD, "Ni fydd fy ysbryd yn aros am byth mewn meidrolyn, oherwydd cnawd yw; ond cant ac ugain o flynyddoedd fydd hyd ei oes." 4 Y Neffilim oedd ar y ddaear yr amser hwnnw, ac wedi hynny hefyd, pan oedd meibion Duw yn cyfathrachu â'r merched, a hwythau'n geni plant iddynt. Dyma'r cedyrn gynt, gwŷr enwog.

5 Pan welodd yr ARGLWYDD fod drygioni'r bobl yn fawr ar y ddaear, a bod holl ogwydd eu bwriadau bob amser yn ddrwg, 6 bu edifar gan yr ARGLWYDD iddo wneud dyn ar y ddaear, a gofidiodd yn fawr. 7 Yna dywedodd yr ARGLWYDD, "Dileaf oddi ar wyneb y ddaear y bobl a greais, ie, dyn ac anifail, ymlusgiaid ac adar yr awyr, oherwydd y mae'n edifar gennyf imi eu gwneud." 8 Ond cafodd Noa ffafr yng ngolwg yr ARGLWYDD.

Noa

9 Dyma genedlaethau Noa. Gŵr cyfiawn oedd Noa, perffaith yn ei oes; a rhodiodd Noa gyda Duw. 10 Yr oedd Noa'n dad i dri o feibion: Sem, Cham a Jaffeth.

11 Aeth y ddaear yn llygredig gerbron Duw, ac yn llawn trais. 12 A gwelodd Duw fod y ddaear yn llygredig, am fod bywyd pob peth byw ar y ddaear wedi ei lygru. 13 Yna dywedodd Duw wrth Noa, "Yr wyf wedi penderfynu difodi pob cnawd, oherwydd llanwyd y ddaear â thrais ganddynt; yr wyf am eu difetha o'r ddaear. 14 Gwna i ti arch o bren goffer; gwna gelloedd ynddi a rho drwch o byg arni, oddi mewn ac oddi allan. 15 Dyma'i chynllun: hyd yr arch, tri chan cufydd; ei lled, hanner can cufydd; ei huchder, deg cufydd ar hugain. 16 Gwna do hefyd i'r arch, a gorffen ei grib gufydd yn uwch; gosod ddrws yr arch yn ei hochr, a gwna hi'n dri llawr, yr isaf, y canol a'r uchaf. 17 Edrych, yr wyf ar fin dwyn dyfroedd y dilyw ar y ddaear, i ddifetha pob cnawd dan y nef ag anadl einioes ynddo; bydd popeth ar y ddaear yn trengi. 18 Ond sefydlaf fy nghyfamod â thi; fe ei di i'r arch, ti a'th feibion a'th wraig, a gwragedd dy feibion gyda thi. 19 Yr wyt

i fynd â dau o bob math o'r holl greaduriaid byw i mewn i'r arch i'w cadw'n fyw gyda thi, sef gwryw a benyw. ²⁰ Daw atat ddau o bob math o'r adar yn ôl eu rhywogaeth, o'r anifeiliaid yn ôl eu rhywogaeth, ac o holl ymlusgiaid y tir yn ôl eu rhywogaeth, i'w cadw'n fyw. ²¹ Cymer hefyd o bob bwyd sy'n cael ei fwyta, a chasgla ef ynghyd; bydd yn ymborth i ti ac iddynt hwythau." ²² Felly y gwnaeth Noa; gwnaeth bopeth fel y gorchmynnodd Duw iddo.

Y Dilyw

7 Yna dywedodd yr ARGLWYDD wrth Noa, "Dos i mewn i'r arch, ti a'th holl deulu, oherwydd gwelais dy fod di yn gyfiawn ger fy mron yn y genhedlaeth hon. ² Cymer gyda thi saith bâr o'r holl anifeiliaid glân, y gwryw a'i gymar; a phâr o'r anifeiliaid nad ydynt lân, y gwryw a'i gymar; ³ a phob yn saith bâr hefyd o adar yr awyr, y gwryw a'r fenyw, i gadw eu hil yn fyw ar wyneb yr holl ddaear. ⁴ Oherwydd ymhen saith diwrnod paraf iddi lawio ar y ddaear am ddeugain diwrnod a deugain nos, a byddaf yn dileu oddi ar wyneb y ddaear bopeth byw a wneuthum." ⁵ Gwnaeth Noa bopeth fel y gorchmynnodd yr ARGLWYDD iddo. ⁶ Chwe chant oed oedd Noa pan ddaeth dyfroedd y dilyw ar y ddaear.

⁷ Aeth Noa i mewn i'r arch, a'i feibion a'i wraig a gwragedd ei feibion gydag ef, rhag dyfroedd y dilyw. ⁸ Cymerodd o'r anifeiliaid glân a'r anifeiliaid nad oeddent lân, o'r adar a phopeth oedd yn ymlusgo ar y tir, ⁹ a daethant i mewn ato i'r arch bob yn ddau, yn wryw a benyw, fel y gorchmynnodd Duw i Noa. ¹⁰ Ymhen saith diwrnod daeth dyfroedd y dilyw ar y ddaear.

¹¹ Yn y chwe chanfed flwyddyn o oes Noa, yn yr ail fis, ar yr ail ddydd ar bymtheg o'r mis, y diwrnod hwnnw rhwygwyd holl ffynhonnau'r dyfnder mawr ac agorwyd ffenestri'r nefoedd, ¹² fel y bu'n glawio ar y ddaear am ddeugain diwrnod a deugain nos. ¹³ Y diwrnod hwnnw aeth Noa a'i feibion Sem, Cham a Jaffeth, gwraig Noa a thair gwraig ei feibion hefyd gyda hwy i mewn i'r arch, ¹⁴ hwy a phob bwystfil yn ôl ei rywogaeth, a phob anifail yn ôl ei rywogaeth, a phob peth sy'n ymlusgo ar y ddaear yn ôl ei rywogaeth, a'r holl adar yn ôl eu rhywogaeth, pob aderyn asgellog. ¹⁵ Daethant at Noa i'r arch bob yn ddau, o bob creadur ag anadl einioes ynddo. ¹⁶ Yr oeddent yn dod yn wryw ac yn fenyw o bob creadur, ac aethant i mewn fel y gorchmynnodd Duw iddo; a chaeodd yr ARGLWYDD arno.

¹⁷ Am ddeugain diwrnod y bu'r dilyw yn dod ar y ddaear; amlhaodd y dyfroedd, gan gludo'r arch a'i chodi oddi ar y ddaear. ¹⁸ Cryfhaodd y dyfroedd ac amlhau'n ddirfawr ar y ddaear, a moriodd yr arch ar wyneb y dyfroedd. ¹⁹ Cryfhaodd y dyfroedd gymaint ar y ddaear nes gorchuddio'r holl fynyddoedd uchel ym mhob man dan y nefoedd; ²⁰ cododd y dyfroedd dros y mynyddoedd a'u gorchuddio dan ddyfnder o bymtheg cufydd. ²¹ Trengodd pob cnawd oedd yn symud ar y ddaear, yn adar, anifeiliaid, bwystfilod, popeth oedd yn heigio ar y ddaear, a phobl hefyd; ²² bu farw popeth ar y tir sych oedd ag anadl einioes yn ei ffroenau. ²³ Dilewyd popeth byw oedd ar wyneb y tir, yn ddyn ac anifail, yn ymlusgiaid ac adar yr awyr; fe'u dilewyd o'r ddaear. Noa yn unig a adawyd, a'r rhai oedd gydag ef yn yr arch. ²⁴ Parhaodd y dyfroedd ar y ddaear am gant a hanner o ddyddiau.

Diwedd y Dilyw

8 Cofiodd Duw am Noa a'r holl fwystfilod a'r holl anifeiliaid oedd gydag ef yn yr arch. Parodd Duw i wynt chwythu dros y ddaear, a gostyngodd y dyfroedd; ² caewyd ffynhonnau'r dyfnder a ffenestri'r nefoedd, ac ataliwyd y glaw o'r nef. ³ Ciliodd y dyfroedd yn raddol oddi ar y ddaear, ac wedi cant a hanner o ddyddiau aeth y dyfroedd ar drai. ⁴ Yn y seithfed mis, ar yr ail ddydd ar bymtheg o'r mis, glaniodd yr arch ar fynyddoedd Ararat. ⁵ Ciliodd y dyfroedd yn raddol hyd y degfed mis; ac yn y degfed mis, ar y dydd cyntaf o'r mis, daeth pennau'r mynyddoedd i'r golwg.

⁶ Ymhen deugain diwrnod agorodd Noa y ffenestr yr oedd wedi ei gwneud yn

yr arch, ⁷ ac anfon allan gigfran i weld a oedd y dyfroedd wedi treio*, ac aeth hithau yma ac acw nes i'r dyfroedd sychu oddi ar y ddaear. ⁸ Yna gollyngodd golomen i weld a oedd y dyfroedd wedi treio oddi ar wyneb y tir; ⁹ ond ni chafodd y golomen le i roi ei throed i lawr, a dychwelodd ato i'r arch am fod dŵr dros wyneb yr holl ddaear. Estynnodd yntau ei law i'w derbyn, a'i chymryd ato i'r arch. ¹⁰ Arhosodd eto saith diwrnod, ac anfonodd y golomen eilwaith o'r arch. ¹¹ Pan ddychwelodd y golomen ato gyda'r hwyr, yr oedd yn ei phig ddeilen olewydd newydd ei thynnu; a deallodd Noa fod y dyfroedd wedi treio oddi ar y ddaear. ¹² Arhosodd eto saith diwrnod; anfonodd allan y golomen, ond ni ddaeth yn ôl ato y tro hwn.

¹³ Yn y flwyddyn chwe chant ac un o oed Noa, yn y mis cyntaf, ar y dydd cyntaf o'r mis, sychodd y dyfroedd oddi ar y ddaear; a symudodd Noa gaead yr arch, a phan edrychodd allan, gwelodd wyneb y tir yn sychu. ¹⁴ Erbyn yr ail fis, ar y seithfed dydd ar hugain o'r mis, yr oedd y ddaear wedi sychu. ¹⁵ Yna llefarodd Duw wrth Noa, a dweud, ¹⁶ "Dos allan o'r arch, ti a'th wraig a'th feibion a gwragedd dy feibion gyda thi; ¹⁷ a dwg allan gyda thi bob creadur byw o bob cnawd, yn adar ac anifeiliaid a phopeth sy'n ymlusgo ar y ddaear, er mwyn iddynt epilio ar y ddaear, a ffrwytho ac amlhau ynddi." ¹⁸ Felly aeth Noa allan gyda'i feibion a'i wraig a gwragedd ei feibion; ¹⁹ hefyd aeth allan o'r arch bob bwystfil, pob ymlusgiad, pob aderyn a phob peth sy'n ymlusgo ar y ddaear, yn ôl eu rhywogaeth.

Noa'n Aberthu

²⁰ Yna adeiladodd Noa allor i'r ARGLWYDD, a chymryd rhai o bob math o'r anifeiliaid glân ac o'r adar glân, ac offrymu poethoffrymau ar yr allor. ²¹ A phan glywodd yr ARGLWYDD yr arogl hyfryd, dywedodd yr ARGLWYDD ynddo'i hun, "Ni felltithiaf y ddaear mwyach o achos dyn, er bod gogwydd ei feddwl yn ddrwg o'i ieuenctid; ni ddifethaf eto bopeth byw fel y gwneuthum.

²² Tra pery'r ddaear,
ni pheidia pryd hau a medi, oerni a gwres,
haf a gaeaf, dydd a nos."

Cyfamod Duw â Noa

9 Bendithiodd Duw Noa a'i feibion a dweud, "Byddwch ffrwythlon, amlhewch a llanwch y ddaear. ² Bydd eich ofn a'ch arswyd ar yr holl fwystfilod gwyllt, ar holl adar yr awyr, ar holl ymlusgiaid y tir ac ar holl bysgod y môr; gosodwyd hwy dan eich awdurdod. ³ Bydd popeth byw sy'n symud yn fwyd i chwi; fel y rhoddais eisoes lysiau gleision i chwi, rhoddaf i chwi bopeth. ⁴ Ond peidiwch â bwyta cig â'i einioes, sef ei waed, ynddo. ⁵ Yn wir, mynnaf iawn am waed eich einioes; mynnaf ef gan bob bwystfil a chan bobl; ie, mynnaf iawn am fywyd y sawl a leddir gan arall.

⁶ A dywallto waed dyn, trwy ddyn y tywelltir ei waed yntau;
oherwydd gwnaeth Duw ddyn ar ei ddelw ei hun.
⁷ Chwithau, byddwch ffrwythlon ac amlhewch,
epiliwch ar y ddaear ac amlhewch ynddi."

⁸ Llefarodd Duw wrth Noa a'i feibion, a dweud, ⁹ "Dyma fi'n sefydlu fy nghyfamod â chwi ac â'ch had ar eich ôl, ¹⁰ ac â phob creadur byw gyda chwi, yn adar ac anifeiliaid, a'r holl fwystfilod gwyllt sydd gyda chwi, y cwbl a ddaeth allan o'r arch*. ¹¹ Sefydlaf fy nghyfamod â chwi, rhag torri ymaith eto bob cnawd trwy ddyfroedd dilyw, na bod dilyw arall i ddifa'r ddaear." ¹² A dywedodd Duw, "Dyma a osodaf yn arwydd o'r cyfamod yr wyf yn ei wneud â chwi ac â phopeth byw gyda chwi tros oesoedd di-rif: ¹³ gosodaf fy mwa yn y cwmwl, a bydd yn arwydd cyfamod rhyngof a'r ddaear. ¹⁴ Pan godaf gwmwl ar y ddaear bydd bwa yn ymddangos yn y cwmwl, ¹⁵ a chofiaf fy nghyfamod rhyngof a chwi a

---

8:7 Felly Groeg. Hebraeg heb *i weld . . . treio*. Cymh. adn. 8.

9:10 Felly Groeg. Hebraeg yn ychwanegu *a'r holl fwystfilod gwyllt*.

phob creadur byw o bob math, ac ni ddaw'r dyfroedd eto yn ddilyw i ddifa pob cnawd. ¹⁶ Pan fydd y bwa yn y cwmwl, byddaf yn edrych arno ac yn cofio'r cyfamod tragwyddol rhwng Duw a phob creadur byw o bob math ar y ddaear." ¹⁷ Dywedodd Duw wrth Noa, "Dyma arwydd y cyfamod yr wyf wedi ei sefydlu rhyngof a phob cnawd ar y ddaear."

Noa a'i Feibion

¹⁸ Sem, Cham a Jaffeth oedd meibion Noa a ddaeth allan o'r arch. Cham oedd tad Canaan. ¹⁹ Dyma dri mab Noa, ac ohonynt y poblogwyd yr holl ddaear.

²⁰ Dechreuodd Noa fod yn amaethwr. Plannodd winllan, ²¹ ac yna yfodd o'r gwin nes meddwi, a gorwedd yn noeth yn ei babell. ²² Gwelodd Cham, tad Canaan, ei dad yn noeth, a dywedodd wrth ei ddau frawd y tu allan; ²³ ond cymerodd Sem a Jaffeth fantell a'i gosod ar eu hysgwyddau, a cherdded yn wysg eu cefnau a gorchuddio noethni eu tad, gan droi eu hwynebau i ffwrdd rhag gweld noethni eu tad. ²⁴ Pan ddeffrôdd Noa o'i win, a gwybod beth yr oedd ei fab ieuengaf wedi ei wneud iddo, ²⁵ dywedodd,

"Melltigedig fyddo Canaan;
gwas i weision ei frodyr fydd."
²⁶ Dywedodd hefyd,
"Bendigedig gan yr ARGLWYDD fy
  Nuw fyddo Sem;*
bydded Canaan yn was iddo.
²⁷ Helaethed Duw Jaffeth, iddo
  breswylio ym mhebyll Sem;
bydded Canaan yn was iddo."

²⁸ Bu Noa fyw wedi'r dilyw am dri chant a hanner o flynyddoedd. ²⁹ Felly yr oedd oes gyfan Noa yn naw cant a hanner o flynyddoedd; yna bu farw.

Disgynyddion Meibion Noa

10 1 Cron. 1:5–23

Dyma genedlaethau meibion Noa, sef Sem, Cham a Jaffeth. Ganwyd iddynt feibion wedi'r dilyw. ² Meibion Jaffeth oedd Gomer, Magog, Madai, Jafan, Tubal, Mesech, a Tiras. ³ Meibion Gomer: Ascenas, Riffath, a Togarma. ⁴ Meibion Jafan: Elisa, Tarsis, Cittim, a Dodanim; ⁵ o'r rhain yr ymrannodd pobl yr ynysoedd. Dyna feibion Jaffeth* yn eu gwledydd, pob un yn ôl ei iaith a'i lwyth, ac yn eu cenhedloedd.

⁶ Meibion Cham oedd Cus, Misraim, Put, a Canaan. ⁷ Meibion Cus: Seba, Hafila, Sabta, Raama, a Sabteca. Meibion Raama: Seba a Dedan. ⁸ Cus oedd tad Nimrod; hwn oedd y cyntaf o gedyrn y ddaear. ⁹ Yr oedd yn heliwr cryf gerbron yr ARGLWYDD; dyna pam y dywedir, "Fel Nimrod, yn heliwr cryf gerbron yr ARGLWYDD." ¹⁰ Dechreuodd ei frenhiniaeth gyda Babel, Erech, Accad a Calne yng ngwlad Sinar. ¹¹ Aeth allan o'r wlad honno i Asyria ac adeiladu Ninefe, Rehoboth-ir, Cala, ¹² a Resen, dinas fawr rhwng Ninefe a Cala. ¹³ Yr oedd Misraim yn dad i Ludim, Anamim, Lehabim, Nafftwhim, ¹⁴ Pathrusim, Casluhim a Cafftorim, y daeth y Philistiaid ohonynt.*

¹⁵ Canaan oedd tad Sidon, ei gyntafanedig, a Heth; ¹⁶ hefyd y Jebusiaid, Amoriaid, Girgasiaid, ¹⁷ Hefiaid, Arciaid, Siniaid, ¹⁸ Arfadiaid, Semariaid, a Hamathiaid. Wedi hynny gwasgarwyd teuluoedd y Canaaneaid, ¹⁹ ac estyn eu ffin o Sidon i gyfeiriad Gerar, hyd Gasa; ac i gyfeiriad Sodom, Gomorra, Adma, a Seboim, hyd Lesa. ²⁰ Dyna feibion Cham, yn ôl eu llwythau a'u hieithoedd, ynghyd â'u gwledydd a'u cenhedloedd.

²¹ I Sem hefyd, tad holl feibion Heber, brawd hynaf Jaffeth, ganwyd plant. ²² Meibion Sem oedd Elam, Assur, Arffaxad, Lud, ac Aram. ²³ Meibion Aram: Us, Hul, Gether, a Mas. ²⁴ Arffaxad oedd tad Sela, a Sela oedd tad Heber. ²⁵ I Heber ganwyd dau fab; enw un oedd Peleg, oherwydd yn ei ddyddiau ef rhannwyd* y ddaear, a Joctan oedd enw ei frawd. ²⁶ Joctan oedd tad Almodad, Saleff, Hasar-mafeth, Jera, ²⁷ Hadoram, Usal, Dicla, ²⁸ Obal, Abimael, Seba, ²⁹ Offir, Hafila, a Jobab; yr oeddent oll yn feibion Joctan. ³⁰ Yr oedd eu tir yn

---

9:26 Neu, *Bendigedig fyddo'r ARGLWYDD, Duw Sem.*
10:5 Tebygol. Hebraeg heb *Dyna . . . Jaffeth.* Cymh. adn. 20, 31.
10:14 Hebraeg, *y daeth . . . ohonynt* ar ôl *Casluhim.*
10:25 Hebraeg, *palag.* Cymh. *Peleg.*

ymestyn o Mesa i gyfeiriad Seffar, i fynydd-dir y dwyrain. ³¹ Dyna feibion Sem, yn ôl eu llwythau a'u hieithoedd, ynghyd â'u gwledydd a'u cenhedloedd.

³² Dyma lwythau meibion Noa, yn ôl eu hachau, yn eu cenhedloedd; ac o'r rhain yr ymrannodd y cenhedloedd dros y ddaear wedi'r dilyw.

Tŵr Babel

11 Un iaith ac un ymadrodd oedd i'r holl fyd. ² Wrth ymdeithio yn y dwyrain, cafodd y bobl wastadedd yng ngwlad Sinar a thrigo yno. ³ A dywedasant wrth ei gilydd, "Dewch, gwnawn briddfeini a'u crasu'n galed." Priddfeini oedd ganddynt yn lle cerrig, a phyg yn lle calch. ⁴ Yna dywedasant, "Dewch, adeiladwn i ni ddinas, a thŵr a'i ben yn y nefoedd, a gwnawn inni enw, rhag ein gwasgaru dros wyneb yr holl ddaear." ⁵ Disgynnodd yr ARGLWYDD i weld y ddinas a'r tŵr yr oedd y bobl wedi eu hadeiladu, ⁶ a dywedodd, "Y maent yn un bobl a chanddynt un iaith; y maent wedi dechrau gwneud hyn, a bellach ni rwystrir hwy mewn dim y bwriadant ei wneud. ⁷ Dewch, disgynnwn, a chymysgu eu hiaith hwy yno, rhag iddynt ddeall ei gilydd yn siarad." ⁸ Felly gwasgarodd yr ARGLWYDD hwy oddi yno dros wyneb yr holl ddaear, a pheidiasant ag adeiladu'r ddinas. ⁹ Am hynny gelwir ei henw Babel, oherwydd yno y cymysgodd* yr ARGLWYDD iaith yr holl fyd, a gwasgarodd yr ARGLWYDD hwy oddi yno dros wyneb yr holl ddaear.

Disgynyddion Sem
1 Cron. 1:24-27

¹⁰ Dyma genedlaethau Sem. Bu Sem fyw am gan mlynedd cyn geni iddo Arffaxad ddwy flynedd wedi'r dilyw. ¹¹ Wedi geni Arffaxad, bu Sem fyw am bum can mlynedd, a chafodd feibion a merched eraill.

¹² Bu Arffaxad fyw am dri deg a phump o flynyddoedd cyn geni iddo Sela. ¹³ Wedi geni Sela, bu Arffaxad fyw am bedwar cant a thair o flynyddoedd, a chafodd feibion a merched eraill.

¹⁴ Bu Sela fyw am dri deg o flynyddoedd cyn geni iddo Heber. ¹⁵ Wedi geni Heber, bu Sela fyw am bedwar cant a thair o flynyddoedd, a chafodd feibion a merched eraill.

¹⁶ Bu Heber fyw am dri deg a phedair o flynyddoedd cyn geni iddo Peleg. ¹⁷ Wedi geni Peleg, bu Heber fyw am bedwar cant tri deg o flynyddoedd, a chafodd feibion a merched eraill.

¹⁸ Bu Peleg fyw am dri deg o flynyddoedd cyn geni iddo Reu. ¹⁹ Wedi geni Reu, bu Peleg fyw am ddau gant a naw o flynyddoedd, a chafodd feibion a merched eraill.

²⁰ Bu Reu fyw am dri deg a dwy o flynyddoedd cyn geni iddo Serug. ²¹ Wedi geni Serug, bu Reu fyw am ddau gant a saith o flynyddoedd, a chafodd feibion a merched eraill.

²² Bu Serug fyw am dri deg o flynyddoedd cyn geni iddo Nachor. ²³ Wedi geni Nachor, bu Serug fyw am ddau gan mlynedd, a chafodd feibion a merched eraill.

²⁴ Bu Nachor fyw am ddau ddeg a naw o flynyddoedd cyn geni iddo Tera. ²⁵ Wedi geni Tera, bu Nachor fyw am gant un deg a naw o flynyddoedd, a chafodd feibion a merched eraill.

²⁶ Bu Tera fyw am saith deg o flynyddoedd cyn geni iddo Abram, Nachor a Haran.

Disgynyddion Tera

²⁷ Dyma genedlaethau Tera. Tera oedd tad Abram, Nachor a Haran; a Haran oedd tad Lot. ²⁸ Bu Haran farw cyn ei dad Tera yng ngwlad ei enedigaeth, yn Ur y Caldeaid. ²⁹ Yna cymerodd Abram a Nachor wragedd iddynt eu hunain; enw gwraig Abram oedd Sarai, ac enw gwraig Nachor oedd Milca, merch Haran, tad Milca ac Isca. ³⁰ Yr oedd Sarai yn ddi-blant, heb eni plentyn.

³¹ Cymerodd Tera ei fab Abram, a'i ŵyr Lot fab Haran, a Sarai ei ferch-yng-nghyfraith, gwraig ei fab Abram; ac aethant allan gyda'i gilydd o Ur y Caldeaid i fynd i wlad Canaan, a daethant i Haran a thrigo yno. ³² Dau gant a phump o flynyddoedd oedd oes Tera; a bu farw Tera yn Haran.

11:9 Hebraeg, *balal*.

Galw Abram

12 Dywedodd yr ARGLWYDD wrth Abram, "Dos o'th wlad, ac oddi wrth dy dylwyth a'th deulu, i'r wlad a ddangosaf i ti. ² Gwnaf di yn genedl fawr a bendithiaf di; mawrygaf dy enw a byddi'n fendith. ³ Bendithiaf y rhai sy'n dy fendithio, a melltithiaf y rhai sy'n dy felltithio, ac ynot ti bendithir holl dylwythau'r ddaear."

⁴ Aeth Abram fel y dywedodd yr ARGLWYDD wrtho, ac aeth Lot gydag ef. Saith deg a phump oedd oed Abram pan aeth allan o Haran. ⁵ A chymerodd Abram ei wraig Sarai, a Lot mab ei frawd, a'r holl feddiannau a gasglwyd ganddynt, a'r tylwyth a gawsant yn Haran, a chychwyn i wlad Canaan. Wedi iddynt ddod i wlad Canaan, ⁶ tramwyodd Abram trwy'r tir hyd safle Sichem, at dderwen More. Y Canaaneaid oedd yn y wlad y pryd hwnnw, ⁷ ond ymddangosodd yr ARGLWYDD i Abram a dweud, "I'th ddisgynyddion di y rhoddaf y wlad hon." Adeiladodd yntau allor yno i'r ARGLWYDD, a oedd wedi ymddangos iddo. ⁸ Yna symudodd oddi yno i'r mynydd-dir tua'r dwyrain o Fethel a gosod ei babell, gyda Bethel o'i ôl ac Ai o'i flaen; adeiladodd yno allor i'r ARGLWYDD, a galw ar enw'r ARGLWYDD. ⁹ A pharhaodd Abram i symud yn raddol tua'r Negef.

Abram yn yr Aifft

¹⁰ Yr oedd newyn yn y tir, ac aeth Abram i lawr i'r Aifft i aros yno dros dro, am fod y newyn yn fawr yn y tir. ¹¹ A phan oedd ar gyrraedd yr Aifft, dywedodd wrth Sarai ei wraig, "Gwn yn dda dy fod yn wraig brydferth; ¹² a phan wêl yr Eifftiaid di, fe ddywedant, 'Dyma ei wraig.' A lladdant fi, a'th gadw di'n fyw. ¹³ Dywed mai fy chwaer wyt, fel y bydd yn dda i mi o'th herwydd ac yr arbedir fy mywyd o'th achos." ¹⁴ Pan gyrhaeddodd Abram yr Aifft, gwelodd yr Eifftiaid fod y wraig yn brydferth iawn. ¹⁵ A gwelodd tywysogion Pharo hi a'i chanmol wrth Pharo, a chymerwyd y wraig i dŷ Pharo. ¹⁶ Bu yntau'n dda wrth Abram er ei mwyn hi; a chafodd Abram ganddo ddefaid, ychen, asynnod, gweision, morynion, asennod a chamelod.

¹⁷ Ond trawodd yr ARGLWYDD Pharo a'i dŷ â phlâu mawr, o achos Sarai gwraig Abram. ¹⁸ A galwodd Pharo ar Abram a dweud, "Beth yw hyn yr wyt wedi ei wneud i mi? Pam na ddywedaist wrthyf mai dy wraig oedd hi? ¹⁹ Pam y dywedaist, 'Fy chwaer yw hi', fel fy mod wedi ei chymryd yn wraig imi? Dyma dy wraig; cymer hi a dos ymaith." ²⁰ A rhoes Pharo orchymyn i'w wŷr amdano, ac anfonasant ef a'i wraig a'i holl eiddo ymaith.

Abram a Lot yn Ymwahanu

13 Yna aeth Abram i fyny o'r Aifft i'r Negef, ef a'i wraig a'i holl eiddo, a hefyd Lot. ² Yr oedd Abram yn gyfoethog iawn o anifeiliaid, ac o arian ac aur. ³ Teithiodd ymlaen o'r Negef hyd Bethel, i'r man rhwng Bethel ac Ai lle'r oedd ei babell ar y dechrau, ⁴ y man lle'r oedd wedi gwneud allor ar y cychwyn; ac yno galwodd Abram ar enw'r ARGLWYDD. ⁵ Yr oedd gan Lot, a oedd yn teithio gydag Abram, hefyd ddefaid ac ychen a phebyll; ⁶ ac ni allai'r tir eu cynnal ill dau gyda'i gilydd. Am fod eu meddiannau mor helaeth, ni allent drigo ynghyd; ⁷ a bu cynnen rhwng bugeiliaid anifeiliaid Abram a rhai Lot. Y Canaaneaid a'r Peresiaid oedd yn byw yn y wlad yr amser hwnnw.

⁸ Yna dywedodd Abram wrth Lot, "Peidied â bod cynnen rhyngom, na rhwng fy mugeiliaid i a'th rai di, oherwydd perthnasau ydym. ⁹ Onid yw'r holl wlad o'th flaen? Ymwahana oddi wrthyf. Os troi di i'r chwith, fe drof finnau i'r dde; ac os i'r dde, trof finnau i'r chwith." ¹⁰ Cododd Lot ei olwg, a gwelodd fod holl wastadedd yr Iorddonen i gyfeiriad Soar i gyd yn ddyfradwy, fel gardd yr ARGLWYDD, neu wlad yr Aifft. Yr oedd hyn cyn i'r ARGLWYDD ddinistrio Sodom a Gomorra. ¹¹ A dewisodd Lot iddo'i hun holl wastadedd yr Iorddonen, a theithio tua'r dwyrain; felly yr ymwahanodd y naill oddi wrth y llall. ¹² Yr oedd Abram yn byw yng ngwlad Canaan, a Lot yn ninasoedd y gwastadedd, gan symud ei

babell hyd at Sodom. ¹³ Yr oedd gwŷr Sodom yn ddrygionus, yn pechu'n fawr yn erbyn yr ARGLWYDD.

¹⁴ Wedi i Lot ymwahanu oddi wrtho, dywedodd yr ARGLWYDD wrth Abram, "Cod dy olwg o'r lle'r wyt, ac edrych tua'r gogledd a'r de a'r dwyrain a'r gorllewin; ¹⁵ oherwydd yr holl dir yr wyt yn ei weld, fe'i rhoddaf i ti ac i'th ddisgynyddion hyd byth. ¹⁶ Gwnaf dy had fel llwch y ddaear; os dichon neb rifo llwch y ddaear, yna fe rifir dy had di. ¹⁷ Cod, rhodia ar hyd a lled y wlad, oherwydd i ti yr wyf yn ei rhoi." ¹⁸ Yna symudodd Abram ei babell a mynd i fyw wrth dderw Mamre, sydd yn Hebron; ac adeiladodd allor yno i'r ARGLWYDD.

Abram yn Arbed Lot

14 Yn nyddiau Amraffel brenin Sinar, Arioch brenin Elasar, Cedorlaomer brenin Elam, a Tidal brenin Goim, ² rhyfelodd y rhain yn erbyn Bera brenin Sodom, Birsa brenin Gomorra, Sinab brenin Adma, Semeber brenin Seboim, a brenin Bela, sef Soar. ³ Cyfarfu'r rhain i gyd yn nyffryn Sidim, sef y Môr Heli. ⁴ Am ddeuddeng mlynedd y buont yn gwasanaethu Cedorlaomer, nes iddynt wrthryfela yn y drydedd flwyddyn ar ddeg. ⁵ Ac yn y bedwaredd flwyddyn ar ddeg daeth Cedorlaomer a'r brenhinoedd oedd gydag ef a tharo'r Reffaimiaid yn Asteroth-carnaim, y Susiaid yn Ham, yr Emiaid yn Safe-ciriathaim, ⁶ yr Horiaid ym mynydd-dir Seir, hyd El-paran ar fin y diffeithwch. ⁷ Yna troesant a dod i En-mispat, sef Cades, a tharo holl dir yr Amaleciaid, a hefyd yr Amoriaid, a oedd yn trigo yn Hasason-Tamar. ⁸ Yna aeth brenin Sodom, brenin Gomorra, brenin Adma, brenin Seboim a brenin Bela, sef Soar, i ryfela yn nyffryn Sidim yn erbyn ⁹ Cedorlaomer brenin Elam, Tidal brenin Goim, Amraffel brenin Sinar ac Arioch brenin Elasar, pedwar brenin yn erbyn pump. ¹⁰ Yr oedd dyffryn Sidim yn llawn o byllau pyg; ac wrth i frenhinoedd Sodom a Gomorra ffoi, syrthiasant i mewn iddynt, ond ffodd y lleill i'r mynydd. ¹¹ Yna cipiodd y pedwar holl eiddo Sodom a Gomorra, a'u holl luniaeth, a mynd ymaith. ¹² Cymerasant hefyd Lot, mab i frawd Abram, a oedd yn byw yn Sodom, a'i eiddo, ac aethant ymaith.

¹³ A daeth un oedd wedi dianc, a dweud am hyn wrth Abram yr Hebread, a oedd yn byw wrth dderw Mamre yr Amoriad, brawd Escol ac Aner, rhai oedd mewn cynghrair ag Abram. ¹⁴ Pan glywodd Abram am gaethgludo'i frawd, casglodd* ei wŷr arfog oedd yn perthyn i'w dŷ, tri chant a deunaw ohonynt, ac ymlidiodd hyd Dan. ¹⁵ Aeth ef a'i weision yn finteioedd yn eu herbyn liw nos, a'u taro a'u hymlid hyd Hoba, i'r gogledd o Ddamascus. ¹⁶ A daeth â'r holl eiddo yn ôl, a dwyn yn ôl hefyd ei frawd Lot a'i eiddo, a'r gwragedd a'r bobl.

Melchisedec yn Bendithio Abram

¹⁷ Wedi i Abram ddychwelyd o daro Cedorlaomer a'r brenhinoedd oedd gydag ef, aeth brenin Sodom allan i'w gyfarfod i ddyffryn Safe, sef Dyffryn y Brenin. ¹⁸ A daeth Melchisedec brenin Salem â bara a gwin iddo; yr oedd ef yn offeiriad i'r Duw Goruchaf, ¹⁹ a bendithiodd ef a dweud:

"Bendigedig fyddo Abram gan y Duw Goruchaf,
perchen nef a daear;
²⁰ a bendigedig fyddo'r Duw Goruchaf,
a roes dy elynion yn dy law."

A rhoddodd Abram iddo ddegwm o'r cwbl.

²¹ Dywedodd brenin Sodom wrth Abram, "Rho'r bobl i mi, a chymer di'r eiddo." ²² Ond dywedodd Abram wrth frenin Sodom, "Tyngais i'r ARGLWYDD Dduw Goruchaf, perchen nef a daear, ²³ na chymerwn nac edau na charrai esgid, na dim oll sy'n eiddo i ti, rhag i ti ddweud, 'Yr wyf wedi cyfoethogi Abram.' ²⁴ Ni chymeraf ond yr hyn a fwytaodd y llanciau, a chyfran y gwŷr a ddaeth gyda mi, sef Aner, Escol a Mamre; cânt hwy gymryd eu cyfran."

14:14 Cymh. Groeg. Hebraeg, *tywalltodd allan*.

Cyfamod Duw ag Abram

15 Wedi'r pethau hyn, daeth gair yr ARGLWYDD at Abram mewn gweledigaeth, a dweud, "Nac ofna, Abram, myfi yw dy darian; bydd dy wobr yn fawr iawn." ² Ond dywedodd Abram, "O Arglwydd DDUW, beth a roddi i mi, oherwydd rwy'n para'n ddi-blant, ac etifedd fy nhŷ yw Eleasar o Ddamascus?"* ³ Dywedodd Abram hefyd, "Edrych, nid wyt wedi rhoi epil i mi; a chaethwas o'm tŷ yw f'etifedd." ⁴ Yna daeth gair yr ARGLWYDD ato a dweud, "Nid hwn fydd d'etifedd; o'th gnawd dy hun y daw d'etifedd." ⁵ Aeth ag ef allan a dywedodd, "Edrych tua'r nefoedd, a rhifa'r sêr os gelli." Yna dywedodd wrtho, "Felly y bydd dy ddisgynyddion." ⁶ Credodd Abram yn yr ARGLWYDD, a chyfrifodd yntau hyn yn gyfiawnder iddo.

⁷ Yna dywedodd wrtho, "Myfi yw'r ARGLWYDD, a ddaeth â thi o Ur y Caldeaid, i roi'r wlad hon i ti i'w hetifeddu." ⁸ Ond dywedodd ef, "O Arglwydd DDUW, sut y caf wybod yr etifeddaf hi?" ⁹ Dywedodd yntau wrtho, "Dwg imi heffer deirblwydd, gafr deirblwydd, hwrdd teirblwydd, turtur a chyw colomen." ¹⁰ Daeth â'r rhain i gyd ato, a'u hollti'n ddau a gosod y naill ddarn gyferbyn â'r llall; ond ni holltodd yr adar. ¹¹ A phan fyddai adar yn disgyn ar y cyrff byddai Abram yn eu hel i ffwrdd. ¹² Fel yr oedd yr haul yn machlud, syrthiodd trymgwsg ar Abram; a dyna ddychryn a thywyllwch dudew yn dod arno. ¹³ Yna dywedodd yr ARGLWYDD wrth Abram, "Deall di i sicrwydd y bydd dy ddisgynyddion yn ddieithriaid mewn gwlad nad yw'n eiddo iddynt, ac yn gaethweision, ac fe'u cystuddir am bedwar can mlynedd; ¹⁴ ond dof â barn ar y genedl y byddant yn ei gwasanaethu, ac wedi hynny dônt allan gyda meddiannau lawer. ¹⁵ Ond byddi di dy hun farw mewn tangnefedd, ac fe'th gleddir mewn oedran teg. ¹⁶ A dychwelant hwy yma yn y bedwaredd genhedlaeth; oherwydd ni chwblheir hyd hynny ddrygioni'r Amoriaid." ¹⁷ Yna wedi i'r haul fachlud, ac iddi dywyllu, ymddangosodd ffwrn yn mygu a ffagl fflamllyd yn symud rhwng y darnau hynny.

¹⁸ Y dydd hwnnw, gwnaeth yr ARGLWYDD gyfamod ag Abram a dweud:

"I'th ddisgynyddion di y rhoddaf y
 wlad hon,
o afon yr Aifft hyd yr afon fawr, afon
 Ewffrates."

¹⁹ Dyna wlad y Ceneaid, y Cenesiaid, y Cadmoniaid, ²⁰ yr Hethiaid, y Peresiaid, y Reffaimiaid, ²¹ yr Amoriaid, y Canaaneaid, y Girgasiaid, a'r Jebusiaid.

Hagar ac Ismael

16 Nid oedd plant gan Sarai gwraig Abram, ond yr oedd ganddi forwyn o Eifftes, o'r enw Hagar. ² Dywedodd Sarai wrth Abram, "Edrych yn awr, y mae'r ARGLWYDD wedi rhwystro imi ddwyn plant. Dos at fy morwyn; efallai y caf blant ohoni hi." Gwrandawodd Abram ar Sarai. ³ Wedi i Abram fyw am ddeng mlynedd yng ngwlad Canaan, cymerodd Sarai gwraig Abram ei morwyn Hagar yr Eifftes, a'i rhoi'n wraig i'w gŵr Abram. ⁴ Cafodd ef gyfathrach â Hagar, a beichiogodd hithau; a phan ddeallodd ei bod yn feichiog, aeth ei meistres yn ddibris yn ei golwg. ⁵ Yna dywedodd Sarai wrth Abram, "Bydded fy ngham arnat ti! Rhoddais fy morwyn yn dy fynwes, a phan ddeallodd ei bod yn feichiog, euthum yn ddibris yn ei golwg. Bydded i'r ARGLWYDD farnu rhyngom." ⁶ Dywedodd Abram wrth Sarai, "Edrych, y mae dy forwyn dan dy ofal; gwna iddi fel y gweli'n dda." Yna bu Sarai yn gas wrthi, nes iddi ffoi oddi wrthi.

⁷ Daeth angel yr ARGLWYDD o hyd i Hagar wrth ffynnon ddŵr yn y diffeithwch, wrth y ffynnon sydd ar y ffordd i Sur. ⁸ A dywedodd wrthi, "Hagar forwyn Sarai, o ble y daethost, ac i ble'r wyt yn mynd?" Dywedodd hithau, "Ffoi yr wyf oddi wrth fy meistres Sarai." ⁹ A dywedodd angel yr ARGLWYDD wrthi, "Dychwel at dy feistres, ac ymostwng iddi." ¹⁰ Dywedodd angel yr ARGLWYDD hefyd wrthi, "Amlhaf dy ddisgynyddion yn ddirfawr, a byddant yn rhy luosog i'w

---

15:2 Hebraeg yn ansicr.

rhifo." ¹¹ A dywedodd angel yr ARGLWYDD wrthi:

"Yr wyt yn feichiog, ac fe esgori ar fab;
byddi'n ei alw yn Ismael*,
oherwydd clywodd yr ARGLWYDD am dy gystudd.
¹² Asyn gwyllt o ddyn a fydd,
a'i law yn erbyn pawb, a llaw pawb yn ei erbyn ef,
un yn byw'n groes i'w holl gymrodyr."

¹³ A galwodd hi enw'r ARGLWYDD oedd yn llefaru wrthi yn "Tydi yw El-roi*", oherwydd dywedodd, "A wyf yn wir wedi gweld Duw, a byw ar ôl ei weld?"*. ¹⁴ Am hynny galwyd y pydew Beer-lahai-roi*; y mae rhwng Cades a Bered.

¹⁵ Ac esgorodd Hagar ar fab i Abram; ac enwodd Abram y mab a anwyd i Hagar yn Ismael. ¹⁶ Yr oedd Abram yn wyth deg a chwech oed pan anwyd iddo Ismael o Hagar.

Enwaediad yn Arwydd y Cyfamod

17 Pan oedd Abram yn naw deg a naw mlwydd oed ymddangosodd yr ARGLWYDD iddo a dweud wrtho, "Myfi yw Duw Hollalluog*; rhodia ger fy mron a bydd berffaith. ² Gwnaf fy nghyfamod â thi, ac amlhaf di'n ddirfawr." ³ Syrthiodd Abram ar ei wyneb, a llefarodd Duw wrtho a dweud, ⁴ "Dyma fy nghyfamod i â thi: byddi'n dad i lu o genhedloedd, ⁵ ac ni'th enwir di mwyach yn Abram, ond yn Abraham, gan imi dy wneud yn dad i lu o genhedloedd. ⁶ Gwnaf di'n ffrwythlon iawn; a gwnaf genhedloedd ohonot, a daw brenhinoedd allan ohonot. ⁷ Sefydlaf fy nghyfamod yn gyfamod tragwyddol â thi, ac â'th ddisgynyddion ar dy ôl dros eu cenedlaethau, i fod yn Dduw i ti ac i'th ddisgynyddion ar dy ôl. ⁸ A rhoddaf y wlad yr wyt yn crwydro ynddi, sef holl wlad Canaan, yn etifeddiaeth dragwyddol i ti ac i'th ddisgynyddion ar dy ôl, a byddaf yn Dduw iddynt."

⁹ Dywedodd Duw wrth Abraham, "Cadw di fy nghyfamod, ti a'th ddisgynyddion ar dy ôl dros eu cenedlaethau. ¹⁰ Dyma fy nghyfamod rhyngof fi a chwi, yr ydych i'w gadw, ti a'th ddisgynyddion ar dy ôl: y mae pob gwryw ohonoch i'w enwaedu. ¹¹ Enwaedir chwi yng nghnawd eich blaengrwyn, a bydd yn arwydd cyfamod rhyngom. ¹² Dros eich cenedlaethau, fe enwaedir pob gwryw ohonoch sydd yn wyth diwrnod oed, boed wedi ei eni i'r teulu, neu'n ddieithryn heb fod yn un o'th ddisgynyddion, ond a brynwyd ag arian. ¹³ Rhaid enwaedu'r sawl a enir i'r teulu, a'r sawl a brynir â'th arian; a bydd fy nghyfamod yn eich cnawd yn gyfamod tragwyddol. ¹⁴ Y mae unrhyw wryw dienwaededig nad enwaedwyd cnawd ei flaengroen, i'w dorri ymaith o blith ei bobl; y mae wedi torri fy nghyfamod."

¹⁵ Dywedodd Duw wrth Abraham, "Ynglŷn â'th wraig Sarai: nid Sarai y gelwir hi, ond Sara fydd ei henw. ¹⁶ Bendithiaf hi, a rhoddaf i ti fab ohoni; ie, bendithiaf hi, a bydd yn fam i genhedloedd, a daw brenhinoedd pobloedd ohoni." ¹⁷ Ymgrymodd Abraham, ond chwarddodd ynddo'i hun, a dweud, "A enir plentyn i ŵr canmlwydd oed? A fydd Sara'n geni plentyn yn naw deg oed?" ¹⁸ A dywedodd Abraham wrth Dduw, "O na byddai Ismael fyw ger dy fron!" ¹⁹ Ond dywedodd Duw, "Na, bydd dy wraig Sara yn geni iti fab, a gelwi ef Isaac*. Sefydlaf fy nghyfamod ag ef yn gyfamod tragwyddol i'w ddisgynyddion ar ei ôl. ²⁰ Ynglŷn ag Ismael: yr wyf wedi gwrando arnat, a bendithiaf yntau a'i wneud yn ffrwythlon a'i amlhau'n ddirfawr; bydd yn dad i ddeuddeg tywysog, a gwnaf ef yn genedl fawr. ²¹ Ond byddaf yn sefydlu fy nghyfamod ag Isaac, y mab y bydd Sara yn ei eni iti erbyn yr amser yma'r flwyddyn nesaf." ²² Wedi iddo orffen llefaru, aeth Duw oddi wrth Abraham.

16:11 H.y., *Y mae Duw yn clywed.*
16:13 H.y., *Duw y gweld.*
16:13 *"A wyf . . . weld?"* Tebygol. Hebraeg yn aneglur.
16:14 H.y., *Pydew yr un sy'n gweld a byw.*
17:1 Hebraeg, *El Shadai.*

17:19 Hebraeg, *sachac,* h.y., *chwerthin.* Cymh. *Isaac.* Felly hefyd yn 18:12,13,15; 21:6.

²³ Yna cymerodd Abraham ei fab Ismael, a phawb a anwyd yn ei dŷ neu a brynwyd â'i arian, pob gwryw o deulu Abraham, ac enwaedodd gnawd eu blaengrwyn y diwrnod hwnnw, fel yr oedd Duw wedi dweud wrtho. ²⁴ Yr oedd Abraham yn naw deg a naw mlwydd oed pan enwaedwyd cnawd ei flaengroen, ²⁵ a'i fab Ismael yn dair ar ddeg oed pan enwaedwyd cnawd ei flaengroen yntau. ²⁶ Y diwrnod hwnnw enwaedwyd Abraham a'i fab Ismael; ²⁷ ac enwaedwyd gydag ef holl ddynion ei dŷ, y rhai a anwyd i'r teulu a phob dieithryn a brynwyd ag arian.

Addo Mab i Abraham

18 Ymddangosodd yr ARGLWYDD i Abraham wrth dderw Mamre, pan oedd yn eistedd wrth ddrws y babell yng ngwres y dydd. ² Cododd ei olwg a gwelodd dri gŵr yn sefyll o'i flaen. Pan welodd hwy, rhedodd o ddrws y babell i'w cyfarfod, ac ymgrymu i'r llawr, ³ a dweud, "F'ARGLWYDD, os cefais ffafr yn d'olwg, paid â mynd heibio i'th was. ⁴ Dyger ychydig ddŵr, a golchwch eich traed a gorffwyso dan y goeden, ⁵ a dof finnau â thamaid o fara i'ch cynnal, ac wedyn cewch fynd ymaith; dyna pam yr ydych wedi dod at eich gwas." Ac meddant, "Gwna fel y dywedaist." ⁶ Brysiodd Abraham i'r babell at Sara, a dweud, "Brysia i estyn tri mesur o flawd peilliaid, tylina ef, a gwna deisennau." ⁷ Yna rhedodd Abraham at y gwartheg, a chymryd llo tyner a da a'i roi i'w was; a brysiodd yntau i'w baratoi. ⁸ Cymerodd gaws a llaeth a'r llo yr oedd wedi ei baratoi, a'u gosod o'u blaenau; yna safodd gerllaw o dan y goeden tra oeddent yn bwyta.

⁹ Gofynasant iddo, "Ble mae dy wraig Sara?" Atebodd yntau, "Dyna hi yn y babell." ¹⁰ Yna dywedodd yr ARGLWYDD, "Dof yn ôl atat yn sicr yn nhymor y gwanwyn, a chaiff Sara dy wraig fab." Yr oedd Sara yn gwrando wrth ddrws y babell y tu ôl iddo. ¹¹ Yr oedd Abraham a Sara yn hen, mewn gwth o oedran, ac yr oedd arfer gwragedd wedi peidio i Sara. ¹² Am hynny, chwarddodd Sara ynddi ei hun, a dweud, "Ai wedi imi heneiddio, a'm gŵr hefyd yn hen, y caf hyfrydwch?" ¹³ A dywedodd yr ARGLWYDD wrth Abraham, "Pam y chwarddodd Sara a dweud, 'A fyddaf fi'n wir yn planta, a minnau'n hen?' ¹⁴ A oes dim yn rhy anodd i'r ARGLWYDD? Dof yn ôl atat ar yr amser penodedig, yn nhymor y gwanwyn, a chaiff Sara fab." ¹⁵ Gwadodd Sara iddi chwerthin, oherwydd yr oedd arni ofn. Ond dywedodd ef, "Do, fe chwerddaist."

Abraham yn Erfyn dros Sodom

¹⁶ Pan aeth y gwŷr ymlaen oddi yno, ac edrych i lawr tua Sodom, aeth Abraham gyda hwy i'w hebrwng. ¹⁷ A dywedodd yr ARGLWYDD wrtho'i hun, "A gelaf fi rhag Abraham yr hyn yr wyf am ei wneud, ¹⁸ oherwydd yn ddiau daw Abraham yn genedl fawr a chref, a bendithir holl genhedloedd y ddaear ynddo? ¹⁹ Na, fe'i hysbysaf*, er mwyn iddo orchymyn i'w blant a'i dylwyth ar ei ôl gadw ffordd yr ARGLWYDD a gwneud cyfiawnder a barn, fel y bydd i'r ARGLWYDD gyflawni ei air i Abraham." ²⁰ Yna dywedodd yr ARGLWYDD, "Am fod y gŵyn yn erbyn Sodom a Gomorra yn fawr, a'u pechod yn ddrwg iawn, ²¹ disgynnaf i weld a wnaethant yn hollol yn ôl y gŵyn a ddaeth ataf; os na wnaethant, caf wybod."

²² Pan drodd y gwŷr oddi yno a mynd i gyfeiriad Sodom, yr oedd Abraham yn dal i sefyll gerbron yr ARGLWYDD. ²³ A nesaodd Abraham a dweud, "A wyt yn wir am ddifa'r cyfiawn gyda'r drygionus? ²⁴ Os ceir hanner cant o rai cyfiawn yn y ddinas, a wyt yn wir am ei dinistrio a pheidio ag arbed y lle er mwyn yr hanner cant cyfiawn sydd yno? ²⁵ Na foed iti wneud y fath beth, a lladd y cyfiawn gyda'r drygionus, nes bod y cyfiawn yr un fath â'r drygionus. Na ato Duw! Oni wna Barnwr yr holl ddaear farn?" ²⁶ A dywedodd yr ARGLWYDD, "Os caf yn ninas Sodom hanner cant o rai cyfiawn, arbedaf yr holl le er eu mwyn." ²⁷ Atebodd Abraham a dweud, "Dyma fi wedi beiddio llefaru wrth yr ARGLWYDD, a minnau'n ddim ond llwch a lludw. ²⁸ Os bydd pump yn eisiau o'r hanner cant o rai cyfiawn, a ddinistri di'r holl ddinas oherwydd pump?" Dywedodd

---

18:19 Hebraeg, *adnabûm*.

yntau, "Os caf yno bump a deugain, ni ddinistriaf hi." ²⁹ Llefarodd eto wrtho a dweud, "Beth os ceir deugain yno?" Dywedodd yntau, "Nis gwnaf er mwyn y deugain." ³⁰ Yna dywedodd, "Na ddigied yr ARGLWYDD os llefaraf. Ond beth os ceir yno ddeg ar hugain?" Dywedodd yntau, "Nis gwnaf os caf yno ddeg ar hugain." ³¹ Yna dywedodd, "Dyma fi wedi beiddio llefaru wrth yr ARGLWYDD. Beth os ceir yno ugain?" Dywedodd yntau, "Ni ddinistriaf hi er mwyn yr ugain." ³² Yna dywedodd, "Peidied yr Arglwydd â digio wrthyf am lefaru y tro hwn yn unig. Beth os ceir yno ddeg?" Dywedodd yntau, "Ni ddinistriaf hi er mwyn y deg." ³³ Aeth yr ARGLWYDD ymaith wedi iddo orffen llefaru wrth Abraham, a dychwelodd Abraham i'w le.

Pechod Sodom

19 Daeth y ddau angel i Sodom gyda'r hwyr, tra oedd Lot yn eistedd ym mhorth Sodom. Pan welodd Lot hwy, cododd i'w cyfarfod, ac ymgrymu i'r llawr, ² a dweud, "F'arglwyddi, trowch i mewn i dŷ eich gwas dros nos, a golchwch eich traed; yna cewch godi'n fore a mynd ar eich taith." Dywedasant hwy, "Na, arhoswn heno yn yr heol." ³ Ond am iddo erfyn yn daer arnynt, troesant i mewn i'w dŷ; gwnaeth yntau wledd iddynt a phobi bara croyw, a bwytasant. ⁴ Ond cyn iddynt fynd i orwedd, amgylchwyd y tŷ gan ddynion Sodom, pawb o bob cwr o'r ddinas, yn hen ac ifanc; ⁵ ac yr oeddent yn galw ar Lot, ac yn dweud wrtho, "Ble mae'r gwŷr a ddaeth atat heno? Tyrd â hwy allan atom, inni gael cyfathrach â hwy." ⁶ Aeth Lot i'r drws atynt, a chau'r drws ar ei ôl, ⁷ a dywedodd, "Fy mrodyr, peidiwch â gwneud y drwg hwn. ⁸ Edrychwch, y mae gennyf ddwy ferch heb gael cyfathrach â gŵr; dof â hwy allan atoch. Cewch wneud iddynt hwy fel y dymunwch, ond peidiwch â gwneud dim i'r gwŷr hyn, gan eu bod wedi dod dan gysgod fy nghronglwyd." ⁹ Ond meddant hwy, "Saf yn ôl! Ai un a ddaeth yma i fyw dros dro sydd i ddatgan barn? Yn awr, gwnawn fwy o niwed i ti nag iddynt hwy." Yr oedd y dynion yn gwasgu mor drwm ar Lot fel y bu bron iddynt dorri'r drws. ¹⁰ Ond estynnodd y gwŷr eu dwylo, a thynnu Lot atynt i'r tŷ a chau'r drws. ¹¹ A thrawsant yn ddall y dynion oedd wrth ddrws y tŷ, yn fawr a bach, nes iddynt flino chwilio am y drws.

Lot yn Ymadael â Sodom

¹² Yna dywedodd y gwŷr wrth Lot, "Pwy arall sydd gennyt yma? Dos â'th feibion-yng-nghyfraith, dy feibion a'th ferched, a phwy bynnag sydd gennyt yn y ddinas, allan o'r lle hwn, ¹³ oherwydd yr ydym ar fin ei ddinistrio. Am fod y gŵyn yn fawr yn eu herbyn gerbron yr ARGLWYDD, fe anfonodd yr ARGLWYDD ni i ddinistrio'r lle hwn." ¹⁴ Felly aeth Lot allan a dweud wrth ei feibion-yng-nghyfraith, a oedd am briodi ei ferched, "Codwch, ewch allan o'r lle hwn; y mae'r ARGLWYDD ar fin dinistrio'r ddinas." Ond yng ngolwg ei feibion-yng-nghyfraith yr oedd Lot fel un yn cellwair.

¹⁵ Ar doriad gwawr, bu'r angylion yn erfyn ar Lot, gan ddweud, "Cod, cymer dy wraig a'r ddwy ferch sydd gyda thi, rhag dy ddifa pan gosbir y ddinas." ¹⁶ Yr oedd yntau'n oedi, ond gan fod yr ARGLWYDD yn tosturio wrtho, cydiodd y gwŷr yn ei law ac yn llaw ei wraig a'i ddwy ferch, a'u harwain a'u gosod y tu allan i'r ddinas. ¹⁷ Wedi iddynt eu dwyn allan, dywedodd un, "Dianc am dy einioes; paid ag edrych yn ôl, na sefyllian yn y gwastadedd; dianc i'r mynydd rhag dy ddifa." ¹⁸ Ac meddai Lot, "Na! Nid felly, f'ARGLWYDD; ¹⁹ dyma dy was wedi cael ffafr yn d'olwg, a gwnaethost drugaredd fawr â mi yn arbed fy einioes; ond ni allaf ddianc i'r mynydd, rhag i'r niwed hwn fy ngoddiweddyd ac imi farw. ²⁰ Dacw ddinas agos i ffoi iddi, ac un fechan ydyw. Gad imi ddianc yno, imi gael byw; onid un fach yw hi?" ²¹ Atebodd yntau, "O'r gorau, caniatâf y dymuniad hwn hefyd, ac ni ddinistriaf y ddinas a grybwyllaist. ²² Dianc yno ar frys; oherwydd ni allaf wneud dim nes i ti gyrraedd yno." Am hynny, galwyd y ddinas Soar*.

19:22 H.y., *Bach*.

Dinistr Sodom a Gomorra

23 Erbyn i Lot gyrraedd Soar, yr oedd yr haul wedi codi dros y tir; 24 yna glawiodd yr ARGLWYDD frwmstan a thân dwyfol o'r nefoedd ar Sodom a Gomorra. 25 Dinistriodd y dinasoedd hynny a'r holl wastadedd, a holl drigolion y dinasoedd, a chynnyrch y pridd. 26 Ond yr oedd gwraig Lot wedi edrych yn ei hôl, a throdd yn golofn halen.

27 Aeth Abraham yn y bore bach i'r fan lle'r oedd wedi sefyll gerbron yr ARGLWYDD; 28 ac edrychodd i lawr ar Sodom a Gomorra ac ar holl dir y gwastadedd, a gwelodd fwg yn codi o'r tir fel mwg o ffwrn. 29 Felly pan oedd Duw'n dinistrio dinasoedd y gwastadedd, yr oedd wedi cofio am Abraham, a phan oedd yn dinistrio'r dinasoedd y bu Lot yn trigo ynddynt, gyrrodd Lot allan o ganol y dinistr.

Tarddiad Moab ac Ammon

30 Yna aeth Lot i fyny o Soar i fyw yn y mynydd-dir gyda'i ddwy ferch, oherwydd yr oedd arno ofn aros yn Soar; a bu'n byw mewn ogof gyda'i ddwy ferch. 31 Dywedodd yr hynaf wrth yr ieuengaf, "Y mae ein tad yn hen, ac nid oes ŵr yn y byd i ddod atom yn ôl arfer yr holl ddaear. 32 Tyrd, rhown win i'n tad i'w yfed, a gorweddwn gydag ef, er mwyn inni gael epil o'n tad." 33 Felly y noson honno rhoesant win i'w tad i'w yfed; a daeth yr hynaf a gorwedd gyda'i thad, ac ni wyddai ef ddim pryd y gorweddodd hi, na phryd y cododd. 34 Trannoeth dywedodd yr hynaf wrth yr ieuengaf, "Dyna fi wedi gorwedd gyda'm tad neithiwr; gad inni roi gwin iddo i'w yfed eto heno, a dos dithau i orwedd gydag ef, er mwyn inni gael epil o'n tad." 35 Felly rhoesant win i'w tad i'w yfed y noson honno hefyd; ac aeth yr ieuengaf i orwedd gydag ef, ac ni wyddai ef ddim pryd y gorweddodd hi, na phryd y cododd. 36 Felly y beichiogodd dwy ferch Lot o'u tad. 37 Esgorodd yr hynaf ar fab, a'i enwi Moab; ef yw tad y Moabiaid presennol. 38 Esgorodd yr ieuengaf hefyd ar fab, a'i enwi Ben-ammi; ef yw tad yr Ammoniaid presennol.

Abraham ac Abimelech

20 Ymdeithiodd Abraham oddi yno i ardal y Negef, a byw rhwng Cades a Sur. Arhosodd dros dro yn Gerar, 2 ac yno dywedodd Abraham am ei wraig Sara, "Fy chwaer yw hi"; ac anfonodd Abimelech brenin Gerar am Sara, a'i chymryd. 3 Ond daeth Duw at Abimelech mewn breuddwyd nos, a dweud wrtho, "Fe fyddi farw o achos y wraig a gymeraist, oherwydd gwraig briod yw hi." 4 Ond nid oedd Abimelech wedi nesáu ati; a dywedodd, "Arglwydd, a leddi di bobl ddiniwed? 5 Oni ddywedodd ef wrthyf, 'Fy chwaer yw hi', a hithau, 'Fy mrawd yw ef'? Gwneuthum hyn â chydwybod dawel a dwylo glân." 6 Yna dywedodd Duw wrtho yn y freuddwyd, "Mi wn iti wneud hyn â chydwybod dawel; cedwais innau di rhag pechu yn f'erbyn, a dyna pam na adewais iti ei chyffwrdd. 7 Yn awr, rho'r wraig yn ôl i'w gŵr, oherwydd proffwyd yw ac fe weddïa trosot, fel y byddi fyw. Ond os na roi hi'n ôl, deall di y byddi'n siŵr o farw, ti a'th dylwyth."

8 Cododd Abimelech yn fore, a galw ei holl weision a dweud wrthynt am yr holl bethau hyn; a chafodd y dynion fraw mawr. 9 Yna galwodd Abimelech am Abraham a dweud wrtho, "Beth a wnaethost i ni? Sut yr wyf fi wedi pechu yn dy erbyn, i beri iti ddwyn pechod mawr arnaf fi a'm teyrnas? Yr wyt wedi gwneud pethau i mi na ddylid eu gwneud." 10 Dywedodd Abimelech ymhellach wrth Abraham, "Beth oedd yn dy feddwl wrth wneud y peth hwn?" 11 Atebodd Abraham, "Mi feddyliais nad oedd neb yn ofni Duw yn y lle hwn, ac y byddent yn fy lladd o achos fy ngwraig. 12 Ac yn wir, fy chwaer yw hi, merch fy nhad, ond nid merch fy mam; a daeth yn wraig i mi. 13 A phan barodd Duw imi adael tŷ fy nhad, dywedais wrthi, 'Mynnaf y gymwynas hon gennyt: i ble bynnag yr awn, dywed amdanaf, "Fy mrawd yw ef".'" 14 Yna cymerodd Abimelech ddefaid, ychen, gweision a morynion, a'u rhoi i Abraham, a rhoes ei wraig Sara yn ôl iddo. 15 A dywedodd Abimelech, "Dyma fy ngwlad o'th flaen;

cei fyw lle bynnag y dymuni." ¹⁶ A dywedodd wrth Sara, "Dyma fi wedi rhoi i'th frawd fil o ddarnau arian; bydd hyn yn dy glirio ac yn dy gyfiawnhau'n llwyr yng ngŵydd pawb sydd gyda thi.*" ¹⁷ Yna gweddïodd Abraham ar Dduw, ac iachaodd Duw Abimelech a'i wraig a'i forynion; a chawsant blant. ¹⁸ Oherwydd yr oedd yr ARGLWYDD wedi llwyr atal bob planta yn nheulu Abimelech, o achos Sara gwraig Abraham.

Geni Isaac

21 Ymwelodd yr ARGLWYDD â Sara yn ôl ei air, a gwnaeth iddi fel yr addawodd. ² Beichiogodd Sara a geni mab i Abraham yn ei henaint, ar yr union adeg a ddywedodd Duw wrtho. ³ Rhoes Abraham i'r mab a anwyd iddo o Sara yr enw Isaac; ⁴ ac enwaedodd Abraham ei fab Isaac yn wyth diwrnod oed, fel yr oedd Duw wedi gorchymyn iddo. ⁵ Yr oedd Abraham yn gant oed pan anwyd iddo ei fab Isaac. ⁶ A dywedodd Sara, "Parodd Duw imi chwerthin;* fe fydd pawb a glyw am hyn yn chwerthin gyda mi." ⁷ Dywedodd hefyd, "Pwy fuasai wedi dweud wrth Abraham y rhoddai Sara sugn i blant? Eto mi enais fab iddo yn ei henaint."

⁸ Tyfodd y bachgen, a diddyfnwyd ef; ac ar ddiwrnod diddyfnu Isaac, gwnaeth Abraham wledd fawr. ⁹ Ond gwelodd Sara y mab a ddygodd Hagar yr Eifftes i Abraham yn chwarae gyda'i mab Isaac*. ¹⁰ A dywedodd wrth Abraham, "Gyrr allan y gaethferch hon a'i mab; oherwydd ni chaiff mab y gaethferch hon gydetifeddu â'm mab i, Isaac." ¹¹ Yr oedd hyn yn atgas iawn gan Abraham o achos ei fab; ¹² ond dywedodd Duw wrth Abraham, "Paid â phoeni am y llanc a'th gaethferch; gwna bopeth a ddywed Sara wrthyt, oherwydd trwy Isaac y cedwir dy linach. ¹³ Gwnaf fab y gaethferch hefyd yn genedl, am ei fod yn blentyn i ti." ¹⁴ Yna cododd Abraham yn fore, a chymerodd fara a chostrel o ddŵr a'u rhoi i Hagar, a'u gosod hwy a'r bachgen ar ei hysgwydd, a'i hanfon ymaith. Aeth hithau i grwydro yn niffeithwch Beerseba. ¹⁵ Pan oedd y dŵr yn y gostrel wedi darfod, gosododd y bachgen i lawr dan un o'r llwyni, ¹⁶ ac aeth i eistedd bellter ergyd bwa oddi wrtho, gan ddweud, "Ni allaf edrych ar y bachgen yn marw." Fel yr oedd yn eistedd bellter oddi wrtho, cododd y bachgen ei lais* ac wylo. ¹⁷ Clywodd Duw lais y plentyn, a galwodd angel Duw o'r nef ar Hagar a dweud wrthi, "Beth sy'n dy boeni, Hagar? Paid ag ofni, oherwydd y mae Duw wedi clywed llais y plentyn o'r lle y mae. ¹⁸ Cod, cymer y plentyn a gafael amdano, oherwydd gwnaf ef yn genedl fawr." ¹⁹ Yna agorodd Duw ei llygaid, a gwelodd bydew dŵr; aeth hithau i lenwi'r gostrel â dŵr a rhoi diod i'r plentyn. ²⁰ Bu Duw gyda'r plentyn, a thyfodd; bu'n byw yn y diffeithwch, a daeth yn saethwr bwa. ²¹ Yr oedd yn byw yn niffeithwch Paran, a chymerodd ei fam wraig iddo o wlad yr Aifft.

Cytundeb rhwng Abraham ac Abimelech

²² Yr amser hwnnw, dywedodd Abimelech a Phichol pennaeth ei fyddin wrth Abraham, "Y mae Duw gyda thi ym mhopeth yr wyt yn ei wneud; ²³ yn awr, dos ar dy lw yn enw Duw i mi yma, na fyddi'n anffyddlon i mi, nac i'm plant, nac i'm hwyrion; ond fel yr wyf fi wedi bod yn deyrngar i ti, bydd dithau i minnau ac i'r wlad yr wyt wedi ymdeithio ynddi." ²⁴ A dywedodd Abraham, "Mi af ar fy llw."

²⁵ Pan geryddodd Abraham Abimelech am y pydew dŵr yr oedd gweision Abimelech wedi ei gymryd trwy drais, ²⁶ dywedodd Abimelech, "Ni wn i ddim pwy a wnaeth hyn; ni ddywedaist wrthyf, ac ni chlywais i sôn am y peth cyn heddiw." ²⁷ Yna cymerodd Abraham ddefaid ac ychen, a'u rhoi i Abimelech, a gwnaethant ill dau gyfamod. ²⁸ Gosododd Abraham o'r neilltu saith hesbin o'r praidd. ²⁹ A gofynnodd Abimelech i Abraham, "Beth yw'r saith hesbin hyn yr wyt wedi eu gosod o'r neilltu?" ³⁰ Dywedodd yntau, "Wrth gymryd y

---

20:16 Hebraeg yn aneglur.
21:6 Cymh. nodyn ar 17:19 uchod.
21:9 Felly Groeg a Lladin. Hebraeg heb *gyda'i mab Isaac*.

21:16 Felly Groeg. Hebraeg, *cododd hi ei llais*.

saith hesbin gennyf, byddi'n cydnabod mai myfi a gloddiodd y pydew hwn." ³¹ Am hynny galwyd y lle hwnnw Beerseba*, oherwydd yno yr aeth y ddau ar eu llw. ³² Wedi iddynt wneud cyfamod yn Beerseba, cododd Abimelech a Phichol pennaeth ei fyddin, a dychwelyd i wlad y Philistiaid. ³³ Plannodd Abraham goeden tamarisg yn Beerseba, a galwodd yno ar enw'r ARGLWYDD, y Duw tragwyddol. ³⁴ A bu Abraham yn aros am amser hir yng ngwlad y Philistiaid.

Aberthu Isaac

22 Wedi'r pethau hyn, rhoddodd Duw brawf ar Abraham. ² "Abraham," meddai wrtho, ac atebodd yntau, "Dyma fi." Yna dywedodd, "Cymer dy fab, dy unig fab Isaac, sy'n annwyl gennyt, a dos i wlad Moreia, ac offryma ef yno yn boethoffrwm ar y mynydd a ddangosaf iti." ³ Felly cododd Abraham yn fore, cyfrwyodd ei asyn, a chymryd dau lanc gydag ef, a'i fab Isaac; a holltodd goed i'r poethoffrwm, a chychwynnodd i'r lle y dywedodd Duw wrtho. ⁴ Ar y trydydd dydd cododd Abraham ei olwg, a gwelodd y lle o hirbell. ⁵ Yna dywedodd Abraham wrth ei lanciau, "Arhoswch chwi yma gyda'r asyn; mi af finnau a'r bachgen draw ac addoli, ac yna dychwelwn atoch." ⁶ Cymerodd goed y poethoffrwm a'u gosod ar ei fab Isaac; a chymerodd y tân a'r gyllell yn ei law ei hun. Ac felly yr aethant ill dau ynghyd. ⁷ Yna dywedodd Isaac wrth ei dad Abraham, "Fy nhad." Atebodd yntau, "Ie, fy mab?" Ac meddai Isaac, "Dyma'r tân a'r coed; ond ble mae oen y poethoffrwm?" ⁸ Dywedodd Abraham, "Duw ei hun fydd yn darparu oen y poethoffrwm, fy mab." Ac felly aethant ill dau gyda'i gilydd.

⁹ Wedi iddynt gyrraedd i'r lle'r oedd Duw wedi dweud wrtho, adeiladodd Abraham allor, trefnodd y coed, a rhwymodd ei fab Isaac a'i osod ar yr allor, ar ben y coed. ¹⁰ Yna estynnodd Abraham ei law, a chymryd y gyllell i ladd ei fab. ¹¹ Ond galwodd angel yr ARGLWYDD arno o'r nef, a dweud, "Abraham! Abraham!" Dywedodd yntau, "Dyma fi." ¹² A dywedodd, "Paid â gosod dy law ar y bachgen, na gwneud dim iddo; oherwydd gwn yn awr dy fod yn ofni Duw, gan nad wyt wedi gwrthod rhoi dy fab, dy unig fab, i mi." ¹³ Cododd Abraham ei olwg ac edrych, a dyna lle'r oedd hwrdd y tu ôl iddo wedi ei ddal gerfydd ei gyrn mewn drysni; aeth Abraham a chymryd yr hwrdd a'i offrymu yn boethoffrwm yn lle ei fab. ¹⁴ Ac enwodd Abraham y lle hwnnw, "Yr ARGLWYDD sy'n darparu"; fel y dywedir hyd heddiw, "Ar fynydd yr ARGLWYDD fe ddarperir."

¹⁵ Galwodd angel yr ARGLWYDD eilwaith o'r nef ar Abraham, ¹⁶ a dweud, "Tyngais i mi fy hun," medd yr ARGLWYDD, "oherwydd iti wneud hyn, heb wrthod rhoi dy fab, dy unig fab, ¹⁷ bendithiaf di yn fawr, ac amlhau dy ddisgynyddion yn ddirfawr, fel sêr y nefoedd ac fel y tywod ar lan y môr. Bydd dy ddisgynyddion yn meddiannu pyrth eu gelynion, ¹⁸ a thrwyddynt bendithir holl genhedloedd y ddaear, am iti ufuddhau i'm llais." ¹⁹ Yna dychwelodd Abraham at ei lanciau ac aethant gyda'i gilydd i Beerseba; ac arhosodd Abraham yn Beerseba.

Disgynyddion Nachor

²⁰ Wedi'r pethau hyn, mynegwyd i Abraham, "Y mae Milca wedi geni plant i'th frawd Nachor: ²¹ Hus ei gyntafanedig, a'i frawd Bus, Cemuel tad Aram, ²² Cesed, Haso, Pildas, Idlaff, a Bethuel." ²³ Bethuel oedd tad Rebeca. Ganwyd yr wyth hyn o Milca i Nachor, brawd Abraham. ²⁴ Hefyd esgorodd Reuma, ei ordderch, ar Teba, Gaham, Tahas a Maacha.

Marw Sara

23 Bu Sara fyw am gant dau ddeg a saith o flynyddoedd; dyna hyd ei hoes. ² Bu farw Sara yn Ciriath-arba, hynny yw Hebron, yng ngwlad Canaan; ac aeth Abraham i alaru am Sara, ac wylodd amdani. ³ Wedi hynny cododd Abraham o ŵydd y marw, a dywedodd wrth yr Hethiaid, ⁴ "Dieithryn ac ymdeithydd wyf yn eich mysg; rhowch i mi hawl ar

---

21:31 H.y., *Ffynnon y saith*, neu, *Ffynnon y llw*.

fedd yn eich plith, er mwyn imi gael claddu fy marw." ⁵ Atebodd yr Hethiaid Abraham, a dweud wrtho, ⁶ "Clyw ni, f'arglwydd; tywysog nerthol wyt ti yn ein plith. Cladda dy farw yn y gorau o'n beddau; ni wrthyd neb ohonom ei fedd iti i gladdu dy farw." ⁷ Yna cododd Abraham ac ymgrymu i'r Hethiaid, pobl y wlad, ⁸ a dweud wrthynt, "Os ydych yn fodlon imi gladdu fy marw, gwrandewch arnaf, a deisyfwch trosof ar Effron fab Sohar ⁹ iddo roi imi ogof Machpela, sy'n eiddo iddo ac yng nghwr ei faes. Rhodded hi i mi am y pris llawn, imi gael hawl ar fedd yn eich plith." ¹⁰ Yr oedd Effron yn eistedd gyda'r Hethiaid, a dywedodd wrth Abraham yng nghlyw'r Hethiaid a phawb oedd yn dod i mewn trwy borth ei ddinas, ¹¹ "Na, f'arglwydd, gwrando arnaf; rhof y maes i ti yn ogystal â'r ogof sydd ynddo; yr wyf yn ei rhoi i ti yng ngŵydd fy mhobl; cladda dy farw." ¹² Yna ymgrymodd Abraham o flaen pobl y wlad, ¹³ a dywedodd wrth Effron yn eu clyw, "Os felly, gwrando arnaf; yr wyf am roi i ti bris y maes; cymer hyn gennyf, er mwyn imi gael claddu fy marw yno." ¹⁴ Atebodd Effron Abraham a dweud wrtho, ¹⁵ "Gwrando arnaf, f'arglwydd; darn o dir gwerth pedwar can sicl o arian, beth yw hynny rhyngom ni? Cladda dy farw." ¹⁶ Cytunodd Abraham ag Effron, a phwysodd iddo yr arian a grybwyllodd yng nghlyw'r Hethiaid, pedwar can sicl o arian, yn ôl pwysau'r marchnatwyr.

¹⁷⁻¹⁸ Felly y sicrhawyd i Abraham, yng ngŵydd yr Hethiaid a phawb oedd yn dod i mewn trwy borth y ddinas, feddiant ar faes Effron yn Machpela, i'r dwyrain o Mamre. Cafodd ef y maes a'r ogof ynddo a phob coeden o fewn holl derfynau'r maes. ¹⁹ Wedi hynny, claddodd Abraham ei wraig Sara yn yr ogof ym maes Machpela, i'r dwyrain o Mamre, hynny yw Hebron, yng ngwlad Canaan. ²⁰ Sicrhawyd gan yr Hethiaid y maes a'r ogof oedd ynddo yn gladdfa i Abraham.

Sicrhau Gwraig i Isaac

24 Yr oedd Abraham yn hen ac oedrannus, ac yr oedd yr ARGLWYDD wedi ei fendithio ef ym mhob dim. ² Yna dywedodd Abraham wrth y gwas hynaf yn ei dŷ, yr un oedd yn gofalu am ei holl eiddo, "Gosod dy law dan fy nghlun, ³ a pharaf iti dyngu i'r ARGLWYDD, Duw'r nefoedd a'r ddaear, na chymeri wraig i'm mab o ferched y Canaaneaid yr wyf yn byw yn eu plith, ⁴ ond yr ei i'm gwlad ac at fy nhylwyth, i gymryd gwraig i'm mab Isaac." ⁵ Dywedodd y gwas wrtho, "Efallai na fydd y wraig am ddod ar fy ôl i'r wlad hon; a fydd raid i mi fynd â'th fab yn ôl i'r wlad y daethost allan ohoni?" ⁶ Dywedodd Abraham wrtho, "Gofala nad ei â'm mab yn ôl yno. ⁷ Yr ARGLWYDD, Duw'r nefoedd, yr un a'm cymerodd o dŷ fy nhad ac o wlad fy ngeni, ac a lefarodd a thyngu wrthyf, a dweud, 'Rhof y wlad hon i'th ddisgynyddion', bydd ef yn anfon ei angel o'th flaen, ac fe gymeri wraig i'm mab oddi yno. ⁸ Os na fydd y wraig am ddod ar dy ôl, yna byddi'n rhydd oddi wrth y llw hwn; ond paid â mynd â'm mab yn ôl yno." ⁹ Felly gosododd y gwas ei law dan glun ei feistr Abraham, a thyngu iddo am y mater hwn.

¹⁰ Yna cymerodd y gwas ddeg o gamelod ei feistr, a mynd ymaith a holl anrhegion ei feistr dan ei ofal, ac aeth i Aram-naharaim, i ddinas Nachor. ¹¹ Parodd i'r camelod orwedd y tu allan i'r ddinas, wrth y pydew dŵr, gyda'r hwyr, sef yr amser y byddai'r merched yn dod i godi dŵr. ¹² A dywedodd, "O ARGLWYDD, Duw fy meistr Abraham, rho lwyddiant i mi heddiw, a gwna garedigrwydd â'm meistr Abraham. ¹³ Dyma fi'n sefyll wrth y ffynnon ddŵr, a merched y ddinas yn dod i godi dŵr. ¹⁴ Y ferch y dywedaf wrthi, 'Gostwng dy stên, er mwyn i mi gael yfed', a hithau'n ateb, 'Yf, ac mi rof ddiod i'th gamelod hefyd', bydded mai honno fydd yr un a ddarperaist i'th was Isaac. Wrth hyn y caf wybod iti wneud caredigrwydd â'm meistr." ¹⁵ Cyn iddo orffen siarad, dyma Rebeca, a anwyd i Bethuel fab Milca, gwraig Nachor, brawd Abraham, yn dod allan â'i stên ar ei hysgwydd. ¹⁶ Yr oedd y ferch yn hardd odiaeth, yn wyryf, heb orwedd gyda gŵr. Aeth i lawr at y ffynnon, llanwodd ei stên, a daeth i fyny. ¹⁷ Rhedodd y gwas i'w chyfarfod, a

dweud, "Gad imi yfed ychydig ddŵr o'th stên." ¹⁸ Dywedodd hithau, "Yf, f'arglwydd," a brysio i ostwng ei stên ar ei llaw, a rhoi diod iddo. ¹⁹ Pan orffennodd roi diod iddo, dywedodd hi, "Codaf ddŵr i'th gamelod hefyd, nes iddynt gael digon." ²⁰ Brysiodd i dywallt ei stên i'r cafn, a rhedeg eilwaith i'r ffynnon, a chodi dŵr i'w holl gamelod. ²¹ Syllodd y gŵr arni, heb ddweud dim, i wybod a oedd yr ARGLWYDD wedi llwyddo'i daith ai peidio.

²² Pan orffennodd y camelod yfed, cymerodd y gŵr fodrwy aur yn pwyso hanner sicl, a dwy freichled yn pwyso deg sicl o aur i'w garddyrnau, ²³ ac meddai, "Dywed wrthyf, merch pwy wyt ti? A oes lle i ni aros noson yn nhŷ dy dad?" ²⁴ Dywedodd hithau wrtho, "Merch Bethuel fab Milca a Nachor." ²⁵ Ac ychwanegodd, "Y mae gennym ddigon o wellt a phorthiant, a lle i letya." ²⁶ Ymgrymodd y gŵr i addoli'r ARGLWYDD, ²⁷ a dweud, "Bendigedig fyddo'r ARGLWYDD, Duw fy meistr Abraham, am nad ataliodd ei garedigrwydd a'i ffyddlondeb oddi wrth fy meistr. Arweiniodd yr ARGLWYDD fi ar fy nhaith i dŷ brodyr fy meistr."

²⁸ Rhedodd y ferch a mynegi'r pethau hyn i dylwyth ei mam. ²⁹ Ac yr oedd gan Rebeca frawd o'r enw Laban, a rhedodd ef allan at y gŵr wrth y ffynnon. ³⁰ Pan welodd y fodrwy, a'r breichledau ar arddyrnau ei chwaer, a chlywed geiriau ei chwaer Rebeca am yr hyn a ddywedodd y gŵr wrthi, aeth at y gŵr oedd yn sefyll gyda'r camelod wrth y ffynnon. ³¹ Dywedodd, "Tyrd i'r tŷ, fendigedig yr ARGLWYDD; pam yr wyt yn sefyll y tu allan, a minnau wedi paratoi'r tŷ, a lle i'r camelod?" ³² Pan ddaeth y gŵr at y tŷ, gollyngodd Laban y camelod, ac estyn gwellt a phorthiant iddynt, a rhoi dŵr i'r gŵr a'r dynion oedd gydag ef i olchi eu traed. ³³ Pan osodwyd bwyd o'i flaen, dywedodd y gŵr, "Nid wyf am fwyta nes imi ddweud fy neges." Ac meddai Laban, "Traetha."

³⁴ Dywedodd, "Gwas Abraham wyf fi. ³⁵ Y mae'r ARGLWYDD wedi bendithio fy meistr yn helaeth, ac y mae yntau wedi llwyddo; y mae wedi rhoi iddo ddefaid ac ychen, arian ac aur, gweision a morynion, camelod ac asynnod. ³⁶ Ac y mae Sara gwraig fy meistr wedi geni mab iddo yn ei henaint; ac y mae fy meistr wedi rhoi ei holl eiddo i hwnnw. ³⁷ Parodd fy meistr i mi fynd ar fy llw, a dywedodd, 'Paid â chymryd gwraig i'm mab o blith merched y Canaaneaid yr wyf yn byw yn eu gwlad; ³⁸ ond dos i dŷ fy nhad, ac at fy nhylwyth, i gymryd gwraig i'm mab.' ³⁹ Dywedais wrth fy meistr, 'Efallai na ddaw'r wraig ar fy ôl.' ⁴⁰ Ond dywedodd yntau wrthyf, 'Bydd yr ARGLWYDD, yr wyf yn rhodio ger ei fron, yn anfon ei angel gyda thi ac yn llwyddo dy daith. Os cymeri wraig i'm mab o'm tylwyth ac o dŷ fy nhad, ⁴¹ yna byddi'n rhydd oddi wrth fy llw; os doi at fy nhylwyth, a hwythau'n gwrthod ei rhoi iti, byddi hefyd yn rhydd oddi wrth fy llw.' ⁴² Pan ddeuthum heddiw at y ffynnon, dywedais, 'O ARGLWYDD, Duw fy meistr Abraham, os wyt am lwyddo fy nhaith yn awr, ⁴³ tra wyf yn sefyll wrth y ffynnon ddŵr, bydded mai'r ferch ifanc a ddaw allan i godi dŵr ac yna, pan ddywedaf wrthi, "Rho i mi ychydig ddŵr i'w yfed o'th stên", ⁴⁴ fydd yn ateb, "Yf, a chodaf ddŵr i'th gamelod hefyd", bydded mai honno fydd y wraig y mae'r ARGLWYDD wedi ei darparu i fab fy meistr.' ⁴⁵ Cyn i mi orffen gwneud fy nghais, dyma Rebeca yn dod allan â'i stên ar ei hysgwydd; aeth i lawr at y ffynnon a chodi dŵr. Dywedais wrthi, 'Gad imi yfed.' ⁴⁶ Brysiodd hithau i ostwng ei stên oddi ar ei hysgwydd, a dywedodd, 'Yf, a rhof ddiod i'th gamelod hefyd.' Yfais, a rhoes hithau ddiod i'r camelod. ⁴⁷ Yna gofynnais iddi, 'Merch pwy wyt ti?' Ac meddai hithau, 'Merch Bethuel fab Nachor a Milca.' Yna gosodais y fodrwy yn ei thrwyn, a'r breichledau am ei garddyrnau. ⁴⁸ Ymgrymais i addoli'r ARGLWYDD, a bendithiais yr ARGLWYDD, Duw fy meistr Abraham, a arweiniodd fi yn y ffordd iawn i gymryd merch brawd fy meistr i'w fab. ⁴⁹ Yn awr, os ydych am wneud caredigrwydd a ffyddlondeb i'm meistr, dywedwch wrthyf; ac onid e, dywedwch wrthyf, fel y gallaf droi ar y llaw dde neu'r chwith."

⁵⁰ Yna atebodd Laban a Bethuel, a dweud, "Oddi wrth yr ARGLWYDD y daeth hyn; ni allwn ni ddweud dim wrthyt, na drwg na da. ⁵¹ Dyma Rebeca o'th flaen; cymer hi a dos. A bydded yn wraig i fab dy feistr, fel y dywedodd yr ARGLWYDD."

⁵² Pan glywodd gwas Abraham eu geiriau, ymgrymodd i'r llawr gerbron yr ARGLWYDD, ⁵³ ac estynnodd dlysau o arian ac aur, a gwisgoedd, a'u rhoi i Rebeca; rhoddodd hefyd anrhegion gwerthfawr i'w brawd ac i'w mam. ⁵⁴ A bwytaodd ac yfodd, ef a'r dynion oedd gydag ef, ac aros yno noson. Pan godasant yn y bore, dywedodd, "Gadewch imi fynd at fy meistr." ⁵⁵ Ac meddai ei brawd a'i mam, "Gad i'r ferch aros gyda ni am o leiaf ddeg diwrnod; wedi hynny caiff fynd." ⁵⁶ Ond dywedodd ef wrthynt, "Peidiwch â'm rhwystro, gan i'r ARGLWYDD lwyddo fy nhaith; gadewch imi fynd at fy meistr." ⁵⁷ Yna dywedasant, "Galwn ar y ferch, a gofynnwn iddi hi." ⁵⁸ A galwasant ar Rebeca, a dweud wrthi, "A ei di gyda'r gŵr hwn?" Atebodd hithau, "Af." ⁵⁹ Felly gollyngasant eu chwaer Rebeca a'i mamaeth, a gwas Abraham a'i ddynion, ⁶⁰ a bendithio Rebeca, a dweud wrthi,

"Tydi, ein chwaer, boed iti fynd
yn filoedd o fyrddiynau,
a bydded i'th ddisgynyddion
etifeddu porth eu gelynion."

⁶¹ Yna cododd Rebeca a'i morynion, a marchogaeth ar y camelod gan ddilyn y gŵr; felly cymerodd y gwas Rebeca a mynd ymaith.

⁶² Yr oedd Isaac wedi dod o Beer-lahai-roi ac yn byw yn ardal y Negef. ⁶³ Pan oedd Isaac allan yn myfyrio yn y maes fin nos, cododd ei olygon i edrych, a gwelodd gamelod yn dod. ⁶⁴ Cododd Rebeca hefyd ei golygon, a phan welodd Isaac, disgynnodd oddi ar y camel, ⁶⁵ a gofyn i'r gwas, "Pwy yw'r gŵr acw sy'n cerdded yn y maes tuag atom?" Atebodd y gwas, "Dyna fy meistr." Cymerodd hithau orchudd a'i wisgo. ⁶⁶ Ac adroddodd y gwas wrth Isaac am bopeth yr oedd wedi ei wneud. ⁶⁷ Yna daeth Isaac â Rebeca i mewn i babell ei fam Sara, a'i chymryd yn wraig iddo. Carodd Isaac Rebeca, ac felly cafodd gysur ar ôl marw ei fam.

Disgynyddion Eraill Abraham

25 Cymerodd Abraham wraig arall o'r enw Cetura. ² Ohoni hi ganwyd iddo Simran, Jocsan, Medan, Midian, Isbac a Sua. ³ Jocsan oedd tad Seba a Dedan; a meibion Dedan oedd Assurim, Letusim a Lewmmim. ⁴ Meibion Midian oedd Effa, Effer, Hanoch, Abida ac Eldaa. Yr oedd y rhain i gyd yn blant Cetura. ⁵ Rhoddodd Abraham ei holl eiddo i Isaac. ⁶ Ond tra oedd eto'n fyw, yr oedd Abraham wedi rhoi anrhegion i feibion ei wragedd gordderch, ac wedi eu hanfon ymaith oddi wrth ei fab Isaac, draw i wlad ddwyreiniol.

Marw Abraham a'i Gladdu

⁷ Yr oedd oes gyfan Abraham yn gant saith deg a phump o flynyddoedd. ⁸ Anadlodd Abraham ei anadl olaf, a bu farw wedi oes hir, yn hen ac oedrannus; a chladdwyd ef gyda'i dylwyth. ⁹ Claddwyd ef gan ei feibion Isaac ac Ismael yn ogof Machpela, ym maes Effron fab Sohar yr Hethiad, i'r dwyrain o Mamre, ¹⁰ y maes yr oedd Abraham wedi ei brynu gan yr Hethiaid. Yno y claddwyd Abraham gyda'i wraig Sara. ¹¹ Wedi marw Abraham bendithiodd Duw ei fab Isaac, ac arhosodd Isaac ger Beer-lahai-roi.

Disgynyddion Ismael

1 Cron. 1:28-31

¹² Dyma genedlaethau Ismael fab Abraham, a anwyd iddo o Hagar yr Eifftes, morwyn Sara. ¹³ Dyma enwau meibion Ismael, yn nhrefn eu geni: Nebaioth, cyntafanedig Ismael, a Cedar, Adbeel, Mibsam, ¹⁴ Misma, Duma, Massa, ¹⁵ Hadad, Tema, Jetur, Naffis a Cedema. ¹⁶ Dyna feibion Ismael, a dyna enwau deuddeg tywysog y llwythau yn ôl eu trefi a'u gwersylloedd. ¹⁷ Hyd oes Ismael oedd cant tri deg a saith o flynyddoedd; anadlodd ei anadl olaf, a chladdwyd ef gyda'i dylwyth. ¹⁸ Yr oeddent yn trigo o Hafila hyd Sur, i'r dwyrain o'r Aifft, i gyfeiriad Asyria; yr oeddent yn erbyn eu holl frodyr.

Geni Esau a Jacob

19 Dyma genedlaethau Isaac fab Abraham: tad Isaac oedd Abraham, 20 ac yr oedd Isaac yn ddeugain mlwydd oed pan gymerodd yn wraig Rebeca ferch Bethuel yr Aramead o Padan Aram, chwaer Laban yr Aramead. 21 A gweddïodd Isaac ar yr ARGLWYDD dros ei wraig, am ei bod heb eni plentyn. Atebodd yr ARGLWYDD ei weddi, a beichiogodd ei wraig Rebeca. 22 Aflonyddodd y plant ar ei gilydd yn ei chroth, a dywedodd hithau, "Pam y mae fel hyn arnaf?"* Aeth i ymofyn â'r ARGLWYDD, 23 a dywedodd yr ARGLWYDD wrthi,

"Dwy genedl sydd yn dy groth,
a gwahenir dau lwyth o'th fru,
bydd y naill yn gryfach na'r llall,
a'r hynaf yn gwasanaethu'r ieuengaf."

24 Pan ddaeth ei dyddiau i esgor, yr oedd gefeilliaid yn ei chroth. 25 Daeth y cyntaf allan yn goch, a'i holl gorff fel mantell flewog; am hynny galwyd ef Esau. 26 Wedyn daeth ei frawd allan, a'i law yn gafael yn sawdl Esau; am hynny galwyd ef Jacob*. Yr oedd Isaac yn drigain oed pan anwyd hwy.

Esau'n Gwerthu ei Enedigaeth-fraint

27 Tyfodd y bechgyn, a daeth Esau yn heliwr medrus, yn ŵr y maes; ond yr oedd Jacob yn ŵr tawel, yn byw mewn pebyll. 28 Yr oedd Isaac yn hoffi Esau, am ei fod yn bwyta o'i helfa; ond yr oedd Rebeca yn hoffi Jacob.

29 Un tro pan oedd Jacob yn berwi cawl, daeth Esau o'r maes ar ddiffygio. 30 A dywedodd Esau wrth Jacob, "Gad imi fwyta o'r cawl coch yma, oherwydd yr wyf ar ddiffygio." Dyna pam y galwyd ef Edom*. 31 Dywedodd Jacob, "Gwertha imi'n awr dy enedigaeth-fraint." 32 A dywedodd Esau, "Pa les yw genedigaeth-fraint i mi, a minnau ar fin marw?" 33 Dywedodd Jacob, "Dos ar dy lw i mi yn awr." Felly aeth ar ei lw, a gwerthu ei enedigaeth-fraint i Jacob.

34 Yna rhoddodd Jacob fara a chawl ffacbys i Esau; bwytaodd ac yfodd, ac yna codi a mynd ymaith. Fel hyn y diystyrodd Esau ei enedigaeth-fraint.

Isaac yn Ymfudo i Gerar

26 Bu newyn yn y wlad, heblaw'r newyn a fu gynt yn nyddiau Abraham, ac aeth Isaac i Gerar at Abimelech brenin y Philistiaid. 2 Yr oedd yr ARGLWYDD wedi ymddangos iddo, a dweud, "Paid â mynd i lawr i'r Aifft; aros yn y wlad a ddywedaf fi wrthyt. 3 Ymdeithia yn y wlad hon, a byddaf gyda thi i'th fendithio; oherwydd rhoddaf yr holl wledydd hyn i ti ac i'th ddisgynyddion, a chadarnhaf y llw a dyngais wrth dy dad Abraham. 4 Amlhaf dy ddisgynyddion fel sêr y nefoedd, a rhoi iddynt yr holl wledydd hyn. Bendithir holl genhedloedd y ddaear trwy dy ddisgynyddion. 5 Bydd hyn am i Abraham wrando ar fy llais, a chadw fy ngofynion, fy ngorchmynion, fy neddfau a'm cyfreithiau." 6 Felly arhosodd Isaac yn Gerar.

7 Pan ofynnodd gwŷr y lle ynghylch ei wraig, dywedodd, "Fy chwaer yw hi", am fod arno ofn dweud, "Fy ngwraig yw hi", rhag i wŷr y lle ei ladd* o achos Rebeca; oherwydd yr oedd hi'n brydferth. 8 Wedi iddo fod yno am ysbaid, edrychodd Abimelech brenin y Philistiaid trwy'r ffenestr a chanfod Isaac yn anwesu ei wraig Rebeca. 9 Yna galwodd Abimelech ar Isaac, a dweud, "Y mae'n amlwg mai dy wraig yw hi; pam y dywedaist, 'Fy chwaer yw hi'?" Dywedodd Isaac wrtho, "Am imi feddwl y byddwn farw o'i hachos hi." 10 Dywedodd Abimelech, "Beth yw hyn yr wyt wedi ei wneud i ni? Hawdd y gallasai un o'r bobl orwedd gyda'th wraig, ac i ti ddwyn euogrwydd arnom." 11 Felly rhybuddiodd Abimelech yr holl bobl a dweud, "Lleddir y sawl a gyffyrdda â'r gŵr hwn neu â'i wraig."

12 Heuodd Isaac yn y tir hwnnw, a medi'r flwyddyn honno ar ei ganfed, a bendithiodd yr ARGLWYDD ef. 13 Llwyddodd y gŵr, a chynyddodd nes

---

25:22 Tebygol. Hebraeg yn aneglur.
25:26 H.y., *Y mae'n gafael yn sawdl,* neu, *Yn disodli.*
25:30 H.y., *Coch.* Cymh. adn. 25 uchod.

26:7 Hebraeg, *fy lladd i.*

dod yn gyfoethog iawn. ¹⁴ Yr oedd yn berchen defaid ac ychen, a llawer o weision, fel bod y Philistiaid yn cenfigennu wrtho. ¹⁵ Caeodd y Philistiaid yr holl bydewau a gloddiodd y gweision yn nyddiau ei dad Abraham a'u llenwi â phridd, ¹⁶ a dywedodd Abimelech wrth Isaac, "Dos oddi wrthym, oherwydd aethost yn gryfach o lawer na ni."

¹⁷ Felly ymadawodd Isaac oddi yno, a gwersyllodd yn nyffryn Gerar ac aros yno. ¹⁸ Ac ailgloddiodd Isaac y pydewau dŵr a gloddiwyd yn nyddiau ei dad Abraham, ac a gaewyd gan y Philistiaid ar ôl marw Abraham; a galwodd hwy wrth yr un enwau â'i dad. ¹⁹ Ond pan gloddiodd gweision Isaac yn y dyffryn, a chael yno ffynnon o ddŵr yn tarddu, ²⁰ bu cynnen rhwng bugeiliaid Gerar a bugeiliaid Isaac, a dywedasant, "Ni biau'r dŵr." Felly enwodd y ffynnon Esec*, am iddynt godi cynnen ag ef. ²¹ Yna cloddiasant bydew arall, a bu cynnen ynglŷn â hwnnw hefyd; felly enwodd ef Sitna*. ²² Symudodd oddi yno a chloddio pydew arall, ac ni bu cynnen ynglŷn â hwnnw; felly enwodd ef Rehoboth*, a dweud, "Rhoes yr ARGLWYDD le helaeth i ni, a byddwn ffrwythlon yn y wlad."

Cytundeb rhwng Abimelech ac Isaac

²³ Aeth Isaac oddi yno i Beerseba. ²⁴ Ac un noson ymddangosodd yr ARGLWYDD iddo, a dweud, "Myfi yw Duw Abraham dy dad; paid ag ofni, oherwydd yr wyf fi gyda thi. Bendithiaf di ac amlhaf dy ddisgynyddion er mwyn fy ngwas Abraham." ²⁵ Felly adeiladodd yno allor, a galw ar enw'r ARGLWYDD; cododd ei babell yno, a chloddiodd gweision Isaac ffynnon yno. ²⁶ Yna daeth Abimelech ato o Gerar, gydag Ahussath ei gynghorwr a Phichol pennaeth ei fyddin. ²⁷ Gofynnodd Isaac iddynt, "Pam yr ydych wedi dod ataf, gan i chwi fy nghasáu a'm gyrru oddi wrthych?" ²⁸ Atebasant hwythau, "Gwelsom yn eglur fod yr ARGLWYDD gyda thi; am hynny fe ddywedwn, 'Bydded llw rhyngom', a gwnawn gyfamod â thi, ²⁹ na wnei di ddim drwg i ni, yn union fel na fu i ni gyffwrdd â thi, na gwneud dim ond daioni iti a'th anfon ymaith mewn heddwch. Yn awr, ti yw bendigedig yr ARGLWYDD." ³⁰ Yna, gwnaeth wledd iddynt, a bwytasant ac yfed. ³¹ Yn y bore codasant yn gynnar a thyngu llw i'w gilydd; ac anfonodd Isaac hwy ymaith, ac aethant mewn heddwch. ³² Daeth gweision Isaac y diwrnod hwnnw a mynegi iddo am y pydew yr oeddent wedi ei gloddio, a dweud wrtho, "Cawsom ddŵr." ³³ Galwodd yntau ef Seba*; am hynny Beerseba yw enw'r ddinas hyd heddiw.

Gwragedd Esau

³⁴ Pan oedd Esau'n ddeugain mlwydd oed, priododd Judith ferch Beeri yr Hethiad, a hefyd Basemath ferch Elon yr Hethiad; ³⁵ a buont yn achos gofid i Isaac a Rebeca.

Isaac yn Bendithio Jacob

27 Pan oedd Isaac yn hen a'i lygaid wedi pylu fel nad oedd yn gweld, galwodd ar Esau ei fab hynaf, a dweud wrtho, "Fy mab." Atebodd yntau, "Dyma fi." ² A dywedodd Isaac, "Yr wyf wedi mynd yn hen, ac ni wn pa ddiwrnod y byddaf farw. ³ Cymer yn awr dy arfau, dy gawell saethau a'th fwa, a dos i'r maes i hela bwyd i mi, ⁴ a gwna i mi y lluniaeth blasus sy'n hoff gennyf, a thyrd ag ef imi i'w fwyta; yna bendithiaf di cyn imi farw."

⁵ Yr oedd Rebeca yn gwrando ar Isaac yn siarad â'i fab Esau. A phan aeth Esau i'r maes i hela bwyd i ddod ag ef i'w dad, ⁶ dywedodd Rebeca wrth ei mab Jacob, "Clywais dy dad yn siarad â'th frawd Esau ac yn dweud, ⁷ 'Tyrd â helfa imi, a gwna luniaeth blasus imi i'w fwyta; yna bendithiaf di gerbron yr ARGLWYDD cyn imi farw.' ⁸ Gwrando'n awr, fy mab, ar yr hyn a orchmynnaf i ti. ⁹ Dos i blith y praidd, a thyrd â dau fyn gafr da i mi, a gwnaf finnau hwy yn lluniaeth blasus i'th dad, o'r math y mae'n ei hoffi, ¹⁰ a chei dithau fynd ag ef i'th dad i'w fwyta,

---

26:20 H.y., *Cynnen.*
26:21 H.y., *Gelyniaeth.*
26:22 H.y., *Lle helaeth.*

26:33 H.y., *Llw,* neu, *Saith.*

er mwyn iddo dy fendithio di cyn iddo farw." ¹¹ Ond dywedodd Jacob wrth ei fam Rebeca, "Ond y mae Esau yn ŵr blewog, a minnau'n ŵr llyfn. ¹² Efallai y bydd fy nhad yn fy nheimlo, a byddaf fel twyllwr yn ei olwg, a dof â melltith arnaf fy hun yn lle bendith." ¹³ Meddai ei fam wrtho, "Arnaf fi y bo dy felltith, fy mab; gwrando arnaf, dos a thyrd â'r geifr ataf." ¹⁴ Felly aeth, a dod â hwy at ei fam; a gwnaeth ei fam luniaeth blasus, o'r math yr oedd ei dad yn ei hoffi. ¹⁵ Yna cymerodd Rebeca ddillad gorau ei mab hynaf Esau, dillad oedd gyda hi yn y tŷ, a'u gwisgo am Jacob ei mab ieuengaf; ¹⁶ a gwisgodd hefyd grwyn y geifr am ei ddwylo ac am ei wegil llyfn; ¹⁷ yna rhoddodd i'w mab Jacob y lluniaeth blasus a'r bara yr oedd wedi eu paratoi. ¹⁸ Aeth yntau i mewn at ei dad a dweud, "Fy nhad." Atebodd yntau, "Dyma fi, fy mab, pwy wyt ti?" ¹⁹ Dywedodd Jacob wrth ei dad, "Esau dy gyntafanedig wyf fi. Gwneuthum fel y dywedaist wrthyf; cod ar dy eistedd a bwyta o'm helfa, a bendithia fi." ²⁰ A dywedodd Isaac wrth ei fab, "Sut y cefaist hyd iddo mor fuan, fy mab?" Atebodd yntau, "Yr ARGLWYDD dy Dduw a'i trefnodd ar fy nghyfer." ²¹ Yna dywedodd Isaac wrth Jacob, "Tyrd yn nes, er mwyn imi dy deimlo, fy mab, a gwybod ai ti yw fy mab Esau ai peidio." ²² Nesaodd Jacob at Isaac ei dad, a theimlodd yntau ef a dweud, "Llais Jacob yw'r llais, ond dwylo Esau yw'r dwylo." ²³ Ond nid adnabu mohono, am fod ei ddwylo'n flewog fel dwylo Esau ei frawd; felly bendithiodd ef. ²⁴ A dywedodd, "Ai ti yn wir yw fy mab Esau?" Atebodd yntau, "Myfi yw." ²⁵ Dywedodd yntau, "Tyrd â'r helfa ataf, fy mab, imi gael bwyta a'th fendithio." Daeth ag ef ato, a bwytaodd yntau; a daeth â gwin iddo, ac yfodd. ²⁶ A dywedodd ei dad Isaac wrtho, "Tyrd yn nes a chusana fi, fy mab." ²⁷ Felly nesaodd a chusanodd ef; clywodd yntau arogl ei wisgoedd, a bendithiodd ef, a dweud:

"Dyma arogl fy mab,
  fel arogl maes a fendithiodd yr
    ARGLWYDD.

²⁸ Rhodded Duw iti o wlith y
    nefoedd,
  o fraster y ddaear, a digon o ŷd a
    gwin.
²⁹ Bydded i bobloedd dy wasanaethu
    di,
  ac i genhedloedd ymgrymu o'th
    flaen;
  bydd yn ARGLWYDD ar dy frodyr,
  ac ymgrymed meibion dy fam iti.
  Bydded melltith ar y rhai sy'n dy
    felltithio,
  a bendith ar y rhai sy'n dy fendithio."

³⁰ Wedi i Isaac orffen bendithio Jacob, a Jacob ond prin wedi mynd allan o ŵydd ei dad Isaac, daeth ei frawd Esau i mewn o'i hela. ³¹ Gwnaeth yntau luniaeth blasus, a mynd ag ef i'w dad, a dweud wrtho, "Cod, fy nhad, a bwyta o helfa dy fab, a bendithia fi." ³² Gofynnodd ei dad Isaac iddo, "Pwy wyt ti?" Atebodd yntau, "Dy fab Esau, dy gyntafanedig, wyf fi." ³³ Yna cyffrôdd Isaac yn ddirfawr, a dywedodd, "Pwy ynteu a heliodd fwyd a'i ddwyn ataf, a minnau'n bwyta'r cwbl cyn iti ddod, ac yn rhoi'r fendith iddo ef? Ac yn wir, bendigedig fydd ef." ³⁴ Pan glywodd Esau eiriau ei dad, gwaeddodd yn uchel a chwerw, a dweud wrth ei dad, "Bendithia fi, finnau hefyd, fy nhad." ³⁵ Ond dywedodd ef, "Y mae dy frawd wedi dod trwy dwyll, a chymryd dy fendith." ³⁶ Ac meddai Esau, "Onid Jacob yw'r enw priodol arno? Y mae wedi fy nisodli* ddwywaith: dygodd fy ngenedigaeth-fraint, a dyma ef yn awr wedi dwyn fy mendith." Yna dywedodd, "Onid oes gennyt fendith ar ôl i minnau?" ³⁷ Atebodd Isaac a dweud wrth Esau, "Yr wyf wedi ei wneud ef yn arglwydd arnat, a rhoi ei holl berthnasau yn weision iddo, ac ŷd a gwin i'w gynnal. Beth, felly, a allaf ei wneud i ti, fy mab?" ³⁸ A dywedodd Esau wrth ei dad, "Ai yr un fendith hon yn unig sydd gennyt, fy nhad? Bendithia fi, finnau hefyd, fy nhad." A chododd Esau ei lais ac wylo.

³⁹ Yna atebodd ei dad Isaac a dweud wrtho:

27:36 Cymh. 25:26.

"Wele, bydd dy gartref heb fraster
    daear,
a heb wlith y nef oddi uchod.
⁴⁰ Wrth dy gleddyf y byddi fyw,
ac fe wasanaethi dy frawd;
ond pan ddoi'n rhydd,
fe dorri ei iau oddi ar dy wddf."

⁴¹ A chasaodd Esau Jacob o achos y fendith yr oedd ei dad wedi ei rhoi iddo, a dywedodd Esau wrtho'i hun, "Daw yn amser i alaru am fy nhad cyn hir; yna lladdaf fy mrawd Jacob." ⁴² Ond cafodd Rebeca wybod am eiriau Esau ei mab hynaf; anfonodd hithau a galw am Jacob ei mab ieuengaf, a dweud wrtho, "Edrych, y mae dy frawd Esau yn ei gysuro ei hun wrth feddwl am dy ladd. ⁴³ Yn awr, fy mab, gwrando arnaf; cod, a ffo i Haran at fy mrawd Laban, ⁴⁴ ac aros dros dro gydag ef, nes bod llid dy frawd wedi cilio. ⁴⁵ Yna pan fydd dicter dy frawd wedi cilio, ac yntau wedi anghofio'r hyn a wnaethost, mi anfonaf i'th gyrchu oddi yno. Pam y caf fy amddifadu ohonoch eich dau mewn un diwrnod?"

Anfon Jacob at Laban

⁴⁶ Dywedodd Rebeca wrth Isaac, "Yr wyf wedi blino byw o achos merched yr Hethiaid. Os prioda Jacob wraig o blith merched yr Hethiaid fel un o'r rhain, sef un o ferched y wlad, i beth y byddaf fyw?"

28 Yna galwodd Isaac ar Jacob, a bendithiodd ef. Gorchmynnodd iddo, "Paid â phriodi gwraig o blith merched Canaan. ² Cod, dos i Padan Aram, i dŷ Bethuel tad dy fam; a chymer iti yno wraig o blith merched Laban brawd dy fam. ³ Boed i Dduw Hollalluog dy fendithio, a'th wneud yn ffrwythlon a lluosog fel y byddi'n gynulliad o bobloedd. ⁴ Rhodded ef fendith Abraham i ti ac i'th hil hefyd, fel y cei etifeddu'r wlad yr wyt yn ymdeithio ynddi, yr un a roddodd Duw i Abraham." ⁵ Felly, anfonodd Isaac Jacob ymaith; ac aeth yntau i Padan Aram at Laban fab Bethuel yr Aramead, brawd Rebeca mam Jacob ac Esau.

Esau'n Priodi Eto

⁶ Deallodd Esau fod Isaac wedi bendithio Jacob a'i anfon ymaith i Padan Aram i gymryd gwraig oddi yno, ac iddo orchymyn iddo wrth ei fendithio, "Paid â phriodi gwraig o blith merched Canaan", ⁷ a bod Jacob wedi gwrando ar ei rieni a mynd i Padan Aram. ⁸ Pan welodd Esau nad oedd merched Canaan wrth fodd Isaac ei dad, ⁹ aeth at Ismael a chymryd yn wraig, at ei wragedd eraill, Mahalath ferch Ismael, fab Abraham, chwaer Nebaioth.

Breuddwyd Jacob

¹⁰ Ymadawodd Jacob â Beerseba a theithio tua Haran. ¹¹ A daeth i ryw fan ac aros noson yno, gan fod yr haul wedi machlud. Cymerodd un o gerrig y lle a'i gosod dan ei ben, a gorweddodd i gysgu yn y fan honno. ¹² Breuddwydiodd ei fod yn gweld ysgol wedi ei gosod ar y ddaear, a'i phen yn cyrraedd i'r nefoedd, ac angylion Duw yn dringo a disgyn ar hyddi. ¹³ A safodd yr ARGLWYDD gerllaw iddo a dweud, "Myfi yw'r ARGLWYDD, Duw Abraham dy dad, a Duw Isaac; rhoddaf y tir yr wyt yn gorwedd arno i ti ac i'th ddisgynyddion; ¹⁴ bydd dy hil fel llwch y ddaear, a byddi'n ymestyn i'r gorllewin a'r dwyrain ac i'r gogledd a'r de; a bendithir holl deuluoedd y ddaear ynot ti ac yn dy ddisgynyddion. ¹⁵ Wele, yr wyf fi gyda thi, a chadwaf di ple bynnag yr ei, a dof â thi'n ôl i'r wlad hon; oherwydd ni'th adawaf nes imi wneud yr hyn a ddywedais." ¹⁶ Pan ddeffrôdd Jacob o'i gwsg, dywedodd, "Y mae'n sicr fod yr ARGLWYDD yn y lle hwn, ac ni wyddwn i." ¹⁷ A daeth arno ofn, ac meddai, "Mor ofnadwy yw'r lle hwn! Nid yw'n ddim amgen na thŷ i Dduw, a dyma borth y nefoedd." ¹⁸ Cododd Jacob yn fore, a chymerodd y garreg a fu dan ei ben, a gosododd hi'n golofn, a thywallt olew drosti. ¹⁹ Galwodd y lle, Bethel*, ond enw'r ddinas ar y dechrau oedd Lus. ²⁰ Yna gwnaeth Jacob adduned, a dweud, "Os bydd Duw gyda mi, ac yn fy nghadw'n ddiogel ar fy nhaith, a rhoi imi fara i'w fwyta a dillad i'w gwisgo, ²¹ a minnau'n dychwelyd mewn heddwch i dŷ

28:19 H.y., *Tŷ Dduw*.

fy nhad, yna bydd yr ARGLWYDD yn Dduw i mi, ²² a bydd y garreg hon a osodais yn golofn yn dŷ i Dduw; ac o bob peth a roi i mi, mi rof ddegwm i ti."

Jacob yn Cyrraedd Tŷ Laban

29 Yna aeth Jacob ymlaen ar ei daith, a dod i wlad pobl y dwyrain. ² Wrth edrych, gwelodd bydew yn y maes, a thair diadell o ddefaid yn gorwedd wrtho, gan mai o'r pydew hwnnw y rhoid dŵr i'r diadelloedd. Yr oedd carreg fawr ar geg y pydew, ³ a phan fyddai'r holl ddiadelloedd wedi eu casglu yno, byddai'r bugeiliaid yn symud y garreg oddi ar geg y pydew, a rhoi dŵr i'r defaid, ac yna'n gosod y garreg yn ôl yn ei lle ar geg y pydew. ⁴ Dywedodd Jacob wrthynt, "Frodyr, o ble'r ydych yn dod?" Atebasant, "Rhai o Haran ydym ni." ⁵ Yna gofynnodd iddynt, "A ydych yn adnabod Laban fab Nachor?" Atebasant hwythau, "Ydym." ⁶ Wedyn meddai wrthynt, "A yw'n iawn?" Atebasant, "Ydyw; dacw ei ferch Rachel yn dod â'r defaid." ⁷ "Nid yw eto ond canol dydd," meddai yntau, "nid yw'n bryd casglu'r anifeiliaid; rhowch ddŵr i'r defaid, ac ewch i'w bugeilio." ⁸ Ond atebasant, "Ni allwn nes casglu'r holl ddiadelloedd, a symud y garreg oddi ar geg y pydew; yna rhown ddŵr i'r defaid."

⁹ Tra oedd yn siarad â hwy, daeth Rachel gyda defaid ei thad; oherwydd hi oedd yn eu bugeilio. ¹⁰ A phan welodd Jacob Rachel ferch Laban brawd ei fam, a defaid Laban brawd ei fam, nesaodd Jacob a symud y garreg oddi ar geg y pydew, a rhoi dŵr i braidd Laban brawd ei fam. ¹¹ Cusanodd Jacob Rachel ac wylodd yn uchel. ¹² Yna dywedodd Jacob wrth Rachel ei fod yn nai i'w thad, ac yn fab i Rebeca; rhedodd hithau i ddweud wrth ei thad. ¹³ Pan glywodd Laban am Jacob, mab ei chwaer, rhedodd i'w gyfarfod, a'i gofleidio a'i gusanu, ac aeth ag ef i'w dŷ. Adroddodd yntau'r cwbl wrth Laban, ¹⁴ a dywedodd Laban wrtho, "Yn sicr, fy asgwrn a'm cnawd wyt ti." Ac arhosodd gydag ef am fis.

Jacob yn Gwasanaethu Laban am Rachel a Lea

¹⁵ Yna dywedodd Laban wrth Jacob, "Pam y dylit weithio imi am ddim, yn unig am dy fod yn nai imi? Dywed i mi beth fydd dy gyflog?" ¹⁶ Yr oedd gan Laban ddwy ferch; enw'r hynaf oedd Lea, ac enw'r ieuengaf Rachel. ¹⁷ Yr oedd llygaid Lea yn bŵl, ond yr oedd Rachel yn osgeiddig a phrydferth. ¹⁸ Hoffodd Jacob Rachel, a dywedodd, "Fe weithiaf i ti am saith mlynedd am Rachel, dy ferch ieuengaf." ¹⁹ Dywedodd Laban, "Gwell gennyf ei rhoi i ti nag i neb arall; aros gyda mi." ²⁰ Felly gweithiodd Jacob saith mlynedd am Rachel, ac yr oeddent fel ychydig ddyddiau yn ei olwg am ei fod yn ei charu.

²¹ Yna dywedodd Jacob wrth Laban, "Daeth fy nhymor i ben; rho fy ngwraig imi, er mwyn imi gael cyfathrach â hi." ²² Casglodd Laban holl bobl y lle at ei gilydd, a gwnaeth wledd. ²³ Ond gyda'r hwyr cymerodd ei ferch Lea a mynd â hi at Jacob; cafodd yntau gyfathrach â hi. ²⁴ Ac yr oedd Laban wedi rhoi ei forwyn Silpa i'w ferch Lea yn forwyn. ²⁵ Pan ddaeth y bore, gwelodd Jacob mai Lea oedd gydag ef; a dywedodd wrth Laban, "Beth yw hyn yr wyt wedi ei wneud â mi? Onid am Rachel y gweithiais? Pam y twyllaist fi?" ²⁶ Dywedodd Laban, "Nid yw'n arfer yn ein gwlad ni roi'r ferch ieuengaf o flaen yr hynaf. ²⁷ Gorffen yr wythnos wledd gyda hon, a rhoir y llall hefyd iti am weithio imi am dymor o saith mlynedd arall." ²⁸ Gwnaeth Jacob felly, a gorffennodd y saith diwrnod. Yna rhoddodd Laban ei ferch Rachel yn wraig iddo, ²⁹ a rhoi ei forwyn Bilha i'w ferch Rachel yn forwyn. ³⁰ Cafodd Jacob gyfathrach â Rachel hefyd, a hoffodd Rachel yn fwy na Lea, a gweithiodd i Laban am saith mlynedd arall.

Enwau Plant Jacob

³¹ Pan welodd yr ARGLWYDD fod Lea'n cael ei chasáu, agorodd ei chroth; ond yr oedd Rachel yn ddi-blant. ³² Beichiogodd Lea ac esgor ar fab, a galwodd ef Reuben*; oherwydd dywedodd, "Y

29:32 H.y., *Gwelwch, mab!*

mae'r ARGLWYDD wedi gweld fy ngwaradwydd, ac yn awr bydd fy ngŵr yn fy ngharu." ³³ Beichiogodd eilwaith ac esgor ar fab, a dywedodd, "Y mae'r ARGLWYDD wedi clywed fy mod yn cael fy nghasáu, a rhoddodd hwn i mi hefyd." A galwodd ef Simeon*. ³⁴ Beichiogodd drachefn ac esgor ar fab, a dywedodd, "Yn awr, o'r diwedd fe unir fy ngŵr â mi, oherwydd rhoddais iddo dri mab." Am hynny galwodd ef Lefi*. ³⁵ A beichiogodd drachefn ac esgor ar fab, a dywedodd, "Y tro hwn moliannaf yr ARGLWYDD." Am hynny galwodd ef Jwda*. Yna peidiodd â geni plant.

30 Pan welodd Rachel nad oedd hi yn geni plant i Jacob, cenfigennodd wrth ei chwaer; a dywedodd wrth Jacob, "Rho blant i mi, neu byddaf farw." ² Teimlodd Jacob yn ddig wrth Rachel, ac meddai, "A wyf fi yn safle Duw, yr hwn sydd wedi atal ffrwyth dy groth?" ³ Dywedodd hithau, "Dyma fy morwyn Bilha; dos i gael cyfathrach â hi er mwyn iddi ddwyn plant ar fy ngliniau, ac i minnau gael teulu ohoni." ⁴ Felly rhoddodd ei morwyn Bilha yn wraig iddo; a chafodd Jacob gyfathrach â hi. ⁵ Beichiogodd Bilha ac esgor ar fab i Jacob. ⁶ Yna dywedodd Rachel, "Y mae Duw wedi fy marnu; y mae hefyd wedi gwrando arnaf a rhoi imi fab." Am hynny galwodd ef Dan*. ⁷ Beichiogodd Bilha morwyn Rachel eilwaith, ac esgor ar ail fab i Jacob. ⁸ Yna dywedodd Rachel, "Yr wyf wedi ymdrechu'n galed yn erbyn fy chwaer, a llwyddo." Felly galwodd ef Nafftali*.

⁹ Pan welodd Lea ei bod wedi peidio â geni plant, cymerodd ei morwyn Silpa a'i rhoi'n wraig i Jacob. ¹⁰ Yna esgorodd Silpa morwyn Lea ar fab i Jacob, ¹¹ a dywedodd Lea, "Ffawd dda." Felly galwodd ef Gad*. ¹² Esgorodd Silpa morwyn Lea ar ail fab i Jacob, ¹³ a dywedodd Lea, "Dedwydd wyf! Bydd y merched yn fy ngalw yn ddedwydd." Felly galwodd ef Aser*.

¹⁴ Yn nyddiau'r cynhaeaf gwenith aeth Reuben allan a chael mandragorau yn y maes, a'u rhoi i Lea ei fam. Yna dywedodd Rachel wrth Lea, "Rho imi rai o fandragorau dy fab." ¹⁵ Ond dywedodd hithau wrthi, "Ai peth dibwys yw dy fod wedi cymryd fy ngŵr? A wyt hefyd am gymryd mandragorau fy mab?" Dywedodd Rachel, "O'r gorau, caiff Jacob gysgu gyda thi heno yn dâl am fandragorau dy fab." ¹⁶ Pan oedd Jacob yn dod o'r maes gyda'r nos, aeth Lea i'w gyfarfod a dweud, "Gyda mi yr wyt i gysgu, oherwydd yr wyf wedi talu am dy gael â mandragorau fy mab." Felly cysgodd gyda hi y noson honno. ¹⁷ A gwrandawodd Duw ar Lea, a beichiogodd ac esgor ar y pumed mab i Jacob. ¹⁸ Dywedodd Lea, "Y mae Duw wedi rhoi fy nhâl am imi roi fy morwyn i'm gŵr." Felly galwodd ef Issachar*. ¹⁹ Beichiogodd Lea eto, ac esgor ar y chweched mab i Jacob. ²⁰ Yna dywedodd Lea, "Y mae Duw wedi rhoi imi waddol da; yn awr, bydd fy ngŵr yn fy mharchu, am imi esgor ar chwech o feibion iddo." Felly galwodd ef Sabulon*. ²¹ Wedi hynny esgorodd ar ferch, a galwodd hi Dina. ²² A chofiodd Duw Rachel, a gwrandawodd arni ac agor ei chroth. ²³ Beichiogodd hithau ac esgor ar fab, a dywedodd, "Y mae Duw wedi tynnu ymaith fy ngwarth." ²⁴ A galwodd ef Joseff*, gan ddweud, "Bydded i'r ARGLWYDD ychwanegu i mi fab arall."

Tâl Laban i Jacob

²⁵ Wedi i Rachel esgor ar Joseff, dywedodd Jacob wrth Laban, "Gad imi ymadael, er mwyn imi fynd i'm cartref fy hun ac i'm gwlad. ²⁶ Rho imi fy ngwragedd a'm plant yr wyf wedi gweithio amdanynt, a gad imi fynd; oherwydd gwyddost fel yr wyf wedi gweithio iti." ²⁷ Ond dywedodd Laban wrtho, "Os caf ddweud, yr wyf wedi dod i weld mai o'th achos di y mae'r ARGLWYDD wedi fy mendithio i; ²⁸ noda

---

29:33 H.y., *Un yn clywed.*
29:34 H.y., *Uniad.*
29:35 H.y., *Moliant.*
30:6 H.y., *Barnodd.*
30:8 H.y., *Cyfrwys.*
30:11 H.y., *Ffawd.*

30:13 H.y., *Dedwydd.*
30:18 H.y., *Tâl.*
30:20 H.y., *Parch.*
30:24 H.y., *Fe ychwanega.*

dy gyflog, ac fe'i talaf." ²⁹ Atebodd yntau, "Gwyddost sut yr wyf wedi gweithio iti, a sut y bu ar dy anifeiliaid gyda mi; ³⁰ ychydig oedd gennyt cyn i mi ddod, ond cynyddodd yn helaeth, a bendithiodd yr ARGLWYDD di bob cam. Yn awr, onid yw'n bryd i mi ddarparu ar gyfer fy nheulu fy hun?" ³¹ Dywedodd Laban, "Beth a rof i ti?" Atebodd Jacob, "Nid wyt i roi dim i mi. Ond fe fugeiliaf dy braidd eto a'u gwylio, os gwnei hyn imi: ³² gad imi fynd heddiw trwy dy holl braidd a didoli pob dafad frith a broc a phob oen du, a'r geifr brith a broc; a'r rhain fydd fy nghyflog. ³³ A chei dystiolaeth i'm gonestrwydd yn y dyfodol pan ddoi i weld fy nghyflog. Pob un o'r geifr nad yw'n frith a broc, ac o'r ŵyn nad yw'n ddu, bydd hwnnw wedi ei ladrata gennyf." ³⁴ "O'r gorau," meddai Laban, "bydded yn ôl dy air." ³⁵ Ond y diwrnod hwnnw didolodd Laban y bychod brith a broc, a'r holl eifr brith a broc, pob un â gwyn arno, a phob oen du, a'u rhoi yng ngofal ei feibion, ³⁶ a'u gosod bellter taith tridiau oddi wrth Jacob; a bugeiliodd Jacob y gweddill o braidd Laban.

³⁷ Yna cymerodd Jacob wiail gleision o boplys ac almon a ffawydd, a thynnu oddi arnynt ddarnau o'r rhisgl, gan ddangos gwyn ar y gwiail. ³⁸ Gosododd y gwiail yr oedd wedi eu rhisglo yn y ffosydd o flaen y praidd, wrth y cafnau dŵr lle byddai'r praidd yn dod i yfed. Gan eu bod yn beichiogi pan fyddent yn dod i yfed, ³⁹ beichiogodd y praidd gyferbyn â'r gwiail, a bwrw ŵyn wedi eu marcio'n frith a broc. ⁴⁰ Byddai Jacob yn didol yr ŵyn, ond yn troi wynebau'r defaid tuag at y rhai brith a'r holl rai duon ymysg praidd Laban; gosodai ei braidd ei hun ar wahân, heb fod gyda phraidd Laban. ⁴¹ Bob tro yr oedd y defaid cryfaf yn beichiogi, yr oedd Jacob yn gosod y gwiail yn y ffosydd gyferbyn â'r praidd, er mwyn iddynt feichiogi o flaen y gwiail, ⁴² ond nid oedd yn eu gosod ar gyfer defaid gwan y praidd; felly daeth y gwannaf yn eiddo Laban, a'r cryfaf yn eiddo Jacob. ⁴³ Fel hyn cynyddodd ei gyfoeth ef yn fawr, ac yr oedd ganddo breiddiau niferus, morynion a gweision, camelod ac asynnod.

Jacob yn Ffoi oddi wrth Laban

31 Clywodd Jacob fod meibion Laban yn dweud, "Y mae Jacob wedi cymryd holl eiddo ein tad, ac o'r hyn oedd yn perthyn i'n tad y mae ef wedi ennill yr holl gyfoeth hwn." ² A gwelodd Jacob nad oedd agwedd Laban ato fel y bu o'r blaen. ³ Yna dywedodd yr ARGLWYDD wrth Jacob, "Dos yn ôl i wlad dy dadau ac at dy dylwyth, a byddaf gyda thi." ⁴ Felly anfonodd Jacob a galw Rachel a Lea i'r maes lle'r oedd ei braidd; ⁵ a dywedodd wrthynt, "Gwelaf nad yw agwedd eich tad ataf fel y bu o'r blaen, ond bu Duw fy nhad gyda mi. ⁶ Gwyddoch fy mod wedi gweithio i'ch tad â'm holl egni; ⁷ ond twyllodd eich tad fi, a newid fy nghyflog ddengwaith; eto ni adawodd Duw iddo fy niweidio. ⁸ Pan ddywedai ef, 'Y brithion fydd dy gyflog', yna yr oedd yr holl braidd yn epilio ar frithion; a phan ddywedai ef, 'Y broc fydd dy gyflog', yna yr oedd yr holl braidd yn epilio ar rai broc. ⁹ Felly cymerodd Duw anifeiliaid eich tad a'u rhoi i mi. ¹⁰ Yn nhymor beichiogi'r praidd codais fy ngolwg a gweld mewn breuddwyd fod yr hyrddod oedd yn llamu'r praidd wedi eu marcio'n frith a broc. ¹¹ Yna dywedodd angel Duw wrthyf yn fy mreuddwyd, 'Jacob.' Atebais innau, 'Dyma fi.' ¹² Yna dywedodd, 'Cod dy olwg ac edrych; y mae'r holl hyrddod sy'n llamu'r praidd wedi eu marcio'n frith a broc; yr wyf wedi gweld popeth y mae Laban yn ei wneud i ti. ¹³ Myfi yw Duw Bethel, lle'r eneiniaist golofn a gwneud adduned i mi. Yn awr cod, dos o'r wlad hon a dychwel i wlad dy enedigaeth.'" ¹⁴ Yna atebodd Rachel a Lea ef, "A oes i ni bellach ran neu etifeddiaeth yn nhŷ ein tad? ¹⁵ Onid ydym ni'n cael ein cyfrif ganddo yn estroniaid? Oherwydd y mae wedi'n gwerthu, ac wedi gwario'r arian. ¹⁶ Yr holl gyfoeth y mae Duw wedi ei gymryd oddi ar ein tad, ein heiddo ni a'n plant ydyw; yn awr, felly, gwna bopeth a ddywedodd Duw wrthyt."

¹⁷ Yna cododd Jacob a gosod ei blant a'i wragedd ar gamelod; ¹⁸ a thywysodd ei holl anifeiliaid a'i holl eiddo*, a gafodd yn Padan Aram, i fynd i wlad Canaan at ei dad Isaac. ¹⁹ Yr oedd Laban wedi mynd i gneifio'i ddefaid, a lladrataodd Rachel ddelwau'r teulu oedd yn perthyn i'w thad. ²⁰ Felly bu i Jacob dwyllo Laban yr Aramead trwy ffoi heb ddweud wrtho. ²¹ Ffodd gyda'i holl eiddo, a chroesi'r Ewffrates, a mynd i gyfeiriad mynydd-dir Gilead.

Laban yn Ymlid Jacob

²² Ymhen tridiau rhoed gwybod i Laban fod Jacob wedi ffoi. ²³ Cymerodd yntau ei berthnasau gydag ef, a'i ymlid am saith diwrnod a'i ganlyn hyd fynydd-dir Gilead. ²⁴ Ond daeth Duw at Laban yr Aramead mewn breuddwyd nos, a dweud wrtho, "Gofala na ddywedi air wrth Jacob, na da na drwg." ²⁵ Pan oddiweddodd Laban Jacob, yr oedd Jacob wedi lledu ei babell yn y mynydd-dir; ac felly, gwersyllodd Laban gyda'i frodyr ym mynydd-dir Gilead. ²⁶ A dywedodd Laban wrth Jacob, "Beth yw hyn yr wyt wedi ei wneud? Yr wyt wedi fy nhwyllo, a dwyn ymaith fy merched fel caethion rhyfel. ²⁷ Pam y ffoaist yn ddirgel a'm twyllo? Pam na roist wybod i mi, er mwyn imi gael dy hebrwng yn llawen â chaniadau a thympan a thelyn? ²⁸ Ni adewaist imi gusanu fy meibion a'm merched; yr wyt wedi gwneud peth ffôl. ²⁹ Gallwn wneud niwed i chwi, ond llefarodd Duw dy dad wrthyf neithiwr, a dweud, 'Gofala na ddywedi air wrth Jacob, na da na drwg.' ³⁰ Diau mai am iti hiraethu am dŷ dy dad yr aethost ymaith, ond pam y lladrateaist fy nuwiau?" ³¹ Yna atebodd Jacob Laban, "Ffoais am fod arnaf ofn, gan imi feddwl y byddit yn dwyn dy ferched oddi arnaf trwy drais. ³² Ond y sawl sy'n cadw dy dduwiau, na chaffed fyw! Yng ngŵydd ein brodyr myn wybod beth o'th eiddo sydd gyda mi, a chymer ef." Ni wyddai Jacob mai Rachel oedd wedi eu lladrata. ³³ Felly aeth Laban i mewn i babell Jacob, ac i babell Lea, ac i babell y ddwy forwyn, ond heb gael y duwiau. Daeth allan o babell Lea a mynd i mewn i babell Rachel. ³⁴ Yr oedd Rachel wedi cymryd delwau'r teulu a'u gosod yng nghyfrwy'r camel, ac yr oedd yn eistedd arnynt. Chwiliodd Laban trwy'r babell heb eu cael. ³⁵ A dywedodd Rachel wrth ei thad, "Peidied f'arglwydd â digio am na fedraf godi o'th flaen, oherwydd y mae arfer gwragedd arnaf." Er iddo chwilio, ni chafodd hyd i ddelwau'r teulu.

³⁶ Yna digiodd Jacob ac edliw i Laban, a dweud wrtho, "Beth yw fy nhrosedd? Beth yw fy mhechod, dy fod wedi fy erlid? ³⁷ Er iti chwilio fy holl eiddo, beth a gefaist sy'n perthyn i ti? Gosod ef yma yng ngŵydd fy mrodyr i a'th frodyr dithau, er mwyn iddynt farnu rhyngom ein dau. ³⁸ Yr wyf bellach wedi bod ugain mlynedd gyda thi; nid yw dy ddefaid na'th eifr wedi erthylu, ac nid wyf wedi bwyta hyrddod dy braidd. ³⁹ Pan fyddai anifail wedi ei ysglyfaethu, ni ddygais mohono erioed atat ti, ond derbyniais y golled fy hun; o'm llaw i y gofynnaist iawn am ladrad, prun ai yn y dydd neu yn y nos. ⁴⁰ Dyma sut yr oeddwn i: yr oedd gwres y dydd ac oerni'r nos yn fy llethu, a chiliodd fy nghwsg oddi wrthyf; ⁴¹ bûm am ugain mlynedd yn dy dŷ; gweithiais iti am bedair blynedd ar ddeg am dy ddwy ferch, ac am chwe blynedd am dy braidd, a newidiaist fy nghyflog ddengwaith. ⁴² Oni bai fod Duw fy nhad, Duw Abraham ac Arswyd Isaac o'm plaid, diau y buasit wedi fy ngyrru i ffwrdd yn waglaw. Gwelodd Duw fy nghystudd a llafur fy nwylo, a neithiwr ceryddodd di."

⁴³ Atebodd Laban a dweud wrth Jacob, "Fy merched i yw'r merched, a'm plant i yw'r plant, a'm praidd i yw'r praidd, ac y mae'r cwbl a weli yn eiddo i mi. Ond beth a wnaf heddiw ynghylch fy merched hyn, a'r plant a anwyd iddynt? ⁴⁴ Tyrd, gwnawn gyfamod, ti a minnau; a bydd yn dystiolaeth rhyngom." ⁴⁵ Felly cymerodd Jacob garreg a'i gosod i fyny'n golofn. ⁴⁶ Ac meddai Jacob wrth ei berthnasau, "Casglwch gerrig," a chymerasant gerrig a'u gwneud yn garnedd; a bwytasant yno wrth y garnedd.

31:18 Felly Groeg. Hebraeg yn ychwanegu *a gafodd, a'r anifeiliaid yn ei feddiant.*

⁴⁷ Enwodd Laban hi Jegar-sahadwtha*, ond galwodd Jacob hi Galeed. ⁴⁸ Dywedodd Laban, "Y mae'r garnedd hon yn dystiolaeth rhyngom heddiw." Am hynny, enwodd hi Galeed, ⁴⁹ a hefyd Mispa*, oherwydd dywedodd, "Gwylied yr ARGLWYDD rhyngom, pan fyddwn o olwg ein gilydd. ⁵⁰ Os bydd iti gam-drin fy merched, neu gymryd gwragedd heblaw fy merched, heb i neb ohonom ni wybod, y mae Duw yn dyst rhyngom." ⁵¹ A dywedodd Laban wrth Jacob, "Dyma'r garnedd hon a'r golofn yr wyf wedi ei gosod rhyngom. ⁵² Y mae'r garnedd hon yn dystiolaeth, ac y mae'r golofn hon yn dystiolaeth, na ddof heibio'r garnedd hon atat ti, ac na ddoi dithau heibio'r garnedd hon a'r golofn hon ataf fi, i wneud niwed. ⁵³ Boed i Dduw Abraham a Duw Nachor, Duw eu tadau, farnu rhyngom." A thyngodd Jacob lw i Arswyd Isaac, ei dad, ⁵⁴ ac offrymodd Jacob aberth ar y mynydd, a galw ar ei berthnasau i fwyta bara; a bwytasant fara ac aros dros nos ar y mynydd.

Laban a Jacob yn Ymwahanu

⁵⁵ Cododd Laban yn gynnar drannoeth a chusanodd ei blant a'i ferched a'u bendithio; yna aeth ymaith a dychwelyd i'w fro ei hun.*

32 Aeth Jacob i'w daith, a chyfarfu angylion Duw ag ef; ² a phan welodd hwy, dywedodd Jacob, "Dyma wersyll Duw." Felly enwodd y lle hwnnw Mahanaim*.

Jacob yn Paratoi i Gyfarfod ag Esau

³ Yna anfonodd Jacob negeswyr o'i flaen at ei frawd Esau i wlad Seir yn nhir Edom, ⁴ a gorchymyn iddynt, "Dywedwch fel hyn wrth f'arglwydd Esau: 'Fel hyn y mae dy was Jacob yn dweud: Bûm yn aros gyda Laban, ac yno y bûm hyd yn awr; ⁵ y mae gennyf ychen, asynnod, defaid, gweision a morynion, ac anfonais i fynegi i'm harglwydd, er mwyn imi gael ffafr yn dy olwg.'" ⁶ Dychwelodd y negeswyr at Jacob a dweud, "Daethom at dy frawd Esau, ac y mae ef yn dod i'th gyfarfod gyda phedwar cant o ddynion." ⁷ Yna daeth ofn mawr ar Jacob, ac yr oedd mewn cyfyngder; rhannodd y bobl oedd gydag ef, a'r defaid, ychen a chamelod, yn ddau wersyll, ⁸ gan feddwl, "Os daw Esau at y naill wersyll a'i daro, yna caiff y llall ddianc." ⁹ A dywedodd Jacob, "O Dduw fy nhadau, Duw Abraham a Duw Isaac, O ARGLWYDD, dywedaist wrthyf, 'Dos yn ôl i'th wlad ac at dy dylwyth, a gwnaf i ti ddaioni.' ¹⁰ Nid wyf yn deilwng o gwbl o'r holl ymlyniad a'r holl ffyddlondeb a ddangosaist tuag at dy was; oherwydd deuthum dros yr Iorddonen hon heb ddim ond fy ffon, ond yn awr yr wyf yn ddau wersyll. ¹¹ Achub fi o law fy mrawd, o law Esau; y mae arnaf ei ofn, rhag iddo ddod a'n lladd, yn famau a phlant. ¹² Yr wyt ti wedi addo, 'Yn ddiau gwnaf ddaioni i ti, a bydd dy hil fel tywod y môr, sy'n rhy niferus i'w rifo.'"

¹³ Arhosodd yno y noson honno, a chymerodd o'r hyn oedd ganddo anrheg i'w frawd Esau: ¹⁴ dau gant o eifr ac ugain o fychod, dau gant o ddefaid ac ugain o hyrddod, ¹⁵ deg ar hugain o gamelod magu a'u llydnod, deugain o wartheg a deg o deirw, ugain o asennod a deg asyn. ¹⁶ Rhoes hwy yng ngofal ei weision, bob gyr ar ei phen ei hun, a dywedodd wrth ei weision, "Ewch o'm blaen, a gadewch fwlch rhwng pob gyr a'r nesaf." ¹⁷ Gorchmynnodd i'r cyntaf, "Pan ddaw fy mrawd Esau i'th gyfarfod a gofyn, 'I bwy yr wyt yn perthyn? I ble'r wyt ti'n mynd? A phwy biau'r rhain sydd dan dy ofal?' ¹⁸ yna dywed, 'Dy was Jacob biau'r rhain; anfonwyd hwy'n anrheg i'm harglwydd Esau, ac y mae Jacob ei hun yn ein dilyn.'" ¹⁹ Rhoes yr un gorchymyn i'r ail a'r trydydd, ac i bob un oedd yn canlyn y gyrroedd, a dweud, "Yr un peth a ddywedwch chwithau wrth Esau pan ddewch i'w gyfarfod, ²⁰ 'Y mae dy was Jacob yn ein dilyn.'" Hyn oedd yn ei feddwl: "Enillaf ei ffafr â'r anrheg sy'n mynd o'm blaen; wedyn, pan ddof i'w gyfarfod, efallai y bydd yn fy nerbyn."

31:47 Aramaeg, *Carnedd y dystiolaeth*. Hebraeg, *Galeed* yn gyfystyr.
31:49 H.y., *Tŵr gwylio*.
31:55 Hebraeg, 32:1.
32:2 H.y., *Dau wersyll*.

²¹ Felly anfonodd yr anrheg o'i flaen, ond treuliodd ef y noson honno yn y gwersyll.

Jacob yn Ymgodymu yn Penuel

²² Yn ystod y noson honno cododd Jacob a chymryd ei ddwy wraig, ei ddwy forwyn a'i un mab ar ddeg, a chroesi rhyd Jabboc. ²³ Wedi iddo'u cymryd a'u hanfon dros yr afon, anfonodd ei eiddo drosodd hefyd. ²⁴ Gadawyd Jacob ei hunan, ac ymgodymodd gŵr ag ef hyd doriad y wawr. ²⁵ Pan welodd y gŵr nad oedd yn cael y trechaf arno, trawodd wasg ei glun, a datgysylltwyd clun Jacob wrth iddo ymgodymu ag ef. ²⁶ Yna dywedodd y gŵr, "Gollwng fi, oherwydd y mae'n gwawrio." Ond atebodd yntau, "Ni'th ollyngaf heb iti fy mendithio." ²⁷ "Beth yw d'enw?" meddai ef. Ac atebodd yntau, "Jacob." ²⁸ Yna dywedodd, "Ni'th elwir Jacob mwyach, ond Israel*, oherwydd yr wyt wedi ymdrechu â Duw a dynion, ac wedi gorchfygu." ²⁹ A gofynnodd Jacob iddo, "Dywed imi dy enw." Ond dywedodd yntau, "Pam yr wyt yn gofyn fy enw?" A bendithiodd ef yno. ³⁰ Felly enwodd Jacob y lle Penuel*, a dweud, "Gwelais Dduw wyneb yn wyneb, ond arbedwyd fy mywyd." ³¹ Cododd yr haul arno fel yr oedd yn mynd heibio i Penuel, ac yr oedd yn gloff o'i glun. ³² Dyna pam nad yw plant Israel yn bwyta giewyn gwasg y glun hyd heddiw, oherwydd trawo gwasg clun Jacob i fyw y giewyn.

Jacob ac Esau yn Cyfarfod

33 Cododd Jacob ei olwg ac edrych, a dyna lle'r oedd Esau yn dod, a phedwar cant o ddynion gydag ef. Rhannodd Jacob y plant rhwng Lea a Rachel a'r ddwy forwyn, ² a gosododd y morynion a'u plant ar y blaen, yna Lea a'i phlant y tu ôl iddynt, a Rachel a Joseff yn olaf. ³ Cerddodd yntau o'u blaen ac ymgrymu i'r llawr seithwaith wrth nesáu at ei frawd. ⁴ Ond rhedodd Esau i'w gyfarfod, a'i gofleidio a rhoi ei freichiau am ei wddf a'i gusanu, ac wylodd y ddau. ⁵ Yna cododd Esau ei olwg a gweld y gwragedd a'r plant, a gofynnodd, "Pwy yw'r rhain sydd gyda thi?" Atebodd yntau, "Dyma'r plant y mae Duw o'i ffafr wedi eu rhoi i'th was." ⁶ Yna nesaodd y morynion a'u plant, ac ymgrymu; ⁷ nesaodd Lea hefyd a'i phlant, ac ymgrymu; ac yn olaf daeth Joseff a Rachel, ac ymgrymu. ⁸ Dywedodd Esau, "Beth a fwriedi gyda'r holl fintai hon a gyfarfûm?" Atebodd yntau, "Ennill ffafr yng ngolwg f'arglwydd." ⁹ Ond dywedodd Esau, "Y mae gennyf ddigon, fy mrawd; cadw'r hyn sydd gennyt i ti dy hun." ¹⁰ Yna dywedodd Jacob, "Na, os cefais ffafr yn d'olwg, cymer fy anrheg o'm llaw; y mae gweld dy wyneb fel gweld wyneb Duw, gan dy fod wedi fy nerbyn. ¹¹ Cymer yn awr fy rhodd a ddygwyd i ti, oherwydd bu Duw yn raslon i mi, ac y mae gennyf ddigon." Ac am ei fod yn erfyn arno, cymerodd yntau'r rhodd.

¹² Yna dywedodd Esau, "Cychwynnwn ar ein taith, ac af finnau o'th flaen." ¹³ Ond dywedodd Jacob wrtho, "Y mae f'arglwydd yn gwybod fod y plant yn eiddil, a bod y defaid a'r gwartheg magu yn fy ngofal. Os cânt eu gyrru yn rhy galed un diwrnod, bydd yr holl braidd farw. ¹⁴ Aed f'arglwydd o flaen ei was, a dilynaf finnau'n araf, yn ôl gallu'r anifeiliaid sydd o'm blaen a'r plant, nes dod at f'arglwydd i Seir." ¹⁵ A dywedodd Esau, "Gad imi drefnu i rai o'm dynion fynd gyda thi." Ond atebodd yntau, "Pam, os wyf yn cael ffafr yng ngolwg f'arglwydd?" ¹⁶ Yna dychwelodd Esau y diwrnod hwnnw ar ei ffordd i Seir. ¹⁷ A theithiodd Jacob i Succoth, ac adeiladodd dŷ iddo'i hun a gwneud cytiau i'w anifeiliaid; am hynny enwodd y lle Succoth*.

¹⁸ Ar ei daith o Padan Aram, daeth Jacob yn ddiogel i ddinas Sichem yng ngwlad Canaan, a gwersyllodd ger y ddinas. ¹⁹ Prynodd ddarn o dir gan feibion Hamor tad Sichem, am gant o ddarnau arian, ²⁰ ac wedi gosod ei babell yno, cododd allor a'i henwi El-elohe-israel.

32:28 H.y., *Yr un sy'n ymdrechu â Duw*, neu, *Duw sy'n ymdrechu*.
32:30 Felly Fersiynau. Hebraeg, *Peniel*. H.y., *Wyneb Duw*.

33:17 H.y., *Cytiau*.

Sichem yn Treisio Dina

34 Aeth Dina, y ferch yr oedd Lea wedi ei geni i Jacob, allan i ymweld â gwragedd y wlad. ² Pan welwyd hi gan Sichem fab Hamor yr Hefiad, tywysog y wlad, fe'i cymerodd a gorwedd gyda hi a'i threisio. ³ Rhoddodd ei holl serch ar Dina merch Jacob; hoffodd y ferch, a siaradodd yn gariadus wrthi. ⁴ Yna dywedodd Sichem wrth ei dad Hamor, "Cymer y ferch hon yn wraig i mi." ⁵ Pan glywodd Jacob iddo halogi ei ferch Dina, yr oedd ei feibion gyda'i anifeiliaid yn y maes; ac felly ni ddywedodd ddim cyn iddynt ddod adref. ⁶ Yna daeth Hamor tad Sichem allan i siarad â Jacob. ⁷ Wedi i feibion Jacob gyrraedd o'r maes a chlywed am y peth, cynhyrfodd y gwŷr a ffromi'n fawr am i Sichem wneud tro ysgeler yn Israel trwy orwedd gyda merch Jacob, gan na ddylid gwneud felly.

⁸ Ond erfyniodd Hamor arnynt, a dweud, "Y mae fy mab Sichem wedi rhoi ei fryd ar gael y ferch; rhowch hi'n wraig iddo. ⁹ Trefnwch briodasau â ni; rhowch eich merched i ni, a chymerwch chwithau ein merched ninnau. ¹⁰ Dewch i gyd-fyw â ni, a bydd y wlad yn rhydd ichwi; dewch i fyw ynddi, a marchnata a cheisio meddiant ynddi." ¹¹ Dywedodd Sichem hefyd wrth ei thad a'i brodyr, "Os caf ffafr yn eich golwg, yna rhof ichwi beth bynnag a ofynnwch gennyf. ¹² Cynyddwch yn sylweddol y gwaddol a'r rhodd, ac fe rof yn ôl eich gofyn, dim ond ichwi roi'r ferch yn wraig i mi."

¹³ Am i'w chwaer Dina gael ei halogi, rhoddodd meibion Jacob ateb dichellgar i Sichem a'i dad Hamor. ¹⁴ Dywedasant wrthynt, "Ni allwn wneud y fath beth, a rhoi ein chwaer i ŵr heb ei enwaedu; byddai hynny'n warth i ni. ¹⁵ Ar yr amod hwn yn unig y cytunwn â chwi, sef eich bod chwi, fel ni, yn enwaedu pob gwryw. ¹⁶ Yna rhown ein merched i chwi, a chymerwn ninnau eich merched chwithau; a down i fyw gyda chwi a dod yn un bobl. ¹⁷ Os na wrandewch arnom a chymryd eich enwaedu, yna cymerwn ein merch a mynd ymaith." ¹⁸ Yr oedd eu geiriau'n dderbyniol gan Hamor a Sichem ei fab; ¹⁹ nid oedodd y llanc wneud hyn, oherwydd yr oedd wedi rhoi ei serch ar ferch Jacob, ac ef oedd y mwyaf anrhydeddus o'i holl deulu. ²⁰ A daeth Hamor a'i fab Sichem at borth y ddinas a llefaru wrth wŷr y ddinas a dweud, ²¹ "Y mae'r gwŷr hyn yn gyfeillgar â ni; gadewch iddynt fyw yn y wlad a marchnata ynddi, oherwydd y mae'r wlad yn ddigon eang iddynt; cymerwn eu merched yn wragedd, a rhown ninnau ein merched iddynt hwythau. ²² Ond ar yr amod hwn yn unig y cytuna'r gwŷr i fyw gyda ni a bod yn un bobl: sef ein bod yn enwaedu pob gwryw yn ein plith, fel y maent hwy wedi eu henwaedu. ²³ Oni fydd eu gwartheg a'u meddiannau a'u holl anifeiliaid yn eiddo i ni? Gadewch inni gytuno â hwy fel y gallant gyd-fyw â ni." ²⁴ Gwrandawodd pob un oedd yn mynd trwy borth y ddinas ar Hamor a'i fab Sichem, ac enwaedwyd pob gwryw yn y ddinas.

²⁵ Ar y trydydd dydd, pan oedd y dynion yn ddolurus, cymerodd dau o feibion Jacob, sef Simeon a Lefi brodyr Dina, eu cleddyfau a mynd yn rhwydd i mewn i'r ddinas a lladd pob gwryw. ²⁶ Lladdasant Hamor a'i fab Sichem â min y cleddyf, a chymryd Dina o dŷ Sichem a mynd ymaith. ²⁷ Rheibiodd meibion Jacob y lladdedigion, ac ysbeilio'r ddinas, am iddynt halogi eu chwaer. ²⁸ Cymerasant y defaid a'r ychen a'r asynnod, a phob peth oedd yn y ddinas ac yn y maes; ²⁹ cipiasant eu holl gyfoeth, a'r plant bychain a'r gwragedd, ac ysbeilio pob dim oedd yn y tai. ³⁰ Yna dywedodd Jacob wrth Simeon a Lefi, "Yr ydych wedi dwyn helbul ar fy mhen a'm gwneud yn ffiaidd gan breswylwyr y wlad, y Canaaneaid a'r Peresiaid; y mae nifer fy mhobl yn fach, ac os ymgasglant yn fy erbyn ac ymosod arnaf, yna difethir fi a'm teulu." ³¹ Ond dywedasant hwythau, "A oedd i gael trin ein chwaer fel putain?"

Duw'n Bendithio Jacob ym Methel

35 Dywedodd Duw wrth Jacob, "Cod, dos i fyny i Fethel, ac aros yno; a gwna yno allor i'r Duw a ymddangosodd iti pan oeddit yn ffoi rhag dy frawd Esau." ² Yna dywedodd Jacob wrth ei deulu a phawb oedd gydag ef, "Bwriwch ymaith y duwiau dieithr sydd yn eich mysg, ac ymlanhau, a newid eich dillad. ³ Codwn ac awn i fyny i Fethel, er mwyn imi wneud allor yno i'r Duw a'm gwrandawodd yn nydd fy nghyfyngder, ac a fu gyda mi ar fy nhaith." ⁴ Felly rhoesant i Jacob yr holl dduwiau dieithr oedd yn eu meddiant a'r modrwyau oedd yn eu clustiau, a chuddiodd Jacob hwy dan y dderwen ger Sichem.

⁵ Fel yr oeddent yn teithio, daeth arswyd mawr ar y dinasoedd o amgylch, fel na fu iddynt ymlid meibion Jacob. ⁶ A daeth Jacob a'r holl bobl oedd gydag ef i Lus, hynny yw Bethel, yng ngwlad Canaan, ⁷ ac adeiladodd allor yno, ac enwi'r lle El-bethel, am mai yno yr ymddangosodd Duw iddo pan oedd yn ffoi rhag ei frawd. ⁸ A bu farw Debora, mamaeth Rebeca, a chladdwyd hi dan dderwen islaw Bethel; ac enwyd honno Alon-bacuth*.

⁹ Ymddangosodd Duw eto i Jacob, ar ôl iddo ddod o Padan Aram, a'i fendithio. ¹⁰ Dywedodd Duw wrtho, "Jacob yw dy enw, ond nid Jacob y gelwir di o hyn allan; Israel fydd dy enw." Ac enwyd ef Israel. ¹¹ A dywedodd Duw wrtho, "Myfi yw Duw Hollalluog*. Bydd ffrwythlon ac amlha; daw ohonot genedl a chynulliad o genhedloedd, a daw brenhinoedd o'th lwynau. ¹² Rhof i ti y wlad a roddais i Abraham ac Isaac, a bydd y wlad i'th hil ar dy ôl." ¹³ Yna aeth Duw i fyny o'r man lle bu'n llefaru wrtho. ¹⁴ A gosododd Jacob golofn, sef colofn garreg, yn y lle y llefarodd wrtho; tywalltodd arni ddiodoffrwm, ac arllwys olew arni. ¹⁵ Felly enwodd Jacob y lle y llefarodd Duw wrtho, Bethel*.

Rachel yn Marw wrth Esgor

¹⁶ Yna aethant o Fethel. Pan oedd eto beth ffordd o Effrath, esgorodd Rachel, a bu'n galed arni wrth esgor. ¹⁷ A phan oedd yn ei gwewyr, dywedodd y fydwraig wrthi, "Paid ag ofni, oherwydd mab arall sydd gennyt." ¹⁸ Ac fel yr oedd yn gwanychu wrth farw, rhoes iddo'r enw Ben-oni*; ond galwodd ei dad ef Benjamin*. ¹⁹ Yna bu farw Rachel, a chladdwyd hi ar y ffordd i Effrath, hynny yw Bethlehem, ²⁰ a gosododd Jacob golofn ar ei bedd; hon yw colofn bedd Rachel, sydd yno hyd heddiw. ²¹ Teithiodd Israel yn ei flaen, a gosod ei babell y tu draw i Migdal-eder. ²² Tra oedd Israel yn byw yn y wlad honno, aeth Reuben a gorwedd gyda Bilha gwraig ordderch ei dad; a chlywodd Israel am hyn.

Meibion Jacob

1 Cron. 2:1–2

Yr oedd deuddeg o feibion gan Jacob. ²³ Meibion Lea: Reuben cyntafanedig Jacob, Simeon, Lefi, Jwda, Issachar, a Sabulon. ²⁴ Meibion Rachel: Joseff a Benjamin. ²⁵ Meibion Bilha morwyn Rachel: Dan a Nafftali. ²⁶ Meibion Silpa morwyn Lea: Gad ac Aser. Dyma'r meibion a anwyd iddo yn Padan Aram.

Marw Isaac

²⁷ Daeth Jacob at ei dad Isaac i Mamre, neu Ciriath-arba, hynny yw Hebron, lle bu Abraham ac Isaac yn aros dros dro. ²⁸ Cant a phedwar ugain oedd oed Isaac. ²⁹ Yna anadlodd Isaac ei anadl olaf, a bu farw, a'i gasglu at ei bobl yn hen ac oedrannus. Claddwyd ef gan ei feibion Esau a Jacob.

Disgynyddion Esau

36 1 Cron. 1:34–37

Dyma genedlaethau Esau, hynny yw Edom. ² Priododd Esau wragedd o blith merched Canaan, sef Ada merch Elon yr Hethiad, Oholibama merch Ana fab* Sibeon yr Hefiad, ³ a Basemath merch Ismael a chwaer Nebaioth. ⁴ Ac i Esau esgorodd Ada ar Eliffas; esgorodd Basemath ar Reuel; ⁵ ac esgorodd Oholibama ar Jeus, Jalam a Cora. Dyma feibion Esau a anwyd iddo yng ngwlad Canaan. ⁶ Cymerodd Esau ei wragedd, ei feibion a'i ferched, a phob aelod o'i deulu, ei wartheg a'i holl

---

35:8 H.y., *Derwen wylofain*.
35:11 Hebraeg, *Shadai*.
35:15 Cymh. 28:19.
35:18 H.y., *Mab fy nhrallod*.
35:18 H.y., *Mab deheulaw*.
36:2 Felly Fersiynau. Hebraeg, *merch*. Felly hefyd yn adn. 14.

anifeiliaid, a'r holl feddiant a gafodd yng ngwlad Canaan, ac aeth draw i wlad Seir* oddi wrth ei frawd Jacob. ⁷ Yr oedd eu cyfoeth mor fawr fel na allent gyd-fyw, ac ni allai'r wlad lle'r oeddent yn byw eu cynnal o achos eu hanifeiliaid. ⁸ Felly arhosodd Esau, hynny yw Edom, ym mynydd-dir Seir.

⁹ Dyma genedlaethau Esau, tad yr Edomiaid ym mynydd-dir Seir. ¹⁰ Dyma enwau meibion Esau: Eliffas fab Ada gwraig Esau, Reuel fab Basemath gwraig Esau. ¹¹ A meibion Eliffas oedd Teman, Omar, Seffo, Gatam a Cenas. ¹² Yr oedd Timna yn wraig ordderch i Eliffas fab Esau, ac i Eliffas esgorodd ar Amalec. Dyna ddisgynyddion Ada gwraig Esau. ¹³ Meibion Reuel oedd Nahath, Sera, Samma a Missa. Dyna ddisgynyddion Basemath gwraig Esau. ¹⁴ Dyma feibion Oholibama, merch Ana fab Sibeon, gwraig Esau: i Esau esgorodd ar Jeus, Jalam a Cora.

¹⁵ Dyma benaethiaid disgynyddion Esau: meibion Eliffas, mab hynaf Esau, y penaethiaid Teman, Omar, Seffo, Cenas, ¹⁶ Cora, Gatam ac Amalec. Dyna benaethiaid Eliffas yng ngwlad Edom; meibion Ada oeddent. ¹⁷ Yna meibion Reuel fab Esau: y penaethiaid Nahath, Sera, Samma a Missa. Dyna benaethiaid Reuel yng ngwlad Edom; meibion Basemath gwraig Esau oeddent. ¹⁸ Yna meibion Oholibama gwraig Esau: y penaethiaid Jeus, Jalam a Cora. Dyna'r penaethiaid a anwyd i Oholibama merch Ana, gwraig Esau. ¹⁹ Dyna ddisgynyddion Esau, hynny yw Edom, a dyna'u penaethiaid.

Disgynyddion Seir
1 Cron. 1:38-42

²⁰ Dyma feibion Seir yr Horiad, preswylwyr y wlad: Lotan, Sobal, Sibeon, Ana, ²¹ Dison, Eser a Disan. Dyna benaethiaid yr Horiaid, meibion Seir yng ngwlad Edom. ²² Hori a Hemam oedd meibion Lotan, a Timna oedd ei chwaer. ²³ Dyma feibion Sobal: Alfan, Manahath, Ebal, Seffo ac Onam. ²⁴ Dyma feibion Sibeon: Aia ac Ana. Hwn yw'r Ana a ddaeth o hyd i ddŵr* yn y diffeithwch wrth wylio asynnod ei dad Sibeon. ²⁵ Dyma blant Ana: Dison ac Oholibama ferch Ana. ²⁶ Dyma feibion Dison: Hemdan, Esban, Ithran a Ceran. ²⁷ Dyma feibion Eser: Bilhan, Saafan ac Acan. ²⁸ Dyma feibion Disan: Us ac Aran. ²⁹ Dyma benaethiaid yr Horiaid: Lotan, Sobal, Sibeon, Ana, ³⁰ Dison, Eser a Disan. Dyna benaethiaid yr Horiaid yn ôl eu tylwythau yng ngwlad Seir.

Brenhinoedd Edom

³¹ Dyma'r brenhinoedd a fu'n teyrnasu yng ngwlad Edom, cyn i'r Israeliaid gael brenin. ³² Teyrnasodd Bela fab Beor yn Edom, a Dinhaba oedd enw ei ddinas. ³³ Pan fu farw Bela, teyrnasodd Jobab fab Sera o Bosra yn ei le. ³⁴ Pan fu farw Jobab, teyrnasodd Husam o wlad y Temaniaid yn ei le. ³⁵ Pan fu farw Husam, teyrnasodd Hadad fab Bedad yn ei le, ac ymosododd ef ar Midian yng ngwlad Moab; Afith oedd enw ei ddinas. ³⁶ Pan fu farw Hadad, teyrnasodd Samla o Masreca yn ei le. ³⁷ Pan fu farw Samla, teyrnasodd Saul o Rehoboth-ger-Ewffrates yn ei le. ³⁸ Pan fu farw Saul, teyrnasodd Baal-hanan fab Achbor yn ei le. ³⁹ Pan fu farw Baal-hanan fab Achbor, teyrnasodd Hadar yn ei le; Pau oedd enw ei ddinas. Mehetabel merch Matred, merch Mesahab, oedd enw ei wraig.

⁴⁰ Dyma enwau penaethiaid Esau, yn ôl eu llwythau a'u hardaloedd, wrth eu henwau: Timna, Alfa, Jetheth, ⁴¹ Oholibama, Ela, Pinon, ⁴² Cenas, Teman, Mibsar, ⁴³ Magdiel ac Iram. Dyna benaethiaid Edom, hynny yw Esau tad yr Edomiaid, yn ôl lle'r oeddent yn byw yn y wlad yr oeddent yn ei meddiannu.

Joseff a'i Freuddwydion

37 Preswyliodd Jacob yng ngwlad Canaan, y wlad yr ymdeithiodd ei dad ynddi. ² Dyma hanes tylwyth Jacob.

Yr oedd Joseff yn ddwy ar bymtheg oed, ac yn bugeilio'r praidd gyda'i frodyr, gan helpu meibion Bilha a Silpa,

---

36:6 Felly Syrieg. Hebraeg heb *Seir*.　　**36:24** Cymh. Syrieg. Hebraeg yn aneglur.

gwragedd ei dad; a chariodd Joseff straeon drwg amdanynt i'w tad. 3 Yr oedd Israel yn caru Joseff yn fwy na'i holl blant, gan mai mab ei henaint ydoedd; a gwnaeth wisg laes iddo. 4 Pan welodd ei frodyr fod eu tad yn ei garu yn fwy na'r un ohonynt, rhoesant eu cas arno fel na fedrent ddweud gair caredig wrtho.

5 Cafodd Joseff freuddwyd, a phan ddywedodd wrth ei frodyr amdani, aethant i'w gasáu yn fwy fyth. 6 Dywedodd wrthynt, "Gwrandewch, dyma'r freuddwyd a gefais: 7 yr oeddem yn rhwymo ysgubau yn y maes, a dyma f'ysgub i yn codi ar ei sefyll, a daeth eich ysgubau chwi yn gylch o'i chwmpas ac ymgrymu i'm hysgub i." 8 Yna gofynnodd ei frodyr iddo, "Ai ti sydd i deyrnasu arnom? A fyddi di'n arglwydd arnom ni?" Ac aethant i'w gasáu ef yn fwy eto o achos ei freuddwydion a'i eiriau. 9 Yna cafodd freuddwyd arall, ac adroddodd amdani wrth ei frodyr a dweud, "Cefais freuddwyd arall: dyna lle'r oedd yr haul a'r lleuad ac un seren ar ddeg yn ymgrymu i mi." 10 Wedi iddo ei hadrodd wrth ei dad a'i frodyr, ceryddodd ei dad ef, a dweud, "Beth yw'r freuddwyd hon a gefaist? A ddown ni, myfi a'th fam a'th frodyr, i ymgrymu i'r llawr i ti?" 11 A chenfigennodd ei frodyr wrtho, ond cadwodd ei dad y peth yn ei gof.

Gwerthu Joseff a'i Gymryd i'r Aifft

12 Yr oedd ei frodyr wedi mynd i fugeilio praidd eu tad ger Sichem. 13 A dywedodd Israel wrth Joseff, "Onid yw dy frodyr yn bugeilio ger Sichem? Tyrd, fe'th anfonaf di atynt." Atebodd yntau, "O'r gorau." 14 Yna dywedodd wrtho, "Dos i weld sut y mae dy frodyr a'r praidd, a thyrd â gair yn ôl i mi." Felly anfonodd ef o ddyffryn Hebron, ac aeth tua Sichem. 15 Cyfarfu gŵr ag ef pan oedd yn crwydro yn y fro, a gofyn iddo, "Beth wyt ti'n ei geisio?" 16 Atebodd yntau, "Rwy'n ceisio fy mrodyr; dywed wrthyf ble maent yn bugeilio." 17 A dywedodd y gŵr, "Y maent wedi mynd oddi yma, oherwydd clywais hwy'n dweud, 'Awn i Dothan.'" Felly aeth Joseff ar ôl ei frodyr, a chafodd hyd iddynt yn Dothan. 18 Gwelsant ef o bell, a chyn iddo gyrraedd atynt gwnaethant gynllwyn i'w ladd, 19 a dweud wrth ei gilydd, "Dacw'r breuddwydiwr hwnnw'n dod. 20 Dewch, gadewch inni ei ladd a'i daflu i ryw bydew, a dweud fod anifail gwyllt wedi ei ddifa; yna cawn weld beth a ddaw o'i freuddwydion." 21 Ond pan glywodd Reuben, achubodd ef o'u gafael a dweud, "Peidiwn â'i ladd." 22 Dywedodd Reuben wrthynt, "Peidiwch â thywallt gwaed; taflwch ef i'r pydew hwn sydd yn y diffeithwch, ond peidiwch â gwneud niwed iddo." Dywedodd hyn er mwyn ei achub o'u gafael a'i ddwyn yn ôl at ei dad. 23 A phan ddaeth Joseff at ei frodyr, tynasant ei wisg oddi arno, y wisg laes yr oedd yn ei gwisgo, 24 a'i gymryd a'i daflu i'r pydew. Yr oedd y pydew yn wag, heb ddŵr ynddo.

25 Tra oeddent yn eistedd i fwyta, codasant eu golwg a gweld cwmni o Ismaeliaid yn dod ar eu taith o Gilead, a'u camelod yn dwyn glud pêr, balm a myrr, i'w cludo i lawr i'r Aifft. 26 A dywedodd Jwda wrth ei frodyr, "Faint gwell fyddwn o ladd ein brawd a chelu ei waed? 27 Dewch, gadewch inni ei werthu i'r Ismaeliaid; peidiwn â gwneud niwed iddo, oherwydd ein brawd ni a'n cnawd ydyw." Cytunodd ei frodyr. 28 Yna, pan ddaeth marchnatwyr o Midian heibio, codasant Joseff o'r pydew, a'i werthu i'r Ismaeliaid am ugain sicl o arian. Aethant hwythau â Joseff i'r Aifft.

29 Pan aeth Reuben yn ôl at y pydew a gweld nad oedd Joseff ynddo, rhwygodd ei ddillad 30 a mynd at ei frodyr a dweud, "Nid yw'r bachgen yno; a minnau, i ble'r af?" 31 Cymerasant wisg Joseff, a lladd gafr, a throchi'r wisg yn y gwaed. 32 Yna aethant â'r wisg laes yn ôl at eu tad, a dweud, "Daethom o hyd i hon; edrych di ai gwisg dy fab ydyw." 33 Fe'i hadnabu a dywedodd, "Gwisg fy mab yw hi; anifail gwyllt sydd wedi ei ddifa. Yn wir, y mae Joseff wedi ei larpio." 34 Yna rhwygodd Jacob ei ddillad a gwisgo sachliain am ei lwynau, a galarodd am ei fab am amser hir. 35 A daeth pob un o'i feibion a'i ferched i'w gysuro, ond gwrthododd dderbyn cysur, a dywedodd, "Mewn galar yr af finnau i lawr i'r bedd at fy

mab." Ac wylodd ei dad amdano. ³⁶ Gwerthodd y Midianiaid ef yn yr Aifft i Potiffar, swyddog Pharo, pennaeth y gwarchodwyr.

Jwda a Tamar

38 Yr adeg honno gadawodd Jwda ei frodyr a throi at ŵr o Adulam o'r enw Hira. ² Ac yno gwelodd Jwda ferch rhyw Ganaanead o'r enw Sua, a chymerodd hi'n wraig iddo a chafodd gyfathrach â hi; ³ beichiogodd hithau ac esgor ar fab, ac enwodd yntau ef yn Er. ⁴ Beichiogodd eilwaith ac esgor ar fab, ac enwodd ef Onan. ⁵ Esgorodd eto ar fab, ac enwodd ef Sela; yn Chesib yr oedd pan esgorodd arno. ⁶ Cymerodd Jwda wraig o'r enw Tamar i Er ei fab hynaf. ⁷ Ond dyn drygionus yng ngolwg yr ARGLWYDD oedd Er, mab hynaf Jwda; a pharodd yr ARGLWYDD iddo farw. ⁸ Yna dywedodd Jwda wrth Onan, "Dos at wraig dy frawd, ac fel brawd ei gŵr cod deulu i'th frawd." ⁹ Ond gwyddai Onan nad ei eiddo ef fyddai'r teulu; ac felly, pan âi at wraig ei frawd, collai ei had ar lawr, rhag rhoi plant i'w frawd. ¹⁰ Yr oedd yr hyn a wnaeth yn ffiaidd gan yr ARGLWYDD, a pharodd iddo yntau farw. ¹¹ Yna dywedodd Jwda wrth ei ferch-yng-nghyfraith Tamar, "Aros yn weddw yn nhŷ dy dad nes i'm mab Sela dyfu"; oherwydd yr oedd arno ofn iddo yntau hefyd farw fel ei frodyr. Felly aeth Tamar i fyw yn nhŷ ei thad.

¹² Ymhen amser, bu farw gwraig Jwda, merch Sua; ac wedi ei dymor galar aeth Jwda a'i gyfaill Hira yr Adulamiad i Timnath, at gneifwyr ei ddefaid. ¹³ Pan fynegwyd i Tamar fod ei thad-yng-nghyfraith wedi mynd i Timnath i gneifio, ¹⁴ tynnodd wisg ei gweddwdod oddi amdani, a gwisgo gorchudd a'i lapio amdani. Yna aeth i eistedd wrth borth Enaim ar y ffordd i Timnath; oherwydd yr oedd yn gweld bod Sela wedi dod i oed ac nad oedd hi wedi ei rhoi'n wraig iddo. ¹⁵ Gwelodd Jwda hi a thybiodd mai putain ydoedd, gan ei bod wedi cuddio'i hwyneb. ¹⁶ Trodd ati ar y ffordd a dweud, "Tyrd, gad i mi gael cyfathrach â thi." Ond ni wyddai mai ei ferch-yng-nghyfraith oedd hi. Atebodd hithau, "Beth a roi di imi, os cei gyfathrach â mi?" ¹⁷ Dywedodd, "Anfonaf i ti fyn gafr o'r praidd." Atebodd hithau, "A roi di wystl imi nes iti ei anfon?" ¹⁸ Gofynnodd yntau, "Beth a rof iti'n wystl?" Atebodd hithau, "Dy sêl a'r llinyn, a'th ffon sydd yn dy law." Wedi iddo eu rhoi iddi, cafodd gyfathrach â hi, a beichiogodd hithau. ¹⁹ Yna, wedi iddi godi a mynd ymaith, tynnodd ei gorchudd a rhoi amdani wisg ei gweddwdod. ²⁰ Anfonodd Jwda y myn gafr yng ngofal ei gyfaill yr Adulamiad, er mwyn cael y gwystl yn ôl gan y wraig, ond ni allai ddod o hyd iddi. ²¹ Holodd ddynion y lle a dweud, "Ble mae'r butain y cysegr oedd ar y ffordd yn Enaim?" Ac atebasant, "Nid oes putain y cysegr yma." ²² Felly dychwelodd at Jwda a dweud, "Ni chefais hyd iddi; a dywedodd dynion y lle nad oedd putain y cysegr yno." ²³ Yna dywedodd Jwda, "Bydded iddi eu cadw, neu byddwn yn destun cywilydd; anfonais i y myn hwn, ond methaist gael hyd iddi."

²⁴ Ymhen tri mis dywedwyd wrth Jwda, "Bu Tamar dy ferch-yng-nghyfraith yn puteinio, ac y mae wedi beichiogi hefyd mewn godineb." Dywedodd Jwda, "Dewch â hi allan, a llosger hi." ²⁵ A phan ddaethant â hi allan, anfonodd at ei thad-yng-nghyfraith i ddweud, "Yr wyf yn feichiog o'r gŵr biau'r rhain." A dywedodd hefyd, "Edrych, yn awr, eiddo pwy yw'r rhain, y sêl a'r llinyn a'r ffon." ²⁶ Adnabu Jwda hwy a dywedodd, "Y mae hi'n fwy cyfiawn na mi, oherwydd na rois hi i'm mab Sela." Ni orweddodd gyda hi ar ôl hynny.

²⁷ Pan ddaeth yr amser iddi esgor, yr oedd gefeilliaid yn ei chroth, ²⁸ ac wrth iddi esgor rhoes un ei law allan; a chymerodd y fydwraig edau goch a'i rhwymo am ei law, a dweud, "Hwn a ddaeth allan yn gyntaf." ²⁹ Ond tynnodd ei law yn ôl, a daeth ei frawd allan; a dywedodd hi, "Dyma doriad yr wyt wedi ei wneud i ti dy hun!" Ac enwyd ef Peres*. ³⁰ Daeth ei frawd allan wedyn â'r edau goch am ei law, ac enwyd ef Sera*.

38:29 H.y., *Toriad.*
38:30 H.y., *Cochni.*

Joseff a Gwraig Potiffar

39 Cymerwyd Joseff i lawr i'r Aifft, a phrynwyd ef o law yr Ismaeliaid, a oedd wedi mynd ag ef yno, gan Potiffar, Eifftiwr oedd yn swyddog i Pharo ac yn bennaeth y gwarchodwyr. ² Bu'r ARGLWYDD gyda Joseff, a daeth yn ŵr llwyddiannus. Yr oedd yn byw yn nhŷ ei feistr yr Eifftiwr, ³ a gwelodd ei feistr fod yr ARGLWYDD gydag ef, a bod yr ARGLWYDD yn llwyddo popeth yr oedd yn ei wneud. ⁴ Cafodd Joseff ffafr yn ei olwg, a bu'n gweini arno; gwnaeth yntau ef yn arolygydd ar ei dŷ a rhoi ei holl eiddo dan ei ofal. ⁵ Ac o'r amser y gwnaeth ef yn arolygydd ar ei dŷ ac ar ei holl eiddo, bendithiodd yr ARGLWYDD dŷ'r Eifftiwr er mwyn Joseff; yr oedd bendith yr ARGLWYDD ar ei holl eiddo, yn y tŷ ac yn y maes. ⁶ Gadawodd ei holl eiddo yng ngofal Joseff, ac nid oedd gofal arno am ddim ond y bwyd yr oedd yn ei fwyta.

Yr oedd Joseff yn olygus a glân, ⁷ ac ymhen amser rhoddodd gwraig ei feistr ei bryd ar Joseff a dweud, "Gorwedd gyda mi." ⁸ Ond gwrthododd, a dweud wrth wraig ei feistr, "Nid oes gofal ar fy meistr am ddim yn y tŷ; y mae wedi rhoi ei holl eiddo yn fy ngofal i. ⁹ Nid oes neb yn fwy na mi yn y tŷ hwn, ac nid yw wedi cadw dim oddi wrthyf ond tydi, am mai ei wraig wyt. Sut felly y gwnawn i y drwg mawr hwn, a phechu yn erbyn Duw?" ¹⁰ Ac er iddi grefu ar Joseff beunydd, ni wrandawodd arni; ni orweddodd gyda hi na chymdeithasu â hi. ¹¹ Ond un diwrnod, pan aeth i'r tŷ ynglŷn â'i waith, heb fod neb o weision y tŷ yno, ¹² fe'i daliodd ef gerfydd ei wisg, a dweud, "Gorwedd gyda mi." Ond gadawodd ef ei wisg yn ei llaw a ffoi allan. ¹³ Pan welodd hi ei fod wedi gadael ei wisg yn ei llaw, a ffoi allan, ¹⁴ galwodd ar weision ei thŷ a dweud wrthynt, "Gwelwch, y mae wedi dod â Hebrëwr atom i'n gwaradwyddo; daeth ataf i orwedd gyda mi, a gwaeddais innau yn uchel. ¹⁵ Pan glywodd fi'n codi fy llais a gweiddi, gadawodd ei wisg yn f'ymyl a ffoi allan." ¹⁶ Yna cadwodd wisg Joseff yn ei hymyl nes i'w feistr ddod adref, ¹⁷ ac adroddodd yr un stori wrtho ef, a dweud, "Daeth y gwas o Hebrëwr, a ddygaist i'n plith, i mewn ataf i'm gwaradwyddo; ¹⁸ ond pan godais fy llais a gweiddi, gadawodd ei wisg yn f'ymyl a ffoi allan." ¹⁹ Pan glywodd meistr Joseff ei wraig yn dweud wrtho am yr hyn a wnaeth ei was iddi, enynnodd ei lid. ²⁰ Cymerodd Joseff a'i roi yn y carchar, lle'r oedd carcharorion y brenin yn gaeth; ac yno y bu yn y carchar. ²¹ Ond yr oedd yr ARGLWYDD gyda Joseff, a bu'n drugarog wrtho a rhoi ffafr iddo yng ngolwg ceidwad y carchar. ²² Rhoes ceidwad y carchar yr holl garcharorion yng ngofal Joseff, ac ef fyddai'n gwneud beth bynnag oedd i'w wneud yno. ²³ Nid oedd ceidwad y carchar yn pryderu am ddim a oedd dan ofal Joseff, am fod yr ARGLWYDD gydag ef ac yn ei lwyddo ym mha beth bynnag y byddai'n ei wneud.

Dehongli Breuddwydion yn y Carchar

40 Wedi'r pethau hyn, troseddodd trulliad a phobydd brenin yr Aifft yn erbyn eu meistr, brenin yr Aifft. ² Ffromodd Pharo wrth ei ddau swyddog, y pen-trulliad a'r pen-pobydd, ³ a'u rhoi yn y ddalfa yn nhŷ pennaeth y gwarchodwyr, sef y carchar lle'r oedd Joseff yn gaeth. ⁴ Trefnodd pennaeth y gwarchodwyr i Joseff ofalu amdanynt a gweini arnynt. Wedi iddynt fod yn y ddalfa am ysbaid, ⁵ cafodd trulliad a phobydd brenin yr Aifft, a oedd yn gaeth yn y carchar, freuddwyd yr un noson, pob un ei freuddwyd ei hun, ac i bob breuddwyd ei hystyr ei hun. ⁶ Pan ddaeth Joseff atynt yn y bore, ac edrych arnynt a'u gweld yn ddi-hwyl, ⁷ gofynnodd i swyddogion Pharo a oedd gydag ef yn y ddalfa yn nhŷ ei feistr, "Pam y mae golwg ddigalon arnoch heddiw?" ⁸ Atebasant, "Cawsom freuddwydion, ac nid oes neb i'w dehongli." Yna dywedodd Joseff wrthynt, "Onid i Dduw y perthyn dehongli? Dywedwch yn awr i mi."

⁹ Felly adroddodd y pen-trulliad ei freuddwyd i Joseff, a dweud wrtho, "Yn fy mreuddwyd yr oedd gwinwydden o'm blaen, ¹⁰ ac ar y winwydden dair cangen; yna blagurodd, blodeuodd, ac

aeddfedodd ei grawnsypiau yn rawnwin. ¹¹ Yn fy llaw yr oedd cwpan Pharo; cymerais y grawnwin, eu gwasgu i gwpan Pharo, a rhoi'r cwpan yn ei law." ¹² Dywedodd Joseff wrtho, "Dyma'r dehongliad: y tair cangen, tri diwrnod ydynt; ¹³ ymhen tridiau bydd Pharo'n codi dy ben ac yn dy adfer i'th swydd, a byddi dithau'n rhoi cwpan Pharo yn ei law, yn ôl yr arfer gynt pan oeddit yn drulliad iddo. ¹⁴ Os bydd iti gofio amdanaf pan fydd yn dda arnat, fe wnei gymwynas â mi trwy grybwyll amdanaf wrth Pharo, a'm cael allan o'r tŷ hwn. ¹⁵ Oherwydd cefais fy nghipio o wlad yr Hebreaid; ac nid wyf wedi gwneud dim yma chwaith i haeddu fy ngosod mewn cell."

¹⁶ Pan welodd y pen-pobydd fod y dehongliad yn un ffafriol, dywedodd wrth Joseff, "Cefais innau hefyd freuddwyd: yr oedd tri chawell o fara gwyn ar fy mhen. ¹⁷ Yn y cawell uchaf yr oedd pob math o fwyd wedi ei bobi ar gyfer Pharo, ac adar yn ei fwyta o'r cawell ar fy mhen." ¹⁸ Atebodd Joseff, "Dyma'r dehongliad: y tri chawell, tri diwrnod ydynt; ¹⁹ ymhen tridiau bydd Pharo'n codi dy ben—oddi arnat!—ac yn dy grogi ar bren; a bydd yr adar yn bwyta dy gnawd."

²⁰ Ar y trydydd dydd yr oedd pen-blwydd Pharo, a gwnaeth wledd i'w holl weision, a dod â'r pen-trulliad a'r pen-pobydd i fyny yng ngŵydd ei weision. ²¹ Adferodd y pen-trulliad i'w swydd, a rhoddodd yntau'r cwpan yn llaw Pharo; ²² ond crogodd y pen-pobydd, fel yr oedd Joseff wedi dehongli iddynt. ²³ Eto ni chofiodd y pen-trulliad am Joseff, ond anghofio'n llwyr amdano.

Dehongli Breuddwydion Pharo

41 Ymhen dwy flynedd union breuddwydiodd Pharo ei fod yn sefyll ar lan y Neil. ² A dyma saith o wartheg porthiannus a thew yn esgyn o'r afon, a phori yn y weirglodd; ³ ac yna saith o wartheg eraill, nychlyd a thenau, yn esgyn ar eu hôl ac yn sefyll ar lan yr afon yn ymyl y gwartheg eraill. ⁴ Bwytaodd y gwartheg nychlyd a thenau y saith buwch borthiannus a thew. Yna deffrôdd Pharo. ⁵ Aeth yn ôl i gysgu a breuddwydio eilwaith, a gwelodd saith dywysen fras a da yn tyfu ar un gwelltyn; ⁶ yna saith dywysen denau, wedi eu deifio gan wynt y dwyrain, yn tarddu ar eu hôl. ⁷ Llyncodd y tywysennau tenau y saith dywysen fras a llawn. Yna deffrôdd Pharo a deall mai breuddwyd ydoedd. ⁸ Pan ddaeth y bore, yr oedd wedi cynhyrfu ac anfonodd am holl ddewiniaid a doethion yr Aifft; dywedodd Pharo ei freuddwyd wrthynt, ond ni allai neb ei dehongli iddo.

⁹ Yna dywedodd y pen-trulliad wrth Pharo, "Rwy'n cofio heddiw imi fod ar fai. ¹⁰ Pan ffromodd Pharo wrth ei weision a'm rhoi i a'r pen-pobydd yn y ddalfa yn nhŷ pennaeth y gwarchodwyr, ¹¹ cawsom ein dau freuddwyd yr un noson, pob un ei freuddwyd ei hun, ac i bob breuddwyd ei hystyr ei hun. ¹² Ac yno gyda ni yr oedd llanc o Hebrëwr, gwas pennaeth y gwarchodwyr; wedi inni eu hadrodd iddo, dehonglodd ein breuddwydion i'r naill a'r llall ohonom. ¹³ Fel y dehonglodd inni, felly y bu; adferwyd fi i'm swydd, a chrogwyd y llall."

¹⁴ Yna anfonodd Pharo am Joseff, a daethant ag ef ar frys o'r gell; eilliodd yntau a newid ei ddillad, a daeth at Pharo. ¹⁵ A dywedodd Pharo wrth Joseff, "Cefais freuddwyd, ac ni all neb ei dehongli, ond clywais amdanat ti dy fod yn gallu gwrando breuddwyd a'i dehongli." ¹⁶ Atebodd Joseff Pharo a dweud, "Nid myfi; Duw a rydd ateb ffafriol i Pharo." ¹⁷ Dywedodd Pharo wrth Joseff, "Yn fy mreuddwyd yr oeddwn yn sefyll ar lan y Neil, ¹⁸ a dyma saith o wartheg tew a phorthiannus yn esgyn o'r afon, a phori yn y weirglodd; ¹⁹ ac yna saith o wartheg eraill truenus a nychlyd a thenau iawn, yn dod ar eu hôl; ni welais rai cynddrwg yn holl dir yr Aifft. ²⁰ Bwytaodd y gwartheg tenau a nychlyd y saith o wartheg tewion cyntaf, ²¹ ond er iddynt eu bwyta nid oedd ôl hynny arnynt, gan eu bod mor denau â chynt. Yna deffroais. ²² Gwelais hefyd yn fy mreuddwyd saith o dywysennau llawn a da yn tyfu ar un gwelltyn; ²³ a dyma saith dywysen fain a thenau,

wedi eu deifio gan wynt y dwyrain, yn tarddu ar eu hôl. ²⁴ Llyncodd y tywysennau tenau y saith dywysen dda. Adroddais hyn wrth y dewiniaid, ond ni allai neb ei egluro i mi."

²⁵ Yna dywedodd Joseff wrth Pharo, "Un ystyr sydd i freuddwyd Pharo; y mae Duw wedi mynegi i Pharo yr hyn y mae am ei wneud. ²⁶ Y saith o wartheg da, saith mlynedd ydynt, a'r saith dywysen dda, saith mlynedd ydynt; un freuddwyd sydd yma. ²⁷ Saith mlynedd hefyd yw'r saith o wartheg tenau a nychlyd a esgynnodd ar eu hôl, a saith mlynedd o newyn yw'r saith dywysen wag wedi eu deifio gan wynt y dwyrain. ²⁸ Fel y dywedais wrth Pharo, y mae Duw wedi dangos i Pharo yr hyn y mae am ei wneud. ²⁹ Daw saith mlynedd o lawnder mawr trwy holl wlad yr Aifft, ³⁰ ond ar eu hôl daw saith mlynedd o newyn, ac anghofir yr holl lawnder yng ngwlad yr Aifft; difethir y wlad gan y newyn, ³¹ ac ni fydd ôl y llawnder yn y wlad o achos y newyn hwnnw fydd yn ei ddilyn, gan mor drwm fydd. ³² Dyblwyd breuddwyd Pharo am fod y peth mor sicr gan Dduw, a bod Duw ar fin ei gyflawni. ³³ Yn awr, dylai Pharo edrych am ŵr deallus a doeth i'w osod ar wlad yr Aifft. ³⁴ Dyma a ddylai Pharo ei wneud: gosod arolygwyr dros y wlad, i gymryd y bumed ran o gnwd gwlad yr Aifft dros y saith mlynedd o lawnder. ³⁵ Dylent gasglu holl fwyd y blynyddoedd da sydd ar ddod, a thrwy awdurdod Pharo, dylent gasglu ŷd yn ymborth i'w gadw yn y dinasoedd, ³⁶ fel y bydd y bwyd ynghadw i'r wlad dros y saith mlynedd o newyn sydd i fod yng ngwlad yr Aifft, rhag i'r wlad gael ei difetha gan y newyn."

Joseff yn Rheolwr yr Aifft

³⁷ Bu'r cyngor yn dderbyniol gan Pharo a'i holl weision. ³⁸ A dywedodd Pharo wrth ei weision, "A fedrwn ni gael gŵr arall fel hwn ag ysbryd Duw ynddo?" ³⁹ Felly dywedodd Pharo wrth Joseff, "Am i Dduw roi gwybod hyn oll i ti, nid oes neb mor ddeallus a doeth â thi; ⁴⁰ ti fydd dros fy nhŷ, a bydd fy holl bobl yn ufudd i ti; yr orsedd yn unig a'm gwna i yn fwy na thi." ⁴¹ Yna dywedodd Pharo wrth Joseff, "Dyma fi wedi dy osod di'n ben ar holl wlad yr Aifft," ⁴² a thynnodd ei fodrwy oddi ar ei law a'i gosod ar law Joseff, a gwisgo amdano ddillad o liain main, a rhoi cadwyn aur am ei wddf. ⁴³ Parodd iddo deithio yn ei ail gerbyd, gyda rhai i weiddi o'i flaen, "Plygwch lin."* Felly gosododd Pharo ef dros holl wlad yr Aifft. ⁴⁴ A dywedodd Pharo wrth Joseff, "Myfi yw Pharo, ond heb dy ganiatâd di nid yw neb i godi na llaw na throed trwy holl wlad yr Aifft." ⁴⁵ Enwodd Pharo ef Saffnath-panea, a rhoddodd yn wraig iddo Asnath, merch Potiffera offeiriad On. Yna aeth Joseff allan yn bennaeth dros wlad yr Aifft.

⁴⁶ Deng mlwydd ar hugain oedd oed Joseff pan safodd gerbron Pharo brenin yr Aifft. Aeth allan o ŵydd Pharo, a thramwyodd trwy holl wlad yr Aifft. ⁴⁷ Yn ystod y saith mlynedd o lawnder cnydiodd y ddaear yn doreithiog, ⁴⁸ a chasglodd yntau yr holl fwyd a gaed yng ngwlad yr Aifft yn ystod y saith mlynedd, a chrynhoi ymborth yn y dinasoedd. Casglodd i bob dinas fwyd y meysydd o'i hamgylch. ⁴⁹ Felly pentyrrodd Joseff ŷd fel tywod y môr, nes peidio â chadw cyfrif, am na ellid ei fesur.

⁵⁰ Cyn dyfod blwyddyn y newyn, ganwyd i Joseff ddau fab o Asnath, merch Potiffera offeiriad On. ⁵¹ Enwodd Joseff ei gyntafanedig Manasse*—"Am fod Duw wedi peri imi anghofio fy holl gyni a holl dylwyth fy nhad." ⁵² Enwodd yr ail Effraim*—"Am fod Duw wedi fy ngwneud i'n ffrwythlon yng ngwlad fy ngorthrymder."

⁵³ Darfu'r saith mlynedd o lawnder yng ngwlad yr Aifft; ⁵⁴ a dechreuodd y saith mlynedd o newyn, fel yr oedd Joseff wedi dweud. Bu newyn yn yr holl wledydd, ond yr oedd bwyd yn holl wlad yr Aifft. ⁵⁵ A phan ddaeth newyn ar holl wlad yr Aifft, galwodd y bobl ar Pharo am fwyd. Dywedodd Pharo wrth yr holl Eifftiaid, "Ewch at Joseff, a gwnewch yr hyn a ddywed ef wrthych." ⁵⁶ Ac fel yr oedd y newyn yn ymledu dros wyneb yr holl dir, agorodd Joseff yr holl ystordai* a gwerthodd ŷd i'r Eifftiaid,

---

41:43 Cymh. Fersiynau. Hebraeg yn ansicr.
41:51 H.y., *Peri anghofio*.
41:52 H.y., *Gwneud yn ffrwythlon*.
41:56 Felly Fersiynau. Hebraeg heb *ystordai*.

oherwydd yr oedd y newyn yn drwm yng ngwlad yr Aifft. ⁵⁷ Daeth pobl o'r holl wledydd hefyd i'r Aifft at Joseff i brynu, oherwydd yr oedd y newyn yn drwm drwy'r byd i gyd.

Brodyr Joseff yn Mynd i'r Aifft

42 Pan ddeallodd Jacob fod ŷd yn yr Aifft, dywedodd wrth ei feibion, "Pam yr ydych yn edrych ar eich gilydd? ² Clywais fod ŷd i'w gael yn yr Aifft; ewch i lawr yno a phrynwch i ni, er mwyn inni gael byw ac nid marw." ³ Felly aeth deg o frodyr Joseff i brynu ŷd yn yr Aifft; ⁴ ond nid anfonodd Jacob Benjamin, brawd Joseff, gyda'i frodyr, rhag ofn i niwed ddigwydd iddo. ⁵ Daeth meibion Israel ymhlith eraill i brynu ŷd, am fod newyn trwy wlad Canaan.

⁶ Joseff oedd yr arolygwr dros y wlad, ac ef oedd yn gwerthu ŷd i bawb. A daeth brodyr Joseff ac ymgrymu iddo i'r llawr. ⁷ Pan welodd Joseff ei frodyr, adnabu hwy, ond ymddygodd fel dieithryn a siarad yn hallt wrthynt. Gofynnodd iddynt, "O ble y daethoch?" Ac atebasant, "O wlad Canaan i brynu bwyd." ⁸ Yr oedd Joseff wedi adnabod ei frodyr, ond nid oeddent hwy'n ei adnabod ef. ⁹ Cofiodd Joseff y breuddwydion a gafodd amdanynt, a dywedodd wrthynt, "Ysbiwyr ydych; yr ydych wedi dod i weld mannau gwan y wlad." ¹⁰ Dywedasant hwythau wrtho, "Na, arglwydd, y mae dy weision wedi dod i brynu bwyd. ¹¹ Meibion un gŵr ydym ni i gyd, a dynion gonest; nid ysbiwyr yw dy weision." ¹² Meddai yntau wrthynt, "Na, yr ydych wedi dod i weld mannau gwan y wlad." ¹³ Atebasant, "Deuddeg brawd oedd dy weision, meibion un gŵr yng ngwlad Canaan; y mae'r ieuengaf eto gyda'n tad, ond nid yw'r llall yn fyw." ¹⁴ Ond dywedodd Joseff wrthynt, "Y gwir amdani yw mai ysbiwyr ydych. ¹⁵ Fel hyn y rhoddir prawf arnoch: cyn wired â bod Pharo'n fyw, ni chewch ymadael oni ddaw eich brawd ieuengaf yma. ¹⁶ Anfonwch un o'ch plith i gyrchu eich brawd, tra byddwch chwi yng ngharchar; felly y profir eich geiriau, i wybod a ydynt yn wir. Os nad ydynt, cyn wired â bod Pharo'n fyw, ysbiwyr ydych."

¹⁷ A rhoddodd hwy i gyd yng ngharchar am dridiau.

¹⁸ Ar y trydydd diwrnod dywedodd Joseff wrthynt, "Fel hyn y gwnewch er mwyn ichwi gael byw, oherwydd yr wyf yn ofni Duw: ¹⁹ os ydych yn wŷr gonest, cadwer un brawd yng ngharchar, a chewch chwithau gludo ŷd at angen eich teuluoedd, ²⁰ a dod â'ch brawd ieuengaf ataf. Felly y ceir gweld eich bod yn dweud y gwir, ac ni byddwch farw." Dyna a wnaed. ²¹ Yna dywedasant wrth ei gilydd, "Yn wir, yr ydym yn haeddu cosb o achos ein brawd, am inni weld ei ofid ef pan oedd yn ymbil arnom, a gwrthod gwrando; dyna pam y daeth y gofid hwn arnom." ²² Dywedodd Reuben, "Oni ddywedais wrthych, 'Peidiwch â gwneud cam â'r bachgen'? Ond ni wrandawsoch, ac yn awr rhaid ateb am ei waed." ²³ Ni wyddent fod Joseff yn eu deall, am fod cyfieithydd rhyngddynt. ²⁴ Troes yntau oddi wrthynt i wylo. Yna daeth yn ôl a siarad â hwy, a chymerodd Simeon o'u mysg a'i rwymo o flaen eu llygaid.

Brodyr Joseff yn Dychwelyd i Ganaan

²⁵ Gorchmynnodd Joseff lenwi eu sachau ag ŷd, a rhoi arian pob un yn ôl yn ei sach, a rhoi bwyd iddynt at y daith. Felly y gwnaed iddynt. ²⁶ Yna codasant yr ŷd ar eu hasynnod a mynd oddi yno. ²⁷ Pan oedd un yn agor ei sach yn y llety, i roi bwyd i'w asyn, gwelodd ei arian yng ngenau'r sach, ²⁸ a dywedodd wrth ei frodyr, "Rhoddwyd fy arian yn ôl; y maent yma yn fy sach." Yna daeth ofn arnynt a throesant yn grynedig at ei gilydd, a dweud, "Beth yw hyn y mae Duw wedi ei wneud i ni?"

²⁹ Pan ddaethant at eu tad Jacob yng ngwlad Canaan, adroddasant eu holl helynt wrtho, a dweud, ³⁰ "Siaradodd y gŵr oedd yn arglwydd y wlad yn hallt wrthym, a chymryd mai ysbiwyr oeddem. ³¹ Dywedasom ninnau wrtho, 'Gwŷr gonest ydym ni, ac nid ysbiwyr. ³² Yr oeddem yn ddeuddeg brawd, meibion ein tad; bu farw un, ac y mae'r ieuengaf eto gyda'n tad yng ngwlad Canaan.' ³³ Yna dywedodd arglwydd y wlad wrthym, 'Fel hyn y caf wybod eich bod yn

onest: gadewch un o'ch brodyr gyda mi, a chymerwch ŷd at angen eich teuluoedd, ac ewch ymaith. 34 Dewch â'ch brawd ieuengaf ataf, imi gael gwybod nad ysbiwyr ydych ond dynion gonest; yna rhof eich brawd ichwi, a chewch farchnata yn y wlad.'"

35 Pan aethant i wacáu eu sachau yr oedd cod arian pob un yn ei sach. A phan welsant hwy a'u tad y codau arian, daeth ofn arnynt, 36 a dywedodd eu tad Jacob wrthynt, "Yr ydych yn fy ngwneud yn ddi-blant; bu farw Joseff, nid yw Simeon yma, ac yr ydych am ddwyn Benjamin ymaith. Y mae pob peth yn fy erbyn." 37 Dywedodd Reuben wrth ei dad, "Cei ladd fy nau fab i os na ddof ag ef yn ôl atat; rho ef yn fy ngofal, ac mi ddof ag ef yn ôl atat." 38 Meddai yntau, "Ni chaiff fy mab fynd gyda chwi, oherwydd bu farw ei frawd, ac nid oes neb ond ef ar ôl. Os digwydd niwed iddo ar eich taith, fe wnewch i'm penwynni ddisgyn i'r bedd mewn tristwch."

Mynd â Benjamin i'r Aifft

43 Trymhaodd y newyn yn y wlad. 2 Ac wedi iddynt fwyta'r ŷd a ddygwyd ganddynt o'r Aifft, dywedodd eu tad wrthynt, "Ewch yn ôl i brynu ychydig o fwyd i ni." 3 Ond atebodd Jwda, "Rhybuddiodd y dyn ni'n ddifrifol gan ddweud, 'Ni chewch weld fy wyneb os na fydd eich brawd gyda chwi.' 4 Os anfoni ein brawd gyda ni, fe awn i brynu bwyd i ti; 5 ond os nad anfoni ef, nid awn ni, oherwydd dywedodd y dyn wrthym, 'Ni chewch weld fy wyneb os na fydd eich brawd gyda chwi.'" 6 Dywedodd Israel, "Pam y gwnaethoch ddrwg i mi trwy ddweud wrth y dyn fod gennych frawd arall?" 7 Atebasant hwythau, "Holodd y dyn ni'n fanwl amdanom ein hunain a'n teulu, a gofyn, 'A yw eich tad eto'n fyw? A oes gennych frawd arall?' Wrth inni ei ateb, a allem ni ddirnad y dywedai ef, 'Dewch â'ch brawd yma'?" 8 Dywedodd Jwda wrth ei dad Israel, "Anfon y bachgen gyda mi, inni gael codi a mynd, er mwyn inni fyw ac nid marw, nyni a thithau a'n plant hefyd. 9 Mi af fi yn feichiau drosto; mi fyddaf fi'n gyfrifol amdano. Os na ddof ag ef yn ôl atat a'i osod o'th flaen, yna byddaf yn euog yn dy olwg am byth. 10 Pe baem heb oedi, byddem wedi dychwelyd ddwywaith erbyn hyn." 11 Dywedodd eu tad Israel wrthynt, "Os oes rhaid, gwnewch hyn: cymerwch rai o ffrwythau gorau'r wlad yn eich paciau, a dygwch yn anrheg i'r dyn ychydig o falm ac ychydig o fêl, glud pêr, myrr, cnau ac almonau. 12 Cymerwch ddwbl yr arian, a dychwelwch yr arian a roddwyd yng ngenau eich sachau. Efallai mai camgymeriad oedd hynny. 13 Cymerwch hefyd eich brawd, ac ewch eto at y dyn; 14 a rhodded Duw Hollalluog drugaredd i chwi gerbron y dyn, er mwyn iddo ollwng yn rhydd eich brawd arall a Benjamin. Os gwneir fi'n ddi-blant, derbyniaf hynny." 15 Felly cymerodd y dynion yr anrheg a dwbl yr arian, a Benjamin gyda hwy, ac aethant ar eu taith i lawr i'r Aifft, a sefyll gerbron Joseff.

16 Pan welodd Joseff fod Benjamin gyda hwy, dywedodd wrth swyddog ei dŷ, "Dos â'r dynion i'r tŷ, a lladd anifail a gwna wledd, oherwydd bydd y dynion yn bwyta gyda mi ganol dydd." 17 Gwnaeth y swyddog fel y gorchmynnodd Joseff iddo, a daeth â'r dynion i dŷ Joseff. 18 Ond yr oedd ar y dynion ofn pan gymerwyd hwy i dŷ Joseff, ac meddent, "Y maent wedi dod â ni i mewn yma oherwydd yr arian a roddwyd yn ôl yn ein sachau y tro cyntaf. Byddant yn rhuthro ac yn ymosod arnom, a'n gwneud yn gaethion, a chipio ein hasynnod." 19 Aethant at swyddog tŷ Joseff a siarad ag ef wrth ddrws y tŷ, 20 a dweud, "Ein harglwydd, daethom i lawr o'r blaen i brynu bwyd; 21 wrth inni agor ein sachau yn y llety yr oedd arian pob un yn llawn yng ngenau ei sach. Yr ydym wedi dod â hwy'n ôl gyda ni, 22 ac y mae gennym arian eraill hefyd i brynu bwyd. Ni wyddom pwy a osododd ein harian yn ein sachau." 23 Atebodd yntau, "Byddwch dawel, peidiwch ag ofni; eich Duw a Duw eich tad a guddiodd drysor i chwi yn eich sachau; derbyniais i eich arian." Yna daeth â Simeon allan atynt. 24 Wedi i'r swyddog fynd â'r dynion i dŷ Joseff, rhoddodd ddŵr iddynt i olchi eu

traed, a rhoddodd fwyd i'w hasynnod. ²⁵ Gwnaethant eu hanrheg yn barod erbyn i Joseff ddod ganol dydd, am iddynt glywed mai yno y byddent yn cael bwyd.

²⁶ Pan ddaeth Joseff i'r tŷ, dygasant ato yr anrheg oedd ganddynt, ac ymgrymu i'r llawr o'i flaen. ²⁷ Holodd yntau hwy am eu hiechyd, a gofyn, "A yw eich tad yn iawn, yr hen ŵr y buoch yn sôn amdano? A yw'n dal yn fyw?" ²⁸ Atebasant, "Y mae dy was, ein tad, yn fyw ac yn iach." A phlygasant eu pennau ac ymgrymu. ²⁹ Cododd yntau ei olwg a gweld ei frawd Benjamin, mab ei fam ef ei hun, a gofynnodd, "Ai dyma eich brawd ieuengaf, y buoch yn sôn amdano?" A dywedodd wrtho, "Bydded Duw yn rasol wrthyt, fy mab." ³⁰ Yna brysiodd Joseff a chwilio am le i wylo, oherwydd cyffrowyd ei deimladau o achos ei frawd. Aeth i'w ystafell ac wylo yno. ³¹ Yna golchodd ei wyneb a daeth allan gan ymatal, a dywedodd, "Dewch â'r bwyd." ³² Gosodwyd bwyd iddo ef ar wahân, ac iddynt hwy ar wahân, ac i'r Eifftiaid oedd yn bwyta gydag ef ar wahân; oherwydd ni allai'r Eifftiaid gydfwyta gyda'r Hebreaid, am fod hynny'n ffieidd-dra ganddynt. ³³ Yr oeddent yn eistedd o'i flaen, y cyntafanedig yn ôl ei flaenoriaeth a'r ieuengaf yn ôl ei ieuenctid; a rhyfeddodd y dynion ymysg ei gilydd. ³⁴ Cododd Joseff seigiau iddynt o'i fwrdd ei hun, ac yr oedd cyfran Benjamin bum gwaith yn fwy na chyfran y lleill. Felly yfasant a bod yn llawen gydag ef.

Y Cwpan Coll

44 Gorchmynnodd Joseff i swyddog ei dŷ, "Llanw sachau'r dynion â chymaint ag y gallant ei gario o fwyd, a rho arian pob un yng ngenau ei sach. ² A rho fy nghwpan i, y cwpan arian, yng ngenau sach yr ieuengaf, gyda'i arian am yr ŷd." Gwnaeth yntau fel y dywedodd Joseff. ³ Pan dorrodd y wawr, anfonwyd y dynion ymaith gyda'u hasynnod. ⁴ Wedi iddynt fynd ychydig bellter o'r ddinas dywedodd Joseff wrth swyddog ei dŷ, "I ffwrdd â thi ar ôl y dynion, a phan oddiweddi hwy dywed wrthynt, 'Pam yr ydych wedi talu drwg am dda? Pam yr ydych wedi lladrata fy nghwpan arian?* ⁵ O hwn y byddai f'arglwydd yn yfed ac yn dewino. Yr ydych wedi gwneud peth drwg.'"

⁶ Pan oddiweddodd hwy dywedodd felly wrthynt. ⁷ Atebasant hwythau, "Pam y mae ein harglwydd yn dweud peth fel hyn? Ni fyddai dy weision byth yn gwneud y fath beth. ⁸ Cofia ein bod wedi dod â'r arian a gawsom yng ngenau ein sachau yn ôl atat o wlad Canaan. Pam felly y byddem yn lladrata arian neu aur o dŷ dy arglwydd? ⁹ Os ceir y cwpan gan un o'th weision, bydded hwnnw farw; a byddwn ninnau'n gaethion i'n harglwydd." ¹⁰ "O'r gorau," meddai yntau, "bydded fel y dywedwch chwi. Bydd yr un y ceir y cwpan ganddo yn gaethwas i mi, ond bydd y gweddill ohonoch yn rhydd." ¹¹ Yna tynnodd pob un ei sach i lawr ar unwaith, a'i agor. ¹² Chwiliodd yntau, gan ddechrau gyda'r hynaf a gorffen gyda'r ieuengaf, a chafwyd y cwpan yn sach Benjamin. ¹³ Rhwygasant eu dillad, a llwythodd pob un ei asyn a dychwelyd i'r ddinas.

¹⁴ Pan ddaeth Jwda a'i frodyr i'r tŷ, yr oedd Joseff yno o hyd, a syrthiasant i lawr o'i flaen. ¹⁵ Dywedodd Joseff wrthynt, "Beth yw hyn yr ydych wedi ei wneud? Oni wyddech fod dyn fel fi yn gallu dewino?" ¹⁶ Atebodd Jwda, "Beth a ddywedwn wrth fy arglwydd? Beth a lefarwn? Sut y gallwn brofi ein diniweidrwydd? Y mae Duw wedi dangos twyll dy weision. Dyma ni, a'r un yr oedd y cwpan ganddo, yn gaethion i'n harglwydd." ¹⁷ Ond dywedodd Joseff, "Ni allaf wneud peth felly. Dim ond yr un yr oedd y cwpan ganddo a fydd yn gaethwas i mi. Cewch chwi fynd mewn heddwch at eich tad."

¹⁸ Yna nesaodd Jwda ato, a dweud, "O f'arglwydd, caniatâ i'th was lefaru yng nghlyw f'arglwydd, a phaid â digio wrth dy was; oherwydd yr wyt ti fel Pharo. ¹⁹ Holodd f'arglwydd ei weision, 'A oes gennych dad, neu frawd?' ²⁰ Ac atebasom ein harglwydd, 'Y mae gennym dad sy'n hen ŵr, a brawd bach, plentyn ei henaint. Bu farw ei frawd, ac ef yn unig

---

44:4 Felly Groeg. Hebraeg heb *Pam . . . arian?*

sy'n aros o blant ei fam, ac y mae ei dad yn ei garu.' ²¹ Yna dywedaist wrth dy weision, 'Dewch ag ef i lawr ataf imi gael ei weld.' ²² Dywedasom wrth f'arglwydd, 'Ni all y bachgen adael ei dad, oherwydd os gwna, bydd ei dad farw.' ²³ Dywedaist tithau wrth dy weision, 'Os na ddaw eich brawd ieuengaf gyda chwi, ni chewch weld fy wyneb i eto.' ²⁴ Aethom yn ôl at dy was ein tad, ac adrodd wrtho eiriau f'arglwydd. ²⁵ A phan ddywedodd ein tad, 'Ewch yn ôl i brynu ychydig o fwyd i ni', ²⁶ atebasom, 'Ni allwn fynd. Fe awn os daw ein brawd ieuengaf gyda ni, ond ni chawn weld wyneb y dyn os na fydd ef gyda ni.' ²⁷ A dywedodd dy was ein tad wrthym, 'Gwyddoch i'm gwraig esgor ar ddau fab; ²⁸ aeth un ymaith a dywedais, "Rhaid ei fod wedi ei larpio", ac ni welais ef wedyn. ²⁹ Os cymerwch hwn hefyd ymaith a bod niwed yn digwydd iddo, yna fe wnewch i'm penwynni ddisgyn i'r bedd mewn tristwch.' ³⁰ Ac yn awr os dof at dy was fy nhad heb y bachgen, ³¹ bydd farw pan wêl na ddaeth y bachgen yn ôl, am fod einioes y ddau ynghlwm wrth ei gilydd; a bydd dy weision yn peri i benwynni dy was ein tad ddisgyn i'r bedd mewn tristwch. ³² Oherwydd aeth dy was yn feichiau am y bachgen i'm tad, gan ddweud, 'Os na ddychwelaf ef atat byddaf yn euog am byth yng ngolwg fy nhad.' ³³ Yn awr felly, gad i'th was aros yn gaethwas i'm harglwydd yn lle'r bachgen; a gad iddo ef fynd gyda'i frodyr. ³⁴ Oherwydd sut y gallaf fynd yn ôl at fy nhad heb y bachgen? Nid wyf am weld loes fy nhad."

Joseff yn ei Ddatgelu ei hun i'w Frodyr

45 Methodd Joseff ymatal yng ngŵydd ei weision, a gwaeddodd, "Gyrrwch bawb allan oddi wrthyf." Felly nid arhosodd neb gyda Joseff pan ddatgelodd i'w frodyr pwy ydoedd. ² Wylodd yn uchel, nes bod yr Eifftiaid a theulu Pharo yn ei glywed, ³ a dywedodd wrth ei frodyr, "Joseff wyf fi. A yw fy nhad yn dal yn fyw?" Ond ni allai ei frodyr ei ateb, gan eu bod wedi eu cynhyrfu wrth ei weld. ⁴ Yna meddai Joseff wrth ei frodyr, "Dewch yn nes ataf." Wedi iddynt nesáu, dywedodd, "Myfi yw eich brawd Joseff, a werthwyd gennych i'r Aifft. ⁵ Yn awr, peidiwch â chyffroi na bod yn ddig wrthych eich hunain, am i chwi fy ngwerthu i'r lle hwn, oherwydd anfonodd Duw fi o'ch blaen er mwyn diogelu bywyd. ⁶ Bu newyn drwy'r wlad y ddwy flynedd hyn; a bydd eto bum mlynedd heb aredig na medi. ⁷ Anfonodd Duw fi o'ch blaen i sicrhau hil i chwi ar y ddaear, ac i gadw'n fyw o'ch plith nifer mawr o waredigion. ⁸ Felly nid chwi ond Duw a'm hanfonodd yma, a'm gwneud fel tad i Pharo, ac yn arglwydd ar ei holl dylwyth a llywodraethwr dros holl wlad yr Aifft. ⁹ Ewch ar frys at fy nhad a dywedwch wrtho, 'Dyma y mae dy fab Joseff yn ei ddweud: "Y mae Duw wedi fy ngwneud yn arglwydd ar yr Aifft i gyd. Tyrd i lawr ataf, paid ag oedi dim. ¹⁰ Cei fyw yn f'ymyl yng ngwlad Gosen gyda'th blant a'th wyrion, dy ddefaid a'th wartheg, a'th holl eiddo; ¹¹ a chynhaliaf di yno, rhag i ti na neb o'th dylwyth fynd yn dlawd, oherwydd fe fydd eto bum mlynedd o newyn." ' ¹² Yn awr yr ydych chwi a'm brawd Benjamin yn llygad-dystion mai myfi'n wir sy'n siarad â chwi. ¹³ Rhaid ichwi ddweud wrth fy nhad am yr holl anrhydedd yr wyf wedi ei gael yn yr Aifft, ac am bopeth yr ydych wedi ei weld. Ewch ar unwaith, a dewch â'm tad i lawr yma." ¹⁴ Yna rhoes ei freichiau am wddf ei frawd Benjamin ac wylo; ac wylodd Benjamin ar ei ysgwydd yntau. ¹⁵ Cusanodd ei frodyr i gyd, gan wylo. Wedyn cafodd ei frodyr sgwrs ag ef.

¹⁶ Pan ddaeth y newydd i dŷ Pharo fod brodyr Joseff wedi cyrraedd, llawenhaodd Pharo a'i weision. ¹⁷ Dywedodd Pharo wrth Joseff, "Dywed wrth dy frodyr, 'Gwnewch fel hyn: llwythwch eich anifeiliaid a theithio'n ôl i wlad Canaan. ¹⁸ Yna dewch â'ch tad a'ch teuluoedd ataf, a rhof ichwi orau gwlad yr Aifft, a chewch fyw ar fraster y wlad.' ¹⁹ Yna gorchymyn iddynt*, 'Gwnewch fel hyn: cymerwch wageni o wlad yr Aifft i'ch rhai bach ac i'ch gwragedd, a dewch â'ch tad yma. ²⁰ Peidiwch â phryderu am eich celfi; y

---

45:19 Cymh. Fersiynau. Hebraeg, *Gorchmynnwyd i ti.*

mae gorau holl wlad yr Aifft at eich galwad.'"

²¹ Gwnaeth meibion Israel felly; rhoddodd Joseff wageni iddynt, ar orchymyn Pharo, a bwyd at y daith. ²² Rhoddodd wisg newydd hefyd i bob un ohonynt, ond i Benjamin rhoddodd dri chant o ddarnau arian a phum gwisg newydd. ²³ Dyma a anfonodd i'w dad: deg asyn yn llwythog o bethau gorau'r Aifft, a deg o asennod yn cario ŷd a bara, a bwyd i'w dad at y daith. ²⁴ Yna anfonodd ei frodyr ymaith, ac wrth iddynt gychwyn dywedodd, "Peidiwch â chweryla ar y ffordd." ²⁵ Felly aethant o'r Aifft a dod i wlad Canaan at eu tad Jacob. ²⁶ Dywedasant wrtho, "Y mae Joseff yn dal yn fyw, ac ef yw llywodraethwr holl wlad yr Aifft." Aeth yntau yn wan drwyddo, oherwydd nid oedd yn eu credu. ²⁷ Ond pan adroddasant iddo holl eiriau Joseff, fel y dywedodd ef wrthynt, a phan welodd y wageni yr oedd Joseff wedi eu hanfon i'w gludo, adfywiodd ysbryd eu tad Jacob. ²⁸ A dywedodd Israel, "Dyma ddigon, y mae fy mab Joseff yn dal yn fyw. Af finnau i'w weld cyn marw."

Jacob a'i Deulu yn Mudo i'r Aifft

46 Felly aeth Israel ar ei daith gyda'i holl eiddo, a dod i Beerseba lle yr offrymodd ebyrth i Dduw ei dad Isaac. ² Llefarodd Duw wrth Israel mewn gweledigaeth nos, a dweud, "Jacob, Jacob." Atebodd yntau, "Dyma fi." ³ Yna dywedodd, "Myfi yw Duw, Duw dy dad. Paid ag ofni mynd i lawr i'r Aifft, oherwydd fe'th wnaf di'n genedl fawr yno. ⁴ Af i lawr i'r Aifft gyda thi, a dof â thi yn ôl drachefn. A chaiff Joseff gau dy lygaid." ⁵ Yna cychwynnodd Jacob o Beerseba. Cludodd meibion Israel eu tad Jacob, eu rhai bach, a'u gwragedd, yn y wageni yr oedd Pharo wedi eu hanfon. ⁶ Cymerasant hefyd eu hanifeiliaid a'u meddiannau a gasglwyd yng ngwlad Canaan, a dod i'r Aifft, Jacob a'i holl deulu gydag ef, ⁷ ei feibion a'i ferched a'i wyrion; daeth â'i deulu i gyd i'r Aifft.

Teulu Jacob

⁸ Dyma enwau'r Israeliaid a ddaeth i'r Aifft, sef Jacob, a'i feibion: Reuben cyntafanedig Jacob, ⁹ a meibion Reuben: Hanoch, Palu, Hesron a Charmi. ¹⁰ Meibion Simeon: Jemwel, Jamin, Ohad, Jachin, Sohar, a Saul mab gwraig o blith y Canaaneaid. ¹¹ Meibion Lefi: Gerson, Cohath a Merari. ¹² Meibion Jwda: Er, Onan, Sela, Peres a Sera (ond bu farw Er ac Onan yng ngwlad Canaan); a meibion Peres: Hesron a Hamul. ¹³ Meibion Issachar: Tola, Pufa, Job a Simron. ¹⁴ Meibion Sabulon: Sered, Elon a Jahleel. ¹⁵ Dyna'r meibion a ddygodd Lea i Jacob yn Padan Aram, ac yr oedd hefyd ei ferch Dina. Tri deg a thri oedd rhif ei feibion a'i ferched. ¹⁶ Meibion Gad: Siffion, Haggi, Suni, Esbon, Eri, Arodi ac Areli. ¹⁷ Meibion Aser: Imna, Isfa, Isfi, Bereia, a'u chwaer Sera; a meibion Bereia, Heber a Malchiel. ¹⁸ Dyna feibion Silpa, a roddodd Laban i Lea ei ferch, un ar bymtheg i gyd, wedi eu geni i Jacob. ¹⁹ Meibion Rachel gwraig Jacob: Joseff a Benjamin. ²⁰ Ac i Joseff yn yr Aifft ganwyd Manasse ac Effraim, meibion Asnath, merch Potiffera offeiriad On. ²¹ Meibion Benjamin: Bela, Becher, Asbel, Gera, Naaman, Ehi, Ros, Muppim, Huppim ac Ard. ²² Dyna feibion Rachel, pedwar ar ddeg i gyd, wedi eu geni i Jacob. ²³ Mab* Dan: Husim. ²⁴ Meibion Nafftali: Jahseel, Guni, Jeser a Silem. ²⁵ Dyma feibion Bilha, a roddodd Laban i Rachel ei ferch, saith i gyd, wedi eu geni i Jacob. ²⁶ Chwe deg a chwech oedd nifer tylwyth Jacob ei hun, sef pawb a ddaeth gydag ef i'r Aifft, heb gyfrif gwragedd ei feibion. ²⁷ Dau oedd nifer meibion Joseff a anwyd iddo yn yr Aifft; felly saith deg oedd nifer cyflawn teulu Jacob a ddaeth i'r Aifft.

Jacob a'i Deulu yn yr Aifft

²⁸ Anfonwyd Jwda ar y blaen at Joseff i gael cyfarwyddyd am y ffordd i Gosen, ac felly daethant i wlad Gosen. ²⁹ Gwnaeth Joseff ei gerbyd yn barod, ac aeth i gyfarfod â'i dad Israel yn Gosen, a phan

---

46:23 Tebygol. Hebraeg, *Meibion*.

ddaeth i'w ŵydd, rhoes ei freichiau am ei wddf gan wylo'n hidl. ³⁰ Ac meddai Israel wrth Joseff, "Yr wyf yn barod i farw yn awr, wedi gweld dy wyneb a gwybod dy fod yn dal yn fyw." ³¹ Dywedodd Joseff wrth ei frodyr a theulu ei dad, "Mi af i ddweud wrth Pharo fod fy mrodyr a theulu fy nhad wedi dod ataf o wlad Canaan, ³² ac mai bugeiliaid a pherchenogion anifeiliaid ydynt, a'u bod wedi dod â'u preiddiau, eu gyrroedd a'u holl eiddo gyda hwy. ³³ Felly pan fydd Pharo yn galw amdanoch i holi beth yw eich galwedigaeth, ³⁴ atebwch chwithau, 'Bu dy weision o'u hieuenctid hyd heddiw yn berchenogion anifeiliaid, fel ein tadau.' Hyn er mwyn ichwi gael aros yng ngwlad Gosen, oherwydd y mae'r Eifftiaid yn ffieiddio pob bugail."

47 Yna aeth Joseff a dweud wrth Pharo, "Y mae fy nhad a'm brodyr wedi dod o wlad Canaan, gyda'u preiddiau, eu gyrroedd, a'u holl eiddo, ac y maent wedi cyrraedd gwlad Gosen." ² Cymerodd bump o'i frodyr a'u cyflwyno i Pharo, ³ a gofynnodd Pharo i'r brodyr, "Beth yw eich galwedigaeth?" Atebasant, "Bugeiliaid yw dy weision, fel ein tadau." ⁴ Dywedasant hefyd wrth Pharo, "Yr ydym wedi dod i aros dros dro yn y wlad, gan nad oes borfa i anifeiliaid dy weision, oherwydd y mae'r newyn yn drwm yng ngwlad Canaan. Yn awr, caniatâ i'th weision gael aros yng ngwlad Gosen." ⁵ Yna dywedodd Pharo wrth Joseff, "Daeth dy dad a'th frodyr atat, ⁶ ac y mae gwlad yr Aifft o'th flaen. Rho gartref i'th dad a'th frodyr yn y man gorau, a gad iddynt fyw yng ngwlad Gosen. Os gwyddost am wŷr medrus yn eu mysg, gosod hwy yn benbugeiliaid ar fy anifeiliaid i."

⁷ Daeth Joseff â'i dad i'w gyflwyno gerbron Pharo, a bendithiodd Jacob Pharo. ⁸ Gofynnodd Pharo i Jacob, "Faint yw dy oed?" ⁹ Atebodd Jacob, "Yr wyf wedi cael ymdeithio ar y ddaear am gant tri deg o flynyddoedd. Byr a chaled fu fy ngyrfa, ac ni chyrhaeddais eto oed fy nhadau pan oeddent hwy yn fyw." ¹⁰ Wedi i Jacob fendithio Pharo, aeth allan o'i ŵydd. ¹¹ Yna gwnaeth Joseff gartref i'w dad a'i frodyr, a rhoes iddynt feddiant yn y rhan orau o wlad yr Aifft, yn nhir Rameses, fel y gorchmynnodd Pharo. ¹² Gofalodd Joseff am fwyd i'w dad a'i frodyr, ac i holl dylwyth ei dad yn ôl yr angen.

Y Newyn yn Gwaethygu

¹³ Darfu'r bwyd drwy'r wlad, am fod y newyn yn drwm iawn; a nychodd gwlad yr Aifft a gwlad Canaan o achos y newyn. ¹⁴ Casglodd Joseff bob darn o arian a oedd yn yr Aifft a Chanaan yn dâl am yr ŷd a brynwyd, a daeth â'r arian i dŷ Pharo. ¹⁵ Pan wariwyd yr holl arian yn yr Aifft a Chanaan, daeth yr holl Eifftiaid at Joseff a dweud, "Rho inni fwyd. Pam y byddwn farw o flaen dy lygaid? Y mae ein harian wedi darfod yn llwyr." ¹⁶ Atebodd Joseff, "Os darfu'r arian, dewch â'ch anifeiliaid, a rhoddaf fwyd i chwi yn gyfnewid amdanynt." ¹⁷ Felly daethant â'u hanifeiliaid at Joseff. Rhoddodd yntau fwyd iddynt yn gyfnewid am y meirch, y defaid, y gwartheg a'r asynnod. Cynhaliodd hwy dros y flwyddyn honno trwy gyfnewid bwyd am eu holl anifeiliaid. ¹⁸ Pan ddaeth y flwyddyn i ben, daethant ato y flwyddyn ddilynol a dweud, "Ni chelwn ddim oddi wrth ein harglwydd: y mae ein harian wedi darfod, aeth ein hanifeiliaid hefyd yn eiddo i'n harglwydd, ac nid oes yn aros i'n harglwydd ond ein cyrff a'n tir. ¹⁹ Pam y byddwn farw o flaen dy lygaid, ni a'n tir? Pryn ni a'n tir am fwyd, a byddwn ni a'n tir yn gaethion i Pharo; rho dithau had inni i'n cadw'n fyw, rhag inni farw ac i'r tir fynd yn ddiffaith."

²⁰ Felly prynodd Joseff holl dir yr Aifft i Pharo. Gwerthodd pob un o'r Eifftiaid ei faes am fod y newyn yn drwm, ac aeth y wlad yn eiddo Pharo. ²¹ Ac am y bobl, fe'u gwnaeth i gyd yn gaethion*, o naill gwr yr Aifft i'r llall. ²² Yr unig dir na phrynodd mohono oedd tir yr offeiriaid. Yr oedd gan yr offeiriaid gyfran wedi ei phennu gan Pharo, ac ar y gyfran a roddwyd iddynt gan Pharo yr oeddent yn byw; felly ni werthasant eu tir. ²³ Yna dywedodd Joseff wrth y bobl, "Yr wyf

---

47:21 Felly Fersiynau. Hebraeg, *fe'u symudodd i'r dinasoedd.*

heddiw wedi eich prynu chwi a'ch tir i Pharo. Dyma had ichwi; heuwch chwithau'r tir. ²⁴ Pan ddaw'r cynhaeaf rhowch y bumed ran i Pharo. Cewch gadw pedair rhan o'r cnwd yn had i'r meysydd ac yn fwyd i chwi, eich teuluoedd a'ch rhai bach." ²⁵ Meddent hwythau, "Yr wyt wedi arbed ein bywyd. Os yw'n dderbyniol gan ein harglwydd, byddwn yn gaethion i Pharo." ²⁶ Felly gwnaeth Joseff hi'n ddeddf yng ngwlad yr Aifft, deddf sy'n sefyll hyd heddiw, fod y bumed ran yn eiddo i Pharo. Tir yr offeiriaid oedd yr unig dir na ddaeth yn eiddo i Pharo.

Dymuniad Olaf Jacob

²⁷ Arhosodd yr Israeliaid yn yr Aifft, yng ngwlad Gosen. Cawsant feddiannau ynddi, a bu iddynt gynyddu ac amlhau yn ddirfawr. ²⁸ Bu Jacob fyw ddwy flynedd ar bymtheg yng ngwlad yr Aifft. Felly yr oedd oed llawn Jacob yn gant pedwar deg a saith.

²⁹ Pan nesaodd diwrnod marw Israel, galwodd ei fab Joseff, ac meddai wrtho, "Os cefais unrhyw ffafr yn dy olwg, rho dy law dan fy nghlun a thynga y byddi'n deyrngar a ffyddlon imi. Paid â'm claddu yn yr Aifft, ³⁰ ond pan orweddaf gyda'm hynafiaid, cluda fi o'r Aifft a'm claddu yn eu beddrod hwy." Atebodd Joseff, "Mi wnaf fel yr wyt yn dymuno." ³¹ Ychwanegodd Jacob, "Dos ar dy lw wrthyf." Aeth yntau ar ei lw. Yna ymgrymodd Israel a'i bwys ar ei ffon*.

Jacob yn Bendithio Effraim a Manasse

48 Ar ôl hyn dywedwyd wrth Joseff, "Y mae dy dad yn wael." Felly cymerodd gydag ef ei ddau fab, Manasse ac Effraim, ² a phan ddywedwyd wrth Jacob, "Y mae dy fab Joseff wedi dod atat", cafodd Israel nerth i godi ar ei eistedd yn y gwely. ³ Yna dywedodd Jacob wrth Joseff, "Ymddangosodd Duw Hollalluog i mi yn Lus, yng ngwlad Canaan, a'm bendithio ⁴ a dweud wrthyf, 'Fe'th wnaf di'n ffrwythlon a lluosog, yn gynulliad o bobloedd, a rhof y wlad hon yn etifeddiaeth dragwyddol i'th ddisgynyddion ar dy ôl.' ⁵ Ac yn awr, fi piau dy ddau fab, a anwyd i ti yng ngwlad yr Aifft cyn i mi ddod atat i'r Aifft. Fi piau Effraim a Manasse; byddant fel Reuben a Simeon i mi. ⁶ Ti fydd piau'r plant a genhedli ar eu hôl, ond dan enw eu brodyr y byddant yn etifeddu. ⁷ Oherwydd fel yr oeddwn yn dod o Padan, bu Rachel farw ar y daith yng ngwlad Canaan pan oedd eto dipyn o ffordd i Effrath, a chleddais hi yno ar y ffordd i Effrath, hynny yw Bethlehem."

⁸ Pan welodd Israel feibion Joseff, gofynnodd, "Pwy yw'r rhain?" ⁹ Ac atebodd Joseff ei dad, "Dyma fy meibion a roddodd Duw imi yma." Dywedodd yntau, "Tyrd â hwy ataf i mi eu bendithio." ¹⁰ Yr oedd llygaid Israel wedi pylu gan henaint, ac ni allai weld. Felly aeth Joseff â hwy yn nes at ei dad, a chusanodd yntau hwy a'u cofleidio. ¹¹ A dywedodd Israel wrth Joseff, "Ni feddyliais y cawn weld dy wyneb byth eto, a dyma Dduw wedi peri imi weld dy blant hefyd." ¹² Derbyniodd Joseff hwy oddi ar lin Jacob, ac ymgrymodd i'r llawr. ¹³ Yna cymerodd Joseff y ddau ohonynt, Effraim yn ei law dde i fod ar law chwith Israel, a Manasse yn ei law chwith i fod ar law dde Israel, a daeth â hwy ato. ¹⁴ Estynnodd Israel ei law dde a'i gosod ar ben Effraim, yr ieuengaf, a'i law chwith ar ben Manasse, trwy groesi ei ddwylo, er mai Manasse oedd yr hynaf. ¹⁵ Yna bendithiodd Joseff a dweud:

"Y Duw y rhodiodd fy nhadau
  Abraham ac Isaac o'i flaen,
y Duw a fu'n fugail imi trwy fy
  mywyd hyd heddiw,
¹⁶ yr angel a'm gwaredodd rhag pob
  drwg,
bydded iddo ef fendithio'r llanciau
  hyn.
Bydded arnynt fy enw i ac enw fy
  nhadau, Abraham ac Isaac,
a boed iddynt gynyddu yn niferus ar
  y ddaear."

¹⁷ Gwelodd Joseff fod ei dad wedi gosod ei law dde ar ben Effraim, ac nid oedd yn hoffi hynny. Gafaelodd yn llaw ei dad i'w

---

47:31 Felly Fersiynau. Hebraeg, *ar ben y gwely*.

symud oddi ar ben Effraim a'i gosod ar ben Manasse, ¹⁸ ac meddai Joseff wrth ei dad, "Nid fel yna, fy nhad; hwn yw'r cyntafanedig, gosod dy law dde ar ei ben ef." ¹⁹ Ond gwrthododd ei dad gan ddweud, "Mi wn i, fy mab, mi wn i. Bydd yntau hefyd yn bobl, a bydd yn fawr; ond bydd ei frawd ieuengaf yn fwy nag ef, a bydd ei ddisgynyddion yn lliaws o genhedloedd." ²⁰ Felly bendithiodd hwy y dydd hwnnw a dweud:

> "Ynoch chwi* bydd Israel yn
> bendithio ac yn dweud,
> 'Gwnaed Duw di fel Effraim a
> Manasse.'"

Felly gosododd Effraim o flaen Manasse. ²¹ Yna dywedodd Israel wrth Joseff, "Yr wyf yn marw, ond bydd Duw gyda chwi, ac fe'ch dychwel i dir eich hynafiaid. ²² A rhoddaf i ti yn hytrach nag i'th frodyr gefnen o dir* a gymerais oddi ar yr Amoriaid â'm cleddyf ac â'm bwa."

Bendith Jacob

49 Yna galwodd Jacob ar ei feibion, ac meddai, "Dewch ynghyd, imi ddweud wrthych beth fydd eich hynt yn y dyddiau sydd i ddod.

² "Dewch yma a gwrandewch, feibion
   Jacob,
gwrandewch ar Israel eich tad.

³ "Reuben, ti yw fy nghyntafanedig,
fy ngrym a blaenffrwyth fy nerth,
yn rhagori mewn balchder, yn
   rhagori mewn gallu,
⁴ yn aflonydd fel dŵr; ni ragori
   mwyach,
oherwydd dringaist i wely dy dad,
dringaist* i'm gorweddfa a'i halogi.

⁵ "Y mae Simeon a Lefi yn frodyr;
arfau creulon yw eu ceibiau.
⁶ Na fydded imi fynd i'w cyngor,
na pherthyn i'w cwmni;
oherwydd yn eu llid lladdasant wŷr,
a thorri llinynnau gar yr ychen fel y
   mynnent.

⁷ Melltigedig fyddo eu llid am ei fod
   mor arw,
a'u dicter am ei fod mor greulon;
rhannaf hwy yn Jacob
a'u gwasgaru yn Israel.

⁸ "Jwda, fe'th ganmolir gan dy frodyr;
bydd dy law ar war dy elynion,
a meibion dy dad yn ymgrymu iti.
⁹ Jwda, cenau llew ydwyt,
yn codi oddi ar yr ysglyfaeth, fy mab;
yn plygu a chrymu fel llew,
ac fel llewes; pwy a'i cyfyd?
¹⁰ Ni fydd y deyrnwialen yn ymadael
   â Jwda,
na ffon y deddfwr oddi rhwng ei
   draed,
hyd oni ddaw i Seilo;
iddo ef y bydd ufudd-dod y
   bobloedd.
¹¹ Bydd yn rhwymo'i ebol wrth y
   winwydden,
a'r llwdn asyn wrth y winwydden bêr;
bydd yn golchi ei wisg mewn gwin,
a'i ddillad yng ngwaed grawnwin.
¹² Bydd ei lygaid yn dywyllach na
   gwin,
a'i ddannedd yn wynnach na llaeth.

¹³ "Bydd Sabulon yn byw ar lan y môr;
bydd yn borthladd llongau,
a bydd ei derfyn hyd Sidon.

¹⁴ "Y mae Issachar yn asyn cryf,
yn gorweddian rhwng y corlannau;
¹⁵ pan fydd yn gweld lle da i orffwyso,
ac mor hyfryd yw'r tir,
fe blyga'i ysgwydd i'r baich,
a dod yn gaethwas dan orfod.

¹⁶ "Bydd Dan yn barnu ei bobl
fel un o lwythau Israel.
¹⁷ Bydd Dan yn sarff ar y ffordd,
ac yn neidr ar y llwybr,
yn brathu sodlau'r march
nes i'r marchog syrthio yn wysg ei
   gefn.
¹⁸ "Disgwyliaf am dy iachawdwriaeth,
   O ARGLWYDD!

¹⁹ "Gad, daw ysbeilwyr i'w ymlid,
ond bydd ef yn eu hymlid hwy.

²⁰ "Aser, bras fydd ei fwyd,
ac fe rydd ddanteithion gweddus i
   frenin.

48:20 Felly Fersiynau. Hebraeg, *Ynot ti*.
48:22 Hebraeg, *Sichem*.
49:4 Felly Fersiynau. Hebraeg, *dringodd*.

²¹ "Y mae Nafftali yn dderwen*
    ganghennog,
yn lledu brigau* teg.

²² "Y mae Joseff yn gangen
    ffrwythlon,
cangen ffrwythlon wrth ffynnon,
a'i cheinciau'n dringo dros y mur.
²³ Bu'r saethwyr yn chwerw tuag ato,
yn ei saethu yn llawn gelyniaeth;
²⁴ ond parhaodd ei fwa yn gadarn,
cryfhawyd ei freichiau
trwy ddwylo Un Cadarn Jacob,
trwy enw'r Bugail, Craig Israel;
²⁵ trwy Dduw dy dad, sydd yn dy
    nerthu,
trwy Dduw Hollalluog, sydd yn dy
    fendithio
â bendithion y nefoedd uchod,
bendithion y dyfnder sy'n gorwedd
    isod,
bendithion y bronnau a'r groth.
²⁶ Rhagorodd bendithion dy dad
ar fendithion y mynyddoedd
    tragwyddol*,
ac ar haelioni'r bryniau oesol;
byddant hwy ar ben Joseff,
ac ar dalcen yr un a neilltuwyd
    ymysg ei frodyr.

²⁷ "Y mae Benjamin yn flaidd yn
    llarpio,
yn bwyta ysglyfaeth yn y bore,
ac yn rhannu'r ysbail yn yr hwyr."

²⁸ Dyna ddeuddeg llwyth Israel, a dyna'r hyn a ddywedodd eu tad wrthynt wrth eu bendithio, a rhoi i bob un ei fendith.

Marw Jacob a'i Gladdu

²⁹ Yna rhoes Jacob orchymyn iddynt a dweud, "Cesglir fi at fy mhobl. Claddwch fi gyda'm hynafiaid yn yr ogof sydd ym maes Effron yr Hethiad, ³⁰ yr ogof sydd ym maes Machpela, i'r dwyrain o Mamre, yng ngwlad Canaan. Prynodd Abraham hi gyda'r maes gan Effron yr Hethiad i gael hawl bedd. ³¹ Yno y claddwyd Abraham a'i wraig Sara; yno y claddwyd Isaac a'i wraig Rebeca, ac yno y cleddais i Lea. ³² Cafwyd hawl ar y maes a'r ogof sydd ynddo gan yr Hethiaid." ³³ Wedi i Jacob orffen rhoi ei orchymyn i'w feibion, tynnodd ei draed ato i'r gwely, bu farw, a chasglwyd ef at ei bobl.

50

Yna fe'i taflodd Joseff ei hun ar gorff ei dad, ac wylo a'i gusanu. ² Gorchmynnodd Joseff i'w weision, y meddygon, eneinio ei dad. Bu'r meddygon yn eneinio Israel ³ dros ddeugain diwrnod, sef yr amser angenrheidiol i eneinio, a galarodd yr Eifftiaid amdano am saith deg diwrnod.

⁴ Pan ddaeth y dyddiau i alaru amdano i ben, dywedodd Joseff wrth deulu Pharo, "Os cefais unrhyw ffafr yn eich golwg, siaradwch drosof wrth Pharo, a dywedwch, ⁵ 'Gwnaeth fy nhad i mi gymryd llw. Dywedodd, "Yr wyf yn marw, ac yr wyf i'm claddu yn y bedd a dorrais i mi fy hun yng ngwlad Canaan." Yn awr gad i mi fynd i fyny i gladdu fy nhad; yna fe ddof yn ôl.'" ⁶ Atebodd Pharo, "Dos i fyny i gladdu dy dad, fel y gwnaeth iti dyngu." ⁷ Felly aeth Joseff i fyny i gladdu ei dad, a chydag ef aeth holl weision Pharo, henuriaid ei dŷ, a holl henuriaid gwlad yr Aifft, ⁸ holl dŷ Joseff, a'i frodyr, a thŷ ei dad. Dim ond y rhai bychain, a'r defaid a'r gwartheg, a adawsant yng ngwlad Gosen. ⁹ Aeth i fyny gydag ef gerbydau a marchogion, llu mawr ohonynt. ¹⁰ Wedi iddynt gyrraedd llawr dyrnu Atad, sydd y tu draw i'r Iorddonen, gwnaethant yno alarnad uchel a chwerw iawn. Galarnadodd Joseff am ei dad am saith diwrnod. ¹¹ Pan welodd y Canaaneaid, preswylwyr y wlad, y galar ar lawr dyrnu Atad, dywedasant, "Dyma alar mawr gan yr Eifftiaid." Felly enwyd y lle y tu draw i'r Iorddonen yn Abel-misraim*. ¹² A gwnaeth ei feibion i Jacob fel yr oedd wedi gorchymyn iddynt; ¹³ oherwydd daeth ei feibion ag ef i wlad Canaan a'i gladdu ym maes Machpela, i'r dwyrain o Mamre, yn yr ogof a brynodd Abraham gyda'r maes gan Effron yr Hethiad i gael hawl bedd. ¹⁴ Ac wedi iddo gladdu ei dad, dychwelodd Joseff i'r Aifft gyda'i frodyr a phawb oedd wedi mynd i fyny gydag ef i gladdu ei dad.

49:21 Cymh. Groeg. Hebraeg, *ewig*.
49:21 Cymh. Groeg. Hebraeg, *geiriau*.
49:26 Felly Groeg. Hebraeg, *ar fendithion fy rhieni hyd*.

50:11 H.y., *Galar yr Aifft*.

Joseff yn Tawelu Ofnau ei Frodyr

¹⁵ Wedi marw eu tad, daeth ofn ar frodyr Joseff, a dywedasant, "Efallai y bydd Joseff yn ein casáu ni, ac yn talu'n ôl yr holl ddrwg a wnaethom iddo." ¹⁶ A daethant at* Joseff, a dweud, "Rhoddodd dy dad orchymyn fel hyn cyn marw, ¹⁷ 'Dywedwch wrth Joseff, "Maddau yn awr ddrygioni a phechod dy frodyr, oherwydd gwnaethant ddrwg i ti." ' Yn awr, maddau ddrygioni gweision Duw dy dad." Wylodd Joseff wrth iddynt siarad ag ef. ¹⁸ Yna daeth ei frodyr a syrthio o'i flaen, a dweud, "Yr ydym yn weision i ti." ¹⁹ Ond dywedodd Joseff wrthynt, "Peidiwch ag ofni. A wyf fi yn lle Duw? ²⁰ Yr oeddech chwi yn bwriadu drwg yn f'erbyn; ond trodd Duw y bwriad yn ddaioni, er mwyn gwneud yr hyn a welir heddiw, cadw'n fyw llawer o bobl. ²¹ Felly peidiwch ag ofni; fe'ch cynhaliaf chwi a'ch rhai bach." A chysurodd hwy, a siarad yn dyner wrthynt.

Marw Joseff

²² Arhosodd Joseff a theulu ei dad yn yr Aifft. Bu Joseff fyw am gant a deg o flynyddoedd, ²³ a gwelodd blant Effraim hyd y drydedd genhedlaeth. Ar liniau Joseff hefyd y maethwyd plant Machir fab Manasse. ²⁴ Yna dywedodd Joseff wrth ei frodyr, "Yr wyf yn marw; ond y mae Duw yn sicr o ymweld â chwi a'ch dwyn i fyny o'r wlad hon i'r wlad a addawodd trwy lw i Abraham, Isaac a Jacob." ²⁵ A gwnaeth Joseff i feibion Israel dyngu llw. Dywedodd, "Y mae Duw yn sicr o ymweld â chwi; ewch chwithau â'm hesgyrn i fyny oddi yma." ²⁶ Bu Joseff farw yn gant a deg oed, ac wedi iddynt ei eneinio, rhoesant ef mewn arch yn yr Aifft.

50:16 Felly Groeg. Hebraeg, *A gorchmynasant.*

LLYFR
EXODUS

Gormesu'r Israeliaid yn yr Aifft

1 Dyma enwau meibion Israel a aeth i'r Aifft gyda Jacob, pob un gyda'i deulu: ² Reuben, Simeon, Lefi a Jwda, ³ Issachar, Sabulon a Benjamin, ⁴ Dan a Nafftali, Gad ac Aser. ⁵ Yr oedd gan Jacob ddeg a thrigain o ddisgynyddion; yr oedd Joseff eisoes yn yr Aifft. ⁶ Yna bu farw Joseff a phob un o'i frodyr a'r holl genhedlaeth honno. ⁷ Ond yr oedd plant Israel yn ffrwythlon ac yn amlhau'n ddirfawr, ac aethant mor gryf a niferus nes bod y wlad yn llawn ohonynt.

⁸ Yna daeth brenin newydd i deyrnasu ar yr Aifft, un nad oedd yn gwybod am Joseff. ⁹ Dywedodd ef wrth ei bobl, "Edrychwch, y mae pobl Israel yn fwy niferus ac yn gryfach na ni. ¹⁰ Rhaid inni fod yn ddoeth wrth eu trin, rhag iddynt gynyddu, a phe deuai rhyfel, iddynt ymuno â'n gelynion i ymladd yn ein herbyn, a dianc o'r wlad." ¹¹ Felly, gosodwyd meistri gwaith i oruchwylio'r bobl ac i'w llethu â beichiau trymion. Hwy fu'n adeiladu Pithom a Rameses, dinasoedd ar gyfer ystordai Pharo. ¹² Ond po fwyaf y caent eu gorthrymu, mwyaf yn y byd yr oeddent yn amlhau ac yn cynyddu; a daeth yr Eifftiaid i'w hofni. ¹³ Am hynny, gorfodwyd i'r Israeliaid weithio dan ormes, ¹⁴ a gwnaeth yr Eifftiaid eu bywyd yn chwerw trwy eu gosod i lafurio'n galed â chlai a

phriddfeini, a gwneud pob math o waith yn y meysydd. Yr oedd y cwbl yn cael ei wneud dan ormes.

¹⁵ Yna dywedodd brenin yr Aifft wrth Siffra a Pua, dwy fydwraig yr Hebreaid, ¹⁶ "Pan fyddwch yn gweini ar wragedd yr Hebreaid, sylwch ar y plentyn a enir: os mab fydd, lladdwch ef; os merch, gadewch iddi fyw." ¹⁷ Ond yr oedd y bydwragedd yn parchu Duw; ac ni wnaethant yr hyn a orchmynnodd brenin yr Aifft, ond gadawsant i'r bechgyn fyw. ¹⁸ Galwodd brenin yr Aifft y bydwragedd ato a gofyn, "Pam y gwnaethoch hyn, a gadael i'r bechgyn fyw?" ¹⁹ Dywedasant hwythau wrth Pharo, "Nid yw gwragedd yr Hebreaid yn debyg i wragedd yr Eifftiaid, oherwydd y maent hwy yn fywiog ac yn esgor cyn i'r fydwraig gyrraedd." ²⁰ Am hynny bu Duw yn dda wrth y bydwragedd; a chynyddodd y bobl a dod yn rymus iawn. ²¹ Am fod y bydwragedd yn parchu Duw, cawsant hwy eu hunain deuluoedd. ²² Yna rhoddodd Pharo orchymyn i'r holl bobl a dweud, "Taflwch i'r Neil bob mab a enir i'r Hebreaid*, ond gadewch i bob merch gael byw."

Genedigaeth Moses

2 Priododd gŵr o dylwyth Lefi ag un o ferched Lefi. ² Beichiogodd hithau ac esgor ar fab, a phan welodd ei fod yn dlws, fe'i cuddiodd am dri mis. ³ Ond gan na allai ei guddio'n hwy, cymerodd gawell wedi ei wneud o lafrwyn a'i ddwbio â chlai a phyg; rhoddodd y plentyn ynddo a'i osod ymysg yr hesg ar lan y Neil. ⁴ Yr oedd chwaer y plentyn yn sefyll nepell oddi wrtho er mwyn cael gwybod beth a ddigwyddai iddo. ⁵ Daeth merch Pharo i ymdrochi yn yr afon tra oedd ei morynion yn cerdded ar y lan, a phan welodd y cawell yng nghanol yr hesg, anfonodd un ohonynt i'w nôl. ⁶ Wedi iddi ei agor, fe welodd y plentyn, ac yr oedd y bachgen yn wylo. Tosturiodd hithau wrtho a dweud, "Un o blant yr Hebreaid yw hwn." ⁷ Yna gofynnodd chwaer y plentyn i ferch Pharo, "A gaf fi fynd i chwilio am famaeth o blith gwragedd yr Hebreaid, iddi fagu'r plentyn iti?" ⁸ Atebodd merch Pharo, "Dos." Felly aeth y ferch ymaith a galw mam y plentyn. ⁹ Dywedodd merch Pharo wrth honno, "Cymer y plentyn hwn a'i fagu imi, ac fe roddaf finnau dâl iti." Felly cymerodd y wraig y plentyn a'i fagu. ¹⁰ Wedi i'r plentyn dyfu i fyny, aeth ag ef yn ôl at ferch Pharo. Mabwysiadodd hithau ef a'i enwi'n Moses*, oherwydd iddi ddweud, "Tynnais ef allan* o'r dŵr."

Moses yn Ffoi i Midian

¹¹ Un diwrnod, wedi i Moses dyfu i fyny, aeth allan at ei bobl ac edrych ar eu beichiau. Gwelodd Eifftiwr yn taro Hebrëwr, un o'i frodyr, ¹² ac wedi edrych o'i amgylch a gweld nad oedd neb yno, lladdodd Moses yr Eifftiwr a'i guddio yn y tywod. ¹³ Pan aeth allan drannoeth a gweld dau Hebrëwr yn ymladd â'i gilydd, gofynnodd i'r un oedd ar fai, "Pam yr wyt yn taro dy gyfaill?" ¹⁴ Atebodd yntau, "Pwy a'th benododd di yn bennaeth ac yn farnwr arnom? A wyt am fy lladd i fel y lleddaist yr Eifftiwr?" Daeth ofn ar Moses o sylweddoli fod y peth yn hysbys.

¹⁵ Pan glywodd Pharo am hyn, ceisiodd ladd Moses, ond ffodd ef oddi wrtho a mynd i fyw i wlad Midian; ac yno eisteddodd i lawr yn ymyl pydew. ¹⁶ Yr oedd gan offeiriad Midian saith o ferched, a daethant i godi dŵr er mwyn llenwi'r cafnau a dyfrhau defaid eu tad. ¹⁷ Daeth bugeiliaid heibio a'u gyrru oddi yno, ond cododd Moses ar ei draed a'u cynorthwyo i ddyfrhau eu praidd. ¹⁸ Pan ddaeth y merched at Reuel eu tad, gofynnodd, "Sut y daethoch yn ôl mor fuan heddiw?" ¹⁹ Dywedasant hwythau, "Eifftiwr a ddaeth i'n hamddiffyn rhag y bugeiliaid, a chodi dŵr i ddyfrhau'r praidd." ²⁰ Yna gofynnodd yntau iddynt, "Ple mae'r dyn? Pam yr ydych wedi ei adael ar ôl? Galwch arno, iddo gael tamaid i'w fwyta." ²¹ Cytunodd Moses i aros gyda'r gŵr, a rhoddodd yntau ei ferch Seffora yn wraig iddo. ²² Esgorodd hithau ar fab, a galwodd Moses ef

---

1:22 Felly rhai llawysgrifau. TM heb *i'r Hebreaid*.
2:10 Hebraeg, *Mosheh*.
2:10 Hebraeg, *Mashah*.

yn Gersom, oherwydd dywedodd, "Dieithryn* ydwyf mewn gwlad ddieithr."

²³ Yn ystod yr amser maith hwn, bu farw brenin yr Aifft. Ond yr oedd pobl Israel yn dal i riddfan oherwydd eu caethiwed, ac yn gweiddi am gymorth, a daeth eu gwaedd o achos eu caethiwed at Dduw. ²⁴ Clywodd Duw eu cwynfan, a chofiodd ei gyfamod ag Abraham, Isaac a Jacob; ²⁵ edrychodd ar bobl Israel ac ystyriodd eu cyflwr.

Duw yn Galw Moses

3 Yr oedd Moses yn bugeilio defaid ei dad-yng-nghyfraith Jethro, offeiriad Midian, ac wrth iddo arwain y praidd ar hyd cyrion yr anialwch, daeth i Horeb, mynydd Duw. ² Yno ymddangosodd angel yr ARGLWYDD iddo mewn fflam dân o ganol perth. Edrychodd yntau a gweld y berth ar dân ond heb ei difa. ³ Dywedodd Moses, "Yr wyf am droi i edrych ar yr olygfa ryfedd hon, pam nad yw'r berth wedi llosgi." ⁴ Pan welodd yr ARGLWYDD ei fod wedi troi i edrych, galwodd Duw arno o ganol y berth, "Moses, Moses." Atebodd yntau, "Dyma fi." ⁵ Yna dywedodd Duw, "Paid â dod ddim nes; tyn dy esgidiau oddi am dy draed, oherwydd y mae'r llecyn yr wyt yn sefyll arno yn dir sanctaidd." ⁶ Dywedodd hefyd, "Duw dy dadau* wyf fi, Duw Abraham, Duw Isaac a Duw Jacob." Cuddiodd Moses ei wyneb, oherwydd yr oedd arno ofn edrych ar Dduw.

⁷ Yna dywedodd yr ARGLWYDD, "Yr wyf wedi gweld adfyd fy mhobl yn yr Aifft a chlywed eu gwaedd o achos eu meistri gwaith, a gwn am eu doluriau. ⁸ Yr wyf wedi dod i'w gwaredu o law'r Eifftiaid, a'u harwain o'r wlad honno i wlad ffrwythlon ac eang, gwlad yn llifeirio o laeth a mêl, cartref y Canaaneaid, Hethiaid, Amoriaid, Peresiaid, Hefiaid a Jebusiaid. ⁹ Yn awr y mae gwaedd pobl Israel wedi dod ataf, ac yr wyf wedi gweld fel y bu'r Eifftiaid yn eu gorthrymu. ¹⁰ Tyrd, yr wyf yn dy anfon at Pharo er mwyn iti arwain fy mhobl, yr Israeliaid, allan o'r Aifft." ¹¹ Ond gofynnodd Moses i Dduw, "Pwy wyf fi i fynd at Pharo ac arwain pobl Israel allan o'r Aifft?" ¹² Dywedodd yntau, "Byddaf fi gyda thi; a dyma fydd yr arwydd mai myfi sydd wedi dy anfon: wedi iti arwain y bobl allan o'r Aifft, byddwch yn addoli Duw ar y mynydd hwn."

¹³ Yna dywedodd Moses wrth Dduw, "Os af at bobl Israel a dweud wrthynt, 'Y mae Duw eich hynafiaid wedi fy anfon atoch', beth a ddywedaf wrthynt os gofynnant am ei enw?" ¹⁴ Dywedodd Duw wrth Moses, "Ydwyf yr hyn ydwyf. Dywed hyn wrth bobl Israel, 'Ydwyf sydd wedi fy anfon atoch.'" ¹⁵ Dywedodd Duw eto wrth Moses, "Dywed hyn wrth bobl Israel, 'Yr ARGLWYDD*, Duw eich tadau, Duw Abraham, Duw Isaac a Duw Jacob sydd wedi fy anfon atoch.' Dyma fydd fy enw am byth, ac fel hyn y cofir amdanaf gan bob cenhedlaeth. ¹⁶ Dos, a chynnull ynghyd henuriaid Israel, a dywed wrthynt, 'Y mae'r ARGLWYDD, Duw eich tadau, Duw Abraham, Isaac a Jacob, wedi ymddangos i mi a dweud: Yr wyf wedi ymweld â chwi ac edrych ar yr hyn a wnaed i chwi yn yr Aifft, ¹⁷ ac yr wyf wedi penderfynu eich arwain allan o adfyd yr Aifft i wlad y Canaaneaid, Hethiaid, Amoriaid, Peresiaid, Hefiaid a Jebusiaid, gwlad yn llifeirio o laeth a mêl.' ¹⁸ Bydd henuriaid Israel yn gwrando arnat; dos dithau gyda hwy at frenin yr Aifft a dweud wrtho, 'Y mae'r ARGLWYDD, Duw'r Hebreaid, wedi ymweld â ni; yn awr gad inni fynd daith dridiau i'r anialwch er mwyn inni aberthu i'r ARGLWYDD ein Duw.' ¹⁹ Ond yr wyf yn gwybod na fydd brenin yr Aifft yn caniatáu i chwi fynd oni orfodir ef â llaw gadarn. ²⁰ Felly, estynnaf fy llaw a tharo'r Eifftiaid â'r holl ryfeddodau a wnaf yn eu plith; wedi hynny, bydd yn eich gollwng yn rhydd. ²¹ Gwnaf i'r Eifftiaid edrych yn ffafriol ar y bobl hyn, a phan fyddwch yn ymadael, nid ewch yn waglaw, ²² oherwydd bydd pob gwraig yn gofyn i'w chymdoges neu i unrhyw un yn ei thŷ am dlysau o arian ac o aur, a dillad. Gwisgwch hwy am eich meibion a'ch merched, ac ysbeiliwch yr Aifft."

2:22 Hebraeg, *ger*.
3:6 Felly Groeg. Hebraeg, *dad*.
3:15 Neu, *Yr hwn sydd*.

Duw yn Rhoi Gallu i Moses

4 Yna atebodd Moses, "Ni fyddant yn fy nghredu nac yn gwrando arnaf, ond byddant yn dweud, 'Nid yw'r ARGLWYDD wedi ymddangos i ti.'" ² Dywedodd yr ARGLWYDD wrtho, "Beth sydd gennyt yn dy law?" Atebodd yntau, "Gwialen." ³ Yna dywedodd yr ARGLWYDD, "Tafl hi ar lawr." Pan daflodd hi ar lawr, trodd yn sarff, a chiliodd Moses oddi wrthi. ⁴ Ond dywedodd yr ARGLWYDD wrtho, "Estyn dy law a gafael yn ei chynffon." Estynnodd yntau ei law a gafael ynddi, a throdd yn wialen yn ei law. ⁵ "Gwna hyn," meddai, "er mwyn iddynt gredu bod yr ARGLWYDD, Duw eu tadau, Duw Abraham, Duw Isaac a Duw Jacob wedi ymddangos iti." ⁶ Yna dywedodd yr ARGLWYDD wrtho, "Rho dy law yn dy fynwes." Rhoes yntau ei law yn ei fynwes, a phan dynnodd hi allan, yr oedd ei law yn wahanglwyfus ac yn wyn fel yr eira. ⁷ Yna dywedodd Duw, "Rho hi'n ôl yn dy fynwes." Rhoes yntau ei law yn ôl yn ei fynwes, a phan dynnodd hi allan, yr oedd mor iach â gweddill ei gorff. ⁸ "Os na fyddant yn dy gredu nac yn ymateb i'r arwydd cyntaf," meddai'r ARGLWYDD, "hwyrach y byddant yn ymateb i'r ail arwydd. ⁹ Ond os na fyddant yn ymateb i'r naill arwydd na'r llall, nac yn gwrando arnat, cymer ddŵr o'r Neil a'i dywallt ar y sychdir, a bydd y dŵr a gymeri o'r afon Neil yn troi'n waed ar y tir sych."

¹⁰ Dywedodd Moses wrth yr ARGLWYDD, "O f'Arglwydd, ni fûm erioed yn ŵr huawdl, nac yn y gorffennol nac er pan ddechreuaist lefaru wrth dy was; y mae fy lleferydd yn araf a'm tafod yn drwm." ¹¹ Yna dywedodd yr ARGLWYDD wrtho, "Pwy a roes enau i feidrolyn? Pwy a'i gwna yn fud neu'n fyddar? Pwy a rydd iddo olwg, neu ei wneud yn ddall? Onid myfi, yr ARGLWYDD? ¹² Yn awr, dos, rhof help iti i lefaru, a'th ddysgu beth i'w ddweud." ¹³ Ond dywedodd ef, "O f'Arglwydd, anfon pwy bynnag arall a fynni." ¹⁴ Digiodd yr ARGLWYDD wrth Moses a dywedodd, "Onid Aaron y Lefiad yw dy frawd? Gwn y gall ef siarad yn huawdl; y mae ar ei ffordd i'th gyfarfod, a bydd yn falch o'th weld. ¹⁵ Llefara di wrtho a gosod y geiriau yn ei enau, a rhof finnau help i'r ddau ohonoch i lefaru, a'ch dysgu beth i'w wneud. ¹⁶ Bydd ef yn llefaru wrth y bobl ar dy ran; bydd ef fel genau iti, a byddi dithau fel Duw iddo yntau. ¹⁷ Cymer y wialen hon yn dy law, oherwydd trwyddi hi y byddi'n gwneud yr arwyddion."

Moses yn Dychwelyd i'r Aifft

¹⁸ Dychwelodd Moses at Jethro ei dad-yng-nghyfraith a dweud wrtho, "Gad imi fynd yn ôl at fy mhobl sydd yn yr Aifft i weld a ydynt yn dal yn fyw." Dywedodd Jethro wrtho, "Rhwydd hynt iti." ¹⁹ Yr oedd yr ARGLWYDD wedi dweud wrth Moses yn Midian, "Dos yn ôl i'r Aifft, oherwydd y mae pawb oedd yn ceisio dy ladd bellach wedi marw." ²⁰ Felly, cymerodd Moses ei wraig a'i feibion, a'u gosod ar asyn a mynd yn ôl i wlad yr Aifft, â gwialen Duw yn ei law. ²¹ Dywedodd yr ARGLWYDD wrth Moses, "Wedi iti ddychwelyd i'r Aifft, rhaid iti wneud o flaen Pharo yr holl ryfeddodau a roddais yn dy allu; ond byddaf yn caledu ei galon ac ni fydd yn gollwng y bobl yn rhydd. ²² Llefara wrth Pharo, 'Dyma a ddywed yr ARGLWYDD: Israel yw fy mab cyntafanedig, ²³ ac yr wyf yn dweud wrthyt am ollwng fy mab yn rhydd er mwyn iddo f'addoli, ond gwrthodaist ei ollwng yn rhydd, felly fe laddaf dy fab cyntafanedig di.'"

²⁴ Mewn llety ar y ffordd, cyfarfu'r ARGLWYDD â Moses a cheisio'i ladd. ²⁵ Ond cymerodd Seffora gyllell finiog a thorri blaengroen ei mab a'i fwrw i gyffwrdd â thraed Moses, a dweud, "Yr wyt yn briod imi trwy waed." ²⁶ Yna gadawodd yr ARGLWYDD lonydd iddo. Dyna'r adeg y dywedodd hi, "Yr wyt yn briod trwy waed oherwydd yr enwaedu."

²⁷ Dywedodd yr ARGLWYDD wrth Aaron, "Dos i'r anialwch i gyfarfod â Moses." Aeth yntau, a chyfarfod ag ef wrth fynydd Duw a'i gusanu. ²⁸ Adroddodd Moses wrth Aaron y cyfan yr oedd yr ARGLWYDD wedi ei anfon i'w ddweud, a'r holl arwyddion yr oedd wedi gorchymyn iddo eu gwneud. ²⁹ Yna aeth Moses ac Aaron i gynnull ynghyd holl henuriaid pobl Israel, ³⁰ a dywedodd Aaron

wrthynt y cyfan yr oedd yr ARGLWYDD wedi ei ddweud wrth Moses; a gwnaeth yr arwyddion yng ngŵydd y bobl. ³¹ Credodd y bobl, a phan glywsant fod yr ARGLWYDD wedi ymweld â phobl Israel a'i fod wedi edrych ar eu hadfyd, bu iddynt ymgrymu i lawr ac addoli.

Moses ac Aaron gerbron Pharo

5 Yna aeth Moses ac Aaron at Pharo a dweud, "Fel hyn y dywed yr ARGLWYDD, Duw Israel: 'Gollwng fy mhobl yn rhydd er mwyn iddynt gadw gŵyl i mi yn yr anialwch.'" ² Dywedodd Pharo, "Pwy yw yr ARGLWYDD? Pam y dylwn i ufuddhau iddo a gollwng Israel yn rhydd? Nid wyf yn adnabod yr ARGLWYDD, ac felly nid wyf am ollwng Israel yn rhydd." ³ Yna dywedasant, "Y mae Duw'r Hebreaid wedi cyfarfod â ni. Gad inni fynd daith dridiau i'r anialwch i aberthu i'r ARGLWYDD, ein Duw, rhag iddo ein taro â haint neu â chleddyf." ⁴ Ond dywedodd brenin yr Aifft wrthynt, "Moses ac Aaron, pam yr ydych yn denu'r bobl oddi wrth eu gwaith? Ewch yn ôl at eich gorchwylion." ⁵ Dywedodd Pharo hefyd, "Edrychwch, y maent erbyn hyn yn fwy niferus na thrigolion y wlad*, ac yr ydych chwi am atal eu gorchwylion!" ⁶ Y diwrnod hwnnw, rhoddodd Pharo orchymyn i feistri gwaith y bobl a'u swyddogion, ⁷ "Peidiwch â rhoi gwellt mwyach i'r bobl i wneud priddfeini; gadewch iddynt fynd a chasglu gwellt iddynt eu hunain. ⁸ Ond gofalwch eu bod yn cynhyrchu'r un nifer o briddfeini â chynt, a pheidiwch â lleihau'r nifer iddynt. Y maent yn ddiog, a dyna pam y maent yn gweiddi am gael mynd i aberthu i'w Duw. ⁹ Gwnewch y gwaith yn drymach i'r bobl er mwyn iddynt ddal ati i weithio, a pheidiwch â gwrando ar eu celwydd."

¹⁰ Aeth meistri gwaith a swyddogion y bobl allan a dweud wrthynt, "Fel hyn y dywed Pharo: ¹¹ 'Nid wyf am roi gwellt i chwi mwyach, ond rhaid i chwi eich hunain fynd i geisio gwellt ym mha le bynnag y gallwch ei gael; er hynny, ni fydd dim cwtogi ar eich cynnyrch.'" ¹² Felly, bu raid i'r bobl grwydro trwy holl wlad yr Aifft a chasglu sofl yn lle gwellt. ¹³ Yr oedd y meistri gwaith yn pwyso arnynt gan ddweud, "Gorffennwch y gwaith ar gyfer pob dydd, yn union fel yr oeddech pan oedd gennych wellt." ¹⁴ Cafodd y swyddogion a benodwyd gan feistri gwaith Pharo i oruchwylio'r Israeliaid eu curo a'u holi, "Pam na wnaethoch eich dogn o briddfeini heddiw fel cynt?"

¹⁵ Yna daeth swyddogion yr Israeliaid â'u cwyn at Pharo, a dweud, "Pam yr wyt yn trin dy weision fel hyn? ¹⁶ Nid oes dim gwellt yn cael ei roi i'th weision, ac eto maent yn dweud wrthym am wneud priddfeini! Y mae dy weision yn cael eu curo, ond ar dy bobl di y mae'r bai." ¹⁷ Dywedodd yntau, "Am eich bod mor ddiog yr ydych yn dweud, 'Gad inni fynd i aberthu i'r ARGLWYDD.' ¹⁸ Yn awr, ewch ymlaen â'ch gwaith; ac er na roddir gwellt i chwi mwyach, bydd raid i chwi gynhyrchu'r un nifer o briddfeini â chynt." ¹⁹ Pan ddywedwyd nad oeddent i leihau'r nifer o briddfeini oedd i'w cynhyrchu mewn diwrnod, gwelodd swyddogion yr Israeliaid eu bod mewn helynt. ²⁰ Wedi iddynt ymadael â Pharo, daeth Moses ac Aaron i'w cyfarfod, ²¹ a dywedodd y swyddogion wrthynt, "Boed i'r ARGLWYDD edrych arnoch a'ch barnu, am ichwi ein gwneud yn ffiaidd yng ngolwg Pharo a'i weision, a rhoi cleddyf iddynt i'n lladd."

Moses yn Cwyno gerbron yr ARGLWYDD

²² Aeth Moses yn ôl at yr ARGLWYDD a dweud, "O ARGLWYDD, pam yr wyt wedi peri'r fath helynt i'r bobl hyn? A pham yr anfonaist fi? ²³ Oherwydd er pan ddeuthum at Pharo a llefaru yn dy enw, y mae wedi gwneud drwg i'r bobl hyn, ac nid wyt ti wedi gwneud dim o gwbl i achub eu cam."

6 Yna dywedodd yr ARGLWYDD wrth Moses, "Cei weld yn awr beth a wnaf i Pharo; â llaw nerthol bydd yn gollwng y bobl yn rhydd, a'u gyrru ymaith o'i wlad."

5:5 Felly Pumllyfr y Samariaid. TM, *y mae trigolion y wlad erbyn hyn yn niferus.*

Duw yn Galw Moses

² Dywedodd Duw hefyd wrth Moses, "Myfi yw'r ARGLWYDD. ³ Ymddangosais i Abraham, Isaac a Jacob fel Duw Hollalluog, ac nid oeddent yn fy adnabod wrth fy enw, ARGLWYDD. ⁴ Hefyd, gwneuthum gyfamod â hwy i roi iddynt wlad Canaan, lle buont yn byw fel estroniaid; ⁵ a phan glywais riddfan yr Israeliaid oedd dan orthrwm yr Eifftiaid, cofiais fy nghyfamod. ⁶ Felly, dywed wrth yr Israeliaid, 'Myfi yw'r ARGLWYDD, ac fe'ch rhyddhaf o orthrwm yr Eifftiaid a'ch gwaredu o'ch caethiwed, a'ch achub â braich estynedig ac â gweithredoedd nerthol o farn. ⁷ Fe'ch cymeraf yn bobl i mi, a byddaf finnau yn Dduw i chwi; a chewch wybod mai myfi yw'r ARGLWYDD eich Duw, a'ch rhyddhaodd o orthrwm yr Eifftiaid. ⁸ Fe'ch dygaf i'r wlad yr addewais ei rhoi i Abraham, Isaac a Jacob, ac fe'i rhoddaf yn eiddo i chwi. Myfi yw'r ARGLWYDD.'" ⁹ Mynegodd Moses hyn wrth bobl Israel, ond nid oeddent hwy'n barod i wrando arno oherwydd eu digalondid a'u caethiwed caled.

¹⁰ Yna dywedodd yr ARGLWYDD wrth Moses, ¹¹ "Dos i ddweud wrth Pharo brenin yr Aifft am ryddhau'r Israeliaid o'i wlad." ¹² Ond dywedodd Moses wrth yr ARGLWYDD, "Nid yw pobl Israel wedi gwrando arnaf; sut, felly, y bydd Pharo yn gwrando arnaf, a minnau â nam ar fy lleferydd?" ¹³ Llefarodd yr ARGLWYDD wrth Moses ac Aaron, a rhoi gorchymyn iddynt ynglŷn â phobl Israel a Pharo brenin yr Aifft, er mwyn rhyddhau'r Israeliaid o wlad yr Aifft.

Achau Moses ac Aaron

¹⁴ Y rhain oedd y pennau-teuluoedd yn nhylwythau eu tadau. Meibion Reuben, cyntafanedig Israel: Hanoch, Palu, Hesron a Charmi; dyna deuluoedd Reuben. ¹⁵ Meibion Simeon: Jemwel, Jamin, Ohad, Jachin, Sohar a Saul, mab i wraig o Ganaan; dyna deuluoedd Simeon. ¹⁶ Dyma enwau meibion Lefi yn ôl eu cenedlaethau: Gerson, Cohath a Merari; bu Lefi fyw am gant tri deg a saith o flynyddoedd. ¹⁷ Meibion Gerson: Libni a Simei, yn ôl eu teuluoedd. ¹⁸ Meibion Cohath: Amram, Ishar, Hebron ac Ussiel; bu Cohath fyw am gant tri deg a thair o flynyddoedd. ¹⁹ Meibion Merari: Mahli a Musi; dyna deuluoedd Lefi yn ôl eu cenedlaethau. ²⁰ Priododd Amram â Jochebed, chwaer ei dad, ac esgorodd hi ar Aaron a Moses; bu Amram fyw am gant tri deg a saith o flynyddoedd. ²¹ Meibion Ishar: Cora, Neffeg a Sicri. ²² Meibion Ussiel: Misael, Elsaffan a Sithri. ²³ Priododd Aaron ag Eliseba, merch i Aminadab a chwaer i Nahason; esgorodd hi ar Nadab, Abihu, Eleasar ac Ithamar. ²⁴ Meibion Cora: Assir, Elcana, ac Abiasaff; dyna deuluoedd y Corahiaid. ²⁵ Priododd Eleasar, mab Aaron, ag un o ferched Putiel, ac esgorodd hi ar Phineas. Y rhain oedd y pennau-teuluoedd yn nhylwyth y Lefiaid, yn ôl eu teuluoedd.

²⁶ Dyma'r Aaron a'r Moses y dywedodd yr ARGLWYDD wrthynt, "Dygwch yr Israeliaid allan o wlad yr Aifft, yn ôl eu lluoedd." ²⁷ Dyma hefyd y Moses a'r Aaron a ddywedodd wrth Pharo brenin yr Aifft am ryddhau'r Israeliaid o'r Aifft.

Gorchymyn yr ARGLWYDD i Moses ac Aaron

²⁸ Pan lefarodd yr ARGLWYDD wrth Moses yng ngwlad yr Aifft, ²⁹ dywedodd wrtho, "Myfi yw'r ARGLWYDD; dywed wrth Pharo brenin yr Aifft y cyfan yr wyf yn ei ddweud wrthyt." ³⁰ Ond dywedodd Moses wrth yr ARGLWYDD, "Y mae nam ar fy lleferydd; sut, felly, y bydd Pharo yn gwrando arnaf?"

7 Dywedodd yr ARGLWYDD wrth Moses, "Edrych, yr wyf yn dy wneud fel Duw i Pharo, a bydd Aaron dy frawd yn broffwyd iti. ² Yr wyt i fynegi'r cyfan yr wyf yn ei orchymyn i ti, a bydd Aaron dy frawd yn dweud wrth Pharo am ryddhau'r Israeliaid o'i wlad. ³ Byddaf finnau'n caledu calon Pharo; ac er imi amlhau fy arwyddion a'm rhyfeddodau yng ngwlad yr Aifft, ⁴ ni fydd ef yn gwrando arnoch. Yna byddaf yn gosod fy llaw ar yr Aifft ac yn rhyddhau fy mhobl Israel yn lluoedd o wlad yr Aifft, trwy weithredoedd nerthol o farn. ⁵ Bydd yr

Eifftiaid yn gwybod mai myfi yw'r ARGLWYDD pan estynnaf fy llaw yn erbyn yr Aifft a rhyddhau'r Israeliaid o'u plith." [6] Gwnaeth Moses ac Aaron yn union fel yr oedd yr ARGLWYDD wedi gorchymyn iddynt. [7] Pan lefarodd Moses ac Aaron wrth Pharo, yr oedd Moses yn bedwar ugain oed ac Aaron yn dair a phedwar ugain.

Gwialen Aaron

[8] Dywedodd yr ARGLWYDD wrth Moses ac Aaron, [9] "Os bydd Pharo'n dweud wrthych am wneud rhyfeddod, yr wyt ti, Moses, i ddweud wrth Aaron, 'Cymer dy wialen a'i thaflu ar lawr o flaen Pharo, ac fe dry'n sarff.'" [10] Felly, aeth Moses ac Aaron at Pharo a gwneud fel yr oedd yr ARGLWYDD wedi gorchymyn iddynt. [11] Taflodd Aaron ei wialen o flaen Pharo a'i weision, ac fe drodd yn sarff. Yna anfonodd Pharo am y gwŷr doeth a'r dewiniaid, ac yr oeddent hwythau, swynwyr yr Aifft, hefyd yn medru gwneud hyn trwy eu gallu cyfrin. [12] Taflodd pob un ei wialen, a throdd pob gwialen yn sarff; ond llyncodd gwialen Aaron eu gwiail hwy. [13] Er hynny, caledodd calon Pharo ac ni wrandawodd arnynt, fel yr oedd yr ARGLWYDD wedi dweud.

Plâu'r Aifft: Gwaed

[14] Yna dywedodd yr ARGLWYDD wrth Moses, "Y mae calon Pharo wedi caledu, ac y mae'n gwrthod rhyddhau'r bobl. [15] Dos at Pharo yn y bore, wrth iddo fynd tua'r afon; aros amdano ar lan y Neil, a chymer yn dy law y wialen a drodd yn sarff. [16] Dywed wrtho, 'Y mae'r ARGLWYDD, Duw'r Hebreaid, wedi fy anfon atat i ddweud, "Gollwng fy mhobl yn rhydd, er mwyn iddynt fy addoli yn yr anialwch"; ond hyd yn hyn nid wyt wedi ufuddhau iddo.' [17] Fel hyn y dywed yr ARGLWYDD: Dyma sut y cei wybod mai myfi yw'r ARGLWYDD: â'r wialen sydd yn fy llaw byddaf yn taro dŵr y Neil, ac fe dry'n waed. [18] Bydd y pysgod ynddi yn marw, a'r afon yn drewi, a bydd yn ffiaidd i'r Eifftiaid yfed dŵr ohoni." [19] Dywedodd yr ARGLWYDD wrth Moses, "Dywed wrth Aaron, 'Cymer dy wialen ac estyn dy law dros ddyfroedd yr Aifft, dros ei ffrydiau a'i hafonydd, dros ei llynnoedd a'i chronfeydd dŵr, er mwyn iddynt droi'n waed.' Bydd gwaed trwy holl wlad yr Aifft, hyd yn oed yn y cawgiau o bren a charreg."

[20] Gwnaeth Moses ac Aaron fel yr oedd yr ARGLWYDD wedi gorchymyn iddynt. Yng ngŵydd Pharo a'i weision, cododd Aaron y wialen a tharo dŵr y Neil, ac fe droes yr holl ddŵr oedd ynddi yn waed. [21] Bu farw'r pysgod oedd ynddi, ac yr oedd yr afon yn drewi cymaint fel na allai'r Eifftiaid yfed dŵr ohoni; ac yr oedd gwaed trwy holl wlad yr Aifft. [22] Ond yr oedd swynwyr yr Aifft hefyd yn medru gwneud hyn trwy eu gallu cyfrin; felly caledodd calon Pharo, ac ni fynnai wrando ar Moses ac Aaron, fel yr oedd yr ARGLWYDD wedi dweud. [23] Troes Pharo a mynd i mewn i'w dŷ, heb ystyried y peth ymhellach. [24] Am nad oeddent yn medru yfed y dŵr o'r Neil, bu'r holl Eifftiaid yn cloddio gerllaw'r afon am ddŵr i'w yfed. [25] Parhaodd hyn am saith diwrnod wedi i'r ARGLWYDD daro'r Neil.

Llyffaint

8 * Yna dywedodd yr ARGLWYDD wrth Moses: "Dos at Pharo a dywed wrtho, 'Fel hyn y dywed yr ARGLWYDD: Gollwng fy mhobl yn rhydd er mwyn iddynt fy addoli; [2] os gwrthodi eu rhyddhau, byddaf yn taro dy holl dir â phla o lyffaint. [3] Bydd y Neil yn heigio o lyffaint, a byddant yn dringo i fyny i'th dŷ ac i'th ystafell wely; byddant yn dringo ar dy wely ac i gartrefi dy weision a'th bobl, i'th boptai ac i'th gafnau tylino. [4] Bydd y llyffaint yn dringo drosot ti a thros dy bobl a'th weision i gyd.'"

[5] Yna dywedodd yr ARGLWYDD wrth Moses, "Dywed wrth Aaron, 'Estyn dy law a'th wialen dros y ffrydiau, yr afonydd a'r llynnoedd, a gwna i lyffaint ddringo i fyny dros dir yr Aifft.'" [6] Felly estynnodd Aaron ei law dros ddyfroedd yr Aifft, a dringodd y llyffaint i fyny nes gorchuddio'r tir. [7] Ond trwy eu gallu cyfrin yr oedd y swynwyr hefyd yn

---

8:1 Hebraeg, 7:26.

medru gwneud i lyffaint ddringo i fyny dros dir yr Aifft.

⁸ Yna galwodd Pharo am Moses ac Aaron, a dweud, "Gweddïwch ar i'r ARGLWYDD gymryd y llyffaint ymaith oddi wrthyf fi a'm pobl, ac fe ryddhaf finnau eich pobl er mwyn iddynt aberthu i'r ARGLWYDD." ⁹ Dywedodd Moses wrth Pharo, "Gad imi wybod pryd yr wyf i weddïo drosot ti a'th weision a'th bobl er mwyn symud y llyffaint oddi wrthyt ti ac o'th dai, a'u gadael yn y Neil yn unig." Meddai yntau, "Yfory." ¹⁰ Dywedodd Moses, "Fel y mynni di; cei wybod wedyn nad oes neb fel yr ARGLWYDD ein Duw ni. ¹¹ Bydd y llyffaint yn ymadael â thi a'th dai, ac â'th weision a'th bobl, ac ni cheir hwy yn unman ond yn y Neil." ¹² Yna aeth Moses ac Aaron allan oddi wrth Pharo, a galwodd Moses ar yr ARGLWYDD ynglŷn â'r llyffaint a ddygodd ar Pharo. ¹³ Gwnaeth yr ARGLWYDD yr hyn yr oedd Moses yn ei ddymuno, a bu farw'r llyffaint yn y tai a'r ffermydd a'r meysydd. ¹⁴ Yna casglwyd hwy ynghyd yn bentyrrau, nes bod y wlad yn drewi. ¹⁵ Pan welodd Pharo ei fod wedi cael ymwared ohonynt, caledodd ei galon a gwrthododd wrando ar Moses ac Aaron, fel yr oedd yr ARGLWYDD wedi dweud.

Llau

¹⁶ Yna dywedodd yr ARGLWYDD wrth Moses, "Dywed wrth Aaron, 'Estyn dy wialen a tharo llwch y ddaear, ac fe dry'n llau trwy holl wlad yr Aifft.'" ¹⁷ Gwnaethant hynny; estynnodd Aaron ei law allan, a tharo llwch y ddaear â'i wialen, a throes y llwch yn llau ar ddyn ac anifail; trodd holl lwch y ddaear yn llau trwy wlad yr Aifft i gyd. ¹⁸ Ceisiodd y swynwyr hefyd ddwyn llau allan trwy eu gallu cyfrin, ond nid oeddent yn medru. Yr oedd y llau ar ddyn ac anifail. ¹⁹ Dywedodd y swynwyr wrth Pharo, "Trwy fys Duw y digwyddodd hyn." Ond yr oedd calon Pharo wedi caledu, ac nid oedd am wrando ar Moses ac Aaron, fel yr oedd yr ARGLWYDD wedi dweud.

Pryfed

²⁰ Yna dywedodd yr ARGLWYDD wrth Moses, "Cod yn gynnar yn y bore i gyfarfod â Pharo wrth iddo fynd tua'r afon, a dywed wrtho, 'Fel hyn y dywed yr ARGLWYDD: Gollwng fy mhobl yn rhydd, er mwyn iddynt fy addoli; ²¹ oherwydd, os gwrthodi eu rhyddhau, byddaf yn anfon haid o bryfed arnat ti, dy weision, dy bobl a'th dai. Bydd tai'r Eifftiaid a'r tir danynt yn orlawn o bryfed. ²² Ond ar y dydd hwnnw byddaf yn neilltuo gwlad Gosen, lle mae fy mhobl yn byw, ac ni fydd haid o bryfed yno; felly, byddi'n gwybod fy mod i, yr ARGLWYDD, yma yn y wlad. ²³ Gan hynny, byddaf yn gwahaniaethu* rhwng fy mhobl i a'th bobl di. Bydd yr arwydd hwn yn ymddangos yfory.'"

²⁴ Gwnaeth yr ARGLWYDD hynny; daeth haid enfawr o bryfed i dŷ Pharo ac i dai ei weision, a difethwyd holl dir gwlad yr Aifft gan y pryfed.

²⁵ Yna galwodd Pharo am Moses ac Aaron a dweud, "Ewch i aberthu i'ch Duw yma yn y wlad." ²⁶ Ond dywedodd Moses, "Ni fyddai'n briodol inni wneud hynny, oherwydd byddwn yn aberthu i'r ARGLWYDD ein Duw bethau sy'n ffiaidd i'r Eifftiaid; ac os aberthwn yn eu gŵydd bethau sy'n ffiaidd i'r Eifftiaid, oni fyddant yn ein llabyddio? ²⁷ Rhaid inni fynd daith dridiau i'r anialwch i aberthu i'r ARGLWYDD ein Duw, fel y mae ef yn gorchymyn inni." ²⁸ Atebodd Pharo, "Fe adawaf i chwi fynd i aberthu i'r ARGLWYDD eich Duw yn yr anialwch, ond peidiwch â mynd yn rhy bell. Yn awr, gweddïwch drosof." ²⁹ Yna dywedodd Moses, "Fe af allan oddi wrthyt a gweddïo ar yr ARGLWYDD i'r haid o bryfed symud yfory oddi wrth Pharo a'i weision a'i bobl; ond peidied Pharo â cheisio twyllo eto trwy wrthod rhyddhau'r bobl i aberthu i'r ARGLWYDD." ³⁰ Felly aeth Moses ymaith o ŵydd Pharo i weddïo ar yr ARGLWYDD. ³¹ Gwnaeth yr ARGLWYDD yr hyn yr oedd Moses yn ei ddymuno, a symudodd yr haid o bryfed oddi wrth Pharo ac oddi wrth ei weision a'i bobl; ni adawyd yr un ar ôl. ³² Ond caledodd Pharo ei galon y

---

8:23 Felly Fersiynau. Hebraeg, *gwneud gwaredigaeth*.

tro hwn eto, ac ni ollyngodd y bobl yn rhydd.

Marw'r Anifeiliaid

9 Yna dywedodd yr ARGLWYDD wrth Moses, "Dos at Pharo a dywed wrtho, 'Fel hyn y dywed yr ARGLWYDD, Duw'r Hebreaid: Gollwng fy mhobl yn rhydd, er mwyn iddynt fy addoli. ² Oherwydd os gwrthodi, a pharhau i ddal dy afael ynddynt, ³ bydd llaw'r ARGLWYDD yn dwyn pla trwm ar dy anifeiliaid yn y maes, ar y meirch, yr asynnod, y camelod, y gwartheg a'r defaid. ⁴ Ond bydd yr ARGLWYDD yn gwahaniaethu rhwng anifeiliaid Israel a rhai'r Eifftiaid, fel na bydd farw dim sy'n eiddo i'r Israeliaid. ⁵ Pennodd yr ARGLWYDD amser arbennig, a dweud, Yfory y bydd yr ARGLWYDD yn gwneud hyn yn y wlad.'" ⁶ A thrannoeth, fe'i gwnaeth; bu farw holl anifeiliaid yr Eifftiaid, ond ni bu farw yr un o anifeiliaid yr Israeliaid. ⁷ Pan anfonodd Pharo, gwelodd nad oedd yr un o anifeiliaid yr Israeliaid wedi marw. Ond yr oedd calon Pharo wedi caledu, ac nid oedd am ryddhau'r bobl.

Cornwydydd

⁸ Dywedodd yr ARGLWYDD wrth Moses ac Aaron, "Cymerwch ddyrneidiau o huddugl o ffwrn, a bydded i Moses ei daflu i'r awyr yng ngŵydd Pharo. ⁹ Fe dry'n llwch mân dros holl dir yr Aifft, gan achosi cornwydydd poenus ar ddyn ac anifail trwy holl wlad yr Aifft." ¹⁰ Felly cymerasant yr huddugl o'r ffwrn, a sefyll o flaen Pharo, a thaflodd Moses y lludw i'r awyr. Achosodd gornwydydd poenus ar ddyn ac anifail. ¹¹ Ni allai'r swynwyr sefyll o flaen Moses o achos y cornwydydd, oherwydd yr oeddent arnynt hwythau yn ogystal â'r Eifftiaid. ¹² Ond caledodd yr ARGLWYDD galon Pharo, ac ni wrandawodd ar Moses ac Aaron, fel yr oedd yr ARGLWYDD wedi dweud wrth Moses.

Cenllysg

¹³ Yna dywedodd yr ARGLWYDD wrth Moses, "Cod yn gynnar yn y bore a saf o flaen Pharo, a dywed wrtho, 'Fel hyn y dywed yr ARGLWYDD, Duw'r Hebreaid: Gollwng fy mhobl yn rhydd, er mwyn iddynt fy addoli; ¹⁴ oherwydd y tro hwn yr wyf am anfon fy holl blâu arnat ti ac ar dy weision a'th bobl, er mwyn i chwi wybod nad oes neb tebyg i mi yn yr holl ddaear. ¹⁵ Erbyn hyn, gallaswn fod wedi estyn allan fy llaw a'th daro di a'th bobl â haint, a'th dorri ymaith oddi ar y ddaear; ¹⁶ ond gadewais iti fyw er mwyn dangos iti fy nerth a chyhoeddi fy enw trwy'r holl ddaear. ¹⁷ Ond yr wyt ti'n dal i wrthsefyll fy mhobl, ac yn gwrthod eu rhyddhau. ¹⁸ Felly, tua'r adeg yma yfory, byddaf yn peri iddi fwrw cenllysg trwm, na welwyd ei debyg yn yr Aifft o ddydd ei sylfaenu hyd heddiw. ¹⁹ Anfon rywun ar unwaith i gasglu ynghyd dy anifeiliaid a'r cyfan sydd gennyt yn y maes, oherwydd fe ddisgyn y cenllysg ar bob dyn ac anifail a fydd yn dal allan yn y maes heb ei ddwyn i loches, a byddant farw.'" ²⁰ Yr oedd y sawl o blith gweision Pharo oedd yn parchu gair yr ARGLWYDD yn brysio i ddod â'i weision a'i anifeiliaid i loches, ²¹ ond gadawodd y sawl oedd yn diystyru gair yr ARGLWYDD ei weision a'i anifeiliaid allan yn y maes.

²² Dywedodd yr ARGLWYDD wrth Moses, "Estyn allan dy law tua'r nefoedd, i ddod â chenllysg ar holl wlad yr Aifft, ar ddyn ac anifail ac ar bopeth sy'n tyfu yn y maes trwy wlad yr Aifft." ²³ Estynnodd Moses ei wialen tua'r nefoedd, ac anfonodd yr ARGLWYDD daranau a chenllysg, a mellt yn gwibio i lawr i'r ddaear, a pheri iddi fwrw cenllysg ar dir yr Aifft. ²⁴ Yr oedd cenllysg yn disgyn a mellt yn fflachio yn ei ganol; yr oedd y cenllysg yn drymach na dim a welwyd yn holl wlad yr Aifft er pan sylfaenwyd hi yn genedl. ²⁵ Trawodd y cenllysg bopeth oedd yn y maes, yn ddyn ac anifail, trwy holl wlad yr Aifft; curodd ar yr holl lysiau a drylliodd bob coeden. ²⁶ Yr unig fan lle nad oedd cenllysg oedd gwlad Gosen, lle'r oedd yr Israeliaid.

²⁷ Anfonodd Pharo am Moses ac Aaron, a dweud wrthynt, "Yr wyf fi wedi pechu y tro hwn; yr ARGLWYDD sy'n iawn, a minnau a'm pobl ar fai. ²⁸ Gweddïwch ar yr ARGLWYDD,

oherwydd cawsom ddigon ar y taranau hyn a'r cenllysg; fe'ch rhyddhaf, ac nid oes rhaid i chwi aros yma'n hwy." ²⁹ Dywedodd Moses wrtho, "Pan af allan o'r ddinas, estynnaf fy nwylo at yr ARGLWYDD; bydd diwedd ar y taranau, ac ni bydd rhagor o genllysg, er mwyn iti wybod mai eiddo'r ARGLWYDD yw'r ddaear. ³⁰ Ond gwn nad wyt ti na'th weision eto yn parchu'r ARGLWYDD Dduw." ³¹ (Yr oedd y llin a'r haidd wedi eu difetha, oherwydd bod yr haidd wedi hedeg a'r llin wedi hadu. ³² Ond ni ddifethwyd y gwenith na'r ceirch, am eu bod yn fwy diweddar yn blaguro.) ³³ Aeth Moses allan o'r ddinas, o ŵydd Pharo, ac estynnodd ei ddwylo at yr ARGLWYDD; bu diwedd ar y taranau a'r cenllysg, ac ni ddaeth rhagor o law ar y ddaear. ³⁴ Ond pan welodd Pharo fod y glaw, y cenllysg a'r taranau wedi peidio, fe bechodd eto, a chaledodd ei galon, ef a'i weision. ³⁵ Felly caledwyd calon Pharo, ac ni ryddhaodd yr Israeliaid, fel yr oedd yr ARGLWYDD wedi dweud trwy Moses.

Locustiaid

10 Yna dywedodd yr ARGLWYDD wrth Moses, "Dos at Pharo, oherwydd yr wyf wedi caledu ei galon a chalon ei weision, er mwyn i mi ddangos yr arwyddion hyn o'm heiddo yn eu plith, ² ac er mwyn i tithau ddweud wrth dy blant a phlant dy blant, fel y bûm yn trin yr Eifftiaid a gwneud arwyddion yn eu plith; felly, byddwch yn gwybod mai myfi yw'r ARGLWYDD."

³ Yna daeth Moses ac Aaron at Pharo a dweud wrtho, "Fel hyn y dywed yr ARGLWYDD, Duw'r Hebreaid: Am ba hyd yr wyt am wrthod ymostwng o'm blaen? Gollwng fy mhobl yn rhydd, er mwyn iddynt fy addoli. ⁴ Os gwrthodi eu rhyddhau, fe ddof â locustiaid i mewn i'th wlad yfory; ⁵ byddant yn gorchuddio wyneb y tir fel na ellir ei weld, yn bwyta'r ychydig a adawyd i chwi ar ôl y cenllysg, ac yn bwyta pob coeden o'ch eiddo sy'n tyfu yn y maes. ⁶ Byddant yn llenwi dy dai, a thai dy weision i gyd, a thai'r holl Eifftiaid, mewn modd na welwyd ei debyg gan dy dadau na'th deidiau, o'r dydd y buont ar y ddaear hyd heddiw." Yna trodd ac aeth allan o ŵydd Pharo. ⁷ Dywedodd gweision Pharo wrtho, "Am ba hyd y mae'r dyn hwn yn mynd i fod yn fagl inni? Gollwng y bobl yn rhydd, er mwyn iddynt addoli'r ARGLWYDD eu Duw; onid wyt ti eto'n deall bod yr Aifft wedi ei difetha?" ⁸ Felly daethpwyd â Moses ac Aaron yn ôl at Pharo, a dywedodd wrthynt, "Cewch fynd i addoli'r ARGLWYDD eich Duw; ond pa rai ohonoch sydd am fynd?" ⁹ Dywedodd Moses, "Byddwn yn mynd gyda'r ifainc a'r hen, gyda'n meibion a'n merched, gyda'n defaid a'n gwartheg, oherwydd rhaid inni gadw gŵyl i'r ARGLWYDD." ¹⁰ Dywedodd yntau wrthynt, "Yr ARGLWYDD fyddo gyda chwi os byth y rhyddhaf chwi a'ch rhai bychain! Edrychwch, rhyw ddrwg sydd gennych mewn golwg. ¹¹ Na, y gwŷr yn unig a gaiff fynd i addoli'r ARGLWYDD, oherwydd dyna oedd eich dymuniad." Yna fe'u gyrrwyd allan o ŵydd Pharo.

¹² Dywedodd yr ARGLWYDD wrth Moses, "Estyn allan dy law dros wlad yr Aifft er mwyn i'r locustiaid ddisgyn ar dir yr Aifft, a bwyta holl lysiau'r ddaear a'r cyfan a adawyd ar ôl y cenllysg." ¹³ Felly estynnodd Moses ei wialen dros wlad yr Aifft, ac achosodd yr ARGLWYDD i'r dwyreinwynt chwythu ar y wlad trwy gydol y diwrnod hwnnw a thrwy'r nos; erbyn y bore yr oedd y dwyreinwynt wedi dod â'r locustiaid. ¹⁴ Daeth y locustiaid i fyny dros yr holl wlad a disgyn ym mhob ardal yn yr Aifft. Ni welwyd y fath bla trwm o locustiaid erioed o'r blaen, ac ni welir ei debyg eto. ¹⁵ Yr oeddent yn gorchuddio wyneb y tir nes bod y wlad i gyd yn ddu, ac yr oeddent yn bwyta holl lysiau'r ddaear a holl ffrwythau'r coed oedd wedi eu gadael ar ôl y cenllysg; nid oedd dim gwyrdd ar ôl ar y coed na'r planhigion trwy holl wlad yr Aifft. ¹⁶ Brysiodd Pharo i anfon am Moses ac Aaron a dweud, "Yr wyf wedi pechu yn erbyn yr ARGLWYDD eich Duw ac yn eich erbyn chwithau. ¹⁷ Yn awr, maddau fy mhechod am y tro hwn yn unig, a gweddïwch ar i'r ARGLWYDD eich Duw

symud ymaith y pla marwol hwn oddi wrthyf." ¹⁸ Felly aeth Moses allan o ŵydd Pharo, a gweddïodd ar yr ARGLWYDD. ¹⁹ Gyrrodd yr ARGLWYDD wynt cryf iawn o'r gorllewin, a chododd hwnnw'r locustiaid a'u cludo i'r Môr Coch; ni adawyd yr un o'r locustiaid ar ôl yn unman yn yr Aifft. ²⁰ Ond caledodd yr ARGLWYDD galon Pharo, a gwrthododd ryddhau'r Israeliaid.

Tywyllwch

²¹ Yna dywedodd yr ARGLWYDD wrth Moses, "Estyn allan dy law tua'r nefoedd, a bydd tywyllwch dros wlad yr Aifft, tywyllwch y gellir ei deimlo." ²² Felly estynnodd Moses ei law tua'r nefoedd, a bu tywyllwch dudew trwy holl wlad yr Aifft am dridiau. ²³ Ni allai'r bobl weld ei gilydd, ac ni symudodd neb o'i le am dri diwrnod, ond yr oedd gan yr Israeliaid oleuni yn y lle'r oeddent yn byw. ²⁴ Galwodd Pharo am Moses a dweud, "Ewch i addoli'r ARGLWYDD; caiff eich plant hefyd fynd gyda chwi, ond rhaid i'ch defaid a'ch gwartheg aros ar ôl." ²⁵ Ond dywedodd Moses, "Rhaid iti hefyd adael inni gael ebyrth a phoethoffrymau i'w haberthu i'r ARGLWYDD ein Duw; ²⁶ a rhaid i'n hanifeiliaid hefyd fynd gyda ni; ni adawn yr un carn ar ôl, oherwydd byddwn yn defnyddio rhai ohonynt at wasanaeth yr ARGLWYDD ein Duw, ac ni fyddwn yn gwybod â pha beth yr ydym i'w wasanaethu nes inni gyrraedd yno." ²⁷ Ond caledodd yr ARGLWYDD galon Pharo, a gwrthododd eu rhyddhau. ²⁸ Dywedodd Pharo wrtho, "Dos ymaith oddi wrthyf, a gofala na fyddi'n gweld fy wyneb eto, oherwydd ar y dydd y byddi'n fy ngweld, byddi farw." ²⁹ Atebodd Moses, "Fel y mynni di; ni welaf dy wyneb byth mwy."

Darogan Marwolaeth y Cyntafanedig

11 Dywedodd yr ARGLWYDD wrth Moses, "Yr wyf am ddwyn un pla arall ar Pharo ac ar yr Aifft; ar ôl hynny, bydd yn eich gollwng yn rhydd; a phan fydd yn eich rhyddhau, bydd yn eich gyrru oddi yma'n llwyr. ² Dywed wrth y bobl am i bob gŵr a gwraig ohonynt gymryd benthyg tlysau arian a thlysau aur gan ei gymydog." ³ Gwnaeth yr ARGLWYDD i'r bobl gael ffafr gan yr Eifftiaid. Yr oedd Moses yn ddyn pwysig iawn yng ngwlad yr Aifft, yng ngolwg gweision Pharo ac yng ngolwg y bobl.

⁴ Yna dywedodd Moses, "Fel hyn y dywed yr ARGLWYDD: Tua hanner nos, byddaf yn mynd allan trwy ganol yr Eifftiaid, ⁵ a bydd farw pob cyntafanedig yng ngwlad yr Aifft, o gyntafanedig Pharo, sy'n eistedd ar ei orsedd, hyd gyntafanedig y forwyn sydd wrth y felin, a chyntafanedig pob anifail hefyd. ⁶ Bydd llefain mawr trwy holl wlad yr Aifft, mwy nag a fu o'r blaen nac a welir eto. ⁷ Ond ymhlith yr Israeliaid, ni bydd hyd yn oed gi yn ysgyrnygu ei ddannedd ar ddyn nac anifail; trwy hynny fe fyddwch yn gwybod bod yr ARGLWYDD yn gwahaniaethu rhwng yr Aifft ac Israel. ⁸ Fe ddaw pob un o'th weision i lawr ataf ac ymgrymu o'm blaen a dweud, 'Dos allan, ti a phawb sy'n dy ganlyn.' Yna fe af finnau allan." Aeth o ŵydd Pharo wedi ei gythruddo.

⁹ Yr oedd yr ARGLWYDD wedi dweud wrth Moses, "Ni fydd Pharo'n gwrando arnoch; felly byddaf yn amlhau fy rhyfeddodau yng ngwlad yr Aifft." ¹⁰ Gwnaeth Moses ac Aaron yr holl ryfeddodau hyn yng ngŵydd Pharo, ond caledodd yr ARGLWYDD galon Pharo fel na fynnai ryddhau'r Israeliaid o'i wlad.

Y Pasg

12 Dywedodd yr ARGLWYDD wrth Moses ac Aaron yng ngwlad yr Aifft, ² "Bydd y mis hwn i chwi yn gyntaf o'r misoedd; hwn fydd y mis cyntaf o'ch blwyddyn. ³ Dywedwch wrth holl gynulleidfa Israel fod pob dyn, ar y degfed dydd o'r mis hwn, i gymryd oen ar gyfer ei deulu, un i bob teulu. ⁴ Os bydd un oen yn ormod i'r teulu, gallant ei rannu â'r cymdogion agosaf, yn ôl eu nifer, a rhannu cost yr oen yn ôl yr hyn y mae pob un yn ei fwyta. ⁵ Rhaid i bob oen fod yn wryw blwydd heb nam, wedi ei gymryd o blith y defaid neu o blith y geifr. ⁶ Yr ydych i'w cadw hyd y pedwerydd dydd ar ddeg o'r mis hwn, ac yna bydd pob aelod o gynulleidfa Israel yn eu lladd fin nos. 7 Yna byddant yn cymryd peth o'r gwaed a'i daenu ar ddau bost a chapan drws y tai lle y bwyteir hwy. 8 Y maent i fwyta'r cig y noson honno wedi ei rostio wrth dân, a'i fwyta gyda bara croyw a llysiau chwerw. 9 Peidiwch â bwyta dim ohono'n amrwd nac wedi ei ferwi mewn dŵr, ond wedi ei rostio wrth dân, yn ben, coesau a pherfedd. 10 Peidiwch â gadael dim ohono ar ôl hyd y bore; os bydd peth ohono ar ôl yn y bore, llosgwch ef yn y tân. 11 "Dyma sut yr ydych i'w fwyta: yr ydych i'w fwyta ar frys â'ch gwisg wedi ei thorchi, eich esgidiau am eich traed, a'ch ffon yn eich llaw. Pasg yr ARGLWYDD ydyw. 12 Y noson honno, byddaf yn tramwyo trwy wlad yr Aifft ac yn lladd pob cyntafanedig sydd ynddi, yn ddyn ac anifail, a byddaf yn dod â barn ar dduwiau'r Aifft; myfi yw'r ARGLWYDD. 13 Bydd y gwaed yn arwydd ar y tai y byddwch chwi ynddynt; pan welaf y gwaed byddaf yn mynd heibio i chwi, ac ni fydd y pla yn eich difetha pan drawaf wlad yr Aifft.

Gŵyl y Bara Croyw

14 "Bydd y dydd hwn yn ddydd i'w gofio i chwi, ac yr ydych i'w gadw yn ŵyl i'r ARGLWYDD; cadwch yr ŵyl yn ddeddf am byth dros y cenedlaethau. 15 Am saith diwrnod yr ydych i fwyta bara croyw; ar y dydd cyntaf bwriwch y surdoes allan o'ch tai, oherwydd bydd pwy bynnag sy'n bwyta bara lefeinllyd o'r dydd cyntaf hyd y seithfed yn cael ei ddiarddel o Israel. 16 Ar y dydd cyntaf ac ar y seithfed, bydd cyfarfod cysegredig; ni wneir dim gwaith yn ystod y dyddiau hynny, heblaw paratoi bwyd i bawb i'w fwyta; dyna'r cyfan. 17 Cadwch hefyd ŵyl y Bara Croyw, am mai ar y dydd hwn y deuthum â'ch lluoedd allan o wlad yr Aifft; am hynny y mae'r dydd hwn i'w gadw'n ddeddf am byth dros y cenedlaethau. 18 Yr ydych i fwyta bara croyw o hwyrddydd y pedwerydd dydd ar ddeg o'r mis cyntaf hyd yr hwyr ar yr unfed dydd ar hugain. 19 Am saith diwrnod nid ydych i gadw surdoes yn eich tai, oherwydd bydd pwy bynnag sy'n bwyta bara lefeinllyd yn cael ei ddiarddel o gynulleidfa Israel, boed yn estron neu'n frodor. 20 Peidiwch â bwyta dim sydd wedi ei lefeinio, ond ym mha le bynnag yr ydych yn byw, bwytewch fara croyw."

Y Pasg Cyntaf

21 Yna galwodd Moses ynghyd holl henuriaid Israel, a dweud wrthynt, "Dewiswch yr ŵyn ar gyfer eich teuluoedd, a lladdwch oen y Pasg. 22 Yna cymerwch dusw o isop a'i drochi yn y gwaed fydd yn y cawg, a thaenwch y gwaed ar gapan a dau bost y drws; nid oes neb ohonoch i fynd allan trwy ddrws ei dŷ hyd y bore. 23 Bydd yr ARGLWYDD yn tramwyo drwy'r Aifft ac yn taro'r wlad, ond pan wêl y gwaed ar gapan a dau bost y drws, bydd yn mynd heibio iddo, ac ni fydd yn gadael i'r Dinistrydd ddod i mewn i'ch tai i'ch difa. 24 Cadwch y ddefod hon yn ddeddf i chwi a'ch plant am byth. 25 Yr ydych i gadw'r ddefod hon pan ddewch i'r wlad y bydd yr ARGLWYDD yn ei rhoi i chwi yn ôl ei addewid. 26 Pan fydd eich plant yn gofyn i chwi, 'Beth yw'r ddefod hon sydd gennych?' 27 yr ydych i ateb, 'Aberth Pasg yr ARGLWYDD ydyw, oherwydd pan drawodd ef yr Eifftiaid, aeth heibio i dai'r Israeliaid oedd yn yr Aifft a'u harbed.' " Ymgrymodd y bobl mewn addoliad. 28 Aeth yr Israeliaid ymaith a gwneud yn union fel yr oedd yr ARGLWYDD wedi gorchymyn i Moses ac Aaron.

Marwolaeth Pob Cyntafanedig

29 Ar hanner nos trawodd yr ARGLWYDD bob cyntafanedig yng ngwlad yr Aifft, o gyntafanedig Pharo ar ei orsedd hyd gyntafanedig y carcharor yn ei gell, a chyntafanedig yr anifeiliaid hefyd. 30 Yn ystod y nos cododd Pharo a'i holl weision a'r holl Eifftiaid, a bu llefain mawr yn yr Aifft, oherwydd nid oedd tŷ heb gorff marw ynddo. 31 Felly galwodd ar Moses ac Aaron yn y nos a dweud, "Codwch, ewch ymaith o fysg fy mhobl, chwi a'r Israeliaid, ac ewch i wasanaethu'r ARGLWYDD yn ôl eich

dymuniad. ³² Cymerwch eich defaid a'ch gwartheg hefyd, yn ôl eich dymuniad, ac ewch; bendithiwch finnau."

³³ Yr oedd yr Eifftiaid yn crefu ar y bobl i adael y wlad ar frys, oherwydd yr oeddent yn dweud, "Byddwn i gyd yn farw." ³⁴ Felly, cymerodd y bobl y toes cyn ei lefeinio, gan fod eu llestri tylino ar eu hysgwyddau wedi eu rhwymo gyda'u dillad. ³⁵ Gwnaeth yr Israeliaid yr hyn a ddywedodd Moses wrthynt, a gofyn i'r Eifftiaid am dlysau arian a thlysau aur a dillad; ³⁶ am i'r ARGLWYDD beri i'r Eifftiaid edrych arnynt â ffafr, gadawsant i'r Israeliaid gael yr hyn yr oeddent yn gofyn amdano. Felly yr ysbeiliwyd yr Eifftiaid.

Yr Israeliaid yn Gadael yr Aifft

³⁷ Yna teithiodd yr Israeliaid o Rameses i Succoth; yr oedd tua chwe chan mil o wŷr traed, heblaw gwragedd a phlant. ³⁸ Aeth tyrfa gymysg gyda hwy, ynghyd â llawer iawn o anifeiliaid, yn ddefaid a gwartheg. ³⁹ Yr oedd yn rhaid iddynt bobi'r toes yr oeddent wedi ei gario o'r Aifft yn deisennau croyw am nad oedd wedi ei lefeinio, oherwydd cawsant eu gyrru allan o'r Aifft heb gyfle i oedi nac i baratoi bwyd iddynt eu hunain.

⁴⁰ Bu'r Israeliaid yn byw yn yr Aifft am bedwar cant tri deg o flynyddoedd. ⁴¹ Ar ddiwedd y pedwar cant tri deg o flynyddoedd, i'r diwrnod, aeth holl luoedd yr ARGLWYDD allan o wlad yr Aifft. ⁴² Am i'r ARGLWYDD y noson honno gadw gwyliadwriaeth i'w dwyn allan o'r Aifft, bydd holl blant Israel ar y noson hon yn cadw gwyliadwriaeth i'r ARGLWYDD dros y cenedlaethau.

Rheolau ynglŷn â'r Pasg

⁴³ Yna dywedodd yr ARGLWYDD wrth Moses ac Aaron, "Dyma ddeddf y Pasg: nid yw'r un estron i fwyta ohono, ⁴⁴ ond caiff pob caethwas a brynwyd ag arian ei fwyta, os yw wedi ei enwaedu; ⁴⁵ ni chaiff yr estron na'r gwas cyflog ei fwyta. ⁴⁶ Rhaid ei fwyta mewn un tŷ; nid ydych i fynd â dim o'r cig allan o'r tŷ, ac nid ydych i dorri'r un asgwrn ohono. ⁴⁷ Y mae holl gynulleidfa Israel i wneud hyn. ⁴⁸ Os yw dieithryn sy'n byw gyda thi yn dymuno cadw Pasg i'r ARGLWYDD, caiff wneud hynny ar yr amod fod pob gwryw sydd gydag ef yn cael ei enwaedu; fe fydd, felly, fel brodor. ⁴⁹ Ond ni chaiff yr un gwryw heb ei enwaedu fwyta ohono. Yr un gyfraith fydd i'r brodor ac i'r dieithryn sy'n byw yn eich plith."

⁵⁰ Gwnaeth yr Israeliaid yn union fel yr oedd yr ARGLWYDD wedi gorchymyn i Moses ac Aaron, ⁵¹ ac ar y dydd hwnnw aeth yr ARGLWYDD â lluoedd Israel allan o wlad yr Aifft.

Cysegru'r Cyntafanedig

13 Dywedodd yr ARGLWYDD wrth Moses, ² "Cysegra i mi bob cyntafanedig; eiddof fi yw'r cyntaf a ddaw o'r groth ymysg yr Israeliaid, yn ddyn ac anifail."

Gŵyl y Bara Croyw

³ Yna dywedodd Moses wrth y bobl, "Cofiwch y dydd hwn, sef y dydd y daethoch allan o'r Aifft, o dŷ caethiwed, oherwydd â llaw nerthol y daeth yr ARGLWYDD â chwi oddi yno; hefyd, peidiwch â bwyta bara lefeinllyd. ⁴ Ar y dydd hwn ym mis Abib yr ewch allan. ⁵ Pan fydd yr ARGLWYDD wedi dod â thi i wlad y Canaaneaid, Hethiaid, Amoriaid, Hefiaid a Jebusiaid, sef y wlad yr addawodd i'th hynafiaid y byddai'n ei rhoi i ti, gwlad yn llifeirio o laeth a mêl, yr wyt i gadw'r ddefod hon yn ystod y mis hwn. ⁶ Am saith diwrnod byddi'n bwyta bara croyw, ac ar y seithfed dydd bydd gŵyl i'r ARGLWYDD. ⁷ Bara croyw a fwyteir am saith diwrnod, ac ni fydd bara lefeinllyd na surdoes i'w weld yn unman o fewn dy dir. ⁸ Ar y dydd hwnnw, fe ddywedir wrth dy blentyn, 'Gwneir hyn oherwydd y peth a wnaeth yr ARGLWYDD i mi pan ddeuthum allan o'r Aifft.' ⁹ Bydd hyn i ti yn arwydd ar dy law a rhwng dy lygaid, i'th atgoffa y dylai cyfraith yr ARGLWYDD fod yn dy enau; oherwydd â llaw nerthol y daeth yr ARGLWYDD â thi allan o'r Aifft. ¹⁰ Yr wyt i gadw'r ddeddf hon yn ei hamser penodedig o flwyddyn i flwyddyn.

Y Cyntafanedig

¹¹ "Pan fydd yr ARGLWYDD wedi dod â thi i wlad y Canaaneaid a'i rhoi iti, fel y tyngodd i ti ac i'th hynafiaid, ¹² yr wyt i neilltuo pob cyntafanedig iddo ef; bydd pob gwryw cyntafanedig o blith dy anifeiliaid yn eiddo i'r ARGLWYDD. ¹³ Ond yr wyt i roi oen yn gyfnewid am bob asyn cyntafanedig, ac os nad wyt am ei gyfnewid, yr wyt i dorri ei wddf. Yr wyt hefyd i gyfnewid pob cyntafanedig o blith dy feibion. ¹⁴ Yna pan fydd dy blentyn ymhen amser yn gofyn, 'Beth yw ystyr hyn?' dywed wrtho, 'Â llaw nerthol y daeth yr ARGLWYDD â ni o'r Aifft, o dŷ caethiwed; ¹⁵ oherwydd pan wrthododd Pharo ein gollwng yn rhydd, lladdodd yr ARGLWYDD bob cyntafanedig, yn ddyn ac anifail, yng ngwlad yr Aifft. Dyna pam yr wyf yn aberthu i'r ARGLWYDD bob gwryw cyntafanedig, ond yn cyfnewid pob cyntafanedig o blith fy meibion.' ¹⁶ Bydd hyn yn arwydd ar dy law ac yn rhactalau rhwng dy lygaid; oherwydd â llaw nerthol y daeth yr ARGLWYDD â ni allan o'r Aifft."

Y Golofn Niwl a'r Golofn Dân

¹⁷ Pan ollyngodd Pharo y bobl yn rhydd, nid arweiniodd Duw hwy ar hyd ffordd gwlad y Philistiaid, er bod honno'n agos. "Oherwydd," meddai, "gallai'r bobl newid eu meddwl pan welant ryfel, a dychwelyd i'r Aifft." ¹⁸ Felly arweiniodd hwy ar hyd ffordd yr anialwch i gyfeiriad y Môr Coch, ac aeth yr Israeliaid allan o wlad yr Aifft gan ddwyn eu harfau rhyfel. ¹⁹ Cymerodd Moses esgyrn Joseff gydag ef, oherwydd yr oedd Joseff wedi gosod yr Israeliaid dan lw, drwy ddweud, "Bydd Duw yn sicr o ymweld â chwi, a'r pryd hwnnw yr ydych i ddwyn fy esgyrn oddi yma gyda chwi." ²⁰ Aethant ymaith o Succoth a gwersyllu yn Etham, ar gwr yr anialwch. ²¹ Yr oedd yr ARGLWYDD yn mynd o'u blaen mewn colofn o niwl yn ystod y dydd i'w harwain ar y ffordd, ac mewn colofn o dân yn ystod y nos i'w goleuo; felly gallent deithio ddydd a nos. ²² Ni symudwyd y golofn niwl oedd o flaen y bobl yn ystod y dydd na'r golofn dân oedd o'u blaen yn ystod y nos.

Croesi'r Môr Coch

14 Dywedodd yr ARGLWYDD wrth Moses, ² "Dywed wrth yr Israeliaid am ddychwelyd a gwersyllu o flaen Pihahiroth, rhwng Migdol a'r môr; yr ydych i wersyllu wrth y môr gyferbyn â Baal-seffon. ³ Bydd Pharo'n meddwl bod yr Israeliaid wedi eu dal yn y wlad a'u cau i mewn gan yr anialwch. ⁴ Yna, byddaf fi'n caledu ei galon, a bydd ef yn eu herlid; felly, fe enillaf ogoniant i mi fy hun ar draul Pharo a'i holl fyddin, a chaiff yr Eifftiaid wybod mai myfi yw'r ARGLWYDD." Gwnaeth yr Israeliaid fel y gorchmynnwyd iddynt.

⁵ Pan ddywedwyd wrth frenin yr Aifft fod y bobl wedi ffoi, newidiodd agwedd Pharo a'i weision tuag atynt, ac meddent, "Beth yw hyn a wnaethom? Yr ydym wedi rhyddhau'r Israeliaid o'n gwasanaeth!" ⁶ Felly paratôdd Pharo ei gerbyd ac aeth â'i fyddin gydag ef; ⁷ cymerodd hefyd chwe chant o gerbydau dethol, a'r holl gerbydau eraill oedd yn yr Aifft, a chapten ar bob un. ⁸ Caledodd yr ARGLWYDD galon Pharo brenin yr Aifft, ac erlidiodd hwnnw'r Israeliaid wrth iddynt fynd ymaith yn fuddugoliaethus. ⁹ Aeth yr Eifftiaid ar eu hôl gyda holl feirch Pharo a'i gerbydau, ei farchogion a'i fyddin, a'u goddiweddyd tra oeddent yn gwersyllu wrth y môr gerllaw Pihahiroth, gyferbyn â Baal-seffon.

¹⁰ Wrth i Pharo nesáu, edrychodd yr Israeliaid i fyny a gweld yr Eifftiaid yn dod ar eu holau, ac yn eu dychryn gwaeddodd pobl Israel ar yr ARGLWYDD. ¹¹ Dywedasant wrth Moses, "Ai am nad oedd beddau yn yr Aifft y dygaist ni i'r anialwch i farw? Pam y gwnaethost hyn i ni, a dod â ni allan o'r Aifft? ¹² Onid oeddem wedi dweud wrthyt yn yr Aifft am adael llonydd inni wasanaethu'r Eifftiaid? Byddai'n well inni eu gwasanaethu hwy na marw yn yr anialwch." ¹³ Dywedodd Moses wrth y bobl, "Peidiwch ag ofni; byddwch gadarn ac edrychwch ar y waredigaeth y mae'r ARGLWYDD yn ei rhoi i chwi heddiw, oherwydd ni fyddwch yn gweld yr Eifftiaid a welsoch heddiw byth mwy.

¹⁴ Bydd yr ARGLWYDD yn ymladd drosoch; am hynny, byddwch dawel."
¹⁵ Dywedodd yr ARGLWYDD wrth Moses, "Pam yr wyt yn gweiddi arnaf? Dywed wrth yr Israeliaid am fynd ymlaen. ¹⁶ Cod dithau dy wialen, ac estyn dy law allan dros y môr i'w rannu, er mwyn i'r Israeliaid fynd trwy ei ganol ar dir sych. ¹⁷ Byddaf finnau'n caledu calonnau'r Eifftiaid er mwyn iddynt eu dilyn, ac enillaf ogoniant ar draul Pharo a'i holl fyddin, ei gerbydau a'i farchogion. ¹⁸ Caiff yr Eifftiaid wybod mai myfi yw'r ARGLWYDD pan enillaf ogoniant ar draul Pharo a'i gerbydau a'i farchogion."

¹⁹ Symudodd angel Duw, a fu'n mynd o flaen byddin Israel, ac aeth y tu ôl iddynt; a symudodd y golofn niwl a fu o'u blaen, a safodd y tu ôl iddynt, ²⁰ gan aros rhwng byddin yr Aifft a byddin Israel. Yr oedd y cwmwl yn dywyllwch, ond yn goleuo trwy'r nos i'r Israeliaid*; ac ni ddaeth y naill ar gyfyl y llall trwy'r nos.

²¹ Estynnodd Moses ei law dros y môr, a thrwy'r nos gyrrodd yr ARGLWYDD y môr yn ei ôl â gwynt cryf o'r dwyrain. Gwnaeth y môr yn sychdir, a holltwyd y dyfroedd. ²² Aeth yr Israeliaid trwy ganol y môr ar dir sych, ac yr oedd y dyfroedd fel mur ar y naill ochr a'r llall. ²³ Erlidiodd yr Eifftiaid hwy, ac aeth holl feirch Pharo, ei gerbydau a'i farchogion, ar eu holau i ganol y môr. ²⁴ Yn ystod gwyliadwriaeth y bore, edrychodd yr ARGLWYDD ar fyddin yr Eifftiaid trwy'r golofn dân a'r cwmwl, a daliodd hwy ²⁵ trwy gloi* olwynion eu cerbydau a'i gwneud yn anodd iddynt yrru ymlaen. Yna dywedodd yr Eifftiaid, "Gadewch inni ffoi oddi wrth Israel, oherwydd y mae'r ARGLWYDD yn ymladd drostynt hwy yn erbyn yr Aifft."

²⁶ Dywedodd yr ARGLWYDD wrth Moses, "Estyn dy law allan dros y môr er mwyn i'r dyfroedd lifo'n ôl dros yr Eifftiaid a'u cerbydau a'u marchogion." ²⁷ Felly estynnodd Moses ei law dros y môr, ac erbyn y bore yr oedd y môr wedi dychwelyd i'w le. Ceisiodd yr Eifftiaid ffoi rhagddo, ond bwriodd yr ARGLWYDD hwy i ganol y môr. ²⁸ Dychwelodd y dyfroedd a gorchuddio'r cerbydau a'r marchogion, a holl fyddin Pharo oedd wedi dilyn yr Israeliaid i'r môr, heb adael yr un ohonynt ar ôl. ²⁹ Ond cerddodd yr Israeliaid trwy ganol y môr ar dir sych, ac yr oedd y dyfroedd fel mur ar y naill ochr a'r llall.

³⁰ Felly achubodd yr ARGLWYDD Israel o law'r Eifftiaid y diwrnod hwnnw, a gwelsant yr Eifftiaid yn gorwedd yn farw ar lan y môr. ³¹ Pan welodd Israel y weithred fawr a wnaeth yr ARGLWYDD yn erbyn yr Eifftiaid, daethant i'w ofni ac i ymddiried ynddo ef ac yn ei was Moses.

Cân Moses

15 Yna canodd Moses a'r Israeliaid y gân hon i'r ARGLWYDD:

"Canaf i'r ARGLWYDD am iddo
  weithredu'n fuddugoliaethus;
bwriodd y ceffyl a'i farchog i'r môr.
² Yr ARGLWYDD yw fy nerth a'm cân,
ac ef yw'r un a'm hachubodd;
ef yw fy Nuw, ac fe'i gogoneddaf,
Duw fy nhad, ac fe'i dyrchafaf.
³ Y mae'r ARGLWYDD yn rhyfelwr;
yr ARGLWYDD yw ei enw.
⁴ Taflodd gerbydau Pharo a'i fyddin
  i'r môr,
a boddwyd ei gapteiniaid dethol yn y
  Môr Coch.
⁵ Daeth llifogydd i'w gorchuddio,
a disgynasant i'r dyfnderoedd fel
  carreg.
⁶ Y mae nerth dy ddeheulaw, O
  ARGLWYDD, yn ogoneddus;
dy ddeheulaw, O ARGLWYDD, a
  ddryllia'r gelyn.
⁷ Trwy dy fawrhydi aruchel
  darostyngaist dy wrthwynebwyr;
gollyngaist dy ddigofaint, ac fe'u
  difaodd hwy fel sofl.
⁸ Trwy chwythiad dy ffroenau
  casglwyd y dyfroedd ynghyd;
safodd y ffrydiau yn bentwr,
a cheulodd y dyfnderoedd yng
  nghanol y môr.
⁹ Dywedodd y gelyn, 'Byddaf yn erlid
  ac yn goddiweddyd;
rhannaf yr ysbail, a chaf fy nigoni
  ganddo;

14:20 Felly Syrieg. Hebraeg, *yn goleuo y nos*.
14:25 Felly Fersiynau. Hebraeg, *dynnu*.

tynnaf fy nghleddyf, a'u dinistrio â'm llaw.'

¹⁰ Ond pan chwythaist ti â'th anadl, gorchuddiodd y môr hwy,
nes iddynt suddo fel plwm i'r dyfroedd mawrion.
¹¹ Pwy ymhlith y duwiau sy'n debyg i ti, O ARGLWYDD?
Pwy sydd fel tydi, yn ogoneddus ei sancteiddrwydd,
yn teilyngu parch a mawl, ac yn gwneud rhyfeddodau?
¹² Pan estynnaist dy ddeheulaw, llyncodd y ddaear hwy.

¹³ "Yn dy drugaredd, arweini'r bobl a waredaist,
a thrwy dy nerth eu tywys i'th drigfan sanctaidd.
¹⁴ Fe glyw y bobloedd, a dychryn,
a daw gwewyr ar drigolion Philistia.
¹⁵ Bydd penaethiaid Edom yn brawychu,
ac arweinwyr Moab yn arswydo,
a holl drigolion Canaan yn toddi.
¹⁶ Daw ofn a braw arnynt;
oherwydd mawredd dy fraich byddant mor llonydd â charreg,
nes i'th bobl di, O ARGLWYDD, fynd heibio,
nes i'r bobl a brynaist ti fynd heibio.
¹⁷ Fe'u dygi i mewn a'u plannu ar y mynydd sy'n eiddo i ti,
y man, O ARGLWYDD, a wnei yn drigfan i ti dy hun,
y cysegr, O ARGLWYDD, a godi â'th ddwylo.
¹⁸ Bydd yr ARGLWYDD yn teyrnasu byth bythoedd."

Cân Miriam

¹⁹ Pan aeth meirch Pharo a'i gerbydau a'i farchogion i mewn i'r môr, gwnaeth yr ARGLWYDD i ddyfroedd y môr ddychwelyd drostynt; ond cerddodd yr Israeliaid trwy ganol y môr ar dir sych. ²⁰ Yna cymerodd Miriam y broffwydes, chwaer Aaron, dympan yn ei llaw, ac aeth yr holl wragedd allan ar ei hôl a dawnsio gyda thympanau. ²¹ Canodd Miriam gân iddynt:

"Canwch i'r ARGLWYDD am iddo weithredu'n fuddugoliaethus;
bwriodd y ceffyl a'i farchog i'r môr."

Iacháu'r Dŵr Chwerw

²² Yna arweiniodd Moses yr Israeliaid oddi wrth y Môr Coch, ac aethant ymaith i anialwch Sur; buont yn teithio'r anialwch am dridiau heb gael dŵr. ²³ Pan ddaethant i Mara, ni allent yfed y dŵr yno am ei fod yn chwerw; dyna pam y galwyd y lle yn Mara*. ²⁴ Dechreuodd y bobl rwgnach yn erbyn Moses, a gofyn, "Beth ydym i'w yfed?" ²⁵ Galwodd yntau ar yr ARGLWYDD, a dangosodd yr ARGLWYDD iddo bren; pan daflodd Moses y pren i'r dŵr, trodd y dŵr yn felys.

Yno y sefydlodd yr ARGLWYDD ddeddf a chyfraith, ac yno hefyd y profodd hwy, ²⁶ a dweud, "Os gwrandewi'n astud ar lais yr ARGLWYDD dy Dduw, a gwneud yr hyn sy'n iawn yn ei olwg, gan wrando ar ei orchmynion a chadw ei holl ddeddfau, ni rof arnat yr un o'r clefydau a rois ar yr Eifftiaid; oherwydd myfi yw'r ARGLWYDD, sy'n dy iacháu."

²⁷ Yna daethant i Elim, lle'r oedd deuddeg ffynnon ddŵr, a deg a thrigain o balmwydd; a buont yn gwersyllu yno wrth y dŵr.

Y Manna a'r Soflieir

16 Aeth holl gynulliad pobl Israel ymaith o Elim, ac ar y pymthegfed dydd o'r ail fis wedi iddynt adael gwlad yr Aifft, daethant i anialwch Sin, sydd rhwng Elim a Sinai. ² Dechreuodd holl gynulliad pobl Israel rwgnach yn erbyn Moses ac Aaron yn yr anialwch, ³ a dweud wrthynt, "O na fyddai'r ARGLWYDD wedi gadael inni farw yng ngwlad yr Aifft, lle'r oeddem yn cael eistedd wrth y crochanau cig a bwyta ein gwala o fwyd; ond yr ydych chwi wedi ein harwain allan yma i'r anialwch er mwyn lladd y dyrfa hon i gyd â newyn."

⁴ Dywedodd yr ARGLWYDD wrth Moses, "Byddaf yn glawio arnoch fara o'r nefoedd, a bydd y bobl yn mynd allan a chasglu bob dydd ddogn diwrnod, er mwyn i mi eu profi a gweld a ydynt am ddilyn fy nghyfraith ai peidio. ⁵ Ond ar y chweched dydd y maent i baratoi dwywaith cymaint ag y byddent yn ei

---

15:23 H.y., *Chwerw*.

gasglu ar ddiwrnod arall." ⁶ Yna dywedodd Moses ac Aaron wrth yr holl Israeliaid, "Yn yr hwyr cewch wybod mai'r ARGLWYDD a'ch arweiniodd allan o wlad yr Aifft, ⁷ ac yn y bore cewch weld ei ogoniant, oherwydd y mae wedi clywed eich grwgnach yn ei erbyn. Pwy ydym ni, eich bod yn grwgnach yn ein herbyn?" ⁸ Dywedodd Moses hefyd, "Fe rydd yr ARGLWYDD i chwi gig i'w fwyta yn yr hwyr, a'ch gwala o fara yn y bore, oherwydd y mae wedi clywed eich grwgnach yn ei erbyn. Felly, pwy ydym ni? Nid yn ein herbyn ni y mae eich grwgnach, ond yn erbyn yr ARGLWYDD."

⁹ Dywedodd Moses wrth Aaron, "Dywed wrth holl gynulliad pobl Israel, 'Dewch yn agos at yr ARGLWYDD, oherwydd y mae ef wedi clywed eich grwgnach.' " ¹⁰ A thra oedd Aaron yn siarad â hwy, a hwythau'n edrych tua'r anialwch, ymddangosodd gogoniant yr ARGLWYDD mewn cwmwl. ¹¹ Dywedodd yr ARGLWYDD wrth Moses, ¹² "Yr wyf wedi clywed grwgnach yr Israeliaid; dywed wrthynt, 'Yn y cyfnos cewch fwyta cig, ac yn y bore cewch eich gwala o fara; yna byddwch yn gwybod mai myfi yw'r ARGLWYDD eich Duw.' "

¹³ Yn yr hwyr daeth soflieir a gorchuddio'r gwersyll, ac yn y bore yr oedd haen o wlith o'i amgylch. ¹⁴ Pan gododd y gwlith, yr oedd caenen denau ar hyd wyneb yr anialwch, mor denau â llwydrew ar y ddaear. ¹⁵ Gwelodd yr Israeliaid ef, a dweud wrth ei gilydd, "Beth yw hwn?*" Oherwydd nid oeddent yn gwybod beth ydoedd. Dywedodd Moses wrthynt, "Hwn yw'r bara a roddodd yr ARGLWYDD i chwi i'w fwyta. ¹⁶ Dyma a orchmynnodd yr ARGLWYDD: 'Y mae pob un i gasglu ohono gymaint ag a all ei fwyta; cymerwch omer yr un ar gyfer pawb sydd yn eich pabell.' " ¹⁷ Gwnaeth yr Israeliaid hyn; yr oedd rhai'n casglu llawer, eraill ychydig, ¹⁸ ac wedi iddynt ei fesur wrth yr omer, nid oedd gormod gan y sawl a gasglodd lawer, na phrinder gan y sawl a gasglodd ychydig. Yr oedd pob un yn casglu cymaint ag a allai ei fwyta. ¹⁹ Dywedodd Moses wrthynt, "Peidied neb â chadw dim ohono'n weddill hyd drannoeth." ²⁰ Ond ni wrandawsant arno, a chadwodd rhai beth ohono'n weddill hyd drannoeth; magodd bryfed, a dechreuodd ddrewi, ac yr oedd Moses yn ddig wrthynt. ²¹ Casglasant bob bore gymaint ag a allent ei fwyta, ond pan boethai'r haul, fe doddai.

²² Ar y chweched dydd casglasant ddwywaith cymaint o fara, dau omer yr un, a daeth holl swyddogion y cynulliad at Moses i fynegi hyn iddo. ²³ Dywedodd yntau wrthynt, "Dyma a orchmynnodd yr ARGLWYDD: 'Bydd yfory yn ddydd o orffwys, ac yn Saboth wedi ei gysegru i'r ARGLWYDD.' Felly pobwch yr hyn y bydd ei angen arnoch, a berwi'r hyn y bydd arnoch ei eisiau; yna rhowch o'r neilltu bopeth sydd yn weddill, a chadwch ef hyd y bore." ²⁴ Fe'i cadwasant hyd y bore, fel yr oedd Moses wedi gorchymyn, ac ni ddrewodd na magu pryfed. ²⁵ Yna dywedodd Moses, "Bwytewch ef heddiw, oherwydd y mae'r dydd hwn yn Saboth i'r ARGLWYDD; ni chewch mohono yn y maes heddiw. ²⁶ Am chwe diwrnod y casglwch ef, ond ar y seithfed dydd, sef y Saboth, ni bydd dim ohono ar gael." ²⁷ Aeth rhai o'r bobl allan ar y seithfed dydd i'w gasglu, ond ni chawsant ddim. ²⁸ Dywedodd yr ARGLWYDD wrth Moses, "Am ba hyd yr ydych am wrthod cadw fy ngorchmynion a'm cyfreithiau? ²⁹ Edrychwch, yr ARGLWYDD a roddodd y Saboth i chwi; am hynny, fe rydd i chwi ar y chweched dydd fara am ddau ddiwrnod. Arhoswch gartref, bawb ohonoch, a pheidied neb â symud oddi yno ar y seithfed dydd." ³⁰ Felly gorffwysodd y bobl ar y seithfed dydd.

³¹ Rhoddodd tŷ Israel yr enw manna arno; yr oedd fel had coriander, yn wyn, a'i flas fel afrlladen wedi ei gwneud o fêl. ³² Dywedodd Moses, "Dyma a orchmynnodd yr ARGLWYDD: 'Llanwer omer ohono i'w gadw ar gyfer y cenedlaethau a ddaw, er mwyn iddynt weld y bara a rois i chwi i'w fwyta yn yr anialwch pan ddygais chwi allan o wlad yr Aifft.' " ³³ Dywedodd Moses wrth Aaron, "Cymer grochan, a rho ynddo omer lawn o'r manna, a'i osod o flaen yr

---
16:15 Neu, *Manna ydyw*. Hebraeg, *mân hu*.

ARGLWYDD, i'w gadw ar gyfer y cenedlaethau a ddaw." ³⁴ Gosododd Aaron ef o flaen y dystiolaeth i'w gadw, fel yr oedd yr ARGLWYDD wedi gorchymyn i Moses. ³⁵ Bu'r Israeliaid yn bwyta manna am ddeugain mlynedd, nes iddynt ddod i wlad gyfannedd ar gyrion gwlad Canaan. ³⁶ (Degfed ran o effa yw omer.)

Dŵr o'r Graig

17 Num. 20:1-13
Aeth holl gynulliad pobl Israel ymaith o anialwch Sin a symud o le i le fel yr oedd yr ARGLWYDD yn gorchymyn, a gwersyllu yn Reffidim; ond nid oedd yno ddŵr i'w yfed. ² Felly dechreuodd y bobl ymryson â Moses, a dweud, "Rho* inni ddŵr i'w yfed." Ond dywedodd Moses wrthynt, "Pam yr ydych yn ymryson â mi ac yn herio'r ARGLWYDD?" ³ Yr oedd y bobl yn sychedu yno am ddŵr, a dechreuasant rwgnach yn erbyn Moses, a dweud, "Pam y daethost â ni i fyny o'r Aifft? Ai er mwyn ein lladd ni a'n plant a'n hanifeiliaid â syched?" ⁴ Felly galwodd Moses ar yr ARGLWYDD a dweud, "Beth a wnaf â'r bobl hyn? Y maent bron â'm llabyddio!" ⁵ Dywedodd yr ARGLWYDD wrtho, "Cerdda o flaen y bobl gyda rhai o henuriaid Israel, a chymer yn dy law y wialen y trewaist y Neil â hi, a dos ymlaen. ⁶ Pan weli fi'n sefyll o'th flaen ar graig yn Horeb, taro'r graig, a daw dŵr allan ohoni, a chaiff y bobl yfed." Gwnaeth Moses hyn ym mhresenoldeb henuriaid Israel. ⁷ Galwodd enw'r lle yn Massa* a Meriba*, oherwydd ymryson yr Israeliaid ac am iddynt herio'r ARGLWYDD trwy ofyn, "A yw'r ARGLWYDD yn ein plith, ai nac ydyw?"

Rhyfel yn erbyn Amalec

⁸ Pan ddaeth Amalec i ymladd yn erbyn Israel yn Reffidim, ⁹ dywedodd Moses wrth Josua, "Dewis dy wŷr, a dos ymaith i ymladd yn erbyn Amalec; yfory, fe gymeraf finnau fy lle ar ben y bryn, â gwialen Duw yn fy llaw." ¹⁰ Gwnaeth Josua fel yr oedd Moses wedi dweud wrtho, ac ymladdodd yn erbyn Amalec; yna aeth Moses, Aaron a Hur i fyny i ben y bryn. ¹¹ Pan godai Moses ei law, byddai Israel yn trechu; a phan ostyngai ei law, byddai Amalec yn trechu. ¹² Pan aeth ei ddwylo'n flinedig, cymerwyd carreg a'i gosod dano, ac eisteddodd Moses arni, gydag Aaron ar y naill ochr iddo a Hur ar y llall, yn cynnal ei ddwylo, fel eu bod yn gadarn hyd fachlud haul. ¹³ Felly, gorchfygodd Josua Amalec a'i bobl â min y cleddyf.

¹⁴ Dywedodd yr ARGLWYDD wrth Moses, "Ysgrifenna hyn mewn llyfr yn goffadwriaeth, a mynega'r peth yng nghlyw Josua, sef fy mod am ddileu yn llwyr oddi tan y nefoedd bob atgof am Amalec." ¹⁵ Yna adeiladodd Moses allor a'i henwi'n Jehofa-nissi*, ¹⁶ a dweud, "Llaw ar faner* yr ARGLWYDD! Bydd rhyfel rhwng yr ARGLWYDD ac Amalec o genhedlaeth i genhedlaeth."

Jethro'n Ymweld â Moses

18 Clywodd Jethro, offeiriad yn Midian a thad-yng-nghyfraith Moses, am y cyfan a wnaeth Duw i Moses ac i'w bobl Israel, ac fel yr oedd yr ARGLWYDD wedi eu harwain allan o'r Aifft. ² Wedi i Moses yrru ymaith ei wraig Seffora, rhoddodd Jethro, ei dad-yng-nghyfraith, gartref iddi hi ³ a'i dau fab. Gersom oedd enw'r naill: "Oherwydd," meddai, "bûm yn ddieithryn* mewn gwlad ddieithr." ⁴ Ac Elieser oedd enw'r llall: "Oherwydd," meddai, "bu Duw fy nhad yn gymorth* imi, ac fe'm hachubodd rhag cleddyf Pharo." ⁵ Daeth Jethro, tad-yng-nghyfraith Moses, â meibion Moses a'i wraig ato i'r anialwch lle'r oedd yn gwersyllu wrth fynydd Duw, ⁶ a dweud wrth Moses, "Yr wyf fi, Jethro dy dad-yng-nghyfraith, wedi dod atat gyda'th wraig a'i dau fab." ⁷ Aeth yntau allan i'w gyfarch, ac ymgrymu a'i gusanu; yna ar ôl iddynt gyfarch ei gilydd, aethant i mewn i'r babell. ⁸ Adroddodd Moses wrth ei dad-yng-nghyfraith y cyfan a wnaeth yr ARGLWYDD i Pharo a'r Eifftiaid

---

17:2 Felly Fersiynau. Hebraeg, *Rhowch.*
17:7 H.y., *Her.*
17:7 H.y., *Ymryson.*
17:15 H.y., *Baner yr* ARGLWYDD.
17:16 Tebygol. Hebraeg yn aneglur.
18:3 Hebraeg, *ger.*
18:4 Hebraeg, *Eli,* fy Nuw; *eser,* cymorth.

er mwyn Israel, a'r holl helbul a gawsant ar y ffordd, ac fel yr achubodd yr ARGLWYDD hwy. ⁹ Llawenychodd Jethro oherwydd yr holl bethau da a wnaeth yr ARGLWYDD i Israel trwy eu hachub o law'r Eifftiaid, ¹⁰ a dywedodd, "Bendigedig fyddo'r ARGLWYDD a'ch achubodd o law'r Eifftiaid ac o law Pharo. ¹¹ Gwn yn awr fod yr ARGLWYDD yn fwy na'r holl dduwiau, oherwydd fe achubodd y bobl o law'r Eifftiaid* a fu'n eu trin yn drahaus." ¹² Yna cyflwynodd Jethro, tad-yng-nghyfraith Moses, boethoffrwm ac ebyrth i Dduw, a daeth Aaron a holl henuriaid Israel i fwyta bara gydag ef ym mhresenoldeb Duw.

Penodi Barnwyr
Deut. 1:9–18

¹³ Eisteddodd Moses drannoeth i farnu'r bobl, a hwythau'n sefyll o'i flaen o'r bore hyd yr hwyr. ¹⁴ Pan welodd ei dad-yng-nghyfraith y cwbl yr oedd Moses yn ei wneud er mwyn y bobl, dywedodd, "Beth yw hyn yr wyt yn ei wneud drostynt? Pam yr wyt yn eistedd ar dy ben dy hun, a'r holl bobl yn sefyll o'th flaen o fore hyd hwyr?" ¹⁵ Atebodd Moses ef, "Am fod y bobl yn dod ataf i ymgynghori â Duw. ¹⁶ Pan fydd achos yn codi, fe ddônt ataf fi i mi farnu rhwng rhwng pobl a'i gilydd, a datgan deddfau Duw a'i gyfreithiau." ¹⁷ Dywedodd tad-yng-nghyfraith Moses wrtho, "Nid dyma'r ffordd orau iti weithredu. ¹⁸ Byddi di a'r bobl sydd gyda thi wedi diffygio'n llwyr; y mae'r gwaith yn rhy drwm iti, ac ni elli ei gyflawni dy hun. ¹⁹ Gwrando'n awr arnaf fi, ac fe'th gynghoraf, a bydded Duw gyda thi. Ti sydd i gynrychioli'r bobl o flaen Duw, a dod â'u hachosion ato ef. ²⁰ Ti hefyd sydd i ddysgu i'r bobl y deddfau a'r cyfreithiau, a rhoi gwybod iddynt sut y dylent ymddwyn a beth y dylent ei wneud. ²¹ Ond ethol o blith yr holl bobl wŷr galluog a gonest, sy'n parchu Duw ac yn casáu llwgrwobrwyo, a'u penodi dros y bobl yn swyddogion ar unedau o fil, o gant, o hanner cant ac o ddeg. ²² Boed iddynt hwy farnu'r bobl ar bob achlysur; gallent ddod â phob achos anodd atat ti, ond hwy eu hunain sydd i farnu pob achos syml. Bydd yn ysgafnach arnat os byddant hwy'n rhannu'r baich â thi. ²³ Os gwnei hyn, a hynny ar orchymyn Duw, gelli ddal ati; ac fe â'r bobl hyn i gyd adref yn fodlon."

²⁴ Gwrandawodd Moses ar ei dad-yng-nghyfraith, a gwnaeth bopeth a orchmynnodd ef. ²⁵ Dewisodd wŷr galluog o blith yr holl Israeliaid a'u gwneud yn benaethiaid ar y bobl, ac yn swyddogion ar unedau o fil, o gant, o hanner cant ac o ddeg. ²⁶ Hwy oedd yn barnu'r bobl ar bob achlysur; deuent â'r achosion dyrys at Moses, ond hwy eu hunain oedd yn barnu'r holl achosion syml. ²⁷ Ffarweliodd Moses â'i dad-yng-nghyfraith, ac aeth Jethro adref i'w wlad ei hun.

Yr Israeliaid ym Mynydd Sinai

19 Ar ddiwrnod cyntaf y trydydd mis wedi i'r Israeliaid adael gwlad yr Aifft, daethant i anialwch Sinai. ² Wedi iddynt ymadael â Reffidim a chyrraedd anialwch Sinai, cododd Israel wersyll yno gyferbyn â'r mynydd. ³ Aeth Moses i fyny at fynydd Duw*, a galwodd yr ARGLWYDD arno o'r mynydd a dweud, "Fel hyn y dywedi wrth dylwyth Jacob ac wrth bobl Israel: ⁴ 'Fe welsoch yr hyn a wneuthum i'r Eifftiaid, ac fel y codais chwi ar adenydd eryrod a'ch cludo ataf fy hun. ⁵ Yn awr, os gwrandewch yn ofalus arnaf a chadw fy nghyfamod, byddwch yn eiddo arbennig i mi ymhlith yr holl bobloedd, oherwydd eiddof fi'r ddaear i gyd. ⁶ Byddwch hefyd yn deyrnas o offeiriaid i mi, ac yn genedl sanctaidd.' Dyma'r geiriau yr wyt i'w llefaru wrth bobl Israel."

⁷ Felly aeth Moses i alw henuriaid y bobl, a gosod o'u blaen yr holl eiriau hyn a orchmynnodd yr ARGLWYDD iddo. ⁸ Atebodd y bobl i gyd yn unfryd, "Fe wnawn y cyfan a ddywedodd yr ARGLWYDD." Yna adroddodd Moses eiriau'r bobl wrth yr ARGLWYDD. ⁹ Dywedodd yr ARGLWYDD wrtho, "Edrych, fe ddof atat mewn cwmwl tew er mwyn i'r bobl fy nghlywed yn llefaru

---

18:11 Hebraeg, *oherwydd . . . Eifftiaid* ar ddiwedd adn. 10.

19:3 Felly Fersiynau. Hebraeg, *at Dduw*.

wrthyt ac ymddiried ynot am byth."
¹⁰ Pan fynegodd Moses eiriau'r bobl wrth yr ARGLWYDD, dywedodd yr ARGLWYDD wrtho hefyd, "Dos at y bobl, a chysegra hwy heddiw ac yfory; boed iddynt olchi eu dillad, ¹¹ a bod yn barod erbyn y trydydd dydd, oherwydd ar y trydydd dydd fe ddaw'r ARGLWYDD i lawr ar Fynydd Sinai yng ngolwg yr holl bobl. ¹² Gosod ffin o amgylch y mynydd*, a dywed, 'Gwyliwch rhag i chwi fynd i fyny i'r mynydd na chyffwrdd â'i ffin; oherwydd pwy bynnag sy'n cyffwrdd â'r mynydd, fe'i rhoddir i farwolaeth ¹³ trwy ei labyddio neu ei saethu, ond peidied neb â'i gyffwrdd â'i law. Prun bynnag ai dyn ai anifail ydyw, ni chaiff fyw.' Nid ydynt i ddod i fyny i'r mynydd nes y cenir yn hir ar y corn hwrdd." ¹⁴ Yna aeth Moses i lawr o'r mynydd at y bobl, a'u cysegru; a golchasant eu dillad. ¹⁵ Dywedodd wrthynt, "Byddwch barod erbyn y trydydd dydd, a pheidiwch â mynd yn agos at wraig."

¹⁶ Ar fore'r trydydd dydd, daeth taranau a mellt a chwmwl tew ar y mynydd, ac yr oedd sŵn yr utgorn mor gryf nes i'r holl bobl oedd yn y gwersyll ddychryn. ¹⁷ Yna daeth Moses â'r bobl allan o'r gwersyll i gyfarfod â Duw, ac aethant i sefyll wrth odre'r mynydd. ¹⁸ Yr oedd Mynydd Sinai yn fwg i gyd, oherwydd i'r ARGLWYDD ddod i lawr arno mewn tân; yr oedd y mwg yn codi fel mwg ffwrn, a'r mynydd i gyd yn crynu drwyddo. ¹⁹ Wrth i sŵn yr utgorn gryfhau, llefarodd Moses, ac atebodd Duw ef yn y daran. ²⁰ Yna disgynnodd yr ARGLWYDD ar ben Mynydd Sinai; galwodd Moses i ben y mynydd, ac aeth yntau i fyny. ²¹ Dywedodd yr ARGLWYDD wrtho, "Dos i lawr a rhybuddia'r bobl, rhag iddynt frysio i rythu ar yr ARGLWYDD ac i lawer ohonynt farw. ²² Rhaid i'r offeiriaid sy'n nesáu at yr ARGLWYDD hefyd eu cysegru eu hunain, rhag i'r ARGLWYDD eu taro." ²³ Dywedodd Moses wrth yr ARGLWYDD, "Ni all y bobl ddod i fyny i Fynydd Sinai, oherwydd iti ein rhybuddio i osod ffin o amgylch y mynydd a'i gysegru." ²⁴ Dywedodd yr ARGLWYDD wrtho, "Dos i lawr, a thyrd ag Aaron i fyny gyda thi, ond paid â gadael i'r offeiriaid a'r bobl ruthro i fyny at yr ARGLWYDD, rhag iddo eu taro." ²⁵ Felly aeth Moses i lawr at y bobl a dweud hyn wrthynt.

Y Deg Gorchymyn

20 Deut. 5:1–21
Llefarodd Duw yr holl eiriau hyn, a dweud:

² "Myfi yw'r ARGLWYDD dy Dduw, a'th arweiniodd allan o wlad yr Aifft, o dŷ caethiwed.

³ "Na chymer dduwiau eraill ar wahân i mi.

⁴ "Na wna iti ddelw gerfiedig ar ffurf dim sydd yn y nefoedd uchod na'r ddaear isod nac yn y dŵr dan y ddaear; ⁵ nac ymgryma iddynt na'u gwasanaethu, oherwydd yr wyf fi, yr ARGLWYDD dy Dduw, yn Dduw eiddigeddus; yr wyf yn cosbi'r plant am ddrygioni'r rhieni hyd y drydedd a'r bedwaredd genhedlaeth o'r rhai sy'n fy nghasáu, ⁶ ond yn dangos trugaredd i filoedd o'r rhai sy'n fy ngharu ac yn cadw fy ngorchmynion.

⁷ "Na chymer enw'r ARGLWYDD dy Dduw yn ofer, oherwydd ni fydd yr ARGLWYDD yn ystyried yn ddieuog y sawl sy'n cymryd ei enw'n ofer.

⁸ "Cofia'r dydd Saboth, i'w gadw'n gysegredig. ⁹ Chwe diwrnod yr wyt i weithio a gwneud dy holl waith, ¹⁰ ond y mae'r seithfed dydd yn Saboth yr ARGLWYDD dy Dduw; na wna ddim gwaith y dydd hwnnw, ti na'th fab, na'th ferch, na'th was, na'th forwyn, na'th anifail, na'r estron sydd o fewn dy byrth; ¹¹ oherwydd mewn chwe diwrnod y gwnaeth yr ARGLWYDD y nefoedd a'r ddaear, y môr a'r cyfan sydd ynddo; ac ar y seithfed dydd fe orffwysodd; am hynny, bendithiodd yr ARGLWYDD y dydd Saboth a'i gysegru.

¹² "Anrhydedda dy dad a'th fam, er mwyn amlhau dy ddyddiau yn y wlad y mae'r ARGLWYDD yn ei rhoi iti.

¹³ "Na ladd.

¹⁴ "Na odineba.

¹⁵ "Na ladrata.

¹⁶ "Na ddwg gamdystiolaeth yn erbyn dy gymydog.

19:12 Felly Pumllyfr y Samariaid. Cymh. adn. 23. Hebraeg, *bobl*.

17 "Na chwennych dŷ dy gymydog, na'i wraig, na'i was, na'i forwyn, na'i ych, na'i asyn, na dim sy'n eiddo i'th gymydog."

Y Bobl yn Ofni

18 Pan welodd yr holl bobl y taranau a'r mellt, yr utgorn yn seinio a'r mynydd yn mygu, safasant o hirbell mewn petruster, 19 a dweud wrth Moses, "Llefara di wrthym, ac fe wrandawn; ond paid â gadael i Dduw lefaru wrthym, rhag inni farw." 20 Dywedodd Moses wrthynt, "Peidiwch ag ofni, oherwydd fe ddaeth Duw i'ch profi, er mwyn ichwi ddal i'w barchu ef, a pheidio â phechu."

Sut Allor i'w Chodi

21 Safodd y bobl o bell, ond nesaodd Moses at y tywyllwch lle'r oedd Duw. 22 Dywedodd yr ARGLWYDD wrtho, "Fel hyn y dywedi wrth bobl Israel: 'Gwelsoch i mi lefaru wrthych o'r nefoedd. 23 Peidiwch â gwneud duwiau o arian nac o aur i'w haddoli gyda mi. 24 Gwna imi allor o bridd, ac abertha arni dy boethoffrymau a'th heddoffrymau, dy ddefaid a'th ychen; yna mi ddof atat i'th fendithio ym mha le bynnag y coffeir fy enw. 25 Ond os gwnei imi allor o gerrig, paid â'i gwneud o gerrig nadd; oherwydd wrth iti ei thrin â'th forthwyl, yr wyt yn ei halogi. 26 Hefyd, paid â mynd i fyny i'm hallor ar risiau, rhag iti amlygu dy noethni.'

Caethweision Hebreig

21 Deut. 15:12–18
"Dyma'r deddfau yr wyt i'w gosod o flaen y bobl:

2 "Pan bryni Hebrëwr yn gaethwas, y mae i roi chwe blynedd o wasanaeth, ac yn y seithfed caiff fynd yn rhydd heb dalu. 3 Os daeth i mewn ei hun, caiff fynd ymaith ei hun, ond os oedd yn briod, caiff ei wraig fynd ymaith gydag ef. 4 Os rhydd ei feistr wraig iddo, a hithau'n esgor ar feibion neu ferched iddo, bydd y wraig a'i phlant yn eiddo i'r meistr, ac y mae'r caethwas i fynd ymaith ei hun. 5 Ond os dywed y caethwas, 'Yr wyf yn caru fy meistr a'm gwraig a'm plant, ac nid wyf am fynd ymaith', 6 yna y mae ei feistr i ddod ag ef at Dduw, a'i ddwyn at y drws neu'r cilbost, a thyllu trwy ei glust â mynawyd; wedyn, bydd y caethwas yn ei wasanaethu am byth.

7 "Pan yw gŵr yn gwerthu ei ferch i gaethiwed, ni chaiff hi fynd yn rhydd fel y gweision caeth. 8 Os nad yw'n boddhau ei meistr, ac yntau wedi ei neilltuo iddo'i hun, gadawer iddi gael ei phrynu'n ôl; ond nid oes ganddo'r hawl i'w gwerthu i estroniaid, gan ei fod wedi torri cytundeb â hi. 9 Os yw wedi ei neilltuo ar gyfer ei fab, y mae i'w thrin fel ei ferch ei hun. 10 Os yw'r meistr yn priodi gwraig arall, nid yw i leihau dim ar fwyd y gaethferch na'i dillad na'i hawliau priodasol. 11 Os yw'n methu yn un o'r tri pheth hyn, caiff y gaethferch fynd ymaith heb dalu dim arian.

Niweidiau Personol

12 "Pwy bynnag sy'n taro rhywun a'i ladd, rhodder ef i farwolaeth. 13 Os na chynlluniodd hynny, ond bod Duw wedi ei roi yn ei afael, caiff ffoi i'r lle a neilltuaf iti. 14 Os bydd rhywun yn ymosod yn fwriadol ar ei gymydog a'i ladd trwy frad, dos ag ef ymaith oddi wrth fy allor a'i roi i farwolaeth.

15 "Pwy bynnag sy'n taro'i dad neu ei fam, rhodder ef i farwolaeth.

16 "Pwy bynnag sy'n cipio rhywun i'w werthu neu i'w gadw yn ei feddiant, rhodder ef i farwolaeth.

17 "Pwy bynnag sy'n melltithio'i dad neu ei fam, rhodder ef i farwolaeth.

18 "Pan yw rhai'n cweryla, ac un yn taro'r llall â charreg neu â'i ddwrn, a hwnnw'n gaeth i'w wely, ond heb farw, 19 ac yna'n codi ac yn cerdded oddi amgylch â'i ffon, ystyrier y sawl a'i trawodd yn ddieuog; nid oes rhaid iddo ond ei ddigolledu am ei waith, a gofalu ei fod yn holliach.

20 "Pan yw rhywun yn taro'i gaethwas neu ei gaethferch â ffon, a'r caeth yn marw yn y fan, cosber y sawl a'i tarodd. 21 Ond os yw'r caeth yn byw am ddiwrnod neu ddau, na fydded cosbi, oherwydd ei eiddo ef ydyw.

22 "Pan yw dynion wrth ymladd â'i gilydd yn taro gwraig feichiog, a hithau'n colli ei phlentyn, ond heb gael niwed pellach, y mae'r dyn i dalu'r ddirwy sy'n

ddyledus i'w gŵr ac a bennwyd gan y barnwyr. ²³ Ond os bu niwed pellach, yr wyt i hawlio bywyd am fywyd, ²⁴ llygad am lygad, dant am ddant, llaw am law, troed am droed, ²⁵ llosgiad am losgiad, clwyf am glwyf, a chlais am glais.

²⁶ "Pan yw rhywun yn taro llygad ei gaethwas neu ei gaethferch, a'i ddifetha, y mae i ollwng y caeth yn rhydd o achos y llygad. ²⁷ Os yw'n taro allan ddant ei gaethwas neu ei gaethferch, y mae i ollwng y caeth yn rhydd o achos y dant.

Cyfrifoldeb Perchnogion

²⁸ "Pan yw ych yn cornio gŵr neu wraig i farwolaeth, llabyddier yr ych, ac nid yw ei gig i'w fwyta; ond ystyrier y perchennog yn ddieuog. ²⁹ Ond os bu'r ych yn cornio yn y gorffennol, a'r perchennog wedi ei rybuddio ond eto heb gadw'r ych dan reolaeth, a hwnnw'n lladd gŵr neu wraig, llabyddier yr ych a rhoi ei berchennog i farwolaeth. ³⁰ Os pennir pridwerth, y mae i dalu am ei fywyd yn llawn yn ôl y pridwerth a bennir. ³¹ Os yw'r ych yn cornio mab neu ferch, y mae'r un rheol yn dal. ³² Os yw'r ych yn cornio caethwas neu gaethferch, y mae ei berchennog i dalu i'r meistr ddeg sicl ar hugain o arian, ac y mae'r ych i'w labyddio.

³³ "Pan yw rhywun yn gadael pydew ar agor, neu'n cloddio pydew a heb ei gau, ac ych neu asyn yn syrthio iddo, ³⁴ y mae perchen y pydew i wneud iawn amdano trwy dalu arian i berchen yr anifail; ond ei eiddo ef fydd yr anifail marw.

³⁵ "Pan yw ych rhywun yn cornio ac yn lladd ych ei gymydog, yna y maent i werthu'r ych byw, a rhannu'r arian a geir amdano; y maent hefyd i rannu'r ych marw. ³⁶ Ond os yw'n hysbys fod yr ych wedi cornio yn y gorffennol, a'i berchennog heb ei gadw dan reolaeth, y mae ef i dalu'n ôl yn llawn, a rhoi ych am ych; ond ei eiddo ef fydd yr anifail marw.

Iawn am Eiddo

22 * "Os yw rhywun yn lladrata ych neu ddafad ac yn ei ladd neu ei werthu, y mae i dalu'n ôl bum ych am yr ych, a phedair dafad am y ddafad.

² * "Os bydd rhywun yn dal lleidr yn torri i mewn, ac yn ei daro a'i ladd, ni fydd yn euog o'i waed; ³ ond os yw'n ei ddal ar ôl i'r haul godi, fe fydd yn euog o'i waed.

"Y mae lleidr i dalu'n ôl yn llawn, ac os nad oes dim ganddo, y mae ef ei hun i'w werthu am ei ladrad.

⁴ "Os ceir yn fyw ym meddiant lleidr anifail wedi ei ddwyn, boed yn ych neu'n asyn neu'n ddafad, y mae'r lleidr i dalu'n ôl ddwbl ei werth.

⁵ "Pan yw rhywun yn gadael ei faes neu ei winllan i'w pori, ac yna'n gyrru ei anifail i bori ym maes rhywun arall, y mae i dalu'n ôl o'r pethau gorau sydd yn ei faes a'i winllan ei hun.

⁶ "Pan yw tân yn torri allan ac yn cydio mewn drain ac yn difa ysgubau ŷd, neu ŷd heb ei fedi, neu faes, y mae'r sawl a gyneuodd y tân i dalu'n ôl yn llawn.

⁷ "Pan yw rhywun yn rhoi i'w gymydog arian neu ddodrefn i'w cadw iddo, a'r rheini'n cael eu lladrata o'i dŷ, y mae'r lleidr, os delir ef, i dalu'n ôl yn ddwbl. ⁸ Os na ddelir y lleidr, dyger perchennog y tŷ o flaen Duw i weld a estynnodd ei law at eiddo'i gymydog ai peidio.

⁹ "Mewn unrhyw achos o drosedd ynglŷn ag ych, asyn, dafad, dilledyn, neu unrhyw beth coll y mae rhywun yn dweud mai ei eiddo ef ydyw, dyger achos y ddau o flaen Duw; ac y mae'r sawl y bydd Duw yn ei gael yn euog i dalu'n ôl yn ddwbl i'w gymydog.

¹⁰ "Pan yw rhywun yn rhoi asyn, ych, dafad, neu unrhyw anifail i'w gymydog i'w gadw iddo, a'r anifail yn marw, neu'n cael ei niweidio, neu ei gipio ymaith, heb i neb ei weld, ¹¹ y mae'r naill i dyngu i'r llall yn enw'r ARGLWYDD nad yw wedi estyn ei law at eiddo'i gymydog; y mae'r perchennog i dderbyn hyn, ac nid yw'r llall i dalu'n ôl. ¹² Ond os cafodd ei ladrata oddi arno, y mae i dalu'n ôl i'r perchennog. ¹³ Os cafodd ei larpio, y mae i ddod â'r corff yn dystiolaeth, ac nid yw i dalu'n ôl am yr hyn a larpiwyd.

¹⁴ "Pan yw rhywun yn benthyca anifail gan ei gymydog, a hwnnw'n cael ei

---

22:1 Hebraeg, 21:37.   22:2 Hebraeg, 22:1.

niweidio, neu'n marw heb i'w berchennog fod gydag ef, y mae'r sawl a'i benthyciodd i dalu'n ôl yn llawn. ¹⁵ Ond os oedd ei berchennog gydag ef, nid yw i dalu'n ôl; os oedd ar log, yna'r llog sy'n ddyledus.

Deddfau Moesol a Chrefyddol

¹⁶ "Pan yw rhywun yn hudo gwyryf nad yw wedi ei dyweddïo, ac yn gorwedd gyda hi, y mae i roi gwaddol amdani, a'i chymryd yn wraig. ¹⁷ Ond os yw ei thad yn gwrthod yn llwyr ei rhoi iddo, y mae i dalu arian sy'n gyfwerth â'r gwaddol am wyryf.

¹⁸ "Paid â gadael i ddewines fyw.

¹⁹ "Pwy bynnag sy'n gorwedd gydag anifail, rhodder ef i farwolaeth.

²⁰ "Pwy bynnag sy'n aberthu i unrhyw dduw heblaw'r ARGLWYDD yn unig, distrywier ef yn llwyr.

²¹ "Paid â gwneud cam â'r estron, na'i orthrymu, oherwydd estroniaid fuoch chwi yng ngwlad yr Aifft. ²² Peidiwch â cham-drin y weddw na'r amddifad. ²³ Os byddwch yn eu cam-drin a hwythau'n galw arnaf, byddaf yn sicr o glywed eu cri. ²⁴ Bydd fy nicter yn cael ei gyffroi, ac fe'ch lladdaf â'r cleddyf; a bydd eich gwragedd yn weddwon a'ch plant yn amddifaid.

²⁵ "Pan fenthyci arian i unrhyw un o'm pobl sy'n dlawd yn eich plith, paid ag ymddwyn tuag ato fel y gwna'r echwynnwr, a phaid â mynnu llog ganddo. ²⁶ Os cymeri fantell dy gymydog yn wystl, yr wyt i'w rhoi'n ôl iddo cyn machlud haul, ²⁷ oherwydd dyna'r unig orchudd sydd ganddo, a dyna'r wisg sydd am ei gorff; beth arall sydd ganddo i gysgu ynddo? Os bydd yn galw arnaf fi, fe wrandawaf arno am fy mod yn drugarog.

²⁸ "Paid â chablu Duw, na melltithio pennaeth o blith dy bobl.

²⁹ "Paid ag oedi offrymu o'th ffrwythau aeddfed neu o gynnyrch dy winwryf.

"Yr wyt i gyflwyno i mi dy fab cyntafanedig. ³⁰ Yr wyt i wneud yr un modd gyda'th ychen a'th ddefaid; bydded pob un gyda'i fam am saith diwrnod, ac ar yr wythfed dydd cyflwyner ef i mi.

³¹ "Byddwch yn ddynion wedi eu cysegru i mi, a pheidiwch â bwyta cig dim sydd wedi ei ysglyfaethu yn y maes; yn hytrach, taflwch ef i'r cŵn.

Cyfiawnder a Thegwch

23 "Paid â lledaenu straeon ofer. Paid ag ymuno â'r drygionus i fod yn dyst celwyddog. ² Paid â dilyn y lliaws i wneud drwg, nac ochri gyda'r mwyafrif i wyrdroi barn wrth dystio mewn achos cyfreithiol. ³ Paid â dangos ffafr tuag at y tlawd yn ei achos.

⁴ "Pan ddoi ar draws ych dy elyn neu ei asyn yn crwydro, dychwel ef iddo. ⁵ Os gweli asyn y sawl sy'n dy gasáu yn crymu dan ei lwyth, paid â'i adael fel y mae, ond dos i estyn cymorth iddo*.

⁶ "Paid â gwyro barn i'r tlawd yn ei achos. ⁷ Ymgadw oddi wrth eiriau celwyddog, a phaid â difa'r dieuog na'r cyfiawn, oherwydd ni byddaf fi'n cyfiawnhau'r drygionus. ⁸ Paid â derbyn llwgrwobr, oherwydd y mae'n dallu'r un mwyaf craff ac yn gwyro geiriau'r cyfiawn.

⁹ "Paid â gorthrymu'r estron, oherwydd fe wyddoch chwi beth yw bod yn estron am mai estroniaid fuoch yng ngwlad yr Aifft.

Y Seithfed Flwyddyn a'r Seithfed Dydd

¹⁰ "Am chwe blynedd yr wyt i hau dy dir a chasglu ei gynnyrch, ¹¹ ond yn y seithfed flwyddyn yr wyt i'w adael heb ei drin, er mwyn i'r rhai tlawd ymysg dy bobl gael bwyta, ac i'r anifeiliaid gwyllt gael bwydo ar yr hyn a adewir yn weddill. Yr wyt i wneud yr un modd gyda'th winllan a'th goed olewydd.

¹² "Am chwe diwrnod yr wyt i weithio, ond ar y seithfed dydd yr wyt i orffwys, er mwyn i'th ych a'th asyn gael gorffwys, ac i fab dy gaethferch ac i'r estron gael dadflino. ¹³ Gofalwch gadw'r holl bethau a ddywedais wrthych, a pheidiwch ag enwi duwiau eraill na sôn amdanynt.

23:5 *dos . . . iddo.* Cymh. Groeg. Hebraeg yn aneglur.

Y Tair Gŵyl Fawr

Ex. 34:18-26; Deut. 16:1-17

¹⁴ "Yr wyt i gadw gŵyl i mi deirgwaith y flwyddyn. ¹⁵ Yr wyt i gadw gŵyl y Bara Croyw; fel y gorchmynnais iti, yr wyt i fwyta bara croyw am saith diwrnod ar yr amser penodedig ym mis Abib, oherwydd yn ystod y mis hwnnw y daethost allan o'r Aifft. Nid oes neb i ymddangos o'm blaen yn waglaw. ¹⁶ Yr wyt i gadw gŵyl y Cynhaeaf â blaenffrwyth yr hyn a heuaist yn y maes. Yr wyt i gadw gŵyl y Cynnull ar ddiwedd y flwyddyn, pan wyt yn casglu o'r maes ffrwyth dy lafur. ¹⁷ Y mae pob gwryw yn eich plith i ymddangos o flaen yr ARGLWYDD Dduw deirgwaith y flwyddyn.

¹⁸ "Paid ag offrymu gwaed fy aberth gyda bara lefeinllyd, a phaid â gadael braster fy ngwledd yn weddill hyd y bore.

¹⁹ "Yr wyt i ddod â'r cyntaf o flaenffrwyth dy dir i dŷ'r ARGLWYDD dy Dduw.

"Paid â berwi myn yn llaeth ei fam.

Addewidion a Chyfarwyddiadau

²⁰ "Edrych, yr wyf yn anfon angel o'th flaen, i'th warchod ar hyd y ffordd a'th arwain i'r man yr wyf wedi ei baratoi. ²¹ Bydd ufudd iddo a gwrando arno; paid â'i wrthwynebu, oherwydd fy awdurdod i sydd ganddo, ac ni fydd yn maddau eich pechodau.

²² "Os gwrandewi'n ofalus arno, a gwneud y cwbl a ddywedaf, byddaf yn elyn i'th elynion, ac fe wrthwynebaf dy wrthwynebwyr.

²³ "Bydd fy angel yn mynd o'th flaen ac yn dy arwain at yr Amoriaid, Hethiaid, Peresiaid, Canaaneaid, Hefiaid, a Jebusiaid, a byddaf yn eu difodi. ²⁴ Paid ag ymgrymu i'w duwiau, na'u gwasanaethu, a phaid â gwneud fel y maent hwy yn gwneud; yr wyt i'w dinistrio'n llwyr a dryllio'u colofnau'n ddarnau. ²⁵ Yr ydych i wasanaethu'r ARGLWYDD eich Duw; bydd ef yn bendithio dy fara a'th ddŵr ac yn cymryd ymaith bob clefyd o'ch plith. ²⁶ Ni bydd dim o fewn dy dir yn erthylu nac yn ddiffrwyth; rhoddaf i ti nifer llawn o ddyddiau. ²⁷ Byddaf yn anfon fy arswyd o'th flaen, ac yn drysu'r holl bobl y byddi'n dod yn eu herbyn, a gwnaf i'th holl elynion droi'n ôl. ²⁸ Byddaf yn anfon cacwn o'th flaen i yrru ymaith yr Hefiaid, y Canaaneaid, a'r Hethiaid o'th olwg. ²⁹ Ond ni fyddaf yn eu gyrru hwy i gyd allan o'th flaen yr un flwyddyn, rhag i'r wlad fynd yn anghyfannedd ac i'r anifeiliaid gwyllt amlhau yn dy erbyn. ³⁰ Fe'u gyrraf allan o'th flaen fesul tipyn, nes iti gynyddu digon i feddiannu'r wlad. ³¹ Gosodaf dy derfynau o'r Môr Coch hyd fôr y Philistiaid, ac o'r anialwch hyd afon Ewffrates; byddaf yn rhoi trigolion y wlad yn eich dwylo, a byddi'n eu gyrru allan o'th flaen. ³² Paid â gwneud cyfamod â hwy nac â'u duwiau. ³³ Ni fyddant yn aros yn y wlad, rhag iddynt wneud i ti bechu yn f'erbyn; os byddi'n gwasanaethu eu duwiau, bydd hynny'n dramgwydd i ti."

Selio'r Cyfamod

24 Yna fe ddywedodd yr ARGLWYDD wrth Moses, "Tyrd i fyny at yr ARGLWYDD, ti ac Aaron, Nadab, Abihu, a deg a thrigain o henuriaid Israel, ac addolwch o bell. ² Moses yn unig sydd i nesáu at yr ARGLWYDD; nid yw'r lleill i ddod yn agos, ac nid yw'r bobl i fynd i fyny gydag ef."

³ Pan ddaeth Moses, a mynegi i'r bobl holl eiriau'r ARGLWYDD a'r holl ddeddfau, atebodd y bobl i gyd yn unfryd, "Fe wnawn y cyfan a ddywedodd yr ARGLWYDD." ⁴ Yna ysgrifennodd Moses holl eiriau'r ARGLWYDD. Cododd yn gynnar yn y bore, ac wrth droed y mynydd adeiladodd allor a deuddeg colofn yn cyfateb i ddeuddeg llwyth Israel. ⁵ Anfonodd lanciau o blith yr Israeliaid i offrymu poethoffrymau ac aberthu bustych yn heddoffrymau i'r ARGLWYDD. ⁶ Yna cymerodd Moses hanner y gwaed a'i roi mewn cawgiau, a thywallt yr hanner arall dros yr allor. ⁷ Cymerodd lyfr y cyfamod, ac ar ôl iddo'i ddarllen yng nghlyw'r bobl, dywedasant, ⁸ "Fe wnawn y cyfan a ddywedodd yr ARGLWYDD, a byddwn yn ufudd iddo." Yna cymerodd Moses y gwaed a'i daenellu dros y bobl, a dweud, "Dyma waed y cyfamod a wnaeth yr

ARGLWYDD â chwi yn unol â'r holl eiriau hyn."

9 Yna aeth Moses i fyny gydag Aaron, Nadab, Abihu a'r deg a thrigain o henuriaid Israel, 10 a gwelsant Dduw Israel; o dan ei draed yr oedd rhywbeth tebyg i balmant o faen saffir, yn ddisglair fel y nefoedd ei hun. 11 Ni osododd ei law ar benaethiaid pobl Israel; ond cawsant weld Duw a bwyta ac yfed.

Moses ar Fynydd Sinai

12 Dywedodd yr ARGLWYDD wrth Moses, "Tyrd i fyny ataf i'r mynydd, ac aros yno; yna fe roddaf iti lechi o garreg, gyda'r gyfraith a'r gorchymyn a ysgrifennais ar eu cyfer i'w hyfforddi." 13 Felly cododd Moses a'i was, Josua, ac aeth Moses i fyny i fynydd Duw. 14 Dywedodd wrth yr henuriaid, "Arhoswch yma amdanom nes inni ddod yn ôl atoch; bydd Aaron a Hur gyda chwi, ac os bydd gan rywun gŵyn, aed atynt hwy."

15 Aeth Moses i fyny i'r mynydd, a gorchuddiwyd y mynydd gan gwmwl. 16 Arhosodd gogoniant yr ARGLWYDD ar Fynydd Sinai, a gorchuddiodd y cwmwl y mynydd am chwe diwrnod; yna ar y seithfed dydd, galwodd Duw ar Moses o ganol y cwmwl. 17 Yr oedd gogoniant yr ARGLWYDD yn ymddangos yng ngolwg pobl Israel fel tân yn difa ar ben y mynydd. 18 Aeth Moses i ganol y cwmwl, a dringodd i fyny'r mynydd, a bu yno am ddeugain diwrnod a deugain nos.

Rhoddion ar gyfer y Cysegr

25 Ex. 35:4–9
Dywedodd yr ARGLWYDD wrth Moses, 2 "Dywed wrth bobl Israel am ddod ag offrwm i mi, a derbyniwch oddi wrth bob un yr offrwm y mae'n ei roi o'i wirfodd. 3 Dyma'r offrwm yr ydych i'w dderbyn ganddynt: aur, arian ac efydd; 4 sidan glas, porffor ac ysgarlad, a lliain main; blew geifr, 5 crwyn hyrddod wedi eu lliwio'n goch, a chrwyn morfuchod; coed acasia, 6 olew ar gyfer y lampau, perlysiau ar gyfer olew'r ennaint a'r arogldarth peraidd; 7 meini onyx, a gemau i'w gosod yn yr effod a'r ddwyfronneg. 8 Y maent hefyd i wneud cysegr, er mwyn i mi drigo yn eu plith. 9 Yr ydych i'w wneud yn unol â'r cynllun o'r tabernacl, a'i holl ddodrefn, yr wyf yn ei ddangos i ti.

Arch y Cyfamod

Ex. 37:1–9
10 "Y maent i wneud arch o goed acasia, dau gufydd a hanner o hyd, cufydd a hanner o led, a chufydd a hanner o uchder. 11 Yr wyt i'w goreuro ag aur pur oddi mewn ac oddi allan, ac yr wyt i wneud ymyl aur o'i hamgylch. 12 Yna yr wyt i lunio pedair dolen gron o aur ar gyfer ei phedair congl, dwy ar y naill ochr a dwy ar y llall. 13 Gwna bolion o goed acasia a'u goreuro, 14 a'u gosod yn y dolennau ar ochrau'r arch, i'w chario. 15 Y mae'r polion i aros yn nolennau'r arch heb eu symud oddi yno; 16 yr wyt i roi yn yr arch y dystiolaeth yr wyf yn ei rhoi iti. 17 Gwna drugareddfa o aur pur, dau gufydd a hanner o hyd, a chufydd a hanner o led; 18 gwna hefyd ar gyfer y naill ben a'r llall i'r drugareddfa ddau gerwb o aur wedi ei guro. 19 Gwna un yn y naill ben a'r llall yn y pen arall, yn rhan o'r drugareddfa. 20 Y mae dwy adain y cerwbiaid i fod ar led, fel eu bod yn gorchuddio'r drugareddfa; y mae'r cerwbiaid i wynebu ei gilydd, â'u hwynebau tua'r drugareddfa. 21 Yr wyt i roi'r drugareddfa ar ben yr arch, a rhoi yn yr arch y dystiolaeth y byddaf yn ei rhoi i ti. 22 Yno byddaf yn cyfarfod â thi, ac oddi ar y drugareddfa, rhwng y ddau gerwb sydd ar arch y dystiolaeth, y byddaf yn mynegi iti yr holl bethau yr wyf yn eu gorchymyn i bobl Israel.

Bwrdd y Bara Gosod

Ex. 37:10–16
23 "Yr wyt i wneud bwrdd o goed acasia, dau gufydd o hyd, cufydd o led, a chufydd a hanner o uchder, 24 a'i oreuro ag aur pur drosto, a gwneud ymyl aur o'i amgylch. 25 Gwna ffrâm o led llaw o'i gwmpas, a chylch aur o amgylch y ffrâm. 26 Yr wyt hefyd i wneud ar ei gyfer bedair dolen aur, a'u clymu wrth y pedair coes yn y pedair congl. 27 Bydd y dolennau sydd ar ymyl y ffrâm yn dal y polion sy'n cludo'r bwrdd. 28 Yr wyt i wneud y polion a fydd yn cludo'r bwrdd o goed acasia, a'u goreuro. 29 Gwna lestri a dysglau ar ei gyfer, a ffiolau a

chostrelau i dywallt y diodoffrwm; yr wyt i'w gwneud o aur pur. ³⁰ Yr wyt i roi'r bara gosod ar y bwrdd o'm blaen yn wastadol.

Y Canhwyllbren
Ex. 37:17–24

31 "Gwna ganhwyllbren o aur pur. Y mae gwaelod y canhwyllbren a'i baladr i'w gwneud o ddeunydd gyr, ac y mae'r pedyll, y cnapiau a'r blodau i fod yn rhan o'r cyfanwaith. ³² Bydd chwe chainc yn dod allan o ochrau'r canhwyllbren, tair ar un ochr a thair ar y llall. ³³ Ar un gainc bydd tair padell ar ffurf almonau, a chnap a blodeuyn arnynt, a thair ar y gainc nesaf; dyma fydd ar y chwe chainc sy'n dod allan o'r canhwyllbren. ³⁴ Ar y canhwyllbren ei hun, bydd pedair padell ar ffurf almonau, a chnapiau a blodau arnynt, ³⁵ a bydd un o'r cnapiau dan bob pâr o'r chwe chainc sy'n dod allan o'r canhwyllbren. ³⁶ Bydd y cnapiau a'r ceinciau yn rhan o'r canhwyllbren, a bydd y cyfan o aur pur ac o ddeunydd gyr. ³⁷ Yr wyt i wneud ar ei gyfer saith llusern, a'u gosod fel eu bod yn goleuo'r gwagle o gwmpas. ³⁸ Bydd ei efeiliau a'i gafnau o aur pur. ³⁹ Yr wyt i wneud y canhwyllbren a'r holl lestri hyn o un dalent o aur pur. ⁴⁰ Ond gofala dy fod yn eu gwneud yn ôl y patrwm a ddangoswyd i ti ar y mynydd.

Y Tabernacl

26 Ex. 36:8–38

"Gwna'r tabernacl o ddeg llen o liain main wedi ei nyddu ac o sidan glas, porffor ac ysgarlad, a cherwbiaid wedi eu gwnïo'n gywrain arnynt. ² Bydd pob llen yn wyth cufydd ar hugain o hyd a phedwar cufydd o led, pob llen yr un maint. ³ Bydd pump o'r llenni wedi eu cydio wrth ei gilydd, a'r pump arall hefyd wedi eu cydio wrth ei gilydd. ⁴ Gwna ddolennau glas ar hyd ymyl y llen sydd ar y tu allan i'r naill gydiad a'r llall. ⁵ Gwna hanner cant o ddolennau ar un llen, a hanner cant ar hyd ymyl y llen ar ben yr ail gydiad, gyda'r dolennau gyferbyn â'i gilydd. ⁶ Gwna hefyd hanner cant o fachau aur, a chydia'r llenni wrth ei gilydd â'r bachau er mwyn i'r tabernacl fod yn gyfanwaith.

⁷ "Gwna un ar ddeg o lenni o flew geifr i fod yn babell dros y tabernacl. ⁸ Bydd pob llen yn ddeg cufydd ar hugain o hyd a phedwar cufydd o led, pob llen yr un maint. ⁹ Cydia hwy wrth ei gilydd yn bum llen ac yn chwe llen, a gwna'r chweched yn ddwbl dros wyneb y babell. ¹⁰ Gwna hanner cant o ddolennau ar hyd ymyl y llen ar y tu allan i'r naill gydiad a'r llall.

¹¹ "Gwna hanner cant o fachau pres a'u rhoi yn y dolennau i ddal y babell wrth ei gilydd yn gyfanwaith. ¹² Bydd yr hyn sydd dros ben o lenni'r babell, sef yr hanner llen, yn hongian y tu ôl i'r tabernacl. ¹³ Ar y ddwy ochr bydd y cufydd o lenni'r babell sydd dros ben yn hongian dros y tabernacl i'w orchuddio. ¹⁴ Gwna do i'r babell o grwyn hyrddod wedi eu lliwio'n goch ac o grwyn morfuchod.

¹⁵ "Gwna hefyd ar gyfer y tabernacl fframiau syth o goed acasia, ¹⁶ pob un ohonynt yn ddeg cufydd o hyd a chufydd a hanner o led, ¹⁷ a dau denon ym mhob ffrâm i'w cysylltu â'i gilydd; gwna hyn i holl fframiau'r tabernacl. ¹⁸ Yr wyt i wneud y fframiau ar gyfer y tabernacl fel hyn: ugain ffrâm ar yr ochr ddeheuol, ¹⁹ a deugain troed arian oddi tanynt, dau i bob ffrâm ar gyfer ei dau denon; ²⁰ ar yr ail ochr i'r tabernacl, sef yr ochr ogleddol, bydd ugain ffrâm ²¹ a deugain troed arian, dau dan bob ffrâm; ²² yng nghefn y tabernacl, sef yr ochr orllewinol, gwna chwe ffrâm, ²³ a dwy arall ar gyfer conglau cefn y tabernacl, ²⁴ wedi eu cysylltu yn y pen a'r gwaelod â bach; bydd y ddwy ffrâm yr un fath, ac yn ffurfio'r ddwy gongl. ²⁵ Felly bydd wyth ffrâm ac un ar bymtheg o draed arian, dau droed dan bob ffrâm.

²⁶ "Gwna hefyd farrau o goed acasia, pump ar gyfer fframiau'r naill ochr i'r tabernacl, ²⁷ pump ar gyfer fframiau'r ochr arall, a phump ar gyfer y fframiau yng nghefn y tabernacl, sef yr ochr orllewinol. ²⁸ Bydd y bar sydd ar ganol y fframiau yn ymestyn o un pen i'r llall. ²⁹ Yr wyt i oreuro'r fframiau, a gwneud bachau aur i osod y barrau trwyddynt; yr wyt hefyd i oreuro'r barrau. ³⁰ Yr wyt i

adeiladu'r tabernacl yn ôl y cynllun a ddangoswyd iti ar y mynydd. ³¹ "Gwna orchudd o sidan glas, porffor ac ysgarlad, ac o liain main wedi ei nyddu, a cherwbiaid wedi eu gwnïo'n gywrain arno. ³² Gosod ef â bachau aur ar bedair colofn o goed acasia, wedi eu goreuro ac yn sefyll ar bedwar troed arian. ³³ Rho'r gorchudd ar y bachau, a chludo arch y dystiolaeth oddi tano; bydd y gorchudd yn gwahanu rhwng y cysegr a'r cysegr sancteiddiaf. ³⁴ Rho'r drugareddfa ar arch y dystiolaeth yn y cysegr sancteiddiaf. ³⁵ Gosod y bwrdd y tu allan i'r gorchudd, ar ochr ogleddol y tabernacl, a'r canhwyllbren gyferbyn â'r bwrdd, ar yr ochr ddeheuol.

³⁶ "Ar gyfer drws y babell gwna len o sidan glas, porffor ac ysgarlad, ac o liain main wedi ei nyddu a'i frodio. ³⁷ Ar gyfer y llen gwna bum colofn o goed acasia wedi eu goreuro, a bachau aur, a llunia o bres bum troed ar eu cyfer.

Yr Allor

27 Ex. 38:1–7

"Gwna allor sgwâr o goed acasia, pum cufydd o hyd a phum cufydd o led a thri chufydd o uchder. ² Gwna gyrn yn rhan o'r allor yn ei phedair congl, a rho haen o bres drosti. ³ Gwna ar ei chyfer lestri i dderbyn y lludw, a rhawiau, cawgiau, ffyrch a phedyll tân, pob un ohonynt o bres. ⁴ Gwna hefyd ar ei chyfer rwyll o rwydwaith pres, a phedwar bach pres ar bedair congl y rhwydwaith. ⁵ Gosod hi dan ymyl yr allor fel bod y rhwydwaith yn ymestyn at hanner yr allor. ⁶ Gwna hefyd ar gyfer yr allor bolion o goed acasia, a rho haen o bres drostynt. ⁷ Rhoir y polion drwy'r bachau ar ochrau'r allor i'w chludo. ⁸ Gwna'r allor ag astellau, yn wag oddi mewn. Gwna hi fel y dangoswyd iti ar y mynydd.

Cyntedd y Tabernacl
Ex. 38:9–10

⁹ "Gwna gyntedd ar gyfer y tabernacl. Ar un ochr, yr ochr ddeheuol i'r cyntedd, bydd llenni o liain main wedi ei nyddu, can cufydd o hyd; ¹⁰ bydd ugain colofn ac ugain troed o bres, ond bydd bachau a chylchau'r colofnau o arian. ¹¹ Yr un modd, bydd ar yr ochr ogleddol lenni can cufydd o hyd, ag ugain colofn ac ugain troed o bres, ond bydd bachau a chylchau'r colofnau o arian. ¹² Ar draws y cyntedd, ar yr ochr orllewinol, bydd llenni hanner can cufydd o hyd, â deg colofn a deg troed. ¹³ Ar yr ochr ddwyreiniol, tua chodiad haul, bydd lled y cyntedd yn hanner can cufydd. ¹⁴ Bydd y llenni ar y naill ochr i'r porth yn bymtheg cufydd, â thair colofn a thri throed, ¹⁵ a'r llenni ar yr ochr arall hefyd yn bymtheg cufydd, â thair colofn a thri throed. ¹⁶ Ym mhorth y cyntedd bydd llen ugain cufydd o hyd, o sidan glas, porffor ac ysgarlad, ac o liain main wedi ei nyddu a'i frodio; bydd iddi bedair colofn a phedwar troed. ¹⁷ Bydd cylchau arian ar yr holl golofnau o amgylch y cyntedd, a bydd eu bachau o aur a'u traed o bres. ¹⁸ Bydd y cyntedd yn gan cufydd o hyd a hanner can cufydd o led a phum cufydd o uchder, â llenni o liain main wedi ei nyddu, a thraed o bres. ¹⁹ Pres hefyd fydd pob un o'r llestri ar gyfer holl wasanaeth y tabernacl, a phob un o'r hoelion a fydd yn y tabernacl a'r cyntedd.

Gofal y Lamp
Lef. 24:1–4

²⁰ "Gorchymyn i bobl Israel ddod ag olew pur wedi ei wasgu o'r olifiau ar gyfer y lamp, er mwyn iddi losgi'n ddibaid. ²¹ Bydd Aaron a'i feibion yn cadw golwg ar y lamp o'r hwyr hyd y bore gerbron yr ARGLWYDD ym mhabell y cyfarfod y tu allan i'r gorchudd sydd o flaen y dystiolaeth. Bydd yn ddeddf i'w chadw am byth gan bobl Israel dros y cenedlaethau.

Gwisgoedd i'r Offeiriaid

28 Ex. 39:1–7

"Galw atat o blith pobl Israel dy frawd Aaron a'i feibion er mwyn iddynt fy ngwasanaethu fel offeiriaid: Aaron a'i feibion, Nadab, Abihu, Eleasar ac Ithamar. ² Gwna wisgoedd cysegredig ar gyfer dy frawd Aaron, er gogoniant a harddwch. ³ Dywed wrth bawb sy'n fedrus, pob un yr wyf wedi ei ddonio â gallu, am wneud dillad i Aaron er mwyn ei gysegru'n offeiriad i mi. ⁴ Dyma'r dillad y maent i'w gwneud: dwyfronneg, effod, mantell, siaced wau, penwisg a gwregys; y maent i wneud y gwisgoedd cysegredig i'th frawd Aaron ac i'w feibion, iddynt fy ngwasanaethu fel offeiriaid.

⁵ "Y maent i gymryd aur, a sidan glas, porffor ac ysgarlad, a lliain main, ⁶ a gwneud yr effod o'r aur, y sidan glas, porffor ac ysgarlad, a'r lliain main wedi ei nyddu a'i wnïo'n gywrain. ⁷ Bydd iddi ddwy ysgwydd wedi eu cydio ynghyd ar y ddwy ochr er mwyn ei chau. ⁸ Bydd y gwregys arni wedi ei wnïo'n gywrain, ac o'r un deunydd â'r effod, sef aur, a sidan glas, porffor ac ysgarlad, a lliain main wedi ei nyddu. ⁹ Cymer ddau faen onyx a naddu arnynt enwau meibion Israel ¹⁰ yn nhrefn eu geni, chwe enw ar un maen, a chwech ar y llall. ¹¹ Yr wyt i naddu enwau meibion Israel ar y ddau faen fel y bydd gemydd yn naddu sêl, ac yna eu gosod mewn edafwaith o aur. ¹² Rho'r ddau faen ar ysgwyddau'r effod, iddynt fod yn feini coffadwriaeth i feibion Israel, a bod Aaron yn dwyn eu henwau ar ei ysgwyddau yn goffadwriaeth gerbron yr ARGLWYDD. ¹³ Gwna edafwaith o aur, ¹⁴ a dwy gadwyn o aur pur wedi eu plethu ynghyd; gosod y cadwynau wedi eu plethu yn yr edafwaith.

Dwyfronneg yr Archoffeiriad
Ex. 39:8–21

¹⁵ "Gwna ddwyfronneg o grefftwaith cywrain ar gyfer barnu; gwna hi, fel yr effod, o aur, o sidan glas, porffor ac ysgarlad ac o liain main wedi ei nyddu. ¹⁶ Bydd yn sgwâr ac yn ddwbl, rhychwant o hyd a rhychwant o led. ¹⁷ Gosod ynddi bedair rhes o feini: yn y rhes gyntaf, rhuddem, topas a charbwncl; ¹⁸ yn yr ail res, emrallt, saffir a diemwnt; ¹⁹ yn y drydedd res, lygur, agat ac amethyst; ²⁰ yn y bedwaredd res, beryl, onyx a iasbis; byddant i gyd wedi eu gosod mewn edafwaith o aur. ²¹ Enwir y deuddeg maen ar ôl meibion Israel, a bydd pob un fel sêl ac enw un o'r deuddeg llwyth wedi ei argraffu arno. ²² Ar gyfer y ddwyfronneg gwna gadwynau o aur pur wedi eu plethu ynghyd, ²³ a hefyd ddau fach aur i'w rhoi ar ddwy ochr y ddwyfronneg. ²⁴ Rho'r ddwy gadwyn aur ar y ddau fach ar ochrau'r ddwyfronneg, ²⁵ a dau ben arall y ddwy gadwyn ar y ddau edafwaith, a'u cysylltu ag ysgwyddau'r effod o'r tu blaen. ²⁶ Gwna hefyd ddau fach aur a'u gosod yn nau ben y ddwyfronneg ar yr ochr fewnol, nesaf at yr effod. ²⁷ Yna, gwna ddau fach aur a'u gosod yn rhan isaf dwy ysgwydd yr effod ar y tu blaen, yn y cydiad uwchben y gwregys. ²⁸ Y mae bachau'r ddwyfronneg i'w rhwymo wrth fachau'r effod â llinyn glas uwchben y gwregys, rhag i'r ddwyfronneg ymddatod oddi wrth yr effod. ²⁹ Felly, pan fydd Aaron yn mynd i mewn i'r cysegr, bydd yn dwyn enwau meibion Israel ar ei galon yn y ddwyfronneg barn, yn goffadwriaeth wastadol gerbron yr ARGLWYDD. ³⁰ Rho'r Wrim a'r Twmim yn y ddwyfronneg barn, iddynt fod ar galon Aaron pan fydd yn mynd gerbron yr ARGLWYDD; felly, bydd Aaron yn dwyn barnedigaeth pobl Israel ar ei galon gerbron yr ARGLWYDD yn wastadol.

Gwisgoedd Offeiriadol Eraill
Ex. 39:22–31

³¹ "Gwna fantell yr effod i gyd o sidan glas, ³² a thwll yn ei chanol ar gyfer y pen, a gwnïad o'i amgylch fel y twll a geir mewn llurig, rhag iddo rwygo. ³³ O amgylch godre'r fantell gwna bomgranadau o sidan glas, porffor ac ysgarlad, a chlychau aur rhyngddynt; ³⁴ bydd clychau aur a phomgranadau bob yn ail o amgylch godre'r fantell. ³⁵ Bydd Aaron yn ei gwisgo wrth wasanaethu, ac fe glywir sŵn y clychau pan â Aaron i mewn i'r cysegr gerbron yr ARGLWYDD, a phan ddaw allan; felly ni bydd farw.

³⁶ "Gwna hefyd blât o aur pur, ac argraffa arno, fel ar sêl, 'Sanctaidd i'r ARGLWYDD', ³⁷ a chlyma ef ar flaen y benwisg â llinyn glas. ³⁸ Bydd ar dalcen Aaron, ac yntau'n cymryd arno'i hun euogrwydd pobl Israel wrth iddynt gysegru eu rhoddion sanctaidd; bydd ar ei dalcen bob amser, er mwyn iddynt gael ffafr gerbron yr ARGLWYDD.

³⁹ "Yr wyt i wau siaced o liain main, a gwneud penwisg hefyd o liain main, a gwregys wedi ei wnïo. ⁴⁰ Gwna hefyd siacedau, gwregysau a chapiau i feibion Aaron; gwna hwy er gogoniant a harddwch. ⁴¹ Yr wyt i'w gwisgo am Aaron dy frawd a'i feibion, a'u heneinio, eu hordeinio a'u cysegru, er mwyn iddynt fy ngwasanaethu fel offeiriaid. ⁴² Gwna iddynt hefyd lodrau o liain i guddio'u cnawd noeth, o'u llwynau at y glun. ⁴³ Bydd Aaron a'i feibion yn eu gwisgo wrth iddynt fynd i mewn i babell y cyfarfod ac wrth iddynt agosáu at yr allor i wasanaethu yn y cysegr, rhag iddynt fod yn euog a marw. Bydd hyn yn ddeddf i'w chadw am byth ganddo ef a'i ddisgynyddion.

Cysegru Offeiriaid

29 Lef. 8:1–36
"Dyma'r hyn a wnei i'w cysegru'n offeiriaid i'm gwasanaethu: cymer un bustach ifanc a dau hwrdd di-nam; ² cymer hefyd beilliaid gwenith heb furum, a gwna fara, cacennau wedi eu cymysgu ag olew, a theisennau ag olew wedi ei daenu arnynt. ³ Rho hwy mewn un fasged i'w cyflwyno gyda'r bustach a'r ddau hwrdd. ⁴ Yna tyrd ag Aaron a'i feibion at ddrws pabell y cyfarfod, a'u golchi â dŵr. ⁵ Cymer y dillad, a gwisgo Aaron â'r siaced, mantell yr effod, yr effod ei hun a'r ddwyfronneg, a gosod wregys yr effod am ei ganol. ⁶ Gosod y benwisg ar ei ben, a rho'r goron gysegredig ar y benwisg. ⁷ Cymer olew'r ennaint a'i dywallt ar ei ben, a'i eneinio. ⁸ Yna tyrd â'i feibion, a'u gwisgo â'r siacedau; ⁹ rho'r gwregys amdanynt hwy ac Aaron, a'u gwisgo â chapiau. Eu heiddo hwy fydd yr offeiriadaeth trwy ddeddf dragwyddol. Fel hyn yr wyt i ordeinio Aaron a'i feibion.

¹⁰ "Tyrd â'r bustach o flaen pabell y cyfarfod, a gwna i Aaron a'i feibion roi eu dwylo ar ei ben; ¹¹ yna lladd di'r bustach gerbron yr ARGLWYDD wrth ddrws pabell y cyfarfod. ¹² Cymer beth o waed y bustach, a'i daenu â'th fys ar gyrn yr allor; yna tywallt y gweddill ohono wrth droed yr allor. ¹³ Cymer yr holl fraster sydd am y perfedd, y croen am yr iau, a'r ddwy aren gyda'r braster, a'u llosgi ar yr allor. ¹⁴ Ond llosga gig y bustach, ei groen a'r gwehilion, â thân y tu allan i'r gwersyll; aberth dros bechod ydyw.

¹⁵ "Cymer un o'r hyrddod, a gwna i Aaron a'i feibion roi eu dwylo ar ei ben; ¹⁶ yna lladd di'r hwrdd a chymryd ei waed a'i daenu o amgylch yr allor. ¹⁷ Tor ef yn ddarnau, ac wedi golchi ei berfedd a'i goesau, gosod hwy gyda'r darnau a'r pen; ¹⁸ yna llosga'r hwrdd i gyd ar yr allor. Poethoffrwm i'r ARGLWYDD ydyw; y mae'n arogl peraidd ac yn offrwm trwy dân i'r ARGLWYDD.

¹⁹ "Cymer yr hwrdd arall, a gwna i Aaron a'i feibion osod eu dwylo ar ei ben; ²⁰ yna lladd di'r hwrdd a chymer beth o'i waed a'i roi ar gwr isaf clust dde Aaron a'i feibion, ac ar fodiau de eu dwylo a'u traed, a thaenella weddill y gwaed o amgylch yr allor. ²¹ Yna cymer beth o'r gwaed a fydd ar yr allor, a pheth o olew'r ennaint, a'u taenellu ar Aaron a'i feibion, ac ar eu dillad; byddant hwy a'u dillad yn gysegredig.

²² "Cymer o'r hwrdd y braster, y gloren, y braster am y perfedd, y croen am yr iau, y ddwy aren a'u braster, a'r glun dde; oherwydd hwrdd yr ordeinio ydyw. ²³ O fasged y bara croyw sydd gerbron yr ARGLWYDD cymer un dorth, un gacen wedi ei gwneud ag olew, ac un deisen; ²⁴ rho'r cyfan yn nwylo Aaron a'i feibion, a'i chwifio'n offrwm cyhwfan gerbron yr ARGLWYDD. ²⁵ Yna cymer hwy o'u dwylo a'u llosgi ar yr allor gyda'r poethoffrwm yn arogl peraidd gerbron yr ARGLWYDD; offrwm trwy dân i'r ARGLWYDD ydyw.

²⁶ "Cymer frest hwrdd ordeinio Aaron, a'i chwifio'n offrwm cyhwfan gerbron yr ARGLWYDD; dy eiddo di fydd y rhan hon. ²⁷ Cysegra'r rhannau o'r hwrdd sy'n eiddo i Aaron a'i feibion, sef y frest a chwifir a'r glun a neilltuir. ²⁸ Dyma gyfraniad pobl Israel i Aaron a'i feibion trwy ddeddf dragwyddol, oherwydd cyfran yr offeiriaid ydyw, a roddir gan bobl Israel o'u heddoffrymau; eu hoffrwm hwy i'r ARGLWYDD ydyw.

²⁹ "Bydd dillad cysegredig Aaron yn eiddo i'w feibion ar ei ôl, er mwyn eu heneinio a'u hordeinio ynddynt. ³⁰ Bydd y mab a fydd yn ei ddilyn fel offeiriad yn

eu gwisgo am saith diwrnod pan ddaw i babell y cyfarfod i wasanaethu yn y cysegr. ³¹ "Cymer hwrdd yr ordeinio, a berwi ei gig mewn lle cysegredig; ³² yna bydd Aaron a'i feibion yn bwyta cig yr hwrdd, a'r bara sydd yn y fasged, wrth ddrws pabell y cyfarfod. ³³ Y maent i fwyta'r pethau y gwnaed cymod â hwy adeg eu hordeinio a'u cysegru; ni chaiff neb arall eu bwyta am eu bod yn gysegredig. ³⁴ Os gadewir peth o gig yr ordeinio neu o'r bara yn weddill hyd y bore, yr wyt i'w losgi â thân; ni cheir ei fwyta, am ei fod yn gysegredig.

³⁵ "Gwna i Aaron a'i feibion yn union fel y gorchmynnais iti, a chymer saith diwrnod i'w hordeinio. ³⁶ Offryma bob dydd fustach yn aberth dros bechod, i wneud cymod; gwna hefyd gymod dros yr allor wrth iti offrymu aberth dros bechod, ac eneinia'r allor i'w chysegru. ³⁷ Am saith diwrnod yr wyt i wneud cymod dros yr allor a'i chysegru; felly bydd yr allor yn gysegredig, a bydd beth bynnag a gyffyrdda â hi hefyd yn gysegredig.

Yr Offrymau Beunyddiol
Num. 28:1-8

³⁸ "Dyma'r hyn yr wyt i'w offrymu ar yr allor yn gyson bob dydd: ³⁹ dau oen blwydd, un i'w offrymu yn y bore, a'r llall yn yr hwyr. ⁴⁰ Gyda'r oen cyntaf offryma ddegfed ran o beilliaid wedi ei gymysgu â chwarter hin o olew pur, a chwarter hin o win yn ddiodoffrwm. ⁴¹ Offryma'r oen arall yn yr hwyr, gyda'r bwydoffrwm a'r diodoffrwm, fel yn y bore, i fod yn arogl peraidd ac yn offrwm trwy dân i'r ARGLWYDD. ⁴² Bydd hwn yn boethoffrwm gwastadol dros y cenedlaethau wrth ddrws pabell y cyfarfod, gerbron yr ARGLWYDD; yno byddaf yn cyfarfod â chwi i lefaru wrthych. ⁴³ Yn y lle hwnnw byddaf yn cyfarfod â phobl Israel, ac fe'i cysegrir trwy fy ngogoniant. ⁴⁴ Cysegraf babell y cyfarfod a'r allor; cysegraf hefyd Aaron a'i feibion i'm gwasanaethu fel offeiriaid. ⁴⁵ Byddaf yn preswylio ymhlith pobl Israel, a byddaf yn Dduw iddynt. ⁴⁶ Yna byddant yn gwybod mai myfi yw'r ARGLWYDD eu Duw, a ddaeth â hwy allan o wlad yr Aifft er mwyn i mi breswylio yn eu plith; myfi yw'r ARGLWYDD eu Duw.

Allor yr Arogldarth

30 Ex. 37:25-28

"Gwna allor o goed acasia ar gyfer llosgi arogldarth. ² Bydd yn sgwâr, yn gufydd o hyd a chufydd o led a dau gufydd o uchder, a'i chyrn yn rhan ohoni. ³ Goreura hi i gyd ag aur pur, yr wyneb, yr ochrau a'r cyrn; a gwna ymyl aur o'i hamgylch. ⁴ Gwna hefyd ddau fach aur dan y cylch ar y ddwy ochr, i gymryd y polion ar gyfer cario'r allor. ⁵ Gwna'r polion o goed acasia, a goreura hwy. ⁶ Gosod yr allor o flaen y gorchudd sydd wrth arch y dystiolaeth, ac o flaen y drugareddfa ar yr arch; yno byddaf yn cyfarfod â thi. ⁷ Bydd Aaron yn llosgi arogldarth peraidd arni bob bore wrth baratoi'r lampau, ⁸ ac eto wrth oleuo'r lampau gyda'r hwyr; bydd hwn yn arogldarth gwastadol gerbron yr ARGLWYDD dros y cenedlaethau. ⁹ Peidiwch ag offrymu arni arogldarth halogedig, na phoethoffrwm, na bwydoffrwm; a pheidiwch â thywallt diodoffrwm arni. ¹⁰ Bydd Aaron yn gwneud cymod ar ei chyrn unwaith y flwyddyn dros y cenedlaethau, a bydd yn ei wneud â gwaed yr aberth dros bechod a offrymir er cymod; y mae'n gysegredig iawn i'r ARGLWYDD."

Y Dreth at Wasanaeth y Tabernacl

¹¹ Dywedodd yr ARGLWYDD wrth Moses, ¹² "Pan fyddwch yn gwneud cyfrifiad o bobl Israel, y mae pob un i roi iawn am ei fywyd i'r ARGLWYDD, rhag bod pla yn eu plith wrth wneud y cyfrifiad. ¹³ Y mae pob un a rifir yn y cyfrifiad i roi'n offrwm i'r ARGLWYDD hanner sicl, yn cyfateb i sicl y cysegr, sy'n pwyso ugain gera. ¹⁴ Y mae pob un a rifir yn y cyfrifiad sy'n ugain oed neu'n hŷn i roi offrwm i'r ARGLWYDD. ¹⁵ Nid yw'r cyfoethog i roi mwy, na'r tlawd i roi llai, na hanner sicl, wrth i chwi roi offrwm i'r ARGLWYDD er cymod dros eich bywyd. ¹⁶ Cymer arian y cymod oddi wrth bobl Israel a'i roi at wasanaeth pabell y cyfarfod; bydd yn goffadwriaeth i bobl Israel gerbron yr

ARGLWYDD, er mwyn i chwi wneud cymod dros eich bywyd."

Y Noe Bres
17 Dywedodd yr ARGLWYDD wrth Moses, 18 "Gwna noe bres, â throed pres iddi, i ymolchi; a gosod hi rhwng pabell y cyfarfod a'r allor, a rhoi dŵr ynddi 19 i Aaron a'i feibion olchi eu dwylo a'u traed. 20 Pan fyddant yn mynd i mewn i babell y cyfarfod, neu'n agosáu at yr allor i wasanaethu neu i losgi offrwm mewn tân i'r ARGLWYDD, y maent i ymolchi â'r dŵr, rhag iddynt farw. 21 Y maent i olchi eu dwylo a'u traed, rhag iddynt farw; bydd hon yn ddeddf i'w chadw am byth gan Aaron a'i ddisgynyddion dros y cenedlaethau."

Olew'r Ennaint
22 Dywedodd yr ARGLWYDD hefyd wrth Moses, 23 "Cymer o'r perlysiau gorau bum can sicl o fyrr pur, a hanner hynny, sef dau gant pum deg sicl o sinamon peraidd, a dau gant pum deg sicl o galamus peraidd, 24 a phum can sicl, yn cyfateb i sicl y cysegr, o gasia, a hin o olew'r olewydden. 25 Gwna ohonynt olew cysegredig ar gyfer eneinio, a chymysga hwy fel y gwna'r peraroglydd; bydd yn olew cysegredig ar gyfer ei eneinio. 26 Eneinia ag ef babell y cyfarfod ac arch y dystiolaeth, 27 y bwrdd a'i holl lestri, y canhwyllbren a'i holl lestri, allor yr arogldarth, 28 allor y poethoffrwm a'i holl lestri, a'r noe a'i throed. 29 Cysegra hwy, a byddant yn gysegredig iawn; bydd beth bynnag a gyffyrdda â hwy hefyd yn gysegredig. 30 Eneinia Aaron a'i feibion, a chysegra hwy i'm gwasanaethu fel offeiriaid. 31 Yna dywed wrth bobl Israel, 'Bydd hwn yn olew cysegredig i mi dros y cenedlaethau. 32 Peidiwch ag eneinio corff neb ag ef, na gwneud dim sy'n debyg iddo o ran ei gynnwys. Y mae'n gysegredig; felly bydded yn gysegredig gennych. 33 Torrir ymaith oddi wrth ei bobl bwy bynnag sy'n gwneud cymysgedd tebyg, neu sy'n ei dywallt ar leygwr.'"

Yr Arogldarth
34 Dywedodd yr ARGLWYDD wrth Moses, "Cymer berlysiau, sef stacte, onycha a galbanum, ac ynghyd â'r llysiau hyn, thus pur; cymer yr un faint o bob un, 35 a gwna arogldarth a'i gymysgu fel y gwna'r peraroglydd, a'i dymheru â halen i'w wneud yn bur a chysegredig. 36 Cura beth ohono'n fân a'i roi o flaen y dystiolaeth ym mhabell y cyfarfod, lle byddaf yn cyfarfod â thi; bydd yn gysegredig iawn gennych. 37 Peidiwch â gwneud arogldarth fel hwn i chwi eich hunain; bydd yn gysegredig i'r ARGLWYDD. 38 Torrir ymaith oddi wrth ei bobl bwy bynnag sy'n gwneud cymysgedd tebyg, i fwynhau ei arogl."

Crefftwyr i'r Tabernacl
31 Ex. 35:30—36:1
Dywedodd yr ARGLWYDD wrth Moses, 2 "Edrych, yr wyf wedi dewis Besalel fab Uri, fab Hur, o lwyth Jwda, 3 a'i lenwi ag ysbryd Duw, â doethineb a deall, â gwybodaeth a phob rhyw ddawn, 4 er mwyn iddo ddyfeisio patrymau cywrain i'w gweithio mewn aur, arian a phres, 5 a thorri meini i'w gosod, a cherfio pren, a gwneud pob cywreinwaith. 6 Penodais hefyd Aholïab fab Achisamach, o lwyth Dan, i'w gynorthwyo. Rhoddais ddawn i bob crefftwr i wneud y cyfan a orchmynnais iti: 7 pabell y cyfarfod, arch y dystiolaeth a'r drugareddfa sydd arni, holl ddodrefn y babell, 8 y bwrdd a'i lestri, y canhwyllbren o aur pur a'i holl lestri, allor yr arogldarth, 9 allor y poethoffrwm a'i holl lestri, y noe a'i throed, 10 y gwisgoedd wedi eu gwnïo'n wisgoedd cysegredig i Aaron yr offeiriad, a gwisgoedd ei feibion, er mwyn iddynt hwythau wasanaethu fel offeiriaid, 11 olew yr eneinio, a'r arogldarth peraidd ar gyfer y cysegr. Y maent i'w gwneud yn union fel y gorchmynnais i ti."

Y Saboth
12 Dywedodd yr ARGLWYDD wrth Moses, 13 "Dywed wrth bobl Israel, 'Cadwch fy Sabothau, oherwydd bydd hyn yn arwydd rhyngof a chwi dros y cenedlaethau, er mwyn i chwi wybod

mai myfi, yr ARGLWYDD, sydd yn eich cysegru. ¹⁴ Cadwch y Saboth, oherwydd y mae'n gysegredig i chwi; rhoddir i farwolaeth bwy bynnag sy'n ei halogi, a thorrir ymaith o blith ei bobl bwy bynnag sy'n gweithio ar y Saboth. ¹⁵ Am chwe diwrnod y gweithir, ond y mae'r seithfed dydd yn Saboth i orffwys, ac yn gysegredig i'r ARGLWYDD; rhoddir i farwolaeth bwy bynnag sy'n gweithio ar y dydd Saboth. ¹⁶ Am hynny, bydd pobl Israel yn dathlu'r Saboth ac yn ei gadw dros y cenedlaethau yn gyfamod tragwyddol. ¹⁷ Y mae'n arwydd tragwyddol rhyngof a phobl Israel mai mewn chwe diwrnod y gwnaeth yr ARGLWYDD y nefoedd a'r ddaear, ac iddo ymatal a gorffwys ar y seithfed dydd.' "

¹⁸ Wedi iddo orffen llefaru wrth Moses ar Fynydd Sinai, rhoddodd yr ARGLWYDD iddo ddwy lech y dystiolaeth, llechau o gerrig, wedi eu hysgrifennu â bys Duw.

Y Llo Aur

32 Deut. 9:6–29
Pan welodd y bobl fod Moses yn oedi dod i lawr o'r mynydd, daethant ynghyd at Aaron a dweud wrtho, "Cod, gwna inni dduwiau i fynd o'n blaen, oherwydd ni wyddom beth a ddigwyddodd i'r Moses hwn a ddaeth â ni i fyny o wlad yr Aifft." ² Dywedodd Aaron wrthynt, "Tynnwch y tlysau aur sydd ar glustiau eich gwragedd a'ch meibion a'ch merched, a dewch â hwy ataf fi." ³ Felly tynnodd yr holl bobl eu clustlysau aur, a daethant â hwy at Aaron. ⁴ Cymerodd yntau y tlysau ganddynt, ac wedi eu trin â chŷn, gwnaeth lo tawdd ohonynt. Dywedodd y bobl, "Dyma, O Israel, dy dduwiau a ddaeth â thi i fyny o wlad yr Aifft." ⁵ Pan welodd Aaron y llo tawdd, adeiladodd allor o'i flaen a chyhoeddodd, "Yfory bydd gŵyl i'r ARGLWYDD." ⁶ Trannoeth codasant yn gynnar ac offrymu poethoffrymau, a dod â heddoffrymau; yna eisteddodd y bobl i fwyta ac yfed, ac ymroi i gyfeddach.

⁷ Dywedodd yr ARGLWYDD wrth Moses, "Dos i lawr, oherwydd y mae'r bobl y daethost â hwy i fyny o wlad yr Aifft wedi eu halogi eu hunain. ⁸ Y maent wedi cilio'n gyflym oddi wrth y ffordd a orchmynnais iddynt; gwnaethant iddynt eu hunain lo tawdd, ac y maent wedi ei addoli ac aberthu iddo, a dweud, 'Dyma, O Israel, dy dduwiau a ddaeth â thi i fyny o wlad yr Aifft.' " ⁹ Dywedodd yr ARGLWYDD wrth Moses, "Yr wyf wedi gweld mor wargaled yw'r bobl hyn; ¹⁰ yn awr, gad lonydd imi er mwyn i'm llid ennyn yn eu herbyn a'u difa; ond ohonot ti fe wnaf genedl fawr."

¹¹ Ymbiliodd Moses â'r ARGLWYDD ei Dduw, a dweud, "O ARGLWYDD, pam y mae dy lid yn ennyn yn erbyn dy bobl a ddygaist allan o wlad yr Aifft â nerth mawr ac â llaw gadarn? ¹² Pam y caiff yr Eifftiaid ddweud, 'Â malais yr aeth â hwy allan, er mwyn eu lladd yn y mynyddoedd a'u difa oddi ar wyneb y ddaear'? Tro oddi wrth dy lid angerddol, a bydd edifar am iti fwriadu drwg i'th bobl. ¹³ Cofia Abraham, Isaac ac Israel, dy weision y tyngaist iddynt yn d'enw dy hun a dweud, 'Amlhaf eich disgynyddion fel sêr y nefoedd, a rhoddaf yr holl wlad hon iddynt, fel yr addewais, yn etifeddiaeth am byth.' " ¹⁴ Yna bu'n edifar gan yr ARGLWYDD am iddo fwriadu drwg i'w bobl.

¹⁵ Trodd Moses, a mynd i lawr o'r mynydd â dwy lech y dystiolaeth yn ei law, llechau ag ysgrifen ar y ddau wyneb iddynt. ¹⁶ Yr oedd y llechau o waith Duw, ac ysgrifen Duw wedi ei cherfio arnynt. ¹⁷ Pan glywodd Josua sŵn y bobl yn bloeddio, dywedodd wrth Moses, "Y mae sŵn rhyfel yn y gwersyll." ¹⁸ Ond meddai yntau, "Nid sŵn gorchfygwyr yn bloeddio na rhai a drechwyd yn gweiddi a glywaf fi, ond sŵn canu." ¹⁹ Pan ddaeth yn agos at y gwersyll, a gweld y llo a'r dawnsio, gwylltiodd Moses, a thaflu'r llechau o'i ddwylo a'u torri'n deilchion wrth droed y mynydd. ²⁰ Cymerodd y llo a wnaethant, a'i losgi â thân; fe'i malodd yn llwch a'i gymysgu â dŵr, a gwnaeth i bobl Israel ei yfed.

²¹ Dywedodd Moses wrth Aaron, "Beth a wnaeth y bobl hyn i ti, i beri iti ddwyn arnynt y fath bechod?" ²² Atebodd Aaron ef: "Paid â digio, f'arglwydd; fe wyddost am y bobl, eu bod â'u bryd ar wneud drygioni. ²³ Dywedasant wrthyf, 'Gwna inni

dduwiau i fynd o'n blaen, oherwydd ni wyddom beth a ddigwyddodd i'r Moses hwn a ddaeth â ni i fyny o wlad yr Aifft'. ²⁴ Dywedais innau wrthynt, 'Y mae pawb sydd â thlysau aur ganddynt i'w tynnu i ffwrdd'. Rhoesant yr aur i mi, ac fe'i teflais yn y tân; yna daeth y llo hwn allan."

²⁵ Gwelodd Moses fod y bobl yn afreolus, a bod Aaron wedi gadael iddynt fynd felly, a'u gwneud yn waradwydd ymysg eu gelynion. ²⁶ Yna safodd Moses wrth borth y gwersyll, a dweud, "Pwy bynnag sydd o blaid yr ARGLWYDD, doed ataf fi." Ymgasglodd holl feibion Lefi ato, ²⁷ a dywedodd wrthynt, "Fel hyn y dywed ARGLWYDD Dduw Israel: 'Bydded i bob un ohonoch osod ei gleddyf ar ei glun a mynd yn ôl a blaen drwy'r gwersyll, o ddrws i ddrws, a lladded pob un ei frawd, ei gyfaill a'i gymydog.'" ²⁸ Gwnaeth meibion Lefi yn ôl gorchymyn Moses, a'r diwrnod hwnnw syrthiodd tua thair mil o'r bobl. ²⁹ Dywedodd Moses, "Heddiw yr ydych wedi'ch ordeinio* i'r ARGLWYDD, pob un ar draul ei fab a'i frawd, er mwyn iddo ef eich bendithio'r dydd hwn."

³⁰ Trannoeth dywedodd Moses wrth y bobl, "Yr ydych wedi pechu'n ddirfawr. Yr wyf am fynd, yn awr, i fyny at yr ARGLWYDD; efallai y caf wneud cymod dros eich pechod." ³¹ Dychwelodd Moses at yr ARGLWYDD a dweud, "Och! Y mae'r bobl hyn wedi pechu'n ddirfawr trwy wneud iddynt eu hunain dduwiau o aur. ³² Yn awr, os wyt am faddau eu pechod, maddau; ond os nad wyt, dilea fi o'r llyfr a ysgrifennaist." ³³ Dywedodd yr ARGLWYDD wrth Moses, "Y sawl a bechodd yn f'erbyn a ddileaf o'm llyfr. ³⁴ Yn awr, dos, ac arwain y bobl i'r lle y dywedais wrthyt, a bydd fy angel yn mynd o'th flaen. Ond fe ddaw dydd pan ymwelaf â hwy am eu pechod." ³⁵ Anfonodd yr ARGLWYDD bla ar y bobl am yr hyn a wnaethant â'r llo a luniodd Aaron.

Gorchymyn i Ymadael â Mynydd Sinai

33 Dywedodd yr ARGLWYDD wrth Moses, "Dos gyda'r bobl a ddygaist allan o wlad yr Aifft, ac ewch i fyny oddi yma i'r wlad y tyngais wrth Abraham, Isaac a Jacob ei rhoi i'th ddisgynyddion. ² Anfonaf angel o'th flaen, a gyrraf allan y Canaaneaid, Amoriaid, Hethiaid, Peresiaid, Hefiaid a Jebusiaid. ³ Dos i wlad yn llifeirio o laeth a mêl, ond ni fyddaf fi'n mynd i fyny gyda thi, rhag i mi dy ddifa ar y ffordd; oherwydd pobl wargaled ydych."

⁴ Pan glywodd y bobl y newydd drwg hwn, dechreusant alaru, ac ni wisgodd neb ei dlysau, ⁵ oherwydd yr oedd yr ARGLWYDD wedi dweud wrth Moses, "Dywed wrth bobl Israel, ⁶ 'Pobl wargaled ydych; pe bawn yn mynd i fyny gyda chwi, gallwn eich difa'n ddirybudd. Tyn dy dlysau oddi arnat, ac fe benderfynaf beth i'w wneud â thi.'" Felly tynnodd pobl Israel eu tlysau ger Mynydd Horeb.

Pabell y Cyfarfod

⁷ Arferai Moses gymryd pabell a'i gosod y tu allan i'r gwersyll, bellter oddi wrtho, ac fe'i galwodd yn babell y cyfarfod. Yr oedd pob un a fyddai'n ceisio'r ARGLWYDD yn mynd at babell y cyfarfod y tu allan i'r gwersyll. ⁸ Pan fyddai Moses yn mynd allan at y babell, byddai'r bobl i gyd yn codi a phob un yn sefyll wrth ddrws ei babell ei hun, ac yn gwylio Moses nes iddo fynd i mewn. ⁹ Pan fyddai Moses yn mynd i mewn i'r babell, byddai colofn o gwmwl yn disgyn ac yn aros wrth y drws, a byddai'r ARGLWYDD yn siarad â Moses. ¹⁰ Pan welai'r holl bobl y golofn o gwmwl yn aros wrth ddrws y babell, byddai pob un ohonynt yn codi ac yn addoli wrth ddrws ei babell ei hun. ¹¹ Byddai'r ARGLWYDD yn siarad â Moses wyneb yn wyneb, fel y bydd rhywun yn siarad â'i gyfaill. Pan ddychwelai Moses i'r gwersyll, ni fyddai ei was ifanc, Josua fab Nun, yn symud o'r babell.

32:29 Felly Fersiynau. Hebraeg, *Heddiw ordeiniwch*.

Addewid yr ARGLWYDD i fod gyda'i Bobl

12 Dywedodd Moses wrth yr ARGLWYDD, "Edrych, yr wyt yn dweud wrthyf am ddod â'r bobl hyn i fyny, ond nid wyt wedi rhoi gwybod i mi pwy yr wyt am ei anfon gyda mi. Dywedaist, 'Yr wyf yn dy ddewis di, a chefaist ffafr yn fy ngolwg.' 13 Yn awr, os cefais ffafr yn dy olwg, dangos i mi dy ffyrdd, er mwyn i mi dy adnabod ac aros yn dy ffafr; oherwydd dy bobl di yw'r genedl hon." 14 Atebodd yntau, "Byddaf fi fy hun gyda thi, a rhoddaf iti orffwysfa." 15 Dywedodd Moses wrtho, "Os na fyddi di dy hun gyda mi, paid â'n harwain ni ymaith oddi yma. 16 Oherwydd sut y bydd neb yn gwybod fy mod i a'th bobl wedi cael ffafr yn dy olwg, os na fyddi'n mynd gyda ni? Dyna sy'n fy ngwneud i a'th bobl yn wahanol i bawb arall ar wyneb y ddaear." 17 Dywedodd yr ARGLWYDD wrth Moses, "Fe wnaf yr hyn a ofynnaist, oherwydd cefaist ffafr yn fy ngolwg, ac yr wyf wedi dy ddewis." 18 Meddai Moses, "Dangos i mi dy ogoniant." 19 Dywedodd yntau, "Gwnaf i'm holl ddaioni fynd heibio o'th flaen, a chyhoeddaf fy enw, ARGLWYDD, yn dy glyw; a dangosaf drugaredd a thosturi tuag at y rhai yr wyf am drugarhau a thosturio wrthynt. 20 Ond," meddai, "ni chei weld fy wyneb, oherwydd ni chaiff neb fy ngweld a byw." 21 Dywedodd yr ARGLWYDD hefyd, "Bydd lle yn fy ymyl; saf ar y graig, 22 a phan fydd fy ngogoniant yn mynd heibio, fe'th roddaf mewn hollt yn y graig a'th orchuddio â'm llaw nes imi fynd heibio; 23 yna tynnaf ymaith fy llaw, a chei weld fy nghefn, ond ni welir fy wyneb."

Y Ddwy Lech Garreg Newydd

34 Deut. 10:1-5

Dywedodd yr ARGLWYDD wrth Moses, "Nadd ddwy lech garreg, fel y rhai cyntaf, ac fe ysgrifennaf arnynt y geiriau oedd ar y llechau cyntaf, a dorraist. 2 Bydd barod erbyn y bore, a thyrd i fyny'n gynnar i Fynydd Sinai, ac aros amdanaf yno ar ben y mynydd. 3 Nid oes neb i ddod i fyny gyda thi, nac i ymddangos yn unman ar y mynydd; phaid â gadael i ddefaid na gwartheg bori ar gyfyl y mynydd hwn." 4 Felly naddodd Moses ddwy lech garreg, fel y rhai cyntaf, a chododd yn fore ac aeth i fyny i Fynydd Sinai, fel yr oedd yr ARGLWYDD wedi gorchymyn iddo, a chymerodd yn ei law y ddwy lech garreg. 5 Disgynnodd yr ARGLWYDD mewn cwmwl, a safodd yno gydag ef, a chyhoeddi ei enw, ARGLWYDD. 6 Aeth yr ARGLWYDD heibio o'i flaen, a chyhoeddi: "Yr ARGLWYDD, yr ARGLWYDD, Duw trugarog a graslon, araf i ddigio, llawn cariad a ffyddlondeb; 7 yn dangos cariad i filoedd, yn maddau drygioni a gwrthryfel a phechod, ond heb adael yr euog yn ddi-gosb, ac yn cosbi plant, a phlant eu plant, hyd y drydedd a'r bedwaredd genhedlaeth, am ddrygioni eu hynafiaid." 8 Brysiodd Moses i ymgrymu tua'r llawr ac addoli. 9 Yna dywedodd, "Os cefais yn awr ffafr yn d'olwg, O ARGLWYDD, boed i ti fynd gyda ni. Er bod y bobl yn wargaled, maddau ein gwrthryfel a'n pechod, a chymer ni yn etifeddiaeth i ti."

Adnewyddu'r Cyfamod

Ex. 23:14-19; Deut. 7:1-15; 16:1-17

10 Dywedodd yr ARGLWYDD, "Edrych, yr wyf am wneud cyfamod. Yng ngŵydd dy holl bobl gwnaf ryfeddodau na wnaed eu tebyg ymhlith unrhyw genedl ar yr holl ddaear; yna bydd yr holl bobl yr wyt yn eu mysg yn gweld gwaith yr ARGLWYDD, oherwydd yr wyf am wneud â thi beth syfrdanol. 11 Cadw'r hyn yr wyf yn ei orchymyn iti heddiw, a gyrraf allan o'th flaen yr Amoriaid, Canaaneaid, Hethiaid, Peresiaid, Hefiaid a Jebusiaid. 12 Gwylia rhag iti wneud cyfamod â thrigolion y wlad yr ei iddi, rhag iddynt fod yn fagl iti. 13 Dinistriwch eu hallorau, drylliwch eu colofnau, a thorrwch i lawr eu pyst. 14 Paid ag ymgrymu i dduw arall, oherwydd 15 Eiddigeddus yw enw'r ARGLWYDD, a Duw eiddigeddus ydyw. Paid â gwneud cyfamod â thrigolion y wlad rhag iddynt, wrth buteinio ar ôl eu duwiau ac aberthu iddynt, dy wahodd dithau i fwyta o'u haberth, 16 ac i gymryd eu merched i'th feibion; a rhag i'w merched, wrth iddynt buteinio ar ôl eu

duwiau, wneud i'th feibion buteinio ar ôl eu duwiau hwy.

17 "Paid â gwneud i ti ddelwau tawdd.

18 "Cadw ŵyl y Bara Croyw. Yr wyt i fwyta bara croyw am saith diwrnod ar yr amser penodedig ym mis Abib, fel y gorchmynnais iti, oherwydd ym mis Abib y daethost allan o'r Aifft.

19 "Eiddof fi yw'r cyntaf a ddaw o'r groth, y cyntafanedig o'th holl anifeiliaid gwryw, yn wartheg ac yn ddefaid. 20 Yr wyt i gyfnewid cyntafanedig asyn am oen, ac os na fyddi'n ei gyfnewid, tor ei wddf. Yr wyt i gyfnewid pob cyntafanedig o'th feibion. Nid oes neb i ymddangos o'm blaen yn waglaw.

21 "Am chwe diwrnod yr wyt i weithio, ond ar y seithfed dydd yr wyt i orffwys, boed yn amser aredig neu yn gynhaeaf.

22 "Cadw hefyd ŵyl yr Wythnosau, blaenffrwyth y cynhaeaf gwenith, a gŵyl y Cynnull ar ddiwedd y flwyddyn. 23 Y mae pob gwryw yn eich plith i ymddangos o flaen yr ARGLWYDD Dduw, Duw Israel, deirgwaith y flwyddyn. 24 Byddaf finnau'n gyrru cenhedloedd allan o'th flaen ac yn estyn dy derfynau, rhag i neb chwennych dy dir pan fyddi'n ymddangos deirgwaith y flwyddyn o flaen yr ARGLWYDD dy Dduw.

25 "Paid ag offrymu gwaed fy aberth gyda bara lefeinllyd, a phaid â chadw aberth gŵyl y Pasg dros nos hyd y bore.

26 "Yr wyt i ddod â'r gorau o flaenffrwyth dy dir i dŷ'r ARGLWYDD dy Dduw.

"Paid â berwi myn yn llaeth ei fam."

27 Dywedodd yr ARGLWYDD wrth Moses, "Ysgrifenna'r geiriau hyn, oherwydd yn ôl y geiriau hyn y gwneuthum gyfamod â thi ac ag Israel." 28 Bu Moses yno gyda'r ARGLWYDD am ddeugain diwrnod a deugain nos, heb fwyta bara nac yfed dŵr, ac ysgrifennodd ar y llechau eiriau'r cyfamod, sef y deg gorchymyn.

29 Pan ddaeth Moses i lawr o Fynydd Sinai gyda dwy lech y dystiolaeth yn ei law, ni wyddai fod croen ei wyneb yn disgleirio ar ôl iddo siarad â Duw. 30 Pan welodd Aaron a holl bobl Israel fod croen wyneb Moses yn disgleirio, yr oedd arnynt ofn dod yn agos ato. 31 Ond galwodd Moses arnynt, a throdd Aaron a holl arweinwyr cynulliad Israel ato, a siaradodd Moses â hwy. 32 Yna daeth holl bobl Israel ato, a gorchmynnodd iddynt yr holl bethau yr oedd yr ARGLWYDD wedi eu dweud wrtho ar Fynydd Sinai. 33 Pan orffennodd Moses siarad â hwy, rhoddodd orchudd ar ei wyneb, 34 ond pan fyddai'n mynd o flaen yr ARGLWYDD i siarad ag ef, byddai'n tynnu'r gorchudd nes iddo ddod allan, ac wedi dod allan, byddai'n dweud wrth bobl Israel yr hyn a orchmynnwyd iddo. 35 A phan welent hwy fod croen ei wyneb yn disgleirio, byddai Moses yn rhoi'r gorchudd yn ôl ar ei wyneb nes y byddai'n mynd i mewn eto i siarad â Duw.

Deddf y Saboth

35 Casglodd Moses ynghyd holl gynulliad pobl Israel a dweud wrthynt, "Dyma'r hyn a orchmynnodd yr ARGLWYDD i chwi ei wneud: 2 Chwe diwrnod y gweithiwch, ond bydd y seithfed dydd yn gysegredig, yn Saboth o orffwys i'r ARGLWYDD; rhoddir i farwolaeth bwy bynnag sy'n gweithio ar y dydd hwnnw. 3 Peidiwch hyd yn oed â chynnau tân yn eich cartrefi ar y dydd Saboth."

Rhoddion ar gyfer y Tabernacl
Ex. 25:1–9

4 Dywedodd Moses wrth holl gynulliad pobl Israel, "Dyma'r hyn a orchmynnodd yr ARGLWYDD: 5 Cymerwch o'r hyn sydd gennych yn offrwm i'r ARGLWYDD; y mae pob un sy'n dymuno rhoi offrwm i'r ARGLWYDD i roi aur, arian ac efydd; 6 sidan glas, porffor ac ysgarlad, a lliain main; blew geifr, 7 crwyn hyrddod wedi eu lliwio'n goch, a chrwyn morfuchod; coed acasia, 8 olew ar gyfer y lampau, perlysiau ar gyfer olew'r ennaint a'r arogldarth peraidd; 9 meini onyx, a gemau i'w gosod yn yr effod a'r ddwyfronneg.

Gwaith ar gyfer y Tabernacl
Ex. 39:32–43

10 "Y mae pob crefftwr yn eich plith i ddod a gwneud y cyfan a orchmynnodd

yr ARGLWYDD: ¹¹ y tabernacl, ei babell a'i len, ei fachau a'i fframiau, ei farrau, ei golofnau a'i draed; ¹² yr arch a'i pholion, y drugareddfa, y gorchudd; ¹³ y bwrdd a'i bolion a'i holl lestri, a'r bara gosod; ¹⁴ y canhwyllbren ar gyfer y goleuni, ei lestri a'i lampau, a'r olew ar gyfer y golau; ¹⁵ allor yr arogldarth a'i pholion, olew'r ennaint a'r arogldarth peraidd, gorchudd drws y tabernacl; ¹⁶ allor y poethoffrwm a'r rhwyll bres, ei pholion a'i holl lestri, y noe a'i throed; ¹⁷ llenni'r cyntedd, ei golofnau a'i draed, a gorchudd drws y cyntedd; ¹⁸ hoelion y tabernacl a'r cyntedd a'u rhaffau; ¹⁹ gwisgoedd wedi eu gwnïo'n gywrain ar gyfer gwasanaethau'r cysegr; gwisgoedd cysegredig i Aaron yr offeiriad ac i'w feibion, i wasanaethu fel offeiriaid."

Offrymau Gwirfoddol y Bobl

²⁰ Yna aeth holl gynulliad pobl Israel ymaith oddi wrth Moses, ²¹ a daeth pob un yr oedd ei galon yn ei gyffroi, a'i ysbryd yn ei ennyn, ag offrwm i'r ARGLWYDD i'w ddefnyddio ym mhabell y cyfarfod ar gyfer ei holl wasanaeth, ac ar gyfer y gwisgoedd cysegredig. ²² Felly daethant, yn wŷr a gwragedd, a chynnig o'u gwirfodd freichledau, clustlysau, modrwyau, cadwynau a thlysau aur o bob math; yr oedd pawb yn cyflwyno aur yn offrwm i'r ARGLWYDD. ²³ Yr oedd pob un a chanddo sidan glas, porffor ac ysgarlad, a lliain main, a blew geifr, a chrwyn hyrddod wedi eu lliwio'n goch, a chrwyn morfuchod, yn dod â hwy. ²⁴ Yr oedd pob un a allai gyflwyno offrwm o arian neu bres yn dod ag ef i'r ARGLWYDD; ac yr oedd pob un a chanddo goed acasia addas ar gyfer y gwaith yn dod â hwy. ²⁵ Yr oedd pob gwraig fedrus yn nyddu â'i dwylo, ac yn dod â'i gwaith o sidan glas, porffor ac ysgarlad, ac o liain main. ²⁶ Yr oedd pob gwraig a fedrai nyddu blew geifr yn gwneud hynny. ²⁷ Daeth yr arweinwyr â meini onyx, meini i'w gosod yn yr effod a'r ddwyfronneg, ²⁸ perlysiau ac olew ar gyfer y lamp ac ar gyfer olew'r ennaint a'r arogldarth peraidd. ²⁹ Pan fyddai gŵr neu wraig trwy holl Israel yn dymuno dod ag unrhyw beth ar gyfer y gwaith a orchmynnodd yr ARGLWYDD i Moses, byddai'n dod â'i offrwm i'r ARGLWYDD o'i wirfodd.

Crefftwyr y Tabernacl

Ex. 31:1–11

³⁰ Dywedodd Moses wrth bobl Israel: "Edrychwch, y mae'r ARGLWYDD wedi dewis Besalel fab Uri, fab Hur, o lwyth Jwda, ³¹ ac wedi ei lenwi ag ysbryd Duw, ac â doethineb a deall, â gwybodaeth hefyd a phob rhyw ddawn, ³² er mwyn iddo ddyfeisio patrymau cywrain, a gweithio ag aur, arian a phres, ³³ a thorri meini i'w gosod, a cherfio pren, a gwneud pob cywreinwaith. ³⁴ Hefyd, ysbrydolodd yr ARGLWYDD ef ac Aholïab fab Achisamach o lwyth Dan i ddysgu eraill. ³⁵ Llanwodd hwy â'r ddawn i wneud pob math o waith crefftus a chywrain a wneir gan saer neu grefftwr, neu gan un sy'n brodio sidan glas, porffor ac ysgarlad, a lliain main, neu gan un sy'n gwau.

36 "Bydd Besalel, Aholïab, a phob un dawnus y mae'r ARGLWYDD wedi rhoi iddo'r gallu a'r medr i wneud pob math o waith yng ngwasanaeth y cysegr, yn gweithio yn unol â'r cyfan y mae'r ARGLWYDD wedi ei orchymyn iddynt."

Haelioni'r Bobl

² Galwodd Moses Besalel, Aholïab, a phob un dawnus yr oedd yr ARGLWYDD wedi rhoi iddo'r gallu, ac a oedd yn fodlon dod i wneud y gwaith, ³ a derbyniasant gan Moses bob offrwm a roesai pobl Israel o'u gwirfodd ar gyfer y gwaith yng ngwasanaeth y cysegr. Yr oedd y bobl yn dal i ddod ag offrwm ato o'u gwirfodd bob bore; ⁴ a bu'n rhaid i bob un dawnus a oedd yn gwneud y gwaith yn y cysegr adael ei orchwyl, ⁵ a dweud wrth Moses, "Y mae'r bobl yn dod â mwy na digon ar gyfer y gwaith a orchmynnodd yr ARGLWYDD inni ei wneud." ⁶ Felly rhoddodd Moses orchymyn, a chyhoeddwyd drwy'r gwersyll nad oedd na gŵr na gwraig i gyfrannu dim rhagor at offrwm y cysegr. Yna peidiodd y bobl â dod â rhagor, ⁷ oherwydd yr oedd y deunydd oedd

ganddynt yn fwy na digon ar gyfer yr holl waith.

Gwneuthuriad y Tabernacl
Ex. 26:1–37

8 Yr oedd yr holl rai medrus ymhlith y gweithwyr wedi gwneud y tabernacl o ddeg llen o liain main wedi ei nyddu, ac o sidan glas, porffor ac ysgarlad, a cherwbiaid wedi eu gwnïo'n gywrain arnynt. 9 Yr oedd pob llen yn wyth cufydd ar hugain o hyd a phedwar cufydd o led, pob llen yr un maint.

10 Cydiodd Besalel bum llen wrth ei gilydd, a'r pum llen arall hefyd wrth ei gilydd. 11 Gwnaeth ddolennau glas ar hyd ymyl y llen ar y tu allan i'r naill gydiad a'r llall. 12 Gwnaeth hanner cant o ddolennau ar un llen, a hanner cant ar hyd ymyl y llen ar ben yr ail gydiad, a'r dolennau gyferbyn â'i gilydd. 13 Gwnaeth hefyd hanner cant o fachau aur, a chydiodd y llenni wrth ei gilydd â'r bachau, er mwyn i'r tabernacl fod yn gyfanwaith.

14 Gwnaeth hefyd un ar ddeg o lenni o flew geifr i fod yn babell dros y tabernacl. 15 Yr oedd pob llen yn ddeg cufydd ar hugain o hyd a phedwar cufydd o led, pob llen yr un maint. 16 Cydiodd hwy wrth ei gilydd yn bum llen ac yn chwe llen, 17 a gwnaeth hanner cant o ddolennau ar hyd ymyl y llen ar y tu allan i'r naill gydiad a'r llall. 18 Gwnaeth hanner cant o fachau pres i gydio'r babell wrth ei gilydd yn gyfanwaith, 19 a gwnaeth orchudd i'r babell o grwyn hyrddod wedi eu lliwio'n goch, ac o grwyn morfuchod.

20 Gwnaeth hefyd ar gyfer y tabernacl fframiau syth o goed acasia, 21 pob un yn ddeg cufydd o hyd a chufydd a hanner o led, 22 a dau denon ym mhob ffrâm i'w cysylltu â'i gilydd; gwnaeth hyn i holl fframiau'r tabernacl. 23 Dyma drefn fframiau'r tabernacl: ugain ffrâm ar yr ochr ddeheuol, 24 a deugain troed arian dan yr ugain ffrâm, dau droed i bob ffrâm ar gyfer ei dau denon. 25 Ar yr ail ochr i'r tabernacl, sef yr ochr ogleddol, gwnaeth ugain ffrâm 26 a'u deugain troed arian, dau droed dan bob ffrâm. 27 Yng nghefn y tabernacl, sef yr ochr orllewinol, gwnaeth chwe ffrâm, 28 a dwy arall ar gyfer conglau cefn y tabernacl, 29 wedi eu cysylltu'n ddwbl yn y pen a'r gwaelod â bach; yr oedd y ddwy ffrâm yr un fath, ac yn ffurfio'r ddwy gongl. 30 Yr oedd wyth ffrâm ac un ar bymtheg o draed arian, dau droed dan bob ffrâm.

31 Gwnaeth hefyd farrau o goed acasia, pump ar gyfer fframiau'r naill ochr i'r tabernacl, 32 a phump ar gyfer fframiau'r ochr arall, a phump ar gyfer y fframiau yng nghefn y tabernacl, sef yr ochr orllewinol. 33 Gwnaeth i'r bar a oedd ar ganol y fframiau ymestyn o un pen i'r llall. 34 Goreurodd y fframiau, a gwneud bachau aur i osod y barrau trwyddynt, a'u goreuro hwythau.

35 Gwnaeth orchudd o sidan glas, porffor ac ysgarlad, ac o liain main wedi ei nyddu, a cherwbiaid wedi eu gwnïo'n gywrain arno. 36 Gwnaeth ar ei gyfer bedair colofn o goed acasia, a'u goreuro; yr oedd eu bachau o aur, a lluniodd ar eu cyfer bedwar troed arian. 37 Gwnaeth ar gyfer drws y babell len o sidan glas, porffor ac ysgarlad, ac o liain main wedi ei nyddu a'i frodio; 38 gwnaeth hefyd bum colofn gyda bachau. Goreurodd ben uchaf y colofnau; ac aur oedd eu cylchau, ond pres oedd eu pum troed.

Arch y Cyfamod

37 Ex. 25:10–22

Gwnaeth Besalel arch o goed acasia, dau gufydd a hanner o hyd, cufydd a hanner o led, a chufydd a hanner o uchder. 2 Goreurodd hi ag aur pur oddi mewn ac oddi allan, a gwnaeth ymyl aur o'i hamgylch. 3 Lluniodd bedair dolen gron o aur ar gyfer ei phedair congl, dwy ar y naill ochr a dwy ar y llall. 4 Gwnaeth bolion o goed acasia a'u goreuro, 5 a'u gosod yn y dolennau ar ochrau'r arch, i'w chario. 6 Gwnaeth drugareddfa o aur pur, dau gufydd a hanner o hyd, a chufydd a hanner o led. 7 Gwnaeth hefyd ar gyfer y naill ben a'r llall i'r drugareddfa ddau gerwb o aur wedi ei guro, 8 a gosod un yn y naill ben a'r llall yn y pen arall, yn rhan o'r drugareddfa. 9 Yr oedd dwy adain y cerwbiaid ar led, fel eu bod yn gorchuddio'r drugareddfa; yr oedd y cerwbiaid yn wynebu ei gilydd, â'u hwynebau tua'r drugareddfa.

Bwrdd y Bara Gosod
Ex. 25:23-30

¹⁰ Gwnaeth fwrdd o goed acasia, dau gufydd o hyd, cufydd o led, a chufydd a hanner o uchder. ¹¹ Goreurodd ef ag aur pur drosto, a gwnaeth ymyl aur o'i amgylch. ¹² Gwnaeth ffrâm o led llaw o'i gwmpas, ac ymyl aur o amgylch y ffrâm. ¹³ Gwnaeth hefyd ar ei gyfer bedair o ddolennau aur, a'u clymu wrth y pedair coes yn y pedair congl. ¹⁴ Yr oedd y dolennau ar ymyl y ffrâm yn dal y polion oedd yn cludo'r bwrdd. ¹⁵ Gwnaeth y polion oedd yn cludo'r bwrdd o goed acasia, a'u goreuro. ¹⁶ Gwnaeth lestri a dysglau ar ei gyfer, a ffiolau a chostrelau i dywallt y diodoffrwm; fe'u gwnaeth o aur pur.

Y Canhwyllbren
Ex. 25:31-40

¹⁷ Gwnaeth ganhwyllbren o aur pur. Yr oedd gwaelod y canhwyllbren a'i baladr o ddeunydd gyr, ac yr oedd y pedyll, y cnapiau a'r blodau yn rhan o'r cyfanwaith. ¹⁸ Yr oedd chwe chainc yn dod allan o ochrau'r canhwyllbren, tair ar un ochr a thair ar y llall. ¹⁹ Ar un gainc yr oedd tair padell ar ffurf almonau, a chnap a blodeuyn arnynt, a thair ar y gainc nesaf; dyna oedd ar y chwe chainc oedd yn dod allan o'r canhwyllbren. ²⁰ Ar y canhwyllbren ei hun yr oedd pedair padell ar ffurf almonau, a chnapiau a blodau arnynt; ²¹ ac yr oedd un o'r cnapiau dan bob pâr o'r chwe chainc oedd yn dod allan o'r canhwyllbren. ²² Yr oedd y cnapiau a'r ceinciau yn rhan o'r canhwyllbren, ac yr oedd y cyfan o aur pur ac o ddeunydd gyr. ²³ Gwnaeth ar ei gyfer saith llusern, a gefeiliau a chafnau o aur pur. ²⁴ Gwnaeth y canhwyllbren a'r holl lestri o un dalent o aur pur.

Allor yr Arogldarth
Ex. 30:1-5

²⁵ Gwnaeth allor o goed acasia ar gyfer llosgi'r arogldarth; yr oedd yn sgwâr, yn gufydd o hyd, a chufydd o led, a dau gufydd o uchder, a'i chyrn yn rhan ohoni. ²⁶ Goreurodd hi i gyd ag aur pur, yr wyneb, yr ochrau a'r cyrn; a gwnaeth ymyl aur o'i hamgylch. ²⁷ Gwnaeth hefyd ddau fach aur dan y cylch ar y ddwy ochr, i gymryd y polion ar gyfer cario'r allor. ²⁸ Gwnaeth y polion o goed acasia, a'u goreuro.

Olew'r Ennaint a'r Arogldarth
Ex. 30:22-38

²⁹ Gwnaeth hefyd olew cysegredig ar gyfer eneinio, ac arogldarth peraidd a phur, a chymysgodd hwy fel y gwna peraroglydd.

Allor y Poethoffrwm

38 Ex. 27:1-8
Gwnaeth allor y poethoffrwm hefyd o goed acasia; yr oedd yn sgwâr, yn bum cufydd o hyd, a phum cufydd o led, a thri chufydd o uchder. ² Gwnaeth gyrn yn rhan o'r allor yn ei phedair congl, a rhoddodd haen o bres drosti. ³ Gwnaeth ar ei chyfer lestri, rhawiau, cawgiau, ffyrch a phedyll tân, pob un ohonynt o bres. ⁴ Gwnaeth hefyd ar gyfer yr allor rwyll o rwydwaith pres, a'i gosod dan ymyl yr allor fel ei bod yn ymestyn at hanner yr allor. ⁵ Gwnaeth bedwar bach pres ar bedair congl y rhwydwaith, i gymryd y polion. ⁶ Gwnaeth y polion o goed acasia, a rhoi haen o bres drostynt; rhoddodd hwy drwy'r bachau ar ochrau'r allor i'w chludo. ⁷ Fe'i gwnaeth ag astellau, yn wag oddi mewn.

Y Noe Bres
Ex. 30:18

⁸ Gwnaeth noe, a throed iddi, o ddrychau pres y gwragedd a oedd yn gwasanaethu wrth ddrws pabell y cyfarfod.

Cyntedd y Tabernacl
Ex. 27:9-19

⁹ Yna gwnaeth y cyntedd. Ar yr ochr ddeheuol yr oedd llenni o liain main wedi ei nyddu, can cufydd o hyd; ¹⁰ yr oedd hefyd ugain colofn ac ugain troed o bres, ond yr oedd bachau a chylchau'r colofnau o arian. ¹¹ Yr un modd, ar yr ochr ogleddol yr oedd llenni can cufydd o hyd, ag ugain colofn ac ugain troed o

bres, ond yr oedd bachau a chylchau'r colofnau o arian. ¹² Ar yr ochr orllewinol yr oedd llenni hanner can cufydd o hyd, ynghyd â deg colofn a deg troed; yr oedd bachau'r colofnau a'u cylchau o arian. ¹³ Yr oedd yr ochr ddwyreiniol, tua chodiad haul, yn hanner can cufydd. ¹⁴ Yr oedd y llenni ar y naill ochr i'r porth yn bymtheg cufydd, â thair colofn a thri throed, ¹⁵ a'r llenni ar yr ochr arall hefyd yn bymtheg cufydd â thair colofn a thri throed. ¹⁶ Yr oedd yr holl lenni o amgylch y cyntedd o liain main wedi ei nyddu. ¹⁷ Yr oedd traed y colofnau o bres, ond yr oedd eu bachau a'u cylchau o arian; yr oedd pen uchaf y colofnau o arian, ac yr oedd holl golofnau'r cyntedd wedi eu cylchu ag arian. ¹⁸ Yr oedd y llen ym mhorth y cyntedd wedi ei brodio o sidan glas, porffor ac ysgarlad, ac o liain main wedi ei nyddu; yr oedd yn ugain cufydd o hyd, a phum cufydd o led, ac yn cyfateb i lenni'r cyntedd. ¹⁹ Yr oedd y pedair colofn, a'u pedwar troed, o bres; y bachau, pen uchaf y colofnau, a'u cylchau, o arian. ²⁰ Yr oedd holl hoelion y tabernacl a'r cyntedd oddi amgylch o bres.

Swm yr Aur, Arian a Phres ar gyfer y Tabernacl

²¹ Dyma'r holl bethau ar gyfer tabernacl y dystiolaeth a orchmynnodd Moses i'r Lefiaid eu gwneud dan gyfarwyddyd Ithamar fab Aaron yr offeiriad. ²²⁻²³ Besalel fab Uri, fab Hur, o lwyth Jwda, oedd yn gwneud y cyfan a orchmynnodd yr ARGLWYDD i Moses; gydag ef yr oedd Aholïab fab Achisamach, o lwyth Dan, saer a chrefftwr, ac un a allai wnïo sidan glas, porffor ac ysgarlad, a lliain main.

²⁴ Cyfanswm yr aur a ddefnyddiwyd yn holl waith y cysegr, sef yr aur a offrymwyd, oedd naw ar hugain o dalentau, a saith gant tri deg sicl, yn ôl sicl y cysegr. ²⁵ Cyfanswm yr arian a roddodd y rhai o'r cynulliad a gyfrifwyd oedd can talent, a mil saith gant saith deg a phum sicl, yn ôl sicl y cysegr, ²⁶ sef beca yr un gan y rhai oedd yn ugain oed neu'n hŷn ac a rifwyd yn y cyfrifiad (hanner sicl, yn ôl sicl y cysegr, yw beca). Nifer y dynion oedd chwe chant a thair o filoedd pum cant pum deg. ²⁷ O'r can talent o arian y lluniwyd y traed ar gyfer y cysegr a'r gorchudd, can troed o'r can talent, sef talent i bob troed. ²⁸ O'r mil saith gant saith deg a phum sicl, gwnaeth fachau ar gyfer y colofnau, a goreurodd ben uchaf y colofnau a'u cylchau. ²⁹ Cyfanswm y pres yn yr offrwm oedd saith deg o dalentau, a dwy fil pedwar can sicl; ³⁰ o'r rhain gwnaeth draed ar gyfer drws pabell y cyfarfod, yr allor bres a'r rhwyll bres oedd ar ei chyfer, ynghyd â holl lestri'r allor, ³¹ y traed ar gyfer y cyntedd o amgylch, a'r porth, a holl hoelion y tabernacl a'r hoelion o amgylch y cyntedd.

Gwisgoedd i'r Offeiriaid

39 Ex. 28:1–14
Gwnaethant wisgoedd cywrain o sidan glas, porffor ac ysgarlad ar gyfer gwasanaethu yn y cysegr; gwnaethant y gwisgoedd cysegredig i Aaron, fel yr oedd yr ARGLWYDD wedi gorchymyn i Moses.

² Gwnaeth yr effod o aur, o sidan glas, porffor ac ysgarlad, ac o liain main wedi ei nyddu. ³ Curodd yr aur yn ddolennau tenau a'u torri'n stribedi i'w plethu'n gywrain i mewn i'r sidan glas, porffor ac ysgarlad, ac i'r lliain main. ⁴ Gwnaethant ar gyfer yr effod ddwy ysgwydd wedi eu cydio ynghyd ar y ddwy ochr. ⁵ Yr oedd y gwregys arni wedi ei wnïo'n gywrain, ac o'r un deunydd â'r effod, sef aur, a sidan glas, porffor ac ysgarlad, a lliain main wedi ei nyddu; felly'r oedd yr ARGLWYDD wedi gorchymyn i Moses.

⁶ Cymerasant feini onyx a'u trin, a'u gosod mewn edafwaith o aur, a naddu arnynt enwau meibion Israel, fel y bydd gemydd yn naddu sêl. ⁷ Gosododd hwy ar ysgwyddau'r effod, yn feini coffadwriaeth i feibion Israel, fel yr oedd yr ARGLWYDD wedi gorchymyn i Moses.

Y Ddwyfronneg

Ex. 28:15–30
⁸ Gwnaeth y ddwyfronneg o grefftwaith cywrain; fe'i gwnaeth, fel yr effod, o aur, o sidan glas, porffor ac ysgarlad, ac o liain main wedi ei nyddu. ⁹ Yr oedd yn sgwâr ac yn ddwbl, rhychwant o hyd a

rhychwant o led. ¹⁰ Gosodasant ynddi bedair rhes o feini: yn y rhes gyntaf, rhuddem, topas a charbwncl; ¹¹ yn yr ail res, emrallt, saffir a diemwnt; ¹² yn y drydedd res, lygur, agat ac amethyst; ¹³ yn y bedwaredd res, beryl, onyx a iasbis; yr oeddent i gyd wedi eu gosod mewn edafwaith o aur. ¹⁴ Yr oedd deuddeg maen wedi eu henwi ar ôl meibion Israel; yr oedd pob un fel sêl ag enw un o'r deuddeg llwyth wedi ei argraffu arno. ¹⁵ Gwnaethant ar gyfer y ddwyfronneg gadwynau o aur pur wedi eu plethu ynghyd, ¹⁶ a hefyd ddau edafwaith aur, a dau fach aur i'w rhoi ar ddwy ochr y ddwyfronneg. ¹⁷ Rhoddwyd y ddwy gadwyn aur ar y ddau fach ar ochrau'r ddwyfronneg, ¹⁸ a dau ben arall y ddwy gadwyn ar y ddau edafwaith, a'u cysylltu ag ysgwyddau'r effod o'r tu blaen. ¹⁹ Yna gwnaethant ddau fach aur a'u gosod yn nau ben y ddwyfronneg ar yr ochr fewnol, nesaf at yr effod. ²⁰ Gwnaethant hefyd ddau fach aur a'u gosod yn rhan isaf dwy ysgwydd yr effod, ar y tu blaen, yn y cydiad uwchben y gwregys. ²¹ Rhwymasant fachau'r ddwyfronneg wrth fachau'r effod â llinyn glas uwchben y gwregys, rhag i'r ddwyfronneg ymddatod oddi wrth yr effod; felly yr oedd yr ARGLWYDD wedi gorchymyn i Moses.

Gwisgoedd Offeiriadol Eraill
Ex. 28:31-43

²² Gwnaeth fantell yr effod i gyd yn frodwaith o sidan glas, ²³ a thwll yn ei chanol, gyda gwnïad o'i amgylch, fel a geir mewn llurig, rhag iddo rwygo. ²⁴ Gwnaethant o amgylch godre'r fantell bomgranadau o sidan glas, porffor ac ysgarlad, ac o liain wedi ei nyddu. ²⁵ Gwnaethant hefyd glychau o aur pur, ²⁶ a'u gosod rhwng y pomgranadau o amgylch godre'r fantell ar gyfer y gwasanaeth; felly yr oedd yr ARGLWYDD wedi gorchymyn i Moses.

²⁷ Gwnaethant siacedau wedi eu gwau o liain main ar gyfer Aaron a'i feibion; ²⁸ gwnaethant hefyd benwisg a chapiau, llodrau ²⁹ a gwregys, y cwbl o liain main wedi ei nyddu ac o sidan glas, porffor ac ysgarlad wedi ei frodio; felly yr oedd yr ARGLWYDD wedi gorchymyn i Moses.

³⁰ Gwnaethant blât y goron gysegredig o aur pur, ac argraffu arno, fel ar sêl, "Sanctaidd i'r ARGLWYDD"; ³¹ a chlymwyd ef ar flaen y benwisg â llinyn glas; felly yr oedd yr ARGLWYDD wedi gorchymyn i Moses.

Gorffen y Tabernacl
Ex. 35:10-19

³² Felly y gorffennwyd holl waith y tabernacl, sef pabell y cyfarfod; ac yr oedd pobl Israel wedi gwneud y cyfan a orchmynnodd yr ARGLWYDD i Moses. ³³ Daethant â'r tabernacl at Moses, sef y babell a'i holl lestri, y bachau, y fframiau, y barrau, y colofnau, y traed; ³⁴ y to o grwyn hyrddod wedi eu lliwio'n goch ac o grwyn morfuchod, a'r gorchudd; ³⁵ arch y dystiolaeth a'i pholion a'r drugareddfa; ³⁶ y bwrdd a'i holl lestri, a'r bara gosod; ³⁷ y canhwyllbren o aur pur, ei lampau wedi eu goleuo, ynghyd â'u holl lestri, a'r olew ar gyfer y golau; ³⁸ yr allor aur, olew'r ennaint a'r arogldarth peraidd; gorchudd drws y tabernacl; ³⁹ yr allor bres, a'r rhwyll bres ar ei chyfer, a'i pholion a'i holl lestri; y noe a'i throed; ⁴⁰ llenni'r cyntedd, ei golofnau a'i draed; gorchudd porth y cyntedd, ei raffau a'i hoelion, a'r holl lestri ar gyfer gwasanaeth y tabernacl, sef pabell y cyfarfod; ⁴¹ y gwisgoedd wedi eu gwnïo'n gywrain ar gyfer gwasanaethau'r cysegr; gwisgoedd cysegredig Aaron a'i feibion, iddynt wasanaethu fel offeiriaid. ⁴² Yr oedd pobl Israel wedi gwneud yr holl waith yn union fel y gorchmynnodd yr ARGLWYDD i Moses. ⁴³ Gwelodd Moses eu bod wedi gwneud yr holl waith fel yr oedd yr ARGLWYDD wedi gorchymyn, a bendithiodd Moses hwy.

Agor a Chysegru'r Tabernacl

40 Dywedodd yr ARGLWYDD wrth Moses, ² "Yr wyt i godi'r tabernacl, pabell y cyfarfod, ar y dydd cyntaf o'r mis cyntaf. ³ Gosod arch y dystiolaeth ynddo, a'i gorchuddio â llen. ⁴ Cymer y bwrdd i mewn, a'i osod yn drefnus, a chymer y canhwyllbren, a goleua ei lampau. ⁵ Rho allor aur yr arogldarth o flaen arch y dystiolaeth, a gosod y llen ar ddrws y tabernacl. ⁶ Rho allor y poethoffrwm o flaen drws y tabernacl, pabell y cyfarfod, ⁷ a gosod y noe rhwng pabell y cyfarfod a'r allor, a rhoi dŵr ynddi. ⁸ Gosod y cyntedd o'i amgylch, a llen ar gyfer porth y cyntedd. ⁹ Yna cymer olew'r ennaint, ac eneinio'r tabernacl a'r cyfan sydd ynddo, a chysegra ef a'i holl ddodrefn; a bydd yn gysegredig. ¹⁰ Eneinia hefyd allor y poethoffrwm a'i holl lestri, a chysegra'r allor; a bydd yr allor yn gysegredig iawn. ¹¹ Yna eneinia'r noe a'i throed, a chysegra hi. ¹² Tyrd ag Aaron a'i feibion at ddrws pabell y cyfarfod, a'u golchi â dŵr, ¹³ a gwisg Aaron â'r gwisgoedd cysegredig; eneinia ef a'i gysegru i'm gwasanaethu fel offeiriad. ¹⁴ Tyrd â'i feibion hefyd, a'u gwisgo â'r siacedau; ¹⁵ eneinia hwy, fel yr eneiniaist eu tad, i'm gwasanaethu fel offeiriaid; trwy eu heneinio fe'u hurddir i offeiriadaeth dragwyddol, dros y cenedlaethau."

¹⁶ Felly gwnaeth Moses y cyfan a orchmynnodd yr ARGLWYDD iddo; ¹⁷ ac ar y dydd cyntaf o'r mis cyntaf o'r ail flwyddyn fe godwyd y tabernacl. ¹⁸ Moses a gododd y tabernacl; gosododd ef ar ei draed, adeiladodd ei fframiau, rhoddodd ei bolion yn eu lle a chododd ei golofnau. ¹⁹ Lledodd y babell dros y tabernacl, a gosod to'r babell drosto, fel yr oedd yr ARGLWYDD wedi gorchymyn iddo. ²⁰ Cymerodd y dystiolaeth a'i rhoi yn yr arch; cysylltodd y polion wrth yr arch, a rhoi'r drugareddfa arni. ²¹ Yna daeth â'r arch i mewn i'r tabernacl, a gosod y gorchudd yn ei le dros arch y dystiolaeth, fel yr oedd yr ARGLWYDD wedi gorchymyn iddo. ²² Rhoddodd y bwrdd ym mhabell y cyfarfod, ar ochr ogleddol y tabernacl, y tu allan i'r gorchudd, ²³ a threfnodd y bara arno gerbron yr ARGLWYDD, fel yr oedd yr ARGLWYDD wedi gorchymyn iddo. ²⁴ Rhoddodd y canhwyllbren ym mhabell y cyfarfod, gyferbyn â'r bwrdd ar ochr ddeheuol y tabernacl, ²⁵ a goleuodd y lampau gerbron yr ARGLWYDD, fel yr oedd yr ARGLWYDD wedi gorchymyn iddo. ²⁶ Rhoddodd yr allor aur ym mhabell y cyfarfod o flaen y gorchudd, ²⁷ ac offrymodd arogldarth peraidd arni, fel yr oedd yr ARGLWYDD wedi gorchymyn iddo. ²⁸ Rhoddodd y llen ar ddrws y tabernacl, ²⁹ a gosododd allor y poethoffrwm wrth ddrws y tabernacl, pabell y cyfarfod, ac offrymodd arni boethoffrwm a bwydoffrwm, fel yr oedd yr ARGLWYDD wedi gorchymyn iddo. ³⁰ Gosododd y noe rhwng pabell y cyfarfod a'r allor, a rhoi ynddi ddŵr, ³¹ er mwyn i Moses, Aaron a'i feibion olchi eu dwylo a'u traed. ³² Ymolchent wrth fynd i mewn i babell y cyfarfod ac wrth nesáu at yr allor, fel yr oedd yr ARGLWYDD wedi gorchymyn i Moses. ³³ Cododd gyntedd o amgylch y tabernacl a'r allor, a rhoddodd y gorchudd dros borth y cyntedd. Felly y gorffennodd Moses y gwaith.

Y Cwmwl dros Babell y Cyfarfod
Num. 9:15-23

³⁴ Yna gorchuddiodd cwmwl babell y cyfarfod, ac yr oedd gogoniant yr ARGLWYDD yn llenwi'r tabernacl. ³⁵ Ni allai Moses fynd i mewn i babell y cyfarfod am fod y cwmwl yn ei gorchuddio, ac am fod gogoniant yr ARGLWYDD yn llenwi'r tabernacl. ³⁶ Pan godai'r cwmwl oddi ar y tabernacl, fe gychwynnai pobl Israel ar eu taith; ³⁷ ond os na chodai'r cwmwl ni chychwynnent. ³⁸ Ar hyd y daith yr oedd holl dŷ Israel yn gallu gweld cwmwl yr ARGLWYDD uwchben y tabernacl yn ystod y dydd, a thân uwch ei ben yn ystod y nos.

LLYFR LEFITICUS

Y Poethoffrwm

1 Galwodd yr ARGLWYDD ar Moses a llefaru wrtho o babell y cyfarfod a dweud: ² "Llefara wrth bobl Israel a dywed wrthynt, 'Pan fydd unrhyw un ohonoch yn dod ag offrwm i'r ARGLWYDD, dewch ag anifail o'r gyr neu o'r praidd yn offrwm.

³ " 'Os poethoffrwm o'r gyr fydd ei rodd, dylai ddod â gwryw di-nam; deued ag ef at ddrws pabell y cyfarfod, iddo fod yn dderbyniol gan yr ARGLWYDD. ⁴ Rhodded ei law ar ben y poethoffrwm, a bydd yn dderbyniol ganddo i wneud iawn drosto. ⁵ Y mae i ladd y bustach ifanc o flaen yr ARGLWYDD, ac yna bydd meibion Aaron, yr offeiriaid, yn dod â'r gwaed ac yn ei luchio ar bob ochr i'r allor sydd wrth ddrws pabell y cyfarfod. ⁶ Y mae i flingo'r poethoffrwm a'i dorri'n ddarnau. ⁷ Bydd meibion Aaron yr offeiriad yn gosod tân ar yr allor ac yn trefnu'r coed ar y tân. ⁸ Yna bydd meibion Aaron, yr offeiriaid, yn trefnu'r darnau, yn cynnwys y pen a'r braster, ar y coed sy'n llosgi ar yr allor. ⁹ Y mae i olchi'r ymysgaroedd a'r coesau â dŵr, a bydd yr offeiriad yn llosgi'r cyfan ohono ar yr allor yn boethoffrwm, yn offrwm trwy dân, yn arogl peraidd i'r ARGLWYDD.

¹⁰ " 'Os poethoffrwm o'r praidd fydd ei rodd, boed o'r defaid neu o'r geifr, dylai ddod â gwryw di-nam. ¹¹ Y mae i'w ladd ar ochr y gogledd i'r allor o flaen yr ARGLWYDD, a bydd meibion Aaron, yr offeiriaid, yn lluchio'i waed ar bob ochr i'r allor. ¹² Y mae i'w dorri'n ddarnau, yn cynnwys y pen a'r braster, a bydd yr offeiriad yn eu trefnu ar y coed sy'n llosgi ar yr allor. ¹³ Y mae i olchi'r ymysgaroedd a'r coesau â dŵr, a bydd yr offeiriad yn dod â'r cyfan ac yn ei losgi ar yr allor yn boethoffrwm, yn offrwm trwy dân, yn arogl peraidd i'r ARGLWYDD.

¹⁴ " 'Os poethoffrwm o adar fydd ei rodd i'r ARGLWYDD, dylai ddod â thurtur neu gyw colomen. ¹⁵ Y mae'r offeiriad i ddod ag ef at yr allor a thorri ei ben, a'i losgi ar yr allor; bydd yn gwasgu allan ei waed ar ochr yr allor, ¹⁶ yn tynnu ei grombil a'i blu, ac yn eu lluchio yn ymyl yr allor i'r dwyrain, lle mae'r lludw; ¹⁷ bydd yn ei agor allan gerfydd ei adenydd, ond heb ei ddarnio; yna bydd yr offeiriad yn ei losgi ar yr allor, ar y coed sy'n llosgi, yn boethoffrwm, yn offrwm trwy dân, yn arogl peraidd i'r ARGLWYDD.

Y Bwydoffrwm

2 " 'Pan fydd rhywun yn dod â bwydoffrwm i'r ARGLWYDD, bydded ei offrwm o beilliaid ag olew wedi ei dywallt drosto a thus wedi ei roi arno. ² Y mae i fynd ag ef at feibion Aaron, yr offeiriaid; yna bydd offeiriad yn cymryd dyrnaid o'r peilliaid a'r olew, ynghyd â'r holl thus, ac yn ei losgi'n gyfran goffa ar yr allor, yn offrwm trwy dân, yn arogl peraidd i'r ARGLWYDD. ³ Bydd gweddill y bwydoffrwm yn eiddo i Aaron a'i feibion; bydd yn gyfran gwbl sanctaidd o'r offrymau trwy dân i'r ARGLWYDD.

⁴ " 'Os byddi'n dod â bwydoffrwm wedi ei grasu mewn ffwrn, dylai fod yn deisennau heb furum o beilliaid wedi ei gymysgu ag olew, neu'n fisgedi heb furum wedi eu taenu ag olew. ⁵ Os bwydoffrwm wedi ei grasu ar radell fydd dy rodd, dylai fod o beilliaid heb furum wedi ei gymysgu ag olew; ⁶ tor ef yn ddarnau a thywallt olew drosto; dyma fydd y bwydoffrwm. ⁷ Os bwydoffrwm wedi ei baratoi mewn padell fydd dy rodd, dylai fod o beilliaid wedi ei wneud ag olew. ⁸ Byddi'n cyflwyno i'r ARGLWYDD y bwydoffrwm wedi ei wneud o'r pethau hyn, ac yn dod ag ef at yr offeiriad; bydd yntau'n dod ag ef at yr allor. ⁹ Bydd ef yn cymryd o'r bwydoffrwm y gyfran goffa ac yn ei losgi ar yr allor yn offrwm trwy dân, yn arogl peraidd i'r ARGLWYDD. ¹⁰ Bydd gweddill y bwydoffrwm yn eiddo i Aaron a'i feibion; bydd yn gyfran gwbl

sanctaidd o'r offrymau trwy dân i'r ARGLWYDD.

¹¹ " 'Ni wneir â lefain unrhyw fwydoffrwm a ddygwch i'r ARGLWYDD, oherwydd nid ydych i losgi unrhyw furum na mêl yn offrwm trwy dân i'r ARGLWYDD. ¹² Gallwch eu cyflwyno i'r ARGLWYDD yn offrwm blaenffrwyth, ond nid ydych i'w hoffrymu ar yr allor yn arogl peraidd. ¹³ Yr wyt i halltu â halen dy holl fwydoffrymau, a pheidio â chadw halen cyfamod dy Dduw o'th fwydoffrymau; yr wyt i roi halen ar dy holl offrymau.

¹⁴ " 'Os byddi'n dod â bwydoffrwm o'r blaenffrwyth i'r ARGLWYDD, dylai fod yn fwydoffrwm o dywysennau o rawn newydd wedi eu gwasgu a'u crasu yn y tân. ¹⁵ Rho olew a thus drosto; dyma fydd y bwydoffrwm. ¹⁶ Bydd yr offeiriad yn llosgi'r gyfran goffa o'r grawn ac o'r olew, ynghyd â'r holl thus, yn offrwm trwy dân i'r ARGLWYDD.

Yr Heddoffrwm

3 " 'Os heddoffrwm fydd ei rodd, ac yntau'n dod ag anifail o'r gyr, boed wryw neu fenyw, dylai gyflwyno i'r ARGLWYDD anifail di-nam. ² Y mae i osod ei law ar ben yr offrwm a'i ladd wrth ddrws pabell y cyfarfod; yna bydd meibion Aaron, yr offeiriaid, yn lluchio'r gwaed ar bob ochr i'r allor. ³ O'r heddoffrwm y mae i ddod ag offrwm trwy dân i'r ARGLWYDD: y braster sy'n gorchuddio'r ymysgaroedd a'r holl fraster sydd ar yr ymysgaroedd, ⁴ y ddwy aren a'r braster sydd arnynt yn y llwynau, a gorchudd yr iau a gymerir gyda'r arennau. ⁵ Bydd meibion Aaron yn ei losgi ar yr allor, ar ben y poethoffrwm sydd ar y coed sy'n llosgi, a bydd yn offrwm trwy dân, yn arogl peraidd i'r ARGLWYDD.

⁶ " 'Os rhodd o'r praidd fydd yr heddoffrwm i'r ARGLWYDD, dylai gyflwyno gwryw neu fenyw ddi-nam. ⁷ Os bydd yn offrymu oen yn rhodd, y mae i'w gyflwyno o flaen yr ARGLWYDD. ⁸ Y mae i osod ei law ar ben yr offrwm a'i ladd o flaen pabell y cyfarfod; yna bydd meibion Aaron yn lluchio'i waed ar bob ochr i'r allor. ⁹ O'r heddoffrwm y mae i ddod ag offrwm trwy dân i'r ARGLWYDD: ei fraster, y gynffon fras yn gyfan ac wedi ei thynnu i ffwrdd yn agos at yr asgwrn cefn, y braster sy'n gorchuddio'r ymysgaroedd a'r holl fraster sydd ar yr ymysgaroedd, ¹⁰ y ddwy aren a'r braster sydd arnynt yn y llwynau, a gorchudd yr iau a gymerir gyda'r arennau. ¹¹ Hyn fydd yr offeiriad yn ei losgi ar yr allor yn fwyd, yn offrwm trwy dân i'r ARGLWYDD.

¹² " 'Os gafr fydd y rhodd, dylai ei chyflwyno o flaen yr ARGLWYDD. ¹³ Y mae i osod ei law ar ei phen a'i lladd o flaen pabell y cyfarfod; yna bydd meibion Aaron yn lluchio'i gwaed ar bob ochr i'r allor. ¹⁴ Ohoni y mae i ddod ag offrwm trwy dân i'r ARGLWYDD: y braster sy'n gorchuddio'r ymysgaroedd a'r holl fraster sydd ar yr ymysgaroedd, ¹⁵ y ddwy aren a'r braster sydd arnynt yn y llwynau, a gorchudd yr iau a gymerir gyda'r arennau. ¹⁶ Bydd yr offeiriad yn eu llosgi ar yr allor yn fwyd, yn offrwm trwy dân, yn arogl peraidd; bydd yr holl fraster yn eiddo i'r ARGLWYDD.

¹⁷ " 'Bydd hon yn ddeddf barhaol dros yr holl genedlaethau lle bynnag y byddwch yn byw: nid ydych i fwyta braster na gwaed.' "

Yr Aberth dros Bechod Anfwriadol

4 Llefarodd yr ARGLWYDD wrth Moses a dweud, ² "Dywed wrth bobl Israel, 'Os bydd unrhyw un yn pechu'n anfwriadol yn erbyn gorchmynion yr ARGLWYDD, ac yn gwneud un o'r pethau na ddylid eu gwneud:

³ " 'Os yr offeiriad eneiniog fydd yn pechu ac yn dwyn euogrwydd ar y bobl, dylai ddod â bustach ifanc di-nam i'r ARGLWYDD yn aberth dros y pechod a wnaeth. ⁴ Y mae i ddod â'r bustach at ddrws pabell y cyfarfod o flaen yr ARGLWYDD, a gosod ei law ar ben y bustach a'i ladd o flaen yr ARGLWYDD. ⁵ Bydd yr offeiriad eneiniog yn cymryd o waed y bustach ac yn dod ag ef i babell y cyfarfod; ⁶ yna bydd yr offeiriad yn trochi ei fys yn y gwaed ac yn taenellu peth ohono saith gwaith gerbron yr ARGLWYDD, o flaen llen y cysegr. ⁷ Bydd yr offeiriad hefyd yn rhoi peth o'r gwaed ar gyrn allor yr arogldarth peraidd,

sydd gerbron yr ARGLWYDD ym mhabell y cyfarfod; a bydd yn tywallt gweddill gwaed y bustach wrth droed allor y poethoffrwm, sydd wrth ddrws pabell y cyfarfod. ⁸ Y mae i dynnu'r holl fraster oddi ar fustach yr aberth dros bechod, sef y braster sy'n gorchuddio'r ymysgaroedd a'r holl fraster sydd ar yr ymysgaroedd, ⁹ y ddwy aren a'r braster sydd arnynt yn y llwynau, a gorchudd yr iau a gymerir gyda'r arennau, ¹⁰ yn union fel y tynnir ef ymaith oddi ar fustach yr heddoffrwm; a bydd yr offeiriad yn eu llosgi ar allor y poethoffrwm. ¹¹ Ond am groen y bustach a'i holl gnawd, ei ben, ei goesau, ei ymysgaroedd a'i weddillion, ¹² sef y cyfan o'r bustach, bydd yn mynd â hwy y tu allan i'r gwersyll i le dihalog, lle gellir tywallt y lludw, ac yn eu llosgi ar dân coed, lle tywelltir y lludw.

¹³ " 'Os holl gymuned Israel fydd yn pechu'n anfwriadol, a hynny'n guddiedig o olwg y gynulleidfa, a hwythau'n gwneud un o'r pethau na ddylid eu gwneud yn ôl gorchmynion yr ARGLWYDD, yna byddant yn euog. ¹⁴ Pan fyddant yn sylweddoli'r pechod a wnaethant, dylai'r gynulleidfa ddod â bustach ifanc yn aberth dros bechod a'i gyflwyno o flaen pabell y cyfarfod. ¹⁵ Y mae henuriaid y gymuned i osod eu dwylo ar ben y bustach a'i ladd o flaen yr ARGLWYDD; ¹⁶ yna bydd yr offeiriad eneiniog yn mynd â pheth o waed y bustach i babell y cyfarfod, ¹⁷ yn trochi ei fys yn y gwaed ac yn ei daenellu saith gwaith gerbron yr ARGLWYDD, o flaen y llen. ¹⁸ Bydd hefyd yn rhoi peth o'r gwaed ar gyrn yr allor sydd gerbron yr ARGLWYDD ym mhabell y cyfarfod, a bydd yn tywallt y gweddill ohono wrth droed allor y poethoffrwm sydd wrth ddrws pabell y cyfarfod. ¹⁹ Bydd yn tynnu'r holl fraster oddi ar y bustach ac yn ei losgi ar yr allor; ²⁰ bydd yn gwneud i'r bustach hwn yn union fel y gwnaeth i fustach yr aberth dros bechod. Fel hyn y bydd yr offeiriad yn gwneud cymod drostynt, ac fe faddeuir iddynt. ²¹ Yna bydd yn mynd â'r bustach y tu allan i'r gwersyll, ac yn ei losgi fel y llosgodd y bustach cyntaf. Dyma fydd yr aberth dros bechod y gynulleidfa.

²² " 'Os arweinydd fydd yn pechu'n anfwriadol, ac yn gwneud un o'r pethau na ddylid eu gwneud yn ôl gorchmynion yr ARGLWYDD ei Dduw, yna bydd yn euog. ²³ Pan wneir iddo sylweddoli'r pechod a wnaeth, dylai ddod â rhodd o fwch gafr ifanc di-nam. ²⁴ Y mae i osod ei law ar ben y bwch a'i ladd o flaen yr ARGLWYDD yn y lle y lleddir y poethoffrwm; dyma fydd yr aberth dros bechod. ²⁵ Yna bydd yr offeiriad yn cymryd peth o waed yr aberth dros bechod ar ei fys ac yn ei roi ar gyrn allor y poethoffrwm, ac yn tywallt y gweddill wrth droed allor y poethoffrwm. ²⁶ Bydd yn llosgi holl fraster y bwch ar yr allor, fel y llosgodd fraster yr heddoffrwm. Fel hyn y bydd yr offeiriad yn gwneud cymod dros bechod yr arweinydd, ac fe faddeuir iddo.

²⁷ " 'Os un o'r bobl gyffredin fydd yn pechu'n anfwriadol, ac yn gwneud un o'r pethau na ddylid eu gwneud yn ôl gorchmynion yr ARGLWYDD, yna bydd yn euog. ²⁸ Pan wneir iddo sylweddoli'r pechod a wnaeth, dylai ddod â rhodd o fyn gafr, benyw ddi-nam, yn aberth dros y pechod a wnaeth. ²⁹ Y mae i osod ei law ar ben yr aberth dros bechod a'i ladd yn yr un lle â'r poethoffrwm. ³⁰ Yna bydd yr offeiriad yn cymryd peth o waed yr aberth dros bechod ar ei fys ac yn ei roi ar gyrn allor y poethoffrwm, ac yn tywallt y gweddill wrth droed yr allor. ³¹ Bydd yn tynnu ymaith yr holl fraster, fel y tynnir y braster oddi ar yr heddoffrwm, a bydd yr offeiriad yn ei losgi ar yr allor, yn arogl peraidd i'r ARGLWYDD. Fel hyn y bydd yr offeiriad yn gwneud cymod drosto, ac fe faddeuir iddo.

³² " 'Os bydd rhywun yn dod ag oen yn aberth dros bechod, dylai ddod ag oen benyw ddi-nam. ³³ Y mae i osod ei law ar ben yr aberth dros bechod a'i ladd yn aberth dros bechod yn y lle y lleddir y poethoffrwm. ³⁴ Yna bydd yr offeiriad yn cymryd peth o waed yr aberth dros bechod ar ei fys ac yn ei roi ar gyrn allor y poethoffrwm, ac yn tywallt y gweddill wrth droed yr allor. ³⁵ Bydd yn tynnu ymaith yr holl fraster, fel y tynnir y braster oddi ar oen yr heddoffrwm, a bydd yr offeiriad yn ei losgi ar yr allor, ar

ben yr offrymau trwy dân i'r ARGLWYDD. Fel hyn y bydd yr offeiriad yn gwneud cymod drosto am y pechod a wnaeth, ac fe faddeuir iddo.

Achosion yn gofyn Aberth dros Bechod

5 " 'Os bydd unrhyw un yn pechu oherwydd iddo, ar ôl clywed cyhuddiad cyhoeddus, beidio â dweud dim, er ei fod yn dyst a'i fod wedi gweld, neu'n gwybod, bydd yn gyfrifol am ei drosedd. ² Neu os bydd unrhyw un yn cyffwrdd ag unrhyw beth aflan, boed yn gorff bwystfil aflan, neu anifail aflan, neu ymlusgiad aflan, er iddo wneud hynny'n ddiarwybod, y mae'n aflan ac yn euog. ³ Neu os bydd yn cyffwrdd ag unrhyw aflendid dynol, sef unrhyw beth a fydd yn ei wneud yn aflan, er iddo wneud hynny'n ddiarwybod, pan fydd yn sylweddoli hynny bydd yn euog. ⁴ Neu os bydd rhywun yn tyngu llw yn ddifeddwl, boed i wneud drwg neu dda, mewn unrhyw beth y byddai rhywun yn tyngu llw difeddwl ynglŷn ag ef, er iddo wneud hynny'n ddiarwybod, pan fydd yn sylweddoli hynny bydd yn euog o un o'r pethau hyn. ⁵ Pan fydd rhywun yn euog o un o'r pethau hyn, dylai gyffesu ym mha fodd y pechodd, ⁶ ac yn iawn am y pechod a wnaeth y mae i ddod ag aberth dros bechod i'r ARGLWYDD, sef oen benyw neu afr o'r praidd; a bydd yr offeiriad yn gwneud cymod drosto am ei bechod.

⁷ " 'Os na all fforddio oen, dylai ddod â dwy durtur neu ddau gyw colomen i'r ARGLWYDD yn iawn am ei bechod, y naill yn aberth dros bechod a'r llall yn boethoffrwm. ⁸ Y mae i ddod â hwy at yr offeiriad, a bydd yntau yn cyflwyno un yn aberth dros bechod, ac yn torri'r pen oddi wrth y corff heb eu gwahanu'n llwyr. ⁹ Yna bydd yn taenellu peth o waed yr aberth dros bechod ar ochr yr allor, ac yn gwasgu allan y gweddill wrth droed yr allor. Dyma fydd yr aberth dros bechod. ¹⁰ Bydd yn cyflwyno'r ail yn boethoffrwm yn y dull arferol. Fel hyn y bydd yr offeiriad yn gwneud cymod drosto am y pechod a wnaeth, ac fe faddeuir iddo.

¹¹ " 'Ond os na all fforddio dwy durtur neu ddau gyw colomen, dylai ddod â rhodd o ddegfed ran o effa o beilliaid yn aberth dros ei bechod; nid yw i roi olew na thus arno, am mai offrwm dros bechod ydyw. ¹² Y mae i ddod ag ef at yr offeiriad, a bydd yntau'n cymryd dyrnaid ohono yn gyfran goffa, ac yn ei losgi ar yr allor ar ben yr offrymau trwy dân i'r ARGLWYDD; dyma fydd yr aberth dros bechod. ¹³ Fel hyn y bydd yr offeiriad yn gwneud cymod drosto am y pechod a wnaeth ynglŷn ag un o'r pethau hyn, ac fe faddeuir iddo. Bydd y gweddill yn eiddo i'r offeiriad, fel gyda'r bwydoffrwm.' "

Offrwm dros Gamwedd

¹⁴ Dywedodd yr ARGLWYDD wrth Moses, ¹⁵ "Pan fydd unrhyw un yn gwneud camwedd ac yn pechu'n anfwriadol ynglŷn â phethau sanctaidd yr ARGLWYDD, dylai ddod â hwrdd o'r praidd yn iawn i'r ARGLWYDD, a hwnnw'n un di-nam ac o'r gwerth priodol mewn siclau o arian, yn ôl sicl y cysegr; dyma fydd yr offrwm dros gamwedd. ¹⁶ Y mae i dalu am y pechod a wnaeth ynglŷn â'r pethau sanctaidd, ac i ychwanegu pumed ran ato a'i roi i'r offeiriad; yna bydd yr offeiriad yn gwneud cymod drosto gyda hwrdd yn offrwm dros gamwedd, ac fe faddeuir iddo.

¹⁷ "Os bydd unrhyw un yn pechu ac yn gwneud un o'r pethau na ddylid eu gwneud yn ôl gorchmynion yr ARGLWYDD, er nad yw'n ymwybodol o hynny, y mae'n euog ac yn gyfrifol am ei drosedd. ¹⁸ Dylai ddod â hwrdd o'r praidd at yr offeiriad yn offrwm dros gamwedd, a hwnnw'n un di-nam ac o'r gwerth priodol. Yna bydd yr offeiriad yn gwneud cymod drosto am y trosedd a gyflawnodd yn anfwriadol, ac fe faddeuir iddo. ¹⁹ Dyma fydd yr offrwm dros gamwedd, oherwydd iddo wneud camwedd yn erbyn yr ARGLWYDD."

6 * Dywedodd yr ARGLWYDD wrth Moses, ² "Os bydd unrhyw un yn pechu ac yn anffyddlon i'r ARGLWYDD oherwydd

---

6:1 Hebraeg, 5:20.

iddo dwyllo ei gymydog ynglŷn â rhywbeth a ymddiriedwyd iddo, neu a adawyd yn ei ofal, neu a ladratawyd, neu oherwydd iddo dreisio ei gymydog, ³ neu oherwydd iddo ddarganfod peth a gollwyd, a thwyllo a thyngu'n dwyllodrus ynglŷn ag ef—yn wir, unrhyw un o'r pechodau a wneir gan bobl— ⁴ pan fydd wedi pechu ac felly'n euog, dylai ddychwelyd yr hyn a ladrataodd neu a gymerodd trwy drais, neu'r hyn a ymddiriedwyd iddo, neu'r peth coll a ddarganfu, ⁵ neu unrhyw beth y tyngodd yn dwyllodrus ynglŷn ag ef. Y mae i dalu'n llawn amdano, ac i ychwanegu pumed ran ato a'i roi i'r perchennog y diwrnod y bydd yn gwneud offrwm dros ei gamwedd. ⁶ Y mae i ddod â hwrdd o'r praidd at yr ARGLWYDD* yn offrwm dros gamwedd, a hwnnw'n un di-nam ac o'r gwerth priodol. ⁷ Yna bydd yr offeiriad yn gwneud cymod drosto gerbron yr ARGLWYDD, ac fe faddeuir iddo am unrhyw un o'r pethau a wnaeth i fod yn euog."

Deddf y Poethoffrwm

⁸ * Dywedodd yr ARGLWYDD wrth Moses, ⁹ "Gorchymyn i Aaron a'i feibion a dweud, 'Dyma ddeddf y poethoffrwm: Y mae'r poethoffrwm i'w adael ar aelwyd yr allor trwy'r nos hyd y bore, a'r tân i'w gadw i losgi ar yr allor. ¹⁰ Yna bydd yr offeiriad yn gwisgo'i wisgoedd lliain, a dillad isaf o liain agosaf at ei gorff, a bydd yn codi lludw'r poethoffrwm, a yswyd gan dân ar yr allor, ac yn ei roi wrth ymyl yr allor. ¹¹ Bydd yr offeiriad wedyn yn tynnu ei ddillad ac yn gwisgo dillad eraill, ac yn mynd â'r lludw y tu allan i'r gwersyll i le dihalog. ¹² Rhaid cadw'r tân i losgi ar yr allor; nid yw i ddiffodd. Y mae'r offeiriad i roi coed arni bob bore, gosod y poethoffrwm arni a llosgi braster yr heddoffrwm. ¹³ Rhaid cadw'r tân i losgi'n barhaol ar yr allor; nid yw i ddiffodd.

Deddf y Bwydoffrwm

¹⁴ "'Dyma ddeddf y bwydoffrwm: Y mae meibion Aaron i ddod ag ef o flaen yr allor gerbron yr ARGLWYDD. ¹⁵ Bydd offeiriad yn cymryd ohono ddyrnaid o beilliaid, ynghyd â'r olew a'r holl thus a fydd dros y bwydoffrwm, ac yn ei losgi'n gyfran goffa ar yr allor, yn arogl peraidd i'r ARGLWYDD. ¹⁶ Bydd Aaron a'i feibion yn bwyta'r gweddill ohono, ond rhaid ei fwyta heb furum mewn lle sanctaidd; y maent i'w fwyta yng nghyntedd pabell y cyfarfod. ¹⁷ Ni ddylid ei bobi â lefain; fe'i rhoddais iddynt yn gyfran o'u hoffrymau i mi trwy dân. Fel yr aberth dros bechod a'r offrwm dros gamwedd y mae'n gwbl sanctaidd. ¹⁸ Caiff pob un o feibion Aaron ei fwyta, fel y deddfwyd am byth dros eich cenedlaethau ynglŷn â'r offrymau trwy dân i'r ARGLWYDD; fe sancteiddir pwy bynnag a'u cyffwrdd.'"

¹⁹ Dywedodd yr ARGLWYDD wrth Moses, ²⁰ "Dyma'r offrwm y mae Aaron a'i feibion i'w gyflwyno i'r ARGLWYDD ar y dydd yr eneinir ef: degfed ran o effa o beilliaid yn fwydoffrwm rheolaidd, hanner ohono yn y bore a hanner gyda'r nos. ²¹ Bydd wedi ei baratoi ag olew ar radell; dewch ag ef wedi ei gymysgu a'i gyflwyno'n fwydoffrwm wedi ei dorri'n ddarnau, yn arogl peraidd i'r ARGLWYDD. ²² Y mae i'w baratoi gan y mab sydd i ddilyn Aaron fel offeiriad eneiniog; llosgir ef yn llwyr i'r ARGLWYDD fel y deddfwyd am byth. ²³ Y mae pob bwydoffrwm gan offeiriad i'w losgi'n llwyr; ni ddylid ei fwyta."

Deddf yr Aberth dros Bechod

²⁴ Dywedodd yr ARGLWYDD wrth Moses, "Dywed wrth Aaron a'i feibion, ²⁵ 'Dyma ddeddf yr aberth dros bechod: Y mae'r aberth dros bechod i'w ladd o flaen yr ARGLWYDD yn y lle y lleddir y poethoffrwm; bydd yn gwbl sanctaidd. ²⁶ Yr offeiriad a fydd yn ei gyflwyno'n aberth dros bechod fydd yn ei fwyta, a hynny mewn lle sanctaidd yng nghyntedd pabell y cyfarfod. ²⁷ Bydd unrhyw beth sy'n cyffwrdd â'r cig yn sanctaidd, ac os collir peth o'i waed ar wisg, rhaid ei golchi mewn lle sanctaidd. ²⁸ Rhaid torri'r llestr pridd y coginir y

6:6 TM yn ychwanegu *at yr offeiriad.*
6:8 Hebraeg, 6:1.

cig ynddo; ond os mewn llestr pres y coginir ef, rhaid ei sgwrio a'i olchi â dŵr. 29 Caiff pob gwryw o blith yr offeiriaid ei fwyta; y mae'n gwbl sanctaidd. 30 Ond ni ddylid bwyta unrhyw aberth dros bechod y dygir ei waed i babell y cyfarfod i wneud cymod yn y cysegr; rhaid ei losgi yn y tân.

Deddf yr Offrwm dros Gamwedd

7 " 'Dyma ddeddf yr offrwm dros gamwedd sy'n gwbl sanctaidd: 2 Y mae'r offrwm dros gamwedd i'w ladd yn y lle y lleddir y poethoffrwm, a'i waed i'w luchio ar bob ochr i'r allor. 3 Y mae'r cyfan o'i fraster i'w offrymu, sef y gynffon fras a'r braster sy'n gorchuddio'r ymysgaroedd, 4 y ddwy aren a'r braster sydd arnynt yn y llwynau, a gorchudd yr iau a gymerir gyda'r arennau. 5 Bydd yr offeiriad yn eu llosgi ar yr allor yn offrwm trwy dân i'r ARGLWYDD; dyma fydd yr offrwm dros gamwedd. 6 Caiff pob gwryw o blith yr offeiriaid ei fwyta, ond rhaid gwneud hynny mewn lle sanctaidd; y mae'n gwbl sanctaidd.

7 " 'Yr un yw deddf yr aberth dros bechod â deddf yr offrwm dros gamwedd: Y mae'r aberth yn perthyn i'r offeiriad sy'n gwneud cymod trwyddo. 8 Y mae'r offeiriad sy'n cyflwyno poethoffrwm dros unrhyw un i gadw iddo'i hun groen y poethoffrwm a gyflwynir. 9 Y mae unrhyw fwydoffrwm wedi ei grasu mewn ffwrn, neu wedi ei baratoi ar radell neu mewn padell, yn eiddo i'r offeiriad sy'n ei gyflwyno; 10 bydd pob bwydoffrwm, boed wedi ei gymysgu ag olew neu'n sych, yn eiddo i bob un o feibion Aaron fel ei gilydd.

Deddf yr Heddoffrwm

11 " 'Dyma ddeddf yr heddoffrwm a gyflwynir i'r ARGLWYDD. 12 Os cyflwynir ef yn ddiolchgarwch, dylid cyflwyno gyda'r offrwm diolch deisennau heb furum wedi eu cymysgu ag olew, bisgedi heb furum wedi eu taenu ag olew, a theisennau o beilliaid wedi eu tylino a'u cymysgu ag olew. 13 Gyda'r heddoffrwm o ddiolchgarwch dylid cyflwyno hefyd offrwm o deisennau o fara lefeinllyd. 14 Deuir ag un o bob math yn offrwm i'w gyflwyno i'r ARGLWYDD; bydd yn eiddo i'r offeiriad sy'n lluchio gwaed yr heddoffrwm. 15 Rhaid bwyta cig yr heddoffrwm o ddiolchgarwch ar y dydd y cyflwynir ef; ni ddylid gadael dim ohono hyd y bore.

16 " 'Os offrwm adduned neu offrwm gwirfodd fydd yr aberth, dylid ei fwyta ar y dydd y cyflwynir ef, ond gellir bwyta drannoeth unrhyw beth a fydd yn weddill. 17 Rhaid llosgi yn y tân unrhyw gig o'r offrwm a fydd yn weddill ar y trydydd dydd. 18 Os bwyteir rhyfaint o gig yr heddoffrwm ar y trydydd dydd, ni fydd yr un sy'n ei gyflwyno yn dderbyniol, ac ni chyfrifir yr offrwm iddo am ei fod yn amhur; a bydd y sawl sy'n ei fwyta yn euog oherwydd hynny.

19 " 'Ni ddylid bwyta cig a fydd wedi cyffwrdd ag unrhyw beth aflan; rhaid ei losgi yn y tân. Ond am unrhyw gig arall, caiff unrhyw un glân ei fwyta. 20 Os bydd unrhyw un aflan yn bwyta o gig yr heddoffrwm sy'n eiddo i'r ARGLWYDD, rhaid torri hwnnw ymaith o blith ei bobl. 21 Ac os bydd unrhyw un yn cyffwrdd â rhywbeth aflan, boed yn aflendid dynol, neu'n anifail aflan, neu'n ffieiddbeth aflan, ac yna'n bwyta o gig yr heddoffrwm sy'n eiddo i'r ARGLWYDD, rhaid torri hwnnw ymaith o blith ei bobl.' "

22 Dywedodd yr ARGLWYDD wrth Moses, 23 "Dywed wrth bobl Israel, 'Peidiwch â bwyta dim o fraster gwartheg, defaid na geifr. 24 Gallwch ddefnyddio at unrhyw ddiben fraster anifail wedi marw neu wedi ei larpio, ond ni chewch ei fwyta. 25 Oherwydd torrir ymaith o blith ei bobl unrhyw un sy'n bwyta braster oddi ar anifail y gellir cyflwyno ohono offrwm trwy dân i'r ARGLWYDD. 26 Lle bynnag y byddwch yn byw, nid ydych i fwyta dim o waed aderyn nac anifail. 27 Y mae pob un sy'n bwyta o'r gwaed i'w dorri ymaith o blith ei bobl.' "

28 Dywedodd yr ARGLWYDD wrth Moses, 29 "Dywed wrth bobl Israel, 'Y mae unrhyw un sy'n dod â heddoffrwm i'r ARGLWYDD i gyflwyno i'r ARGLWYDD rodd o'i heddoffrwm. 30 Ei ddwylo ei

hun sydd i ddod ag offrwm trwy dân i'r ARGLWYDD; y mae i ddod â'r braster yn ogystal â'r frest, ac i chwifio'r frest yn offrwm cyhwfan o flaen yr ARGLWYDD. 31 Bydd yr offeiriad yn llosgi'r braster ar yr allor, ond bydd y frest yn eiddo i Aaron a'i feibion. 32 Rhoddwch glun dde eich heddoffrwm yn gyfraniad i'r offeiriad. 33 Y sawl o feibion Aaron a fydd yn cyflwyno gwaed yr heddoffrwm a'r braster fydd yn cael y glun dde yn gyfran. 34 Oherwydd cymerais frest yr offrwm cyhwfan a chlun y cyfraniad o heddoffrwm pobl Israel, a'u rhoi i Aaron yr offeiriad a'i feibion yn gyfran reolaidd gan blant Israel.

35 " 'Dyma'r gyfran o'r offrwm trwy dân i'r ARGLWYDD a neilltuwyd i Aaron a'i feibion y diwrnod y cyflwynwyd hwy yn offeiriaid i'r ARGLWYDD. 36 Y diwrnod y cysegrwyd hwy gorchmynnodd yr ARGLWYDD i bobl Israel roi iddynt gyfran reolaidd dros eu cenedlaethau.

37 " 'Dyma felly ddeddf y poethoffrwm, y bwydoffrwm, yr aberth dros bechod, yr offrwm dros gamwedd, offrwm yr ordeiniad a'r heddoffrwm, 38 a orchmynnodd yr ARGLWYDD i Moses ym Mynydd Sinai y dydd y gorchmynnodd i bobl Israel gyflwyno'u hoffrymau i'r ARGLWYDD yn anialwch Sinai.' "

Ordeinio Aaron a'i Feibion

8 Ex. 29:1-37
Dywedodd yr ARGLWYDD wrth Moses, 2 "Cymer Aaron a'i feibion, a hefyd y dillad, yr olew eneinio, bustach yr aberth dros bechod, y ddau hwrdd a'r fasgedaid o fara croyw, 3 a chasgl yr holl gynulleidfa at ddrws pabell y cyfarfod." 4 Gwnaeth Moses fel y gorchmynnodd yr ARGLWYDD, ac ymgasglodd y gynulleidfa wrth ddrws pabell y cyfarfod.

5 Dywedodd Moses wrth y gynulleidfa yr hyn a orchmynnodd yr ARGLWYDD ei wneud. 6 Yna gwnaeth i Aaron a'i feibion ddod ymlaen, a golchodd hwy â dŵr. 7 Rhoddodd y wisg am Aaron, clymu'r gwregys am ei ganol, ei wisgo â'r fantell a rhoi'r effod amdano; rhoes wregys cywrain yr effod amdano a'i gau. 8 Rhoddodd y ddwyfronneg amdano, a rhoi'r Wrim a'r Twmim yn y ddwyfronneg. 9 Yna rhoddodd dwrban ar ben Aaron, a gosod arno'r dorch aur, y goron sanctaidd, fel y gorchmynnodd yr ARGLWYDD i Moses.

10 Yna cymerodd Moses yr olew eneinio, ac eneiniodd y babell a phopeth ynddi, a thrwy hynny eu cysegru. 11 Taenellodd beth o'r olew seithwaith ar yr allor, ac eneiniodd yr allor a'i holl offer, y noe hefyd a'i gwaelod, i'w cysegru. 12 Tywalltodd beth o'r olew eneinio ar ben Aaron, ac eneiniodd ef i'w gysegru. 13 Yna gwnaeth Moses i feibion Aaron ddod ymlaen, rhoddodd wisgoedd amdanynt, clymu gwregysau am eu canol, a gwisgo capiau am eu pennau, fel y gorchmynnodd yr ARGLWYDD i Moses.

14 Yna daeth Moses â bustach yr aberth dros bechod, a gosododd Aaron a'i feibion eu dwylo ar ben y bustach. 15 Lladdodd Moses y bustach a chymryd peth o'r gwaed a'i roi â'i fys ar y cyrn bob ochr i'r allor i'w chysegru; tywalltodd weddill y gwaed wrth droed yr allor. Felly y cysegrodd hi, gan wneud cymod drosti. 16 Cymerodd Moses hefyd y braster ar yr ymysgaroedd, gorchudd yr iau, y ddwy aren a'r braster arnynt, a'u llosgi ar yr allor. 17 Ond llosgodd y bustach, ei groen, ei gnawd a'r gweddillion y tu allan i'r gwersyll, fel y gorchmynnodd yr ARGLWYDD i Moses.

18 Yna cyflwynodd hwrdd y poethoffrwm, a gosododd Aaron a'i feibion eu dwylo ar ei ben. 19 Lladdodd Moses yr hwrdd a lluchio'r gwaed ar bob ochr i'r allor. 20 Torrodd yr hwrdd yn ddarnau a llosgi'r pen, y darnau a'r braster. 21 Golchodd yr ymysgaroedd a'r coesau â dŵr, a llosgodd yr hwrdd i gyd ar yr allor yn boethoffrwm, yn arogl peraidd, yn offrwm trwy dân i'r ARGLWYDD, fel y gorchmynnodd yr ARGLWYDD i Moses.

22 Yna cyflwynodd yr hwrdd arall, sef hwrdd yr ordeiniad, a gosododd Aaron a'i feibion eu dwylo ar ei ben. 23 Lladdodd Moses yr hwrdd a chymryd peth o'i waed a'i roi ar gwr isaf clust dde Aaron, ar fawd ei law dde ac ar fawd ei droed de. 24 Yna gwnaeth Moses i feibion Aaron ddod ymlaen, a rhoddodd beth o'r gwaed ar gwr isaf eu clustiau de, ar fodiau eu llaw dde ac ar fodiau eu troed

de, a lluchiodd waed ar bob ochr i'r allor. 25 Cymerodd y braster, y gynffon fras, yr holl fraster ar yr ymysgaroedd, gorchudd yr iau, y ddwy aren a'u braster, a'r glun dde. 26 Yna o'r fasgedaid o'r bara croyw oedd gerbron yr ARGLWYDD cymerodd Moses deisen o fara croyw, ac un arall wedi ei chymysgu ag olew, ac un fisged, a'u gosod ar y braster ac ar y glun dde. 27 Rhoddodd y cyfan yn nwylo Aaron a'i feibion, a'u chwifio o flaen yr ARGLWYDD yn offrwm cyhwfan. 28 Wedyn cymerodd Moses hwy o'u dwylo a'u llosgi ar yr allor ar ben y poethoffrwm yn offrwm ordeiniad, yn arogl peraidd, yn offrwm trwy dân i'r ARGLWYDD. 29 Cymerodd Moses hefyd y frest, sef ei ran ef o hwrdd yr ordeinio, a'i chwifio o flaen yr ARGLWYDD yn offrwm cyhwfan, fel y gorchmynnodd yr ARGLWYDD i Moses.

30 Yna cymerodd Moses beth o'r olew eneinio ac o'r gwaed oddi ar yr allor, a'u taenellu dros Aaron a'i ddillad, a thros ei feibion a'u dillad hefyd; felly y cysegrodd Aaron a'i ddillad, hefyd ei feibion a'u dillad.

31 Dywedodd Moses wrth Aaron a'i feibion, "Berwch y cig wrth ddrws pabell y cyfarfod a'i fwyta yno gyda'r bara o fasged offrymau'r ordeinio, fel y gorchmynnais, a dweud mai Aaron a'i feibion oedd i'w fwyta. 32 Ond llosgwch yn y tân weddill y cig a'r bara. 33 Peidiwch â symud o ddrws pabell y cyfarfod am saith diwrnod, nes cwblhau dyddiau eich ordeiniad, oherwydd bydd yr ordeinio yn ymestyn dros saith diwrnod. 34 Gwnaed yr hyn a ddigwyddodd heddiw i wneud cymod drosoch, fel y gorchmynnodd yr ARGLWYDD. 35 Yr ydych i aros wrth ddrws pabell y cyfarfod ddydd a nos am saith diwrnod, a chadw'r hyn a ofyn yr ARGLWYDD, rhag ichwi farw; oherwydd dyma a orchmynnwyd i mi." 36 Felly gwnaeth Aaron a'i feibion bopeth a orchmynnodd yr ARGLWYDD trwy Moses.

Aaron yn Aberthu i'r Arglwydd

9 Ar yr wythfed dydd galwodd Moses am Aaron a'i feibion a henuriaid Israel. 2 A dywedodd wrth Aaron, "Cymer fustach ifanc yn aberth dros bechod, a hwrdd yn boethoffrwm, y naill a'r llall yn ddi-nam, a chyflwyna hwy o flaen yr ARGLWYDD. 3 Yna dywed wrth bobl Israel, 'Cymerwch fwch gafr yn aberth dros bechod, a llo ac oen yn boethoffrwm, y naill a'r llall yn flwydd oed ac yn ddi-nam, 4 a hefyd fustach a hwrdd yn heddoffrwm i'w haberthu o flaen yr ARGLWYDD, a bwydoffrwm wedi ei gymysgu ag olew; oherwydd heddiw bydd yr ARGLWYDD yn ymddangos i chwi.'" 5 Dygasant y pethau a orchmynnodd Moses o flaen pabell y cyfarfod, a nesaodd yr holl gynulleidfa a sefyll gerbron yr ARGLWYDD. 6 Yna dywedodd Moses, "Dyma'r hyn a orchmynnodd yr ARGLWYDD ichwi ei wneud er mwyn i ogoniant yr ARGLWYDD ymddangos ichwi."

7 Dywedodd Moses wrth Aaron, "Nesâ at yr allor ac offryma dy aberth dros bechod a'th boethoffrwm, a gwna gymod drosot dy hun a thros y bobl; abertha offrwm y bobl a gwna gymod drostynt, fel y gorchmynnodd yr ARGLWYDD." 8 Felly daeth Aaron at yr allor a lladd llo yn aberth dros bechod ar ei ran ei hun. 9 Yna daeth ei feibion â'r gwaed ato, a throchodd yntau ei fys yn y gwaed a'i roi ar gyrn yr allor; tywalltodd weddill y gwaed wrth droed yr allor. 10 Llosgodd ar yr allor y braster, yr arennau a gorchudd yr iau o'r aberth dros bechod, fel y gorchmynnodd yr ARGLWYDD i Moses; 11 llosgodd yn y tân y cnawd a'r croen y tu allan i'r gwersyll.

12 Yna lladdodd Aaron y poethoffrwm; daeth ei feibion â'r gwaed ato, a lluchiodd yntau ef ar bob ochr i'r allor. 13 Rhoddasant iddo'r poethoffrwm fesul darn, gan gynnwys y pen, ac fe'u llosgodd ar yr allor. 14 Golchodd yr ymysgaroedd a'r coesau a'u llosgi ar yr allor ar ben y poethoffrwm.

15 Yna daeth ag offrwm dros y bobl. Cymerodd fwch yr aberth dros bechod y bobl, a'i ladd a'i gyflwyno'n aberth dros bechod, fel y gwnaethai gyda'r cyntaf.

16 Yna daeth â'r poethoffrwm a'i gyflwyno, yn ôl y drefn. 17 Daeth hefyd â'r bwydoffrwm a chymryd dyrnaid

ohono, a'i losgi ar yr allor ynghyd â'r poethoffrymau boreol. ¹⁸ Lladdodd hefyd yr ych a'r hwrdd yn heddoffrwm dros y bobl; daeth ei feibion â'r gwaed ato, a lluchiodd yntau ef ar bob ochr i'r allor. ¹⁹ Ond am fraster yr ych a'r hwrdd, y gynffon fras, yr haen o fraster, yr arennau, a gorchudd yr iau, ²⁰ gosodwyd hwy ar y frest, ac yna llosgodd Aaron y braster ar yr allor. ²¹ Chwifiodd y brestiau a'r glun dde yn offrwm cyhwfan o flaen yr ARGLWYDD, fel y gorchmynnodd Moses.

²² Yna cododd Aaron ei ddwylo i gyfeiriad y bobl a'u bendithio; ac ar ôl cyflwyno'r aberth dros bechod, y poethoffrwm a'r heddoffrwm, daeth i lawr o'r allor. ²³ Yna aeth Moses ac Aaron i babell y cyfarfod; a phan ddaethant allan a bendithio'r bobl, ymddangosodd gogoniant yr ARGLWYDD i'r holl bobl. ²⁴ A daeth tân allan o ŵydd yr ARGLWYDD ac ysu'r poethoffrwm a'r braster ar yr allor. Pan welodd yr holl bobl hyn, gwaeddasant mewn llawenydd a syrthio ar eu hwynebau.

Marw Nadab ac Abihu

10 Cymerodd Nadab ac Abihu, meibion Aaron, bob un ei thuser a rhoi tân ynddynt a gosod arogldarth arno; yr oeddent felly'n cyflwyno o flaen yr ARGLWYDD dân estron nad oedd yr ARGLWYDD wedi ei orchymyn. ² Daeth tân allan o ŵydd yr ARGLWYDD a'u hysu, a buont farw gerbron yr ARGLWYDD. ³ A dywedodd Moses wrth Aaron, "Dyma'r hyn a lefarodd yr ARGLWYDD:

'Ymysg y rhai sy'n dynesu ataf fe'm sancteiddir,
a cherbron yr holl bobl fe'm gogoneddir.' "

Yr oedd Aaron yn fud.

⁴ Galwodd Moses ar Misael ac Elsaffan, meibion Ussiel ewythr Aaron, a dywedodd wrthynt, "Dewch yma, ac ewch â'ch cefndryd allan o'r gwersyll rhag iddynt fod o flaen y cysegr." ⁵ Daethant hwythau a mynd â hwy yn eu gwisgoedd y tu allan i'r gwersyll, fel y gorchmynnodd Moses. ⁶ Yna dywedodd Moses wrth Aaron a'i feibion Eleasar ac Ithamar, "Peidiwch â noethi eich pennau na rhwygo eich dillad, rhag ichwi farw, ac i Dduw fod yn ddig wrth yr holl gynulleidfa; ond bydded i'ch pobl, sef holl dŷ Israel, alaru am y rhai a losgodd yr ARGLWYDD â thân. ⁷ Peidiwch â gadael drws pabell y cyfarfod, neu byddwch farw, oherwydd y mae olew eneinio yr ARGLWYDD arnoch." Gwnaethant fel y dywedodd Moses.

Deddfau'r Offeiriaid

⁸ Yna dywedodd yr ARGLWYDD wrth Aaron, ⁹ "Nid wyt ti na'th feibion i yfed gwin na diod gadarn pan fyddwch yn dod i babell y cyfarfod, rhag ichwi farw. Y mae hon yn ddeddf dragwyddol dros eich cenedlaethau, ¹⁰ er mwyn ichwi wahaniaethu rhwng sanctaidd a chyffredin, a rhwng aflan a glân, ¹¹ a dysgu i bobl Israel yr holl ddeddfau a roddodd yr ARGLWYDD iddynt trwy Moses."

¹² Dywedodd Moses wrth Aaron ac wrth Eleasar ac Ithamar, y meibion a adawyd, "Cymerwch y bwydoffrwm sy'n weddill o'r offrymau trwy dân a wnaed i'r ARGLWYDD, a'i fwyta heb furum wrth ymyl yr allor, oherwydd y mae'n gwbl sanctaidd. ¹³ Bwytewch ef mewn lle sanctaidd, gan mai dyna dy gyfran di a chyfran dy feibion o'r offrymau trwy dân i'r ARGLWYDD, oherwydd fel hyn y gorchmynnais. ¹⁴ Yr wyt ti, dy feibion a'th ferched i fwyta brest yr offrwm cyhwfan a chlun y cyfraniad mewn lle dihalog, oherwydd fe'u rhoddwyd i ti a'th blant yn gyfran o heddoffrymau pobl Israel. ¹⁵ Deuer â chlun y cyfraniad a brest yr offrwm cyhwfan, gyda'r rhannau bras o'r offrymau trwy dân, i'w chwifio o flaen yr ARGLWYDD yn offrwm cyhwfan. Bydd hyn yn gyfran reolaidd i ti a'th blant, fel y gorchmynnodd yr ARGLWYDD."

¹⁶ Pan ymholodd Moses am fwch yr aberth dros bechod, cafodd ei fod wedi ei losgi; a bu'n ddig iawn wrth Eleasar ac Ithamar, y meibion a adawyd i Aaron. Gofynnodd, ¹⁷ "Pam na fu ichwi fwyta'r aberth dros bechod yng nghyffiniau'r cysegr, gan ei fod yn gwbl sanctaidd ac iddo gael ei roi i chwi i ddwyn camwedd

y gynulleidfa trwy wneud cymod drostynt gerbron yr ARGLWYDD? ¹⁸ Wele, ni ddygwyd ei waed i mewn i'r cysegr mewnol; yn sicr dylech fod wedi bwyta'r bwch yn y cysegr, fel y gorchmynnais." ¹⁹ Dywedodd Aaron wrth Moses, "Y maent heddiw wedi cyflwyno o flaen yr ARGLWYDD eu haberth dros bechod a'u poethoffrwm, ac y mae'r fath bethau wedi digwydd i mi! A fyddai'n dderbyniol gan yr ARGLWYDD pe bawn wedi bwyta'r aberth dros bechod heddiw?" ²⁰ Pan glywodd Moses hyn, bu'n fodlon.

Anifeiliaid Glân ac Aflan

11 Deut. 14:3-21
Llefarodd yr ARGLWYDD wrth Moses ac Aaron a dweud wrthynt, ² "Dywedwch wrth bobl Israel, 'O'r holl anifeiliaid sy'n byw ar y ddaear, dyma'r rhai y cewch eu bwyta: ³ unrhyw anifail sy'n hollti'r ewin ac yn ei fforchi i'r pen, a hefyd yn cnoi cil, cewch fwyta hwnnw. ⁴ Y mae ambell un yn cnoi cil yn unig, ac un arall yn hollti'r ewin yn unig, ond nid ydych i fwyta'r rheini. Y mae'r camel yn cnoi cil, ond heb fforchi'r ewin, ac y mae'n aflan ichwi. ⁵ Y mae'r broch yn cnoi cil, ond heb fforchi'r ewin, ac y mae'n aflan ichwi. ⁶ Y mae'r ysgyfarnog yn cnoi cil, ond heb fforchi'r ewin, ac y mae'n aflan ichwi. ⁷ Y mae'r mochyn yn hollti'r ewin ac yn ei fforchi i'r pen, ond heb gnoi cil, ac y mae'n aflan ichwi. ⁸ Nid ydych i fwyta eu cig na chyffwrdd â'u cyrff; y maent yn aflan ichwi.

⁹ " 'O'r holl greaduriaid sy'n byw yn nŵr y môr neu'r afonydd, dyma'r rhai y cewch eu bwyta: pob un ac iddo esgyll neu gen, cewch fwyta hwnnw. ¹⁰ Ond popeth sydd yn y moroedd neu'r afonydd heb esgyll na chen, boed yn ymlusgiad neu greadur arall sy'n byw yn y dŵr, y mae'n ffiaidd ichwi. ¹¹ Gan eu bod yn ffiaidd ichwi, ni chewch fwyta eu cig, ac yr ydych i ffieiddio eu cyrff. ¹² Y mae unrhyw beth yn y dŵr sydd heb esgyll na chen yn ffiaidd ichwi.

¹³ " 'Dyma'r adar sydd yn ffiaidd ichwi, ac na chewch eu bwyta am eu bod yn ffiaidd: yr eryr, y fwltur, eryr y môr, ¹⁴ y barcud, unrhyw fath o gudyll, ¹⁵ unrhyw fath o frân, ¹⁶ yr estrys, y frân nos, yr wylan, ac unrhyw fath o hebog, ¹⁷ y dylluan, y fulfran, y dylluan wen, ¹⁸ y gigfran, y pelican, y fwltur mawr, ¹⁹ y ciconia, unrhyw fath o grëyr, y gornchwiglen a'r ystlum.

²⁰ " 'Y mae unrhyw bryf adeiniog sy'n ymlusgo ar bedwar troed yn ffiaidd ichwi. ²¹ Ond y mae rhai pryfed adeiniog sy'n ymlusgo ar bedwar troed y cewch eu bwyta: y rhai sydd â chymalau yn eu coesau i sboncio ar y ddaear. ²² O'r rhain cewch fwyta unrhyw fath ar locust, ceiliog rhedyn, criciedyn neu sioncyn gwair. ²³ Ond y mae pob pryf adeiniog arall sy'n ymlusgo ar bedwar troed yn ffiaidd ichwi.

²⁴ " 'Byddwch yn eich halogi eich hunain trwy'r rhain; bydd unrhyw un sy'n cyffwrdd â'u cyrff yn aflan hyd yr hwyr. ²⁵ Rhaid i unrhyw un sy'n gafael yn eu cyrff olchi ei ddillad, a bydd yn aflan hyd yr hwyr.

²⁶ " 'Y mae unrhyw anifail sydd heb hollti'r ewin a'i fforchi i'r pen, a heb gnoi cil, yn aflan ichwi; bydd unrhyw un sy'n cyffwrdd â'u cyrff yn aflan. ²⁷ O'r holl greaduriaid sy'n cerdded ar eu pedwar, y mae'r rhai sy'n cerdded ar eu pawennau yn aflan i chwi; bydd unrhyw un sy'n cyffwrdd â'u cyrff yn aflan hyd yr hwyr. ²⁸ Rhaid i unrhyw un sy'n gafael yn eu cyrff olchi ei ddillad, a bydd yn aflan hyd yr hwyr; y maent yn aflan ichwi.

²⁹ " 'O'r creaduriaid sy'n ymlusgo ar y ddaear, y mae'r rhain yn aflan ichwi: y wenci, y llygoden, pob math ar lysard, ³⁰ y geco, y llyffant, y genau-goeg, y lysard melyn a'r fadfall. ³¹ O'r rhai sy'n ymlusgo ar y ddaear, dyna'r rhai sy'n aflan ichwi; bydd unrhyw un sy'n cyffwrdd â hwy wedi iddynt farw yn aflan hyd yr hwyr. ³² A bydd unrhyw beth y syrth un ohonynt arno wedi iddo farw, yn aflan, boed o goed, brethyn, croen neu sachliain, i ba beth bynnag y defnyddir ef; rhaid ei roi mewn dŵr, a bydd yn aflan hyd yr hwyr; yna bydd yn lân. ³³ Os syrth un ohonynt i lestr pridd, bydd popeth sydd ynddo yn aflan a rhaid torri'r llestr. ³⁴ Y mae unrhyw fwyd y gellir ei fwyta, ond sydd â dŵr o'r llestri arno, yn aflan; ac y mae unrhyw ddiod y gellir ei hyfed o'r llestr yn aflan.

³⁵ Y mae unrhyw beth y syrth rhan o'u cyrff arno yn aflan, a rhaid ei ddryllio, boed ffwrn neu badell, gan ei fod yn aflan, ac yr ydych i'w ystyried yn aflan. ³⁶ Eto y mae ffynnon neu bydew i gronni dŵr yn lân; y peth sy'n cyffwrdd â'u cyrff sy'n aflan. ³⁷ Os bydd un o'r cyrff yn disgyn ar unrhyw had sydd i'w blannu, y mae'n lân; ³⁸ ond os bydd dŵr ar yr had a'r corff yn disgyn arno, bydd yn aflan ichwi.

³⁹ " 'Os bydd un o'r anifeiliaid y cewch eu bwyta yn marw, bydd unrhyw un sy'n cyffwrdd â'i gorff yn aflan hyd yr hwyr; ⁴⁰ rhaid i unrhyw un sy'n bwyta peth o'r corff olchi ei ddillad, a bydd yn aflan hyd yr hwyr; rhaid i unrhyw un sy'n gafael yn y corff olchi ei ddillad, a bydd yn aflan hyd yr hwyr.

⁴¹ " 'Y mae unrhyw ymlusgiad sy'n ymlusgo ar y ddaear yn ffiaidd; ni ddylid ei fwyta. ⁴² Peidiwch â bwyta unrhyw ymlusgiad sy'n ymlusgo ar y ddaear, boed yn symud ar ei dor, neu'n cerdded ar bedwar troed neu ar amryw draed; y mae'n ffiaidd. ⁴³ Peidiwch â'ch gwneud eich hunain yn ffiaidd trwy'r un o'r ymlusgiaid sy'n ymlusgo; a pheidiwch â'ch halogi eich hunain trwyddynt na'ch cael yn aflan o'u plegid. ⁴⁴ Myfi yw'r ARGLWYDD eich Duw; ymgysegrwch a byddwch sanctaidd, oherwydd sanctaidd wyf fi. Peidiwch â'ch halogi eich hunain trwy'r un o'r ymlusgiaid sy'n ymlusgo ar y ddaear. ⁴⁵ Myfi yw'r ARGLWYDD a ddaeth â chwi i fyny o'r Aifft i fod yn Dduw ichwi; byddwch sanctaidd, oherwydd sanctaidd wyf fi.

⁴⁶ " 'Dyma'r ddeddf ynglŷn â'r anifeiliaid, yr adar, y creaduriaid byw sy'n llusgo trwy'r dyfroedd a'r creaduriaid sy'n ymlusgo ar y ddaear, ⁴⁷ er mwyn ichwi wahaniaethu rhwng yr aflan a'r glân, a rhwng y creaduriaid byw y gellir eu bwyta a'r rhai na ellir eu bwyta.' "

Puro Gwraig ar ôl Genedigaeth

12 Llefarodd yr ARGLWYDD wrth Moses a dweud, ² "Dywed wrth bobl Israel, 'Bydd gwraig sy'n beichiogi ac yn geni mab yn aflan am saith diwrnod, yn union fel y mae'n aflan yn nyddiau ei misglwyf. ³ Ar yr wythfed dydd enwaeder ar y bachgen. ⁴ Yna bydd y wraig yn disgwyl tri ar ddeg ar hugain o ddyddiau am buro ei gwaed; nid yw i gyffwrdd â dim sanctaidd nac i fynd i'r cysegr nes y bydd dyddiau'r puro trosodd. ⁵ Os bydd yn geni merch, yna bydd yn aflan am bythefnos, fel y mae yn ei misglwyf; bydd yn disgwyl chwech a thrigain o ddyddiau am buro ei gwaed.

⁶ " 'Pan fydd dyddiau'r puro am fab neu ferch trosodd, y mae i ddod at yr offeiriad wrth ddrws pabell y cyfarfod gydag oen gwryw yn boethoffrwm a chyw colomen neu durtur yn aberth dros bechod. ⁷ Bydd yntau'n eu cyflwyno o flaen yr ARGLWYDD i wneud cymod drosti, ac yna bydd yn lân oddi wrth ei gwaedlif. Dyma'r ddeddf ynglŷn â gwraig yn geni mab neu ferch.

⁸ " 'Os na all fforddio oen, gall ddod â dwy durtur neu ddau gyw colomen, y naill yn boethoffrwm a'r llall yn aberth dros bechod; bydd yr offeiriad yn gwneud cymod drosti, a bydd yn lân.' "

Rheolau ynglŷn â Haint ar y Croen

13 Llefarodd yr ARGLWYDD wrth Moses ac Aaron a dweud, ² "Pan fydd gan unrhyw un chwydd, brech neu smotyn ar ei groen a allai fod yn ddolur heintus ar y croen, dylid dod ag ef at Aaron yr offeiriad, neu at un o'i feibion, yr offeiriaid. ³ Bydd yr offeiriad yn archwilio'r dolur ar ei groen, ac os bydd y blew yn y dolur wedi troi'n wyn, a'r dolur yn ymddangos yn ddyfnach na'r croen, y mae'n ddolur heintus; wedi iddo ei archwilio, bydd yr offeiriad yn ei gyhoeddi'n aflan. ⁴ Os bydd y smotyn ar ei groen yn wyn, ond heb ymddangos yn ddyfnach na'r croen, a'r blew ynddo heb droi'n wyn, bydd yr offeiriad yn cadw'r claf o'r neilltu am saith diwrnod. ⁵ Ar y seithfed dydd bydd yr offeiriad yn ei archwilio, ac os gwêl yr offeiriad fod y dolur wedi aros yr un fath a heb ledu ar y croen, bydd yn cadw'r claf o'r neilltu am saith diwrnod arall. ⁶ Ar y seithfed dydd bydd yr offeiriad yn ei archwilio eilwaith, ac os bydd y dolur yn gwywo a heb ledu ar y croen, bydd yr offeiriad yn ei gyhoeddi'n lân; nid yw ond brech. Y mae'r claf i olchi ei ddillad, ac yna

Lefiticus 13

bydd yn lân. ⁷ Ond os bydd y frech yn lledu ar ei groen ar ôl iddo'i ddangos ei hun i'r offeiriad i'w gyhoeddi'n lân, y mae i'w ddangos ei hun i'r offeiriad eilwaith. ⁸ Bydd yr offeiriad yn ei archwilio, ac os bydd y frech wedi lledu ar y croen, bydd yn ei gyhoeddi'n aflan; y mae'n ddolur heintus.

⁹ "Pan fydd gan unrhyw un ddolur heintus, dylid dod ag ef at yr offeiriad. ¹⁰ Bydd yr offeiriad yn ei archwilio, ac os bydd chwydd gwyn yn y croen a hwnnw wedi troi'r blew yn wyn, ac os bydd cig noeth yn y chwydd, ¹¹ y mae'n hen ddolur yn y croen, a bydd yr offeiriad yn ei gyhoeddi'n aflan; ond ni fydd yn ei gadw o'r neilltu, gan ei fod eisoes yn aflan. ¹² Os bydd y dolur yn torri allan dros y croen, a chyn belled ag y gwêl yr offeiriad yn gorchuddio'r claf o'i ben i'w draed, ¹³ bydd yr offeiriad yn ei archwilio, ac os bydd y dolur wedi gorchuddio'i holl gnawd, bydd yn ei gyhoeddi'n lân; oherwydd i'r cyfan ohono droi'n wyn, bydd yn lân. ¹⁴ Ond pa bryd bynnag yr ymddengys cig noeth arno, bydd yn aflan. ¹⁵ Pan fydd yr offeiriad yn gweld cig noeth, bydd yn ei gyhoeddi'n aflan; y mae cig noeth yn aflan, gan ei fod yn ddolur heintus. ¹⁶ Os bydd cig noeth yn newid ac yn troi'n wyn, dylai'r claf fynd at yr offeiriad. ¹⁷ Bydd yr offeiriad yn ei archwilio, ac os bydd y dolur wedi troi'n wyn, bydd yr offeiriad yn cyhoeddi'r claf yn lân; yna bydd yn lân.

¹⁸ "Pan fydd gan rywun gornwyd ar ei groen, a hwnnw'n gwella, ¹⁹ a chwydd gwyn neu smotyn cochwyn yn dod yn lle'r cornwyd, dylai ei ddangos ei hun i'r offeiriad. ²⁰ Bydd yr offeiriad yn ei archwilio, ac os bydd y dolur yn ymddangos yn ddyfnach na'r croen, a'r blew ynddo wedi troi'n wyn, bydd yr offeiriad yn ei gyhoeddi'n aflan; dolur heintus wedi codi yn lle'r cornwyd ydyw. ²¹ Ond os bydd yr offeiriad yn ei archwilio a'i gael heb flew gwyn ynddo, a heb fod yn ddyfnach na'r croen ac wedi gwywo, bydd yr offeiriad yn cadw'r claf o'r neilltu am saith diwrnod. ²² Os bydd yn lledu ar y croen, bydd yr offeiriad yn ei gyhoeddi'n aflan; y mae'n heintus. ²³ Ond os bydd y smotyn yn aros yr un fath a heb ledu, craith y cornwyd ydyw, a bydd yr offeiriad yn ei gyhoeddi'n lân.

²⁴ "Pan fydd gan rywun losg ar ei groen, a smotyn cochwyn neu wyn yng nghig noeth y llosg, ²⁵ bydd yr offeiriad yn ei archwilio; ac os bydd y blew ynddo wedi troi'n wyn, a'r llosg yn ymddangos yn ddyfnach na'r croen, y mae dolur heintus wedi torri allan yn y llosg. Bydd yr offeiriad yn ei gyhoeddi'n aflan; y mae'n ddolur heintus. ²⁶ Ond os bydd yr offeiriad yn ei archwilio a'i gael heb flew gwyn yn y smotyn, a hwnnw heb ymddangos yn ddyfnach na'r croen ac wedi gwywo, bydd yr offeiriad yn cadw'r claf o'r neilltu am saith diwrnod. ²⁷ Ar y seithfed dydd bydd yr offeiriad yn ei archwilio, ac os bydd wedi lledu ar y croen bydd yr offeiriad yn ei gyhoeddi'n aflan; y mae'n ddolur heintus. ²⁸ Ond os bydd y smotyn wedi aros yr un fath, a heb ledu ar y croen ac wedi gwywo, chwydd o'r llosg ydyw, a bydd yr offeiriad yn ei gyhoeddi'n lân; craith y llosg ydyw.

²⁹ "Pan fydd gan ŵr neu wraig ddolur ar y pen neu'r wyneb, bydd yr offeiriad yn ei archwilio, ³⁰ ac os bydd yn ymddangos yn ddyfnach na'r croen, a blew melyn main ynddo, bydd yr offeiriad yn cyhoeddi'r claf yn aflan; clafr, dolur heintus, ar y pen neu'r wyneb ydyw. ³¹ Os bydd yr offeiriad yn archwilio'r math hwn o ddolur ac yn gweld nad yw'n ymddangos yn ddyfnach na'r croen, a heb flew du ynddo, bydd yr offeiriad yn cadw'r claf o'r neilltu am saith diwrnod. ³² Ar y seithfed dydd bydd yr offeiriad yn archwilio'r dolur, ac os bydd y clafr heb ledu, a heb flew melyn ynddo a heb ymddangos yn ddyfnach na'r croen, ³³ y mae'r claf i eillio, ac eithrio lle mae'r clafr, a bydd yr offeiriad yn ei gadw o'r neilltu am saith diwrnod arall. Ar y seithfed dydd bydd yr offeiriad yn archwilio'r clafr eilwaith, ³⁴ ac os bydd heb ledu ar y croen a heb ymddangos yn ddyfnach na'r croen, bydd yr offeiriad yn ei gyhoeddi'n lân. Y mae'r claf i olchi ei ddillad, ac yna bydd yn lân. ³⁵ Ond os bydd y clafr yn lledu ar y croen ar ôl ei gyhoeddi'n lân, ³⁶ bydd

yr offeiriad yn ei archwilio; ac os bydd y clafr wedi lledu ar y croen, nid oes rhaid i'r offeiriad chwilio am flew melyn; y mae'n aflan. [37] Os gwêl yr offeiriad fod y clafr wedi aros yr un fath, a blew du yn tyfu ynddo, y mae'r clafr wedi gwella. Y mae'r claf yn lân, a bydd yr offeiriad yn ei gyhoeddi'n lân.

[38] "Pan fydd gan ŵr neu wraig smotiau gwyn ar y croen, [39] bydd yr offeiriad yn eu harchwilio, ac os bydd y smotiau yn wyn gwelw, brech wedi torri allan ar y croen ydynt; y mae'r claf yn lân.

[40] "Pan fydd dyn wedi colli gwallt ei ben ac yn foel, y mae'n lân. [41] Os bydd wedi colli ei wallt oddi ar ei dalcen, a'i dalcen yn foel, y mae'n lân. [42] Ond os bydd ganddo ddolur cochwyn ar ei ben moel neu ei dalcen, y mae dolur heintus yn torri allan ar ei ben neu ei dalcen. [43] Bydd yr offeiriad yn ei archwilio, ac os bydd y dolur chwyddedig ar ei ben neu ei dalcen yn gochwyn, fel y bydd dolur heintus yn ymddangos ar y croen, [44] y mae'r claf yn heintus; y mae'n aflan. Bydd yr offeiriad yn ei gyhoeddi'n aflan oherwydd y dolur ar ei ben.

[45] "Y mae'r sawl sy'n heintus o'r dolur hwn i wisgo dillad wedi eu rhwygo, gadael ei wallt yn rhydd, gorchuddio'i wefus uchaf a gweiddi, 'Aflan, aflan!' [46] Y mae'n aflan cyhyd ag y bydd y dolur arno; y mae i fyw ar ei ben ei hun, a hynny y tu allan i'r gwersyll.

Rheolau ynglŷn â Haint ar Ddillad

[47] "Os bydd haint oddi wrth ddolur mewn dilledyn, boed o wlân neu o liain, [48] yn ystof neu'n anwe o wlân neu o liain, neu'n lledr neu'n ddeunydd wedi ei wneud o ledr, [49] a bod yr haint yn ymddangos yn wyrdd neu'n goch yn y dilledyn neu'r lledr, mewn ystof neu anwe, neu unrhyw beth a wnaed o ledr, y mae'n heintus oddi wrth ddolur, a dylid ei ddangos i'r offeiriad. [50] Bydd yr offeiriad yn archwilio'r haint, ac yn gosod y peth y mae'r haint ynddo o'r neilltu am saith diwrnod. [51] Ar y seithfed dydd bydd yn ei archwilio, ac os bydd yr haint wedi lledu yn y dilledyn, yn yr ystof neu yn yr anwe, neu yn y lledr, i ba beth bynnag y defnyddir ef, y mae'n haint dinistriol; y mae'n aflan. [52] Dylai losgi'r dilledyn, neu'r ystof neu'r anwe o wlân neu liain, neu'r peth lledr y mae'r haint ynddo; y mae'n haint dinistriol, a rhaid ei losgi yn y tân.

[53] "Os bydd yr offeiriad yn ei archwilio a chael nad yw'r haint wedi lledu trwy'r dilledyn, yr ystof neu'r anwe, neu'r deunydd lledr, [54] bydd yn gorchymyn golchi'r dilledyn y bu'r haint ynddo, ac yn ei osod o'r neilltu am saith diwrnod arall. [55] Bydd yr offeiriad yn ei archwilio eto ar ôl ei olchi, ac os na fydd yr haint wedi newid ei liw, hyd yn oed os na fydd wedi lledu, y mae'n aflan; bydd yn ei losgi yn y tân, boed y smotyn heintus y naill du neu'r llall. [56] Os bydd yr offeiriad yn ei archwilio a chael bod yr haint wedi gwelwi ar ôl ei olchi, bydd yn torri'r rhan honno allan o'r dilledyn, y lledr, yr ystof neu'r anwe. [57] Os bydd yn ailymddangos yn y dilledyn, yr ystof neu'r anwe, neu unrhyw beth o ledr, y mae'n lledu, a rhaid llosgi yn y tân beth bynnag y mae'r haint ynddo. [58] Am y dilledyn, yr ystof neu'r anwe, neu unrhyw beth o ledr, y ciliodd yr haint ohono ar ôl ei olchi, rhaid ei olchi eilwaith, a bydd yn lân." [59] Dyma'r ddeddf ynglŷn â haint oddi wrth ddolur mewn dilledyn o wlân neu liain, yn yr ystof neu'r anwe, neu unrhyw beth o ledr, er mwyn penderfynu a ydynt yn lân neu'n aflan.

Puro ar ôl Haint

14 Llefarodd yr ARGLWYDD wrth Moses a dweud, [2] "Dyma fydd y gyfraith ynglŷn â'r heintus ar ddydd ei lanhau. Dyger ef at yr offeiriad, [3] a bydd yr offeiriad yn mynd y tu allan i'r gwersyll ac yn ei archwilio. Os bydd wedi gwella o'r haint, [4] bydd yr offeiriad yn gorchymyn dod â dau aderyn glân yn fyw, pren cedrwydd, edau ysgarlad ac isop ar ran yr un a lanheir. [5] Yna bydd yr offeiriad yn gorchymyn lladd un o'r adar uwchben dŵr croyw mewn llestr pridd. [6] Wedyn bydd yn cymryd yr aderyn byw ac yn ei drochi ef, ynghyd â'r pren cedrwydd, yr edau ysgarlad a'r isop, yng ngwaed yr aderyn a laddwyd uwchben y dŵr croyw, [7] ac yn ei daenellu seithwaith dros yr un a lanheir o'r haint. Yna bydd yn ei gyhoeddi'n lân ac yn gollwng yr aderyn byw yn rhydd.

⁸ "Y mae'r sawl a lanheir i olchi ei ddillad, eillio'i wallt i gyd ac ymolchi â dŵr, ac yna bydd yn lân; ar ôl hyn caiff ddod i mewn i'r gwersyll, ond y mae i aros y tu allan i'w babell am saith diwrnod. ⁹ Ar y seithfed dydd y mae i eillio'i wallt i gyd oddi ar ei ben, ei farf, ei aeliau a gweddill ei gorff; y mae i olchi ei ddillad ac ymolchi â dŵr. Yna bydd yn lân.

¹⁰ "Ar yr wythfed dydd y mae i ddod â dau oen di-nam ac un hesbin flwydd ddi-nam, ynghyd â thair degfed ran o effa o beilliaid wedi ei gymysgu ag olew yn fwydoffrwm, ac un log o olew. ¹¹ Bydd yr offeiriad sy'n gyfrifol am lanhau yn dod â hwy, ynghyd â'r sawl a lanheir, o flaen yr ARGLWYDD at ddrws pabell y cyfarfod. ¹² Bydd yr offeiriad yn cymryd un o'r ŵyn ac yn ei gyflwyno, ynghyd â'r log o olew, yn offrwm dros gamwedd ac yn ei chwifio'n offrwm cyhwfan gerbron yr ARGLWYDD. ¹³ Bydd yn lladd yr oen yn y man sanctaidd lle lleddir yr aberth dros bechod a'r poethoffrwm. Fel yr aberth dros bechod, y mae'r offrwm dros gamwedd yn eiddo i'r offeiriad; y mae'n gwbl sanctaidd. ¹⁴ Bydd yr offeiriad yn cymryd o waed yr offrwm dros gamwedd a'i roi ar gwr isaf clust dde yr un a lanheir, ar fawd ei law dde ac ar fawd ei droed de. ¹⁵ Yna bydd yr offeiriad yn cymryd peth o'r log o olew, yn ei dywallt ar gledr ei law chwith, ¹⁶ yn trochi ei fys de yn yr olew ar gledr ei law, ac â'i fys yn taenellu peth o'r olew seithwaith o flaen yr ARGLWYDD. ¹⁷ Bydd yr offeiriad yn rhoi peth o'r olew sy'n weddill yng nghledr ei law ar gwr isaf clust dde yr un a lanheir, ar fawd ei law dde ac ar fawd ei droed de, a hynny dros waed yr offrwm dros gamwedd. ¹⁸ Bydd yr offeiriad yn rhoi gweddill yr olew sydd yng nghledr ei law ar ben yr un a lanheir, ac yn gwneud cymod drosto o flaen yr ARGLWYDD. ¹⁹ Yna bydd yr offeiriad yn offrymu'r aberth dros bechod ac yn gwneud cymod dros yr un a lanheir o'i aflendid. Ar ôl hynny bydd yn lladd y poethoffrwm, ²⁰ ac yn ei gyflwyno ar yr allor gyda'r bwydoffrwm. Fel hyn y bydd yr offeiriad yn gwneud cymod drosto, a bydd yn lân.

²¹ "Ond os yw'n dlawd a heb fedru fforddio cymaint, y mae i gymryd un oen yn offrwm dros gamwedd, yn offrwm cyhwfan i wneud cymod drosto, ynghyd â degfed ran o effa o beilliaid wedi ei gymysgu ag olew yn fwydoffrwm, log o olew, ²² a hefyd ddwy durtur neu ddau gyw colomen, fel y gall ei fforddio, y naill yn aberth dros bechod a'r llall yn boethoffrwm. ²³ Ar yr wythfed dydd, er mwyn ei lanhau, y mae i ddod â hwy o flaen yr ARGLWYDD at yr offeiriad wrth ddrws pabell y cyfarfod. ²⁴ Bydd yr offeiriad yn cymryd oen yr offrwm dros gamwedd, a'r log o olew, ac yn eu chwifio'n offrwm cyhwfan gerbron yr ARGLWYDD. ²⁵ Bydd yn lladd oen yr offrwm dros gamwedd ac yn cymryd peth o'i waed a'i roi ar gwr isaf clust dde yr un a lanheir, ar fawd ei law dde ac ar fawd ei droed de. ²⁶ Bydd yr offeiriad yn tywallt peth o'r olew ar gledr ei law chwith, ²⁷ ac â'i fys de yn taenellu peth o'r olew o gledr ei law chwith seithwaith o flaen yr ARGLWYDD. ²⁸ Bydd yn rhoi peth o'r olew yng nghledr ei law ar gwr isaf clust dde yr un a lanheir, ar fawd ei law dde ac ar fawd ei droed de, sef yn yr un lle â gwaed yr offrwm dros gamwedd. ²⁹ Bydd yr offeiriad yn rhoi gweddill yr olew sydd yng nghledr ei law ar ben yr un a lanheir, i wneud cymod drosto o flaen yr ARGLWYDD. ³⁰ Yna bydd yn offrymu naill ai'r turturod neu'r cywion colomennod, fel y gall ei fforddio, ³¹ y naill yn aberth dros bechod a'r llall yn boethoffrwm, ynghyd â'r bwydoffrwm; bydd yr offeiriad yn gwneud cymod o flaen yr ARGLWYDD dros yr un a lanheir." ³² Dyma'r gyfraith ynglŷn â'r sawl sydd â chlefyd heintus arno ac na all fforddio'r offrymau ar gyfer ei lanhau.

Malltod Mewn Tŷ

³³ Llefarodd yr ARGLWYDD wrth Moses ac Aaron a dweud, ³⁴ "Pan ddewch i mewn i wlad Canaan, a roddaf yn eiddo ichwi, a minnau'n rhoi malltod heintus mewn tŷ yn y wlad honno, ³⁵ dylai perchennog y tŷ fynd at yr offeiriad a

dweud wrtho fod rhywbeth tebyg i falltod wedi ymddangos yn y tŷ. ³⁶ Bydd yr offeiriad yn gorchymyn gwagio'r tŷ cyn iddo ef fynd i mewn i archwilio'r malltod, rhag i bopeth sydd yn y tŷ gael ei gyhoeddi'n aflan; wedyn bydd yr offeiriad yn mynd i mewn i archwilio'r tŷ. ³⁷ Bydd yn archwilio'r malltod ym muriau'r tŷ, ac os caiff agennau gwyrddion neu gochion sy'n ymddangos yn ddyfnach nag wyneb y mur, ³⁸ bydd yr offeiriad yn mynd allan o'r tŷ at y drws ac yn cau'r tŷ am saith diwrnod. ³⁹ Ar y seithfed dydd bydd yr offeiriad yn dychwelyd i archwilio'r tŷ. Os bydd y malltod wedi lledu ar furiau'r tŷ, ⁴⁰ bydd yr offeiriad yn gorchymyn tynnu allan y meini y mae'r malltod ynddynt, a'u lluchio i le aflan y tu allan i'r ddinas, ⁴¹ a hefyd crafu muriau'r tŷ oddi mewn, a lluchio'r plastr a dynnir i le aflan y tu allan i'r ddinas. ⁴² Yna byddant yn cymryd meini eraill ac yn eu rhoi yn lle'r rhai a dynnwyd, a hefyd plastr arall a phlastro'r tŷ.

⁴³ "Os bydd y malltod yn torri allan eilwaith yn y tŷ ar ôl tynnu allan y meini a chrafu'r muriau a phlastro, ⁴⁴ bydd yr offeiriad yn dod i'w archwilio, ac os bydd y malltod wedi lledu yn y tŷ, y mae'n falltod dinistriol; y mae'r tŷ yn aflan. ⁴⁵ Rhaid tynnu'r tŷ i lawr, yn gerrig, coed a'r holl blastr, a mynd â hwy i le aflan y tu allan i'r ddinas. ⁴⁶ Bydd unrhyw un sy'n mynd i'r tŷ tra bydd wedi ei gau yn aflan hyd yr hwyr. ⁴⁷ Y mae unrhyw un sy'n cysgu neu'n bwyta yn y tŷ i olchi ei ddillad.

⁴⁸ "Os bydd yr offeiriad yn dod i archwilio, a'r malltod heb ledu ar ôl plastro'r tŷ, bydd yn cyhoeddi'r tŷ yn lân oherwydd i'r malltod gilio. ⁴⁹ I buro'r tŷ bydd yn cymryd dau aderyn, pren cedrwydd, edau ysgarlad ac isop. ⁵⁰ Bydd yn lladd un o'r adar uwchben dŵr croyw mewn llestr pridd, ⁵¹ ac yna'n cymryd y pren cedrwydd, yr isop, yr edau ysgarlad a'r aderyn byw, ac yn eu trochi yng ngwaed yr aderyn a laddwyd ac yn y dŵr croyw, ac yn taenellu'r tŷ seithwaith. ⁵² Bydd yn puro'r tŷ â gwaed yr aderyn, y dŵr croyw, yr aderyn byw, y pren cedrwydd, yr isop a'r edau ysgarlad. ⁵³ Yna bydd yn gollwng yr aderyn byw yn rhydd y tu allan i'r ddinas. Bydd yn gwneud cymod dros y tŷ, a bydd yn lân." ⁵⁴ Dyma'r gyfraith ynglŷn ag unrhyw glefyd heintus, clafr, ⁵⁵ haint mewn dillad neu dŷ, ⁵⁶ chwydd, brech neu smotyn, ⁵⁷ i benderfynu pryd y mae'n aflan a phryd y mae'n lân. Dyma'r gyfraith ynglŷn â haint.

Diferlif o'r Corff

15 Llefarodd yr ARGLWYDD wrth Moses ac Aaron a dweud, ² "Dywedwch wrth bobl Israel, 'Pan fydd gan unrhyw un ddiferlif yn rhedeg o'i gorff, y mae'n aflan. ³ Dyma fydd y gyfraith* ynglŷn â'i aflendid o achos diferlif. Pa un bynnag a yw'n parhau i redeg o'i gorff ynteu a yw wedi ei atal, y mae'n aflendid.

⁴ " 'Y mae unrhyw wely y bu rhywun â diferlif yn gorwedd arno yn aflan, ac unrhyw beth y bu'n eistedd arno yn aflan. ⁵ Y mae unrhyw un a gyffyrddodd â'i wely i olchi ei ddillad, i ymolchi â dŵr a bod yn aflan hyd yr hwyr. ⁶ Y mae'r sawl sy'n eistedd ar unrhyw beth yr eisteddodd y sawl sydd â diferlif arno i olchi ei ddillad, i ymolchi â dŵr a bod yn aflan hyd yr hwyr. ⁷ Y mae unrhyw un sy'n cyffwrdd â chorff y sawl sydd â diferlif arno i olchi ei ddillad, i ymolchi â dŵr a bod yn aflan hyd yr hwyr. ⁸ Os bydd rhywun â diferlif arno yn poeri ar unrhyw un glân, y mae hwnnw i olchi ei ddillad, i ymolchi â dŵr a bod yn aflan hyd yr hwyr. ⁹ Y mae unrhyw beth y bu'n eistedd arno wrth farchogaeth yn aflan, ¹⁰ a bydd unrhyw un sy'n cyffwrdd ag un o'r pethau oedd dano yn aflan hyd yr hwyr; y mae unrhyw un sy'n eu codi i olchi ei ddillad, i ymolchi â dŵr a bod yn aflan hyd yr hwyr. ¹¹ Y mae unrhyw un y cyffyrddodd y sawl sydd â diferlif ag ef, heb iddo olchi ei ddwylo mewn dŵr, i olchi ei ddillad, ymolchi â dŵr a bod yn aflan hyd yr hwyr. ¹² Y mae llestr pridd y cyffyrddodd y dyn â diferlif ag ef i'w ddryllio, ac unrhyw declyn pren i'w olchi â dŵr.

¹³ " 'Pan fydd rhywun yn cael ei lanhau o'i ddiferlif, y mae i gyfrif saith diwrnod

---

15:3 Felly Groeg. Hebraeg heb *y gyfraith*.

ar gyfer ei lanhau; y mae i olchi ei ddillad, ac ymolchi â dŵr croyw, a bydd yn lân. ¹⁴ Ar yr wythfed dydd y mae i gymryd dwy durtur neu ddau gyw colomen, a dod o flaen yr ARGLWYDD at ddrws pabell y cyfarfod, a'u rhoi i'r offeiriad. ¹⁵ Bydd yr offeiriad yn offrymu'r naill yn aberth dros bechod a'r llall yn boethoffrwm, ac yn gwneud cymod o flaen yr ARGLWYDD dros y sawl oedd â diferlif.

¹⁶ " 'Pan fydd dyn yn gollwng ei had, y mae i olchi ei holl gorff â dŵr, a bod yn aflan hyd yr hwyr. ¹⁷ Y mae unrhyw ddilledyn neu ddeunydd lledr yr aeth yr had arno i'w olchi â dŵr a bod yn aflan hyd yr hwyr. ¹⁸ Pan fydd dyn yn gorwedd gyda gwraig ac yn gollwng had, y maent i ymolchi â dŵr a bod yn aflan hyd yr hwyr.

¹⁹ " 'Pan fydd gan wraig ddiferlif gwaed, sef misglwyf rheolaidd ei chorff, y mae'n amhur am saith diwrnod, a bydd unrhyw un sy'n cyffwrdd â hi yn aflan hyd yr hwyr. ²⁰ Y mae unrhyw beth y mae'n gorwedd arno yn ystod ei misglwyf yn aflan, a hefyd unrhyw beth y mae'n eistedd arno. ²¹ Y mae unrhyw un sy'n cyffwrdd â'i gwely i olchi ei ddillad, i ymolchi â dŵr a bod yn aflan hyd yr hwyr. ²² Y mae unrhyw un sy'n cyffwrdd â'r hyn yr eistedd y wraig arno i olchi ei ddillad, i ymolchi â dŵr a bod yn aflan hyd yr hwyr; ²³ boed yn wely neu'n unrhyw beth y mae'n eistedd arno, pan fydd unrhyw un yn ei gyffwrdd, bydd yn aflan hyd yr hwyr. ²⁴ Os bydd dyn yn gorwedd gyda hi, a'i misglwyf yn cyffwrdd ag ef, y mae yntau'n aflan am saith diwrnod, ac y mae unrhyw wely y gorwedd arno yn aflan.

²⁵ " 'Pan fydd gan wraig ddiferlif gwaed am lawer o ddyddiau heblaw ar adeg ei misglwyf, neu pan fydd y diferlif yn parhau ar ôl ei misglwyf, bydd yn aflan cyhyd ag y pery'r diferlif, fel ar adeg ei misglwyf. ²⁶ Y mae unrhyw wely y mae'n gorwedd arno tra pery ei diferlif yn aflan, fel y mae ei gwely yn ystod ei misglwyf, ac y mae unrhyw beth y mae'n eistedd arno yn aflan, fel y mae yn ystod ei misglwyf. ²⁷ Y mae unrhyw un sy'n eu cyffwrdd yn aflan, ac y mae i olchi ei ddillad, i ymolchi â dŵr a bod yn aflan hyd yr hwyr.

²⁸ " 'Pan fydd yn cael ei glanhau o'i diferlif, y mae i gyfrif saith diwrnod, ac ar ôl hynny bydd yn lân. ²⁹ Ar yr wythfed dydd y mae i gymryd dwy durtur neu ddau gyw colomen, a dod â hwy at yr offeiriad wrth ddrws pabell y cyfarfod. ³⁰ Bydd yr offeiriad yn offrymu'r naill yn aberth dros bechod a'r llall yn boethoffrwm, ac yn gwneud cymod drosti o flaen yr ARGLWYDD, oherwydd amhuredd ei diferlif.

³¹ " 'Yr ydych i gadw pobl Israel oddi wrth eu haflendid, rhag iddynt farw yn eu haflendid am iddynt halogi fy nhabernacl sydd yn eu mysg.' "

³² Dyma'r gyfraith ynglŷn â diferlif, y dyn sy'n dod yn aflan trwy ollwng ei had, ³³ a'r wraig sy'n dioddef o'i misglwyf, sef dyn neu wraig â diferlif, a hefyd dyn sy'n gorwedd gyda gwraig sy'n aflan.

Dydd y Cymod

16 Llefarodd yr ARGLWYDD wrth Moses ar ôl marwolaeth dau fab Aaron, a fu farw pan ddaethant gerbron yr ARGLWYDD, ² a dywedodd, "Dywed wrth dy frawd Aaron nad yw ar bob adeg i ddod y tu ôl i'r llen sydd o flaen y drugareddfa uwchben yr arch yn y cysegr, rhag iddo farw; oherwydd byddaf yn ymddangos yn y cwmwl uwchben y drugareddfa. ³ Fel hyn y mae Aaron i ddod i'r cysegr: â bustach ifanc yn aberth dros bechod, a hwrdd yn boethoffrwm. ⁴ Bydd yn gwisgo mantell sanctaidd o liain, a dillad isaf o liain agosaf at ei gorff; bydd yn rhoi gwregys lliain am ei ganol a thwrban lliain am ei ben. Y mae'r rhain yn ddillad sanctaidd, a bydd yn ymolchi â dŵr cyn eu gwisgo. ⁵ Bydd yn cymryd oddi wrth gynulleidfa pobl Israel ddau fwch gafr yn aberth dros bechod, a hwrdd yn boethoffrwm.

⁶ "Bydd Aaron yn cyflwyno bustach yr aberth dros ei bechod ei hun, er mwyn gwneud cymod drosto'i hun a thros ei dylwyth. ⁷ Yna bydd yn cymryd y ddau fwch gafr ac yn dod â hwy o flaen yr ARGLWYDD at ddrws pabell y cyfarfod. ⁸ Bydd Aaron yn bwrw coelbrennau am y ddau fwch, un coelbren am fwch i'r

ARGLWYDD, a'r llall am y bwch dihangol. ⁹ Bydd Aaron yn dod â'r bwch y disgynnodd coelbren yr ARGLWYDD arno, ac yn ei offrymu'n aberth dros bechod. ¹⁰ Ond bydd yn cyflwyno'n fyw gerbron yr ARGLWYDD y bwch y disgynnodd coelbren y bwch dihangol arno, er mwyn gwneud iawn trwy ei ollwng i'r anialwch yn fwch dihangol.

¹¹ "Bydd Aaron yn cyflwyno bustach yr aberth dros ei bechod ei hun, er mwyn gwneud cymod drosto'i hun a thros ei dylwyth, a bydd yn lladd y bustach yn aberth dros ei bechod. ¹² Bydd yn cymryd thuser yn llawn o farwor llosg oddi ar yr allor o flaen yr ARGLWYDD, a dau ddyrnaid o arogldarth peraidd wedi ei falu, ac yn mynd â hwy y tu ôl i'r llen. ¹³ Bydd yn rhoi'r arogldarth ar y tân o flaen yr ARGLWYDD, er mwyn i fwg yr arogldarth orchuddio'r drugareddfa uwchben y dystiolaeth, rhag iddo farw. ¹⁴ Bydd yn cymryd peth o waed y bustach ac yn ei daenellu â'i fys ar wyneb dwyrain y drugareddfa; bydd yn taenellu peth o'r gwaed â'i fys seithwaith o flaen y drugareddfa.

¹⁵ "Yna bydd yn lladd bwch yr aberth dros bechod y bobl ac yn dod â'i waed y tu ôl i'r llen, ac yn gwneud â'i waed fel y gwnaeth â gwaed y bustach trwy ei daenellu ar y drugareddfa ac o'i blaen. ¹⁶ Fel hyn y bydd yn gwneud cymod dros y cysegr, oherwydd aflendid pobl Israel a'u troseddau o achos eu holl bechodau; bydd yn gwneud yr un fath dros babell y cyfarfod, sydd yn eu mysg yng nghanol eu holl aflendid. ¹⁷ Ni chaiff unrhyw un fynd i mewn i babell y cyfarfod, ar ôl i Aaron fynd i mewn i wneud cymod yn y cysegr, nes iddo ddod allan, wedi iddo orffen gwneud cymod drosto'i hun, ei dylwyth a holl gynulleidfa Israel. ¹⁸ Yna bydd yn dod allan at yr allor sydd o flaen yr ARGLWYDD, ac yn gwneud cymod drosti. Bydd yn cymryd peth o waed y bustach ac o waed y bwch, ac yn ei roi ar gyrn yr allor o'i hamgylch. ¹⁹ Bydd yn taenellu peth o'r gwaed arni â'i fys seithwaith i'w glanhau o aflendid pobl Israel, ac yn ei chysegru.

Y Bwch Dihangol

²⁰ "Ar ôl i Aaron orffen gwneud cymod dros y cysegr, pabell y cyfarfod a'r allor, bydd yn cyflwyno'r bwch byw. ²¹ Bydd yn gosod ei ddwy law ar ben y bwch byw, ac yn cyffesu drosto holl ddrygioni a throseddau pobl Israel o achos eu holl bechodau, ac yn eu rhoi ar ben y bwch; yna bydd yn anfon y bwch i'r anialwch yng ngofal dyn a benodwyd i wneud hynny. ²² Y mae'r bwch i ddwyn eu holl ddrygioni arno'i hun i dir unig, a bydd y dyn yn ei ollwng yn rhydd yn yr anialwch.

²³ "Yna bydd Aaron yn mynd i mewn i babell y cyfarfod, yn diosg y dillad lliain a wisgodd pan oedd yn mynd i'r cysegr, ac yn eu gadael yno. ²⁴ Bydd yn ymolchi â dŵr mewn lle sanctaidd, ac yn gwisgo ei ddillad arferol. Wedyn bydd yn dod allan, ac yn offrymu ei boethoffrwm ei hun a phoethoffrwm y bobl, ac yn gwneud cymod drosto'i hun a thros y bobl. ²⁵ Bydd hefyd yn llosgi ar yr allor fraster yr aberth dros bechod.

²⁶ "Bydd y dyn sy'n gollwng y bwch dihangol yn rhydd yn golchi ei ddillad ac yn ymolchi â dŵr; ac wedi hynny caiff ddod i mewn i'r gwersyll. ²⁷ Y mae bustach a bwch yr aberth dros bechod, y dygwyd eu gwaed i wneud cymod yn y cysegr, i'w dwyn allan o'r gwersyll; y mae eu crwyn, eu cyrff a'u gweddillion i'w llosgi yn y tân. ²⁸ Y mae'r sawl sy'n eu llosgi i olchi ei ddillad ac ymolchi â dŵr; ar ôl hynny caiff ddod i mewn i'r gwersyll.

Cadw Dydd y Cymod

²⁹ "Y mae hon yn ddeddf dragwyddol ichwi. Ar y degfed dydd o'r seithfed mis yr ydych i ymddarostwng, a pheidio â gwneud unrhyw waith, pa un bynnag ai brodor ai estron ydych, ³⁰ oherwydd ar y dydd hwn gwneir cymod drosoch i'ch glanhau; a byddwch yn lân o'ch holl bechodau gerbron yr ARGLWYDD. ³¹ Saboth o orffwys ydyw, ac yr ydych i ymddarostwng; y mae'n ddeddf dragwyddol. ³² Yr offeiriad a eneiniwyd ac a gysegrwyd yn offeiriad yn lle ei dad fydd yn gwneud cymod; bydd yn gwisgo dillad sanctaidd o liain, ³³ ac yn gwneud

cymod dros y cysegr, pabell y cyfarfod a'r allor, a hefyd dros yr offeiriaid a holl bobl y gynulleidfa. ³⁴ Bydd hon yn ddeddf dragwyddol ichwi. Gwneir cymod unwaith y flwyddyn dros bobl Israel oherwydd eu holl bechodau." Gwnaed fel y gorchmynnodd yr ARGLWYDD i Moses.

Gwahardd Cymryd Gwaed

17 Llefarodd yr ARGLWYDD wrth Moses, ² "Dywed wrth Aaron a'i feibion a holl bobl Israel, 'Dyma a orchmynnodd yr ARGLWYDD. ³ Os bydd unrhyw un o dŷ Israel a fydd yn lladd bustach, oen neu afr yn y gwersyll, neu'r tu allan iddo, ⁴ a heb ddod ag ef at ddrws pabell y cyfarfod i'w gyflwyno'n rhodd i'r ARGLWYDD o flaen y tabernacl, y mae hwnnw yn cael ei ystyried yn euog o waed; y mae hwnnw wedi tywallt gwaed, ac y mae i'w dorri ymaith o blith ei bobl. ⁵ Y mae hyn er mwyn i bobl Israel ddod â'r aberthau a offrymant yn awr yn y meysydd agored, a'u cyflwyno i'r ARGLWYDD trwy'r offeiriad wrth ddrws pabell y cyfarfod; y maent i'w haberthu yn heddoffrymau i'r ARGLWYDD. ⁶ Bydd yr offeiriad yn lluchio'r gwaed ar allor yr ARGLWYDD wrth ddrws pabell y cyfarfod, ac yn llosgi'r braster yn arogl peraidd i'r ARGLWYDD. ⁷ Nid ydynt i offrymu eu haberthau i'r gafr-ddelwau y buont yn puteinio ar eu holau. Y mae hyn yn ddeddf dragwyddol iddynt dros y cenedlaethau.'

⁸ "Dywed wrthynt, 'Bydd unrhyw un o dŷ Israel, neu o'r estroniaid sy'n byw yn eu mysg, a fydd yn offrymu poethoffrwm neu aberth, ⁹ a heb ddod ag ef at ddrws pabell y cyfarfod i'w aberthu i'r ARGLWYDD, y mae hwnnw yn cael ei dorri ymaith o blith ei bobl.

¹⁰ " 'Os bydd unrhyw un o dŷ Israel, neu o'r estroniaid sy'n byw yn eu mysg, yn bwyta unrhyw waed, byddaf yn gosod fy wyneb yn erbyn y sawl sy'n bwyta gwaed, ac yn ei dorri ymaith o blith ei bobl. ¹¹ Oherwydd y mae bywyd y corff yn y gwaed, ac fe'i rhoddais ichwi i wneud cymod drosoch eich hunain ar yr allor; y gwaed sy'n gwneud cymod dros fywyd. ¹² Dyma pam y dywedais wrth bobl Israel, "Nid yw'r un ohonoch chwi, nac unrhyw estron sy'n byw yn eich mysg, i fwyta gwaed."

¹³ " 'Y mae unrhyw un o bobl Israel, neu o'r estroniaid sy'n byw yn eu mysg, sy'n hela anifail neu aderyn y gellir ei fwyta, i dywallt ei waed a'i orchuddio â phridd, ¹⁴ oherwydd y mae bywyd pob corff yn y gwaed. Dyna pam y dywedais wrth bobl Israel, "Nid ydych i fwyta gwaed unrhyw greadur", oherwydd y mae bywyd pob corff yn ei waed; y mae unrhyw un sy'n ei fwyta i'w dorri ymaith.

¹⁵ " 'Y mae unrhyw un, boed frodor neu estron, sy'n bwyta rhywbeth wedi marw neu ei larpio gan anifail, i olchi ei ddillad, i ymolchi â dŵr, a bod yn aflan hyd yr hwyr; yna bydd yn lân. ¹⁶ Os na fydd yn golchi ei ddillad nac yn ymolchi, bydd yn gyfrifol am ei drosedd.' "

Gwaharddiadau ynglŷn â Rhyw

18 Llefarodd yr ARGLWYDD wrth Moses, ² "Dywed wrth bobl Israel, 'Myfi yw'r ARGLWYDD eich Duw. ³ Nid ydych i wneud fel y gwneir yng ngwlad yr Aifft, lle buoch yn byw, nac fel y gwneir yng ngwlad Canaan, lle'r wyf yn mynd â chwi. Peidiwch â dilyn eu harferion. ⁴ Yr ydych i ufuddhau i'm cyfreithiau ac i gadw fy neddfau; myfi yw'r ARGLWYDD eich Duw. ⁵ Cadwch fy neddfau a'm cyfreithiau, oherwydd y mae'r sawl sy'n eu cadw yn byw trwyddynt. Myfi yw'r ARGLWYDD.

⁶ " 'Nid yw unrhyw un i ddynesu at berthynas agos iddo i gael cyfathrach rywiol. Myfi yw'r ARGLWYDD.

⁷ " 'Nid wyt i amharchu dy dad trwy gael cyfathrach rywiol â'th fam; dy fam yw hi, ac nid wyt i gael cyfathrach â hi.

⁸ " 'Nid wyt i gael cyfathrach rywiol â gwraig dy dad; byddai hynny'n amharchu dy dad.

⁹ " 'Nid wyt i gael cyfathrach rywiol â'th chwaer, boed yn ferch i'th dad neu'n ferch i'th fam, ac wedi ei geni yn y cartref neu'r tu allan iddo.

¹⁰ " 'Nid wyt i gael cyfathrach rywiol â merch dy fab neu ferch dy ferch; byddai hynny'n dy amharchu.

¹¹ " 'Nid wyt i gael cyfathrach rywiol â merch i wraig dy dad sydd wedi ei geni

i'th dad; y mae'n chwaer iti, ac nid wyt i gael cyfathrach â hi.
¹² " 'Nid wyt i gael cyfathrach rywiol â chwaer dy dad; y mae'n berthynas agos i'th dad.
¹³ " 'Nid wyt i gael cyfathrach rywiol â chwaer dy fam, gan ei bod yn berthynas agos i'th fam.
¹⁴ " 'Nid wyt i amharchu brawd dy dad trwy ddynesu at ei wraig; y mae'n fodryb iti.
¹⁵ " 'Nid wyt i gael cyfathrach rywiol â'th ferch-yng-nghyfraith; y mae'n wraig i'th fab, ac nid wyt i gael cyfathrach â hi.
¹⁶ " 'Nid wyt i gael cyfathrach rywiol â gwraig dy frawd; byddai hynny'n amharchu dy frawd.
¹⁷ " 'Nid wyt i gael cyfathrach rywiol â gwraig ac â'i merch, nac ychwaith â merch ei mab na merch ei merch; y maent yn perthyn yn agos iddi, a byddai hynny'n anlladrwydd.
¹⁸ " 'Nid wyt i briodi chwaer dy wraig rhag iddi gystadlu â hi, na chael cyfathrach â hi tra bo dy wraig yn fyw.
¹⁹ " 'Nid wyt i ddynesu at wraig i gael cyfathrach rywiol â hi yn ystod aflendid ei misglwyf.
²⁰ " 'Nid wyt i orwedd mewn cyfathrach gyda gwraig dy gymydog, i'th wneud dy hun yn aflan gyda hi.
²¹ " 'Nid wyt i roi yr un o'th blant i'w aberthu i Moloch, a halogi enw dy Dduw. Myfi yw'r ARGLWYDD.
²² " 'Nid wyt i orwedd gyda dyn fel gyda gwraig; y mae hynny'n ffieidd-dra.
²³ " 'Nid wyt i orwedd gydag unrhyw anifail, i'th wneud dy hun yn aflan, ac nid yw unrhyw wraig i'w rhoi ei hun mewn cyfathrach ag anifail; y mae hynny'n wyrni.
²⁴ " 'Peidiwch â'ch halogi eich hunain â'r un o'r pethau hyn, oherwydd trwy'r rhain y bu'r cenhedloedd yr wyf yn eu gyrru allan o'ch blaenau yn eu halogi eu hunain. ²⁵ Halogwyd y tir, ac fe'i cosbais am ei ddrygioni, ac fe chwydodd y tir ei drigolion. ²⁶ Ond cadwch chwi fy neddfau a'm cyfreithiau, a pheidiwch â gwneud yr un o'r pethau ffiaidd hyn, pa un bynnag ai brodor ai estron ydych; ²⁷ oherwydd gwnaeth y bobl oedd yn y wlad o'ch blaen chwi yr holl bethau ffiaidd hyn, a halogwyd y tir. ²⁸ Os byddwch chwi'n halogi'r tir, bydd yn eich chwydu chwithau fel y chwydodd y cenhedloedd* oedd o'ch blaen chwi. ²⁹ Pwy bynnag sy'n gwneud unrhyw un o'r pethau ffiaidd hyn, fe'i torrir ymaith o blith ei bobl. ³⁰ Cadwch fy ngofynion, a pheidiwch â dilyn yr arferion ffiaidd a wnaed o'ch blaen, na chael eich halogi ganddynt. Myfi yw'r ARGLWYDD eich Duw.' "

Amrywiol Ddeddfau

19 Llefarodd yr ARGLWYDD wrth Moses, ² "Dywed wrth holl gynulleidfa pobl Israel, 'Byddwch sanctaidd, oherwydd yr wyf fi, yr ARGLWYDD eich Duw, yn sanctaidd. ³ Y mae pob un ohonoch i barchu ei fam a'i dad, ac yr ydych i gadw fy Sabothau. Myfi yw'r ARGLWYDD eich Duw. ⁴ Peidiwch â throi at eilunod na gwneud ichwi eich hunain ddelwau tawdd. Myfi yw'r ARGLWYDD eich Duw.
⁵ " 'Pan fyddwch yn cyflwyno heddoffrwm i'r ARGLWYDD, offrymwch ef mewn ffordd a fydd yn dderbyniol. ⁶ Y mae i'w fwyta ar y diwrnod y byddwch yn ei offrymu, neu drannoeth; y mae unrhyw beth a fydd yn weddill ar y trydydd dydd i'w losgi yn y tân. ⁷ Os bwyteir rhywfaint ohono ar y trydydd dydd, y mae'n amhur ac ni fydd yn dderbyniol. ⁸ Y mae'r sawl sy'n ei fwyta yn gyfrifol am ei drosedd; oherwydd iddo halogi'r hyn sy'n sanctaidd i'r ARGLWYDD, fe'i torrir ymaith o blith ei bobl.
⁹ " 'Pan fyddi'n medi cynhaeaf dy dir, nid wyt i fedi at ymylon y maes na chasglu lloffion dy gynhaeaf. ¹⁰ Nid wyt i ddinoethi dy winllan yn llwyr na chasglu'r grawnwin a syrthiodd; gad hwy i'r tlawd a'r estron. Myfi yw'r ARGLWYDD dy Dduw.
¹¹ " 'Nid ydych i ladrata, na dweud celwydd, na thwyllo eich gilydd. ¹² Nid ydych i dyngu'n dwyllodrus yn fy enw, a halogi enw eich Duw. Myfi yw'r ARGLWYDD.

18:28 Felly Fersiynau. Hebraeg, *genedl*.

¹³ " 'Nid wyt i wneud cam â'th gymydog na dwyn oddi arno. Nid wyt i ddal yn ôl hyd y bore gyflog dy weithiwr. ¹⁴ Nid wyt i felltithio'r byddar na rhoi rhwystr ar ffordd y dall; ond ofna dy Dduw. Myfi yw'r ARGLWYDD.

¹⁵ " 'Nid wyt i wyro barn, na bod yn bleidiol tuag at y tlawd na dangos ffafriaeth at y mawr, ond yr wyt i farnu dy gymydog yn deg. ¹⁶ Nid wyt i fynd o amgylch yn enllibio ymysg dy bobl na pheryglu bywyd dy gymydog. Myfi yw'r ARGLWYDD.

¹⁷ " 'Nid wyt i gasáu dy frawd a'th chwaer yn dy galon, ond yr wyt i geryddu dy gymydog rhag iti fod yn gyfrifol am ei drosedd. ¹⁸ Nid wyt i geisio dial ar un o'th bobl, na dal dig tuag ato, ond yr wyt i garu dy gymydog fel ti dy hun. Myfi yw'r ARGLWYDD.

¹⁹ " 'Yr ydych i gadw fy neddfau. Nid wyt i groesi anifeiliaid gwahanol, hau dy faes â hadau gwahanol, na gwisgo dillad o ddeunydd cymysg.

²⁰ " 'Os bydd dyn yn gorwedd mewn cyfathrach â gwraig, a hithau'n gaethferch wedi ei dyweddïo i ŵr ond heb ei phrynu'n ôl na'i rhyddhau, bydd yn rhaid eu cosbi. Ond nid ydynt i'w rhoi i farwolaeth am nad oedd hi'n rhydd; ²¹ y mae ef i ddod ag offrwm dros ei gamwedd i'r ARGLWYDD at ddrws pabell y cyfarfod, sef hwrdd yr aberth dros gamwedd. ²² Oherwydd y pechod a wnaeth, bydd yr offeiriad yn gwneud cymod drosto o flaen yr ARGLWYDD â hwrdd yr offrwm dros gamwedd; ac fe faddeuir iddo am y pechod a wnaeth.

²³ " 'Pan fyddwch yn mynd i mewn i'r wlad ac yn plannu unrhyw goeden ffrwythau, ystyriwch ei ffrwyth yn waharddedig; bydd wedi ei wahardd ichwi am dair blynedd, ac ni chewch ei fwyta. ²⁴ Yn y bedwaredd flwyddyn bydd ei holl ffrwyth yn sanctaidd, yn offrwm mawl i'r ARGLWYDD. ²⁵ Ond yn y bumed flwyddyn cewch fwyta'i ffrwyth, er mwyn iddi ffrwythloni rhagor. Myfi yw'r ARGLWYDD eich Duw.

²⁶ " 'Nid ydych i fwyta dim gyda gwaed ynddo. Nid ydych i arfer dewiniaeth na swyngyfaredd. ²⁷ Nid ydych i dorri'r gwallt ar ochr eich pennau, na thorri ymylon eich barf. ²⁸ Nid ydych i wneud toriadau i'ch cnawd er mwyn y meirw, nac i ysgythru nodau arnoch eich hunain. Myfi yw'r ARGLWYDD.

²⁹ " 'Paid â halogi dy ferch trwy beri iddi buteinio, rhag i'r wlad buteinio a chael ei llenwi ag anlladrwydd.

³⁰ " 'Yr ydych i gadw fy Sabothau a pharchu fy nghysegr. Myfi yw'r ARGLWYDD.

³¹ " 'Peidiwch â throi at ddewiniaid na cheisio swynwyr, oherwydd fe'ch halogir trwyddynt. Myfi yw'r ARGLWYDD eich Duw.

³² " 'Yr wyt i godi i'r oedrannus a pharchu'r hen, ac fe ofni dy Dduw. Myfi yw'r ARGLWYDD.

³³ " 'Pan fydd estron yn byw gyda thi yn dy wlad, nid wyt i'w gam-drin. ³⁴ Y mae'r estron sy'n byw gyda thi i'w ystyried gennyt fel brodor o'ch plith; yr wyt i'w garu fel ti dy hun, oherwydd estroniaid fuoch chwi yng ngwlad yr Aifft. Myfi yw'r ARGLWYDD eich Duw.

³⁵ " 'Nid ydych i dwyllo wrth fesur, boed hyd, pwysau neu nifer. ³⁶ Yr ydych i ddefnyddio cloriannau cywir, pwysau cywir, effa gywir a hin gywir. Myfi yw'r ARGLWYDD eich Duw, a'ch dygodd allan o wlad yr Aifft.

³⁷ " 'Yr ydych i gadw fy holl ddeddfau a'm holl gyfreithiau a'u gwneud. Myfi yw'r ARGLWYDD.' "

Cosbau am Droseddu

20 Dywedodd yr ARGLWYDD wrth Moses, ² "Dywed wrth bobl Israel, 'Os bydd unrhyw un o bobl Israel, neu o'r estroniaid sy'n byw yn Israel, yn rhoi un o'i blant i Moloch, rhodder ef i farwolaeth. Y mae pobl y wlad i'w labyddio â cherrig. ³ Byddaf fi yn gosod fy wyneb yn erbyn hwnnw ac yn ei dorri ymaith o blith ei bobl, oherwydd trwy roi ei blant i Moloch gwnaeth fy nghysegr yn aflan a halogi fy enw sanctaidd. ⁴ Os bydd pobl y wlad yn cau eu llygaid ar hwnnw pan fydd yn rhoi un o'i blant i Moloch, ac yn peidio â'i roi i farwolaeth, ⁵ byddaf yn gosod fy wyneb yn erbyn hwnnw a'i deulu, ac yn ei dorri ymaith o blith ei bobl, a hefyd bawb sy'n ei ddilyn i buteinio ar ôl Moloch. ⁶ Byddaf yn gosod fy wyneb yn erbyn y sawl sy'n troi at ddewiniaid a swynwyr i buteinio ar eu holau, a byddaf yn ei dorri ymaith o blith ei bobl. ⁷ Ymgysegrwch a byddwch sanctaidd, oherwydd myfi yw'r ARGLWYDD eich Duw. ⁸ Yr ydych i gadw fy neddfau a'u gwneud. Myfi yw'r ARGLWYDD sy'n eich sancteiddio.

⁹ " 'Os bydd unrhyw un yn melltithio ei dad neu ei fam, y mae i'w roi i farwolaeth. Oherwydd iddo felltithio ei dad neu ei fam, y mae'n gyfrifol am ei waed ei hun.

¹⁰ " 'Os bydd unrhyw un yn godinebu gyda gwraig* ei gymydog, y mae'r godinebwr a'r odinebwraig i'w rhoi i farwolaeth. ¹¹ Os bydd dyn yn gorwedd gyda gwraig ei dad, y mae wedi amharchu ei dad; y mae'r ddau ohonynt i'w rhoi i farwolaeth, ac y maent yn gyfrifol am eu gwaed eu hunain. ¹² Os bydd dyn yn gorwedd gyda'i ferch-yng-nghyfraith, y mae'r ddau ohonynt i'w rhoi i farwolaeth; gwnaethant wyrni, ac y maent yn gyfrifol am eu gwaed eu hunain. ¹³ Os bydd dyn yn gorwedd gyda dyn fel gyda gwraig, y mae'r ddau wedi gwneud ffieidd-dra; y maent i'w rhoi i farwolaeth, ac y maent yn gyfrifol am eu gwaed eu hunain. ¹⁴ Os bydd dyn yn priodi gwraig a'i mam, y mae'n gwneud anlladrwydd. Y mae ef a hwythau i'w llosgi yn y tân, rhag i anlladrwydd fod yn eich mysg. ¹⁵ Os bydd dyn yn gorwedd gydag anifail, y mae i'w roi i farwolaeth, a rhaid lladd yr anifail. ¹⁶ Os bydd gwraig yn dynesu at unrhyw anifail i'w rhoi ei hun iddo, y mae'r wraig a'r anifail i'w lladd; y maent i'w rhoi i farwolaeth ac y maent yn gyfrifol am eu gwaed eu hunain. ¹⁷ Os bydd dyn yn priodi ei chwaer, merch ei dad neu ei fam, ac yn cael cyfathrach rywiol â hi, y mae'n warth. Y maent i'w torri ymaith yng ngŵydd plant eu pobl; y mae ef wedi amharchu ei chwaer ac y mae'n gyfrifol am ei drosedd. ¹⁸ Os bydd dyn yn gorwedd gyda gwraig yn ei misglwyf, ac yn cael cyfathrach rywiol gyda hi, y mae wedi dinoethi tarddle ei diferlif gwaed ac y mae hithau wedi ei dinoethi. Y mae'r ddau ohonynt i'w torri ymaith o blith eu pobl. ¹⁹ Nid wyt i gael cyfathrach rywiol gyda chwaer dy fam na chwaer dy dad, gan y byddai hynny'n amharchu perthynas agos; y mae'r ddau'n gyfrifol am eu trosedd. ²⁰ Os bydd dyn yn gorwedd gyda'i fodryb, y mae'n amharchu ei ewythr; y mae'r ddau'n gyfrifol am eu pechod, a byddant farw'n ddi-blant. ²¹ Os bydd dyn yn priodi gwraig ei frawd, y mae hynny'n aflan; amharchodd ei frawd, a byddant yn ddi-blant.

²² " 'Yr ydych i gadw fy holl ddeddfau a'm holl gyfreithiau ac i'w gwneud, rhag i'r wlad, lle'r wyf yn mynd â chwi i fyw, eich chwydu allan. ²³ Nid ydych i ddilyn arferion y cenhedloedd yr wyf yn eu hanfon allan o'ch blaenau; oherwydd iddynt hwy wneud yr holl bethau hyn, ffieiddiais hwy. ²⁴ Ond dywedais wrthych chwi, "Byddwch yn etifeddu eu tir; byddaf fi yn ei roi ichwi'n etifeddiaeth, gwlad yn llifeirio o laeth a mêl." Myfi yw'r ARGLWYDD eich Duw, a'ch gosododd chwi ar wahân i'r bobloedd.

²⁵ " 'Yr ydych i wahaniaethu rhwng anifeiliaid glân ac aflan, a rhwng adar glân ac aflan. Nid ydych i'ch halogi eich hunain trwy unrhyw anifail, aderyn, nac unrhyw beth sy'n ymlusgo hyd y ddaear; dyma'r pethau a osodais ar wahân fel rhai aflan ichwi. ²⁶ Yr ydych i fod yn sanctaidd i mi, oherwydd yr wyf fi, yr ARGLWYDD, yn sanctaidd; yr wyf wedi eich gosod ar wahân i'r bobloedd, i fod yn eiddo i mi.

²⁷ " 'Y mae unrhyw ŵr neu wraig yn eich plith sy'n ddewin neu'n swynwr i'w roi i farwolaeth; yr ydych i'w llabyddio â cherrig, a byddant hwy'n gyfrifol am eu gwaed eu hunain.' "

Deddfau'r Offeiriaid

21 Dywedodd yr ARGLWYDD wrth Moses, "Llefara wrth yr offeiriaid, meibion Aaron, a dywed wrthynt, 'Nid yw offeiriad i'w halogi ei hun am farw yr un o'i dylwyth, ² ac eithrio ei deulu agosaf, megis ei fam, ei dad, ei fab, ei ferch, ei frawd, ³ neu ei chwaer ddi-briod, sy'n agos ato am nad oes ganddi ŵr. ⁴ Fel pennaeth ymysg ei dylwyth nid

---

20:10 Felly Groeg. Hebraeg yn ailadrodd *unrhyw un yn godinebu gyda gwraig*.

yw i'w halogi ei hun na'i wneud ei hun yn aflan. ⁵ " 'Nid yw offeiriaid i eillio'r pen yn foel nac i dorri ymylon y farf nac i wneud toriadau ar y cnawd. ⁶ Byddant yn sanctaidd i'w Duw, ac nid ydynt i halogi ei enw; am eu bod yn cyflwyno offrymau trwy dân i'r ARGLWYDD, sef bwyd eu Duw, fe fyddant yn sanctaidd. ⁷ Nid ydynt i briodi putain, nac un wedi colli ei gwyryfdod, na gwraig wedi ei hysgaru oddi wrth ei gŵr; oherwydd y maent yn sanctaidd i'r ARGLWYDD. ⁸ Yr wyt i'w hystyried yn sanctaidd, oherwydd eu bod yn cyflwyno bwyd dy Dduw; byddant yn sanctaidd i ti, oherwydd sanctaidd ydwyf fi, yr ARGLWYDD, sy'n eich sancteiddio. ⁹ Os bydd merch i offeiriad yn ei halogi ei hun trwy fynd yn butain, y mae'n halogi ei thad; rhaid ei llosgi yn y tân.

¹⁰ " 'Am yr archoffeiriad, yr un o blith ei frodyr y tywalltwyd olew'r eneinio ar ei ben ac a ordeiniwyd i wisgo'r dillad, nid yw ef i noethi ei ben na rhwygo'i ddillad. ¹¹ Nid yw i fynd i mewn at gorff marw, na'i halogi ei hun hyd yn oed er mwyn ei dad na'i fam. ¹² Nid yw i fynd allan o'r cysegr, rhag iddo halogi cysegr ei Dduw, oherwydd fe'i cysegrwyd ag olew eneinio ei Dduw. Myfi yw'r ARGLWYDD. ¹³ Y mae i briodi gwyryf yn wraig. ¹⁴ Nid yw i gymryd gweddw, un wedi ei hysgaru, nac un wedi ei halogi trwy buteindra, ond y mae i gymryd yn wraig wyryf o blith ei dylwyth, ¹⁵ rhag iddo halogi ei had ymysg ei bobl. Myfi yw'r ARGLWYDD sy'n ei sancteiddio.' "

¹⁶ Llefarodd yr ARGLWYDD wrth Moses, ¹⁷ "Dywed wrth Aaron, 'Dros y cenedlaethau i ddod nid oes yr un o'th ddisgynyddion sydd â nam arno i ddod a chyflwyno bwyd ei Dduw. ¹⁸ Nid oes neb ag unrhyw nam arno i ddynesu, boed yn ddall, yn gloff, wedi ei anffurfio neu ei hagru, ¹⁹ yn ddyn gydag anaf ar ei droed neu ei law, ²⁰ yn wargam neu'n gorrach, gyda nam ar ei lygad, crach, doluriau neu geilliau briwedig. ²¹ Nid yw'r un o ddisgynyddion Aaron yr offeiriad sydd â nam arno i ddynesu i gyflwyno offrymau trwy dân i'r ARGLWYDD; am fod nam arno, nid yw i ddynesu i gyflwyno bwyd ei Dduw. ²² Caiff fwyta bwyd ei Dduw o'r offrymau sanctaidd a'r offrymau sancteiddiaf, ²³ ond oherwydd bod nam arno ni chaiff fynd at y llen na dynesu at yr allor, rhag iddo halogi fy nghysegr. Myfi yw'r ARGLWYDD sy'n eu sancteiddio.' " ²⁴ Fel hyn y dywedodd Moses wrth Aaron a'i feibion ac wrth holl bobl Israel.

Yr Offrymau Sanctaidd

22 Llefarodd yr ARGLWYDD wrth Moses, ² "Dywed wrth Aaron a'i feibion am iddynt barchu'r offrymau sanctaidd y mae pobl Israel yn eu cysegru i mi, rhag iddynt halogi fy enw sanctaidd. Myfi yw'r ARGLWYDD.

³ "Dywed wrthynt, 'Dros y cenedlaethau i ddod, os bydd unrhyw un o'ch disgynyddion, ac yntau'n aflan, yn dod at yr offrymau sanctaidd y mae pobl Israel yn eu cysegru i'r ARGLWYDD, rhaid ei dorri ymaith o'm gŵydd. Myfi yw'r ARGLWYDD.

⁴ " 'Os bydd gan un o ddisgynyddion Aaron haint neu ddiferlif, ni chaiff fwyta'r offrymau sanctaidd nes ei lanhau. Bydd hefyd yn aflan os bydd yn cyffwrdd ag unrhyw beth sy'n aflan neu ag unrhyw un sy'n gollwng ei had, ⁵ neu os bydd yn cyffwrdd ag unrhyw ymlusgiad sy'n achosi aflendid, neu ag unrhyw berson sy'n achosi aflendid, beth bynnag fyddo'r aflendid. ⁶ Bydd unrhyw un sy'n cyffwrdd ag un o'r rhain yn aflan hyd yr hwyr, ac nid yw i fwyta o'r offrymau sanctaidd os na fydd wedi golchi ei gorff â dŵr. ⁷ Wedi i'r haul fachlud, bydd yn lân, ac yna caiff fwyta o'r offrymau sanctaidd, oherwydd dyna'i fwyd. ⁸ Nid yw i'w halogi ei hun trwy fwyta unrhyw beth sydd wedi marw neu wedi ei larpio gan anifail. Myfi yw'r ARGLWYDD.

⁹ " 'Y mae'r offeiriaid i gadw fy ngofynion rhag iddynt bechu, a marw am eu halogi. Myfi yw'r ARGLWYDD sy'n eu sancteiddio.

¹⁰ " 'Nid yw neb estron i fwyta'r offrymau sanctaidd, neb sy'n westai neu'n was cyflog i offeiriad. ¹¹ Ond os bydd offeiriad yn prynu caethwas am arian, neu os bydd caethwas wedi ei eni

yn ei dŷ, caiff y rheini fwyta'i fwyd. ¹² Os bydd merch i offeiriad yn priodi unrhyw un heblaw offeiriad, ni chaiff hi fwyta dim o'r offrymau sanctaidd. ¹³ Ond os bydd merch i offeiriad yn weddw neu'n cael ei hysgaru, a hithau heb blant ac yn dychwelyd i fyw yn nhŷ ei thad fel pan oedd yn ifanc, yna caiff hi fwyta o fwyd ei thad. Nid yw neb arall i fwyta o'r bwyd.

¹⁴ " 'Os bydd rhywun yn bwyta o'r offrwm sanctaidd yn anfwriadol, rhaid iddo wneud iawn am yr offrwm ac ychwanegu pumed ran at ei werth a'i roi i'r offeiriad. ¹⁵ Nid yw'r offeiriaid i halogi'r offrymau sanctaidd a ddygodd pobl Israel i'r ARGLWYDD, ¹⁶ trwy adael iddynt fwyta o'r offrymau, ac felly dwyn arnynt euogrwydd a chosb. Myfi yw'r ARGLWYDD sy'n eu sancteiddio.' "

Offrymau Annerbyniol

¹⁷ Llefarodd yr ARGLWYDD wrth Moses, ¹⁸ "Dywed wrth Aaron a'i feibion ac wrth holl bobl Israel, 'Os bydd un ohonoch, boed o dŷ Israel neu o'r estroniaid sydd yn Israel, yn cyflwyno rhodd yn boethoffrwm i'r ARGLWYDD, boed yn offrwm adduned neu'n offrwm gwirfodd, ¹⁹ dylai ddod â gwryw di-nam o'r gwartheg, y defaid neu'r geifr, er mwyn bod yn dderbyniol ar eich rhan. ²⁰ Peidiwch â chyflwyno unrhyw beth â nam arno, oherwydd ni fydd yn dderbyniol ar eich rhan. ²¹ Os bydd unrhyw un yn cyflwyno heddoffrwm i'r ARGLWYDD, i dalu adduned neu'n offrwm gwirfodd, boed o'r gyr neu o'r praidd, rhaid iddo fod yn berffaith a di-nam i fod yn dderbyniol. ²² Peidiwch â chyflwyno i'r ARGLWYDD ddim sy'n ddall, nac wedi ei archolli neu ei anafu, na dim â chornwyd, crach neu ddoluriau arno; peidiwch â gosod yr un o'r rhain ar yr allor yn offrymau trwy dân i'r ARGLWYDD. ²³ Gallwch ddod â bustach neu hwrdd sydd wedi ei hagru, neu sy'n anghyflawn, yn offrwm gwirfodd, ond nid yw'n dderbyniol yn offrwm adduned. ²⁴ Nid ydych i'w offrymu i'r ARGLWYDD os bydd ei geilliau wedi eu briwo, eu gwasgu, eu rhwygo neu eu torri; nid ydych i wneud hyn yn eich gwlad, ²⁵ ac nid ydych i gymryd gan estron unrhyw un o'r rhain i'w gyflwyno'n fwyd i'ch Duw; gan eu bod wedi eu hanffurfio ac arnynt nam, ni fyddant yn dderbyniol ar eich rhan.' "

²⁶ Dywedodd yr ARGLWYDD wrth Moses, ²⁷ "Pan enir llo, oen neu fyn, y mae i aros dan y fam am saith diwrnod; o'r wythfed dydd ymlaen bydd yn dderbyniol yn offrwm trwy dân i'r ARGLWYDD. ²⁸ Peidiwch â lladd buwch neu ddafad a'i llwdn yr un diwrnod. ²⁹ Pan fyddwch yn cyflwyno offrwm diolch i'r ARGLWYDD, gwnewch hynny mewn modd y caiff ei dderbyn ar eich rhan; ³⁰ rhaid ei fwyta yr un diwrnod; peidiwch â gadael dim ohono hyd y bore. Myfi yw'r ARGLWYDD.

³¹ "Cadwch fy ngorchmynion a'u gwneud; myfi yw'r ARGLWYDD. ³² Peidiwch â halogi fy enw sanctaidd; rhaid fy sancteiddio ymysg pobl Israel. Myfi yw'r ARGLWYDD, sy'n eich sancteiddio, ³³ ac a ddaeth â chwi allan o wlad yr Aifft, i fod yn Dduw ichwi. Myfi yw'r ARGLWYDD."

Y Gwyliau Crefyddol

23 Llefarodd yr ARGLWYDD wrth Moses, ² "Dywed wrth bobl Israel, 'Dyma fydd y gwyliau, sef gwyliau'r ARGLWYDD, a gyhoeddwch yn gymanfaoedd sanctaidd:

Y Saboth

³ " 'Ar chwe diwrnod y cewch weithio, ond y mae'r seithfed dydd yn Saboth o orffwys, yn gymanfa sanctaidd; nid ydych i wneud unrhyw waith, oherwydd ple bynnag yr ydych yn byw, Saboth i'r ARGLWYDD ydyw.

Y Pasg a'r Bara Croyw

Num. 28:16-25

⁴ " 'Dyma wyliau'r ARGLWYDD, y cymanfaoedd sanctaidd yr ydych i'w cyhoeddi yn eu prydau. ⁵ Yng nghyfnos y pedwerydd dydd ar ddeg o'r mis cyntaf bydd Pasg yr ARGLWYDD, ⁶ ac ar y pymthegfed dydd o'r mis hwnnw bydd gŵyl y Bara Croyw i'r ARGLWYDD; am saith diwrnod yr ydych i fwyta bara heb furum. ⁷ Ar y dydd cyntaf bydd cymanfa sanctaidd, ac ni fyddwch yn gwneud

unrhyw waith arferol. ⁸ Am saith diwrnod cyflwynwch offrymau trwy dân i'r ARGLWYDD; ar y seithfed dydd bydd cymanfa sanctaidd, ac ni fyddwch yn gwneud unrhyw waith arferol.' "

Blaenffrwyth y Cynhaeaf

⁹ Llefarodd yr ARGLWYDD wrth Moses, ¹⁰ "Dywed wrth bobl Israel, 'Pan ddewch i'r wlad yr wyf yn ei rhoi ichwi, a medi ei chynhaeaf, yr ydych i ddod ag ysgub o flaenffrwyth eich cynhaeaf at yr offeiriad. ¹¹ Bydd yntau'n chwifio'r ysgub o flaen yr ARGLWYDD, iddi fod yn dderbyniol drosoch; y mae'r offeiriad i'w chwifio drannoeth y Saboth. ¹² Ar y diwrnod y chwifir yr ysgub yr ydych i offrymu'n boethoffrwm i'r ARGLWYDD oen blwydd di-nam, ¹³ a chydag ef fwydoffrwm o bumed ran o effa o beilliaid wedi ei gymysgu ag olew yn offrwm trwy dân, yn arogl peraidd i'r ARGLWYDD, a hefyd ddiodoffrwm o chwarter hin o win. ¹⁴ Nid ydych i fwyta bara, grawn sych, na grawn ir cyn y diwrnod y byddwch yn dod â'ch rhodd i'ch Duw. Y mae hon yn ddeddf dragwyddol dros y cenedlaethau i ddod, ple bynnag y byddwch yn byw.

Gŵyl y Cynhaeaf

Num. 28:26–31

¹⁵ " 'O drannoeth y Saboth, sef y diwrnod y daethoch ag ysgub yr offrwm cyhwfan, cyfrifwch saith wythnos lawn. ¹⁶ Cyfrifwch hanner can diwrnod hyd drannoeth y seithfed Saboth, ac yna dewch â bwydoffrwm o rawn newydd i'r ARGLWYDD. ¹⁷ O ble bynnag y byddwch yn byw dewch â dwy dorth, wedi eu gwneud â phumed ran o effa o beilliaid a'u pobi â lefain, yn offrwm cyhwfan o'r blaenffrwyth i'r ARGLWYDD. ¹⁸ Cyflwynwch gyda'r bara hwn saith oen blwydd di-nam, un bustach ifanc a dau hwrdd; byddant hwy'n boethoffrwm i'r ARGLWYDD, gyda'r bwydoffrwm a'r diodoffrwm, yn offrwm trwy dân, yn arogl peraidd i'r ARGLWYDD. ¹⁹ Yna offrymwch un bwch gafr yn aberth dros bechod, a dau oen blwydd yn heddoffrwm. ²⁰ Bydd yr offeiriad yn chwifio'r ddau oen a bara'r blaenffrwyth yn offrwm cyhwfan o flaen yr ARGLWYDD; y maent yn sanctaidd i'r ARGLWYDD, yn eiddo'r offeiriad. ²¹ Ar y diwrnod hwnnw yr ydych i gyhoeddi cymanfa sanctaidd, ac i beidio â gwneud unrhyw waith arferol. Y mae hon yn ddeddf dragwyddol dros y cenedlaethau i ddod, ble bynnag y byddwch yn byw.

²² " 'Pan fyddi'n medi cynhaeaf dy dir, paid â medi at ymylon dy faes, a phaid â lloffa dy gynhaeaf; gad hwy i'r tlawd a'r estron. Myfi yw'r ARGLWYDD eich Duw.' "

Gŵyl yr Utgyrn

Num. 29:1–6

²³ Llefarodd yr ARGLWYDD wrth Moses, ²⁴ "Dywed wrth bobl Israel, 'Ar y dydd cyntaf o'r seithfed mis yr ydych i gael diwrnod gorffwys; bydd yn gymanfa sanctaidd, i'w dathlu â chanu utgyrn. ²⁵ Nid ydych i wneud unrhyw waith arferol, ond cyflwynwch aberth trwy dân i'r ARGLWYDD.' "

Dydd y Cymod

Num. 29:7–11

²⁶ Llefarodd yr ARGLWYDD wrth Moses, ²⁷ "Yn wir, ar y degfed dydd o'r seithfed mis cynhelir Dydd y Cymod; bydd yn gymanfa sanctaidd ichwi, a byddwch yn ymddarostwng ac yn cyflwyno aberth trwy dân i'r ARGLWYDD. ²⁸ Nid ydych i wneud unrhyw waith y diwrnod hwnnw, am ei fod yn Ddydd y Cymod, pan wneir cymod drosoch gerbron yr ARGLWYDD eich Duw. ²⁹ Bydd unrhyw un na fydd yn ymddarostwng y diwrnod hwnnw yn cael ei dorri ymaith o blith ei bobl. ³⁰ Byddaf yn difa o blith ei bobl unrhyw un a fydd yn gweithio y diwrnod hwnnw. ³¹ Ni fyddwch yn gwneud unrhyw waith; y mae hon yn ddeddf dragwyddol dros y cenedlaethau i ddod, ple bynnag y byddwch yn byw. ³² Y mae'n Saboth o orffwys ichwi, ac yr ydych i ymddarostwng. O gyfnos nawfed dydd y mis hyd y cyfnos drannoeth yr ydych i gadw eich Saboth yn orffwys."

Gŵyl y Pebyll

Num. 29:12–40

³³ Llefarodd yr ARGLWYDD wrth Moses, ³⁴ "Dywed wrth bobl Israel, 'Ar y pymthegfed dydd o'r seithfed mis cynhelir gŵyl y Pebyll i'r ARGLWYDD am

saith diwrnod. ³⁵ Bydd y diwrnod cyntaf yn gymanfa sanctaidd; nid ydych i wneud unrhyw waith arferol. ³⁶ Am saith diwrnod yr ydych i gyflwyno offrymau trwy dân i'r ARGLWYDD, ac ar yr wythfed diwrnod bydd gennych gynulliad sanctaidd, pan fyddwch yn cyflwyno aberth trwy dân i'r ARGLWYDD; dyma'r cynulliad terfynol, ac nid ydych i wneud unrhyw waith arferol.

³⁷ " 'Dyma'r gwyliau i'r ARGLWYDD a gyhoeddwch yn gymanfaoedd sanctaidd i gyflwyno offrymau trwy dân i'r ARGLWYDD, sef y poethoffrymau, y bwydoffrymau, yr aberthau a'r diodoffrymau ar gyfer pob diwrnod. ³⁸ Y mae'r rhain yn ychwanegol at offrymau Sabothau'r ARGLWYDD, eich rhoddion, eich holl addunedau a'ch holl offrymau gwirfodd a roddwch i'r ARGLWYDD.

³⁹ " 'Felly, ar y pymthegfed dydd o'r seithfed mis, ar ôl ichwi gasglu cynnyrch y tir, cynhaliwch ŵyl i'r ARGLWYDD am saith diwrnod; bydd y diwrnod cyntaf yn ddiwrnod gorffwys a'r wythfed diwrnod yn ddiwrnod gorffwys. ⁴⁰ Ar y diwrnod cyntaf yr ydych i gymryd blaenffrwyth gorau'r coed, canghennau palmwydd, brigau deiliog a helyg yr afon, a llawenhau o flaen yr ARGLWYDD eich Duw am saith diwrnod. ⁴¹ Dathlwch yr ŵyl hon i'r ARGLWYDD am saith diwrnod bob blwyddyn. Y mae hon yn ddeddf dragwyddol dros y cenedlaethau, eich bod i'w dathlu yn y seithfed mis. ⁴² Yr ydych i fyw mewn pebyll am saith diwrnod; y mae holl frodorion Israel i fyw mewn pebyll, ⁴³ er mwyn i'ch disgynyddion wybod imi wneud i bobl Israel fyw mewn pebyll pan ddeuthum â hwy allan o wlad yr Aifft. Myfi yw'r ARGLWYDD eich Duw.' "

⁴⁴ Cyhoeddodd Moses holl wyliau'r ARGLWYDD i bobl Israel.

Gofalu am y Lampau

24 Ex. 27:20–21
Llefarodd yr ARGLWYDD wrth Moses, ² "Gorchymyn i bobl Israel ddod ag olew pur o olifau wedi eu gwasgu, a'i roi iti ar gyfer y goleuni, er mwyn cadw'r lamp ynghynn bob amser. ³ Y tu allan i len y dystiolaeth ym mhabell y cyfarfod y mae Aaron i ofalu bob amser am lamp o flaen yr ARGLWYDD o'r cyfnos hyd y bore; y mae hon yn ddeddf dragwyddol dros y cenedlaethau. ⁴ Y mae'n rhaid gofalu bob amser am y lampau yn y canhwyllbren aur o flaen yr ARGLWYDD.

Bara'r Arglwydd

⁵ "Cymer beilliaid a phobi deuddeg torth, a phob torth yn bumed ran o effa. ⁶ Gosod hwy'n ddwy res, chwech ymhob rhes, ar y bwrdd aur o flaen yr ARGLWYDD. ⁷ Rho thus pur ar y ddwy res, iddo fod ar y bara yn goffa ac yn aberth trwy dân i'r ARGLWYDD. ⁸ Rhaid gosod y bara hwn o flaen yr ARGLWYDD bob amser, Saboth ar ôl Saboth, yn gyfamod tragwyddol ar ran pobl Israel. ⁹ Bydd yn eiddo i Aaron a'i feibion, a byddant yn ei fwyta mewn lle sanctaidd, oherwydd dyma'r rhan sancteiddiaf o'r offrymau trwy dân i'r ARGLWYDD trwy ddeddf dragwyddol."

Llabyddio Cablwr

¹⁰ Yr oedd mab i wraig o Israel, a'i dad yn Eifftiwr, yn ymdeithio ymhlith pobl Israel, a chododd cynnen yn y gwersyll rhyngddo ef ac un o waed Israelig pur. ¹¹ Cablodd mab y wraig o Israel enw Duw trwy felltithio, a daethant ag ef at Moses. Enw ei fam oedd Selomith ferch Dibri o lwyth Dan. ¹² Rhoddwyd ef yng ngharchar nes iddynt gael gwybod ewyllys yr ARGLWYDD. ¹³ A llefarodd yr ARGLWYDD wrth Moses, ¹⁴ "Dos â'r sawl a gablodd y tu allan i'r gwersyll; y mae pob un a'i clywodd i roi ei law ar ei ben, ac y mae'r holl gynulliad i'w labyddio. ¹⁵ Dywed wrth bobl Israel, 'Y mae pob un sy'n melltithio ei Dduw yn gyfrifol am ei bechod; ¹⁶ y mae pob un sy'n cablu enw'r ARGLWYDD i'w roi i farwolaeth, a'r holl gynulliad i'w labyddio. Pwy bynnag sy'n cablu enw Duw, boed estron neu frodor, rhaid iddo farw.

¹⁷ " 'Os bydd rhywun yn cymryd bywyd rhywun arall rhaid ei roi i farwolaeth. ¹⁸ Os bydd rhywun yn lladd anifail rhywun arall, rhaid iddo wneud iawn, einioes am einioes. ¹⁹ Os bydd rhywun yn niweidio'i gymydog, rhaid gwneud yr un peth iddo yntau, ²⁰ briw am friw, llygad am lygad, dant am ddant.

Fel y bu iddo ef achosi niwed, felly y gwneir iddo yntau. ²¹ Os bydd rhywun yn lladd anifail, rhaid iddo wneud iawn; ond os bydd rhywun yn lladd rhywun arall, rhaid ei roi i farwolaeth. ²² Yr un fydd y rheol ar gyfer estron a brodor. Myfi yw'r ARGLWYDD eich Duw.'"

²³ Llefarodd Moses wrth bobl Israel, ac yna aethant â'r sawl a gablodd y tu allan i'r gwersyll a'i labyddio â cherrig. Gwnaeth pobl Israel fel y gorchmynnodd yr ARGLWYDD i Moses.

Y Flwyddyn Sabothol

25 Llefarodd yr ARGLWYDD wrth Moses ar Fynydd Sinai, ² "Dywed wrth bobl Israel, 'Pan ewch i mewn i'r wlad yr wyf yn ei rhoi ichwi, y mae'r wlad i gadw Saboth i'r ARGLWYDD. ³ Am chwe blynedd byddwch yn hau eich meysydd, ac am chwe blynedd yn tocio eich gwinllannoedd ac yn casglu eu ffrwyth; ⁴ ond ar y seithfed flwyddyn bydd y wlad yn cael Saboth o orffwys, sef Saboth i'r ARGLWYDD, ac nid ydych i hau eich meysydd nac i docio eich gwinllannoedd. ⁵ Nid ydych ychwaith i fedi'r cynhaeaf a dyfodd ohono'i hun, nac i gasglu grawnwin oddi ar winwydd heb eu tocio; y mae'r wlad i gael blwyddyn o orffwys. ⁶ Ond bydd unrhyw beth a gynhyrcha'r ddaear yn ystod y flwyddyn o Saboth yn fwyd i ti dy hun, ac i'th was a'th forwyn, dy was cyflog a'r estron sy'n byw gyda thi, ⁷ a hefyd i'th anifail ac i'r bwystfil gwyllt fydd ar dy dir; bydd yr holl gynnyrch yn ymborth.

⁸ "'Cyfrif saith Saboth o flynyddoedd, sef saith mlynedd seithwaith; bydd saith Saboth o flynyddoedd yn naw a deugain o flynyddoedd. ⁹ Yna ar y degfed dydd o'r seithfed mis pâr ganu'r utgorn ym mhob man; ar Ddydd y Cymod pâr ganu'r utgorn trwy dy holl wlad. ¹⁰ Cysegra'r hanner canfed flwyddyn, a chyhoedda ryddid trwy'r wlad i'r holl drigolion; bydd hon yn flwyddyn jwbili ichwi, a bydd pob un ohonoch yn dychwelyd i'w dreftadaeth ac at ei dylwyth. ¹¹ Bydd yr hanner canfed flwyddyn yn flwyddyn jwbili ichwi; peidiwch â hau, na medi'r hyn a dyfodd ohono'i hun, na chasglu oddi ar winwydd heb eu tocio. ¹² Jwbili ydyw, ac y mae i fod yn sanctaidd ichwi; ond cewch fwyta'r cynnyrch a ddaw o'r tir.

¹³ "'Yn y flwyddyn jwbili hon y mae pob un ohonoch i ddychwelyd i'w dreftadaeth. ¹⁴ Felly, pan fyddwch yn gwerthu neu'n prynu tir ymysg eich gilydd, peidiwch â chymryd mantais ar eich gilydd. ¹⁵ Yr ydych i brynu oddi wrth eich gilydd yn ôl nifer y blynyddoedd oddi ar y jwbili, ac i werthu i'ch gilydd yn ôl nifer y blynyddoedd sydd ar gyfer cynnyrch. ¹⁶ Pan fydd y blynyddoedd yn niferus, yr ydych i godi'r pris, ond pan fydd y blynyddoedd yn ychydig, yr ydych i'w ostwng, oherwydd yr hyn a werthir yw nifer y cnydau. ¹⁷ Peidiwch â chymryd mantais ar eich gilydd, ond ofnwch eich Duw. Myfi yw'r ARGLWYDD eich Duw. ¹⁸ Ufuddhewch i'm deddfau, a chadwch fy ngorchmynion a'u gwneud, a chewch fyw'n ddiogel yn y wlad. ¹⁹ Bydd y wlad yn rhoi ei ffrwyth, a chewch fwyta i'ch digoni a byw yno'n ddiogel. ²⁰ Os gofynnwch, "Beth a fwytawn yn y seithfed flwyddyn, gan na fyddwn yn hau nac yn medi ein cynhaeaf?" ²¹ fe drefnaf y fath fendith ar eich cyfer yn y chweched flwyddyn fel y rhoddir digon o gynnyrch ichwi am dair blynedd. ²² Pan fyddwch yn hau yn yr wythfed flwyddyn, byddwch yn bwyta o'r hen gnwd, ac yn parhau i fwyta ohono nes y daw cnwd yn y nawfed flwyddyn.

²³ "'Ni ellir gwerthu tir yn barhaol, oherwydd eiddof fi yw'r tir, ac nid ydych chwi ond estroniaid a thenantiaid i mi. ²⁴ Trwy holl wlad eich treftadaeth, byddwch barod i ryddhau tir a werthwyd. ²⁵ Os bydd un ohonoch yn dlawd ac yn gwerthu rhan o'i dreftadaeth, caiff ei berthynas agosaf ddod a rhyddhau'r hyn a werthodd. ²⁶ Os bydd heb berthynas i'w ryddhau, ac yntau wedyn yn llwyddo ac yn ennill digon i'w ryddhau, ²⁷ y mae i gyfrif y blynyddoedd er pan werthodd ef, ac addalu am hynny i'r gwerthwr, ac yna caiff ddychwelyd i'w dreftadaeth. ²⁸ Os na fydd wedi ennill digon i ad-dalu iddo, bydd yr hyn a werthodd yn eiddo i'r prynwr hyd flwyddyn y jwbili; fe'i

dychwelir ym mlwyddyn y jwbili a chaiff y gwerthwr ddychwelyd i'w dreftadaeth. ²⁹ " 'Os bydd rhywun yn gwerthu tŷ annedd mewn dinas gaerog, caiff ei ryddhau o fewn blwyddyn lawn ar ôl ei werthu; o fewn yr amser hwnnw caiff ei ryddhau. ³⁰ Os na fydd wedi ei ryddhau cyn diwedd y flwyddyn lawn, bydd y tŷ yn y ddinas gaerog yn eiddo parhaol i'r sawl a'i prynodd ac i'w ddisgynyddion; nid yw i'w ddychwelyd ym mlwyddyn y jwbili. ³¹ Ond y mae tai mewn trefi heb furiau o'u hamgylch i'w hystyried fel rhai yng nghefn gwlad; fe ellir eu rhyddhau, ac y maent i'w dychwelyd ym mlwyddyn y jwbili. ³² Bydd gan y Lefiaid hawl parhaol i ryddhau tai eu treftadaeth yn y dinasoedd sy'n perthyn iddynt. ³³ Gellir rhyddhau eiddo yn perthyn i'r Lefiaid, ac y mae tŷ a werthwyd yn un o ddinasoedd eu treftadaeth i'w ddychwelyd ym mlwyddyn y jwbili; y mae'r tai yn ninasoedd y Lefiaid yn dreftadaeth iddynt ymysg pobl Israel. ³⁴ Ond ni cheir gwerthu'r tir pori o amgylch eu trefi, oherwydd y mae'n dreftadaeth barhaol iddynt.

³⁵ " 'Os bydd un ohonoch yn dlawd a heb fedru ei gynnal ei hun yn eich plith, cynorthwya ef, fel y gwnait i estron neu ymsefydlydd gyda thi, er mwyn iddo fyw yn eich mysg. ³⁶ Paid â chymryd llog nac elw oddi wrtho, ond ofna dy Dduw, er mwyn iddo barhau i fyw yn eich mysg. ³⁷ Nid wyt i fenthyca arian iddo ar log nac i werthu bwyd iddo am elw. ³⁸ Myfi yw'r ARGLWYDD dy Dduw, a ddaeth â thi allan o wlad yr Aifft i roi iti wlad Canaan, ac i fod yn Dduw iti.

³⁹ " 'Os bydd un ohonoch yn dlawd ac yn ei werthu ei hun iti, paid â'i orfodi i weithio iti fel caethwas. ⁴⁰ Y mae i fod fel gwas cyflog neu ymsefydlydd gyda thi, ac i weithio gyda thi hyd flwyddyn y jwbili. ⁴¹ Yna y mae ef a'i deulu i'w rhyddhau, a bydd yn dychwelyd at ei lwyth ei hun ac i dreftadaeth ei hynafiaid. ⁴² Gan mai gweision i mi yw pobl Israel, a ddygais allan o wlad yr Aifft, ni ellir eu gwerthu yn gaethweision. ⁴³ Paid â thra-awdurdodi drostynt, ond ofna dy Dduw. ⁴⁴ Bydd dy gaethweision, yn wryw a benyw, o blith y cenhedloedd o'th amgylch; o'u plith hwy gelli brynu caethweision. ⁴⁵ Cei hefyd brynu rhai o blith yr estroniaid sydd wedi ymsefydlu yn eich plith, a'r rhai o'u tylwyth sydd wedi eu geni yn eich gwlad, a byddant yn eiddo ichwi. ⁴⁶ Gallwch hefyd eu gadael i'ch plant ar eich ôl, iddynt eu cymryd yn etifeddiaeth ac i fod yn gaethweision parhaol iddynt; ond nid ydych i dra-awdurdodi dros eich cyd-Israeliaid.

⁴⁷ " 'Os bydd estron neu ymsefydlydd gyda thi yn dod yn gyfoethog, ac un o'ch plith yn mynd yn dlawd ac yn ei werthu ei hun i'r estron sydd wedi ymsefydlu gyda thi, neu i un o dylwyth yr estron, ⁴⁸ bydd ganddo'r hawl i gael ei ryddhau ar ôl ei werthu; gall un o'i deulu ei ryddhau. ⁴⁹ Gall ewythr neu nai neu unrhyw berthynas arall yn y llwyth ei ryddhau; neu os caiff lwyddiant, gall ei ryddhau ei hun. ⁵⁰ Y mae ef a'i brynwr i gyfrif o'r flwyddyn y gwerthodd ei hun at flwyddyn y jwbili; bydd arian ei bryniant yn unol â'r hyn a delir i was cyflog dros y nifer hwn o flynyddoedd. ⁵¹ Os oes llawer o flynyddoedd ar ôl, rhaid iddo dalu am ei ryddhau gyfran uchel o'r arian a roddwyd amdano; ⁵² ond os ychydig sydd ar ôl hyd flwyddyn y jwbili, y mae i wneud y cyfrif ac i dalu yn ôl hynny am ei ryddhau. ⁵³ Y mae i'w ystyried fel un wedi ei gyflogi'n flynyddol; nid ydych i adael i'w berchennog dra-awdurdodi drosto. ⁵⁴ Hyd yn oed os na fydd wedi ei ryddhau trwy un o'r ffyrdd hyn, caiff ef a'i blant eu rhyddhau ym mlwyddyn y jwbili; ⁵⁵ oherwydd gweision i mi yw pobl Israel, gweision a ddygais allan o wlad yr Aifft. Myfi yw'r ARGLWYDD eich Duw.

Bendithion Ufudd-dod

26 Deut. 7:12–24; 28:1–14
" 'Peidiwch â gwneud ichwi eilunod, na chodi ichwi eich hunain ddelw na cholofn; na fydded o fewn eich tir faen cerfiedig i blygu iddo; oherwydd myfi yw'r ARGLWYDD eich Duw. ² Cadwch fy Sabothau a pharchwch fy nghysegr; myfi yw'r ARGLWYDD.

³ " 'Os byddwch yn dilyn fy neddfau ac yn gofalu cadw fy ngorchmynion, ⁴ rhoddaf ichwi'r glaw yn ei dymor, a rhydd y tir ei gnwd a choed y maes eu

ffrwyth. ⁵ Bydd dyrnu'n ymestyn hyd amser y cynhaeaf grawnwin, a'r cynhaeaf grawnwin hyd amser plannu, a byddwch yn bwyta i'ch digoni ac yn byw'n ddiogel yn eich gwlad. ⁶ Rhoddaf heddwch yn y wlad, a chewch orwedd i lawr heb neb i'ch dychryn; symudaf y bwystfilod peryglus o'r wlad, ac ni ddaw'r cleddyf trwy eich tir. ⁷ Byddwch yn ymlid eich gelynion, a byddant yn syrthio o'ch blaen trwy'r cleddyf. ⁸ Bydd pump ohonoch yn ymlid cant a chant ohonoch yn ymlid deng mil, a bydd eich gelynion yn syrthio o'ch blaen trwy'r cleddyf. ⁹ Byddaf yn edrych yn ffafriol arnoch, yn eich gwneud yn ffrwythlon ac yn eich cynyddu, a byddaf yn cadw fy nghyfamod â chwi. ¹⁰ Byddwch yn dal i fwyta'r hen gnwd, ac yn gorfod bwrw allan yr hen i wneud lle i'r newydd. ¹¹ Byddaf yn gosod fy nhabernacl yn eich mysg, ac ni fyddaf yn eich ffieiddio. ¹² Byddaf yn rhodio yn eich mysg; byddaf yn Dduw i chwi a chwithau'n bobl i minnau. ¹³ Myfi yw'r ARGLWYDD eich Duw, a ddaeth â chwi allan o wlad yr Aifft rhag ichwi fod yn weision yno; torrais farrau eich iau a gwneud ichwi gerdded yn sythion.

Melltithion Anufudd-dod
Deut. 28:15-68

¹⁴ " 'Ond os na fyddwch yn gwrando arnaf nac yn gwneud yr holl orchmynion hyn, ¹⁵ ac os byddwch yn gwrthod fy neddfau ac yn ffieiddio fy marnedigaethau, heb gadw fy ngorchmynion, ond yn torri fy nghyfamod, ¹⁶ yna fe wnaf hyn â chwi: byddaf yn dwyn dychryn arnoch, darfodedigaeth a thwymyn a fydd yn gwneud i'ch llygaid ballu ac i'ch enaid ddihoeni. Byddwch yn hau'n ofer, gan mai eich gelynion fydd yn ei fwyta. ¹⁷ Trof fy wyneb i'ch erbyn, a chewch eich gorchfygu gan eich gelynion; bydd y rhai sy'n eich casáu yn rheoli drosoch, a byddwch yn ffoi heb neb yn eich ymlid.
¹⁸ " 'Os na fyddwch ar ôl hyn i gyd yn gwrando arnaf, byddaf yn eich cosbi seithwaith am eich pechodau. ¹⁹ Fe ddrylliaf eich balchder ystyfnig, a gwnaf y nefoedd uwch eich pen fel haearn a'r ddaear danoch fel pres. ²⁰ Byddwch yn treulio'ch nerth yn ofer, oherwydd ni fydd eich tir yn rhoi ei gnwd na choed y maes eu ffrwyth.

²¹ " 'Os byddwch yn parhau i'm gwrthwynebu, ac yn gwrthod gwrando arnaf, byddaf yn ychwanegu drygau arnoch seithwaith am eich pechodau. ²² Byddaf yn anfon bwystfilod gwyllt i'ch plith, a byddant yn eich amddifadu o'ch plant, yn difa eich anifeiliaid, ac yn eich gwneud mor fychan o rif fel y bydd eich ffyrdd yn anial.

²³ " 'Os na fyddwch ar ôl hyn i gyd yn derbyn disgyblaeth, ond yn parhau i'm gwrthwynebu, ²⁴ byddaf finnau yn eich gwrthwynebu chwithau, a byddaf fi fy hun yn eich taro seithwaith am eich pechodau. ²⁵ Byddaf yn dod â'r cleddyf yn eich erbyn i ddial am dorri'r cyfamod, a byddwch yn ymgasglu i'ch dinasoedd; yna fe anfonaf bla i'ch mysg, a'ch rhoi yn llaw'r gelyn. ²⁶ Pan dorraf eich cynhaliaeth o fara, bydd deg gwraig yn medru pobi eich bara mewn un ffwrn, a byddant yn rhannu'r bara wrth bwysau; cewch fwyta, ond ni'ch digonir.

²⁷ " 'Os byddwch er gwaethaf hyn heb wrando arnaf, ond yn parhau i'm gwrthwynebu, ²⁸ yna fe'ch gwrthwynebaf chwi yn fy nig, a byddaf fi fy hunan yn eich cosbi seithwaith am eich pechodau. ²⁹ Byddwch yn bwyta cnawd eich meibion a'ch merched. ³⁰ Byddaf yn dinistrio eich uchelfeydd, yn torri i lawr eich allorau arogldarthu, ac yn pentyrru eich cyrff ar weddillion eich eilunod, a byddaf yn eich ffieiddio. ³¹ Gwnaf eich dinasoedd yn adfeilion, dinistriaf eich cysegrleoedd, ac nid aroglaf eich arogl peraidd. ³² Byddaf yn gwneud y tir yn ddiffaith, a bydd eich gelynion sy'n byw yno wedi eu syfrdanu. ³³ Fe'ch gwasgaraf ymysg y cenhedloedd, a byddaf yn dinoethi fy nghleddyf i'ch ymlid; bydd eich tir yn ddiffaith a'ch dinasoedd yn adfeilion. ³⁴ Yna bydd y wlad yn mwynhau ei Sabothau dros yr holl amser y bydd yn ddiffaith; tra byddwch chwi yng ngwlad eich gelynion, bydd y tir yn cael gorffwys ac yn mwynhau ei Sabothau. ³⁵ Dros yr holl amser y bydd yn ddiffaith, bydd y wlad yn cael y

gorffwys nas cafodd ar y Sabothau pan oeddech chwi'n byw yno. ³⁶ Ac am y rhai ohonoch a adewir, gwnaf eu calonnau mor ofnus yng ngwledydd eu gelynion fel y bydd siffrwd deilen yn ysgwyd yn peri iddynt ffoi. Byddant yn ffoi fel pe o flaen cleddyf, ac yn cwympo heb neb yn eu hymlid. ³⁷ Byddant yn syrthio ar draws ei gilydd, fel pe'n dianc rhag cleddyf, heb neb yn eu hymlid. Felly ni fedrwch sefyll o flaen eich gelynion. ³⁸ Byddwch yn trengi o flaen y cenhedloedd, a bydd gwlad eich gelynion yn eich llyncu. ³⁹ Bydd y rhai ohonoch a adewir yn darfod yng ngwledydd eu gelynion oherwydd eu troseddau; a hefyd byddant yn dihoeni oherwydd eu troseddau a throseddau eu hynafiaid. ⁴⁰ " 'Ond os byddant yn cyffesu eu troseddau a throseddau eu hynafiaid, sef iddynt fod yn anffyddlon tuag ataf a'm gwrthwynebu, ⁴¹ a gwneud i minnau eu gwrthwynebu hwy a'u gyrru i wlad eu gelynion, yna, pan fydd eu calonnau dienwaededig wedi eu darostwng a hwythau wedi derbyn eu cosb, ⁴² fe gofiaf fy nghyfamod â Jacob ac ag Isaac ac ag Abraham, ac fe gofiaf am y tir. ⁴³ Gadewir y tir ganddynt, ac fe fwynha ei Sabothau pan fydd yn ddiffeithwch hebddynt. Cosbir hwy am eu troseddau, oherwydd iddynt wrthod fy ngorchmynion a ffieiddio fy neddfau. ⁴⁴ Er hynny, pan fyddant yng ngwlad eu gelynion, ni fyddaf yn eu gwrthod, nac yn eu ffieiddio i'w dinistrio'n llwyr, gan dorri fy nghyfamod â hwy. Myfi yw'r ARGLWYDD eu Duw. ⁴⁵ Er eu mwyn hwy fe gofiaf fy nghyfamod â'u hynafiaid, a ddygais allan o wlad yr Aifft yng ngŵydd y cenhedloedd, er mwyn bod yn Dduw iddynt. Myfi yw'r ARGLWYDD.' "

⁴⁶ Dyma'r deddfau, y gorchmynion a'r cyfreithiau a osododd yr ARGLWYDD rhyngddo ef a phobl Israel ar Fynydd Sinai trwy law Moses.

Addunedau i'r Arglwydd

27 Dywedodd yr ARGLWYDD wrth Moses, ² "Llefara wrth bobl Israel a dweud wrthynt, 'Os bydd rhywun yn gwneud adduned arbennig i roi cyfwerth am berson i'r ARGLWYDD, ³ bydd gwerth gwryw rhwng ugain a thrigain mlwydd oed yn hanner can sicl o arian, yn ôl sicl y cysegr. ⁴ Os benyw ydyw, bydd ei gwerth yn ddeg sicl ar hugain. ⁵ Os rhywun rhwng pump ac ugain mlwydd oed ydyw, bydd gwerth gwryw yn ugain sicl, a benyw yn ddeg sicl. ⁶ Os plentyn rhwng mis a phumlwydd oed ydyw, bydd gwerth gwryw yn bum sicl o arian a benyw yn dair sicl o arian. ⁷ Os rhywun trigain mlwydd oed neu drosodd ydyw, bydd gwerth gwryw yn bymtheg sicl a benyw yn ddeg sicl. ⁸ Os bydd unrhyw un yn rhy dlawd i dalu'r gwerth, y mae i ddod â'r person at yr offeiriad, a bydd yntau'n pennu ei werth yn ôl yr hyn y gall y sawl sy'n addunedu ei fforddio; yr offeiriad fydd yn pennu'r gwerth.

⁹ " 'Os anifail sy'n dderbyniol fel offrwm i'r ARGLWYDD yw'r adduned, bydd y cyfan o'r anifail yn sanctaidd i'r ARGLWYDD. ¹⁰ Nid yw i'w gyfnewid, na rhoi un da am un gwael nac un gwael am un da; os bydd yn cyfnewid un anifail am un arall, bydd y ddau ohonynt yn sanctaidd. ¹¹ Os yw'r anifail yn un aflan, a heb fod yn dderbyniol fel offrwm i'r ARGLWYDD, y mae i ddod â'r anifail at yr offeiriad, ¹² a bydd yntau yn pennu ei werth, pa un ai da ai drwg ydyw; beth bynnag a benna'r offeiriad, hynny fydd ei werth. ¹³ Os bydd y perchennog yn dymuno rhyddhau'r anifail, y mae i ychwanegu pumed ran at ei werth.

¹⁴ " 'Os bydd rhywun yn cysegru ei dŷ yn sanctaidd i'r ARGLWYDD, bydd yr offeiriad yn pennu ei werth, pa un ai da ai drwg ydyw; y gwerth a rydd yr offeiriad arno fydd yn sefyll. ¹⁵ Os bydd rhywun sy'n cysegru ei dŷ am ei ryddhau, y mae i ychwanegu pumed ran at ei werth, a bydd y tŷ'n eiddo iddo.

¹⁶ " 'Os bydd dyn am gysegru i'r ARGLWYDD ran o dir ei etifeddiaeth, mesurir ei werth yn ôl yr had ar ei gyfer, sef hanner can sicl o arian ar gyfer pob homer o haidd. ¹⁷ Os bydd yn cysegru'r tir yn ystod blwyddyn y jwbili, bydd ei werth yn sefyll. ¹⁸ Ond os bydd yn ei gysegru ar ôl y jwbili, bydd yr offeiriad yn amcangyfrif ei bris yn ôl y blynyddoedd sy'n weddill hyd y jwbili nesaf, a bydd ei werth yn gostwng. ¹⁹ Os

bydd y sawl sy'n cysegru ei dir yn dymuno ei ryddhau, y mae i ychwanegu pumed ran at ei werth, a bydd yn eiddo iddo. ²⁰ Os na fydd yn dymuno rhyddhau'r tir, neu os bydd wedi ei werthu i rywun arall, ni ellir byth ei ryddhau. ²¹ Pan ryddheir y tir ar y jwbili, bydd yn sanctaidd i'r ARGLWYDD, fel tir diofryd*; bydd yn etifeddiaeth i'r offeiriad.

²² " 'Os bydd dyn yn cysegru i'r ARGLWYDD dir a brynodd, a heb fod yn rhan o'i etifeddiaeth, ²³ bydd yr offeiriad yn amcangyfrif ei werth hyd flwyddyn y jwbili, a bydd y sawl sy'n ei gysegru yn rhoi ei werth y diwrnod hwnnw, a bydd yn sanctaidd i'r ARGLWYDD. ²⁴ Ym mlwyddyn y jwbili dychwelir y tir i'r sawl y prynwyd ef ganddo, sef yr un yr oedd y tir yn rhan o'i etifeddiaeth. ²⁵ Y mae pob gwerth i'w bennu yn ôl sicl y cysegr, sy'n pwyso ugain gera.

²⁶ " 'Er hynny, nid yw neb i gysegru cyntafanedig anifail sydd eisoes yn gyntafanedig i'r ARGLWYDD; boed fuwch neu ddafad, eiddo'r ARGLWYDD ydyw.

27:21 Peth wedi ei neilltuo i Dduw trwy ei ddinistrio.

²⁷ Os un o'r anifeiliaid aflan ydyw, caiff ei brynu am ei werth, ac ychwanegu pumed ran ato; os na ryddheir ef, y mae i'w werthu am ei werth. ²⁸ Er hynny, ni ellir gwerthu na rhyddhau unrhyw eiddo, boed ddyn, anifail, neu dir sy'n etifeddiaeth, os yw wedi ei gyflwyno'n ddiofryd i'r ARGLWYDD; y mae unrhyw ddiofryd yn sanctaidd i'r ARGLWYDD. ²⁹ Ni ellir rhyddhau neb sydd wedi ei gyflwyno'n ddiofryd i'r ARGLWYDD, ond rhaid iddo farw.

³⁰ " 'Y mae degwm unrhyw gynnyrch o'r tir, boed yn rawn o'r tir neu'n ffrwyth o'r coed, yn eiddo i'r ARGLWYDD. ³¹ Os bydd rhywun yn rhyddhau rhywfaint o'r degwm, y mae i ychwanegu pumed ran ato. ³² Y mae holl ddegwm gyr neu ddiadell, sef y degfed anifail sy'n croesi o dan y ffon, yn sanctaidd i'r ARGLWYDD. ³³ Ni ddylid dewis rhwng da a drwg, na chyfnewid; ond os newidir un yn lle'r llall, bydd y ddau ohonynt yn sanctaidd, ac ni ellir eu rhyddhau.' "

³⁴ Dyma'r gorchmynion a roddodd yr ARGLWYDD i Moses ar gyfer pobl Israel ar Fynydd Sinai.

LLYFR
NUMERI

Cyfrifiad Cyntaf Israel

1 Ar y dydd cyntaf o'r ail fis yn yr ail flwyddyn wedi i'r Israeliaid ddod allan o wlad yr Aifft, llefarodd yr ARGLWYDD wrth Moses ym mhabell y cyfarfod yn anialwch Sinai, a dweud, ² "Gwnewch gyfrifiad o holl gynulliad pobl Israel yn ôl eu tylwythau a'u teuluoedd, gan restru enw pob gwryw fesul un. ³ Yr wyt ti ac Aaron i gyfrif, fesul mintai, bawb yn Israel sy'n ugain oed a throsodd ac yn abl i fynd i ryfel. ⁴ Gyda chwi bydd un dyn o bob llwyth, sef y penteulu. ⁵ Dyma enwau'r dynion a fydd gyda chwi. O Reuben: Elisur fab Sedeur; ⁶ o Simeon: Selumiel fab Surisadai; ⁷ o Jwda: Nahson fab Amminadab; ⁸ o Issachar: Nethanel fab Suar; ⁹ o Sabulon: Eliab fab Helon. ¹⁰ O feibion Joseff: o Effraim, Elisama fab Ammihud, ac o Manasse, Gamaliel fab Pedasur; ¹¹ o Benjamin: Abidan fab Gideoni; ¹² o Dan: Ahieser fab Ammisadai; ¹³ o Aser: Pagiel fab Ocran; ¹⁴ o Gad: Eliasaff fab Reuel*; ¹⁵ o Nafftali: Ahira fab Enan." ¹⁶ Dyma'r rhai a ddewiswyd o'r cynulliad yn arweinwyr

---

1:14 Felly Fersiynau. Cymh. 2:14. Hebraeg, *Deuel*.

llwythau eu hynafiaid ac yn benaethiaid ar dylwythau Israel.

17 Cymerodd Moses ac Aaron y dynion hyn y rhoddwyd eu henwau, 18 ac ar y dydd cyntaf o'r ail fis casglwyd ynghyd yr holl gynulliad. Rhestrwyd y bobl yn ôl eu tylwythau a'u teuluoedd, a rhifwyd fesul un bawb oedd yn ugain oed a throsodd. 19 Felly, cyfrifodd Moses hwy yn anialwch Sinai, fel yr oedd yr ARGLWYDD wedi gorchymyn iddo.

20 O dylwyth Reuben, cyntafanedig Israel, rhestrwyd fesul un, yn ôl cenedlaethau eu tylwythau a'u teuluoedd, enw pob gwryw ugain oed a throsodd ac yn abl i fynd i ryfel. 21 Nifer llwyth Reuben oedd pedwar deg chwech o filoedd a phum cant.

22 O dylwyth Simeon, rhestrwyd fesul un, yn ôl cenedlaethau eu tylwythau a'u teuluoedd, enw pob gwryw ugain oed a throsodd ac yn abl i fynd i ryfel. 23 Nifer llwyth Simeon oedd pum deg naw o filoedd a thri chant.

24 O dylwyth Gad, rhestrwyd fesul un, yn ôl cenedlaethau eu tylwythau a'u teuluoedd, enw pob gwryw ugain oed a throsodd ac yn abl i fynd i ryfel. 25 Nifer llwyth Gad oedd pedwar deg pump o filoedd chwe chant a phum deg.

26 O dylwyth Jwda, rhestrwyd fesul un, yn ôl cenedlaethau eu tylwythau a'u teuluoedd, enw pob gwryw ugain oed a throsodd ac yn abl i fynd i ryfel. 27 Nifer llwyth Jwda oedd saith deg pedair o filoedd a chwe chant.

28 O dylwyth Issachar, rhestrwyd fesul un, yn ôl cenedlaethau eu tylwythau a'u teuluoedd, enw pob gwryw ugain oed a throsodd ac yn abl i fynd i ryfel. 29 Nifer llwyth Issachar oedd pum deg pedair o filoedd a phedwar cant.

30 O dylwyth Sabulon, rhestrwyd fesul un, yn ôl cenedlaethau eu tylwythau a'u teuluoedd, enw pob gwryw ugain oed a throsodd ac yn abl i fynd i ryfel. 31 Nifer llwyth Sabulon oedd pum deg saith o filoedd a phedwar cant.

32 O dylwyth Joseff, rhestrwyd fesul un, yn ôl cenedlaethau eu tylwythau a'u teuluoedd, enw pob gwryw ugain oed a throsodd ac yn abl i fynd i ryfel. 33 Nifer llwyth Effraim oedd pedwar deg o filoedd a phum cant.

34 O dylwyth Manasse, rhestrwyd fesul un, yn ôl cenedlaethau eu tylwythau a'u teuluoedd, enw pob gwryw ugain oed a throsodd ac yn abl i fynd i ryfel. 35 Nifer llwyth Manasse oedd tri deg dwy o filoedd a dau gant.

36 O dylwyth Benjamin, rhestrwyd fesul un, yn ôl cenedlaethau eu tylwythau a'u teuluoedd, enw pob gwryw ugain oed a throsodd ac yn abl i fynd i ryfel. 37 Nifer llwyth Benjamin oedd tri deg pump o filoedd a phedwar cant.

38 O dylwyth Dan, rhestrwyd fesul un, yn ôl cenedlaethau eu tylwythau a'u teuluoedd, enw pob gwryw ugain oed a throsodd ac yn abl i fynd i ryfel. 39 Nifer llwyth Dan oedd chwe deg dwy o filoedd a saith gant.

40 O dylwyth Aser, rhestrwyd fesul un, yn ôl cenedlaethau eu tylwythau a'u teuluoedd, enw pob gwryw ugain oed a throsodd ac yn abl i fynd i ryfel. 41 Nifer llwyth Aser oedd pedwar deg un o filoedd a phum cant.

42 O dylwyth Nafftali, rhestrwyd fesul un, yn ôl cenedlaethau eu tylwythau a'u teuluoedd, enw pob gwryw ugain oed a throsodd ac yn abl i fynd i ryfel. 43 Nifer llwyth Nafftali oedd pum deg tair o filoedd a phedwar cant.

44 Dyma'r rhai a gyfrifwyd gan Moses ac Aaron gyda chymorth arweinwyr Israel, deuddeg ohonynt, pob un yn cynrychioli tŷ ei hynafiaid. 45 Gwnaed cyfrif o bobl Israel, yn ôl eu teuluoedd, gan gynnwys pawb oedd yn ugain oed a throsodd ac yn abl i fynd i ryfel; 46 y cyfanswm oedd chwe chant a thair o filoedd pum cant a phum deg.

47 Ond ni rifwyd y Lefiaid yn ôl llwythau eu hynafiaid ymysg pobl Israel, 48 oherwydd yr oedd yr ARGLWYDD wedi dweud wrth Moses, 49 "Paid â chyfrif llwyth Lefi, na'u cynnwys mewn cyfrifiad o bobl Israel; 50 ond penoda'r Lefiaid i ofalu am babell y dystiolaeth, ei holl ddodrefn, a phopeth a berthyn iddi. Hwy sydd i gludo'r babell a'i holl ddodrefn, a hwy sydd i ofalu amdani a gwersyllu o'i hamgylch. 51 Pan fydd yn amser symud y babell, y Lefiaid fydd yn

ei thynnu i lawr; a phan fydd yn amser i aros, y Lefiaid fydd yn ei chodi. Rhodder i farwolaeth unrhyw un arall a ddaw ar ei chyfyl. ⁵² Bydd pobl Israel yn gwersyllu yn ôl eu minteioedd, pob un yn ei wersyll ei hun a than ei faner ei hun. ⁵³ Ond bydd y Lefiaid yn gwersyllu o amgylch pabell y dystiolaeth, rhag i ddigofaint ddod yn erbyn cynulliad pobl Israel; bydd pabell y dystiolaeth dan ofal y Lefiaid." ⁵⁴ Gwnaeth pobl Israel y cyfan a orchmynnodd yr ARGLWYDD i Moses.

Trefnu'r Gwersylloedd

2 Dywedodd yr ARGLWYDD wrth Moses ac Aaron, ² "Bydd pobl Israel yn gwersyllu o amgylch pabell y cyfarfod, ychydig oddi wrthi, pob un dan ei faner ei hun a than arwydd tŷ ei dad. ³ Ar ochr y dwyrain, tua chodiad haul, bydd minteioedd gwersyll Jwda yn gwersyllu o dan eu baner. ⁴ Nahson fab Amminadab fydd arweinydd pobl Jwda, a nifer ei lu yn saith deg pedair o filoedd a chwe chant. ⁵ Llwyth Issachar fydd yn gwersyllu yn nesaf ato. Nethanel fab Suar fydd arweinydd pobl Issachar, ⁶ a nifer ei lu yn bum deg pedair o filoedd a phedwar cant. ⁷ Yna llwyth Sabulon; Eliab fab Helon fydd arweinydd pobl Sabulon, ⁸ a nifer ei lu yn bum deg saith o filoedd a phedwar cant. ⁹ Cyfanswm gwersyll Jwda, yn ôl eu minteioedd, fydd cant wyth deg chwech o filoedd a phedwar cant. Hwy fydd y rhai cyntaf i gychwyn ar y daith.

¹⁰ "Ar ochr y de bydd minteioedd gwersyll Reuben o dan eu baner. Elisur fab Sedeur fydd arweinydd pobl Reuben, ¹¹ a nifer ei lu yn bedwar deg chwech o filoedd a phum cant. ¹² Llwyth Simeon fydd yn gwersyllu yn nesaf ato. Selumiel fab Suresadai fydd arweinydd pobl Simeon, ¹³ a nifer ei lu yn bum deg naw o filoedd a thri chant. ¹⁴ Yna llwyth Gad; Eliasaff fab Reuel fydd arweinydd pobl Gad, ¹⁵ a nifer ei lu yn bedwar deg pump o filoedd, chwe chant a phum deg. ¹⁶ Cyfanswm gwersyll Reuben, yn ôl eu minteioedd, fydd cant pum deg un o filoedd pedwar cant a phum deg. Hwy fydd yr ail i gychwyn allan.

¹⁷ "Yna bydd pabell y cyfarfod a gwersyll y Lefiaid yn cychwyn allan yng nghanol y gwersylloedd eraill. Byddant yn ymdeithio yn y drefn y byddant yn gwersyllu, pob un yn ei le a than ei faner ei hun.

¹⁸ "Ar ochr y gorllewin bydd minteioedd gwersyll Effraim o dan eu baner. Elisama fab Ammihud fydd arweinydd pobl Effraim, ¹⁹ a nifer ei lu yn bedwar deg o filoedd a phum cant. ²⁰ Yn nesaf ato bydd llwyth Manasse. Gamaliel fab Pedasur fydd arweinydd pobl Manasse, ²¹ a nifer ei lu yn dri deg dwy o filoedd a dau gant. ²² Yna llwyth Benjamin; Abidan fab Gideoni fydd arweinydd pobl Benjamin, ²³ a nifer ei lu yn dri deg pump o filoedd a phedwar cant. ²⁴ Cyfanswm gwersyll Effraim, yn ôl eu minteioedd, fydd cant ac wyth o filoedd a chant. Hwy fydd y trydydd i gychwyn allan.

²⁵ "Ar ochr y gogledd bydd minteioedd gwersyll Dan o dan eu baner. Ahieser fab Ammisadai fydd arweinydd pobl Dan, ²⁶ a nifer ei lu yn chwe deg dwy o filoedd a saith gant. ²⁷ Llwyth Aser fydd yn gwersyllu yn nesaf ato. Pagiel fab Ocran fydd arweinydd pobl Aser, ²⁸ a nifer ei lu yn bedwar deg un o filoedd a phum cant. ²⁹ Yna llwyth Nafftali; Ahira fab Enan fydd arweinydd pobl Nafftali, ³⁰ a nifer ei lu yn bum deg tair o filoedd a phedwar cant. ³¹ Cyfanswm gwersyll Dan fydd cant pum deg saith o filoedd a chwe chant. Hwy fydd yr olaf i gychwyn allan, pob un dan ei faner ei hun."

³² Dyma bobl Israel a gyfrifwyd yn ôl eu teuluoedd. Cyfanswm y rhai a rifwyd yn eu gwersylloedd ac yn ôl eu minteioedd oedd chwe chant a thair o filoedd pum cant a phum deg. ³³ Ond, fel yr oedd yr ARGLWYDD wedi gorchymyn i Moses, ni rifwyd y Lefiaid ymysg pobl Israel.

³⁴ Gwnaeth pobl Israel y cyfan a orchmynnodd yr ARGLWYDD i Moses, gan wersyllu dan eu baneri a chychwyn allan, fesul tylwyth, yn ôl eu teuluoedd.

Meibion Aaron

3 Dyma ddisgynyddion Aaron a Moses yr adeg y llefarodd yr ARGLWYDD wrth Moses ar Fynydd Sinai. ² Enwau

meibion Aaron oedd: Nadab y cyntafanedig, Abihu, Eleasar ac Ithamar. ³ Dyma oedd enwau meibion Aaron a eneiniwyd ac a gysegrwyd i wasanaethu fel offeiriaid. ⁴ Bu farw Nadab ac Abihu wedi iddynt offrymu ar dân halogedig o flaen yr ARGLWYDD yn anialwch Sinai. Nid oedd gan y naill na'r llall ohonynt feibion; felly Eleasar ac Ithamar a fu'n gwasanaethu fel offeiriaid yng ngŵydd eu tad Aaron.

Y Lefiaid i Wasanaethu'r Offeiriaid

⁵ Dywedodd yr ARGLWYDD wrth Moses, ⁶ "Tyrd â llwyth Lefi yma, a'u penodi i wasanaethu Aaron yr offeiriad. ⁷ Byddant yn gweini arno ef a'r holl gynulliad o flaen pabell y cyfarfod, ac yn gwasanaethu yn y tabernacl. ⁸ Hwy fydd yn gofalu am ddodrefn pabell y cyfarfod ac yn gweini ar bobl Israel trwy wasanaethu yn y tabernacl. ⁹ Yr wyt i roi'r Lefiaid i Aaron a'i feibion; hwy yn unig o blith pobl Israel a gyflwynir yn arbennig iddo ef. ¹⁰ Yr wyt i urddo Aaron a'i feibion i wasanaethu fel offeiriaid; ond rhodder i farwolaeth bwy bynnag arall a ddaw'n agos."

¹¹ Dywedodd yr ARGLWYDD wrth Moses, ¹² "Edrych, yr wyf wedi neilltuo'r Lefiaid o blith pobl Israel yn lle pob cyntafanedig a ddaw allan o'r groth; bydd y Lefiaid yn eiddo i mi, ¹³ oherwydd eiddof fi yw pob cyntafanedig. Ar y dydd y trewais bob cyntafanedig yng ngwlad yr Aifft, cysegrais i mi fy hun bob cyntafanedig yn Israel, yn ddyn ac anifail; eiddof fi ydynt. Myfi yw'r ARGLWYDD."

Cyfrifiad y Lefiaid

¹⁴ Dywedodd yr ARGLWYDD wrth Moses yn anialwch Sinai, ¹⁵ "Yr wyt i gyfrif meibion Lefi yn ôl eu teuluoedd a'u tylwythau; gwna gyfrif o bob gwryw mis oed a throsodd." ¹⁶ Felly cyfrifodd Moses hwy yn union fel yr oedd yr ARGLWYDD wedi gorchymyn iddo. ¹⁷ Enwau meibion Lefi oedd: Gerson, Cohath a Merari. ¹⁸ Dyma enwau meibion Gerson yn ôl eu tylwythau: Libni a Simei. ¹⁹ Meibion Cohath yn ôl eu tylwythau: Amram, Ishar, Hebron ac Ussiel. ²⁰ Meibion Merari yn ôl eu tylwythau: Mahli a Musi. Dyma dylwythau'r Lefiaid, yn ôl eu teuluoedd.

²¹ O Gerson y daeth tylwyth y Libniaid a thylwyth y Simiaid; dyma dylwythau'r Gersoniaid. ²² Ar ôl rhifo pob gwryw mis oed a throsodd, eu cyfanswm oedd saith mil a phum cant. ²³ Yr oedd teuluoedd y Gersoniaid i wersyllu i'r gorllewin, y tu ôl i'r tabernacl. ²⁴ Eliasaff fab Lael oedd penteulu'r Gersoniaid. ²⁵ Ym mhabell y cyfarfod yr oedd meibion Gerson yn gofalu am y tabernacl a'i babell, y llenni, y gorchudd dros ddrws pabell y cyfarfod, ²⁶ llenni'r cyntedd, y gorchudd dros ddrws y cyntedd sydd o amgylch y tabernacl, yr allor a'r rhaffau, a phopeth ynglŷn â'u gwasanaeth.

²⁷ O Cohath y daeth tylwythau'r Amramiaid, yr Ishariaid, yr Hebroniaid a'r Ussieliaid; dyma dylwythau'r Cohathiaid. ²⁸ Ar ôl rhifo pob gwryw mis oed a throsodd, eu cyfanswm oedd wyth mil a chwe chant, a hwy oedd yn gofalu am wasanaeth y cysegr. ²⁹ Yr oedd tylwythau'r Cohathiaid i wersyllu i'r de o'r tabernacl. ³⁰ Elisaffan fab Ussiel oedd penteulu'r Cohathiaid. ³¹ Yr oeddent hwy i ofalu am yr arch, y bwrdd, y canhwyllbren, yr allorau, y llestri a ddefnyddid yn y cysegr, y gorchudd, a phopeth ynglŷn â'u gwasanaeth. ³² Prif arweinydd y Lefiaid oedd Eleasar fab Aaron yr offeiriad, ac ef oedd yn goruchwylio'r rhai oedd yn gofalu am y cysegr.

³³ O Merari y daeth tylwythau'r Mahliaid a'r Musiaid; dyma dylwythau Merari. ³⁴ Ar ôl cyfrif pob gwryw mis oed a throsodd, eu cyfanswm oedd chwe mil a dau gant. ³⁵ Suriel fab Abihael oedd penteulu Merari; yr oeddent i wersyllu i'r gogledd o'r tabernacl. ³⁶ Y Merariaid oedd i ofalu am fframiau'r tabernacl, y barrau, y colofnau, y traed, yr offer i gyd, a phopeth ynglŷn â'u gwasanaeth; ³⁷ hefyd am golofnau'r cyntedd o amgylch, ynghyd â'r traed, yr hoelion a'r rhaffau.

³⁸ Yr oedd Moses ac Aaron a'i feibion i wersyllu i'r dwyrain o'r tabernacl, tua chodiad haul, sef o flaen pabell y cyfarfod. Hwy oedd i ofalu am

wasanaeth y cysegr a gweini ar bobl Israel; ond yr oedd pwy bynnag arall a ddôi'n agos i'w roi i farwolaeth. ³⁹ Cyfanswm y Lefiaid a gyfrifodd Moses ac Aaron yn ôl eu tylwythau ar orchymyn yr ARGLWYDD, gan gynnwys pob gwryw mis oed a throsodd, oedd dwy fil ar hugain.

Neilltuo'r Lefiaid yn lle'r Cyntafanedig

⁴⁰ Dywedodd yr ARGLWYDD wrth Moses, "Yr wyt i gyfrif pob gwryw cyntafanedig o blith pobl Israel sy'n fis oed a throsodd, a'u rhestru yn ôl eu henwau. ⁴¹ Yna, neilltua'r Lefiaid i mi yn lle pob cyntafanedig o blith pobl Israel, ac anifeiliaid y Lefiaid yn lle'r cyntafanedig o'u hanifeiliaid hwy; myfi yw'r ARGLWYDD." ⁴² Felly cyfrifodd Moses bob cyntafanedig o blith pobl Israel, fel yr oedd yr ARGLWYDD wedi gorchymyn iddo. ⁴³ Ar ôl cyfrif pob gwryw cyntafanedig mis oed a throsodd, a'u rhestru wrth eu henwau, yr oedd eu cyfanswm yn ddwy fil ar hugain dau gant saith deg a thri.

⁴⁴ Dywedodd yr ARGLWYDD wrth Moses, ⁴⁵ "Neilltua'r Lefiaid yn lle pob cyntafanedig o blith yr Israeliaid, ac anifeiliaid y Lefiaid yn lle eu hanifeiliaid hwy. Bydd y Lefiaid yn eiddo i mi; myfi yw'r ARGLWYDD. ⁴⁶ Yn iawn am y plant cyntafanedig sy'n eiddo i bobl Israel, sef y dau gant saith deg a thri sy'n rhagor nag eiddo'r Lefiaid, ⁴⁷ cymer am bob un ohonynt bum sicl, yn ôl sicl y cysegr sy'n pwyso ugain gera; ⁴⁸ yna rho'r arian sy'n iawn drostynt i Aaron a'i feibion." ⁴⁹ Felly cymerodd Moses yr arian oedd yn iawn dros y rhai oedd yn ychwanegol at y nifer a brynwyd trwy'r Lefiaid, ⁵⁰ ac am blant cyntafanedig Israel cafodd fil tri chant chwe deg a phump o siclau, yn ôl sicl y cysegr. ⁵¹ Yna rhoddodd Moses i Aaron a'i feibion yr arian a gymerodd yn iawn, yn union fel yr oedd yr ARGLWYDD wedi gorchymyn iddo.

Dyletswyddau Meibion Cohath

4 Dywedodd yr ARGLWYDD wrth Moses ac Aaron, ² "Gwna gyfrifiad o'r rhai ymhlith y Lefiaid sy'n feibion Cohath, yn ôl eu tylwythau a'u teuluoedd, ³ a chynnwys bawb rhwng deg ar hugain a hanner cant oed sy'n medru mynd i mewn i weithio ym mhabell y cyfarfod. ⁴ Dyma fydd gwaith meibion Cohath ym mhabell y cyfarfod: gofalu am y pethau mwyaf cysegredig. ⁵ Pan fydd yn amser symud y gwersyll, bydd Aaron a'i feibion yn mynd i mewn a thynnu'r gorchudd, a'i daenu dros arch y dystiolaeth; ⁶ yna byddant yn rhoi gorchudd o grwyn morfuchod drosti, a thros hwnnw liain o sidan sy'n las drwyddo, a gosod y polion yn eu lle. ⁷ Yna y maent i gymryd lliain arall o sidan glas, a'i daenu dros fwrdd y bara gosod, a rhoi ar y bwrdd y platiau a'r dysglau, y ffiolau a'r costrelau i dywallt y diodoffrwm; bydd y bara yn aros bob amser ar y bwrdd. ⁸ Y maent i roi drostynt liain o ysgarlad, a thros hwnnw orchudd o grwyn morfuchod, ac yna gosod y polion yn eu lle. ⁹ Byddant hefyd yn cymryd lliain glas a gorchuddio'r canhwyllbren sy'n goleuo, ei lampau, ei efeiliau a'i gafnau, a'r holl lestri sy'n dal yr olew ar ei gyfer. ¹⁰ Yna rhoddant y canhwyllbren gyda'i holl lestri mewn gorchudd o grwyn morfuchod a'i osod ar y trosolion. ¹¹ Wedyn byddant yn rhoi lliain glas dros yr allor aur, a thros hwnnw orchudd o grwyn morfuchod, ac yna gosod y polion yn eu lle. ¹² Cymerant yr holl lestri a ddefnyddir yng ngwasanaeth y cysegr, a'u rhoi mewn lliain glas, a rhoi hwnnw mewn gorchudd o grwyn morfuchod a'u gosod ar y trosolion. ¹³ Y maent i dynnu'r lludw oddi ar yr allor a'i gorchuddio â lliain porffor, ¹⁴ cyn gosod arni'r holl lestri a ddefnyddir yn y gwasanaeth, sef y pedyll tân, y ffyrch, y rhawiau, y cawgiau, a holl lestri'r allor; yna rhoddant orchudd o grwyn morfuchod drosti, a gosod y polion yn eu lle. ¹⁵ Wedi i Aaron a'i feibion orffen rhoi'r gorchudd dros y cysegr a'i holl ddodrefn, a'r gwersyll yn barod i gychwyn, daw meibion Cohath i'w cludo, ond ni fyddant yn cyffwrdd â'r pethau cysegredig, rhag iddynt farw. Meibion Cohath sydd i gludo'r pethau yn ymwneud â phabell y cyfarfod.

16 "Eleasar fab Aaron yr offeiriad fydd yn gofalu am yr olew ar gyfer y golau, yr arogldarth peraidd, y bwydoffrwm rheolaidd ac olew'r eneinio; ac ef fydd yn goruchwylio'r tabernacl cyfan a'i gynnwys, y cysegr a'i lestri."

17 Dywedodd yr ARGLWYDD wrth Moses ac Aaron, 18 "Peidiwch â gadael i lwyth teuluoedd y Cohathiaid gael eu torri ymaith o blith y Lefiaid. 19 Dyma a wnewch â hwy, os ydynt am fyw ac nid marw wrth ddynesu at y pethau mwyaf cysegredig: gadewch i Aaron a'i feibion fynd i mewn a rhoi i bob un ei waith a'i orchwyl; 20 ond nid yw'r Cohathiaid i edrych o gwbl ar y pethau cysegredig, rhag iddynt farw."

Dyletswyddau'r Gersoniaid

21 Dywedodd yr ARGLWYDD wrth Moses, 22 "Gwna gyfrifiad hefyd o feibion Gerson, yn ôl eu tylwythau a'u teuluoedd; 23 yr wyt i gyfrif pawb rhwng deg ar hugain a hanner cant oed sy'n medru mynd i mewn i weithio ym mhabell y cyfarfod. 24 Dyma fydd dyletswydd a gorchwyl teuluoedd y Gersoniaid: 25 cludo llenni'r tabernacl, pabell y cyfarfod, ei len a'r gorchudd o grwyn morfuchod sydd drosto, y gorchudd sydd dros ddrws pabell y cyfarfod, 26 llenni'r cyntedd, y gorchudd dros ddrws porth y cyntedd sydd o amgylch y tabernacl a'r allor; hefyd eu rhaffau, yr holl offer ynglŷn â'u gwasanaeth, a'r holl waith sy'n gysylltiedig â hwy. 27 Bydd holl wasanaeth y Gersoniaid, boed yn gludo neu unrhyw orchwyl arall, dan awdurdod Aaron a'i feibion; eu cyfrifoldeb hwy fydd gofalu am yr holl gludo. 28 Dyma'r gwaith a wna teuluoedd y Gersoniaid ym mhabell y cyfarfod dan oruchwyliaeth Ithamar fab Aaron yr offeiriad.

Dyletswyddau'r Merariaid

29 "Yr wyt i gyfrif meibion Merari yn ôl eu tylwythau a'u teuluoedd, 30 yn cynnwys pawb rhwng deg ar hugain a hanner cant oed sy'n medru mynd i mewn i weithio ym mhabell y cyfarfod. 31 Dyma fydd eu gwasanaeth hwy ym mhabell y cyfarfod: gofalu am gludo fframiau'r tabernacl, ei farrau, ei golofnau a'i draed, 32 a cholofnau'r cyntedd o amgylch gyda'u traed, eu hoelion a'u rhaffau, a'r holl offer ynglŷn â'u gwasanaeth; yr ydych i nodi wrth eu henwau y pethau y maent i'w cludo. 33 Fe wna teuluoedd y Merariaid y cyfan ym mhabell y cyfarfod dan oruchwyliaeth Ithamar fab Aaron yr offeiriad."

Cyfrifiad y Lefiaid

34 Felly cyfrifodd Moses, Aaron ac arweinwyr y cynulliad feibion y Cohathiaid yn ôl eu tylwythau a'u teuluoedd. 35 Cyfanswm y rhai rhwng deg ar hugain a hanner cant oed oedd yn medru mynd i mewn i weithio ym mhabell y cyfarfod, 36 wedi eu cyfrif yn ôl eu tylwythau, oedd dwy fil saith gant a phum deg. 37 Dyma nifer yr holl rai o deuluoedd y Cohathiaid oedd yn gwasanaethu ym mhabell y cyfarfod, ac a gyfrifwyd gan Moses ac Aaron yn ôl gorchymyn yr ARGLWYDD i Moses.

38 Dyma nifer y Gersoniaid yn ôl eu tylwythau a'u teuluoedd: 39 cyfanswm y rhai rhwng deg ar hugain a hanner cant oed oedd yn medru mynd i mewn i weithio ym mhabell y cyfarfod, 40 wedi eu cyfrif yn ôl eu tylwythau a'u teuluoedd, oedd dwy fil chwe chant a thri deg. 41 Dyma nifer y rhai o deuluoedd y Gersoniaid oedd yn gwasanaethu ym mhabell y cyfarfod, ac a gyfrifwyd gan Moses ac Aaron yn ôl gorchymyn yr ARGLWYDD.

42 Dyma nifer teuluoedd y Merariaid yn ôl eu tylwythau a'u teuluoedd: 43 cyfanswm y rhai rhwng deg ar hugain a hanner cant oed oedd yn medru mynd i mewn i weithio ym mhabell y cyfarfod, 44 wedi eu cyfrif yn ôl eu tylwythau, oedd tair mil a dau gant. 45 Dyma nifer y rhai o dylwythau'r Merariaid a gyfrifwyd gan Moses ac Aaron yn ôl gorchymyn yr ARGLWYDD i Moses.

46 Felly cyfrifodd Moses, Aaron ac arweinwyr Israel yr holl Lefiaid yn ôl eu tylwythau a'u teuluoedd. 47 Cyfanswm y rhai rhwng deg ar hugain a hanner cant oed oedd yn medru mynd i mewn i wneud y gwaith a chludo'r pethau ym mhabell y cyfarfod 48 oedd wyth mil

pum cant ac wyth deg. ⁴⁹ Yn ôl gorchymyn yr ARGLWYDD i Moses, gosodwyd i bob un ei waith a'i orchwyl, a chyfrifwyd hwy ganddo.

Gorchymyn ynglŷn â Phobl Aflan

5 Dywedodd yr ARGLWYDD wrth Moses, ² "Gorchymyn i bobl Israel anfon allan o'r gwersyll bob gwahanglwyfus, pob un ac arno waedlif, a phob un a halogwyd trwy gyffwrdd â chorff marw. ³ Anfonwch bob un allan, boed ŵr neu wraig, rhag iddo halogi'r gwersyll yr wyf yn preswylio yn ei ganol." ⁴ Gwnaeth pobl Israel hyn, a'u hanfon allan o'r gwersyll, fel yr oedd yr ARGLWYDD wedi dweud wrth Moses.

Gwneud Iawn am Droseddau

⁵ Dywedodd yr ARGLWYDD wrth Moses, ⁶ "Dywed wrth bobl Israel, 'Os bydd gŵr neu wraig yn cyflawni unrhyw drosedd yn erbyn rhywun arall, ac yn anffyddlon i'r ARGLWYDD, yna y mae'n euog, ⁷ a dylai gyffesu'r trosedd a gyflawnodd; rhaid iddo wneud iawn amdano trwy dalu'n ôl y cyfan, ac ychwanegu ato'r bumed ran, a'u rhoi i'r sawl y troseddodd yn ei erbyn. ⁸ Os nad oes gan hwnnw berthynas y gellir talu'n ôl iddo am y trosedd, taler ef i'r ARGLWYDD, trwy'r offeiriad, gyda'r hwrdd a ddefnyddir i wneud cymod dros y troseddwr. ⁹ Bydd pob offrwm, a'r holl bethau cysegredig y bydd pobl Israel yn eu cyflwyno i'r offeiriad, yn eiddo iddo; ¹⁰ bydd y pethau cysegredig i gyd, a phopeth arall y bydd rhywun yn ei gyflwyno i'r offeiriad, yn eiddo iddo.'"

Gwragedd a Ddrwgdybir gan eu Gwŷr

¹¹ Dywedodd yr ARGLWYDD wrth Moses, ¹² "Dywed wrth bobl Israel, 'Os bydd gan ddyn wraig yn cyfeiliorni ac yn anffyddlon iddo ¹³ trwy orwedd gyda dyn arall, a'i gŵr heb fod yn gwybod, a'i halogrwydd yn guddiedig am nad oedd tyst ac na chafodd ei dal, ¹⁴ yna, os daw ysbryd o eiddigedd dros ei gŵr oherwydd ei wraig, boed hi wedi ei halogi ei hun neu beidio, ¹⁵ deued â'i wraig at yr offeiriad, a chyflwyno offrwm drosti, sef degfed ran o effa o flawd haidd; nid yw i dywallt olew drosto na rhoi thus ynddo, oherwydd bwydoffrwm dros eiddigedd yw, a bwydoffrwm i goffáu camwedd.

¹⁶ " 'Yna daw'r offeiriad â hi ymlaen a gwneud iddi sefyll gerbron yr ARGLWYDD, ¹⁷ a bydd yn cymryd dŵr cysegredig mewn llestr pridd, a chymysgu ag ef beth o'r llwch oddi ar lawr y tabernacl. ¹⁸ Wedi iddo ddod â'r wraig gerbron yr ARGLWYDD, bydd yr offeiriad yn cymryd y gorchudd oddi ar ei phen, ac yn rhoi yn ei dwylo y bwydoffrwm coffa, sef y bwydoffrwm dros eiddigedd. Bydd yntau'n cario'r dŵr chwerw sy'n achosi melltith. ¹⁹ Yna fe wna iddi dyngu llw, ac fe ddywed wrthi, "Os nad oes dyn wedi gorwedd gyda thi, ac os nad wyt wedi cyfeiliorni a'th halogi dy hun pan oeddit dan awdurdod dy ŵr, yna ni fydd y dŵr chwerw sy'n achosi melltith yn dy niweidio. ²⁰ Ond os wyt wedi cyfeiliorni a'th halogi dy hun, a gadael i ddyn arall orwedd gyda thi tra oeddit dan awdurdod dy ŵr," ²¹ (yna, wedi i'r offeiriad beri i'r wraig dyngu llw'r felltith, fe ddywed wrthi) "boed i'r ARGLWYDD dy wneud yn felltith ac yn llw ymhlith dy bobl trwy bydru dy glun a chwyddo dy groth; ²² bydd y dŵr hwn sy'n achosi melltith yn mynd i mewn i'th ymysgaroedd, ac yn peri i'th groth chwyddo ac i'th glun bydru." Yna bydd y wraig yn dweud, "Amen, Amen."

²³ " 'Yna bydd yr offeiriad yn ysgrifennu'r melltithion hyn mewn llyfr ac yn eu golchi ymaith i'r dŵr chwerw; ²⁴ bydd yn peri i'r wraig yfed y dŵr chwerw sy'n achosi melltith, a bydd y dŵr, o'i yfed, yn peri artaith chwerw iddi. ²⁵ Yna bydd yr offeiriad yn cymryd y bwydoffrwm dros eiddigedd o ddwylo'r wraig, ac yn ei chwifio gerbron yr ARGLWYDD cyn dod ag ef at yr allor. ²⁶ Bydd yr offeiriad yn cymryd dyrnaid o'r bwydoffrwm fel offrwm coffa, ac yn ei losgi ar yr allor; yna fe wna i'r wraig yfed y dŵr. ²⁷ Os bu i'r wraig ei halogi ei hun a bod yn anffyddlon i'w gŵr, bydd y dŵr, wedi iddi ei yfed, yn achosi melltith ac yn peri artaith chwerw iddi. Bydd ei chroth

yn chwyddo a'i chlun yn pydru, a bydd y wraig yn felltith ymhlith ei phobl. ²⁸ Ond os na fu i'r wraig ei halogi ei hun, ac os yw'n lân, yna bydd yn rhydd i esgor ar blant.

²⁹ " 'Dyma'r ddeddf mewn achosion o eiddigedd pan fo gwraig, a hithau dan awdurdod ei gŵr, yn cyfeiliorni ac yn ei halogi ei hun, ³⁰ a phan fo ysbryd o eiddigedd yn dod dros y gŵr o achos ei wraig: y mae i wneud iddi sefyll gerbron yr ARGLWYDD, a bydd yr offeiriad yn ei thrin yn unol â'r holl ddeddf hon. ³¹ Bydd y gŵr yn ddieuog o gamwedd, ond bydd y wraig yn dwyn ei chamwedd arni hi ei hun.' "

Rheolau ynglŷn â'r Nasareaid

6 Dywedodd yr ARGLWYDD wrth Moses, ² "Dywed wrth bobl Israel, 'Os bydd gŵr neu wraig yn gwneud adduned i ymgysegru i'r ARGLWYDD fel Nasaread, ³ y mae i gadw oddi wrth win a diod feddwol; nid yw i yfed ychwaith ddim a wnaed o rawnwin neu o ddiod feddwol, ac nid yw i fwyta'r grawnwin, boed yn ir neu'n sych. ⁴ Trwy gydol ei gyfnod fel Nasaread nid yw i fwyta dim a ddaw o'r winwydden, hyd yn oed yr egin na'r croen.

⁵ " 'Trwy gydol cyfnod ei adduned i fod yn Nasaread, nid yw i eillio ei ben; bydd yn gadael i gudynnau ei wallt dyfu'n hir, a bydd yn sanctaidd nes iddo orffen ymgysegru i'r ARGLWYDD.

⁶ " 'Trwy gydol dyddiau ei ymgysegriad i'r ARGLWYDD, nid yw i gyffwrdd â chorff marw. ⁷ Hyd yn oed os bydd farw ei dad neu ei fam, ei frawd neu ei chwaer, nid yw i'w halogi ei hun o'u plegid, oherwydd ef ei hun sy'n gyfrifol am ei ymgysegriad i Dduw. ⁸ Trwy gydol ei gyfnod fel Nasaread bydd yn sanctaidd i'r ARGLWYDD.

⁹ " 'Os bydd rhywun yn marw'n sydyn wrth ei ymyl, a phen y Nasaread yn cael ei halogi, yna y mae i eillio ei ben ar y dydd y glanheir ef, sef y seithfed dydd. ¹⁰ Ar yr wythfed dydd, y mae i ddod â dwy durtur neu ddau gyw colomen at yr offeiriad wrth ddrws pabell y cyfarfod, ¹¹ a bydd yntau'n offrymu un yn aberth dros bechod a'r llall yn boethoffrwm i wneud cymod drosto, am iddo bechu trwy gyffwrdd â'r corff marw. Ar y dydd hwnnw hefyd bydd yn sancteiddio ei ben, ¹² ac yn ymgysegru i'r ARGLWYDD ar gyfer ei ddyddiau fel Nasaread, a daw ag oen gwryw yn offrwm dros gamwedd; diddymir ei ddyddiau blaenorol fel Nasaread oherwydd iddo gael ei halogi.

¹³ " 'Dyma'r ddeddf ar gyfer y Nasaread, pan ddaw cyfnod ei ymgysegriad i ben: deuer ag ef at ddrws pabell y cyfarfod ¹⁴ lle bydd yn cyflwyno offrymau i'r ARGLWYDD, sef oen gwryw di-nam yn boethoffrwm, hesbin ddi-nam yn aberth dros bechod, a hwrdd di-nam yn heddoffrwm, ¹⁵ ynghyd â basgedaid o fara croyw, teisennau peilliaid wedi eu cymysgu ag olew, bisgedi heb furum wedi eu taenu ag olew, ynghyd â'r bwydoffrwm a'r diodoffrwm. ¹⁶ Bydd yr offeiriad yn dod â hwy gerbron yr ARGLWYDD ac yn offrymu ei aberth dros bechod a'i boethoffrwm; ¹⁷ bydd hefyd yn offrymu'r hwrdd yn heddoffrwm i'r ARGLWYDD ynghyd â'r basgedaid o fara croyw, y bwydoffrwm a'r diodoffrwm. ¹⁸ Bydd y Nasaread wrth ddrws pabell y cyfarfod yn eillio ei ben, a gysegrwyd ganddo, a bydd yn cymryd y gwallt ac yn ei roi ar y tân a fydd dan aberth yr heddoffrwm. ¹⁹ Wedi i'r Nasaread eillio ei ben, a gysegrwyd ganddo, bydd yr offeiriad yn cymryd ysgwydd yr hwrdd ar ôl ei ferwi, a theisen a bisged heb furum o'r fasged, a'u rhoi yn nwylo'r Nasaread, ²⁰ a bydd yr offeiriad yn eu chwifio'n offrwm cyhwfan gerbron yr ARGLWYDD; bydd y rhain, ynghyd â'r frest a chwifir a'r glun a offrymir, yn gyfran sanctaidd ar gyfer yr offeiriad. Yna caiff y Nasaread yfed gwin.

²¹ " 'Dyma'r ddeddf ar gyfer y Nasaread sy'n gwneud adduned: bydd ei offrwm i'r ARGLWYDD yn unol â'i adduned, ac y mae i ychwanegu ato beth bynnag arall y gall ei fforddio. Y mae i weithredu yn ôl yr adduned a wnaeth ac yn ôl deddf ei ymgysegriad fel Nasaread.' "

Y Fendith Offeiriadol

²² Dywedodd yr ARGLWYDD wrth Moses, ²³ "Dywed wrth Aaron a'i feibion, 'Yr ydych i fendithio pobl Israel a dweud wrthynt:

²⁴ "Bydded i'r ARGLWYDD dy fendithio a'th gadw;
²⁵ bydded i'r ARGLWYDD lewyrchu ei wyneb arnat, a bod yn drugarog wrthyt;
²⁶ bydded i'r ARGLWYDD edrych arnat, a rhoi iti heddwch."'

²⁷ Felly gosodant fy enw ar bobl Israel, a byddaf finnau'n eu bendithio."

Offrymau'r Arweinwyr

7 Ar y dydd y gorffennodd Moses godi'r tabernacl, fe'i heneiniodd a'i gysegru ynghyd â'i holl ddodrefn, yr allor a'i holl lestri. ² Yna daeth arweinwyr Israel, sef y pennau-teuluoedd ac arweinwyr y llwythau oedd yn goruchwylio'r rhai a gyfrifwyd, ³ a chyflwyno'u hoffrwm gerbron yr ARGLWYDD; yr oedd ganddynt chwech o gerbydau a gorchudd drostynt, a deuddeg o ychen, un cerbyd ar gyfer pob dau arweinydd, ac ych ar gyfer pob un. Wedi iddynt ddod â'u hoffrymau o flaen y tabernacl, ⁴ dywedodd yr ARGLWYDD wrth Moses, ⁵ "Cymer y rhain ganddynt i'w defnyddio yng ngwasanaeth pabell y cyfarfod, a rho hwy i'r Lefiaid, i bob un yn ôl gofynion ei waith." ⁶ Felly cymerodd Moses y cerbydau a'r ychen, a'u rhoi i'r Lefiaid. ⁷ Rhoddodd ddau gerbyd a phedwar ych i feibion Gerson, yn ôl gofynion eu gwaith, ⁸ a phedwar cerbyd ac wyth ych i feibion Merari, yn ôl gofynion eu gwaith; yr oeddent hwy dan awdurdod Ithamar fab Aaron yr offeiriad. ⁹ Ond ni roddodd yr un i feibion Cohath, oherwydd ar eu hysgwyddau yr oeddent hwy i gludo'r pethau cysegredig oedd dan eu gofal. ¹⁰ Ar y dydd yr eneiniwyd yr allor, daeth yr arweinwyr â'r aberthau a'u hoffrymu o flaen yr allor i'w chysegru. ¹¹ Dywedodd yr ARGLWYDD wrth Moses, "Bydd un arweinydd bob dydd yn cyflwyno'i offrymau i gysegru'r allor."

¹² Yr arweinydd a gyflwynodd ei offrwm ar y dydd cyntaf oedd Nahson fab Amminadab o lwyth Jwda. ¹³ Ei offrwm ef oedd: plât arian yn pwyso cant tri deg o siclau, a chawg arian yn pwyso saith deg o siclau, yn ôl sicl y cysegr, a'r ddau yn llawn o beilliaid wedi ei gymysgu ag olew ar gyfer y bwydoffrwm; ¹⁴ dysgl aur yn pwyso deg sicl ac yn llawn o arogldarth; ¹⁵ bustach ifanc, hwrdd ac oen gwryw ar gyfer y poethoffrwm; ¹⁶ bwch gafr ar gyfer yr aberth dros bechod; ¹⁷ dau ych, pum hwrdd, pum bwch a phum oen gwryw ar gyfer aberth yr heddoffrwm. Dyma oedd offrwm Nahson fab Amminadab.

¹⁸ Ar yr ail ddydd, offrymodd Nethanel fab Suar, arweinydd Issachar, ei offrwm yntau: ¹⁹ plât arian yn pwyso cant tri deg o siclau, a chawg arian yn pwyso saith deg o siclau, yn ôl sicl y cysegr, a'r ddau yn llawn o beilliaid wedi ei gymysgu ag olew ar gyfer y bwydoffrwm; ²⁰ dysgl aur yn pwyso deg sicl ac yn llawn o arogldarth; ²¹ bustach ifanc, hwrdd ac oen gwryw ar gyfer y poethoffrwm; ²² bwch gafr ar gyfer yr aberth dros bechod; ²³ dau ych, pum hwrdd, pum bwch a phum oen gwryw aberth yr heddoffrwm. Dyma oedd offrwm Nethanel fab Suar.

²⁴ Ar y trydydd dydd, offrymodd Eliab fab Helon, arweinydd pobl Sabulon, ei offrwm yntau: ²⁵ plât arian yn pwyso cant tri deg o siclau, a chawg arian yn pwyso saith deg o siclau, yn ôl sicl y cysegr, a'r ddau yn llawn o beilliaid wedi ei gymysgu ag olew ar gyfer y bwydoffrwm; ²⁶ dysgl aur yn pwyso deg sicl ac yn llawn o arogldarth; ²⁷ bustach ifanc, hwrdd ac oen gwryw ar gyfer y poethoffrwm; ²⁸ bwch gafr ar gyfer yr aberth dros bechod; ²⁹ dau ych, pum hwrdd, pum bwch a phum oen gwryw ar gyfer aberth yr heddoffrwm. Dyma oedd offrwm Eliab fab Helon.

³⁰ Ar y pedwerydd dydd, offrymodd Elisur fab Sedeur, arweinydd pobl Reuben, ei offrwm yntau: ³¹ plât arian yn pwyso cant tri deg o siclau, a chawg arian yn pwyso saith deg o siclau, yn ôl sicl y cysegr, a'r ddau yn llawn o beilliaid wedi ei gymysgu ag olew ar gyfer y

bwydoffrwm; ³² dysgl aur yn pwyso deg sicl ac yn llawn o arogldarth; ³³ bustach ifanc, hwrdd ac oen gwryw ar gyfer y poethoffrwm; ³⁴ bwch gafr ar gyfer yr aberth dros bechod; ³⁵ dau ych, pum hwrdd, pum bwch a phum oen gwryw ar gyfer aberth yr heddoffrwm. Dyma oedd offrwm Elisur fab Sedeur.

³⁶ Ar y pumed dydd, offrymodd Selumiel fab Surisadai, arweinydd pobl Simeon, ei offrwm yntau: ³⁷ plât arian yn pwyso cant tri deg o siclau, a chawg arian yn pwyso saith deg o siclau, yn ôl sicl y cysegr, a'r ddau yn llawn o beilliaid wedi ei gymysgu ag olew ar gyfer y bwydoffrwm; ³⁸ dysgl aur yn pwyso deg sicl ac yn llawn o arogldarth; ³⁹ bustach ifanc, hwrdd ac oen gwryw ar gyfer y poethoffrwm; ⁴⁰ bwch gafr ar gyfer yr aberth dros bechod; ⁴¹ dau ych, pum hwrdd, pum bwch a phum oen gwryw ar gyfer aberth yr heddoffrwm. Dyma oedd offrwm Selumiel fab Surisadai.

⁴² Ar y chweched dydd, offrymodd Eliasaff fab Reuel*, arweinydd pobl Gad, ei offrwm yntau: ⁴³ plât arian yn pwyso cant tri deg o siclau, a chawg arian yn pwyso saith deg o siclau, yn ôl sicl y cysegr, a'r ddau yn llawn o beilliaid wedi ei gymysgu ag olew ar gyfer y bwydoffrwm; ⁴⁴ dysgl aur yn pwyso deg sicl ac yn llawn o arogldarth; ⁴⁵ bustach ifanc, hwrdd ac oen gwryw ar gyfer y poethoffrwm; ⁴⁶ bwch gafr ar gyfer yr aberth dros bechod; ⁴⁷ dau ych, pum hwrdd, pum bwch a phum oen gwryw ar gyfer aberth yr heddoffrwm. Dyma oedd offrwm Eliasaff fab Reuel*.

⁴⁸ Ar y seithfed dydd, offrymodd Elisama fab Ammihud, arweinydd pobl Effraim, ei offrwm yntau: ⁴⁹ plât arian yn pwyso cant tri deg o siclau, a chawg arian yn pwyso saith deg o siclau, yn ôl sicl y cysegr, a'r ddau yn llawn o beilliaid wedi ei gymysgu ag olew ar gyfer y bwydoffrwm; ⁵⁰ dysgl aur yn pwyso deg sicl ac yn llawn o arogldarth; ⁵¹ bustach ifanc, hwrdd ac oen gwryw ar gyfer y poethoffrwm; ⁵² bwch gafr ar gyfer yr aberth dros bechod; ⁵³ dau ych, pum hwrdd, pum bwch a phum oen gwryw ar gyfer aberth yr heddoffrwm. Dyma oedd offrwm Elisama fab Ammihud.

⁵⁴ Ar yr wythfed dydd, offrymodd Gamaliel fab Pedasur, arweinydd pobl Manasse, ei offrwm yntau: ⁵⁵ plât arian yn pwyso cant tri deg o siclau, a chawg arian yn pwyso saith deg o siclau, yn ôl sicl y cysegr, a'r ddau yn llawn o beilliaid wedi ei gymysgu ag olew ar gyfer y bwydoffrwm; ⁵⁶ dysgl aur yn pwyso deg sicl ac yn llawn o arogldarth; ⁵⁷ bustach ifanc, hwrdd ac oen gwryw ar gyfer y poethoffrwm; ⁵⁸ bwch gafr ar gyfer yr aberth dros bechod; ⁵⁹ dau ych, pum hwrdd, pum bwch a phum oen gwryw ar gyfer aberth yr heddoffrwm. Dyma oedd offrwm Gamaliel fab Pedasur.

⁶⁰ Ar y nawfed dydd, offrymodd Abidan fab Gideoni, arweinydd pobl Benjamin, ei offrwm yntau: ⁶¹ plât arian yn pwyso cant tri deg o siclau, a chawg arian yn pwyso saith deg o siclau, yn ôl sicl y cysegr, a'r ddau yn llawn o beilliaid wedi ei gymysgu ag olew ar gyfer y bwydoffrwm; ⁶² dysgl aur yn pwyso deg sicl ac yn llawn o arogldarth; ⁶³ bustach ifanc, hwrdd ac oen gwryw ar gyfer y poethoffrwm; ⁶⁴ bwch gafr ar gyfer yr aberth dros bechod; ⁶⁵ dau ych, pum hwrdd, pum bwch a phum oen gwryw ar gyfer aberth yr heddoffrwm. Dyma oedd offrwm Abidan fab Gideoni.

⁶⁶ Ar y degfed dydd, offrymodd Ahieser fab Ammisadai, arweinydd pobl Dan, ei offrwm yntau: ⁶⁷ plât arian yn pwyso cant tri deg o siclau, a chawg arian yn pwyso saith deg o siclau, yn ôl sicl y cysegr, a'r ddau yn llawn o beilliaid wedi ei gymysgu ag olew ar gyfer y bwydoffrwm; ⁶⁸ dysgl aur yn pwyso deg sicl ac yn llawn o arogldarth; ⁶⁹ bustach ifanc, hwrdd ac oen gwryw ar gyfer y poethoffrwm; ⁷⁰ bwch gafr ar gyfer yr aberth dros bechod; ⁷¹ dau ych, pum hwrdd, pum bwch a phum oen gwryw ar gyfer aberth yr heddoffrwm. Dyma oedd offrwm Ahieser fab Ammisadai.

⁷² Ar yr unfed dydd ar ddeg, offrymodd Pagiel fab Ocran, arweinydd pobl Aser, ei offrwm yntau: ⁷³ plât arian yn pwyso cant tri deg o siclau, a chawg arian yn pwyso saith deg o siclau, yn ôl sicl y cysegr, a'r ddau yn llawn o beilliaid

---

7:42 Tebygol. Cymh. 1:14. Hebraeg, *Deuel*.
7:47 Tebygol. Cymh. 1:14. Hebraeg, *Deuel*.

wedi ei gymysgu ag olew ar gyfer y bwydoffrwm; 74 dysgl aur yn pwyso deg sicl ac yn llawn o arogldarth; 75 bustach ifanc, hwrdd ac oen gwryw ar gyfer y poethoffrwm; 76 bwch gafr ar gyfer yr aberth dros bechod; 77 dau ych, pum hwrdd, pum bwch a phum oen gwryw ar gyfer aberth yr heddoffrwm. Dyma oedd offrwm Pagiel fab Ocran.

78 Ar y deuddegfed dydd, offrymodd Ahira fab Enan, arweinydd pobl Nafftali, ei offrwm yntau: 79 plât arian yn pwyso cant tri deg o siclau, a chawg arian yn pwyso saith deg o siclau, yn ôl sicl y cysegr, a'r ddau yn llawn o beilliaid wedi ei gymysgu ag olew ar gyfer y bwydoffrwm; 80 dysgl aur yn pwyso deg sicl ac yn llawn o arogldarth; 81 bustach ifanc, hwrdd ac oen gwryw ar gyfer y poethoffrwm; 82 bwch gafr ar gyfer yr aberth dros bechod; 83 dau ych, pum hwrdd, pum bwch a phum oen gwryw ar gyfer aberth yr heddoffrwm. Dyma oedd offrwm Ahira fab Enan.

84 Dyma oedd yr offrwm gan arweinwyr Israel ar gyfer cysegru'r allor ar y dydd yr eneiniwyd hi: deuddeg plât arian, deuddeg cawg arian a deuddeg dysgl aur, 85 a phob plât arian yn pwyso cant tri deg o siclau, pob cawg arian yn pwyso saith deg o siclau, a'r holl lestri arian yn pwyso dwy fil pedwar cant o siclau, yn ôl sicl y cysegr; 86 hefyd, deuddeg dysgl aur yn llawn o arogldarth, pob un yn pwyso deg sicl, yn ôl sicl y cysegr, a'r holl ddysglau aur yn pwyso cant ac ugain o siclau; 87 hefyd, gwartheg ar gyfer y poethoffrwm, yn gyfanswm o ddeuddeg bustach, deuddeg hwrdd, deuddeg oen gwryw gyda'r bwydoffrwm; yr oedd deuddeg bwch gafr ar gyfer yr aberth dros bechod; 88 gwartheg ar gyfer aberth yr heddoffrwm, yn gyfanswm o bedwar ar hugain o fustych, trigain hwrdd, trigain bwch, a thrigain oen gwryw. Dyma oedd yr offrwm ar gyfer cysegru'r allor, wedi ei heneinio.

89 Pan aeth Moses i mewn i babell y cyfarfod i lefaru wrth yr ARGLWYDD, clywodd lais yn galw arno o'r drugareddfa oedd ar arch y dystiolaeth rhwng y ddau gerwb; ac yr oedd y llais yn siarad ag ef.

Gosod y Lampau

8 Dywedodd yr ARGLWYDD wrth Moses, 2 "Dywed wrth Aaron, 'Pan fyddwch yn gosod y lampau yn eu lle, bydd y saith ohonynt yn goleuo o'r tu blaen i'r canhwyllbren.'" 3 Gwnaeth Aaron hyn, a gosododd y lampau i oleuo o'r tu blaen i'r canhwyllbren, fel yr oedd yr ARGLWYDD wedi gorchymyn i Moses. 4 Yr oedd y canhwyllbren wedi ei wneud o aur gyr, o'i draed at ei flodau. Gwnaeth y canhwyllbren yn ôl y patrwm a ddangosodd yr ARGLWYDD i Moses.

Neilltuo'r Lefiaid i'r Arglwydd

5 Dywedodd yr ARGLWYDD wrth Moses, 6 "Cymer y Lefiaid o blith pobl Israel, a glanha hwy. 7 Dyma a wnei iddynt i'w glanhau: tywallt arnynt ddŵr puredigaeth, a gwna iddynt eillio pob rhan o'u corff, a golchi eu dillad a bod yn lân. 8 Yna gwna iddynt gymryd bustach ifanc gyda bwydoffrwm o beilliaid wedi ei gymysgu ag olew, a chymer dithau fustach ifanc arall yn aberth dros bechod. 9 Tyrd â'r Lefiaid o flaen pabell y cyfarfod, a chasgla ynghyd holl gynulliad pobl Israel. 10 Wrth iti ddod â'r Lefiaid gerbron yr ARGLWYDD, bydd pobl Israel yn gosod eu dwylo arnynt, 11 a bydd Aaron yn cyflwyno'r Lefiaid gerbron yr ARGLWYDD yn offrwm cyhwfan oddi wrth bobl Israel, er mwyn iddynt wasanaethu'r ARGLWYDD. 12 Yna bydd y Lefiaid yn gosod eu dwylo ar ben y bustych, a byddi dithau'n offrymu un bustach yn aberth dros bechod, a'r llall yn boethoffrwm i'r ARGLWYDD, i wneud cymod dros y Lefiaid. 13 Gwna i'r Lefiaid wasanaethu Aaron a'i feibion, a chyflwyna hwy yn offrwm cyhwfan i'r ARGLWYDD. 14 Fel hyn y byddi'n neilltuo'r Lefiaid o blith pobl Israel i fod yn eiddo i mi.

15 "Wedyn, bydd y Lefiaid yn mynd i wasanaethu ym mhabell y cyfarfod, a byddi dithau'n eu glanhau a'u cyflwyno'n offrwm cyhwfan. 16 Cyflwynwyd hwy imi'n rhodd arbennig o blith pobl Israel, ac fe'u cymerais i mi fy hun yn gyfnewid am y cyntaf i ddod allan o'r groth, y rhai cyntafanedig o'r holl Israeliaid. 17 Y mae

pob cyntafanedig o blith yr Israeliaid, yn ddyn ac anifail, yn eiddo i mi; cysegrais hwy i mi fy hun ar y dydd y trewais bob cyntafanedig yng ngwlad yr Aifft, 18 a chymerais y Lefiaid yn gyfnewid am bob cyntafanedig o blith pobl Israel. 19 Rhoddais y Lefiaid yn rhodd i Aaron a'i feibion o blith pobl Israel, i wasanaethu'r Israeliaid ym mhabell y cyfarfod, ac i wneud cymod drostynt, rhag i bla ddod ar bobl Israel wrth iddynt ddod yn agos at y cysegr."

20 Gwnaeth Moses, Aaron, a holl gynulliad pobl Israel y cyfan a orchmynnodd yr ARGLWYDD i Moses ynglŷn â'r Lefiaid. 21 Purodd y Lefiaid eu hunain o'u pechod, a golchi eu dillad, a chyflwynodd Aaron hwy yn offrwm cyhwfan gerbron yr ARGLWYDD, a gwnaeth gymod drostynt i'w glanhau. 22 Wedyn, aeth y Lefiaid i wasanaethu ym mhabell y cyfarfod, a gweini ar Aaron a'i feibion. Gwnaethpwyd i'r Lefiaid fel yr oedd yr ARGLWYDD wedi gorchymyn i Moses.

23 Dywedodd yr ARGLWYDD wrth Moses, 24 "Dyma'r drefn ynglŷn â'r Lefiaid: bydd y rhai sy'n bum mlwydd ar hugain a throsodd yn mynd i mewn i wneud y gwaith ym mhabell y cyfarfod; 25 ond yn hanner cant oed byddant yn gorffen gweithio ac yn peidio â'u gwasanaeth. 26 Cânt gynorthwyo'u brodyr i ofalu am babell y cyfarfod, ond y mae cyfnod eu gwasanaeth ar ben. Dyma a wnei ynglŷn â gorchwylion y Lefiaid."

Yr Ail Basg

9 Yn y mis cyntaf o'r ail flwyddyn wedi iddynt ddod allan o wlad yr Aifft, llefarodd yr ARGLWYDD wrth Moses yn anialwch Sinai, a dweud, 2 "Bydded i bobl Israel gadw'r Pasg ar yr adeg benodedig. 3 Cadwch ef yn y cyfnos ar y pedwerydd dydd ar ddeg o'r mis hwn; cadwch y Pasg ar yr adeg benodedig gyda'r holl ddeddfau a'r defodau sy'n gysylltiedig ag ef." 4 Felly dywedodd Moses wrth bobl Israel am gadw'r Pasg, 5 a gwnaethant hynny yn anialwch Sinai yn y cyfnos ar y pedwerydd dydd ar ddeg o'r mis cyntaf. Gwnaeth pobl Israel yn union fel yr oedd yr ARGLWYDD wedi gorchymyn i Moses. 6 Ond ni allai rhai gadw'r Pasg ar y diwrnod penodedig, am eu bod wedi eu halogi eu hunain trwy gyffwrdd â chorff marw; felly daethant at Moses ac Aaron y dydd hwnnw, 7 a dweud, "Yr ydym wedi ein halogi ein hunain trwy gyffwrdd â chorff marw; pam y gwaherddir ni rhag ymuno â phobl Israel i offrymu i'r ARGLWYDD ar yr adeg benodedig?" 8 Atebodd Moses hwy, "Arhoswch nes imi glywed beth y mae'r ARGLWYDD yn ei orchymyn amdanoch."

9 Dywedodd yr ARGLWYDD wrth Moses, 10 "Dywed wrth bobl Israel, 'Os bydd unrhyw un ohonoch chwi neu o'ch disgynyddion yn ei halogi ei hun trwy gyffwrdd â chorff marw, neu os bydd ar daith bell, y mae er hynny i gadw'r Pasg i'r ARGLWYDD. 11 Cadwant ef yn y cyfnos ar y pedwerydd dydd ar ddeg o'r ail fis, ac y maent i fwyta'r Pasg gyda bara croyw a llysiau chwerw. 12 Nid ydynt i adael dim ohono'n weddill hyd y bore, na thorri asgwrn ohono; y maent i gadw'r holl ddeddf ynglŷn â'r Pasg. 13 Ond os bydd rhywun yn lân, a heb fod ar daith, ac eto'n gwrthod cadw'r Pasg, bydd yn cael ei dorri ymaith o blith ei bobl, am nad offrymodd i'r ARGLWYDD ar yr adeg benodedig, a bydd yn dioddef am ei bechod. 14 Os bydd dieithryn yn aros yn eich plith, ac yn dymuno cadw Pasg i'r ARGLWYDD, caiff wneud hynny yn ôl y ddeddf a'r ddefod sy'n gysylltiedig ag ef; yr un ddeddf fydd i'r dieithryn ac i'r brodor.'"

Y Cwmwl dros Babell y Cyfarfod
Ex. 40:34-38

15 Ar y dydd y codwyd y tabernacl daeth cwmwl a gorchuddio tabernacl pabell y cyfarfod; ymddangosai fel tân drosto, o'r hwyr hyd y bore. 16 Ac felly y parhaodd; yr oedd cwmwl yn ei orchuddio, ac yn y nos ymddangosai fel tân drosto. 17 Pan godai'r cwmwl oddi ar y babell, byddai pobl Israel yn cychwyn ar eu taith, a lle bynnag yr arhosai'r cwmwl, byddent yn gwersyllu. 18 Ar orchymyn yr ARGLWYDD byddai pobl Israel yn cychwyn ar eu taith, ac ar ei orchymyn ef byddent yn gwersyllu; pryd

bynnag y byddai'r cwmwl yn aros dros y tabernacl, byddent yn aros yn y gwersyll. ¹⁹ Hyd yn oed pan fyddai'r cwmwl yn aros dros y tabernacl am lawer o ddyddiau, byddai pobl Israel yn cadw dymuniad yr ARGLWYDD, ac ni fyddent yn cychwyn ar eu taith. ²⁰ Weithiau byddai'r cwmwl yn aros dros y tabernacl am ychydig ddyddiau, a byddent hwythau'n aros yn y gwersyll yn ôl gorchymyn yr ARGLWYDD, ac ar ei orchymyn ef byddent yn cychwyn ar eu taith. ²¹ Dro arall, byddai'r cwmwl yno o'r hwyr hyd y bore yn unig, ac yna pan godai, byddent yn cychwyn allan, ac os byddai yno trwy'r dydd a'r nos, ac yna'n codi, byddent yn cychwyn allan. ²² Os byddai'r cwmwl yn aros dros y tabernacl am ddeuddydd, neu fis neu flwyddyn, byddai pobl Israel yn aros yn eu pebyll heb gychwyn ar eu taith; ond pan godai'r cwmwl, byddent yn cychwyn. ²³ Ar orchymyn yr ARGLWYDD byddent yn gwersyllu, ac ar ei orchymyn ef byddent yn cychwyn ar eu taith; yr oeddent yn cadw dymuniad yr ARGLWYDD, fel yr oedd yr ARGLWYDD wedi gorchymyn i Moses.

Yr Utgyrn Arian

10 Dywedodd yr ARGLWYDD wrth Moses, ² "Gwna ddau drwmped o arian gyr, a defnyddia hwy i alw'r cynulliad ynghyd, er mwyn i'r gwersyll gychwyn ar ei daith. ³ Os cenir y ddau drwmped, bydd yr holl gynulliad yn ymgasglu atat wrth ddrws pabell y cyfarfod; ⁴ ond os un ohonynt a genir, yna yr arweinwyr yn unig, sef penaethiaid llwythau Israel, fydd yn ymgasglu atat. ⁵ Pan roddir bloedd, bydd y gwersylloedd ar ochr y dwyrain yn cychwyn ar eu taith, ⁶ a phan roddir yr ail floedd, bydd y gwersylloedd ar ochr y de yn cychwyn. ⁷ Fe roddir bloedd pryd bynnag y byddant yn cychwyn ar eu taith. ⁸ Pan yw'r cynulliad i ymgasglu ynghyd, fe genir y trwmped, ond ni roddir bloedd. Meibion Aaron, yr offeiriaid, sydd i ganu'r trwmpedau, a bydd hyn yn ddeddf i'w chadw gennych am byth, dros y cenedlaethau. ⁹ Pan fyddwch yn mynd i ryfel yn eich gwlad yn erbyn y rhai sy'n eich gorthrymu, rhowch floedd a chanu'r trwmpedau, er mwyn i'r ARGLWYDD eich Duw gofio amdanoch, a'ch achub rhag eich gelynion. ¹⁰ Hefyd, ar ddydd o lawenydd, ar eich gwyliau penodedig, ac ar ddechrau pob mis, canwch y trwmpedau uwchben eich poethoffrymau a'ch heddoffrymau; byddant yn eich dwyn i gof gerbron eich Duw. Myfi yw'r ARGLWYDD eich Duw."

Yr Israeliaid yn Ailgychwyn ar eu Taith

¹¹ Ar yr ugeinfed dydd o'r ail fis o'r ail flwyddyn, cododd y cwmwl oddi ar dabernacl y dystiolaeth, ¹² a chychwynnodd pobl Israel yn gwmnïau ar eu taith o anialwch Sinai; yna arhosodd y cwmwl yn anialwch Paran. ¹³ Felly cychwynasant allan am y tro cyntaf ar orchymyn yr ARGLWYDD trwy Moses.

¹⁴ Minteioedd gwersyll Jwda oedd y rhai cyntaf i gychwyn dan eu baner, a thros eu llu hwy yr oedd Nahson fab Amminadab. ¹⁵ Dros lu llwyth pobl Issachar yr oedd Nethanel fab Suar, ¹⁶ a thros lu llwyth pobl Sabulon yr oedd Eliab fab Helon.

¹⁷ Wedi tynnu'r tabernacl i lawr, fe gychwynnodd meibion Gerson a meibion Merari, gan mai hwy oedd yn cario'r tabernacl. ¹⁸ Yna cychwynnodd minteioedd gwersyll Reuben dan eu baner, a thros eu llu hwy yr oedd Elisur fab Sedeur. ¹⁹ Dros lu llwyth pobl Simeon yr oedd Selumiel fab Surisadai, ²⁰ a thros lu llwyth pobl Gad yr oedd Eliasaff fab Reuel*.

²¹ Yna cychwynnodd y Cohathiaid, gan gludo'r pethau cysegredig, a chodwyd y tabernacl cyn iddynt hwy gyrraedd. ²² Yna cychwynnodd minteioedd gwersyll pobl Effraim dan eu baner, a thros eu llu hwy yr oedd Elisama fab Ammihud. ²³ Dros lu llwyth pobl Manasse yr oedd Gamaliel fab Pedasur, ²⁴ a thros lu llwyth pobl Benjamin yr oedd Abidan fab Gideoni. ²⁵ Yna cychwynnodd minteioedd gwersyll pobl Dan, y gwersyll olaf un, dan eu baner, a thros eu llu hwy yr oedd

---

10:20 Tebygol. Cymh. 1:14. Hebraeg, *Deuel*.

Ahieser fab Ammisadai. ²⁶ Dros lu llwyth pobl Aser yr oedd Pagiel fab Ocran, ²⁷ a thros lu llwyth pobl Nafftali yr oedd Ahira fab Enan. ²⁸ Dyma drefn pobl Israel wrth iddynt gychwyn allan yn ôl eu lluoedd.

²⁹ Dywedodd Moses wrth Hobab fab Reuel y Midianiad, tad-yng-nghyfraith Moses, "Yr ydym yn mynd i'r lle yr addawodd yr ARGLWYDD ei roi inni; tyrd gyda ni, a byddwn yn garedig wrthyt, oherwydd y mae'r ARGLWYDD wedi addo pethau da i Israel." ³⁰ Ond atebodd ef, "Nid wyf am ddod; af yn hytrach i'm gwlad fy hun ac at fy mhobl fy hun." ³¹ Dywedodd Moses, "Paid â'n gadael, oherwydd fe wyddost ti lle cawn wersyllu yn yr anialwch, a gelli ein harwain. ³² Os doi gyda ni, fe gei ran yn y pethau da a wna'r ARGLWYDD drosom, a byddwn yn garedig wrthyt."

Y Bobl yn Cychwyn Allan

³³ Felly cychwynasant o fynydd yr ARGLWYDD ar daith dridiau, ac yr oedd arch cyfamod yr ARGLWYDD yn mynd o'u blaen ar hyd y daith i geisio lle iddynt orffwys. ³⁴ Yr oedd cwmwl yr ARGLWYDD uwchben yn ystod y dydd wrth iddynt gychwyn o'r gwersyll.

³⁵ Pan gychwynnai'r arch allan, byddai Moses yn dweud, "Cod, ARGLWYDD, gwasgar d'elynion, a boed i'r rhai sy'n dy gasáu ffoi o'th flaen." ³⁶ A phan ddôi'r arch i orffwys, byddai'n dweud, "Dychwel, ARGLWYDD, at fyrddiynau Israel."

Tabera

11 Yr oedd y bobl yn cwyno am eu caledi yng nghlyw'r ARGLWYDD, a phan glywodd ef hwy, enynnodd ei lid, a llosgodd tân yr ARGLWYDD yn eu plith gan ddifa un cwr o'r gwersyll. ² Galwodd y bobl ar Moses, a phan weddïodd ef ar yr ARGLWYDD, fe ddiffoddodd y tân. ³ Galwodd enw'r lle hwnnw yn Tabera*, am i dân yr ARGLWYDD losgi yn eu plith.

Moses yn Dewis yr Arweinwyr

⁴ Dechreuodd y lliaws cymysg oedd yn eu mysg chwantu bwyd, ac wylodd pobl Israel eto, a dweud, "Pwy a rydd inni gig i'w fwyta? ⁵ Yr ydym yn cofio'r pysgod yr oeddem yn eu bwyta yn rhad yn yr Aifft, a'r cucumerau, y melonau, y cennin, y wynwyn a'r garlleg; ⁶ ond yn awr, darfu am ein harchwaeth, ac nid oes dim i'w weld ond manna."

⁷ Yr oedd y manna fel had coriander, ac o'r un lliw â resin. ⁸ Âi'r bobl o amgylch i'w gasglu, ac wedi iddynt ei falu mewn melinau, ei guro mewn morter, a'i ferwi mewn crochanau, gwnaent deisennau ohono. Yr oedd ei flas fel petai wedi ei bobi ag olew. ⁹ Pan ddisgynnai'r gwlith ar y gwersyll gyda'r nos byddai'r manna yn disgyn hefyd.

¹⁰ Clywodd Moses y teuluoedd i gyd yn wylo, pob un yn nrws ei babell; enynnodd llid yr ARGLWYDD yn fawr, a bu'n ddrwg gan Moses. ¹¹ Yna dywedodd wrth yr ARGLWYDD, "Pam y gwnaethost dro gwael â'th was? Pam na chefais ffafr yn dy olwg, fel dy fod wedi gosod baich yr holl bobl hyn arnaf? ¹² Ai myfi a feichiogodd ar yr holl bobl hyn? Ai myfi a'u cenhedlodd? Pam y dywedi wrthyf, 'Cluda hwy yn dy fynwes, fel y bydd tadmaeth yn cludo plentyn sugno, a dos â hwy i'r wlad y tyngais y byddwn yn ei rhoi i'w hynafiaid'? ¹³ O ble y caf fi gig i'w roi i'r holl bobl hyn? Y maent yn wylo ac yn dweud wrthyf, 'Rho inni gig i'w fwyta.' ¹⁴ Ni allaf gario'r holl bobl hyn fy hunan; y mae'r baich yn rhy drwm imi. ¹⁵ Os fel hyn yr wyt am wneud â mi, yna lladd fi yn awr, os wyf i gael ffafr yn dy olwg, rhag i mi weld fy nhrueni."

¹⁶ Dywedodd yr ARGLWYDD wrth Moses, "Casgla i mi ddeg a thrigain o henuriaid Israel, rhai y gwyddost eu bod yn henuriaid y bobl ac yn swyddogion drostynt, a chymer hwy i babell y cyfarfod, a gwna iddynt sefyll yno gyda thi. ¹⁷ Fe ddof finnau i lawr a llefaru wrthyt yno, a chymeraf beth o'r ysbryd sydd arnat ti a'i roi arnynt hwy; byddant hwy gyda thi i gario baich y bobl, rhag iti ei gario dy hunan. ¹⁸ Dywed wrth y bobl, 'Ymgysegrwch erbyn yfory, a chewch fwyta cig; oherwydd yr ydych wedi wylo

---

11:3 H.y., *Llosgi*.

yng nghlyw'r ARGLWYDD, a dweud, "Pwy a rydd inni gig i'w fwyta? Yr oeddem yn dda ein byd yn yr Aifft." Felly fe rydd yr ARGLWYDD i chwi gig, a chewch fwyta. ¹⁹ Byddwch yn ei fwyta nid am un diwrnod, na dau, na phump, na deg, nac ugain, ²⁰ ond am fis cyfan, nes y bydd yn dod allan o'ch ffroenau, a chwithau'n ei gasáu; oherwydd yr ydych wedi gwrthod yr ARGLWYDD, sydd yn eich plith, trwy wylo yn ei glyw, a dweud, "Pam y daethom allan o'r Aifft?" ' " ²¹ Ond dywedodd Moses, "Dyma fi yng nghanol chwe chan mil o wŷr traed, ac eto dywedi, 'Rhof iddynt gig i'w fwyta am fis cyfan!' ²² A leddir defaid a gwartheg er mwyn eu digoni? Neu a fydd holl bysgod y môr, wedi eu casglu ynghyd, yn ddigon ar eu cyfer?" ²³ Atebodd yr ARGLWYDD ef, "A yw llaw yr ARGLWYDD yn rhy fyr? Cei weld yn y man a wireddir f'addewid iti ai peidio."

²⁴ Aeth Moses ymaith a mynegi i'r bobl eiriau'r ARGLWYDD; yna casglodd ddeg a thrigain o henuriaid y bobl a'u gosod o amgylch y babell. ²⁵ Daeth yr ARGLWYDD i lawr mewn cwmwl, a llefaru wrtho, a chymerodd yr ARGLWYDD beth o'r ysbryd oedd arno ef a'i roi ar yr henuriaid, y deg a thrigain ohonynt; pan orffwysai'r ysbryd arnynt, byddent yn proffwydo, ond ni wnaent ragor na hynny.

²⁶ Arhosodd dau o'r dynion yn y gwersyll; eu henwau oedd Eldad a Medad, a gorffwysodd yr ysbryd arnynt hwythau. Yr oeddent hwy ymhlith y rhai a gofrestrwyd, ond am nad oeddent wedi mynd allan i'r babell, proffwydasant yn y gwersyll. ²⁷ Pan redodd llanc ifanc a mynegi i Moses fod Eldad a Medad yn proffwydo yn y gwersyll, ²⁸ dywedodd Josua fab Nun, a fu'n gweini ar Moses o'i ieuenctid, "Moses, f'arglwydd, rhwystra hwy." ²⁹ Ond dywedodd Moses wrtho, "Ai o'm hachos i yr wyt yn eiddigeddus? O na byddai holl bobl yr ARGLWYDD yn broffwydi, ac y byddai ef yn rhoi ei ysbryd arnynt!" ³⁰ Yna dychwelodd Moses a henuriaid Israel i'r gwersyll.

Y Soflieir

³¹ Anfonodd yr ARGLWYDD wynt a barodd i soflieir ddod o'r môr a disgyn o amgylch y gwersyll; yr oeddent tua dau gufydd uwchlaw wyneb y tir, ac yn ymestyn dros bellter o daith diwrnod o bob tu i'r gwersyll. ³² Cododd y bobl, a chasglu'r soflieir trwy gydol y dydd hwnnw, trwy'r nos, a thrwy'r dydd drannoeth nes bod yr un a gasglodd leiaf wedi casglu deg homer; yna rhannwyd hwy ymhlith ei gilydd o amgylch y gwersyll. ³³ Pan oedd y cig rhwng eu dannedd yn barod i'w gnoi, enynnodd llid yr ARGLWYDD yn erbyn y bobl, a thrawodd hwy â phla mawr iawn. ³⁴ Felly galwyd y lle hwnnw yn Cibroth-hattaafa*, oherwydd yno y claddwyd y bobl oedd â chwant arnynt. ³⁵ Yna aethant o Cibroth-hattaafa i Haseroth, ac aros yno.

Cosbi Miriam

12 Yr oedd gan Miriam ac Aaron gŵyn yn erbyn Moses oherwydd y wraig o Ethiopia yr oedd wedi ei phriodi, ² a gofynasant, "Ai trwy Moses yn unig y llefarodd yr ARGLWYDD? Oni lefarodd hefyd trwom ni?" A chlywodd yr ARGLWYDD hwy. ³ Yr oedd Moses yn ddyn gostyngedig iawn, yn fwy felly na neb ar wyneb y ddaear. ⁴ Yn sydyn, dywedodd yr ARGLWYDD wrth Moses, Aaron a Miriam, "Dewch allan eich tri at babell y cyfarfod," a daeth y tri ohonynt allan. ⁵ Daeth yr ARGLWYDD i lawr mewn colofn o gwmwl, a sefyll wrth ddrws y babell, a phan alwodd ar Aaron a Miriam, daeth y ddau ohonynt ymlaen. ⁶ Yna dywedodd,

"Gwrandewch yn awr ar fy ngeiriau:
Os oes proffwyd yr ARGLWYDD yn
  eich plith,
datguddiaf fy hun iddo mewn
  gweledigaeth,
a llefaraf wrtho mewn breuddwyd.
⁷ Ond nid felly y mae gyda'm gwas
  Moses;
ef yn unig o'm holl dŷ sy'n ffyddlon.
⁸ Llefaraf ag ef wyneb yn wyneb,

11:34 H.y., *Beddau'r chwant*.

yn eglur, ac nid mewn posau; caiff ef weled ffurf yr ARGLWYDD. Pam, felly, nad oedd arnoch ofn cwyno yn erbyn fy ngwas Moses?"

⁹ Enynnodd llid yr ARGLWYDD yn eu herbyn, ac aeth ymaith. ¹⁰ Pan gododd y cwmwl oddi ar y babell, yr oedd Miriam yn wahanglwyfus, ac yn wyn fel yr eira. ¹¹ Trodd Aaron ati, a gwelodd ei bod yn wahanglwyfus. Yna dywedodd wrth Moses, "O f'arglwydd, paid â chyfrif yn ein herbyn y pechod hwn y buom mor ffôl â'i wneud. ¹² Paid â gadael i Miriam fod fel erthyl yn dod allan o groth y fam, a'r cnawd wedi hanner ei ddifa." ¹³ Felly galwodd Moses ar yr ARGLWYDD, "O Dduw, yr wyf yn erfyn arnat ei hiacháu." ¹⁴ Atebodd yr ARGLWYDD ef, "Pe bai ei thad wedi poeri yn ei hwyneb, oni fyddai hi wedi cywilyddio am saith diwrnod? Caeer hi allan o'r gwersyll am saith diwrnod, ac yna caiff ddod i mewn eto." ¹⁵ Felly caewyd Miriam allan o'r gwersyll am saith diwrnod, ac ni chychwynnodd y bobl ar eu taith nes iddi ddychwelyd. ¹⁶ Yna aethant ymaith o Haseroth, a gwersyllu yn anialwch Paran.

Yr Ysbiwyr

13 Deut. 1:19–33
Dywedodd yr ARGLWYDD wrth Moses, ² "Anfon ddynion i ysbïo Canaan, y wlad yr wyf yn ei rhoi i bobl Israel; yr wyt i anfon pennaeth o bob un o lwythau eu hynafiaid." ³ Felly, yn ôl gorchymyn yr ARGLWYDD, anfonodd Moses hwy allan o anialwch Paran, pob un ohonynt yn flaenllaw ymhlith pobl Israel. ⁴ Dyma eu henwau: o lwyth Reuben: Sammua fab Saccur; ⁵ o lwyth Simeon: Saffat fab Hori; ⁶ o lwyth Jwda: Caleb fab Jeffunne; ⁷ o lwyth Issachar: Igal fab Joseff; ⁸ o lwyth Effraim: Hosea fab Nun; ⁹ o lwyth Benjamin: Palti fab Raffu; ¹⁰ o lwyth Sabulon: Gadiel fab Sodi; ¹¹ o lwyth Joseff, sef o lwyth Manasse: Gadi fab Susi; ¹² o lwyth Dan: Ammiel fab Gemali; ¹³ o lwyth Aser: Sethur fab Michael; ¹⁴ o lwyth Nafftali: Nahbi fab Foffsi; ¹⁵ o lwyth Gad: Geuel fab Maci. ¹⁶ Dyna enwau'r dynion a anfonodd Moses i ysbïo'r wlad. Rhoddodd Moses yr enw Josua i Hosea fab Nun.

¹⁷ Wrth i Moses eu hanfon i ysbïo gwlad Canaan, dywedodd wrthynt, "Ewch i fyny trwy'r Negef i'r mynydd-dir, ¹⁸ ac edrychwch pa fath wlad yw hi: prun ai cryf ynteu gwan, ychydig ynteu niferus yw'r bobl sy'n byw ynddi; ¹⁹ prun ai da ynteu drwg yw'r tir lle y maent yn byw; prun ai gwersylloedd ynteu amddiffynfeydd yw eu dinasoedd; ²⁰ prun ai ffrwythlon ynteu llwm yw'r wlad; ac a oes coed ynddi ai peidio. Byddwch ddewr, a chymerwch beth o gynnyrch y tir." Adeg blaenffrwyth y grawnwin aeddfed oedd hi.

²¹ Felly, aethant i fyny i ysbïo'r wlad o anialwch Sin hyd Rehob, ger Lebo-hamath. ²² Aethant i fyny trwy'r Negef a chyrraedd Hebron; yno yr oedd Ahiman, Sesai a Talmai, disgynyddion Anac. (Adeiladwyd Hebron saith mlynedd cyn Soan yn yr Aifft.) ²³ Pan ddaethant i ddyffryn Escol, torasant gangen ac arni glwstwr o rawnwin, ac yr oedd dau yn ei chario ar drosol; daethant hefyd â phomgranadau a ffigys. ²⁴ Galwyd y lle yn ddyffryn Escol* oherwydd y clwstwr o rawnwin a dorrodd yr Israeliaid yno.

²⁵ Ar ôl ysbïo'r wlad am ddeugain diwrnod, daethant yn ôl ²⁶ i Cades yn anialwch Paran at Moses, Aaron a holl gynulliad pobl Israel. Adroddasant y newyddion wrthynt hwy a'r holl gynulliad, a dangos iddynt ffrwyth y tir. ²⁷ Dywedasant wrth Moses, "Daethom i'r wlad yr anfonaist ni iddi, a'i chael yn llifeirio o laeth a mêl, a dyma beth o'i ffrwyth. ²⁸ Ond y mae'r bobl sy'n byw yn y wlad yn gryf; y mae'r dinasoedd yn gaerog ac yn fawr iawn, a gwelsom yno ddisgynyddion Anac. ²⁹ Y mae'r Amaleciaid yn byw yng ngwlad y Negef; yr Hethiaid, y Jebusiaid a'r Amoriaid yn byw yn y mynydd-dir; a'r Canaaneaid wrth y môr, a cherllaw'r Iorddonen."

³⁰ Yna galwodd Caleb ar i'r bobl dawelu o flaen Moses, a dywedodd, "Gadewch inni fynd i fyny ar unwaith i feddiannu'r wlad, oherwydd yr ydym yn sicr o fedru ei gorchfygu." ³¹ Ond dywedodd y dynion oedd wedi mynd gydag ef, "Ni allwn fynd i fyny yn erbyn y

---

13:24 H.y., *Clwstwr.*

bobl, oherwydd y maent yn gryfach na ni." ³² Felly rhoesant adroddiad gwael i'r Israeliaid am y wlad yr oeddent wedi ei hysbïo, a dweud, "Y mae'r wlad yr aethom drwyddi i'w hysbïo yn difa ei thrigolion, ac y mae'r holl bobl a welsom ynddi yn anferth. ³³ Gwelsom yno y Neffilim (y mae meibion Anac yn ddisgynyddion y Neffilim); nid oeddem yn ein gweld ein hunain yn ddim mwy na cheiliogod rhedyn, ac felly yr oeddem yn ymddangos iddynt hwythau."

Y Bobl yn Grwgnach

14 Dechreuodd yr holl gynulliad weiddi'n uchel, a bu'r bobl yn wylo trwy'r noson honno. ² Yr oedd yr Israeliaid i gyd yn grwgnach yn erbyn Moses ac Aaron, a dywedodd y cynulliad wrthynt, "O na buasem wedi marw yng ngwlad yr Aifft neu yn yr anialwch hwn! ³ Pam y mae'r ARGLWYDD yn mynd â ni i'r wlad hon lle byddwn yn syrthio trwy fin y cleddyf, a lle bydd ein gwragedd a'n plant yn ysbail? Oni fyddai'n well inni ddychwelyd i'r Aifft?" ⁴ Dywedasant wrth ei gilydd, "Dewiswn un yn ben arnom, a dychwelwn i'r Aifft."

⁵ Yna ymgrymodd Moses ac Aaron o flaen holl aelodau cynulliad pobl Israel. ⁶ Dechreuodd Josua fab Nun a Caleb fab Jeffunne, a fu'n ysbïo'r wlad, rwygo'u dillad, ⁷ a dweud wrth holl gynulliad pobl Israel, "Y mae'r wlad yr aethom drwyddi i'w hysbïo yn wlad dda iawn. ⁸ Os bydd yr ARGLWYDD yn fodlon arnom, fe'n harwain i mewn i'r wlad hon sy'n llifeirio o laeth a mêl, a'i rhoi inni. ⁹ Ond peidiwch â gwrthryfela yn erbyn yr ARGLWYDD, a pheidiwch ag ofni trigolion y wlad, oherwydd byddant yn ysglyfaeth i ni. Y mae'r ARGLWYDD gyda ni, ond y maent hwy yn ddiamddiffyn; felly peidiwch â'u hofni." ¹⁰ Tra oedd yr holl Israeliaid yn sôn am eu llabyddio, ymddangosodd gogoniant yr ARGLWYDD iddynt ym mhabell y cyfarfod.

Moses yn Gweddïo dros y Bobl

¹¹ Dywedodd yr ARGLWYDD wrth Moses, "Am ba hyd y bydd y bobl hyn yn fy nilorni? Ac am ba hyd y byddant yn gwrthod credu ynof, er yr holl arwyddion a wneuthum yn eu plith? ¹² Trawaf hwy â haint a'u gwasgaru, ond fe'th wnaf di'n genedl fwy a chryfach na hwy." ¹³ Dywedodd Moses wrth yr ARGLWYDD, "Oni ddaw'r Eifftiaid i glywed am hyn, gan mai o'u plith hwy y daethost â'r bobl yma allan â'th nerth dy hun? ¹⁴ Ac oni ddywedant hwy wrth drigolion y wlad hon? Y maent wedi clywed dy fod di, ARGLWYDD, gyda'r bobl hyn, ac yn ymddangos iddynt wyneb yn wyneb, a bod dy gwmwl yn aros drostynt, a'th fod yn eu harwain mewn colofn o niwl yn y dydd a cholofn o dân yn y nos. ¹⁵ Yn awr, os lleddi'r bobl hyn ag un ergyd, bydd y cenhedloedd sydd wedi clywed sôn amdanat yn dweud, ¹⁶ 'Lladdodd yr ARGLWYDD y bobl hyn yn yr anialwch am na fedrai ddod â hwy i'r wlad y tyngodd lw ei rhoi iddynt.' ¹⁷ Felly erfyniaf ar i nerth yr ARGLWYDD gynyddu, fel yr addewaist pan ddywedaist, ¹⁸ 'Y mae'r ARGLWYDD yn araf i ddigio ac yn llawn o drugaredd, yn maddau drygioni a gwrthryfel; eto, heb adael yr euog yn ddi-gosb, y mae'n cosbi'r plant am droseddau'r tadau hyd y drydedd a'r bedwaredd genhedlaeth.' ¹⁹ Yn ôl dy drugaredd fawr, maddau ddrygioni'r bobl hyn, fel yr wyt wedi maddau iddynt o ddyddiau'r Aifft hyd yn awr."

²⁰ Atebodd yr ARGLWYDD, "Yr wyf wedi maddau iddynt, yn ôl dy ddymuniad; ²¹ ond yn awr, cyn wired â'm bod yn fyw a bod gogoniant yr ARGLWYDD yn llenwi'r holl ddaear, ²² ni fydd yr un o'r rhai a welodd fy ngogoniant a'r arwyddion a wneuthum yn yr Aifft ac yn yr anialwch, ond a wrthododd wrando arnaf a'm profi y dengwaith hyn, ²³ yn cael gweld y wlad y tyngais ei rhoi i'w hynafiaid; ac ni fydd neb o'r rhai a fu'n fy nilorni yn ei gweld ychwaith. ²⁴ Ond y mae ysbryd gwahanol yn fy ngwas Caleb, ac am iddo fy nilyn yn llwyr, arweiniaf ef i'r wlad y bu eisoes i mewn ynddi, a bydd ei ddisgynyddion yn ei meddiannu. ²⁵ Yn awr, am fod yr Amaleciaid a'r Canaaneaid yn byw yn y dyffryn, yr ydych i ddychwelyd yfory i'r anialwch a cherdded ar hyd ffordd y Môr Coch."

Cosbi'r Bobl am Rwgnach

26 Yna dywedodd yr ARGLWYDD wrth Moses ac Aaron, 27 "Am ba hyd y bydd y cynulliad drygionus hwn yn grwgnach yn f'erbyn? Yr wyf wedi clywed grwgnach pobl Israel yn f'erbyn; 28 felly dywed wrthynt:'Cyn wired â'm bod yn fyw,' medd yr ARGLWYDD, 'fe wnaf i chwi yr hyn a ddywedasoch yn fy nghlyw: 29 bydd pob un ugain oed a throsodd, a rifwyd yn y cyfrifiad ac sydd wedi grwgnach yn f'erbyn, yn syrthio'n farw yn yr anialwch hwn. 30 Ni chaiff yr un ohonoch ddod i mewn i'r wlad y tyngais lw y byddech yn byw ynddi, heblaw Caleb fab Jeffunne a Josua fab Nun. 31 Ond am eich plant, y dywedasoch chwi y byddent yn ysbail, dof â hwy i mewn i ddarostwng y wlad yr ydych chwi wedi ei dirmygu, 32 tra byddwch chwi'n syrthio'n farw yn yr anialwch. 33 Bydd eich plant yn crwydro'r anialwch am ddeugain mlynedd ac yn dioddef am eich anffyddlondeb chwi, nes i'r olaf ohonoch farw yn yr anialwch. 34 Am ddeugain mlynedd, sef blwyddyn am bob un o'r deugain diwrnod y buoch yn ysbïo'r wlad, byddwch yn dioddef am eich drygioni ac yn gwybod am fy nigofaint.' 35 Myfi, yr ARGLWYDD, a lefarodd; byddaf yn sicr o wneud hyn i bob un o'r cynulliad drygionus hwn sydd wedi cynllwyn yn f'erbyn. Y mae'r diwedd ar eu gwarthaf, a byddant farw yn yr anialwch hwn."

36 Felly, am y dynion a anfonodd Moses i ysbïo'r wlad, sef y rhai a ddychwelodd â'r adroddiad gwael amdani, a pheri i'r holl gynulliad rwgnach yn ei erbyn, 37 eu tynged oedd marw trwy bla gerbron yr ARGLWYDD. 38 Ond o'r dynion hynny a aeth i ysbïo'r wlad, cafodd Josua fab Nun a Caleb fab Jeffunne fyw.

Yr Ymgais Gyntaf i Feddiannu'r Wlad

Deut. 1:41–46

39 Pan ddywedodd Moses hyn wrth yr holl Israeliaid, dechreuodd y bobl alaru'n ddirfawr. 40 Codasant yn fore drannoeth a dringo i'r mynydd-dir, a dweud, "Edrychwch, awn i fyny i'r lle y dywedodd yr ARGLWYDD amdano; oherwydd yr ydym wedi pechu." 41 Ond dywedodd Moses, "Pam yr ydych yn troseddu yn erbyn gorchymyn yr ARGLWYDD? Ni fyddwch yn llwyddo. 42 Peidiwch â mynd i fyny rhag i'ch gelynion eich difa, oherwydd nid yw'r ARGLWYDD gyda chwi. 43 Y mae'r Amaleciaid a'r Canaaneaid o'ch blaen, a byddwch yn syrthio trwy fin y cleddyf; ni fydd yr ARGLWYDD gyda chwi, am eich bod wedi cefnu arno." 44 Eto, yr oeddent yn benderfynol o ddringo i'r mynydd-dir, er nad aeth Moses nac arch cyfamod yr ARGLWYDD allan o'r gwersyll. 45 Yna daeth yr Amaleciaid a'r Canaaneaid a oedd yn byw yn y mynydd-dir hwnnw i lawr yn eu herbyn, a'u herlid hyd Horma.

Deddfau ynglŷn ag Aberthau

15 Dywedodd yr ARGLWYDD wrth Moses, 2 "Dywed wrth bobl Israel, 'Pan ddewch i'r wlad yr wyf yn ei rhoi i chwi i fyw ynddi, 3 a phan fyddwch yn offrymu o'ch gwartheg neu o'ch defaid offrwm trwy dân, yn arogl peraidd i'r ARGLWYDD, boed yn boethoffrwm neu'n aberth cyffredin, boed yn offrwm i gyflawni adduned neu'n offrwm gwirfodd neu'n un a gyflwynir ar eich gwyliau penodedig, 4 yna y mae'r sawl sy'n offrymu i ddod â bwydoffrwm i'r ARGLWYDD, sef degfed ran o effa o beilliaid wedi ei gymysgu â chwarter hin o olew; 5 y mae hefyd i baratoi gyda'r poethoffrwm chwarter hin o win yn ddiodoffrwm a'i gyflwyno gyda phob oen a offrymir yn aberth. 6 Os offrymir hwrdd, deuer â bwydoffrwm o bumed ran o effa o beilliaid wedi ei gymysgu â thraean hin o olew, 7 ac ar gyfer y diodoffrwm deuer â thraean hin o win; byddant yn arogl peraidd i'r ARGLWYDD. 8 Os offrymir bustach ifanc yn boethoffrwm neu'n aberth, boed i gyflawni adduned neu'n heddoffrwm i'r ARGLWYDD, 9 yna deuer â bwydoffrwm o dair degfed ran o effa o beilliaid wedi ei gymysgu â hanner hin o olew, 10 ac ar gyfer y diodoffrwm deuer â hanner hin o win; bydd yn offrwm trwy dân, yn arogl peraidd i'r ARGLWYDD. 11 Felly y gwneir â

phob ych, hwrdd, oen gwryw a gafr, ¹² pa faint bynnag ohonynt y byddwch yn eu hoffrymu. ¹³ Dyma sut y mae'r holl frodorion i offrymu offrwm trwy dân, yn arogl peraidd i'r ARGLWYDD.'

¹⁴ " 'Os bydd yn eich plith, dros eich cenedlaethau, ddieithriaid neu eraill yn dymuno offrymu offrwm trwy dân, yn arogl peraidd i'r ARGLWYDD, y maent i ddilyn yr hyn yr ydych chwi yn ei wneud. ¹⁵ Un ddeddf fydd i'r cynulliad ac i'r dieithryn yn eich plith, ac y mae'r ddeddf honno i'w chadw trwy eich cenedlaethau; yr ydych chwi a'r dieithryn yn un gerbron yr ARGLWYDD. ¹⁶ Un gyfraith ac un rheol fydd i chwi ac i'r dieithryn a fydd gyda chwi.' "

¹⁷ Dywedodd yr ARGLWYDD wrth Moses, ¹⁸ "Dywed wrth bobl Israel, 'Wedi ichwi ddod i mewn i'r wlad yr wyf yn eich arwain iddi, ¹⁹ a bwyta o gynnyrch y tir, yr ydych i gyflwyno offrwm i'r ARGLWYDD. ²⁰ Offrymwch deisen wedi ei gwneud o'r toes cyntaf y byddwch yn ei baratoi, a chyflwynwch hi'n offrwm o'r llawr dyrnu. ²¹ Yr ydych i offrymu i'r ARGLWYDD y cyntaf o'ch toes dros eich cenedlaethau.

²² " 'Os byddwch, mewn camgymeriad, heb gadw'r holl orchmynion hyn a roddodd yr ARGLWYDD ichwi trwy Moses, ²³ o'r dydd y rhoddodd yr ARGLWYDD y gorchymyn ymlaen trwy'r cenedlaethau, ²⁴ ac os gwnaethoch hyn yn anfwriadol, a'r cynulliad heb fod yn gwybod amdano, yna y mae'r holl gynulliad i offrymu bustach ifanc yn boethoffrwm, yn arogl peraidd i'r ARGLWYDD, gyda'i fwydoffrwm, a'i ddiodoffrwm, a hefyd bwch gafr yn aberth dros bechod, yn unol â'r ddeddf. ²⁵ Yna bydd yr offeiriad yn gwneud cymod dros gynulliad pobl Israel, ac fe faddeuir iddynt am mai mewn camgymeriad y gwnaethant hyn, ac am iddynt ddwyn offrwm trwy dân i'r ARGLWYDD a chyflwyno iddo aberth dros bechod. ²⁶ Fe faddeuir i holl gynulliad pobl Israel ac i'r dieithryn sy'n byw yn eu plith, gan fod pawb yn gyfrifol am y camgymeriad.

²⁷ " 'Os bydd unigolyn yn pechu'n anfwriadol, y mae i offrymu gafr flwydd yn aberth dros bechod. ²⁸ Bydd yr offeiriad yn gwneud cymod gerbron yr ARGLWYDD dros yr un a bechodd yn anfwriadol mewn camgymeriad, ac fe faddeuir iddo. ²⁹ Pan fydd rhywun yn gwneud rhywbeth yn anfwriadol, yna yr un gyfraith a weithredir prun bynnag a yw'n frodor o Israel neu'n ddieithryn sy'n byw yn eu plith. ³⁰ Ond pan fydd rhywun yn gweithredu'n rhyfygus, boed yn frodor neu'n ddieithryn, y mae'n cablu yn erbyn yr ARGLWYDD, ac fe'i torrir ymaith o blith ei bobl. ³¹ Am iddo ddiystyru gair yr ARGLWYDD a gwrthod cadw ei orchymyn, fe'i torrir ymaith yn llwyr a bydd yn dwyn ei gamwedd arno'i hun.' "

Y Dyn a Dorrodd y Saboth

³² Pan oedd yr Israeliaid yn yr anialwch, gwelsant ddyn yn casglu coed ar y Saboth, ³³ ac wedi iddynt ddod ag ef at Moses ac Aaron a'r holl gynulliad, ³⁴ rhoddwyd ef yn y ddalfa am nad oedd yn glir beth y dylid ei wneud ag ef. ³⁵ Yna dywedodd yr ARGLWYDD wrth Moses, "Rhodder y dyn i farwolaeth; y mae'r holl gynulliad i'w labyddio y tu allan i'r gwersyll." ³⁶ Felly daeth yr holl gynulliad ag ef y tu allan i'r gwersyll a'i labyddio, fel yr oedd yr ARGLWYDD wedi gorchymyn i Moses, a bu farw.

Rheolau ynglŷn â Thaselau

³⁷ Dywedodd yr ARGLWYDD wrth Moses, ³⁸ "Dywed wrth bobl Israel am iddynt, dros eu cenedlaethau, wneud taselau ar odre eu gwisg, a chlymu ruban glas ar y tasel ym mhob congl. ³⁹ Pan fyddwch yn edrych ar y tasel, fe gofiwch gadw holl orchmynion yr ARGLWYDD, ac ni fyddwch yn puteinio trwy fynd ar ôl y pethau y mae eich calonnau a'ch llygaid yn chwantu amdanynt. ⁴⁰ Felly fe gofiwch gadw fy holl orchmynion, a byddwch yn sanctaidd i'ch Duw. ⁴¹ Myfi yw'r ARGLWYDD eich Duw, a ddaeth â chwi allan o wlad yr Aifft i fod yn Dduw i chwi; myfi yw'r ARGLWYDD eich Duw."

Gwrthryfel Cora, Dathan ac Abiram

16 Aeth Cora fab Ishar, fab Cohath, fab Lefi, gyda'r Reubeniaid Dathan ac Abiram, feibion Eliab, ac On fab Peleth, i gynnull dynion ² i godi yn erbyn Moses; gyda hwy yr oedd dau gant a hanner o bobl Israel, a'r rheini'n wŷr adnabyddus o blith penaethiaid ac arweinwyr y cynulliad. ³ Wedi iddynt ymgynnull yn erbyn Moses ac Aaron, dywedasant wrthynt, "Yr ydych wedi cymryd gormod arnoch eich hunain. Y mae pob un o'r holl gynulliad yn sanctaidd, ac y mae'r ARGLWYDD gyda hwy; pam felly yr ydych chwi yn eich dyrchafu eich hunain uwchlaw cynulliad yr ARGLWYDD?" ⁴ Pan glywodd Moses hyn, syrthiodd ar ei wyneb, ⁵ a dywedodd wrth Cora a'i holl gwmni, "Yn y bore bydd yr ARGLWYDD yn datguddio pwy sy'n eiddo iddo ef, pwy sy'n sanctaidd, a phwy sy'n cael dynesu ato; pwy bynnag y bydd ef yn ei ddewis fydd yn cael dynesu ato. ⁶ Dyma yr ydych i'w wneud: yr wyt ti, Cora, a'th holl gwmni i gymryd thuserau; ⁷ ac yfory, gerbron yr ARGLWYDD, rhowch dân ynddynt a gosodwch arogldarth arnynt, a'r un a ddewisa'r ARGLWYDD fydd yn sanctaidd. Yr ydych chwi, feibion Lefi, wedi cymryd gormod arnoch eich hunain." ⁸ Dywedodd Moses hefyd wrth Cora, "Gwrandewch, feibion Lefi. ⁹ Ai peth dibwys yn eich golwg yw fod Duw Israel wedi eich neilltuo chwi o blith cynulliad Israel, ichwi ddynesu ato a gwasanaethu yn nhabernacl yr ARGLWYDD a sefyll o flaen y cynulliad a gweini arnynt? ¹⁰ Y mae wedi caniatáu i ti a'th holl frodyr, meibion Lefi, ddynesu ato; a ydych am geisio bod yn offeiriaid hefyd? ¹¹ Yr wyt ti a'th holl gwmni wedi ymgynnull yn erbyn yr ARGLWYDD; pam, felly, yr ydych yn grwgnach yn erbyn Aaron?"

¹² Yna galwodd Moses am Dathan ac Abiram, feibion Eliab, ond dywedasant hwy, "Nid ydym am ddod. ¹³ Ai peth dibwys yw dy fod wedi dod â ni allan o wlad yn llifeirio o laeth a mêl, i'n lladd yn yr anialwch? A wyt hefyd am dy osod dy hun yn bennaeth arnom? ¹⁴ Yn wir, ni ddaethost â ni i wlad yn llifeirio o laeth a mêl, na rhoi inni faes na gwinllan yn feddiant. A wyt am ddallu'r dynion hyn? Nid ydym am ddod."

¹⁵ Yr oedd Moses yn ddig iawn, a dywedodd wrth yr ARGLWYDD, "Paid ag edrych ar eu hoffrwm. Ni chymerais gymaint ag un asyn oddi arnynt, ac nid wyf wedi gwneud cam â'r un ohonynt." ¹⁶ Dywedodd Moses wrth Cora, "Yr wyt ti a'th holl gwmni ac Aaron i fod yn bresennol gerbron yr ARGLWYDD yfory. ¹⁷ Y mae pob un i gymryd ei thuser a rhoi arogldarth ynddo, a dod ag ef gerbron yr ARGLWYDD; yr wyt ti, Aaron, a phob un arall i ddod â thuser, a bydd dau gant a hanner ohonynt." ¹⁸ Felly cymerodd pob un ei thuser a rhoi tân ynddynt a gosod arogldarth arnynt, a sefyll gyda Moses ac Aaron wrth ddrws pabell y cyfarfod; ¹⁹ ac ymddangosodd gogoniant yr ARGLWYDD i'r holl gynulliad. ²⁰ Dywedodd yr ARGLWYDD wrth Moses ac Aaron, ²¹ "Ymwahanwch oddi wrth y cynulliad hwn, oherwydd yr wyf am eu difa ar unwaith." ²² Ond syrthiasant hwy ar eu hwynebau, a dweud, "O Dduw, Duw ysbryd pob cnawd, a wyt am ddigio wrth yr holl gynulliad am fod un dyn wedi pechu?" ²³ Dywedodd yr ARGLWYDD wrth Moses, ²⁴ "Dywed wrth y cynulliad am fynd ymaith oddi wrth babell Cora, Dathan ac Abiram."

²⁵ Cododd Moses ac aeth at Dathan ac Abiram, a dilynodd henuriaid Israel ef. ²⁶ Yna dywedodd wrth y cynulliad, "Ewch allan o bebyll y dynion drwg hyn, a pheidiwch â chyffwrdd â dim o'u heiddo, rhag ichwi gael eich difa am eu holl bechodau hwy." ²⁷ Felly aethant draw oddi wrth babell Cora, Dathan ac Abiram; a daeth Dathan ac Abiram allan gyda'u gwragedd, eu plant a'u rhai bychain, a sefyll wrth ddrws eu pebyll. ²⁸ Dywedodd Moses, "Cewch wybod trwy hyn mai'r ARGLWYDD a'm hanfonodd i wneud yr holl bethau hyn, ac nad o'm dyfais fy hun y gwneuthum hwy. ²⁹ Os bydd y dynion hyn farw'n naturiol, a phrofi'r un ffawd ag sy'n dod yn arferol i bobl, yna nid yw'r ARGLWYDD wedi fy anfon. ³⁰ Ond os gwna'r

ARGLWYDD rywbeth newydd, trwy beri i'r ddaear agor ei genau a'u llyncu hwy a phopeth a berthyn iddynt, fel eu bod yn disgyn yn fyw i Sheol, yna byddwch yn gwybod bod y dynion hyn wedi dirmygu'r ARGLWYDD."

31 Fel yr oedd yn gorffen dweud hyn i gyd, holltodd y tir odanynt, 32 ac agorodd y ddaear ei genau a'u llyncu hwy a'u tylwyth, a holl ddynion Cora a'u heiddo i gyd. 33 Felly disgynasant hwy, a phawb oedd gyda hwy, yn fyw i Sheol; yna caeodd y ddaear amdanynt, a difawyd hwy o blith y cynulliad. 34 Wrth iddynt weiddi, ffodd yr holl Israeliaid oedd o'u hamgylch, gan ddweud, "Rhag i'r ddaear ein llyncu ninnau!" 35 Yna daeth tân oddi wrth yr ARGLWYDD a difa'r ddau gant a hanner o ddynion oedd yn offrymu arogldarth.

Y Thuserau

36 * Dywedodd yr ARGLWYDD wrth Moses, 37 "Dywed wrth Eleasar fab Aaron yr offeiriad am godi'r thuserau allan o'r goelcerth, am eu bod yn sanctaidd, a thaenu'r tân ar wasgar; 38 yna y mae thuserau'r rhai a bechodd, ac a fu farw, i'w curo'n blatiau i wneud caead ar yr allor, oherwydd y maent yn sanctaidd am iddynt gael eu hoffrymu gerbron yr ARGLWYDD; felly byddant yn arwydd i bobl Israel." 39 Yna cymerodd Eleasar yr offeiriad y thuserau pres, a offrymwyd gan y rhai a gafodd eu llosgi, ac fe'u curwyd i wneud caead i'r allor, 40 i atgoffa pobl Israel nad oedd neb heblaw'r rhai oedd yn gymwys, sef disgynyddion Aaron, i ddynesu i losgi arogldarth gerbron yr ARGLWYDD, rhag iddo fod fel Cora a'i gwmni. Gwnaed hyn fel yr oedd yr ARGLWYDD wedi dweud wrth Eleasar trwy Moses.

Aaron yn Achub y Bobl

41 Trannoeth dechreuodd holl gynulliad pobl Israel rwgnach yn erbyn Moses ac Aaron, a dweud, "Yr ydych wedi lladd pobl yr ARGLWYDD." 42 Ac wedi i'r cynulliad ymgynnull yn erbyn Moses ac Aaron, troesant at babell y cyfarfod a gwelsant gwmwl yn ei gorchuddio a gogoniant yr ARGLWYDD yn ymddangos. 43 Yna daeth Moses ac Aaron o flaen pabell y cyfarfod, 44 a dywedodd yr ARGLWYDD wrth Moses, 45 "Ewch ymaith o blith y cynulliad hwn, oherwydd yr wyf am eu difa ar unwaith." Syrthiasant ar eu hwynebau, 46 a dywedodd Moses wrth Aaron, "Cymer thuser, a rho ynddo dân oddi ar yr allor, a gosod arno arogldarth, a dos rhag blaen at y cynulliad, a gwna gymod drostynt; daeth digofaint oddi wrth yr ARGLWYDD, ac y mae'r pla wedi dechrau." 47 Gwnaeth Aaron fel yr oedd Moses wedi dweud, a rhedodd i ganol y cynulliad, ond gwelodd fod y pla eisoes wedi dechrau ymhlith y bobl. Rhoddodd arogldarth ar y thuser, a gwnaeth gymod dros y bobl. 48 Safodd rhwng y meirw a'r byw, ac fe beidiodd y pla. 49 Bu farw pedair mil ar ddeg a saith gant trwy'r pla, heblaw'r rhai a fu farw o achos Cora. 50 Yna, wedi i'r pla beidio, aeth Aaron yn ôl at Moses yn nrws pabell y cyfarfod.

Ffon Aaron

17 * Dywedodd yr ARGLWYDD wrth Moses, 2 "Llefara wrth bobl Israel, a chymer wialen gan bob un o arweinwyr y tylwythau, deuddeg i gyd. Ysgrifenna enw pob dyn ar ei wialen, 3 ond ar wialen Lefi ysgrifenna enw Aaron. Felly bydd gan bob un o arweinwyr y tylwythau wialen. 4 Yna yr wyt i osod y gwiail ym mhabell y cyfarfod, o flaen y dystiolaeth, lle byddaf yn cwrdd â thi*. 5 Bydd gwialen y dyn a ddewisaf fi yn blaguro; dyma sut y rhoddaf daw ar yr Israeliaid sy'n grwgnach yn dy erbyn." 6 Felly llefarodd Moses wrth bobl Israel, a rhoddodd pob un o arweinwyr y tylwythau wialen iddo, deuddeg i gyd; ac yr oedd gwialen Aaron ymhlith eu gwiail hwy. 7 Yna gosododd Moses y gwiail gerbron yr ARGLWYDD ym mhabell y dystiolaeth.

8 Trannoeth aeth Moses i mewn i babell y dystiolaeth, a gwelodd fod gwialen Aaron, a oedd yn cynrychioli tŷ Lefi, wedi blaguro a blodeuo a dwyn

---

16:36 Hebraeg, 17:1.

17:1 Hebraeg, 17:16.
17:4 Felly llawysgrifau a Fersiynau. TM, *chwi*.

almonau aeddfed. ⁹ Yna daeth Moses â'r holl wiail oedd gerbron yr ARGLWYDD allan at holl bobl Israel, ac wedi iddynt eu gweld, cymerodd pob dyn ei wialen. ¹⁰ Dywedodd yr ARGLWYDD wrth Moses, "Rho wialen Aaron yn ôl o flaen y dystiolaeth fel arwydd i'r rhai gwrthryfelgar; rhydd hyn daw ar eu grwgnach yn f'erbyn, rhag iddynt farw." ¹¹ Gwnaeth Moses yn union fel yr oedd yr ARGLWYDD wedi gorchymyn iddo.

¹² Dywedodd pobl Israel wrth Moses, "Edrych, yr ydym yn trengi! Y mae wedi darfod amdanom! Y mae wedi darfod am bob un ohonom! ¹³ Bydd pob un sy'n nesáu at dabernacl yr ARGLWYDD yn marw. Ai trengi fydd tynged pob un ohonom?"

Dyletswyddau Offeiriaid a Lefiaid

18 Dywedodd yr ARGLWYDD wrth Aaron, "Byddi di, dy feibion a'th deulu yn atebol am y troseddau a wneir yn erbyn y cysegr, ond ti a'th feibion yn unig fydd yn atebol am y troseddau a wneir yn erbyn yr offeiriadaeth. ² Gad i'th frodyr o dylwyth Lefi, sef tylwyth dy dad, ymuno â thi a gweini arnat pan fyddi di a'th feibion o flaen pabell y dystiolaeth. ³ Hwy fydd yn gofalu amdanat ac am holl waith y babell, ond nid ydynt i ddynesu at lestri'r cysegr nac at yr allor rhag iddynt hwy, a chwithau, farw. ⁴ Gad iddynt ymuno â thi i oruchwylio holl wasanaeth pabell y cyfarfod, ond paid â gadael i neb arall ddod yn agos atat. ⁵ Chwi eich hunain fydd yn gofalu am waith y cysegr a'r allor, rhag i ddigofaint ddod eto ar bobl Israel. ⁶ Edrych, yr wyf wedi dewis dy frodyr, y Lefiaid, o blith pobl Israel, a'u rhoi i ti; y maent wedi eu neilltuo i'r ARGLWYDD i wasanaethu ym mhabell y cyfarfod. ⁷ Fel offeiriaid, yr wyt ti a'th feibion i ofalu am bopeth sy'n ymwneud â'r allor, a phopeth oddi mewn i'r llen; dyna fydd eich gwasanaeth chwi. Yr wyf yn rhoi'r gwasanaeth offeiriadol yn rhodd i chwi, a bydd farw pwy bynnag arall a ddaw'n agos."

Rhan yr Offeiriaid

⁸ Yna dywedodd yr ARGLWYDD wrth Aaron, "Edrych, yr wyf wedi rhoi yn dy ofal hefyd yr offrymau a gyflwynir imi; yr wyf yn rhoi holl bethau cysegredig pobl Israel i ti ac i'th feibion yn gyfran arbennig am byth. ⁹ Dyma fydd yn eiddo iti o'r pethau mwyaf cysegredig a arbedwyd rhag y tân: pob offrwm o eiddo'r Israeliaid a gyflwynir imi, yn fwydoffrwm, yn offrwm dros bechod neu'n aberth dros gamwedd; bydd yn gysegredig iawn gennyt ti a'th feibion. ¹⁰ Yr wyt i'w fwyta yn y lle mwyaf sanctaidd; caiff pob gwryw fwyta ohono, a bydd yn gysegredig gennyt. ¹¹ Bydd hyn hefyd yn eiddo iti: y rhan a neilltuir o'r holl roddion a gyflwynir gan bobl Israel yn offrymau cyhwfan; fe'i rhoddais i ti ac i'th feibion a'th ferched am byth; caiff pob un sy'n lân yn dy dŷ fwyta ohoni. ¹² Rhoddaf iti hefyd y gorau o'r holl olew, gwin ac ŷd a gyflwynir yn flaenffrwyth i'r ARGLWYDD. ¹³ Bydd holl flaenffrwyth eu tir a gyflwynir i'r ARGLWYDD yn eiddo iti, a chaiff pob un sy'n lân yn dy dŷ fwyta ohono. ¹⁴ Bydd yr holl bethau diofryd yn Israel hefyd yn eiddo i ti. ¹⁵ Bydd y cyntaf a ddaw allan o'r groth ac a offrymir i'r ARGLWYDD, yn ddyn neu anifail, yn eiddo i ti; ond yr wyt i brynu'n ôl y plentyn cyntafanedig o'r bobl, a'r cyntafanedig o bob anifail aflan. ¹⁶ Yr wyt i'w prynu'n ôl yn fis oed, a thalu'r tâl penodedig o bum sicl o arian, yn ôl sicl y cysegr, sy'n pwyso ugain gera. ¹⁷ Ond nid wyt i brynu'n ôl y cyntafanedig o ych, na dafad na gafr, oherwydd y maent hwy'n gysegredig. Yr wyt i daenellu eu gwaed ar yr allor, a llosgi'r braster yn offrwm trwy dân, yn arogl peraidd i'r ARGLWYDD; ¹⁸ ond bydd eu cig yn eiddo i ti, fel y mae'r frest a chwifir, a'r glun dde, yn eiddo i ti. ¹⁹ Rhoddaf i ti ac i'th feibion a'th ferched am byth yr holl offrymau sanctaidd a gyflwynir gan bobl Israel i'r ARGLWYDD; bydd hyn yn gyfamod halen am byth gerbron yr ARGLWYDD i ti a'th ddisgynyddion gyda thi." ²⁰ Dywedodd yr ARGLWYDD hefyd wrth Aaron, "Ni chei di etifeddiaeth yn eu tir na chyfran yn eu mysg; myfi yw dy gyfran di a'th etifeddiaeth ymysg pobl Israel.

Rhan y Lefiaid

21 "Yr wyf yn rhoi yn etifeddiaeth i'r Lefiaid bob degwm yn Israel, yn dâl am eu gwasanaeth ym mhabell y cyfarfod. 22 Nid yw'r Israeliaid mwyach i ddynesu at babell y cyfarfod, neu byddant yn atebol am eu pechod ac yn marw. 23 Ond y mae'r Lefiaid i wasanaethu ym mhabell y cyfarfod, a byddant hwy'n atebol am eu camweddau; bydd hyn yn ddeddf dragwyddol trwy eich cenedlaethau. Ni fydd gan y Lefiaid etifeddiaeth ymhlith pobl Israel, 24 oherwydd fe roddaf yn etifeddiaeth iddynt hwy y degwm a gyflwynir gan bobl Israel yn offrwm i'r ARGLWYDD. Dyna pam y dywedais wrthynt na fydd ganddynt hwy etifeddiaeth ymhlith pobl Israel."

Degwm y Lefiaid

25 Dywedodd yr ARGLWYDD wrth Moses, 26 "Dywed hefyd wrth y Lefiaid, 'Pan gymerwch gan bobl Israel y degwm a roddais i chwi'n etifeddiaeth, yr ydych i gyflwyno ohono offrwm i'r ARGLWYDD, sef degwm o'r degwm. 27 Fe gyfrifir eich offrwm i chwi fel petai'n ŷd o'r llawr dyrnu neu'n sudd o'r gwinwryf. 28 Felly yr ydych chwithau hefyd i gyflwyno offrwm i'r ARGLWYDD o'r holl ddegymau a dderbyniwch gan bobl Israel, ac y mae'r hyn sy'n offrwm i'r ARGLWYDD i'w roi i Aaron yr offeiriad. 29 Yr ydych i offrymu'n offrwm i'r ARGLWYDD y gorau a'r mwyaf sanctaidd o'r cyfan a dderbyniwch.' 30 Dywed wrthynt hefyd, 'Wedi ichwi offrymu'r gorau ohono, cyfrifir y gweddill i'r Lefiaid fel petai'n gynnyrch y llawr dyrnu a'r gwinwryf; 31 cewch chwi a'ch teulu ei fwyta mewn unrhyw le, oherwydd dyma eich tâl am eich gwasanaeth ym mhabell y cyfarfod. 32 Wedi ichwi offrymu'r gorau ohono, ni fyddwch yn atebol am unrhyw bechod o'i herwydd, ac ni fyddwch yn halogi pethau cysegredig pobl Israel. Felly, ni fyddwch farw.'"

Lludw'r Fuwch Goch

19 Dywedodd yr ARGLWYDD wrth Moses ac Aaron, 2 "Dyma'r ddeddf a'r gyfraith a orchmynnodd yr ARGLWYDD: 'Dywed wrth bobl Israel am ddod â buwch atat, un goch heb unrhyw ddiffyg na nam arni, ac na fu erioed dan iau. 3 Rhowch hi i Eleasar yr offeiriad, a deuer â hi y tu allan i'r gwersyll a'i lladd ger ei fron. 4 Yna fe gymer Eleasar yr offeiriad beth o'r gwaed a'i daenellu â'i fys saith gwaith ar du blaen pabell y cyfarfod. 5 Llosger y fuwch yn ei ŵydd, ynghyd â'i chroen, ei chig, ei gwaed a'i gweddillion. 6 Yna bydd yr offeiriad yn cymryd coed cedrwydd, isop ac edau ysgarlad, ac yn eu taflu i ganol y tân sy'n llosgi'r fuwch. 7 Wedyn bydd yn golchi ei ddillad a'i gorff â dŵr, ac yn dod i mewn i'r gwersyll, ond ni fydd yn lân tan yr hwyr. 8 Y mae'r dyn a losgodd y fuwch hefyd i olchi ei ddillad a'i gorff â dŵr, ac ni fydd yntau ychwaith yn lân tan yr hwyr. 9 Yna bydd dyn sy'n lân yn casglu lludw'r fuwch ac yn ei roi mewn lle glân y tu allan i'r gwersyll, ac fe'i cedwir i gynulliad pobl Israel ei ddefnyddio ar gyfer dŵr puredigaeth; bydd y fuwch, felly, yn aberth dros bechod. 10 Y mae'r dyn sy'n casglu lludw'r fuwch hefyd i olchi ei ddillad, ac ni fydd yn lân tan yr hwyr. Bydd hyn yn ddeddf i'w chadw am byth gan bobl Israel a'r dieithriaid sy'n byw yn eu plith.

Cyffwrdd â Chorff Marw

11 " 'Bydd y sawl sy'n cyffwrdd â chorff marw unrhyw un yn aflan am saith diwrnod; 12 y mae i'w olchi ei hun â dŵr ar y trydydd a'r seithfed dydd, a bydd yn lân, ond os na fydd yn ei olchi ei hun ar y trydydd a'r seithfed dydd, ni fydd yn lân. 13 Bydd pwy bynnag sy'n cyffwrdd â chorff marw unrhyw un, a heb ei olchi ei hun, yn halogi tabernacl yr ARGLWYDD, a bydd yn cael ei ddiarddel o Israel; bydd yn aflan, ac yn parhau'n aflan, am nad yw wedi ei drochi mewn dŵr puredigaeth.

14 " 'Dyma'r ddeddf pan fydd rhywun yn marw mewn pabell: bydd unrhyw un a ddaw i mewn i'r babell, ac unrhyw un a oedd ynddi'n barod, yn aflan am saith diwrnod. 15 Bydd pob llestr agored, heb gaead wedi ei gau arno, yn aflan. 16 Bydd pwy bynnag sydd allan yn y maes ac yn

cyffwrdd ag un a fu farw trwy'r cleddyf, neu â chorff marw unrhyw un, neu asgwrn ohono, neu ei fedd, yn aflan am saith diwrnod. ¹⁷ Ar gyfer y rhai aflan fe gymerir peth o ludw'r aberth dros bechod, a thywallt dŵr glân drosto mewn llestr; ¹⁸ yna bydd rhywun sy'n lân yn cymryd isop, yn ei drochi mewn dŵr, ac yn ei daenellu ar y babell a'i holl ddodrefn, ac ar bawb oedd yno, ac ar y sawl a gyffyrddodd ag asgwrn neu fedd un a gafodd ei ladd neu a fu farw; ¹⁹ bydd y sawl sy'n lân yn ei daenellu dros yr aflan ar y trydydd a'r seithfed dydd, ac erbyn y seithfed dydd bydd wedi ei lanhau; yna bydd yn golchi ei ddillad ei hun a'i gorff â dŵr, ac erbyn yr hwyr bydd yntau'n lân.

²⁰ " 'Os yw rhywun yn aflan ac yn gwrthod ei olchi ei hun, fe'i torrir ymaith o blith y cynulliad am iddo halogi cysegr yr ARGLWYDD; bydd yn aflan am na throchwyd ef mewn dŵr puredigaeth. ²¹ Bydd hyn yn ddeddf iddynt am byth. Y mae'r sawl sy'n taenellu'r dŵr puredigaeth i olchi ei ddillad; bydd pwy bynnag sy'n cyffwrdd â'r dŵr yn aflan tan yr hwyr. ²² Bydd beth bynnag y bydd rhywun aflan yn ei gyffwrdd yn troi'n aflan, ac os bydd rhywun yn cyffwrdd â'r peth aflan hwnnw, bydd yntau'n aflan tan yr hwyr.' "

Israel yn Cades

20 Ex. 17:1-7
Yn y mis cyntaf daeth holl gynulleidfa pobl Israel i anialwch Sin, ac arhosodd y bobl yn Cades; yno y bu Miriam farw, ac yno y claddwyd hi.

² Nid oedd dŵr ar gyfer y gynulleidfa, ac felly ymgynullasant yn erbyn Moses ac Aaron. ³ Dechreuasant ymryson â Moses, a dweud, "O na fyddem ninnau wedi marw pan fu farw ein cymrodyr gerbron yr ARGLWYDD! ⁴ Pam y daethost â chynulleidfa'r ARGLWYDD i'r anialwch hwn i farw gyda'n hanifeiliaid? ⁵ Pam y daethost â ni allan o'r Aifft a'n harwain i'r lle drwg hwn? Nid oes yma rawn, na ffigys, na gwinwydd, na phomgranadau, na hyd yn oed ddŵr i'w yfed." ⁶ Yna aeth Moses ac Aaron o ŵydd y gynulleidfa at ddrws pabell y cyfarfod, ac ymgrymu. Ymddangosodd gogoniant yr ARGLWYDD iddynt, ⁷ a dywedodd yr ARGLWYDD wrth Moses. ⁸ "Cymer y wialen, a chynnull y gynulleidfa gyda'th frawd Aaron, ac yn eu gŵydd dywed wrth y graig am ddiferu dŵr; yna byddi'n tynnu dŵr o'r graig ar eu cyfer ac yn ei roi i'r gynulleidfa a'i hanifeiliaid i'w yfed." ⁹ Felly cymerodd Moses y wialen oedd o flaen yr ARGLWYDD, fel y gorchmynnwyd iddo.

¹⁰ Cynullodd Moses ac Aaron y gynulleidfa o flaen y graig, a dweud wrthynt, "Gwrandewch, yn awr, chwi wrthryfelwyr; a ydych am inni dynnu dŵr i chwi allan o'r graig hon?" ¹¹ Yna cododd Moses ei law, ac wedi iddo daro'r graig ddwywaith â'i wialen, daeth llawer o ddŵr allan, a chafodd y gynulleidfa a'u hanifeiliaid yfed ohono. ¹² Dywedodd yr ARGLWYDD wrth Moses ac Aaron, "Am i chwi beidio â chredu ynof, na'm sancteiddio yng ngŵydd pobl Israel, ni fyddwch yn dod â'r gynulleidfa hon i mewn i'r wlad a roddais iddynt." ¹³ Dyma ddyfroedd Meriba*, lle y bu'r Israeliaid yn ymryson â'r ARGLWYDD, a lle y datguddiodd ei hun yn sanctaidd iddynt.

Brenin Edom yn Rhwystro Israel

¹⁴ Anfonodd Moses genhadon o Cades at frenin Edom i ddweud, "Dyma a ddywed dy frawd Israel: 'Fe wyddost am yr holl helbulon a ddaeth i'n rhan, ¹⁵ sut yr aeth ein hynafiaid i lawr i'r Aifft, sut y buom yn byw yno am amser maith, a sut y cawsom ni a'n hynafiaid ein cam-drin gan yr Eifftiaid; ¹⁶ ond pan waeddasom ar yr ARGLWYDD, fe glywodd ein cri, ac anfonodd angel i'n harwain allan o'r Aifft. ¹⁷ A dyma ni yn Cades, dinas sydd yn ymyl dy diriogaeth di. Yn awr, gad inni fynd trwy dy wlad; nid ydym am fynd trwy dy gaeau a'th winllannoedd, nac am yfed dŵr o'r ffynhonnau, ond fe gadwn at briffordd y brenin, heb droi i'r dde na'r chwith, nes inni fynd trwy dy diriogaeth.' " ¹⁸ Ond dywedodd Edom wrtho, "Ni chei fynd trwodd, neu fe ddof yn dy erbyn â chleddyf." ¹⁹ Dywedodd pobl Israel wrtho, "Nid ydym am fynd ond ar hyd y briffordd, ac os byddwn ni a'n hanifeiliaid yn yfed dy ddŵr, fe dalwn

---

20:13 H.y., *Ymryson.*

amdano; ni wnawn ddim ond cerdded trwodd." ²⁰ Ond dywedodd ef, "Ni chei di ddim mynd." Daeth Edom allan yn eu herbyn gyda byddin fawr o ddynion, ²¹ a gwrthododd adael i Israel fynd trwy ei dir; felly fe drodd Israel ymaith oddi wrtho.

Marw Aaron

²² Aeth holl gynulleidfa pobl Israel o Cades, a chyrraedd Mynydd Hor. ²³ Dywedodd yr ARGLWYDD wrth Moses ac Aaron ym Mynydd Hor, a oedd ar derfyn gwlad Edom, ²⁴ "Cesglir Aaron at ei bobl; ni chaiff fynd i mewn i'r wlad a roddais i bobl Israel, am i chwi wrthryfela yn erbyn fy ngorchymyn wrth ddyfroedd Meriba. ²⁵ Felly tyrd ag Aaron a'i fab Eleasar i fyny Mynydd Hor, ²⁶ a chymer y wisg oddi am Aaron a'i rhoi am ei fab Eleasar; yna bydd Aaron yn cael ei gasglu at ei bobl, ac yn marw yno." ²⁷ Gwnaeth Moses fel y gorchmynnodd yr ARGLWYDD, ac aethant i fyny Mynydd Hor, a'r holl gynulleidfa yn eu gwylio. ²⁸ Cymerodd Moses y wisg oddi am Aaron a'i rhoi am ei fab Eleasar, a bu Aaron farw yno ar ben y mynydd. ²⁹ Yna daeth Moses ac Eleasar i lawr o ben y mynydd, a phan sylweddolodd yr holl gynulleidfa fod Aaron wedi marw, wylodd holl dŷ Israel amdano am ddeg diwrnod ar hugain.

Buddugoliaeth dros Ganaan

21 Pan glywodd brenin Arad, y Canaanead oedd yn byw yn y Negef, fod yr Israeliaid yn dod ar hyd ffordd Atharaim, ymosododd arnynt a chymryd rhai ohonynt yn garcharorion. ² Gwnaeth Israel adduned i'r ARGLWYDD, a dweud, "Os rhoddi di'r bobl hyn yn ein dwylo, yna fe ddinistriwn eu dinasoedd yn llwyr." ³ Gwrandawodd yr ARGLWYDD ar gri Israel, a rhoddodd y Canaaneaid yn eu dwylo; dinistriodd yr Israeliaid hwy a'u dinasoedd, ac felly y galwyd y lle yn Horma*.

Y Sarff Bres

⁴ Yna aeth yr Israeliaid o Fynydd Hor ar hyd ffordd y Môr Coch, ac o amgylch gwlad Edom. Dechreuodd y bobl fod yn anniddig ar y daith, ⁵ a siarad yn erbyn Duw a Moses, a dweud, "Pam y daethoch â ni o'r Aifft i farw yn yr anialwch? Nid oes yma na bwyd na diod, ac y mae'n gas gennym y bwyd gwael hwn." ⁶ Felly anfonodd yr ARGLWYDD seirff gwenwynig ymysg y bobl, a bu nifer o'r Israeliaid farw wedi iddynt gael eu brathu ganddynt. ⁷ Yna daeth y bobl at Moses, a dweud, "Yr ydym wedi pechu trwy siarad yn erbyn yr ARGLWYDD ac yn dy erbyn di; gweddïa ar i'r ARGLWYDD yrru'r seirff ymaith oddi wrthym." Felly gweddïodd Moses ar ran y bobl, ⁸ a dywedodd yr ARGLWYDD wrtho, "Gwna sarff a'i gosod ar bolyn, a bydd pawb a frathwyd, o edrych arni, yn cael byw." ⁹ Felly gwnaeth Moses sarff bres, a'i gosod ar bolyn, a phan fyddai rhywun yn cael ei frathu gan sarff, byddai'n edrych ar y sarff bres, ac yn byw.

Symud o Fynydd Hor i Ddyffryn ger Pisga

¹⁰ Aeth yr Israeliaid ymlaen, a gwersyllu yn Oboth, ¹¹ a mynd oddi yno a gwersyllu yn Ije-abarim, yn yr anialwch sydd gyferbyn â Moab, tua chodiad haul. ¹² Wedi cychwyn oddi yno, a gwersyllu yn nyffryn Sared, ¹³ aethant ymlaen, a gwersyllu yr ochr draw i Arnon, yn yr anialwch sy'n ymestyn o derfyn yr Amoriaid; yr oedd Arnon ar y ffin rhwng Moab a'r Amoriaid. ¹⁴ Dyna pam y mae Llyfr Rhyfeloedd yr ARGLWYDD yn sôn am

"Waheb yn Suffa a'r dyffrynnoedd,
¹⁵ Arnon a llechweddau'r
    dyffrynnoedd
sy'n ymestyn at safle Ar
ac yn gorffwys ar derfyn Moab."

¹⁶ Oddi yno aethant i Beer*, y ffynnon y soniodd yr ARGLWYDD amdani wrth Moses, pan ddywedodd, "Cynnull y bobl ynghyd, er mwyn i mi roi dŵr iddynt." ¹⁷ Yna canodd Israel y gân hon:

21:3 H.y., *Dinistr*.

21:16 H.y., *Ffynnon*.

"Tardda, ffynnon! Canwch iddi—
[18] y ffynnon a gloddiodd y tywysogion,
ac a agorodd penaethiaid y bobl
â'u gwiail a'u ffyn."

Aethant ymlaen o'r anialwch i Mattana, [19] ac oddi yno i Nahaliel; yna i Bamoth, [20] ac ymlaen i'r dyffryn sydd yng ngwlad Moab, ger copa Pisga, sy'n edrych i lawr dros yr anialdir.

Goruchafiaeth ar Sihon ac Og
Deut. 2:16—3:11

[21] Yna anfonodd Israel genhadon at Sihon brenin yr Amoriaid i ddweud, [22] "Gad inni fynd trwy dy wlad; nid ydym am droi i mewn i'th gaeau na'th winllannoedd, nac yfed dŵr o'r ffynhonnau; fe gadwn at briffordd y brenin, nes inni fynd trwy dy diriogaeth." [23] Ond nid oedd Sihon am adael i Israel fynd trwy ei diriogaeth; felly cynullodd ei holl fyddin, ac aeth allan i'r anialwch yn erbyn Israel, a phan ddaeth i Jahas, ymosododd arnynt. [24] Ond lladdodd yr Israeliaid ef â min y cleddyf, a chymryd meddiant o'i dir, o Arnon i Jabboc, a hyd at derfyn yr Amoriaid, er mor gadarn oedd hwnnw. [25] Meddiannodd Israel y dinasoedd hyn i gyd, ac ymsefydlu yn holl ddinasoedd yr Amoriaid, ac yn Hesbon a'i holl bentrefi. [26] Hesbon oedd dinas Sihon brenin yr Amoriaid; yr oedd wedi ymladd yn erbyn brenin blaenorol Moab, a chipio'i holl dir hyd at Arnon. [27] Dyna pam y canodd y beirdd:

"Dewch i Hesbon a'i hadeiladu!
Gwnewch yn gadarn ddinas Sihon!
[28] Oherwydd aeth tân allan o
    Hesbon,
a fflam o ddinas Sihon,
a difa Ar yn Moab
a pherchnogion mynydd-dir Arnon.
[29] Gwae di, Moab!
Darfu amdanoch, chwi bobl Cemos!
Gwnaeth ei feibion yn ffoaduriaid,
a'i ferched yn gaethion
i Sihon brenin yr Amoriaid.
[30] Saethasom hwy, a darfu amdanynt
o Hesbon hyd Dibon,
ac yr ydym wedi eu dymchwel
o Noffa hyd Medeba."

[31] Felly y daeth Israel i fyw yng ngwlad yr Amoriaid. [32] Anfonodd Moses rai i ysbïo Jaser cyn meddiannu eu pentrefi, a gyrru allan yr Amoriaid a oedd yno. [33] Yna troesant a mynd ar hyd ffordd Basan; ond daeth Og brenin Basan a'i holl fyddin allan yn eu herbyn, ac ymladd â hwy yn Edrei. [34] Dywedodd yr ARGLWYDD wrth Moses, "Paid â'i ofni, oherwydd yr wyf wedi ei roi ef a'i holl fyddin a'i dir yn dy law; gwna iddo ef yr hyn a wnaethost i Sihon brenin yr Amoriaid, oedd yn byw yn Hesbon." [35] Felly lladdasant ef, ei feibion a'i holl fyddin, heb adael un yn weddill; yna meddianasant ei dir.

Brenin Moab yn Anfon am Balaam

22 Aeth yr Israeliaid ymlaen, a gwersyllu yn Jericho yng ngwastadedd Moab, y tu draw i'r Iorddonen. [2] Yr oedd Balac fab Sippor wedi gweld y cyfan a wnaeth Israel i'r Amoriaid, [3] a daeth ofn mawr ar Moab am fod yr Israeliaid mor niferus. Yr oedd y Moabiaid yn arswydo rhagddynt, [4] a dywedasant wrth henuriaid Midian, "Bydd y cynulliad hwn yn awr yn llyncu popeth o'n cwmpas, fel y mae'r ych yn llyncu glaswellt y maes." Yr oedd Balac fab Sippor yn frenin Moab ar y pryd, [5] ac anfonodd ef genhadau at Balaam fab Beor yn Pethor, sydd yng ngwlad Amaw ac ar lan yr Ewffrates, a dweud, "Edrych, daeth pobl allan o'r Aifft, a chartrefu ar hyd a lled y wlad, ac y maent bellach gyferbyn â mi. [6] Tyrd, yn awr, a melltithia'r bobl hyn imi, oherwydd y maent yn gryfach na mi; yna, hwyrach y gallaf eu gorchfygu a'u gyrru allan o'r wlad, oherwydd gwn y daw bendith i'r sawl yr wyt ti'n ei fendithio, a melltith i'r sawl yr wyt ti'n ei felltithio."

[7] Felly aeth henuriaid Moab a Midian at Balaam, gyda'r tâl am ddewino yn eu llaw, a rhoi iddo'r neges oddi wrth Balac. [8] Dywedodd Balaam wrthynt, "Arhoswch yma heno; dychwelaf â gair atoch, yn ôl fel y bydd yr ARGLWYDD wedi llefaru wrthyf." Felly arhosodd tywysogion Moab gyda Balaam. Yna daeth Duw at Balaam, a gofyn, [9] "Pwy

yw'r dynion hyn sydd gyda thi?" ¹⁰ Atebodd Balaam ef, "Anfonodd Balac fab Sippor, brenin Moab, neges ataf yn dweud, ¹¹ 'Edrych, daeth pobl allan o'r Aifft, a chartrefu ar hyd a lled y wlad; tyrd, yn awr, a melltithia hwy imi; yna hwyrach y gallaf eu gorchfygu a'u gyrru allan.' " ¹² Dywedodd Duw wrth Balaam, "Paid â mynd gyda hwy, na melltithio'r bobl, oherwydd y maent wedi eu bendithio." ¹³ Felly cododd Balaam drannoeth, a dweud wrth dywysogion Balac, "Ewch yn ôl i'ch gwlad, oherwydd gwrthododd yr ARGLWYDD i mi ddod gyda chwi." ¹⁴ Yna cododd tywysogion Moab a mynd at Balac a dweud, "Y mae Balaam yn gwrthod dod gyda ni."

¹⁵ Anfonodd Balac dywysogion eilwaith, ac yr oedd y rhain yn fwy niferus ac anrhydeddus na'r lleill. ¹⁶ Daethant at Balaam a dweud wrtho, "Dyma a ddywed Balac fab Sippor, 'Paid â gadael i ddim dy rwystro rhag dod ataf; ¹⁷ fe ddeliaf yn gwbl anrhydeddus â thi, ac fe wnaf y cyfan a ddywedi wrthyf; felly tyrd, a melltithia'r bobl hyn imi.' " ¹⁸ Ond dywedodd Balaam wrth weision Balac, "Pe bai Balac yn rhoi imi lond ei dŷ o arian ac aur, ni allaf wneud yn groes i'r hyn y bydd yr ARGLWYDD fy Nuw yn ei orchymyn. ¹⁹ Yn awr, arhoswch yma heno, er mwyn imi wybod beth arall a ddywed yr ARGLWYDD wrthyf." ²⁰ Daeth Duw at Balaam liw nos, a dweud wrtho, "Os yw'r dynion wedi dod i'th gyrchu, yna dos gyda hwy; ond paid â gwneud dim heblaw'r hyn a orchmynnaf iti."

Balaam a'i Asen

²¹ Cododd Balaam drannoeth, ac ar ôl cyfrwyo ei asen, aeth gyda thywysogion Moab. ²² Ond digiodd Duw wrtho am fynd, a safodd angel yr ARGLWYDD ar y ffordd i'w rwystro. Fel yr oedd yn marchogaeth ar ei asen, a'i ddau was gydag ef, ²³ fe welodd yr asen angel yr ARGLWYDD yn sefyll ar y ffordd, a chleddyf yn barod yn ei law; felly trodd yr asen oddi ar y ffordd, ac aeth i mewn i gae. Yna trawodd Balaam hi er mwyn ei throi yn ôl i'r ffordd. ²⁴ Safodd angel yr ARGLWYDD wedyn ar lwybr yn arwain trwy'r gwinllannoedd, a wal o boptu iddo. ²⁵ Pan welodd yr asen angel yr ARGLWYDD, gwthiodd yn erbyn y wal, gan wasgu troed Balaam rhyngddi a'r wal. ²⁶ Felly trawodd Balaam yr asen eilwaith. Yna aeth angel yr ARGLWYDD ymlaen a sefyll mewn lle mor gyfyng fel nad oedd modd troi i'r dde na'r chwith. ²⁷ Pan welodd yr asen angel yr ARGLWYDD, gorweddodd dan Balaam; ond gwylltiodd yntau, a tharo'r asen â'i ffon. ²⁸ Yna agorodd yr ARGLWYDD enau'r asen, a pheri iddi ddweud wrth Balaam, "Beth a wneuthum iti, dy fod wedi fy nharo deirgwaith?" ²⁹ Atebodd Balaam hi, "Fe wnaethost ffŵl ohonof. Pe bai gennyf gleddyf yn fy llaw, byddwn yn dy ladd." ³⁰ Yna gofynnodd yr asen i Balaam, "Onid myfi yw'r asen yr wyt wedi ei marchogaeth trwy gydol dy oes hyd heddiw? A wneuthum y fath beth â thi erioed o'r blaen?" Atebodd yntau, "Naddo."

³¹ Yna agorodd yr ARGLWYDD lygaid Balaam, a phan welodd ef angel yr ARGLWYDD yn sefyll ar y ffordd, a'i gleddyf yn barod yn ei law, plygodd ei ben ac ymgrymu ar ei wyneb. ³² Dywedodd angel yr ARGLWYDD wrtho, "Pam y trewaist dy asen y teirgwaith hyn? Fe ddeuthum i'th rwystro am dy fod yn rhuthro i fynd o'm blaen, ³³ ond gwelodd dy asen fi, a throi oddi wrthyf deirgwaith. Pe na bai wedi troi oddi wrthyf, buaswn wedi dy ladd di ac arbed dy asen." ³⁴ Dywedodd Balaam wrth angel yr ARGLWYDD, "Yr wyf wedi pechu; ni wyddwn dy fod yn sefyll ar y ffordd i'm rhwystro. Yn awr, os yw'r hyn a wneuthum yn ddrwg yn dy olwg, fe ddychwelaf adref." ³⁵ Ond dywedodd angel yr ARGLWYDD wrth Balaam, "Dos gyda'r dynion; ond paid â dweud dim heblaw'r hyn a orchmynnaf iti." Felly aeth Balaam yn ei flaen gyda thywysogion Balac.

Balac yn Croesawu Balaam

³⁶ Pan glywodd Balac fod Balaam yn dod, aeth allan i'w gyfarfod yn Ar yn Moab, ar y ffin bellaf ger afon Arnon. ³⁷ Dywedodd Balac wrtho, "Onid anfonais neges atat i'th alw? Pam na ddaethost ataf? Oni allaf ddelio'n anrhydeddus â thi?"

⁳⁸ Atebodd Balaam ef, "Dyma fi wedi dod atat! Yn awr, a yw'r gallu gennyf i lefaru unrhyw beth ohonof fy hun? Ni allaf lefaru ond y gair a roddodd Duw yn fy ngenau." ³⁹ Felly aeth Balaam gyda Balac, a chyrraedd Ciriath-husoth. ⁴⁰ Yna aberthodd Balac wartheg a defaid, a'u hanfon at Balaam a'r tywysogion oedd gydag ef. ⁴¹ Trannoeth aeth Balac i gyrchu Balaam i fyny i Bamoth-baal, ac oddi yno fe ganfu fod y bobl yn cyrraedd cyn belled ag y gwelai.

Neges Gyntaf Balaam

23 Dywedodd Balaam wrth Balac, "Adeilada imi yma saith allor, a darpara imi saith bustach a saith hwrdd." ² Gwnaeth Balac fel yr oedd Balaam wedi gorchymyn, ac offrymodd Balac a Balaam fustach a hwrdd ar bob allor. ³ Yna dywedodd Balaam wrth Balac, "Aros di wrth dy boethoffrwm, ac af finnau draw oddi yma; hwyrach y daw'r ARGLWYDD i gyfarfod â mi, ac fe ddywedaf wrthyt beth bynnag a ddatguddia imi." Felly aeth ymaith i fryn uchel. ⁴ Daeth Duw i gyfarfod â Balaam, a dywedodd Balaam wrtho, "Yr wyf wedi paratoi'r saith allor ac offrymu bustach a hwrdd ar bob un." ⁵ Rhoddodd yr ARGLWYDD air yng ngenau Balaam, a dweud, "Dos yn ôl at Balac, a llefara hyn wrtho." ⁶ Pan ddychwelodd yntau, gwelodd Balac yn sefyll wrth ei boethoffrwm, a holl dywysogion Moab gydag ef. ⁷ Yna llefarodd Balaam ei oracl a dweud,

"Daeth Balac â mi o Syria,
brenin Moab o fynyddoedd y dwyrain.
'Tyrd,' meddai, 'rho felltith ar Jacob imi;
tyrd, cyhoedda wae ar Israel.'
⁸ Sut y gallaf felltithio neb heb i Dduw ei felltithio,
neu gyhoeddi gwae ar neb heb i'r ARGLWYDD ei gyhoeddi?
⁹ Fe'u gwelaf o ben y creigiau,
ac edrychaf arnynt o'r bryniau—
pobl yn byw mewn unigedd,
heb ystyried eu bod ymysg y cenhedloedd.
¹⁰ Pwy a all gyfrif Jacob mwy na llwch*
neu rifo chwarter Israel?
Boed i minnau farw fel y bydd marw'r cyfiawn,
a boed fy niwedd i fel eu diwedd hwy."

¹¹ Dywedodd Balac wrth Balaam, "Beth a wnaethost imi? Gelwais amdanat i felltithio fy ngelynion, ond y cyfan a wnaethost oedd eu bendithio." ¹² Atebodd yntau, "Onid oes raid imi lefaru'r hyn y mae'r ARGLWYDD yn ei osod yn fy ngenau?"

Ail Neges Balaam

¹³ Dywedodd Balac wrtho, "Tyrd gyda mi i le arall er mwyn iti eu gweld oddi yno; ni weli di mo'r cyfan, dim ond un cwr ohonynt, ond oddi yno gelli eu melltithio imi." ¹⁴ Felly cymerodd ef i faes Soffim ar ben Pisga, ac adeiladodd saith allor ac offrymodd fustach a hwrdd ar bob un. ¹⁵ Yna dywedodd Balaam wrth Balac, "Aros di yma wrth dy boethoffrwm, ac af finnau draw i gyfarfod â'r ARGLWYDD." ¹⁶ Daeth yr ARGLWYDD i gyfarfod â Balaam, a rhoi gair yn ei enau, a dweud, "Dos yn ôl at Balac, a llefara hyn wrtho." ¹⁷ Pan ddaeth ef ato, gwelodd Balac yn sefyll wrth ei boethoffrwm, a thywysogion Moab gydag ef. Gofynnodd Balac iddo, "Beth a ddywedodd yr ARGLWYDD?" ¹⁸ Yna llefarodd Balaam ei oracl a dweud:

"Cod, Balac, a chlyw:
gwrando arnaf, fab Sippor;
¹⁹ nid yw Duw fel meidrolyn yn dweud celwydd,
neu fod meidrol yn edifarhau.
Oni wna yr hyn a addawodd,
a chyflawni'r hyn a ddywedodd?
²⁰ Derbyniais orchymyn i fendithio,
a phan fo ef yn bendithio, ni allaf ei atal.
²¹ Ni welodd ddrygioni yn Jacob,
ac ni chanfu drosedd yn Israel.
Y mae'r ARGLWYDD eu Duw gyda hwy,
a bloedd y brenin yn eu plith.
²² Daeth Duw â hwy allan o'r Aifft,
ac yr oedd eu nerth fel nerth ych gwyllt.

23:10 Felly llawysgrifau. TM, *gyfrif llwch Jacob*.

²³ Nid oes swyn yn erbyn Jacob,
na dewiniaeth yn erbyn Israel;
yn awr fe ddywedir am Jacob ac
   Israel,
'Gwaith Duw yw hyn!'
²⁴ Dyma bobl sy'n codi fel llewes,
ac yn ymsythu fel llew;
nid yw'n gorwedd nes bwyta'r
   ysglyfaeth
ac yfed o waed yr hyn a larpiodd."

²⁵ Dywedodd Balac wrth Balaam, "Paid â'u melltithio na'u bendithio mwyach." ²⁶ Ond atebodd Balaam ef, "Oni ddywedais wrthyt fod yn rhaid imi wneud y cyfan a ddywed yr ARGLWYDD?"

Trydedd Neges Balaam

²⁷ Dywedodd Balac wrth Balaam, "Tyrd, fe af â thi i le arall; efallai y bydd Duw yn fodlon iti eu melltithio imi oddi yno." ²⁸ Felly cymerodd Balac ef i ben Peor, sy'n edrych i lawr dros y diffeithwch*, ²⁹ a dywedodd Balaam wrtho, "Adeilada imi yma saith allor, a darpara imi saith bustach a saith hwrdd." ³⁰ Gwnaeth Balac fel yr oedd Balaam wedi gorchymyn iddo, ac offrymodd fustach a hwrdd ar bob allor.

24 Pan welodd Balaam fod yr ARGLWYDD yn dymuno bendithio Israel, nid aeth i arfer dewiniaeth, fel cynt; yn hytrach, trodd ei wyneb tua'r diffeithwch. ² Cododd ei olwg a gweld yr Israeliaid yn gwersyllu yn ôl eu llwythau. Yna daeth ysbryd Duw arno, ³ a llefarodd ei oracl a dweud:

"Gair Balaam fab Beor,
gair y gŵr yr agorir ei lygaid
⁴ ac sy'n clywed geiriau Duw,
yn cael gweledigaeth gan yr Hollalluog,
ac yn syrthio i lawr, a'i lygaid wedi
   eu hagor:
⁵ Mor brydferth yw dy bebyll, O
   Jacob,
a'th wersylloedd, O Israel!
⁶ Y maent yn ymestyn fel palmwydd,
fel gerddi ar lan afon,
fel aloewydd a blannodd yr
   ARGLWYDD,
fel cedrwydd wrth ymyl dyfroedd.

⁷ Tywelltir dŵr o'i ystenau,
a bydd digon o ddŵr i'w had.
Bydd ei frenin yn uwch nag Agag,
a dyrchefir ei frenhiniaeth.
⁸ Daeth Duw ag ef allan o'r Aifft,
ac yr oedd ei nerth fel nerth ych
   gwyllt;
bydd yn traflyncu'r cenhedloedd sy'n
   elynion iddo,
gan ddryllio eu hesgyrn yn ddarnau,
a'u gwanu â'i saethau.
⁹ Pan gryma, fe orwedd fel llew,
neu lewes; pwy a'i deffry?
Bydded bendith ar bawb a'th
   fendithia,
a melltith ar bawb a'th felltithia."

¹⁰ Yna digiodd Balac wrth Balaam; curodd ei ddwylo, a dywedodd wrtho, "Gelwais amdanat i felltithio fy ngelynion, ond yr wyt ti wedi eu bendithio'r teirgwaith hyn. ¹¹ Felly ffo yn awr i'th le dy hun; addewais dy anrhydeddu, ond fe gadwodd yr ARGLWYDD yr anrhydedd oddi wrthyt." ¹² Dywedodd Balaam wrth Balac, "Oni ddywedais wrth y negeswyr a anfonaist ataf, ¹³ 'Pe rhoddai Balac imi lond ei dŷ o arian ac aur, ni allwn fynd yn groes i air yr ARGLWYDD a gwneud na da na drwg o'm hewyllys fy hun; rhaid imi lefaru'r hyn a ddywed yr ARGLWYDD'? ¹⁴ Yn awr, fe af at fy mhobl fy hun; tyrd, ac fe ddywedaf wrthyt beth a wna'r bobl hyn i'th bobl di yn y dyfodol."

Pedwaredd Neges Balaam

¹⁵ Yna llefarodd ei oracl a dweud:

"Gair Balaam fab Beor,
gair y gŵr yr agorir ei lygaid
¹⁶ ac sy'n clywed geiriau Duw,
yn gwybod meddwl y Goruchaf,
yn cael gweledigaeth gan yr
   Hollalluog,
ac yn syrthio i lawr, a'i lygaid wedi
   eu hagor:
¹⁷ Fe'i gwelaf ef, ond nid yn awr;
edrychaf arno, ond nid yw'n agos.
Daw seren allan o Jacob,
a chyfyd teyrnwialen o Israel;
fe ddryllia dalcen Moab,
a difa holl feibion Seth.
¹⁸ Bydd Edom yn cael ei meddiannu,
bydd Seir yn feddiant i'w gelynion,

23:28 Neu, *Jesimon.*

ond bydd Israel yn gweithredu'n rymus.

¹⁹ Daw llywodraethwr allan o Jacob a dinistrio'r rhai a adawyd yn y dinasoedd."

Negesau Olaf Balaam

²⁰ Yna edrychodd ar Amalec, a llefarodd ei oracl a dweud:

"Amalec oedd y blaenaf ymhlith y cenhedloedd,
ond caiff yntau, yn y diwedd, ei ddinistrio."

²¹ Yna edrychodd ar y Cenead, a llefarodd ei oracl a dweud:

"Y mae dy drigfan yn gadarn,
a'th nyth yn ddiogel mewn craig;
²² eto bydd Cain yn cael ei anrheithio.
Am ba hyd y bydd Assur yn dy gaethiwo?"

²³ Llefarodd ei oracl a dweud:

"Och! Pwy fydd byw pan wna Duw hyn?
²⁴ Daw llongau o gyffiniau Chittim, gan orthrymu Assur ac Eber;
cânt hwythau hefyd eu dinistrio."

²⁵ Yna cododd Balaam a dychwelodd adref, ac aeth Balac hefyd ymaith.

Yr Israeliaid a Baal-peor

25 Pan oedd Israel yn aros yn Sittim, dechreuodd y bobl odinebu gyda merched Moab. ² Yr oedd y rhain yn eu gwahodd i'r aberthau i'w duwiau, a bu'r bobl yn bwyta ac yn ymgrymu i dduwiau Moab. ³ Dyma sut y daeth Israel i gyfathrach â Baal-peor. Enynnodd llid yr ARGLWYDD yn erbyn Israel, ⁴ a dywedodd wrth Moses am gymryd holl benaethiaid y bobl a'u crogi gerbron yr ARGLWYDD yn wyneb haul, er mwyn i'w lid droi oddi wrth Israel. ⁵ Yna dywedodd Moses wrth farnwyr Israel, "Y mae pob un ohonoch i ladd y rhai o'i lwyth a fu'n cyfathrachu â Baal-peor."

⁶ Yna daeth un o'r Israeliaid â merch o Midian at ei deulu, a hynny yng ngŵydd Moses a holl gynulliad pobl Israel, fel yr oeddent yn wylo wrth ddrws pabell y cyfarfod. ⁷ Pan welodd Phinees fab Eleasar, fab Aaron yr offeiriad, hyn, fe gododd o ganol y cynulliad, a chymerodd waywffon yn ei law, ⁸ a dilyn yr Israeliad i mewn i'r babell; yna gwanodd hwy ill dau, sef y dyn a hefyd y ferch trwy ei chylla. ⁹ Felly yr ataliwyd y pla oddi wrth bobl Israel. Er hyn, bu farw pedair mil ar hugain trwy'r pla.

¹⁰ Dywedodd yr ARGLWYDD wrth Moses, ¹¹ "Y mae Phinees fab Eleasar, fab Aaron yr offeiriad, wedi troi fy llid oddi wrth bobl Israel; ni ddistrywiais hwy yn fy eiddigedd, oherwydd bu ef yn eiddigeddus drosof fi ymhlith y bobl. ¹² Felly dywed, 'Rhoddaf iddo fy nghyfamod heddwch, ¹³ a bydd ganddo ef a'i ddisgynyddion gyfamod am offeiriadaeth dragwyddol, am iddo fod yn eiddigeddus dros ei Dduw, a gwneud cymod dros bobl Israel.'" ¹⁴ Enw'r Israeliad a drywanwyd gyda'r ferch o Midian oedd Simri fab Salu, penteulu o lwyth Simeon. ¹⁵ Enw'r ferch o Midian a drywanwyd oedd Cosbi ferch Sur, a oedd yn bennaeth dros dylwyth o bobl Midian.

¹⁶ Dywedodd yr ARGLWYDD wrth Moses, ¹⁷ "Dos i boenydio'r Midianiaid a'u lladd, ¹⁸ oherwydd buont hwy'n eich poenydio chwi trwy eu dichell yn yr achos ynglŷn â Peor, ac yn yr achos ynglŷn â'u chwaer Cosbi, merch pennaeth o Midian, a drywanwyd yn nydd y pla o achos Peor."

Yr Ail Gyfrifiad

26 Ar ôl y pla dywedodd yr ARGLWYDD wrth Moses ac wrth Eleasar fab Aaron yr offeiriad, ² "Gwnewch gyfrifiad o holl gynulliad pobl Israel yn ôl eu tylwythau, gan restru pawb yn Israel sy'n ugain oed a throsodd, ac yn abl i fynd i ryfel." ³ Felly dywedodd Moses ac Eleasar yr offeiriad wrth y bobl yng ngwastadedd Moab, gyferbyn â Jericho ger yr Iorddonen, ⁴ am restru'r* rhai oedd yn ugain oed a throsodd, fel yr oedd yr ARGLWYDD wedi gorchymyn i Moses. Dyma'r Israeliaid a ddaeth allan o wlad yr Aifft: ⁵ Reuben, cyntafanedig

---

26:4 Cymh. 26:2. Hebraeg heb *am restru'r*.

Israel; meibion Reuben: o Hanoch, teulu'r Hanochiaid; o Palu, teulu'r Paluiaid; ⁶ o Hesron, teulu'r Hesroniaid; o Carmi, teulu'r Carmiaid. ⁷ Dyma gyfanswm teuluoedd y Reubeniaid: pedwar deg tair o filoedd, saith gant a thri deg. ⁸ Mab* Palu: Eliab. ⁹ Meibion Eliab: Nemuel, Dathan ac Abiram. Dyma'r Dathan a'r Abiram a anogodd y cynulliad i ymuno â chwmni Cora i gwyno yn erbyn Moses ac Aaron, ac yn erbyn yr ARGLWYDD; ¹⁰ agorodd y ddaear ei genau a'u llyncu hwy a Cora, a bu farw'r cwmni pan losgwyd dau gant a hanner ohonynt mewn tân, fel rhybudd. ¹¹ Er hyn, ni fu farw meibion Cora.

¹² Meibion Simeon yn ôl eu teuluoedd: o Nemuel, teulu'r Nemueliaid; o Jamin, teulu'r Jaminiaid; o Jachin, teulu'r Jachiniaid; ¹³ o Sera, teulu'r Serahiaid; o Saul, teulu'r Sauliaid. ¹⁴ Dyma deuluoedd y Simeoniaid, dau ddeg dwy o filoedd a dau gant.

¹⁵ Meibion Gad yn ôl eu teuluoedd: o Seffon, teulu'r Seffoniaid; o Haggi, teulu'r Haggiaid; o Suni, teulu'r Suniaid; ¹⁶ o Osni, teulu'r Osniaid; o Eri, teulu'r Eriaid; ¹⁷ o Arod, teulu'r Arodiaid; o Areli, teulu'r Areliaid. ¹⁸ Dyma deuluoedd meibion Gad, cyfanswm o ddeugain mil a phum cant.

¹⁹ Meibion Jwda: Er ac Onan; bu farw Er ac Onan yng ngwlad Canaan. ²⁰ Meibion Jwda yn ôl eu teuluoedd oedd: o Sela, teulu'r Selaniaid; o Peres, teulu'r Peresiaid; o Sera, teulu'r Serahiaid. ²¹ Meibion Peres oedd: o Hesron, teulu'r Hesroniaid; o Hamul, teulu'r Hamuliaid. ²² Dyma deuluoedd Jwda, cyfanswm o saith deg chwech o filoedd a phum cant.

²³ Meibion Issachar yn ôl eu teuluoedd: o Tola, teulu'r Tolaiaid; o Pua, teulu'r Puhiaid; ²⁴ o Jasub, teulu'r Jasubiaid; o Simron, teulu'r Simroniaid. ²⁵ Dyma deuluoedd Issachar, cyfanswm o chwe deg pedair o filoedd a thri chant.

²⁶ Meibion Sabulon yn ôl eu teuluoedd: o Sered, teulu'r Sardiaid; o Elon, teulu'r Eloniaid; o Jahleel, teulu'r Jahleeliaid. ²⁷ Dyma deuluoedd y Sabuloniaid, cyfanswm o drigain mil a phum cant.

²⁸ Meibion Joseff, sef Manasse ac Effraim, yn ôl eu teuluoedd: ²⁹ Meibion Manasse: o Machir, teulu'r Machiriaid; yr oedd Machir yn dad i Gilead; o Gilead, teulu'r Gileadiaid. ³⁰ Dyma feibion Gilead: o Jeser, teulu'r Jeseriaid; o Helec, teulu'r Heleciaid; ³¹ o Asriel, teulu'r Asrieliaid; o Sechem, teulu'r Sechemiaid; ³² o Semida, teulu'r Semidiaid; o Heffer, teulu'r Hefferiaid. ³³ Nid oedd gan Seloffehad fab Heffer feibion, dim ond merched; enwau merched Seloffehad oedd Mala, Noa, Hogla, Milca a Tirsa. ³⁴ Dyma deuluoedd Manasse, cyfanswm o bum deg dwy o filoedd a saith gant.

³⁵ Dyma feibion Effraim yn ôl eu teuluoedd: o Suthela, teulu'r Sutheliaid; o Becher, teulu'r Becheriaid; o Tahan, teulu'r Tahaniaid. ³⁶ Dyma feibion Suthela: o Eran, teulu'r Eraniaid. ³⁷ Dyma deuluoedd meibion Effraim, cyfanswm o dri deg dwy o filoedd a phum cant. Dyma feibion Joseff yn ôl eu teuluoedd.

³⁸ Meibion Benjamin yn ôl eu teuluoedd: o Bela, teulu'r Belaiaid; o Asbel, teulu'r Asbeliaid; o Ahiram, teulu'r Ahiramiaid; ³⁹ o Suffam*, teulu'r Suffamiaid; o Huffam, teulu'r Huffamiaid. ⁴⁰ Meibion Bela oedd Ard a Naaman; o Ard, teulu'r Ardiaid; o Naaman, teulu'r Naamaniaid. ⁴¹ Dyma feibion Benjamin yn ôl eu teuluoedd, cyfanswm o bedwar deg pump o filoedd a chwe chant.

⁴² Dyma feibion Dan yn ôl eu teuluoedd: o Suham, teulu'r Suhamiaid. Dyma dylwyth Dan yn ôl eu teuluoedd. ⁴³ Cyfanswm holl deuluoedd y Suhamiaid oedd chwe deg pedair o filoedd a phedwar cant.

⁴⁴ Meibion Aser yn ôl eu teuluoedd: o Jimna, teulu'r Jimniaid; o Jesui, teulu'r Jesuiaid; o Bereia, teulu'r Bereiaid. ⁴⁵ O feibion Bereia: o Heber, teulu'r Heberiaid; o Malciel, teulu'r Malcieliaid. ⁴⁶ Enw merch Aser oedd Sara. ⁴⁷ Dyma deuluoedd meibion Aser, cyfanswm o bum deg tair o filoedd a phedwar cant.

26:8 Hebraeg, *Meibion*.

26:39 Felly llawysgrifau a Fersiynau. TM, *Seffuffam*.

⁴⁸ Meibion Nafftali yn ôl eu teuluoedd: o Jahseel, teulu'r Jahseeliaid; o Guni, teulu'r Guniaid; ⁴⁹ o Jeser, teulu'r Jeseriaid; o Silem, teulu'r Silemiaid. ⁵⁰ Dyma dylwyth Nafftali yn ôl eu teuluoedd, cyfanswm o bedwar deg pump o filoedd a phedwar cant.

⁵¹ Dyma gyfanswm yr Israeliaid: chwe chant ac un o filoedd saith gant a thri deg.

⁵² Dywedodd yr ARGLWYDD wrth Moses, ⁵³ "I'r rhain, yn ôl nifer yr enwau, y rhennir y tir yn etifeddiaeth. ⁵⁴ I'r llwythau mawr rho etifeddiaeth fawr, ac i'r llwythau bychain rho etifeddiaeth fechan; rhanna'r etifeddiaeth i bob llwyth yn ôl y nifer sydd ynddo. ⁵⁵ Yr wyt i rannu'r tir trwy goelbren, ac y maent i etifeddu yn ôl enwau llwythau eu hynafiaid. ⁵⁶ Rhennir yr etifeddiaeth trwy'r coelbren rhwng y rhai mawr a'r rhai bychain."

⁵⁷ Dyma'r Lefiaid a restrwyd yn ôl eu teuluoedd: o Gerson, teulu'r Gersoniaid; o Cohath, teulu'r Cohathiaid; o Merari, teulu'r Merariaid. ⁵⁸ Dyma deuluoedd Lefi: y Libniaid, yr Hebroniaid, y Mahliaid, y Musiaid a'r Corahiaid. Yr oedd Cohath yn dad i Amram. ⁵⁹ Enw gwraig Amram oedd Jochebed ferch Lefi, a anwyd iddo yn yr Aifft; ac i Amram fe anwyd ohoni hi Aaron, Moses a'u chwaer Miriam. ⁶⁰ I Aaron fe anwyd Nadab, Abihu, Eleasar ac Ithamar; ⁶¹ ond bu farw Nadab ac Abihu wrth iddynt offrymu tân halogedig gerbron yr ARGLWYDD. ⁶² Rhestrwyd dau ddeg tair o filoedd ohonynt, sef pob gwryw mis oed a throsodd; ni restrwyd hwy ymhlith pobl Israel, oherwydd nid oedd ganddynt hwy etifeddiaeth ymhlith yr Israeliaid.

⁶³ Dyma'r Israeliaid a restrwyd gan Moses ac Eleasar yr offeiriad yng ngwastadedd Moab, gyferbyn â Jericho ger yr Iorddonen. ⁶⁴ Nid oedd ymhlith y rhain yr un o'r Israeliaid a restrwyd gan Moses ac Aaron yr offeiriad yn anialwch Sinai, ⁶⁵ oherwydd yr oedd yr ARGLWYDD wedi dweud y byddent hwy farw yn yr anialwch. Ni adawyd neb ohonynt, heblaw Caleb fab Jeffunne, a Josua fab Nun.

Merched Seloffehad

27 Yna daeth ynghyd ferched Seloffehad fab Heffer, fab Gilead, fab Machir, fab Manasse, o deuluoedd Manasse fab Joseff. Enwau ei ferched oedd Mala, Noa, Hogla, Milca a Tirsa. ² Safasant wrth ddrws pabell y cyfarfod o flaen Moses ac Eleasar yr offeiriad, ac o flaen yr arweinwyr a'r holl gynulliad, a dweud, ³ "Bu farw ein tad yn yr anialwch; nid oedd ef ymhlith y rhai o gwmni Cora a ymgasglodd yn erbyn yr ARGLWYDD, ond bu ef farw oherwydd ei bechod ei hun, heb adael mab ar ei ôl. ⁴ Pam y dylai enw ein tad gael ei ddileu o'i dylwyth am nad oedd ganddo fab? Rho inni etifeddiaeth ymhlith brodyr ein tad."

⁵ Cyflwynodd Moses eu hachos o flaen yr ARGLWYDD, ⁶ a dywedodd yr ARGLWYDD wrtho: ⁷ "Y mae cais merched Seloffehad yn un cyfiawn; rho iddynt yr hawl i etifeddu ymhlith brodyr eu tad, a throsglwydda etifeddiaeth eu tad iddynt hwy. ⁸ Dywed wrth bobl Israel, 'Os bydd dyn farw heb fab, yr ydych i drosglwyddo ei etifeddiaeth i'w ferch. ⁹ Os na fydd ganddo ferch, rhowch ei etifeddiaeth i'w frodyr. ¹⁰ Os na fydd ganddo frodyr, rhowch ei etifeddiaeth i frodyr ei dad. ¹¹ Os na fydd gan ei dad frodyr, rhowch ei etifeddiaeth i'w berthynas agosaf, er mwyn iddo ef gael meddiant ohono.' " Bu hyn yn ddeddf a chyfraith i bobl Israel, fel y gorchmynnodd yr ARGLWYDD i Moses.

Josua i Olynu Moses
Deut. 31:1-8

¹² Dywedodd yr ARGLWYDD wrth Moses, "Dringa'r mynydd hwn, sef Mynydd Abarim, ac edrych ar y wlad a roddais i bobl Israel. ¹³ Ar ôl iti ei gweld, fe'th gesglir dithau at dy bobl, fel y casglwyd dy frawd Aaron, ¹⁴ am i chwi wrthryfela yn erbyn fy ngorchymyn yn anialwch Sin, a gwrthod fy sancteiddio yng ngŵydd y cynulliad pan fu cynnen yn eu plith wrth y dyfroedd." Dyfroedd Meriba-cades yn anialwch Sin oedd y rhain. ¹⁵ Dywedodd Moses wrth yr ARGLWYDD, ¹⁶ "Boed i'r ARGLWYDD, Duw

ysbryd pob peth byw, benodi rhywun dros y cynulliad ¹⁷ i'w harwain a'u tywys wrth iddynt fynd a dod, rhag i gynulliad yr ARGLWYDD fod fel defaid heb fugail." ¹⁸ Dywedodd yr ARGLWYDD wrth Moses, "Cymer Josua fab Nun, dyn sydd â'r ysbryd ynddo, a gosod dy law arno; ¹⁹ pâr iddo sefyll o flaen Eleasar yr offeiriad ac o flaen yr holl gynulliad, a rho iddo siars yn eu gŵydd hwy. ²⁰ Rho iddo gyfran o'th awdurdod di, er mwyn i holl gynulliad pobl Israel ufuddhau iddo. ²¹ Y mae i sefyll o flaen Eleasar yr offeiriad, a bydd yntau'n ymgynghori ar ei ran gerbron yr ARGLWYDD trwy'r Wrim; ar ei orchymyn ef, bydd holl gynulliad pobl Israel yn mynd allan ac yn dod i mewn." ²² Gwnaeth Moses fel y gorchmynnodd yr ARGLWYDD iddo; cymerodd Josua, a pheri iddo sefyll o flaen Eleasar yr offeiriad ac o flaen yr holl gynulliad, ²³ a gosododd ei ddwylo arno, a rhoi iddo'r siars, fel yr oedd yr ARGLWYDD wedi cyfarwyddo Moses.

Yr Offrymau Dyddiol

28 Ex. 29:38-46
Dywedodd yr ARGLWYDD wrth Moses, ² "Gorchymyn i bobl Israel a dywed wrthynt, 'Gofalwch offrymu i mi ar yr adeg benodedig fy rhodd o fwyd ar gyfer fy offrymau trwy dân a'm harogl peraidd.' ³ Dywed wrthynt, 'Dyma'r offrwm yr ydych i'w offrymu trwy dân i'r ARGLWYDD: dau oen blwydd di-nam yn boethoffrwm rheolaidd bob dydd, ⁴ un oen i'w offrymu yn y bore, a'r llall yn yr hwyr; ⁵ ac yn fwydoffrwm: degfed ran o effa o beilliaid wedi ei gymysgu â chwarter hin o olew pur. ⁶ Bydd hwn yn boethoffrwm rheolaidd a ordeiniwyd ar Fynydd Sinai i fod yn arogl peraidd, yn offrwm trwy dân i'r ARGLWYDD. ⁷ Yr wyt i dywallt diod gadarn yn ddiodoffrwm i'r ARGLWYDD yn y cysegr, chwarter hin ar gyfer pob oen. ⁸ Offryma'r oen arall yn yr hwyr yn offrwm trwy dân, yn arogl peraidd i'r ARGLWYDD, fel bwydoffrwm y bore a'i ddiodoffrwm.

Offrymau'r Saboth

⁹ "'Ar y dydd Saboth: dau oen blwydd di-nam a dwy ddegfed ran o beilliaid wedi ei gymysgu ag olew yn fwydoffrwm, a'i ddiodoffrwm. ¹⁰ Hwn fydd poethoffrwm y Saboth, sy'n ychwanegol at y poethoffrwm rheolaidd a'i ddiodoffrwm.

Yr Offrymau Misol

¹¹ "'Ar y cyntaf o bob mis yr ydych i offrymu'n boethoffrwm i'r ARGLWYDD ddau fustach ifanc, un hwrdd, a saith oen blwydd di-nam; ¹² hefyd, tair degfed ran o beilliaid wedi ei gymysgu ag olew yn fwydoffrwm ar gyfer pob bustach; dwy ddegfed ran o beilliaid wedi ei gymysgu ag olew yn fwydoffrwm ar gyfer yr hwrdd; ¹³ a degfed ran o beilliaid wedi ei gymysgu ag olew yn fwydoffrwm ar gyfer pob oen; bydd y poethoffrwm yn arogl peraidd, yn offrwm trwy dân i'r ARGLWYDD. ¹⁴ Bydd hanner hin o win yn ddiodoffrwm ar gyfer bustach, traean hin ar gyfer hwrdd, a chwarter hin ar gyfer oen. Dyna fydd y poethoffrwm bob mis trwy gydol y flwyddyn. ¹⁵ Hefyd, un bwch gafr yn aberth dros bechod i'r ARGLWYDD; bydd hwn yn ychwanegol at y poethoffrwm rheolaidd a'i ddiodoffrwm.

Offrymau'r Pasg a'r Bara Croyw

Lef. 23:5-14
¹⁶ "'Ar y pedwerydd dydd ar ddeg o'r mis cyntaf bydd Pasg yr ARGLWYDD. ¹⁷ Ar y pymthegfed dydd o'r mis hwn bydd gŵyl, ac am saith diwrnod bwyteir bara croyw. ¹⁸ Ar y dydd cyntaf bydd cymanfa sanctaidd; peidiwch â gwneud dim gwaith arferol, ¹⁹ ond cyflwynwch offrwm trwy dân yn boethoffrwm i'r ARGLWYDD, sef dau fustach ifanc, un hwrdd, a saith oen blwydd; gofalwch eu bod yn ddi-nam; ²⁰ hefyd, eu bwydoffrwm o beilliaid wedi ei gymysgu ag olew; offrymwch dair degfed ran ar gyfer bustach, dwy ddegfed ran ar gyfer hwrdd, ²¹ a degfed ran ar gyfer pob un o'r saith oen; ²² hefyd, un bwch gafr yn aberth dros bechod, i wneud cymod drosoch. ²³ Offrymwch y rhain yn ychwanegol at boethoffrwm y bore, sy'n boethoffrwm rheolaidd. ²⁴ Fel hyn yr ydych i offrymu'r bwyd sy'n offrwm trwy dân, yn arogl peraidd i'r ARGLWYDD, bob dydd am saith diwrnod; offrymer ef yn ychwanegol at y poethoffrwm rheolaidd a'i ddiodoffrwm. ²⁵ Ar y seithfed dydd yr

ydych i gynnal cymanfa sanctaidd; peidiwch â gwneud dim gwaith arferol.

Offrymau Gŵyl y Cynhaeaf
Lef. 23:15-22

26 " 'Ar ddydd blaenffrwyth y cynhaeaf, pan fyddwch yn dod â bwydoffrwm newydd i'r ARGLWYDD yn ystod gŵyl yr Wythnosau, yr ydych i gynnal cymanfa sanctaidd, a pheidio â gwneud dim gwaith arferol. 27 Offrymwch boethoffrwm yn arogl peraidd i'r ARGLWYDD, sef dau fustach ifanc, un hwrdd, a saith oen blwydd; 28 hefyd, eu bwydoffrwm o beilliaid wedi ei gymysgu ag olew, tair degfed ran ar gyfer pob bustach, dwy ddegfed ran ar gyfer yr hwrdd, 29 a degfed ran ar gyfer pob un o'r saith oen; 30 hefyd un bwch gafr, i wneud cymod drosoch. 31 Yr ydych i offrymu'r rhain a'u diodoffrwm yn ychwanegol at y poethoffrwm rheolaidd a'i fwydoffrwm. Gofalwch eu bod yn ddi-nam.

Offrymau Gŵyl yr Utgyrn

29 Lef. 23:23-25
Ar y dydd cyntaf o'r seithfed mis yr ydych i gynnal cymanfa sanctaidd, a pheidio â gwneud dim gwaith arferol. Bydd yn ddiwrnod i chwi ganu'r utgyrn 2 ac offrymu poethoffrwm yn arogl peraidd i'r ARGLWYDD, sef un bustach ifanc, un hwrdd, a saith oen blwydd di-nam; 3 hefyd, eu bwydoffrwm o beilliaid wedi ei gymysgu ag olew, tair degfed ran ar gyfer y bustach, dwy ddegfed ran ar gyfer yr hwrdd, 4 a degfed ran ar gyfer pob un o'r saith oen; 5 hefyd un bwch gafr yn aberth dros bechod, i wneud cymod drosoch. 6 Y mae hyn yn ychwanegol at y poethoffrwm misol a'i fwydoffrwm, y poethoffrwm rheolaidd a'i fwydoffrwm, a'u diodoffrwm, yn ôl y ddeddf ar eu cyfer; byddant yn arogl peraidd, yn offrwm trwy dân i'r ARGLWYDD.

Offrymau Dydd y Cymod
Lef. 23:26-32

7 " 'Ar y degfed dydd o'r seithfed mis hwn, yr ydych i gynnal cymanfa sanctaidd; yr ydych i ymddarostwng, a pheidio â gwneud dim gwaith. 8 Offrymwch boethoffrwm yn arogl peraidd i'r ARGLWYDD, sef un bustach ifanc, un hwrdd, a saith oen blwydd; gofalwch eu bod yn ddi-nam; 9 hefyd, eu bwydoffrwm o beilliaid wedi ei gymysgu ag olew, tair degfed ran ar gyfer y bustach, dwy ddegfed ran ar gyfer yr hwrdd, 10 a degfed ran ar gyfer pob un o'r saith oen; 11 hefyd un bwch gafr yn aberth dros bechod, yn ychwanegol at yr aberth dros bechod er cymod, y poethoffrwm rheolaidd a'i fwydoffrwm, a'u diodoffrymau.

Offrymau Gŵyl y Pebyll
Lef. 23:33-44

12 " 'Ar y pymthegfed dydd o'r seithfed mis yr ydych i gynnal cymanfa sanctaidd, a pheidio â gwneud dim gwaith arferol, ond cadwch ŵyl i'r ARGLWYDD am saith diwrnod. 13 Offrymwch boethoffrwm yn offrwm trwy dân, yn arogl peraidd i'r ARGLWYDD, sef tri ar ddeg o fustych ifainc, dau hwrdd, a phedwar ar ddeg o ŵyn blwydd; byddant yn ddi-nam; 14 hefyd, eu bwydoffrwm o beilliaid wedi ei gymysgu ag olew, tair degfed ran ar gyfer pob un o'r tri ar ddeg o fustych, dwy ddegfed ran ar gyfer pob un o'r ddau hwrdd, 15 a degfed ran ar gyfer pob un o'r pedwar ar ddeg o ŵyn; 16 hefyd un bwch gafr yn aberth dros bechod, yn ychwanegol at y poethoffrwm rheolaidd, ei fwydoffrwm a'i ddiodoffrwm.

17 " 'Ar yr ail ddydd: deuddeg bustach ifanc, dau hwrdd, a phedwar ar ddeg o ŵyn blwydd di-nam, 18 gyda'r bwydoffrwm a'r diodoffrwm ar gyfer y bustych, yr hyrddod, a'r ŵyn yn ôl eu nifer ac yn unol â'r ddeddf ar eu cyfer; 19 hefyd un bwch gafr yn aberth dros bechod, yn ychwanegol at y poethoffrwm rheolaidd, ei fwydoffrwm, a'u diodoffrymau.

20 " 'Ar y trydydd dydd: un ar ddeg o fustych, dau hwrdd, a phedwar ar ddeg o ŵyn blwydd di-nam, 21 gyda'r bwydoffrwm a'r diodoffrwm ar gyfer y bustych, yr hyrddod, a'r ŵyn, yn ôl eu nifer ac yn unol â'r ddeddf ar eu cyfer; 22 hefyd un bwch gafr yn aberth dros bechod, yn ychwanegol at y poethoffrwm rheolaidd, ei fwydoffrwm, a'i ddiodoffrwm.

Numeri 29, 30

²³ " 'Ar y pedwerydd dydd: deg bustach, dau hwrdd, a phedwar ar ddeg o ŵyn blwydd di-nam, ²⁴ gyda'r bwydoffrwm a'r diodoffrwm ar gyfer y bustych, yr hyrddod, a'r ŵyn, yn ôl eu nifer ac yn unol â'r ddeddf ar eu cyfer; ²⁵ hefyd un bwch gafr yn aberth dros bechod, yn ychwanegol at y poethoffrwm rheolaidd, ei fwydoffrwm, a'i ddiodoffrwm.

²⁶ " 'Ar y pumed dydd: naw bustach, dau hwrdd, a phedwar ar ddeg o ŵyn blwydd di-nam, ²⁷ gyda'r bwydoffrwm a'r diodoffrwm ar gyfer y bustych, yr hyrddod, a'r ŵyn, yn ôl eu nifer ac yn unol â'r ddeddf ar eu cyfer; ²⁸ hefyd un bwch gafr yn aberth dros bechod, yn ychwanegol at y poethoffrwm rheolaidd, ei fwydoffrwm, a'i ddiodoffrwm.

²⁹ " 'Ar y chweched dydd: wyth bustach, dau hwrdd, a phedwar ar ddeg o ŵyn blwydd di-nam, ³⁰ gyda'r bwydoffrwm a'r diodoffrwm ar gyfer y bustych, yr hyrddod, a'r ŵyn, yn ôl eu nifer ac yn unol â'r ddeddf ar eu cyfer; ³¹ hefyd un bwch gafr yn aberth dros bechod, yn ychwanegol at y poethoffrwm rheolaidd, ei fwydoffrwm, a'i ddiodoffrwm.

³² " 'Ar y seithfed dydd: saith bustach, dau hwrdd, a phedwar ar ddeg o ŵyn blwydd di-nam, ³³ gyda'r bwydoffrwm a'r diodoffrwm ar gyfer y bustych, yr hyrddod, a'r ŵyn, yn ôl eu nifer ac yn unol â'r ddeddf ar eu cyfer; ³⁴ hefyd un bwch gafr yn aberth dros bechod, yn ychwanegol at y poethoffrwm rheolaidd, ei fwydoffrwm, a'i ddiodoffrwm.

³⁵ " 'Ar yr wythfed dydd, yr ydych i gynnal cynulliad, a pheidio â gwneud dim gwaith arferol. ³⁶ Offrymwch boethoffrwm yn offrwm trwy dân, yn arogl peraidd i'r ARGLWYDD, sef bustach, hwrdd, a saith oen blwydd di-nam, ³⁷ gyda'r bwydoffrwm a'r diodoffrwm ar gyfer y bustach, yr hwrdd, a'r ŵyn, yn ôl eu nifer ac yn unol â'r ddeddf ar eu cyfer; ³⁸ hefyd un bwch gafr yn aberth dros bechod, yn ychwanegol at y poethoffrwm rheolaidd, ei fwydoffrwm, a'i ddiodoffrwm.

³⁹ " 'Dyma'r hyn yr ydych i'w offrymu i'r ARGLWYDD ar eich gwyliau penodedig, yn ychwanegol at eich offrymau adduned a'ch offrymau gwirfodd, eich poethoffrymau, eich bwydoffrymau, eich diodoffrymau, a'ch heddoffrymau.' "

⁴⁰ * Dywedodd Moses wrth bobl Israel y cyfan a orchmynnodd yr ARGLWYDD iddo.

Addunedau

30 Dywedodd Moses wrth benaethiaid llwythau pobl Israel, "Dyma a orchmynnodd yr ARGLWYDD: ² Os bydd dyn yn gwneud adduned i'r ARGLWYDD, neu'n tyngu llw, ac yn ei roi ei hun dan ymrwymiad, nid yw i dorri ei air, ond y mae i wneud y cyfan a addawodd. ³ Os bydd gwraig yn gwneud adduned i'r ARGLWYDD, ac yn ei rhoi ei hun dan ymrwymiad, a hithau'n ifanc a heb adael cartref ei thad, ⁴ ac yntau'n clywed am ei hadduned a'i hymrwymiad, ond heb ddweud dim wrthi, yna bydd pob adduned a phob ymrwymiad o'i heiddo yn sefyll. ⁵ Ond os bydd ei thad yn gwahardd ei hadduned pan glyw amdani, ni fydd unrhyw adduned nac ymrwymiad o'i heiddo yn sefyll; bydd yr ARGLWYDD yn maddau iddi gan i'w thad ei gwahardd. ⁶ Os bydd gwraig briod yn gwneud adduned neu'n ei rhoi ei hun dan ymrwymiad yn fyrbwyll, ⁷ a'i gŵr yn clywed am hynny ond heb ddweud dim wrthi, yna bydd ei haddunedau a'i hymrwymiadau yn sefyll. ⁸ Ond os bydd ei gŵr yn gwahardd ei hadduned pan glyw amdani, y mae i ddiddymu ei hadduned a'i hymrwymiad byrbwyll, a bydd yr ARGLWYDD yn maddau iddi. ⁹ Bydd pob adduned a wneir gan weddw neu gan un a gafodd ysgariad, a phob ymrwymiad o'i heiddo, yn sefyll. ¹⁰ Os gwnaeth adduned, neu dyngu llw i'w rhoi ei hun dan ymrwymiad, tra bu yn nhŷ ei gŵr, ¹¹ ac yntau'n clywed am hynny ond heb ddweud dim wrthi i'w gwahardd, bydd pob adduned a phob ymrwymiad o'i heiddo yn sefyll. ¹² Ond os bydd ei gŵr, pan glyw amdanynt, yn eu diddymu'n llwyr, yna ni fydd unrhyw adduned a wnaeth nac unrhyw ymrwymiad o'i heiddo yn sefyll; y mae ei

---

29:40 Hebraeg, 30:1.

gŵr wedi eu diddymu, a bydd yr ARGLWYDD yn maddau iddi. ¹³ Gall y gŵr gadarnhau neu ddiddymu unrhyw adduned neu ymrwymiad o eiddo'i wraig i ymddarostwng. ¹⁴ Os bydd ei gŵr, o ddydd i ddydd, yn ymatal rhag dweud dim wrthi, yna bydd yn cadarnhau pob adduned a phob ymrwymiad o eiddo'i wraig; bydd yn eu cadarnhau am na ddywedodd ddim wrthi pan glywodd amdanynt. ¹⁵ Ond os bydd yn eu diddymu'n llwyr wedi iddo glywed amdanynt, bydd ef yn atebol am ei throsedd."

¹⁶ Dyma'r deddfau a orchmynnodd yr ARGLWYDD i Moses ynglŷn â gŵr a'i wraig, a thad a'i ferch ifanc sydd heb adael cartref ei thad.

Dial ar Midian

31 Dywedodd yr ARGLWYDD wrth Moses, ² "Yr wyt i ddial ar y Midianiaid ar ran pobl Israel; yna fe'th gesglir at dy bobl." ³ A dywedodd Moses wrth y bobl, "Arfogwch ddynion o'ch plith iddynt ryfela yn erbyn Midian, a dial arni ar ran yr ARGLWYDD. ⁴ Anfonwch fil o bob un o lwythau Israel i'r rhyfel." ⁵ Felly, o blith tylwythau Israel, penodwyd mil o bob llwyth, deuddeng mil i gyd, wedi eu harfogi ar gyfer rhyfel. ⁶ Anfonodd Moses hwy i'r frwydr, mil o bob llwyth, ynghyd â Phinees fab Eleasar yr offeiriad, i gludo llestri'r cysegr a'r trwmpedau i seinio rhybudd. ⁷ Aethant i ryfela yn erbyn Midian, gan ladd pob gwryw, fel y gorchmynnodd yr ARGLWYDD i Moses. ⁸ Ymhlith y rhai a laddwyd yr oedd pum brenin Midian, sef Efi, Recem, Sur, Hur a Reba; lladdasant hefyd Balaam fab Beor â'r cleddyf. ⁹ Cymerodd yr Israeliaid wragedd Midian a'u plant yn garcharorion, a dwyn yn ysbail eu holl wartheg a'u defaid a'u heiddo i gyd. ¹⁰ Llosgwyd yr holl ddinasoedd y buont yn byw ynddynt, a'u holl wersylloedd, ¹¹ a chymerwyd y cyfan o'r ysbail a'r anrhaith, yn ddyn ac anifail. ¹² Yna daethant â'r carcharorion, yr ysbail a'r anrhaith at Moses ac Eleasar yr offeiriad, ac at gynulliad pobl Israel oedd yn gwersyllu yng ngwastadedd Moab, gyferbyn â Jericho ger yr Iorddonen.

¹³ Aeth Moses, Eleasar yr offeiriad, a holl arweinwyr y cynulliad i'w cyfarfod y tu allan i'r gwersyll. ¹⁴ Ond digiodd Moses wrth swyddogion y fyddin, sef capteiniaid y miloedd a'r cannoedd, a oedd wedi dychwelyd ar ôl brwydro yn y rhyfel, ¹⁵ a dywedodd wrthynt, "A ydych wedi arbed yr holl ferched? ¹⁶ Dyma'r rhai, ar orchymyn Balaam, a wnaeth i bobl Israel fod yn anffyddlon i'r ARGLWYDD yn yr achos ynglŷn â Peor, pan ddaeth pla i ganol cynulliad yr ARGLWYDD. ¹⁷ Yn awr, lladdwch bob bachgen ifanc, a phob merch sydd wedi cael cyfathrach rywiol gyda dyn, ¹⁸ ond arbedwch i chwi eich hunain bob geneth ifanc nad yw wedi bod gyda dyn. ¹⁹ Y mae pob un ohonoch sydd wedi lladd rhywun, neu wedi cyffwrdd â chorff rhywun a laddwyd, i aros y tu allan i'r gwersyll am saith diwrnod; ar y trydydd a'r seithfed dydd yr ydych i'ch glanhau eich hunain a'r carcharorion sydd gyda chwi. ²⁰ Yr ydych hefyd i lanhau pob gwisg, a phopeth a wnaed o groen neu o flew gafr, a phob offer pren."

²¹ Dywedodd Eleasar yr offeiriad wrth y rhyfelwyr oedd wedi mynd i'r frwydr, "Dyma'r rheol yn ôl y gyfraith a orchmynnodd yr ARGLWYDD i Moses: ²² dim ond aur, arian, pres, haearn, alcam a phlwm, ²³ sef popeth sy'n gallu gwrthsefyll tân, sydd i'w dynnu trwy dân er mwyn ei buro, a'i lanhau â dŵr puredigaeth; y mae popeth na all wrthsefyll tân i'w dynnu trwy'r dŵr yn unig. ²⁴ Golchwch eich dillad ar y seithfed dydd, a byddwch lân; yna cewch ddod i mewn i'r gwersyll."

Rhannu'r Ysbail

²⁵ Dywedodd yr ARGLWYDD wrth Moses, ²⁶ "Yr wyt ti, Eleasar yr offeiriad, a phennau-teuluoedd y cynulliad, i gyfrif yr ysbail a gymerwyd, yn ddyn ac anifail, ²⁷ a'i rannu'n ddau rhwng y rhyfelwyr a aeth i'r frwydr a'r holl gynulliad. ²⁸ Oddi wrth y rhyfelwyr a aeth i'r frwydr, cymer yn dreth i'r ARGLWYDD un o bob pum cant, boed o ddynion, eidionau, asynnod, neu ddefaid. ²⁹ Cymerwch hyn

o'u hanner hwy, a'i roi i Eleasar yr offeiriad fel offrwm i'r ARGLWYDD. ³⁰ Yna, o'r hanner sy'n eiddo i bobl Israel, cymer un o bob hanner cant, boed o ddynion, eidionau, asynnod, defaid neu anifeiliaid eraill, a'u rhoi i'r Lefiaid sy'n gofalu am dabernacl yr ARGLWYDD." ³¹ Gwnaeth Moses ac Eleasar yr offeiriad fel y gorchmynnodd yr ARGLWYDD i Moses.

³² Dyma'r ysbail oedd yn weddill o'r hyn a gymerodd y rhyfelwyr: chwe chant saith deg pump o filoedd o ddefaid, ³³ saith deg dwy o filoedd o eidionau, ³⁴ chwe deg un o filoedd o asynnod, ³⁵ a thri deg dwy o filoedd o bobl, sef pob merch nad oedd wedi cael cyfathrach rywiol â dyn. ³⁶ Yr oedd cyfran y rhyfelwyr yn cynnwys tri chant tri deg saith o filoedd a phum cant o ddefaid, ³⁷ ac yr oedd chwe chant saith deg a phump o'r defaid yn dreth i'r ARGLWYDD; ³⁸ yr oedd tri deg chwech o filoedd o eidionau, a saith deg a dau ohonynt yn dreth i'r ARGLWYDD; ³⁹ yr oedd tri deg o filoedd a phum cant o asynnod, a chwe deg ac un ohonynt yn dreth i'r ARGLWYDD; ⁴⁰ yr oedd un fil ar bymtheg o bobl, a thri deg a dau ohonynt yn dreth i'r ARGLWYDD. ⁴¹ Rhoddodd Moses y dreth, sef yr offrwm i'r ARGLWYDD, i Eleasar yr offeiriad, fel y gorchmynnodd yr ARGLWYDD i Moses.

⁴² Yr oedd y rhan nad oedd yn eiddo i'r rhyfelwyr (sef yr hanner a rannodd Moses i'r Israeliaid, ⁴³ yn eiddo i'r cynulliad), yn cynnwys tri chant tri deg saith o filoedd a phum cant o ddefaid, ⁴⁴ tri deg chwech o filoedd o eidionau, ⁴⁵ tri deg o filoedd a phum cant o asynnod, ⁴⁶ ac un fil ar bymtheg o bobl. ⁴⁷ O gyfran yr Israeliaid, cymerodd Moses un o bob hanner cant o ddynion ac o anifeiliaid, a'u rhoi i'r Lefiaid oedd yn gofalu am dabernacl yr ARGLWYDD, fel y gorchmynnodd yr ARGLWYDD i Moses.

⁴⁸ Yna daeth y rhai oedd yn swyddogion dros filoedd y fyddin, sef capteiniaid y miloedd a'r cannoedd, at Moses ⁴⁹ a dweud wrtho, "Y mae dy weision wedi cyfrif y rhyfelwyr a roddaist dan ein hawdurdod, a chael nad ydym wedi colli'r un ohonynt. ⁵⁰ Cyflwynodd pob un ohonom yr hyn a gafodd, addurniadau aur, cadwynau, breichledau, modrwyau, clustlysau, a thorchau, yn offrwm i'r ARGLWYDD, er mwyn gwneud cymod drosom ein hunain gerbron yr ARGLWYDD." ⁵¹ Yna cymerodd Moses ac Eleasar yr offeiriad yr aur a'r holl addurniadau cywrain oddi wrthynt. ⁵² Yr oedd yr holl aur a offrymwyd i'r ARGLWYDD gan gapteiniaid y miloedd a'r cannoedd yn pwyso un deg chwech o filoedd saith gant a phum deg o siclau, ⁵³ gan fod pob un o'r rhyfelwyr wedi cymryd rhywfaint o'r ysbail. ⁵⁴ Cymerodd Moses ac Eleasar yr offeiriad yr aur oddi wrth gapteiniaid y miloedd a'r cannoedd, a daethant ag ef i babell y cyfarfod, yn goffadwriaeth i bobl Israel gerbron yr ARGLWYDD.

Y Llwythau tu hwnt i'r Iorddonen

32 Deut. 3:12–22
Yr oedd gan feibion Reuben a meibion Gad lawer iawn o wartheg; a phan welsant fod tir Jaser a thir Gilead yn dir pori da i anifeiliaid, ² daethant at Moses, Eleasar yr offeiriad ac arweinwyr y cynulliad, a dweud, ³ "Y mae Ataroth, Dibon, Jaser, Nimra, Hesbon, Eleale, Sebam, Nebo a Beon, ⁴ sef y tir a orchfygodd yr ARGLWYDD o flaen cynulliad Israel, yn dir pori, ac y mae gan dy weision wartheg." ⁵ Yna dywedasant, "Os cawsom ffafr yn dy olwg, rho'r tir hwn yn feddiant i'th weision, a phaid â gwneud i ni groesi'r Iorddonen."

⁶ Ond dywedodd Moses wrth feibion Gad a meibion Reuben, "A yw eich brodyr i fynd i ryfel tra byddwch chwi'n eistedd yma? ⁷ Pam yr ydych am ddigalonni pobl Israel rhag mynd drosodd i'r wlad a roddodd yr ARGLWYDD iddynt? ⁸ Dyma a wnaeth eich hynafiaid pan anfonais hwy o Cades-barnea i edrych y wlad, ⁹ oherwydd pan aethant i fyny i ddyffryn Escol a'i gweld, dechreusant hwythau ddigalonni pobl Israel rhag mynd i'r wlad a roddodd yr ARGLWYDD iddynt. ¹⁰ Enynnodd llid yr ARGLWYDD y diwrnod hwnnw, a thyngodd a dweud, ¹¹ 'Am nad ydynt wedi fy nilyn yn

ffyddlon, ni chaiff neb o'r rhai a ddaeth i fyny o'r Aifft, ac sy'n ugain oed a throsodd, weld y wlad a addewais i Abraham, Isaac a Jacob, ¹² ar wahân i Caleb fab Jeffunne y Cenesiad a Josua fab Nun, oherwydd darfu iddynt hwy ddilyn yr ARGLWYDD yn ffyddlon.' ¹³ Pan enynnodd llid yr ARGLWYDD yn erbyn Israel, gwnaeth iddynt grwydro'r anialwch am ddeugain mlynedd, nes darfod o'r cyfan o'r genhedlaeth a wnaeth ddrwg yng ngolwg yr ARGLWYDD. ¹⁴ A dyma chwi'n awr yn dilyn eich hynafiaid, yn hil o bobl bechadurus sy'n cyffroi'n fwyfwy ddicter yr ARGLWYDD yn erbyn Israel. ¹⁵ Os gwrthodwch ei ddilyn, bydd yn gadael yr holl bobl hyn unwaith eto yn yr anialwch, a chwi fydd wedi eu difa."

¹⁶ Yna daethant ato a dweud, "Fe adeiladwn gorlannau yma i'n praidd, a dinasoedd i'n plant; ¹⁷ caiff ein plant fyw yn y dinasoedd caerog, yn ddiogel rhag trigolion y wlad, tra byddwn ninnau'n cymryd arfau, yn arwain pobl Israel, ac yn eu tywys i'w lle eu hunain. ¹⁸ Ni ddychwelwn adref nes i bob un o'r Israeliaid feddiannu ei etifeddiaeth. ¹⁹ Ond ni fyddwn ni'n cymryd etifeddiaeth gyda hwy yr ochr draw i'r Iorddonen, oherwydd rhoddwyd etifeddiaeth i ni yr ochr yma, o'r tu dwyrain i'r Iorddonen." ²⁰ Dywedodd Moses wrthynt, "Os gwnewch hyn, a chymryd arfau a mynd i ryfel o flaen yr ARGLWYDD, ²¹ ac os â pob dyn arfog sydd yn eich plith dros yr Iorddonen o flaen yr ARGLWYDD, a gyrru ei elynion allan, ²² a darostwng y wlad o flaen yr ARGLWYDD, yna cewch ddychwelyd, a byddwch yn rhydd o'ch dyletswydd i'r ARGLWYDD ac i Israel, a bydd y tir hwn yn etifeddiaeth i chwi gerbron yr ARGLWYDD. ²³ Ond os na wnewch hyn, byddwch yn pechu yn erbyn yr ARGLWYDD, a chewch wybod y bydd eich pechod yn eich dal. ²⁴ Adeiladwch ddinasoedd i'ch plant, a chorlannau i'ch praidd, a gwnewch yr hyn a addawsoch." ²⁵ Dywedodd tylwyth Gad a thylwyth Reuben wrth Moses, "Fe wna dy weision fel y mae ein harglwydd yn gorchymyn. ²⁶ Bydd ein plant a'n gwragedd, ein gwartheg a'n holl anifeiliaid, yn aros yma yn ninasoedd Gilead, ²⁷ ond fe â dy weision drosodd o flaen yr ARGLWYDD, pob un yn arfog ar gyfer rhyfel, fel y mae ein harglwydd yn gorchymyn."

²⁸ Rhoddodd Moses orchymyn ynglŷn â hwy i Eleasar yr offeiriad a Josua fab Nun, ac i bennau-teuluoedd llwythau pobl Israel. ²⁹ Dywedodd Moses wrthynt, "Os â tylwyth Gad a thylwyth Reuben gyda chwi dros yr Iorddonen o flaen yr ARGLWYDD, a phob un ohonynt yn arfog ar gyfer rhyfel, ac os byddant yn darostwng y wlad o'ch blaen, yna rhowch wlad Gilead iddynt yn etifeddiaeth; ³⁰ ond os nad ânt drosodd yn arfog gyda chwi, yna cânt etifeddiaeth yn eich plith chwi yng ngwlad Canaan." ³¹ Atebodd tylwyth Gad a thylwyth Reuben, "Fe wnawn fel y gorchmynnodd yr ARGLWYDD i'th weision. ³² Awn drosodd i wlad Canaan yn arfog o flaen yr ARGLWYDD, a chadwn ein hetifeddiaeth yr ochr yma i'r Iorddonen."

³³ Rhoddodd Moses i dylwyth Gad a thylwyth Reuben, ac i hanner llwyth Manasse fab Joseff, deyrnas Sihon brenin yr Amoriaid, a theyrnas Og brenin Basan, yn cynnwys holl ddinasoedd y wlad a'u tiriogaethau oddi amgylch. ³⁴ Adeiladodd tylwyth Gad Dibon, Ataroth, Aroer, ³⁵ Atroth-soffan, Jaser, Jogbeha, ³⁶ Beth-nimra a Beth-haran yn ddinasoedd caerog, a chorlannau i'r praidd. ³⁷ Adeiladodd tylwyth Reuben Hesbon, Eleale, Ciriathaim, ³⁸ Nebo, Baal-meon, a Sibma, a rhoddwyd enwau newydd ar y dinasoedd a adeiladwyd ganddynt. ³⁹ Aeth meibion Machir fab Manasse i Gilead, a'i meddiannu, a gyrrwyd ymaith yr Amoriaid oedd yno. ⁴⁰ Rhoddodd Moses Gilead i Machir fab Manasse, ac fe ymsefydlodd ef yno. ⁴¹ Aeth Jair fab Manasse i gymryd meddiant o bentrefi Gilead, a rhoddodd iddynt yr enw Hafoth-jair*. ⁴² Aeth Noba i gymryd meddiant o Cenath a'i phentrefi, a'i galw'n Noba, ar ôl ei enw ei hun.

32:41 H.y., *Pentrefi Jair.*

O'r Aifft i Moab

33 Dyma'r siwrnai a gymerodd pobl Israel pan ddaethant allan o wlad yr Aifft yn eu lluoedd dan arweiniad Moses ac Aaron. ² Croniclodd Moses enwau'r camau ar y siwrnai, fel yr oedd yr ARGLWYDD wedi gorchymyn. Dyma'r camau ar eu siwrnai. ³ Cychwynnodd yr Israeliaid o Rameses ar y pymthegfed dydd o'r mis cyntaf, sef y diwrnod ar ôl y Pasg, ac aethant allan yn fuddugoliaethus yng ngŵydd yr holl Eifftiaid, ⁴ tra oeddent hwy'n claddu pob cyntafanedig a laddwyd gan yr ARGLWYDD; fe gyhoeddodd yr ARGLWYDD farn ar eu duwiau hefyd.

⁵ Aeth yr Israeliaid o Rameses, a gwersyllu yn Succoth. ⁶ Aethant o Succoth a gwersyllu yn Etham, sydd ar gwr yr anialwch. ⁷ Aethant o Etham a throi'n ôl i Pihahiroth, sydd i'r dwyrain o Baal-seffon, a gwersyllu o flaen Migdol. ⁸ Aethant o Pihahiroth* a mynd trwy ganol y môr i'r anialwch, a buont yn cerdded am dridiau yn anialwch Etham cyn gwersyllu yn Mara. ⁹ Aethant o Mara a chyrraedd Elim, lle yr oedd deuddeg o ffynhonnau dŵr a saith deg o balmwydd, a buont yn gwersyllu yno. ¹⁰ Aethant o Elim a gwersyllu wrth y Môr Coch. ¹¹ Aethant o'r Môr Coch a gwersyllu yn anialwch Sin. ¹² Aethant o anialwch Sin a gwersyllu yn Doffca. ¹³ Aethant o Doffca a gwersyllu yn Alus. ¹⁴ Aethant o Alus a gwersyllu yn Reffidim, lle nad oedd dŵr i'r bobl i'w yfed. ¹⁵ Aethant o Reffidim a gwersyllu yn anialwch Sinai. ¹⁶ Aethant o anialwch Sinai a gwersyllu yn Cibroth-hattaafa. ¹⁷ Aethant o Cibroth-hattaafa a gwersyllu yn Haseroth. ¹⁸ Aethant o Haseroth a gwersyllu yn Rithma. ¹⁹ Aethant o Rithma a gwersyllu yn Rimmon-pares. ²⁰ Aethant o Rimmon-pares a gwersyllu yn Libna. ²¹ Aethant o Libna a gwersyllu ym Mynydd Rissa. ²² Aethant o Rissa a gwersyllu yn Cehelatha. ²³ Aethant o Cehelatha a gwersyllu ym Mynydd Saffer. ²⁴ Aethant o Fynydd Saffer a gwersyllu yn Harada. ²⁵ Aethant o Harada a gwersyllu yn Maceloth. ²⁶ Aethant o Maceloth a gwersyllu yn Tahath. ²⁷ Aethant o Tahath a gwersyllu yn Tara. ²⁸ Aethant o Tara a gwersyllu yn Mithca. ²⁹ Aethant o Mithca a gwersyllu yn Hasmona. ³⁰ Aethant o Hasmona a gwersyllu yn Moseroth. ³¹ Aethant o Moseroth a gwersyllu yn Bene-jaacan. ³² Aethant o Bene-jaacan a gwersyllu yn Hor-haggidgad. ³³ Aethant o Hor-haggidgad a gwersyllu yn Jotbatha. ³⁴ Aethant o Jotbatha a gwersyllu yn Abrona. ³⁵ Aethant o Abrona a gwersyllu yn Esion-geber. ³⁶ Aethant o Esion-geber a gwersyllu yn anialwch Sin, sef Cades. ³⁷ Aethant o Cades a gwersyllu ym Mynydd Hor, sydd ar gwr gwlad Edom.

³⁸ Aeth Aaron yr offeiriad i fyny Mynydd Hor, ar orchymyn yr ARGLWYDD, a bu farw yno ar y dydd cyntaf o'r pumed mis yn y ddeugeinfed flwyddyn ar ôl i'r Israeliaid ddod allan o wlad yr Aifft. ³⁹ Yr oedd Aaron yn gant dau ddeg a thair oed pan fu farw ar Fynydd Hor.

⁴⁰ Clywodd brenin Arad, y Canaanead oedd yn byw yn y Negef yng ngwlad Canaan, fod yr Israeliaid yn dod.

⁴¹ Aethant o Fynydd Hor a gwersyllu yn Salmona. ⁴² Aethant o Salmona a gwersyllu yn Punon. ⁴³ Aethant o Punon a gwersyllu yn Oboth. ⁴⁴ Aethant o Oboth a gwersyllu yn Ije-abarim ar derfyn Moab. ⁴⁵ Aethant o Ijim a gwersyllu yn Dibon-gad. ⁴⁶ Aethant o Dibon-gad a gwersyllu yn Almon-diblathaim. ⁴⁷ Aethant o Almon-diblathaim a gwersyllu ym mynyddoedd Abarim, o flaen Nebo. ⁴⁸ Aethant o fynyddoedd Abarim a gwersyllu yng ngwastadedd Moab, gyferbyn â Jericho ger yr Iorddonen; ⁴⁹ yr oedd eu gwersyll ar lan yr Iorddonen yn ymestyn o Beth-jesimoth hyd Abel-sittim yng ngwastadedd Moab.

Rhannu'r Wlad

⁵⁰ Llefarodd yr ARGLWYDD wrth Moses yng ngwastadedd Moab, gyferbyn â Jericho ger yr Iorddonen, a dweud, ⁵¹ "Dywed wrth bobl Israel, 'Wedi i chwi groesi'r Iorddonen i wlad Canaan, ⁵² yr ydych i yrru allan o'ch blaen holl drigolion y wlad, a dinistrio eu holl

---

33:8 Felly'r Fersiynau. Hebraeg, *o flaen Hahiroth*.

gerrig nadd a'u delwau tawdd, a difa eu holl uchelfeydd; ⁵³ yna yr ydych i feddiannu'r wlad a thrigo yno, oherwydd yr wyf wedi rhoi'r wlad i chwi i'w meddiannu. ⁵⁴ Yr ydych i rannu'r wlad yn etifeddiaeth rhwng eich teuluoedd trwy goelbren: i'r llwythau mawr rhowch etifeddiaeth fawr, ac i'r llwythau bychain etifeddiaeth fechan; lle bynnag y bydd y coelbren yn disgyn i unrhyw un, yno y bydd ei feddiant. Felly yr ydych i rannu'r etifeddiaeth yn ôl llwythau eich tadau. ⁵⁵ Os na fyddwch yn gyrru allan drigolion y wlad o'ch blaen, yna bydd y rhai a adawyd gennych yn bigau yn eich llygaid ac yn ddrain yn eich ystlys, a byddant yn eich poenydio yn y wlad y byddwch yn byw ynddi; ⁵⁶ ac fe wnaf i chwi yr hyn a fwriedais ei wneud iddynt hwy.'"

Terfynau'r Wlad

34 Dywedodd yr ARGLWYDD wrth Moses, ² "Gorchymyn bobl Israel, a dywed wrthynt, 'Pan fyddwch yn mynd i mewn i wlad Canaan, bydd terfynau'r wlad a gewch yn etifeddiaeth fel a ganlyn: ³ i'r de bydd yn ymestyn o anialwch Sin a heibio i Edom, ac yn y dwyrain bydd eich terfyn deheuol yn ymestyn o ben draw Môr yr Heli, ⁴ ac yn troi o lethrau Acrabbim a throsodd i Sin, ac yna i'r de o Cades-barnea; oddi yno â ymlaen i Hasar-adar a throsodd i Asmon; ⁵ yna fe dry'r terfyn o Asmon at nant yr Aifft, a gorffen wrth y môr.

⁶ "'I'r gorllewin, y terfyn fydd y Môr Mawr a'r arfordir; hwn fydd eich terfyn gorllewinol.

⁷ "'Dyma fydd eich terfyn i'r gogledd: tynnwch linell o'r Môr Mawr i Fynydd Hor, ⁸ ac o Fynydd Hor i Lebo-hamath; bydd y terfyn yn cyrraedd hyd Sedad, ⁹ yna'n ymestyn i Siffron, a gorffen yn Hasar-enan; dyma fydd eich terfyn gogleddol.

¹⁰ "'Ar ochr y dwyrain, tynnwch linell o Hasar-enan i Seffan; ¹¹ fe â'r terfyn i lawr o Seffan i Ribla, i'r dwyrain o Ain, ac yna i lawr ymhellach ar hyd y llechweddau i'r dwyrain o Fôr Cinnereth; ¹² yna fe â'r terfyn i lawr ar hyd yr Iorddonen, a gorffen wrth Fôr yr Heli. Hon fydd eich gwlad, a'r rhain fydd ei therfynau oddi amgylch.'"

¹³ Rhoddodd Moses orchymyn i bobl Israel, a dweud, "Dyma'r wlad yr ydych i'w rhannu'n etifeddiaeth trwy goelbren, a'i rhoi i'r naw llwyth a hanner, fel y gorchmynnodd yr ARGLWYDD; ¹⁴ y mae llwythau teuluoedd meibion Reuben a Gad a hanner llwyth Manasse eisoes wedi derbyn eu hetifeddiaeth; ¹⁵ derbyniodd y ddau lwyth a hanner eu hetifeddiaeth hwy yr ochr draw i'r Iorddonen, i'r dwyrain o Jericho, tua chodiad haul."

Rhannu'r Etifeddiaeth

¹⁶ Dywedodd yr ARGLWYDD wrth Moses, ¹⁷ "Dyma enwau'r dynion sydd i rannu'r wlad yn etifeddiaeth i chwi: Eleasar yr offeiriad, a Josua fab Nun. ¹⁸ Cymerwch hefyd un pennaeth o bob llwyth i rannu'r wlad yn etifeddiaeth. ¹⁹ Dyma eu henwau: o lwyth Jwda, Caleb fab Jeffunne; ²⁰ o lwyth meibion Simeon, Semuel fab Ammihud; ²¹ o lwyth Benjamin, Elidad fab Cislon; ²² o lwyth meibion Dan, y pennaeth fydd Bucci fab Jogli; ²³ o feibion Joseff: o lwyth meibion Manasse, y pennaeth fydd Haniel fab Effad; ²⁴ o lwyth meibion Effraim, y pennaeth fydd Cemuel fab Sifftan; ²⁵ o lwyth meibion Sabulon, y pennaeth fydd Elisaffan fab Parnach; ²⁶ o lwyth meibion Issachar, y pennaeth fydd Paltiel fab Assan; ²⁷ o lwyth meibion Aser, y pennaeth fydd Ahihud fab Salomi; ²⁸ o lwyth meibion Nafftali, y pennaeth fydd Pedahel fab Ammihud. ²⁹ Dyma'r dynion y gorchmynnodd yr ARGLWYDD iddynt rannu'r etifeddiaeth i bobl Israel yng ngwlad Canaan."

Dinasoedd y Lefiaid

35 Dywedodd yr ARGLWYDD wrth Moses yng ngwastadedd Moab, gyferbyn â Jericho ger yr Iorddonen, ² "Gorchymyn i bobl Israel roi o'r etifeddiaeth a gânt ddinasoedd i'r Lefiaid i fyw ynddynt, a phorfeydd o amgylch y dinasoedd. ³ Caiff y Lefiaid fyw yn y dinasoedd, a bydd y porfeydd ar gyfer eu gwartheg, eu praidd, a'u holl anifeiliaid. ⁴ Bydd porfeydd y dinasoedd a roddwch i'r Lefiaid yn ymestyn o fur y ddinas tuag allan am fil o gufyddau oddi amgylch. ⁵ Yr ydych i fesur, o'r tu allan i'r ddinas, ddwy fil o gufyddau ar yr ochr ddwyreiniol, dwy fil ar yr ochr ddeheuol, dwy fil ar yr ochr orllewinol, a dwy fil ar yr ochr ogleddol, a'r ddinas yn y canol; dyma borfeydd y dinasoedd fydd yn eiddo iddynt.

⁶ "O'r dinasoedd a rowch i'r Lefiaid, bydd chwech yn ddinasoedd noddfa, lle caiff y lleiddiaid ffoi; yn ychwanegol at y rhain, rhowch iddynt bedwar deg a dwy o ddinasoedd. ⁷ Felly byddwch yn rhoi i'r Lefiaid bedwar deg ac wyth o ddinasoedd i gyd, gyda'u porfeydd. ⁸ O'r dinasoedd sy'n feddiant i bobl Israel cymerwch lawer oddi wrth y llwythau mawr, ond llai oddi wrth y llwythau bychain; y mae pob llwyth i roi dinasoedd i'r Lefiaid yn ôl maint yr etifeddiaeth a gafodd."

Dinasoedd Noddfa
Deut. 19:1-13; Jos. 20:1-9

⁹ Dywedodd yr ARGLWYDD wrth Moses, ¹⁰ "Dywed wrth bobl Israel, 'Pan fyddwch wedi mynd dros yr Iorddonen i mewn i wlad Canaan, ¹¹ yr ydych i neilltuo i chwi eich hunain ddinasoedd i fod yn ddinasoedd noddfa, er mwyn i'r lleiddiad, a laddodd rywun yn anfwriadol, gael ffoi iddynt. ¹² Bydd y dinasoedd yn noddfa rhag y dialydd, fel na chaiff y lleiddiad ei ladd cyn iddo sefyll ei brawf o flaen y cynulliad. ¹³ O'r chwe dinas a nodwch yn ddinasoedd noddfa, ¹⁴ bydd tair yr ochr yma i'r Iorddonen, a thair yng ngwlad Canaan. ¹⁵ Bydd y chwe dinas hyn yn noddfa i bobl Israel, ac i'r dieithryn a'r ymwelydd yn eu plith, a chaiff pwy bynnag a laddodd rywun yn anfwriadol ffoi iddynt.

¹⁶ " 'Os bydd rhywun yn taro rhywun arall ag offeryn haearn, ac yntau'n marw, y mae'n llofrudd; rhodder y llofrudd i farwolaeth. ¹⁷ Os bydd yn ei daro â charreg yn ei law, a'r garreg yn debyg o ladd, ac yntau'n marw, y mae'n llofrudd; rhodder y llofrudd i farwolaeth. ¹⁸ Os bydd yn ei daro ag arf pren yn ei law, a'r arf yn debyg o ladd, ac yntau'n marw, y mae'n llofrudd; rhodder y llofrudd i farwolaeth. ¹⁹ Caiff y sawl sy'n dial gwaed roi'r llofrudd i farwolaeth pan ddaw o hyd iddo. ²⁰ Os bydd rhywun yn gwanu rhywun arall mewn casineb, neu'n ymosod arno'n fwriadol, ac yntau'n marw; ²¹ neu ynteu'n taro rhywun â'i law mewn atgasedd, ac yntau'n marw, yna rhodder y sawl a'i trawodd i farwolaeth; y mae'n llofrudd, a chaiff y sawl sy'n dial gwaed ei roi i farwolaeth pan ddaw o hyd iddo.

²² " 'Os bydd rhywun yn gwanu rhywun arall yn sydyn, a heb atgasedd, neu os bydd yn taflu rhywbeth ato'n anfwriadol, ²³ neu ynteu heb edrych yn ei daro â charreg a fyddai'n debyg o'i ladd, ac yntau'n marw, yna, gan na fu gelyniaeth rhyngddynt a chan na fwriadodd ei niweidio, ²⁴ y mae'r cynulliad i farnu rhwng yr ymosodwr a'r dialydd gwaed, yn ôl y deddfau hyn; ²⁵ a bydd y cynulliad yn arbed y lleiddiad rhag y dialydd gwaed ac yn ei roi'n ôl yn y ddinas noddfa y ffodd iddi, a chaiff fyw yno nes marw'r archoffeiriad a eneiniwyd â'r olew cysegredig. ²⁶ Ond os â'r lleiddiad rywbryd y tu allan i derfynau'r ddinas noddfa y ffodd iddi, ²⁷ a'r dialydd gwaed yn ei ganfod a'i ladd, ni fydd yn euog o'i waed. ²⁸ Rhaid i'r lleiddiad aros tu mewn i'w ddinas noddfa nes marw'r archoffeiriad; ond ar ôl marw'r archoffeiriad, caiff ddychwelyd i'r tir sy'n feddiant iddo.

²⁹ " 'Bydd hyn yn ddeddf ac yn gyfraith i chwi trwy eich cenedlaethau lle bynnag y byddwch yn byw. ³⁰ Os bydd rhywun yn lladd rhywun arall, rhodder ef i farwolaeth ar dystiolaeth tystion; ond na rodder neb i farwolaeth ar dystiolaeth un tyst. ³¹ Peidiwch â chymryd arian yn iawn am fywyd llofrudd a gafwyd yn euog o ladd; rhodder ef i farwolaeth. ³² Peidiwch â chymryd arian yn iawn gan y sawl a ffodd i'w ddinas noddfa, er mwyn iddo gael dychwelyd i fyw i'w dir ei hun cyn marw'r archoffeiriad. ³³ Peidiwch â halogi'r wlad yr ydych yn byw ynddi; y mae gwaed yn halogi'r wlad, ac ni ellir gwneud iawn am y wlad y tywalltwyd gwaed ynddi ond trwy waed y sawl a'i tywalltodd. ³⁴ Peidiwch â gwneud y wlad yr ydych yn byw ynddi yn

aflan, oherwydd yr wyf fi, yr ARGLWYDD, yn preswylio yn ei chanol ac ymysg pobl Israel.'"

Etifeddiaeth Merched Seloffehad

36 Daeth pennau-teuluoedd tylwythau meibion Gilead fab Machir, fab Manasse, un o dylwythau meibion Joseff, ymlaen a siarad â Moses a'r arweinwyr, sef pennau-teuluoedd pobl Israel, ² a dweud, "Gorchmynnodd yr ARGLWYDD iti roi'r wlad yn etifeddiaeth i bobl Israel trwy'r coelbren, a rhoi etifeddiaeth ein brawd Seloffehad i'w ferched. ³ Yn awr, os priodant hwy â dynion o lwythau eraill ymysg yr Israeliaid, yna bydd eu hetifeddiaeth yn cael ei cholli o lwyth ein hynafiaid, ac yn cael ei throsglwyddo at etifeddiaeth y llwythau y priodwyd hwy iddynt, a bydd ein hetifeddiaeth ni yn dlotach o'r herwydd. ⁴ Pan ddaw Jwbili pobl Israel, fe drosglwyddir eu hetifeddiaeth hwy at etifeddiaeth y llwythau y priodwyd hwy iddynt; felly, bydd eu hetifeddiaeth yn cael ei cholli oddi wrth etifeddiaeth llwyth ein hynafiaid."

Gorchmynnodd Moses i bobl Israel yn ôl gair yr ARGLWYDD, a dweud, "Y mae cais llwyth meibion Joseff yn un cyfiawn. ⁶ Dyma orchymyn yr ARGLWYDD ynglŷn â merched Seloffehad: cânt briodi â phwy bynnag a ddymunant, cyn belled â bod eu gwŷr yn perthyn i dylwyth eu tad. ⁷ Nid yw etifeddiaeth pobl Israel i'w throsglwyddo o'r naill lwyth i'r llall; yn hytrach, glyned pob un o bobl Israel wrth etifeddiaeth llwyth ei hynafiaid. ⁸ Y mae pob merch sy'n meddu ar etifeddiaeth, ni waeth i ba un o lwythau Israel y perthyn, i briodi â dyn o dylwyth ei thad, fel y caiff pob un o bobl Israel ran yn etifeddiaeth ei hynafiaid. ⁹ Felly, ni fydd yr etifeddiaeth yn cael ei throsglwyddo o'r naill lwyth i'r llall, ond bydd pob un o lwythau pobl Israel yn glynu wrth ei etifeddiaeth ei hun."

¹⁰ Gwnaeth merched Seloffehad fel yr oedd yr ARGLWYDD wedi gorchymyn i Moses, ¹¹ ac fe briododd Mala, Tirsa, Hogla, Milca a Noa, merched Seloffehad, â meibion brodyr eu tad. ¹² Felly daethant yn wragedd i wŷr o dylwyth meibion Manasse fab Joseff, ac arhosodd eu hetifeddiaeth gyda thylwyth eu tad.

¹³ Dyma'r deddfau a'r gorchmynion a roddodd yr ARGLWYDD trwy Moses i bobl Israel yng ngwastadedd Moab, gyferbyn â Jericho ger yr Iorddonen.

LLYFR
DEUTERONOMIUM

Gadael Horeb

1 Dyma'r geiriau a lefarodd Moses wrth Israel gyfan y tu hwnt i'r Iorddonen yn anialwch yr Araba gyferbyn â Suff, rhwng Paran a Toffel a Laban, Haseroth a Disahab. ² Y mae taith un diwrnod ar ddeg o Horeb trwy fynydd-dir Seir hyd at Cades-barnea. ³ Ar y dydd cyntaf o'r unfed mis ar ddeg, yn y ddeugeinfed flwyddyn, llefarodd Moses wrth yr Israeliaid y cyfan a orchmynnodd yr ARGLWYDD iddo. ⁴ Yr oedd hyn wedi iddo orchfygu Sihon brenin yr Amoriaid, a oedd yn byw yn Hesbon, ac wedi iddo hefyd orchfygu Og brenin Basan, a oedd yn byw yn Astaroth ac yn Edrei. ⁵ Y tu hwnt i'r Iorddonen yng ngwlad Moab y dechreuodd Moses egluro'r gyfraith hon, a dywedodd wrthynt. ⁶ Llefarodd yr ARGLWYDD ein Duw wrthym yn Horeb: "Yr ydych wedi aros digon yn ymyl y mynydd hwn. ⁷ Paratowch i fynd ar eich taith, ac ewch i fynydd-dir yr Amoriaid, ac at eu cymdogion yn yr Araba, yn y mynydd-dir, y Seffela a'r Negef ac ar lan y môr, gwlad y Canaaneaid, a hefyd i Lebanon hyd at yr afon fawr, afon Ewffrates. ⁸ Edrychwch, yr wyf yn rhoi'r wlad i chwi; ewch i mewn a meddiannwch y wlad y tyngodd yr ARGLWYDD i'ch tadau, Abraham, Isaac a Jacob, y byddai'n ei rhoi iddynt hwy ac i'w plant ar eu hôl."

Penodi Barnwyr
Ex. 18:13–27

⁹ Yr adeg honno fe ddywedais wrthych, "Ni allaf eich cynnal fy hunan. ¹⁰ Y mae'r ARGLWYDD eich Duw wedi'ch gwneud yn lluosog, a dyma chwi heddiw mor niferus â sêr y nefoedd. ¹¹ Bydded i'r ARGLWYDD, Duw eich hynafiaid, eich lluosogi filwaith eto, a'ch bendithio fel yr addawodd i chwi. ¹² Sut y gallaf gymryd arnaf fy hun eich poenau a'ch beichiau a'ch ymryson? ¹³ Dewiswch o blith eich llwythau ddynion doeth, deallus a phrofiadol, a gosodaf hwy yn benaethiaid arnoch." ¹⁴ Eich ymateb i mi oedd dweud, "Y mae'r hyn a ddywedaist wrthym am ei wneud yn awgrym da." ¹⁵ Yna cymerais benaethiaid eich llwythau, dynion doeth a phrofiadol, a gosodais hwy yn benaethiaid arnoch, yn swyddogion ar unedau o fil, o gant, o hanner cant, ac o ddeg, a hwy oedd llywodraethwyr eich llwythau. ¹⁶ Yr adeg honno rhoddais orchymyn i'ch barnwyr, a dweud wrthynt, "Yr ydych i wrando ar achosion eich pobl, ac i farnu'n gyfiawn rhyngoch chwi a'ch gilydd, a hefyd rhyngoch chwi a'r dieithriaid sy'n byw yn eich plith. ¹⁷ Byddwch yn ddiduedd mewn barn, a gwrandewch ar y distadl yn ogystal â'r pwysig. Peidiwch ag ofni unrhyw un, oherwydd eiddo Duw yw barn. Os bydd achos yn rhy anodd i chwi, dygwch ef ataf fi, a gwrandawaf fi arno." ¹⁸ Yr adeg honno hefyd fe orchmynnais i chwi yr holl bethau yr oeddech i'w gwneud.

Anfon Ysbiwyr
Num. 13:1–33

¹⁹ Fel y gorchmynnodd yr ARGLWYDD ein Duw inni, gadawsom Horeb, a mynd i gyfeiriad mynydd-dir yr Amoriaid, gan deithio trwy'r cyfan o'r anialwch mawr ac ofnadwy hwnnw a welsoch chwi, a daethom i Cades-barnea. ²⁰ A dywedais wrthych, "Yr ydych wedi dod i fynydd-dir yr Amoriaid, y mae'r ARGLWYDD ein Duw yn ei roi inni. ²¹ Edrych, y mae'r ARGLWYDD dy Dduw yn rhoi'r wlad iti; dos i fyny, a meddianna hi fel y dywedodd yr ARGLWYDD, Duw dy hynafiaid, wrthyt. Paid ag ofni nac arswydo." ²² Ond fe ddaethoch chwi i gyd ataf a dweud, "Gad inni anfon dynion o'n blaen i chwilio'r wlad, a dod ag adroddiad inni am y ffordd yr awn i fyny iddi, a hefyd am y dinasoedd yr awn iddynt." ²³ Yr oedd hyn yn dderbyniol yn fy ngolwg, a dewisais ddeuddeg o ddynion o'ch plith, un o bob llwyth. ²⁴ Fe aethant hwy a theithio i fyny i'r mynydd-dir, a mynd hyd at ddyffryn Escol, a'i chwilio. ²⁵ Casglasant beth o ffrwythau'r tir, a dod â hwy atom, ac adrodd mai gwlad dda oedd yr un yr oedd yr ARGLWYDD ein Duw yn ei rhoi inni.

²⁶ Ond nid oeddech chwi'n fodlon mynd i fyny, a gwrthryfelasoch yn erbyn gorchymyn yr ARGLWYDD eich Duw. ²⁷ Yr oeddech yn grwgnach yn eich pebyll, ac yn dweud, "Am fod yr ARGLWYDD yn ein casáu y daeth â ni allan o wlad yr Aifft a'n rhoi yn nwylo'r Amoriaid i'n difa. ²⁸ Sut yr awn ni i fyny yno? Y mae ein brodyr wedi ein digalonni trwy ddweud fod y bobl yn fwy ac yn dalach na ni, a bod y dinasoedd yn fawr gyda chaerau cyn uched â'r nefoedd, ac iddynt weld disgynyddion yr Anacim yno." ²⁹ Yna dywedais wrthych, "Peidiwch ag arswydo nac ofni o'u hachos. ³⁰ Bydd yr ARGLWYDD eich Duw yn mynd o'ch blaen, ac ef fydd yn ymladd trosoch, fel y gwnaeth yn eich gŵydd yn yr Aifft, ³¹ a hefyd yn yr anialwch lle gwelsoch fod yr ARGLWYDD eich Duw yn eich cario, fel y bydd dyn yn cario ei fab ei hun, bob cam o'r ffordd yr oeddech yn ei theithio nes dod i'r lle hwn." ³² Ond er hyn, nid oeddech chwi yn ymddiried yn yr ARGLWYDD eich Duw, ³³ a oedd yn mynd o'ch blaen ar y ffordd, mewn tân yn y nos i chwilio am le ichwi wersyllu, ac mewn cwmwl yn y dydd i ddangos ichwi'r ffordd i'w dilyn.

Cosbi Israel

Num. 14:20-45

34 Pan glywodd yr ARGLWYDD eich geiriau, digiodd, a thyngodd: 35 "Ni chaiff yr un o'r genhedlaeth ddrwg hon weld y wlad dda y tyngais y byddwn yn ei rhoi i'ch hynafiaid. 36 Caleb fab Jeffunne yn unig a gaiff ei weld, ac iddo ef a'i ddisgynyddion y rhoddaf y wlad y troediodd ef arni, am iddo ef lwyr ddilyn yr ARGLWYDD." 37 O'ch achos chwi yr oedd yr ARGLWYDD yn ddig wrthyf finnau hefyd, a dywedodd, "Ni chei dithau fynd yno, 38 ond fe fydd Josua fab Nun, sydd yn dy wasanaeth, yn mynd yno; annog ef, oherwydd bydd ef yn ei rhoi yn feddiant i Israel. 39 Ond bydd eich rhai bach, y dywedasoch y byddent yn ysbail, a'ch plant, nad ydynt heddiw yn gwybod na da na drwg, yn mynd i'r wlad; a rhoddaf hi iddynt hwy, a byddant yn ei meddiannu. 40 Ond trowch chwi, a theithiwch i'r anialwch i gyfeiriad y Môr Coch."

41 Yna atebasoch fi a dweud, "Yr ydym wedi pechu yn erbyn yr ARGLWYDD; fe awn i fyny ac ymladd fel y gorchmynnodd yr ARGLWYDD ein Duw." Ac fe wisgodd pob un ohonoch ei arfau, gan gredu mai hawdd fyddai mynd i fyny i'r mynydd-dir. 42 Ond dywedodd yr ARGLWYDD wrthyf am ddweud wrthych, "Peidiwch â mynd i fyny i ymladd, rhag ichwi gael eich gorchfygu gan eich gelynion, oherwydd ni fyddaf fi gyda chwi." 43 Er imi ddweud hyn wrthych, ni wrandawsoch ond gwrthryfela yn erbyn gorchymyn yr ARGLWYDD, a beiddio mynd i fyny i'r mynydd-dir. 44 A daeth yr Amoriaid, a oedd yn byw yn y mynydd-dir hwnnw, allan yn eich erbyn a'ch ymlid fel gwenyn, a'ch trechu yn Seir gerllaw Horma. 45 Yna troesoch yn ôl ac wylo gerbron yr ARGLWYDD; ond ni wrandawodd yr ARGLWYDD arnoch, ac yr oedd yn glustfyddar i'ch cri. 46 Yna bu i chwi aros yn Cades, lle y buoch am ddyddiau lawer.

Y Daith trwy'r Anialwch

2 Yna troesom a mynd i'r anialwch i gyfeiriad y Môr Coch, fel yr oedd yr ARGLWYDD wedi dweud wrthyf, a buom yn teithio o gwmpas mynydd-dir Seir am ddyddiau lawer. 2 Yna dywedodd yr ARGLWYDD wrthyf, 3 "Yr ydych wedi teithio'n ddigon hir o gwmpas y mynydd-dir hwn; trowch yn awr i'r gogledd. 4 Gorchymyn i'r bobl a dweud wrthynt, 'Yr ydych yn mynd i deithio trwy diriogaeth eich perthnasau, tylwyth Esau, sy'n byw yn Seir. 5 Y maent yn eich ofni, ond gofalwch beidio ag ymosod arnynt, oherwydd ni roddaf i chwi gymaint â lled troed o'u tir, am fy mod wedi rhoi mynydd-dir Seir yn etifeddiaeth i Esau. 6 Talwch ag arian am y bwyd a brynwch ganddynt i'w fwyta, a'r un modd am y dŵr a yfwch.' 7 Y mae'r ARGLWYDD dy Dduw wedi dy fendithio yn y cyfan a wnaethost, ac wedi gwylio dy daith yn yr anialwch mawr hwn; am y deugain mlynedd hyn bu'r ARGLWYDD dy Dduw gyda thi, ac ni fu arnat eisiau dim." 8 Yna aethom oddi wrth ein perthnasau, tylwyth Esau, a oedd yn byw yn Seir, ac o ffordd yr Araba, ac o Elath ac Esion-geber, a throi i gyfeiriad anialwch Moab. 9 Dywedodd yr ARGLWYDD wrthyf eto, "Paid â chythruddo'r Moabiaid, na bygwth ymladd yn eu herbyn, oherwydd ni roddaf feddiant i ti o'u tir, am fy mod wedi rhoi Ar yn feddiant i dylwyth Lot." 10 Cyn hynny yr oedd yr Emim, dynion mawr, niferus a thal fel yr Anacim, yn byw yno. 11 Ystyrid hwythau'n Reffaim fel yr Anacim, ond bod y Moabiaid yn eu galw'n Emim. 12 A hefyd yn yr amser gynt yr oedd yr Horiaid yn byw yn Seir, ond cymerodd tylwyth Esau eu tiriogaeth a'u difa hwy o'u blaen, a byw yno yn eu lle, fel y gwnaeth yr Israeliaid yn y tir a roddodd yr ARGLWYDD yn feddiant iddynt. 13 A dywedodd yr ARGLWYDD, "Yn awr paratowch i groesi nant Sared." Felly aethom dros nant Sared. 14 Cymerodd ddeunaw mlynedd ar hugain inni deithio o Cades-barnea nes croesi nant Sared; erbyn hynny yr oedd y cyfan o genhedlaeth y rhyfelwyr wedi darfod o'r gwersyll, fel y tyngodd yr ARGLWYDD wrthynt. 15 Yn wir yr oedd llaw'r ARGLWYDD yn eu herbyn, i'w difa'n llwyr o'r gwersyll.

¹⁶ Wedi marw y cyfan o'r rhyfelwyr o blith y bobl, ¹⁷ dywedodd yr ARGLWYDD wrthyf, ¹⁸ "Heddiw yr wyt i groesi terfyn Moab yn ymyl Ar. ¹⁹ Pan ddoi at ffin yr Ammoniaid, paid â'u cythruddo na'u bygwth, oherwydd ni roddaf feddiant o'u tir i ti, am fy mod wedi ei roi yn feddiant i dylwyth Lot." ²⁰ (Ystyrid hwn hefyd yn dir y Reffaim, am mai'r Reffaim oedd yn byw yno yn yr amser gynt, ond yr oedd yr Ammoniaid yn eu galw'n Samsumim. ²¹ Yr oeddent hwy yn ddynion mawr, niferus a thal fel yr Anacim; ond fe ddifawyd y Reffaim gan yr ARGLWYDD, a chymerodd yr Ammoniaid feddiant o'u tir, a byw yno. ²² Gwnaeth yr ARGLWYDD yr un fath i feibion Esau oedd yn byw yn Seir, pan ddifaodd yr Horiaid o'u blaen, a chymerasant hwythau feddiant o'u tir, a byw yno hyd heddiw. ²³ Y Cafftorim a ymfudodd o Cafftor a ddifaodd yr Afiaid oedd yn byw yn y pentrefi yn ymyl Gasa, ac yna byw yn eu tiriogaeth.) ²⁴ "Cychwynnwch yn awr ar eich taith, a chroeswch nant Arnon. Edrych, yr wyf yn rhoi Sihon yr Amoriad, brenin Hesbon, a'i wlad yn dy law. Dos ati i'w meddiannu, ac ymosod arno. ²⁵ Heddiw fe ddechreuaf wneud i'r holl bobloedd dan y nefoedd ofni ac arswydo o'th flaen; pan glywant sôn amdanat, byddant yn crynu ac yn arswydo o'th flaen."

Concro Sihon Brenin Hesbon

Num. 21:21-30

²⁶ Yna anfonais negeswyr o anialwch Cedemoth at Sihon brenin Hesbon gyda geiriau heddychlon, ²⁷ "Gad imi deithio trwy dy dir ar hyd y briffordd; fe deithiaf arni heb droi i'r dde na'r chwith. ²⁸ Cei werthu imi am arian y bwyd y byddaf yn ei fwyta, a chei arian gennyf am y dŵr a roi imi i'w yfed; yn unig rho ganiatâd imi deithio ar droed trwy dy dir, ²⁹ fel y rhoddodd tylwyth Esau sy'n byw yn Seir imi, a hefyd y Moabiaid sy'n byw yn Ar, nes imi groesi'r Iorddonen i'r wlad y mae'r ARGLWYDD ein Duw yn ei rhoi inni." ³⁰ Ond nid oedd Sihon brenin Hesbon yn fodlon inni deithio trwodd, oherwydd yr oedd yr ARGLWYDD eich Duw wedi caledu ei ysbryd a gwneud ei galon yn ystyfnig er mwyn ei roi yn eich llaw chwi, fel y mae heddiw. ³¹ Yna dywedodd yr ARGLWYDD wrthyf, "Edrych, yr wyf wedi dechrau rhoi Sihon a'i dir i ti; dos ati i gymryd meddiant o'i wlad." ³² Daeth Sihon a'i holl fyddin allan i ymladd yn ein herbyn yn Jahas; ³³ a rhoddodd yr ARGLWYDD ein Duw ef yn ein dwylo, a lladdasom ef a'i feibion a'i holl fyddin. ³⁴ Yr adeg honno cymerasom ei ddinasoedd i gyd, a difa'n llwyr bawb oedd ym mhob dinas, yn ddynion, gwragedd a plant. Ni adawsom neb ar ôl, ³⁵ ond cymryd y gwartheg yn ysbail i ni ein hunain, ac anrhaith y dinasoedd a orchfygwyd gennym. ³⁶ O Aroer, a oedd ar lan nant Arnon, cyn belled â Gilead a'r ddinas oedd yn y dyffryn, nid oedd yr un gaer yn rhy gadarn inni. Rhoddodd yr ARGLWYDD ein Duw y cyfan ohonynt yn ein dwylo. ³⁷ Ond nid aethoch yn agos i wlad yr Ammoniaid, oddeutu nant Jabboc, nac ychwaith i ddinasoedd y mynydd-dir, nac i unrhyw le a waharddodd yr ARGLWYDD ein Duw inni.

Concro Og Brenin Basan

Num. 21:31-35

3 Yna troesom a mynd i gyfeiriad Basan. Daeth Og brenin Basan gyda'i holl fyddin i ymladd yn ein herbyn yn Edrei. ² Dywedodd yr ARGLWYDD wrthyf, "Paid â'i ofni, oherwydd yr wyf yn ei roi ef a'i holl bobl a'i dir yn dy law. Gwna iddo fel y gwnaethost i Sihon brenin yr Amoriaid, a oedd yn byw yn Hesbon." ³ Rhoddodd yr ARGLWYDD ein Duw Og brenin Basan a'i holl fyddin yn ein dwylo, a lladdasom hwy, heb adael un yn weddill. ⁴ Yr adeg honno cymerasom ei ddinasoedd i gyd heb adael yr un ar ôl, sef trigain ohonynt, y cyfan o diriogaeth Argob, teyrnas Og yn Basan. ⁵ Yr oedd y rhain i gyd yn ddinasoedd caerog, gyda muriau uchel a dorau a barrau; yr oedd hefyd lawer iawn o bentrefi heb furiau. ⁶ Lladdasom bawb ym mhob dinas, yn ddynion, gwragedd a phlant, fel y gwnaethom i Sihon brenin Hesbon. ⁷ Cymerasom y gwartheg i gyd yn ysbail i ni ein hunain, ac anrhaith y dinasoedd. ⁸ Yr adeg honno cymerasom oddi ar ddau frenin yr Amoriaid y wlad y

tu hwnt i'r Iorddonen, o nant Arnon hyd fynydd-dir Hermon. ⁹ Enw'r Sidoniaid ar Hermon oedd Sirion, ond yr oedd yr Amoriaid yn ei alw'n Senir. ¹⁰ Cymerasom holl ddinasoedd y gwastadedd, a'r cyfan o Gilead a Basan hyd at Salcha ac Edrei, oedd yn perthyn i deyrnas Og yn Basan. ¹¹ Og brenin Basan oedd yr unig un ar ôl o weddill y Reffaim. Yr oedd ganddo wely haearn naw cufydd o hyd a phedwar cufydd o led, yn ôl y cufydd cyffredin; ac onid yw yn Rabba, dinas yr Ammoniaid?

Y Llwythau tu hwnt i'r Iorddonen

Num. 32:1-42

¹² O'r wlad a gymerasom yn feddiant yr adeg honno, rhoddais i Reuben a Gad y tir oedd yn ymestyn o Aroer ar hyd glan nant Arnon, a hanner mynydd-dir Gilead, gyda'i ddinasoedd. ¹³ Rhoddais i hanner llwyth Manasse y gweddill o Gilead, a'r cyfan o deyrnas Og yn Basan, tiriogaeth Argob i gyd. Gwlad y Reffaim oedd yr enw ar y cyfan o Basan. ¹⁴ Cymerodd Jair fab Manasse y cyfan o diriogaeth Argob hyd at derfyn y Gasuriaid a'r Maachathiaid, a hyd heddiw gelwir Basan yn Hafoth-jair ar ei ôl ef. ¹⁵ Rhoddais Gilead i Machir; ¹⁶ ac i Reuben a Gad rhoddais y tir sy'n ymestyn o Gilead hyd at nant Arnon, a chanol y nant yn derfyn iddo, a hyd at nant Jabboc, ar derfyn yr Ammoniaid, ¹⁷ a hefyd yr Araba, a'r Iorddonen yn derfyn iddo, o Cinnereth hyd at fôr yr Araba, sef y Môr Marw, islaw llethrau Pisga i'r dwyrain.

¹⁸ Yr adeg honno gorchmynnais i chwi, a dweud, "Y mae'r ARGLWYDD eich Duw yn rhoi ichwi'r wlad hon i'w meddiannu; yr ydych chwi'r holl ddynion arfog a chryf i groesi o flaen eich pobl, yr Israeliaid. ¹⁹ Ond y mae eich gwragedd a'ch plant a'ch anifeiliaid—a gwn fod gennych lawer o anifeiliaid—i aros yn y trefi a roddais i chwi ²⁰ nes y bydd yr ARGLWYDD wedi rhoi diogelwch i'ch perthnasau, fel y rhoddodd i chwi; yna byddant hwythau yn meddiannu'r wlad a roddodd yr ARGLWYDD eich Duw iddynt y tu hwnt i'r Iorddonen. Yna caiff pob un ohonoch fynd yn ôl i'r diriogaeth a roddais i chwi."

²¹ Yr adeg honno hefyd gorchmynnais i Josua a dweud, "Yr wyt wedi gweld â'th lygaid dy hun yr hyn a wnaeth yr ARGLWYDD eich Duw i'r ddau frenin hyn; bydd yr ARGLWYDD yn gwneud yr un fath i'r holl deyrnasoedd yr wyt ti yn mynd i'w herbyn. ²² Paid â'u hofni, oherwydd bydd yr ARGLWYDD eich Duw yn ymladd trosoch."

²³ Yr adeg honno ymbiliais â'r ARGLWYDD, a dweud, ²⁴ "O Arglwydd DDUW, yr wyt wedi dechrau dangos i'th was dy fawredd a'th law gref, oherwydd pa dduw yn y nefoedd neu ar y ddaear sy'n cyflawni gweithredoedd a gorchestion fel dy rai di? ²⁵ Gad imi groesi a gweld y wlad dda y tu hwnt i'r Iorddonen, y mynydd-dir da hwn, a Lebanon." ²⁶ Ond yr oedd yr ARGLWYDD yn ddig wrthyf o'ch achos chwi, ac ni wrandawodd arnaf. A dywedodd yr ARGLWYDD wrthyf, "Dyna ddigon; paid â siarad wrthyf eto am hyn. ²⁷ Dos i ben Pisga, ac edrych i'r gorllewin, y gogledd, y de a'r dwyrain, a sylwa'n fanwl, oherwydd ni chei di groesi'r Iorddonen hon. ²⁸ Cyfarwydda Josua, a'i nerthu a'i gefnogi, oherwydd ef fydd yn croesi o flaen y bobl hyn, ac ef fydd yn eu harwain i feddiannu'r wlad yr wyt ti yn ei gweld." ²⁹ Felly bu inni aros yn y dyffryn gyferbyn â Beth-peor.

Moses yn Annog Ufudd-dod

4 Yn awr, O Israel, gwrando ar y deddfau a'r cyfreithiau yr wyf yn eu dysgu ichwi heddiw; cadwch hwy er mwyn ichwi gael byw a mynd i feddiannu'r wlad y mae'r ARGLWYDD, Duw eich hynafiaid, yn ei rhoi ichwi. ² Peidiwch ag ychwanegu dim at yr hyn yr wyf yn ei orchymyn ichwi, nac ychwaith dynnu oddi wrtho, ond cadw at orchmynion yr ARGLWYDD eich Duw yr wyf fi yn eu gorchymyn ichwi. ³ Gwelsoch â'ch llygaid eich hunain yr hyn a wnaeth yr ARGLWYDD yn Baal-peor; oherwydd dinistriodd yr ARGLWYDD eich Duw o'ch plith bob un oedd yn dilyn Baal Peor; ⁴ ond yr ydych chwi i gyd sydd wedi glynu wrth yr ARGLWYDD eich Duw yn fyw hyd heddiw.

⁵ Gwelwch fy mod wedi dysgu ichwi'r deddfau a'r cyfreithiau, fel y gorchmynnodd yr ARGLWYDD fy Nuw imi, er mwyn ichwi eu cadw yn y wlad yr ydych yn mynd i mewn i'w meddiannu. ⁶ Gofalwch eu cadw, oherwydd dyma fydd eich doethineb a'ch deall yng ngolwg y bobloedd; a phan glywant hwy y deddfau hyn, byddant yn dweud, "Yn wir pobl ddoeth a deallus yw'r genedl fawr hon." ⁷ Yn wir pa genedl fawr sydd a chanddi dduw mor agos ati ag yw'r ARGLWYDD ein Duw ni bob tro y byddwn yn galw arno? ⁸ A pha genedl fawr sydd a chanddi ddeddfau a chyfreithiau mor gyfiawn â'r holl gyfraith hon yr wyf yn ei gosod o'ch blaen heddiw?

⁹ Bydd ofalus, a gwylia'n ddyfal rhag iti anghofio'r pethau a welodd dy lygaid, a rhag iddynt gilio o'th feddwl holl ddyddiau dy fywyd; dysga hwy i'th blant ac i blant dy blant. ¹⁰ Y dydd pan oeddit ti yn sefyll o flaen yr ARGLWYDD dy Dduw yn Horeb, fe ddywedodd yr ARGLWYDD wrthyf, "Cynnull y bobl ataf, a chyhoeddaf iddynt fy ngeiriau, er mwyn iddynt ddysgu fy ofni holl ddyddiau eu bywyd ar y ddaear, a bydded iddynt ddysgu eu plant i wneud hyn." ¹¹ Daethoch chwi yn agos, a sefyll wrth droed y mynydd, ac yr oedd y mynydd yn llosgi gan dân hyd entrych y nefoedd; ac yr oedd yno dywyllwch, cwmwl a chaddug. ¹² Llefarodd yr ARGLWYDD wrthych o ganol y tân; ond nid oeddech chwi'n gweld unrhyw ffurf, dim ond clywed llais. ¹³ Mynegodd i chwi ei gyfamod, sef y deg gorchymyn yr oedd yn eu gorchymyn i chwi eu cadw, ac ysgrifennodd hwy ar ddwy lechen. ¹⁴ Yr adeg honno gorchmynnodd yr ARGLWYDD i mi ddysgu ichwi'r deddfau a'r gorchmynion, er mwyn ichwi eu cadw yn y wlad yr oeddech yn mynd iddi i'w meddiannu.

Gwahardd Eilunaddoli

¹⁵ Gan na welsoch unrhyw ffurf, y dydd y llefarodd yr ARGLWYDD wrthych o ganol y tân yn Horeb, ¹⁶ gofalwch beidio â gweithredu'n llygredig trwy wneud i chwi eich hunain ddelw ar ffurf unrhyw fath ar gerflun, na ffurf dyn na gwraig, ¹⁷ nac unrhyw anifail ar y ddaear, nac unrhyw aderyn sy'n hedfan yn yr awyr, ¹⁸ nac unrhyw beth sy'n ymlusgo ar y ddaear, nac unrhyw bysgodyn sydd yn y dŵr dan y ddaear. ¹⁹ Gwylia hefyd na fyddi'n codi dy olwg i'r nefoedd ac edrych ar yr haul, y lleuad neu'r sêr, holl lu'r nefoedd, a chael dy ddenu i ymgrymu iddynt a'u haddoli; neilltuodd yr ARGLWYDD dy Dduw y rhain ar gyfer yr holl bobloedd dan y nefoedd. ²⁰ Ond cymerodd yr ARGLWYDD chwi, a daeth â chwi allan o'r ffwrnais haearn, o'r Aifft, i fod yn bobl sy'n etifeddiaeth iddo'i hun, fel yr ydych heddiw. ²¹ Yr oedd yr ARGLWYDD yn ddig wrthyf o'ch achos chwi, a thyngodd na chawn groesi'r Iorddonen, na mynd i mewn i'r wlad dda y mae'r ARGLWYDD dy Dduw yn ei rhoi yn feddiant iti. ²² Byddaf fi yn marw yn y wlad hon, ac ni chaf groesi'r Iorddonen, ond byddwch chwi yn croesi ac yn meddiannu'r wlad dda hon. ²³ Byddwch ofalus rhag anghofio'r cyfamod a wnaeth yr ARGLWYDD eich Duw â chwi, a gwneud i chwi eich hunain ddelw gerfiedig ar ffurf unrhyw beth a waharddodd yr ARGLWYDD dy Dduw. ²⁴ Oherwydd tân yn ysu yw'r ARGLWYDD dy Dduw; y mae ef yn Dduw eiddigus.

²⁵ Pan fydd gennych blant ac wyrion, a chwithau wedi mynd yn hen yn y wlad, os byddwch yn gweithredu'n llygredig trwy wneud delw gerfiedig ar unrhyw ffurf, ac yn gwneud drwg yng ngolwg yr ARGLWYDD eich Duw ac ennyn ei ddig, ²⁶ yna yr adeg honno byddaf yn galw ar y nefoedd a'r ddaear i dystio yn eich erbyn, a byddwch yn sicr o ddiflannu'n gyflym o'r wlad yr ydych wedi croesi'r Iorddonen i'w meddiannu; ni chewch aros yno'n hir, ond fe'ch difethir yn llwyr. ²⁷ Bydd yr ARGLWYDD yn eich gwasgaru ymhlith y bobloedd, ac ni adewir ond ychydig ohonoch ymhlith y cenhedloedd y bydd yr ARGLWYDD yn eich arwain atynt. ²⁸ Yna byddwch yn addoli duwiau o waith dwylo dynol, duwiau o bren a cherrig, nad ydynt yn gweld nac yn clywed nac yn bwyta nac yn arogli. ²⁹ Os byddwch yn ceisio'r ARGLWYDD eich Duw yno, ac yn chwilio amdano â'ch holl galon ac â'ch holl

enaid, byddwch yn ei gael. ³⁰ Pan fydd yn gyfyng arnat, a'r holl bethau hyn yn digwydd iti yn y dyddiau sy'n dod, yna tro at yr ARGLWYDD dy Dduw a gwrando ar ei lais. ³¹ Oherwydd Duw trugarog yw'r ARGLWYDD dy Dduw; ni fydd yn dy siomi nac yn dy ddifa, ac ni fydd yn anghofio'r cyfamod a wnaeth trwy lw â'th hynafiaid.

Yr ARGLWYDD sydd Dduw

³² Ystyria'r dyddiau gynt, cyn dy amser di, o'r dydd y creodd Duw ddyn ar y ddaear, a chwilia'r nefoedd o un cwr i'r llall. A fu peth mor fawr â hyn, neu a glywyd am beth tebyg? ³³ A glywodd pobl lais Duw yn llefaru o ganol tân, fel y clywaist ti, a byw? ³⁴ A geisiodd unrhyw dduw ddod i gymryd iddo'i hun genedl o ganol cenedl trwy dreialon, arwyddion, rhyfeddodau, a brwydr, ac â llaw gadarn a braich estynedig a llawer o bethau arswydus, fel y gwnaeth yr ARGLWYDD eich Duw yn eich gŵydd yn yr Aifft? ³⁵ Cefaist ti brofi hyn er mwyn iti wybod mai'r ARGLWYDD sydd Dduw, ac nad oes un arall. ³⁶ Parodd iti glywed ei lais o'r nefoedd i'th ddisgyblu, a dangosodd iti ei dân mawr ar y ddaear, a chlywaist ei eiriau o ganol y tân. ³⁷ Am iddo garu dy hynafiaid a dewis eu plant ar eu hôl, y daeth â thi allan o'r Aifft trwy ei bresenoldeb â nerth mawr, ³⁸ a gyrru allan o'th flaen genhedloedd oedd yn fwy ac yn gryfach na thi, a'th arwain a rhoi iti eu gwlad yn etifeddiaeth, fel y mae heddiw. ³⁹ Heddiw yr wyt ti i gydnabod ac i ystyried mai'r ARGLWYDD sydd Dduw yn y nefoedd uchod ac ar y ddaear isod, ac nad oes un arall. ⁴⁰ Cadw ei ddeddfau, a'r gorchmynion yr wyf yn eu gorchymyn iti heddiw, fel y bydd yn dda arnat ac ar dy blant ar dy ôl, ac iti gael oes faith ar y ddaear y mae'r ARGLWYDD dy Dduw yn ei rhoi iti am byth.

Dinasoedd Noddfa

⁴¹ Yna neilltuodd Moses dair dinas yn y dwyrain, yn y tir y tu hwnt i'r Iorddonen, ⁴² er mwyn i'r sawl a fyddai'n lladd ei gymydog yn anfwriadol, heb elyniaeth rhyngddynt yn flaenorol, gael ffoi iddynt. Trwy ffoi i un o'r dinasoedd hyn byddai'n arbed ei fywyd. ⁴³ Y dinasoedd oedd: Beser yng ngwastatir yr anialwch ar gyfer y Reubeniaid; Ramoth yn Gilead ar gyfer y Gadiaid; Golan yn Basan ar gyfer y Manasseaid.

Rhoi'r Gyfraith

⁴⁴ Dyma'r gyfraith a osododd Moses gerbron yr Israeliaid. ⁴⁵ A dyma'r rheolau, y deddfau a'r cyfreithiau a lefarodd Moses wrth yr Israeliaid, wedi iddynt ddod allan o'r Aifft, ⁴⁶ pan oeddent y tu hwnt i'r Iorddonen yn y dyffryn gyferbyn â Beth-peor yng ngwlad Sihon brenin yr Amoriaid, a oedd yn byw yn Hesbon ac a orchfygwyd gan Moses a'r Israeliaid ar eu taith allan o'r Aifft. ⁴⁷ Cymerasant ei wlad ef a gwlad Og brenin Basan, dau frenin yr Amoriaid oedd yn y dwyrain, yn y diriogaeth y tu hwnt i'r Iorddonen. ⁴⁸ Yr oedd y diriogaeth yn ymestyn o Aroer, ar lan nant Arnon, at Fynydd Sirion*, sef Hermon, ⁴⁹ ac yn cynnwys y cyfan o'r Araba i'r dwyrain o'r Iorddonen, hyd at fôr yr Araba islaw llethrau Pisga.

Y Deg Gorchymyn

5 Ex. 20:1-17
Galwodd Moses ar Israel gyfan, a dywedodd wrthynt: O Israel, gwrandewch ar y deddfau a'r cyfreithiau yr wyf yn eu llefaru yn eich clyw heddiw. Dysgwch hwy, a gofalwch eu gweithredu. ² Gwnaeth yr ARGLWYDD ein Duw gyfamod â ni yn Horeb. ³ Nid â'n hynafiaid y gwnaeth yr ARGLWYDD y cyfamod hwn, ond â ni i gyd sy'n fyw yma heddiw. ⁴ Llefarodd yr ARGLWYDD wyneb yn wyneb â chwi ar y mynydd o ganol y tân. ⁵ Yr adeg honno yr oeddwn i yn sefyll rhwng yr ARGLWYDD a chwi i fynegi i chwi air yr ARGLWYDD, oherwydd yr oeddech chwi yn ofni'r tân, ac nid aethoch i fyny i'r mynydd. Dyma a ddywedodd:

⁶ "Myfi yw'r ARGLWYDD dy Dduw, a'th arweiniodd allan o wlad yr Aifft, o dŷ caethiwed.

⁷ "Na chymer dduwiau eraill ar wahân i mi.

4:48 Felly Syrieg. Hebraeg, *Seion*.

8 "Na wna iti ddelw gerfiedig ar ffurf dim sydd yn y nefoedd uchod na'r ddaear isod nac yn y dŵr o dan y ddaear; 9 nac ymgryma iddynt na'u gwasanaethu, oherwydd yr wyf fi, yr ARGLWYDD dy Dduw, yn Dduw eiddigus; yr wyf yn cosbi'r plant am ddrygioni'r rhieni hyd y drydedd a'r bedwaredd genhedlaeth o'r rhai sy'n fy nghasáu, 10 ond yn dangos trugaredd i filoedd o'r rhai sy'n fy ngharu ac yn cadw fy ngorchmynion.

11 "Na chymer enw'r ARGLWYDD dy Dduw yn ofer, oherwydd ni fydd yr ARGLWYDD yn ystyried yn ddieuog y sawl sy'n cymryd ei enw'n ofer.

12 "Cadw'r dydd Saboth yn gysegredig, fel y gorchmynnodd yr ARGLWYDD dy Dduw iti. 13 Chwe diwrnod yr wyt i weithio a gwneud dy holl waith, 14 ond y mae'r seithfed dydd yn Saboth yr ARGLWYDD dy Dduw; na wna ddim gwaith y dydd hwnnw, ti na'th fab, na'th ferch, na'th was, na'th forwyn, na'th ych, na'th asyn, nac un o'th anifeiliaid, na'r estron sydd o fewn dy byrth, er mwyn i'th was a'th forwyn gael gorffwys fel ti dy hun. 15 Cofia iti fod yn gaethwas yng ngwlad yr Aifft, ac i'r ARGLWYDD dy Dduw dy arwain allan oddi yno â llaw gadarn a braich estynedig; am hyn y gorchmynnodd yr ARGLWYDD dy Dduw iti gadw'r dydd Saboth.

16 "Anrhydedda dy dad a'th fam, fel y gorchmynnodd yr ARGLWYDD dy Dduw iti, er mwyn amlhau dy ddyddiau ac fel y bydd yn dda arnat yn y wlad y mae'r ARGLWYDD dy Dduw yn ei rhoi iti.

17 "Na ladd.

18 "Na odineba.

19 "Na ladrata.

20 "Na ddwg gamdystiolaeth yn erbyn dy gymydog.

21 "Na chwennych wraig dy gymydog, na dymuno cael tŷ dy gymydog, na'i dir, na'i was, na'i forwyn, na'i ych, na'i asyn, na dim sy'n eiddo i'th gymydog."

Y Bobl yn Ofni

Ex. 20:18–21

22 Llefarodd yr ARGLWYDD y geiriau hyn â llais uchel wrth eich holl gynulliad ar y mynydd o ganol y tân, y cwmwl a'r tywyllwch, ac nid ychwanegodd ddim atynt. Yna ysgrifennodd hwy ar ddwy lechen garreg, a'u rhoi i mi. 23 Pan glywsoch y llais o ganol y tywyllwch, a'r mynydd ar dân, yna daeth penaethiaid eich llwythau a'ch henuriaid ataf, 24 a dywedasoch, "Dangosodd yr ARGLWYDD ein Duw inni ei ogoniant a'i fawredd, ac fe glywsom ei lais o ganol y tân; heddiw yr ydym yn gweld y gall bod meidrol fyw er i Dduw lefaru wrtho. 25 Yn awr, pam y byddwn ni farw? Bydd y tân mawr hwn yn sicr o'n difa, a byddwn farw, os bydd inni glywed llais yr ARGLWYDD ein Duw eto. 26 A glywodd unrhyw un lais y Duw byw yn llefaru o ganol y tân, fel yr ydym ni wedi ei glywed, a byw? 27 Dos di, a gwrando ar y cyfan a ddywed yr ARGLWYDD ein Duw, ac yna mynega wrthym y cyfan a lefarodd yr ARGLWYDD ein Duw wrthyt; fe wrandawn ninnau ac ufuddhau."

28 Pan glywodd yr ARGLWYDD y geiriau a lefarasoch wrthyf, dywedodd, "Yr wyf wedi clywed geiriau'r bobl hyn pan oeddent yn llefaru wrthyt; ac y mae'r cyfan a ddywedant yn wir. 29 O na fyddent yn meddwl fel hyn o hyd, ac yn fy ofni ac yn cadw'r cyfan o'm gorchmynion bob amser, fel y byddai'n dda iddynt hwy a'u plant am byth! 30 Dos, a dywed wrthynt, 'Ewch yn ôl i'ch pebyll.' 31 Saf di yma yn fy ymyl, ac fe lefaraf wrthyt yr holl orchmynion a'r deddfau a'r cyfreithiau yr wyt ti i'w dysgu iddynt, ac y maent hwy i'w cadw yn y wlad yr wyf yn ei rhoi iddynt i'w meddiannu." 32 Gofalwch wneud fel y mae'r ARGLWYDD eich Duw yn gorchymyn ichwi; peidiwch â throi i'r dde na'r chwith. 33 Yr ydych i rodio yn ôl y cyfan a orchmynnodd yr ARGLWYDD eich Duw ichwi, er mwyn i chwi gael byw a llwyddo, ac amlhau eich dyddiau yn y wlad y byddwch yn ei meddiannu.

Caru'r ARGLWYDD

6 Dyma'r gorchmynion, y deddfau a'r cyfreithiau y gorchmynnodd yr ARGLWYDD eich Duw eu dysgu ichwi i'w cadw yn y wlad yr ydych yn mynd iddi i'w meddiannu, 2 er mwyn i chwi ofni'r ARGLWYDD eich Duw a chadw yr holl ddeddfau a gorchmynion yr wyf yn eu rhoi i chwi a'ch plant a phlant eich plant

holl ddyddiau eich bywyd, ac er mwyn estyn eich dyddiau. ³ Gwrando, O Israel, a gofala eu cadw, fel y bydd yn dda arnat, ac y byddi'n cynyddu mewn gwlad yn llifeirio o laeth a mêl, fel yr addawodd yr ARGLWYDD, Duw dy hynafiaid.

⁴ Gwrando, O Israel: Y mae'r ARGLWYDD ein Duw yn un ARGLWYDD. ⁵ Câr di yr ARGLWYDD dy Dduw â'th holl galon ac â'th holl enaid ac â'th holl nerth. ⁶ Y mae'r geiriau hyn yr wyf yn eu gorchymyn iti heddiw i fod yn dy galon. ⁷ Yr wyt i'w hadrodd i'th blant, ac i sôn amdanynt pan fyddi'n eistedd yn dy dŷ ac yn cerdded ar y ffordd, a phan fyddi'n mynd i gysgu ac yn codi. ⁸ Yr wyt i'w rhwymo yn arwydd ar dy law, a byddant yn rhactalau rhwng dy lygaid. ⁹ Ysgrifenna hwy ar byst dy dŷ ac ar dy byrth.

Rhybuddion rhag Anufudd-dod

¹⁰ Yna bydd yr ARGLWYDD dy Dduw yn dod â thi i'r wlad y tyngodd i'th dadau, Abraham, Isaac a Jacob, y byddai'n ei rhoi iti, gwlad o ddinasoedd mawr a theg nad adeiladwyd mohonynt gennyt, ¹¹ hefyd tai yn llawn o bethau daionus na ddarparwyd mohonynt gennyt, a phydewau na chloddiwyd gennyt, a gwinllannoedd ac olewydd na phlannwyd gennyt. Pan fyddi'n bwyta ac yn cael dy ddigoni, ¹² gofala na fyddi'n anghofio'r ARGLWYDD dy Dduw a ddaeth â thi allan o wlad yr Aifft, o dŷ caethiwed. ¹³ Yr wyt i ofni'r ARGLWYDD dy Dduw a'i wasanaethu a thyngu dy lw yn ei enw. ¹⁴ Paid â dilyn duwiau eraill o blith duwiau'r cenhedloedd o'th amgylch, ¹⁵ oherwydd y mae'r ARGLWYDD dy Dduw sydd gyda thi yn Dduw eiddigus, a bydd ei ddig yn ennyn tuag atat ac yn dy ddifa oddi ar wyneb y ddaear.

¹⁶ Peidiwch â gosod yr ARGLWYDD eich Duw ar ei brawf, fel y gwnaethoch yn Massa. ¹⁷ Gofalwch gadw gorchmynion yr ARGLWYDD eich Duw, ei dystiolaethau a'r deddfau a orchmynnodd ichwi. ¹⁸ Gwna'r hyn sydd uniawn a da yng ngolwg yr ARGLWYDD, fel y bydd yn dda arnat, ac y byddi'n mynd i feddiannu'r wlad dda y tyngodd yr ARGLWYDD y byddai'n ei rhoi i'th hynafiaid ¹⁹ trwy yrru allan dy holl elynion o'th flaen, fel yr addawodd yr ARGLWYDD.

²⁰ Pan fydd dy blentyn yn gofyn iti yn y dyfodol, "Beth yw ystyr y tystiolaethau, y deddfau a'r cyfreithiau a orchmynnodd yr ARGLWYDD ein Duw ichwi?", ²¹ yna dywed wrtho, "Yr oeddem ni yn gaethion i Pharo yn yr Aifft, a daeth yr ARGLWYDD â ni allan oddi yno â llaw gadarn, ²² ac yn ein gŵydd dangosodd arwyddion a rhyfeddodau mawr ac arswydus i'r Eifftiaid a Pharo a'i holl dŷ. ²³ Daeth â ni allan oddi yno er mwyn ein harwain i'r wlad y tyngodd i'n hynafiaid y byddai'n ei rhoi inni. ²⁴ A gorchmynnodd yr ARGLWYDD inni gadw'r holl ddeddfau hyn er mwyn inni ofni'r ARGLWYDD ein Duw, ac iddi fod yn dda arnom bob amser, ac inni gael ein cadw'n fyw, fel yr ydym heddiw. ²⁵ A bydd yn gyfiawnder inni os gofalwn gadw'r holl orchmynion hyn gerbron yr ARGLWYDD ein Duw, fel y gorchmynnodd ef inni."

Gyrru'r Cenhedloedd o'r Wlad

7 Ex. 34:11–16
Bydd yr ARGLWYDD dy Dduw yn dod â thi i'r wlad yr wyt yn mynd iddi i'w meddiannu, ac yn gyrru allan o'th flaen lawer o genhedloedd, sef Hethiaid, Girgasiaid, Amoriaid, Canaaneaid, Peresiaid, Hefiaid a Jebusiaid, saith o genhedloedd sy'n fwy niferus a chryfach na thi; ² a phan fydd yr ARGLWYDD dy Dduw yn eu darostwng o'th flaen, a thithau'n ymosod arnynt, yr wyt i'w difa'n llwyr. Paid â gwneud cyfamod â hwy na dangos trugaredd tuag atynt. ³ Paid â gwneud cytundeb priodas â hwy trwy roi dy ferched i'w meibion a chymryd eu merched yn wragedd i'th feibion, ⁴ oherwydd fe wnânt i'th blant droi oddi wrthyf ac addoli duwiau eraill, a bydd yr ARGLWYDD yn ddig wrthyt ac yn dy ddifa ar unwaith. ⁵ Ond fel hyn yr ydych i wneud iddynt: tynnu i lawr eu hallorau, dinistrio eu colofnau, a malurio eu pyst Asera a llosgi eu delwau yn y tân.

⁶ Yr ydych chwi yn bobl sanctaidd i'r ARGLWYDD eich Duw. Y mae'r ARGLWYDD eich Duw wedi eich dewis o blith yr holl bobloedd sydd ar wyneb y ddaear, i fod yn bobl arbennig iddo ef. ⁷ Nid am eich

bod yn fwy niferus na'r holl bobloedd yr hoffodd yr ARGLWYDD chwi a'ch dewis; yn wir chwi oedd y lleiaf o'r holl bobloedd. ⁸ Ond am fod yr ARGLWYDD yn eich caru ac yn cadw'r addewid a dyngodd i'ch hynafiaid, daeth â chwi allan â llaw gadarn a'ch gwaredu o dŷ caethiwed, o law Pharo brenin yr Aifft. ⁹ Felly deallwch mai'r ARGLWYDD eich Duw sydd Dduw; y mae'n Dduw ffyddlon, yn cadw cyfamod a ffyddlondeb hyd fil o genedlaethau gyda'r rhai sy'n ei garu ac yn cadw ei orchmynion, ¹⁰ ond y mae'n talu'n ôl i'r rhai sy'n ei gasáu trwy eu difa; yn wir nid yw'n oedi i dalu'n ôl i'r rhai sy'n ei gasáu. ¹¹ Yr ydych i gadw'r gorchmynion, y deddfau a'r cyfreithiau yr wyf fi heddiw yn gorchymyn i chwi eu cadw.

Y Bendithion o Ufuddhau

Deut. 28:1–14

¹² Os byddwch yn gwrando ar y cyfreithiau hyn ac yn gofalu eu cadw, yna bydd yr ARGLWYDD eich Duw yn cadw'r cyfamod a'r ffyddlondeb a dyngodd i'ch hynafiaid. ¹³ Bydd yn eich caru, yn eich bendithio ac yn gwneud ichwi gynyddu; bydd hefyd yn bendithio'ch plant a chynnyrch eich tir, eich ŷd, eich gwin a'ch olew, ac epil eich gwartheg a'ch praidd yn y tir y tyngodd i'ch hynafiaid y byddai'n ei roi ichwi. ¹⁴ Cewch eich bendithio yn fwy na'r holl bobloedd; ni fydd yr un ohonoch chwi, yn wryw na benyw, yn anffrwythlon, na'r un o'ch anifeiliaid. ¹⁵ Fe dry'r ARGLWYDD bob clefyd oddi wrthych, ac ni fydd yn dwyn arnoch chwi yr un o'r heintiau difrifol a brofasoch yn yr Aifft, ond yn eu gosod ar yr holl rai sy'n eich casáu. ¹⁶ Yr ydych i ddifa'r holl bobloedd y mae'r ARGLWYDD eich Duw yn eu rhoi i chwi; nid ydych i dosturio wrthynt nac addoli eu duwiau, oherwydd byddai hynny yn fagl ichwi.

¹⁷ Hwyrach y byddwch yn dweud ynoch eich hunain, "Y mae'r cenhedloedd hyn yn fwy niferus na ni; sut felly y gallwn eu gyrru allan?" ¹⁸ Peidiwch â'u hofni; daliwch i gofio'r hyn a wnaeth yr ARGLWYDD eich Duw i Pharo a'r Aifft i gyd. ¹⁹ Gwelsoch â'ch llygaid eich hunain y treialon mawr, yr arwyddion a'r rhyfeddodau, ac fel y daeth yr ARGLWYDD eich Duw â chwi allan â llaw gadarn a braich estynedig; felly y gwna'r ARGLWYDD eich Duw i'r holl bobloedd yr ydych yn eu hofni. ²⁰ Bydd yr ARGLWYDD eich Duw hefyd yn anfon cacwn i'w plith, nes difa pob un fydd yn weddill neu yn cuddio oddi wrthych. ²¹ Peidiwch ag arswydo o'u hachos, oherwydd bydd yr ARGLWYDD eich Duw, y Duw mawr ac ofnadwy, gyda chwi. ²² Fe fydd yr ARGLWYDD eich Duw yn gyrru allan y cenhedloedd hyn o'ch blaenau fesul ychydig; ni fyddwch yn eu difa ar unwaith, rhag i'r anifeiliaid gwyllt fynd yn rhy niferus ichwi. ²³ Bydd yr ARGLWYDD eich Duw yn eu darostwng o'ch blaenau, ac yn dwyn arnynt ddryswch mawr nes eu dinistrio. ²⁴ Bydd yn rhoi eu brenhinoedd yn eich llaw, a byddwch yn dileu eu henwau o dan y nefoedd; ni all unrhyw un eich gwrthsefyll nes i chwi eu dinistrio. ²⁵ Yr ydych i losgi delwau eu duwiau yn y tân; nid ydych i chwennych eu harian a'u haur, na'u cymryd, rhag iddynt fod yn fagl ichwi, oherwydd y maent yn ffieidd-dra i'r ARGLWYDD eich Duw. ²⁶ Nid ydych i ddwyn i'ch tŷ unrhyw ffieidd-dra, rhag i chwi fynd yn beth i'w ddifrodi fel yntau; yr ydych i'w ddirmygu'n llwyr a'i ffieiddio, oherwydd peth i'w ddifrodi ydyw.

Meddiannu'r Wlad

8 Gofalwch gadw'r holl orchmynion yr wyf yn eu rhoi ichwi heddiw, er mwyn ichwi fyw a chynyddu a mynd i feddiannu'r wlad y tyngodd yr ARGLWYDD y byddai'n ei rhoi i'ch hynafiaid. ² Cofiwch yr holl ffordd yr arweiniodd yr ARGLWYDD eich Duw chwi yn ystod y deugain mlynedd hyn yn yr anialwch, gan eich darostwng a'ch profi er mwyn gwybod a oeddech yn bwriadu cadw ei orchmynion ai peidio. ³ Darostyngodd chwi a dwyn newyn arnoch; yna fe'ch porthodd â manna, nad oeddech chwi na'ch hynafiaid yn gwybod beth oedd, er mwyn eich dysgu nad ar fara yn unig y bydd rhywun fyw, ond ar bopeth sy'n dod o enau'r ARGLWYDD. ⁴ Ni threuliodd y dillad oedd amdanoch, ac ni chwyddodd eich traed yn ystod y deugain mlynedd hyn. ⁵ Ystyriwch fod yr ARGLWYDD eich Duw yn eich disgyblu fel y mae tad yn disgyblu ei fab. ⁶ Cadwch orchmynion yr ARGLWYDD eich Duw trwy rodio yn ei ffyrdd a'i barchu; ⁷ oherwydd y mae'r ARGLWYDD eich Duw yn dod â chwi i wlad dda, gwlad ac ynddi ffrydiau dŵr, ffynhonnau, a chronfeydd yn tarddu yn y dyffrynnoedd ac ar y mynyddoedd; ⁸ gwlad lle mae gwenith a haidd, gwinwydd, ffigys a phomgranadau, olewydd a mêl; ⁹ gwlad lle cewch fwyta heb brinder, a lle ni bydd arnoch angen am ddim; gwlad y mae ei cherrig yn haearn a lle y byddwch yn cloddio copr o'i mynyddoedd. ¹⁰ Wedi ichwi fwyta a chael digon, byddwch yn bendithio'r ARGLWYDD eich Duw am y wlad dda y mae'n ei rhoi ichwi.

Peidio ag Anghofio Duw

¹¹ Gofalwch na fyddwch yn anghofio'r ARGLWYDD eich Duw nac yn gwrthod cadw ei orchmynion, ei gyfreithiau a'i ddeddfau, yr wyf yn eu gorchymyn ichwi heddiw. ¹² Pan fyddwch wedi bwyta a chael digon, ac adeiladu tai braf i fyw ynddynt, ¹³ a phan fydd eich gwartheg a'ch defaid yn cynyddu, a digon o arian ac aur gennych, a'ch holl eiddo yn cynyddu, ¹⁴ yna peidiwch ag ymffrostio ac anghofio'r ARGLWYDD eich Duw, a ddaeth â chwi allan o wlad yr Aifft, o dŷ caethiwed. ¹⁵ Ef oedd yn eich arwain trwy'r anialwch mawr a dychrynllyd, lle'r oedd seirff gwenwynig a sgorpionau, a thrwy dir sych heb ddim dŵr, lle y gwnaeth i ddŵr darddu allan i chwi o'r graig galed. ¹⁶ Porthodd chwi hefyd yn yr anialwch â manna, nad oedd eich hynafiaid yn gwybod beth oedd, a hynny er mwyn eich darostwng a'ch profi, fel y byddai'n dda arnoch yn y diwedd. ¹⁷ Os dywedwch, "Ein nerth ein hunain a chryfder ein dwylo a ddaeth â'r cyfoeth hwn inni", ¹⁸ yna cofiwch yr ARGLWYDD eich Duw, oherwydd ef sy'n rhoi nerth ichwi i ennill cyfoeth, er mwyn cadarnhau'r cyfamod a dyngodd i'ch hynafiaid, fel y mae heddiw. ¹⁹ Os byddwch yn anghofio'r ARGLWYDD eich Duw ac yn mynd ar ôl duwiau eraill ac yn eu gwasanaethu ac yn ymgrymu iddynt, yna yr wyf yn eich rhybuddio heddiw y byddwch yn cael eich dinistrio'n llwyr. ²⁰ Fel y cenhedloedd a ddinistriodd yr ARGLWYDD o'ch blaenau y dinistrir chwithau, am ichwi wrthod gwrando ar lais yr ARGLWYDD eich Duw.

Cyfiawnder Duw, nid Israel

9 Gwrando, O Israel, yr wyt ti heddiw yn croesi'r Iorddonen i goncro cenhedloedd sy'n fwy ac yn gryfach na thi, a dinasoedd mawr â chaerau cyn uched â'r nefoedd. ² Y maent yn ddynion mawr a thal, disgynyddion yr Anacim; fe wyddost ti amdanynt, oherwydd clywaist ddweud, "Pwy a saif o flaen yr Anacim?" ³ Ond deall di heddiw fod yr ARGLWYDD dy Dduw, sy'n croesi o'th flaen, yn dân ysol, ac y bydd ef yn eu difa a'u darostwng o'th flaen. Byddi dithau'n eu gyrru allan ac yn eu difa yn sydyn, fel yr addawodd yr ARGLWYDD wrthyt.

⁴ Pan fydd yr ARGLWYDD dy Dduw wedi eu gyrru allan o'th flaen, paid â dweud, "Daeth yr ARGLWYDD â mi i feddiannu'r wlad hon oherwydd fy nghyfiawnder." Ond o achos drygioni'r cenhedloedd hyn y mae'r ARGLWYDD yn eu gyrru allan o'th flaen. ⁵ Nid oherwydd dy gyfiawnder a'th uniondeb yr wyt yn mynd i feddiannu eu gwlad, ond oherwydd drygioni'r cenhedloedd hyn y mae'r ARGLWYDD dy Dduw yn eu gyrru allan o'th flaen, ac er mwyn cadarnhau'r gair a dyngodd i'th dadau, Abraham, Isaac a Jacob. ⁶ Felly ystyria di nad o achos dy gyfiawnder y mae'r ARGLWYDD dy Dduw yn rhoi iti'r wlad dda hon i'w meddiannu; yn wir, pobl ystyfnig ydych.

Troi at Addoli Llo Aur

Ex. 24:12-18; 32:7-20

⁷ Cofia, a phaid ag anghofio, iti ennyn dig yr ARGLWYDD dy Dduw yn yr anialwch; yr wyt wedi gwrthryfela yn erbyn yr ARGLWYDD o'r dydd y daethost allan o wlad yr Aifft nes iti ddod i'r lle hwn. ⁸ Digiasoch yr ARGLWYDD yn Horeb, ac yr oedd mor ddig nes iddo fwriadu eich difa. ⁹ Pan euthum i fyny i'r mynydd i dderbyn y llechau, llechau'r cyfamod a wnaeth yr ARGLWYDD â chwi,

fe arhosais ar y mynydd am ddeugain diwrnod a deugain nos heb fwyta nac yfed. ¹⁰ Rhoddodd yr ARGLWYDD imi y ddwy lechen, llechau yr ysgrifennwyd arnynt gan fys Duw, ac arnynt yr oedd yr holl eiriau a lefarodd yr ARGLWYDD wrthych o ganol y tân ar y mynydd ar ddydd y cynulliad. ¹¹ Ar ddiwedd y deugain diwrnod a deugain nos, rhoddodd yr ARGLWYDD imi'r ddwy lechen, llechau'r cyfamod, ¹² a dywedodd yr ARGLWYDD wrthyf, "Cod, dos i lawr ar unwaith o'r mynydd hwn, oherwydd y mae dy bobl, a ddygaist allan o'r Aifft, wedi gwneud peth llygredig; y maent wedi rhuthro i droi o'r ffordd a orchmynnais iddynt, ac wedi gwneud iddynt eu hunain ddelw dawdd."

¹³ Dywedodd yr ARGLWYDD wrthyf, "Gwelais fod y bobl hyn yn bobl ystyfnig. ¹⁴ Gad lonydd imi, er mwyn imi eu difa a dileu eu henw o dan y nefoedd, a'th wneud di'n genedl gryfach a mwy niferus na hwy." ¹⁵ Yna trois a dod i lawr o'r mynydd â dwy lechen y cyfamod yn fy nwylo, ac yr oedd y mynydd yn llosgi gan dân. ¹⁶ Gwelais eich bod wedi pechu yn erbyn yr ARGLWYDD eich Duw trwy wneud i chwi eich hunain ddelw dawdd ar ffurf llo, a rhuthro i droi o'r ffordd a orchmynnodd yr ARGLWYDD ichwi. ¹⁷ Cydiais yn y ddwy lechen a'u taflu o'm dwylo a'u torri yn eich gŵydd. ¹⁸ Yna syrthiais i lawr gerbron yr ARGLWYDD, fel o'r blaen, a bûm am ddeugain diwrnod a deugain nos heb fwyta nac yfed o achos eich holl bechodau, sef gwneud drygioni yng ngolwg yr ARGLWYDD a'i ddigio. ¹⁹ Yr oeddwn yn ofni'r dig a'r cynddaredd yr oedd yr ARGLWYDD yn eu dangos tuag atoch gan feddwl eich difa, ond gwrandawodd yr ARGLWYDD arnaf y tro hwn eto. ²⁰ Yr oedd yr ARGLWYDD yn ddig iawn wrth Aaron ac yn bwriadu ei ddifa, ond ymbiliais ar ei ran yr adeg honno. ²¹ Cymerais y llo yr oeddech wedi pechu wrth ei wneud, a'i losgi yn y tân, ei guro a'i falu'n fân nes ei fod yn llwch, ac yna teflais y llwch i'r nant oedd yn llifo o'r mynydd.

²² Digiasoch yr ARGLWYDD yn Tabera, yn Massa ac yn Cibroth-hattaafa. ²³ Yna pan anfonodd yr ARGLWYDD chwi o Cades-barnea a dweud wrthych, "Ewch i fyny i feddiannu'r wlad yr wyf yn ei rhoi ichwi", gwrthryfela a wnaethoch yn erbyn yr ARGLWYDD eich Duw, a gwrthod ymddiried ynddo a gwrando ar ei lais. ²⁴ Yr ydych wedi gwrthryfela yn erbyn yr ARGLWYDD o'r dydd y deuthum i'ch adnabod.

²⁵ Yna syrthiais i lawr gerbron yr ARGLWYDD am ddeugain diwrnod a deugain nos, oherwydd iddo ddweud ei fod am eich difa. ²⁶ Gweddïais ar yr ARGLWYDD a dweud, "O Arglwydd DDUW, paid â dinistrio dy bobl, dy etifeddiaeth a achubaist â'th gryfder trwy ddod â hwy allan o'r Aifft â llaw gadarn. ²⁷ Cofia dy weision, Abraham, Isaac a Jacob; paid ag edrych ar ystyfnigrwydd, drygioni a phechod y bobl hyn, ²⁸ rhag i drigolion y wlad y daethost â hwy allan ohoni ddweud, 'Am ei fod yn methu mynd â hwy i'r wlad a addawodd iddynt, ac am ei fod yn eu casáu, y daeth yr ARGLWYDD â hwy allan i'w lladd yn yr anialwch.' ²⁹ Ond dy bobl di ydynt, dy etifeddiaeth a ddygaist allan â'th nerth mawr ac â'th fraich estynedig."

Derbyn y Deg Gorchymyn Eilwaith

10 Ex. 34:1–10
Yr adeg honno, dywedodd yr ARGLWYDD wrthyf, "Nadd ddwy lechen fel y rhai cyntaf, a thyrd i fyny ataf i'r mynydd; gwna hefyd arch bren. ² Fe ysgrifennaf ar y llechau y geiriau oedd ar y llechau cyntaf, a ddrylliaist; yna gosod di hwy yn yr arch." ³ Gwneuthum arch o goed acasia, a naddu dwy lechen fel y rhai cyntaf, a mynd i fyny i'r mynydd gyda'r llechau yn fy nwylo. ⁴ Ac yna, yn union fel y gwnaeth y tro cyntaf, fe ysgrifennodd yr ARGLWYDD ar y llechau y deg gorchymyn a lefarodd wrthych o ganol y tân ar y mynydd ar ddydd y cynulliad, ac fe'u rhoddodd imi. ⁵ Wedi hyn deuthum i lawr o'r mynydd, a gosodais y llechau yn yr arch a wneuthum, ac y maent yno, fel y gorchmynnodd yr ARGLWYDD imi.

⁶ Teithiodd yr Israeliaid o ffynhonnau'r Jaacaneaid i Mosera. Bu Aaron farw yno, ac yno y claddwyd ef; a daeth Eleasar ei fab yn offeiriad yn ei le. ⁷ Teithiasant oddi yno i Gudgoda, ac o Gudgoda i Jotbatha, gwlad lle'r oedd ffrydiau dŵr. ⁸ Yr adeg honno neilltuodd yr ARGLWYDD lwyth Lefi i gario arch cyfamod yr ARGLWYDD, ac i sefyll gerbron yr ARGLWYDD i'w wasanaethu, a bendithio yn ei enw, fel y gwnânt hyd heddiw. ⁹ Dyna pam nad oes gan Lefi ran nac etifeddiaeth gyda'i gymrodyr; yr ARGLWYDD yw ei etifeddiaeth, fel yr addawodd yr ARGLWYDD dy Dduw iddo.

¹⁰ Fel y tro cyntaf, arhosais ar y mynydd am ddeugain diwrnod a deugain nos; gwrandawodd yr ARGLWYDD arnaf fel y gwnaeth yr adeg honno, oherwydd nid oedd yr ARGLWYDD yn dymuno eich difa. ¹¹ Yna dywedodd yr ARGLWYDD wrthyf, "Cod ac arwain y bobl er mwyn iddynt fynd i feddiannu'r wlad y tyngais i'w hynafiaid y byddwn yn ei rhoi iddynt."

Gofynion yr ARGLWYDD

¹² Yn awr, O Israel, beth y mae'r ARGLWYDD dy Dduw yn ei ofyn gennyt? Dy fod yn ofni'r ARGLWYDD dy Dduw trwy rodio yn ei ffyrdd a'i garu, a gwasanaethu'r ARGLWYDD dy Dduw â'th holl galon ac â'th holl enaid; ¹³ dy fod hefyd yn cadw ei orchmynion a'i ddeddfau yr wyf yn eu gorchymyn iti heddiw, fel y byddo'n dda arnat. ¹⁴ Edrych, eiddo'r ARGLWYDD dy Dduw yw'r nefoedd a nef y nefoedd, hefyd y ddaear a'r cyfan sydd arni. ¹⁵ Ond rhoddodd yr ARGLWYDD ei serch ar dy hynafiaid ac fe'u carodd, a dewis eu disgynyddion ar eu hôl; ie, eich dewis chwi o blith yr holl bobloedd, fel y mae'n gwneud heddiw. ¹⁶ Yn awr, enwaedwch eich calonnau, a pheidiwch â bod yn ystyfnig eto. ¹⁷ Oherwydd yr ARGLWYDD eich Duw yw Duw y duwiau ac Arglwydd yr arglwyddi, Duw mawr, cadarn ac ofnadwy; nid yw'n dangos ffafriaeth nac yn cymryd llwgrwobr. ¹⁸ Y mae'n gwneud cyfiawnder â'r amddifad a'r weddw, yn caru'r dieithr, ac yn rhoi iddynt fwyd a dillad. ¹⁹ Yr ydych chwithau i garu'r dieithryn, gan ichwi fod yn ddieithriaid yng ngwlad yr Aifft. ²⁰ Yr wyt i ofni'r ARGLWYDD dy Dduw a'i wasanaethu; yr wyt i lynu wrtho ac i dyngu yn ei enw. ²¹ Ef yw dy fawl, ac ef yw dy Dduw, a wnaeth iti'r pethau mawr ac ofnadwy hyn a welaist â'th lygaid dy hun. ²² Yn ddeg a thrigain o bobl yr aeth dy hynafiaid i lawr i'r Aifft, ond yn awr y mae'r ARGLWYDD dy Dduw wedi dy wneud mor niferus â sêr y nefoedd.

Mawredd yr ARGLWYDD

11 Yr ydych i garu'r ARGLWYDD eich Duw a chadw ei ofynion, ei ddeddfau, ei gyfreithiau a'i orchmynion bob amser. ² Gwyddoch chwi heddiw am ddisgyblaeth yr ARGLWYDD eich Duw, ond nid yw eich plant wedi ei brofi ef na'i weld, nac ychwaith ei fawredd, ei law gadarn a'i fraich estynedig; yr ydych chwi heddiw i'w gofio. ³ Gwyddoch am ei arwyddion a'i weithredoedd a wnaeth ymhlith yr Eifftiaid, i'r Brenin Pharo ac i'w holl wlad, ⁴ hefyd yr hyn a wnaeth i fyddin yr Aifft, ei meirch a'i cherbydau, pan barodd i ddyfroedd y Môr Coch lifo drostynt wrth iddynt eich ymlid, ac iddo'u difa hyd y dydd hwn. ⁵ Gwyddoch hefyd yr hyn a wnaeth er eich mwyn yn yr anialwch nes ichwi ddod i'r lle hwn, ⁶ a'r hyn a wnaeth i Dathan ac Abiram, meibion Eliab fab Reuben, pan agorodd y ddaear ei safn yng nghanol Israel gyfan a'u llyncu hwy a'u teuluoedd, eu pebyll a'r holl eiddo oedd yn perthyn iddynt. ⁷ Fe welsoch chwi â'ch llygaid eich hunain yr holl weithredoedd mawr a wnaeth yr ARGLWYDD.

Bendithion Gwlad yr Addewid

⁸ Yr ydych i gadw pob gorchymyn yr wyf fi yn ei roi ichwi heddiw, er mwyn ichwi fod yn ddigon cryf i fynd i mewn ac etifeddu'r wlad yr ydych ar fynd drosodd i'w meddiannu; ⁹ a hefyd er mwyn estyn eich oes yn y tir y tyngodd yr ARGLWYDD i'ch hynafiaid y byddai'n ei roi iddynt hwy a'u disgynyddion, gwlad yn llifeirio o laeth a mêl. ¹⁰ Yn wir, nid yw'r wlad yr ydych ar ddod iddi i'w meddiannu yn debyg i wlad yr Aifft y daethoch allan ohoni, lle'r oeddech yn

hau eich had ac yn ei ddyfrhau â'ch troed, fel gardd lysiau. ¹¹ Ond y mae'r wlad yr ydych ar fynd drosodd i'w meddiannu yn wlad o fynyddoedd a dyffrynnoedd, yn yfed dŵr o law y nefoedd. ¹² Tir y mae'r ARGLWYDD eich Duw yn gofalu amdano yw hwn, a'i lygaid yn wastad arno o ddechrau blwyddyn i'w diwedd. ¹³ Ac os byddwch yn gwrando o ddifrif ar fy ngorchmynion, yr wyf yn eu rhoi ichwi heddiw, i garu'r ARGLWYDD eich Duw a'i wasanaethu â'ch holl galon ac â'ch holl enaid, ¹⁴ yna byddaf yn anfon glaw yn ei bryd ar gyfer eich tir yn yr hydref a'r gwanwyn, a byddwch yn medi eich ŷd, eich gwin newydd a'ch olew; ¹⁵ rhof laswellt yn eich meysydd ar gyfer eich gwartheg, a chewch fwyta'ch gwala. ¹⁶ Gwyliwch rhag ichwi gael eich arwain ar gyfeiliorn, a gwasanaethu duwiau estron a'u haddoli. ¹⁷ Os felly, bydd dicter yr ARGLWYDD yn llosgi yn eich erbyn; bydd yn cau y nefoedd, fel na cheir glaw, ac ni fydd y tir yn rhoi ei gynnyrch, ac yn fuan byddwch chwithau'n darfod o'r wlad dda y mae'r ARGLWYDD ar fin ei rhoi ichwi. ¹⁸ Am hynny gosodwch y geiriau hyn yn eich calon ac yn eich enaid, a'u rhwymo'n arwydd ar eich llaw, ac yn rhactalau rhwng eich llygaid. ¹⁹ Dysgwch hwy i'ch plant, a'u crybwyll wrth eistedd yn y tŷ ac wrth gerdded ar y ffordd, wrth fynd i orwedd ac wrth godi; ²⁰ ysgrifennwch hwy ar byst eich tai ac yn eich pyrth, ²¹ er mwyn i'ch dyddiau chwi a'ch plant amlhau yn y tir y tyngodd yr ARGLWYDD i'ch hynafiaid y byddai'n ei roi iddynt, tra bo nefoedd uwchlaw daear.

²² Os byddwch yn ofalus i gadw'r cwbl yr wyf yn ei orchymyn ichwi, a charu'r ARGLWYDD eich Duw, a dilyn ei lwybrau ef i gyd, a glynu wrtho, ²³ yna bydd yr ARGLWYDD yn gyrru'r holl genhedloedd hyn allan o'ch blaen, a chewch feddiannu eiddo cenhedloedd mwy a chryfach na chwi. ²⁴ Eich eiddo chwi fydd pobman y bydd gwadn eich troed yn sengi arno, o'r anialwch hyd Lebanon, ac o'r afon, afon Ewffrates, hyd fôr y gorllewin; dyna fydd eich terfyn. ²⁵ Ni fydd neb yn medru eich gwrthsefyll; fel yr addawodd ichwi, bydd yr ARGLWYDD eich Duw yn peri i'ch arswyd a'ch dychryn fod dros wyneb yr holl dir a droediwch. ²⁶ Gwelwch, yr wyf yn gosod ger eich bron heddiw fendith a melltith: ²⁷ bendith os gwrandewch ar orchmynion yr ARGLWYDD eich Duw, yr wyf yn eu rhoi ichwi heddiw; ²⁸ ond melltith os na fyddwch yn gwrando ar orchmynion yr ARGLWYDD eich Duw, eithr yn troi o'r ffordd yr wyf fi yn ei gorchymyn ichwi heddiw, i ddilyn duwiau estron nad ydych yn eu hadnabod. ²⁹ A phan ddaw'r ARGLWYDD eich Duw â chwi i'r wlad yr ydych yn dod iddi i'w meddiannu, yna cyhoeddwch y fendith ar Fynydd Garisim a'r felltith ar Fynydd Ebal. ³⁰ Fel y gwyddoch, y mae'r rhain yr ochr draw i'r Iorddonen i'r gorllewin, tuag at fachlud haul, yn nhir y Canaaneaid sy'n byw yn yr Araba, gyferbyn â Gilgal ac yn ymyl deri More. ³¹ Yr ydych ar fin croesi'r Iorddonen i ddod i feddiannu'r wlad y mae'r ARGLWYDD eich Duw yn ei rhoi ichwi; pan fyddwch wedi ei meddiannu a byw ynddi, ³² gofalwch gadw'r holl ddeddfau a chyfreithiau a osodais ger eich bron heddiw.

Dewis Canolfan Addoli

12 Dyma'r deddfau a'r cyfreithiau yr ydych i ofalu eu cadw yn y wlad y mae'r ARGLWYDD, Duw eich hynafiaid, wedi ei rhoi ichwi i'w meddiannu tra byddwch byw yn y tir. ² Yr ydych i lwyr ddinistrio'r holl fannau ar y mynyddoedd uchel a'r bryniau, a than bob pren gwyrddlas, lle mae'r cenhedloedd yr ydych yn eu disodli yn addoli eu duwiau. ³ Yr ydych i dynnu i lawr eu hallorau, dryllio'u colofnau, llosgi eu pyst Aserau yn y tân, torri i lawr ddelwau eu duwiau, a dinistrio'u henwau o'r mannau hynny.

⁴ Nid yn ôl eu dull hwy y gwnewch i'r ARGLWYDD eich Duw. ⁵ Yn hytrach ceisiwch y man y bydd yr ARGLWYDD eich Duw yn ei ddewis o'ch holl lwythau yn drigfan i'w enw; yno y dewch, ⁶ a chyflwyno eich poethoffrymau a'ch aberthau, eich degymau a'ch cyfraniadau, eich addunedau a'ch offrymau gwirfodd, a chyntafanedig eich gwartheg a'ch defaid. ⁷ Yno gerbron yr ARGLWYDD

eich Duw y byddwch chwi a'ch teuluoedd yn bwyta ac yn llawenhau ym mhopeth a wnewch, oherwydd i'r ARGLWYDD eich Duw eich bendithio.

⁸ Nid ydych i wneud yn union fel y gwnawn yma heddiw, lle y mae pawb yn gwneud fel y myn, ⁹ oherwydd nid ydych eto wedi cyrraedd yr orffwysfa a'r etifeddiaeth y mae'r ARGLWYDD eich Duw am eu rhoi ichwi. ¹⁰ Unwaith y byddwch dros yr Iorddonen ac yn byw yn y wlad y mae'r ARGLWYDD eich Duw yn ei rhoi'n etifeddiaeth ichwi, cewch lonydd oddi wrth y gelynion o'ch cwmpas, a byddwch yn byw mewn diogelwch. ¹¹ Yna fe ddygwch i'r man y bydd yr ARGLWYDD eich Duw yn ei ddewis yn drigfan i'w enw, y cwbl yr wyf yn ei orchymyn ichwi, eich poethoffrymau a'ch aberthau, eich degymau a'ch cyfraniadau, a'ch rhoddion dethol, y rhai yr ydych wedi eu haddunedu i'r ARGLWYDD. ¹² A byddwch yn llawenhau gerbron yr ARGLWYDD eich Duw, chwi a'ch meibion a'ch merched, eich gweision a'ch morynion hefyd, a'r Lefiaid yn eich trefi, am nad oes ganddynt gyfran nac etifeddiaeth gyda chwi.

¹³ Gwylia rhag aberthu dy boethoffrymau ym mhobman a weli, ¹⁴ ond abertha hwy yn y man y bydd yr ARGLWYDD yn ei ddewis o fewn un o'th lwythau; yno y gwnei bopeth yr wyf yn ei orchymyn iti. ¹⁵ Er hynny, cei ladd a bwyta faint a fynni o gig yn dy drefi, yn ôl yr hyn a gei drwy fendith yr ARGLWYDD dy Dduw, fel petai'n gig gafrewig neu garw; caiff yr aflan a'r glân ei fwyta. ¹⁶ Er hynny, nid ydych i fwyta'r gwaed, ond ei dywallt fel dŵr ar y ddaear. ¹⁷ Ni chei fwyta yn dy drefi dy ddegwm o ŷd, nac o win newydd nac o olew, na chyntafanedig dy wartheg a'th ddefaid, na dim sydd wedi ei addunedu gennyt, na'th offrymau gwirfodd, na'th gyfraniadau. ¹⁸ Rhaid iti fwyta'r rheini gerbron yr ARGLWYDD dy Dduw, yn y man y bydd ef yn ei ddewis; dyna a wnei di, dy fab, dy ferch, dy was, dy forwyn, a'r Lefiaid sydd yn dy drefi, a llawenhau gerbron yr ARGLWYDD dy Dduw ym mhopeth a wnei. ¹⁹ Gwylia rhag esgeuluso'r Lefiaid tra byddi byw yn dy dir.

²⁰ Pan fydd yr ARGLWYDD dy Dduw yn helaethu dy derfynau yn ôl ei addewid iti, a chwant bwyd yn dod arnat a thithau'n dweud, "Yr wyf am fwyta cig", cei fwyta faint a fynni. ²¹ Os bydd y man y bydd yr ARGLWYDD dy Dduw yn ei ddewis i osod ei enw yno yn bell oddi wrthyt, cei ladd un o'th wartheg neu o'th ddefaid a roes yr ARGLWYDD iti, fel y gorchmynnais iti, a bwyta yn dy drefi gymaint ag a fynni. ²² Cei fwyta ohono fel petai'n gig gafrewig neu garw; caiff yr aflan a'r glân fel ei gilydd ei fwyta. ²³ Ond gofalwch beidio â bwyta'r gwaed, oherwydd y gwaed yw'r bywyd, ac nid wyt i fwyta'r bywyd gyda'r cig. ²⁴ Ni chei ei fwyta; yr wyt i'w dywallt fel dŵr ar y ddaear. ²⁵ Paid â'i fwyta, fel y byddo'n dda arnat ti a'th blant ar dy ôl, am iti wneud yr hyn sy'n iawn yng ngolwg yr ARGLWYDD. ²⁶ Ond am y pethau sydd gennyt i'w cysegru, a'th addunedau, cymer hwy a dos i'r man y bydd yr ARGLWYDD yn ei ddewis, ²⁷ ac abertha dy boethoffrymau, y cig a'r gwaed, ar allor yr ARGLWYDD dy Dduw; y mae gwaed dy ebyrth i'w dywallt ar allor yr ARGLWYDD dy Dduw, ond cei fwyta'r cig. ²⁸ Gofala wrando ar yr holl eiriau hyn yr wyf yn eu gorchymyn iti, fel y byddo'n dda arnat ti a'th blant ar dy ôl hyd byth, am iti wneud yr hyn sy'n dda ac yn iawn yng ngolwg yr ARGLWYDD dy Dduw.

Rhybuddion rhag Eilunod

²⁹ Bydd yr ARGLWYDD dy Dduw yn distrywio o'th flaen y cenhedloedd yr wyt yn mynd i'w disodli. Pan fyddant wedi eu disodli a'u difa o'th flaen, a thithau'n byw yn eu gwlad, ³⁰ gwylia rhag iti gael dy rwydo i'w canlyn, a holi am eu duwiau: "Sut yr oedd y cenhedloedd hyn yn addoli eu duwiau, er mwyn i minnau wneud yr un fath?" ³¹ Nid yn ôl eu dull hwy y gwnei i'r ARGLWYDD dy Dduw, oherwydd yr oedd y cwbl a wnaent hwy i'w duwiau yn ffieidd-dra atgas gan yr ARGLWYDD; yr oeddent hyd yn oed yn llosgi eu meibion a'u merched yn y tân i'w duwiau. ³² * Gofala wneud popeth yr wyf fi yn ei

---

12:32 Hebraeg, 13:1.

orchymyn iti, heb ychwanegu ato na thynnu oddi wrtho.

13 Os cyfyd yn eich plith broffwyd neu un yn cael breuddwydion, a rhoi ichwi arwydd neu argoel, ² a hynny'n digwydd fel y dywedodd wrthych, ac yntau wedyn yn eich annog i fynd ac addoli duwiau estron nad ydych yn eu hadnabod, ³ nid ydych i wrando ar eiriau'r proffwyd neu'r breuddwydiwr hwnnw, oherwydd eich profi chwi y mae'r ARGLWYDD eich Duw i gael gwybod a ydych yn ei garu â'ch holl galon ac â'ch holl enaid. ⁴ Yr ydych i ddilyn yr ARGLWYDD eich Duw a'i ofni, gan gadw ei orchmynion a gwrando ar ei lais, a'i wasanaethu ef a glynu wrtho. ⁵ Rhaid rhoi'r proffwyd neu'r breuddwydiwr hwnnw i farwolaeth am iddo geisio'ch troi oddi ar y llwybr y gorchmynnodd yr ARGLWYDD eich Duw ichwi ei ddilyn, trwy lefaru gwrthryfel yn erbyn yr ARGLWYDD eich Duw, a ddaeth â chwi allan o wlad yr Aifft a'ch gwaredu o dŷ caethiwed. Rhaid ichwi ddileu'r drwg o'ch mysg.

⁶ Os bydd dy frawd agosaf, neu dy fab, neu dy ferch, neu wraig dy fynwes, neu dy gyfaill mynwesol, yn ceisio dy ddenu'n llechwraidd a'th annog i fynd ac addoli duwiau estron nad wyt ti na'th hynafiaid wedi eu hadnabod, ⁷ o blith duwiau'r cenhedloedd o'th amgylch, mewn un cwr o'r wlad neu'r llall, yn agos neu ymhell, ⁸ paid â chydsynio ag ef, na gwrando arno. Paid â thosturio wrtho, na'i arbed, na'i gelu. ⁹ Yn hytrach rhaid iti ei ladd; dy law di fydd y gyntaf i'w ddienyddio, a dwylo pawb o'r bobl wedyn. ¹⁰ Llabyddia ef yn gelain â cherrig, oherwydd fe geisiodd dy droi oddi wrth yr ARGLWYDD dy Dduw, a ddaeth â thi allan o wlad yr Aifft, o dŷ caethiwed; ¹¹ yna bydd Israel gyfan yn clywed ac yn ofni, ac ni fyddant yn gwneud y fath ddrygioni â hwn yn eich plith byth eto.

¹² Pan glywch am un o'r trefi, a gewch gan yr ARGLWYDD eich Duw i fyw ynddynt, ¹³ fod dihirod o'ch plith wedi codi a gyrru trigolion y ddinas ar gyfeiliorn trwy eu hannog i fynd ac addoli duwiau estron nad ydych wedi eu hadnabod, ¹⁴ yna yr ydych i ymofyn a chwilio a holi'n fanwl; os yw'n wir ac yn sicr fod y peth ffiaidd hwn wedi ei wneud yn eich mysg, ¹⁵ yr ydych i daro trigolion y dref honno â'r cleddyf. Difrodwch hi'n llwyr â'r cleddyf, gyda phopeth sydd ynddi, gan gynnwys y gwartheg. ¹⁶ Casglwch y cwbl o'i hysbail i ganol maes y dref, a llosgwch y dref a'i hysbail â thân, yn aberth llwyr i'r ARGLWYDD eich Duw, a bydd yn aros yn garnedd am byth heb ei hailadeiladu. ¹⁷ Paid â dal dy afael mewn dim sydd i'w ddifrodi, er mwyn i'r ARGLWYDD droi oddi wrth angerdd ei ddig a dangos trugaredd tuag atat; yna, wrth drugarhau, bydd yn eich lluosogi fel y tyngodd wrth eich hynafiaid, ¹⁸ os byddwch chwi'n gwrando ar lais yr ARGLWYDD eich Duw trwy gadw'r holl orchmynion a roddais ichwi heddiw, a gwneud yr hyn sy'n iawn yng ngolwg yr ARGLWYDD eich Duw.

Gwahardd Dull o Alaru

14 Plant i'r ARGLWYDD eich Duw ydych chwi; peidiwch â'ch archolli eich hunain na gwneud eich talcen yn foel dros y marw. ² Pobl sanctaidd i'r ARGLWYDD eich Duw ydych chwi, oherwydd dewisodd yr ARGLWYDD chwi o holl bobloedd y byd i fod yn bobl arbennig iddo'i hun.

Anifeiliaid Glân ac Aflan

Lef. 11:1–47

³ Nid ydych i fwyta dim ffiaidd. ⁴ Dyma'r anifeiliaid y cewch eu bwyta: eidion, dafad, gafr, ⁵ carw, ewig, iwrch, gafr wyllt, gafr hirgorn, gafrewig a hydd. ⁶ Cewch fwyta pob anifail sy'n hollti'r ddau ewin ac yn eu fforchi i'r pen, a hefyd yn cnoi cil. ⁷ Ond nid ydych i fwyta'r rhai sy'n cnoi cil yn unig neu'n hollti'r ewin fforchog yn unig, sef camel, ysgyfarnog, broch; am eu bod yn cnoi cil ond heb fforchi'r ewin y maent yn aflan ichwi. ⁸ Y mae'r mochyn yn hollti'r ewin, heb gnoi cil; y mae'n aflan i chwi. Nid ydych i fwyta'u cig, na chyffwrdd â'u cyrff.

⁹ O'r holl greaduriaid sy'n byw mewn dŵr, dyma'r rhai y cewch eu bwyta: pob

un ac iddo esgyll neu gen. ¹⁰ Ond popeth sydd heb esgyll na chen, ni chewch ei fwyta; y mae'n aflan i chwi.

¹¹ Cewch fwyta pob aderyn glân. ¹² A dyma'r rhai na chewch eu bwyta: yr eryr, y fwltur, eryr y môr, ¹³ y boda, y barcud, unrhyw fath o gudyll, ¹⁴ unrhyw fath o frân, ¹⁵ yr estrys, y frân nos, yr wylan, unrhyw fath o hebog, ¹⁶ y dylluan, y dylluan wen, y gigfran, ¹⁷ y pelican, y fwltur mawr, y fulfran, ¹⁸ y ciconia ac unrhyw fath o grëyr, y gornchwiglen a'r ystlum.

¹⁹ Y mae unrhyw bryf adeiniog yn aflan i chwi; nid ydych i'w fwyta. ²⁰ Cewch fwyta unrhyw beth adeiniog glân. ²¹ Peidiwch â bwyta dim sydd wedi marw ohono'i hun; rhowch ef i'r dieithryn sydd yn eich trefi i'w fwyta, neu gwerthwch ef i estron, oherwydd pobl sanctaidd i'r ARGLWYDD eich Duw ydych chwi. Peidiwch â berwi myn yn llaeth ei fam.

Deddf y Degwm

²² Bob blwyddyn gofala ddegymu holl gynnyrch dy had sy'n tyfu yn dy faes. ²³ Yr wyt i fwyta dy ddegwm o ŷd, gwin ac olew, a chyntafanedig dy warheg a'th ddefaid, gerbron yr ARGLWYDD dy Dduw yn y man y bydd ef yn ei ddewis yn drigfan i'w enw, er mwyn iti ddysgu ofni'r ARGLWYDD dy Dduw bob amser. ²⁴ Pan fydd yr ARGLWYDD dy Dduw wedi dy fendithio, os bydd yn ormod o daith iti fedru cludo'r degwm, am dy fod yn rhy bell o'r man a ddewisir gan yr ARGLWYDD dy Dduw i osod ei enw, ²⁵ yna rho ei werth mewn arian. Cymer yr arian gyda thi, a dos i'r man y bydd yr ARGLWYDD dy Dduw wedi ei ddewis, ²⁶ a phrynu beth bynnag a fynni: gwartheg, defaid, gwin, diod feddwol, neu unrhyw beth yr wyt yn ei ddymuno; a bwyta ef yno'n llawen gerbron yr ARGLWYDD dy Dduw, ti a'th deulu. ²⁷ Paid ag esgeuluso'r Lefiaid sydd yn dy drefi, oherwydd nid oes ganddynt ran na threftadaeth gyda thi.

²⁸ Ar ddiwedd pob tair blynedd tyrd â degwm dy holl gynnyrch am y flwyddyn honno, a'i gadw yn dy dref. ²⁹ Caiff y Lefiaid, nad oes ganddynt ran na threftadaeth gyda thi, a'r dieithryn a'r amddifad a'r weddw yn dy dref, ddod a bwyta'u gwala; a bydd yr ARGLWYDD dy Dduw yn dy fendithio di yn y cwbl yr wyt yn ei wneud.

Y Seithfed Flwyddyn

15 Lef. 25:1–7
Ar ddiwedd pob saith mlynedd yr wyt i ddileu dyledion. ² Dyma sut y gwneir hynny: bydd pob echwynnwr yn dileu pob dyled sy'n ddyledus iddo, heb bwyso am ad-daliad oddi wrth gymydog na pherthynas, pan gyhoeddir yn enw'r ARGLWYDD ei bod yn bryd dileu dyledion. ³ Cei bwyso am ad-daliad gan estron, ond yr wyt i ddileu beth bynnag sy'n ddyledus iti gan dy berthynas. ⁴ Ni fydd byth dlotyn yn eich plith, oherwydd y mae'r ARGLWYDD dy Dduw yn sicr o'th fendithio yn y wlad y mae'n ei rhoi iti i'w meddiannu'n etifeddiaeth, ⁵ ond iti wrando'n ofalus ar lais yr ARGLWYDD dy Dduw, i gadw'n ddyfal yr holl orchymyn hwn yr wyf fi yn ei roi iti heddiw. ⁶ A phan fydd yr ARGLWYDD dy Dduw yn dy fendithio, fel yr addawodd iti, yna byddi di'n rhoi benthyg i genhedloedd lawer, heb i ti fenthyca gan neb; a byddi'n rheoli cenhedloedd lawer, heb iddynt hwy dy reoli di.

⁷ Os bydd un yn dlawd ymhlith dy berthnasau yn un o'th drefi yn y wlad y mae'r ARGLWYDD dy Dduw yn ei rhoi iti, paid â chaledu dy galon na chau dy law yn ei erbyn. ⁸ Yn hytrach agor dy law yn llydan iddo, ac ar bob cyfrif rho'n fenthyg iddo ddigon ar gyfer ei angen. ⁹ Pan fydd y seithfed flwyddyn, blwyddyn dileu dyledion, yn agosáu, gwylia rhag coleddu meddyliau annheilwng ac edrych yn gas ar dy berthynas tlawd a gwrthod rhoi iddo; bydd yntau wedyn yn apelio at yr ARGLWYDD yn dy erbyn, ac fe'th geir yn euog o bechod. ¹⁰ Rho'n hael iddo, heb warafun yn dy galon wrth roi, ac oherwydd hyn bydd yr ARGLWYDD dy Dduw yn dy fendithio yn dy holl waith ac ym mhopeth a wnei. ¹¹ Ni fydd prinder tlodion yn y tir; dyna pam yr wyf yn gorchymyn iti agor dy law yn hael i'th berthynas anghenus a thlawd yn dy wlad.

Sut i Drin Caethion
Ex. 21:1–11

12 Os gwerthir iti gydwladwr, boed ddyn neu ddynes, a hwnnw'n dy wasanaethu am chwe blynedd, yr wyt i'w ryddhau yn y seithfed flwyddyn. 13 A phan fyddi'n ei ryddhau, paid â'i anfon i ffwrdd yn waglaw; 14 rho iddo gynhysgaeth hael o'th ddefaid a'th lawr dyrnu a'th winwryf, fel y mae'r ARGLWYDD dy Dduw wedi dy fendithio di. 15 Cofia mai caethwas fuost tithau yng ngwlad yr Aifft, a bod yr ARGLWYDD dy Dduw wedi dy waredu. Dyna pam yr wyf yn gorchymyn hyn iti heddiw. 16 Ond os dywed dy was wrthyt na fyn ymadael â thi am ei fod yn hoff ohonot ti a'th deulu, a'i bod yn dda arno gyda thi, 17 yna cymer fynawyd a'i wthio trwy ei glust i'r drws, ac yna bydd yn gaethwas iti am byth; gwna'r un modd gyda'th gaethferch. 18 Pan fyddi'n rhyddhau caethwas, paid â gofidio, oherwydd yr oedd ei wasanaeth iti dros chwe blynedd yn werth dwywaith tâl gwas cyflog. A bydd yr ARGLWYDD dy Dduw yn dy fendithio yn y cwbl a wnei.

Cyntafanedig Gwartheg a Defaid

19 Yr wyt i gysegru i'r ARGLWYDD dy Dduw bob gwryw cyntafanedig a enir i'th wartheg a'th ddefaid. Nid wyt i lafurio â chyntafanedig dy wartheg, na chneifio cyntafanedig dy ddefaid. 20 Yr wyt ti a'th deulu i'w bwyta'n flynyddol gerbron yr ARGLWYDD dy Dduw yn y man y bydd ef yn ei ddewis. 21 Os bydd nam arno, ac yntau'n gloff neu'n ddall, neu â rhyw nam difrifol arall arno, paid â'i aberthu i'r ARGLWYDD dy Dduw. 22 Caiff yr aflan a'r glân fel ei gilydd ei fwyta yn dy drefi, fel petai'n iwrch neu garw. 23 Er hynny, nid ydych i fwyta'r gwaed, ond ei dywallt fel dŵr ar y ddaear.

Y Pasg

16 Ex. 12:1–20
Yr wyt i gadw mis Abib a dathlu Pasg i'r ARGLWYDD dy Dduw, oherwydd ym mis Abib y daeth ef â thi o'r Aifft liw nos. 2 Yr wyt i aberthu offrwm Pasg i'r ARGLWYDD dy Dduw o'th ddefaid neu o'th wartheg, yn y man y bydd yr ARGLWYDD yn ei ddewis yn drigfan i'w enw. 3 Nid wyt i fwyta gydag ef ddim wedi ei lefeinio; ond am saith diwrnod yr wyt i fwyta bara croyw, bara cystudd, oherwydd ar frys y daethost allan o wlad yr Aifft. Gwna hyn er mwyn iti gofio tra byddi byw y dydd y daethost allan o wlad yr Aifft. 4 Ni chaniateir surdoes o fewn dy holl derfynau am saith diwrnod, ac nid oes dim o'r cig a leddaist gyda'r hwyr ar y dydd cyntaf i aros tan y bore. 5 Ni chei ladd offrwm y Pasg o fewn yr un o'r trefi y mae'r ARGLWYDD dy Dduw yn eu rhoi iti, 6 ond yn unig yn y man y bydd yr ARGLWYDD dy Dduw yn ei ddewis yn drigfan i'w enw. Yno yr wyt i ladd offrwm y Pasg gyda'r hwyr, ar fachlud haul, yr amser y daethost allan o'r Aifft. 7 Byddi'n ei ferwi a'i fwyta yn y man y bydd yr ARGLWYDD dy Dduw yn ei ddewis; yna yn y bore byddi'n troi'n ôl ac yn dychwelyd adref. 8 Am chwe diwrnod byddi'n bwyta bara croyw, ond ar y seithfed dydd bydd cynulliad terfynol i'r ARGLWYDD dy Dduw; nid wyt i wneud dim gwaith arno.

Gŵyl yr Wythnosau
Ex. 34:22; Lef. 23:15–21

9 Yr wyt i gyfrif saith wythnos, gan ddechrau o'r diwrnod cyntaf y rhoddir y cryman yn yr ŷd. 10 Yna byddi'n dathlu gŵyl yr Wythnosau i'r ARGLWYDD dy Dduw, gan roi offrwm gwirfodd drosot dy hun yn ôl fel y bydd yr ARGLWYDD wedi dy fendithio. 11 Byddi'n llawenhau gerbron yr ARGLWYDD dy Dduw, ti, dy fab a'th ferch, dy gaethwas a'th gaethferch, y Lefiad sydd yn dy drefi a'r dieithryn, a'r amddifad a'r weddw sydd gyda thi, yn y man y bydd yr ARGLWYDD dy Dduw yn ei ddewis yn drigfan i'w enw. 12 Cofia mai caethwas fuost ti yn yr Aifft, a bydd yn ofalus i gadw'r rheolau hyn.

Gŵyl y Pebyll
Lef. 23:33–43

13 Yr wyt i gadw gŵyl y Pebyll am saith diwrnod wedi iti gasglu cynnyrch dy lawr-dyrnu a'th winwryf; 14 a byddi'n llawenhau ar dy ŵyl, ti, dy fab a'th ferch, dy gaethwas a'th gaethferch, y Lefiad a'r dieithryn, a'r amddifad a'r weddw sydd yn dy drefi. 15 Am saith diwrnod y

byddi'n cadw gŵyl i'r ARGLWYDD dy Dduw yn y man y bydd ef yn ei ddewis, oherwydd bydd yr ARGLWYDD dy Dduw yn dy fendithio yn dy holl gynnyrch ac ym mhopeth a wnei, a byddi'n wironeddol lawen.

16 Teirgwaith y flwyddyn y mae dy holl wrywod i ymddangos gerbron yr ARGLWYDD dy Dduw yn y man y bydd ef yn ei ddewis, sef ar ŵyl y Bara Croyw, ar ŵyl yr Wythnosau ac ar ŵyl y Pebyll. Nid yw neb i ymddangos gerbron yr ARGLWYDD yn waglaw, 17 ond dylai pob un roi yn ôl ei allu, yn ôl y fendith a roddodd yr ARGLWYDD dy Dduw iti.

Gweinyddu Barn

18 Yr wyt i benodi barnwyr a phenaethiaid ym mhob un o'r trefi a roddodd yr ARGLWYDD dy Dduw i'th lwythau, ac y maent i farnu'r bobl yn gyfiawn. 19 Nid wyt i wyro barn na dangos ffafriaeth; nid wyt i gymryd llwgrwobr, oherwydd y mae'n dallu llygaid y doeth ac yn gwyro geiriau'r cyfiawn. 20 Cyfiawnder yn unig a ddilyni, er mwyn iti gael byw ac etifeddu'r wlad y mae'r ARGLWYDD dy Dduw am ei rhoi iti.

Eilunaddoliaeth

21 Paid â phlannu unrhyw fath o bren Asera gerllaw yr allor a godi i'r ARGLWYDD dy Dduw. 22 A phaid â chodi un o'r colofnau sy'n atgas gan yr ARGLWYDD dy Dduw.

17

Paid ag aberthu i'r ARGLWYDD dy Dduw nac ych na dafad ag unrhyw nam na dim difrifol arno, oherwydd y mae hynny'n ffiaidd gan yr ARGLWYDD dy Dduw.

2 Os ceir yn un o'r trefi y mae'r ARGLWYDD dy Dduw yn eu rhoi iti ddyn neu ddynes yn eich mysg sy'n gwneud yr hyn sy'n ddrwg yng ngolwg yr ARGLWYDD dy Dduw trwy droseddu yn erbyn ei gyfamod, 3 a'i fod, yn groes i'm gorchymyn, yn gwasanaethu ac yn addoli duwiau estron, prun ai'r haul neu'r lloer neu holl lu'r nef, 4 yna os clywi si am hyn, yr wyt i chwilio'n ddyfal; ac os yw'n wir ac yn sicr fod y ffieidd-dra hwn wedi ei gyflawni yn Israel, 5 yna tyrd â'r dyn neu'r ddynes sydd wedi gwneud y peth drygionus hwn allan i'r porth, a'i labyddio'n gelain â cherrig. 6 Ar dystiolaeth dau dyst neu dri y rhoir i farwolaeth; ni roir i farwolaeth ar dystiolaeth un tyst. 7 Dwylo'r tystion sydd i daflu'r garreg gyntaf i'w ddienyddio, a dwylo'r holl boblogaeth wedyn; felly y byddi'n dileu'r drwg o'ch mysg.

Achosion Llys

8 Os cei yn dy dref achos llys sy'n rhy ddyrys iti, megis dyfarnu rhwng dwy blaid mewn achos o ddial gwaed, neu hawl, neu ymosod, yna dos yn ddi-oed i'r man y bydd yr ARGLWYDD dy Dduw yn ei ddewis, 9 a gofyn yno i'r offeiriaid o Lefiaid, ac i'r barnwr a fydd yn y dyddiau hynny, roi'r ddedfryd iti. 10 Gwna fel y byddant hwy yn dweud wrthyt yn y man y bydd yr ARGLWYDD yn ei ddewis, a gofala wneud popeth yn ôl y cyfarwyddyd a roddant iti. 11 Yr wyt i weithredu yn ôl y cyfarwyddyd a gei ganddynt a'r dyfarniad a roddant, heb wyro i'r dde nac i'r chwith oddi wrth yr hyn a ddywedant wrthyt. 12 Pwy bynnag sy'n ddigon rhyfygus i beidio â gwrando ar yr offeiriad sy'n gweinyddu yno dros yr ARGLWYDD dy Dduw, neu ar y barnwr, bydded farw; felly y byddi'n dileu'r drwg o Israel. 13 Bydd y bobl i gyd yn clywed, a daw ofn arnynt, ac ni ryfygant mwyach.

Cyfarwyddiadau ynghylch Brenin

14 Pan ddoi i'r wlad y mae'r ARGLWYDD dy Dduw yn ei rhoi iti, a'i meddiannu a byw ynddi, ac yna dweud, "Yr wyf am gymryd brenin, fel yr holl genhedloedd o'm hamgylch", 15 yna'n wir cei gymryd y brenin y bydd yr ARGLWYDD dy Dduw yn ei ddewis; ond un o blith dy frodyr yr wyt i'w gymryd yn frenin; ni elli ddewis dyn estron nad yw o blith dy frodyr. 16 Nid yw'r brenin i amlhau meirch iddo'i hun, nac i yrru ei bobl yn ôl i'r Aifft er mwyn hynny, gan fod yr ARGLWYDD wedi eich gwahardd rhag dychwelyd ar hyd y ffordd honno. 17 Ac nid yw i luosogi gwragedd, rhag i'w galon fynd ar gyfeiliorn, nac i amlhau arian ac aur yn ormodol. 18 Pan ddaw i eistedd ar

orsedd ei deyrnas, y mae i arwyddo copi iddo'i hun o'r gyfraith hon mewn llyfr yng ngŵydd yr offeiriaid o Lefiaid. [19] A bydd hwnnw ganddo i'w ddarllen holl ddyddiau ei fywyd, er mwyn iddo ddysgu ofni'r ARGLWYDD ei Dduw a chadw holl eiriau'r gyfraith hon, a gwneud yn ôl y rheolau hyn, [20] rhag iddo ei ystyried ei hun yn uwch na'i gymrodyr, neu rhag iddo wyro i'r dde nac i'r chwith oddi wrth y gorchymyn, ac er mwyn iddo estyn dyddiau ei frenhiniaeth yn Israel iddo'i hun a'i ddisgynyddion.

Cyfran yr Offeiriaid

18 Ni fydd gan yr offeiriaid o Lefiaid, na neb o lwyth Lefi, ran nac etifeddiaeth gydag Israel. Yr offrymau trwy dân i'r ARGLWYDD a fwyteir ganddynt fydd eu hetifeddiaeth*. [2] Ni fydd ganddynt etifeddiaeth ymhlith eu cymrodyr; yr ARGLWYDD fydd eu hetifeddiaeth hwy, fel y dywedodd wrthynt. [3] Dyma fydd hawl yr offeiriaid oddi wrth y bobl sy'n offrymu aberth, prun ai eidion ynteu dafad: dylid rhoi i'r offeiriad yr ysgwydd, y ddwy foch a'r cylla. [4] Yr wyt i roi iddo flaenffrwyth dy ŷd, dy win newydd a'th olew, a'r cnu cyntaf wrth gneifio dy ddefaid; [5] oherwydd allan o'th holl lwythau dewisodd yr ARGLWYDD dy Dduw ef a'i ddisgynyddion i sefyll a gwasanaethu yn enw'r ARGLWYDD am byth.

[6] Os bydd Lefiad, sy'n aros yn unrhyw un o'ch trefi trwy Israel gyfan, yn dod o'i wirfodd i'r man y bydd yr ARGLWYDD yn ei ddewis, [7] caiff wasanaethu yn enw'r ARGLWYDD ei Dduw ymysg ei gyd-Lefiaid sy'n gwasanaethu'r ARGLWYDD yno. [8] Caiff ran gyfartal i'w bwyta, heblaw'r hyn a gaiff o eiddo'i deulu.

Rhybuddion rhag Arferion Paganaidd

[9] Pan fyddi wedi dod i'r tir y mae'r ARGLWYDD dy Dduw yn ei roi iti, paid â dysgu gwneud yn ôl arferion ffiaidd y cenhedloedd hynny. [10] Nid yw neb yn eich mysg i roi ei fab na'i ferch yn aberth trwy dân; nac i arfer dewiniaeth, hudoliaeth, na darogan; nac i gonsurio, [11] arfer swynion, ymwneud ag ysbrydion a bwganod, nac ymofyn â'r meirw. [12] Y mae unrhyw un sy'n ymhel â'r rhain yn ffiaidd gan yr ARGLWYDD; o achos yr arferion ffiaidd hyn y mae'r ARGLWYDD dy Dduw yn eu gyrru hwy allan o'th flaen. [13] Yr wyt i fod yn ddi-fai gerbron yr ARGLWYDD dy Dduw.

Yr Addewid i Anfon Proffwyd

[14] Y mae'r cenhedloedd yr wyt yn eu disodli yn gwrando ar ddewiniaid a hudolwyr; ond nid yw'r ARGLWYDD dy Dduw yn caniatáu hyn i ti. [15] Bydd yr ARGLWYDD dy Dduw yn codi o blith dy gymrodyr broffwyd fel fi, ac arno ef yr wyt i wrando, [16] oherwydd dyna oedd dy ddeisyfiad gan yr ARGLWYDD dy Dduw yn Horeb ar ddydd y cynulliad, pan ddywedaist, "Nid wyf am glywed llais yr ARGLWYDD fy Nuw rhagor, na gweld eto y tân mawr hwn, rhag imi farw." [17] Dywedodd yr ARGLWYDD wrthyf, "Y mae'r hyn a ddywedant yn iawn; [18] codaf iddynt o blith eu cymrodyr broffwyd fel ti, a rhof fy ngair yn ei enau, er mwyn iddo fynegi iddynt y cwbl y byddaf yn ei orchymyn iddo. [19] A phwy bynnag fydd heb wrando ar fy ngeiriau, y bydd y proffwyd wedi eu llefaru yn f'enw, bydd yn atebol i mi am hynny. [20] Ond am y proffwyd fydd yn rhyfygu llefaru yn f'enw air nad wyf fi wedi ei orchymyn, neu sy'n llefaru yn enw duw arall, y mae'r proffwyd hwnnw i farw." [21] Os wyt yn gofyn i ti dy hun sut y mae adnabod y gair nad yw'r ARGLWYDD wedi ei lefaru: [22] beth bynnag y bydd proffwyd yn ei lefaru yn enw'r ARGLWYDD, a hwnnw heb ei gyflawni na'i wireddu, y mae hwnnw yn air nad yw'r ARGLWYDD wedi ei lefaru; mewn rhyfyg y bu i'r proffwyd ei lefaru; paid â'i ofni.

Dinasoedd Noddfa

19 Num. 35:9-28; Jos. 20:1-9
Pan fydd yr ARGLWYDD dy Dduw wedi difa'r cenhedloedd y mae'n rhoi eu tir iti, a thithau'n ei feddiannu ac yn byw yn eu trefi a'u tai, [2] yr wyt i neilltuo ar dy gyfer dair dinas yn y wlad y mae'r

---
18:1 Cymh. Groeg. Hebraeg, *a'i etifeddiaeth ef a fwytânt*.

ARGLWYDD dy Dduw yn ei rhoi iti i'w meddiannu. ³ Paratoa ffordd atynt, a rhannu'n dair y wlad y mae'r ARGLWYDD dy Dduw yn ei rhoi iti i'w hetifeddu, fel y caiff pob lleiddiad le i ddianc. ⁴ Dyma'r math o leiddiad a gaiff ffoi yno ac arbed ei fywyd: yr un fydd yn lladd arall yn ddifwriad, heb fod yn ei gasáu o'r blaen; ⁵ er enghraifft, rhywun fydd yn mynd gyda'i gymydog i'r goedwig i dorri coed, ac wrth iddo estyn ei law gyda'r fwyell i dorri coeden, y mae pen y fwyell yn neidio oddi ar y pren ac yn rhoi ergyd farwol i'w gymydog. Caiff hwn ffoi i un o'r dinasoedd hyn ac arbed ei fywyd, ⁶ rhag i'r dialydd gwaed yn ei gynddaredd ddilyn y lleiddiad a'i ddal oherwydd meithder y daith, a'i daro'n farw, er nad oedd yn haeddu marw, am nad oedd yn casáu ei gymydog o'r blaen. ⁷ Dyna pam yr wyf yn gorchymyn iti neilltuo tair dinas. ⁸ Os bydd yr ARGLWYDD dy Dduw yn estyn dy derfynau, fel y tyngodd i'th hynafiaid y gwnâi, ac yn rhoi iti'r holl wlad a addawodd i'th hynafiaid, ⁹ oherwydd iti ofalu cadw'r cwbl o'r gorchymyn hwn yr wyf yn ei roi iti heddiw, i garu'r ARGLWYDD dy Dduw a cherdded yn ei ffyrdd bob amser, yna rwyt i ychwanegu tair dinas arall at y tair cyntaf. ¹⁰ Nid yw gwaed y dieuog i'w dywallt o fewn y tir y mae'r ARGLWYDD dy Dduw yn ei roi iti'n etifeddiaeth, rhag iti fod yn euog o dywallt gwaed.

¹¹ Os bydd rhywun yn casáu ei gymydog ac yn ymosod yn llechwraidd arno a'i anafu mor ddifrifol nes ei fod yn marw, ac yna yn dianc i un o'r dinasoedd hyn, ¹² y mae henuriaid ei dref i anfon rhai i'w gyrchu oddi yno a'i drosglwyddo i'r dialydd gwaed; a bydd farw. ¹³ Nid wyt i dosturio wrtho, ond i ddileu o Israel euogrwydd am dywallt gwaed y dieuog, er mwyn iddi fod yn dda arnat.

Symud Hen Derfyn

¹⁴ Paid â symud terfyn dy gymydog, a osodwyd o'r dechrau yn yr etifeddiaeth a gefaist yn y wlad y mae'r ARGLWYDD dy Dduw yn ei rhoi iti i'w meddiannu.

Tystion

¹⁵ Nid yw un tyst yn ddigon yn erbyn neb mewn unrhyw achos o drosedd neu fai, beth bynnag fo'r bai a gyflawnwyd; ond fe saif tystiolaeth dau neu dri. ¹⁶ Os bydd tyst maleisus yn codi yn erbyn rhywun i'w gyhuddo o gamwri, ¹⁷ safed y ddau sy'n ymrafael yng ngŵydd yr ARGLWYDD, gerbron yr offeiriaid a'r barnwyr ar y pryd. ¹⁸ Holed y barnwyr yn ddyfal, ac os ceir mai gau dyst ydyw a'i fod wedi dwyn gau dystiolaeth yn erbyn ei gymydog, ¹⁹ gwneler iddo yr hyn y bwriadodd ef ei wneud i'w gymydog; felly y byddi'n dileu'r drwg o'ch mysg. ²⁰ Pan glyw y lleill, bydd arnynt ofn a pheidiant â gwneud y fath ddrwg mwyach. ²¹ Nid wyt i ddangos tosturi; bywyd am fywyd, llygad am lygad, dant am ddant, llaw am law, troed am droed.

Rhyfel Sagral

20 Pan fyddi'n mynd allan i ryfel yn erbyn dy elynion, ac yn canfod meirch a cherbydau a byddin, a'r rheini'n gryfach na'th rai di, paid â'u hofni, oherwydd gyda thi y mae yr ARGLWYDD dy Dduw, a ddaeth â thi i fyny o wlad yr Aifft. ² Wrth iti ddynesu i'r frwydr, y mae'r offeiriaid i ddod ymlaen ac annerch y fyddin, ³ a dweud wrthynt, "Gwrandewch, Israel, yr ydych ar fin ymladd brwydr yn erbyn eich gelynion; peidiwch â gwangalonni nac ofni, na dychryn nac arswydo rhagddynt, ⁴ oherwydd y mae'r ARGLWYDD eich Duw yn mynd gyda chwi, i frwydro trosoch yn erbyn eich gelynion, ac i'ch gwaredu." ⁵ Yna bydd y swyddogion yn annerch ac yn dweud wrth y fyddin, "Pwy bynnag sydd wedi adeiladu tŷ newydd ond heb ei gysegru, aed yn ei ôl adref, rhag iddo farw yn y frwydr ac i rywun arall ei gysegru. ⁶ A phwy bynnag sydd wedi plannu gwinllan ond heb fwynhau ei ffrwyth, aed yn ei ôl adref, rhag iddo farw yn y frwydr ac i rywun arall ei fwynhau. ⁷ A phwy bynnag sydd wedi dyweddïo â merch ond heb ei phriodi, aed yn ei ôl adref, rhag iddo farw yn y frwydr ac i rywun arall ei phriodi." ⁸ Wedyn y mae'r swyddogion i ddweud ymhellach wrth y fyddin, "Pwy bynnag sy'n ofnus ac yn wangalon, aed yn ei ôl adref, rhag iddo wanhau calonnau ei frodyr yr un modd." ⁹ Wedi i'r swyddogion orffen annerch y fyddin, byddant yn gosod capteiniaid dros luoedd y fyddin.

¹⁰ Pan fyddi ar fin brwydro yn erbyn tref, cynnig delerau heddwch iddi. ¹¹ Os derbyniant y telerau heddwch ac agor y pyrth iti, yna bydd pawb a geir ynddi yn gweithio iti dan lafur gorfod. ¹² Os na dderbyniant delerau heddwch, ond dechrau rhyfela yn dy erbyn, yna gwarchae ar y dref; ¹³ a phan fydd yr ARGLWYDD dy Dduw wedi ei rhoi yn dy law, lladd bob gwryw ynddi â'r cleddyf. ¹⁴ Ond cymer yn anrhaith y gwragedd, y plant, yr anifeiliaid a phopeth arall o ysbail sydd yn y dref; defnyddia i ti dy hun yr ysbail oddi wrth d'elynion y bydd yr ARGLWYDD dy Dduw wedi ei rhoi iti. ¹⁵ Dyna sut y gwnei i'r holl drefi sydd ymhellach oddi wrthyt na rhai'r cenhedloedd gerllaw. ¹⁶ Nid wyt i arbed unrhyw greadur byw yn ninasoedd y bobloedd hynny y mae'r ARGLWYDD dy Dduw yn eu rhoi iti'n etifeddiaeth. ¹⁷ Yr wyt i lwyr ddifodi'r Hethiaid, Amoriaid, Canaaneaid, Peresiaid, Hefiaid a Jebusiaid, fel y gorchmynnodd yr ARGLWYDD dy Dduw, ¹⁸ rhag iddynt dy ddysgu i wneud yr holl ffieidd-dra a wnânt hwy er mwyn eu duwiau, ac i ti bechu yn erbyn yr ARGLWYDD dy Dduw.

¹⁹ Pan fydd tref dan warchae gennyt am amser maith, a thithau'n ymladd i'w hennill, paid â difa ei choed trwy eu torri â bwyell. Cei fwyta o'u ffrwyth, ond paid â'u torri i lawr. Ai pobl yw coed y maes, iti osod gwarchae yn eu herbyn? ²⁰ Dim ond coeden y gwyddost nad yw'n dwyn ffrwyth y cei ei difa a'i thorri, er mwyn iti godi gwrthglawdd rhyngot a'r ddinas sy'n rhyfela yn dy erbyn, nes y bydd honno wedi ei gorchfygu.

Llofruddiaeth trwy Law Anhysbys

21 Os deuir o hyd i rywun wedi ei ladd yn y tir y mae'r ARGLWYDD dy Dduw yn ei roi iti i'w feddiannu, a'i gorff yn gorwedd mewn tir agored, heb neb yn gwybod pwy a'i lladdodd, ² y mae dy henuriaid a'th farnwyr i fynd allan a mesur y pellter at bob tref o gylch y corff. ³ Yna y mae henuriaid y dref agosaf at y corff i gymryd heffer na fu'n gweithio erioed ac na fu dan yr iau, ⁴ a mynd â hi i lawr i ddyffryn heb ei drin na'i hau, ond lle mae nant yn rhedeg. Yno yn y dyffryn torrant wegil yr heffer. ⁵ Yna daw'r offeiriaid, meibion Lefi, ymlaen, gan mai hwy y mae'r ARGLWYDD dy Dduw wedi eu dewis i'w wasanaethu ac i fendithio yn ei enw, ac yn ôl eu dedfryd hwy y terfynir pob ymryson ac ysgarmes. ⁶ A bydd holl henuriaid y dref agosaf at y corff yn golchi eu dwylo uwchben yr heffer y torrwyd ei gwegil yn y dyffryn, ⁷ a thystio, "Nid ein dwylo ni a dywalltodd y gwaed hwn, ac ni welodd ein llygaid mo'r weithred. ⁸ Derbyn gymod dros dy bobl Israel, y rhai a waredaist, O ARGLWYDD; paid â gosod arnynt hwy gyfrifoldeb am waed y dieuog." Felly, gwneir cymod am y gwaed. ⁹ Byddi'n dileu'r cyfrifoldeb am waed dieuog o'ch mysg wrth iti wneud yr hyn sy'n iawn yng ngolwg yr ARGLWYDD.

Carcharesau Rhyfel

¹⁰ Pan fyddi'n mynd allan i ryfel yn erbyn d'elynion, a'r ARGLWYDD dy Dduw yn eu rhoi yn dy law, a thithau'n cymryd carcharorion, ¹¹ ac yn gweld yn eu mysg ddynes brydferth wrth dy fodd, cei ei phriodi. ¹² Tyrd â hi adref, a gwna iddi eillio'i phen, naddu ei hewinedd, ¹³ a rhoi heibio'r wisg oedd amdani pan ddaliwyd hi; yna caiff fyw yn dy dŷ a bwrw ei galar am ei thad a'i mam am fis o amser. Wedi hynny cei gyfathrach â hi, a bod yn ŵr iddi hi, a hithau'n wraig i ti. ¹⁴ Ond os na fyddi'n fodlon arni, yr wyt i'w gollwng yn rhydd; nid wyt ar unrhyw gyfrif i'w gwerthu am arian na'i thrin fel caethferch, gan iti ei threisio.

Hawl y Cyntafanedig

¹⁵ Os bydd gan ŵr ddwy wraig, y naill yn annwyl a'r llall yn atgas ganddo, a'r ddwy wedi geni meibion iddo, a'r cyntafanedig yn fab i'r un atgas, ¹⁶ yna pan fydd yn rhannu ei stad rhwng ei feibion, ni chaiff roi'r flaenoriaeth i fab y wraig annwyl, ar draul y cyntafanedig sy'n fab i'r un atgas. ¹⁷ Y mae i gydnabod y cyntafanedig sy'n fab i'r un atgas trwy

roi iddo ran ddwbl o'r cwbl sydd ganddo, gan mai ef yw blaenffrwyth ynni ei dad, ac ef biau hawl y cyntafanedig.

Y Mab Gwrthnysig

¹⁸ Os bydd gan rywun fab gwrthnysig ac anufudd, na fyn wrando ar ei dad na'i fam, hyd yn oed pan fyddant yn ei geryddu, ¹⁹ y mae ei dad a'i fam i afael ynddo a'i ddwyn gerbron yr henuriaid ym mhorth ei dref, ²⁰ a dweud wrthynt, "Y mae'r mab hwn yn wrthnysig ac anufudd; ni fyn wrando arnom, ac y mae'n un glwth ac yn feddwyn." ²¹ Yna bydd holl drigolion ei dref yn ei labyddio'n gelain â cherrig. Felly byddi'n dileu'r drwg o'ch plith, a bydd Israel gyfan yn clywed ac yn ofni.

Amrywiol Ddeddfau

²² Os bydd rhywun wedi ei gael yn euog o gamwedd sy'n dwyn cosb marwolaeth, ac wedi ei ddienyddio trwy ei grogi ar bren, ²³ nid yw ei gorff i aros dros nos ar y pren; rhaid iti ei gladdu'r un diwrnod, oherwydd y mae un a grogwyd ar bren dan felltith Duw. Nid wyt i halogi'r tir y mae'r ARGLWYDD dy Dduw yn ei roi iti'n etifeddiaeth.

22 Os gweli ych neu ddafad sy'n eiddo i un o'th gymrodyr yn crwydro, paid â'i hanwybyddu, ond gofala ei dychwelyd iddo. ² Os nad yw'r perchennog yn byw yn d'ymyl, na thithau'n gwybod pwy yw, dos â'r anifail adref a chadw ef nes y daw ei berchennog i chwilio amdano; yna rho ef yn ei ôl. ³ Gwna'r un modd os doi o hyd i'w asyn, neu ei glogyn neu unrhyw beth arall a gollir gan un o'th gymrodyr; ni elli ei anwybyddu.

⁴ Os gweli asyn neu ych un o'th gymrodyr wedi cwympo ar y ffordd, nid wyt i'w anwybyddu; gofala roi help iddo i'w godi.

⁵ Nid yw gwraig i wisgo dillad dyn, na dyn i wisgo dillad gwraig; oherwydd y mae pob un sy'n gwneud hyn yn ffiaidd gan yr ARGLWYDD dy Dduw.

⁶ Os digwydd iti ar dy ffordd daro ar nyth aderyn a chywion neu wyau ynddi, prun ai mewn llwyn neu ar y llawr, a'r iâr yn gori ar y cywion neu'r wyau, nid wyt i gymryd yr iâr a'r rhai bach. ⁷ Gad i'r iâr fynd, a chymer y rhai bach i ti dy hun, er mwyn iddi fod yn dda iti, ac iti estyn dy ddyddiau.

⁸ Pan fyddi'n adeiladu tŷ newydd, gwna ganllaw o amgylch y to, rhag i'th dŷ fod yn achos marwolaeth, petai rhywun yn syrthio oddi arno.

⁹ Nid wyt i hau hadau gwahanol yn dy winllan, rhag i'r cwbl gael ei fforffedu i'r cysegr, sef yr had a heuaist a chynnyrch y winllan hefyd.

¹⁰ Nid wyt i aredig gydag ych ac asyn ynghyd.

¹¹ Nid wyt i wisgo dilledyn o frethyn cymysg o wlân a llin.

¹² Gwna iti bletheu ar bedair congl y clogyn y byddi'n ei wisgo.

Deddfau ynglŷn â Phurdeb Rhywiol

¹³ Bwriwch fod dyn yn cymryd gwraig, ac yna wedi iddo gael cyfathrach â hi, yn ei chasáu, ¹⁴ yn rhoi gair drwg iddi, ac yn pardduo'i chymeriad a dweud, "Priodais y ddynes hon, ond pan euthum ati ni chefais brawf o'i gwyryfdod." ¹⁵ Os felly, fe gymer tad a mam yr eneth brawf gwyryfdod yr eneth a'i ddangos i'r henuriaid ym mhorth y dref; ¹⁶ ac fe ddywed tad yr eneth wrth yr henuriaid, "Rhoddais fy merch i'r dyn hwn yn wraig, ond y mae'n ei chasáu, ¹⁷ a dyma ef yn rhoi gair drwg iddi ac yn dweud na chafodd brawf o'i gwyryfdod. Dyma brawf o wyryfdod fy merch." Yna lledant y dilledyn gerbron henuriaid y dref, ¹⁸ a byddant hwythau yn cymryd y dyn ac yn ei gosbi. ¹⁹ Rhoddant arno ddirwy o gan sicl arian, i'w rhoi i dad yr eneth, am iddo bardduo cymeriad gwyryf o Israel; a bydd hi'n wraig iddo, ac ni all ei hysgaru tra bydd byw. ²⁰ Ond os yw'r cyhuddiad yn wir, ac os na chafwyd prawf o wyryfdod yr eneth, ²¹ yna dônt â hi i ddrws tŷ ei thad; ac y mae gwŷr ei thref i'w llabyddio'n gelain â cherrig, am iddi weithredu'n ysgeler yn Israel, trwy buteinio yn nhŷ ei thad. Felly y byddi'n dileu'r drwg o'ch mysg.

²² Os ceir dyn yn gorwedd gyda gwraig briod, y mae'r ddau i farw, sef y dyn

oedd yn gorwedd gyda'r wraig yn ogystal â'r wraig. Felly y byddi'n dileu'r drwg allan o Israel.

²³ Os bydd dyn yn taro ar eneth sy'n wyryf ac wedi ei dyweddïo i ŵr, ac yn gorwedd gyda hi o fewn y dref, ²⁴ yna dewch â'r ddau allan at borth y dref a'u llabyddio'n gelain â cherrig—yr eneth am na waeddodd, a hithau yn y dref, a'r dyn am iddo dreisio gwraig ei gymydog. Felly y byddi'n dileu'r drwg o'ch mysg. ²⁵ Ond os bydd y dyn wedi taro ar yr eneth a ddyweddïwyd allan yn y wlad, a'i threchu a gorwedd gyda hi, yna y dyn a orweddodd gyda hi yn unig sydd i farw. ²⁶ Nid wyt i wneud dim i'r eneth, oherwydd ni wnaeth hi ddim i haeddu marw; y mae'r achos yma yr un fath â rhywun yn codi yn erbyn un arall ac yn ei lofruddio. ²⁷ Allan yn y wlad y trawodd y dyn arni, ac er i'r eneth a ddyweddïwyd weiddi, nid oedd neb i'w harbed.

²⁸ Os bydd dyn yn taro ar wyryf nad yw wedi ei dyweddïo, ac yn gafael ynddi a gorwedd gyda hi, a hwythau'n cael eu dal, ²⁹ yna y mae'r dyn a orweddodd gyda hi i roi hanner can sicl o arian i dad yr eneth, a rhaid iddo'i phriodi am iddo ei threisio; ni all ei hysgaru tra bydd byw.

³⁰ * Nid yw dyn i briodi gwraig i'w dad, rhag iddo ddwyn gwarth ar ei dad.

Gwahardd o'r Gynulleidfa

23 Nid yw neb sydd wedi ei sbaddu neu wedi colli ei gala i fynychu cynulleidfa'r ARGLWYDD.

² Nid yw bastardyn, na neb o'i ddisgynyddion hyd y ddegfed genhedlaeth, i fynychu cynulleidfa'r ARGLWYDD.

³ Nid yw Ammoniad na Moabiad, na neb o'u disgynyddion hyd y ddegfed genhedlaeth, i fynychu cynulleidfa'r ARGLWYDD, ⁴ am na ddaethant i'th gyfarfod â bara a dŵr ar dy ffordd o'r Aifft, ond yn hytrach llogi Balaam fab Beor o Pethor yn Mesopotamia i'th felltithio. ⁵ Er hynny, ni fynnai'r ARGLWYDD dy Dduw wrando ar Balaam, ond troes ef y felltith yn fendith iti am ei fod yn dy garu. ⁶ Nid wyt i geisio lles na budd iddynt holl ddyddiau d'oes.

⁷ Nid wyt i ffieiddio Edomiad, oherwydd y mae'n frawd iti; nid wyt i ffieiddio Eifftiwr, oherwydd buost yn alltud yn ei wlad. ⁸ Caiff eu disgynyddion ar ôl y drydedd genhedlaeth fynychu cynulleidfa'r ARGLWYDD.

Cadw'r Gwersyll yn Lân

⁹ Os byddi'n mynd allan i wersyllu yn erbyn dy elyn, ymgadw rhag pob aflendid. ¹⁰ Os bydd rhywun yn aflan oherwydd bwrw had yn ystod y nos, yna y mae i adael y gwersyll a pheidio â dod yn ôl. ¹¹ Gyda'r hwyr y mae i ymolchi â dŵr, a chaiff ddychwelyd i'r gwersyll wedi i'r haul fachlud. ¹² Noda le y tu allan i'r gwersyll ar gyfer mynd o'r neilltu; ¹³ a bydd gennyt raw ymhlith dy offer, a phan fyddi'n mynd o'r neilltu, cloddia dwll a chladdu dy garthion ynddo. ¹⁴ Bydd yr ARGLWYDD dy Dduw yn rhodio trwy ganol y gwersyll i'th waredu a darostwng d'elynion o'th flaen; felly rhaid i'th wersyll fod yn sanctaidd, rhag iddo ef weld dim anweddus yno, a throi i ffwrdd oddi wrthyt.

Amrywiol Ddeddfau

¹⁵ Paid â dychwelyd caethwas a ddihangodd atat oddi wrth ei feistr. ¹⁶ Gad iddo fyw yn eich mysg yn y fan a fynno, ym mha dref bynnag y mae'n ei dewis; paid â'i orthrymu.

¹⁷ Nid yw neb o ferched Israel i fod yn butain y cysegr, na neb o feibion Israel yn buteiniwr y cysegr.

¹⁸ Nid yw putain na gwrywgydiwr i ddod â'u tâl i dŷ'r ARGLWYDD dy Dduw i dalu unrhyw adduned, oherwydd y mae'r naill a'r llall yn ffiaidd gan yr ARGLWYDD.

¹⁹ Nid wyt i godi llog ar un o'th dylwyth am fenthyg arian, na bwyd, na dim arall a roir ar fenthyg. ²⁰ Cei godi llog ar yr estron, ond nid ar un o'th dylwyth, er mwyn iti dderbyn bendith gan yr ARGLWYDD dy Dduw ym mhopeth y byddi'n ei wneud yn y wlad yr wyt ar ddod i'w meddiannu.

22:30 Hebraeg, 23:1.

²¹ Os byddi'n gwneud adduned i'r ARGLWYDD dy Dduw, paid ag oedi cyn ei chyflawni; bydd yr ARGLWYDD dy Dduw yn sicr o'i hawlio gennyt, a byddi dithau yn euog o bechod. ²² Pe bait heb addunedu, ni fyddet yn euog. ²³ Gwylia beth a ddaw allan o'th enau, a chyflawna d'addewid i'r ARGLWYDD dy Dduw, gan mai o'th wirfodd yr addewaist.

²⁴ Os byddi'n mynd trwy winllan dy gymydog, cei fwyta dy wala o'r grawnwin, ond paid â rhoi dim yn dy fasged.

²⁵ Os byddi'n mynd trwy gae ŷd dy gymydog, cei dynnu tywysennau â'th law, ond paid â gosod cryman yn ŷd dy gymydog.

Ysgaru ac Ailbriodi

24 Os bydd dyn wedi cymryd gwraig a'i phriodi, a hithau wedyn heb fod yn ei fodloni am iddo gael rhywbeth anweddus ynddi, yna y mae i ysgrifennu llythyr ysgar iddi, a'i roi yn ei llaw a'i hanfon o'i dŷ. ² Wedi iddi adael ei dŷ, os daw yn wraig i rywun arall, ³ a hwnnw wedyn yn ei chasáu ac yn ysgrifennu llythyr ysgar iddi, a'i roi yn ei llaw a'i hanfon o'i dŷ, neu os bydd yr ail ŵr yn marw, ⁴ yna ni all ei phriod cyntaf, a oedd wedi ei hysgaru, ei hailbriodi wedi iddi gael ei halogi. Byddai hynny'n beth ffiaidd gerbron yr ARGLWYDD, ac nid ydych i ddwyn pechod ar y wlad y mae'r ARGLWYDD eich Duw yn ei rhoi'n feddiant ichwi.

Amrywiol Ddeddfau

⁵ Os bydd dyn newydd briodi, nid yw i fynd i ffwrdd gyda'r fyddin nac ar ddyletswyddau eraill; y mae'n rhydd i aros gartref am flwyddyn gron a bod yn llawen gyda'i wraig.

⁶ Nid yw neb i gymryd melin na maen uchaf melin yn wystl, oherwydd byddai'n cymryd bywoliaeth rhywun yn wystl.

⁷ Os ceir bod rhywun wedi herwgipio un o'i gydwladwyr yn Israel, a'i amddifadu o'i hawliau trwy ei werthu, yna y mae'r herwgipiwr hwnnw i farw; felly y byddi'n dileu'r drwg o'ch mysg.

⁸ Mewn achos o wahanglwyf, gofalwch wneud popeth yn ôl fel y bydd yr offeiriaid o Lefiaid yn eich cyfarwyddo; gofalwch wneud yn union fel y gorchmynnais i iddynt. ⁹ Cofiwch yr hyn a wnaeth yr ARGLWYDD eich Duw i Miriam wrth ichwi ddod o'r Aifft.

¹⁰ Os byddi'n rhoi benthyg unrhyw beth i'th gymydog, paid â mynd i mewn i'w dŷ i gymryd ei wystl. ¹¹ Saf y tu allan, a gad i'r sawl yr wyt yn rhoi benthyg iddo ddod â'i wystl allan atat. ¹² Os yw'n dlawd, paid â chysgu yn y dilledyn a roddodd yn wystl; ¹³ gofala ei roi'n ôl iddo cyn machlud haul, er mwyn iddo gysgu yn ei fantell a'th fendithio. Cyfrifir hyn iti'n gyfiawnder gerbron yr ARGLWYDD dy Dduw.

¹⁴ Paid â gorthrymu gwas cyflog anghenus a thlawd, boed gydwladwr neu ddieithryn yn un o drefi dy wlad. ¹⁵ Rho ei gyflog iddo bob dydd cyn i'r haul fachlud, rhag iddo achwyn arnat wrth yr ARGLWYDD ac i ti dy gael yn euog o bechod, oherwydd y mae'n anghenus ac yn dibynnu arno.

¹⁶ Nid yw rhieni i'w rhoi i farwolaeth o achos eu plant, na phlant o achos eu rhieni; am ei bechod ei hun y rhoddir rhywun i farwolaeth.

¹⁷ Nid wyt i wyro barn yn achos dieithryn nac amddifad, nac i gymryd dilledyn y weddw fel gwystl. ¹⁸ Cofia mai caethwas fuost yn yr Aifft, ac i'r ARGLWYDD dy Dduw dy waredu oddi yno; dyna pam yr wyf yn gorchymyn iti wneud hyn.

¹⁹ Pan fyddi wedi medi dy gynhaeaf ond wedi anghofio ysgub yn y maes, paid â throi'n ôl i'w chyrchu; gad hi yno ar gyfer y dieithryn, yr amddifad a'r weddw, er mwyn i'r ARGLWYDD dy Dduw dy fendithio yn holl waith dy ddwylo. ²⁰ Pan fyddi'n curo'r ffrwyth oddi ar dy olewydden, paid â lloffa wedyn; gad y gweddill yno ar gyfer y dieithryn, yr amddifad a'r weddw.

²¹ Pan fyddi'n casglu ffrwyth dy winllan, paid â lloffa wedyn; gad y gweddill yno ar gyfer y dieithryn, yr amddifad a'r weddw. ²² Cofia mai caethwas fuost yng ngwlad yr Aifft; dyna pam yr wyf yn gorchymyn iti wneud hyn.

25 Os bydd ymrafael rhwng dau, y maent i ddod â'r achos i lys barn, ac y mae'r barnwr i ddedfrydu, gan ddyfarnu o blaid y cyfiawn a chondemnio'r euog. ² Ac os yw'r euog yn haeddu ei fflangellu, y mae'r barnwr i beri iddo orwedd a derbyn yn ei ŵydd y nifer o lachau sy'n briodol i'r trosedd. ³ Nid ydynt i'w guro â mwy na deugain llach rhag iddo, o'i fflangellu lawer mwy na hyn, fynd yn wrthrych dirmyg yn d'olwg.

⁴ Nid wyt i roi genfa am safn ych tra byddo'n dyrnu.

Dyletswydd tuag at Frawd Marw

⁵ Os bydd brodyr yn byw gyda'i gilydd ac un ohonynt yn marw'n ddi-blant, nid yw'r weddw i briodi estron o'r tu allan; y mae ei brawd-yng-nghyfraith i fynd i mewn ati a'i chymryd hi'n wraig iddo, a chyflawni dyletswydd. ⁶ Bydd y mab cyntaf a enir iddi yn cymryd enw'r brawd a fu farw, rhag dileu ei enw o Israel. ⁷ Ac os na bydd y dyn hwnnw'n dymuno priodi ei chwaer-yng-nghyfraith, aed honno i fyny i'r porth at yr henuriaid a dweud, "Y mae fy mrawd-yng-nghyfraith yn gwrthod sicrhau bod enw ei frawd yn parhau yn Israel; nid yw'n fodlon cyflawni dyletswydd brawd-yng-nghyfraith â mi." ⁸ Yna y mae henuriaid ei dref i'w alw atynt a siarad ag ef; ac os yw'n para i ddweud, "Nid wyf yn dymuno ei phriodi", ⁹ bydd ei chwaer-yng-nghyfraith yn dod ato yng ngŵydd yr henuriaid, yn tynnu ei sandal oddi ar ei droed, yn poeri yn ei wyneb ac yn cyhoeddi, "Dyma a wneir i'r dyn nad yw am adeiladu tŷ ei frawd." ¹⁰ A bydd ei deulu'n cael ei adnabod drwy Israel fel teulu'r dyn y tynnwyd ei sandal.

Deddfau Eraill

¹¹ Os bydd dau gymydog yn ymladd â'i gilydd, a gwraig y naill yn dod i achub ei gŵr rhag yr un sy'n ei daro, ac yn estyn ei llaw a chydio yng nghwd y llall, ¹² torrer ei llaw i ffwrdd; nid wyt i dosturio wrthi.

¹³ Nid wyt i feddu pwysau anghyfartal yn dy god, un yn drwm a'r llall yn ysgafn. ¹⁴ Nid wyt i feddu yn dy dŷ fesurau anghyfartal, un yn fawr a'r llall yn fach. ¹⁵ Y mae dy bwysau a'th fesurau i fod yn gyfain ac yn safonol, fel yr estynner dy ddyddiau yn y tir y mae'r ARGLWYDD dy Dduw yn ei roi iti. ¹⁶ Oherwydd y mae pob un sy'n gwneud fel arall, ac yn gweithredu'n anonest, yn ffiaidd gan yr ARGLWYDD dy Dduw.

Gorchymyn Difodi Amalec

¹⁷ Cofia'r hyn a wnaeth Amalec iti ar dy ffordd allan o'r Aifft; ¹⁸ heb ofni Duw, daeth allan ac ymosod o'r tu cefn ar bawb oedd yn llusgo'n araf ar dy ôl, pan oeddit yn lluddedig a diffygiol. ¹⁹ Pan fydd yr ARGLWYDD dy Dduw wedi rhoi iti lonydd oddi wrth dy holl elynion o'th amgylch yn y wlad y mae'n ei rhoi iti i'w meddiannu'n etifeddiaeth, yr wyt i ddileu coffadwriaeth Amalec oddi tan y nef. Paid ag anghofio.

Offrwm Cynhaeaf

26 Pan ddoi i'r wlad y mae'r ARGLWYDD dy Dduw yn ei rhoi iti'n etifeddiaeth, a thithau'n ei meddiannu ac yn byw ynddi, ² yna cymer o flaenffrwyth holl gnydau'r tir y byddi'n eu casglu yn y wlad y mae'r ARGLWYDD dy Dduw yn ei rhoi iti, a gosod hwy mewn cawell, a mynd i'r lle y bydd yr ARGLWYDD dy Dduw yn ei ddewis yn drigfan i'w enw. ³ Dos at yr offeiriad a fydd yr adeg honno, a dywed wrtho, "Yr wyf heddiw'n datgan gerbron yr ARGLWYDD dy Dduw imi ddod i'r wlad yr addawodd yr ARGLWYDD i'n hynafiaid y byddai'n ei rhoi inni." ⁴ Yna fe gymer yr offeiriad y cawell o'th law, a'i osod gerbron allor yr ARGLWYDD dy Dduw. ⁵ Yr wyt tithau wedyn i ddweud gerbron yr ARGLWYDD dy Dduw, "Aramead ar grwydr oedd fy nhad; aeth i lawr i'r Aifft gyda mintai fechan, a byw yno'n ddieithryn, ond tyfodd yn genedl fawr, rymus a lluosog. ⁶ Yna bu'r Eifftiaid yn ein cam-drin a'n cystuddio a'n cadw mewn caethiwed caled. ⁷ Wedi inni weiddi ar yr ARGLWYDD, Duw ein hynafiaid, fe glywodd ein cri, a gwelodd ein cystudd a'n llafur caled a'n gorthrwm. ⁸ Daeth â ni allan o'r Aifft â llaw gadarn a braich estynedig, a chyda dychryn mawr a chydag arwyddion a rhyfeddodau. ⁹ Daeth â ni i'r lle hwn, a rhoi inni'r wlad hon, gwlad yn llifeirio o laeth a mêl. ¹⁰ Ac yn awr dyma fi'n dod â blaenffrwyth cnydau'r tir a roddaist imi, O ARGLWYDD." Rho'r cawell i lawr gerbron yr ARGLWYDD dy Dduw, a moesymgryma o'i flaen. ¹¹ Yr wyt ti a'r Lefiad, a'r dieithryn fydd yno gyda thi, i lawenhau am yr holl bethau da a roddodd yr ARGLWYDD dy Dduw i ti a'th deulu.

¹² Pan fyddi wedi gorffen degymu dy holl gynnyrch yn y drydedd flwyddyn, sef blwyddyn y degwm, rho ef i'r Lefiad, y dieithryn, yr amddifad a'r weddw, iddynt gael bwyta'u gwala yn dy drefi. ¹³ A dywed gerbron yr ARGLWYDD dy Dduw, "Yr wyf wedi gwacáu'r tŷ o'r hyn oedd wedi ei gysegru, ac wedi ei roi i'r Lefiad, y dieithryn, yr amddifad a'r weddw, yn union fel y gorchmynnaist imi; nid wyf wedi troseddu yn erbyn yr un o'th orchmynion na'u hanghofio. ¹⁴ Nid wyf wedi bwyta dim o'r peth cysegredig tra bûm yn galaru, na symud dim ohono tra oeddwn yn aflan, nac offrymu dim ohono i'r marw. Yr wyf wedi gwrando ar lais yr ARGLWYDD fy Nuw, ac wedi gwneud yn union fel y gorchmynnaist imi. ¹⁵ Edrych i lawr o'th breswylfod sanctaidd yn y nef, a bendithia dy bobl Israel a'r tir a roddaist inni yn ôl d'addewid i'n hynafiaid, sef gwlad yn llifeirio o laeth a mêl."

Pobl Arbennig yr ARGLWYDD

¹⁶ Y dydd hwn y mae'r ARGLWYDD dy Dduw yn gorchymyn iti gadw'r rheolau a'r deddfau hyn, a gofalu eu cyflawni â'th holl galon ac â'th holl enaid. ¹⁷ Yr wyt yn cydnabod heddiw mai'r ARGLWYDD yw dy Dduw ac y byddi'n rhodio yn ei lwybrau ac yn cadw ei reolau, ei orchmynion a'i ddeddfau, ac yn ufuddhau iddo. ¹⁸ Y mae'r ARGLWYDD yntau yn cydnabod wrthyt heddiw dy fod yn bobl arbennig iddo'i hun, fel yr addawodd wrthyt, ond iti gadw ei holl orchmynion. ¹⁹ Bydd yn dy osod yn uwch o ran clod, enw ac anrhydedd na'r holl genhedloedd a greodd, ac yn bobl gysegredig i'r ARGLWYDD dy Dduw, fel y dywedodd.

Mynydd Ebal a'r Gyfraith

27 Rhoddodd Moses a henuriaid Israel orchymyn i'r bobl a dweud: "Cadwch y cwbl yr wyf yn ei orchymyn ichwi heddiw. ² Y diwrnod y byddwch yn croesi'r Iorddonen ac yn dod i'r wlad y mae'r ARGLWYDD eich Duw yn ei rhoi ichwi, codwch feini mawrion a'u plastro â chalch. ³ Yna ysgrifennwch arnynt holl eiriau'r gyfraith hon, pan fyddwch wedi croesi drosodd i'r wlad y mae'r ARGLWYDD eich Duw yn ei rhoi ichwi, gwlad yn llifeirio o laeth a mêl, fel yr addawodd ARGLWYDD Dduw eich hynafiaid wrthych. ⁴ Wedi ichwi groesi'r Iorddonen, yr ydych i godi'r meini hyn ym Mynydd Ebal a'u plastro â chalch, fel y gorchmynnais ichwi heddiw. ⁵ Ac yno byddwch yn adeiladu allor i'r ARGLWYDD eich Duw, allor o gerrig heb eu trin ag arf haearn. ⁶ Â cherrig cyfain y byddwch yn adeiladu'r allor i'r ARGLWYDD eich Duw, i offrymu arni boethoffrymau. ⁷ Yno hefyd yr aberthwch heddoffrymau a'u bwyta'n llawen gerbron yr ARGLWYDD eich Duw. ⁸ Ysgrifennwch yn hollol eglur ar y meini holl eiriau'r gyfraith hon."

⁹ Dywedodd Moses a'r offeiriaid o Lefiaid wrth Israel gyfan, "Gwrando a chlyw, O Israel: y dydd hwn daethost yn bobl i'r ARGLWYDD dy Dduw; ¹⁰ yr wyt i wrando ar lais yr ARGLWYDD dy Dduw a chadw ei orchmynion a'i ddeddfau, y rhai yr wyf yn eu gorchymyn iti heddiw."

Melltithion ar Anufudd-dod

¹¹ Rhoddodd Moses orchymyn i'r bobl y dydd hwnnw a dweud: ¹² "Pan fyddwch wedi croesi'r Iorddonen, dyma'r rhai sydd i sefyll ar Fynydd Garisim i fendithio'r bobl: Simeon, Lefi, Jwda, Issachar, Joseff a Benjamin. ¹³ A dyma'r rhai sydd i sefyll ar Fynydd Ebal i felltithio: Reuben, Gad, Aser, Sabulon, Dan a Nafftali."

¹⁴ Bydd y Lefiaid yn cyhoeddi wrth holl bobl Israel â llais uchel: ¹⁵ "Melltith ar y sawl a wna ddelw gerfiedig neu eilun tawdd, a gosod i fyny'n ddirgel bethau o waith dwylo crefftwr, pethau sy'n ffiaidd gan yr ARGLWYDD." Y mae'r holl bobl i ateb, "Amen."

16 "Melltith ar y sawl sy'n dirmygu ei dad neu ei fam." Y mae'r holl bobl i ddweud, "Amen."

17 "Melltith ar y sawl sy'n symud terfyn ei gymydog." Y mae'r holl bobl i ddweud, "Amen."

18 "Melltith ar y sawl sy'n camarwain y dall." Y mae'r holl bobl i ddweud "Amen."

19 "Melltith ar y sawl sy'n gwyro barn yn erbyn estron, amddifad neu weddw." Y mae'r holl bobl i ddweud, "Amen."

20 "Melltith ar y sawl sy'n cael cyfathrach rywiol gyda gwraig i'w dad, oherwydd y mae'n dwyn gwarth ar ei dad." Y mae'r holl bobl i ddweud, "Amen."

21 "Melltith ar y sawl sy'n cael cyfathrach rywiol gydag unrhyw anifail." Y mae'r holl bobl i ddweud, "Amen."

22 "Melltith ar y sawl sy'n cael cyfathrach rywiol gyda'i chwaer, prun ai merch i'w dad neu ferch i'w fam yw hi." Y mae'r holl bobl i ddweud, "Amen."

23 "Melltith ar y sawl sy'n cael cyfathrach rywiol gyda'i fam-yng-nghyfraith." Y mae'r holl bobl i ddweud, "Amen."

24 "Melltith ar y sawl sy'n ymosod ar rywun arall yn y dirgel." Y mae'r holl bobl i ddweud, "Amen."

25 "Melltith ar y sawl sy'n derbyn tâl am ladd dyn dieuog." Y mae'r holl bobl i ddweud, "Amen."

26 "Melltith ar unrhyw un nad yw'n ategu holl eiriau'r gyfraith hon trwy eu cadw." Y mae'r holl bobl i ddweud, "Amen."

Bendithion Ufuddhau

28 Lef. 26:3-13; Deut. 7:12-24
Os byddi'n gwrando'n astud ar lais yr ARGLWYDD dy Dduw, ac yn gofalu cadw popeth y mae'n ei orchymyn iti heddiw, yna bydd yr ARGLWYDD dy Dduw yn dy osod yn uwch na holl genhedloedd y byd. 2 Daw'r holl fendithion hyn i'th ran ac i'th amgylchu, dim ond iti wrando ar lais yr ARGLWYDD dy Dduw. 3 Byddi'n derbyn bendith yn y dref ac yn y maes. 4 Bydd bendith ar ffrwyth dy gorff, ar gnwd dy dir a'th fuches, ar gynnydd dy wartheg ac epil dy ddefaid. 5 Bydd bendith ar dy gawell a'th badell dylino. 6 Bydd bendith arnat wrth ddod i mewn ac wrth fynd allan. 7 Bydd yr ARGLWYDD yn peri i'th elynion sy'n codi yn dy erbyn gael eu dryllio o'th flaen; byddant yn dod yn dy erbyn ar hyd un ffordd, ond yn ffoi rhagot ar hyd saith. 8 Bydd yr ARGLWYDD yn gorchymyn bendith ar dy ysguboriau ac ar bopeth a wnei; bydd yn dy fendithio yn y tir y mae'r ARGLWYDD dy Dduw yn ei roi iti. 9 Bydd yr ARGLWYDD yn dy sefydlu'n bobl sanctaidd iddo, fel yr addawodd iti, os cedwi orchmynion yr ARGLWYDD dy Dduw a rhodio yn ei ffyrdd. 10 Fe wêl holl bobloedd y ddaear mai ar enw'r ARGLWYDD y gelwir di; a bydd dy ofn arnynt. 11 Bydd yr ARGLWYDD yn dy lwyddo'n ardderchog yn ffrwyth dy gorff, cynnydd dy fuches, a chnwd dy dir yn y wlad yr addawodd yr ARGLWYDD i'th hynafiaid ei rhoi iti. 12 Bydd yr ARGLWYDD yn agor y nefoedd, ystordy ei ddaioni, i roi glaw i'th dir yn ei bryd, ac i fendithio holl waith dy ddwylo; byddi'n rhoi benthyg i lawer o genhedloedd, ond heb angen benthyca dy hun. 13 Bydd yr ARGLWYDD yn dy wneud yn ben ac nid yn gynffon, yn uchaf bob amser ac nid yn isaf, dim ond iti wrando ar orchmynion yr ARGLWYDD dy Dduw, y rhai yr wyf yn eu rhoi iti heddiw i'w cadw a'u gwneud. 14 Paid â gwyro i'r dde na'r chwith oddi wrth yr un o'r pethau yr wyf fi'n eu gorchymyn iti heddiw, na dilyn duwiau estron i'w haddoli.

Canlyniadau Anufuddhau

Lef. 26:14-46
15 Ac os na fyddi'n gwrando ar lais yr ARGLWYDD dy Dduw, i ofalu cyflawni ei holl orchmynion a'i ddeddfau, y rhai yr wyf yn eu rhoi iti heddiw, yna fe ddaw i'th ran yr holl felltithion hyn, ac fe'th amgylchant:

16 Melltith arnat yn y dref ac yn y maes.

17 Melltith ar dy gawell a'th badell dylino.

18 Melltith ar ffrwyth dy gorff a chnwd dy dir, ar gynnydd dy wartheg ac epil dy ddefaid.

19 Melltith arnat wrth ddod i mewn ac wrth fynd allan.

20 Bydd yr ARGLWYDD yn anfon arnat felltithion, dryswch, a cherydd ym mha

beth bynnag yr wyt yn ei wneud, nes dy ddinistrio a'th ddifetha'n gyflym oherwydd drygioni dy waith yn ei wrthod*. ²¹ Bydd yr ARGLWYDD yn peri i haint lynu wrthyt nes dy ddifa oddi ar y tir yr wyt yn mynd iddo i'w feddiannu. ²² Bydd yr ARGLWYDD yn dy daro â darfodedigaeth, twymyn, llid a chryd; â sychder hefyd a deifiant a malltod. Bydd y rhain yn dy ddilyn nes dy ddifodi. ²³ Bydd yr wybren uwch dy ben yn bres, a'r ddaear oddi tanat yn haearn. ²⁴ Bydd yr ARGLWYDD yn troi glaw dy dir yn llwch a lludw, a hynny'n disgyn arnat o'r awyr nes dy ddifa.

²⁵ Bydd yr ARGLWYDD yn dy ddryllio o flaen d'elynion; byddi'n mynd allan yn eu herbyn ar hyd un ffordd, ond yn ffoi rhagddynt ar hyd saith, a bydd hyn yn arswyd i holl deyrnasoedd y ddaear. ²⁶ Bydd dy gelain yn bwydo holl adar yr awyr a bwystfilod y ddaear, heb neb i'w tarfu.

²⁷ Bydd yr ARGLWYDD yn dy daro â chornwyd yr Aifft a chornwydydd gwaedlyd, â chrach ac ysfa na fedri gael iachâd ohonynt. ²⁸ Bydd yr ARGLWYDD yn dy daro â gwallgofrwydd, dallineb a dryswch meddwl; ²⁹ a byddi'n ymbalfalu ar hanner dydd, fel y bydd y dall yn ymbalfalu mewn tywyllwch, heb lwyddo i gael dy ffordd. Cei dy orthrymu a'th ysbeilio'n feunyddiol heb neb i'th achub. ³⁰ Er iti ddyweddïo â merch, dyn arall fydd yn ei chymryd; er iti godi tŷ, ni fyddi'n byw ynddo; ac er iti blannu gwinllan, ni chei'r ffrwyth ohoni. ³¹ Lleddir dy ych yn dy olwg, ond ni fyddi'n cael bwyta dim ohono; caiff dy asyn ei ladrata yn dy ŵydd, ond nis cei yn ôl; rhoddir dy ddefaid i'th elynion, ac ni fydd neb i'w hadfer iti. ³² Rhoddir dy feibion a'th ferched i bobl arall, a thithau'n gweld ac yn dihoeni o'u plegid ar hyd y dydd, yn ddiymadferth. ³³ Bwyteir cynnyrch dy dir a'th holl lafur gan bobl nad wyt yn eu hadnabod, a chei dy orthrymu a'th ysbeilio'n feunyddiol, ³⁴ nes bod yr hyn a weli â'th lygaid yn dy yrru'n wallgof. ³⁵ Bydd yr ARGLWYDD yn dy daro â chornwydydd poenus, na ellir eu gwella, ar dy liniau a'th goesau, ac o wadn dy droed hyd dy gorun.

³⁶ Bydd yr ARGLWYDD yn dy ddanfon di, a'r brenin y byddi'n ei osod arnat, at genedl na fu i ti na'th gyndadau ei hadnabod; ac yno byddi'n gwasanaethu duwiau estron o bren a charreg. ³⁷ Byddi'n achos syndod, yn ddihareb ac yn gyff gwawd ymysg yr holl bobloedd y bydd yr ARGLWYDD yn dy ddanfon atynt.

³⁸ Er iti fynd â digonedd o had i'r maes, ychydig a fedi, am i locustiaid ei ysu. ³⁹ Byddi'n plannu gwinllannoedd ac yn eu trin, ond ni chei yfed y gwin na chasglu'r grawnwin, am i bryfetach eu bwyta. ⁴⁰ Bydd gennyt olewydd trwy dy dir i gyd, ond ni fyddi'n dy iro dy hun â'r olew, oherwydd bydd dy olewydd yn colli eu ffrwyth. ⁴¹ Byddi'n cenhedlu meibion a merched, ond ni chei eu cadw, oherwydd fe'u cludir i gaethiwed. ⁴² Bydd locustiaid yn difa pob coeden fydd gennyt a chynnyrch dy dir. ⁴³ Bydd y dieithryn yn eich mysg yn dal i godi'n uwch ac yn uwch, a thithau'n disgyn yn is ac yn is. ⁴⁴ Ef fydd yn rhoi benthyg i ti, nid ti iddo ef; ef fydd y pen, a thithau'n gynffon.

⁴⁵ Daw'r holl felltithion hyn arnat, a'th ddilyn a'th amgylchu nes iti gael dy ddinistrio, am na wrandewaist ar lais yr ARGLWYDD dy Dduw na chadw ei orchmynion a'i ddeddfau fel y gorchmynnodd iti. ⁴⁶ Byddant yn arwydd ac yn argoel i ti ac i'th ddisgynyddion am byth, ⁴⁷ gan na wasanaethaist yr ARGLWYDD dy Dduw mewn llawenydd a llonder calon am iddo roi iti ddigonedd o bopeth. ⁴⁸ Eithr mewn newyn a syched, noethni a dirfawr angen, byddi'n gwasanaethu'r gelynion y mae'r ARGLWYDD yn eu hanfon yn dy erbyn. Bydd yn gosod iau haearn ar dy war nes iddo dy ddinistrio. ⁴⁹ Bydd yr ARGLWYDD yn codi cenedl o bell, o eithaf y ddaear, yn dy erbyn; fel eryr fe ddaw ar dy warthaf genedl na fyddi'n deall ei hiaith, ⁵⁰ cenedl sarrug ei gwedd, heb barch i'r hen na thiriondeb at yr ifanc. ⁵¹ Bydd yn bwyta cynnyrch dy fuches a'th dir, nes dy ddinistrio; ni fydd yn gadael ar ôl iti nac ŷd na gwin nac olew, na chynnydd dy wartheg nac

28:20 Cymh. Groeg. Hebraeg, *fy ngwrthod*.

epil dy ddefaid, nes dy ddifodi. ⁵² Bydd yn gwarchae ar bob dinas o'th eiddo trwy dy holl wlad, nes y bydd pob un o'th furiau uchel, yr wyt yn ymddiried ynddynt i'th amddiffyn, yn cwympo; ie, bydd yn gwarchae ar bob dinas o'th eiddo trwy'r holl wlad a roddodd yr ARGLWYDD dy Dduw iti. ⁵³ Oherwydd y cyni a achosir iti gan warchae dy elyn, byddi'n bwyta ffrwyth dy gorff dy hun, cnawd dy feibion a'th ferched, a roddodd yr ARGLWYDD dy Dduw iti. ⁵⁴ Bydd y dyn mwyaf tyner a theimladwy yn eich plith yn gwarafun rhoi i'w frawd, nac i wraig ei fynwes nac i weddill ei blant sydd ar ôl, ⁵⁵ ddim o gig ei blant y mae'n ei fwyta, rhag iddo fod heb ddim yn y cyni a achosir ym mhob dinas gan warchae dy elyn. ⁵⁶ Bydd y ddynes fwyaf tyner a mwyaf teimladwy yn eich plith, un mor deimladwy a thyner fel na fentrodd osod gwadn ei throed ar y ddaear, yn gwarafun rhoi i ŵr ei mynwes, nac i'w mab na'i merch, ⁵⁷ ran o'r brych a ddisgyn o'i chroth, na'r baban a enir iddi; ond bydd hi ei hun yn ei fwyta'n ddirgel, am nad oes dim i'w gael yn y cyni a achosir yn dy holl ddinasoedd gan warchae dy elyn.

⁵⁸ Os na fyddi'n gofalu cyflawni holl ofynion y gyfraith hon, a ysgrifennwyd yn y llyfr hwn, a pharchu'r enw gogoneddus ac arswydus hwn, sef enw yr ARGLWYDD dy Dduw, ⁵⁹ yna bydd yr ARGLWYDD yn trymhau ei blâu anhygoel arnat ti ac ar dy epil, plâu trymion a chyson, a heintiau difrifol a pharhaus. ⁶⁰ Bydd yn dwyn arnat eto holl glefydau'r Aifft a fu'n peri braw iti, a byddant yn glynu wrthyt. ⁶¹ Bydd yr ARGLWYDD yn pentyrru arnat hefyd yr holl afiechydon a phlâu nad ydynt wedi eu cynnwys yn llyfr y gyfraith hon, nes dy ddinistrio. ⁶² Fe'th adewir di, a fu mor niferus â sêr y nefoedd, yn ychydig o bobl, am iti beidio â gwrando ar lais yr ARGLWYDD dy Dduw. ⁶³ Fel y bu'r ARGLWYDD yn llawenhau o'th blegid wrth iddo wneud daioni iti a'th amlhau, bydd yn llawenhau o'th blegid yr un modd wrth iddo dy ddifodi a'th ddinistrio. Bydd yn dy ddiwreiddio o'r tir hwn y daethost i'w feddiannu.

⁶⁴ Bydd yr ARGLWYDD yn dy wasgaru ymysg yr holl bobloedd, o un cwr o'r byd i'r llall; ac yno byddi'n gwasanaethu duwiau estron, duwiau o bren a charreg, nad oeddit ti na'th hynafiaid yn eu hadnabod. ⁶⁵ Ni chei lonydd na gorffwysfa i wadn dy droed ymhlith y cenhedloedd hyn; bydd yr ARGLWYDD yn rhoi iti yno galon ofnus, llygaid yn pallu ac ysbryd llesg. ⁶⁶ Bydd dy fywyd fel pe'n hongian o'th flaen, a bydd arnat ofn nos a dydd, heb ddim sicrwydd gennyt am dy einioes. ⁶⁷ O achos yr ofn yn dy galon a'r hyn a wêl dy lygaid, byddi'n dweud yn y bore, "O na fyddai'n hwyr!" ac yn yr hwyr, "O na fyddai'n fore!" ⁶⁸ Bydd yr ARGLWYDD yn dy ddychwelyd i'r Aifft mewn tristwch, ar hyd y ffordd y dywedais wrthyt na fyddit yn ei gweld rhagor, ac yno byddwch yn eich cynnig eich hunain ar werth i'ch gelynion fel caethion a chaethesau, heb neb yn prynu.

Y Cyfamod ag Israel yn Moab

29 * Dyma eiriau'r cyfamod y gorchmynnodd yr ARGLWYDD i Moses ei wneud â'r Israeliaid yng ngwlad Moab, yn ychwanegol at y cyfamod a wnaeth â hwy yn Horeb.

² Galwodd Moses ar Israel gyfan, a dweud wrthynt: Gwelsoch â'ch llygaid eich hunain y cwbl a wnaeth yr ARGLWYDD yn yr Aifft i Pharo a'i weision i gyd a'i holl wlad; ³ gwelsoch y profion mawr, yr arwyddion a'r argoelion mawr hynny. ⁴ Ond hyd y dydd hwn ni roddodd yr ARGLWYDD ichwi feddwl i ddeall, na llygaid i ganfod, na chlustiau i glywed.

⁵ Yn ystod y deugain mlynedd yr arweiniais chwi drwy'r anialwch, ni threuliodd eich dillad na'r sandalau am eich traed. ⁶ Nid oeddech yn bwyta bara nac yn yfed gwin na diod gadarn, a hynny er mwyn ichwi sylweddoli mai myfi, yr ARGLWYDD, yw eich Duw. ⁷ Pan ddaethoch i'r lle hwn, daeth Sihon brenin Hesbon ac Og brenin Basan yn ein herbyn i ryfel, ond fe'u gorchfygwyd gennym. ⁸ Wedi inni gymryd eu tir,

---

29:1 Hebraeg, 28:69.

rhoesom ef yn etifeddiaeth i lwythau Reuben a Gad a hanner llwyth Manasse. ⁹ Gofalwch gadw gofynion y cyfamod hwn, er mwyn ichwi lwyddo ym mhopeth a wnewch.

¹⁰ Yr ydych yn sefyll yma heddiw gerbron yr ARGLWYDD eich Duw, pob un ohonoch: penaethiaid eich llwythau*, eich henuriaid a'ch swyddogion, pawb o wŷr Israel, ¹¹ a hefyd eich plant, eich gwragedd, a'r dieithryn sy'n byw yn eich mysg, yn torri tanwydd ac yn codi dŵr ichwi. ¹² Yr ydych yn sefyll i dderbyn cyfamod yr ARGLWYDD eich Duw, a'r cytundeb trwy lw y mae'n ei wneud â chwi heddiw, ¹³ i'ch sefydlu'n bobl iddo'i hun, ac yntau'n Dduw i chwi, fel y dywedodd wrthych, ac fel yr addawodd i'ch tadau, Abraham, Isaac a Jacob. ¹⁴ Yr wyf yn gwneud y cyfamod a'r cytundeb hwn trwy lw, nid yn unig â chwi ¹⁵ sy'n sefyll yma gyda ni heddiw gerbron yr ARGLWYDD ein Duw, ond hefyd â'r rhai nad ydynt yma gyda ni heddiw. ¹⁶ Oherwydd fe wyddoch sut yr oedd, pan oeddem yn byw yng ngwlad yr Aifft a phan ddaethom drwy ganol y cenhedloedd ar y ffordd yma; ¹⁷ gwelsoch eu delwau ffiaidd a'u heilunod o bren a charreg, o arian ac aur. ¹⁸ Gwyliwch rhag bod yn eich mysg heddiw na gŵr, gwraig, tylwyth, na llwyth a'i galon yn troi oddi wrth yr ARGLWYDD ein Duw i fynd ac addoli duwiau'r cenhedloedd hynny, a rhag bod yn eich mysg wreiddyn yn cynhyrchu ffrwyth gwenwynig a chwerw. ¹⁹ Os bydd un felly yn clywed geiriau'r cytundeb hwn trwy lw, yn ei ganmol ei hun yn ei galon ac yn dweud, "Byddaf fi'n ddiogel, er imi rodio yn fy nghyndynrwydd", gwylied; oherwydd ysgubir ymaith y tir a ddyfrhawyd yn ogystal â'r sychdir. ²⁰ Bydd yr ARGLWYDD yn anfodlon maddau iddo; yn wir bydd ei ddicter a'i eiddigedd yn cynnau yn erbyn hwnnw, a bydd yr holl felltithion a groniclir yn y llyfr hwn yn disgyn arno. Bydd yr ARGLWYDD yn dileu ei enw oddi tan y nefoedd, ²¹ ac yn ei osod ar wahân i lwythau Israel i dderbyn drwg yn ôl holl felltithion y cyfamod a gynhwysir yn y llyfr hwn o'r gyfraith.

²² Bydd y genhedlaeth nesaf, sef eich plant a ddaw ar eich ôl, a'r estron a ddaw o wlad bell, yn gweld y plâu a'r clefydau a anfonodd yr ARGLWYDD ar y wlad. ²³ Bydd brwmstan a halen wedi llosgi'r holl dir, heb ddim yn cael ei hau, na dim yn egino, na'r un blewyn glas yn tyfu ynddo. Bydd fel galanastra Sodom a Gomorra, neu Adma a Seboim, y bu i'r ARGLWYDD eu dymchwel yn ei ddicter a'i lid. ²⁴ A bydd yr holl genhedloedd yn gofyn, "Pam y gwnaeth yr ARGLWYDD hyn i'r wlad hon? Pam y dicter mawr, deifiol hwn?" ²⁵ A'r ateb fydd: "Am iddynt dorri cyfamod ARGLWYDD Dduw eu hynafiaid, y cyfamod a wnaeth â hwy pan ddaeth â hwy allan o'r Aifft. ²⁶ Aethant a gwasanaethu duwiau estron, ac addoli duwiau nad oeddent wedi eu hadnabod ac nad oedd ef wedi eu pennu ar eu cyfer. ²⁷ Enynnodd dicter yr ARGLWYDD yn erbyn y wlad honno, fel y dygodd arni'r holl felltithion a gynhwysir yn y llyfr hwn. ²⁸ Dinistriodd yr ARGLWYDD hwy o'u tir mewn digofaint a llid a dicter mawr, a'u bwrw i wlad arall, lle y maent o hyd."

²⁹ Y mae'r pethau dirgel yn eiddo i'r ARGLWYDD ein Duw; ond y mae'r pethau a ddatguddiwyd yn perthyn am byth i ni a'n plant, er mwyn i ni gadw holl ofynion y gyfraith hon.

Amodau Adferiad a Bendith

30 Pan fydd yr holl bethau hyn wedi digwydd iti, a thithau'n dwyn ar gof i ti dy hun, ymysg yr holl genhedloedd y gyrrodd yr ARGLWYDD dy Dduw di atynt, y dewis a roddais iti rhwng bendith a melltith; ² os byddi'n troi'n ôl at yr ARGLWYDD dy Dduw â'th holl galon ac â'th holl enaid, a thi a'th blant yn gwrando ar ei lais, yn union fel yr wyf yn gorchymyn iti heddiw, ³ yna bydd yr ARGLWYDD dy Dduw yn adfer llwyddiant iti ac yn tosturio wrthyt, ac yn dy gasglu eto o blith yr holl genhedloedd y gwasgarodd di ynddynt. ⁴ Pe byddit wedi dy yrru i'r cwr pellaf dan y nef, byddai'r ARGLWYDD dy Dduw yn dy

---

29:10 Felly Fersiynau. Hebraeg, *eich penaethiaid, eich llwythau*.

gasglu ac yn dy gymryd oddi yno. ⁵ Daw'r ARGLWYDD dy Dduw â thi i'r wlad a feddiannodd dy hynafiaid, a byddi dithau'n ei meddiannu; bydd ef yn dy lwyddo ac yn dy wneud yn fwy niferus na'th hynafiaid. ⁶ Bydd yr ARGLWYDD dy Dduw yn enwaedu dy galon, a chalonnau dy ddisgynyddion, er mwyn iti garu yr ARGLWYDD dy Dduw â'th holl galon ac â'th holl enaid, fel y byddi fyw. ⁷ A bydd yr ARGLWYDD dy Dduw yn gosod yr holl felltithion hyn ar dy elynion a'th gaseion, a fu'n dy erlid. ⁸ Byddi di unwaith eto'n gwrando ar lais yr ARGLWYDD ac yn cadw ei holl orchmynion, y rhai yr wyf fi'n eu rhoi iti heddiw. ⁹ Bydd yr ARGLWYDD dy Dduw yn peri iti lwyddo'n helaeth ym mhopeth a wnei, ac yn ffrwyth dy gorff, a chynnydd dy fuches a chnwd dy dir; oherwydd bydd yr ARGLWYDD yn ymhyfrydu eto ynot er dy les, fel y bu'n ymhyfrydu yn dy hynafiaid, ¹⁰ dim ond iti wrando ar lais yr ARGLWYDD dy Dduw i gadw ei orchmynion a'i reolau, a ysgrifennwyd yn y llyfr cyfraith hwn, a dychwelyd at yr ARGLWYDD dy Dduw â'th holl galon ac â'th holl enaid.

¹¹ Nid yw'r hyn yr wyf yn ei orchymyn iti heddiw yn rhy anodd iti nac allan o'th gyrraedd. ¹² Nid rhywbeth yn y nefoedd yw, iti ddweud, "Pwy a â i fyny i'r nefoedd ar ein rhan, a dod ag ef inni, a dweud wrthym beth ydyw, er mwyn inni allu ei wneud?" ¹³ Nid rhywbeth y tu hwnt i'r môr yw ychwaith, iti ddweud, "Pwy a â dros y môr ar ein rhan, a dod ag ef inni, a dweud wrthym beth ydyw, er mwyn inni allu ei wneud?" ¹⁴ Y mae'r gair yn agos iawn atat; y mae yn dy enau ac yn dy galon, er mwyn iti ei wneud.

¹⁵ Edrych, yr wyf am roi'r dewis iti heddiw rhwng bywyd a marwolaeth, rhwng daioni a drygioni. ¹⁶ Oherwydd yr wyf fi heddiw yn gorchymyn iti garu'r ARGLWYDD dy Dduw, a rhodio yn ei ffyrdd, a chadw ei orchmynion, ei reolau a'i ddeddfau; yna byddi fyw, a chei amlhau, a bydd yr ARGLWYDD dy Dduw yn dy fendithio yn y wlad yr wyt yn mynd iddi i'w meddiannu. ¹⁷ Ond os byddi'n troi i ffwrdd ac yn peidio â gwrando, ac yn cael dy ddenu i addoli a gwasanaethu duwiau estron, ¹⁸ yna, dyma fi'n dweud wrthyt heddiw, fe'th lwyr ddifodir di, ac nid estynnir dy ddyddiau yn y tir yr wyt yn croesi'r Iorddonen i'w feddiannu. ¹⁹ Yr wyf yn galw'r nef a'r ddaear yn dystion yn dy erbyn heddiw, imi roi'r dewis iti rhwng bywyd ac angau, rhwng bendith a melltith. Dewis dithau fywyd, er mwyn iti fyw, tydi a'th ddisgynyddion, ²⁰ gan garu'r ARGLWYDD dy Dduw, a gwrando ar ei lais a glynu wrtho; oherwydd ef yw dy fywyd, ac ef fydd yn estyn dy ddyddiau iti gael byw yn y tir yr addawodd yr ARGLWYDD i'th dadau, Abraham, Isaac a Jacob, y byddai'n ei roi iddynt.

Josua yn Olynydd i Moses

31 Yna aeth Moses ymlaen a llefaru'r geiriau hyn wrth Israel gyfan: ² Yr wyf fi bellach yn gant ac ugain oed. Ni fedraf fynd a dod fel yr arferwn wneud, ac y mae'r ARGLWYDD wedi dweud wrthyf na chaf groesi'r Iorddonen hon. ³ Yr ARGLWYDD dy Dduw ei hun fydd yn mynd drosodd ac yn distrywio'r cenhedloedd hyn o'th flaen, a byddi dithau'n meddiannu eu tir dan arweiniad Josua, fel y dywedodd yr ARGLWYDD. ⁴ Fe wna'r ARGLWYDD iddynt fel y gwnaeth i Sihon ac Og, brenhinoedd yr Amoriaid, ac i'w gwlad pan ddistrywiodd hwy. ⁵ Rhydd yr ARGLWYDD hwy yn dy ddwylo, a gwna dithau iddynt yn ôl y cwbl a orchmynnais iti. ⁶ Bydd yn gryf a dewr; paid â'u hofni na dychryn rhagddynt, oherwydd bydd yr ARGLWYDD dy Dduw yn mynd gyda thi, ac ni fydd yn dy adael nac yn cefnu arnat.

⁷ Wedi i Moses alw Josua, dywedodd wrtho gerbron Israel gyfan, "Bydd yn gryf a dewr, oherwydd ti sydd i fynd â'r bobl hyn i'r wlad yr addawodd yr ARGLWYDD i'w hynafiaid y byddai'n ei rhoi iddynt; a thi sydd i roi iddynt feddiant ohoni. ⁸ Bydd yr ARGLWYDD yn mynd o'th flaen, a bydd ef gyda thi; ni fydd yn dy adael nac yn cefnu arnat. Paid ag ofni na dychryn."

Darllen y Gyfraith Bob Saith Mlynedd

9 Ysgrifennodd Moses y gyfraith hon a'i rhoi i'r offeiriaid, meibion Lefi, a oedd yn cludo arch cyfamod yr ARGLWYDD, ac i holl henuriaid Israel hefyd. 10 Gorchmynnodd Moses iddynt, "Ar ddiwedd pob saith mlynedd, yr adeg a bennir yn flwyddyn gollyngdod, ar ŵyl y Pebyll, 11 pan fydd Israel gyfan yn dod i ymddangos gerbron yr ARGLWYDD dy Dduw yn y man y bydd yn ei ddewis, yr wyt ti i gyhoeddi'r gyfraith hon yng ngŵydd ac yng nghlyw Israel gyfan. 12 Cynnull y bobl, yn wŷr, gwragedd a phlant, a'r dieithriaid sy'n byw yn dy drefi, er mwyn iddynt glywed, a dysgu ofni'r ARGLWYDD dy Dduw a gofalu gwneud popeth yn y gyfraith hon. 13 Y mae eu plant hefyd, nad ydynt yn ei gwybod, i wrando arni a dysgu ofni'r ARGLWYDD dy Dduw tra byddant yn byw yn y tir yr wyt yn croesi'r Iorddonen i'w feddiannu."

Cyfarwyddyd Olaf i Moses

14 Dywedodd yr ARGLWYDD wrth Moses, "Y mae dydd dy farw yn nesáu; galw Josua, a chymerwch eich lle ym mhabell y cyfarfod, er mwyn imi roi gorchymyn iddo." Wedi i Moses a Josua fynd a chymryd eu lle ym mhabell y cyfarfod, 15 ymddangosodd yr ARGLWYDD yn y babell mewn colofn gwmwl, a safodd y golofn gwmwl wrth ddrws y babell. 16 A dywedodd yr ARGLWYDD wrth Moses, "Gyda hyn byddi'n mynd i orwedd gyda'th hynafiaid, a bydd y bobl hyn yn dechrau puteinio ar ôl duwiau dieithr y wlad y maent yn mynd i mewn iddi; byddant yn fy ngwrthod i, ac yn torri fy nghyfamod a wneuthum â hwy. 17 Yna fe enynnir fy nig yn eu herbyn, a byddaf finnau yn eu gwrthod ac yn cuddio fy wyneb rhagddynt; byddant yn barod i'w difa, a daw llawer o drychinebau ac argyfyngau ar eu llwybr. Y diwrnod hwnnw fe ddywedant, 'Onid am nad yw ein Duw yn ein plith y daeth y drygau hyn i'n rhan?' 18 A byddaf fi'n cuddio fy wyneb yn llwyr rhagddynt y diwrnod hwnnw, oherwydd yr holl ddrygioni a wnaethant wrth droi at dduwiau estron.

19 "Yn awr, ysgrifennwch y gerdd hon a'i dysgu i'r Israeliaid, a pheri iddynt ei hadrodd, fel y bydd yn dyst gennyf yn eu herbyn. 20 Wedi imi ddod â hwy i'r tir a addewais i'w hynafiaid, tir yn llifeirio o laeth a mêl, lle y cânt fwyta'u gwala a phesgi, byddant yn troi at dduwiau estron ac yn eu gwasanaethu, ond byddant yn fy nirmygu i ac yn torri fy nghyfamod. 21 Yna, pan ddaw llawer o drychinebau ac argyfyngau ar eu llwybr, bydd y gerdd hon yn dyst yn eu herbyn; oherwydd nid â'n angof gan eu disgynyddion. Ond gwn beth y maent eisoes yn bwriadu ei wneud, cyn imi eu dwyn i mewn i'r wlad a addewais iddynt."

22 Ysgrifennodd Moses y gerdd hon y diwrnod hwnnw, a dysgodd hi i'r Israeliaid. 23 A rhoddodd yr ARGLWYDD orchymyn i Josua fab Nun a dweud wrtho, "Bydd yn gryf a dewr, oherwydd ti sydd i ddod â'r Israeliaid i'r wlad a addewais iddynt; a byddaf fi gyda thi."

24 Pan orffennodd Moses ysgrifennu geiriau'r gyfraith hon mewn llyfr, o'r dechrau i'r diwedd, 25 rhoddodd i'r Lefiaid, a oedd yn cludo arch cyfamod yr ARGLWYDD, y gorchymyn hwn: 26 "Cymerwch y llyfr cyfraith hwn, a rhowch ef wrth ochr arch cyfamod yr ARGLWYDD eich Duw, i aros yno'n dyst yn eich erbyn; 27 oherwydd gwn mor wrthnysig a gwargaled ydych. Yn wir, os ydych yn wrthryfelgar yn erbyn yr ARGLWYDD heddiw, a minnau'n dal yn fyw yn eich mysg, pa faint mwy felly y byddwch wedi imi farw! 28 Casglwch ataf holl henuriaid a swyddogion eich llwythau, er mwyn imi lefaru'r geiriau hyn yn eu clyw, a galw nef a daear yn dystion yn eu herbyn. 29 Gwn y byddwch, wedi imi farw, yn ymddwyn yn gwbl lygredig, gan gilio o'r ffordd a orchmynnais ichwi; felly, fe ddaw dinistr ar eich gwarthaf yn y dyddiau sy'n dod, am ichwi wneud yr hyn sy'n ddrwg yng ngolwg yr ARGLWYDD, a'i ddigio â gwaith eich dwylo."

30 Llefarodd Moses eiriau'r gerdd hon, o'i dechrau i'w diwedd, yng nghlyw holl gynulliad Israel.

Cerdd Moses

32 Gwrandewch, chwi nefoedd, a llefaraf;
clyw, di ddaear, eiriau fy ngenau.
² Bydd fy nysgeidiaeth yn disgyn fel glaw,
a'm hymadrodd yn diferu fel gwlith,
fel glaw mân ar borfa,
megis cawodydd ar laswellt.

³ Pan gyhoeddaf enw yr ARGLWYDD,
cyffeswch fawredd ein Duw.
⁴ Ef yw'r Graig; perffaith yw ei waith,
a chyfiawn yw ei ffyrdd bob un.
Duw ffyddlon heb dwyll yw;
un cyfiawn ac uniawn yw ef.

⁵ Y genhedlaeth wyrgam a throfaus,
sy'n ymddwyn mor llygredig tuag ato,
nid ei blant ef ydynt o gwbl!
⁶ Ai dyma eich tâl i'r ARGLWYDD,
O bobl ynfyd ac angall?
Onid ef yw dy dad, a'th luniodd,
yr un a'th wnaeth ac a'th sefydlodd?
⁷ Cofia'r dyddiau gynt,
ystyria flynyddoedd y cenedlaethau a fu;
gofyn i'th dad, ac fe fynega ef iti;
neu i'th hynafgwyr, ac fe ddywedant hwy wrthyt.

⁸ Pan roddodd y Goruchaf eu hetifeddiaeth i'r cenhedloedd,
a gwasgaru'r ddynoliaeth ar led,
fe bennodd derfynau'r bobloedd
yn ôl rhifedi plant Duw*.
⁹ Ei bobl ei hun oedd rhan yr ARGLWYDD,
Jacob oedd ei etifeddiaeth ef.
¹⁰ Fe'i cafodd ef mewn gwlad anial,
mewn gwagle erchyll, diffaith;
amgylchodd ef a'i feithrin,
amddiffynnodd ef fel cannwyll ei lygad.
¹¹ Fel eryr yn cyffroi ei nyth
ac yn hofran uwch ei gywion,
lledai ei adenydd a'u cymryd ato,
a'u cludo ar ei esgyll.
¹² Yr ARGLWYDD ei hunan fu'n ei arwain,
heb un duw estron gydag ef.

¹³ Gwnaeth iddo farchogaeth ar uchelderau'r ddaear,
a bwyta cnwd y maes;
parodd iddo sugno mêl o'r clogwyn,
ac olew o'r graig gallestr.
¹⁴ Cafodd ymenyn o'r fuches,
llaeth y ddafad a braster ŵyn,
hyrddod o frid Basan, a bychod,
braster gronynnau gwenith hefyd,
a gwin o sudd grawnwin i'w yfed.

¹⁵ Bwytaodd Jacob, a'i ddigoni*;
pesgodd Jesurun, a chiciodd;
pesgodd*, a thewychu'n wancus.
Gwrthododd y Duw a'i creodd,
a diystyru Craig ei iachawdwriaeth.
¹⁶ Gwnaethant ef yn eiddigeddus â duwiau dieithr,
a'i ddigio ag arferion ffiaidd.
¹⁷ Yr oeddent yn aberthu i ddemoniaid nad oeddent dduwiau,
ac i dduwiau nad oeddent yn eu hadnabod,
duwiau newydd yn dod oddi wrth eu cymdogion,
nad oedd eu* hynafiaid wedi eu parchu.
¹⁸ Anghofiaist y Graig a'th genhedlodd,
a gollwng dros gof y Duw a ddaeth â thi i'r byd.

¹⁹ Pan welodd yr ARGLWYDD hyn, fe'u ffieiddiodd hwy,
oherwydd i'w feibion a'i ferched ei gythruddo.
²⁰ Dywedodd, "Cuddiaf fy wyneb rhagddynt,
edrychaf beth fydd eu diwedd;
oherwydd cenhedlaeth wrthryfelgar ydynt,
plant heb ffyddlondeb ynddynt.
²¹ Gwnaethant fi'n eiddigeddus wrth un nad yw'n dduw,
a'm digio â'u heilunod;
gwnaf finnau hwy'n eiddigeddus wrth bobl nad yw'n bobl,
a'u digio â chenedl ynfyd.
²² "Yn ddiau, cyneuwyd tân gan fy nig,

32:8 Felly'r Sgrôl. TM, *plant Israel*.
32:15 Felly Fersiynau. Hebraeg heb y llinell.
32:15 Felly Groeg. Hebraeg, *pesgaist*.
32:17 Felly Fersiynau. Hebraeg, *eich*.

ac fe lysg hyd waelod Sheol;
bydd yn ysu'r tir a'i gynnyrch,
ac yn ffaglu seiliau'r mynyddoedd.
23 Pentyrraf ddrygau arnynt,
saethaf atynt bob saeth sydd gennyf:
24 nychdod newyn, anrheithiau twymyn,
a dinistr chwerw.
Anfonaf ddannedd bwystfilod yn eu herbyn
a gwenwyn ymlusgiaid y llwch.
25 Oddi allan bydd y cleddyf yn creu amddifaid,
ac yn y cartref bydd arswyd;
trewir y gwŷr ifainc a'r gwyryfon fel ei gilydd,
y baban sugno yn ogystal â'r hynafgwr.
26 "Fy mwriad oedd eu gwasgaru,
a pheri i bob coffa amdanynt ddarfod,
27 oni bai imi ofni y byddai'r gelyn yn eu gwawdio,
a'u gwrthwynebwyr yn camddeall
a dweud, 'Ein llaw ni sydd wedi trechu;
nid yr ARGLWYDD a wnaeth hyn oll.' "

28 Cenedl brin o gyngor ydynt,
heb ddealltwriaeth ganddynt;
29 gresyn na fyddent yn ddigon doeth i sylweddoli hyn
ac i amgyffred beth fydd eu diwedd!
30 Sut y gall un ymlid mil,
neu ddau yrru myrdd ar ffo,
oni bai fod eu Craig wedi eu gwerthu,
a'r ARGLWYDD wedi eu caethiwo?
31 Oherwydd nid yw eu craig hwy yn debyg i'n Craig ni,
fel y mae ein gelynion yn cydnabod.
32 Daw eu gwinwydd o Sodom
ac o feysydd Gomorra;
grawnwin gwenwynig sydd arnynt,
yn sypiau chwerw.
33 Gwenwyn seirff yw eu gwin,
poeryn angheuol asbiaid.

34 Onid yw hyn gennyf wrth gefn,
wedi ei selio yn fy stôr,
35 mai i mi y perthyn dial a thalu'r pwyth,
pan fydd eu troed yn llithro?
Yn wir, y mae dydd eu trychineb yn agos,
a'u distryw yn brysio atynt.
36 Rhydd yr ARGLWYDD gyfiawnder i'w bobl
a bydd yn trugarhau wrth ei weision,
pan wêl fod eu nerth wedi darfod,
ac nad oes ar ôl na chaeth na rhydd.
37 Yna fe ddywed, "Ble mae eu duwiau,
y graig y buont yn ceisio lloches dani,
38 y duwiau oedd yn bwyta braster eu hebyrth
ac yn yfed gwin eu diodoffrwm?
Bydded iddynt hwy godi a'ch helpu,
a bod yn lloches ichwi!
39 Gwelwch yn awr mai myfi, myfi yw Ef,
ac nad oes Duw ond myfi.
Myfi sy'n lladd, a gwneud yn fyw,
myfi sy'n archolli, ac yn iacháu;
ni all neb achub o'm gafael i.
40 "Codaf fy llaw tua'r nef, a dweud:
Cyn sicred â'm bod yn byw'n dragywydd,
41 os hogaf fy nghleddyf disglair,
a chydio ynddo â'm llaw mewn barn,
byddaf yn dial ar fy ngwrthwynebwyr
ac yn talu'r pwyth i'r rhai sy'n fy nghasáu.
42 Gwnaf fy saethau yn feddw â gwaed,
a bydd fy nghleddyf yn bwyta cnawd,
sef gwaed y clwyfedig a'r carcharorion,
a phennau arweinwyr y gelyn. "

43 Bloeddiwch fawl ei bobl, O genhedloedd,
oherwydd y mae'n dial gwaed ei weision!
Daw â dial ar ei wrthwynebwyr,
ac arbed ei dir a'i bobl ei hun.

44 Wedi i Moses ddod gyda Josua fab Nun, llefarodd holl eiriau'r gerdd hon yng nghlyw'r bobl.

Cyfarwyddyd Olaf Moses

45 Pan orffennodd Moses lefaru'r holl eiriau hyn wrth Israel gyfan, 46 meddai wrthynt, "Ystyriwch yn eich calon yr holl

eiriau yr wyf yn eu hargymell ichwi heddiw, er mwyn ichwi eu gorchymyn i'ch plant, ac iddynt hwythau ofalu cadw holl eiriau'r gyfraith hon. ⁴⁷ Oherwydd nid gair dibwys yw hwn i chwi, ond dyma eich bywyd; trwy'r gair hwn yr estynnwch eich dyddiau yn y wlad yr ydych ar fynd dros yr Iorddonen i'w meddiannu."

⁴⁸ Yn ystod yr un diwrnod llefarodd yr ARGLWYDD wrth Moses a dweud, ⁴⁹ "Dos i fyny yma i fynydd-dir Abarim, i Fynydd Nebo yng ngwlad Moab, gyferbyn â Jericho; ac yna edrych ar wlad Canaan, y wlad yr wyf yn ei rhoi i'r Israeliaid yn etifeddiaeth. ⁵⁰ Yno, ar y mynydd y byddi'n ei ddringo, y byddi farw, ac y cesglir di at dy bobl, fel y bu i'th frawd Aaron farw ym Mynydd Hor, a'i gasglu at ei bobl, ⁵¹ am ichwi fod yn anffyddlon imi yng nghanol yr Israeliaid wrth ddyfroedd Meriba-cades yn anialwch Sin, trwy beidio â mynegi fy sancteiddrwydd ymysg yr Israeliaid. ⁵² Fe gei weld y wlad yn y pellter, ond ni chei ddod drosodd i'r wlad yr wyf yn ei rhoi i'r Israeliaid."

Bendith Moses

33 Dyma'r fendith ar blant Israel a gyhoeddodd Moses gŵr Duw, cyn ei farw:

² Cododd yr ARGLWYDD o Sinai
a gwawriodd arnynt o Seir;
disgleiriodd o Fynydd Paran
a dod â myrddiynau o Cades*,
o'r de, o lethrau'r mynyddoedd*.

³ Yn ddiau, y mae'n caru ei bobl*,
a'i holl saint sydd yn ei* law;
plygant yn isel wrth ei* draed
a derbyn ei* ddysgeidiaeth,
⁴ y gyfraith a orchmynnodd Moses inni,
yn etifeddiaeth i gynulliad Jacob.
⁵ Gwnaed ef yn frenin ar Jesurun
pan ymgasglodd penaethiaid y bobl,
a phan ddaeth llwythau Israel ynghyd.

⁶ Bydded Reuben fyw, ac nid marw,
ond na foed ei dylwyth yn niferus.

⁷ A dyma a ddywedodd am Jwda:

Clyw, O ARGLWYDD, lef Jwda,
a dwg ef at ei bobl;
â'i ddwylo yr ymdrechodd—
ond bydd di'n gymorth iddo rhag ei elynion.

⁸ Dywedodd am Lefi:

Rho i Lefi* dy Twmim,
a'th Wrim i'r un sy'n ffyddlon iti;
fe'i profaist yn Massa,
a dadlau ag ef wrth ddyfroedd Meriba.
⁹ Fe ddywed am ei dad a'i fam,
"Nid wyf yn eu hystyried",
ac nid yw'n cydnabod ei frodyr
nac yn arddel ei blant.
Oherwydd bu'n cadw dy air
ac yn gwarchod dy gyfamod.
¹⁰ Y mae'n dysgu dy ddeddfau i Jacob
a'th gyfraith i Israel.
Y mae'n gosod arogldarth ger dy fron,
a'r aberth llwyr ar dy allor.
¹¹ Bendithia, O ARGLWYDD, ei wrhydri,
a derbyn waith ei ddwylo.
Dryllia lwynau'r rhai sy'n codi yn ei erbyn,
ac eiddo'i gaseion, rhag iddynt godi eto.

¹² Dywedodd am Benjamin:

Bydded i anwylyd yr ARGLWYDD fyw mewn diogelwch;
bydded i'r Goruchaf* gysgodi drosto trwy'r dydd,
a gwneud ei drigfan rhwng ei lechweddau.

¹³ Dywedodd am Joseff:

Bydded i'w dir gael ei fendithio gan yr ARGLWYDD
â ffrwyth gorau'r nef, y gwlith,
a dŵr o'r dyfnder isod;
¹⁴ â chynnyrch gorau'r haul,
a thwf gorau'r misoedd;
¹⁵ â phrif gynnyrch y mynyddoedd hen,
a ffrwythlondeb y bryniau oesol,
¹⁶ â gorau'r ddaear a'i llawnder,

33:2 Tebygol. Cymh. Groeg. Hebraeg, *o fyrddiynau cysegredig*.
33:2 Neu, *o'i dde a thân cyfraith iddynt*.
33:3 Felly Groeg. Hebraeg, *y bobloedd*.
33:3 Felly Fwlgat. Hebraeg, *dy*.
33:8 Felly Groeg. Hebraeg heb *Rho i Lefi*.
33:12 Cymh. Groeg. Hebraeg, *diogelwch drosto*.

a ffafr preswylydd y berth.
Doed hyn i gyd ar ben Joseff,
ar gopa'r un a neilltuwyd ymysg ei
  frodyr.
¹⁷ Boed ei ysblander fel eiddo'r ych
  blaenaf,
a'i gyrn fel cyrn ych gwyllt;
bydd yn cornio'r bobloedd â hwy
a'u gyrru* hyd eithaf y ddaear.
Rhai felly fydd myrddiynau Effraim,
rhai felly fydd miloedd Manasse.

¹⁸ Dywedodd am Sabulon:

Llawenha, Sabulon, wrth fynd allan i
  ryfel,
ac Issachar yn dy bebyll.
¹⁹ Galwant bobloedd allan i'r
  mynydd-dir,
ac yno offrymu aberthau cywir.
Yn wir, cânt sugno golud y môr,
a thrysorau wedi eu cuddio yn y
  tywod.

²⁰ Dywedodd am Gad:

Bendith ar yr hwn sy'n peri i Gad
  ymestyn!
Y mae fel llew yn ei diriogaeth,
yn rhwygo ymaith fraich a chorun.
²¹ Gofalodd am y gorau iddo'i hun;
cadwyd cyfran llywodraethwr ar ei
  gyfer.
Daeth â phenaethiaid y bobl allan;
gweithredodd gyfiawnder yr
  ARGLWYDD,
a'i ddeddfau ynglŷn ag Israel.

²² Dywedodd am Dan:

Cenau llew yw Dan,
yn neidio allan o Basan.

²³ Dywedodd am Nafftali:

Cyflawn o hawddgarwch fydd
  Nafftali,
a llawn o fendith yr ARGLWYDD;
bydd ei etifeddiaeth at y môr ac i'r de.

²⁴ Dywedodd am Aser:

Bydded i Aser gael ei fendithio'n fwy
  na'r meibion eraill,
a bod yn ffefryn gan ei frodyr,
yn trochi ei droed mewn olew.
²⁵ Bydded dy farrau o haearn a phres,
a'th gryfder yn cydredeg â'th
  ddyddiau.

²⁶ Nid oes tebyg i Dduw Jesurun,
sy'n marchogaeth trwy'r nef i'th
  gynorthwyo,
ac ar y cymylau yn ei ogoniant.
²⁷ Duw'r oesoedd yw dy noddfa,
ac oddi tanodd y mae'r breichiau
  tragwyddol.
Gyrrodd allan y gelyn o'th flaen,
a dweud, "Difetha ef."
²⁸ Cafodd Israel fyw yn ddiogel,
a Jacob drigo heb ymyrraeth,
mewn gwlad o ŷd a gwin,
a'i wybrennau'n diferu gwlith.
²⁹ Gwyn dy fyd, Israel! Pwy sydd
  debyg iti,
yn bobl a waredir gan yr ARGLWYDD?
Ef yw dy darian a'th gymorth,
a chleddyf dy orfoledd hefyd.
Bydd dy elynion yn ymostwng o'th
  flaen,
a thithau'n sathru ar eu huchel-
  leoedd.

Marw Moses

34 Aeth Moses i fyny o rosydd Moab i Fynydd Nebo, i ben Pisga gyferbyn â Jericho. Dangosodd yr ARGLWYDD iddo y wlad gyfan, sef Gilead cyn belled â Dan, ² holl Nafftali a thir Effraim a Manasse, a holl dir Jwda hyd fôr y gorllewin; ³ yna'r Negef a gwastadedd dyffryn Jericho, dinas y palmwydd, cyn belled â Soar. ⁴ A dywedodd yr ARGLWYDD wrtho, "Dyma'r wlad a addewais i Abraham, Isaac a Jacob, a dweud, 'Rhoddaf hi i'th ddisgynyddion.' Dangosais hi i ti, ond ni chei fynd trosodd yno." ⁵ Ac yno yng ngwlad Moab y bu farw Moses gwas yr ARGLWYDD, yn ôl gair yr ARGLWYDD. ⁶ Claddwyd ef mewn cwm yng ngwlad Moab, gyferbyn â Beth-peor, ac nid oes neb yn gwybod man ei fedd hyd y dydd hwn. ⁷ Yr oedd Moses yn gant ac ugain oed pan fu farw; nid oedd ei lygad wedi pylu, na'i ynni wedi pallu. ⁸ Wylodd yr Israeliaid am Moses yn rhosydd Moab am ddeg diwrnod ar hugain; yna daeth cyfnod yr wylo a'r galaru i ben.

33:17 Tebygol. Hebraeg, *hwy ynghyd*.

⁹ Yr oedd Josua fab Nun yn llawn o ysbryd doethineb, oherwydd yr oedd Moses wedi gosod ei ddwylo arno; felly gwrandawodd yr Israeliaid arno yntau, a gwneud fel yr oedd yr ARGLWYDD wedi gorchymyn i Moses. ¹⁰ Ni chododd yn Israel byth wedyn broffwyd tebyg i Moses, un yr oedd yr ARGLWYDD yn ei adnabod wyneb yn wyneb, ¹¹ ac un a anfonodd i gyflawni'r holl arwyddion ac argoelion yng ngwlad yr Aifft, yn erbyn Pharo a'i holl weision a'r wlad i gyd. ¹² Ni fu neb mor gadarn ei allu, ac ni fu un a wnaeth yr holl weithredoedd dychrynllyd a wnaeth Moses yng ngolwg Israel gyfan.

LLYFR
JOSUA

Duw'n Gorchymyn i Josua Oresgyn Canaan

1 Wedi marw Moses gwas yr ARGLWYDD, dywedodd yr ARGLWYDD wrth Josua fab Nun, a fu'n gweini ar Moses, ² "Y mae fy ngwas Moses wedi marw; yn awr, croesa di a'r holl bobl hyn yr Iorddonen yma i'r wlad yr wyf fi'n ei rhoi i blant Israel. ³ Rhof i chwi bob llecyn y bydd gwadn eich troed yn cerdded drosto, fel y dywedais wrth Moses. ⁴ Bydd eich terfyn yn ymestyn o'r anialwch a Lebanon hyd at yr afon fawr, afon Ewffrates, sef holl wlad yr Hethiaid, hyd at y Môr Mawr yn y gorllewin. ⁵ Ni saif neb o'th flaen tra byddi byw; byddaf gyda thi fel y bûm gyda Moses; ni'th adawaf na chefnu arnat. ⁶ Bydd yn gryf a dewr; oherwydd ti fydd yn rhoi i'r bobl hyn feddiant o'r wlad yr addewais ei rhoi i'w hynafiaid. ⁷ Yn unig bydd yn gryf a dewr iawn, a gofala weithredu yn ôl yr holl gyfraith a orchmynnodd fy ngwas Moses iti. Paid â gwyro oddi wrthi i'r dde na'r chwith, er mwyn iti ffynnu ple bynnag yr ei. ⁸ Nid yw'r llyfr cyfraith hwn i adael dy enau; yr wyt i fyfyrio ynddo ddydd a nos, er mwyn iti ofalu gwneud y cyfan sy'n ysgrifenedig ynddo. Yna byddi'n llwyddo yn dy ffyrdd ac yn ffynnu. ⁹ Onid wyf wedi gorchymyn iti: bydd yn gryf a dewr? Paid ag arswydo na dychryn, oherwydd yr wyf fi, yr ARGLWYDD dy Dduw, gyda thi ple bynnag yr ei."

Josua'n Rhoi Gorchmynion i'r Bobl

¹⁰ Dywedodd Josua wrth swyddogion y bobl ¹¹ am fynd trwy ganol y gwersyll, a gorchymyn i'r bobl, "Darparwch ichwi luniaeth, oherwydd o fewn tridiau byddwch yn croesi'r Iorddonen ar y ffordd i feddiannu'r wlad y mae'r ARGLWYDD eich Duw yn ei rhoi'n etifeddiaeth i chwi." ¹² Ac wrth Reuben a Gad a hanner llwyth Manasse, dywedodd Josua, ¹³ "Cofiwch beth a orchmynnodd Moses gwas yr ARGLWYDD ichwi, fod yr ARGLWYDD eich Duw yn rhoi diogelwch ichwi yma, ac yn rhoi'r wlad hon i chwi. ¹⁴ Caiff eich gwragedd, eich plant a'ch anifeiliaid aros yn y wlad a roddodd Moses ichwi y tu hwnt i'r Iorddonen; ond y mae pob milwr o'ch plith i fynd trosodd yn llu arfog o flaen eich perthnasau i'w cynorthwyo, ¹⁵ nes y bydd yr ARGLWYDD wedi rhoi diogelwch i'ch perthnasau fel i chwi, a hwythau'n cael meddiant o'r wlad y mae'r ARGLWYDD eich Duw yn ei rhoi iddynt; yna cewch ddychwelyd a meddiannu'r wlad a roddodd Moses gwas yr ARGLWYDD yn etifeddiaeth i chwi i'r dwyrain o'r Iorddonen." ¹⁶ Dyma'u

hateb i Josua: "Fe wnawn beth bynnag yr wyt yn ei orchymyn inni, a mynd i ble bynnag yr anfoni ni; ¹⁷ ufuddhawn i ti ym mhopeth fel y gwnaethom i Moses, dim ond i'r ARGLWYDD dy Dduw fod gyda thi fel y bu gyda Moses. ¹⁸ Rhodder i farwolaeth bwy bynnag fydd yn anufuddhau i'th air ac yn gwrthod gwrando ar unrhyw beth a orchmynni. Yn unig bydd yn gryf a dewr."

Josua'n Anfon Ysbiwyr i Jericho

2 O Sittim anfonodd Josua fab Nun ddau ysbïwr yn ddirgel. Dywedodd wrthynt, "Ewch i ysbïo'r wlad, yn arbennig Jericho." Aethant hwythau, a chyrraedd tŷ rhyw butain o'r enw Rahab, a lletya yno. Dywedwyd wrth frenin Jericho, ² "Edrych! Y mae rhai o'r Israeliaid wedi cyrraedd yma heno i chwilio'r wlad." ³ Anfonodd brenin Jericho at Rahab a dweud, "Tro allan y dynion a ddaeth atat i'th dŷ, oherwydd wedi dod i ysbïo'r holl wlad y maent." ⁴ Wedi i'r wraig gymryd y ddau ddyn a'u cuddio, dywedodd, "Do, fe ddaeth y dynion ataf, ond ni wyddwn o ble'r oeddent; ⁵ a chyda'r nos, pan oedd y porth ar fin cau, aeth y dynion allan. Ni wn i ble'r aethant, ond brysiwch ar eu hôl; yr ydych yn sicr o'u dal." ⁶ Yr oedd hi wedi mynd â'r dynion i fyny ar y to, a'u cuddio â'r planhigion llin a oedd ganddi'n rhesi yno. ⁷ Aeth y dynion a oedd yn eu hymlid ar eu hôl hyd at rydau'r Iorddonen; a chaewyd y porth, wedi i'r ymlidwyr fynd allan.

⁸ Cyn i'r ysbiwyr gysgu, aeth Rahab i fyny ar y to, ⁹ a dweud wrthynt, "Gwn fod yr ARGLWYDD wedi rhoi'r wlad i chwi, a bod eich arswyd wedi syrthio arnom, a holl drigolion y wlad mewn gwewyr o'ch plegid. ¹⁰ Oherwydd clywsom fel y sychodd yr ARGLWYDD ddyfroedd y Môr Coch o'ch blaen pan ddaethoch allan o'r Aifft, ac fel y bu ichwi ddifodi Sihon ac Og, dau frenin yr Amoriaid y tu hwnt i'r Iorddonen. ¹¹ Pan glywsom hyn, suddodd ein calonnau, ac nid oes hyder gan neb i'ch wynebu, oherwydd y mae'r ARGLWYDD eich Duw chwi yn Dduw yn y nefoedd uchod ac ar y ddaear isod.

¹² Am hynny, tyngwch i mi yn enw'r ARGLWYDD, am i mi wneud caredigrwydd â chwi, y gwnewch chwithau'r un modd â'm teulu i; rhowch imi sicrwydd ¹³ y cadwch yn fyw fy nhad a'm mam, fy mrodyr a'm chwiorydd, a phawb sy'n perthyn iddynt, ac yr arbedwch ein bywydau rhag angau." ¹⁴ Dywedodd y dynion wrthi, "Byddwn yn barod i farw yn eich lle, dim ond i chwi beidio â datgelu'n cyfrinach; pan fydd yr ARGLWYDD wedi rhoi inni'r wlad, fe wnawn garedigrwydd a thegwch â thi." ¹⁵ Yna gollyngodd Rahab hwy i lawr drwy'r ffenestr ar raff, oherwydd yr oedd ei thŷ ar fur y ddinas, a hithau'n byw ar y mur. ¹⁶ Dywedodd wrthynt, "Ewch tua'r mynydd, rhag i'r rhai sy'n eich ymlid daro arnoch; cuddiwch yno dridiau, nes i'r ymlidwyr ddychwelyd, ac wedyn ewch eich ffordd eich hun." ¹⁷ Dywedodd y dynion wrthi, "Byddwn yn rhydd o'r llw y gwnaethost inni ei dyngu, ¹⁸ pan fyddwn yn dod i mewn i'r wlad, os na fyddi wedi rhwymo'r edau ysgarlad hon yn y ffenestr y gollyngaist ni drwyddi, ac wedi galw ynghyd i'r tŷ dy dad a'th fam, dy frodyr a'th deulu i gyd. ¹⁹ Pwy bynnag a â allan trwy ddrws dy dŷ, bydd yn gyfrifol am ei waed ei hun, a byddwn ni'n ddieuog; ond pwy bynnag a fydd gyda thi yn y tŷ, byddwn ni'n gyfrifol am ei waed os codir llaw yn ei erbyn. ²⁰ Os datgeli ein cyfrinach, byddwn yn rhydd o'r llw y gwnaethost inni ei dyngu iti." ²¹ Atebodd hithau, "Rwy'n cytuno"; ac anfonodd hwy ar eu taith. Wedi iddynt fynd, rhwymodd yr edau ysgarlad yn y ffenestr. ²² Aethant hwythau, a chyrraedd y mynyddoedd ac aros yno dridiau, nes i'r ymlidwyr ddychwelyd. ²³ Bu'r ymlidwyr yn chwilio amdanynt bob cam o'r ffordd, ond heb eu cael. Yna daeth y ddau i lawr o'r mynyddoedd yn eu hôl, a chroesi drosodd at Josua fab Nun ac adrodd wrtho bopeth a ddigwyddodd iddynt, ²⁴ a dweud, "Yn wir y mae'r ARGLWYDD wedi rhoi'r holl wlad yn ein dwylo, ac y mae'r trigolion i gyd mewn gwewyr o'n plegid."

Pobl Israel yn Croesi'r Iorddonen

3 Cododd Josua'n fore a chychwynnodd ef a'r holl Israeliaid o Sittim a dod at yr Iorddonen, a gwersyllu yno cyn croesi. ² Ymhen tridiau aeth y swyddogion drwy'r gwersyll, ³ a gorchymyn i'r bobl, "Pan welwch yr offeiriaid, y Lefiaid, yn codi arch cyfamod yr ARGLWYDD eich Duw, cychwynnwch o'ch lle ac ewch ar ei hôl, er mwyn ichwi wybod pa ffordd i fynd, oherwydd nid ydych wedi tramwyo'r ffordd hon o'r blaen*. ⁴ Er hynny bydded pellter o tua dwy fil o gufyddau rhyngoch chwi a'r arch; peidiwch â mynd yn nes na hyn." ⁵ Yna dywedodd Josua wrth y bobl, "Ymgysegrwch, oherwydd yfory bydd yr ARGLWYDD yn gwneud rhyfeddodau yn eich mysg." ⁶ A dywedodd wrth yr offeiriaid, "Codwch arch y cyfamod ac ewch drosodd o flaen y bobl." Ac wedi iddynt godi arch y cyfamod, aethant o flaen y bobl.

⁷ Dywedodd yr ARGLWYDD wrth Josua, "Heddiw yr wyf am ddechrau dy ddyrchafu yng ngolwg Israel gyfan, er mwyn iddynt sylweddoli fy mod i gyda thi fel y bûm gyda Moses. ⁸ Felly gorchymyn di i'r offeiriaid sy'n cludo arch y cyfamod, 'Pan ddewch at lan dyfroedd yr Iorddonen, safwch ynddi.'"

⁹ Dywedodd Josua wrth yr Israeliaid, "Nesewch a gwrandewch eiriau'r ARGLWYDD eich Duw. ¹⁰ Dyma sut y byddwch yn gwybod bod y Duw byw yn eich mysg, a'i fod yn sicr o yrru allan o'ch blaen y Canaaneaid, Hethiaid, Hefiaid, Peresiaid, Girgasiaid, Amoriaid a Jebusiaid: ¹¹ bydd arch cyfamod Arglwydd yr holl ddaear yn croesi o'ch blaen drwy'r Iorddonen. ¹² Felly dewiswch yn awr ddeuddeg dyn o blith llwythau Israel, un o bob llwyth. ¹³ Pan fydd gwadnau traed yr offeiriaid sy'n cludo arch yr ARGLWYDD, Arglwydd yr holl ddaear, yn cyffwrdd â'r Iorddonen, fe wahenir ei dyfroedd, a bydd y dŵr sy'n llifo i lawr oddi uchod yn cronni'n un pentwr." ¹⁴ Pan gychwynnodd y bobl o'u pebyll i groesi'r Iorddonen, yr oedd yr offeiriaid oedd yn cludo arch y cyfamod ar flaen y bobl. ¹⁵ Yn awr, bydd yr Iorddonen yn gorlifo ei glannau holl ddyddiau'r cynhaeaf; ond pan ddaeth cludwyr yr arch at yr Iorddonen, a thraed yr offeiriaid oedd yn cludo'r arch yn cyffwrdd ag ymyl y dŵr, ¹⁶ cronnodd y dyfroedd oedd yn llifo i lawr oddi uchod, a chodi'n un pentwr ymhell iawn i ffwrdd yn Adam, y dref sydd gerllaw Sarethan. Darfu'n llwyr am y dyfroedd oedd yn llifo i lawr tua Môr yr Araba, y Môr Marw, a chroesodd yr holl bobl gyferbyn â Jericho. ¹⁷ Tra oedd Israel gyfan yn croesi ar dir sych, safodd yr offeiriaid oedd yn cludo arch cyfamod yr ARGLWYDD yn drefnus ar sychdir yng nghanol yr Iorddonen, hyd nes i'r holl genedl orffen croesi'r afon.

Codi Meini Coffa

4 Wedi i'r holl genedl orffen croesi'r Iorddonen, dywedodd yr ARGLWYDD wrth Josua, ² "Dewiswch ddeuddeg dyn o blith y bobl, un o bob llwyth. ³ Gorchmynnwch iddynt godi deuddeg maen o ganol yr Iorddonen, o'r union fan y saif traed yr offeiriaid arno, a'u cymryd drosodd gyda hwy, a'u gosod yn y lle y byddant yn gwersyllu heno." ⁴ Galwodd Josua y deuddeg dyn a ddewisodd o blith yr Israeliaid, un o bob llwyth, ⁵ a dywedodd wrthynt, "Ewch drosodd o flaen arch yr ARGLWYDD eich Duw at ganol yr Iorddonen, a choded pob un ei faen ar ei ysgwydd, yn ôl nifer llwythau'r Israeliaid, ⁶ i fod yn arwydd yn eich mysg. Pan fydd eich plant yn gofyn yn y dyfodol, 'Beth yw ystyr y meini hyn i chwi?' ⁷ yna byddwch yn dweud wrthynt fel y bu i ddyfroedd yr Iorddonen gael eu hatal o flaen arch cyfamod yr ARGLWYDD; pan aeth hi drosodd, ataliwyd y dyfroedd. Felly bydd y meini hyn yn gofeb i'r Israeliaid hyd byth." ⁸ Gwnaeth yr Israeliaid fel y gorchmynnodd Josua, a chodi deuddeg maen o wely'r Iorddonen, yn ôl nifer llwythau'r Israeliaid, fel yr oedd yr ARGLWYDD wedi dweud wrth Josua, a'u cludo drosodd gyda hwy i'r man lle'r oeddent yn gwersyllu, a'u gosod yno. ⁹ Hefyd gososdd Josua ddeuddeg

---

3:3 Hebraeg, *oherwydd . . . o'r blaen* ar ddiwedd adn.4.

maen yng nghanol yr Iorddonen, lle safodd yr offeiriaid oedd yn cludo arch y cyfamod, ac yno y maent hyd heddiw. ¹⁰ Bu'r offeiriaid oedd yn cludo'r arch yn sefyll yng nghanol yr Iorddonen nes cwblhau popeth y gorchmynnodd yr ARGLWYDD i Josua ei ddweud wrth y bobl, y cyfan yr oedd Moses wedi ei orchymyn i Josua. Yr oedd y bobl yn brysio i groesi, ¹¹ ac wedi iddynt oll orffen, fe groesodd arch yr ARGLWYDD a'r offeiriaid yng ngŵydd y bobl. ¹² Hefyd fe groesodd gwŷr Reuben a Gad a hanner llwyth Manasse yn arfog o flaen yr Israeliaid, fel yr oedd Moses wedi dweud wrthynt. ¹³ Croesodd tua deugain mil o filwyr profiadol gerbron yr ARGLWYDD i'r frwydr yn rhosydd Jericho. ¹⁴ Dyrchafodd yr ARGLWYDD Josua y diwrnod hwnnw yng ngolwg Israel gyfan, a daethant i'w barchu ef, fel yr oeddent wedi parchu Moses holl ddyddiau ei einioes.

¹⁵ Wedi i'r ARGLWYDD ddweud wrth Josua ¹⁶ am orchymyn i'r offeiriaid oedd yn cludo arch y dystiolaeth esgyn o'r Iorddonen, ¹⁷ gorchmynnodd Josua iddynt, "Dewch i fyny o'r Iorddonen." ¹⁸ Ac fel yr oedd yr offeiriaid oedd yn cludo arch cyfamod yr ARGLWYDD yn esgyn o ganol yr Iorddonen, a gwadnau eu traed yn cyffwrdd tir sych, dychwelodd dyfroedd yr Iorddonen i'w lle, a llifo'n llawn at ei glannau megis cynt. ¹⁹ Ar y degfed dydd o'r mis cyntaf y daeth y bobl i fyny o'r Iorddonen a gwersyllu yn Gilgal, ar gwr dwyreiniol Jericho. ²⁰ Gosododd Josua y deuddeg maen a gymerwyd o wely'r Iorddonen yn Gilgal, ²¹ a dweud wrth yr Israeliaid, "Pan fydd eich plant yn gofyn i'w rhieni yn y dyfodol, 'Beth yw ystyr y meini hyn?' ²² dywedwch wrthynt i Israel groesi'r Iorddonen ar dir sych; ²³ oherwydd sychodd yr ARGLWYDD eich Duw ddŵr yr Iorddonen o'ch blaen nes ichwi groesi, fel y gwnaeth gyda'r Môr Coch, pan sychodd hwnnw o'n blaen nes inni ei groesi. ²⁴ Digwyddodd hyn er mwyn i holl bobloedd y ddaear wybod mor gryf yw yr ARGLWYDD, ac er mwyn ichwi ofni'r ARGLWYDD eich Duw bob amser."

5 Pan glywodd holl frenhinoedd yr Amoriaid ar yr ochr orllewinol i'r Iorddonen, a holl frenhinoedd y Canaaneaid yn ymyl y môr, fod yr ARGLWYDD wedi sychu dyfroedd yr Iorddonen o flaen yr Israeliaid, nes iddynt groesi, suddodd eu calon ac nid oedd hyder ganddynt i wynebu'r Israeliaid.

Enwaedu ar yr Israeliaid yn Gilgal

² Yr adeg honno dywedodd yr ARGLWYDD wrth Josua, "Darpara iti gyllyll callestr ac ailddechrau enwaedu ar yr Israeliaid." ³ Paratôdd Josua gyllyll callestr ac enwaedodd ar yr Israeliaid yn Gibeath-araloth*. ⁴ A dyma pam yr enwaedodd Josua arnynt: yr oedd yr holl fyddin a ddaeth allan o'r Aifft, sef yr holl wrywod oedd yn dwyn arfau, wedi marw yn yr anialwch ar eu taith o'r Aifft. ⁵ Yr oedd pawb o'r fyddin a ddaeth allan o'r Aifft wedi eu henwaedu, ond nid enwaedwyd ar neb a anwyd yn yr anialwch ar y daith o'r Aifft. ⁶ Deugain mlynedd y bu'r Israeliaid yn crwydro'r anialwch, nes bod yr holl genhedlaeth o wŷr arfog a ddaeth allan o'r Aifft wedi marw am nad oeddent wedi gwrando ar lais yr ARGLWYDD; yr oedd yr ARGLWYDD wedi tyngu wrthynt na chaent hwy weld y wlad yr oedd ef wedi ei haddo i'w hynafiaid, gwlad yn llifeirio o laeth a mêl. ⁷ Cododd eu meibion yn eu lle, ac arnynt hwy yr enwaedodd Josua; yr oeddent yn ddienwaededig am nad enwaedwyd arnynt ar y daith. ⁸ Ar ôl eu henwaedu, arhosodd yr holl genedl lle'r oeddent yn y gwersyll nes eu hiacháu. ⁹ Yna dywedodd yr ARGLWYDD wrth Josua, "Heddiw yr wyf wedi treiglo* gwarth yr Aifft oddi arnoch." Felly gelwir y lle hwnnw'n Gilgal hyd y dydd hwn.

¹⁰ Yr oedd yr Israeliaid yn gwersyllu yn Gilgal, a chyda'r hwyr ar y pedwerydd dydd ar ddeg o'r mis, buont yn dathlu'r Pasg yn rhosydd Jericho. ¹¹ Trannoeth y Pasg, bwytasant o gynnyrch y wlad, a pharatoi bara croyw a chrasyd yn ystod y diwrnod hwnnw. ¹² Peidiodd y manna

---
5:3 H.y., *Bryn y blaengrwyn*.
5:9 Hebraeg, *galal*. Cymh. *Gilgal*.

drannoeth wedi iddynt fwyta o gynnyrch y wlad, ac ni chafodd yr Israeliaid fanna wedyn, eithr bwyta cynnyrch gwlad Canaan y flwyddyn honno.

Y Dyn â Chleddyf yn ei Law

13 Tra oedd Josua yn ymyl Jericho, cododd ei lygaid a gweld dyn yn sefyll o'i flaen â'i gleddyf noeth yn ei law. Aeth Josua ato a gofyn iddo, "Ai gyda ni, ynteu gyda'n gwrthwynebwyr yr wyt ti?" 14 Dywedodd yntau, "Nage; ond deuthum yn awr fel pennaeth llu'r ARGLWYDD." Syrthiodd Josua i'r llawr o'i flaen a moesymgrymu, a gofyn iddo, "Beth sydd gan f'arglwydd i'w ddweud wrth ei was?" 15 Atebodd pennaeth llu'r ARGLWYDD, "Tyn dy sandalau oddi am dy draed, oherwydd y mae'r lle yr wyt yn sefyll arno yn gysegredig." Gwnaeth Josua felly.

Cwymp Jericho

6 Yr oedd Jericho wedi ei chloi'n dynn rhag yr Israeliaid, heb neb yn mynd i mewn nac allan. 2 Ac meddai'r ARGLWYDD wrth Josua, "Edrych, yr wyf wedi rhoi Jericho a'i brenin a'i rhyfelwyr grymus yn dy law. 3 Ewch chwi, yr holl filwyr, o amgylch y ddinas un waith, a gwneud hynny am chwe diwrnod. 4 A bydded i saith offeiriad gario saith utgorn o gorn hwrdd o flaen yr arch. Yna ar y seithfed dydd amgylchwch y ddinas seithwaith, a'r offeiriaid yn seinio'r utgyrn. 5 Pan ddaw caniad hir ar y corn hwrdd, a chwithau'n clywed sain yr utgorn, bloeddied y fyddin gyfan â bloedd uchel, ac fe syrth mur y ddinas i lawr; yna aed pob un o'r fyddin i fyny ar ei gyfer." 6 Galwodd Josua fab Nun ar yr offeiriaid a dweud wrthynt, "Codwch arch y cyfamod, a bydded i saith offeiriad gario saith utgorn o gorn hwrdd o flaen arch yr ARGLWYDD." 7 Dywedodd wrth y fyddin, "Ewch ymlaen ac amgylchwch y ddinas, gyda'r rhai arfog yn mynd o flaen arch yr ARGLWYDD." 8 Ac wedi i Josua lefaru wrth y fyddin, cerddodd y saith offeiriad oedd yn cario'r saith utgorn o gorn hwrdd o flaen yr ARGLWYDD, gan seinio'r utgyrn, ac arch cyfamod yr ARGLWYDD yn eu dilyn. 9 Yr oedd y gwŷr arfog yn mynd o flaen yr offeiriaid oedd yn seinio'r utgyrn, a'r ôl-osgordd yn dilyn yr arch; yr oedd yr utgyrn yn seinio wrth iddynt fynd. 10 Yr oedd Josua wedi gorchymyn i'r fyddin, "Peidiwch â gweiddi na chodi eich llais nac yngan yr un gair tan y diwrnod y dywedaf wrthych am floeddio; yna bloeddiwch." 11 Aethant ag arch yr ARGLWYDD o amgylch y ddinas un waith, ac yna dychwelyd i'r gwersyll i fwrw'r nos. 12 Cododd Josua'n fore, a chymerodd yr offeiriaid arch yr ARGLWYDD; 13 yna aeth y saith offeiriad, a oedd yn cario'r saith utgorn o gorn hwrdd, o flaen arch yr ARGLWYDD gan seinio'r utgyrn, gyda'r gwŷr arfog o'u blaen a'r ôl-osgordd yn dilyn yr arch; yr oedd yr utgyrn yn seinio wrth iddynt fynd. 14 Ar ôl amgylchu'r ddinas un waith ar yr ail ddiwrnod, aethant yn eu hôl i'r gwersyll. Gwnaethant felly am chwe diwrnod. 15 Ar y seithfed dydd, codasant gyda'r wawr ac amgylchu'r ddinas yr un modd saith o weithiau; y diwrnod hwnnw'n unig yr amgylchwyd y ddinas seithwaith. 16 Yna ar y seithfed tro, pan seiniodd yr offeiriaid yr utgyrn, dywedodd Josua wrth y fyddin, "Bloeddiwch, oherwydd y mae'r ARGLWYDD wedi rhoi'r ddinas i chwi. 17 Y mae'r ddinas a phopeth sydd ynddi i fod yn ddiofryd i'r ARGLWYDD. Rahab y butain yn unig sydd i gael byw, hi a phawb sydd gyda hi yn y tŷ, am iddi guddio'r negeswyr a anfonwyd gennym. 18 Ond gochelwch chwi rhag yr hyn sy'n ddiofryd; peidiwch â chymryd ohono ar ôl ei ddiofrydu, rhag gwneud gwersyll Israel yn ddiofryd a dwyn helbul arno. 19 Y mae'r holl arian ac aur, a'r offer pres a haearn, yn gysegredig i'r ARGLWYDD, ac i fynd i drysorfa'r ARGLWYDD." 20 Bloeddiodd y bobl pan seiniodd yr utgyrn; ac wedi i'r fyddin glywed sain yr utgyrn, a bloeddio â bloedd uchel, syrthiodd y mur i lawr ac aeth y fyddin i fyny am y ddinas, bob un ar ei gyfer, a'i chipio. 21 Distrywiwyd â'r cleddyf bopeth yn y ddinas, yn wŷr a gwragedd, yn hen ac ifainc, yn ychen, defaid ac asynnod.

²² Dywedodd Josua wrth y ddau ddyn a fu'n ysbïo'r wlad, "Ewch i dŷ'r butain, a dewch â hi allan, hi a phawb sy'n perthyn iddi, yn unol â'ch addewid iddi." ²³ Aeth yr ysbiwyr, a dwyn allan Rahab a'i thad a'i mam a'i brodyr a phawb oedd yn perthyn iddi; yn wir daethant â'i thylwyth i gyd oddi yno a'u gosod y tu allan i wersyll Israel. ²⁴ Yna llosgasant y ddinas a phopeth ynddi â thân, ond rhoesant yr arian a'r aur a'r offer pres a haearn yn nhrysorfa tŷ'r ARGLWYDD. ²⁵ Ond arbedodd Josua Rahab y butain a'i theulu a phawb oedd yn perthyn iddi, am iddi guddio'r negeswyr a anfonodd Josua i ysbïo Jericho; ac y maent yn byw ymhlith yr Israeliaid hyd y dydd hwn.

²⁶ A'r pryd hwnnw cyhoeddodd Josua y llw hwn, a dweud:

"Melltigedig gerbron yr ARGLWYDD
fyddo'r sawl a gyfyd ac a adeilada'r
  ddinas hon, Jericho;
ar draul ei gyntafanedig y gesyd ei
  seiliau hi,
ac ar draul ei fab ieuengaf y cyfyd ei
  phyrth."

²⁷ Bu'r ARGLWYDD gyda Josua, ac aeth sôn amdano trwy'r holl wlad.

Pechod Achan

7 Bu'r Israeliaid yn anffyddlon ynglŷn â'r diofryd; cymerwyd rhan ohono gan Achan fab Carmi, fab Sabdi, fab Sera o lwyth Jwda, a digiodd yr ARGLWYDD wrth yr Israeliaid.

² Anfonodd Josua ddynion o Jericho i Ai ger Beth-afen, i'r dwyrain o Fethel. Dywedodd wrthynt, "Ewch i fyny ac ysbïwch y wlad." Aeth y dynion i fyny ac ysbïo Ai. ³ Yna daethant yn ôl at Josua a dweud wrtho, "Peidied y fyddin gyfan â mynd i fyny; os â dwy neu dair mil o ddynion i fyny, fe orchfygant Ai. Paid â llusgo'r holl fyddin i fyny yno, oherwydd ychydig ydynt." ⁴ Aeth tua thair mil o'r fyddin i fyny yno, ond ffoesant o flaen dynion Ai. ⁵ Lladdodd dynion Ai ryw dri dwsin ohonynt trwy eu hymlid o'r porth hyd at Sebarim, a'u lladd ar y llechwedd. Suddodd calon y bobl a throi megis dŵr. ⁶ Rhwygodd Josua ei fantell, a syrthiodd ar ei wyneb ar lawr gerbron arch yr ARGLWYDD hyd yr hwyr, a'r un modd y gwnaeth henuriaid Israel, gan luchio llwch ar eu pennau. ⁷ Dywedodd Josua, "Och! F'Arglwydd DDUW, pam y trafferthaist i ddod â'r bobl hyn dros yr Iorddonen, i'n rhoi yn llaw'r Amoriaid i'n difetha? Gresyn na fuasem wedi bodloni aros yr ochr draw i'r Iorddonen. ⁸ O Arglwydd, beth a ddywedaf, wedi i'r Israeliaid droi eu cefn o flaen eu gelynion? ⁹ Pan glyw y Canaaneaid a holl drigolion y wlad, fe'n hamgylchynant, a dileu ein henw o'r wlad; a beth a wnei di am d'enw mawr?"

¹⁰ Ac meddai'r ARGLWYDD wrth Josua, "Cod; pam yr wyt ti wedi syrthio ar dy wyneb fel hyn? ¹¹ Pechodd Israel trwy dorri fy nghyfamod a orchmynnais iddynt; mwy na hynny, y maent wedi cymryd rhan o'r diofryd, ei ladrata trwy dwyll, a'i osod gyda'u pethau eu hunain. ¹² Ni all yr Israeliaid sefyll o flaen eu gelynion; byddant yn troi eu gwar o flaen eu gelynion, oherwydd aethant yn ddiofryd. Ni fyddaf gyda chwi mwyach oni ddilëwch y diofryd o'ch plith. ¹³ Cod, cysegra'r bobl a dywed wrthynt, 'Ymgysegrwch erbyn yfory, oherwydd fel hyn y dywed yr ARGLWYDD, Duw Israel: "Y mae diofryd yn eich plith, Israel; ni fedrwch sefyll o flaen eich gelynion nes ichwi symud y diofryd o'ch plith." ¹⁴ Yfory rhaid ichwi ddod gerbron yr ARGLWYDD fesul llwyth; yna daw'r llwyth a ddelir ganddo fesul tylwyth, y tylwyth fesul teulu, a'r teulu fesul un. ¹⁵ A phwy bynnag a ddelir gyda'r diofryd, fe'i llosgir ef a'r cwbl a berthyn iddo, am iddo droseddu yn erbyn cyfamod yr ARGLWYDD a gwneud tro ysgeler yn Israel.'"

¹⁶ Cododd Josua yn fore drannoeth, a dod â'r Israeliaid gerbron fesul llwyth. Daliwyd llwyth Jwda. ¹⁷ Daeth â thylwythau Jwda gerbron, a daliwyd tylwyth y Sarhiaid; yna daeth â thylwyth y Sarhiaid fesul teulu*, a daliwyd Sabdi. ¹⁸ Pan ddaeth â'i deulu ef gerbron fesul un, daliwyd Achan fab Carmi, fab Sabdi, fab Sera o lwyth Jwda. ¹⁹ Dywedodd Josua wrth Achan, "Fy mab, rho'n awr glod a gogoniant i'r ARGLWYDD, Duw

---

7:17 Felly rhai llawysgrifau a Syrieg. TM, *gŵr*.

Israel. Dywed imi'n awr beth a wnaethost; paid â'i gelu oddi wrthyf." [20] Atebodd Achan, "Yn wir yr wyf wedi pechu yn erbyn yr ARGLWYDD, Duw Israel; dyma a wneuthum: [21] ymysg yr ysbail gwelais fantell hardd o Sinar, dau gant o siclau arian, a llafn aur yn pwyso hanner can sicl. Cododd blys arnaf amdanynt, ac fe'u cymerais. Y maent wedi eu cuddio yn y ddaear i mewn yn fy mhabell, gyda'r arian oddi tanodd." [22] Anfonodd Josua negeswyr; ac wedi iddynt redeg at y babell, fe'u gwelsant wedi eu cuddio, a'r arian oddi tanodd. [23] Cymerasant hwy allan o'r babell a dod â hwy at Josua a'r holl Israeliaid, a'u gosod gerbron yr ARGLWYDD. [24] Yna bu i Josua, ac Israel gyfan gydag ef, gymryd Achan fab Sera, a'r arian a'r fantell a'r llafn aur, a'i feibion a'i ferched, a'i ychen a'i asynnod a'i ddefaid a'i babell, y cwbl a feddai, ac aethant ag ef i fyny i ddyffryn Achor. [25] Dywedodd Josua, "Am i ti ein cythryblu* ni, bydd yr ARGLWYDD yn dy gythryblu dithau y dydd hwn." A llabyddiodd Israel gyfan ef â cherrig, a llosgi'r lleill â thân ar ôl eu llabyddio. [26] Codasant drosto garnedd fawr o gerrig sydd yno hyd heddiw; yna peidiodd digofaint yr ARGLWYDD. Dyna pam y gelwir y lle hwnnw'n ddyffryn Achor hyd y dydd hwn.

Goresgyn a Llosgi Ai

8 Dywedodd yr ARGLWYDD wrth Josua, "Paid ag ofni nac arswydo; cymer y rhyfelwyr i gyd gyda thi, a dos i fyny at Ai. Edrych, yr wyf wedi rhoi yn dy law frenin Ai gyda'i bobl, ei ddinas a'i dir. [2] Gwna i Ai a'i brenin fel y gwnaethost i Jericho a'i brenin, ond cewch gadw ei hanrhaith a'i hanifeiliaid hi yn ysbail i chwi eich hunain. Gosod iti filwyr ynghudd y tu cefn i'r ddinas."

[3] Cychwynnodd Josua a'r holl fyddin i fyny yn erbyn Ai; a dewisodd Josua ddeng mil ar hugain o ryfelwyr dewr, a'u hanfon ymlaen liw nos. [4] Yna gorchmynnodd iddynt fel hyn: "Edrychwch, yr ydych i guddio o olwg y ddinas, y tu cefn iddi; ond peidiwch â mynd yn rhy bell oddi wrthi, a byddwch i gyd yn barod. [5] Byddaf fi a'r holl fyddin sydd gyda mi yn agosáu at y ddinas, a phan ddônt allan i ymosod arnom fel y tro cyntaf, yna byddwn yn ffoi o'u blaen. [6] Fe ddônt hwythau ar ein hôl nes inni eu denu hwy o'r ddinas, gan feddwl ein bod yn ffoi o'u blaen fel y gwnaethom y tro cynt. [7] Codwch chwithau o'ch cuddfan a meddiannu'r dref, oherwydd bydd yr ARGLWYDD eich Duw yn ei rhoi yn eich llaw. [8] Wedi ichwi oresgyn y dref, llosgwch hi â thân. Gwnewch yn ôl gair yr ARGLWYDD; edrychwch, dyma fy ngorchymyn i chwi." [9] Wedi i Josua eu hanfon ymaith, aethant i guddfan a'u gosod eu hunain rhwng Bethel ac Ai, i'r gorllewin o Ai. Treuliodd Josua'r noson honno gyda'r fyddin.

[10] Cododd Josua a'r henuriaid yn fore drannoeth a chynnull y fyddin a'i harwain tuag Ai. [11] Aeth yr holl fyddin oedd gydag ef i fyny, a nesáu at ymyl y dref a gwersyllu i'r gogledd iddi, gyda dyffryn rhyngddynt hwy ac Ai. [12] Yr oedd wedi dewis tua phum mil o wŷr ac wedi eu rhoi i guddio rhwng Bethel ac Ai i'r gorllewin o'r dref. [13] Yr oedd crynswth y fyddin yn gwersyllu i'r gogledd o'r dref a'r milwyr cudd i'r gorllewin o'r dref; treuliodd* Josua y noson honno ar lawr y dyffryn. [14] Pan welodd brenin Ai hwy, brysiodd ef a dynion y dref yn gynnar yn y bore i fynd allan gyda'r holl fyddin i gyfarfod Israel mewn brwydr ar lecyn yn wynebu'r Araba, heb wybod bod milwyr yn llechu y tu ôl i'r dref. [15] Ffodd Josua a'r Israeliaid oll i gyfeiriad yr anialwch, fel pe baent wedi eu taro ganddynt. [16] Galwyd yr holl bobl oedd yn y dref i ymlid ar eu hôl; ac wrth iddynt ymlid ar ôl Josua, fe'u denwyd i ffwrdd o'r dref. [17] Nid oedd neb ar ôl yn Ai na Bethel heb fynd allan ar ôl Israel; gadawsant y dref yn benagored a mynd i ymlid yr Israeliaid.

[18] Yna dywedodd yr ARGLWYDD wrth Josua, "Estyn y waywffon sydd yn dy law tuag Ai, oherwydd yr wyf am roi'r dref yn dy law." [19] Estynnodd Josua'r waywffon oedd yn ei law tua'r dref; ac fel yr

---

7:25 Hebraeg, *achar*. Cymh. *Achor*. 8:13 Felly rhai llawysgrifau. TM, *aeth*. Cymh. adn. 9.

estynnai ei law, cododd y milwyr cudd o'u lle ar unwaith, a rhuthro i mewn i'r dref a'i chipio, a llosgi'r dref heb oedi dim. ²⁰ Pan drodd dynion Ai ac edrych yn eu hôl, gwelsant fwg y dref yn esgyn i'r awyr, ond ni allent ffoi nac yma nac acw, gan fod y fyddin a fu'n ffoi tua'r anialwch wedi troi i wynebu ei herlidwyr; ²¹ oherwydd pan welodd Josua a holl Israel fod y milwyr cudd wedi cipio'r dref, a bod mwg yn codi ohoni, troesant yn eu hôl ac ymosod ar ddynion Ai. ²² Daeth y lleill allan o'r dref i'w cyfarfod, ac felly'r oeddent yn y canol rhwng dwy garfan o Israeliaid; trawyd hwy heb i neb gael ei arbed na dianc. ²³ Daliwyd brenin Ai yn fyw, a daethant ag ef gerbron Josua.

²⁴ Wedi i'r Israeliaid ladd holl drigolion Ai oedd allan yn yr anialwch, lle'r oeddent wedi eu hymlid, a phob un ohonynt wedi syrthio dan fin y cleddyf nes eu difa'n llwyr, yna dychwelodd Israel gyfan i Ai, a'i tharo â'r cleddyf. ²⁵ Nifer y rhai a syrthiodd y diwrnod hwnnw oedd deuddeng mil, yn wŷr a gwragedd, sef holl boblogaeth Ai. ²⁶ Ni thynnodd Josua'n ôl y llaw oedd yn dal y waywffon nes difa holl drigolion Ai. ²⁷ Dim ond y gwartheg ac anrhaith y dref a gymerodd yr Israeliaid yn ysbail iddynt eu hunain, yn ôl gorchymyn yr ARGLWYDD i Josua. ²⁸ Llosgodd Josua Ai a'i gadael yn domen barhaol a erys yn ddiffaith hyd heddiw. ²⁹ Crogodd frenin Ai ar grocbren hyd yr hwyr, ac ar fachlud yr haul gorchmynnodd Josua iddynt dynnu ei gorff i lawr o'r crocbren a'i daflu ger y fynedfa i'r dref; codwyd carnedd fawr o gerrig drosto, sydd yno hyd heddiw.

Darllen y Gyfraith ym Mynydd Ebal

³⁰ Yna cododd Josua allor i'r ARGLWYDD, Duw Israel, ym Mynydd Ebal. ³¹ Fel yr oedd Moses gwas yr ARGLWYDD wedi gorchymyn i'r Israeliaid, ac fel sy'n ysgrifenedig yn llyfr cyfraith Moses, yr oedd yr allor wedi ei hadeiladu o gerrig heb eu naddu na'u trin â haearn. Ac offrymasant arni boethoffrymau i'r ARGLWYDD, ac aberthu heddoffrymau.

³² Yno yng ngŵydd yr Israeliaid ysgrifennodd ar feini gopi o gyfraith Moses. ³³ Yr oedd Israel gyfan—ei henuriaid, ei swyddogion, a'i barnwyr—yn sefyll o boptu'r arch, gerbron yr offeiriaid, sef y Lefiaid oedd yn cludo arch cyfamod yr ARGLWYDD. Yr oedd estron a brodor fel ei gilydd yno, hanner ohonynt ar bwys Mynydd Garisim, a hanner ar bwys Mynydd Ebal, fel yr oedd Moses gwas yr ARGLWYDD wedi gorchymyn yn y dechrau ar gyfer bendithio pobl Israel. ³⁴ Wedi hynny darllenodd Josua holl eiriau'r gyfraith, y fendith a'r felltith, fel sy'n ysgrifenedig yn llyfr y gyfraith. ³⁵ Ni adawodd Josua air o'r cyfan a orchmynnodd Moses heb ei ddarllen gerbron holl gynulleidfa Israel, gan gynnwys y gwragedd a'r plant a'r estron oedd yn aros yn eu mysg.

Y Gibeoniaid yn Twyllo Josua

9 Pan glywodd yr holl frenhinoedd y tu hwnt i'r Iorddonen, yn y mynydd-dir a'r Seffela ac arfordir y Môr Mawr wrth Lebanon, yn Hethiaid, Amoriaid, Canaaneaid, Peresiaid a Jebusiaid, ² daethant ynghyd fel un i ryfela yn erbyn Josua ac Israel.

³ Pan glywodd trigolion Gibeon yr hyn yr oedd Josua wedi ei wneud i Jericho ac Ai, ⁴ dyma hwythau'n gweithredu'n gyfrwys. Aethant a darparu bwyd*, a llwytho'u hasynnod â hen sachau, a hen wingrwyn tyllog wedi eu trwsio. ⁵ Rhoesant am eu traed hen sandalau wedi eu clytio, a hen ddillad amdanynt; a bara wedi sychu a llwydo oedd eu bwyd. ⁶ Yna daethant at Josua i wersyll Gilgal, a dweud wrtho ef a phobl Israel, "Yr ydym wedi dod o wlad bell; felly gwnewch gyfamod â ni'n awr." ⁷ Ond meddai pobl Israel wrth yr Hefiaid, "Efallai eich bod yn byw yn ein hymyl, ac os felly, sut y gwnawn ni gyfamod â chwi?" ⁸ Dywedasant wrth Josua, "Dy weision di ydym." Pan ofynnodd Josua iddynt, "Pwy ydych, ac o ble y daethoch?", ⁹ atebasant, "Y mae dy weision wedi dod o wlad bell iawn o achos enw'r ARGLWYDD dy Dduw;

9:4 Felly llawysgrifau a Fersiynau. Cymh. adn. 12. TM yn aneglur.

oblegid clywsom sôn amdano ef, ac am y cwbl a wnaeth yn yr Aifft, ¹⁰ ac i ddau frenin yr Amoriaid y tu hwnt i'r Iorddonen, Sehon brenin Hesbon ac Og brenin Basan, a drigai yn Astaroth. ¹¹ Am hynny dywedodd ein henuriaid a holl drigolion ein gwlad wrthym, 'Cymerwch fwyd ar gyfer y daith ac ewch i'w cyfarfod, a dywedwch wrthynt, "Eich gweision ydym; felly'n awr gwnewch gyfamod â ni." ' ¹² Dyma'n bara; yr oedd yn boeth pan oeddem yn darparu i fynd oddi cartref, y diwrnod yr oeddem yn cychwyn i ddod atoch. Edrychwch fel y mae'n awr wedi sychu a llwydo. ¹³ A dyma'r gwingrwyn oedd yn newydd pan lanwasom hwy; edrychwch, y maent wedi rhwygo. A dyma'n dillad a'n sandalau wedi treulio gan bellter mawr y daith." ¹⁴ Cymerodd pobl Israel beth o'u bwyd heb ymgynghori â'r ARGLWYDD. ¹⁵ Gwnaeth Josua heddwch â hwy, a gwneud cyfamod i'w harbed, a thyngodd arweinwyr y gynulleidfa iddynt.

¹⁶ Ymhen tridiau wedi iddynt wneud y cyfamod â hwy, clywsant mai cymdogion yn byw yn eu hymyl oeddent. ¹⁷ Wrth i'r Israeliaid deithio ymlaen, daethant ar y trydydd dydd i'w trefi hwy, Gibeon, Ceffira, Beeroth a Ciriath-jearim. ¹⁸ Ond nid ymosododd yr Israeliaid arnynt, oherwydd bod arweinwyr y gynulleidfa wedi tyngu iddynt yn enw'r ARGLWYDD, Duw Israel, er i'r holl gynulleidfa rwgnach yn erbyn yr arweinwyr. ¹⁹ Ond dywedodd yr holl arweinwyr wrth y gynulleidfa gyfan, "Yr ydym ni wedi tyngu iddynt yn enw'r ARGLWYDD, Duw Israel, ac yn awr ni allwn gyffwrdd â hwy. ²⁰ Dyma a wnawn iddynt: arbedwn eu bywydau, rhag i ddigofaint ddisgyn arnom oherwydd y llw a dyngasom." ²¹ Ac meddai'r arweinwyr wrthynt, "Cânt fyw, er mwyn iddynt dorri coed a thynnu dŵr i'r holl gynulleidfa." Cytunodd yr holl gynulleidfa* â'r hyn a ddywedodd yr arweinwyr.

²² Galwodd Josua arnynt a dweud wrthynt, "Pam y bu ichwi ein twyllo a honni eich bod yn byw yn bell iawn i ffwrdd oddi wrthym, a chwithau'n byw yn ein hymyl? ²³ Yn awr yr ydych dan y felltith hon: bydd gweision o'ch plith yn barhaol yn torri coed ac yn tynnu dŵr ar gyfer tŷ fy Nuw." ²⁴ Atebasant Josua fel hyn: "Fe ddywedwyd yn glir wrthym ni, dy weision, fod yr ARGLWYDD dy Dduw wedi gorchymyn i'w was Moses roi i chwi y wlad gyfan, a distrywio o'ch blaen ei holl drigolion; am hynny yr oedd arnom ofn mawr am ein heinioes o'ch plegid, a dyna pam y gwnaethom hyn. ²⁵ Yr ydym yn awr yn dy law; gwna inni yr hyn yr wyt ti'n ei dybio sy'n iawn." ²⁶ A dyna a wnaeth Josua iddynt y diwrnod hwnnw: fe'u hachubodd o law'r Israeliaid rhag iddynt eu lladd, ²⁷ a'u gosod i dorri coed ac i dynnu dŵr i'r gynulleidfa ar gyfer allor yr ARGLWYDD yn y lle a ddewisai ef; ac felly y maent hyd heddiw.

Gorchfygu'r Amoriaid

10 Clywodd Adonisedec brenin Jerwsalem i Josua ennill Ai a'i difrodi a gwneud iddi hi a'i brenin yn union fel y gwnaeth i Jericho a'i brenin, a bod trigolion Gibeon wedi gwneud heddwch ag Israel, ac yn byw yn eu mysg. ² Cododd hyn ofn mawr arno, oherwydd yr oedd Gibeon yn ddinas fawr fel un o'r dinasoedd brenhinol; yr oedd, yn wir, yn fwy nag Ai, a'i holl ddynion yn rhyfelwyr praff. ³ Anfonodd Adonisedec brenin Jerwsalem at Hoham brenin Hebron, Piram brenin Jarmuth, Jaffia brenin Lachis a Debir brenin Eglon, a dweud, ⁴ "Dewch i fyny i'm cynorthwyo i ymosod ar Gibeon am iddi wneud heddwch â Josua a'r Israeliaid." ⁵ Felly fe ymgynullodd pum brenin yr Amoriaid, sef brenhinoedd Jerwsalem, Hebron, Jarmuth, Lachis ac Eglon, ac aethant hwy a'u holl luoedd i fyny a gwarchae ar Gibeon ac ymosod arni. ⁶ Ond anfonodd pobl Gibeon at Josua i'r gwersyll yn Gilgal a dweud, "Paid â gwrthod cynorthwyo dy weision, ond brysia i fyny atom i'n hachub a'n helpu, oherwydd y mae holl frenhinoedd yr Amoriaid sy'n byw yn y mynydd-dir wedi ymgasglu yn ein herbyn."

⁷ Aeth Josua i fyny o Gilgal, a chydag ef bob milwr a'r holl ryfelwyr dewr. ⁸ A

9:21 Felly llawysgrifau Groeg. Hebraeg heb *Cytunodd yr holl gynulleidfa.*

dywedodd yr ARGLWYDD wrth Josua, "Paid â'u hofni, oherwydd rhoddaf hwy yn dy law; ni fydd neb ohonynt yn sefyll o'th flaen." ⁹ Daeth Josua arnynt yn ddisymwth, ar ôl teithio trwy'r nos o Gilgal. ¹⁰ Yna gyrrodd yr ARGLWYDD hwy ar chwâl o flaen Israel ac achosi lladdfa fawr yn eu mysg yn Gibeon, a'u hymlid ar hyd y ffordd i fyny at Beth-horon, a dal i'w taro hyd at Aseca a Macceda. ¹¹ Fel yr oeddent yn ffoi o flaen Israel ar lechwedd Beth-horon, bwriodd yr ARGLWYDD arnynt genllysg breision o'r awyr bob cam i Aseca, a buont farw. Bu farw mwy o achos y cenllysg nag a laddwyd gan yr Israeliaid â'r cleddyf.

¹² Y diwrnod y darostyngodd yr ARGLWYDD yr Amoriaid o flaen yr Israeliaid fe ganodd Josua i'r ARGLWYDD yng ngŵydd yr Israeliaid:

"Haul, aros yn llonydd yn Gibeon,
a thithau, leuad, yn nyffryn Ajalon."

¹³ Ac arhosodd yr haul yn llonydd, a safodd y lleuad, nes i'r genedl ddial ar ei gelynion. Y mae hyn wedi ei ysgrifennu yn Llyfr Jasar*. Safodd yr haul yng nghanol yr wybren, heb frysio i fachludo am ddiwrnod cyfan. ¹⁴ Ni fu diwrnod fel hwnnw na chynt nac wedyn, a'r ARGLWYDD yn gwrando ar lais meidrolyn; yn wir, yr ARGLWYDD oedd yn ymladd dros Israel.

Lladd Pum Brenin yr Amoriaid

¹⁵ Aeth Josua a holl Israel gydag ef yn ôl i'r gwersyll yn Gilgal. ¹⁶ Ond yr oedd y pum brenin hynny wedi ffoi ac ymguddio mewn ogof yn Macceda. ¹⁷ Pan hysbyswyd Josua iddynt ddarganfod y pum brenin yn ymguddio mewn ogof yn Macceda, ¹⁸ dywedodd Josua, "Pentyrrwch feini mawrion ar geg yr ogof, a gosodwch ddynion i'w gwylio. ¹⁹ Peidiwch chwithau â sefyllian; ymlidiwch eich gelynion a'u goddiweddyd; peidiwch â gadael iddynt gyrraedd eu dinasoedd, gan fod yr ARGLWYDD eich Duw wedi eu rhoi yn eich gafael." ²⁰ Er i Josua a'r Israeliaid wneud lladdfa fawr iawn yn eu mysg a'u difa, dihangodd rhai ohonynt a chyrraedd y dinasoedd caerog. ²¹ Wedi hynny dychwelodd yr holl fyddin yn ddiogel i'r gwersyll at Josua yn Macceda, heb neb yn yngan gair yn erbyn yr Israeliaid.

²² Yna dywedodd Josua, "Agorwch geg yr ogof, a dewch â'r pum brenin allan ataf oddi yno." ²³ Gwnaethant hynny, a dod â'r pum brenin allan ato, sef brenhinoedd Jerwsalem, Hebron, Jarmuth, Lachis ac Eglon. ²⁴ Wedi iddynt ddod â'r brenhinoedd hyn allan at Josua, galwodd yntau ar holl wŷr Israel, a dweud wrth swyddogion y milwyr a fu'n ymdeithio gydag ef, "Dewch yma, gosodwch eich traed ar warrau'r brenhinoedd hyn." Aethant hwythau atynt a gosod eu traed ar eu gwarrau. ²⁵ Yna dywedodd Josua wrthynt, "Peidiwch ag ofni na brawychu; byddwch yn gryf a dewr, oherwydd fel hyn y gwna'r ARGLWYDD i'r holl elynion y byddwch yn ymladd â hwy." ²⁶ Wedi hyn trawodd Josua hwy'n farw a'u crogi ar bum coeden, a buont ynghrog ar y coed hyd yr hwyr. ²⁷ Adeg machlud haul gorchmynnodd Josua eu tynnu i lawr oddi ar y coed, a bwriwyd hwy i'r ogof y buont yn ymguddio ynddi; gosodasant feini mawrion ar geg yr ogof, lle maent hyd heddiw.

Goresgyn Tiroedd y De

²⁸ Y diwrnod hwnnw goresgynnodd Josua Macceda a'i tharo hi a'i brenin â'r cleddyf, a lladd pawb oedd ynddi, heb arbed neb; gwnaeth i frenin Macceda fel yr oedd wedi gwneud i frenin Jericho. ²⁹ Aeth Josua a holl Israel gydag ef yn eu blaen o Macceda i Libna, ac ymosod arni. ³⁰ Rhoddodd yr ARGLWYDD hi a'i brenin yn llaw Israel, a thrawodd Josua hi a phawb oedd ynddi â'r cleddyf, heb arbed neb; gwnaeth i'w brenin fel yr oedd wedi gwneud i frenin Jericho. ³¹ Aeth Josua a holl Israel gydag ef yn eu blaen o Libna i Lachis, a gwersyllu yn ei herbyn ac ymosod arni. ³² Rhoddodd yr ARGLWYDD Lachis yn llaw Israel, ac fe'i gorchfygodd hi yr ail ddiwrnod a'i tharo hi a phawb oedd ynddi â'r cleddyf, yn union fel y gwnaeth i Libna. ³³ Yna daeth Horam brenin Geser i fyny i gynorthwyo

---

10:13 Neu, *yr Uniawn*.

Lachis, ond trawodd Josua ef a'i fyddin, heb arbed neb. ³⁴ Aeth Josua a holl Israel gydag ef yn eu blaen o Lachis i Eglon, a gwersyllu yn ei herbyn ac ymosod arni. ³⁵ Goresgynnodd y bobl hi y diwrnod hwnnw a'i tharo â'r cleddyf a lladd pawb oedd ynddi, yn union fel y gwnaed i Lachis. ³⁶ Aeth Josua a holl Israel gydag ef i fyny o Eglon i Hebron, ac ymosod arni. ³⁷ Goresgynnodd hi a tharo â'r cleddyf y ddinas, ei brenin, a'i maestrefi i gyd a phawb oedd ynddynt, heb arbed neb, ond ei difodi hi a phawb oedd ynddi, yn union fel y gwnaeth i Eglon. ³⁸ Yna trodd Josua a holl Israel gydag ef i gyfeiriad Debir ac ymosod arni. ³⁹ Goresgynnodd hi a'i brenin a'i maestrefi i gyd, a'u lladd â'r cleddyf a lladd pawb oedd ynddi, heb arbed neb; gwnaeth i Debir a'i brenin fel yr oedd wedi gwneud i Hebron ac i Libna a'i brenin.

⁴⁰ Gorchfygodd Josua y wlad i gyd: y mynydd-dir, y Negef, y Seffela a'r llechweddau, a hefyd eu holl frenhinoedd, heb arbed neb, ond lladd pob perchen anadl, fel y gorchmynnodd yr ARGLWYDD, Duw Israel. ⁴¹ Trawodd Josua hwy o Cades-barnea hyd at Gasa, ac o wlad Gosen i gyd hyd at Gibeon. ⁴² Goresgynnodd Josua yr holl frenhinoedd hyn a'u tiroedd mewn un cyrch am fod yr ARGLWYDD, Duw Israel, yn ymladd dros Israel. ⁴³ Yna fe ddychwelodd Josua a holl Israel gydag ef i'r gwersyll yn Gilgal.

Gorchfygu Brenhinoedd y Gogledd

11 Pan glywodd Jabin brenin Hasor, anfonodd at Jobab brenin Madon ac at frenhinoedd Simron ac Achsaff, ² hefyd at y brenhinoedd oedd ym mynydd-dir y gogledd ac yn yr Araba i'r de o Cinneroth, ac yn y Seffela a Naffath-dor yn y gorllewin. ³ Yr oedd y Canaaneaid i'r dwyrain a'r gorllewin, a'r Amoriaid, Hethiaid, Peresiaid a Jebusiaid yn y mynydd-dir, gyda'r Hefiaid dan Fynydd Hermon yn ardal Mispa. ⁴ Daethant allan, hwy a'u holl fyddinoedd, yn llu enfawr, mor niferus â'r tywod ar lan y môr, gyda llawer iawn o feirch a cherbydau. ⁵ Wedi i'r holl frenhinoedd hyn ymgynnull, aethant a gwersyllu ynghyd ger Dyfroedd Merom er mwyn ymladd ag Israel. ⁶ Dywedodd yr ARGLWYDD wrth Josua, "Paid â'u hofni, oherwydd tua'r adeg yma yfory byddaf yn rhoi pob un yn gelain gerbron Israel; byddi'n torri llinynnau garrau eu meirch ac yn llosgi eu cerbydau â thân." ⁷ Daeth Josua a'r holl filwyr oedd gydag ef ar eu gwarthaf yn ddisymwth ger Dyfroedd Merom, a rhuthro arnynt. ⁸ Rhoddodd yr ARGLWYDD hwy yn llaw Israel; trawsant hwy, a'u hymlid hyd at Sidon Fawr a Misreffoth-maim, a dyffryn Mispa i'r dwyrain. Trawsant hwy, heb arbed neb. ⁹ Gwnaeth Josua iddynt fel y dywedodd yr ARGLWYDD wrtho; torrodd linynnau garrau eu meirch a llosgodd eu cerbydau â thân.

¹⁰ Y pryd hwnnw trodd Josua i gyfeiriad Hasor a'i goresgyn, a lladd ei brenin â'r cleddyf. Yr oedd Hasor gynt yn ben ar yr holl deyrnasoedd hynny. ¹¹ Trawsant bawb oedd ynddi â'r cleddyf a'u lladd, heb arbed yr un perchen anadl, ac yna llosgi Hasor â thân. ¹² Goresgynnodd Josua bob un o ddinasoedd y brenhinoedd hyn yn ogystal â'u brenhinoedd; trawodd hwy â'r cleddyf a'u difodi, fel y gorchmynnodd Moses gwas yr ARGLWYDD. ¹³ Ond am y dinasoedd oedd yn sefyll ar garneddau, ni losgodd Israel yr un ohonynt, ac eithrio Hasor, a losgwyd gan Josua. ¹⁴ Cymerodd yr Israeliaid holl anrhaith y dinasoedd hynny yn ysbail, gan gynnwys y gwartheg, ond trawsant y boblogaeth i gyd â'r cleddyf a'u lladd, heb arbed un perchen anadl. ¹⁵ Fel yr oedd yr ARGLWYDD wedi gorchymyn i'w was Moses, felly yr oedd Moses wedi gorchymyn i Josua; dyna a wnaeth Josua heb esgeuluso dim o'r cwbl a orchmynnodd yr ARGLWYDD i Moses.

Manylion Pellach am Goncwest Josua

¹⁶ Gorchfygodd Josua y cwbl o'r wlad hon: y mynydd-dir, y Negef i gyd, holl wlad Gosen, y Seffela a'r Araba; hefyd

mynydd-dir Israel a'r Seffela, [17] o Fynydd Halac sy'n codi tua Seir hyd at Baal-gad yn nyffryn Lebanon dan Fynydd Hermon. Gorchfygodd ei brenhinoedd i gyd, a'u taro a'u lladd. [18] Bu Josua'n ymladd â'r holl frenhinoedd hyn am amser maith. [19] Ni wnaeth yr un ddinas gytundeb heddwch â'r Israeliaid, heblaw'r Hefiaid oedd yn byw yn Gibeon; cymryd y cwbl trwy ryfel a wnaethant. [20] Yr ARGLWYDD oedd yn caledu eu calon i ryfela yn erbyn Israel, er mwyn iddynt eu difodi yn ddidrugaredd, ac yn wir eu distrywio fel y gorchmynnodd yr ARGLWYDD i Moses.

[21] Y pryd hwnnw aeth Josua a difa'r Anacim o'r mynydd-dir o gwmpas Hebron, Debir, ac Anab, ac o holl fynydd-dir Jwda ac Israel; difododd Josua hwy a'u dinasoedd. [22] Ni adawyd Anacim ar ôl yng ngwlad yr Israeliaid, ond yr oedd gweddill ohonynt ar ôl yn Gasa, Gath ac Asdod. [23] Enillodd Josua yr holl wlad yn unol â'r cwbl a lefarodd yr ARGLWYDD wrth Moses, a rhoddodd Josua hi yn etifeddiaeth i Israel yn ôl cyfrannau'r llwythau. A chafodd y wlad lonydd rhag rhyfel.

Y Brenhinoedd a Orchfygwyd gan Israel

12 Dyma frenhinoedd y wlad a drawyd gan yr Israeliaid ac y cymerwyd meddiant o'u tiroedd i'r dwyrain o'r Iorddonen, o nant Arnon hyd at Fynydd Hermon, gan gynnwys holl ddwyrain yr Araba: [2] Sihon brenin yr Amoriaid, a oedd yn byw yn Hesbon. Yr oedd ef yn llywodraethu o Aroer, sydd ar ymyl nant Arnon, dros hanner Gilead, hynny yw, o ganol nant Arnon hyd at nant Jabboc, terfyn yr Ammoniaid; [3] hefyd dros ddwyrain yr Araba o lan Môr Cinneroth at lan môr yr Araba, sef y Môr Marw, i gyfeiriad Bethjesimoth ac ymlaen i'r de dan lethrau Pisga. [4] Og* brenin Basan, un o weddill y Reffaim, a oedd yn byw yn Astaroth ac yn Edrei. [5] Yr oedd ef yn llywodraethu dros Fynydd Hermon, Salcha, a Basan i gyd, hyd at derfyn y Gesuriaid a'r Maachathiaid, a thros hanner Gilead hyd at derfyn Sihon brenin Hesbon. [6] Fe'u gorchfygwyd gan Moses gwas yr ARGLWYDD a'r Israeliaid; a rhoddodd Moses gwas yr ARGLWYDD y tir yn feddiant i'r Reubeniaid a'r Gadiaid a hanner llwyth Manasse.

Y Brenhinoedd a Orchfygwyd gan Josua

[7] Dyma frenhinoedd y wlad a drawyd gan Josua a'r Israeliaid i'r gorllewin o'r Iorddonen, o Baal-gad yn nyffryn Lebanon hyd at Fynydd Halac sy'n codi i gyfeiriad Seir. Rhoddodd Josua'r tir yn feddiant i lwythau Israel yn ôl eu cyfrannau [8] yn y mynydd-dir, y Seffela, yr Araba, y llechweddau, y diffeithwch a'r Negef; yno'r oedd yr Hethiaid, Amoriaid, Canaaneaid, Peresiaid, Hefiaid a Jebusiaid. Dyma'r brenhinoedd: [9] brenin Jericho, brenin Ai ger Bethel, [10] brenin Jerwsalem, brenin Hebron, [11] brenin Jarmuth, brenin Lachis, [12] brenin Eglon, brenin Geser, [13] brenin Debir, brenin Geder, [14] brenin Horma, brenin Arad, [15] brenin Libna, brenin Adulam, [16] brenin Macceda, brenin Bethel, [17] brenin Tappua, brenin Heffer, [18] brenin Affec, brenin Lasaron, [19] brenin Madon, brenin Hasor, [20] brenin Simron-meron, brenin Achsaff, [21] brenin Taanach, brenin Megido, [22] brenin Cedes, brenin Jocneam yng Ngharmel, [23] brenin Dor yn Naffath-dor, brenin Goim yn Gilgal, [24] brenin Tirsa. Yr oedd tri deg ac un o frenhinoedd i gyd.

Tir yn Aros i'w Feddiannu

13 Wedi i Josua heneiddio a mynd i oed, dywedodd yr ARGLWYDD wrtho, "Yr wyt yn hen ac wedi mynd i oed, ac y mae llawer iawn o dir yn aros i'w feddiannu. [2] Dyma'r tir sydd ar ôl: holl ardaloedd y Philistiaid ac eiddo'r Gesuriaid i gyd [3] (i'r Canaaneaid y cyfrifir y tir o'r afon Sihor sydd ar drothwy'r Aifft hyd derfyn Ecron i'r gogledd, sef cylchoedd pum teyrn y Philistiaid: Gasa, Asdod, Ascalon, Gath ac Ecron), a thir yr Afiaid [4] yn y de; holl wlad y Canaaneaid, yn cynnwys Meara sy'n perthyn i'r Sidoniaid, hyd at Affec a therfyn yr

---

12:4 Felly Groeg. Hebraeg, *A goror Og*.

Amoriaid; [5] hefyd tir y Gebaliaid a Lebanon i gyd i'r dwyrain o Baal-gad islaw Mynydd Hermon, hyd at Lebo-hamath. [6] Byddaf yn gyrru ymaith y Sidoniaid i gyd, holl drigolion y mynydd-dir, o Lebanon hyd Misreffoth-maim, o flaen yr Israeliaid; rhanna di'r etifeddiaeth i Israel fel y gorchmynnais iti. [7] Rhanna'n awr y wlad hon yn etifeddiaeth i'r naw llwyth ac i hanner llwyth Manasse."

Rhannu'r Tir tu hwnt i'r Iorddonen

[8] Y mae hanner arall y llwyth*, a hefyd Reuben a Gad, wedi cymryd yr etifeddiaeth a roddodd Moses iddynt i'r dwyrain o'r Iorddonen, fel yr oedd ef, gwas yr ARGLWYDD, wedi ei nodi ar eu cyfer: [9] o Aroer sydd ar ymyl nant Arnon, ac o'r ddinas sydd yng nghanol y dyffryn, gyda'r holl wastadedd o Medeba hyd Dibon; [10] a holl ddinasoedd Sihon brenin yr Amoriaid, a oedd yn teyrnasu yn Hesbon, hyd at derfyn yr Ammoniaid, [11] a Gilead hefyd a thiriogaeth y Gesuriaid a'r Maachathiaid, sef holl fynydd-dir Hermon, a Basan i gyd hyd at Salcha, [12] sef y cwbl yn Basan o deyrnas Og a lywodraethai o Astaroth ac Edrei. Yr oedd ef yn un o weddill y Reffaim a drawyd gan Moses a'u gyrru allan. [13] Ni yrrodd yr Israeliaid y Gesuriaid a'r Maachathiaid allan, ond y maent yn byw ymysg yr Israeliaid hyd heddiw. [14] Ni roddwyd etifeddiaeth i lwyth Lefi; oherwydd offrymau trwy dân yr ARGLWYDD, Duw Israel, yw eu hetifeddiaeth hwy, fel y dywedodd ef wrthynt.

[15] Yr oedd Moses wedi rhoi etifeddiaeth i lwyth Reuben yn ôl eu teuluoedd. [16] Yr oedd eu tiriogaeth yn ymestyn o Aroer sydd ar ymyl nant Arnon, ac o'r ddinas sydd yng nghanol y dyffryn, gyda'r holl wastadedd hyd at Medeba; [17] yr oedd yn cynnwys Hesbon a'i holl drefi ar y gwastadedd, Dibon, Bamoth-baal, Beth-baal-meon, [18] Jahas, Cedemoth, Meffaath, [19] Ciriathaim, Sibma, Sereth-sahar ar fynydd y glyn, [20] Beth-peor, llethrau Pisga a Beth-jesimoth, [21] sef holl drefi'r gwastadedd a holl deyrnas Sihon brenin yr Amoriaid, a oedd yn teyrnasu yn Hesbon ond a laddwyd gan Moses ynghyd â thywysogion Midian, Efi, Recem, Sur, Hur a Reba, pendefigion Sihon oedd yn byw yn y wlad. [22] Yr oedd Balaam fab Beor, y dewin, yn un o'r rhai a laddwyd gan yr Israeliaid â'r cleddyf. [23] Yr Iorddonen a'i goror oedd terfyn llwyth Reuben; a dyna'u hetifeddiaeth yn ôl eu teuluoedd, gyda'u trefi a'u pentrefi.

[24] Rhoddodd Moses etifeddiaeth i lwyth Gad* yn ôl eu teuluoedd. [25] Eu tiriogaeth hwy oedd Jaser a holl drefi Gilead a hanner tir yr Ammoniaid hyd at Aroer sydd o flaen Rabba; [26] yna o Hesbon at Ramath-mispa a Betonim, ac o Mahanaim at derfyn Lo-debar; [27] yna, yn y dyffryn, Beth-haram, Beth-nimra, Succoth a Saffon, gweddill teyrnas Sihon brenin Hesbon; yr Iorddonen oedd y terfyn at gwr isaf Môr Cinnereth i'r dwyrain o'r Iorddonen. [28] Dyma etifeddiaeth Gad yn ôl eu teuluoedd, gyda'u trefi a'u pentrefi.

[29] Rhoddodd Moses etifeddiaeth i hanner llwyth Manasse* yn ôl eu teuluoedd. [30] Yr oedd eu tiriogaeth yn ymestyn o Mahanaim ac yn cynnwys Basan i gyd, holl deyrnas Og brenin Basan, a'r cwbl o Hafoth-jair yn Basan, sef trigain tref. [31] Aeth hanner Gilead ynghyd ag Astaroth ac Edrei, dinasoedd brenhinol Og yn Basan, i feibion Machir fab Manasse, sef hanner llwyth Machir, yn ôl eu teuluoedd.

[32] Dyma'r tiroedd a rannodd Moses yng ngwastadeddau Moab y tu hwnt i'r Iorddonen, i'r dwyrain o Jericho. [33] Ond ni roddodd Moses etifeddiaeth i lwyth Lefi. Yr ARGLWYDD, Duw Israel, oedd eu hetifeddiaeth hwy, fel y dywedodd ef wrthynt.

Rhannu'r Tir i'r Gorllewin o'r Iorddonen

14 Dyma'r tiroedd a gafodd yr Israeliaid yn etifeddiaeth yng ngwlad

---

13:8 Tebygol. Hebraeg, *y mae gydag ef*.
13:24 Felly Syrieg. Hebraeg yn ychwanegu *i feibion Gad*.
13:29 Felly Groeg. Hebraeg yn ychwanegu *a bu i hanner llwyth meibion Manasse*.

Canaan oddi ar law yr offeiriad Eleasar, a Josua fab Nun, a'r pennau-teuluoedd ymysg llwythau'r Israeliaid. ² Trwy fwrw coelbren y rhoddwyd eu hetifeddiaeth i'r naw llwyth a hanner, fel y gorchmynnodd yr ARGLWYDD drwy Moses; ³ oherwydd yr oedd Moses wedi rhoi eu hetifeddiaeth i'r ddau lwyth a hanner y tu hwnt i'r Iorddonen. Ond ni roddodd etifeddiaeth yn eu plith i'r Lefiaid. ⁴ Yr oedd disgynyddion Joseff yn ddau lwyth, Manasse ac Effraim. Ni roddwyd cyfran yn y tir i'r Lefiaid ac eithrio trefi i fyw ynddynt a phorfeydd ar gyfer eu gyrroedd a'u preiddiau. ⁵ Rhannodd yr Israeliaid y tir yn union fel yr oedd yr ARGLWYDD wedi gorchymyn i Moses.

Rhoi Hebron yn Etifeddiaeth i Caleb

⁶ Daeth llwyth Jwda gerbron Josua yn Gilgal, a dywedodd Caleb fab Jeffunne'r Cenesiad wrtho, "Gwyddost yr hyn a ddywedodd yr ARGLWYDD wrth Moses gŵr Duw amdanom ni'n dau yn Cades-barnea. ⁷ Deugain oed oeddwn i pan anfonodd Moses gwas yr ARGLWYDD fi o Cades-barnea i ysbïo'r wlad. Deuthum ag adroddiad diragfarn yn ôl iddo. ⁸ Er bod fy nghymdeithion wedi digalonni'r bobl, fe lwyr ddilynais i yr ARGLWYDD fy Nuw; ⁹ ac fe addawodd Moses imi y diwrnod hwnnw: 'Yn sicr, etifeddiaeth i ti ac i'th blant am byth fydd y tir y bydd dy droed yn sangu arno, am iti lwyr ddilyn yr ARGLWYDD, fy Nuw.' ¹⁰ Yn awr, dyma'r ARGLWYDD wedi f'arbed, fel yr addawodd, dros y pum mlynedd a deugain hyn er pan lefarodd yr ARGLWYDD yr addewid hon wrth Moses, pan oedd Israel yn rhodio'r anialwch; a dyma fi heddiw yn bump a phedwar ugain oed. ¹¹ Yr wyf mor gryf heddiw ag ar y diwrnod yr anfonodd Moses fi; y mae fy nerth cystal yn awr â'r adeg honno i ryfela ac i arwain byddin. ¹² Felly rho imi'n awr y mynydd-dir hwn a addawodd yr ARGLWYDD y pryd hwnnw; oherwydd fe glywaist ti dy hun yr adeg honno fod Anacim yno, a bod eu dinasoedd yn rhai mawr a chaerog; ond odid na fydd yr ARGLWYDD gyda mi, ac fe'u gyrraf hwy allan, fel yr addawodd yr ARGLWYDD." ¹³ Bendithiodd Josua ef a rhoddodd Hebron yn etifeddiaeth i Caleb fab Jeffunne. ¹⁴ Dyna pam y mae Hebron yn feddiant i Caleb fab Jeffunne'r Cenesiad hyd heddiw, am iddo lwyr ddilyn yr ARGLWYDD, Duw Israel. ¹⁵ Enw Hebron gynt oedd Ciriath-arba, ar ôl Arba, prif ddyn yr Anacim. A chafodd y wlad lonydd rhag rhyfel.

Rhandir Llwyth Jwda

15 Yr oedd rhandir llwyth Jwda yn ôl eu tylwythau yn ymestyn at derfyn Edom, yn anialwch Sin, ar gwr deheuol y Negef. ² Yr oedd eu terfyn deheuol yn rhedeg o gwr eithaf y Môr Marw, o'r gilfach sy'n wynebu tua'r Negef, ³ ac ymlaen i'r de o riw Acrabbim heibio i Sin, yna i fyny i'r de o Cades-barnea, heibio i Hesron, i fyny at Addar ac yna troi am Carca. ⁴ Wedi mynd heibio i Asmon, dilynai derfyn nant yr Aifft, nes cyrraedd y môr. Hwn oedd eu* terfyn deheuol.

⁵ Y terfyn i'r dwyrain oedd y Môr Marw, cyn belled ag aber yr Iorddonen. Yr oedd y terfyn gogleddol yn ymestyn o gilfach y môr, ger aber yr Iorddonen, ⁶ i fyny at Beth-hogla, gan gadw i'r gogledd o Beth-araba ac ymlaen at faen Bohan fab Reuben. ⁷ Yna âi'r terfyn o ddyffryn Achor i Debir, a thua'r gogledd i gyfeiriad Gilgal, sydd gyferbyn â rhiw Adummim i'r de o'r nant, a throsodd at ddyfroedd En-semes ac ymlaen at En-rogel. ⁸ Oddi yno âi'r terfyn i fyny dyffryn Ben-hinnom i'r de o lechwedd y Jebusiaid, sef Jerwsalem, ac i ben y mynydd sy'n wynebu dyffryn Hinnom o'r gorllewin, yng nghwr gogleddol dyffryn Reffaim. ⁹ O ben y mynydd yr oedd y terfyn yn troi am ffynnon dyfroedd Nefftoa ac yna ymlaen at drefi Mynydd Effron, cyn troi am Baala, sef Ciriath-jearim. ¹⁰ O Baala yr oedd y terfyn yn troi tua'r gorllewin at Fynydd Seir ac yn croesi llechwedd gogleddol Mynydd Jearim, sef Cesalon, cyn disgyn at Beth-semes ac ymlaen at Timna. ¹¹ Wedi hyn âi'r terfyn ymlaen hyd

---

15:4 Felly Groeg. Hebraeg, *eich.*

lechwedd gogleddol Ecron, yna mynd i gyfeiriad Sicceron, ymlaen at Fynydd Baala ac at Jabneel, nes cyrraedd y môr. 12 Glannau'r Môr Mawr oedd y terfyn gorllewinol. Dyma'r terfyn o amgylch Jwda yn ôl eu tylwythau.

Caleb yn Ennill Hebron a Debir
Barn. 1:11-15

13 Yn ôl gorchymyn yr ARGLWYDD i Josua, rhoddwyd i Caleb fab Jeffunne randir yn Jwda, sef Ciriath-arba, hynny yw Hebron; tad yr Anaciaid oedd Arba. 14 Gyrrodd Caleb allan oddi yno dri o'r Anaciaid, sef Sesai, Ahiman a Talmai, disgynyddion Anac. 15 Oddi yno ymosododd ar drigolion Debir; Ciriath-seffer oedd enw Debir gynt. 16 Dywedodd Caleb, "Pwy bynnag a drawo Ciriath-seffer a'i hennill, fe roddaf fy merch Achsa yn wraig iddo." 17 Othniel fab Cenas, brawd Caleb, a'i henillodd; rhoddodd yntau ei ferch Achsa yn wraig iddo. 18 Pan ddaeth hi ato, fe'i hanogodd i geisio tir amaeth gan ei thad. Wedi iddi ddisgyn oddi ar yr asyn, gofynnodd Caleb iddi, "Beth a fynni?" 19 Atebodd hithau, "Rho imi anrheg; yr wyt wedi rhoi imi dir yn y Negef; rho imi hefyd ffynhonnau dŵr." Felly fe roddodd Caleb iddi'r Ffynhonnau Uchaf a'r Ffynhonnau Isaf.

Canolfannau Jwda

20 Dyma etifeddiaeth llwyth Jwda yn ôl eu tylwythau. 21 Yng nghwr eithaf llwyth Jwda ar derfyn Edom yn y Negef, y trefi oedd Cabseel, Eder, Jagur, 22 Cina, Dimona, Adada, 23 Cedes, Hasor, Ithnan, 24 Siff, Telem, Bealoth, 25 Hasor, Hadatta, Cerioth, Hesron (sef Hasor), 26 Amam, Sema, Molada, 27 Hasar-gada, Hesmon, Beth-pelet, 28 Hasar-sual, Beerseba, Bisiothia, 29 Baala, Iim, Esem, 30 Eltolad, Cesil, Horma, Siclag, Madmanna, Sansanna, 31 Lebaoth, Silhim, Ain a Rimmon: 32 cyfanswm o naw ar hugain o drefi a'u pentrefi.

33 Yn y Seffela yr oedd Estaol, Sora, Asna, 34 Sanoa, En-gannim, Tappua, Enam, 35 Jarmuth, Adulam, Socho, Aseca, 36 Saaraim, Adithaim, Gedera a Gederothaim: pedair ar ddeg o drefi a'u pentrefi.

37 Senan, Hadasa, Migdal-gad, 38 Dilean, Mispe, Joctheel, 39 Lachis, Boscath, Eglon, 40 Cabbon, Lahmam, Cithlis, 41 Gederoth, Beth-dagon, Naama a Macceda: un ar bymtheg o drefi a'u pentrefi.

42 Libna, Ether, Asan, 43 Jiffta, Asna, Nesib, 44 Ceila, Achsib a Maresa: naw o drefi a'u pentrefi.

45 Ecron a'i maestrefi a'i phentrefi; 46 ac, i'r gorllewin o Ecron, y cwbl oedd yn ymyl Asdod, a'u pentrefi.

47 Asdod, ei maestrefi a'i phentrefi; Gasa, ei maestrefi a'i phentrefi at nant yr Aifft, ac at lan y Môr Mawr.

48 Yn y mynydd-dir yr oedd Samir, Jattir, Socho, 49 Danna, Ciriath-sannath (sef Debir), 50 Anab, Astemo, Anim, 51 Gosen, Holon a Gilo: un ar ddeg o drefi a'u pentrefi.

52 Arab, Duma, Esean, 53 Janum, Beth-tappua, Affeca, 54 Humta, Ciriath-arba (sef Hebron), a Sïor: naw o drefi a'u pentrefi.

55 Maon, Carmel, Siff, Jutta, 56 Jesreel, Jocdeam, Sanoa, 57 Cain, Gibea, Timna: deg o drefi a'u pentrefi.

58 Halhul, Beth-sur, Gedor, 59 Maarath, Beth-anoth ac Eltecon: chwech o drefi a'u pentrefi.

60 Ciriath-baal, sef Ciriath-jearim, a Rabba: dwy dref a'u pentrefi.

61 Yn yr anialwch yr oedd Beth-araba, Midin, Sechacha, 62 Nibsan, Dinas yr Halen ac En-gedi: chwech o drefi a'u pentrefi.

63 Ni allodd y Jwdeaid ddisodli'r Jebusiaid oedd yn byw yn Jerwsalem; felly y mae'r Jebusiaid wedi byw gyda'r Jwdeaid yn Jerwsalem hyd y dydd hwn.

Rhandir Disgynyddion Joseff

16 Yr oedd rhandir disgynyddion Joseff yn ymestyn o'r Iorddonen ger Jericho, i'r dwyrain o ddyfroedd Jericho, i'r anialwch ac i fyny o Jericho i fynydd-dir Bethel. 2 Yna âi o Fethel i Lus, a chroesi terfyn yr Arciaid yn Ataroth; 3 wedyn disgynnai tua'r gorllewin at derfyn y Jaffletiaid, cyn belled â therfyn Beth-horon Isaf a Geser, nes cyrraedd y môr. ⁴ Hon oedd yr etifeddiaeth a gafodd Manasse ac Effraim, meibion Joseff.

Rhandir Llwyth Effraim

⁵ Dyma derfyn yr Effraimiaid yn ôl eu tylwythau: yr oedd terfyn eu hetifeddiaeth yn ymestyn o Ataroth-adar yn y dwyrain hyd Beth-horon Uchaf; ⁶ yna âi ymlaen at y môr, at Michmetha yn y gogledd, a throi i'r dwyrain o Taanath-seilo a mynd heibio iddi i'r dwyrain at Janoha. ⁷ Âi i lawr o Janoha i Ataroth a Naarath, gan gyffwrdd â Jericho ac ymlaen at yr Iorddonen. ⁸ O Tappua âi'r terfyn tua'r gorllewin ar hyd nant Cana nes cyrraedd y môr. Dyma etifeddiaeth llwyth Effraim yn ôl eu tylwythau. ⁹ Yr oedd yn cynnwys hefyd y trefi a neilltuwyd i Effraim yng nghanol etifeddiaeth Manasse, yr holl drefi a'u pentrefi. ¹⁰ Ni ddisodlwyd y Canaaneaid oedd yn byw yn Geser; felly y mae'r Canaaneaid yn byw ymysg yr Effraimiaid hyd y dydd hwn, ond eu bod dan lafur gorfod.

Rhandir Gweddill Llwyth Manasse

17 Yna rhoddwyd rhandir i lwyth Manasse, oherwydd ef oedd cyntafanedig Joseff. Machir oedd cyntafanedig Manasse a thad Gilead, ac am ei fod yn rhyfelwr, iddo ef y daeth Gilead a Basan. ² Rhannwyd tir hefyd i weddill Manasse yn ôl eu tylwythau, sef i feibion Abieser, Helech, Asriel, Sichem, Heffer a Semida. Y rhain oedd bechgyn Manasse fab Joseff yn ôl eu tylwythau. ³ Ond am Seloffehad fab Heffer, fab Gilead, fab Machir, fab Manasse, nid oedd ganddo feibion ond merched yn unig, a dyma'u henwau: Mala, Noa, Hogla, Milca a Tirsa. ⁴ Daeth y rhain gerbron yr offeiriad Eleasar, Josua fab Nun a'r arweinwyr, a dweud, "Gorchmynnodd yr ARGLWYDD i Moses roi inni etifeddiaeth ymysg ein pobl." Ac fe roddwyd iddynt etifeddiaeth ymysg brodyr eu tad, yn ôl gorchymyn yr ARGLWYDD. ⁵ Felly disgynnodd deg rhan i Manasse, yn ychwanegol at dir Gilead a Basan y tu hwnt i'r Iorddonen, ⁶ am fod merched Manasse wedi etifeddu cyfran ynghyd â'r meibion; aeth tir Gilead i weddill meibion Manasse.

⁷ Yr oedd terfyn Manasse'n ymestyn o Aser i Michmetha, sydd i'r dwyrain o Sichem, ac ymlaen i'r de at Jasub ger En-tappua*. ⁸ Perthyn i Manasse yr oedd tir Tappua, ond yr oedd Tappua ei hun ar derfyn Manasse ac yn perthyn i blant Effraim. ⁹ Âi'r terfyn i lawr nant Cana i'r de. Trefi yn perthyn i Effraim oedd y rhai ar ochr ddeheuol y nant, er eu bod yng nghanol trefi Manasse, a bod terfyn Manasse yn rhedeg ar ochr ogleddol y nant nes cyrraedd y môr. ¹⁰ Yr oedd y tir i'r de'n perthyn i Effraim, ond y tir i'r gogledd yn perthyn i Manasse. Yr oedd tir Manasse'n ymestyn at y môr, ac yn ffinio ar Aser i'r gogledd ac ar Issachar i'r dwyrain. ¹¹ O fewn Issachar ac Aser, eiddo Manasse oedd Beth-sean ac Ibleam a'u maestrefi, a hefyd y rhai oedd yn byw yn Dor, Endor, Taanach a Megido a'u maestrefi. Naffath yw'r drydedd dref uchod. ¹² Ni allodd Manasse feddiannu'r trefi hyn; felly daliodd y Canaaneaid eu tir yn y rhan honno o'r wlad. ¹³ Ond wedi i'r Israeliaid ymgryfhau, rhoesant y Canaaneaid dan lafur gorfod, er iddynt fethu eu disodli'n llwyr.

Disgynyddion Joseff yn Chwennych Rhagor o Dir

¹⁴ Dywedodd disgynyddion Joseff wrth Josua, "Pam na roddaist inni ond un gyfran ac un rhandir yn etifeddiaeth, a ninnau'n bobl niferus, ac wedi'n bendithio mor helaeth gan yr ARGLWYDD?" ¹⁵ Atebodd Josua hwy, "Os ydych yn bobl mor niferus, a mynydd-dir Effraim yn rhy gyfyng i chwi, ewch i fyny i'r goedwig a chlirio tir ichwi'ch hunain yno, yn nhiriogaeth y Peresiaid a'r Reffaim." ¹⁶ Dywedodd disgynyddion Joseff, "Nid yw'r mynydd-dir yn ddigon inni, ac y mae cerbydau heyrn gan yr holl Ganaaneaid sy'n byw ar y gwastatir yn Beth-sean a'i maestrefi, ac yn nyffryn Jesreel." ¹⁷ Yna dywedodd Josua wrth Effraim a Manasse, teulu Joseff, "Yr ydych yn bobl niferus, ac yn nerthol iawn; nid un gyfran yn unig a gewch,

---

17:7 Felly Groeg. Hebraeg, *at drigolion En-tappua*.

¹⁸ ond bydd y mynydd-dir hefyd yn eiddo ichwi; ac er mai coetir yw, cliriwch ef a'i feddiannu i'w gwr pellaf; yna byddwch yn disodli'r Canaaneaid, er eu bod yn gryfion a cherbydau heyrn ganddynt."

Rhannu Gweddill y Tir

18 Daeth holl gynulliad Israel at ei gilydd i Seilo, a gosod yno babell y cyfarfod. Yr oedd y wlad wedi ei darostwng o'u blaen, ² ond yr oedd ar ôl ymysg yr Israeliaid saith llwyth heb ddosrannu eu hetifeddiaeth. ³ Dywedodd Josua wrth yr Israeliaid, "Am ba hyd yr ydych am esgeuluso mynd i feddiannu'r tir a roddodd ARGLWYDD Dduw eich hynafiaid ichwi? ⁴ Dewiswch dri dyn o bob llwyth, imi eu hanfon allan i gerdded y wlad a gwneud rhestrau ar gyfer ei hetifeddu, ac yna dod yn ôl ataf. ⁵ Y maent i'w rhannu'n saith rhan; y mae Jwda i gadw ei derfyn yn y de, a thŷ Joseff ei derfyn yn y gogledd. ⁶ Ac wedi ichwi ddosbarthu'r tir yn saith rhan, dewch â'r rhestrau ataf fi i'r fan hon, er mwyn imi fwrw coelbren drosoch yma gerbron yr ARGLWYDD ein Duw. ⁷ Ni fydd rhan i'r Lefiaid yn eich mysg, oherwydd offeiriadaeth yr ARGLWYDD yw eu hetifeddiaeth hwy; a hefyd y mae Gad a Reuben a hanner llwyth Manasse wedi cael eu hetifeddiaeth i'r dwyrain o'r Iorddonen o law Moses gwas yr ARGLWYDD." ⁸ Pan oedd y dynion yn cychwyn ar eu taith i restru'r tir, gorchmynnodd Josua iddynt, "Ewch i fyny ac i lawr y wlad, a rhestrwch hi; yna dewch yn ôl ataf fi, ac fe fwriaf goelbren drosoch gerbron yr ARGLWYDD yma yn Seilo." ⁹ Aeth y dynion, a cherdded y wlad a'i rhestru mewn llyfr, yn saith rhan, fesul trefi; yna daethant yn ôl at Josua yng ngwersyll Seilo. ¹⁰ Bwriodd Josua goelbren drostynt gerbron yr ARGLWYDD yn Seilo, a rhannu'r tir i'r Israeliaid, cyfran i bob un.

Rhandir Llwyth Benjamin

¹¹ Pan ddisgynnodd coelbren llwyth Benjamin yn ôl eu tylwythau, cawsant diriogaeth rhwng Jwda a thylwyth Joseff. ¹² I'r gogledd âi'r terfyn o'r Iorddonen i fyny heibio i lechwedd gogleddol Jericho, a thua'r gorllewin, i'r mynydd-dir, nes cyrraedd anialwch Beth-afen. ¹³ Croesai'r terfyn oddi yno i Lus, ac i'r de ar hyd llechwedd Lus, sef Bethel, ac yna i lawr at Ataroth-adar ar y mynydd i'r de o Beth-horon Isaf. ¹⁴ Yr oedd y terfyn yn newid ei gyfeiriad ar yr ochr orllewinol, ac yn troi tua'r de o'r mynydd sy'n wynebu Beth-horon, ac ymlaen nes cyrraedd Ciriath-baal, sef Ciriath-jearim, tref yn perthyn i Jwda. Dyma'r ochr orllewinol. ¹⁵ Yr oedd ochr ddeheuol y terfyn yn mynd o gwr Ciriath-jearim tua'r gorllewin, hyd at ffynnon dyfroedd Nefftoa. ¹⁶ Yna âi'r terfyn i lawr at gwr y mynydd sy'n wynebu dyffryn Ben-hinnom, i'r gogledd o ddyffryn Reffaim; wedi hynny, i lawr dyffryn Hinnom i'r de o lechwedd y Jebusiaid at En-rogel. ¹⁷ Wedi troi tua'r gogledd, âi i En-semes ac ymlaen i Geliloth, gyferbyn â rhiw Adummim, ac i lawr at faen Bohan fab Reuben, ¹⁸ cyn croesi ochr ogleddol y llechwedd sy'n wynebu'r Araba, a mynd i lawr yno. ¹⁹ Yna âi'r terfyn ar hyd ochr ogleddol llechwedd Beth-hogla, nes cyrraedd cilfach ogleddol y Môr Marw ac aber yr Iorddonen. Hwn yw'r terfyn deheuol. ²⁰ Yr Iorddonen yw'r terfyn ar yr ochr ddwyreiniol. Dyma etifeddiaeth Benjamin yn ôl eu tylwythau, a'i therfynau o amgylch. ²¹ Y trefi sy'n perthyn i lwyth Benjamin, yn ôl eu tylwythau, yw: Jericho, Beth-hogla, Emec-cesis, ²² Beth-araba, Semaraim, Bethel, ²³ Afim, Para, Offra, ²⁴ Ceffar Haammonai, Offni a Geba: deuddeg o drefi a'u pentrefi.

²⁵ Gibeon, Rama, Beeroth, ²⁶ Mispe, Ceffira, Mosa, ²⁷ Recem, Irpeel, Tarala, ²⁸ Sela, Eleff, Jebusi (sef Jerwsalem), Gibea a Ciriath: pedair ar ddeg o drefi a'u pentrefi. Dyma etifeddiaeth Benjamin yn ôl eu tylwythau.

Rhandir Llwyth Simeon

19 I Simeon y disgynnodd yr ail goelbren, i lwyth Simeon yn ôl eu tylwythau; yr oedd eu hetifeddiaeth hwy yng nghanol etifeddiaeth Jwda. ² Cawsant yn etifeddiaeth: Beerseba,

Seba, Molada, ³ Hasar-sual, Bala, Esem, ⁴ Eltolad, Bethul, Horma, ⁵ Siclag, Beth-marcaboth, Hasar-usa, ⁶ Beth-lebaoth a Saruhen: tair ar ddeg o drefi a'u pentrefi. ⁷ Ain, Rimmon, Ether ac Asan: pedair tref a'u pentrefi; ⁸ hefyd yr holl bentrefi o amgylch y trefi hyn, hyd at Baalath-beer, Ramath-negef. Dyma etifeddiaeth llwyth Simeon yn ôl eu tylwythau. ⁹ Daeth peth o randir Jwda yn etifeddiaeth i Simeon, am fod rhan llwyth Jwda yn ormod iddynt; felly etifeddodd Simeon gyfran yng nghanol etifeddiaeth Jwda.

Rhandir Llwyth Sabulon

¹⁰ Disgynnodd y trydydd coelbren i lwyth Sabulon yn ôl eu tylwythau; yr oedd terfyn eu hetifeddiaeth hwy'n ymestyn hyd Sarid, ¹¹ ac yna i fyny tua'r gorllewin at Marala, gan gyffwrdd â Dabbeseth ac â'r nant gyferbyn â Jocneam. ¹² Yr oedd y terfyn yn troi'n ôl o Sarid tua'r dwyrain a chodiad haul, ac yna'n mynd i fyny at Cisloth-tabor, ac ymlaen at Daberath ac i fyny i Jaffia. ¹³ Oddi yno âi yn ei flaen tua'r dwyrain i Gath-heffer ac Itta-casin, nes cyrraedd Rimon a throi tua Nea. ¹⁴ Yr oedd y terfyn yn troi i'r gogledd o Hannathon, nes cyrraedd dyffryn Jifftahel, ¹⁵ gan gynnwys Cattath, Nahalal, Simron, Idala a Bethlehem: deuddeg o drefi a'u pentrefi. ¹⁶ Dyma etifeddiaeth llwyth Sabulon yn ôl eu tylwythau, y trefi hyn a'u pentrefi.

Rhandir Llwyth Issachar

¹⁷ I Issachar y disgynnodd y pedwerydd coelbren, i lwyth Issachar yn ôl eu tylwythau. ¹⁸ Yn eu tiriogaeth hwy yr oedd Jesreel, Cesuloth, Sunem, ¹⁹ Haffraim, Sihon, Anaharath, ²⁰ Rabbith, Cision, Abes, ²¹ Remeth, En-gannim, En-hada a Beth-passes. ²² Yr oedd y terfyn yn cyffwrdd â Tabor, Sahasima a Beth-semes, ac yn cyrraedd yr Iorddonen: un ar bymtheg o drefi a'u pentrefi. ²³ Dyma etifeddiaeth llwyth Issachar yn ôl eu tylwythau, yn drefi a'u pentrefi.

Rhandir Llwyth Aser

²⁴ Disgynnodd y pumed coelbren i lwyth Aser yn ôl eu tylwythau. ²⁵ Yn eu tiriogaeth hwy yr oedd Helcath, Hali, Beten, Achsaff, ²⁶ Alammelech, Amad a Misal; yn y gorllewin yr oedd eu terfyn yn cyffwrdd â Charmel a Sihor Libnath. ²⁷ Yr oedd yn troi'n ôl tua'r dwyrain at Beth-dagon, ac yna'n cyffwrdd â Sabulon a dyffryn Jifftahel, ac yn mynd tua'r gogledd at Beth-emec a Neiel, heibio i Cabwl, ²⁸ Ebron, Rehob, Hammon a Cana hyd at Sidon Fawr. ²⁹ Yr oedd y terfyn yn troi yn Rama ac yn cyrraedd dinas gaerog Tyrus, ac yna'n troi tua Hosa nes cyrraedd Mahalab, Achsib, ³⁰ Acco*, Affec a Rehob: dwy ar hugain o drefi a'u pentrefi. ³¹ Dyma etifeddiaeth llwyth Aser yn ôl eu tylwythau, y trefi hyn a'u pentrefi.

Rhandir Llwyth Nafftali

³² I lwyth Nafftali y disgynnodd y chweched coelbren, i lwyth Nafftali yn ôl eu tylwythau. ³³ Âi eu terfyn hwy o Heleff, o'r dderwen yn Saanannim heibio i Adami-neceb a Jabneel i Laccum, nes cyrraedd yr Iorddonen. ³⁴ Yr oedd y terfyn yn troi tua'r gorllewin yn Asnoth-tabor ac yn mynd oddi yno i Huccoc, gan gyffwrdd â Sabulon i'r de, ac Aser i'r gorllewin, a Jwda ger yr Iorddonen i'r dwyrain. ³⁵ Eu dinasoedd caerog oedd Sidim, Ser, Hammath, Raccath, Cinnereth, ³⁶ Adama, Rama, Hasor, ³⁷ Cedes, Edrei, En-hasor, ³⁸ Iron, Migdal-el, Horem, Beth-anath a Beth-semes: pedair ar bymtheg o drefi a'u pentrefi. ³⁹ Dyma etifeddiaeth llwyth Nafftali yn ôl eu tylwythau, yn drefi a'u pentrefi.

Rhandir Llwyth Dan

⁴⁰ Disgynnodd y seithfed coelbren i lwyth Dan yn ôl eu tylwythau. ⁴¹ Yn eu tiriogaeth hwy yr oedd Sora, Estaol, Ir-semes, ⁴² Saalabbin, Ajalon, Ithla, ⁴³ Elon, Timna, Ecron, ⁴⁴ Eltece, Gibbethon, Baalath, ⁴⁵ Jehud, Bene-berac, Gath-rimmon, ⁴⁶ Meiarcon, a Raccon, a hefyd y tir gyferbyn â Jopa.

19:30 Felly Groeg. Cymh. Barn. 1:31. Hebraeg, *Umma*.

⁴⁷ Pan gollodd y Daniaid eu tiriogaeth, aethant i fyny ac ymladd yn erbyn Lesem a'i chipio; trawsant hi â min cleddyf, a'i meddiannu ac ymsefydlu yno, gan alw Lesem yn Dan ar ôl eu tad. ⁴⁸ Dyma etifeddiaeth llwyth Dan yn ôl eu tylwythau, y trefi hyn a'u pentrefi.

Gorffen Rhannu'r Wlad

⁴⁹ Wedi iddynt orffen rhannu'r wlad yn ôl ei therfynau, rhoddodd yr Israeliaid etifeddiaeth yn eu mysg i Josua fab Nun. ⁵⁰ Yn unol â gorchymyn yr ARGLWYDD, rhoesant iddo'r ddinas y gofynnodd amdani, sef Timnath-sera ym mynydd-dir Effraim; ac wedi iddo'i hailadeiladu, bu fyw yno.

⁵¹ Dyma'r etifeddiaethau a rannodd yr offeiriad Eleasar, a Josua fab Nun a'r pennau-teuluoedd, trwy goelbren, i lwythau Israel yn Seilo gerbron yr ARGLWYDD, yn nrws pabell y cyfarfod. A gorffenasant rannu'r wlad.

Dinasoedd Noddfa

20 Llefarodd yr ARGLWYDD wrth Josua a dweud, ² "Dywed wrth yr Israeliaid am neilltuo dinasoedd noddfa, fel y gorchmynnais iddynt trwy Moses, ³ er mwyn i'r sawl sydd wedi lladd rhywun trwy amryfusedd, neu'n anfwriadol, gael ffoi iddynt, a chael noddfa ynddynt rhag y dialydd gwaed. ⁴ Pan fydd rhywun yn ffoi i un o'r dinasoedd hyn, y mae i sefyll wrth fynediad porth y ddinas, ac adrodd ei achos yng nghlyw henuriaid y ddinas honno. Os byddant yn caniatáu iddo ddod i mewn atynt i'r ddinas, byddant yn nodi lle ar ei gyfer, a chaiff aros yno gyda hwy. ⁵ Os daw'r dialydd gwaed ar ei ôl, nid ydynt i ildio'r lleiddiad iddo, oherwydd yn anfwriadol y lladdodd ef ei gymydog, ac nid oedd yn ei gasáu'n flaenorol. ⁶ Caiff aros yn y ddinas honno nes iddo sefyll ei brawf gerbron y gynulleidfa. Ar farwolaeth y sawl fydd yn archoffeiriad ar y pryd, caiff y lleiddiad fynd yn ôl i'w gartref yn y dref y ffodd ohoni."

⁷ Neilltuasant Cedes yng Ngalilea ym mynydd-dir Nafftali, Sichem ym mynydd-dir Effraim, a Ciriath-arba, sef Hebron, ym mynydd-dir Jwda. ⁸ Y tu hwnt i'r Iorddonen, i'r dwyrain o Jericho, nodasant Beser ar y gwastatir yn yr anialwch, o lwyth Reuben; Ramoth yn Gilead o lwyth Gad, a Golan yn Basan o lwyth Manasse. ⁹ Nodwyd y dinasoedd hyn ar gyfer yr holl Israeliaid, a'r dieithriaid oedd dros dro yn eu mysg, er mwyn i'r sawl fyddai wedi lladd rhywun mewn amryfusedd ffoi iddynt, rhag iddo farw trwy law dialydd gwaed cyn sefyll ei brawf gerbron y gynulleidfa.

Dinasoedd y Lefiaid

21 Daeth pennau-teuluoedd y Lefiaid at yr offeiriad Eleasar, at Josua fab Nun, ac at bennau-teuluoedd llwythau'r Israeliaid, ² a dweud wrthynt yn Seilo yng ngwlad Canaan, "Gorchmynnodd yr ARGLWYDD drwy Moses roi dinasoedd i ni i fyw ynddynt, a hefyd eu porfeydd ar gyfer ein hanifeiliaid." ³ Yna, yn ôl gorchymyn yr ARGLWYDD, rhoddodd yr Israeliaid o'u hetifeddiaeth hwy y dinasoedd a nodir isod a'u porfeydd i'r Lefiaid.

⁴ Pan ddisgynnodd y coelbren ar deuluoedd y Cohathiaid, cafodd y Lefiaid a hanoedd o Aaron yr offeiriad dair dinas ar ddeg trwy'r coelbren gan lwythau Jwda, Simeon a Benjamin. ⁵ Cafodd gweddill y Cohathiaid ddeg dinas trwy'r coelbren gan deuluoedd llwyth Effraim, llwyth Dan, a hanner llwyth Manasse. ⁶ Cafodd y Gersoniaid dair dinas ar ddeg yn Basan trwy'r coelbren gan deuluoedd llwyth Issachar, llwyth Aser, llwyth Nafftali a hanner llwyth Manasse. ⁷ Cafodd y Merariaid ddeuddeg dinas, yn ôl eu teuluoedd, gan lwythau Reuben, Gad a Sabulon. ⁸ Rhoddodd yr Israeliaid y dinasoedd hyn a'u porfeydd i'r Lefiaid trwy'r coelbren, fel yr oedd yr ARGLWYDD wedi gorchymyn i Moses.

⁹ Rhoesant y dinasoedd a enwir yma gan lwythau Jwda a Simeon ¹⁰ i'r Lefiaid o deuluoedd y Cohathiaid a hanoedd o Aaron, gan mai arnynt hwy y disgynnodd y coelbren cyntaf. ¹¹ Rhoesant iddynt Ciriath-arba (Arba oedd tad Anac), sef Hebron ym mynydd-dir Jwda, a'r porfeydd o'i hamgylch.

¹² Ond rhoesant dir y ddinas a'i phentrefi yn etifeddiaeth i Caleb fab Jeffunne.

¹³ I ddisgynyddion Aaron yr offeiriad rhoesant Hebron, dinas noddfa i leiddiaid, hefyd Libna, ¹⁴ Jattir, Estemoa, ¹⁵ Holon, Debir, ¹⁶ Ain, Jutta a Beth-semes, bob un â'i phorfeydd: naw dinas gan y ddau lwyth hynny. ¹⁷ Ac o lwyth Benjamin rhoesant Gibeon, Geba, ¹⁸ Anathoth, ac Almon, bob un â'i phorfeydd: pedair dinas. ¹⁹ Cafodd yr offeiriaid, disgynyddion Aaron, dair dinas ar ddeg a'u porfeydd. ²⁰ Gan lwyth Effraim y cafodd gweddill y Lefiaid o linach Cohath eu dinasoedd trwy goelbren, yn ôl teuluoedd y Cohathiaid. ²¹ Rhoesant Sichem, dinas noddfa i leiddiaid ym mynydd-dir Effraim, hefyd Geser, ²² Cibsaim a Beth-horon, bob un â'i phorfeydd: pedair dinas. ²³ O lwyth Dan yr oedd Eltece, Gibbethon, ²⁴ Ajalon a Gath-rimmon, bob un â'i phorfeydd: pedair dinas. ²⁵ O hanner llwyth Manasse yr oedd Taanach a Gath-rimmon a'u porfeydd: dwy ddinas. ²⁶ Cafodd gweddill teuluoedd y Cohathiaid ddeg dinas i gyd, a'u porfeydd.

²⁷ Gan hanner llwyth Manasse cafodd y Gersoniaid o blith teuluoedd y Lefiaid Golan, dinas noddfa i leiddiaid yn Basan, a hefyd Beestera, bob un â'i phorfeydd: dwy ddinas. ²⁸ O lwyth Issachar cafwyd Cison, Daberath, ²⁹ Jarmuth ac En-gannim, bob un â'i phorfeydd: pedair dinas. ³⁰ O lwyth Aser cafwyd Misal, Abdon, ³¹ Helcath a Rehob, bob un â'i phorfeydd: pedair dinas. ³² O lwyth Nafftali cafwyd Cedes, dinas noddfa i leiddiaid yng Ngalilea, a hefyd Hammoth-dor a Cartan, bob un â'i phorfeydd: tair dinas. ³³ Yr oedd gan y Gersoniaid, yn ôl eu teuluoedd, dair dinas ar ddeg i gyd, a'u porfeydd.

³⁴ Gan lwyth Sabulon cafodd gweddill y Lefiaid a hanoedd o Merari, yn ôl eu teuluoedd, Jocneam, Carta, ³⁵ Dimna a Nahalal, bob un â'i phorfeydd: pedair dinas. ³⁶ O lwyth Reuben cafwyd Beser, Jahas, ³⁷ Cedemoth a Meffaath, bob un â'i phorfeydd: pedair dinas. ³⁸ O lwyth Gad cafwyd Ramoth, dinas noddfa i leiddiaid, yn Gilead, hefyd Mahanaim, ³⁹ Hesbon a Jaser, bob un â'i phorfeydd: pedair dinas i gyd. ⁴⁰ Nifer y dinasoedd a gafodd y Merariaid, sef gweddill teuluoedd y Lefiaid, oedd deuddeg dinas i gyd, trwy'r coelbren yn ôl eu teuluoedd. ⁴¹ Yr oedd nifer dinasoedd y Lefiaid oddi mewn i diriogaeth yr Israeliaid yn wyth a deugain o ddinasoedd a'u porfeydd. ⁴² Yr oedd gan bob un o'r dinasoedd hyn ei phorfeydd o'i hamgylch; dyna'r drefn gyda phob un o'r dinasoedd hyn.

Israel yn Meddiannu'r Wlad

⁴³ Rhoddodd yr ARGLWYDD i Israel yr holl wlad a addawodd i'w hynafiaid. Wedi iddynt ei meddiannu ac ymsefydlu ynddi, ⁴⁴ rhoddodd yr ARGLWYDD ddiogelwch iddynt ar bob tu, yn union fel yr addawodd i'w hynafiaid; ni allodd yr un o'u gelynion eu gwrthsefyll, oherwydd rhoddodd yr ARGLWYDD hwy oll yn eu dwylo. ⁴⁵ Ni fethodd un o'r holl bethau da a addawodd yr ARGLWYDD i dŷ Israel; daeth y cwbl i ben.

Josua yn Anfon Adref Lwythau Reuben a Gad a Hanner Llwyth Manasse

22 Yna galwodd Josua y Reubeniaid, y Gadiaid a hanner llwyth Manasse, ² a dweud wrthynt, "Yr ydych wedi cadw'r cwbl a orchmynnodd Moses gwas yr ARGLWYDD i chwi, a buoch yn ufudd i bob gorchymyn a roddais innau ichwi. ³ Ers cyfnod maith hyd y dydd hwn nid ydych wedi cefnu ar eich perthnasau, a buoch yn ofalus i gadw gorchymyn yr ARGLWYDD eich Duw. ⁴ Bellach y mae'r ARGLWYDD eich Duw wedi rhoi diogelwch i'ch perthnasau, fel yr addawodd iddynt; felly, yn awr, trowch yn ôl ac ewch adref i'r tir a roddodd Moses gwas yr ARGLWYDD i chwi i'w feddiannu y tu hwnt i'r Iorddonen. ⁵ Yn unig byddwch yn ofalus iawn i gadw'r gorchymyn a'r gyfraith a roddodd Moses gwas yr ARGLWYDD ichwi, i garu'r ARGLWYDD eich Duw, a cherdded yn ei holl lwybrau, i gadw ei orchmynion, a glynu wrtho a'i wasanaethu â'ch holl galon ac â'ch holl enaid." ⁶ Yna bendithiodd Josua hwy a'u gollwng ymaith, ac aethant adref.

⁷ I hanner llwyth Manasse yr oedd Moses wedi rhoi tir yn Basan; i'r hanner arall rhoddodd Josua dir gyda'u perthnasau i'r gorllewin o'r Iorddonen. Wrth eu hanfon adref a'u bendithio, ⁸ dywedodd Josua wrthynt, "Dychwelwch adref â chyfoeth mawr a llawer iawn o anifeiliaid, hefyd arian, aur, pres a haearn, a llawer iawn o ddillad; rhannwch â'ch perthnasau ysbail eich gelynion."

Yr Allor ger yr Iorddonen

⁹ Dychwelodd y Reubeniaid, y Gadiaid a hanner llwyth Manasse o Seilo yng ngwlad Canaan, a gadael yr Israeliaid i fynd i wlad Gilead, y diriogaeth a feddiannwyd ganddynt yn ôl gair yr ARGLWYDD drwy Moses. ¹⁰ Pan ddaethant i Geliloth ger yr Iorddonen, cododd y Reubeniaid, y Gadiaid a hanner llwyth Manasse allor yno yng ngwlad Canaan ger yr Iorddonen; yr oedd yn allor nodedig o fawr. ¹¹ Clywodd yr Israeliaid fod y Reubeniaid, y Gadiaid a hanner llwyth Manasse wedi adeiladu allor ar derfyn gwlad Canaan, yn Geliloth ger yr Iorddonen, ar ochr yr Israeliaid; ¹² ac wedi iddynt glywed, ymgynullodd holl gynulleidfa'r Israeliaid i Seilo, er mwyn mynd i ryfel yn eu herbyn. ¹³ Anfonodd yr Israeliaid Phinees, mab yr offeiriad Eleasar, i Gilead at y Reubeniaid, y Gadiaid a hanner llwyth Manasse ¹⁴ gyda deg pennaeth, un* ar gyfer pob un o lwythau Israel, pob un yn benteulu ymysg tylwythau Israel. ¹⁵ Daethant at y Reubeniaid, y Gadiaid a hanner llwyth Manasse yng ngwlad Gilead a dweud wrthynt, ¹⁶ "Y mae holl gynulleidfa'r ARGLWYDD yn gofyn, 'Beth yw'r brad hwn yr ydych wedi ei wneud yn erbyn Duw Israel trwy gefnu ar yr ARGLWYDD, ac adeiladu allor heddiw mewn gwrthryfel yn ei erbyn? ¹⁷ Onid oedd trosedd Peor yn ddigon inni? Nid ydym hyd heddiw yn lân oddi wrtho, a bu'n achos pla ar gynulleidfa'r ARGLWYDD.

¹⁸ Dyma chwi'n awr yn cefnu ar yr ARGLWYDD; ac os gwrthryfelwch yn ei erbyn ef heddiw, yna bydd ei ddicter yntau yn erbyn holl gynulleidfa Israel yfory. ¹⁹ Os yw'r wlad a feddiannwyd gennych yn aflan, dewch drosodd i wlad sydd ym meddiant yr ARGLWYDD, lle saif tabernacl yr ARGLWYDD, a derbyniwch ran yn ein plith ni. Peidiwch â gwrthryfela yn erbyn yr ARGLWYDD, na ninnau, drwy adeiladu ichwi unrhyw allor ar wahân i allor yr ARGLWYDD ein Duw. ²⁰ Pan droseddodd Achan fab Sera ynglŷn â'r diofryd, oni ddaeth dicter ar holl gynulleidfa Israel? Ac er mai un oedd ef, nid un yn unig a drengodd am ei drosedd.'"

²¹ Atebodd y Reubeniaid, y Gadiaid a hanner llwyth Manasse a dweud wrth benaethiaid tylwythau Israel, ²² "Yr ARGLWYDD yw Duw y duwiau! Yr ARGLWYDD yw Duw y duwiau! Fe ŵyr ef y gwir; bydded i Israel hefyd ei wybod. Os mewn gwrthryfel neu frad yn erbyn yr ARGLWYDD y gwnaed hyn, peidiwch â'n harbed ni heddiw. ²³ Os bu inni adeiladu allor i droi oddi wrth yr ARGLWYDD, ac i offrymu arni boethoffrymau a bwyd-offrymau, neu i ddarparu hedd-offrymau, bydded i'r ARGLWYDD ei hun ein dwyn i gyfrif. ²⁴ Yn hytrach gwnaethom hyn rhag ofn i'ch plant chwi yn y dyfodol ddweud wrth ein plant ni, 'Beth sydd a wneloch chwi ag ARGLWYDD Dduw Israel? ²⁵ Y mae'r ARGLWYDD wedi gosod yr Iorddonen yn ffin rhyngom ni a chwi, llwythau Reuben a Gad; nid oes gennych chwi ran yn yr ARGLWYDD.' Yna gallai eich plant chwi rwystro'n plant ni rhag addoli'r ARGLWYDD. ²⁶ Am hynny dywedasom, 'Awn ati i adeiladu allor, nid ar gyfer poethoffrwm nac aberth, ²⁷ ond yn dyst rhyngom ni a chwi, a rhwng y cenedlaethau a ddaw ar ein hôl, ein bod ninnau hefyd i gael gwasanaethu'r ARGLWYDD â'n poethoffrymau a'n hebyrth a'n heddoffrymau, fel na all eich plant chwi edliw i'n plant ni yn y dyfodol, "Nid oes gennych chwi ran yn yr ARGLWYDD".' ²⁸ Yr oeddem yn meddwl, 'Petaent yn dweud hyn wrthym ac wrth ein plant yn y dyfodol, byddem ninnau'n dweud, "Edrychwch ar y copi o allor yr

---

22:14 Felly Syrieg. Hebraeg, *un ar gyfer teulu.*

ARGLWYDD a wnaeth ein hynafiaid, nid ar gyfer poethoffrymau nac aberth, ond yn dyst rhyngom ni a chwi".' ²⁹ Pell y bo oddi wrthym ein bod yn gwrthryfela yn erbyn yr ARGLWYDD, a chefnu arno trwy godi unrhyw allor ar gyfer poethoffrwm neu fwydoffrwm neu aberth heblaw allor yr ARGLWYDD ein Duw sydd o flaen ei dabernacl."

³⁰ Pan glywodd yr offeiriad Phinees, a phenaethiaid y gynulleidfa a phennau tylwythau Israel oedd gydag ef, yr hyn a ddywedodd y Reubeniaid, y Gadiaid a hanner llwyth Manasse, yr oeddent yn falch iawn. ³¹ Ac meddai Phinees, mab yr offeiriad Eleasar, wrth y Reubeniaid, y Gadiaid a'r Manasseaid, "Yn awr fe wyddom fod yr ARGLWYDD yn ein plith; oherwydd nid ydych wedi gwneud y brad hwn yn erbyn yr ARGLWYDD, ond wedi gwaredu'r Israeliaid o'i law." ³² Yna dychwelodd Phinees, mab yr offeiriad Eleasar, a'r penaethiaid oddi wrth y Reubeniaid a'r Gadiaid, a mynd yn ôl i wlad Gilead at yr Israeliaid yng ngwlad Canaan, a rhoi adroddiad iddynt. ³³ Derbyniodd yr Israeliaid yr adroddiad yn llawen, a bendithio Duw. Ni bu rhagor o sôn am fynd i ryfel a difetha'r wlad lle'r oedd y Reubeniaid a'r Gadiaid yn byw. ³⁴ Rhoddodd y Reubeniaid a'r Gadiaid yr enw Tyst* i'r allor. "Am ei bod," meddent, "yn dyst rhyngom mai'r ARGLWYDD sydd Dduw."

Araith Ffarwel Josua

23 Wedi cyfnod maith, a'r ARGLWYDD wedi rhoi llonyddwch i Israel oddi wrth eu holl elynion o'u hamgylch, yr oedd Josua yn hen ac yn oedrannus. ² Galwodd ato Israel gyfan, eu henuriaid, penaethiaid, barnwyr a swyddogion, a dweud wrthynt, "Yr wyf yn hen ac yn oedrannus. ³ Gwelsoch y cwbl a wnaeth yr ARGLWYDD eich Duw i'r holl genhedloedd hyn er eich mwyn, oherwydd yr ARGLWYDD eich Duw oedd yn ymladd drosoch. ⁴ Gwelwch fy mod wedi rhannu rhyngoch, yn etifeddiaeth i'ch llwythau, dir y cenhedloedd hyn a ddistrywiais a'r rhai a adawyd rhwng yr Iorddonen a'r Môr Mawr yn y gorllewin. ⁵ Yr ARGLWYDD eich Duw a fu'n eu hymlid ar eich rhan ac yn eu gyrru allan o'ch blaen, er mwyn i chwi gael meddiannu eu gwlad, fel yr addawodd yr ARGLWYDD eich Duw wrthych. ⁶ Felly byddwch yn gadarn dros gadw a chyflawni'r cwbl sydd wedi ei ysgrifennu yn llyfr cyfraith Moses, heb wyro oddi wrtho i'r dde na'r aswy. ⁷ Peidiwch â chymysgu â'r cenhedloedd hyn a adawyd yn eich mysg; peidiwch ag yngan enw eu duwiau na thyngu wrthynt, na'u gwasanaethu na'u haddoli. ⁸ Ond glynwch wrth yr ARGLWYDD eich Duw fel, yn wir, yr ydych wedi ei wneud hyd y dydd hwn. ⁹ Oherwydd gyrrodd yr ARGLWYDD allan o'ch blaen genhedloedd mawr a nerthol; nid oes un ohonynt wedi'ch gwrthsefyll hyd y dydd hwn. ¹⁰ Y mae un ohonoch chwi'n peri i fil ohonynt hwy ffoi, oherwydd bod yr ARGLWYDD eich Duw yn ymladd drosoch, fel yr addawodd wrthych. ¹¹ Byddwch yn ofalus, bob un ohonoch, eich bod yn caru'r ARGLWYDD eich Duw. ¹² Oherwydd os gwrthgiliwch, a glynu wrth weddill y cenhedloedd hyn a adawyd yn eich mysg, a phriodi a chymysgu â hwy, ¹³ gallwch fod yn gwbl sicr na fydd yr ARGLWYDD eich Duw yn parhau i yrru'r cenhedloedd hyn allan o'ch blaen. Yn hytrach byddant yn fagl ac yn dramgwydd ichwi, yn chwip ar eich cefnau ac yn ddrain yn eich llygaid, nes y byddwch wedi'ch difa o'r wlad dda hon a roddodd yr ARGLWYDD eich Duw i chwi.

¹⁴ "Yn awr yr wyf fi ar fynd i ffordd yr holl ddaear. Y mae pob un ohonoch yn gwybod yn ei galon a'i enaid na phallodd dim un o'r holl bethau daionus a addawodd yr ARGLWYDD eich Duw ar eich cyfer; cawsoch y cwbl, heb ball. ¹⁵ Fel y daeth ichwi bopeth da a addawodd yr ARGLWYDD eich Duw, felly hefyd bydd yr ARGLWYDD yn dwyn arnoch bopeth drwg, nes eich difa o'r wlad dda hon a roddodd yr ARGLWYDD eich Duw ichwi. ¹⁶ Os torrwch gyfamod yr ARGLWYDD eich Duw, y cyfamod a orchmynnodd ef, a mynd a gwasanaethu duwiau estron a'u haddoli, yna bydd digofaint yr ARGLWYDD yn cynnau

---

22:34 Felly rhai llawysgrifau. TM heb *Tyst*.

yn eich erbyn, ac yn fuan byddwch wedi'ch difa o'r wlad dda a roddodd ef ichwi."

Josua yn Annerch y Bobl yn Sichem

24 Casglodd Josua holl lwythau Israel ynghyd i Sichem, a galwodd henuriaid, penaethiaid, barnwyr a swyddogion Israel i ymddangos gerbron Duw. ² Yna dywedodd Josua wrth yr holl bobl, "Fel hyn y dywed yr ARGLWYDD, Duw Israel: 'Ers talwm yr oedd Tera, tad Abraham a Nachor eich hynafiaid, yn byw y tu hwnt i'r Ewffrates ac yn addoli duwiau estron. ³ Ond fe gymerais eich tad Abraham o'r tu hwnt i'r Ewffrates a'i arwain trwy holl wlad Canaan, ac amlhau ei ddisgynyddion. Rhoddais iddo Isaac; ⁴ ac i Isaac rhoddais Jacob ac Esau. Rhoddais fynydd-dir Seir yn eiddo i Esau, ond aeth Jacob a'i blant i lawr i'r Aifft. ⁵ Yna anfonais Moses ac Aaron, a gosod pla ar yr Aifft, trwy'r hyn a wneuthum yno; wedi hynny deuthum â chwi allan. ⁶ Deuthum â'ch hynafiaid allan o'r Aifft hyd at y môr, a'r Eifftiaid yn eu hymlid â cherbydau a gwŷr meirch hyd at y Môr Coch. ⁷ Gwaeddodd eich hynafiaid ar yr ARGLWYDD, a gosododd dywyllwch rhyngddynt a'r Eifftiaid, a pheri i'r môr eu goddiweddyd a'u gorchuddio. Gwelsoch â'ch llygaid eich hunain yr hyn a wneuthum yn yr Aifft, ac wedi hynny buoch yn byw yn yr anialwch am gyfnod maith. ⁸ Yna deuthum â chwi i wlad yr Amoriaid, sy'n byw y tu hwnt i'r Iorddonen, ac er iddynt ryfela yn eich erbyn, rhoddais hwy yn eich llaw, a chawsoch feddiannu eu gwlad, wedi imi eu distrywio o'ch blaen. ⁹ Cododd Balac fab Sippor, brenin Moab, a rhyfela yn erbyn Israel, ac anfonodd i wahodd Balaam fab Beor i'ch melltithio. ¹⁰ Ond ni fynnwn wrando ar Balaam; am hynny fe'ch bendithiodd dro ar ôl tro, a gwaredais chwi o afael Balac. ¹¹ Wedi ichwi groesi'r Iorddonen a dod i Jericho, brwydrodd llywodraethwyr Jericho yn eich erbyn (Amoriaid, Peresiaid, Canaaneaid, Hethiaid, Girgasiaid, Heffiaid a Jebusiaid), ond rhoddais hwy yn eich llaw. ¹² Anfonais gacynen o'ch blaen; a hon, nid eich cleddyf na'ch bwa chwi, a yrrodd ddau frenin yr Amoriaid ymaith o'ch blaen. ¹³ Rhoddais ichwi wlad nad oeddech wedi llafurio ynddi, a chawsoch drefi i fyw ynddynt heb ichwi eu hadeiladu; a chawsoch gynhaliaeth o winllannoedd ac olewydd na fu i chwi eu plannu.'

¹⁴ "Am hynny ofnwch yr ARGLWYDD, gwasanaethwch ef yn ddidwyll ac yn ffyddlon; bwriwch ymaith y duwiau y bu'ch hynafiaid yn eu gwasanaethu y tu hwnt i'r Ewffrates ac yn yr Aifft. Gwasanaethwch yr ARGLWYDD; ¹⁵ ac oni ddymunwch wasanaethu'r ARGLWYDD, dewiswch ichwi'n awr pwy a wasanaethwch: ai'r duwiau a wasanaethodd eich hynafiaid pan oeddent y tu hwnt i'r Ewffrates, ai ynteu duwiau'r Amoriaid yr ydych yn byw yn eu gwlad? Ond byddaf fi a'm teulu yn gwasanaethu'r ARGLWYDD." ¹⁶ Atebodd y bobl a dweud, "Pell y bo oddi wrthym adael yr ARGLWYDD i wasanaethu duwiau estron! ¹⁷ Oherwydd yr ARGLWYDD ein Duw a ddaeth â ni a'n tadau i fyny o wlad yr Aifft, o dŷ caethiwed, ac a wnaeth yr arwyddion mawr hyn yn ein gŵydd, a'n cadw bob cam o'r ffordd y daethom, ac ymysg yr holl bobloedd y buom yn tramwy yn eu plith. ¹⁸ Hefyd gyrrodd yr ARGLWYDD allan o'n blaen yr holl bobloedd a'r Amoriaid oedd yn y wlad. Yr ydym ninnau hefyd am wasanaethu'r ARGLWYDD, oherwydd ef yw ein Duw." ¹⁹ Ond dywedodd Josua wrth y bobl, "Ni fedrwch wasanaethu'r ARGLWYDD, oherwydd y mae'n Dduw sanctaidd, ac yn Dduw eiddigus, ac ni fydd yn maddau eich troseddau a'ch pechodau. ²⁰ Os gadewch yr ARGLWYDD a gwasanaethu duwiau estron, bydd yn troi ac yn gwneud niwed i chwi ac yn eich difodi, er yr holl dda a wnaeth i chwi." ²¹ Dywedodd y bobl wrth Josua, "Na, yr ydym am wasanaethu'r ARGLWYDD." ²² Yna dywedodd Josua wrth y bobl, "Yr ydych yn dystion yn eich erbyn eich hunain i chwi ddewis gwasanaethu'r ARGLWYDD." Atebasant hwythau, "Tystion ydym." ²³ "Yn awr ynteu," meddai, "bwriwch allan y duwiau estron

sydd yn eich mysg, a throwch eich calon at yr ARGLWYDD, Duw Israel." ²⁴ Dywedodd y bobl wrth Josua, "Fe addolwn yr ARGLWYDD ein Duw, a gwrandawn ar ei lais ef."

²⁵ Gwnaeth Josua gyfamod â'r bobl y diwrnod hwnnw yn Sichem, a gosod deddf a chyfraith ar eu cyfer. ²⁶ Ysgrifennodd y geiriau hynny yn llyfr cyfraith Duw, a chymryd maen mawr a'i osod i fyny yno o dan dderwen oedd yng nghysegr yr ARGLWYDD. ²⁷ Dywedodd wrth yr holl bobl, "Edrychwch, bydd y maen hwn yn dystiolaeth yn ein herbyn, oherwydd clywodd yr holl eiriau a lefarodd yr ARGLWYDD wrthym, a bydd yn dystiolaeth yn eich erbyn os byddwch yn gwadu eich Duw." ²⁸ Yna gollyngodd Josua'r bobl, bob un i'w etifeddiaeth.

Marwolaeth Josua ac Eleasar
Barn. 2:6-9

²⁹ Wedi'r pethau hyn bu farw Josua fab Nun, gwas yr ARGLWYDD, yn gant a deg oed. ³⁰ Claddwyd ef o fewn terfynau ei etifeddiaeth, yn Timnath-sera ym mynydd-dir Effraim, i'r gogledd o Fynydd Gaas. ³¹ Gwasanaethodd Israel yr ARGLWYDD holl ddyddiau Josua, a holl ddyddiau'r henuriaid hynny a oroesodd Josua ac a wyddai am y cyfan a wnaeth yr ARGLWYDD dros Israel.

³² Yr oedd yr Israeliaid wedi cludo esgyrn Joseff o'r Aifft, a chladdwyd hwy yn Sichem yn y llain o dir a brynodd Jacob gan feibion Hamor, tad Sichem, am gant o ddarnau arian, i fod yn eiddo i blant Joseff. ³³ Pan fu farw Eleasar fab Aaron, claddwyd ef yn y bryn a roddwyd i'w fab Phinees ym mynydd-dir Effraim.

LLYFR Y
BARNWYR

Llwythau Jwda a Simeon yn Dal Adoni Besec

1 Wedi marw Josua, gofynnodd yr Israeliaid i'r ARGLWYDD, "Pwy ohonom sydd i fynd yn gyntaf yn erbyn y Canaaneaid i ymladd â hwy?" ² Atebodd yr ARGLWYDD, "Jwda sydd i fynd; yr wyf yn rhoi'r wlad yn ei law ef." ³ Dywedodd Jwda wrth ei frawd Simeon, "Tyrd gyda mi i'm tiriogaeth, er mwyn inni ymladd yn erbyn y Canaaneaid; ac mi ddof finnau gyda thi i'th diriogaeth di." Ac fe aeth Simeon gydag ef. ⁴ Wedi i Jwda fynd i fyny, rhoddodd yr ARGLWYDD y Canaaneaid a'r Peresiaid yn eu llaw, a lladdasant ddeng mil ohonynt yn Besec.

⁵ Yno cawsant Adoni Besec ac ymladd ag ef, a lladd y Canaaneaid a'r Peresiaid. ⁶ Ffodd Adoni Besec, ac erlidiasant ar ei ôl a'i ddal, a thorri bodiau ei ddwylo a'i draed i ffwrdd. ⁷ Ac meddai Adoni Besec, "Bu deg a thrigain o frenhinoedd â bodiau eu dwylo a'u traed wedi eu torri i ffwrdd yn lloffa am fwyd dan fy mwrdd; fel y gwneuthum i, felly y talodd Duw imi." Daethant ag ef i Jerwsalem, a bu farw yno.

Llwyth Jwda yn Ennill Jerwsalem a Hebron

⁸ Ymladdodd y Jwdeaid yn erbyn Jerwsalem a'i hennill, ac yna lladd y trigolion â'r cleddyf a llosgi'r ddinas.

⁹ Wedyn aeth y Jwdeaid i ymladd yn erbyn y Canaaneaid oedd yn byw yn y mynydd-dir a hefyd yn y Negef a'r Seffela. ¹⁰ Aeth y Jwdeaid i ymladd â'r Canaaneaid oedd yn byw yn Hebron—Ciriath-arba oedd enw Hebron gynt—a lladdasant Sesai, Ahiman a Talmai.

Othniel yn Ennill Debir
Jos. 15:13-19

¹¹ Oddi yno aethant yn erbyn trigolion Debir—Ciriath-seffer oedd enw Debir gynt. ¹² Dywedodd Caleb, "Pwy bynnag a drawo Ciriath-seffer a'i hennill, fe roddaf fy merch Achsa yn wraig iddo." ¹³ Othniel fab Cenas, brawd iau Caleb, a'i henillodd; rhoddodd yntau ei ferch Achsa yn wraig iddo. ¹⁴ Pan ddaeth hi ato, fe'i hanogodd i geisio tir amaeth gan ei thad. Wedi iddi ddisgyn oddi ar yr asyn, gofynnodd Caleb iddi, "Beth a fynni?" ¹⁵ Atebodd hithau, "Rho imi anrheg; yr wyt wedi rhoi imi dir yn y Negef; rho imi hefyd ffynhonnau dŵr." Felly fe roddodd Caleb iddi'r Ffynhonnau Uchaf a'r Ffynhonnau Isaf.

Buddugoliaethau Llwythau Jwda a Benjamin

¹⁶ Yr oedd disgynyddion y Cenead, tad-yng-nghyfraith Moses, wedi dod i fyny gyda'r Jwdeaid o Ddinas y Palmwydd i anialwch Jwda, sydd yn Negef Arad, ac wedi mynd i fyw ymysg y bobl. ¹⁷ Aeth Jwda gyda'i frawd Simeon a tharo'r Canaaneaid oedd yn byw yn Seffath, a difrodi'r ddinas a'i galw'n Horma*. ¹⁸ Enillodd Jwda Gasa, Ascalon ac Ecron, a'r diriogaeth o amgylch pob un. ¹⁹ Yr oedd yr ARGLWYDD gyda Jwda, a meddiannodd y mynydd-dir, ond ni allodd ddisodli trigolion y gwastadedd am fod ganddynt gerbydau haearn. ²⁰ Rhoesant Hebron i Caleb fel yr oedd Moses wedi addo, a gyrrodd ef oddi yno dri o'r Anaciaid. ²¹ Ond am y Jebusiaid oedd yn byw yn Jerwsalem, ni yrrodd y Benjaminiaid hwy allan; ac y mae'r Jebusiaid wedi byw gyda'r Benjaminiaid yn Jerwsalem hyd y dydd hwn.

Llwythau Effraim a Manasse yn Ennill Bethel

²² Aeth tylwyth Joseff i fyny yn erbyn Bethel, a bu'r ARGLWYDD gyda hwy. ²³ Anfonodd tylwyth Joseff rai i wylio Bethel—Lus oedd enw'r ddinas gynt. ²⁴ Pan welodd y gwylwyr ddyn yn dod allan o'r ddinas, dywedasant wrtho, "Dangos inni sut i fynd i mewn i'r ddinas, a byddwn yn garedig wrthyt." ²⁵ Dangosodd iddynt fynedfa i'r ddinas; trawsant hwythau'r ddinas â'r cleddyf, ond gollwng y gŵr a'i holl deulu yn rhydd. ²⁶ Aeth yntau i wlad yr Hethiaid ac adeiladu tref yno, a'i henwi'n Lus; a dyna'i henw hyd heddiw.

Pobl nas Disodlwyd gan yr Israeliaid

²⁷ Ni feddiannodd Manasse Beth-sean na Taanach a'u maestrefi, na disodli trigolion Dor, Ibleam, na Megido a'u maestrefi; daliodd y Canaaneaid eu tir yn y rhan honno o'r wlad. ²⁸ Ond pan gryfhaodd Israel, rhoesant y Canaaneaid dan lafur gorfod, heb eu disodli'n llwyr.

²⁹ Ni ddisodlodd Effraim y Canaaneaid oedd yn byw yn Geser; bu'r Canaaneaid yn byw yn eu mysg yn Geser.

³⁰ Ni ddisodlodd Sabulon drigolion Citron na thrigolion Nahalol. Bu'r Canaaneaid yn byw yn eu mysg a than lafur gorfod.

³¹ Ni ddisodlodd Aser drigolion Acco na thrigolion Sidon, nac Ahlab, Achsib, Helba, Affec na Rehob. ³² Bu'r Aseriaid yn byw ymysg y Canaaneaid oedd yn trigo yn y wlad am nad oeddent wedi eu disodli.

³³ Ni ddisodlodd Nafftali drigolion Beth-semes na thrigolion Beth-anath; buont yn byw ymysg y Canaaneaid oedd yn trigo yn y wlad, a bu trigolion Beth-semes a Beth-anath dan lafur gorfod iddynt.

³⁴ Gwasgodd yr Amoriaid y Daniaid tua'r mynydd-dir oherwydd nid oeddent yn caniatáu iddynt ddod i lawr i'r gwastatir. ³⁵ Daliodd yr Amoriaid eu tir ym Mynydd Heres ac Ajalon a Saalbim, ond pwysodd tylwyth Joseff yn drymach arnynt ac aethant dan lafur gorfod. ³⁶ Yr

---

1:17 H.y., *Difrod.*

oedd terfyn yr Amoriaid o riw Acrabbim, o Sela i fyny.

Angel yr ARGLWYDD yn Bochim

2 Aeth angel yr ARGLWYDD i fyny o Gilgal i Bochim, a dywedodd, "Dygais chwi allan o'r Aifft, a dod â chwi i'r wlad a addewais i'ch hynafiaid. Dywedais hefyd, 'Ni thorraf fy nghyfamod â chwi byth; ² peidiwch chwithau â gwneud cyfamod â thrigolion y wlad hon, ond bwriwch i lawr eu hallorau.' Eto nid ydych wedi gwrando arnaf. Pam y gwnaethoch hyn? ³ Yr wyf wedi penderfynu na yrraf hwy allan o'ch blaen, ond byddant yn ddrain* yn eich ystlysau, a'u duwiau yn fagl ichwi." ⁴ Pan lefarodd angel yr ARGLWYDD y geiriau hyn wrth yr holl Israeliaid, torrodd y bobl allan i wylo'n uchel. ⁵ Am hynny enwyd y lle hwnnw Bochim*; ac offrymasant yno aberth i'r ARGLWYDD.

Marwolaeth Josua

⁶ Gollyngodd Josua y bobl ac aeth pob un o'r Israeliaid i'w etifeddiaeth i gymryd meddiant o'r wlad. ⁷ Addolodd y bobl yr ARGLWYDD holl ddyddiau Josua, a holl ddyddiau'r henuriaid oedd wedi goroesi Josua ac wedi gweld yr holl waith mawr a wnaeth yr ARGLWYDD dros Israel. ⁸ Bu farw Josua fab Nun, gwas yr ARGLWYDD, yn gant a deg oed, ⁹ a chladdwyd ef o fewn terfynau ei etifeddiaeth, yn Timnath-heres ym mynydd-dir Effraim, i'r gogledd o Fynydd Gaas. ¹⁰ Casglwyd yr holl genhedlaeth honno at eu hynafiaid, a chododd cenhedlaeth arall ar eu hôl, nad oedd yn adnabod yr ARGLWYDD na chwaith yn gwybod am yr hyn a wnaeth dros Israel.

Israel yn Peidio ag Addoli'r ARGLWYDD

¹¹ Gwnaeth yr Israeliaid yr hyn oedd ddrwg yng ngolwg yr ARGLWYDD; aethant i addoli'r Baalim, ¹² gan adael yr ARGLWYDD, Duw eu hynafiaid, a'u dygodd allan o wlad yr Aifft, a mynd ar ôl duwiau estron o blith duwiau'r cenhedloedd oedd o'u cwmpas, ac ymgrymu iddynt hwy, a digio'r ARGLWYDD. ¹³ Gadawsant yr ARGLWYDD ac addoli Baal ac Astaroth. ¹⁴ Cyneuodd llid yr ARGLWYDD yn erbyn Israel, a rhoddodd hwy yn llaw rhai a fu'n eu hanrheithio, a gwerthodd hwy i law eu gelynion oddi amgylch, fel nad oeddent bellach yn medru gwrthsefyll eu gelynion. ¹⁵ I ble bynnag yr aent, yr oedd llaw yr ARGLWYDD yn eu herbyn er drwg, fel yr oedd wedi addo a thyngu iddynt. Ac aeth yn gyfyng iawn arnynt.

¹⁶ Yna fe gododd yr ARGLWYDD farnwyr a'u hachubodd o law eu hanrheithwyr. ¹⁷ Eto nid oeddent yn gwrando hyd yn oed ar eu barnwyr, ond yn hytrach yn puteinio ar ôl duwiau estron ac yn ymgrymu iddynt, gan gefnu'n fuan ar y ffordd a gerddodd eu hynafiaid mewn ufudd-dod i orchmynion yr ARGLWYDD; ni wnaent hwy felly. ¹⁸ Pan fyddai'r ARGLWYDD yn codi barnwr iddynt, byddai ef gyda'r barnwr ac yn eu gwaredu o law eu gelynion holl ddyddiau y barnwr hwnnw; oherwydd byddai'r ARGLWYDD yn tosturio wrthynt yn eu griddfan o achos eu gormeswyr a'u cystuddwyr. ¹⁹ Eto, pan fyddai farw'r barnwr, yn ôl yr aent ac ymddwyn yn fwy llygredig na'u hynafiaid, gan fynd ar ôl duwiau estron i'w haddoli ac ymgrymu iddynt, heb roi heibio yr un o'u harferion na'u ffyrdd gwrthnysig.

²⁰ Cyneuodd llid yr ARGLWYDD yn erbyn Israel, a dywedodd, "Am i'r genedl hon droseddu fy nghyfamod a orchmynnais i'w hynafiaid, heb wrando ar fy llais, ²¹ nid wyf finnau am ddisodli o'u blaen yr un o'r cenhedloedd a adawodd Josua pan fu farw." ²² Gadawyd hwy i brofi'r Israeliaid, i weld a fyddent yn cadw ffordd yr ARGLWYDD ai peidio, ac yn rhodio ynddi fel y gwnaeth eu hynafiaid. ²³ Gadawodd yr ARGLWYDD y cenhedloedd hyn heb eu disodli ar unwaith, na'u rhoi yn llaw Josua.

2:3 Tebygol. Cymh. Jos. 23:13. Hebraeg heb *yn ddrain*.
2:5 H.y., *Wylofain*.

Y Cenhedloedd a Adawyd yn y Wlad

3 Gadawodd yr ARGLWYDD y cenhedloedd hyn i brofi'r Israeliaid oedd heb gael unrhyw brofiad o ryfeloedd Canaan, a hynny er mwyn i genedlaethau Israel gael profiad, ² ac er mwyn dysgu'r rhai nad oedd ganddynt brofiad blaenorol sut i ryfela. ³ Gadawyd pum arglwydd y Philistiaid, y Canaaneaid oll, y Sidoniaid, a'r Hefiaid oedd yn byw ar fynydd-dir Lebanon o Fynydd Baal-hermon hyd Lebo-hamath. ⁴ Yr oeddent yno i'r ARGLWYDD brofi Israel drwyddynt, a chael gwybod a fyddent yn ufuddhau i'r gorchmynion a roddodd ef i'w hynafiaid trwy Moses. ⁵ Ymgartrefodd yr Israeliaid ymysg y Canaaneaid, Hethiaid, Amoriaid, Peresiaid, Hefiaid a Jebusiaid; ⁶ a chymerasant eu merched hwy yn wragedd, a rhoi eu merched eu hunain i'w meibion hwy, ac addoli eu duwiau.

Othniel

⁷ Gwnaeth yr Israeliaid yr hyn oedd ddrwg yng ngolwg yr ARGLWYDD, ac anghofio'r ARGLWYDD eu Duw ac addoli'r duwiau Baal ac Asera. ⁸ Cyneuodd llid yr ARGLWYDD yn erbyn Israel a gwerthodd hwy i law Cusan-risathaim, brenin Aram-naharaim, a bu'r Israeliaid yn gwasanaethu Cusan-risathaim am wyth mlynedd. ⁹ Yna gwaeddodd yr Israeliaid ar yr ARGLWYDD, a chododd yr ARGLWYDD achubwr i'r Israeliaid, sef Othniel fab Cenas, brawd iau Caleb, ac fe'u gwaredodd. ¹⁰ Daeth ysbryd yr ARGLWYDD arno, a barnodd Israel a mynd allan i ryfela, a rhoddodd yr ARGLWYDD yn ei law Cusan-risathaim, brenin Aram, ac fe'i trechodd. ¹¹ Yna cafodd y wlad lonydd am ddeugain mlynedd, nes i Othniel fab Cenas farw.

Ehud

¹² Unwaith eto gwnaeth yr Israeliaid yr hyn oedd ddrwg yng ngolwg yr ARGLWYDD, a nerthodd ef Eglon brenin Moab yn eu herbyn am iddynt wneud yr hyn oedd ddrwg yng ngolwg yr ARGLWYDD. ¹³ Casglodd Eglon yr Ammoniaid a'r Amaleciaid ato, ac ymosododd ar Israel a meddiannu Dinas y Palmwydd. ¹⁴ Bu'r Israeliaid yn gwasanaethu Eglon brenin Moab am ddeunaw mlynedd. ¹⁵ Yna gwaeddodd yr Israeliaid ar yr ARGLWYDD, a chododd ef achubwr iddynt, sef Ehud fab Gera, Benjaminiad a dyn llawchwith; ac anfonodd yr Israeliaid gydag ef deyrnged i Eglon brenin Moab. ¹⁶ Yr oedd Ehud wedi gwneud cleddyf daufiniog, cufydd o hyd, a'i wregysu ar ei glun dde, o dan ei ddillad. ¹⁷ Cyflwynodd y deyrnged i Eglon brenin Moab, a oedd yn ddyn tew iawn. ¹⁸ Ar ôl gorffen cyflwyno'r deyrnged, anfonodd ymaith y bobl a fu'n cario'r deyrnged, ¹⁹ ond dychwelodd Ehud ei hun oddi wrth y colofnau ger Gilgal a dweud, "Y mae gennyf neges gyfrinachol iti, O frenin." ²⁰ Galwodd yntau am dawelwch, ac aeth pawb oedd yn sefyll o'i gwmpas allan. Yna nesaodd Ehud ato, ac yntau'n eistedd wrtho'i hunan mewn ystafell haf oedd ganddo ar y to, a dywedodd, "Gair gan Dduw sydd gennyf iti." Cododd yntau oddi ar ei sedd. ²¹ Yna estynnodd Ehud ei law chwith, cydiodd yn y cleddyf oedd ar ei glun dde, a'i daro i fol Eglon, ²² nes bod y carn yn mynd i mewn ar ôl y llafn, a'r braster yn cau amdano. Ni thynnodd y cleddyf o'i fol, a daeth allan y tu cefn*. ²³ Yna aeth Ehud allan trwy'r cyntedd* a chau drysau'r ystafell arno a'u cloi. ²⁴ Wedi iddo fynd i ffwrdd, daeth gweision Eglon, ac wedi edrych a gweld drysau'r ystafell ynghlo, dywedasant, "Rhaid mai esmwytháu ei gorff y mae yn yr ystafell haf." ²⁵ Wedi iddynt ddisgwyl nes bod cywilydd arnynt, ac yntau heb agor drysau'r ystafell, cymerasant allwedd a'u hagor, a dyna lle'r oedd eu meistr wedi syrthio i'r llawr yn farw. ²⁶ Yr oedd Ehud wedi dianc tra oeddent hwy'n oedi; aeth heibio i'r colofnau a dianc i Seira. ²⁷ Pan gyrhaeddodd, fe ganodd yr utgorn ym mynydd-dir Effraim, a daeth yr Israeliaid i lawr gydag ef o'r mynydd-dir,

---

3:22 Tebygol. Hebraeg yn aneglur.
3:23 Tebygol. Hebraeg yn aneglur.

ac yntau'n eu harwain. ²⁸ Dywedodd wrthynt, "Dilynwch fi, oherwydd y mae'r ARGLWYDD wedi rhoi eich gelyn Moab yn eich llaw." Aethant hwythau ar ei ôl a dal rhydau'r Iorddonen yn erbyn Moab, a rhwystro pawb rhag croesi. ²⁹ Lladdasant y pryd hwnnw tua deng mil o'r Moabiaid, pob un yn heini a grymus; ni ddihangodd neb. ³⁰ Darostyngwyd y Moabiaid y diwrnod hwnnw dan law Israel, a chafodd y wlad lonydd am bedwar ugain mlynedd.

Samgar

³¹ Ar ei ôl ef bu Samgar fab Anath. Lladdodd ef chwe chant o Philistiaid â swmbwl gyrru ychen. Fe waredodd yntau Israel.

Debora a Barac

4 Ar ôl i Ehud farw, gwnaeth yr Israeliaid unwaith eto yr hyn oedd ddrwg yng ngolwg yr ARGLWYDD. ² Felly gwerthodd yr ARGLWYDD hwy i law Jabin brenin Canaan, a oedd yn teyrnasu yn Hasor. Capten ei fyddin oedd Sisera, a oedd yn byw yn Haroseth y Cenhedloedd. ³ Yr oedd ganddo naw cant o gerbydau haearn, a bu'n gorthrymu'r Israeliaid yn galed am ugain mlynedd; am hynny gwaeddodd yr Israeliaid ar yr ARGLWYDD.

⁴ Proffwydes o'r enw Debora gwraig Lappidoth oedd yn barnu Israel yr adeg honno. ⁵ Byddai'n eistedd dan balmwydden Debora, rhwng Rama a Bethel ym mynydd-dir Effraim, a byddai'r Israeliaid yn mynd ati am farn. ⁶ Anfonodd hi am Barac fab Abinoam o Cedes Nafftali, a dweud wrtho, "Onid yw'r ARGLWYDD, Duw Israel, yn gorchymyn iti? Dos, cynnull ddeng mil o ddynion o lwythau Nafftali a Sabulon ar Fynydd Tabor, a chymer hwy gyda thi. ⁷ Denaf finnau, i'th gyfarfod wrth nant Cison, Sisera, capten byddin Jabin, gyda'i gerbydau a'i lu; ac fe'u rhoddaf yn dy law." ⁸ Ond dywedodd Barac wrthi, "Os doi di gyda mi, yna mi af; ac os na ddoi di gyda mi, nid af." ⁹ Meddai hithau, "Dof, mi ddof gyda thi; eto ni ddaw gogoniant i ti ar y llwybr a gerddi, oherwydd i law gwraig y mae'r ARGLWYDD am werthu Sisera." Yna cododd Debora a mynd gyda Barac i Cedes. ¹⁰ Cynullodd Barac lwythau Sabulon a Nafftali i Cedes, a dilynodd deng mil o ddynion ar ei ôl; aeth Debora hefyd gydag ef.

¹¹ Yr oedd Heber y Cenead wedi ymwahanu oddi wrth y Ceneaid eraill oedd yn ddisgynyddion Hobab, tad-yng-nghyfraith Moses, ac wedi gosod ei babell cyn belled â'r dderwen yn Saanannim ger Cedes.

¹² Pan ddywedwyd wrth Sisera fod Barac fab Abinoam wedi mynd i fyny i Fynydd Tabor, ¹³ galwodd Sisera ei holl gerbydau—naw cant o gerbydau haearn—a'i holl filwyr, o Haroseth y Cenhedloedd at nant Cison. ¹⁴ Yna dywedodd Debora wrth Barac, "Dos! Oherwydd dyma'r dydd y bydd yr ARGLWYDD yn rhoi Sisera yn dy law. Onid yw'r ARGLWYDD wedi mynd o'th flaen?" Aeth Barac i lawr o Fynydd Tabor gyda deng mil o wŷr ar ei ôl. ¹⁵ Gyrrodd yr ARGLWYDD Sisera a'r cerbydau i gyd, a'r holl fyddin, ar chwâl o flaen cleddyf Barac. Disgynnodd Sisera o'i gerbyd a ffoi ar ei draed. ¹⁶ Ymlidiodd Barac y cerbydau a'r fyddin cyn belled â Haroseth y Cenhedloedd, a chwympodd holl fyddin Sisera o flaen y cleddyf, heb adael cymaint ag un.

¹⁷ Ffodd Sisera ar ei draed i babell Jael, gwraig Heber y Cenead, oherwydd yr oedd heddwch rhwng Jabin brenin Hasor a theulu Heber y Cenead. ¹⁸ Daeth Jael allan i gyfarfod Sisera a dywedodd wrtho, "Tro i mewn, f'arglwydd, tro i mewn ataf, paid ag ofni." Felly troes i mewn ati i'r babell, a thaenodd hithau gwrlid drosto. ¹⁹ Gofynnodd iddi am lymaid o ddŵr i'w yfed, gan fod syched arno, ond agorodd hi botel o laeth a rhoi diod iddo, ac yna ei orchuddio eto. ²⁰ Dywedodd wrthi, "Saf yn nrws y babell, ac os daw rhywun a gofyn iti a oes unrhyw un yma, dywed, 'Nac oes'." ²¹ Cymerodd Jael, gwraig Heber, hoelen pabell, cydiodd mewn morthwyl, ac aeth ato'n ddistaw a phwyo'r hoelen trwy ei arlais i'r llawr; yr oedd ef mewn trymgwsg ar ôl ei ludded, a bu farw.

22 Yna cyrhaeddodd Barac, yn ymlid Sisera; aeth Jael allan i'w gyfarfod, a dywedodd wrtho, "Tyrd, fe ddangosaf iti'r dyn yr wyt yn chwilio amdano." Aeth yntau i mewn, a dyna lle'r oedd Sisera yn gorwedd yn farw, a'r hoelen yn ei arlais.

23 Y diwrnod hwnnw darostyngodd Duw Jabin brenin Canaan gerbron yr Israeliaid. 24 Pwysodd yr Israeliaid yn drymach, drymach arno, nes iddynt ddistrywio Jabin brenin Canaan.

Cân Debora a Barac

5 Y diwrnod hwnnw canodd Debora a Barac fab Abinoam fel hyn:

2 "Am i'r arweinwyr roi arweiniad yn Israel,
am i'r bobl ymroi o'u gwirfodd,
bendithiwch yr ARGLWYDD.
3 Clywch, frenhinoedd! Gwrandewch, dywysogion!
Canaf finnau i'r ARGLWYDD,
a moliannu ARGLWYDD Dduw Israel.

4 "O ARGLWYDD, pan aethost allan o Seir,
ac ymdeithio o Faes Edom,
fe grynodd y ddaear, glawiodd y nefoedd,
ac yr oedd y cymylau hefyd yn diferu dŵr.
5 Siglodd y mynyddoedd o flaen yr ARGLWYDD, Duw Sinai,
o flaen ARGLWYDD Dduw Israel.

6 "Yn nyddiau Samgar fab Anath, ac yn nyddiau Jael, peidiodd y carafanau;
aeth y teithwyr ar hyd llwybrau troellog.
7 Darfu am drigolion pentrefi,
darfu amdanynt yn Israel
nes i mi, Debora, gyfodi,
nes i mi godi yn fam yn Israel.
8 Pan ddewiswyd duwiau newydd,
yna daeth brwydro i'r pyrth,
ac ni welwyd na tharian na gwaywffon ymhlith deugain mil yn Israel.
9 Mae fy nghalon o blaid llywiawdwyr Israel,
y rhai ymysg y bobl a aeth o'u gwirfodd.
Bendithiwch yr ARGLWYDD.

10 "Ystyriwch, chwi sy'n marchogaeth asynnod melyngoch,
chwi sy'n eistedd ar gyfrwyau, chwi sy'n cerdded y ffordd.
11 Clywch* y rhai sy'n disgwyl eu tro ger y ffynhonnau,
ac yno'n adrodd buddugoliaethau'r ARGLWYDD,
buddugoliaethau ei bentrefwyr yn Israel,
pan aeth byddin yr ARGLWYDD i lawr i'r pyrth.

12 "Deffro, deffro, Debora!
Deffro, deffro, lleisia gân!
Cyfod, Barac! Cymer lu o garcharorion, ti fab Abinoam!

13 "Yna fe aeth y gweddill i lawr at y pendefigion,
do, fe aeth byddin yr ARGLWYDD i lawr ymysg y cedyrn.
14 Daeth rhai o Effraim a lledu drwy'r dyffryn*,
a gweiddi, 'Ar dy ôl di, Benjamin, gyda'th geraint!'
Aeth llywiawdwyr i lawr o Machir;
ac o Sabulon, rhai'n cario gwialen swyddog.
15 Yr oedd tywysogion Issachar gyda Debora;
bu Issachar yn ffyddlon i Barac,
yn rhuthro i'r dyffryn ar ei ôl.
Ymysg y rhaniadau yn Reuben yr oedd petruster* mawr.
16 Pam yr arhosaist rhwng y corlannau
i wrando ar chwiban bugeiliaid?
Ymysg y rhaniadau yn Reuben yr oedd petruster mawr.
17 Arhosodd Gilead y tu hwnt i'r Iorddonen;
a pham yr oedd Dan yn oedi ger y llongau?
Arhosodd Aser ar lan y môr,
ac oedi gerllaw ei gilfachau.

5:11 Hebraeg, ar ddiwedd adn. 10.
5:14 Cymh. Groeg. Hebraeg, *o Effraim, eu gwreiddyn yn Amalec.*
5:15 Felly rhai llawysgrifau a Syrieg. Cymh. adn. 16. TM, *gorchmynion.*

¹⁸ Pobl a fentrodd eu heinioes hyd
    angau oedd Sabulon
a Nafftali hefyd, ar uchelfannau
    maes y gad.

¹⁹ "Daeth brenhinoedd ac ymladd;
fe ymladdodd brenhinoedd Canaan
yn Taanach ger dyfroedd Megido,
ond heb gymryd ysbail o arian.
²⁰ O'r nef ymladdodd y sêr,
ymladd o'u cylchoedd yn erbyn
    Sisera.

²¹ "Ysgubodd nant Cison hwy
    ymaith,
cododd llif nant Cison yn eu herbyn.
Fy enaid, cerdda ymlaen mewn
    nerth.
²² Yna'r oedd carnau'r ceffylau'n
    diasbedain
gan garlam gwyllt eu meirch cryfion.

²³ " 'Melltigwch Meros,' medd angel
    yr ARGLWYDD,
'melltigwch yn llwyr ei thrigolion,
am na ddaethant i gynorthwyo'r
    ARGLWYDD,
i gynorthwyo'r ARGLWYDD gyda'r
    gwroniaid.'
²⁴ Bendigedig goruwch gwragedd
    fyddo Jael, gwraig Heber y
    Cenead;
bendithier hi uwch gwragedd y
    babell.
²⁵ Am ddŵr y gofynnodd ef,
    estynnodd hithau laeth;
mewn llestr pendefigaidd cynigiodd
    iddo enwyn.
²⁶ Estynnodd ei llaw at yr hoelen,
a'i deheulaw at ordd y llafurwyr;
yna fe bwyodd Sisera a dryllio'i ben,
fe'i trawodd a thrywanu ei arlais.
²⁷ Rhwng ei thraed fe grymodd,
    syrthiodd, gorweddodd;
rhwng ei thraed fe grymodd,
    syrthiodd;
lle crymodd, yno fe syrthiodd yn
    gelain.

²⁸ "Edrychai mam Sisera trwy'r
    ffenestr
a llefain trwy'r dellt:
'Pam y mae ei gerbyd yn oedi?
Pam y mae twrf ei gerbydau mor hir
    yn dod?'

²⁹ Atebodd y ddoethaf o'i
    thywysogesau,
ie, rhoes hithau'r ateb iddi ei hun,
³⁰ 'Onid ydynt yn cael ysbail ac yn ei
    rannu—
llances neu ddwy i bob un o'r
    dynion,
ysbail o frethyn lliw i Sisera, ie,
    ysbail o frethyn lliw,
darn neu ddau o frodwaith am
    yddfau'r ysbeilwyr?'

³¹ "Felly bydded i'th holl elynion
    ddarfod, O ARGLWYDD,
ond bydded y rhai sy'n dy garu fel yr
    haul yn codi yn ei rym."

Yna cafodd y wlad lonydd am ddeugain mlynedd.

Gideon

6 Gwnaeth yr Israeliaid yr hyn oedd ddrwg yng ngolwg yr ARGLWYDD, a rhoddodd yr ARGLWYDD hwy yn llaw Midian am saith mlynedd. ² Am fod Midian yn drech nag Israel paratôdd yr Israeliaid lochesau iddynt eu hunain yn y mynyddoedd, a hefyd ogofeydd a chaerau. ³ Bob tro y byddai'r Israeliaid wedi hau, byddai Midian ac Amalec a'r dwyreinwyr yn dod ac yn ymosod arnynt; ⁴ byddent yn gwersyllu yn eu herbyn ac yn distrywio cnwd y ddaear cyn belled â Gasa, heb adael unrhyw beth byw yn Israel, na dafad nac ych nac asyn. ⁵ Pan ddoent hwy a'u hanifeiliaid a'u pebyll, yr oeddent mor niferus â locustiaid; nid oedd rhifo arnynt hwy na'u camelod pan ddoent i'r wlad i'w difrodi. ⁶ Felly aeth Israel yn dlawd iawn o achos Midian; yna galwodd yr Israeliaid ar yr ARGLWYDD. ⁷ Wedi iddynt alw ar yr ARGLWYDD o achos Midian, ⁸ anfonodd yr ARGLWYDD broffwyd at yr Israeliaid, a dywedodd hwnnw wrthynt, "Fel hyn y dywed yr ARGLWYDD, Duw Israel: 'Myfi a ddaeth â chwi i fyny o'r Aifft, a'ch rhyddhau o dŷ'r caethiwed; ⁹ achubais chwi o law'r Eifftiaid a phawb oedd yn eich gormesu, a'u gyrru allan o'ch blaen, a rhoi eu tir ichwi. ¹⁰ Dywedais wrthych: Myfi yw'r ARGLWYDD, eich Duw; peidiwch ag ofni duwiau'r

Amoriaid yr ydych yn byw yn eu gwlad. Ond ni wrandawsoch arnaf.'"
¹¹ Daeth angel yr ARGLWYDD ac eistedd dan y dderwen yn Offra, a oedd yn perthyn i Joas yr Abiesriad. Yr oedd ei fab, Gideon, yn dyrnu gwenith mewn gwinwryf, i'w guddio rhag Midian. ¹² Ymddangosodd angel yr ARGLWYDD iddo a dweud wrtho, "Y mae'r ARGLWYDD gyda thi, ŵr dewr." ¹³ Atebodd Gideon ef, "Ond, syr, os yw'r ARGLWYDD gyda ni, pam y mae hyn i gyd wedi digwydd inni? A phle mae ei holl ryfeddodau y soniodd ein hynafiaid amdanynt, a dweud wrthym, 'Oni ddygodd yr ARGLWYDD ni i fyny o'r Aifft?' ¹⁴ Erbyn hyn y mae'r ARGLWYDD wedi'n gadael, a'n rhoi yng ngafael Midian." Trodd angel* yr ARGLWYDD ato a dweud, "Dos, gyda'r nerth hwn sydd gennyt, a gwared Israel o afael Midian; onid wyf fi yn dy anfon?" ¹⁵ Atebodd yntau, "Ond, syr, sut y gwaredaf fi Israel? Edrych, fy nhylwyth i yw'r gwannaf yn Manasse, a minnau yw'r distatlaf o'm teulu." ¹⁶ Yna dywedodd yr ARGLWYDD wrtho, "Yn sicr byddaf fi gyda thi, a byddi'n taro'r Midianiaid fel pe baent un gŵr." ¹⁷ Atebodd yntau, "Os cefais ffafr yn d'olwg, yna rho arwydd imi mai ti sy'n siarad â mi. ¹⁸ Paid â mynd oddi yma cyn imi ddychwelyd atat a chyflwyno fy offrwm a'i osod o'th flaen." Atebodd yntau, "Fe arhosaf nes iti ddod yn ôl." ¹⁹ Aeth Gideon a pharatoi myn gafr a phobi* bara croyw o beilliaid. Gosododd y cig ar ddysgl a rhoi'r cawl mewn padell, a'u dwyn ato dan y dderwen, a'u cyflwyno. ²⁰ Yna dywedodd angel Duw wrtho, "Cymer y cig a'r bara croyw a'u rhoi ar y graig acw, a thywallt y cawl." Gwnaeth hynny. ²¹ Estynnodd angel yr ARGLWYDD flaen y ffon oedd yn ei law, a phan gyffyrddodd â'r cig a'r bara croyw, cododd tân o'r graig a'u llosgi; a diflannodd angel yr ARGLWYDD o'i olwg. ²² Yna fe sylweddolodd Gideon mai angel yr ARGLWYDD oedd, a dywedodd, "Gwae fi, f'Arglwydd DDUW, am imi weld angel yr ARGLWYDD wyneb yn wyneb." ²³ Ond dywedodd yr ARGLWYDD wrtho, "Heddwch iti; paid ag ofni, ni byddi farw." ²⁴ Adeiladodd Gideon allor i'r ARGLWYDD yno a'i henwi Jehofa-shalom*. Y mae yn Offra Abieser hyd y dydd hwn.

²⁵ Y noson honno dywedodd yr ARGLWYDD wrtho, "Cymer ych o eiddo dy dad, yr ail ych*, yr un seithmlwydd, a thyn i lawr yr allor i Baal sydd gan dy dad, a thor i lawr y pren Asera sydd yn ei hymyl. ²⁶ Adeilada allor briodol i'r ARGLWYDD dy Dduw ar ben y fangre hon; yna cymer yr ail ych a'i offrymu'n boethoffrwm ar goed yr Asera a dorraist i lawr." ²⁷ Cymerodd Gideon ddeg o'i weision a gwnaeth fel yr oedd yr ARGLWYDD wedi dweud wrtho, ond gan fod arno ofn gwneud hynny liw dydd oherwydd ei deulu a phobl y ddinas, fe'i gwnaeth liw nos. ²⁸ Pan gododd pobl y ddinas yn gynnar yn y bore a gweld allor Baal wedi ei bwrw i lawr a'r pren Asera oedd yn ei hymyl wedi ei thorri, a'r ail ych wedi ei offrymu ar yr allor oedd wedi ei chodi, ²⁹ yna gofynnodd pawb i'w gilydd, "Pwy a wnaeth hyn?" Ar ôl chwilio a holi, dywedasant, "Gideon fab Joas sydd wedi gwneud hyn." ³⁰ Yna dywedodd pobl y ddinas wrth Joas, "Tyrd â'th fab allan iddo gael marw, oherwydd y mae wedi bwrw i lawr allor Baal a thorri'r pren Asera oedd yn ei hymyl." ³¹ Ond meddai Joas wrth bawb oedd yn sefyll o'i gwmpas, "A ydych chwi am ddadlau achos Baal? A ydych chwi am ei achub ef? Rhoir pwy bynnag sy'n dadlau drosto i farwolaeth erbyn y bore. Os yw'n dduw, dadleued drosto'i hun am i rywun fwrw ei allor i lawr." ³² A'r diwrnod hwnnw galwyd Gideon yn Jerwbbaal—hynny yw, "Bydded i Baal ddadlau ag ef"—am iddo fwrw ei allor i lawr.

³³ Daeth yr holl Midianiaid a'r Amaleciaid a'r dwyreinwyr ynghyd, a chroesi a gwersyllu yn nyffryn Jesreel. ³⁴ Disgynnodd ysbryd yr ARGLWYDD ar Gideon; chwythodd yntau'r utgorn a galw ar yr Abiesriaid i'w ddilyn. ³⁵ Anfonodd negeswyr drwy Manasse

---
6:14 Felly un llawysgrif a Groeg. TM heb *angel*.
6:19 Tebygol. Hebraeg, *ac effa*.
6:24 H.y., *Y mae'r ARGLWYDD yn heddwch*.
6:25 Cymh. Groeg. Hebraeg, *Cymer ych y tarw . . . a'r ail ych*.

gyfan a galw arnynt hwythau hefyd i'w ddilyn. Yna anfonodd negeswyr drwy Aser, Sabulon a Nafftali, a daethant hwythau i'w cyfarfod. ³⁶ Dywedodd Gideon wrth Dduw, "Os wyt am waredu Israel drwy fy llaw i, fel yr addewaist, ³⁷ dyma fi'n gosod cnu o wlân ar y llawr dyrnu; os bydd gwlith ar y cnu yn unig, a'r llawr i gyd yn sych, yna byddaf yn gwybod y gwaredi Israel drwof fi, fel y dywedaist." ³⁸ Felly y bu. Pan gododd fore trannoeth a hel y cnu at ei gilydd, gwasgodd ddigon o wlith ohono i lenwi ffiol â'r dŵr. ³⁹ Ond meddai Gideon wrth Dduw, "Paid â digio wrthyf os gofynnaf un peth arall; yr wyf am wneud un prawf arall â'r cnu: bydded y cnu'n unig yn sych, a gwlith ar y llawr i gyd." ⁴⁰ Gwnaeth Duw hynny y noson honno, y cnu'n unig yn sych, a gwlith ar y llawr i gyd.

Gideon yn Gorchfygu Midian

7 Cododd Jerwbbaal, sef Gideon, a'r holl bobl oedd gydag ef yn gynnar a gwersyllu ger ffynnon Harod. Yr oedd gwersyll Midian yn y dyffryn i'r gogledd o fryn More. ² Dywedodd yr ARGLWYDD wrth Gideon, "Y mae gennyt ormod o bobl gyda thi imi roi Midian yn eu llaw, rhag i Israel ymfalchïo yn f'erbyn a dweud, 'Fy llaw fy hun sydd wedi f'achub.' ³ Felly, cyhoedda yng nghlyw'r bobl, 'Pwy bynnag sydd mewn ofn a dychryn, aed adref.'" Profodd Gideon hwy*, a dychwelodd dwy fil ar hugain o'r bobl, gan adael deng mil ar ôl. ⁴ Dywedodd yr ARGLWYDD wrth Gideon, "Y mae gormod o bobl eto. Dos â hwy i lawr at y dŵr, a phrofaf hwy iti yno. Pan ddywedaf wrthyt, 'Y mae hwn i fynd gyda thi', bydd hwnnw'n mynd gyda thi; a phan ddywedaf, 'Nid yw hwn i fynd gyda thi', ni fydd yn mynd." ⁵ Aeth Gideon â'r bobl i lawr at y dŵr, a dywedodd yr ARGLWYDD wrtho, "Pob un sy'n llepian y dŵr â'i dafod fel y bydd ci'n llepian, gosod hwnnw ar wahân i'r rhai sy'n penlinio ac yn yfed trwy ddod â'u llaw at eu genau*." ⁶ Tri chant oedd nifer y rhai oedd yn llepian, a phawb arall yn penlinio i yfed dŵr. ⁷ Dywedodd yr ARGLWYDD wrth Gideon, "Trwy'r tri chant sy'n llepian y byddaf yn eich achub, ac yn rhoi Midian yn dy law; caiff pawb arall fynd adref." ⁸ Cymerodd Gideon biserau'r bobl* a'r utgyrn oedd ganddynt, ac anfon yr Israeliaid i gyd adref, ond cadw'r tri chant. Yr oedd gwersyll Midian islaw iddo yn y dyffryn.

⁹ Y noson honno dywedodd yr ARGLWYDD wrth Gideon, "Cod, dos i lawr i'r gwersyll, oherwydd yr wyf yn ei roi yn dy law. ¹⁰ Os oes arnat ofn mynd, dos â Pura dy lanc gyda thi at y gwersyll, ¹¹ a gwrando ar yr hyn y maent yn ei ddweud; yna fe gryfheir dy law wedi iti fod i lawr yn y gwersyll." Felly fe aeth ef a Pura ei lanc at ymyl y milwyr arfog yn y gwersyll. ¹² Yr oedd y Midianiaid a'r Amaleciaid a'r holl ddwyreinwyr wedi disgyn ar y dyffryn fel haid o locustiaid; yr oedd eu camelod mor ddirifedi â thywod glan y môr. ¹³ Pan gyrhaeddodd Gideon, dyna lle'r oedd rhyw ddyn yn adrodd breuddwyd wrth ei gyfaill ac yn dweud, "Dyma'r freuddwyd a gefais. Yr oeddwn yn gweld torth o fara haidd yn rhowlio trwy wersyll Midian, a phan ddôi at babell, yr oedd yn ei tharo a'i thaflu a'i dymchwel nes bod y babell yn disgyn." ¹⁴ Atebodd ei gyfaill, "Nid yw hyn yn ddim amgen na chleddyf Gideon fab Joas yr Israeliad; y mae Duw wedi rhoi Midian a'r holl wersyll yn ei law." ¹⁵ Pan glywodd Gideon adrodd y freuddwyd a'i dehongli, ymgrymodd i'r llawr; yna dychwelodd at wersyll Israel a dweud, "Codwch, oherwydd y mae'r ARGLWYDD wedi rhoi gwersyll Midian yn eich llaw." ¹⁶ Rhannodd y tri chant yn dair mintai, a rhoi yn eu llaw utgyrn, a phiserau gwag gyda ffaglau o'u mewn. Dywedodd wrthynt, "Edrychwch arnaf fi, a gwnewch yr un fath. ¹⁷ Pan ddof fi at gwr y gwersyll, yna gwnewch yr un fath â mi. ¹⁸ Pan fyddaf fi a phawb sydd gyda mi yn seinio'r utgorn, seiniwch chwithau eich utgyrn o bob tu i'r gwersyll, a dweud, 'Yr ARGLWYDD a Gideon!'"

7:3 Tebygol. Cymh. Targwm ac adn. 4. Hebraeg yn aneglur.

7:5 Cymh. Groeg. Hebraeg, *trwy ddod... genau* ar ôl *llepian* yn adn. 6.

7:8 Tebygol. Hebraeg, *Cymerodd y bobl fwyd yn eu dwylo.*

¹⁹ Cyrhaeddodd Gideon a'r cant o ddynion oedd gydag ef at gwr y gwersyll ar ddechrau'r wyliadwriaeth ganol, a'r gwylwyr newydd eu gosod. Seiniasant yr utgyrn, a dryllio'r piserau oedd yn eu llaw. ²⁰ A dyma'r tair mintai yn seinio'r utgyrn ac yn dryllio'r piserau, gan ddal y ffaglau yn eu llaw chwith a'r utgyrn i'w seinio yn eu llaw dde; ac yr oeddent yn gweiddi, "Cleddyf yr ARGLWYDD a Gideon!" ²¹ Tra oedd pob un yn sefyll yn ei le o gwmpas y gwersyll, rhuthrodd yr holl wersyll o gwmpas gan weiddi a ffoi. ²² Tra oedd y tri chant yn seinio'r utgyrn, trodd yr ARGLWYDD gleddyf pob un yn y gwersyll yn erbyn ei gymydog, a ffoesant cyn belled â Beth-sitta yn Serera, ac i gyffiniau Abel-mehola a Tabbath. ²³ Galwyd ar yr Israeliaid o Nafftali, Aser a Manasse gyfan, a buont yn erlid ar ôl y Midianiaid. ²⁴ Yr oedd Gideon wedi anfon negeswyr drwy holl ucheldir Effraim a dweud, "Dewch i lawr yn erbyn Midian a chymryd rhydau'r Iorddonen o'u blaen hyd Beth-bara." Casglwyd holl wŷr Effraim a daliasant rydau'r Iorddonen cyn belled â Beth-bara. ²⁵ Daliasant Oreb a Seeb, dau arweinydd Midian, a lladd Oreb wrth graig Oreb, a Seeb wrth winwryf Seeb; yna, wedi iddynt erlid Midian, daethant â phen Oreb a phen Seeb at Gideon y tu hwnt i'r Iorddonen.

Buddugoliaeth Derfynol dros Midian

8 Dywedodd gwŷr Effraim wrtho, "Beth yw hyn yr wyt wedi ei wneud i ni, drwy beidio â'n galw pan aethost i ymladd yn erbyn Midian?" A buont yn dadlau'n chwyrn ag ef. ² Ond dywedodd ef wrthynt, "Yn awr, beth a wneuthum i o'i gymharu â'r hyn a wnaethoch chwi? Onid yw lloffion Effraim yn well na chynhaeaf Abieser? ³ Yn eich dwylo chwi y rhoddodd Duw Oreb a Seeb, arweinwyr Midian. Beth a fedrais i ei wneud o'i gymharu â'r hyn a wnaethoch chwi?" Wedi iddo ddweud hyn, fe dawelodd eu dig tuag ato.

⁴ Aeth Gideon tua'r Iorddonen a'i chroesi gyda'r tri chant, yn lluddedig ond yn para i erlid. ⁵ Dywedodd wrth bobl Succoth, "Os gwelwch yn dda, rhowch dipyn o fara i'r fyddin sy'n fy nilyn, oherwydd maent yn lluddedig, ac yr wyf finnau'n erlid ar ôl Seba a Salmunna, brenhinoedd Midian." ⁶ Ond dywedodd arweinwyr Succoth, "A wyt eisoes yn cydio yn sodlau Seba a Salmunna, fel ein bod i roi bwyd i'th fintai?" ⁷ Ac meddai Gideon, "Am hynny, pan fydd yr ARGLWYDD wedi rhoi Seba a Salmunna yn fy llaw, fe ffustiaf eich cyrff â drain a mieri'r anialwch." ⁸ Wedyn aeth oddi yno i Penuel, a gofyn yr un fath iddynt hwy; ac atebodd pobl Penuel ef yn yr un modd â phobl Succoth. ⁹ Felly dywedodd wrth bobl Penuel, "Pan ddof yn ôl yn llwyddiannus, fe dynnaf i lawr y tŵr hwn."

¹⁰ Yr oedd Seba a Salmunna wedi cyrraedd Carcor, ac yr oedd eu byddin gyda hwy, tua phymtheng mil, sef pawb a adawyd o fyddin y dwyreinwyr, oherwydd yr oedd cant ac ugain o filoedd o wŷr arfog wedi syrthio. ¹¹ Aeth Gideon ar hyd llwybr y preswylwyr pebyll, o'r tu dwyrain i Noba a Jogbeha, a tharo'r fyddin yn annisgwyl. ¹² Ffodd Seba a Salmunna, ond aeth Gideon ar eu hôl, a dal dau frenin Midian a gwasgaru'r holl fyddin mewn braw.

¹³ Fel yr oedd Gideon fab Joas yn dychwelyd o'r frwydr heibio i allt Heres, ¹⁴ daliodd un o fechgyn Succoth; wedi iddo'i holi, ysgrifennodd hwnnw iddo restr yn cynnwys saith deg a saith o arweinwyr a henuriaid Succoth. ¹⁵ Pan ddaeth at bobl Succoth, dywedodd, "Dyma Seba a Salmunna, y buoch yn eu dannod imi, gan ofyn, 'A wyt eisoes yn cydio yn sodlau Seba a Salmunna, fel ein bod i roi bwyd i'th ddynion lluddedig?'" ¹⁶ Yna cymerodd henuriaid y dref, a dysgodd wers i bobl Succoth â drain a mieri'r anialwch. ¹⁷ Tynnodd i lawr dŵr Penuel, a lladdodd bobl y dref.

¹⁸ Pan holodd ef Seba a Salmunna, "Sut rai oedd y dynion a laddasoch yn Tabor?", eu hateb oedd: "Yr oedd pob un ohonynt yr un ffunud â thi, yn edrych fel plant brenin." ¹⁹ Ac meddai Gideon, "Fy mrodyr i oeddent, meibion fy mam. Cyn wired â bod yr ARGLWYDD yn fyw, pe byddech wedi eu harbed, ni fyddwn yn

eich lladd." ²⁰ Yna dywedodd wrth Jether ei gyntafanedig, "Dos, lladd hwy." Ond ni thynnodd y llanc ei gleddyf oherwydd yr oedd arno ofn, gan nad oedd ond llanc. ²¹ Yna dywedodd Seba a Salmunna, "Tyrd, taro ni dy hun, oherwydd fel y mae dyn y mae ei nerth." Felly cododd Gideon a lladd Seba a Salmunna, a chymryd y tlysau oedd am yddfau eu camelod.

²² Yna dywedodd yr Israeliaid wrth Gideon, "Llywodraetha di arnom, ti a'th fab a mab dy fab, am iti ein gwaredu o law Midian." ²³ Dywedodd Gideon wrthynt, "Nid myfi na'm mab fydd yn llywodraethu arnoch; yr ARGLWYDD fydd yn llywodraethu arnoch." ²⁴ Yna meddai Gideon, "Gadewch imi ofyn un peth gennych, sef bod pob un yn rhoi imi glustlws o'i ysbail." Yr oedd ganddynt glustlysau aur am mai Ismaeliaid oeddent. ²⁵ Dywedasant hwythau, "Fe'u rhown â chroeso." Ac wedi iddynt daenu clogyn, taflodd pob un arno glustlws a gafodd yn ysbail. ²⁶ Yr oedd y clustlysau aur y gofynnodd amdanynt yn pwyso mil a saith gant o siclau aur, heb gyfrif y tlysau a'r torchau a'r gwisgoedd porffor oedd gan frenhinoedd Midian, a'r coleri oedd am yddfau'r camelod. ²⁷ Gwnaeth Gideon effod ohonynt a'i osod yn ei dref ei hun, Offra. Aeth Israel gyfan i buteinio ar ei ôl yno, a bu'n dramgwydd i Gideon ac i'w deulu.

²⁸ Felly cafodd Midian ei darostwng gan yr Israeliaid, fel na allai godi ei phen rhagor; a chafodd y wlad lonydd am ddeugain mlynedd yn nyddiau Gideon. ²⁹ Aeth Jerwbbaal fab Joas yn ôl i fyw gartref. ³⁰ Yr oedd gan Gideon ddeg a thrigain o feibion; ei blant ei hun oeddent, oherwydd yr oedd llawer o wragedd ganddo. ³¹ Hefyd cafodd fab o'i ordderch oedd yn Sichem, ac enwodd ef Abimelech.

Marwolaeth Gideon

³² Bu farw Gideon fab Joas mewn gwth o oedran, a chladdwyd ef ym medd ei dad Joas yn Offra'r Abiesriaid. ³³ Wedi marw Gideon aeth yr Israeliaid unwaith eto i buteinio ar ôl y Baalim, a chymryd Baal-berith yn dduw iddynt. ³⁴ Ni chofiodd yr Israeliaid yr ARGLWYDD eu Duw, a'u gwaredodd o afael yr holl elynion o'u hamgylch, ³⁵ na dangos teyrngarwch i deulu Jerwbbaal, sef Gideon, am yr holl ddaioni a wnaeth i Israel.

Abimelech

9 Aeth Abimelech fab Jerwbbaal i Sichem at frodyr ei fam, a dweud wrthynt hwy ac wrth holl dylwyth ei fam, ² "Yr wyf am i chwi ofyn i holl benaethiaid Sichem, 'Prun sydd orau gennych, cael eich llywodraethu gan yr holl ddeg a thrigain o feibion Jerwbbaal, ynteu cael eich llywodraethu gan un dyn? Cofiwch hefyd fy mod i o'r un asgwrn a chnawd â chwi.'" ³ Fe siaradodd brodyr ei fam amdano yng nghlyw holl benaethiaid Sichem, a dweud yr holl bethau hyn, ac yr oedd eu calon yn tueddu tuag at Abimelech am eu bod yn meddwl, "Y mae'n frawd i ni." ⁴ Rhoesant iddo ddeg a thrigain o ddarnau arian o deml Baal-berith, ac â hwy fe gyflogodd Abimelech ddynion ofer a gwyllt i'w ddilyn. ⁵ Aeth i dŷ ei dad yn Offra, a lladd ar yr un maen bob un o'i frodyr, sef deng mab a thrigain Jerwbbaal. Ond arbedwyd Jotham, mab ieuengaf Jerwbbaal, am iddo ymguddio. ⁶ Yna daeth holl benaethiaid Sichem a phawb o Beth-milo ynghyd, a mynd a gwneud Abimelech yn frenin, ger y dderwen a osodwyd i fyny yn Sichem.

⁷ Pan ddywedwyd hyn wrth Jotham, fe aeth ef a sefyll ar gopa Mynydd Garisim a gweiddi'n uchel. Meddai wrthynt, "Gwrandewch arnaf fi, chwi benaethiaid Sichem, er mwyn i Dduw wrando arnoch chwithau. ⁸ Daeth y coed at ei gilydd i eneinio un o'u plith yn frenin. ⁹ Dywedasant wrth yr olewydden, 'Bydd di yn frenin arnom.' Ond atebodd yr olewydden, 'A adawaf fi fy mraster, yr anrhydeddir Duw a dynion trwyddo, a mynd i lywodraethu ar y coed?' ¹⁰ Yna dywedodd y coed wrth y ffigysbren, 'Tyrd di; bydd yn frenin arnom.' ¹¹ Atebodd y ffigysbren, 'A adawaf fi fy melystra a'm ffrwyth hyfryd, a mynd i lywodraethu ar y coed?' ¹² Dywedodd y coed wrth y winwydden,

'Tyrd di; bydd yn frenin arnom.' ¹³ Ond atebodd y winwydden, 'A adawaf fi fy ngwin melys, sy'n llonni Duw a dyn, a mynd i lywodraethu ar y coed?' ¹⁴ Yna dywedodd yr holl goed wrth y fiaren, 'Tyrd di; bydd yn frenin arnom.' ¹⁵ Ac meddai'r fiaren wrth y coed, 'Os ydych o ddifrif am f'eneinio i yn frenin arnoch, dewch a llochesu yn fy nghysgod. Onid e, fe ddaw tân allan o'r fiaren a difa cedrwydd Lebanon.'

¹⁶ "Yn awr, a ydych wedi gweithredu'n onest a chydwybodol wrth wneud Abimelech yn frenin? A ydych wedi delio'n deg â Jerwbbaal a'i deulu? Ai'r hyn a haeddai a wnaethoch iddo? ¹⁷ Oherwydd brwydrodd fy nhad drosoch, a mentro'i einioes a'ch achub o law Midian; ¹⁸ ond heddiw yr ydych wedi codi yn erbyn tŷ fy nhad a lladd ei feibion, deg a thrigain o wŷr, ar un maen. Yr ydych wedi gwneud Abimelech, mab ei gaethferch, yn frenin ar benaethiaid Sichem, am ei fod yn frawd i chwi. ¹⁹ Os ydych wedi delio'n onest a chydwybodol â Jerwbbaal a'i deulu heddiw, llawenhewch yn Abimelech, a bydded iddo yntau lawenhau ynoch chwi. ²⁰ Onid e, aed tân allan o Abimelech a difa penaethiaid Sichem a Beth-milo; hefyd aed tân allan o benaethiaid Sichem a Beth-milo a difa Abimelech." ²¹ Yna ciliodd Jotham, a ffoi i Beer ac aros yno, o gyrraedd ei frawd Abimelech.

²² Wedi i Abimelech deyrnasu am dair blynedd ar Israel, ²³ anfonodd Duw ysbryd cynnen rhwng Abimelech a phenaethiaid Sichem, a throesant yn annheyrngar iddo. ²⁴ Digwyddodd hyn er mwyn i'r trais a wnaed ar ddeng mab a thrigain Jerwbbaal, a'r tywallt gwaed, ddisgyn ar eu brawd Abimelech, a'u lladdodd, ac ar benaethiaid Sichem, a fu'n ei gynorthwyo i ladd ei frodyr. ²⁵ Gosododd penaethiaid Sichem rai ar bennau'r mynyddoedd i wylio amdano; yr oeddent hwy'n ysbeilio pawb a ddôi heibio iddynt ar y ffyrdd, a dywedwyd am hyn wrth Abimelech.

²⁶ Pan ddaeth Gaal fab Ebed a'i gymrodyr drosodd i Sichem, enillodd ymddiriedaeth penaethiaid Sichem.

²⁷ Wedi iddynt fod allan yn y maes yn cynaeafu eu gwinllannoedd ac yn sathru'r grawnwin, cadwasant ŵyl o lawenydd a mynd i deml eu duw gan fwyta ac yfed, ac yna difenwi Abimelech. ²⁸ Ac meddai Gaal fab Ebed, "Pwy yw Abimelech a phwy yw pobl Sichem, fel ein bod ni yn ei wasanaethu ef? Oni ddylai mab Jerwbbaal a'i oruchwyliwr Sebul wasanaethu gwŷr Hemor tad Sichem? Pam y dylem ni ei wasanaethu ef? ²⁹ O na fyddai'r bobl yma dan fy awdurdod i! Mi symudwn i Abimelech. Dywedwn* wrtho, 'Cynydda dy fyddin a thyrd allan.' " ³⁰ Pan glywodd Sebul, goruchwyliwr y ddinas, eiriau Gaal fab Ebed, fe wylltiodd. ³¹ Anfonodd negeswyr at Abimelech i Aruma* a dweud, "Edrych, y mae Gaal fab Ebed a'i gymrodyr wedi dod i Sichem, ac yn troi'r dref yn d'erbyn. ³² Yn awr, cychwyn di liw nos gyda'r bobl sydd gennyt, ac ymguddia allan yn y wlad; ³³ yna, yfory ar godiad haul, gwna gyrch cynnar ar y dref, a phan ddaw ef a'r bobl sydd gydag ef allan i'th gyfarfod, gwna dithau iddo orau y medri." ³⁴ Cychwynnodd Abimelech a'r holl bobl oedd gydag ef liw nos, ac ymguddio yn bedair mintai yn erbyn Sichem. ³⁵ Pan aeth Gaal fab Ebed allan a sefyll ym mynediad porth y dref, cododd Abimelech a'r dynion oedd gydag ef o'u cuddfan. ³⁶ Gwelodd Gaal y bobl a dywedodd wrth Sebul, "Edrych, y mae pobl yn dod i lawr o gopaon y mynyddoedd." Ond dywedodd Sebul wrtho, "Gweld cysgod y mynyddoedd fel pobl yr wyt." ³⁷ Yna dywedodd Gaal eto, "Y mae yna bobl yn dod i lawr o ganol y wlad, ac un fintai'n dod o gyfeiriad Derwen y Swynwyr." ³⁸ Atebodd Sebul, "Ple'n awr, ynteu, y mae dy geg fawr oedd yn dweud, 'Pwy yw Abimelech, fel ein bod ni yn ei wasanaethu?' Onid dyma'r fyddin y buost yn ei dilorni? Allan â thi yn awr i ymladd â hi!" ³⁹ Arweiniodd Gaal benaethiaid Sichem allan, ac ymladd ag Abimelech. ⁴⁰ Aeth Abimelech ar ei ôl, a ffodd yntau; ond cwympodd llawer yn glwyfedig hyd at fynediad y

---
9:29 Felly Groeg. Hebraeg, *Dywedodd*.
9:31 Tebygol. Cymh. adn. 41. Hebraeg, *Torma*.

porth. ⁴¹ Arhosodd Abimelech yn Aruma, a gyrrwyd Gaal a'i gymrodyr ymaith gan Sebul rhag iddynt aros yn Sichem.

⁴² Trannoeth aeth pobl Sichem allan i'r maes, a hysbyswyd Abimelech. ⁴³ Cymerodd yntau fyddin, a'i rhannu'n dair mintai ac ymguddio yn y maes, a phan welodd y bobl yn dod allan o'r dref, cododd yn eu herbyn a'u taro. ⁴⁴ Ymosododd Abimelech a'r fintai* oedd gydag ef, a sefyll ym mynediad porth y dref, ac yr oedd dwy fintai yn ymosod ar bawb oedd yn y maes ac yn eu taro. ⁴⁵ Brwydrodd Abimelech yn erbyn y dref ar hyd y diwrnod hwnnw, a chipiodd hi a lladd y bobl oedd ynddi. Distrywiodd y dref a'i hau â halen. ⁴⁶ Pan glywodd holl benaethiaid Tŵr Sichem, aethant i ddaeargell teml El-berith. ⁴⁷ Dywedwyd wrth Abimelech fod penaethiaid Tŵr Sichem i gyd wedi ymgasglu, ⁴⁸ ac aeth ef a phawb o'r fyddin oedd gydag ef i Fynydd Salmon. Cymerodd Abimelech un o'r bwyeill* yn ei law, a thorri cangen o'r coed, a'i chodi a'i gosod ar ei ysgwydd. Yna dywedodd wrth y bobl oedd gydag ef, "Brysiwch, gwnewch yr un fath â mi." ⁴⁹ Felly torrodd pob un o'r bobl ei gangen a dilyn Abimelech; rhoesant hwy dros y ddaeargell, a'i llosgi uwch eu pennau. Bu farw pawb oedd yn Nhŵr Sichem, oddeutu mil o wŷr a gwragedd.

⁵⁰ Yna aeth Abimelech i Thebes a gwersyllu yn ei herbyn a'i hennill. ⁵¹ Yr oedd tŵr cadarn yng nghanol y dref, a ffodd y gwŷr a'r gwragedd i gyd yno, a holl benaethiaid y dref, a chloi arnynt ac esgyn i do'r tŵr. ⁵² Daeth Abimelech at y tŵr, ac ymladd yn ei erbyn; ac wrth iddo agosáu at fynediad y tŵr i'w losgi, ⁵³ taflodd rhyw wraig faen melin i lawr ar ben Abimelech a dryllio'i benglog. ⁵⁴ Ar unwaith galwodd ei lanc, a oedd yn cludo'i arfau, a dweud wrtho, "Tyn dy gleddyf a lladd fi, rhag iddynt ddweud amdanaf mai gwraig a'm lladdodd." Felly trywanodd ei lanc ef, a bu farw. ⁵⁵ Pan welodd yr Israeliaid fod Abimelech wedi marw, aeth pawb adref.

⁵⁶ Felly y talodd Duw i Abimelech am y drygioni a wnaeth i'w dad trwy ladd ei ddeg brawd a thrigain. ⁵⁷ Hefyd talodd Duw yn ôl holl ddrygioni pobl Sichem, a disgynnodd arnynt felltith Jotham fab Jerwbbaal.

Tola

10 Ar ôl Abimelech, yr un a gododd i waredu Israel oedd Tola fab Pua, fab Dodo, dyn o Issachar a oedd yn byw yn Samir ym mynydd-dir Effraim. ² Bu'n farnwr ar Israel am dair blynedd ar hugain; a phan fu farw, claddwyd ef yn Samir.

Jair

³ Ar ei ôl cododd Jair, brodor o Gilead. Bu'n farnwr ar Israel am ddwy flynedd ar hugain. ⁴ Yr oedd ganddo ddeg ar hugain o feibion a arferai farchogaeth ar ddeg ar hugain o asynnod; ac yr oedd ganddynt ddeg dinas ar hugain yn nhir Gilead; gelwir y rhain yn Hafoth-jair hyd heddiw. ⁵ Pan fu farw Jair, claddwyd ef yn Camon.

Jefftha

⁶ Unwaith eto gwnaeth yr Israeliaid yr hyn oedd ddrwg yng ngolwg yr ARGLWYDD, ac addoli'r Baalim a'r Astaroth, a duwiau Syria, Sidon, Moab, yr Ammoniaid a'r Philistiaid; gwrthodasant yr ARGLWYDD a pheidio â'i wasanaethu. ⁷ Enynnodd llid yr ARGLWYDD yn erbyn Israel, a gwerthodd hwy i law'r Philistiaid a'r Ammoniaid. ⁸ Ysigodd y rheini'r Israeliaid a'u gormesu y flwyddyn honno; ac am ddeunaw mlynedd buont yn gormesu'r holl Israeliaid y tu hwnt i'r Iorddonen, yn Gilead yng ngwlad yr Amoriaid. ⁹ Wedyn croesodd yr Ammoniaid dros yr Iorddonen i ryfela yn erbyn Jwda a Benjamin a thylwyth Effraim, a bu'n gyfyng iawn ar Israel. ¹⁰ Yna galwodd yr Israeliaid ar yr ARGLWYDD, a dweud, "Yr ydym wedi pechu yn d'erbyn; yr ydym wedi gadael ein Duw ac addoli'r Baalim." ¹¹ Dywedodd yr ARGLWYDD wrth yr Israeliaid, "Pan ormeswyd chwi gan yr Eifftiaid, Amoriaid, Ammoniaid, Philistiaid, ¹² Sidoniaid, Amaleciaid, a

---

9:44 Felly Groeg. Hebraeg, *minteioedd*.
9:48 Cymh. Fersiynau. Hebraeg, *y bwyeill*.

Midianiaid*, galwasoch arnaf fi, a gwaredais chwi o'u gafael. ¹³ Ond yr ydych wedi fy ngadael i a gwasanaethu duwiau eraill, ac am hynny nid wyf am eich gwaredu rhagor. ¹⁴ Ewch a galwch ar y duwiau yr ydych wedi eu dewis; bydded iddynt hwy eich gwaredu chwi yn awr eich cyfyngdra." ¹⁵ Yna dywedodd yr Israeliaid wrth yr ARGLWYDD, "Yr ydym wedi pechu; gwna inni beth bynnag a weli'n dda, ond eto gwared ni y tro hwn." ¹⁶ Bwriasant y duwiau dieithr allan o'u plith, a gwasanaethu'r ARGLWYDD, ac ni allai yntau oddef adfyd Israel yn hwy.

¹⁷ Pan alwodd yr Ammoniaid eu milwyr ynghyd a gwersyllu yn Gilead, ymgasglodd yr Israeliaid hefyd a gwersyllu yn Mispa. ¹⁸ Dywedodd swyddogion byddin Gilead wrth ei gilydd, "Pwy bynnag fydd yn dechrau'r ymladd â'r Ammoniaid, ef fydd yn ben ar holl drigolion Gilead."

11 Yr oedd Jefftha, brodor o Gilead, yn ŵr dewr; yr oedd yn fab i butain, a Gilead oedd ei dad. ² Yr oedd gan wraig Gilead hefyd feibion, ac wedi iddynt dyfu, gyrasant Jefftha allan a dweud wrtho, "Ni chei di etifeddiaeth yn nhŷ ein tad, oherwydd mab i wraig estron wyt ti." ³ Ciliodd Jefftha oddi wrth ei frodyr, a mynd i fyw i wlad Tob, lle casglodd ato nifer o wŷr ofer a oedd yn ei ddilyn.

⁴ Ymhen amser aeth yr Ammoniaid i ryfela yn erbyn yr Israeliaid. ⁵ A phan ddechreuodd y brwydro rhwng yr Ammoniaid ac Israel, aeth henuriaid Gilead i gyrchu Jefftha o wlad Tob, ⁶ a dweud wrtho, "Tyrd, bydd di'n arweinydd inni, er mwyn inni ymladd â'r Ammoniaid." ⁷ Ond dywedodd Jefftha wrth henuriaid Gilead, "Onid chwi oedd yn fy nghasáu ac yn fy ngyrru o dŷ fy nhad? Pam y dewch ataf fi yn awr pan yw'n gyfyng arnoch?" ⁸ Ac meddent hwythau wrtho, "Dyna pam y daethom atat yn awr. Tyrd yn ôl gyda ni ac ymladd â'r Ammoniaid, a chei fod yn ben ar holl drigolion Gilead." ⁹ Dywedodd Jefftha wrth henuriaid Gilead, "Os byddwch yn fy nghymryd yn ôl i ymladd â'r Ammoniaid, a'r ARGLWYDD yn eu rhoi yn fy llaw, yna byddaf yn ben arnoch." ¹⁰ Dywedodd henuriaid Gilead wrth Jefftha, "Bydd yr ARGLWYDD yn dyst rhyngom y gwnawn yn ôl dy air." ¹¹ Aeth Jefftha gyda henuriaid Gilead, a gwnaeth y fyddin ef yn ben ac yn arweinydd arnynt, ac adroddodd Jefftha gerbron yr ARGLWYDD yn Mispa bopeth yr oedd wedi ei gytuno.

¹² Anfonodd Jefftha negeswyr at frenin yr Ammoniaid a dweud, "Beth sydd gennyt yn f'erbyn, dy fod wedi dod i ymosod ar fy ngwlad?" ¹³ Dywedodd brenin yr Ammoniaid wrth negeswyr Jefftha, "Pan ddaeth Israel i fyny o'r Aifft, meddiannodd fy ngwlad rhwng nentydd Arnon a Jabboc, hyd at yr Iorddonen; felly dyro hi'n ôl yn awr yn heddychol." ¹⁴ Anfonodd Jefftha negeswyr eto at frenin yr Ammoniaid ¹⁵ i ddweud wrtho, "Dyma a ddywed Jefftha: 'Ni chymerodd Israel dir Moab na thir yr Ammoniaid; ¹⁶ oherwydd pan ddaethant i fyny o'r Aifft, fe aeth Israel trwy'r anialwch hyd at y Môr Coch nes dod i Cades. ¹⁷ Yna fe anfonodd Israel negeswyr at frenin Edom a dweud, "Gad imi fynd trwy dy dir di"; ond ni wrandawai brenin Edom. Wedyn anfonwyd at frenin Moab, ac nid oedd ef yn fodlon; felly arhosodd Israel yn Cades. ¹⁸ Yna aethant drwy'r anialwch i fynd heibio i dir Edom a thir Moab o'r tu dwyrain i wlad Moab, a gwersyllu y tu hwnt i nant Arnon, heb groesi terfyn Moab, oherwydd nant Arnon yw terfyn Moab. ¹⁹ Anfonodd Israel negeswyr hefyd at frenin yr Amoriaid, Sihon brenin Hesbon, a dweud wrtho, "Gad imi groesi dy dir i'm lle fy hun." ²⁰ Eto nid ymddiriedai Sihon yn Israel, iddi groesi ei ffin, ond casglodd ei holl fyddin a gwersyllu yn Jahas ac ymladd yn erbyn Israel. ²¹ Rhoddodd yr ARGLWYDD, Duw Israel, Sihon a'i holl fyddin yn llaw Israel, ac fe'u lladdwyd; a meddiannodd Israel holl dir yr Amoriaid oedd yn byw yn yr ardal honno. ²² Daethant i feddiannu holl derfynau'r Amoriaid o nant Arnon hyd nant Jabboc, ac o'r anialwch hyd yr Iorddonen. ²³ Yr ARGLWYDD, Duw Israel,

---
10:12 Felly Groeg. Hebraeg, *Maon*.

a yrrodd yr Amoriaid allan o flaen ei bobl Israel. A wyt ti'n awr am ei feddiannu? ²⁴ Onid yr hyn y bydd dy dduw Cemos yn ei roi'n feddiant iti yr wyt ti i'w feddiannu? Yn yr un modd meddiannwn ninnau'r cyfan y bydd yr ARGLWYDD ein Duw yn ei roi'n feddiant i ninnau. ²⁵ Ac yn awr, a wyt ti rywfaint gwell na Balac fab Sippor, brenin Moab? A fu ef yn ymryson o gwbl ag Israel, neu'n ymladd erioed yn eu herbyn? ²⁶ Bu Israel yn byw yn Hesbon ac Aroer a'u maestrefi, ac yn yr holl drefi sydd ar lannau'r afon, am dri chan mlynedd; pam na fyddech wedi eu hadennill yn ystod y cyfnod hwnnw? ²⁷ Nid myfi sydd wedi pechu yn d'erbyn, ond ti sy'n gwneud cam â mi wrth ddod i ryfela yn f'erbyn. Y mae'r ARGLWYDD yn farnwr; barned ef heddiw rhwng Israel a'r Ammoniaid.' " ²⁸ Ond ni wrandawodd brenin yr Ammoniaid ar y neges a anfonodd Jefftha ato.

Merch Jefftha

²⁹ Daeth ysbryd yr ARGLWYDD ar Jefftha, ac aeth trwy Gilead a Manasse a thrwy Mispe Gilead, ac oddi yno drosodd at yr Ammoniaid. ³⁰ A gwnaeth Jefftha adduned i'r ARGLWYDD a dweud, "Os rhoi di'r Ammoniaid yn fy llaw, ³¹ beth bynnag a ddaw allan o ddrws fy nhŷ i'm cyfarfod wrth imi ddychwelyd yn ddiogel oddi wrth yr Ammoniaid, bydd yn eiddo i'r ARGLWYDD, ac offrymaf ef yn boethoffrwm." ³² A phan aeth Jefftha i frwydro yn erbyn yr Ammoniaid, fe roddodd yr ARGLWYDD hwy yn llaw Jefftha, ³³ a goresgynnodd hwy'n llwyr, o Aroer hyd gyffiniau Minnith—ugain tref, gan gynnwys Abel-ceramim; felly darostyngwyd yr Ammoniaid gan yr Israeliaid. ³⁴ Pan gyrhaeddodd Jefftha ei gartref yn Mispa, daeth ei ferch allan i'w gyfarfod â thympanau a dawnsiau. Hi oedd ei unig blentyn; nid oedd ganddo fab na merch ar wahân iddi hi. ³⁵ A phan welodd ef hi, rhwygodd ei wisg, a dweud, "Gwae fi, fy merch! Yr wyt ti wedi fy nryllio'n llwyr, a thi yw achos fy nhrallod. Gwneuthum addewid i'r ARGLWYDD, ac ni allaf ei thorri." ³⁶ Ac meddai hithau wrtho, "Fy nhad, yr wyt wedi gwneud addewid i'r ARGLWYDD; gwna imi fel yr addewaist, wedi i'r ARGLWYDD sicrhau iti ddialedd ar dy elynion, yr Ammoniaid." ³⁷ Ychwanegodd, "Caniatâ un peth i mi; rho imi ysbaid o ddeufis i grwydro'r mynyddoedd ac i wylo am fy morwyndod gyda'm ffrindiau." ³⁸ Dywedodd yntau, "Ie, dos." Gadawodd iddi fynd am ddeufis; ac aeth hithau a'i ffrindiau i wylo am ei morwyndod ar y mynyddoedd. ³⁹ Ar derfyn y deufis, daeth yn ôl at ei thad, a gwnaeth yntau iddi yn ôl yr adduned a dyngodd. Nid oedd hi wedi cael cyfathrach â gŵr. A daeth hyn yn ddefod yn Israel, ⁴⁰ bod merched Israel yn mynd allan bob blwyddyn i alaru am ferch Jefftha o Gilead am bedwar diwrnod yn y flwyddyn.

Jefftha a Gwŷr Effraim

12 Galwodd gwŷr Effraim eu milwyr ynghyd a chroesi i Saffon, a dweud wrth Jefftha, "Pam yr aethost i ymladd yn erbyn yr Ammoniaid heb ein gwahodd ni i fynd gyda thi? Fe losgwn dy dŷ am dy ben." ² Dywedodd Jefftha, "Yr oedd gennyf fi a'm pobl achos chwerw yn erbyn yr Ammoniaid, ond pe byddwn wedi galw arnoch chwi, ni fyddech wedi fy achub o'u llaw. ³ Pan welais na fyddech yn fy achub, mentrais fynd yn erbyn yr Ammoniaid; ac fe roddodd yr ARGLWYDD hwy yn fy llaw. Pam yr ydych wedi dod ataf heddiw i ymladd â mi?" ⁴ Yna casglodd Jefftha holl filwyr Gilead at ei gilydd ac ymladd ag Effraim; a threchodd milwyr Gilead bobl Effraim, am iddynt ddweud, "Ffoedigion o Effraim ydych chwi, bobl Gilead, ymysg pobl Effraim a Manasse."

⁵ Meddiannodd Gilead y rhydau dros yr Iorddonen i gyfeiriad Effraim, a phan fyddai ffoadur o Effraim yn crefu am gael croesi, byddai dynion Gilead yn gofyn iddo, "Ai un o Effraim wyt ti?" Pe byddai hwnnw'n ateb, "Nage", ⁶ yna byddent yn dweud wrtho, "Dywed, 'Shibboleth'." Byddai yntau'n dweud, "Sibboleth", gan na fedrai ynganu'n gywir. Ac wedi iddynt ei ddal, byddent yn ei ladd ger rhydau'r Iorddonen. Bu farw dwy fil a deugain o wŷr Effraim y

pryd hwnnw. ⁷ Bu Jefftha o Gilead yn farnwr ar Israel am chwe blynedd; a phan fu farw, claddwyd ef yn ei dref yn* Gilead.

Ibsan, Elon ac Abdon

⁸ Ar ei ôl ef bu Ibsan o Fethlehem yn farnwr ar Israel. ⁹ Yr oedd ganddo ddeg ar hugain o feibion a deg ar hugain o ferched. Rhoddodd ei ferched ei hun mewn priodas i rai o'r tu allan, a chyrchodd ddeg ar hugain o ferched o'r tu allan yn wragedd i'w feibion. Bu'n farnwr ar Israel am saith mlynedd. ¹⁰ Pan fu Ibsan farw, claddwyd ef ym Methlehem.

¹¹ Ar ei ôl ef bu Elon o Sabulon yn farnwr ar Israel am ddeng mlynedd. ¹² Pan fu Elon o Sabulon farw, claddwyd ef yn Ajalon yn nhir Sabulon. ¹³ Ar ei ôl ef bu Abdon fab Hilel o Pirathon yn farnwr ar Israel. ¹⁴ Yr oedd ganddo ef ddeugain mab a deg ar hugain o wyrion yn marchogaeth ar ddeg asyn a thrigain. Bu'n farnwr ar Israel am wyth mlynedd. ¹⁵ Pan fu Abdon fab Hilel o Pirathon farw, claddwyd ef yn Pirathon yn nhir Effraim, ym mynydd yr Amaleciaid.

Genedigaeth Samson

13 Unwaith eto gwnaeth yr Israeliaid yr hyn oedd ddrwg yng ngolwg yr ARGLWYDD, a rhoddodd yr ARGLWYDD hwy yn llaw'r Philistiaid am ddeugain mlynedd.

² Yr oedd rhyw ddyn o'r enw Manoa o Sora, o lwyth Dan, ac yr oedd ei wraig yn ddi-blant, heb eni yr un plentyn. ³ Ymddangosodd angel yr ARGLWYDD i'r wraig a dweud wrthi, "Dyma ti yn ddi-blant, heb eni plentyn, ond byddi'n beichiogi ac yn geni mab. ⁴ Felly, gwylia rhag yfed gwin na diod gadarn, a phaid â bwyta dim aflan, ⁵ gan dy fod yn mynd i feichiogi a geni mab; ac nid yw ellyn i gyffwrdd â'i ben, oherwydd y mae'r bachgen i fod yn Nasaread i Dduw o'r groth. Ef fydd yn dechrau gwaredu Israel o law'r Philistiaid." ⁶ Aeth y wraig at ei gŵr a dweud, "Daeth gŵr Duw ataf, a'i wedd fel angel Duw, yn frawychus iawn; ni ofynnais iddo o ble'r oedd, ac ni ddywedodd ei enw wrthyf. ⁷ Fe ddywedodd wrthyf, 'Byddi'n beichiogi ac yn geni mab; felly paid ag yfed na gwin na diod gadarn, na bwyta dim aflan, oherwydd bydd y bachgen yn Nasaread i Dduw o'r groth hyd ddydd ei farw.'"

⁸ Gweddïodd Manoa ar yr ARGLWYDD a dweud, "O Arglwydd, os gweli'n dda, gad i'r gŵr Duw a anfonaist ddod yn ôl atom i'n cyfarwyddo beth i'w wneud i'r bachgen a enir." ⁹ Gwrandawodd Duw ar gais Manoa, a daeth angel Duw eto at y wraig, pan oedd hi'n eistedd allan yn y maes, a'i gŵr Manoa heb fod gyda hi. ¹⁰ Rhedodd hithau ar unwaith a dweud wrth ei gŵr, "Y mae'r dyn a ddaeth ataf y diwrnod hwnnw wedi ymddangos eto." ¹¹ Cododd Manoa a dilynodd ei wraig at y dyn a gofyn iddo, "Ai ti yw'r gŵr a fu'n siarad gyda'm gwraig?" Ac meddai yntau, "Ie." ¹² Gofynnodd Manoa iddo, "Pan wireddir dy air, sut fachgen fydd ef, a beth fydd ei waith?" ¹³ Dywedodd angel yr ARGLWYDD wrth Manoa, "Rhaid i'th wraig ofalu am bopeth a ddywedais wrthi; ¹⁴ nid yw hi i fwyta dim a ddaw o'r winwydden, nac i yfed na gwin na diod gadarn, na bwyta dim aflan. ¹⁵ Y mae i gadw'r cwbl a orchmynnais iddi." Yna dywedodd Manoa wrth angel yr ARGLWYDD, "Yr ydym am dy gadw yma nes y byddwn wedi paratoi myn gafr ar dy gyfer." ¹⁶ Ond atebodd angel yr ARGLWYDD ef, "Pe bait yn fy nghadw yma, ni fyddwn yn bwyta dy fwyd, ond os wyt am offrymu poethoffrwm, offryma ef i'r ARGLWYDD." Ni wyddai Manoa mai angel yr ARGLWYDD ydoedd, ¹⁷ a gofynnodd iddo, "Beth yw d'enw, inni gael dy anrhydeddu pan wireddir dy air?" ¹⁸ Atebodd angel yr ARGLWYDD, "Pam yr wyt ti'n holi fel hyn ynghylch fy enw? Y mae'n rhyfeddol!" ¹⁹ Yna cymerodd Manoa'r myn gafr a'r bwydoffrwm, a'u hoffrymu i'r ARGLWYDD ar y graig, a digwyddodd rhyfeddod tra oedd Manoa a'i wraig yn edrych. ²⁰ Fel yr oedd y fflam yn codi oddi ar yr allor i'r awyr, esgynnodd angel yr ARGLWYDD yn fflam yr allor. Yr oedd Manoa a'i wraig yn edrych, a syrthiasant ar eu hwynebau ar lawr. ²¹ Nid ymddangosodd angel

---

12:7 Felly Groeg. Hebraeg, *yn nhrefi*.

yr ARGLWYDD iddynt mwyach, a sylweddolodd Manoa mai angel yr ARGLWYDD oedd. ²² Yna dywedodd Manoa wrth ei wraig, "Yr ydym yn sicr o farw am inni weld Duw." ²³ Ond meddai hi wrtho, "Pe byddai'r ARGLWYDD wedi dymuno ein lladd, ni fyddai wedi derbyn poethoffrwm a bwydoffrwm o'n llaw, na dangos yr holl bethau hyn i ni, na pheri inni glywed pethau fel hyn yn awr." ²⁴ Wedi i'r wraig eni mab, galwodd ef Samson; tyfodd y bachgen dan fendith yr ARGLWYDD, ²⁵ a dechreuodd ysbryd yr ARGLWYDD ei gynhyrfu yn Mahane-dan, rhwng Sora ac Estaol.

Samson yn Priodi Merch o Timna

14 Aeth Samson i Timna, ac yno sylwodd ar un o ferched y Philistiaid. ² Pan ddychwelodd, dywedodd wrth ei dad a'i fam, "Yr wyf wedi gweld un o ferched y Philistiaid yn Timna; cymerwch honno'n wraig imi." ³ Ac meddai ei dad a'i fam wrtho, "Onid oes gwraig iti ymhlith merched dy gymrodyr a'th holl geraint? Pam yr ei i geisio gwraig o blith y Philistiaid dienwaededig?" Ond dywedodd Samson wrth ei dad, "Cymer honno imi, oherwydd hi sydd wrth fy modd." ⁴ Ni wyddai ei dad a'i fam mai oddi wrth yr ARGLWYDD yr oedd hyn, ac mai ceisio achos yn erbyn y Philistiaid yr oedd ef. Yr adeg honno y Philistiaid oedd yn arglwyddiaethu ar Israel.

⁵ Aeth Samson i lawr gyda'i dad a'i fam i Timna, a phan gyrhaeddodd winllannoedd Timna, daeth llew ifanc i'w gyfarfod dan ruo. ⁶ Disgynnodd ysbryd yr ARGLWYDD ar Samson, a holltodd y llew ifanc fel hollti myn, heb ddim yn ei law; ond ni ddywedodd wrth ei rieni beth a wnaeth. ⁷ Yna aeth Samson yn ei flaen i siarad gyda'r ferch, a'i chael wrth ei fodd. ⁸ Pan ddychwelodd ymhen amser i'w phriodi, trodd i edrych ar ysgerbwd y llew, a dyna lle'r oedd haid o wenyn a mêl y tu mewn i'r corff. ⁹ Cymerodd beth o'r mêl yn ei law, ac aeth yn ei flaen dan fwyta, nes dod at ei dad a'i fam; rhoddodd beth hefyd iddynt hwy i'w fwyta, heb ddweud wrthynt mai o gorff y llew y daeth y mêl. ¹⁰ Aeth ei dad i lawr at y ferch, a gwnaeth Samson wledd yno yn ôl arfer y gwŷr ifainc. ¹¹ Pan welsant ef, dewiswyd deg ar hugain o gyfeillion i gadw cwmni iddo. ¹² Ac meddai Samson wrthynt, "Yr wyf am osod pos i chwi; os llwyddwch i'w ateb yn gywir yn ystod saith diwrnod y wledd, rhof i chwi ddeg darn ar hugain o frethyn a deg siwt ar hugain o ddillad. ¹³ Ond os methwch roi'r ateb imi, rhaid i chwi roi i mi ddeg darn ar hugain o frethyn a deg siwt ar hugain o ddillad." ¹⁴ Dywedasant wrtho, "Mynega dy bos, inni ei glywed." A dywedodd wrthynt:

"O'r bwytawr fe ddaeth bwyd,
  ac o'r cryf fe ddaeth melystra."

Am dridiau buont yn methu ateb y pos. ¹⁵ Ar y pedwerydd* dydd dywedasant wrth wraig Samson, "Huda dy ŵr i ddatgelu'r pos inni, neu fe'th losgwn di a'th deulu. Ai er mwyn ein tlodi y rhoesoch wahoddiad inni yma*?" ¹⁶ Aeth gwraig Samson ato yn ei dagrau a dweud, "Fy nghasáu yr wyt ti, nid fy ngharu; rwyt wedi gosod pos i lanciau fy mhobl heb ei egluro i mi." Ac meddai yntau, "Nid wyf wedi ei egluro i'm tad a'm mam; pam yr eglurwn ef i ti?" ¹⁷ Bu'n wylo wrtho trwy gydol y saith diwrnod y cynhaliwyd y wledd, ac ar y seithfed dydd fe'i heglurodd iddi, am ei bod wedi ei flino. Eglurodd hithau'r pos i lanciau ei phobl. ¹⁸ A dywedodd dynion y dref wrtho ar y seithfed diwrnod, cyn i'r haul fachlud:

"Beth sy'n felysach na mêl,
  a beth sy'n gryfach na llew?"

Dywedodd yntau wrthynt:

"Oni bai i chwi aredig â'm heffer,
  ni fyddech wedi datrys fy mhos."

¹⁹ Yna disgynnodd ysbryd yr ARGLWYDD arno, aeth i lawr i Ascalon a lladdodd ddeg ar hugain o ddynion. Cymerodd eu gwisgoedd a rhoi'r siwtiau i'r rhai a atebodd y pos, ond yr oedd wedi digio'n enbyd ac aeth yn ei ôl adref.

14:15 Felly Fersiynau. Hebraeg, *seithfed*.
14:15 Felly rhai llawysgrifau a Targwm. TM yn aneglur.

²⁰ Rhoddwyd gwraig Samson i'w gyfaill, a fu'n was priodas iddo.

15

Ymhen amser, ar adeg y cynhaeaf gwenith, ymwelodd Samson â'i wraig gyda myn gafr, a dweud, "Yr wyf am gael mynd at fy ngwraig i'r siambr." Ond ni chaniataodd ei thad iddo fynd, ² a dywedodd wrtho, "Yr oeddwn yn meddwl yn sicr ei bod hi'n llwyr atgas gennyt; felly rhoddais hi i'th was priodas. Y mae ei chwaer iau yn dlysach na hi; cymer hi yn ei lle." ³ Ond dywedodd Samson wrthynt, "Y tro hwn fe dalaf y pwyth i'r Philistiaid; fe achosaf niwed difrifol iddynt." ⁴ Aeth Samson a dal tri chant o lwynogod; ac wedi iddo gael ffaglau, fe'u clymodd hwy gynffon wrth gynffon, a gosod ffagl yn y canol rhwng y ddwy gynffon. ⁵ Yna wedi iddo gynnau'r ffaglau, gyrrodd hwy drwy gnydau'r Philistiaid, a llosgi'r styciau a'r ŷd oedd heb ei dorri a'r gerddi olewydd. ⁶ Pan ofynnodd y Philistiaid pwy oedd wedi gwneud hyn, dywedwyd, "Samson, mab-yng-nghyfraith y dyn o Timna, am fod hwnnw wedi cymryd ei wraig ef a'i rhoi i'w was priodas." ⁷ Aeth y Philistiaid a'i llosgi hi a'i thad; a dywedodd Samson, "Os ydych chwi'n ymddwyn fel hyn, nid ymataliaf finnau nes dial arnoch." ⁸ Trawodd hwy'n bendramwnwgl â difrod mawr, cyn mynd ymaith ac aros mewn hafn yng nghraig Etam.

Samson yn Gorchfygu'r Philistiaid

⁹ Daeth y Philistiaid i fyny a gwersyllu yn Jwda, ac ymledu trwy Lehi. ¹⁰ Gofynnodd gwŷr Jwda, "Pam y daethoch yn ein herbyn?" Ac meddent, "Daethom i ddal Samson, a gwneud iddo ef fel y gwnaeth ef i ni." ¹¹ Yna aeth tair mil o wŷr o Jwda i hafn craig Etam a dweud wrth Samson, "Fe wyddost yn iawn mai'r Philistiaid sy'n ein llywodraethu; beth yw hyn a wnaethost inni?" Atebodd yntau, "Gwneuthum iddynt hwy fel y gwnaethant hwy i mi." ¹² Yna dywedasant, "Yr ydym ni wedi dod yma i'th rwymo a'th roi yn llaw'r Philistiaid." Dywedodd Samson wrthynt, "Ewch ar eich llw na wnewch chwi niwed imi." ¹³ Dywedodd y gwŷr, "Na, dim ond dy rwymo a wnawn, a'th drosglwyddo iddynt hwy; yn sicr, nid ydym am dy ladd." Yna rhwymasant ef â dwy raff newydd, a mynd ag ef o'r graig. ¹⁴ Pan gyrhaeddodd Lehi, a'r Philistiaid yn bloeddio wrth ei gyfarfod, disgynnodd ysbryd yr ARGLWYDD arno, aeth y rhaffau oedd am ei freichiau fel llinyn wedi ei ddeifio gan dân, a syrthiodd ei rwymau oddi am ei ddwylo. ¹⁵ Cafodd ên asyn, a honno heb sychu; gafaelodd ynddi â'i law, a lladd mil o ddynion. ¹⁶ Ac meddai Samson:

"Â gên asyn rhois iddynt gurfa asyn;
â gên asyn lleddais fil o ddynion."

¹⁷ Wedi iddo orffen dweud hyn, taflodd yr ên o'i law, a galwyd y lle hwnnw Ramath-lehi*. ¹⁸ Yr oedd syched mawr arno, a galwodd ar yr ARGLWYDD a dweud, "Ti a roddodd y fuddugoliaeth fawr hon i'th was, ond a wyf yn awr i drengi o syched, a syrthio i afael y rhai dienwaededig?" ¹⁹ Holltodd Duw y ceubwll sydd yn Lehi, a ffrydiodd dŵr ohono; wedi iddo yfed, adferwyd ei ysbryd ac adfywiodd. Am hynny enwodd y ffynnon En-haccore*; y mae yn Lehi hyd heddiw.

²⁰ Bu Samson yn farnwr ar Israel am ugain mlynedd yng nghyfnod y Philistiaid.

Samson yn Gasa

16

Pan aeth Samson i Gasa, gwelodd yno butain ac aeth i mewn ati. ² Clywodd pobl Gasa* fod Samson yno, a daethant at ei gilydd a disgwyl amdano drwy'r nos wrth borth y dref heb wneud unrhyw symudiad, gan feddwl, "Pan ddaw'n olau ddydd, fe'i lladdwn." ³ Gorweddodd Samson hyd hanner nos; yna cododd a gafael yn nwy ddôr a dau gilbost porth y dref, a'u codi o'u lle, ynghyd â'r bar. Ac wedi eu gosod ar ei ysgwyddau, fe'u cariodd i gopa'r mynydd gyferbyn â Hebron.

15:17 H.y., *Bryn yr ên.*
15:19 H.y., *Ffynnon y galwr.*
16:2 Felly Groeg. Hebraeg, *I bobl Gasa.*

Samson a Delila

⁴ Ar ôl hyn, syrthiodd mewn cariad â dynes yn nyffryn Sorec, o'r enw Delila. ⁵ Daeth arglwyddi'r Philistiaid ati a dweud wrthi, "Huda ef, i gael gweld ymhle y mae ei nerth mawr, a pha fodd y gallwn ei drechu a'i rwymo a'i gadw'n gaeth. Yna fe rydd pob un ohonom iti un cant ar ddeg o ddarnau arian." ⁶ Dywedodd Delila wrth Samson, "Dywed i mi ymhle y mae dy nerth mawr, a sut y gellir dy rwymo i'th gadw'n gaeth?" ⁷ Dywedodd Samson wrthi, "Petaent yn fy rhwymo â saith llinyn bwa ir heb sychu, yna mi awn cyn wanned â dyn cyffredin." ⁸ Daeth arglwyddi'r Philistiaid â saith llinyn bwa ir heb sychu iddi, a rhwymodd hithau ef â hwy. ⁹ Tra oedd gwylwyr cudd yn disgwyl mewn ystafell fewnol, dywedodd hi wrtho, "Y mae'r Philistiaid ar dy warthaf, Samson!" Torrodd yntau y llinynnau, fel y torrir edau garth pan ddaw'n agos at dân. Ni ddatgelwyd cyfrinach ei gryfder. ¹⁰ Ac meddai Delila wrth Samson, "Dyma ti wedi gwneud ffŵl ohonof a dweud celwydd wrthyf; yn awr dywed wrthyf yn iawn sut y rhwymir di." ¹¹ Dywedodd yntau, "Pe rhwyment fi â rhaffau newydd heb fod erioed ar waith, yna mi awn cyn wanned â dyn cyffredin." ¹² Felly cymerodd Delila raffau newydd a'i rwymo â hwy, a dweud, "Y mae'r Philistiaid ar dy warthaf, Samson!" A thra oedd y gwylwyr yn parhau yn yr ystafell fewnol, torrodd ef y rhaffau oddi ar ei freichiau fel edau. ¹³ Ac meddai Delila wrth Samson, "Hyd yn hyn yr wyt wedi gwneud ffŵl ohonof a dweud celwydd wrthyf; dywed wrthyf yn iawn sut y rhwymir di." Dywedodd wrthi, "Pe baet yn gwau saith cudyn fy mhen i'r we, ac yn ei thynhau â'r hoelen, yna mi awn cyn wanned â dyn cyffredin." ¹⁴ Felly suodd Delila ef i gysgu, a gweodd saith cudyn ei ben i mewn i'r we*, a'i thynhau â'r hoelen. Yna dywedodd wrtho, "Y mae'r Philistiaid ar dy warthaf, Samson!" Deffrôdd yntau o'i gwsg, a thynnodd yn rhydd yr hoelen, y garfan a'r we. ¹⁵ Ac meddai hi wrtho, "Sut y medri di ddweud, 'Rwy'n dy garu', a thithau heb ymddiried ynof? Y tair gwaith hyn yr wyt wedi gwneud ffŵl ohonof, a heb ddweud wrthyf yn iawn ymhle y mae dy nerth mawr." ¹⁶ Ac oherwydd ei bod yn ei flino â'i geiriau, ddydd ar ôl dydd, ac yn dal i'w boeni nes ei fod wedi ymlâdd, ¹⁷ fe ddywedodd ei gyfrinach yn llawn wrthi. Dywedodd, "Nid yw ellyn erioed wedi cyffwrdd â'm pen, oherwydd bûm yn Nasaread i Dduw o groth fy mam. Petaent yn fy eillio, yna byddai fy nerth yn pallu ac mi awn cyn wanned â dyn cyffredin." ¹⁸ Gwelodd Delila ei fod wedi dweud ei gyfrinach yn llawn wrthi, ac anfonodd am arglwyddi'r Philistiaid a dweud, "Dewch ar unwaith; y mae wedi dweud ei gyfrinach yn llawn wrthyf." Daeth arglwyddi'r Philistiaid ati â'r arian yn eu llaw. ¹⁹ Suodd hi Samson i gysgu ar ei gliniau, ac yna galwodd am ddyn i eillio saith cudyn ei ben. Dechreuodd ei gystwyo, ac yr oedd ei nerth wedi cilio rhagddo. ²⁰ Dywedodd, "Y mae'r Philistiaid ar dy warthaf, Samson!" Deffrôdd ef o'i gwsg gan feddwl, "Af allan fel o'r blaen ac ymryddhau." Ni wyddai fod yr ARGLWYDD wedi cefnu arno. ²¹ Daliodd y Philistiaid ef, a thynnu ei lygaid, a mynd ag ef i lawr i Gasa a'i rwymo mewn gefynnau; a bu'n malu blawd yn y carchardy. ²² Ond dechreuodd ei wallt dyfu eto ar ôl ei eillio.

Marwolaeth Samson

²³ Daeth arglwyddi'r Philistiaid ynghyd mewn llawenydd i offrymu aberth mawr i'w duw Dagon a dweud:

"Rhoddodd ein duw yn ein dwylo
ein gelyn Samson."

²⁴ A phan welodd y bobl ef, rhoesant foliant i'w duw a dweud:

"Rhoddodd ein duw yn ein dwylo
ein gelyn ac anrheithiwr ein gwlad,
a amlhaodd ein celaneddau."

²⁵ Pan oeddynt yn llawn hwyliau dywedasant, "Galwch Samson i'n difyrru." Galwyd Samson o'r carchardy, a gwnaeth hwyl iddynt; a rhoddwyd ef i sefyll rhwng y colofnau. ²⁶ Dywedodd

---

16:14 Felly Groeg. Hebraeg heb *ac yn ei thynhau . . . i mewn i'r we*.

Samson wrth y bachgen oedd yn gafael yn ei law, "Rho fi lle y gallaf deimlo'r colofnau sy'n cynnal y deml, imi gael pwyso arnynt." ²⁷ Yr oedd y deml yn llawn o ddynion a merched; yr oedd holl arglwyddi'r Philistiaid yno hefyd, a thua thair mil o bobl ar y to yn edrych ar Samson yn eu difyrru. ²⁸ Yna galwodd Samson ar yr ARGLWYDD a dweud, "O Arglwydd DDUW, cofia fi, a nertha fi'r tro hwn yn unig, O Dduw, er mwyn imi gael dial unwaith am byth ar y Philistiaid am fy nau lygad." ²⁹ Ymestynnodd Samson at y ddwy golofn ganol oedd yn cynnal y deml, a phwyso arnynt, ei law dde ar un a'i law chwith ar y llall. ³⁰ Yna dywedodd, "Bydded i minnau farw gyda'r Philistiaid!" Gwthiodd yn nerthol, a chwympodd y deml ar yr arglwyddi a'r holl bobl oedd ynddi, ac felly lladdodd Samson fwy wrth farw nag a laddodd yn ystod ei fywyd. ³¹ Aeth ei frodyr a'i holl deulu i lawr i'w gymryd ef a'i gludo oddi yno, a'i gladdu rhwng Sora ac Estaol ym medd ei dad Manoa. Bu'n farnwr ar Israel am ugain mlynedd.

Eilunod Mica

17 Yr oedd dyn o fynydd-dir Effraim o'r enw Mica. ² Dywedodd wrth ei fam, "Ynglŷn â'r un cant ar ddeg o ddarnau arian a ddygwyd oddi arnat, ac y clywais di'n cyhoeddi melltith arnynt—dyma'r arian gennyf fi; myfi a'u cymerodd." Ac meddai ei fam, "Bendith yr ARGLWYDD fo ar fy mab!" ³ Rhoddodd yr un cant ar ddeg o ddarnau arian yn ôl i'w fam; a dywedodd hithau, "Yr wyf am lwyr gysegru'r arian hwn i'r ARGLWYDD, a'i roi i'm mab i wneud cerfddelw a delw dawdd; felly dyma fi'n ei roi yn ôl iti." ⁴ Ond dychwelodd ef yr arian i'w fam, ac yna cymerodd hi ddau gant o'r darnau a'u rhoi i'r eurych, a gwnaeth yntau gerfddelw a delw dawdd i fod yn nhŷ Mica. ⁵ Yr oedd gan y dyn hwn, Mica, gysegr, a gwnaeth effod a teraffim, ac urddo un o'i feibion i fod yn offeiriad iddo. ⁶ Yn y dyddiau hynny nid oedd brenin yn Israel; yr oedd pob un yn gwneud yr hyn oedd yn iawn yn ei olwg ei hun.

⁷ Yr oedd llanc o Lefiad o Fethlehem Jwda yn crwydro ymysg tylwyth Jwda, ⁸ ac wedi iddo adael tref Bethlehem Jwda i fyw ymhle bynnag y câi le, digwyddodd ddod ar ei daith i fynydd-dir Effraim ac i dŷ Mica. ⁹ Gofynnodd Mica iddo, "O ble'r wyt ti'n dod?" Atebodd yntau, "Lefiad wyf fi o Fethlehem Jwda, ac rwyf am aros ymhle bynnag y caf le." ¹⁰ Ac meddai Mica wrtho, "Aros gyda mi, a bydd yn dad ac yn offeiriad i mi. Rhoddaf finnau iti ddeg darn arian y flwyddyn, dy ddillad a'th fwyd*." ¹¹ Cytunodd y llanc o Lefiad i fyw gyda'r dyn, a bu fel un o'i feibion. ¹² Urddodd Mica y Lefiad ifanc, a bu'n offeiriad iddo ac yn aros yn nhŷ Mica. ¹³ A dywedodd Mica, "Gwn yn awr y bydd yr ARGLWYDD yn fy llwyddo, oherwydd daeth y Lefiad yn offeiriad imi."

Mica a Llwyth Dan

18 Yn y dyddiau hynny nid oedd brenin yn Israel. Yr adeg honno yr oedd llwyth Dan yn chwilio am randir i fyw ynddo, oherwydd hyd hynny nid oeddent wedi cael rhandir ymhlith llwythau Israel. ² Anfonodd y Daniaid bump o ddynion teilwng ar ran y llwyth cyfan, i fynd o Sora ac Estaol i ysbïo'r wlad a'i chwilio. Wedi iddynt dderbyn y gorchymyn i fynd i chwilio'r wlad, aethant cyn belled â thŷ Mica ym mynydd-dir Effraim, a threulio'r nos yno. ³ Pan oeddent gerllaw tŷ Mica, dyma hwy'n adnabod llais y llanc o Lefiad; troesant i mewn a gofyn iddo, "Pwy ddaeth â thi yma? Beth wyt ti'n ei wneud yn y fan hon? Pa fusnes sydd gennyt yma?" ⁴ Eglurodd sut yr oedd Mica wedi gweithredu gydag ef: "Y mae wedi fy nghyflogi, ac yr wyf finnau wedi dod yn offeiriad iddo." ⁵ Dywedasant wrtho, "Gofyn i Dduw, inni gael gwybod a lwyddwn ar ein taith." ⁶ Dywedodd yr offeiriad wrthynt, "Ewch mewn heddwch; y mae'ch taith dan ofal yr ARGLWYDD." ⁷ Aeth y pump i ffwrdd, a chyrraedd Lais. Yno gwelsant fod y bobl yn byw'n ddiogel, yr un fath â'r

---

17:10 Hebraeg yn ychwanegu *ac aeth y Lefiad.*

Sidoniaid, yn dawel a dibryder, heb fod yn brin o ddim ar y ddaear, ond yn berchnogion ar gyfoeth*. Yr oeddent yn bell oddi wrth y Sidoniaid, heb gysylltiad rhyngddynt a neb. ⁸ Wedi iddynt ddychwelyd at eu pobl i Sora ac Estaol, gofynnodd eu pobl, "Beth yw'ch barn?" ⁹ Ac meddent hwy, "Dewch, awn i fyny yn eu herbyn, oherwydd gwelsom fod y wlad yn ffrwythlon iawn. Pam yr ydych yn sefyllian? Peidiwch ag oedi mynd yno i gymryd meddiant o'r wlad. ¹⁰ Pan ddewch yno, byddwch yn dod at bobl ddibryder ac i wlad eang; yn wir y mae Duw wedi rhoi i chwi le heb ynddo brinder o ddim ar y ddaear."

¹¹ Felly cychwynnodd chwe chant o wŷr arfog yn perthyn i lwyth Dan o Sora ac Estaol. ¹² Aethant a gwersyllu yn Ciriath-jearim yn Jwda, a dyna pam yr enwyd y lle hwnnw Mahane-dan* hyd heddiw; y mae i'r gorllewin o Ciriath-jearim. ¹³ Oddi yno aethant ymlaen i fynydd-dir Effraim nes dod at dŷ Mica. ¹⁴ Yna dywedodd y pump, a oedd wedi mynd i ysbïo'r wlad cyn belled â Lais, wrth eu brodyr, "A wyddoch chwi fod effod, teraffim, cerfddelw a delw dawdd yn un o'r tai hyn? Gwyddoch beth i'w wneud yn awr." ¹⁵ Troesant am y lle, a dod at dŷ Mica, cartref y llanc o Lefiad, a'i gyfarch. ¹⁶ Safodd y chwe channwr arfog o lwyth Dan wrth y drws, ¹⁷ tra aeth y pum dyn oedd wedi bod yn ysbïo'r wlad i mewn i gymryd y gerfddelw, yr effod, y teraffim a'r ddelw dawdd. Safai'r offeiriad wrth y drws gyda'r chwe channwr arfog. ¹⁸ Wedi i'r rhain fynd i mewn i dŷ Mica a chymryd y gerfddelw, yr effod, y teraffim a'r ddelw dawdd, dywedodd yr offeiriad wrthynt, "Beth ydych yn ei wneud?" ¹⁹ Dywedasant hwythau wrtho, "Taw di, a phaid â dweud dim. Tyrd gyda ni, a bydd yn dad ac yn offeiriad i ni. Prun sydd orau, ai bod yn offeiriad i un teulu, ynteu'n offeiriad i lwyth a thylwyth yn Israel?" ²⁰ Bodlonodd yr offeiriad a chymerodd yr effod, y teraffim a'r gerfddelw, ac ymuno â'r fintai. ²¹ Wedi iddynt ailgychwyn, gosodasant y rhai bychain a'r preiddiau a'r meddiannau ar y blaen. ²² Yr oeddent wedi mynd gryn bellter o dŷ Mica cyn i'r dynion yn y tai gerllaw ei gartref gael eu galw ynghyd i ymlid y Daniaid. ²³ Wedi iddynt oddiweddyd y Daniaid, troesant hwythau i'w hwynebu, ac meddent wrth Mica, "Beth sy'n bod, i beri iti ddod â'r fath fintai?" ²⁴ Atebodd Mica, "Yr ydych wedi cymryd y duwiau a wneuthum, ac wedi mynd â'm hoffeiriad; a beth arall sydd gennyf? Sut felly y gallwch ofyn imi, 'Beth sy'n bod arnat?' " ²⁵ Ac meddai'r Daniaid wrtho, "Paid â chodi dy lais arnom, rhag i ddynion gwyllt eu tymer ruthro arnoch, ac i ti a'th deulu golli'ch bywyd." ²⁶ Yna aeth y Daniaid ar eu ffordd, a gwelodd Mica eu bod yn gryfach nag ef, a throes yn ôl a mynd adref.

²⁷ Cymerodd y Daniaid y pethau yr oedd Mica wedi eu gwneud, a'i offeiriad, ac aethant i Lais, at bobl dawel a dibryder, a'u lladd â'r cleddyf a llosgi'r dref. ²⁸ Nid oedd neb i'w harbed, oherwydd yr oedd yn rhy bell o Sidon, ac nid oedd ganddynt gysylltiad â neb. Yr oedd y dref mewn dyffryn yn perthyn i Beth-rehob, ac ailgododd y Daniaid y dref a byw ynddi, ²⁹ a'i galw'n Dan ar ôl eu tad Dan, a aned i Israel. Ond Lais oedd enw'r dref ar y cyntaf. ³⁰ Gosododd y Daniaid y gerfddelw i fyny, a bu Jonathan fab Gersom, fab Manasse, ac yna'i feibion, yn offeiriaid i lwyth Dan hyd y dydd y caethgludwyd y wlad. ³¹ Yr oeddent yn defnyddio'r gerfddelw a wnaeth Mica yr holl adeg y bu tŷ Dduw yn Seilo.

Y Lefiad a'i Ordderchwraig

19 Yn y dyddiau hynny nid oedd brenin yn Israel. Yr oedd rhyw Lefiad yn byw yng nghyffiniau mynydd-dir Effraim, ac fe gymerodd iddo ordderchwraig o Fethlehem Jwda. ² Ond bu'r ordderchwraig yn anffyddlon iddo; gadawodd ef a dianc adref i Fethlehem Jwda. Wedi iddi fod yno ryw bedwar mis, ³ cychwynnodd ei gŵr ar ei hôl gyda'i was a dau asyn, i'w denu hi'n ôl. Daeth hi ag ef i'w chartref, a phan welodd ei thad ef yr oedd yn falch o'i gyfarfod. ⁴ Mynnodd ei dad-yng-

---

18:7 Felly Fersiynau. Hebraeg, *gyfyngder*.
18:12 H.y., *Gwersyll Dan*.

nghyfraith, sef tad yr eneth, iddo aros yno am dridiau, a buont yn bwyta ac yn yfed ac yn cysgu yno. ⁵ Ar y pedwerydd dydd, wedi iddynt godi'n fore a pharatoi i gychwyn, dywedodd tad yr eneth wrth ei fab-yng-nghyfraith, "Atgyfnertha dy hun â thamaid o fara cyn cychwyn." ⁶ Felly dyna'r ddau'n eistedd i lawr gyda'i gilydd i fwyta ac yfed; ac meddai tad yr eneth wrth y gŵr, "Bodlona aros noson eto a'th fwynhau dy hun." ⁷ Er i'r gŵr godi i fynd, bu ei dad-yng-nghyfraith mor daer fel yr arhosodd yno noson arall. ⁸ A phan gododd i gychwyn fore'r pumed diwrnod, dywedodd tad yr eneth, "Atgyfnertha dy hun." ⁹ A buont yn hamddena hyd hwyr y dydd ac yn bwyta gyda'i gilydd. Yna, pan oedd y dyn a'i ordderch a'i lanc yn paratoi i gychwyn, dywedodd tad yr eneth wrtho, "Edrych, y mae'n hwyrhau, arhoswch heno; mae'r dydd ar ddarfod. Os arhosi yma heno a'th fwynhau dy hun, fe gewch godi'n gynnar yfory i'ch taith, a mynd adref." ¹⁰ Ond ni fynnai'r dyn aros; cododd, a mynd gyda'i ddau asyn llwythog, a'i ordderch, a'i was*, nes dod gyferbyn â Jebus, hynny yw Jerwsalem. ¹¹ A phan oeddent yn ymyl Jebus, a'r dydd yn darfod, dywedodd y gwas wrth ei feistr, "Tyrd yn awr, gad inni droi i mewn yma i ddinas y Jebusiaid, a threulio'r nos ynddi." ¹² Ond atebodd ei feistr, "Nid awn i mewn i ddinas estron lle nad oes Israeliaid; fe awn cyn belled â Gibea." ¹³ Ac meddai wedyn wrth ei was, "Tyrd, fe awn cyn belled â Gibea neu Rama, a threulio'r nos yn un ohonynt." ¹⁴ Felly ymlaen â hwy nes i'r haul fachlud arnynt yn ymyl Gibea Benjamin. ¹⁵ Troesant i mewn yno i dreulio'r nos yn Gibea; ond er iddynt fynd ac eistedd ar sgwâr y dref, nid oedd neb am eu cymryd i mewn i letya.

¹⁶ Ar hynny, dyma hen ŵr yn dod o'i waith yn y maes gyda'r hwyr. Un o fynydd-dir Effraim oedd ef, ond yn cartrefu dros dro yn Gibea; Benjaminiaid oedd pobl y lle. ¹⁷ Wrth godi ei olwg, gwelodd y teithiwr ar sgwâr y dref, ac meddai'r hen ŵr, "I ble rwyt ti'n mynd, ac o ble y daethost?" ¹⁸ Dywedodd yntau wrtho, "Ar daith o Fethlehem Jwda i gyffiniau mynydd-dir Effraim yr ydym ni. Un oddi yno wyf fi, yn dychwelyd adref* ar ôl bod ym Methlehem Jwda; ond nid oes neb wedi fy nghymryd i'w dŷ. ¹⁹ Y mae gennym wellt ac ebran i'n hasynnod, hefyd fara a gwin i mi a'th lawforwyn a'r gwas; nid oes ar dy weision angen un dim." ²⁰ Dywedodd yr hen ŵr, "Croeso i chwi. Fe ofalaf fi am eich anghenion i gyd; rhaid ichwi beidio â threulio'r nos ar y sgwâr." ²¹ Aeth â hwy i'w dŷ a phorthi'r asynnod; cawsant hwythau olchi eu traed a bwyta ac yfed.

²² Tra oeddent yn eu mwynhau eu hunain, daeth rhai o ddihirod y dref i ymgasglu o gwmpas y tŷ, a churo ar y drws a dweud wrth yr hen ŵr oedd yn berchen y tŷ, "Tyrd â'r dyn a ddaeth i'th dŷ allan, i ni gael cyfathrach ag ef." ²³ Aeth perchennog y tŷ allan atynt a dweud wrthynt, "Nage, frodyr, peidiwch â chamymddwyn; gan fod y dyn wedi dod i'm tŷ, peidiwch â gwneud y fath anlladrwydd. ²⁴ Dyma fy merch i, sy'n wyryf, a'i ordderch ef; dof â hwy allan i chwi eu treisio, neu wneud fel y mynnoch iddynt, ond peidiwch â gwneud y fath anlladrwydd gyda'r dyn." ²⁵ Ond ni fynnai'r dynion wrando arno. Felly cydiodd y dyn yn ei ordderch a'i gwthio allan atynt, a buont yn ei threisio a'i cham-drin drwy'r nos, hyd y bore, ac yna gadael iddi fynd ar doriad y wawr. ²⁶ Yn y bore, daeth y ddynes a disgyn wrth ddrws y tŷ lle'r oedd ei meistr. ²⁷ Pan gododd ei meistr yn y bore ac agor drws y tŷ i fynd allan i gychwyn ar ei daith, dyna lle'r oedd ei ordderch wedi disgyn wrth ddrws y tŷ, a'i dwy law ar y rhiniog. ²⁸ Dywedodd wrthi, "Cod, inni gael mynd." Ond nid oedd ateb. Cododd hi ar yr asyn ac aeth adref. ²⁹ Pan gyrhaeddodd ei gartref, cymerodd gyllell, a gafael yn ei ordderch a'i darnio bob yn gymal yn ddeuddeg darn, a'u hanfon drwy holl derfynau Israel. ³⁰ Yr oedd pawb a'i gwelodd yn dweud, "Ni wnaed ac ni welwyd y fath beth, o'r dydd

---

19:10 Cymh. Fersiynau. Hebraeg, *a'i ordderch gydag ef.*

19:18 Felly Groeg. Hebraeg, *dychwelyd i dŷ'r ARGLWYDD.*

y daeth yr Israeliaid i fyny o wlad yr Aifft hyd y dydd hwn. Edrychwch arni ac ystyried; yna mynegwch eich barn."

Israel yn Paratoi at Ryfel

20 Daeth Israel gyfan allan fel un, o Dan hyd Beerseba a thir Gilead, a galw cynulleidfa Israel at yr ARGLWYDD i Mispa. ² Ymgasglodd arweinwyr byddin holl lwythau Israel yn gynulliad o bobl yr ARGLWYDD, pedwar can mil o wŷr traed yn dwyn cleddyf. ³ Clywodd y Benjaminiaid fod yr Israeliaid wedi mynd i fyny i Mispa. Gofynnodd yr Israeliaid, "Dywedwch sut y digwyddodd y fath gamwri." ⁴ Atebodd y Lefiad, sef gŵr y ddynes a lofruddiwyd, "Yr oeddwn i a'm gordderch wedi mynd i Gibea Benjamin i letya; ⁵ yna cododd dinasyddion Gibea yn f'erbyn ac amgylchynu'r tŷ liw nos, gan fwriadu fy lladd; treisiwyd fy ngordderch, a bu hi farw o'r herwydd. ⁶ Cymerais innau hi a'i thorri'n ddarnau a'u hanfon drwy bob rhan o diriogaeth Israel, oherwydd y mae'r treiswyr hyn wedi gwneud anlladrwydd ffiaidd yn Israel. ⁷ Chwi oll, bobl Israel, mynegwch eich barn a'ch cyngor yma'n awr."

⁸ Cododd yr holl bobl fel un gŵr a dweud, "Ni ddychwel neb ohonom i'w babell na mynd yn ôl adref. ⁹ Dyma'r hyn a wnawn i Gibea: awn yn ei herbyn trwy fwrw coelbren; ¹⁰ a dewiswn ddeg dyn o bob cant, cant o bob mil, a mil o bob myrddiwn trwy holl lwythau Israel, i gasglu lluniaeth i'r fyddin fydd yn mynd yn erbyn Gibea Benjamin o achos yr holl anlladrwydd a wnaethant yn Israel." ¹¹ Felly daeth yr holl Israeliaid at ei gilydd fel un yn erbyn y dref.

Y Rhyfel yn Erbyn y Benjaminiaid

¹² Anfonodd llwythau Israel ddynion drwy holl lwyth Benjamin gan ddweud, "Pa gamwri yw hwn a ddigwyddodd yn eich mysg? ¹³ Ildiwch y dihirod hyn sydd yn Gibea, inni eu rhoi i farwolaeth, a dileu'r drwg o Israel." Ond ni fynnai'r Benjaminiaid wrando ar eu perthnasau yr Israeliaid. ¹⁴ Ymgasglodd y Benjaminiaid o'u trefi i Gibea er mwyn mynd i ryfel yn erbyn yr Israeliaid. ¹⁵ Ar y dydd hwnnw rhestrwyd o drefi'r Benjaminiaid chwe mil ar hugain o ddynion yn dwyn cleddyf, ar wahân i drigolion Gibea, a oedd yn rhestru saith gant o wŷr dethol. ¹⁶ Yn yr holl fyddin hon yr oedd pob un o'r saith gant o wŷr dethol yn llawchwith, ac yn medru anelu carreg i drwch y blewyn heb fethu. ¹⁷ Yr oedd gwŷr Israel, ar wahân i Benjamin, yn rhestru pedwar can mil o ddynion yn dwyn cleddyf, pob un yn rhyfelwr. ¹⁸ Aeth yr Israeliaid yn eu blaen i Fethel, a gofyn i Dduw, "Pwy ohonom sydd i arwain yn y frwydr yn erbyn y Benjaminiaid?" Atebodd yr ARGLWYDD, "Jwda sydd i arwain." ¹⁹ Cychwynnodd yr Israeliaid ben bore a gwersyllu gyferbyn â Gibea. ²⁰ Aeth yr Israeliaid i ymosod ar y Benjaminiaid, a gosod eu rhengoedd ar gyfer brwydr o flaen Gibea. ²¹ Ond ymosododd y Benjaminiaid allan o Gibea, a gadael dwy fil ar hugain o blith byddin Israel yn farw ar y maes y diwrnod hwnnw. ²² Cyn i* fyddin pobl Israel atgyfnerthu ac ailymgynnull i ryfel yn yr un fan â'r diwrnod cynt, ²³ aeth yr Israeliaid i fyny i Fethel* ac wylo gerbron yr ARGLWYDD hyd yr hwyr, a gofyn i'r ARGLWYDD, "A awn ni eto i ymladd â'n brodyr y Benjaminiaid?" Atebodd yr ARGLWYDD, "Ewch!" ²⁴ Felly fe aeth yr Israeliaid i ryfela â'r Benjaminiaid yr ail ddiwrnod. ²⁵ Gwnaeth y Benjaminiaid gyrch arnynt eilwaith o Gibea, a'r tro hwn gadael deunaw mil o blith byddin Israel yn farw ar y maes, a'r rheini bob un yn dwyn cleddyf. ²⁶ Felly fe aeth yr Israeliaid i gyd, a'r holl fyddin, i fyny i Fethel, ac wylo ac eistedd yno gerbron yr ARGLWYDD gan ymprydio drwy'r dydd hyd yr hwyr, ac offrymu poethoffrymau a heddoffrymau gerbron yr ARGLWYDD. ²⁷ Yr adeg honno, ym Methel yr oedd arch cyfamod Duw, ²⁸ a Phinees fab Eleasar, fab Aaron oedd yn gofalu amdani ar y pryd. Pan ofynnodd yr Israeliaid i'r ARGLWYDD*, "A awn ni allan i ymladd eto â'n perthnasau y Benjaminiaid, ai peidio?" atebodd yr

---

20:22 Tebygol. Hebraeg heb *Cyn i*.
20:23 Felly Fersiynau. Hebraeg heb *i Fethel*.
20:28 Hebraeg, *Pan . . . i'r* ARGLWYDD ar ddechrau adn. 27.

ARGLWYDD, "Ewch, oherwydd yfory fe'u rhoddaf hwy yn eich llaw." ²⁹ Gosododd Israel filwyr cudd o amgylch Gibea, ³⁰ cyn mynd i fyny'r trydydd dydd yn erbyn y Benjaminiaid ac ymgynnull yn eu rhengoedd o flaen Gibea fel cynt. ³¹ Gwnaeth y Benjaminiaid gyrch yn erbyn y fyddin, a denwyd hwy oddi wrth y dref; dechreusant wneud lladdfa ymysg y fyddin fel cynt, ac archolli tua deg ar hugain o'r Israeliaid yn y tir agored ger y priffyrdd i Fethel ac i Gibea. ³² Yr oedd y Benjaminiaid yn dweud, "Yr ydym yn eu trechu fel o'r blaen"; a'r Israeliaid yn dweud, "Fe giliwn er mwyn eu denu o'r dref i'r priffyrdd." ³³ Yna safodd yr Israeliaid a ffurfio'u rhengoedd ger Baal-tamar, a dyma'r Israeliaid oedd wedi ymguddio yn rhuthro o'u cuddfeydd i'r gorllewin* o Gibea. ³⁴ Daeth deng mil o filwyr dethol o Israel gyfan yn erbyn y Gibeaid o'r dwyrain; ond am fod brwydr chwyrn ar y pryd, ni wyddai'r Benjaminiaid fod trychineb yn dod arnynt. ³⁵ Trawodd yr ARGLWYDD wŷr Benjamin o flaen yr Israeliaid, a'r diwrnod hwnnw lladdodd yr Israeliaid o blith Benjamin bum mil ar hugain ac un cant o wŷr yn dwyn cleddyf.

Buddugoliaeth i Israel

³⁶ Gwelodd y Benjaminiaid eu bod wedi colli'r dydd. Yr oedd byddin Israel wedi ildio tir i'r Benjaminiaid am eu bod yn ymddiried yn y milwyr cudd a osodwyd ger Gibea. ³⁷ Brysiodd y milwyr cudd i ruthro ar Gibea, gan adael eu cuddfannau a tharo'r holl dref â'r cleddyf. ³⁸ Yr arwydd i fyddin Israel oddi wrth y rhai ynghudd fyddai* colofn o fwg yn mynd i fyny o'r dref; ³⁹ yna byddai byddin Israel yn troi yn y frwydr. Ar y dechrau yr oedd y Benjaminiaid wedi anafu tua deg ar hugain o fyddin Israel, a meddwl yn sicr eu bod yn eu concro fel yn y frwydr flaenorol. ⁴⁰ Ond pan ddechreuodd y golofn fwg esgyn o'r dref i'r awyr, trodd y Benjaminiaid a gweld y dref gyfan yn wenfflam. ⁴¹ Pan drodd byddin Israel arnynt, brawychwyd y Benjaminiaid o sylweddoli bod trychineb wedi eu goddiweddyd. ⁴² Troesant i ffwrdd o flaen byddin Israel i gyfeiriad yr anialwch, ond parhaodd yr ymladd; ac yr oedd yr Israeliaid, a oedd wedi dod i'r dref*, bellach yn eu mysg yn eu difa. ⁴³ Buont yn erlid y Benjaminiaid o bob tu yn ddiatal, a'u goddiweddyd i'r dwyrain o Gibea. ⁴⁴ Syrthiodd deunaw mil o wŷr Benjamin, y cwbl ohonynt yn rhyfelwyr dewr. ⁴⁵ Trodd y gweddill a ffoi tua'r anialwch i graig Rimmon, a daliodd yr Israeliaid bum mil ohonynt ar y priffyrdd; yna buont yn ymlid yn galed ar ôl y Benjaminiaid hyd at Gidom, a lladd dwy fil ohonynt. ⁴⁶ Cyfanswm y rhai o Benjamin a syrthiodd y diwrnod hwnnw oedd pum mil ar hugain o wŷr yn dwyn cleddyf, a'r cwbl ohonynt yn rhyfelwyr dewr. ⁴⁷ O'r rhai a drodd a ffoi tua'r anialwch i graig Rimmon, cyrhaeddodd chwe chant o wŷr, a buont yn byw yng nghraig Rimmon am bedwar mis. ⁴⁸ Wedi i fyddin Israel droi yn ei hôl yn erbyn y Benjaminiaid, lladdasant â'r cleddyf bawb yn y dref, gan gynnwys anifeiliaid, a llosgi hefyd bob tref a ddaeth i'w meddiant.

Gwragedd ar gyfer Llwyth Benjamin

21 Yr oedd yr Israeliaid wedi tyngu yn Mispa na fyddai neb ohonynt yn rhoi ei ferch yn wraig i Benjaminiad. ² Wedi i'r bobl ddod i Fethel ac eistedd yno gerbron Duw hyd yr hwyr, dechreusant wylo'n hidl, ³ a dweud, "Pam, O ARGLWYDD Dduw Israel, y digwyddodd hyn i Israel, bod un llwyth heddiw yn eisiau?" ⁴ Trannoeth, wedi i'r bobl godi'n fore, codasant yno allor ac aberthu poethoffrymau a heddoffrymau. ⁵ Yna dywedodd yr Israeliaid, "Pwy o holl lwythau Israel sydd heb ddod i fyny at yr ARGLWYDD i'r cynulliad?" Oherwydd yr oedd llw difrifol wedi ei dyngu y byddai'r sawl na ddôi i fyny at yr ARGLWYDD i Mispa yn sicr o gael ei roi i farwolaeth. ⁶ Gofidiodd yr Israeliaid am

---

20:33 Felly Fersiynau, Hebraeg, *moeldir*.
20:38 Tebygol. Hebraeg yn ychwanegu gair annealladwy.

20:42 Felly Groeg. Hebraeg, *trefi*.

eu perthynas Benjamin, a dweud, "Y mae un llwyth wedi ei dorri allan o Israel heddiw. ⁷ Beth a wnawn ni dros y dynion sydd ar ôl, a ninnau wedi tyngu i'r ARGLWYDD na roddem iddynt yr un o'n merched yn wraig?" ⁸ Ac meddent, "Prun o lwythau Israel sydd heb ddod i fyny at yr ARGLWYDD i Mispa?" Nid oedd neb o Jabes-gilead wedi dod i'r gwersyll i'r cynulliad. ⁹ Pan gyfrifwyd y bobl, nid oedd yno neb o drigolion Jabes-gilead. ¹⁰ Felly anfonodd y cynulliad ddeuddeng mil o wŷr rhyfel yno, a gorchymyn iddynt, "Ewch a lladdwch drigolion Jabes-gilead â'r cleddyf, yn cynnwys y gwragedd a'r plant. ¹¹ A dyma'r hyn a wnewch: dinistriwch yn llwyr bob dyn, a phob dynes nad yw'n wyryf." ¹² Cawsant ymhlith Jabes-gilead bedwar cant o wyryfon nad oeddent wedi gorwedd gyda dyn; a daethant â hwy i'r gwersyll i Seilo yng ngwlad Canaan. ¹³ Anfonodd y cynulliad cyfan neges at y Benjaminiaid oedd yng nghraig Rimmon, a chynnig heddwch iddynt. ¹⁴ Yna, wedi iddynt ddychwelyd, rhoesant iddynt y merched o Jabes-gilead yr oeddent wedi eu harbed. Eto nid oedd hynny'n ddigon ar eu cyfer.

¹⁵ A chan fod y bobl yn gofidio am Benjamin, am i'r ARGLWYDD wneud bwlch yn llwythau Israel, ¹⁶ dywedodd henuriaid y cynulliad, "Beth a wnawn am wragedd i'r gweddill, gan fod y merched wedi eu difa o blith Benjamin?" ¹⁷ Ac meddent, "Rhaid cael etifeddion i'r rhai o Benjamin a arbedwyd, rhag dileu llwyth o Israel. ¹⁸ Ni allwn roi iddynt wragedd o blith ein merched ni, am fod yr Israeliaid wedi tyngu, 'Melltigedig fyddo'r hwn a roddo wraig i Benjamin.' " ¹⁹ A dyna hwy'n dweud, "Y mae gŵyl i'r ARGLWYDD bob blwyddyn yn Seilo, o du'r gogledd i Fethel, ac i'r dwyrain o'r briffordd sy'n arwain o Fethel i Sichem, i'r de o Lebona." ²⁰ A rhoesant orchymyn i'r Benjaminiaid, "Ewch ac ymguddiwch yn y gwinllannoedd, ²¹ a gwyliwch. A phan ddaw merched Seilo allan i ddawnsio, rhuthrwch allan o'r gwinllannoedd a chipiwch bob un wraig o'u plith, ac yna dewch yn ôl i dir Benjamin. ²² Ac os daw eu hynafiaid neu eu brodyr atom i achwyn, fe ddywedwn wrthynt, 'Byddwch yn rasol wrthynt, oherwydd ni chawsom wragedd iddynt trwy ryfel; ac nid chwi sydd wedi eu rhoi hwy iddynt, felly rydych chwi'n ddieuog.'"

²³ Gwnaeth y Benjaminiaid hyn, ac wedi i bob un gael gwraig o blith y dawnswyr yr oeddent wedi eu cipio, aethant yn ôl i'w tiriogaeth ac ailadeiladu'r trefi a byw ynddynt. ²⁴ Dychwelodd yr Israeliaid hefyd yr un pryd i'w tiriogaeth, a phob un yn mynd yn ôl at ei lwyth a'i deulu ei hun.

²⁵ Yn y dyddiau hynny nid oedd brenin yn Israel. Yr oedd pob un yn gwneud yr hyn oedd yn iawn yn ei olwg ei hun.

LLYFR
RUTH

Elimelech a'i Deulu'n Ymfudo i Moab

1 Yn ystod y cyfnod pan oedd y barnwyr yn llywodraethu, bu newyn yn y wlad, ac aeth dyn o Fethlehem Jwda gyda'i wraig a'i ddau fab i fyw dros dro yng ngwlad Moab. [2] Elimelech oedd enw'r dyn, Naomi oedd enw ei wraig, a Mahlon a Chilion oedd enwau'r ddau fab. Effrateaid o Fethlehem Jwda oeddent, ac aethant i wlad Moab ac aros yno. [3] Ond bu farw Elimelech, gŵr Naomi, a gadawyd hi'n weddw gyda'i dau fab. [4] Priododd y ddau â merched o Moab; Orpa oedd enw'r naill a Ruth oedd enw'r llall. Wedi iddynt fod yno tua deng mlynedd, [5] bu farw Mahlon a Chilion ill dau; a gadawyd y wraig yn amddifad o'i dau blentyn yn ogystal ag o'i gŵr.

Naomi a Ruth yn Dychwelyd i Fethlehem

[6] Penderfynodd hi a'i dwy ferch-yng-nghyfraith ddychwelyd o wlad Moab, oherwydd iddi glywed yno i'r ARGLWYDD ymweld â'i bobl a rhoi bwyd iddynt. [7] Gadawodd hi a'i dwy ferch-yng-nghyfraith y man lle'r oeddent, a chychwyn yn ôl am wlad Jwda. [8] Ac meddai Naomi wrth ei dwy ferch-yng-nghyfraith, "Ewch yn ôl adref, bob un at ei mam, y ddwy ohonoch; a bydded yr ARGLWYDD mor garedig wrthych chwi ag y buoch chwi wrth y rhai a fu farw ac wrthyf finnau, [9] a rhoi i'r ddwy ohonoch orffwysfa mewn cartref gyda gŵr." Yna fe'u cusanodd, a dechreuodd y ddwy wylo'n uchel, [10] a dweud wrthi, "Ond yr ydym ni am ddychwelyd gyda thi at dy bobl." [11] Dywedodd Naomi, "Ewch adref, fy merched. Pam y dewch gyda mi? A oes gennyf fi ragor o feibion yn fy nghroth, iddynt ddod yn wŷr i chwi? [12] Ewch yn ôl, fy merched, oherwydd yr wyf fi'n rhy hen i gael gŵr. Pe bawn i'n dweud bod gennyf obaith cael gŵr heno, ac yna geni plant, [13] a fyddech chwi'n disgwyl nes iddynt dyfu? A fyddech yn ymgadw rhag priodi? Na, fy merched; y mae'n llawer chwerwach i mi nag i chwi am fod llaw yr ARGLWYDD yn f'erbyn i."

[14] Wylodd y ddwy yn uchel eto; yna ffarweliodd Orpa â'i mam-yng-nghyfraith, ond glynodd Ruth wrthi. [15] A dywedodd Naomi, "Edrych, y mae dy chwaer-yng-nghyfraith wedi mynd yn ôl at ei phobl a'i duw; dychwel dithau ar ei hôl." [16] Ond meddai Ruth, "Paid â'm hannog i'th adael, na throi'n ôl oddi wrthyt, oherwydd i ble bynnag yr ei di, fe af finnau; ac ym mhle bynnag y byddi di'n aros, fe arhosaf finnau; dy bobl di fydd fy mhobl i, a'th Dduw di fy Nuw innau. [17] Lle y byddi di farw, y byddaf finnau farw ac yno y'm cleddir. Fel hyn y gwnelo'r ARGLWYDD i mi, a rhagor, os bydd unrhyw beth ond angau yn ein gwahanu ni." [18] Gwelodd Naomi ei bod yn benderfynol o fynd gyda hi, ac fe beidiodd â'i hannog rhagor.

[19] Aeth y ddwy ymlaen nes dod i Fethlehem; ac wedi iddynt gyrraedd, bu cyffro trwy'r holl dref o'u plegid, a'r merched yn gofyn, "Ai Naomi yw hon?" [20] Dywedodd hithau wrthynt, "Peidiwch â'm galw'n Naomi*, galwch fi'n Mara*; oherwydd bu'r Hollalluog yn chwerw iawn wrthyf. [21] Yr oeddwn yn llawn wrth fynd allan, ond daeth yr ARGLWYDD â mi'n ôl yn wag. Pam y galwch fi'n Naomi, a'r ARGLWYDD wedi tystio i'm herbyn, a'r Hollalluog wedi dod â drwg arnaf?" [22] Fel hyn y dychwelodd Naomi o wlad Moab, a'i merch-yng-nghyfraith, Ruth y Foabes, gyda hi. Daethant i Fethlehem yn nechrau'r cynhaeaf haidd.

Ruth yn Lloffa yng Nghae Boas

2 Yr oedd gan Naomi berthynas i'w gŵr, dyn cefnog o'r enw Boas o dylwyth Elimelech. [2] Dywedodd Ruth y Foabes

---

1:20 H.y., *Hyfryd.*
1:20 H.y., *Chwerw.*

wrth Naomi, "Gad imi fynd i'r caeau ŷd i loffa ar ôl pwy bynnag fydd yn caniatáu imi." Dywedodd Naomi wrthi, "Ie, dos, fy merch." ³ Felly fe aeth i'r caeau i loffa ar ôl y medelwyr, a digwyddodd iddi ddewis y rhandir oedd yn perthyn i Boas, y dyn oedd o dylwyth Elimelech. ⁴ A dyna Boas ei hun yn cyrraedd o Fethlehem ac yn cyfarch y medelwyr, "Yr ARGLWYDD fyddo gyda chwi," a hwythau'n ateb, "Bendithied yr ARGLWYDD dithau." ⁵ Yna gofynnodd Boas i'w was oedd yn gofalu am y medelwyr, "Geneth pwy yw hon?" ⁶ Atebodd y gwas, "Geneth o Moab ydyw; hi a ddaeth yn ôl gyda Naomi o wlad Moab. ⁷ Gofynnodd am ganiatâd i loffa a hel rhwng yr ysgubau ar ôl y medelwyr. Fe ddaeth, ac y mae wedi bod ar ei thraed o'r bore bach hyd yn awr, heb orffwys o gwbl*." ⁸ Dywedodd Boas wrth Ruth, "Gwrando, fy merch, paid â mynd i loffa i faes arall na symud oddi yma, ond glŷn wrth fy llancesau i. ⁹ Cadw dy lygaid ar y maes y maent yn ei fedi, a dilyn hwy. Onid wyf fi wedi gorchymyn i'r gweision beidio ag ymyrryd â thi? Os bydd syched arnat, dos i yfed o'r llestri a lanwodd y gweision." ¹⁰ Moesymgrymodd hithau hyd y llawr a dweud wrtho, "Pam yr wyf yn cael y fath garedigrwydd gennyt fel dy fod yn cymryd sylw ohonof fi, a minnau'n estrones?" ¹¹ Atebodd Boas hi a dweud, "Cefais wybod am y cwbl yr wyt ti wedi ei wneud i'th fam-yng-nghyfraith ar ôl marw dy ŵr, ac fel y gadewaist dy dad a'th fam a'th wlad enedigol, a dod at bobl nad oeddit yn eu hadnabod o'r blaen. ¹² Bydded i'r ARGLWYDD dy wobrwyo am dy weithred, a bydded iti gael dy dalu'n llawn gan yr ARGLWYDD, Duw Israel, y daethost i geisio nodded dan ei adain." ¹³ Dywedodd hi, "Yr wyt yn garedig iawn, f'arglwydd, oherwydd yr wyt wedi cysuro a chalonogi dy forwyn, er nad wyf yn un o'th forynion di." ¹⁴ Dywedodd Boas wrthi, adeg bwyd, "Tyrd yma a bwyta o'r bara a gwlychu dy damaid yn y finegr." Wedi iddi eistedd wrth ochr y medelwyr, estynnodd yntau iddi ŷd wedi ei grasu, a bwytaodd ei gwala a gadael gweddill. ¹⁵ Yna, pan gododd hi i loffa, gorchmynnodd Boas i'w weision, "Gadewch iddi loffa hyd yn oed ymysg yr ysgubau, a pheidiwch â'i dwrdio; ¹⁶ yr wyf am i chwi hyd yn oed dynnu peth allan o'r dyrneidiau a'i adael iddi i'w loffa; a pheidiwch â'i cheryddu."

¹⁷ Bu'n lloffa yn y maes hyd yr hwyr, a phan ddyrnodd yr hyn yr oedd wedi ei loffa, cafodd tuag effa o haidd. ¹⁸ Fe'i cymerodd gyda hi i'r dref, a dangos i'w mam-yng-nghyfraith faint yr oedd wedi ei loffa; hefyd fe dynnodd allan y bwyd a gadwodd ar ôl cael digon, a'i roi iddi. ¹⁹ Gofynnodd ei mam-yng-nghyfraith iddi, "Ple buost ti'n lloffa ac yn llafurio heddiw? Bendith ar y sawl a gymerodd sylw ohonot." Eglurodd hithau i'w mam-yng-nghyfraith gyda phwy y bu'n llafurio, a dweud, "Boas oedd enw'r dyn y bûm yn llafurio gydag ef heddiw." ²⁰ Ac meddai Naomi wrth ei merch-yng-nghyfraith, "Bendith yr ARGLWYDD arno! Nid yw'r ARGLWYDD wedi atal ei drugaredd at y byw na'r meirw." Ac ychwanegodd Naomi, "Y mae'r dyn yn perthyn inni, ac yn un o'n perthnasau agosaf." ²¹ Yna dywedodd Ruth y Foabes, "Fe ddywedodd wrthyf hefyd am lynu wrth ei weision ef nes iddynt orffen ei gynhaeaf." ²² Ac meddai Naomi wrth ei merch-yng-nghyfraith Ruth, "Y mae'n well iti, fy merch, fynd allan gyda'i lancesau ef, rhag i rywrai ymosod arnat mewn rhyw faes arall." ²³ A glynodd hithau wrth lancesau Boas i loffa hyd ddiwedd y cynhaeaf haidd a'r cynhaeaf gwenith, ond yr oedd yn byw gyda'i mam-yng-nghyfraith.

Ruth yn Cael Gŵr

3 Yna dywedodd ei mam-yng-nghyfraith Naomi wrthi, "Fy merch, oni ddylwn i chwilio am gartref iti, er dy les? ² Yn awr, onid perthynas i ni yw Boas, y buost gyda'i lancesau? ³ Edrych, y mae ef yn mynd i nithio haidd yn y llawr dyrnu heno. Wedi iti ymolchi ac ymbincio a rhoi dy wisg orau amdanat, dos at y llawr dyrnu, ond paid â gadael iddo d'adnabod nes iddo orffen bwyta ac yfed. ⁴ Pan â i orwedd, sylwa ymhle y

---

2:7 Cymh. Fersiynau. Hebraeg, *heb ond ychydig o'r arhosiad hwn ganddi yn y tŷ.*

mae'n cysgu, yna dos a chodi'r dillad o gwmpas ei draed a gorwedd i lawr. Wedyn fe ddywed ef wrthyt beth i'w wneud." ⁵ Cytunodd hithau i wneud y cwbl a ddywedodd Naomi wrthi. ⁶ Aeth at y llawr dyrnu, a gwneud yn union fel yr oedd ei mam-yng-nghyfraith wedi gorchymyn iddi. ⁷ Wedi i Boas fwyta ac yfed, yr oedd yn teimlo'n hapus, ac aeth i gysgu yng nghwr y pentwr ŷd. Daeth hithau'n ddistaw a chodi'r dillad o gwmpas ei draed, a gorwedd i lawr. ⁸ Tua hanner nos cyffrôdd y dyn a throi, ac yno'n gorwedd wrth ei draed yr oedd merch. ⁹ "Pwy wyt ti?" gofynnodd. Atebodd hithau, "Dy forwyn Ruth; taena gwr dy fantell dros dy forwyn, oherwydd yr wyt ti'n berthynas agos." ¹⁰ Yna dywedodd wrthi, "Bendith yr ARGLWYDD arnat, fy merch; y mae'r teyrngarwch olaf hwn gennyt yn rhagori ar y cyntaf, am iti beidio â mynd ar ôl y dynion ifainc, boent dlawd neu gyfoethog. ¹¹ Yn awr, fy merch, paid ag ofni; fe wnaf iti bopeth yr wyt yn ei ddweud, oherwydd y mae pawb o'm cymdogion yn gwybod dy fod yn ferch deilwng. ¹² Yn awr, y mae'n hollol wir fy mod yn berthynas agos, ond y mae un arall sy'n nes na mi. ¹³ Aros yma heno; ac yfory, os bydd ef am weithredu fel perthynas, popeth yn iawn; gwnaed hynny. Ond os nad yw'n barod i wneud hynny, yna fe wnaf fi, cyn wired â bod yr ARGLWYDD yn fyw. Cwsg tan y bore." ¹⁴ Cysgodd hithau wrth ei draed tan y bore; yna fe gododd, cyn y gallai neb adnabod ei gilydd. Yr oedd ef wedi gorchymyn nad oedd neb i wybod bod y ferch wedi dod i'r llawr dyrnu. ¹⁵ Ac meddai wrthi, "Estyn y fantell sydd amdanat, a dal hi." A thra oedd hi yn ei dal, mesurodd yntau iddi chwe mesur o haidd a'i osod ar ei hysgwydd, ac aeth hithau i'r dref. ¹⁶ Wedi iddi gyrraedd gofynnodd ei mam-yng-nghyfraith, "Sut y bu hi gyda thi, fy merch?" Adroddodd hithau wrthi'r cwbl a wnaeth y dyn iddi. ¹⁷ Dywedodd, "Rhoddodd imi'r chwe mesur hyn o haidd oherwydd, meddai wrthyf, 'Ni chei fynd yn waglaw at dy fam-yng-nghyfraith'." ¹⁸ Yna dywedodd Naomi, "Aros, fy merch, nes y cei wybod sut y try pethau; oherwydd ni fydd y dyn yna'n gorffwys cyn gorffen y mater heddiw."

Boas yn Priodi Ruth

4 Aeth Boas i fyny i'r porth ac eistedd yno, a dyna'r perthynas yr oedd Boas wedi sôn amdano yn dod heibio. Galwodd Boas arno wrth ei enw a dweud, "Tyrd yma ac eistedd i lawr." Aeth yntau ac eistedd. ² Yna fe ddewisodd ddeg o henuriaid y dref a dweud, "Eisteddwch yma"; ac eisteddodd y rheini. ³ Dywedodd wrth y perthynas, "Daeth Naomi yn ôl o wlad Moab ac y mae am werthu'r darn tir oedd yn perthyn i'n brawd Elimelech, ⁴ a meddyliais y byddwn yn gadael i ti wybod; felly pryn ef yng ngŵydd henuriaid fy mhobl, sy'n eistedd yma. Os wyt ti am ei brynu'n ôl, gwna hynny; ond os nad wyt am ei brynu, dywed wrthyf, imi gael gwybod; oherwydd gennyt ti y mae'r hawl i'w brynu, a chennyf finnau wedyn." Dywedodd yntau, "Fe'i prynaf." ⁵ Yna meddai Boas, "Y diwrnod y pryni di'r tir gan Naomi, yr wyt hefyd yn cymryd Ruth* y Foabes, gwraig gŵr a fu farw, i gadw enw'r marw ar ei etifeddiaeth." ⁶ Atebodd y perthynas, "Ni fedraf ei brynu heb ddifetha f'etifeddiaeth fy hun. Pryn di ef, oherwydd ni allaf fi."

⁷ Erstalwm dyma fyddai'r arfer yn Israel wrth brynu'n ôl a throsglwyddo eiddo: er mwyn cadarnhau unrhyw gytundeb byddai'r naill yn tynnu ei esgid ac yn ei rhoi i'r llall. Dyna oedd dull ardystio yn Israel. ⁸ Felly, pan ddywedodd y perthynas wrth Boas, "Pryn ef i ti dy hun", fe dynnodd ei esgid. ⁹ A dywedodd Boas wrth yr henuriaid a'r bobl i gyd, "Yr ydych chwi yn dystion fy mod i heddiw wedi prynu holl eiddo Elimelech a holl eiddo Chilion a Mahlon o law Naomi. ¹⁰ Yr wyf hefyd wedi prynu Ruth y Foabes, gweddw Mahlon, yn wraig imi i gadw enw'r marw ar ei etifeddiaeth, rhag i'w enw gael ei ddiddymu o fysg ei dylwyth ac o'i fro. Yr ydych chwi heddiw yn dystion o hyn." ¹¹ Dywedodd pawb oedd yn y porth, a'r

---

4:5 Felly Fersiynau. Hebraeg, *oddi wrth Ruth.*

henuriaid hefyd, "Yr ydym yn dystion; bydded i'r ARGLWYDD beri i'r wraig sy'n dod i'th dŷ fod fel Rachel a Lea, y ddwy a gododd dŷ Israel; bydded iti lwyddo yn Effrata, ac ennill enw ym Methlehem. ¹² Trwy'r plant y bydd yr ARGLWYDD yn eu rhoi i ti o'r eneth hon, bydded dy deulu fel teulu Peres a ddygodd Tamar i Jwda."

Boas a'i Ddisgynyddion

¹³ Wedi i Boas gymryd Ruth yn wraig iddo, aeth i mewn ati a pharodd yr ARGLWYDD iddi feichiogi, ac esgorodd ar fab. ¹⁴ Ac meddai'r gwragedd wrth Naomi, "Bendigedig fyddo'r ARGLWYDD am iddo beidio â'th adael heddiw heb berthynas; bydded ef yn enwog yn Israel. ¹⁵ Bydd ef yn adnewyddu dy fywyd ac yn dy gynnal yn dy henaint, oherwydd dy ferch-yng-nghyfraith, sy'n dy garu, yw ei fam; ac y mae hi'n well na saith o feibion i ti." ¹⁶ Cymerodd Naomi y bachgen a'i ddodi yn ei chôl a'i fagu. ¹⁷ Rhoddodd y cymdogesau enw iddo a dweud, "Ganwyd mab i Naomi." Galwasant ef Obed; ef oedd tad Jesse, tad Dafydd.

¹⁸ Dyma achau Peres: Peres oedd tad Hesron, ¹⁹ Hesron oedd tad Ram, Ram oedd tad Amminadab, ²⁰ Amminadab oedd tad Nahson, Nahson oedd tad Salmon*, ²¹ Salmon oedd tad Boas, Boas oedd tad Obed, ²² Obed oedd tad Jesse, a Jesse oedd tad Dafydd.

4:20 Felly llawysgrifau a Fersiynau. TM, *Salma*.

LLYFR CYNTAF
SAMUEL

Elcana a'i Deulu yn Seilo

1 Yr oedd gŵr o Ramathaim yn ucheldir Effraim, un o linach Suff, o'r enw Elcana fab Jeroham, fab Elihu, fab Tochu, fab Suff, Effratead. ² Yr oedd ganddo ddwy wraig, a'u henwau'n Hanna a Pheninna; yr oedd plant gan Peninna ond nid gan Hanna. ³ Bob blwyddyn byddai'r gŵr hwn yn mynd i fyny o'i dref i addoli ac offrymu aberth i ARGLWYDD y Lluoedd yn Seilo, lle'r oedd dau fab Eli, Hoffni a Phinees, yn offeiriaid i'r ARGLWYDD. ⁴ Bob tro yr oedd Elcana'n offrymu, byddai'n rhannu darnau o'r offrwm i'w wraig Peninna ac i bob un o'i bechgyn a'i merched; ⁵ ond un darn a roddai i Hanna, er mai hi a garai, am fod yr ARGLWYDD wedi atal iddi gael plant. ⁶ Byddai ei chyd-wraig yn ei phoenydio'n arw i'w chythruddo am fod yr ARGLWYDD wedi atal iddi gael plant. ⁷ Dyma a ddigwyddai bob blwyddyn pan âi i fyny i dŷ'r ARGLWYDD; byddai'n ei phoenydio a hithau'n wylo a gwrthod bwyta, ⁸ er bod ei gŵr Elcana yn dweud wrthi, "Hanna, pam yr wyt ti'n wylo a gwrthod bwyta? Pam yr wyt yn torri dy galon? Onid wyf fi'n well i ti na deg o feibion?"

Hanna ac Eli

⁹ Ar ôl iddynt fwyta ac yfed yn Seilo, cododd Hanna; ac yr oedd yr offeiriad Eli yn eistedd ar gadair wrth ddrws teml yr ARGLWYDD. ¹⁰ Yr oedd hi'n gythryblus ei hysbryd, a gweddïodd ar yr ARGLWYDD ac wylo'n hidl. ¹¹ Tyngodd adduned a dweud, "O ARGLWYDD y Lluoedd, os cymeri sylw o gystudd dy lawforwyn a pheidio â'm hanwybyddu, ond cofio amdanaf a rhoi imi epil, yna rhoddaf ef i'r ARGLWYDD am ei oes, ac nid eillir ei ben byth." ¹² Tra oedd hi'n parhau i weddïo gerbron yr ARGLWYDD,

yr oedd Eli'n dal sylw ar ei genau. ¹³ Gan mai siarad rhyngddi a hi ei hun yr oedd Hanna, dim ond ei gwefusau oedd yn symud, ac nid oedd ei llais i'w glywed. ¹⁴ Tybiodd Eli ei bod yn feddw, a dywedodd wrthi, "Am ba hyd y byddi'n feddw? Ymysgwyd o'th win." ¹⁵ Atebodd Hanna, "Nage, syr, gwraig helbulus wyf fi; nid wyf wedi yfed gwin na diod gadarn; arllwys fy nghalon gerbron yr ARGLWYDD yr oeddwn. ¹⁶ Paid â'm hystyried yn ddynes ofer, oherwydd o ganol fy nghŵyn a'm cystudd yr oeddwn yn siarad gynnau." ¹⁷ Atebodd Eli, "Dos mewn heddwch, a rhodded Duw Israel iti yr hyn a geisiaist ganddo." ¹⁸ Dywedodd hithau, "Bydded imi gael ffafr yn dy olwg." Yna aeth i ffwrdd a bwyta, ac nid oedd mwyach yn drist.

Geni a Chysegru Samuel

¹⁹ Bore trannoeth, wedi iddynt godi ac addoli'r ARGLWYDD, aethant yn ôl adref i Rama. ²⁰ Cafodd Elcana gyfathrach â'i wraig Hanna a chofiodd yr ARGLWYDD hi. Beichiogodd Hanna, ac ymhen amser geni mab a'i alw'n Samuel, oherwydd: "Gan yr ARGLWYDD y gofynnais amdano."

²¹ Aeth y gŵr Elcana a'i holl deulu i offrymu ei aberth blynyddol i'r ARGLWYDD, ac i dalu adduned. ²² Nid aeth Hanna, ond dywedodd wrth ei gŵr, "Cyn gynted ag y bydd y bachgen wedi ei ddiddyfnu, af ag ef i ymddangos gerbron yr ARGLWYDD, a chaiff aros yno am byth." ²³ Dywedodd ei gŵr Elcana wrthi, "Gwna'r hyn sydd orau yn d'olwg; aros nes y byddi wedi ei ddiddyfnu, ond bydded i'r ARGLWYDD gyflawni d'addewid*." Felly arhosodd y wraig gartref a magu ei phlentyn nes ei ddiddyfnu. ²⁴ Wedi iddi ei ddiddyfnu, aeth ag ef i fyny gyda hi a chymryd ych teirblwydd* ac effa o flawd a chostrel o win. Daeth ag ef yn fachgen ifanc i dŷ'r ARGLWYDD yn Seilo. ²⁵ Wedi iddynt ladd yr ych, daethant â'r llanc at Eli, ²⁶ a dywedodd hi, "Henffych well, syr! Myfi yw'r wraig oedd yn sefyll yma yn d'ymyl yn gweddïo ar yr ARGLWYDD. ²⁷ Am y bachgen hwn yr oeddwn yn gweddïo, a rhoddodd yr ARGLWYDD imi'r hyn a ofynnais ganddo. ²⁸ Yr wyf finnau'n ei fenthyg i'r ARGLWYDD am ei oes. Un wedi ei fenthyg i'r ARGLWYDD yw." Ymgrymasant yno o flaen yr ARGLWYDD.

Gweddi Hanna

2 Gweddïodd Hanna a dweud:

"Gorfoleddodd fy nghalon yn yr
    ARGLWYDD,
dyrchafwyd fy mhen yn yr
    ARGLWYDD.
Codaf fy llais yn erbyn fy ngelynion,
oherwydd rwy'n llawenhau yn dy
    iachawdwriaeth.
² Nid oes sanct fel yr ARGLWYDD,
yn wir nid oes neb heblaw tydi,
ac nid oes craig fel ein Duw ni.
³ Peidiwch ag amlhau geiriau
    trahaus,
na gadael gair hy o'ch genau;
canys Duw sy'n gwybod yw'r
    ARGLWYDD,
ac ef sy'n pwyso gweithredoedd.
⁴ Dryllir bwâu y cedyrn,
ond gwregysir y gwan â nerth.
⁵ Bydd y porthiannus yn gweithio am
    eu bara,
ond y newynog yn gorffwyso bellach.
Planta'r ddi-blant seithwaith,
ond dihoeni a wna'r aml ei phlant.
⁶ Yr ARGLWYDD sy'n lladd ac yn
    bywhau,
yn tynnu i lawr i Sheol ac yn
    dyrchafu.
⁷ Yr ARGLWYDD sy'n tlodi ac yn
    cyfoethogi,
yn darostwng a hefyd yn dyrchafu.
⁸ Y mae'n codi'r gwan o'r llwch
ac yn dyrchafu'r anghenus o'r
    domen,
i'w osod i eistedd gyda phendefigion
ac i etifeddu cadair anrhydedd;
canys eiddo'r ARGLWYDD golofnau'r
    ddaear,
ac ef a osododd y byd arnynt.
⁹ Y mae'n gwarchod camre ei
    ffyddloniaid,
ond y mae'r drygionus yn tewi mewn
    tywyllwch;
canys nid trwy rym y mae trechu.

1:23 Felly Groeg. Hebraeg, *ei addewid*.
1:24 Felly Groeg. Hebraeg, *tri ych*.

¹⁰ Dryllir y rhai sy'n ymryson â'r
   ARGLWYDD;
tarana o'r nef yn eu herbyn.
Yr ARGLWYDD a farna eithafoedd
   daear;
fe rydd nerth i'w frenin
a dyrchafu pen ei eneiniog."

¹¹ Yna dychwelodd Elcana adref i Rama, ond yr oedd y bachgen yn gwasanaethu'r ARGLWYDD gerbron yr offeiriad Eli.

Meibion Eli

¹² Yr oedd meibion Eli yn wŷr ofer, heb gydnabod yr ARGLWYDD. ¹³ Arfer yr offeiriaid gyda'r bobl, pan fyddai unrhyw un yn offrymu aberth, oedd hyn: tra oeddent yn berwi'r cig, dôi gwas yr offeiriad gyda fforch deirpig yn ei law ¹⁴ a'i tharo i mewn i'r badell, neu'r sosban, neu'r crochan neu'r llestr; yna cymerai'r offeiriad beth bynnag a ddygai'r fforch i fyny. Felly y gwneid yn Seilo gyda'r holl Israeliaid a ddôi yno. ¹⁵ Ond dechreuodd gwas yr offeiriad ddod cyn llosgi'r braster hyd yn oed, a dweud wrth y dyn oedd yn offrymu, "Rho gig i'w rostio i'r offeiriad; ni chymer gennyt gig wedi ei ferwi ond cig ffres." ¹⁶ Os dywedai'r dyn, "Gad iddynt o leiaf losgi'r braster yn gyntaf, yna cymer iti beth a fynni," atebai, "Na, dyro ar unwaith, neu fe'i cymeraf trwy rym." ¹⁷ Yr oedd pechod y llanciau yn fawr iawn yng ngolwg yr ARGLWYDD, oherwydd yr oedd dynion yn ffieiddio offrwm yr ARGLWYDD.

Samuel yn Seilo

¹⁸ Yr oedd y bachgen Samuel yn gwasanaethu gerbron yr ARGLWYDD mewn effod liain. ¹⁹ Byddai ei fam yn gwneud mantell fach iddo, ac yn dod â hi iddo bob blwyddyn pan ddôi gyda'i gŵr i offrymu'r aberth blynyddol. ²⁰ A byddai Eli'n bendithio Elcana a'i wraig cyn iddynt fynd adref, ac yn dweud, "Rhodded yr ARGLWYDD blant iti o'r wraig hon yn lle'r un a fenthyciwyd i'r ARGLWYDD." ²¹ Ac fe ymwelodd yr ARGLWYDD â Hanna, a beichiogodd a geni tri mab a dwy ferch. Tyfodd y bachgen Samuel yn nhŷ'r ARGLWYDD.

Eli a'i Feibion

²² Pan oedd Eli'n hen iawn, clywodd am y cwbl a wnâi ei feibion drwy Israel gyfan, a'u bod yn gorwedd gyda'r gwragedd oedd yn gweini wrth ddrws pabell y cyfarfod. ²³ Dywedodd wrthynt, "Pam y gwnewch bethau fel hyn? Rwy'n clywed gair drwg amdanoch gan y bobl yma i gyd. ²⁴ Na'n wir, fy meibion, nid da yw'r hanes y clywaf bobl Dduw yn ei ledaenu. ²⁵ Os yw un yn pechu yn erbyn rhywun arall, y mae Duw yn ganolwr, ond os pecha rhywun yn erbyn yr ARGLWYDD, at bwy y gellir apelio?" Ond gwrthod gwrando ar eu tad a wnaethant, oherwydd ewyllys yr ARGLWYDD oedd eu lladd. ²⁶ Ac yr oedd y bachgen Samuel yn dal i gynyddu ac ennill ffafr gyda Duw a'r bobl.

Proffwydoliaeth yn erbyn Teulu Eli

²⁷ Daeth gŵr Duw at Eli a dweud wrtho, "Fel hyn y dywed yr ARGLWYDD: 'Oni'm datguddiais fy hun i'th dylwyth pan oeddent yn yr Aifft yn gaethion* yn nhŷ Pharo? ²⁸ Fe'u dewisais o holl lwythau Israel i fod yn offeiriaid i mi, i offrymu ar fy allor a llosgi arogldarth a gwisgo effod o'm blaen, a rhoddais i'th dylwyth holl offrymau llosg yr Israeliaid. ²⁹ Pam yr ydych yn llygadu fy aberth a chwennych fy offrwm a orchmynnais*, ac anrhydeddu dy feibion yn fwy na mi, a'ch pesgi'ch hunain â'r gorau o holl offrymau fy mhobl Israel?' ³⁰ Am hynny," medd ARGLWYDD Dduw Israel, "er yn wir imi ddweud y câi dy linach a'th deulu wasanaethu ger fy mron am byth, yn awr," medd yr ARGLWYDD, "pell y bo hynny oddi wrthyf, oherwydd y rhai sy'n f'anrhydeddu a anrhydeddaf, a diystyrir fy nirmygwyr. ³¹ Y mae'r dyddiau ar ddod y torraf i ffwrdd dy nerth di a nerth dy dylwyth, rhag bod un hynafgwr yn dy dŷ. ³² Yna, yn dy gyfyngdra, byddi'n llygadu holl lwyddiant Israel, ond ni fydd henwr yn dy dŷ di byth. ³³ Bydd unrhyw un o'r eiddot na fyddaf yn ei dorri i ffwrdd oddi wrth fy allor yn boen

---

2:27 Felly Groeg. Hebraeg heb *yn gaethion*.
2:29 Felly Groeg. Hebraeg, *yn sarnu fy aberth a'm hoffrwm a orchmynnais yn fy nghysegr*.

llygad ac yn ofid calon iti, a bydd holl blant dy deulu yn dihoeni a marw. ³⁴ Bydd yr hyn a ddigwydd i'th ddau fab, Hoffni a Phinees, yn argoel iti: bydd farw'r ddau yr un diwrnod. ³⁵ Sefydlaf i mi fy hun offeiriad ffyddlon a weithreda yn ôl fy nghalon a'm meddwl; adeiladaf iddo dŷ sicr a bydd yn gwasanaethu gerbron f'eneiniog yn wastadol. ³⁶ A bydd pob un a adewir yn dy dŷ di yn dod i foesymgrymu iddo am ddarn arian neu dorth o fara a dweud, 'Rho imi unrhyw swydd yn yr offeiriadaeth, imi gael tamaid o fara'."

Yr ARGLWYDD yn Ymddangos i Samuel

3 Yn y dyddiau pan oedd y bachgen Samuel yn gwasanaethu'r ARGLWYDD gerbron Eli, yr oedd gair yr ARGLWYDD yn brin, a gweledigaeth yn anfynych. ² Un noswaith yr oedd Eli yn gorwedd yn ei le, ac yr oedd ei lygaid wedi dechrau pylu ac yntau'n methu gweld. ³ Nid oedd lamp Duw wedi diffodd eto, ac yr oedd Samuel yn cysgu yn nheml yr ARGLWYDD, lle'r oedd arch Duw. ⁴ Yna galwodd yr ARGLWYDD ar Samuel. Dywedodd yntau, "Dyma fi." Rhedodd at Eli a dweud, "Dyma fi, roeddit yn galw arnaf." ⁵ Atebodd ef, "Nac oeddwn, dos yn ôl i orwedd." Aeth yntau a gorwedd. ⁶ Yna galwodd yr ARGLWYDD eto, "Samuel!" Cododd Samuel a mynd at Eli a dweud, "Dyma fi, roeddit yn fy ngalw." Ond dywedodd ef, "Nac oeddwn, fy machgen, dos yn ôl i orwedd." ⁷ Yr oedd hyn cyn i Samuel adnabod yr ARGLWYDD, a chyn bod gair yr ARGLWYDD wedi ei ddatguddio iddo. ⁸ Galwodd yr ARGLWYDD eto'r drydedd waith, "Samuel!" A phan gododd a mynd at Eli a dweud, "Dyma fi, roeddit yn galw arnaf," deallodd Eli mai'r ARGLWYDD oedd yn galw'r bachgen. ⁹ Felly dywedodd Eli wrth Samuel, "Dos i orwedd, ac os gelwir di eto, dywed tithau, 'Llefara, ARGLWYDD, canys y mae dy was yn gwrando'." Aeth Samuel a gorwedd yn ei le. ¹⁰ Yna daeth yr ARGLWYDD a sefyll a galw fel o'r blaen, "Samuel! Samuel!" A dywedodd Samuel, "Llefara, canys y mae dy was yn gwrando."

¹¹ Yna dywedodd yr ARGLWYDD wrth Samuel, "Yr wyf ar fin gwneud rhywbeth yn Israel a fydd yn merwino clustiau pwy bynnag a'i clyw. ¹² Y dydd hwnnw dygaf ar Eli y cwbl a ddywedais am ei dŷ, o'r dechrau i'r diwedd; ¹³ a dywedaf wrtho fy mod yn barnu ei dŷ am byth, oherwydd gwyddai fod ei feibion yn melltithio Duw*, ac ni roddodd daw arnynt. ¹⁴ Am hynny tyngais wrth dŷ Eli, 'Ni wneir iawn byth am ddrygioni tŷ Eli ag aberth nac ag offrwm'."

¹⁵ Gorweddodd Samuel tan y bore, yna agorodd ddrysau tŷ'r ARGLWYDD; ond ofnai ddweud y weledigaeth wrth Eli. ¹⁶ Galwodd Eli ar Samuel, "Samuel, fy machgen." Atebodd yntau, "Dyma fi." Yna holodd, "Beth oedd y neges a lefarodd ef wrthyt? ¹⁷ Paid â'i chelu oddi wrthyf. Fel hyn y gwnelo Duw iti, a rhagor, os cuddi oddi wrthyf unrhyw beth a lefarodd ef wrthyt." ¹⁸ Yna mynegodd Samuel y cyfan wrtho, heb gelu dim. Ac meddai yntau, "Yr ARGLWYDD yw; fe wna'r hyn sydd dda yn ei olwg."

¹⁹ Tyfodd Samuel, ac yr oedd yr ARGLWYDD gydag ef; ni adawodd i'r un o'i eiriau fethu. ²⁰ Sylweddolodd Israel gyfan, o Dan hyd Beerseba, fod Samuel wedi ei sefydlu'n broffwyd i'r ARGLWYDD. ²¹ A pharhaodd yr ARGLWYDD i ymddangos yn Seilo, oherwydd yno y'i datguddiodd ei hun i Samuel trwy ei air.

4 Yr oedd gair Samuel yn air i Israel gyfan.

Y Philistiaid yn Cipio Arch y Cyfamod

Aeth Israel i ryfel yn erbyn y Philistiaid a gwersyllu ger Eben-eser, a'r Philistiaid yn gwersyllu yn Affec. ² Wedi i'r Philistiaid drefnu eu byddin yn erbyn Israel, aeth yn frwydr, a threchwyd Israel gan y Philistiaid; lladdwyd tua phedair mil o'r fyddin ar faes y gad. ³ Pan ddychwelodd y bobl i'r gwersyll, holodd henuriaid Israel, "Pam y

---

3:13 Felly Groeg. Hebraeg, *am byth, am y drygioni a wyddai; am fod ei feibion yn melltithio iddynt.*

trawodd yr ARGLWYDD ni heddiw o flaen y Philistiaid? Cymerwn atom o Seilo arch cyfamod yr ARGLWYDD, a doed i'n plith i'n hachub o law ein gelynion." ⁴ Anfonodd y bobl i Seilo a chymryd oddi yno arch cyfamod ARGLWYDD y Lluoedd sydd â'i orsedd ar y cerwbiaid. Yno hefyd, gydag arch cyfamod Duw, yr oedd dau fab Eli, Hoffni a Phinees. ⁵ Pan gyrhaeddodd arch cyfamod yr ARGLWYDD i'r gwersyll, gwaeddodd yr Israeliaid i gyd â bloedd uchel nes bod y ddaear yn datseinio. ⁶ Clywodd y Philistiaid y floedd a gofyn, "Beth yw'r floedd fawr hon a glywir yng ngwersyll yr Hebreaid?" Wedi iddynt ddeall mai arch cyfamod yr ARGLWYDD oedd wedi cyrraedd i'r gwersyll, ⁷ ofnodd y Philistiaid, oherwydd dweud yr oeddent, "Daeth duw i'r gwersyll." Ac meddent, "Gwae ni! Oherwydd ni fu peth fel hyn erioed o'r blaen. ⁸ Gwae ni! Pwy a'n gwared ni o law'r duwiau nerthol hyn? Dyma'r duwiau a drawodd yr Eifftiaid â phob math o bla yn yr anialwch. ⁹ Byddwch yn gryf a gwrol, O Philistiaid, rhag i chwi fynd yn gaeth i'r Hebreaid fel y buont hwy i chwi; ie, byddwch yn wrol ac ymladd." ¹⁰ Ymladdodd y Philistiaid, a threchwyd Israel, a ffodd pawb adref. Bu lladdfa fawr iawn, a syrthiodd deng mil ar hugain o wŷr traed Israel. ¹¹ Hefyd cymerwyd arch Duw, a bu farw Hoffni a Phinees, dau fab Eli.

Marwolaeth Eli

¹² Y diwrnod hwnnw rhedodd un o wŷr Benjamin o'r frwydr a chyrraedd Seilo â'i ddillad wedi eu rhwygo a phridd ar ei ben. ¹³ Pan ddaeth, dyna lle'r oedd Eli yn eistedd ar sedd gerllaw'r ffordd yn disgwyl, am ei fod yn bryderus iawn am arch Duw. Pan ddaeth y dyn a chyhoeddi'r newydd yn y ddinas, bu llefain drwy'r ddinas. ¹⁴ A phan glywodd Eli sŵn y llefain, holodd, "Beth yw'r cynnwrf yma?" Yna brysiodd y dyn, a dod ac adrodd yr hanes wrth Eli. ¹⁵ Yr oedd Eli'n naw deg ac wyth oed, a'i lygaid wedi pylu fel na fedrai weld. ¹⁶ A dywedodd y dyn wrth Eli, "Myfi sydd wedi dod o'r frwydr; heddiw y ffois o'r gad." Yna gofynnodd iddo, "Beth yw'r newydd, fy machgen?" ¹⁷ Atebodd y cennad, "Ffodd Israel o flaen y Philistiaid, a bu lladdfa fawr ymysg y bobl hefyd; y mae dy ddau fab, Hoffni a Phinees wedi marw, ac arch Duw wedi ei chymryd." ¹⁸ Pan soniodd am arch Duw, syrthiodd Eli yn wysg ei gefn oddi ar y sedd gerllaw'r porth, a thorri ei wddf a marw, oherwydd yr oedd yn hen ac yn ddyn trwm. Yr oedd wedi barnu Israel am ddeugain mlynedd.

Geni Ichabod

¹⁹ Yr oedd ei ferch-yng-nghyfraith, gwraig Phinees, yn feichiog ac yn agos i esgor. Pan glywodd hi'r newydd fod arch Duw wedi ei chymryd a bod ei thad-yng-nghyfraith a'i gŵr wedi marw, crymodd ac esgorodd, oherwydd daeth ei gwewyr arni. ²⁰ Ac fel yr oedd hi'n marw, dywedodd y merched oedd o'i chwmpas, "Paid ag ofni, rwyt ti wedi esgor ar fab." Nid atebodd hi na chymryd sylw, ²¹ ond enwi'r bachgen, Ichabod*, a dweud, "Ciliodd gogoniant o Israel," oherwydd colli arch Duw a'i thad-yng-nghyfraith a'i gŵr. ²² Dyna a ddywedodd, "Ciliodd gogoniant o Israel, oherwydd cymryd arch Duw."

Arch y Cyfamod yng Ngwlad y Philistiaid

5 Wedi i'r Philistiaid gipio arch Duw, dygwyd hi o Eben-eser i Asdod; ² yno dygodd y Philistiaid hi i deml Dagon, a'i gosod wrth ochr Dagon. ³ Pan gododd yr Asdodiaid fore trannoeth, gwelsant Dagon wedi syrthio i lawr ar ei wyneb o flaen arch yr ARGLWYDD. ⁴ Yna codasant Dagon, a'i roi'n ôl yn ei le. Bore trannoeth, wedi iddynt godi, gwelsant Dagon wedi syrthio i lawr ar ei wyneb o flaen arch yr ARGLWYDD, a phen a dwy law Dagon ar y trothwy wedi eu torri i ffwrdd, a dim ond corff Dagon ar ôl ganddo. ⁵ Dyna pam nad yw offeiriaid Dagon, na neb sy'n dod i'w deml, yn sangu ar drothwy Dagon yn Asdod hyd y dydd hwn.

4:21 H.y., *Di-ogoniant*.

⁶ Bu llaw'r ARGLWYDD yn drwm ar yr Asdodiaid. Parodd arswyd ar Asdod a'i chyffiniau, a'u taro â chornwydydd. ⁷ Pan welodd gwŷr Asdod mai felly'r oedd, dywedasant, "Ni chaiff arch Duw Israel aros gyda ni, oherwydd y mae ei law yn drwm arnom ni ac ar ein duw Dagon." ⁸ Wedi iddynt anfon a chasglu atynt holl arglwyddi'r Philistiaid, gofynasant, "Beth a wnawn ag arch Duw Israel?" Atebasant hwythau, "Aed arch Duw Israel draw i Gath." Felly aethant ag arch Duw Israel yno. ⁹ Ond wedi iddynt fynd â hi yno, bu llaw'r ARGLWYDD ar y ddinas a pheri difrod mawr iawn, trawyd pobl y ddinas yn hen ac ifainc, a thorrodd y cornwydydd allan arnynt hwythau. ¹⁰ Anfonasant arch Duw i Ecron, ond pan gyrhaeddodd yno, cwynodd pobl Ecron, "Y maent wedi dod ag arch Duw Israel atom ni i'n lladd ni a'n teuluoedd." ¹¹ Felly anfonasant i gasglu ynghyd holl arglwyddi'r Philistiaid a dweud, "Anfonwch arch Duw Israel yn ôl i'w lle ei hun, rhag iddi'n lladd ni a'n teuluoedd." ¹² Yr oedd ofn angau drwy'r holl ddinas am fod llaw Duw mor drwm yno, a hyd yn oed y rhai a arbedwyd rhag marwolaeth wedi eu taro â'r cornwydydd; ac esgynnai gwaedd y ddinas i'r entrychion.

Dychwelyd Arch y Cyfamod

6 Wedi i arch yr ARGLWYDD fod yn Philistia saith mis, ² galwodd y Philistiaid ar yr offeiriaid a'r dewiniaid a gofyn, "Beth a wnawn ni ag arch yr ARGLWYDD? Dywedwch wrthym sut yr anfonwn hi'n ôl i'w lle." ³ Atebasant, "Os ydych yn anfon arch Duw Israel yn ôl, peidiwch â'i hanfon heb rodd, gofalwch anfon gyda hi offrwm dros gamwedd; yna cewch eich iacháu a darganfod pam na symudwyd ei law oddi arnoch." ⁴ Pan ofynnwyd pa offrwm dros gamwedd a roddent iddo, dywedasant, "Pum cornwyd aur a phum llygoden aur, yn ôl nifer arglwyddi'r Philistiaid, oherwydd yr un pla a fu ar bawb ohonoch chwi a'ch arglwyddi. ⁵ Gwnewch fodelau o'ch cornwydydd, a'r llygod sy'n difa'r wlad, a rhowch ogoniant i Dduw Israel; efallai y bydd yn ysgafnhau ei law oddi arnoch chwi a'ch duw a'ch gwlad. ⁶ Pa les ystyfnigo fel y gwnaeth Pharo a'r Aifft? Wedi iddo ef eu trin fel y mynnai, oni fu raid iddynt ollwng Israel ymaith? ⁷ Yn awr, paratowch fen newydd a chymryd dwy fuwch flith heb fod dan iau; rhwymwch y buchod wrth y fen a chadw eu lloi i mewn rhag iddynt eu dilyn. ⁸ Yna cymerwch arch yr ARGLWYDD a'i rhoi ar y fen, ac mewn cist wrth ei hochr rhowch y pethau aur yr ydych yn eu hanfon iddo yn offrwm dros gamwedd; a gadewch i'r arch fynd. ⁹ Yna cewch weld; os â i fyny am Beth-semes i gyfeiriad ei chynefin, ef sydd wedi achosi'r drwg mawr hwn i ni; ond os nad â, byddwn yn gwybod nad ei law ef a'n trawodd, ond mai cyd-ddigwyddiad oedd hyn."

¹⁰ Dyna a wnaeth y dynion, cymryd dwy fuwch fagu a'u rhwymo wrth fen a chadw eu lloi mewn cwt. ¹¹ Rhoesant arch yr ARGLWYDD ar y fen, gyda'r gist a'r llygod aur a'r modelau o'u cornwydydd. ¹² Cerddodd y buchod ar eu hunion ar y ffordd i gyfeiriad Beth-semes, gan frefu wrth fynd, ond yn cadw i'r un briffordd heb wyro i'r dde na'r chwith; a cherddodd arglwyddi'r Philistiaid ar eu hôl hyd at derfyn Beth-semes. ¹³ Yr oedd pobl Beth-semes yn medi eu cynhaeaf gwenith yn y dyffryn, a phan godasant eu llygaid a gweld yr arch, yr oeddent yn llawen o'i gweld. ¹⁴ Daeth y fen i faes Josua, gŵr o Beth-semes, a sefyll yno yn ymyl carreg fawr, ac wedi iddynt ddarnio coed y fen, offrymasant y buchod yn boethoffrwm i'r ARGLWYDD. ¹⁵ Yna tynnodd y Lefiaid i lawr arch yr ARGLWYDD, a'r gist oedd gyda hi yn cynnwys y pethau aur, a'u rhoi ar y garreg fawr; a'r dydd hwnnw offrymodd gwŷr Beth-semes boethoffrymau ac ebyrth i'r ARGLWYDD. ¹⁶ Ac wedi i bum arglwydd y Philistiaid weld, aethant yn ôl i Ecron yr un diwrnod.

¹⁷ Dyma restr y cornwydydd aur a anfonodd y Philistiaid i'r ARGLWYDD yn offrwm dros gamwedd: un dros Asdod, un dros Gasa, un dros Ascalon, un dros Gath ac un dros Ecron. ¹⁸ Hefyd llygod aur yn ôl nifer holl ddinasoedd y Philistiaid a oedd dan y pum arglwydd, yn ddinas gaerog neu'n bentref agored.

Saif y garreg fawr y gosodwyd arni arch yr ARGLWYDD yn dyst hyd y dydd hwn ym maes Josua o Beth-semes.

Arch y Cyfamod yn Ciriath-Jearim

¹⁹ Trawyd rhai o wŷr Beth-semes am iddynt edrych i mewn i arch yr ARGLWYDD. Trawyd deg a thrigain ohonynt*, a galarodd y bobl oherwydd bod yr ARGLWYDD wedi gwneud lladdfa mor fawr yn eu plith. ²⁰ A dywedodd gwŷr Beth-semes, "Pwy a fedr sefyll o flaen yr ARGLWYDD, y Duw sanctaidd hwn? At bwy yr â oddi wrthym ni?" ²¹ Anfonasant negeswyr at drigolion Ciriath-jearim a dweud, "Anfonodd y Philistiaid arch yr ARGLWYDD yn ôl, dewch i lawr i'w chyrchu."

7 Yna daeth gwŷr Ciriath-jearim a chyrchu arch yr ARGLWYDD, a'i dwyn atynt i dŷ Abinadab ar y bryn, a chysegru ei fab Eleasar i gadw arch yr ARGLWYDD.

Samuel yn Llywodraethu ar Israel

² Aeth llawer o amser heibio, tuag ugain mlynedd, er pan ddaeth yr arch i aros yn Ciriath-jearim, ac yr oedd holl dŷ Israel yn hiraethu am yr ARGLWYDD. ³ Dywedodd Samuel wrth yr Israeliaid, "Os ydych yn dychwelyd at yr ARGLWYDD â'ch holl galon, bwriwch ymaith y duwiau estron a'r Astaroth o'ch mysg; rhowch eich meddwl ar yr ARGLWYDD, a'i addoli ef yn unig, ac fe'ch achub o law y Philistiaid." ⁴ A bwriodd Israel ymaith y Baalim a'r Astaroth, ac addoli'r ARGLWYDD yn unig.

⁵ Yna dywedodd Samuel, "Casglwch holl Israel i Mispa, a gweddïaf drosoch ar yr ARGLWYDD." ⁶ Ac wedi iddynt ymgasglu i Mispa, a thynnu dŵr a'i arllwys gerbron yr ARGLWYDD, gwnaethant ympryd yno y diwrnod hwnnw a dweud, "Yr ydym wedi pechu yn erbyn yr ARGLWYDD." Yn Mispa yr oedd Samuel yn barnu Israel. ⁷ Pan glywodd y Philistiaid fod Israel wedi dod ynghyd i Mispa, daeth arglwyddi'r Philistiaid i fyny yn erbyn Israel. Clywodd Israel hynny, a daeth arnynt ofn y Philistiaid, ac meddent wrth Samuel, ⁸ "Gweddïa'n ddi-baid drosom ar yr ARGLWYDD ein Duw iddo'n gwaredu ni o law'r Philistiaid." ⁹ Cymerodd Samuel oen sugno a'i offrymu'n boethoffrwm cyfan i'r ARGLWYDD; gweddïodd ar yr ARGLWYDD dros Israel, ac atebodd yr ARGLWYDD ef. ¹⁰ Y diwrnod hwnnw, fel yr oedd Samuel yn offrymu'r poethoffrwm, a'r Philistiaid yn nesáu i ymladd ag Israel, cododd yr ARGLWYDD storm daranau yn erbyn y Philistiaid a'u drysu, a gyrrwyd hwy ar ffo o flaen Israel. ¹¹ Yna aeth gwŷr Israel allan o Mispa, ac erlid y Philistiaid a'u taro nes dod islaw Beth-car. ¹² Yna cymerodd Samuel faen, a'i osod rhwng Mispa a Sên a'i alw'n Eben-eser*, a dweud, "Hyd yma y cynorthwyodd yr ARGLWYDD ni."

¹³ Darostyngwyd y Philistiaid ac ni ddaethant eto i diriogaeth Israel; yr oedd llaw'r ARGLWYDD yn erbyn y Philistiaid holl ddyddiau Samuel. ¹⁴ Adferwyd i Israel y trefi yr oedd y Philistiaid wedi eu dwyn oddi arni, o Ecron hyd Gath; a rhyddhaodd Israel eu terfynau o afael y Philistiaid. Yr oedd heddwch hefyd rhwng Israel a'r Amoriaid. ¹⁵ Bu Samuel yn barnu Israel ar hyd ei oes. ¹⁶ Bob blwyddyn âi ar gylchdaith i Fethel, Gilgal a Mispa, a barnu Israel yn y mannau hyn. ¹⁷ Yna dychwelai i Rama, oherwydd yno'r oedd ei gartref. Barnai Israel yno hefyd, a chododd yno allor i'r ARGLWYDD.

Y Bobl yn Gofyn am Frenin

8 Wedi i Samuel heneiddio, penododd ei feibion yn farnwyr ar yr Israeliaid. ² Joel oedd ei fab hynaf, ac Abeia ei ail fab; ac yr oeddent yn barnu yn Beerseba. ³ Eto nid oedd y meibion yn cerdded yn llwybrau eu tad, ond yn ceisio elw, yn derbyn cil-dwrn ac yn gwyro barn. ⁴ Felly cyfarfu holl henuriaid Israel, a mynd at Samuel i Rama, ⁵ a dweud wrtho, "Yr wyt ti wedi mynd yn hen, ac nid yw dy feibion yn cerdded yn dy lwybrau di; rho inni'n

---

6:19 Hebraeg yn ychwanegu *hanner can mil o wŷr.*   7:12 H.y., *Maen cymorth.*

awr frenin i'n barnu, yr un fath â'r holl genhedloedd." ⁶ Gofidiodd Samuel eu bod yn dweud, "Rho inni frenin i'n barnu", a gweddïodd Samuel ar yr ARGLWYDD. ⁷ Dywedodd yr ARGLWYDD wrth Samuel, "Gwrando ar y bobl ym mhopeth y maent yn ei ddweud wrthyt, oherwydd nid ti ond myfi y maent yn ei wrthod rhag bod yn frenin arnynt. ⁸ Yn union fel y gwnaethant â mi o'r dydd y dygais hwy i fyny o'r Aifft hyd heddiw, sef fy ngadael a gwasanaethu duwiau eraill, felly hefyd y gwnânt â thithau. ⁹ Gwrando'n awr ar eu cais, ond gofala hefyd dy fod yn eu rhybuddio'n ddifrifol ac yn dangos iddynt ddull y brenin a fydd yn teyrnasu arnynt."

¹⁰ Mynegodd Samuel holl eiriau'r ARGLWYDD wrth y bobl oedd yn gofyn am frenin ganddo, ¹¹ a dweud, "Dyma ddull y brenin a fydd yn teyrnasu arnoch: fe gymer eich meibion a'u gwneud yn gerbydwyr ac yn farchogion i fynd o flaen ei gerbyd. ¹² Gwna rai ohonynt yn gapteiniaid mil a chapteiniaid hanner cant, eraill i aredig ei dir ac i fedi ei gynhaeaf, ac eraill i wneud ei arfau rhyfel ac offer ei gerbydau. ¹³ Fe gymer eich merched yn bersawresau, yn gogyddesau ac yn bobyddesau; ¹⁴ cymer hefyd eich meysydd, eich gwinllannoedd a'ch gerddi olewydd gorau a'u rhoi i'w weision; ¹⁵ bydd yn degymu'ch ŷd a'ch gwinllannoedd ac yn ei rannu i'w swyddogion a'i weision; ¹⁶ ac yn cymryd eich llafurwyr a'ch morynion, eich bustych* gorau a'ch asynnod, ar gyfer ei waith ei hun. ¹⁷ Fe ddegyma'ch defaid, a byddwch chwithau'n gaethweision iddo. ¹⁸ A'r dydd hwnnw byddwch yn protestio oherwydd y brenin y byddwch wedi ei ddewis; ond ni fydd yr ARGLWYDD yn eich ateb y diwrnod hwnnw."

¹⁹ Gwrthododd y bobl wrando ar Samuel. "Na," meddent, "y mae'n rhaid inni gael brenin, ²⁰ i ni fod yr un fath â'r holl genhedloedd, gyda brenin i'n barnu a'n harwain i ryfel ac ymladd ein brwydrau." ²¹ Gwrandawodd Samuel ar y cwbl a ddywedodd y bobl, a'i adrodd wrth yr ARGLWYDD. ²² Dywedodd yr ARGLWYDD wrth Samuel, "Gwrando ar eu cais, a rho frenin iddynt." A dywedodd Samuel wrth yr Israeliaid, "Ewch adref bob un."

Saul yn Cyfarfod Samuel

9 Yr oedd gŵr blaenllaw yn Benjamin o'r enw Cis fab Abiel, fab Seror, fab Becorath, fab Affeia, ² a chanddo fab o'r enw Saul, gŵr ifanc golygus nad oedd ei well ymysg yr Israeliaid, ac yn dalach o'i ysgwyddau i fyny na neb arall. ³ Aeth asennod Cis tad Saul ar goll, a dywedodd Cis wrth ei fab Saul, "Cymer un o'r gweision a dos i chwilio am yr asennod." ⁴ Aethant drwy fynydd-dir Effraim a thrwy ardal Salisa, ond heb eu cael; yna mynd drwy ardal Saalim, ond nid oedd dim o'u hanes yno; ac yna drwy diriogaeth Benjamin, ond eto heb eu cael. ⁵ Wedi iddynt ddod i ardal Suff, dywedodd Saul wrth y gwas oedd gydag ef, "Tyrd, awn yn ôl, rhag i 'nhad anghofio'r asennod a dechrau poeni amdanom ni." ⁶ Ac meddai'r gwas wrtho, "Edrych, y mae yma ŵr Duw yn y dref hon sy'n uchel ei glod, a phopeth a ddywed yn sicr o ddigwydd. Gad inni fynd ato, ac efallai y dywed wrthym pa ffordd y dylem fynd." ⁷ Ond dywedodd Saul wrth ei was, "A bwrw'n bod ni'n mynd, beth a ddygwn ni i'r dyn? Y mae hyd yn oed y bara yn ein paciau wedi darfod; nid oes gennym unrhyw rodd i'w chynnig i ŵr Duw. Beth sydd gennym?" ⁸ Atebodd y gwas eto a dweud wrth Saul, "Wel, y mae'n digwydd bod gennyf fi chwarter sicl; fe'i rhoddaf i ŵr Duw am ddweud y ffordd wrthym." ⁹ (Yn Israel gynt, fel hyn y dywedai rhywun wrth fynd i ymgynghori â Duw, "Dewch ac awn at y gweledydd." Oherwydd gynt "gweledydd" oedd yr enw ar broffwyd.) ¹⁰ Dywedodd Saul wrth ei was, "Awgrym da. Tyrd, fe awn." Ac aethant i'r dref lle'r oedd gŵr Duw. ¹¹ Fel yr oeddent yn dringo'r allt at y dref, gwelsant ferched ar eu ffordd i dynnu dŵr, a dyna ofyn iddynt, "A yw'r gweledydd yma?" ¹² "Ydyw," meddent, "acw'n syth o'ch blaen; brysiwch, y mae newydd gyrraedd y dref, oherwydd y mae gan y bobl aberth heddiw yn yr uchelfa. ¹³ Os

---

8:16 Felly Groeg. Hebraeg, *eich gwŷr dethol*.

ewch i'r dref, fe'i daliwch cyn iddo fynd i'r uchelfa i fwyta; oherwydd ni fydd y bobl yn dechrau bwyta nes iddo gyrraedd, gan mai ef sy'n bendithio'r aberth cyn i'r gwahoddedigion fwyta. Ewch i fyny, ac fe'i cewch ar unwaith." ¹⁴ Aethant tua'r dref, ac fel yr oeddent yn mynd i mewn iddi, dyna Samuel yn dod i'w cyfarfod ar ei ffordd i'r uchelfa.

¹⁵ Yr oedd yr ARGLWYDD wedi rhybuddio Samuel ryw ddiwrnod cyn i Saul gyrraedd, a dweud, ¹⁶ "Yr adeg yma yfory anfonaf atat ddyn o diriogaeth Benjamin, i'w eneinio'n dywysog ar fy mhobl Israel, ac fe wareda fy mhobl o law'r Philistiaid; oherwydd gwelais drueni* fy mhobl, a daeth eu cri ataf." ¹⁷ Pan welodd Samuel Saul, dywedodd yr ARGLWYDD, "Dyma'r dyn y dywedais wrthyt amdano; hwn sydd i reoli fy mhobl." ¹⁸ Daeth Saul i fyny at Samuel yng nghanol y porth a dweud wrtho, "A fyddi mor garedig â dweud wrthyf ymhle y mae tŷ'r gweledydd?" ¹⁹ Atebodd Samuel, "Fi yw'r gweledydd; dos i fyny o'm blaen i'r uchelfa; cei fwyta gyda mi heddiw, a gollyngaf di ymaith yfory ar ôl dweud wrthyt bopeth sydd yn dy galon. ²⁰ Ac am yr asennod sydd ar goll gennyt ers tridiau, paid â phoeni amdanynt, oherwydd cafwyd hwy. I bwy y mae popeth dymunol yn Israel? Onid i ti a'th holl deulu?" ²¹ Atebodd Saul, "Onid un o Benjamin wyf fi, o'r lleiaf o lwythau Israel? A'm tylwyth i yw'r distatlaf o holl dylwythau llwyth Benjamin. Pam, felly, yr wyt yn siarad fel hyn â mi?" ²² Cymerodd Samuel Saul a'i was, a mynd â hwy i'r neuadd a rhoi iddynt y lle blaenaf ymysg y gwahoddedigion; yr oedd tua deg ar hugain ohonynt. ²³ Yna dywedodd Samuel wrth y cogydd, "Estyn y darn a roddais iti pan ddywedais wrthyt, 'Cadw hwn o'r neilltu'." ²⁴ Dygodd y cogydd y glun a'r hyn oedd arni, a'i gosod gerbron Saul a dweud, "Dyma'r hyn a gadwyd ar dy gyfer; bwyta, oherwydd fe'i cadwyd iti ar gyfer yr amser penodedig, i'w fwyta gyda'r gwahoddedigion*." Bwytaodd Saul y diwrnod hwnnw gyda Samuel.

Samuel yn Eneinio Saul

²⁵ Wedi iddynt ddychwelyd o'r uchelfa i'r dref, gwnaethant wely i Saul ar ben y tŷ, a chysgodd yno*. ²⁶ Pan dorrodd y wawr, galwodd Samuel ar Saul, ac yntau ar y to, a dweud, "Cod, imi gael dy anfon ymaith." Ac wedi i Saul godi, aeth y ddau allan, Samuel ac yntau. ²⁷ Wedi iddynt ddod i gwr y dref, dywedodd Samuel wrth Saul, "Dywed wrth y gwas am fynd o'n blaen, ac wedyn aros di ennyd, imi fynegi gair Duw iti."

10 Cymerodd Samuel ffiol o olew a'i dywallt dros ei ben, a'i gusanu a dweud, "Onid yw'r ARGLWYDD yn d'eneinio'n dywysog ar ei bobl Israel, ac onid ti fydd yn rheoli pobl yr ARGLWYDD, ac yn eu gwaredu o law eu gelynion oddi amgylch? A dyma'r arwydd fod yr* ARGLWYDD wedi d'eneinio'n dywysog ar ei etifeddiaeth: ² pan ei oddi wrthyf heddiw, cei ddau ddyn wrth fedd Rachel yn Selsach ar ffin Benjamin, a dywedant wrthyt fod yr asennod yr aethost i'w ceisio wedi eu cael, a bod dy dad wedi rhoi heibio fater yr asennod, ac yn poeni amdanoch chwi ac yn dweud, 'Beth a wnaf am fy mab?' ³ Wedi iti fynd ymlaen oddi yno, fe ddoi at dderwen Tabor a chael yno dri dyn yn mynd i fyny at Dduw i Fethel, un yn cario tri myn, un arall yn cario tair torth, a'r llall yn cario costrel o win. ⁴ Wedi iddynt dy gyfarch, rhoddant iti ddwy dorth; cymer dithau hwy ganddynt. ⁵ Wedi hynny doi at Gibea Duw, lle y mae rhaglaw y Philistiaid. Wedi iti gyrraedd y dref, byddi'n taro ar fintai o broffwydi yn dod i lawr o'r uchelfa gyda nabl, tympan, ffliwt a thelyn o'u blaen, a hwythau'n proffwydo. ⁶ A bydd ysbryd yr ARGLWYDD yn disgyn arnat, a byddi dithau'n proffwydo gyda hwy ac yn cael dy droi'n ddyn gwahanol. ⁷ Pan ddigwydd yr arwyddion hyn i ti, gwna yn ôl dy gyfle, oherwydd y mae Duw gyda thi. ⁸ Dos i lawr o'm blaen i Gilgal, a dof finnau atat i offrymu poethoffrymau a

---

9:16 Felly Groeg. Hebraeg heb *drueni*.
9:24 Tebygol. Hebraeg, *penodedig, gan ddweud, 'Y bobl a wahoddais.'*
9:25 Felly Groeg. Hebraeg, *i'r dref, ymddiddanodd â Saul ar ben y tŷ a chodasant yn fore.*
10:1 Felly Groeg. Hebraeg heb ARGLWYDD yn *d'eneinio . . . fod yr.*

heddoffrymau. Aros wythnos amdanaf, ac yna dangosaf iti beth i'w wneud."

⁹ Wedi i Saul droi a gadael Samuel, newidiodd Duw ei galon ef, a digwyddodd yr holl arwyddion hyn yr un diwrnod. ¹⁰ Pan ddaethant i Gibea, yr oedd y fintai o broffwydi yno yn dod i'w gyfarfod; disgynnodd ysbryd Duw arno, a dechreuodd broffwydo yn eu plith. ¹¹ Pan welodd y bobl oedd yn ei adnabod gynt ei fod yn proffwydo gyda'r proffwydi, dywedasant wrth ei gilydd, "Beth yw hyn sydd wedi digwydd i fab Cis? A yw Saul hefyd ymysg y proffwydi?" ¹² Ac ychwanegodd un oedd yno, "A phwy yw eu tad?" Dyna sut y daeth y ddihareb, "A yw Saul hefyd ymysg y proffwydi?" ¹³ Pan orffennodd broffwydo, aeth i'r uchelfa. ¹⁴ Gofynnodd ewythr Saul iddo ef a'i was, "Ymhle y buoch?" Atebodd, "Yn chwilio am yr asennod; ac wedi inni fethu eu gweld, aethom at Samuel." ¹⁵ Ac meddai ewythr Saul, "Dywed wrthyf, ynteu, beth a ddywedodd Samuel wrthych." ¹⁶ Dywedodd Saul wrth ei ewythr, "Sicrhaodd ni fod yr asennod wedi eu cael." Ond ni soniodd ddim wrtho am yr hyn a ddywedodd Samuel ynglŷn â'r frenhiniaeth.

Cyhoeddi Saul yn Frenin

¹⁷ Galwodd Samuel y bobl at yr ARGLWYDD i Mispa, ¹⁸ a dywedodd wrth yr Israeliaid, "Fel hyn y dywed yr ARGLWYDD, Duw Israel: 'Myfi a ddaeth ag Israel i fyny o'r Aifft, a'ch achub o law yr Eifftiaid a'r holl deyrnasoedd a fu'n eich gorthrymu. ¹⁹ Ond heddiw yr ydych yn gwrthod eich Duw, a fu'n eich gwaredu o'ch holl drueni a'ch cyfyngderau, ac yn dweud wrtho, "Rho inni frenin." Yn awr, felly, safwch yn rhengoedd o flaen yr ARGLWYDD yn ôl eich llwythau a'ch tylwythau.'"

²⁰ Wedi i Samuel gyflwyno pob un o lwythau Israel gerbron yr ARGLWYDD, dewiswyd llwyth Benjamin. ²¹ Yna cyflwynodd lwyth Benjamin fesul tylwythau, a dewiswyd tylwyth Matri; wedyn dewiswyd Saul fab Cis, ond wedi chwilio amdano, nid oedd i'w gael. ²² Gofynasant eto i'r ARGLWYDD, "A ddaeth y gŵr yma?" A dywedodd yr ARGLWYDD, "Do, y mae'n cuddio ymysg yr offer." ²³ Wedi iddynt redeg a'i gymryd oddi yno a'i osod i sefyll yng nghanol y bobl, yr oedd yn dalach na phawb, o'i ysgwyddau i fyny. ²⁴ Dywedodd Samuel, "A welwch chwi'r un a ddewisodd yr ARGLWYDD? Yn wir nid oes neb o'r holl bobl yn debyg iddo." Bloeddiodd yr holl bobl a dweud, "Hir oes i'r brenin!" ²⁵ Yna mynegodd Samuel wrth y bobl ddull y frenhiniaeth, a'i ysgrifennu mewn llyfr a'i osod ynghadw gerbron yr ARGLWYDD; yna gollyngodd yr holl bobl, i bob un fynd adref. ²⁶ Aeth Saul yntau adref i Gibea, ac aeth gydag ef fyddin o rai y cyffyrddodd Duw â'u calon. ²⁷ Ond meddai'r dihirod, "Sut y gall hwn ein hachub?" Yr oeddent yn ei ddirmygu, ac ni ddaethant ag anrheg iddo.

Saul yn Gorchfygu'r Ammoniaid

11 Ymhen tua mis aeth* Nahas yr Ammoniad i fyny a gwersyllu yn erbyn Jabes-gilead. Dywedodd holl wŷr Jabes wrth Nahas, "Gwna gytundeb â ni, ac fe'th wasanaethwn." ² Atebodd Nahas yr Ammoniad, "Ar un amod y gwnaf gytundeb â chwi—bod tynnu llygad de pob un ohonoch; a gosodaf hyn yn sarhad ar Israel gyfan." ³ Yna meddai henuriaid Jabes wrtho, "Rho inni egwyl o wythnos i anfon negeswyr drwy derfynau Israel i gyd, ac os na chawn neb i'n gwaredu, down allan atat."

⁴ Daeth y negeswyr at Gibea Saul ac adrodd am hyn yng nghlyw'r bobl, a chododd pawb ei lais ac wylo. ⁵ Yna daeth Saul o'r maes yn dilyn ei wedd o ychen a gofynnodd, "Beth sydd ar y bobl, yn wylo?" A mynegwyd wrtho helyntion gwŷr Jabes. ⁶ Pan glywodd y pethau hyn, disgynnodd ysbryd Duw ar Saul, a ffromodd yn enbyd. ⁷ Cymerodd yr ychen a'u darnio a'u hanfon drwy holl derfynau Israel yn llaw y negeswyr gyda'r neges, "Pwy bynnag na ddaw allan ar ôl Saul a Samuel, dyma a wneir i'w ychen." Syrthiodd ofn oddi wrth yr ARGLWYDD ar y genedl, a daethant allan

---

11:1 Felly Groeg. Hebraeg, *Ond cymerodd arno beidio â chlywed, ac aeth.*

fel un. ⁸ Rhifwyd hwy yn Besec, ac yr oedd tri chan mil o Israeliaid a deng mil ar hugain o Jwdeaid. ⁹ A dywedwyd wrth y negeswyr a ddaeth o Jabes, "Dywedwch wrth bobl Jabes-gilead, 'Erbyn canol dydd yfory cewch waredigaeth.' " Pan gyrhaeddodd y negeswyr a dweud wrth bobl Jabes, bu llawenydd. ¹⁰ A dywedodd gwŷr Jabes wrth Nahas, "Yfory down allan atoch a chewch wneud a fynnoch â ni." ¹¹ Trannoeth, rhannodd Saul y bobl yn dair mintai, a daethant i ganol y gwersyll yn ystod y wyliadwriaeth fore a tharo'r Ammoniaid hyd ganol dydd; chwalwyd y gweddill oedd ar ôl, fel nad oedd dau ohonynt gyda'i gilydd.

¹² Yna dywedodd y bobl wrth Samuel, "Pwy oedd yn dweud, 'A gaiff Saul deyrnasu trosom?'? Dygwch y dynion, a rhown hwy i farwolaeth." ¹³ Ond dywedodd Saul, "Ni roddir neb i farwolaeth ar y dydd hwn, a'r ARGLWYDD wedi ennill y fath fuddugoliaeth heddiw yn Israel." ¹⁴ Dywedodd Samuel wrth y bobl, "Dewch, awn i Gilgal ac adnewyddu'r frenhiniaeth yno." ¹⁵ Felly aeth y bobl i gyd i Gilgal, a gwneud Saul yn frenin yno yn Gilgal yng ngŵydd yr ARGLWYDD, ac aberthu heddoffrymau yno o flaen yr ARGLWYDD. A bu Saul a holl wŷr Israel yn llawen iawn yno.

Neges Ffarwel Samuel

12 Dywedodd Samuel wrth holl Israel, "Edrychwch, yr wyf wedi gwrando ar bopeth a ddywedasoch wrthyf, a gosod brenin arnoch. ² Yn awr, dyma'r brenin fydd yn eich arwain. Yr wyf fi'n hen a phenwyn, ac y mae fy meibion gyda chwi. Bûm yn eich arwain, o'm hieuenctid hyd heddiw. ³ Dyma fi; tystiwch yn f'erbyn gerbron yr ARGLWYDD a'i eneiniog: a gymerais ych unrhyw un? A gymerais asyn unrhyw un? A dwyllais rywun? A orthrymais rywun? A dderbyniais gil-dwrn oddi wrth rywun i gau fy llygaid? Dewch â thystiolaeth, ac fe'i rhoddaf yn ôl." ⁴ Ond dywedasant, "Nid wyt ti wedi'n twyllo na'n gorthrymu, nac wedi cymryd dim gan neb." ⁵ Yna dywedodd wrthynt, "Y mae'r ARGLWYDD yn dyst yn eich erbyn heddiw, a'i eneiniog hefyd, na chawsoch un dim yn fy meddiant." "Ydyw, y mae'n dyst," meddai'r bobl. ⁶ Dywedodd Samuel, "Y tyst yw* yr ARGLWYDD, a gododd Moses ac Aaron, ac a ddygodd eich hynafiaid i fyny o wlad yr Aifft; ⁷ felly safwch mewn trefn er mwyn imi ymresymu â chwi gerbron yr ARGLWYDD, ynglŷn â'r holl weithredoedd achubol a wnaeth yr ARGLWYDD drosoch chwi a'ch hynafiaid. ⁸ Wedi i Jacob ddod i lawr i'r Aifft, gwaeddodd eich hynafiaid ar yr ARGLWYDD; anfonodd yntau Moses ac Aaron, a daethant hwy â'ch hynafiaid allan o'r Aifft a'u rhoi i fyw yn y lle hwn. ⁹ Ond oherwydd iddynt anghofio'r ARGLWYDD eu Duw, gwerthodd hwy i law Sisera, pennaeth byddin Hasor, ac i'r Philistiaid, ac i frenin Moab; a bu'r rhain yn rhyfela yn eu herbyn. ¹⁰ Yna bu iddynt weiddi ar yr ARGLWYDD a dweud, 'Yr ydym ar fai am inni gefnu ar yr ARGLWYDD ac addoli'r Baalim a'r Astaroth; ond yn awr, achub ni o law ein gelynion, ac fe'th addolwn di.' ¹¹ Anfonodd yr ARGLWYDD Jerwbbaal, Bedan, Jefftha a Samuel, a gwaredodd chwi o law y gelynion o'ch cwmpas, a chawsoch fyw'n ddiogel. ¹² Ond pan welsoch Nahas brenin yr Ammoniaid yn dod yn eich erbyn, dywedasoch wrthyf, 'Na, rhaid cael brenin i deyrnasu arnom', er bod yr ARGLWYDD eich Duw yn frenin arnoch. ¹³ Yn awr, dyma'r brenin yr ydych wedi ei ddewis a gofyn amdano; ydyw, y mae'r ARGLWYDD wedi rhoi brenin i chwi. ¹⁴ Os byddwch yn ofni'r ARGLWYDD, ac yn ei addoli ef ac yn ufuddhau iddo heb wrthryfela yn erbyn ei orchymyn, ac os byddwch chwi a'r brenin a osodir arnoch yn dilyn yr ARGLWYDD eich Duw, popeth yn dda. ¹⁵ Ond os na wrandewch ar yr ARGLWYDD, ond gwrthryfela yn erbyn ei orchymyn, yna bydd llaw yr ARGLWYDD yn eich erbyn chwi a'ch brenin i'ch difa*. ¹⁶ Yn awr, safwch yma a gwelwch y peth mawr hwn y mae'r ARGLWYDD yn ei wneud o flaen eich llygaid. ¹⁷ Onid yw'n adeg y cynhaeaf gwenith? Galwaf ar yr ARGLWYDD i anfon taranau a glaw, a

---

12:6 Felly Groeg. Hebraeg heb *Y tyst yw*.
12:15 Felly Groeg. Hebraeg, *chwi a'ch tadau*.

chewch weld a gwybod eich bod wedi cyflawni trosedd mawr yng ngolwg yr ARGLWYDD drwy ofyn am frenin."

¹⁸ Yna galwodd Samuel ar yr ARGLWYDD, ac anfonodd yr ARGLWYDD daranau a glaw y diwrnod hwnnw, ac ofnodd yr holl bobl yr ARGLWYDD a Samuel. ¹⁹ Dywedodd yr holl bobl wrth Samuel, "Gweddïa ar yr ARGLWYDD dy Dduw ar ein rhan, rhag inni farw, oherwydd yr ydym wedi ychwanegu at ein holl bechodau y drwg hwn o geisio inni frenin." ²⁰ Dywedodd Samuel wrth y bobl, "Peidiwch ag ofni, er i chwi wneud yr holl ddrwg hwn; peidiwch â throi i ffwrdd oddi wrth yr ARGLWYDD; addolwch yr ARGLWYDD â'ch holl galon. ²¹ Peidiwch â throi at wagedd eilunod na fedrant gynorthwyo na gwaredu am mai gwagedd ydynt. ²² Er mwyn ei enw mawr ni fydd yr ARGLWYDD yn gwrthod ei bobl; oherwydd y mae'r ARGLWYDD yn dymuno'ch gwneud yn bobl iddo. ²³ A phell y bo oddi wrthyf finnau bechu yn erbyn yr ARGLWYDD trwy roi'r gorau i weddïo drosoch a'ch hyfforddi yn y ffordd dda ac uniawn. ²⁴ Yn unig ofnwch yr ARGLWYDD, a gwasanaethwch ef mewn gwirionedd ac â'ch holl galon. Ystyriwch y pethau mawr a wnaeth drosoch. ²⁵ Ond os parhewch i wneud drwg, ysgubir chwi a'ch brenin i ffwrdd."

Rhyfel yn erbyn y Philistiaid

13 Yr oedd Saul yn ddeg ar hugain oed* pan ddaeth yn frenin, a bu'n frenin ar Israel am ddeugain mlynedd*. ² Dewisodd Saul dair mil o Israeliaid; yr oedd dwy fil gydag ef yn Michmas ac ucheldir Bethel, a mil gyda Jonathan yn Gibea Benjamin; anfonodd weddill y bobl adref. ³ Lladdodd Jonathan lywodraethwr y Philistiaid oedd yn Geba, a chlywodd y Philistiaid fod Saul wedi galw'r holl wlad i ryfel a bod yr Hebreaid mewn gwrthryfel. ⁴ Pan glywodd Israel gyfan y si fod Saul wedi lladd llywodraethwr y Philistiaid, a bod Israel yn ddrewdod yn ffroenau'r Philistiaid, ymgasglodd y bobl at Saul i Gilgal. ⁵ Yr oedd gan y Philistiaid a ddaeth i ryfela yn erbyn Israel ddeng mil ar hugain o gerbydau, chwe mil o farchogion, a byddin mor niferus â'r tywod ar lan y môr; ac aethant i wersyllu yn Michmas y tu dwyrain i Beth-afen. ⁶ Pan welodd yr Israeliaid ei bod yn gyfyng arnynt a bod y fyddin wedi ei llethu, aethant i guddio mewn ogofeydd ac agennau, ac yn y creigiau a'r cilfachau a'r tyllau. ⁷ Aeth rhai dros yr Iorddonen i dir Gad a Gilead, ond arhosodd Saul yn Gilgal, er bod yr holl bobl oedd yn ei ddilyn mewn braw. ⁸ Arhosodd am saith diwrnod yn ôl y trefniant gyda Samuel, ond ni ddaeth Samuel i Gilgal, a dechreuodd y bobl adael Saul. ⁹ Dywedodd yntau, "Dygwch ataf y poethoffrwm a'r heddoffrymau." Ac offrymodd y poethoffrwm. ¹⁰ Fel yr oedd yn gorffen offrymu'r poethoffrwm, dyna Samuel yn cyrraedd, ac aeth Saul allan i'w gyfarfod a'i gyfarch. ¹¹ Gofynnodd Samuel, "Beth wyt ti wedi ei wneud?" Atebodd Saul, "Gwelais fod y bobl yn fy ngadael, a'th fod dithau rai dyddiau heb ddod yn ôl y trefniant, a bod y Philistiaid wedi ymgynnull yn Michmas, ¹² a dywedais, 'Yn awr fe ddaw'r Philistiaid i lawr arnaf i Gilgal, a minnau heb geisio ffafr yr ARGLWYDD.' Felly bu raid imi offrymu'r poethoffrwm." ¹³ Dywedodd Samuel wrth Saul, "Buost yn ffôl; pe byddit wedi cadw'r gorchymyn a roddodd yr ARGLWYDD dy Dduw i ti, yn sicr byddai'r ARGLWYDD yn cadarnhau dy frenhiniaeth di ar Israel am byth. ¹⁴ Ond yn awr, ni fydd dy frenhiniaeth yn sefyll. Bydd yr ARGLWYDD yn ceisio gŵr yn ôl ei galon, a bydd yr ARGLWYDD yn ei osod ef yn arweinydd ar ei bobl, am nad wyt ti wedi cadw'r hyn a orchmynnodd yr ARGLWYDD iti." ¹⁵ Cododd Samuel a mynd o Gilgal i'w ffordd ei hun, ond aeth gweddill y bobl i fyny ar ôl Saul i gyfarfod y rhyfelwyr, a dod o Gilgal* i Gibea Benjamin. ¹⁶ Rhestrodd Saul y bobl oedd gydag ef, ryw chwe chant o wŷr. Yr oedd Saul a'i fab Jonathan a'r gwŷr oedd gyda hwy yn aros yn Gibea Benjamin, a'r Philistiaid yn gwersyllu yn Michmas. ¹⁷ Yr oedd tri chwmni yn

---

13:1 Rhai llawysgrifau Groeg. Hebraeg heb rif.
13:1 Hebraeg, *dwy*. Cymh. Actau 13:21.

13:15 Felly Groeg. Hebraeg heb *i'w ffordd . . . o Gilgal*.

mynd allan o wersyll y Philistiaid i reibio; un yn troi i gyfeiriad Offra yn ardal Saul, ¹⁸ un arall i gyfeiriad Beth-horon, a'r trydydd i gyfeiriad y terfyn uwchben dyffryn Seboim tua'r diffeithwch.

¹⁹ Nid oedd gof i'w gael drwy holl wlad Israel, am fod y Philistiaid wedi dweud, "Rhag i'r Hebreaid wneud cleddyf neu waywffon." ²⁰ Byddai pob Israeliad yn mynd at y Philistiaid i hogi ei swch a'i gaib a'i fwyell a'i gryman*; ²¹ a'r pris oedd deuparth sicl am swch neu gaib, a thraean sicl am hogi'r bwyeill ac am osod swmbwl*. ²² Felly, yn nydd rhyfel, nid oedd gan neb o'r bobl oedd gyda Saul a Jonathan gleddyf na gwaywffon, ond yr oedd rhai gan Saul a'i fab Jonathan.

Gorchest Jonathan

²³ Gosododd y Philistiaid wylwyr i warchod bwlch Michmas.

14 Un diwrnod, heb yngan gair wrth ei dad, dywedodd Jonathan fab Saul wrth y gwas oedd yn cludo'i arfau, "Tyrd, awn drosodd at wylwyr y Philistiaid sydd acw gyferbyn â ni." ² Yr oedd Saul yn aros yng nghwr Gibea, dan y pren pomgranad sydd yn Migron, a thua chwe chant o bobl gydag ef; ³ Ahia, mab Ahitub brawd Ichabod, fab Phinees, fab Eli, offeiriad yr ARGLWYDD yn Seilo, oedd yn cario'r effod. Ni wyddai'r bobl fod Jonathan wedi mynd. ⁴ Yn y bwlch lle'r oedd Jonathan yn ceisio croesi tuag at wylwyr y Philistiaid yr oedd clogwyn o graig ar y naill ochr a'r llall; Boses oedd enw'r naill a Senne oedd enw'r llall. ⁵ Yr oedd un clogwyn yn taflu allan i'r gogledd ar ochr Michmas, a'r llall i'r de ar ochr Geba. ⁶ Dywedodd Jonathan wrth y gwas oedd yn cludo'i arfau, "Tyrd, awn drosodd at y gwylwyr dienwaededig acw; efallai y bydd yr ARGLWYDD yn gweithio o'n plaid, oherwydd nid oes dim i rwystro'r ARGLWYDD rhag gwaredu trwy lawer neu drwy ychydig." ⁷ Dywedodd cludydd ei arfau wrtho, "Gwna beth bynnag sydd yn dy fryd; dygna arni; rwyf gyda thi, galon wrth galon." ⁸ Dywedodd Jonathan, "Edrych yma, fe awn drosodd at y dynion a'n dangos ein hunain iddynt. ⁹ Os dywedant wrthym, 'Arhoswch lle'r ydych nes y byddwn wedi dod atoch', fe arhoswn lle byddwn heb fynd atynt. ¹⁰ Ond os dywedant, 'Dewch i fyny atom', yna awn i fyny, oherwydd bydd yr ARGLWYDD yn eu rhoi yn ein llaw; a bydd hyn yn arwydd inni."

¹¹ Dangosodd y ddau ohonynt eu hunain i wylwyr y Philistiaid, a dywedodd y Philistiaid, "Dyma Hebreaid yn dod allan o'r tyllau lle buont yn cuddio." ¹² A gwaeddodd dynion yr wyliadwriaeth ar Jonathan a'i gludydd arfau, a dweud, "Dewch i fyny atom, i ni gael dangos rhywbeth i chwi." Dywedodd Jonathan wrth ei gludydd arfau, "Tyrd i fyny ar f'ôl i, oherwydd y mae'r ARGLWYDD wedi eu rhoi yn llaw Israel." ¹³ Dringodd Jonathan i fyny ar ei ddwylo a'i draed, gyda'i gludydd arfau ar ei ôl. Cwympodd y gwylwyr o flaen Jonathan, a daeth ei gludydd arfau ar ei ôl i'w dienyddio. ¹⁴ Y tro cyntaf hwn, lladdodd Jonathan a'i gludydd arfau tuag ugain o ddynion o fewn tua hanner cwys cae. ¹⁵ Cododd braw drwy'r gwersyll a'r maes, a brawychwyd holl bobl yr wyliadwriaeth, a'r rheibwyr hefyd, nes bod y wlad yn crynu gan arswyd.

Trechu'r Philistiaid

¹⁶ Yna gwelodd ysbiwyr Saul oedd yn Gibea Benjamin fod y gwersyll yn rhuthro yma ac acw mewn anhrefn*. ¹⁷ Dywedodd Saul wrth y bobl oedd gydag ef, "Galwch y rhestr i weld pwy sydd wedi mynd o'n plith." ¹⁸ Galwyd y rhestr, a chael nad oedd Jonathan na'i gludydd arfau yno. Yna dywedodd Saul wrth Ahia, "Tyrd â'r effod." Oherwydd yr adeg honno ef oedd yn cludo'r effod o flaen Israel*. ¹⁹ Tra oedd Saul yn siarad â'r offeiriad, cynyddodd yr anhrefn fwyfwy yng ngwersyll y Philistiaid, a dywedodd Saul wrth yr offeiriad, "Atal

---

13:20 Felly Groeg. Hebraeg, *a'i swch*.
13:21 Tebygol. Hebraeg yn ansicr.
14:16 Felly Groeg. Hebraeg yn aneglur.
14:18 Felly Groeg. Hebraeg, *"Tyrd ag arch Duw."* Oherwydd yr oedd arch Duw yn y dydd hwnnw a meibion Israel.

dy law." ²⁰ Galwodd Saul yr holl bobl oedd gydag ef, ac aethant i'r frwydr; yno yr oedd pob un â'i gleddyf yn erbyn ei gyfaill, mewn anhrefn llwyr. ²¹ A dyma'r Hebreaid oedd gynt ar ochr y Philistiaid, ac wedi dod i fyny i'r gwersyll gyda hwy, yn troi ac yn ochri gyda'r Israeliaid oedd gyda Saul a Jonathan. ²² A phan glywodd yr Israeliaid oedd yn llechu yn ucheldir Effraim fod y Philistiaid ar ffo, dyna hwythau hefyd yn ymuno i'w hymlid. ²³ Y dydd hwnnw gwaredodd yr ARGLWYDD Israel, ac ymledodd y frwydr tu hwnt i Beth-afen.

Digwyddiadau yn Dilyn y Frwydr

²⁴ Ond aeth yn gyfyng ar yr Israeliaid y diwrnod hwnnw, oherwydd i Saul dynghedu'r bobl a dweud, "Melltigedig fyddo'r un sy'n bwyta tamaid cyn yr hwyr! Yr wyf am ddial ar fy ngelynion." Ac ni phrofodd yr un o'r bobl damaid. ²⁵ Daethant oll i goedwig lle'r oedd mêl gwyllt; ²⁶ a phan ddaethant yno a gweld llif o fêl, nid estynnodd neb ei law at ei geg, am fod y bobl yn ofni'r llw. ²⁷ Nid oedd Jonathan wedi clywed ei dad yn gwneud i'r bobl gymryd y llw, ac estynnodd y ffon oedd yn ei law a tharo'i blaen yn y diliau mêl, ac yna'i chodi at ei geg; a gloywodd ei lygaid. ²⁸ Yna dywedodd un o'r bobl wrtho, "Y mae dy dad wedi gosod llw caeth ar y bobl, ac wedi dweud, 'Melltigedig yw pob un sy'n bwyta tamaid heddiw'. Ac yr oedd y bobl yn lluddedig." ²⁹ Atebodd Jonathan, "Y mae fy nhad wedi gwneud drwg i'r wlad; edrychwch fel y gloywodd fy llygaid pan brofais fymryn o'r mêl hwn. ³⁰ Yn wir, pe bai'r bobl wedi cael rhyddid i fwyta heddiw o ysbail eu gelynion, oni fyddai'r lladdfa ymysg y Philistiaid yn drymach?"

³¹ Y diwrnod hwnnw trawyd y Philistiaid bob cam o Michmas i Ajalon, er bod y bobl wedi blino'n llwyr. ³² Yna rhuthrodd y bobl ar yr ysbail a chymryd defaid ac ychen a lloi, a'u lladd ar y ddaear, a'u bwyta heb eu gwaedu. ³³ Pan ddywedwyd wrth Saul, "Edrych, y mae'r bobl yn pechu yn erbyn yr ARGLWYDD wrth fwyta cig heb ei waedu", dywedodd yntau, "Yr ydych wedi troseddu; rhowliwch yma garreg fawr ar unwaith." ³⁴ Yna dywedodd Saul, "Ewch ar frys trwy ganol y bobl a dywedwch wrthynt, 'Doed pob un â'i ych neu ei ddafad ataf fi, a'u lladd yma a'u bwyta, rhag i chwi bechu yn erbyn yr ARGLWYDD trwy fwyta cig heb ei waedu'." Daeth pob un o'r bobl â'i ych gydag ef y noson honno, i'w ladd yno. ³⁵ Felly y cododd Saul allor i'r ARGLWYDD, a honno oedd yr allor gyntaf iddo'i chodi i'r ARGLWYDD.

³⁶ Yna dywedodd Saul, "Awn i lawr ar ôl y Philistiaid liw nos a'u hysbeilio hyd y bore, heb adael yr un ohonynt ar ôl." Dywedodd y bobl, "Gwna beth bynnag a fynni." Ond dywedodd yr offeiriad, "Gadewch inni agosáu yma at Dduw." ³⁷ Gofynnodd Saul i Dduw, "Os af i lawr ar ôl y Philistiaid, a roi di hwy yn llaw Israel?" Ond ni chafodd ateb y diwrnod hwnnw. ³⁸ Yna dywedodd Saul, "Dewch yma, holl bennau-teuluoedd y bobl, a chwiliwch i gael gweld ymhle mae'r pechod hwn heddiw. ³⁹ Oherwydd, cyn wired â bod yr ARGLWYDD yn fyw, yr un a waredodd Israel, hyd yn oed pe byddai yn fy mab Jonathan, byddai raid iddo farw." Ond ni ddywedodd yr un o'r bobl wrtho. ⁴⁰ Yna dywedodd wrth yr holl Israeliaid, "Safwch chwi ar un ochr, a minnau a'm mab Jonathan ar yr ochr arall." A dywedodd y bobl wrth Saul, "Gwna fel y gweli'n dda." ⁴¹ Dywedodd Saul wrth yr ARGLWYDD, Duw Israel, "Pam nad atebaist dy was heddiw? Os yw'r camwedd hwn ynof fi neu yn fy mab Jonathan, O ARGLWYDD Dduw Israel, rho Wrim; ond os yw'r camwedd hwn yn dy bobl Israel*, rho Twmim." Daliwyd Jonathan a Saul, ac aeth Israel yn rhydd. ⁴² Dywedodd Saul, "Bwriwch goelbren rhyngof fi a'm mab Jonathan." A daliwyd Jonathan. ⁴³ Yna dywedodd Saul wrth Jonathan, "Dywed wrthyf beth a wnaethost." Eglurodd Jonathan iddo, a dweud, "Dim ond profi mymryn o fêl ar flaen y ffon oedd yn fy llaw. Dyma fi, rwy'n barod i farw." ⁴⁴ Atebodd Saul, "Fel hyn y gwna Duw i mi, a rhagor, os na fydd Jonathan farw." ⁴⁵ Ond dyma'r bobl yn dweud wrth Saul, "A gaiff Jonathan

---

14:41 Felly Groeg. Hebraeg heb *Pam* . . . *dy bobl Israel*.

farw, ac yntau wedi ennill y fuddugoliaeth fawr hon i Israel? Pell y bo! Cyn wired â bod yr ARGLWYDD yn fyw, ni chaiff blewyn o wallt ei ben syrthio i'r llawr. Gyda Duw y gweithiodd ef y diwrnod hwn." Prynodd y bobl ryddid Jonathan, ac ni fu farw. ⁴⁶ Dychwelodd Saul o ymlid y Philistiaid, ac aeth y Philistiaid adref.

Gyrfa Saul, ac Aelodau ei Deulu

⁴⁷ Wedi i Saul ennill y frenhiniaeth ar Israel, ymladdodd â'i holl elynion oddi amgylch—Moab, yr Ammoniaid, Edom, brenhinoedd Soba a'r Philistiaid—a'u darostwng ble bynnag yr âi. ⁴⁸ Gweithredodd yn ddewr, trawodd yr Amaleciaid, a rhyddhaodd Israel o law eu gormeswyr.

⁴⁹ Jonathan, Isfi a Malcisua oedd meibion Saul. Enw'r hynaf o'i ddwy ferch oedd Merab, ac enw'r ieuengaf Michal. ⁵⁰ Ahinoam ferch Ahimaas oedd gwraig Saul, ac Abner fab Ner, ewythr Saul, oedd pennaeth ei lu. ⁵¹ Yr oedd Cis tad Saul a Ner tad Abner yn feibion i Abiel. ⁵² Bu rhyfel caled yn erbyn y Philistiaid holl ddyddiau Saul; ac os gwelai Saul ŵr cryf a dewr, fe'i cymerai ato.

Rhyfel yn erbyn yr Amaleciaid

15 Dywedodd Samuel wrth Saul, "Anfonwyd fi gan yr ARGLWYDD i'th eneinio'n frenin ar ei bobl Israel; felly gwrando'n awr ar eiriau'r ARGLWYDD. ² Fel hyn y dywed ARGLWYDD y Lluoedd: 'Yr wyf am gosbi Amalec am yr hyn a wnaeth i Israel, sef eu rhwystro hwy ar y ffordd wrth iddynt ddod i fyny o'r Aifft.' ³ Dos, yn awr, a tharo'r Amaleciaid, a'u llwyr ddinistrio hwy a phopeth sydd ganddynt; paid â'u harbed, ond lladd bob dyn a dynes, pob plentyn a baban, pob eidion a dafad, pob camel ac asyn."

⁴ Felly galwodd Saul y fyddin allan a'u rhestru yn Telaim. Yr oedd dau gan mil o wŷr traed, a deng mil o ddynion Jwda. ⁵ Pan ddaeth Saul at ddinas yr Amaleciaid, ymguddiodd mewn cwm, ⁶ a dweud wrth y Ceneaid, "Ewch i ffwrdd, cefnwch ar yr Amaleciaid, rhag imi eich distrywio chwi gyda hwy; oherwydd buoch chwi'n garedig wrth yr holl Israeliaid pan oeddent yn dod i fyny o'r Aifft." Aeth y Ceneaid ymaith oddi wrth yr Amaleciaid; ⁷ yna trawodd Saul Amalec o Hafila hyd at Sur ar gwr yr Aifft. ⁸ Daliodd Agag brenin Amalec yn fyw, ond lladdodd y bobl i gyd â'r cleddyf. ⁹ Arbedodd Saul a'r fyddin nid yn unig Agag, ond hefyd y gorau o'r defaid a'r gwartheg, yr anifeiliaid breision* a'r ŵyn, a phopeth o werth. Nid oeddent yn fodlon difa'r rheini; ond difodwyd popeth gwael a diwerth.

Gwrthod Saul fel Brenin

¹⁰ Yna daeth gair yr ARGLWYDD at Samuel, yn dweud, ¹¹ "Y mae'n edifar gennyf fy mod wedi gwneud Saul yn frenin, oherwydd y mae wedi cefnu arnaf a heb gadw fy ngorchymyn." Digiodd Samuel, a galwodd ar yr ARGLWYDD drwy'r nos. ¹² Bore trannoeth cododd yn gynnar i gyfarfod â Saul, ond dywedwyd wrtho fod Saul wedi mynd i Garmel, ac wedi codi cofeb iddo'i hun yno cyn troi'n ôl a mynd draw i Gilgal. ¹³ Wedi i Samuel ddod o hyd i Saul, dywedodd Saul wrtho, "Bendith yr ARGLWYDD arnat! Yr wyf wedi cadw gorchymyn yr ARGLWYDD." ¹⁴ Gofynnodd Samuel, "Beth ynteu yw'r brefu defaid sydd yn fy nghlustiau, a'r sŵn gwartheg yr wyf yn ei glywed?" ¹⁵ Dywedodd Saul, "Y bobl sydd wedi dod â hwy oddi wrth yr Amaleciaid, oherwydd y maent wedi arbed y gorau o'r defaid a'r gwartheg er mwyn aberthu i'r ARGLWYDD dy Dduw. Yr ydym wedi difa'r gweddill." ¹⁶ Dywedodd Samuel wrth Saul, "Taw, imi gael dweud wrthyt beth a ddywedodd yr ARGLWYDD wrthyf neithiwr." Meddai yntau wrtho, "Dywed." ¹⁷ A dywedodd Samuel, "Er iti fod yn fychan yn d'olwg dy hun, oni ddaethost yn ben ar lwythau Israel, a'r ARGLWYDD wedi d'eneinio'n frenin ar Israel? ¹⁸ Fe anfonodd yr ARGLWYDD di allan a dweud, 'Dos a difroda'r pechaduriaid hynny, Amalec, a rhyfela â hwy nes eu difa.' ¹⁹ Pam na wrandewaist ar lais yr ARGLWYDD, ond rhuthro ar yr ysbail, a gwneud drwg yng ngolwg yr

---

15:9 Felly Targwm. Hebraeg yn aneglur.

ARGLWYDD?" ²⁰ Dywedodd Saul wrth Samuel, "Ond yr wyf wedi gwrando ar lais yr ARGLWYDD, a mynd fel yr anfonodd ef fi; deuthum ag Agag brenin Amalec yn ôl, a difrodi'r Amaleciaid. ²¹ Fe gymerodd y bobl beth o'r ysbail, yn ddefaid a gwartheg, y pigion o'r diofryd, er mwyn aberthu i'r ARGLWYDD dy Dduw yn Gilgal." ²² Yna dywedodd Samuel:

"A oes gan yr ARGLWYDD bleser
  mewn offrymau ac ebyrth,
fel mewn gwrando ar lais yr
  ARGLWYDD?
Gwell gwrando nag aberth,
ac ufudd-dod na braster hyrddod.
²³ Yn wir, pechod fel dewiniaeth yw
  anufudd-dod,
a throsedd fel addoli eilunod yw
  cyndynrwydd.
Am i ti wrthod gair yr ARGLWYDD,
gwrthododd ef di fel brenin."

²⁴ Dywedodd Saul wrth Samuel, "Yr wyf wedi pechu, oblegid yr wyf wedi torri gorchymyn yr ARGLWYDD a'th air dithau, am imi ofni'r bobl a gwrando ar eu llais. ²⁵ Maddau'n awr fy mai, a thyrd yn ôl gyda mi, er mwyn imi ymostwng i'r ARGLWYDD." ²⁶ Ond dywedodd Samuel wrth Saul, "Na ddof; yr wyt wedi gwrthod gair yr ARGLWYDD, ac y mae'r ARGLWYDD wedi dy wrthod di fel brenin ar Israel." ²⁷ Trodd Samuel i fynd i ffwrdd, ond cydiodd Saul yng nghwr ei fantell, ac fe rwygodd. ²⁸ Ac meddai Samuel wrtho, "Y mae'r ARGLWYDD wedi rhwygo brenhiniaeth Israel oddi wrthyt heddiw, ac am ei rhoi i un yn d'ymyl sy'n well na thi. ²⁹ Nid yw Ysblander Israel yn dweud celwydd nac yn edifarhau, oherwydd nid meidrolyn yw ef, i newid ei feddwl." ³⁰ Dywedodd Saul eto, "Rwyf ar fai, ond dangos di barch tuag ataf gerbron henuriaid fy mhobl a'r Israeliaid, a thyrd yn ôl gyda mi, er mwyn imi ymostwng gerbron yr ARGLWYDD dy Dduw." ³¹ Yna dychwelodd Samuel gyda Saul, ac ymostyngodd Saul gerbron yr ARGLWYDD. ³² A dywedodd Samuel, "Dewch ag Agag brenin Amalec ataf fi." Daeth Agag ato'n anfoddog, a dweud, "Fe giliodd chwerwder marwolaeth." ³³ Ond dywedodd Samuel:

"Fel y gwnaeth dy gleddyf di wragedd
  yn ddi-blant,
felly bydd dy fam dithau'n ddi-blant
  ymysg gwragedd."

Yna darniodd Samuel Agag gerbron yr ARGLWYDD yn Gilgal.

³⁴ Wedyn aeth Samuel i Rama, a Saul i'w gartref yn Gibea Saul. ³⁵ Ni welodd Samuel mo Saul byth wedyn, hyd ddydd ei farw, ond gofidiodd am Saul. Yr oedd yn edifar gan yr ARGLWYDD ei fod wedi gwneud Saul yn frenin ar Israel.

Eneinio Dafydd yn Frenin

16 Dywedodd yr ARGLWYDD wrth Samuel, "Am ba hyd yr wyt yn mynd i ofidio am Saul, a minnau wedi ei wrthod fel brenin ar Israel? Llanw dy gorn ag olew a dos; yr wyf yn dy anfon at Jesse o Fethlehem, oherwydd yr wyf wedi gweld brenin imi ymysg ei feibion ef." ² Gofynnodd Samuel, "Sut y medraf fi fynd? Os clyw Saul, fe'm lladd." Dywedodd yr ARGLWYDD, "Dos â heffer gyda thi, a dweud dy fod wedi dod i aberthu i'r ARGLWYDD. ³ Rho wahoddiad i Jesse i'r aberth; dangosaf finnau iti beth i'w wneud, ac eneinia imi yr un a ddywedaf wrthyt." ⁴ Gwnaeth Samuel fel y dywedodd yr ARGLWYDD wrtho, a mynd i Fethlehem. Pan ddaeth henuriaid y dref yn gynhyrfus i'w gyfarfod a gofyn, "Ai mewn heddwch y daethost?" ⁵ atebodd yntau, "Ie, mewn heddwch. I aberthu i'r ARGLWYDD yr wyf fi yma; ymgysegrwch ac ymunwch â mi yn yr aberth." ⁶ Cysegrodd yntau Jesse a'i feibion, a'u gwahodd i'r aberth. Fel yr oeddent yn dod, sylwodd ar Eliab a meddyliodd, "Yn sicr dyma'i eneiniog, gerbron yr ARGLWYDD." ⁷ Ond dywedodd yr ARGLWYDD wrth Samuel, "Paid ag edrych ar ei wedd na'i daldra, oherwydd yr wyf wedi ei wrthod; oblegid nid yr hyn a wêl meidrolyn y mae Duw'n ei weld*. Yr hyn sydd yn y golwg a wêl meidrolyn, ond y mae'r ARGLWYDD yn gweld beth sydd yn y galon." ⁸ Yna galwodd Jesse am Abinadab a'i ddwyn gerbron, ond dywedodd Samuel, "Nid hwn chwaith a ddewisodd yr ARGLWYDD." ⁹ Yna parodd

16:7 Felly Groeg. Hebraeg heb *y mae Duw'n ei weld*.

Jesse i Samma ddod, ond dywedodd Samuel, "Nid hwn chwaith a ddewisodd yr ARGLWYDD." ¹⁰ A pharodd Jesse i saith o'i feibion ddod gerbron Samuel; ond dywedodd Samuel wrth Jesse, "Ni ddewisodd yr ARGLWYDD yr un o'r rhai hyn." ¹¹ Yna gofynnodd Samuel i Jesse, "Ai dyma'r bechgyn i gyd?" Atebodd yntau, "Y mae'r ieuengaf ar ôl, yn bugeilio'r defaid." Ac meddai Samuel wrth Jesse, "Anfon amdano; nid awn ni oddi yma nes iddo ef ddod." ¹² Felly anfonodd i'w gyrchu. Yr oedd yn writgoch, a chanddo lygaid gloyw ac yn hardd yr olwg. A dywedodd yr ARGLWYDD, "Tyrd, eneinia ef, oherwydd hwn ydyw." ¹³ Cymerodd Samuel y corn olew, a'i eneinio yng nghanol ei frodyr; a disgynnodd ysbryd yr ARGLWYDD ar Ddafydd, o'r dydd hwnnw ymlaen. Yna aeth Samuel yn ôl i Rama.

Dafydd yn Llys Saul

¹⁴ Ciliodd ysbryd yr ARGLWYDD oddi wrth Saul, a dechreuodd ysbryd drwg oddi wrth yr ARGLWYDD aflonyddu arno. ¹⁵ Dywedodd gweision Saul wrtho, "Dyma sydd o'i le: y mae un o'r ysbrydion drwg yn aflonyddu arnat. ¹⁶ O na fyddai'n meistr yn gorchymyn i'w weision yma chwilio am ŵr sy'n medru canu telyn! Caiff yntau ei chanu pan fydd yr ysbryd drwg yn ymosod arnat, a byddi dithau'n well." ¹⁷ Dywedodd Saul wrth ei weision, "Chwiliwch am ddyn sy'n delynor da, a dewch ag ef ataf." ¹⁸ Atebodd un o'r gweision, "Mi welais fab i Jesse o Fethlehem, sy'n medru canu telyn, ac y mae'n ŵr dewr ac yn rhyfelwr; y mae'n siarad yn ddeallus ac yn un golygus hefyd, ac y mae'r ARGLWYDD gydag ef." ¹⁹ Anfonodd Saul negeswyr at Jesse a dweud, "Anfon ataf dy fab Dafydd sydd gyda'r defaid." ²⁰ Cymerodd Jesse asyn gyda baich o fara, costrel o win, a myn gafr, a'u hanfon gyda'i fab Dafydd at Saul. ²¹ Aeth Saul yn hoff iawn o Ddafydd pan ddaeth i weini ato, a gwnaeth ef yn gludydd arfau iddo. ²² Anfonodd Saul at Jesse a dweud, "Yr wyf am i Ddafydd gael aros yn fy ngwasanaeth, oherwydd yr wyf wrth fy modd gydag ef." ²³ Pryd bynnag y byddai'r ysbryd drwg yn blino Saul, byddai Dafydd yn cymryd ei delyn ac yn ei chanu; rhoddai hynny esmwythâd i Saul a'i wella, fel bod yr ysbryd drwg yn cilio oddi wrtho.

Goliath yn Herio'r Israeliaid

17 Casglodd y Philistiaid eu lluoedd i ryfel, ac ymgynnull yn Socho, a oedd yn perthyn i Jwda, a gosod eu gwersyll rhwng Socho ac Aseca yn Effes-dammim. ² Ymgynullodd Saul a'r Israeliaid hefyd, a gwersyllu yn nyffryn Ela a pharatoi i frwydro yn erbyn y Philistiaid. ³ Safai'r Philistiaid ar dir uchel o un tu, ac Israel ar dir uchel o'r tu arall, gyda dyffryn rhyngddynt. ⁴ O wersyll y Philistiaid daeth allan heriwr o'r enw Goliath, dyn o Gath, ac yn chwe chufydd a rhychwant o daldra. ⁵ Yr oedd ganddo helm bres am ei ben, ac yr oedd wedi ei wisgo mewn llurig emog o bres, yn pwyso pum mil o siclau. ⁶ Yr oedd coesarnau pres am ei goesau a chrymgledd pres rhwng ei ysgwyddau. ⁷ Yr oedd paladr ei waywffon fel carfan gwehydd, a'i blaen yn chwe chan sicl o haearn. Yr oedd cludydd tarian yn cerdded o'i flaen. ⁸ Safodd Goliath a gweiddi ar rengoedd Israel a dweud wrthynt, "Pam y dewch allan yn rhengoedd i frwydro? Onid Philistiad wyf fi, a chwithau'n weision i Saul? Dewiswch un ohonoch i ddod i lawr ataf fi. ⁹ Os medr ef ymladd â mi a'm trechu, fe fyddwn ni yn weision i chwi; ond os medraf fi ei drechu ef, chwi fydd yn weision i ni, ac yn ein gwasanaethu." ¹⁰ Ychwanegodd y Philistiad, "Yr wyf fi heddiw yn herio rhengoedd Israel; dewch â gŵr, ynteu, inni gael ymladd â'n gilydd." ¹¹ Pan glywodd Saul a'r Israeliaid y geiriau hyn gan y Philistiad, yr oeddent wedi eu parlysu gan ofn.

Dafydd yng Ngwersyll Saul

¹² Yr oedd Dafydd yn fab i Effratead o Fethlehem Jwda. Jesse oedd enw hwnnw, ac yr oedd ganddo wyth mab, ac erbyn dyddiau Saul yr oedd yn hen iawn.* ¹³ Yr oedd ei dri mab hynaf wedi

---

17:12 Felly Groeg. Hebraeg, *yr oedd ymysg dynion.*

dilyn Saul i'r rhyfel. Enwau'r tri o'i feibion a aeth i'r rhyfel oedd Eliab yr hynaf, Abinadab yr ail, a Samma y trydydd; [14] Dafydd oedd yr ieuengaf. Aeth y tri hynaf i ganlyn Saul; [15] ond byddai Dafydd yn mynd a dod oddi wrth Saul i fugeilio defaid ei dad ym Methlehem. [16] Bob bore a hwyr am ddeugain diwrnod bu'r Philistiad yn dod ac yn sefyll i herio.

[17] Dywedodd Jesse wrth ei fab Dafydd, "Cymer effa o'r crasyd yma i'th frodyr, a'r deg torth hyn, a brysia â hwy i'r gwersyll at dy frodyr. [18] Dos â'r deg cosyn gwyn yma i'r swyddog, ac edrych sut y mae hi ar dy frodyr, a thyrd â rhyw arwydd yn ôl oddi wrthynt." [19] Yr oedd Saul a hwythau ac Israel gyfan yn nyffryn Ela yn ymladd â'r Philistiaid.

[20] Trannoeth cododd Dafydd yn fore, a gadael y praidd gyda gofalwr, a chymryd ei bac a mynd fel yr oedd Jesse wedi gorchymyn iddo. Cyrhaeddodd y gwersyll fel yr oedd y fyddin yn mynd i'w rhengoedd ac yn bloeddio'r rhyfelgri. [21] Yr oedd Israel a'r Philistiaid wedi trefnu eu lluoedd, reng am reng. [22] Gadawodd Dafydd ei bac gyda gofalwr y gwersyll, a rhedeg i'r rheng a mynd i ofyn sut yr oedd ei frodyr. [23] Tra oedd yn ymddiddan â hwy, dyna'r heriwr o'r enw Goliath, y Philistiad o Gath, yn dod i fyny o rengoedd y Philistiaid ac yn llefaru yng nghlyw Dafydd yr un geiriau ag o'r blaen. [24] Pan welodd yr Israeliaid y dyn, ffoesant i gyd oddi wrtho mewn ofn, [25] a dweud, "A welwch chwi'r dyn yma sy'n dod i fyny? I herio Israel y mae'n dod. Pe byddai unrhyw un yn ei ladd, byddai'r brenin yn ei wneud yn gyfoethog iawn, ac yn rhoi ei ferch iddo, ac yn rhoi rhyddfraint Israel i'w deulu." [26] Yna gofynnodd Dafydd i'r dynion oedd yn sefyll o'i gwmpas, "Beth a wneir i'r sawl fydd yn lladd y Philistiad acw, ac yn symud y sarhad oddi ar Israel? Oherwydd pwy yw'r Philistiad dienwaededig hwn, ei fod yn herio lluoedd y Duw byw?" [27] Dywedodd y bobl yr un peth wrtho: "Fel hyn y gwneir i'r sawl fydd yn ei ladd ef." [28] Clywodd ei frawd hynaf Eliab ef yn siarad â'r dynion, a chollodd ei dymer â Dafydd a dweud, "Pam y daethost ti i lawr yma? Yng ngofal pwy y gadewaist yr ychydig ddefaid yna yn y diffeithwch? Mi wn dy hyfdra a'th fwriadau drwg—er mwyn cael gweld y frwydr y daethost ti draw yma." [29] Dywedodd Dafydd, "Beth wnes i? Onid gofyn cwestiwn?" [30] Trodd draw oddi wrtho at rywun arall, a gofyn yr un peth, a'r bobl yn rhoi'r un ateb ag o'r blaen iddo.

[31] Rhoddwyd sylw i'r geiriau a lefarodd Dafydd, a'u hailadrodd wrth Saul, ac anfonodd yntau amdano. [32] Ac meddai Dafydd wrth Saul, "Peidied neb â gwangalonni o achos hwn; fe â dy was ac ymladd â'r Philistiad yma." [33] Dywedodd Saul wrth Ddafydd, "Ni fedri di fynd ac ymladd â'r Philistiad hwn, oherwydd llanc wyt ti ac yntau'n rhyfelwr o'i ieuenctid." [34] Ond dywedodd Dafydd wrth Saul, "Bugail ar ddefaid ei dad yw dy was; [35] pan fydd llew neu arth yn dod ac yn cipio dafad o'r ddiadell, byddaf yn mynd ar ei ôl, yn ei daro, ac yn achub y ddafad o'i safn. Pan fydd yn codi yn fy erbyn i, byddaf yn cydio yn ei farf, yn ei drywanu, ac yn ei ladd. [36] Mae dy was wedi lladd llewod ac eirth, a dim ond fel un ohonynt hwy y bydd y Philistiad dienwaededig hwn, am iddo herio byddin y Duw byw." [37] Ac ychwanegodd Dafydd, "Bydd yr ARGLWYDD a'm gwaredodd o afael y llew a'r arth yn sicr o'm hachub o afael y Philistiad hwn hefyd." Dywedodd Saul, "Dos, a bydded yr ARGLWYDD gyda thi."

Dafydd yn Trechu Goliath

[38] Rhoddodd Saul ei wisg ei hun am Ddafydd: rhoi helm bres ar ei ben, ei wisgo yn ei lurig, a gwregysu Dafydd â'i gleddyf dros ei wisg. [39] Ond methodd gerdded, am nad oedd wedi arfer â hwy. Dywedodd Dafydd wrth Saul, "Ni fedraf gerdded yn y rhain, oherwydd nid wyf wedi arfer â hwy." A diosgodd hwy oddi amdano. [40] Yna cymerodd ei ffon yn ei law, dewisodd bum carreg lefn o'r nant a'u rhoi yn y bag bugail oedd ganddo fel poced, a nesaodd at y Philistiad â'i ffon dafl yn ei law, [41] Daeth hwnnw allan i gyfarfod Dafydd, gyda chludydd ei darian o'i flaen. [42] A phan edrychodd y

Philistiad a gweld Dafydd, dirmygodd ef am ei fod yn llencyn gwritgoch, golygus. ⁴³ Ac meddai'r Philistiad wrth Ddafydd, "Ai ci wyf fi, dy fod yn dod ataf â ffyn?" A rhegodd y Philistiad ef yn enw ei dduw, ⁴⁴ a dweud wrtho, "Tyrd yma, ac fe roddaf dy gnawd i adar yr awyr ac i'r anifeiliaid gwyllt." ⁴⁵ Ond dywedodd Dafydd wrth y Philistiad, "Yr wyt ti'n dod ataf fi â chleddyf a gwaywffon a chrymgledd; ond yr wyf fi'n dod atat ti yn enw ARGLWYDD y Lluoedd, Duw byddin Israel, yr wyt ti wedi ei herio. ⁴⁶ Y dydd hwn bydd yr ARGLWYDD yn dy roi yn fy llaw; lladdaf di a thorri dy ben i ffwrdd, a rhoi celanedd llu'r Philistiaid heddiw i adar yr awyr a bwystfilod y ddaear, er mwyn i'r byd i gyd wybod fod Duw gan Israel, ⁴⁷ ac i'r holl gynulliad hwn wybod nad trwy gleddyf na gwaywffon y mae'r ARGLWYDD yn gwaredu, oherwydd yr ARGLWYDD biau'r frwydr, ac fe'ch rhydd chwi yn ein llaw ni."

⁴⁸ Yna pan gychwynnodd y Philistiad tuag at Ddafydd, rhedodd Dafydd yn chwim ar hyd y rheng i gyfarfod y Philistiad; ⁴⁹ rhoddodd ei law yn y bag a chymryd carreg allan a'i hyrddio, a tharo'r Philistiad yn ei dalcen nes bod y garreg yn suddo i'w dalcen; syrthiodd yntau ar ei wyneb i'r llawr. ⁵⁰ Felly trechodd Dafydd y Philistiad â ffon dafl a charreg, a'i daro'n farw, heb fod ganddo gleddyf. ⁵¹ Yna rhedodd Dafydd a sefyll uwchben y Philistiad; cydiodd yn ei gleddyf ef a'i dynnu o'r wain, a rhoi'r ergyd olaf iddo a thorri ei ben i ffwrdd. Pan welodd y Philistiaid fod eu harwr yn farw, ffoesant; ⁵² a chododd gwŷr Israel a Jwda a bloeddio rhyfelgri ac ymlid y Philistiaid cyn belled â Gath* a phyrth Ecron. A chwympodd celanedd y Philistiaid ar hyd y ffordd o Saaraim i Gath ac Ecron. ⁵³ Yna dychwelodd yr Israeliaid o ymlid y Philistiaid, ac ysbeilio eu gwersyll. ⁵⁴ Cymerodd Dafydd ben y Philistiad a'i ddwyn i Jerwsalem, ond gosododd ei arfau yn ei babell ei hun.

17:52 Felly Groeg. Hebraeg, *dyffryn*.

Cyflwyno Dafydd i Saul

⁵⁵ Pan welodd Saul Ddafydd yn mynd allan i gyfarfod y Philistiad, gofynnodd i Abner, capten ei lu, "Mab i bwy yw'r bachgen acw, Abner?" Atebodd Abner, "Cyn wired â'th fod yn fyw, O frenin, ni wn i ddim." ⁵⁶ A dywedodd y brenin, "Hola di mab i bwy yw'r llanc ifanc." ⁵⁷ Felly pan gyrhaeddodd Dafydd yn ôl wedi iddo ladd y Philistiad, cymerodd Abner ef a'i ddwyn at Saul gyda phen y Philistiad yn ei law. ⁵⁸ Gofynnodd Saul, "Mab pwy wyt ti, fachgen?" A dywedodd Dafydd, "Mab dy was Jesse o Fethlehem."

18 Wedi i Ddafydd orffen siarad â Saul, ymglymodd enaid Jonathan wrth enaid Dafydd, a charodd ef fel ef ei hun. ² Cymerodd Saul ef y dydd hwnnw, ac ni chaniataodd iddo fynd adref at ei dad. ³ Gwnaeth Jonathan gyfamod â Dafydd am ei fod yn ei garu fel ef ei hun; ⁴ tynnodd y fantell oedd amdano a'i rhoi i Ddafydd; hefyd ei arfau, hyd yn oed ei gleddyf, ei fwa a'i wregys. ⁵ Llwyddodd Dafydd ym mhob gorchwyl a roddai Saul iddo, a gosododd Saul ef yn bennaeth ei filwyr, er boddhad i bawb, gan gynnwys swyddogion Saul. ⁶ Un tro yr oeddent ar eu ffordd adref, a Dafydd yn dychwelyd ar ôl taro'r Philistiaid, a daeth y gwragedd allan ym mhob tref yn Israel i edrych; aeth y merched dawnsio i gyfarfod y Brenin Saul gyda thympanau a molawdau a thrionglau, ⁷ ac yn eu llawenydd canodd y gwragedd:

"Lladdodd Saul ei filoedd,
a Dafydd ei fyrddiynau."

⁸ Digiodd Saul yn arw, a chafodd ei gythruddo gan y dywediad. Meddai, "Maent yn rhoi myrddiynau i Ddafydd, a dim ond miloedd i mi; beth yn rhagor sydd iddo ond y frenhiniaeth?" ⁹ O'r diwrnod hwnnw ymlaen yr oedd Saul yn cadw llygad ar Ddafydd.

Saul yn Cenfigennu wrth Ddafydd

¹⁰ Trannoeth meddiannwyd Saul gan yr ysbryd drwg, a pharablodd yn wallgof yng nghanol y tŷ, ac yr oedd Dafydd yn canu'r delyn yn ôl ei arfer. ¹¹ Yr oedd gan

Saul waywffon yn ei law, a hyrddiodd hi, gan feddwl trywanu Dafydd i'r pared, ond osgôdd Dafydd ef ddwywaith. ¹² Cafodd Saul ofn rhag Dafydd oherwydd fod yr ARGLWYDD wedi troi o'i blaid ef ac yn erbyn Saul. ¹³ Gyrrodd Saul ef i ffwrdd oddi wrtho, a'i wneud yn gapten ar fil o ddynion; ac ef oedd yn arwain y fyddin. ¹⁴ Yr oedd Dafydd yn llwyddiannus ym mhopeth a wnâi, ac yr oedd yr ARGLWYDD gydag ef. ¹⁵ Pan welodd Saul mor llwyddiannus oedd Dafydd, yr oedd arno fwy o'i ofn. ¹⁶ Yr oedd Israel a Jwda i gyd yn ymserchu yn Nafydd am mai ef oedd yn arwain y fyddin.

Dafydd yn Priodi Merch Saul

¹⁷ Dywedodd Saul wrth Ddafydd, "Dyma fy merch hynaf, Merab. Fe'i rhoddaf yn wraig i ti, ond i ti ddangos gwrhydri i mi ac ymladd brwydrau'r ARGLWYDD." Meddwl yr oedd Saul, "Peidied fy llaw i â'i gyffwrdd, ond yn hytrach law y Philistiaid." ¹⁸ Atebodd Dafydd, "Pwy wyf fi, a beth yw tras llwyth fy nhad yn Israel, i mi fod yn fab-yng-nghyfraith i'w brenin?" ¹⁹ Ond pan ddaeth yr amser i roi Merab ferch Saul i Ddafydd, rhoddwyd hi'n wraig i Adriel o Mehola.

²⁰ Syrthiodd Michal ferch Saul mewn cariad â Dafydd, a phan ddywedwyd wrth Saul, yr oedd hynny'n dderbyniol ganddo. ²¹ Meddyliodd Saul, "Fe'i rhoddaf hi iddo; bydd hi'n fagl iddo, er mwyn i law y Philistiaid ei daro." A dywedodd Saul wrth Ddafydd am yr eildro, "Yn awr cei fod yn fab-yng-nghyfraith imi." ²² Yna gorchmynnodd Saul i'w weision, "Dywedwch yn ddistaw bach wrth Ddafydd, 'Y mae'r brenin, weli di, yn falch ohonot, a phawb o'i weision yn dy hoffi; yn awr, prioda ferch y brenin'." ²³ Pan sibrydodd gweision Saul y pethau hyn yng nghlust Dafydd, dywedodd ef, "Ai dibwys o beth yn eich golwg yw priodi merch y brenin? Dyn tlawd a dinod wyf fi." ²⁴ Aeth gweision Saul â'r neges yn ôl iddo, sut yr oedd Dafydd wedi dweud. ²⁵ Yna dywedodd Saul, "Dywedwch fel hyn wrth Ddafydd, 'Nid yw'r brenin yn chwennych rhodd briodas heblaw cant o flaengrwyn Philistiaid, i dalu'r pwyth i elynion y brenin'." Syniad Saul oedd peri i Ddafydd gwympo trwy law y Philistiaid. ²⁶ Cyflwynodd ei weision y neges hon i Ddafydd, ac ystyriodd y byddai'n dderbyniol iddo felly briodi merch y brenin. ²⁷ Cyn bod yr amser wedi dod i ben, cychwynnodd Dafydd allan gyda'i wŷr, ac aethant a lladd dau gant o ddynion y Philistiaid. Dygodd Dafydd eu blaengrwyn a'u cyflwyno i gyd i'r brenin, er mwyn cael priodi merch y brenin; a rhoddodd Saul ei ferch Michal yn wraig iddo. ²⁸ Wedi i Saul weld a sylweddoli bod yr ARGLWYDD gyda Dafydd, a bod ei ferch Michal yn ei garu, ²⁹ daeth arno fwy o ofn Dafydd nag o'r blaen, ac aeth yn elyn am oes iddo.

³⁰ Bob tro y dôi arweinwyr y Philistiaid allan i ymladd, byddai Dafydd yn fwy llwyddiannus na phawb arall o weision Saul, ac enillodd enwogrwydd mawr.

Saul yn Erlid Dafydd

19 Dywedodd Saul wrth ei fab Jonathan a'i holl weision am ladd Dafydd. ² Ond yr oedd Jonathan fab Saul wedi mynd yn hoff iawn o Ddafydd, a dywedodd wrtho, "Y mae fy nhad Saul yn ceisio dy ladd di; bydd di'n ofalus ohonot dy hun bore yfory, ac ymguddia ac aros o'r golwg. ³ Mi af finnau a sefyll yn ymyl fy nhad, allan yn ymyl y lle y byddi di, ac mi soniaf amdanat wrth fy nhad; ac os gwelaf unrhyw beth, mi ddywedaf wrthyt." ⁴ Siaradodd Jonathan o blaid Dafydd wrth ei dad Saul, a dweud wrtho, "Peidied y brenin â gwneud cam â'i was Dafydd, oherwydd ni wnaeth ef gam â thi; yn wir, bu ei weithredoedd o les mawr iti. ⁵ Mentrodd ei fywyd i ladd y Philistiad hwnnw, a rhoddodd yr ARGLWYDD fuddugoliaeth fawr i Israel gyfan. Yr oeddit tithau'n gweld ac yn llawenychu; pam ynteu yr wyt am wneud cam ag un dieuog, a lladd Dafydd heb achos?" ⁶ Gwrandawodd Saul ar ble Jonathan a thyngodd: "Cyn wired â bod yr ARGLWYDD yn fyw, ni chaiff ei ladd." ⁷ Wedi i Jonathan alw Dafydd, a dweud hyn i gyd wrtho, aeth ag ef at Saul; a bu Dafydd yn ei wasanaethu fel cynt. ⁸ A phan dorrodd rhyfel allan eto, aeth Dafydd i ymladd yn erbyn y Philistiaid a gwneud difrod mawr arnynt, a hwythau'n ffoi o'i flaen.

⁹ Daeth ysbryd drwg oddi wrth yr ARGLWYDD ar Saul ac yntau'n eistedd gartref â gwaywffon yn ei law, a Dafydd yn canu'r delyn. ¹⁰ Ceisiodd Saul drywanu'r waywffon trwy Ddafydd i'r pared, ond osgôdd Dafydd ef, ac i'r pared y trawodd y waywffon; felly dihangodd Dafydd a ffoi. ¹¹ Y noson honno anfonodd Saul negeswyr i gartref Dafydd i'w wylio er mwyn ei ladd yn y bore. Ond yr oedd Michal gwraig Dafydd wedi dweud wrtho, "Os na fyddi'n dianc heno am d'einioes, yfory byddi'n farw." ¹² Felly, wedi i Michal ollwng Dafydd i lawr drwy'r ffenestr, aeth yntau ar ffo a dianc. ¹³ Yna cymerodd Michal y teraffim a'u gosod yn y gwely, a rhoi clustog o flew geifr lle byddai'r pen, a thaenu dilledyn drosti. ¹⁴ Pan anfonodd Saul negeswyr i ddal Dafydd, dywedodd hi, "Y mae'n glaf." ¹⁵ Ond anfonodd Saul y negeswyr yn ôl i chwilio am Ddafydd gyda'r gorchymyn, "Dewch ag ef ataf yn ei wely, imi ei ladd." ¹⁶ Pan ddaeth y negeswyr, dyna lle'r oedd y teraffim yn y gwely, gyda chlustog o flew geifr wrth y pen. ¹⁷ Meddai Saul wrth Michal, "Pam y twyllaist fi fel hyn, a gollwng fy ngelyn yn rhydd i ddianc?" Atebodd Michal, "Ef a ddywedodd wrthyf, 'Gollwng fi, neu mi'th laddaf.'"

¹⁸ Ffodd Dafydd a dianc i Rama at Samuel, ac adrodd wrtho'r cwbl a wnaeth Saul iddo. Yna aeth Samuel ac yntau, ac aros yn Naioth. ¹⁹ Mynegwyd i Saul, "Y mae Dafydd yn Naioth ger Rama." ²⁰ Anfonodd Saul negeswyr i ddal Dafydd, ond pan welsant dwr o broffwydi'n proffwydo, a Samuel yn sefyll yno'n bennaeth arnynt, disgynnodd ysbryd Duw arnynt ac aethant hwythau i broffwydo. ²¹ Pan fynegwyd hyn i Saul, anfonodd negeswyr eraill, ond aethant hwythau i broffwydo hefyd; a phan anfonodd Saul negeswyr am y trydydd tro, aeth y rheini hefyd i broffwydo. ²² Yna fe aeth ef ei hun i Rama, ac wedi iddo gyrraedd y pydew mawr yn Secu a holi ple'r oedd Samuel a Dafydd, dywedodd rhywun eu bod yn Naioth ger Rama. ²³ Wrth iddo fynd yno i Naioth ger Rama, disgynnodd ysbryd Duw arno yntau hefyd, ac aeth yn ei flaen dan broffwydo nes dod i Naioth ger Rama. ²⁴ Yno fe ddiosgodd yntau ei ddillad a phroffwydo gerbron Samuel; a gorweddodd yn noeth drwy'r dydd a'r noson honno. Dyna pam y dywedir, "A yw Saul hefyd ymysg y proffwydi?"

Jonathan yn Helpu Dafydd

20 Ffodd Dafydd o Naioth ger Rama, a daeth at Jonathan a gofyn, "Beth wnes i? Beth yw fy mai a'm pechod gerbron dy dad, fel ei fod yn ceisio f'einioes?" ² Dywedodd Jonathan, "Pell y bo! Ni fyddi farw. Edrych yma, nid yw fy nhad yn gwneud dim, bach na mawr, heb ddweud wrthyf fi; pam felly y byddai fy nhad yn celu'r peth hwn oddi wrthyf? Nid oes dim yn y peth." ³ Ond tyngodd Dafydd wrtho eto a dweud, "Y mae dy dad yn gwybod yn iawn imi gael ffafr yn d'olwg, a dywedodd, 'Nid yw Jonathan i wybod hyn, rhag iddo boeni.' Cyn wired â bod yr ARGLWYDD yn fyw, a thithau hefyd, dim ond cam sydd rhyngof fi ac angau." ⁴ Yna gofynnodd Jonathan i Ddafydd, "Beth a ddymuni imi ei wneud iti?" ⁵ Ac meddai Dafydd wrth Jonathan, "Y mae'n newydd-loer yfory, a dylwn fod yno'n bwyta gyda'r brenin; gad imi fynd ac ymguddio yn y maes tan yr hwyr drennydd. ⁶ Os bydd dy dad yn holi'n arw amdanaf, dywed, 'Fe grefodd Dafydd am ganiatâd gennyf i fynd draw i'w dref ei hun, Bethlehem, am fod yno aberth blynyddol i'r holl dylwyth.' ⁷ Os dywed, 'Popeth yn dda', yna y mae'n ddiogel i'th was; ond os cyll ei dymer, byddi'n gwybod ei fod yn bwriadu drwg. ⁸ Bydd yn deyrngar i'th was, oherwydd gwnaethost gyfamod â mi gerbron yr ARGLWYDD. Ac os oes bai ynof, lladd fi dy hun; pam mynd â mi at dy dad?" ⁹ Atebodd Jonathan, "Pell y bo hynny! Pe bawn i'n gwybod o gwbl fod fy nhad yn bwriadu drwg iti, oni fyddwn yn dweud wrthyt?" ¹⁰ Gofynnodd Dafydd i Jonathan, "Pwy sydd i ddweud wrthyf os bydd dy dad yn rhoi ateb chwyrn iti?" ¹¹ Dywedodd Jonathan wrth Ddafydd,

"Tyrd, gad inni fynd i'r maes." ¹² Aeth y ddau allan i'r maes, ac meddai Jonathan wrth Ddafydd, "Cyn wired â bod ARGLWYDD Dduw Israel yn fyw, mi holaf fy nhad tua'r adeg yma yfory am y trydydd tro; yna, os newydd da fydd i Ddafydd, anfonaf air i ddweud wrthyt. ¹³ Ond os yw fy nhad am wneud niwed iti, yna fel hyn y gwnelo'r ARGLWYDD i mi, Jonathan, a rhagor, os na fyddaf yn dweud wrthyt, er mwyn iti gael mynd ymaith yn ddiogel. Bydded yr ARGLWYDD gyda thi, fel y bu gyda'm tad. ¹⁴ Os byddaf fyw, gwna drugaredd â mi yn enw'r ARGLWYDD. ¹⁵ Ond os byddaf farw, paid byth ag atal dy drugaredd oddi wrth fy nheulu. A phan fydd yr ARGLWYDD wedi torri ymaith holl elynion Dafydd oddi ar wyneb y tir, ¹⁶ na fydded Jonathan wedi ei dorri oddi wrth deulu* Dafydd; a bydded i'r ARGLWYDD ddial ar elynion Dafydd." ¹⁷ Tyngodd Jonathan eto i Ddafydd* am ei fod yn ei garu, oherwydd yr oedd yn ei garu fel ei enaid ei hun. ¹⁸ A dywedodd Jonathan wrtho, "Y mae'n newydd-loer yfory, a gwelir dy eisiau pan fydd dy le yn wag; a thrennydd byddant yn chwilio'n ddyfal amdanat*. ¹⁹ Dos dithau i'r man yr ymguddiaist ynddo adeg y digwyddiad o'r blaen, ac aros yn ymyl y garreg fan draw*. ²⁰ Saethaf finnau dair saeth i'w hymyl, fel pe bawn yn saethu at nod. ²¹ Wedyn anfonaf y llanc a dweud, 'Dos i nôl y saethau.' Os byddaf yn dweud wrth y llanc, 'Edrych, y mae'r saethau y tu yma iti; cymer hwy', yna tyrd, oherwydd y mae'n ddiogel iti, heb unrhyw berygl, cyn wired â bod yr ARGLWYDD yn fyw. ²² Ond os dywedaf fel hyn wrth y llencyn: 'Edrych, y mae'r saethau y tu draw iti', yna dos, oherwydd y mae'r ARGLWYDD yn dy anfon i ffwrdd. ²³ Bydded yr ARGLWYDD yn dyst am byth rhyngof fi a thi yn y cytundeb hwn a wnaethom ein dau."

²⁴ Ymguddiodd Dafydd yn y maes; a phan ddaeth y newydd-loer, ²⁵ eisteddodd y brenin i lawr i fwyta'r pryd, a chymryd ei le arferol ar y sedd wrth y pared, gyda Jonathan gyferbyn*, ac Abner yn eistedd wrth ochr Saul; ond roedd lle Dafydd yn wag. ²⁶ Ni ddywedodd Saul ddim y diwrnod hwnnw, gan feddwl mai rhyw hap oedd, ac nad oedd yn lân*. ²⁷ Ond pan oedd lle Dafydd yn wag drannoeth, ar ail ddiwrnod y newydd-loer, gofynnodd Saul i'w fab Jonathan, "Pam nad yw mab Jesse wedi dod i fwyta, ddoe na heddiw?" ²⁸ Atebodd Jonathan, "O, fe grefodd Dafydd arnaf am gael mynd i Fethlehem, ²⁹ a dweud, 'Gad imi fynd, oherwydd y mae gan y teulu aberth yn y dref, ac y mae fy mrawd wedi peri i mi fod yno; felly, os gweli di'n dda, gad imi fynd draw i weld fy mrodyr.' Dyna pam nad yw wedi dod at fwrdd y brenin." ³⁰ Gwylltiodd Saul wrth Jonathan a dywedodd wrtho, "Ti fab putain* anufudd! Oni wyddwn dy fod yn ochri gyda mab Jesse, er cywilydd i ti dy hun ac i warth dy fam? ³¹ Oherwydd tra bydd mab Jesse fyw ar y ddaear, ni fyddi di na'r frenhiniaeth yn ddiogel. Anfon ar unwaith a thyrd ag ef ataf, oherwydd y mae'n haeddu marw." ³² Atebodd Jonathan a dweud wrth ei dad, "Pam ei roi i farwolaeth? Beth y mae wedi ei wneud?" ³³ Yna hyrddiodd Saul waywffon ato i'w daro, a sylweddolodd Jonathan fod ei dad yn benderfynol o ladd Dafydd. ³⁴ Felly cododd Jonathan oddi wrth y bwrdd yn wyllt ei dymer, a heb fwyta tamaid ar ail ddiwrnod y newydd-loer, am ei fod yn gofidio dros Ddafydd, a bod ei dad wedi rhoi sen arno yntau.

³⁵ Bore trannoeth aeth Jonathan allan i'r maes i gadw ei oed â Dafydd, a llanc ifanc gydag ef. ³⁶ Dywedodd wrth y llanc, "Rhed di i nôl y saethau y byddaf fi'n eu saethu." Tra oedd y llanc yn rhedeg, yr oedd ef yn saethu'r saethau y tu draw iddo. ³⁷ Wedi i'r llanc gyrraedd y man y disgynnodd y saethau, gwaeddodd Jonathan ar ôl y llanc, "Onid yw'r saethau y tu draw iti?" Yna gwaeddodd

---

20:16 Cymh. Groeg. Hebraeg, *gyda theulu*.
20:17 Felly Groeg. Hebraeg, *Gwnaeth Jonathan i Ddafydd dyngu eto*.
20:18 Cymh. Groeg. Hebraeg, *a threbli, ei i lawr yn bell*.
20:19 Felly Groeg. Hebraeg, *y garreg Esel*.
20:25 Felly Groeg. Hebraeg, *wedi codi*.
20:26 Hebraeg yn ychwanegu *oherwydd nid oedd yn lân*.
20:30 Tebygol. Hebraeg yn aneglur.

ar ôl y llanc, "Dos, brysia, paid â sefyllian." ³⁸ Casglodd llanc Jonathan y saethau a'u dwyn yn ôl at ei feistr. ³⁹ Nid oedd y llanc yn sylweddoli dim, ond yr oedd Jonathan a Dafydd yn deall y neges. ⁴⁰ Rhoddodd Jonathan ei offer i'r llanc oedd gydag ef, a dweud wrtho, "Dos, cymer hwy'n ôl adref." ⁴¹ Wedi i'r llanc fynd, cododd Dafydd o'r tu ôl i'r garreg*, a syrthio ar ei wyneb i'r llawr ac ymgrymu deirgwaith. Yna cusanodd y ddau ei gilydd ac wylo, yn enwedig Dafydd. ⁴² Ac meddai Jonathan wrth Ddafydd, "Dos mewn heddwch; yr ydym ein dau wedi tyngu yn enw'r ARGLWYDD y bydd yr ARGLWYDD yn dyst rhyngom ni a rhwng ein disgynyddion am byth." Yna aeth Dafydd i ffwrdd, a dychwelodd Jonathan adref.

Dafydd yn Ffoi rhag Saul

21 Aeth Dafydd i Nob at yr offeiriad Ahimelech. Daeth yntau i'w gyfarfod dan grynu, a gofyn iddo, "Pam yr wyt ti ar dy ben dy hun, heb neb gyda thi?" ² Ac meddai Dafydd wrth yr offeiriad Ahimelech, "Y brenin sydd wedi rhoi gorchymyn imi, a dweud wrthyf, 'Nid yw neb i wybod dim pam yr anfonais di, na beth a orchmynnais iti.' Ac yr wyf wedi rhoi cyfarwyddyd i'r milwyr ifainc i'm cyfarfod yn y fan a'r fan. ³ Yn awr, beth sydd gennyt wrth law? Gad imi gael pum torth, neu'r hyn sydd gennyt." ⁴ Atebodd yr offeiriad, "Nid oes gennyf ddim bara cyffredin wrth law; ond y mae yma fara cysegredig—os yw'r milwyr wedi ymgadw'n llwyr oddi wrth wragedd." ⁵ Atebodd Dafydd, "Yn wir y mae'n hen arfer gennym ymgadw oddi wrth wragedd pan fyddaf yn cychwyn ar ymgyrch, fel bod arfau'r milwyr yn gysegredig; ac os yw felly ar siwrnai gyffredin, pa faint mwy y bydd yr arfau'n gysegredig heddiw?" ⁶ Yna fe roddodd yr offeiriad iddo'r bara cysegredig, gan nad oedd yno ddim ond y bara gosod oedd wedi ei symud o bresenoldeb yr ARGLWYDD, er mwyn gosod bara ffres ar ddiwrnod y cyfnewid. ⁷ Ar y pryd, yr oedd un o weision Saul yno dan adduned gerbron yr ARGLWYDD; ei enw oedd Doeg yr Edomiad, ac ef oedd penbugail Saul. ⁸ Gofynnodd Dafydd i Ahimelech, "Onid oes yma waywffon neu gleddyf wrth law gennyt? Oherwydd ni ddeuthum â'm cleddyf na'm harfau gyda mi, am fod cymaint brys gyda gorchymyn y brenin." ⁹ Atebodd yr offeiriad, "Beth am gleddyf Goliath y Philistiad, y dyn a leddaist yn nyffryn Ela? Y mae hwnnw yma wedi ei lapio mewn brethyn y tu ôl i'r effod. Os wyt ti am hwnnw, cymer ef, oherwydd nid oes yma yr un arall ond hwnnw." ¹⁰ Ac meddai Dafydd, "Nid oes debyg iddo; rho ef imi." Y diwrnod hwnnw ymadawodd Dafydd, ac er mwyn ffoi oddi wrth Saul, aeth at Achis brenin Gath. ¹¹ Gofynnodd gweision Achis iddo, "Onid hwn yw Dafydd, brenin y wlad? Onid am hwn y maent yn canu wrth ddawnsio,

'Lladdodd Saul ei filoedd,
a Dafydd ei fyrddiynau'?"

¹² Cymerodd Dafydd y geiriau hyn at ei galon, ac ofnodd rhag Achis brenin Gath. ¹³ Newidiodd ei ymddygiad o'u blaen, a dechrau ymddwyn fel ynfytyn yn eu mysg, a chripio drysau'r porth, a glafoerio hyd ei farf. ¹⁴ Ac meddai Achis wrth ei weision, "Gallwch weld bod y dyn yn wallgof; pam y daethoch ag ef ataf fi? ¹⁵ A wyf yn brin o ynfydion, fel eich bod yn dod â hwn o'm blaen i ynfydu? A ddaw hwn i'm tŷ?"

Lladd Offeiriaid Nob

22 Dihangodd Dafydd oddi yno i ogof Adulam, a phan glywodd ei frodyr a'i deulu, aethant yno ato. ² A dyma bawb oedd mewn helbul neu ddyled, neu wedi chwerwi, yn ymgasglu ato. Aeth ef yn ben arnynt, ac yr oedd tua phedwar cant ohonynt gydag ef. ³ Oddi yno aeth Dafydd i Mispe yn Moab, a dweud wrth frenin Moab, "Gad i'm tad a'm mam ddod atat, nes y byddaf yn gwybod beth a wna Duw imi." ⁴ Felly gadawodd hwy gyda brenin Moab, a buont yn aros yno cyhyd ag y bu Dafydd yn ei loches. ⁵ Yna dywedodd y proffwyd Gad wrth Ddafydd, "Paid ag aros yn y lloches, dos

---
20:41 Gw. adn.19. Hebraeg, *Negef*.

yn ôl i dir Jwda." Felly aeth Dafydd i Goed Hereth.

⁶ Clywodd Saul fod Dafydd a'r gwŷr oedd gydag ef wedi dod i'r golwg, ac yr oedd yntau ar y pryd yn Gibea, yn eistedd dan bren tamarisg ar y bryn â'i waywffon yn ei law, a'i weision yn sefyll o'i gwmpas. ⁷ Ac meddai Saul wrth y gweision o'i gwmpas, "Gwrandewch hyn, dylwyth Benjamin. A fydd mab Jesse yn rhoi i bob un ohonoch chwi feysydd a gwinllannoedd, a'ch gwneud i gyd yn swyddogion ar filoedd a channoedd? ⁸ Er hynny yr ydych i gyd yn cynllwyn yn f'erbyn. Nid ynganodd neb air wrthyf pan wnaeth fy mab gyfamod â mab Jesse. Nid oedd neb ohonoch yn poeni amdanaf fi, nac yn yngan gair wrthyf pan barodd fy mab i'm gwas godi cynllwyn yn f'erbyn fel y gwna heddiw."

⁹ Yna atebodd Doeg yr Edomiad, a oedd yn sefyll gyda gweision Saul, a dweud, "Mi welais i fab Jesse'n dod i Nob at Ahimelech fab Ahitub. ¹⁰ Ymofynnodd yntau â'r ARGLWYDD drosto, a rhoi bwyd iddo; rhoes iddo hefyd gleddyf Goliath y Philistiad." ¹¹ Anfonodd y brenin am yr offeiriad Ahimelech fab Ahitub a'i deulu i gyd, a oedd yn offeiriaid yn Nob, a daethant oll at y brenin. ¹² Ac meddai Saul, "Gwrando di yn awr, fab Ahitub." Atebodd yntau, "Gwnaf, f'arglwydd." ¹³ Yna dywedodd Saul wrtho, "Pam yr ydych wedi cynllwyn yn f'erbyn, ti a mab Jesse, a thithau'n rhoi bwyd a chleddyf iddo, yn ymofyn â Duw drosto, ac yn gadael iddo gynllwyn yn f'erbyn, fel y mae'n gwneud heddiw?" ¹⁴ Atebodd Ahimelech y brenin a dweud, "Pwy o blith dy holl weision sydd mor deyrngar â Dafydd, yn fab-yng-nghyfraith i'r brenin, ac yn bennaeth* dy osgorddlu ac yn uchel ei barch yn dy blas? ¹⁵ Ai dyna'r tro cyntaf imi ymofyn â Duw drosto? Nage'n wir! Peidied y brenin â chyhuddo ei was, na'r un o'i deulu, oherwydd ni ŵyr dy was ddim am hyn, na bach na mawr." ¹⁶ Dywedodd y brenin, "Yr wyt ti, Ahimelech, yn mynd i farw, ie, ti a'th holl deulu." ¹⁷ Yna dywedodd y brenin wrth y gosgorddlu oedd yn sefyll yn ei ymyl,

"Trowch arnynt a lladdwch offeiriaid yr ARGLWYDD, oherwydd y maent hwythau law yn llaw â Dafydd, am eu bod yn gwybod ei fod ar ffo, ond heb yngan gair wrthyf." Ond ni fynnai gweision y brenin estyn llaw i daro offeiriaid yr ARGLWYDD. ¹⁸ Yna dywedodd y brenin wrth Doeg, "Tro di a tharo'r offeiriaid." Fe droes Doeg a tharo'r offeiriaid; a'r diwrnod hwnnw fe laddodd bump a phedwar ugain o wŷr yn gwisgo effod liain. ¹⁹ Yn Nob hefyd, tref yr offeiriaid, trawodd â'r cleddyf wŷr a gwragedd, plant a babanod, a hyd yn oed ychen, asynnod a defaid.

²⁰ Ond dihangodd un mab i Ahimelech fab Ahitub, o'r enw Abiathar; a ffodd at Ddafydd, ²¹ a dweud wrtho fod Saul wedi lladd offeiriaid yr ARGLWYDD. ²² Dywedodd Dafydd wrth Abiathar, "Mi wyddwn i y diwrnod hwnnw pan oedd Doeg yr Edomiad yno, y byddai'n sicr o ddweud wrth Saul. Myfi sy'n gyfrifol am farwolaeth dy deulu cyfan. ²³ Aros gyda mi, paid ag ofni; oherwydd yr un sy'n ceisio d'einioes di sy'n ceisio f'einioes innau. Byddi'n ddiogel gyda mi."

Dafydd yn Achub Tref Ceila

23 Mynegwyd i Ddafydd fod y Philistiaid yn ymladd yn erbyn Ceila, ac yn ysbeilio'r lloriau dyrnu. ² Ymofynnodd Dafydd â'r ARGLWYDD, a oedd i fynd a tharo'r Philistiaid hyn. Dywedodd yr ARGLWYDD wrth Ddafydd, "Dos a tharo'r Philistiaid, ac achub Ceila." ³ Ond dywedodd gwŷr Dafydd wrtho, "Yr ydym mewn digon o ofn yma yn Jwda; pa faint mwy pan awn i Ceila, yn erbyn byddinoedd y Philistiaid?" ⁴ Felly ymofynnodd Dafydd eto â'r ARGLWYDD, ac atebodd yr ARGLWYDD ef, "Dos i lawr i Ceila, oherwydd rhoddaf y Philistiaid yn dy law." ⁵ Felly fe aeth Dafydd a'i wŷr i Ceila ac ymladd â'r Philistiaid, a mynd â'u gwartheg ymaith, a gwneud lladdfa fawr yn eu mysg hwy; ac achubodd Dafydd drigolion Ceila.

⁶ Pan ffodd Abiathar fab Ahimelech at Ddafydd i Ceila, daeth â'r effod i lawr gydag ef. ⁷ A phan fynegwyd i Saul fod Dafydd wedi mynd i Ceila, dywedodd Saul, "Y mae Duw wedi ei roi yn fy llaw,

---

22:14 Felly Groeg. Hebraeg, *yn troi at.*

oherwydd y mae wedi cau amdano wrth fynd i ddinas ac iddi byrth a barrau." ⁸ Galwodd Saul yr holl bobl i ryfel, ac i fynd i lawr i Ceila i warchae ar Ddafydd a'i wŷr. ⁹ Pan ddeallodd Dafydd fod Saul yn cynllunio drwg yn ei erbyn, dywedodd wrth yr offeiriad Abiathar, "Estyn yr effod." ¹⁰ Yna dywedodd Dafydd, "O ARGLWYDD Dduw Israel, y mae dy was wedi clywed yn bendant fod Saul yn ceisio dod i Ceila i ddinistrio'r dref o'm hachos i. ¹¹ A fydd awdurdodau Ceila yn fy rhoi iddo? A ddaw Saul i lawr fel y clywodd dy was? O ARGLWYDD Dduw Israel, rho ateb i'th was." Atebodd yr ARGLWYDD, "Fe ddaw." ¹² Yna gofynnodd Dafydd, "A fydd awdurdodau Ceila yn fy rhoi i a'm gwŷr yn llaw Saul?" Atebodd yr ARGLWYDD, "Byddant." Yna cododd Dafydd gyda'i wŷr, tua chwe chant ohonynt, ac aethant o Ceila a symud o le i le. ¹³ Pan ddywedwyd wrth Saul fod Dafydd wedi dianc o Ceila, peidiodd â chychwyn allan. ¹⁴ Tra oedd Dafydd yn byw mewn llochesau yn y diffeithwch ac yn aros yn y mynydd-dir yn niffeithwch Siff, yr oedd Saul yn chwilio amdano trwy'r adeg, ond ni roddodd Duw ef yn ei law. ¹⁵ Yr oedd Dafydd yn gweld mai dod allan i geisio'i fywyd yr oedd Saul; felly arhosodd Dafydd yn Hores yn niffeithwch Siff.

Dafydd yn y Mynydd-dir

¹⁶ Aeth Jonathan fab Saul draw i Hores at Ddafydd a'i galonogi trwy Dduw ¹⁷ a dweud wrtho, "Paid ag ofni; ni ddaw fy nhad Saul o hyd iti; byddi di'n frenin ar Israel a minnau'n ail iti, ac y mae fy nhad Saul yn gwybod hynny'n iawn." ¹⁸ Gwnaethant gyfamod ill dau gerbron yr ARGLWYDD; arhosodd Dafydd yn Hores, ac aeth Jonathan adref.

¹⁹ Aeth pobl Siff at Saul i Gibea a dweud, "Onid yw Dafydd yn ymguddio yn ein hardal, yn llochesau Hores ym mryniau Hachila i'r de o Jesimon? ²⁰ Pryd bynnag yr wyt ti'n dymuno, O frenin, tyrd i lawr, a rhown ninnau ef yn llaw'r brenin." ²¹ Ac meddai Saul, "Bendigedig fyddoch gan yr ARGLWYDD am ichwi drugarhau wrthyf. ²² Ewch yn awr a gwneud yn sicr eto; ceisiwch wybod a gwylio'i lwybrau, a phwy a'i gwelodd yno. Dywedir wrthyf ei fod yn un cyfrwys iawn. ²³ Wedi ichwi weld a gwybod ym mha un o'r holl guddfannau y mae'n ymguddio, dewch yn ôl ataf pan fyddwch yn sicr, a dof finnau gyda chwi. Cyhyd â'i fod yn y wlad, fe chwiliaf amdano ym mhob man, ie, trwy holl lwythau Jwda." ²⁴ Aethant yn ôl i Siff cyn i Saul gyrraedd, ac yr oedd Dafydd a'i wŷr yn niffeithwch Maon, yn yr Araba i'r de o Jesimon. ²⁵ Yna daeth Saul a'i wŷr i geisio Dafydd, ond dywedwyd wrth Ddafydd, ac aeth yntau i lawr i'r creigiau ac arhosodd yn niffeithwch Maon. ²⁶ Clywodd Saul, ac aeth i erlid Dafydd i ddiffeithwch Maon; ac yr oedd ef yn mynd ar hyd un ochr i'r mynydd, a Dafydd a'i wŷr ar hyd yr ochr arall. Fel yr oedd Dafydd yn brysio i osgoi Saul, a Saul a'i wŷr yn cau am Ddafydd a'i wŷr i'w dal, ²⁷ cyrhaeddodd negesydd a dweud wrth Saul, "Tyrd ar unwaith, oherwydd y mae'r Philistiaid wedi ymosod ar y wlad." ²⁸ Felly peidiodd Saul ag ymlid Dafydd, ac aeth i wrthwynebu'r Philistiaid. ²⁹ * Dyna pam yr enwyd y lle hwnnw Sela Hammalecoth*. Aeth Dafydd i fyny oddi yno a byw yn llochesau En-gedi.

Dafydd yn Arbed Bywyd Saul

24 Pan ddaeth Saul yn ôl o ymlid y Philistiaid, dywedwyd wrtho fod Dafydd yn niffeithwch En-gedi. ² Felly cymerodd Saul dair mil o wŷr wedi eu dewis allan o Israel gyfan, a mynd i chwilio am Ddafydd a'i wŷr ar hyd copa creigiau'r geifr gwylltion. ³ Pan ddaeth at gorlannau'r defaid ar y ffordd, yr oedd yno ogof, ac aeth Saul i mewn i esmwytho'i gorff; ond yr oedd Dafydd a'i wŷr yno ym mhen draw'r ogof. ⁴ Ac meddai gwŷr Dafydd wrtho, "Dyma'r diwrnod y dywedodd yr ARGLWYDD wrthyt y byddai'n rhoi dy elyn yn dy law, a chei wneud iddo beth a fynni." Cododd Dafydd yn ddistaw a thorrodd gwr y fantell oedd am Saul. ⁵ Ond wedyn pigodd cydwybod Dafydd ef, am iddo dorri cwr mantell Saul, ⁶ a dywedodd

23:29 Hebraeg, 24:1.
23:29 H.y., *Creigiau'r gwahanu*.

wrth ei ddynion, "Yr ARGLWYDD a'm gwared rhag imi wneud y fath beth i'm harglwydd, eneiniog yr ARGLWYDD, ac estyn llaw yn ei erbyn, oherwydd eneiniog yr ARGLWYDD yw." ⁷ Ataliodd Dafydd ei wŷr â'r geiriau hyn rhag iddynt ymosod ar Saul. ⁸ Pan ymadawodd Saul â'r ogof a mynd i'w daith, aeth Dafydd allan o'r ogof a galw ar ei ôl a dweud, "F'arglwydd frenin!" A phan edrychodd Saul yn ôl, plygodd Dafydd â'i wyneb at y llawr ac ymgrymu. ⁹ Yna dywedodd Dafydd wrth Saul, "Pam y gwrandewaist ar eiriau'r dynion sy'n dweud fod Dafydd yn ceisio niwed i ti? ¹⁰ Heddiw fe weli â'th lygaid dy hun i'r ARGLWYDD dy roi yn fy llaw heddiw yn yr ogof; a dywedwyd wrthyf am dy ladd, ond trugarheais wrthyt a dweud, 'Nid estynnaf fy llaw yn erbyn f'arglwydd, oherwydd eneiniog yr ARGLWYDD yw.' ¹¹ Edrych, fy nhad, ie, edrych, dyma gwr dy fantell yn fy llaw. Gan imi dorri cwr dy fantell heb dy ladd, fe ddylit wybod a gweld nad oedd dim malais na gwrthryfel ynof. Ni wneuthum gam â thi, ond eto yr wyt yn ymlid ar fy ôl i'm dal. ¹² Bydded i'r ARGLWYDD farnu rhyngom a dial arnat, ond ni fydd fy llaw i arnat. ¹³ Fel y dywed yr hen ddihareb, 'O'r drygionus y daw drygioni.' Ond ni fydd fy llaw i arnat. ¹⁴ Ar ôl pwy yr aeth brenin Israel? Pwy wyt ti'n ei ymlid? Ci marw! Chwannen! ¹⁵ Fe gaiff yr ARGLWYDD fod yn ddyfarnwr a barnu rhyngom a'n gilydd; caiff ef chwilio a dadlau f'achos a'm rhyddhau o'th law."

¹⁶ Wedi i Ddafydd orffen llefaru fel hyn wrth Saul, meddai Saul: "Dafydd, fy mab, ai dy lais di yw hwn?" Yna fe dorrodd allan i wylo. ¹⁷ Ac meddai wrth Ddafydd, "Yr wyt ti yn fwy cyfiawn na mi, oherwydd yr wyt ti wedi talu da i mi, a minnau wedi talu drwg i ti. ¹⁸ Ac yr wyt wedi dangos mor dda fuost tuag ataf heddiw, pan oedd yr ARGLWYDD wedi fy rhoi yn dy law, a thithau'n ymatal rhag fy lladd. ¹⁹ Pan fydd rhywun yn dod ar warthaf ei elyn, a yw'n ei adael yn rhydd? Bydded i'r ARGLWYDD dalu'n ôl iti'n hael am yr hyn a wnaethost imi heddiw. ²⁰ Mi wn, bellach, mai ti sydd i fod yn frenin, ac y bydd teyrnas Israel yn llwyddo danat; ²¹ tynga imi'n awr yn enw'r ARGLWYDD, na fyddi'n difa fy hil ar fy ôl nac yn dileu fy enw o'm teulu." ²² Tyngodd Dafydd i Saul. Yna aeth Saul adref, a Dafydd a'i wŷr i fyny'n ôl i'r lloches.

Dafydd ac Abigail

25 Bu farw Samuel, a daeth Israel gyfan ynghyd i alaru amdano a'i gladdu yn ei gartref yn Rama. Yna fe aeth Dafydd i ddiffeithwch Maon*. ² Yn Maon yr oedd dyn yn ffermio yng Ngharmel; yr oedd yn ŵr cyfoethog iawn, a chanddo dair mil o ddefaid a mil o eifr, ac yr oedd wrthi'n cneifio'i ddefaid yng Ngharmel. ³ Nabal oedd enw'r dyn, ac Abigail oedd enw ei wraig. Yr oedd hi'n ddynes ddeallus a golygus, ond yr oedd y gŵr— un o lwyth Caleb—yn galed ac anghwrtais.

⁴ Clywodd Dafydd yn y diffeithwch fod Nabal yn cneifio'i ddefaid, ⁵ ac anfonodd ddeg llanc a dweud wrthynt, "Ewch i fyny i Garmel, a mynd at Nabal a'i gyfarch yn f'enw; ⁶ a dywedwch fel hyn wrth fy mrawd, 'Heddwch i ti ac i'th deulu a'th eiddo i gyd.' ⁷ Clywais dy fod yn cneifio. Bu dy fugeiliaid gyda ni, ac nid ydym wedi eu cam-drin na pheri dim colled iddynt, yr holl adeg y buont yng Ngharmel. ⁸ Gofyn i'th lanciau, ac fe ddywedant wrthyt. Felly rho dderbyniad caredig i'm llanciau innau, oherwydd daethom ar ddiwrnod da; rho'r hyn sydd agosaf at dy law i'th weision ac i'th fab Dafydd.' "

⁹ Daeth llanciau Dafydd a dweud y geiriau hyn i gyd yn enw Dafydd. ¹⁰ Wedi iddynt orffen, atebodd Nabal a dweud wrth weision Dafydd, "Pwy yw Dafydd, a phwy yw mab Jesse? Y mae llawer o weision yn dianc oddi wrth eu meistri y dyddiau hyn. ¹¹ A wyf fi i gymryd fy mara a'm dŵr a'r cig a leddais ar gyfer fy nghneifwyr, a'u rhoi i ddynion na wn o ble y maent?" ¹² Troes llanciau Dafydd i ffwrdd, a dychwelyd at Ddafydd a dweud hyn i gyd wrtho. ¹³ Dywedodd Dafydd wrth ei ddynion, "Gwregyswch bawb ei gleddyf." Wedi iddynt hwy a

---

25:1 Felly Groeg. Cymh. adn. 2. Hebraeg, *Paran*.

Dafydd hefyd wregysu eu cleddyfau, aeth tua phedwar cant ohonynt i fyny ar ôl Dafydd, gan adael dau gant gyda'r offer.

¹⁴ Yr oedd un o'r llanciau wedi dweud wrth Abigail, gwraig Nabal, "Clyw, fe anfonodd Dafydd negeswyr o'r diffeithwch i gyfarch ein meistr, ond fe'u difrïodd. ¹⁵ Bu'r dynion yn dda iawn wrthym ni, heb ein cam-drin na pheri dim colled inni yr holl adeg y buom yn ymdroi gyda hwy pan oeddem yn y maes. ¹⁶ Buont yn fur inni, nos a dydd, yr holl adeg y buom yn bugeilio'r praidd yn eu hymyl. ¹⁷ Ystyria'n awr ac edrych beth y gelli ei wneud, oherwydd y mae drwg wedi ei bennu i'n meistr ac yn erbyn ei deulu i gyd, ond y mae ef yn ormod o ddihiryn i neb ddweud dim wrtho." ¹⁸ Brysiodd Abigail a chymryd dau gan torth o fara a dwy botel o win, pum dafad wedi eu paratoi a phum hobaid o greision, a hefyd can swp o resinau a dau gant o ffigys. Llwythodd hwy ar asynnod, ¹⁹ a dywedodd wrth ei gweision, "Ewch o'm blaen; byddaf finnau'n dod ar eich ôl." Ond ni ddywedodd ddim wrth ei gŵr Nabal. ²⁰ Fel yr oedd hi ar gefn ei hasyn yn dod i lawr llechwedd y mynydd, yr oedd Dafydd a'i wŷr yn dod i lawr tuag ati, a chyfarfu â hwy.

²¹ Yr oedd Dafydd wedi dweud, "Y mae'n amlwg mai'n ofer y bûm yn gwarchod holl eiddo hwn yn y diffeithwch, heb iddo golli dim o'r cwbl oedd ganddo; y mae wedi talu imi ddrwg am dda. ²² Gwnaed Duw fel hyn i mi*, a rhagor, os gadawaf ar ôl erbyn y bore un gwryw o'r rhai sy'n perthyn iddo."

²³ Pan welodd Abigail Ddafydd, brysiodd i ddisgyn oddi ar yr asyn, ac ymgrymodd ar ei hwyneb a phlygu i'r llawr o flaen Dafydd. ²⁴ Wedi iddi syrthio wrth ei draed, dywedodd, "Arnaf fi, syr, y bydded y bai; gad imi egluro'n awr, a gwrando dithau ar eiriau dy wasanaethferch. ²⁵ Paid â chymryd sylw o'r dihiryn yma, Nabal. Y mae yr un fath â'i enw: Nabal, sef Ynfyd, yw ei enw, ac ynfyd yw ei natur. Ni welais i, dy wasanaethferch, mo'r llanciau a anfonaist ti, syr. ²⁶ Felly'n awr, syr, cyn wired â bod yr ARGLWYDD yn fyw, a thithau hefyd, gan i'r ARGLWYDD dy atal rhag dod i dywallt gwaed a dial drosot dy hun, bydded dy elynion a'r rhai sy'n ceisio drwg iti, syr, fel Nabal. ²⁷ Yn awr, daeth dy wasanaethferch â'r rhodd hon iti, syr, i'w rhoi i'r llanciau sy'n dy ganlyn. ²⁸ Maddau gamwri dy wasanaethferch, oherwydd yn sicr bydd yr ARGLWYDD yn creu olyniaeth sicr i ti, syr, am dy fod yn ymladd brwydrau'r ARGLWYDD; a byth ni cheir dim bai ynot. ²⁹ Os bydd unrhyw ddyn yn codi i'th erlid ac i geisio dy fywyd, bydd dy fywyd di, syr, wedi ei rwymo yn rhwymyn bywyd gyda'r ARGLWYDD dy Dduw; ond bydd bywyd dy elynion yn cael ei hyrddio fel carreg o ffon dafl. ³⁰ A phan fydd yr ARGLWYDD wedi gwneud daioni i ti, syr, yn ôl y cyfan a addawodd amdanat, ac wedi dy osod yn arweinydd dros Israel, ³¹ ni fydd hyn yn ofid nac yn boen cydwybod iti, sef dy fod wedi tywallt gwaed heb achos i ddial drosot dy hun. A phan fydd yr ARGLWYDD wedi bod yn dda wrthyt ti, syr, cofia dy wasanaethferch."

³² Dywedodd Dafydd wrth Abigail, "Bendigedig fyddo'r ARGLWYDD, Duw Israel, am iddo dy anfon di heddiw i'm cyfarfod. ³³ Bendith ar dy gyngor, ac arnat tithau, am iti fy atal heddiw rhag dod i dywallt gwaed a dial drosof fy hun. ³⁴ Yn wir iti, cyn wired â bod yr ARGLWYDD, Duw Israel, yn fyw, yr un a'm hataliodd rhag dy ddrygu, oni bai dy fod wedi brysio i ddod i'm cyfarfod, ni fyddai'r un gwryw ar ôl gan Nabal erbyn y bore." ³⁵ Derbyniodd Dafydd o'i llaw yr hyn a ddygodd iddo, a dywedodd wrthi, "Dos adref mewn heddwch; edrych, yr wyf wedi gwrando arnat a chaniatáu dy gais."

³⁶ Pan ddaeth Abigail yn ôl at Nabal, yr oedd ganddo wledd yn ei dŷ fel gwledd brenin. Am fod calon Nabal yn llawen, ac yntau'n feddw iawn, ni ddywedodd hi wrtho yr un gair, bach na mawr, hyd y bore. ³⁷ Trannoeth, wedi i Nabal sobri, dywedodd ei wraig yr hanes wrtho, ac aeth ei galon yn farw o'i fewn ac aeth yntau fel carreg. ³⁸ Ymhen tua deg

---
25:22 Felly Groeg. Hebraeg, *i elynion Dafydd*.

diwrnod, trawodd yr ARGLWYDD Nabal a bu farw. ³⁹ Pan glywodd Dafydd fod Nabal wedi marw, dywedodd, "Bendigedig fyddo'r ARGLWYDD, sydd wedi dial drosof am y sarhad gan Nabal; y mae wedi atal ei was rhag gwneud camwedd, ac wedi talu'r pwyth yn ôl i Nabal." Yna fe anfonodd Dafydd, a chynnig am Abigail i'w chymryd yn wraig iddo'i hun. ⁴⁰ Daeth gweision Dafydd i Garmel at Abigail a dweud wrthi, "Y mae Dafydd wedi'n hanfon ni atat i'th gymryd yn wraig iddo." ⁴¹ Ar unwaith ymgrymodd hithau i'r llawr a dweud, "Dyma fi, yn barod i olchi traed gweision f'arglwydd fel caethferch." ⁴² Paratôdd Abigail ar unwaith i fynd, a marchogodd ar gefn asyn, gyda phump o'i morynion i'w chanlyn, a dilyn negeswyr Dafydd, a daeth yn wraig iddo. ⁴³ Priododd Dafydd hefyd Ahinoam o Jesreel, a bu'r ddwy yn wragedd iddo. ⁴⁴ Yr oedd Saul wedi rhoi ei ferch Michal, a fu'n wraig i Ddafydd, i Palti fab Lais, a oedd o Galim.

Dafydd yn Arbed Bywyd Saul Eto

26 Daeth y Siffiaid at Saul i Gibea a dweud, "Onid yw Dafydd yn llechu ym mryn Hachila gyferbyn â Jesimon?" ² Aeth Saul ar unwaith i lawr i ddiffeithwch Siff, a thair mil o wŷr dewisol Israel gydag ef, i chwilio am Ddafydd yno. ³ Gwersyllodd Saul ar y briffordd ym mryn Hachila gyferbyn â Jesimon, tra oedd Dafydd yn aros yn yr anialwch. ⁴ Pan welodd Dafydd fod Saul yn dod i'r anialwch ar ei ôl, anfonodd ysbiwyr a chael sicrwydd fod Saul wedi dod. ⁵ Aeth Dafydd ar unwaith i'r man lle'r oedd Saul yn gwersyllu, a gweld lle'r oedd ef a'i gadfridog Abner fab Ner yn cysgu. Yr oedd Saul yn cysgu yng nghanol y gwersyll, a'r milwyr yn gwersyllu o'i gwmpas. ⁶ Troes Dafydd a gofyn i Ahimelech yr Hethiad ac Abisai fab Serfia, brawd Joab, "Pwy a ddaw i lawr gyda mi i'r gwersyll at Saul?" Atebodd Abisai, "Fe ddof fi gyda thi." ⁷ Aeth Dafydd ac Abisai i blith y milwyr liw nos, a dyna lle'r oedd Saul yn gorwedd ac yn cysgu yn y canol, a'i waywffon wedi ei gwthio i'r ddaear yn ymyl ei ben, ac Abner a'r milwyr yn gorwedd o'i amgylch. ⁸ Dywedodd Abisai wrth Ddafydd, "Y mae'r ARGLWYDD wedi rhoi dy elyn heddiw yn dy law; gad imi ei drywanu i'r ddaear â'r waywffon ag un ergyd; ni fydd angen ail." ⁹ Ond dywedodd Dafydd wrth Abisai, "Paid â'i ladd. Pwy a fedr estyn llaw yn erbyn eneiniog yr ARGLWYDD a bod yn ddieuog?" ¹⁰ Ac ychwanegodd Dafydd, "Cyn wired â bod yr ARGLWYDD yn fyw, bydd yr ARGLWYDD yn sicr o'i daro; un ai fe ddaw ei amser, a bydd farw, neu ynteu fe â i frwydr a cholli ei fywyd. ¹¹ Yr ARGLWYDD a'm gwaredo rhag i mi estyn fy llaw yn erbyn eneiniog yr ARGLWYDD. Cymer di y waywffon sydd wrth ei ben, a'i gostrel ddŵr, ac fe awn." ¹² Cymerodd Dafydd y waywffon a'r gostrel ddŵr oedd yn ymyl pen Saul, ac ymaith â hwy heb i neb weld na gwybod na deffro. Yr oedd pawb yn cysgu, am i'r ARGLWYDD anfon trymgwsg arnynt. ¹³ Dringodd Dafydd trwy'r bwlch a sefyll draw ar gopa'r mynydd, â chryn bellter rhyngddo a hwy. ¹⁴ Yna gwaeddodd Dafydd ar y milwyr, ac ar Abner fab Ner, a dweud, "Pam nad wyt ti'n ateb, Abner fab Ner?" Atebodd Abner, "Pwy wyt ti, sy'n gweiddi ar y brenin?" ¹⁵ Ac meddai Dafydd wrth Abner, "Onid wyt ti'n ddyn? Pwy sydd debyg i ti yn Israel? Pam ynteu na fyddit wedi gwarchod dy feistr, y brenin, pan ddaeth rhywun i'w ladd? ¹⁶ Nid da yw'r peth hwn a wnaethost; cyn wired â bod yr ARGLWYDD yn fyw, yr ydych yn wir yn haeddu marw am beidio â gwarchod eich meistr, eneiniog yr ARGLWYDD. Edrych yn awr; ple mae gwaywffon y brenin, a'r gostrel ddŵr oedd wrth ei ben?" ¹⁷ Adnabu Saul lais Dafydd, a dywedodd, "Ai dy lais di ydyw, fy mab Dafydd?" Atebodd Dafydd, "Ie, f'arglwydd frenin." ¹⁸ Ychwanegodd, "Pam y mae f'arglwydd yn erlid ei was? Beth a wneuthum, a pha ddrwg sydd ynof? ¹⁹ Gwrandawed f'arglwydd frenin yn awr ar eiriau ei was. Os yr ARGLWYDD sydd wedi dy annog i'm herbyn, derbynied offrwm; ond os bodau meidrol, bydded iddynt fod dan felltith gerbron yr ARGLWYDD, am iddynt fy ngyrru allan heddiw rhag cael fy rhan yn etifeddiaeth yr ARGLWYDD, a dweud, 'Dos, addola dduwiau eraill.' ²⁰ Paid â gadael i'm gwaed ddisgyn i'r ddaear allan o bresenoldeb yr ARGLWYDD; oherwydd fe ddaeth brenin Israel allan i geisio chwannen, fel un yn hela petrisen mynydd." ²¹ Ac meddai Saul, "Yr wyf ar fai; tyrd yn ôl, fy mab Dafydd, oherwydd ni wnaf niwed iti eto, am i'm bywyd fod yn werthfawr yn dy olwg heddiw. Bûm yn ynfyd, a chyfeiliornais yn enbyd." ²² Yna atebodd Dafydd, "Dyma'r waywffon, O frenin; gad i un o'r llanciau ddod drosodd i'w chymryd. ²³ Y mae'r ARGLWYDD yn talu'n ôl i bob un am ei gyfiawnder a'i ffyddlondeb; oherwydd fe roddodd yr ARGLWYDD di yn fy llaw heddiw, ond nid oeddwn am estyn fy llaw yn erbyn eneiniog yr ARGLWYDD. ²⁴ Fel y bu dy einioes di yn werthfawr yn fy ngolwg i heddiw, bydded f'einioes innau yn werthfawr yng ngolwg yr ARGLWYDD, i'm hachub o bob cyni." ²⁵ Dywedodd Saul wrth Ddafydd, "Bendith arnat, fy mab Dafydd; fe wnei di orchestion a llwyddo." Wedi hynny aeth Dafydd i ffwrdd, a dychwelodd Saul adref.

Dafydd ymhlith y Philistiaid

27 Meddyliodd Dafydd, "Rhyw ddiwrnod fe'm difethir trwy law Saul; y peth gorau i mi fydd dianc draw i wlad Philistia, fel na fydd gan Saul obaith dod o hyd imi yn unman o fewn cyrrau Israel; a byddaf yn ddiogel o'i gyrraedd." ² Felly cychwynnodd Dafydd, a'r chwe chant o ddynion oedd gydag ef, a mynd at Achis fab Maoch, brenin Gath. ³ Arhosodd Dafydd gydag Achis yn Gath, ef a'i ddynion a'u teuluoedd; a chyda Dafydd yr oedd ei ddwy wraig, Ahinoam o Jesreel ac Abigail, gwraig Nabal o Garmel. ⁴ Pan ddywedwyd wrth Saul fod Dafydd wedi ffoi i Gath, rhoddodd yntau'r gorau i chwilio amdano.

⁵ Dywedodd Dafydd wrth Achis, "Os gweli'n dda, gad imi gael lle i fyw yn un o'r trefi cefn gwlad. Pam y dylai dy was fyw yn y brifddinas gyda thi?" ⁶ Yr adeg honno rhoddodd Achis iddo Siclag, a dyna pam y mae Siclag yn perthyn i frenhinoedd Jwda hyd heddiw. ⁷ Am gyfnod o flwyddyn* a phedwar mis y bu Dafydd yn byw yng nghefn gwlad Philistia.

⁸ Byddai Dafydd a'i filwyr yn mynd allan ac yn ymosod ar y Gesuriaid a'r Gersiaid a'r Amaleciaid (oherwydd hwy oedd yn preswylio'r wlad o Telam*, ar y ffordd i Sur, hyd at yr Aifft). ⁹ Pan fyddai'n taro ardal, ni adawai'n fyw na dyn na dynes; a byddai'n cymryd defaid, gwartheg, asynnod, camelod a gwisgoedd, ac yna'n dychwelyd at Achis. ¹⁰ Pan fyddai Achis yn gofyn, "I ble'r oedd eich cyrch heddiw?" byddai Dafydd yn ateb, "O, yn erbyn Negef Jwda"; neu, "Yn erbyn Negef y Jerahmeeliaid"; neu, "Yn erbyn Negef y Ceneaid". ¹¹ Nid oedd Dafydd yn gadael yr un dyn na dynes yn fyw i gario newyddion i Gath, rhag iddynt adrodd yr hanes a dweud, "Fel hyn y gwnaeth Dafydd, a dyma'i arfer tra bu'n byw yng nghefn gwlad Philistia." ¹² Yr oedd Achis yn credu Dafydd ac yn meddwl, "Yn sicr y mae wedi ei ffieiddio gan ei bobl Israel, a bydd yn was i mi am byth."

28 Yr adeg honno casglodd y Philistiaid eu lluoedd arfog i ryfela ag Israel. Dywedodd Achis wrth Ddafydd, "Yr wyf am i ti wybod dy fod ti a'th ddynion i fynd allan gyda mi yn y fyddin." ² Dywedodd Dafydd, "Cei wybod felly beth a all dy was ei wneud." Ac meddai Achis, "Am hynny yr wyf yn dy benodi'n warchodwr personol i mi am byth."

Saul a Dewines Endor

³ Yr oedd Samuel wedi marw, ac yr oedd Israel gyfan wedi galaru amdano a'i gladdu yn ei dref ei hun, Rama. Ac yr oedd Saul wedi gyrru ymaith y dewiniaid a'r swynwyr o'r wlad.

⁴ Pan ymgasglodd y Philistiaid a dod a gwersyllu yn Sunem, fe gasglodd Saul Israel gyfan a gwersyllu yn Gilboa. ⁵ Ond, pan welodd Saul wersyll y Philistiaid, cododd ofn a dychryn mawr yn ei galon. ⁶ Ceisiodd Saul yr

---

27:7 Felly Groeg. Hebraeg, *o ddyddiau*.
27:8 Felly Groeg. Hebraeg, *erstalwm*.

ARGLWYDD, ond nid oedd yr ARGLWYDD yn ateb trwy freuddwydion na bwrw coelbren na phroffwydi. ⁷ Yna dywedodd Saul wrth ei weision, "Chwiliwch am ddewines, imi ymweld â hi i ofyn ei chyngor." ⁸ Dywedodd ei weision wrtho, "Y mae yna ddewines yn Endor." Newidiodd Saul ei ymddangosiad, a gwisgo dillad gwahanol, ac aeth â dau ddyn gydag ef a dod at y ddynes liw nos a dweud, "Consuria imi trwy ysbryd, a dwg i fyny ataf y sawl a ddywedaf wrthyt." ⁹ Dywedodd y ddynes wrtho, "Fe wyddost beth a wnaeth Saul, ei fod wedi difa'r dewiniaid a'r swynwyr o'r wlad; pam felly yr wyt ti'n ceisio fy rhwydo a'm lladd?" ¹⁰ Tyngodd Saul iddi yn enw'r ARGLWYDD, "Cyn wired â bod yr ARGLWYDD yn fyw, ni ddaw dim niwed iti o hyn." ¹¹ Yna gofynnodd hi, "Pwy a ddygaf i fyny iti?" Dywedodd yntau, "Dwg Samuel i fyny imi." ¹² Pan welodd y ddynes Samuel, gwaeddodd â llais uchel, a dweud wrth Saul, "Pam yr wyt wedi fy nhwyllo? Saul wyt ti." ¹³ Dywedodd y brenin wrthi, "Paid ag ofni; beth wyt yn ei weld?" Ac meddai'r ddynes wrth Saul, "Rwy'n gweld ysbryd yn dod i fyny o'r ddaear." ¹⁴ Gofynnodd yntau, "Sut ffurf sydd iddo?" Atebodd hithau, "Hen ŵr yn gwisgo mantell sy'n dod i fyny." Deallodd Saul mai Samuel oedd, a gostyngodd ar ei wyneb i'r llawr ac ymgrymu. ¹⁵ Yna dywedodd Samuel wrth Saul, "Pam yr wyt wedi aflonyddu arnaf a dod â mi i fyny?" Atebodd Saul, "Y mae'n gyfyng iawn arnaf; y mae'r Philistiaid yn rhyfela yn f'erbyn, a Duw wedi fy ngadael; nid yw'n fy ateb mwyach drwy na phroffwydi na breuddwydion, a gelwais arnat ti i ddweud wrthyf beth i'w wneud." ¹⁶ Ac meddai Samuel, "Ond pam yr wyt yn gofyn i mi, a'r ARGLWYDD wedi dy adael a dod yn wrthwynebwr iti? ¹⁷ Y mae'r ARGLWYDD wedi gwneud fel y dywedodd trwof fi, ac wedi rhwygo'r deyrnas o'th law di a'i rhoi i'th gymydog Dafydd. ¹⁸ Am na wrandewaist ar lais yr ARGLWYDD, na gweithredu llymder ei lid yn erbyn yr Amaleciaid, dyna pam y mae'r ARGLWYDD wedi gwneud hyn i ti heddiw. ¹⁹ Bydd yr ARGLWYDD yn rhoi Israel a thithau hefyd yn llaw'r Philistiaid; yfory byddi di a'th feibion gyda mi, a bydd yr ARGLWYDD yn rhoi byddin Israel yn llaw'r Philistiaid." ²⁰ Syrthiodd Saul ar unwaith ar ei hyd ar lawr, mewn ofn enbyd oherwydd geiriau Samuel, ac aeth yn gwbl ddiymadferth am nad oedd wedi bwyta tamaid am ddiwrnod a noson gyfan. ²¹ Pan ddaeth y ddynes at Saul gwelai ei fod wedi cynhyrfu drwyddo, a dywedodd wrtho, "Edrych, fe wrandawodd dy wasanaethferch arnat, a chymerais fy mywyd yn fy nwylo trwy wrando ar yr hyn a ddywedaist wrthyf; ²² yn awr, gwrando dithau ar dy wasanaethferch, a gad imi osod o'th flaen damaid o fwyd iti ei fwyta, er mwyn adfer dy nerth ar gyfer dy daith." ²³ Ond gwrthododd, a dweud nad oedd am fwyta. Wedi i'w weision a'r ddynes bwyso arno, gwrandawodd arnynt, a chodi oddi ar lawr ac eistedd ar y gwely. ²⁴ Yr oedd gan y ddynes lo pasgedig yn y cwt, a brysiodd i'w ladd; hefyd cymerodd flawd a'i dylino a phobi bara croyw. ²⁵ Yna fe'u gosododd o flaen Saul a'i weision; ac wedi iddynt fwyta, aethant ymaith ar unwaith y noson honno.

Y Philistiaid yn Gwrthod Dafydd

29 Casglodd y Philistiaid eu holl fyddin i Affec, ac yr oedd Israel yn gwersyllu ger ffynnon yn Jesreel. ² Yr oedd tywysogion y Philistiaid yn gorymdeithio fesul cannoedd a miloedd, a Dafydd a'i filwyr yn gorymdeithio yn olaf, gydag Achis. ³ Ac meddai capteiniaid y Philistiaid, "Pwy yw'r Hebreaid hyn?" Atebodd Achis hwy: "Dafydd, wrth gwrs, gwas Saul brenin Israel; y mae wedi bod gyda mi am flwyddyn, os nad dwy, ac nid wyf wedi cael dim o'i le ynddo o'r diwrnod y cyrhaeddodd hyd heddiw." ⁴ Ond aeth capteiniaid y Philistiaid yn ddig wrtho a dweud, "Anfon y dyn i ffwrdd; aed yn ôl i'r lle a ddarperaist iddo. Ni chaiff ddod i lawr gyda ni i'r frwydr, rhag iddo droi'n wrthwynebydd i ni yn ystod y frwydr. Sut y gallai hwn ennill ffafr ei arglwydd yn well nag â phennau'r milwyr hyn?

⁵ Onid hwn yw Dafydd, yr oeddent yn canu amdano yn y dawnsfeydd:

'Lladdodd Saul ei filoedd,
a Dafydd ei fyrddiynau'?"

⁶ Galwodd Achis ar Ddafydd a dweud, "Cyn wired â bod yr ARGLWYDD yn fyw, yr wyt yn ddyn cywir ac wedi ymddwyn yn foddhaol yn fy ngolwg tra buost gyda mi yn y gwersyll; nid wyf wedi cael dim o'i le ynot ti o'r dydd y daethost ataf hyd heddiw; ond nid wyt yn dderbyniol yng ngolwg tywysogion y Philistiaid. ⁷ Felly'n awr, dychwel, a dos mewn heddwch, rhag iti dramgwyddo tywysogion y Philistiaid." ⁸ Dywedodd Dafydd wrth Achis, "Ond beth a wneuthum? Pa fai a gefaist ti yn dy was, o'r dydd y deuthum atat hyd heddiw, fel na chaf ddod i ryfela yn erbyn gelynion f'arglwydd frenin?" ⁹ Atebodd Achis a dweud wrth Ddafydd, "Gwn dy fod cystal ag angel yn fy ngolwg i, ond y mae tywysogion y Philistiaid wedi dweud na chei di ddod gyda ni i'r frwydr. ¹⁰ Felly, yn gynnar bore yfory, bydd di, a gweision eraill dy arglwydd a ddaeth gyda thi, yn barod; byddwch yn barod i gychwyn cyn gynted ag y bydd yn olau." ¹¹ Cododd Dafydd a'i filwyr yn gynnar drannoeth i fynd yn ôl i Philistia, ac aeth y Philistiaid ymlaen i Jesreel.

Rhyfel yn erbyn yr Amaleciaid

30 Pan gyrhaeddodd Dafydd a'i filwyr yn ôl i Siclag ymhen tridiau, yr oedd yr Amaleciaid wedi gwneud cyrch ar y Negef ac ar Siclag, ac wedi ymosod ar Siclag a'i llosgi. ² Yr oeddent wedi cymryd yn gaeth y gwragedd oedd yno, yn ifanc a hen; nid oeddent wedi lladd neb, ond mynd â hwy i'w canlyn wrth ymadael. ³ Pan gyrhaeddodd Dafydd a'i ddynion, yr oedd y dref wedi ei llosgi â thân, a'u gwragedd, eu meibion a'u merched wedi mynd i gaethiwed. ⁴ Torrodd Dafydd a'i ddynion allan i wylo'n uchel, nes eu bod yn rhy wan i wylo rhagor. ⁵ Yr oedd dwy wraig Dafydd wedi eu caethgludo, sef Ahinoam o Jesreel ac Abigail o Garmel, gwraig Nabal. ⁶ Aeth yn gyfyng iawn ar Ddafydd, oherwydd bod y bobl yn bygwth ei labyddio am fod ysbryd pob un o'r bobl yn chwerw o achos ei feibion a'i ferched ei hun; ond cafodd Dafydd nerth gan yr ARGLWYDD ei Dduw. ⁷ Dywedodd Dafydd wrth yr offeiriad Abiathar fab Ahimelech, "Tyrd â'r effod yma i mi." Wedi i Abiathar ddod â'r effod at Ddafydd, ⁸ ymofynnodd Dafydd â'r ARGLWYDD, a gofyn, "Os af ar ôl y fintai hon, a ddaliaf hwy?" Atebodd ef, "Dos ar eu hôl; yr wyt yn sicr o'u dal a sicrhau gwaredigaeth." ⁹ Cychwynnodd Dafydd a'r chwe chant o filwyr oedd gydag ef, a dod i nant Besor, lle'r arhosodd rhai. ¹⁰ Aeth Dafydd a phedwar cant ohonynt yn eu blaen, ond arhosodd dau gant ar ôl am eu bod yn rhy flinedig i groesi nant Besor.

¹¹ Daethant ar draws rhyw Eifftiwr allan yn y wlad, ac wedi dod ag ef at Ddafydd, rhoesant iddo fwyd i'w fwyta a dŵr i'w yfed. ¹² Wedi iddynt roi iddo deisen ffigys a dau swp o resin i'w bwyta, daeth ato'i hun, oherwydd nid oedd wedi bwyta tamaid nac yfed diferyn ers tri diwrnod a thair noson. ¹³ Gofynnodd Dafydd iddo, "I bwy yr wyt ti'n perthyn, ac o ble'r wyt ti'n dod?" Atebodd, "Llanc o'r Aifft wyf fi, caethwas i Amaleciad; ond gadawodd fy meistr fi ar ôl am fy mod wedi mynd yn glaf dridiau'n ôl, ¹⁴ pan oeddem wedi gwneud cyrch yn erbyn Negef y Cerethiaid a'r Jwdeaid, a Negef Caleb, a rhoi Siclag ar dân." ¹⁵ Yna gofynnodd Dafydd iddo, "A ei di â mi at y fintai hon?" Ac meddai yntau, "Tynga imi yn enw Duw na wnei di fy lladd na'm rhoi yng ngafael fy meistr, ac mi af â thi at y fintai hon." ¹⁶ Aeth â hwy, a dyna lle'r oeddent, ar wasgar dros wyneb yr holl dir, yn bwyta, yn yfed ac yn dawnsio o achos yr holl ysbail fawr a gymerwyd ganddynt o wlad y Philistiaid ac o Jwda. ¹⁷ Trawodd Dafydd hwy o'r cyfnos hyd nos drannoeth, heb i neb ohonynt ddianc, ar wahân i bedwar cant o lanciau a ffodd ar gefn camelod. ¹⁸ Achubodd Dafydd y cwbl yr oedd yr Amaleciaid wedi ei gymryd, ac achub ei ddwy wraig hefyd. ¹⁹ Nid oedd yr un ohonynt ar goll, o'r hynaf i'r ieuengaf, na bechgyn na genethod, nac ychwaith ddim o'r ysbail a gymerwyd gan yr Amaleciaid; cafodd Dafydd y cwbl yn ôl.

²⁰ Wedi i Ddafydd adennill yr holl ddefaid ac ychen, gyrasant rai o flaen y lleill a dweud, "Ysbail Dafydd yw hyn." ²¹ Daeth Dafydd at y ddau gant o ddynion oedd yn rhy flinedig i'w ganlyn, ac a oedd wedi eu gadael wrth nant Besor. Daethant hwythau allan i gyfarfod Dafydd a'r bobl oedd gydag ef; a phan ddaeth Dafydd yn ddigon agos, cyfarchodd hwy. ²² Ond dyma'r dynion drwg a'r dihirod oedd ymysg y dynion a aeth gyda Dafydd yn dweud, "Gan na ddaethant hwy gyda ni, ni rown iddynt ddim o'r ysbail a achubwyd gennym; yn unig fe gaiff pob un gymryd ei wraig a'i blant a mynd ymaith." ²³ Ond dywedodd Dafydd, "Gymrodyr, nid felly y gwnewch â'r hyn a roddodd yr ARGLWYDD i ni; fe'n cadwodd ni, a rhoi'r fintai a ymosododd arnom yn ein gafael. ²⁴ Pwy a fyddai'n cytuno â chwi yn hyn o beth? Na, yr un fydd rhan y sawl sy'n mynd i'r frwydr â rhan y sawl sy'n aros gyda'r offer; y maent i rannu ar y cyd." ²⁵ Ac felly y bu, o'r diwrnod hwnnw ymlaen; a daeth hyn yn rheol ac yn arfer yn Israel hyd heddiw.

²⁶ Wedi i Ddafydd ddychwelyd i Siclag, anfonodd beth o'r ysbail i henuriaid Jwda ac i'w gyfeillion, a dweud, "Dyma rodd i chwi o ysbail gelynion yr ARGLWYDD." ²⁷ Fe'i hanfonwyd i'r rhai oedd ym Methel, Ramoth-negef, Jattir, ²⁸ Aroer, Siffmoth, Estemoa, ²⁹ Rachal, trefi'r Jerahmeeliaid a'r Ceneaid, ³⁰ Horma, Borasan, Athac, ³¹ Hebron, a'r holl fannau y byddai Dafydd a'i filwyr yn eu mynychu.

Lladd Saul a'i Feibion

31 1 Cron. 10:1–12
Ymladdodd y Philistiaid yn erbyn yr Israeliaid, a ffodd yr Israeliaid rhag y Philistiaid, a syrthio'n glwyfedig ar Fynydd Gilboa. ² Daliodd y Philistiaid Saul a'i feibion, a lladd Jonathan, Abinadab a Malcisua, meibion Saul. ³ Aeth y frwydr yn galed yn erbyn Saul; daeth y dynion oedd yn saethu â bwâu o hyd iddo, a chlwyfwyd ef yn ddifrifol gan y saethwyr. ⁴ Yna dywedodd Saul wrth ei gludydd arfau, "Tyn dy gleddyf a thrywana fi, rhag i'r rhai dienwaededig hyn ddod a'm trywanu a'm gwaradwyddo." Nid oedd ei gludydd arfau'n fodlon, oherwydd yr oedd ofn mawr arno; felly cymerodd Saul y cleddyf a syrthio arno. ⁵ Pan welodd y cludydd arfau fod Saul wedi marw, syrthiodd yntau ar ei gleddyf, a marw gydag ef. ⁶ Felly bu farw Saul a'i dri mab a'i gludydd arfau* yr un diwrnod â'i gilydd. ⁷ Pan welodd yr Israeliaid oedd yr ochr draw i'r dyffryn a thros yr Iorddonen fod dynion Israel wedi ffoi, a bod Saul a'i feibion wedi marw, gadawsant y trefi a ffoi; yna daeth y Philistiaid a byw ynddynt.

⁸ Trannoeth, pan ddaeth y Philistiaid i ysbeilio'r lladdedigion, cawsant Saul a'i dri mab wedi syrthio ar Fynydd Gilboa. ⁹ Torasant ei ben ef, a chymryd ei arfau oddi arno, ac anfon drwy Philistia i gyhoeddi'r newydd da yn nheml eu delwau ac i'r bobl. ¹⁰ Rhoesant ei arfau yn nheml Astaroth, a chrogi ei gorff ar fur Beth-sean. ¹¹ Pan glywodd trigolion Jabes-gilead beth oedd y Philistiaid wedi ei wneud i Saul, ¹² aeth pob rhyfelwr ohonynt ar unwaith liw nos a chymryd corff Saul a chyrff ei feibion oddi ar fur Beth-sean, a'u cludo i Jabes a'u llosgi yno. ¹³ Yna cymerasant eu hesgyrn a'u claddu dan y dderwen yn Jabes, ac ymprydio am saith diwrnod.

31:6 Hebraeg yn ychwanegu *a'i holl wŷr hefyd*.

AIL LYFR
SAMUEL

Dafydd yn Clywed am Farwolaeth Saul

1 Ar ôl marwolaeth Saul dychwelodd Dafydd o daro'r Amaleciaid, ac aros ddeuddydd yn Siclag. ² Ar y trydydd dydd cyrhaeddodd dyn o wersyll Saul a'i ddillad wedi eu rhwygo a phridd ar ei ben. Daeth at Ddafydd, syrthiodd o'i flaen a moesymgrymu. ³ Gofynnodd Dafydd iddo, "O ble y daethost?" Atebodd yntau, "Wedi dianc o wersyll Israel yr wyf." ⁴ Dywedodd Dafydd wrtho, "Dywed wrthyf sut y bu pethau." Adroddodd yntau fel y bu i'r bobl ffoi o'r frwydr, a bod llawer ohonynt wedi syrthio a marw, a bod Saul a'i fab Jonathan hefyd wedi marw. ⁵ Gofynnodd Dafydd i'r llanc oedd yn adrodd yr hanes wrtho, "Sut y gwyddost ti fod Saul a'i fab Jonathan wedi marw?" ⁶ Ac meddai'r llanc oedd yn dweud yr hanes wrtho, "Yr oeddwn yn digwydd bod ar Fynydd Gilboa, a dyna lle'r oedd Saul yn pwyso ar ei waywffon, a'r cerbydau a'r marchogion yn cau amdano. ⁷ Wrth iddo droi fe'm gwelodd i, a galw arnaf. 'Dyma fi,' meddwn innau. ⁸ Gofynnodd i mi, 'Pwy wyt ti?' Atebais innau, 'Amaleciad.' ⁹ Yna dywedodd wrthyf, 'Tyrd yma a lladd fi, oherwydd y mae gwendid wedi cydio ynof, er bod bywyd yn dal ynof.' ¹⁰ Felly euthum ato a'i ladd, oherwydd gwyddwn na fyddai fyw wedi iddo gwympo. Cymerais y goron oedd ar ei ben a'r freichled oedd am ei fraich, a deuthum â hwy yma at f'arglwydd." ¹¹ Gafaelodd Dafydd yn ei wisg a'i rhwygo, a gwnaeth yr holl ddynion oedd gydag ef yr un modd; ¹² a buont yn galaru, yn wylo ac yn ymprydio hyd yr hwyr dros Saul a'i fab Jonathan, a hefyd dros bobl yr ARGLWYDD a thŷ Israel, am eu bod wedi syrthio drwy'r cleddyf. ¹³ Holodd Dafydd y llanc a ddaeth â'r newydd, "Un o ble wyt ti?" Atebodd yntau, "Mab i Amaleciad a ddaeth yma i fyw wyf fi." ¹⁴ Ac meddai Dafydd wrtho, "Sut na fyddai arnat ofn estyn dy law i ddistrywio eneiniog yr ARGLWYDD?" ¹⁵ Yna galwodd Dafydd ar un o'r llanciau a dweud, "Tyrd, rho ergyd iddo!" Trawodd yntau ef, a bu farw. ¹⁶ Yr oedd Dafydd wedi dweud wrtho, "Bydded dy waed ar dy ben di dy hun; tystiodd dy enau dy hun yn dy erbyn pan ddywedaist, 'Myfi a laddodd eneiniog yr ARGLWYDD'."

Galarnad Dafydd am Saul a Jonathan

¹⁷ Canodd Dafydd yr alarnad hon am Saul a'i fab Jonathan, ¹⁸ a gorchymyn ei dysgu* i'r Jwdeaid. Y mae wedi ei hysgrifennu yn Llyfr Jasar*:

¹⁹ "O ardderchowgrwydd Israel, a drywanwyd ar dy uchelfannau!
O fel y cwympodd y cedyrn!

²⁰ "Peidiwch â'i adrodd yn Gath,
na'i gyhoeddi ar strydoedd Ascalon,
rhag i ferched y Philistiaid lawenhau,
rhag i ferched y dienwaededig orfoleddu.

²¹ "O fynyddoedd Gilboa,
na foed gwlith na glaw arnoch,
chwi feysydd marwolaeth*.
Canys yno yr halogwyd tarian y cedyrn,
tarian Saul heb ei hiro ag olew.

²² "Oddi wrth waed lladdedigion,
oddi wrth fraster rhai cedyrn,
ni throdd bwa Jonathan erioed yn ôl;
a chleddyf Saul ni ddychwelai'n wag.

²³ "Saul a Jonathan, yr anwylaf a'r hyfrytaf o wŷr,
yn eu bywyd ac yn eu hangau ni wahanwyd hwy;
cyflymach nag eryrod oeddent, a chryfach na llewod.

1:18 Felly Groeg. Hebraeg, *gorchymyn dysgu'r bwa*.
1:18 Neu, *yr Uniawn*.
1:21 Felly Fersiynau. Hebraeg, *offrymau*.

²⁴ "O ferched Israel, wylwch am
     Saul,
a fyddai'n eich gwisgo'n foethus
     mewn ysgarlad,
ac yn rhoi gemau aur ar eich gwisg.

²⁵ "O fel y cwympodd y cedyrn yng
     nghanol y frwydr!
lladdwyd Jonathan ar dy
     uchelfannau.

²⁶ "Gofidus wyf amdanat, fy mrawd
     Jonathan;
buost yn annwyl iawn gennyf;
yr oedd dy gariad tuag ataf yn
     rhyfeddol,
y tu hwnt i gariad gwragedd.

²⁷ "O fel y cwympodd y cedyrn,
ac y difethwyd arfau rhyfel!"

Gwneud Dafydd yn Frenin Jwda

2 Wedi hyn ymofynnodd Dafydd â'r ARGLWYDD a gofyn, "A af i fyny i un o drefi Jwda?" Dywedodd yr ARGLWYDD wrtho, "Dos." Gofynnodd Dafydd, "I ba un?" Atebodd yr ARGLWYDD, "I Hebron." ² Felly fe aeth Dafydd i fyny yno, a'i ddwy wraig, Ahinoam o Jesreel ac Abigail, gwraig Nabal, o Garmel; ³ hefyd fe aeth Dafydd â'r gwŷr oedd ganddo, bob un â'i deulu, a thrigo yn nhref* Hebron. ⁴ Yna daeth gwŷr Jwda, ac eneinio Dafydd yno yn frenin ar dŷ Jwda.

Dywedwyd wrth Ddafydd mai gwŷr Jabes-gilead oedd wedi claddu Saul, ⁵ ac anfonodd Dafydd negeswyr atynt a dweud wrthynt, "Bendith yr ARGLWYDD arnoch am ichwi wneud y gymwynas hon â'ch arglwydd Saul, a'i gladdu. ⁶ Ac yn awr bydded i'r ARGLWYDD ddangos caredigrwydd a ffyddlondeb atoch chwithau; a gwnaf finnau ddaioni i chwi, am ichwi wneud y peth hwn. ⁷ Byddwch gryf a dewr yn awr; y mae eich arglwydd Saul wedi marw, ond y mae tŷ Jwda wedi f'eneinio i yn frenin arnynt."

Gwneud Isboseth yn Frenin Israel

⁸ Yr oedd Abner fab Ner, cadfridog Saul, wedi cymryd Isboseth fab Saul ac wedi mynd ag ef drosodd i Mahanaim. ⁹ Gwnaeth ef yn frenin dros Gilead, pobl Aser, Jesreel, Effraim a Benjamin, a thros Israel gyfan. ¹⁰ Deugain oed oedd Isboseth fab Saul pan ddaeth yn frenin ar Israel, a theyrnasodd am ddwy flynedd; ond yr oedd tŷ Jwda yn dilyn Dafydd. ¹¹ Saith mlynedd a chwe mis oedd hyd y cyfnod y bu Dafydd yn frenin ar dŷ Jwda yn Hebron.

Rhyfel rhwng Israel a Jwda

¹² Aeth Abner fab Ner gyda dilynwyr Isboseth allan o Mahanaim tua Gibeon. ¹³ Aeth Joab fab Serfia a dilynwyr Dafydd allan hefyd; a chyfarfu'r ddau wrth bwll Gibeon, gyda'r naill fintai ar un ochr i'r pwll, a'r llall yr ochr arall. ¹⁴ Ac meddai Abner wrth Joab, "Gad i'r llanciau ddod a chynnal gornest o'n blaenau." Cytunodd Joab. ¹⁵ Yna daethant ymlaen, a chyfrifwyd deuddeg o lwyth Benjamin ar ochr Isboseth fab Saul, a deuddeg o blith dilynwyr Dafydd. ¹⁶ Cydiodd pob un ym mhen ei wrthwynebydd a thrywanu ei gleddyf i'w ystlys, a syrthiodd y cwbl gyda'i gilydd; am hynny galwyd y lle hwnnw sydd yn Gibeon yn Helcath-hasurim*. ¹⁷ Bu brwydr galed iawn y diwrnod hwnnw, a threchwyd Abner fab Ner a'r Israeliaid gan ddilynwyr Dafydd.

¹⁸ Yr oedd tri mab Serfia yno, Joab, Abisai ac Asahel; ac yr oedd Asahel cyn gyflymed ei draed ag unrhyw ewig ar y ddôl. ¹⁹ Rhedodd Asahel ar ôl Abner heb wyro i'r dde na'r chwith oddi ar ei ôl. ²⁰ Edrychodd Abner o'i ôl a dywedodd, "Ai ti sydd yna, Asahel?" Atebodd yntau, "Ie." ²¹ Dywedodd Abner wrtho, "Tro draw i'r dde neu i'r chwith, a dal un o'r llanciau, a chymer ei arfau ef." Ond ni fynnai Asahel droi oddi ar ei ôl. ²² Dywedodd Abner eto wrth Asahel, "Tro draw oddi wrthyf; pam y mae'n rhaid imi dy daro i'r llawr? Sut y gallwn wynebu dy frawd Joab?" ²³ Ond gwrthododd droi draw, a thrawodd Abner ef yn ei fol â bôn ei waywffon, nes iddi ddod allan trwy ei gefn. Syrthiodd i lawr, ac yno y bu farw. Ac wrth ddod heibio'r fan y bu i Asahel syrthio a marw, safai pawb yn ei unfan. ²⁴ Ond daliodd

---

2:3 Tebygol. Hebraeg, *yn nhrefi*.

2:16 H.y., *Llain y llafnau*.

Joab ac Abisai i ymlid ar ôl Abner, ac fel yr oedd yr haul yn machlud, daethant at fryn Amma sydd gyferbyn â Gia, i gyfeiriad anialwch Gibeon. ²⁵ Ymgasglodd y Benjaminiaid at Abner, ac ymffurfio'n un fintai a sefyll ar gopa bryn Amma*. ²⁶ Yna gwaeddodd Abner ar Joab a dweud, "A yw'r cleddyf i ddifa am byth? Oni wyddost mai chwerw fydd diwedd hyn? Am ba hyd y gwrthodi ddweud wrth y milwyr am beidio ag erlid eu perthnasau?" ²⁷ Atebodd Joab, "Cyn wired â bod Duw yn fyw, oni bai dy fod wedi siarad, ni fyddai'r milwyr wedi peidio ag ymlid eu perthnasau tan y bore." ²⁸ Yna seiniodd Joab yr utgorn, a pheidiodd yr holl bobl ag ymlid yr Israeliaid, na brwydro rhagor.

²⁹ Aeth Abner a'i ddynion ar draws yr Araba drwy'r nos, a chroesi'r Iorddonen, a dal ymlaen drwy gydol y bore nes dod i Mahanaim. ³⁰ A phan ddaeth Joab yn ei ôl o ddilyn Abner, fe gasglodd y bobl ynghyd, ac yr oedd pedwar ar bymtheg o ddilynwyr Dafydd yn eisiau, yn ogystal ag Asahel. ³¹ Yr oedd dilynwyr Dafydd wedi lladd o blith Benjamin dri chant a thrigain o filwyr Abner. Cymerwyd Asahel a'i gladdu ym medd ei dad ym Methlehem. ³² Yna cerddodd Joab a'i ddynion drwy'r nos, a chyrraedd Hebron fel yr oedd yn dyddio.

3 Parhaodd y rhyfel rhwng teulu Saul a theulu Dafydd yn hir, gyda Dafydd yn mynd yn gryfach, a theulu Saul yn mynd yn wannach.

Meibion Dafydd

² Ganwyd meibion i Ddafydd yn Hebron. Ei gyntafanedig oedd Amnon, plentyn Ahinoam o Jesreel. ³ Yr ail oedd Chileab, plentyn Abigail, gwraig Nabal, o Garmel; y trydydd oedd Absalom, mab Maacha merch Talmai brenin Gesur. ⁴ Y pedwerydd oedd Adoneia mab Haggith; y pumed oedd Seffatia mab Abital; ⁵ a'r chweched, Ithream, plentyn Egla gwraig Dafydd. Dyma'r rhai a anwyd i Ddafydd yn Hebron.

Abner yn Ymuno â Dafydd

⁶ Tra oedd rhyfel rhwng teulu Saul a theulu Dafydd, yr oedd Abner yn ennill mwy a mwy o ddylanwad gyda theulu Saul. ⁷ Bu gan Saul ordderch o'r enw Rispa ferch Aia; a phan ddywedodd Isboseth wrth Abner, "Pam yr aethost i mewn at ordderch fy nhad?" ⁸ fe lidiodd Abner yn fawr oherwydd geiriau Isboseth, ac atebodd, "Ai penci ar ochr Jwda wyf fi? Hyd yma bûm yn deyrngar i deulu dy dad Saul, ac i'w berthnasau a'i gyfeillion; ac ni adewais i ti syrthio i ddwylo Dafydd, a dyma ti heddiw yn edliw imi drosedd gyda benyw. ⁹ Gwnaed Duw fel hyn i mi, Abner, a rhagor hefyd, os na wnaf dros Ddafydd yr hyn a addawodd yr ARGLWYDD iddo, ¹⁰ a thynnu'r frenhiniaeth oddi ar deulu Saul a sefydlu Dafydd ar orsedd Israel a Jwda, o Dan hyd Beerseba." ¹¹ Ni fedrai Isboseth yngan yr un gair wrth Abner wedi hyn, oherwydd bod arno ei ofn.

¹² Anfonodd Abner negeswyr ar ei ran at Ddafydd i ddweud, "Pwy biau'r wlad? Gwna di gyfamod â mi, ac yna bydd fy llaw o'th blaid i droi Israel gyfan atat." ¹³ Atebodd yntau, "Ardderchog! Fe wnaf fi gyfamod â thi; ond yr wyf am hawlio un peth gennyt: ni chei weld fy wyneb, heb iti ddod â Michal ferch Saul gyda thi, pan ddoi i'm gweld." ¹⁴ Yna anfonodd Dafydd negeswyr at Isboseth fab Saul, a dweud, "Rho imi fy ngwraig Michal, a ddyweddïais imi am gant o flaengrwyn Philistiaid." ¹⁵ Anfonodd Isboseth a'i chymryd oddi wrth ei gŵr Paltiel fab Lais. ¹⁶ Dilynodd ei gŵr yn wylofus ar ei hôl hyd Bahurim, ond wedi i Abner ddweud wrtho, "Dos yn d'ôl", fe ddychwelodd adref.

¹⁷ Anfonodd Abner air at henuriaid Israel a dweud, "Ers tro byd buoch yn ceisio cael Dafydd yn frenin arnoch. ¹⁸ Yn awr, gweithredwch; oherwydd y mae'r ARGLWYDD wedi dweud am Ddafydd, 'Trwy law fy ngwas Dafydd y gwaredaf fy mhobl Israel oddi wrth y Philistiaid a'u gelynion i gyd.' " ¹⁹ Siaradodd Abner hefyd â llwyth Benjamin. Yna aeth Abner i Hebron i ddweud wrth Ddafydd y cwbl yr oedd Israel a llwyth Benjamin wedi cytuno arno.

2:25 Tebygol. Hebraeg, *un bryn*.

Llofruddio Abner

20 Daeth Abner at Ddafydd i Hebron gydag ugain o ddynion, a gwnaeth Dafydd wledd i Abner a'i ddynion. 21 Yna dywedodd Abner wrth Ddafydd, "Yr wyf am fynd yn awr i gasglu Israel gyfan ynghyd at f'arglwydd frenin, er mwyn iddynt wneud cyfamod â thi; yna byddi'n frenin ar y cyfan yr wyt yn ei chwenychu." Gadawodd Dafydd i Abner fynd ymaith, ac aeth yntau mewn heddwch. 22 Ar hynny, cyrhaeddodd dilynwyr Dafydd gyda Joab; yr oeddent wedi bod ar gyrch, ac yn dwyn llawer o ysbail gyda hwy. Nid oedd Abner gyda Dafydd yn Hebron, oherwydd bod Dafydd wedi gadael iddo fynd mewn heddwch. 23 Pan gyrhaeddodd Joab a'r holl lu oedd gydag ef, clywodd fod Abner fab Ner wedi bod gyda'r brenin, a'i fod yntau wedi gadael iddo fynd mewn heddwch. 24 Aeth Joab at y brenin a dweud, "Beth wyt ti wedi ei wneud? Fe ddaeth Abner yma atat; pam y gadewaist iddo fynd ymaith? 25 Yr wyt yn adnabod Abner fab Ner; i'th dwyllo di y daeth, ac i gael gwybod dy holl symudiadau a phopeth yr wyt yn ei wneud." 26 Pan aeth Joab allan oddi wrth Ddafydd, anfonodd negeswyr ar ôl Abner, a daethant ag ef yn ôl o ffynnon Sira heb yn wybod i Ddafydd. 27 Pan ddychwelodd Abner i Hebron, cymerodd Joab ef o'r neilltu yng nghanol y porth, fel pe bai am siarad yn gyfrinachol ag ef. Ond trawodd ef yn ei fol o achos gwaed ei frawd Asahel, a bu farw yno.

Claddu Abner

28 Wedi i'r peth ddigwydd y clywodd Dafydd, a dywedodd, "Dieuog wyf fi a'm teyrnas am byth gerbron yr ARGLWYDD ynglŷn â gwaed Abner fab Ner; 29 bydded ei waed ar Joab a'i holl deulu! Na fydded teulu Joab heb aelod diferllyd, neu wahanglwyfus, neu ar ei faglau, neu glwyfedig gan gleddyf, neu brin o fwyd!" 30 Yr oedd Joab a'i frawd Abisai wedi llofruddio Abner oherwydd iddo ef ladd eu brawd Asahel yn y frwydr yn Gibeon. 31 Dywedodd Dafydd wrth Joab a'r holl bobl oedd gydag ef, "Rhwygwch eich dillad a gwisgwch sachliain a gwnewch alar o flaen Abner." Cerddodd y Brenin Dafydd ar ôl yr elor, 32 a chladdwyd Abner yn Hebron. Wylodd y brenin yn uchel uwchben bedd Abner ac yr oedd yr holl bobl yn wylo hefyd. 33 Yna canodd y brenin yr alarnad hon am Abner:

34 "A oedd raid i Abner farw fel
    ynfytyn?
Nid oedd dy ddwylo wedi eu
    rhwymo,
na'th draed ynghlwm mewn cyffion.
Syrthiaist fel un yn syrthio o flaen
    rhai twyllodrus."

Ac yr oedd yr holl bobl yn parhau i wylo drosto.

35 Daeth y bobl i gyd i gymell Dafydd i fwyta tra oedd yn olau dydd; ond aeth Dafydd ar ei lw, "Fel hyn y gwnelo Duw i mi, a rhagor, os cyffyrddaf â bara neu ddim oll cyn machlud haul." 36 Cymerodd pawb sylw o hyn, ac yr oedd yn dda ganddynt, fel yr oedd y cwbl a wnâi'r brenin yn dda yng ngolwg yr holl bobl. 37 Yr oedd yr holl bobl ac Israel gyfan yn sylweddoli y diwrnod hwnnw nad oedd a wnelo'r brenin ddim â lladd Abner fab Ner. 38 Dywedodd y brenin wrth ei ddilynwyr, "Onid ydych yn sylweddoli fod pendefig a gŵr mawr wedi syrthio heddiw yn Israel? 39 Er imi gael f'eneinio'n frenin, yr wyf heddiw yn wan, ac y mae'r dynion hyn, meibion Serfia, yn rhy arw i mi; bydded i'r ARGLWYDD dalu i'r sawl sy'n gwneud drwg, yn ôl ei ddrygioni."

Llofruddio Isboseth

4 Pan glywodd mab Saul fod Abner wedi marw yn Hebron, digalonnodd, ac yr oedd Israel gyfan mewn dryswch. 2 Yr oedd gan fab Saul ddau ddyn yn benaethiaid ar finteioedd; Baana oedd enw un a Rechab oedd enw'r llall. Meibion i Rimmon o Beeroth oeddent, ac aelodau o lwyth Benjamin. 3 Ystyrid bod Beeroth yn perthyn i Benjamin, er bod trigolion Beeroth wedi ffoi i Gittaim ac wedi aros yno hyd heddiw fel dyfodiaid.

⁴ Yr oedd mab gan Jonathan fab Saul oedd yn gloff yn ei draed. Pum mlwydd oed ydoedd pan ddaeth y newydd o Jesreel am Saul a Jonathan; cododd ei famaeth ef a ffoi, ond wrth iddi frysio i ffoi, fe syrthiodd ef a chael ei gloffi. Meffiboseth oedd ei enw.
⁵ Aeth Rechab a Baana, meibion Rimmon o Beeroth, i dŷ Isboseth yng ngwres y dydd, tra oedd ef yn gorffwys ganol dydd. ⁶ Yr oedd y wraig a oedd yn cadw drws y tŷ wedi bod yn glanhau gwenith, ond yr oedd wedi hepian a chysgu, a llithrodd Rechab a'i frawd heibio iddi*. ⁷ Pan ddaethant i'r tŷ, yr oedd ef yn gorwedd ar ei wely yn ei ystafell gysgu, a thrawsant ef yn farw a thorri ei ben i ffwrdd, ac yna cymryd ei ben a mynd drwy'r nos ar hyd ffordd yr Araba. ⁸ Daethant â phen Isboseth at Ddafydd i Hebron, a dweud wrth y brenin, "Dyma ben Isboseth, mab Saul, dy elyn oedd yn ceisio dy fywyd. Rhoddodd yr ARGLWYDD ddial heddiw i'n harglwydd frenin ar Saul a'i blant." ⁹ Ond atebodd Dafydd Rechab a'i frawd Baana, meibion Rimmon o Beeroth, a dweud, "Cyn wired â bod yr ARGLWYDD, a'm gwaredodd o bob cyfyngdra, yn fyw, ¹⁰ pan ddaeth un i'm hysbysu fod Saul wedi marw, gan dybio'i fod yn dwyn newydd da, fe gydiais ynddo a'i ladd yn Siclag; dyna a roddais i hwnnw am ei newyddion! ¹¹ Pa faint mwy pan fo dynion drwg wedi lladd dyn cyfiawn yn ei gartref, ar ei wely? Oni fyddaf yn awr yn ceisio iawn am ei waed oddi ar eich llaw chwi, a'ch difa oddi ar y ddaear?" ¹² Rhoddodd Dafydd orchymyn i'w lanciau, a lladdasant hwy, a thorri eu dwylo a'u traed i ffwrdd, a'u crogi wrth y pwll yn Hebron. Yna cymerwyd pen Isboseth a'i gladdu ym meddrod Abner yn Hebron.

Dafydd yn Frenin ar Israel Gyfan

5 1 Cron. 11:1–9; 14:1–7
Daeth holl lwythau Israel at Ddafydd i Hebron a dweud wrtho, "Edrych, dy asgwrn a'th gnawd di ydym ni. ² Gynt, pan oedd Saul yn frenin arnom, ti oedd yn arwain Israel allan i ryfel ac yn ôl wedyn; ac fe ddywedodd yr ARGLWYDD wrthyt, 'Ti sydd i fugeilio fy mhobl Israel; ti sydd i fod yn dywysog Israel'."
³ Yna daeth holl henuriaid Israel i Hebron at y brenin, a gwnaeth y Brenin Dafydd gyfamod â hwy yn Hebron gerbron yr ARGLWYDD, ac eneiniwyd Dafydd yn frenin ar Israel. ⁴ Deng mlwydd ar hugain oed oedd Dafydd pan ddaeth yn frenin, a theyrnasodd am ddeugain mlynedd. ⁵ Yn Hebron teyrnasodd dros Jwda am saith mlynedd a chwe mis; yna yn Jerwsalem fe deyrnasodd dros Israel a Jwda gyfan am dair ar ddeg ar hugain o flynyddoedd.
⁶ Pan aeth Dafydd a'i ddynion i Jerwsalem yn erbyn y Jebusiaid oedd yn byw yn y wlad, dywedasant wrth Ddafydd, "Ni ddoi i mewn yma; bydd deillion a chloffion yn dy droi di'n ôl"— gan dybio nad âi Dafydd i mewn yno. ⁷ Eto fe enillodd Dafydd gaer Seion, sef Dinas Dafydd. ⁸ Y diwrnod hwnnw fe ddywedodd Dafydd, "Pob un sydd am daro'r Jebusiaid, aed i fyny trwy'r siafft ddŵr at y cloffion a'r deillion sy'n gas gan enaid Dafydd." Dyna pam y dywedir, "Ni chaiff y dall na'r cloff ddod i'r deml."
⁹ Pan ymsefydlodd Dafydd yn y gaer, galwodd hi yn Ddinas Dafydd, ac adeiladodd fur* o'i chwmpas, o'r Milo at y deml*. ¹⁰ Cynyddodd Dafydd fwyfwy, ac yr oedd ARGLWYDD Dduw y Lluoedd o'i blaid.
¹¹ Anfonodd Hiram brenin Tyrus negeswyr at Ddafydd, a hefyd goed cedrwydd a seiri coed a seiri maen, ac adeiladodd y rhain dŷ ar gyfer Dafydd. ¹² Sylweddolodd Dafydd fod yr ARGLWYDD wedi ei gadarnhau yn frenin ar Israel, a'i fod wedi dyrchafu ei frenhiniaeth er mwyn ei bobl Israel.
¹³ Wedi iddo ddod o Hebron, cymerodd Dafydd ragor o ordderchwragedd ac o wragedd o Jerwsalem; a ganed rhagor o feibion ac o ferched iddo. ¹⁴ Dyma enwau'r rhai a aned iddo yn Jerwsalem: Samua, Sobab, Nathan, Solomon, ¹⁵ Ibhar, Elisua, Neffeg, Jaffia, ¹⁶ Elisama, Eliada ac Eliffelet.

4:6 Felly Groeg. Hebraeg, *Daethant i mewn i'r tŷ i nôl gwenith, a thrawsant ef yn ei fol; yna dihangodd Rechab a'i frawd Baana.*

5:9 Tebygol. Cymh. 1 Cron. 11:8. Hebraeg, *Dafydd.*
5:9 Neu, *at i mewn.*

Buddugoliaeth dros y Philistiaid
1 Cron. 14:8–17

17 Pan glywodd y Philistiaid fod Dafydd wedi ei eneinio yn frenin ar Israel, aethant oll i chwilio amdano, ond clywodd ef am hyn ac aeth i lawr i'r gaer. 18 Wedi i'r Philistiaid ddod ac ymledu dros ddyffryn Reffaim, 19 ymofynnodd Dafydd â'r ARGLWYDD a dweud, "A af i fyny yn erbyn y Philistiaid? A roi di hwy yn fy llaw?" Atebodd yr ARGLWYDD, "Dos i fyny, oherwydd yn sicr fe roddaf y Philistiaid yn dy law." 20 Felly aeth Dafydd i Baal-perasim, a'u taro yno. Ac meddai Dafydd, "Torrodd yr ARGLWYDD drwy fy ngelynion o'm blaen fel toriad dyfroedd." Dyna pam yr enwodd y lle hwnnw, Baal-perasim*. 21 Yr oedd y Philistiaid wedi gadael eu delwau ar ôl yno, felly dygodd Dafydd a'i wŷr hwy i ffwrdd.

22 Ymosododd y Philistiaid unwaith eto, ac ymledu dros ddyffryn Reffaim. 23 Ymofynnodd Dafydd â'r ARGLWYDD a chael yr ateb, "Paid â mynd i fyny, dos ar gylch i'r tu cefn iddynt, a thyrd atynt gyferbyn â'r morwydd. 24 Yna, pan glywi sŵn cerdded ym mrig y morwydd, dos yn dy flaen, oherwydd yr adeg honno bydd yr ARGLWYDD yn mynd allan o'th flaen i daro gwersyll y Philistiaid." 25 Gwnaeth Dafydd hynny, fel y gorchmynnodd yr ARGLWYDD, a tharo'r Philistiaid o Geba hyd gyrion Geser.

Dod ag Arch y Cyfamod i Jerwsalem
1 Cron. 13:1–14; 15:25—16:6,43

6 Unwaith eto casglodd Dafydd yr holl wŷr dethol oedd yn Israel, sef deng mil ar hugain, 2 ac aeth â'r holl bobl oedd gydag ef i Baalath*-jwda, i gyrchu oddi yno arch Duw, a enwir ar ôl ARGLWYDD y Lluoedd sydd â'i orsedd ar y cerwbiaid. 3 Rhoesant arch Duw ar fen newydd, a'i chymryd o dŷ Abinadab sydd ar y bryn, ac yr oedd Ussa ac Ahïo, meibion Abinadab, yn tywys y fen newydd. 4 Wedi cychwyn gydag arch Duw o dŷ Abinadab sydd ar y bryn, yr oedd Ahïo yn cerdded o flaen yr arch, 5 ac yr oedd Dafydd a holl dŷ Israel yn gorfoleddu o flaen yr ARGLWYDD â'u holl ynni, dan ganu* â thelynau, nablau, tympanau, sistrymau a symbalau. 6 Pan ddaethant at lawr dyrnu Nachon, estynnodd Ussa ei law at arch Duw a gafael ynddi, am fod yr ychen yn ei hysgwyd. 7 Enynnodd dicter yr ARGLWYDD yn erbyn Ussa, trawodd Duw ef am yr amarch, a bu farw yno wrth arch Duw. 8 Cynhyrfodd Dafydd am fod llid yr ARGLWYDD wedi torri allan yn erbyn Ussa, a galwodd y lle hwnnw Peres* Ussa; a dyna'i enw hyd y dydd hwn. 9 Yr oedd ofn yr ARGLWYDD ar Ddafydd y diwrnod hwnnw, a dywedodd, "Sut y deuai arch yr ARGLWYDD ataf fi?" 10 Ni fynnai Dafydd symud arch yr ARGLWYDD ato i Ddinas Dafydd, ac fe'i trodd i dŷ Obed-edom o Gath. 11 Arhosodd arch yr ARGLWYDD yn nhŷ Obed-edom o Gath am dri mis, a bendithiodd yr ARGLWYDD Obed-edom a'i deulu i gyd.

12 Pan ddywedwyd wrth y Brenin Dafydd fod yr ARGLWYDD wedi bendithio teulu Obed-edom a'r cwbl oedd ganddo, o achos arch Duw, fe aeth Dafydd a chymryd arch Duw yn llawen o dŷ Obed-edom i Ddinas Dafydd. 13 Pan oedd cludwyr arch yr ARGLWYDD wedi cerdded chwe cham, aberthodd Dafydd ych ac anifail pasgedig. 14 Yr oedd Dafydd yn gwisgo effod liain a dawnsiai â'i holl egni o flaen yr ARGLWYDD, 15 wrth iddo ef a holl dŷ Israel hebrwng arch yr ARGLWYDD â banllefau a sain utgorn. 16 Pan gyrhaeddodd arch yr ARGLWYDD Ddinas Dafydd, yr oedd Michal merch Saul yn edrych drwy'r ffenestr, a gwelodd y Brenin Dafydd yn neidio ac yn dawnsio o flaen yr ARGLWYDD, a dirmygodd ef yn ei chalon. 17 Daethant ag arch yr ARGLWYDD a'i gosod yn ei lle yng nghanol y babell a gododdd Dafydd iddi, ac offrymodd Dafydd boeth-offrymau a heddoffrymau o flaen yr ARGLWYDD. 18 Wedi iddo orffen offrymu'r poethoffrwm a'r heddoffrymau, bendithiodd y bobl yn enw ARGLWYDD y Lluoedd; 19 yna rhannodd fwyd i bawb,

---

5:20 H.y., *Toriad*.
6:2 Felly 1 Cron. 13:6. Hebraeg, *o Baale*.
6:5 Felly 1 Cron. 13:8. Hebraeg, *â phob coed ffynidwydd*.
6:8 H.y., *Toriad*.

torth o fara, darn o gig, a swp o rawnwin i bob gŵr a gwraig o holl dyrfa Israel. Yna aeth pawb adref.

20 Pan ddaeth Dafydd yn ôl i gyfarch ei deulu, daeth Michal merch Saul i'w gyfarfod a dweud, "O mor ogoneddus oedd brenin Israel heddiw, yn ei ddinoethi ei hun yng ngolwg morynion ei ddilynwyr, fel rhyw hurtyn yn dangos popeth!" 21 Ond meddai Dafydd wrthi, "Yr oedd hyn o flaen yr ARGLWYDD, a'm dewisodd i yn hytrach na'th dad na'r un o'i deulu, a gorchymyn imi fod yn arweinydd i Israel, pobl yr ARGLWYDD; yr wyf am ddangos llawenydd o flaen yr ARGLWYDD. 22 Ie, gwnaf fy hun yn fwy dirmygus, ac yn is na hyn yn dy olwg*; ond am y morynion hynny y soniaist amdanynt, byddaf yn anrhydeddus ganddynt hwy." 23 Bu Michal merch Saul yn ddiblentyn hyd ddydd ei marw.

Neges Nathan i Ddafydd

7 1 Cron. 17:1-15
Wedi i'r brenin fynd i fyw i'w dŷ ei hun, ac i'r ARGLWYDD roi llonyddwch iddo oddi wrth ei holl elynion o'i amgylch, 2 dywedodd y brenin wrth y proffwyd Nathan, "Edrych yn awr, yr wyf fi'n trigo mewn tŷ o gedrwydd, tra mae arch Duw yn aros mewn pabell." 3 Ac meddai Nathan wrth y brenin, "Dos, a gwna bopeth sydd yn dy galon, oherwydd y mae'r ARGLWYDD gyda thi." 4 Ond y noson honno daeth gair yr ARGLWYDD at Nathan, gan ddweud, 5 "Dos, dywed wrth fy ngwas Dafydd, 'Fel hyn y dywed yr ARGLWYDD: A wyt ti am adeiladu i mi dŷ i breswylio ynddo? 6 Yn wir, nid wyf wedi preswylio mewn tŷ o'r diwrnod y dygais yr Israeliaid allan o'r Aifft hyd heddiw; yr oeddwn yn mynd o le i le mewn pabell a thabernacl. 7 Ple bynnag y bûm yn teithio gyda'r holl Israeliaid, a fu imi yngan gair wrth unrhyw un o farnwyr* Israel, a benodais i fugeilio fy mhobl Israel, a gofyn, "Pam na fyddech wedi adeiladu tŷ o gedrwydd i mi?" ' 8 Felly, dywed fel hyn wrth fy ngwas Dafydd, 'Fel hyn y dywed ARGLWYDD y Lluoedd: Myfi a'th gymerodd di o'r maes, o ganlyn defaid, i fod yn arweinydd i'm pobl Israel. 9 Yr oeddwn gyda thi ple bynnag yr aethost, a dinistriais dy holl elynion o'th flaen, a gwneud iti enw mawr fel eiddo'r mawrion a fu ar y ddaear. 10 Ac yr wyf am baratoi lle i'm pobl Israel, a'u plannu, iddynt gael ymsefydlu heb eu tarfu rhagor; ac ni fydd treiswyr yn eu cystuddio eto, fel yn yr adeg gynt, 11 pan benodais farnwyr dros fy mhobl Israel; rhoddaf iti lonyddwch oddi wrth dy holl elynion. Y mae'r ARGLWYDD yn dy hysbysu mai ef, yr ARGLWYDD, fydd yn gwneud tŷ i ti. 12 Pan ddaw dy ddyddiau i ben, a thithau'n gorwedd gyda'th hynafiaid, codaf blentyn iti ar dy ôl, un yn hanu ohonot, a gwnaf ei deyrnas yn gadarn. 13 Ef fydd yn adeiladu tŷ i'm henw, a gwnaf innau orsedd ei deyrnas yn gadarn am byth. 14 Byddaf fi'n dad iddo ef, a bydd yntau'n fab i mi. Pan fydd yn troseddu, ceryddaf ef â gwialen fel y gwna rhywun, ac â chernodiau dynol, 15 ond ni chymeraf fy nhrugaredd oddi wrtho, fel y cymerais hi oddi wrth Saul pan symudais ef o'r ffordd o'th flaen. 16 Sicrheir dy deulu a'th deyrnas am byth o'm blaen; erys dy orsedd yn gadarn hyd byth.' " 17 Dywedodd Nathan wrth Ddafydd y cwbl a ddywedwyd ac a ddangoswyd iddo ef.

Dafydd yn Datgan ei Ddiolch mewn Gweddi

1 Cron. 17:16-27
18 Yna aeth y Brenin Dafydd i mewn ac eistedd o flaen yr ARGLWYDD a dweud, "Pwy wyf fi, O Arglwydd DDUW, a phwy yw fy nheulu, dy fod wedi dod â mi hyd yma? 19 Ac fel pe byddai hyn eto'n beth bychan yn d'olwg, O Arglwydd DDUW, yr wyt hefyd wedi llefaru ynglŷn â theulu dy was ar gyfer y dyfodol pell, a gwneud hyn yn drefn dragwyddol*, O Arglwydd DDUW. 20 Beth yn rhagor y medraf fi, Dafydd, ei ddweud wrthyt, a thithau yn adnabod dy was, O Arglwydd DDUW? 21 Oherwydd dy addewid, ac yn ôl dy ewyllys, y gwnaethost yr holl fawredd hwn, a'i hysbysu i'th was. 22 Mawr wyt ti, O Arglwydd DDUW, oblegid ni chlywodd

---

6:22 Felly Groeg. Hebraeg, *yn fy ngolwg*.
7:7 Felly 1 Cron. 17:6. Hebraeg, *lwythau*.
7:19 Tebygol. Hebraeg, *ddynol*.

ein clustiau am neb tebyg i ti, nac am un duw ar wahân i ti. ²³ A phwy sydd fel dy bobl Israel, cenedl unigryw ar y ddaear? Aeth Duw ei hun i'w phrynu iddo'n bobl, ac i ennill bri iddo'i hun, a gwneud pethau mawr ac ofnadwy er ei mwyn*, trwy fwrw allan* genhedloedd a'u duwiau o flaen dy bobl, y rhai a brynaist i ti dy hun o'r Aifft. ²⁴ Sicrheaist ti dy bobl Israel i fod yn bobl i ti hyd byth; a daethost tithau, O ARGLWYDD, yn Dduw iddynt hwy. ²⁵ Yn awr, O ARGLWYDD Dduw, cadarnha hyd byth yr addewid a wnaethost ynglŷn â'th was a'i deulu, a gwna fel y dywedaist. ²⁶ Yna, fe fawrheir dy enw hyd byth, a dywedir, 'ARGLWYDD y Lluoedd sydd Dduw ar Israel'; a bydd tŷ dy was Dafydd yn sicr ger dy fron. ²⁷ Am i ti, ARGLWYDD y Lluoedd, Duw Israel, ddatgelu hyn i'th was a dweud, 'Adeiladaf i ti dŷ', fe fentrodd dy was weddïo fel hyn arnat. ²⁸ Yn awr, O Arglwydd DDUW, ti sydd Dduw; y mae d'eiriau di yn wir, ac fe addewaist y daioni hwn i'th was. ²⁹ Felly'n awr, gwêl yn dda fendithio tŷ dy was, fel y caiff barhau am byth yn dy ŵydd; yn wir, yr wyt ti, O Arglwydd DDUW, wedi addo, a thrwy dy fendith di y bendithir tŷ dy was hyd byth."

Buddugoliaethau Milwrol Dafydd

8 1 Cron. 18:1-17
Wedi hyn gorchfygodd Dafydd y Philistiaid a'u darostwng, a chipiodd Metheg-amma oddi arnynt. ² Yna gorchfygodd y Moabiaid, ac wedi gwneud iddynt orwedd ar lawr, fe'u mesurodd â llinyn; mesurodd ddau hyd llinyn i'w lladd, ac un hyd llinyn i'w cadw'n fyw. Felly daeth y Moabiaid yn ddeiliaid i Ddafydd a thalu treth iddo. ³ Gorchfygodd Dafydd hefyd Hadadeser fab Rehob, brenin Soba, pan oedd hwnnw ar ei ffordd i ailsefydlu ei awdurdod ar lan afon Ewffrates. ⁴ Cipiodd Dafydd oddi arno fil a saith gant o farchogion ac ugain mil o wŷr traed. Cadwodd Dafydd gant o feirch cerbyd, ond torrodd linynnau gar y lleill i gyd. ⁵ Pan ddaeth Syriaid Damascus i helpu Hadadeser brenin Soba, trawodd Dafydd ddwy fil ar hugain ohonynt. ⁶ Yna gososodd Dafydd garsiynau ymhlith Syriaid Damascus, a daeth y Syriaid yn weision i Ddafydd a thalu treth iddo. Yr oedd yr ARGLWYDD yn rhoi buddugoliaeth i Ddafydd ple bynnag yr âi. ⁷ Cymerodd Dafydd y tarianau aur oedd gan weision Hadadeser, a dygodd hwy i Jerwsalem. ⁸ Hefyd cymerodd y Brenin Dafydd lawer iawn o bres o Beta a Berothai, trefi Hadadeser.

⁹ Pan glywodd Toi brenin Hamath fod Dafydd wedi gorchfygu holl fyddin Hadadeser, ¹⁰ fe anfonodd ei fab Joram i ddymuno'n dda i'r Brenin Dafydd a'i longyfarch am iddo ymladd yn erbyn Hadadeser a'i orchfygu; oherwydd bu Hadadeser yn rhyfela'n gyson yn erbyn Toi. Dygodd Joram gydag ef lestri o arian ac o aur ac o bres, ¹¹ a chysegrodd y Brenin Dafydd hwy i'r ARGLWYDD, yn ogystal â'r arian a'r aur oddi wrth yr holl genhedloedd yr oedd wedi eu goresgyn— ¹² Syria, Moab, yr Ammoniaid, y Philistiaid a'r Amaleciaid—a hefyd ysbail Hadadeser fab Rehob, brenin Soba.

¹³ Enillodd Dafydd fri pan ddychwelodd ar ôl gorchfygu deunaw mil o Edomiaid* yn Nyffryn yr Halen. ¹⁴ Gosododd garsiynau yn Edom*, a daeth holl Edom yn ddeiliaid i Ddafydd. Yr oedd yr ARGLWYDD yn rhoi buddugoliaeth i Ddafydd ple bynnag yr âi.

¹⁵ Yr oedd Dafydd yn teyrnasu dros Israel gyfan, ac yn gweinyddu barn a chyfiawnder i'w holl bobl. ¹⁶ Joab fab Serfia oedd dros y fyddin, a Jehosaffat fab Ahilud yn gofiadur. ¹⁷ Sadoc fab Ahitub, ac Ahimelech fab Abiathar oedd yr offeiriaid, a Seraia yn ysgrifennydd. ¹⁸ Benaia fab Jehoiada oedd dros y Cerethiaid a'r Pelethiaid, ac yr oedd meibion Dafydd yn offeiriaid.

Dafydd a Meffiboseth

9 Meddyliodd Dafydd, "Tybed a oes unrhyw un ar ôl o deulu Saul erbyn hyn,

---
7:23 Felly rhai llawysgrifau. TM, *er eich mwyn*.
7:23 Cymh. 1 Cron. 17:21 a Fersiynau. Hebraeg, *er dy wlad*.

8:13 Felly rhai llawysgrifau a Fersiynau. TM, *Syriaid*.
8:14 Cymh. 1 Cron. 18:13 a Groeg. Hebraeg, *Gosododd garsiynau yn Edom; gosododd garsiynau drwy holl Edom*.

imi wneud caredigrwydd ag ef er mwyn Jonathan?" ² Yr oedd gan deulu Saul was o'r enw Siba, a galwyd ef at Ddafydd. Gofynnodd y brenin iddo, "Ai Siba wyt ti?" Atebodd yntau, "Ie, dyma dy was." ³ Yna gofynnodd y brenin, "A oes unrhyw un ar ôl o deulu Saul imi wneud caredigrwydd ag ef yn enw Duw?" Atebodd Siba, "Oes, y mae mab i Jonathan sydd yn gloff yn ei draed." ⁴ Gofynnodd y brenin, "Ple mae ef?" A dywedodd Siba, "Y mae yn Lo-debar, yng nghartref Machir fab Ammiel." ⁵ Anfonodd y Brenin Dafydd a'i gyrchu o Lo-debar, o gartref Machir fab Ammiel. ⁶ Pan gyrhaeddodd Meffiboseth fab Jonathan, fab Saul, syrthiodd ar ei wyneb o flaen Dafydd ac ymgreinio; gofynnodd Dafydd, "Meffiboseth?" ac atebodd yntau, "Ie, dyma dy was." ⁷ Dywedodd Dafydd wrtho, "Paid ag ofni, yr wyf wedi penderfynu gwneud caredigrwydd â thi er mwyn Jonathan dy dad; yr wyf am roi'n ôl i ti holl dir dy daid Saul, ac fe gei di dy fwyd bob dydd wrth fy mwrdd i." ⁸ Moesymgrymodd Meffiboseth a dweud, "Beth yw dy was, dy fod yn troi i edrych ar gi marw fel fi?" ⁹ Yna galwodd y brenin am Siba gwas Saul, a dweud wrtho, "Yr wyf yn rhoi i fab dy feistr bopeth oedd yn perthyn i Saul ac i unrhyw un o'i deulu. ¹⁰ Yr wyt ti i lafurio'r tir drosto—ti, a'th blant, a'th weision—a dod â'r cynnyrch yn fwyd i deulu* dy feistr; ond caiff Meffiboseth, mab dy feistr, ei fwyd bob dydd wrth fy mwrdd i." Yr oedd gan Siba bymtheg o feibion ac ugain gwas. ¹¹ Dywedodd Siba wrth y brenin, "Fe wna dy was yn union fel y mae f'arglwydd frenin yn gorchymyn iddo." Bu Meffiboseth yn bwyta wrth fwrdd Dafydd* fel un o blant y brenin. ¹² Yr oedd ganddo fab bach o'r enw Micha. Yr oedd pawb oedd yn byw yn nhŷ Siba yn weision i Meffiboseth. ¹³ Yr oedd Meffiboseth yn byw yn Jerwsalem am ei fod yn cael ei fwyd bob dydd wrth fwrdd y brenin. Yr oedd yn gloff yn ei ddeudroed.

Dafydd yn Gorchfygu'r Ammoniaid a'r Syriaid

10 ¹ Cron. 19:1–19
Wedi hyn bu farw brenin yr Ammoniaid, a daeth Hanun ei fab yn frenin yn ei le. ² Dywedodd Dafydd, "Gwnaf garedigrwydd â Hanun fab Nahas, fel y gwnaeth ei dad â mi." Felly anfonodd neges ato gyda'i weision, i'w gysuro am ei dad. Ond pan ddaeth gweision Dafydd i wlad yr Ammoniaid, ³ dywedodd tywysogion yr Ammoniaid wrth eu harglwydd Hanun, "A wyt ti'n tybio mai anrhydeddu dy dad y mae Dafydd wrth anfon cysurwyr atat? Onid er mwyn chwilio'r ddinas a'i hysbïo a'i goresgyn yr anfonodd Dafydd ei weision atat?" ⁴ Yna cymerodd Hanun weision Dafydd, ac eillio hanner barf pob un ohonynt, a thorri gwisg pob un yn ei hanner hyd at ei gluniau, a'u hanfon ymaith. ⁵ Pan ddywedwyd hyn wrth Ddafydd, anfonodd rai i'w cyfarfod, am fod cywilydd mawr ar y dynion, a dweud wrthynt am aros yn Jericho a pheidio â dychwelyd nes y byddai eu barfau wedi tyfu.

⁶ Pan welsant eu bod yn ffiaidd gan Ddafydd, anfonodd yr Ammoniaid a chyflogi ugain mil o wŷr traed oddi wrth y Syriaid yn Beth-rehob a Soba, a hefyd mil o wŷr oddi wrth frenin Maacha a deuddeng mil o wŷr Tob. ⁷ Pan glywodd Dafydd, anfonodd Joab allan gyda'r holl fyddin a'r milwyr. ⁸ Daeth yr Ammoniaid allan a ffurfio rhengoedd ar gyfer y frwydr ger porth y ddinas, gyda Syriaid o Soba a Rehob, a gwŷr Tob a Maacha ar eu pennau eu hunain mewn tir agored. ⁹ Gwelodd Joab y byddai'n gorfod ymladd o'r tu blaen ac o'r tu ôl; felly dewisodd wŷr dethol o fyddin Israel, a'u trefnu'n rhengoedd i wynebu'r Syriaid. ¹⁰ Gosododd weddill y fyddin dan awdurdod ei frawd Abisai, a'u trefnu'n rhengoedd i wynebu'r Ammoniaid. ¹¹ A dywedodd, "Os bydd y Syriaid yn drech na mi, tyrd di i'm cynorthwyo; ond os bydd yr Ammoniaid yn drech na thi, dof finnau i'th gynorthwyo di. ¹² Bydd yn wrol! Byddwn ddewr dros ein pobl a dinasoedd ein Duw; a bydded i'r

---

9:10 Felly Groeg. Hebraeg, *fab*.
9:11 Felly Groeg. Hebraeg, *fy mwrdd*.

ARGLWYDD wneud yr hyn sy'n dda yn ei olwg." ¹³ Yna nesaodd Joab a'r milwyr oedd gydag ef i ryfel yn erbyn y Syriaid, a ffoesant o'i flaen. ¹⁴ Pan welodd yr Ammoniaid fod y Syriaid wedi ffoi, ffoesant hwythau o flaen Abisai, a mynd i'r ddinas. Gadawodd Joab ei gyrch yn erbyn yr Ammoniaid, a dychwelodd i Jerwsalem.

¹⁵ Pan welodd y Syriaid iddynt golli'r dydd o flaen Israel, daethant at ei gilydd eto, ¹⁶ ac anfonodd Hadadeser i gyrchu'r Syriaid o Tu-hwnt-i'r-Ewffrates hefyd. Daethant ynghyd i Helam, gyda Sobach, pencapten Hadadeser, yn eu harwain. ¹⁷ Pan ddywedwyd wrth Ddafydd, fe gasglodd ynghyd Israel gyfan, croesodd yr Iorddonen, a dod i Helam. Trefnodd y Syriaid eu rhengoedd yn erbyn Dafydd a rhyfela yn ei erbyn. ¹⁸ Ffodd y Syriaid o flaen Israel, a lladdodd Dafydd ohonynt saith gant o wŷr cerbyd a deugain mil o farchogion; ¹⁹ a hefyd fe drawodd Sobach, y pencapten, a bu yntau farw yno. Pan welodd yr holl frenhinoedd oedd dan awdurdod Hadadeser iddynt golli'r dydd o flaen Israel, gwnaethant heddwch ag Israel a phlygu i'w hawdurdod. Wedi hyn ofnai'r Syriaid roi rhagor o gymorth i'r Ammoniaid.

Dafydd a Bathseba

11 Tua throad y flwyddyn, yr adeg y byddai'r brenhinoedd yn mynd i ryfela, fe anfonodd Dafydd Joab, gyda'i weision ei hun a byddin Israel gyfan, a distrywiasant yr Ammoniaid, a gosod Rabba dan warchae. Ond fe arhosodd Dafydd yn Jerwsalem. ² Un prynhawn yr oedd Dafydd wedi codi o'i wely ac yn cerdded ar do'r palas. Oddi yno gwelodd wraig yn ymolchi, a hithau'n un brydferth iawn. ³ Anfonodd Dafydd i holi pwy oedd y wraig, a chael yr ateb, "Onid Bathseba ferch Eliam, gwraig Ureia yr Hethiad, yw hi?" ⁴ Anfonodd Dafydd negeswyr i'w dwyn ato, ac wedi iddi ddod, gorweddodd yntau gyda hi. Yr oedd hi wedi ei glanhau o'i haflendid. Yna dychwelodd hi adref. ⁵ Beichiogodd y wraig, ac anfonodd i hysbysu Dafydd ei bod yn feichiog. ⁶ Anfonodd Dafydd at Joab, "Anfon ataf Ureia yr Hethiad."

⁷ Pan gyrhaeddodd Ureia, holodd Dafydd hynt Joab a hynt y fyddin a'r rhyfel. ⁸ Yna dywedodd Dafydd wrth Ureia, "Dos i lawr adref a golchi dy draed." Pan adawodd Ureia dŷ'r brenin anfonwyd rhodd o fwyd y brenin ar ei ôl. ⁹ Ond gorweddodd Ureia yn nrws y palas gyda gweision ei feistr, ac nid aeth i'w dŷ ei hun. ¹⁰ Pan fynegwyd wrth Ddafydd nad oedd Ureia wedi mynd adref, dywedodd Dafydd wrth Ureia, "Onid o daith y daethost ti? Pam nad aethost adref?" ¹¹ Atebodd Ureia, "Y mae'r arch, ac Israel a Jwda hefyd, yn trigo mewn pebyll, ac y mae f'arglwydd Joab a gweision f'arglwydd yn gwersylla yn yr awyr agored. A wyf fi am fynd adref i fwyta ac yfed, ac i orwedd gyda'm gwraig? Cyn wired â bod yr ARGLWYDD* yn fyw, a thithau hefyd, ni wnaf y fath beth!" ¹² Dywedodd Dafydd wrth Ureia, "Aros di yma heddiw eto, ac anfonaf di'n ôl yfory." Felly arhosodd Ureia yn Jerwsalem y diwrnod hwnnw. ¹³ A thrannoeth* gwahoddodd Dafydd ef i fwyta ac yfed gydag ef, a gwnaeth ef yn feddw. Pan aeth allan gyda'r nos, gorweddodd ar ei wely gyda gweision ei feistr, ac nid aeth adref. ¹⁴ Felly yn y bore ysgrifennodd Dafydd lythyr at Joab a'i anfon gydag Ureia. ¹⁵ Ac yn y llythyr yr oedd wedi ysgrifennu, "Rhowch Ureia ar flaen y gad lle mae'r frwydr boethaf; yna ciliwch yn ôl oddi wrtho, er mwyn iddo gael ei daro'n farw."

¹⁶ Pan oedd Joab yn gwarchae ar y ddinas, gosododd Ureia yn y lle y gwyddai fod ymladdwyr dewr. ¹⁷ A phan ddaeth milwyr y ddinas allan ac ymladd yn erbyn Joab, syrthiodd rhai o weision Dafydd yn y fyddin, a bu farw Ureia yr Hethiad hefyd. ¹⁸ Yna anfonodd Joab i hysbysu holl hanes y frwydr i Ddafydd. ¹⁹ Gorchmynnodd i'r negesydd, "Wedi iti orffen dweud holl hanes y frwydr wrth y brenin, ²⁰ yna os bydd y brenin yn llidio ac yn dweud wrthyt: 'Pam yr aethoch mor agos at y ddinas i ryfela? Onid oeddech yn gwybod y byddent yn saethu oddi ar y mur? ²¹ Pwy laddodd

---
11:11 Tebygol. Hebraeg, *â'th fod*.
11:13 Felly Fersiynau. Hebraeg yn ei gysylltu ag adn. 12.

Abimelech fab Jerwbbeseth? Onid gwraig yn gollwng maen melin arno oddi ar y mur yn Thebes, ac yntau'n marw? Pam yr aethoch mor agos at y mur?'—yna dywed tithau, 'Y mae dy was Ureia yr Hethiad hefyd wedi marw'."

²² Aeth y negesydd, a dod ac adrodd wrth Ddafydd y cwbl yr anfonodd Joab ef i'w ddweud. ²³ Yna dywedodd y negesydd wrth Ddafydd, "Pan ymwrolodd y milwyr yn ein herbyn, a dod allan atom i'r maes agored, aethom ninnau yn eu herbyn hwy hyd at fynedfa'r porth, ²⁴ a saethodd y saethwyr at dy weision oddi ar y mur, a bu farw rhai o weision y brenin, ac y mae dy was Ureia yr Hethiad hefyd wedi marw." ²⁵ Yna dywedodd Dafydd wrth y negesydd, "Dywed fel hyn wrth Joab, 'Paid â gofidio am y peth hwn, oherwydd y mae'r cleddyf yn difa weithiau yma, weithiau acw; brwydra'n galetach yn erbyn y ddinas a distrywia hi'. Calonoga ef fel hyn."

²⁶ Pan glywodd gwraig Ureia fod ei gŵr wedi marw, galarodd am ei phriod. ²⁷ Ac wedi i'r cyfnod galaru fynd heibio, anfonodd Dafydd a'i chymryd i'w dŷ, a daeth hi'n wraig iddo ef, a geni mab iddo. Ond yr oedd yr hyn a wnaeth Dafydd yn ddrwg yng ngolwg yr ARGLWYDD.

Neges Nathan ac Edifeirwch Dafydd

12 Anfonodd yr ARGLWYDD y proffwyd* Nathan at Ddafydd; a phan ddaeth, dywedodd wrtho: "Yr oedd dau ddyn mewn rhyw dref, un yn gyfoethog a'r llall yn dlawd. ² Yr oedd gan yr un cyfoethog lawer iawn o ddefaid ac ychen; ³ ond nid oedd dim gan yr un tlawd, ar wahân i un oenig fechan yr oedd wedi ei phrynu a'i magu, a thyfodd i fyny ar ei aelwyd gyda'i blant, yn bwyta o'r un tamaid ag ef, yn yfed o'r un cwpan, ac yn cysgu yn ei gôl; yr oedd fel merch iddo. ⁴ Pan ddaeth ymwelydd at y dyn cyfoethog, gofalodd hwnnw beidio â chymryd yr un o'i ddefaid na'i ychen ei hun i wneud pryd i'r teithiwr oedd wedi cyrraedd, yn hytrach fe gymerodd oenig y dyn tlawd a'i pharatoi ar gyfer y sawl a ddaeth ato." ⁵ Enynnodd dig Dafydd yn fawr yn erbyn y dyn, a dywedodd wrth Nathan, "Cyn wired â bod yr ARGLWYDD yn fyw, y mae'r dyn a wnaeth hyn yn haeddu marw! ⁶ Rhaid iddo dalu'r oen yn ôl bedair gwaith am wneud y fath beth ac am beidio â dangos trugaredd." ⁷ Dywedodd Nathan wrth Ddafydd, "Ti yw'r dyn. Fel hyn y dywed ARGLWYDD Dduw Israel, 'Fe'th eneiniais di yn frenin ar Israel, ac fe'th waredais o law Saul; ⁸ rhois iti dŷ dy feistr a gwragedd dy feistr yn dy fynwes, a rhois iti hefyd dŷ Israel a Jwda. A phe buasai hynny'n rhy ychydig, buaswn wedi ychwanegu cymaint eto. ⁹ Pam yr wyt wedi dirmygu gair yr ARGLWYDD drwy wneud yr hyn sydd ddrwg yn ei olwg? Yr wyt wedi lladd Ureia yr Hethiad â'r cleddyf, a chymryd ei wraig yn wraig i ti, wedi iti ei lofruddio ef â chleddyf yr Ammoniaid. ¹⁰ Bellach ni thry'r cleddyf oddi wrth dy dŷ hyd byth, gan i ti fy nirmygu i a chymryd gwraig Ureia yr Hethiad yn wraig i ti.' ¹¹ Fel hyn y dywed yr ARGLWYDD: 'Wele fi'n codi yn dy erbyn ddrwg o blith dy deulu dy hun; o flaen dy lygad cymeraf dy wragedd a'u rhoi i'th gymydog, a bydd ef yn gorwedd gyda'th wragedd di yn llygad yr haul hwn. ¹² Yn llechwraidd y gweithredaist ti, ond fe wnaf fi'r peth hwn yng ngŵydd Israel gyfan ac yn wyneb haul.'" ¹³ Yna dywedodd Dafydd wrth Nathan, "Yr wyf wedi pechu yn erbyn yr ARGLWYDD." Ac meddai Nathan wrth Ddafydd, "Y mae'r ARGLWYDD yntau wedi troi dy bechod heibio; ni fyddi farw. ¹⁴ Ond oherwydd iti lwyr ddiystyru'r ARGLWYDD* yn y mater hwn, yn ddi-os bydd farw y bachgen a enir iti."

Marw Mebyn Dafydd, a Geni Solomon

¹⁵ Wedi i Nathan fynd adref, trawodd yr ARGLWYDD y plentyn a ymddûg gwraig Ureia i Ddafydd, a chlafychodd. ¹⁶ Ymbiliodd Dafydd â Duw dros y

---

12:1 Felly rhai llawysgrifau a Fersiynau. TM heb *y proffwyd*.

12:14 Tebygol. Hebraeg, *ddiystyru gelynion yr* ARGLWYDD.

bachgen; ymprydiodd, a mynd a threulio'r nos yn gorwedd ar lawr. ¹⁷ Pan geisiodd henuriaid ei dŷ ei godi oddi ar lawr, ni fynnai godi ac ni fwytâi fara gyda hwy. ¹⁸ Ar y seithfed dydd bu farw'r plentyn, ond yr oedd gweision Dafydd yn ofni dweud wrtho ei fod wedi marw. "Gwelwch," meddent, "tra oedd y plentyn yn fyw, nid oedd yn gwrando arnom, er inni siarad ag ef; sut y dywedwn wrtho fod y plentyn wedi marw? Gallai wneud rhyw niwed iddo'i hun." ¹⁹ Pan welodd Dafydd fod ei weision yn sibrwd ymhlith ei gilydd, deallodd fod y plentyn wedi marw; felly dywedodd Dafydd wrth ei weision, "A yw'r plentyn wedi marw?" "Ydyw," meddent hwythau. ²⁰ Yna cododd Dafydd oddi ar lawr, ac ymolchi a'i eneinio'i hun a newid ei ddillad; ac aeth i dŷ Dduw i addoli. Wedyn aeth i'w dŷ a gofyn am fwyd; ac wedi iddynt ei osod iddo, fe fwytaodd. ²¹ Gofynnodd ei weision iddo, "Beth yw hyn yr wyt yn ei wneud? Tra oedd y plentyn yn fyw, yr oeddit yn ymprydio ac yn wylo; ond wedi i'r plentyn farw, yr wyt wedi codi a bwyta." ²² Eglurodd yntau, "Tra oedd y plentyn yn dal yn fyw, yr oeddwn yn ymprydio ac yn wylo am fy mod yn meddwl, 'Pwy a ŵyr a fydd yr ARGLWYDD yn trugarhau wrthyf, ac y bydd y plentyn fyw?' ²³ Ond erbyn hyn y mae wedi marw; pam felly y dylwn ymprydio? A fedraf fi ddod ag ef yn ôl? Byddaf fi'n mynd ato ef, ond ni ddaw ef yn ôl ataf fi." ²⁴ Cysurodd Dafydd ei wraig Bathseba, ac aeth i mewn ati a gorwedd gyda hi; esgorodd hithau ar fab, a'i alw'n Solomon. Hoffodd yr ARGLWYDD ef, ²⁵ ac anfonodd neges drwy law'r proffwyd Nathan i'w enwi yn Jedidia* oblegid yr ARGLWYDD.

Dafydd yn Meddiannu Rabba

1 Cron. 20:1–3

²⁶ Ymosododd Joab ar Rabba'r Ammoniaid, a chipiodd ddinas y brenin. ²⁷ Anfonodd Joab negeswyr at Ddafydd a dweud, "Yr wyf wedi ymosod ar Rabba, ac wedi cipio'r gronfa ddŵr. ²⁸ Yn awr, casgla weddill y fyddin a gwersylla yn erbyn y ddinas a'i hennill, rhag i mi gipio'r ddinas ac iddi gael ei galw ar f'enw i." ²⁹ Casglodd Dafydd y fyddin gyfan, ac aeth i Rabba ac ymladd yn ei herbyn a'i hennill. ³⁰ Cymerodd goron eu brenin oddi ar ei ben—yr oedd yn pwyso talent o aur, a gem gwerthfawr ynddi—a rhoed hi ar ben Dafydd. Dygodd o'r ddinas lawer o ysbail, ³¹ ac aeth â'r bobl oedd ynddi a'u gosod i lafurio â llifiau a cheibiau heyrn a bwyeill heyrn, a hefyd i weithio* priddfeini. Gwnaeth Dafydd yr un modd â holl drefi'r Ammoniaid, ac yna dychwelodd ef a'r holl fyddin i Jerwsalem.

Amnon a Tamar

13 Yr oedd gan Absalom fab Dafydd chwaer brydferth o'r enw Tamar, a syrthiodd Amnon, un arall o feibion Dafydd, mewn cariad â hi. ² Poenodd Amnon nes ei fod yn glaf o achos ei chwaer Tamar; oherwydd yr oedd hi yn wyryf, ac nid oedd yn bosibl yng ngolwg Amnon iddo wneud dim iddi. ³ Ond yr oedd ganddo gyfaill o'r enw Jonadab, mab Simea brawd Dafydd, ac yr oedd Jonadab yn ddyn cyfrwys iawn. ⁴ Gofynnodd hwn iddo, "Pam yr wyt ti'n nychu fel hyn o ddydd i ddydd, O fab y brenin? Oni ddywedi di wrthyf?" Atebodd Amnon, "Yr wyf mewn cariad â Tamar, chwaer fy mrawd Absalom." ⁵ Yna dywedodd Jonadab wrtho, "Gorwedd ar dy wely a chymer arnat dy fod yn glaf; a phan ddaw dy dad i'th weld, dywed wrtho, 'Gad i'm chwaer Tamar ddod i roi bwyd imi, a pharatoi'r bwyd yn fy ngolwg, er mwyn i mi gael gweld a bwyta o'i llaw hi.'" ⁶ Felly aeth Amnon i'w wely a chymryd arno ei fod yn glaf; a phan ddaeth y brenin i'w weld, dywedodd Amnon wrtho, "Gad i'm chwaer Tamar ddod a gwneud cwpl o deisennau bach o flaen fy llygaid, fel y caf fwyta o'i llaw." ⁷ Anfonodd Dafydd at Tamar i'r palas a dweud, "Dos yn awr i dŷ dy frawd Amnon a pharatoa fwyd iddo." ⁸ Fe aeth Tamar i dŷ ei brawd

---

12:25 H.y., *Anwylyn yr* ARGLWYDD.

12:31 Tebygol. Hebraeg, *a hefyd parodd iddynt fynd trosodd trwy'r.*

Amnon, ac yntau yn ei wely; cymerodd does, a'i dylino a gwneud teisennau bach o flaen ei lygaid, a'u crasu. ⁹ Yna cymerodd y badell a'u gosod o'i flaen. Ond gwrthododd Amnon fwyta, a gorchmynnodd iddynt anfon pawb allan. ¹⁰ Wedi i bawb fynd allan, dywedodd Amnon wrth Tamar, "Tyrd â'r bwyd i'r siambr imi gael bwyta o'th law." Felly cymerodd Tamar y teisennau a baratôdd, a mynd â hwy at Amnon ei brawd i'r siambr; ¹¹ ond pan gynigiodd hwy iddo i'w bwyta, ymaflodd ynddi, a dweud wrthi, "Tyrd, fy chwaer, gorwedd gyda mi." ¹² Dywedodd hithau wrtho, "Na, fy mrawd, paid â'm treisio, oherwydd ni wneir fel hyn yn Israel; paid â gwneud peth mor ffôl. ¹³ Amdanaf fi, i ble y gallwn fynd â'm gwarth? A byddit tithau fel un o'r ffyliaid yn Israel. Dos i ofyn i'r brenin, oherwydd ni fyddai'n gwrthod fy rhoi iti." ¹⁴ Ond gwrthododd wrando arni, a threchodd hi a'i threisio a gorwedd gyda hi.

¹⁵ Yna casaodd Amnon hi â chas perffaith; yn wir yr oedd ei gasineb tuag ati yn fwy na'r cariad a fu ganddo, a dywedodd wrthi, "Cod a dos." ¹⁶ Dywedodd hithau, "Na, oherwydd y mae fy ngyrru i ffwrdd yn waeth cam na'r llall a wnaethost â mi." Ni fynnai ef wrando arni, ¹⁷ ond galwodd am y llanc oedd yn gweini arno, a dweud, "Gyrrwch hon i ffwrdd oddi wrthyf, a chloi'r drws ar ei hôl." ¹⁸ Yr oedd ganddi fantell amryliw amdani, oherwydd dyna sut yr arferai tywysogesau dibriod wisgo. Pan drodd ei was hi allan a chloi'r drws ar ei hôl, ¹⁹ taflodd Tamar ludw drosti ei hun, rhwygo'i mantell amryliw, gosod ei llaw ar ei phen, a mynd allan gan lefain.

²⁰ Gofynnodd ei brawd Absalom iddi, "Ai dy frawd Amnon a fu gyda thi? Taw, yn awr, fy chwaer; dy frawd yw ef, paid â phoeni'n ormodol am hyn." Ond arhosodd Tamar yn alarus yng nghartref ei brawd Absalom. ²¹ Pan glywodd y brenin Dafydd am hyn i gyd, bu'n ddig iawn, ond ni wastrododd ei fab Amnon, am ei fod yn ei garu, oherwydd ef oedd ei gyntafanedig*. ²² Ni ddywedodd Absalom air wrth Amnon na drwg na da; ond yr oedd Absalom yn casáu Amnon am iddo dreisio ei chwaer Tamar.

Dial Absalom

²³ Ymhen dwy flynedd yr oedd yn ddiwrnod cneifio gan Absalom yn Baal-hasor ger Effraim, ac fe estynnodd wahoddiad i holl feibion y brenin. ²⁴ Aeth Absalom at y brenin hefyd, a dweud, "Edrych, y mae gan dy was ddiwrnod cneifio; doed y brenin a'i weision yno gyda'th was." ²⁵ Ond meddai'r brenin wrth Absalom, "Na, na, fy mab, ni ddown i gyd, rhag bod yn ormod o faich arnat." Ac er iddo grefu, gwrthododd fynd; ond rhoes ei fendith iddo. ²⁶ Yna dywedodd Absalom, "Os na ddoi di, gad i'm brawd Amnon ddod gyda ni." Gofynnodd y brenin, "Pam y dylai ef fynd gyda thi?" ²⁷ Ond wedi i Absalom grefu arno, fe anfonodd gydag ef Amnon a holl feibion y brenin.

²⁸ Yna huliodd Absalom wledd frenhinol*, a gorchymyn i'w lanciau, "Edrychwch, pan fydd Amnon yn llawen gan win, a minnau'n dweud, 'Tarwch Amnon', yna lladdwch ef. Peidiwch ag ofni; onid wyf fi wedi gorchymyn i chwi? Byddwch yn wrol a dewr." ²⁹ Gwnaeth y llanciau i Amnon yn ôl gorchymyn Absalom, a neidiodd holl feibion y brenin ar gefn eu mulod a ffoi. ³⁰ Tra oeddent ar y ffordd, daeth si i glyw Dafydd fod Absalom wedi lladd holl feibion y brenin, heb adael yr un ohonynt. ³¹ Cododd y brenin a rhwygo'i ddillad; yna gorweddodd ar lawr, a'i holl weision yn sefyll o'i gwmpas â'u dillad wedi eu rhwygo. ³² Yna meddai Jonadab mab Simea brawd Dafydd, "Peidied f'arglwydd â meddwl eu bod wedi lladd y bechgyn, meibion y brenin, i gyd; Amnon yn unig sydd wedi marw. Y mae hyn wedi bod ym mwriad Absalom o'r dydd y treisiodd ei chwaer Tamar. ³³ Peidied f'arglwydd yn awr â chymryd y peth at ei galon, fel petai holl feibion y brenin wedi marw; Amnon yn unig sy'n farw, ³⁴ ac y mae Absalom wedi ffoi." Fel yr oedd y llanc oedd ar wyliadwriaeth yn edrych allan, gwelodd dwr o bobl yn dod

---

13:21 Felly Fersiynau. Hebraeg heb *ond ni . . . ei gyntafanedig*.

13:28 Felly Fersiynau. Hebraeg heb *yna . . . frenhinol*.

i lawr o gyfeiriad Horonaim. Aeth y gwyliwr a dweud wrth y brenin ei fod wedi gweld dynion yn dod o gyfeiriad Horonaim ar hyd ochr y mynydd. ³⁵ Dywedodd Jonadab wrth y brenin, "Dacw feibion y brenin yn dod. Y mae wedi digwydd fel y dywedodd dy was." ³⁶ Ac fel yr oedd yn gorffen siarad, dyma feibion y brenin yn cyrraedd ac yn torri allan i wylo, nes bod y brenin hefyd a'i holl weision yn wylo'n chwerw.

³⁷ Ffodd Absalom, a mynd at Talmai fab Ammihur brenin Gesur; ac yr oedd Dafydd yn parhau i alaru ar ôl ei fab. ³⁸ Wedi i Absalom ffoi a chyrraedd Gesur, arhosodd yno am dair blynedd. ³⁹ Yna cododd hiraeth ar y Brenin Dafydd am Absalom, unwaith yr oedd wedi ei gysuro am farwolaeth Amnon.

Joab yn Trefnu i Absalom Ddychwelyd

14 Yr oedd Joab fab Serfia yn gwybod fod calon Dafydd yn troi at Absalom. ² Felly anfonodd Joab i Tecoa a chymryd oddi yno wraig ddoeth, a dywedodd wrthi, "Cymer arnat alaru a gwisg ddillad galar, a phaid â'th eneinio dy hun; bydd fel gwraig sydd ers amser maith yn galaru am y marw. ³ A dos at y brenin, a dywed fel hyn wrtho"—a gosododd Joab y geiriau yn ei genau. ⁴ Aeth* y wraig o Tecoa at y brenin, a syrthiodd ar ei hwyneb i'r llawr a moesymgrymu; yna dywedodd, "Rho help, O frenin." ⁵ Gofynnodd y brenin iddi, "Beth sy'n dy boeni?" Dywedodd hithau, "Gwraig weddw wyf fi a'm gŵr wedi marw. ⁶ Yr oedd gan dy lawforwyn ddau fab, ond cwerylodd y ddau allan yn y wlad, heb neb i'w gwahanu; a thrawodd un ohonynt y llall, a'i ladd. ⁷ Ac yn awr y mae'r holl dylwyth wedi codi yn erbyn dy lawforwyn, a dweud, 'Rho inni'r hwn a laddodd ei frawd, er mwyn inni ei ladd am fywyd y brawd a lofruddiodd; a difethwn yr etifedd hefyd.' Felly byddant yn diffodd y marworyn sydd ar ôl gennyf, fel na adewir i'm gŵr nac enw nac epil ar wyneb daear." ⁸ Dywedodd y brenin wrth y wraig, "Dos di adref, ac fe roddaf orchymyn yn dy gylch." ⁹ Atebodd hithau, "Bydded yr euogrwydd arnaf fi, f'arglwydd frenin, ac ar fy nheulu i; a bydded y brenin a'i orsedd yn ddieuog." ¹⁰ Dywedodd y brenin, "Pwy bynnag fydd yn yngan gair wrthyt, tyrd ag ef ataf fi, ac ni fydd yn dy boeni di byth mwy." ¹¹ Atebodd hithau, "Bydded i'r brenin ddwyn hyn i sylw'r ARGLWYDD dy Dduw, rhag i'r dialwr gwaed ddistrywio eto, a rhag iddynt ddifetha fy mab." A dywedodd y brenin, "Cyn wired â bod yr ARGLWYDD yn fyw, ni chaiff blewyn o wallt pen dy fab syrthio i'r llawr."

¹² Yna dywedodd y wraig, "Gad i'th lawforwyn ddweud un gair eto wrth f'arglwydd frenin." Dywedodd yntau, "Dywed." ¹³ Ac meddai'r wraig, "Pam yr wyt wedi cynllunio fel hyn yn erbyn pobl Dduw? Wrth wneud y dyfarniad hwn y mae'r brenin fel un sy'n euog ei hun, am nad yw'n galw'n ôl yr un a alltudiodd. ¹⁴ Rhaid inni oll farw; yr ydym fel dŵr a dywelltir ar lawr ac ni ellir ei gasglu eto. Nid yw Duw yn adfer bywyd, ond y mae'n cynllunio ffordd rhag i'r alltud barhau'n alltud. ¹⁵ Yn awr, y rheswm y deuthum i ddweud y neges hon wrth f'arglwydd frenin oedd fod y bobl wedi codi ofn arnaf; a phenderfynodd dy lawforwyn, 'Fe siaradaf â'r brenin; efallai y bydd yn gwneud dymuniad ei forwyn. ¹⁶ Y mae'n siŵr y gwrendy'r brenin, ac y bydd yn achub ei lawforwyn o law'r sawl sydd am fy nistrywio i a'm mab hefyd o etifeddiaeth Dduw.' ¹⁷ Meddyliodd dy lawforwyn hefyd y byddai gair f'arglwydd frenin yn gysur, oherwydd y mae f'arglwydd frenin fel angel Duw, yn medru dirnad rhwng da a drwg. Bydded yr ARGLWYDD dy Dduw gyda thi."

¹⁸ Dywedodd y brenin wrth y wraig, "Paid â chelu oddi wrthyf un peth yr wyf am ei ofyn iti." Atebodd hithau, "Gofyn di, f'arglwydd frenin." ¹⁹ Yna gofynnodd y brenin, "A yw llaw Joab gyda thi yn hyn i gyd?" Atebodd y wraig, "Cyn wired â bod f'arglwydd frenin yn fyw, nid oes modd osgoi yr hyn a ddywedodd f'arglwydd frenin, ie, dy was Joab a

---

14:4 Felly rhai llawysgrifau a Fersiynau. TM, *Dywedodd.*

roddodd orchymyn imi, ac ef a osododd y geiriau hyn i gyd yng ngenau dy lawforwyn. ²⁰ Er mwyn rhoi agwedd wahanol ar y peth y gwnaeth dy was Joab hyn, ond y mae f'arglwydd cyn galled ag angel Duw i ddeall popeth ar wyneb daear."

Cymodi Dafydd ac Absalom

²¹ Dywedodd y brenin wrth Joab, "Edrych, yr wyf am wneud hyn; felly, dos a thyrd â'r llanc Absalom yn ôl." ²² Syrthiodd Joab ar ei wyneb i'r llawr, a moesymgrymodd a bendithio'r brenin, a dweud, "Fe ŵyr dy was heddiw imi ennill ffafr yn dy olwg, f'arglwydd frenin, am iti wneud dymuniad dy was." ²³ Aeth Joab ar unwaith i Gesur, a dod ag Absalom yn ôl i Jerwsalem. ²⁴ Ond dywedodd y brenin, "Aed i'w dŷ ei hun; ni chaiff weld fy wyneb i." Felly aeth Absalom i'w dŷ ac ni welodd wyneb y brenin.

²⁵ Trwy Israel gyfan nid oedd neb y gellid ei ganmol am ei harddwch fel Absalom; nid oedd mefl arno o wadn ei droed hyd ei gorun. ²⁶ Byddai'n eillio'i ben ar ddiwedd pob blwyddyn am fod ei wallt mor drwm, a phan bwysai'r gwallt oedd wedi ei eillio oddi ar ei ben, pwysai ddau can sicl yn ôl safon y brenin. ²⁷ Ganwyd i Absalom dri mab, ac un ferch, o'r enw Tamar; yr oedd honno'n ferch brydferth.

²⁸ Arhosodd Absalom yn Jerwsalem am ddwy flynedd gyfan heb weld wyneb y brenin. ²⁹ Yna anfonodd am Joab, er mwyn iddo'i anfon at y brenin, ond nid oedd yn fodlon dod. Anfonodd eilwaith, ond yr oedd yn gwrthod dod. ³⁰ Yna dywedodd wrth ei weision, "Edrychwch, y mae llain Joab yn ffinio ar f'un i, ac y mae haidd ganddo yno; ewch a rhowch hi ar dân." A dyna weision Absalom yn rhoi'r llain ar dân. ³¹ Aeth Joab ar unwaith at Absalom i'w dŷ, a gofyn iddo, "Pam y mae dy weision wedi rhoi fy llain i ar dân?" ³² Ac meddai Absalom wrth Joab, "Edrych, fe anfonais atat a dweud, 'Tyrd yma imi dy anfon di at y brenin i ofyn pam y deuthum yn ôl o Gesur; byddai'n well arnaf pe bawn wedi aros yno.' Yn awr yr wyf am weld wyneb y brenin, ac os oes camwedd ynof, lladded fi." ³³ Yna daeth Joab at y brenin ac adrodd yr hanes wrtho, a galwodd yntau Absalom ato; ac wedi iddo ddod at y brenin, moesymgrymodd iddo â'i wyneb i'r llawr o flaen y brenin, a rhoddodd y brenin gusan i Absalom.

Absalom yn Cynllwynio Gwrthryfel

15 Wedi hyn darparodd Absalom iddo'i hun gerbyd a meirch, a hanner cant o ddynion i redeg o'i flaen. ² Codai'n fore, a sefyll ar ochr y ffordd at borth y ddinas, a phan fyddai unrhyw un yn dod ag achos at y brenin am ddedfryd, byddai Absalom yn ei alw ato ac yn holi, "O ba dref yr wyt ti?" A byddai hwnnw'n ateb, "O un o lwythau Israel y mae dy was." ³ Yna byddai Absalom yn dweud, "Edrych, y mae dy achos yn un da a chryf, ond ni chei wrandawiad gan y brenin." ⁴ Ac ychwanegai Absalom, "O na fyddwn i yn cael fy ngosod yn farnwr dros y wlad! Yna byddai pob un â chŵyn neu achos ganddo yn dod ataf fi, a byddwn i yn sicrhau cyfiawnder iddo." ⁵ Pan fyddai unrhyw un yn agosáu i ymgrymu iddo, byddai ef yn estyn ei law, yn gafael ynddo ac yn ei gusanu. ⁶ Fel hyn y byddai Absalom yn ymddwyn tuag at bob Israeliad oedd yn dod at y brenin am ddedfryd, a denodd fryd pobl Israel.

⁷ Wedi pedair* blynedd dywedodd Absalom wrth y brenin, "Gad imi fynd i Hebron a thalu'r adduned a wneuthum i'r ARGLWYDD; ⁸ oherwydd pan oeddwn yn byw yn Gesur yn Syria, gwnaeth dy was yr adduned hon, 'Os byth y daw'r ARGLWYDD â mi yn ôl i Jerwsalem, fe addolaf yr ARGLWYDD.' " ⁹ Dywedodd y brenin, "Rhwydd hynt iti!" Aeth yntau i ffwrdd i Hebron. ¹⁰ Yr oedd Absalom wedi anfon negeswyr drwy holl lwythau Israel a dweud wrthynt, "Pan glywch sain yr utgorn, cyhoeddwch, 'Y mae Absalom wedi dod yn frenin yn Hebron.' " ¹¹ Aeth deucant o wŷr gydag Absalom o Jerwsalem; yr oeddent wedi eu gwahodd, ac yn mynd yn gwbl ddiniwed, heb wybod dim byd.

15:7 Felly Fersiynau. Hebraeg, *deugain*.

¹² Anfonodd Absalom hefyd am Ahitoffel y Giloniad, cynghorydd Dafydd, i ddod o'i dref, Gilo, i fod gydag ef wrth offrymu'r ebyrth. Yr oedd y cynllwyn yn cynyddu, a'r bobl oedd o blaid Absalom yn dal i amlhau.

Dafydd yn Ffoi o Jerwsalem

¹³ Daeth rhywun a dweud wrth Ddafydd fod bryd pobl Israel ar Absalom, ¹⁴ a dywedodd Dafydd wrth ei holl weision oedd gydag ef yn Jerwsalem, "Codwch, inni gael ffoi; onid e, ni fydd modd inni ddianc rhag Absalom; brysiwch oddi yma rhag iddo ef ymosod yn sydyn arnom a pheri niwed inni, a tharo'r ddinas â'r cleddyf." ¹⁵ Dywedodd gweision y brenin wrtho, "Beth bynnag yw penderfyniad ein harglwydd frenin, y mae dy weision yn barod." ¹⁶ Yna ymadawodd y brenin, a'i deulu i gyd yn ei ganlyn, gan adael deg o'r gordderchwragedd i ofalu am y tŷ. ¹⁷ Wedi i'r brenin a'r holl fintai oedd yn ei ganlyn fynd allan, safodd ger y tŷ pellaf. ¹⁸ A safodd ei weision gerllaw iddo, tra oedd y Cerethiaid a'r Pelethiaid i gyd, a'r holl Gethiaid, sef y chwe chant o wŷr oedd wedi dod o Gath i'w ganlyn, yn croesi gerbron y brenin. ¹⁹ Gofynnodd y brenin i Itai y Gethiad, "Pam yr wyt ti'n dod gyda ni? Dos yn ôl ac aros gyda'r brenin newydd, oherwydd dieithryn wyt ti, ac alltud oddi cartref. ²⁰ Ddoe y daethost ti; a wnaf fi iti grwydro heddiw gyda ni ar daith, a minnau heb wybod i ble'r wyf yn mynd? Dos yn ôl, a dos â'th gymrodyr gyda thi; a bydded i'r ARGLWYDD ddangos iti* drugaredd a ffyddlondeb." ²¹ Atebodd Itai a dweud wrth y brenin, "Cyn wired â bod yr ARGLWYDD yn fyw, a thithau hefyd, f'arglwydd frenin, ple bynnag yr â f'arglwydd frenin, i farw neu i fyw, yno'n sicr y bydd dy was hefyd." ²² Yna dywedodd Dafydd wrth Itai, "Dos ymlaen, ynteu." Felly aeth Itai y Gethiad yn ei flaen, a'i holl bobl a'r holl blant oedd gydag ef. ²³ Yr oedd sŵn wylo mawr trwy'r holl wlad pan oedd y bobl yn croesi. Safodd* y brenin wrth nant Cidron nes i'r bobl i gyd fynd drosodd i gyfeiriad yr anialwch.

²⁴ Yr oedd Sadoc yno hefyd, a'r holl Lefiaid oedd gydag ef yn cario arch cyfamod Duw. Wedi iddynt osod arch Duw i lawr, bu Abiathar yn offrymu nes i'r bobl i gyd ymadael â'r ddinas. ²⁵ Yna dywedodd y brenin wrth Sadoc, "Dos ag arch Duw yn ôl i'r ddinas; os caf ffafr yng ngolwg yr ARGLWYDD, fe ddaw â mi yn ôl, a gadael imi ei gweld hi a'i chartref. ²⁶ Ond os dywed fel hyn, 'Nid oes arnaf d'eisiau,' dyma fi; caiff wneud fel y myn â mi." ²⁷ Hefyd dywedodd y brenin wrth Sadoc yr offeiriad, "Edrych*, fe elli di ac Abiathar* ddychwelyd yn ddiogel i'r ddinas, a'ch dau fab gyda chwi, Ahimaas dy fab di a Jonathan, mab Abiathar. ²⁸ Edrychwch, fe oedaf wrth rydau'r anialwch hyd nes y caf air oddi wrthych i'm hysbysu." ²⁹ Felly dygodd Sadoc ac Abiathar arch Duw yn ôl i Jerwsalem, ac aros yno.

³⁰ Dringodd Dafydd lethr Mynydd yr Olewydd dan wylo a chuddio'i wyneb a cherdded yn droednoeth. Yr oedd yr holl bobl oedd gydag ef hefyd yn dringo gan guddio'u hwynebau ac wylo. ³¹ Dywedwyd wrth Ddafydd fod Ahitoffel ymysg y cynllwynwyr gydag Absalom, a gweddïodd Dafydd, "O ARGLWYDD, tro gyngor Ahitoffel yn ffolineb."

³² Pan gyrhaeddodd Dafydd y copa, lle byddid yn addoli Duw, dyma Husai yr Arciad yn dod i'w gyfarfod â'i fantell wedi ei rhwygo a phridd ar ei ben. ³³ Meddai Dafydd wrtho, "Os doi di gyda mi, byddi'n faich arnaf; ³⁴ ond os ei di'n ôl i'r ddinas a dweud wrth Absalom, 'Dy was di wyf fi, f'arglwydd frenin*; gwas dy dad oeddwn gynt, ond dy was di wyf yn awr', yna gelli ddrysu cyngor Ahitoffel drosof. ³⁵ Bydd gennyt yr offeiriaid Sadoc ac Abiathar gyda thi yno; yr wyt i ddweud wrthynt hwy bob gair a glywi o dŷ'r brenin, ³⁶ oherwydd y mae'r ddau fachgen, Ahimaas fab Sadoc a Jonathan fab Abiathar, yno gyda hwy, ac fe gewch anfon ataf trwyddynt hwy bob dim a glywch." ³⁷ Daeth Husai, cyfaill Dafydd,

---

15:20 Felly Groeg. Hebraeg heb *a bydded . . . iti.*
15:23 Tebygol. Hebraeg, *Croesodd.*
15:27 Felly Groeg. Hebraeg, *A weli?*
15:27 Tebygol. Hebraeg heb *ac Abiathar.*
15:34 Tebygol. Hebraeg, *fi, frenin.*

i'r ddinas fel yr oedd Absalom yn cyrraedd Jerwsalem.

Dafydd a Siba

16 Wedi i Ddafydd fynd ychydig heibio i gopa'r mynydd, dyma Siba gwas Meffiboseth yn ei gyfarfod â chwpl o asynnod wedi eu cyfrwyo yn cario dau gan torth o fara, can swp o resin, cant o ffrwythau haf a photel o win. ² Dywedodd y brenin wrth Siba, "Beth yw'r rhain sydd gennyt?" Atebodd Siba, "Y mae'r asynnod ar gyfer teulu'r brenin i'w marchogaeth, y bara a'r ffrwythau i'r bechgyn i'w bwyta, a'r gwin i'w yfed gan unrhyw un fydd yn lluddedig yn yr anialwch." ³ Holodd y brenin, "Ond ymhle y mae ŵyr dy feistr?" Atebodd Siba, "Y mae ef wedi aros yn Jerwsalem, oblegid y mae'n meddwl y bydd yr Israeliaid yn awr yn dychwelyd teyrnas ei daid iddo." ⁴ Dywedodd y brenin wrth Siba, "Edrych, ti biau bopeth sydd gan Meffiboseth." Atebodd Siba, "Yr wyf yn ymostwng o'th flaen; bydded imi gael ffafr yn dy olwg, f'arglwydd frenin."

Dafydd a Simei

⁵ Pan gyrhaeddodd Dafydd Bahurim, dyma ddyn o dylwyth Saul, o'r enw Simei fab Gera, yn dod allan oddi yno dan felltithio. ⁶ Yr oedd yn taflu cerrig at Ddafydd a holl weision y brenin, er bod yr holl fintai a'r milwyr i gyd o boptu iddo. ⁷ Ac fel hyn yr oedd Simei yn dweud wrth felltithio: "Dos i ffwrdd, dos i ffwrdd, y llofrudd, y dihiryn; ⁸ y mae'r ARGLWYDD wedi talu iti am holl waed teulu Saul a ddisodlaist fel brenin; y mae'r ARGLWYDD wedi rhoi'r deyrnas yn llaw dy fab Absalom. Dyma ti mewn adfyd oherwydd mai llofrudd wyt ti."

⁹ Dywedodd Abisai fab Serfia wrth y brenin, "Pam y dylai'r ci marw hwn gael melltithio f'arglwydd frenin? Gad imi fynd ato a thorri ei ben i ffwrdd." ¹⁰ Ond meddai'r brenin, "Beth sydd a wnelo hyn â mi neu â chwi, feibion Serfia? Y mae ef yn melltithio fel hyn am fod yr ARGLWYDD wedi dweud wrtho am felltithio Dafydd, a phwy sydd i ofyn, 'Pam y gwnaethost hyn?'" ¹¹ Ychwanegodd Dafydd wrth Abisai a'i holl weision. "Edrychwch, y mae fy mab i fy hun yn ceisio fy mywyd; pa faint mwy y Benjaminiad hwn? ¹² Gadewch iddo felltithio, oherwydd yr ARGLWYDD sydd wedi dweud wrtho. Efallai y bydd yr ARGLWYDD yn edrych ar fy nghyni, ac yn gwneud daioni imi yn lle ei felltith ef heddiw." ¹³ Yna, tra oedd Dafydd a'i filwyr yn mynd ar hyd y ffordd, yr oedd Simei yn mynd ar hyd ochr y mynydd gyferbyn ag ef, yn melltithio ac yn lluchio cerrig ac yn taflu pridd ato. ¹⁴ Erbyn iddynt gyrraedd yr Iorddonen* yr oedd y brenin a'r holl bobl oedd gydag ef yn lluddedig, felly cymerasant seibiant yno.

Absalom yn Jerwsalem

¹⁵ Yr oedd Absalom a'r holl fyddin o Israeliaid wedi cyrraedd Jerwsalem, ac Ahitoffel gyda hwy. ¹⁶ Yna, pan ddaeth Husai yr Arciad, cyfaill Dafydd, at Absalom a dweud wrtho, "Byw fyddo'r brenin, byw fyddo'r brenin!" ¹⁷ Gofynnodd Absalom i Husai, "Ai dyma dy deyrngarwch i'th gyfaill? Pam nad aethost ti gyda'th gyfaill?" ¹⁸ Ac meddai Husai wrth Absalom, "O na, yr wyf fi o blaid yr un a ddewiswyd gan yr ARGLWYDD, a'r bobl hyn a'r holl Israeliaid, a chydag ef yr arhosaf. ¹⁹ Ac at hynny, pwy a ddylwn i ei wasanaethu? Onid ei fab? Fel y bûm yn gwasanaethu dy dad, felly y byddaf gyda thi."

²⁰ Yna dywedodd Absalom wrth Ahitoffel, "Rho gyngor inni beth i'w wneud." ²¹ Atebodd Ahitoffel, "Dos i mewn at ordderchwragedd dy dad a adawodd ef i ofalu am y tŷ; a phan fydd Israel gyfan yn clywed dy fod wedi dy ffieiddio gan dy dad, fe gryfheir dwylo pawb sydd gyda thi." ²² Taenwyd pabell i Absalom ar y to, ac aeth yntau i mewn at ordderchwragedd ei dad yng ngolwg Israel gyfan. ²³ Yr oedd y cyngor a roddai Ahitoffel yn y dyddiau hynny fel pe bai rhywun yn ymofyn cyfarwyddyd gan Dduw; felly'r ystyrid ef gan Ddafydd ac Absalom hefyd.

16:14 Felly Groeg. Hebraeg heb *yr Iorddonen*.

Husai yn Camarwain Absalom

17 Yna dywedodd Ahitoffel wrth Absalom, "Gad imi ddewis deuddeng mil o ddynion a mynd ar ôl Dafydd heno. ² Dof ar ei warthaf pan fydd yn lluddedig a diymadferth, a chodaf arswyd arno, nes bod pawb sydd gydag ef yn ffoi; ni laddaf neb ond y brenin, ³ a dof â'r holl bobl yn ôl atat fel priodferch yn dod adref at ei phriod. Bywyd un* yn unig sydd arnat ei eisiau; caiff gweddill y bobl lonydd." ⁴ Yr oedd Absalom a holl henuriaid Israel yn gweld hwn yn gyngor da, ⁵ ond dywedodd Absalom, "Galwch Husai yr Arciad hefyd er mwyn inni glywed beth sydd ganddo yntau i'w ddweud." ⁶ Wedi i Husai gyrraedd, dywedodd Absalom wrtho, "Dyma sut y cynghorodd Ahitoffel. A ddylem dderbyn ei gyngor? Onid e, rho di dy gyngor."

⁷ Dywedodd Husai wrth Absalom, "Nid yw'r cyngor a roddodd Ahitoffel y tro hwn yn un da." ⁸ Aeth Husai ymlaen, "Yr wyt ti'n adnabod dy dad a'i ddynion: y maent yn filwyr profiadol, ac mor filain ag arth wyllt wedi ei hamddifadu o'i chenawon; hefyd, y mae dy dad yn gynefin â rhyfela, ni fydd ef yn treulio'r nos gyda'r fyddin, ac y mae eisoes wedi ymguddio mewn ogof neu ryw lecyn arall. ⁹ Pan leddir rhywrai o blith dy filwyr ar y dechrau, bydd pwy bynnag a fydd yn clywed y newydd yn meddwl bod cyflafan wedi digwydd ymysg y rhai sy'n dilyn Absalom. ¹⁰ Yna fe fydd ysbryd y cryfaf, yr un â chalon fel llew, yn darfod yn llwyr, oherwydd y mae Israel gyfan yn gwybod mai milwr dewr yw dy dad, a bod dynion grymus gydag ef. ¹¹ Yr wyf fi am dy gynghori i gasglu atat Israel gyfan o Dan i Beerseba, mor niferus â thywod glan y môr, a bod i tithau'n bersonol fynd gyda hwy i'r frwydr. ¹² Ac fe ddown ar ei warthaf, ym mha le bynnag y ceir ef; disgynnwn arno fel gwlith yn syrthio ar y ddaear, ac ni adewir dim un ohonynt, ef na'r dynion sydd gydag ef. ¹³ Ac os digwydd iddo ddianc i ryw ddinas, bydd Israel gyfan yn taflu rhaffau am y ddinas honno a byddwn yn ei llusgo i'r ceunant, heb adael y garreg leiaf ohoni ar ôl." ¹⁴ Dywedodd Absalom a'r holl Israeliaid, "Y mae cyngor Husai yr Arciad yn well na chyngor Ahitoffel." Yr ARGLWYDD oedd wedi peri drysu cyngor da Ahitoffel, er mwyn i'r ARGLWYDD ddwyn dinistr ar Absalom.

Rhybuddir Dafydd i Ffoi

¹⁵ Dywedodd Husai wrth yr offeiriaid Sadoc ac Abiathar, "Fel hyn ac fel hyn yr oedd cyngor Ahitoffel i Absalom a henuriaid Israel; ac fel hyn ac fel hyn y cynghorais innau. ¹⁶ Anfonwch yn awr ar frys a dywedwch wrth Ddafydd, 'Paid ag aros y nos wrth rydau'r anialwch, ond dos drosodd ar unwaith, rhag i'r brenin a'r holl bobl sydd gydag ef gael eu difa.'" ¹⁷ Yr oedd Jonathan ac Ahimaas yn aros yn En-rogel, a morwyn yn mynd â'r neges iddynt hwy, a hwythau wedyn yn mynd â'r neges i'r Brenin Dafydd; oherwydd ni feiddient gael eu gweld yn mynd i'r ddinas. ¹⁸ Ond fe welodd bachgen hwy, a dweud wrth Absalom; felly aeth y ddau ar frys nes dod i dŷ rhyw ddyn yn Bahurim. Yr oedd gan hwnnw bydew yn ei fuarth ac aethant i lawr iddo. ¹⁹ Yna cymerodd ei wraig y caead a'i osod ar geg y pydew a thaenu grawn drosto, fel nad oedd neb yn gwybod. ²⁰ Pan ddaeth gweision Absalom at y tŷ a gofyn i'r wraig, "Ple mae Ahimaas a Jonathan?" dywedodd hithau, "Y maent wedi mynd dros y ffrwd* ddŵr." Ond er iddynt chwilio, ni chawsant mohonynt, ac aethant yn ôl i Jerwsalem. ²¹ Wedi iddynt fynd, daethant hwythau i fyny o'r pydew a mynd â'r neges i'r Brenin Dafydd, a dweud wrtho am groesi'r dŵr ar unwaith, oherwydd bod Ahitoffel wedi cynghori fel y gwnaeth yn eu herbyn. ²² Dechreuodd Dafydd, a'r holl bobl oedd gydag ef, groesi'r Iorddonen, ac erbyn toriad gwawr nid oedd neb ar ôl heb groesi'r Iorddonen.

²³ Pan welodd Ahitoffel na chymerwyd ei gyngor ef, cyfrwyodd ei asyn a mynd adref i'w dref ei hun. Gososdodd drefn ar ei dŷ, ac yna fe'i crogodd ei hun. Wedi

---

17:3 Felly Groeg. Hebraeg, *fel y daw adref y cwbl y dyn*.

17:20 Tebygol. Gair Hebraeg anhysbys.

iddo farw, fe'i claddwyd ym medd ei dad. ²⁴ Yr oedd Dafydd wedi cyrraedd Mahanaim erbyn i Absalom a holl filwyr Israel gydag ef groesi'r Iorddonen. ²⁵ Yr oedd Absalom wedi gosod Amasa dros y fyddin yn lle Joab. Yr oedd ef yn fab i ddyn o'r enw Ithra'r Ismaeliad*, a oedd wedi priodi Abigal ferch Nahas, chwaer Serfia mam Joab. ²⁶ Gwersyllodd Israel gydag Absalom yn nhir Gilead. ²⁷ Wedi i Ddafydd gyrraedd Mahanaim, daeth Sobi fab Nahas o Rabba'r Ammoniaid, a Machir fab Ammiel o Lo-debar, a Barsilai y Gileadiad o Rogelim ²⁸ â gwelyau, powlenni a llestri; hefyd gwenith, haidd, blawd, crasyd, ffa, ffacbys*, ²⁹ mêl, ceulion o laeth defaid* a chaws o laeth gwartheg. Rhoesant hwy i Ddafydd a'r bobl oedd gydag ef i'w bwyta, oherwydd meddent, "Bydd y bobl yn newynog a lluddedig, ac yn sychedig yn yr anialwch."

Gorchfygu a Lladd Absalom

18 Rhestrodd Dafydd y bobl oedd gydag ef, a phenodi capteiniaid ar filoedd a chapteiniaid ar gannoedd. ² Yna rhannodd y fyddin yn dair, traean o dan Joab, traean dan Abisai fab Serfia, brawd Joab, a thraean dan Itai y Gethiad; a dywedodd y brenin wrth y fyddin, "Mi ddof finnau hefyd gyda chwi." ³ Ond atebasant, "Ni chei di ddod. Petaem ni yn ffoi am ein heinioes, ni fyddai neb yn meddwl dim o'r peth; a phetai ein hanner yn marw, ni fyddai neb yn malio amdanom; ond yr wyt ti cystal â deng mil ohonom ni*. Felly'n awr y mae'n well i ni dy fod yn aros i'n cynorthwyo o'r ddinas." ⁴ Dywedodd y brenin y gwnâi'r hyn a dybient hwy yn orau, a safodd yn ymyl y porth fel yr oedd y fyddin yn mynd allan yn ei channoedd a'i miloedd. ⁵ Gorchmynnodd y brenin i Joab, Abisai ac Itai, "Er fy mwyn i byddwch yn dyner wrth y llanc Absalom." Yr oedd y fyddin i gyd yn clywed pan roes y brenin orchymyn i'r capteiniaid ynglŷn ag Absalom.

⁶ Aeth y fyddin i'r maes i gyfarfod ag Israel, a digwyddodd y frwydr yng nghoetir Effraim. ⁷ Gorchfygwyd byddin Israel yno gan ddilynwyr Dafydd, a bu colledion mawr yno—ugain mil o fewn y diwrnod hwnnw. ⁸ Lledodd yr ymladd dros y wlad i gyd, a difaodd y goedwig fwy o'r fyddin nag a wnaeth y cleddyf y diwrnod hwnnw.

⁹ Digwyddodd dilynwyr Dafydd daro ar Absalom. Fel yr oedd Absalom yn marchogaeth ar ei ful, aeth hwnnw dan gangen derwen fawr; daliwyd pen Absalom yn y dderwen, a'i adael rhwng nef a daear wrth i'r mul oedd dano fynd yn ei flaen. ¹⁰ Gwelodd rhywun ef, a dweud wrth Joab ei fod wedi gweld Absalom ynghrog mewn derwen. ¹¹ Ac meddai Joab wrth y dyn oedd wedi dweud wrtho, "Os gwelaist ti ef, pam na fu iti ei daro i lawr yn y fan? Fe fyddwn wedi gofalu am roi iti ddeg darn arian a gwregys." ¹² Ond dywedodd y dyn wrth Joab, "Petawn i'n cael mil o ddarnau arian ar gledr fy llaw, ni feiddiwn estyn llaw yn erbyn mab y brenin; oherwydd fe glywsom â'n clustiau ein hunain pan roddodd y brenin orchymyn i ti ac i Abisai ac i Itai, a dweud, 'Cymerwch ofal, bawb, o'r llanc Absalom.' ¹³ Pe bawn i wedi troseddu yn erbyn ei einioes, ni fyddai modd cuddio dim rhag y brenin; a byddit tithau wedi sefyll o'r naill ochr." ¹⁴ Atebodd Joab, "Nid wyf am wastraffu amser fel hyn gyda thi." Cymerodd dair picell* yn ei law a thrywanu Absalom yn ei galon, ac yntau'n dal yn fyw yng nghanol y dderwen. ¹⁵ Yna tyrrodd deg llanc oedd yn gofalu am arfau Joab o gwmpas Absalom, a'i daro a'i ladd. ¹⁶ Ar hyn canodd Joab yr utgorn, a dychwelodd y fyddin o erlid yr Israeliaid am i Joab eu galw'n ôl. ¹⁷ Cymerwyd Absalom a'i fwrw i geubwll mawr oedd yn y goedwig, a chodi tomen enfawr o gerrig drosto. Ffodd yr Israeliaid i gyd adref.

¹⁸ Yn ystod ei fywyd yr oedd Absalom wedi cymryd colofn a'i gosod i sefyll yn

---

17:25 Felly Groeg ac 1 Cron. 2:17. Hebraeg, *yr Israeliad.*
17:28 Felly Groeg. Hebraeg yn ychwanegu *a chrasyd.*
17:29 Tebygol. Hebraeg, *a defaid.*
18:3 Felly rhai llawysgrifau a Fersiynau. TM, *ond yn awr y mae deng mil fel ni.*

18:14 Felly Groeg. Hebraeg, *gwialen.*

Nyffryn y Brenin, "Oherwydd," meddai, "nid oes gennyf fab i gadw f'enw mewn cof." Galwodd y golofn ar ei enw ei hun, ac fe'i gelwir hi'n Gofeb Absalom hyd heddiw.

Hysbysu Dafydd am Farwolaeth Absalom

19 Dywedodd Ahimaas fab Sadoc, "Gad i mi redeg a rhoi'r newydd i'r brenin fod yr ARGLWYDD wedi achub ei gam oddi ar law ei elynion." 20 Ond dywedodd Joab wrtho, "Nid ti fydd y negesydd heddiw; cei fynd â'r neges rywdro arall, ond nid heddiw, oherwydd bod mab y brenin wedi marw." 21 Yna meddai Joab wrth ryw Ethiopiad, "Dos, dywed wrth y brenin yr hyn a welaist." Moesymgrymodd yr Ethiopiad i Joab a rhedodd ymaith. 22 Ond gwnaeth Ahimaas fab Sadoc gais arall, ac meddai wrth Joab, "Beth bynnag a ddigwydd, yr wyf finnau hefyd am gael rhedeg ar ôl yr Ethiopiad." Gofynnodd Joab, "Pam y mae arnat ti eisiau mynd, fy machgen? Ni chei wobr am ddwyn y neges." 23 Ond plediodd, "Sut bynnag y bydd, gad imi fynd." Felly dywedodd wrtho, "Dos, ynteu." Rhedodd Ahimaas ar hyd y gwastadedd, ac ennill y blaen ar yr Ethiopiad.

24 Yr oedd Dafydd yn eistedd rhwng y ddeuborth. Pan aeth gwyliwr i fyny uwchben y porth i ben y mur, a chodi ei lygaid ac edrych, dyna lle'r oedd dyn yn rhedeg ar ei ben ei hun. 25 Galwodd y gwyliwr a hysbysu'r brenin. Atebodd y brenin, "Os yw ar ei ben ei hun, y mae'n dod â neges." 26 Fel yr oedd yn dal i agosáu, sylwodd y gwyliwr ar ddyn arall yn rhedeg, a galwodd i lawr at y porthor a dweud, "Dacw ddyn arall* yn rhedeg ar ei ben ei hun." Dywedodd y brenin, "Negesydd yw hwn eto." 27 Yna dywedodd y gwyliwr, "Yr wyf yn gweld y cyntaf yn rhedeg yn debyg i Ahimaas fab Sadoc." Ac meddai'r brenin, "Dyn da yw hwnnw; daw ef â newyddion da." 28 Pan gyrhaeddodd* Ahimaas, dywedodd wrth y brenin, "Heddwch!" Yna moesymgrymodd i'r brenin â'i wyneb i'r llawr, a dweud, "Bendigedig fyddo'r ARGLWYDD dy Dduw, sydd wedi cau am y dynion a gododd yn erbyn f'arglwydd frenin." 29 Gofynnodd y brenin, "A yw'r llanc Absalom yn iawn?" Ac meddai Ahimaas, "Yr oedd dy was yn gweld cynnwrf mawr pan anfonodd Joab, gwas y brenin, fi i ffwrdd, ond ni wn beth oedd." 30 Dywedodd y brenin, "Saf yma o'r neilltu." Felly safodd o'r neilltu. 31 Yna cyrhaeddodd yr Ethiopiad a dweud, "Newydd da, f'arglwydd frenin! Oherwydd y mae'r ARGLWYDD wedi achub dy gam heddiw yn erbyn yr holl rai oedd yn codi yn dy erbyn." 32 Gofynnodd y brenin i'r Ethiopiad, "A yw'r llanc Absalom yn iawn?" Atebodd yr Ethiopiad, "Bydded i elynion f'arglwydd frenin a phawb sy'n codi yn d'erbyn er drwg, fod fel y llanc." 33 Cynhyrfodd y brenin, ac aeth i fyny i'r llofft uwchben y porth ac wylo; ac wrth fynd, yr oedd yn dweud fel hyn, "O Absalom fy mab, fy mab Absalom! O na fyddwn i wedi cael marw yn dy le, O Absalom fy mab, fy mab!"

Joab yn Ceryddu Dafydd

19 Hysbyswyd Joab fod y brenin yn wylo ac yn galaru am Absalom. 2 Trodd buddugoliaeth y dydd yn alar i'r holl fyddin wedi iddynt glywed y diwrnod hwnnw fod y brenin yn gofidio am ei fab. 3 Sleifiodd y fyddin i mewn i'r ddinas y diwrnod hwnnw, fel y bydd byddin sydd wedi ei chywilyddio ar ôl ffoi mewn brwydr. 4 Yr oedd y brenin yn cuddio'i wyneb ac yn gweiddi'n uchel, "Fy mab Absalom, Absalom fy mab, fy mab!" 5 Yna aeth Joab i'r ystafell at y brenin a dweud, "Yr wyt ti heddiw yn gwaradwyddo dy ddilynwyr i gyd, sef y rhai sydd wedi achub dy fywyd di heddiw, a bywydau dy feibion a'th ferched, a bywydau dy wragedd a'th ordderchwragedd. 6 Trwy ddangos cariad tuag at dy gaseion a chas at dy garedigion, yr wyt ti'n cyhoeddi heddiw nad yw dy swyddogion na'th filwyr yn ddim gennyt. Yn wir fe welaf yn awr y byddit wrth dy fodd heddiw pe byddai Absalom wedi byw a ninnau i gyd wedi marw. 7 Felly cod, dos allan a dywed air

---

18:26 Felly Fersiynau. Hebraeg heb *arall*.
18:28 Felly Fersiynau. Hebraeg, *alwodd*.

o galondid wrth dy ddilynwyr, neu, onid ei di allan atynt, tyngaf i'r ARGLWYDD, erbyn heno ni fydd gennyt yr un dyn ar ôl; a byddi mewn gwaeth trybini na dim sydd wedi digwydd iti o'th febyd hyd yn awr." [8] Ar hynny cododd y brenin ac eistedd yn y porth; anfonwyd neges at yr holl fyddin fod y brenin yn eistedd yn y porth, a daeth y fyddin gyfan ynghyd gerbron y brenin.

Dafydd yn Troi'n ôl am Jerwsalem

Yr oedd yr Israeliaid i gyd wedi ffoi i'w cartrefi. [9] Yna dechreuodd pawb trwy holl lwythau Israel ddadlau a dweud, "Achubodd y brenin ni o afael ein gelynion, ac yn arbennig fe'n gwaredodd ni rhag y Philistiaid. Yn awr y mae wedi ffoi o'r wlad o achos Absalom. [10] Ond y mae Absalom, a eneiniwyd gennym yn frenin, wedi marw yn y rhyfel; pam felly yr ydych yn oedi dod â'r brenin adref?" [11] Daeth dadleuon yr Israeliaid i gyd i glustiau'r brenin yn ei dŷ*, ac anfonodd at Sadoc ac Abiathar, yr offeiriaid, iddynt ddweud wrth henuriaid Jwda, "Pam yr ydych chwi'n oedi dod â'r brenin adref? [12] Chwi yw fy nhylwyth, fy asgwrn i a'm cnawd; pam yr ydych yn oedi dod â'r brenin adref? [13] Dywedwch wrth Amasa, 'Onid fy asgwrn i a'm cnawd wyt tithau? Fel hyn y gwnelo Duw imi, a rhagor os nad ti o hyn ymlaen fydd capten y llu drosof yn lle Joab.'" [14] Enillodd galon holl wŷr Jwda'n unfryd, ac anfonasant neges at y brenin, "Tyrd yn ôl, ti a'th holl ddilynwyr."

[15] Daeth y brenin yn ôl, a phan gyrhaeddodd yr Iorddonen, yr oedd y Jwdeaid wedi cyrraedd Gilgal ar eu ffordd i gyfarfod y brenin a'i hebrwng dros yr Iorddonen. [16] Brysiodd Simei, mab Gera y Benjaminiad o Bahurim, i fynd i lawr gyda gwŷr Jwda i gyfarfod y Brenin Dafydd. [17] Daeth mil o ddynion o Benjamin gydag ef. A rhuthrodd Siba gwas teulu Saul, gyda'i bymtheg mab ac ugain gwas, i lawr at yr Iorddonen o flaen y brenin, [18] a chroesi'r rhyd i gario teulu'r brenin drosodd, er mwyn ennill ffafr yn ei olwg. Wedi i'r brenin groesi, syrthiodd Simei fab Gera o'i flaen [19] a dweud wrtho, "O f'arglwydd, paid â'm hystyried yn euog, a phaid â chofio ymddygiad gwarthus dy was y diwrnod y gadawodd f'arglwydd frenin Jerwsalem, na'i gadw mewn cof. [20] Oherwydd y mae dy was yn sylweddoli iddo bechu, ac am hynny dyma fi wedi dod yma heddiw, yn gyntaf o holl dŷ Joseff i ddod i lawr i gyfarfod f'arglwydd frenin." [21] Ymateb Abisai fab Serfia oedd, "Oni ddylid rhoi Simei i farwolaeth am felltithio eneiniog yr ARGLWYDD?" [22] Ond dywedodd Dafydd, "Beth sydd a wneloch chwi â mi, O feibion Serfia, eich bod yn troi'n wrthwynebwyr imi heddiw? Ni chaiff neb yn Israel ei roi i farwolaeth heddiw, oherwydd oni wn i heddiw mai myfi sy'n frenin ar Israel?" [23] Dywedodd y brenin wrth Simei, "Ni fyddi farw." A thyngodd y brenin hynny wrtho.

Caredigrwydd Dafydd â Meffiboseth

[24] Hefyd fe ddaeth Meffiboseth, ŵyr Saul, i lawr i gyfarfod y brenin. Nid oedd wedi trin ei draed na'i farf, na golchi ei ddillad o'r diwrnod yr ymadawodd y brenin hyd y dydd y dychwelodd yn ddiogel. [25] Pan gyrhaeddodd o* Jerwsalem i gyfarfod y brenin, gofynnodd y brenin iddo, "Pam nad aethost ti gyda mi, Meffiboseth?" [26] Atebodd yntau, "O f'arglwydd frenin, fy ngwas a'm twyllodd i; yr oeddwn i wedi bwriadu cyfrwyo asyn a marchogaeth arno yng nghwmni'r brenin, am fy mod yn gloff. [27] Y mae fy ngwas wedi f'enllibio i wrth f'arglwydd frenin, ond y mae f'arglwydd frenin fel angel Duw; gwna fel y gweli'n dda. [28] I'm harglwydd frenin nid oedd y cyfan o dylwyth fy nhad ond meirwon, ac eto gosodaist ti dy was ymhlith y rhai oedd yn cael bwyta wrth dy fwrdd; pa hawl bellach sydd gennyf i apelio eto at y brenin?" [29] Dywedodd y brenin wrtho, "Pam y dywedi ragor? Penderfynais dy fod ti a Siba i rannu'r ystad." [30] Dywedodd Meffiboseth wrth y brenin,

---

19:11 Hebraeg, *Daeth . . . yn ei dŷ* ar ddiwedd yr adnod.

19:25 Felly rhai llawysgrifau Groeg. Hebraeg, *i.*

"Cymered ef y cwbl, gan fod f'arglwydd frenin wedi cyrraedd adref yn ddiogel."

³¹ Daeth Barsilai y Gileadiad i lawr o Rogelim a mynd cyn belled â'r Iorddonen i hebrwng y brenin. ³² Yr oedd Barsilai yn hen iawn, yn bedwar ugain oed, ac ef oedd wedi cynnal y brenin tra oedd yn aros* ym Mahanaim, oherwydd yr oedd yn ŵr cefnog iawn. ³³ Dywedodd y brenin wrth Barsilai, "Tyrd drosodd gyda mi, a chynhaliaf di tra byddi gyda mi yn Jerwsalem." ³⁴ Ond meddai Barsilai wrth y brenin, "Pa faint rhagor sydd gennyf i fyw, fel y down i fyny i Jerwsalem gyda'r brenin? ³⁵ Yr wyf yn bedwar ugain oed erbyn hyn; ni allaf ddweud y gwahaniaeth rhwng da a drwg; nid wyf yn medru blasu'r hyn yr wyf yn ei fwyta na'i yfed, na chlywed erbyn hyn leisiau cantorion a chantoresau. Pam y byddwn yn faich pellach ar f'arglwydd frenin? ³⁶ Yn fuan iawn bydd dy was wedi hebrwng y brenin at yr Iorddonen; pam y dylai'r brenin roi'r fath dâl imi? ³⁷ Gad i'th was ddychwelyd, fel y caf farw yn fy ninas fy hun, gerllaw bedd fy nhad a'm mam. Ond dyma dy was Cimham, gad iddo ef groesi gyda'm harglwydd frenin, a gwna iddo ef fel y gweli'n dda." ³⁸ Dywedodd y brenin, "Fe gaiff Cimham fynd drosodd gyda mi, a gwnaf iddo fel y gweli di'n dda; a gwnaf i tithau beth bynnag a ddeisyfi gennyf." ³⁹ Croesodd yr holl bobl dros yr Iorddonen, tra oedd y brenin yn aros*; yna cusanodd y brenin Barsilai, a'i fendithio, ac aeth yntau adref. ⁴⁰ Pan groesodd y brenin i Gilgal, aeth Cimham drosodd gydag ef; yr oedd holl filwyr Jwda a hanner milwyr Israel yn ei hebrwng drosodd.

Jwda ac Israel yn Cweryla dros y Brenin

⁴¹ Yna daeth yr holl Israeliaid a dweud wrth y brenin, "Pam y mae'n brodyr, pobl Jwda, wedi dwyn y brenin, a dod ag ef a'i deulu dros yr Iorddonen, a holl filwyr Dafydd gydag ef?" ⁴² Dywedodd holl wŷr Jwda wrth yr Israeliaid, "Y mae'r brenin yn perthyn yn nes i ni. Pam yr ydych mor ddig am hyn? A ydym ni wedi bwyta o gwbl ar ei draul, neu wedi derbyn unrhyw fantais ganddo?" ⁴³ Ateb gwŷr Israel i wŷr Jwda ar hyn oedd: "Y mae gennym ni ddengwaith mwy o hawl ar y brenin na chwi, ac yr ydym ni yn hŷn na chwi* hefyd. Pam yr ydych yn ein bychanu ni? Onid ni oedd y cyntaf i sôn am ddod â'n brenin yn ôl?" Ond dadleuodd gwŷr Jwda yn ffyrnicach na gwŷr Israel.

Gwrthryfel Seba

20 Yr oedd yn digwydd bod yno ddihiryn o'r enw Seba fab Bichri, o lwyth Benjamin. Canodd ef yr utgorn a chyhoeddi,

"Nid oes i ni gyfran yn Nafydd,
nac etifeddiaeth ym mab Jesse.
Pob un i'w babell, O Israel!"

² Yna ciliodd yr Israeliaid oddi wrth Ddafydd, a dilyn Seba fab Bichri; ond glynodd y Jwdeaid wrth eu brenin bob cam, o'r Iorddonen i Jerwsalem.

³ Wedi i'r Brenin Dafydd gyrraedd Jerwsalem, cymerodd y deg gordderchwraig a adawyd i ofalu am y tŷ, a'u rhoi dan warchod; yr oedd yn rhoi eu cynhaliaeth iddynt, ond heb fynd i mewn atynt. A buont dan glo hyd ddydd eu marwolaeth, yn byw fel gweddwon*.

⁴ Yna dywedodd y brenin wrth Amasa, "Galw ynghyd ataf filwyr Jwda, a bydd yn ôl yma o fewn tridiau." ⁵ Aeth Amasa i alw Jwda ynghyd, ond oedodd yn hwy na'r amser penodedig. ⁶ Ac meddai Dafydd wrth Abisai, "Yn awr bydd Seba fab Bichri yn creu mwy o helynt inni nag Absalom; cymer fy ngweision ac erlid ar ei ôl, rhag iddo gyrraedd dinasoedd caerog a diflannu o'n golwg." ⁷ Dilynwyd Abisai gan* Joab a'r Cerethiaid a'r Pelethiaid a'r holl filwyr profiadol, a gadawsant Jerwsalem i erlid ar ôl Seba fab Bichri. Pan oeddent wrth y maen mawr yn Gibeon, daeth Amasa i'w

---

19:32 Felly llawysgrifau a Fersiynau. TM, *dychwelodd*.
19:39 Felly Groeg. Hebraeg, *yn croesi*.
19:43 Felly Fersiynau. Hebraeg, *ac yn Nafydd yr ydym yn hytrach na chwi*.
20:3 Felly Groeg. Hebraeg, *marwolaeth, gweddwdod oes*.
20:7 Cymh. Groeg. Hebraeg, *Dilynodd ar ei ôl wŷr*.

cyfarfod. ⁸ Yr oedd Joab wedi gwregysu'r fantell yr oedd yn ei gwisgo, a throsti yr oedd gwregys ei gleddyf a oedd mewn gwain wedi ei rhwymo ar ei lwynau; ac wrth iddo symud ymlaen, fe syrthiodd y cleddyf. ⁹ Wedi i Joab ddweud wrth Amasa, "Sut yr wyt ti, fy mrawd?" gafaelodd â'i law dde ym marf Amasa i'w gusanu. ¹⁰ Nid oedd Amasa wedi sylwi ar y cleddyf oedd yn llaw Joab, a thrawodd Joab ef yn ei fol nes i'w ymysgaroedd ddisgyn i'r llawr, a bu farw heb ail ergyd. Yna aeth Joab a'i frawd Abisai yn eu blaen ar ôl Seba fab Bichri. ¹¹ Safodd un o lanciau Joab wrth y corff a dweud, "Pwy bynnag sy'n fodlon ar Joab, a phwy bynnag sydd o blaid Dafydd, canlynwch Joab." ¹² Yr oedd Amasa'n gorwedd yn bentwr gwaedlyd ar ganol yr heol, a phan welodd y dyn fod y bobl i gyd yn sefyll, symudodd Amasa o'r heol i'r cae a bwrw dilledyn drosto. ¹³ Yr oedd pawb a ddôi heibio wedi bod yn sefyll wrth ei weld; ond wedi iddo gael ei symud o'r heol, yr oedd pawb yn dilyn Joab i erlid ar ôl Seba fab Bichri.

¹⁴ Aeth Seba trwy holl lwythau Israel nes cyrraedd Abel-beth-maacha*, ac ymgasglodd yr holl Bichriaid* a'i ddilyn. ¹⁵ Pan gyrhaeddodd holl fyddin Joab, rhoesant warchae arno yn Abel-beth-maacha a chodi gwarchglawdd yn erbyn y ddinas, a thurio* i ddymchwel y mur. ¹⁶ Yna safodd gwraig ddoeth ar yr amddiffynfa a gweiddi o'r ddinas*, "Gwrandewch, gwrandewch, a dywedwch wrth Joab am iddo ddod yma i mi gael siarad ag ef." ¹⁷ Daeth yntau ati, a gofynnodd y wraig, "Ai ti yw Joab?" "Ie," meddai yntau. Yna dywedodd hi wrtho, "Gwrando ar eiriau dy lawforwyn," ac atebodd yntau, "Rwy'n gwrando." ¹⁸ Ac meddai hi, "Byddent yn arfer dweud ers talwm, 'Dim ond iddynt geisio cyngor yn Abel, a dyna ben ar y peth.' ¹⁹ Un o rai heddychol a ffyddlon Israel wyf fi, ond yr wyt ti'n ceisio distrywio dinas sy'n fam yn Israel. Pam yr wyt am ddifetha etifeddiaeth yr ARGLWYDD?" ²⁰ Atebodd Joab a dweud, "Pell y bo, pell y bo oddi wrthyf! Nid wyf am ddifetha na distrywio. ²¹ Nid felly y mae; ond dyn o fynydd-dir Effraim, o'r enw Seba fab Bichri, sydd wedi codi yn erbyn y Brenin Dafydd; dim ond i chwi ei roi ef imi, fe adawaf y ddinas." Dywedodd y wraig wrth Joab, "Fe deflir ei ben iti dros y mur." ²² Yna fe aeth y wraig yn ei doethineb at yr holl bobl; torrwyd pen Seba fab Bichri a'i daflu i Joab. Seiniodd yntau'r utgorn, gadawyd y ddinas, a gwasgarodd pawb i'w cartrefi. Dychwelodd Joab i Jerwsalem at y brenin.

Swyddogion Dafydd

²³ Joab oedd dros holl fyddin Israel, a Benaia fab Jehoiada dros y Cerethiaid a'r Pelethiaid. ²⁴ Adoram oedd dros y llafur gorfod, a Jehosaffat fab Ahilud oedd y cofiadur. ²⁵ Sefa oedd yr ysgrifennydd, a Sadoc ac Abiathar yn offeiriaid. ²⁶ Yr oedd Ira y Jairiad hefyd yn offeiriad i Ddafydd.

Rhoi Disgynyddion Saul i Farwolaeth

21 Bu newyn yn nyddiau Dafydd am dair blynedd yn olynol. Ymofynnodd Dafydd â'r ARGLWYDD, ac atebodd yr ARGLWYDD fod Saul a'i dylwyth yn euog o waed am iddo ladd trigolion Gibeon. ² Galwodd y brenin drigolion Gibeon a'u holi. Nid Israeliaid oedd y Gibeoniaid, ond gweddill o'r Amoriaid, ac yr oedd yr Israeliaid wedi gwneud cytundeb heddwch â hwy; eto yr oedd Saul wedi ceisio'u difa yn ei sêl dros yr Israeliaid a'r Jwdeaid. ³ Gofynnodd Dafydd i'r Gibeoniaid, "Beth a gaf ei wneud ichwi? Sut y gwnaf iawn, er mwyn ichwi fendithio etifeddiaeth yr ARGLWYDD?" ⁴ Dywedodd trigolion Gibeon wrtho, "Nid mater o arian ac aur yw hi rhyngom ni a Saul a'i deulu, ac nid mater i ni yw lladd neb yn Israel." Dywedodd y brenin, "Beth bynnag a ofynnwch, fe'i gwnaf i chwi." ⁵ Dywedasant hwythau, "Am y dyn a'n difaodd ni ac a fwriadodd ein diddymu rhag cael lle o gwbl o fewn terfynau Israel, ⁶ rhodder inni saith dyn

---

20:14 Cymh. adn. 15. Hebraeg, *a Bethmaacha*.
20:14 Tebygol. Hebraeg, *Beriaid*.
20:15 Felly Groeg. Hebraeg, *distrywir*.
20:16 Tebygol. Hebraeg, *Yna gwaeddodd gwraig ddoeth o'r ddinas* (gyda *safodd hi ar yr amddiffynfa ar ôl y ddinas* yn adn. 15).

o'i ddisgynyddion, fel y gallwn eu crogi o flaen yr ARGLWYDD yn Gibea Saul ym mynydd* yr ARGLWYDD." Cytunodd y brenin i'w rhoi. ⁷ Ond fe arbedodd Meffiboseth fab Jonathan, fab Saul oherwydd y llw yn enw'r ARGLWYDD a oedd rhyngddynt, sef rhwng Dafydd a Jonathan mab Saul. ⁸ Cymerodd y brenin y ddau fab yr oedd Rispa ferch Aia wedi eu geni i Saul, sef Armoni a Meffiboseth, hefyd y pum mab yr oedd Merab* ferch Saul wedi eu geni i Adriel fab Barsilai o Mehola. ⁹ Trosglwyddodd hwy i'r Gibeoniaid, a chrogasant hwythau hwy yn y mynydd o flaen yr ARGLWYDD; syrthiodd y saith ohonynt gyda'i gilydd. Lladdwyd hwy yn nyddiau cyntaf y cynhaeaf, ar ddechrau'r cynhaeaf haidd. ¹⁰ Cymerodd Rispa ferch Aia sachliain a'i daenu ar y graig iddi ei hun o ddechrau'r cynhaeaf hyd oni lawiodd diferion o'r awyr ar y cyrff. Ni adawodd i'r un aderyn rheibus ddisgyn arnynt liw dydd, nac anifail gwyllt liw nos. ¹¹ Pan hysbyswyd i Ddafydd yr hyn a wnaeth Rispa ferch Aia, gordderchwraig Saul, ¹² fe aeth a chymryd esgyrn Saul a'i fab Jonathan oddi wrth reolwyr Jabes-gilead. Yr oeddent hwy wedi eu lladrata o'r maes yn Beth-sean lle'r oedd y Philistiaid wedi eu crogi, y dydd y lladdodd y Philistiaid Saul yn Gilboa. ¹³ Cymerodd esgyrn Saul a'i fab Jonathan oddi yno, a chasglwyd ynghyd esgyrn y rhai a grogwyd, ¹⁴ a'u claddu gydag esgyrn Saul a'i fab Jonathan yn Sela yn nhir Benjamin, ym medd ei dad Cis. Gwnaed y cwbl a orchmynnodd y brenin, ac wedi hyn derbyniodd Duw ymbil ar ran y wlad.

Brwydrau yn erbyn Cewri'r Philistiaid

1 Cron. 20:4-8

¹⁵ Unwaith eto yr oedd rhyfel rhwng y Philistiaid ac Israel. Aeth Dafydd a'i weision i lawr, a rhyfela yn erbyn y Philistiaid nes bod Dafydd yn lluddedig. ¹⁶ Yr oedd Isbi-benob, un o dylwyth y Reffaim yno; ac yr oedd ei waywffon yn pwyso tri chan sicl o bres. Yr oedd ef wedi ei wregysu â chleddyf newydd, ac yn meddwl lladd Dafydd. ¹⁷ Ond fe ddaeth Abisai fab Serfia i'w helpu, a tharo'r Philistiad a'i ladd. Wedi hynny tyngodd milwyr Dafydd wrtho, "Ni chei fynd allan eto gyda ni i ryfel rhag diffodd lamp Israel."

¹⁸ Ar ôl hynny bu rhyfel arall yn erbyn y Philistiaid yn Gob. Y tro hwnnw lladdwyd Saff, un arall o dylwyth y Reffaim, gan Sibbechai yr Husathiad. ¹⁹ Bu rhyfel eilwaith yn Gob yn erbyn y Philistiaid, a lladdwyd Goliath o Gath gan Elhanan fab Jaare-oregim* o Fethlehem; yr oedd coes gwaywffon Goliath fel carfan gwehydd. ²⁰ Pan fu rhyfel eto yn Gath yr oedd yno gawr o ddyn â chwech o fysedd ar bob llaw a throed, pedwar ar hugain i gyd; ac yr oedd yntau yn hanu o'r Reffaim. ²¹ Bwriodd sen ar Israel, ond lladdwyd ef gan Jonathan mab Simei brawd Dafydd. ²² Yr oedd y pedwar hyn yn hanu o'r Reffaim yn Gath, a chwympasant trwy law Dafydd a'i weision.

Cân Buddugoliaeth Dafydd

22 Salm 18

Llefarodd Dafydd eiriau'r gerdd hon wrth yr ARGLWYDD y diwrnod y gwaredodd yr ARGLWYDD ef o law ei holl elynion ac o law Saul, ² a dywedodd:

"Yr ARGLWYDD yw fy nghraig, fy
  nghadernid a'm gwaredydd;
³ fy Nuw yw fy nghraig lle llochesaf,
fy nharian, fy amddiffynfa gadarn
  a'm caer,
fy noddfa, a'm hachubwr sy'n fy
  achub rhag trais.

⁴ "Gwaeddaf ar yr ARGLWYDD sy'n
  haeddu mawl,
ac fe'm gwaredir rhag fy ngelynion.
⁵ Pan oedd tonnau angau yn
  f'amgylchynu
a llifeiriant distryw yn fy nal,
⁶ pan oedd clymau Sheol yn
  f'amgylchu
a maglau angau o'm blaen,
⁷ gwaeddais ar yr ARGLWYDD yn fy
  nghyfyngder,
ac ar fy Nuw iddo fy nghynorthwyo;

21:6 Cymh. Groeg. Hebraeg, *Saul, dewisedig.*
21:8 Felly llawysgrifau a Fersiynau. TM, *Michal.*

21:19 H.y., *Jair y Gwehydd.*

clywodd fy llef o'i deml,
a daeth fy ngwaedd i'w glustiau.

⁸ "Crynodd y ddaear a gwegian,
ysgydwodd sylfeini'r nefoedd,
a siglo oherwydd ei ddicter ef.
⁹ Cododd mwg o'i ffroenau,
yr oedd tân yn ysu o'i enau,
a marwor yn cynnau o'i gwmpas.
¹⁰ Fe agorodd y ffurfafen a disgyn,
ac yr oedd tywyllwch dan ei draed.
¹¹ Marchogodd ar gerwb a hedfan,
gwibiodd ar adenydd y gwynt.
¹² Gosododd o'i amgylch dywyllwch
    yn babell,
a chymylau duon yn orchudd.
¹³ O'r disgleirdeb o'i flaen
tasgodd cerrig tân.
¹⁴ Taranodd yr ARGLWYDD o'r
    nefoedd,
a llefarodd llais y Goruchaf.
¹⁵ Bwriodd allan ei saethau yma ac
    acw,
saethodd fellt a gwneud iddynt
    atsain.
¹⁶ Daeth gwaelodion y môr i'r golwg,
a dinoethwyd sylfeini'r byd,
oherwydd dy gerydd di, O
    ARGLWYDD,
a chwythiad anadl dy ffroenau.

¹⁷ "Ymestynnodd o'r uchelder a'm
    cymryd,
tynnodd fi allan o'r dyfroedd cryfion.
¹⁸ Gwaredodd fi rhag fy ngelyn
    nerthol,
rhag y rhai sy'n fy nghasáu pan
    oeddent yn gryfach na mi.
¹⁹ Daethant i'm herbyn yn nydd fy
    argyfwng,
ond bu'r ARGLWYDD yn gynhaliaeth i
    mi.
²⁰ Dygodd fi allan i le agored,
a'm gwaredu am ei fod yn fy hoffi.

²¹ "Gwnaeth yr ARGLWYDD â mi yn ôl
    fy nghyfiawnder,
a thalodd i mi yn ôl glendid fy nwylo.
²² Oherwydd cedwais ffyrdd yr
    ARGLWYDD,
heb droi oddi wrth fy Nuw at
    ddrygioni;
²³ yr oedd ei holl gyfreithiau o'm
    blaen,
ac ni fwriais ei ddeddfau o'r neilltu.

²⁴ Yr oeddwn yn ddi-fai yn ei olwg,
a chedwais fy hun rhag troseddu.
²⁵ Talodd yr ARGLWYDD imi yn ôl fy
    nghyfiawnder,
ac yn ôl glendid fy nwylo yn ei olwg.
²⁶ Yr wyt yn ffyddlon i'r ffyddlon,
yn ddifeius i'r sawl sydd ddifeius,
²⁷ ac yn bur i'r rhai pur;
ond i'r cyfeiliornus yr wyt yn
    wyrgam.
²⁸ Oherwydd yr wyt yn gwaredu'r
    rhai gostyngedig,
ac yn darostwng y beilchion.
²⁹ Ti sy'n goleuo fy llusern,
    ARGLWYDD;
fy Nuw sy'n troi fy nhywyllwch yn
    ddisglair.
³⁰ Oherwydd trwot ti y gallaf oresgyn
    llu;
trwy fy Nuw gallaf neidio dros fur.
³¹ Y Duw hwn, y mae'n berffaith ei
    ffordd,
ac y mae gair yr ARGLWYDD wedi ei
    brofi'n bur;
y mae ef yn darian i bawb sy'n
    llochesu ynddo.

³² "Pwy sydd Dduw ond yr
    ARGLWYDD?
A phwy sydd graig ond ein Duw ni?
³³ Duw yw fy nghaer gadarn,
sy'n gwneud fy ffordd yn ddifeius.
³⁴ Gwna fy nhraed fel rhai ewig,
a'm gosod yn gadarn ar y
    mynyddoedd.
³⁵ Y mae'n dysgu i'm dwylo ryfela,
i'm breichiau dynnu bwa pres.
³⁶ Rhoist imi dy darian i'm gwaredu,
a'm gwneud yn fawr trwy dy ofal.
³⁷ Rhoist imi le llydan i'm camau,
ac ni lithrodd fy nhraed.
³⁸ Yr wyf yn ymlid fy ngelynion ac yn
    eu distrywio;
ni ddychwelaf nes eu difetha.
³⁹ Yr wyf yn eu difa a'u trywanu fel
    na allant godi,
ac y maent yn syrthio dan fy nhraed.
⁴⁰ Yr wyt wedi fy ngwregysu â nerth
    i'r frwydr,
a darostwng fy ngelynion danaf.
⁴¹ Gosodaist fy nhroed ar eu gwddf,
a gwneud imi ddifetha'r rhai sy'n fy
    nghasáu.

⁴² Y maent yn gweiddi, ond nid oes
    gwaredydd,
yn galw ar yr ARGLWYDD, ond nid
    yw'n eu hateb.
⁴³ Fe'u maluriaf cyn faned â llwch y
    ddaear,
a'u malu a'u sathru fel llaid ar y
    strydoedd.
⁴⁴ Yr wyt yn fy ngwaredu rhag
    ymrafael pobl,
a'm cadw yn ben ar y cenhedloedd;
pobl nad oeddwn yn eu hadnabod
    sy'n weision i mi.
⁴⁵ Estroniaid sy'n ymgreinio o'm
    blaen,
pan glywant amdanaf, maent yn
    ufuddhau i mi.
⁴⁶ Y mae estroniaid yn gwangalonni,
ac yn dyfod dan grynu o'u lloches.
⁴⁷ "Byw yw'r ARGLWYDD, bendigedig
    yw fy nghraig,
dyrchafedig fyddo'r Duw* sy'n fy
    ngwaredu,
⁴⁸ y Duw sy'n rhoi imi ddialedd,
ac yn darostwng pobloedd danaf,
⁴⁹ sy'n fy ngwaredu rhag fy
    ngelynion,
yn fy nyrchafu uwchlaw fy
    ngwrthwynebwyr,
ac yn fy arbed rhag y gorthrymwyr.
⁵⁰ Oherwydd hyn, clodforaf di, O
    ARGLWYDD, ymysg y cenhedloedd,
a chanaf fawl i'th enw.
⁵¹ Y mae'n gwaredu ei frenin yn
    helaeth
ac yn cadw'n ffyddlon i'w eneiniog,
i Ddafydd ac i'w had am byth."

Geiriau Olaf Dafydd

23 Dyma eiriau olaf Dafydd:
"Oracl Dafydd fab Jesse,
ie, oracl y gŵr a godwyd yn uchel,
eneiniog Duw Jacob,
canwr* caneuon Israel.
² "Ysbryd yr ARGLWYDD a lefarodd
    drwof,
a'i air ef oedd ar fy nhafod.
³ Llefarodd Duw Jacob*,

dywedodd craig Israel wrthyf:
'Y mae'r sawl sy'n llywodraethu pobl
    yn gyfiawn,
yn llywodraethu yn ofn Duw,
⁴ fel goleuni bore pan gyfyd haul
ar fore digwmwl,
a pheri i'r gwellt ddisgleirio o'r ddaear
ar ôl glaw.'
⁵ "Yn sicr, onid felly y mae fy nheulu
    gyda Duw?
Oherwydd gwnaeth gyfamod
    tragwyddol â mi,
un trefnus ym mhob cymal, a diogel.
Ef yw fy nghymorth i gyd a'm
    dymuniad;
oni rydd lwyddiant i mi?
⁶ "Y mae'r dihirod i gyd fel drain a
    dorrir i lawr,
am na ellir eu casglu â llaw.
⁷ Nid oes neb yn eu cyffwrdd
ond â haearn neu goes gwaywffon,
a'u llosgi'n llwyr yn y man lle maent."

Milwyr Enwog Dafydd
1 Cron. 11:10-41

⁸ Dyma enwau'r gwroniaid oedd gan Ddafydd: Isbaal yr Hachmoniad* oedd pen y Tri; chwifiodd ei waywffon mewn buddugoliaeth* uwchben wyth gant o laddedigion ar un tro. ⁹ Y nesaf ato ef ymysg y Tri Gwron oedd Eleasar fab Dodo, fab Ahohi; yr oedd ef gyda Dafydd yn herio'r Philistiaid pan ddaethant ynghyd i ryfel, a'r Israeliaid yn cilio o'u blaenau. ¹⁰ Safodd ei dir ac ymladd â'r Philistiaid nes i'w law ddiffygio a glynu yn ei gleddyf. Rhoes yr ARGLWYDD waredigaeth fawr y diwrnod hwnnw, a daeth y bobl yn ôl at Eleasar, ond i ysbeilio'r cyrff yn unig. ¹¹ Y nesaf at hwnnw oedd Samma fab Age yr Harariad. Pan ddaeth y Philistiaid ynghyd yn Lehi, lle'r oedd rhandir yn llawn ffacbys, ffodd y bobl rhag y Philistiaid; ¹² ond safodd Samma ei dir yng nghanol y llain a'i hachub, a lladd y Philistiaid; a rhoes yr ARGLWYDD waredigaeth fawr.

¹³ Aeth tri o'r Deg ar Hugain i lawr at Ddafydd i ogof Adulam, a chyrraedd

---

22:47 Felly Salm 18:46. Hebraeg yn ychwanegu *y graig.*
23:1 Neu, *anwylyd.*
23:3 Felly'r Fersiynau. Hebraeg, *Israel.*

23:8 Tebygol. Cymh. Groeg ac 1 Cron. 11:11. Hebraeg, *Joseb Bassebeth y Tachmoniad.*
23:8 Tebygol. Cymh. adn. 18 ac 1 Cron. 11:11. Hebraeg yn aneglur.

adeg y cynhaeaf, pan oedd mintai o Philistiaid wedi gwersyllu yn nyffryn Reffaim. ¹⁴ Yr oedd Dafydd ar y pryd yn yr amddiffynfa, a garsiwn y Philistiaid ym Methlehem. ¹⁵ Cododd blys ar Ddafydd ac meddai, "O na chawn ddiod o ddŵr o bydew Bethlehem sydd ger y porth!" ¹⁶ Ar hynny rhuthrodd y Tri Gwron trwy wersyll y Philistiaid, codi dŵr o bydew Bethlehem gerllaw'r porth, a'i gludo'n ôl at Ddafydd. Eto ni fynnai ef ei yfed, a thywalltodd ef yn offrwm i'r ARGLWYDD, ¹⁷ a dweud, "Na ato'r ARGLWYDD i mi wneud hyn! A allaf fi yfed gwaed gwŷr a fentrodd eu heinioes?" A gwrthododd ei yfed. Dyma wrhydri y Tri Gwron.

¹⁸ Abisai brawd Joab fab Serfia oedd pennaeth y Deg ar Hugain*. Chwifiodd ef ei waywffon mewn buddugoliaeth uwchben trichant o laddedigion; enillodd enw iddo'i hun ymhlith y Deg ar Hugain. ¹⁹ Ef yn wir oedd yr enwocaf o'r Deg ar Hugain*, a bu'n gapten arnynt; ond nid oedd ymysg y Tri.

²⁰ Yr oedd Benaia fab Jehoiada o Cabseel yn ŵr dewr*, aml ei orchestion. Ef a laddodd ddau bencampwr Moab; ef hefyd a aeth i lawr i bydew a lladd llew yno ar ddiwrnod o eira. ²¹ Lladdodd gawr* o Eifftiwr, er bod gwaywffon yn llaw'r Eifftiwr, ac yntau'n ymosod heb ddim ond ffon. Cipiodd y waywffon o law'r Eifftiwr, a'i ladd â'i waywffon ei hun. ²² Dyma wrhydri Benaia fab Jehoiada, ac enillodd enw iddo'i hun ymhlith y Deg Gwron ar Hugain*. ²³ Ef oedd yr enwocaf o'r Deg ar Hugain, ond nid oedd ymysg y Tri. Apwyntiodd Dafydd ef yn bennaeth ei warchodlu.

²⁴ Yr oedd Asahel brawd Joab ymysg y Deg ar Hugain, hefyd Elhanan fab Dodo o Fethlehem, ²⁵ Samma yr Harodiad, Elica yr Harodiad, ²⁶ Heles y Paltiad, Ira fab Icces y Tecoiad, ²⁷ Abieser yr Anathothiad, Mebunnai yr Husathiad, ²⁸ Salmon yr Ahohiad, Maharai y Netoffathiad, ²⁹ Heleb fab Baana y Netoffathiad, Itai fab Ribai o Gibea meibion Benjamin, ³⁰ Benaia y Pirathoniad, Hidai o Nahale-gaas, ³¹ Abialbon yr Arbathiad, Asmafeth y Barhumiad, ³² Eliahba y Saalboniad, Jasen y Nuniad, Jonathan fab* ³³ Samma yr Harariad, Ahiam fab Sarar yr Harariad, ³⁴ Eliffelet fab Ahasbai, mab y Naachathiad, Eliam fab Ahitoffel y Giloniad, ³⁵ Hesrai y Carmeliad, Paarai yr Arbiad, ³⁶ Igal fab Nathan o Soba, Bani y Gadiad, ³⁷ Selec yr Ammoniad, Naharai y Beerothiad (cludydd arfau Joab fab Serfia), ³⁸ Ira yr Ithriad, Gareb yr Ithriad, ³⁹ Ureia yr Hethiad. Tri deg a saith i gyd.

Dafydd yn Gwneud Cyfrifiad

24 1 Cron. 21:1–27

Unwaith eto enynnodd dicter yr ARGLWYDD yn erbyn yr Israeliaid, ac anogodd Ddafydd yn eu herbyn trwy ddweud, "Dos, cyfrifa'r Israeliaid a'r Jwdeaid." ² Felly fe ddywedodd y brenin wrth Joab, a swyddogion* y fyddin oedd gydag ef, "Dos drwy holl lwythau Israel o Dan i Beerseba a chyfrifa'r bobl, er mwyn imi wybod eu nifer." ³ Dywedodd Joab wrth y brenin, "Bydded i'r ARGLWYDD dy Dduw luosogi'r bobl ganwaith yr hyn ydynt, ac i tithau, f'arglwydd frenin, ei weld â'th lygaid dy hun; ond pam y mae f'arglwydd frenin â'i fryd ar wneud hyn?" ⁴ Ond yr oedd gair y brenin yn drech na Joab a swyddogion y fyddin; felly fe aeth Joab a swyddogion y fyddin allan yn ôl gorchymyn* y brenin i gyfrif pobl Israel. ⁵ Wedi croesi'r Iorddonen, dechreusant* yn Aroer, i'r de o'r ddinas sydd yng nghanol y dyffryn, yna aethant i Gad, ac ymlaen i Jaser. ⁶ Yna daethant i Gilead a gwlad yr Hethiaid, cyn belled â Cades*; ac i Dan a Jaan, a chwmpasu at Sidon. ⁷ Daethant wedyn at ddinas gaerog Tyrus, a holl drefi'r Hefiaid a'r Canaaneaid, a gorffen yn Negef Jwda, yn

---

23:18 Felly llawysgrifau a Syrieg. TM, *Tri.* Felly hefyd ar ddiwedd yr adnod hon.
23:19 Tebygol. Hebraeg, *Tri.*
23:20 Neu, *Cabseel, mab Is-hai, yn.*
23:21 Felly 1 Cron. 11:23. Hebraeg, *ŵr prydweddol.*
23:22 Tebygol. Hebraeg, *Tri Gwron.*
23:32 Tebygol. Cymh. 1 Cron. 11:34 a Groeg. Hebraeg, *meibion Jasen Jonathan.*
24:2 Felly Groeg ac 1 Cron. 21:2. Hebraeg, *Joab, swyddog.*
24:4 Tebygol. Hebraeg, *wyneb.*
24:5 Felly Groeg. Hebraeg, *gwersyllasant.*
24:6 Felly Groeg. Hebraeg, *Tahtim Hodsi.*

Beerseba. ⁸ Wedi iddynt deithio drwy'r wlad gyfan, daethant yn ôl i Jerwsalem ymhen naw mis ac ugain diwrnod. ⁹ Rhoddodd Joab swm cyfrifiad y bobl i'r brenin: yr oedd yn Israel wyth gan mil o wŷr abl i drin cleddyf, ac yr oedd milwyr Jwda yn bum can mil.

¹⁰ Wedi iddo gyfrif y bobl, pigodd cydwybod Dafydd ef; a dywedodd wrth yr ARGLWYDD, "Pechais yn fawr trwy wneud hyn; am hynny, O ARGLWYDD, maddau i'th was, oherwydd bûm yn ffôl iawn." ¹¹ Wedi i Ddafydd godi fore trannoeth, daeth gair yr ARGLWYDD at y proffwyd Gad, gweledydd Dafydd, gan ddweud, ¹² "Dos a dywed wrth Ddafydd, 'Fel hyn y dywed yr ARGLWYDD: Yr wyf yn cynnig tri pheth iti; dewis di un ohonynt, ac fe'i gwnaf iti'." ¹³ Daeth Gad at Ddafydd a'i hysbysu a dweud wrtho, "A fynni di dair* blynedd o newyn yn dy wlad, ynteu tri mis o ffoi o flaen dy wrthwynebwyr tra byddant yn dy erlid, ynteu tridiau o haint yn dy wlad? Ystyria ac edrych pa ateb a roddaf i'r un a'm hanfonodd." ¹⁴ Dywedodd Dafydd wrth Gad, "Y mae'n gyfyng iawn arnaf, ond bydded inni syrthio i law'r ARGLWYDD, am fod ei drugareddau'n aml, yn hytrach nag imi syrthio i ddwylo pobl." ¹⁵ Felly dewisodd Dafydd yr haint. Yr oedd yn dymor y cynhaeaf gwenith*, ac anfonodd yr ARGLWYDD haint ar Israel o'r bore hyd derfyn y cyfnod penodedig. Bu farw deng mil a thrigain o'r bobl o Dan i Beerseba. ¹⁶ Ond pan estynnodd yr angel ei law yn erbyn Jerwsalem i'w dinistrio, edifarhaodd yr ARGLWYDD am y niwed, a dywedodd wrth yr angel oedd yn distrywio'r bobl, "Digon bellach! Atal dy law." Yr oedd angel yr ARGLWYDD yn ymyl llawr dyrnu Arafna y Jebusiad.

¹⁷ Pan welodd Dafydd yr angel yn taro'r bobl, dywedodd wrth yr ARGLWYDD, "Myfi sydd wedi pechu, a myfi sydd wedi gwneud drwg; ond am y defaid hyn, beth a wnaethant hwy? Bydded dy law yn f'erbyn i a'm teulu." ¹⁸ Daeth Gad at Ddafydd y diwrnod hwnnw a dweud wrtho, "Dos, a chyfod allor i'r ARGLWYDD ar lawr dyrnu Arafna y Jebusiad." ¹⁹ Felly, ar air Gad, fe aeth Dafydd fel y gorchmynnodd yr ARGLWYDD. ²⁰ Pan edrychodd Arafna a gweld y brenin a'i weision yn dod tuag ato, aeth allan a moesymgrymu i'r brenin â'i wyneb i'r llawr. ²¹ Ac meddai Arafna, "Pam y daeth f'arglwydd frenin at ei was?" Atebodd Dafydd, "I brynu gennyt y llawr dyrnu, i godi allor i'r ARGLWYDD er mwyn atal y pla sydd ar y bobl." ²² Yna dywedodd Arafna wrth Ddafydd, "Cymered f'arglwydd frenin ef ac offrymu'r hyn a fyn; edrych, dyma'r ychen ar gyfer y poethoffrwm, a'r sled ddyrnu ac iau'r ychen yn danwydd." ²³ Rhoddodd Arafna'r cwbl* i'r brenin, a dweud wrtho, "Bydded yr ARGLWYDD dy Dduw yn fodlon arnat." ²⁴ Ond dywedodd y brenin wrth Arafna, "Na, rhaid imi ei brynu gennyt am bris. Nid wyf am aberthu i'r ARGLWYDD fy Nuw boethoffrwm di-gost." Felly prynodd Dafydd y llawr dyrnu a'r ychen am hanner can sicl o arian; ²⁵ a chododd yno allor i'r ARGLWYDD, ac aberthu poethoffrymau a heddoffrymau. Derbyniodd yr ARGLWYDD ymbil ar ran y wlad, ac ataliwyd y pla oddi ar Israel.

24:13 Felly 1 Cron. 21:12 a Groeg. Hebraeg, *saith*.
24:15 Felly Fersiynau. Hebraeg heb *Felly . . . gwenith*.

24:23 Tebygol. Hebraeg, *Arafna'r brenin y cwbl*.

LLYFR CYNTAF Y
BRENHINOEDD

Y Brenin Dafydd yn ei Henaint

1 Yr oedd y Brenin Dafydd yn hen, mewn gwth o oedran; ni chynhesai, er pentyrru dillad drosto. ² A dywedodd ei weision wrtho, "Ceisier i'n harglwydd frenin forwyn ifanc i ofalu am y brenin, i'th ymgeleddu a gorwedd yn dy fynwes, fel y cynheso'r arglwydd frenin." ³ Yna ceisiwyd geneth deg trwy holl wlad Israel, a chafwyd Abisag y Sunamees a'i dwyn at y brenin. ⁴ Yr oedd yn eneth brydferth iawn, a bu'n ymgeleddu i'r brenin ac yn gofalu amdano; ond ni chafodd y brenin gyfathrach â hi.

Adoneia yn Hawlio'r Orsedd

⁵ Ymddyrchafodd Adoneia fab Haggith gan ddweud, "Yr wyf fi am fod yn frenin." A darparodd iddo'i hun gerbyd a marchogion, a hanner cant o wŷr i redeg o'i flaen. ⁶ Nid oedd ei dad wedi gomedd dim iddo erioed na dweud, "Pam y gwnaethost fel hyn?" ⁷ Yr oedd yntau hefyd yn hynod deg ei bryd; a ganed ef ar ôl Absalom. Bu'n trafod gyda Joab fab Serfia, ac Abiathar yr offeiriad; a rhoesant eu cefnogaeth i Adoneia. ⁸ Ond nid oedd Sadoc yr offeiriad, Benaia fab Jehoiada, Nathan y proffwyd, Simei, Rei, na'r cedyrn oedd gan Ddafydd, o blaid Adoneia. ⁹ Yna lladdodd Adoneia ddefaid a gwartheg a phasgedigion wrth faen Soheleth sydd gerllaw En-rogel; a gwahoddodd i'w wledd ei holl frodyr, meibion y brenin, a holl wŷr Jwda a oedd yn weision i'r brenin. ¹⁰ Ond ni wahoddodd Nathan y proffwyd, na Benaia a'r cedyrn, na'i frawd Solomon.

Gwneud Solomon yn Frenin

¹¹ Dyweddodd Nathan wrth Bathseba, mam Solomon, "Oni chlywaist ti fod Adoneia fab Haggith yn frenin, heb i'n harglwydd Dafydd wybod? ¹² Yn awr, felly, tyrd, rhoddaf iti gyngor fel y gwaredi dy fywyd dy hun a bywyd dy fab Solomon. ¹³ Dos i mewn ar unwaith at y Brenin Dafydd a dywed wrtho, 'Oni thyngaist, f'arglwydd frenin, wrth dy lawforwyn a dweud, "Solomon dy fab a deyrnasa ar fy ôl; ef sydd i eistedd ar fy ngorsedd"? Pam gan hynny y mae Adoneia yn frenin?' ¹⁴ Tra byddi yno'n siarad â'r brenin, dof finnau i mewn i gadarnhau dy eiriau."

¹⁵ Aeth Bathseba i mewn at y brenin i'r siambr. Yr oedd y brenin yn hen iawn, ac Abisag y Sunamees yn gofalu amdano. ¹⁶ Ymostyngodd Bathseba ac ymgrymu i'r brenin, a dywedodd y brenin, "Beth sy'n bod?" ¹⁷ Atebodd hithau, "F'arglwydd, ti dy hun a dyngodd trwy'r ARGLWYDD dy Dduw wrth dy lawforwyn: 'Solomon dy fab a deyrnasa ar fy ôl; ef sydd i eistedd ar fy ngorsedd.' ¹⁸ Ond yn awr, y mae Adoneia'n frenin, a thithau, f'arglwydd frenin, heb wybod. ¹⁹ Y mae wedi lladd llawer o fustych, pasgedigion a defaid, a gwahodd holl feibion y brenin, Abiathar yr offeiriad a Joab, tywysog y llu; ond ni wahoddodd dy was Solomon. ²⁰ Yn awr y mae llygaid holl Israel arnat ti, f'arglwydd frenin, fel y mynegi iddynt pwy sydd i eistedd ar orsedd f'arglwydd frenin ar ei ôl. ²¹ Onid e, pan fydd f'arglwydd frenin farw, cyfrifir fi a'm mab yn droseddwyr."

²² Tra oedd hi'n siarad â'r brenin, cyrhaeddodd y proffwyd Nathan, ²³ a hysbyswyd y brenin: "Dyma Nathan y proffwyd." Daeth yntau gerbron y brenin, ac ymgrymu i'r brenin â'i wyneb i'r llawr. ²⁴ A dywedodd Nathan, "F'arglwydd frenin, a ddywedaist ti mai Adoneia sydd i deyrnasu ar dy ôl, ac i eistedd ar dy orsedd? ²⁵ Oblegid aeth i lawr heddiw, a lladdodd lawer o fustych, pasgedigion a defaid, a gwahodd i'w wledd holl dylwyth y brenin, tywysog y llu ac Abiathar yr offeiriad. Y maent yn bwyta ac yn yfed yn ei ŵydd, ac yn ei gyfarch, 'Byw fyddo'r brenin Adoneia!' ²⁶ Ond nid yw wedi fy ngwahodd i, sy'n was i ti, na Sadoc yr offeiriad, na Benaia fab Jehoiada, na Solomon dy was. ²⁷ A

wnaed y peth hwn trwy f'arglwydd frenin, heb i ti hysbysu dy was pwy sydd i eistedd ar orsedd f'arglwydd frenin ar ei ôl?" ²⁸ Atebodd y Brenin Dafydd, "Galwch Bathseba." Daeth hithau i ŵydd y brenin a sefyll o'i flaen. ²⁹ Yna tyngodd y brenin a dweud, "Cyn wired â bod yr ARGLWYDD yn fyw, a waredodd fy mywyd o bob cyfyngder, ³⁰ yn ddiau fel y tyngais i ti trwy'r ARGLWYDD, Duw Israel, mai Solomon dy fab a deyrnasai ar fy ôl, ac eistedd ar fy ngorsedd yn fy lle, felly yn ddiau y gwnaf y dydd hwn." ³¹ Ymostyngodd Bathseba â'i hwyneb i'r llawr ac ymgrymu i'r brenin, a dweud, "Boed i'm harglwydd, y Brenin Dafydd, fyw byth!" ³² Dywedodd y Brenin Dafydd, "Galwch Sadoc yr offeiriad, Nathan y proffwyd a Benaia fab Jehoiada." ³³ Daethant i ŵydd y brenin, a dywedodd y brenin wrthynt, "Cymerwch weision eich arglwydd gyda chwi, a pheri i'm mab Solomon farchogaeth ar fy mules, a dewch ag ef i lawr i Gihon. ³⁴ Yno boed i Sadoc yr offeiriad a Nathan y proffwyd ei eneinio ef yn frenin ar Israel; seiniwch yr utgorn a dywedwch, 'Byw fyddo'r Brenin Solomon!' ³⁵ Dewch chwithau i fyny ar ei ôl, a boed iddo eistedd ar fy ngorsedd; ef sydd i deyrnasu yn fy lle, a gorchmynnaf iddo fod yn dywysog ar Israel a Jwda." ³⁶ Yna atebodd Benaia fab Jehoiada y brenin, a dweud, "Amen! Felly hefyd y dywedo'r ARGLWYDD, Duw fy arglwydd frenin. ³⁷ Fel y bu'r ARGLWYDD gyda'm harglwydd frenin, felly bydded gyda Solomon; a gwnaed ei orsedd yn uwch na gorsedd f'arglwydd, y Brenin Dafydd." ³⁸ Aeth Sadoc yr offeiriad a Nathan y proffwyd a Benaia fab Jehoiada, a'r Cerethiaid a'r Pelethiaid, i lawr, gan beri i Solomon farchogaeth ar fules y Brenin Dafydd, a dod ag ef i Gihon. ³⁹ Cymerodd Sadoc yr offeiriad y corn olew o'r babell, ac eneiniodd Solomon; yna seiniwyd yr utgorn, a dywedodd yr holl bobl, "Byw fyddo'r brenin Solomon!" ⁴⁰ Aeth yr holl bobl i fyny ar ei ôl dan ganu ffliwtiau a llawenhau'n orfoleddus, nes hollti'r ddaear â'u sŵn.

⁴¹ Tra oeddent yn gorffen bwyta, clywodd Adoneia hyn, a'r holl wahoddedigion oedd gydag ef. A phan glywodd Joab sain yr utgorn dywedodd, "Pam y mae sŵn cynnwrf yn y ddinas?" ⁴² Ar y gair, dyma Jonathan fab Abiathar yr offeiriad yn cyrraedd. Dywedodd Adoneia, "Tyrd i mewn; gŵr teilwng wyt ti, a newydd da sydd gennyt." ⁴³ Ond atebodd Jonathan a dweud wrth Adoneia, "Nage'n wir! Y mae ein harglwydd, y Brenin Dafydd, wedi gwneud Solomon yn frenin, ⁴⁴ ac wedi anfon gydag ef Sadoc yr offeiriad, Nathan y proffwyd, Benaia fab Jehoiada, y Cerethiaid a'r Pelethiaid, a pheri iddo farchogaeth ar fules y brenin. ⁴⁵ Ac eneiniodd Sadoc yr offeiriad a Nathan y proffwyd ef yn frenin yn Gihon, a daethant i fyny oddi yno dan lawenhau, a chynhyrfodd y ddinas. Dyna'r twrf a glywsoch. ⁴⁶ A mwy na hynny, y mae Solomon yn eistedd ar orsedd y frenhiniaeth; ⁴⁷ a daeth gweision y brenin ymlaen i gyfarch ein harglwydd, y Brenin Dafydd, a dweud, 'Gwneled dy Dduw enw Solomon yn well na'th enw di, a dyrchafed ei orsedd ef yn uwch na'th orsedd di!' Ac ymgrymodd y brenin ar ei wely. ⁴⁸ Fel hyn y dywedodd y brenin: 'Bendigedig fyddo ARGLWYDD Dduw Israel, a roes heddiw un i eistedd ar fy ngorsedd, a'm llygaid innau'n gweld hynny.'"

⁴⁹ Cododd holl wahoddedigion Adoneia mewn dychryn a mynd bob un i'w ffordd. ⁵⁰ A chan fod Adoneia'n ofni rhag Solomon, cododd ac aeth i ymaflyd yng nghyrn yr allor. ⁵¹ Mynegwyd i Solomon, "Edrych, y mae Adoneia'n ofni'r Brenin Solomon; ymaflodd yng nghyrn yr allor a dweud, 'Tynged y Brenin Solomon wrthyf yn awr na fydd iddo ladd ei was â'r cledd.'" ⁵² A dywedodd Solomon, "Os bydd yn ŵr teilwng, ni syrth un blewyn o'i wallt i lawr; ond os ceir drygioni ynddo, fe fydd farw." ⁵³ Ac anfonodd y Brenin Solomon i'w gyrchu ef i lawr oddi wrth yr allor. Daeth yntau ac ymgrymu i'r Brenin Solomon; a dywedodd Solomon wrtho, "Dos i'th dŷ."

Gorchymyn Olaf Dafydd i Solomon

2 Pan nesaodd y dyddiau i Ddafydd farw, gorchmynnodd i'w fab Solomon, a dweud, ² "Yr wyf fi ar fynd i ffordd yr holl ddaear; am hynny ymnertha, a bydd yn ddyn. ³ Cadw ofynion yr ARGLWYDD dy Dduw, gan rodio yn ei ffyrdd, ac ufuddhau i'w ddeddfau, ei orchmynion, ei farnedigaethau a'i dystiolaethau, fel yr ysgrifennwyd hwy yng nghyfraith Moses. Yna fe lwyddi ym mhob peth a wnei ym mhle bynnag y byddi'n troi; ⁴ ac fe gyflawna'r ARGLWYDD ei air, a addawodd wrthyf pan ddywedodd, 'Os gwylia dy ddisgynyddion eu ffordd, a rhodio ger fy mron mewn gwirionedd, â'u holl galon ac â'u holl enaid, yna ni thorrir ymaith ŵr o'th dylwyth oddi ar orsedd Israel.'

⁵ "Gwyddost yr hyn a wnaeth Joab fab Serfia â mi, sef yr hyn a wnaeth i ddau gadfridog lluoedd Israel, Abner fab Ner ac Amasa fab Jether; fe'u lladdodd, a thywallt gwaed rhyfel ar adeg heddwch, a thaenu gwaed rhyfel ar y gwregys am ei lwynau a'r esgidiau am ei draed. ⁶ Am hynny gwna yn ôl dy ddoethineb; paid â gadael i'w benwynni ddisgyn i'r bedd mewn heddwch. ⁷ Ond bydd yn garedig wrth feibion Barsilai o Gilead; gad iddynt fod ymysg y rhai a fydd yn bwyta wrth dy fwrdd, oherwydd daethant ataf pan oeddwn yn ffoi rhag dy frawd Absalom. ⁸ Y mae hefyd gyda thi Simei fab Gera, y Benjaminiad o Bahurim; fe'm melltithiodd yn filain y dydd yr euthum i Mahanaim, ond daeth i'm cyfarfod at yr Iorddonen, a thyngais wrtho yn enw'r ARGLWYDD, 'Ni'th laddaf â'r cleddyf.' ⁹ Ond yn awr, paid â'i adael yn ddi-gosb; yr wyt yn ŵr doeth, a gwyddost beth i'w wneud iddo; pâr i'w benwynni ddisgyn mewn gwaed i'r bedd."

Marwolaeth Dafydd

¹⁰ Bu farw Dafydd, a chladdwyd ef yn Ninas Dafydd. ¹¹ Deugain mlynedd oedd y cyfnod y teyrnasodd Dafydd ar Israel; teyrnasodd yn Hebron am saith mlynedd, ac yn Jerwsalem am dri deg a thair o flynyddoedd. ¹² Yna eisteddodd Solomon ar orsedd ei dad Dafydd, a sicrhawyd ei frenhiniaeth yn gadarn.

Marwolaeth Adoneia

¹³ Daeth Adoneia fab Haggith at Bathseba mam Solomon, a dywedodd hi, "Ai mewn heddwch yr wyt yn dod?" Atebodd yntau, "Mewn heddwch. ¹⁴ Hoffwn air â thi." Atebodd hithau, "Llefara." ¹⁵ Yna dywedodd ef, "Fe wyddost mai eiddof fi oedd y frenhiniaeth, ac i holl Israel roi eu bryd ar fy ngwneud yn frenin; ond daeth tro ar fyd, ac aeth y frenhiniaeth i'm brawd; trwy'r ARGLWYDD y cafodd hi. ¹⁶ Yn awr y mae gennyf un cais i'w ofyn gennyt; paid â'm gwrthod." Dywedodd hithau, "Gofyn." ¹⁷ Ac meddai ef, "Gwna gais drosof at y Brenin Solomon am iddo roi Abisag y Sunamees yn wraig imi, oherwydd ni fydd yn dy wrthod di." ¹⁸ A dywedodd Bathseba, "O'r gorau, mi ofynnaf drosot i'r brenin."

¹⁹ Felly aeth Bathseba at y Brenin Solomon i ofyn iddo dros Adoneia. Cododd y brenin i'w chyfarch ac ymgrymodd iddi; yna eisteddodd ar ei orsedd, a gosodwyd gorsedd i fam y brenin eistedd ar ei law dde. ²⁰ Dywedodd hi, "Yr wyf am ofyn un cais bach gennyt; paid â'm gwrthod." Atebodd y brenin hi, "Gofyn, fy mam, oherwydd ni'th wrthodaf di." ²¹ Dywedodd hi, "Rhodder Abisag y Sunamees i'th frawd Adoneia yn wraig." ²² Ond atebodd y Brenin Solomon ei fam, "A pham yr wyt ti'n gofyn am Abisag y Sunamees i Adoneia? Gofyn hefyd am y deyrnas iddo, oherwydd y mae'n frawd hŷn na mi; gofyn am y deyrnas iddo ef, a hefyd i Abiathar yr archoffeiriad, ac i Joab fab Serfia." ²³ A thyngodd y Brenin Solomon i'r ARGLWYDD, "Fel hyn y gwnelo Duw i mi, a rhagor, os nad ar draul ei einioes ei hun y llefarodd Adoneia fel hyn. ²⁴ Yn awr, cyn wired â bod yr ARGLWYDD yn fyw, a'm sicrhaodd ac a'm gosododd ar orsedd Dafydd fy nhad, ac a roes imi dylwyth yn ôl ei air, yn ddiau heddiw fe roir Adoneia i farwolaeth." ²⁵ Yna gwysiodd y Brenin Solomon Benaia fab Jehoiada; ymosododd yntau ar Adoneia, a bu farw.

Diswyddo Abiathar a Lladd Joab

26 Ac wrth Abiathar yr archoffeiriad dywedodd y brenin, "Dos i Anathoth, i'th fro dy hun, oherwydd gŵr yn haeddu marw wyt ti, ond ni laddaf mohonot y tro hwn, am iti gludo arch yr Arglwydd DDUW o flaen fy nhad Dafydd, ac am iti ddioddef gyda'm tad yn ei holl gystuddiau." 27 Yna diswyddodd Solomon Abiathar o fod yn archoffeiriad i'r ARGLWYDD, er mwyn cyflawni gair yr ARGLWYDD a lefarodd yn erbyn tylwyth Eli yn Seilo. 28 Pan ddaeth y newydd at Joab, a fu'n cefnogi Adoneia—er na chefnogodd Absalom—fe ffodd i babell yr ARGLWYDD a chydiodd yng nghyrn yr allor. 29 Dywedwyd wrth y Brenin Solomon fod Joab wedi ffoi i babell yr ARGLWYDD a'i fod wrth yr allor.Yna anfonwyd Benaia fab Jehoiada gan Solomon â'r gorchymyn, "Dos ac ymosod arno." 30 Wedi i Benaia ddod i babell yr ARGLWYDD, dywedodd wrtho, "Fel hyn y dywedodd y brenin, 'Tyrd allan'." Atebodd yntau, "Na, yma y byddaf farw." 31 Pan ddygodd Benaia adroddiad yn ôl at y brenin, a mynegi beth oedd ateb Joab, dywedodd y brenin wrtho, "Gwna fel y dywedodd; lladd ef, a'i gladdu, a symud oddi wrthyf ac oddi wrth fy nhylwyth euogrwydd y gwaed a dywalltodd Joab yn ddiachos. 32 Fe ddial yr ARGLWYDD y gwaed arno ef am iddo ymosod, heb i'm tad Dafydd wybod, ar ddau ŵr cyfiawnach a gwell nag ef ei hun, a'u lladd â'r cleddyf, sef Abner fab Ner, tywysog llu Israel, ac Amasa fab Jether, tywysog llu Jwda. 33 Erys eu gwaed hwy ar ben Joab a'i ddisgynyddion yn dragywydd; ond i Ddafydd a'i ddisgynyddion a'i deulu a'i orsedd fe fydd llwydd oddi wrth yr ARGLWYDD yn dragywydd." 34 Aeth Benaia fab Jehoiada i fyny, ac ymosod ar Joab a'i ladd; a chladdwyd ef yn ei gartref yn yr anialwch.

35 Gosododd y brenin Benaia fab Jehoiada yn bennaeth y fyddin yn lle Joab, a Sadoc yr offeiriad yn lle Abiathar.

Marwolaeth Simei

36 Yna gwysiodd y brenin Simei a dweud wrtho, "Adeilada dŷ yn Jerwsalem a thrig yno. Paid â symud oddi yno i unman, 37 oherwydd, cymer rybudd, yn y dydd y byddi'n croesi nant Cidron byddi farw'n gelain; bydd dy waed arnat ti dy hun." 38 Dywedodd Simei wrth y brenin, "Purion! Fel y mae f'arglwydd frenin yn gorchymyn y gwna dy was." 39 Trigodd Simei am gyfnod yn Jerwsalem; ond ymhen tair blynedd, ffodd dau o gaethweision Simei at Achis fab Maacha, brenin Gath. 40 Hysbyswyd Simei fod ei weision yn Gath, a chyfrwyodd ei asyn a mynd i Gath at Achis i geisio'i weision; ac aeth a dod â'i weision yn ôl o Gath. 41 Pan hysbyswyd Solomon i Simei fynd o Jerwsalem i Gath a dychwelyd, 42 gwysiodd y brenin Simei a dweud wrtho, "Oni thynghedais di yn enw'r ARGLWYDD? Oni rybuddiais di y byddit farw'n gelain y dydd yr ait allan i unrhyw fan? A dywedaist wrthyf, 'Purion! Fe ufuddhaf.' 43 Pam na chedwaist lw yr ARGLWYDD a'r gorchymyn a roddais i ti?" 44 Yna dywedodd y brenin wrth Simei, "Fe wyddost yn dy galon yr holl ddrygioni a wnaethost i'm tad Dafydd. 45 Fe ddial yr ARGLWYDD dy ddrygioni arnat, ond bendithir y Brenin Solomon, a sicrheir gorsedd Dafydd gerbron yr ARGLWYDD yn dragywydd." 46 Yna rhoes y brenin orchymyn i Benaia fab Jehoiada; aeth yntau allan ac ymosod ar Simei, a bu ef farw. A sicrhawyd y frenhiniaeth yn llaw Solomon.

Solomon yn Gweddïo am Ddoethineb

3 2 Cron. 1:3–12

Gwnaeth Solomon gynghrair â Pharo brenin yr Aifft trwy briodi ei ferch. Daeth â hi i Ddinas Dafydd i fyw nes iddo ddarfod adeiladu ei dŷ ei hun a thŷ'r ARGLWYDD, a'r mur o amgylch Jerwsalem. 2 Yr oedd y bobl yn dal i aberthu mewn uchelfeydd, am nad oedd tŷ i enw'r ARGLWYDD eto wedi ei adeiladu. 3 Yr oedd Solomon yn caru'r ARGLWYDD, gan rodio yn ôl deddfau ei dad Dafydd, ond yn aberthu ac yn arogldarthu mewn uchelfeydd. ⁴ Aeth y brenin i aberthu i Gibeon. Honno oedd y brif uchelfa; mil o boethoffrymau a offrymai Solomon ar yr allor yno. ⁵ Ymddangosodd yr ARGLWYDD i Solomon yn Gibeon mewn breuddwyd liw nos; a dywedodd DUW, "Gofyn beth bynnag a fynni gennyf." ⁶ Dywedodd Solomon, "Buost yn ffyddlon iawn i'm tad Dafydd, dy was, am iddo rodio gyda thi mewn gwirionedd a chyfiawnder a chywirdeb calon. Ie, parheaist yn ffyddlon iawn iddo, a rhoi iddo fab i eistedd ar ei orseddfainc heddiw. ⁷ Yn awr, O ARGLWYDD fy Nuw, gwnaethost dy was yn frenin yn lle fy nhad Dafydd, a minnau'n llanc ifanc, dibrofiad. ⁸ Ac y mae dy was yng nghanol dy ddewis bobl, sy'n rhy niferus i'w rhifo na'u cyfrif. ⁹ Felly rho i'th was galon ddeallus i farnu dy bobl, i ddirnad da a drwg; oherwydd pwy a ddichon farnu dy bobl luosog hyn?"

¹⁰ Bu'n dderbyniol yng ngolwg yr ARGLWYDD i Solomon ofyn y peth hwn, ¹¹ a dywedodd Duw wrtho, "Oherwydd iti ofyn hyn, ac nid gofyn i ti dy hun flynyddoedd lawer, na chyfoeth, nac einioes dy elynion, ond gofyn deall wrth wrando achos, ¹² gwnaf yn ôl dy eiriau. Rhoddaf iti galon ddoeth a deallus, fel na bu dy fath o'th flaen, ac na chyfyd chwaith ar dy ôl. ¹³ Rhoddaf hefyd iti yr hyn nis gofynnaist, sef cyfoeth a gogoniant, fel na bydd dy fath ymysg brenhinoedd, dy holl ddyddiau di. ¹⁴ Ac os bydd iti rodio yn fy ffyrdd, a chadw fy neddfau a'm gorchmynion, fel y rhodiodd dy dad Dafydd, estynnaf dy ddyddiau hefyd."

¹⁵ Deffrôdd Solomon, a sylweddoli mai breuddwyd oedd. Pan ddaeth yn ôl i Jerwsalem, safodd o flaen arch cyfamod yr ARGLWYDD ac offrymodd boethoffrymau a heddoffrymau, a gwnaeth wledd i'w holl weision.

Solomon yn Barnu Achos Anodd

¹⁶ Daeth dwy buteinwraig at y brenin a sefyll o'i flaen. ¹⁷ Dywedodd y naill, "O f'arglwydd, roeddwn i a'r wraig hon yn byw yn yr un tŷ, ac esgorais ar blentyn yn y tŷ, a hithau yno. ¹⁸ Tridiau wedi i mi esgor, esgorodd y wraig hon hefyd, heb neb ond ni'n dwy yn y tŷ. ¹⁹ Bu farw plentyn y wraig hon yn y nos, am iddi orwedd arno; ²⁰ cododd hithau yn ystod y nos a chymryd fy mab o'm hymyl tra oeddwn i, dy lawforwyn, yn cysgu, a'i gymryd i'w chôl a gosod ei phlentyn marw yn fy nghôl i. ²¹ Pan godais yn y bore i roi sugn i'm mab, yr oedd yn farw; ond wedi imi graffu arno yn y bore, nid hwnnw oedd y mab yr esgorais i arno."

²² Meddai'r wraig arall, "Na, fy mab i yw'r un byw; dy fab di yw'r un marw." Yna, dyma'r gyntaf yn dweud, "Na, dy fab di yw'r marw; fy mab i yw'r byw." Taeru felly y buont gerbron y brenin. ²³ Yna dywedodd y brenin, "Y mae'r naill yn dweud, 'Hwn yw fy mab i, y byw; yr un marw yw dy fab di.' Ac y mae'r llall yn dweud, 'Na, dy fab di yw'r marw; fy mab i yw'r byw.' " ²⁴ Yna dywedodd y brenin, "Dewch â chleddyf imi." ²⁵ Pan ddaethant â'r cleddyf gerbron y brenin, ebe'r brenin, "Rhannwch y bachgen byw yn ddau, a rhowch hanner i'r naill a hanner i'r llall." ²⁶ Ond meddai'r wraig oedd piau'r plentyn byw wrth y brenin (oherwydd enynnodd ei thosturi tuag at ei baban), "O f'arglwydd, rhowch iddi hi y plentyn byw, a pheidiwch â'i ladd ar un cyfrif." ²⁷ Ond dywedodd y llall, "Na foed yn eiddo i mi na thithau; rhannwch ef." Atebodd y brenin, "Peidiwch â'i ladd; rhowch y plentyn byw i'r gyntaf; honno yw ei fam."

²⁸ Clywodd holl Israel ddyfarniad y brenin, ac ofnasant ef, am eu bod yn gweld ynddo ddoethineb ddwyfol i weinyddu barn.

Gweinidogion Solomon

4 Yr oedd Solomon yn frenin ar holl Israel. ² Dyma weinidogion y goron: Asareia fab Sadoc yn offeiriad; ³ Elihoreff ac Ahia, meibion Sisa, yn ysgrifenyddion; Jehosaffat fab Ahilud yn gofiadur; ⁴ Benaia fab Jehoiada yn bennaeth y fyddin; Sadoc ac Abiathar yn offeiriaid; ⁵ Asareia fab Nathan yn bennaeth y rhaglawiaid; Sabud fab Nathan, yr offeiriad, yn gyfaill y brenin;

⁶ Ahisar yn arolygwr y tŷ; Adoniram fab Abda yn swyddog llafur gorfod.

⁷ Yr oedd gan Solomon ddeuddeg rhaglaw yn holl Israel yn gofalu am ymborth y brenin a'i dŷ; am fis yn y flwyddyn y gofalai pob un am yr ymborth. ⁸ Dyma'u henwau: Ben-hur yn ucheldir Effraim; ⁹ Ben-decar yn Macas a Saalbim a Beth-semes ac Elon-beth-hanan; ¹⁰ Ben-hesed yn Aruboth (ganddo ef yr oedd Socho a holl diriogaeth Heffer); ¹¹ Ben-abinadab yn holl Naffath-dor (Taffath, merch Solomon, oedd ei wraig); ¹² Baana fab Ahilud yn Taanach a Megido a holl Beth-sean, sydd gerllaw Sartana, islaw Jesreel, o Beth-sean hyd Abel-mehola a thu hwnt i Jocmeam; ¹³ Ben-geber yn Ramoth-gilead (ganddo ef yr oedd Hafoth-jair fab Manasse, sydd yn Gilead, a Hebel-argob, sydd yn Basan— trigain o ddinasoedd mawr â chaerau a barrau pres); ¹⁴ Ahinadab fab Ido yn Mahanaim; ¹⁵ Ahimaas yn Nafftali (cymerodd ef Basemath, merch Solomon, yn wraig); ¹⁶ Baana fab Jusai yn Aser ac Aloth; ¹⁷ Jehosaffat fab Parus yn Issachar; ¹⁸ Simei fab Ela yn Benjamin; ¹⁹ Geber fab Uri yn nhiriogaeth Gilead (gwlad Sihon brenin yr Amoriaid ac Og brenin Basan). Yr oedd un prif raglaw dros y wlad.

Teyrnasiad Llwyddiannus Solomon

²⁰ Yr oedd Jwda ac Israel mor niferus â'r tywod ar lan y môr; yr oeddent yn bwyta ac yn yfed yn llawen.

²¹ * Yr oedd Solomon yn llywodraethu ar yr holl deyrnasoedd o afon Ewffrates drwy wlad Philistia at derfyn yr Aifft, a hwythau'n dwyn teyrnged ac yn gwasanaethu Solomon holl ddyddiau ei fywyd.

²² Ymborth beunyddiol Solomon oedd deg corus ar hugain o beilliaid a thrigain corus o flawd; ²³ deg o ychen pasgedig, ac ugain o ychen o'r borfa, a chant o ddefaid, heblaw ceirw, gafrewigod, ewigod, a dofednod breision. ²⁴ Yr oedd yn llywodraethu'n frenin dros y gwledydd i'r gorllewin o'r Ewffrates, o Tiffsa hyd Gasa, dros yr holl frenhinoedd i'r gorllewin o'r afon. ²⁵ Cafodd heddwch ar bob tu, ac yr oedd Jwda ac Israel yn trigo'n ddiogel, holl ddyddiau Solomon, pob un dan ei winwydden a'i ffigysbren, o Dan hyd Beerseba.

²⁶ Yr oedd gan Solomon ddeugain mil o bresebau ar gyfer ei geffylau-cerbyd, a deuddeng mil o feirch.

²⁷ Gofalai'r rhaglawiaid hynny, pob un yn ei fis, am ymborth ar gyfer y Brenin Solomon a phawb a ddôi at ei fwrdd; nid oedd dim yn eisiau. ²⁸ Dygent hefyd haidd a gwellt i'r ceffylau a'r meirch cyflym, i'r man lle'r oedd i fod, pob un yn ôl a ddisgwylid ganddo.

²⁹ Rhoddodd Duw i Solomon ddoethineb a deall helaeth, ac amgyffrediad mor eang â thraeth y môr. ³⁰ Rhagorodd doethineb Solomon ar ddoethineb holl bobl y Dwyrain a'r Aifft; ³¹ yr oedd yn ddoethach nag unrhyw un, hyd yn oed Ethan yr Esrahiad, neu Heman, Calcol a Darda, meibion Mahol; yr oedd ei fri wedi ymledu trwy'r holl genhedloedd oddi amgylch.

³² Llefarodd dair mil o ddiarhebion, ac yr oedd ei ganeuon yn rhifo mil a phump. ³³ Traethodd am brennau, o'r cedrwydd sydd yn Lebanon hyd yr isop sy'n tyfu o'r pared; hefyd am anifeiliaid ac ehediaid, am ymlusgiaid a physgod. ³⁴ Daethant o bob cenedl i wrando doethineb Solomon, ac o blith holl frenhinoedd y ddaear a glywodd am ei ddoethineb.

Solomon yn Paratoi i Adeiladu'r Deml

5 2 Cron. 2:1–18

* Pan glywodd Hiram brenin Tyrus mai Solomon oedd wedi ei eneinio yn frenin yn lle ei dad, anfonodd ei weision ato, oherwydd bu Dafydd yn hoff gan Hiram erioed. ² Anfonodd Solomon yn ôl at Hiram a dweud, ³ "Gwyddost am fy nhad Dafydd, na allodd adeiladu tŷ i enw'r ARGLWYDD ei Dduw o achos y rhyfeloedd o'i amgylch, nes i'r ARGLWYDD roi ei elynion dan wadnau ei draed. ⁴ Bellach, parodd yr ARGLWYDD

4:21–34 Hebraeg, 5:1–14.   5:1 Hebraeg, adn. 15.

fy Nuw imi gael llonydd oddi amgylch, heb na gwrthwynebydd na digwyddiad croes. ⁵ Y mae yn fy mwriad adeiladu tŷ i enw'r ARGLWYDD fy Nuw fel yr addawodd yr ARGLWYDD wrth fy nhad Dafydd, gan ddweud, 'Dy fab, y byddaf yn ei roi ar dy orsedd yn dy le, a adeilada'r tŷ i'm henw.' ⁶ Felly rho orchymyn i dorri i mi gedrwydd o Lebanon; fe gaiff fy ngweision i fod gyda'th rai di, ac mi dalaf iti gyflog dy weision yn ôl yr hyn a ofynni; gwyddost nad oes gennym ni neb mor hyddysg â'r Sidoniaid mewn cymynu coed."

⁷ Llawenychodd Hiram yn fawr pan glywodd eiriau Solomon, a dywedodd, "Bendigedig fyddo'r ARGLWYDD heddiw am iddo roi i Ddafydd fab doeth dros y bobl niferus hyn." ⁸ Anfonodd at Solomon, a dweud, "Rwy'n cydsynio â'r cais a wnaethost; gwnaf bopeth a ddymuni ynglŷn â'r cedrwydd a'r ffynidwydd. ⁹ Caiff fy ngweision eu dwyn i lawr o Lebanon at y môr, a byddaf fi'n eu gyrru'n rafftiau dros y môr i'r man a benni imi; byddaf yn eu datod yno, i ti eu cymryd. Cei dithau gyflawni fy nymuniad innau a rhoi ymborth ar gyfer fy mhalas." ¹⁰ Felly yr oedd Hiram yn rhoi i Solomon gymaint ag a fynnai o gedrwydd a ffynidwydd, ¹¹ a Solomon yn rhoi i Hiram ugain mil o gorusau o wenith ac ugain corus o olew coeth yn gynhaliaeth i'w balas. Dyna beth yr oedd Solomon yn ei roi i Hiram yn flynyddol. ¹² A rhoes yr ARGLWYDD ddoethineb i Solomon, yn ôl ei addewid iddo; felly bu heddwch rhwng Hiram a Solomon, a gwnaethant gyfamod â'i gilydd.

¹³ Cododd y Brenin Solomon dreth llafur ar holl Israel, sef deng mil ar hugain o ddynion. ¹⁴ Byddai'n eu hanfon i Lebanon fesul deng mil o wŷr am fis ar y tro; byddent am fis yn Lebanon, a deufis gartref. Adoniram oedd pennaeth y dreth llafur gorfod. ¹⁵ Yr oedd gan Solomon ddeng mil a thrigain o wŷr hefyd yn gludwyr, a phedwar ugain mil yn chwarelwyr yn y mynydd; ¹⁶ heblaw y rhain yr oedd ganddo dair mil a thri chant o oruchwylwyr gwaith yn arolygu'r gweithwyr. ¹⁷ Ar orchymyn y brenin yr oeddent yn cloddio meini enfawr a drud i wneud sylfaen o feini nadd i'r tŷ. ¹⁸ Yr oedd gwŷr Gebal ac adeiladwyr Solomon a Hiram yn naddu ac yn paratoi'r coed a'r meini i adeiladu'r tŷ.

6 Yn y flwyddyn pedwar cant wyth deg ar ôl i'r Israeliaid ddod allan o wlad yr Aifft, ym mhedwaredd flwyddyn ei deyrnasiad ar Israel, ym mis Sif, yr ail fis, dechreuodd Solomon adeiladu tŷ'r ARGLWYDD. ² Yr oedd y tŷ a adeiladodd y Brenin Solomon i'r ARGLWYDD yn drigain cufydd ei hyd, yn ugain cufydd ei led ac yn ddeg cufydd ar hugain ei uchder. ³ Yr oedd y cyntedd o flaen corff y tŷ yn ugain cufydd ei hyd, gyda lled y tŷ, a deg cufydd o led o flaen y tŷ. ⁴ A gwnaeth ffenestri i'r tŷ yn goleuo at i lawr trwy ddelltwaith. ⁵ Cododd adeilad yn erbyn mur y tŷ o gylch* corff y tŷ a'r cysegr mewnol; a gwnaeth fwtresi o amgylch. ⁶ Yr oedd y celloedd* isaf yn bum cufydd o led, y rhai canol yn chwe chufydd, a'r drydedd res yn saith gufydd, oherwydd gwnaeth rabadau oddi allan i'r tŷ o amgylch fel na rwymid y trawstiau ym muriau'r tŷ. ⁷ Adeiladwyd y tŷ o gerrig wedi eu cyweirio yn y chwarel, fel nad oedd sŵn morthwyl na neddau nac unrhyw erfyn haearn i'w glywed yn y tŷ wrth ei adeiladu.

⁸ Ar ochr dde'r tŷ yr oedd y mynediad i'r llawr isaf*, gyda grisiau tro yn esgyn i'r llawr canol ac o'r un canol i'r trydydd. ⁹ Wedi iddo orffen ei adeiladu, coediodd y tŷ â thrawstiau ac ystyllod o gedrwydd. ¹⁰ Cododd adeilad pum cufydd ei uchder yn erbyn yr holl dŷ, a'i gydio wrth y tŷ â chedrwydd.

¹¹ Daeth gair yr ARGLWYDD at Solomon, gan ddweud, ¹² "Ynglŷn â'r tŷ hwn yr wyt yn ei adeiladu, os bydd iti rodio yn fy neddfau a chyflawni fy marnedigaethau a chadw fy holl orchmynion a'u dilyn, yna cyflawnaf iti yr addewid a wneuthum i'th dad Dafydd; ¹³ a thrigaf ymysg plant Israel, ac ni adawaf fy mhobl Israel."

6:5 Felly Groeg. Hebraeg, *o gylch gyda muriau'r tŷ o gylch.*
6:6 Felly Groeg. Hebraeg, *yr adail.*
6:8 Felly Groeg a Targwm. Hebraeg, *canol.*

Tu Mewn y Deml

2 Cron. 3:8–14

14 Adeiladodd Solomon y tŷ a'i orffen; 15 a byrddiodd barwydydd y tŷ ag ystyllod cedrwydd, a'u coedio o'r llawr hyd dulathau'r* nenfwd, a llorio'r tŷ â phlanciau ffynidwydd. 16 Caeodd ugain cufydd yn nhalcen y tŷ ag ystyllod cedrwydd, o'r llawr hyd y tulathau*, a'i neilltuo iddo'i hun yn gysegr mewnol, i fod yn gysegr sancteiddiaf. 17 Yr oedd y tŷ, sef corff y deml o flaen y cysegr mewnol, yn ddeugain cufydd o hyd. 18 Yr oedd y cedrwydd y tu mewn i'r tŷ wedi eu cerfio'n gnapiau ac yn flodau agored; yr oedd yn gedrwydd i gyd, heb garreg yn y golwg.

19 Darparodd y cysegr mewnol yn y man nesaf i mewn yn y tŷ i dderbyn arch cyfamod yr ARGLWYDD. 20 Yr oedd y* cysegr mewnol yn ugain cufydd o hyd, ugain o led ac ugain o uchder, a goreurodd hi ag aur pur; gwnaeth* hefyd allor gedrwydd. 21 Goreurodd Solomon y tŷ oddi mewn ag aur pur, a gosododd gadwyni aur ar draws, o flaen y cysegr mewnol a oreurwyd. 22 Gwisgodd yr holl dŷ o'i gwr ag aur, a'r allor i gyd, a oedd yn perthyn i'r cysegr mewnol.

23 Yn y cysegr mewnol gwnaeth ddau gerwb, deg cufydd o uchder, o bren olewydd. 24 Yr oedd dwy adain y naill gerwb yn bum cufydd yr un, sef deg cufydd o flaen un adain i flaen y llall. 25 Yr oedd yr ail gerwb yn ddeg cufydd hefyd, gyda'r un mesur a'r un ffurf i'r ddau. 26 Deg cufydd oedd uchder y naill a'r llall. 27 Gosododd y cerwbiaid yng nghanol y cysegr mewnol*. Yr oedd eu hadenydd ar led, ac adain y naill yn cyffwrdd ag un pared ac adain y llall yn cyffwrdd â'r pared arall, a'u hadenydd yn cyffwrdd â'i gilydd yn y canol. 28 Yr oedd wedi goreuro'r cerwbiaid. 29 Cerfiodd holl barwydydd y cysegr mewnol* o amgylch â lluniau cerwbiaid a phalmwydd a blodau agored, y tu mewn a'r tu allan; 30 a goreurodd lawr y cysegr mewnol* oddi mewn ac oddi allan.

31 Gwnaeth ddorau o goed olewydd i fynedfa'r cysegr mewnol, a'r capan a'r cilbyst yn bumochrog. 32 Cerfiodd gerwbiaid a phalmwydd a blodau agored ar y ddwy ddôr o goed olewydd; wedyn goreurodd hwy, a rhedeg aur dros y cerwbiaid a'r palmwydd.

33 Yn yr un modd gwnaeth gilbyst sgwâr* o goed palmwydd i fynedfa corff y deml. 34 Yr oedd y ddwy ddôr o goed ffynidwydd, y naill a'r llall yn ddeuddarn yn plygu ar ei gilydd. 35 Cerfiodd gerwbiaid a phalmwydd a blodau agored arnynt, a'u goreuro'n gytbwys dros y cerfiad. 36 Adeiladodd y cyntedd nesaf i mewn â thri chwrs o gerrig nadd ac â chwrs o drawstiau cedrwydd.

37 Gosodwyd sylfaen tŷ'r ARGLWYDD ym mis Sif o'r bedwaredd flwyddyn; 38 a gorffennwyd y tŷ yn ôl holl ofynion y cynllun ym mis Bul (dyna'r wythfed mis) o'r unfed flwyddyn ar ddeg. Felly saith mlynedd y bu'n ei adeiladu.

Palas Solomon

7 Tair blynedd ar ddeg y bu Solomon yn adeiladu ei dŷ ei hun cyn ei orffen yn llwyr.

2 Adeiladodd Dŷ Coedwig Lebanon, yn gan cufydd o hyd, yn hanner can cufydd o led, a deg cufydd ar hugain o uchder, ar dair* rhes o golofnau cedrwydd, gyda thrawstiau cedrwydd ar ben y colofnau. 3 To o gedrwydd oedd uwchben y tulathau ar y pum colofn a deugain, a safai pymtheg ym mhob rhes. 4 Ac yr oedd tair rhes o ffenestri yn wynebu ei gilydd fesul tair. 5 Yr oedd fframiau sgwâr i'r holl ddrysau, ac i'r ffenestri* oedd yn wynebu ei gilydd fesul tair.

6 Gwnaeth Neuadd y Colofnau hefyd, yn hanner can cufydd o hyd a deg cufydd ar hugain o led, a chyntedd o'i blaen gyda cholofnau, a chornis uwchben.

6:15 Felly Groeg. Hebraeg, *parwydydd y*.
6:16 Felly Groeg. Hebraeg, *parwydydd*.
6:20 Felly Fwlgat. Hebraeg, *o flaen y*.
6:20 Felly Groeg. Hebraeg, *goreurodd*.
6:27 Tebygol. Hebraeg, *y tŷ mewnol*.
6:29 Hebraeg, *y tŷ*.
6:30 Hebraeg, *y tŷ*.
6:33 Tebygol. Hebraeg yn aneglur.
7:2 Felly Groeg. Hebraeg, *pedair*.
7:5 Felly Groeg. Hebraeg, *cilbyst*.

⁷ Gwnaeth Neuadd yr Orsedd, lle'r oedd yn gweinyddu barn, sef y Neuadd Barn, wedi ei phanelu â chedrwydd o'r llawr i'r distiau*. ⁸ Ac yr oedd ei dŷ annedd ei hun ar y cwrt arall yn nes i mewn na'r neuadd, ond o'r un gwneuthuriad. Gwnaeth Solomon hefyd dŷ yr un fath â'r neuadd hon i'w briod, merch Pharo.

⁹ Yr oedd y rhai hyn i gyd, y tu mewn a'r tu allan, o feini trymion, wedi eu torri i fesur a'u llifio, o'r sylfaen i'r bondo, o gwrt tŷ'r ARGLWYDD*, hyd y cwrt mawr. ¹⁰ Yr oedd y sylfeini o feini mawr, trymion, rhai o wyth a rhai o ddeg cufydd; ¹¹ ac uwchben, meini trymion wedi eu torri i fesur, a chedrwydd. ¹² Yr oedd gan y cwrt mawr dri chwrs o gerrig nadd a chwrs o drawstiau cedrwydd, a'r un modd cwrt mewnol tŷ'r ARGLWYDD hyd borth y tŷ.

Tasg Hiram

¹³ Anfonodd y Brenin Solomon i Tyrus i gyrchu Hiram, ¹⁴ mab i wraig weddw o lwyth Nafftali, a'i dad yn hanu o Tyrus. Gof pres cywrain a deallus oedd ef, yn gwybod sut i wneud pob math o waith pres; a daeth at y Brenin Solomon a gwneud ei holl waith.

Y Ddwy Golofn Bres

2 Cron. 3:15–17

¹⁵ Bwriodd ddwy golofn bres, deunaw cufydd o uchder, gyda chylchlin o ddeuddeg cufydd yr un; yr oeddent yn wag o'r tu mewn, a'r deunydd yn bedair modfedd o drwch*. ¹⁶ Gwnaeth ddau gnap o bres tawdd i'w gosod ar ben y colofnau, y naill a'r llall yn bum cufydd o uchder. ¹⁷ Yna gwnaeth rwydwaith a phlethiadau o gadwynwaith* i'r naill a'r llall o'r cnapiau ar ben y colofnau. ¹⁸ Gwnaeth bomgranadau* yn ddwy res ar y rhwydwaith o'i amgylch, i guddio'r cnapiau ar ben y naill golofn a'r llall. ¹⁹ Yr oedd y cnapiau ar ben y colofnau yn y porth yn waith lili am bedwar cufydd. ²⁰ Yr oedd y cnapiau ar ben y colofnau yn codi o'r cylch crwn oedd gogyfer â'r rhwydwaith, ac yr oedd dau gant o bomgranadau yn rhesi o gylch y ddau* gnap. ²¹ Gosododd y colofnau ym mhorth y deml; cododd y golofn dde a'i galw'n Jachin, yna cododd y golofn chwith a'i galw'n Boas. ²² Ar ben y colofnau yr oedd gwaith lili; ac fel hyn y gorffennwyd gwaith y colofnau.

Y Môr o Fetel Tawdd

2 Cron. 4:2–5

²³ Yna fe wnaeth y môr o fetel tawdd; yr oedd yn grwn ac yn ddeg cufydd o ymyl i ymyl, a phum cufydd o uchder, yn mesur deg cufydd ar hugain o gylch. ²⁴ O amgylch y môr, yn ei gylchynu dan ei ymyl am ddeg cufydd ar hugain*, yr oedd cnapiau; yr oeddent mewn dwy res ac wedi eu bwrw'n rhan ohono. ²⁵ Safai'r môr ar gefn deuddeg ych, tri yn wynebu tua'r gogledd, tri tua'r gorllewin, tri tua'r de, a thri tua'r dwyrain, a'u cynffonnau at i mewn. ²⁶ Dyrnfedd oedd ei drwch, a'i ymyl wedi ei weithio fel ymyl cwpan neu flodyn lili; yr oedd yn dal dwy fil o bathau.

Y Trolïau Pres

²⁷ Gwnaeth hefyd ddeg o drolïau pres, yn bedwar cufydd o hyd a phedwar cufydd o led a thri chufydd o uchder. ²⁸ Yng ngwneuthuriad y trolïau yr oedd panelau rhwng fframiau, ac ar y panelau hyn yr oedd llewod ac ychen a cherwbiaid. ²⁹ Ac yr oedd plethennau o riswaith ar y fframiau, uwchben ac o dan y llewod a'r ychen. ³⁰ Yr oedd gan bob troli bedair olwyn bres ac echelau pres, ac ysgwyddau dan eu pedair congl ar gyfer y noe, a'r ysgwyddau yn waith tawdd, a phlethennau wrth bob un. ³¹ Yr oedd ei genau oddi mewn i gorongylch, yn gufydd o uchder, a'r genau yn gylch cufydd a hanner, fel gwneuthuriad soced. Yr oedd cerfiadau o gwmpas y genau, a'r panelau yn sgwâr, nid yn grwn. ³² Yr oedd y pedair olwyn o dan y panelau, a phlatiau echel yr olwynion yn y ffrâm; cufydd a hanner oedd uchder pob olwyn. ³³ Yr oedd yr olwynion wedi

---

7:7 Felly Syrieg, Lladin. Hebraeg, *llawr.*
7:9 Cymh. adn. 12. Hebraeg, *o'r tu allan.*
7:15 Felly Groeg. Hebraeg heb *yr oeddent . . . o drwch.*
7:17 Felly Groeg. Hebraeg, *saith.*
7:18 Felly Groeg. Hebraeg, *Gwnaeth y colofnau.*

7:20 Hebraeg, *yr ail.*
7:24 Hebraeg, *am ddeg cufydd.*

eu gwneud fel olwyn cerbyd, a'u hechelau a'u camegau a'u ffyn a'u bothau i gyd yn waith tawdd. ³⁴ Ac yr oedd pedair ysgwydd ym mhedair congl pob troli, a'r ysgwyddau yn un darn â'r troli. ³⁵ Ac ar ben y troli yr oedd cylch crwn hanner cufydd o uchder, a'r platiau echel a'r panelau yn un darn â hi. ³⁶ Ar wyneb y platiau a'r panelau cerfiodd gerwbiaid, llewod a phalmwydd, a phlethennau o amgylch pob un. ³⁷ Fel hyn y gwnaeth y deg troli, gyda'r un mold, yr un maint a'r un ffurf i bob un.

³⁸ Hefyd fe wnaeth ddeg noe bres i ddal deugain bath yr un, pob noe yn bedwar cufydd. Gosododd hwy bob yn un ar y deg troli, ³⁹ pum troli ar ochr dde y tŷ, a phump ar yr ochr chwith; a gosododd y môr ar ochr dde-ddwyrain y tŷ.

Offer y Deml
2 Cron. 4:11—5:1

⁴⁰ Gwnaeth Hiram y crochanau, y rhawiau a'r cawgiau, a gorffen yr holl waith a wnaeth i'r Brenin Solomon ar gyfer tŷ'r ARGLWYDD: ⁴¹ y ddwy golofn, y ddau gnap coronog ar ben y colofnau; y ddau rwydwaith dros y ddau gnap coronog ar ben y colofnau; ⁴² y pedwar can pomgranad yn ddwy res ar y ddau rwydwaith dros y ddau gnap coronog ar y colofnau; y deg troli; ⁴³ y deg noe ar y troliau; ⁴⁴ y môr a'r deuddeg ych dano; ⁴⁵ y crochanau, y rhawiau, a'r cawgiau. Ac yr oedd yr holl offer hyn a wnaeth Hiram i'r Brenin Solomon ar gyfer tŷ'r ARGLWYDD o bres gloyw. ⁴⁶ Toddodd y brenin hwy yn y cleidir rhwng Succoth a Sarethan yng ngwastadedd yr Iorddonen. ⁴⁷ Peidiodd Solomon â phwyso'r holl lestri gan mor niferus oeddent, ac na ellid pwyso'r pres.

⁴⁸ A gwnaeth Solomon yr holl offer aur oedd yn perthyn i dŷ'r ARGLWYDD: yr allor aur a'r bwrdd aur i ddal y bara gosod; ⁴⁹ y canwyllbrennau o aur pur, pump ar y dde a phump ar y chwith o flaen y cysegr mewnol; y blodau a'r llusernau a'r gefeiliau aur; ⁵⁰ y ffiolau, y sisyrnau, y cawgiau, y llwyau a'r thuserau hefyd o aur pur; a'r socedau aur i'r dorau tu mewn i'r cysegr sancteiddiaf ac i'r dorau o fewn y côr.

⁵¹ Wedi i'r Brenin Solomon orffen yr holl waith a wnaeth yn nhŷ'r ARGLWYDD, dygodd y pethau yr oedd ei dad Dafydd wedi eu cysegru, yr arian a'r aur a'r offer, a'u gosod yn nhrysordai tŷ'r ARGLWYDD.

Cyrchu Arch y Cyfamod i'r Deml

8 2 Cron. 5:2—6:2

Yna cynullodd y Brenin Solomon henuriaid Israel a holl benaethiaid y llwythau a phennau-teuluoedd Israel ato'i hun yn Jerwsalem, i gyrchu arch cyfamod yr ARGLWYDD o Ddinas Dafydd, sef Seion. ² Daeth yr holl Israeliaid ynghyd at y Brenin Solomon ar yr ŵyl ym mis Ethanim, y seithfed mis. ³ Wedi i holl henuriaid Israel gyrraedd, cododd yr offeiriaid yr arch, ⁴ a chyrchodd yr offeiriaid a'r Lefiaid arch yr ARGLWYDD a phabell y cyfarfod a'r holl lestri cysegredig oedd yn y babell. ⁵ Ac yr oedd y Brenin Solomon, a phawb o gynulleidfa Israel oedd wedi ymgynnull ato, yno o flaen yr arch yn aberthu defaid a gwartheg rhy niferus i'w rhifo na'u cyfrif. ⁶ Felly y dygodd yr offeiriaid arch cyfamod yr ARGLWYDD a'i gosod yn ei lle yng nghysegr mewnol y tŷ, y cysegr sancteiddiaf, dan adenydd y cerwbiaid, ⁷ oherwydd yr oedd y cerwbiaid yn estyn eu hadenydd dros le'r arch ac yn cysgodi dros yr arch a'i pholion. ⁸ Yr oedd y polion yn ymestyn allan oddi wrth yr arch, fel y gellid gweld eu blaenau o'r cysegr o flaen y cysegr mewnol, ond nid oeddent i'w gweld o'r tu allan. Ac yno y maent hyd y dydd hwn. ⁹ Nid oedd yn yr arch ond y ddwy lech garreg a osododd Moses ynddi yn Horeb, lle y gwnaeth yr ARGLWYDD gyfamod â'r Israeliaid pan oeddent yn dod allan o'r Aifft. ¹⁰ Fel yr oedd yr offeiriaid yn dod allan o'r cysegr, llanwyd tŷ'r ARGLWYDD gan y cwmwl; ni fedrai'r offeiriaid barhau i weinyddu o achos y cwmwl; ¹¹ yr oedd gogoniant yr ARGLWYDD yn llenwi tŷ'r ARGLWYDD. ¹² Yna dywedodd Solomon:

"Dywedodd yr ARGLWYDD y trigai yn
  y tywyllwch.
¹³ Gorffennais adeiladu i ti dŷ
  aruchel,
lle iti breswylio ynddo dros byth."

Solomon yn Annerch y Bobl
2 Cron. 6:3–11

14 Yna tra oeddent i gyd yn sefyll, trodd y brenin atynt a bendithio holl gynulleidfa Israel. 15 Dywedodd, "Bendigedig fyddo ARGLWYDD Dduw Israel, a gyflawnodd â'i law yr hyn a addawodd â'i enau i'm tad Dafydd, pan ddywedodd, 16 'Er y dydd y dygais fy mhobl Israel allan o'r Aifft, ni ddewisais ddinas ymhlith holl lwythau Israel i adeiladu ynddi dŷ i'm henw fod yno; ond dewisais Jerwsalem i'm henw fod yno*, a dewisais Ddafydd i fod yn ben ar fy mhobl Israel.' 17 Yr oedd ym mryd fy nhad Dafydd adeiladu tŷ i enw ARGLWYDD Dduw Israel, 18 ond dywedodd yr ARGLWYDD wrtho, 'Yr oedd yn dy fryd adeiladu tŷ i'm henw, a da oedd dy fwriad, 19 ond nid tydi fydd yn adeiladu'r tŷ; dy fab, a enir iti, a adeilada'r tŷ i'm henw.' 20 Yn awr y mae'r ARGLWYDD wedi gwireddu'r addewid a wnaeth; yr wyf fi wedi dod i le fy nhad Dafydd i eistedd ar orsedd Israel, fel yr addawodd yr ARGLWYDD, ac wedi adeiladu'r tŷ i enw ARGLWYDD Dduw Israel. 21 Yr wyf hefyd wedi trefnu lle i'r arch sy'n cynnwys y cyfamod a wnaeth yr ARGLWYDD â'n hynafiaid pan ddaeth â hwy allan o'r Aifft."

Gweddi Solomon
2 Cron. 6:12–42

22 Yna safodd Solomon o flaen allor yr ARGLWYDD, yng ngŵydd holl gynulleidfa Israel, ac estynnodd ei ddwylo tua'r nef, 23 a dweud: "O ARGLWYDD Dduw Israel, nid oes Duw fel tydi yn y nef uwchben nac ar ddaear lawr, yn cadw cyfamod ac yn ffyddlon i'th bobl sy'n dy wasanaethu â'u holl galon. 24 Canys cedwaist d'addewid i'th was Dafydd, fy nhad; heddiw cyflawnaist â'th law yr hyn a addewaist â'th enau. 25 Yn awr, felly, O ARGLWYDD Dduw Israel, cadw'r addewid a wnaethost i'th was Dafydd fy nhad, pan ddywedaist, 'Gofalaf na fyddi heb etifedd i eistedd ar orsedd Israel, dim ond i'th blant wylio'u ffordd, a'm gwasanaethu fel y gwnaethost ti.' 26 Yn awr, felly, O Dduw Israel, safed y gair a leferaist wrth dy was Dafydd, fy nhad.

27 "Ai gwir yw y preswylia Duw ar y ddaear? Wele, ni all y nefoedd na nef y nefoedd dy gynnwys; pa faint llai y tŷ hwn a godais! 28 Eto cymer sylw o weddi dy was ac o'i ddeisyfiad, O ARGLWYDD fy Nuw; gwrando ar fy llef, a'r weddi y mae dy was yn ei gweddïo heddiw ger dy fron. 29 Bydded dy lygaid, nos a dydd, ar y tŷ y dywedaist amdano, 'Fy enw a fydd yno', a gwrando'r weddi y bydd dy was yn ei gweddïo tua'r lle hwn. 30 Gwrando hefyd ar ddeisyfiad dy was a'th bobl Israel pan fyddant yn gweddïo tua'r lle hwn. Gwrando yn y nef, lle'r wyt yn preswylio, ac o glywed, maddau.

31 "Os bydd rhywun wedi troseddu yn erbyn rhywun arall ac yn gorfod cymryd llw, a'i dyngu gerbron dy allor yn y tŷ hwn, 32 gwrando di o'r nef a gweithredu. Gweinydda farn i'th bobl drwy gondemnio'r drwgweithredwr yn ôl ei ymddygiad, ond llwydda achos y cyfiawn yn ôl ei gyfiawnder.

33 "Os trechir dy bobl Israel gan y gelyn am iddynt bechu yn dy erbyn, ac yna iddynt edifarhau a chyffesu dy enw, a gweddïo ac erfyn arnat yn y tŷ hwn, 34 gwrando di yn y nef a maddau bechod dy bobl Israel ac adfer hwy i'r tir a roddaist i'w hynafiaid.

35 "Os bydd y nefoedd wedi cau, a'r glaw yn pallu, am iddynt bechu yn d'erbyn, ac yna iddynt weddïo tua'r lle hwn a chyffesu dy enw ac edifarhau am eu pechod oherwydd i ti eu cosbi, 36 gwrando di yn y nef a maddau bechod dy weision a'th bobl Israel, a dysg iddynt y ffordd dda y dylent ei rhodio; ac anfon law ar dy wlad, a roddaist yn etifeddiaeth i'th bobl.

37 "Os bydd yn y wlad newyn, haint, deifiad, malltod, locustiaid neu lindys, neu os bydd gelyn yn gwarchae ar unrhyw un* o'i dinasoedd—beth bynnag fo'r pla neu'r clefyd—38 clyw bob gweddi, pob deisyfiad gan bawb o'th bobl Israel wrth i bob un sy'n ymwybodol o'i glwy ei hun estyn ei ddwylo tua'r tŷ hwn; 39 gwrando hefyd yn y nef lle'r wyt yn preswylio, a maddau.

8:16 Felly Groeg a 2 Cron. 6:6. Hebraeg heb *ond dewisais . . . fod yno.*

8:37 Felly Groeg, Syrieg. Hebraeg, *ar wlad.*

Gweithreda a rho i bob un yn ôl ei ffyrdd, oherwydd yr wyt ti'n deall ei fwriad; canys ti yn unig sy'n adnabod calon pob un; 40 felly byddant yn dy ofni holl ddyddiau eu bywyd ar wyneb y tir a roddaist i'n hynafiaid.

41 "Os daw rhywun dieithr, nad yw'n un o'th bobl Israel, o wlad bell er mwyn dy enw—42 canys clywant am dy enw mawr, ac am dy law gref a'th fraich estynedig—ac os gweddïa tua'r tŷ hwn, 43 gwrando di yn y nef lle'r wyt yn preswylio, a gweithreda yn ôl y cwbl y mae'r dieithryn yn ei ddeisyf arnat, er mwyn i holl bobloedd y byd adnabod dy enw a'th ofni yr un fath â'th bobl Israel, a sylweddoli mai ar dy enw di y gelwir y tŷ hwn a adeiledais i.

44 "Os bydd dy bobl yn mynd i ryfela â'u gelyn, pa ffordd bynnag yr anfoni hwy, ac yna iddynt weddïo ar yr ARGLWYDD tua'r ddinas a ddewisaist, a'r tŷ a godais i'th enw, 45 gwrando di yn y nef ar eu gweddi a'u hymbil, a chynnal eu hachos.

46 "Os pechant yn dy erbyn— oherwydd nid oes neb nad yw'n pechu— a thithau'n digio wrthynt ac yn eu darostwng i'w gelynion a'u caethgludo i wlad y gelyn, boed bell neu agos, 47 ac yna iddynt ystyried yn y wlad lle caethgludwyd hwy, ac edifarhau a deisyf arnat o wlad eu caethiwed â'r geiriau, 'Yr ydym wedi pechu a throseddu a gwneud drygioni', 48 ac yna dychwelyd atat â'u holl galon a'u holl enaid yng ngwlad y gelynion sydd wedi eu caethgludo, a gweddïo arnat i gyfeiriad eu gwlad, a roddaist i'w hynafiaid, a'r ddinas a ddewisaist, a'r tŷ a godais i'th enw, 49 gwrando di, yn y nef lle'r wyt yn preswylio, ar eu gweddi a'u deisyfiad, a chynnal eu hachos. 50 A maddau i'th bobl a bechodd yn d'erbyn am eu holl droseddu yn d'erbyn; rho iddynt ennyn trugaredd yng nghalon y rhai a'u caethgludodd. 51 Oherwydd dy bobl a'th etifeddiaeth ydynt, gan mai ti a ddaeth â hwy allan o'r Aifft o ganol y ffwrnais haearn. 52 Felly bydded dy lygaid yn sylwi ar ddeisyfiad dy was a'th bobl Israel, i wrando arnynt bob tro y galwant arnat; 53 oherwydd ti sydd wedi eu neilltuo yn etifeddiaeth i ti dy hun a'u didoli oddi wrth bobloedd y byd, fel y dywedaist, O Arglwydd DDUW, drwy dy was Moses pan ddaethost â'n hynafiaid allan o'r Aifft."

Y Weddi Derfynol

54 Wedi i Solomon orffen cyflwyno i'r ARGLWYDD yr holl weddi ac ymbil yma a'i ddwylo yn ymestyn tua'r nef, cododd o benlinio gerbron allor yr ARGLWYDD, 55 a sefyll i fendithio holl gynulleidfa Israel â llais uchel, a dweud: 56 "Bendigedig fyddo'r ARGLWYDD a roddodd orffwystra i'w bobl Israel yn hollol fel y dywedodd. Ni fethodd yr un gair o'i holl addewid ddaionus a fynegodd trwy ei was Moses. 57 Bydded yr ARGLWYDD ein Duw gyda ni fel y bu gyda'n hynafiaid ni; na fydded iddo'n gwrthod na'n gadael. 58 Bydded inni droi ein calonnau tuag ato, a cherdded yn ei holl ffyrdd a chadw ei orchmynion, ei ordinhadau a'i farnedigaethau, a orchmynnodd i'n hynafiaid. 59 Bydded fy ngeiriau hyn, a weddïais gerbron yr ARGLWYDD, yn agos at yr ARGLWYDD ein Duw ddydd a nos, fel y bo iddo gynnal achos ei was ac achos ei bobl Israel yn ôl yr angen, 60 er mwyn i holl bobloedd y byd wybod mai'r ARGLWYDD sydd Dduw ac nad oes arall. 61 Bydded eich calon yn llwyr ymroddedig i'r ARGLWYDD ein Duw, i rodio yn ei ordinhadau a chadw ei orchmynion fel heddiw."

Cysegru'r Deml

2 Cron. 7:4-10

62 Yna bu'r brenin, a holl Israel gydag ef, yn aberthu gerbron yr ARGLWYDD. 63 Aberthodd Solomon i'r ARGLWYDD ddwy fil ar hugain o wartheg a chwe ugain mil o ddefaid yn heddoffrwm. Felly y cysegrodd y brenin a'r holl Israeliaid dŷ'r ARGLWYDD. 64 Ar y diwrnod hwnnw cysegrodd y brenin ganol y cwrt oedd o flaen tŷ'r ARGLWYDD, gan mai yno'r oedd yn offrymu'r poethoffrwm a'r bwydoffrwm a braster yr heddoffrwm, am fod yr allor bres oedd gerbron yr ARGLWYDD yn rhy fach i dderbyn y poethoffrwm a'r bwydoffrwm a braster yr heddoffrwm.

⁶⁵ A'r pryd hwnnw cadwodd Solomon, a holl Israel gydag ef, ŵyl gerbron yr ARGLWYDD ein Duw am wythnos*, yn gynulliad mawr, o Lebo-hamath hyd nant yr Aifft. ⁶⁶ Ar yr wythfed dydd gollyngodd y bobl ymaith, ac wedi iddynt fendithio'r brenin, aethant adref yn llawen ac yn falch o galon am yr holl ddaioni a wnaeth yr ARGLWYDD i'w was Dafydd ac i'w bobl Israel.

Duw'n Ymddangos yr Eildro i Solomon

9 2 Cron. 7:11–22
Wedi i Solomon orffen adeiladu tŷ'r ARGLWYDD a thŷ'r brenin a'r cwbl a ddymunai ei wneud, ² fe ymddangosodd yr ARGLWYDD iddo'r eildro, fel yr oedd wedi ymddangos iddo yn Gibeon. ³ Dywedodd yr ARGLWYDD wrtho, "Clywais dy weddi a'th ddeisyfiad a wnaethost ger fy mron; cysegrais y tŷ hwn a godaist, a gosod f'enw yno am byth, a bydd fy llygaid a'm calon tuag yno hyd byth. ⁴ Ac os byddi di'n rhodio ger fy mron fel y rhodiodd dy dad Dafydd, yn gywir ac uniawn, a gwneud popeth a orchmynnaf iti, a chadw fy neddfau a'm cyfreithiau, ⁵ yna sicrhaf dy orsedd frenhinol dros Israel am byth, fel y dywedais wrth dy dad Dafydd, 'Gofalaf na fyddi heb etifedd ar orsedd Israel.' ⁶ Ond os byddwch chwi a'ch plant yn gwrthgilio oddi wrthyf ac yn peidio â chadw fy ngorchmynion a'm hordinhadau, a osodais i chwi, ac os byddwch yn mynd a gwasanaethu duwiau estron a'u haddoli, ⁷ yna difodaf Israel o'r tir a rois iddynt, a bwriaf o'm golwg y tŷ a gysegrais i'm henw, a bydd Israel yn mynd yn ddihareb ac yn wawd ymysg yr holl bobloedd. ⁸ Bydd y tŷ hwn yn adfail*, a phob un sy'n mynd heibio iddo yn chwibanu mewn syndod, ac yn dweud, 'Pam y gwnaeth yr ARGLWYDD fel hyn i'r wlad hon ac i'r tŷ hwn?' ⁹ A dywedir, 'Am iddynt wrthod yr ARGLWYDD eu Duw, a ddaeth â'u hynafiaid o'r Aifft, a glynu wrth dduwiau estron a'u haddoli a'u gwasanaethu; dyna pam y dygodd yr ARGLWYDD yr holl ddrwg yma arnynt.'"

Y Cytundeb rhwng Solomon a Hiram

2 Cron. 8:1–2
¹⁰ Ar derfyn ugain mlynedd, wedi i Solomon adeiladu'r ddau dŷ, sef tŷ'r ARGLWYDD a thŷ'r brenin, fe roes y brenin ugain tref yng Ngalilea i Hiram, ¹¹ am fod Hiram brenin Tyrus wedi cyflenwi coed cedrwydd a ffynidwydd ac aur, gymaint ag a ddymunai, i Solomon. ¹² Ond pan ddaeth Hiram o Tyrus i edrych y trefi a roes Solomon iddo, nid oeddent wrth ei fodd, ¹³ a dywedodd, "Beth yw'r trefi hyn yr wyt wedi eu rhoi imi, fy mrawd?" A gelwir hwy Gwlad Cabwl* hyd heddiw. ¹⁴ Chwe ugain talent o aur a anfonodd Hiram at y brenin.

Gweithgarwch Pellach Solomon

2 Cron. 8:3–18
¹⁵ Dyma gyfrif y llafur gorfod a bennodd y Brenin Solomon er mwyn adeiladu tŷ'r ARGLWYDD a'i dŷ ei hun, a'r Milo, a hefyd mur Jerwsalem a Hasor, Megido a Geser. ¹⁶ Yr oedd Pharo brenin yr Aifft wedi dod a chipio Geser, a'i llosgi, a lladd y Canaaneaid oedd yn byw yn y ddinas, ac yna wedi ei rhoi'n anrheg briodas i'w ferch, gwraig Solomon; ¹⁷ ac ailadeiladodd Solomon Geser. Hefyd adeiladodd Beth-horon Isaf, ¹⁸ Baalath a Tamar yn y diffeithwch yn nhir Jwda*, ¹⁹ a'r holl ddinasoedd stôr oedd gan Solomon, a'r dinasoedd cerbydau a'r dinasoedd meirch, a phopeth arall a ddymunai Solomon ei adeiladu, prun ai yn Jerwsalem neu yn Lebanon neu drwy holl gyrrau ei deyrnas. ²⁰ Gorfodwyd llafur oddi wrth holl weddill poblogaeth yr Amoriaid, Hethiaid, Peresiaid, Hefiaid a Jebusiaid, nad oeddent yn perthyn i'r Israeliaid. ²¹ Yr oedd disgynyddion y rhain yn parhau yn y wlad am nad oedd yr Israeliaid wedi medru eu difa, ac arnynt hwy y gosododd Solomon lafur gorfod sy'n parhau hyd heddiw. ²² Ni wnaeth

---

8:65 Felly Groeg. Hebraeg, *wythnos ac wythnos*, sef pythefnos.
9:8 Felly rhai Fersiynau. Hebraeg, *uchel*.
9:13 H.y., *Da-i-ddim*.
9:18 Hebraeg heb *Jwda*.

Solomon yr un o'r Israeliaid yn gaethwas; hwy oedd ei filwyr, ei swyddogion, ei gadfridogion a'i gapteiniaid a phenaethiaid ei gerbydau a'i feirch, ²³ a hwy hefyd oedd prif arolygwyr gwaith Solomon—pum cant a hanner ohonynt, yn rheoli'r gweithwyr.

²⁴ Yr adeg honno* ymfudodd merch Pharo o Ddinas Dafydd i fyny i'r tŷ a gododd Solomon iddi; wedyn fe adeiladodd ef y Milo.

²⁵ Byddai Solomon yn offrymu poethoffrymau a heddoffrymau dair gwaith yn y flwyddyn ar yr allor a gododd i'r ARGLWYDD, ac at hynny yn arogldarthu gerbron yr ARGLWYDD. Felly y gorffennodd y tŷ.

²⁶ Creodd y Brenin Solomon lynges yn Esion-geber sydd gerllaw Elath ar lan y Môr Coch yng ngwlad Edom; ²⁷ ac anfonodd Hiram longwyr profiadol o blith ei weision yn y llongau gyda gweision Solomon. ²⁸ Aethant i Offir a dod â phedwar cant ac ugain o dalentau aur oddi yno i'r Brenin Solomon.

Ymweliad Brenhines Sheba

10 2 Cron. 9:1–12

Pan glywodd brenhines Sheba am fri Solomon*, daeth i'w brofi â chwestiynau caled. ² Daeth i Jerwsalem gyda gosgordd niferus iawn—camelod yn cludo peraroglau a stôr fawr o aur a gemau. Pan ddaeth hi at Solomon, dywedodd wrtho'r cwbl oedd ar ei meddwl, ³ ac atebodd yntau bob un o'i gofyniadau; nid oedd dim yn rhy dywyll i'r brenin ei esbonio iddi. ⁴ A phan welodd brenhines Sheba holl ddoethineb Solomon, a'r tŷ a adeiladodd, ⁵ ac arlwy ei fwrdd, eisteddiad ei swyddogion, gwasanaeth ei weision a'i drulliaid yn eu lifrai, a'r poethoffrymau y byddai'n eu hoffrymu i'r ARGLWYDD, diffygiodd ei hysbryd. ⁶ Addefodd wrth y brenin, "Gwir oedd yr hyn a glywais yn fy ngwlad amdanat ac am dy ddoethineb. ⁷ Eto nid oeddwn yn credu'r hanes nes imi ddod a gweld â'm llygaid fy hun—ac wele, ni ddywedwyd mo'r hanner wrthyf! Y mae dy ddoethineb a'th gyfoeth yn rhagori ar yr hyn a glywais. ⁸ Gwyn fyd dy wŷr, y gweision hyn sy'n gweini'n feunyddiol arnat ac yn clywed dy ddoethineb. ⁹ Bendith ar yr ARGLWYDD dy Dduw, a'th hoffodd di ddigon i'th osod ar orseddfainc Israel. Am i'r ARGLWYDD garu Israel am byth, y mae wedi dy roi di'n frenin, i weinyddu barn a chyfiawnder." ¹⁰ Yna rhoddodd hi i'r brenin chwe ugain talent o aur a llawer iawn o beraroglau a gemau. Ni chafwyd byth wedyn gymaint o beraroglau ag a roddodd brenhines Sheba i'r Brenin Solomon.

¹¹ Byddai llynges Hiram yn dod ag aur o Offir; byddai hefyd yn cludo o Offir lawer iawn o goed almug a gemau. ¹² Gwnaeth y brenin fracedau i dŷ'r ARGLWYDD ac i dŷ'r brenin o'r coed almug, a hefyd delynau a nablau i'r cantorion. Ni ddaeth ac ni welwyd cystal coed almug hyd heddiw.

¹³ Rhoddodd y Brenin Solomon i frenhines Sheba bopeth a chwenychodd, yn ychwaneg at yr hyn a roddodd iddi o'i haelioni brenhinol. Yna troes hi a'i gosgordd yn ôl i'w gwlad.

Cyfoeth y Brenin Solomon

2 Cron. 9:13–28

¹⁴ Yr oedd pwysau'r aur a ddôi i Solomon mewn blwyddyn yn chwe chant chwe deg a chwech o dalentau, ¹⁵ heblaw yr hyn a gâi gan y marchnadwyr ac o enillion masnachwyr, ac oddi wrth holl frenhinoedd Arabia a'r rheolwyr talaith. ¹⁶ Gwnaeth y Brenin Solomon ddau gan tarian o aur gyr, a rhoi chwe chant o siclau aur ym mhob tarian. ¹⁷ Gwnaeth hefyd dri chan bwcled o aur gyr, gyda thri mina o aur ym mhob un; a rhoddodd y brenin hwy yn Nhŷ Coedwig Lebanon. ¹⁸ Gwnaeth y brenin orseddfainc fawr o ifori, a'i goreuro â'r aur coethaf. ¹⁹ Yr oedd chwe gris i'r orseddfainc, pen ych ar gefn yr orseddfainc, dwy fraich o boptu i'r sedd, a dau lew yn sefyll wrth y breichiau. ²⁰ Yr oedd hefyd ddeuddeg llew yn sefyll, un bob pen i bob un o'r chwe gris. ²¹ Ni wnaed ei thebyg mewn unrhyw deyrnas. Yr oedd holl lestri gwledda'r Brenin Solomon o aur, a holl offer Tŷ Coedwig

---

9:24 Felly Groeg. Hebraeg, *Er hynny.*
10:1 Felly 2 Cron. 9:1. Hebraeg yn ychwanegu *wrth enw'r ARGLWYDD.*

Lebanon yn aur pur. Nid oedd yr un ohonynt o arian, am nad oedd bri arno yn nyddiau Solomon. ²² Yr oedd gan y brenin ar y môr longau Tarsis gyda llynges Hiram, ac unwaith bob tair blynedd fe ddôi llongau Tarsis â'u llwyth o aur, arian, ifori, epaod a pheunod.

²³ Rhagorodd y Brenin Solomon ar holl frenhinoedd y ddaear mewn cyfoeth a doethineb. ²⁴ Ac yr oedd y byd i gyd yn ymweld â Solomon i glywed y ddoethineb a roddodd Duw yn ei galon. ²⁵ Bob blwyddyn dôi rhai â'u rhoddion—llestri arian ac aur, gwisgoedd, myrr, perlysiau, meirch a mulod.

²⁶ Casglodd Solomon gerbydau a meirch; ac yr oedd ganddo fil a phedwar cant o gerbydau a deuddeng mil o feirch, a gedwid yn y dinasoedd cerbyd a chyda'r brenin yn Jerwsalem. ²⁷ Parodd y brenin i arian fod mor aml yn Jerwsalem â cherrig, a chedrwydd mor gyffredin â sycamorwydd y Seffela. ²⁸ O'r Aifft a Cŵe y dôi ceffylau Solomon, a byddai porthmyn y brenin yn eu cyrchu o Cŵe am bris penodedig. ²⁹ Byddent yn mewnforio cerbyd o'r Aifft am chwe chant o siclau arian, a cheffyl am gant a hanner, ac yn eu hallforio i holl frenhinoedd yr Hethiaid a'r Syriaid.

Solomon yn Troi oddi wrth Dduw

11 Carodd y Brenin Solomon lawer o ferched estron heblaw merch Pharo— merched o Moab, Ammon, Edom, Sidon a'r Hethiaid, ² y cenhedloedd y dywedodd yr ARGLWYDD wrth yr Israeliaid amdanynt, "Peidiwch â'u priodi, a pheidiwch â rhoi mewn priodas iddynt; byddant yn sicr o'ch hudo i ddilyn eu duwiau." Ond dal i'w caru a wnâi Solomon. ³ Yr oedd ganddo saith gant o brif wragedd a thri chant o ordderchwragedd; a hudodd ei wragedd ef. ⁴ Pan heneiddiodd Solomon, hudodd ei wragedd ef i ddilyn duwiau estron, ac nid oedd ei galon yn llwyr gyda'r ARGLWYDD ei Dduw, fel y bu calon ei dad Dafydd. ⁵ Aeth Solomon i addoli Astoreth duwies y Sidoniaid, a Milcom ffieiddbeth yr Ammoniaid; ⁶ a gwnaeth ddrwg yng ngolwg yr ARGLWYDD, heb lwyr ddilyn yr ARGLWYDD fel y gwnaeth ei dad Dafydd. ⁷ Dyna'r pryd yr adeiladodd Solomon uchelfa i Cemos ffieiddbeth Moab, ac i Moloch ffieidd beth yr Ammoniaid, ar y mynydd i'r dwyrain o Jerwsalem. ⁸ Gwnaeth yr un modd i'w holl wragedd estron oedd yn parhau i arogldarthu ac aberthu i'w duwiau.

⁹ Digiodd yr ARGLWYDD wrth Solomon am iddo droi oddi wrth ARGLWYDD Dduw Israel, ac yntau wedi ymddangos ddwywaith iddo, ¹⁰ a'i rybuddio ynglŷn â hyn, nad oedd i addoli duwiau eraill. ¹¹ Ond ni chadwodd yr hyn a orch mynnodd yr ARGLWYDD. Am hynny dywedodd yr ARGLWYDD wrth Solomon, "Gan mai dyma dy ddewis, ac nad wyt ti wedi cadw fy nghyfamod na'm deddfau a orchmynnais iti, yr wyf am rwygo'r deyrnas oddi wrthyt a'i rhoi i un o'th weision. ¹² Eto, er mwyn dy dad Dafydd, nid yn dy oes di y gwnaf hyn chwaith, ond oddi wrth dy fab y rhwygaf hi. ¹³ Ond nid wyf am rwygo ymaith y deyrnas i gyd; gadawaf un llwyth i'th fab, er mwyn fy ngwas Dafydd ac er mwyn Jerwsalem, a ddewisais."

Gelynion Solomon

¹⁴ A chododd yr ARGLWYDD Hadad yr Edomiad o deulu brenhinol Edom yn wrthwynebydd i Solomon. ¹⁵ Yr oedd Dafydd wedi difa Edom* pan aeth Joab capten y llu draw i gladdu'r lladdedigion, ac yr oedd wedi lladd pob gwryw yn Edom. ¹⁶ Arhosodd Joab a'r holl Israeliaid yno am chwe mis, nes difa pob gwryw yn Edom. ¹⁷ Ond yr oedd Hadad, a oedd yn llanc ifanc ar y pryd, wedi dianc i lawr i'r Aifft gyda'r rhai o'r Edomiaid a fu'n weision i'w dad. ¹⁸ Wedi gadael Midian a chyrraedd Paran, cymerasant rai gyda hwy o Paran a dod i'r Aifft at Pharo brenin yr Aifft; rhoddodd yntau lety i Hadad, a threfnu i'w gynnal a rhoi tir iddo. ¹⁹ Enillodd Hadad ffafr mawr yng ngolwg Pharo, a rhoddodd yntau chwaer ei wraig, sef chwaer y Frenhines Tachpenes, yn wraig

---

11:15 Felly Groeg. Hebraeg, *wedi bod yn Edom.*

iddo. ²⁰ Pan roddodd chwaer Tachpenes enedigaeth i'w fab Genubath, magodd Tachpenes ef ar aelwyd Pharo, fel bod Genubath yng nghartref Pharo gyda phlant Pharo. ²¹ Ond pan glywodd Hadad yn yr Aifft fod Dafydd wedi marw, a bod Joab capten y llu hefyd wedi marw, dywedodd wrth Pharo, "Gad imi fynd i'm gwlad fy hun." ²² Gofynnodd Pharo, "Ond beth sy'n brin arnat gyda mi, dy fod am fynd adref?" Meddai yntau, "Dim, ond gad imi fynd."

²³ Gwrthwynebydd arall a godod Duw i Solomon oedd Reson fab Eliada. Yr oedd hwn wedi ffoi oddi wrth ei arglwydd, Hadadeser brenin Soba. ²⁴ Casglodd rai o'i gwmpas a mynd yn gapten gwylliaid, ar ôl y lladdfa a wnaeth Dafydd arnynt, ac aethant i fyw i Ddamascus a'i rheoli. ²⁵ Bu'n wrthwynebydd i Israel tra bu Solomon yn fyw, ac yn gwneud cymaint o ddrwg â Hadad, am ei fod yn ffieiddio Israel ac yn frenin ar Syria.

Addewid Duw i Jeroboam

²⁶ Un arall a godod mewn gwrthryfel yn erbyn y brenin oedd Jeroboam fab Nebat, Effratead o Sereda, a swyddog i Solomon; gwraig weddw o'r enw Serfa oedd ei fam. ²⁷ A dyma'r achos iddo wrthryfela yn erbyn y brenin: pan oedd Solomon yn codi'r Milo ac yn cau'r bwlch ym mur dinas ei dad Dafydd, ²⁸ yr oedd Jeroboam yn ŵr medrus; a phan welodd Solomon sut yr oedd y llanc yn gwneud ei waith, gwnaeth ef yn arolygwr dros holl fintai llafur gorfod llwyth Joseff. ²⁹ Y pryd hwnnw digwyddodd i Jeroboam fynd o Jerwsalem, ac ar y ffordd cyfarfu â'r proffwyd Aheia o Seilo mewn mantell newydd, heb neb ond hwy ill dau yn y fan. ³⁰ Cydiodd Aheia yn y fantell newydd oedd amdano a'i rhwygo'n ddeuddeg darn, ³¹ a dweud wrth Jeroboam, "Cymer ddeg o'r darnau, oherwydd fel hyn y dywedodd ARGLWYDD Dduw Israel: 'Yr wyf ar rwygo'r deyrnas o afael Solomon, a rhoi i ti ddeg o'r llwythau. ³² Ond caiff ef un llwyth er mwyn fy ngwas Dafydd, ac er mwyn Jerwsalem, y ddinas a ddewisais allan o holl lwythau Israel. ³³ Gwnaf hyn am ei fod wedi fy ngwadu i ac addoli Astoreth duwies y Sidoniaid, a Chemos duw Moab, a Milcom duw'r Ammoniaid, ac am nad yw wedi cerdded yn fy llwybrau i fel ei dad Dafydd, na gwneud yr hyn sy'n iawn gennyf fi, sef cadw fy ordeiniadau a'm barnedigaethau. ³⁴ Eto nid wyf am gymryd y deyrnas i gyd o'i ddwylo; yn hytrach gadawaf ef yn bennaeth am ei oes, er mwyn fy ngwas Dafydd, a ddewisais ac a gadwodd fy ngorchmynion a'm deddfau. ³⁵ Ond yr wyf am gymryd y deyrnas oddi ar ei fab a rhoi deg llwyth ohoni i ti. ³⁶ Rhoddaf un llwyth i'w fab, fel y caiff fy ngwas Dafydd lamp ger fy mron am byth yn Jerwsalem, y ddinas a ddewisais i mi fy hun i osod fy enw yno. ³⁷ Dewisaf dithau i deyrnasu ar gymaint ag a ddymuni, a byddi'n frenin ar Israel. ³⁸ Ac os gwrandewi ar bopeth a orchmynnaf, a rhodio yn fy ffyrdd, a gwneud yr hyn sy'n iawn gennyf, sef cadw fy neddfau a'm gorchmynion fel y gwnaeth fy ngwas Dafydd, byddaf gyda thi a chodaf iti dŷ sicr fel y gwneuthum i Ddafydd. ³⁹ Rhoddaf Israel i ti er mwyn cosbi hil Dafydd oherwydd hyn; eto nid am byth chwaith.'" ⁴⁰ A cheisiodd Solomon ladd Jeroboam, ond ffodd Jeroboam draw i'r Aifft at Sisac brenin yr Aifft, ac yno y bu hyd farwolaeth Solomon.

Marwolaeth Solomon

2 Cron. 9:29-31

⁴¹ Am weddill hanes Solomon, popeth a gyflawnodd, a'i ddoethineb, onid yw ar gael yn llyfr gweithredoedd Solomon? ⁴² Deugain mlynedd oedd hyd yr amser y teyrnasodd Solomon yn Jerwsalem dros Israel. ⁴³ Pan fu farw Solomon, a'i gladdu yn ninas ei dad Dafydd, daeth ei fab Rehoboam yn frenin yn ei le.

Gwrthryfel Llwythau'r Gogledd

12 2 Cron. 10:1-19
Aeth Rehoboam i Sichem, gan mai i Sichem y daethai holl Israel i'w urddo'n frenin. ² Pan glywodd Jeroboam fab Nebat, a oedd o hyd yn yr Aifft, lle'r oedd wedi ffoi rhag y Brenin Solomon, arhosodd yn yr Aifft. ³ Ond galwasant amdano, a daeth Jeroboam a holl gynulliad Israel a dweud wrth

Rehoboam, ⁴ "Trymhaodd dy dad ein hiau; os gwnei di'n awr ysgafnhau peth ar gaethiwed caled dy dad a'r iau drom a osododd arnom, yna fe'th wasanaethwn." ⁵ Dywedodd yntau wrthynt, "Ewch i ffwrdd am dridiau, ac yna dewch yn ôl ataf." Aeth y bobl. ⁶ Ymgynghorodd Rehoboam â'r henuriaid oedd yn llys ei dad Solomon pan oedd yn fyw, a gofynnodd, "Sut y byddech chwi'n fy nghynghori i ateb y bobl hyn?" ⁷ Eu hateb oedd, "Os byddi di heddiw yn was i'r bobl hyn, a'u gwasanaethu a'u hateb â geiriau teg, byddant yn weision i ti am byth." ⁸ Ond gwrthododd y cyngor a roes yr henuriaid, a cheisiodd gyngor y llanciau oedd yn gyfoed ag ef ac yn aelodau o'i lys. ⁹ Gofynnodd iddynt hwy, "Beth ydych chwi'n fy nghynghori i ateb y bobl hyn sy'n dweud wrthyf, 'Ysgafnha rywfaint ar yr iau a osododd dy dad arnom'? " ¹⁰ Atebodd y llanciau oedd yn gyfoed ag ef, "Fel hyn y dywedi wrth y bobl hyn sy'n dweud wrthyt: 'Gwnaeth dy dad ein hiau yn drwm; ysgafnha dithau arnom.' Ie, dyma a ddywedi wrthynt: 'Y mae fy mys bach i yn braffach na llwynau fy nhad! ¹¹ Mae'n wir i'm tad osod iau drom arnoch, ond fe'i gwnaf fi hi'n drymach. Cystwyodd fy nhad chwi â chwip, ond fe'ch cystwyaf fi chwi â ffrewyll!'"

¹² Pan ddaeth Jeroboam a'r holl bobl at Rehoboam ar y trydydd dydd, yn ôl gorchymyn y brenin, "Dewch yn ôl ataf ymhen tridiau", ¹³ atebodd y brenin hwy'n chwyrn. Diystyrodd gyngor yr henuriaid, a derbyn cyngor y llanciau. ¹⁴ Dywedodd wrthynt, "Trymhaodd fy nhad eich iau, ond fe'i gwnaf fi hi'n drymach; cystwyodd fy nhad chwi â chwip, ond fe'ch cystwyaf fi chwi â ffrewyll!" ¹⁵ Felly ni wrandawodd y brenin ar y bobl, oherwydd fel hyn y tynghedwyd gan yr ARGLWYDD, er mwyn i'r ARGLWYDD gyflawni'r gair a lefarodd drwy Aheia o Seilo wrth Jeroboam fab Nebat.

¹⁶ A phan welodd holl Israel nad oedd y brenin am wrando arnynt, daeth ateb oddi wrth y bobl at y brenin:

"Pa ran sydd i ni yn Nafydd?
Nid oes cyfran inni ym mab Jesse.
Adref i'th bebyll, Israel!
Edrych at dy dŷ dy hun, Ddafydd!"

Yna aeth Israel adref. ¹⁷ Ond yr oedd rhai Israeliaid yn byw yn nhrefi Jwda, a Rehoboam yn frenin arnynt.

¹⁸ Pan anfonodd y brenin atynt Adoram, goruchwyliwr y llafur gorfod, llabyddiodd yr Israeliaid ef a'i ladd; ond llwyddodd y Brenin Rehoboam i gyrraedd ei gerbyd a ffoi i Jerwsalem. ¹⁹ Ac y mae Israel mewn gwrthryfel yn erbyn llinach Dafydd hyd heddiw. ²⁰ Wedi i Israel gyfan glywed fod Jeroboam wedi dychwelyd, anfonasant i'w wahodd i'r gymanfa, a'i urddo'n frenin dros Israel gyfan. Nid oedd ond llwyth Jwda'n unig yn glynu wrth linach Dafydd.

Proffwydoliaeth Semaia
2 Cron. 11:1-4

²¹ Pan ddychwelodd Rehoboam i Jerwsalem, galwodd ynghyd holl dylwyth Jwda a llwyth Benjamin, cant a phedwar ugain o filoedd o ryfelwyr dethol, i ryfela yn erbyn Israel i adennill y frenhiniaeth i Rehoboam fab Solomon. ²² Ond daeth gair Duw at Semaia, gŵr Duw: ²³ "Dywed wrth Rehoboam fab Solomon, brenin Jwda, ac wrth holl bobl Jwda a Benjamin a phawb arall, ²⁴ 'Fel hyn y dywed yr ARGLWYDD: Peidiwch â mynd i ryfela yn erbyn eich brodyr yr Israeliaid; ewch yn ôl adref bob un, gan mai oddi wrthyf fi y daw hyn.'" A gwrandawsant ar air yr ARGLWYDD, a dychwelyd adref yn ôl gair yr ARGLWYDD.

Jeroboam yn Troi oddi wrth yr ARGLWYDD

²⁵ Adeiladodd Jeroboam Sichem ym mynydd-dir Effraim i fyw yno, ond wedyn gadawodd y fan ac adeiladu Penuel. ²⁶ Meddyliodd Jeroboam, "Yn awr, efallai y dychwel y frenhiniaeth at linach Dafydd. ²⁷ Os â'r bobl hyn i offrymu yn nhŷ'r ARGLWYDD yn Jerwsalem, yna fe fydd calon y bobl hyn yn troi'n ôl at eu meistr, Rehoboam brenin Jwda; fe'm lladdant i a dychwelyd at Rehoboam brenin Jwda." ²⁸ Felly cymerodd y brenin gyngor a

gwneud dau lo aur, a dweud wrth y bobl, "Y mae'n ormod i chwi fynd i fyny i Jerwsalem; dyma dy dduwiau, Israel, y rhai a ddaeth â chwi i fyny o'r Aifft." ²⁹ Gosodwyd un eilun i fyny ym Methel, a rhoi'r llall yn Dan. ³⁰ Ond bu hyn yn achos pechu, oherwydd yr oedd y bobl yn mynd i addoli'r naill i Fethel a'r llall i Dan*. ³¹ Wedi iddo godi uchelfeydd, urddodd offeiriaid o blith y bobl i gyd, heb iddynt fod yn Lefiaid. ³² Sefydlodd Jeroboam ŵyl o bererindod ar y pymthegfed dydd o'r wythfed mis, fel yr ŵyl o bererindod oedd yn Jwda; ac yr oedd yntau yn offrymu ar yr allor. Dyna sut y gwnâi ym Methel, ac aberthu i'r lloi a luniodd; hefyd fe osododd ym Methel offeiriaid yr uchelfeydd a godwyd ganddo. ³³ Fe offrymodd ar yr allor a wnaeth ym Methel ar y pymthegfed dydd o'r wythfed mis. Dyfeisiodd ddyddiad iddo'i hun, lluniodd ŵyl o bererindod i'r Israeliaid ac aeth ef ei hun at yr allor i offrymu.

Condemnio'r Addoliad ym Methel

13 Tra oedd Jeroboam yn sefyll wrth yr allor i offrymu, daeth gŵr Duw o Jwda i Fethel yn ôl gair yr ARGLWYDD. ² A chyhoeddodd yn erbyn yr allor drwy air yr ARGLWYDD: "Allor, allor, fel hyn y dywed yr ARGLWYDD: 'Wele, fe enir mab i linach Dafydd o'r enw Joseia; bydd ef yn aberthu arnat offeiriaid yr uchelfeydd sy'n offrymu arnat, a llosgir arnat esgyrn dynol.'" ³ A rhoddodd argoel y dydd hwnnw, a dweud, "Dyma'r argoel a addawodd yr ARGLWYDD: bydd yr allor yn ddrylliau, a chwelir y lludw sydd arni."

⁴ Pan glywodd y Brenin Jeroboam y gair a gyhoeddodd gŵr Duw yn erbyn yr allor ym Methel, estynnodd ei law dros yr allor a dweud, "Cydiwch ynddo!" Ond gwywodd y llaw a estynnodd ato, ac ni fedrai ei thynnu'n ôl. ⁵ Yna drylliwyd yr allor a chwalwyd y lludw o'r allor, yn unol â'r argoel a roddodd gŵr Duw drwy air yr ARGLWYDD. ⁶ Yna dywedodd y brenin wrth ŵr Duw, "Ymbil â'r ARGLWYDD dy Dduw a gweddïa ar fy rhan fel y caiff fy llaw ei hadfer." Ymbiliodd gŵr Duw ar yr ARGLWYDD, ac adferwyd llaw'r brenin iddo fel yr oedd cynt. ⁷ A dywedodd y brenin wrth ŵr Duw, "Tyrd adref gyda mi am damaid, imi roi rhodd iti." ⁸ Ond dywedodd y proffwyd wrth y brenin, "Petait yn rhoi imi hanner dy dŷ, ni ddown gyda thi; nid wyf am fwyta tamaid nac yfed llymaid yn y lle hwn. ⁹ Fel hyn y gorchmynnwyd imi drwy air yr ARGLWYDD, i beidio â bwyta nac yfed dim, na dychwelyd y ffordd y deuthum." ¹⁰ Ac aeth ffordd arall, heb ddychwelyd ar y ffordd y daeth i Fethel.

Proffwyd Oedrannus Bethel

¹¹ Yr oedd proffwyd oedrannus yn byw ym Methel, a daeth ei feibion a dweud wrtho am y cwbl a wnaeth gŵr Duw y dydd hwnnw ym Methel, ac adrodd wrth eu tad yr hyn a ddywedodd wrth y brenin. ¹² Holodd eu tad hwy, "Pa ffordd yr aeth?" A dangosodd ei feibion y ffordd yr aeth gŵr Duw oedd wedi dod o Jwda. ¹³ Dywedodd yntau wrth ei feibion, "Cyfrwywch asyn imi." Ac wedi iddynt gyfrwyo'r asyn, marchogodd arno ¹⁴ a mynd ar ôl gŵr Duw, a'i gael yn eistedd tan dderwen. Gofynnodd iddo, "Ai ti yw'r gŵr Duw a ddaeth o Jwda?" Ac atebodd yntau, "Ie." ¹⁵ Yna dywedodd y proffwyd oedrannus, "Tyrd adref gyda mi am bryd o fwyd." ¹⁶ Atebodd y llall, "Ni fedraf ddychwelyd gyda thi, na bwyta nac yfed dim gyda thi yn y lle hwn. ¹⁷ Dyma'r neges a gefais drwy air yr ARGLWYDD: 'Paid â bwyta bara nac yfed dim yno, na dychwelyd y ffordd yr aethost.'" ¹⁸ Ond dywedodd y proffwyd oedrannus wrtho, "Yr wyf finnau'n broffwyd fel ti, ac y mae angel wedi dweud wrthyf drwy air yr ARGLWYDD, 'Dos ag ef yn ôl gyda thi adref i fwyta bara ac yfed dŵr.'" Ond dweud celwydd wrtho yr oedd. ¹⁹ Aeth yntau'n ôl gydag ef, a bwyta ac yfed yn ei gartref.

²⁰ Tra oeddent yn eistedd wrth y bwrdd, daeth gair yr ARGLWYDD at y proffwyd a'i dygodd yn ôl, ²¹ a chyhoeddodd wrth ŵr Duw a ddaeth o Jwda, "Fel hyn y dywed yr ARGLWYDD: 'Am iti wrthod yr hyn a ddywedodd yr ARGLWYDD, a pheidio â chadw

---

12:30 Felly Groeg. Hebraeg, *addoli'r naill i Dan*.

gorchymyn yr ARGLWYDD dy Dduw, ²² ond yn hytrach dychwelyd a bwyta ac yfed yn y lle y dywedodd ef wrthyt am beidio â bwyta nac yfed, am hynny ni ddaw dy gorff i fedd dy hynafiaid.'"

²³ Ac wedi iddo orffen bwyta ac yfed, cyfrwywyd iddo asyn o eiddo'r proffwyd a'i dygodd yn ôl. ²⁴ Fel yr oedd yn mynd ar hyd y ffordd, daeth llew i'w gyfarfod a'i ladd; gadawyd ei gorff i orwedd ar y ffordd, gyda'r asyn a'r llew yn sefyll yn ei ymyl. ²⁵ Digwyddodd rhywrai ddod heibio a gweld y corff ar y ffordd, gyda'r llew yn ei ymyl, ac aethant ac adrodd yr hanes yn y dref lle'r oedd y proffwyd oedrannus yn byw. ²⁶ Pan glywodd y proffwyd a'i dygodd yn ôl o'i daith, dywedodd, "Dyna ŵr Duw a wrthododd neges yr ARGLWYDD; y mae'r ARGLWYDD wedi ei roi i'r llew, a hwnnw wedi ei larpio a'i ladd yn ôl y gair a fynegodd yr ARGLWYDD." ²⁷ A dywedodd wrth ei feibion, "Cyfrwywch asyn imi." Wedi iddynt ei gyfrwyo, ²⁸ aeth y proffwyd, a chael y corff ar y ffordd, a'r llew a'r asyn yn sefyll yn ei ymyl. Nid oedd y llew wedi bwyta'r corff na llarpio'r asyn. ²⁹ Cododd y proffwyd y corff a'i osod ar yr asyn, a'i gludo'n ôl, a'i ddwyn i dref y proffwyd oedrannus er mwyn galaru drosto a'i gladdu. ³⁰ Ac wedi gosod y corff yn ei fedd ei hun, galarodd drosto a dweud, "O fy mrawd!" ³¹ Ar ôl ei gladdu, dywedodd wrth ei feibion, "Pan fyddaf farw, claddwch fi yn y bedd lle mae gŵr Duw wedi ei gladdu; gosodwch fy esgyrn wrth ei esgyrn ef. ³² Yn sicr fe ddigwydd yr hyn a gyhoeddodd drwy air yr ARGLWYDD yn erbyn yr allor ym Methel ac yn erbyn holl adeiladau'r uchelfeydd sydd yn nhrefi Samaria."

Drygioni Jeroboam

³³ Ni throdd Jeroboam oddi wrth ei ffordd ddrygionus wedi'r digwyddiad hwn. Parhaodd i wneud offeiriaid uchelfeydd o'r bobl yn ddiwahân; byddai'n urddo pwy bynnag a ddymunai yn offeiriaid uchelfeydd. ³⁴ Bu hyn yn dramgwydd i deulu Jeroboam ac yn achos eu difetha a'u difodi oddi ar wyneb y ddaear.

Marwolaeth Mab Jeroboam

14 Yr adeg honno clafychodd Abeia, mab Jeroboam. ² A dywedodd Jeroboam wrth ei wraig, "Newid dy ddiwyg rhag i neb wybod mai gwraig Jeroboam ydwyt; yna dos i Seilo, lle mae'r proffwyd Aheia, a ddywedodd wrthyf y byddwn yn frenin ar y bobl hyn. ³ Cymer yn dy law ddeg torth, teisennau a phot o fêl, a dos ato; ac fe ddywed wrthyt sut y bydd hi ar y llanc." ⁴ Gwnaeth gwraig Jeroboam felly; aeth draw i Seilo a dod i dŷ Aheia. Yr oedd Aheia'n methu gweld, am fod ei lygaid wedi pylu gan henaint. ⁵ Dywedodd yr ARGLWYDD wrth Aheia, "Y mae gwraig Jeroboam yn dod atat i geisio gair gennyt ynglŷn â'i mab sy'n glaf; y peth a'r peth a ddywedi wrthi. Ond pan ddaw, bydd yn cymryd arni fod yn rhywun arall." ⁶ Pan glywodd Aheia sŵn ei thraed yn cyrraedd y drws, dywedodd, "Tyrd i mewn, wraig Jeroboam; pam yr wyt ti'n cymryd arnat fod yn rhywun arall? Newydd drwg sydd gennyf i ti. ⁷ Dywed wrth Jeroboam, 'Fel hyn y dywed ARGLWYDD Dduw Israel: Dyrchefais di o blith y bobl a'th osod yn dywysog ar fy mhobl Israel, ⁸ a rhwygais y deyrnas oddi ar linach Dafydd a'i rhoi i ti. Ond ni fuost fel fy ngwas Dafydd, yn cadw fy ngorchmynion ac yn fy nghanlyn â'i holl galon, i wneud yn unig yr hyn oedd yn uniawn yn fy ngolwg. ⁹ Yn hytrach gwnaethost fwy o ddrygioni na phawb o'th flaen. Buost yn gwneud duwiau estron a delwau tawdd er mwyn fy nghythruddo, a bwriaist fi heibio. ¹⁰ Felly dygaf ddrwg ar deulu Jeroboam, a difa pob gwryw, caeth neu rydd, sy'n perthyn iddo yn Israel; ysaf yn llwyr deulu Jeroboam, fel un yn llosgi gleuad, nes y bydd wedi llwyr ddarfod. ¹¹ Bydd cŵn yn bwyta'r rhai o deulu Jeroboam a fydd farw yn y ddinas, ac adar rheibus yn bwyta'r rhai a fydd farw yn y wlad. Yr ARGLWYDD a'i dywedodd.'

¹² "Dos dithau adref. Pan fyddi'n cyrraedd y dref, bydd farw'r bachgen. ¹³ Bydd holl Israel yn galaru amdano ac yn dod i'w angladd, oherwydd hwn yn unig o deulu Jeroboam a gaiff feddrod,

gan mai ynddo ef o blith teulu Jeroboam y cafodd ARGLWYDD Dduw Israel ryw gymaint o ddaioni. ¹⁴ Fe gyfyd yr ARGLWYDD iddo'i hun frenin ar Israel a fydd yn difodi tylwyth Jeroboam y dydd hwn—yr awr hon, ond odid. ¹⁵ A bydd yr ARGLWYDD yn taro Israel nes y bydd yn siglo fel brwynen mewn llif, ac yn diwreiddio Israel o'r tir da hwn a roddodd i'w hynafiaid, a'u gwasgaru y tu hwnt i'r Ewffrates, am iddynt lunio'u delwau o Asera a chythruddo'r ARGLWYDD. ¹⁶ Bydd yn gwrthod Israel, o achos y pechod a wnaeth Jeroboam, a barodd i Israel bechu."

¹⁷ Aeth gwraig Jeroboam yn ôl i Tirsa, ac fel yr oedd hi'n cyrraedd trothwy'r tŷ, bu farw'r llanc. ¹⁸ Daeth holl Israel i'w gladdu ac i alaru ar ei ôl, fel y llefarodd yr ARGLWYDD drwy ei was, y proffwyd Aheia.

Marwolaeth Jeroboam

¹⁹ Y mae gweddill hanes Jeroboam, ei ryfeloedd a'i deyrnasiad, wedi ei ysgrifennu yn llyfr hanesion brenhinoedd Israel. ²⁰ Dwy flynedd ar hugain oedd hyd y cyfnod y bu Jeroboam yn frenin; yna bu farw, a daeth ei fab Nadab yn frenin yn ei le.

Rehoboam yn Frenin ar Jwda

2 Cron. 11:5—12:15

²¹ Daeth Rehoboam fab Solomon yn frenin ar Jwda; un a deugain oed oedd ef pan ddechreuodd deyrnasu, a bu'n frenin am ddwy flynedd ar bymtheg yn Jerwsalem, y ddinas a ddewisodd yr ARGLWYDD allan o holl lwythau Israel i osod ei enw yno. Naama yr Ammones oedd enw mam Rehoboam.

²² Gwnaeth Jwda ddrygioni yng ngolwg yr ARGLWYDD, a'i ddigio'n fwy â'u pechodau nag a wnaeth eu hynafiaid. ²³ Buont hefyd yn codi uchelfeydd a cholofnau i Baal ac Asera ar bob bryn uchel a than bob pren gwyrddlas; ²⁴ ac yr oedd puteinwyr y cysegr drwy'r wlad. Gwnaethant ffieidd-dra, yn hollol fel y cenhedloedd a ddisodlodd yr ARGLWYDD o flaen yr Israeliaid.

²⁵ Ym mhumed flwyddyn y Brenin Rehoboam, daeth Sisac brenin yr Aifft i fyny yn erbyn Jerwsalem, ²⁶ a dwyn holl drysorau tŷ'r ARGLWYDD a thŷ'r brenin, a dwyn hefyd yr holl darianau aur a wnaeth Solomon. ²⁷ Yn eu lle gwnaeth y Brenin Rehoboam darianau pres, a'u rhoi yng ngofal swyddogion y gwarchodlu oedd yn gwylio porth tŷ'r brenin. ²⁸ Bob tro yr âi'r brenin i dŷ'r ARGLWYDD, gwisgai'r gwarchodlu hwy ac yna'u dychwelyd i'r wardws.

²⁹ Ac onid yw gweddill hanes Rehoboam, a'r cwbl a wnaeth, wedi ei ysgrifennu yn llyfr hanesion brenhinoedd Jwda? ³⁰ Bu rhyfel rhwng Rehoboam a Jeroboam trwy gydol yr amser. ³¹ Pan fu farw Rehoboam, claddwyd ef gyda hwy yn Ninas Dafydd. Naama yr Ammones oedd enw ei fam, a'i fab Abeiam a ddaeth yn frenin yn ei le.

Abeiam yn Frenin ar Jwda

15 2 Cron. 13:1—14:1

Yn y ddeunawfed flwyddyn i'r Brenin Jeroboam fab Nebat, daeth Abeiam yn frenin ar Jwda. ² Teyrnasodd am dair blynedd yn Jerwsalem, a Maacha merch Abisalom oedd enw ei fam. ³ Dilynodd yr holl bechodau a gyflawnodd ei dad o'i flaen, a'i galon heb fod yn berffaith gywir i'r ARGLWYDD ei Dduw fel yr oedd calon ei dad Dafydd. ⁴ Ond er mwyn Dafydd rhoddodd yr ARGLWYDD ei Dduw lamp iddo yn Jerwsalem, a sefydlu ei fab ar ei ôl a sicrhau Jerwsalem, ⁵ am fod Dafydd wedi gwneud yr hyn oedd yn uniawn yng ngolwg yr ARGLWYDD, heb wyro oddi wrth ddim a orchmynnodd iddo drwy ei oes, ar wahân i achos Ureia'r Hethiad. ⁶ Ond bu rhyfel rhwng Rehoboam a Jeroboam ar hyd ei oes.

⁷ Ac onid yw gweddill hanes Abeiam, a'r cwbl a wnaeth, wedi ei ysgrifennu yn llyfr hanesion brenhinoedd Jwda? Bu rhyfel hefyd rhwng Abeiam a Jeroboam. ⁸ Pan fu farw Abeiam, claddwyd ef yn Ninas Dafydd, a daeth ei fab Asa yn frenin yn ei le.

Asa yn Frenin ar Jwda

2 Cron. 15:16—16:6

⁹ Yn yr ugeinfed flwyddyn i Jeroboam brenin Israel y daeth Asa yn frenin Jwda. ¹⁰ Teyrnasodd am un mlynedd a

deugain yn Jerwsalem, a Maacha merch Abisalom oedd enw ei fam. ¹¹ Gwnaeth Asa yr hyn oedd yn uniawn yng ngolwg yr ARGLWYDD, yr un fath â'i dad Dafydd. ¹² Trodd buteinwyr y cysegr allan o'r wlad a symud ymaith yr eilunod a wnaeth ei ragflaenwyr. ¹³ At hyn fe ddiswyddodd ei fam Maacha o fod yn fam frenhines, am iddi lunio ffieiddbeth ar gyfer Asera. Drylliodd Asa ei delw a'i llosgi yn nant Cidron. ¹⁴ Ni symudwyd yr uchelfeydd; eto yr oedd calon Asa yn berffaith gywir i'r ARGLWYDD ar hyd ei oes. ¹⁵ Dygodd i dŷ'r ARGLWYDD yr addunedau o arian, aur a llestri a addawodd ei dad ac yntau.

¹⁶ Bu rhyfel rhwng Asa a Baasa brenin Israel ar hyd eu hoes. ¹⁷ Aeth Baasa brenin Israel yn erbyn Jwda ac adeiladu Rama, rhag gadael i neb fynd a dod at Asa brenin Jwda. ¹⁸ Yna cymerodd Asa'r holl arian ac aur a adawyd yn nhrysorfeydd tŷ'r ARGLWYDD a thŷ'r brenin, a'u rhoi i'w weision a'u hanfon i Ben-hadad fab Tabrimon, fab Hesion, brenin Syria, a oedd yn byw yn Namascus, a dweud, ¹⁹ "Bydded cyfamod rhyngof fi a thi, fel yr oedd rhwng fy nhad a'th dad. Rwy'n anfon atat rodd o arian ac aur; tor dy gyfamod gyda Baasa brenin Israel er mwyn iddo gilio'n ôl oddi wrthyf." ²⁰ Gwrandawodd Ben-hadad ar y Brenin Asa, ac anfon swyddogion ei gatrodau yn erbyn trefi Israel, ac ymosod ar Ijon a Dan ac Abel-beth-maacha a Cinneroth i gyd, a holl wlad Nafftali. ²¹ Pan glywodd Baasa, rhoddodd heibio adeiladu Rama ac ymsefydlodd yn Tirsa. ²² Yna gorch-mynnodd y Brenin Asa holl Jwda yn ddieithriad i gymryd meini a choed Rama, y bu Baasa yn ei hadeiladu; a defnyddiodd hwy i adeiladu Geba Benjamin a Mispa.

²³ Ac onid yw gweddill hanes Asa, ei holl wrhydri, y cwbl a wnaeth, a'r dinasoedd a adeiladodd, wedi ei ysgrifennu yn llyfr hanesion brenhinoedd Jwda, oddieithr iddo yn ei henaint ddioddef o glefyd yn ei draed? ²⁴ Pan fu farw, claddwyd ef gyda'i ragflaenwyr yn ninas ei dad Dafydd; a daeth ei fab Jehosaffat yn frenin yn ei le.

Nadab yn Frenin ar Israel

²⁵ Daeth Nadab fab Jeroboam yn frenin ar Israel yn yr ail flwyddyn i Asa brenin Jwda, a theyrnasu am ddwy flynedd ar Israel. ²⁶ Gwnaeth ddrwg yng ngolwg yr ARGLWYDD, a dilyn llwybr a phechod ei dad, a barodd i Israel bechu. ²⁷ Gwnaeth Baasa fab Aheia o lwyth Issachar gynllwyn yn ei erbyn, a'i daro i lawr ger Gibbethon, a oedd ym meddiant y Philistiaid, gan fod Nadab yn gwarchae ar Gibbethon gyda holl Israel. ²⁸ Lladdodd Baasa ef yn y drydedd flwyddyn i Asa brenin Jwda, a theyrnasodd yn ei le. ²⁹ Pan ddaeth yn frenin, trawodd holl deulu Jeroboam a'u difa, heb adael un perchen anadl i Jeroboam, yn unol â gair yr ARGLWYDD drwy ei was Aheia o Seilo. ³⁰ Digwyddodd hyn oherwydd y pechodau a wnaeth Jeroboam, a barodd i Israel bechu wrth ddigio yr ARGLWYDD, Duw Israel. ³¹ Ac onid yw gweddill hanes Nadab, a'r cwbl a wnaeth, wedi ei ysgrifennu yn llyfr hanesion brenhinoedd Israel? ³² Bu rhyfel rhwng Asa a Baasa brenin Israel ar hyd eu hoes.

Baasa yn Frenin ar Israel

³³ Yn y drydedd flwyddyn i Asa brenin Jwda daeth Baasa fab Aheia yn frenin ar Israel yn Tirsa, a theyrnasu am bedair blynedd ar hugain. ³⁴ Gwnaeth ddrygioni yng ngolwg yr ARGLWYDD a dilyn llwybr a phechod Jeroboam, a barodd i Israel bechu.

16 Daeth gair yr ARGLWYDD at Jehu fab Hanani yn erbyn Baasa, a dweud: ² "Codais di o'r llwch, a'th wneud yn dywysog ar fy mhobl Israel, ond dilynaist lwybr Jeroboam a pheraist i'm pobl Israel bechu er mwyn fy nigio â'u pechodau. ³ Am hyn yr wyf yn difa olion Baasa a'i deulu a'u gwneud fel teulu Jeroboam fab Nebat. ⁴ Bydd cŵn yn bwyta'r rhai o deulu Baasa a fydd farw yn y ddinas, ac adar rheibus yn bwyta'r rhai a fydd farw yn y wlad." ⁵ Ac onid yw gweddill hanes Baasa, ei hynt a'i wrhydri, wedi ei ysgrifennu yn llyfr hanesion brenhinoedd Israel? ⁶ Pan fu farw Baasa, claddwyd ef yn Tirsa, a daeth ei fab Ela yn frenin yn ei le. ⁷ Ond yr oedd gair yr ARGLWYDD wedi dod at Baasa a'i deulu drwy'r proffwyd Jehu fab Hanani am y drygioni a wnaeth yng ngolwg yr ARGLWYDD trwy ei ddigio â'i weithredoedd, a dod yn debyg i deulu Jeroboam; a hefyd am iddo ddinistrio hwnnw.

Ela yn Frenin ar Israel

⁸ Yn y chweched flwyddyn ar hugain i Asa brenin Jwda daeth Ela fab Baasa yn frenin ar Israel yn Tirsa, a theyrnasu am ddwy flynedd. ⁹ Yna gwnaeth ei was Simri, capten hanner y cerbydau, gynllwyn yn ei erbyn. Pan oedd y brenin yn Tirsa yn feddw chwil yn nhŷ Arsa rheolwr y tŷ yn Tirsa, ¹⁰ daeth Simri a'i daro'n farw; a daeth yn frenin yn ei le yn y seithfed flwyddyn ar hugain i Asa brenin Jwda. ¹¹ Pan esgynnodd i'r orsedd ar ddechrau ei deyrnasiad, lladdodd bob un o deulu Baasa, heb adael ohonynt yr un gwryw, na châr na chyfaill. ¹² Dinistriodd Simri holl dylwyth Baasa yn ôl gair yr ARGLWYDD wrth Baasa drwy'r proffwyd Jehu, ¹³ oherwydd i Baasa a'i fab Ela bechu cymaint eu hunain a pheri i Israel bechu a digio ARGLWYDD Dduw Israel â'u heilunod. ¹⁴ Ac onid yw gweddill hanes Ela, a'r cwbl a wnaeth, wedi ei ysgrifennu yn llyfr hanesion brenhinoedd Israel?

Simri yn Frenin ar Israel

¹⁵ Yn y seithfed flwyddyn ar hugain i Asa brenin Jwda daeth Simri'n frenin am saith diwrnod yn Tirsa.Yr oedd y bobl yn gwersyllu yn erbyn Gibbethon, a oedd ym meddiant y Philistiaid; ¹⁶ a phan glywsant fod Simri wedi cynllwyn a lladd y brenin, y diwrnod hwnnw yn y gwersyll gwnaeth holl Israel Omri, capten y llu, yn frenin ar Israel. ¹⁷ Yna aeth Omri i fyny o Gibbethon, a holl Israel gydag ef, a gwarchae ar Tirsa. ¹⁸ A phan welodd Simri fod y ddinas wedi ei chipio, aeth i gaer tŷ'r brenin a llosgi tŷ'r brenin am ei ben, a bu farw. ¹⁹ Digwyddodd hyn oherwydd y pechodau a gyflawnodd drwy wneud drwg yng ngolwg yr ARGLWYDD a dilyn llwybr Jeroboam, a'r pechod a wnaeth ef i beri i Israel bechu. ²⁰ Ac onid yw gweddill hanes Simri a'i gynllwyn wedi ei ysgrifennu yn llyfr hanesion brenhinoedd Israel?

Omri yn Frenin ar Israel

²¹ Yr adeg honno rhannwyd cenedl Israel yn ddwy, gyda hanner y genedl yn dilyn Tibni fab Ginath i'w godi'n frenin, a'r hanner arall yn dilyn Omri. ²² Trechodd y bobl oedd yn dilyn Omri ddilynwyr Tibni fab Ginath, a phan fu Tibni farw, Omri oedd yn frenin.

²³ Yn yr unfed flwyddyn ar ddeg ar hugain i Asa brenin Jwda daeth Omri yn frenin ar Israel, a theyrnasu am ddeuddeng mlynedd. ²⁴ Wedi teyrnasu am chwe blynedd yn Tirsa, prynodd Fynydd Samaria gan Semer am ddwy dalent o arian, ac adeiladu ar y mynydd ddinas, a alwodd yn Samaria ar ôl Semer perchennog y mynydd. ²⁵ Ond gwnaeth Omri fwy o ddrwg yng ngolwg yr ARGLWYDD na phawb o'i flaen. ²⁶ Dilynodd holl lwybr a phechod Jeroboam fab Nebat, a barodd i Israel bechu a digio ARGLWYDD Dduw Israel â'u heilunod. ²⁷ Ac onid yw gweddill hanes Omri, ei hynt a'r gwrhydri a wnaeth, wedi ei ysgrifennu yn llyfr hanesion brenhinoedd Israel? ²⁸ Pan fu farw Omri, claddwyd ef yn Samaria, a daeth ei fab Ahab yn frenin yn ei le.

Ahab yn Frenin ar Israel

²⁹ Daeth Ahab fab Omri yn frenin ar Israel yn y ddeunawfed flwyddyn ar hugain i Asa brenin Jwda, a theyrnasodd Ahab fab Omri ar Israel yn Samaria am ddwy flynedd ar hugain. ³⁰ Gwnaeth Ahab fab Omri fwy o ddrwg yng ngolwg yr ARGLWYDD na phawb o'i flaen. ³¹ Ac fel petai'n ddibwys ganddo rodio ym mhechodau Jeroboam fab Nebat, fe gymerodd yn wraig Jesebel, merch Ethbaal brenin y Sidoniaid, ac yna addoli Baal ac ymgrymu iddo. ³² Cododd Ahab allor i Baal yn nhŷ Baal, a adeiladodd yn Samaria, a hefyd fe wnaeth ddelw o Asera. ³³ Gwnaeth fwy i ddigio ARGLWYDD Dduw Israel na holl

frenhinoedd Israel o'i flaen. ³⁴ Yn ei adeg ef ailadeiladwyd Jericho gan Hiel o Fethel. Yr oedd ei sylfaenu wedi costio iddo Abiram, ei gyntafanedig, a gosod ei dorau wedi costio iddo Segub ei fab ieuengaf—yn unol â gair yr ARGLWYDD drwy Josua fab Nun.

Elias a'r Weddw yn Sareffath

17 Dywedodd Elias y Thesbiad o Thisbe yn Gilead wrth Ahab, "Cyn wired â bod ARGLWYDD Dduw Israel yn fyw, yr hwn yr wyf yn ei wasanaethu, ni bydd na gwlith na glaw y blynyddoedd hyn ond yn ôl fy ngair i." ² Wedyn daeth gair yr ARGLWYDD ato: ³ "Dos oddi yma a thro tua'r dwyrain ac ymguddia yn nant Cerith, sydd i'r dwyrain o'r Iorddonen. ⁴ Cei yfed o'r nant, a pharaf i gigfrain dy borthi yno." ⁵ Aeth yntau a gwneud yn ôl gair yr ARGLWYDD ac aros yn nant Cerith i'r dwyrain o'r Iorddonen. ⁶ Bore a hwyr dôi cigfrain â bara a chig iddo, ac yfai o'r nant. ⁷ Ond ymhen amser sychodd y nant o ddiffyg glaw yn y wlad, ⁸ a daeth gair yr ARGLWYDD ato: ⁹ "Cod a dos i Sareffath, sydd yn perthyn i Sidon, ac aros yno; wele, yr wyf yn peri i wraig weddw yno dy borthi." ¹⁰ Cododd a mynd i Sareffath, a phan gyrhaeddodd borth y dref, yno'r oedd gwraig weddw yn casglu priciau; galwodd arni a dweud, "Estyn imi gwpanaid bach o ddŵr, imi gael yfed." ¹¹ Pan aeth i'w 'mofyn, galwodd ar ei hôl, "A thyrd â thamaid o fara imi yn dy law." ¹² Ond meddai hi, "Cyn wired â bod yr ARGLWYDD dy Dduw yn fyw, nid oes gennyf yr un dorth, dim ond llond dwrn o flawd yn y celwrn a diferyn o olew yn y stên; casglu ychydig briciau yr oeddwn er mwyn eu paratoi i mi a'm mab i fwyta, ac yna trengi." ¹³ Dywedodd Elias wrthi, "Paid ag ofni; dos a gwna fel y dywedaist, ond gwna ohono yn gyntaf deisen fach i mi, a thyrd â hi ataf, a pharatoi i ti dy hun a'th fab wedyn. ¹⁴ Oherwydd fel hyn y dywed ARGLWYDD Dduw Israel: 'Nid â'r celwrn blawd yn wag na'r stên olew yn sych hyd y dydd y bydd yr ARGLWYDD yn rhoi glaw ar wyneb y tir.'" ¹⁵ Gwnaeth hithau yn ôl gair Elias, a chafodd ef a hi a'i theulu fwyd am amser. ¹⁶ Nid aeth y celwrn blawd yn wag na'r stên olew yn sych, yn ôl gair yr ARGLWYDD drwy Elias.

¹⁷ Ymhen ysbaid clafychodd mab y wraig oedd biau'r tŷ; aeth yn ddifrifol wael, fel nad oedd anadl ar ôl ynddo. ¹⁸ A dywedodd hi wrth Elias, "Beth sydd gennyt yn f'erbyn, ŵr Duw? Ai dod ataf a wnaethost i dynnu sylw at fy nghamwedd, a lladd fy mab?" ¹⁹ Meddai yntau wrthi, "Rho dy fab i mi." Cymerodd ef o'i mynwes a'i gludo i'r llofft lle'r oedd yn byw, a'i osod i orwedd ar ei wely. ²⁰ Galwodd ar yr ARGLWYDD a dweud, "O ARGLWYDD, fy Nuw, a wyt yn dwyn drwg hyd yn oed ar y weddw y cefais lety ganddi, ac yn lladd ei mab?" ²¹ Yna ymestynnodd ar y bachgen dair gwaith, a galw ar yr ARGLWYDD a dweud, "O ARGLWYDD, fy Nuw, bydded i einioes y bachgen hwn ddod yn ôl iddo." ²² Gwrandawodd yr ARGLWYDD ar lef Elias, a daeth einioes y bachgen yn ôl iddo, ac adfywiodd. ²³ Cymerodd Elias y bachgen, a mynd ag ef i lawr o'r llofft i mewn i'r tŷ a'i roi i'w fam, a dweud, "Edrych, y mae dy fab yn fyw." ²⁴ Dywedodd y wraig wrth Elias, "Gwn yn awr dy fod yn ŵr Duw, a bod gair yr ARGLWYDD yn wir yn dy enau."

Elias a Phroffwydi Baal

18 Aeth cryn amser heibio, ac yn y drydedd flwyddyn daeth gair yr ARGLWYDD at Elias gan ddweud, "Dos, dangos dy hun i Ahab er mwyn imi roi glaw ar wyneb y tir." ² Aeth Elias i'w ddangos ei hun i Ahab. ³ Gan fod y newyn yn drwm yn Samaria, galwodd Ahab ar Obadeia, goruchwyliwr ei dŷ. ⁴ Yr oedd Obadeia yn ofni'r ARGLWYDD yn fawr, a phan ddistrywiodd Jesebel broffwydi'r ARGLWYDD, fe gymerodd Obadeia gant o broffwydi a'u cuddio mewn ogof fesul hanner cant, a'u cynnal â bwyd a diod. ⁵ A dywedodd Ahab wrth Obadeia, "Cerdda drwy'r wlad i bob ffynnon a nant, ac efallai y down o hyd i laswellt, a chadw'r ceffylau a'r mulod yn fyw, rhag inni golli pob anifail." ⁶ Ac wedi rhannu'r wlad rhyngddynt i gerdded drwyddi, aeth Ahab ei hun un ffordd, ac Obadeia ffordd arall. ⁷ A phan oedd Obadeia ar ei ffordd, daeth Elias i'w gyfarfod; adnabu yntau ef, a syrthio ar ei wyneb a dweud, "Ai ti sydd yna, f'arglwydd Elias?" 8 "Ie," atebodd yntau, "dos a dywed wrth dy arglwydd fod Elias ar gael." 9 Ond meddai hwnnw, "Beth yw fy mai, dy fod yn rhoi dy was yn llaw Ahab i'm lladd? 10 Cyn wired â bod yr ARGLWYDD dy Dduw yn fyw, nid oes na chenedl na theyrnas nad yw f'arglwydd wedi anfon yno i'th geisio; a phan ddywedent, 'Nid yw yma', byddai'n mynnu i'r deyrnas neu'r genedl dyngu llw nad oeddent wedi dy weld. 11 A dyma ti'n dweud wrthyf, 'Dos a dywed wrth dy arglwydd fod Elias ar gael'! 12 Cyn gynted ag yr af oddi wrthyt, bydd ysbryd yr ARGLWYDD yn dy gipio, ni wn i ble. Ac os af i ddweud wrth Ahab, ac yntau'n methu dy gael, bydd yn fy lladd—ac y mae dy was wedi ofni'r ARGLWYDD er pan oedd yn fachgen. 13 Oni ddywedodd neb wrth f'arglwydd yr hyn a wneuthum pan oedd Jesebel yn lladd proffwydi'r ARGLWYDD, fy mod wedi cuddio cant o broffwydi'r ARGLWYDD mewn ogof, fesul hanner cant, a'u cynnal â bwyd a diod? 14 A dyma ti'n dweud wrthyf, 'Dos a dywed wrth f'arglwydd fod Elias ar gael'! Y mae'n sicr o'm lladd." 15 Dywedodd Elias, "Cyn wired â bod ARGLWYDD y Lluoedd yn fyw, yr hwn yr wyf yn ei wasanaethu, yr wyf am ymddangos iddo heddiw."

16 Yna aeth Obadeia i gyfarfod Ahab a dweud wrtho; ac aeth Ahab i gyfarfod Elias. 17 Pan welodd Ahab ef, dywedodd wrtho, "Ai ti sydd yna, gythryblwr Israel?" 18 Atebodd yntau, "Nid myfi sydd wedi cythryblu Israel, ond tydi a'th deulu, drwy wrthod gorchmynion yr ARGLWYDD a dilyn y Baalim. 19 Anfon yn awr a chasgla ataf holl Israel i Fynydd Carmel, a hefyd y pedwar cant a hanner o broffwydi Baal a'r pedwar cant o broffwydi Asera y mae Jesebel yn eu cynnal." 20 Anfonodd Ahab at yr holl Israeliaid, a chasglu'r proffwydi i Fynydd Carmel.

21 Pan ddaeth Elias at yr holl bobl, gofynnodd, "Pa hyd yr ydych yn cloffi rhwng dau feddwl? Os yr ARGLWYDD sydd Dduw, dilynwch ef; ac os Baal, dilynwch hwnnw." Ond nid atebodd y bobl air iddo. 22 Yna meddai Elias wrth y bobl, "Myfi fy hunan a adawyd yn broffwyd i'r ARGLWYDD, tra mae proffwydi Baal yn bedwar cant a hanner. 23 Rhodder inni ddau fustach, hwy i ddewis un a'i ddatgymalu a'i osod ar y coed, ond heb roi tân dano; a gwnaf finnau'r llall yn barod a'i osod ar y coed, heb roi tân dano. 24 Yna galwch chwi ar eich duw chwi, a galwaf finnau ar yr ARGLWYDD, a'r duw a etyb drwy dân fydd Dduw." 25 Atebodd yr holl bobl, "Cynllun da!" Dywedodd Elias wrth broffwydi Baal, "Dewiswch chwi un bustach a'i baratoi'n gyntaf, gan eich bod yn niferus, a galwch ar eich duw, ond peidio â rhoi tân." 26 Ac wedi cymryd y bustach a roddwyd iddynt a'i baratoi, galwasant ar Baal o'r bore hyd hanner dydd, a dweud, "Baal, ateb ni!" Ond nid oedd llef nac ateb, er iddynt lamu o gylch yr allor. 27 Erbyn hanner dydd yr oedd Elias yn eu gwatwar ac yn dweud, "Galwch yn uwch, oherwydd duw ydyw; hwyrach ei fod yn synfyfyrio, neu wedi troi o'r neilltu, neu wedi mynd ar daith; neu efallai ei fod yn cysgu a bod yn rhaid ei ddeffro." 28 Galwasant yn uwch, a'u hanafu eu hunain yn ôl eu harfer â chyllyll a phicellau nes i'r gwaed lifo arnynt. 29 Ac wedi i hanner dydd fynd heibio, yr oeddent yn dal i broffwydo'n orffwyll hyd adeg offrymu'r hwyroffrwm; ond nid oedd llef nac ateb na sylw i'w gael.

30 Yna dywedodd Elias wrth yr holl bobl, "Dewch yn nes ataf"; a daeth yr holl bobl ato. Trwsiodd yntau allor yr ARGLWYDD a oedd wedi ei malurio; 31 a chymerodd ddeuddeg carreg, yn ôl nifer llwythau meibion Jacob (yr un y daeth gair yr ARGLWYDD ato yn dweud, "Israel fydd dy enw"). 32 Yna adeiladodd y cerrig yn allor yn enw'r ARGLWYDD, ac o gylch yr allor gwneud ffos ddigon mawr i gymryd dau fesur o had. 33 Trefnodd y coed, a darnio'r bustach a'i osod ar y coed, 34 ac yna meddai, "Llanwch bedwar llestr â dŵr, a'i dywallt ar yr aberth a'r coed." Yna dywedodd, "Gwnewch eilwaith"; a gwnaethant yr eildro. Yna dywedodd, "Gwnewch y drydedd waith"; a gwnaethant y trydydd

tro, ³⁵ nes bod y dŵr yn llifo o amgylch yr allor ac yn llenwi'r ffos. ³⁶ Pan ddaeth awr offrymu'r hwyroffrwm, nesaodd y proffwyd Elias a dweud, "O ARGLWYDD, Duw Abraham, Isaac ac Israel, pâr wybod heddiw mai ti sydd Dduw yn Israel, a minnau'n was iti, ac mai trwy dy air di y gwneuthum hyn i gyd. ³⁷ Ateb fi, O ARGLWYDD, ateb fi, er mwyn i'r bobl hyn wybod mai tydi, O ARGLWYDD, sydd Dduw, ac mai ti sydd yn troi eu calon yn ôl drachefn." ³⁸ Ar hynny disgynnodd tân yr ARGLWYDD ac ysu'r poethoffrwm, y coed, y cerrig, a'r llwch, a lleibio'r dŵr oedd yn y ffos. ³⁹ Pan welsant, syrthiodd yr holl bobl ar eu hwyneb a dweud, "Yr ARGLWYDD sydd Dduw! Yr ARGLWYDD sydd Dduw!" ⁴⁰ Yna dywedodd Elias wrthynt, "Daliwch broffwydi Baal; peidiwch â gadael i'r un ohonynt ddianc." Ac wedi iddynt eu dal, aeth Elias â hwy i lawr i nant Cison a'u lladd yno.

Diwedd y Sychder

⁴¹ Dywedodd Elias wrth Ahab, "Dos yn ôl, cymer fwyd a diod, oherwydd y mae sŵn glaw." ⁴² Felly aeth Ahab yn ei ôl i fwyta ac yfed, ond aeth Elias i fyny i ben Carmel, a gwargrymu ar y ddaear nes bod ei wyneb rhwng ei liniau. ⁴³ Yna dywedodd wrth ei lanc, "Dos di i fyny ac edrych tua'r môr." Ac wedi iddo fynd ac edrych dywedodd, "Nid oes dim i'w weld." A saith waith y dywedodd wrtho, "Dos eto." ⁴⁴ A'r seithfed tro dywedodd y llanc, "Mae yna gwmwl bychan fel cledr llaw yn codi o'r môr." Yna dywedodd Elias wrtho, "Dos, dywed wrth Ahab, 'Gwna dy gerbyd yn barod a dos, rhag i'r glaw dy rwystro.'" ⁴⁵ Ar fyr dro duodd yr awyr gan gymylau a gwynt, a bu glaw trwm; ond yr oedd Ahab wedi gyrru yn ei gerbyd a chyrraedd Jesreel. ⁴⁶ Daeth llaw yr ARGLWYDD ar Elias, tynhaodd yntau rwymyn am ei lwynau, a rhedodd o flaen Ahab hyd at y fynedfa i Jesreel.

Elias ar Fynydd Horeb

19 Mynegodd Ahab i Jesebel y cwbl yr oedd Elias wedi ei wneud, a'i fod wedi lladd yr holl broffwydi â'r cleddyf. ² Yna anfonodd Jesebel negesydd i ddweud wrth Elias, "Fel hyn y gwnelo'r duwiau i mi, a rhagor, os na fyddaf wedi gwneud dy einioes di fel einioes un ohonynt hwy erbyn yr amser hwn yfory." ³ Ofnodd* yntau a dianc am ei einioes nes dod i Beerseba, oedd yn perthyn i Jwda. ⁴ Gadawodd ei was yno, ond aeth ef yn ei flaen daith diwrnod i'r anialwch. Pan oedd yn cymryd seibiant dan ryw bren banadl, deisyfodd o'i galon am gael marw, a dywedodd, "Dyma ddigon bellach, O ARGLWYDD; cymer f'einioes, oherwydd nid wyf fi ddim gwell na'm hynafiaid." ⁵ Ond wedi iddo orwedd a chysgu dan ryw bren banadl, dyna angel yn ei gyffwrdd ac yn dweud wrtho, "Cod, bwyta." ⁶ A phan edrychodd, wrth ei ben yr oedd teisen radell a ffiolaid o ddŵr; a bwytaodd ac yfed ac ailgysgu. ⁷ Daeth yr angel yn ôl eilwaith a'i gyffwrdd a dweud, "Cod, bwyta, rhag i'r daith fod yn ormod iti." ⁸ Cododd yntau a bwyta ac yfed; a cherddodd yn nerth yr ymborth hwnnw am ddeugain diwrnod a deugain nos, hyd at Horeb, mynydd Duw.

⁹ Yno aeth i ogof i aros, a daeth gair yr ARGLWYDD ato gan ddweud, "Beth a wnei di yma, Elias?" ¹⁰ Dywedodd yntau, "Bûm i'n selog iawn dros ARGLWYDD Dduw y Lluoedd; cefnodd yr Israeliaid ar dy gyfamod, a bwrw d'allorau i lawr, a lladd dy broffwydi â'r cleddyf; myfi'n unig sydd ar ôl, ac y maent yn ceisio f'einioes innau." ¹¹ Yna dywedwyd wrtho, "Dos allan a saf ar y mynydd o flaen yr ARGLWYDD." A dyma'r ARGLWYDD yn dod heibio. Bu gwynt cryf nerthol, yn rhwygo mynyddoedd a dryllio creigiau, o flaen yr ARGLWYDD; nid oedd yr ARGLWYDD yn y gwynt. Ar ôl y gwynt bu daeargryn; nid oedd yr ARGLWYDD yn y ddaeargryn. Ar ôl y ddaeargryn bu tân; nid oedd yr ARGLWYDD yn y tân. ¹² Ar ôl y tân, distawrwydd llethol*. ¹³ Pan glywodd Elias, lapiodd ei wyneb yn ei fantell a mynd i sefyll yng ngenau'r ogof; a daeth llais yn gofyn iddo, "Beth a wnei di yma, Elias?" ¹⁴ Atebodd yntau, "Bûm i'n selog iawn dros ARGLWYDD Dduw y Lluoedd; cefnodd yr Israeliaid ar dy gyfamod, a

---

19:3 Tebygol. Hebraeg, *Gwelodd*.
19:12 Hebraeg, *sain distawrwydd llethol*.

bwrw d'allorau i lawr, a lladd dy broffwydi â'r cleddyf; myfi'n unig sydd ar ôl, ac y maent yn ceisio f'einioes innau." ¹⁵ Dywedodd yr ARGLWYDD wrtho, "Dos yn ôl i gyfeiriad anialwch Damascus, a phan gyrhaeddi, eneinia Hasael yn frenin ar Syria, ¹⁶ a Jehu fab Nimsi yn frenin ar Israel, ac Eliseus fab Saffat o Abel-mehola yn broffwyd yn dy le. ¹⁷ Pwy bynnag fydd yn dianc rhag cleddyf Hasael, bydd Jehu yn ei ladd; pwy bynnag fydd yn dianc rhag cleddyf Jehu, bydd Eliseus yn ei ladd. ¹⁸ Ond gadawaf yn weddill yn Israel y saith mil sydd heb blygu glin i Baal, na'i gusanu."

Galw Eliseus

¹⁹ Wedi iddo ymadael oddi yno, cafodd Eliseus fab Saffat yn aredig, a deuddeg gwedd o'i flaen, ac yntau gyda'r ddeuddegfed. Wrth fynd heibio, taflodd Elias ei fantell drosto. ²⁰ Gadawodd yntau'r ychen a rhedeg ar ôl Elias a dweud, "Gad imi ffarwelio â'm tad a'm mam, ac mi ddof ar dy ôl." ²¹ Dywedodd wrtho, "Dos yn ôl; beth a wneuthum i ti?" Aeth yntau'n ôl a chymryd y wedd ychen a'u lladd, a berwi'r cig â gêr yr ychen, a'i roi i'r bobl i'w fwyta. Yna fe ddilynodd Elias a gweini arno.

Rhyfel yn erbyn Syria

20 Casglodd Ben-hadad brenin Syria ei holl lu, gyda meirch a cherbydau, a deuddeg ar hugain o frenhinoedd gydag ef, ac aeth i warchae ar Samaria a brwydro yn ei herbyn. ² Anfonodd negesyddion i'r ddinas at Ahab brenin Israel, ³ a dweud wrtho, "Fel hyn y dywed Ben-hadad: 'Fi piau dy arian a'th aur, a hefyd dy wragedd a'th blant tecaf.' " ⁴ Atebodd brenin Israel, "Fel y dywedi, f'arglwydd frenin; ti piau fi a phopeth a feddaf." ⁵ Ond daeth y negesyddion yn ôl drachefn a dweud, "Fel hyn y dywed Ben-hadad: 'Anfonais atat a dweud, "Dy arian a'th aur, a hefyd dy wragedd a'th blant a roddi imi"; ⁶ ond yr adeg yma yfory byddaf yn anfon fy ngweision atat i chwilio dy dŷ a thai dy weision, a chipio popeth dymunol yn dy olwg a'i ddwyn ymaith.' " ⁷ Yna galwodd brenin Israel holl henuriaid y wlad a dweud, "Sylwch fel y mae hwn am fynnu helynt. Oherwydd pan anfonodd ataf am fy ngwragedd a'm plant, a'm harian a'm haur, nid oeddwn yn eu gomedd iddo." ⁸ Dywedodd yr henuriaid i gyd a'r holl bobl wrtho, "Paid â gwrando, a phaid â chytuno." ⁹ Yna dywedodd y brenin wrth negesyddion Ben-hadad, "Dywedwch wrth f'arglwydd frenin, 'Gwnaf bopeth a hawliaist gan dy was y tro cyntaf, ond ni allaf wneud y peth hwn.' " Ymadawodd y negesyddion a mynd â'r ateb i Ben-hadad. ¹⁰ Anfonodd hwnnw'n ôl a dweud, "Fel hyn y gwnelo'r duwiau i mi, a rhagor, os bydd llwch Samaria yn ddigon i wneud dyrnaid bob un i'r bobl sy'n fy nilyn." ¹¹ Ond ateb brenin Israel oedd, "Dywedwch wrtho, 'Peidied yr un sy'n codi arfau ag ymffrostio fel yr un sy'n eu rhoi i lawr.' " ¹² A phan glywodd Ben-hadad y dywediad hwn, ac yntau'n diota gyda'r brenhinoedd eraill yn y pebyll, dywedodd wrth ei weision, "Ymosodwch." Ac ymosodasant ar y ddinas.

¹³ Daeth rhyw broffwyd at Ahab brenin Israel a dweud wrtho, "Fel hyn y dywed yr ARGLWYDD: 'A weli di'r holl dyrfa fawr hon? Rhoddaf hi yn dy law heddiw, a chei wybod mai fi yw'r ARGLWYDD.' " ¹⁴ Gofynnodd Ahab, "Trwy bwy?" Ac atebodd, "Fel hyn y dywed yr ARGLWYDD: 'Trwy filwyr ifainc llywodraethwyr y taleithiau.' " Yna gofynnodd, "Pwy sydd i gychwyn y frwydr?" Ac meddai'r proffwyd, "Tydi." ¹⁵ Pan rifodd filwyr ifainc llywodraethwyr y taleithiau, yr oedd dau gant tri deg a dau ohonynt, ac yna rhifodd holl bobl Israel, ac yr oedd saith mil. ¹⁶ Ac aethant allan ganol dydd, pan oedd Ben-hadad yn meddwi yn y pebyll gyda'r deuddeg brenin ar hugain oedd yn ei gynorthwyo. ¹⁷ Daeth milwyr ifainc llywodraethwyr y taleithiau allan i ddechrau; ac anfonwyd neges at Ben-hadad fod dynion yn dod allan o Samaria. ¹⁸ Dywedodd, "Prun bynnag ai ceisio heddwch ai ceisio rhyfel y maent, daliwch hwy yn fyw." ¹⁹ Parhau i ddod allan o'r ddinas a wnaeth milwyr ifainc llywodraethwyr y taleithiau, gyda'r fyddin i'w canlyn. ²⁰ Ac ymosododd pob

un ar ei wrthwynebwr, nes i'r Syriaid ffoi, gyda'r Israeliaid ar eu gwarthaf; ond dihangodd Ben-hadad brenin Syria ar farch gyda gwŷr meirch. 21 Aeth brenin Israel allan a tharo'r meirch a'r cerbydau, a gwneud lladdfa fawr ymhlith y Syriaid.

22 Yna daeth y proffwyd at frenin Israel a dweud wrtho, "Dos i geisio ymgryfhau a phenderfynu'n ofalus beth a wnei, oherwydd gyda'r gwanwyn fe ddaw brenin Syria yn dy erbyn."

Syria yn Ailymosod

23 Dywedodd gweision brenin Syria wrtho, "Duwiau'r mynyddoedd yw eu duwiau hwy; dyna pam y buont yn drech na ni. Ond pe baem ni'n ymladd â hwy ar y gwastadedd, yn sicr fe'u trechem. 24 Dyma a wnei: diswydda bob un o'r brenhinoedd hyn, gosod raglawiaid yn eu lle, 25 a chasgl ynghyd fyddin debyg i'r un a gollaist, gyda march am farch a cherbyd am gerbyd. Gad inni ymladd â hwy ar y gwastadedd, ac yn sicr fe'u trechwn." Cytunodd y brenin i wneud hynny.

26 Yn y gwanwyn casglodd Ben-hadad y Syriaid i ryfela ag Israel, ac aeth i Affec. 27 Yna galwyd yr Israeliaid i fyny, a darparu bwyd ar eu cyfer, ac aethant i'w gwrthsefyll. Yr oedd yr Israeliaid yn eu gwersyll gyferbyn â hwy fel dwy ddiadell fach o eifr, a'r Syriaid yn llenwi'r wlad. 28 A daeth gŵr Duw at frenin Israel a dweud, "Fel hyn y dywed yr ARGLWYDD: 'Am fod y Syriaid wedi dweud mai Duw mynydd-dir yw'r ARGLWYDD, ac nad yw'n Dduw gwastatir, yr wyf am roi'r holl dyrfa fawr hon yn dy law; a chewch wybod mai myfi yw'r ARGLWYDD.'" 29 Bu'r naill yn gwersyllu gyferbyn â'r llall am wythnos; yna ar y seithfed dydd dechreuodd y frwydr, a thrawodd yr Israeliaid gan mil o wŷr traed y Syriaid mewn un dydd. 30 Ffodd y gweddill i ddinas Affec, a chwympodd y mur ar y saith mil ar hugain ohonynt.

31 Ffodd Ben-hadad hefyd i'r ddinas, a chyrraedd y gaer nesaf i mewn. Ac meddai ei weision wrtho, "Gwrando'n awr, clywsom fod brenhinoedd Israel yn frenhinoedd tirion. Gad inni wisgo sachliain a rhoi rhaffau am ein gyddfau, a mynd allan at frenin Israel; efallai yr arbed dy einioes." 32 A rhoesant sachliain am eu llwynau a rhaffau am eu gyddfau, a mynd at frenin Israel a dweud wrtho, "Mae dy was Ben-hadad yn dweud, 'Arbed fy mywyd.'" Meddai yntau, "A yw'n fyw o hyd? Fy mrawd ydyw." 33 Yr oedd y dynion yn gwylio am arwydd, a buont yn gyflym i ddal ar ei eiriau, a dweud, "Ie, dy frawd Ben-hadad." A dywedodd, "Ewch i'w nôl." Pan ddaeth Ben-hadad allan ato, derbyniodd ef i'w gerbyd, 34 a dywedodd Ben-hadad wrtho, "Dychwelaf y trefi a ddygodd fy nhad oddi ar dy dad; a chei osod marchnadau i ti dy hun yn Namascus, fel y gwnaeth fy nhad yn Samaria; rhyddha fi* ar yr amod hwn." A gwnaeth Ahab gytundeb ag ef a'i ollwng yn rhydd.

Proffwyd yn Condemnio Ahab

35 Yna dywedodd un o urdd y proffwydi wrth gyfaill iddo trwy air yr ARGLWYDD, "Taro fi'n awr." Ond gwrthododd ei gyfaill ei daro. 36 A dywedodd yntau wrtho, "Am iti wrthod ufuddhau i lais yr ARGLWYDD, bydd llew yn ymosod arnat pan ei oddi wrthyf." Ac wedi iddo fynd oddi wrtho, cyfarfu llew ag ef ac ymosod arno. 37 Yna cafodd y proffwyd ŵr arall a dweud, "Taro fi'n awr." A thrawodd y gŵr hwnnw ef a'i glwyfo. 38 Wedyn aeth y proffwyd a disgwyl am y brenin ar y ffordd, a chadach dros ei lygaid rhag iddo'i adnabod. 39 Pan ddaeth y brenin heibio, llefodd arno a dweud, "Aeth dy was i ganol y frwydr, a dyna rywun yn dod ac yn trosglwyddo dyn imi ac yn dweud, 'Edrych ar ôl y dyn yma; os bydd yn dianc, rhaid i ti gymryd ei le neu dalu talent o arian.' 40 Ond tra oedd dy was yn brysur hwnt ac yma, diflannodd y dyn." Yna meddai brenin Israel wrtho, "Felly boed dy ddedfryd; tydi dy hun sydd wedi ei phennu." 41 Heb oedi dim, tynnodd yntau'r cadach oddi ar ei lygaid, a gwelodd brenin Israel mai un o'r proffwydi oedd. 42 Dywedodd wrtho, "Fel hyn y dywed yr ARGLWYDD: 'Am iti ollwng yn rhydd y gŵr oedd i'w ddifodi,

---

20:34 Tebygol. Hebraeg, *rhyddhaf di*.

rhaid i ti gymryd ei le, a'th bobl di le ei bobl ef.' " ⁴³ Dychwelodd brenin Israel adref i Samaria yn ddigalon a dig.

Gwinllan Naboth

21 Ar ôl hyn digwyddodd fod gwinllan gan Naboth y Jesreeliad yn Jesreel ar gwr palas Ahab brenin Samaria. ² A dywedodd Ahab wrth Naboth, "Rho dy winllan i mi i fod yn ardd lysiau, gan ei bod mor agos i'm tŷ; a rhof iti'n gyfnewid winllan well na hi. Neu, os yw'n well gennyt, rhof iti ei gwerth mewn arian." ³ Dywedodd Naboth wrth Ahab, "Yr ARGLWYDD a'm gwaredo rhag rhoi i ti etifeddiaeth fy hynafiaid." ⁴ Dychwelodd Ahab i'w dŷ yn ddigalon a dig am i Naboth y Jesreeliad ateb, "Ni roddaf iti etifeddiaeth fy hynafiaid." Bwriodd ei hun ar ei wely, a throi ei wyneb draw a gwrthod bwyta. ⁵ Daeth ei wraig Jesebel ato a gofyn iddo, "Pam yr wyt yn ddihwyl dy ysbryd ac yn gwrthod bwyta?" ⁶ Atebodd yntau, "Dywedais wrth Naboth y Jesreeliad, 'Rho dy winllan i mi am arian; neu, os dewisi, rhof iti winllan yn ei lle.' Ac atebodd, 'Ni roddaf fy ngwinllan iti.'" ⁷ A dywedodd Jesebel wrtho, "Dangos yn awr mai ti yw'r brenin yn Israel. Cod, bwyta, cod dy galon, fe roddaf fi winllan Naboth y Jesreeliad iti." ⁸ Ysgrifennodd lythyrau yn enw Ahab, a'u selio â'i sêl, a'u hanfon at yr henuriaid a'r uchelwyr oedd yn byw yn yr un ddinas â Naboth. ⁹ Yn y llythyrau yr oedd wedi ysgrifennu, "Cyhoeddwch ympryd, a gosodwch Naboth i fyny o flaen y bobl, ¹⁰ a dau ddihiryn i dystio yn ei erbyn, 'Yr wyt ti wedi melltithio Duw a'r brenin.' Yna ewch ag ef allan a'i labyddio'n gelain." ¹¹ A gwnaed â Naboth gan yr henuriaid a'r uchelwyr oedd yn byw yn yr un ddinas ag ef yn union fel y gorchmynnodd Jesebel yn y llythyrau a ysgrifennodd atynt. ¹² Wedi cyhoeddi ympryd, gosodasant Naboth i fyny o flaen y bobl, ¹³ a daeth y ddau ddihiryn ac eistedd o'i flaen, a thystio yn erbyn Naboth gerbron y bobl a dweud, "Y mae Naboth wedi melltithio Duw a'r brenin." Aed ag ef y tu allan i'r ddinas a'i labyddio â cherrig nes iddo farw. ¹⁴ Yna anfonasant neges at Jesebel: "Mae Naboth wedi ei labyddio ac wedi marw." ¹⁵ Cyn gynted ag y clywodd Jesebel fod Naboth wedi ei labyddio'n gelain, dywedodd wrth Ahab, "Cod, meddianna'r winllan y gwrthododd Naboth y Jesreeliad ei hildio iti am arian. Nid yw Naboth yn fyw; y mae wedi marw." ¹⁶ A phan glywodd Ahab fod Naboth wedi marw, aeth i lawr i winllan Naboth y Jesreeliad i'w meddiannu.

¹⁷ Daeth gair yr ARGLWYDD at Elias y Thesbiad a dweud, ¹⁸ "Cod, a dos i lawr i gyfarfod Ahab brenin Israel yn Samaria. Fe'i cei yng ngwinllan Naboth; y mae wedi mynd yno i'w meddiannu. ¹⁹ Dywed wrtho, 'Fel hyn y dywed yr ARGLWYDD: "Wedi llofruddio, a fynni di hefyd feddiannu?" ' Dywed hefyd wrtho, 'Fel hyn y dywed yr ARGLWYDD: "Lle y llyfodd y cŵn waed Naboth, fe lyfant dy waed dithau." ' " ²⁰ Dywedodd Ahab wrth Elias, "A ddaethost o hyd i mi, fy ngelyn?" Atebodd yntau, "Do; ac am dy fod wedi ymroi i wneud drwg yng ngolwg yr ARGLWYDD, ²¹ rwyf yn dwyn drwg arnat ti, ac yn dileu dy hiliogaeth; difodaf bob gwryw yn perthyn i Ahab yn Israel, caeth a rhydd. ²² Gwnaf dy dŷ fel tŷ Jeroboam fab Nebat a thŷ Baasa fab Aheia, oherwydd y dicter a achosaist wrth beri i Israel bechu. ²³ Ac am Jesebel, fe ddywed yr ARGLWYDD, 'Y cŵn fydd yn bwyta Jesebel wrth fur Jesreel.' ²⁴ Bydd y cŵn yn bwyta pob aelod o deulu Ahab a fydd farw yn y dref, ac adar rheibus yn bwyta pob un a fydd farw allan yn y wlad."

²⁵ Eto ni bu neb cynddrwg ag Ahab mewn ymroi i wneud drwg yng ngolwg yr ARGLWYDD, am fod Jesebel ei wraig yn ei annog. ²⁶ Gwnaeth yn ffiaidd iawn trwy addoli eilunod, yn hollol fel y gwnâi'r Amoriaid a yrrodd yr ARGLWYDD allan o flaen yr Israeliaid.

²⁷ Cyn gynted ag y clywodd Ahab eiriau Elias, rhwygodd ei ddillad a gwisgo sachliain ar ei gnawd, ac ymprydio, a chysgu ar sachliain, a cherdded yn araf. ²⁸ Daeth gair yr ARGLWYDD at Elias y Thesbiad yn dweud, ²⁹ "A sylwaist ti fod Ahab wedi ymostwng ger fy mron? Gan ei fod wedi

ymostwng ger fy mron, nid wyf am ddod â'r drwg yn ei ddyddiau ef; yn nyddiau ei fab y dygaf y drwg ar ei deulu."

Y Proffwyd Michea yn Rhybuddio Ahab

22 2 Cron. 18:2–27

Bu Syria ac Israel am dair blynedd heb ryfela â'i gilydd. ² Ond yn y drydedd flwyddyn, tra oedd Jehosaffat brenin Jwda draw yn ymweld â brenin Israel, ³ dywedodd brenin Israel wrth ei weision, "A wyddoch chwi mai ni piau Ramoth-gilead? A dyma ni'n dawel ddigon, yn lle ei chipio o law brenin Syria." ⁴ A gofynnodd brenin Israel i Jehosaffat, "A ddoi di gyda mi i ryfel i Ramoth-gilead?" Dywedodd Jehosaffat wrth frenin Israel, "Yr wyf fi fel tydi, fy mhobl i fel dy bobl di, fy meirch i fel dy feirch di." ⁵ Ond meddai Jehosaffat hefyd wrth frenin Israel, "Cais yn gyntaf hefyd air yr ARGLWYDD."

⁶ Yna casglodd brenin Israel y proffwydi, tua phedwar cant ohonynt, a dweud wrthynt, "A ddylwn fynd i fyny i ryfel yn erbyn Ramoth-gilead, ai peidio?" Dywedasant hwythau, "Dos i fyny, ac fe rydd yr ARGLWYDD hi yn llaw'r brenin." ⁷ Ond holodd Jehosaffat, "Onid oes yma broffwyd arall i'r ARGLWYDD, i ni ymgynghori ag ef?" ⁸ Ac meddai brenin Israel wrth Jehosaffat, "Oes, y mae un gŵr eto i geisio'r ARGLWYDD drwyddo, Michea fab Imla; ond y mae'n atgas gennyf, am nad yw'n proffwydo lles i mi, dim ond drwg." Dywedodd Jehosaffat, "Peidied y brenin â dweud fel yna." ⁹ Felly galwodd brenin Israel ar swyddog a dweud, "Tyrd â Michea fab Imla yma ar frys." ¹⁰ Yr oedd brenin Israel a Jehosaffat brenin Jwda yn eu gwisgoedd brenhinol yn eistedd ar eu gorseddau ar y llawr dyrnu wrth borth Samaria, gyda'r holl broffwydi'n proffwydo o'u blaen. ¹¹ Gwnaeth Sedeceia fab Cenaana gyrn haearn, a dweud, "Fel hyn y dywed yr ARGLWYDD: 'Â'r rhain byddi'n cornio'r Syriaid nes iti eu difa.'" ¹² Ac yr oedd yr holl broffwydi'n proffwydo felly ac yn dweud, "Dos i fyny i Ramoth-gilead a llwydda; bydd yr ARGLWYDD yn ei rhoi yn llaw'r brenin."

¹³ Dywedodd y negesydd a aeth i'w alw wrth Michea, "Edrych yn awr, y mae'r proffwydi'n unfrydol yn proffwydo llwyddiant i'r brenin. Bydded dy air dithau fel gair un ohonynt hwy, a phroffwyda lwyddiant." ¹⁴ Atebodd Michea, "Cyn wired â bod yr ARGLWYDD yn fyw, yr hyn a ddywed yr ARGLWYDD wrthyf a lefaraf." ¹⁵ Daeth at y brenin, a dywedodd y brenin wrtho, "Michea, a awn ni i Ramoth-gilead i ryfel, ai peidio?" A dywedodd yntau wrtho, "Dos i fyny a llwydda, ac fe rydd yr ARGLWYDD hi yn llaw'r brenin." ¹⁶ Ond dywedodd y brenin wrtho, "Pa sawl gwaith yr wyf wedi dy dynghedu i beidio â dweud dim ond y gwir wrthyf yn enw'r ARGLWYDD?" ¹⁷ Yna dywedodd Michea:

"Gwelais Israel oll wedi eu gwasgaru
  ar y bryniau
fel defaid heb fugail ganddynt.
A dywedodd yr ARGLWYDD, 'Nid oes
  feistr ar y rhain;
felly bydded iddynt ddychwelyd
  adref mewn heddwch.'"

¹⁸ Dywedodd brenin Israel wrth Jehosaffat, "Oni ddywedais wrthyt na fyddai'n proffwydo da i mi, ond yn hytrach drwg?" ¹⁹ A dywedodd Michea, "Am hynny, gwrando air yr ARGLWYDD; gwelais yr ARGLWYDD yn eistedd ar ei orsedd, gyda holl lu'r nef yn sefyll ar y dde ac ar y chwith iddo. ²⁰ A dywedodd yr ARGLWYDD, 'Pwy a fedr hudo Ahab i frwydro a chwympo yn Ramoth-gilead?' Ac yr oedd un yn dweud fel hyn a'r llall fel arall; ²¹ ond dyma un ysbryd yn sefyll allan o flaen yr ARGLWYDD ac yn dweud, 'Fe'i hudaf fi ef.' Ac meddai'r ARGLWYDD, 'Sut?' ²² Dywedodd yntau, 'Af allan a bod yn ysbryd celwyddog yng ngenau ei broffwydi i gyd.' Yna dywedodd wrtho, 'Fe lwyddi di i'w hudo; dos a gwna hyn.' ²³ Yn awr, y mae'r ARGLWYDD wedi rhoi ysbryd celwyddog yng ngenau dy holl broffwydi hyn; y mae'r ARGLWYDD wedi llunio drwg ar dy gyfer." ²⁴ Nesaodd Sedeceia fab Cenaana a rhoi cernod i Michea, a dweud, "Sut yr aeth ysbryd yr ARGLWYDD oddi wrthyf fi i lefaru wrthyt ti?" ²⁵ Dywedodd Michea, "Cei weld ar y dydd hwnnw pan fyddi'n ceisio ymguddio yn yr ystafell nesaf i mewn."

²⁶ A dywedodd brenin Israel, "Dos â Michea a'i roi yng ngofal Amon, rheolwr y dref, a Joas mab y brenin, a dywed wrthynt, ²⁷ 'Fel hyn y dywed y brenin: "Rhowch hwn yng ngharchar, a bwydwch ef â'r dogn prinnaf o fara a dŵr nes imi ddod yn ôl yn llwyddiannus".'" ²⁸ Ac meddai Michea, "Os llwyddi i ddod yn ôl, ni lefarodd yr ARGLWYDD drwof; gwrandewch chwi bobl i gyd."

Marwolaeth Ahab
2 Cron. 18:28–34

²⁹ Aeth brenin Israel a Jehosaffat brenin Jwda i fyny i Ramoth-gilead. ³⁰ A dywedodd brenin Israel wrth Jehosaffat, "Yr wyf fi am newid fy nillad cyn mynd i'r frwydr, ond gwisg di dy ddillad brenhinol." Newidiodd brenin Israel ei wisg a mynd i'r frwydr. ³¹ Yr oedd brenin Syria wedi gorchymyn i'r deuddeg capten ar hugain oedd ganddo ar y cerbydau, "Peidiwch ag ymladd â neb, bach na mawr, ond â brenin Israel yn unig." ³² A phan welodd capteiniaid y cerbydau Jehosaffat, dywedasant, "Hwn yn sicr yw brenin Israel." Yna troesant i ymladd ag ef; ond rhoddodd Jehosaffat waedd, ³³ a phan welodd capteiniaid y cerbydau nad brenin Israel oedd, gadawsant lonydd iddo. ³⁴ A thynnodd rhyw ddyn ei fwa ar antur, a tharo brenin Israel rhwng y darnau cyswllt a'r llurig. A dywedodd yntau wrth yrrwr ei gerbyd, "Tro'n ôl, a dwg fi allan o'r rhengoedd, oherwydd rwyf wedi fy nghlwyfo." ³⁵ Ond ffyrnigodd y frwydr y diwrnod hwnnw, a bu raid i'r brenin aros yn ei gerbyd yn wynebu'r Syriaid hyd yr hwyr, pan fu farw; a llifodd gwaed yr archoll i waelod y cerbyd. ³⁶ A phan fachludodd yr haul aeth y gri drwy'r gwersyll, "Adref, bawb i'w dref a'i fro; bu farw'r brenin!" ³⁷ Aethant â'r brenin i Samaria a'i gladdu yno; ³⁸ a phan olchwyd y cerbyd wrth lyn Samaria, lleibiodd y cŵn ei waed ac ymolchodd y puteiniaid ynddo, yn ôl y gair a lefarodd yr ARGLWYDD.

³⁹ Onid yw gweddill hanes Ahab, a'r cwbl a wnaeth, a hanes y palas ifori a gododd, a'r holl drefi a adeiladodd, wedi ei ysgrifennu yn llyfr hanesion brenhinoedd Israel? ⁴⁰ A bu farw Ahab, a daeth ei fab Ahaseia i'r orsedd yn ei le.

Jehosaffat yn Frenin ar Jwda
2 Cron. 20:31—21:1

⁴¹ Yn y bedwaredd flwyddyn i Ahab brenin Israel daeth Jehosaffat fab Asa yn frenin ar Jwda. ⁴² Pymtheg ar hugain oedd ei oed pan ddaeth i'r orsedd, a theyrnasodd am bum mlynedd ar hugain yn Jerwsalem. Asuba merch Silhi oedd enw ei fam. ⁴³ Dilynodd lwybr ei dad Asa yn hollol ddiwyro, a gwneud yr hyn oedd yn uniawn yng ngolwg yr ARGLWYDD. Er hynny, ni symudwyd yr uchelfeydd, ac yr oedd y bobl yn parhau i aberthu ac arogldarthu ynddynt. ⁴⁴ Gwnaeth Jehosaffat heddwch â brenin Israel. ⁴⁵ Ac onid yw gweddill hanes Jehosaffat, ei hynt a'i wrhydri a'i ryfela, wedi ei ysgrifennu yn llyfr hanesion brenhinoedd Jwda? ⁴⁶ Hefyd fe ddileodd o'r tir yr olaf o buteinwyr y cysegr a adawyd o ddyddiau ei dad Asa. ⁴⁷ Nid oedd brenin yn Edom. Fe wnaeth rhaglaw'r brenin Jehosaffat* ⁴⁸ long Tarsis i fynd i Offir am aur. Ond nid aeth, oherwydd drylliwyd y llong yn Esion-geber. ⁴⁹ Yna dywedodd Ahaseia fab Ahab wrth Jehosaffat, "Fe â fy ngweision i gyda'th weision di mewn llongau." Ond nid oedd Jehosaffat yn fodlon. ⁵⁰ Bu farw Jehosaffat, a chladdwyd ef gyda'i ragflaenwyr yn ninas ei dad Dafydd, a daeth ei fab Jehoram yn frenin yn ei le.

Ahaseia yn Frenin ar Israel

⁵¹ Daeth Ahaseia fab Ahab yn frenin ar Israel yn Samaria yn yr ail flwyddyn ar bymtheg i Jehosaffat brenin Jwda. Teyrnasodd ar Israel am ddwy flynedd. ⁵² Gwnaeth ddrwg yng ngolwg yr ARGLWYDD, a dilynodd lwybr ei dad a'i fam, a llwybr Jeroboam fab Nebat, a barodd i Israel bechu. ⁵³ Gwasanaethodd ac addolodd Baal, a digio'r ARGLWYDD, Duw Israel, yn hollol fel y gwnaeth ei dad.

22:47 *Fe wnaeth . . . Jehosaffat.* Tebygol. Hebraeg yn ansicr.

AIL LYFR Y
BRENHINOEDD

Elias a'r Brenin Ahaseia

1 Wedi marw Ahab gwrthryfelodd Moab yn erbyn Israel.

² Syrthiodd Ahaseia o ffenestr ei lofft yn Samaria a chael ei anafu. Yna anfonodd negeswyr a dweud wrthynt, "Ewch i ymofyn â Baal-sebub duw Ecron, a fyddaf yn gwella o'm hanaf." ³ A dywedodd angel yr ARGLWYDD wrth Elias y Thesbiad, "Dos i gyfarfod negeswyr brenin Samaria, a dywed wrthynt, 'Ai am nad oes Duw yn Israel yr wyt yn anfon i ymofyn â Baal-sebub duw Ecron? ⁴ Am hynny, fel hyn y dywed yr ARGLWYDD: Ni ddoi o'r gwely yr aethost iddo, ond byddi farw.' " Ac aeth Elias.

⁵ Dychwelodd y negeswyr, a gofynnodd Ahaseia iddynt, "Pam yr ydych wedi dychwelyd?" ⁶ Eu hateb oedd, "Daeth rhyw ddyn i'n cyfarfod a dweud wrthym, 'Ewch yn ôl at y brenin sydd wedi'ch anfon, a dweud wrtho, "Fel hyn y dywed yr ARGLWYDD: Ai am nad oes Duw yn Israel yr wyt yn anfon i ymofyn â Baal-sebub duw Ecron? Am hynny, ni ddoi o'r gwely yr aethost iddo, ond byddi farw".' " ⁷ Gofynnodd y brenin, "Sut un oedd y dyn a ddaeth i'ch cyfarfod a dweud hyn wrthych?" ⁸ Atebodd y dynion, "Dyn blewog, a gwregys o groen am ei ganol." Ac meddai yntau, "Elias y Thesbiad oedd."

⁹ Yna anfonodd gapten hanner cant gyda'i ddynion at Elias, a daeth o hyd iddo yn eistedd ar ben bryncyn. Dywedodd wrtho, "Ti ŵr Duw, y mae'r brenin yn gorchymyn iti ddod i lawr." ¹⁰ Atebodd Elias y capten, "Os wyf fi'n ŵr Duw, doed tân o'r nef a'th ddifa di a'th hanner cant." A disgynnodd tân o'r nefoedd a'i ddifa ef a'i hanner cant. ¹¹ Anfonodd y brenin gapten hanner cant arall gyda'i ddynion; a daeth yntau a dweud, "Gŵr Duw, dyma a ddywed y brenin: Tyrd i lawr ar unwaith." ¹² Atebodd Elias, "Os wyf fi'n ŵr Duw, doed tân o'r nef a'th ddifa di a'th hanner cant." ¹³ A disgynnodd tân o'r nefoedd a'i ddifa ef a'i hanner cant. Yna anfonwyd trydydd capten hanner cant gyda'i ddynion. Pan ddaeth y trydydd capten i fyny ato, fe syrthiodd ar ei liniau o flaen Elias a chrefu arno, "O ŵr Duw, gad i'm bywyd i, a bywyd yr hanner cant yma o'th weision, fod yn werthfawr yn d'olwg. ¹⁴ Y mae tân wedi disgyn o'r nef a difa'r ddau gapten cyntaf a'u dynion, ond yn awr gad i'm bywyd fod yn werthfawr yn d'olwg." ¹⁵ Dywedodd angel yr ARGLWYDD wrth Elias, "Dos i lawr gydag ef; paid â'i ofni." ¹⁶ Yna aeth i lawr gydag ef at y brenin a dweud wrtho, "Fel hyn y dywed yr ARGLWYDD: Am iti anfon negeswyr i ymofyn â Baal-sebub duw Ecron (ai am nad oes Duw yn Israel i ymofyn am ei air?), ni ddoi o'r gwely yr aethost iddo, ond byddi farw." ¹⁷ A marw a wnaeth, yn unol â gair yr ARGLWYDD, a lefarodd Elias. Am nad oedd ganddo fab, daeth Jehoram yn frenin yn ei le, yn ail flwyddyn Jehoram fab Jehosaffat, brenin Jwda. ¹⁸ Am weddill y pethau a wnaeth Ahaseia, onid ydynt wedi eu hysgrifennu yn llyfr hanesion brenhinoedd Israel?

Cymryd Elias i'r Nefoedd

2 Pan oedd yr ARGLWYDD ar fedr cymryd Elias i'r nefoedd mewn corwynt, aeth Elias ac Eliseus allan o Gilgal. ² A dywedodd Elias wrth Eliseus, "Aros di yma, oherwydd y mae'r ARGLWYDD yn f'anfon i Fethel." Dywedodd Eliseus, "Cyn wired â bod yr ARGLWYDD yn fyw, a thithau, ni'th adawaf." Felly aethant i Fethel. ³ Daeth y proffwydi oedd ym Methel at Eliseus a dweud wrtho, "A wyddost ti fod yr ARGLWYDD am gymryd dy feistr oddi arnat heddiw?" "Gwn yn iawn," meddai yntau, "peidiwch â dweud." ⁴ Dywedodd Elias wrtho, "Eliseus, aros di yma, oherwydd y mae'r ARGLWYDD yn f'anfon i Jericho." Dywedodd yntau, "Cyn wired â bod yr

ARGLWYDD yn fyw, a thithau, ni'th adawaf." Felly aethant i Jericho. ⁵ Daeth y proffwydi oedd yn Jericho at Eliseus a dweud wrtho, "A wyddost ti fod yr ARGLWYDD am gymryd dy feistr oddi arnat heddiw?" "Gwn yn iawn," meddai yntau, "peidiwch â dweud." ⁶ Dywedodd Elias wrtho, "Aros di yma oherwydd y mae'r ARGLWYDD yn f'anfon at yr Iorddonen." Dywedodd yntau, "Cyn wired â bod yr ARGLWYDD yn fyw, a thithau, ni'th adawaf." Felly aethant ill dau. ⁷ Ac yr oedd hanner cant o broffwydi wedi dod ac aros gyferbyn â hwy o hirbell tra oeddent hwy ill dau yn sefyll ar lan yr Iorddonen. ⁸ Cymerodd Elias ei fantell a'i rholio a tharo'r dŵr. Ymrannodd y dŵr i'r ddeutu, a chroesodd y ddau ar dir sych. ⁹ Wedi iddynt groesi, dywedodd Elias wrth Eliseus, "Gofyn! Beth a wnaf iti cyn fy nghymryd oddi wrthyt?" Atebodd Eliseus, "Rhodder imi gyfran ddwbl o'th ysbryd." ¹⁰ Dywedodd Elias, "Gwnaethost gais anodd. Os gweli fi yn cael fy nghymryd oddi wrthyt, fe gei hyn; ond os na weli, ni chei." ¹¹ Ac fel yr oeddent yn mynd, dan siarad, dyma gerbyd tanllyd a meirch tanllyd yn eu gwahanu ill dau, ac Elias yn esgyn mewn corwynt i'r nef. ¹² Ac yr oedd Eliseus yn syllu ac yn gweiddi, "Fy nhad, fy nhad; cerbyd a marchogion Israel!" Ni welodd ef wedyn, a chydiodd yn ei wisg a'i rhwygo'n ddau. ¹³ Yna cododd fantell Elias a oedd wedi syrthio oddi arno, a dychwelodd a sefyll ar lan yr Iorddonen. ¹⁴ Cymerodd y fantell a syrthiodd oddi ar Elias, a tharo'r dŵr a dweud, "Ple y mae'r ARGLWYDD, Duw Elias?" Trawodd yntau'r dŵr, ac fe ymrannodd i'r ddeutu, a chroesodd Eliseus. ¹⁵ Pan welodd y proffwydi oedd yr ochr draw, yn Jericho, dywedasant, "Disgynnodd ysbryd Elias ar Eliseus." ¹⁶ Ac aethant i'w gyfarfod ac ymgrymu hyd lawr iddo, a dweud, "Y mae gan dy weision hanner cant o ddynion cryfion; gad iddynt fynd i chwilio am dy feistr rhag ofn bod ysbryd yr ARGLWYDD, ar ôl ei gipio i fyny, wedi ei fwrw ar un o'r mynyddoedd, neu i ryw gwm." Dywedodd, "Peidiwch ag anfon." ¹⁷ Ond buont yn daer nes bod cywilydd arno, a dywedodd, "Anfonwch." Wedi iddynt anfon hanner cant o ddynion, buont yn chwilio am dridiau, ond heb ei gael. ¹⁸ Arhosodd Eliseus yn Jericho nes iddynt ddychwelyd; yna dywedodd wrthynt, "Oni ddywedais wrthych am beidio â mynd?"

Gwyrthiau Eliseus

¹⁹ Dywedodd trigolion y dref wrth Eliseus, "Edrych, y mae safle'r dref yn ddymunol, fel y sylwi, O feistr, ond y mae'r dŵr yn wenwynig a'r tir yn ddiffrwyth." ²⁰ Dywedodd yntau, "Dewch â llestr newydd crai imi, a rhowch halen ynddo." ²¹ Wedi iddynt ddod ag ef ato, aeth at lygad y ffynnon a thaflu'r halen iddi a dweud, "Fel hyn y dywed yr ARGLWYDD: Purais y dyfroedd hyn; ni ddaw angau na diffrwythdra oddi yno mwy." ²² Ac y mae'r dŵr yn bur hyd heddiw, yn union fel y dywedodd Eliseus.

²³ Aeth i fyny oddi yno i Fethel, ac fel yr oedd yn mynd, daeth bechgyn bach allan o ryw dref a'i wawdio a dweud wrtho, "Dos i fyny, foelyn! Dos i fyny, foelyn!" ²⁴ Troes yntau i edrych arnynt, a'u melltithio yn enw'r ARGLWYDD. Yna daeth dwy arth allan o'r goedwig a llarpio dau a deugain o'r plant. ²⁵ Oddi yno aeth i Fynydd Carmel, ac yna dychwelyd i Samaria.

Rhyfel rhwng Israel a Moab

3 Daeth Joram fab Ahab yn frenin ar Israel yn Samaria yn y ddeunawfed flwyddyn i Jehosaffat brenin Jwda. ² Teyrnasodd am ddeuddeng mlynedd, a gwnaeth ddrwg yng ngolwg yr ARGLWYDD, er nad cymaint â'i dad a'i fam, oherwydd bwriodd allan y golofn Baal a wnaeth ei dad. ³ Ond glynodd yn ddiwyro wrth bechod Jeroboam fab Nebat, yr un a barodd i Israel bechu.

⁴ Perchen defaid oedd Mesa brenin Moab, a byddai'n talu i frenin Israel gan mil o ŵyn a gwlân can mil o hyrddod. ⁵ Ond wedi marw Ahab, gwrthryfelodd brenin Moab yn erbyn brenin Israel. ⁶ Ac ar unwaith aeth y Brenin Jehoram o Samaria i restru holl Israel. ⁷ Anfonodd hefyd at Jehosaffat brenin Jwda a

dweud, "Y mae brenin Moab wedi gwrthryfela yn f'erbyn; a ddoi di gyda mi i ymladd yn erbyn Moab?" Dywedodd yntau, "Dof gam a cham gyda thi, dyn am ddyn, a march am farch." ⁸ A holodd, "Pa ffordd yr awn ni?" Atebodd yntau, "Ffordd anialwch Edom." ⁹ Felly aeth brenin Israel, brenin Jwda, a brenin Edom ar daith gylch o saith diwrnod, ac nid oedd dŵr i'r fyddin nac i'r anifeiliaid oedd yn eu canlyn. ¹⁰ Ac meddai brenin Israel, "Och bod yr ARGLWYDD wedi galw'r tri brenin hyn allan i'w rhoi yn llaw brenin Moab!" ¹¹ Yna dywedodd Jehosaffat, "Onid oes yma broffwyd i'r ARGLWYDD, fel y gallwn ymofyn â'r ARGLWYDD drwyddo?" Atebodd un o weision brenin Israel, "Y mae Eliseus fab Saffat, a fu'n tywallt dŵr dros ddwylo Elias, yma." ¹² Dywedodd Jehosaffat, "Y mae gair yr ARGLWYDD gydag ef." Ac aeth brenin Israel a Jehosaffat a brenin Edom draw ato. ¹³ Dywedodd Eliseus wrth frenin Israel, "Beth sydd a wnelom ni â'n gilydd? Dos at broffwydi dy dad a'th fam." Dywedodd brenin Israel wrtho, "Nage; yr ARGLWYDD sydd wedi galw'r tri brenin hyn i'w rhoi yn llaw Moab." ¹⁴ Atebodd Eliseus, "Cyn wired â bod ARGLWYDD y Lluoedd yn fyw, yr hwn yr wyf yn ei wasanaethu, oni bai fy mod yn parchu Jehosaffat brenin Jwda, ni fyddwn yn talu sylw iti nac yn edrych arnat. ¹⁵ Ond yn awr, dewch â thelynor ataf." ¹⁶ Ac fel yr oedd y telynor yn canu, daeth llaw yr ARGLWYDD arno, a dywedodd, "Fel hyn y dywed yr ARGLWYDD: Gwneir y dyffryn hwn yn llawn ffosydd. ¹⁷ Oherwydd fel hyn y dywed yr ARGLWYDD: Ni welwch na gwynt na glaw; eto llenwir y dyffryn hwn â dŵr, a chewch chwi a'ch eiddo a'ch anifeiliaid yfed. ¹⁸ A chan mor rhwydd yw hyn yng ngolwg yr ARGLWYDD, fe rydd Moab yn eich llaw hefyd. ¹⁹ Dinistriwch bob dinas gaerog a phob tref ddewisol, torrwch i lawr bob pren teg, caewch bob ffynnon ddŵr a difwynwch bob darn o dir da â cherrig." ²⁰ Ac yn y bore, tuag adeg offrymu'r aberth, gwelwyd dyfroedd yn llifo o gyfeiriad Edom ac yn llenwi'r tir.

²¹ Pan glywodd pobl Moab fod y brenhinoedd wedi dod i ryfel yn eu herbyn, galwyd i'r gad bob un oedd yn ddigon hen i drin arfau; ac yr oeddent yn sefyll ar y goror. ²² Wedi iddynt godi yn y bore, yr oedd yr haul yn tywynnu ar y dŵr, a'r Moabiaid yn gweld y dŵr o'u blaenau yn goch fel gwaed. ²³ Ac meddent, "Gwaed yw hwn; y mae'r brenhinoedd wedi ymladd â'i gilydd, a'r naill wedi lladd y llall; ac yn awr, Moab, at yr anrhaith!" ²⁴ Ond pan ddaethant at wersyll Israel, cododd yr Israeliaid a tharo Moab; ffodd y Moabiaid o'u blaenau, a hwythau'n dal i'w hymlid a'u taro. ²⁵ Yna aethant i ddistrywio'r dinasoedd, a thaflu bawb ei garreg a llenwi pob darn o dir da, a chau pob ffynnon ddŵr, a chwympo pob pren teg, nes gadael dim ond* Cir-hareseth; ac amgylchodd y ffon-daflwyr hi, a'i tharo hithau.

²⁶ Pan welodd brenin Moab fod y frwydr yn drech nag ef, cymerodd gydag ef saith gant o wŷr cleddyf i ruthro ar frenin Edom, ond methodd. ²⁷ Felly cymerodd ei fab cyntafanedig, a fyddai'n teyrnasu ar ei ôl, ac offrymodd ef yn aberth ar y mur. A bu llid mawr yn erbyn Israel, a chiliasant oddi wrtho a dychwelyd i'w gwlad.

Eliseus yn Cynorthwyo Gweddw Dlawd

4 Apeliodd gwraig un o'r proffwydi at Eliseus a dweud, "Bu farw dy was, fy ngŵr, ac yr oedd yn ddyn duwiol, fel y gwyddost; ac y mae'r echwynnwr wedi dod i gymryd fy nau blentyn yn gaethion iddo." ² Dywedodd Eliseus wrthi, "Beth a gaf ei wneud i ti? Dywed wrthyf beth sydd gennyt yn dy dŷ." Atebodd hithau, "Nid oes gan dy lawforwyn ddim yn y tŷ ond ystenaid o olew." ³ Dywedodd Eliseus, "Dos a benthyg llestri gan dy holl gymdogion yn y stryd; paid â bod yn brin o lestri gweigion. ⁴ Yna dos i mewn a chau'r drws arnat ti a'th feibion, a thywallt yr olew i'r holl lestri hynny, a gosod pob un llawn o'r neilltu." ⁵ Aeth oddi wrtho a chau'r drws arni hi a'i dau

---

3:25 Felly Fersiynau. Hebraeg, *gadael ei cherrig yn.*

fab; ac fel yr oedd hi'n tywallt, yr oeddent hwythau'n dod â'r llestri ati. ⁶ Pan oedd wedi llenwi'r llestri, meddai hi wrth ei mab, "Tyrd â llestr arall imi," a dywedodd yntau, "Nid oes yr un llestr arall." Yna peidiodd yr olew. ⁷ Pan ddaeth a dweud yr hanes wrth ŵr Duw, dywedodd ef, "Dos, gwerth yr olew a thâl dy ddyled, a chei di a'th feibion fyw ar y gweddill."

Eliseus a'r Wraig Fonheddig o Sunem

⁸ Rhyw ddiwrnod aeth Eliseus heibio i Sunem, lle'r oedd gwraig fonheddig; a bu hi'n daer arno i gymryd bwyd yno. Felly bob tro y byddai'n dod heibio, byddai'n troi i mewn yno i fwyta. ⁹ Dywedodd y wraig wrth ei gŵr, "Rwy'n gwybod mai gŵr sanctaidd Duw yw hwn sy'n dod heibio i ni o hyd. ¹⁰ Rwyf am inni wneud llofft fechan ar y mur, a gosod yno wely a bwrdd a chadair a chanhwyllbren, iddo gael troi i mewn yno pan ddaw atom." ¹¹ Un diwrnod pan ddaeth yno a mynd i mewn i'r llofft i orwedd, ¹² dywedodd wrth ei was Gehasi, "Galw'r Sunamees." Wedi iddo'i galw ac iddi hithau ddod ato, ¹³ dywedodd Eliseus wrtho, "Dywed wrthi, 'Dyma ti wedi mynd i'r holl drafferth yma er ein mwyn; beth sydd i'w wneud drosot ti? A oes eisiau dweud gair drosot wrth y brenin neu wrth bennaeth y fyddin?' " Ond dywedodd hi: "Ymysg fy nhylwyth yr wyf fi'n byw." ¹⁴ Pan ofynnodd Eliseus, "Beth sydd i'w wneud drosti?" atebodd Gehasi, "Wel, nid oes ganddi fab, ac y mae ei gŵr yn hen." ¹⁵ Dywedodd, "Galw hi." Wedi iddo ei galw, a hithau'n sefyll yn y drws, ¹⁶ dywedodd wrthi, "Yr adeg hon yn nhymor y gwanwyn byddi'n cofleidio mab." Atebodd hithau, "Na, syr, paid â dweud celwydd wrth dy lawforwyn a thithau'n ŵr Duw." ¹⁷ Ond beichiogodd y wraig ac ymddŵyn mab yr adeg honno yn nhymor y gwanwyn, fel y dywedodd Eliseus wrthi.

¹⁸ Wedi i'r bachgen dyfu, aeth allan ryw ddiwrnod at ei dad i blith y medelwyr, ¹⁹ a gwaeddodd ar ei dad, "Fy mhen, fy mhen!" Dywedodd yntau wrth y gwas, "Dos ag ef at ei fam." ²⁰ Cododd hwnnw ef a mynd ag ef at ei fam; bu'n eistedd ar ei glin hyd hanner dydd, ac yna bu farw. ²¹ Cymerodd ef i fyny, a'i roi i orwedd ar wely gŵr Duw; yna aeth allan, a chau'r drws. ²² Wedyn galwodd ei gŵr a dweud, "Anfon un o'r gweision ac un o'r asennod ataf, fel y gallaf frysio at ŵr Duw ac yn ôl." ²³ Dywedodd ef, "Pam yr ei di ato heddiw? Nid yw'n newydd-loer nac yn saboth." "Mae popeth yn iawn," meddai hithau. ²⁴ Cyfrwyodd yr asen a dywedodd wrth ei gwas, "Gyr ymlaen, paid ag arafu er fy mwyn i, os na ddywedaf wrthyt." ²⁵ Aeth ar ei thaith, a dod at ŵr Duw ym Mynydd Carmel; a phan welodd gŵr Duw hi'n dod, dywedodd wrth ei was Gehasi, "Dacw'r Sunamees fan draw; ²⁶ rhed yn awr i'w chyfarfod a gofyn iddi, 'A yw popeth yn iawn gyda thi, gyda'th ŵr, gyda'th blentyn?' " Dywedodd hi, "Ydyw, yn iawn." ²⁷ Ond pan ddaeth at ŵr Duw i'r mynydd, ymaflodd yn ei draed, a phan ddaeth Gehasi i'w gwthio draw, dywedodd gŵr Duw, "Gad iddi, oherwydd y mae mewn loes mawr, ac y mae'r ARGLWYDD wedi ei gelu oddi wrthyf a heb ei fynegi imi." ²⁸ A dywedodd hi, "A ofynnais i am fab oddi wrth f'arglwydd? Oni ddywedais, 'Paid â'm twyllo'? " ²⁹ Yna dywedodd Eliseus wrth Gehasi, "Clyma dy wisg am dy ganol, cymer fy ffon, a dos; os gweli rywun, paid â'i gyfarch, ac os bydd rhywun yn dy gyfarch di, paid ag aros i ateb. Rho fy ffon ar wyneb y bachgen." ³⁰ Ond dywedodd mam y bachgen, "Cyn wired â bod yr ARGLWYDD yn fyw, a thithau, nid wyf fi am d'adael." Cododd yntau a mynd yn ôl gyda hi. ³¹ Yr oedd Gehasi wedi mynd o'u blaen, a rhoi'r ffon ar wyneb y bachgen, ond ni ddaeth na sŵn na chyffro. Felly aeth yn ôl i gyfarfod Eliseus a dweud wrtho, "Ni ddeffrôdd y bachgen."

³² Aeth Eliseus i mewn i'r tŷ, a dyna lle'r oedd y bachgen yn farw, ac wedi ei roi i orwedd ar ei wely ef. ³³ Caeodd Eliseus y drws arnynt ill dau, a gweddïo ar yr ARGLWYDD. ³⁴ Yna aeth at y plentyn a gorwedd drosto, a rhoi ei geg ar ei geg, a'i lygaid ar ei lygaid, a'i ddwylo ar ei

ddwylo, ac ymestyn drosto nes i gnawd y plentyn gynhesu. ³⁵ Yna cododd a cherdded unwaith yn ôl ac ymlaen yn y tŷ, cyn mynd yn ôl ac ymestyn arno. Tisiodd y bachgen seithwaith, ac agor ei lygaid. ³⁶ Yna galwodd Eliseus ar Gehasi a dweud, "Galw'r Sunamees." ³⁷ Wedi iddo'i galw, ac iddi hithau ddod, dywedodd, "Cymer dy fab." Syrthiodd hi wrth ei draed a moesymgrymu i'r llawr cyn cymryd ei mab a mynd allan.

Dwy Wyrth Arall

³⁸ Dychwelodd Eliseus i Gilgal pan oedd newyn yn y wlad. Yr oedd nifer o broffwydi dan ei ofal, a dywedodd wrth ei was, "Gosod y crochan mawr ar y tân a berwa gawl i'r proffwydi." ³⁹ Yr oedd un ohonynt wedi mynd allan i'r maes i gasglu llysiau, a chafodd winwydden wyllt, a chasglodd goflaid llawn o rawn gwylltion oddi arni, heb wybod beth oeddent, a dod a'u bwrw i'r crochan cawl. ⁴⁰ Tywalltwyd y cawl i'r proffwydi ei fwyta, a chyn gynted ag iddynt brofi o'r cawl, yr oeddent yn gweiddi ac yn dweud, "O ŵr Duw, y mae angau yn y crochan." Ac ni allent ei fwyta. ⁴¹ Dywedodd yntau, "Dewch â blawd." Ac wedi iddo'i daflu i'r crochan, dywedodd, "Rhannwch i'r dynion, iddynt fwyta." Ac nid oedd dim niweidiol yn y crochan.

⁴² Daeth gŵr o Baal-salisa â bara blaenffrwyth i ŵr Duw, yn cynnwys ugain torth haidd a thywysennau o ŷd newydd*. ⁴³ Dywedodd, "Rhowch hwy i'r dynion i'w bwyta." Ond dywedodd ei wasanaethwr, "Sut y gallaf rannu hyn rhwng cant o ddynion?" Ond atebodd, "Rho hwy i'r dynion i'w bwyta, oherwydd fel hyn y dywed yr ARGLWYDD: Bydd bwyta a gadael gweddill." ⁴⁴ A gosododd y torthau o'u blaen, a chawsant fwyta a gadael gweddill, yn ôl gair yr ARGLWYDD.

Iacháu Naaman

5 Yr oedd Naaman capten byddin brenin Syria yn ddyn uchel gan ei feistr ac yn fawr ei barch, am mai trwyddo ef yr oedd yr ARGLWYDD wedi gwaredu Syria. Ond aeth y rhyfelwr praff yn ŵr gwahanglwyfus. ² Pan oeddent ar gyrch yn nhir Israel cipiodd y Syriaid eneth ifanc a'i dwyn i weini ar wraig Naaman. ³ Dywedodd wrth ei meistres, "Gresyn na fyddai fy meistr yn gweld y proffwyd sydd yn Samaria; byddai ef yn ei wella o'i wahanglwyf." ⁴ Aeth Naaman a dweud wrth ei feistr, "Y mae'r eneth o wlad Israel yn dweud fel a'r fel." ⁵ Ac meddai brenin Syria, "Dos di, ac anfonaf finnau lythyr at frenin Israel." Yna aeth, a chymryd deg talent o arian, chwe mil o siclau aur a deg pâr o ddillad. ⁶ Dygodd hefyd at frenin Israel lythyr yn dweud, "Dyma fi'n anfon atat fy ngwas Naaman; cyn gynted ag y derbynni'r llythyr hwn, rwyt i'w wella o'i wahanglwyf." ⁷ Pan ddarllenodd brenin Israel y llythyr, rhwygodd ei ddillad a dweud, "Ai Duw wyf fi i beri marw neu fyw, bod hwn yn anfon ataf i wella dyn o'i wahanglwyf? Sylwch ar hyn, yn awr, a gwelwch mai chwilio am achos yn f'erbyn y mae."

⁸ Pan glywodd Eliseus, gŵr Duw, fod brenin Israel wedi rhwygo'i ddillad, anfonodd at y brenin a dweud, "Pam yr wyt yn rhwygo dy ddillad? Gad iddo ddod ataf fi, er mwyn iddo wybod fod proffwyd yn Israel." ⁹ Felly daeth Naaman, gyda'i feirch a'i gerbydau, a sefyll o flaen drws tŷ Eliseus, ¹⁰ a gyrrodd Eliseus neges allan ato: "Dos ac ymolchi saith waith yn yr Iorddonen, ac adferir dy gnawd yn holliach iti." ¹¹ Ffromodd Naaman, ac aeth i ffwrdd a dweud, "Meddyliais y byddai o leiaf yn dod allan a sefyll a galw ar enw'r ARGLWYDD ei Dduw, a symud ei law dros y fan, a gwella'r gwahanglwyf. ¹² Onid yw Abana a Pharpar, afonydd Damascus, yn well na holl ddyfroedd Israel? Oni allwn ymolchi ynddynt hwy, a dod yn lân?" Trodd, a mynd i ffwrdd yn ei ddig.

¹³ Ond daeth ei weision ato a dweud wrtho, "Petai'r proffwyd wedi dweud rhywbeth mawr wrthyt, oni fyddit wedi ei wneud? Onid rheitiach felly gan mai dim ond 'Ymolch a bydd lân' a ddywedodd?" ¹⁴ Ar hynny fe aeth i lawr, ac ymdrochi saith waith yn yr Iorddonen yn ôl gair gŵr Duw, a daeth ei gnawd yn lân eto fel cnawd bachgen

---

4:42 Tebygol. Hebraeg yn aneglur.

bach. ¹⁵ Yna dychwelodd ef a'i holl fintai at ŵr Duw, a sefyll o'i flaen a dweud, "Dyma fi'n gwybod yn awr nad oes Duw mewn un wlad ond yn Israel; felly, derbyn yn awr anrheg oddi wrth dy was." ¹⁶ Atebodd yntau, "Cyn wired â bod yr ARGLWYDD a wasanaethaf yn fyw, ni chymeraf ddim." ¹⁷ Ac er pwyso arno i gymryd, gwrthod a wnaeth. Dywedodd Naaman, "Os na chymeri, ynteu, rhodder llwyth cwpl o fulod o bridd i mi, dy was, gan na fyddaf ar ôl hyn yn offrymu poethoffrwm nac aberth i'r un duw arall ond i'r ARGLWYDD. ¹⁸ Ond yn unig—maddeued yr ARGLWYDD imi—pan fydd fy meistr yn mynychu teml Rimmon i addoli yno, ac yn pwyso ar fy llaw, byddaf finnau'n moesymgrymu yn nheml Rimmon pan fydd ef yn ymgrymu yno. Maddeued yr ARGLWYDD i'th was am y peth hwn." ¹⁹ Dywedodd Eliseus wrtho, "Heddwch iti."

Pan oedd wedi mynd ychydig o ffordd, ²⁰ meddyliodd Gehasi, gwas Eliseus gŵr Duw, "Y mae fy meistr wedi arbed y Syriad hwn, Naaman, drwy wrthod derbyn yr hyn a ddygodd; cyn wired â bod yr ARGLWYDD yn fyw, mi redaf ar ei ôl i gael rhywbeth ganddo." ²¹ Rhedodd ar ôl Naaman, a phan welodd Naaman ef yn rhedeg, disgynnodd o'i gerbyd i'w gyfarfod, a gofyn, "A yw popeth yn iawn?" ²² "Ydyw, yn iawn," meddai yntau, "fy meistr sydd wedi f'anfon i ddweud fod dau broffwyd ifanc newydd gyrraedd o ucheldir Effraim; bydd cystal â rhoi iddynt dalent o arian a dau bâr o ddillad." ²³ Atebodd Naaman, "Ar bob cyfrif; cymer ddwy dalent." Bu'n daer arno; clymodd ddwy dalent mewn dwy god, a'u rhoi gyda dau bâr o ddillad i ddau o'i weision i'w cario o'i flaen. ²⁴ Pan ddaethant at y bonc, cymerodd Gehasi hwy o'u llaw a'u rhoi i gadw, ac yna anfonodd y gweision yn ôl. ²⁵ Wedi iddynt fynd, aeth yntau i mewn i weini ar ei feistr, a dywedodd Eliseus wrtho, "Ple buost ti, Gehasi?" Atebodd, "Ni fu dy was yn unman." ²⁶ Ond dywedodd Eliseus, "Onid oedd fy nghalon gyda thi pan ddisgynnodd y gŵr o'i gerbyd i'th gyfarfod, a phan dderbyniaist yr arian? Pryn ddillad a gerddi olewydd a gwinllannoedd a defaid a gwartheg a gweision a morynion; ²⁷ ond bydd gwahanglwyf Naaman yn glynu wrthyt ti a'th deulu am byth." Aeth Gehasi allan o'i ŵydd yn wahanglwyfus, cyn wynned â'r eira.

Adfer y Fwyell

6 Dywedodd y proffwydi wrth Eliseus, "Edrych yn awr, y mae'r lle yr ydym yn byw ynddo gyda thi yn rhy gyfyng inni. ² Gad inni fynd at yr Iorddonen a chymryd oddi yno drawst bob un i wneud lle y gallwn fyw ynddo." Dywedodd yntau, "Ewch." ³ Ond meddai un, "Bydd dithau fodlon i ddod gyda'th weision." Ac atebodd, "Dof." ⁴ Yna aeth gyda hwy at yr Iorddonen i dorri coed. ⁵ Tra oedd un yn cwympo trawst, syrthiodd ei fwyell i'r dŵr, a dywedodd, "Gwae fi, syr; un fenthyg oedd hi." ⁶ Dywedodd gŵr Duw, "Ple y syrthiodd?" Dangosodd y lle iddo; torrodd yntau ffon a'i thaflu yno, a nofiodd y fwyell. ⁷ Dywedodd, "Cod hi." Ac estynnodd ei law a'i chymryd.

Gorchfygu Byddin Syria

⁸ Pan oedd brenin Syria am ryfela yn erbyn Israel, ymgynghorodd â'i weision a phenderfynu, "Yn y fan a'r fan y bydd fy ngwersyll." ⁹ Ac anfonodd gŵr Duw at frenin Israel a dweud, "Gwylia rhag mynd heibio'r fan a'r fan, oherwydd y mae'r Syriaid yn mynd i lawr yno." ¹⁰ Ac anfonodd brenin Israel ddynion i'r fan a ddywedodd gŵr Duw, ac felly y rhybuddiwyd ef i fod yn wyliadwrus, dro ar ôl tro.

¹¹ Cynhyrfodd brenin Syria am hyn a galwodd ei weision ato a dweud wrthynt, "Oni ddywedwch wrthyf pwy ohonom sydd o blaid brenin Israel?" ¹² Ond dywedodd un o'i weision, "Nid oes neb, f'arglwydd frenin; Eliseus, y proffwyd o Israel, sy'n dweud wrth frenin Israel y geiriau yr wyt ti'n eu llefaru yn d'ystafell wely." ¹³ Dywedodd yntau, "Ewch ac edrychwch ble y mae ef, er mwyn i mi anfon i'w ddal." ¹⁴ Dywedwyd wrtho, "Y mae yn Dothan." Ac anfonodd yno feirch a cherbydau a byddin gref. Daethant liw nos ac amgylchu'r dref.

15 Pan gododd gwas gŵr Duw yn y bore bach, a mynd allan, dyna lle'r oedd byddin a meirch a cherbydau o amgylch y dref, ac meddai, "O feistr, beth a wnawn ni?" 16 Dywedodd yntau, "Paid ag ofni; y mae mwy gyda ni nag sydd gyda hwy." 17 Yna gweddïodd Eliseus, "ARGLWYDD, agor ei lygaid, iddo weld." Ac agorodd yr ARGLWYDD lygaid y llanc, ac yna fe welodd y mynydd yn llawn meirch a cherbydau tanllyd o gwmpas Eliseus. 18 Pan ddaeth y Syriaid i lawr ato, gweddïodd Eliseus ar yr ARGLWYDD a dweud, "Taro'r bobl hyn yn ddall," a thrawyd hwy'n ddall, yn ôl gair Eliseus. 19 A dywedodd Eliseus wrthynt, "Nid dyma'r ffordd; nid hon yw'r dref. Dilynwch fi, ac af â chwi at y gŵr yr ydych yn ei geisio." Ac arweiniodd hwy i Samaria.

20 Wedi iddynt gyrraedd Samaria, dywedodd Eliseus, "ARGLWYDD, agor lygaid y bobl hyn, iddynt weld." Pan agorodd yr ARGLWYDD eu llygaid a hwythau'n gweld, yno yng nghanol Samaria yr oeddent. 21 A phan welodd brenin Israel hwy, gofynnodd i Eliseus, "Fy nhad, a gaf fi eu lladd bob un?" 22 Atebodd yntau, "Na, paid â'u lladd. A fyddit ti'n lladd y rhai a gymerit yn gaeth trwy dy gleddyf a'th fwa? Rho fara a dŵr o'u blaenau, iddynt gael bwyta ac yfed a mynd yn ôl at eu meistr." 23 Arlwyodd wledd fawr iddynt, ac wedi iddynt fwyta ac yfed, gollyngodd hwy. Aethant at eu meistr, ac ni ddaeth byddinoedd Syria rhagor i dir Israel.

Gwarchae ar Samaria

24 Ymhen amser, cynullodd Ben-hadad brenin Syria ei holl fyddin a mynd i warchae ar Samaria. 25 Yna bu newyn mawr yn Samaria, a'r gwarchae mor dynn nes bod pen asyn yn costio pedwar ugain o siclau arian, a chwarter pwys o dail colomen bum sicl. 26 Fel yr oedd brenin Israel yn cerdded ar y mur, gwaeddodd gwraig arno, "F'arglwydd frenin, helpa fi!" 27 Ond dywedodd, "Na! Bydded i'r ARGLWYDD dy helpu; o ble y caf fi help iti—ai o'r llawr dyrnu neu o'r gwinwryf?" 28 Yna gofynnodd y brenin, "Beth sydd o'i le?" Meddai hithau, "Dywedodd y ddynes yma wrthyf, 'Dyro di dy blentyn inni ei fwyta heddiw, a chawn fwyta fy mab i yfory.' 29 Felly berwyd fy mab i a'i fwyta, ac yna dywedais wrthi y diwrnod wedyn, 'Dyro dithau dy fab inni ei fwyta.' Ond y mae hi wedi cuddio'i phlentyn." 30 Pan glywodd y brenin eiriau'r wraig, rhwygodd ei wisg; a chan ei fod yn cerdded ar y mur, gwelodd y bobl ei fod yn gwisgo sachliain yn nesaf at ei groen. 31 Ac meddai, "Fel hyn y gwnelo Duw i mi, a rhagor, os ceidw Eliseus fab Saffat ei ben ar ei ysgwyddau heddiw."

32 Gartref yr oedd Eliseus, a'r henuriaid yn eistedd gydag ef. Anfonodd y brenin ŵr o'i lys, ond cyn i'r negesydd gyrraedd, yr oedd Eliseus wedi dweud wrth yr henuriaid, "A welwch chwi fod y cyw llofrudd hwn wedi anfon rhywun i dorri fy mhen? Edrychwch; pan fydd y negesydd yn cyrraedd, caewch y drws a daliwch y drws yn ei erbyn. Onid wyf yn clywed sŵn traed ei feistr yn ei ddilyn?" 33 A thra oedd eto'n siarad â hwy, dyna'r brenin* yn cyrraedd ac yn dweud, "Oddi wrth yr ARGLWYDD y daeth ein haflwydd, pam y disgwyliaf rhagor wrtho?"

7 Ond dywedodd Eliseus, "Gwrando air yr ARGLWYDD. Fel hyn y dywed yr ARGLWYDD: Tua'r adeg yma yfory gwerthir ym mhorth Samaria bwn o flawd am sicl, a dau bwn o haidd am sicl." 2 Atebwyd Eliseus gan y swyddog yr oedd y brenin yn pwyso ar ei fraich: "Hyd yn oed pe bai'r ARGLWYDD yn agor ffenestri yn y nefoedd, a allai hyn ddigwydd?" Meddai yntau, "Cei ei weld â'th lygaid dy hun, ond ni chei fwyta ohono."

Byddin Syria yn Ymadael

3 Y tu allan i'r porth yr oedd pedwar dyn gwahanglwyfus, ac meddent wrth ei gilydd, "Pam aros yma nes inni farw? 4 Pe byddem yn penderfynu mynd i'r ddinas, byddem yn marw yno am fod newyn yn y ddinas; a marw y byddwn os arhoswn yma. Dewch, mentrwn i wersyll Syria. Os arbedant ni, cawn fyw; os lladdant ni, byddwn farw." 5 Felly

---

6:33 Tebygol. Hebraeg, *negesydd*.

gyda'r nos aethant draw i wersyll y Syriaid; ond wedi iddynt gyrraedd cwr y gwersyll, nid oedd yr un Syriad yno. ⁶ Yr oedd yr ARGLWYDD wedi peri i wersyll y Syriaid glywed trwst cerbydau a meirch a byddin gref, nes bod pawb yn dweud, "Y mae brenin Israel wedi cyflogi brenhinoedd yr Hethiaid a'r Eifftiaid i ymosod arnom." ⁷ Dyna pam yr oeddent wedi ffoi gyda'r nos, a gadael eu pebyll a'u meirch a'u hasynnod a'r gwersyll fel yr oedd, a ffoi am eu heinioes. ⁸ Pan ddaeth y gwahangleifion hyn i gwr y gwersyll, aethant i mewn i un o'r pebyll, a bwyta ac yfed; ac yna aethant ag arian ac aur a dilladau oddi yno a'u cuddio; wedyn dod yn ôl a mynd i babell arall a dwyn o honno a'i guddio. ⁹ Yna dyma hwy'n dweud wrth ei gilydd, "Nid ydym yn gwneud y peth iawn; dydd o newyddion da yw heddiw, a ninnau'n dweud dim. Os arhoswn hyd olau dydd, byddwn ar fai; felly gadewch inni fynd a dweud ym mhalas y brenin." ¹⁰ Aethant a galw ar borthorion y ddinas a dweud, "Buom yng ngwersyll y Syriaid, ond nid oedd unrhyw un yno, na sôn am neb—dim ond ambell geffyl ac asyn wedi ei rwymo, a'r pebyll wedi eu gadael fel yr oeddent." ¹¹ Gwaeddodd y porthorion a dweud wrth y rhai oedd i mewn ym mhalas y brenin. ¹² Yna cododd y brenin gefn nos, ac meddai wrth ei weision, "Mi ddywedaf wrthych beth y mae'r Syriaid yn ei wneud i ni; y maent yn gwybod bod newyn arnom, ac y maent wedi mynd allan o'r gwersyll i guddio, gan feddwl, 'Pan ddônt allan o'r ddinas, daliwn hwy'n fyw, a mynd i mewn i'r ddinas.'" ¹³ Atebodd un o'i weision, "Beth am gymryd pump o'r meirch sydd ar ôl, ac anfon rhywrai inni gael gweld? Achos, os arhoswn yn y ddinas*, fe fydd holl liaws Israel sydd ar ôl yr un fath â'r holl lu o Israeliaid sydd wedi darfod." ¹⁴ Wedi dewis dau farchog, anfonodd y brenin hwy ar ôl byddin Syria, gyda'r siars, "Ewch i edrych." ¹⁵ Aethant ar eu hôl cyn belled â'r Iorddonen, ac yr oedd y ffordd ar ei hyd yn llawn o ddillad a chelfi wedi eu taflu i ffwrdd gan y Syriaid yn eu brys. Yna dychwelodd y negeswyr a dweud wrth y brenin.

¹⁶ Wedi hynny aeth y bobl allan ac ysbeilio gwersyll y Syriaid, a chaed pwn o flawd am sicl a dau bwn o haidd am sicl, yn ôl gair yr ARGLWYDD. ¹⁷ Yr oedd y brenin wedi penodi'r swyddog y pwysai ar ei fraich i arolygu'r porth; ond mathrodd y bobl ef yn y porth, a bu farw, fel yr oedd gŵr Duw wedi dweud pan aeth y brenin ato. ¹⁸ Digwyddodd hefyd yn ôl fel y dywedodd gŵr Duw wrth y brenin, "Bydd dau bwn o haidd am sicl, a phwn o beilliaid am sicl yr adeg yma yfory ym mhorth Samaria." ¹⁹ Pan atebodd y swyddog ŵr Duw a dweud, "Hyd yn oed pe bai'r ARGLWYDD yn gwneud ffenestri yn y nef, a allai hyn ddigwydd?" cafodd yr ateb, "Cei ei weld â'th lygaid dy hun, ond ni chei fwyta ohono." ²⁰ Ac felly y digwyddodd: mathrodd y bobl ef yn y porth, a bu farw.

Y Wraig o Sunem yn Dychwelyd

8 Yr oedd Eliseus wedi dweud wrth y wraig yr adfywiodd ei mab, "Muda oddi yma, ti a'th deulu, a dos i fyw lle medri, oherwydd y mae'r ARGLWYDD wedi cyhoeddi newyn, a bydd yn y wlad am saith mlynedd." ² Cychwynnodd y wraig yn ôl gair gŵr Duw, ac aeth hi a'i theulu, a byw am saith mlynedd yn Philistia. ³ Ymhen y saith mlynedd, dychwelodd y wraig o Philistia a mynd at y brenin i erfyn am ei thŷ a'i thir. ⁴ Yr oedd y brenin ar y pryd yn ymddiddan â Gehasi, gwas gŵr Duw, ac yn dweud, "Dywed wrthyf hanes yr holl wrhydri a wnaeth Eliseus." ⁵ Ac fel yr oedd Gehasi'n adrodd wrth y brenin amdano'n adfywio un oedd wedi marw, dyna'r wraig yr adfywiodd ei mab yn dod i erfyn ar y brenin am ei thŷ a'i thir. Ac meddai Gehasi, "F'arglwydd frenin, hon yw'r wraig, a dyma'r mab a adfywiodd Eliseus." ⁶ Holodd y brenin hi, ac adroddodd hithau'r hanes wrtho. Yna penododd y brenin swyddog i ofalu amdani, a dweud wrtho, "Rho'n ôl iddi ei heiddo i gyd, a chynnyrch y tir hefyd o'r diwrnod y gadawodd y wlad hyd heddiw."

7:13 Hebraeg, *ynddi.*

Eliseus a Ben-hadad Brenin Syria

⁷ Daeth Eliseus i Ddamascus. Yr oedd Ben-hadad brenin Syria yn glaf, a dywedwyd wrtho fod gŵr Duw wedi cyrraedd. ⁸ Yna dywedodd y brenin wrth Hasael, "Cymer rodd gyda thi, a dos at ŵr Duw i ymofyn â'r ARGLWYDD, a fyddaf yn gwella o'r clefyd hwn." ⁹ Aeth Hasael ato gyda deugain llwyth camel o holl nwyddau gorau Damascus yn rhodd. Ar ôl cyrraedd, safodd o'i flaen a dweud, "Y mae dy fab, Ben-hadad brenin Syria, wedi f'anfon atat i ofyn, 'A fyddaf yn gwella o'r clefyd hwn?'" ¹⁰ Atebodd Eliseus, "Dos a dweud wrtho, "Rwyt yn sicr o wella.' Ond y mae'r ARGLWYDD wedi dangos i mi y bydd yn sicr o farw." ¹¹ A syllodd yn graff ar Hasael nes iddo gywilyddio, ac wylodd gŵr Duw. ¹² Gofynnodd Hasael, "Pam y mae f'arglwydd yn wylo?" Atebodd, "Am fy mod yn gwybod maint y niwed a wnei i'r Israeliaid: bwrw tân i'w caerau a lladd eu hieuenctid â'r cleddyf, mathru'r plant bach a rhwygo'r beichiog." ¹³ Dywedodd Hasael, "Sut y gall dy was, nad yw ond ci, wneud peth mor fawr â hyn?" Atebodd Eliseus, "Y mae'r ARGLWYDD wedi dy ddangos imi yn frenin ar Syria." ¹⁴ Ymadawodd ag Eliseus, a phan ddaeth at ei feistr, gofynnodd hwnnw iddo, "Beth a ddywedodd Eliseus wrthyt?" Atebodd yntau, "Dweud wrthyf y byddi'n sicr o wella." ¹⁵ Ond trannoeth cymerodd Hasael wrthban a'i drochi mewn dŵr a'i daenu dros wyneb y brenin. Bu farw, a daeth Hasael yn frenin yn ei le.

Jehoram Brenin Jwda
2 Cron. 21:1–20

¹⁶ Yn y bumed flwyddyn i Joram fab Ahab, brenin Israel, tra oedd Jehosaffat yn frenin ar Jwda, dechreuodd Jehoram fab Jehosaffat, brenin Jwda, deyrnasu. ¹⁷ Deuddeg ar hugain oedd ei oed pan ddaeth yn frenin, a theyrnasodd yn Jerwsalem am wyth mlynedd. ¹⁸ Dilynodd lwybr brenhinoedd Israel, fel y gwnâi tŷ Ahab, gan mai merch Ahab oedd ei wraig, a gwnaeth yr hyn oedd ddrwg yng ngolwg yr ARGLWYDD. ¹⁹ Eto ni fynnai'r ARGLWYDD, er mwyn ei was Dafydd, ddifetha Jwda, am iddo addo rhoi lamp iddo ac* i'w blant am byth.

²⁰ Yn ei gyfnod ef gwrthryfelodd Edom yn erbyn Jwda a gosod brenin arnynt eu hunain. ²¹ Croesodd Jehoram i Sair a'i holl gerbydau gydag ef; cododd liw nos ac ymosododd ef a'i gerbydwyr ar yr Edomiaid oedd yn ei amgylchu, ond ffodd y fyddin adref. ²² Ac y mae Edom mewn gwrthryfel yn erbyn Jwda hyd y dydd hwn. Gwrthryfelodd Libna hefyd yr un pryd. ²³ Am weddill yr holl bethau a wnaeth Jehoram, onid ydynt wedi eu hysgrifennu yn llyfr hanesion brenhinoedd Jwda? ²⁴ Bu farw Jehoram, a chladdwyd ef gyda'i ragflaenwyr yn Ninas Dafydd; a daeth ei fab Ahaseia yn frenin yn ei le.

Ahaseia Brenin Jwda
2 Cron. 22:1–6

²⁵ Yn y ddeuddegfed flwyddyn i Joram fab Ahab, brenin Israel, daeth Ahaseia fab Jehoram, brenin Jwda, yn frenin. ²⁶ Dwy ar hugain oed oedd Ahaseia pan ddaeth yn frenin, a theyrnasodd yn Jerwsalem am flwyddyn. Athaleia oedd enw ei fam, wyres i Omri brenin Israel. ²⁷ Dilynodd yr un llwybr â thŷ Ahab, a gwnaeth yr hyn oedd ddrwg yng ngolwg yr ARGLWYDD, fel tŷ Ahab, am ei fod yn perthyn trwy briodas i dŷ Ahab. ²⁸ Aeth gyda Joram fab Ahab i ryfel yn erbyn Hasael brenin Syria i Ramoth-gilead, ac anafodd y Syriaid Joram. ²⁹ Ciliodd y Brenin Joram i Jesreel i geisio gwellhad o'r clwyfau a gafodd gan y Syriaid yn Rama yn y frwydr yn erbyn Hasael brenin Syria. A daeth Ahaseia fab Jehoram, brenin Jwda, i edrych am Joram fab Ahab yn Jesreel am ei fod yn glaf.

Eneinio Jehu yn Frenin Israel

9 Galwodd y proffwyd Eliseus ar un o'r proffwydi a dweud wrtho, "Clyma dy wisg am dy ganol, cymer y ffiol olew hon yn dy law a dos i Ramoth-gilead. ² Wedi iti gyrraedd, edrych yno am Jehu fab Jehosaffat, fab Nimsi; ³ yna dos a chymer ef allan o blith ei gymrodyr a

---

8:19 Felly Fersiynau a 2 Cron. 21:7. Hebraeg heb ac.

mynd ag ef i ystafell fewnol, a chymryd y ffiol olew a'i harllwys ar ei ben a dweud, 'Fel hyn y dywed yr ARGLWYDD: "Rwy'n dy eneinio'n frenin ar Israel." Yna agor y drws a ffo heb oedi."

⁴ Aeth y llanc o broffwyd i Ramoth-gilead. ⁵ A phan gyrhaeddodd, yr oedd swyddogion y fyddin yn eistedd gyda'i gilydd, a dywedodd, "Y mae gennyf neges i ti, syr." Gofynnodd Jehu, "I ba un ohonom?" "I ti, syr," meddai yntau. ⁶ Cododd a mynd i mewn; yna tywalltodd y llanc yr olew ar ben Jehu, a dweud wrtho, "Fel hyn y dywed yr ARGLWYDD, Duw Israel: Rwy'n dy eneinio'n frenin ar Israel, pobl yr ARGLWYDD. ⁷ Taro dŷ Ahab, dy feistr, fel y caf ddial ar Jesebel am waed fy ngweision y proffwydi, a holl weision yr ARGLWYDD. ⁸ Difethir holl dŷ Ahab, a distrywiaf bob gwryw sydd gan Ahab yn Israel, caeth neu rydd. ⁹ A gwnaf dŷ Ahab fel tŷ Jeroboam fab Nebat a thŷ Baasa fab Aheia. ¹⁰ Ac am Jesebel, bydd y cŵn yn ei bwyta yn rhandir Jesreel, heb neb i'w chladdu." Yna fe agorodd y drws a ffoi.

¹¹ Pan ddaeth Jehu allan at weision eraill ei feistr, holodd un, "A yw popeth yn iawn? Pam y daeth yr ynfyd yna atat?" Atebodd yntau, "Gwyddoch am y dyn a'i siarad." ¹² "Paid â'th gelwydd," meddent, "da thi, dywed wrthym." Ac atebodd, "Dyma'r hyn a ddywedodd wrthyf: 'Fel hyn y dywed yr ARGLWYDD: Rwy'n dy eneinio'n frenin ar Israel.'" ¹³ Yna cipiodd pob un ddilledyn a'i roi dano ar ben y grisiau, a chwythu utgorn a dweud, "Jehu sydd frenin!" ¹⁴ A gwnaeth Jehu fab Jehosaffat, fab Nimsi gynllwyn yn erbyn Joram.

Lladd Joram Brenin Israel ac Ahaseia Brenin Jwda

Yr oedd Joram a holl Israel ar wyliadwriaeth yn Ramoth-gilead rhag Hasael brenin Syria; ¹⁵ ond yr oedd Joram wedi dychwelyd adref i Jesreel i wella o'r clwyfau a gafodd gan y Syriaid wrth ymladd â Hasael brenin Syria. A dywedodd Jehu, "Os dyma'ch teimlad, peidiwch â gadael i neb ddianc o'r ddinas i yngan gair yn Jesreel." ¹⁶ Aeth Jehu yn ei gerbyd am Jesreel, gan fod Joram yn orweiddiog yno. Ac yr oedd Ahaseia brenin Jwda wedi dod i edrych am Joram.

¹⁷ Yr oedd gwyliwr yn sefyll ar dŵr yn Jesreel, a gwelodd fintai Jehu yn dod, a dywedodd, "Rwy'n gweld mintai." Dywedodd Joram, "Dewis farchog, a'i anfon i'w cyfarfod, i ofyn a yw popeth yn iawn." ¹⁸ Yna fe aeth marchog i'w cyfarfod a dweud, "Fel hyn y mae'r brenin yn gofyn; 'A yw popeth yn iawn?'" Ac meddai Jehu, "Pa wahaniaeth i ti a yw popeth yn iawn? Tyrd i'm canlyn." Cyhoeddodd y gwyliwr, "Y mae'r negesydd wedi cyrraedd atynt, ond nid yw'n dod yn ôl." ¹⁹ Yna anfonwyd ail farchog, a phan gyrhaeddodd atynt, dywedodd, "Fel hyn y dywed y brenin; 'A yw popeth yn iawn?'" Atebodd Jehu, "Pa wahaniaeth i ti a yw popeth yn iawn? Tyrd i'm canlyn." ²⁰ A chyhoeddodd y gwyliwr, "Y mae wedi cyrraedd atynt, ond nid yw'n dod yn ôl; ac y mae'r gyrru fel gyrru Jehu fab Nimsi, oherwydd y mae'n gyrru'n ynfyd."

²¹ Dywedodd Joram, "Cyplwch fy ngherbyd." Ac wedi iddynt ei gyplu, aeth Joram brenin Israel ac Ahaseia brenin Jwda allan bob un yn ei gerbyd, i gyfarfod Jehu; a chawsant ef yn rhandir Naboth y Jesreeliad. ²² Pan welodd Joram Jehu gofynnodd, "A yw popeth yn iawn, Jehu?" Atebodd yntau, "Sut y gall fod yn iawn tra bo cymaint o buteindra a hudoliaeth dy fam Jesebel yn aros?" ²³ Yna troes Joram ei gerbyd yn ôl a ffoi, a gweiddi ar Ahaseia, "Brad, Ahaseia!" ²⁴ Cydiodd Jehu yn ei fwa a saethu Joram rhwng ei ysgwyddau nes i'r saeth fynd trwy ei galon, a syrthiodd i'r cerbyd. ²⁵ Dywedodd Jehu wrth Bidcar ei is-gapten, "Gafael ynddo a bwrw ef i randir Naboth y Jesreeliad; oblegid rwyf fi a thithau'n cofio, pan oeddem yn cydyrru cerbyd ar ôl ei dad Ahab, fod yr ARGLWYDD wedi cyhoeddi'r oracl hwn yn ei erbyn: ²⁶ 'Cyn wired ag y gwelais waed Naboth a'i feibion ddoe, medd yr ARGLWYDD, fe dalaf yn ôl i ti yn y rhandir hwn, medd yr ARGLWYDD'; felly, gafael ynddo a bwrw ef allan i'r rhandir, yn ôl gair yr ARGLWYDD."

²⁷ Pan welodd Ahaseia brenin Jwda hyn, ffodd i gyfeiriad Beth-haggan, a Jehu yn erlyn ar ei ôl ac yn dweud, "Tarwch yntau hefyd." A thrawsant ef* yn ei gerbyd wrth allt Gur ger Ibleam, ond ffodd i Megido a marw yno. ²⁸ Yna cludodd ei weision ef i Jerwsalem, a'i gladdu yn ei feddrod gyda'i ragflaenwyr yn Ninas Dafydd.

²⁹ Yn yr unfed flwyddyn ar ddeg i Joram fab Ahab y daeth Ahaseia yn frenin ar Jwda.

Lladd Jesebel

³⁰ Daeth Jehu i Jesreel. Pan glywodd Jesebel, colurodd ei hwyneb ac addurno ei phen, ac edrychodd allan trwy'r ffenestr. ³¹ Fel yr oedd Jehu yn cyrraedd y porth, dywedodd wrtho, "A fydd heddwch, Simri, llofrudd ei feistr?" ³² Cododd yntau ei olwg at y ffenestr a gofyn, "Pwy sydd o'm plaid? Pwy?" Edrychodd dau neu dri o'r gweision allan, ac meddai Jehu, "Taflwch hi i lawr." ³³ Taflasant hi i lawr, a thasgodd peth o'i gwaed ar y pared ac ar y meirch, a mathrwyd hithau.

³⁴ Wedi iddo fwyta ac yfed, dywedodd, "Gofalwch am gladdu'r ddynes felltigedig yna, oblegid merch i frenin oedd hi." ³⁵ Ond pan aethant i'w chladdu, ni chawsant ddim ohoni ond y benglog a'r traed a chledrau'r dwylo. ³⁶ A phan ddaethant yn ôl a dweud wrtho, dywedodd Jehu, "Dyma a fynegodd yr ARGLWYDD drwy ei was Elias y Thesbiad: Yn rhandir Jesreel fe fwyty'r cŵn gnawd Jesebel, ³⁷ a bydd corff Jesebel fel tail ar wyneb cae yn rhandir Jesreel, fel na ellir dweud, 'Dyma Jesebel.'"

Lladd Meibion Ahab a Brodyr Ahaseia

10 Yr oedd gan Ahab ddeg a thrigain o feibion yn Samaria. Ysgrifennodd Jehu lythyrau a'u hanfon i Samaria at swyddogion y ddinas*, yr henuriaid a'r rhai oedd yn gofalu am blant Ahab, gan ddweud, ² "Cyn gynted ag y cewch y llythyr hwn, gan fod meibion eich arglwydd gyda chwi, a bod gennych gerbydau a meirch a dinas gaerog ac arfau, ³ dewiswch y gorau a'r cymhwysaf o feibion eich arglwydd a'i osod ar orsedd ei dad, ac ymladdwch dros dylwyth eich arglwydd." ⁴ Ond cawsant ofn mawr a dweud, "Gwelwch, methodd dau frenin ei wrthsefyll; sut y safwn ni?" ⁵ Yna anfonodd goruchwyliwr y palas a llywodraethwr y ddinas a'r henuriaid a'r gwarcheidwaid at Jehu a dweud, "Dy weision di ydym, a gwnawn bopeth a ddywedi wrthym; nid ydym am ddewis neb yn frenin; gwna di'r hyn sydd orau gennyt." ⁶ Ysgrifennodd ail lythyr atynt, gan ddweud, "Os ydych o'm plaid ac am ufuddhau imi, cymerwch bennau holl feibion eich arglwydd, a dewch ataf i Jesreel tua'r amser hwn yfory." Yr oedd meibion y brenin, deg a thrigain ohonynt, yn cael eu magu gydag uchelwyr y ddinas. ⁷ Ar ôl iddynt dderbyn y llythyr, cymerasant feibion y brenin, a lladd y deg a thrigain a rhoi eu pennau mewn cewyll a'u hanfon ato i Jesreel. ⁸ Pan ddaeth y cennad a'i hysbysu eu bod wedi dod â phennau meibion y brenin, dywedodd, "Gosodwch hwy yn ddau bentwr o flaen y porth hyd y bore." ⁹ Aeth yntau allan yn y bore a sefyll yno a dweud wrth yr holl bobl, "Yr ydych chwi'n bobl deg. Edrychwch, gwneuthum i gynllwyn yn erbyn f'arglwydd a'i ladd, ond pwy a laddodd y rhain i gyd? ¹⁰ Gwelwch felly nad yw'r un gair o'r hyn a lefarodd yr ARGLWYDD yn erbyn teulu Ahab wedi methu; y mae'r ARGLWYDD wedi gwneud yr hyn a addawodd drwy ei was Elias." ¹¹ Lladdodd Jehu bawb oedd ar ôl o deulu Ahab yn Jesreel, a'i holl uchelwyr a'i gyfeillion a'i offeiriaid, heb adael neb. ¹² Yna ymadawodd Jehu i fynd i Samaria; ac yn ymyl Beth-eced y Bugeiliaid ¹³ cyfarfu â brodyr Ahaseia brenin Jwda, a gofyn, "Pwy ydych chwi?" Atebasant, "Brodyr Ahaseia, ac yr ydym yn mynd i gyfarch plant y brenin a phlant y fam frenhines." ¹⁴ Ar hynny dywedodd, "Daliwch hwy'n fyw." Ac wedi iddynt eu dal, lladdasant hwy wrth bydew Beth-eced, dau a deugain ohonynt, heb arbed yr un.

9:27 Felly Groeg. Hebraeg heb *A thrawsant ef.*
10:1 Felly Groeg. Hebraeg, *Jesreel.*

Lladd Gweddill Teulu Ahab

¹⁵ Wedi iddo ymadael oddi yno, gwelodd Jehonadab fab Rechab yn dod i'w gyfarfod. Cyfarchodd ef a gofyn, "A wyt ti mor ddiffuant gyda mi ag yr wyf fi gyda thi?" Atebodd Jehonadab, "Ydwyf." Yna dywedodd Jehu, "Os wyt, estyn dy law." Estynnodd ei law, a chymerodd yntau ef ato i'r cerbyd, ¹⁶ a dweud wrtho, "Tyrd gyda mi, a gwêl fy sêl dros yr ARGLWYDD." ¹⁷ Aeth ag ef yn ei gerbyd, a phan ddaeth i Samaria, lladdodd bawb oedd yn weddill o deulu Ahab yn Samaria, a'u difa, yn ôl y gair a lefarodd yr ARGLWYDD wrth Elias.

Lladd Addolwyr Baal

¹⁸ Casglodd Jehu yr holl bobl a dweud wrthynt, "Yr oedd Ahab yn addoli Baal ychydig; bydd Jehu yn ei addoli lawer. ¹⁹ Felly galwch ataf holl broffwydi Baal, ei holl addolwyr a'i holl offeiriaid, heb adael yr un ar ôl, oherwydd rwyf am gynnal aberth mawr i Baal, ac ni chaiff neb fydd yn absennol fyw." Ond gweithredu'n gyfrwys yr oedd Jehu, er mwyn difa addolwyr Baal. ²⁰ Gorchmynnodd Jehu, "Cyhoeddwch gynulliad sanctaidd i Baal." Gwnaethant hynny, ²¹ ac anfonodd Jehu drwy holl Israel, a daeth holl addolwyr Baal yno, heb adael neb ar ôl, a daethant i deml Baal a'i llenwi i'r ymylon. ²² Yna dywedodd wrth yr un oedd yn gofalu am y gwisgoedd, "Dwg allan wisg i bob un o addolwyr Baal." A dygodd yntau'r gwisgoedd iddynt. ²³ Yna daeth Jehu a Jehonadab fab Rechab at deml Baal, a dweud wrth addolwyr Baal, "Chwiliwch yn fanwl rhag bod neb o addolwyr yr ARGLWYDD yna gyda chwi, dim ond addolwyr Baal yn unig." ²⁴ A phan aethant i offrymu aberthau a phoethoffrymau, gosododd Jehu bedwar ugain o'i ddynion y tu allan a dweud, "Os bydd un o'r bobl a roddais yn eich llaw yn dianc, cymeraf fywyd un ohonoch chwi yn ei le." ²⁵ Ar ôl gorffen poethoffrymu, dywedodd Jehu wrth y gwarchodlu a'r swyddogion, "Dewch, lladdwch hwy heb adael i neb ddianc," a lladdasant hwy â'r cleddyf. Yna rhuthrodd y gwarchodlu a'r swyddogion at dŵr teml Baal, ²⁶ a dwyn allan y golofn o deml Baal a'i llosgi, ²⁷ ac yna distrywio colofn Baal a difrodi teml Baal a'i throi'n geudy, fel y mae hyd heddiw. ²⁸ Er i Jehu ddileu Baal o Israel, ²⁹ ni throdd oddi wrth bechodau Jeroboam fab Nebat, a wnaeth i Israel bechu, sef oddi wrth y lloi aur oedd ym Methel a Dan.

³⁰ Yna dywedodd yr ARGLWYDD wrth Jehu, "Gan dy fod wedi rhagori mewn gwneud yr hyn sy'n iawn yn fy ngolwg, a gwneud y cyfan oedd yn fy mwriad yn erbyn teulu Ahab, bydd plant i ti hyd y bedwaredd genhedlaeth yn eistedd ar orsedd Israel." ³¹ Ond ni ofalodd Jehu am rodio yng nghyfraith yr ARGLWYDD, Duw Israel, â'i holl galon; ni throdd oddi wrth bechodau Jeroboam, a barodd i Israel bechu.

Marwolaeth Jehu

³² Yr adeg honno y dechreuodd yr ARGLWYDD gyfyngu terfynau Israel, a bu Hasael yn ymosod ar holl oror Israel ³³ i'r tu dwyrain o'r Iorddonen, gwlad Gilead i gyd, tir Gad, Reuben a Manasse, i fyny o Aroer sydd wrth nant Arnon, sef Gilead a Basan.

³⁴ Am weddill hanes Jehu, a'i holl wrhydri a'r cwbl a wnaeth, onid yw wedi ei ysgrifennu yn llyfr hanesion brenhin oedd Israel? ³⁵ Bu farw Jehu, a chladdwyd ef yn Samaria, a daeth ei fab Jehoahas yn frenin yn ei le. ³⁶ Wyth mlynedd ar hugain y bu Jehu yn frenin ar Israel yn Samaria.

Athaleia Brenhines Jwda

11 Pan welodd Athaleia, mam Ahaseia, fod ei mab wedi marw, aeth ati i ddifodi'r holl linach frenhinol. ² Ond cymerwyd Joas fab Ahaseia gan Jehoseba, merch y Brenin Joram a chwaer Ahaseia, a'i ddwyn yn ddirgel o blith plant y brenin, a oedd i'w lladd. Rhoed ef a'i famaeth mewn ystafell wely, a'i guddio rhag Athaleia, ac ni laddwyd ef. ³ A bu ynghudd gyda hi yn nhŷ'r ARGLWYDD am chwe blynedd, tra oedd Athaleia'n rheoli'r wlad. ⁴ Ond yn y seithfed flwyddyn anfonodd Jehoiada am gapteiniaid y Cariaid a'r gwarchodlu, a'u dwyn ato i dŷ'r

ARGLWYDD. Gwnaeth gytundeb â hwy, a pharodd iddynt dyngu llw yn nhŷ'r ARGLWYDD; yna dangosodd iddynt fab y brenin, ⁵ a gorchymyn iddynt, "Dyma'r hyn a wnewch: y mae traean ohonoch yn dod i mewn ar y Saboth ac ar wyliadwriaeth yn y palas; ⁶ y mae'r ail draean ym mhorth Sur, a'r trydydd ym mhorth cefn y gwarchodlu, ac yn cymryd eu tro i warchod y palas. ⁷ Ond yn awr, y mae'r ddau gwmni sy'n rhydd ar y Saboth i warchod o gwmpas y brenin yn nhŷ'r ARGLWYDD. ⁸ Safwch o amgylch y brenin, pob un a'i arfau yn ei law, a lladdwch unrhyw un a ddaw'n agos at y rhengoedd; arhoswch gyda'r brenin ble bynnag yr â."

⁹ Gwnaeth y capteiniaid bopeth a orchmynnodd yr offeiriad Jehoiada, pob un yn cymryd ei gwmni, y rhai oedd ar ddyletswydd ar y Saboth, a'r rhai oedd yn rhydd, a dod at yr offeiriad Jehoiada. ¹⁰ Yna rhoddodd yr offeiriad i'r capteiniaid y gwaywffyn a'r tarianau a fu gan Ddafydd ac a oedd yn nhŷ'r ARGLWYDD. ¹¹ Safodd y gwarchodlu i amgylchu'r brenin, pob un â'i arfau yn ei law, ar draws y tŷ o'r ochr dde i'r ochr chwith, o gwmpas yr allor a'r tŷ. ¹² Yna dygwyd mab y brenin gerbron, a rhoi'r goron a'r warant iddo. Urddasant ef yn frenin, a'i eneinio, a churo dwylo a dweud, "Byw fyddo'r brenin!"

¹³ Clywodd Athaleia drwst y gwarchodlu a'r bobl, a daeth atynt i dŷ'r ARGLWYDD. ¹⁴ Pan welodd hi y brenin yn sefyll wrth y golofn yn ôl y ddefod, gyda'r capteiniaid a'r trwmpedau o amgylch y brenin, a holl bobl y wlad yn llawenhau ac yn canu trwmpedau, rhwygodd ei dillad a gweiddi, "Brad, brad!" ¹⁵ Gorchmynnodd yr offeiriad Jehoiada i'r capteiniaid, swyddogion y fyddin, "Ewch â hi y tu allan i gyffiniau'r tŷ, a lladdwch â'r cleddyf unrhyw un sy'n ei dilyn; ond peidier," meddai'r offeiriad, "â'i lladd yn nhŷ'r ARGLWYDD." ¹⁶ Felly daliasant hi a'i dwyn at fynedfa Porth y Meirch i'r palas, a'i lladd yno.

Diwygiadau Jehoiada
2 Cron. 23:16–21

¹⁷ Gwnaeth Jehoiada gyfamod rhwng yr ARGLWYDD a'r brenin a'i bobl, iddynt fod yn bobl i'r ARGLWYDD; gwnaeth gyfamod hefyd rhwng y brenin a'r bobl. ¹⁸ Aeth holl bobl y wlad at deml Baal a'i thynnu i lawr, a dryllio'i hallorau a'i delwau'n chwilfriw, a lladd Mattan, offeiriad Baal, o flaen yr allorau; a phenododd yr offeiriad arolygwyr ar dŷ'r ARGLWYDD. ¹⁹ Yna cymerodd Jehoiada y capteiniaid a'r Cariaid a'r gwarchodlu, a holl bobl y wlad, i hebrwng y brenin o dŷ'r ARGLWYDD, a'i ddwyn trwy borth y gwarchodlu i'r palas a'i osod ar yr orsedd frenhinol. ²⁰ Llawenhaodd holl bobl y wlad, a daeth llonyddwch i'r ddinas wedi lladd Athaleia â'r cleddyf yn y palas. ²¹ * Saith oed oedd Jehoas pan ddaeth yn frenin.

Jehoas Brenin Jwda

12 2 Cron. 24:1–16
Yn y seithfed flwyddyn i Jehu y daeth Jehoas i'r orsedd a theyrnasodd ddeugain mlynedd yn Jerwsalem. Sibia o Beerseba oedd enw ei fam. ² Ar hyd ei oes gwnaeth Jehoas yr hyn oedd uniawn yng ngolwg yr ARGLWYDD, fel yr oedd yr offeiriad Jehoiada wedi ei ddysgu. ³ Er hynny ni thynnwyd ymaith yr uchelfeydd; yr oedd y bobl yn parhau i aberthu ac arogldarthu ynddynt.

⁴ Dywedodd Jehoas wrth yr offeiriaid, "Cymerwch yr holl arian cysegredig sy'n dod i dŷ'r ARGLWYDD, sef arian treth pob un yn ôl swm y trethiant ar gyfer ei deulu* a hefyd yr holl arian sy'n dod i mewn yn wirfoddol ar gyfer tŷ'r ARGLWYDD; ⁵ cymered yr offeiriaid hefyd o'r cyfraniadau a dderbyniant, ac atgyweirio pob agen ym muriau'r tŷ." ⁶ Eto erbyn y drydedd flwyddyn ar hugain i'r Brenin Jehoas nid oedd yr offeiriaid wedi atgyweirio agennau'r tŷ; ⁷ a galwodd y Brenin Jehoas am yr archoffeiriad Jehoiada ac am yr offeiriaid, a dweud wrthynt, "Pam nad ydych wedi atgyweirio agennau'r tŷ? Yn awr, felly, nid ydych i dderbyn arian o'r cyfraniadau; y maent i'w rhoi at atgyweirio agennau'r tŷ." ⁸ Cytunodd yr offeiriaid i beidio â derbyn arian gan y bobl i atgyweirio agennau'r tŷ.

11:21 Hebraeg, 12:1.
12:4 Tebygol. Hebraeg yn aneglur.

⁹ A chymerodd yr offeiriad Jehoiada gist, a gwneud twll yn ei chaead a'i gosod yn ymyl yr allor, ar y dde wrth fynd i mewn i dŷ'r ARGLWYDD; ac yno y rhoddai'r offeiriaid oedd yn gwylio'r drws yr holl arian a ddygid i dŷ'r ARGLWYDD. ¹⁰ A phan welent fod llawer o arian yn y gist, byddai ysgrifennydd y brenin yn dod i fyny gyda'r archoffeiriad, yn eu rhoi mewn codau ac yna'n cyfrif yr arian a gafwyd yn nhŷ'r ARGLWYDD. ¹¹ Ar ôl eu harchwilio, rhoddid yr arian i'r rhai a benodwyd i ofalu am y gwaith yn nhŷ'r ARGLWYDD; hwy oedd yn talu i'r seiri coed a'r adeiladwyr oedd yn gweithio ar dŷ'r ARGLWYDD, ¹² hefyd i'r seiri maen a'r naddwyr cerrig, a hwy oedd yn prynu coed a cherrig nadd i atgyweirio agennau tŷ'r ARGLWYDD, ac yn gwneud pob taliad ynglŷn â diddosi'r tŷ. ¹³ Ni wnaed o'r arian a ddygwyd i dŷ'r ARGLWYDD gwpanau arian, saltringau, cawgiau, utgyrn, nac unrhyw offer aur nac arian yn nhŷ'r ARGLWYDD; ¹⁴ ond yn hytrach fe'u rhoed yn dâl i'r gweithwyr am atgyweirio tŷ'r ARGLWYDD. ¹⁵ Ac nid oeddent yn hawlio cyfrif oddi wrth y rhai oedd yn gofalu am y gwaith ac yn cael yr arian i dalu i'r gweithwyr, am eu bod yn gweithredu'n onest. ¹⁶ Ni ddefnyddid ar gyfer tŷ'r ARGLWYDD arian yr offrwm dros gamwedd a phechod; eiddo'r offeiriaid oeddent hwy.

¹⁷ Yr adeg honno aeth Hasael brenin Syria i ryfel yn erbyn Gath, a'i chipio, ac yna rhoi ei fryd ar ymosod ar Jerwsalem. ¹⁸ A chymerodd Jehoas brenin Jwda yr holl roddion a gysegrodd ei ragflaenwyr Jehosaffat, Jehoram ac Ahaseia, brenhinoedd Jwda, a hefyd ei roddion ei hun a'r holl aur oedd ar gael yn nhrysorfa tŷ'r ARGLWYDD a'r palas, a'u hanfon at Hasael brenin Syria; troes yntau yn ôl oddi wrth Jerwsalem.

¹⁹ Am weddill hanes Joas, a'r cwbl a gyflawnodd, onid yw wedi ei ysgrifennu yn llyfr hanesion brenhinoedd Jwda? ²⁰ Gwnaeth ei weision gynllwyn yn erbyn Joas a'i ladd yn Beth-milo wrth riw Sila. ²¹ Ei weision Josabad fab Simeath a Jehosabad fab Somer a'i lladdodd. Bu farw a chladdwyd ef gyda'i ragflaenwyr yn Ninas Dafydd, a daeth ei fab Amaseia yn frenin yn ei le.

Jehoahas Brenin Israel

13 Yn y drydedd flwyddyn ar hugain i Jehoas fab Ahaseia brenin Jwda daeth Jehoahas fab Jehu yn frenin ar Israel yn Samaria am ddwy flynedd ar bymtheg. ² Gwnaeth yr hyn oedd ddrwg yng ngolwg yr ARGLWYDD, a dilyn pechodau Jeroboam fab Nebat, a barodd i Israel bechu; ni throdd oddi wrthynt. ³ Llidiodd yr ARGLWYDD wrth Israel, a rhoddodd hwy yn llaw Hasael brenin Syria a Ben-hadad fab Hasael am gyfnod. ⁴ Ond erfyniodd Jehoahas ar yr ARGLWYDD, a gwrandawodd yntau arno wrth weld fel y dioddefai Israel dan orthrwm brenin Syria. ⁵ Rhoddodd yr ARGLWYDD waredydd i Israel a'u rhyddhau o afael Syria, a chafodd yr Israeliaid fyw yn eu cartrefi fel o'r blaen. ⁶ Eto ni throesant oddi wrth bechodau tylwyth Jeroboam, a barodd i Israel bechu, ond parhau ynddynt, ac yr oedd hyd yn oed y pren Asera'n aros yn Samaria. ⁷ Ni adawodd Hasael i Jehoahas fwy na hanner cant o farchogion, a deg o gerbydau, a deng mil o wŷr traed, gan fod brenin Syria wedi eu dinistrio a'u gwneud fel llwch dyrnwr. ⁸ Am weddill hanes Jehoahas, a'i weithredoedd a'i wrhydri, onid yw wedi ei ysgrifennu yn llyfr hanesion brenhinoedd Israel? ⁹ Bu farw Jehoahas, a'i gladdu yn Samaria, a daeth ei fab Joas yn frenin yn ei le.

Joas Brenin Israel

¹⁰ Yn yr ail flwyddyn ar bymtheg ar hugain i Jehoas brenin Jwda y daeth Joas fab Jehoahas yn frenin ar Israel yn Samaria am un mlynedd ar bymtheg. ¹¹ Gwnaeth yr hyn oedd ddrwg yng ngolwg yr ARGLWYDD, ac ni throdd oddi wrth holl bechodau Jeroboam fab Nebat, a barodd i Israel bechu, ond parhaodd ynddynt. ¹² Am weddill hanes Joas a'r cwbl a wnaeth, a'i wrhydri wrth frwydro yn erbyn Amaseia brenin Jwda, onid yw wedi ei ysgrifennu yn llyfr hanesion brenhinoedd Israel? ¹³ Bu

farw Joas, a chladdwyd ef yn Samaria gyda brenhinoedd Israel; yna daeth Jeroboam i'w orsedd.

Marwolaeth Eliseus

14 ¹⁴ Pan oedd Eliseus yn glaf o'i glefyd olaf, daeth Joas brenin Israel i ymweld ag ef, ac wylo yn ei ŵydd a dweud, "Fy nhad, fy nhad, cerbydau a marchogion Israel." ¹⁵ Dywedodd Eliseus wrtho, "Cymer fwa a saethau," a gwnaeth yntau hynny. ¹⁶ Yna meddai wrth frenin Israel, "Cydia yn y bwa"; gwnaeth yntau, a gosododd Eliseus ei ddwylo ar ddwylo'r brenin. ¹⁷ Yna dywedodd, "Agor y ffenestr tua'r dwyrain." Agorodd hi, a dywedodd Eliseus, "Saetha." A phan oedd yn saethu, dywedodd, "Saeth buddugoliaeth i'r ARGLWYDD, saeth buddugoliaeth dros Syria! Byddi'n taro'r Syriaid yn Affec ac yn eu difa." ¹⁸ Dywedodd wedyn, "Cymer y saethau," a chymerodd yntau hwy. Yna dywedodd Eliseus wrth frenin Israel, "Taro hwy ar y ddaear." Trawodd yntau deirgwaith ac yna peidio. ¹⁹ Digiodd gŵr Duw wrtho a dweud, "Pe bait wedi taro pump neu chwech o weithiau, yna byddit yn taro Syria yn Affec nes ei difa; ond yn awr, teirgwaith yn unig y byddi'n taro Syria." ²⁰ Wedi hyn bu Eliseus farw, a chladdwyd ef.

Bob blwyddyn byddai minteioedd o Moab yn arfer dod ar draws y wlad. ²¹ Un tro, yn ystod angladd rhyw ddyn, gwelwyd mintai'n dod, a bwriwyd y dyn i fedd Eliseus; ond cyn gynted ag y cyffyrddodd ag esgyrn Eliseus, daeth yn fyw a chodi ar ei draed.

Rhyfel rhwng Israel a Syria

²² Bu Hasael brenin Syria yn gorthrymu Israel holl ddyddiau Jehoahas, ²³ nes i'r ARGLWYDD dosturio a dangos trugaredd a ffafr tuag atynt er mwyn ei gyfamod ag Abraham, Isaac a Jacob, am nad oedd yn ewyllysio'u dinistrio ac nad oedd hyd yn hyn wedi eu bwrw allan o'i olwg. ²⁴ Pan fu farw Hasael brenin Syria, daeth ei fab Ben-hadad yn frenin yn ei le; ²⁵ ac enillodd Jehoas fab Jehoahas o law Ben-hadad fab Hasael y trefi yr oedd Hasael wedi eu dwyn o law ei dad Jehoahas trwy ryfel. Gorchfygodd Joas ef dair gwaith, ac ennill yn ôl drefi Israel.

Amaseia Brenin Jwda

14 2 Cron. 25:1-24

Yn ail flwyddyn Joas fab Jehoahas brenin Israel, daeth Amaseia fab Jehoas yn frenin ar Jwda. ² Pump ar hugain oedd ei oed pan ddaeth yn frenin, a theyrnasodd am naw mlynedd ar hugain yn Jerwsalem. Jehoadan o Jerwsalem oedd enw ei fam. ³ Gwnaeth yr hyn oedd uniawn yng ngolwg yr ARGLWYDD, er nad fel ei dad Dafydd; gwnaeth yn union fel ei dad Jehoas. ⁴ Er hynny ni thynnwyd ymaith yr uchelfeydd; yr oedd y bobl yn parhau i aberthu ac arogldarthu ynddynt.

⁵ Wedi iddo sicrhau ei afael ar y deyrnas, lladdodd y gweision oedd wedi lladd y brenin ei dad, ⁶ ond ni roddodd blant y lleiddiaid i farwolaeth, yn unol â'r hyn sy'n ysgrifenedig yn llyfr cyfraith Moses, lle mae'r ARGLWYDD yn gorchymyn, "Na rodder rhieni i farwolaeth o achos eu plant, na phlant o achos eu rhieni; am ei bechod ei hun y rhoddir un i farwolaeth."

⁷ Trawodd Amaseia ddeng mil o filwyr Edom yn Nyffryn yr Halen, a chymryd Sela mewn brwydr a'i enwi'n Joctheel hyd heddiw. ⁸ Yna anfonodd genhadau at Joas fab Jehoahas, fab Jehu, brenin Israel, a dweud, "Tyrd, gad inni ddod wyneb yn wyneb." ⁹ Anfonodd Joas brenin Israel yn ôl at Amaseia brenin Jwda, a dweud, "Gyrrodd ysgellyn oedd yn Lebanon at gedrwydden Lebanon yn dweud, 'Rho dy ferch yn wraig i'm mab.' Ond daeth rhyw fwystfil oedd yn Lebanon heibio a mathru'r ysgellyn. ¹⁰ Gorchfygaist Edom ac aethost yn ffroenuchel. Mwynha d'ogoniant, ac aros gartref; pam y codi helynt, ac yna cwympo a thynnu Jwda i lawr i'th ganlyn?" ¹¹ Ond ni fynnai Amaseia wrando; felly daeth Joas brenin Israel ac Amaseia brenin Jwda wyneb yn wyneb ger Beth-semes yn Jwda. ¹² Gorchfygwyd Jwda gan Israel, a ffodd pawb adref. ¹³ Wedi i Joas brenin Israel ddal Amaseia fab Jehoas, fab Ahaseia, brenin Jwda, yn Beth-semes, aeth yn ei flaen i Jerwsalem a thorri i lawr fur

Jerwsalem o borth Effraim hyd borth y gongl, sef pedwar can cufydd. ¹⁴ Hefyd aeth â'r holl aur, arian a chelfi a gafwyd yn y deml ac yng nghoffrau'r palas; yna cymerodd wystlon, a dychwelodd i Samaria.

¹⁵ Am weddill hanes Joas, a'i wrhydri a'i frwydr yn erbyn Amaseia brenin Jwda, onid yw wedi ei ysgrifennu yn llyfr hanesion brenhinoedd Israel? ¹⁶ Bu farw Joas, a chladdwyd ef yn Samaria gyda brenhinoedd Israel, a daeth ei fab Jeroboam yn frenin yn ei le.

Marwolaeth Amaseia Brenin Jwda
2 Cron. 25:25-28

¹⁷ Bu Amaseia fab Jehoas, brenin Jwda, fyw am bymtheng mlynedd wedi i Jehoas fab Jehoahas, brenin Israel, farw. ¹⁸ Am weddill hanes Amaseia, onid yw wedi ei ysgrifennu yn llyfr hanesion brenhinoedd Jwda? ¹⁹ Pan gynlluniwyd brad yn ei erbyn yn Jerwsalem, ffodd i Lachis, ond anfonwyd ar ei ôl i Lachis a'i ladd yno, ²⁰ a chludwyd ef ar feirch i Jerwsalem, a'i gladdu gyda'i ragflaenwyr yn Ninas Dafydd. ²¹ Yna cymerodd holl bobl Jwda Asareia, a oedd yn un ar bymtheg oed, a'i wneud yn frenin yn lle ei dad Amaseia. ²² Ef a ailadeiladodd Elath a'i hadfer i Jwda wedi i'r brenin orwedd gyda'i dadau.

Jeroboam II Brenin Israel

²³ Yn y bymthegfed flwyddyn i Amaseia fab Jehoas brenin Jwda, daeth Jeroboam fab Jehoahas brenin Israel yn frenin yn Samaria am un mlynedd a deugain. ²⁴ Gwnaeth yr hyn oedd ddrwg yng ngolwg yr ARGLWYDD; ni throdd oddi wrth holl bechodau Jeroboam fab Nebat, a barodd i Israel bechu. ²⁵ Adferodd oror Israel o Lebo-hamath hyd Fôr yr Araba, yn unol â'r gair a lefarodd yr ARGLWYDD, Duw Israel, drwy ei was Jona fab Amittai y proffwyd o Gath-heffer. ²⁶ Gwelodd yr ARGLWYDD fod cystudd Israel yn flin iawn i gaeth a rhydd fel ei gilydd, ac nid oedd neb i gynorthwyo Israel. ²⁷ Ond nid oedd yr ARGLWYDD wedi dweud y dileai enw Israel yn llwyr, a gwaredodd hwy drwy Jeroboam fab Jehoahas.

²⁸ Am weddill hanes Jeroboam, a'r cwbl a wnaeth, a'i wrhydri wrth ymladd ac wrth adfer Damascus a Hamath- iawdi i Israel*, onid yw wedi ei ysgrifennu yn llyfr hanesion brenhinoedd Israel? ²⁹ Bu farw Jeroboam, a'i gladdu gyda brenhinoedd Israel, a daeth ei fab Sechareia yn frenin yn ei le.

Asareia Brenin Jwda

15 2 Cron. 26:1-23

Yn y seithfed flwyddyn ar hugain i Jeroboam brenin Israel, daeth Asareia fab Amaseia brenin Jwda yn frenin. ² Un ar bymtheg oedd ei oed pan ddaeth i'r orsedd, a theyrnasodd am hanner cant a dwy o flynyddoedd yn Jerwsalem. Jecholeia o Jerwsalem oedd enw ei fam. ³ Gwnaeth yr hyn oedd uniawn yng ngolwg yr ARGLWYDD, yn hollol fel y gwnaeth ei dad Amaseia; ⁴ er hynny ni thynnwyd ymaith yr uchelfeydd; yr oedd y bobl yn parhau i aberthu ac arogldarthu ynddynt. ⁵ Trawodd yr ARGLWYDD y brenin, a bu'n wahanglwyfus hyd ddydd ei farw, yn byw o'r neilltu yn ei dŷ, a Jotham mab y brenin yn oruchwyliwr y palas ac yn rheoli pobl y wlad.

⁶ Am weddill hanes Asareia a'r cwbl a wnaeth, onid yw wedi ei ysgrifennu yn llyfr hanesion brenhinoedd Jwda? ⁷ Bu farw Asareia, a chladdwyd ef gyda'i ragflaenwyr yn Ninas Dafydd, a daeth ei fab Jotham yn frenin yn ei le.

Sechareia Brenin Israel

⁸ Yn y ddeunawfed flwyddyn ar hugain i Asareia brenin Jwda, daeth Sechareia fab Jeroboam yn frenin ar Israel yn Samaria am chwe mis. ⁹ Gwnaeth yr hyn oedd ddrwg yng ngolwg yr ARGLWYDD, fel y gwnaeth ei ragflaenwyr, heb droi oddi wrth bechodau Jeroboam fab Nebat, a barodd i Israel bechu. ¹⁰ Gwnaeth Salum fab Jabes gynllwyn yn ei erbyn ac ymosod arno yn Ibleam* a'i ladd, a theyrnasu yn ei le. ¹¹ Am weddill hanes Sechareia, y mae wedi ei ysgrifennu yn llyfr hanesion brenhinoedd Israel. ¹² Dyma addewid yr

---

14:28 Tebygol. Cymh. Syrieg. Hebraeg, *Hamath i Jwda yn Israel.*
15:10 Felly Groeg. Hebraeg yn aneglur.

ARGLWYDD i Jehu: "Bydd plant i ti yn eistedd ar orsedd Israel hyd y bedwaredd genhedlaeth." Ac felly y bu.

¹³ Yn y bedwaredd flwyddyn ar bymtheg ar hugain i Usseia* brenin Jwda, daeth Salum fab Jabes i'r orsedd, a theyrnasu yn Samaria am fis. ¹⁴ Daeth Menahem fab Gadi o Tirsa i Samaria ac ymosod yno ar Salum fab Jabes a'i ladd, a theyrnasu yn ei le. ¹⁵ Am weddill hanes Salum a'i gynllwyn, y mae wedi ei ysgrifennu yn llyfr hanesion brenhinoedd Israel. ¹⁶ Dyna'r pryd yr ymosododd Menahem o Tirsa ar Tiffsa a'i thrigolion a'i thiriogaeth, am nad ildiodd iddo; rheibiodd hi a rhwygo ei holl wragedd beichiog.

Menahem Brenin Israel

¹⁷ Yn y bedwaredd flwyddyn ar bymtheg ar hugain i Asareia brenin Jwda, daeth Menahem fab Gadi yn frenin ar Israel yn Samaria am ddeng mlynedd. ¹⁸ Gwnaeth yr hyn oedd ddrwg yng ngolwg yr ARGLWYDD, heb droi oddi wrth bechodau Jeroboam fab Nebat, a barodd i Israel bechu. ¹⁹ Yn ei ddyddiau ef* daeth Pul* brenin Asyria yn erbyn y wlad, a rhoddodd Menahem i Pul fil o dalentau arian i ennill ei gefnogaeth a sicrhau'r frenhiniaeth iddo'i hun. ²⁰ Cododd Menahem yr arian oddi ar fonedd Israel er mwyn rhoi i frenin Asyria yn ôl hanner can sicl y pen. ²¹ Yna dychwelodd brenin Asyria heb aros rhagor yn y wlad. Am weddill hanes Menahem, a'r cwbl a wnaeth, onid yw wedi ei ysgrifennu yn llyfr hanesion brenhinoedd Israel? ²² Bu farw Menahem, a theyrnasodd ei fab Pecaheia yn ei le.

Pecaheia Brenin Israel

²³ Yn y ddegfed flwyddyn a deugain i Asareia brenin Jwda, daeth Pecaheia fab Menahem yn frenin ar Israel yn Samaria am ddwy flynedd. ²⁴ Gwnaeth yr hyn oedd ddrwg yng ngolwg yr ARGLWYDD, heb droi oddi wrth bechodau Jeroboam fab Nebat, a barodd i Israel bechu. ²⁵ Cynllwyniodd ei is-gapten Pecach fab Remaleia yn ei erbyn, a chyda hanner cant o wŷr o Gilead ymosododd arno yn Samaria, yng nghaer y palas*. Lladdodd ef, a theyrnasu yn ei le. ²⁶ Am weddill hanes Pecaheia, a'r cwbl a wnaeth, y mae wedi ei ysgrifennu yn llyfr hanesion brenhinoedd Israel.

Pecach Brenin Israel

²⁷ Yn y ddeuddegfed flwyddyn a deugain i Asareia brenin Jwda, daeth Pecach fab Remaleia yn frenin ar Israel yn Samaria am ugain mlynedd. ²⁸ Gwnaeth yr hyn oedd ddrwg yng ngolwg yr ARGLWYDD, heb droi oddi wrth bechodau Jeroboam fab Nebat, a barodd i Israel bechu. ²⁹ Yn nyddiau Pecach brenin Israel daeth Tiglath-pileser brenin Asyria a goresgyn Ijon, Abel-beth-maacha, Janoah, Cedes a Hasor, a hefyd Gilead, Galilea a holl diriogaeth Nafftali; a chaethgludodd hwy i Asyria. ³⁰ Gwnaeth Hosea fab Ela gynllwyn yn erbyn Pecach fab Remaleia, ac ymosod arno a'i ladd, a dod yn frenin yn ei le yn yr ugeinfed flwyddyn i Jotham fab Usseia. ³¹ Am weddill hanes Pecach, a'r cwbl a wnaeth, y mae wedi ei ysgrifennu yn llyfr hanesion brenhinoedd Israel.

Jotham Brenin Jwda

2 Cron. 27:1–9

³² Yn yr ail flwyddyn i Pecach fab Remaleia brenin Israel, daeth Jotham fab Usseia brenin Jwda i'r orsedd. ³³ Pump ar hugain oedd ei oed pan ddaeth yn frenin, a theyrnasodd am un mlynedd ar bymtheg yn Jerwsalem. Jerusa merch Sadoc oedd enw ei fam. ³⁴ Gwnaeth yr hyn oedd uniawn yng ngolwg yr ARGLWYDD, a gweithredu yn hollol fel y gwnaeth ei dad Usseia; ³⁵ er hynny ni thynnwyd ymaith yr uchelfeydd; yr oedd y bobl yn parhau i aberthu ac arogldarthu ynddynt. Ef a adeiladodd borth uchaf tŷ'r ARGLWYDD. ³⁶ Am weddill hanes Jotham, a'r hyn a wnaeth, onid yw wedi ei ysgrifennu yn llyfr hanesion brenhinoedd Jwda? ³⁷ Yn y dyddiau hynny y dechreuodd yr ARGLWYDD anfon Resin brenin Syria a

---

15:13 Enw arall ar Asareia yw *Usseia*. Cymh. adn. 30, 32 a 34 isod.
15:19 Felly Groeg. Hebraeg, *ei holl ddyddiau*.
15:19 H.y., *Tiglath-pileser III*.

15:25 Hebraeg yn ychwanegu *ac Argob ac Arie*.

Pecach fab Remaleia i ymosod ar Jwda. ³⁸ Bu farw Jotham, a chladdwyd ef gyda'i ragflaenwyr yn ninas ei dad Dafydd, a theyrnasodd ei fab Ahas yn ei le.

Ahas Brenin Jwda

16 2 Cron. 28:1-27

Yn yr ail flwyddyn ar bymtheg i Pecach fab Remaleia, daeth Ahas fab Jotham brenin Jwda i'r orsedd. ² Ugain oed oedd Ahas pan ddaeth yn frenin, a theyrnasodd am un mlynedd ar bymtheg yn Jerwsalem; ond ni wnaeth yr hyn oedd uniawn yng ngolwg yr ARGLWYDD ei Dduw fel y gwnaeth ei dad Dafydd. ³ Dilynodd esiampl brenhinoedd Israel, ac yn waeth, fe barodd i'w fab fynd trwy dân yn ôl arfer ffiaidd y cenhedloedd a ddisodlodd yr ARGLWYDD o flaen yr Israeliaid. ⁴ Yr oedd yn aberthu ac yn arogldarthu yn yr uchelfeydd ac ar y bryniau a than bob pren gwyrddlas.

⁵ Yr adeg honno daeth Resin brenin Syria a Pecach fab Remaleia brenin Israel i ryfela yn erbyn Jerwsalem. Rhoesant warchae ar Ahas, ond methu ei gael i frwydro. ⁶ Y pryd hwnnw enillwyd Elath yn ôl i Edom gan frenin Edom*, a gyrrodd ef yr Iddewon allan o Elath. Daeth yr Edomiaid yn ôl i Elath, ac y maent yn byw yno hyd heddiw.

⁷ Anfonodd Ahas genhadau at Tiglath-pileser brenin Asyria a dweud, "Gwas a deiliad i ti wyf fi; tyrd i'm gwaredu o law brenhinoedd Syria ac Israel, sy'n ymosod arnaf." ⁸ Cymerodd Ahas yr arian a'r aur oedd ar gael yn nhŷ'r ARGLWYDD ac yng nghoffrau'r palas a'u hanfon yn rhodd i frenin Asyria. ⁹ Gwrandawodd brenin Asyria arno, a mynd yn erbyn Damascus a'i goresgyn; caethgludodd ei thrigolion i Cir, a lladd Resin. ¹⁰ Yna aeth y Brenin Ahas i Ddamascus i gyfarfod Tiglath-pileser brenin Asyria. Gwelodd yno allor, ac anfonodd batrwm ohoni a holl fanylion ei gwneuthuriad at Ureia yr offeiriad. ¹¹ Yna adeiladodd yr offeiriad Ureia allor, yn ôl y manylion a anfonodd y Brenin Ahas o Ddamascus, a'i gwneud yn barod erbyn i'r Brenin Ahas gyrraedd. ¹² Pan gyrhaeddodd y brenin o Ddamascus a gweld yr allor, aeth i fyny a nesáu ati. ¹³ Yna llosgodd ei boethoffrwm a'i fwydoffrwm, a thywallt ei ddiodoffrwm a lluchio gwaed ei heddoffrymau yn erbyn yr allor. ¹⁴ Symudodd yr allor bres a arferai fod gerbron yr ARGLWYDD ym mlaen y tŷ, a'i gosod rhwng yr allor newydd a thŷ'r ARGLWYDD, ar ochr ogleddol yr allor honno. ¹⁵ A gorchmynnodd y Brenin Ahas i'r offeiriad Ureia, "Ar yr allor fawr yr wyt i losgi'r poethoffrwm boreol a'r bwydoffrwm hwyrol, a hefyd poethoffrwm a bwydoffrwm y brenin, a phoethoffrwm holl bobl y wlad ynghyd â'u bwydoffrwm a'u diodoffrymau. Ac yn ei herbyn hi y lluchi holl waed y poethoffrymau a'r aberthau. Ond ar fy nghyfer i y bydd yr allor bres i ymofyn wrthi." ¹⁶ Gwnaeth yr offeiriad Ureia yn union fel y gorchmynnodd y Brenin Ahas.

¹⁷ Tynnodd y Brenin Ahas fframiau'r trolïau a gwneud i ffwrdd â'u carfanau a'r noe; hefyd dymchwelodd y môr oddi ar gefn yr ychen pres a fu dano, a'i osod ar sylfaen o gerrig. ¹⁸ Hefyd, o achos brenin Asyria, cymerodd o dŷ yr ARGLWYDD lidiart y Saboth a adeiladwyd yn y deml wrth fynedfa allanol y brenin*. ¹⁹ Am weddill hanes Ahas, a'r hyn a wnaeth, onid yw wedi ei ysgrifennu yn llyfr hanesion brenhinoedd Jwda? ²⁰ Bu farw Ahas, a chladdwyd ef gyda'i ragflaenwyr yn Ninas Dafydd, a theyrnasodd ei fab Heseceia yn ei le.

Hosea Brenin Israel

17 Yn y ddeuddegfed flwyddyn i Ahas brenin Jwda, daeth Hosea fab Ela yn frenin ar Israel yn Samaria am naw mlynedd. ² Gwnaeth yr hyn oedd ddrwg yng ngolwg yr ARGLWYDD, er nad fel brenhinoedd Israel o'i flaen. ³ Ymosododd Salmaneser brenin Asyria arno, ac ymostyngodd Hosea ac anfon teyrnged iddo. ⁴ Ond darganfu brenin Asyria fod Hosea'n ei dwyllo, a'i fod wedi anfon cenhadau at So brenin yr Aifft, ac atal y deyrnged yr arferai ei thalu'n flynyddol i frenin Asyria; felly daliodd ef

---

16:6 Tebygol. Hebraeg, *i Syria gan Resin brenin Syria*.   **16:18** Ystyr yn ansicr.

a'i garcharu. ⁵ Yna ymosododd ar y wlad i gyd, ac aeth i fyny yn erbyn Samaria a gwarchae arni am dair blynedd. ⁶ Yn y nawfed flwyddyn i Hosea, gorchfygwyd Samaria gan frenin Asyria, a chaethgludodd ef yr Israeliaid i Asyria a'u rhoi yn Hala ac ar lannau afon Habor yn Gosan, ac yn ninasoedd y Mediaid.

Cwymp Samaria

⁷ Digwyddodd hyn am i'r Israeliaid bechu yn erbyn yr ARGLWYDD eu Duw, a'u dygodd i fyny o wlad yr Aifft, o law Pharo brenin yr Aifft. ⁸ Aethant i addoli duwiau eraill a dilyn arferion y cenhedloedd a yrrodd yr ARGLWYDD allan o flaen yr Israeliaid; hynny hefyd a wnaeth brenhinoedd Israel. ⁹ Yr oedd yr Israeliaid yn llechwraidd yn gwneud pethau anweddus yn erbyn yr ARGLWYDD eu Duw, ac yn adeiladu uchelfeydd ym mhob un o'u trefi, o dŵr gwylwyr hyd ddinas gaerog, ¹⁰ a chodi hefyd golofnau a physt cysegredig ar bob bryn uchel a than bob pren gwyrddlas. ¹¹ Yno yn yr holl uchelfeydd yr oeddent yn arogldarthu yr un fath â'r cenhedloedd a ddisodlodd yr ARGLWYDD o'u blaen, ac yn cyflawni gweithredoedd drygionus i ddigio'r ARGLWYDD, ¹² ac yn addoli eilunod, er i'r ARGLWYDD wahardd hyn iddynt. ¹³ Yr oedd yr ARGLWYDD wedi rhybuddio Israel a Jwda drwy bob proffwyd a gweledydd, a dweud, "Trowch oddi wrth eich gweithredoedd drwg, a chadwch fy ngorchmynion a'm deddfau yn ôl yr holl gyfraith a orchmynnais i'ch hynafiaid ac a hysbysais i chwi drwy fy ngweision y proffwydi." ¹⁴ Eto nid oeddent yn gwrando, ond yn ystyfnigo fel eu hynafiaid oedd heb ymddiried yn yr ARGLWYDD eu Duw. ¹⁵ Yr oeddent yn gwrthod ei ddeddfau a'r cyfamod a wnaeth â'u hynafiaid a'r rhybuddion a roddodd iddynt, yn dilyn oferedd ac yn troi'n ofer, yr un fath â'r cenhedloedd oedd o'u cwmpas, er i'r ARGLWYDD orchymyn iddynt beidio â gwneud felly. ¹⁶ Yr oeddent yn diystyru holl orchmynion yr ARGLWYDD eu Duw, ac wedi gwneud iddynt eu hunain ddwy ddelw o lo, a delw o Asera. Yr oeddent yn ymgrymu i holl lu'r nef, yn addoli Baal, ac yn peri i'w meibion a'u merched fynd trwy dân. ¹⁷ Yr oeddent yn arfer dewiniaeth a swynion, ac yn ymroi'n llwyr i wneud yr hyn oedd ddrwg yng ngolwg yr ARGLWYDD, i'w ddigio. ¹⁸ Llidiodd yr ARGLWYDD yn fawr yn erbyn Israel, a gyrrodd hwy o'i ŵydd, heb adael ond llwyth Jwda'n unig ar ôl. ¹⁹ Eto ni chadwodd Jwda chwaith orchmynion yr ARGLWYDD eu Duw, ond dilyn yr un arferion ag Israel. ²⁰ Felly gwrthododd yr ARGLWYDD holl hil Israel, a'u darostwng a'u rhoi yn llaw rheibwyr, ac yna'u bwrw'n llwyr o'i ŵydd.

²¹ Pan dorrodd Israel i ffwrdd oddi wrth linach Dafydd, gwnaethant Jeroboam fab Nebat yn frenin, a throdd yntau hwy oddi wrth yr ARGLWYDD a pheri iddynt bechu'n fawr. ²² Glynodd yr Israeliaid wrth holl bechodau Jeroboam, heb droi oddi wrthynt, ²³ hyd nes i'r ARGLWYDD yrru Israel o'i ŵydd, fel yr oedd wedi dweud trwy ei weision y proffwydi; a chaethgludwyd Israel o'u gwlad i Asyria hyd heddiw.

Asyriaid yn Dod i Fyw yn Israel

²⁴ Yna daeth brenin Asyria â phobl o Babilon, Cutha, Awa, Hamath a Seffarfaim a'u rhoi yn nhrefi Samaria yn lle'r Israeliaid; cawsant feddiannu Samaria a byw yn ei threfi. ²⁵ Pan ddaethant yno i fyw gyntaf, nid oeddent yn addoli'r ARGLWYDD, ac anfonodd yr ARGLWYDD lewod i'w plith a byddai'r rheini'n eu lladd. ²⁶ Yna dywedwyd wrth frenin Asyria, "Nid yw'r cenhedloedd a anfonaist i fyw yn nhrefi Samaria yn deall defod duw'r wlad, ac y mae wedi anfon i'w mysg lewod, ac y maent yn eu lladd am nad oes neb yn gwybod defod duw'r wlad." ²⁷ Gorchmynnodd brenin Asyria, "Anfonwch yn ôl un o'r offeiriaid a ddygwyd oddi yno; gadewch iddo fynd i fyw yno, a dysgu defod duw'r wlad iddynt." ²⁸ Felly aeth un o'r offeiriaid, a gafodd ei gaethgludo o Samaria, i fyw ym Methel, a'u dysgu sut i addoli'r ARGLWYDD.

²⁹ Yr oedd pob cenedl yn gwneud ei duw ei hun ac yn ei osod yng nghysegr yr uchelfeydd a wnaeth y Samariaid, pob

cenedl yn y dref lle'r oedd yn byw. ³⁰ Yr oedd pobl Babilon yn gwneud Sucoth-benoth, pobl Cuth yn gwneud Nergal, pobl Hamath yn gwneud Asima, ³¹ yr Awiaid yn gwneud Nibhas a Tartac, a gwŷr Seffarfaim yn llosgi eu plant i Adrammelech ac Anammelech duwiau Seffarfaim. ³² Yr oeddent yn cydnabod yr ARGLWYDD, ac ar yr un pryd yn penodi o'u mysg rai o bob math yn offeiriaid, i weithredu drostynt yng nghysegrau'r uchelfeydd. ³³ Yr oeddent yn cydnabod yr ARGLWYDD, a hefyd yn gwasanaethu eu duwiau eu hunain yn ôl defod y genedl y caethgludwyd hwy ohoni i Samaria. ³⁴ Hyd heddiw y maent yn dal at eu hen arferion. Nid addoli'r ARGLWYDD y maent, na gweithredu yn ôl y deddfau a'r arfer* a'r gyfraith a'r gorchymyn a roes yr ARGLWYDD i feibion Jacob, a enwyd Israel. ³⁵ Oherwydd, wrth wneud cyfamod â hwy, gorchmynnodd yr ARGLWYDD iddynt, "Peidiwch ag addoli duwiau eraill nac ymostwng iddynt na'u gwasanaethu nac aberthu iddynt, ³⁶ ond yn hytrach addoli ac ymostwng ac aberthu i'r ARGLWYDD a ddaeth â chwi o wlad yr Aifft â nerth mawr a braich estynedig. ³⁷ Gofalwch gadw bob amser y deddfau a'r barnedigaethau a'r gyfraith a'r gorchymyn a ysgrifennodd ef ar eich cyfer; peidiwch ag addoli duwiau eraill. ³⁸ Peidiwch ychwaith ag anghofio'r cyfamod a wneuthum â chwi, a pheidiwch ag addoli duwiau eraill. ³⁹ Ond addolwch yr ARGLWYDD eich Duw, ac fe'ch gwared o law eich holl elynion." ⁴⁰ Eto ni wrandawsant, eithr dal at eu hen arferion. ⁴¹ Yr oedd y cenhedloedd hyn yn addoli'r ARGLWYDD, a'r un pryd yn gwasanaethu eu delwau; ac y mae eu plant a'u hwyrion wedi gwneud fel eu hynafiaid hyd heddiw.

Heseceia Brenin Jwda

18 2 Cron. 29:1–2; 31:1
Yn y drydedd flwyddyn i Hosea fab Ela brenin Israel, daeth Heseceia fab Ahas brenin Jwda i'r orsedd. ² Yr oedd yn bump ar hugain oed pan ddaeth yn frenin, a theyrnasodd am naw mlynedd ar hugain yn Jerwsalem. Abi merch Sechareia oedd enw ei fam. ³ Gwnaeth yr hyn oedd uniawn yng ngolwg yr ARGLWYDD, yn hollol fel y gwnaeth ei dad Dafydd. ⁴ Tynnodd ymaith yr uchelfeydd a dryllio'r colofnau a thorri'r pyst Asera, a malu'r sarff bres a wnaeth Moses; oherwydd hyd y dyddiau hynny bu'r Israeliaid yn arogldarthu iddi ac yn ei galw'n Nehustan. ⁵ Ymddiriedai Heseceia yn yr ARGLWYDD, Duw Israel, ac ni fu neb tebyg iddo ymhlith holl frenhinoedd Jwda, ar ei ôl nac o'i flaen. ⁶ Glynodd yn ddiwyro wrth yr ARGLWYDD, a chadw'r gorchmynion a roddodd ef i Moses. ⁷ Yr oedd yr ARGLWYDD gydag ef, a llwyddai ym mhopeth a wnâi; gwrthryfelodd yn erbyn brenin Asyria a gwrthod ei wasanaethu. ⁸ Trawodd y Philistiaid, yn dŵr gwylwyr ac yn ddinas gaerog, hyd at Gasa a'i therfynau.

⁹ Yn y bedwaredd flwyddyn i'r Brenin Heseceia (y seithfed flwyddyn i Hosea fab Ela brenin Israel) ymosododd Salmaneser brenin Asyria ar Samaria a gwarchae arni. ¹⁰ Wedi tair blynedd enillodd hi; yn y chweched flwyddyn i Heseceia, sef y nawfed flwyddyn i Hosea brenin Israel, yr enillwyd Samaria. ¹¹ Caethgludodd brenin Asyria yr Israeliaid i Asyria, a'u rhoi yn Hala ac ar lannau afon Habor yn Gosan, ac yn ninasoedd y Mediaid. ¹² Bu hyn am nad oeddent wedi gwrando ar lais yr ARGLWYDD eu Duw, ond troseddu yn erbyn ei gyfamod a'r cwbl a orchmynnodd Moses gwas yr ARGLWYDD; nid oeddent yn gwrando nac yn gwneud.

Senacherib yn Bygwth Jerwsalem

2 Cron. 32:1–19; Eseia 36:1–22

¹³ Yn y bedwaredd flwyddyn ar ddeg i'r Brenin Heseceia, ymosododd Senacherib brenin Asyria ar holl ddinasoedd caerog Jwda a'u goresgyn. ¹⁴ Yna anfonodd Heseceia brenin Jwda at frenin Asyria i Lachis a dweud, "Rwyf ar fai. Dychwel oddi wrthyf, a thalaf iti beth bynnag a godi arnaf." Rhoddodd brenin Asyria ddirwy o dri chan talent o arian a deg talent ar hugain o aur

---
17:34 Hebraeg, *yn ôl eu deddfau a'u harfer.*

ar Heseceia brenin Jwda. ¹⁵ Talodd Heseceia yr holl arian oedd yn nhŷ'r ARGLWYDD ac yng nghoffrau'r palas; ¹⁶ a'r un pryd tynnodd yr aur oddi ar ddrysau a cholofnau teml yr ARGLWYDD, y rhai yr oedd ef ei hun wedi eu goreuro, ac fe'i rhoddodd i frenin Asyria.

¹⁷ Anfonodd brenin Asyria y cadlywydd, y cadfridog a'r prif swyddog* gyda byddin gref o Lachis i Jerwsalem at y Brenin Heseceia. Wedi iddynt ddringo i fyny i Jerwsalem*, safasant wrth bistyll y llyn uchaf sydd gerllaw priffordd Maes y Pannwr, a galw am y brenin. ¹⁸ Daeth Eliacim fab Hilceia arolygwr y palas, a Sebna yr ysgrifennydd, a Joa fab Asaff y cofiadur, allan atynt; ¹⁹ a dywedodd y prif swyddog wrthynt, "Dywedwch wrth Heseceia mai dyma neges yr ymerawdwr, brenin Asyria; 'Beth yw sail yr hyder hwn sydd gennyt? ²⁰ A wyt ti'n meddwl bod geiriau yn gwneud y tro ar gyfer rhyfel, yn lle cynllun a nerth? Ar bwy, ynteu, yr wyt yn dibynnu wrth godi gwrthryfel yn f'erbyn? ²¹ Ai yr Aifft—ffon o gorsen wedi ei hysigo, sy'n rhwygo ac yn agor llaw dyn os pwysa arni? Un felly yw Pharo brenin yr Aifft i bwy bynnag sy'n dibynnu arno. ²² Neu os dywedi wrthyf, "Yr ydym yn dibynnu ar yr ARGLWYDD ein Duw", onid ef yw'r un y tynnodd Heseceia ei uchelfeydd a'i allorau, a dweud wrth Jwda a Jerwsalem, "O flaen yr allor hon yn Jerwsalem yr addolwch?" ' ²³ Yn awr, ynteu, beth am daro bargen â'm meistr, brenin Asyria? Rhoddaf ddwy fil o feirch iti, os gelli di gael marchogion iddynt. ²⁴ Sut, ynteu, y gelli wrthsefyll un capten o blith gweision lleiaf fy meistr, a dibynnu ar yr Aifft am gerbydau a marchogion? ²⁵ Heblaw hyn, ai heb yr ARGLWYDD y deuthum i fyny yn erbyn y lle hwn i'w ddinistrio? Yr ARGLWYDD a ddywedodd wrthyf, 'Dos i fyny yn erbyn y wlad hon a dinistria hi.' "

²⁶ Atebwyd y prif swyddog gan Eliacim fab Hilceia a Sebna a Joa, "Gwell gennym iti siarad â ni yn Aramaeg, oherwydd yr ydym yn ei deall, a pheidio â siarad yn Hebraeg yng nghlyw'r bobl sydd ar y mur." ²⁷ Ond dywedodd y prif swyddog wrthynt, "Ai at eich meistr a chwi yma yr anfonodd fy meistr fi i ddweud fy neges, yn hytrach nag at y bobl? Onid hefyd at y dynion sydd ar y mur, ac a fydd, fel chwithau, yn bwyta eu tom ac yn yfed eu dŵr eu hunain?" ²⁸ Yna fe safodd y prif swyddog a gweiddi'n uchel mewn Hebraeg, "Clywch eiriau'r ymerawdwr, brenin Asyria. ²⁹ Dyma y mae'n ei ddweud, 'Peidiwch â gadael i Heseceia eich twyllo; ni all ef eich gwaredu o'm llaw. ³⁰ Peidiwch â chymryd eich perswadio ganddo i ddibynnu ar yr ARGLWYDD pan yw'n dweud, Bydd yr ARGLWYDD yn siŵr o'n gwaredu ni, ac ni roir y ddinas hon i afael brenin Asyria.' ³¹ Peidiwch â gwrando ar Heseceia. Dyma eiriau brenin Asyria: 'Gwnewch delerau heddwch â mi, dewch allan ataf, ac yna caiff pob un fwyta o'i winwydden ac o'i ffigysbren, ac yfed o ddŵr ei ffynnon ei hun, ³² nes imi ddyfod i'ch dwyn i wlad debyg i'ch gwlad eich hun, gwlad ŷd a gwin, gwlad bara a gwinllannoedd, gwlad olewydd, olew a mêl; a chewch fyw ac nid marw.' Peidiwch â gwrando ar Heseceia yn eich hudo trwy ddweud, 'Bydd yr ARGLWYDD yn ein gwaredu.' ³³ A yw duw unrhyw un o'r cenhedloedd wedi gwaredu ei wlad o afael brenin Asyria? ³⁴ Ple mae duwiau Hamath ac Arpad? Ple mae duwiau Seffarfaim, Hena ac Ifa? A wnaethant hwy waredu Samaria o'm gafael? ³⁵ Prun o holl dduwiau'r gwledydd hyn sydd wedi gwaredu ei wlad o'm gafael? Sut felly y bydd i'r ARGLWYDD waredu Jerwsalem o'm gafael?" ³⁶ Cadw'n ddistaw a wnaeth y bobl, heb ateb gair, oherwydd yr oedd y brenin wedi rhoi gorchymyn nad oeddent i'w ateb. ³⁷ Yna daeth Eliacim fab Hilceia, arolygwr y palas, a Sebna yr ysgrifennydd, a Joa fab Asaff, y cofiadur, at Heseceia, a'u dillad wedi eu rhwygo, ac adrodd wrtho eiriau'r prif swyddog.

Y Brenin yn Ceisio Cyngor Eseia

19 Eseia 37:1–7
Pan glywodd y Brenin Heseceia yr hanes, rhwygodd ei ddillad a rhoi

---
18:17 Neu, *y Tartan, y Rabsaris a'r Rabsace.*
18:17 Felly Groeg. Hebraeg, *Jerwsalem a dringo i fyny.*

sachliain amdano, a mynd i dŷ'r ARGLWYDD. ² Yna anfonodd Eliacim, arolygwr y palas, a Sebna'r ysgrifennydd a'r rhai hynaf o'r offeiriaid, i gyd mewn sachliain, at y proffwyd Eseia fab Amos, i ddweud wrtho, ³ "Fel hyn y dywed Heseceia: 'Y mae heddiw'n ddydd o gyfyngder a cherydd a gwarth; y mae fel pe bai plant ar fin cael eu geni, a'r fam heb nerth i esgor. ⁴ O na fyddai'r ARGLWYDD dy Dduw yn gwrando ar eiriau'r prif swyddog a anfonwyd gan ei feistr, brenin Asyria, i gablu'r Duw byw, ac y byddai yn ei geryddu am y geiriau a glywodd yr ARGLWYDD dy Dduw! Felly dos i weddi dros y gweddill sydd ar ôl.'" ⁵ Pan ddaeth gweision y Brenin Heseceia at Eseia, ⁶ dywedodd Eseia wrthynt, "Dywedwch wrth eich meistr, 'Fel hyn y dywed yr ARGLWYDD: Paid ag ofni'r pethau a glywaist, pan oedd llanciau brenin Asyria yn fy nghablu. ⁷ Edrych, rwy'n rhoi ysbryd ynddo, ac fe glyw si fydd yn peri iddo ddychwelyd i'w wlad; hefyd gwnaf iddo syrthio gan y cleddyf yn y wlad honno.'"

Yr Asyriaid yn Bygwth Eto
Eseia 37:8-20

⁸ Pan ddychwelodd y prif swyddog, cafodd ar ddeall fod brenin Asyria wedi gadael Lachis, a'i fod yn rhyfela yn erbyn Libna. ⁹ Ond pan ddeallodd fod Tirhaca brenin Ethiopia ar ei ffordd i ryfela yn ei erbyn, fe anfonodd genhadau eilwaith at Heseceia, a dweud, ¹⁰ "Dywedwch wrth Heseceia brenin Jwda, 'Paid â chymryd dy dwyllo gan dy Dduw yr wyt yn ymddiried ynddo, ac sy'n dweud na roddir Jerwsalem i afael brenin Asyria. ¹¹ Yn sicr, fe glywaist am yr hyn a wnaeth brenhinoedd Asyria i'r holl wledydd, sef eu difrodi. A gei di dy arbed? ¹² A waredodd duwiau'r cenhedloedd hwy—y cenhedloedd a ddinistriodd fy rhagflaenwyr, fel Gosan a Haran a Reseff, a phobl Eden oedd yn trigo yn Telassar? ¹³ Ple mae brenhinoedd Hamath, Arpad, Lair, Seffarfaim, Hena ac Ifa?'"

¹⁴ Cymerodd Heseceia y neges gan y cenhadau a'i darllen. Yna aeth i fyny i'r deml, a'i hagor yng ngŵydd yr ARGLWYDD, a gweddïo fel hyn o flaen yr ARGLWYDD: ¹⁵ "O ARGLWYDD Dduw Israel, sydd wedi ei orseddu ar y cerwbiaid, ti yn unig sydd Dduw dros holl deyrnasoedd y byd; ti a wnaeth y nefoedd a'r ddaear. ¹⁶ O ARGLWYDD, gogwydda dy glust a chlyw. O ARGLWYDD, agor dy lygaid a gwêl. Gwrando'r neges a anfonodd Senacherib i watwar y Duw byw. ¹⁷ Y mae'n wir, O ARGLWYDD, fod brenhinoedd Asyria wedi difa'r cenhedloedd a'u gwledydd, ¹⁸ a thaflu eu duwiau i'r tân; cawsant eu dinistrio am nad duwiau mohonynt, ond gwaith dwylo dynol, o goed a charreg. ¹⁹ Yn awr, O ARGLWYDD ein Duw, gwared ni o'i afael, ac yna caiff holl deyrnasoedd y ddaear wybod mai ti yn unig, O ARGLWYDD, sydd Dduw."

Neges Eseia i'r Brenin
Eseia 37:21-38

²⁰ Anfonodd Eseia fab Amos at Heseceia, a dweud, "Fel hyn y dywed yr ARGLWYDD, Duw Israel; ²¹ 'Clywais yr hyn a weddïaist ynglŷn â Senacherib brenin Asyria, a dyma'r gair a lefarodd yr ARGLWYDD yn ei erbyn:

Y mae'r forwyn, merch Seion, yn dy
    ddirmygu,
yn chwerthin am dy ben;
y mae merch Jerwsalem yn ysgwyd
    ei phen ar dy ôl.
²² Pwy wyt ti yn ei ddifenwi ac yn ei
    gablu?
Yn erbyn pwy y codi dy lais?
Yr wyt yn gwneud ystum dirmygus
    yn erbyn Sanct Israel.
²³ Trwy dy weision fe geblaist yr
    Arglwydd, a dweud,
"Gyda lliaws fy ngherbydau
dringais yn uchel i gopa'r
    mynyddoedd,
i bellterau Lebanon;
torrais y praffaf o'i gedrwydd, a'r
    dewisaf o'i ffynidwydd;
euthum i'w gwr uchaf, ei lechweddau
    coediog.
²⁴ Cloddiais bydewau ac yfed
    dyfroedd estron;
â gwadn fy nhroed sychais holl
    ffrydiau'r Neil.

²⁵ Oni chlywaist erstalwm mai myfi
   a'i gwnaeth,
ac imi lunio hyn yn y dyddiau gynt?
Bellach rwy'n ei ddwyn i ben;
bydd dinasoedd caerog yn syrthio
yn garneddau wedi eu dinistrio;
²⁶ bydd y trigolion a'u nerth yn pallu,
yn ddigalon ac mewn gwarth,
fel gwellt y maes, llysiau gwyrdd
a glaswellt pen to
wedi eu deifio cyn llawn dyfu.
²⁷ Rwy'n gwybod pryd yr wyt yn
   eistedd,
yn mynd allan ac yn dod i mewn,
a'r modd yr wyt yn cynddeiriogi yn
   f'erbyn.
²⁸ Am dy fod yn cynddeiriog yn
   f'erbyn,
a bod sen dy draha yn fy nghlustiau,
fe osodaf fy mach yn dy ffroen
a'm ffrwyn yn dy weflau,
a'th yrru'n ôl ar hyd y ffordd y
   daethost."

²⁹ " 'Hyn fydd yr arwydd i ti: eleni, bwyteir yr ŷd sy'n tyfu ohono'i hun, a'r flwyddyn nesaf, yr hyn sydd wedi ei hau ohono'i hun; ond yn y drydedd flwyddyn cewch hau a medi, a phlannu gwinllannoedd a bwyta eu ffrwyth. ³⁰ Bydd y dihangol a adewir yn nhŷ Jwda yn gwreiddio i lawr ac yn ffrwytho i fyny; ³¹ oherwydd fe ddaw gweddill allan o Jerwsalem, a rhai dihangol allan o Fynydd Seion. Sêl ARGLWYDD y lluoedd a wna hyn.'

³² "Am hynny, fel hyn y dywed yr ARGLWYDD am frenin Asyria:

'Ni ddaw i mewn i'r ddinas hon, nac
   anfon saeth i'w mewn;
nid ymesyd arni â tharian, na chodi
   clawdd i'w herbyn.
³³ Ar hyd y ffordd y daeth, fe
   ddychwel;
ac ni ddaw i mewn i'r ddinas hon,
   medd yr ARGLWYDD.
³⁴ Byddaf yn darian i'r ddinas hon
   i'w gwaredu,
er fy mwyn fy hun ac er mwyn fy
   ngwas Dafydd.' "

³⁵ A'r noson honno aeth angel yr ARGLWYDD allan a tharo yng ngwersyll Asyria gant a phedwar ugain a phump o filoedd; pan ddaeth y bore cafwyd hwy i gyd yn gelanedd meirwon. ³⁶ Yna aeth Senacherib brenin Asyria i ffwrdd a dychwelyd i Ninefe ac aros yno. ³⁷ Pan oedd yn addoli yn nheml ei dduw Nisroch, daeth ei feibion Adrammelech a Sareser a'i ladd â'r cleddyf, ac yna dianc i wlad Ararat. Daeth ei fab Esarhadon i'r orsedd yn ei le.

Gwaeledd ac Adferiad y Brenin Heseceia

20 Eseia 38:1–8, 21–22; 2 Cron. 32:24–26

Yn y dyddiau hynny aeth Heseceia'n glaf hyd farw, a daeth y proffwyd Eseia fab Amos ato a dweud, "Fel hyn y dywed yr ARGLWYDD: 'Trefna dy dŷ, oherwydd yr wyt ar fin marw; ni fyddi fyw.' " ² Trodd yntau ei wyneb at y pared a gweddïo ar yr ARGLWYDD, a dweud: ³ "O ARGLWYDD, cofia fel yr oeddwn yn rhodio ger dy fron di mewn cywirdeb ac â chalon berffaith, ac yn gwneud yr hyn oedd dda yn dy olwg." Yna beichiodd wylo. ⁴ A chyn bod Eseia wedi gadael y cyntedd canol daeth gair yr ARGLWYDD ato gan ddweud, ⁵ "Dos yn ôl, a dywed wrth Heseceia, tywysog fy mhobl, 'Fel hyn y dywed yr ARGLWYDD, Duw dy dad Dafydd: Clywais dy weddi a gwelais dy ddagrau; wele, yr wyf am dy iacháu. Ymhen tridiau byddi'n mynd i fyny i'r deml. ⁶ Ychwanegaf bymtheng mlynedd at dy oes, a gwaredaf di a'r ddinas hon o afael brenin Asyria, a byddaf yn gysgod dros y ddinas hon er fy mwyn fy hun ac er mwyn fy ngwas Dafydd.' " ⁷ Yna dywedodd Eseia wrthynt, "Cymerwch bowltis ffigys." Ac wedi iddynt wneud hynny a'i osod ar y cornwyd, fe wellodd.

⁸ Gofynnodd Heseceia i Eseia, "Beth yw'r arwydd y bydd yn fy iacháu, ac yr af i fyny i'r deml ymhen tridiau?" ⁹ Dywedodd Eseia, "Dyma fydd yr arwydd iti oddi wrth yr ARGLWYDD y bydd yn cyflawni'r hyn a ddywedodd: bydd y cysgod yn symud ddeg gris ymlaen neu ddeg gris yn ôl." ¹⁰ Dywedodd Heseceia, "Y mae'n haws i'r cysgod symud ymlaen ddeg gris; na, aed y cysgod yn ôl ddeg gris." ¹¹ Galwodd y proffwyd Eseia ar yr ARGLWYDD, a gwnaeth yntau i'r cysgod fynd yn ei ôl

ddeg gris, lle'r arferai fynd i lawr ar risiau Ahas.

Cenhadau o Fabilon
Eseia 39:1-8

[12] Yr adeg honno anfonodd Merodach Baladan, mab Baladan brenin Babilon, genhadau gydag anrheg i Heseceia, oherwydd clywsai fod Heseceia wedi bod yn wael. [13] Croesawodd Heseceia hwy a dangos iddynt ei drysordy i gyd, yr arian a'r aur, a'r perlysiau a'r olew persawrus, a'i arfdy a phopeth oedd yn ei storfeydd. Nid oedd dim yn ei balas na'i deyrnas na ddangosodd Heseceia iddynt. [14] Yna daeth y proffwyd Eseia at y Brenin Heseceia a gofyn, "Beth a ddywedodd y dynion hyn, ac o ble y daethant?" Atebodd Heseceia, "O wlad bell, o Fabilon y daethant." [15] Yna holodd, "Beth a welsant yn dy dŷ?" Dywedodd Heseceia, "Gwelsant y cwbl sydd yn fy nhŷ; nid oes dim yn fy nhrysorfa nad wyf wedi ei ddangos iddynt." [16] Yna dywedodd Eseia wrth Heseceia, "Gwrando air yr ARGLWYDD: [17] 'Wele'r dyddiau yn dod pan ddygir popeth sydd yn dy balas, a phopeth a grynhodd dy ragflaenwyr hyd y dydd hwn, i Fabilon, ac ni adewir dim,' medd yr ARGLWYDD. [18] Dygir oddi arnat rai o'r meibion a genhedli, had dy gorff, a byddant yn ystafellyddion yn llys brenin Babilon." [19] Atebodd Heseceia, "O'r gorau; gair yr ARGLWYDD yr wyt yn ei lefaru." Meddyliai, "Oni fydd heddwch a sicrwydd dros fy nghyfnod i?"

Diwedd Teyrnasiad Heseceia
2 Cron. 32:32-33

[20] Am weddill hanes Heseceia, a'i holl wrhydri, ac fel y gwnaeth gronfa ddŵr a'r ffos a ddôi â dŵr i'r ddinas, onid yw wedi ei ysgrifennu yn llyfr hanesion brenhinoedd Jwda? [21] Bu farw Heseceia, a daeth Manasse yn frenin yn ei le.

Manasse Brenin Jwda

21 2 Cron. 33:1-20

Deuddeng mlwydd oed oedd Manasse pan ddaeth yn frenin, a theyrnasodd am hanner cant a phump o flynyddoedd yn Jerwsalem. Heffsiba oedd enw ei fam. [2] Gwnaeth yr hyn oedd ddrwg yng ngolwg yr ARGLWYDD, yn ôl ffieidd-dra'r cenhedloedd a yrrodd yr ARGLWYDD allan o flaen yr Israeliaid. [3] Ailadeiladodd yr uchelfeydd a ddinistriodd ei dad Heseceia, a chododd allorau i Baal a gwneud delw o Asera, fel y gwnaeth Ahab brenin Israel, ac ymgrymodd i holl lu'r nef a'u haddoli. [4] Adeiladodd allorau yn y deml y dywedodd yr ARGLWYDD amdani, "Yn Jerwsalem y gosodaf fy enw." [5] Cododd allorau i holl lu'r nef yn nau gyntedd y deml. [6] Parodd i'w fab fynd trwy dân, ac arferodd hudoliaeth a swynion, a bu'n ymhel ag ysbrydion a dewiniaid. Yr oedd yn ymroi i wneud yr hyn oedd ddrwg yng ngolwg yr ARGLWYDD, i'w ddigio. [7] Gwnaeth ddelw o Asera a'i gosod yn y deml y dywedodd yr ARGLWYDD amdani wrth Ddafydd a'i fab Solomon, "Yn y tŷ hwn ac yn Jerwsalem, y lle a ddewisais allan o holl lwythau Israel, yr wyf am osod fy enw yn dragwyddol. [8] Ni throf Israel allan mwyach o'r tir a roddais i'w hynafiaid, ond iddynt ofalu gwneud fel y gorchmynnais iddynt yn y gyfraith a roes fy ngwas Moses iddynt." [9] Eto ni fynnent wrando, ac arweiniodd Manasse hwy i ddrygioni gwaeth na'r eiddo'r cenhedloedd a ddinistriodd yr ARGLWYDD o flaen yr Israeliaid. [10] Yna dywedodd yr ARGLWYDD trwy ei weision y proffwydi, [11] "Am i Manasse brenin Jwda wneud y ffieidd-dra hwn, a gweithredu'n waeth na'r Amoriaid oedd o'i flaen, ac arwain Jwda hefyd i bechu gyda'i eilunod, [12] fel hyn y dywed yr ARGLWYDD, Duw Israel: Dygaf y fath ddrwg ar Jerwsalem a Jwda fel y bydd yn merwino clustiau pwy bynnag a glyw. [13] Rhoddaf ar Jerwsalem yr un llinyn ag ar Samaria, a'r un mesur ag ar dŷ Ahab. Golchaf Jerwsalem fel y bydd un yn golchi llestr ac yna'n ei droi ar ei wyneb. [14] Byddaf yn gwrthod gweddill fy etifeddiaeth, ac yn eu rhoi yn llaw eu holl elynion i fod yn anrhaith ac yn ysbail, [15] am eu bod wedi gwneud yr hyn sydd ddrwg yn fy ngolwg a'm digio, o'r dydd y daeth eu hynafiaid o'r Aifft hyd heddiw."

[16] Tywalltodd Manasse gymaint o waed dieuog nes llenwi Jerwsalem

drwyddi, heb sôn am ei bechod yn arwain Jwda i bechu a gwneud yr hyn oedd ddrwg yng ngolwg yr ARGLWYDD. [17] Am weddill hanes Manasse, a'i holl waith a'r pechu a wnaeth, onid yw wedi ei ysgrifennu yn llyfr hanesion brenhinoedd Jwda? [18] A bu farw Manasse, a'i gladdu yng ngardd ei balas, sef yng ngardd Ussa. A daeth ei fab Amon yn frenin yn ei le.

Amon Brenin Jwda
2 Cron. 33:21-25

[19] Dwy ar hugain oed oedd Amon pan ddaeth yn frenin, a theyrnasodd am ddwy flynedd yn Jerwsalem. Mesulemeth merch Harus o Iotba oedd enw ei fam. [20] Gwnaeth yr hyn oedd ddrwg yng ngolwg yr ARGLWYDD, fel y gwnaeth ei dad Manasse. [21] Dilynodd yn ôl troed ei dad, a gwasanaethu ac addoli'r un eilunod â'i dad. [22] Gwrthododd yr ARGLWYDD, Duw ei hynafiaid, ac ni rodiodd yn ffordd yr ARGLWYDD.

[23] Cynllwynodd gweision Amon yn ei erbyn, a lladd y brenin yn ei dŷ; [24] ond lladdwyd yr holl rai a fu'n cynllwyn yn erbyn y Brenin Amon gan bobl y wlad, a gwnaethant ei fab Joseia yn frenin yn ei le.

[25] Am weddill hanes Amon, a'r hyn a wnaeth, onid yw wedi ei ysgrifennu yn llyfr hanesion brenhinoedd Jwda? [26] Claddwyd ef yn ei feddrod yng ngardd Ussa, a daeth ei fab Joseia yn frenin yn ei le.

Joseia Brenin Jwda

22 2 Cron. 34:1-2

Wyth mlwydd oed oedd Joseia pan ddaeth yn frenin, a theyrnasodd am un ar ddeg ar hugain o flynyddoedd yn Jerwsalem. Jedida merch Adaia o Boscath oedd enw ei fam. [2] Gwnaeth yr hyn oedd uniawn yng ngolwg yr ARGLWYDD, a dilyn llwybr ei dad Dafydd yn gwbl ddiwyro.

Darganfod Llyfr y Gyfraith
2 Cron. 34:8-28

[3] Yn ei ddeunawfed flwyddyn anfonodd y Brenin Joseia ei ysgrifennydd Saffan fab Asaleia, fab Mesulam, i dŷ'r ARGLWYDD a dweud, [4] "Dos at Hilceia yr archoffeiriad, er mwyn iddo gyfrif yr arian a ddygwyd i dŷ'r ARGLWYDD ac a gasglodd ceidwaid y drws gan y bobl, i'w trosglwyddo i'r goruchwylwyr sy'n gofalu am dŷ'r ARGLWYDD. [5] Y maent i'w rhoi yn awr i'r goruchwylwyr ar dŷ'r ARGLWYDD, a hwythau i'w rhoi i'r gweithwyr yn nhŷ'r ARGLWYDD, sy'n atgyweirio agennau'r tŷ, [6] i gael seiri ac adeiladwyr a seiri maen, ac i brynu coed a cherrig nadd i atgyweirio'r tŷ. [7] Ond nid ydynt i roi cyfrif o'r arian a roddir i'w gofal, am eu bod yn gweithredu'n onest."

[8] Dywedodd yr archoffeiriad Hilceia wrth Saffan yr ysgrifennydd, "Cefais lyfr y gyfraith yn nhŷ'r ARGLWYDD." A rhoddodd y llyfr i Saffan i'w ddarllen. [9] Yna aeth Saffan yr ysgrifennydd yn ôl at y brenin, a dwyn adroddiad iddo, a dweud, "Y mae dy weision wedi cyfrif yr arian oedd yn y deml, ac wedi eu trosglwyddo i'r goruchwylwyr sy'n gofalu am dŷ'r ARGLWYDD." [10] Ac ychwanegodd, "Fe roddodd yr offeiriad Hilceia lyfr imi." Yna darllenodd Saffan ef i'r brenin.

[11] Pan glywodd y brenin gynnwys llyfr y gyfraith, rhwygodd ei ddillad, [12] a gorchmynnodd i'r offeiriad Hilceia, ac i Ahicam fab Saffan, ac i Achbor fab Michaia, ac i'r ysgrifennydd Saffan, ac i Asaia gwas y brenin, [13] "Ewch i ymgynghori â'r ARGLWYDD ar fy rhan, ac ar ran y bobl a holl Jwda, ynglŷn â chynnwys y llyfr hwn a ddaeth i'r golwg; oherwydd y mae llid yr ARGLWYDD yn fawr, ac wedi ei ennyn yn ein herbyn am na wrandawodd ein hynafiaid ar eiriau'r llyfr hwn, na gwneud yr hyn a ysgrifennwyd ar ein cyfer." [14] Aeth yr offeiriad Hilceia, ac Ahicam ac Achbor a Saffan ac Asaia, at y broffwydes Hulda, gwraig Salum fab Ticfa, fab Harhas, ceidwad y gwisgoedd. Yr oedd hi'n byw yn yr Ail Barth yn Jerwsalem; ac wedi iddynt ddweud eu neges, [15] dywedodd hi wrthynt, "Fel hyn y dywed yr ARGLWYDD, Duw Israel. Dywedwch wrth y sawl a'ch anfonodd ataf, [16] 'Fel hyn y dywed yr ARGLWYDD: Yr wyf yn dwyn drwg ar y lle hwn a'i drigolion, popeth sydd yn y llyfr a ddarllenodd brenin Jwda, [17] am eu bod wedi fy ngwrthod ac wedi arogldarthu i dduwiau eraill, i'm

digio ym mhopeth a wnânt; y mae fy nig wedi ei ennyn yn erbyn y lle hwn, ac nid oes a'i diffydd.' ¹⁸ A dyma a ddywedwch wrth frenin Jwda, a'ch anfonodd i ymgynghori â'r ARGLWYDD: 'Fel hyn y dywed yr ARGLWYDD, Duw Israel, ynglŷn â'r geiriau a glywaist: ¹⁹ Am i'th galon dyneru, ac iti ymostwng o flaen yr ARGLWYDD pan glywaist fi'n dweud am y lle hwn a'i drigolion, y byddai'n ddifrod ac yn felltith, ac am iti rwygo dy ddillad ac wylo o'm blaen, yr wyf finnau wedi gwrando, medd yr ARGLWYDD. ²⁰ Ac am hynny casglaf di at dy hynafiaid, a dygir di i'r bedd mewn heddwch, ac ni wêl dy lygaid y drwg a ddygaf ar y lle hwn.'" Dygasant hwythau'r ateb i'r brenin.

Joseia yn Dileu Addoliad Paganaidd

23 2 Cron. 34:3–7, 29–33

Yna anfonodd y brenin a chasglu ato holl henuriaid Jwda a Jerwsalem; ² ac aeth i fyny i'r deml, a holl bobl Jwda a thrigolion Jerwsalem gydag ef, a hefyd yr offeiriaid a'r proffwydi a phawb o'r bobl, bach a mawr. Yna darllenodd yn eu clyw holl gynnwys y llyfr cyfamod a gaed yn nhŷ'r ARGLWYDD.

³ Safodd y brenin wrth y golofn a gwnaeth gyfamod o flaen yr ARGLWYDD, i ddilyn yr ARGLWYDD ac i gadw ei orchmynion a'i dystiolaethau a'i ddeddfau â'i holl galon ac â'i holl enaid, ac i gyflawni holl eiriau'r cyfamod a ysgrifennwyd yn y llyfr hwn. A safodd yr holl bobl wrth y cyfamod.

⁴ Yna gorchmynnodd y brenin i'r archoffeiriad Hilceia, a'r is-offeiriaid, a cheidwaid y drws symud allan o deml yr ARGLWYDD yr holl offer a wnaed ar gyfer Baal ac Asera a holl lu'r nef; a llosgwyd hwy y tu allan i Jerwsalem ar lethrau Cidron, a mynd â'u llwch i Fethel. ⁵ Diswyddodd yr offeiriaid gau a osododd brenhinoedd Jwda i arogldarthu* yn yr uchelfeydd yn nhrefi Jwda a chyffiniau Jerwsalem, a'r rhai oedd yn arogldarthu i Baal a'r haul a'r lloer a'r planedau a holl lu'r nef. ⁶ Dygodd byst Asera allan o dŷ'r ARGLWYDD i lawr i nant Cidron y tu allan i Jerwsalem, a'i llosgi yno, a'i malu'n llwch a thaenu'r llwch yn y fynwent gyffredin. ⁷ Bwriodd i lawr dai puteinwyr y cysegr oedd yn nhŷ'r ARGLWYDD, lle'r oedd gwragedd yn gweu gwisgoedd ar gyfer delw Asera. ⁸ Symudodd yr holl offeiriaid o drefi Jwda, a halogodd yr uchelfeydd lle bu'r offeiriaid yn arogldarthu, o Geba hyd Beerseba. Tynnodd i lawr uchelfeydd y pyrth oedd wrth borth Josua pennaeth y ddinas, ar y chwith i borth y ddinas. ⁹ Eto ni ddôi offeiriaid yr uchelfeydd i fyny at allor yr ARGLWYDD yn Jerwsalem, ond bwyta bara croyw ymhlith eu brodyr.

¹⁰ Halogodd y Toffet oedd yn nyffryn Ben-hinnom, rhag i neb losgi ei fab na'i ferch i Moloch. ¹¹ A gwnaeth i ffwrdd â'r meirch a gysegrodd brenhinoedd Jwda i'r haul ym mynedfa tŷ'r ARGLWYDD, wrth ystafell Nathanmelech yr ystafellydd yn y glwysty, a llosgodd gerbyd yr haul. ¹² Tynnodd i lawr yr allorau a wnaeth brenhinoedd Jwda ar do goruwchystafell Ahas, a'r allorau a wnaeth Manasse yn nau gyntedd tŷ'r ARGLWYDD; ac ar ôl eu dryllio yno, taflodd eu llwch i nant Cidron. ¹³ Yna halogodd y brenin yr uchelfeydd oedd gyferbyn â Jerwsalem i'r de o Fynydd yr Olewydd*, ac a adeiladwyd gan Solomon brenin Israel ar gyfer Astoreth, ffieiddbeth Sidon, a Chemos, ffieiddbeth Moab, a Milcom, ffieidd-dra'r Ammoniaid. ¹⁴ Drylliodd y colofnau, a thorri i lawr y prennau Asera a llenwi eu cysegrleoedd ag esgyrn dynol.

¹⁵ Ym Methel tynnodd i lawr yr allor a'r uchelfa a gododd Jeroboam fab Nebat, a barodd i Israel bechu. Llosgodd yr uchelfa a'i malu'n llwch, a llosgi'r pyst Asera. ¹⁶ Wrth droi ymaith, sylwodd Joseia ar y fynwent oedd yno ar y mynydd, ac anfonodd a chymryd esgyrn o'r beddau a'u llosgi ar yr allor a'i halogi, a hynny'n cyflawni gair yr ARGLWYDD, a gyhoeddodd gŵr Duw pan ragfynegodd y pethau hyn. ¹⁷ Wedyn gofynnodd, "Beth yw'r gofeb acw a welaf?" Atebodd pobl y ddinas ef, "Dyna fedd gŵr Duw, a ddaeth o Jwda a rhagfynegi'r pethau hyn yr wyt ti wedi eu

---

23:5 Felly Fersiynau. Hebraeg, *ac arogldarthodd*.   **23:13** Felly Targwm. Hebraeg, *y Dinistrydd*.

gwneud ag allor Bethel." ¹⁸ Yna dywedodd wrthynt am adael llonydd iddo ac nad oedd neb i ymyrryd â'i esgyrn. Felly arbedwyd ei esgyrn, a hefyd esgyrn y proffwyd a ddaeth o Samaria.

¹⁹ Yn nhrefi Samaria dinistriodd Joseia holl demlau'r uchelfeydd a wnaeth brenhinoedd Israel i ddigio'r ARGLWYDD*. Gwnaeth iddynt yno yn hollol fel y gwnaeth ym Methel. ²⁰ Lladdodd ar yr allorau bob un o offeiriaid yr uchelfeydd oedd yno, a llosgi esgyrn dynol arnynt cyn dychwelyd i Jerwsalem.

Joseia'n Cadw'r Pasg
2 Cron. 35:1–19

²¹ Rhoddodd y brenin orchymyn i'r holl bobl, "Gwnewch Basg i'r ARGLWYDD eich Duw, fel sydd wedi ei ysgrifennu yn y llyfr cyfamod hwn." ²² Oherwydd ni chadwyd Pasg fel hwn er dyddiau'r barnwyr a fu'n barnu Israel, na thrwy holl flynyddoedd brenhinoedd Israel a Jwda. ²³ Yn y ddeunawfed flwyddyn i'r Brenin Joseia y cadwyd y Pasg hwn i'r ARGLWYDD yn Jerwsalem.

Diwygiadau Eraill Joseia

²⁴ Dileodd Joseia y swynwyr a'r dewiniaid, y delwau a'r eilunod, a phob ffieidd-dra tebyg a welwyd yng ngwlad Jwda ac yn Jerwsalem. Gwnaeth hyn er mwyn cadw geiriau'r gyfraith a ysgrifennwyd yn y llyfr a ddarganfu'r offeiriad Hilceia yn y deml. ²⁵ Erioed o'r blaen ni chaed brenin tebyg iddo, yn troi at yr ARGLWYDD â'i holl galon, ac â'i holl enaid, ac â'i holl egni yn ôl holl gyfraith Moses. Ac ni chododd neb tebyg iddo ar ei ôl.

²⁶ Er hynny ni throdd yr ARGLWYDD oddi wrth angerdd ei ddigofaint mawr yn erbyn Jwda o achos yr holl bethau a wnaeth Manasse i'w ddigio. ²⁷ A dywedodd yr ARGLWYDD, "Symudaf Jwda hefyd allan o'm gŵydd, fel y symudais Israel; a gwrthodaf Jerwsalem, y ddinas hon a ddewisais, a hefyd y tŷ hwn y dywedais y byddai f'enw yno."

Diwedd Teyrnasiad Joseia
2 Cron. 35:20—36:1

²⁸ Am weddill hanes Joseia, a'r cwbl a wnaeth, onid yw wedi ei ysgrifennu yn llyfr hanesion brenhinoedd Jwda? ²⁹ Yn ei ddyddiau ef daeth Pharo Necho brenin yr Aifft at afon Ewffrates, at frenin Asyria; a phan aeth Joseia allan yn ei erbyn, lladdodd Necho ef yn Megido, pan welodd ef. ³⁰ Cludodd ei weision ef yn farw o Megido, a'i ddwyn i Jerwsalem a'i gladdu yn ei feddrod. Dewisodd pobl y wlad Jehoahas fab Joseia, a'i eneinio'n frenin yn lle ei dad.

Jehoahas Brenin Jwda
2 Cron. 36:2–4

³¹ Tair ar hugain oed oedd Jehoahas pan ddaeth yn frenin, a theyrnasodd am dri mis yn Jerwsalem. Hamutal merch Jeremeia o Libna oedd enw ei fam. ³² Gwnaeth yr hyn oedd ddrwg yng ngolwg yr ARGLWYDD, yn union fel y gwnaeth ei ragflaenwyr. ³³ Carcharodd Pharo Necho ef yn Ribla yng ngwlad Hamath, rhag iddo fod yn frenin yn Jerwsalem, a gosododd ar y wlad dreth o gan talent o arian a thalent o aur. ³⁴ Gwnaeth Eliacim fab Joseia yn frenin yn lle ei dad Joseia, a newid ei enw i Jehoiacim. Cymerodd Jehoahas i lawr i'r Aifft, lle bu farw. ³⁵ Fe roddodd Jehoiacim yr arian a'r aur i Pharo, ond trethodd y wlad i godi'r arian yr oedd Pharo yn eu hawlio; gosodwyd trethiant ar bob un o bobl y wlad i godi'r arian a'r aur i dalu i Pharo Necho.

Jehoiacim Brenin Jwda
2 Cron. 36:5–8

³⁶ Pump ar hugain oed oedd Jehoiacim pan ddaeth yn frenin, a theyrnasodd yn Jerwsalem am un mlynedd ar ddeg. Sebuda merch Pedaia o Ruma oedd enw ei fam. ³⁷ Gwnaeth yr hyn oedd ddrwg yng ngolwg yr ARGLWYDD, yn union fel y gwnaeth ei ragflaenwyr.

24

Yn ei ddyddiau ef daeth Nebuchadnesar brenin Babilon yn ei erbyn, a bu Jehoiacim yn ddarostyngedig iddo am dair blynedd cyn gwrthryfela. ² Anfonodd yr ARGLWYDD finteioedd o

---
23:19 Felly Fersiynau. Hebraeg heb yr ARGLWYDD.

Galdeaid ac o Syriaid a Moabiaid ac Ammoniaid i ymosod ar Jwda a'i difa, yn ôl yr hyn yr oedd yr ARGLWYDD wedi ei ddweud trwy ei weision y proffwydi. ³ Yn sicr, trwy orchymyn yr ARGLWYDD y digwyddodd hyn i Jwda, i'w symud o'i olwg am yr holl bechodau a wnaeth Manasse, ⁴ a'r gwaed dieuog a dywalltodd; llanwodd Jerwsalem â gwaed dieuog, ac nid oedd yr ARGLWYDD yn fodlon maddau.

⁵ Am weddill hanes Jehoiacim, a'r cwbl a wnaeth, onid yw wedi ei ysgrifennu yn llyfr hanesion brenhinoedd Jwda? ⁶ Bu farw Jehoiacim, a daeth ei fab Jehoiachin yn frenin yn ei le. ⁷ Ni ddaeth brenin yr Aifft allan o'i wlad mwyach, oherwydd yr oedd brenin Babilon wedi cipio'r cwbl a fu'n eiddo brenin yr Aifft rhwng nant yr Aifft ac afon Ewffrates.

Jehoiachin Brenin Jwda

2 Cron. 36:9–10

⁸ Deunaw mlwydd oed oedd Jehoiachin pan ddaeth yn frenin, a theyrnasodd am dri mis yn Jerwsalem. Nehusta merch Elnathan o Jerwsalem oedd enw ei fam. ⁹ Gwnaeth yr hyn oedd ddrwg yng ngolwg yr ARGLWYDD, yn union fel y gwnaeth ei ragflaenwyr. ¹⁰ Yr adeg honno daeth gweision Nebuchadnesar brenin Babilon i Jerwsalem a gosod gwarchae ar y ddinas. ¹¹ Yna, tra oedd ei weision yn gwarchae arni, daeth Nebuchadnesar brenin Babilon i ymosod ar y ddinas, ¹² ac aeth Jehoiachin brenin Jwda allan gyda'i fam a'i weision a'i swyddogion a'i weinyddwyr at frenin Babilon. Cymerodd brenin Babilon ef yn garcharor yn yr wythfed flwyddyn o'i deyrnasiad, ¹³ a chludodd holl drysorau tŷ'r ARGLWYDD a thŷ'r brenin oddi yno, a dryllio'r holl gelfi aur a wnaeth Solomon brenin Israel yn nheml yr ARGLWYDD, fel y rhagddywedodd yr ARGLWYDD. ¹⁴ Caethgludodd ddeng mil o Jerwsalem, yr holl dywysogion a'r gwŷr cefnog, a phob crefftwr a gof hefyd, heb adael neb ond y tlotaf o bobl y wlad.

¹⁵ Aeth â Jehoiachin i Fabilon, a hefyd dwyn yn gaeth o Jerwsalem i Fabilon ei fam a'i wragedd a'i weinyddwyr a phendefigion y wlad. ¹⁶ Dygodd brenin Babilon yn gaeth i Fabilon saith mil o wŷr cefnog a mil o grefftwyr a gofaint, y cwbl yn wŷr glew yn medru rhyfela. ¹⁷ Gwnaeth brenin Babilon Mataneia ewythr Jehoiachin yn frenin yn ei le, a newid ei enw i Sedeceia.

Sedeceia Brenin Jwda

2 Cron. 36:11–12; Jer. 52:1–3

¹⁸ Un ar hugain oed oedd Sedeceia pan ddaeth yn frenin, a theyrnasodd am un mlynedd ar ddeg yn Jerwsalem. Hamutal merch Jeremeia o Libna oedd enw ei fam. ¹⁹ A gwnaeth yr hyn oedd ddrwg yng ngolwg yr ARGLWYDD, yn union fel y gwnaeth Jehoiacim. ²⁰ Oherwydd digofaint yr ARGLWYDD cafodd Jerwsalem a Jwda eu bwrw allan o'i ŵydd.

Cwymp Jerwsalem

25 2 Cron. 36:13–21; Jer. 52:3–11

Gwrthryfelodd Sedeceia yn erbyn brenin Babilon, ¹ ac yn y nawfed flwyddyn o'i deyrnasiad, ar y degfed dydd o'r degfed mis, daeth Nebuchadnesar brenin Babilon gyda'i holl fyddin yn erbyn Jerwsalem, a gwersyllu yno, a chodi gwrthglawdd o'i chwmpas. ² Bu'r ddinas dan warchae hyd yr unfed flwyddyn ar ddeg i'r Brenin Sedeceia. ³ Ar y nawfed dydd o'r pedwerydd* mis, pan oedd newyn trwm yn y ddinas a phobl y wlad heb fwyd, bylchwyd mur y ddinas. ⁴ A phan welodd Sedeceia brenin Jwda hyn, ffodd gyda'i holl filwyr allan o'r ddinas* liw nos, drwy'r porth rhwng y ddau fur sydd wrth ardd y brenin; ac er bod y Caldeaid o amgylch y ddinas, ffodd y brenin i gyfeiriad yr Araba. ⁵ Ond erlidiodd byddin y Caldeaid ar ôl y brenin a'i oddiweddyd yn rhosydd Jericho, ac yr oedd ei filwyr i gyd ar chwâl. ⁶ Felly daliwyd y brenin a'i ddwyn yn ôl at frenin Babilon i Ribla, a rhoi dedfryd arno. ⁷ Lladdasant feibion Sedeceia o flaen ei lygaid, ac yna tynnu allan ei lygaid a'i roi mewn cadwynau a'i ddwyn i Fabilon.

25:3 Felly Jer. 52:6. Hebraeg heb *pedwerydd*.
25:4 Felly Jer. 39:4; cymh. Jer. 52:7. Hebraeg heb *A phan welodd . . . ffodd* ac *allan o'r ddinas*.

Dinistrio'r Deml
Jer. 52:12-33

⁸ Ar y seithfed dydd o'r pumed mis yn y bedwaredd flwyddyn ar bymtheg i'r Brenin Nebuchadnesar brenin Babilon, daeth Nebusaradan capten y gwarchodlu, swyddog brenin Babilon, i Jerwsalem. ⁹ Rhoddodd dŷ'r ARGLWYDD a phalas y brenin ar dân, a llosgi hefyd bob tŷ o faint yn Jerwsalem. ¹⁰ Drylliwyd y mur o amgylch Jerwsalem gan holl fyddin y Caldeaid a oedd gyda chapten y gwarchodlu. ¹¹ Caethgludodd Nebusaradan, capten y gwarchodlu, y gweddill o'r bobl a adawyd yn y ddinas, a'r rhai oedd wedi gwrthgilio at frenin Babilon, a gweddill y crefftwyr*. ¹² Gadawodd capten y gwarchodlu rai o dlodion y wlad i fod yn winllanwyr ac yn arddwyr. ¹³ Drylliodd y Caldeaid y colofnau pres oedd yn y deml, a'r troliau a'r môr pres oedd yn y deml, a mynd â'r pres i Fabilon, ¹⁴ a chymryd y crochanau a'r rhawiau a'r saltringau a'r llwyau a'r offer pres i gyd a ddefnyddid yn y gwasanaethau. ¹⁵ Ond cymerodd capten y gwarchodlu feddiant o'r padellau tân a'r cawgiau oedd o aur ac arian pur. ¹⁶ Ac am y ddwy golofn bres a'r môr a'r troliau a wnaeth Solomon i dŷ'r ARGLWYDD, nid oedd yn bosibl pwyso'r pres yn yr offer hyn. ¹⁷ Deunaw cufydd oedd uchder y naill golofn, a'r cnap pres arni yn dri chufydd o uchder, a rhwydwaith o bomgranadau o gwmpas y cnap, a'r cwbl o bres; ac yr oedd yr ail golofn a'i rhwydwaith yr un fath.

Caethgludo Jwda i Fabilon
Jer. 52:24-27

¹⁸ Cymerodd capten y gwarchodlu Seraia yr archoffeiriad a Seffaneia yr ail offeiriad a thri cheidwad y drws; ¹⁹ a chymerodd o'r ddinas swyddog a ofalai am y gwŷr rhyfel, pump o blith cynghorwyr y brenin oedd yn parhau yn y ddinas, ysgrifennydd pennaeth y fyddin a fyddai'n galw'r bobl i'r fyddin, a thrigain o bobl y wlad oedd yn parhau yn y ddinas. ²⁰ Aeth Nebusaradan capten y gwarchodlu â'r rhai hyn at frenin Babilon i Ribla. ²¹ Fflangellodd brenin Babilon hwy i farwolaeth yn Ribla, yng ngwlad Hamath. Felly y caethgludwyd Jwda allan o'i gwlad ei hun.

Penodi Gedaleia yn Llywodraethwr Jwda
Jer. 40:7-9; 41:1-3

²² Penododd Nebuchadnesar brenin Babilon Gedaleia fab Ahicam, fab Saffan dros y bobl a adawyd ganddo yn nhir Jwda. ²³ Pan glywodd holl swyddogion y lluoedd, a'r milwyr, fod brenin Babilon wedi penodi Gedaleia, daethant at Gedaleia i Mispa. Eu henwau oedd Ismael fab Nethaneia, Johanan fab Carea, Seraia fab Tanhumeth y Netoffathiad, a Jaasaneia fab y Maachathiad. ²⁴ Tyngodd Gedaleia wrthynt ac wrth eu milwyr, "Nid oes angen i chwi ofni swyddogion y Caldeaid. Arhoswch yn y wlad a gwasanaethwch frenin Babilon, a bydd yn iawn arnoch."

²⁵ Yn y seithfed mis daeth Ismael fab Nethaneia, fab Elishama, a oedd o'r llinach frenhinol, a deg o ddynion gydag ef, a tharo'n farw Gedaleia a'r Iddewon a'r Caldeaid oedd gydag ef yn Mispa. ²⁶ Yna cododd yr holl bobl, bach a mawr, a swyddogion y lluoedd, a ffoi i'r Aifft rhag ofn y Caldeaid.

Rhyddhau Jehoiachin o Garchar
Jer. 52:31-34

²⁷ Yn yr ail flwyddyn ar bymtheg ar hugain o gaethgludiad Jehoiachin brenin Jwda, ar y seithfed ar hugain o'r deuddegfed mis, gwnaeth Efil-merodach brenin Babilon, yn y flwyddyn y daeth i'r orsedd, ffafr â Jehoiachin brenin Jwda, a'i ryddhau* o garchar. ²⁸ Bu'n garedig wrtho a rhoi iddo sedd uwch na brenhinoedd eraill oedd gydag ef ym Mabilon. ²⁹ Newidiodd Jehoiachin o'i ddillad carchar, a chafodd fwyta'i fara'n feunyddiol gydag ef weddill ei oes, ³⁰ a chael dogn beunyddiol gan y brenin weddill ei ddyddiau.

25:11 Felly Jer. 52:15. Hebraeg, *dorf*.

25:27 Felly Groeg, Syrieg a Jer. 52:32. Hebraeg heb *a'i ryddhau*.

LLYFR CYNTAF Y
CRONICL

O Adda hyd Abraham
Gen. 5:1–32; 10:1–32; 11:10–26

1 Adda, Seth, Enos, ² Cenan, Mahalalel, Jered, ³ Enoch, Methwsela, Lamech, ⁴ Noa, Sem, Cham a Jaffeth.
⁵ Meibion Jaffeth: Gomer, Magog, Madai, Jafan, Tubal, Mesech, Tiras. ⁶ Meibion Gomer: Ascenas, Riffath*, Togarma. ⁷ Meibion Jafan: Elisa, Tarsis, Chittim, Dodanim.
⁸ Meibion Cham: Cus, Misraim, Put, Canaan. ⁹ Meibion Cus: Seba, Hafila, Sabta, Raama a Sabteca. Meibion Raama: Seba a Dedan. ¹⁰ Cus oedd tad Nimrod; hwn oedd y cyntaf o gedyrn y ddaear. ¹¹ Misraim oedd tad Ludim, Anamim, Lehabim, Nafftwhim, ¹² Pathrusim, Casluhim a Cafftorim*, y tarddodd y Philistiaid ohonynt.
¹³ Canaan oedd tad Sidon, ei gyntafanedig, a Heth, ¹⁴ a'r Jebusiaid, yr Amoriaid, y Girgasiaid, ¹⁵ yr Hefiaid, yr Arciaid, y Siniaid, ¹⁶ yr Arfadiaid, y Semaniaid a'r Hamathiaid.
¹⁷ Meibion Sem: Elam, Assur, Arffacsad, Lud, Aram, Us, Hul, Gether, Mesech. ¹⁸ Arffacsad oedd tad Sela, a Sela oedd tad Heber. ¹⁹ I Heber y ganwyd dau fab; enw un oedd Peleg, oherwydd yn ei ddyddiau ef y rhannwyd y ddaear, a Joctan oedd enw ei frawd. ²⁰ Joctan oedd tad Almodad, Seleff, Hasarmafeth, Jera, ²¹ Hadoram, Usal, Dicla, ²² Ebal, Abimael, Seba, ²³ Offir, Hafila, Jobab; yr oedd y rhain i gyd yn feibion Joctan.
²⁴ Sem, Arffacsad, Sela, ²⁵ Heber, Peleg, Reu, ²⁶ Serug, Nachor, Tera, ²⁷ Abram, sef Abraham.

Disgynyddion Ismael
Gen. 25:12–16

²⁸ Meibion Abraham: Isaac ac Ismael, ²⁹ a dyma eu cenedlaethau: Nebaioth, cyntafanedig Ismael, yna Cedar, Adbeel, Mibsam, ³⁰ Misma, Duma, Massa, Hadad, Tema, ³¹ Jetur, Naffis, Cedema. Dyma feibion Ismael.

³² Yr oedd Cetura, gordderchwraig Abraham, yn fam i Simran, Jocsan, Medan, Midian, Ibac, Sua. Meibion Jocsan: Seba a Dedan. ³³ Meibion Midian: Effa, Effer, Enoch, Abida, Eldaa; yr oedd y rhain i gyd yn blant Cetura.

Disgynyddion Esau a Thrigolion Gwreiddiol Edom
Gen. 36:1–30

³⁴ Abraham oedd tad Isaac. Meibion Isaac: Esau ac Israel. ³⁵ Meibion Esau: Eliffas, Reuel, Jeus, Jalam, Cora. ³⁶ Meibion Eliffas: Teman, Omar, Seffi, Gatam, Cenas, Timna, Amalec. ³⁷ Meibion Reuel: Nahath, Sera, Samma, Missa. ³⁸ Meibion Seir: Lotan, Sobal, Sibeon, Ana, Dison, Eser, Disan. ³⁹ Meibion Lotan: Hori, Homam; a chwaer Lotan oedd Timna. ⁴⁰ Meibion Sobal: Alïan, Manahath, Ebal, Seffi, Onam. Meibion Sibeon: Aia ac Ana. ⁴¹ Mab Ana: Dison. Meibion Dison: Amram, Esban, Ithran, Ceran. ⁴² Meibion Eser: Bilhan, Safan, Jacan. Meibion Dison: Us ac Aran.

Brenhinoedd Edom
Gen. 36:31–43

⁴³ Dyma'r brenhinoedd a fu'n teyrnasu yng ngwlad Edom cyn i'r Israeliaid gael brenin: Bela fab Beor; enw ei ddinas ef oedd Dinhaba. ⁴⁴ Bu farw Bela, a theyrnasodd Jobab fab Sera o Bosra yn ei le. ⁴⁵ Bu farw Jobab, a theyrnasodd Husam o wlad y Temaniaid yn ei le. ⁴⁶ Bu farw Husam, a theyrnasodd Hadad fab Bedad yn ei le; ymosododd ef ar Midian yng ngwlad Moab, ac Afith oedd enw ei ddinas. ⁴⁷ Bu farw Hadad, a theyrnasodd Samla o Masreca yn ei le. ⁴⁸ Bu farw Samla, a theyrnasodd Saul o Rehoboth-ger-Ewffrates yn ei le. ⁴⁹ Bu farw Saul, a theyrnasodd Baal-hanan fab Achbor yn ei le. ⁵⁰ Bu farw Baal-

---

1:6 Cymh. Gen.10:3. TM, *Diffath*.
1:12 Cymh. Amos 9:7. TM, ar ddiwedd yr adnod.

hanan, a theyrnasodd Hadad yn ei le, a Pai oedd enw ei ddinas. Mehetabel ferch Matred, merch Mesahab, oedd enw ei wraig.

51 Bu farw Hadad; yna daeth penaethiaid ar Edom: y penaethiaid Timna, Alia, Jetheth, 52 Aholibama, Ela, Pinon, 53 Cenas, Teman, Mibsar, 54 Magdiel, Iram; y rhain oedd penaethiaid Edom.

Disgynyddion Jwda

2 Dyma feibion Israel: Reuben, Simeon, Lefi, Jwda, Issachar, Sabulon, 2 Dan, Joseff, a Benjamin, Nafftali, Gad ac Aser.

3 Meibion Jwda: Er, Onan a Sela. Mam y tri oedd Bathsua y Ganaanees. Ond pechodd Er, cyntafanedig Jwda, yn erbyn yr ARGLWYDD, a lladdodd yr ARGLWYDD ef. 4 Yr oedd Tamar, merch-yng-nghyfraith Jwda, yn fam i'w feibion Phares a Sera; pump o feibion i gyd oedd gan Jwda. 5 Meibion Phares: Hesron a Hamul. 6 Meibion Sera: Simri, Ethan, Heman, Calcol, a Dara, pump i gyd. 7 Mab Carmi: Achar, yr un a flinodd Israel trwy dwyllo gyda'r diofryd. 8 Mab Ethan: Asareia.

Llinach Dafydd

9 Meibion Hesron: ganwyd iddo Jerahmeel, Ram, Celubai. 10 Ram oedd tad Amminadab; Amminadab oedd tad Nahson, pennaeth tylwyth Jwda; 11 Nahson oedd tad Salma; Salma oedd tad Boas; 12 Boas oedd tad Obed; ac Obed oedd tad Jesse; 13 Jesse oedd tad Eliab, ei gyntafanedig, Abinadab yn ail, Simma yn drydydd, 14 Nethaneel yn bedwerydd, Radai yn bumed, 15 Osem yn chweched, Dafydd yn seithfed, 16 a'u chwiorydd hwy, Serfia ac Abigail. Meibion Serfia: Abisai, Joab, Asahel, tri. 17 Abigail oedd mam Amasa, a'i dad ef oedd Jether yr Ismaeliad.

Disgynyddion Hesron

18 Yr oedd Asuba, gwraig Caleb fab Hesron, yn fam i Jerioth*, ac i Jeser, Sohab ac Adron. 19 Pan fu farw Asuba cymerodd Caleb Effrata yn wraig iddo; hi oedd mam Hur. 20 Hur oedd tad Uri, ac Uri oedd tad Besalel.

21 Wedi hynny aeth Hesron i mewn at ferch Machir tad Gilead, a'i phriodi ac yntau'n drigain oed; hi oedd mam Segub. 22 Segub oedd tad Jair, a oedd yn berchen ar dair ar hugain o ddinasoedd yng ngwlad Gilead. 23 Fe gymerodd oddi ar Gesur ac Aram Hafoth-jair, a Chenath a'i phentrefi, sef trigain o ddinasoedd. Yr oedd y rhain i gyd yn perthyn i feibion Machir tad Gilead. 24 Ar ôl marw Hesron, priododd Caleb Effrata, gwraig ei dad Hesron, a hi oedd mam ei fab Ashur, tad Tecoa.

Disgynyddion Jerahmeel

25 Meibion Jerahmeel, cyntafanedig Hesron: Ram yr hynaf, Buna, Oren, Osem, Aheia. 26 Yr oedd gan Jerahmeel wraig arall o'r enw Atara; hi oedd mam Onam. 27 Meibion Ram, cyntafanedig Jerahmeel: Maas, Jamin, Ecer. 28 Meibion Onam: Sammai a Jada. Meibion Sammai: Nadab ac Abisur. 29 Enw gwraig Abisur oedd Abihail; hi oedd mam Aban a Molid. 30 Meibion Nadab: Seled ac Appaim; a bu farw Seled yn ddi-blant. 31 Mab Appaim: Isi. Mab Isi: Sesan. Mab Sesan: Alai. 32 Meibion Jada, brawd Sammai: Jether a Jonathan; a bu farw Jether yn ddi-blant. 33 Meibion Jonathan: Peleth a Sasa. Y rhain oedd meibion Jerahmeel.

34 Nid oedd gan Sesan feibion, dim ond merched. Yr oedd ganddo was o Eifftiad o'r enw Jarha, 35 ac fe roddodd Sesan ei ferch yn wraig iddo. Hi oedd mam Attai. 36 Attai oedd tad Nathan, a Nathan oedd tad Sabad. 37 Sabad oedd tad Efflal, Efflal oedd tad Obed, 38 Obed oedd tad Jehu, Jehu oedd tad Asareia, 39 Asareia oedd tad Heles, Heles oedd tad Eleasa, 40 Eleasa oedd tad Sisamai, Sisamai oedd tad Salum, 41 Salum oedd tad Jecameia, Jecameia oedd tad Elisama.

Disgynyddion Caleb

42 Meibion Caleb brawd Jerahmeel: Mesa, ei gyntafanedig, tad Siff, a'i fab Maresa, tad Hebron. 43 Meibion Hebron:

2:18 Cymh. Fersiynau. Hebraeg yn aneglur.

Cora, Tappua, Recem, Sema. ⁴⁴ Sema oedd tad Raham, tad Jorcoam; a Recem oedd tad Sammai. ⁴⁵ Mab Sammai oedd Maon, a Maon oedd tad Beth-sur. ⁴⁶ Effa, gordderchwraig Caleb, oedd mam Haran, Mosa, Gases; a Haran oedd tad Gases. ⁴⁷ Meibion Jahdai: Regem, Jotham, Gesan, Pelet, Effa, Saaff. ⁴⁸ Gordderchwraig Caleb, sef Maacha, oedd mam Seber a Tirhana. ⁴⁹ Hi hefyd oedd mam Saaff tad Madmanna, Sefa tad Machbena a Gibea; merch Caleb oedd Achsa.

⁵⁰ Y rhain oedd meibion Caleb. Meibion Hur, cyntafanedig Effrata: Sobal tad Ciriath-jearim, ⁵¹ Salma tad Bethlehem, Hareth tad Beth-gader. ⁵² Meibion Sobal tad Ciriath-jearim: Haroe, hanner y Manahethiaid, ⁵³ sef tylwythau Ciriath-jearim, sef yr Ithriaid, y Puhiaid, y Sumathiaid, y Misraiaid; eu disgynyddion hwy oedd y Sorathiaid a'r Estauliaid. ⁵⁴ Meibion Salma: Bethlehem, y Netoffathiaid, Ataroth tŷ Joab, hanner y Manahethiaid, y Soriaid, ⁵⁵ tylwythau'r Soffriaid oedd yn Jabes, y Tirathiaid, y Simeathiaid, y Suchathiaid. Y rhain oedd y Ceniaid, disgynyddion Hemath tad tylwyth Rechab.

Disgynyddion y Brenin Dafydd

3 Dyma feibion Dafydd. Ganwyd iddo yn Hebron: y cyntafanedig, Amnon, o Ahinoam y Jesreeles; yr ail, Daniel, o Abigail y Garmeles; ² y trydydd, Absalom, mab Maacha, merch Talmai brenin Gesur, y pedwerydd, Adoneia, mab Haggith; ³ y pumed, Seffateia, o Abital; y chweched, Ithream, o'i wraig Egla. ⁴ Ganwyd y chwech yma iddo yn Hebron, lle bu'n teyrnasu am saith mlynedd a chwe mis. ⁵ Teyrnasodd yn Jerwsalem am dair blynedd ar ddeg ar hugain, ac yno fe anwyd y rhain iddo: Simea, Sobab, Nathan a Solomon; Bathsua ferch Ammiel oedd mam y pedwar. ⁶ Hefyd naw arall, sef Ibhar, Elisama, Eliffelet, ⁷ Noga, Neffeg, Jaffia, ⁸ Elisama, Eliada, Eliffelet, naw. ⁹ Dyma holl feibion Dafydd, heblaw meibion y gordderchwragedd; Tamar oedd eu chwaer.

Disgynyddion y Brenin Solomon

¹⁰ Rehoboam oedd mab Solomon; Abeia ei fab yntau; Asa ei fab yntau; Jehosaffat ei fab yntau; ¹¹ Joram ei fab yntau; Ahaseia ei fab yntau; Joas ei fab yntau; ¹² Amaseia ei fab yntau; Asareia ei fab yntau; Jotham ei fab yntau; ¹³ Ahas ei fab yntau; Heseceia ei fab yntau; Manasse ei fab yntau; ¹⁴ Amon ei fab yntau; Joseia ei fab yntau. ¹⁵ Meibion Joseia: Johanan, y cyntafanedig; yr ail, Joacim; y trydydd, Sedeceia; y pedwerydd, Salum. ¹⁶ Meibion Joacim: Jechoneia a Sedeceia.

Disgynyddion y Brenin Jechoneia

¹⁷ Meibion Jechoneia'r carcharor: Salathiel, ¹⁸ Malciram, Pedaia, Senasar, Jecameia, Hosama, Nedabeia. ¹⁹ Meibion Pedaia: Sorobabel a Simei. Meibion Sorobabel: Mesulam a Hananeia; Selomith oedd eu chwaer hwy, ²⁰ ac yna Hasuba, Ohel, Berecheia, Hasadeia, Jusab-hesed, pump. ²¹ Meibion Hananeia: Pelatia a Jesaia. Meibion Reffaia: Arnan, Obadeia, Sechaneia. ²² Mab Sechaneia: Semaia. Meibion Semaia: Hattus, Igal, Bareia, Nearia, Saffat, chwech. ²³ Meibion Nearia: Elioenai, Heseceia, Asricam, tri. ²⁴ Meibion Elioenai: Hodaia, Eliasib, Pelaia, Accub, Johanan, Dalaia, Anani, saith.

Disgynyddion Jwda

4 Meibion Jwda: Phares, Hesron, Carmi, Hur, Sobal. ² Reaia fab Sobal oedd tad Jahath; a Jahath oedd tad Ahumai a Lahad. Dyma dylwythau'r Sorathiaid. ³ Meibion* Etam: Jesreel, Isma, Idbas; enw eu chwaer oedd Haselelponi. ⁴ Penuel oedd tad Gedor, ac Eser oedd tad Husa. Y rhain oedd meibion Hur, cyntafanedig Effrata, tad Bethlehem. ⁵ Yr oedd gan Asur tad Tecoa ddwy wraig, Hela a Naara. ⁶ Naara oedd mam Ahusam, Heffer, Temeni, Hahastari; y rhain oedd meibion Naara. ⁷ Meibion Hela: Sereth, Jesoar, Ethnan.

4:3 Felly Groeg. Hebraeg, *Dyma dad*.

⁸ Cos oedd tad Anub, Sobeba, a thylwythau Aharhel fab Harum.

⁹ Yr oedd Jabes yn bwysicach na'i frodyr; galwodd ei fam ef yn Jabes am iddi, meddai, esgor arno mewn poen. ¹⁰ Gweddïodd Jabes ar Dduw Israel, a dweud, "O na fyddit yn fy mendithio ac yn ehangu fy nherfynau! O na fyddai dy law gyda mi i'm hamddiffyn oddi wrth niwed rhag fy mhoeni!" Rhoddodd Duw ei ddymuniad iddo.

Achresi Eraill

¹¹ Celub brawd Sua oedd tad Mehir, tad Eston. ¹² Eston oedd tad Beth-raffa, Pasea, Tehinna tad Irnahas. Y rhain oedd dynion Recha. ¹³ Meibion Cenas: Othniel a Seraia; a mab Othniel: Hathath. ¹⁴ Meonothai oedd tad Offra; Seraia oedd tad Joab, tad Geharashim, canys crefftwyr oeddent. ¹⁵ Meibion Caleb fab Jeffunne: Iru, Ela, Naam; mab Ela: Cenas. ¹⁶ Meibion Jehaleleel: Siff, Siffa, Tiria, Asareel. ¹⁷ Meibion Esra: Jether, Mered, Effer a Jalon. Bitheia, merch Pharo, gwraig Mered, oedd mam Miriam, Sammai, ac Isba tad Estemoa. ¹⁸ Ei wraig Jehwdia oedd mam Jered tad Gedor, Heber tad Socho, a Jecuthiel tad Sanoa. ¹⁹ Meibion gwraig Hodeia, chwaer Naham, oedd tad Ceila y Garmiad, a thad Estemoa y Maachathiad. ²⁰ Meibion Simon: Amnon, Rinna, Ben-hanan, Tilon. Meibion Isi: Soheth a Ben-soheth. ²¹ Meibion Sela fab Jwda: Er tad Lecha, Laada tad Maresa (tylwythau'r rhai o Beth-asbea oedd yn gwneud lliain main); ²² Jocim, dynion Choseba, a Joas a Saraff, a fu'n arglwyddiaethu ar Moab cyn dychwelyd i Fethlehem. (Y mae'r hanesion hyn yn hen.) ²³ Y rhain oedd y crochenyddion oedd yn byw yn Netaim a Gedera; yr oeddent yn byw yno yng ngwasanaeth y brenin.

Disgynyddion Simeon

²⁴ Meibion Simeon: Nemuel, Jamin, Jarib, Sera, Saul; ²⁵ Salum ei fab yntau, Mibsam ei fab yntau, Misma ei fab yntau. ²⁶ Meibion Misma: Hamuel, Saccur, Simei. ²⁷ Yr oedd gan Simei un ar bymtheg o feibion a chwech o ferched, ond ychydig o feibion oedd gan ei frodyr; er hynny nid oedd eu holl deulu hwy wedi cynyddu cymaint â meibion Jwda. ²⁸ Yr oeddent yn byw yn Beerseba, Molada, Hasar-sual, ²⁹ Bilha, Esem, Tolad, ³⁰ Bethuel, Horma, Siclag, ³¹ Beth-marcaboth, Hasar-susim, Beth-birei a Saaraim. Y rhain oedd eu dinasoedd nes i Ddafydd ddod yn frenin. ³² Eu trefi oedd Etam, Ain, Rimmon, Tochen, Asan; pump i gyd. ³³ Ac yr oedd ganddynt bentrefi o gwmpas y trefi hyn hyd at Baal. Yma yr oeddent yn byw, ac yr oeddent yn cadw rhestr o'u hachau: ³⁴ Mesobab, Jamlech, Josa fab Amaseia, ³⁵ Joel; Jehu fab Josibia, fab Seraia, fab Asiel; ³⁶ Elioenai, Jaacoba, Jesohaia, Asaia, Adiel, Jesimiel, Benaia; ³⁷ Sisa fab Siffi, fab Alon, fab Jedaia, fab Simri, fab Semaia. ³⁸ Aeth y rhai a enwyd uchod yn benaethiaid eu teuluoedd, ac fe gynyddodd eu tylwyth yn fawr iawn. ³⁹ Daethant i fwlch Gedor, i'r dwyrain o'r dyffryn, i geisio porfa i'w defaid. ⁴⁰ Fe gawsant borfa fras a da mewn gwlad eang, dawel a heddychol; oherwydd rhai o dylwyth Ham oedd yn byw yno o'r blaen. ⁴¹ Yn nyddiau Heseceia brenin Jwda, daeth y rhai a restrwyd ac ymosod ar bebyll Ham a'r pentrefi oedd ganddynt yno, a'u dinistrio'n llwyr hyd heddiw. Daethant i fyw yno yn eu lle am fod yno borfa i'w praidd. ⁴² Aeth pum cant ohonynt, o lwyth Simeon, i Fynydd Seir, ac yn eu harwain yr oedd Pelatia, Nearia, Reffaia ac Ussiel, meibion Isi. ⁴³ Gorchfygasant weddill yr Amaleciaid, ac y maent yn dal i fyw yno hyd heddiw.

Disgynyddion Reuben

5 Dyma feibion Rueben, cyntafanedig Israel. (Ef yn wir oedd y cyntafanedig, ond am iddo halogi gwely ei dad rhoddwyd ei enedigaeth-fraint i feibion Joseff, fab Israel, ² ac felly ni restrir yr achau yn ôl yr enedigaeth-fraint. Er bod Jwda wedi rhagori ar ei frodyr, ac arweinydd wedi tarddu ohono, Joseff a gafodd yr enedigaeth-fraint.) ³ Meibion Reuben, cyntafanedig Israel: Enoch, Palu, Hesron, Carmi. ⁴ Meibion Joel: Semaia ei fab, Gog ei fab yntau, Simei ei fab yntau, ⁵ Micha ei fab yntau, Reaia ei fab yntau, Baal ei fab yntau, ⁶ Beera ei fab yntau a gaethgludodd Tiglath-pileser brenin Asyria; ef oedd pennaeth y Reubeniaid. ⁷ Dyma'i frodyr yn ôl eu teuluoedd ac yn ôl achau eu cenedlaethau: Jeiel y pennaeth, Sechareia, Bela fab Asas, fab Sema, fab Joel. ⁸ Bu'r rhain yn byw yn Aroer a chyn belled â Nebo a Baal-meon. ⁹ Tua'r dwyrain yr oedd eu tir yn cyrraedd at ymylon yr anialwch sy'n ymestyn o afon Ewffrates, oherwydd yr oedd eu hanifeiliaid wedi cynyddu yng ngwlad Gilead. ¹⁰ Yn ystod teyrnasiad Saul, aethant i ryfel yn erbyn yr Hagariaid a'u trechu, a byw yn eu pebyll trwy holl ddwyrain Gilead.

Disgynyddion Gad

¹¹ Dyma feibion Gad oedd yn byw nesaf atynt yng ngwlad Basan hyd at Salcha: Joel y pennaeth, ¹² Saffam yr ail, Jaanai, Saffat. ¹³ Eu brodyr hwy o dŷ eu hynafiaid: Michael, Mesulam, Seba, Jorai, Jacan, Sïa, Heber, saith. ¹⁴ Meibion Abihail: Ben-huri, Ben-jaroa, Ben-gilead, Ben-michael, Ben-jesisai, Ben-jahdo, Ben-bus. ¹⁵ Ahi fab Abdiel, fab Guni, oedd y penteulu. ¹⁶ Yr oeddent hwy yn byw yn Gilead ac ym mhentrefi Basan, a thrwy holl gytir Saron o un terfyn i'r llall. ¹⁷ Cafodd y rhain i gyd eu rhestru yn ôl eu hachau yn nyddiau Jotham brenin Jwda a Jeroboam brenin Israel.

Y Llwythau Dwyreiniol

¹⁸ Ymysg meibion Reuben a'r Gadiaid a hanner llwyth Manasse yr oedd pedair mil a deugain, saith gant a thrigain o wŷr cryfion yn cario tarian a chleddyf ac yn tynnu bwa; yr oeddent wedi dysgu ymladd, ac yn barod i fynd allan i ryfel. ¹⁹ Buont yn ymladd yn erbyn yr Hagariaid, Jetur, Neffis, a Nodab. ²⁰ Fe gawsant help yn eu herbyn, a gorchfygu'r Hagariaid a phawb oedd gyda hwy, oherwydd iddynt alw ar Dduw yn y frwydr ac iddo yntau wrando arnynt am eu bod yn ymddiried ynddo. ²¹ Cymerasant o'u hanifeiliaid yn ysbail: hanner can mil o'u camelod, hanner can mil a dau gant o ddefaid, dwy fil o asynnod, a hefyd can mil o bobl. ²² (Am mai rhyfel Duw oedd hwn, yr oedd llawer wedi marw o'u clwyfau.) A buont yn byw yno yn eu lle hyd gyfnod y gaethglud.

²³ Yr oedd hanner llwyth Manasse yn byw yn y tir rhwng Basan, Baal-hermon, Senir a Mynydd Hermon, ac yr oedd llawer ohonynt. ²⁴ Y rhain oedd eu pennau-teuluoedd: Effer, Isi, Eliel, Asriel, Jeremeia, Hodafia, Jadiel; gwŷr blaenllaw ac enwog oedd y pennau-teuluoedd hyn. ²⁵ Ond buont yn anffyddlon i Dduw eu hynafiaid, a phuteinio gyda duwiau pobl y wlad yr oedd Duw wedi eu dinistrio o'u blaenau. ²⁶ Felly anogodd Duw Israel Pul, hynny yw Tiglath-pileser brenin Asyria, i fynd â'r Reubeniaid a'r Gadiaid a hanner llwyth Manasse i gaethglud. Aeth yntau â hwy i Hala, Habor, Hara ac afon Gosan, ac yno y maent hyd heddiw.

Disgynyddion Lefi

6 Meibion Lefi: Gerson, Cohath, a Merari. ² Meibion Cohath: Amram, Ishar, Hebron, ac Ussiel. ³ Plant Amram: Aaron, Moses, a Miriam. Meibion Aaron: Nadab, Abihu, Eleasar ac Ithamar. ⁴ Eleasar oedd tad Phinees, Phinees oedd tad Abisua, ⁵ Abisua oedd tad Bucci, Bucci oedd tad Ussi, ⁶ Ussi oedd tad Seraheia, Seraheia oedd tad Meraioth. ⁷ Meraioth oedd tad Amareia, Amareia oedd tad Ahitub, ⁸ Ahitub oedd tad Sadoc, Sadoc oedd tad Ahimaas, ⁹ Ahimaas oedd tad Asareia, Asareia oedd tad Johanan, ¹⁰ Johanan oedd tad Asareia (yr oedd ef yn offeiriad yn y tŷ a adeiladodd Solomon yn Jerwsalem); ¹¹ Asareia oedd tad Amareia, Amareia oedd tad Ahitub, ¹² Ahitub oedd tad Sadoc, Sadoc oedd tad Salum, ¹³ Salum oedd tad Hilceia, Hilceia oedd tad Asareia, ¹⁴ Asareia oedd tad Seraia, Seraia oedd tad Jehosadac. ¹⁵ Aeth Jehosadac i ffwrdd pan gaethgludodd yr ARGLWYDD Jwda a Jerwsalem o dan Nebuchadnesar.

¹⁶ Meibion Lefi: Gersom, Cohath, a Merari. ¹⁷ Dyma enwau meibion Gersom: Libni a Simei. ¹⁸ Meibion

Cohath: Amram, Ishar, Hebron, ac Ussiel. ¹⁹ Meibion Merari: Mahli a Musi. ²⁰ Dyma dylwyth y Lefiaid, yn ôl eu teuluoedd. I Gersom: Libni ei fab, Jahath ei fab yntau, Simma ei fab yntau, ²¹ Joa ei fab yntau, Ido ei fab yntau, Sera ei fab yntau, a Jeaterai ei fab yntau. ²² Meibion Cohath: Aminadab ei fab, Cora ei fab yntau, Assir ei fab yntau, ²³ Elcana ei fab yntau, Ebiasaff ei fab yntau, Assir ei fab yntau. ²⁴ Tahath ei fab yntau, Uriel ei fab yntau, Usseia ei fab yntau, a Saul ei fab yntau. ²⁵ Meibion Elcana: Amasai ac Ahimoth, ²⁶ Elcana, Ben-elcana, Soffai ei fab, a Nahath ei fab yntau, ²⁷ Eliab ei fab yntau, Jeroham ei fab yntau, Elcana ei fab yntau. ²⁸ Meibion Samuel: Fasni y cyntaf-anedig, ac Abeia. ²⁹ Meibion Merari: Mahli, Libni ei fab yntau, Simei ei fab yntau, Ussa ei fab yntau, ³⁰ Simea ei fab yntau, Haggia ei fab yntau, Asaia ei fab yntau.

Cantorion Tŷ yr ARGLWYDD

³¹ Dyma'r rhai a wnaeth Dafydd yn gantorion yn nhŷ yr ARGLWYDD ar ôl gosod yr arch yno, ³² A buont yn gwasanaethu fel cantorion o flaen tabernacl pabell y cyfarfod nes i Solomon adeiladu tŷ yr ARGLWYDD yn Jerwsalem, ac yn gwneud eu gwaith yn ôl y drefn a osodwyd iddynt. ³³ Dyma'r rhai oedd yn y swydd hon a'u meibion. Meibion y Cohathiaid: Heman y cantor, mab Joel fab Semuel, ³⁴ fab Elcana, fab Jeroham, fab Eliel, fab Toa, ³⁵ fab Suff, fab Elcana, fab Mahath, fab Amasai, ³⁶ fab Elcana, fab Joel, fab Asareia, fab Seffaneia, ³⁷ fab Tahath, fab Assir, fab Ebiasaff, fab Cora, ³⁸ fab Ishar, fab Cohath, fab Lefi, fab Israel. ³⁹ Yr oedd ei frawd Asaff yn sefyll ar ei law dde: Asaff fab Berecheia, fab Simea, ⁴⁰ fab Michael, fab Baaseia, fab Malcheia, ⁴¹ fab Ethni, fab Sera, fab Adaia, ⁴² fab Ethan, fab Simma, fab Simei, ⁴³ fab Jahath, fab Gersom, fab Lefi. ⁴⁴ Yr oedd eu brodyr, meibion Merari, ar y llaw aswy: Ethan fab Cisi, fab Abdi, fab Maluc, ⁴⁵ fab Hasabeia, fab Amaseia, fab Hilceia, ⁴⁶ fab Amsi, fab Bani, fab Samer, ⁴⁷ fab Mahli, fab Musi, fab Merari, fab Lefi.

⁴⁸ Yr oedd eu brodyr y Lefiaid yn gyfrifol am holl wasanaeth tabernacl tŷ Dduw.

Disgynyddion Aaron

⁴⁹ Ond Aaron a'i feibion oedd yn aberthu ar allor y poethoffrwm ac ar allor yr arogldarth, sef holl waith y cysegr sancteiddiaf, ac yn gwneud cymod dros Israel yn union fel y gorchmynnodd Moses gwas Duw. ⁵⁰ Dyma feibion Aaron: Eleasar ei fab, Phinees ei fab yntau, Abisua ei fab yntau, ⁵¹ Bucci ei fab yntau, Ussi ei fab yntau, Seraheia ei fab yntau, ⁵² Meraioth ei fab yntau, Amareia ei fab yntau, Ahitub ei fab yntau, ⁵³ Sadoc ei fab yntau, Ahimaas ei fab yntau.

Trigleoedd y Lefiaid

⁵⁴ Dyma lle'r oeddent yn byw y tu mewn i ffiniau eu tiriogaeth: i deulu'r Cohathiaid o feibion Aaron (am fod y coelbren wedi syrthio arnynt hwy) ⁵⁵ rhoesant Hebron yng ngwlad Jwda a'r cytir o'i hamgylch; ⁵⁶ ond rhoesant feysydd y ddinas a'i phentrefi i Caleb fab Jeffunne. ⁵⁷ I feibion Aaron fe roesant y dinasoedd noddfa, sef Hebron, Libna, Jattir, Estemoa, ⁵⁸ Hilen, Debir, Asan, ⁵⁹ a Beth-semes, pob un gyda'i chytir; ⁶⁰ Ac o lwyth Benjamin rhoesant Geba, Alemeth ac Anathoth, pob un gyda'i chytir; cyfanswm o dair dinas ar ddeg yn ôl eu teuluoedd. ⁶¹ I weddill teuluoedd meibion Cohath rhoesant trwy goelbren ddeg dinas o hanner llwyth Manasse. ⁶² I feibion Gersom yn ôl eu teuluoedd rhoesant dair ar ddeg o ddinasoedd o lwythau Issachar, Aser, Nafftali, Manasse yn Basan. ⁶³ I feibion Merari yn ôl eu teuluoedd, o lwythau Reuben, Gad, Sabulon, rhoesant trwy goelbren ddeuddeg o ddinasoedd. ⁶⁴ Rhoes meibion Israel i'r Lefiaid y dinasoedd hyn, pob un gyda'i chytir. ⁶⁵ Rhoesant trwy goelbren, o lwythau Jwda, Simeon, a Benjamin, y dinasoedd hyn oedd wedi eu galw ar eu henwau. ⁶⁶ I rai o deuluoedd y Cohathiaid fe roddwyd dinasoedd o fewn terfyn llwyth Effraim. ⁶⁷ Rhoesant iddynt ym mynydd-dir Effraim: Sichem, dinas noddfa; Geser, ⁶⁸ Jocmeam a Beth-horon, ⁶⁹ Ajalon,

Gath-rimmon, pob un gyda'i chytir. ⁷⁰ Ac o hanner llwyth Manasse rhoddwyd i weddill y Cohathiaid: Aner a Bileam, pob un gyda'i chytir. ⁷¹ I feibion Gersom rhoddwyd: o hanner llwyth Manasse, Golan yn Basan ac Astaroth, pob un gyda'i chytir; ⁷² o lwyth Issachar, Cedes, Daberath, ⁷³ Ramoth, Anem, pob un gyda'i chytir; ⁷⁴ o lwyth Aser: Masal, Abdon, ⁷⁵ Hucoc, Rehob, pob un gyda'i chytir; ⁷⁶ o lwyth Nafftali: Cedes yng Ngalilea, Hammon, Ciriathaim, pob un gyda'i chytir. ⁷⁷ I'r rhan arall o feibion Merari rhoddwyd o lwyth Sabulon: Rimmon a Tabor, pob un gyda'i chytir. ⁷⁸ O'r Iorddonen a Jericho, sef o du dwyrain yr Iorddonen, rhoddwyd o lwyth Reuben: Beser yn yr anialwch, Jahas, ⁷⁹ Cedemoth a Meffaath, pob un gyda'i chytir, ⁸⁰ o lwyth Gad: Ramoth yn Gilead, Mahanaim, ⁸¹ Hesbon a Jaser, pob un gyda'i chytir.

Disgynyddion Issachar

7 Meibion Issachar: Tola, Pua, Jasub a Simron, pedwar. ² Meibion Tola: Ussi, Reffaia, Jeriel, Jabmai, Jibsam a Semuel, pennau-teuluoedd. Yn nyddiau Dafydd yr oedd dwy fil ar hugain a chwe chant o ddisgynyddion Tola yn ddynion abl yn ôl eu rhestrau. ³ Mab Ussi: Israhïa; meibion Israhïa: Michael, Obadeia, Joel ac Isia. Yr oeddent yn bump i gyd, a phob un ohonynt yn bennaeth. ⁴ Yn ogystal â hwy, yn ôl rhestrau eu teuluoedd, yr oedd un fil ar bymtheg ar hugain o filwyr yn barod i ryfel, oherwydd yr oedd ganddynt lawer o wragedd a phlant. ⁵ Yr oedd ganddynt frodyr yn perthyn i holl deuluoedd Issachar, dynion abl, saith a phedwar ugain mil i gyd, wedi eu cofrestru yn ôl eu hachau.

Disgynyddion Benjamin

⁶ Meibion Benjamin: Bela, Becher a Jediael, tri. ⁷ Meibion Bela: Esbon, Ussi, Ussiel, Jerimoth, ac Iri; pump o bennau-teuluoedd, a dynion abl; yn ôl eu rhestrau yr oeddent yn ddwy fil ar hugain a phedwar ar ddeg ar hugain. ⁸ Meibion Becher: Semira, Joas, Elieser, Elioenai, Omri, Jerimoth, Abeia, Anathoth ac Alemeth. ⁹ Yr oedd y rhain oll yn feibion Becher, yn bennau-teuluoedd ac yn ddynion abl; yn ôl rhestrau eu teuluoedd yr oeddent yn ugain mil a dau gant. ¹⁰ Mab Jediael: Bilhan; meibion Bilhan: Jeus, Benjamin, Ehud, Cenaana, Sethan, Tarsis ac Ahisahar. ¹¹ Yr oedd y rhain oll yn feibion Jediael, yn bennau-teuluoedd, yn ddynion abl ac yn mynd allan yn fyddin i ryfel; yr oeddent yn ddwy fil ar bymtheg a deucant. ¹² Suppim hefyd, a Huppim, meibion Ir; Husim, mab Aher.

Disgynyddion Nafftali

¹³ Meibion Nafftali: Jasiel, Guni, Geser a Salum, meibion Bilha.

Disgynyddion Manasse

¹⁴ Meibion Manasse: Asriel, plentyn ei ordderchwraig o Syria. Hi hefyd oedd mam Machir tad Gilead; ¹⁵ cymerodd Machir wraig i Huppim a Suppim, ac enw ei chwaer oedd Maacha. Enw'r ail fab oedd Salffaad, ac yr oedd ganddo ef ferched. ¹⁶ Cafodd Maacha gwraig Machir fab, ac enwodd ef yn Peres a'i frawd yn Seres. Ei feibion ef oedd Ulam a Racem. ¹⁷ Mab Ulam: Bedan. Dyma feibion Gilead fab Machir, fab Manasse. ¹⁸ Hammolecheth ei chwaer ef oedd mam Isod, Abieser a Mahala. ¹⁹ Meibion Semida: Ahïan, Sechem, Lichi ac Aniham.

Disgynyddion Effraim

²⁰ Meibion Effraim: Suthela, Bered ei fab, Tahath ei fab yntau, Elada ei fab yntau, Tahath ei fab yntau, ²¹ Sabad ei fab yntau, Suthela ei fab yntau, Eser, ac Elead; fe'u lladdwyd hwy gan ddynion Gath, a anwyd yn y wlad, am iddynt ddod i lawr i ddwyn eu gwartheg. ²² Bu eu tad Effraim yn galaru amdanynt am amser maith, a daeth ei frodyr i'w gysuro. ²³ Yna aeth Effraim at ei wraig, a beichiogodd hithau ac esgor ar fab. Fe'i henwodd yn Bereia oherwydd y trybini* a fu yn ei dŷ. ²⁴ Ei ferch oedd Seera, ac fe adeiladodd hi Beth-horon Isaf ac Uchaf, a hefyd Ussen-sera. ²⁵ Reffa oedd ei fab

---

7:23 Hebraeg, *beraa*.

ef, Reseff ei fab yntau, Tela ei fab yntau, Tahan ei fab yntau, ²⁶ Ladan ei fab yntau, Ammihud ei fab yntau, Elisama ei fab yntau, ²⁷ Nun ei fab yntau, Josua ei fab yntau.

²⁸ Yr oedd eu tiriogaeth a'u cartrefi ym Methel a'i phentrefi, ac i'r dwyrain yn Naaran, ac i'r gorllewin yn Geser a'i phentrefi, ac yn Sichem a'i phentrefi hyd at Aia* a'i phentrefi. ²⁹ Meibion Manasse oedd berchen Beth-sean a'i phentrefi, Taanach a'i phentrefi, Megido a'i phentrefi, Dor a'i phentrefi; yno yr oedd meibion Joseff fab Israel yn byw.

Disgynyddion Aser

³⁰ Meibion Aser: Imna, Isfa, Isfi, Bereia, a Sera eu chwaer. ³¹ Meibion Bereia: Heber, Malchiel, sef tad Birsafith. ³² Heber oedd tad Jafflet, Somer, Hotham, a Sua eu chwaer. ³³ Meibion Jafflet: Pasach, Bimhal ac Asuath. ³⁴ Hwy oedd meibion Jafflet. Meibion Samer: Ahi, Roga, Jehubba ac Aram. ³⁵ Meibion Helem ei frawd: Soffa, Imna, Seles ac Amal. ³⁶ Meibion Soffa: Sua, Harneffer, Sual, Beri, Imra, ³⁷ Beser, Hod, Samma, Silsa, Ithran a Beera. ³⁸ Meibion Jether: Jeffunne, Pispa ac Ara. ³⁹ Meibion Ula: Ara, Haniel a Resia. ⁴⁰ Yr oedd y rhain i gyd yn feibion Aser, pennau-teuluoedd, gwŷr dethol ac abl, penaethiaid y tywysogion. Yn ôl y rhestrau achau yr oedd chwe mil ar hugain o wŷr yn barod i ryfel.

Disgynyddion Benjamin

8 Benjamin oedd tad Bela ei gyntafanedig, Asbel yr ail, ac Ahara y trydydd, ² Noha y pedwerydd, a Raffa y pumed. ³ Meibion Bela: Adar, Gera, Abihud, ⁴ Abisua, Naaman, Ahoa, ⁵ Gera, Seffuffan a Huram. ⁶ Dyma feibion Ehud, a oedd yn bennau-teuluoedd preswylwyr Geba, ac a gaethgludwyd i Manahath: ⁷ Naaman, Aheia a Gera a fu'n gyfrifol am y gaethglud, ac ef oedd tad Ussa ac Ahihud. ⁸ Ef hefyd oedd tad Saharaim, a anwyd iddo yng ngwlad Moab ar ôl iddo anfon ymaith ei wragedd Husim a Baara. ⁹ O Hodes ei wraig ganwyd iddo Jobab, Sibia, Mesa, Malcham, ¹⁰ Jeus, Sabia, Mirma. Dyma ei feibion ef, pennau-teuluoedd i gyd. ¹¹ O Husim ganwyd iddo Ahitub ac Elpaal. ¹² Meibion Elpaal: Eber, Misam, Samed, a adeiladodd Ono, a Lod a'i phentrefi; ¹³ Bereia a Sema, pennau-teuluoedd preswylwyr Ajalon, a fu'n ymlid trigolion Gath; ¹⁴ Ahïo, Sasac, Jeremoth, ¹⁵ Sebadeia, Arad, Ader, ¹⁶ Michael, Ispa, Joha, meibion Bereia; ¹⁷ Sebadeia, Mesulam, Heseci, Heber, ¹⁸ Ismerai, Jeslïa, Jobab, meibion Elpaal; ¹⁹ Jacim, Sichri, Sabdi, ²⁰ Elienai, Silthai, Eliel, ²¹ Adaia, Beraia, Simrath, meibion Simei; ²² Ispan, Heber, Eliel, ²³ Abdon, Sichri, Hanan, ²⁴ Hananeia, Elam, Antotheia, ²⁵ Iffedeia, Penuel, meibion Sasac; ²⁶ Samserai, Sehareia, Athaleia, ²⁷ Jareseia, Eleia, Sichri, meibion Jeroham. ²⁸ Yr oedd y rhain yn byw yn Jerwsalem ac yn bennau-teuluoedd a phenaethiaid yn ôl eu rhestrau. ²⁹ Yr oedd tad Gibeon yn byw yn Gibeon; enw ei wraig oedd Maacha, ³⁰ a'i gyntafanedig Abdon, ac yna Sur, Cis, Baal, Nadab, ³¹ Gedor, Ahïo, Sacher, ³² a Micloth tad Simea; yr oeddent yn byw gyda'u perthnasau yn Jerwsalem.

Teulu'r Brenin Saul

1 Cron. 9:35-44

³³ Ner oedd tad Cis, Cis oedd tad Saul, a Saul oedd tad Jonathan, Malcisua, Abinadab ac Esbaal. ³⁴ Mab Jonathan oedd Meribaal; a Meribaal oedd tad Micha. ³⁵ Meibion Micha: Pithon, Melech, Tarea ac Ahas. ³⁶ Ahas oedd tad Jehoada, Jehoada oedd tad Alemeth, Asmafeth a Simri; Simri oedd tad Mosa; ³⁷ Mosa oedd tad Binea; Raffa oedd ei fab ef, Eleasa ei fab yntau, Asel ei fab yntau. ³⁸ Yr oedd gan Asel chwech o feibion, a'u henwau oedd: Asricam, Bocheru, Ismael, Seareia, Obadeia a Hanan. Hwy oedd meibion Asel. ³⁹ Meibion Esec ei frawd ef oedd Ulam ei gyntafanedig, Jehus yr ail, Eliffelet y trydydd. ⁴⁰ Yr oedd meibion Ulam yn ddynion abl ac yn saethyddion, ac yr oedd ganddynt gant a hanner o feibion

---

7:28 Llawysgrifau a Fersiynau. Hebraeg, *Gasa*.

ac wyrion. Yr oedd y rhain i gyd yn feibion Benjamin.

Y Rhai a Ddychwelodd o'r Gaethglud

9 Rhifwyd holl Israel wrth eu hachau, ac y maent yn awr yn ysgrifenedig yn llyfr brenhinoedd Israel, ond cafodd Jwda ei chaethgludo i Fabilon am ei chamwedd. 2 Y rhai cyntaf i ddod i fyw yn eu tiriogaeth a'u trefi eu hunain oedd yr Israeliaid, yn offeiriaid, Lefiaid a gweision y deml. 3 Dyma'r rhai o lwyth Jwda, o lwyth Benjamin ac o lwyth Effraim a Manasse, oedd yn byw yn Jerwsalem: 4 O lwyth Jwda: Uthai fab Ammihud, fab Omri, fab Imri, fab Bani, o feibion Phares fab Jwda; 5 ac o'r Siloniaid: Asaia y cyntafanedig, a'i feibion; 6 ac o feibion Sera: Jeuel. Yr oeddent yn chwe chant a deg a phedwar ugain.

7 O lwyth Benjamin: Salu fab Mesulam, fab Hodafia, fab Hasenua; 8 Ibneia fab Meroham, Ela fab Ussi, fab Michri: Mesulam fab Seffatia, fab Reuel, fab Ibnija; 9 yn ôl rhestrau eu teuluoedd yr oeddent yn naw cant a deg a deugain a chwech. Yr oeddent i gyd yn bennauteuluoedd.

Yr Offeiriaid yn Jerwsalem

10 O'r offeiriaid: Jedaia, Jehoiarib, Jachin, 11 Asareia fab Hilceia, fab Mesulam, fab Sadoc, fab Meraioth, fab Ahitub, arolygwr tŷ Dduw; 12 Adaia fab Jeroham, fab Passur, fab Malcheia; Maasia fab Adiel, fab Jasera, fab Mesulam, fab Mesilemith, fab Immer. 13 Ac yr oedd eu brodyr, eu pennauteuluoedd, yn fil saith gant chwe deg, dynion abl ar gyfer y gwaith o wasanaethu yn nhŷ Dduw.

Y Lefiaid a'r Porthorion yn Jerwsalem

14 O'r Lefiaid: Semaia fab Hassub, fab Asricam, fab Hasabeia, o feibion Merari; 15 Bacbaccar, Heres, Galal, Mataneia fab Micha, fab Sichri, fab Asaff; 16 Obadeia fab Semaia, fab Galal, fab Jeduthun; Berecheia fab Asa, fab Elcana, oedd yn byw yn nhrefi'r Netoffathiaid. 17 O'r porthorion: Salum, Accub, Talmon, Ahiman, a'u brodyr; Salum oedd y pennaeth. 18 Hyd at yr amser hwnnw porthorion oeddent yng ngwersylloedd y Lefiaid wrth ymyl porth y brenin i'r dwyrain. 19 Salum fab Core, fab Ebiasaff, fab Cora, a'i frodyr y Corahiaid o dŷ ei dad, oedd yn gyfrifol am y gwasanaeth o gadw trothwy'r babell, fel yr oedd eu tadau yn geidwaid y fynedfa i wersyll yr ARGLWYDD. 20 Phinees fab Eleasar oedd eu harolygwr, ac yr oedd yr ARGLWYDD gydag ef. 21 Sechareia fab Maselmeia oedd ceidwad drws pabell y cyfarfod. 22 Yr oedd cyfanswm y rhai oedd wedi eu dethol i fod yn borthorion wrth y trothwy yn ddau gant a deuddeg, wedi eu cofrestru yn ôl eu pentrefi. Dafydd a Samuel y gweledydd oedd wedi eu gosod yn eu swydd. 23 Yr oeddent hwy a'u meibion yn cadw gwyliadwriaeth wrth byrth tŷ'r ARGLWYDD a thŷ'r babell. 24 Yr oedd y porthorion i fod ar bedair ochr, y dwyrain, y gorllewin, y gogledd a'r de. 25 Yr oedd eu brodyr o'r pentrefi i ddod atynt am wythnos bob hyn a hyn. 26 Am eu bod yn ddibynadwy, Lefiaid oedd y pedwar prif borthor, a hwy oedd yn gofalu am ystafelloedd a thrysorau tŷ Dduw. 27 Yr oeddent yn lletya o gwmpas tŷ Dduw am mai hwy oedd yn gofalu amdano ac yn ei agor bob bore. 28 Yr oedd rhai ohonynt yn gofalu am lestri'r gwasanaeth; yr oeddent yn eu cyfrif wrth eu cario allan ac wrth eu cadw. 29 Yr oedd eraill yn gofalu am ddodrefn a llestri'r cysegr, y peilliaid, y gwin, yr olew, y thus a'r perlysiau. 30 Yr oedd rhai o feibion yr offeiriaid yn gwneud ennaint gyda pheraroglau. 31 Am ei fod yn ddibynadwy, yr oedd Matitheia, un o'r Lefiaid a mab cyntafanedig Salum y Corahiad, yn gweithio wrth y radell. 32 Yr oedd rhai o'u brodyr y Cohathiaid yn gyfrifol am ddarparu'r bara gosod bob Saboth.

33 Dyma'r cantorion, pennauteuluoedd y Lefiaid, a oedd mewn ystafelloedd ar wahân am eu bod wrth eu gwaith ddydd a nos. 34 Dyma bennau-

teuluoedd y Lefiaid, a oedd yn byw yn Jerwsalem, yn ôl eu rhestrau.

Teulu'r Brenin Saul
1 Cron. 8:29-38

³⁵ Yr oedd Jehiel tad Gibeon yn byw yn Gibeon; enw ei wraig oedd Maacha, ³⁶ a'i gyntafanedig Abdon, ac yna Sur, Cis, Baal, Ner, Nadab, ³⁷ Gedor, Ahïo, Sechareia a Micloth; ³⁸ Micloth oedd tad Simeam. Yr oeddent hwy yn byw yn Jerwsalem yn ymyl eu brodyr. ³⁹ Ner oedd tad Cis, a Cis oedd tad Saul, a Saul oedd tad Jonathan, Malcisua, Abinadab ac Esbaal. ⁴⁰ Mab Jonathan oedd Meribaal; a Meribaal oedd tad Micha. ⁴¹ Meibion Micha: Pithon, Melech, Tarea ac Ahas. ⁴² Ahas oedd tad Jara, a Jara oedd tad Alemeth, Asmafeth a Simri; a Simri oedd tad Mosa; ⁴³ Mosa oedd tad Binea; a Reffaia oedd ei fab ef, Elasa ei fab yntau, Asel ei fab yntau. ⁴⁴ Yr oedd gan Asel chwech o feibion, a'u henwau oedd: Asricam, Bocheru, Ismael, Seareia, Obadeia a Hanan. Hwy oedd meibion Asel.

Marw'r Brenin Saul

10 1 Sam. 31:1-13

Ymladdodd y Philistiaid yn erbyn yr Israeliaid, a ffodd yr Israeliaid rhagddynt gan syrthio'n glwyfedig ar Fynydd Gilboa. ² Daliodd y Philistiaid Saul a'i feibion, a lladd Jonathan, Abinadab a Malcisua, meibion Saul. ³ Aeth y frwydr yn galed yn erbyn Saul, a daeth saethwyr o hyd iddo a'i glwyfo. ⁴ Yna dywedodd Saul wrth ei gludydd arfau, "Tyn dy gleddyf a thrywana fi, rhag i'r rhai dienwaededig hyn ddod a'm gwaradwyddo." Nid oedd ei gludydd arfau yn fodlon, oherwydd yr oedd ofn mawr arno; felly cymerodd Saul y cleddyf a syrthio arno. ⁵ Pan welodd y cludydd arfau fod Saul wedi marw, syrthiodd yntau ar ei gleddyf a marw. ⁶ Felly bu farw Saul a'i dri mab, ei holl deulu yn marw yr un pryd. ⁷ Pan welodd yr holl Israeliaid oedd yn y dyffryn fod y fyddin wedi ffoi, a bod Saul a'i feibion wedi marw, gadawsant eu trefi a ffoi; yna daeth y Philistiaid a byw ynddynt.

⁸ Trannoeth, pan ddaeth y Philistiaid i ysbeilio'r lladdedigion, cawsant Saul a'i feibion yn farw ar Fynydd Gilboa. ⁹ Wedi iddynt ei ysbeilio torasant ei ben a chymryd ei arfau oddi arno, ac anfon neges drwy Philistia i gyhoeddi'r newydd da i'w delwau ac i'r bobl. ¹⁰ Rhoesant ei arfau yn nheml eu duwiau, a chrogi ei benglog yn nheml Dagon. ¹¹ Pan glywodd pobl Jabes-gilead y cwbl yr oedd y Philistiaid wedi ei wneud i Saul, ¹² aeth yr holl ryfelwyr allan ar unwaith a chymryd corff Saul a chyrff ei feibion, a'u cludo i Jabes a chladdu eu hesgyrn dan y dderwen yno, ac ymprydio am saith diwrnod.

¹³ Bu Saul farw am iddo fradychu'r ARGLWYDD trwy anufuddhau i'w air, a throi at ddewiniaeth am arweiniad yn lle ceisio arweiniad gan yr ARGLWYDD. ¹⁴ Felly lladdodd yr ARGLWYDD ef a rhoi'r frenhiniaeth i Ddafydd fab Jesse.

Dafydd yn Frenin Israel a Jwda

11 2 Sam. 5:1-10

Daeth holl Israel at Ddafydd i Hebron a dweud wrtho, "Edrych, dy asgwrn a'th gnawd di ydym ni. ² Gynt, pan oedd Saul yn frenin, ti oedd yn arwain Israel allan i ryfel ac yn ôl wedyn; ac fe ddywedodd yr ARGLWYDD dy Dduw wrthyt, 'Ti sydd i fugeilio fy mhobl Israel; ti sydd i fod yn dywysog arnynt.'" ³ Yna daeth holl henuriaid Israel i Hebron at y brenin, a gwnaeth Dafydd gyfamod â hwy yno gerbron yr ARGLWYDD, ac eneiniwyd Dafydd yn frenin ar Israel, yn ôl gair yr ARGLWYDD trwy Samuel.

⁴ Pan aeth Dafydd a holl Israel i Jerwsalem (hynny yw, Jebus, lle'r oedd y Jebusiaid, trigolion y wlad, yn byw) ⁵ dywedodd pobl Jebus wrth Ddafydd, "Ni chei ddod i mewn yma." Er hynny, fe enillodd Dafydd gaer Seion, sef Dinas Dafydd, ⁶ a dywedodd, "Caiff y cyntaf i daro'r Jebusiaid ei wneud yn ben swyddog." Y cyntaf i fynd i fyny oedd Joab fab Serfia; felly cafodd ei wneud yn ben. ⁷ Yna fe ymsefydlodd Dafydd yn y gaer, ac am hynny fe'i gelwir yn Ddinas Dafydd. ⁸ Adeiladodd y ddinas oddi amgylch o'r Milo yn gylch cyfan, tra oedd Joab yn adnewyddu gweddill y ddinas. ⁹ Cynyddodd Dafydd fwyfwy

oherwydd bod ARGLWYDD y Lluoedd gydag ef.

Penaethiaid Dafydd
2 Sam. 23:8–39

¹⁰ Dyma benaethiaid Dafydd, a aeth yn fwy a mwy nerthol gydag ef yn ystod ei deyrnasiad, ac a ymunodd gyda holl Israel i'w wneud ef yn frenin ar Israel yn ôl gair yr ARGLWYDD. ¹¹ Dyma restr y gwroniaid oedd gan Ddafydd. Jasobeam fab Hachmoni oedd capten y Deg ar Hugain; chwifiodd ef ei waywffon mewn buddugoliaeth uwchben tri chant o wŷr a laddodd ar un tro. ¹² Y nesaf ato ef ymysg y tri gwron oedd Eleasar fab Dodo, yr Ahohiad; ¹³ bu ef gyda Dafydd yn Pasdammim, lle'r oedd rhandir yn llawn ffacbys, pan ymgasglodd y Philistiaid yno i ryfel ac y ffodd y bobl rhagddynt. ¹⁴ Ond daliodd ef ei dir yng nghanol y llain, a'i amddiffyn a lladd y Philistiaid; a rhoes yr ARGLWYDD waredigaeth fawr.

¹⁵ Aeth tri o'r Deg ar Hugain o benaethiaid i lawr at Ddafydd i'r graig ger ogof Adulam, pan oedd mintai o Philistiaid yn gwersyllu yn nyffryn Reffaim. ¹⁶ Yr oedd Dafydd ar y pryd yn y gaer, a garsiwn y Philistiaid ym Methlehem. ¹⁷ Cododd blys ar Ddafydd ac meddai, "O na chawn ddiod o ddŵr o bydew Bethlehem, sydd ger y porth!" ¹⁸ Ar hynny, rhuthrodd y tri trwy wersyll y Philistiaid, codi dŵr o bydew Bethlehem gerllaw'r porth, a'i gludo'n ôl at Ddafydd. Eto, ni fynnai ef ei yfed, a thywalltodd ef yn offrwm i'r ARGLWYDD, ¹⁹ a dweud, "Na ato Duw i mi wneud hyn! A allaf fi yfed gwaed y gwŷr hyn a fentrodd eu heinioes i ddod ag ef i mi?" Felly gwrthododd ei yfed. Dyma wrhydri y tri gwron.

²⁰ Abisai brawd Joab fab Serfia oedd pennaeth y Deg ar Hugain*. Chwifiodd ef ei waywffon mewn buddugoliaeth uwchben trichant o wŷr, a laddodd hwy gan ennill enw iddo'i hun ymhlith y Deg ar Hugain*. ²¹ Yr oedd ef yn enwog ymhlith y Deg ar Hugain*, ac yn gapten arnynt; ond nid oedd i'w gymharu â'r Tri.

²² Yr oedd Benaia fab Jehoiada o Cabseel yn ŵr dewr ac aml ei orchestion. Ef a laddodd ddau bencampwr o Moab; ef hefyd a aeth i lawr i bydew a lladd llew yno ar ddiwrnod o eira. ²³ Lladdodd Eifftiwr, cawr o bum cufydd, er bod gan hwnnw waywffon fel carfan gwehydd yn ei law, ac yntau'n ymosod â dim ond ffon. Cipiodd y waywffon o law'r Eifftiwr, a'i ladd â'i waywffon ei hun. ²⁴ Dyma wrhydri Benaia fab Jehoiada, ac enillodd enw iddo'i hun ymhlith y Deg Gwron ar Hugain*. ²⁵ Yr oedd yn enwog ymhlith y Deg ar Hugain, ond nid oedd i'w gymharu â'r Tri. Apwyntiodd Dafydd ef yn bennaeth ei warchodlu.

²⁶ Y rhain oedd y gwroniaid: Asahel brawd Joab, Elhanan fab Dodo o Fethlehem, ²⁷ Samma yr Harodiad, Heles y Peloniad. ²⁸ Ira fab Icces y Tecoiad, Abieser yr Anathothiad, ²⁹ Sibbechai yr Husathiad, Ilai yr Ahohiad, ³⁰ Maharai y Netoffathiad, Heled fab Baana y Netoffathiad, ³¹ Itai fab Ribai o Gibea'r Benjaminiaid, Benaia y Pirathoniad, ³² Hurai o Nahalegaas, Abiel yr Arbathiad, ³³ Asmafeth y Bahrumiad, Eliahba y Saalboniad, ³⁴ meibion Hasem y Gisoniad, Jonathan fab Sage yr Harariad, ³⁵ Ahiam fab Sachar yr Harariad, Eliffal fab Ur, ³⁶ Heffer y Mecherathiad, Aheia y Peloniad, ³⁷ Hesro y Carmeliad, Naarai fab Esbai, ³⁸ Joel brawd Nathan, Mibhar Haggeri, ³⁹ Selec yr Ammoniad, Naharai y Beerothiad (cludydd arfau Joab fab Serfia), ⁴⁰ Ira yr Ithriad, Gareb yr Ithriad, ⁴¹ Ureia yr Hethiad, Sabad fab Ahlai, ⁴² Adina fab Sisa y Reubeniad (pennaeth y Reubeniaid, a chydag ef ddeg ar hugain), ⁴³ Hanan fab Maacha, Josaffat y Mithriad, ⁴⁴ Usseia yr Asterathiad, Sama a Jehiel meibion Hothan yr Aroeriad, ⁴⁵ Jedidael fab Simri, a Joha ei frawd ef, y Tisiad, ⁴⁶ Eliel y Mahafiad, Jeribai a Josafia, meibion Elnaam, Ithma y Moabiad, ⁴⁷ Eliel, Obed, a Jasiel y Mesobaiad.

11:20 Felly Syrieg. Hebraeg, *y Tri.*
11:20 Felly Syrieg. Hebraeg, *y Tri.*
11:21 Felly Syrieg. Hebraeg, *y Tri.*

11:24 Tebygol. Cymh. adn. 20-21. Hebraeg, *y Tri Gwron.*

Dilynwyr Cynnar Dafydd, o Lwyth Benjamin

12 Dyma'r rhai a ddaeth i Siclag at Ddafydd tra oedd yn ymguddio rhag Saul fab Cis. Yr oeddent yn wŷr cedyrn, ac yn ddefnyddiol mewn brwydr ² am eu bod yn cario bwâu ac yn gallu taflu cerrig a saethu â'r bwa â'u llaw dde a'u llaw chwith. Benjaminiaid oeddent, o dylwyth Saul. ³ Ahieser a Joas meibion Semaa o Gibea oedd yr arweinwyr; Jesiwl a Phelet meibion Asmafeth; Beracha, a Jehu o Anathoth; ⁴ Ismaia o Gibeon, y grymusaf o'r Deg ar Hugain ac yn bennaeth arnynt; Jeremeia, Jehasiel, Johanan a Josabad o Gedera, ⁵ Elusai, Jerimoth, Bealeia, Semareia, Seffatia yr Haruffiad, ⁶ Elcana, Jeseia, Asareel, Joeser a Jasobeam y Corahiaid, ⁷ Joela a Sebadeia, meibion Jehoram o Gedor.

Dilynwyr Dafydd o Lwyth Gad

⁸ Aeth rhai o'r Gadiaid at Ddafydd i'r gaer yn yr anialwch. Gwŷr nerthol oeddent, milwyr profiadol mewn brwydr, yn fedrus â tharian a gwaywffon, yn edrych fel llewod ac mor gyflym â gafrewigod ar y mynyddoedd. ⁹ Y cyntaf oedd Eser, yr ail Obadeia, y trydydd Eliab, ¹⁰ y pedwerydd Mismanna, y pumed Jeremeia, ¹¹ y chweched Attai, y seithfed Eliel, ¹² yr wythfed Johanan, y nawfed Elsabad, ¹³ y degfed Jeremeia a'r unfed ar ddeg Machbanai. ¹⁴ Gadiaid oedd y rhain, a phenaethiaid y fyddin; yr oedd cant o ddynion dan y lleiaf ohonynt a mil dan y pwysicaf. ¹⁵ Dyma'r rhai a groesodd yr Iorddonen yn y mis cyntaf, pan oedd yr afon wedi gorlifo'i glannau, gan yrru ar ffo bawb oedd yn byw yn y dyffrynnoedd i'r dwyrain a'r gorllewin.

Dilynwyr o Benjamin a Jwda

¹⁶ Daeth rhai o wŷr Benjamin a Jwda i'r gaer at Ddafydd, ¹⁷ ac aeth yntau allan atynt a dweud, "Os daethoch ataf mewn heddwch i'm cynorthwyo, yr wyf yn barod i ymuno â chwi. Ond os daethoch i'm bradychu i'm gelynion, a minnau'n ddieuog, bydded i Dduw ein tadau sylwi a chosbi." ¹⁸ Yna meddiannwyd Amasai, pennaeth y Deg ar Hugain, gan yr ysbryd, ac meddai:

"Yr ydym ni gyda thi, Ddafydd!
Yr ydym o'th blaid, fab Jesse!
Llwydd, llwydd fo i ti,
a llwydd i'th gynorthwywr!
Oherwydd dy Dduw yw dy gymorth."

Felly croesawodd Dafydd hwy a'u gwneud yn benaethiaid ar finteioedd.

Dilynwyr o Manasse

¹⁹ Ciliodd rhai o wŷr Manasse at Ddafydd pan ddaeth ef gyda'r Philistiaid i ymladd yn erbyn Saul. Ond ni chynorthwyodd ef y Philistiaid am i'w tywysogion, wedi ymgynghori â'i gilydd, ei yrru i ffwrdd gan ddweud, "Pe bai'n dychwelyd at ei feistr Saul fe gaem ein lladd." ²⁰ Y rhain oedd y gwŷr o Manasse a ddaeth ato pan oedd ar y ffordd i Siclag: Adna, Josabad, Jediael, Michael, Josabad, Elihu a Silthai, penaethiaid miloedd ym Manasse. ²¹ Buont hwy o gymorth i Ddafydd yn erbyn yr ysbeilwyr am eu bod i gyd yn wŷr nerthol ac yn gapteiniaid yn y fyddin. ²² Beunydd yr oedd rhai yn dod i gynorthwyo Dafydd, nes bod y gwersyll wedi tyfu'n un mawr iawn.

Rhestr Lluoedd Dafydd

²³ Dyma nifer penaethiaid y lluoedd arfog a ddaeth at Ddafydd yn Hebron i roi brenhiniaeth Saul iddo, yn ôl gair yr ARGLWYDD: ²⁴ o feibion Jwda a gludai darian a gwaywffon, chwe mil wyth gant yn y lluoedd arfog; ²⁵ o feibion Simeon, dynion nerthol i ryfel, saith mil un cant; ²⁶ o feibion Lefi, pedair mil chwe chant, ²⁷ yn ogystal â Jehoiada arweinydd yr Aaroniaid gyda thair mil saith gant, ²⁸ a Sadoc, llanc dewr, gyda dau ar hugain o gapteiniaid o dŷ ei dad; ²⁹ o feibion Benjamin, brodyr Saul, tair mil a oedd hyd yr amser hwnnw yng ngwasanaeth tŷ Saul; ³⁰ o feibion Effraim, ugain mil wyth gant o wŷr nerthol, dynion oedd yn enwog yn eu teuluoedd; ³¹ o hanner llwyth Manasse, deunaw mil o wŷr a etholwyd i ddod a gwneud Dafydd yn frenin; ³² o feibion Issachar, y rhai oedd yn deall arwyddion yr amseroedd i wybod beth ddylai Israel ei wneud, dau

gant o benaethiaid a oedd yn rheoli eu holl frodyr; ³³ o Sabulon, hanner can mil o ddynion arfog, profiadol mewn rhyfel a pharod eu cymorth; ³⁴ o Nafftali, mil o dywysogion, a chyda hwy, yn cario tarian a gwaywffon, dwy fil ar bymtheg ar hugain; ³⁵ o'r Daniaid, wyth mil ar hugain chwe chant yn barod i ryfel; ³⁶ o Aser, deugain mil o filwyr yn barod i fynd allan i ryfela; ³⁷ o'r tu hwnt i'r Iorddonen, o'r Reubeniaid a'r Gadiaid a hanner llwyth Manasse, daeth chwech ugain mil gyda phob math o arfau cymwys i ryfel.

³⁸ Yr oedd y rhain i gyd yn filwyr parod eu cymorth, a daethant i Hebron yn unfryd i wneud Dafydd yn frenin ar holl Israel. Yr oedd pawb arall yn Israel hefyd yn unfryd o blaid gwneud Dafydd yn frenin. ³⁹ Buont yno gyda Dafydd am dridiau yn bwyta ac yn yfed, oherwydd yr oedd eu brodyr wedi paratoi ar eu cyfer. ⁴⁰ Yr oedd eu cymdogion hefyd, o gyn belled ag Issachar, Sabulon a Nafftali, wedi dod â bwyd ar asynnod, camelod, mulod ac ychen. Daethant â blawd, teisennau ffigys, rhesin, gwin, olew, a llawer o wartheg a defaid, oherwydd yr oedd llawenydd yn Israel.

Symud Arch y Cyfamod o Ciriath-Jearim

13 2 Sam. 6:1-11
Wedi iddo ymgynghori â chapteiniaid y miloedd a'r cannoedd, ac â'r holl swyddogion, ² dywedodd Dafydd wrth holl gynulleidfa Israel, "Os ydych yn cytuno, ac os dyma ewyllys yr ARGLWYDD ein Duw, gadewch inni anfon gair at ein perthnasau sydd ar ôl yn holl wlad Israel, a hefyd at yr offeiriaid a'r Lefiaid sydd mewn dinasoedd gyda chytir, yn gofyn iddynt ymuno â ni. ³ Yna down ag arch ein Duw yn ôl atom, oherwydd yn nyddiau Saul yr oeddem yn ei hesgeuluso." ⁴ Cytunodd yr holl gynulleidfa i wneud felly am fod y peth yn dderbyniol gan bawb.

⁵ Felly casglodd Dafydd Israel gyfan o Sihor yn yr Aifft hyd at Lebo-hamath, i ddod ag arch Duw o Ciriath-jearim. ⁶ Ac aeth Dafydd a holl Israel i Baala yn Jwda, sef Ciriath-jearim, i gyrchu oddi yno arch Duw, a enwir ar ôl yr ARGLWYDD sydd â'i orsedd ar y cerwbiaid. ⁷ Daethant ag arch Duw ar fen newydd o dŷ Abinadab, ac Ussa ac Ahïo oedd yn tywys y fen. ⁸ Yr oedd Dafydd a holl Israel yn gorfoleddu o flaen Duw â'u holl ynni, dan ganu gyda thelynau, nablau, tympanau, symbalau a thrwmpedau. ⁹ Pan ddaethant at lawr dyrnu Cidon, estynnodd Ussa ei law i afael yn yr arch am fod yr ychen yn ei hysgwyd. ¹⁰ Enynnodd dicter yr ARGLWYDD yn erbyn Ussa, ac fe'i trawodd am iddo estyn ei law at yr arch; a bu farw yno gerbron Duw. ¹¹ Cynhyrfodd Dafydd am fod llid yr ARGLWYDD wedi torri allan yn erbyn Ussa, a galwodd y lle hwnnw yn Peres* Ussa; a dyna'i enw hyd y dydd hwn. ¹² Yr oedd ofn Duw ar Ddafydd y diwrnod hwnnw a dywedodd, "Sut y dof ag arch Duw i mewn ataf?" ¹³ Felly ni ddaeth Dafydd â'r arch i Ddinas Dafydd, ond fe'i rhoddodd yn nhŷ Obed-edom o Gath. ¹⁴ Bu arch Duw yn nhŷ Obed-edom a'i deulu am dri mis. A bendithiodd yr ARGLWYDD dŷ Obed-edom a'i holl eiddo.

Gweithgarwch Dafydd yn Jerwsalem

14 2 Sam. 5:11-16
Anfonodd Hiram brenin Tyrus negeswyr at Ddafydd, a hefyd goed cedrwydd, seiri maen a seiri coed i adeiladu tŷ iddo. ² Sylweddolodd Dafydd fod yr ARGLWYDD wedi ei gadarnhau yn frenin ar Israel, a bod ei frenhiniaeth wedi ei dyrchafu'n uchel er mwyn ei bobl Israel.

³ Cymerodd Dafydd ychwaneg o wragedd yn Jerwsalem a chenhedlu rhagor o feibion a merched. ⁴ Dyma enwau'r plant a gafodd yn Jerwsalem: Sammua, Sobab, Nathan, Solomon, ⁵ Ibhar, Elisua, Elpalet, ⁶ Noga, Neffeg, Jaffia, ⁷ Elisama, Beeliada ac Eliffelet.

Trechu'r Philistiaid

2 Sam. 5:17-25
⁸ Pan glywodd y Philistiaid fod Dafydd wedi ei eneinio'n frenin ar Israel gyfan, aethant oll i chwilio amdano, ond

---

13:11 Sef, *Toriad*.

clywodd ef am hyn ac aeth allan i'w herbyn. ⁹ Wedi i'r Philistiaid ddod ac ymledu dros ddyffryn Reffaim, ¹⁰ gofynnodd Dafydd i Dduw, "A af i fyny yn erbyn y Philistiaid? A roi di hwy yn fy llaw?" Atebodd yr ARGLWYDD, "Dos i fyny, oherwydd yn sicr fe rof y Philistiaid yn dy law." ¹¹ Felly pan aethant i fyny i Baal-perasim, fe drawodd Dafydd hwy yno, a dweud, "Fel toriad dyfroedd, fe dorrodd Duw drwy fy ngelynion â'm llaw i." Dyma pam y galwyd y lle hwnnw, Baal-perasim.* ¹² A phan adawsant eu duwiau ar ôl yno, gorchmynnodd Dafydd eu llosgi â thân.

¹³ Unwaith eto ymledodd y Philistiaid dros y dyffryn. ¹⁴ Pan ymofynnodd Dafydd â Duw drachefn, dywedodd Duw wrtho, "Paid â mynd i fyny ar eu hôl; dos ar gylch oddi wrthynt, a thyrd arnynt gyferbyn â'r morwydd. ¹⁵ Yna pan glywi sŵn cerdded ym mrig y morwydd, dos allan i ryfel, oherwydd bydd Duw yn mynd allan o'th flaen i daro gwersyll y Philistiaid." ¹⁶ A gwnaeth Dafydd fel y gorchmynnodd Duw iddo, ac fe drawsant wersyll y Philistiaid o Gibeon hyd Geser. ¹⁷ Ac aeth enw Dafydd drwy'r gwledydd i gyd, a gwnaeth yr ARGLWYDD i'r holl genhedloedd ei ofni.

Paratoi i Symud Arch y Cyfamod

15 Adeiladodd Dafydd dai iddo'i hun yn Ninas Dafydd, a pharatoi lle i arch Duw a gosod pabell iddi. ² Yna dywedodd, "Nid oes neb i gario arch Duw ond y Lefiaid, oherwydd hwy a ddewiswyd gan yr ARGLWYDD i'w chario ac i'w wasanaethu ef am byth." ³ Cynullodd Dafydd Israel gyfan i Jerwsalem, i ddod ag arch yr ARGLWYDD i fyny i'r lle yr oedd wedi ei baratoi iddi. ⁴ Casglodd feibion Aaron a'r Lefiaid: ⁵ o feibion Cohath, Uriel y pennaeth a chant ac ugain o'i frodyr; ⁶ o feibion Merari, Asaia y pennaeth a dau gant ac ugain o'i frodyr; ⁷ o feibion Gersom, Joel y pennaeth a chant a thri deg o'i frodyr; ⁸ o feibion Elisaffan, Semaia y pennaeth a dau gant o'i frodyr; ⁹ o feibion Hebron, Eliel y pennaeth a phedwar ugain o'i frodyr; ¹⁰ o feibion Ussiel, Amminadab y pennaeth a chant a deuddeg o'i frodyr. ¹¹ Yna galwodd Dafydd am Sadoc ac Abiathar yr offeiriaid, ac am y Lefiaid, Uriel, Asaia, Joel, Semaia, Eliel ac Amminadab, ¹² a dywedodd wrthynt, "Chwi yw pennau-teuluoedd y Lefiaid. Sancteiddiwch eich hunain, chwi a'ch brodyr, i fynd ag arch ARGLWYDD Dduw Israel i'r lle a baratoais iddi. ¹³ Am nad oeddech chwi gyda ni y tro cyntaf, ac na fuom ninnau yn ymgynghori ag ef ynglŷn â'i drefn, fe dorrodd yr ARGLWYDD ein Duw allan i'n herbyn." ¹⁴ Felly sancteiddiodd yr offeiriaid a'r Lefiaid eu hunain i ddod ag arch ARGLWYDD Dduw Israel i fyny. ¹⁵ Ac fe gludodd y Lefiaid arch Duw ar eu hysgwyddau â pholion, fel y gorchmynnodd Moses yn ôl gair yr ARGLWYDD.

¹⁶ Rhoddodd Dafydd orchymyn i benaethiaid y Lefiaid osod eu brodyr yn gerddorion i ganu mawl yn llawen gydag offer cerdd, sef nablau, telynau a symbalau. ¹⁷ Felly etholodd y Lefiaid Heman fab Joel ac, o'i frodyr, Asaff fab Berecheia; a hefyd Ethnan fab Cusaia o blith eu brodyr, meibion Merari. ¹⁸ A chyda hwy eu brodyr o'r ail radd: y porthorion Sechareia*, Jaasiel, Semiramoth, Jehiel, Unni, Eliab, Benaia, Maaseia, Matitheia, Eliffele, Micneia, Obed-edom a Jehiel. ¹⁹ Heman, Asaff ac Ethan, y cerddorion, oedd i seinio'r symbalau pres. ²⁰ Sechareia, Asiel, Semiramoth, Jehiel, Unni, Eliab, Maaseia a Benaia oedd i ganu nablau ar Alamoth. ²¹ Matitheia, Eliffele, Micneia, Obed-edom, Jehiel ac Asaseia oedd i ganu'r telynau ac arwain ar Seminith. ²² Chenaneia, pennaeth y Lefiaid, oedd yn gofalu am y canu, ac ef oedd yn ei ddysgu i eraill am ei fod yn hyddysg ynddo. ²³ Berecheia ac Elcana oedd i fod yn borthorion i'r arch. ²⁴ Sebaneia, Jehosaffat, Nathaneel, Amisai, Sechareia, Benaia ac Elieser, yr offeiriaid, oedd i ganu'r trwmpedau o flaen arch Duw; yr oedd Obed-edom a Jeheia hefyd i fod yn borthorion i'r arch.

14:11 Neu, *Baal Toriadau*.

15:18 Felly llawysgrifau a Groeg. Cymh. adn. 20. TM yn ychwanegu *Ben, a*.

Symud Arch y Cyfamod i Jerwsalem
2 Sam. 6:12-22

²⁵ Felly aeth Dafydd a henuriaid Israel a phenaethiaid y miloedd i ddod ag arch cyfamod yr ARGLWYDD i fyny o dŷ Obededom mewn llawenydd. ²⁶ Ac am i Dduw gynorthwyo'r Lefiaid oedd yn cario arch cyfamod yr ARGLWYDD, aberthasant saith o fustych a saith o hyrddod. ²⁷ Yr oedd Dafydd wedi ei wisgo mewn lliain main, ac felly hefyd yr holl Lefiaid oedd yn cario'r arch, a'r cerddorion a'u pennaeth Chenaneia. Yr oedd gan Ddafydd effod liain hefyd. ²⁸ Yr oedd holl Israel yn hebrwng arch cyfamod yr ARGLWYDD â banllefau a sain utgorn, ac yn canu trwmpedau, symbalau, nablau a thelynau.

²⁹ Pan gyrhaeddodd arch cyfamod yr ARGLWYDD Ddinas Dafydd, yr oedd Michal merch Saul yn edrych drwy'r ffenestr, a gwelodd y Brenin Dafydd yn dawnsio ac yn gorfoleddu, a dirmygodd ef yn ei chalon.

16 Daethant ag arch Duw a'i gosod yng nghanol y babell a gododd Dafydd iddi, ac aberthu poethoffrymau a heddoffrymau o flaen Duw. ² Wedi iddo orffen aberthu'r poethoffrwm a'r heddoffrymau, bendithiodd Dafydd y bobl yn enw'r ARGLWYDD, ³ a rhannodd i bob un o'r Israeliaid, yn wŷr a gwragedd, dorth o fara, darn o gig a swp o rawnwin. ⁴ Penododd rai o'r Lefiaid i wasanaethu o flaen arch yr ARGLWYDD, i goffáu a moliannu a chlodfori ARGLWYDD Dduw Israel: ⁵ Asaff yn gyntaf, ac ar ei ôl ef Sechareia, Jeiel, Semiramoth, Jehiel, Matitheia, Eliab, Benaia ac Obed-edom. Yr oedd gan Jeiel nablau a thelynau, ac yr oedd Asaff yn canu'r symbalau. ⁶ Yr oedd yr offeiriaid Benaia a Jahasiel i chwythu trwmpedau yn barhaus o flaen arch cyfamod Duw.

Emyn o Fawl
Salmau 105:1-15; 96:1-13; 106:1, 47-48

⁷ Y pryd hwnnw y rhoddodd Dafydd am y tro cyntaf i Asaff a'i frodyr y moliant hwn i'r ARGLWYDD:

⁸ Diolchwch i'r ARGLWYDD! Galwch ar ei enw,
gwnewch yn hysbys ei weithredoedd ymysg y bobloedd.
⁹ Canwch iddo, moliannwch ef,
dywedwch am ei holl ryfeddodau.
¹⁰ Gorfoleddwch yn ei enw sanctaidd,
llawenhaed calon y rhai sy'n ceisio'r ARGLWYDD.
¹¹ Ceisiwch yr ARGLWYDD a'i nerth,
ceisiwch ei wyneb bob amser.
¹² Cofiwch y rhyfeddodau a wnaeth,
ei wyrthiau a'r barnedigaethau a gyhoeddodd,
¹³ chwi ddisgynyddion Israel, ei was,
chwi blant Jacob, ei etholedig.
¹⁴ Ef yw'r ARGLWYDD ein Duw,
ac y mae ei farnedigaethau dros yr holl ddaear.
¹⁵ Cofiwch ei gyfamod dros byth,
gair ei orchymyn hyd fil o genedlaethau,
¹⁶ sef y cyfamod a wnaeth ag Abraham,
a'i lw i Isaac,
¹⁷ yr hyn a osododd yn ddeddf i Jacob,
ac yn gyfamod tragwyddol i Israel,
¹⁸ a dweud, "I chwi y rhoddaf wlad Canaan
yn gyfran eich etifeddiaeth."
¹⁹ Pan oeddech yn fychan o rif,
yn ychydig, ac yn grwydriaid yn y wlad,
²⁰ yn crwydro o genedl i genedl,
ac o un deyrnas at bobl eraill,
²¹ ni adawodd i neb eich darostwng,
ond ceryddodd frenhinoedd o'ch achos,
²² a dweud, "Peidiwch â chyffwrdd â'm heneiniog,
na gwneud niwed i'm proffwydi."
²³ Canwch i'r ARGLWYDD, yr holl ddaear,
cyhoeddwch o ddydd i ddydd ei iachawdwriaeth.
²⁴ Dywedwch am ei ogoniant ymysg y bobloedd,
ac am ei ryfeddodau ymysg yr holl genhedloedd.
²⁵ Oherwydd mawr yw'r ARGLWYDD,
a theilwng iawn o fawl;

y mae i'w ofni'n fwy na'r holl dduwiau.
²⁶ Eilunod yw holl dduwiau'r bobloedd,
ond yr ARGLWYDD a wnaeth y nefoedd.
²⁷ Y mae anrhydedd a mawredd o'i flaen,
nerth a llawenydd yn ei fangre ef.
²⁸ Rhowch i'r ARGLWYDD, dylwythau'r cenhedloedd,
rhowch i'r ARGLWYDD anrhydedd a nerth;
²⁹ rhowch i'r ARGLWYDD anrhydedd ei enw,
dygwch offrwm a dewch o'i flaen.
Ymgrymwch i'r ARGLWYDD yn ysblander ei sancteiddrwydd.
³⁰ Crynwch o'i flaen, yr holl ddaear;
yn awr y mae'r byd yn sicr, ac nis symudir.
³¹ Bydded y nefoedd yn llawen a gorfoledded y ddaear,
a dywedent ymhlith y cenhedloedd,
"Y mae'r ARGLWYDD yn frenin."
³² Rhued y môr a'r cyfan sydd ynddo,
llawenyched y maes a phopeth sydd ynddo.
³³ Yna bydd prennau'r goedwig yn canu'n llawen
o flaen yr ARGLWYDD, oherwydd y mae'n dod i farnu'r ddaear.
³⁴ Diolchwch i'r ARGLWYDD, oherwydd da yw,
ac y mae ei gariad hyd byth.
³⁵ Dywedwch, "Achub ni, O Dduw ein hiachawdwriaeth;
cynnull ni ac arbed ni o blith y cenhedloedd,
inni gael rhoi diolch i'th enw sanctaidd
ac ymhyfrydu yn dy fawl."
³⁶ Bendigedig fyddo'r ARGLWYDD, Duw Israel,
o dragwyddoldeb hyd dragwyddoldeb.

A dywedodd yr holl bobl, "Amen", a moli'r ARGLWYDD.

Addoli yn Jerwsalem a Gibeon

³⁷ A gadawodd Dafydd Asaff a'i frodyr o flaen arch cyfamod yr ARGLWYDD i wasanaethu yno'n barhaol yn ôl gofynion pob dydd. ³⁸ Gadawodd yno hefyd Obed-edom gyda'i* wyth brawd a thrigain; Obed-edom fab Jeduthun, a Hosa, oedd i fod yn borthorion. ³⁹ Ond gadawodd ef Sadoc yr offeiriad, a'i frodyr yr offeiriaid, o flaen tabernacl yr ARGLWYDD yn yr uchelfa yn Gibeon, ⁴⁰ i aberthu poethoffrymau i'r ARGLWYDD ar allor y poethoffrwm yn gyson fore a hwyr fel sy'n ysgrifenedig yng nghyfraith yr ARGLWYDD, a orchmynnodd ef i Israel. ⁴¹ Gyda hwy yr oedd Heman, Jeduthun a'r rhai eraill oedd wedi eu hethol a'u henwi i foliannu'r ARGLWYDD am fod ei gariad hyd byth. ⁴² Heman a Jeduthun oedd yn gofalu am yr trwmpedau a'r symbalau a'r offerynnau cerdd cysegredig ar gyfer y cantorion. A meibion Jeduthun oedd yn gofalu am y porth.

⁴³ Yna aeth pawb adref a dychwelodd Dafydd i gyfarch ei deulu.

Neges Nathan i Ddafydd

17 2 Sam. 7:1–17
Wedi i Ddafydd fynd i fyw i'w dŷ ei hun, dywedodd wrth y proffwyd Nathan, "Edrych yn awr, yr wyf fi'n byw mewn tŷ o gedrwydd, tra bo arch cyfamod yr ARGLWYDD mewn pabell." ² Ac meddai Nathan wrth Ddafydd, "Dos, a gwna bopeth sydd yn dy galon, oherwydd y mae Duw gyda thi." ³ Ond y noson honno daeth gair Duw at Nathan, gan ddweud, ⁴ "Dos, dywed wrth fy ngwas Dafydd, 'Fel hyn y dywed yr ARGLWYDD: Ni chei di adeiladu i mi dŷ i breswylio ynddo. ⁵ Yn wir, nid wyf wedi preswylio mewn tŷ o'r diwrnod y dygais Israel allan o'r Aifft hyd heddiw; yr oeddwn yn mynd o babell i babell ac o un tabernacl i'r llall. ⁶ Ple bynnag y bûm yn teithio gyda holl Israel, a fu imi yngan gair wrth unrhyw un o farnwyr Israel, a benodais i fugeilio fy mhobl, a gofyn, "Pam na fyddech wedi adeiladu tŷ o gedrwydd i mi?" ' ⁷ Felly dywed wrth fy ngwas Dafydd, 'Fel hyn y dywed ARGLWYDD y

16:38 Felly Fersiynau. Hebraeg, *gyda'u*.

Lluoedd: Myfi a'th gymerodd di o'r maes, o ganlyn defaid, i fod yn arweinydd i'm pobl Israel. ⁸ Yr oeddwn gyda thi ple bynnag yr aethost, a dinistriais dy holl elynion o'th flaen, a gwneud iti enw mawr fel eiddo'r mawrion a fu ar y ddaear. ⁹ Ac yr wyf am baratoi lle i'm pobl Israel, a'u plannu, iddynt gael ymsefydlu yno heb eu tarfu rhagor; ac ni fydd treiswyr yn eu cystuddio eto, fel yn yr adeg gynt, ¹⁰ pan benodais farnwyr dros fy mhobl Israel; darostyngaf dy holl elynion. Yr wyf yn dy hysbysu mai yr ARGLWYDD fydd yn adeiladu tŷ i ti. ¹¹ Pan ddaw dy ddyddiau i ben, ac yn amser iti farw, codaf blentyn iti ar dy ôl, un yn hanu o'th feibion, a gwnaf ei deyrnas yn gadarn. ¹² Ef fydd yn adeiladu tŷ i mi, a gwnaf finnau ei orsedd yn gadarn am byth. ¹³ Byddaf fi'n dad iddo ef, a bydd yntau'n fab i mi, ac ni chymeraf fy nhrugaredd oddi wrtho, fel y cymerais hi oddi wrth yr un oedd o'th flaen di. ¹⁴ Gosodaf ef yn fy nhŷ ac yn fy nheyrnas am byth; erys ei orsedd yn gadarn hyd byth.' " ¹⁵ Dywedodd Nathan wrth Ddafydd y cwbl a ddywedwyd ac a ddangoswyd iddo ef.

Dafydd yn Datgan ei Ddiolch mewn Gweddi
2 Sam. 7:18–29

¹⁶ Yna fe aeth y Brenin Dafydd i mewn ac eistedd o flaen yr ARGLWYDD a dweud, "Pwy wyf fi, O Arglwydd DDUW, a phwy yw fy nheulu, dy fod wedi dod â mi hyd yma? ¹⁷ Ac fel pe byddai hyn eto'n beth bychan yn d'olwg, O Dduw, yr wyt hefyd wedi llefaru ynglŷn â theulu dy was ar gyfer y dyfodol pell, a'm hystyried i'n llinach o ddynion dyrchafedig, O Arglwydd DDUW. ¹⁸ Beth rhagor y medraf fi, Dafydd, ei ddweud wrthyt am anrhydeddu dy was, a thithau yn ei adnabod? ¹⁹ O ARGLWYDD, er mwyn dy was, ac yn ôl dy ewyllys dy hun, y gwnaethost yr holl fawredd hwn a hysbysu'r holl fawrion bethau. ²⁰ O ARGLWYDD, ni chlywodd ein clustiau am neb tebyg i ti, nac am un duw ar wahân i ti. Pa genedl arall ar y ddaear sydd fel dy bobl Israel? ²¹ Rhyddhaodd Duw hi i fod yn bobl iddo'i hun ac i ennill bri, a gwneud pethau mawr ac ofnadwy trwy fwrw allan genhedloedd o flaen dy bobl, y rhai a brynaist o'r Aifft. ²² Gwnaethost dy bobl Israel i fod yn bobl i ti hyd byth; a daethost tithau, O ARGLWYDD, yn Dduw iddynt hwy. ²³ Yn awr, O ARGLWYDD, bydded i'r addewid a wnaethost ynglŷn â'th was a'i deulu sefyll am byth, a gwna fel y dywedaist. ²⁴ Bydded iddi sefyll fel y mawrheir dy enw hyd byth, ac y dywedir, 'ARGLWYDD y Lluoedd, Duw Israel, sydd Dduw ar Israel'; a bydd tŷ dy was Dafydd yn sicr ger dy fron. ²⁵ Am i ti, O fy Nuw, ddatgelu i'th was y byddit yn adeiladu tŷ iddo, fe fentrodd dy was weddïo arnat. ²⁶ Yn awr, O ARGLWYDD, ti sydd Dduw, ac fe addewaist ti y daioni hwn i'th was. ²⁷ Felly'n awr, gwêl yn dda fendithio tŷ dy was, fel y caiff barhau am byth yn dy ŵydd; am i ti, ARGLWYDD, ei fendithio, bendigedig fydd hyd byth."

Buddugoliaethau Milwrol Dafydd

18 2 Sam. 8:1–18
Wedi hyn gorchfygodd Dafydd y Philistiaid a'u darostwng, a chipiodd Gath a'i phentrefi oddi arnynt. ² Yna gorchfygodd y Moabiaid, a daethant hwy yn ddeiliaid iddo gan dalu treth. ³ Gorchfygodd Dafydd hefyd Hadadeser brenin Soba hyd Hamath, pan oedd hwnnw ar ei ffordd i sefydlu ei awdurdod ar lan afon Ewffrates. ⁴ Cipiodd Dafydd oddi arno fil o gerbydau, saith mil o farchogion ac ugain mil o wŷr traed. Cadwodd Dafydd gant o feirch cerbyd, ond torrodd linynnau gar y lleill i gyd. ⁵ Pan ddaeth Syriaid Damascus i helpu Hadadeser brenin Soba, trawodd Dafydd ddwy fil ar hugain ohonynt. ⁶ Yna fe osododd Dafydd garsiynau* ymhlith Syriaid Damascus, a daeth y Syriaid yn weision i Ddafydd a thalu treth iddo. Yr oedd yr ARGLWYDD yn rhoi buddugoliaeth i Ddafydd ple bynnag yr âi. ⁷ Cymerodd Dafydd y tarianau aur oedd gan weision Hadadeser, a dygodd hwy i Jerwsalem. ⁸ Hefyd, o Tibhath a Chun, trefi Hadadeser, fe gymerodd Dafydd lawer iawn o bres a ddefnyddiwyd gan

---

18:6 Felly Fersiynau. TM heb *garsiynau*.

Solomon i wneud y môr pres a'r colofnau a'r llestri pres.

⁹ Pan glywodd Toi brenin Hamath fod Dafydd wedi gorchfygu holl fyddin Hadadeser brenin Soba, ¹⁰ fe anfonodd ei fab Hadoram i ddymuno'n dda i'r Brenin Dafydd a'i longyfarch am iddo ymladd yn erbyn Hadadeser a'i orchfygu; oherwydd bu Hadadeser yn rhyfela'n gyson yn erbyn Toi. Anfonodd hefyd lestri o arian ac o aur ac o bres, ¹¹ a chysegrodd y Brenin Dafydd hwy i'r ARGLWYDD, yn ogystal â'r arian a'r aur a gymerodd oddi ar yr holl genhedloedd, sef Edom, Moab, yr Ammoniaid, y Philistiaid a'r Amaleciaid.

¹² Lladdodd Abisai fab Serfia ddeunaw mil o Edomiaid yn Nyffryn yr Halen; ¹³ yna gosododd garsiynau yn Edom, a daeth yr Edomiaid i gyd yn ddeiliaid i Ddafydd. Yr oedd yr ARGLWYDD yn rhoi buddugoliaeth i Ddafydd ple bynnag yr âi.

¹⁴ Yr oedd Dafydd yn teyrnasu dros Israel gyfan, ac yn gweinyddu barn a chyfiawnder i'w holl bobl. ¹⁵ Joab fab Serfia oedd dros y fyddin; Jehosaffat fab Ahilud yn gofiadur; ¹⁶ Sadoc fab Ahitub, ac Abimelech fab Abiathar yn offeiriaid; Safsa yn ysgrifennydd; ¹⁷ Benaia fab Jehoiada dros y Cerethiaid a'r Pelethiaid; a meibion Dafydd yn brif swyddogion yng ngwasanaeth y brenin.

Dafydd yn Gorchfygu'r Ammoniaid a'r Syriaid

19 2 Sam. 10:1–19
² Wedi hyn bu farw Nahas brenin yr Ammoniaid, a daeth ei fab yn frenin yn ei le. ² Dywedodd Dafydd, "Gwnaf garedigrwydd â Hanun fab Nahas, fel y gwnaeth ei dad â mi." Felly anfonodd negeswyr i'w gysuro am ei dad. Ond pan ddaeth gweision Dafydd i wlad yr Ammoniaid at Hanun i'w gysuro, ³ dywedodd tywysogion yr Ammoniaid wrth Hanun, "A wyt ti'n tybio mai anrhydeddu dy dad y mae Dafydd wrth anfon cysurwyr atat? Onid er mwyn chwilio'r wlad a'i hysbïo a'i goresgyn y daeth ei weision atat?" ⁴ Yna cymerodd Hanun weision Dafydd a'u heillio, a thorri gwisg pob un yn ei hanner hyd at ei gluniau, a'u hanfon hwy ymaith. ⁵ Pan ddywedwyd wrth Ddafydd am y dynion, fe anfonodd rai i'w cyfarfod, am fod cywilydd mawr arnynt, a dweud wrthynt am aros yn Jericho a pheidio â dychwelyd nes y byddai eu barfau wedi tyfu.

⁶ Pan welsant eu bod yn ffiaidd gan Ddafydd, anfonodd Hanun a'r Ammoniaid fil o dalentau arian i gyflogi cerbydau a marchogion o Mesopotamia, Syria-maacha a Soba. ⁷ Cyflogasant ddeuddeng mil ar hugain o gerbydau, yn ogystal â brenin Maacha a'i fyddin, a daethant i wersyllu o flaen Medeba. Ymgasglodd yr Ammoniaid hefyd o'u dinasoedd a dod allan i ryfel. ⁸ Pan glywodd Dafydd, anfonodd Joab allan gyda'r holl fyddin a'r milwyr. ⁹ Daeth yr Ammoniaid allan a ffurfio rhengoedd ar gyfer y frwydr ger porth y ddinas, ac yr oedd y brenhinoedd, a oedd wedi dod, ar eu pennau eu hunain mewn tir agored. ¹⁰ Pan welodd Joab y byddai'n gorfod ymladd o'r tu blaen ac o'r tu ôl, dewisodd wŷr dethol o fyddin Israel, a'u trefnu mewn rhengoedd i wynebu'r Syriaid. ¹¹ Gosododd weddill y fyddin dan awdurdod ei frawd Abisai, a safasant yn rhengoedd i wynebu'r Ammoniaid. ¹² A dywedodd, "Os bydd y Syriaid yn drech na mi, tyrd di i'm cynorthwyo; ac os bydd yr Ammoniaid yn drech na thi, dof finnau i'th gynorthwyo di. ¹³ Bydd yn wrol! Byddwn ddewr dros ein pobl a dinasoedd ein Duw; a bydded i'r ARGLWYDD wneud yr hyn sy'n dda yn ei olwg." ¹⁴ Yna nesaodd Joab a'r milwyr oedd gydag ef i ryfel yn erbyn y Syriaid, a ffoesant o'i flaen. ¹⁵ Pan welodd yr Ammoniaid fod y Syriaid wedi ffoi, ffoesant hwythau o flaen Abisai ei frawd, a mynd i'r ddinas. Yna dychwelodd Joab i Jerwsalem.

¹⁶ Pan welodd y Syriaid iddynt golli'r dydd o flaen Israel, anfonasant negeswyr i gyrchu'r Syriaid o Tu-hwnt-i'r-Ewffrates, gyda Sobach, pencapten byddin Hadadeser, yn eu harwain. ¹⁷ Pan ddywedwyd wrth Ddafydd, fe gasglodd ynghyd Israel gyfan, croesodd yr Iorddonen, a dod atynt a sefyll yn rhengoedd yn eu herbyn. Trefnodd

rengoedd yn erbyn y Syriaid, a brwydrasant hwythau yn ei erbyn. ¹⁸ Ffodd y Syriaid o flaen Israel, a lladdodd Dafydd ohonynt saith mil o wŷr cerbyd a deugain mil o wŷr traed, a hefyd Sobach y pencapten. ¹⁹ Pan welodd gweision Hadadeser iddynt golli'r dydd o flaen Israel, gwnaethant heddwch â Dafydd a phlygu i'w awdurdod. Wedi hyn yr oedd y Syriaid yn anfodlon rhoi rhagor o gymorth i'r Ammoniaid.

Dafydd yn Meddiannu Rabba

20 2 Sam. 12:26–31

Tua throad y flwyddyn, yr adeg y byddai'r brenhinoedd yn mynd i ryfela, arweiniodd Joab y fyddin allan a distrywio Ammon a gosod Rabba dan warchae; ond fe arhosodd Dafydd yn Jerwsalem. Trawodd Joab Rabba a'i dinistrio. ² Yna cymerodd Dafydd goron eu brenin oddi ar ei ben a chael ei bod yn pwyso talent o aur, a bod gem gwerthfawr ynddi; fe'i rhoed ar ben Dafydd. ³ Dygodd o'r ddinas lawer o ysbail, ac aeth â'r bobl oedd ynddi ymaith a'u gosod i lafurio â llifiau a cheibiau heyrn a bwyeill. Gwnaeth Dafydd yr un modd â holl drefi'r Ammoniaid, ac yna dychwelodd ef a'r holl fyddin i Jerwsalem.

Brwydrau yn erbyn Cewri'r Philistiaid

2 Sam. 21:15–22

⁴ Ar ôl hynny bu rhyfel yn erbyn y Philistiaid yn Geser. Y tro hwnnw lladdwyd Sippai, un o dylwyth y Reffaim, gan Sibbechai yr Husathiad. ⁵ A bu rhyfel eilwaith yn erbyn y Philistiaid, a lladdwyd Lahmi, brawd Goliath o Gath, gan Elhanan fab Jair; yr oedd coes gwaywffon Goliath fel carfan gwehydd. ⁶ Pan fu rhyfel eto yn Gath, yr oedd yno gawr o ddyn gyda chwech o fysedd ar bob llaw a throed, pedwar ar hugain i gyd; ac yr oedd yntau yn hanu o'r Reffaim. ⁷ Bwriodd sen ar Israel, ond lladdwyd ef gan Jonathan fab Simei, brawd Dafydd. ⁸ Yr oedd y rhain yn hanu o'r Reffaim yn Gath, a chwympasant trwy law Dafydd a'i weision.

Dafydd yn Gwneud Cyfrifiad

21 2 Sam. 24:1–25

Cododd Satan yn erbyn Israel ac annog Dafydd i gyfrif yr Israeliaid. ² Felly dywedodd Dafydd wrth Joab a swyddogion y fyddin, "Ewch a chyfrifwch Israel o Beerseba i Dan; yna dychwelwch ataf er mwyn i mi wybod eu nifer." ³ Dywedodd Joab, "Bydded i'r ARGLWYDD luosogi ei bobl ganwaith yr hyn ydynt. F'arglwydd frenin, onid gweision f'arglwydd ydynt i gyd? Pam y mae f'arglwydd yn gwneud ymholiad fel hyn? Pam y dylai camwedd ddod ar Israel?" ⁴ Ond yr oedd gair y brenin yn drech na Joab, ac fe aeth Joab allan a thramwyo trwy holl Israel, a dychwelodd i Jerwsalem. Yna rhoddodd swm y cyfrifiad o'r bobl i Ddafydd: ⁵ yr oedd yn Israel filiwn a chan mil o wŷr a fedrai drin y cleddyf, ac yn Jwda bedwar cant saith deg o filoedd. ⁶ Ond nid oedd Joab wedi cynnwys Lefi a Benjamin yn eu mysg am ei fod yn ffieiddio gorchymyn y brenin.

⁷ Yr oedd hyn yn ddrwg yng ngolwg Duw, ac felly trawodd Israel. ⁸ A dywedodd Dafydd wrth Dduw, "Pechais yn fawr trwy wneud hyn; am hynny maddau i'th was, oherwydd bûm yn ffôl iawn." ⁹ Daeth gair yr ARGLWYDD at Gad, gweledydd Dafydd, gan ddweud, ¹⁰ "Dos a dywed wrth Ddafydd, 'Fel hyn y dywed yr ARGLWYDD: Yr wyf yn cynnig tri pheth iti; dewis di un ohonynt, ac fe'i gwnaf iti.'" ¹¹ Daeth Gad at Ddafydd ac meddai wrtho, "Fel hyn y dywed yr ARGLWYDD: ¹² Dewis naill ai tair blynedd o newyn, neu dri mis o ffoi o flaen dy wrthwynebwyr a chleddyf dy elynion yn dy oddiweddyd, neu dridiau o haint yn y wlad, sef cleddyf yr ARGLWYDD, ac angel yr ARGLWYDD yn dinistrio trwy holl derfynau Israel. Ystyria pa ateb a roddaf i'r un a'm hanfonodd." ¹³ Dywedodd Dafydd wrth Gad, "Y mae'n gyfyng iawn arnaf, ond bydded imi syrthio i law'r ARGLWYDD, am fod ei drugareddau'n aml, yn hytrach nag imi syrthio i law dynion." ¹⁴ Felly anfonodd yr ARGLWYDD haint ar Israel, a bu farw deng mil a thrigain o'r bobl. ¹⁵ Anfonodd Duw hefyd angel i Jerwsalem i'w dinistrio,

ond fel yr oedd ar fin ei dinistrio edrychodd yr ARGLWYDD ac edifarhaodd am y niwed, a dywedodd wrth yr angel oedd yn gyfrifol am y dinistr, "Digon bellach! Atal dy law." Yr oedd angel yr ARGLWYDD yn ymyl llawr dyrnu Ornan y Jebusiad. [16] Yna edrychodd Dafydd a gweld angel yr ARGLWYDD yn sefyll rhwng daear a nefoedd, â'i gleddyf noeth yn ei law wedi ei estyn dros Jerwsalem; ac fe syrthiodd Dafydd a'r henuriaid, a oedd wedi eu gwisgo mewn sachliain, ar eu hwynebau. [17] Dywedodd Dafydd wrth Dduw, "Onid myfi a orchymynnodd rifo'r bobl? Onid myfi sydd wedi pechu a gwneud drwg? Am y defaid hyn, beth a wnaethant hwy? O ARGLWYDD fy Nuw, bydded dy law yn f'erbyn i a'm teulu, ond paid ag anfon pla ar dy bobl."

[18] Yna dywedodd angel yr ARGLWYDD wrth Gad am orchymyn i Ddafydd fynd i fyny a chodi allor i'r ARGLWYDD ar lawr dyrnu Ornan y Jebusiad. [19] Felly fe aeth Dafydd, ar air Gad, fel y gorchmynnodd yn enw'r ARGLWYDD. [20] Yr oedd Ornan yn dyrnu gwenith; trodd a gweld yr angel, ac aeth ei bedwar mab oedd gydag ef i ymguddio. [21] Daeth Dafydd at Ornan, a phan welodd Ornan ef aeth allan o'r llawr dyrnu ac ymgrymu iddo hyd lawr. [22] Dywedodd Dafydd wrtho, "Rho i mi'r llawr dyrnu, er mwyn i mi godi allor yno i'r ARGLWYDD; rho ef i mi am ei lawn bris, er mwyn atal y pla rhag y bobl." [23] Meddai Ornan wrth Ddafydd, "Cymered f'arglwydd frenin ef a gwneud yr hyn a fyn; edrych, yr wyf yn rhoi'r ychen ar gyfer y poethoffrymau, a'r offer dyrnu yn danwydd a'r gwenith yn fwydoffrwm. Fe gei'r cwbl gennyf." [24] Ond dywedodd y brenin wrth Ornan, "Na, rhaid i mi ei brynu am ei lawn werth. Ni chymeraf yr hyn sydd eiddot ti ac aberthu i'r ARGLWYDD boethoffrwm di-gost." [25] Felly talodd Dafydd chwe chan sicl o aur wrth eu pwysau i Ornan am y lle; [26] a chododd yno allor i'r ARGLWYDD, ac aberthu poethoffrymau a heddoffrymau. Galwodd ar yr ARGLWYDD, ac atebodd yntau ef trwy anfon tân o'r nefoedd ar allor y poethoffrwm. [27] A gorchmynnodd yr ARGLWYDD i'r angel roi ei gleddyf yn ôl yn ei wain.

[28] Y pryd hwnnw, pan welodd Dafydd fod yr ARGLWYDD wedi ei ateb yn llawr dyrnu Ornan y Jebusiad, fe aberthodd yno. [29] Yr oedd tabernacl yr ARGLWYDD, a wnaeth Moses yn yr anialwch, ac allor y poethoffrwm, yn yr uchelfa yn Gibeon y pryd hwnnw; [30] ond ni allai Dafydd fynd o'i flaen i ymofyn â Duw am ei fod yn ofni cleddyf angel yr ARGLWYDD.

22
Dywedodd Dafydd, "Hwn fydd tŷ'r ARGLWYDD Dduw, ac allor y poethoffrwm i Israel."

Paratoi i Adeiladu'r Deml

[2] Rhoddodd Dafydd orchymyn i gasglu'r dieithriaid oedd yng ngwlad Israel, a phenododd seiri maen i baratoi cerrig i adeiladu tŷ Dduw. [3] Fe baratôdd hefyd lawer o haearn i wneud hoelion ar gyfer drysau'r pyrth a'r cysylltiadau, a chymaint o bres fel nad oedd modd ei bwyso; [4] darparodd hefyd goed cedrwydd di-rif, oherwydd bod y Sidoniaid a'r Tyriaid wedi dod â llawer ohonynt iddo. [5] Ac meddai Dafydd, "Y mae Solomon fy mab yn ifanc a dibrofiad, a rhaid i'r tŷ a adeiledir i'r ARGLWYDD fod yn uwch, yn enwocach ac yn fwy gogoneddus na'r un arall trwy'r holl wledydd; felly dechreuaf baratoi ar ei gyfer." Ac fe baratôdd Dafydd yn helaeth cyn iddo farw.

[6] Yna galwodd ar Solomon ei fab, a'i orchymyn i adeiladu tŷ i ARGLWYDD Dduw Israel, gan ddweud wrtho, [7] "Fy mab, yr oeddwn â'm bryd ar adeiladu tŷ i enw'r ARGLWYDD fy Nuw, ond daeth gair yr ARGLWYDD ataf gan ddweud, [8] 'Yr wyt wedi tywallt llawer o waed ac ymladd brwydrau mawr; ni chei di adeiladu tŷ i mi, am iti dywallt llawer o waed ar y ddaear yn fy ngŵydd i. [9] Ond edrych, genir iti fab a fydd yn ŵr heddychlon, ac mi roddaf iddo lonydd oddi wrth yr holl elynion o'i amgylch. [10] Solomon fydd ei enw, a rhoddaf heddwch a thangnefedd i Israel yn ei oes ef. Ef fydd yn adeiladu tŷ i'm henw. Bydd ef yn fab i mi a minnau'n dad iddo yntau; gwnaf orsedd ei frenhiniaeth ar Israel yn

gadarn am byth.' ¹¹ Yn awr, fy mab, yr ARGLWYDD fyddo gyda thi, er mwyn i ti lwyddo wrth adeiladu tŷ'r ARGLWYDD dy Dduw fel y dywedodd ef amdanat. ¹² Rhodded yr ARGLWYDD i ti hefyd ddoethineb a deall, pan rydd i ti awdurdod dros Israel, er mwyn iti gadw cyfraith yr ARGLWYDD dy Dduw. ¹³ Yna, os cedwi'r deddfau a'r cyfreithiau a orchmynnodd yr ARGLWYDD i Moses ynglŷn ag Israel, fe lwyddi. Bydd yn gryf a dewr; paid ag ofni na bod yn wangalon. ¹⁴ Edrych, er fy mod yn dlawd, rhoddais ar gyfer tŷ'r ARGLWYDD gan mil o dalentau aur a miliwn o dalentau arian, a chymaint o bres a haearn fel nad oedd modd eu pwyso am fod cymaint ohonynt, a choed a cherrig yn ogystal. Ychwanega dithau atynt. ¹⁵ Y mae gennyt lawer iawn o weithwyr, yn naddwyr, seiri maen a seiri coed, ac eraill yn gallu gwneud pob math o waith; ¹⁶ a bydd yr aur, yr arian, y pres a'r haearn yn aneirif. Cod a gweithia, a bydded yr ARGLWYDD gyda thi."

¹⁷ Gorchmynnodd Dafydd i holl arweinwyr Israel gynorthwyo Solomon ei fab, gan ddweud, ¹⁸ "Onid yw'r ARGLWYDD eich Duw gyda chwi? Onid yw wedi rhoi llonydd i chwi oddi wrth bawb o'ch cwmpas? Yn wir, y mae wedi rhoi pobl y wlad yn fy llaw, a darostyngwyd y wlad o flaen yr ARGLWYDD a'i bobl. ¹⁹ Yn awr ymrowch, galon ac enaid, i geisio'r ARGLWYDD eich Duw. Codwch ac adeiladwch gysegr yr ARGLWYDD Dduw, er mwyn dod ag arch cyfamod yr ARGLWYDD a llestri cysegredig Duw i'r tŷ a adeiledir i enw'r ARGLWYDD."

Gwaith y Lefiaid

23 Wedi i Ddafydd fynd yn hen a chyrraedd oedran teg, fe wnaeth Solomon ei fab yn frenin ar Israel. ² Yna fe gasglodd ynghyd holl arweinwyr Israel, a'r offeiriaid a'r Lefiaid. ³ Rhifwyd y Lefiaid a oedd yn ddeg ar hugain oed a throsodd, a'r cyfanrif oedd deunaw mil ar hugain. ⁴ O'r rhain yr oedd pedair mil ar hugain i arolygu'r gwaith yn nhŷ'r ARGLWYDD, chwe mil i fod yn swyddogion ac yn farnwyr, ⁵ pedair mil yn borthorion, a phedair mil i foli'r ARGLWYDD â'r offerynnau mawl a wnaeth Dafydd*. ⁶ Rhannodd Dafydd hwy yn ddosbarthiadau yn ôl meibion Lefi, sef Gerson, Cohath a Merari.

⁷ Meibion Gerson: Ladan a Simei. ⁸ Meibion Ladan: Jehiel yn gyntaf, yna Setham a Joel, tri. ⁹ Meibion Simei: Selomith, Hasiel a Haran, tri. Y rhain oedd pennau-teuluoedd Ladan. ¹⁰ Meibion Simei: Jahath, Sisa*, Jeus a Bereia. Dyma bedwar mab Simei, ¹¹ Jahath yn gyntaf a Sisa yn ail; ond nid oedd gan Jeus a Bereia lawer o feibion, felly cyfrifwyd hwy fel un teulu.

¹² Meibion Cohath: Amram, Ishar, Hebron ac Ussiel, pedwar. ¹³ Meibion Amram: Aaron a Moses. Cafodd Aaron a'i feibion eu neilltuo am byth i sancteiddio'r cysegr sancteiddiaf ac i arogldarthu gerbron yr ARGLWYDD, i'w wasanaethu ac i fendithio yn ei enw dros byth. ¹⁴ Ond yr oedd meibion Moses, gŵr Duw, i'w cyfrif ymhlith llwyth Lefi. ¹⁵ Meibion Moses: Gersom ac Elieser. ¹⁶ Meibion Gersom: Sebuel yn gyntaf. ¹⁷ Meibion Elieser: Rehabia yn gyntaf; nid oedd ganddo feibion eraill, ond yr oedd meibion Rehabia yn niferus iawn. ¹⁸ Meibion Ishar: Selomith yn gyntaf. ¹⁹ Meibion Hebron: Jereia yn gyntaf, Amareia yn ail, Jahasiel yn drydydd a Jecameam yn bedwerydd. ²⁰ Meibion Ussiel: Micha yn gyntaf a Jeseia yn ail.

²¹ Meibion Merari: Mahli a Musi. Meibion Mahli: Eleasar a Cis. ²² Bu farw Eleasar; nid oedd ganddo feibion, dim ond merched, a phriodod eu cefndyr, meibion Cis, â hwy. ²³ Meibion Musi: Mahli, Eder a Jerimoth, tri.

²⁴ Dyma feibion Lefi yn ôl eu teuluoedd, a dyma'r pennau-teuluoedd yn ôl eu swyddi ac wedi eu rhifo fesul un wrth eu henwau; yr oedd pob un ugain oed a throsodd i ofalu am waith tŷ'r ARGLWYDD, ²⁵ oherwydd i Ddafydd ddweud, "Am fod yr ARGLWYDD, Duw Israel, wedi rhoi diogelwch i'w bobl, ac wedi dod i breswylio yn Jerwsalem am byth, ²⁶ nid oes rhaid mwyach i'r Lefiaid gario'r tabernacl na'r holl offer sydd ar

---

23:5 Cymh. Fersiynau. Hebraeg, *a wneuthum*.
23:10 Felly llawysgrifau a Fersiynau. TM, *Sina*.

ei gyfer." ²⁷ Yn ôl geiriau olaf Dafydd yr oedd y Lefiaid ugain oed a throsodd i'w rhifo. ²⁸ Eu dyletswydd oedd cynorthwyo meibion Aaron yng ngwasanaeth tŷ'r ARGLWYDD, gofalu am y cynteddau a'r ystafelloedd, puro popeth sanctaidd ac ymgymryd â gwasanaeth tŷ Dduw. ²⁹ Yr oeddent yn gyfrifol am y bara gosod, y blawd ar gyfer y bwydoffrwm, y teisennau croyw, y bara radell, y toes wedi ei dylino, a'r holl bwysau a mesurau. ³⁰ Yr oeddent i fod yn bresennol fore a hwyr i roi mawl a chlod i'r ARGLWYDD. ³¹ Bob tro yr offrymid poethoffrymau i'r ARGLWYDD ar Saboth, newydd-loer neu ŵyl, rhaid oedd i'r nifer dyladwy ohonynt fod ger ei fron ef. ³² Yr oeddent i oruchwylio pabell y cyfamod a'r cysegr, a gweini ar eu brodyr, meibion Aaron, wrth iddynt wasanaethu yn nhŷ'r ARGLWYDD.

Gwaith yr Offeiriaid

24 Dyma ddosbarthiadau meibion Aaron. Meibion Aaron: Nadab, Abihu, Eleasar ac Ithamar. ² Bu farw Nadab ac Abihu yn ddi-blant, a'u tad eto'n fyw; felly daeth Eleasar ac Ithamar yn offeiriaid. ³ Gyda chymorth Sadoc o feibion Eleasar ac Ahimelech o feibion Ithamar, gosododd Dafydd hwy yn eu swyddi ar gyfer eu gwasanaeth. ⁴ Gan fod mwy o ddynion blaenllaw ymysg meibion Eleasar na meibion Ithamar, rhannwyd hwy fel hyn: o feibion Eleasar, un ar bymtheg o bennau-teuluoedd, ac o feibion Ithamar, wyth. ⁵ Dosbarthwyd y naill a'r llall trwy goelbren, gan fod swyddogion y cysegr a swyddogion Duw o blith meibion Eleasar a meibion Ithamar. ⁶ Cofrestrwyd eu henwau gan Semaia fab Nathaneel, ysgrifennydd o lwyth Lefi, yng ngŵydd y brenin, y swyddogion, Sadoc yr offeiriad, Ahimelech fab Abiathar, a phennau-teuluoedd yr offeiriaid a'r Lefiaid, a dewiswyd un teulu o feibion Eleasar ac un* o feibion Ithamar. ⁷ Syrthiodd y coelbren cyntaf ar Jehoiarib, yr ail ar Jedaia, ⁸ y trydydd ar Harim, y pedwerydd ar Seorim, ⁹ y pumed ar Malcheia, y chweched ar Mijamin, ¹⁰ y seithfed ar Haccos, yr wythfed ar Abeia, ¹¹ y nawfed ar Jesua, y degfed ar Sechaneia, ¹² yr unfed ar ddeg ar Eliasib, y deuddegfed ar Jacim, ¹³ y trydydd ar ddeg ar Huppa, y pedwerydd ar ddeg ar Jesebeab, ¹⁴ y pymthegfed ar Bilga, yr unfed ar bymtheg ar Immer, ¹⁵ yr ail ar bymtheg ar Hesir, y deunawfed ar Affses, ¹⁶ y pedwerydd ar bymtheg ar Pethaheia, yr ugeinfed ar Jehesecel, ¹⁷ yr unfed ar hugain ar Jachin, yr ail ar hugain ar Gamul, ¹⁸ y trydydd ar hugain ar Delaia, y pedwerydd ar hugain ar Maaseia. ¹⁹ Swyddogaeth y rhain yn y gwasanaeth oedd dod i mewn i dŷ Dduw yn ôl y drefn a osodwyd gan Aaron eu tad, fel y gorchmynnwyd iddo gan ARGLWYDD Dduw Israel.

Rhestr o'r Lefiaid

²⁰ Dyma weddill meibion Lefi. O feibion Amram: Subael; o feibion Subael: Jehdeia; ²¹ o Rehabia a'i feibion: Issia yn gyntaf; ²² o'r Ishariaid: Selomoth; o feibion Selomoth: Jahath. ²³ Meibion Hebron*: Jereia yn gyntaf, Amareia yn ail, Jahasiel yn drydydd a Jecameam yn bedwerydd. ²⁴ O feibion Ussiel: Micha; o feibion Micha: Samir. ²⁵ Brawd Micha oedd Issia. O feibion Issia: Sechareia. ²⁶ Meibion Merari: Mahli a Musi. Meibion Jaasei: Beno. ²⁷ Meibion Merari trwy Jaaseia: Beno, Soham, Saccur ac Ibri. ²⁸ O Mahli: Eleasar, a oedd yn ddi-blant. ²⁹ O Cis, meibion Cis: Jerahmeel. ³⁰ Meibion Musi: Mahli, Eder a Jerimoth. Y rhain oedd y Lefiaid yn ôl eu teuluoedd. ³¹ Ac yn union fel y gwnaeth eu brodyr, meibion Aaron, fe fwriodd yr hen a'r ifanc goelbrennau yng ngŵydd y Brenin Dafydd, Sadoc, Ahimelech a phennau-teuluoedd yr offeiriaid a'r Lefiaid.

Cerddorion y Deml

25 Dewisodd Dafydd a'r swyddogion feibion Asaff, Heman a Jeduthun ar gyfer y gwaith o broffwydo â thelynau, nablau a symbalau. Dyma restr o'r

---

24:6 Felly llawysgrifau a Fersiynau. TM, *a dewiswyd*. **24:23** Cymh. 23:19. TM heb *Hebron*.

dynion a etholwyd ar gyfer y gwaith. ² O feibion Asaff: Saccur, Joseff, Nethaneia ac Asarela. Yr oedd meibion Asaff o dan gyfarwyddyd Asaff, a oedd yn proffwydo mewn ufudd-dod i'r brenin. ³ O Jeduthun, meibion Jeduthun: Gedaleia, Seri, Jesaia, Simei*, Hasabeia a Matitheia, chwech, o dan gyfarwyddyd eu tad Jeduthun, a oedd yn proffwydo ar y delyn er mawl a chlod i'r ARGLWYDD. ⁴ O Heman, meibion Heman: Bucceia, Mataneia, Ussiel, Sebuel, Jerimoth, Hananeia, Hanani, Eliatha, Gidalti, Romamti-eser, Josbecasa, Malothi, Hothir a Mahasioth. ⁵ Yr oedd y rhain i gyd yn feibion Heman, gweledydd y brenin, gan fod Duw wedi addo ei ddyrchafu, ac wedi rhoi iddo bedwar ar ddeg o feibion a thair merch. ⁶ Yr oedd y rhain i gyd o dan gyfarwyddyd eu tad yn canu yn nhŷ'r ARGLWYDD gyda symbalau, nablau a thelynau, tra oedd Asaff, Jeduthun a Heman o dan gyfarwyddyd y brenin. ⁷ Y cyfanrif, gan gynnwys eu brodyr a oedd wedi eu hyfforddi sut i ganu i'r ARGLWYDD ac wedi meistroli'r grefft, oedd dau gant wyth deg ac wyth. ⁸ Bwriasant goelbrennau ynglŷn â'u dyletswyddau, ifanc a hen, athro a disgybl fel ei gilydd.

⁹ Syrthiodd y coelbren cyntaf ar Joseff yr Asaffiad, ef a'i feibion a'i frodyr, deuddeg*. Yr ail ar Gedaleia, ef a'i frodyr a'i feibion, deuddeg. ¹⁰ Y trydydd ar Saccur, ei feibion a'i frodyr, deuddeg. ¹¹ Y pedwerydd ar Isri, ei feibion a'i frodyr, deuddeg. ¹² Y pumed ar Nethaneia, ei feibion a'i frodyr, deuddeg. ¹³ Y chweched ar Bucceia, ei feibion a'i frodyr, deuddeg. ¹⁴ Y seithfed ar Jesarela, ei feibion a'i frodyr, deuddeg. ¹⁵ Yr wythfed ar Jesaia, ei feibion a'i frodyr, deuddeg. ¹⁶ Y nawfed ar Mataneia, ei feibion a'i frodyr, deuddeg. ¹⁷ Y degfed ar Simei, ei feibion a'i frodyr, deuddeg. ¹⁸ Yr unfed ar ddeg ar Asareel, ei feibion a'i frodyr, deuddeg. ¹⁹ Y deuddegfed ar Hasabeia, ei feibion a'i frodyr, deuddeg. ²⁰ Y trydydd ar ddeg ar Subael, ei feibion a'i frodyr, deuddeg. ²¹ Y pedwerydd ar ddeg ar Matitheia, ei feibion a'i frodyr, deuddeg. ²² Y pymthegfed ar Jerimoth, ei feibion a'i frodyr, deuddeg. ²³ Yr unfed ar bymtheg ar Hananeia, ei feibion a'i frodyr, deuddeg. ²⁴ Yr ail ar bymtheg ar Josbecasa, ei feibion a'i frodyr, deuddeg. ²⁵ Y deunawfed ar Hanani, ei feibion a'i frodyr, deuddeg. ²⁶ Y pedwerydd ar bymtheg ar Malothi, ei feibion a'i frodyr, deuddeg. ²⁷ Yr ugeinfed ar Eliatha, ei feibion a'i frodyr, deuddeg. ²⁸ Yr unfed ar hugain ar Hothir, ei feibion a'i frodyr, deuddeg. ²⁹ Yr ail ar hugain ar Gidalti, ei feibion a'i frodyr, deuddeg. ³⁰ Y trydydd ar hugain ar Mahasioth, ei feibion a'i frodyr, deuddeg. ³¹ Y pedwerydd ar hugain ar Romamti-eser, ei feibion a'i frodyr, deuddeg.

Y Porthorion

26 Dyma ddosbarthiadau'r porthorion. O'r Corahiaid; Meselemia fab Core, o feibion Asaff. ² O feibion Meselemia: Sechareia y cyntafanedig, Jediael yr ail, Sebadeia y trydydd, Jathniel y pedwerydd, ³ Elam y pumed, Jehohanan y chweched, Elioenai y seithfed. ⁴ O feibion Obed-edom: Semaia y cyntafanedig, Jehosabad yr ail, Joa y trydydd, Sachar y pedwerydd, Nethaneel y pumed, ⁵ Ammiel y chweched, Issachar y seithfed, Peulthai yr wythfed; oherwydd yr oedd Duw wedi ei fendithio. ⁶ I'w fab Semaia ganwyd meibion a ddaeth yn arweinwyr eu teulu am eu bod yn ddynion galluog iawn. ⁷ Meibion Semaia: Othni, Reffael, Obed, Elsabad a'i frodyr Elihu a Semachei, gwŷr galluog. ⁸ Disgynyddion Obededom oedd y rhain i gyd, ac yr oeddent hwy a'u meibion a'u brodyr yn ddynion galluog ac yn gymwys ar gyfer y gwasanaeth, chwe deg a dau ohonynt. ⁹ O feibion a brodyr Meselemia, dynion galluog: deunaw. ¹⁰ O feibion Hosa y Merariad: Simri yn gyntaf (er nad ef oedd y cyntafanedig, gwnaeth ei dad ef yn gyntaf), ¹¹ Hilceia yn ail, Tebaleia yn drydydd, Sechareia yn bedwerydd; yr oedd meibion a brodyr Hosa yn dri ar ddeg i gyd.

25:3 Felly llawysgrif a Groeg. TM heb *Simei*.
25:9 Cymh. Groeg. Hebraeg heb *ef a'i . . . deuddeg*.

¹² Trwy'r rhain, y dynion mwyaf blaenllaw, yr oedd gan ddosbarthiadau'r porthorion ddyletswyddau ynglŷn â gwasanaeth yn nhŷ yr ARGLWYDD gyda'u brodyr. ¹³ Bwriasant goelbrennau ar gyfer y pyrth yn ôl eu teuluoedd, ifanc a hen fel ei gilydd. ¹⁴ Syrthiodd y coelbren am borth y dwyrain ar Selemeia. Yna bwriasant goelbrennau dros ei fab Sechareia, a oedd yn gynghorwr deallus, a chafodd yntau borth y gogledd. ¹⁵ Cafodd Obed-edom borth y de, a'i feibion yr ystordy. ¹⁶ Cafodd Suppim a Hosa borth y gorllewin gyda phorth Salecheth ar y briffordd uchaf. ¹⁷ Yr oedd y gwylwyr yn cyfnewid â'i gilydd: chwech bob dydd* ym mhorth y dwyrain, pedwar bob dydd ym mhorth y gogledd, a phedwar bob dydd ym mhorth y de, dau yr un ar gyfer yr ystordai, ¹⁸ ac ar gyfer y glwysty gorllewinol, pedwar ar y briffordd a dau i'r glwysty ei hun. ¹⁹ Y rhain oedd dosbarthiadau'r porthorion o blith meibion Cora a meibion Merari.

Dyletswyddau Eraill y Lefiaid

²⁰ Eu brodyr y Lefiaid* oedd yn gofalu am drysordai tŷ Dduw a thrysordai'r pethau cysegredig. ²¹ O feibion Ladan, a oedd yn Gersoniaid trwy Ladan ac yn bennau-teuluoedd i Ladan y Gersoniad: Jehieli. ²² O feibion Jehieli: Setham a Joel ei frawd; hwy oedd yn gyfrifol am drysordai tŷ'r ARGLWYDD. ²³ O'r Amramiaid, yr Ishariaid, yr Hebroniaid a'r Ussieliaid: ²⁴ Sebuel fab Gersom, fab Moses oedd yn bennaeth ar y trysordai. ²⁵ Ei berthnasau ef trwy Eleasar: Rehabia ei fab, Jeseia ei fab, Joram ei fab, Sichri ei fab a Selomoth ei fab. ²⁶ Y Selomoth hwn a'i frodyr oedd yn gofalu am holl drysordai'r pethau sanctaidd a gysegrodd y Brenin Dafydd, y pennau-teuluoedd, capteiniaid y miloedd a'r cannoedd, a swyddogion y fyddin. ²⁷ Yr oeddent hwy wedi cysegru rhan o'r ysbail rhyfel er mwyn cynnal tŷ'r ARGLWYDD. ²⁸ Yr oedd y cwbl a gysegrodd Samuel y gweledydd, Saul fab Cis, Abner fab Ner a Joab fab Serfia—hynny yw, popeth cysegredig—yng ngofal Selomoth a'i frodyr. ²⁹ O'r Ishariaid: Cenaneia a'i feibion oedd yn gweithredu fel swyddogion a barnwyr ar Israel mewn materion y tu allan i'r deml. ³⁰ O'r Hebroniaid: Hasabeia a'i frodyr, mil saith gant o ddynion galluog, oedd yn arolygu gwaith yr ARGLWYDD a gwasanaeth y brenin yn Israel y tu hwnt i'r Iorddonen. ³¹ O'r Hebroniaid: Jereia yn gyntaf. Yn neugeinfed flwyddyn teyrnasiad Dafydd chwiliwyd achau'r Hebroniaid, a chafwyd bod dynion galluog iawn yn eu mysg yn Jaser Gilead. ³² Yr oedd gan Jereia ddwy fil saith gant o berthnasau yn bennau-teuluoedd ac yn ddynion galluog. A dewisodd y Brenin Dafydd hwy i arolygu'r Reubeniaid, y Gadiaid a hanner llwyth Manasse mewn materion yn ymwneud â Duw ac â'r brenin.

Trefn Filwrol a Sifil

27 Dyma nifer meibion Israel, yn bennau-teuluoedd a chapteiniaid y miloedd a'r cannoedd a'u swyddogion, oedd yn gwasanaethu'r brenin yn y gwahanol adrannau fis ar y tro trwy gydol y flwyddyn: pedair mil ar hugain ymhob adran. ² Jasobeam fab Sabdiel oedd yn gofalu am yr adran gyntaf am y mis cyntaf, ac yn ei adran ef yr oedd pedair mil ar hugain. ³ Yr oedd ef o feibion Peres ac yn brif swyddog y llu am y mis cyntaf. ⁴ Dodai yr Ahohiad oedd dros adran yr ail fis, ac yn ei adran ef a Micloth y pennaeth yr oedd pedair mil ar hugain. ⁵ Benaia fab Jehoiada yr archoffeiriad oedd trydydd swyddog y llu, am y trydydd mis, ac yn ei adran yntau yr oedd pedair mil ar hugain. ⁶ Y Benaia hwn oedd yr arwr ymhlith y Deg ar Hugain, ac ef oedd yn gofalu amdanynt. Amisabad ei fab oedd dros ei adran ef. ⁷ Asahel brawd Joab oedd y pedwerydd, am y pedwerydd mis, a Sebadeia ei fab ar ei ôl; yn ei adran yntau yr oedd pedair mil ar hugain. ⁸ Samuth yr Israhiad oedd y pumed swyddog, am y pumed mis, ac yn ei adran yntau yr oedd pedair mil ar hugain. ⁹ Ira fab Icces y Tecoiad oedd y chweched, am y chweched mis, ac yn ei adran yntau yr

---

26:17 Felly Groeg. Hebraeg, *chwech y Lefiaid*.
26:20 Felly Groeg. Hebraeg, *Y Lefiaid, Aheia*.

oedd pedair mil ar hugain. ¹⁰ Heles y Peloniad, o feibion Effraim, oedd y seithfed, am y seithfed mis, ac yn ei adran yntau yr oedd pedair mil ar hugain. ¹¹ Sibbechai yr Husathiad, un o'r Sarhiaid, oedd yr wythfed am yr wythfed mis, ac yn ei adran ef yr oedd pedair mil ar hugain. ¹² Abieser o Anathoth, un o'r Benjaminiaid, oedd y nawfed, am y nawfed mis, ac yn ei adran yntau yr oedd pedair mil ar hugain. ¹³ Maharai o Netoffa, un o'r Sarhiaid, oedd y degfed, am y degfed mis, ac yn ei adran yntau yr oedd pedair mil ar hugain. ¹⁴ Benaia y Pirathoniad, o feibion Effraim, oedd yr unfed ar ddeg, am yr unfed mis ar ddeg, ac yn ei adran yntau yr oedd pedair mil ar hugain. ¹⁵ Heldai y Netoffathiad o Othniel oedd y deuddegfed, am y deuddegfed mis, ac yn ei adran ef yr oedd pedair mil ar hugain.

Swyddogion Llwythau Israel

¹⁶ Prif swyddogion llwythau Israel: Elieser fab Sichri dros y Reubeniaid; Seffatia fab Maacha dros y Simeoniaid; ¹⁷ Hasabeia fab Cemual dros y Lefiaid; Sadoc dros yr Aaroniaid; ¹⁸ Elihu, un o frodyr Dafydd, dros Jwda; Omri fab Michael dros Issachar; ¹⁹ Ismaia fab Obadeia dros Sabulon; Jerimoth fab Asriel dros Nafftali; ²⁰ Hosea fab Asaseia dros feibion Effraim; Joel fab Pedaia dros hanner llwyth Manasse; ²¹ Ido fab Sechareia dros hanner llwyth Manasse yn Gilead; Jaasiel fab Abner dros Benjamin; ²² Asarel fab Jeroham dros Dan. Y rhain oedd swyddogion llwythau Israel.

²³ Ni restrodd Dafydd y rhai ugain mlwydd oed a thanodd, am fod yr ARGLWYDD wedi addo gwneud Israel mor niferus â sêr y nefoedd. ²⁴ Fe ddechreuodd Joab fab Serfia wneud cyfrifiad, ond nis gorffennodd. O achos hyn fe ddaeth llid ar Israel, a dyna pam na cheir y cyfanswm yng nghronicl y Brenin Dafydd.

Swyddogion Trysordai'r Brenin

²⁵ Dros drysordai'r brenin: Asmafeth fab Abdiel; dros y trysordai yn y wlad, y dinasoedd, y pentrefi a'r caerau: Jehonathan fab Usseia; ²⁶ dros y rhai oedd yn gweithio ar y tir: Esri fab Celub; ²⁷ dros y gwinllannoedd: Simei y Ramathiad; dros gynnyrch y gwinllannoedd yn y selerau gwin: Sabdi y Siffniad; ²⁸ dros yr olewydd a'r sycamorwydd yn y Seffela: Baal-hanan y Gederiad; dros y selerau olew: Joas; ²⁹ dros yr ychen yn pori yn Saron: Sitrai y Saroniad; dros yr ychen yn y dyffrynnoedd: Saffat fab Adlai; ³⁰ dros y camelod: Obil yr Ismaeliad; dros yr asynnod: Jehdeia y Moronothiad; dros y defaid: Jasis yr Hageriad. ³¹ Dyma'r swyddogion oedd yn gofalu am eiddo'r Brenin Dafydd.

Cynghorwyr Personol Dafydd

³² Jehonathan, ewythr Dafydd, cynghorwr ac ysgrifennydd deallus, a Jehiel fab Hachmoni oedd yn gofalu am feibion y brenin. ³³ Yr oedd Ahitoffel yn gynghorwr i'r brenin, a Husai yr Arciad yn gyfaill y brenin. ³⁴ Dilynwyd Ahitoffel gan Jehoiada fab Benaia, ac Abiathar. Joab oedd cadfridog byddin y brenin.

Gorchmynion Dafydd ynglŷn â'r Deml

28 Casglodd Dafydd i Jerwsalem holl swyddogion Israel, arweinwyr y llwythau, swyddogion y dosbarthiadau a oedd yn gwasanaethu'r brenin, capteiniaid y miloedd a'r cannoedd, arolygwyr holl eiddo a gwartheg y brenin a'i feibion, ynghyd â'r eunuchiaid, y rhyfelwyr a phob gŵr nerthol. ² Cododd y Brenin Dafydd ar ei draed a dweud, "Gwrandewch arnaf fi, fy mrodyr a'm pobl. Yr oeddwn â'm bryd ar adeiladu tŷ, yn orffwysfa i arch cyfamod yr ARGLWYDD ac yn droedfainc i'n Duw, a pharatoais i wneud hynny. ³ Ond dywedodd Duw wrthyf, 'Ni chei di adeiladu tŷ i mi, oherwydd buost yn rhyfelwr ac yn tywallt gwaed.' ⁴ Dewisodd ARGLWYDD Dduw Israel fyfi o'm holl deulu i fod yn frenin ar Israel am byth; dewisodd Jwda i arwain, ac o fewn Jwda fy nheulu i, ac o blith meibion fy nhad, i mi y rhoes y fraint o fod yn frenin ar Israel gyfan. ⁵ O'm holl feibion—ac fe roddodd yr ARGLWYDD lawer ohonynt imi—fe ddewisodd fy mab Solomon i eistedd ar orsedd frenhinol yr ARGLWYDD dros Israel. ⁶ Dywedodd wrthyf, 'Dy fab Solomon sydd i adeiladu fy nhŷ a'm cynteddau, oherwydd dewisais ef yn fab imi, a byddaf finnau'n dad iddo yntau. ⁷ Sefydlaf ei frenhiniaeth ef am byth, os bydd yn ymdrechu i gadw fy ngorchmynion a'm cyfreithiau fel y gwneir heddiw.' ⁸ Yn awr, yng ngŵydd holl Israel, sef cynulleidfa yr ARGLWYDD, ac yng nghlyw ein Duw ni, gofalwch gadw holl orchmynion yr ARGLWYDD eich Duw, er mwyn i chwi feddiannu'r wlad dda hon a'i gadael yn etifeddiaeth i'ch meibion am byth. ⁹ A thithau, Solomon fy mab, bydded i ti adnabod Duw dy dad, a'i wasanaethu ef â chalon berffaith ac ysbryd ewyllysgar, oherwydd y mae'r ARGLWYDD yn chwilio pob calon ac yn deall holl ddychymyg y meddwl. Os ceisi ef, fe'i cei; ond os gwrthodi ef, bydd yntau'n dy wrthod dithau am byth. ¹⁰ Ystyria'n awr, oherwydd y mae'r ARGLWYDD wedi dy ddewis i adeiladu tŷ yn gysegr iddo; bydd gryf, a dechrau ar y gwaith."

¹¹ Rhoddodd Dafydd i'w fab Solomon gynllun porth y deml, a'i hadeiladau, ei hystordai, ei goruwchystafelloedd, ei hystafelloedd mewnol a'r drugareddfa. ¹² Rhoddodd iddo hefyd gynllun o'r cyfan a gafodd trwy'r ysbryd ynglŷn â chynteddau tŷ'r ARGLWYDD, yr holl ystafelloedd o'i gwmpas, trysordai tŷ Dduw a thrysordai'r pethau cysegredig. ¹³ Rhoddodd iddo gyfarwyddyd am ddosbarthiadau'r offeiriaid a'r Lefiaid, yr holl waith ynglŷn â thŷ'r ARGLWYDD, a'r holl lestri ar gyfer y gwasanaeth. ¹⁴ Pennodd bwysau'r aur ar gyfer yr offer aur, a'r arian ar gyfer yr offer arian a ddefnyddid yn y gwahanol wasanaethau: ¹⁵ pwysau'r aur ar gyfer y canwyllbrennau aur a'u lampau; pwysau'r arian ar gyfer y canwyllbrennau arian, yn ôl pwysau pob canhwyllbren a'i lampau, a'r defnydd a wneid ohonynt; ¹⁶ pwysau'r aur ar gyfer un o fyrddau'r bara gosod, ac arian ar gyfer y byrddau arian; ¹⁷ aur pur ar gyfer y ffyrch, y costrelau a'r dysglau; pwysau'r aur ar gyfer y cawgiau aur, a phwysau'r arian ar gyfer y cawgiau arian; ¹⁸ pwysau'r aur coeth ar gyfer allor yr arogldarth. Rhoddodd iddo hefyd gynllun cerbyd, a'r cerwbiaid aur oedd ag adenydd estynedig yn gorchuddio arch cyfamod yr ARGLWYDD. ¹⁹ "Hyn oll," meddai Dafydd, "a ysgrifennwyd gan law yr ARGLWYDD; fy nghyfrifoldeb i oedd deall sut yr oedd pob cynllun yn gweithio."

²⁰ Yna dywedodd Dafydd wrth ei fab Solomon, "Bydd yn gryf a dewr, a dechrau ar y gwaith; paid ag ofni na digalonni, oherwydd y mae'r ARGLWYDD Dduw, fy Nuw i, gyda thi; ni fydd yn cefnu arnat na'th adael cyn iti orffen y cyfan sy'n angenrheidiol at wasanaeth tŷ'r ARGLWYDD. ²¹ Dyma ddosbarthiadau'r offeiriaid a'r Lefiaid ar gyfer holl wasanaeth tŷ Dduw. Trwy gydol y gwaith fe fydd pob crefftwr ewyllysgar gyda thi, a bydd y swyddogion a'r holl bobl yn barod i ufuddhau iti."

Rhoddion at Adeiladu'r Deml

29 Dywedodd y Brenin Dafydd wrth yr holl gynulleidfa, "Y mae fy mab Solomon, a ddewiswyd gan Dduw, yn ifanc a dibrofiad, ond y mae'r gwaith yn fawr oherwydd mai palas i'r ARGLWYDD Dduw, ac nid i fod dynol, yw hwn. ² Yr wyf wedi paratoi hyd eithaf fy ngallu ar gyfer tŷ fy Nuw; rhoddais aur ar gyfer popeth aur, arian ar gyfer popeth arian, pres ar gyfer popeth pres, haearn ar gyfer popeth haearn a choed ar gyfer popeth o goed. Rhoddais hefyd feini onyx a meini i'w gosod, meini glas ac amryliw, gemau gwerthfawr o bob math, a llawer o alabaster. ³ Hefyd, am fy mod yn ymhyfrydu yn nhŷ fy Nuw, yr wyf wedi rhoi fy nhrysor personol o aur ac arian i dŷ fy Nuw; ⁴ ar ben y cwbl, yr wyf wedi paratoi ar gyfer y cysegr dair mil o dalentau o aur Offir a saith mil o dalentau o arian coeth, i'w rhoi'n haenau ar barwydydd y tai, ⁵ yr aur ar gyfer popeth aur, a'r arian ar gyfer popeth arian, ac ar gyfer holl waith y rhai celfydd. Pwy sy'n barod i ymgysegru o'i wirfodd i'r ARGLWYDD heddiw?"

⁶ Yna rhoddodd arweinwyr y teuluoedd, penaethiaid llwythau Israel, capteiniaid y miloedd a'r cannoedd, a swyddogion gwaith y brenin i gyd offrwm gwirfodd. ⁷ Rhoesant at waith tŷ Dduw bum mil o dalentau aur, deng mil o ddariciau, deng mil o dalentau arian, deunaw mil o dalentau pres a chan mil o dalentau haearn. ⁸ Yr oedd pob un a feddai emau gwerthfawr yn eu rhoi yn nhrysordy tŷ'r ARGLWYDD a oedd dan ofal Jehiel y Gersoniad. ⁹ Yr oedd eu haelioni yn achos llawenydd i'r bobl am eu bod yn offrymu i'r ARGLWYDD o'u gwirfodd ac â chalon berffaith. ¹⁰ Yr oedd y Brenin Dafydd hefyd yn llawen iawn.

Dafydd yn Bendithio'r ARGLWYDD

Bendithiodd yr ARGLWYDD o flaen yr holl gynulleidfa a dweud, "Bendigedig wyt ti, ARGLWYDD Dduw Israel ein tad, o dragwyddoldeb hyd dragwyddoldeb. ¹¹ I ti, ARGLWYDD, y perthyn mawredd, gallu, gogoniant, ysblander a mawrhydi; oherwydd y mae popeth yn y nefoedd ac ar y ddaear yn eiddo i ti; ti, ARGLWYDD, biau'r deyrnas, ac fe'th ddyrchafwyd yn ben ar y cwbl. ¹² Oddi wrthyt ti y daw cyfoeth ac anrhydedd, a thi sy'n arglwyddiaethu ar bopeth; yn dy law di y mae nerth a chadernid, a thi sy'n rhoi cynnydd a chryfder i bob dim. ¹³ Yn awr, ein Duw, moliannwn di a chlodforwn dy enw gogoneddus. ¹⁴ Oherwydd pwy wyf fi a'm pobl i fedru rhoi o'n gwirfodd fel hyn? Canys oddi wrthyt ti y daw popeth, ac o'th eiddo dy hun y rhoesom iti. ¹⁵ Dieithriaid ac alltudion ydym ni yn dy olwg, fel ein holl hynafiaid; y mae ein dyddiau ar y ddaear fel cysgod, a heb obaith. ¹⁶ ARGLWYDD ein Duw, eiddot ti yw'r holl gyfoeth hwn a phopeth arall a roesom o'r neilltu i adeiladu tŷ iti er anrhydedd i'th enw sanctaidd. ¹⁷ Gwn, fy Nuw, dy fod yn profi'r galon ac yn ymhyfrydu mewn cyfiawnder. Â chalon uniawn yr offrymais o'm gwirfodd yr holl bethau hyn; ac yn awr gwelais dy bobl sydd wedi ymgynnull yma yn offrymu iti yn llawen ac o'u gwirfodd. ¹⁸ ARGLWYDD Dduw Abraham, Isaac ac Israel, ein tadau, cadw'r dyhead hwn yng nghalon dy bobl am byth, a thro eu calon atat. ¹⁹ Rho galon berffaith i Solomon fy mab, iddo gadw dy orchmynion, dy dystiolaethau a'th ddeddfau, a'u gwneud bob un, ac iddo adeiladu'r deml a ddarperais i."

²⁰ Dywedodd Dafydd hefyd wrth yr holl dyrfa, "Yn awr bendithiwch yr ARGLWYDD eich Duw." Yna bendithiodd yr holl gynulleidfa ARGLWYDD Dduw eu hynafiaid trwy ymostwng ac ymgrymu i'r ARGLWYDD ac i'r brenin. ²¹ Trannoeth aberthasant i'r ARGLWYDD ac offrymu iddo boethoffrymau, sef mil o ychen, mil o hyrddod, mil o ŵyn, ynghyd â'u diodoffrymau a llawer iawn o aberthau dros holl Israel. ²² Buont yn bwyta ac yn yfed o flaen yr ARGLWYDD y diwrnod hwnnw â llawenydd mawr. Gwnaethant Solomon fab Dafydd yn frenin yr ail waith, a'i eneinio ef yn arweinydd i'r ARGLWYDD, a Sadoc yn offeiriad. ²³ Felly eisteddodd Solomon ar orsedd yr ARGLWYDD yn frenin yn lle Dafydd ei dad; cafodd lwyddiant, a bu holl Israel yn ufudd iddo. ²⁴ Rhoddodd yr holl swyddogion a'r rhyfelwyr, a phob un o feibion y Brenin Dafydd, wrogaeth i'r Brenin Solomon. ²⁵ Dyrchafodd yr ARGLWYDD Solomon yn uchel iawn yng ngolwg holl Israel, a rhoi iddo fawrhydi brenhinol na welwyd mo'i debyg gan unrhyw un o frenhinoedd Israel o'i flaen.

Crynodeb o Deyrnasiad Dafydd

²⁶ Teyrnasodd Dafydd fab Jesse ar Israel gyfan am ddeugain mlynedd; ²⁷ bu'n frenin am saith mlynedd yn Hebron a thair ar ddeg ar hugain yn Jerwsalem. ²⁸ Bu farw'n hen ŵr mewn oedran teg, yn berchen ar gyfoeth ac yn llawn anrhydedd; a theyrnasodd ei fab Solomon yn ei le. ²⁹ Y mae hanes y Brenin Dafydd o'r dechrau i'r diwedd, wedi ei ysgrifennu yng Nghronicl Samuel y gweledydd, Cronicl Nathan y proffwyd, a Chronicl Gad y gweledydd; ³⁰ yno hefyd ceir hanes ei frenhiniaeth a'i wrhydri, a'r cyfnod yr oedd ef, ac Israel, a holl deyrnasoedd y byd, yn perthyn iddo.

AIL LYFR Y
CRONICL

Solomon yn Gweddïo am Ddoethineb

1 1 Bren. 3:1–15

Sicrhaodd Solomon fab Dafydd ei afael ar ei deyrnas, ac yr oedd yr ARGLWYDD ei Dduw gydag ef, yn ei ddyrchafu'n uchel iawn. ² Cyfarchodd Solomon holl Israel, capteiniaid y miloedd a'r cannoedd, y barnwyr a phob tywysog a phenteulu trwy Israel gyfan. ³ Yna fe aeth ef a'r gynulleidfa i gyd i'r uchelfa yn Gibeon, oherwydd yno yr oedd pabell cyfarfod Duw, a wnaeth Moses gwas yr ARGLWYDD yn yr anialwch. ⁴ Ond yr oedd arch Duw wedi ei chludo gan Ddafydd o Ciriath-jearim i'r lle a ddarparodd ar ei chyfer, sef y babell a gododd yn Jerwsalem. ⁵ Yno, o flaen tabernacl yr ARGLWYDD, yr oedd yr allor bres a wnaeth Besalel fab Uri, fab Hur; ac fe nesaodd Solomon a'r gynulleidfa ati. ⁶ Aeth Solomon i fyny at yr allor bres gerbron yr ARGLWYDD ym mhabell y cyfarfod, ac offrymodd arni fil o boethoffrymau. ⁷ Y noson honno ymddangosodd Duw i Solomon a dweud wrtho, "Gofyn beth bynnag a fynni gennyf." ⁸ Dywedodd Solomon wrth Dduw, "Buost yn ffyddlon iawn i'm tad Dafydd, a gwnaethost fi yn frenin yn ei le. ⁹ Yn awr, ARGLWYDD Dduw, cyflawner dy addewid i'm tad Dafydd, oherwydd gwnaethost fi'n frenin ar bobl mor aneirif â llwch y ddaear. ¹⁰ Yn awr, rho i mi ddoethineb a deall i arwain y bobl hyn, oherwydd pwy a all farnu dy bobl, sydd mor niferus?" ¹¹ Meddai Duw wrth Solomon, "Gan mai dyma dy ddymuniad, ac na ofynnaist am gyfoeth na golud nac anrhydedd, nac einioes dy elynion, na hir oes i ti dy hun, ond yn hytrach am ddoethineb a deall i farnu fy mhobl y gwneuthum di'n frenin arnynt, ¹² fe roddir doethineb a deall iti. Rhoddaf iti hefyd gyfoeth, golud ac anrhydedd na fu eu tebyg gan y brenhinoedd o'th flaen, ac na fydd gan y rhai ar dy ôl." ¹³ Yna dychwelodd Solomon o babell y cyfarfod yn yr uchelfa yn Gibeon, a daeth i Jerwsalem, lle y teyrnasodd ar Israel.

Gallu a Chyfoeth y Brenin Solomon

1 Bren. 10:26–29

¹⁴ Casglodd Solomon gerbydau a meirch; ac yr oedd ganddo fil a phedwar cant o gerbydau a deuddeng mil o feirch a gedwid yn y dinasoedd cerbyd a chyda'r brenin yn Jerwsalem. ¹⁵ Parodd y brenin i arian ac aur fod mor aml yn Jerwsalem â cherrig, a chedrwydd mor gyffredin â sycamorwydd y Seffela. ¹⁶ O'r Aifft a Cŵe y dôi ceffylau Solomon, a byddai porthmyn y brenin yn eu cyrchu o Cŵe am bris penodedig. ¹⁷ Byddent yn mewnforio cerbyd o'r Aifft am chwe chant o siclau arian, a cheffyl am gant a hanner, ac yn eu hallforio i holl frenhinoedd yr Hethiaid a'r Syriaid.

Solomon yn Paratoi i Adeiladu'r Deml

2 1 Bren. 5:1–18

Penderfynodd Solomon adeiladu tŷ i enw'r ARGLWYDD, a phalas iddo'i hun. ² Dewisodd ddeng mil a thrigain o ddynion yn gludwyr, a phedwar ugain mil yn chwarelwyr yn y mynydd, a thair mil a chwe chant yn oruchwylwyr drostynt. ³ Yna fe anfonodd y neges hon at Hiram brenin Tyrus, "Gwna i mi yn union fel y gwnaethost i Ddafydd fy nhad pan anfonaist iddo gedrwydd er mwyn iddo adeiladu tŷ i fyw ynddo. ⁴ Yr wyf fi am adeiladu tŷ i enw'r ARGLWYDD fy Nuw a'i gysegru iddo, er mwyn llosgi arogldarth peraidd a rhoi'r bara gosod o'i flaen yn rheolaidd, a gwneud poethoffrymau fore a hwyr, ar y Sabothau, y newydd-loerau a gwyliau penodedig yr ARGLWYDD ein Duw; oherwydd y mae hon yn ddeddf i'w chadw gan Israel am byth. ⁵ Bydd y tŷ a adeiladaf fi yn un mawr, am fod ein Duw ni yn fwy na'r holl dduwiau. ⁶ Ond pwy a all adeiladu tŷ iddo pan yw'r nefoedd a nef y nefoedd yn methu ei gynnwys? A phwy wyf fi i godi tŷ iddo, heblaw i arogldarthu o'i flaen? ⁷ Felly, anfon ataf grefftwr medrus i weithio mewn aur, arian, pres a haearn, ac mewn defnydd porffor ac ysgarlad, a sidan glas, un sydd hefyd yn gerfiwr cywrain, er mwyn iddo ymuno â'r crefftwyr a benododd fy nhad Dafydd, ac sydd gennyf yn Jwda a Jerwsalem. ⁸ Anfon ataf hefyd gedrwydd, ffynidwydd a choed almug o Lebanon, oherwydd gwn fod dy weision yn gyfarwydd â thorri coed Lebanon. Bydd fy ngweision yn cynorthwyo dy weision di ⁹ i ddarparu llawer o goed i mi, oherwydd fe fydd y tŷ yr wyf am ei adeiladu yn fawr a rhyfeddol. ¹⁰ Fe roddaf i'th weision, sef y coedwigwyr sy'n torri'r coed, ugain mil o corusau o wenith wedi ei falu, ugain mil o corusau o haidd, ugain mil o bathau o win ac ugain mil o bathau o olew."

¹¹ Anfonodd Hiram brenin Tyrus yr ateb hwn i Solomon mewn llythyr: "Am i'r ARGLWYDD garu ei bobl, fe'th wnaeth di'n frenin arnynt. ¹² Bendigedig fyddo'r ARGLWYDD, Duw Israel, gwneuthurwr nef a daear, am iddo roi i'r Brenin Dafydd fab doeth, wedi ei ddonio â synnwyr a deall, i adeiladu tŷ i'r ARGLWYDD a phalas iddo'i hun. ¹³ Yr wyf yn anfon iti'n awr grefftwr medrus a fu'n gweithio i Hiram fy nhad; ¹⁴ mab ydyw i un o ferched Dan, a'i dad yn hanu o Tyrus. Y mae wedi ei hyfforddi i weithio mewn aur, arian, pres, haearn, cerrig a choed, yn ogystal â defnydd porffor ac ysgarlad, sidan glas, a lliain main; gŵyr hefyd sut i gerfio unrhyw beth, a sut i weithio yn ôl unrhyw batrwm a roddir iddo. Gad iddo ymuno â'th grefftwyr di a chrefftwyr f'arglwydd Dafydd, dy dad. ¹⁵ Felly, anfoner y gwenith, yr haidd, yr olew a'r gwin a addawodd fy arglwydd i'w was, ¹⁶ ac fe dorrwn ninnau hynny o goed a fynni o Lebanon, a'u gyrru'n rafftiau i ti dros y môr i Jopa; cei dithau eu cario i fyny i Jerwsalem."

¹⁷ Rhifodd Solomon yr holl ddieithriaid oedd yng ngwlad Israel, yn union fel y rhifodd Dafydd ei dad hwy, a'r cyfanswm oedd cant pum deg a thri o filoedd a chwe chant. ¹⁸ Fe wnaeth ddeng mil a thrigain ohonynt yn gludwyr a phedwar ugain mil yn chwarelwyr yn y mynydd, a thair mil a chwe chant yn oruchwylwyr i sicrhau fod y bobl yn gweithio.

Dechrau Adeiladu'r Deml

3 1 Bren. 6:1–38; 7:15–22

Dechreuodd Solomon adeiladu tŷ'r ARGLWYDD yn Jerwsalem ar Fynydd Moreia, lle'r oedd yr ARGLWYDD wedi ymddangos i'w dad Dafydd. Yr oedd ar lawr dyrnu Ornan y Jebusiad, y lle a baratowyd gan Ddafydd. ² Dechreuodd adeiladu ar yr ail ddydd o'r ail fis ym mhedwaredd flwyddyn ei deyrnasiad. ³ Dyma fesurau'r sylfeini a osododd Solomon wrth adeiladu tŷ Dduw: yr hyd, yn ôl yr hen fesur, yn drigain cufydd, a'r lled yn ugain cufydd. ⁴ Yr oedd y cyntedd o flaen y tŷ yr un hyd â lled y tŷ, ugain cufydd, a'i uchder yn ugain cufydd*; ac fe'i goreurodd oddi mewn ag aur pur. ⁵ Byrddiodd y brif gafell â ffynidwydd, a'i thaenu ag aur coeth, gyda cherfiadau o balmwydd a chadwynau arno. ⁶ Addurnodd y gafell â meini gwerthfawr i'w harddu, gan ddefnyddio aur o Parfaim. ⁷ Taenodd drawstiau, rhiniogau, parwydydd a drysau'r gafell ag aur, a cherfio cerwbiaid ar y parwydydd.

⁸ Fe wnaeth gafell y cysegr sancteiddiaf yr un hyd â lled y tŷ, ugain cufydd, ac yn ugain cufydd o led, a'i thaenu â chwe chan talent o aur coeth. ⁹ Yr oedd yr hoelion aur yn pwyso hanner can sicl. ¹⁰ Taenodd y goruwchystafelloedd hefyd ag aur. Yng nghafell y cysegr sancteiddiaf fe wnaeth ddau gerwb pren* a'u goreuro. ¹¹ Ugain cufydd oedd hyd adenydd y cerwbiaid; yr oedd aden un ohonynt yn bum cufydd ac yn cyffwrdd pared y gafell, a'r aden arall yn bum cufydd ac yn cyffwrdd aden yr ail gerwb. ¹² Yr oedd aden yr ail gerwb yn bum cufydd ac yn cyffwrdd pared y gafell, a'r aden arall yn bum cufydd ac yn cydio wrth aden y cerwb cyntaf. ¹³ Yr

---

3:4 Felly Fersiynau. Hebraeg, *yn gant ac ugain*.
3:10 Felly Groeg. Hebraeg yn aneglur.

oedd adenydd y cerwbiaid hyn yn ymestyn ugain cufydd. Yr oedd y cerwbiaid hyn yn sefyll ar eu traed yn wynebu at i mewn. ¹⁴ Gwnaeth y llen o borffor ac ysgarlad, sidan glas a lliain main, gyda brodwaith o gerwbiaid arni. ¹⁵ O flaen y gafell gosododd ddwy golofn o bymtheg cufydd ar hugain o hyd, a chnap o bum cufydd ar ben pob un. ¹⁶ Gwnaeth rwydwaith ar ffurf cadwyn* a'i osod ar ben y colofnau, a chant o bomgranadau i'w addurno. ¹⁷ Gosododd y colofnau o flaen y deml, un ar y dde a'r llall ar y chwith; fe alwodd yr un ar y dde yn Jachin a'r un ar y chwith yn Boas.

Offer y Deml

4 1 Bren. 7:23–51
Gwnaeth allor bres, ugain cufydd o hyd, ugain cufydd o led a deg cufydd o uchder. ² Yna fe wnaeth y môr o fetel tawdd; yr oedd yn grwn ac yn ddeg cufydd o ymyl i ymyl, a phum cufydd o uchder, yn mesur deg cufydd ar hugain o gylch. ³ O amgylch y môr, yn ei gylchynu dan ei ymyl am ddeg cufydd, yr oedd rhywbeth tebyg i ychen; yr oeddent mewn dwy res ac wedi eu bwrw'n rhan ohono. ⁴ Safai'r môr ar gefn deuddeg ych, tri yn wynebu tua'r gogledd, tri tua'r gorllewin, tri tua'r de a thri tua'r dwyrain, a'u cynffonnau at i mewn. ⁵ Dyrnfedd oedd ei drwch, a'i ymyl wedi ei weithio fel ymyl cwpan neu flodyn lili. Yr oedd yn gallu dal tair mil o bathau. ⁶ Hefyd fe wnaeth ddeg noe i ymolchi ynddynt, pump ar y dde a phump ar y chwith, ac yn y rhain yr oeddent yn trochi offer y poethoffrwm; ond yn y môr yr oedd yr offeiriaid yn ymolchi. ⁷ Gwnaeth ddeg canhwyllbren aur yn ôl y cynllun, a'u rhoi yn y deml, pump ar y dde a phump ar y chwith. ⁸ Gwnaeth ddeg bwrdd a'u gosod yn y deml, pump ar y dde a phump ar y chwith, a hefyd gant o gawgiau aur. ⁹ Gwnaeth gyntedd yr offeiriaid a'r cyntedd mawr gyda'i ddorau, a thaenodd y dorau â phres. ¹⁰ Gosododd y môr ar yr ochr dde-ddwyreiniol i'r tŷ.

¹¹ Gwnaeth Hiram y crochanau, y rhawiau a'r cawgiau, a gorffen y gwaith a wnaeth i'r Brenin Solomon ar gyfer tŷ Dduw: ¹² y ddwy golofn; y ddau gnap coronog ar ben y colofnau; y ddau rwydwaith drostynt; ¹³ y pedwar can pomgranad yn ddwy res ar y ddau rwydwaith dros y ddau gnap coronog ar y colofnau; ¹⁴ y deg troli; y deg noe ar y trolïau; ¹⁵ y môr a'r deuddeg ych dano; y crochanau, y rhawiau, a'r cawgiau. ¹⁶ Ac yr oedd yr holl offer hyn a wnaeth Hiram i'r Brenin Solomon ar gyfer tŷ'r ARGLWYDD o bres gloyw. ¹⁷ Toddodd y brenin hwy yn y cleidir rhwng Succoth a Seredetha yng ngwastadedd yr Iorddonen. ¹⁸ Gwnaeth Solomon gymaint o'r holl lestri hyn fel na ellid pwyso'r pres.

¹⁹ Gwnaeth Solomon yr holl offer aur oedd yn perthyn i dŷ Dduw: yr allor aur a'r byrddau i ddal y bara gosod; ²⁰ y canwyllbrennau a'u lampau o aur pur, i oleuo o flaen y gafell yn ôl y ddefod; ²¹ y blodau, y llusernau, a'r gefeiliau aur, a hwnnw'n aur perffaith; ²² y sisyrnau, y cawgiau, y llwyau a'r thuserau o aur pur; o aur hefyd yr oedd drws y tŷ a'i ddorau tu mewn i'r cysegr sancteiddiaf, a'r dorau o fewn y côr.

5 Wedi i Solomon orffen yr holl waith a wnaeth yn nhŷ'r ARGLWYDD, dygodd y pethau yr oedd ei dad Dafydd wedi eu cysegru, yr arian a'r aur a'r holl offer, a'u gosod yn nhrysordai tŷ Dduw.

Cyrchu Arch y Cyfamod i'r Deml

1 Bren. 8:1–9
² Yna cynullodd Solomon henuriaid Israel a holl benaethiaid y llwythau a phennau-teuluoedd Israel i Jerwsalem, i gyrchu arch cyfamod yr ARGLWYDD o Ddinas Dafydd, sef Seion. ³ Daeth holl wŷr Israel ynghyd at y brenin ar yr ŵyl yn y seithfed mis. ⁴ Wedi i holl henuriaid Israel gyrraedd, cododd y Lefiaid yr arch, ⁵ a chyrchodd yr offeiriaid a'r Lefiaid yr arch a phabell y cyfarfod a'r holl lestri cysegredig oedd yn y babell. ⁶ Ac yr oedd y Brenin Solomon, a phawb o gynulleidfa Israel oedd wedi ymgynnull ato, yno o flaen yr arch yn aberthu defaid a gwartheg rhy niferus i'w rhifo na'u cyfrif. ⁷ Felly y dygodd yr

---

3:16 Tebygol. Hebraeg, *rwydwaith yn y gafell*.

offeiriaid arch cyfamod yr ARGLWYDD a'i gosod yn ei lle yng nghafell y tŷ, y cysegr sancteiddiaf, dan adenydd y cerwbiaid. ⁸ Yr oedd y cerwbiaid yn estyn eu hadenydd dros le'r arch ac yn cysgodi dros yr arch a'i pholion. ⁹ Yr oedd y polion yn ymestyn allan oddi wrth yr arch, fel y gellid gweld eu blaenau o flaen y gafell, ond nid oeddent i'w gweld o'r tu allan. Ac yno y maent hyd y dydd hwn. ¹⁰ Nid oedd yn yr arch ond y ddwy lech a osododd Moses ynddi yn Horeb, lle gwnaeth yr ARGLWYDD gyfamod â'r Israeliaid pan oeddent yn dod allan o'r Aifft. Yna daeth yr offeiriaid allan o'r cysegr. ¹¹ Yr oedd pob offeiriad oedd yn bresennol, i ba ddosbarth bynnag y perthynai, wedi ei gysegru ei hun. ¹² Yr oedd yr holl Lefiaid, sef y cantorion oedd yn perthyn i Asaff, Heman a Jeduthun, a'u meibion a'u brodyr, wedi eu gwisgo mewn lliain main ac yn sefyll i'r dwyrain o'r allor gyda symbalau, nablau a thelynau; ac yr oedd cant ac ugain o offeiriaid yn canu trwmpedau wrth eu hymyl. ¹³ Ac fel yr oedd yr utganwyr a'r cantorion yn uno mewn mawl a chlod i'r ARGLWYDD ac yn seinio trwmpedau, symbalau ac offer cerdd er moliant iddo, gan ddweud, "Yn wir da yw, ac y mae ei gariad hyd byth", llanwyd tŷ'r ARGLWYDD gan gwmwl. ¹⁴ Felly ni fedrai'r offeiriaid barhau i weinyddu o achos y cwmwl; yr oedd gogoniant yr ARGLWYDD yn llenwi tŷ Dduw.

Solomon yn Annerch y Bobl

6 1 Bren. 8:14-21
Yna dywedodd Solomon:

"Dywedodd yr ARGLWYDD y trigai yn y tywyllwch.
² Adeiledais innau i ti dŷ aruchel, a lle iti breswylio ynddo dros byth."

³ Yna tra oeddent i gyd yn sefyll, troes y brenin atynt a bendithio holl gynulleidfa Israel. ⁴ Dywedodd: "Bendigedig fyddo ARGLWYDD Dduw Israel, a gyflawnodd â'i law yr hyn a addawodd â'i enau wrth fy nhad Dafydd, pan ddywedodd, ⁵ 'Er y dydd y dygais fy mhobl o wlad yr Aifft, ni ddewisais ddinas ymhlith holl lwythau Israel i adeiladu ynddi dŷ i'm henw fod yno, ac ni ddewisais neb i fod yn arweinydd i'm pobl Israel. ⁶ Ond dewisais Jerwsalem i'm henw fod yno, a dewisais Ddafydd i fod yn ben ar fy mhobl Israel.' ⁷ Yr oedd ym mryd fy nhad Dafydd adeiladu tŷ i enw ARGLWYDD Dduw Israel, ⁸ ond dywedodd yr ARGLWYDD wrtho, 'Yr oedd yn dy fryd adeiladu tŷ i'm henw, a da oedd dy fwriad, ⁹ ond nid tydi fydd yn adeiladu'r tŷ; dy fab, a enir iti, a adeilada'r tŷ i'm henw.' ¹⁰ Yn awr y mae'r ARGLWYDD wedi gwireddu'r addewid a wnaeth; yr wyf fi wedi dod i le fy nhad Dafydd i eistedd ar orsedd Israel, fel yr addawodd yr ARGLWYDD, ac wedi adeiladu tŷ i enw ARGLWYDD Dduw Israel. ¹¹ Yr wyf hefyd wedi gosod yno yr arch sy'n cynnwys y cyfamod a wnaeth yr ARGLWYDD â phobl Israel."

Gweddi Solomon

1 Bren. 8:22-53

¹² Yna safodd Solomon o flaen allor yr ARGLWYDD, yng ngŵydd holl gynulleidfa Israel, a chodi ei ddwylo. ¹³ Yr oedd wedi gwneud llwyfan pres, pum cufydd o hyd, pum cufydd o led, a thri chufydd o uchder, a'i osod yng nghanol y cyntedd. Dringodd i fyny arno a phenlinio yng ngŵydd holl gynulleidfa Israel, gan estyn ei ddwylo tua'r nef ¹⁴ a dweud: "O ARGLWYDD Dduw Israel, nid oes Duw fel tydi yn y nefoedd na'r ddaear, yn cadw cyfamod ac yn ffyddlon i'th weision sy'n dy wasanaethu â'u holl galon. ¹⁵ Canys cedwaist dy addewid i'th was Dafydd, fy nhad; heddiw cyflawnaist â'th law yr hyn a addewaist â'th enau. ¹⁶ Yn awr, felly, O ARGLWYDD Dduw Israel, cadw'r addewid a wnaethost i'th was Dafydd, fy nhad, pan ddywedaist wrtho, 'Gofalaf na fyddi heb ŵr i eistedd ar orsedd Israel, dim ond i'th blant wylio'u ffordd, a chadw fy nghyfraith fel y gwnaethost ti.' ¹⁷ Yn awr, felly, O ARGLWYDD Dduw Israel, safed y gair a leferaist wrth dy was Dafydd.

¹⁸ "Ai gwir yw y preswylia Duw ar y ddaear gyda meidrolion? Wele, ni all y nefoedd na nef y nefoedd dy gynnwys; pa faint llai y tŷ hwn a godais! ¹⁹ Eto cymer sylw o weddi dy was ac o'i ddeisyfiad, O ARGLWYDD fy Nuw; gwrando ar fy llef, a'r weddi y mae dy

was yn ei gweddïo ger dy fron. ²⁰ Bydded dy lygaid, nos a dydd, ar y tŷ y dywedaist amdano, 'Fy enw a fydd yno': a gwrando'r weddi y bydd dy was yn ei gweddïo tua'r lle hwn. ²¹ Gwrando hefyd ar ddeisyfiadau dy was a'th bobl Israel pan fyddant yn gweddïo tua'r lle hwn. Gwrando o'r nef lle'r wyt yn preswylio, ac o glywed, maddau.

²² "Os bydd rhywun wedi troseddu yn erbyn rhywun arall ac yn gorfod cymryd llw, a'i dyngu gerbron dy allor yn y tŷ hwn, ²³ gwrando di o'r nef a gweithredu. Gweinydda farn i'th weision drwy gosbi'r drwgweithredwr yn ôl ei ymddygiad, ond llwydda achos y cyfiawn yn ôl ei gyfiawnder.

²⁴ "Os trechir dy bobl Israel gan y gelyn am iddynt bechu yn dy erbyn, ac yna iddynt edifarhau a chyffesu dy enw, a gweddïo ac erfyn arnat yn y tŷ hwn, ²⁵ gwrando di o'r nef a maddau bechod dy bobl Israel, ac adfer hwy i'r tir a roddaist iddynt hwy ac i'w hynafiaid.

²⁶ "Os bydd y nefoedd wedi cau, heb ddim glaw, am iddynt bechu yn dy erbyn, ac yna iddynt weddïo tua'r lle hwn a chyffesu dy enw ac edifarhau am eu pechodau oherwydd iti eu cosbi, ²⁷ gwrando di yn y nef a maddau bechod dy weision a'th bobl Israel, a dysg iddynt y ffordd dda y dylent ei rhodio; ac anfon law ar dy wlad, a roddaist yn etifeddiaeth i'th bobl.

²⁸ "Os bydd yn y wlad newyn, haint, deifiad, malltod, locustiaid neu lindys, neu os bydd gelynion yn gwarchae ar unrhyw un* o'i dinasoedd—beth bynnag fo'r pla neu'r clefyd—²⁹ clyw bob gweddi, pob deisyfiad gan unrhyw un a chan bob un o'th bobl Israel sy'n ymwybodol o'i glwy ei hun a'i boen, ac yn estyn ei ddwylo tua'r tŷ hwn; ³⁰ gwrando hefyd o'r nef lle'r wyt yn preswylio, a maddau, a rho i bob un yn ôl ei ffyrdd, oherwydd yr wyt ti'n deall ei fwriad; canys ti yn unig sy'n adnabod pob calon ddynol; ³¹ felly byddant yn dy ofni ac yn rhodio yn dy ffyrdd holl ddyddiau eu bywyd ar wyneb y tir a roddaist i'n hynafiaid.

³² "Os daw rhywun dieithr, nad yw'n un o'th bobl Israel, o wlad bell er mwyn dy enw mawr a'th law gref a'th fraich estynedig, a gweddïo tua'r tŷ hwn, ³³ gwrando di o'r nef lle'r wyt yn preswylio, a gweithreda yn ôl y cwbl y mae'r dieithryn yn ei ddeisyf arnat, er mwyn i holl bobloedd y byd adnabod dy enw a'th ofni yr un fath â'th bobl Israel, a sylweddoli mai ar dy enw di y gelwir y tŷ hwn a adeiledais i.

³⁴ "Os bydd dy bobl yn mynd i ryfela â'u gelynion, pa ffordd bynnag yr anfoni hwy, ac yna iddynt weddïo arnat tua'r ddinas hon a ddewisaist, a'r tŷ a godais i'th enw, ³⁵ gwrando di o'r nef ar eu gweddi a'u hymbil, a chynnal eu hachos.

³⁶ "Os pechant yn d'erbyn—oherwydd nid oes neb nad yw'n pechu—a thithau'n digio wrthynt ac yn eu darostwng i'w gelynion a'u caethgludo i wlad bell neu agos, ³⁷ ac yna iddynt ystyried yn y wlad lle caethgludwyd hwy, ac edifarhau a deisyf arnat yng ngwlad eu caethiwed â'r geiriau, 'Yr ydym wedi pechu a throseddu a gwneud drygioni', ³⁸ ac yna dychwelyd atat â'u holl galon a'u holl enaid yng ngwlad eu caethiwed lle y cawsant eu caethgludo, a gweddïo arnat i gyfeiriad eu gwlad, a roddaist i'w hynafiaid, a'r ddinas a ddewisaist, a'r tŷ a godais i'th enw, ³⁹ gwrando di o'r nef lle'r wyt yn preswylio ar eu gweddi a'u deisyfiad, a chynnal eu hachos a maddau i'th bobl a bechodd yn d'erbyn. ⁴⁰ Felly, fy Nuw, bydded dy lygaid yn sylwi a'th glust yn gwrando ar y weddi a offrymir yn y lle hwn. ⁴¹ Cyfod, yn awr, O ARGLWYDD Dduw, a thyrd i'th orffwysfa, ti ac arch dy nerth. Bydded dy offeiriaid, O ARGLWYDD Dduw, wedi eu gwisgo ag iachawdwriaeth, a bydded i'th ffyddloniaid orfoleddu yn eu llwyddiant. ⁴² O ARGLWYDD Dduw, paid â throi oddi wrth wyneb dy eneiniog; cofia ffyddlondeb dy was Dafydd."

Cysegru'r Deml

7 1 Bren. 8:62–66

Wedi i Solomon orffen gweddïo, daeth tân i lawr o'r nefoedd ac ysu'r poethoffrwm a'r aberthau, a llanwyd y tŷ â gogoniant yr ARGLWYDD. ² Ni allai'r offeiriaid fynd i mewn i dŷ'r ARGLWYDD am fod gogoniant yr ARGLWYDD yn llenwi'r tŷ. ³ Pan welodd yr holl

---

6:28 Felly Groeg 1 Bren. 8:37. Hebraeg, *ar wlad*.

Israeliaid y tân a gogoniant yr ARGLWYDD yn dod i lawr ar y tŷ, ymgrymasant yn isel â'u hwynebau i'r llawr, ac addoli a moliannu'r ARGLWYDD a dweud, "Da yw, oherwydd y mae ei gariad hyd byth."

⁴ Yna bu'r brenin a'r holl bobl yn aberthu gerbron yr ARGLWYDD. ⁵ Aberthodd y Brenin Solomon ddwy fil ar hugain o wartheg a chwe ugain mil o ddefaid. Felly y cysegrodd y brenin a'r holl bobl dŷ'r ARGLWYDD. ⁶ Yr oedd yr offeiriaid yn sefyll ar ddyletswydd, a'r Lefiaid hefyd, gyda'r offerynnau cerdd a wnaeth y Brenin Dafydd i foliannu'r ARGLWYDD pan fyddai'n canu mawl a dweud, "Oherwydd y mae ei gariad hyd byth." Gyferbyn â hwy yr oedd yr offeiriaid yn canu utgyrn, a'r holl Israeliaid yn sefyll.

⁷ Cysegrodd Solomon ganol y cwrt oedd o flaen tŷ'r ARGLWYDD, gan mai yno'r oedd yn offrymu'r poethoffrymau a braster yr heddoffrwm, am na allai'r allor bres a wnaeth dderbyn y poethoffrwm a'r bwydoffrwm a'r braster. ⁸ A'r pryd hwnnw cadwodd Solomon, a holl Israel gydag ef, ŵyl am wythnos, yn gynulliad mawr o Lebohamath hyd nant yr Aifft. ⁹ Ar yr wythfed dydd bu'r cynulliad terfynol, wedi iddynt gadw gŵyl cysegru'r allor a'r brif ŵyl am wythnos. ¹⁰ Ar y trydydd dydd ar hugain o'r seithfed mis anfonodd Solomon y bobl adref yn llawen ac yn falch o galon am y daioni a wnaeth yr ARGLWYDD i Ddafydd ac i Solomon ac i'w bobl Israel.

Duw'n Ymddangos yr Eildro i Solomon
1 Bren. 9:1–9

¹¹ Wedi i Solomon orffen tŷ'r ARGLWYDD a thŷ'r brenin, a llwyddo i wneud iddynt y cwbl a fwriadai, ¹² ymddangosodd yr ARGLWYDD iddo liw nos a dweud wrtho, "Clywais dy weddi, ac yr wyf wedi dewis i mi y lle hwn fel man i aberthu. ¹³ Os byddaf wedi cau'r nefoedd fel na fydd glaw, neu orchymyn i'r locustiaid ddifa'r ddaear, neu anfon pla ar fy mhobl, ¹⁴ ac yna bod fy mhobl, a elwir wrth fy enw, yn ymostwng ac yn gweddïo, yn fy ngheisio ac yn dychwelyd o'u ffyrdd drygionus, yna fe wrandawaf o'r nef, a maddau eu pechod ac adfer eu gwlad. ¹⁵ Bydd fy llygaid yn sylwi a'm clustiau yn gwrando ar y weddi a offrymir yn y lle hwn. ¹⁶ Yr wyf wedi dewis a sancteiddio'r tŷ hwn, i'm henw fod yno am byth; yno hefyd y bydd fy llygaid a'm calon hyd byth. ¹⁷ Os byddi di'n rhodio ger fy mron fel y rhodiodd dy dad Dafydd, a gwneud popeth a orchmynnaf iti, a chadw fy neddfau a'm cyfreithiau, ¹⁸ yna sicrhaf dy orsedd frenhinol fel yr addewais i'th dad Dafydd gan ddweud, 'Ni fyddi heb ŵr i lywodraethu Israel.' ¹⁹ Ond os byddwch chwi'n gwrthgilio ac yn gwrthod fy ordinhadau a'm gorchmynion, a osodais o'ch blaen, ac os byddwch yn mynd a gwasanaethu duwiau estron a'u haddoli, ²⁰ yna fe ddiwreiddiaf Israel o'm gwlad, a roddais iddynt, a bwriaf o'm golwg y tŷ a gysegrais i'm henw, a'i wneud yn ddihareb ac yn wawd ymysg yr holl bobloedd. ²¹ Bydd y tŷ hwn yn adfail*, a phob un sy'n mynd heibio iddo yn synnu ac yn dweud, 'Pam y gwnaeth yr ARGLWYDD fel hyn i'r wlad hon ac i'r tŷ hwn?' ²² A dywedir, 'Am iddynt wrthod yr ARGLWYDD, Duw eu hynafiaid, a ddaeth â hwy o wlad yr Aifft, a glynu wrth dduwiau estron a'u haddoli a'u gwasanaethu; dyna pam y dygodd ef yr holl ddrwg yma arnynt.'"

Gweithgarwch Solomon
1 Bren. 9:10–28

8 Ar derfyn yr ugain mlynedd a gymerodd Solomon i adeiladu tŷ'r ARGLWYDD a'i dŷ ei hun, ² fe ailadeiladodd y dinasoedd a roddodd Hiram iddo, a rhoi Israeliaid i fyw ynddynt. ³ Aeth Solomon i Hamathsoba a'i gorchfygu, ⁴ ac fe ailadeiladodd Tadmor yn y diffeithwch, a'r holl ddinasoedd stôr yr oedd wedi eu hadeiladu yn Hamath. ⁵ Fe adeiladodd Beth-horon Uchaf a Beth-horon Isaf yn ddinasoedd caerog â muriau, dorau a barrau, ⁶ hefyd Baalath a'r holl ddinasoedd stôr oedd gan Solomon, a'r holl ddinasoedd cerbydau a'r dinasoedd

---

7:21 Felly Groeg. Hebraeg, *yn uchel.*

meirch, a phopeth arall y dymunai ei adeiladu, prun ai yn Jerwsalem neu yn Lebanon neu drwy holl gyrrau ei deyrnas. ⁷ Gorfodwyd llafur oddi wrth holl weddill poblogaeth yr Hethiaid, Amoriaid, Peresiaid, Hefiaid a Jebusiaid, nad oeddent yn perthyn i'r Israeliaid. ⁸ Yr oedd disgynyddion y rhain wedi eu gadael ar ôl yn y wlad am nad oedd yr Israeliaid wedi medru eu difa; arnynt hwy y gosododd Solomon lafur gorfod sy'n parhau hyd heddiw. ⁹ Ni wnaeth Solomon yr un o'r Israeliaid yn gaethwas ar gyfer ei waith; hwy oedd ei filwyr, ei gapteiniaid a phenaethiaid ei gerbydau a'i feirch, ¹⁰ a hwy hefyd oedd prif arolygwyr y Brenin Solomon—dau gant a hanner ohonynt, yn rheoli'r bobl.

¹¹ Daeth Solomon â merch Pharo i fyny o Ddinas Dafydd i'r tŷ a gododd iddi, oherwydd dywedodd, "Ni chaiff fy ngwraig i fyw yn nhŷ Dafydd brenin Israel, am fod pob man yr aeth arch yr ARGLWYDD iddo yn gysegredig."

¹² Yna fe offrymodd Solomon boethoffrymau i'r ARGLWYDD ar allor yr ARGLWYDD, a gododd o flaen y porth. ¹³ Offrymai yn unol â'r gofynion dyddiol a orchmynnodd Moses ynglŷn â'r Sabothau, y newydd-loerau a'r tair gŵyl flynyddol arbennig, sef gŵyl y Bara Croyw, gŵyl yr Wythnosau a gŵyl y Pebyll. ¹⁴ Ac yn unol â threfn ei dad Dafydd, fe osododd yr offeiriaid mewn dosbarthiadau ar gyfer gwasanaethu, a'r Lefiaid ar ddyletswydd i ganu mawl ac i wasanaethu'r offeiriaid yn feunyddiol yn ôl y gofyn, a'r porthorion mewn dosbarthiadau wrth bob porth, oherwydd dyma orchymyn Dafydd, gŵr Duw. ¹⁵ Nid anghofiwyd gorchymyn y brenin i'r offeiriaid a'r Lefiaid ynglŷn â'r trysordai, na dim arall.

¹⁶ Felly cyflawnwyd holl waith Solomon, o'r* dydd y gosodwyd sylfaen tŷ'r ARGLWYDD nes ei gwblhau; a gorffennwyd tŷ'r ARGLWYDD.

¹⁷ Yna aeth Solomon i Esion-geber ac i Elath, sydd ar lan y môr yng ngwlad Edom. ¹⁸ Anfonodd Hiram longau iddo gyda'i weision oedd yn forwyr profiadol, ac aethant gyda gweision Solomon i Offir, a dod â phedwar cant a hanner o dalentau aur oddi yno i'r Brenin Solomon.

Ymweliad Brenhines Sheba

9 1 Bren. 10:1-13

Pan glywodd brenhines Sheba am fri Solomon, daeth i Jerwsalem i'w brofi â chwestiynau caled. Cyrhaeddodd gyda gosgordd niferus iawn—camelod yn cludo peraroglau a stôr fawr o aur a gemau. Pan ddaeth hi at Solomon, dywedodd wrtho'r cwbl oedd ar ei meddwl, ² ac atebodd yntau bob un o'i chwestiynau; nid oedd dim yn rhy dywyll i Solomon ei esbonio iddi. ³ A phan welodd brenhines Sheba ddoethineb Solomon, a'r tŷ a adeiladodd, ⁴ ac arlwy ei fwrdd, eisteddiad ei swyddogion, gwasanaeth ei weision a'i drulliaid yn eu lifrai, a'i esgynfa i fyny i dŷ'r ARGLWYDD, diffygiodd ei hysbryd. ⁵ Addefodd wrth y brenin, "Gwir oedd yr hyn a glywais yn fy ngwlad amdanat ti a'th ddoethineb. ⁶ Eto nid oeddwn yn credu'r hanes nes imi ddod a gweld â'm llygaid fy hun—ac wele, ni ddywedwyd wrthyf mo'r hanner am dy ddoethineb enfawr; yr wyt yn tra rhagori ar yr hyn a glywais. ⁷ Gwyn fyd dy wŷr, y gweision hyn sy'n gweini'n feunyddiol arnat ac yn clywed dy ddoethineb. ⁸ Bendith ar yr ARGLWYDD dy Dduw, a'th hoffodd di ddigon i'th osod ar ei orseddfainc yn frenin iddo. Am i'th Dduw garu Israel a'i sefydlu am byth, y mae wedi dy wneud di'n frenin arnynt, i weinyddu barn a chyfiawnder."

⁹ Yna rhoddodd hi i'r brenin chwe ugain talent o aur a llawer iawn o beraroglau a gemau. Ni fu erioed y fath beraroglau â'r rhai a roddodd brenhines Sheba i'r Brenin Solomon.

¹⁰ Byddai gweision Hiram a gweision Solomon yn dod ag aur o Offir; byddent hefyd yn cludo llawer iawn o goed almug a gemau. ¹¹ Gwnaeth y brenin risiau* ar gyfer tŷ'r ARGLWYDD a'i dŷ ei hun allan o'r coed almug, a hefyd gwnaeth i'r cantorion delynau a nablau na welwyd eu bath o'r blaen yng ngwlad Jwda.

8:16 Felly Fersiynau. Hebraeg, *hyd y.*

9:11 Felly Groeg. Hebraeg yn aneglur.

¹² Rhoddodd y Brenin Solomon i frenhines Sheba bopeth a chwenychodd, mwy nag a ddug hi iddo ef. Yna troes hi a'i gosgordd yn ôl i'w gwlad.

Cyfoeth y Brenin Solomon
1 Bren. 10:14–25

¹³ Yr oedd pwysau'r aur a ddôi i Solomon mewn blwyddyn yn chwe chant chwe deg a chwech o dalentau, ¹⁴ heblaw yr hyn a gâi gan y marchnadwyr a'r masnachwyr; hefyd fe ddôi holl frenhinoedd Arabia a rheolwyr y taleithiau ag aur ac arian iddo. ¹⁵ Gwnaeth y Brenin Solomon ddau gan tarian o aur gyr, a rhoi chwe chan sicl o aur gyr ym mhob tarian. ¹⁶ Gwnaeth hefyd dri chan bwcled o aur gyr, gyda thri mina o aur ym mhob un; ¹⁷ a rhoddodd y brenin hwy yn Nhŷ Coedwig Lebanon. Gwnaeth y brenin orseddfainc fawr o ifori, a'i goreuro ag aur coeth. ¹⁸ Yr oedd i'r orseddfainc chwe gris a throedle aur; yr oedd dwy fraich o boptu i'r sedd a dau lew yn sefyll wrth y breichiau. ¹⁹ Yr oedd hefyd ddeuddeg llew yn sefyll, un bob pen i bob un o'r chwe gris. Ni wnaed ei thebyg mewn unrhyw deyrnas. ²⁰ Yr oedd holl lestri gwledda'r Brenin Solomon o aur, a holl offer Tŷ Coedwig Lebanon yn aur pur. Nid oedd yr un ohonynt o arian, am nad oedd bri arno yn nyddiau Solomon. ²¹ Yr oedd gweision Hiram yn mynd â llongau'r brenin i Tarsis, ac unwaith bob tair blynedd fe ddôi llongau Tarsis â'u llwyth o aur, arian ac ifori, ac epaod a pheunod.

²² Rhagorodd y Brenin Solomon ar holl frenhinoedd y ddaear mewn cyfoeth a doethineb. ²³ Ac yr oedd holl frenhinoedd y ddaear yn ymweld â Solomon i glywed y ddoethineb a roes Duw yn ei galon. ²⁴ Bob blwyddyn dôi rhai â'u rhoddion—llestri aur ac arian, gwisgoedd, myrr, perlysiau, meirch a mulod. ²⁵ Yr oedd gan Solomon bedair mil o gorau ar gyfer meirch a cherbydau, a deuddeng mil o feirch, a gedwid yn y dinasoedd cerbyd a chydag ef yn Jerwsalem. ²⁶ Ac yr oedd yn teyrnasu ar yr holl frenhinoedd o'r Ewffrates hyd at wlad y Philistiaid ar derfyn yr Aifft. ²⁷ Parodd y brenin i arian fod mor aml yn Jerwsalem â cherrig, a chedrwydd mor gyffredin â sycamorwydd y Seffela. ²⁸ A dôi ceffylau i Solomon o'r Aifft ac o'r holl wledydd.

Crynodeb o Deyrnasiad Solomon
1 Bren. 11:41–43

²⁹ Am weddill hanes Solomon, o'r dechrau i'r diwedd, onid yw ar gael yn llyfr Nathan y proffwyd, ac ym mhroffwydoliaeth Aheia o Seilo, ac yng ngweledigaethau Ido y gweledydd yn erbyn Jeroboam fab Nebat? ³⁰ Teyrnasodd Solomon yn Jerwsalem dros Israel gyfan am ddeugain mlynedd. ³¹ Pan fu farw, a'i gladdu yn ninas ei dad Dafydd, daeth ei fab Rehoboam yn frenin yn ei le.

Gwrthryfel Llwythau'r Gogledd

10 1 Bren. 12:1–20

Aeth Rehoboam i Sichem, gan mai i Sichem y daethai holl Israel i'w urddo'n frenin. ² Pan glywodd Jeroboam fab Nebat, ac yntau yn yr Aifft, lle'r oedd wedi ffoi rhag y Brenin Solomon, dychwelodd oddi yno. ³ Galwyd arno, ac fe ddaeth yntau a holl Israel a dweud wrth Rehoboam, ⁴ "Trymhaodd dy dad ein hiau; os gwnei di'n awr ysgafnhau peth ar gaethiwed caled dy dad, a'r iau drom a osododd arnom, yna fe'th wasanaethwn." ⁵ Dywedodd yntau wrthynt, "Ewch i ffwrdd am dridiau, ac yna dewch yn ôl ataf." Aeth y bobl. ⁶ Ymgynghorodd Rehoboam â'r henuriaid oedd yn llys ei dad Solomon pan oedd yn fyw, a gofynnodd, "Sut y byddech chwi'n fy nghynghori i ateb y bobl hyn?" ⁷ Eu hateb oedd, "Os byddi'n glên wrthynt, a'u bodloni a'u hateb â geiriau teg, byddant yn weision iti am byth." ⁸ Ond gwrthododd y cyngor a roes yr henuriaid, a cheisiodd gyngor y llanciau oedd yn gyfoedion iddo ac yn aelodau o'i lys. ⁹ Gofynnodd iddynt hwy, "Beth ydych chwi'n fy nghynghori i ateb y bobl hyn sy'n dweud wrthyf, 'Ysgafnha rywfaint ar yr iau a osododd dy dad arnom'?" ¹⁰ Atebodd y llanciau oedd yn gyfoed ag ef, "Fel hyn y dywedi wrth y bobl hyn sy'n dweud wrthyt, 'Gwnaeth dy dad ein hiau yn drwm; ysgafnha dithau arnom'. Ie, dyma a ddywedi wrthynt: 'Y mae fy mys bach i yn braffach na llwynau fy nhad! ¹¹ Y mae'n wir i'm tad osod iau drom arnoch, ond fe'i gwnaf fi hi'n drymach. Cystwyodd fy nhad chwi â chwip, ond fe'ch cystwyaf fi chwi â ffrewyll!' "

¹² Pan ddaeth Jeroboam a'r holl bobl at Rehoboam ar y trydydd dydd, yn ôl gorchymyn y brenin, "Dewch yn ôl ataf ymhen tridiau", ¹³ atebodd y brenin hwy'n chwyrn. Diystyrodd Rehoboam gyngor yr henuriaid, a derbyn cyngor y llanciau. ¹⁴ Dywedodd wrthynt, "Trymhaodd fy nhad eich iau, ond fe'i gwnaf fi hi'n drymach; cystwyodd fy nhad chwi â chwip, ond fe'ch cystwyaf fi chwi â ffrewyll!" ¹⁵ Felly ni wrandawodd y brenin ar y bobl, oherwydd fel hyn y tynghedwyd gan Dduw, er mwyn i'r ARGLWYDD gyflawni'r gair a lefarwyd drwy Aheia o Seilo wrth Jeroboam fab Nebat.

¹⁶ A phan welodd holl Israel nad oedd y brenin am wrando arnynt, daeth ateb oddi wrth y bobl at y brenin:

"Pa ran sydd i ni yn Nafydd?
Nid oes gyfran inni ym mab Jesse.
Adref i'th bebyll, Israel!
Edrych at dy dŷ dy hun, Ddafydd!"

¹⁷ Yna aeth Israel adref. Ond yr oedd rhai Israeliaid yn byw yn nhrefi Jwda, a Rehoboam yn frenin arnynt. ¹⁸ Pan anfonodd y brenin atynt Adoram, goruchwyliwr y llafur gorfod, llabyddiodd yr Israeliaid ef a'i ladd; ond llwyddodd y Brenin Rehoboam i gyrraedd ei gerbyd a ffoi i Jerwsalem. ¹⁹ Ac y mae Israel mewn gwrthryfel yn erbyn llinach Dafydd hyd heddiw.

Proffwydoliaeth Semaia

11 1 Bren. 12:21-24
Pan ddychwelodd Rehoboam i Jerwsalem, galwodd ynghyd dylwythau Jwda a Benjamin, cant a phedwar ugain o filoedd o ryfelwyr dethol, i ryfela yn erbyn Israel i adennill y frenhiniaeth i Rehoboam. ² Ond daeth gair yr ARGLWYDD at Semeia, gŵr Duw: ³ "Dywed wrth Rehoboam fab Solomon, brenin Jwda, ac wrth holl Israel yn Jwda a Benjamin, ⁴ 'Fel hyn y dywed yr ARGLWYDD: Peidiwch â mynd i ryfela yn erbyn eich perthnasau; ewch yn ôl adref bob un, gan mai oddi wrthyf fi y daw hyn.' " A gwrandawsant ar eiriau'r ARGLWYDD, a pheidio â mynd yn erbyn Jeroboam.

Dinasoedd Caerog Rehoboam

⁵ Arhosodd Rehoboam yn Jerwsalem, ac adeiladu dinasoedd caerog yn Jwda. ⁶ Adeiladodd Bethlehem, Etam, Tecoa, ⁷ Beth-sur, Socho, Adulam, ⁸ Gath, Maresa, Siff, ⁹ Adoraim, Lachis, Aseca, ¹⁰ Sôra, Ajalon a Hebron, sef dinasoedd caerog Jwda a Benjamin. ¹¹ Cryfhaodd y caerau a rhoi rheolwyr ynddynt, a hefyd stôr o fwyd, olew a gwin. ¹² Gwnaeth bob dinas yn amddiffynfa gadarn iawn ac yn lle i gadw tarianau a gwaywffyn. Felly daliodd ei afael ar Jwda a Benjamin.

Offeiriaid a Lefiaid yn Dod at Rehoboam

¹³ Daeth yr offeiriaid a'r Lefiaid ato o ble bynnag yr oeddent yn byw yn Israel gyfan; ¹⁴ oherwydd yr oedd y Lefiaid wedi gadael eu cytir a'u tiriogaeth a dod i Jwda a Jerwsalem, am fod Jeroboam a'i feibion wedi eu rhwystro rhag bod yn offeiriaid i'r ARGLWYDD, ¹⁵ ac wedi penodi ei offeiriaid ei hun ar gyfer yr uchelfeydd ac ar gyfer y bychod geifr a'r lloi a luniodd. ¹⁶ A daeth pawb o lwythau Israel, a oedd yn awyddus i geisio ARGLWYDD Dduw Israel, ar ôl y Lefiaid i Jerwsalem er mwyn aberthu i ARGLWYDD Dduw eu hynafiaid. ¹⁷ Felly cryfhasant frenhiniaeth Jwda, a chadarnhau Rehoboam fab Solomon am dair blynedd, gan ddilyn yn llwybrau Dafydd a Solomon trwy'r cyfnod hwn.

Teulu Rehoboam

¹⁸ Priododd Rehoboam â Mahalath; merch i Jerimoth fab Dafydd ac i Abihail ferch Eliab, fab Jesse oedd hi, ¹⁹ ac fe roes iddo feibion, sef Jeus, Samareia a Saham. ²⁰ Ar ei hôl hi, fe gymerodd Maacha ferch Absalom, a rhoes hithau iddo Abeia, Attai, Sisa a Selomith. ²¹ Yr oedd Rehoboam yn caru Maacha ferch Absalom yn fwy na'i holl wragedd a'i

ordderchwragedd. Yr oedd ganddo ddeunaw o wragedd a thrigain o ordderchwragedd, ac fe genhedlodd wyth ar hugain o feibion a thrigain o ferched. ²² Gosododd Rehoboam Abeia fab Maacha yn bennaeth ar ei frodyr, er mwyn ei wneud yn frenin. ²³ Bu'n ddigon doeth i wasgaru ei feibion trwy'r holl ddinasoedd caerog yn nhiriogaeth Jwda a Benjamin. Darparodd yn hael ar eu cyfer a cheisiodd lawer o wragedd iddynt.

Yr Aifft yn Goresgyn Jerwsalem

12 1 Bren. 14:25–28
Ar ôl i Rehoboam wneud ei frenhiniaeth yn gadarn a sicr, fe gefnodd ef a holl Israel gydag ef ar gyfraith yr ARGLWYDD. ² Am iddynt fod yn anffyddlon i'r ARGLWYDD, ym mhumed flwyddyn y Brenin Rehoboam, daeth Sisac brenin yr Aifft i fyny yn erbyn Jerwsalem ³ gyda mil a dau gant o gerbydau a thrigain mil o farchogion; daeth hefyd lu aneirif o Libyaid, Suciaid ac Ethiopiaid gydag ef o'r Aifft. ⁴ Cymerodd ddinasoedd caerog Jwda a chyrhaeddodd Jerwsalem. ⁵ Yna daeth y proffwyd Semaia at Rehoboam a thywysogion Jwda, a oedd wedi ymgasglu yn Jerwsalem o achos Sisac, a dywedodd wrthynt, "Fel hyn y dywed yr ARGLWYDD: 'Yr ydych chwi wedi cefnu arnaf fi; felly yr wyf finnau wedi cefnu arnoch chwi a'ch rhoi yn llaw Sisac.'" ⁶ Yna fe ymostyngodd tywysogion Israel a'r brenin, a dweud, "Cyfiawn yw'r ARGLWYDD." ⁷ A phan welodd yr ARGLWYDD iddynt ymostwng, daeth gair yr ARGLWYDD at Semaia a dweud, "Am iddynt ymostwng ni ddifethaf hwy, ond rhoddaf gyfle iddynt ddianc, ac ni thywelltir fy llid ar Jerwsalem trwy law Sisac. ⁸ Er hynny, fe fyddant yn weision iddo, er mwyn iddynt wybod y gwahaniaeth rhwng fy ngwasanaethu i a gwasanaethu teyrnasoedd y byd." ⁹ Yna daeth Sisac brenin yr Aifft i fyny yn erbyn Jerwsalem a dwyn holl drysorau tŷ'r ARGLWYDD a thrysorau tŷ'r brenin, a dwyn hefyd y tarianau aur a wnaeth Solomon. ¹⁰ Yn eu lle gwnaeth y Brenin Rehoboam darianau pres, a'u rhoi yng ngofal swyddogion y gwarchodlu oedd yn gwylio porth tŷ'r brenin. ¹¹ Bob tro yr âi'r brenin i dŷ'r ARGLWYDD, fe ddôi'r gwarchodlu a'u cyrchu, ac yna eu dychwelyd i'r wardws. ¹² A phan ymostyngodd, fe drodd yr ARGLWYDD ei lid oddi wrtho, a pheidio â'i lwyr ddinistrio. Yna daeth ffyniant i Jwda.

Crynodeb o Deyrnasiad Rehoboam

¹³ Sicrhaodd y Brenin Rehoboam ei afael ar Jerwsalem a theyrnasu yno. Yr oedd yn un a deugain oed pan ddechreuodd deyrnasu, a bu'n frenin am ddwy flynedd ar bymtheg yn Jerwsalem, y ddinas a ddewisodd yr ARGLWYDD allan o holl lwythau Israel i osod ei enw yno. Naama yr Ammones oedd enw mam Rehoboam. ¹⁴ Ond fe wnaeth y brenin ddrwg trwy beidio â rhoi ei fryd ar geisio'r ARGLWYDD.

¹⁵ Ac onid yw hanes Rehoboam, o'r dechrau i'r diwedd, yn ysgrifenedig yng nghroniclau ac achau Semaia y proffwyd ac Ido y gweledydd? Bu rhyfeloedd rhwng Rehoboam a Jeroboam trwy gydol yr amser. ¹⁶ Pan fu farw Rehoboam, claddwyd ef yn Ninas Dafydd, a daeth Abeia ei fab yn frenin yn ei le.

Rhyfel rhwng Abeia a Jeroboam

13 1 Bren. 15:1–8
Yn y ddeunawfed flwyddyn i'r Brenin Jeroboam, daeth Abeia yn frenin ar Jwda. ² Teyrnasodd am dair blynedd yn Jerwsalem, a Michaia ferch Uriel o Gibea oedd enw ei fam. ³ Bu rhyfel rhwng Abeia a Jeroboam; aeth Abeia i'r frwydr gyda byddin o filwyr dewr, pedwar can mil o wŷr dethol, a daeth Jeroboam i'w gyfarfod gydag wyth can mil o wroniaid dethol. ⁴ Safodd Abeia ar Fynydd Semaraim ym mynydd-dir Effraim a dweud, "Gwrandewch arnaf fi, Jeroboam a holl Israel. ⁵ Oni wyddoch fod ARGLWYDD Dduw Israel wedi rhoi i Ddafydd a'i feibion yr hawl i deyrnasu am byth ar Israel trwy gyfamod halen? ⁶ Ond gwrthryfelodd Jeroboam fab Nebat, gwas Solomon fab Dafydd, yn erbyn ei arglwydd, ⁷ a chasglu ato ddihirod ofer, a fu'n herio Rehoboam

fab Solomon, pan oedd yn llanc ifanc ofnus a heb fod yn ddigon cryf i'w gwrthsefyll. ⁸ Yn awr, yr ydych chwi'n bwriadu gwrthsefyll teyrnas yr ARGLWYDD, sydd wedi ei rhoi i feibion Dafydd, am eich bod yn niferus iawn ac yn berchen ar y lloi aur a wnaeth Jeroboam yn dduwiau i chwi. ⁹ Onid ydych wedi diarddel offeiriaid yr ARGLWYDD, meibion Aaron, a'r Lefiaid, ac ethol eich offeiriaid eich hunain, fel y gwna pobl gwledydd eraill? Y mae pwy bynnag sy'n dod i'w gysegru ei hun â bustach ifanc a saith o hyrddod yn mynd yn offeiriad i'r un nad yw'n dduw. ¹⁰ Ond yr ARGLWYDD yw ein Duw ni, ac nid ydym wedi ei wrthod; meibion Aaron yw'r offeiriaid sydd gennym ni yn gwasanaethu'r ARGLWYDD, a'r Lefiaid yn eu cynorthwyo. ¹¹ Y maent yn llosgi poethoffrymau ac arogldarth peraidd i'r ARGLWYDD bob bore a hwyr, ac yn trefnu'r bara gosod ar y bwrdd dihalog a chynnau'r lampau yn y canhwyllbren aur bob prynhawn. Oherwydd yr ydym ni'n dal i wasanaethu'r ARGLWYDD ein Duw; ond yr ydych chwi wedi ei wrthod. ¹² Wele, y mae Duw gyda ni i'n harwain, a'i offeiriaid â thrwmpedau yn galw brwydr yn eich erbyn. Bobl Israel, peidiwch ag ymladd yn erbyn ARGLWYDD Dduw eich hynafiaid, oherwydd ni fyddwch yn llwyddo."

¹³ Anfonodd Jeroboam rai o'u hamgylch i ymguddio ac ymosod arnynt o'r tu ôl; felly, tra oedd rhai o flaen Jwda, yr oedd y lleill mewn cuddfan y tu cefn iddynt. ¹⁴ Troes gwŷr Jwda, a gweld y byddai'n rhaid iddynt ymladd o'r tu blaen ac o'r tu ôl; ¹⁵ yna galwasant ar yr ARGLWYDD, ac fe ganodd yr offeiriaid y trwmpedau, a bloeddiodd gwŷr Jwda. Pan floeddiodd gwŷr Jwda, trawodd Duw Jeroboam a holl Israel o flaen Abeia a Jwda. ¹⁶ Ffodd yr Israeliaid o flaen gwŷr Jwda, ac fe roddodd Duw hwy yn eu llaw. ¹⁷ Lladdodd Abeia a'i filwyr lawer iawn ohonynt; syrthiodd yn gelain bum can mil o wŷr dethol Israel. ¹⁸ Darostyngwyd yr Israeliaid y pryd hwnnw, a chafodd byddin Jwda fuddugoliaeth am iddynt ymddiried yn ARGLWYDD Dduw eu hynafiaid.

¹⁹ Ymlidiodd Abeia ar ôl Jeroboam a chymryd oddi arno ddinasoedd Bethel, Jesana ac Effraim a'u pentrefi. ²⁰ Ni lwyddodd Jeroboam i adennill ei nerth yn ystod teyrnasiad Abeia; trawyd ef gan yr ARGLWYDD, a bu farw. ²¹ Ond cryfhaodd Abeia; priododd bedair ar ddeg o wragedd, a chenhedlu dau fab ar hugain ac un ar bymtheg o ferched. ²² Y mae gweddill hanes Abeia, yr hyn a wnaeth ac a ddywedodd, yn ysgrifenedig yn llyfr y proffwyd Ido.

Y Brenin Asa yn Gorchfygu'r Ethiopiaid

14 Pan fu farw Abeia, a'i gladdu yn Ninas Dafydd, daeth ei fab Asa yn frenin yn ei le. Yn ystod ei deyrnasiad ef cafodd y wlad lonydd am ddeng mlynedd. ² Gwnaeth Asa yr hyn oedd dda ac uniawn yng ngolwg yr ARGLWYDD ei Dduw. ³ Symudodd ymaith allorau'r duwiau dieithr a'r uchelfeydd, a dryllio'r colofnau a chwalu delwau Asera. ⁴ Anogodd Jwda i geisio ARGLWYDD Dduw eu hynafiaid a chadw'r gyfraith a'r gorchmynion, ⁵ ac fe symudodd ymaith o holl ddinasoedd Jwda yr uchelfeydd a'r allorau. Cafodd y deyrnas lonydd yn ei oes ef. ⁶ Adeiladodd ddinasoedd caerog yn Jwda tra oedd y wlad yn cael llonydd, ac ni fu rhyfel yn ei erbyn yn ystod y blynyddoedd hynny am fod yr ARGLWYDD wedi rhoi heddwch iddo. ⁷ Dywedodd wrth Jwda, "Gadewch i ni adeiladu'r dinasoedd hyn a'u hamgylchu â muriau gyda thyrau, a dorau a barrau. Y mae'r wlad yn dal yn agored o'n blaen am i ni geisio'r ARGLWYDD ein Duw. Yr ydym ni wedi ei geisio ef, ac y mae yntau wedi rhoi heddwch i ni oddi amgylch." Felly, adeiladodd y bobl a llwyddo.

⁸ Yr oedd gan Asa fyddin o dri chan mil o wŷr Jwda yn dwyn tarian a gwaywffon, a dau gant a phedwar ugain mil o wŷr Benjamin yn dwyn tarian a thynnu bwa; yr oeddent oll yn wroniaid. ⁹ Daeth Sera yr Ethiopiad yn eu herbyn gyda byddin o filiwn, a thri chant o gerbydau. ¹⁰ Pan gyrhaeddodd Maresa, daeth Asa allan yn ei erbyn, a pharatoesant i ymladd yn nyffryn

Seffatha, yn ymyl Maresa. ¹¹ Galwodd Asa ar yr ARGLWYDD ei Dduw a dweud, "O ARGLWYDD, nid oes neb fel ti i gynorthwyo'r gwan yn erbyn y cryf; cynorthwya ni, O ARGLWYDD ein Duw, oherwydd yr ydym yn ymddiried ynot, ac yn dy enw di y daethom yn erbyn y dyrfa hon. O ARGLWYDD, ein Duw ni wyt ti; na fydded i neb gystadlu â thi." ¹² Felly, gorchfygodd yr ARGLWYDD yr Ethiopiaid o flaen Asa a Jwda. Fe ffoesant, ¹³ gydag Asa a'i fyddin yn eu herlid, hyd at Gerar, lle syrthiodd cymaint ohonynt o flaen yr ARGLWYDD a'i fyddin fel na allent adennill eu nerth. ¹⁴ Casglodd gwŷr Jwda anrhaith mawr iawn, a choncro'r holl ddinasoedd o gwmpas Gerar, am fod ofn yr ARGLWYDD arnynt. Anrheithiasant yr holl ddinasoedd am fod ysbail mawr iawn ynddynt. ¹⁵ Ymosodasant hefyd ar gorlannau'r anifeiliaid a chario ymaith lawer o ddefaid a chamelod, ac yna dychwelyd i Jerwsalem.

Diwygiadau Asa

15 Daeth ysbryd Duw ar Asareia fab Oded, ² ac fe aeth allan i gyfarfod Asa, a dweud wrtho, "O Asa, a holl Jwda a Benjamin, gwrandewch arnaf fi. Bydd yr ARGLWYDD gyda chwi os byddwch chwi gydag ef. Os ceisiwch ef, fe'i cewch; ond os cefnwch arno, bydd yntau yn cefnu arnoch chwithau. ³ Am amser maith bu Israel heb y gwir Dduw, heb offeiriad i'w dysgu a heb gyfraith. ⁴ Yn eu trybini dychwelsant at ARGLWYDD Dduw Israel, a'i geisio, ac amlygodd yntau ei hun iddynt. ⁵ Yn y cyfnod hwnnw nid oedd heddwch i neb yn ei fywyd beunyddiol, am fod trigolion y gwledydd mewn ymrafael parhaus; ⁶ dinistrid cenedl gan genedl, a dinas gan ddinas, am fod Duw yn eu poeni â phob aflwydd. ⁷ Ond byddwch chwi'n wrol! Peidiwch â llaesu dwylo, oherwydd fe gewch wobr am eich gwaith."

⁸ Pan glywodd Asa y geiriau hyn, sef y broffwydoliaeth gan Asareia fab Oded* y proffwyd, fe ymwrolodd. Ysgubodd ymaith y pethau ffiaidd o holl wlad Jwda a Benjamin, ac o'r dinasoedd a enillodd ym mynydd-dir Effraim, ac adnewyddodd allor yr ARGLWYDD a safai o flaen porth teml yr ARGLWYDD. ⁹ Casglodd ynghyd holl Jwda a Benjamin, a phob dieithryn o Effraim, Manasse a Simeon oedd yn byw gyda hwy, oherwydd yr oedd llawer iawn o Israeliaid wedi dod i lawr at Asa pan welsant fod yr ARGLWYDD ei Dduw gydag ef. ¹⁰ Daethant ynghyd i Jerwsalem yn y trydydd mis o'r bymthegfed flwyddyn o deyrnasiad Asa. ¹¹ Y diwrnod hwnnw aberthasant i'r ARGLWYDD saith gant o wartheg a saith mil o ddefaid o'r anrhaith a ddygasant. ¹² Gwnaethant gyfamod i geisio ARGLWYDD Dduw eu hynafiaid â'u holl galon ac â'u holl enaid. ¹³ Yr oedd pwy bynnag a wrthodai geisio ARGLWYDD Dduw Israel i'w roi i farwolaeth, boed fach neu fawr, gŵr neu wraig. ¹⁴ Tyngasant i'r ARGLWYDD â llais uchel a bloedd, a thrwmpedau ac utgyrn. ¹⁵ Gorfoleddodd holl Jwda o achos y llw, am iddynt ei dyngu â'u holl galon; ceisiasant yr ARGLWYDD o'u gwirfodd, a datguddiodd yntau ei hun iddynt. Felly rhoes yr ARGLWYDD lonydd iddynt oddi amgylch.

¹⁶ Yna fe ddiswyddodd y Brenin Asa ei fam Maacha o fod yn fam frenhines, am iddi lunio ffieiddbeth ar gyfer Asera. Drylliodd Asa ei delw yn ddarnau, a'i llosgi yn nant Cidron. ¹⁷ Ni symudwyd yr uchelfeydd o Israel; eto yr oedd calon Asa yn berffaith gywir ar hyd ei oes. ¹⁸ Dygodd i dŷ'r ARGLWYDD yr addunedau o arian, aur a llestri a addawodd ei dad ac yntau. ¹⁹ Ac ni bu rhyfel hyd y bymthegfed flwyddyn ar hugain o deyrnasiad Asa.

Helynt rhwng Israel a Jwda

16 1 Bren. 15:17-22
Yn yr unfed flwyddyn ar bymtheg ar hugain o deyrnasiad Asa, daeth Baasa brenin Israel yn erbyn Jwda ac adeiladu Rama, rhag gadael i neb fynd a dod at Asa brenin Jwda. ² Cymerodd Asa arian ac aur allan o drysorfeydd tŷ'r ARGLWYDD a thŷ'r brenin, a'u hanfon i Ben-hadad brenin Syria, a oedd yn byw yn Namascus; a dywedodd wrtho,

---

15:8 Felly Fersiynau. Hebraeg, *broffwydoliaeth, Oded*.

³ "Bydded cyfamod rhyngof fi a thi, fel yr oedd rhwng fy nhad a'th dad. Rwy'n anfon atat arian ac aur; tor dy gyfamod gyda Baasa brenin Israel er mwyn iddo gilio'n ôl oddi wrthyf." ⁴ Gwrandawodd Ben-hadad ar y Brenin Asa, ac anfon swyddogion ei gatrodau yn erbyn trefi Israel, i ymosod ar Ijon, Dan ac Abel-maim, ac ar holl ddinasoedd stôr Nafftali. ⁵ Pan glywodd Baasa, rhoddodd heibio adeiladu Rama a gadawodd y gwaith. ⁶ Yna daeth y Brenin Asa â holl Jwda i gymryd y meini a'r coed oedd gan Baasa yn adeiladu Rama, a'u defnyddio i adeiladu Geba a Mispa.

Y Proffwyd Hanani

⁷ Y pryd hwnnw daeth Hanani y gweledydd at Asa brenin Jwda, a dweud wrtho, "Am i ti ymddiried ym mrenin Syria, a gwrthod ymddiried yn yr ARGLWYDD dy Dduw, dihangodd byddin brenin Syria o'th afael. ⁸ Onid oedd yr Ethiopiaid a'r Libyaid yn llu aneirif a chanddynt lawer iawn o gerbydau a marchogion? Ond am i ti ymddiried yn yr ARGLWYDD, rhoddodd ef hwy yn dy law. ⁹ Oherwydd y mae llygaid yr ARGLWYDD yn tramwyo dros yr holl ddaear, i ddangos ei gryfder i'r sawl sy'n gwbl ymroddedig iddo. Buost yn ynfyd yn hyn o beth; felly, o hyn allan ymladd fydd dy ran." ¹⁰ Gwylltiodd Asa wrth y gweledydd a'i roi yn y carchar, oherwydd yr oedd yn ddig wrtho am ddweud hyn. A'r pryd hwnnw fe orthrymodd Asa rai o'r bobl.

Diwedd Teyrnasiad Asa

1 Bren. 15:23-24

¹¹ Y mae hanes Asa, o'r dechrau i'r diwedd, wedi ei ysgrifennu yn llyfr brenhinoedd Jwda ac Israel. ¹² Yn y bedwaredd flwyddyn ar bymtheg ar hugain o'i deyrnasiad dechreuodd Asa ddioddef yn enbyd o glefyd yn ei draed; ond yn ei waeledd fe geisiodd y meddygon yn hytrach na'r ARGLWYDD. ¹³ Bu Asa farw; yn yr unfed flwyddyn a deugain o'i deyrnasiad y bu farw. ¹⁴ Claddwyd ef yn y bedd a wnaeth iddo'i hun yn Ninas Dafydd, a'i roi i orwedd ar wely yn llawn peraroglau a phob math o ennaint wedi eu cymysgu'n ofalus gan y peraroglydd; a gwnaethant dân mawr iawn i'w anrhydeddu.

Jehosaffat yn Frenin

17 Daeth ei fab Jehosaffat yn frenin yn lle Asa, ac fe benderfynodd ef wrthsefyll Israel. ² Rhoddodd filwyr ym mhob un o ddinasoedd caerog Jwda, a gosod garsiynau yng ngwlad Jwda ac yn ninasoedd Effraim, sef y dinasoedd a gymerwyd gan ei dad Asa. ³ A bu'r ARGLWYDD gyda Jehosaffat am iddo ddilyn llwybrau cynnar ei dad Dafydd a gwrthod ymofyn â'r Baalim, ⁴ a throi yn hytrach at Dduw ei hynafiaid a chadw ei orchmynion, a pheidio â dilyn esiampl Israel. ⁵ Felly, sicrhaodd yr ARGLWYDD y frenhiniaeth yn llaw Jehosaffat, ac fe roddodd holl Jwda anrhegion iddo, nes bod ganddo olud a chyfoeth mawr iawn. ⁶ Dilynodd yr ARGLWYDD yn ffyddlon, a hefyd fe dynnodd ymaith o Jwda yr uchelfeydd a'r delwau o Asera.

⁷ Yn nhrydedd flwyddyn ei deyrnasiad anfonodd ei dywysogion Ben-hail, Obadeia, Sechareia, Nethaneel a Michaia i ddysgu yn ninasoedd Jwda. ⁸ Gyda hwy fe aeth y Lefiaid Semaia, Nethaneia, Sebadeia, Asahel, Semiramoth, Jehonathan, Adoneia, Tobeia a Tob-adoneia, a hefyd yr offeiriaid Elisama a Jehoram. ⁹ Aeth y rhain i ddysgu yn Jwda, ac yr oedd llyfr cyfraith yr ARGLWYDD ganddynt; teithiasant trwy holl ddinasoedd Jwda gan hyfforddi'r bobl.

¹⁰ Daeth ofn yr ARGLWYDD ar holl deyrnasoedd y gwledydd o amgylch Jwda, ac ni ddaethant i ryfela yn erbyn Jehosaffat. ¹¹ Daeth rhai o'r Philistiaid ag anrhegion ac arian teyrnged i Jehosaffat; a daeth yr Arabiaid â diadelloedd, sef saith mil saith gant o hyrddod a saith mil saith gant o fychod. ¹² Aeth Jehosaffat o nerth i nerth. Adeiladodd gestyll a dinasoedd stôr yn Jwda, ac yr oedd yn gyfrifol am lawer o waith yn ninasoedd Jwda. ¹³ Yr oedd ganddo hefyd filwyr nerthol yn Jerwsalem, ¹⁴ wedi eu rhestru yn ôl eu tywythau fel hyn. O Jwda, swyddogion ar uned o fil: Adna yn ben, a chydag ef

dri chan mil o wroniaid; ¹⁵ y nesaf ato ef, Jehohanan, y capten, gyda dau gant wyth deg o filoedd; ¹⁶ yna Amaseia fab Sichri, a oedd yn gwasanaethu'r ARGLWYDD o'i wirfodd, gyda dau gan mil o wroniaid. ¹⁷ O Benjamin: y gwron Eliada, gyda dau gan mil yn cario bwa a tharian; ¹⁸ yna Jehosabad, gyda chant wyth deg o filoedd yn barod i ryfel. ¹⁹ Dyma'r rhai oedd yn gwasanaethu'r brenin, ar wahân i'r rhai a osododd ef yn y dinasoedd caerog trwy holl Jwda.

Y Proffwyd Michea yn Rhybuddio Ahab

18 1 Bren. 22:1–28

Yr oedd gan Jehosaffat olud a chyfoeth mawr iawn, ac yr oedd yn perthyn i Ahab trwy briodas. ² Ymhen rhai blynyddoedd fe aeth i lawr i Samaria at Ahab, a lladdodd yntau lawer o ddefaid a gwartheg iddo ef a'r bobl oedd gydag ef, a'i ddenu i ymosod ar Ramoth-gilead. ³ Meddai Ahab brenin Israel wrth Jehosaffat brenin Jwda, "A ddoi di gyda mi i Ramoth-gilead?" Atebodd yntau, "Yr wyf fi fel tydi, fy mhobl i fel dy bobl di; down gyda thi i ryfel." ⁴ Ond ychwanegodd Jehosaffat wrth frenin Israel, "Cais yn gyntaf air yr ARGLWYDD." ⁵ Yna casglodd brenin Israel y proffwydi, pedwar cant ohonynt, a dweud wrthynt, "A ddylem fynd i fyny i ryfel yn erbyn Ramoth-gilead, ai peidio?" Dywedasant hwythau, "Dos i fyny, ac fe rydd Duw hi yn llaw'r brenin." ⁶ Ond holodd Jehosaffat, "Onid oes yma broffwyd arall i'r ARGLWYDD, i ni ymgynghori ag ef?" ⁷ Ac meddai brenin Israel wrth Jehosaffat, "Oes, y mae un gŵr eto i geisio'r ARGLWYDD drwyddo, Michea fab Imla. Ond y mae ef yn atgas gennyf am nad yw byth yn proffwydo lles i mi, dim ond drwg." Dywedodd Jehosaffat, "Peidied y brenin â dweud fel yna." ⁸ Felly galwodd brenin Israel ar swyddog a dweud, "Tyrd â Michea fab Imla yma ar frys." ⁹ Yr oedd brenin Israel a Jehosaffat brenin Jwda yn eu gwisgoedd brenhinol yn eistedd ar eu gorseddau ar y llawr dyrnu wrth borth Samaria, gyda'r holl broffwydi'n proffwydo o'u blaen. ¹⁰ Gwnaeth Sedeceia fab Cenaana gyrn haearn, a dweud, "Fel hyn y dywed yr ARGLWYDD: 'Gyda'r rhain byddi'n cornio'r Syriaid nes iti eu difa.' " ¹¹ Ac yr oedd yr holl broffwydi'n proffwydo felly ac yn dweud, "Dos i fyny i Ramoth-gilead a llwydda; bydd yr ARGLWYDD yn ei rhoi yn llaw'r brenin."

¹² Dywedodd y negesydd a aeth i'w alw wrth Michea, "Edrych yn awr, y mae'r proffwydi'n unfrydol yn proffwydo llwyddiant i'r brenin. Bydded dy air dithau fel gair un ohonynt hwy, a phroffwyda lwyddiant." ¹³ Atebodd Michea, "Cyn wired â bod yr ARGLWYDD yn fyw, yr hyn a ddywed fy Nuw wrthyf a lefaraf." ¹⁴ Daeth at y brenin, a dywedodd y brenin wrtho, "Michea, a awn ni i Ramoth-gilead i ryfel, ai peidio?" A dywedodd wrtho, "Ewch i fyny a llwyddo; fe'u rhoddir hwy yn eich llaw." ¹⁵ Ond dywedodd y brenin wrtho, "Pa sawl gwaith yr wyf wedi dy dynghedu i beidio â dweud dim ond y gwir wrthyf yn enw'r ARGLWYDD?" ¹⁶ Yna dywedodd Michea:

"Gwelais Israel oll wedi eu gwasgaru
   ar y bryniau
fel defaid heb fugail ganddynt.
A dywedodd yr ARGLWYDD, 'Nid oes
   feistr ar y rhain;
felly bydded iddynt ddychwelyd
   adref mewn heddwch.' "

¹⁷ Dywedodd brenin Israel wrth Jehosaffat, "Oni ddywedais wrthyt na fyddai'n proffwydo da i mi, ond yn hytrach ddrwg?" ¹⁸ A dywedodd Michea, "Am hynny, gwrandewch air yr ARGLWYDD; gwelais yr ARGLWYDD yn eistedd ar ei orsedd, gyda holl lu'r nef yn sefyll ar y dde ac ar y chwith iddo. ¹⁹ A dywedodd yr ARGLWYDD, 'Pwy a fedr hudo Ahab i frwydro a chwympo yn Ramoth-gilead?' Ac yr oedd un yn dweud fel hyn, a'r llall fel arall; ²⁰ ond dyma un ysbryd yn sefyll allan o flaen yr ARGLWYDD ac yn dweud, 'Fe'i hudaf fi ef'. Ac meddai'r ARGLWYDD, 'Sut?' ²¹ Dywedodd yntau, 'Af allan a bod yn ysbryd celwyddog yng ngenau ei broffwydi i gyd.' Yna dywedodd wrtho, 'Fe lwyddi di i'w hudo; dos a gwna hyn.' ²² Yn awr, rhoddodd yr ARGLWYDD

ysbryd celwyddog yng ngenau dy broffwydi hyn; y mae'r ARGLWYDD wedi llunio drwg ar dy gyfer."

²³ Nesaodd Sedeceia fab Cenaana a rhoi cernod i Michea, a dweud, "Sut yr aeth ysbryd yr ARGLWYDD oddi wrthyf fi i lefaru wrthyt ti?" ²⁴ Dywedodd Michea, "Cei weld ar y dydd hwnnw pan fyddi'n ceisio ymguddio yn yr ystafell nesaf i mewn." ²⁵ A dywedodd brenin Israel, "Ewch â Michea a'i roi yng ngofal Amon, rheolwr y dref, a Joas mab y brenin, ²⁶ a dywedwch wrthynt, 'Fel hyn y dywed y brenin: Rhowch hwn yng ngharchar, a bwydwch ef â'r dogn prinnaf o fara a dŵr nes imi ddod yn ôl yn llwyddiannus.'" ²⁷ Ac meddai Michea, "Os llwyddi i ddod yn ôl, ni lefarodd yr ARGLWYDD drwof; gwrandewch chwi bobl i gyd."

Marwolaeth Ahab
1 Bren. 22:29-35

²⁸ Aeth brenin Israel a Jehosaffat brenin Jwda i fyny i Ramoth-gilead. ²⁹ A dywedodd brenin Israel wrth Jehosaffat, "Yr wyf fi am newid fy nillad cyn mynd i'r frwydr, ond gwisg di dy ddillad brenhinol." Newidiodd brenin Israel ei wisg, ac aethant i'r frwydr. ³⁰ Yr oedd brenin Syria wedi gorchymyn i gapteiniaid ei gerbydau, "Peidiwch ag ymladd â neb, bach na mawr, ond â brenin Israel yn unig." ³¹ A phan welodd capteiniaid y cerbydau Jehosaffat, dywedasant, "Hwn yn sicr yw brenin Israel." Yna troesant i ymladd ag ef; ond rhoddodd Jehosaffat waedd, a chynorthwyodd yr ARGLWYDD Dduw ef trwy eu hudo oddi wrtho. ³² A phan welodd capteiniaid y cerbydau nad brenin Israel oedd, gadawsant lonydd iddo. ³³ A thynnodd rhywun ei fwa ar antur, a tharo brenin Israel rhwng y darnau cyswllt a'r llurig. A dywedodd yntau wrth yrrwr ei gerbyd, "Tro'n ôl, a dwg fi allan o'r rhengoedd, oherwydd rwyf wedi fy nghlwyfo." ³⁴ Ond ffyrnigodd y frwydr y diwrnod hwnnw, a bu raid i frenin Israel aros yn ei gerbyd yn wynebu'r Syriaid hyd yr hwyr; yna ar fachlud haul bu farw.

Proffwyd yn Ceryddu Jehosaffat

19 Dychwelodd Jehosaffat brenin Jwda yn ddiogel i'w dŷ yn Jerwsalem. ² A daeth Jehu fab Hanani y gweledydd allan i'w gyfarfod a dweud wrtho, "A wyt ti'n ymhyfrydu mewn cynorthwyo'r annuwiol a'r rhai sy'n casáu'r ARGLWYDD? Daw llid arnat am hyn. ³ Eto, y mae daioni ynot, oherwydd fe dynnaist ymaith ddelwau Asera o'r wlad, a rhoddaist dy fryd ar geisio Duw."

Diwygiadau Jehosaffat

⁴ Yr oedd Jehosaffat yn byw yn Jerwsalem, ond yn dal i fynd allan ymysg y bobl o Beerseba hyd fynydd-dir Effraim, a dod â hwy'n ôl at ARGLWYDD Dduw eu tadau. ⁵ Gosododd farnwyr ar y wlad, un ymhob un o ddinasoedd caerog Jwda, ⁶ a dweud wrthynt, "Gofalwch sut yr ydych yn ymddwyn, oherwydd nid yn enw neb meidrol ond yn enw'r ARGLWYDD yr ydych yn barnu, a bydd ef gyda chwi pan farnwch. ⁷ Yn awr, bydded arnoch ofn yr ARGLWYDD, a gweithredwch yn ofalus, oherwydd nid oes anghyfiawnder na ffafriaeth na llwgrwobr yn perthyn i'r ARGLWYDD ein Duw." ⁸ Hefyd, fe osododd Jehosaffat yn Jerwsalem rai o'r Lefiaid a'r offeiriaid, a phennau-teuluoedd yr Israeliaid, i weinyddu cyfraith yr ARGLWYDD ac i dorri dadleuon trigolion* Jerwsalem. ⁹ Dyma ei orchymyn iddynt: "Yr ydych i weithredu'n ffyddlon a didwyll yn ofn yr ARGLWYDD. ¹⁰ Ym mhob achos a ddaw o'ch blaen oddi wrth eich cymrodyr sy'n byw yn eu dinasoedd, prun ai achosion o dywallt gwaed neu unrhyw achos arall o gyfraith, gorchymyn, deddfau a barnedigaethau, rhybuddiwch hwy i beidio â throseddu yn erbyn yr ARGLWYDD, neu fe ddaw ei lid arnoch chwi a'ch cymrodyr. Ond ichwi wneud hyn, ni fyddwch yn troseddu. ¹¹ Amareia yr archoffeiriad fydd ag awdurdod drosoch ym mhob peth sy'n ymwneud â'r ARGLWYDD, a Sebadeia fab Ismael, llywodraethwr tŷ Jwda, ym mhob peth sy'n ymwneud â'r brenin; y Lefiaid fydd yn swyddogion i chwi. Ymrolwch a

---

19:8 Cymh. Fersiynau. Hebraeg, *a ddychwelsant i*.

gwnewch fel hyn; bydded yr ARGLWYDD gyda'r daionus."

Rhyfel yn erbyn Edom

20 Wedi hyn, dechreuodd y Moabiaid a'r Ammoniaid, gyda rhai o'r Meuniaid* ryfela yn erbyn Jehosaffat. ² Daeth rhywrai at Jehosaffat a dweud wrtho, "Y mae mintai fawr yn dod yn dy erbyn o Edom*, o'r ochr draw i'r môr, ac y mae hi eisoes yn Hasason-tamar" (hynny yw, En-gedi). ³ Yn ei ddychryn penderfynodd Jehosaffat geisio'r ARGLWYDD, a chyhoeddodd ympryd trwy holl Jwda. ⁴ Yna ymgasglodd pobl Jwda i ofyn am gymorth gan yr ARGLWYDD; daethant o bob un o'u dinasoedd i'w geisio ef. ⁵ Yn y cynulliad hwn o bobl Jwda a Jerwsalem yn nhŷ yr ARGLWYDD, fe safodd Jehosaffat o flaen y cyntedd newydd, ⁶ a dweud, "O ARGLWYDD, Duw ein hynafiaid, onid ti sy'n Dduw yn y nefoedd? Ti sy'n llywodraethu ar holl deyrnasoedd y cenhedloedd; yn dy law di y mae nerth a chadernid, fel na ddichon neb dy wrthsefyll. ⁷ Onid ti, ein Duw, a yrraist drigolion y wlad hon allan o flaen dy bobl Israel, a'i rhoi hi am byth i had Abraham, dy gyfaill? ⁸ Y maent hwy wedi byw ynddi ac wedi adeiladu cysegr i'th enw di, a dweud, ⁹ 'Os daw unrhyw niwed i ni trwy gleddyf, llifeiriant*, haint neu newyn, yna fe safwn o'th flaen di ac o flaen y tŷ hwn, oherwydd y mae dy enw arno. Gwaeddwn arnat yn ein trybini, ac fe wrandewi di arnom a'n gwaredu.' ¹⁰ Yn awr, dyma'r Ammoniaid, y Moabiaid a gwŷr Mynydd Seir, pobl na adewaist i Israel ymosod arnynt wrth ddod allan o'r Aifft, pobl y troes Israel i ffwrdd oddi wrthynt a pheidio â'u difetha; ¹¹ gwêl sut y mae'r rhain yn talu'n ôl i ni trwy ddod i'n gyrru allan o'th etifeddiaeth, a roddaist i ni. ¹² O ein Duw, oni wnei di gyhoeddi barn arnynt? Oherwydd nid ydym ni'n ddigon cryf i wrthsefyll y fintai fawr hon sy'n dod yn ein herbyn. Ni wyddom ni beth i'w wneud, ond dibynnwn arnat ti."

¹³ Yr oedd holl wŷr Jwda, gyda'u rhai bach, eu gwragedd a'u plant, yn sefyll o flaen yr ARGLWYDD. ¹⁴ Yr oedd Jehasiel fab Sechareia, fab Benaia, fab Jeiel, fab Mattaneia, Lefiad o dylwyth Asaff, yng nghanol y cynulliad; daeth ysbryd yr ARGLWYDD arno, ¹⁵ a dywedodd, "Gwrandewch, holl Jwda a thrigolion Jerwsalem ynghyd â'r brenin Jehosaffat. Y mae'r ARGLWYDD yn dweud wrthych am beidio ag ofni na digalonni o achos y fintai fawr yma, oherwydd brwydr Duw yw hon, nid eich brwydr chwi. ¹⁶ Ewch i lawr yn eu herbyn yfory, pan fyddant yn dringo rhiw Sis, ac fe'u cewch ym mhen draw'r dyffryn, yn ymyl anialwch Jerual. ¹⁷ Ni fydd raid i chwi ymladd yn y frwydr hon; safwch yn llonydd yn eich lle, ac fe welwch y fuddugoliaeth a rydd yr ARGLWYDD ichwi, O Jwda a Jerwsalem. Peidiwch ag ofni na digalonni; ewch allan yn eu herbyn yfory, a bydd yr ARGLWYDD gyda chwi." ¹⁸ Yna fe ymgrymodd Jehosaffat i'r llawr, a syrthiodd holl Jwda a thrigolion Jerwsalem o flaen yr ARGLWYDD a'i addoli. ¹⁹ Yna safodd y Lefiaid oedd yn perthyn i'r Cohathiaid a'r Corahiaid i foliannu'r ARGLWYDD, Duw Israel, â bloedd uchel.

²⁰ Felly, codasant yn fore a mynd i anialwch Tecoa. Fel yr oeddent yn cychwyn, safodd Jehosaffat a dweud, "Gwrandewch arnaf fi, Jwda a thrigolion Jerwsalem. Ymddiriedwch yn yr ARGLWYDD eich Duw, ac fe fyddwch yn ddiogel; credwch yn ei broffwydi, ac fe lwyddwch." ²¹ Wedi ymgynghori â'r bobl, penododd gantorion i foli'r ARGLWYDD, ac i ganu mawl i brydferthwch ei sancteiddrwydd, wrth fynd allan ar flaen y fyddin. Dywedasant,

"Diolchwch i'r ARGLWYDD,
oherwydd y mae ei gariad hyd byth."

²² Fel yr oeddent yn dechrau canu a moli, gosododd yr ARGLWYDD gynllwyn yn erbyn yr Ammoniaid a'r Moabiaid a gwŷr Mynydd Seir, a oedd yn ymosod ar Jwda, a chawsant eu gorchfygu. ²³ Trodd yr Ammoniaid a'r Moabiaid i ymosod ar drigolion Mynydd Seir, a'u

---

20:1 Felly Groeg. Hebraeg, *Ammoniaid.*
20:2 Felly llawysgrif. TM, *Aram.*
20:9 Cymh. Groeg. Hebraeg, *barn.*

difa'n llwyr; ac wedi iddynt eu difodi hwy aethant ymlaen i ddifetha'i gilydd. ²⁴ Pan gyrhaeddodd Jwda wylfa ger yr anialwch, a throi i edrych ar y fintai, gwelsant gyrff y meirw ar y llawr ym mhobman; nid oedd neb wedi dianc. ²⁵ Daeth Jehosaffat a'i filwyr i'w hysbeilio, a chawsant arnynt lawer o olud a gwisgoedd*, ac eiddo gwerthfawr. Yr oedd ganddynt fwy o ysbail nag y gallent ei gario, ac am fod cymaint ohono buont am dridiau yn ei gludo. ²⁶ Ar y pedwerydd dydd daethant ynghyd i ddyffryn Beracha; am iddynt fendithio'r ARGLWYDD yno, gelwir y lle yn ddyffryn Beracha* hyd heddiw. ²⁷ Yna dychwelodd holl filwyr Jwda a Jerwsalem dan arweiniad Jehosaffat i Jerwsalem mewn llawenydd, am i'r ARGLWYDD roi buddugoliaeth iddynt dros eu gelynion; ²⁸ daethant i dŷ'r ARGLWYDD yn Jerwsalem gyda nablau, telynau a thrwmpedau. ²⁹ Daeth ofn Duw ar holl deyrnasoedd y gwledydd pan glywsant fod yr ARGLWYDD wedi ymladd yn erbyn gelynion Israel. ³⁰ Felly cafodd teyrnas Jehosaffat heddwch, a rhoddodd ei Dduw lonydd iddo oddi wrth bawb o'i amgylch.

Diwedd Teyrnasiad Jehosaffat

1 Bren. 22:41-50

³¹ Teyrnasodd Jehosaffat ar Jwda. Pymtheg ar hugain oedd ei oed pan ddaeth i'r orsedd, a theyrnasodd am bum mlynedd ar hugain yn Jerwsalem. Asuba ferch Silhi oedd enw ei fam. ³² Dilynodd lwybr ei dad Asa yn hollol ddiwyro, a gwneud yr hyn oedd yn uniawn yng ngolwg yr ARGLWYDD. ³³ Er hynny, ni symudwyd yr uchelfeydd, ac nid oedd y bobl eto wedi gosod eu bryd ar Dduw eu hynafiaid. ³⁴ Y mae gweddill hanes Jehosaffat, o'r dechrau i'r diwedd, wedi ei ysgrifennu yng nghronicl Jehu fab Hanani, sydd wedi ei gynnwys yn Llyfr Brenhinoedd Israel.

³⁵ Wedi hyn gwnaeth Jehosaffat brenin Jwda gynghrair â'r drwgweithredwr, Ahaseia brenin Israel. ³⁶ Cydweithiodd ag ef i wneud llongau i fynd i Tarsis, a'u hadeiladu yn Esion-Geber. ³⁷ Ond proffwydodd Elieser fab Dodafa o Maresa yn erbyn Jehosaffat, a dweud, "Am i ti wneud cynghrair ag Ahaseia, fe ddryllia yr ARGLWYDD dy waith." Felly dinistriwyd y llongau, ac ni allent hwylio i Tarsis.

21

Bu farw Jehosaffat, a chladdwyd ef gyda'i ragflaenwyr yn ninas ei dad Dafydd, a daeth ei fab Jehoram yn frenin yn ei le.

Jehoram Brenin Jwda

2 Bren. 8:17-24

² Yr oedd gan Jehoram frodyr, meibion i Jehosaffat, sef Asareia, Jehiel, Sechareia, Asareia, Michael a Seffateia. Meibion i Jehosaffat brenin Jwda* oeddent i gyd, ³ a rhoddodd eu tad iddynt lawer o anrhegion, arian ac aur a phethau gwerthfawr, yn ogystal â dinasoedd caerog yn Jwda; ond i Jehoram y rhoddodd y frenhiniaeth, am mai ef oedd y cyntafanedig. ⁴ Ar ôl i Jehoram ymsefydlu ar deyrnas ei dad, lladdodd bob un o'i frodyr a rhai o dywysogion Israel â'r cleddyf. ⁵ Deuddeg ar hugain oed oedd Jehoram pan ddaeth yn frenin, a theyrnasodd am wyth mlynedd yn Jerwsalem. ⁶ Dilynodd lwybr brenhinoedd Israel, fel y gwnâi tŷ Ahab, gan mai merch Ahab oedd ei wraig, a gwnaeth yr hyn oedd ddrwg yng ngolwg yr ARGLWYDD. ⁷ Eto, oherwydd y cyfamod a wnaeth â Dafydd, ni fynnai'r ARGLWYDD ddifetha tŷ Dafydd, am iddo addo rhoi lamp iddo ef a'i feibion am byth.

⁸ Yn ei gyfnod ef gwrthryfelodd Edom yn erbyn Jwda a gosod brenin arnynt eu hunain. ⁹ Croesodd Jehoram yno gyda'i gapteiniaid a'i holl gerbydau; cododd liw nos ac ymosod gyda'i gerbydwyr ar yr Edomiaid oedd yn ei amgylchu. ¹⁰ Ac y mae Edom mewn gwrthryfel yn erbyn Jwda hyd y dydd hwn. Yr un pryd gwrthryfelodd Libna yn ei erbyn, am iddo droi cefn ar yr ARGLWYDD, Duw ei hynafiaid. ¹¹ Ef hefyd a adeiladodd uchelfeydd ym mynydd-dir Jwda, a

---

20:25 Felly llawysgrifau a Fersiynau. TM, *a chelaneddau*.
20:26 H.y., *Bendith*.

21:2 Felly Groeg. Hebraeg, *Israel*.

gwneud i drigolion Jerwsalem buteinio, ac arwain Jwda ar gyfeiliorn.

¹² Daeth llythyr at Jehoram oddi wrth y proffwyd Eleias yn dweud, "Fel hyn y dywed yr ARGLWYDD, Duw Dafydd dy dad: 'Ni ddilynaist ti lwybrau Jehosaffat dy dad ac Asa brenin Jwda, ¹³ ond dilynaist frenhinoedd Israel, a gwneud i Jwda a thrigolion Jerwsalem buteinio, fel y gwnaeth tŷ Ahab gydag Israel; yr wyt hefyd wedi lladd dy frodyr o dŷ dy dad, dynion gwell na thi. ¹⁴ Am hyn, fe ddaw'r ARGLWYDD â phla mawr ar dy bobl, dy feibion, dy wragedd a'th holl olud. ¹⁵ Fe fyddi di dy hun yn dioddef o glefyd enbyd yn dy goluddion, clefyd fydd ymhen amser yn gwneud i'r coluddion ddisgyn allan.'"

¹⁶ Yna cyffrôdd yr ARGLWYDD y Philistiaid, a'r Arabiaid oedd yn byw yn ymyl yr Ethiopiaid, yn erbyn Jehoram. ¹⁷ Daethant i fyny yn erbyn Jwda ac ymosod arni, a chludo ymaith yr holl olud oedd yn nhŷ'r brenin, yn ogystal â'i feibion a'i wragedd; ni adawyd neb ond Jehoahas, ei fab ieuengaf, ar ôl.

¹⁸ Ar ôl hyn i gyd trawodd yr ARGLWYDD ef â chlefyd marwol yn ei goluddion. ¹⁹ Ac yng nghwrs amser, wedi i ddwy flynedd ddod i ben, disgynnodd ei goluddion allan o achos y clefyd, a bu farw mewn poenau enbyd. Ni wnaeth y bobl dân er anrhydedd iddo, fel y gwnaethant i'w ragflaenwyr. ²⁰ Deuddeg ar hugain oedd ei oed pan ddaeth yn frenin, a theyrnasodd am wyth mlynedd yn Jerwsalem. Bu farw heb neb yn galaru amdano, ac fe'i claddwyd yn Ninas Dafydd, ond nid ym meddau'r brenhinoedd.

Ahaseia Brenin Jwda

22 2 Bren. 8:25–29; 9:21–28

Gwnaeth trigolion Jerwsalem ei fab ieuengaf Ahaseia yn frenin yn lle Jehoram, oherwydd yr oedd yr ymosodwyr a ddaeth i'r gwersyll gyda'r Arabiaid wedi lladd pob un o'r meibion hynaf. Dyna sut y daeth Ahaseia fab Jehoram, brenin Jwda, i'r orsedd. ² Dwy a deugain oed oedd Ahaseia pan ddaeth yn frenin, a theyrnasodd yn Jerwsalem am flwyddyn. ³ Athaleia oedd enw ei fam, wyres Omri. Dilynodd yntau hefyd yr un llwybr â thŷ Ahab, oherwydd yr oedd ei fam yn ei arwain i wneud drwg. ⁴ Gwnaeth yr hyn oedd ddrwg yng ngolwg yr ARGLWYDD, yn union fel y gwnaeth tŷ Ahab; oherwydd ar ôl marw ei dad hwy oedd yn ei gynghori, er mawr niwed iddo. ⁵ Fe gymerodd eu cyngor hwy, ac aeth gyda Joram fab Ahab, brenin Israel, i ryfel yn erbyn Hasael brenin Syria yn Ramoth-gilead. ⁶ Ond anafodd y Syriaid Joram a chiliodd yntau i Jesreel i geisio gwellhad o'r* clwyfau a gafodd yn Rama yn y frwydr yn erbyn Hasael brenin Syria. A daeth Ahaseia* fab Jehoram, brenin Jwda, i edrych am Joram fab Ahab yn Jesreel am ei fod yn glaf.

⁷ Penderfynodd Duw ddinistrio Ahaseia wrth iddo ymweld â Jehoram. Pan gyrhaeddodd Ahaseia, aeth allan gyda Jehoram yn erbyn Jehu fab Nimsi, a eneiniwyd gan yr ARGLWYDD i ddifodi tŷ Ahab. ⁸ Fel yr oedd Jehu yn cosbi tŷ Ahab, daeth o hyd i dywysogion Jwda a meibion brodyr Ahaseia, a fu'n gwasanaethu Ahaseia, ac fe'u lladdodd. ⁹ Yna aeth i chwilio am Ahaseia. Daliwyd Ahaseia yn cuddio yn Samaria, a chafodd ei ddwyn at Jehu a'i roi i farwolaeth. Claddwyd ef mewn bedd, oherwydd dywedasant, "Yr oedd yn ŵyr i Jehosaffat, a geisiodd yr ARGLWYDD â'i holl galon." Felly nid oedd neb o dŷ Ahaseia yn ddigon grymus i deyrnasu.

Athaleia Brenhines Jwda

2 Bren. 11:1–3

¹⁰ Pan welodd Athaleia, mam Ahaseia, fod ei mab wedi marw, aeth ati i ddifodi* holl linach frenhinol tŷ Jwda. ¹¹ Ond cymerwyd Jehoas fab Ahaseia gan Jehoseba, merch y brenin, a'i ddwyn yn ddirgel o blith plant y brenin, a oedd i'w lladd, a'i roi ef a'i famaeth mewn ystafell wely. Felly y cuddiwyd ef rhag Athaleia, fel na allai ei ladd, gan Jehoseba, merch y Brenin Jehoram, gwraig Jehoiada yr offeiriad, oherwydd yr oedd hi'n chwaer

---

22:6 Felly llawysgrifau a Fersiynau. Cymh.
2 Bren. 8:29. TM, *canys*.
22:6 Felly llawysgrifau a Fersiynau. Cymh.
2 Bren. 8:29. TM, *Asareia*.
22:10 Felly llawysgrifau a Fersiynau. Cymh.
2 Bren. 11:1. TM, *i ddweud*.

i Ahaseia. ¹² A bu ynghadw gyda hwy yn nhŷ Dduw am chwe blynedd, tra oedd Athaleia'n rheoli'r wlad.

23 Yn y seithfed flwyddyn ymrolodd Jehoiada, a gwnaeth gynghrair â'r capteiniaid, Asareia fab Jeroham, Ismael fab Jehohanan, Asareia fab Obed, Maaseia fab Adaia, ac Elisaffat fab Sichri. ² Aethant hwythau trwy Jwda a chasglu'r Lefiaid o bob dinas, a phennau-teuluoedd Israel, i ddod i Jerwsalem. ³ Yna gwnaeth y gynulleidfa gyfan gyfamod â'r brenin yn nhŷ Dduw. Dywedodd Jehoiada wrthynt, "Dyma fab y brenin! Bydded iddo deyrnasu, fel y dywedodd yr ARGLWYDD y gwnâi meibion Dafydd. ⁴ Dyma'r hyn a wnewch: y mae traean ohonoch chwi'r offeiriaid a'r Lefiaid, sy'n dod ar ddyletswydd ar y Saboth, i wylio'r pyrth; ⁵ traean arall i aros yn nhŷ'r brenin, a thraean i fod wrth Borth y Sylfaen. Bydded i'r holl bobl aros yng nghynteddau tŷ'r ARGLWYDD. ⁶ Nid oes neb i fynd i mewn i dŷ'r ARGLWYDD ond yr offeiriaid a'r Lefiaid sydd ar ddyletswydd; cânt hwy fynd am eu bod yn sanctaidd; rhaid i bawb arall gadw gorchymyn yr ARGLWYDD. ⁷ Y mae'r Lefiaid i sefyll o amgylch y brenin, pob un â'i arfau yn ei law, a lladder pwy bynnag a ddaw i mewn i'r tŷ; byddant gyda'r brenin lle bynnag yr â."

⁸ Gwnaeth y Lefiaid a holl Jwda bopeth a orchmynnodd yr offeiriad Jehoiada, pob un yn cymryd ei gwmni, y rhai oedd ar ddyletswydd ar y Saboth, a'r rhai oedd yn rhydd, oherwydd nid oedd yr offeiriad Jehoiada wedi rhyddhau yr un o'r adrannau. ⁹ Yna rhoddodd yr offeiriad Jehoiada i'r capteiniaid y gwaywffyn, y tarianau a'r bwcledi a fu gan Ddafydd ac a oedd yn nhŷ Dduw. ¹⁰ Gwnaeth i'r holl bobl sefyll i amgylchu'r brenin, pob un â'i arf yn ei law, ar draws y tŷ o'r ochr dde i'r ochr chwith, o gwmpas yr allor a'r tŷ. ¹¹ Yna dygwyd mab y brenin gerbron, a rhoi'r goron a'r warant iddo. Urddodd Jehoiada a'i feibion ef, a'i eneinio, a dweud, "Byw fyddo'r brenin!"

¹² Clywodd Athaleia drwst y bobl yn rhedeg ac yn clodfori'r brenin, a daeth atynt i dŷ'r ARGLWYDD. ¹³ Pan welodd hi y brenin yn sefyll wrth ei golofn yn y fynedfa, gyda'r capteiniaid a'r trwmpedau o amgylch y brenin, a holl bobl y wlad yn llawenhau ac yn canu trwmpedau, a'r cantorion gydag offerynnau yn arwain y moliant, rhwygodd ei dillad a gweiddi, "Brad! brad!" ¹⁴ Gorchmynnodd* yr offeiriad Jehoiada i'r capteiniaid, swyddogion y fyddin, "Ewch â hi y tu allan i gyffiniau'r tŷ, a lladder â'r cleddyf unrhyw un sy'n ei dilyn," meddai'r offeiriad, "â'i lladd yn nhŷ'r ARGLWYDD." ¹⁵ Felly daliasant hi fel yr oedd yn cyrraedd mynedfa Porth y Meirch i'r palas, a'i lladd yno.

Diwygiadau Jehoiada
2 Bren. 11:17-20

¹⁶ Gwnaeth Jehoiada gyfamod y byddai ef ei hun a'r holl bobl a'r brenin yn bobl i'r ARGLWYDD. ¹⁷ Aeth yr holl bobl at deml Baal a'i thynnu i lawr, a dryllio'i hallorau a'i delwau'n chwilfriw, a lladd Mattan, offeiriad Baal, o flaen yr allorau. ¹⁸ Yna rhoddodd Jehoiada y cyfrifoldeb o edrych ar ôl tŷ'r ARGLWYDD i'r offeiriaid oedd yn Lefiaid, ac a osodwyd gan Ddafydd dros dŷ'r ARGLWYDD i offrymu poethoffrymau i'r ARGLWYDD, fel y mae'n ysgrifenedig yn neddf Moses, ac i wneud hynny gyda llawenydd a chân yn ôl trefn Dafydd. ¹⁹ Gosododd y porthorion wrth byrth tŷ'r ARGLWYDD i sicrhau na fyddai neb oedd yn aflan mewn unrhyw ffordd yn mynd i mewn. ²⁰ Yna daeth Jehoiada â'r capteiniaid, y pendefigion, llywodraethwyr y bobl a holl bobl y wlad, i hebrwng y brenin o dŷ'r ARGLWYDD. Daethant trwy'r porth uchaf i'r palas, a gosod y brenin ar yr orsedd frenhinol. ²¹ Llawenhaodd holl bobl y wlad, a daeth llonyddwch i'r ddinas wedi lladd Athaleia â'r cleddyf.

23:14 Felly Fersiynau. Cymh. 2 Bren. 11:15. Hebraeg, *Arweiniodd allan.*

Jehoas Brenin Jwda

24 2 Bren. 12:1–16

Saith oed oedd Jehoas pan ddaeth yn frenin, a theyrnasodd yn Jerwsalem am ddeugain mlynedd. Sibia o Beerseba oedd enw ei fam. ² Gwnaeth Jehoas yr hyn oedd uniawn yng ngolwg yr ARGLWYDD trwy gydol cyfnod Jehoiada'r offeiriad. ³ Dewisodd Jehoiada ddwy wraig iddo, a chafodd ganddynt feibion a merched.

⁴ Wedi hyn, rhoddodd Jehoas ei fryd ar adnewyddu tŷ'r ARGLWYDD. ⁵ Cynullodd yr offeiriaid a'r Lefiaid a dweud wrthynt, "Ewch ar frys trwy holl ddinasoedd Jwda i gasglu'r dreth flynyddol gan Israel gyfan, er mwyn atgyweirio tŷ eich Duw." Ond ni frysiodd y Lefiaid. ⁶ Galwodd y brenin ar Jehoiada, yr archoffeiriad, a dweud wrtho, "Pam na fynnaist fod y Lefiaid yn casglu o Jwda a Jerwsalem y dreth a osododd Moses gwas yr ARGLWYDD ar gynulleidfa Israel ar gyfer pabell y dystiolaeth? ⁷ Oherwydd y mae meibion y wraig ddrwg Athaleia wedi malurio tŷ Dduw, ac wedi rhoi pob un o'i bethau cysegredig i'r Baalim."

⁸ Ar orchymyn y brenin gwnaethant gist a'i gosod y tu allan i borth tŷ'r ARGLWYDD. ⁹ Yna cyhoeddwyd trwy Jwda a Jerwsalem fod pawb i roi i'r ARGLWYDD y dreth a osododd Moses gwas Duw ar Israel yn yr anialwch. ¹⁰ Dygodd yr holl dywysogion a'r bobl yr arian yn llawen, a'i roi yn y gist nes ei bod yn llawn. ¹¹ Bob tro y byddai'r Lefiaid yn dod â'r gist at swyddogion y brenin, a hwythau'n gweld fod ynddi swm mawr o arian, byddai ysgrifennydd y brenin a swyddog yr archoffeiriad yn dod ac yn gwagio'r gist, ac yna'n mynd â hi'n ôl i'w lle. Gwnaent hyn yn gyson, a chasglu llawer o arian. ¹² Rhoddai'r brenin a Jehoiada yr arian i'r rhai a benodwyd i ofalu am y gwaith yn nhŷ'r ARGLWYDD; yr oeddent hwythau yn cyflogi seiri maen a seiri coed i adnewyddu tŷ'r ARGLWYDD, a gweithwyr mewn haearn a phres i'w atgyweirio. ¹³ Yr oedd y rhai a benodwyd yn gweithio'n ddyfal, a bu'r atgyweirio'n llwyddiant dan eu gofal; gwnaethant dŷ Dduw yn gadarn, a'i adfer i'w gyflwr gwreiddiol. ¹⁴ Wedi iddynt orffen, daethant â gweddill yr arian i'r brenin ac i Jehoiada, ac fe'i defnyddiwyd i wneud llestri i dŷ'r ARGLWYDD, sef llestri ar gyfer y gwasanaeth a'r poethoffrymau, llwyau a llestri aur ac arian. Buont yn offrymu poethoffrymau yn barhaus yn nhŷ'r ARGLWYDD holl ddyddiau Jehoiada.

¹⁵ Aeth Jehoiada'n hen, a bu farw mewn oedran teg. Yr oedd yn gant tri deg pan fu farw, ¹⁶ a chafodd ei gladdu gyda'r brenhinoedd yn Ninas Dafydd, am iddo wneud daioni yn Israel a gwasanaethu Duw a'i dŷ.

Newid Polisïau Jehoiada

¹⁷ Wedi marw Jehoiada, daeth tywysogion Jwda i dalu gwrogaeth i'r brenin, a gwrandawodd yntau arnynt. ¹⁸ Yna troesant eu cefn ar dŷ'r ARGLWYDD, Duw eu hynafiaid, a gwasanaethu'r pyst Asera a'r delwau. Daeth llid Duw ar Jwda a Jerwsalem am iddynt droseddu fel hyn. ¹⁹ Ac er i'r ARGLWYDD anfon proffwydi atynt i'w harwain yn ôl ato ac i'w hargyhoeddi, ni wrandawsant arnynt.

²⁰ Yna daeth ysbryd Duw ar Sechareia fab Jehoiada yr offeiriad, ac fe safodd gerbron y bobl a dweud, "Fel hyn y dywed Duw: 'Pam yr ydych yn torri gorchmynion yr ARGLWYDD? Ni fyddwch yn ffynnu. Am i chwi droi cefn ar yr ARGLWYDD, y mae yntau wedi troi ei gefn arnoch chwi.'" ²¹ Ond gwnaethant gynllwyn yn ei erbyn, ac ar orchymyn y brenin fe'i llabyddiwyd yng nghyntedd tŷ'r ARGLWYDD. ²² Anghofiodd y Brenin Jehoas am y caredigrwydd a gafodd gan Jehoiada tad Sechareia, a lladdodd ei fab. Fel yr oedd Sechareia'n marw, dywedodd, "Bydded i'r ARGLWYDD weld, a'th alw i gyfrif."

Diwedd Teyrnasiad Jehoas

²³ Ar ddiwedd y flwyddyn daeth byddin Syria i ryfela yn erbyn Jehoas. Daethant i Jwda a Jerwsalem, a lladd pob un o dywysogion y bobl, ac anfon eu hysbail i gyd i frenin Damascus. ²⁴ Er i'r Syriaid ddod gyda byddin fechan, rhoddodd yr ARGLWYDD lu mawr iawn yn eu dwylo,

am i'r bobl droi eu cefn ar yr ARGLWYDD, Duw eu hynafiaid. Felly daethant â barn ar Jehoas.

²⁵ Ar ôl i'r Syriaid fynd ymaith, a'i adael wedi ei glwyfo'n ddrwg, cynllwyniodd ei weision ei hun yn ei erbyn i ddial am farwolaeth mab* Jehoiada yr offeiriad, a lladdasant Jehoas ar ei wely. Felly bu farw, ac fe'i claddwyd yn Ninas Dafydd, ond nid ym meddau'r brenhinoedd. ²⁶ Y rhai a gynllwyniodd yn ei erbyn oedd Sabad fab Simeath yr Ammones, a Jehosabad fab Simrith y Foabes. ²⁷ Y mae hanes ei feibion, y llu oraclau a draddodwyd yn ei erbyn, a hanes ei waith yn atgyweirio tŷ Dduw, i gyd wedi eu hysgrifennu yn yr esboniad ar Lyfr y Brenhinoedd. Daeth ei fab Amaseia yn frenin yn ei le.

Amaseia Brenin Jwda

25 2 Bren. 14:2-6

Pump ar hugain oed oedd Amaseia pan ddaeth yn frenin, a theyrnasodd am naw mlynedd ar hugain yn Jerwsalem. Jehoadan o Jerwsalem oedd enw ei fam. ² Gwnaeth yr hyn oedd uniawn yng ngolwg yr ARGLWYDD, ond nid â chalon berffaith. ³ Wedi iddo sicrhau ei afael ar y deyrnas, lladdodd y gweision oedd wedi llofruddio'r brenin, ei dad. ⁴ Ond ni roddodd eu plant i farwolaeth, yn unol â'r hyn sy'n ysgrifenedig yn y gyfraith, yn llyfr Moses, lle mae'r ARGLWYDD yn gorchymyn, "Nid yw rhieni i'w rhoi i farwolaeth o achos eu plant, na phlant o achos eu rhieni; am ei bechod ei hun y rhoddir rhywun i farwolaeth."

Rhyfel yn erbyn Edom

2 Bren. 14:7

⁵ Yna fe gasglodd Amaseia wŷr Jwda a'u gosod fesul teuluoedd o dan gapteiniaid miloedd a chapteiniaid cannoedd trwy holl Jwda a Benjamin. Rhifodd y rhai oedd yn ugain mlwydd oed a throsodd, a'u cael yn dri chan mil o wŷr dethol, parod i fynd allan i ryfel ac yn medru trin gwaywffon a tharian. ⁶ Cyflogodd hefyd gan mil o wroniaid o Israel am gan talent o arian. ⁷ Ond daeth gŵr Duw ato a dweud, "O frenin, paid â gadael i fyddin Israel fynd gyda thi, oherwydd nid yw'r ARGLWYDD gydag Israel, sef holl dylwyth Effraim. ⁸ Ond os ei ac ymgryfhau ar gyfer brwydr, bydd Duw yn dy ddymchwel o flaen y gelyn; oherwydd y mae gan Dduw y gallu i gynorthwyo neu i ddymchwel." ⁹ Meddai Amaseia wrth ŵr Duw, "Ond beth a wnawn am y can talent a roddais i'r fintai o Israel?" Dywedodd gŵr Duw, "Gall yr ARGLWYDD roi llawer mwy na hynny iti." ¹⁰ Felly rhyddhaodd Amaseia y fintai a ddaeth ato o Effraim, a'i hanfon adref. Yr oeddent hwy yn flin iawn gyda Jwda, ac aethant adref yn ddicllon. ¹¹ Ond ymgryfhaodd Amaseia, ac arweiniodd ei filwyr i Ddyffryn yr Halen, lle lladdodd ddeng mil o filwyr Seir. ¹² Daliodd milwyr Jwda ddeng mil arall ohonynt yn fyw, a mynd â hwy i ben craig a'u taflu oddi arni, nes darnio pob un ohonynt. ¹³ Ond yr oedd y fintai a waharddodd Amaseia rhag dod gydag ef i'r frwydr wedi anrheithio dinasoedd Jwda, o Samaria i Beth-horon, a lladd tair mil o'u trigolion a chymryd llawer iawn o ysbail.

¹⁴ Pan ddychwelodd Amaseia ar ôl gorchfygu'r Edomiaid, daeth â duwiau pobl Seir a'u gosod yn dduwiau iddo'i hun; addolodd hwy ac arogldarthu iddynt. ¹⁵ Am hynny digiodd yr ARGLWYDD wrth Amaseia ac anfonodd broffwyd ato. Dywedodd hwnnw wrtho, "Pam yr wyt wedi troi at dduwiau na fedrent achub eu pobl eu hunain rhagot?" ¹⁶ Fel yr oedd yn siarad, dywedodd y brenin, "A ydym wedi dy benodi'n gynghorwr i'r brenin? Taw! Pam y perygli dy fywyd?" Tawodd y proffwyd, ond nid cyn dweud, "Gwn fod Duw wedi penderfynu dy ddinistrio am iti wneud hyn a gwrthod gwrando ar fy nghyngor."

Rhyfel yn erbyn Israel

2 Bren. 14:8-20

¹⁷ Wedi ymgynghori, anfonodd Amaseia brenin Jwda neges at Joas fab Jehoahas, fab Jehu, brenin Israel, a dweud, "Tyrd, gad inni ddod wyneb yn wyneb." ¹⁸ Anfonodd Joas brenin Israel

---

24:25 Felly Fersiynau. Hebraeg, *meibion*.

yn ôl at Amaseia brenin Jwda a dweud, "Gyrrodd ysgellyn oedd yn Lebanon at gedrwydden Lebanon, a dweud, 'Rho dy ferch yn wraig i'm mab'. Ond daeth rhyw fwystfil oedd yn Lebanon heibio a mathru'r ysgellyn. ¹⁹ Y mae'n wir iti daro* Edom, ond aethost yn ffroenuchel a balch. Yn awr, aros gartref; pam y codi helynt, ac yna cwympo a thynnu Jwda i lawr gyda thi?" ²⁰ Ond ni fynnai Amaseia wrando, oherwydd gwaith Duw oedd hyn er mwyn eu rhoi yn llaw Joas am iddynt droi at dduwiau Edom. ²¹ Felly daeth Joas brenin Israel ac Amaseia brenin Jwda wyneb yn wyneb ger Beth-semes yn Jwda. ²² Gorchfygwyd Jwda gan Israel, a ffodd pawb adref. ²³ Wedi i Joas brenin Israel ddal brenin Jwda, sef Amaseia fab Joas, fab Jehoahas, yn Beth-semes, daeth ag ef i Jerwsalem, a thorrodd i lawr fur Jerwsalem o Borth Effraim hyd Borth y Gongl, sef pedwar can cufydd. ²⁴ Hefyd aeth â'r holl aur, arian a chelfi a gafwyd yn nhŷ Dduw dan ofal Obed-edom, ynghyd â thrysorau'r palas a gwystlon, a dychwelodd i Samaria.

²⁵ Bu Amaseia fab Jehoas, brenin Jwda, fyw am bymtheng mlynedd ar ôl marw Joas fab Jehoahas, brenin Israel. ²⁶ Am weddill hanes Amaseia, o'r dechrau i'r diwedd, onid yw wedi ei ysgrifennu yn llyfr brenhinoedd Jwda ac Israel? ²⁷ O'r amser y gwrthododd Amaseia ddilyn yr ARGLWYDD, cynllwyniwyd brad yn ei erbyn yn Jerwsalem. Ffodd yntau i Lachis, ond anfonwyd ar ei ôl i Lachis a'i ladd yno. ²⁸ Yna cludwyd ef ar feirch, a'i gladdu gyda'i dadau yn Ninas Dafydd*.

Usseia Brenin Jwda

26 2 Bren. 14:21–22; 15:1–7
Pan oedd Usseia yn un ar bymtheg oed, cymerodd holl bobl Jwda ef a'i wneud yn frenin yn lle ei dad Amaseia. ² Ef a ailadeiladodd Elath a'i hadfer i Jwda wedi i'r brenin farw. ³ Un ar bymtheg oed oedd Usseia pan ddaeth i'r orsedd, a theyrnasodd am hanner cant a dwy o flynyddoedd yn Jerwsalem. Jecholeia o Jerwsalem oedd enw ei fam. ⁴ Gwnaeth yr hyn oedd uniawn yng ngolwg yr ARGLWYDD, yn hollol fel y gwnaeth ei dad Amaseia. ⁵ Ceisiodd Dduw yn nyddiau Sechareia; ef a'i dysgodd i ofni Duw, a thra oedd yn ceisio'r ARGLWYDD, rhoddodd Duw lwyddiant iddo.

⁶ Aeth allan i ryfela yn erbyn y Philistiaid, a chwalu muriau Gath, Jabne ac Asdod; yna fe adeiladodd ddinasoedd yng nghyffiniau Asdod ac ymysg y Philistiaid. ⁷ Cynorthwyodd Duw ef yn erbyn y Philistiaid, yr Arabiaid oedd yn byw yn Gur-baal, a'r Meuniaid. ⁸ Rhoddodd yr Ammoniaid deyrnged i Usseia, ac yr oedd yn enwog hyd at derfyn yr Aifft am ei fod mor rymus. ⁹ Adeiladodd Usseia dyrau yn Jerwsalem wrth Borth y Gongl, Porth y Glyn a Thro'r Mur, a'u hatgyfnerthu. ¹⁰ Adeiladodd dyrau hefyd yn yr anialwch, a chloddio llawer o bydewau, am fod ganddo lawer o anifeiliaid yn y Seffela ac ar y gwastadedd; yr oedd ganddo hefyd lafurwyr a gwinllanwyr yn y mynydd-dir ac yng Ngharmel, oherwydd yr oedd yn hoff o'r tir. ¹¹ Yr oedd gan Usseia fyddin o filwyr yn barod i'r gad, wedi eu trefnu'n rhengoedd gan Jeiel yr ysgrifennydd a Maaseia y swyddog, yn ôl cyfarwyddyd Hananeia, un o swyddogion y brenin. ¹² Cyfanswm pennau-teuluoedd y gwroniaid oedd dwy fil chwe chant. ¹³ Dan eu gofal hwy yr oedd byddin o dri chant a saith o filoedd a phum cant o ryfelwyr nerthol i gynorthwyo'r brenin yn erbyn y gelyn. ¹⁴ Ar gyfer yr holl fyddin paratôdd Usseia darianau, gwaywffyn, helmau, llurigau, bwâu a cherrig ffyn tafl. ¹⁵ Yn Jerwsalem, gyda chymorth gweithwyr medrus, gwnaeth beiriannau ar gyfer y tyrau a'r conglau, i daflu saethau a cherrig mawr. Yr oedd yn enwog ymhell ac agos, am ei fod yn cael ei gynorthwyo'n rhyfeddol nes iddo ddod yn rymus.

25:19 Cymh. Fersiynau a 2 Bren. 14:10. Hebraeg, *Dywedaist, Wele, trewaist.*
25:28 Felly llawysgrifau, Fersiynau a 2 Bren. 14:20. TM, *Jwda.*

Cosbi Usseia am ei Falchder

¹⁶ Ond wedi iddo fynd yn rymus aeth ei falchder yn drech nag ef; troseddodd yn erbyn yr ARGLWYDD ei Dduw trwy fynd i mewn i deml yr ARGLWYDD i arogldarthu ar allor yr arogldarth. ¹⁷ Aeth Asareia yr offeiriad i mewn ar ei ôl gyda phedwar ugain o wŷr dewr a oedd yn offeiriaid yr ARGLWYDD. ¹⁸ Safasant o flaen y Brenin Usseia a dweud wrtho, "Nid gennyt ti, Usseia, y mae'r hawl i arogldarthu i'r ARGLWYDD, ond gan yr offeiriaid, meibion Aaron, y rhai a gysegrwyd i arogldarthu. Dos allan o'r cysegr, oherwydd troseddaist; ni chei anrhydedd gan yr ARGLWYDD Dduw." ¹⁹ Ffromodd Usseia. Yn ei law yr oedd thuser i arogldarthu, ac fel yr oedd yn ffromi wrth yr offeiriaid fe dorrodd gwahanglwyf allan ar ei dalcen, yn ngŵydd yr offeiriaid yn nhŷ'r ARGLWYDD yn ymyl allor yr arogldarth. ²⁰ Edrychodd Asareia yr archoffeiriad a'r holl offeiriaid arno a gweld y gwahanglwyf ar ei dalcen, a gwnaethant iddo frysio oddi yno. ²¹ Aeth yntau allan ar frys, oherwydd i'r ARGLWYDD ei daro. A bu'r Brenin Usseia yn wahanglwyfus hyd ddydd ei farw, yn byw o'r neilltu yn ei dŷ o achos y gwahanglwyf, ac wedi ei dorri allan o dŷ'r ARGLWYDD. Daeth Jotham ei fab i oruchwylio'r palas ac i reoli pobl y wlad.

²² Am weddill hanes Usseia, o'r dechrau i'r diwedd, fe'i hysgrifennwyd gan y proffwyd Eseia fab Amos. ²³ Bu farw Usseia, a chladdwyd ef gyda'i ragflaenwyr mewn man claddu yn perthyn i'r brenhinoedd, oherwydd dywedasant, "Yr oedd yn wahanglwyfus." A daeth ei fab Jotham yn frenin yn ei le.

Jotham Brenin Jwda

27 2 Bren. 15:32–38

Pump ar hugain oed oedd Jotham pan ddaeth yn frenin, a theyrnasodd am un mlynedd ar bymtheg yn Jerwsalem. Jerusa ferch Sadoc oedd enw ei fam. ² Gwnaeth yr hyn oedd uniawn yng ngolwg yr ARGLWYDD, yn hollol fel y gwnaeth ei dad Usseia, ar wahân i fynd i mewn i deml yr ARGLWYDD; ³ eto yr oedd y bobl yn dal i fyw yn llygredig. Ef a adeiladodd Borth Uchaf tŷ'r ARGLWYDD, ac atgyweirio rhan fawr o fur yr Offel. ⁴ Adeiladodd ddinasoedd hefyd ym mynydd-dir Jwda, a chaerau a thyrau ar y bryniau coediog. ⁵ Brwydrodd yn erbyn yr Ammoniaid a'u brenin, a'u trechu. Y flwyddyn honno rhoddodd yr Ammoniaid iddo gan talent o arian, deng mil corus o wenith a deng mil corus o haidd; rhoesant yr un faint iddo yn yr ail a'r drydedd flwyddyn. ⁶ Ymgryfhaodd Jotham am iddo drefnu ei fywyd yn ôl ewyllys yr ARGLWYDD ei Dduw. ⁷ Am weddill hanes Jotham, ei holl ryfeloedd a'i arferion, y maent yn ysgrifenedig yn llyfr brenhinoedd Israel a Jwda. ⁸ Pump ar hugain oedd ei oed pan ddaeth yn frenin, a theyrnasodd am un mlynedd ar bymtheg yn Jerwsalem. ⁹ Bu farw Jotham, a chladdwyd ef yn Ninas Dafydd, a theyrnasodd ei fab Ahas yn ei le.

Ahas Brenin Jwda

28 2 Bren. 16:1–4

Ugain oed oedd Ahas pan ddaeth yn frenin, a theyrnasodd am un mlynedd ar bymtheg yn Jerwsalem. Ni wnaeth yr hyn oedd uniawn yng ngolwg yr ARGLWYDD fel y gwnaeth ei dad Dafydd, ² ond dilynodd esiampl brenhinoedd Israel. Gwnaeth ddelwau i'r Baalim, ³ arogldarthodd yn nyffryn Ben-hinnom, ac fe barodd i'w feibion fynd trwy dân yn ôl arfer ffiaidd y cenhedloedd a ddisodlodd yr ARGLWYDD o flaen yr Israeliaid. ⁴ Yr oedd yn aberthu ac yn arogldarthu yn yr uchelfeydd, ar y bryniau a than bob pren gwyrddlas.

Rhyfel yn erbyn Syria ac Israel

2 Bren. 16:5

⁵ Am hynny rhoddodd yr ARGLWYDD ei Dduw ef yn llaw brenin Syria; gorchfygodd yntau ef a chaethgludo llawer iawn o'i bobl a mynd â hwy i Ddamascus. Rhoddwyd ef hefyd yn llaw brenin Israel, a gorchfygwyd ef ganddo mewn lladdfa fawr. ⁶ Yn wir, lladdodd Peca fab Remaleia chwe ugain mil o wŷr grymus yn Jwda mewn un diwrnod, am iddynt gefnu ar ARGLWYDD Dduw eu

hynafiaid. ⁷ Lladdwyd Maaseia mab y brenin, Asricam llywodraethwr y palas, ac Elcana y nesaf at y brenin, gan Sichri, un o wroniaid Effraim. ⁸ Caethgludodd yr Israeliaid ddau gan mil o'u pobl, yn wragedd, meibion a merched, a chymryd llawer iawn o ysbail oddi arnynt a'i gludo i Samaria.

Y Proffwyd Oded

⁹ Ond yr oedd yno broffwyd yr ARGLWYDD o'r enw Oded; aeth ef allan i gyfarfod â'r fyddin oedd yn dychwelyd i Samaria, a dweud wrthynt, "Gwrandewch! Am fod ARGLWYDD Dduw eich tadau yn ddig wrth Jwda y rhoddodd hwy yn eich llaw; ond yr ydych chwi wedi eu lladd mewn cynddaredd sy'n ymestyn hyd y nefoedd. ¹⁰ Eich bwriad yn awr yw gorfodi pobl Jwda a Jerwsalem i fod yn weision a morynion i chwi. Onid ydych chwithau hefyd yn troseddu yn erbyn yr ARGLWYDD eich Duw? ¹¹ Yn awr gwrandewch arnaf fi. Anfonwch adref eich brodyr a gaethgludwyd gennych, oherwydd y mae llid tanbaid yr ARGLWYDD yn eich erbyn." ¹² Yna daeth rhai o benaethiaid pobl Effraim allan, sef Asareia fab Johanan, Berecheia fab Mesilemoth, Jehisceia fab Salum ac Amasa fab Hadlai, a gwrthwynebu y rhai oedd yn dod o'r frwydr. ¹³ Dywedasant wrthynt, "Ni chewch ddod â'r caethgludion yma, oherwydd byddai'r hyn y bwriadwch chwi ei wneud yn ein harwain i droseddu yn erbyn yr ARGLWYDD, ac yn ychwanegu at ein pechodau a'n troseddau. Y mae ein trosedd eisoes yn fawr ac y mae llid tanbaid yn erbyn Israel." ¹⁴ Felly gadawodd y milwyr y caethgludion a'r ysbail o flaen y swyddogion a'r holl gynulliad. ¹⁵ Aeth y gwŷr a enwyd eisoes i ofalu am y caethgludion: rhoesant ddillad ac esgidiau o'r ysbail i bawb oedd heb ddim, gofalu bod ganddynt fwyd a diod, rhoi ennaint iddynt, rhoi pob un oedd yn llesg ar asynnod a'u hanfon at eu brodyr i Jericho, dinas y palmwydd; ac yna dychwelyd i Samaria.

Ahas yn Gofyn am Gymorth Asyria

2 Bren. 16:7–9

¹⁶ Yr adeg honno anfonodd y Brenin Ahas neges at frenin* Asyria i ofyn am gymorth. ¹⁷ Yr oedd yr Edomiaid wedi ymosod ar Jwda unwaith eto a chymryd caethgludion; ¹⁸ yr oedd y Philistiaid hefyd wedi anrheithio dinasoedd y Seffela a de Jwda a chymryd Bethsemes, Ajalon a Gederoth, a hefyd Socho, Timna a Gimso a'u pentrefi, ac wedi mynd i fyw ynddynt. ¹⁹ Yr oedd yr ARGLWYDD wedi darostwng Jwda o achos Ahas brenin Israel am iddo golli pob rheolaeth yn Jwda a throseddu'n enbyd yn erbyn yr ARGLWYDD. ²⁰ Daeth Tiglath-pileser* brenin Asyria ato, ond yn lle ei gynorthwyo fe wasgodd arno. ²¹ Er i Ahas ysbeilio trysor tŷ'r ARGLWYDD, palas y brenin a thai'r swyddogion, a'i roi i frenin Asyria, ni fu hynny o gymorth iddo.

Pechodau Ahas

²² Fel yr âi'n gyfyng arno, troseddai'r Brenin Ahas fwyfwy yn erbyn yr ARGLWYDD. ²³ Aberthodd i dduwiau Damascus a oedd wedi ei orchfygu, a dweud, "Am fod duwiau brenhinoedd y Syriaid wedi eu cynorthwyo hwy, fe aberthaf fi iddynt er mwyn iddynt fy nghynorthwyo innau." Ond buont yn dramgwydd iddo ef ac i holl Israel. ²⁴ Casglodd Ahas lestri tŷ Dduw a'u malu'n chwilfriw; caeodd ddrysau tŷ'r ARGLWYDD a gwneud allorau iddo'i hun ym mhob congl o Jerwsalem. ²⁵ Gwnaeth uchelfeydd i arogldarthu i dduwiau dieithr ym mhob un o ddinasoedd Jwda, ac fe gythruddodd ARGLWYDD Dduw ei dadau. ²⁶ Am weddill ei hanes, a'i holl arferion o'r dechrau i'r diwedd, y maent yn ysgrifenedig yn llyfr brenhinoedd Jwda ac Israel. ²⁷ Bu farw Ahas, a chladdwyd ef yn ninas Jerwsalem, ond ni roesant ef ym mynwent brenhinoedd Israel; yna teyrnasodd ei fab Heseceia yn ei le.

28:16 Felly Groeg. Hebraeg, *frenhinoedd*.
28:20 Felly llawysgrifau a Fersiynau. TM, *Tilgath-pilneser*.

Heseceia Brenin Jwda

29 2 Bren. 18:1-3

Pump ar hugain oed oedd Heseceia pan ddaeth yn frenin, a theyrnasodd am naw mlynedd ar hugain yn Jerwsalem. Abeia ferch Sechareia oedd enw ei fam. ² Gwnaeth yr hyn oedd uniawn yng ngolwg yr ARGLWYDD, yn hollol fel y gwnaeth ei dad Dafydd.

Sancteiddio ac Ailgysegru'r Deml

³ Yn y mis cyntaf o'r flwyddyn gyntaf o'i deyrnasiad agorodd ddrysau tŷ'r ARGLWYDD a'u hatgyweirio. ⁴ Cynullodd yr offeiriaid a'r Lefiaid yn y sgwâr ar yr ochr ddwyreiniol, ⁵ a dweud wrthynt, "Lefiaid, gwrandewch arnaf fi. Ymgysegrwch yn awr, a chysegrwch dŷ'r ARGLWYDD, Duw eich hynafiaid, a dewch â phob aflendid allan o'r cysegr. ⁶ Oherwydd troseddodd ein hynafiaid, a gwneud drwg yng ngolwg yr ARGLWYDD ein Duw, ei wrthod, a throi oddi wrth babell yr ARGLWYDD a chefnu arni. ⁷ Hefyd caeasant ddrysau'r cyntedd a diffodd y lampau; peidiasant ag arogldarthu ac offrymu poethoffrymau yn y cysegr i Dduw Israel. ⁸ Felly daeth llid yr ARGLWYDD ar Jwda a Jerwsalem a'u gwneud yn destun arswyd, syndod a gwatwar, fel y gwelwch â'ch llygaid eich hun. ⁹ Ystyriwch fel y syrthiodd ein hynafiaid trwy fin y cleddyf, ac fel yr aeth ein meibion, ein merched a'n gwragedd i gaethiwed o achos hyn. ¹⁰ Yn awr, yr wyf â'm bryd ar wneud cyfamod â'r ARGLWYDD, Duw Israel, er mwyn troi ei lid tanbaid oddi wrthym. ¹¹ Felly, gymrodyr, peidiwch â bod yn esgeulus, oherwydd dewisodd yr ARGLWYDD chwi i sefyll ger ei fron er mwyn gweini arno ac arogldarthu iddo."

¹² Yna cododd y Lefiaid, sef Mahath fab Amasai a Joel fab Asareia o deulu'r Cohathiaid, Cis fab Abdi ac Asareia fab Jehaleleel o deulu Merari, Joa fab Simma ac Eden fab Joa o deulu'r Gersoniaid, ¹³ Simri a Jeiel o deulu Elisaffan, Sechareia a Mattaneia o deulu Asaff, ¹⁴ Jehiel a Simei o deulu Heman, a Semaia ac Ussiel o deulu Jeduthun. ¹⁵ Cynullasant eu cymrodyr ac ymgysegru; yna aethant i buro tŷ'r ARGLWYDD yn ôl gorchymyn y brenin trwy air yr ARGLWYDD. ¹⁶ Aeth yr offeiriaid i mewn i dŷ'r ARGLWYDD i'w buro; daethant â phopeth halogedig a oedd yn y deml allan i gwrt tŷ'r ARGLWYDD. Oddi yno aeth y Lefiaid â hwy allan i nant Cidron. ¹⁷ Dechreusant sancteiddio ar y dydd cyntaf o'r mis cyntaf, ac erbyn yr wythfed dydd o'r mis yr oeddent wedi cyrraedd cyntedd yr ARGLWYDD. Am wyth diwrnod buont yn sancteiddio tŷ'r ARGLWYDD, a gorffen ar yr unfed dydd ar bymtheg o'r mis cyntaf. ¹⁸ Yna aethant i'r palas at y Brenin Heseceia, a dweud, "Yr ydym wedi puro tŷ'r ARGLWYDD drwyddo, a hefyd allor y poethoffrwm a bwrdd y bara gosod a'u holl lestri. ¹⁹ Yr ydym hefyd wedi paratoi a chysegru'r holl lestri a daflwyd allan gan y Brenin Ahas yn ystod ei deyrnasiad, pan oedd yn anffyddlon; y maent yn awr o flaen allor yr ARGLWYDD."

²⁰ Yna cododd y Brenin Heseceia yn fore, a chynnull swyddogion y ddinas a mynd i fyny i dŷ'r ARGLWYDD. ²¹ Daethant â saith bustach, saith hwrdd, saith oen a saith bwch gafr yn aberth dros bechod ar ran y frenhiniaeth, y cysegr, a Jwda; a gorchmynnodd y brenin i'r offeiriaid, meibion Aaron, eu hoffrymu ar allor yr ARGLWYDD. ²² Felly lladdwyd y bustych, a derbyniodd yr offeiriaid eu gwaed a'i luchio yn erbyn yr allor; wedyn lladdwyd yr hyrddod a'r ŵyn, a lluchio'r gwaed yn erbyn yr allor. ²³ Daethant â bychod yr aberth dros bechod o flaen y brenin a'r gynulleidfa, a gosod eu dwylo arnynt; ²⁴ yna lladdodd yr offeiriaid hwy a chyflwyno'u gwaed yn aberth dros bechod ar yr allor, i wneud cymod dros holl Israel. Oherwydd gorchmynnodd y brenin y dylid offrymu poethoffrwm ac aberth dros bechod ar ran Israel gyfan.

²⁵ Gosododd Heseceia y Lefiaid yn nhŷ'r ARGLWYDD gyda symbalau, nablau a thelynau yn ôl gorchymyn Dafydd, a Gad gweledydd y brenin, a Nathan y proffwyd; gorchymyn oedd hwn a ddaeth oddi wrth yr ARGLWYDD trwy ei broffwydi. ²⁶ Safodd y Lefiaid gydag

offerynnau Dafydd, a'r offeiriaid gyda'r trwmpedau.²⁷ Rhoddodd Heseceia orchymyn i offrymu'r poethoffrwm ar yr allor; a phan ddechreuodd y poethoffrwm, fe ddechreuodd cân i'r ARGLWYDD gyda'r trwmpedau ac offerynnau Dafydd brenin Israel. ²⁸ Yr oedd yr holl gynulleidfa yn ymgrymu, y cantorion yn canu a'r trwmpedau yn seinio; parhaodd y cwbl nes gorffen y poethoffrwm. ²⁹ Wedi gorffen offrymu, plygodd y brenin, a phawb oedd gydag ef, ac ymgrymu. ³⁰ Gorchmynnodd y Brenin Heseceia a'r swyddogion i'r Lefiaid foliannu'r ARGLWYDD yng ngeiriau Dafydd ac Asaff y gweledydd. Felly canasant fawl yn llawen, ac ymostwng ac ymgrymu.

³¹ Dywedodd Heseceia, "Yr ydych yn awr wedi ymgysegru i'r ARGLWYDD; dewch i'w dŷ gydag aberthau ac offrymau diolch." Felly dygodd y gynulleidfa aberthau ac offrymau diolch, a daeth pob un ewyllysgar â phoethoffrymau. ³² Nifer y poethoffrymau a ddygodd y gynulleidfa oedd deg a thrigain o fustych, cant o hyrddod a dau gant o ŵyn, pob un yn boethoffrwm i'r ARGLWYDD; ³³ nifer yr offrymau cysegredig oedd chwe chant o fustych a thair mil o ddefaid. ³⁴ Ond nid oedd digon o offeiriaid i flingo'r holl boethoffrymau; felly cynorthwyodd eu brodyr y Lefiaid hwy i orffen y gwaith, nes i fwy o offeiriaid ymgysegru, oherwydd yr oedd y Lefiaid yn cymryd mwy o ofal wrth ymgysegru na'r offeiriaid. ³⁵ Yn ogystal â llawer iawn o boethoffrymau, yr oedd yno fraster yr heddoffrymau a diodoffrymau ar gyfer y poethoffrymau. Fel hyn yr ail-drefnwyd gwasanaeth tŷ'r ARGLWYDD. ³⁶ Llawenhaodd Heseceia a'r holl bobl am yr hyn a wnaeth Duw iddynt, oherwydd fe ddigwyddodd y peth mor ddisymwth.

Paratoi at Gadw'r Pasg

30 Anfonodd Heseceia negeswyr trwy holl Israel a Jwda, ac ysgrifennu llythyrau at Effraim a Manasse i'w gwahodd i ddod i gadw Pasg yr ARGLWYDD, Duw Israel, yn nhŷ'r ARGLWYDD yn Jerwsalem. ² Yr oedd y brenin a'i swyddogion a'r holl gynulleidfa yn Jerwsalem wedi cytuno i gadw'r Pasg yn yr ail fis, ³ oherwydd ni allent ei gadw ar yr amser priodol am nad oedd digon o offeiriaid wedi ymgysegru, ac am nad oedd y bobl wedi ymgasglu yn Jerwsalem. ⁴ Yr oedd y brenin a'r holl gynulleidfa yn gweld y cynllun yn un da. ⁵ Felly gorchmynasant gyhoeddi trwy Israel gyfan, o Beerseba i Dan, fod pawb i ddod i Jerwsalem i gadw Pasg yr ARGLWYDD, Duw Israel; oherwydd nid oeddent wedi ei gadw yn ôl y drefn ysgrifenedig ers amser maith. ⁶ Aeth negeswyr trwy holl Israel a Jwda, ar orchymyn y brenin, gyda llythyrau oddi wrtho ef a'i swyddogion, yn dweud, "Bobl Israel, dychwelwch at yr ARGLWYDD, Duw Abraham, Isaac ac Israel, ac fe ddychwel yntau at y gweddill ohonoch chwi a ddihangodd o law brenhinoedd Asyria. ⁷ Peidiwch â bod fel eich hynafiaid a'ch tylwyth, a droseddodd yn erbyn yr ARGLWYDD, Duw eu hynafiaid; oherwydd cawsant hwy eu hanrheithio, fel y gwelwch. ⁸ Yn awr, peidiwch â bod yn ystyfnig fel eich hynafiaid, ond ymostyngwch i'r ARGLWYDD, a dewch i'w gysegr a gysegrodd ef yn dragywydd; gwasanaethwch yr ARGLWYDD eich Duw er mwyn iddo droi ei lid tanbaid oddi wrthych. ⁹ Oherwydd os dychwelwch at yr ARGLWYDD, caiff eich pobl a'ch plant drugaredd gan eu caethgludwyr, a dychwelyd i'r wlad hon; oblegid y mae'r ARGLWYDD eich Duw yn rasol a thrugarog, ac ni thry ei wyneb oddi wrthych os dychwelwch ato."

¹⁰ Aeth y negeswyr o ddinas i ddinas trwy wlad Effraim a Manasse hyd at Sabulon, ond cawsant eu gwatwar a'u gwawdio. ¹¹ Er hynny, cytunodd rhai rhai o Aser, Manasse a Sabulon i ddod i Jerwsalem. ¹² Bu llaw Duw ar Jwda hefyd yn annog y bobl i ufuddhau'n unfryd i orchymyn y brenin a'r swyddogion, yn unol â gair yr ARGLWYDD.

Cadw'r Pasg

13 Daeth llawer iawn o bobl ynghyd i Jerwsalem yn yr ail fis i gadw gŵyl y Bara Croyw; yr oedd yn gynulliad enfawr. 14 Dechreusant symud ymaith yr allorau oedd yn Jerwsalem, ac aethant â'r holl allorau arogldarth a'u taflu i nant Cidron. 15 Yna, ar y pedwerydd dydd ar ddeg o'r ail fis, lladdasant oen y Pasg. Cywilyddiodd yr offeiriaid a'r Lefiaid am hyn; ac wedi iddynt ymgysegru, daethant â phoethoffrymau i dŷ'r ARGLWYDD. 16 Safasant yn eu lle arferol yn ôl cyfraith Moses gŵr Duw, a lluchiodd yr offeiriaid y gwaed a gawsant gan y Lefiaid. 17 Am fod llawer yn y gynulleidfa heb ymgysegru, yr oedd y Lefiaid yn lladd oen y Pasg dros bawb halogedig, er mwyn eu cysegru i'r ARGLWYDD. 18 Oherwydd yr oedd nifer mawr o bobl, llawer ohonynt o Effraim, Manasse, Issachar a Sabulon, heb ymgysegru, ac felly'n bwyta'r Pasg yn groes i'r rheol. Ond gweddïodd Heseceia drostynt a dweud, 19 "Bydded i'r ARGLWYDD da faddau i bob un a roes ei fryd ar geisio Duw, sef ARGLWYDD Dduw ei dadau, er nad yw wedi gwneud hynny yn ôl defod puredigaeth y cysegr." 20 Gwrandawodd yr ARGLWYDD ar Heseceia, ac fe iachaodd y bobl. 21 Cadwodd yr Israeliaid oedd yn Jerwsalem ŵyl y Bara Croyw am saith diwrnod â llawenydd mawr, ac yr oedd y Lefiaid a'r offeiriaid yn moliannu'r ARGLWYDD yn feunyddiol ag offer soniarus yn perthyn i'r ARGLWYDD. 22 Calonogodd Heseceia bob un o'r Lefiaid oedd yn gyfrifol am ddysgu ffyrdd daionus yr ARGLWYDD. Yna, am saith diwrnod yr ŵyl bu pawb yn gwledda, yn aberthu heddoffrymau ac yn diolch i ARGLWYDD Dduw eu hynafiaid.

Estyn Cyfnod y Pasg

23 Cytunodd yr holl gynulleidfa i gadw'r ŵyl am saith diwrnod arall, ac fe wnaethant hynny'n llawen. 24 Darparodd Heseceia brenin Jwda fil o fustych a saith mil o ddefaid i'r gynulleidfa, a rhoddodd y swyddogion fil o fustych a deng mil o ddefaid iddynt. Yna ymgysegrodd llawer iawn o'r offeiriaid. 25 Llawenhaodd holl gynulleidfa Jwda, gyda'r offeiriaid, y Lefiaid, a'r holl gynulleidfa a ddaeth o Israel, gan gynnwys y dieithriaid oedd wedi dod o wlad Israel, a thrigolion Jwda. 26 Felly bu llawenydd mawr yn Jerwsalem, na fu ei debyg yno er dyddiau Solomon fab Dafydd, brenin Israel. 27 Yna safodd yr offeiriaid a'r Lefiaid i fendithio'r bobl; gwrandawodd Duw ar eu llef, ac esgynnodd eu gweddi i'w breswylfa sanctaidd yn y nefoedd.

Diwygiadau Heseceia

31 Pan ddaeth hyn i ben, aeth yr holl Israeliaid oedd yn bresennol allan i ddinasoedd Jwda i ddryllio'r colofnau, torri'r prennau Asera, a distrywio'r uchelfeydd a'r allorau trwy holl Jwda, Benjamin, Effraim a Manasse. Ar ôl eu difa'n llwyr dychwelodd yr holl Israeliaid i'w dinasoedd, pob un i'w gartref ei hun.

2 Trefnodd Heseceia yr offeiriaid a'r Lefiaid yn ddosbarthiadau ar gyfer eu gwasanaeth; yr oedd pob offeiriad a Lefiad yn gyfrifol am y poethoffrwm a'r heddoffrymau, ac yr oeddent i weini a rhoi diolch a moliannu ym mhyrth gwersylloedd yr ARGLWYDD. 3 Cyfrannodd y brenin o'i olud ei hun tuag at y poethoffrymau, sef at boethoffrymau'r bore a'r hwyr a phoethoffrymau'r Sabothau, y newydd-loerau a'r gwyliau penodedig, fel y mae'n ysgrifenedig yng nghyfraith yr ARGLWYDD. 4 Gorchmynnodd i'r bobl oedd yn byw yn Jerwsalem roi i'r offeiriaid a'r Lefiaid eu cyfran, er mwyn iddynt gadw cyfraith yr ARGLWYDD yn well. 5 Pan gyhoeddwyd hyn, daeth yr Israeliaid â llawer o flaenffrwyth ŷd, gwin, olew, mêl a holl gnwd y maes; daethant â degwm llawn o bopeth. 6 Daeth pobl Israel a Jwda oedd yn byw yn ninasoedd Jwda â degwm o wartheg a defaid, ac o'r pethau cysegredig a gysegrwyd i'r ARGLWYDD eu Duw, a'u gosod yn bentyrrau. 7 Dechreusant godi'r pentyrrau yn y trydydd mis, a'u gorffen yn y seithfed mis. 8 Pan ddaeth Heseceia a'i swyddogion a gweld y

pentyrrau, bendithiasant yr ARGLWYDD a'i bobl Israel. ⁹ Pan ofynnodd Heseceia i'r offeiriaid a'r Lefiaid ynglŷn â'r pentyrrau, ¹⁰ dywedodd Asareia yr archoffeiriad o dŷ Sadoc wrtho, "Er pan ddechreuodd y bobl ddod â chyfraniadau i dŷ'r ARGLWYDD, bwytasom a chawsom ein digoni, ac y mae llawer yn weddill, oherwydd bendithiodd yr ARGLWYDD ei bobl; dyna pam y mae cymaint ar ôl fel hyn."

¹¹ Gorchmynnodd Heseceia baratoi ystordai yn nhŷ'r ARGLWYDD; gwnaethant felly, ¹² a daeth y bobl â'r blaenffrwyth, y degwm a'r pethau cysegredig i mewn yn ffyddlon. Y pennaeth oedd Conaneia y Lefiad, a'i frawd Simei oedd y nesaf ato. ¹³ Yn ôl gorchymyn y Brenin Heseceia ac Asareia pennaeth tŷ Dduw, yr oedd Conaneia a'i frawd Simei yn cael eu cynorthwyo gan oruchwylwyr, sef Jehiel, Ahaseia, Nahath, Asahel, Jerimoth, Josabad, Eliel, Ismachëa, Mahath a Benaia. ¹⁴ Core fab Imna y Lefiad, y porthor wrth borth y dwyrain, oedd yn gofalu am yr offrymau gwirfoddol i Dduw, ac yn dosbarthu'r cyfraniadau a wnaed i'r ARGLWYDD a'r offrymau mwyaf sanctaidd. ¹⁵ Yr oedd Eden, Miniamin, Jesua, Semaia, Amareia a Sechaneia yn ei gynorthwyo yn ninasoedd yr offeiriaid i rannu'n deg i'w brodyr, yn fach a mawr, fesul dosbarth. ¹⁶ Yn ychwanegol, rhoddwyd ar y rhestr bob gwryw tair oed a throsodd a oedd yn dod yn ei dro i dŷ'r ARGLWYDD i wasanaethu trwy gadw dyletswyddau yn ôl eu dosbarthiadau. ¹⁷ Rhoddwyd ar y rhestr hefyd yr offeiriaid, yn ôl eu teuluoedd, a'r Lefiaid oedd yn ugain oed a throsodd, yn ôl eu dyletswyddau a'u dosbarthiadau. ¹⁸ Rhoddwyd hwy ar y rhestr gyda'u holl blant, gwragedd, meibion a merched, y cwmni i gyd, am iddynt ymgysegru'n ffyddlon. ¹⁹ Ar gyfer meibion Aaron, yr offeiriaid, a oedd yn byw yng nghytir eu dinasoedd, penodwyd dynion ym mhob dinas i roi cyfraniadau i bob gwryw yn eu plith ac i bob un o'r Lefiaid oedd ar y rhestr.

²⁰ Dyma a wnaeth Heseceia trwy holl Jwda; gwnaeth yr hyn oedd dda, uniawn a ffyddlon gerbron yr ARGLWYDD ei Dduw. ²¹ Pa beth bynnag a wnâi i geisio ei Dduw yng ngwasanaeth tŷ Dduw, yn ôl gofynion y gyfraith a'r gorchmynion, fe'i gwnâi â'i holl galon, a llwyddo.

Senacherib yn Bygwth Jerwsalem

32 2 Bren. 18:13–37; 19:14–19, 35–37; Eseia 36:1–22; 37:8–38

Yn fuan ar ôl yr enghreifftiau hyn o ffyddlondeb, daeth Senacherib brenin Asyria yn erbyn Jwda. ² Gwersyllodd o gwmpas y dinasoedd caerog gan feddwl eu hennill drosodd. Pan welodd Heseceia fod Senacherib wedi cyrraedd a'i fod yn bwriadu ymosod ar Jerwsalem, ³ ymgynghorodd â'i gapteiniaid a'i wroniaid ynglŷn â chau'r ffynhonnau oedd y tu allan i'r ddinas, ⁴ a chafodd eu cefnogaeth. Yna daeth llawer iawn o bobl ynghyd, a chaewyd yr holl ffynhonnau a'r nant oedd yn llifo trwy ganol y wlad. "Pam," meddent, "y dylai brenhinoedd Asyria gael digon o ddŵr pan ddônt yma?" ⁵ Ymroes y brenin i ailadeiladu pob rhan o'r mur oedd wedi ei ddryllio, a chodi ar y tyrau ac adeiladu mur arall ar yr ochr allan. Cryfhaodd y Milo yn Ninas Dafydd a gwneud llawer o arfau a tharianau. ⁶ Gosododd gapteiniaid milwrol dros y bobl, a'u casglu ato i'r sgwâr wrth borth y ddinas. Fe'u calonogodd gan ddweud, ⁷ "Byddwch yn gryf a dewr. Peidiwch ag ofni na digalonni o flaen brenin Asyria a'i holl fintai. Y mae gennym ni fwy nag sydd ganddo ef. ⁸ Gallu dynol sydd ganddo ef, ond y mae yr ARGLWYDD ein Duw gyda ni i'n cynorthwyo ac i ymladd ein brwydrau." Ac fe ymddiriedodd y bobl yng ngeiriau Heseceia brenin Jwda.

⁹ Yn ddiweddarach, pan oedd Senacherib brenin Asyria a'i holl fyddin yn gwarchae ar Lachis, anfonodd ei weision i Jerwsalem gyda'r neges hon i Heseceia brenin Jwda a phawb o Jwda oedd yn Jerwsalem: ¹⁰ "Fel hyn y dywed Senacherib brenin Asyria: Ym mha beth yr ydych yn ymddiried, fel eich bod yn aros dan warchae yn Jerwsalem? ¹¹ Onid yw Heseceia yn eich twyllo ac yn eich condemnio i farw o newyn a syched

trwy ddweud, 'Yr Arglwydd ein Duw a'n gwared ni o law brenin Asyria'? ¹² Onid yr Heseceia hwn a dynnodd ymaith ei uchelfeydd a'i allorau, a dweud wrth Jwda a Jerwsalem, 'O flaen un allor yr addolwch ac arni hi yn unig yr arogldarthwch'? ¹³ Oni wyddoch beth a wneuthum i a'm rhagflaenwyr i holl bobloedd y gwledydd? ¹⁴ Prun o holl [gan fy rhagflaenwyr, a allodd waredu ei bobl o'm gafael? Sut felly y gall eich Duw chwi eich gwaredu o'm gafael? ¹⁵ Yn awr, peidiwch â gadael i Heseceia eich twyllo a'ch hudo fel hyn. Peidiwch ag ymddiried ynddo, oherwydd ni allodd duw unrhyw genedl na theyrnas waredu ei bobl o'm gafael i nac o afael fy rhagflaenwyr. Yn sicr ni all eich Duw chwi eich gwaredu o'm gafael!" ¹⁶ Dywedodd gweision Senacherib lawer mwy yn erbyn yr ARGLWYDD Dduw a'i was Heseceia. ¹⁷ Ysgrifennodd lythyrau hefyd yn gwatwar yr ARGLWYDD, Duw Israel, fel hyn: "Fel y methodd duwiau cenhedloedd y gwledydd waredu eu pobl o'm gafael, ni fydd Duw Heseceia chwaith yn gwaredu ei bobl o'm gafael." ¹⁸ A gwaeddasant yn uchel mewn Hebraeg ar bobl Jerwsalem oedd ar y mur, i godi arswyd arnynt er mwyn cymryd y ddinas. ¹⁹ Dywedasant fod Duw Jerwsalem yr un fath â duwiau pobloedd y ddaear, sef gwaith dwylo dynol. ²⁰ Oherwydd hyn gweddïodd y Brenin Heseceia a'r proffwyd Eseia fab Amos â llef uchel tua'r nefoedd. ²¹ Ac anfonodd yr ARGLWYDD angel a lladd pob gwron, arweinydd a chapten yng ngwersyll brenin Asyria. Dychwelodd yntau mewn cywilydd i'w wlad. A phan aeth i dŷ ei dduw, lladdwyd ef yno â'r cleddyf gan rai o'i blant ei hun. ²² Felly gwaredodd yr ARGLWYDD Heseceia a thrigolion Jerwsalem o afael Senacherib brenin Asyria ac o afael eu holl elynion; amddiffynnodd hwy rhag pawb o'u hamgylch. ²³ Daeth llawer i Jerwsalem gydag offrymau i'r ARGLWYDD ac anrhegion gwerthfawr i Heseceia brenin Jwda. Ac ar ôl hynny cafodd y brenin ei barchu gan yr holl genhedloedd.

Heseceia—ei Falchder, ei Lwyddiant a'i Farw
2 Bren. 20:1–3, 12–21; Eseia 38:1–3; 39:1–8

²⁴ Yn y dyddiau hynny aeth Heseceia'n glaf hyd farw, a gweddïodd ar yr ARGLWYDD. Atebodd yntau ef trwy roi arwydd iddo. ²⁵ Ond am ei fod yn falch, ni werthfawrogodd Heseceia yr hyn a wnaed iddo, a daeth llid Duw arno ef ac ar Jwda a Jerwsalem. ²⁶ Yna, edifarhaodd Heseceia am ei falchder, a phobl Jerwsalem gydag ef, ac ni ddaeth llid yr ARGLWYDD arnynt wedyn yng nghyfnod Heseceia.

²⁷ Yr oedd gan Heseceia olud a chyfoeth mawr iawn, a gwnaeth iddo'i hun drysordai ar gyfer arian ac aur, meini gwerthfawr, peraroglau, tarianau a phob math o bethau godidog. ²⁸ Gwnaeth ysguboriau i'r cynhaeaf gwenith, gwin ac olew, a hefyd stablau i bob math o anifail, a chorlannau i ddiadellau. ²⁹ Adeiladodd ddinasoedd iddo'i hun, a phrynodd lawer o ddefaid a gwartheg, oherwydd rhoddodd Duw olud mawr iawn iddo. ³⁰ Heseceia oedd yr un a gaeodd darddiad uchaf dyfroedd Gihon, a'u cyfeirio i lawr tua'r gorllewin i Ddinas Dafydd. Bu Heseceia'n llwyddiannus ym mhopeth a wnaeth. ³¹ Hyd yn oed pan anfonwyd negeswyr ato gan swyddogion Babilon i holi ynghylch yr arwydd a welwyd yn y wlad, gadawodd Duw lonydd iddo er mwyn ei brofi a gwybod y cwbl oedd yn ei galon.

³² Am weddill hanes Heseceia, a'i deyrngarwch, y mae wedi ei ysgrifennu yng ngweledigaeth y proffwyd Eseia fab Amos, yn llyfr brenhinoedd Jwda ac Israel. ³³ Bu farw Heseceia, ac fe'i claddwyd ar y bryn lle mae beddau disgynyddion Dafydd. Pan fu farw, talodd holl Jwda a thrigolion Jerwsalem deyrnged iddo, a daeth ei fab Manasse yn frenin yn ei le.

Manasse Brenin Jwda

33 2 Bren. 21:1–9, 17–18

Deuddeng mlwydd oed oedd Manasse pan ddaeth yn frenin, a theyrnasodd am hanner cant a phump o flynyddoedd yn Jerwsalem. ² Gwnaeth yr hyn oedd ddrwg yng ngolwg yr ARGLWYDD, yn ôl ffieidd-dra'r cenhedloedd a yrrodd yr ARGLWYDD allan o flaen yr Israeliaid. ³ Ailadeiladodd yr uchelfeydd a ddinistriodd ei dad Heseceia, a chododd allorau i'r Baalim a gwneud delwau o Asera, ac ymgrymodd i holl lu'r nef a'u haddoli. ⁴ Adeiladodd allorau yn y deml y dywedodd yr ARGLWYDD amdani, "Yn Jerwsalem y bydd fy enw am byth." ⁵ Cododd allorau i holl lu'r nef yn nau gyntedd y deml. ⁶ Ef oedd yr un a barodd i'w feibion fynd trwy dân yn nyffryn Ben-hinnom, arferodd hudoliaeth, swynion a chyfaredd, ac ymhel ag ysbrydion a dewiniaeth. Yr oedd yn ymroi i wneud yr hyn oedd ddrwg yng ngolwg yr ARGLWYDD, i'w ddigio. ⁷ Gwnaeth ddelw gerfiedig a'i gosod yn y deml y dywedodd Duw amdani wrth Ddafydd a'i fab Solomon, "Yn y tŷ hwn ac yn Jerwsalem, y lle a ddewisais allan o holl lwythau Israel, yr wyf am osod fy enw'n dragwyddol. ⁸ Ni throf Israel allan mwyach o'r tir a roddais i'ch hynafiaid, ond iddynt ofalu gwneud y cwbl a orchmynnais iddynt yn y gyfraith, y deddfau a'r cyfreithiau a gawsant gan Moses." ⁹ Ond arweiniodd Manasse Jwda a thrigolion Jerwsalem ar gyfeiliorn, i wneud yn waeth na'r cenhedloedd a ddinistriodd yr ARGLWYDD o flaen yr Israeliaid.

¹⁰ Er i'r ARGLWYDD lefaru wrth Manasse a'i bobl, ni wrandawsant. ¹¹ Yna anfonodd yr ARGLWYDD swyddogion byddin brenin Asyria yn eu herbyn; daliasant hwy Manasse â bachau a'i roi mewn gefynnau pres a mynd ag ef i Fabilon. ¹² Yn ei gyfyngder gweddïodd Manasse ar yr ARGLWYDD ei Dduw, a'i ddarostwng ei hun o flaen Duw ei hynafiaid. ¹³ Pan weddïodd arno, trugarhaodd Duw wrtho; gwrandawodd ar ei weddi a dod ag ef yn ôl i Jerwsalem i'w frenhiniaeth. Yna gwybu Manasse mai'r ARGLWYDD oedd Dduw.

¹⁴ Ar ôl hyn adeiladodd fur allanol i Ddinas Dafydd yn y dyffryn i'r gorllewin o Gihon hyd at fynedfa Porth y Pysgod, ac amgylchu Offel a'i wneud yn uchel iawn. Gosododd hefyd swyddogion milwrol yn holl ddinasoedd caerog Jwda. ¹⁵ Tynnodd ymaith y duwiau dieithr a'r ddelw o dŷ'r ARGLWYDD, a'r holl allorau a adeiladodd ym mynydd tŷ'r ARGLWYDD ac yn Jerwsalem, a'u taflu allan o'r ddinas. ¹⁶ Atgyweiriodd allor yr ARGLWYDD, ac offrymodd arni heddoffrymau ac offrymau diolch a gorchymyn Jwda i wasanaethu'r ARGLWYDD, Duw Israel. ¹⁷ Er hynny, yr oedd y bobl yn dal i aberthu ar yr uchelfeydd, ond i'r ARGLWYDD eu Duw yn unig.

¹⁸ Am weddill hanes Manasse, ei weddi ar ei Dduw, a geiriau'r gweledyddion a fu'n siarad ag ef yn enw'r ARGLWYDD, Duw Israel, y maent yng nghronicl brenhinoedd Israel. ¹⁹ Y mae ei weddi a'r ateb ffafriol a gafodd, a hanes ei holl bechod a'i gamwedd, a'r lleoedd yr adeiladodd uchelfeydd a gosod pyst Asera a cherfddelwau ynddynt cyn iddo ymostwng, wedi eu hysgrifennu yng nghronicl y gweledyddion. ²⁰ A bu farw Manasse, a'i gladdu yn ei balas; a daeth ei fab Amon yn frenin yn ei le.

Amon Brenin Jwda
2 Bren. 21:19–26

²¹ Dwy ar hugain oed oedd Amon pan ddaeth yn frenin, a theyrnasodd am ddwy flynedd yn Jerwsalem. ²² Gwnaeth yr hyn oedd ddrwg yng ngolwg yr ARGLWYDD, fel y gwnaeth ei dad Manasse. Aberthodd Amon i'r holl gerfddelwau a wnaeth ei dad, ac fe'u gwasanaethodd. ²³ Ond nid ymostyngodd o flaen yr ARGLWYDD fel y gwnaeth ei dad Manasse; yr oedd ef, Amon, yn troseddu'n waeth. ²⁴ Cynllwynodd ei weision yn ei erbyn, a'i ladd yn ei dŷ; ²⁵ ond yna, lladdwyd pawb a fu'n cynllwyn yn erbyn y Brenin Amon gan bobl y wlad, a gwnaethant ei fab Joseia yn frenin yn ei le.

Joseia a'i Ddiwygiad

34 2 Bren. 22:1–2
Wyth mlwydd oed oedd Joseia pan ddaeth yn frenin, a theyrnasodd am dri deg ac un o flynyddoedd yn Jerwsalem. ² Gwnaeth yr hyn oedd uniawn yng ngolwg yr ARGLWYDD, a dilyn

llwybrau ei dad Dafydd yn gwbl ddiwyro. ³ Yn yr wythfed flwyddyn o'i deyrnasiad, ac yntau'n dal yn llanc ifanc, dechreuodd geisio Duw ei dad Dafydd. Yn y ddeuddegfed flwyddyn, dechreuodd buro Jwda a Jerwsalem o'r uchelfeydd, y pyst Asera, y cerfddelwau a'r delwau tawdd. ⁴ Gorchmynnodd ddinistrio allorau'r Baalim, a thorrodd i lawr yr allorau arolgldarth a oedd uwch eu pen; drylliodd yn chwilfriw y pyst Asera, y cerfddelwau a'r delwau tawdd; malodd hwy'n yfflon a thaenu eu llwch hyd wyneb beddau y rhai a fu'n aberthu iddynt. ⁵ Llosgodd esgyrn yr offeiriaid ar eu hallorau, a phurodd Jwda a Jerwsalem. ⁶ Gwnaeth yr un peth yn ninasoedd Manasse, Effraim a Simeon, hyd at Nafftali, ac yn yr adfeilion o'u cwmpas, ⁷ sef dryllio'r allorau a'r pyst Asera, a malu'r cerfluniau'n yfflon a dinistrio'r holl arogldarth trwy Israel gyfan; yna dychwelodd i Jerwsalem.

Darganfod Llyfr y Gyfraith
2 Bren. 22:3-20

⁸ Yn y ddeunawfed flwyddyn o'i deyrnasiad, ar ôl puro'r wlad a'r deml, anfonodd Saffan fab Asaleia, Maaseia rheolwr y ddinas a Joa fab Joahas y cofiadur i atgyweirio tŷ'r ARGLWYDD ei Dduw. ⁹ Pan ddaethant at Hilceia yr archoffeiriad rhoesant iddo'r arian a ddygwyd i dŷ Dduw ac a gasglodd y Lefiaid, ceidwaid y drws, oddi wrth Manasse ac Effraim a gweddill Israel, ac o holl Jwda, Benjamin a thrigolion Jerwsalem. ¹⁰ Yna rhoddwyd ef i'r goruchwylwyr oedd yn gofalu am dŷ'r ARGLWYDD; rhoddasant hwythau ef i'r gweithwyr oedd yn gweithio yn nhŷ'r ARGLWYDD ac yn atgyweirio'i agennau. ¹¹ Fe'i rhoesant hefyd i'r seiri a'r adeiladwyr i brynu cerrig nadd a choed ar gyfer distiau a thrawstiau i'r adeiladau yr oedd brenhinoedd Jwda wedi eu hesgeuluso. ¹² Yr oedd y dynion yn gweithio'n ddiwyd dan oruchwyliaeth y Lefiaid oedd yn eu hannog, sef Jahath ac Obadeia o feibion Merari, a Sechareia a Mesulam o feibion y Cohathiaid. Ac yr oedd y Lefiaid, pob un a fedrai ganu offeryn cerdd, ¹³ hefyd yn gofalu am y cludwyr ac yn arolygu pob gweithiwr, beth bynnag oedd ei waith. Yr oedd rhai o'r Lefiaid hefyd yn ysgrifenyddion, swyddogion a phorthorion.

¹⁴ Wrth iddynt ddwyn allan yr arian a ddygwyd i dŷ'r ARGLWYDD, darganfu Hilceia'r offeiriad lyfr cyfraith yr ARGLWYDD, a roddwyd trwy Moses. ¹⁵ Dywedodd Hilceia wrth Saffan yr ysgrifennydd, "Cefais lyfr y gyfraith yn nhŷ'r ARGLWYDD." A rhoddodd y llyfr i Saffan. ¹⁶ Aeth Saffan â'r llyfr at y brenin a'r un pryd rhoi adroddiad iddo a dweud, "Y mae dy weision yn gwneud y cwbl a orchmynnwyd iddynt. ¹⁷ Y maent wedi cyfrif yr arian oedd yn nhŷ'r ARGLWYDD ac wedi ei drosglwyddo i'r ymgymerwyr a'r gweithwyr." ¹⁸ Ac ychwanegodd Saffan yr ysgrifennydd wrth y brenin, "Rhoddodd Hilceia'r offeiriad lyfr imi"; a darllenodd Saffan ef i'r brenin. ¹⁹ Pan glywodd y brenin gynnwys y gyfraith, rhwygodd ei ddillad, ²⁰ a gorchmynnodd i Hilceia ac i Ahicam fab Saffan, ac i Abdon fab Nicha, ac i Saffan yr ysgrifennydd ac i Asaia gwas y brenin, ²¹ "Ewch i ymgynghori â'r ARGLWYDD ar fy rhan, ac ar ran pawb sydd ar ôl yn Israel a Jwda, ynglŷn â chynnwys y llyfr a ddaeth i'r golwg; oherwydd y mae llid yr ARGLWYDD yn fawr, ac wedi ei ennyn yn ein herbyn am na chadwodd ein hynafiaid air yr ARGLWYDD na gwneud yr hyn a ysgrifennwyd yn y llyfr hwn."

²² Yna aeth Hilceia, a'r rhai a orchmynnodd* y brenin, at y broffwydes Hulda, gwraig Salum fab Ticfa, fab Hasra, ceidwad y gwisgoedd. Yr oedd hi'n byw yn yr Ail Barth yn Jerwsalem; ac wedi iddynt ddweud eu neges, ²³ dywedodd hi wrthynt, "Fel hyn y dywed yr ARGLWYDD, Duw Israel. Dywedwch wrth y gŵr a'ch anfonodd ataf, ²⁴ 'Fel hyn y dywed yr ARGLWYDD: Yr wyf yn dwyn drwg ar y lle hwn a'i drigolion, sef yr holl felltithion sy'n ysgrifenedig yn y llyfr a ddarllenwyd yng ngŵydd brenin Jwda, ²⁵ am eu bod wedi fy ngwrthod ac wedi arogldarthu i dduwiau eraill, i'm digio ym mhopeth a wnânt; y mae fy nig wedi ei ennyn yn erbyn y lle hwn, ac nis diffoddir.'

34:22 Felly llawysgrifau. TM heb *a orchmynnodd*.

²⁶ Dyma a ddywedwch wrth frenin Jwda, a'ch anfonodd i ymgynghori â'r ARGLWYDD: 'Fel hyn y dywed yr ARGLWYDD, Duw Israel, ynglŷn â'r geiriau a glywaist: ²⁷ Am i'th galon dyneru ac iti ymostwng o flaen Duw pan glywaist ei eiriau am y lle hwn a'i drigolion, am iti ymostwng ac wylo o'i flaen, a rhwygo dy ddillad, yr wyf finnau wedi gwrando, medd yr ARGLWYDD. ²⁸ Am hynny pan fyddi farw, dygir di i'r bedd mewn heddwch, ac ni wêl dy lygaid yr holl ddrwg a ddygaf ar y lle hwn a'i drigolion.'" Dygasant hwythau'r ateb i'r brenin.

Cyfamod Joseia
2 Bren. 23:1-20

²⁹ Yna anfonodd y brenin a chasglu ynghyd holl henuriaid Jwda a Jerwsalem; ³⁰ ac aeth i fyny i dŷ'r ARGLWYDD, a holl bobl Jwda a thrigolion Jerwsalem gydag ef, a hefyd yr offeiriaid a'r Lefiaid a phawb o'r bobl, o'r lleiaf hyd y mwyaf. Yna darllenodd yn eu clyw holl gynnwys y llyfr cyfamod a gaed yn nhŷ'r ARGLWYDD. ³¹ Safodd y brenin wrth ei golofn, a gwnaeth gyfamod o flaen yr ARGLWYDD i ddilyn yr ARGLWYDD ac i gadw ei orchmynion a'i dystiolaethau a'i ddeddfau â'i holl galon ac â'i holl enaid, ac i gyflawni geiriau'r cyfamod a ysgrifennwyd yn y llyfr hwn. ³² Gwnaeth i bawb oedd yn byw yn Jerwsalem a Benjamin gadw'r cyfamod. Yna cadwodd trigolion Jerwsalem gyfamod Duw, Duw eu hynafiaid. ³³ Felly tynnodd Joseia ymaith bob ffieidd-dra o'r holl diriogaeth oedd yn perthyn i'r Israeliaid, a gwnaeth i bawb oedd yn byw yn Israel wasanaethu'r ARGLWYDD eu Duw. Yn ei gyfnod ef ni throesant oddi ar ôl yr ARGLWYDD, Duw eu hynafiaid.

Joseia'n Cadw'r Pasg
2 Bren. 23:21-23

35 Cadwodd Joseia Basg i'r ARGLWYDD yn Jerwsalem; lladdasant oen y Pasg ar y pedwerydd dydd ar ddeg o'r mis cyntaf. ² Gosododd yr offeiriaid ar ddyletswydd, a'u hannog i wasanaethu yn nhŷ yr ARGLWYDD. ³ Dywedodd wrth y Lefiaid oedd yn sanctaidd i'r ARGLWYDD ac yn dysgu holl Israel, "Rhowch yr arch sanctaidd yn y tŷ a adeiladodd Solomon fab Dafydd, brenin Israel; nid ydych i'w chario ar eich ysgwyddau. Yn awr, gwasanaethwch yr ARGLWYDD eich Duw a'i bobl Israel. ⁴ Paratowch eich hunain fesul teulu yn ôl eich dosbarthiadau, fel yr ysgrifennodd Dafydd brenin Israel a'i fab Solomon. ⁵ Safwch yn y cysegr dros eich pobl leyg fesul teulu yn ôl eich dosbarthiadau; y mae gan y Lefiaid gyfran ym mhob teulu. ⁶ Lladdwch oen y Pasg; ymgysegrwch a pharatoi, er mwyn i'ch pobl wneud yn ôl gair yr ARGLWYDD trwy Moses."

⁷ Rhoddodd Joseia i'r holl bobl oedd yn bresennol ddeng mil ar hugain o ddefaid, sef ŵyn a mynnod, a thair mil o ychen ar gyfer y Pasg; daeth y cwbl o'r drysorfa frenhinol. ⁸ Hefyd, rhoddodd ei swyddogion o'u gwirfodd i'r bobl, a'r offeiriaid a'r Lefiaid. Rhoddodd Hilceia, Sechareia a Jehiel, prif swyddogion tŷ Dduw, ddwy fil a chwe chant o ddefaid a thri chant o ychen i'r offeiriaid ar gyfer y Pasg. ⁹ A rhoddodd Cononeia a'i frodyr Semaia a Nethaneel, a Hasabeia, Jehiel a Josabad, swyddogion y Lefiaid, bum mil o ddefaid a phum cant o ychen ar gyfer y Pasg. ¹⁰ Felly paratowyd y gwasanaeth, a safodd yr offeiriaid yn eu lle a'r Lefiaid yn eu dosbarthiadau, yn ôl gorchymyn y brenin. ¹¹ Lladdasant oen y Pasg, a lluchiodd yr offeiriaid beth o'r gwaed ar yr allor tra oedd y Lefiaid yn blingo'r anifeiliaid. ¹² Yna aethant â'r poethoffrymau ymaith i'w dosbarthu yn ôl rhaniadau teuluoedd y bobl, er mwyn iddynt offrymu i'r ARGLWYDD fel y mae'n ysgrifenedig yn llyfr Moses; felly hefyd y gwnaethant â'r ychen. ¹³ Rhostiwyd oen y Pasg ar y tân, yn ôl y ddefod, a berwi'r pethau cysegredig mewn crochanau, peiriau a phedyll, a'u rhannu ar frys i'r holl bobl. ¹⁴ Yna paratoesant ar eu cyfer eu hunain ac ar gyfer yr offeiriaid, oherwydd yr oedd yr offeiriaid, meibion Aaron, wedi bod yn aberthu'r poethoffrwm a'r offrymau o fraster hyd yr hwyr. Fel hyn y paratodd y Lefiaid ar eu cyfer eu hunain a'r offeiriaid, meibion Aaron. ¹⁵ Yr oedd y cantorion, meibion Asaff, yn eu lle yn ôl gorchymyn Dafydd:

Asaff, Heman a Jeduthun, gweledydd y brenin; ac yr oedd pob un o'r porthorion wrth ei borth. Nid oedd raid iddynt adael eu gwaith, oherwydd yr oedd eu brodyr y Lefiaid yn paratoi ar eu cyfer. ¹⁶ Fel hyn y paratowyd holl wasanaeth yr ARGLWYDD y diwrnod hwnnw, er mwyn cadw'r Pasg ac offrymu poethoffrymau ar allor yr ARGLWYDD yn ôl gorchymyn y Brenin Joseia. ¹⁷ Yr adeg honno cadwodd yr Israeliaid oedd yn bresennol y Pasg a gŵyl y Bara Croyw am saith diwrnod. ¹⁸ Ni chadwyd Pasg fel hwn yn Israel er dyddiau Samuel y proffwyd, ac ni chadwodd yr un o frenhinoedd Israel y Pasg fel y cadwodd Joseia ef gyda'r offeiriaid, y Lefiaid, pawb oedd yn bresennol o Jwda ac Israel, a thrigolion Jerwsalem. ¹⁹ Yn y ddeunawfed flwyddyn o deyrnasiad Joseia y cadwyd y Pasg hwn.

Marw Joseia
2 Bren. 23:28-30

²⁰ Ar ôl hyn oll, pan oedd Joseia wedi paratoi'r deml, daeth Necho brenin yr Aifft i fyny i ymladd yn Carchemis ar lan afon Ewffrates, ac aeth Joseia allan i'w gyfarfod. ²¹ Ond anfonodd Necho negeswyr ato i ddweud, "Beth sydd a wnelwyf fi â thi, brenin Jwda? Nid yn dy erbyn di yr wyf fi wedi dod yma heddiw, ond i ymladd yn erbyn teyrnas arall. Dywedodd Duw wrthyf am frysio, a phaid ti â rhwystro'r Duw sydd gyda mi, rhag iddo dy ddifa." ²² Ond ni throdd Joseia oddi wrtho, oherwydd yr oedd yn benderfynol o ymladd ag ef; gwrthododd wrando ar eiriau Necho, a ddaeth oddi wrth Dduw, ac aeth i ymladd yn nyffryn Megido. ²³ Saethwyd y Brenin Joseia gan y saethyddion, a dywedodd wrth ei weision, "Ewch â mi ymaith, oherwydd cefais fy nghlwyfo'n ddrwg." ²⁴ Tynnodd ei weision ef allan o'r cerbyd, a'i roi yn ei ail gerbyd a mynd ag ef i Jerwsalem. Bu farw yno ac fe'i claddwyd ym meddrod ei hynafiaid, a galarodd holl Jwda a Jerwsalem amdano. ²⁵ Gwnaeth Jeremeia alarnad am Joseia, a hyd heddiw y mae pob canwr a chantores yn sôn amdano yn eu galarnadau. Y mae caniadau o'r fath yn ddefod yn Israel, ac y maent wedi eu hysgrifennu yn y Galarnadau.

²⁶ Am weddill hanes Joseia, ei ddaioni yn gwneud yn ôl yr hyn a ysgrifennwyd yng nghyfraith yr ARGLWYDD, ²⁷ a'i weithredoedd o'r dechrau i'r diwedd, y maent wedi eu hysgrifennu yn llyfr brenhinoedd Israel a Jwda.

Jehoahas Brenin Jwda

36 2 Bren. 23:30-35

Dewisodd pobl y wlad Jehoahas fab Joseia, a'i wneud yn frenin yn lle ei dad yn Jerwsalem. ² Tair ar hugain oed oedd Jehoahas pan ddaeth yn frenin, a theyrnasodd am dri mis yn Jerwsalem. ³ Ond diorseddodd Necho brenin yr Aifft ef yn Jerwsalem, a gosododd ar y wlad dreth o gan talent o arian a thalent o aur. ⁴ Hefyd gwnaeth Eliacim ei frawd yn frenin ar Jwda a Jerwsalem, a newid ei enw i Jehoiacim, a chymerodd Jehoahas brawd y brenin i lawr i'r Aifft.

Jehoiacim Brenin Jwda
2 Bren. 23:36—24:7

⁵ Pump ar hugain oed oedd Jehoiacim pan ddaeth yn frenin, a theyrnasodd yn Jerwsalem am un mlynedd ar ddeg. Gwnaeth yr hyn oedd ddrwg yng ngolwg yr ARGLWYDD ei Dduw. ⁶ Daeth Nebuchadnesar brenin Babilon yn ei erbyn, a'i garcharu mewn gefynnau pres a mynd ag ef i Fabilon. ⁷ Aeth â rhai o lestri tŷ'r ARGLWYDD hefyd i Fabilon a'u gosod yn ei balas yno. ⁸ Am weddill hanes Jehoiacim, y ffieidd-dra a wnaeth a'r cyhuddiadau yn ei erbyn, y maent wedi eu hysgrifennu yn llyfr brenhinoedd Israel a Jwda. Daeth ei fab Jehoiachin yn frenin yn ei le.

Jehoiachin Brenin Jwda
2 Bren. 24:2-17

⁹ Deunaw* mlwydd oed oedd Jehoiachin pan ddaeth yn frenin, a theyrnasodd am dri mis a deg diwrnod yn Jerwsalem. Gwnaeth yr hyn oedd ddrwg yng ngolwg yr ARGLWYDD. ¹⁰ Ar droad y flwyddyn, anfonodd y Brenin Nebuchadnesar i'w gyrchu i Fabilon gyda'r llestri gorau o dŷ'r ARGLWYDD, a gwnaeth ei frawd

---
36:9 Felly 2 Bren. 24:8. TM, *Wyth*.

Sedeceia yn frenin ar Jwda a Jerwsalem.

Sedeceia Brenin Jwda
2 Bren. 24:18-20; 25:1-20; Jer. 52:1-11

¹¹ Un ar hugain oed oedd Sedeceia pan ddaeth yn frenin, a theyrnasodd am un mlynedd ar ddeg yn Jerwsalem. ¹² Gwnaeth yr hyn oedd ddrwg yng ngolwg yr ARGLWYDD ei Dduw. Gwrthododd ymostwng o flaen y proffwyd Jeremeia, a oedd yn llefaru dros yr ARGLWYDD. ¹³ Gwrthryfelodd hefyd yn erbyn y Brenin Nebuchadnesar, a oedd wedi gwneud iddo dyngu i Dduw. Ystyfnigodd a chaledodd ei galon rhag dychwelyd at yr ARGLWYDD, Duw Israel. ¹⁴ Aeth swyddogion yr offeiriaid a'r bobl yn fwy anffyddlon fyth, gan ddilyn holl ffieidd-dra'r cenhedloedd a halogi tŷ'r ARGLWYDD a gysegrodd ef yn Jerwsalem. ¹⁵ Anfonodd yr ARGLWYDD, Duw eu hynafiaid, atynt yn barhaus trwy law ei negeswyr, am ei fod yn tosturio wrth ei bobl a'i drigfan. ¹⁶ Ond yr oeddent hwy yn gwatwar ei negeswyr, yn gwawdio ei eiriau ac yn dirmygu ei broffwydi, nes y daeth llid yr ARGLWYDD ar ei bobl heb arbed. ¹⁷ Anfonodd frenin y Caldeaid i fyny yn eu herbyn, a lladdodd hwnnw eu gwŷr ifainc â'r cleddyf yn eu cysegrle, heb arbed na llanc na morwyn, na'r hen na'r oedrannus; rhoddodd bob un ohonynt yn ei afael. ¹⁸ Dygodd i Fabilon holl lestri tŷ Dduw, bach a mawr, trysorau tŷ'r ARGLWYDD a thrysorau'r brenin a'i swyddogion. ¹⁹ Llosgasant dŷ Dduw a dinistrio mur Jerwsalem, a llosgi hefyd ei holl balasau â thân, a distrywio'i holl lestri godidog. ²⁰ Caethgludodd i Fabilon bawb a achubwyd rhag y cleddyf, a buont yn weision iddo ef a'i feibion nes y dechreuodd y Persiaid deyrnasu. ²¹ Mwynhaodd y wlad ei Sabothau; trwy'r holl amser y bu'n anghyfannedd fe orffwysodd, nes cwblhau deng mlynedd a thrigain, a chyflawni gair yr ARGLWYDD trwy Jeremeia'r proffwyd.

Cyrus a Dychweliad yr Iddewon
Esra 1:1-4

²² Yn y flwyddyn gyntaf i Cyrus brenin Persia, er mwyn cyflawni gair yr ARGLWYDD trwy Jeremeia, cynhyrfodd yr ARGLWYDD ysbryd Cyrus, a chyhoeddodd yntau ddatganiad trwy ei holl deyrnas, ac ysgrifennu: ²³ "Fel hyn y dywed Cyrus brenin Persia: Y mae'r ARGLWYDD, Duw'r nefoedd, wedi rhoi holl deyrnasoedd y byd i mi, ac wedi gorchymyn i mi adeiladu tŷ iddo yn Jerwsalem yn Jwda. Pob un o'ch plith sy'n perthyn i'w bobl, bydded yr ARGLWYDD ei Dduw gydag ef, ac aed i fyny."

LLYFR ESRA

Cyrus yn Gorchymyn i'r Iddewon Ddychwelyd

1 Yn y flwyddyn gyntaf i Cyrus brenin Persia, er mwyn cyflawni gair yr ARGLWYDD a ddaeth trwy Jeremeia, cynhyrfodd yr ARGLWYDD ysbryd Cyrus, a chyhoeddodd ddatganiad trwy ei holl deyrnas ac ysgrifennu: ² "Fel hyn y dywed Cyrus brenin Persia: Y mae'r ARGLWYDD, Duw'r nefoedd, wedi rhoi holl deyrnasoedd y byd i mi, ac wedi gorchymyn i mi adeiladu tŷ iddo yn Jerwsalem yn Jwda. ³ Pob un o'ch plith sy'n perthyn i'w bobl, bydded ei Dduw gydag ef, ac aed i fyny i Jerwsalem yn Jwda i ailadeiladu tŷ ARGLWYDD Dduw Israel, y Duw sydd yn Jerwsalem. ⁴ Pob un a arbedwyd, ple bynnag y mae'n byw, bydded iddo gael cymorth gan ei gymdogion mewn arian ac aur ac offer ac anifeiliaid, yn ogystal ag offrwm gwirfoddol i dŷ Dduw yn Jerwsalem."

⁵ Yna dechreuodd pennau-teuluoedd Jwda a Benjamin, a'r offeiriaid a'r Lefiaid, pob un a symbylwyd gan Dduw, baratoi i fynd i ailadeiladu tŷ'r ARGLWYDD yn Jerwsalem. ⁶ Cawsant gefnogaeth eu holl gymdogion gyda llestri arian ac aur, ac offer ac anifeiliaid ac anrhegion gwerthfawr, at y cwbl a roed yn wirfoddol. ⁷ Cyflwynodd y Brenin Cyrus lestri tŷ'r ARGLWYDD a ddygwyd gan Nebuchadnesar o Jerwsalem i'w gosod yn nheml ei dduwiau, a rhoddodd hwy i Mithredath y trysorydd; ⁸ rhestrodd yntau hwy ar gyfer Sesbassar, llywodraethwr Jwda. ⁹ A dyma'r rhestr: dysglau aur, tri deg; dysglau arian, mil; thuserau, dau ddeg a naw; ¹⁰ cawgiau aur, tri deg; cawgiau arian, pedwar cant a deg; llestri eraill, mil. ¹¹ Cyfanswm y llestri aur ac arian, pum mil a phedwar cant. A daeth Sesbassar â'r cwbl gydag ef pan ddychwelodd y gaethglud o Fabilon i Jerwsalem.

Rhestr y Rhai a Ddychwelodd o'r Gaethglud

2 Neh. 7:4-73

Dyma bobl y dalaith a ddychwelodd o gaethiwed, o'r gaethglud a ddygwyd i Fabilon gan Nebuchadnesar brenin Babilon; daethant yn ôl i Jerwsalem ac i Jwda, pob un i'w dref ei hun. ² Gyda Sorobabel yr oedd Jesua, Nehemeia, Seraia, Reelaia, Mordecai, Bilsan, Mispar, Bigfai, Rehum a Baana. Rhestr pobl Israel: ³ teulu Paros, dwy fil un cant saith deg a dau; ⁴ teulu Seffateia, tri chant saith deg a dau; ⁵ teulu Ara, saith gant saith deg a phump; ⁶ teulu Pahath-moab, hynny yw teuluoedd Jesua a Joab, dwy fil wyth gant a deuddeg; ⁷ teulu Elam, mil dau gant pum deg a phedwar; ⁸ teulu Sattu, naw cant pedwar deg a phump; ⁹ teulu Saccai, saith gant chwe deg; ¹⁰ teulu Bani, chwe chant pedwar deg a dau; ¹¹ teulu Bebai, chwe chant dau ddeg a thri; ¹² teulu Asgad, mil dau gant dau ddeg a dau; ¹³ teulu Adonicam, chwe chant chwe deg a chwech; ¹⁴ teulu Bigfai, dwy fil pum deg a chwech; ¹⁵ teulu Adin, pedwar cant pum deg a phedwar; ¹⁶ teulu Ater, hynny yw Heseceia, naw deg ac wyth; ¹⁷ teulu Besai, tri chant dau ddeg a thri; ¹⁸ teulu Jora, cant a deuddeg; ¹⁹ teulu Hasum, dau gant dau ddeg a thri; ²⁰ teulu Gibbar, naw deg a phump; ²¹ teulu Bethlehem, cant dau ddeg a thri. ²² Gwŷr Netoffa, pum deg a chwech; ²³ gwŷr Anathoth, cant dau ddeg ac wyth. ²⁴ Teulu Asmafeth, pedwar deg a dau; ²⁵ teulu Ciriath-jearim a Ceffira a Beeroth, saith gant pedwar deg a thri; ²⁶ teulu Rama a Geba, chwe chant dau ddeg ac un. ²⁷ Gwŷr Michmas, cant dau ddeg a dau; ²⁸ gwŷr Bethel ac Ai, dau gant dau ddeg a thri. ²⁹ Teulu Nebo, pum deg a dau; ³⁰ teulu Magbis, cant pum deg a phedwar; ³¹ teulu'r Elam arall, mil dau gant pum deg a phedwar; ³² teulu Harim, tri chant dau ddeg; ³³ teulu Lod a Hadid ac Ono, saith gant dau ddeg a phump; ³⁴ teulu Jericho, tri chant pedwar deg a phump; ³⁵ teulu Senaa, tair mil chwe chant tri deg.

³⁶ Yr offeiriaid: teulu Jedeia, o linach Jesua, naw cant saith deg a thri; ³⁷ teulu Immer, mil pum deg a dau; ³⁸ teulu Pasur, mil dau gant pedwar deg a saith; ³⁹ teulu Harim, mil un deg a saith.

⁴⁰ Y Lefiaid: teulu Jesua a Cadmiel, o deulu Hodafia, saith deg a phedwar.

⁴¹ Y cantorion: teulu Asaff, cant dau ddeg ac wyth.

⁴² Y porthorion: teuluoedd Salum, Ater, Talmon, Accub, Hatita, a Sobai, cant tri deg a naw i gyd.

⁴³ Gweision y deml: teuluoedd Siha, Hasuffa, Tabbaoth, ⁴⁴ Ceros, Siaha, Padon, ⁴⁵ Lebana, Hagaba, Accub, ⁴⁶ Hagab, Salmai, Hanan, ⁴⁷ Gidel, Gahar, Reaia, ⁴⁸ Resin, Necoda, Gassam, ⁴⁹ Ussa, Pasea, Besai, ⁵⁰ Asna, Meunim, Neffusim, ⁵¹ Bacbuc, Hacuffa, Harhur, ⁵² Basluth, Mehida, Harsa, ⁵³ Barcos, Sisera, Tama, ⁵⁴ Neseia, a Hatiffa.

⁵⁵ Disgynyddion gweision Solomon: teuluoedd Sotai, Soffereth, Peruda, ⁵⁶ Jala, Darcon, Gidel, ⁵⁷ Seffateia, Hattil, Pochereth o Sebaim, ac Ami. ⁵⁸ Cyfanswm gweision y deml a disgynyddion gweision Solomon oedd tri chant naw deg a dau.

⁵⁹ Daeth y rhai canlynol i fyny o Telmela, Tel-harsa, Cerub, Adan ac Immer, ond ni fedrent brofi mai o Israel yr oedd eu llinach a'u tras: ⁶⁰ teuluoedd Delaia, Tobeia, a Necoda, chwe chant pum deg a dau. ⁶¹ Ac o blith yr offeiriaid: teuluoedd Hobaia, Cos, a'r Barsilai a briododd un o ferched Barsilai o Gilead a chymryd ei enw*. ⁶² Chwiliodd y rhain am gofnod o'u hachau, ond methu ei gael; felly cawsant eu hatal o'r offeiriadaeth, ⁶³ a gwaharddodd y llywodraethwr iddynt fwyta'r pethau mwyaf cysegredig nes y ceid offeiriad i ymgynghori â'r Wrim a'r Twmim.

⁶⁴ Nifer y fintai gyfan oedd pedwar deg a dwy o filoedd tri chant chwe deg, ⁶⁵ heblaw eu gweision a'u morynion, oedd yn saith mil tri chant tri deg a saith. Yr oedd ganddynt hefyd ddau gant o gantorion a chantoresau. ⁶⁶ Yr oedd ganddynt saith gant tri deg a chwech o geffylau, dau gant pedwar deg a phump o fulod, ⁶⁷ pedwar cant tri deg a phump o gamelod, a chwe mil saith gant dau ddeg o asynnod.

⁶⁸ Pan ddaethant i dŷ'r ARGLWYDD yn Jerwsalem, ymrwymodd rhai o'r pennau-teuluoedd o'u gwirfodd i ailgodi tŷ Dduw ar ei hen sylfaen yn ôl eu gallu. ⁶⁹ Rhoesant i drysorfa'r gwaith chwe deg ac un o filoedd o ddracmonau aur a phum mil mina o arian a chant o wisgoedd offeiriadol. ⁷⁰ Cartrefodd yr offeiriaid a'r Lefiaid a rhai o'r bobl yn Jerwsalem*, a'r cantorion, y porthorion a gweision y deml yn y cyffiniau*, a'r Israeliaid eraill yn eu trefi eu hunain.

Ailgodi'r Allor

3 Pan ddaeth y seithfed mis, a'r Israeliaid erbyn hyn yn eu trefi, ymgasglodd y bobl fel un gŵr i Jerwsalem. ² A dechreuodd Jesua fab Josadac a'i gyd-offeiriaid, a Sorobabel fab Salathiel a'i frodyr, ailadeiladu allor Duw Israel er mwyn aberthu poethoffrymau arni, fel y mae'n ysgrifenedig yng nghyfraith Moses gŵr Duw. ³ Er eu bod yn ofni'r bobloedd oddi amgylch, codasant yr allor yn ei lle, ac aberthu arni boethoffrymau i'r ARGLWYDD fore a hwyr. ⁴ Yr oeddent yn dathlu gŵyl y Pebyll fel yr oedd yn ysgrifenedig, ac yn aberthu'n ddyddiol y nifer priodol o boethoffrymau ar gyfer pob dydd. ⁵ Ar ôl hyn yr oeddent yn aberthu'r poethoffrymau cyson, a'r rhai ar gyfer y newydd-loerau a holl wyliau penodedig yr ARGLWYDD, a'r holl aberthau a roddid yn wirfoddol i'r ARGLWYDD. ⁶ Dechreusant aberthu poethoffrymau i'r ARGLWYDD o ddydd cyntaf y seithfed mis, er nad oedd sylfaen teml yr ARGLWYDD wedi ei gosod.

Dechrau Ailadeiladu'r Deml

⁷ Yna rhoesant arian i'r seiri meini a'r seiri coed, a bwyd a diod ac olew i'r Sidoniaid a'r Tyriaid i ddod â chedrwydd dros y môr o Lebanon i Jopa

---

2:61 Felly Groeg. Hebraeg, *eu henw.*
2:70 Felly Groeg. Hebraeg heb *yn Jerwsalem.*
2:70 Felly Groeg. Hebraeg, *yn eu trefi.*

trwy ganiatâd Cyrus brenin Persia. ⁸ Yn ail fis yr ail flwyddyn wedi iddynt ddychwelyd i dŷ Dduw yn Jerwsalem, dechreuodd Sorobabel fab Salathiel a Jesua fab Josadac ar y gwaith gyda'r gweddill o'u brodyr, a'r offeiriaid a'r Lefiaid, a phawb oedd wedi dychwelyd o'r gaethglud i Jerwsalem; a phenodwyd y Lefiaid oedd dros ugain mlwydd oed i arolygu gwaith tŷ'r ARGLWYDD. ⁹ Jesua a'i feibion a'i frodyr oedd yn gyfrifol am arolygu'r gweithwyr yn nhŷ Dduw, a chyda hwy yr oedd y Jwdead Cadmiel a'i feibion, a meibion Henadad a'u meibion hwythau, a'u brodyr y Lefiaid. ¹⁰ Wedi i'r adeiladwyr osod sylfaen teml yr ARGLWYDD, safodd yr offeiriaid yn eu gwisgoedd gyda thrwmpedau, a'r Lefiaid, meibion Asaff, gyda symbalau i foliannu'r ARGLWYDD yn ôl gorchymyn Dafydd brenin Israel. ¹¹ Yr oeddent yn ateb ei gilydd mewn mawl a diolch i'r ARGLWYDD: "Y mae ef yn dda, a'i gariad at Israel yn parhau byth." Yna bloeddiodd yr holl bobl yn uchel mewn moliant i'r ARGLWYDD am fod sylfaen tŷ'r ARGLWYDD wedi ei gosod. ¹² Yr oedd llawer o'r offeiriaid a'r Lefiaid a'r pennau-teuluoedd, a oedd yn ddigon hen i fod wedi gweld y tŷ cyntaf, yn wylo'n hidl pan welsant osod sylfaen y tŷ hwn; ond yr oedd llawer yn bloeddio'n uchel o lawenydd. ¹³ Ac ni fedrai neb wahaniaethu rhwng sŵn y llawenydd a sŵn y bobl yn wylo, am fod y bobl yn gweiddi mor uchel nes bod y sŵn i'w glywed o bell.

Gwrthwynebu Ailadeiladu'r Deml

4 Pan glywodd gelynion Jwda a Benjamin fod y rhai oedd wedi bod yn y gaethglud yn adeiladu teml i ARGLWYDD Dduw Israel, ² daethant at Sorobabel a'r pennau-teuluoedd a dweud wrthynt: "Gadewch i ni adeiladu gyda chwi, oherwydd yr ydym ni yn addoli eich Duw fel chwithau, ac iddo ef yr ydym wedi aberthu er amser Esarhadon brenin Asyria, a ddaeth â ni yma." ³ Ond dywedodd Sorobabel a Jesua a gweddill pennau-teuluoedd Israel: "Ni chewch chwi ran yn y gwaith o adeiladu tŷ i'n Duw; ni yn unig sydd i adeiladu i ARGLWYDD Dduw Israel, fel y gorchmynnodd Cyrus brenin Persia i ni." ⁴ Yna dechreuodd pobl y wlad ddigalonni pobl Jwda a pheri iddynt ofni adeiladu; ⁵ a holl ddyddiau Cyrus brenin Persia hyd at deyrnasiad Dareius brenin Persia cyflogasant gynghorwyr llys yn eu herbyn i ddrysu eu bwriad.

Gwrthwynebu Ailadeiladu Jerwsalem

⁶ Yn nechrau teyrnasiad Ahasferus gwnaethant gyhuddiad ysgrifenedig yn erbyn preswylwyr Jwda a Jerwsalem. ⁷ Hefyd yn amser Artaxerxes ysgrifennodd Bislam, Mithredath, Tabeel a'r gweddill o'u cefnogwyr at Artaxerxes brenin Persia; yr oedd y llythyr wedi ei ysgrifennu mewn Aramaeg, a dyma'i gynnwys mewn Aramaeg*.

⁸ Rehum y rhaglaw a Simsai yr ysgrifennydd a ysgrifennodd y llythyr hwn at Artaxerxes y brenin ynglŷn â Jerwsalem: ⁹ "Oddi wrth y rhaglaw Rehum a'r ysgrifennydd Simsai a'r gweddill o'u cefnogwyr, y barnwyr, y penaethiaid, y goruchwylwyr, y swyddogion; hefyd pobl Erech a Babilon, a'r Elamitiaid o Susa, ¹⁰ a phawb arall a alltudiodd Asnappar fawr ac enwog a'u gosod yn nhref Samaria ac yng ngweddill talaith Tu-hwnt-i'r-Ewffrates." ¹¹ Yn awr dyma gynnwys y llythyr a anfonasant ato: "I'r Brenin Artaxerxes oddi wrth dy ddeiliaid, pobl talaith Tu-hwnt-i'r-Ewffrates. ¹² Bydded hysbys i'r brenin fod yr Iddewon a ddaeth atom oddi wrthyt wedi cyrraedd Jerwsalem; y maent yn ailgodi'r ddinas wrthryfelgar a drwg, yn cyfannu'r muriau ac yn atgyweirio'r sylfeini. ¹³ Yn awr bydded hysbys i'r brenin, os ailadeiledir y ddinas hon a gorffen ei muriau, ni thalant na threth, na theyrnged, na tholl; a bydd hyn yn sicr o amharu ar les y brenin. ¹⁴ Felly, am ein bod ni yn cael ein cynnal gan lys y brenin, ac am nad yw'n weddus i ni fod yn dystion o'r amarch hwn tuag at y brenin, yr ydym yn anfon gair at y brenin, ¹⁵ er mwyn iti chwilio yn llyfr cofnodion dy ragflaenwyr. Fe weli oddi wrth lyfr y cofnodion mai

---
4:7 Y mae Esra 4:8—6:18 mewn Aramaeg.

dinas wrthryfelgar fu hon, andwyol i frenhinoedd a thaleithiau, a bod gwrthryfel yn nodwedd arni ers amser maith. Dyna pam y dinistriwyd y ddinas. ¹⁶ Yr ydym yn hysbysu'r brenin, os adeiledir y ddinas hon a gorffen ei muriau, ni fydd gennyt diriogaeth yn nhalaith Tu-hwnt-i'r-Ewffrates."

¹⁷ Dyma ateb y brenin: "At Rehum y rhaglaw a Simsai yr ysgrifennydd a'r gweddill o'u cefnogwyr sy'n byw yn Samaria ac ym mhob rhan o dalaith Tu-hwnt-i'r-Ewffrates, cyfarchion! ¹⁸ Fe gyfieithwyd y llythyr a anfonasoch a'i ddarllen yn fy ngŵydd. ¹⁹ Ar fy ngorchymyn gwnaethpwyd ymchwiliad, a darganfod i'r ddinas hon wrthryfela yn erbyn brenhinoedd ers amser maith, a bod brad a gwrthryfel wedi codi ynddi. ²⁰ Bu brenhinoedd cryfion yn teyrnasu dros Jerwsalem a thros holl dalaith Tu-hwnt-i'r-Ewffrates, a rhoddwyd iddynt dreth, teyrnged a tholl. ²¹ Felly gorchmynnwch i'r dynion hyn beidio ag ailadeiladu'r ddinas nes cael caniatâd gennyf fi. ²² Gofalwch beidio â bod yn esgeulus yn hyn o beth, rhag i'r frenhiniaeth gael niwed pellach."

²³ Yna, pan ddarllenwyd copi o lythyr Artaxerxes i Rehum a Simsai yr ysgrifennydd a'u cefnogwyr, aethant ar frys at yr Iddewon yn Jerwsalem a thrwy nerth braich eu rhwystro rhag gweithio. ²⁴ Felly yr ataliwyd y gwaith ar dŷ Dduw yn Jerwsalem; a bu'n sefyll hyd ail flwyddyn teyrnasiad Dareius brenin Persia.

Ailddechrau Adeiladu'r Deml

5 Ond wedi i'r proffwydi, Haggai a Sechareia fab Ido, broffwydo yn enw Duw Israel i'r Iddewon yn Jwda a Jerwsalem, ² dechreuodd Sorobabel fab Salathiel a Jesua fab Josadac ailadeiladu tŷ Dduw yn Jerwsalem; ac yr oedd proffwydi Duw gyda hwy yn eu cefnogi. ³ Ond ar unwaith daeth Tatnai, llywodraethwr talaith Tu-hwnt-i'r-Ewffrates, a Setharbosnai a'u cefnogwyr atynt a gofyn, "Pwy a roes ganiatâd i chwi ailadeiladu'r tŷ hwn a gorffen ei goedio?" ⁴ Gofynasant hefyd, "Beth yw enwau'r rhai sy'n codi'r adeilad hwn?" ⁵ Ond yr oedd eu Duw yn gofalu am henuriaid yr Iddewon, ac ni chawsant eu rhwystro nes i adroddiad fynd at Dareius ac iddynt gael ateb ar y mater.

⁶ Dyma gopi o'r llythyr a anfonodd Tatnai, llywodraethwr talaith Tu-hwnt-i'r-Ewffrates, a Setharbosnai a'u cefnogwyr, penaethiaid Tu-hwnt-i'r-Ewffrates, at y Brenin Dareius. ⁷ A dyma'r adroddiad ysgrifenedig a anfonwyd: "I'r Brenin Dareius, cyfarchion! ⁸ Bydded hysbys i'r brenin i ni fynd i dalaith Jwda, a gweld tŷ'r Duw mawr yn cael ei adeiladu â cherrig enfawr, gyda choed yn y muriau; y mae'r gwaith yn mynd rhagddo ac yn llwyddo dan ofal henuriaid yr Iddewon. ⁹ Yna gofynasom i'r henuriaid, 'Pwy a roes ganiatâd i chwi ailadeiladu'r tŷ hwn a gorffen ei goedio?' ¹⁰ Gofynasom hefyd iddynt am eu henwau fel y medrem gofnodi enwau eu harweinwyr a rhoi gwybod i ti. ¹¹ A dyma'r ateb a gawsom: 'Gweision Duw nef a daear ydym ni, ac yr ydym yn ailadeiladu tŷ a godwyd lawer o flynyddoedd yn ôl; un o frenhinoedd enwog Israel a'i cododd a'i orffen. ¹² Ond am i'n hynafiaid ddigio Duw'r nefoedd, rhoddodd ef hwy i Nebuchadnesar y Caldead, brenin Babilon; dinistriodd yntau'r tŷ hwn a chaethgludo'r bobl i Fabilon. ¹³ Ond ym mlwyddyn gyntaf ei deyrnasiad, rhoes Cyrus brenin Babilon orchymyn i ailadeiladu'r tŷ hwn. ¹⁴ Yr oedd llestri aur ac arian yn perthyn i dŷ Dduw; dygodd Nebuchadnesar hwy o'r deml yn Jerwsalem a'u rhoi yn nheml Babilon, ond cymerodd y Brenin Cyrus hwy o'r deml ym Mabilon a'u rhoi i ŵr o'r enw Sesbassar, a oedd wedi ei benodi'n llywodraethwr. ¹⁵ Dywedodd wrtho, "Cymer y llestri yma, a dos â hwy i'r deml sydd yn Jerwsalem, a bydded i dŷ Dduw gael ei adeiladu ar ei hen safle." ¹⁶ Yna daeth Sesbassar a gosod sylfeini tŷ Dduw yn Jerwsalem; a bu adeiladu o'r amser hwnnw hyd yn awr, ond nid yw wedi ei orffen.' ¹⁷ Felly, os cytuna'r brenin, chwilier yn yr archifau brenhinol ym Mabilon i weld a roes y Brenin Cyrus orchymyn i ailadeiladu'r deml hon yn Jerwsalem. Anfoner i ni ddyfarniad y brenin ynglŷn â'r mater."

Ailddarganfod Gorchymyn Cyrus

6 Yna, ar orchymyn y Brenin Dareius, chwiliwyd yn yr archifau ym Mabilon lle cedwid y dogfennau. ² Ac ym mhalas Ecbatana yn nhalaith Media cafwyd sgrôl, a dyma'r cofnod oedd wedi ei ysgrifennu arni: ³ "Ym mlwyddyn gyntaf ei deyrnasiad gorchmynnodd y Brenin Cyrus fel hyn am dŷ Dduw yn Jerwsalem: Ailadeilader y tŷ yn lle i aberthu ac i ddwyn poethoffrymau. ⁴ Ei uchder fydd trigain cufydd a'i led trigain cufydd, gyda thair rhes o gerrig mawr ac un rhes o goed newydd; taler y gost o'r drysorfa frenhinol. ⁵ Hefyd, dychweler i'r deml yn Jerwsalem lestri aur ac arian tŷ Dduw, a ddygodd Nebuchadnesar o'r deml yn Jerwsalem a'u cludo i Fabilon; dychweler pob un i'w le priodol yn nhŷ Dduw." ⁶ A dyfarniad y Brenin Dareius oedd: "Yn awr, Tatnai, llywodraethwr talaith Tu-hwnt-i'r-Ewffrates, a Setharbosnai a'ch cefnogwyr, penaethiaid Tu-hwnt-i'r-Ewffrates, cadwch draw oddi yno; ⁷ peidiwch ag ymyrryd â gwaith tŷ Dduw; gadewch i bennaeth yr Iddewon a'u henuriaid ailgodi tŷ Dduw ar ei hen safle. ⁸ Ar fy ngorchymyn i, fel hyn yr ydych i gydweithredu â henuriaid yr Iddewon i ailadeiladu tŷ Dduw: taler yn llawn ac yn ddiymdroi i'r dynion hyn dreth talaith Tu-hwnt-i'r-Ewffrates allan o'r drysorfa frenhinol. ⁹ Rhodder iddynt bob dydd yn ddi-feth beth bynnag sy'n angenrheidiol i aberthu i Dduw'r nefoedd—teirw, hyrddod, defaid, gwenith, halen, gwin ac olew—¹⁰ yn ôl gofynion yr offeiriaid yn Jerwsalem, fel y dygont ebyrth cymeradwy i Dduw'r nefoedd a gweddïo dros y brenin a'i feibion. ¹¹ Ac yr wyf yn gorchymyn, os bydd i unrhyw un ymyrryd â'r datganiad hwn, fod trawst i'w dynnu o'i dŷ a'i godi, a'i fod yntau i'w grogi arno, a bod ei gartref i'w droi'n domen. ¹² A bydded i'r Duw sydd wedi gosod ei enw yno ddymchwel pob brenin a chenedl sy'n beiddio ymyrryd â hyn neu'n dinistrio tŷ'r Duw hwn yn Jerwsalem. Myfi, Dareius, sy'n rhoi'r gorchymyn hwn; rhaid ei gadw'n fanwl."

Cysegru'r Deml

¹³ Yna gwnaeth Tatnai, llywodraethwr talaith Tu-hwnt-i'r-Ewffrates, a Setharbosnai a'u cefnogwyr yn union fel yr oedd y Brenin Dareius wedi gorchymyn. ¹⁴ Trwy gymorth proffwydoliaeth Haggai'r proffwyd a Sechareia fab Ido, llwyddodd henuriaid yr Iddewon gyda'r adeiladu, a'i orffen yn ôl gorchymyn Duw Israel a gorchymyn Cyrus a Dareius ac Artaxerxes brenin Persia. ¹⁵ Gorffennwyd y tŷ hwn ar y trydydd o fis Adar, yn y chweched flwyddyn o deyrnasiad y Brenin Dareius. ¹⁶ A chysegrwyd tŷ Dduw mewn llawenydd gan yr Israeliaid, yr offeiriaid a'r Lefiaid a gweddill y rhai oedd wedi bod yn y gaethglud. ¹⁷ Wrth gysegru tŷ Dduw, aberthwyd cant o deirw, dau gant o hyrddod, pedwar cant o ŵyn, a deuddeg bwch gafr, yn ôl nifer llwythau Israel, yn aberth dros bechod ar ran holl Israel. ¹⁸ Trefnwyd yr offeiriaid yn eu dosbarthiadau a'r Lefiaid yn eu hadrannau ar gyfer gwasanaethu Duw yn Jerwsalem, fel y mae'n ysgrifenedig yn llyfr Moses.

Cadw'r Pasg

¹⁹ Ac ar y pedwerydd dydd ar ddeg o'r mis cyntaf cadwodd y rhai oedd wedi bod yn y gaethglud y Pasg. ²⁰ Am fod pob un o'r offeiriaid a'r Lefiaid wedi ei buro'i hun, a'u bod i gyd yn bur, aberthwyd y Pasg ar gyfer pawb a ddaeth o'r gaethglud, a'u cyd-offeiriaid a hwy eu hunain. ²¹ Bwytawyd y Pasg gan yr Israeliaid a ddychwelodd o'r gaethglud a chan bawb oedd wedi ymwahanu oddi wrth aflendid y bobloedd oddi amgylch ac wedi dod atynt i geisio ARGLWYDD Dduw Israel. ²² Ac am saith diwrnod cadwasant ŵyl y Bara Croyw mewn llawenydd, oherwydd i'r ARGLWYDD beri llawenydd iddynt trwy droi calon brenin Asyria tuag atynt i'w cynorthwyo yng ngwaith tŷ Dduw, Duw Israel.

Esra yn Cyrraedd Jerwsalem

7 Ar ôl hyn, yn nheyrnasiad Artaxerxes brenin Persia, daeth Esra i fyny o Fabilon; hwn oedd Esra fab Seraia, fab

Asareia, fab Hilceia, ² fab Salum, fab Sadoc, fab Ahitub, ³ fab Amareia, fab Asareia, fab Meraioth, ⁴ fab Seraheia, fab Ussi, fab Bucci, ⁵ fab Abisua, fab Phinees, fab Eleasar, fab Aaron yr archoffeiriad. ⁶ Yr oedd Esra yn ysgrifennydd hyddysg yng nghyfraith Moses, a roddwyd gan ARGLWYDD Dduw Israel; ac am ei fod yn derbyn ffafr gan yr ARGLWYDD ei Dduw, cafodd y cwbl a ddymunai gan y brenin. ⁷ Yn y seithfed flwyddyn i'r Brenin Artaxerxes, dychwelodd i Jerwsalem gyda rhai o'r Israeliaid ac o'r offeiriaid a'r Lefiaid a'r cantorion a'r porthorion a gweision y deml; ⁸ a chyrhaeddodd Jerwsalem yn y pumed mis yn seithfed flwyddyn y brenin. ⁹ Yr oedd wedi cychwyn ar y daith o Fabilon ar y dydd cyntaf o'r mis cyntaf, a chyrraedd Jerwsalem ar y dydd cyntaf o'r pumed mis; yr oedd Esra wedi cael ffafr gan ei Dduw, ¹⁰ oherwydd iddo ymroi i chwilio cyfraith yr ARGLWYDD a'i chadw, ac i ddysgu deddfau a chyfreithiau yn Israel.

Y Llythyr a Roes Artaxerxes i Esra

¹¹ Dyma gopi o'r llythyr a roes y Brenin Artaxerxes i Esra'r offeiriad a'r ysgrifennydd, un cyfarwydd â chynnwys gorchmynion yr ARGLWYDD a'i ddeddfau i Israel: ¹² "Artaxerxes brenin y brenhinoedd at Esra'r offeiriad, ysgrifennydd cyfraith Duw'r nefoedd, cyfarchion! ¹³ Yn awr dyma fy ngorchmynion i bwy bynnag yn fy nheyrnas o bobl Israel a'u hoffeiriaid a'u Lefiaid sy'n dymuno mynd gyda thi i Jerwsalem: caiff fynd. ¹⁴ Oherwydd fe'th anfonir gan y brenin a'i saith gynghorwr i wneud arolwg o Jwda a Jerwsalem ynglŷn â chyfraith dy Dduw, sydd dan dy ofal. ¹⁵ Dygi'r arian a'r aur a roddwyd yn wirfoddol gan y brenin a'i gynghorwyr i Dduw Israel, sydd â'i drigfan yn Jerwsalem, ¹⁶ a hefyd yr holl arian a'r aur a gei di trwy holl dalaith Babilon, ac offrymau gwirfoddol y bobl a'r offeiriaid a roddwyd at dŷ eu Duw yn Jerwsalem. ¹⁷ Â'r arian yma gofala brynu teirw, hyrddod ac ŵyn, gyda'u bwydoffrwm a'u diodoffrwm, a'u haberthu ar allor tŷ eich Duw yn Jerwsalem. ¹⁸ Â gweddill yr arian a'r aur cei di a'th gymrodyr wneud fel y gwelwch orau, yn ôl ewyllys eich Duw. ¹⁹ Am y llestri a roddwyd i ti at wasanaeth tŷ dy Dduw, gosod hwy o'i flaen yn Jerwsalem. ²⁰ A pha beth bynnag arall sy'n angenrheidiol i dŷ dy Dduw, ac y disgwylir i ti ei roi, rho ef o storfa'r brenin. ²¹ Ac yr wyf fi, y Brenin Artaxerxes, yn rhoi'r gorchymyn hwn i holl drysoryddion talaith Tu-hwnt-i'r-Ewffrates: Rhowch yn ddiymdroi bob peth a ofynnir ichwi gan Esra'r offeiriad, ysgrifennydd cyfraith Duw'r nefoedd, ²² hyd at gan talent o arian, can mesur yr un o wenith, gwin ac olew, a halen heb fesur. ²³ Gwnewch bopeth ar gyfer tŷ Duw'r nefoedd yn union fel y mae Duw'r nefoedd wedi ei orchymyn, rhag iddo lidio yn erbyn teyrnas y brenin a'i feibion. ²⁴ Yr ydym hefyd yn eich hysbysu nad yw'n gyfreithlon gosod treth, teyrnged na tholl ar neb o offeiriaid, Lefiaid, cantorion, porthorion, gweision na gweinidogion tŷ Dduw. ²⁵ A thithau, Esra, yn unol â'r ddoethineb ddwyfol sydd gennyt, ethol swyddogion a barnwyr i farnu pawb yn Tu-hwnt-i'r-Ewffrates sy'n gwybod cyfraith dy Dduw, ac i ddysgu pawb sydd heb ei gwybod. ²⁶ Pob un nad yw'n cadw cyfraith dy Dduw a chyfraith y brenin, dyger ef yn ddi-oed i farn, a'i ddedfrydu naill ai i farwolaeth neu i alltudiaeth neu ddirwy neu garchar."

Esra'n Moliannu Duw

²⁷ Yna dywedodd Esra: "Bendigedig fyddo ARGLWYDD Dduw ein hynafiaid, a symbylodd y brenin i harddu tŷ'r ARGLWYDD yn Jerwsalem, ²⁸ ac a barodd i mi gael ffafr gan y brenin a'i gynghorwyr a'i bendefigion. Am fod yr ARGLWYDD fy Nuw yn fy nerthu, ymwrolais a chasglu rhai blaenllaw o blith yr Israeliaid i fynd gyda mi."

Y Rhai a Ddychwelodd gydag Esra

8 Dyma restr, gyda'r achau, o'r pennau-teuluoedd a ddaeth gyda mi o Fabilon yn nheyrnasiad y Brenin Artaxerxes. ² O deulu Phinees, Gersom; o deulu Ithamar, Daniel; o deulu

Dafydd, Hattus fab Sechaneia; ³ o deulu Pharos, Sechareia, a chant a hanner o ddynion wedi eu rhestru gydag ef. ⁴ O deulu Pahath-moab, Elihoenai fab Seraheia, a dau gant o ddynion gydag ef. ⁵ O deulu Sattu, Sechaneia fab Jahasiel, a thri chant o ddynion gydag ef. ⁶ O deulu Adin, Ebed fab Jonathan, a hanner cant o ddynion gydag ef. ⁷ O deulu Elam, Eseia fab Athaleia, a saith deg o ddynion gydag ef. ⁸ O deulu Seffateia, Sebadeia fab Michael, ac wyth deg o ddynion gydag ef. ⁹ O deulu Joab, Obadeia fab Jehiel, a dau gant a deunaw o ddynion gydag ef. ¹⁰ O deulu Bani, Selomith fab Josiffeia, a chant chwe deg o ddynion gydag ef. ¹¹ O deulu Bebai, Sechareia fab Bebai, a dau ddeg ac wyth o ddynion gydag ef. ¹² O deulu Asgad, Johanan fab Haccatan, a chant a deg o ddynion gydag ef. ¹³ Ac yn olaf, o deulu Adonicam, y rhai canlynol: Eliffelet, Jehiel a Semeia, a chwe deg o ddynion gyda hwy; ¹⁴ ac o deulu Bigfai, Uthai a Sabbud, a saith deg o ddynion gyda hwy.

Esra'n Ceisio Lefiaid i'r Deml

¹⁵ Cesglais hwy ynghyd wrth yr afon sy'n llifo i afon Ahafa a gwersyllu yno dridiau. Wedi bwrw golwg dros y bobl a'r offeiriaid, cefais nad oedd Lefiad yn eu plith. ¹⁶ Yna gelwais am y penaethiaid Elieser, Ariel, Semeia, Elnathan, Jarib, Elnathan, Nathan, Sechareia a Mesulam, ac am y doethion Joiarib ac Elnathan, ¹⁷ a'u hanfon at Ido, y pennaeth yng nghanolfan Chasiffeia; rhois iddynt neges i'w chyflwyno i Ido a'i frodyr, gweision y deml, oedd yn Chasiffeia, yn gofyn iddo anfon atom wasanaethyddion ar gyfer tŷ ein Duw. ¹⁸ Ac am ein bod yn derbyn ffafr ein Duw, anfonasant atom Serebeia, gŵr deallus o deulu Mahli, fab Lefi, fab Israel, gyda'i feibion a'i frodyr, deunaw ohonynt i gyd; ¹⁹ hefyd Hasabeia, a chydag ef Eseia o deulu Merari, gyda'i frodyr a'u meibion, ugain ohonynt; ²⁰ a dau gant ac ugain o weision y deml, yn unol â threfn Dafydd a'i swyddogion, i gynorthwyo'r Lefiaid. Rhestrwyd hwy oll wrth eu henwau.

Ympryd a Gweddi cyn Cychwyn

²¹ Ac yno wrth afon Ahafa cyhoeddais ympryd i ymostwng o flaen ein Duw, i weddïo am siwrnai ddiogel i ni a'n plant a'n heiddo. ²² Yr oedd arnaf gywilydd gofyn i'r brenin am filwyr a marchogion i'n hamddiffyn yn erbyn gelynion ar y ffordd, am ein bod eisoes wedi dweud wrtho, "Y mae ein Duw yn rhoi cymorth i bawb sy'n ei geisio, ond daw grym ei lid yn erbyn pawb sy'n ei wadu." ²³ Felly gwnaethom ympryd ac ymbil ar ein Duw am hyn, a gwrandawodd yntau arnom.

Anrhegion ar gyfer y Deml

²⁴ Yna neilltuais ddeuddeg o benaethiaid yr offeiriaid, a hefyd Serebeia a Hasabeia, a deg o'u brodyr gyda hwy, ²⁵ a throsglwyddo iddynt hwy yr arian a'r aur a'r llestri a roddwyd yn anrheg i dŷ ein Duw gan y brenin a'i gynghorwyr a'i dywysogion a'r holl Israeliaid oedd gyda hwy. ²⁶ Rhoddais iddynt chwe chant a hanner o dalentau arian, llestri arian gwerth can talent, a chan talent o aur, ²⁷ ac ugain o flychau aur gwerth mil o ddrachmâu, a dau lestr o bres melyn coeth, mor werthfawr ag aur. ²⁸ A dywedais wrthynt, "Yr ydych chwi a'r llestri yn gysegredig i'r ARGLWYDD, ac offrwm gwirfoddol i ARGLWYDD Dduw eich hynafiaid yw'r arian a'r aur. ²⁹ Gwyliwch drostynt a'u cadw nes eu trosglwyddo i ystafelloedd tŷ'r ARGLWYDD yng ngŵydd penaethiaid yr offeiriaid a'r Lefiaid a phennau-teuluoedd Israel sydd yn Jerwsalem."

Dychwelyd i Jerwsalem

³⁰ Yna cymerodd yr offeiriaid a'r Lefiaid y swm o arian ac aur a'r llestri i'w dwyn i Jerwsalem i dŷ ein Duw. ³¹ Ar y deuddegfed dydd o'r mis cyntaf cychwynasom o afon Ahafa i fynd i Jerwsalem, ac yr oedd ein Duw gyda ni, ac fe'n gwaredodd o law gelynion a lladron pen-ffordd. ³² Wedi cyrraedd Jerwsalem cawsom orffwys am dridiau. ³³ Ac ar y pedwerydd dydd tros-glwyddwyd yr arian a'r aur a'r llestri yn nhŷ ein Duw i ofal Meremoth fab Ureia, yr offeiriad, ac Eleasar fab Phinees, ac yr oedd Josabad fab Jesua a Noadeia fab

Binnui, y Lefiaid, gyda hwy. ³⁴ Gwnaed cyfrif o bopeth wrth ei drosglwyddo, a'r un pryd gwnaed rhestr o'r rhoddion. ³⁵ Offrymodd y rhai a ddychwelodd o'r gaethglud boethoffrymau i Dduw Israel: deuddeg bustach dros holl Israel, naw deg a chwech o hyrddod, saith deg a saith o ŵyn, a deuddeg bwch yn aberth dros bechod; yr oedd y cwbl yn boethoffrwm i'r ARGLWYDD. ³⁶ Hefyd rhoesant orchymyn y brenin i'w swyddogion a'i dywysogion yn nhalaith Tu-hwnt-i'r-Ewffrates, a chael eu cefnogaeth i'r bobl ac i dŷ Dduw.

Priodasau Cymysg yn Poeni Esra

9 Wedi hyn daeth y swyddogion ataf a dweud, "Nid yw pobl Israel, na'r offeiriaid na'r Lefiaid, wedi ymneilltuo oddi wrth bobloedd y gwledydd nac oddi wrth ffieidd-dra'r Canaaneaid, yr Hethiaid, y Peresiaid, y Jebusiaid, yr Ammoniaid, y Moabiaid, yr Eifftiaid a'r Amoriaid. ² Y maent wedi cymryd merched y rheini yn wragedd iddynt hwy a'u meibion, a chymysgu'r hil sanctaidd â phobloedd y gwledydd; a'r prif droseddwyr yn y camwedd hwn yw'r swyddogion a'r penaethiaid." ³ Pan glywais hyn rhwygais fy nillad a'm mantell, tynnais wallt fy mhen a'm barf, ac eisteddais yn syn. ⁴ Ac oherwydd camwedd y rheini oedd wedi bod yn y gaethglud, daeth ataf bawb oedd yn ofni geiriau Duw Israel, ac eisteddais innau yno'n syn hyd offrwm y prynhawn. ⁵ Ar adeg offrwm y prynhawn codais o'm cyflwr darostyngedig, a'm dillad a'm mantell wedi eu rhwygo, a phenliniais a lledu fy nwylo o flaen yr ARGLWYDD fy Nuw, ⁶ a dweud: "O fy Nuw, yr wyf mewn gwaradwydd, ac y mae cywilydd mawr arnaf godi fy wyneb atat, O Dduw, oherwydd y mae'n camweddau wedi codi'n uwch na'n pennau, a'n heuogrywdd wedi cynyddu hyd y nefoedd. ⁷ O ddyddiau ein hynafiaid hyd yn awr, mawr fu ein trosedd, ac o achos ein camweddau fe'n rhoed ni, ein brenhinoedd a'n hoffeiriaid, yng ngafael brenhinoedd y gwledydd, i'r cleddyf, i gaethiwed, i anrhaith ac i warth, fel y mae heddiw. ⁸ Ond yn awr, am ennyd, bu'r ARGLWYDD ein Duw yn raslon tuag atom a gadael inni weddill a rhoi sicrwydd inni yn ei le sanctaidd, er mwyn iddo oleuo ein llygaid a'n hadfywio am ychydig yn ein caethiwed. ⁹ Er mai caethion ydym, ni chefnodd ein Duw arnom yn ein caethiwed. Parodd inni gael caredigrwydd gan frenhinoedd Persia i'n hadfywio er mwyn inni adnewyddu tŷ ein Duw ac ailgodi ei adfeilion, a rhoddodd inni amddiffynfa yn Jwda a Jerwsalem. ¹⁰ Ac yn awr, ein Duw, beth a ddywedwn ar ôl hyn? Oherwydd yr ydym wedi cefnu ar dy gyfreithiau, ¹¹ a orchmynnaist trwy dy weision y proffwydi, gan ddweud, 'Gwlad halogedig yw'r wlad yr ydych yn mynd i'w meddiannu, wedi ei halogi gan ffieidd-dra pobloedd y gwledydd, sy'n ei llenwi â'u haflendid o un cwr i'r llall. ¹² Felly peidiwch â rhoi eich merched i'w meibion, na chymryd eu merched i'ch plant; a pheidiwch byth â cheisio eu heddwch na'u lles. Felly y byddwch yn gryf, ac yn mwynhau braster y wlad, a'i gadael yn etifeddiaeth i'ch plant am byth.' ¹³ Ac ar ôl y cwbl a ddioddefasom am ein drygioni a'n trosedd mawr—er i ti, ein Duw, roi i ni gosb lai nag a haeddai ein drwgweithredoedd, a rhoi i ni y waredigaeth hon— ¹⁴ a dorrwn ni dy gyfreithiau unwaith eto ac ymgyfathrachu â'r bobloedd ffiaidd yma? Oni fyddet ti'n digio'n wrthym a'n dinistrio, fel na byddai gweddill na gwaredigaeth? ¹⁵ ARGLWYDD Dduw Israel, cyfiawn wyt ti; yr ydym ni yma heddiw yn weddill a waredwyd; yr ydym yn dy ŵydd yn ein heuogrwydd, er na all neb sefyll o'th flaen felly."

Cynllun i Ddiddymu Priodasau Cymysg

10 Tra oedd Esra'n gweddïo yn ei ddagrau, yn cyffesu ar ei hyd o flaen tŷ Dduw, ymgasglodd tyrfa fawr iawn o Israeliaid ato, yn wŷr, gwragedd a phlant, ac yr oedd y bobl yn wylo'n hidl. ² Yna dywedodd Sechaneia fab Jehiel, o deulu Elam, wrth Esra, "Yr ydym wedi troseddu yn erbyn ein Duw trwy briodi merched estron o blith pobloedd y wlad; eto y mae gobaith i Israel er gwaethaf hyn. ³ Yn awr gadewch i ni wneud cyfamod â'n Duw i droi ymaith yr holl ferched hyn a'u plant, yn ôl cyngor f'arglwydd a'r rhai sy'n parchu gorchymyn ein Duw; a byddwn felly'n cadw'r gyfraith. ⁴ Cod, oherwydd dy gyfrifoldeb di yw hyn, ond fe fyddwn ni gyda thi; gweithreda'n wrol." ⁵ Yna cododd Esra a pheri i arweinwyr yr offeiriaid a'r Lefiaid ac i holl Israel addo hyn, a gwnaethant hwythau addewid. ⁶ Aeth Esra o dŷ'r Arglwydd i ystafell Johanan fab Eliasib, ac aros* yno heb fwyta bara nac yfed dŵr am ei fod yn dal i alaru am gamwedd y rhai a ddaeth o'r gaethglud. ⁷ Yna anfonwyd neges trwy Jwda a Jerwsalem yn gorchymyn i bawb a fu yn y gaethglud ymgynnull yn Jerwsalem, ⁸ a byddai pob un na ddôi o fewn tridiau ar wŷs y penaethiaid a'r henuriaid yn colli ei gyfoeth ac yn cael ei dorri allan o gynulleidfa'r gaethglud. ⁹ O fewn tridiau, ar yr ugeinfed dydd o'r nawfed mis, ymgasglodd holl wŷr Jwda a Benjamin i Jerwsalem, ac eisteddodd pawb yn y sgwâr o flaen tŷ Dduw yn crynu o achos yr hyn oedd yn digwydd ac o achos y glawogydd. ¹⁰ Cododd Esra yr offeiriad a dweud wrthynt, "Yr ydych wedi gwneud camwedd ac wedi ychwanegu at euogrwydd Israel trwy briodi merched estron. ¹¹ Yn awr cyffeswch gerbron ARGLWYDD Dduw eich hynafiaid; gwnewch ei ewyllys ef ac ymwahanwch oddi wrth bobloedd y wlad a'r merched estron." ¹² Atebodd yr holl gynulleidfa â llais uchel, "Gwnawn; rhaid i ni wneud fel yr wyt ti'n gorchymyn. ¹³ Ond y mae yma lawer o bobl; y mae'n dymor y glawogydd, ac ni allwn aros yn yr awyr agored. Nid gwaith diwrnod neu ddau ydyw, oherwydd y mae llawer ohonom wedi pechu yn hyn o beth. ¹⁴ Caiff ein penaethiaid gynrychioli'r gynulleidfa gyfan, a bydded i'r rhai yn ein dinasoedd sydd wedi priodi merched estron ddod ar amseroedd penodedig, pob un gyda henuriaid a barnwyr ei ddinas ei hun, nes i ddicter mawr ein Duw am hyn droi oddi wrthym." ¹⁵ Yr unig wrthwynebwyr oedd Jonathan fab Asahel ac Eseia fab Ticfa, a chawsant gefnogaeth Mesulam a Sabethai y Lefiad. ¹⁶ Wedi i'r rhai oedd wedi bod yn y gaethglud gytuno, fe neilltuodd Esra yr offeiriad ddynion oedd yn bennau-teuluoedd i gynrychioli eu teuluoedd wrth eu henwau. Eisteddasant ar y dydd cyntaf o'r degfed mis i archwilio'r mater, ¹⁷ ac erbyn y dydd cyntaf o'r mis cyntaf yr oeddent wedi gorffen eu hymchwiliad i'r holl briodasau gyda merched estron.

Y Rhai oedd wedi Priodi Merched Estron

¹⁸ Ymysg meibion yr offeiriaid oedd wedi priodi merched estron yr oedd y canlynol: Maseia, Elieser, Jarib a Gedaleia o deulu Jesua fab Josadac a'i frodyr. ¹⁹ Gwnaethant addewid i ysgaru eu gwragedd ac offrymasant hwrdd o'r praidd am eu trosedd. ²⁰ O feibion Immer: Hanani a Sebadeia. ²¹ O feibion Harim: Maseia, Eleia, Semaia, Jehiel ac Usseia. ²² O feibion Pasur: Elioenai, Maseia, Ismael, Nethaneel, Josabad ac Elasa. ²³ O'r Lefiaid: Josabad, Simei a Chelaia (hynny yw, Celita), Pethaheia, Jwda ac Elieser. ²⁴ O'r cantorion: Eliasib. O'r porthorion: Salum, Telem ac Uri. ²⁵ O Israel, o feibion Paros: Rameia, Jeseia, Malcheia, Miamin, Eleasar, Malcheia a Benaia. ²⁶ O feibion Elam: Mataneia, Sechareia, Jehel, Abdi, Jeremoth ac Eleia. ²⁷ O feibion Sattu: Elioenai, Eliasib, Mataneia, Jeremoth, Sabad ac Asisa. ²⁸ O feibion Bebai: Jehohanan, Hananeia, Sabai ac Athlai. ²⁹ O feibion Bani: Mesulam, Maluch, Adaia, Jasub, Seal a Ramoth. ³⁰ O feibion Pahath-moab: Adna, Celal, Benaia, Maaseia, Mataneia, Besaleel, Binnui a Manasse. ³¹ O feibion Harim: Elieser, Isia, Malcheia, Semaia, Simeon, ³² Benjamin, Maluch a Semareia. ³³ O feibion Hasum: Matenai, Matatha, Sabad, Eliffelet, Jeremai, Manasse a Simei. ³⁴ O feibion Bani: Maadai, Amram, Uel, ³⁵ Benaia, Bedeia, Celu, ³⁶ Faneia, Meremoth, Eliasib, ³⁷ Mataneia, Matenai, Jasau, ³⁸ Bani, Binnui, Simei, ³⁹ Selemeia, Nathan, Adaia, ⁴⁰ Machnadebai, Sasai, Sarai, ⁴¹ Asareel, Selemeia, Semareia,

10:6 Felly Groeg. Hebraeg, *aeth*.

⁴² Salum, Amareia a Joseff. ⁴³ O feibion Nebo: Jeiel, Matitheia, Sabad, Sebina, Jadue, Joel a Benaia. ⁴⁴ Yr oedd y rhain i gyd wedi priodi merched estron, ond troesant hwy allan, yn wragedd a phlant.*

10:44 Cymh. Groeg. Hebraeg, *merched estron, yr oedd ohonynt wragedd a roesant feibion*.

LLYFR
NEHEMEIA

Pryder Nehemeia dros Jerwsalem

1 Geiriau Nehemeia fab Hachaleia. Ym mis Cislef yn yr ugeinfed flwyddyn, pan oeddwn yn y palas yn Susan, ² cyrhaeddodd Hanani, un o'm brodyr, a gwŷr o Jwda gydag ef. Holais hwy am Jerwsalem ac am yr Iddewon, y rhai dihangol a adawyd ar ôl heb fynd i'r gaethglud. ³ Dywedasant hwythau wrthyf, "Y mae'r gweddill a adawyd ar ôl yn y dalaith, heb eu caethgludo, mewn trybini mawr a gofid; drylliwyd mur Jerwsalem a llosgwyd ei phyrth â thân." ⁴ Pan glywais hyn eisteddais i lawr ac wylo, a bûm yn galaru ac yn ymprydio am ddyddiau, ac yn gweddïo ar Dduw y nefoedd. ⁵ Dywedais, "O ARGLWYDD Dduw y nefoedd, y Duw mawr ac ofnadwy, sy'n cadw cyfamod ac sy'n ffyddlon i'r rhai sy'n ei garu ac yn cadw ei orchmynion, ⁶ yn awr bydded dy glust yn gwrando a'th lygaid yn agored i dderbyn y weddi yr wyf fi, dy was, yn ei gweddïo o'th flaen ddydd a nos, dros blant Israel, dy weision. Yr wyf yn cyffesu'r pechodau a wnaethom ni, bobl Israel, yn dy erbyn; yr wyf fi a thŷ fy nhad wedi pechu yn dy erbyn, ⁷ ac ymddwyn yn llygredig iawn tuag atat trwy beidio â chadw'r gorchmynion a'r deddfau a'r cyfreithiau a orchmynnaist i'th was Moses. ⁸ Cofia'r rhybudd a roddaist i'th was Moses pan ddywedaist, 'Os byddwch yn anffyddlon, byddaf fi'n eich gwasgaru ymysg y bobloedd; ⁹ ond os dychwelwch ataf a chadw fy ngorchmynion a'u gwneud, byddaf yn casglu'r rhai a wasgarwyd hyd gyrion byd, ac yn eu cyrchu i'r lle a ddewisais i roi fy enw yno.' ¹⁰ Dy weision a'th bobl di ydynt—rhai a waredaist â'th allu mawr ac â'th law nerthol. ¹¹ O ARGLWYDD, gwrando ar weddi dy was a'th weision sy'n ymhyfrydu mewn parchu dy enw, a rho lwyddiant i'th was heddiw a phâr iddo gael trugaredd gerbron y gŵr hwn."

Yr oeddwn i yn drulliad i'r brenin.

Nehemeia'n Cyrraedd Jerwsalem

2 Ac ym mis Nisan, yn ugeinfed flwyddyn y Brenin Artaxerxes, cymerais y gwin oedd wedi ei osod o'i flaen, a'i roi iddo. Yr oeddwn* yn drist yn ei ŵydd, ² a gofynnodd y brenin i mi, "Pam yr wyt yn drist? Nid wyt yn glaf; felly nid yw hyn ond tristwch calon." Daeth ofn mawr arnaf ³ a dywedais, "O frenin, bydd fyw byth! Sut y medraf beidio ag edrych yn drist pan yw'r ddinas lle y claddwyd fy hynafiaid yn adfeilion, a'i phyrth wedi eu hysu â thân?" ⁴ Dywedodd y brenin, "Beth yw dy ddymuniad?" Yna gweddïais ar Dduw'r nefoedd, ⁵ a dweud wrth y brenin, "Os gwêl y brenin yn dda, ac os yw dy was yn gymeradwy gennyt, anfon fi i Jwda, i'r ddinas lle y claddwyd fy

---

2:1 Felly Groeg. Hebraeg, *Nid oeddwn*.

hynafiaid, i'w hailadeiladu." ⁶ Ac meddai'r brenin wrthyf, a'r frenhines yn eistedd wrth ei ochr, "Pa mor hir fydd dy daith, a pha bryd y dychweli?" Rhoddais amser penodol oedd yn dderbyniol i'r brenin, a gadawodd yntau imi fynd. ⁷ Yna dywedais wrtho, "Os gwêl y brenin yn dda, rho i mi lythyrau at lywodraethwyr Tu-hwnt-i'r-Ewffrates er mwyn iddynt hwyluso fy nhaith i Jwda, ⁸ a llythyr hefyd at Asaff, ceidwad y goedwig frenhinol, yn gofyn iddo roi coed imi i wneud trawstiau ar gyfer pyrth y palas sydd yn ymyl y deml, a muriau'r ddinas a'r tŷ y byddaf yn byw ynddo." Trwy ffafr fy Nuw cefais fy nymuniad gan y brenin. ⁹ Yr oedd y brenin wedi anfon gyda mi swyddogion o'r fyddin a marchogion, a phan ddeuthum at lywodraethwyr Tu-hwnt-i'r-Ewffrates rhoddais iddynt lythyrau'r brenin. ¹⁰ Ond pan glywodd Sanbalat yr Horoniad a'r gwas Tobeia yr Ammoniad am hyn, yr oeddent yn flin iawn fod rhywun wedi dod i geisio cynorthwyo pobl Israel.

¹¹ Wedi imi gyrraedd Jerwsalem a bod yno dridiau, ¹² codais liw nos, myfi a'r ychydig ddynion oedd gyda mi, ond heb ddweud wrth neb beth oedd fy Nuw wedi ei roi yn fy meddwl i'w wneud i Jerwsalem. Nid oedd anifail gyda mi ar wahân i'r un yr oeddwn yn marchogaeth arno. ¹³ Euthum allan liw nos trwy Borth y Glyn i gyfeiriad Ffynnon y Ddraig ac at Borth y Dom, ac archwilio muriau drylliedig Jerwsalem a hefyd ei phyrth a losgwyd â thân. ¹⁴ Euthum ymlaen i Borth y Ffynnon ac i Lyn y Brenin, ond nid oedd lle i'm hanifail fynd trwodd. ¹⁵ Euthum i fyny'r dyffryn liw nos i archwilio'r mur, ac yna troi'n ôl a dychwelyd trwy Borth y Glyn. ¹⁶ Ni wyddai'r swyddogion i ble yr oeddwn wedi mynd na beth yr oeddwn yn ei wneud; hyd yma nid oeddwn wedi dweud dim wrth yr Iddewon na'r offeiriaid na'r penaethiaid na'r swyddogion na'r rhai a fyddai'n gyfrifol am wneud y gwaith. ¹⁷ Yna dywedais wrthynt, "Yr ydych yn gweld y trybini yr ydym ynddo; y mae Jerwsalem yn adfeilion a'i phyrth wedi eu llosgi â thân; dewch, adeiladwn fur Jerwsalem rhag inni fod yn waradwydd mwyach." ¹⁸ Dywedais wrthynt fel yr oedd fy Nuw wedi fy helpu, a hefyd yr hyn a ddywedodd y brenin wrthyf. Yna dywedasant, "Awn ati i adeiladu." A bu iddynt ymroi i'r gwaith yn ewyllysgar.

¹⁹ Pan glywodd Sanbalat yr Horoniad, a'r gwas Tobeia yr Ammoniad, a Gesem yr Arabiad, gwatwarasant ni a'n dirmygu a gofyn, "Beth yw hyn yr ydych yn ei wneud? A ydych yn gwrthryfela yn erbyn y brenin?" ²⁰ Atebais hwy a dweud, "Bydd Duw y nefoedd yn rhoi llwyddiant i ni, ac yr ydym ninnau, ei weision ef, yn mynd ati i adeiladu. Ond nid oes gennych chwi ran na hawl na braint yn Jerwsalem."

Ailgodi Mur Jerwsalem

3 Yna dechreuodd Eliasib yr archoffeiriad a'i gyd-offeiriaid ailgodi Porth y Defaid; gosodasant ei gilbyst a rhoi* ei ddorau yn eu lle, ac atgyweirio* hyd at Dŵr y Cant a Thŵr Hananel. ² Adeiladodd gwŷr Jericho yn ei ymyl, a Sacur fab Imri yn eu hymyl hwythau. ³ Ailgodwyd Porth y Pysgod gan feibion Hasena; gosodasant ei gilbyst a rhoi ei ddorau yn eu lle gyda'r cloeau a'r barrau. ⁴ Yn eu hymyl hwy yr oedd Meremoth fab Ureia fab Cos yn atgyweirio, ac yn ei ymyl ef Mesulam, fab Berecheia, fab Mesesabel, ac yn ei ymyl yntau yr oedd Sadoc fab Bana yn atgyweirio. ⁵ Y Tecoiaid oedd yn atgyweirio yn eu hymyl hwy, ond nid oedd eu pendefigion yn fodlon gwasanaethu meistriaid. ⁶ Atgyweiriwyd yr Hen Borth gan Joiada fab Pesach a Mesulam fab Besodeia; gosodasant ei drawstiau a rhoi ei ddorau yn eu lle gyda'r cloeau a'r barrau. ⁷ Yn eu hymyl hwy yr oedd Melateia o Gibeon a Jadon o Meronoth, gwŷr Gibeon a Mispa, yn atgyweirio hyd at blas llywodraethwr Tu-hwnt-i'r-Ewffrates. ⁸ Yn ei ymyl ef yr oedd Usiel fab Harhaia, un o'r gofaint aur, ac yn ei ymyl yntau Hananeia, un o'r apothecariaid; hwy oedd yn trwsio

---

3:1 Tebygol. Hebraeg, *cysegrasant a rhoi*.
3:1 Tebygol. Hebraeg, *a chysegru*.

Jerwsalem hyd at y Mur Llydan. ⁹ Yn eu hymyl hwy yr oedd Reffaia fab Hur, rheolwr hanner rhanbarth Jerwsalem. ¹⁰ Yn ei ymyl ef yr oedd Jedaia fab Harumaff yn atgyweirio o flaen ei dŷ, a Hatus fab Hasabneia yn ei ymyl yntau. ¹¹ Yr oedd Malcheia fab Harim a Hasub fab Pahath-moab yn atgyweirio dwy ran a Thŵr y Ffwrneisiau. ¹² Yn ei ymyl ef yr oedd Salum fab Haloches, pennaeth hanner rhanbarth Jerwsalem, yn atgyweirio gyda'i ferched. ¹³ Atgyweiriwyd Porth y Glyn gan Hanun a thrigolion Sanoach; ailgodasant ef a gosod ei ddorau gyda'r cloeau a'r barrau. ¹⁴ Hwy hefyd a atgyweiriodd y mur am fil o gufyddau hyd at Borth y Dom. Ond atgyweiriwyd Porth y Dom gan Malacheia fab Rechab, rheolwr rhanbarth Beth-hacerem; fe'i hailgodödd a gosod ei ddorau yn eu lle gyda'r cloeau a'r barrau. ¹⁵ Atgyweiriwyd Porth y Ffynnon gan Salum fab Colchose, rheolwr rhanbarth Mispa; fe'i hailgodödd a rhoi to arno a gosod ei ddorau yn eu lle gyda'r cloeau a'r barrau; cododd fur Pwll Selach wrth ardd y brenin hyd at y grisiau sy'n arwain i lawr o Ddinas Dafydd. ¹⁶ Ar ei ôl ef atgyweiriodd Nehemeia fab Asbuc, rheolwr hanner rhanbarth Beth-sur, hyd at le gyferbyn â mynwent Dafydd a hyd at Bwll y Gloddfa ac at Dŷ'r Cedyrn. ¹⁷ Ar ei ôl ef atgyweiriodd y Lefiaid: Rehum fab Bani, ac yn ei ymyl Hasabeia, rheolwr hanner rhanbarth Ceila, yn atgyweirio ei ran ei hun. ¹⁸ Ar ei ôl ef atgyweiriodd eu brodyr, Bafai fab Henadad, rheolwr ail ranbarth Ceila. ¹⁹ Yn ei ymyl ef yr oedd Eser fab Jesua, rheolwr Mispa, yn atgyweirio dwy ran gyferbyn â'r allt at dŷ'r arfau, wrth y drofa. ²⁰ Ar ei ôl ef atgyweiriodd Baruch fab Sabai* ddwy ran, o'r drofa hyd at ddrws tŷ Eliasib yr archoffeiriad. ²¹ Ar ei ôl ef atgyweiriodd Meremoth fab Ureia fab Cos ddwy ran, o ddrws tŷ Eliasib hyd at dalcen ei dŷ. ²² Ac ar ei ôl ef atgyweiriodd yr offeiriaid oedd yn byw yn y gymdogaeth. ²³ Ar eu hôl hwy atgyweiriodd Benjamin a Hasub gyferbyn â'u tŷ eu hunain. Ar eu hôl hwy atgyweiriodd Asareia fab Maaseia, fab Ananeia, gyferbyn â'i dŷ ei hun. ²⁴ Ar eu hôl hwy atgyweiriodd Binnui fab Henadad ddwy ran, o dŷ Asareia hyd at y drofa a'r gongl. ²⁵ Palal fab Usai oedd yn atgyweirio gyferbyn â'r drofa a'r tŵr sy'n codi o dŷ uchaf y brenin ac yn perthyn i gyntedd y gwarchodlu. Ar ei ôl ef atgyweiriodd Pedaia fab Paros ²⁶ a gweision y deml oedd yn byw yn Offel hyd at le gyferbyn â Phorth y Dŵr i'r dwyrain o'r tŵr uchel. ²⁷ Ar eu hôl hwy atgyweiriodd y Tecoiaid ddwy ran gyferbyn â'r tŵr mawr uchel hyd at fur Offel. ²⁸ O Borth y Meirch yr offeiriaid oedd yn atgyweirio, pob un gyferbyn â'i dŷ. ²⁹ Ar eu hôl hwy atgyweiriodd Sadoc fab Immer gyferbyn â'i dŷ. Ac ar ei ôl ef atgyweiriodd Semaia fab Sechaneia, ceidwad Porth y Dwyrain. ³⁰ Ar ei ôl ef atgyweiriodd Hananeia fab Selemeia a Hanun, chweched mab Salaff, ddwy ran. Ar ei ôl yntau atgyweiriodd Mesulam fab Berecheia gyferbyn â'i lety. ³¹ Ar ei ôl ef atgyweiriodd Malcheia, y gof aur, hyd at dŷ'r Nethiniaid a'r marchnatwyr, gyferbyn â Phorth y Cynnull hyd at yr oruwchystafell ar y gongl. ³² A rhwng yr oruwchystafell ar y gongl a Phorth y Defaid yr oedd y gofaint aur a'r marchnatwyr yn atgyweirio.

Nehemeia yn Trechu ei Wrthwynebwyr

4 Pan glywodd Sanbalat ein bod yn ailgodi'r mur, gwylltiodd a ffromi drwyddo. ² Dechreuodd wawdio'r Iddewon yng ngŵydd ei gymrodyr a byddin Samaria a dweud, "Beth y mae'r Iddewon gweiniaid hyn yn ei wneud? A adewir llonydd iddynt? A ydynt am aberthu a gorffen y gwaith mewn diwrnod? A ydynt am wneud cerrig o'r pentyrrau rwbel, a hwythau wedi eu llosgi?" ³ A dywedodd Tobeia yr Ammoniad, a oedd yn ei ymyl, "Beth bynnag y maent yn ei adeiladu, dim ond i lwynog ddringo'u mur cerrig, fe'i dymchwel."

⁴ Gwrando, O ein Duw, oherwydd y maent yn ein dirmygu. Tro eu gwaradwydd yn ôl ar eu pennau eu

---
3:20 Felly llawysgrifau a Groeg. TM yn ychwanegu *yn egnïol*.

hunain, a gwna hwy'n anrhaith mewn gwlad caethiwed. ⁵ Paid â chuddio eu camwedd na dileu eu pechod o'th ŵydd, oherwydd y maent wedi dy sarhau di gerbron yr adeiladwyr.

⁶ Felly codasom yr holl fur a'i orffen hyd at ei hanner, oherwydd yr oedd gan y bobl galon i weithio. ⁷ Ond pan glywodd Sanbalat a Tobeia a'r Arabiaid a'r Ammoniaid a'r Asdodiaid fod atgyweirio muriau Jerwsalem yn mynd rhagddo, a'r bylchau yn dechrau cael eu llenwi, yr oeddent yn ddig iawn, ⁸ a gwnaethant gynllun gyda'i gilydd i ddod i ryfela yn erbyn Jerwsalem a chreu helbul i ni. ⁹ Felly bu inni weddïo ar ein Duw o'u hachos, a gosod gwylwyr yn eu herbyn ddydd a nos.

¹⁰ Ond dywedodd pobl Jwda, "Pallodd nerth y cludwyr, ac y mae llawer o rwbel; ni allwn byth ailgodi'r mur ein hunain. ¹¹ Y mae'n gwrthwynebwyr wedi dweud, 'Heb iddynt wybod na gweld, fe awn i'w canol a'u lladd a rhwystro'r gwaith'." ¹² A daeth Iddewon oedd yn byw yn eu hymyl atom i'n rhybuddio ddengwaith y doent yn ein herbyn o bob cyfeiriad. ¹³ Felly gosodais rai yn y lleoedd isaf y tu ôl i'r mur mewn mannau gwan, a gosodais y bobl fesul teulu gyda'u cleddyfau a'u gwaywffyn a'u bwâu. ¹⁴ Wedi imi weld ynglŷn â hyn, euthum i ddweud wrth y pendefigion a'r swyddogion a gweddill y bobl, "Peidiwch â'u hofni; cadwch eich meddwl ar yr ARGLWYDD sy'n fawr ac ofnadwy, ac ymladdwch dros eich pobl, eich meibion a'ch merched, eich gwragedd a'ch cartrefi."

¹⁵ Pan glywodd ein gelynion ein bod yn gwybod am y peth, a bod Duw wedi drysu eu cynlluniau, aethom ni i gyd yn ôl at y mur, bob un at ei waith. ¹⁶ Ac o'r dydd hwnnw ymlaen yr oedd hanner fy ngweision yn llafurio yn y gwaith, a'r hanner arall â gwaywffyn a tharianau a bwâu yn eu dwylo ac yn gwisgo llurigau; ac yr oedd y swyddogion yn arolygu holl bobl Jwda ¹⁷ oedd yn ailgodi'r mur. Yr oedd y rhai a gariai'r beichiau yn gweithio ag un llaw, ac yn dal arf â'r llall. ¹⁸ Yr oedd pob un o'r adeiladwyr yn gweithio â'i gleddyf ar ei glun. Yr oedd yr un a seiniai'r utgorn yn fy ymyl i, ¹⁹ a dywedais wrth y pendefigion a'r swyddogion a gweddill y bobl, "Y mae'r gwaith yn fawr ac ar wasgar, a ninnau wedi ein gwahanu ar y mur, pob un ymhell oddi wrth ei gymydog. ²⁰ Ple bynnag y clywch sŵn yr utgorn, ymgasglwch atom yno; bydd ein Duw yn ymladd drosom." ²¹ Felly yr aeth y gwaith rhagddo, gyda hanner y bobl yn dal gwaywffyn o doriad gwawr hyd ddyfodiad y sêr. ²² Y pryd hwnnw hefyd dywedais wrth y bobl fod pob dyn a'i was i letya y tu mewn i Jerwsalem er mwyn cadw gwyliadwriaeth liw nos a gweithio liw dydd. ²³ Ac nid oedd yr un ohonom, myfi na'm brodyr na'm gweision na'r gwylwyr o'm cwmpas, yn tynnu ein dillad; yr oedd gan bob un ei arf wrth law.

Gorthrymu'r Tlodion

5 Dechreuodd y bobl gyffredin a'u gwragedd gwyno'n enbyd yn erbyn eu cyd-Iddewon. ² Yr oedd rhai yn dweud, "Yr ydym yn gorfod gwystlo* ein meibion a'n merched i gael ŷd er mwyn bwyta a byw." ³ Yr oedd eraill yn dweud, "Yr ydym yn gorfod gwystlo ein meysydd a'n gwinllannoedd a'n tai er mwyn prynu ŷd yn ystod y newyn." ⁴ Dywedai eraill, "Yr ydym wedi benthyca arian ar ein meysydd a'n gwinllannoedd i dalu treth y brenin. ⁵ Yr ydym o'r un cnawd â'n tylwyth, ac y mae ein plant ni fel eu plant hwy; eto, yr ydym ni'n gorfod gwneud caethweision o'n meibion a'n merched. Y mae rhai o'n merched eisoes yn gaethion, ond ni allwn wneud dim, gan fod ein meysydd a'n gwinllannoedd ym meddiant eraill."

⁶ Pan glywais eu cwyn a'r hyn yr oeddent yn ei ddweud, yr oeddwn yn ddig iawn. ⁷ Yna, ar ôl ystyried y peth yn ofalus, ceryddais y pendefigion a'r swyddogion a dweud wrthynt, "Yr ydych yn mynnu llog gan eich cymrodyr." Ceryddais hwy'n llym*, ⁸ a dweud, "Yr ydym ni, yn ôl ein gallu, wedi prynu ein cyd-Iddewon a werthwyd i'r cenhedloedd, ond yr ydych chwi'n gwerthu eich brodyr, a ninnau'n gorfod eu prynu'n ôl."

5:2 Tebygol. Cymh. adn. 3. Hebraeg, *llawer*.
5:7 Felly Syrieg. Hebraeg, *tyrfa fawr*.

Yr oeddent yn ddistaw heb air i'w ddweud. [9] Ac meddwn wrthynt, "Nid ydych yn ymddwyn yn iawn. Oni ddylech ofni ein Duw yn hytrach na gwaradwydd y cenhedloedd, ein gelynion? [10] Yr wyf fi a'm brodyr a'm gweision yn rhoi arian ac ŷd ar fenthyg iddynt. Gadewch i ni roi terfyn ar y llogau hyn. [11] Rhowch yn ôl iddynt ar unwaith eu meysydd, eu gwinllannoedd, eu gerddi olewydd a'u tai; a hefyd y ganfed ran yr ydych wedi ei chymryd ganddynt yn llog mewn arian, ŷd, gwin ac olew." [12] Dywedasant, "Fe'u rhoddwn yn ôl, ac ni ofynnwn iddynt am ragor; gwnawn fel yr wyt yn ei orchymyn." Yna gelwais ar yr offeiriaid i wneud iddynt addunedu i gadw eu haddewid; [13] ysgydwais fy mantell a dweud, "Fel hyn bydded i Dduw ysgwyd o'i dŷ ac o'i eiddo bob un sy'n gwrthod cadw'r addewid hon; bydded wedi ei ysgwyd yn wag." A dywedodd yr holl gynulleidfa, "Amen", a moliannu'r ARGLWYDD. Ac fe gadwodd y bobl at yr addewid hon.

Anhunanoldeb Nehemeia

[14] Ac yn wir, o'r dydd y penodwyd fi yn llywodraethwr yng ngwlad Jwda, o'r ugeinfed hyd y ddeuddegfed flwyddyn ar hugain i'r Brenin Artaxerxes, sef cyfnod o ddeuddeng mlynedd, ni fwyteais i na'm brodyr ddogn bwyd y llywodraethwr. [15] Bu'r llywodraethwyr blaenorol oedd o'm blaen i yn llawdrwm ar y bobl, ac yn cymryd ganddynt bob dydd fara a gwin gwerth deugain sicl o arian. Yr oedd eu gweision hefyd yn arglwyddiaethu ar y bobl. Ond ni wneuthum i ymddwyn fel hyn am fy mod yn ofni Duw. [16] Atgyweiriais y mur hwn, er nad oeddwn berchen yr un cae, a daeth fy holl weision at ei gilydd yno ar gyfer y gwaith. [17] Yr oedd cant a hanner o'r Iddewon a'r llywodraethwyr, yn ogystal â'r rhai a ddaeth atom oddi wrth y cenhedloedd o'n cwmpas, [18] wrth fy mwrdd, fel bod ych, a chwech o'r defaid gorau, ac adar yn cael eu paratoi ar fy nghyfer bob dydd, a digon o win o bob math bob deg diwrnod; er hynny ni ofynnais am ddogn bwyd y llywodraethwr am ei bod yn galed ar y bobl. [19] Fy Nuw, cofia er daioni i mi y cwbl a wneuthum i'r bobl yma.

Cynllwynion yn erbyn Nehemeia

6 Pan glywodd Sanbalat a Tobeia a Gesem yr Arabiad a'r gweddill o'n gelynion fy mod wedi ailgodi'r mur ac nad oedd yr un bwlch ar ôl ynddo—er nad oeddwn y pryd hwnnw wedi gosod dorau ar y pyrth— [2] fe anfonodd Sanbalat a Gesem ataf a dweud, "Tyrd i'n cyfarfod yn un o'r pentrefi yn nyffryn Ono." Ond eu bwriad oedd gwneud niwed imi. [3] Anfonais negeswyr atynt gyda'r ateb, "Y mae gennyf waith pwysig ar dro, felly ni allaf ddod i lawr. Pam y dylai'r gwaith gael ei atal tra wyf fi yn ei adael ac yn dod i lawr atoch chwi?" [4] Anfonasant ataf i'r un perwyl bedair gwaith, a phob tro rhoddais yr un ateb. [5] Y pumed tro anfonodd Sanbalat ei was ei hun ataf gyda llythyr agored [6] yn cynnwys y neges hon: "Yn ôl Gasmu y mae si ymysg y cenhedloedd dy fod ti a'r Iddewon yn bwriadu gwrthryfela, ac mai dyna pam yr wyt yn ailgodi'r mur. Dywedir hefyd dy fod ti dy hun am fod yn frenin arnynt, [7] a'th fod wedi penodi proffwydi i gyhoeddi yn Jerwsalem a dweud, 'Y mae brenin yn Jwda.' Bydd y brenin yn sicr o glywed am hyn; felly tyrd, a gad i ni ymgynghori â'n gilydd." [8] Anfonais air yn ôl ato a dweud, "Nid yw'r hyn a ddywedi di yn wir; ti dy hun sydd wedi ei ddychmygu." [9] Yr oeddent oll yn ceisio'n dychryn, gan dybio y byddem yn digalonni, ac na fyddai'r gwaith yn cael ei orffen. Ond yn awr cryfha fi!

[10] Pan euthum i dŷ Semaia fab Delaia, fab Mehetabel, oedd wedi ei gaethiwo i'w gartref, dywedodd wrthyf,

"Gad i ni gyfarfod yn nhŷ Dduw,
y tu mewn i'r cysegr,
a chau drysau'r deml,
oherwydd y maent yn dod i'th ladd,
yn dod i'th ladd liw nos."

[11] Atebais innau, "A ddylai dyn fel fi ffoi? A yw un fel fi i fynd i mewn i'r deml er mwyn achub ei fywyd? Nid af i mewn." [12] Yna sylweddolais nad Duw oedd wedi ei anfon, ond ei fod wedi proffwydo fel

hyn yn ein herbyn am fod Tobeia a Sanbalat wedi ei lwgrwobrwyo. ¹³ Yr oedd wedi cael ei dalu i godi ofn arnaf a pheri imi bechu trwy wneud hyn; yna fe gaent esgus i roi enw drwg imi, a'm gwaradwyddo. ¹⁴ Fy Nuw, cofia Tobeia a Sanbalat am iddynt wneud hyn, a hefyd Noadeia y broffwydes a'r proffwydi eraill oedd am fy nychryn.

Gorffen Adeiladu'r Mur

¹⁵ Gorffennwyd y mur mewn deuddeg diwrnod a deugain, ar y pumed ar hugain o Elul. ¹⁶ Pan glywodd ein holl elynion, a phan welodd yr holl genhedloedd o'n hamgylch, yr oedd y peth yn rhyfeddol yn eu golwg, a daethant i ddeall mai trwy gymorth ein Duw y cafodd y gwaith hwn ei wneud. ¹⁷ Yn ystod y cyfnod hwn anfonodd pendefigion Jwda nifer o lythyrau at Tobeia, a daeth llythyrau oddi wrth Tobeia atynt hwythau; ¹⁸ oherwydd yr oedd llawer yn Jwda mewn cynghrair ag ef am ei fod yn fab-yng-nghyfraith i Sechaneia fab Ara, a'i fab Jehohanan wedi priodi merch Mesulam fab Berecheia. ¹⁹ Byddent yn sôn wrthyf am ei ragoriaethau ac yn ailadrodd fy ngeiriau innau wrtho ef. Ysgrifennodd Tobeia hefyd lythyrau ataf i'm dychryn.

7 Yna, wedi i'r mur gael ei ailgodi, ac imi osod y dorau, ac i'r porthorion a'r cantorion a'r Lefiaid gael eu penodi, ² rhoddais Jerwsalem yng ngofal Hanani fy mrawd a Hananeia arolygwr y palas, oherwydd yr oedd ef yn ddyn gonest ac yn parchu Duw'n fwy na'r mwyafrif. ³ A dywedais wrthynt, "Nid yw pyrth Jerwsalem i fod ar agor nes bod yr haul wedi codi; a chyn iddo fachlud* rhaid cau'r dorau a'u cloi. Trefnwch drigolion Jerwsalem yn wylwyr, pob un i wylio yn ei dro, a phob un yn ymyl ei dŷ ei hun." ⁴ Yr oedd y ddinas yn fawr ac yn eang, ond ychydig o bobl oedd ynddi, a'r tai heb eu hailgodi.

Rhestr y Rhai a Ddychwelodd o'r Gaethglud

Esra 2:1–70

⁵ Rhoddodd Duw yn fy meddwl i gasglu ynghyd y pendefigion, y swyddogion a'r bobl i'w cofrestru. Deuthum o hyd i lyfr achau y rhai a ddaeth yn gyntaf o'r gaethglud, a dyma oedd wedi ei ysgrifennu ynddo:

⁶ Dyma bobl y dalaith a ddychwelodd o gaethiwed, o'r gaethglud a ddygwyd gan Nebuchadnesar brenin Babilon, ac a ddaeth yn ôl i Jerwsalem ac i Jwda, pob un i'w dref ei hun. ⁷ Gyda Sorobabel yr oedd Jesua, Nehemeia, Asareia, Raameia, Nahmani, Mordecai, Bilsan, Mispereth, Bigfai, Nehum a Baana.

⁸ Rhestr teuluoedd pobl Israel: teulu Paros, dwy fil un cant saith deg a dau; ⁹ teulu Seffateia, tri chant saith deg a dau; ¹⁰ teulu Ara, chwe chant pum deg a dau; ¹¹ teulu Pahath-moab, hynny yw teuluoedd Jesua a Joab, dwy fil wyth gant un deg ac wyth; ¹² teulu Elam, mil dau gant pum deg a phedwar; ¹³ teulu Sattu, wyth gant pedwar deg a phump; ¹⁴ teulu Saccai, saith gant chwe deg; ¹⁵ teulu Binnui, chwe chant pedwar deg ac wyth; ¹⁶ teulu Bebai, chwe chant dau ddeg ac wyth; ¹⁷ teulu Asgad, dwy fil tri chant dau ddeg a dau; ¹⁸ teulu Adonicam, chwe chant chwe deg a saith; ¹⁹ teulu Bigfai, dwy fil chwe deg a saith; ²⁰ teulu Adin, chwe chant pum deg a phump; ²¹ teulu Ater, hynny yw Heseceia, naw deg ac wyth; ²² teulu Hasum, tri chant dau ddeg ac wyth; ²³ teulu Besai, tri chant dau ddeg a phedwar; ²⁴ teulu Hariff, cant a deuddeg; ²⁵ teulu Gibeon, naw deg a phump. ²⁶ Gwŷr Bethlehem a Netoffa, cant wyth deg ac wyth; ²⁷ gwŷr Anathoth, cant dau ddeg ac wyth; ²⁸ gwŷr Beth-asmafeth, pedwar deg a dau; ²⁹ gwŷr Ciriath-jearim a Ceffira a Beeroth, saith gant pedwar deg a thri; ³⁰ gwŷr Rama a Geba, chwe chant dau ddeg ac un; ³¹ gwŷr Michmas, cant dau ddeg a dau; ³² gwŷr Bethel ac Ai, cant dau ddeg a thri; ³³ gwŷr y Nebo arall, pum deg a dau. ³⁴ Teulu'r Elam arall, mil dau gant pum deg a phedwar; ³⁵ teulu Harim, tri chant dau ddeg; ³⁶ teulu Jericho, tri

---

7:3 Tebygol. Hebraeg, *a thra oeddent yn sefyll.*

chant pedwar deg a phump; ³⁷ teulu Lod a Hadid ac Ono, saith gant dau ddeg ac un; ³⁸ teulu Senaa, tair mil naw cant tri deg.

³⁹ Yr offeiriaid: teulu Jedeia, o linach Jesua, naw cant saith deg a thri; ⁴⁰ teulu Immer, mil pum deg a dau; ⁴¹ teulu Pasur, mil dau gant pedwar deg a saith; ⁴² teulu Harim, mil un deg a saith.

⁴³ Y Lefiaid: teulu Jesua, hynny yw Cadmiel, o linach Hodefa, saith deg a phedwar.

⁴⁴ Y cantorion: teulu Asaff, cant pedwar deg ac wyth.

⁴⁵ Y porthorion: teuluoedd Salum, Ater, Talmon, Accub, Hatita a Sobai, cant tri deg ac wyth.

⁴⁶ Gweision y deml: teuluoedd Siha, Hasuffa, Tabbaoth, ⁴⁷ Ceros, Sia, Padon, ⁴⁸ Lebana, Hagaba, Salmai, ⁴⁹ Hanan, Gidel, Gahar, ⁵⁰ Reaia, Resin, Necoda, ⁵¹ Gassam, Ussa, Pasea, ⁵² Besai, Meunim, Neffisesim, ⁵³ Bacbuc, Hacuffa, Harhur, ⁵⁴ Baslith, Mehida, Harsa, ⁵⁵ Barcos, Sisera, Tama, ⁵⁶ Neseia a Hatiffa.

⁵⁷ Disgynyddion gweision Solomon: teuluoedd Sotai, Soffereth, Perida, ⁵⁸ Jala, Darcon, Gidel, ⁵⁹ Seffateia, Hattil, Pochereth o Sebaim, ac Amon. ⁶⁰ Cyfanswm gweision y deml a disgynyddion gweision Solomon oedd tri chant naw deg a dau.

⁶¹ Daeth y rhai canlynol i fyny o Tel-mela, Tel-harsa, Cerub, Adon ac Immer, ond ni fedrent brofi mai o Israel yr oedd eu llinach a'u tras: ⁶² teuluoedd Delaia, Tobeia a Necoda, chwe chant pedwar deg a dau. ⁶³ Ac o blith yr offeiriaid: teuluoedd Hobaia, Cos a'r Barsilai a briododd un o ferched Barsilai o Gilead a chymryd ei enw. ⁶⁴ Chwiliodd y rhain am gofnod o'u hachau, ond methu ei gael; felly cawsant eu hatal o'r offeiriadaeth, ⁶⁵ a gwaharddodd y llywodraethwr iddynt fwyta'r pethau mwyaf cysegredig nes y ceid offeiriad i ymgynghori â'r Wrim a'r Twmim.

⁶⁶ Nifer y fintai gyfan oedd pedwar deg dwy o filoedd tri chant chwe deg, ⁶⁷ heblaw eu gweision a'u morynion a oedd yn saith mil tri chant tri deg a saith. Yr oedd ganddynt hefyd ddau gant pedwar deg a phump o gantorion a chantoresau, ⁶⁸ saith gant tri deg a chwech o geffylau, dau gant pedwar deg a phump o fulod*, ⁶⁹ pedwar cant tri deg a phump o gamelod, a chwe mil saith gant dau ddeg o asynnod.

⁷⁰ Cyfrannodd rhai o'r pennau-teuluoedd tuag at y gwaith. Rhoddodd y llywodraethwr i'r drysorfa fil o ddracmonau aur, pum deg o gostrelau a phum cant tri deg o wisgoedd offeiriadol. ⁷¹ Rhoddodd rhai o'r pennau-teuluoedd i drysorfa'r gwaith ugain mil o ddracmonau aur a dwy fil dau gant o finâu o arian. ⁷² A'r hyn a roddodd y gweddill o'r bobl oedd ugain mil o ddracmonau aur, a dwy fil o finâu o arian, a chwe deg a saith o wisgoedd offeiriadol.

⁷³ Cartrefodd yr offeiriaid a'r Lefiaid yn Jerwsalem; yr oedd y porthorion a'r cantorion a rhai o'r bobl a gweision y deml yn byw yn y cyffiniau, a'r Israeliaid eraill yn byw yn eu trefi eu hunain*.

Esra'n Darllen y Gyfraith i'r Bobl

8 Pan ddaeth y seithfed mis, a'r Israeliaid erbyn hyn yn eu trefi, ymgasglodd yr holl bobl fel un yn y sgwâr sydd o flaen Porth y Dŵr. Yna dywedasant wrth Esra yr ysgrifennydd am ddod â llyfr cyfraith Moses, sef yr un a orchmynnodd yr ARGLWYDD i Israel. ² Ar y dydd cyntaf o'r seithfed mis daeth Esra yr offeiriad â'r gyfraith o flaen y gynulleidfa, yn wŷr a gwragedd, pawb a fedrai ddeall yr hyn a glywai. ³ Darllenodd rannau ohoni, o doriad gwawr hyd hanner dydd, yng ngŵydd y gwŷr a'r gwragedd oedd yn medru deall, gan wynebu'r sgwâr o flaen Porth y Dŵr; a gwrandawodd pawb yn astud ar lyfr y gyfraith. ⁴ Safodd Esra yr ysgrifennydd ar bulpud pren oedd wedi ei wneud i'r diben. Ar yr ochr dde iddo safodd Matitheia, Sema, Anaia, Ureia, Hilceia a Maaseia, ac ar y chwith Pedaia, Misael, Malcheia, Hasum, Hasbadana, Sechareia a Mesulam. ⁵ Agorodd Esra y

---

7:68 Felly Esra 2:66 a rhai llawysgrifau. TM heb *saith gant . . . o fulod*.
7:73 Cymh. Esra 2:70. Hebraeg heb *yn Jerwsalem* ac *yn y cyffiniau*.

llyfr yng ngolwg yr holl bobl, oherwydd yr oedd ef yn uwch na hwy, a phan agorodd y llyfr, safodd pawb ar eu traed. ⁶ Bendithiodd Esra yr ARGLWYDD, y Duw mawr, ac atebodd yr holl bobl, "Amen, Amen", gan godi eu dwylo ac ymgrymu ac addoli'r ARGLWYDD â'u hwynebau tua'r ddaear. ⁷ Yr oedd y Lefiaid, Jesua, Bani, Serebeia, Jamin, Accub, Sabbethai, Hodeia, Maaseia, Celita, Asareia, Josabad, Hanan, Pelaia, yn egluro'r gyfraith i'r bobl, a hwythau'n aros yn eu lle. ⁸ Yr oeddent yn darllen o lyfr cyfraith Dduw, ac yn ei gyfieithu a'i esbonio fel bod pawb yn deall y darlleniad.

⁹ Yna dywedodd Nehemeia y llywodraethwr ac Esra yr offeiriad a'r ysgrifennydd, a'r Lefiaid oedd yn hyfforddi'r bobl, wrth yr holl bobl, "Y mae heddiw yn ddydd sanctaidd i'r ARGLWYDD eich Duw; peidiwch â galaru nac wylo." Oherwydd yr oedd pawb yn wylo wrth wrando ar eiriau'r gyfraith. ¹⁰ Yna fe ddywedodd wrthynt, "Ewch, bwytewch ddanteithion ac yfwch win melys a rhannwch â'r sawl sydd heb ddim, oherwydd mae heddiw yn ddydd sanctaidd i'n Harglwydd; felly, peidiwch â galaru, oherwydd llawenhau yn yr ARGLWYDD yw eich nerth." ¹¹ A thawelodd y Lefiaid yr holl bobl a dweud, "Byddwch ddistaw; peidiwch â galaru, oherwydd y mae heddiw yn ddydd sanctaidd." ¹² Yna aeth pawb i ffwrdd i fwyta ac yfed ac i rannu ag eraill ac i orfoleddu, oherwydd yr oeddent wedi deall yr hyn a ddywedwyd wrthynt.

Gŵyl y Pebyll

¹³ Ar yr ail ddiwrnod daeth pennau-teuluoedd yr holl bobl, a'r offeiriaid a'r Lefiaid, at Esra yr ysgrifennydd er mwyn astudio geiriau'r gyfraith. ¹⁴ Yn y gyfraith a orchmynnodd yr ARGLWYDD trwy Moses, fe gawsant yn ysgrifenedig y dylai'r Israeliaid fyw mewn pebyll yn ystod yr ŵyl yn y seithfed mis, ¹⁵ a'u bod i anfon gair a chyhoeddi ym mhob un o'u dinasoedd yn ogystal ag yn Jerwsalem, "Ewch allan i'r mynydd, a dygwch gangau olewydd ac olewydd gwyllt a myrtwydd a phalmwydd a choed deiliog i wneud pebyll, fel yr ysgrifennwyd." ¹⁶ Aeth y bobl allan i'w cyrchu, a gwnaethant bebyll iddynt eu hunain, pob un ar do ei dŷ ac yn eu cynteddoedd ac yng nghynteddoedd tŷ Dduw ac yn y sgwâr o flaen Porth y Dŵr ac yn y sgwâr o flaen Porth Effraim. ¹⁷ Gwnaeth yr holl gynulleidfa a ddychwelodd o'r gaethglud bebyll, a byw ynddynt. Nid oedd yr Israeliaid wedi gwneud hyn o amser Josua fab Nun hyd y dydd hwnnw; a bu gorfoledd mawr iawn. ¹⁸ Darllenwyd o lyfr cyfraith Dduw yn feunyddiol o'r dydd cyntaf hyd yr olaf. Cadwasant yr ŵyl am saith diwrnod, ac ar yr wythfed dydd bu cynulliad yn ôl y ddefod.

Y Bobl yn Cyffesu eu Pechodau

9 Ar y pedwerydd ar hugain o'r mis hwn ymgasglodd yr Israeliaid i ymprydio, gan wisgo sachliain a rhoi pridd ar eu pennau. ² Ymneilltuodd y rhai oedd o linach Israel oddi wrth bob dieithryn, a sefyll a chyffesu eu pechodau a chamweddau eu hynafiaid. ³ Buont yn sefyll yn eu lle am deirawr yn darllen o lyfr cyfraith yr ARGLWYDD eu Duw, ac am deirawr arall yn cyffesu ac yn ymgrymu i'r ARGLWYDD eu Duw. ⁴ Safodd Jesua, Bani, Cadmiel, Sebaneia, Bunni, Serebeia, Bani a Chenani ar lwyfan y Lefiaid, a galw'n uchel ar yr ARGLWYDD eu Duw. ⁵ A dywedodd y Lefiaid, hynny yw Jesua, Cadmiel, Bani, Hasabneia, Serebeia, Hodeia, Sebaneia a Pethaheia, "Codwch, bendithiwch yr ARGLWYDD eich Duw o dragwyddoldeb i dragwyddoldeb:

> Bendithier dy enw gogoneddus
> sy'n ddyrchafedig goruwch pob
>   bendith a moliant.
> ⁶ Ti yn unig wyt ARGLWYDD.
> Ti a wnaeth y nefoedd,
> nef y nefoedd a'i holl luoedd,
> y ddaear a'r cwbl sydd arni,
> y moroedd a'r hyn oll sydd ynddynt;
> ti sy'n rhoi bwyd iddynt i gyd,
> ac i ti yr ymgryma llu'r nefoedd.
> ⁷ Ti yw yr ARGLWYDD Dduw,
> ti a ddewisodd Abram
> a'i dywys o Ur y Caldeaid,

a rhoi iddo'r enw Abraham;
⁸ fe'i cefaist yn ffyddlon i ti,
a gwnaethost gyfamod ag ef,
i roi i'w ddisgynyddion wlad y
  Canaaneaid,
yr Hethiaid, yr Amoriaid,
y Peresiaid, y Jebusiaid a'r
  Girgasiaid.
Ac fe gedwaist dy air,
oherwydd cyfiawn wyt ti.

⁹ "Fe welaist gystudd ein pobl yn yr
  Aifft,
a gwrandewaist ar eu cri wrth y Môr
  Coch.
¹⁰ Gwnaethost arwyddion a
  rhyfeddodau yn erbyn Pharo
a'i holl weision a holl drigolion ei
  wlad,
am dy fod yn gwybod iddynt
  ymfalchïo yn eu herbyn;
a gwnaethost enw i ti dy hun sy'n
  parhau hyd heddiw.
¹¹ Holltaist y môr o'u blaen,
ac aethant drwyddo ar dir sych.
Teflaist eu herlidwyr i'r dyfnder,
fel carreg i ddyfroedd geirwon.
¹² Arweiniaist hwy â cholofn gwmwl
  liw dydd,
a liw nos â cholofn dân,
er mwyn goleuo'r ffordd a
  dramwyent.
¹³ Daethost i lawr ar Fynydd Sinai,
siaredaist â hwy o'r nefoedd.
Rhoddaist iddynt farnau cyfiawn
a chyfreithiau gwir
a deddfau a gorchmynion da.
¹⁴ Dywedaist wrthynt am dy Saboth
  sanctaidd,
a thrwy Moses dy was
rhoddaist iddynt orchmynion a
  deddfau a chyfraith.
¹⁵ Yn eu newyn rhoddaist iddynt fara
  o'r nefoedd,
a thynnu dŵr o'r graig iddynt yn eu
  syched.
Dywedaist wrthynt am fynd i
  feddiannu'r wlad
y tyngaist ti i'w rhoi iddynt.

¹⁶ "Ond aethant hwy, ein hynafiaid,
  yn falch ac yn ystyfnig,
a gwrthod gwrando ar dy
  orchmynion.
¹⁷ Gwrthodasant wrando,

ac nid oeddent yn cofio dy
  ryfeddodau
a wnaethost iddynt.
Aethant yn ystyfnig a dewis
  arweinydd
er mwyn dychwelyd i'w caethiwed yn
  yr Aifft*.
Ond yr wyt ti'n Dduw sy'n maddau,
yn raslon a thrugarog,
araf i ddigio a llawn ffyddlondeb,
ac ni wrthodaist hwy.
¹⁸ Hefyd, pan wnaethant lo tawdd a
  dweud,
'Dyma dy Dduw a'th ddygodd i fyny
  o'r Aifft',
a chablu'n ddirfawr,
¹⁹ yn dy drugaredd fawr ni chefnaist
  arnynt yn yr anialwch.
Ni chiliodd oddi wrthynt y golofn
  gwmwl
a'u tywysai ar hyd y ffordd liw dydd,
na'r golofn dân liw nos,
a oleuai'r ffordd a dramwyent.
²⁰ Rhoddaist dy ysbryd daionus i'w
  cyfarwyddo;
nid ateliaist dy fanna rhagddynt;
rhoddaist iddynt ddŵr i dorri eu
  syched.
²¹ Am ddeugain mlynedd buost yn eu
  cynnal yn yr anialwch
heb fod arnynt eisiau dim;
nid oedd eu dillad yn treulio
na'u traed yn chwyddo.

²² "Rhoddaist iddynt deyrnasoedd a
  chenhedloedd,
a rhoi cyfran iddynt ymhob congl.
Cawsant feddiant o wlad Sihon*
  brenin Hesbon
a gwlad Og brenin Basan.
²³ Gwnaethost eu plant mor niferus
  â sêr y nefoedd,
a'u harwain i'r wlad y dywedaist
  wrth eu hynafiaid
am fynd iddi i'w meddiannu.
²⁴ Felly fe aeth eu plant a
  meddiannu'r wlad;
darostyngaist tithau drigolion y wlad,
y Canaaneaid, o'u blaen,
a rhoi yn eu llaw eu brenhinoedd a
  phobl y wlad,
iddynt wneud fel y mynnent â hwy.

9:17 Felly llawysgrifau. TM, *yn eu gwrthryfel*.
9:22 Felly llawysgrif. TM, *Sihon a gwlad*.

²⁵ Enillasant ddinasoedd cedyrn a thir ffrwythlon,
a meddiannu tai yn llawn o bethau daionus,
pydewau wedi eu cloddio,
gwinllannoedd a gerddi olewydd a llawer o goed ffrwythau;
bwytasant a chael eu digoni a mynd yn raenus,
a mwynhau dy ddaioni mawr.
²⁶ Ond fe aethant yn anufudd
a gwrthryfela yn dy erbyn.
Troesant eu cefnau ar dy gyfraith,
a lladd dy broffwydi
oedd wedi eu rhybuddio i ddychwelyd atat,
a chablu'n ddirfawr.
²⁷ Felly rhoddaist hwy yn llaw eu gorthrymwyr,
a chawsant eu gorthrymu.
Yn eu cyfyngder gwaeddasant arnat,
ac fe wrandewaist tithau o'r nefoedd;
yn dy drugaredd fawr rhoddaist achubwyr iddynt
i'w gwaredu o law eu gorthrymwyr.
²⁸ Ond pan gawsant lonydd,
dechreusant eto wneud drwg yn dy olwg.
Gadewaist hwy i'w gelynion,
a chawsant eu mathru.
Unwaith eto galwasant arnat,
a gwrandewaist tithau o'r nefoedd,
a'u hachub lawer gwaith yn dy drugaredd.
²⁹ Fe'u rhybuddiaist i ddychwelyd at dy gyfraith,
ond aethant yn falch
a gwrthod ufuddhau i'th orchmynion;
pechasant yn erbyn dy farnau
sydd yn rhoi bywyd i'r un sy'n eu cadw.
Troesant eu cefnau'n ystyfnig,
a mynd yn wargaled a gwrthod ufuddhau.
³⁰ Buost yn amyneddgar â hwy am flynyddoedd lawer,
a'u rhybuddio â'th ysbryd trwy dy broffwydi,
ond ni wrandawsant;
am hynny rhoddaist hwy yn nwylo pobloedd estron.

³¹ Ond yn dy drugaredd fawr
ni ddifethaist hwy yn llwyr na'u gadael,
oherwydd Duw graslon a thrugarog wyt ti.

³² "Yn awr, O ein Duw,
y Duw mawr, cryf ac ofnadwy,
sy'n cadw cyfamod a thrugaredd,
paid â diystyru'r holl drybini a ddaeth arnom—
ar ein brenhinoedd a'n tywysogion,
ein hoffeiriaid a'n proffwydi a'n hynafiaid,
ac ar dy holl bobl—
o gyfnod brenhinoedd Asyria hyd y dydd hwn.
³³ Buost ti yn gyfiawn
yn yr hyn oll a ddigwyddodd i ni;
buost ti yn ffyddlon,
ond buom ni yn ddrwg.
³⁴ Ni chadwodd ein brenhinoedd na'n tywysogion,
ein hoffeiriaid na'n hynafiaid, dy gyfraith;
ni wrandawsant ar dy orchmynion,
nac ar y rhybuddion a roddaist iddynt.
³⁵ Hyd yn oed yn eu teyrnas eu hunain
ynghanol y daioni mawr a ddangosaist tuag atynt,
yn y wlad eang a thoreithiog a roddaist iddynt,
gwrthodasant dy wasanaethu
a throi oddi wrth eu drwgweithredoedd.
³⁶ Dyma ni heddiw yn gaethweision,
caethweision yn y wlad a roddaist i'n hynafiaid
i fwyta'i ffrwyth a'i braster.
³⁷ Y mae ei holl gynnyrch yn mynd i'r brenhinoedd
a osodaist arnom am ein pechodau.
Y maent yn rheoli ein cyrff,
ac yn gwneud fel y mynnant â'n hanifeiliaid;
yr ydym ni mewn helbul mawr."

Selio Datganiad Ysgrifenedig

³⁸ Oherwydd hyn oll yr ydym yn gwneud ymrwymiad ysgrifenedig, ac y mae ein tywysogion, ein Lefiaid a'n hoffeiriaid, yn ei selio.

10 Dyma enwau'r rhai sy'n rhoi eu sêl: Nehemeia y llywodraethwr, mab Hachaleia, a Sidcia, ² Seraia, Asareia, Jeremeia, ³ Pasur, Amareia, Malcheia, ⁴ Hattus, Sebaneia, Maluch, ⁵ Harim, Meremoth, Obadeia, ⁶ Daniel, Ginnethon, Baruch, ⁷ Mesulam, Abeia, Miamin, ⁸ Maaseia, Bilgai, Semaia; y rhain yw'r offeiriaid. ⁹ Y Lefiaid: Jesua fab Asaneia, Binnui o feibion Henadad, Cadmiel. ¹⁰ Eu brodyr: Sebaneia, Hodeia, Celita, Pelaia, Hanan, ¹¹ Meica, Rehob, Hasabeia, ¹² Saccur, Serebeia, Sebaneia, ¹³ Hodeia, Bani, Beninu. ¹⁴ Penaethiaid y bobl: Paros, Pahath-moab, Elam, Sattu, Bani, ¹⁵ Bunni, Asgad, Bebai, ¹⁶ Adoneia, Bigfai, Adin, ¹⁷ Ater, Hisceia, Assur, ¹⁸ Hodeia, Hasum, Besai, ¹⁹ Hariff, Anathoth, Nebai, ²⁰ Magpias, Mesulam, Hesir, ²¹ Mesesabeel, Sadoc, Jadua, ²² Pelatia, Hanan, Anaia, ²³ Hosea, Hananeia, Hasub, ²⁴ Halohes, Pileha, Sobec, ²⁵ Rehum, Hasabna, Maaseia, ²⁶ Aheia, Hanan, Anan, ²⁷ Maluch, Harim a Baana.

Y Datganiad

²⁸ Ac am weddill y bobl, yr offeiriaid, y Lefiaid, y porthorion, y cantorion, gweision y deml, a phawb sydd wedi ymneilltuo oddi wrth bobloedd estron er mwyn cadw cyfraith Dduw, gyda'u gwragedd a'u meibion a'u merched, pob un sy'n medru deall, ²⁹ y maent yn ymuno â'u brodyr, eu harweinwyr, i gymryd llw a gwneud adduned i fyw yn ôl cyfraith Dduw, a roddwyd trwy Moses gwas Duw, a chadw ac ufuddhau i holl orchmynion, barnau a deddfau yr ARGLWYDD ein Iôr. ³⁰ "Ni roddwn ein merched yn wragedd i bobl y wlad na chymryd eu merched hwy yn wragedd i'n meibion. ³¹ Ac os daw pobl y wlad â nwyddau neu rawn o unrhyw fath i'w gwerthu ar y dydd Saboth, ni dderbyniwn ddim ganddynt ar y Saboth nac ar ddydd gŵyl. Yn y seithfed flwyddyn fe rown orffwys i'r tir, a dileu pob dyled. ³² Ac yr ydym yn ymrwymo i roi traean o sicl bob blwyddyn at waith tŷ ein Duw, ³³ ar gyfer y bara gosod, y bwydoffrwm a'r poethoffrwm beunyddiol, y Sabothau, y newydd-loerau, y gwyliau arbennig, y pethau cysegredig a'r offrymau dros bechod i wneud iawn dros Israel, ac at holl waith tŷ ein Duw. ³⁴ Ac yr ydym ni, yr offeiriaid, y Lefiaid a'r bobl, wedi bwrw coelbrennau ynglŷn â chario coed yr offrwm i dŷ ein Duw gan bob teulu yn ei dro, ar amseroedd penodol bob blwyddyn, i'w llosgi ar allor yr ARGLWYDD ein Duw, fel y mae'n ysgrifenedig yn y gyfraith. ³⁵ Ac yr ydym wedi trefnu i ddod â blaenffrwyth ein tir, a blaenffrwyth pob pren ffrwythau, bob blwyddyn i dŷ'r ARGLWYDD; ³⁶ a hefyd i roi'r cyntafanedig o'n meibion a'n hanifeiliaid a'n gwartheg a'n defaid i'r offeiriaid sy'n gwasanaethu yn nhŷ ein Duw, fel y mae'n ysgrifenedig yn y gyfraith. ³⁷ Hefyd i roi i'r offeiriaid y cyntaf o'n toes*, o ffrwyth pob coeden, ac o'r gwin a'r olew newydd, ar gyfer ystordai tŷ ein Duw; ac i roi i'r Lefiaid ddegwm o'n tir am mai hwy sy'n casglu'r degwm yn yr holl bentrefi lle'r ydym yn gweithio. ³⁸ Bydd yr offeiriad, mab Aaron, gyda'r Lefiaid pan fyddant yn casglu'r degwm, ac fe ddaw'r Lefiaid â degfed ran y degwm i'r ystordai yn nhrysorfa tŷ ein Duw. ³⁹ Oherwydd fe ddaw'r Israeliaid a'r Lefiaid â'r offrwm o ŷd a gwin ac olew newydd i'r ystordai, lle mae llestri'r cysegr ac offer yr offeiriaid sy'n gweini, a'r porthorion a'r cantorion. Ni fyddwn yn esgeuluso tŷ ein Duw."

Y Rhai Oedd yn Byw yn Jerwsalem

11 Daeth arweinwyr y bobl i fyw yn Jerwsalem, ond bwriodd y gweddill o'r bobl goelbren i ddod ag un o bob deg i fyw yn Jerwsalem y ddinas sanctaidd, a'r naw arall yn y trefi. ² Bendithiodd y bobl y rhai a aeth o'u gwirfodd i fyw yn Jerwsalem.

³ Dyma benaethiaid y dalaith, oedd yn byw yn Jerwsalem. Yn nhrefi Jwda yr oedd yr Israeliaid, yr offeiriaid, y Lefiaid, gweision y deml a disgynyddion gweision Solomon yn byw, pob un yn ei

---

10:37 Felly Groeg. Hebraeg yn ychwanegu *a'n hoffrymau.*

diriogaeth ei hun. ⁴ Dyma'r rhai o lwyth Jwda a'r rhai o lwyth Benjamin oedd yn byw yn Jerwsalem: o lwyth Jwda, Athaia fab Usseia, fab Sechareia, fab Amareia, fab Seffatia, fab Mahalaleel o deulu Peres; ⁵ a Maaseia fab Baruch, fab Colhose, fab Hasaia, fab Adaia, fab Joiarib, fab Sechareia, fab Siloni. ⁶ Yr oedd teulu cyfan Peres, oedd yn byw yn Jerwsalem, yn bedwar cant chwe deg ac wyth o ddynion cyfrifol.

⁷ Y rhain oedd o lwyth Benjamin: Salu fab Mesulam, fab Joed, fab Pedaia, fab Colaia, fab Maaseia, fab Ithiel, fab Eseia, ⁸ a'i frodyr, gwŷr grymus*, naw cant dau ddeg ac wyth. ⁹ Joel fab Sichri oedd yn oruchwyliwr arnynt, a Jwda fab Senua oedd dirprwy arolygwr y ddinas.

¹⁰ O'r offeiriaid: Jedaia fab Joiarib (hynny yw, Jachin), ¹¹ Seraia fab Hilceia, fab Mesulam, fab Sadoc, fab Meraioth, fab Ahitub, arolygwr tŷ Dduw, ¹² a nifer eu brodyr oedd yn gyfrifol am waith y deml oedd wyth gant dau ddeg a dau; ac Adaia fab Jeroham, fab Pelalia, fab Amsi, fab Sechareia, fab Pasur, fab Malcheia, ¹³ a'i frodyr, pennau-teuluoedd, dau gant pedwar deg a dau; ac Amasai, fab Asareel, fab Ahasai, fab Mesilemoth, fab Immer, ¹⁴ a'i frodyr, dynion cyfrifol, cant dau ddeg ac wyth, a Sabdiel fab Haggedolim oedd yn oruchwyliwr arnynt.

¹⁵ Ac o'r Lefiaid: Semaia fab Hasub, fab Asricam, fab Hasabeia, fab Bunni; ¹⁶ a Sabbethai a Josabad o benaethiaid y Lefiaid oedd yn arolygu'r gwaith o'r tu allan i dŷ Dduw; ¹⁷ a Mataneia fab Meica, fab Sabdi, fab Asaff, arweinydd y mawl, oedd yn talu diolch yn ystod y gweddïau, a Bacbuceia, yr ail ymysg ei frodyr, ac Abda fab Sammua, fab Galal, fab Jeduthun. ¹⁸ Cyfanswm y Lefiaid yn y ddinas sanctaidd oedd dau gant wyth deg a phedwar.

¹⁹ Yr oedd y porthorion oedd yn gwylio'r pyrth, sef Accub, Talmon a'u brodyr, yn gant saith deg a dau. ²⁰ Ac yr oedd y gweddill o'r Israeliaid ac o'r offeiriaid a'r Lefiaid yn holl ddinasoedd Jwda, pob un yn ei etifeddiaeth ei hun.

²¹ Ond yr oedd gweision y deml yn byw ar Offel yng ngofal Siha a Gispa. ²² Goruchwyliwr y Lefiaid yn Jerwsalem, i arolygu gwaith tŷ Dduw, oedd Ussi fab Bani, fab Hasabeia, fab Mataneia, fab Meica, o deulu Asaff y cantorion. ²³ Oherwydd yr oedd gorchymyn brenhinol ynglŷn â hwy, fod gan y cantorion ddyletswyddau penodol bob dydd. ²⁴ Ac yr oedd Pethaheia fab Mesesabeel o deulu Sera fab Jwda yn cynghori'r brenin ar unrhyw fater yn ymwneud â'r bobl.

Y Rhai Oedd yn Byw yn y Wlad

²⁵ Ynglŷn â'r pentrefi yn y wlad: aeth rhai o lwyth Jwda i fyw yng Ciriath-arba a'i phentrefi, yn Dibon a'i phentrefi, yn Jecabseel a'i phentrefi; ²⁶ yn Jesua, yn Molada, yn Beth-pelet, ²⁷ yn Hasar-sual, yn Beerseba a'i phentrefi; ²⁸ yn Siclag, yn Mechona a'i phentrefi, ²⁹ yn En-rimmon, yn Sora, yn Jarmuth, ³⁰ Sanoa, Adulam a'u pentrefi; yn Lachis a'i meysydd, yn Aseca a'i phentrefi. Yr oeddent yn gwladychu o Beerseba i ddyffryn Hinnom.

³¹ Rhai o lwyth Benjamin oedd yn byw o Geba ymlaen, yn Michmas, Aia, Bethel a'i phentrefi, ³² Anathoth, Nob, Ananeia, ³³ Hasor, Rama, Gittaim, ³⁴ Hadid, Seboim, Nebalat, ³⁵ Lod, ac Ono, dyffryn y crefftwyr. ³⁶ Ac yr oedd rhai o'r Lefiaid yn perthyn i Jwda a rhai i Benjamin.

Offeiriaid a Lefiaid

12 Dyma'r offeiriaid a'r Lefiaid a ddaeth i fyny gyda Sorobabel fab Salathiel, a Jesua: Seraia, Jeremeia, Esra, ² Amareia, Maluch, Hattus, ³ Sechaneia, Rehum, Meremoth, ⁴ Ido, Ginnetho, Abeia, ⁵ Miamin, Maadia, Bilga, ⁶ Semaia, Joiarib, Jedaia, Salu, Amoc, Hilceia, Jedaia; ⁷ y rhain oedd penaethiaid yr offeiriaid a'u brodyr yn nyddiau Jesua.

⁸ A'r Lefiaid: Jesua, Binnui, Cadmiel, Serebeia, Jwda; a Mataneia a'i frodyr, oedd yn gyfrifol am y moliant, ⁹ a Bacbuceia ac Unni, eu brodyr, oedd yn sefyll gyferbyn â hwy yn y gwasanaethau.

¹⁰ Jesua oedd tad Joiacim, ac yr oedd Joiacim yn dad i Eliasib, ac Eliasib yn

---

11:8 Tebygol. Cymh. Groeg. Hebraeg, *Eseia, ac ar ei ôl ef Gabai Salai.*

dad i Joiada, ¹¹ a Joiada yn dad i Jonathan, a Jonathan yn dad i Jadua. ¹² Ac yn nyddiau Joiacim, dyma'r offeiriaid oedd yn bennau-teuluoedd: o Seraia, Meraia; o Jeremeia, Hananei; ¹³ o Esra, Mesulam; o Amareia, Jehohanan; ¹⁴ o Melichu, Jonathan; o Sebaneia, Joseff; ¹⁵ o Harim, Adna; o Meraioth, Helcai; ¹⁶ o Ido, Sechareia; o Ginnethon, Mesulam; ¹⁷ o Abeia, Sichri; o Miniamin, o Moadeia, Piltai; ¹⁸ o Bilga, Sammua; o Semaia, Jehonathan; ¹⁹ o Joiarib, Matenai; o Jedaia, Ussi; ²⁰ o Salai, Calai; o Amoc, Eber; ²¹ o Hilceia, Hasabeia; o Jedaia, Nethaneel.

²² Yn nyddiau Eliasib yr oedd y Lefiaid, sef Joiada, Johanan a Jadua, a'r offeiriaid wedi eu cofrestru fel pennau-teuluoedd hyd at deyrnasiad Dareius y Persiad. ²³ Yr oedd pennau-teuluoedd y Lefiaid wedi eu cofrestru yn llyfr y Cronicl hyd at amser Johanan fab Eliasib. ²⁴ Arweinwyr y Lefiaid oedd: Hasabeia, Serebeia, Jesua fab Cadmiel a'u brodyr, oedd yn cymryd eu tro i foliannu a thalu diolch yn ôl gorchymyn Dafydd gŵr Duw, ac i gadw cylch y gwasanaethau. ²⁵ Mataneia, Bacbuceia, Obadeia, Mesulam, Talmon, ac Accub oedd y porthorion i wylio'r ystordai wrth y pyrth. ²⁶ Yr oedd y rhain yn nyddiau Joiacim fab Jesua, fab Josadac, ac yn nyddiau Nehemeia y llywodraethwr ac Esra yr offeiriad a'r ysgrifennydd.

Cysegru Mur Jerwsalem

²⁷ Pan ddaeth yr amser i gysegru mur Jerwsalem aethant i chwilio am y Lefiaid ymhle bynnag yr oeddent yn byw, a dod â hwy i Jerwsalem i ddathlu'r cysegru â llawenydd, mewn diolchgarwch a chân, gyda symbalau, nablau, a thelynau. ²⁸ Ymgasglodd y cantorion o'r ardaloedd o amgylch Jerwsalem ac o bentrefi'r Netoffathiaid, ²⁹ a hefyd o Beth-gilgal a rhanbarthau Geba ac Asmafeth; oherwydd yr oedd y cantorion wedi codi pentrefi iddynt eu hunain o amgylch Jerwsalem. ³⁰ Yna purodd yr offeiriaid a'r Lefiaid eu hunain, y bobl, y pyrth a'r mur. ³¹ A gwneuthum i arweinwyr Jwda esgyn i ben y mur, a threfnais i ddau gôr mawr roi diolch*. Aeth un i'r dde ar hyd y mur at Borth y Dom, ³² ac ar ei ôl aeth Hosaia a hanner arweinwyr Jwda, ³³ ac Asareia, Esra, Mesulam, ³⁴ Jwda, Benjamin, Semaia, a Jeremeia; ³⁵ a rhai o'r offeiriaid â thrwmpedau, Sechareia fab Jonathan, fab Semaia, fab Mataneia, fab Michaia, fab Saccur, fab Asaff, ³⁶ a'i frodyr Semaia, Asarael, Milalai, Gilalai, Maai, Nethaneel, Jwda, a Hanani, ag offer cerdd Dafydd gŵr Duw, ac Esra'r ysgrifennydd o'u blaen. ³⁷ Aethant heibio i Borth y Ffynnon ac i fyny grisiau Dinas Dafydd, wrth yr esgyniad i'r mur uwchben tŷ Dafydd, ac at Borth y Dŵr sydd yn y dwyrain.

³⁸ Aeth y côr arall oedd yn rhoi diolch i'r chwith* ac euthum innau gyda hanner y bobl ar ei ôl, ar hyd y mur o Dŵr y Ffyrnau at y Mur Llydan, ³⁹ dros Borth Effraim a'r Hen Borth a Phorth y Pysgod, a heibio i Dŵr Hananel a Thŵr y Cant at Borth y Defaid, a sefyll ym Mhorth y Wyliadwriaeth. ⁴⁰ Aeth y ddau gôr oedd yn rhoi diolch i mewn i dŷ Dduw, ac yna euthum innau, a hanner yr arweinwyr gyda mi, ⁴¹ a'r offeiriaid, Eliacim, Maaseia, Miniamin, Michaia, Elioenai, Sechareia, Hananeia, gyda'r trwmpedau; ⁴² a Maaseia, Semaia, Eleasar, Ussi, Jehohanan, Malcheia, Elam ac Esra. Ac fe ganodd y cantorion o dan arweiniad Jasraheia. ⁴³ A'r diwrnod hwnnw gwnaethant aberthau mawr a llawenychu, oherwydd yr oedd Duw wedi eu llenwi â gorfoledd; ac yr oedd y merched a'r plant hefyd yn gorfoleddu. Ac yr oedd llawenydd Jerwsalem i'w glywed o bell.

Darparu ar gyfer Addoli yn y Deml

⁴⁴ Y diwrnod hwnnw fe benodwyd dynion dros yr ystordai lle'r oedd y trysorau, y cyfraniadau, y blaenffrwyth a'r degymau, er mwyn casglu'r cyfrannau oedd yn ddyledus i'r offeiriaid a'r Lefiaid o'r meysydd o gwmpas y trefi; oherwydd yr oedd Jwda yn falch o wasanaeth yr offeiriaid a'r

---
12:31 Tebygol. Hebraeg heb *i... roi diolch*.
12:38 Tebygol. Hebraeg, *ymlaen*.

Lefiaid. ⁴⁵ Yr oeddent yn gofalu am wasanaeth eu Duw ac yn cadw defodau puredigaeth, fel yr oedd y cantorion a'r porthorion yn ei wneud, yn ôl gorchymyn Dafydd a Solomon ei fab. ⁴⁶ Oherwydd yn yr amser gynt, yn nyddiau Dafydd ac Asaff, yr oedd pen-cantorion a chanu mawl a diolch i Dduw. ⁴⁷ Felly yn nyddiau Sorobabel ac yn nyddiau Nehemeia yr oedd holl Israel yn rhoi cyfran ddyddiol i'r cantorion a'r porthorion. Yr oeddent yn neilltuo cyfran i'r Lefiaid, a'r Lefiaid yn neilltuo cyfran i dylwyth Aaron.

Neilltuo Pawb o Waed Cymysg

13 Y diwrnod hwnnw, yn ystod y darlleniad o lyfr Moses i'r bobl, cafwyd ei bod yn ysgrifenedig nad oedd Ammoniaid na Moabiaid byth i ddod i mewn i gynulleidfa Duw, ² am na ddaethant i gyfarfod â'r Israeliaid â bwyd a diod, eithr yn hytrach gyflogi Balaam yn eu herbyn, i'w melltithio; ond fe drodd ein Duw y felltith yn fendith. ³ A phan glywsant y gyfraith gwahanwyd oddi wrth Israel bawb o waed cymysg.

Diwygiadau Nehemeia

⁴ Ond cyn hyn yr oedd Eliasib yr offeiriad wedi ei wneud yn gyfrifol am ystafelloedd tŷ ein Duw. ⁵ Yr oedd ef yn perthyn i Tobeia, ac wedi rhoi iddo ystafell fawr lle gynt y cedwid y bwydoffrwm a'r thus, y llestri a degwm yr ŷd, y gwin a'r olew oedd yn ddyledus i'r Lefiaid ac i'r cantorion a'r porthorion, a'r cyfraniad ar gyfer yr offeiriaid. ⁶ Yr adeg honno nid oeddwn i yn Jerwsalem, oherwydd yn y ddeuddegfed flwyddyn ar hugain i Artaxerxes brenin Babilon yr oeddwn wedi mynd at y brenin. Ychydig yn ddiweddarach gofynnais ei ganiatâd i ddychwelyd. ⁷ Pan gyrhaeddais Jerwsalem gwelais y camwri a wnaeth Eliasib ynglŷn â Tobeia trwy roi ystafell iddo yng nghynteddoedd tŷ Dduw. ⁸ Cythruddodd hyn fi'n ddirfawr, a theflais ddodrefn Tobeia i gyd allan o'r ystafell; ⁹ a gorchmynnais iddynt buro'r ystafelloedd, a rhoddais lestri tŷ Dduw a'r bwydoffrwm a'r thus yn ôl yno.

¹⁰ Darganfûm hefyd nad oedd y Lefiaid wedi derbyn eu cyfrannau, a'u bod hwy a'r cantorion oedd yn gyfrifol am y gwasanaethau wedi mynd i ffwrdd i'w ffermydd. ¹¹ Yna ceryddais y swyddogion a dweud, "Pam y cafodd tŷ Dduw ei esgeuluso?" Ac fe'u cesglais at ei gilydd, a'u gosod yn ôl wrth eu gwaith. ¹² Yna daeth holl Jwda â degwm yr ŷd a'r gwin a'r olew i'r trysordai. ¹³ Ac etholais yn drysoryddion Selemeia yr offeiriad, Sadoc yr ysgrifennydd, a Pedaia y Lefiad, a Hanan fab Saccur, fab Metaneia i'w cynorthwyo, oherwydd fe'u cyfrifid yn rhai dibynadwy, a'u dyletswydd hwy oedd rhannu i'w brodyr. ¹⁴ Cofia fi, fy Nuw, am hyn, a phaid â dileu'r daioni a wneuthum i dŷ fy Nuw a'i wasanaethau.

¹⁵ Yn y dyddiau hynny gwelais ddynion yn Jwda yn sathru gwinwryf ar y Saboth, ac yn pentyrru grawn, ac yn llwytho asynnod â gwin, grawnwin, ffigys, a phob math o feichiau, ac yn eu cario i Jerwsalem ar y dydd Saboth. Rhybuddiais hwy am werthu bwyd ar y dydd hwn. ¹⁶ Daeth y Tyriaid oedd yn byw yn y ddinas â physgod a phob math o farsiandïaeth i'w gwerthu ar y Saboth i bobl Jwda yn Jerwsalem. ¹⁷ Felly ceryddais bendefigion Jwda a dweud wrthynt, "Beth yw'r drwg hwn yr ydych yn ei wneud, yn halogi'r dydd Saboth? ¹⁸ Onid dyma a wnaeth eich hynafiaid fel y daeth ein Duw â'r holl ddrwg hwn arnom ni ac ar y ddinas hon? Yr ydych yn dod â mwy eto o lid ar Israel trwy halogi'r Saboth."

¹⁹ Yna, cyn dechrau'r Saboth, fel yr oedd yn nosi dros byrth Jerwsalem, gorchmynnais gau'r drysau, ac nad oedd neb i'w hagor cyn diwedd y Saboth. A gosodais rai o'm llanciau wrth y pyrth fel na châi dim ei gario i mewn ar y dydd Saboth. ²⁰ Unwaith neu ddwy gwersyllodd y masnachwyr a gwerthwyr pob math o nwyddau y tu allan i Jerwsalem, ²¹ ond rhybuddiais hwy a dweud, "Pam yr ydych yn gwersyllu yn ymyl y mur? Os gwnewch hyn eto fe'ch cosbaf chwi." O'r dydd hwnnw ymlaen ni ddaethant ar y Saboth. ²² A gorchmynnais i'r Lefiaid eu puro eu

hunain a dod i wylio'r pyrth, er mwyn cadw'r dydd Saboth yn sanctaidd. Am hyn hefyd cofia fi, fy Nuw, ac arbed fi yn dy drugaredd fawr.

²³ Yn y dyddiau hynny hefyd gwelais fod rhai Iddewon wedi priodi merched o Asdod, Ammon a Moab. ²⁴ Yr oedd hanner eu plant yn siarad iaith Asdod, heb fedru siarad iaith yr Iddewon, a'r lleill yn siarad tafodiaith gymysg. ²⁵ Ceryddais hwy a'u melltithio, a tharo rhai ohonynt a thynnu eu gwallt; gwneuthum iddynt gymryd llw yn enw Duw i beidio â rhoi eu merched i feibion yr estron, na chymryd eu merched hwy i'w meibion nac iddynt eu hunain. ²⁶ "Onid o achos merched fel hyn," meddwn, "y pechodd Solomon brenin Israel? Ni fu brenin tebyg iddo ymysg yr holl genhedloedd, yn un yr oedd Duw yn ei garu, ac wedi ei wneud ganddo yn frenin ar Israel gyfan; eto fe wnaeth merched estron iddo yntau bechu. ²⁷ A ddylem ni felly wrando arnoch chwi i wneud y drwg mawr hwn, a throseddu yn erbyn ein Duw trwy briodi merched estron?"

²⁸ Yr oedd un o feibion Joiada, mab Eliasib yr archoffeiriad, yn fab-yng-nghyfraith i Sanbalat yr Horoniad; am hynny gyrrais ef o'm gŵydd. ²⁹ Cofia hwy, O fy Nuw, am iddynt halogi'r offeiriadaeth a chyfamod yr offeiriaid a'r Lefiaid.

³⁰ Yna glanheais hwy oddi wrth bopeth estron, a threfnais ddyletswyddau i'r offeiriaid a'r Lefiaid, pob un yn ei swydd. ³¹ Gwneuthum ddarpariaeth hefyd ar gyfer coed yr offrwm ar wyliau penodedig, ac ar gyfer y blaenffrwyth. Cofia fi, fy Nuw, er daioni.

LLYFR
ESTHER

Diswyddo'r Frenhines Fasti

1 Digwyddodd y pethau a ganlyn yn amser Ahasferus, yr Ahasferus oedd yn teyrnasu ar gant dau ddeg a saith o daleithiau, o India i Ethiopia. ² Yn ystod y cyfnod hwnnw, yn nhrydedd flwyddyn ei deyrnasiad, ac yntau'n teyrnasu ar ei orsedd yn Susan y brifddinas, ³ gwnaeth y Brenin Ahasferus wledd i'w holl dywysogion a'i weinidogion. Daeth byddin y Persiaid a'r Mediaid, y penaethiaid a thywysogion y taleithiau o'i flaen, ⁴ a threuliodd yntau amser maith, sef cant wyth deg o ddyddiau, yn dangos iddynt gyfoeth ei deyrnas odidog ac ysblander gogoneddus ei fawredd. ⁵ Pan ddaeth yr amser hwn i ben, gwnaeth y brenin wledd a barodd am saith diwrnod yn y cwrt yng ngardd ei dŷ i bawb, o'r lleiaf hyd y mwyaf, oedd yn byw yn Susan y brifddinas. ⁶ Yr oedd yno lenni gwyn a glas wedi eu rhwymo â llinynnau o sidan a phorffor wrth gadwynau arian ar golofnau marmor. Yr oedd yno welyau o aur ac arian ar lawr o risial, marmor, alabaster a a glasfaen gwerthfawr. ⁷ Yr oedd cwpanau aur o wahanol fathau i yfed ohonynt, ac yr oedd digonedd o win trwy haelioni'r brenin. ⁸ Ynglŷn â'r yfed, nid oedd gorfodaeth ar neb, oherwydd gorchymynnodd y brenin i holl swyddogion ei balas wneud fel yr oedd pawb yn dymuno. ⁹ Gwnaeth y Frenhines Fasti hefyd wledd i'r gwragedd ym mhalas y Brenin Ahasferus.

¹⁰ Ar y seithfed dydd, pan oedd y Brenin Ahasferus yn llawen gan win, rhoddodd orchymyn i Mehuman,

Bistha, Harbona, Bigtha, Abagtha, Sethar a Carcas, y saith eunuch oedd yn gweini arno, ¹¹ i ddod â'r Frenhines Fasti ato yn gwisgo ei choron frenhinol, er mwyn dangos ei phrydferthwch i'r bobl a'r tywysogion, oherwydd yr oedd yn brydferth iawn. ¹² Ond gwrthododd y Frenhines Fasti ddod ar orchymyn y brenin trwy'r eunuchiaid. Felly gwylltiodd y brenin yn ddirfawr a chyneuodd ei lid.

¹³ Gan mai arfer y brenin oedd troi at y rhai oedd yn deall cyfraith a barn, fe ymgynghorodd â'r doethion oedd yn deall y gyfraith*. ¹⁴ Ei gynghorwyr mwyaf blaenllaw oedd Carsena, Sethar, Admatha, Tarsis, Meres, Marsena a Memuchan, saith dywysog Persia a Media; hwy oedd agosaf at y brenin, a'r dynion mwyaf blaenllaw yn y deyrnas. ¹⁵ Gofynnodd iddynt, "Beth, yn ôl y gyfraith, sydd i'w wneud â'r Frenhines Fasti am iddi anufuddhau i orchymyn y Brenin Ahasferus trwy'r eunuchiaid?" ¹⁶ Atebodd Memuchan yng ngŵydd y brenin a'r tywysogion, "Nid â'r Brenin Ahasferus yn unig y mae'r Frenhines Fasti wedi gwneud cam, ond â'r holl dywysogion a'r bobl ym mhob un o daleithiau'r brenin. ¹⁷ Oherwydd daw pob gwraig i wybod am yr hyn a wnaeth y frenhines, ac o ganlyniad fe ddirmygant eu gwŷr a dweud, 'Gorchmynnodd y Brenin Ahasferus ddod â'r Frenhines Fasti ato, ond ni ddaeth hi.' ¹⁸ Heddiw bydd tywysogesau Persia a Media, sydd wedi clywed am weithred y frenhines, yn rhoi yr un ateb i holl dywysogion y brenin, ac yna bydd dirmyg a dicter diddiwedd. ¹⁹ Gyda chydsyniad y brenin, gwneler datganiad brenhinol, a'i ysgrifennu yn neddfau'r Persiaid a'r Mediaid fel na chaiff ei newid, nad yw Fasti i ddod mwyach i ŵydd y Brenin Ahasferus; a rhodded y brenin ei swydd frenhinol hi i un arall sy'n rhagori arni. ²⁰ Pan glywir trwy'r holl deyrnas, er mor fawr ydyw, y gorchymyn a wnaeth y brenin, bydd pob gwraig, o'r leiaf hyd y fwyaf, yn parchu ei gŵr." ²¹ Yr oedd cyngor Memuchan yn dderbyniol gan y brenin a'r tywysogion, a gwnaeth y brenin fel yr awgrymodd. ²² Anfonwyd llythyrau i holl daleithiau'r brenin, i bob talaith yn ei hysgrifen ei hun a phob cenedl yn ei hiaith ei hun, er mwyn sicrhau bod pob dyn, beth bynnag ei iaith*, yn feistr ar ei dŷ ei hun.

Esther yn Frenhines

2 Wedi'r pethau hyn, pan liniarodd llid y Brenin Ahasferus, fe gofiodd am Fasti a'r hyn a wnaeth, ac am yr hyn a ddyfarnwyd amdani. ² Dywedodd y llanciau oedd yn gweini ar y brenin, "Chwilier am wyryfon ifainc hardd i'r brenin. ³ Bydded i'r brenin ethol swyddogion ym mhob talaith o'i deyrnas i gasglu pob gwyryf ifanc hardd i Susan y brifddinas; yna rhodder hwy yn nhŷ'r gwragedd o dan ofal Hegai, eunuch y brenin sy'n gofalu am y gwragedd, a rhodder iddynt eu hoffer coluro. ⁴ Bydded i'r ferch sy'n ennill ffafr y brenin ddod i'r orsedd yn lle Fasti." Yr oedd y syniad yn dderbyniol gan y brenin, ac fe wnaeth felly.

⁵ Yr oedd Iddew yn byw yn Susan y brifddinas o'r enw Mordecai fab Jair, fab Simei, fab Cis, gŵr o Benjamin. ⁶ Yr oedd wedi ei gymryd o Jerwsalem i'r gaethglud gyda Jechoneia brenin Jwda, a gaethgludwyd gan Nebuchadnesar brenin Babilon. ⁷ Yr oedd ef wedi mabwysiadu ei gyfnither Hadassa, sef Esther, am ei bod yn amddifad. Yr oedd hi'n ferch deg a phrydferth; a phan fu farw ei thad a'i mam, mabwysiadodd Mordecai hi'n ferch iddo'i hun. ⁸ Pan gyhoeddwyd gair a gorchymyn y brenin a chasglu llawer o ferched ifainc i'r palas yn Susan o dan ofal Hegai, daethpwyd ag Esther i dŷ'r brenin a oedd yng ngofal Hegai, ceidwad y gwragedd. ⁹ Yr oedd y ferch yn dderbyniol yn ei olwg, a chafodd ffafr ganddo. Trefnodd iddi gael ar unwaith ei hoffer coluro a'i dogn bwyd, a rhoddodd iddi saith o forynion golygus o dŷ'r brenin, a'i symud hi a'i morynion i le gwell yn nhŷ'r gwragedd. ¹⁰ Nid oedd Esther wedi sôn am ei chenedl na'i thras, am i Mordecai orchymyn iddi beidio. ¹¹ Bob dydd âi

---

1:13 Felly Groeg. Hebraeg, *amserau*.   **1:22** TM, *ac yn siarad yn iaith ei bobl*.

Mordecai heibio i gyntedd tŷ'r gwragedd er mwyn gwybod sut yr oedd Esther, a beth oedd yn digwydd iddi.

¹² Ar ddiwedd deuddeg mis, sef y cyfnod o baratoi a osodwyd ar gyfer y gwragedd—chwe mis gydag olew a myrr, a chwe mis gyda pheraroglau ac offer coluro'r gwragedd—dôi tro pob merch i fynd at y Brenin Ahasferus. ¹³ Pan ddôi'r ferch at y brenin fel hyn, câi fynd â beth bynnag a fynnai gyda hi o dŷ'r gwragedd i balas y brenin. ¹⁴ Âi allan gyda'r hwyr, a dychwelyd yn y bore i ail dŷ'r gwragedd o dan ofal Saasgas, eunuch y brenin a ofalai am y gordderchwragedd; ni fyddai'n mynd eilwaith at y brenin oni bai iddo ef ei chwennych a galw amdani wrth ei henw.

¹⁵ Pan ddaeth tro Esther, y ferch a fabwysiadwyd gan Mordecai am ei bod yn ferch i'w ewythr Abihail, i fynd i mewn at y brenin, ni ofynnodd hi am ddim ond yr hyn a awgrymodd Hegai, eunuch y brenin a cheidwad y gwragedd; ac yr oedd Esther yn cael ffafr yng ngolwg pawb a'i gwelai. ¹⁶ Aethpwyd ag Esther i mewn i'r palas at y Brenin Ahasferus yn y degfed mis, sef Tebeth, yn y seithfed flwyddyn o'i deyrnasiad. ¹⁷ Carodd y brenin Esther yn fwy na'r holl wragedd, a dangosodd fwy o ffafr a charedigrwydd tuag ati hi na thuag at yr un o'r gwyryfon eraill; rhoddodd goron frenhinol ar ei phen a'i gwneud yn frenhines yn lle Fasti. ¹⁸ Yna gwnaeth y brenin wledd fawr i'w holl dywysogion a'i weision er mwyn anrhydeddu Esther; hefyd cyhoeddodd ŵyl ym mhob talaith, a rhannu anrhegion yn hael.

Mordecai'n Darganfod Cynllwyn

¹⁹ Pan ddaeth y gwyryfon at ei gilydd yr ail waith, yr oedd Mordecai'n eistedd ym mhorth llys y brenin. ²⁰ Nid oedd Esther wedi sôn am ei thras na'i chenedl, fel y gorchmynnodd Mordecai iddi; yr oedd hi'n derbyn cynghorion Mordecai, fel y gwnâi pan oedd yn ei magu. ²¹ Yr adeg honno, pan oedd Mordecai'n eistedd ym mhorth y brenin, yr oedd Bigthan a Theres, dau eunuch i'r Brenin Ahasferus oedd yn gofalu am y porth, wedi digio ac yn cynllwyn i ymosod ar y brenin. ²² Daeth Mordecai i wybod am hyn, a dywedodd wrth y Frenhines Esther; dywedodd hithau wrth y brenin yn enw Mordecai. ²³ Chwiliwyd yr achos a chafwyd ei fod yn wir; felly crogwyd y ddau ar bren. Ysgrifennwyd yr hanes yn llyfr y cronicl yng ngŵydd y brenin.

Haman yn Ceisio Difa'r Iddewon

3 Ar ôl hyn dyrchafodd y Brenin Ahasferus Haman fab Hammedatha yr Agagiad, a rhoi iddo le blaenllaw, gan ei osod yn uwch na'r holl dywysogion oedd gydag ef. ² Ac yr oedd pob un o'r gweision ym mhorth llys y brenin yn ymgrymu ac yn ymostwng iddo, yn ôl gorchymyn y brenin. Ond nid oedd Mordecai yn ymostwng nac yn ymgrymu iddo. ³ Dywedodd gweision y brenin a oedd yn y porth wrth Mordecai, "Pam yr wyt yn torri gorchymyn y brenin?" ⁴ Ond er eu bod yn gofyn hyn iddo'n feunyddiol, ni wrandawai arnynt. Felly dywedasant wrth Haman, er mwyn gweld a fyddai Mordecai'n dal ei dir, oherwydd yr oedd wedi dweud wrthynt ei fod yn Iddew. ⁵ Pan welodd Haman nad oedd Mordecai am ymostwng nac ymgrymu iddo, gwylltiodd yn enbyd. ⁶ Wedi clywed i ba genedl yr oedd Mordecai yn perthyn, nid oedd yn fodlon ymosod ar Mordecai yn unig, ond yr oedd yn awyddus i ddifa cenedl Mordecai, sef yr holl Iddewon yn nheyrnas Ahasferus.

⁷ Yn neuddegfed flwyddyn y Brenin Ahasferus, yn y mis cyntaf, sef Nisan, bwriasant Pwr (hynny yw, coelbren) o flaen Haman i ddewis dydd a mis, ac fe syrthiodd y coelbren ar y trydydd dydd ar ddeg o'r* deuddegfed mis, sef Adar. ⁸ Dywedodd Haman wrth y Brenin Ahasferus, "Y mae yna genedl, wedi ei chwalu a'i gwasgaru ymhlith y bobloedd yn holl daleithiau dy deyrnas, sy'n ei chadw ei hun ar wahân. Y mae eu cyfreithiau'n wahanol i rai pawb arall, ac nid ydynt yn cadw cyfreithiau'r brenin; nid yw er lles y brenin eu goddef. ⁹ Os cydsynia'r brenin i orchymyn eu difa, yna fe dalaf fi ddeng mil o dalentau arian

---

3:7 Cymh. Groeg. Hebraeg heb *ac fe syrthiodd . . . o'r.*

i'r trysordy brenhinol ar gyfer y rhai sy'n gwneud hyn." ¹⁰ Yna tynnodd y brenin ei fodrwy oddi ar ei law a'i rhoi i Haman fab Hammedatha yr Agagiad, gelyn yr Iddewon, ¹¹ a dweud wrtho, "Cadw'r arian, a gwna fel y mynni â'r bobl."

¹² Yna ar y trydydd dydd ar ddeg o'r mis cyntaf, galwyd ar ysgrifenyddion y brenin, ac ar orchymyn Haman ysgrifennwyd at bendefigion y brenin, rheolwyr pob talaith a thywysogion pob cenedl, i bob talaith yn ei hysgrifen ei hun a phob cenedl yn ei hiaith ei hun. Yr oedd y wŷs wedi ei hysgrifennu yn enw'r Brenin Ahasferus ac wedi ei selio â'r fodrwy frenhinol. ¹³ Yna anfonwyd negeswyr gyda llythyrau i holl daleithiau'r brenin yn gorchymyn dinistrio, lladd a difa pob Iddew, yn llanc a hynafgwr, plant a gwragedd, ac ysbeilio'u heiddo, ar yr un diwrnod, sef y trydydd dydd ar ddeg o'r deuddegfed mis, hynny yw, Adar. ¹⁴ Yr oedd copi o'r wŷs i'w anfon yn gyfraith i bob talaith, a'i ddangos i'r holl bobl er mwyn iddynt fod yn barod erbyn y diwrnod hwnnw. ¹⁵ Aeth y negeswyr allan ar frys yn ôl gorchymyn y brenin, a chyhoeddwyd y gorchymyn yn Susan y brifddinas. Yna eisteddodd y brenin a Haman i yfed; ond yr oedd dinas Susan yn drist.

Mordecai'n Ceisio Cymorth Esther

4 Pan glywodd Mordecai am bopeth a ddigwyddodd, rhwygodd ei ddillad a gwisgo sachliain a lludw, a mynd allan i ganol y ddinas a gweiddi'n groch a chwerw. ² Daeth i ymyl porth y brenin, oherwydd ni châi neb oedd yn gwisgo sachliain fynd i mewn i'r porth. ³ Ym mhob talaith lle y cyrhaeddodd gair a gorchymyn y brenin, yr oedd galar mawr ymysg yr Iddewon, ac yr oeddent yn ymprydio, yn wylo ac yn llefain; a gorweddodd llawer ohonynt mewn sachliain a lludw.

⁴ Pan ddaeth morynion ac eunuchiaid y Frenhines Esther a dweud wrthi, yr oedd yn ofidus iawn. Anfonodd ddillad i Mordecai eu gwisgo yn lle'r sachliain oedd amdano, ond gwrthododd ef hwy. ⁵ Yna galwodd Esther ar Hathach, un o eunuchiaid y brenin a ddewiswyd i weini arni, a'i orchymyn i fynd at Mordecai, i gael gwybod beth oedd ystyr hyn a pham y digwyddodd. ⁶ Aeth Hathach allan at Mordecai i sgwâr y ddinas o flaen porth y brenin, ⁷ a dywedodd Mordecai wrtho am y cwbl a ddigwyddodd iddo, ac am y swm o arian yr addawodd Haman ei dalu i drysorfa'r brenin er mwyn difa'r Iddewon. ⁸ Rhoddodd iddo hefyd gopi o'r wŷs a gyhoeddwyd yn Susan, yn gorchymyn eu dinistrio, er mwyn iddo yntau ei dangos a'i hegluro i Esther, a dweud wrthi am fynd at y brenin i ymbil ag ef ac erfyn arno dros ei phobl. ⁹ Aeth Hathach a dweud wrth Esther yr hyn a ddywedodd Mordecai, ¹⁰ a rhoddodd hithau iddo'r neges hon i Mordecai, ¹¹ "Y mae holl weision y brenin a phobl ei daleithiau yn gwybod nad oes ond un ddedfryd yn aros unrhyw ŵr neu wraig sy'n mynd i'r cyntedd mewnol at y brenin heb wahoddiad, sef marwolaeth; ni chaiff fyw oni bai i'r brenin estyn ei deyrnwialen aur iddo. Nid wyf fi wedi fy ngalw at y brenin ers deg diwrnod ar hugain bellach." ¹² Pan glywodd Mordecai neges Esther, ¹³ dywedodd wrthynt am ei hateb fel hyn, "Paid â meddwl y cei di yn unig o'r holl Iddewon dy arbed, am dy fod yn byw yn nhŷ'r brenin. ¹⁴ Os byddi'n gwrthod siarad yn awr, daw ymwared a chymorth i'r Iddewon o le arall, ond byddi di a thŷ dy dad yn trengi. Pwy a ŵyr nad ar gyfer y fath amser â hwn y daethost i'r frenhiniaeth?" ¹⁵ Dywedodd Esther wrthynt am roi'r ateb hwn i Mordecai: ¹⁶ "Dos i gasglu ynghyd yr holl Iddewon sy'n byw yn Susan, ac ymprydiwch drosof; peidiwch â bwyta nac yfed, ddydd na nos, am dridiau, ac fe wnaf finnau a'm morynion yr un fath. Yna af at y brenin, er fy mod yn torri'r gyfraith; ac os trengaf, mi drengaf." ¹⁷ Aeth Mordecai ymaith a gwneud popeth a orchmynnodd Esther iddo.

Cais Esther i'r Brenin

5 Ar y trydydd dydd, rhoddodd Esther ei gwisg frenhinol amdani a sefyll yng nghyntedd mewnol y palas gyferbyn ag ystafell y brenin. Yr oedd y brenin yn

eistedd ar ei orsedd frenhinol yn y palas gyferbyn â'r fynedfa. ² Pan welodd y brenin y Frenhines Esther yn sefyll yn y cyntedd, fe enillodd hi ei ffafr, ac estynnodd ati'r deyrnwialen aur oedd yn ei law; daeth hithau yn nes a chyffwrdd â blaen y deyrnwialen. ³ Yna dywedodd y brenin wrthi, "Beth sy'n bod, Frenhines Esther? Beth bynnag a geisi, hyd hanner fy nheyrnas, fe'i cei." ⁴ Atebodd Esther, "Os gwêl y brenin yn dda, hoffwn iddo ef a Haman ddod i'r wledd a baratoais iddo heddiw." ⁵ Gorchmynnodd y brenin gyrchu Haman ar frys, er mwyn gwneud fel y dymunai Esther; yna fe aeth y brenin a Haman i'r wledd a baratôdd Esther. ⁶ Wrth iddynt yfed gwin, dywedodd y brenin wrth Esther, "Fe gei di beth bynnag y gofynni amdano. Gwneir beth bynnag a fynni, hyd hanner y deyrnas." ⁷ Atebodd Esther, "Dyma fy nghais a'm dymuniad: ⁸ os cefais ffafr yng ngolwg y brenin, ac os gwêl ef yn dda roi fy neisyfiad a gwneud fy nymuniad, bydded i'r brenin a Haman ddod i'r wledd yr wyf fi am ei pharatoi iddynt; yna yfory gwnaf fel y mae'r brenin yn dweud."

Dicter Haman at Mordecai

⁹ Y diwrnod hwnnw aeth Haman allan yn llawen a hapus. Ond pan welodd ef Mordecai ym mhorth y brenin, ac yntau'n gwrthod codi na dangos parch tuag ato, gwylltiodd yn enbyd ag ef; ¹⁰ ond ymataliodd, ac aeth adref. Yna galwodd ar ei gyfeillion, a'i wraig Seres, ¹¹ ac adroddodd wrthynt am ei olud mawr, am nifer ei feibion, ac am y modd y dyrchafodd y brenin ef trwy ei osod uwchlaw'r tywysogion a'r gweision. ¹² Ac ychwanegodd, "Ni wahoddodd y Frenhines Esther neb ond myfi i fynd gyda'r brenin i'r wledd a wnaeth; ac fe'm gwahoddodd i fynd ati yfory eto gyda'r brenin. ¹³ Ond nid yw hyn oll yn rhoi unrhyw foddhad i mi tra gwelaf Mordecai yr Iddew yn eistedd ym mhorth y brenin." ¹⁴ Dywedodd Seres ei wraig a phob un o'i gyfeillion wrtho, "Gwneler crocbren hanner can cufydd o uchder, ac yn y bore dywed wrth y brenin am grogi Mordecai arno. Yna dos yn llawen i'r wledd gyda'r brenin." Yr oedd hyn wrth fodd Haman, ac fe wnaeth y crocbren.

Y Brenin yn Anrhydeddu Mordecai

6 Y noson honno yr oedd y brenin yn methu cysgu, a gorchmynnodd iddynt ddod â llyfr y cofiadur, sef y cronicl, ac fe'i darllenwyd iddo. ² Ynddo cofnodwyd yr hyn a ddywedodd Mordecai am Bigthana a Theres, dau eunuch y brenin oedd yn gofalu am y porth ac oedd wedi cynllwyn i ymosod ar y brenin. ³ Dywedodd y brenin, "Pa glod ac anrhydedd a gafodd Mordecai am hyn?" Atebodd y llanciau oedd yn gweini ar y brenin nad oedd wedi derbyn dim. ⁴ Gofynnodd y brenin, "Pwy sydd yn y cyntedd?" Yr oedd Haman newydd ddod i gyntedd allanol tŷ'r brenin i ddweud wrtho am grogi Mordecai ar y crocbren yr oedd wedi ei baratoi ar ei gyfer. ⁵ Dywedodd gweision y brenin wrtho, "Haman sy'n sefyll yn y cyntedd." a galwodd y brenin ar Haman i ddod i mewn. ⁶ Daeth Haman ymlaen, ac meddai'r brenin wrtho, "Beth ddylid ei wneud i'r dyn y mae'r brenin yn dymuno'i anrhydeddu?" Ac meddai Haman wrtho'i hun, "Pwy fyddai'r brenin yn dymuno'i anrhydeddu yn fwy na mi?" ⁷ Dywedodd wrth y brenin, "I'r dyn y mae'r brenin yn dymuno'i anrhydeddu, ⁸ dylid dod â gwisg frenhinol a wisgir gan y brenin, a cheffyl y marchoga'r brenin arno, un y mae arfbais y brenin ar ei dalcen. ⁹ Rhodder y wisg a'r ceffyl i un o dywysogion pwysicaf y brenin, a gwisged yntau'r dyn y mae'r brenin yn dymuno'i anrhydeddu, a'i arwain trwy sgwâr y ddinas ar gefn y ceffyl, a chyhoeddi o'i flaen fel hyn: 'Dyma sy'n digwydd i'r dyn y mae'r brenin yn dymuno'i anrhydeddu.' " ¹⁰ Yna dywedodd y brenin wrth Haman, "Dos ar frys i gael y wisg a'r ceffyl fel y dywedaist, a gwna hyn i Mordecai yr Iddew, sy'n eistedd ym mhorth y brenin. Gofala wneud popeth a ddywedaist." ¹¹ Felly cymerodd Haman y wisg a'r ceffyl; gwisgodd Mordecai a'i arwain ar gefn y ceffyl trwy sgwâr y ddinas, a

chyhoeddi o'i flaen: "Dyma sy'n digwydd i'r dyn y mae'r brenin yn dymuno'i anrhydeddu."

¹² Yna dychwelodd Mordecai i borth y brenin, ond brysiodd Haman adref yn drist, â gorchudd am ei ben. ¹³ Dywedodd wrth ei wraig Seres a'i holl gyfeillion am y cyfan a ddigwyddodd iddo. Ac meddai ei wŷr doeth a'i wraig Seres wrtho, "Os yw Mordecai, yr wyt yn dechrau cwympo o'i flaen, yn Iddew, ni orchfygi di mohono; ond yr wyt ti'n sicr o gael dy drechu ganddo ef."
¹⁴ Tra oeddent yn siarad ag ef, daeth eunuchiaid y brenin a mynd â Haman ar frys i'r wledd a baratôdd Esther.

Crogi Haman

7 Felly aeth y brenin a Haman i wledda gyda'r Frenhines Esther. ² Ac ar yr ail ddiwrnod, tra oeddent yn yfed gwin, dywedodd y brenin unwaith eto wrth Esther, "Frenhines Esther, beth yw dy ddymuniad? Fe'i cei. Beth bynnag a geisi, hyd hanner fy nheyrnas, fe'i cei."
³ Atebodd y Frenhines Esther, "Os cefais ffafr yn dy olwg, ac os gwêl y brenin yn dda, fy nghais a'm dymuniad yw fy mod i a'm pobl yn cael ein harbed. ⁴ Oherwydd yr wyf fi a'm pobl wedi ein gwerthu i'n dinistrio a'n lladd a'n difa. Pe baem wedi ein gwerthu'n gaethweision ac yn gaethferched, ni ddywedwn i ddim; oherwydd ni fyddai ein trafferthion ni i'w cymharu â cholled y brenin."
⁵ Dywedodd y Brenin Ahasferus wrth y Frenhines Esther, "Pwy yw'r un a feiddiodd wneud y fath beth, a pha le y mae?" ⁶ Meddai hithau, "Y gelyn a'r gwrthwynebwr yw'r Haman drwg hwn." Brawychwyd Haman yng ngŵydd y brenin a'r frenhines. ⁷ Cododd y brenin yn ei lid, a mynd o'r wledd i ardd y palas; ond arhosodd Haman i ymbil â'r Frenhines Esther am ei einioes, oherwydd gwelodd fod y brenin wedi penderfynu dial arno. ⁸ Pan ddychwelodd y brenin o'r ardd i'r lle yr oeddent yn gwledda, yr oedd Haman yn plygu wrth y gwely lle'r oedd Esther. Meddai'r brenin, "A yw hefyd am dreisio'r frenhines, a minnau yn y tŷ?" Cyn gynted ag y dywedodd y brenin hyn, gorchuddiwyd wyneb Haman. ⁹ Yna dywedodd Harbona, un o'r eunuchiaid oedd yn gweini ar y brenin, "Y mae'r crocbren hanner can cufydd o uchder, a wnaeth Haman ar gyfer Mordecai, y gŵr a achubodd y brenin â'i neges, yn sefyll ger tŷ Haman." Dywedodd y brenin, "Crogwch ef arno." ¹⁰ Felly crogwyd Haman ar y crocbren a baratôdd ar gyfer Mordecai. Yna lliniarodd llid y brenin.

Gwŷs y Brenin ynglŷn â'r Iddewon

8 Y diwrnod hwnnw rhoddodd y Brenin Ahasferus dŷ Haman, gelyn yr Iddewon, i'r Frenhines Esther; a daeth Mordecai i ŵydd y brenin, oherwydd yr oedd Esther wedi dweud wrtho pa berthynas oedd ef iddi. ² Yna tynnodd y brenin ei fodrwy, a gymerodd yn ôl oddi ar Haman, a'i rhoi i Mordecai. Rhoddodd Esther dŷ Haman yng ngofal Mordecai.
³ Unwaith eto apeliodd Esther at y brenin a syrthio wrth ei draed. Wylodd ac erfyn arno rwystro'r drygioni a gynllwynodd Haman yr Agagiad yn erbyn yr Iddewon. ⁴ Estynnodd y brenin ei deyrnwialen aur at Esther, a chododd hithau a sefyll o'i flaen a dweud, ⁵ "Os gwêl y brenin yn dda, ac os cefais ffafr ganddo, a bod y mater yn dderbyniol ganddo, a minnau yn ei foddhau, anfoned wŷs i alw'n ôl y llythyrau a ysgrifennodd Haman fab Hammedatha yr Agagiad gyda'r bwriad o ddifa'r Iddewon sydd ym mhob un o daleithiau'r brenin. ⁶ Sut y gallaf edrych ar y trybini sy'n dod ar fy mhobl? Sut y gallaf oddef gweld dinistr fy nghenedl?"
⁷ Yna dywedodd y Brenin Ahasferus wrth y Frenhines Esther a Mordecai'r Iddew, "Yr wyf wedi rhoi tŷ Haman i Esther, a chrogwyd yntau ar grocbren am iddo ymosod ar yr Iddewon. ⁸ Yn awr ysgrifennwch chwi fel y mynnoch ynglŷn â'r Iddewon yn fy enw i, a selio'r ddogfen â'r sêl frenhinol, oherwydd ni ellir newid gwŷs a ysgrifennwyd yn enw'r brenin ac a seliwyd â'r sêl frenhinol."
⁹ Yna, ar y trydydd dydd ar hugain o'r trydydd mis, sef Sifan, galwyd ynghyd

ysgrifenyddion y brenin. Ysgrifennwyd, yn union fel y gorchmynnodd Mordecai, at yr Iddewon, at bendefigion, rheolwyr a thywysogion y taleithiau o India i Ethiopia, cant dau ddeg a saith o daleithiau, pob talaith yn ei hysgrifen ei hun a phob cenedl yn ei hiaith ei hun, ac at yr Iddewon yn eu hysgrifen a'u hiaith hwythau. 10 Ysgrifennwyd y wŷs yn enw'r Brenin Ahasferus, a'i selio â'r sêl frenhinol. Anfonwyd llythyrau gyda negeswyr yn marchogaeth ar feirch cyflym wedi eu magu yn stablau'r brenin. 11 Ynddynt rhoddodd y brenin hawl i'r Iddewon oedd ym mhob dinas i ymgasglu a'u hamddiffyn eu hunain, ac i ddifa, lladd a dinistrio byddin unrhyw genedl neu dalaith a ymosodai arnynt, a'u plant a'u gwragedd, ac ysbeilio'u heiddo. 12 Yr oeddent i wneud hyn trwy holl daleithiau'r Brenin Ahasferus ar ddiwrnod penodedig, y trydydd ar ddeg o'r deuddegfed mis, sef Adar. 13 Yr oedd copi o'r wŷs i'w anfon yn gyfraith i bob talaith, a'i ddangos i'r holl bobloedd, fel y byddai'r Iddewon yn barod y diwrnod hwnnw i ddial ar eu gelynion. 14 Felly aeth y negeswyr allan yn ddiymdroi, yn marchogaeth ar feirch cyflym y brenin; yr oeddent yn mynd ar frys ar orchymyn y brenin. Cyhoeddwyd y wŷs hefyd yn Susan y brifddinas.

15 Yna aeth Mordecai allan o ŵydd y brenin mewn gwisg frenhinol o las a gwyn, a chyda choron fawr o aur, a mantell o liain main a phorffor; ac yr oedd dinas Susan yn orfoleddus. 16 Daeth goleuni, llawenydd, hapusrwydd ac anrhydedd i ran yr Iddewon. 17 Ym mhob talaith a dinas lle daeth gair a gorchymyn y brenin, yr oedd yr Iddewon yn gwledda ac yn cadw gŵyl yn llawen a hapus. Ac yr oedd llawer o bobl y wlad yn honni mai Iddewon oeddent, am fod arnynt ofn yr Iddewon.

Dialedd yr Iddewon ar eu Gelynion

9 Ar y trydydd dydd ar ddeg o'r deuddegfed mis, sef Adar, daeth yr amser i gyflawni gair a gorchymyn y brenin. Trowyd y diwrnod, y gobeithiai gelynion yr Iddewon eu trechu arno, yn ddiwrnod i'r Iddewon drechu eu caseion. 2 Unodd yr Iddewon yn eu dinasoedd ym mhob un o daleithiau'r Brenin Ahasferus i ymosod ar y rhai oedd yn ceisio'u niweidio. Ni wrthwynebodd neb hwy, oherwydd yr oedd ar yr holl bobl eu hofn. 3 Cawsant eu cynorthwyo gan dywysogion y taleithiau, y pendefigion, y rheolwyr a gweision y brenin, am fod arnynt ofn Mordecai. 4 Oherwydd yr oedd Mordecai yn flaenllaw yn y palas ac yn adnabyddus drwy'r holl daleithiau, ac yr oedd yn ennill mwy a mwy o rym. 5 Trawodd yr Iddewon eu holl elynion â'r cleddyf, a'u lladd a'u difa; a gwnaethant fel y mynnent â'u caseion. 6 Yn Susan y brifddinas yr oeddent wedi llofruddio a lladd pum cant o bobl, 7 yn cynnwys Parsandatha, Dalffon, Aspatha, 8 Poratha, Adaleia, Aridatha, 9 Parmasta, Arisai, Aridai, Bajesatha, 10 sef deg mab Haman fab Hammedatha, gelyn yr Iddewon. Lladdodd yr Iddewon y rhain, ond heb gyffwrdd â'r ysbail.

11 Y diwrnod hwnnw, pan glywodd y brenin faint a laddwyd yn Susan y brifddinas, 12 dywedodd wrth y Frenhines Esther, "Y mae'r Iddewon wedi lladd pum cant o bobl a deg mab Haman yn Susan y brifddinas. Beth a wnaethant yn y gweddill o daleithiau'r brenin? Yn awr, beth a fynni? Fe'i cei. Os oes gennyt unrhyw ddymuniad arall, fe'i gwneir." 13 Meddai Esther, "Os gwêl y brenin yn dda, rhodder caniatâd i'r Iddewon sydd yn Susan i weithredu yfory hefyd yn ôl y wŷs a gyhoeddir heddiw, a chroger deg mab Haman ar y crocbren." 14 Gorchmynnodd y brenin i hyn gael ei wneud, a chyhoeddwyd y wŷs yn Susan, a chrogwyd deg mab Haman. 15 Ar y pedwerydd dydd ar ddeg o fis Adar ymunodd yr Iddewon oedd yn Susan i ladd tri chant o bobl yn Susan, ond heb gyffwrdd â'r ysbail.

16 Yr oedd yr Iddewon yn nhaleithiau'r brenin wedi ymuno i'w hamddiffyn eu hunain, er mwyn cael llonydd gan eu gelynion; yr oeddent wedi lladd saith deg a phump o filoedd o'u caseion, ond heb gyffwrdd â'r ysbail. 17 Digwyddodd

hyn ar y trydydd dydd ar ddeg o fis Adar; peidiasant ar y pedwerydd dydd ar ddeg, a gwnaethant hwnnw'n ddydd o wledd a llawenydd. [18] Yr oedd Iddewon Susan wedi ymgasglu ar y trydydd dydd ar ddeg o'r mis, a'r pedwerydd ar ddeg, ac wedi peidio ar y pymthegfed dydd; felly cadwasant hwy hwnnw yn ddydd o wledd a llawenydd. [19] Dyna pam y mae'r Iddewon sy'n byw mewn pentrefi yn y wlad yn cadw'r pedwerydd ar ddeg o fis Adar yn ddydd o wledd a llawenydd a gŵyl, ac yn anfon anrhegion i'w gilydd.

Dathlu'r Pwrim

[20] Rhoddodd Mordecai y pethau hyn ar gof a chadw, ac anfonodd lythyrau at yr holl Iddewon ym mhob un o daleithiau'r Brenin Ahasferus, ymhell ac agos, [21] yn galw arnynt i gadw'r pedwerydd ar ddeg a'r pymthegfed o fis Adar bob blwyddyn [22] fel y dyddiau pan gafodd yr Iddewon lonydd gan eu gelynion, a'r mis pan drowyd eu tristwch yn llawenydd a'u galar yn ŵyl. Yr oeddent i'w cadw'n ddyddiau o wledd a llawenydd, a phawb yn anfon anrhegion i'w gilydd ac i'r tlodion.

[23] Cytunodd yr Iddewon i wneud fel yr oeddent wedi dechrau, ac yn ôl yr hyn a ysgrifennodd Mordecai atynt. [24] Gwnaethant hyn am fod Haman fab Hammedatha yr Agagiad, gelyn yr Iddewon, wedi cynllwyn i'w dinistrio, ac wedi bwrw Pwr, hynny yw coelbren, i'w difa a'u dinistrio. [25] Ond pan ddaeth hyn i sylw'r brenin, gorchmynnodd mewn llythyr fod cynllwyn drwg Haman yn erbyn yr Iddewon i ddychwelyd ar ei ben ef ei hun; felly crogwyd ef a'i feibion ar grocbren. [26] Am hynny galwyd y dyddiau hyn yn Pwrim, o'r enw Pwr. Oherwydd yr holl eiriau a ysgrifennwyd yn y llythyr hwn, ac oherwydd yr hyn a welsant ac a glywsant ynglŷn â'r mater, [27] addawodd ac ymrwymodd yr Iddewon, ar eu rhan eu hunain, a'u plant a phawb oedd yn ymuno â hwy, i gadw'r ddau ddiwrnod hyn bob blwyddyn mewn modd arbennig ac ar amser penodedig. [28] Addawsant gofio a chadw'r dyddiau hynny ym mhob cenhedlaeth, teulu, talaith a dinas, fel na fyddai'r Iddewon yn anwybyddu dyddiau Pwrim, na'u plant yn anghofio amdanynt.

[29] Yna ysgrifennodd y Frenhines Esther ferch Abihail, a Mordecai'r Iddew, ag awdurdod llawn i gadarnhau'r ail lythyr hwn ynglŷn â Pwrim. [30] Anfonwyd llythyrau i'r holl Iddewon yn y cant dau ddeg a saith o daleithiau teyrnas Ahasferus, yn dymuno iddynt heddwch a diogelwch, [31] ac yn eu cymell i gadw dyddiau Pwrim yn eu hamser priodol, yn ôl gorchymyn Mordecai'r Iddew a'r Frenhines Esther, ac fel yr oeddent hwy wedi ymrwymo ar eu rhan eu hunain a'u plant ynglŷn ag amserau ympryd a galar. [32] Cadarnhaodd gorchymyn Esther y rheolau hyn ar gyfer Pwrim, ac fe'u rhoddwyd ar gof a chadw.

Grym y Brenin a Mordecai

10 Gosododd y Brenin Ahasferus dreth ar yr ymerodraeth ac ar ynysoedd y môr. [2] Ac am weithredoedd nerthol a grymus y brenin, a'r modd yr anrhydeddodd Mordecai, onid yw'r hanes wedi ei ysgrifennu yn llyfr cronicl brenhinoedd Media a Persia? [3] Oherwydd Mordecai'r Iddew oedd y nesaf at y Brenin Ahasferus; yr oedd yn fawr ymysg yr Iddewon ac yn gymeradwy gan lawer iawn o'i frodyr, am ei fod yn ceisio gwneud lles i'w bobl ac yn hyrwyddo ffyniant ei holl genedl.

LLYFR
JOB

Satan yn Profi Job

1 Yr oedd gŵr yng ngwlad Us o'r enw Job, gŵr cywir ac uniawn, yn ofni Duw ac yn cefnu ar ddrwg. ² Ganwyd iddo saith mab a thair merch, ³ ac yr oedd ganddo saith mil o ddefaid, tair mil o gamelod, pum can iau o ychen, pum cant o asennod, a llawer iawn o weision. Y gŵr hwn oedd y mwyaf o holl bobl y Dwyrain.

⁴ Arferai ei feibion fynd i gartrefi ei gilydd i gynnal gwledd, pob un yn ei dro, ac anfonent wahoddiad i'w tair chwaer i fwyta ac yfed gyda hwy. ⁵ Yna pan ddôi cylch y gwledda i ben, anfonai Job amdanynt i'w puro; codai'n fore i offrymu poethoffrymau, un dros bob un ohonynt, oherwydd meddyliai, "Efallai fod fy meibion wedi pechu a melltithio Duw yn eu calonnau." Fel hyn y gwnâi Job yn gyson.

⁶ Daeth y dydd i'r bodau nefol* ymddangos o flaen yr ARGLWYDD, a daeth Satan* hefyd gyda hwy. ⁷ Gofynnodd yr ARGLWYDD i Satan, "O ble y daethost ti?" Atebodd Satan yr ARGLWYDD a dweud, "O fynd yma ac acw hyd y ddaear a thramwyo drosti." ⁸ Dywedodd yr ARGLWYDD wrth Satan, "A sylwaist ar fy ngwas Job? Nid oes neb tebyg iddo ar y ddaear, gŵr cywir ac uniawn, yn ofni Duw ac yn cefnu ar ddrwg." ⁹ Atebodd Satan yr ARGLWYDD a dweud, "Ai'n ddiachos y mae Job yn ofni Duw? ¹⁰ Oni warchodaist drosto ef a'i deulu a'i holl eiddo? Bendithiaist ei waith, a chynyddodd ei dda yn y tir. ¹¹ Ond estyn di dy law i gyffwrdd â dim o'i eiddo; yna'n sicr fe'th felltithia yn dy wyneb." ¹² Yna dywedodd yr ARGLWYDD wrth Satan, "Wele'r cyfan sydd ganddo yn dy law di, ond iti beidio â chyffwrdd ag ef ei hun." Ac aeth Satan allan o ŵydd yr ARGLWYDD.

Job yn Colli ei Blant a'i Gyfoeth

¹³ Un diwrnod, pan oedd ei feibion a'i ferched yn bwyta ac yn yfed yn nhŷ eu brawd hynaf, ¹⁴ daeth cennad at Job a dweud, "Pan oedd yr ychen yn aredig a'r asennod yn pori gerllaw, ¹⁵ daeth y Sabeaid ar eu gwarthaf a'u cipio, a tharo'r gweision â chleddyf; a myfi'n unig a ddihangodd i fynegi hyn i ti." ¹⁶ Tra oedd hwn yn llefaru, daeth un arall a dweud, "Disgynnodd tân mawr o'r nefoedd ac ysu'r defaid a'r gweision a'u difa'n llwyr, a myfi'n unig a ddihangodd i fynegi hyn i ti." ¹⁷ Tra oedd hwn yn llefaru, daeth un arall a dweud, "Daeth y Caldeaid yn dair mintai, ac ymosod ar y camelod a'u cipio, a tharo'r gweision â chleddyf, a myfi'n unig a ddihangodd i fynegi hyn i ti." ¹⁸ Tra oedd hwn yn llefaru, daeth un arall a dweud, "Yr oedd dy feibion a'th ferched yn bwyta ac yn yfed gwin yn nhŷ eu brawd hynaf, ¹⁹ a daeth gwynt nerthol dros yr anialwch a tharo pedair congl y tŷ, a syrthiodd ar y bobl ifainc, a buont farw; a myfi'n unig a ddihangodd i fynegi hyn i ti."

²⁰ Yna cododd Job a rhwygodd ei fantell, eilliodd ei ben, a syrthiodd ar y ddaear ac ymgrymu ²¹ a dweud,

"Yn noeth y deuthum o groth fy
    mam, ac yn noeth y dychwelaf
    yno.
Yr ARGLWYDD a roddodd, a'r
    ARGLWYDD a ddygodd ymaith.
Bendigedig fyddo enw'r ARGLWYDD."

²² Yn hyn i gyd ni phechodd Job, na gweld bai ar Dduw.

Satan yn Profi Job Eto

2 Unwaith eto daeth y dydd i'r bodau nefol ymddangos o flaen yr ARGLWYDD, a daeth Satan hefyd gyda hwy. ² Gofynnodd yr ARGLWYDD i Satan, "O ble y daethost ti?" Atebodd Satan yr ARGLWYDD a dweud, "O fynd yma ac acw

---

1:6 Neu, *i feibion Duw.*
1:6 H.y., *Y Gwrthwynebwr.*

hyd y ddaear a thramwyo drosti."
³ Dywedodd yr ARGLWYDD wrth Satan, "A sylwaist ti ar fy ngwas Job? Nid oes neb tebyg iddo ar y ddaear, gŵr cywir ac uniawn, yn ofni Duw ac yn cefnu ar ddrwg. Y mae'n dal i lynu wrth ei uniondeb, er i ti fy annog i'w ddifetha'n ddiachos." ⁴ Atebodd Satan yr ARGLWYDD a dweud, "Croen am groen! Fe rydd dyn y cyfan sydd ganddo am ei einioes. ⁵ Ond estyn di dy law a chyffwrdd â'i esgyrn a'i gnawd; yna'n sicr fe'th felltithia yn dy wyneb." ⁶ Dywedodd yr ARGLWYDD wrth Satan, "Wele ef yn dy law; yn unig arbed ei einioes." ⁷ Ac aeth Satan allan o ŵydd yr ARGLWYDD.

Trawyd Job â chornwydydd blin o wadn ei droed i'w gorun, ⁸ a chymerodd ddarn o lestr pridd i'w grafu ei hun, ac eisteddodd ar y domen ludw. ⁹ Dywedodd ei wraig wrtho, "A wyt am barhau i lynu wrth d'uniondeb? Melltithia Dduw a bydd farw." ¹⁰ Ond dywedodd ef wrthi, "Yr wyt yn llefaru fel dynes ffôl; os derbyniwn dda gan Dduw, oni dderbyniwn ddrwg hefyd?" Yn hyn i gyd ni phechodd Job â gair o'i enau.

Cyfeillion Job yn Dod i'w Gysuro

¹¹ Yna clywodd tri chyfaill Job am y cystudd trwm a ddaeth arno. Daeth Eliffas y Temaniad, Bildad y Suhiad, a Soffar y Naamathiad, pob un o'i le ei hun, a chytuno â'i gilydd i ddod i gydymdeimlo ag ef a'i gysuro. ¹² Pan welsant ef o'r pellter, nid oeddent yn ei adnabod; yna wylasant yn uchel a rhwygo'u dillad a thaflu llwch dros eu pennau i'r awyr. ¹³ Eisteddasant ar y llawr gydag ef am saith diwrnod a saith nos. Ni ddywedodd yr un ohonynt air wrtho, am eu bod yn gweld fod ei boen yn fawr.

Cwynfan Job

3 Wedi hyn dechreuodd Job siarad a melltithio dydd ei eni. ² Meddai Job:

³ "Difoder y dydd y'm ganwyd,
 a'r nos y dywedwyd, 'Cenhedlwyd bachgen'.
⁴ Bydded y dydd hwnnw yn dywyllwch;
na chyfrifer ef gan Dduw oddi uchod,
ac na lewyrched goleuni arno.
⁵ Cuddier ef gan dywyllwch a'r fagddu;
arhosed cwmwl arno a gorlether ef gan ddüwch y dydd.
⁶ Cymered y gwyll feddiant o'r nos honno;
na chyfrifer hi ymhlith dyddiau'r flwyddyn,
ac na ddoed i blith nifer y misoedd.
⁷ Wele'r nos honno, bydded ddiffrwyth,
heb sŵn gorfoledd ynddi.
⁸ Melltithier hi gan y rhai sy'n melltithio'r dyddiau,
y rhai sy'n medru cyffroi'r lefiathan.
⁹ Tywylled sêr ei chyfddydd,
disgwylied am oleuni heb ei gael,
ac na weled doriad gwawr,
¹⁰ am na chaeodd ddrysau croth fy mam,
na chuddio gofid o'm golwg.
¹¹ Pam na fûm farw yn y groth,
neu drengi pan ddeuthum allan o'r bru?
¹² Pam y derbyniodd gliniau fi,
ac y rhoddodd bronnau sugn i mi?
¹³ Yna, byddwn yn awr yn gorwedd yn llonydd,
yn cysgu'n dawel ac yn cael gorffwys,
¹⁴ gyda brenhinoedd a chynghorwyr daear,
a fu'n adfer adfeilion iddynt eu hunain,
¹⁵ neu gyda thywysogion goludog,
a lanwodd eu tai ag arian,
¹⁶ neu heb fyw, fel erthyl a guddiwyd,
fel babanod na welsant oleuni.
¹⁷ Yno, peidia'r drygionus â therfysgu,
a chaiff y lluddedig orffwys.
¹⁸ Hefyd caiff y carcharorion lonyddwch;
ni chlywant lais y meistri gwaith.
¹⁹ Bychan a mawr sydd yno,
a'r caethwas yn rhydd oddi wrth ei feistr.
²⁰ Pam y rhoddir goleuni i'r gorthrymedig
a bywyd i'r chwerw ei ysbryd,

²¹ sy'n dyheu am farwolaeth, heb
iddi ddod,
sy'n cloddio amdani yn fwy nag am
drysor cudd,
²² sy'n llawenychu pan gaiff feddrod,
ac yn gorfoleddu pan gaiff fedd?

²³ "Ond am ddyn, cuddiwyd ei
ffordd,
a chaeodd Duw amdano.
²⁴ Daw fy ochenaid o flaen fy mwyd,
a thywelltir fy ngriddfan fel
dyfroedd.
²⁵ Y peth a ofnaf a ddaw arnaf,
a'r hyn yr arswydaf rhagddo a ddaw
imi.
²⁶ Nid oes imi dawelwch na
llonyddwch;
ni chaf orffwys, canys daw dychryn."

Y Cylch Areithio Cyntaf

4 (4:1—14:22)
Yna atebodd Eliffas y Temaniad:

² "Os mentra rhywun lefaru wrthyt, a
golli di dy amynedd?
Eto pwy a all atal geiriau?
³ Wele, buost yn cynghori llawer
ac yn nerthu'r llesg eu dwylo;
⁴ cynhaliodd dy eiriau'r rhai sigledig,
a chadarnhau'r gliniau gwan.
⁵ Ond yn awr daeth adfyd arnat ti, a
chymeraist dramgwydd;
cyffyrddodd â thi, ac yr wyt mewn
helbul.
⁶ Onid yw dy dduwioldeb yn hyder i
ti,
ac uniondeb dy fywyd yn obaith?
⁷ Ystyria'n awr, pwy sydd wedi ei
ddifetha ac yntau'n ddieuog,
a phwy o'r uniawn sydd wedi ei
dorri i lawr?
⁸ Fel hyn y gwelais i: y rhai sy'n
aredig helbul
ac yn hau gorthrymder, hwy sy'n ei
fedi.
⁹ Difethir hwy gan anadl Duw,
a darfyddant wrth chwythiad ei
ffroenau.
¹⁰ Peidia rhu'r llew a llais y llew cryf;
pydra dannedd y llewod ifanc.
¹¹ Bydd farw'r hen lew o eisiau
ysglyfaeth,
a gwneir yn amddifad genawon y
llewes.

¹² "Daeth gair ataf fi yn ddirgel;
daliodd fy nghlust sibrwd ohono
¹³ yn y cynnwrf a ddaw gyda
gweledigaethau'r nos,
pan ddaw trymgwsg ar bawb.
¹⁴ Daeth dychryn a chryndod arnaf,
a chynhyrfu fy holl esgyrn.
¹⁵ Llithrodd awel heibio i'm hwyneb,
a gwnaeth i flew fy nghorff sefyll.
¹⁶ Safodd yn llonydd, ond ni allwn
ddirnad beth oedd;
yr oedd ffurf o flaen fy llygaid;
bu distawrwydd, yna clywais lais:
¹⁷ 'A yw meidrol yn fwy cyfiawn na
Duw,
ac yn burach na'i Wneuthurwr?
¹⁸ Os nad yw Duw'n ymddiried yn ei
weision,
ac os yw'n cyhuddo'i angylion o
gamwedd,
¹⁹ beth, ynteu, am y rhai sy'n trigo
mewn tai o glai,
a'u sylfeini mewn pridd,
y rhai a falurir yn gynt na gwyfyn?
²⁰ Torrir hwy i lawr rhwng bore a
hwyr,
llwyr ddifethir hwy, heb neb yn sylwi.
²¹ Pan ddatodir llinyn eu pabell,
oni fyddant farw heb ddoethineb?'

5 "Galw'n awr; a oes rhywun a'th
etyb?
At ba un o'r rhai sanctaidd y gelli
droi?
² Y mae dicter yn lladd yr ynfyd,
a chenfigen yn dwyn angau i'r ffôl.
³ Gwelais yr ynfyd yn magu gwraidd,
ond ar fyrder melltithiwyd* ei
drigfan;
⁴ ac aeth ei blant y tu hwnt i
ymwared,
wedi eu sathru yn y porth, heb neb
i'w hachub.
⁵ Y mae'r newynog yn bwyta'i
gynhaeaf ef,
ac yn ei gymryd hyd yn oed o blith y
drain;
ac y mae'r sychedig yn dyheu am eu
cyfoeth.
⁶ Canys nid o'r pridd y daw gofid,
nac o'r ddaear orthrymder;

5:3 Neu, *melltithiais*.

⁷ ond genir dynion i orthrymder,
cyn sicred ag y tasga'r gwreichion.

⁸ "Ond myfi, ceisio Duw a wnawn i,
a gosod fy achos o'i flaen ef,
⁹ yr un a gyflawna weithredoedd mawr ac anchwiliadwy,
rhyfeddodau dirifedi.
¹⁰ Ef sy'n tywallt y glaw ar y ddaear,
a'r dyfroedd ar y meysydd.
¹¹ Y mae'n codi'r rhai isel i fyny,
a dyrchefir y galarwyr i ddiogelwch.
¹² Y mae'n diddymu cynllwynion y cyfrwys;
ni all eu dwylo wneud dim o fudd.
¹³ Y mae ef yn dal y doethion yn eu cyfrwystra,
a buan y diflanna cynllun y dichellgar.
¹⁴ Brwydrant â thywyllwch hyd yn oed liw dydd,
ac ymbalfalant ganol dydd fel yn y nos.
¹⁵ Ond gwared ef yr anghenus* o'u gafael,
a'r truan o afael y cryf.
¹⁶ Am hynny y mae gobaith i'r tlawd,
ac anghyfiawnder yn cau ei safn.

¹⁷ "Dedwydd y sawl a gerydda Duw,
ac na wrthyd ddisgyblaeth yr Hollalluog.
¹⁸ Ef a ddoluria, ac ef hefyd a rwyma'r dolur;
ef a archolla, ond rhydd ei ddwylo feddyginiaeth.
¹⁹ Fe'th wared di rhag chwe chyfyngder;
ac mewn saith, ni ddaw drwg arnat.
²⁰ Fe'th achub di rhag marw mewn newyn,
a rhag y cleddyf mewn brwydr.
²¹ Cei loches rhag ffrewyll y tafod,
ac nid ofni'r dinistr pan ddaw.
²² Chwerddi ar ddinistr a newyn,
ac ni'th ddychrynir gan fwystfil gwyllt.
²³ Byddi mewn cynghrair â cherrig y tir,
a bydd y bwystfil gwyllt mewn heddwch â thi.
²⁴ Yna gweli fod dy babell yn ddiogel,
a phan rifi dy ddiadell, ni bydd un ar goll.
²⁵ Canfyddi hefyd mai niferus yw dy dylwyth,
a'th epil fel gwellt y maes.
²⁶ Ei i'r bedd mewn henaint teg,
fel y cesglir ysgub yn ei phryd.
²⁷ Chwiliasom hyn yn ddyfal, ac y mae'n wir;
gwrando dithau arno, a deall drosot dy hun."

6

Atebodd Job:

² "O na ellid pwyso fy nhrallod,
a gosod fy aflwydd i gyd mewn clorian!
³ Yna byddai'n drymach na thywod y môr;
am hyn y bu fy ngeiriau yn fyrbwyll.
⁴ Y mae saethau'r Hollalluog* ynof;
yfodd fy ysbryd eu gwenwyn;
dychryn Duw sy'n gwarchae amdanaf.
⁵ A yw'r asyn gwyllt yn nadu uwchben glaswellt?
A yw'r ych yn brefu uwchben ei borthiant?
⁶ A fwyteir yr hyn sydd ddi-flas heb halen?
A oes blas ar sudd y malws?*
⁷ Y mae fy stumog yn eu gwrthod;
y maent fel pydredd fy nghnawd.

⁸ "O na ddôi fy nymuniad i ben,
ac na chyflawnai Duw fy ngobaith!
⁹ O na ryngai fodd i Dduw fy nharo,
ac estyn ei law i'm torri i lawr!
¹⁰ Byddai o hyd yn gysur imi,
a llawenhawn yn yr ing diarbed
(nid wyf yn gwadu geiriau'r Sanct).
¹¹ Pa nerth sydd gennyf i obeithio,
a beth fydd fy niwedd, fel y byddwn yn amyneddgar?
¹² Ai nerth cerrig yw fy nerth?
Ai pres yw fy nghnawd?
¹³ Wele, nid oes imi gymorth ynof,
a gyrrwyd llwyddiant oddi wrthyf.
¹⁴ Daw teyrngarwch ei gyfaill i'r claf,
er iddo gefnu ar ofn yr Hollalluog.
¹⁵ Twyllodd fy mrodyr fi fel ffrwd ysbeidiol;

5:15 Neu, *gwared ef rhag y cleddyf.*

6:4 Hebraeg, *Shadai.*
6:6 Hebraeg yn ansicr.

fel nentydd sy'n gorlifo,
¹⁶ yn dywyll gan rew,
ac eira yn cuddio ynddynt.
¹⁷ Ond pan ddaw poethder fe beidiant,
ac yn y gwres diflannant o'u lle.
¹⁸ Troella'r carafanau yn eu ffyrdd,
crwydrant i'r diffeithle, a chollir hwy.
¹⁹ Y mae carafanau Tema yn edrych amdanynt,
a marsiandïwyr Sheba yn disgwyl wrthynt.
²⁰ Cywilyddir hwy yn eu hyder;
dônt atynt, ac fe'u siomir.
²¹ Felly yr ydych chwithau i mi*;
gwelwch drychineb, a dychrynwch.
²² A ddywedais o gwbl, 'Rhowch imi,
ac estynnwch rodd drosof o'ch cyfoeth;
²³ achubwch fi o afael y gelyn,
a rhyddhewch fi o afael gormeswyr'?
²⁴ "Hyfforddwch fi, a thawaf;
a dangoswch imi sut y cyfeiliornais.
²⁵ Mor ddiflas yw geiriau uniawn!
Pa gerydd sydd yng ngherydd un ohonoch chwi?
²⁶ A ydych yn credu y gallwch geryddu geiriau,
gan fod ymadroddion y diobaith yn wynt?
²⁷ A fwriech goelbren am yr amddifad,
a tharo bargen am un o'ch cyfeillion?
²⁸ Ond yn awr, bodlonwch i droi ataf;
ai celwydd a ddywedaf yn eich gŵydd?
²⁹ Trowch; na foed anghyfiawnder.
Trowch eto; ar hyn y saif fy nghyfiawnhad.
³⁰ A oes anghyfiawnder ar fy nhafod?
Onid yw taflod fy ngenau yn adnabod cam flas?

7

"Onid llafur caled sydd i ddyn ar y ddaear,
a'i ddyddiau fel dyddiau gwas cyflog?
² Fel caethwas yn dyheu am gysgod,
a gwas yn disgwyl am ei dâl,
³ felly y daeth misoedd ofer i'm rhan innau,
a threfnwyd imi nosweithiau gofidus.
⁴ Pan orweddaf, dywedaf, 'Pa bryd y caf godi?'
Y mae'r nos yn hir, a byddaf yn blino yn troi a throsi hyd doriad gwawr.
⁵ Gorchuddiwyd fy nghnawd gan bryfed a budreddi;
crawniodd fy nghroen, ac yna torri allan.
⁶ Y mae fy nyddiau'n gyflymach na gwennol gwehydd;
darfyddant fel edafedd yn dirwyn i ben.
⁷ "Cofia mai awel o wynt yw fy hoedl;
ni wêl fy llygaid ddaioni eto.
⁸ Y llygad sy'n edrych arnaf, ni'm gwêl;
ar amrantiad ni fyddaf ar gael iti.
⁹ Fel y cilia'r cwmwl a diflannu,
felly'r sawl sy'n mynd i Sheol, ni ddychwel oddi yno;
¹⁰ ni ddaw eto i'w gartref,
ac nid edwyn ei le mohono mwy.
¹¹ "Ond myfi, nid ataliaf fy ngeiriau;
llefaraf yng nghyfyngder fy ysbryd,
cwynaf yn chwerwder fy enaid.
¹² Ai'r môr ydwyf, neu'r ddraig,
gan dy fod yn gosod gwyliwr arnaf?
¹³ "Pan ddywedaf, 'Fy ngwely a rydd gysur imi;
fy ngorweddfa a liniara fy nghwyn',
¹⁴ yr wyt yn fy nychryn â breuddwydion,
ac yn f'arswydo â gweledigaethau.
¹⁵ Gwell fyddai gennyf fy nhagu,
a marw yn hytrach na goddef fy mhoen.
¹⁶ Rwy'n ddiobaith; ni ddymunaf fyw am amser maith.
Gad lonydd imi, canys y mae fy nyddiau fel anadl.
¹⁷ Beth yw meidrolyn i ti ei ystyried,
ac iti roi cymaint o sylw iddo?
¹⁸ Yr wyt yn ymweld ag ef bob bore,
ac yn ei brofi bob eiliad.
¹⁹ Pa bryd y peidi ag edrych arnaf,
ac y rhoi lonydd imi lyncu fy mhoeri?

6:21 Felly Groeg a Fersiynau eraill. Hebraeg, *ddim*.

²⁰ Os pechais, beth a wneuthum i ti,
O wyliwr dynolryw?
Pam y cymeraist fi'n nod,
nes fy mod yn faich i mi fy hun?
²¹ Pam na faddeui fy nhrosedd
a symud fy mai?
Yn awr rwy'n gorwedd yn y llwch,
ac er i ti chwilio amdanaf, ni fyddaf
ar gael."

8 Yna atebodd Bildad y Suhiad:

² "Am ba hyd y lleferi fel hyn,
a chymaint o ymffrost yn dy eiriau?
³ A yw Duw yn gwyrdroi barn?
A yw'r Hollalluog yn gwyro
cyfiawnder?
⁴ Pan bechodd dy feibion yn ei erbyn,
fe'u trosglwyddodd i afael eu trosedd.
⁵ Os ceisi di Dduw yn ddyfal,
ac ymbil ar yr Hollalluog,
⁶ ac os wyt yn bur ac uniawn,
yna fe wylia ef drosot,
a'th adfer i'th safle o gyfiawnder.
⁷ Pe byddai dy ddechreuad yn fychan,
byddai dy ddiwedd yn fawr.

⁸ "Yn awr gofyn i'r oes a fu,
ac ystyria'r hyn a ganfu'r hynafiaid.
⁹ Canys nid ydym ni ond er doe, ac
anwybodus ŷm,
a chysgod yw ein dyddiau ar y
ddaear.
¹⁰ Oni fyddant hwy'n dy hyfforddi, a
mynegi wrthyt,
a rhoi atebion deallus?
¹¹ A dyf brwyn lle nad oes cors?
A ffynna hesg heb ddŵr?
¹² Er eu bod yn ir a heb eu torri,
eto gwywant yn gynt na'r holl
blanhigion.
¹³ Felly y mae tynged* yr holl rai sy'n
anghofio Duw,
ac y derfydd gobaith yr annuwiol.
¹⁴ Edau frau yw ei hyder,
a'i ymffrost fel gwe'r pryf copyn.
¹⁵ Pwysa ar ei dŷ, ond ni saif;
cydia ynddo, ond ni ddeil.
¹⁶ Bydd yn ir yn llygad yr haul,
yn estyn ei frigau dros yr ardd;
¹⁷ ymbletha'i wraidd dros y pentwr
cerrig,
a daw i'r golwg rhwng y meini.

¹⁸ Ond os diwreiddir ef o'i le,
fe'i gwedir: 'Ni welais di'.
¹⁹ Gwywo felly yw ei natur;
ac yna tyf un arall o'r pridd.

²⁰ "Wele, ni wrthyd Duw yr uniawn,
ac ni chydia yn llaw y drygionus.
²¹ Lleinw eto dy enau â chwerthin,
a'th wefusau â gorfoledd.
²² Gwisgir dy elynion â gwarth,
a diflanna pabell y drygionus."

9 Atebodd Job:

² "Gwn yn sicr fod hyn yn wir,
na all neb ei gyfiawnhau ei hun gyda
Duw.
³ Os myn ymryson ag ef,
nid etyb ef unwaith mewn mil.
⁴ Y mae'n ddoeth a chryf;
pwy a ystyfnigodd yn ei erbyn yn
llwyddiannus?
⁵ Y mae'n symud mynyddoedd heb
iddynt wybod,
ac yn eu dymchwel yn ei lid.
⁶ Y mae'n ysgwyd y ddaear o'i lle,
a chryna'i cholofnau.
⁷ Y mae'n gorchymyn i'r haul beidio
â chodi,
ac yn gosod sêl ar y sêr.
⁸ Taenodd y nefoedd ei hunan,
a sathrodd grib y môr.
⁹ Creodd yr Arth ac Orion,
Pleiades a chylch Sêr y De.
¹⁰ Gwna weithredoedd mawr ac
anchwiliadwy,
a rhyfeddodau dirifedi.

¹¹ "Pan â heibio imi, nis gwelaf,
a diflanna heb i mi ddirnad.
¹² Os cipia, pwy a'i rhwystra?
Pwy a ddywed wrtho, 'Beth a wnei?'?
¹³ Ni thry Duw ei lid ymaith;
ymgreinia cynorthwywyr Rahab wrth
ei draed.
¹⁴ Pa faint llai yr atebwn i ef,
a dadlau gair am air ag ef?
¹⁵ Hyd yn oed pe byddwn gyfiawn,
ni'm hatebid*,
dim ond ymbil am drugaredd gan fy
marnwr.
¹⁶ Pe gwysiwn ef ac yntau'n ateb,
ni chredwn y gwrandawai arnaf.

8:13 Felly Groeg. Hebraeg, *llwybrau*.

9:15 Felly Groeg. Hebraeg, *nid atebwn*.

¹⁷ Canys heb reswm y mae'n fy nryllio,
ac yn amlhau f'archollion yn ddiachos.
¹⁸ Nid yw'n rhoi cyfle imi gymryd fy anadl,
ond y mae'n fy llenwi â chwerwder.
¹⁹ "Os cryfder a geisir, wele ef yn gryf;
os barn, pwy a'i geilw i drefn*?
²⁰ Pe bawn gyfiawn, condemniai fi â'm geiriau fy hun;
pe bawn ddi-fai, dangosai imi gyfeiliorni.
²¹ Di-fai wyf, ond nid wyf yn malio amdanaf fy hun;
yr wyf yn ffieiddio fy mywyd.
²² Yr un dynged sydd i bawb; am hynny dywedaf
ei fod ef yn difetha'r di-fai a'r drygionus.
²³ Os dinistr a ladd yn ddisymwth,
fe chwardd am drallod y diniwed.
²⁴ Os rhoddir gwlad yng ngafael y drygionus,
fe daena orchudd tros wyneb ei barnwyr.
Os nad ef, pwy yw?*

²⁵ "Y mae fy nyddiau'n gyflymach na rhedwr;
y maent yn diflannu heb weld daioni.
²⁶ Y maent yn gwibio fel llongau o frwyn,
fel eryr yn disgyn ar gelain.
²⁷ Os dywedaf, 'Anghofiaf fy nghwyn,
newidiaf fy mhryd a byddaf lawen',
²⁸ eto arswydaf rhag fy holl ofidiau;
gwn na'm hystyri'n ddieuog.
²⁹ A bwrw fy mod yn euog,
pam y llafuriaf yn ofer?
³⁰ Os ymolchaf â sebon,
a golchi fy nwylo â soda,
³¹ yna tefli fi i'r ffos,
a gwna fy nillad fi'n ffiaidd.

³² "Nid dyn yw ef fel fi, fel y gallaf ei ateb,
ac y gallwn ddod ynghyd i ymgyfreithio.
³³ O na fyddai un i dorri'r ddadl rhyngom,
ac i osod ei law arnom ein dau,
³⁴ fel y symudai ei wialen oddi arnaf,
ac fel na'm dychrynid gan ei arswyd!
³⁵ Yna llefarwn yn eofn.
Ond nid felly y caf fy hun.

10

"Yr wyf wedi alaru ar fy mywyd;
rhoddaf ryddid i'm cwyn,
llefaraf o chwerwedd fy ysbryd.
² Dywedaf wrth Dduw, 'Paid â'm collfarnu i;
dangos imi pam y dadleui â mi.
³ Ai da yw i ti orthrymu,
a throi heibio lafur dy ddwylo,
a ffafrio cyngor y drygionus?
⁴ Ai llygaid o gnawd sydd gennyt,
neu a weli di fel y gwêl y meidrol?
⁵ A yw dy ddyddiau fel dyddiau dyn,
a'th flynyddoedd fel blynyddoedd gŵr?
⁶ Oherwydd yr wyt ti'n ceisio fy nghamwedd,
ac yn chwilio am fy mhechod,
⁷ a thithau'n gwybod nad wyf yn euog,
ac nad oes a'm gwared o'th law.

⁸ "'Dy ddwylo a'm lluniodd ac a'm creodd,
ond yn awr yr wyt yn troi i'm difetha.
⁹ Cofia iti fy llunio fel clai,
ac eto i'r pridd y'm dychweli.
¹⁰ Oni thywelltaist fi fel llaeth,
a'm ceulo fel caws?
¹¹ Rhoist imi groen a chnawd,
a phlethaist fi o esgyrn a giau.
¹² Rhoist imi fywyd a daioni,
a diogelodd dy ofal fy einioes.
¹³ Ond cuddiaist y rhain yn dy galon;
gwn mai dyna dy fwriad.
¹⁴ Os pechaf, byddi'n sylwi arnaf,
ac ni'm rhyddhei o'm camwedd.
¹⁵ Os wyf yn euog, gwae fi,
ac os wyf yn ddieuog, ni chaf godi fy mhen.
Yr wyf yn llawn o warth ac yn llwythog gan flinder.
¹⁶ Os ymffrostiaf, yr wyt fel llew yn fy hela,
ac yn parhau dy orchestion yn f'erbyn.

9:19 Felly Groeg. Hebraeg, *a'm geilw*.
9:24 Y Fersiynau heb *Os . . . yw?*

¹⁷ Yr wyt yn dwyn cyrch ar gyrch
  arnaf,
ac yn cynyddu dy lid ataf,
ac yn gosod dy luoedd yn f'erbyn.

¹⁸ " 'Pam y dygaist fi allan o'r groth?
O na fuaswn farw cyn i lygad fy
  ngweld!
¹⁹ O na fyddwn fel un heb fod,
yn cael fy nwyn o'r groth i'r bedd!
²⁰ Onid prin yw dyddiau fy rhawd?*
Tro oddi wrthyf, imi gael ychydig
  lawenydd
²¹ cyn imi fynd i'r lle na ddychwelaf
  ohono,
i dir tywyllwch a'r fagddu,
²² tir y tywyllwch dudew, y gwyll a'r
  fagddu, goleuni fel y tywyllwch.' "

11
Atebodd Soffar y Naamathiad:

² "Oni ddylid ateb y pentyrru hwn ar
  eiriau?
A gyfiawnheir rhywun siaradus?
³ A wneir pawb yn fud gan dy
  faldorddi?
A gei di watwar heb neb i'th
  geryddu?
⁴ Dywedaist, 'Y mae f'athrawiaeth yn
  bur,
a dilychwin wyf yn d'olwg.'
⁵ O na lefarai Duw,
ac agor ei wefusau i siarad â thi,
⁶ a hysbysu iti gyfrinachau
  doethineb,
a bod dwy ochr i ddeall!
Yna gwybydd fod Duw yn anghofio
  peth o'th gamwedd.
⁷ A elli di ddarganfod dirgelwch
  Duw,
neu gyrraedd at gyflawnder yr
  Hollalluog?
⁸ Y mae'n uwch na'r nefoedd. Beth a
  wnei di?
Y mae'n is na Sheol. Beth a wyddost
  ti?
⁹ Y mae ei fesur yn hwy na'r ddaear,
ac yn ehangach na'r môr.
¹⁰ "Os daw ef heibio, i garcharu neu i
  alw llys barn,
pwy a'i rhwystra?

¹¹ Oherwydd y mae ef yn adnabod
  pobl dwyllodrus,
a phan wêl ddrygioni, onid yw'n
  sylwi arno?
¹² A ddaw'r dwl yn ddeallus—
asyn gwyllt yn cael ei eni'n ddyn?

¹³ "Os cyfeiri dy feddwl yn iawn,
fe estynni dy ddwylo tuag ato;
¹⁴ ac os oes drygioni ynot, bwrw ef
  ymhell oddi wrthyt,
ac na thriged anghyfiawnder yn dy
  bebyll;
¹⁵ yna gelli godi dy olwg heb
  gywilydd,
a byddi'n gadarn a di-ofn.
¹⁶ Fe anghofi orthrymder;
fel dŵr a giliodd y cofi amdano.
¹⁷ Bydd gyrfa bywyd yn oleuach na
  chanol dydd,
a'r gwyll fel boreddydd.
¹⁸ Byddi'n hyderus am fod gobaith,
ac wedi edrych o'th gwmpas, fe
  orweddi'n ddiogel.
¹⁹ Fe orffwysi heb neb i'th ddychryn;
a bydd llawer yn ceisio dy ffafr.
²⁰ Palla llygaid y drygionus,
diflanna ymwared oddi wrthynt,
a'u gobaith yw'r anadl olaf."

12
Atebodd Job:

² "Yn wir, chwi yw'r bobl,
a chyda chwi y derfydd doethineb!
³ Ond y mae gennyf finnau ddeall fel
  chwithau,
ac nid wyf yn salach na chwi;
yn wir, pwy sydd heb wybod hyn?

⁴ "Yr wyf yn gyff gwawd i'm
  cyfeillion,
er imi alw ar Dduw ac iddo yntau
  ateb;
y cyfiawn a'r perffaith yn gyff gwawd!
⁵ Dirmygir dinistr gan y rhai sydd
  mewn esmwythyd,
a sefydlogrwydd gan y rhai y mae eu
  traed yn llithro.
⁶ Llwyddiant sydd ym mhebyll yr
  anrheithwyr,
a diogelwch i'r rhai sy'n blino Duw—
rhai wedi cael Duw dan eu bawd!

⁷ "Ond yn awr gofyn i'r anifeiliaid dy
  ddysgu,

10:20 Felly Groeg. Hebraeg yn ansicr.

ac i adar y nefoedd fynegi i ti,
⁸ neu i blanhigion y tir dy hyfforddi,
ac i bysgod y môr dy gyfarwyddo.
⁹ Pwy na ddealla oddi wrth hyn i gyd
mai llaw'r ARGLWYDD a'u gwnaeth?
¹⁰ Yn ei law ef y mae einioes pob
 peth byw,
ac anadl pob un meidrol.
¹¹ Onid yw'r glust yn profi geiriau,
fel y mae tafod y genau yn blasu
 bwyd?

¹² "Ai ymhlith yr oedrannus y ceir
 doethineb,
a deall gyda'r rhai sydd ymlaen
 mewn dyddiau?
¹³ Gan Dduw* y mae doethineb a
 chryfder,
a chyngor a deall sydd eiddo iddo.
¹⁴ Os dinistria, nid adeiledir:
os carchara neb, nid oes rhyddhad.
¹⁵ Os atal ef y dyfroedd, yna y mae
 sychder;
a phan ollwng hwy, yna gorlifant y
 ddaear.
¹⁶ Ganddo ef y mae nerth a gwir
 ddoethineb;
ef biau'r sawl a dwyllir a'r sawl sy'n
 twyllo.
¹⁷ Gwna i gynghorwyr gerdded yn
 droednoeth,
a gwawdia farnwyr.
¹⁸ Y mae'n datod gwregys
 brenhinoedd,
ac yn rhwymo carpiau am eu
 llwynau.
¹⁹ Gwna i offeiriaid gerdded yn
 droednoeth,
a lloria'r rhai sefydledig.
²⁰ Diddyma ymadrodd y rhai y credir
 ynddynt,
a chymer graffter yr henuriaid oddi
 wrthynt.
²¹ Fe dywallt ddirmyg ar bendefigion,
a gwanhau nerth y cryfion.
²² Y mae'n datguddio cyfrinachau o'r
 tywyllwch,
ac yn troi'r fagddu yn oleuni.
²³ Fe amlha genhedloedd, ac yna fe'u
 dinistria;
fe ehanga genhedloedd, ac yna fe'u
 dwg ymaith.

²⁴ Diddyma farn penaethiaid y
 ddaear,
a pheri iddynt grwydro mewn
 diffeithwch di-ffordd;
²⁵ ymbalfalant yn y tywyllwch heb
 oleuni;
fe wna iddynt simsanu fel meddwon.

13 "Gwelodd fy llygad hyn i gyd;
clywodd fy nghlust ef, a'i ddeall.
² Rwyf finnau'n deall gystal â
 chwithau;
nid wyf yn ddim salach na chwi.
³ Eto â'r Hollalluog y dymunaf
 siarad,
a dadlau fy achos gyda Duw;
⁴ ond yr ydych chwi'n palu celwydd,
a'r cwbl ohonoch yn plethu
 anwiredd.
⁵ O na fyddech yn cadw'n ddistaw!
Hynny a fyddai'n ddoeth i chwi.
⁶ Gwrandewch yn awr ar fy achos,
a rhowch ystyriaeth i'm dadl.
⁷ A ddywedwch gelwydd dros Dduw,
a thwyll er ei fwyn?
⁸ A gymerwch chwi ei blaid,
a dadlau dros Dduw?
⁹ A fydd yn dda arnoch pan chwilia
 ef chwi?
A ellwch ei dwyllo ef fel y twyllir
 meidrolyn?
¹⁰ Bydd ef yn sicr o'ch ceryddu
os cymerwch ffafriaeth yn y dirgel.
¹¹ Onid yw ei fawredd yn eich
 dychryn?
Oni ddisgyn ei arswyd arnoch?
¹² Geiriau lludw yw eich gwirebau,
a chlai yw eich amddiffyniad.

¹³ "Byddwch ddistaw, a gadewch i mi
 lefaru,
a doed a ddelo arnaf.
¹⁴ Cymeraf* fy nghnawd rhwng fy
 nannedd,
a'm heinioes yn fy nwylo.
¹⁵ Yn sicr, fe'm lladd; nid oes gobaith
 imi;
eto amddiffynnaf fy muchedd o'i
 flaen.
¹⁶ A hyn sy'n rhoi hyder i mi,
na all neb annuwiol fynd ato.

12:13 Hebraeg, *Ganddo ef.*

13:14 Hebraeg, *Pam y cymeraf.*

¹⁷ Gwrandewch yn astud ar fy
  ngeiriau,
a rhowch glust i'm tystiolaeth.
¹⁸ Dyma fi wedi trefnu f'achos;
gwn y caf fy nghyfiawnhau.
¹⁹ Pwy sydd i ddadlau â mi,
i wneud imi dewi a rhoi i fyny'r
  ysbryd?
²⁰ Gwna ddau beth yn unig imi,
ac nid ymguddiaf oddi wrthyt:
²¹ symud dy law oddi arnaf,
fel na'm dychryner gan dy arswyd;
²² yna galw arnaf ac atebaf finnau,
neu gad i mi siarad a rho di ateb.
²³ Beth yw nifer fy meiau a'm
  pechodau?
Dangos imi fy nhrosedd a'm pechod.
²⁴ Pam yr wyt yn cuddio dy wyneb,
ac yn f'ystyried yn elyn iti?
²⁵ A ddychryni di ddeilen grin,
ac ymlid soflyn sych?
²⁶ Oherwydd dygaist bethau chwerw
  yn f'erbyn,
a gwneud imi etifeddu drygioni fy
  ieuenctid.
²⁷ Gosodaist fy nhraed mewn cyffion
(yr wyt yn gwylio fy holl ffyrdd),
a rhoist nod ar wadnau fy nhraed.
²⁸ Ond derfydd dyn* fel costrel
  groen*,
fel dilledyn wedi ei ysu gan wyfyn.

14

"Y mae pob un a anwyd o wraig
yn fyr ei oes ac yn llawn helbul.
² Y mae fel blodeuyn yn tyfu ac yna'n
  gwywo;
diflanna fel cysgod ac nid erys.
³ A roi di sylw i un fel hyn,
a'i ddwyn ef* i farn gyda thi?
⁴ Pwy a gaiff lendid allan o aflendid?
  Neb!
⁵ Gan fod terfyn i'w ddyddiau,
a chan iti rifo'i fisoedd,
a gosod iddo ffin nas croesir,
⁶ yna tro oddi wrtho fel y caiff
  lonydd,
fel gwas cyflog yn mwynhau ei
  ddiwrnod gwaith.

⁷ "Er i goeden gael ei thorri,
y mae gobaith iddi ailflaguro,
ac ni pheidia ei blagur â thyfu.
⁸ Er i'w gwraidd heneiddio yn y
  ddaear,
ac i'w boncyff farweiddio yn y pridd,
⁹ pan synhwyra ddŵr fe adfywia,
ac fe flagura fel planhigyn ifanc.
¹⁰ Ond pan fydd rhywun farw, â'n
  ddi-nerth,
a phan rydd ei anadl olaf, nid yw'n
  bod mwyach*.
¹¹ Derfydd y dŵr o'r llyn;
disbyddir a sychir yr afon;
¹² felly'r meidrol, fe orwedd ac ni
  chyfyd,
ni ddeffry tra pery'r nefoedd,
ac nis cynhyrfir o'i gwsg.
¹³ O na bait yn fy nghuddio yn Sheol,
ac yn fy nghadw o'r golwg nes i'th lid
  gilio,
a phennu amser arbennig imi, a'm
  dwyn i gof!
¹⁴ (Pan fydd meidrolyn farw, a gaiff
  ef fyw drachefn?)
Yna fe obeithiwn holl ddyddiau fy
  llafur,
hyd nes i'm rhyddhad ddod.
¹⁵ Gelwit arnaf, ac atebwn innau;
hiraethit am waith dy ddwylo.
¹⁶ Yna cedwit gyfrif o'm camre,
heb wylio fy mhechod;
¹⁷ selid fy nhrosedd mewn cod,
a chuddid fy nghamwedd.

¹⁸ "Ond, fel y diflanna'r mynydd sy'n
  llithro,
ac fel y symud y graig o'i lle,
¹⁹ ac fel y treulir y cerrig gan
  ddyfroedd,
ac y golchir ymaith bridd y ddaear
  gan lifogydd,
felly y gwnei i obaith meidrolyn
  ddiflannu.
²⁰ Parhei i'w orthrymu nes derfydd;
newidi ei wedd, a'i ollwng.
²¹ Pan anrhydeddir ei blant, ni ŵyr;
pan ddarostyngir hwy, ni sylwa.
²² Ei gnawd ei hun yn unig sy'n ei
  boeni,
a'i fywyd ei hun sy'n ei ofidio."

13:28 Hebraeg, *ef.*
13:28 Felly Groeg. Hebraeg, *fel pydredd.*
14:3 Hebraeg, *a'm dwyn i.*
14:10 Felly llawysgrifau a Groeg. TM, *ple mae?*

Yr Ail Gylch Areithio

15

15:1—21:34

Yna atebodd Eliffas y Temaniad:

² "Ai ateb â gwybodaeth nad yw'n ddim ond gwynt a wna'r doeth,
a llenwi ei fol â'r dwyreinwynt?
³ A ddadleua ef â gair di-fudd,
ac â geiriau di-les?
⁴ Ond yr wyt ti'n diddymu duwioldeb,
ac yn rhwystro defosiwn gerbron Duw.
⁵ Oherwydd dy gamwedd sy'n hyfforddi dy enau,
ac ymadrodd y cyfrwys a ddewisi.
⁶ Dy enau dy hun sy'n dy gondemnio, nid myfi,
a'th wefusau di sy'n tystio yn dy erbyn.

⁷ "Ai ti a anwyd y cyntaf o bawb?
A ddygwyd di i'r byd cyn y bryniau?
⁸ A wyt ti'n gwrando ar gyfrinach* Duw,
ac yn cyfyngu doethineb i ti dy hun?
⁹ Beth a wyddost ti na wyddom ni?
Pa grebwyll sydd gennyt nad yw gennym ninnau?
¹⁰ Y mae yn ein mysg rai penwyn a rhai oedrannus,
rhai sy'n hŷn na'th dad.
¹¹ Ai dibris yn d'olwg yw diddanwch Duw,
a'r gair a ddaw'n ddistaw atat?
¹² Beth a ddaeth dros dy feddwl?
Pam y mae dy lygaid yn fflachio
¹³ fel yr wyt yn gosod dy ysbryd yn erbyn Duw,
ac yn arllwys y geiriau hyn?
¹⁴ Sut y gall neb fod yn ddieuog,
ac un a anwyd o wraig fod yn gyfiawn?
¹⁵ Os nad ymddiried Duw yn ei rai sanctaidd,
os nad yw'r nefoedd yn lân yn ei olwg,
¹⁶ beth ynteu am feidrolyn, sy'n ffiaidd a llwgr,
ac yn yfed anghyfiawnder fel dŵr?

¹⁷ "Dangosaf iti; gwrando dithau arnaf.
Mynegaf i ti yr hyn a welais
¹⁸ (yr hyn y mae'r doethion wedi ei ddweud,
ac nad yw wedi ei guddio oddi wrth eu hynafiaid;
¹⁹ iddynt hwy yn unig y rhoddwyd y ddaear,
ac ni thramwyodd dieithryn yn eu plith):
²⁰ bydd yr annuwiol mewn helbul holl ddyddiau ei oes,
trwy gydol y blynyddoedd a bennwyd i'r creulon.
²¹ Sŵn dychryniadau sydd yn ei glustiau,
a daw'r dinistriwr arno yn awr ei lwyddiant.
²² Nid oes iddo obaith dychwelyd o'r tywyllwch;
y mae wedi ei dynghedu i'r cleddyf.
²³ Crwydryn yw, ac ysglyfaeth i'r fwltur;
gŵyr mai diwrnod tywyll sydd wedi ei bennu iddo.
²⁴ Brawychir ef gan ofid a chyfyngder;
llethir ef fel brenin parod i ymosod.
²⁵ Oherwydd iddo estyn ei law yn erbyn Duw,
ac ymffrostio yn erbyn yr Hollalluog,
²⁶ a rhuthro arno'n haerllug,
a both ei darian yn drwchus;
²⁷ oherwydd i'w wyneb chwyddo gan fraster,
ac i'w lwynau dewychu â bloneg,
²⁸ fe drig mewn dinasoedd diffaith,
mewn tai heb neb yn byw ynddynt,
lleoedd sydd ar fin adfeilio.
²⁹ Ni ddaw'n gyfoethog, ac ni phery ei gyfoeth,
ac ni chynydda'i olud* yn y tir.
³⁰ Ni ddianc rhag y tywyllwch.
Deifir ei frig gan y fflam,
a syrth ei flagur* yn y gwynt.
³¹ Peidied ag ymddiried mewn gwagedd a'i dwyllo'i hun,
canys gwagedd fydd ei dâl.
³² Bydd yn gwywo cyn ei amser,
ac ni lasa'i gangen.
³³ Dihidla'i rawnwin anaeddfed fel gwinwydden,
a bwrw ei flodau fel olewydden.
³⁴ Diffrwyth yw cwmni'r annuwiol,

15:8 Neu, *yng Nghyngor.*
15:29 Hebraeg yn ddyrys.
15:30 Cymh. Groeg. Hebraeg, *ei enau.*

ac fe ysa'r tân drigfannau breibwyr.
35 Beichiogant ar flinder ac ymddŵyn drwg,
ac ar dwyll yr esgor eu croth."

16
Atebodd Job:

2 "Yr wyf wedi clywed llawer o bethau fel hyn;
cysurwyr sy'n peri blinder ydych chwi i gyd.
3 A oes terfyn i eiriau gwyntog?
Neu beth sy'n dy gythruddo i ddadlau?
4 Gallwn innau siarad fel chwithau,
pe baech chwi yn fy safle i;
gallwn blethu geiriau yn eich erbyn,
ac ysgwyd fy mhen arnoch.
5 Gallwn eich calonogi â'm genau,
a'ch esmwytháu â geiriau fy ngwefusau.

6 "Os llefaraf, ni phaid fy mhoen,
ac os tawaf, ni chilia oddi wrthyf.
7 Ond yn awr gosodwyd blinder arnaf;
anrheithiaist fy holl gydnabod.
8 Crychaist fy nghroen, a thystia hyn yn f'erbyn;
saif fy nheneuwch i'm cyhuddo.
9 Yn ei gynddaredd rhwygodd fi mewn casineb,
ac ysgyrnygu ei ddannedd arnaf;
llygadrytha fy ngelynion arnaf.
10 Cegant yn wawdlyd arnaf,
trawant fy ngrudd mewn dirmyg,
unant yn dyrfa yn f'erbyn.
11 Rhydd Duw fi yng ngafael yr annuwiol,
a'm taflu i ddwylo'r anwir.
12 Yr oeddwn mewn esmwythyd, ond drylliodd fi;
cydiodd yn fy ngwar a'm llarpio;
gosododd fi yn nod iddo anelu ato.
13 Yr oedd ei saethwyr o'm hamgylch;
trywanodd i'm harennau'n ddidrugaredd,
a thywalltwyd fy mustl ar y llawr.
14 Gwnaeth rwyg ar ôl rhwyg ynof;
rhuthrodd arnaf fel ymladdwr.

15 "Gwnïais sachliain am fy nghroen,
a chuddiais fy nghorun yn y llwch.
16 Cochodd fy wyneb gan ddagrau,
daeth düwch ar fy amrannau,
17 er nad oes trais ar fy nwylo,
ac er bod fy ngweddi'n ddilys.

18 "O ddaear, na chuddia fy ngwaed,
ac na fydded gorffwys i'm cri.
19 Oherwydd wele, yn y nefoedd y mae fy nhyst,
ac yn yr uchelder y mae'r Un a dystia drosof.
20 Er bod fy nghyfeillion yn fy ngwawdio,
difera fy llygad ddagrau gerbron Duw,
21 fel y bo barn gyfiawn rhwng pob un a Duw,
fel sydd rhwng rhywun a'i gymydog.
22 Ychydig flynyddoedd sydd i ddod
cyn imi fynd ar hyd llwybr na ddychwelaf arno.

17
"Llesgaodd fy ysbryd, ciliodd fy nyddiau;
beddrod fydd fy rhan.
2 Yn wir y mae gwatwarwyr o'm cwmpas;
pyla fy llygaid wrth iddynt wawdio.

3 "Gosod dy hun yn feichiau drosof;
pwy arall a rydd wystl ar fy rhan?
4 Oherwydd iti gadw eu calon rhag deall,
ni fydd i ti eu dyrchafu.
5 Pan fydd rhywun yn gwenieithu ei gyfeillion,
bydd llygaid ei blant yn pylu.

6 "Gwnaeth fi'n ddihareb i'r bobl;
yr wyf yn un y maent yn poeri arno.
7 Pylodd fy llygaid o achos gofid;
aeth fy nghorff i gyd fel cysgod.
8 Synna'r cyfiawn at y fath beth,
a ffyrniga'r uniawn yn erbyn yr annuwiol.
9 Fe geidw'r cyfiawn at ei ffordd,
a bydd y glân ei ddwylo yn ychwanegu nerth.
10 Pe baech i gyd yn rhoi ailgynnig,
eto ni chawn neb doeth yn eich plith.

11 "Ciliodd fy nyddiau; methodd f'amcanion
a dyhead fy nghalon.
12 Gwnânt y nos yn ddydd—

dewisant weld goleuni er gwaethaf y
  tywyllwch.
¹³ Pa obaith sydd gennyf? Sheol fydd
  fy nghartref;
cyweiriaf fy ngwely yn y tywyllwch;
¹⁴ dywedaf wrth y pwll, 'Ti yw fy
  nhad',
ac wrth lyngyr, 'Fy mam a'm
  chwaer'.
¹⁵ Ble, felly, y mae fy ngobaith?
A phwy a wêl obaith imi?
¹⁶ Oni ddisgyn y rhai hyn i Sheol?
Onid awn i gyd i'r llwch?"

18

Yna atebodd Bildad y Suhiad:

² "Pa bryd y rhowch derfyn* ar
  eiriau?
Ystyriwch yn bwyllog, yna gallwn
  siarad.
³ Pam yr ystyrir ni fel anifeiliaid,
ac y cyfrifir ni'n hurt yn eich golwg?
⁴ Un yn ei rwygo'i hun yn ei lid!
A wneir y ddaear yn ddiffaith er dy
  fwyn di?
A symudir y graig o'i lle?

⁵ "Fe ddiffydd goleuni'r drygionus,
ac ni chynnau fflam ei dân.
⁶ Fe dywylla'r goleuni yn ei babell,
a diffydd ei lamp uwch ei ben.
⁷ Byrhau a wna'i gamau cryfion,
a'i gyngor ei hun a wna iddo syrthio.
⁸ Fe'i gyrrir ef i'r rhwyd gan ei draed
  ei hun;
y mae'n sangu ar y rhwydwaith.
⁹ Cydia'r trap yn ei sawdl,
ac fe'i delir yn y groglath.
¹⁰ Cuddiwyd cortyn iddo ar y ddaear,
ac y mae magl ar ei lwybr.
¹¹ Y mae ofnau o bob tu yn ei
  ddychryn,
ac yn ymlid ar ei ôl.
¹² Pan ddaw pall ar ei gryfder,
yna y mae dinistr yn barod am ei
  gwymp.
¹³ Ysir ei groen gan glefyd,
a llyncir ei aelodau gan Gyntafanedig
  Angau;
¹⁴ yna cipir ef o'r babell yr
  ymddiriedai ef ynddi,
a'i ddwyn at Frenin Braw.
¹⁵ Bydd estron yn trigo yn ei babell,
a gwasgerir brwmstan ar ei annedd.
¹⁶ "Crina'i wraidd oddi tanodd,
a gwywa'i ganghennau uwchben.
¹⁷ Derfydd y cof amdano o'r tir,
ac nid erys ei enw yn y wlad.
¹⁸ Fe'i gwthir o oleuni i dywyllwch,
ac erlidir ef o'r byd.
¹⁹ Ni bydd disgynnydd na hil iddo
  ymysg ei bobl,
nac olynydd iddo yn ei drigfan.
²⁰ Synnant yn y Gorllewin o achos ei
  dynged,
ac arswydant yn y Dwyrain.
²¹ Yn wir dyma drigfannau'r
  anghyfiawn;
hwn yw lle'r un nad yw'n adnabod
  Duw."

19

Atebodd Job:

² "Am ba hyd y blinwch fi,
a'm dryllio â geiriau?
³ Yr ydych wedi fy ngwawdio
  ddengwaith,
ac nid oes arnoch gywilydd fy
  mhoeni.
⁴ Os yw'n wir imi gyfeiliorni,
onid arnaf fi fy hun y mae'r bai?
⁵ Os ydych yn wir yn eich gwneud
  eich hunain yn well na mi,
ac yn fy nghondemnio o achos fy
  ngwarth,
⁶ ystyriwch yn awr mai Duw sydd
  wedi gwneud cam â mi,
ac wedi taflu ei rwyd o'm hamgylch.
⁷ Os gwaeddaf, 'Trais', ni chaf ateb;
os ceisiaf help, ni chaf farn deg.
⁸ Caeodd fy ffordd fel na allaf
  ddianc,
a gwnaeth fy llwybr yn dywyll o'm
  blaen.
⁹ Cipiodd f'anrhydedd oddi arnaf,
a symudodd y goron oddi ar fy
  mhen.
¹⁰ Bwriodd fi i lawr yn llwyr, a darfu
  amdanaf;
diwreiddiodd fy ngobaith fel coeden.
¹¹ Enynnodd ei lid yn f'erbyn,
ac fe'm cyfrif fel un o'i elynion.
¹² Daeth ei fyddinoedd ynghyd;
gosodasant sarn hyd ataf,
ac yna gwersyllu o amgylch fy
  mhabell.

18:2 Felly Groeg. Hebraeg, *rhowch faglau*.

¹³ "Cadwodd fy mherthnasau draw
     oddi wrthyf,
ac aeth fy nghyfeillion yn ddieithr.
¹⁴ Gwadwyd fi gan fy nghymdogion
     a'm cydnabod,
ac anwybyddwyd fi gan fy ngweision.
¹⁵ Fel dieithryn y meddylia fy
     morynion amdanaf;
estron wyf yn eu golwg.
¹⁶ Galwaf ar fy ngwas, ond nid yw'n
     fy ateb,
er i mi erfyn yn daer arno.
¹⁷ Aeth fy anadl yn atgas i'm gwraig,
ac yn ddrewdod i'm plant fy hun.
¹⁸ Dirmygir fi hyd yn oed gan
     blantos;
pan godaf ar fy nhraed, y maent yn
     troi cefn arnaf*.
¹⁹ Ffieiddir fi gan fy nghyfeillion
     pennaf;
trodd fy ffrindiau agosaf yn f'erbyn.
²⁰ Y mae *fy nghnawd yn glynu wrth
     fy esgyrn,
a dihengais â chroen fy nannedd.

²¹ "Cymerwch drugaredd arnaf, fy
     nghyfeillion,
oherwydd cyffyrddodd llaw Duw â
     mi.
²² Pam yr erlidiwch fi fel y gwna
     Duw?
Oni chawsoch ddigon ar ddifa fy
     nghnawd?
²³ O na fyddai fy ngeiriau wedi eu
     hysgrifennu!
O na chofnodid hwy mewn llyfr,
²⁴ wedi eu hysgrifennu â phin haearn
     a phlwm,
a'u naddu ar garreg am byth!
²⁵ Oherwydd gwn fod fy
     amddiffynnwr yn fyw,
ac y saif o'm plaid yn y diwedd;
²⁶ ac wedi i'm croen ddifa fel hyn,
eto o'm cnawd caf weld Duw*.
²⁷ Fe'i gwelaf ef o'm plaid;
ie, fy llygaid fy hun a'i gwêl, ac nid
     yw'n ddieithr.
Y mae fy nghalon yn dyheu o'm
     mewn.

²⁸ "Os dywedwch, 'Y fath erlid a fydd
     arno,

gan fod gwreiddyn y drwg ynddo,'
²⁹ yna arswydwch rhag y cleddyf,
oherwydd daw cynddaredd â chosb
     y cleddyf,
ac yna y cewch wybod fod barn."

20

Yna atebodd Soffar y Naamathiad:

² "Yn awr, fe'm cynhyrfir i ateb;
am hynny atebaf ar frys.
³ Clywais gerydd sy'n fy nifrïo;
y mae cynnwrf fy meddwl yn fy
     ngorfodi i ateb.
⁴ Onid wyt yn gwybod hyn? O'r
     dechrau,
er pan osodwyd pobl ar y ddaear,
⁵ byr yw gorfoledd y drygionus,
ac am gyfnod yn unig y pery
     llawenydd yr annuwiol.
⁶ Er i'w falchder esgyn i'r uchelder,
ac i'w ben gyffwrdd â'r cymylau,
⁷ eto derfydd am byth fel ei dom ei
     hun,
a dywed y rhai a'i gwelodd, 'Ple mae
     ef?'
⁸ Eheda ymaith fel breuddwyd, ac ni
     fydd yn bod;
fe'i hymlidir fel gweledigaeth nos.
⁹ Y llygad a'i gwelodd, ni wêl mohono
     mwy,
ac nid edrych arno yn ei le.
¹⁰ Cais ei blant ffafr y tlawd,
a dychwel ei ddwylo ei gyfoeth.
¹¹ Y mae ei esgyrn sy'n llawn egni
yn gorwedd gydag ef yn y llwch.

¹² "Er i ddrygioni droi'n felys yn ei
     enau,
a'i fod yntau am ei gadw dan ei dafod,
¹³ ac yn anfodlon ei ollwng,
ond yn ei ddal dan daflod ei enau,
¹⁴ eto y mae ei fwyd yn ei gylla
yn troi'n wenwyn asb iddo.
¹⁵ Llynca gyfoeth, ac yna'i chwydu;
bydd Duw'n ei dynnu allan o'i fol.
¹⁶ Sugna wenwyn yr asb,
ac yna fe'i lleddir gan golyn gwiber.
¹⁷ Ni chaiff weld ffrydiau o olew*,
nac afonydd o fêl a llaeth.
¹⁸ Dychwel ffrwyth ei lafur heb iddo
     elwa arno;
er cymaint ei enillion, ni chaiff eu
     mwynhau.

19:18 Neu, *y maent yn cega arnaf.*
19:20 Hebraeg yn ychwanegu *fy nghroen.*
19:26 Hebraeg yn aneglur iawn.

20:17 Cymh. 29:6. Hebraeg, *afonydd o.*

¹⁹ Oherwydd gorthrymodd y tlawd a'i
   adael yn ddiymgeledd;
cipiodd dŷ nas adeiladodd.
²⁰ Ni ŵyr sut i dawelu ei chwant,
ac ni ddianc dim rhag ei wanc.
²¹ Nid oes gweddill iddo'i fwyta,
ac felly nid oes parhad i'w ffyniant.
²² Wedi digoni ei chwant, â'n gyfyng
   arno;
daw holl rym gofid arno.
²³ Pan fydd ar fedr llenwi ei fol,
gyrrir arno angerdd llid,
a'i dywallt i lawr i'w berfedd.

²⁴ "Fe ffy rhag arfau haearn,
ond fe'i trywenir gan y saeth bres.
²⁵ Tynnir hi allan o'i gorff,
y blaen gloyw allan o'i fustl;
daw dychrynfeydd arno.
²⁶ Tywyllwch llwyr a gadwyd ar gyfer
   ei drysorau;
ysir ef gan dân nad oes raid ei
   chwythu;
difethir yr hyn a adawyd yn ei
   babell.
²⁷ Dadlenna'r nefoedd ei gamwedd,
a chyfyd y ddaear yn ei erbyn.
²⁸ Bydd i'r dilyw ddwyn ymaith ei dŷ,
a llifogydd, yn nydd ei lid.
²⁹ Dyma dynged yr annuwiol oddi
   wrth Dduw,
a'r etifeddiaeth a osododd iddo."

21
Atebodd Job:
² "Gwrandewch eto ar fy ngeiriau;
felly y rhowch gysur imi.
³ Goddefwch i mi lefaru,
ac wedi imi lefaru, cewch watwar.
⁴ Oni chaf ddweud fy nghwyn wrth
   rywun?
a pham na chaf fod yn ddiamynedd?
⁵ Edrychwch arnaf, a synnwch,
a rhowch eich llaw ar eich genau.
⁶ Pan ystyriaf hyn, rwy'n arswydo,
a daw cryndod i'm cnawd.

⁷ "Pam y caiff yr annuwiol fyw,
a heneiddio'n gadarnach eu nerth?
⁸ Y mae eu plant yn byw o'u cwmpas,
a'u teulu yn eu hymyl.
⁹ Y mae eu tylwyth yn ddiogel oddi
   wrth ddychryn,
ac ni ddaw dyrnod Duw arnynt.
¹⁰ Y mae eu tarw'n cyfloi yn ddi-feth,

a'u buwch yn bwrw lloi heb erthylu.
¹¹ Caiff eu plantos grwydro'n rhydd
   fel defaid,
a dawnsia'u plant yn hapus.
¹² Canant gyda'r dympan a'r delyn,
a byddant lawen wrth sŵn y pibau.
¹³ Treuliant eu dyddiau mewn
   esmwythyd,
a disgynnant i Sheol mewn
   heddwch.
¹⁴ Dywedant wrth Dduw, 'Cilia oddi
   wrthym;
ni fynnwn wybod dy ffyrdd.
¹⁵ Pwy yw'r Hollalluog i ni ei
   wasanaethu,
a pha fantais sydd inni os gweddïwn
   arno?'
¹⁶ "Ai yn eu dwylo'u hunain y mae eu
   ffyniant?
Pell yw cyngor y drygionus oddi wrth
   Dduw*.

¹⁷ "Pa mor aml y diffoddir lamp yr
   annuwiol,
ac y daw eu dinistr arnynt hwy,
ac y tynghedir hwy i boen gan ei lid?
¹⁸ A ydynt hwy fel gwelltyn o flaen y
   gwynt,
neu fel us a ddygir ymaith gan y
   storm?
¹⁹ A geidw Duw ddinistr rhiant i'w
   blant?
Na, taled iddo ef ei hun, a'i
   ddarostwng.
²⁰ Bydded i'w lygaid ei hun weld ei
   ddinistr,
ac yfed o lid yr Hollalluog.
²¹ Pa ddiddordeb fydd ganddo yn ei
   deulu ar ei ôl,
pan fydd nifer ei fisoedd wedi
   darfod?

²² "A ellir dysgu gwybodaeth i Dduw?
Onid ef sy'n barnu'r beilchion?
²³ "Bydd un farw yn ei lwyddiant,
mewn llonyddwch a thawelwch,
²⁴ ei lwynau yn llawn braster,
a mêr ei esgyrn yn iraidd.
²⁵ Bydd arall farw yn chwerw ei
   ysbryd,
heb brofi daioni.

21:16 Felly Groeg. Hebraeg, *wrthyf.*

26 Ond gorweddant gyda'i gilydd yn y pridd,
a'r pryfed yn amdo drostynt.
27 "Yn awr gwn eich meddyliau,
a'r bwriadau sydd gennych i'm drygu;
28 oherwydd dywedwch, 'Ble'r aeth tŷ'r pendefig?
a phle mae trigfannau'r annuwiol?'
29 Oni ofynnwch i'r rhai sy'n teithio'r ffordd?
Onid ydych yn adnabod yr arwyddion,
30 yr arbedir y drygionus rhag dydd dinistr,
ac y gwaredir ef rhag dydd digofaint?
31 Pwy a'i cyhudda yn ei wyneb?
Pwy a dâl yn ôl iddo am yr hyn a wnaeth?
32 Pan ddygir ef i'r bedd,
cedwir gwyliadwriaeth ar ei feddrod.
33 Y mae tywyrch y fynwent yn dyner arno;
bydd gorymdaith yn dilyn ar ei ôl,
a thyrfa niferus yn cerdded o'i flaen.
34 Sut, felly, y mae eich gwagedd yn gysur i mi?
Nid oes ond twyll yn eich atebion."

Y Trydydd Cylch Areithio

22 22:1—27:23
Yna atebodd Eliffas y Temaniad:

2 "A yw unrhyw un o werth i Dduw?
Onid iddo'i hun y mae'r doeth o werth?
3 A oes boddhad i'r Hollalluog pan wyt yn gyfiawn,
neu elw iddo pan wyt yn rhodio'n gywir?
4 Ai am dy dduwioldeb y mae'n dy geryddu,
ac yn dy ddwyn i farn?
5 Onid yw dy ddrygioni'n fawr,
a'th gamwedd yn ddiderfyn?
6 Cymeri wystl gan dy gymrodyr yn ddiachos,
a dygi ymaith ddillad y tlawd.
7 Ni roddi ddŵr i'r lluddedig i'w yfed,
a gwrthodi fara i'r newynog.
8 Y cryf sy'n meddiannu'r tir,
a'r ffefryn a drig ynddo.
9 Gyrri'r weddw ymaith yn waglaw,
ac ysigi freichiau'r amddifad.
10 Am hyn y mae maglau o'th gwmpas,
a daw ofn disymwth i'th lethu,
11 a thywyllwch fel na elli weld,
a bydd dyfroedd yn dy orchuddio.
12 "Onid yw Duw yn uchder y nefoedd
yn edrych i lawr ar y sêr sy mor uchel?
13 Felly dywedi, 'Beth a ŵyr Duw?
A all ef farnu trwy'r tywyllwch?
14 Cymylau na wêl trwyddynt sy'n ei guddio,
ac ar gylch y nefoedd y mae'n rhodio.'
15 A gedwi di at yr hen ffordd
y rhodiodd y drygionus ynddi?
16 Cipiwyd hwy ymaith cyn pryd,
pan ysgubwyd ymaith eu sylfaen gan lif afon.
17 Dyma'r rhai a ddywedodd wrth Dduw, 'Cilia oddi wrthym'.
Beth a wnaeth yr Hollalluog iddynt hwy?
18 Er iddo lenwi eu tai â daioni,
pell yw cyngor y drygionus oddi wrtho*.
19 Gwêl y cyfiawn hyn, a llawenha;
a gwatwerir hwy gan y dieuog.
20 Yn wir, dinistriwyd eu cynhaeaf,
ac ysodd y tân eu llawnder.
21 "Cytuna ag ef, a chei lwyddiant;
trwy hyn y daw daioni i ti.
22 Derbyn gyfarwyddyd o'i enau,
a chadw ei eiriau yn dy galon.
23 Os dychweli at yr Hollalluog, mewn gwirionedd,
a gyrru anghyfiawnder ymhell o'th babell,
24 os ystyri aur fel pridd,
aur Offir fel cerrig y nentydd,
25 yna bydd yr Hollalluog yn aur iti,
ac yn arian pur.
26 Yna cei ymhyfrydu yn yr Hollalluog,
a dyrchafu dy wyneb at Dduw.
27 Cei weddïo arno, ac fe'th wrendy,
a byddi'n cyflawni dy addunedau.
28 Pan wnei gynllun, fe lwydda iti,
a llewyrcha goleuni ar dy ffyrdd.

22:18 Felly Groeg. Hebraeg, *wrthyf*.

²⁹ Fe ddarostyngir y rhai a ystyri'n falch;
yr isel ei fryd a wareda ef.
³⁰ Fe achub ef y dieuog*;
achubir ef am fod ei* ddwylo'n lân."

23
Atebodd Job:
² "Heddiw eto y mae fy nghwyn yn chwerw*,
a'i law* sy'n drwm er gwaethaf f'ochenaid.
³ O na wyddwn ble y cawn ef,
a pha fodd i ddod at ei drigfan!
⁴ Yna gosodwn fy achos o'i flaen,
a llenwi fy ngenau â dadleuon.
⁵ Mynnwn wybod sut yr atebai fi,
a deall beth a ddywedai wrthyf.
⁶ Ai gyda'i holl nerth y dadleuai â mi?
Na, ond fe roddai sylw imi.
⁷ Sylwai mai un uniawn a ymresymai ag ef,
a chawn fy rhyddhau am byth gan fy marnwr.

⁸ "Os af i'r dwyrain, nid yw ef yno;
ac os i'r gorllewin, ni chanfyddaf ef.
⁹ Pan weithreda yn y gogledd, ni sylwaf;
os try i'r de, nis gwelaf.
¹⁰ Ond y mae ef yn deall fy ffordd;
wedi iddo fy mhrofi, dof allan fel aur.
¹¹ Dilyn fy nhroed ei lwybr;
cadwaf ei ffordd heb wyro.
¹² Ni chiliaf oddi wrth orchmynion ei enau;
cadwaf ei eiriau yn fy mynwes.
¹³ Erys ef yr un, a phwy a'i try?
Fe wna beth bynnag a ddymuna.
¹⁴ Yn wir fe ddwg fy nedfryd i ben,
fel llawer o rai eraill sydd ganddo.
¹⁵ Am hyn yr arswydaf rhagddo;
pan ystyriaf, fe'i hofnaf.
¹⁶ Duw sy'n gwanychu fy nghalon;
yr Hollalluog sy'n fy nychryn;
¹⁷ nid y tywyllwch sy'n cyfyngu arnaf,
na'r fagddu'n fy nghuddio.

24
"Ni chedwir yr amseroedd gan yr Hollalluog,
ond nid yw'r rhai sy'n ei adnabod yn eu gwybod.
² Y mae'r annuwiol* yn symud terfynau,
ac yn lladrata'r praidd i'w bugeilio.
³ Dygant asyn yr amddifad i ffwrdd,
a thywysant ymaith ych y weddw.
⁴ Gwthiant y tlawd o'r ffordd,
a chwilia rhai anghenus y wlad am le i ymguddio.
⁵ Ânt i'w gorchwyl fel asynnod gwyllt yn yr anialwch;
chwiliant am ysglyfaeth yn y diffeithwch, yn fwyd i'w plant.
⁶ Medant faes nad yw'n eiddo iddynt,
a lloffant winllan yr anghyfiawn.
⁷ Gorweddant drwy'r nos yn noeth, heb ddillad,
heb gysgod rhag yr oerni.
⁸ Fe'u gwlychir gan law trwm y mynyddoedd;
am eu bod heb loches, ymwthiant at graig.
⁹ "Tynnir yr amddifad oddi ar y fron,
a chymryd plentyn y tlawd yn wystl.
¹⁰ "Cerddant o gwmpas yn noeth heb ddillad,
a newynant wrth gasglu ysgubau.
¹¹ Gwasgant yr olew rhwng y meini;
sathrant y cafnau gwin, ond y maent yn sychedig.
¹² O'r ddinas clywir griddfan y rhai sy'n marw,
ac ochain y rhai clwyfedig yn gweiddi am gymorth;
ond ni rydd Duw sylw i'w cri.
¹³ "Dyma'r rhai sy'n gwrthryfela yn erbyn y goleuni,
y rhai nad ydynt yn adnabod ei ffyrdd,
nac yn aros yn ei lwybrau.
¹⁴ Cyn i'r dydd wawrio daw'r llofrudd
i ladd yr anghenus a'r tlawd.
Yn y nos y gweithia'r lleidr;
y mae'n torri i mewn i dai yn y tywyllwch.*

22:30 Felly Fersiynau. Hebraeg, *un nad yw'n ddieuog*.
22:30 Felly Fersiynau. Hebraeg, *dy*.
23:2 Felly Groeg. Hebraeg, *yn wrthryfelgar*.
23:2 Felly Syrieg, Fwlgat. Hebraeg, *a'm llaw*.

24:2 Felly Groeg. Hebraeg heb *annuwiol*.
24:14 Hebraeg, *y mae'n torri . . . tywyllwch* ar ddechrau adn. 16.

¹⁵ Y mae'r godinebwr yn gwylio'i gyfle yn y cyfnos,
gan ddweud, 'Nid oes neb yn fy ngweld',
ac yn gosod gorchudd ar ei wyneb.
¹⁶ Cuddiant eu hunain yn ystod y dydd—
y rhain na wyddant beth yw goleuni.
¹⁷ Y mae'r bore yr un fath â'r fagddu iddynt;
eu cynefin yw dychrynfeydd y fagddu.

¹⁸ "Llysnafedd ar wyneb dyfroedd ydynt;
melltithiwyd eu cyfran yn y tir;
ni thry neb i gyfeiriad eu gwinllannoedd.
¹⁹ Fel y mae sychder a gwres yn cipio'r dyfroedd ar ôl eira,
felly y gwna Sheol i'r rhai a bechodd.
²⁰ Anghofir hwy gan y groth, fe'u hysir gan y llyngyryn,
ac ni chofir hwy mwyach;
torrir ymaith anghyfiawnder fel coeden.
²¹ Drygant yr un na ddygodd blant,
ac ni wnânt dda i'r weddw.

²² "Y mae ef yn meddiannu'r cryf trwy ei nerth,
a phan gyfyd, nid oes gan neb hyder yn ei einioes.
²³ Gwna iddynt gredu y cynhelir hwy;
eto y mae ei lygaid ar eu ffyrdd.
²⁴ Dyrchefir hwy dros dro, yna diflannant;
gwywant a chiliant fel hocys*;
gwywant fel brig y dywysen.
²⁵ Os nad felly y mae, pwy all fy ngwrthbrofi
a gwneud fy ngeiriau'n ddim?"

25 Yna atebodd Bildad y Suhiad:

² "Y mae awdurdod a dychryn gyda Duw
sy'n peri heddwch yn yr uchelder.
³ A ellir rhifo ei fyddinoedd?
Ac ar bwy ni chyfyd ei oleuni?
⁴ Sut y gall unrhyw un fod yn gyfiawn gerbron Duw?
A pha fodd y gwneir yn lân un a anwyd o wraig?

⁵ Gwêl, nid yw'r lleuad yn rhoi goleuni pur,
ac nid yw'r sêr yn lân yn ei olwg.
⁶ Beth, ynteu, am feidrolyn, y llyngyryn,
ac un dynol, y pryfyn?"

26 Yna atebodd Job:

² "O fel yr wyt ti wedi cynorthwyo'r di-rym,
a chynnal braich y di-nerth,
³ a rhoi cyngor i'r diddeall,
a mynegi digonedd o wir ddoethineb!
⁴ I bwy yr oeddit yn traethu geiriau,
a pha ysbryd a ddaeth allan ohonot?
⁵ Cryna'r cysgodion yn y dyfnder,
a'r dyfroedd hefyd, a'r rhai sy'n trigo ynddynt.
⁶ Y mae Sheol yn noeth ger ei fron,
ac nid oes gorchudd dros Abadon.
⁷ Taena'r gogledd ar y gwagle,
a gesyd y ddaear ar ddim.
⁸ Rhwyma'r dyfroedd yn ei gymylau,
ac ni rwygir y cwmwl odanynt.
⁹ Taena orchudd dros wyneb y lloer,
a thyn ei gwmwl drosto.
¹⁰ Gesyd gylch ar wyneb y dyfroedd,
yn derfyn rhwng goleuni a thywyllwch.
¹¹ Sigla colofnau'r nefoedd,
a dychrynant pan gerydda.
¹² Tawelodd y môr â'i nerth,
a thrawodd Rahab trwy ei ddoethineb.
¹³ Cliriodd y nefoedd â'i wynt;
trywanodd ei law y sarff wibiog.
¹⁴ Eto nid yw hyn ond ymylon ei ffyrdd;
prin sibrwd a glywsom am yr hyn a wnaeth.
Ond pwy a ddirnad drawiad ei nerth?"

27 Aeth Job ymlaen â'i ddadl, gan ddweud:

² "Cyn wired â bod Duw yn fyw, a droes o'r neilltu fy achos,
a'r Hollalluog, a wnaeth fy einioes yn chwerw,
³ tra bydd anadl ynof,
ac ysbryd Duw yn fy ffroenau,

24:24 Felly Groeg. Cymh. 30:4. Hebraeg, *popeth*.

4 ni chaiff fy ngenau lefaru twyll,
na'm tafod ddweud celwydd!
5 Pell y bo imi ddweud eich bod
  chwi'n iawn!
Ni chefnaf ar fy nghywirdeb hyd fy
  marw.
6 Daliaf yn ddiysgog at fy
  nghyfiawnder,
ac nid yw fy nghalon yn fy
  ngheryddu am fy muchedd.

7 "Bydded fy ngelyn fel y drygionus,
a'm gwrthwynebwr fel y twyllodrus.
8 Oherwydd pa obaith sydd i'r
  annuwiol pan dorrir ef i lawr,
a phan gymer Duw ei einioes oddi
  arno?
9 A wrendy Duw ar ei gri
pan ddaw gofid iddo?
10 A yw ef yn ymhyfrydu yn yr
  Hollalluog?
A eilw ef ar Dduw yn gyson?
11 Dysgaf chwi am allu Duw,
ac ni chuddiaf ddim o'r hyn sydd
  gan yr Hollalluog.
12 Yn wir yr ydych chwi i gyd wedi ei
  weld eich hunain;
pam, felly, yr ydych mor gwbl ynfyd?

13 "Dyma dynged y drygionus oddi
  wrth Dduw,
ac etifeddiaeth y gormeswr gan yr
  Hollalluog:
14 os yw ei blant yn niferus, y cleddyf
  fydd eu rhan,
ac ni ddigonir ei hiliogaeth â bwyd.
15 Y rhai a edy ar ei ôl, fe'u cleddir o
  bla,
ac ni wyla'u gweddwon amdanynt.
16 Er iddo bentyrru arian fel llwch
a darparu dillad fel clai,
17 er iddo ef eu darparu, fe'u gwisgir
  gan y cyfiawn,
a'r diniwed a ranna'r arian.
18 Y mae'n adeiladu ei dŷ fel y pryf
  copyn,
ac fel y bwth a wna'r gwyliwr.
19 Pan â i gysgu, y mae ganddo
  gyfoeth,
ond ni all ei gadw;
pan yw'n agor ei lygaid, nid oes
  ganddo ddim.
20 Daw ofnau drosto fel llifogydd,
a chipia'r storm ef ymaith yn y nos.

21 Cipia gwynt y dwyrain ef, a
  diflanna;
fe'i hysguba o'i le.
22 Hyrddia arno'n ddidrugaredd,
er iddo ymdrechu i ffoi o'i afael.
23 Cura'i ddwylo arno,
a'i hysio o'i le."

Molawd i Ddoethineb

28 Y mae gwythïen i arian,
  a gwely i'r aur a burir.
2 Tynnir yr haearn o'r ddaear,
a thoddir y garreg yn gopr.
3 Rhydd dyn derfyn ar dywyllwch,
a chwilio hyd yr eithaf
am y mwyn yn y tywyllwch dudew.
4 Agorir pyllau yn y cymoedd ymhell
  oddi wrth bawb;
fe'u hanghofiwyd gan y teithwyr.
Y maent yn hongian ymhell o olwg
  pobl,
gan siglo'n ôl ac ymlaen.
5 Ceir bwyd o'r ddaear,
eto oddi tani y mae wedi ei
  chynhyrfu fel gan dân.
6 Y mae ei cherrig yn ffynhonnell y
  saffir,
a llwch aur sydd ynddi.
7 Y mae llwybr na ŵyr hebog
  amdano,
ac nas gwelwyd gan lygad barcud.
8 ac nas troediwyd gan anifeiliaid
  rhodresgar,
ac na theithiodd y llew arno.
9 Estyn dyn ei law am y gallestr,
a thry'r mynyddoedd yn
  bendramwnwgl.
10 Egyr dwnelau yn y creigiau,
a gwêl ei lygaid bopeth gwerthfawr.
11 Gesyd argae i rwystro lli'r afonydd,
a dwg i oleuni yr hyn a guddiwyd
  ynddynt.

12 Ond pa le y ceir doethineb?
a pha le y mae trigfan deall?
13 Ni ŵyr neb ble mae ei chartref,
ac nis ceir yn nhir y byw.
14 Dywed y dyfnder, "Nid yw gyda
  mi";
dywed y môr yntau, "Nid yw ynof fi."
15 Ni ellir rhoi aur yn dâl amdani,
na phwyso'i gwerth mewn arian.

¹⁶ Ni ellir mesur ei gwerth ag aur
    Offir,
nac ychwaith â'r onyx gwerthfawr
    na'r saffir.
¹⁷ Ni ellir cymharu ei gwerth ag aur
    neu risial,
na'i chyfnewid am unrhyw lestr aur.
¹⁸ Ni bydd sôn am gwrel a grisial;
y mae meddu doethineb yn well na
    gemau.
¹⁹ Ni ellir cymharu ei gwerth â'r
    topas o Ethiopia,
ac nid ag aur coeth y prisir hi.

²⁰ O ble y daw doethineb?
a phle mae trigfan deall?
²¹ Cuddiwyd hi oddi wrth lygaid
    popeth byw,
a hefyd oddi wrth adar y nefoedd.
²² Dywedodd Abadon* a marwolaeth,
"Clywsom â'n clustiau sôn amdani."

²³ Duw sy'n deall ei ffordd;
y mae ef yn gwybod ei lle.
²⁴ Oherwydd gall ef edrych i
    derfynau'r ddaear,
a gweld popeth sy dan y nefoedd.
²⁵ Pan roddodd ef ei bwysau i'r
    gwynt,
a rhannu'r dyfroedd â mesur,
²⁶ a gosod terfyn i'r glaw,
a ffordd i'r mellt a'r taranau,
²⁷ yna fe'i gwelodd hi a'i mynegi,
fe'i sefydlodd hi a'i chwilio allan.
²⁸ A dywedodd wrth ddynolryw,
"Ofn yr ARGLWYDD yw doethineb,
a chilio oddi wrth ddrwg yw deall."

Datganiad Job

29 Aeth Job ymlaen â'i ddadl, gan ddweud:

² "O na byddwn fel yn yr amser gynt,
yn y dyddiau pan oedd Duw yn fy
    ngwarchod,
³ pan wnâi i'w lamp oleuo uwch fy
    mhen,
a minnau'n rhodio wrth ei goleuni
    trwy'r tywyllwch;
⁴ pan oeddwn yn nyddiau f'anterth,
a Duw'n cysgodi dros fy nhrigfan;
⁵ pan oedd yr Hollalluog yn parhau
    gyda mi,
a'm plant o'm cwmpas.
⁶ Gallwn olchi fy nghamau mewn
    llaeth,
ac yr oedd y graig yn tywallt ffrydiau
    o olew imi.

⁷ "Awn allan i borth y ddinas,
ac eisteddwn yn fy sedd ar y sgwâr;
⁸ a phan welai'r llanciau fi, cilient,
a chodai'r hynafgwyr ar eu traed;
⁹ peidiai'r arweinwyr â llefaru,
a rhoddent eu llaw ar eu genau;
¹⁰ tawai siarad y pendefigion,
a glynai eu tafod wrth daflod eu
    genau.

¹¹ "Pan glywai clust, galwai fi'n
    ddedwydd,
a phan welai llygad, canmolai fi;
¹² oherwydd gwaredwn y tlawd a
    lefai,
a'r amddifad a'r diymgeledd.
¹³ Bendith yr un ar ddarfod amdano
    a ddôi arnaf,
a gwnawn i galon y weddw
    lawenhau.
¹⁴ Gwisgwn gyfiawnder fel dillad
    amdanaf;
yr oedd fy marn fel mantell a
    thwrban.
¹⁵ Yr oeddwn yn llygaid i'r dall,
ac yn draed i'r cloff.
¹⁶ Yr oeddwn yn dad i'r tlawd,
a chwiliwn i achos y sawl nad
    adwaenwn.
¹⁷ Drylliwn gilddannedd yr
    anghyfiawn,
a pheri iddo ollwng yr ysglyfaeth o'i
    enau.
¹⁸ Yna dywedais, 'Byddaf farw yn
    f'anterth,
a'm dyddiau mor niferus â'r tywod,
¹⁹ a'm gwreiddiau yn ymestyn at y
    dyfroedd,
a'r gwlith yn aros drwy'r nos ar fy
    mrigau,
²⁰ a'm hanrhydedd o hyd yn iraidd,
a'm bwa yn adnewyddu yn fy llaw.'

²¹ "Gwrandawai pobl arnaf,
a disgwylient yn ddistaw am fy
    nghyngor.
²² Wedi imi lefaru, ni ddywedent air;
diferai fy ngeiriau arnynt.
²³ Disgwylient wrthyf fel am y glaw,

28:22 H.y., *Mangre dinistr*.

ac agorent eu genau fel am law y
  gwanwyn.
²⁴ Pan wenwn arnynt, oni chaent
  hyder?
A phan lewyrchai fy wyneb, ni
  fyddent brudd.
²⁵ Dewiswn eu ffordd iddynt, ac
  eistedd yn ben arnynt;
eisteddwn fel brenin yng nghanol ei
  lu,
fel un yn cysuro'r galarus.

30
"Ond yn awr y maent yn
  chwerthin am fy mhen,
ie, rhai sy'n iau na mi,
rhai na buaswn yn ystyried eu tadau
i'w gosod gyda'm cŵn defaid.
² Pa werth yw cryfder eu dwylo i mi,
gan fod eu hegni wedi diflannu?
³ Yn amser angen a newyn y maent
  yn ddifywyd,
yn crafu yn y tir sych a diffaith.
⁴ Casglant yr hocys a dail y
  prysglwyn
a gwraidd y banadl i'w cadw eu
  hunain yn gynnes.
⁵ Erlidir hwy o blith pobl,
a chodir llais yn eu herbyn fel yn
  erbyn lleidr.
⁶ Gwneir iddynt drigo yn agennau'r
  nentydd,
ac mewn tyllau yn y ddaear a'r
  creigiau.
⁷ Y maent yn nadu o ganol y perthi;
closiant at ei gilydd o dan y llwyni.
⁸ Pobl ynfyd a dienw ydynt;
fe'u gyrrwyd allan o'r tir.
⁹ "Ond yn awr myfi yw testun eu
  gwatwargerdd;
yr wyf yn destun gwawd iddynt.
¹⁰ Ffieiddiant fi a chadw draw oddi
  wrthyf,
ac nid yw'n ddim ganddynt boeri yn
  fy wyneb.
¹¹ Pan ryddha ef raff a'm cystuddio,
taflant hwythau'r enfa yn fy ngŵydd.
¹² Cyfyd y dihirod yn f'erbyn ar y dde;
gorfodant fi i gerdded ymlaen,
ac yna codant rwystrau imi ar y
  ffyrdd.
¹³ Maluriant fy llwybrau,
ychwanegant at f'anffawd,
ac nid oes neb yn eu rhwystro*.
¹⁴ Dônt arnaf fel trwy fwlch llydan;
rhuthrant trwy ganol y dinistr.
¹⁵ Daeth dychryniadau arnaf;
gwasgerir fy urddas fel gan wynt;
diflannodd fy llwyddiant fel cwmwl.
¹⁶ "Yn awr llewygodd fy ysbryd,
cydiodd dyddiau cystudd ynof.
¹⁷ Dirboenir f'esgyrn drwy'r nos,
ac ni lonydda fy nghnofeydd.
¹⁸ Cydiant yn nerthol yn fy nillad,
a gafael ynof wrth goler fy mantell.
¹⁹ Taflwyd fi i'r llaid,
ac ystyrir fi fel llwch a lludw.
²⁰ Gwaeddaf arnat am gymorth, ond
  nid wyt yn f'ateb;
safaf o'th flaen, ond ni chymeri sylw
  ohonof.
²¹ Yr wyt wedi troi'n greulon tuag
  ataf,
ac yr wyt yn ymosod arnaf â'th holl
  nerth.
²² Fe'm codi i fyny i farchogaeth y
  gwynt,
a'm bwrw yma ac acw i ddannedd y
  storm.
²³ Gwn yn sicr mai i farwolaeth y'm
  dygi,
i'r lle a dynghedwyd i bob un byw.
²⁴ "Onid yw un dan adfeilion yn
  estyn allan ei law
ac yn gweiddi am ymwared yn ei
  ddinistr?
²⁵ Oni wylais dros yr un yr oedd yn
  galed arno,
a gofidio dros y tlawd?
²⁶ Eto pan obeithiais i am ddaioni,
  daeth drwg;
pan ddisgwyliais am oleuni, dyna
  dywyllwch.
²⁷ Y mae cyffro o'm mewn; ni chaf
  lonydd,
daeth dyddiau gofid arnaf.
²⁸ Af o gwmpas yn groenddu, ond
  nid gan wres haul;
codaf i fyny yn y gynulleidfa i ymbil
  am gymorth.
²⁹ Yr wyf yn frawd i'r siacal,
ac yn gyfaill i'r estrys.
³⁰ Duodd fy nghroen,
a llosgodd f'esgyrn gan wres.

30:13 Tebygol. Hebraeg, *cynorthwyo*.

³¹ Aeth fy nhelyn i'r cywair lleddf,
a'm ffliwt i seinio galar.

31

"Gwneuthum gytundeb â'm llygaid
i beidio â llygadu merch.
² Beth yw fy nhynged gan Dduw oddi uchod,
a'm cyfran gan yr Hollalluog o'r uchelder?
³ Oni ddaw dinistr ar y twyllodrus,
ac aflwydd i'r drygionus?
⁴ Onid yw ef yn sylwi ar fy ffyrdd,
ac yn cyfrif fy nghamau?

⁵ A euthum ar ôl oferedd,
a phrysuro fy ngherddediad i dwyllo?
⁶ Pwyser fi mewn cloriannau cywir
i Dduw gael gweld fy nghywirdeb.
⁷ Os gwyrodd fy ngham oddi ar y ffordd,
a'm calon yn dilyn fy llygaid,
neu os glynodd unrhyw aflendid wrth fy nwylo,
⁸ yna caiff arall fwyta'r hyn a heuais,
a diwreiddir yr hyn a blennais.

⁹ "Os denwyd fy nghalon gan ddynes,
ac os bûm yn llercian wrth ddrws fy nghymydog,
¹⁰ yna caiff fy ngwraig innau falu blawd i arall,
a chaiff dieithryn orwedd gyda hi.
¹¹ Oherwydd byddai hynny'n anllad,
ac yn drosedd i'r barnwyr;
¹² byddai fel tân yn difa'n llwyr,
ac yn dinistrio fy holl gynnyrch.

¹³ "Os diystyrais achos fy ngwas neu fy morwyn
pan oedd ganddynt gŵyn yn fy erbyn,
¹⁴ beth a wnaf pan gyfyd Duw?
Beth a atebaf pan ddaw i'm cyhuddo?
¹⁵ Onid ef a'n gwnaeth ni'n dau yn y groth,
a'n creu yn y bru?

¹⁶ "Os rhwystrais y tlawd rhag cael ei ddymuniad,
neu siomi disgwyliad y weddw;
¹⁷ os bwyteais fy mwyd ar fy mhen fy hun,
a gwrthod ei rannu â'r amddifad—
¹⁸ yn wir bûm fel tad yn ei fagu o'i* ieuenctid,
ac yn ei arwain o adeg ei eni—
¹⁹ os gwelais grwydryn heb ddillad,
neu dlotyn heb wisg,
²⁰ a'i lwynau heb fy mendithio
am na chynheswyd ef gan gnu fy ŵyn;
²¹ os codais fy llaw yn erbyn yr amddifad
am fy mod yn gweld cefnogaeth imi yn y porth;
²² yna disgynned f'ysgwydd o'i lle,
a thorrer fy mraich o'i chyswllt.
²³ Yn wir y mae ofn dinistr Duw arnaf,
ac ni allaf wynebu ei fawredd.

²⁴ "Os rhoddais fy hyder ar aur,
a meddwl am ddiogelwch mewn aur coeth;
²⁵ os llawenychais am fod fy nghyfoeth yn fawr,
a bod cymaint yn fy meddiant;
²⁶ os edrychais ar yr haul yn tywynnu,
a'r lleuad tra parhai'n ddisglair,
²⁷ ac os cafodd fy nghalon ei hudo'n ddirgel,
a chusanu fy llaw mewn gwrogaeth;
²⁸ byddai hyn hefyd yn drosedd i'm barnwr,
oherwydd imi wadu Duw uchod.

²⁹ "A lawenychais am drychineb fy ngelyn,
ac ymffrostio pan ddaeth drwg arno?
³⁰ Ni adewais i'm tafod bechu
trwy osod ei einioes dan felltith.
³¹ Oni ddywedodd y dynion yn fy mhabell,
'Pwy sydd na ddigonwyd ganddo â bwyd?'?
³² Ni chafodd y dieithryn gysgu allan;
agorais fy nrws i'r crwydryn.
³³ A guddiais fy nhroseddau fel y gwna eraill,
trwy gadw fy nghamwedd yn fy mynwes,
³⁴ am fy mod yn ofni'r dyrfa,
a bod dirmyg cymdeithas yn fy nychryn,
a minnau'n cadw'n dawel heb fynd allan?

31:18 Hebraeg, *o'm*.

³⁵ O na fyddai rhywun yn gwrando
    arnaf!
Deuthum i'r terfyn; caiff yr
    Hollalluog yn awr fy ateb,
a chaiff fy ngwrthwynebwr
    ysgrifennu'r wŷs.
³⁶ Yn wir dygaf hi ar f'ysgwyddau,
a'i gwisgo fel coron ar fy mhen.
³⁷ Rhof gyfrif iddo o'm camau,
a nesáu ato fel tywysog.
³⁸ Os gwaeddodd fy nhir yn f'erbyn,
a'i gwysi i gyd yn wylo;
³⁹ os bwyteais ei gynnyrch heb dalu
    amdano,
ac ennyn atgasedd ei berchenogion;
⁴⁰ yna tyfed mieri yn lle gwenith,
a chwyn yn lle haidd."

Dyma derfyn geiriau Job.

Araith Elihu

32 32:1—37:24
Peidiodd y tri gŵr â dadlau rhagor
â Job, am fod Job yn ei ystyried ei hun
yn fwy cyfiawn na Duw. ² Ond yr oedd
Elihu fab Barachel y Busiad, o dylwyth
Ram, wedi ei gythruddo yn erbyn Job. Yr
oedd yn ddig am ei fod yn ei ystyried ei
hun yn gyfiawn gerbron Duw, ³ a'r un
mor ddig wrth ei dri chyfaill am eu bod
yn methu ateb Job er iddynt ei
gondemnio. ⁴ Tra oeddent hwy'n llefaru
wrth Job, yr oedd Elihu wedi cadw'n
dawel am eu bod yn hŷn nag ef. ⁵ Ond
digiodd pan welodd nad oedd gan y tri
gŵr ateb i Job. ⁶ Yna dywedodd Elihu
fab Barachel y Busiad:

"Dyn ifanc wyf fi,
a chwithau'n hen;
am hyn yr oeddwn yn ymatal,
ac yn swil i ddweud fy marn
    wrthych.
⁷ Dywedais, 'Caiff profiad maith
    siarad,
ac amlder blynyddoedd draethu
    doethineb.'
⁸ Ond yr ysbryd oddi mewn i rywun,
ac anadl yr Hollalluog, sy'n ei wneud
    yn ddeallus.
⁹ Nid yr oedrannus yn unig sydd
    ddoeth,
ac nid yr hen yn unig sy'n deall beth
    sydd iawn.

¹⁰ Am hyn yr wyf yn dweud,
    'Gwrando arnaf;
gad i minnau ddweud fy marn.'

¹¹ "Bûm yn disgwyl am eich geiriau,
ac yn gwrando am eich deallusrwydd;
tra oeddech yn dewis eich geiriau,
¹² sylwais yn fanwl arnoch,
ond nid oedd yr un ohonoch yn gallu
    gwrthbrofi Job,
nac ateb ei ddadleuon.
¹³ Peidiwch â dweud, 'Fe gawsom ni
    ddoethineb';
Duw ac nid dyn a'i trecha.
¹⁴ Nid yn f'erbyn i y trefnodd ei
    ddadleuon;
ac nid â'ch geiriau chwi yr atebaf fi ef.

¹⁵ "Y maent hwy wedi eu syfrdanu,
    ac yn methu ateb mwyach;
pallodd geiriau ganddynt.
¹⁶ A oedaf fi am na lefarant hwy,
ac am eu bod hwy wedi peidio ag
    ateb?
¹⁷ Gwnaf finnau fy rhan trwy ateb,
a dywedaf fy marn.
¹⁸ Yr wyf yn llawn o eiriau,
ac ysbryd ynof sy'n fy nghymell.
¹⁹ O'm mewn yr wyf fel petai gwin yn
    methu arllwys allan,
a minnau fel costrelau newydd ar fin
    rhwygo.
²⁰ Rhaid i mi lefaru er mwyn cael
    gollyngdod,
rhaid i mi agor fy ngenau i ateb.
²¹ Ni ddangosaf ffafr at neb,
ac ni wenieithiaf i neb;
²² oherwydd ni wn i sut i wenieithio;
pe gwnawn hynny, byddai fy
    nghreawdwr ar fyr dro yn fy
    symud.

33 "Ond yn awr, Job, gwrando
    arnaf,
a chlustfeinia ar fy ngeiriau i gyd.
² Dyma fi'n agor fy ngwefusau,
a'm tafod yn llefaru yn fy ngenau.
³ Y mae fy ngeiriau'n mynegi fy
    meddwl yn onest,
a'm gwefusau wybodaeth yn
    ddiffuant.
⁴ Ysbryd Duw a'm lluniodd,
ac anadl yr Hollalluog a'm ceidw'n
    fyw.

⁵ Ateb fi, os medri;
trefna dy achos, a saf o'm blaen.
⁶ Ystyria, o flaen Duw yr wyf finnau
  yr un fath â thithau;
o glai y'm lluniwyd innau hefyd.
⁷ Ni ddylai arswyd rhagof fi dy
  barlysu;
ni fyddaf yn llawdrwm arnat.

⁸ "Yn wir, dywedaist yn fy nghlyw,
a chlywais innau dy eiriau'n glir:
⁹ 'Rwy'n lân, heb drosedd;
rwy'n bur heb gamwedd.
¹⁰ Ond y mae Duw yn codi cwynion
  yn fy erbyn,
ac yn f'ystyried yn elyn iddo,
¹¹ yn gosod fy nhraed mewn cyffion,
ac yn gwylio fy holl ffyrdd.'
¹² "Nid wyt yn iawn yn hyn, a dyma
  f'ateb iti:
Y mae Duw yn fwy na meidrolyn.
¹³ Pam yr wyt yn ymgecru ag ef,
oherwydd nid oes ateb i'r un o'i
  eiriau?
¹⁴ Mae Duw yn llefaru unwaith ac
  eilwaith,
ond nid oes neb yn cymryd sylw.
¹⁵ Mewn breuddwyd, mewn
  gweledigaeth nos,
pan ddaw trymgwsg ar bobl,
pan gysgant yn eu gwelyau,
¹⁶ yna fe wna iddynt wrando,
a'u dychryn â rhybuddion,
¹⁷ i droi rhywun oddi wrth ei
  weithred,
a chymryd ymaith ei falchder oddi
  wrtho,
¹⁸ a gwaredu ei einioes rhag y pwll,
a'i fywyd rhag croesi afon angau.

¹⁹ "Fe'i disgyblir ar ei orwedd
â chryndod di-baid yn ei esgyrn;
²⁰ y mae bwyd yn ffiaidd ganddo,
ac nid oes arno chwant am damaid
  blasus;
²¹ nycha'i gnawd o flaen fy llygad,
a daw'r esgyrn, na welid gynt, i'r
  amlwg;
²² y mae ei einioes ar ymyl y pwll,
a'i fywyd ger mangre'r meirw.
²³ Os oes angel i sefyll drosto—
un o blith mil i gyfryngu
ac i ddadlau ei hawl drosto,
²⁴ a thrugarhau wrtho gan ddweud,

'Achub ef rhag mynd i'r pwll;
y mae pris ei ryddid gennyf fi'—
²⁵ yna bydd ei gnawd yn iachach nag
  erioed,
wedi ei adfer fel yr oedd yn nyddiau
  ei ieuenctid.
²⁶ Bydd yn gweddïo ar Dduw, ac
  yntau'n ei wrando;
bydd yn edrych ar ei wyneb mewn
  llawenydd,
gan ddweud wrth eraill am ei
  gyfiawnhad
²⁷ a chanu yn eu gŵydd, a dweud,
'Pechais, gan droi oddi wrth
  uniondeb,
ond ni chyfrifwyd hyn yn f'erbyn;
²⁸ gwaredodd f'einioes rhag mynd i'r
  pwll,
ac fe wêl fy mywyd oleuni.'

²⁹ "Gwna Duw hyn i gyd i feidrolyn
ddwywaith, ie deirgwaith;
³⁰ fe adfer ei einioes o'r pwll,
er mwyn iddo gael gweld goleuni
  bywyd.
³¹ Ystyria, Job, a gwrando arnaf;
bydd dawel ac mi lefaraf.
³² Os oes gennyt ddadl, ateb fi;
llefara, oherwydd fy nymuniad yw dy
  gyfiawnhau.
³³ Ond os nad oes gennyt ddim i'w
  ddweud, gwrando arnaf;
bydd dawel, a dysgaf ddoethineb i
  ti."

34 Dywedodd Elihu:

² "Gwrandewch ar fy ngeiriau, chwi
  ddoethion;
clustfeiniwch arnaf, chwi rai deallus.
³ Oherwydd y glust sydd yn profi
  geiriau,
fel y profir bwyd gan daflod y genau.
⁴ Gadewch i ni ddewis yr hyn sy'n
  iawn,
a phenderfynu gyda'n gilydd beth
  sy'n dda.
⁵ Dywedodd Job, 'Yr wyf yn gyfiawn,
ond trodd Duw farn oddi wrthyf.
⁶ Er fy mod yn iawn, fe'm gwneir yn
  gelwyddog;
y mae fy archoll yn ffyrnig, a minnau
  heb droseddu.'
⁷ Pwy sydd fel Job,

yn drachtio dirmyg fel dŵr,
⁸ yn cadw cwmni â rhai ofer,
ac yn gwagsymera gyda'r drygionus?
⁹ Oherwydd dywedodd, 'Nid yw o
    werth i neb
ymhyfrydu yn Nuw.'

¹⁰ "Am hyn, chwi bobl ddeallus,
    gwrandewch arnaf.
Pell y bo oddi wrth Dduw wneud
    drygioni,
ac oddi wrth yr Hollalluog
    weithredu'n anghyfiawn.
¹¹ Oherwydd fe dâl ef i bob un yn ôl
    ei weithred,
a'i wobrwyo yn ôl ei ffordd o fyw.
¹² Yn wir, nid yw Duw byth yn
    gwneud drwg,
ac nid yw'r Hollalluog yn gwyrdroi
    barn.
¹³ Pwy a'i gosododd ef mewn
    awdurdod ar y ddaear,
a rhoi'r byd cyfan iddo?
¹⁴ Pe byddai ef yn rhoi ei fryd
ar ddwyn ei ysbryd a'i anadl yn ôl
    ato'i hun,
¹⁵ yna byddai pob cnawd yn marw,
a phawb yn dychwelyd i'r pridd.

¹⁶ "Os oes gennyt ti ddeall, gwrando
    hyn,
a rho sylw i'm geiriau.
¹⁷ A all un sy'n casáu barn
    lywodraethu?
A gondemni di'r un cyfiawn cadarn?
¹⁸ Gall ef ddweud wrth frenin, 'Y
    dihiryn',
ac wrth lywodraethwyr, 'Y cnafon';
¹⁹ nid yw'n dangos ffafr at
    swyddogion,
nac yn rhoi'r cyfoethog o flaen y
    tlawd,
oherwydd gwaith ei ddwylo yw pob
    un ohonynt.
²⁰ Mewn moment byddant farw, yng
    nghanol nos;
trenga'r cyfoethog, a diflannu*;
symudir ymaith y cryf heb ymdrech.
²¹ "Y mae ei lygaid yn gwylio ffyrdd
    pob un,
a gwêl ei holl gamau.
²² Nid oes tywyllwch na chaddug
lle y gall drwgweithredwyr guddio.

²³ Nid oes amser wedi ei drefnu
i neb ddod i farn o flaen Duw;
²⁴ y mae ef yn dryllio'r cryfion heb eu
    profi,
ac yn gosod eraill yn eu lle.
²⁵ Y mae'n adnabod eu
    gweithredoedd,
ac yn eu dymchwel a'u dryllio mewn
    noson.
²⁶ Y mae'n eu taro o achos eu
    drygioni,
a hynny yng ngŵydd pawb,
²⁷ am eu bod yn troi oddi wrtho,
ac yn gwrthod ystyried yr un o'i
    ffyrdd.
²⁸ Gwnânt i gri'r tlawd ddod ato,
ac iddo glywed gwaedd yr anghenus.
²⁹ Ond y mae ef yn dawel, pwy
    bynnag a wna ddrwg;
y mae'n cuddio'i wyneb, pwy bynnag
    a'i cais—
boed genedl neu unigolyn—
³⁰ rhag i neb annuwiol lywodraethu,
a maglu pobl.

³¹ "Os dywed un wrth Dduw,
'Euthum ar gyfeiliorn, ni wnaf ddrwg
    eto;
³² am na allaf fi weld, hyffordda di fi;
os gwneuthum ddrygioni, ni
    chwanegaf ato'—
³³ a wyt ti, sydd wedi ei wrthod, yn
    tybio
y bydd ef yn fodlon ar hynny?
Ti sydd i ddewis, nid fi;
traetha yr hyn a wyddost.
³⁴ Y mae pobl ddeallus yn siarad â
    mi,
a rhai doeth yn gwrando arnaf.
³⁵ Ond y mae Job yn llefaru heb
    ystyried,
ac nid yw ei eiriau yn ddeallus.
³⁶ O na phrofid Job i'r eithaf,
gan fod ei atebion fel rhai pobl
    ddrwg!
³⁷ Y mae'n ychwanegu gwrthryfel at
    ei bechod,
yn codi amheuaeth ynghylch ei
    drosedd yn ein plith,
ac yn amlhau geiriau yn erbyn Duw."

35

Dywedodd Elihu:
² "A gredi di fod hyn yn iawn?

34:20 Tebygol. Hebraeg, *ysgydwir pobl a diflannant*.

A wyt ti'n honni bod yn gyfiawn o flaen Duw,
³ a thithau'n dweud, 'Pa werth ydyw i ti,
neu pa fantais i mi fy hun fod heb bechu?'?
⁴ Fe roddaf fi'r ateb iti,
a hefyd i'th gyfeillion.
⁵ Edrych ar yr awyr, ac ystyria,
a sylwa ar y cymylau sydd uwch dy ben.
⁶ Os pechaist, pa wahaniaeth yw iddo ef?
Ac os amlha dy droseddau, beth a wna hynny iddo ef?
⁷ Os wyt yn gyfiawn, beth yw'r fantais iddo ef,
neu beth a dderbyn ef o'th law?
⁸ Â meidrolion fel ti y mae a wnelo dy ddrygioni,
ac â phobl y mae a wnelo dy gyfiawnder.

⁹ "Pan waedda pobl dan faich gorthrwm,
a llefain am waredigaeth o afael y mawrion,
¹⁰ ni ddywed neb, 'Ble mae Duw, fy ngwneuthurwr,
a rydd destun cân yn y nos,
¹¹ ac a'n gwna'n fwy deallus na'r anifeiliaid gwylltion,
ac yn fwy doeth nag adar yr awyr?'
¹² Felly, er iddynt weiddi, nid etyb ef,
o achos balchder y drygionus.
¹³ Ofer yn wir! Nid yw Duw'n gwrando arno,
ac nid yw'r Hollalluog yn cymryd sylw ohono.
¹⁴ nac ychwaith ohonot tithau pan ddywedi nad wyt yn ei weld,
a bod yr achos o'i flaen, a'th fod yn dal i ddisgwyl wrtho.
¹⁵ Ond yn awr, am nad yw ef yn cosbi yn ei ddig,
ac nad yw'n sylwi'n fanwl ar gamwedd,
¹⁶ fe lefarodd Job yn ynfyd,
ac amlhau geiriau heb ddeall."

36

Aeth Elihu ymlaen i ddweud:

² "Aros ychydig, imi gael dangos iti
fod eto eiriau i'w dweud dros Dduw.
³ Yr wyf yn tynnu fy ngwybodaeth o bell,
i dystio bod fy Ngwneuthurwr yn gyfiawn.
⁴ Yn wir nid yw fy ngeiriau'n gelwydd;
un diogel ei wybodaeth sydd o'th flaen.
⁵ Edrych yma, Duw yw'r Un Cadarn;
nid yw'n anystyriol, eithr mawr a chadarn yw mewn deall.
⁶ Nid yw'n gadael i'r drygionus gael byw,
ond fe gynnal achos y gwan.
⁷ Ni thry ei olwg oddi ar y cyfiawn,
ond gyda brenhinoedd ar orsedd cânt eistedd am byth, a llwyddo.
⁸ Os rhwymir hwy mewn cadwynau,
a'u dal mewn gefynnau gofid,
⁹ yna fe ddengys iddynt eu gweithred
a'u trosedd, am iddynt fod yn ffroenuchel.
¹⁰ Rhydd rybudd iddynt am ddisgyblaeth,
a dywed wrthynt am droi oddi wrth eu drygioni.
¹¹ Os gwrandawant, a bod yn ufudd,
fe gânt dreulio'u dyddiau mewn llwyddiant,
a'u blynyddoedd mewn hyfrydwch.
¹² Os gwrthodant wrando, difethir hwy gan gleddyf,
a darfyddant heb ddysgu dim.

¹³ "Y mae'r rhai annuwiol yn ennyn dig,
ac ni cheisiant gymorth mewn caethiwed.
¹⁴ Y maent yn marw'n ifanc,
wedi treulio'u bywyd gyda phuteinwyr cysegr.
¹⁵ Fe wareda ef y rhai trallodus trwy eu gofid,
a'u dysgu trwy orthrymder.

¹⁶ "Er iddo geisio dy ddenu oddi wrth ofid,
a'th ddwyn o le cyfyng i ehangder,
a hulio dy fwrdd â phob braster,
¹⁷ yr wyt yn llawn o farn ar y drygionus,
wedi dy feddiannu gan farn a chyfiawnder.
¹⁸ Gwylia rhag cael dy hudo gan ddigonedd,

a phaid â gadael i faint y rhodd dy
  ddenu.
¹⁹ A fydd dy gyfoeth yn dy helpu
  mewn cyfyngder,
neu holl adnoddau dy nerth?
²⁰ Paid â dyheu am y nos,
pan symudir pobloedd o'u lle.
²¹ Gwylia rhag troi at ddrygioni,
oherwydd dewisi hyn yn hytrach na
  gofid.
²² Sylwa mor aruchel yw Duw yn ei
  nerth;
pwy sydd yn dysgu fel y gwna ef?
²³ Pwy a wylia arno yn ei ffordd?
a phwy a ddywed, 'Yr wyt yn gwneud
  yn anghyfiawn'?

²⁴ "Cofia di ganmol ei waith,
y gwaith y canodd pobl amdano.
²⁵ Y mae pawb yn edrych arno,
ac yn ei weld o bell.
²⁶ Cofia fod Duw yn fawr, y tu hwnt i
  ddeall,
a'i flynyddoedd yn ddirifedi.
²⁷ Y mae'n cronni'r defnynnau dŵr,
ac yn eu dihidlo'n law mân fel tarth;
²⁸ fe'u tywelltir o'r cymylau,
i ddisgyn yn gawodydd ar bobl.
²⁹ A ddeall neb daeniad y cwmwl,
a'r tyrfau sydd yn ei babell?
³⁰ Edrych fel y taena'i darth* o'i
  gwmpas,
ac y cuddia waelodion y môr.
³¹ Â'r rhain y diwalla ef y bobloedd,
a rhoi iddynt ddigonedd o fwyd.
³² Deil y mellt yn ei ddwylo,
a'u hanelu i gyrraedd eu nod.
³³ Dywed ei drwst amdano,
fod angerdd ei lid yn erbyn drygioni.

37
"Am hyn hefyd y mae fy nghalon
  yn cynhyrfu,
ac yn llamu o'i lle.
² Gwrandewch ar daran ei lais,
a'r atsain a ddaw o'i enau.
³ Y mae'n ei yrru ar draws yr
  wybren,
ac yn gyrru ei fellt i gilfachau'r byd.
⁴ Ar eu hôl fe rua;
tarana â'i lais mawr,
ac nid yw'n eu hatal
pan glywir ei lais.

⁵ Tarana Duw yn rhyfeddol â'i lais;
gwna wyrthiau, y tu hwnt i'n deall.
⁶ Fe ddywed wrth yr eira, 'Disgyn ar
  y ddaear',
ac wrth y glaw a'r cawodydd,
  'Trymhewch'.
⁷ Y mae pob un yn cael ei gau i
  mewn,
a phopeth a wnânt yn cael ei atal.
⁸ Â'r anifeiliaid i'w ffeuau,
ac aros yn eu gwâl.
⁹ Daw'r corwynt allan o'i ystafell,
ac oerni o'r tymhestloedd.
¹⁰ Daw anadl Duw â'r rhew,
a rhewa'r llynnoedd yn galed.
¹¹ Lleinw'r cwmwl hefyd â
  gwlybaniaeth,
a gwasgara'r cwmwl ei fellt.
¹² Gwibiant yma ac acw ar ei
  orchymyn,
i wneud y cyfan a ddywed wrthynt,
dros wyneb daear gyfan.
¹³ "Gwna hyn naill ai fel cosb,
neu er mwyn ei dir, neu mewn
  trugaredd.

¹⁴ "Gwrando ar hyn, Job;
aros ac ystyria ryfeddodau Duw.
¹⁵ A wyt ti'n deall sut y mae Duw yn
  trefnu,
ac yn gwneud i'r mellt fflachio yn ei
  gwmwl?
¹⁶ A wyt ti'n deall symudiadau'r
  cymylau,
rhyfeddodau un perffaith ei
  wybodaeth?
¹⁷ Ti, sy'n chwysu yn dy ddillad
pan fydd y ddaear yn swrth dan
  wynt y de,
¹⁸ a fedrit ti, fel ef, daenu'r wybren,
sy'n galed fel drych o fetel tawdd?
¹⁹ Dywed wrthym beth i'w ddweud
  wrtho;
oherwydd y tywyllwch ni allwn ni
  drefnu'n hachos.
²⁰ A ellir dweud wrtho, 'Yr wyf fi am
  lefaru',
neu fynegi iddo, 'Y mae hwn am
  siarad'?

²¹ "Ond yn awr, ni all neb edrych ar y
  goleuni
pan yw'n ddisglair yn yr awyr,
a'r gwynt wedi dod a'i chlirio.

36:30 Felly Aramaeg. Hebraeg, *oleuni*.

²² Disgleiria o'r gogledd fel aur;
o gwmpas Duw y mae ysblander
 ofnadwy.
²³ Ni allwn ni ganfod yr Hollalluog,
 y mae'n fawr ei nerth;
yn ei farn a'i gyfiawnder ni wna gam.
²⁴ Am hyn, y mae pawb yn ei ofni,
a phob un doeth yn edrych ato*."

Yr ARGLWYDD yn Ateb Job

38 Yna atebodd yr ARGLWYDD Job o'r corwynt:

² "Pwy yw hwn sy'n tywyllu cyngor
 â geiriau diwybod?
³ Gwna dy hun yn barod i'r ornest;
fe holaf fi di, a chei dithau ateb.

⁴ "Ble'r oeddit ti pan osodais i
 sylfaen i'r ddaear?
Ateb, os gwyddost.
⁵ Pwy a benderfynodd ei mesurau?
 Mae'n siŵr dy fod yn gwybod!
Pwy a estynnodd linyn mesur arni?
⁶ Ar beth y seiliwyd ei sylfeini,
a phwy a osododd ei chonglfaen?
⁷ Ble'r oeddit ti pan oedd sêr y bore i
 gyd yn llawenhau,
a'r holl angylion yn gorfoleddu,
⁸ pan gaewyd ar y môr â dorau,
pan lamai allan o'r groth,
⁹ pan osodais gwmwl yn wisg
 amdano,
a'r caddug yn rhwymyn iddo,
¹⁰ a phan drefnais derfyn iddo,
a gosod barrau a dorau,
¹¹ a dweud, 'Hyd yma yr ei, a dim
 pellach,
ac yma y gosodais derfyn i
 ymchwydd dy donnau'?

¹² "A wyt ti, yn ystod dy fywyd, wedi
 gorchymyn y bore
a dangos ei lle i'r wawr,
¹³ er mwyn iddi gydio yng
 nghonglau'r ddaear,
i ysgwyd y drygionus ohoni?
¹⁴ Y mae'n newid ffurf fel clai dan y
 sêl,
ac yn sefyll allan fel plyg dilledyn.
¹⁵ Atelir eu goleuni oddi wrth y
 drygionus,
a thorrir y fraich ddyrchafedig.

¹⁶ "A fedri di fynd at ffynhonnell y
 môr,
neu gerdded yng nghuddfa'r dyfnder?
¹⁷ A agorwyd pyrth angau i ti,
neu a welaist ti byrth y fagddu?
¹⁸ A fedri di ddirnad maint y
 ddaear?
Dywed, os wyt ti'n deall hyn i gyd.

¹⁹ "Prun yw'r ffordd i drigfan goleuni,
ac i le tywyllwch,
²⁰ fel y gelli di ei chymryd i'w therfyn,
a gwybod y llwybr i'w thŷ?
²¹ Fe wyddost, am dy fod wedi dy eni
 yr adeg honno,
a bod nifer dy ddyddiau yn fawr!

²² "A fuost ti yn ystordai'r eira,
neu'n gweld cistiau'r cesair?
²³ Dyma'r pethau a gedwais at
 gyfnod trallod,
at ddydd brwydr a rhyfel.
²⁴ Prun yw'r ffordd i'r fan lle y
 rhennir goleuni,
ac y gwasgerir gwynt y dwyrain ar y
 ddaear?

²⁵ "Pwy a wnaeth sianel i'r cenllif
 glaw,
a llwybr i'r daranfollt,
²⁶ i lawio ar dir heb neb ynddo,
a diffeithwch heb unrhyw un yn byw
 ynddo,
²⁷ i ddigoni'r tir diffaith ac anial,
a pheri i laswellt dyfu yno?

²⁸ "A oes tad i'r glaw?
Pwy a genhedlodd y defnynnau
 gwlith?
²⁹ O groth pwy y daw'r rhew?
A phwy a genhedlodd y llwydrew,
³⁰ i galedu'r dyfroedd fel carreg,
a rhewi wyneb y dyfnder?
³¹ A fedri di gau cadwynau Pleiades,
neu ddatod rhwymau Orion?
³² A fedri di ddwyn Masaroth allan
 yn ei bryd,
a thywys yr Arth gyda'i phlant?
³³ A wyddost ti reolau'r awyr?
A fedri di gymhwyso i'r ddaear ei
 threfn?

³⁴ "A fedri di alw ar y cwmwl
i beri i ddyfroedd lifo drosot?
³⁵ A fedri di roi gorchymyn i'r mellt,
iddynt ddod atat a dweud, 'Dyma ni'?

37:24 Cymh. Groeg. Hebraeg, *nid edrych*.

³⁶ Pwy a rydd ddoethineb i'r cymylau,
a deall i'r niwl?
³⁷ Gan bwy y mae digon o ddoethineb i gyfrif y cymylau?
A phwy a wna i gostrelau'r nefoedd arllwys,
³⁸ nes bod llwch yn mynd yn llaid,
a'r tywyrch yn glynu wrth ei gilydd?

³⁹ "Ai ti sydd yn hela ysglyfaeth i'r llew,
a diwallu angen y llewod ifanc,
⁴⁰ pan grymant yn eu gwâl,
ac aros dan lwyn am helfa?
⁴¹ Pwy sy'n trefnu bwyd i'r frân,
pan waedda'r cywion ar Dduw,
a hedfan o amgylch heb fwyd?

39
"A wyddost ti amser llydnu y geifr gwylltion?
A fuost ti'n gwylio'r ewigod yn esgor,
² yn cyfrif y misoedd a gyflawnant
ac yn gwybod amser eu llydnu?
³ Y maent yn crymu i eni eu llydnod,
ac yn bwrw eu brych.
⁴ Y mae eu llydnod yn cryfhau ac yn prifio yn y maes,
yn mynd ymaith, ac ni ddônt yn ôl.

⁵ "Pwy sy'n rhoi ei ryddid i'r asyn gwyllt,
ac yn datod rhwymau'r asyn cyflym
⁶ y rhoddais yr anialdir yn gynefin iddo,
a thir diffaith yn lle iddo fyw?
⁷ Y mae'n gas ganddo sŵn y dref;
y mae'n fyddar i floeddiadau gyrrwr.
⁸ Crwydra'r mynyddoedd am borfa,
a chwilia am bob blewyn glas.

⁹ "A yw'r ych gwyllt yn fodlon bod yn dy wasanaeth,
a threulio'r nos wrth dy breseb?
¹⁰ A wyt yn gallu ei rwymo i gerdded yn y rhych,
neu a fydd iddo lyfnu'r dolydd ar dy ôl?
¹¹ A wyt ti'n dibynnu arno am ei fod yn gryf?
A adewi dy lafur iddo?
¹² A ymddiriedi ynddo i ddod â'th rawn yn ôl,
a'i gasglu i'th lawr dyrnu?

¹³ "Ysgwyd yn brysur a wna adenydd yr estrys,
ond heb fedru hedfan fel adenydd y garan;
¹⁴ y mae'n gadael ei hwyau ar y ddaear,
i ddeor yn y pridd,
¹⁵ gan anghofio y gellir eu sathru dan draed,
neu y gall anifail gwyllt eu mathru.
¹⁶ Y mae'n esgeulus o'i chywion,
ac yn eu trin fel pe na baent yn perthyn iddi,
heb ofni y gallai ei llafur fod yn ofer.
¹⁷ Oherwydd gadawodd Duw hi heb ddoethineb,
ac nid oes ganddi ronyn o ddeall.
¹⁸ Ond pan gyfyd a rhedeg,
gall chwerthin am ben march a'i farchog.

¹⁹ "Ai ti sy'n rhoi nerth i'r march,
ac yn gwisgo'i war â mwng?
²⁰ Ai ti sy'n gwneud iddo ruglo fel locust,
a gweryru nes creu dychryn?
²¹ Cura'r llawr â'i droed, ac ymffrostia yn ei nerth
pan â allan i wynebu'r frwydr.
²² Y mae'n ddi-hid ac yn ddi-fraw;
ni thry'n ôl rhag y cleddyf.
²³ O'i gwmpas y mae clep y cawell saethau,
fflach y cleddyf a'r waywffon.
²⁴ Yn aflonydd a chynhyrfus y mae'n difa'r ddaear;
ni all aros yn llonydd pan glyw sain utgorn.
²⁵ Pan glyw'r utgorn, dywed, 'Aha!'
Fe synhwyra frwydr o bell,
trwst y capteiniaid a'u bloedd.

²⁶ "Ai dy ddeall di sy'n gwneud i'r hebog hedfan
a lledu ei adenydd tua'r De?
²⁷ Ai d'orchymyn di a wna i'r eryr hedfan
a gosod ei nyth yn uchel?
²⁸ Fe drig ar y graig, ac aros yno
yng nghilfach y graig a'i diogelwch.
²⁹ Oddi yno y chwilia am fwyd,
gan edrych i'r pellter.
³⁰ Y mae ei gywion yn llowcio gwaed;
a phle bynnag y ceir ysgerbwd, y mae ef yno."

40

Dywedodd yr ARGLWYDD wrth Job:

2 "A ddylai un sy'n dadlau â'r Hollalluog fod yn ystyfnig?
Caiff yr un sy'n ymryson â Duw ateb am hynny."

3 Yna atebodd Job:

4 "Un dibwys wyf fi; beth allaf ei ddweud?
Rhof fy llaw ar fy ngheg.
5 Yr wyf wedi llefaru unwaith, ac nid atebaf eto;
do ddwywaith, ac ni chwanegaf."

6 Yna atebodd yr ARGLWYDD Job o'r corwynt:

7 "Gwna dy hun yn barod i'r ornest;
fe holaf fi di, a chei dithau ateb.
8 A wyt ti'n gwadu fy mod yn iawn,
ac yn fy nghondemnio, i'th gyfiawnhau dy hun?
9 A oes gennyt nerth fel sydd gan Dduw?
A fedri daranu â'th lais fel y gwna ef?

10 "Addurna dy hun â balchder ac urddas,
a gwisga ogoniant a harddwch.
11 Gollwng yn rhydd angerdd dy ddig;
edrych ar bob balch, i'w daflu i'r llawr.
12 Sylwa ar bob balchder, i'w ddiraddio;
sathra'r rhai drygionus yn eu lle.
13 Cuddia hwy i gyd yn y llwch;
cuddia'u hwynebau o'r golwg.
14 Yna fe'th ganmolaf
am fod dy law dde'n dy waredu.

15 "Edrych ar Behemoth, a greais yr un adeg â thi;
y mae'n bwyta glaswellt fel yr ych.
16 Y mae ei nerth yn ei lwynau,
a'i gryfder yng nghyhyrau ei fol.
17 Y mae ei gynffon yn syth fel cedrwydden,
a gewynnau ei gluniau wedi eu clymu i'w gilydd.
18 Y mae ei esgyrn fel pibellau pres,
a'i goesau fel barrau haearn.
19 "Ef yw'r cyntaf o'r pethau a wnaeth Duw;
gwnaed ef yn deyrn dros ei gymrodyr.*
20 Y mae'r mynyddoedd yn darparu ysglyfaeth iddo;
yr holl anifeiliaid sy'n chwarae yno.
21 Fe orwedd dan y lotus,
a chuddio yn y brwyn a'r corsydd.
22 Y mae'r lotus yn gysgod drosto,
a helyg yn y nant yn ei guddio.
23 Os cyfyd yr afon drosto, ni chynhyrfa;
byddai'n ddifraw pe bai'r Iorddonen yn llifo i'w geg.
24 A ellir ei fachu yn ei lygaid,
a gwthio tryfer i'w drwyn?

41

* "A fedri di dynnu Lefiathan allan â bach,
neu ddolennu rhaff am ei dafod?
2 A fedri di roi cortyn am ei drwyn,
neu wthio bach i'w ên?
3 A wna ef ymbil yn daer arnat,
neu siarad yn addfwyn â thi?
4 A wna gytundeb â thi,
i'w gymryd yn was iti am byth?
5 A gei di chwarae ag ef fel ag aderyn,
neu ei rwymo wrth dennyn i'th ferched?
6 A fydd masnachwyr yn bargeinio amdano,
i'w rannu rhwng y gwerthwyr?
7 A osodi di bigau haearn yn ei groen,
a bachau pysgota yn ei geg?
8 Os gosodi dy law arno,
fe gofi am yr ysgarmes, ac ni wnei hyn eto.
9 * Yn wir twyllodrus yw ei lonyddwch;
onid yw ei olwg yn peri arswyd?
10 Nid oes neb yn ddigon eofn i'w gynhyrfu;
a phwy a all sefyll o'i flaen?
11 Pwy a ddaw ag ef ataf, imi gael rhoi gwobr iddo
o'r cyfan sydd gennyf dan y nef?
12 Ni pheidiaf â sôn am ei aelodau,
ei gryfder a'i ffurf gytbwys.

40:19 Tebygol. Hebraeg yn ansicr.
41:1 Hebraeg, 40:25.
41:9 Hebraeg, 41:1.

¹³ Pwy a all agor ei wisg uchaf,
neu drywanu ei groen dauddyblyg?
¹⁴ Pwy a all agor dorau ei geg,
a'r dannedd o'i chwmpas yn codi arswyd?
¹⁵ Y mae ei gefn* fel rhesi o darianau
wedi eu cau'n dynn â sêl.
¹⁶ Y maent yn glòs wrth ei gilydd,
heb fwlch o gwbl rhyngddynt.
¹⁷ Y mae'r naill yn cydio mor dynn wrth y llall,
fel na ellir eu gwahanu.
¹⁸ Y mae ei disian yn gwasgaru mellt,
a'i lygaid yn pefrio fel y wawr.
¹⁹ Daw fflachiadau allan o'i geg,
a thasga gwreichion ohoni.
²⁰ Daw mwg o'i ffroenau,
fel o grochan yn berwi ar danllwyth.
²¹ Y mae ei anadl yn tanio cynnud,
a daw fflam allan o'i geg.
²² Y mae cryfder yn ei wddf,
ac arswyd yn rhedeg o'i flaen.
²³ Y mae plygion ei gnawd yn glynu wrth ei gilydd,
ac mor galed amdano fel na ellir eu symud.
²⁴ Y mae ei galon yn gadarn fel craig,
mor gadarn â maen melin.
²⁵ Pan symuda, fe ofna'r cryfion;
ânt o'u pwyll oherwydd sŵn y rhwygo.
²⁶ Os ceisir ei drywanu â'r cleddyf, ni lwyddir,
nac ychwaith â'r waywffon, dagr, na'r bicell.
²⁷ Y mae'n trafod haearn fel gwellt,
a phres fel pren wedi pydru.
²⁸ Ni all saeth wneud iddo ffoi,
ac y mae'n trafod cerrig-tafl fel us.
²⁹ Fel sofl yr ystyria'r pastwn,
ac y mae'n chwerthin pan chwibana'r bicell.
³⁰ Oddi tano y mae fel darnau miniog o lestri,
a gwna rychau fel og ar y llaid.
³¹ Gwna i'r dyfnder ferwi fel crochan;
gwna'r môr fel eli wedi ei gymysgu.
³² Gedy lwybr gwyn ar ei ôl,
a gwna i'r dyfnder ymddangos yn benwyn.
³³ Nid oes tebyg iddo ar y ddaear,
creadur heb ofn dim arno.

41:15 Felly Fersiynau. Hebraeg, *ei falchder.*

³⁴ Y mae'n edrych i lawr ar bopeth uchel;
ef yw brenin yr holl anifeiliaid balch."

Job yn Ateb yr ARGLWYDD

42 Dywedodd Job wrth yr ARGLWYDD:

² "Gwn dy fod yn gallu gwneud popeth,
ac nad oes dim yn amhosibl i ti.
³ Meddi, 'Pwy yw hwn sy'n cuddio deall â geiriau diwybod?'
Yn wir, rwyf wedi mynegi pethau nad oeddwn yn eu deall,
pethau rhyfeddol, tu hwnt i'm dirnad.
⁴ Yn awr gwrando, a gad i mi lefaru;
fe holaf fi di, a chei dithau f'ateb.
⁵ Trwy glywed yn unig y gwyddwn amdanat,
ond yn awr rwyf wedi dy weld â'm llygaid fy hun.
⁶ Am hynny rwyf yn fy ffieiddio fy hunan,
ac yn edifarhau mewn llwch a lludw."

Diweddglo

⁷ Ar ôl i'r ARGLWYDD lefaru'r geiriau hyn wrth Job, dywedodd yr ARGLWYDD wrth Eliffas y Temaniad, "Yr wyf yn ddig iawn wrthyt ti a'th ddau gyfaill am nad ydych wedi dweud yr hyn sy'n iawn amdanaf, fel y gwnaeth fy ngwas Job. ⁸ Yn awr cymerwch saith ych a saith hwrdd, ac ewch at fy ngwas Job, i offrymu poethoffrwm drosoch eich hunain. Fe weddïa fy ngwas Job drosoch; gwrandawaf finnau arno, ac ni ddialaf arnoch am eich ffolineb, am ichwi beidio â llefaru yn iawn amdanaf, fel y gwnaeth fy ngwas Job." ⁹ Yna aeth Eliffas y Temaniad, Bildad y Suhiad a Soffar y Naamathiad, a gwneud fel y gorchmynnodd yr ARGLWYDD iddynt; a gwrandawodd yr ARGLWYDD ar Job.

¹⁰ Wedi i Job weddïo dros ei gyfeillion, adferodd yr ARGLWYDD iddo ei lwyddiant, a rhoi'n ôl i Job ddwywaith yr hyn oedd ganddo o'r blaen. ¹¹ Yna aeth ei frodyr a'i chwiorydd i gyd, a'r holl gyfeillion oedd ganddo gynt, i fwyta

gydag ef yn ei dŷ, ac i'w gysuro a'i ddiddanu am y drwg a ddygodd yr ARGLWYDD arno. A rhoddodd pob un ohonynt ddarn arian a modrwy aur iddo. ¹² Bendithiodd yr ARGLWYDD ddiwedd oes Job yn fwy na'i dechrau: yr oedd ganddo bedair mil ar ddeg o ddefaid, chwe mil o gamelod, mil o fustych a mil o asennod. ¹³ Hefyd yr oedd ganddo saith mab a thair merch. ¹⁴ Enwodd yr hynaf ohonynt yn Jemima, yr ail yn Cesia, a'r drydedd yn Cerenhapuch. ¹⁵ Nid oedd merched prydferthach na merched Job drwy'r holl wlad, a rhoes Job etifeddiaeth iddynt hwy yn ogystal ag i'w brodyr. ¹⁶ Bu Job fyw gant a deugain o flynyddoedd ar ôl hyn, a chafodd weld ei blant a phlant ei blant hyd at bedair cenhedlaeth. ¹⁷ Bu farw Job yn hen iawn, mewn gwth o oedran.

LLYFR

Y SALMAU

LLYFR 1

1 Gwyn ei fyd y sawl
nad yw'n dilyn cyngor y drygionus
nac yn ymdroi hyd ffordd
  pechaduriaid
nac yn eistedd ar sedd gwatwarwyr,
² ond sy'n cael ei hyfrydwch yng
  nghyfraith yr ARGLWYDD
ac yn myfyrio yn ei gyfraith ef ddydd
  a nos.
³ Y mae fel pren
wedi ei blannu wrth ffrydiau dŵr
ac yn rhoi ffrwyth yn ei dymor,
a'i ddeilen heb fod yn gwywo.
Beth bynnag a wna, fe lwydda.

⁴ Nid felly y bydd y drygionus,
ond fel us yn cael ei yrru gan wynt.
⁵ Am hynny, ni saif y drygionus yn y
  farn
na phechaduriaid yng
  nghynulleidfa'r cyfiawn.

⁶ Y mae'r ARGLWYDD yn gwylio ffordd
  y cyfiawn,
ond y mae ffordd y drygionus yn
  darfod.

2 Pam y mae'r cenhedloedd yn
  terfysgu
a'r bobloedd yn cynllwyn yn ofer?
² Y mae brenhinoedd y ddaear yn
  barod,
a'r llywodraethwyr yn ymgynghori â'i
  gilydd
yn erbyn yr ARGLWYDD a'i eneiniog:
³ "Gadewch inni ddryllio eu
  rhwymau,
a thaflu ymaith eu rheffynnau."
⁴ Fe chwardd yr un sy'n eistedd yn y
  nefoedd;
y mae'r Arglwydd yn eu gwatwar.
⁵ Yna fe lefara wrthynt yn ei lid
a'u dychryn yn ei ddicter:
⁶ "Yr wyf fi wedi gosod fy mrenin
ar Seion, fy mynydd sanctaidd."

⁷ Adroddaf am ddatganiad yr
  ARGLWYDD.
Dywedodd wrthyf, "Fy mab wyt ti,
myfi a'th genhedlodd di heddiw;
⁸ gofyn, a rhoddaf iti'r cenhedloedd
  yn etifeddiaeth,
ac eithafoedd daear yn eiddo iti;
⁹ fe'u drylli â gwialen haearn
a'u malurio fel llestr pridd."

¹⁰ Yn awr, frenhinoedd, byddwch
  ddoeth;

farnwyr y ddaear, cymerwch gyngor;
¹¹ gwasanaethwch yr ARGLWYDD mewn ofn,
mewn cryndod cusanwch ei draed,*
¹² rhag iddo ffromi ac i chwi gael eich difetha;
oherwydd fe gyneua ei lid mewn dim.
Gwyn eu byd y rhai sy'n llochesu ynddo.

Salm. I Ddafydd, pan ffodd rhag ei fab Absalom.

3 ARGLWYDD, mor lluosog yw fy ngwrthwynebwyr!
Y mae llawer yn codi yn f'erbyn,
² a llawer yn dweud amdanaf,
"Ni chaiff waredigaeth yn Nuw."   Sela

³ Ond yr wyt ti, ARGLWYDD, yn darian i mi,
yn ogoniant i mi ac yn fy nyrchafu.
⁴ Gwaeddaf yn uchel ar yr ARGLWYDD,
ac etyb fi o'i fynydd sanctaidd.   Sela

⁵ Yr wyf yn gorwedd ac yn cysgu,
ac yna'n deffro am fod yr ARGLWYDD yn fy nghynnal.
⁶ Nid ofnwn pe bai myrddiwn o bobl yn ymosod arnaf o bob tu.

⁷ Cyfod, ARGLWYDD; gwareda fi, O fy Nuw.
Byddi'n taro fy holl elynion yn eu hwyneb,
ac yn torri dannedd y drygionus.
⁸ I'r ARGLWYDD y perthyn gwaredigaeth;
bydded dy fendith ar dy bobl.   Sela

I'r Cyfarwyddwr: ag offerynnau llinynnol. Salm. I Ddafydd.

4 Ateb fi pan alwaf, O Dduw fy nghyfiawnder!
Pan oeddwn mewn cyfyngder, gwaredaist fi;
bydd drugarog wrthyf, a gwrando fy ngweddi.
² Bobl, am ba hyd y bydd fy ngogoniant yn warth,
ac y byddwch yn caru gwagedd ac yn ceisio celwydd?   Sela
³ Deallwch fod yr ARGLWYDD wedi neilltuo'r ffyddlon iddo'i hun;
y mae'r ARGLWYDD yn gwrando pan alwaf arno.
⁴ Er i chwi gynddeiriogi, peidiwch â phechu;
er i chwi ymson ar eich gwely, byddwch ddistaw.   Sela
⁵ Offrymwch aberthau cywir,
ac ymddiriedwch yn yr ARGLWYDD.
⁶ Y mae llawer yn dweud, "Pwy a ddengys i ni ddaioni?"
Cyfoded llewyrch dy wyneb arnom, ARGLWYDD.
⁷ Rhoddaist fwy o lawenydd yn fy nghalon
na'r eiddo hwy pan oedd llawer o ŷd a gwin.
⁸ Yn awr gorweddaf mewn heddwch a chysgu,
oherwydd ti yn unig, ARGLWYDD, sy'n peri imi fyw'n ddiogel.

I'r Cyfarwyddwr: ar ffliwtiau. Salm. I Ddafydd.

5 Gwrando ar fy ngeiriau, ARGLWYDD, ystyria fy nghwynfan;
² clyw fy nghri am gymorth, fy Mrenin a'm Duw.
³ Arnat ti y gweddïaf, ARGLWYDD;
yn y bore fe glywi fy llais.
Yn y bore paratoaf ar dy gyfer, ac fe ddisgwyliaf.

⁴ Oherwydd nid wyt Dduw sy'n hoffi drygioni,
ni chaiff y drwg aros gyda thi,
⁵ ni all y trahaus sefyll o'th flaen.
Yr wyt yn casáu'r holl wneuthurwyr drygioni
⁶ ac yn difetha'r rhai sy'n dweud celwydd;
ffieiddia'r ARGLWYDD un gwaedlyd a thwyllodrus.
⁷ Ond oherwydd dy gariad mawr, dof fi i'th dŷ,
plygaf yn dy deml sanctaidd mewn parch i ti.

2:11 Tebygol. Hebraeg, *a llawenhewch mewn cryndod.* ¹² *Cusanwch y mab.*

⁸ ARGLWYDD, arwain fi yn dy
  gyfiawnder oherwydd fy
  ngelynion,
gwna dy ffordd yn union o'm blaen.
⁹ Oherwydd nid oes coel ar eu
  geiriau*,
y mae dinistr o'u mewn;
bedd agored yw eu llwnc,
a'u tafod yn llawn gweniaith.
¹⁰ Dwg gosb arnynt, O Dduw,
bydded iddynt syrthio trwy eu
  cynllwynion;
bwrw hwy ymaith yn eu holl
  bechodau
am iddynt wrthryfela yn dy erbyn.
¹¹ Ond bydded i bawb sy'n llochesu
  ynot ti lawenhau,
a chanu mewn llawenydd yn wastad;
bydd yn amddiffyn dros y rhai sy'n
  caru dy enw,
fel y bydd iddynt orfoleddu ynot ti.
¹² Oherwydd yr wyt ti, ARGLWYDD, yn
  bendithio'r cyfiawn,
ac y mae dy ffafr yn ei amddiffyn fel
  tarian.

*I'r Cyfarwyddwr: ag offerynnau
llinynnol, ar Seminith.
Salm. I Ddafydd.*

6 ARGLWYDD, paid â'm ceryddu yn dy
  ddig,
paid â'm cosbi yn dy lid.
² Bydd drugarog wrthyf, O
  ARGLWYDD, oherwydd yr wyf yn
  llesg;
iachâ fi, ARGLWYDD, oherwydd
  brawychwyd fy esgyrn,
³ y mae fy enaid mewn arswyd mawr.
Tithau, ARGLWYDD, am ba hyd?

⁴ Dychwel, ARGLWYDD, gwared fy
  enaid;
achub fi er mwyn dy ffyddlondeb.
⁵ Oherwydd nid oes cofio amdanat ti
  yn angau;
pwy sy'n dy foli di yn Sheol?

⁶ Yr wyf wedi diffygio gan fy
  nghwynfan;
bob nos y mae fy ngwely'n foddfa,
trochaf fy ngobennydd â'm dagrau.
⁷ Pylodd fy llygaid gan ofid,
a phallu oherwydd fy holl elynion.

⁸ Ewch ymaith oddi wrthyf, holl
  wneuthurwyr drygioni,
oherwydd clywodd yr ARGLWYDD fi'n
  wylo.
⁹ Gwrandawodd yr ARGLWYDD ar fy
  neisyfiad,
ac y mae'r ARGLWYDD yn derbyn fy
  ngweddi.
¹⁰ Bydded cywilydd a dryswch i'm
  holl elynion;
trônt yn ôl a'u cywilyddio'n sydyn.

*Siggaion Dafydd, a ganodd i'r
ARGLWYDD ynglŷn â Cus o Benjamin.*

7 O ARGLWYDD fy Nuw, ynot ti y
  llochesaf;
gwared fi rhag fy holl erlidwyr, ac
  arbed fi,
² rhag iddynt fy llarpio fel llew,
a'm darnio heb neb i'm gwaredu.

³ O ARGLWYDD fy Nuw, os
  gwneuthum hyn—
os oes twyll ar fy nwylo,
⁴ os telais ddrwg am dda i'm cyfaill,
ac ysbeilio fy ngwrthwynebwr heb
  achos—
⁵ bydded i'm gelyn fy erlid a'm dal,
bydded iddo sathru fy einioes i'r
  ddaear,
a gosod f'anrhydedd yn y llwch. *Sela*

⁶ Saf i fyny, O ARGLWYDD, yn dy ddig;
cyfod yn erbyn llid fy ngelynion;
deffro, fy Nuw, i drefnu barn.
⁷ Bydded i'r bobloedd ymgynnull
  o'th amgylch;
eistedd dithau'n oruchel uwch eu
  pennau.
⁸ O ARGLWYDD, sy'n barnu pobloedd,
barna fi yn ôl fy nghyfiawnder, O
  ARGLWYDD,
ac yn ôl y cywirdeb sydd ynof.
⁹ Bydded diwedd ar ddrygioni'r
  drygionus,
ond cadarnha di y cyfiawn,
ti sy'n profi meddyliau a chalonnau,
ti Dduw cyfiawn.

¹⁰ Duw yw fy nharian,
ef sy'n gwaredu'r cywir o galon.
¹¹ Duw sydd farnwr cyfiawn,
a Duw sy'n dedfrydu bob amser.

5:9 Felly'r Fersiynau. Hebraeg, *ei eiriau*.

¹² Yn wir, y mae'r drygionus* yn hogi
    ei gleddyf eto,
yn plygu ei fwa ac yn ei wneud yn
    barod;
¹³ y mae'n darparu ei arfau marwol,
ac yn gwneud ei saethau'n danllyd.
¹⁴ Y mae'n feichiog o ddrygioni,
yn cenhedlu niwed ac yn geni twyll.
¹⁵ Y mae'n cloddio pwll ac yn ei
    geibio,
ac yn syrthio i'r twll a wnaeth.
¹⁶ Fe ddychwel ei niwed arno ef ei
    hun,
ac ar ei ben ef y disgyn ei drais.

¹⁷ Diolchaf i'r ARGLWYDD am ei
    gyfiawnder,
a chanaf fawl i enw'r ARGLWYDD
    Goruchaf.

**I'r Cyfarwyddwr: ar y Gittith.
Salm. I Ddafydd.**

8 O ARGLWYDD, ein Iôr, mor
        ardderchog yw dy enw ar yr
        holl ddaear!
Gosodaist dy ogoniant uwch y
    nefoedd,
² codaist amddiffyn rhag dy elynion
o enau babanod a phlant sugno,
a thawelu'r gelyn a'r dialydd.
³ Pan edrychaf ar y nefoedd, gwaith
    dy fysedd,
y lloer a'r sêr, a roddaist yn eu lle,
⁴ beth yw meidrolyn, iti ei gofio,
a'r teulu dynol, iti ofalu amdano?
⁵ Eto gwnaethost ef ychydig islaw
    duw*
a'i goroni â gogoniant ac anrhydedd.
⁶ Rhoist iddo awdurdod ar waith dy
    ddwylo,
a gosod popeth dan ei draed:
⁷ defaid ac ychen i gyd,
yr anifeiliaid gwylltion hefyd,
⁸ adar y nefoedd, a physgod y môr,
a phopeth sy'n tramwyo llwybrau'r
    dyfroedd.
⁹ O ARGLWYDD, ein Iôr, mor
    ardderchog yw dy enw ar yr holl
    ddaear!

**I'r Cyfarwyddwr: ar Muth-labben.
Salm. I Ddafydd.**

9 Diolchaf i ti, ARGLWYDD, â'm holl
        galon,
adroddaf am dy ryfeddodau.
² Llawenhaf a gorfoleddaf ynot ti,
canaf fawl i'th enw, y Goruchaf.
³ Pan dry fy ngelynion yn eu holau,
baglant a threngi o'th flaen.
⁴ Gwnaethost yn deg â mi yn fy
    achos,
ac eistedd ar dy orsedd yn farnwr
    cyfiawn.
⁵ Ceryddaist y cenhedloedd a
    difetha'r drygionus,
a dileaist eu henw am byth.
⁶ Darfu am y gelyn mewn adfeilion
    bythol;
yr wyt wedi chwalu eu dinasoedd,
a diflannodd y cof amdanynt.
⁷ Ond y mae'r ARGLWYDD wedi ei
    orseddu am byth,
ac wedi paratoi ei orsedd i farn.
⁸ Fe farna'r byd mewn cyfiawnder,
a gwrando achos y bobloedd yn deg.

⁹ Bydded yr ARGLWYDD yn
    amddiffynfa i'r gorthrymedig,
yn amddiffynfa yn amser cyfyngder,
¹⁰ fel y bydd i'r rhai sy'n cydnabod
    dy enw ymddiried ynot;
oherwydd ni adewaist, ARGLWYDD, y
    rhai sy'n dy geisio.

¹¹ Canwch fawl i'r ARGLWYDD sy'n
    trigo yn Seion,
cyhoeddwch ei weithredoedd ymysg
    y bobloedd.
¹² Fe gofia'r dialydd gwaed
    amdanynt;
nid yw'n anghofio gwaedd yr
    anghenus.
¹³ Bydd drugarog wrthyf, O
    ARGLWYDD, sy'n fy nyrchafu o
    byrth angau;
edrych ar fy adfyd oddi ar law y rhai
    sy'n fy nghasáu,
¹⁴ imi gael adrodd dy holl fawl
a llawenhau yn dy waredigaeth ym
    mhyrth merch Seion.

¹⁵ Suddodd y cenhedloedd i'r pwll a
    wnaethant eu hunain,

7:12 Hebraeg, *y mae ef.*
8:5 Neu, *Duw.*

daliwyd eu traed yn y rhwyd yr
  oeddent hwy wedi ei chuddio.
¹⁶ Datguddiodd yr ARGLWYDD ei hun,
  gwnaeth farn;
maglwyd y drygionus gan waith ei
  ddwylo'i hun.   *Higgaion. Sela*

¹⁷ Bydded i'r drygionus ddychwelyd i
  Sheol,
a'r holl genhedloedd sy'n anghofio
  Duw.
¹⁸ Oherwydd nid anghofir y tlawd am
  byth,
ac ni ddryllir gobaith yr anghenus yn
  barhaus.

¹⁹ Cyfod, ARGLWYDD; na threched
  meidrolion,
ond doed y cenhedloedd i farn o'th
  flaen.
²⁰ Rho arswyd ynddynt, ARGLWYDD,
a bydded i'r cenhedloedd wybod mai
  meidrol ydynt.   *Sela*

10
Pam, ARGLWYDD, y sefi draw,
ac ymguddio yn amser cyfyngder?
² Y mae'r drygionus yn ei falchder yn
  ymlid yr anghenus;
dalier ef yn y cynlluniau a
  ddyfeisiodd.
³ Oherwydd ymffrostia'r drygionus
  yn ei chwant ei hun,
ac y mae'r barus yn melltithio ac yn
  dirmygu'r ARGLWYDD.
⁴ Nid yw'r drygionus ffroenuchel yn
  ei geisio,
nid oes lle i Dduw yn ei holl
  gynlluniau.
⁵ Troellog yw ei ffyrdd bob amser,
y mae dy farnau di y tu hwnt iddo;
ac am ei holl elynion, fe'u dirmyga.
⁶ Fe ddywed ynddo'i hun, "Ni'm
  symudir;
trwy'r cenedlaethau ni ddaw niwed
  ataf."
⁷ Y mae ei enau'n llawn melltith,
  twyll a thrais;
y mae cynnen a drygioni dan ei
  dafod.
⁸ Y mae'n aros mewn cynllwyn yn y
  pentrefi,
ac yn lladd y diniwed yn y dirgel;
gwylia ei lygaid am yr anffodus.
⁹ Llecha'n ddirgel fel llew yn ei ffau;
llecha er mwyn llarpio'r truan,
ac fe'i deil trwy ei dynnu i'w rwyd;
¹⁰ caiff ei ysigo a'i ddarostwng
  ganddo,
ac fe syrthia'r anffodus i'w
  grafangau.
¹¹ Dywed yntau ynddo'i hun,
  "Anghofiodd Duw,
cuddiodd ei wyneb ac ni wêl ddim."

¹² Cyfod, ARGLWYDD; O Dduw, cod dy
  law;
nac anghofia'r anghenus.
¹³ Pam y mae'r drygionus yn dy
  ddirmygu, O Dduw,
ac yn tybio ynddo'i hun nad wyt yn
  galw i gyfrif?
¹⁴ Ond yn wir, yr wyt yn edrych ar
  helynt a gofid,
ac yn sylwi er mwyn ei gymryd yn dy
  law;
arnat ti y dibynna'r anffodus,
ti sydd wedi cynorthwyo'r amddifad.
¹⁵ Dryllia nerth y drygionus a'r
  anfad;
chwilia am ei ddrygioni nes ei
  ddihysbyddu.

¹⁶ Y mae'r ARGLWYDD yn frenin byth
  bythoedd;
difethir y cenhedloedd o'i dir.
¹⁷ Clywaist, O ARGLWYDD, ddyhead
  yr anghenus;
yr wyt yn cryfhau eu calon wrth
  wrando arnynt,
¹⁸ yn gweinyddu barn i'r amddifad
  a'r gorthrymedig,
rhag i feidrolion beri ofn mwyach.

I'r Cyfarwyddwr: i Ddafydd.

11
Yn yr ARGLWYDD y cefais loches;
sut y gallwch ddweud wrthyf,
"Ffo fel aderyn i'r mynydd*,
² oherwydd y mae'r drygionus yn
  plygu'r bwa
ac yn gosod eu saethau yn y llinyn
i saethu yn y tywyllwch at yr
  uniawn"?
³ Os dinistrir y sylfeini,
beth a wna'r cyfiawn?
⁴ Y mae'r ARGLWYDD yn ei deml
  sanctaidd,

11:1 Felly'r Fersiynau. Hebraeg, *Ffo i'ch mynydd, O aderyn.*

a gorsedd yr ARGLWYDD yn y
   nefoedd;
y mae ei lygaid yn edrych ar y
   ddynolryw,
a'i olygon yn ei phrofi.
⁵ Profa'r ARGLWYDD y cyfiawn a'r
   drygionus,
a chas ganddo'r sawl sy'n caru trais.
⁶ Y mae'n glawio marwor tanllyd a
   brwmstan ar y drygionus;
gwynt deifiol fydd eu rhan.
⁷ Oherwydd y mae'r ARGLWYDD yn
   gyfiawn ac yn caru cyfiawnder,
a'r uniawn sy'n gweld ei wyneb.

*I'r Cyfarwyddwr: ar Seminith.
Salm. I Ddafydd.*

12 Arbed, O ARGLWYDD; oherwydd
   nid oes un teyrngar ar ôl,
a darfu am y ffyddloniaid o blith
   pobl.
² Y mae pob un yn dweud celwydd
   wrth ei gymydog,
y maent yn gwenieithio wrth siarad
   â'i gilydd.
³ Bydded i'r ARGLWYDD dorri ymaith
   bob gwefus wenieithus
a'r tafod sy'n siarad yn ymffrostgar,
⁴ y rhai sy'n dweud, "Yn ein tafod y
   mae ein nerth;
y mae ein gwefusau o'n tu; pwy sy'n
   feistr arnom?"

⁵ "Oherwydd anrhaith yr anghenus a
   chri'r tlawd,
codaf yn awr," meddai'r ARGLWYDD,
"rhoddaf iddo'r diogelwch yr
   hiraetha amdano."

⁶ Y mae geiriau'r ARGLWYDD yn eiriau
   pur:
arian wedi ei goethi mewn ffwrnais,
aur* wedi ei buro seithwaith.
⁷ Tithau, ARGLWYDD, cadw ni*,
gwared ni am byth oddi wrth y
   genhedlaeth hon,
⁸ am fod y drygionus yn prowla ar
   bob llaw,
a llygredd yn uchaf ymysg pobl.

I'r Cyfarwyddwr: Salm. I Ddafydd.

13 Am ba hyd, ARGLWYDD, yr
   anghofi fi'n llwyr?
Am ba hyd y cuddi dy wyneb oddi
   wrthyf?
² Am ba hyd y dygaf loes yn fy enaid,
a gofid yn fy nghalon ddydd ar ôl
   dydd?
Am ba hyd y bydd fy ngelyn yn drech
   na mi?

³ Edrych arnaf ac ateb fi, O
   ARGLWYDD fy Nuw;
goleua fy llygaid rhag imi gysgu hun
   marwolaeth,
⁴ rhag i'm gelyn ddweud,
   "Gorchfygais ef",
ac i'm gwrthwynebwyr lawenhau pan
   gwympaf.

⁵ Ond yr wyf fi'n ymddiried yn dy
   ffyddlondeb,
a chaiff fy nghalon lawenhau yn dy
   waredigaeth;
canaf i'r ARGLWYDD,
am iddo fod mor hael wrthyf.

I'r Cyfarwyddwr: i Ddafydd.

14 Dywed yr ynfyd yn ei galon,
"Nid oes Duw."
Gwnânt weithredoedd llygredig a
   ffiaidd;
nid oes un a wna ddaioni.
² Edrychodd yr ARGLWYDD o'r
   nefoedd
ar ddynolryw,
i weld a oes rhywun yn gwneud yn
   ddoeth
ac yn ceisio Duw.
³ Ond y mae pawb ar gyfeiliorn,
ac mor llygredig â'i gilydd;
nid oes un a wna ddaioni,
nac oes, dim un.

⁴ Oni ddarostyngir y gwneuthurwyr
   drygioni
sy'n llyncu fy mhobl fel llyncu bwyd,
ac sydd heb alw ar yr ARGLWYDD?
⁵ Yno y byddant mewn dychryn
   mawr,
am fod Duw yng nghanol y rhai
   cyfiawn.

12:6 Tebygol. Hebraeg, *i'r ddaear.*
12:7 Felly llawysgrifau a Groeg. TM, *hwy.*

⁶ Er i chwi watwar cyngor yr
    anghenus,
yr ARGLWYDD yw ei noddfa.
⁷ O na ddôi gwaredigaeth i Israel o
    Seion!
Pan adfer yr ARGLWYDD lwyddiant
    i'w bobl,
fe lawenha Jacob, fe orfoledda
    Israel.

Salm. I Ddafydd.

15 ARGLWYDD, pwy a gaiff aros yn
    dy babell?
Pwy a gaiff fyw yn dy fynydd
    sanctaidd?

² Yr un sy'n byw yn gywir, yn gwneud
    cyfiawnder,
ac yn dweud gwir yn ei galon;
³ un nad oes malais ar ei dafod,
nad yw'n gwneud niwed i'w gyfaill,
nac yn goddef enllib am ei gymydog;
⁴ un sy'n edrych yn ddirmygus ar yr
    ysgymun,
ond yn parchu'r rhai sy'n ofni'r
    ARGLWYDD;
un sy'n tyngu i'w niwed ei hun, a heb
    dynnu'n ôl;
⁵ un nad yw'n rhoi ei arian am log,
nac yn derbyn cil-dwrn yn erbyn y
    diniwed.
Pwy bynnag a wna hyn, nis symudir
    byth.

Michtam. I Ddafydd.

16 Cadw fi, O Dduw, oherwydd
    llochesaf ynot ti.
² Dywedais wrth yr ARGLWYDD, "Ti
    yw f'arglwydd,
nid oes imi ddaioni ond ynot ti."
³ Ac am y duwiau sanctaidd sydd yn
    y wlad,
melltith* ar bob un sy'n ymhyfrydu
    ynddynt.
⁴ Amlhau gofidiau y mae'r un sy'n
    blysio duwiau eraill;
ni chynigiaf fi waed iddynt yn
    ddiodoffrwm,
na chymryd eu henwau ar fy
    ngwefusau.

⁵ Ti, ARGLWYDD, yw fy nghyfran a'm
    cwpan,
ti sy'n diogelu fy rhan;
⁶ syrthiodd y llinynnau i mi mewn
    mannau dymunol,
ac y mae gennyf etifeddiaeth ragorol.

⁷ Bendithiaf yr ARGLWYDD a roddodd
    gyngor i mi;
yn y nos y mae fy meddyliau'n fy
    hyfforddi.
⁸ Gosodais yr ARGLWYDD o'm blaen
    yn wastad;
am ei fod ar fy neheulaw, ni'm
    symudir.

⁹ Am hynny, llawenha fy nghalon a
    gorfoledda f'ysbryd,
a chaiff fy nghnawd fyw'n ddiogel;
¹⁰ oherwydd ni fyddi'n gadael fy
    enaid i Sheol,
ac ni chaiff yr un teyrngar i ti weld
    Pwll Distryw.
¹¹ Dangosi i mi lwybr bywyd;
yn dy bresenoldeb di y mae
    digonedd o lawenydd,
ac yn dy ddeheulaw fwyniant bythol.

Gweddi. I Ddafydd.

17 Gwrando, ARGLWYDD, gri am
    gyfiawnder;
rho sylw i'm llef
a gwrandawiad i'm gweddi
oddi ar wefusau didwyll.
² Doed fy marn oddi wrthyt ti,
edryched dy lygaid ar yr hyn sy'n
    iawn.
³ Profaist fy nghalon a'm gwylio yn y
    nos,
chwiliaist fi ond heb gael drygioni
    ynof.
⁴ Ni throseddodd* fy ngenau fel y
    gwna eraill,
ond fe gedwais eiriau dy wefusau.
⁵ Ar lwybrau'r anufudd byddai fy
    nghamau'n pallu,
ond ar dy lwybrau di nid yw fy
    nhraed yn methu.
⁶ Gwaeddaf arnat ti am dy fod yn
    f'ateb, O Dduw;
tro dy glust ataf, gwrando fy ngeiriau.

16:3 Tebygol. Hebraeg, *a'r rhagorolion*.

17:4 Felly'r Fersiynau. Hebraeg, *heb gael. Fe'm bwriadwyd fel na throseddai*.

Salmau 17, 18

⁷ Dangos dy ffyddlondeb rhyfeddol,
  ti, sy'n gwaredu â'th ddeheulaw
  y rhai sy'n llochesu ynot rhag eu
    gwrthwynebwyr.
⁸ Cadw fi fel cannwyll dy lygad,
  cuddia fi dan gysgod dy adenydd
⁹ rhag y drygionus sy'n fy nistrywio,
  y gelynion sydd yn eu gwanc yn
    f'amgylchu.
¹⁰ Maent wedi mygu tosturi,
  y mae eu genau'n llefaru balchder;
¹¹ y maent ar fy sodlau ac ar gau
    amdanaf,*
  wedi gosod eu bryd ar fy mwrw i'r
    llawr;
¹² y maent fel llew yn barod i larpio,
  fel llew ifanc yn llechu yn ei guddfan.

¹³ Cyfod, ARGLWYDD, saf yn eu
    herbyn a'u bwrw i lawr!
  Â'th gleddyf gwared fy mywyd rhag y
    drygionus;
¹⁴ â'th law, ARGLWYDD, gwna
    ddiwedd arnynt,
  difa hwy o'u rhan yng nghanol
    bywyd.
  Llanwer eu bol â'r hyn sydd gennyt
    ar eu cyfer,
  bydded i'w plant gael digon,
  a chadw gweddill i'w babanod!

¹⁵ Ond byddaf fi yn fy nghyfiawnder
    yn gweld dy wyneb;
  pan ddeffroaf, digonir fi o weld dy
    wedd.

I'r Cyfarwyddwr: Dafydd, gwas yr
ARGLWYDD, a lefarodd eiriau'r gerdd
hon wrth yr ARGLWYDD y diwrnod y
gwaredodd yr ARGLWYDD ef o law ei
elynion ac o law Saul. A dywedodd:

18 Caraf di, O ARGLWYDD, fy
    nghryfder.
² Yr ARGLWYDD yw fy nghraig, fy
    nghadernid a'm gwaredydd;
  fy Nuw yw fy nghraig lle llochesaf,
  fy nharian, fy amddiffynfa gadarn
    a'm caer.
³ Gwaeddaf ar yr ARGLWYDD sy'n
    haeddu mawl,
  ac fe'm gwaredir rhag fy ngelynion.

⁴ Pan oedd clymau angau'n tynhau
    amdanaf
  a llifeiriant distryw yn fy nal,
⁵ pan oedd clymau Sheol yn
    f'amgylchu
  a maglau angau o'm blaen,
⁶ gwaeddais ar yr ARGLWYDD yn fy
    nghyfyngder,
  ac ar fy Nuw iddo fy nghynorthwyo;
  clywodd fy llef o'i deml,
  a daeth fy ngwaedd i'w glustiau.

⁷ Crynodd y ddaear a gwegian,
  ysgydwodd sylfeini'r mynyddoedd,
  a siglo oherwydd ei ddicter ef.
⁸ Cododd mwg o'i ffroenau,
  yr oedd tân yn ysu o'i enau,
  a marwor yn cynnau o'i gwmpas.
⁹ Fe agorodd y ffurfafen a disgyn,
  ac yr oedd tywyllwch o dan ei draed.
¹⁰ Marchogodd ar gerwb a hedfan,
  gwibiodd ar adenydd y gwynt.
¹¹ Gosododd o'i amgylch dywyllwch
    yn guddfan,
  a chymylau duon yn orchudd.
¹² O'r disgleirdeb o'i flaen daeth
    allan gymylau,
  a chenllysg a cherrig tân.
¹³ Taranodd yr ARGLWYDD o'r
    nefoedd,
  a llefarodd llais y Goruchaf.*
¹⁴ Bwriodd allan ei saethau yma ac
    acw,
  saethodd fellt a gwneud iddynt
    atsain.
¹⁵ Daeth gwaelodion y môr i'r golwg,
  a dinoethwyd sylfeini'r byd,
  oherwydd dy gerydd di, O
    ARGLWYDD,
  a chwythiad anadl dy ffroenau.

¹⁶ Ymestynnodd o'r uchelder a'm
    cymryd,
  tynnodd fi allan o'r dyfroedd cryfion.
¹⁷ Gwaredodd fi rhag fy ngelyn
    nerthol,
  rhag y rhai sy'n fy nghasáu pan
    oeddent yn gryfach na mi.
¹⁸ Daethant i'm herbyn yn nydd fy
    argyfwng,
  ond bu'r ARGLWYDD yn gynhaliaeth i
    mi.

17:11 Tebygol. Hebraeg, *y maent wedi amgylchu ein camau.*

18:13 Cymh. 2 Sam. 22:14. TM yn ychwanegu *a chenllysg a cherrig tân!*

¹⁹ Dygodd fi allan i le agored,
a'm gwaredu am ei fod yn fy hoffi.

²⁰ Gwnaeth yr ARGLWYDD â mi yn ôl
  fy nghyfiawnder,
a thalodd i mi yn ôl glendid fy nwylo.
²¹ Oherwydd cedwais ffyrdd yr
  ARGLWYDD,
heb droi oddi wrth fy Nuw at
  ddrygioni;
²² yr oedd ei holl gyfreithiau o'm
  blaen,
ac ni fwriais ei ddeddfau o'r neilltu.
²³ Yr oeddwn yn ddi-fai yn ei olwg,
a chedwais fy hun rhag troseddu.
²⁴ Talodd yr ARGLWYDD i mi yn ôl fy
  nghyfiawnder,
ac yn ôl glendid fy nwylo yn ei olwg.
²⁵ Yr wyt yn ffyddlon i'r ffyddlon,
yn ddifeius i'r difeius,
²⁶ ac yn bur i'r rhai pur;
ond i'r cyfeiliornus yr wyt yn
  wyrgam.
²⁷ Oherwydd yr wyt yn gwaredu'r
  rhai gostyngedig,
ac yn darostwng y beilchion.
²⁸ Ti sy'n goleuo fy llusern,
  ARGLWYDD;
fy Nuw sy'n troi fy nhywyllwch yn
  ddisglair.
²⁹ Oherwydd trwot ti y gallaf oresgyn
  llu;
trwy fy Nuw gallaf neidio dros fur.
³⁰ Y Duw hwn, y mae'n berffaith ei
  ffordd,
ac y mae gair yr ARGLWYDD wedi ei
  brofi'n bur;
y mae ef yn darian i bawb sy'n
  llochesu ynddo.
³¹ Pwy sydd Dduw ond yr
  ARGLWYDD?
a phwy sydd graig ond ein Duw ni,
³² y Duw sy'n fy ngwregysu â nerth,
ac yn gwneud fy ffordd yn ddifeius?
³³ Gwna fy nhraed fel rhai ewig,
a'm gosod yn gadarn ar y
  mynyddoedd.
³⁴ Y mae'n dysgu i'm dwylo ryfela,
i'm breichiau dynnu bwa pres.
³⁵ Rhoist imi dy darian i'm gwaredu,
a'm cynnal â'th ddeheulaw,
a'm gwneud yn fawr trwy dy ofal.
³⁶ Rhoist imi le llydan i'm camau,
ac ni lithrodd fy nhraed.

³⁷ Yr wyf yn ymlid fy ngelynion ac yn
  eu dal;
ni ddychwelaf nes eu difetha.
³⁸ Yr wyf yn eu trywanu fel na allant
  godi,
ac y maent yn syrthio o dan fy
  nhraed.
³⁹ Yr wyt wedi fy ngwregysu â nerth
  i'r frwydr,
a darostwng fy ngelynion odanaf.
⁴⁰ Gosodaist fy nhroed ar eu gwddf,
a gwneud imi ddifetha'r rhai sy'n fy
  nghasáu.
⁴¹ Y maent yn gweiddi, ond nid oes
  gwaredydd,
yn galw ar yr ARGLWYDD, ond nid
  yw'n eu hateb.
⁴² Fe'u maluriaf cyn faned â llwch o
  flaen y gwynt,
a'u sathru fel llaid ar y strydoedd.
⁴³ Yr wyt yn fy ngwaredu rhag
  ymrafael pobl,
ac yn fy ngwneud yn ben ar y
  cenhedloedd;
pobl nad oeddwn yn eu hadnabod
  sy'n weision i mi.
⁴⁴ Pan glywant amdanaf, maent yn
  ufuddhau i mi,
ac estroniaid sy'n ymgreinio o'm
  blaen.
⁴⁵ Y mae estroniaid yn gwangalonni,
ac yn dyfod dan grynu o'u lloches.
⁴⁶ Byw yw'r ARGLWYDD, bendigedig
  yw fy nghraig;
dyrchafedig fyddo'r Duw sy'n fy
  ngwaredu,
⁴⁷ y Duw sy'n rhoi imi ddialedd,
ac yn darostwng pobloedd odanaf,
⁴⁸ sy'n fy ngwaredu rhag fy
  ngelynion,
yn fy nyrchafu uwchlaw fy
  ngwrthwynebwyr,
ac yn fy arbed rhag y gorthrymwyr.
⁴⁹ Oherwydd hyn, clodforaf di, O
  ARGLWYDD, ymysg y
  cenhedloedd,
a chanaf fawl i'th enw.
⁵⁰ Y mae'n gwaredu ei frenin yn
  helaeth,
ac yn cadw'n ffyddlon i'w eneiniog,
i Ddafydd ac i'w had am byth.

I'r Cyfarwyddwr: Salm. I Ddafydd.

19 Y mae'r nefoedd yn adrodd
  gogoniant Duw,
a'r ffurfafen yn mynegi gwaith ei
  ddwylo.
² Y mae dydd yn llefaru wrth ddydd,
a nos yn cyhoeddi gwybodaeth wrth
  nos.
³ Nid oes iaith na geiriau ganddynt,
ni chlywir eu llais;
⁴ eto fe â eu sain allan drwy'r holl
  ddaear
a'u lleferydd hyd eithafoedd byd.
Ynddynt gosododd babell i'r haul,
⁵ sy'n dod allan fel priodfab o'i
  ystafell,
yn llon fel campwr yn barod i redeg
  cwrs.
⁶ O eithaf y nefoedd y mae'n codi,
a'i gylch hyd yr eithaf arall;
ac nid oes dim yn cuddio rhag ei
  wres.

⁷ Y mae cyfraith yr ARGLWYDD yn
  berffaith,
yn adfywio'r enaid;
y mae tystiolaeth yr ARGLWYDD yn
  sicr,
yn gwneud y syml yn ddoeth;
⁸ y mae deddfau'r ARGLWYDD yn
  gywir,
yn llawenhau'r galon;
y mae gorchymyn yr ARGLWYDD yn
  bur,
yn goleuo'r llygaid;
⁹ y mae ofn yr ARGLWYDD yn lân,
yn para am byth;
y mae barnau'r ARGLWYDD yn wir,
yn gyfiawn bob un.
¹⁰ Mwy dymunol ydynt nag aur,
na llawer o aur coeth,
a melysach na mêl,
ac na diferion diliau mêl.
¹¹ Trwyddynt hwy hefyd rhybuddir fi,
ac o'u cadw y mae gwobr fawr.

¹² Pwy sy'n dirnad ei
  gamgymeriadau?
Glanha fi oddi wrth fy meiau cudd.
¹³ Cadw dy was oddi wrth bechodau
  beiddgar,
rhag iddynt gael y llaw uchaf arnaf.
Yna byddaf yn ddifeius,
ac yn ddieuog o bechod mawr.
¹⁴ Bydded geiriau fy ngenau'n
  dderbyniol gennyt,
a myfyrdod fy nghalon yn
  gymeradwy i ti,
O ARGLWYDD, fy nghraig a'm prynwr.

I'r Cyfarwyddwr: Salm. I Ddafydd.

20 Bydded i'r ARGLWYDD dy ateb yn
  nydd cyfyngder,
ac i enw Duw Jacob dy amddiffyn.
² Bydded iddo anfon cymorth i ti o'r
  cysegr,
a'th gynnal o Seion.
³ Bydded iddo gofio dy holl
  offrymau,
ac edrych yn ffafriol ar dy
  boethoffrymau.   Sela
⁴ Bydded iddo roi i ti dy ddymuniad,
a chyflawni dy holl gynlluniau.
⁵ Bydded inni orfoleddu yn dy
  waredigaeth,
a chodi banerau yn enw ein Duw.
Bydded i'r ARGLWYDD roi iti'r cyfan a
  ddeisyfi.

⁶ Yn awr fe wn
fod yr ARGLWYDD yn gwaredu ei
  eneiniog;
y mae'n ei ateb o'i nefoedd sanctaidd
trwy waredu'n nerthol â'i ddeheulaw.
⁷ Ymffrostia rhai mewn cerbydau ac
  eraill mewn meirch,
ond fe ymffrostiwn ni yn enw'r
  ARGLWYDD ein Duw.
⁸ Y maent hwy'n crynu ac yn syrthio,
ond yr ydym ni'n codi ac yn sefyll i
  fyny.
⁹ O ARGLWYDD, gwareda'r brenin;
ateb ni pan fyddwn yn galw.

I'r Cyfarwyddwr: Salm. I Ddafydd.

21 O ARGLWYDD, fe lawenycha'r
  brenin yn dy nerth;
mor fawr yw ei orfoledd yn dy
  waredigaeth!
² Rhoddaist iddo ddymuniad ei
  galon,
ac ni wrthodaist iddo ddeisyfiad ei
  wefusau.   Sela
³ Daethost i'w gyfarfod â bendithion
  daionus,

a rhoi coron o aur coeth ar ei ben.
⁴ Am fywyd y gofynnodd iti, ac fe'i
rhoddaist iddo—
hir ddyddiau byth bythoedd.
⁵ Mawr yw ei ogoniant oherwydd dy
waredigaeth;
yr wyt yn rhoi iddo ysblander ac
anrhydedd,
⁶ yr wyt yn rhoi bendithion iddo
dros byth
ac yn ei lawenhau â gorfoledd dy
bresenoldeb.
⁷ Y mae'r brenin yn ymddiried yn yr
ARGLWYDD,
ac oherwydd ffyddlondeb y Goruchaf
nis symudir.

⁸ Caiff dy law afael ar dy holl
elynion,
a'th ddeheulaw ar y rhai sy'n dy
gasáu.
⁹ Byddi'n eu gwneud fel ffwrnais
danllyd pan ymddangosi;
bydd yr ARGLWYDD yn eu difa yn ei
lid,
a'r tân yn eu hysu.
¹⁰ Byddi'n dinistrio'u hepil oddi ar y
ddaear,
a'u plant o blith y ddynolryw.
¹¹ Yr oeddent yn bwriadu drwg yn
d'erbyn,
ac yn cynllunio niwed heb lwyddo;
¹² oherwydd byddi di'n gwneud
iddynt ffoi,
ac yn anelu at eu hwynebau â'th fwa.
¹³ Dyrchafa, ARGLWYDD, yn dy nerth!
Cawn ganu a'th ganmol am dy
gryfder!

**I'r Cyfarwyddwr: ar Ewig y Wawr.
Salm. I Ddafydd.**

22 Fy Nuw, fy Nuw, pam yr wyt
wedi fy ngadael,
ac yn cadw draw rhag fy ngwaredu
ac oddi wrth eiriau fy ngriddfan?
² O fy Nuw, gwaeddaf arnat liw dydd,
ond nid wyt yn ateb,
a'r nos, ond ni chaf lonyddwch.
³ Eto, yr wyt ti, y Sanctaidd, wedi dy
orseddu
yn foliant i Israel.
⁴ Ynot ti yr oedd ein hynafiaid yn
ymddiried,

yn ymddiried a thithau'n eu
gwaredu.
⁵ Arnat ti yr oeddent yn gweiddi ac
achubwyd hwy,
ynot ti yr oeddent yn ymddiried ac ni
chywilyddiwyd hwy.

⁶ Pryfyn wyf fi ac nid dyn,
gwawd a dirmyg i bobl.
⁷ Y mae pawb sy'n fy ngweld yn fy
ngwatwar,
yn gwneud ystumiau arnaf ac yn
ysgwyd pen:
⁸ "Rhoes ei achos i'r ARGLWYDD,
bydded iddo ef ei achub!
Bydded iddo ef ei waredu, oherwydd
y mae'n ei hoffi!"
⁹ Ond ti a'm tynnodd allan o'r groth,
a'm rhoi ar fronnau fy mam;
¹⁰ arnat ti y bwriwyd fi ar fy
ngenedigaeth,
ac o groth fy mam ti yw fy Nuw.
¹¹ Paid â phellhau oddi wrthyf,
oherwydd y mae fy argyfwng yn agos
ac nid oes neb i'm cynorthwyo.

¹² Y mae gyr o deirw o'm cwmpas,
rhai cryfion o Basan yn cau
amdanaf;
¹³ y maent yn agor eu safn amdanaf
fel llew yn rheibio a rhuo.
¹⁴ Yr wyf wedi fy nihysbyddu fel dŵr,
a'm holl esgyrn yn ymddatod;
y mae fy nghalon fel cwyr,
ac yn toddi o'm mewn;
¹⁵ y mae fy ngheg* yn sych fel cragen
a'm tafod yn glynu wrth daflod fy
ngenau;
yr wyt wedi fy mwrw i lwch
marwolaeth.
¹⁶ Y mae cŵn o'm hamgylch,
haid o ddihirod yn cau amdanaf;
y maent yn trywanu* fy nwylo a'm
traed.
¹⁷ Gallaf gyfrif pob un o'm hesgyrn,
ac y maent hwythau'n edrych ac yn
rhythu arnaf.
¹⁸ Y maent yn rhannu fy nillad yn eu
mysg,
ac yn bwrw coelbren ar fy ngwisg.
¹⁹ Ond ti, ARGLWYDD, paid â sefyll
draw;

22:15 Tebygol. Hebraeg, *fy nerth*.
22:16 Felly'r Fersiynau. Hebraeg, *fel llew*.

O fy nerth, brysia i'm cynorthwyo.
²⁰ Gwared fi rhag y cleddyf,
a'm hunig fywyd o afael y cŵn.
²¹ Achub fi o safn y llew,
a'm bywyd tlawd* rhag cyrn yr ychen gwyllt.

²² Fe gyhoeddaf dy enw i'm cydnabod,
a'th foli yng nghanol y gynulleidfa:
²³ "Molwch ef, chwi sy'n ofni'r ARGLWYDD;
rhowch anrhydedd iddo, holl dylwyth Jacob;
ofnwch ef, holl dylwyth Israel.
²⁴ Oherwydd ni ddirmygodd na diystyru
gorthrwm y gorthrymedig;
ni chuddiodd ei wyneb oddi wrtho,
ond gwrando arno pan lefodd."
²⁵ Oddi wrthyt ti y daw fy mawl yn y gynulleidfa fawr,
a thalaf fy addunedau yng ngŵydd y rhai sy'n ei ofni.
²⁶ Bydd yr anghenus yn bwyta, ac yn cael digon,
a'r rhai sy'n ceisio'r ARGLWYDD yn ei foli.
Bydded i'w* calonnau fyw byth!
²⁷ Bydd holl gyrrau'r ddaear yn cofio
ac yn dychwelyd at yr ARGLWYDD,
a holl dylwythau'r cenhedloedd
yn ymgrymu o'i flaen.
²⁸ Oherwydd i'r ARGLWYDD y perthyn brenhiniaeth,
ac ef sy'n llywodraethu dros y cenhedloedd.
²⁹ Sut y gall y rhai sy'n cysgu yn y ddaear blygu* iddo ef,
a'r rhai sy'n disgyn i'r llwch ymgrymu o'i flaen?
Ond byddaf fi fyw iddo ef,*
³⁰ a bydd fy mhlant yn ei wasanaethu;
dywedir am yr ARGLWYDD wrth genedlaethau i ddod,
³¹ a chyhoeddi ei gyfiawnder wrth bobl heb eu geni,
mai ef a fu'n gweithredu.

Salm. I Ddafydd.

23

Yr ARGLWYDD yw fy mugail, ni bydd eisiau arnaf.
² Gwna imi orwedd mewn porfeydd breision,
a thywys fi gerllaw dyfroedd tawel,
³ ac y mae ef yn fy adfywio.
Fe'm harwain ar hyd llwybrau cyfiawnder
er mwyn ei enw.
⁴ Er imi gerdded trwy ddyffryn tywyll du,
nid ofnaf unrhyw niwed,
oherwydd yr wyt ti gyda mi,
a'th wialen a'th ffon
yn fy nghysuro.

⁵ Yr wyt yn arlwyo bwrdd o'm blaen
yng ngŵydd fy ngelynion;
yr wyt yn eneinio fy mhen ag olew;
y mae fy nghwpan yn llawn.
⁶ Yn sicr, bydd daioni a thrugaredd
yn fy nilyn
bob dydd o'm bywyd,
a byddaf yn byw yn nhŷ'r ARGLWYDD
weddill fy nyddiau.

Salm. I Ddafydd.

24

Eiddo'r ARGLWYDD yw'r ddaear a'i llawnder,
y byd a'r rhai sy'n byw ynddo;
² oherwydd ef a'i sylfaenodd ar y moroedd
a'i sefydlu ar yr afonydd.
³ Pwy a esgyn i fynydd yr ARGLWYDD
a phwy a saif yn ei le sanctaidd?
⁴ Y glân ei ddwylo a'r pur o galon,
yr un sydd heb osod ei feddwl ar dwyll
a heb dyngu'n gelwyddog.
⁵ Fe dderbyn fendith gan yr ARGLWYDD
a chyfiawnder gan Dduw ei iachawdwriaeth.
⁶ Dyma'r genhedlaeth sy'n ei geisio,
sy'n ceisio wyneb Duw* Jacob. *Sela*

⁷ Codwch eich pennau, O byrth!
Ymddyrchefwch, O ddrysau tragwyddol!
i frenin y gogoniant ddod i mewn.

22:21 Felly'r Fersiynau. Hebraeg, *ac atebaist fi.*
22:26 Felly Groeg. Hebraeg, *i'ch.*
22:29 Tebygol. Hebraeg, *Bwytaodd a phlygodd holl rai breision y ddaear.*
22:29 Tebygol. Hebraeg, *A'i einioes ni cheidw'n fyw.*

24:6 Felly rhai llawysgrifau a'r Fersiynau. TM, *ceisio dy wyneb.*

⁸ Pwy yw'r brenin gogoniant hwn?
Yr ARGLWYDD, cryf a chadarn,
yr ARGLWYDD, cadarn mewn rhyfel.
⁹ Codwch eich pennau, O byrth!
Ymddyrchefwch, O ddrysau
    tragwyddol!
i frenin y gogoniant ddod i mewn.
¹⁰ Pwy yw'r brenin gogoniant hwn?
ARGLWYDD y Lluoedd,
ef yw brenin y gogoniant.   Sela

I Ddafydd.

25 Atat ti, ARGLWYDD, y dyrchafaf fy
    enaid;
² O fy Nuw, ynot ti yr wyf yn
    ymddiried;
paid â dwyn cywilydd arnaf,
paid â gadael i'm gelynion orfoleddu
    o'm hachos.
³ Ni ddaw cywilydd i'r rhai sy'n
    gobeithio ynot ti,
ond fe ddaw i'r rhai sy'n llawn brad
    heb achos.
⁴ Gwna imi wybod dy ffyrdd, O
    ARGLWYDD,
hyfforddа fi yn dy lwybrau.
⁵ Arwain fi yn dy wirionedd a dysg fi,
oherwydd ti yw Duw fy
    iachawdwriaeth;
wrthyt ti y bûm yn disgwyl trwy'r
    dydd.
⁶ O ARGLWYDD, cofia dy drugaredd
    a'th ffyddlondeb,
oherwydd y maent erioed.
⁷ Paid â chofio pechodau fy ieuenctid
    na'm gwrthryfel,
ond yn dy gariad cofia fi,
er mwyn dy ddaioni, O ARGLWYDD.
⁸ Y mae'r ARGLWYDD yn dda ac
    uniawn,
am hynny fe ddysg y ffordd i
    bechaduriaid.
⁹ Fe arwain y gostyngedig yn yr hyn
    sy'n iawn,
a dysgu ei ffordd i'r gostyngedig.
¹⁰ Y mae holl lwybrau'r ARGLWYDD yn
    llawn cariad a gwirionedd
i'r rhai sy'n cadw ei gyfamod a'i
    gyngor.
¹¹ Er mwyn dy enw, ARGLWYDD,
maddau fy nghamwedd, oherwydd y
    mae'n fawr.

¹² Pwy bynnag sy'n ofni'r ARGLWYDD,
fe'i dysg pa ffordd i'w dewis;
¹³ fe gaiff ef fyw'n ffyniannus,
a bydd ei blant yn etifeddu'r tir.
¹⁴ Caiff y rhai sy'n ei ofni gyfeillach
    yr ARGLWYDD
a hefyd ei gyfamod i'w dysgu.
¹⁵ Y mae fy llygaid yn wastad ar yr
    ARGLWYDD,
oherwydd y mae'n rhyddhau fy
    nhraed o'r rhwyd.
¹⁶ Tro ataf, a bydd drugarog wrthyf,
oherwydd unig ac anghenus wyf fi.
¹⁷ Esmwythâ gyfyngder fy nghalon,
a dwg fi allan o'm hadfyd.
¹⁸ Edrych ar fy nhrueni a'm gofid,
a maddau fy holl bechodau.
¹⁹ Gwêl mor niferus yw fy ngelynion
ac fel y maent yn fy nghasáu â chas
    perffaith.
²⁰ Cadw fi a gwared fi,
na ddoed cywilydd arnaf,
oherwydd ynot ti yr wyf yn llochesu.
²¹ Bydd cywirdeb ac uniondeb yn fy
    niogelu,
oherwydd gobeithiais ynot ti.

²² O Dduw, gwareda Israel
o'i holl gyfyngderau.

I Ddafydd.

26 Barna fi, O ARGLWYDD,
    oherwydd rhodiais yn gywir
ac ymddiried yn yr ARGLWYDD heb
    ballu.
² Chwilia fi, ARGLWYDD, a phrofa fi,
rho brawf ar fy nghalon a'm meddwl.
³ Oherwydd y mae dy ffyddlondeb o
    flaen fy llygaid,
ac yr wyf yn rhodio yn dy wirionedd.
⁴ Ni fûm yn eistedd gyda rhai
    diwerth,
nac yn cyfeillachu gyda rhagrithwyr.
⁵ Yr wyf yn casáu cwmni'r rhai drwg,
ac nid wyf yn eistedd gyda'r
    drygionus.
⁶ Golchaf fy nwylo am fy mod yn
    ddieuog,
ac amgylchaf dy allor, O ARGLWYDD,
⁷ a chanu'n uchel mewn
    diolchgarwch
ac adrodd dy holl ryfeddodau.

⁸ O ARGLWYDD, yr wyf yn caru'r tŷ
   lle'r wyt yn trigo,
y man lle mae dy ogoniant yn aros.
⁹ Paid â'm rhoi gyda phechaduriaid,
na'm bywyd gyda rhai gwaedlyd,
¹⁰ rhai sydd â chamwri ar eu dwylo
a'u deheulaw'n llawn o lwgr-
   wobrwyon.
¹¹ Ond amdanaf fi, yr wyf yn
   rhodio'n gywir;
gwareda fi a bydd drugarog wrthyf.
¹² Y mae fy nhraed yn gadarn mewn
   uniondeb;
bendithiaf yr ARGLWYDD yn y
   gynulleidfa.

I Ddafydd.

27 Yr ARGLWYDD yw fy ngoleuni a'm
   gwaredigaeth,
rhag pwy yr ofnaf?
Yr ARGLWYDD yw cadernid fy mywyd,
rhag pwy y dychrynaf?
² Pan fydd rhai drwg yn cau amdanaf
i'm hysu i'r byw,
hwy, fy ngwrthwynebwyr a'm
   gelynion,
fydd yn baglu ac yn syrthio.
³ Pe bai byddin yn gwersyllu i'm
   herbyn,
nid ofnai fy nghalon;
pe dôi rhyfel ar fy ngwarthaf,
eto, fe fyddwn yn hyderus.
⁴ Un peth a ofynnais gan yr
   ARGLWYDD,
dyma'r wyf yn ei geisio:
cael byw yn nhŷ'r ARGLWYDD
holl ddyddiau fy mywyd,
i edrych ar hawddgarwch yr
   ARGLWYDD
ac i ymofyn yn ei deml.
⁵ Oherwydd fe'm ceidw yn ei gysgod
   yn nydd adfyd,
a'm cuddio i mewn yn ei babell, a'm
   codi ar graig.
⁶ Ac yn awr, fe gyfyd fy mhen
goruwch fy ngelynion o'm hamgylch;
ac offrymaf finnau yn ei deml
aberthau llawn gorfoledd;
canaf, canmolaf yr ARGLWYDD.

⁷ Gwrando arnaf, ARGLWYDD, pan
   lefaf;
bydd drugarog wrthyf, ac ateb fi.

⁸ Dywedodd fy nghalon amdanat,
   "Ceisia ei wyneb*";
am hynny ceisiaf dy wyneb, O
   ARGLWYDD.
⁹ Paid â chuddio dy wyneb oddi
   wrthyf,
na throi ymaith dy was mewn dicter,
oherwydd buost yn gymorth i mi;
paid â'm gwrthod na'm gadael,
O Dduw, fy Ngwaredwr.
¹⁰ Pe bai fy nhad a'm mam yn cefnu
   arnaf,
byddai'r ARGLWYDD yn fy nerbyn.
¹¹ Dysg i mi dy ffordd, O ARGLWYDD,
arwain fi ar hyd llwybr union,
oherwydd fy ngwrthwynebwyr.
¹² Paid â'm gadael i fympwy fy
   ngelynion,
oherwydd cododd yn f'erbyn dystion
   celwyddog
sy'n bygwth trais.
¹³ Yr wyf yn sicr* y caf weld daioni'r
   ARGLWYDD
yn nhir y rhai byw.

¹⁴ Disgwyl wrth yr ARGLWYDD,
bydd gryf a gwrol dy galon
a disgwyl wrth yr ARGLWYDD.

I Ddafydd.

28 Arnat ti, ARGLWYDD, y gwaeddaf;
fy nghraig, paid â thewi tuag ataf—
rhag, os byddi'n ddistaw,
imi fod fel y rhai sy'n disgyn i'r pwll.
² Gwrando ar lef fy ngweddi
pan waeddaf arnat am gymorth,
pan godaf fy nwylo
tua'th gysegr sanctaidd.
³ Paid â'm cipio ymaith gyda'r
   drygionus
a chyda gwneuthurwyr drygioni,
rhai sy'n siarad yn deg â'u
   cymdogion
ond sydd â chynnen yn eu calon.
⁴ Tâl iddynt am eu gweithredoedd
ac am ddrygioni eu gwaith;
tâl iddynt am yr hyn a wnaeth eu
   dwylo,
rho eu haeddiant iddynt.

27:8 Cymh. Syrieg. Hebraeg, *Ceisiwch fy wyneb*.
27:13 Felly Groeg a rhai llawysgrifau. TM, *Pe na chredaswn*.

⁵ Am nad ydynt yn ystyried
  gweithredoedd yr ARGLWYDD
na gwaith ei ddwylo ef,
bydded iddo'u dinistrio a pheidio â'u
  hailadeiladu.

⁶ Bendigedig fyddo'r ARGLWYDD
am iddo wrando ar lef fy ngweddi.
⁷ Yr ARGLWYDD yw fy nerth a'm
  tarian;
ynddo yr ymddiried fy nghalon;
yn sicr caf gymorth, a llawenycha fy
  nghalon,
a rhof foliant iddo ar gân.
⁸ Y mae'r ARGLWYDD yn nerth i'w
  bobl*
ac yn gaer gwaredigaeth i'w eneiniog.

⁹ Gwareda dy bobl, a bendithia dy
  etifeddiaeth;
bugeilia hwy a'u cario am byth.

Salm. I Ddafydd.

29 Rhowch i'r ARGLWYDD, fodau
  nefol*,
rhowch i'r ARGLWYDD ogoniant a
  nerth.
² Rhowch i'r ARGLWYDD ogoniant ei
  enw;
ymgrymwch i'r ARGLWYDD yn
  ysblander ei sancteiddrwydd.
³ Y mae llais yr ARGLWYDD yn uwch
  na'r dyfroedd;
Duw'r gogoniant sy'n taranu;
y mae'r ARGLWYDD yn uwch na'r
  dyfroedd cryfion!
⁴ Y mae llais yr ARGLWYDD yn nerthol,
y mae llais yr ARGLWYDD yn
  ogoneddus.
⁵ Y mae llais yr ARGLWYDD yn dryllio
  cedrwydd;
dryllia'r ARGLWYDD gedrwydd
  Lebanon.
⁶ Gwna i Lebanon lamu fel llo,
a Sirion fel ych ifanc.
⁷ Y mae llais yr ARGLWYDD yn
  fflachio'n fflamau tân.
⁸ Y mae llais yr ARGLWYDD yn
  gwneud i'r anialwch grynu;
gwna'r ARGLWYDD i anialwch Cades
  grynu.

⁹ Y mae llais yr ARGLWYDD yn
  gwneud i'r ewigod lydnu,
ac yn prysuro geni'r llwdn;
yn ei deml dywed pawb, "Gogoniant."
¹⁰ Y mae'r ARGLWYDD wedi ei
  orseddu uwch y llifeiriant,
y mae'r ARGLWYDD wedi ei orseddu'n
  frenin byth.
¹¹ Rhodded yr ARGLWYDD nerth i'w
  bobl!
Bendithied yr ARGLWYDD ei bobl â
  heddwch!

Salm. Cân i gysegru'r deml. I Ddafydd.

30 Dyrchafaf di, O ARGLWYDD, am
  iti fy ngwaredu,
a pheidio â gadael i'm gelynion
  orfoleddu o'm hachos.
² O ARGLWYDD fy Nuw, gwaeddais
  arnat, a bu iti fy iacháu.
³ O ARGLWYDD, dygaist fi i fyny o
  Sheol,
a'm hadfywio o blith y rhai sy'n
  disgyn i'r pwll.

⁴ Canwch fawl i'r ARGLWYDD, ei
  ffyddloniaid,
a rhowch ddiolch i'w enw sanctaidd.
⁵ Am ennyd y mae ei ddig, ond ei
  ffafr am oes;
os erys dagrau gyda'r hwyr, daw
  llawenydd yn y bore.

⁶ Yn fy hawddfyd fe ddywedwn,
"Ni'm symudir byth."
⁷ Yn dy ffafr, ARGLWYDD, gosodaist fi
  ar fynydd cadarn,
ond pan guddiaist dy wyneb,
  brawychwyd fi.
⁸ Gelwais arnat ti, ARGLWYDD,
ac ymbiliais ar fy Arglwydd am
  drugaredd:
⁹ "Pa les a geir o'm marw os
  disgynnaf i'r pwll?
A fydd y llwch yn dy foli ac yn
  cyhoeddi dy wirionedd?
¹⁰ Gwrando, ARGLWYDD, a bydd
  drugarog wrthyf;
ARGLWYDD, bydd yn gynorthwywr i
  mi."
¹¹ Yr wyt wedi troi fy ngalar yn
  ddawns,
wedi datod fy sachliain a'm gwisgo â
  llawenydd,

28:8 Felly rhai llawysgrifau a Fersiynau. Hebraeg, *iddynt*.
29:1 Neu, *feibion y duwiau*.

Salmau 30, 31

¹² er mwyn imi dy foliannu'n ddibaid.
O ARGLWYDD fy Nuw, diolchaf i ti hyd byth!

I'r Cyfarwyddwr: Salm. I Ddafydd.

31

Ynot ti, ARGLWYDD, y ceisiais loches,
na fydded cywilydd arnaf byth;
achub fi yn dy gyfiawnder,
² tro dy glust ataf,
a brysia i'm gwaredu;
bydd i mi'n graig noddfa,
yn amddiffynfa i'm cadw.
³ Yr wyt ti'n graig ac yn amddiffynfa i mi;
er mwyn dy enw, arwain a thywys fi.
⁴ Tyn fi o'r rhwyd a guddiwyd ar fy nghyfer,
oherwydd ti yw fy noddfa.
⁵ Cyflwynaf fy ysbryd i'th law di;
gwaredaist fi, ARGLWYDD, y Duw ffyddlon.
⁶ Yr wyt yn casáu'r rhai sy'n glynu wrth eilunod gwag,
ac ymddiriedaf fi yn yr ARGLWYDD.
⁷ Llawenychaf a gorfoleddaf yn dy ffyddlondeb,
oherwydd iti edrych ar fy adfyd
a rhoi sylw imi yn fy nghyfyngder.
⁸ Ni roddaist fi yn llaw fy ngelyn,
ond gosodaist fy nhraed mewn lle agored.

⁹ Bydd drugarog wrthyf, ARGLWYDD, oherwydd y mae'n gyfyng arnaf;
y mae fy llygaid yn pylu gan ofid,
fy enaid a'm corff hefyd;
¹⁰ y mae fy mywyd yn darfod gan dristwch
a'm blynyddoedd gan gwynfan;
fe sigir fy nerth gan drallod*,
ac y mae fy esgyrn yn darfod.
¹¹ I'm holl elynion yr wyf yn ddirmyg,
i'm cymdogion yn watwar*,
ac i'm cyfeillion yn arswyd;
y mae'r rhai sy'n fy ngweld ar y stryd yn ffoi oddi wrthyf.
¹² Anghofiwyd fi, fel un marw wedi mynd dros gof;
yr wyf fel llestr wedi torri.
¹³ Oherwydd clywaf lawer yn sibrwd,
y mae dychryn ar bob llaw;
pan ddônt at ei gilydd yn f'erbyn
y maent yn cynllwyn i gymryd fy mywyd.
¹⁴ Ond yr wyf yn ymddiried ynot ti, ARGLWYDD,
ac yn dweud, "Ti yw fy Nuw."
¹⁵ Y mae fy amserau yn dy law di;
gwared fi rhag fy ngelynion a'm herlidwyr.
¹⁶ Bydded llewyrch dy wyneb ar dy was;
achub fi yn dy ffyddlondeb.
¹⁷ ARGLWYDD, na fydded cywilydd arnaf pan alwaf arnat;
doed cywilydd ar y drygionus,
rhodder taw arnynt yn Sheol.
¹⁸ Trawer yn fud y gwefusau celwyddog,
sy'n siarad yn drahaus yn erbyn y cyfiawn
mewn balchder a sarhad.

¹⁹ Mor helaeth yw dy ddaioni
sydd ynghadw gennyt i'r rhai sy'n dy ofni,
ac wedi ei amlygu i'r rhai sy'n cysgodi ynot,
a hynny yng ngŵydd pawb!
²⁰ Fe'u cuddi dan orchudd dy bresenoldeb
rhag y rhai sy'n cynllwyn;
fe'u cedwi dan dy gysgod
rhag ymryson tafodau.
²¹ Bendigedig yw'r ARGLWYDD
a ddangosodd ei ffyddlondeb rhyfeddol ataf
yn nydd cyfyngder.*
²² Yn fy nychryn fe ddywedais,
"Torrwyd fi allan o'th olwg."
Ond clywaist lef fy ngweddi
pan waeddais arnat am gymorth.
²³ Carwch yr ARGLWYDD, ei holl ffyddloniaid.
Y mae'r ARGLWYDD yn cadw'r rhai ffyddlon,
ond yn talu'n llawn i'r rhai balch.
²⁴ Byddwch gryf a gwrol eich calon,
yr holl rai sy'n disgwyl wrth yr ARGLWYDD.

31:10 Felly Groeg. Hebraeg, *gan fy nghamwedd.*
31:11 Tebygol. Hebraeg, *yn ddirfawr.*
31:21 Tebygol. Hebraeg, *mewn dinas warchaeedig.*

I Ddafydd. Mascîl.

32

¹ Gwyn ei fyd y sawl y maddeuwyd
  ei drosedd,
 ac y cuddiwyd ei bechod.
² Gwyn ei fyd y sawl nad yw'r
  ARGLWYDD
 yn cyfrif ei fai yn ei erbyn,
 ac nad oes dichell yn ei ysbryd.

³ Tra oeddwn yn ymatal, yr oedd fy
  esgyrn yn darfod,
 a minnau'n cwyno ar hyd y dydd.
⁴ Yr oedd dy law yn drwm arnaf
  ddydd a nos;
 sychwyd fy nerth fel gan wres haf.
                                Sela

⁵ Yna, bu imi gydnabod fy mhechod
  wrthyt,
 a pheidio â chuddio fy nrygioni;
 dywedais, "Yr wyf yn cyffesu fy
  mhechodau i'r ARGLWYDD";
 a bu i tithau faddau euogrwydd fy
  mhechod.   *Sela*

⁶ Am hynny fe weddïa pob un
  ffyddlon arnat ti
 yn nydd cyfyngder*,
 a phan ddaw llifeiriant o ddyfroedd
  mawr,
 ni fyddant yn cyrraedd ato ef.
⁷ Yr wyt ti'n gysgod i mi; cedwi fi
  rhag cyfyngder;
 amgylchi fi â chaneuon
  gwaredigaeth.   *Sela*

⁸ Hyfforddaf di a'th ddysgu yn y
  ffordd a gymeri;
 fe gadwaf fy ngolwg arnat.
⁹ Paid* â bod fel march neu ful
  direswm
 y mae'n rhaid wrth ffrwyn a genfa i'w
  dofi
 cyn y dônt atat.
¹⁰ Daw poenau lawer i'r drygionus;
 ond am y sawl sy'n ymddiried yn yr
  ARGLWYDD,
 bydd ffyddlondeb yn ei amgylchu.
¹¹ Llawenhewch yn yr ARGLWYDD, a
  gorfoleddwch, rai cyfiawn;
 canwch yn uchel, pob un o galon
  gywir.

33

¹ Llawenhewch yn yr ARGLWYDD,
  chwi rai cyfiawn;
 i'r rhai uniawn gweddus yw moliant.
² Molwch yr ARGLWYDD â'r delyn,
 canwch salmau iddo â'r offeryn
  dectant;
³ canwch iddo gân newydd,
 tynnwch y tannau'n dda, rhowch
  floedd.

⁴ Oherwydd gwir yw gair yr
  ARGLWYDD,
 ac y mae ffyddlondeb yn ei holl
  weithredoedd.
⁵ Y mae'n caru cyfiawnder a barn;
 y mae'r ddaear yn llawn o
  ffyddlondeb yr ARGLWYDD.
⁶ Trwy air yr ARGLWYDD y gwnaed y
  nefoedd,
 a'i holl lu trwy anadl ei enau.
⁷ Casglodd y môr fel dŵr mewn
  potel,
 a rhoi'r dyfnderoedd mewn ystordai.
⁸ Bydded i'r holl ddaear ofni'r
  ARGLWYDD,
 ac i holl drigolion y byd arswydo
  rhagddo.
⁹ Oherwydd llefarodd ef, ac felly y
  bu;
 gorchmynnodd ef, a dyna a safodd.
¹⁰ Gwna'r ARGLWYDD gyngor y
  cenhedloedd yn ddim,
 a difetha gynlluniau pobloedd.
¹¹ Ond saif cyngor yr ARGLWYDD am
  byth,
 a'i gynlluniau dros yr holl
  genedlaethau.
¹² Gwyn ei byd y genedl y mae'r
  ARGLWYDD yn Dduw iddi,
 y bobl a ddewisodd yn eiddo iddo'i
  hun.
¹³ Y mae'r ARGLWYDD yn edrych i
  lawr o'r nefoedd,
 ac yn gweld pawb oll;
¹⁴ o'r lle y triga y mae'n gwylio
 holl drigolion y ddaear.
¹⁵ Ef sy'n llunio meddwl pob un
  ohonynt,
 y mae'n deall popeth a wnânt.
¹⁶ Nid gan fyddin gref y gwaredir
  brenin,
 ac nid â nerth mawr yr achubir
  rhyfelwr.

32:6 Tebygol. Hebraeg yn aneglur.
32:9 Felly rhai llawysgrifau. TM, *Peidiwch*.

¹⁷ Ofer ymddiried mewn march am
waredigaeth;
er ei holl gryfder ni all roi ymwared.
¹⁸ Y mae llygaid yr ARGLWYDD ar y
rhai a'i hofna,
ar y rhai sy'n disgwyl wrth ei
ffyddlondeb,
¹⁹ i'w gwaredu rhag marwolaeth
a'u cadw'n fyw yng nghanol newyn.

²⁰ Yr ydym yn disgwyl am yr
ARGLWYDD;
ef yw ein cymorth a'n tarian.
²¹ Y mae ein calon yn llawenychu
ynddo
am inni ymddiried yn ei enw
sanctaidd.
²² O ARGLWYDD, dangos dy
ffyddlondeb tuag atom,
fel yr ydym wedi gobeithio ynot.

I Ddafydd, pan newidiodd ei wedd o flaen Abimelech, a chael ei yrru ymaith a mynd.

34 Bendithiaf yr ARGLWYDD bob
amser;
bydd ei foliant yn wastad yn fy
ngenau.
² Yn yr ARGLWYDD yr ymhyfrydaf;
bydded i'r gostyngedig glywed a
llawenychu.
³ Mawrygwch yr ARGLWYDD gyda mi,
a dyrchafwn ei enw gyda'n gilydd.

⁴ Ceisiais yr ARGLWYDD, ac atebodd
fi
a'm gwaredu o'm holl ofnau.
⁵ Y mae'r rhai sy'n edrych arno'n
gloywi,
ac ni ddaw cywilydd i'w hwynebau.*
⁶ Dyma un isel a waeddodd, a'r
ARGLWYDD yn ei glywed
ac yn ei waredu o'i holl gyfyngderau.
⁷ Gwersylla angel yr ARGLWYDD o
amgylch y rhai sy'n ei ofni,
ac y mae'n eu gwaredu.
⁸ Profwch, a gwelwch mai da yw'r
ARGLWYDD.
Gwyn ei fyd y sawl sy'n llochesu
ynddo.
⁹ Ofnwch yr ARGLWYDD, ei saint ef,

oherwydd nid oes eisiau ar y rhai a'i
hofna.
¹⁰ Y mae'r anffyddwyr yn dioddef
angen ac yn newynu,
ond nid yw'r rhai sy'n ceisio'r
ARGLWYDD yn brin o ddim da.

¹¹ Dewch, blant, gwrandewch arnaf,
dysgaf ichwi ofn yr ARGLWYDD.
¹² Pwy ohonoch sy'n dymuno bywyd
ac a garai fyw'n hir i fwynhau
daioni?
¹³ Cadw dy dafod rhag drygioni
a'th wefusau rhag llefaru celwydd.
¹⁴ Tro oddi wrth ddrygioni a gwna
dda,
ceisia heddwch a'i ddilyn.
¹⁵ Y mae llygaid yr ARGLWYDD ar y
cyfiawn,
a'i glustiau'n agored i'w cri.
¹⁶ Y mae wyneb yr ARGLWYDD yn
erbyn y rhai sy'n gwneud drwg,
i ddileu eu coffa o'r ddaear.
¹⁷ Pan waedda'r cyfiawn* am
gymorth, fe glyw'r ARGLWYDD
a'u gwaredu o'u holl gyfyngderau.
¹⁸ Y mae'r ARGLWYDD yn agos at y
drylliedig o galon
ac yn gwaredu'r briwedig o ysbryd.
¹⁹ Llawer o adfyd a gaiff y cyfiawn,
ond gwareda'r ARGLWYDD ef o'r
cyfan.
²⁰ Ceidw ei holl esgyrn,
ac ni thorrir yr un ohonynt.
²¹ Y mae adfyd yn lladd y drygionus,
a chosbir y rhai sy'n casáu'r cyfiawn.
²² Y mae'r ARGLWYDD yn gwaredu ei
weision,
ac ni chosbir y rhai sy'n llochesu
ynddo.

I Ddafydd.

35 Ymryson, O ARGLWYDD, yn erbyn
y rhai sy'n ymryson â mi,
ymladd yn erbyn y rhai sy'n ymladd
â mi.
² Cydia mewn tarian a bwcled,
a chyfod i'm cynorthwyo.
³ Tyn allan y waywffon a'r bicell
yn erbyn y rhai sy'n fy erlid;
dywed wrthyf, "Myfi yw dy
waredigaeth."

34:5 Felly Fersiynau a rhai llawysgrifau Hebraeg. TM, *Edrychwch tuag ato gloywi, peidiwch â chywilyddio.*

34:17 Felly Fersiynau. Hebraeg heb *cyfiawn*.

⁴ Doed cywilydd a gwarth
ar y rhai sy'n ceisio fy mywyd;
bydded i'r rhai sy'n darparu drwg i
  mi
droi yn eu holau mewn arswyd.
⁵ Byddant fel us o flaen gwynt,
ac angel yr ARGLWYDD ar eu holau.
⁶ Bydded eu ffordd yn dywyll a
  llithrig,
ac angel yr ARGLWYDD yn eu hymlid.
⁷ Oherwydd heb achos y maent wedi
  gosod rhwyd i mi,
ac wedi cloddio pwll ar fy nghyfer.
⁸ Doed distryw yn ddiarwybod
  arnynt*,
dalier hwy yn y rhwyd a osodwyd
  ganddynt,
a bydded iddynt hwy eu hunain
  syrthio i'w distryw.
⁹ Ond llawenhaf fi yn yr ARGLWYDD,
a gorfoleddu yn ei waredigaeth.
¹⁰ Bydd fy holl esgyrn yn gweiddi,
"Pwy, ARGLWYDD, sydd fel tydi,
yn gwaredu'r tlawd rhag un cryfach
  nag ef,
y tlawd a'r anghenus rhag un sy'n ei
  ysbeilio?"
¹¹ Fe gyfyd tystion maleisus
i'm holi am bethau nas gwn.
¹² Talant imi ddrwg am dda,
a gwneud ymgais am* fy mywyd.
¹³ A minnau, pan oeddent hwy yn
  glaf,
oeddwn yn gwisgo sachliain,
yn ymddarostwng mewn ympryd,
yn plygu pen mewn gweddi,
¹⁴ fel pe dros gyfaill neu frawd imi;
yn mynd o amgylch fel un yn galaru
  am ei fam,
wedi fy narostwng ac mewn galar.
¹⁵ Ond pan gwympais i, yr oeddent
  hwy yn llawen
ac yn tyrru at ei gilydd i'm herbyn—
poenydwyr nad oeddwn yn eu
  hadnabod
yn fy enllibio heb arbed.
¹⁶ Pan gloffais i, yr oeddent yn fy
  ngwatwar,
ac yn ysgyrnygu eu dannedd arnaf.

¹⁷ O Arglwydd, am ba hyd yr wyt am
  edrych?
Gwared fi rhag eu dinistr,
a'm hunig fywyd rhag anffyddwyr.
¹⁸ Yna, diolchaf i ti gerbron y
  gynulleidfa fawr,
a'th foliannu gerbron tyrfa gref.
¹⁹ Na fydded i'm gelynion twyllodrus
  lawenychu o'm hachos,
nac i'r rhai sy'n fy nghasáu heb
  achos wincio â'u llygaid.
²⁰ Oherwydd nid ydynt yn sôn am
  heddwch;
ond yn erbyn rhai tawel y wlad
y maent yn cynllwyn dichellion.
²¹ Y maent yn agor eu cegau yn f'erbyn
ac yn dweud, "Aha, aha,
yr ydym wedi gweld â'n llygaid!"
²² Gwelaist tithau, ARGLWYDD; paid â
  thewi;
fy Arglwydd, paid â phellhau oddi
  wrthyf.
²³ Ymysgwyd a deffro i wneud barn â
  mi,
i roi dedfryd ar fy achos, fy Nuw a'm
  Harglwydd.
²⁴ Barna fi yn ôl dy gyfiawnder, O
  ARGLWYDD, fy Nuw,
ac na fydded iddynt lawenhau o'm
  hachos.
²⁵ Na fydded iddynt ddweud ynddynt
  eu hunain,
"Aha, cawsom ein dymuniad!"
Na fydded iddynt ddweud, "Yr ydym
  wedi ei lyncu."
²⁶ Doed cywilydd, a gwaradwydd
  hefyd,
ar y rhai sy'n llawenhau yn fy adfyd;
bydded gwarth ac amarch yn
  gorchuddio
y rhai sy'n ymddyrchafu yn f'erbyn.
²⁷ Bydded i'r rhai sy'n dymuno gweld
  fy nghyfiawnhau
orfoleddu a llawenhau;
bydded iddynt ddweud yn wastad,
"Mawr yw yr ARGLWYDD sy'n dymuno
  llwyddiant ei was."
²⁸ Yna, bydd fy nhafod yn cyhoeddi
  dy gyfiawnder
a'th foliant ar hyd y dydd.

35:8 Felly Groeg a Syrieg. Hebraeg, *arno,* a gweddill yr adnod yn yr unigol i gyfateb.
35:12 Tebygol. Hebraeg, *i amddifadu.*

I'r Cyfarwyddwr: i Ddafydd, gwas yr ARGLWYDD.

36
Llefara pechod wrth y drygionus
yn nyfnder ei galon*;
nid oes ofn Duw ar ei gyfyl.
² Llwydda i'w dwyllo ei hun
na ellir canfod ei ddrygioni i'w
gasáu.
³ Niwed a thwyll yw ei holl eiriau;
peidiodd ag ymddwyn yn ddoeth ac
yn dda.
⁴ Cynllunia ddrygioni yn ei wely;
y mae wedi ymsefydlu yn y ffordd
anghywir,
ac nid yw'n gwrthod y drwg.

⁵ Ymestyn dy gariad, ARGLWYDD, hyd
y nefoedd,
a'th ffyddlondeb hyd y cymylau;
⁶ y mae dy gyfiawnder fel y
mynyddoedd uchel
a'th farnau fel y dyfnder mawr;
cedwi ddyn ac anifail, O ARGLWYDD.
⁷ Mor werthfawr yw dy gariad, O
Dduw!
Llochesa pobl dan gysgod dy
adenydd.
⁸ Fe'u digonir â llawnder dy dŷ,
a diodi hwy o afon dy gysuron;
⁹ oherwydd gyda thi y mae ffynnon
bywyd,
ac yn d'oleuni di y gwelwn oleuni.

¹⁰ Parha dy gariad at y rhai sy'n
d'adnabod
a'th gyfiawnder at y rhai uniawn o
galon.
¹¹ Na fydded i'r troed balch fy
sathru,
nac i'r llaw ddrygionus fy nhroi allan.
¹² Dyna'r gwneuthurwyr drygioni
wedi cwympo,
wedi eu bwrw i'r llawr a heb allu
codi!

I Ddafydd.

37
Na fydd yn ddig wrth y rhai
drygionus,
na chenfigennu wrth y rhai sy'n
gwneud drwg.

² Oherwydd fe wywant yn sydyn fel
glaswellt,
a chrino fel glesni gwanwyn.

³ Ymddiried yn yr ARGLWYDD a gwna
ddaioni,
iti gael byw yn y wlad mewn
cymdeithas ddiogel.
⁴ Ymhyfryda yn yr ARGLWYDD,
a rhydd iti ddeisyfiad dy galon.
⁵ Rho dy ffyrdd i'r ARGLWYDD;
ymddiried ynddo, ac fe weithreda.
⁶ Fe wna i'th gywirdeb ddisgleirio fel
goleuni
a'th uniondeb fel haul canol-dydd.

⁷ Disgwyl yn dawel am yr ARGLWYDD,
aros yn amyneddgar amdano;
paid â bod yn ddig wrth yr un sy'n
llwyddo,
y gŵr sy'n gwneud cynllwynion.
⁸ Paid â digio; rho'r gorau i lid;
paid â bod yn ddig, ni ddaw ond
drwg o hynny.
⁹ Oherwydd dinistrir y rhai drwg,
ond bydd y rhai sy'n gobeithio yn yr
ARGLWYDD yn etifeddu'r tir.

¹⁰ Ymhen ychydig eto, ni fydd y
drygionus;
er iti edrych yn ddyfal am ei le, ni
fydd ar gael.
¹¹ Ond bydd y gostyngedig yn
meddiannu'r tir
ac yn mwynhau heddwch llawn.

¹² Y mae'r drygionus yn cynllwyn yn
erbyn y cyfiawn,
ac yn ysgyrnygu ei ddannedd arno;
¹³ ond y mae'r Arglwydd yn
chwerthin am ei ben,
oherwydd gŵyr fod ei amser yn
dyfod.

¹⁴ Y mae'r drygionus yn chwifio
cleddyf
ac yn plygu eu bwa,
i ddarostwng y tlawd a'r anghenus,
ac i ladd yr union ei gerddediad;
¹⁵ ond fe drywana eu cleddyf i'w
calon eu hunain,
a thorrir eu bwâu.

¹⁶ Gwell yw'r ychydig sydd gan y
cyfiawn
na chyfoeth mawr y drygionus;

36:1 Felly rhai llawysgrifau a Fersiynau. TM, *fy nghalon.*

¹⁷ oherwydd torrir nerth y drygionus,
ond bydd yr ARGLWYDD yn cynnal y cyfiawn.
¹⁸ Y mae'r ARGLWYDD yn gwylio dros ddyddiau'r difeius,
ac fe bery eu hetifeddiaeth am byth.
¹⁹ Ni ddaw cywilydd arnynt mewn cyfnod drwg,
a bydd ganddynt ddigon mewn dyddiau o newyn.
²⁰ Oherwydd fe dderfydd am y drygionus;
bydd gelynion yr ARGLWYDD fel cynnud mewn tân*,
pob un ohonynt yn diflannu mewn mwg.*
²¹ Y mae'r drygionus yn benthyca heb dalu'n ôl,
ond y cyfiawn yn rhoddwr trugarog.
²² Bydd y rhai a fendithiwyd gan yr ARGLWYDD yn etifeddu'r tir,
ond fe dorrir ymaith y rhai a felltithiwyd ganddo.
²³ Yr ARGLWYDD sy'n cyfeirio camau'r difeius*,
y mae'n ei gynnal ac yn ymhyfrydu yn ei gerddediad;
²⁴ er iddo syrthio, nis bwrir i'r llawr,
oherwydd y mae'r ARGLWYDD yn ei gynnal â'i law.
²⁵ Bûm ifanc, ac yn awr yr wyf yn hen,
ond ni welais y cyfiawn wedi ei adael,
na'i blant yn cardota am fara;
²⁶ y mae bob amser yn drugarog ac yn rhoi benthyg,
a'i blant yn fendith.
²⁷ Tro oddi wrth ddrwg a gwna dda,
a chei gartref diogel am byth,
²⁸ oherwydd y mae'r ARGLWYDD yn caru barn,
ac nid yw'n gadael ei ffyddloniaid;
ond difethir* yr anghyfiawn am byth,
a thorrir ymaith blant y drygionus.

²⁹ Y mae'r cyfiawn yn etifeddu'r tir,
ac yn cartrefu ynddo am byth.
³⁰ Y mae genau'r cyfiawn yn llefaru doethineb,
a'i dafod yn mynegi barn;
³¹ y mae cyfraith ei Dduw yn ei galon,
ac nid yw ei gamau'n methu.
³² Y mae'r drygionus yn gwylio'r cyfiawn
ac yn ceisio cyfle i'w ladd;
³³ ond nid yw'r ARGLWYDD yn ei adael yn ei law,
nac yn caniatáu ei gondemnio pan fernir ef.
³⁴ Disgwyl wrth yr ARGLWYDD a glŷn wrth ei ffordd,
ac fe'th ddyrchafa i etifeddu'r tir,
a chei weld y drygionus yn cael eu torri ymaith.
³⁵ Gwelais y drygionus yn ddidostur,
yn taflu fel blaguryn iraidd;
³⁶ ond pan euthum* heibio, nid oedd dim ohono;
er imi chwilio amdano, nid oedd i'w gael.
³⁷ Sylwa ar y difeius, ac edrych ar yr uniawn;
oherwydd y mae disgynyddion gan yr heddychlon.
³⁸ Difethir y gwrthryfelwyr i gyd,
a dinistrir disgynyddion y drygionus.
³⁹ Ond daw gwaredigaeth y cyfiawn oddi wrth yr ARGLWYDD;
ef yw eu hamddiffyn yn amser adfyd.
⁴⁰ Bydd yr ARGLWYDD yn eu cynorthwyo ac yn eu harbed;
bydd yn eu harbed rhag y drygionus ac yn eu hachub,
am iddynt lochesu ynddo.

Salm. I Ddafydd, er coffadwriaeth.

38

ARGLWYDD, na cherydda fi yn dy lid,
ac na chosba fi yn dy ddig.
² Suddodd dy saethau ynof,
y mae dy law yn drwm arnaf.
³ Nid oes rhan o'm cnawd yn gyfan gan dy ddicllonedd,

37:20 Tebygol. Hebraeg, *fel y gorau o'r hyrddod*.
37:20 Felly Sgrôl. TM, *diflannant mewn mwg diflannant*.
37:23 Hebraeg, *gŵr*.
37:28 Felly Groeg a Syrieg. Hebraeg, *cedwir*, a heb *yr anghyfiawn*.
37:36 Felly'r Fersiynau. Hebraeg, *aeth*.

nid oes iechyd yn fy esgyrn
 oherwydd fy mhechod.
⁴ Aeth fy nghamweddau dros fy
 mhen,
y maent yn faich rhy drwm imi ei
 gynnal.
⁵ Aeth fy mriwiau'n ffiaidd a chrawni
oherwydd fy ffolineb.
⁶ Yr wyf wedi fy mhlygu a'm
 darostwng yn llwyr,
ac yn mynd o amgylch yn galaru
 drwy'r dydd.
⁷ Y mae fy llwynau'n llosgi gan
 dwymyn,
ac nid oes iechyd yn fy nghnawd.
⁸ Yr wyf wedi fy mharlysu a'm
 llethu'n llwyr,
ac yn gweiddi oherwydd griddfan fy
 nghalon.
⁹ O Arglwydd, y mae fy nyhead yn
 amlwg i ti,
ac nid yw fy ochenaid yn guddiedig
 oddi wrthyt.
¹⁰ Y mae fy nghalon yn curo'n
 gyflym, fy nerth yn pallu,
a'r golau yn fy llygaid hefyd wedi
 mynd.
¹¹ Cilia fy nghyfeillion a'm cymdogion
 rhag fy mhla,
ac y mae fy mherthnasau'n cadw
 draw.
¹² Y mae'r rhai sydd am fy einioes
 wedi gosod maglau,
a'r rhai sydd am fy nrygu yn sôn am
 ddinistr
ac yn myfyrio am ddichellion drwy'r
 dydd.
¹³ Ond yr wyf fi fel un byddar, heb
 fod yn clywed,
ac fel mudan, heb fod yn agor ei
 enau.
¹⁴ Bûm fel un heb fod yn clywed,
a heb ddadl o'i enau.
¹⁵ Ond amdanat ti, O ARGLWYDD, y
 disgwyliais;
ti sydd i ateb, O Arglwydd, fy Nuw.
¹⁶ Oherwydd dywedais, "Na fydded
 llawenydd o'm plegid
i'r rhai sy'n ymffrostio pan lithra fy
 nhroed."
¹⁷ Yn wir, yr wyf ar fedr syrthio,
ac y mae fy mhoen gyda mi bob
 amser.

¹⁸ Yr wyf yn cyffesu fy nghamwedd,
ac yn pryderu am fy mhechod.
¹⁹ Cryf yw'r rhai sy'n elynion imi heb
 achos*,
a llawer yw'r rhai sy'n fy nghasáu ar
 gam,
²⁰ yn talu imi ddrwg am dda
ac yn fy ngwrthwynebu am fy mod
 yn dilyn daioni.

²¹ Paid â'm gadael, O ARGLWYDD;
paid â mynd yn bell oddi wrthyf, O
 fy Nuw.
²² Brysia i'm cynorthwyo,
O Arglwydd, fy iachawdwriaeth.

*I'r Cyfarwyddwr: i Jeduthun.
Salm. I Ddafydd.*

39 Dywedais, "Gwyliaf fy ffyrdd,
rhag imi bechu â'm tafod;
rhof ffrwyn ar fy ngenau,
pan fo'r drygionus yn f'ymyl."
² Bûm yn fud a distaw,
cedwais yn dawel, ond i ddim diben;
gwaethygodd fy mhoen,
³ llosgodd fy nghalon o'm mewn;
wrth imi fyfyrio, cyneuodd tân
a thorrais allan i ddweud,
⁴ "ARGLWYDD, pâr imi wybod fy
 niwedd,
a beth yw nifer fy nyddiau;
dangos imi mor feidrol ydwyf.
⁵ Wele, yr wyt wedi gwneud fy
 nyddiau fel dyrnfedd,
ac y mae fy oes fel dim yn dy olwg;
yn wir, chwa o wynt yw pob un byw,
  Sela
⁶ ac y mae'n mynd a dod fel cysgod;
yn wir, ofer yw'r holl gyfoeth a
 bentyrra*,
ac ni ŵyr pwy fydd yn ei gasglu.
⁷ "Ac yn awr, Arglwydd, am beth y
 disgwyliaf?
Y mae fy ngobaith ynot ti.
⁸ Gwared fi o'm holl droseddau,
paid â'm gwneud yn wawd i'r ynfyd.
⁹ Bûm yn fud, ac nid agoraf fy ngheg,
oherwydd ti sydd wedi gwneud hyn.
¹⁰ Tro ymaith dy bla oddi wrthyf;
yr wyf yn darfod gan drawiad dy law.

38:19 Tebygol. Hebraeg, *yw fy ngelynion byw*.
39:6 Tebygol. Hebraeg, *ofer y cynhyrfa ac y pentyrra*.

¹¹ Pan gosbi rywun â cherydd am
      ddrygioni,
  yr wyt yn dinistrio'i ogoniant fel
      gwyfyn;
  yn wir, chwa o wynt yw pawb.   Sela
¹² Gwrando fy ngweddi, O ARGLWYDD,
  a rho glust i'm cri;
  paid â diystyru fy nagrau.
  Oherwydd ymdeithydd gyda thi
      ydwyf,
  a phererin fel fy holl hynafiaid.
¹³ Tro draw oddi wrthyf, rho imi
      lawenydd
  cyn imi fynd ymaith a darfod yn
      llwyr."

I'r Cyfarwyddwr: i Ddafydd. Salm.

40 Bûm yn disgwyl a disgwyl wrth
      yr ARGLWYDD,
  ac yna plygodd ataf a gwrando fy
      nghri.
² Cododd fi i fyny o'r pwll lleidiog,
  allan o'r mwd a'r baw;
  gosododd fy nhraed ar graig,
  a gwneud fy nghamau'n ddiogel.
³ Rhoddodd yn fy ngenau gân
      newydd,
  cân o foliant i'n Duw;
  bydd llawer, pan welant hyn, yn ofni
  ac yn ymddiried yn yr ARGLWYDD.
⁴ Gwyn ei fyd y sawl
  sy'n rhoi ei ymddiriedaeth yn yr
      ARGLWYDD,
  ac nad yw'n troi at y beilchion,
  nac at y rhai sy'n dilyn twyll.
⁵ Mor niferus, O ARGLWYDD, fy Nuw,
  yw'r rhyfeddodau a wnaethost,
  a'th fwriadau ar ein cyfer;
  nid oes tebyg i ti!
  Dymunwn eu cyhoeddi a'u hadrodd,
  ond maent yn rhy niferus i'w rhifo.
⁶ Nid wyt yn dymuno aberth ac
      offrwm—
  rhoddaist imi glustiau agored—
  ac nid wyt yn gofyn poethoffrwm ac
      aberth dros bechod.
⁷ Felly dywedais, "Dyma fi'n dod;
  y mae wedi ei ysgrifennu mewn rhol
      llyfr amdanaf
⁸ fy mod yn hoffi gwneud ewyllys fy
      Nuw,
  a bod dy gyfraith yn fy nghalon."

⁹ Bûm yn cyhoeddi cyfiawnder yn y
      gynulleidfa fawr;
  nid wyf wedi atal fy ngwefusau,
  fel y gwyddost, O ARGLWYDD.
¹⁰ Ni chuddiais dy gyfiawnder yn fy
      nghalon,
  ond dywedais am dy gadernid a'th
      waredigaeth;
  ni chelais dy gariad a'th wirionedd
  rhag y gynulleidfa fawr.
¹¹ Paid tithau, ARGLWYDD, ag atal
  dy dosturi oddi wrthyf;
  bydded dy gariad a'th wirionedd
  yn fy nghadw bob amser.
¹² Oherwydd y mae drygau dirifedi
  wedi cau amdanaf;
  y mae fy nghamweddau wedi fy nal
  fel na allaf weld;
  y maent yn fwy niferus na gwallt fy
      mhen,
  ac y mae fy nghalon yn suddo.
¹³ Bydd fodlon i'm gwaredu,
      ARGLWYDD;
  O ARGLWYDD, brysia i'm cynorthwyo.
¹⁴ Doed cywilydd, a gwaradwydd
      hefyd,
  ar y rhai sy'n ceisio difa fy mywyd;
  bydded i'r rhai sy'n cael pleser o
      wneud drwg imi
  gael eu troi yn eu holau mewn
      dryswch.
¹⁵ Bydded i'r rhai sy'n gweiddi, "Aha!
      Aha!" arnaf
  gael eu syfrdanu gan eu
      gwaradwydd.
¹⁶ Ond bydded i bawb sy'n dy geisio
      di
  lawenhau a gorfoleddu ynot;
  bydded i'r rhai sy'n caru dy
      iachawdwriaeth
  ddweud yn wastad, "Mawr yw'r
      ARGLWYDD."
¹⁷ Un tlawd ac anghenus wyf fi,
  ond y mae'r Arglwydd yn meddwl
      amdanaf.
  Ti yw fy nghymorth a'm gwaredydd;
  fy Nuw, paid ag oedi!

I'r Cyfarwyddwr: Salm. I Ddafydd.

41 Gwyn ei fyd y sawl sy'n ystyried
      y tlawd.

Bydd yr ARGLWYDD yn ei waredu yn
  nydd adfyd;
² bydd yr ARGLWYDD yn ei warchod
  ac yn ei gadw'n fyw;
bydd yn rhoi iddo ddedwyddwch yn
  y tir,
ac ni rydd mohono i fympwy ei
  elynion.
³ Bydd yr ARGLWYDD yn ei gynnal ar
  ei wely cystudd,
ac yn cyweirio'i wely pan fo'n glaf.
⁴ Dywedais innau, "O ARGLWYDD,
  bydd drugarog wrthyf;
iachâ fi, oherwydd pechais yn
  d'erbyn."
⁵ Fe ddywed fy ngelynion yn faleisus
  amdanaf,
"Pa bryd y bydd farw ac y derfydd ei
  enw?"
⁶ Pan ddaw un i'm gweld, y mae'n
  siarad yn rhagrithiol,
ond yn ei galon yn casglu newydd
  drwg amdanaf,
ac yn mynd allan i'w daenu ar led.
⁷ Y mae'r holl rai sy'n fy nghasáu yn
  sisial â'i gilydd,
yn meddwl y gwaethaf amdanaf,
⁸ ac yn dweud, "Y mae rhywbeth
  marwol wedi cydio ynddo;
y mae'n orweiddiog, ac ni chyfyd
  eto."
⁹ Y mae hyd yn oed fy nghyfaill agos,
  y bûm yn ymddiried ynddo,
ac a fu'n bwyta wrth fy mwrdd,
yn codi ei sawdl yn f'erbyn.
¹⁰ O ARGLWYDD, bydd drugarog
  wrthyf ac adfer fi,
imi gael talu'n ôl iddynt.
¹¹ Wrth hyn y gwn dy fod yn fy hoffi:
na fydd fy ngelyn yn cael gorfoledd
  o'm plegid.
¹² Ond byddi di'n fy nghynnal yn fy
  nghywirdeb,
ac yn fy nghadw yn dy bresenoldeb
  byth.
¹³ Bendigedig fyddo'r ARGLWYDD,
  Duw Israel,
o dragwyddoldeb hyd
  dragwyddoldeb.
Amen ac Amen.

LLYFR 2

I'r Cyfarwyddwr: Mascîl. I feibion Cora.

42 Fel y dyhea ewig am ddyfroedd
  rhedegog,
felly y dyhea fy enaid amdanat ti, O
  Dduw.
² Y mae fy enaid yn sychedu am
  Dduw, am y Duw byw;
pa bryd y dof ac ymddangos ger ei
  fron?
³ Bu fy nagrau'n fwyd imi ddydd a
  nos,
pan ofynnent imi drwy'r dydd, "Ple
  mae dy Dduw?"
⁴ Tywalltaf fy enaid mewn gofid wrth
  gofio hyn—
fel yr awn gyda thyrfa'r mawrion* i
  dŷ Dduw
yng nghanol banllefau a moliant, torf
  yn cadw gŵyl.
⁵ Mor ddarostyngedig wyt, fy enaid,
ac mor gythryblus o'm mewn!
Disgwyliaf wrth Dduw; oherwydd eto
  moliannaf ef,
fy Ngwaredydd a'm Duw*.
⁶ Y mae fy enaid yn ddarostyngedig
  ynof;
am hynny, meddyliaf amdanat ti
o dir yr Iorddonen a Hermon
ac o Fynydd Misar.
⁷ Geilw dyfnder ar ddyfnder
yn sŵn dy raeadrau;
y mae dy fôr a'th donnau
wedi llifo trosof.
⁸ Liw dydd y mae'r ARGLWYDD yn
  gorchymyn ei ffyddlondeb,
a liw nos y mae ei gân gyda mi;
gweddi ar Dduw fy mywyd.
⁹ Dywedaf wrth Dduw, fy nghraig,
"Pam yr anghofiaist fi?
Pam y rhodiaf mewn galar,
wedi fy ngorthrymu gan y gelyn?"
¹⁰ Fel pe'n dryllio fy esgyrn,
y mae fy ngelynion yn fy ngwawdio,
ac yn dweud wrthyf trwy'r dydd,
"Ple mae dy Dduw?"

42:4 Felly rhai llawysgrifau. TM, *gyda'r dyrfa a'u harwain.*
42:5 Hebraeg, *a'm Duw* ar ddechrau adn. 6.

¹¹ Mor ddarostyngedig wyt, fy enaid,
ac mor gythryblus o'm mewn!
Disgwyliaf wrth Dduw; oherwydd eto
moliannaf ef,
fy Ngwaredydd a'm Duw.

43

Cymer fy mhlaid, O Dduw,
ac amddiffyn fy achos
rhag pobl annheyrngar;
gwared fi rhag dynion twyllodrus ac
anghyfiawn,
² oherwydd ti, O Dduw, yw fy
amddiffyn.
Pam y gwrthodaist fi?
Pam y rhodiaf mewn galar,
wedi fy ngorthrymu gan y gelyn?
³ Anfon dy oleuni a'th wirionedd,
bydded iddynt fy arwain,
bydded iddynt fy nwyn i'th fynydd
sanctaidd
ac i'th drigfan.
⁴ Yna dof at allor Duw,
at Dduw fy llawenydd;
llawenychaf* a'th foliannu â'r delyn,
O Dduw, fy Nuw.
⁵ Mor ddarostyngedig wyt, fy enaid,
ac mor gythryblus o'm mewn!
Disgwyliaf wrth Dduw; oherwydd eto
moliannaf ef,
fy Ngwaredydd a'm Duw.

*I'r Cyfarwyddwr: i feibion Cora.
Mascîl.*

44

O Dduw, clywsom â'n clustiau,
dywedodd ein hynafiaid wrthym
am y gwaith a wnaethost yn eu
dyddiau hwy,
yn y dyddiau gynt â'th law dy hun*.
² Gyrraist genhedloedd allan,
ond eu plannu hwy;
difethaist bobloedd,
ond eu llwyddo hwy;
³ oherwydd nid â'u cleddyf y cawsant
y tir,
ac nid â'u braich y cawsant
fuddugoliaeth,
ond trwy dy ddeheulaw a'th fraich di,
a llewyrch dy wyneb, am dy fod yn
eu hoffi.

⁴ Ti yw fy Mrenin a'm Duw,
ti sy'n rhoi buddugoliaeth i Jacob.
⁵ Trwot ti y darostyngwn ein
gelynion,
trwy dy enw y sathrwn ein
gwrthwynebwyr.
⁶ Oherwydd nid yn fy mwa yr
ymddiriedaf,
ac nid fy nghleddyf a'm gwareda.
⁷ Ond ti a'n gwaredodd rhag ein
gelynion
a chywilyddio'r rhai sy'n ein casáu.
⁸ Yn Nuw yr ydym erioed wedi
ymffrostio,
a chlodforwn dy enw am byth.   Sela
⁹ Ond yr wyt wedi'n gwrthod a'n
darostwng,
ac nid ei allan mwyach gyda'n
byddinoedd.
¹⁰ Gwnei inni gilio o flaen y gelyn,
a chymerodd y rhai sy'n ein casáu yr
ysbail.
¹¹ Gwnaethost ni fel defaid i'w lladd,
a'n gwasgaru ymysg y cenhedloedd.
¹² Gwerthaist dy bobl am y nesaf
peth i ddim,
ac ni chefaist elw o'r gwerthiant.
¹³ Gwnaethost ni'n warth i'n
cymdogion,
yn destun gwawd a dirmyg i'r rhai
o'n hamgylch.
¹⁴ Gwnaethost ni'n ddihareb ymysg y
cenhedloedd,
ac y mae'r bobloedd yn ysgwyd eu
pennau o'n plegid.
¹⁵ Y mae fy ngwarth yn fy wynebu
beunydd,
ac yr wyf wedi fy ngorchuddio â
chywilydd
¹⁶ o achos llais y rhai sy'n fy
ngwawdio a'm difrïo,
ac oherwydd y gelyn a'r dialydd.
¹⁷ Daeth hyn i gyd arnom, a ninnau
heb dy anghofio
na bod yn anffyddlon i'th gyfamod.
¹⁸ Ni throdd ein calon oddi wrthyt,
ac ni chamodd ein traed o'th
lwybrau,
¹⁹ i beri iti ein hysigo yn nhrigfa'r
siacal
a'n gorchuddio â thywyllwch dudew.
²⁰ Pe baem wedi anghofio enw ein
Duw

43:4 Tebygol. Hebraeg, *at Dduw, hyfrydwch fy
llawenydd.*
44:1 Hebraeg, *â'th law dy hun* ar ddechrau adn. 2.

ac estyn ein dwylo at dduw estron,
²¹ oni fyddai Duw wedi canfod hyn?
Oherwydd gŵyr ef gyfrinachau'r galon.
²² Ond er dy fwyn di fe'n lleddir drwy'r dydd,
a'n trin fel defaid i'w lladd.
²³ Ymysgwyd! pam y cysgi, O Arglwydd?
Deffro! paid â'n gwrthod am byth.
²⁴ Pam yr wyt yn cuddio dy wyneb
ac yn anghofio'n hadfyd a'n gorthrwm?
²⁵ Y mae ein henaid yn ymostwng i'r llwch,
a'n cyrff yn wastad â'r ddaear.
²⁶ Cyfod i'n cynorthwyo.
Gwareda ni er mwyn dy ffyddlondeb.

I'r Cyfarwyddwr: ar Lilïau. I feibion Cora. Mascîl. Cân Serch.

45

Symbylwyd fy nghalon gan neges dda;
adroddaf fy nghân am y brenin;
y mae fy nhafod fel pin ysgrifennydd buan.
² Yr wyt yn decach na phawb;
tywalltwyd gras ar dy wefusau
am i Dduw dy fendithio am byth.
³ Gwisg dy gleddyf ar dy glun, O ryfelwr;
â mawredd a gogoniant addurna dy forddwyd.
⁴ Marchoga* o blaid gwirionedd, ac o achos cyfiawnder,
a bydded i'th ddeheulaw ddysgu iti bethau ofnadwy.
⁵ Y mae dy saethau'n llym yng nghalon gelynion y brenin;
syrth pobloedd odanat.
⁶ Y mae dy orsedd fel gorsedd Duw*, yn dragwyddol,
a'th deyrnwialen yn wialen cyfiawnder.
⁷ Ceraist gyfiawnder a chasáu drygioni;
am hynny bu i Dduw, dy Dduw di, dy eneinio
ag olew llawenydd uwchlaw dy gyfoedion.
⁸ Y mae dy ddillad i gyd yn fyrr, aloes a chasia,
ac offerynnau llinynnol o balasau ifori yn dy ddifyrru.
⁹ Y mae tywysogesau ymhlith merched dy lys;
saif y frenhines ar dy ddeheulaw, mewn aur Offir.
¹⁰ Gwrando di, ferch, rho sylw a gogwydda dy glust:
anghofia dy bobl dy hun a thŷ dy dad;
¹¹ yna bydd y brenin yn chwenychu dy brydferthwch,
oherwydd ef yw dy arglwydd.
¹² Ymostwng iddo* ag anrhegion, O ferch Tyrus,
a bydd cyfoethogion y bobl yn ceisio dy ffafr.
¹³ Cwbl ogoneddus yw merch y brenin,
cwrel wedi* ei osod mewn aur sydd ar ei gwisg,
¹⁴ ac mewn brodwaith yr arweinir hi at y brenin;
Ar ei hôl daw ei chyfeillesau, y morynion;
¹⁵ dônt atat yn llawen a hapus,
dônt i mewn i balas y brenin.
¹⁶ Yn lle dy dadau daw dy feibion,
a gwnei hwy'n dywysogion dros yr holl ddaear.
¹⁷ Mynegaf dy glod dros y cenedlaethau,
nes bod pobl yn dy ganmol hyd byth.

I'r Cyfarwyddwr: i feibion Cora, ar Alamoth. Cân.

46

Y mae Duw yn noddfa ac yn nerth i ni,
yn gymorth parod mewn cyfyngder.
² Felly, nid ofnwn er i'r ddaear symud
ac i'r mynyddoedd ddisgyn i ganol y môr,
³ er i'r dyfroedd ruo a therfysgu
ac i'r mynyddoedd ysgwyd gan eu hymchwydd. Sela

45:4 Tebygol. Hebraeg, *O ryfelwr, â mawredd a gogoniant. Mewn gogoniant marchoga'n fuddugoliaethus.*
45:6 Neu, *Y mae dy orsedd di, O Dduw.*
45:12 Hebraeg, *Ymostwng iddo* yn adn. 11.
45:13 Tebygol. Hebraeg, *merch y brenin oddi mewn, wedi.*

⁴ Y mae afon a'i ffrydiau'n llawenhau
    dinas Duw,
preswylfa sanctaidd y Goruchaf.
⁵ Y mae Duw yn ei chanol, nid
    ysgogir hi;
cynorthwya Duw hi ar doriad dydd.
⁶ Y mae'r cenhedloedd yn terfysgu a'r
    teyrnasoedd yn gwegian;
pan gwyd ef ei lais, todda'r ddaear.
⁷ Y mae ARGLWYDD y Lluoedd gyda
    ni,
Duw Jacob yn gaer i ni.   Sela
⁸ Dewch i weld gweithredoedd yr
    ARGLWYDD,
fel y dygodd ddifrod ar y ddaear;
⁹ gwna i ryfeloedd beidio trwy'r holl
    ddaear,
dryllia'r bwa, tyr y waywffon,
a llosgi'r darian â thân.
¹⁰ Ymlonyddwch, a deallwch mai
    myfi sydd Dduw,
yn ddyrchafedig ymysg y
    cenhedloedd,
yn ddyrchafedig ar y ddaear.
¹¹ Y mae ARGLWYDD y Lluoedd gyda
    ni,
Duw Jacob yn gaer i ni.   Sela

I'r Cyfarwyddwr: i feibion Cora. Salm.

47
Curwch ddwylo, yr holl
    bobloedd;
rhowch wrogaeth i Dduw â
    chaneuon gorfoledd.
² Oherwydd y mae'r ARGLWYDD, y
    Goruchaf, yn ofnadwy,
yn frenin mawr dros yr holl ddaear.
³ Fe ddarostwng bobloedd odanom,
a chenhedloedd o dan ein traed.
⁴ Dewisodd ein hetifeddiaeth i ni,
balchder Jacob, yr hwn a garodd.
                                Sela
⁵ Esgynnodd Duw gyda bloedd,
yr ARGLWYDD gyda sain utgorn.
⁶ Canwch fawl i Dduw, canwch fawl;
canwch fawl i'n brenin, canwch fawl.
⁷ Y mae Duw yn frenin ar yr holl
    ddaear;
canwch fawl yn gelfydd.
⁸ Y mae Duw yn frenin ar y
    cenhedloedd,
y mae'n eistedd ar ei orsedd
    sanctaidd.

⁹ Y mae tywysogion y bobl wedi
    ymgynnull
gyda phobl Duw Abraham;
oherwydd eiddo Duw yw mawrion y
    ddaear—
fe'i dyrchafwyd yn uchel iawn.

Cân. Salm. I feibion Cora.

48
Mawr yw'r ARGLWYDD a theilwng
    iawn o fawl
yn ninas ein Duw, ei fynydd
    sanctaidd.
² Teg o uchder, llawenydd yr holl
    ddaear,
yw Mynydd Seion, ar lechweddau'r
    Gogledd,
dinas y Brenin Mawr.
³ Oddi mewn i'w cheyrydd y mae
    Duw
wedi ei ddangos ei hun yn
    amddiffynfa.
⁴ Wele'r brenhinoedd wedi
    ymgynnull
ac wedi dyfod at ei gilydd;
⁵ ond pan welsant, fe'u synnwyd,
fe'u brawychwyd nes peri iddynt ffoi;
⁶ daeth dychryn arnynt yno,
a gwewyr, fel gwraig yn esgor,
⁷ fel pan fo gwynt y dwyrain
yn dryllio llongau Tarsis.
⁸ Fel y clywsom, felly hefyd y
    gwelsom
yn ninas ARGLWYDD y Lluoedd,
yn ninas ein Duw ni
a gynhelir gan Dduw am byth.   Sela
⁹ O Dduw, yr ydym wedi portreadu
    dy ffyddlondeb
yng nghanol dy deml.
¹⁰ Fel y mae dy enw, O Dduw, felly y
    mae dy fawl
yn ymestyn hyd derfynau'r ddaear.
Y mae dy ddeheulaw'n llawn o
    gyfiawnder;
¹¹ bydded i Fynydd Seion lawenhau.
Bydded i drefi Jwda orfoleddu
oherwydd dy farnedigaethau.
¹² Ymdeithiwch o gwmpas
    Jerwsalem, ewch o'i hamgylch,
rhifwch ei thyrau,
¹³ sylwch ar ei magwyrydd,
ewch trwy ei chaerau,

fel y galloch ddweud wrth yr oes sy'n codi,
¹⁴ "Dyma Dduw!
Y mae ein Duw ni hyd byth bythoedd,
fe'n harwain yn dragywydd."

I'r Cyfarwyddwr: i feibion Cora. Salm.

49 Clywch hyn, yr holl bobloedd,
gwrandewch, holl drigolion byd,
² yn wreng a bonedd,
yn gyfoethog a thlawd.
³ Llefara fy ngenau ddoethineb,
a bydd myfyrdod fy nghalon yn ddeallus.
⁴ Gogwyddaf fy nghlust at ddihareb,
a datgelaf fy nychymyg â'r delyn.

⁵ Pam yr ofnaf yn nyddiau adfyd,
pan yw drygioni fy nisodlwyr o'm cwmpas,
⁶ rhai sy'n ymddiried yn eu golud
ac yn ymffrostio yn nigonedd eu cyfoeth?
⁷ Yn wir, ni all neb ei waredu ei hun*
na thalu iawn i Dduw—
⁸ oherwydd rhy uchel yw pris ei fywyd,
ac ni all byth ei gyrraedd—
⁹ iddo gael byw am byth
a pheidio â gweld Pwll Distryw.
¹⁰ Ond gwêl fod y doethion yn marw,
fod yr ynfyd a'r dwl yn trengi,
ac yn gadael eu cyfoeth i eraill.
¹¹ Eu bedd* yw eu cartref bythol,
eu trigfan dros y cenedlaethau,
er iddynt gael tiroedd i'w henwau.
¹² Ni all neb aros mewn rhwysg;
y mae fel yr anifeiliaid sy'n darfod.

¹³ Dyma yw tynged yr ynfyd,
a diwedd y rhai sy'n cymeradwyo eu geiriau. *Sela*
¹⁴ Fel defaid y tynghedir hwy i Sheol;
angau fydd yn eu bugeilio;
disgynnant yn syth i'r bedd,
a bydd eu ffurf yn darfod;
Sheol fydd eu cartref.*

¹⁵ Ond bydd Duw'n gwaredu fy mywyd
ac yn fy nghymryd o afael Sheol. *Sela*
¹⁶ Paid ag ofni pan ddaw rhywun yn gyfoethog
a phan gynydda golud ei dŷ,
¹⁷ oherwydd ni chymer ddim pan fo'n marw,
ac nid â ei gyfoeth i lawr i'w ganlyn.
¹⁸ Er iddo yn ei fywyd ei ystyried ei hun yn ddedwydd,
a bod pobl yn ei ganmol am iddo wneud yn dda,
¹⁹ fe â at genhedlaeth ei hynafiaid,
ac ni wêl oleuni byth mwy.
²⁰ Ni all neb aros* mewn rhwysg;
y mae fel yr anifeiliaid sy'n darfod.

Salm. I Asaff.

50 Duw y duwiau, yr ARGLWYDD, a lefarodd;
galwodd y ddaear
o godiad haul hyd ei fachlud.
² O Seion, perffaith ei phrydferthwch,
y llewyrcha Duw.
³ Fe ddaw ein Duw, ac ni fydd ddistaw;
bydd tân yn ysu o'i flaen,
a thymestl fawr o'i gwmpas.
⁴ Y mae'n galw ar y nefoedd uchod,
ac ar y ddaear, er mwyn barnu ei bobl:
⁵ "Casglwch ataf fy ffyddloniaid,
a wnaeth gyfamod â mi trwy aberth."
⁶ Bydd y nefoedd yn cyhoeddi ei gyfiawnder,
oherwydd Duw ei hun sydd farnwr. *Sela*

⁷ "Gwrandewch, fy mhobl, a llefaraf;
dygaf dystiolaeth yn dy erbyn, O Israel;
myfi yw Duw, dy Dduw di.
⁸ Ni cheryddaf di am dy aberthau,
oherwydd y mae dy boethoffrymau'n wastad ger fy mron.
⁹ Ni chymeraf fustach o'th dŷ,
na bychod geifr o'th gorlannau;
¹⁰ oherwydd eiddof fi holl fwystfilod y goedwig,
a'r gwartheg ar fil o fryniau.

49:7 Felly rhai llawysgrifau. TM, *waredu ei frawd.*
49:11 Felly Fersiynau. Hebraeg, *Eu canol.*
49:14 Tebygol. Hebraeg, *bugeilio. Bydd yr uniawn yn llywodraethu drostynt yn y bore, a bydd eu cyrff i Sheol er difrodi o'r gogoniant a fu iddynt.*

49:20 Felly llawysgrifau. TM ac adn. 12, *ddeall.*

¹¹ Yr wyf yn adnabod holl adar yr
   awyr*,
ac eiddof fi holl greaduriaid y maes.
¹² Pe bawn yn newynu, ni ddywedwn
   wrthyt ti,
oherwydd eiddof fi'r byd a'r hyn
   sydd ynddo.
¹³ A fwytâf fi gig eich teirw,
neu yfed gwaed eich bychod geifr?
¹⁴ Rhowch i Dduw offrymau diolch,
a thalwch eich addunedau i'r
   Goruchaf.
¹⁵ Os gelwi arnaf yn nydd cyfyngder
fe'th waredaf, a byddi'n fy
   anrhydeddu."

¹⁶ Ond wrth y drygionus fe ddywed
   Duw,
"Pa hawl sydd gennyt i adrodd fy
   neddfau,
ac i gymryd fy nghyfamod ar dy
   wefusau?
¹⁷ Yr wyt yn casáu disgyblaeth
ac yn bwrw fy ngeiriau o'th ôl.
¹⁸ Os gweli leidr, fe ei i'w ganlyn,
a bwrw dy goel gyda godinebwyr.
¹⁹ Y mae dy enau'n ymollwng i
   ddrygioni,
a'th dafod yn nyddu twyll.
²⁰ Yr wyt yn parhau i dystio yn erbyn
   dy frawd,
ac yn enllibio mab dy fam.
²¹ Gwnaethost y pethau hyn, bûm
   innau ddistaw;
tybiaist dithau fy mod fel ti dy hun,
ond ceryddaf di, a dwyn achos yn dy
   erbyn.

²² "Ystyriwch hyn, chwi sy'n anghofio
   Duw,
rhag imi eich darnio heb neb i arbed.
²³ Y sawl sy'n cyflwyno offrymau
   diolch sy'n fy anrhydeddu,
ac i'r sawl sy'n dilyn fy ffordd y
   dangosaf iachawdwriaeth Duw."

**I'r Cyfarwyddwr: Salm. I Ddafydd,
pan ddaeth y proffwyd Nathan ato
wedi iddo fynd at Bathseba.**

51

Bydd drugarog wrthyf, O Dduw,
   yn ôl dy ffyddlondeb;
yn ôl dy fawr dosturi dilea fy
   nhroseddau;
² golch fi'n lân o'm drygioni,
a glanha fi o'm pechod.
³ Oherwydd gwn am fy nhroseddau,
ac y mae fy mhechod yn wastad gyda
   mi.
⁴ Yn dy erbyn di, ti yn unig, y
   pechais
a gwneud yr hyn a ystyri'n ddrwg,
fel dy fod yn gyfiawn yn dy ddedfryd,
ac yn gywir yn dy farn.
⁵ Wele, mewn drygioni y'm ganwyd,
ac mewn pechod y beichiogodd fy
   mam.
⁶ Wele, yr wyt yn dymuno gwirionedd
   oddi mewn;
felly dysg imi ddoethineb yn y galon.
⁷ Pura fi ag isop fel y byddaf lân;
golch fi fel y byddaf wynnach nag
   eira.
⁸ Pâr imi glywed gorfoledd a
   llawenydd,
fel y bo i'r esgyrn a ddrylliaist
   lawenhau.
⁹ Cuddia dy wyneb oddi wrth fy
   mhechodau,
a dilea fy holl euogrwydd.
¹⁰ Crea galon lân ynof, O Dduw,
rho ysbryd newydd cadarn ynof.
¹¹ Paid â'm bwrw ymaith oddi
   wrthyt,
na chymryd dy ysbryd sanctaidd
   oddi arnaf.
¹² Dyro imi eto orfoledd dy
   iachawdwriaeth,
a chynysgaedda fi ag ysbryd ufudd.
¹³ Dysgaf dy ffyrdd i droseddwyr,
fel y dychwelo'r pechaduriaid atat.
¹⁴ Gwared fi rhag gwaed, O Dduw,
Duw fy iachawdwriaeth,
ac fe gân fy nhafod am dy
   gyfiawnder.
¹⁵ Arglwydd, agor fy ngwefusau,
a bydd fy ngenau yn mynegi dy
   foliant.
¹⁶ Oherwydd nid wyt yn ymhyfrydu
   mewn aberth;
pe dygwn boethoffrymau, ni fyddit
   fodlon.
¹⁷ Aberthau Duw yw ysbryd
   drylliedig;
calon ddrylliedig a churiedig
ni ddirmygi, O Dduw.

50:11 Felly Fersiynau. Hebraeg, *y mynyddoedd*.

¹⁸ Gwna ddaioni i Seion yn dy ras;
adeilada furiau Jerwsalem.
¹⁹ Yna fe ymhyfrydi mewn aberthau
cywir—
poethoffrwm ac aberth llosg—
yna fe aberthir bustych ar dy allor.

*I'r Cyfarwyddwr: Mascîl. I Ddafydd,
pan ddaeth Doeg yr Edomiad a
dweud wrth Saul fod Dafydd wedi
dod i dŷ Ahimelech.*

52

O ŵr grymus, pam yr ymffrosti
yn dy ddrygioni
yn erbyn y duwiol* yr holl amser?
² Yr wyt yn cynllwyn distryw;
y mae dy dafod fel ellyn miniog,
ti dwyllwr.
³ Yr wyt yn caru drygioni'n fwy na
daioni,
a chelwydd yn fwy na dweud y gwir.
Sela
⁴ Yr wyt yn caru pob gair difaol
ac iaith dwyllodrus.
⁵ Bydd Duw'n dy dynnu i lawr am
byth,
bydd yn dy gipio ac yn dy dynnu o'th
babell,
ac yn dy ddadwreiddio o dir y byw.
Sela
⁶ Bydd y cyfiawn yn gweld ac yn ofni,
yn chwerthin am ei ben ac yn
dweud,
⁷ "Dyma'r un na wnaeth Dduw yn
noddfa,
ond a ymddiriedodd yn nigonedd ei
drysorau,
a cheisio noddfa yn ei gyfoeth* ei
hun."
⁸ Ond yr wyf fi fel olewydden iraidd
yn nhŷ Dduw;
ymddiriedaf yn ffyddlondeb Duw
byth bythoedd.
⁹ Diolchaf iti hyd byth am yr hyn a
wnaethost;
cyhoeddaf* dy enw—oherwydd da
yw—ymysg dy ffyddloniaid.

*I'r Cyfarwyddwr: ar Mahalath. Mascîl.
I Ddafydd.*

53

Dywed yr ynfyd yn ei galon,
"Nid oes Duw."
Gwnânt weithredoedd llygredig a
ffiaidd;
nid oes un a wna ddaioni.
² Edrychodd yr ARGLWYDD o'r
nefoedd
ar ddynolryw,
i weld a oes rhywun yn gwneud yn
ddoeth
ac yn ceisio Duw.
³ Ond y mae pawb ar gyfeiliorn,
ac mor llygredig â'i gilydd;
nid oes un a wna ddaioni,
nac oes, dim un.
⁴ Oni ddarostyngir y gwneuthurwyr
drygioni
sy'n llyncu fy mhobl fel llyncu bwyd,
ac sydd heb alw ar yr ARGLWYDD?
⁵ Yno y byddant mewn dychryn
mawr,
dychryn na fu ei debyg.
Y mae Duw yn gwasgaru esgyrn yr
annuwiol*;
daw cywilydd arnynt am i Dduw eu
gwrthod.
⁶ O na ddôi gwaredigaeth i Israel o
Seion!
Pan adfer yr ARGLWYDD lwyddiant
i'w bobl,
fe lawenha Jacob, fe orfoledda Israel.

*I'r Cyfarwyddwr: gydag offerynnau
llinynnol. Mascîl. I Ddafydd, pan
ddaeth y Siffiaid at Saul a dweud, "Y
mae Dafydd yn cuddio yn ein mysg."*

54

O Dduw, gwareda fi trwy dy enw,
a thrwy dy nerth cyfiawnha fi.
² O Dduw, gwrando fy ngweddi,
rho glust i eiriau fy ngenau.
³ Oherwydd cododd gwŷr trahaus*
yn fy erbyn,
ac y mae gwŷr didostur yn ceisio fy
mywyd;
nid ydynt yn meddwl am Dduw. *Sela*

52:1 Tebygol. Hebraeg, *ddrygioni? Y mae trugaredd Duw.*
52:7 Felly Syrieg a Targwm. Hebraeg, *ei drachwant.*
52:9 Tebygol. Hebraeg, *disgwyliaf.*
53:5 Tebygol. Cymh. Groeg. Hebraeg, *esgyrn dy wersyllwr.*
54:3 Felly rhai llawysgrifau a Targwm. TM, *cododd estroniaid.*

⁴ Wele, Duw yw fy nghynorthwywr,
fy Arglwydd yw cynhaliwr fy mywyd.
⁵ Bydded i ddrygioni ddychwelyd ar
   fy ngelynion!
Trwy dy wirionedd diddyma hwy.

⁶ Aberthaf yn ewyllysgar i ti;
clodforaf dy enw, O ARGLWYDD,
   oherwydd da yw;
⁷ oherwydd gwaredodd fi o bob
   cyfyngder,
a gwneud imi orfoleddu dros fy
   ngelynion.

I'r Cyfarwyddwr: gydag offerynnau
llinynnol. Mascîl. I Ddafydd.

55 Gwrando, O Dduw, ar fy
   ngweddi;
paid ag ymguddio rhag fy neisyfiad.
² Gwrando arnaf ac ateb fi;
yr wyf wedi fy llethu gan fy nghwyn.
³ Yr wyf bron â drysu* gan sŵn y
   gelyn,
gan grochlefain y drygionus;
oherwydd pentyrrant ddrygioni
   arnaf,
ac ymosod arnaf yn eu llid.
⁴ Y mae fy nghalon mewn gwewyr,
a daeth ofn angau ar fy ngwarthaf.
⁵ Daeth arnaf ofn ac arswyd,
ac fe'm meddiannwyd gan ddychryn.
⁶ A dywedais, "O na fyddai gennyf
   adenydd colomen,
imi gael ehedeg ymaith a gorffwyso!
⁷ Yna byddwn yn crwydro ymhell
ac yn aros yn yr anialwch;   Sela
⁸ brysiwn i gael cysgod
rhag y gwynt stormus a'r dymestl."
⁹ O Dduw, cymysga a rhanna'u
   hiaith,
oherwydd gwelais drais a chynnen
   yn y ddinas;
¹⁰ ddydd a nos y maent yn ei
   hamgylchu ar y muriau,
ac y mae drygioni a thrybini o'i
   mewn,
¹¹ dinistr yn ei chanol;
ac nid yw twyll a gorthrwm
yn ymadael o'i marchnadfa.

¹² Ond nid gelyn a'm gwawdiodd—
gallwn oddef hynny;

nid un o'm caseion a'm bychanodd—
gallwn guddio rhag hwnnw;
¹³ ond ti, fy nghydradd,
fy nghydymaith, fy nghydnabod—
¹⁴ buom mewn cyfeillach felys â'n
   gilydd
wrth gerdded gyda'r dyrfa yn nhŷ
   Dduw.

¹⁵ Doed marwolaeth arnynt;
bydded iddynt fynd yn fyw i Sheol,
am fod drygioni'n cartrefu yn eu
   mysg.
¹⁶ Ond gwaeddaf fi ar Dduw,
a bydd yr ARGLWYDD yn fy achub.
¹⁷ Hwyr a bore a chanol dydd
fe gwynaf a griddfan,
a chlyw ef fy llais.
¹⁸ Gwareda fy mywyd yn ddiogel
o'r rhyfel yr wyf ynddo,
oherwydd y mae llawer i'm herbyn.
¹⁹ Gwrendy Duw a'u darostwng—
y mae ef wedi ei orseddu erioed—   Sela
am na fynnant newid nac ofni Duw.

²⁰ Estynnodd fy nghydymaith ei law
   yn erbyn ei gyfeillion,
torrodd ei gyfamod.
²¹ Yr oedd ei leferydd yn
   esmwythach na menyn,
ond yr oedd rhyfel yn ei galon;
yr oedd ei eiriau'n llyfnach nag olew,
ond yr oeddent yn gleddyfau noeth.

²² Bwrw dy faich ar yr ARGLWYDD,
ac fe'th gynnal di;
ni ad i'r cyfiawn gael ei ysgwyd byth.
²³ Ti, O Dduw, a'u bwria i'r pwll
   isaf—
rhai gwaedlyd a thwyllodrus—
ni chânt fyw hanner eu dyddiau.
Ond ymddiriedaf fi ynot ti.

I'r Cyfarwyddwr: ar Golomen y Derw
Pell. Michtam. I Ddafydd, pan
ddaliodd y Philistiaid ef yn Gath.

56 Bydd drugarog wrthyf, O Dduw,
oherwydd y mae pobl yn gwasgu
   arnaf,
ac ymosodwyr yn fy ngorthrymu
   drwy'r dydd;
² y mae fy ngelynion yn gwasgu arnaf
   drwy'r dydd,

55:3 Hebraeg, *Yr wyf bron â drysu* yn yr adn. flaenorol.

a llawer yw'r rhai sy'n ymladd yn
    f'erbyn.
³ Cod fi i fyny* yn nydd fy ofn;
yr wyf yn ymddiried ynot ti.
⁴ Yn Nuw, yr un y molaf ei air,
yn Nuw yr wyf yn ymddiried heb ofni;
beth a all pobl ei wneud imi?
⁵ Trwy'r dydd y maent yn ystumio fy
    ngeiriau,
ac y mae eu holl fwriadau i'm drygu.
⁶ Ymgasglant* at ei gilydd a llechu,
ac y maent yn gwylio fy nghamre.
⁷ Fel y disgwyliant am fy mywyd,
tâl iddynt* am eu trosedd;
yn dy ddig, O Dduw, darostwng
    bobloedd.

⁸ Yr wyt ti wedi cofnodi fy
    ocheneidiau,
ac wedi costrelu fy nagrau—
onid ydynt yn dy lyfr?
⁹ Yna troir fy ngelynion yn eu hôl
yn y dydd y galwaf arnat.
Hyn a wn: fod Duw o'm tu.
¹⁰ Yn Nuw, yr un y molaf ei air,
yn yr ARGLWYDD, y molaf ei air,
¹¹ yn Nuw yr wyf yn ymddiried heb
    ofni;
beth a all pobl ei wneud imi?

¹² Gwneuthum addunedau i ti, O
    Dduw;
fe'u talaf i ti ag offrymau diolch.
¹³ Oherwydd gwaredaist fy mywyd
    rhag angau,
a'm camau, yn wir, rhag llithro,
er mwyn imi rodio gerbron Duw
yng ngoleuni'r bywyd.

*I'r Cyfarwyddwr: ar Na Ddinistria.
Michtam. I Ddafydd, pan ddihangodd
rhag Saul yn yr ogof.*

57

Bydd drugarog wrthyf, O Dduw,
    bydd drugarog wrthyf,
oherwydd ynot ti yr wyf yn llochesu;
yng nghysgod dy adenydd y mae fy
    lloches
nes i'r stormydd fynd heibio.
² Galwaf ar y Duw Goruchaf,
ar y Duw sy'n gweithredu drosof.

³ Bydd yn anfon o'r nefoedd i'm
    gwaredu;
bydd yn cywilyddio'r rhai sy'n
    gwasgu arnaf;   Sela
bydd Duw yn anfon ei gariad a'i
    wirionedd.
⁴ Yr wyf yn byw yng nghanol llewod,
rhai sy'n traflyncu pobl,
a'u dannedd yn bicellau a saethau,
a'u tafod yn gleddyf miniog.
⁵ Ymddyrchafa'n uwch na'r nefoedd,
    O Dduw,
a bydded dy ogoniant dros yr holl
    ddaear.
⁶ Y maent wedi gosod rhwyd i'm
    traed,
ac wedi darostwng* fy mywyd;
y maent wedi cloddio pwll ar fy
    nghyfer,
ond hwy eu hunain fydd yn syrthio
    iddo.   Sela
⁷ Y mae fy nghalon yn gadarn, O
    Dduw,
y mae fy nghalon yn gadarn;
fe ganaf a rhoi mawl.
⁸ Deffro, fy enaid,
deffro di, nabl a thelyn.
Fe ddeffroaf ar doriad gwawr.
⁹ Rhof ddiolch i ti, O Arglwydd,
    ymysg y bobloedd,
a chanmolaf di ymysg y
    cenhedloedd,
¹⁰ oherwydd y mae dy gariad yn
    ymestyn hyd y nefoedd,
a'th wirionedd hyd y cymylau.
¹¹ Ymddyrchafa'n uwch na'r nefoedd,
    O Dduw,
a bydded dy ogoniant dros yr holl
    ddaear.

*I'r Cyfarwyddwr: ar Na Ddinistria. I
Ddafydd. Michtam.*

58

Chwi gedyrn*, a ydych mewn
    difri'n dedfrydu'n gyfiawn?
A ydych yn barnu pobl yn deg?
² Na! Yr ydych â'ch calonnau'n
    dyfeisio drygioni,
ac â'ch dwylo'n gwasgaru trais dros
    y ddaear.

56:3 Tebygol. Hebraeg, *O Uchder* ar ddiwedd yr adn.
flaenorol.
56:6 Felly Fersiynau. Hebraeg, *Codant derfysg*.
56:7 Tebygol. Hebraeg, *gwareda hwy*.

57:6 Felly Fersiynau. Hebraeg, *a darostyngodd*.
58:1 Neu, *Chwi dduwiau*.

³ Y mae'r drygionus yn wrthryfelgar
    o'r groth,
a'r rhai sy'n llefaru celwydd yn
    cyfeiliorni o'r bru.
⁴ Y mae eu gwenwyn fel gwenwyn
    sarff,
fel asb fyddar sy'n cau ei chlustiau,
⁵ a heb wrando ar sain y swynwr
sy'n taenu ei hudoliaeth ryfedd.

⁶ O Dduw, dryllia'r dannedd yn eu
    genau,
diwreiddia gilddannedd y llewod, O
    ARGLWYDD.
⁷ Bydded iddynt ddiflannu fel dŵr a
    mynd ymaith,
a chrino fel gwellt a sethrir;*
⁸ byddant fel erthyl sy'n diflannu,
ac fel marw-anedig na wêl olau dydd.
⁹ Cyn iddynt wybod bydd yn eu
    diwreiddio*;
yn ei ddig bydd yn eu sgubo ymaith
    fel chwyn.

¹⁰ Bydd y cyfiawn yn llawenhau am
    iddo weld dialedd,
ac yn golchi ei draed yng ngwaed y
    drygionus.
¹¹ A dywed pobl, "Yn ddi-os y mae
    gwobr i'r cyfiawn;
oes, y mae Duw sy'n gwneud barn ar
    y ddaear."

I'r Cyfarwyddwr: ar Na Ddinistria.
Michtam. I Ddafydd, pan anfonodd
Saul rai i wylio ei gartref er mwyn ei
ladd.

59

Gwared fi oddi wrth fy
    ngelynion, O fy Nuw;
amddiffyn fi rhag fy
    ngwrthwynebwyr.
² Gwared fi oddi wrth wneuthurwyr
    drygioni,
ac achub fi rhag rhai gwaedlyd.
³ Oherwydd wele, gosodant gynllwyn
    am fy einioes;
y mae rhai cryfion yn ymosod arnaf.
Heb fod trosedd na phechod ynof fi,
    ARGLWYDD,
⁴ heb fod drygioni ynof fi, rhedant i
    baratoi i'm herbyn.
Cyfod, tyrd ataf ac edrych.

⁵ Ti, ARGLWYDD Dduw y lluoedd, yw
    Duw Israel;
deffro a chosba'r holl genhedloedd;
paid â thrugarhau wrth y drygionus
    dichellgar.   Sela
⁶ Dychwelant gyda'r nos, yn cyfarth
    fel cŵn
ac yn prowla trwy'r ddinas.
⁷ Wele, y mae eu genau'n glafoerio,
y mae cleddyf rhwng eu gweflau.
"Pwy," meddant, "sy'n clywed?"
⁸ Ond yr wyt ti, ARGLWYDD, yn
    chwerthin am eu pennau
ac yn gwawdio'r holl genhedloedd.
⁹ O fy Nerth*, disgwyliaf wrthyt,
oherwydd Duw yw f'amddiffynfa.
¹⁰ Bydd fy Nuw trugarog yn sefyll o'm
    plaid;
O Dduw, rho imi orfoleddu dros fy
    ngelynion.
¹¹ Paid â'u lladd rhag i'm pobl
    anghofio;
gwasgar hwy â'th nerth a darostwng
    hwy,
O Arglwydd, ein tarian.
¹² Am bechod eu genau a gair eu
    gwefusau,
dalier hwy gan eu balchder eu
    hunain.
Am y melltithion a'r celwyddau a
    lefarant,
¹³ difa hwy yn dy lid, difa hwy'n llwyr,
fel y bydd yn wybyddus hyd
    derfynau'r ddaear
mai Duw sy'n llywodraethu yn
    Jacob.   Sela
¹⁴ Dychwelant gyda'r nos, yn cyfarth
    fel cŵn
ac yn prowla trwy'r ddinas.
¹⁵ Crwydrant gan chwilio am fwyd,
a grwgnach* onis digonir.
¹⁶ Ond canaf fi am dy nerth,
a gorfoleddu yn y bore am dy
    ffyddlondeb;
oherwydd buost yn amddiffynfa i mi
ac yn noddfa yn nydd fy nghyfyngder.
¹⁷ O fy Nerth, canaf fawl i ti,
oherwydd Duw yw f'amddiffynfa,
fy Nuw trugarog.

58:7 Tebygol. Hebraeg yn aneglur.
58:9 Tebygol. Hebraeg yn aneglur.
59:9 Felly llawysgrifau a Fersiynau. Felly hefyd yn adn. 17. TM, Ei nerth.
59:15 Felly Fersiynau. Hebraeg, ac aros.

Salmau 60–62

I'r Cyfarwyddwr: ar Susan Eduth. Michtam, i hyfforddi. I Ddafydd, pan oedd yn ymladd yn erbyn Aramnaharaim ac Aram-soba, a Joab yn dychwelyd ac yn lladd deuddeng mil o Edom yn Nyffryn yr Halen.

60

O Dduw, gwrthodaist ni a'n bylchu;
buost yn ddicllon. Adfer ni!
² Gwnaethost i'r ddaear grynu ac fe'i holltaist;
trwsia ei rhwygiadau, oherwydd y mae'n gwegian.
³ Gwnaethost i'th bobl yfed* peth chwerw,
a rhoist inni win a'n gwna'n simsan.
⁴ Rhoist faner i'r rhai sy'n dy ofni,
iddynt ffoi ati rhag y bwa. *Sela*
⁵ Er mwyn gwaredu dy anwyliaid,
achub â'th ddeheulaw, ac ateb ni.
⁶ Llefarodd Duw yn ei gysegr,
"Yr wyf yn gorfoleddu wrth rannu Sichem
⁷ a mesur dyffryn Succoth yn rhannau;
eiddof fi yw Gilead a Manasse,
Effraim yw fy helm,
a Jwda yw fy nheyrnwialen;
⁸ Moab yw fy nysgl ymolchi,
ac at Edom y taflaf fy esgid;
ac yn erbyn Philistia y gorfoleddaf."

⁹ Pwy a'm dwg i'r ddinas gaerog?
Pwy a'm harwain* i Edom?
¹⁰ Onid ti, O Dduw, er iti'n gwrthod,
a pheidio â mynd allan gyda'n byddinoedd?
¹¹ Rho inni gymorth rhag y gelyn,
oherwydd ofer yw ymwared dynol.
¹² Gyda Duw fe wnawn wrhydri;
ef fydd yn sathru ein gelynion.

I'r Cyfarwyddwr: ar offerynnau llinynnol. I Ddafydd.

61

Clyw fy nghri, O Dduw,
a gwrando ar fy ngweddi;
² o eithaf y ddaear yr wyf yn galw arnat,
pan yw fy nghalon ar suddo.
Arwain fi at graig sy'n uwch na mi;
³ oherwydd buost ti'n gysgod imi,
yn dŵr cadarn rhag y gelyn.
⁴ Gad imi aros yn dy babell am byth,
a llochesu dan gysgod dy adenydd. *Sela*
⁵ Oherwydd clywaist ti, O Dduw, fy addunedau,
a gwnaethost ddymuniad* y rhai sy'n ofni dy enw.

⁶ Estyn ddyddiau lawer at oes y brenin,
a bydded ei flynyddoedd fel cenedlaethau;
⁷ bydded wedi ei orseddu gerbron Duw am byth;
bydded cariad a gwirionedd yn gwylio* drosto.
⁸ Felly y canmolaf dy enw byth,
a thalu fy addunedau ddydd ar ôl dydd.

I'r Cyfarwyddwr: ar Jeduthun. Salm. I Ddafydd.

62

Yn wir, yn Nuw yr ymdawela fy enaid;
oddi wrtho ef y daw fy ngwaredigaeth.
² Ef yn wir yw fy nghraig a'm gwaredigaeth,
fy amddiffynfa, fel na'm symudir.
³ Am ba hyd yr ymosodwch ar ddyn,
bob un ohonoch, a'i falurio,
fel mur wedi gogwyddo
a chlawdd ar syrthio?
⁴ Yn wir, cynlluniant i'w dynnu i lawr o'i safle,
ac y maent yn ymhyfrydu mewn twyll;
y maent yn bendithio â'u genau,
ond ynddynt eu hunain yn melltithio. *Sela*
⁵ Yn wir, yn Nuw yr ymdawela fy enaid;
oddi wrtho ef y daw fy ngobaith.
⁶ Ef yn wir yw fy nghraig a'm gwaredigaeth,
fy amddiffynfa, fel na'm symudir.
⁷ Ar Dduw y dibynna fy ngwaredigaeth a'm hanrhydedd;

60:3 Tebygol. Hebraeg, *weld*.
60:9 Felly Fersiynau. Hebraeg, *harweiniodd*.
61:5 Tebygol. Hebraeg, *etifeddiaeth*.
61:7 Felly llawysgrifau a Fersiynau. TM, *paratoa gariad a gwirionedd iddynt wylio*.

fy nghraig gadarn, fy noddfa yw
Duw.
⁸ Ymddiriedwch ynddo bob amser, O
bobl,
tywalltwch allan eich calon iddo;
Duw yw ein noddfa.   *Sela*
⁹ Yn wir, nid yw gwrêng ond anadl,
nid yw bonedd ond rhith;
pan roddir hwy mewn clorian,
codant—
y maent i gyd yn ysgafnach nag
anadl.
¹⁰ Peidiwch ag ymddiried mewn
gormes,
na gobeithio'n ofer mewn lladrad;
er i gyfoeth amlhau,
peidiwch â gosod eich bryd arno.
¹¹ Unwaith y llefarodd Duw,
dwywaith y clywais hyn:
I Dduw y perthyn nerth,
¹² i ti, O Arglwydd, y perthyn
ffyddlondeb;
yr wyt yn talu i bob un yn ôl ei
weithredoedd.

**Salm. I Ddafydd, pan oedd yn
anialwch Jwda.**

63 O Dduw, ti yw fy Nuw, fe'th
geisiaf di;
y mae fy enaid yn sychedu amdanat,
a'm cnawd yn dihoeni o'th eisiau,
fel tir sych a diffaith heb ddŵr.
² Fel hyn y syllais arnat yn y cysegr,
a gweld dy rym a'th ogoniant.
³ Y mae dy ffyddlondeb yn well na
bywyd;
am hynny bydd fy ngwefusau'n dy
foliannu.
⁴ Fel hyn y byddaf yn dy fendithio
trwy fy oes,
ac yn codi fy nwylo mewn gweddi yn
dy enw.
⁵ Caf fy nigoni, fel pe ar fêr a braster,
a moliannaf di â gwefusau llawen.
⁶ Pan gofiaf di ar fy ngwely,
a myfyrio amdanat yng
ngwyliadwriaethau'r nos—
⁷ fel y buost yn gymorth imi,
ac fel yr arhosais* yng nghysgod dy
adenydd—

⁸ bydd fy enaid yn glynu wrthyt;
a bydd dy ddeheulaw yn fy nghynnal.
⁹ Ond am y rhai sy'n ceisio difetha fy
mywyd,
byddant hwy'n suddo i ddyfnderau'r
ddaear;
¹⁰ fe'u tynghedir i fin y cleddyf,
a byddant yn ysglyfaeth i lwynogod.
¹¹ Ond bydd y brenin yn llawenhau
yn Nuw,
a bydd pawb sy'n tyngu iddo ef yn
gorfoleddu,
oherwydd caeir safnau'r rhai
celwyddog.

I'r Cyfarwyddwr: Salm. I Ddafydd.

64 Clyw fy llais, O Dduw, wrth imi
gwyno;
achub fy mywyd rhag arswyd y gelyn,
² cuddia fi rhag cynllwyn rhai
drygionus
a rhag dichell gwneuthurwyr
drygioni—
³ rhai sy'n hogi eu tafod fel cleddyf,
ac yn anelu eu geiriau chwerw fel
saethau,
⁴ i saethu'r dieuog o'r dirgel,
i saethu'n sydyn a di-ofn.
⁵ Y maent yn glynu wrth eu bwriad
drwg,
ac yn sôn am osod maglau o'r golwg,
a dweud, "Pwy all ein* gweld?"
⁶ Y maent yn dyfeisio drygioni,
ac yn cuddio'u dyfeisiadau;
y mae'r galon a'r meddwl dynol yn
ddwfn!
⁷ Ond bydd Duw'n eu saethu â'i
saeth;
yn sydyn y daw eu cwymp.
⁸ Bydd yn eu dymchwel* oherwydd
eu tafod,
a bydd pawb sy'n eu gweld yn
ysgwyd eu pennau.
⁹ Daw ofn ar bawb,
a byddant yn adrodd am waith Duw,
ac yn deall yr hyn a wnaeth.
¹⁰ Bydded i'r cyfiawn lawenhau yn yr
ARGLWYDD,

63:7 Tebygol. Hebraeg, *y gorfoleddais*.

64:5 Felly Syrieg. Hebraeg, *eu*.
64:8 Tebygol. Hebraeg, *A gwnaethant hwy iddo
ddymchwel*.

a llochesu ynddo,
a bydded i'r holl rai uniawn
    orfoleddu.

I'r Cyfarwyddwr: Salm. I Ddafydd. Cân.

65

Mawl sy'n ddyledus i ti, O Dduw,
    yn Seion;
² ac i ti, sy'n gwrando gweddi,* y
    telir adduned.
³ Atat ti y daw pob un â'i gyffes o
    bechod:
"Y mae ein troseddau'n drech na ni,
ond yr wyt ti'n eu maddau."
⁴ Gwyn ei fyd y sawl a ddewisi ac a
    ddygi'n agos,
iddo gael preswylio yn dy gynteddau;
digoner ninnau â daioni dy dŷ,
dy deml sanctaidd.

⁵ Mewn gweithredoedd ofnadwy yr
    atebi ni â buddugoliaeth,
O Dduw ein hiachawdwriaeth;
ynot yr ymddiried holl gyrion y
    ddaear
a phellafoedd y môr;
⁶ gosodi'r mynyddoedd yn eu lle
    â'th* nerth,
yr wyt wedi dy wregysu â chryfder;
⁷ yr wyt yn tawelu rhu'r moroedd,
rhu eu tonnau,
a therfysg pobloedd.
⁸ Y mae trigolion cyrion y byd
yn ofni dy arwyddion;
gwnei i diroedd bore a hwyr
    lawenhau.

⁹ Rwyt yn gofalu am y ddaear ac yn
    ei dyfrhau,
gwnaethost hi'n doreithiog iawn;
y mae afon Duw'n llawn o ddŵr;
darperaist iddynt ŷd.
Fel hyn yr wyt yn trefnu ar ei chyfer:
¹⁰ dyfrhau ei rhychau, gwastatáu ei
    chefnau,
ei mwydo â chawodydd a bendithio'i
    chnwd.
¹¹ Yr wyt yn coroni'r flwyddyn â'th
    ddaioni,
ac y mae dy lwybrau'n diferu gan
    fraster.

¹² Y mae porfeydd yr anialdir yn
    diferu,
a'r bryniau wedi eu gwregysu â
    llawenydd;
¹³ y mae'r dolydd wedi eu gwisgo â
    defaid,
a'r dyffrynnoedd wedi eu gorchuddio
    ag ŷd.
Y maent yn bloeddio ac yn
    gorfoleddu.

I'r Cyfarwyddwr: Cân. Salm.

66

Bloeddiwch mewn gorfoledd i
    Dduw, yr holl ddaear;
² canwch i ogoniant ei enw;
rhowch iddo foliant gogoneddus.
³ Dywedwch wrth Dduw, "Mor
    ofnadwy yw dy weithredoedd!
Gan faint dy nerth ymgreinia dy
    elynion o'th flaen;
⁴ y mae'r holl ddaear yn ymgrymu
    o'th flaen,
ac yn canu mawl i ti,
yn canu mawl i'th enw."   *Sela*
⁵ Dewch i weld yr hyn a wnaeth
    Duw—
y mae'n ofnadwy yn ei weithredoedd
    tuag at bobl—
⁶ trodd y môr yn sychdir,
aethant ar droed trwy'r afon;
yno y llawenychwn ynddo.
⁷ Y mae ef yn llywodraethu â'i nerth
    am byth,
a'i lygaid yn gwylio dros y
    cenhedloedd;
na fydded i'r gwrthryfelwyr godi yn
    ei erbyn!   *Sela*

⁸ Bendithiwch ein Duw, O bobloedd,
a seiniwch ei fawl yn glywadwy.
⁹ Ef a roes le i ni ymysg y byw,
ac ni adawodd i'n troed lithro.
¹⁰ Oherwydd buost yn ein profi, O
    Dduw,
ac yn ein coethi fel arian.
¹¹ Dygaist ni i'r rhwyd,
rhoist rwymau amdanom,
¹² gadewaist i ddynion farchogaeth
    dros ein pennau,
aethom trwy dân a dyfroedd;
ond dygaist ni allan i ryddid*.

65:2 Hebraeg, *sy'n gwrando gweddi* yn yr adn. ddilynol.
65:6 Felly Fersiynau. Hebraeg, *â'i*.

66:12 Felly Fersiynau. Hebraeg, *i ddigonedd*.

¹³ Dof i'th deml â phoethoffrymau,
talaf i ti fy addunedau,
¹⁴ y rhai a wneuthum â'm gwefusau
ac a lefarodd fy ngenau pan oedd yn
   gyfyng arnaf.
¹⁵ Aberthaf i ti basgedigion yn
   boethoffrymau,
a hefyd hyrddod yn arogldarth;
darparaf ychen a bychod geifr.   *Sela*
¹⁶ Dewch i wrando, chwi oll sy'n ofni
   Duw,
ac adroddaf yr hyn a wnaeth Duw i
   mi.
¹⁷ Gwaeddais arno â'm genau,
ac yr oedd moliant ar fy nhafod.
¹⁸ Pe bawn wedi coleddu drygioni yn
   fy nghalon,
ni fuasai'r Arglwydd wedi gwrando;
¹⁹ ond yn wir, gwrandawodd Duw,
a rhoes sylw i lef fy ngweddi.
²⁰ Bendigedig fyddo Duw
am na throdd fy ngweddi oddi wrtho,
na'i ffyddlondeb oddi wrthyf.

*I'r Cyfarwyddwr: ag offerynnau
llinynnol. Salm. Cân.*

67 Bydded Duw yn drugarog
wrthym a'n bendithio,
bydded llewyrch ei wyneb arnom,   *Sela*
² er mwyn i'w* ffyrdd fod yn
   wybyddus ar y ddaear,
a'i* waredigaeth ymysg yr holl
   genhedloedd.
³ Bydded i'r bobloedd dy foli, O
   Dduw,
bydded i'r holl bobloedd dy foli di.
⁴ Bydded i'r cenhedloedd lawenhau a
   gorfoleddu,
oherwydd yr wyt ti'n barnu
   pobloedd yn gywir,
ac yn arwain cenhedloedd ar y
   ddaear.   *Sela*
⁵ Bydded i'r bobloedd dy foli, O
   Dduw,
bydded i'r holl bobloedd dy foli di.
⁶ Rhoes y ddaear ei chnwd;
Duw, ein Duw ni, a'n bendithiodd.
⁷ Bendithiodd Duw ni;
bydded holl gyrrau'r ddaear yn ei
   ofni.

67:2 Felly llawysgrifau a Syrieg. TM, *i'th*.
67:2 Felly Syrieg. Hebraeg, *a'th*.

I'r Cyfarwyddwr: i Ddafydd. Salm. Cân.

68 Bydded i Dduw godi, ac i'w
elynion wasgaru,
ac i'r rhai sy'n ei gasáu ffoi o'i flaen.
² Fel y chwelir mwg, chwâl hwy;
fel cwyr yn toddi o flaen tân,
bydded i'r drygionus ddarfod o flaen
   Duw.
³ Ond y mae'r cyfiawn yn llawenhau;
y maent yn gorfoleddu gerbron Duw
ac yn ymhyfrydu mewn llawenydd.
⁴ Canwch i Dduw, molwch ei enw,
paratowch ffordd i'r un sy'n
   marchogaeth trwy'r anialdir;
yr ARGLWYDD yw ei enw,
gorfoleddwch o'i flaen.
⁵ Tad yr amddifaid ac
   amddiffynnydd y gweddwon
yw Duw yn ei drigfan sanctaidd.
⁶ Mae Duw yn gosod yr unig mewn
   cartref,
ac yn arwain allan garcharorion
   mewn llawenydd;
ond y mae'r gwrthryfelwyr yn byw
   mewn diffeithwch.
⁷ O Dduw, pan aethost ti allan o
   flaen dy bobl,
a gorymdeithio ar draws yr
   anialwch,   *Sela*
⁸ crynodd y ddaear a glawiodd y
   nefoedd
o flaen Duw, Duw Sinai,
o flaen Duw, Duw Israel.
⁹ Tywelltaist ddigonedd o law, O
   Dduw,
ac adfer dy etifeddiaeth pan oedd ar
   ddiffygio;
¹⁰ cafodd dy braidd le i fyw ynddi,
ac yn dy ddaioni darperaist i'r
   anghenus, O Dduw.
¹¹ Y mae'r Arglwydd yn datgan y gair,
ac y mae llu mawr yn cyhoeddi'r
   newydd da
¹² fod brenhinoedd y byddinoedd yn
   ffoi ar frys;
y mae'r merched gartref yn rhannu
   ysbail—
¹³ er eu bod wedi aros ymysg y
   corlannau—
y mae adenydd colomen wedi eu
   gorchuddio ag arian,

a'i hesgyll yn aur melyn.
¹⁴ Pan wasgarodd yr Hollalluog
 frenhinoedd yno,
yr oedd yn eira ar Fynydd Salmon.

¹⁵ Mynydd cadarn yw Mynydd
 Basan,
mynydd o gopaon yw Mynydd
 Basan.
¹⁶ O fynydd y copaon, pam yr
 edrychi'n eiddigeddus
ar y mynydd lle dewisodd Duw
 drigo,
lle bydd yr ARGLWYDD yn trigo am
 byth?
¹⁷ Yr oedd cerbydau Duw yn ugain
 mil,
yn filoedd ar filoedd,
pan ddaeth yr Arglwydd o Sinai*
 mewn sancteiddrwydd.
¹⁸ Aethost i fyny i'r uchelder gyda
 chaethion ar dy ôl,
a derbyniaist anrhegion gan bobl,
hyd yn oed gwrthryfelwyr,
er mwyn i'r ARGLWYDD Dduw drigo
 yno.

¹⁹ Bendigedig yw'r Arglwydd,
sy'n ein cario ddydd ar ôl dydd;
Duw yw ein hiachawdwriaeth.   *Sela*
²⁰ Duw sy'n gwaredu yw ein Duw ni;
gan yr ARGLWYDD Dduw y mae
 dihangfa rhag marwolaeth.
²¹ Yn wir, bydd Duw'n dryllio pennau
 ei elynion,
pob copa gwalltog, pob un sy'n
 rhodio mewn euogrwydd.
²² Dywedodd yr Arglwydd, "Dof â
 hwy'n ôl o Basan,
dof â hwy'n ôl o waelodion y môr,
²³ er mwyn iti drochi* dy droed
 mewn gwaed,
ac i dafodau dy gŵn gael eu cyfran
 o'r gelynion."

²⁴ Gwelir dy orymdeithiau, O Dduw,
gorymdeithiau fy Nuw, fy Mrenin, i'r
 cysegr—
²⁵ y cantorion ar y blaen a'r
 offerynwyr yn dilyn,
a rhyngddynt forynion yn canu
 tympanau.

²⁶ Yn y gynulleidfa y maent yn
 bendithio Duw,
a'r ARGLWYDD yng nghynulliad*
 Israel.
²⁷ Yno y mae Benjamin fychan yn eu
 harwain,
a thyrfa tywysogion Jwda,
tywysogion Sabulon a thywysogion
 Nafftali.

²⁸ O Dduw, dangos dy rym,
y grym, O Dduw, y buost yn ei
 weithredu drosom.
²⁹ O achos dy deml yn Jerwsalem
daw brenhinoedd ag anrhegion i ti.
³⁰ Cerydda anifeiliaid gwyllt y
 corsydd,
y gyr o deirw gyda'u lloi o bobl;
sathra i lawr y rhai sy'n dyheu am
 arian,
gwasgara'r bobl sy'n ymhyfrydu
 mewn rhyfel.
³¹ Bydded iddynt ddod â phres o'r
 Aifft;
brysied Ethiopia i estyn ei dwylo at
 Dduw.

³² Canwch i Dduw, deyrnasoedd y
 ddaear;
rhowch foliant i'r Arglwydd,   *Sela*
³³ i'r un sy'n marchogaeth yn y
 nefoedd, y nefoedd a fu erioed.
Clywch! Y mae'n llefaru â'i lais
 nerthol.
³⁴ Cydnabyddwch nerth Duw;
y mae ei ogoniant uwchben Israel
a'i rym yn y ffurfafen.
³⁵ Y mae Duw yn arswydus yn ei*
 gysegr;
y mae Duw Israel yn rhoi ynni a
 nerth i'w bobl.
Bendigedig fyddo Duw.

I'r Cyfarwyddwr: ar Lilïau. I Ddafydd.

69
Gwareda fi, O Dduw,
oherwydd cododd y dyfroedd at fy
 ngwddf.
² Yr wyf yn suddo mewn llaid dwfn,
a heb le i sefyll arno;
yr wyf wedi mynd i ddyfroedd
 dyfnion,

68:17 Tebygol. Hebraeg, *filoedd. Yr ARGLWYDD yn eu mysg, Sinai.*
68:23 Felly Fersiynau. Hebraeg, *iti daro.*
68:26 Tebygol. Hebraeg, *yn ffynhonnell.*
68:35 Felly Jerôm. Hebraeg, *o'th.*

ac y mae'r llifogydd yn fy sgubo
ymaith.
³ Yr wyf wedi diffygio'n gweiddi, a'm
gwddw'n sych;
y mae fy llygaid yn pylu wrth
ddisgwyl am fy Nuw.
⁴ Mwy niferus na gwallt fy mhen
yw'r rhai sy'n fy nghasáu heb achos;
lluosocach na'm hesgyrn*
yw fy ngelynion twyllodrus.
Sut y dychwelaf yr hyn nas
cymerais?
⁵ O Dduw, gwyddost ti fy ffolineb,
ac nid yw fy nhroseddau'n guddiedig
oddi wrthyt.
⁶ Na fydded i'r rhai sy'n gobeithio
ynot gael eu cywilyddio o'm
plegid,
O Arglwydd DDUW y Lluoedd,
nac i'r rhai sy'n dy geisio gael eu
gwaradwyddo o'm hachos,
O Dduw Israel.
⁷ Oherwydd er dy fwyn di y dygais
warth,
ac y mae fy wyneb wedi ei orchuddio
â chywilydd.
⁸ Euthum yn ddieithryn i'm brodyr,
ac yn estron i blant fy mam.
⁹ Y mae sêl dy dŷ di wedi fy ysu,
a daeth gwaradwydd y rhai sy'n dy
waradwyddo di arnaf finnau.
¹⁰ Pan wylaf wrth ymprydio,
fe'i hystyrir yn waradwydd i mi;
¹¹ pan wisgaf sachliain amdanaf,
fe'm gwneir yn ddihareb iddynt.
¹² Y mae'r rhai sy'n eistedd wrth y
porth yn siarad amdanaf,
ac yr wyf yn destun i watwar y
meddwon.
¹³ Ond daw fy ngweddi i atat, O
ARGLWYDD.
Ar yr amser priodol, O Dduw,
ateb fi yn dy gariad mawr
gyda'th waredigaeth sicr.
¹⁴ Gwared fi o'r llaid rhag imi suddo,
achuber fi o'r mwd* ac o'r dyfroedd
dyfnion.
¹⁵ Na fydded i'r llifogydd fy sgubo
ymaith,

na'r dyfnder fy llyncu,
na'r pwll gau ei safn amdanaf.
¹⁶ Ateb fi, ARGLWYDD, oherwydd da
yw dy gariad;
yn dy drugaredd mawr, tro ataf.
¹⁷ Paid â chuddio dy wyneb oddi
wrth dy was;
y mae'n gyfyng arnaf, brysia i'm
hateb.
¹⁸ Tyrd yn nes ataf i'm gwaredu;
rhyddha fi o achos fy ngelynion.
¹⁹ Fe wyddost ti fy ngwaradwydd,
fy ngwarth a'm cywilydd;
yr wyt yn gyfarwydd â'm holl
elynion.
²⁰ Y mae gwarth wedi torri fy
nghalon,
ac yr wyf mewn anobaith;
disgwyliais am dosturi, ond heb ei
gael,
ac am rai i'm cysuro, ond nis cefais.
²¹ Rhoesant wenwyn yn fy mwyd,
a gwneud imi yfed finegr at fy
syched.
²² Bydded eu bwrdd eu hunain yn
rhwyd iddynt,
yn fagl i'w cyfeillion.
²³ Tywyller eu llygaid rhag iddynt
weld,
a gwna i'w cluniau grynu'n barhaus.
²⁴ Tywallt dy ddicter arnynt,
a doed dy lid mawr ar eu gwarthaf.
²⁵ Bydded eu gwersyll yn
anghyfannedd,
heb neb yn byw yn eu pebyll,
²⁶ oherwydd erlidiant yr un a
drewaist ti,
a lluosogant friwiau'r rhai a
archollaist.
²⁷ Rho iddynt gosb ar ben cosb;
na chyfiawnhaer hwy gennyt ti.
²⁸ Dileer hwy o lyfr y rhai byw,
ac na restrer hwy gyda'r cyfiawn.
²⁹ Yr wyf fi mewn gofid a phoen;
trwy dy waredigaeth, O Dduw, cod fi
i fyny.
³⁰ Moliannaf enw Duw ar gân,
mawrygaf ef â diolchgarwch.
³¹ Bydd hyn yn well gan yr
ARGLWYDD nag ych,
neu fustach ifanc â chyrn a charnau.
³² Bydded i'r darostyngedig weld hyn
a llawenhau;

69:4 Felly Syrieg. Hebraeg, *cryf yw'r rhai sy'n fy nistrywio.*
69:14 Tebygol. Hebraeg, *fi rhag y rhai sy'n fy nghasáu.*

chwi sy'n ceisio Duw, bydded i'ch
calonnau adfywio;
³³ oherwydd y mae'r ARGLWYDD yn
gwrando'r anghenus,
ac nid yw'n diystyru ei eiddo sy'n
gaethion.
³⁴ Bydded i'r nefoedd a'r ddaear ei
foliannu,
y môr hefyd a phopeth byw sydd
ynddo.
³⁵ Oherwydd bydd Duw yn gwaredu
Seion,
ac yn ailadeiladu dinasoedd Jwda;
byddant yn byw yno ac yn ei
meddiannu,
³⁶ bydd plant ei weision yn ei
hetifeddu,
a'r rhai sy'n caru ei enw'n byw yno.

I'r Cyfarwyddwr: i Ddafydd, er coffadwriaeth.

70 Bydd fodlon* i'm gwaredu, O
Dduw;
O ARGLWYDD, brysia i'm cynorthwyo.
² Doed cywilydd, a gwaradwydd
hefyd,
ar y rhai sy'n ceisio fy mywyd;
bydded i'r rhai sy'n cael pleser o
wneud drwg imi
gael eu troi yn eu holau mewn
dryswch.
³ Bydded i'r rhai sy'n gweiddi, "Aha!
Aha!" arnaf*
droi yn eu holau o achos eu
gwaradwydd.
⁴ Ond bydded i bawb sy'n dy geisio
di
lawenhau a gorfoleddu ynot;
bydded i'r rhai sy'n caru dy
iachawdwriaeth
ddweud yn wastad, "Mawr yw Duw."
⁵ Un tlawd ac anghenus wyf fi;
O Dduw, brysia ataf.
Ti yw fy nghymorth a'm gwaredydd;
O ARGLWYDD, paid ag oedi.

71 Ynot ti, ARGLWYDD, y ceisiais
loches;
na fydded cywilydd arnaf byth.
² Yn dy gyfiawnder gwared ac achub
fi,
tro dy glust ataf ac arbed fi.
³ Bydd yn graig noddfa* i mi,
yn amddiffynfa* i'm cadw,
oherwydd ti yw fy nghraig a'm
hamddiffynfa.
⁴ O fy Nuw, gwared fi o law'r
drygionus,
o afael yr anghyfiawn a'r creulon.
⁵ Oherwydd ti, Arglwydd, yw fy
ngobaith,
fy ymddiriedaeth o'm hieuenctid, O
ARGLWYDD.
⁶ Arnat ti y bûm yn pwyso o'm
genedigaeth;
ti a'm tynnodd allan o groth fy mam.
Amdanat ti y bydd fy mawl yn
wastad.
⁷ Bûm fel pe'n rhybudd i lawer;
ond ti yw fy noddfa gadarn.
⁸ Y mae fy ngenau'n llawn o'th foliant
ac o'th ogoniant bob amser.
⁹ Paid â'm bwrw ymaith yn amser
henaint;
paid â'm gadael pan fydd fy nerth yn
pallu.
¹⁰ Oherwydd y mae fy ngelynion yn
siarad amdanaf,
a'r rhai sy'n gwylio am fy einioes yn
trafod gyda'i gilydd,
¹¹ ac yn dweud, "Y mae Duw wedi ei
adael;
ewch ar ei ôl a'i ddal, oherwydd nid
oes gwaredydd."
¹² O Dduw, paid â phellhau oddi
wrthyf;
O fy Nuw, brysia i'm cynorthwyo.
¹³ Doed cywilydd a gwarth ar fy
ngwrthwynebwyr,*
a gwaradwydd* yn orchudd dros y
rhai sy'n ceisio fy nrygu.
¹⁴ Ond byddaf fi'n disgwyl yn wastad,
ac yn dy foli'n fwy ac yn fwy.
¹⁵ Bydd fy ngenau'n mynegi dy
gyfiawnder

70:1 Hebraeg heb *Bydd fodlon*. Cymh. 40:13.
70:3 Hebraeg heb *arnaf*. Cymh. 40:15.
71:3 Felly rhai llawysgrifau a Fersiynau. Cymh. 31:2. TM, *yn drigfa*.
71:3 Felly Groeg. Cymh. 31:2. Hebraeg, *i mi; i ddod yn wastad gorchmynnaist*.
71:13 Felly llawysgrifau a Syrieg. TM, *cywilydd ar fy ngwrthwynebwyr, diflannant*.
71:13 Felly Syrieg. Hebraeg, *gwaradwydd a gwarth*.

a'th weithredoedd achubol trwy'r
  amser,
oherwydd ni wn eu nifer.
¹⁶ Dechreuaf gyda'r gweithredoedd
  grymus, O Arglwydd DDUW;
soniaf am dy gyfiawnder di yn unig.

¹⁷ O Dduw, dysgaist fi o'm
  hieuenctid,
ac yr wyf yn dal i gyhoeddi dy
  ryfeddodau;
¹⁸ a hyd yn oed pan wyf yn hen a
  phenwyn,
O Dduw, paid â'm gadael,
nes imi fynegi dy rym
i'r cenedlaethau sy'n codi.
¹⁹ Y mae dy gryfder* a'th gyfiawnder,
  O Dduw,
yn cyrraedd i'r uchelder,
oherwydd iti wneud pethau mawr.
O Dduw, pwy sydd fel tydi?
²⁰ Ti, a wnaeth imi weld cyfyngderau
  mawr a chwerw,
fydd yn fy adfywio drachefn;
ac o ddyfnderau'r ddaear
fe'm dygi i fyny unwaith eto.
²¹ Byddi'n ychwanegu at fy
  anrhydedd,
ac yn troi i'm cysuro.
²² Byddaf finnau'n dy foliannu â'r
  nabl
am dy ffyddlondeb, O fy Nuw;
byddaf yn canu i ti â'r delyn,
O Sanct Israel.
²³ Bydd fy ngwefusau'n gweiddi'n
  llawen—
oherwydd canaf i ti—
a hefyd yr enaid a waredaist.
²⁴ Bydd fy nhafod beunydd
yn sôn am dy gyfiawnder;
oherwydd daeth cywilydd a
  gwaradwydd
ar y rhai a fu'n ceisio fy nrygu.

I Solomon.

72

O Dduw, rho dy farnedigaeth i'r
  brenin,
a'th gyfiawnder i fab y brenin.
² Bydded iddo farnu dy bobl yn
  gyfiawn,
a'th rai anghenus yn gywir.
³ Doed y mynyddoedd â heddwch i'r
  bobl,
a'r bryniau â chyfiawnder.
⁴ Bydded iddo amddiffyn achos
  tlodion y bobl,
a gwaredu'r rhai anghenus,
a dryllio'r gorthrymwr.
⁵ Bydded iddo fyw* tra bo haul
a chyhyd â'r lleuad, o genhedlaeth i
  genhedlaeth.
⁶ Bydded fel glaw yn disgyn ar gnwd,
ac fel cawodydd yn dyfrhau'r*
  ddaear.
⁷ Bydded cyfiawnder* yn llwyddo yn
  ei ddyddiau,
a heddwch yn ffynnu tra bo lleuad.
⁸ Bydded iddo lywodraethu o fôr i
  fôr,
ac o'r Ewffrates hyd derfynau'r
  ddaear.
⁹ Bydded i'w wrthwynebwyr* blygu
  o'i flaen,
ac i'w elynion lyfu'r llwch.
¹⁰ Bydded i frenhinoedd Tarsis a'r
  ynysoedd
ddod ag anrhegion iddo,
ac i frenhinoedd Sheba a Seba
gyflwyno eu teyrnged.
¹¹ Bydded i'r holl frenhinoedd
  ymostwng o'i flaen,
ac i'r holl genhedloedd ei
  wasanaethu.
¹² Oherwydd y mae'n gwaredu'r
  anghenus pan lefa,
a'r tlawd pan yw heb gynorthwywr.
¹³ Y mae'n tosturio wrth y gwan a'r
  anghenus,
ac yn gwaredu bywyd y tlodion.
¹⁴ Y mae'n achub eu bywyd rhag
  trais a gorthrwm,
ac y mae eu gwaed yn werthfawr yn
  ei olwg.
¹⁵ Hir oes fo iddo,
a rhodder iddo aur o Sheba;
aed gweddi i fyny ar ei ran yn
  wastad,
a chaffed ei fendithio bob amser.

71:19 Hebraeg, *dy gryfder* yn yr adn. flaenorol.

72:5 Felly Fersiynau. Hebraeg, *Ofnant di.*
72:6 Felly Fersiynau. Hebraeg, *yn ddiferyn.*
72:7 Felly rhai llawysgrifau a Fersiynau. TM, *Bydded y cyfiawn.*
72:9 Tebygol. Hebraeg, *Bydded i drigolion yr anialwch.*

¹⁶ Bydded digonedd o ŷd yn y wlad,
yn tyfu hyd at bennau'r mynyddoedd;
a bydded ei gnwd yn cynyddu fel Lebanon,
a'i rawn* fel gwellt y maes.
¹⁷ Bydded ei enw'n aros hyd byth,
ac yn para cyhyd â'r haul;
a'r holl genhedloedd yn cael bendith ynddo
ac yn ei alw'n fendigedig.
¹⁸ Bendigedig fyddo'r ARGLWYDD*, Duw Israel;
ef yn unig sy'n gwneud rhyfeddodau.
¹⁹ Bendigedig fyddo'i enw gogoneddus hyd byth,
a bydded yr holl ddaear yn llawn o'i ogoniant.
Amen ac Amen.
²⁰ Diwedd gweddïau Dafydd fab Jesse.

LLYFR 3

Salm. I Asaff.

73

Yn sicr, da yw Duw i'r uniawn*,
a'r Arglwydd i'r rhai pur o galon.
² Yr oedd fy nhraed bron â baglu,
a bu ond y dim i'm gwadnau lithro,
³ am fy mod yn cenfigennu wrth y trahaus
ac yn eiddigeddus o lwyddiant y drygionus.
⁴ Oherwydd nid oes ganddynt hwy ofidiau;
y mae eu cyrff yn iach* a graenus.
⁵ Nid ydynt hwy mewn helynt fel pobl eraill,
ac nid ydynt hwy'n cael eu poenydio fel eraill.
⁶ Am hynny, y mae balchder yn gadwyn am eu gyddfau,
a thrais yn wisg amdanynt.
⁷ Y mae eu llygaid yn disgleirio o fraster,
a'u calonnau'n gorlifo o ffolineb.
⁸ Y maent yn gwawdio ac yn siarad yn ddichellgar,
yn sôn yn ffroenuchel am ormes.
⁹ Gosodant eu genau yn erbyn y nefoedd,
ac y mae eu tafod yn tramwyo'r ddaear.
¹⁰ Am hynny, y mae'r bobl yn troi atynt*,
ac ni chânt unrhyw fai ynddynt.*
¹¹ Dywedant, "Sut y mae Duw'n gwybod?
A oes gwybodaeth gan y Goruchaf?"
¹² Edrych, dyma hwy y rhai drygionus—
bob amser mewn esmwythyd ac yn casglu cyfoeth.
¹³ Yn gwbl ofer y cedwais fy nghalon yn lân,
a golchi fy nwylo am fy mod yn ddieuog;
¹⁴ ar hyd y dydd yr wyf wedi fy mhoenydio,
ac fe'm cosbir bob bore.
¹⁵ Pe buaswn wedi dweud, "Fel hyn y siaradaf",
buaswn wedi bradychu cenhedlaeth dy blant.
¹⁶ Ond pan geisiais ddeall hyn,
yr oedd yn rhy anodd i mi,
¹⁷ nes imi fynd i gysegr Duw;
yno y gwelais eu diwedd.
¹⁸ Yn sicr, yr wyt yn eu gosod ar fannau llithrig,
ac yn gwneud iddynt syrthio i ddistryw.
¹⁹ Fe ânt i ddinistr ar amrantiad,
fe'u cipir yn llwyr gan ddychrynfeydd.
²⁰ Fel breuddwyd ar ôl ymysgwyd, y maent wedi mynd*;
wrth ddeffro* fe'u diystyrir fel hunllef.
²¹ Pan oedd fy nghalon yn chwerw
a'm coluddion wedi eu trywanu,
²² yr oeddwn yn ddwl a diddeall,
ac yn ymddwyn fel anifail tuag atat.

72:16 Tebygol. Hebraeg, *o ddinas.*
72:18 Felly llawysgrifau a Fersiynau. TM, ARGLWYDD Dduw.
73:1 Tebygol. Hebraeg, *da yw Duw i Israel.*
73:4 Tebygol. Hebraeg, *ofidiau i'w marwolaeth; y mae eu cyrff yn raenus.*
73:10 Tebygol. Hebraeg, *ei bobl yn dychwelyd yma.*
73:10 Tebygol. Hebraeg, *a sychir digon o ddyfroedd ganddynt.*
73:20 Tebygol. Hebraeg, *deffro, fy arglwydd.*
73:20 Tebygol. Hebraeg, *yn y ddinas.*

²³ Er hynny, yr wyf gyda thi bob amser;
yr wyt yn cydio yn fy neheulaw.
²⁴ Yr wyt yn fy arwain â'th gyngor,
ac yna'n fy nerbyn mewn gogoniant.
²⁵ Pwy sydd gennyf yn y nefoedd ond ti?
Ac nid wyf yn dymuno ond tydi ar y ddaear.
²⁶ Er i'm calon a'm cnawd ballu,
eto y mae Duw yn gryfder i'm calon
ac yn rhan imi am byth.
²⁷ Yn wir, fe ddifethir y rhai sy'n bell oddi wrthyt,
a byddi'n dinistrio'r rhai sy'n anffyddlon i ti.
²⁸ Ond da i mi yw bod yn agos at Dduw;
yr wyf wedi gwneud yr Arglwydd DDUW yn gysgod i mi,
er mwyn imi fynegi dy ryfeddodau.

Mascîl. I Asaff.

74

Pam, Dduw, y bwriaist ni ymaith am byth?
Pam y myga dy ddigofaint yn erbyn defaid dy borfa?
² Cofia dy gynulleidfa a brynaist gynt,
y llwyth a waredaist yn etifeddiaeth iti,
a Mynydd Seion lle'r oeddit yn trigo.
³ Cyfeiria dy draed at yr adfeilion bythol;
dinistriodd y gelyn bopeth yn y cysegr.
⁴ Rhuodd dy elynion yng nghanol dy gysegr,
a gosod eu harwyddion eu hunain yn arwyddion yno.
⁵ Y maent wedi malurio*, fel coedwigwyr
yn chwifio'u bwyeill mewn llwyn o goed.
⁶ Rhwygasant yr holl waith cerfiedig
a'i falu â bwyeill a morthwylion.
⁷ Rhoesant dy gysegr ar dân,
a halogi'n llwyr breswylfod dy enw.
⁸ Dywedasant ynddynt eu hunain,
"Difodwn hwy i gyd";
llosgasant holl gysegrau Duw trwy'r tir.
⁹ Ni welwn arwyddion i ni, nid oes proffwyd mwyach;
ac nid oes yn ein plith un a ŵyr am ba hyd.
¹⁰ Am ba hyd, O Dduw, y gwawdia'r gwrthwynebwr?
A yw'r gelyn i ddifrïo dy enw am byth?
¹¹ Pam yr wyt yn atal dy law,
ac yn cuddio dy ddeheulaw yn dy fynwes*?
¹² Ond ti, O Dduw, yw fy mrenin erioed,
yn gweithio iachawdwriaeth ar y ddaear.
¹³ Ti, â'th nerth, a rannodd y môr,
torraist bennau'r dreigiau yn y dyfroedd.
¹⁴ Ti a ddrylliodd bennau Lefiathan,
a'i roi'n fwyd i fwystfilod y môr*.
¹⁵ Ti a agorodd ffynhonnau ac afonydd, a sychu'r dyfroedd di-baid.
¹⁶ Eiddot ti yw dydd a nos,
ti a sefydlodd oleuni a haul.
¹⁷ Ti a osododd holl derfynau daear,
ti a drefnodd haf a gaeaf.
¹⁸ Cofia, O ARGLWYDD, fel y mae'r gelyn yn gwawdio,
a phobl ynfyd yn difrïo dy enw.
¹⁹ Paid â rhoi dy golomen i'r bwystfilod,
nac anghofio bywyd dy drueiniaid am byth.
²⁰ Rho sylw i'th gyfamod,
oherwydd y mae cuddfannau'r ddaear yn llawn
ac yn gartref i drais.
²¹ Paid â gadael i'r gorthrymedig droi ymaith yn ddryslyd;
bydded i'r tlawd a'r anghenus glodfori dy enw.
²² Cyfod, O Dduw, i ddadlau dy achos;
cofia fel y mae'r ynfyd yn dy wawdio'n wastad.
²³ Paid ag anghofio crechwen dy elynion,

74:5 Tebygol. Hebraeg, *wedi ymddangos.*
74:11 Tebygol. Hebraeg, *a'th ddeheulaw o'th fynwes, difa!*
74:14 Tebygol. Hebraeg, *i bobl yn yr anialwch.*

a chrochlefain cynyddol dy
wrthwynebwyr.

*I'r Cyfarwyddwr: ar Na Ddinistria.
Salm. I Asaff. Cân.*

75

Diolchwn i ti, O Dduw, diolchwn
i ti;
y mae dy enw yn agos wrth adrodd
am dy ryfeddodau.

2 Manteisiaf ar yr amser penodedig,
ac yna barnaf yn gywir.
3 Pan fo'r ddaear yn gwegian, a'i holl
drigolion,
myfi sy'n cynnal ei cholofnau. Sela

4 Dywedaf wrth yr ymffrostgar,
"Peidiwch ag ymffrostio",
ac wrth y drygionus, "Peidiwch â
chodi'ch corn;
5 peidiwch â chodi'ch corn yn uchel
na siarad yn haerllug wrth eich
Craig*."
6 Nid o'r dwyrain na'r gorllewin
nac o'r anialwch y bydd dyrchafu,
7 ond Duw fydd yn barnu—
yn darostwng y naill ac yn codi'r llall.
8 Oherwydd y mae cwpan yn llaw'r
ARGLWYDD,
a'r gwin yn ewynnu ac wedi ei
gymysgu;
fe dywallt ddiod ohono,
a bydd holl rai drygionus y ddaear
yn ei yfed i'r gwaelod.
9 Ond clodforaf fi am byth,
a chanaf fawl i Dduw Jacob,
10 am ei fod yn torri ymaith holl gyrn
y drygionus,
a chyrn y cyfiawn yn cael eu
dyrchafu.

*I'r Cyfarwyddwr: ar offerynnau
llinynnol. Salm. I Asaff. Cân.*

76

Y mae Duw'n adnabyddus yn
Jwda,
a'i enw'n fawr yn Israel;
2 y mae ei babell wedi ei gosod yn
Salem,
a'i gartref yn Seion.
3 Yno fe faluriodd y saethau tanllyd,
y darian, y cleddyf a'r arfau rhyfel.
  Sela

4 Ofnadwy* wyt ti, a chryfach
na'r mynyddoedd tragwyddol*.
5 Ysbeiliwyd y rhai cryf o galon,
y maent wedi suddo i gwsg,
a phallodd nerth yr holl ryfelwyr.
6 Gan dy gerydd di, O Dduw Jacob,
syfrdanwyd y marchog a'r march.

7 Ofnadwy wyt ti. Pwy a all sefyll o'th
flaen
pan fyddi'n ddig?
8 Yr wyt wedi cyhoeddi dedfryd o'r
nefoedd;
ofnodd y ddaear a distewi
9 pan gododd Duw i farnu,
ac i waredu holl drueiniaid y ddaear.
  Sela

10 Bydd Edom, er ei ddig, yn dy
foliannu,
a gweddill Hamath yn cadw gŵyl i ti*.
11 Gwnewch eich addunedau i'r
ARGLWYDD eich Duw, a'u talu;
bydded i bawb o'i amgylch ddod â
rhoddion i'r un ofnadwy.
12 Y mae'n dryllio ysbryd tywysogion,
ac yn arswyd i frenhinoedd y ddaear.

*I'r Cyfarwyddwr: ar Jeduthun. I Asaff.
Salm.*

77

Gwaeddais yn uchel ar Dduw,
yn uchel ar Dduw, a chlywodd fi.
2 Yn nydd fy nghyfyngder ceisiais yr
Arglwydd,
ac yn y nos estyn fy nwylo'n ddiflino;
nid oedd cysuro ar fy enaid.
3 Pan feddyliaf am Dduw, yr wyf yn
cwyno;
pan fyfyriaf, fe balla f'ysbryd. Sela
4 Cedwaist fy llygaid rhag cau;
fe'm syfrdanwyd, ac ni allaf siarad.
5 Af yn ôl i'r dyddiau gynt
a chofio* am y blynyddoedd a fu;
6 meddyliaf* ynof fy hun yn y nos,
myfyriaf, a'm holi fy hunan,
7 "A wrthyd yr Arglwydd am byth,
a pheidio â gwneud ffafr mwyach?

76:4 Felly Fersiynau. Hebraeg, *Gogoneddus*.
76:4 Felly Fersiynau. Hebraeg, *mynyddoedd ysbail*.
76:10 Felly Fersiynau. Hebraeg, *yn gwisgo*.
77:5 Felly Fersiynau. Hebraeg, *a chofio* yn yr adn.
nesaf.
75:5 Felly Fersiynau. Hebraeg, *gyda gwddf*.
77:6 Felly Fersiynau. Hebraeg, *fy nghân*.

⁸ A yw ei ffyddlondeb wedi darfod yn llwyr,
a'i addewid wedi ei hatal am genedlaethau?
⁹ A yw Duw wedi anghofio trugarhau?
A yw yn ei lid wedi cloi ei dosturi?"
                                    Sela
¹⁰ Yna dywedais, "Hyn yw fy ngofid:
A yw deheulaw'r Goruchaf wedi pallu?
¹¹ Galwaf i gof weithredoedd yr ARGLWYDD,
a chofio am dy ryfeddodau gynt.
¹² Meddyliaf am dy holl waith,
a myfyriaf am dy weithredoedd.
¹³ O Dduw, sanctaidd yw dy ffordd;
pa dduw sydd fawr fel ein Duw ni?
¹⁴ Ti yw'r Duw sy'n gwneud pethau rhyfeddol;
dangosaist dy rym ymhlith y bobloedd.
¹⁵ Â'th fraich gwaredaist dy bobl,
disgynyddion Jacob a Joseff.   Sela
¹⁶ Gwelodd y dyfroedd di, O Dduw,
gwelodd y dyfroedd di ac arswydo;
yn wir, yr oedd y dyfnder yn crynu.
¹⁷ Tywalltodd y cymylau ddŵr,
ac yr oedd y ffurfafen yn taranu;
fflachiodd dy saethau ar bob llaw.
¹⁸ Yr oedd sŵn dy daranau yn y corwynt,
goleuodd dy fellt y byd;
ysgydwodd y ddaear a chrynu.
¹⁹ Aeth dy ffordd drwy'r môr,
a'th lwybr trwy ddyfroedd nerthol;
ond ni welwyd ôl dy gamau.
²⁰ Arweiniaist dy bobl fel praidd,
trwy law Moses ac Aaron.

Mascîl. I Asaff.

78 Gwrandewch fy nysgeidiaeth, fy mhobl,
gogwyddwch eich clust at eiriau fy ngenau.
² Agoraf fy ngenau mewn dihareb,
a llefaraf ddamhegion o'r dyddiau gynt,
³ pethau a glywsom ac a wyddom,
ac a adroddodd ein hynafiaid wrthym.

⁴ Ni chuddiwn hwy oddi wrth eu disgynyddion,
ond adroddwn wrth y genhedlaeth sy'n dod
weithredoedd gogoneddus yr ARGLWYDD, a'i rym,
a'r pethau rhyfeddol a wnaeth.
⁵ Fe roes ddyletswydd ar Jacob,
a gosod cyfraith yn Israel,
a rhoi gorchymyn i'n hynafiaid,
i'w dysgu i'w plant;
⁶ er mwyn i'r to sy'n codi wybod,
ac i'r plant sydd heb eu geni eto
ddod ac adrodd wrth eu plant;
⁷ er mwyn iddynt roi eu ffydd yn Nuw,
a pheidio ag anghofio gweithredoedd Duw,
ond cadw ei orchmynion;
⁸ rhag iddynt fod fel eu tadau
yn genhedlaeth gyndyn a gwrthryfelgar,
yn genhedlaeth â'i chalon heb fod yn gadarn
a'i hysbryd heb fod yn ffyddlon i Dduw.
⁹ Bu i feibion Effraim, gwŷr arfog a saethwyr bwa,
droi yn eu holau yn nydd brwydr,
¹⁰ am iddynt beidio â chadw cyfamod Duw,
a gwrthod rhodio yn ei gyfraith;
¹¹ am iddynt anghofio ei weithredoedd
a'r rhyfeddodau a ddangosodd iddynt.
¹² Gwnaeth bethau rhyfeddol yng ngŵydd eu hynafiaid
yng ngwlad yr Aifft, yn nhir Soan;
¹³ rhannodd y môr a'u dwyn trwyddo,
a gwneud i'r dŵr sefyll fel argae.
¹⁴ Arweiniodd hwy â chwmwl y dydd,
a thrwy'r nos â thân disglair.
¹⁵ Holltodd greigiau yn yr anialwch,
a gwneud iddynt yfed o'r dyfroedd di-baid;
¹⁶ dygodd ffrydiau allan o graig,
a pheri i ddŵr lifo fel afonydd.
¹⁷ Ond yr oeddent yn dal i bechu yn ei erbyn,
ac i herio'r Goruchaf yn yr anialwch,

¹⁸ a rhoi prawf ar Dduw yn eu
   calonnau
trwy ofyn bwyd yn ôl eu blys.
¹⁹ Bu iddynt lefaru yn erbyn Duw a
   dweud,
"A all Duw arlwyo bwrdd yn yr
   anialwch?
²⁰ Y mae'n wir iddo daro'r graig ac i
   ddŵr bistyllio,
ac i afonydd lifo,
ond a yw'n medru rhoi bara hefyd,
ac yn medru paratoi cig i'w bobl?"
²¹ Felly, pan glywodd yr ARGLWYDD
   hyn, digiodd;
cyneuwyd tân yn erbyn Jacob,
a chododd llid yn erbyn Israel,
²² am nad oeddent yn credu yn Nuw,
nac yn ymddiried yn ei waredigaeth.
²³ Yna, rhoes orchymyn i'r ffurfafen
   uchod,
ac agorodd ddrysau'r nefoedd;
²⁴ glawiodd arnynt fanna i'w fwyta,
a rhoi iddynt ŷd y nefoedd;
²⁵ yr oedd pobl yn bwyta bara
   angylion,
a rhoes iddynt fwyd mewn llawnder.
²⁶ Gwnaeth i ddwyreinwynt chwythu
   yn y nefoedd,
ac â'i nerth dygodd allan
   ddeheuwynt;
²⁷ glawiodd arnynt gig fel llwch,
ac adar hedegog fel tywod ar lan y
   môr;
²⁸ parodd iddynt ddisgyn yng
   nghanol eu gwersyll,
o gwmpas eu pebyll ym mhobman.
²⁹ Bwytasant hwythau a chawsant
   ddigon,
oherwydd rhoes iddynt eu
   dymuniad.
³⁰ Ond cyn iddynt ddiwallu eu
   chwant,
a'r bwyd yn dal yn eu genau,
³¹ cododd dig Duw yn eu herbyn,
a lladdodd y rhai mwyaf graenus
   ohonynt,
a darostwng rhai dewisol Israel.
³² Er hyn, yr oeddent yn dal i bechu,
ac nid oeddent yn credu yn ei
   ryfeddodau.
³³ Felly gwnaeth i'w hoes ddarfod ar
   amrantiad,
a'u blynyddoedd mewn dychryn.

³⁴ Pan oedd yn eu taro, yr oeddent
   yn ei geisio;
yr oeddent yn edifarhau ac yn
   chwilio am Dduw.
³⁵ Yr oeddent yn cofio mai Duw oedd
   eu craig,
ac mai'r Duw Goruchaf oedd eu
   gwaredydd.
³⁶ Ond yr oeddent yn rhagrithio â'u
   genau,
ac yn dweud celwydd â'u tafodau;
³⁷ nid oedd eu calon yn glynu wrtho,
ac nid oeddent yn ffyddlon i'w
   gyfamod.
³⁸ Eto, bu ef yn drugarog,
maddeuodd eu trosedd,
ac ni ddistrywiodd hwy;
dro ar ôl tro ataliodd ei ddig,
a chadw ei lid rhag codi.
³⁹ Cofiodd mai cnawd oeddent,
gwynt sy'n mynd heibio heb
   ddychwelyd.
⁴⁰ Mor aml y bu iddynt wrthryfela yn
   ei erbyn yn yr anialwch,
a pheri gofid iddo yn y diffeithwch!
⁴¹ Dro ar ôl tro rhoesant brawf ar
   Dduw,
a blino Sanct Israel.
⁴² Nid oeddent yn cofio ei rym
y dydd y gwaredodd hwy rhag y
   gelyn,
⁴³ pan roes ei arwyddion yn yr Aifft
a'i ryfeddodau ym meysydd Soan.
⁴⁴ Fe drodd eu hafonydd yn waed,
ac ni allent yfed o'u ffrydiau.
⁴⁵ Anfonodd bryfetach arnynt a'r
   rheini'n eu hysu,
a llyffaint a oedd yn eu difa.
⁴⁶ Rhoes eu cnwd i'r lindys,
a ffrwyth eu llafur i'r locust.
⁴⁷ Dinistriodd eu gwinwydd â
   chenllysg,
a'u sycamorwydd â glawogydd.
⁴⁸ Rhoes eu gwartheg i'r haint*,
a'u diadell i'r plâu.
⁴⁹ Anfonodd ei lid mawr arnynt,
a hefyd ddicter, cynddaredd a
   gofid—
cwmni o negeswyr gwae—
⁵⁰ a rhoes ryddid i'w lidiowgrwydd.
Nid arbedodd hwy rhag marwolaeth
ond rhoi eu bywyd i'r haint.

78:48 Felly rhai llawysgrifau. TM, *i'r cenllysg.*

⁵¹ Trawodd holl rai cyntafanedig yr Aifft,
blaenffrwyth eu nerth ym mhebyll Ham.
⁵² Yna dygodd allan ei bobl fel defaid,
a'u harwain fel praidd trwy'r anialwch;
⁵³ arweiniodd hwy'n ddiogel heb fod arnynt ofn,
ond gorchuddiodd y môr eu gelynion.
⁵⁴ Dygodd hwy i'w dir sanctaidd,
i'r mynydd a goncrodd â'i ddeheulaw.
⁵⁵ Gyrrodd allan genhedloedd o'u blaenau;
rhannodd eu tir yn etifeddiaeth,
a gwneud i lwythau Israel fyw yn eu pebyll.
⁵⁶ Eto, profasant y Duw Goruchaf a gwrthryfela yn ei erbyn,
ac nid oeddent yn cadw ei ofynion.
⁵⁷ Troesant a mynd yn fradwrus fel eu hynafiaid;
yr oeddent mor dwyllodrus â bwa llac.
⁵⁸ Digiasant ef â'u huchelfeydd,
a'i wneud yn eiddigeddus â'u heilunod.
⁵⁹ Pan glywodd Duw, fe ddigiodd,
a gwrthod Israel yn llwyr;
⁶⁰ gadawodd ei drigfan yn Seilo,
y babell lle'r oedd yn byw ymysg pobl;
⁶¹ gadawodd i'w gadernid fynd i gaethglud,
a'i ogoniant i ddwylo gelynion;
⁶² rhoes ei bobl i'r cleddyf,
a thywallt ei lid ar ei etifeddiaeth.
⁶³ Ysodd tân eu gwŷr ifainc,
ac nid oedd gân briodas i'w morynion;
⁶⁴ syrthiodd eu hoffeiriaid trwy'r cleddyf,
ac ni allai eu gweddwon alaru.
⁶⁵ Yna, cododd yr Arglwydd, fel o gwsg,
fel rhyfelwr yn cael ei symbylu gan win.
⁶⁶ Trawodd ei elynion yn eu holau,
a dwyn arnynt warth tragwyddol.
⁶⁷ Gwrthododd babell Joseff,
ac ni ddewisodd lwyth Effraim;
⁶⁸ ond dewisodd lwyth Jwda,
a Mynydd Seion y mae'n ei garu.
⁶⁹ Cododd ei gysegr cyn uched â'r nefoedd,
a'i sylfeini, fel y ddaear, am byth.
⁷⁰ Dewisodd Ddafydd yn was iddo,
a'i gymryd o'r corlannau defaid;
⁷¹ o fod yn gofalu am y mamogiaid
daeth ag ef i fugeilio'i bobl Jacob,
ac Israel ei etifeddiaeth.
⁷² Bugeiliodd hwy â chalon gywir,
a'u harwain â llaw ddeheuig.

Salm. I Asaff.

79

O Dduw, daeth y cenhedloedd i'th etifeddiaeth,
a halogi dy deml sanctaidd,
a gwneud Jerwsalem yn adfeilion.
² Rhoesant gyrff dy weision
yn fwyd i adar yr awyr,
a chnawd dy ffyddloniaid i'r bwystfilod.
³ Y maent wedi tywallt gwaed fel dŵr
o amgylch Jerwsalem,
ac nid oes neb i'w claddu.
⁴ Aethom yn watwar i'n cymdogion,
yn wawd a dirmyg i'r rhai o'n cwmpas.

⁵ Am ba hyd, ARGLWYDD? A fyddi'n ddig am byth?
A yw dy eiddigedd i losgi fel tân?
⁶ Tywallt dy lid ar y cenhedloedd
nad ydynt yn dy adnabod,
ac ar y teyrnasoedd
nad ydynt yn galw ar dy enw,
⁷ am iddynt ysu Jacob
a difetha ei drigfan.
⁸ Paid â dal yn ein herbyn ni
ddrygioni ein hynafiaid,
ond doed dy dosturi atom ar frys,
oherwydd fe'n darostyngwyd yn llwyr.
⁹ Cymorth ni, O Dduw ein hiachawdwriaeth,
oherwydd anrhydedd dy enw;
gwared ni, a maddau ein pechodau
er mwyn dy enw.
¹⁰ Pam y caiff y cenhedloedd ddweud,
"Ple mae eu Duw?"
Dysger y cenhedloedd yn ein gŵydd
beth yw dy ddialedd am waed tywalltedig dy weision.

¹¹ Doed ochneidio'r carcharorion
  hyd atat,
 ac yn dy nerth mawr arbed y rhai
  oedd i farw.
¹² Taro'n ôl seithwaith i'n
  cymdogion, a hynny i'r byw,
 y gwatwar a wnânt wrth dy ddifrïo,
  O Arglwydd.
¹³ Yna, byddwn ni, dy bobl a phraidd
  dy borfa,
 yn dy foliannu am byth,
 ac yn adrodd dy foliant dros y
  cenedlaethau.

**I'r Cyfarwyddwr: ar Liliau. Tystiolaeth.
I Asaff. Salm.**

80 Gwrando, O fugail Israel,
 sy'n arwain Joseff fel diadell.
² Ti sydd wedi dy orseddu ar y
  cerwbiaid,
 disgleiria i Effraim, Benjamin a
  Manasse.
 Gwna i'th nerth gyffroi,
 a thyrd i'n gwaredu.
³ Adfer ni, O Dduw;
 bydded llewyrch dy wyneb arnom, a
  gwareder ni.

⁴ O ARGLWYDD Dduw y Lluoedd,
 am ba hyd y byddi'n ddig wrth
  weddïau dy bobl?
⁵ Yr wyt wedi eu bwydo â bara
  dagrau,
 a'u diodi â mesur llawn o ddagrau.
⁶ Gwnaethost ni'n ddirmyg i'n
  cymdogion,
 ac y mae ein gelynion yn ein
  gwawdio.
⁷ O Dduw'r Lluoedd, adfer ni;
 bydded llewyrch dy wyneb arnom, a
  gwareder ni.

⁸ Daethost â gwinwydden o'r Aifft;
 gyrraist allan genhedloedd er mwyn
  ei phlannu;
⁹ cliriaist y tir iddi;
 magodd hithau wreiddiau a llenwi'r
  tir.
¹⁰ Yr oedd ei chysgod yn
  gorchuddio'r mynyddoedd,
 a'i changau fel y cedrwydd cryfion;
¹¹ estynnodd ei brigau at y môr,
 a'i blagur at yr afon.

¹² Pam felly y bylchaist ei chloddiau,
 fel bod y rhai sy'n mynd heibio yn
  tynnu ei ffrwyth?
¹³ Y mae baedd y goedwig yn ei
  thyrchu,
 ac anifeiliaid gwyllt yn ei phori.

¹⁴ O Dduw'r Lluoedd, tro eto,
 edrych i lawr o'r nefoedd a gwêl,
 gofala am y winwydden hon,
¹⁵ y planhigyn a blennaist â'th
  ddeheulaw,
 y gainc* yr wyt yn ei chyfnerthu.
¹⁶ Bydded i'r rhai sy'n ei llosgi â thân
  ac yn ei thorri i lawr
 gael eu difetha gan gerydd dy
  wynepryd.
¹⁷ Ond bydded dy law ar y sawl sydd
  ar dy ddeheulaw,
 ar yr un yr wyt ti'n ei gyfnerthu.
¹⁸ Ni thrown oddi wrthyt mwyach;
 adfywia ni, ac fe alwn ar dy enw.
¹⁹ ARGLWYDD Dduw y Lluoedd, adfer
  ni;
 bydded llewyrch dy wyneb arnom, a
  gwareder ni.

I'r Cyfarwyddwr: ar y Gittith. I Asaff.

81 Canwch fawl i Dduw, ein nerth;
 bloeddiwch mewn gorfoledd i Dduw
  Jacob.
² Rhowch gân a chanu'r tympan,
 y delyn fwyn a'r nabl.
³ Canwch utgorn ar y lleuad newydd,
 ar y lleuad lawn, ar ddydd ein gŵyl.
⁴ Oherwydd y mae hyn yn ddeddf yn
  Israel,
 yn rheol gan Dduw Jacob,
⁵ wedi ei roi'n orchymyn i Joseff
 pan ddaeth allan o wlad* yr Aifft.

Clywaf iaith nad wyf yn ei hadnabod.
⁶ Ysgafnheais y baich ar dy ysgwydd,
 a rhyddhau dy* ddwylo oddi wrth y
  basgedi.
⁷ Pan waeddaist mewn cyfyngder,
  gwaredais di,
 ac atebais di yn ddirgel yn y taranau;
 profais di wrth ddyfroedd Meriba.
          Sela

80:15 Hebraeg, *mab.*
81:5 Felly Fersiynau. Hebraeg, *yn erbyn gwlad.*
81:6 Tebygol. Hebraeg, *ei ysgwydd . . . ei.*

⁸ Gwrando, fy mhobl, a dygaf
    dystiolaeth yn dy erbyn.
O na fyddit yn gwrando arnaf fi,
    Israel!
⁹ Na fydded gennyt dduw estron,
a phaid ag ymostwng i dduw dieithr.
¹⁰ Myfi yw'r ARGLWYDD dy Dduw,
a'th ddygodd i fyny o'r Aifft;
agor dy geg, ac fe'i llanwaf.
¹¹ Ond ni wrandawodd fy mhobl ar
    fy llais,
ac nid oedd Israel yn fodlon arnaf;
¹² felly anfonais hwy ymaith yn eu
    cyndynrwydd
i wneud fel yr oeddent yn dymuno.

¹³ "O na fyddai fy mhobl yn gwrando
    arnaf,
ac na fyddai Israel yn rhodio yn fy
    ffyrdd!
¹⁴ Byddwn ar fyrder yn darostwng eu
    gelynion,
ac yn troi fy llaw yn erbyn eu
    gwrthwynebwyr."
¹⁵ Byddai'r rhai sy'n casáu'r
    ARGLWYDD yn ymgreinio o'i flaen,
a dyna eu tynged am byth.
¹⁶ Byddwn yn dy* fwydo â'r ŷd gorau,
ac yn dy ddigoni â mêl o'r graig.

Salm. I Asaff.

82 Y mae Duw yn ei le yn y cyngor
    dwyfol;
yng nghanol y duwiau y mae'n barnu.

² "Am ba hyd y barnwch yn
    anghyfiawn,
ac y dangoswch ffafr at y drygionus?
                                        Sela
³ Rhowch ddedfryd o blaid y gwan
    a'r amddifad,
gwnewch gyfiawnder â'r truenus a'r
    diymgeledd.
⁴ Gwaredwch y gwan a'r anghenus,
achubwch hwy o law'r drygionus.

⁵ "Nid ydynt yn gwybod nac yn deall,
ond y maent yn cerdded mewn
    tywyllwch,
a holl sylfeini'r ddaear yn ysgwyd.
⁶ Fe ddywedais i, 'Duwiau ydych,
a meibion i'r Goruchaf bob un
    ohonoch.'

⁷ Eto, byddwch farw fel meidrolion,
a syrthio fel unrhyw dywysog."
⁸ Cyfod, O Dduw, i farnu'r ddaear,
oherwydd eiddot ti yw'r holl
    genhedloedd.

Cân. Salm. I Asaff.

83 O Dduw, paid â bod yn ddistaw;
paid â thewi nac ymdawelu, O
    Dduw.
² Edrych fel y mae dy elynion yn
    terfysgu,
a'r rhai sy'n dy gasáu yn codi eu
    pennau.
³ Gwnânt gynlluniau cyfrwys yn
    erbyn dy bobl,
a gosod cynllwyn yn erbyn y rhai a
    amddiffynni,
⁴ a dweud, "Dewch, inni eu difetha
    fel cenedl,
fel na chofir enw Israel mwyach."
⁵ Cytunasant yn unfryd â'i gilydd,
a gwneud cynghrair i'th erbyn—
⁶ pebyll Edom a'r Ismaeliaid,
Moab a'r Hagariaid,
⁷ Gebal, Ammon ac Amalec,
Philistia a thrigolion Tyrus;
⁸ Asyria hefyd a unodd gyda hwy,
a chynnal breichiau tylwyth Lot. *Sela*

⁹ Gwna iddynt fel y gwnaethost i
    Sisera,
ac i Jabin wrth nant Cison,
¹⁰ ac i Midian*, a ddinistriwyd wrth
    ffynnon Harod*
a mynd yn dom ar y ddaear.
¹¹ Gwna eu mawrion fel Oreb a Seeb
a'u holl dywysogion fel Seba a
    Salmunna,
¹² y rhai a ddywedodd, "Meddiannwn
    i ni ein hunain
holl borfeydd Duw."
¹³ O fy Nuw, gwna hwy fel hadau
    hedegog,
fel us o flaen gwynt.
¹⁴ Fel tân yn difa coedwig,
fel fflamau'n llosgi mynydd,
¹⁵ felly yr ymlidi hwy â'th storm,
a'u brawychu â'th gorwynt.
¹⁶ Gwna eu hwynebau'n llawn
    cywilydd,

81:16 Tebygol. Hebraeg, *Byddai yn ei.*
83:10 Hebraeg, *ac i Midian* yn yr adn. flaenorol.
83:10 Hebraeg, *Endor.*

er mwyn iddynt geisio dy enw, O
  ARGLWYDD.
¹⁷ Bydded iddynt aros mewn gwarth
  a chywilydd am byth,
ac mewn gwaradwydd difether hwy.
¹⁸ Bydded iddynt wybod mai ti yn
  unig, a'th enw'n ARGLWYDD,
yw'r Goruchaf dros yr holl ddaear.

*I'r Cyfarwyddwr: ar y Gittith. I feibion
Cora. Salm.*

84 Mor brydferth yw dy breswylfod,
  O ARGLWYDD y Lluoedd.
² Yr wyf yn hiraethu, yn dyheu hyd at
    lewyg
am gynteddau'r ARGLWYDD;
y mae'r cyfan ohonof yn gweiddi'n
    llawen
ar y Duw byw.
³ Cafodd hyd yn oed aderyn y to
    gartref,
a'r wennol nyth iddi ei hun,
lle mae'n magu ei chywion, wrth dy
    allorau di,
O ARGLWYDD y Lluoedd, fy Mrenin
    a'm Duw.
⁴ Gwyn eu byd y rhai sy'n trigo yn dy
    dŷ,
yn canu mawl i ti'n wastadol.
⁵ Gwyn eu byd y rhai yr wyt ti'n
    noddfa iddynt,
a ffordd y pererinion* yn eu calon.
⁶ Wrth iddynt fynd trwy ddyffryn
    Baca
fe'i cânt yn ffynnon;
bydd y glaw cynnar yn ei orchuddio
    â bendith.
⁷ Ânt o nerth i nerth,
a bydd Duw y duwiau yn ymddangos
    yn Seion.
⁸ O ARGLWYDD Dduw'r Lluoedd, clyw
    fy ngweddi;
gwrando arnaf, O Dduw Jacob. Sela
⁹ Edrych ar ein tarian, O Dduw;
rho ffafr i'th eneiniog.

¹⁰ Gwell yw diwrnod yn dy
    gynteddau di
na mil gartref*;
gwell sefyll wrth y drws yn nhŷ fy Nuw
na thrigo ym mhebyll drygioni.

¹¹ Oherwydd haul a tharian yw'r
    ARGLWYDD Dduw;
rhydd ras ac anrhydedd.
Nid atal yr ARGLWYDD unrhyw
    ddaioni
oddi wrth y rhai sy'n rhodio'n gywir.
¹² O ARGLWYDD y Lluoedd,
gwyn ei fyd y sawl sy'n ymddiried
    ynot.

I'r Cyfarwyddwr: i feibion Cora. Salm.

85 O Arglwydd, buost drugarog
    wrth dy dir;
adferaist lwyddiant i Jacob.
² Maddeuaist gamwedd dy bobl,
a dileu eu holl bechod. Sela
³ Tynnaist dy holl ddigofaint yn ôl,
a throi oddi wrth dy lid mawr.
⁴ Adfer ni eto, O Dduw ein
    hiachawdwriaeth,
a rho heibio dy ddicter tuag atom.
⁵ A fyddi'n digio wrthym am byth,
ac yn dal dig atom am genedlaethau?
⁶ Oni fyddi'n ein hadfywio eto,
er mwyn i'th bobl lawenhau ynot?
⁷ Dangos i ni dy ffyddlondeb, O
    ARGLWYDD,
a rho dy waredigaeth inni.
⁸ Bydded imi glywed yr hyn a lefara'r
    Arglwydd DDUW,
oherwydd bydd yn cyhoeddi
    heddwch
i'w bobl ac i'w ffyddloniaid,
rhag iddynt droi drachefn at
    ffolineb.
⁹ Yn wir, y mae ei waredigaeth yn
    agos at y rhai sy'n ei ofni,
fel bod gogoniant yn aros yn ein tir.
¹⁰ Bydd cariad a gwirionedd yn
    cyfarfod,
a chyfiawnder a heddwch yn cusanu
    ei gilydd.
¹¹ Bydd ffyddlondeb yn tarddu o'r
    ddaear,
a chyfiawnder yn edrych i lawr o'r
    nefoedd.
¹² Bydd yr ARGLWYDD yn rhoi daioni,
a'n tir yn rhoi ei gnwd.
¹³ Bydd cyfiawnder yn mynd o'i flaen,
a heddwch yn dilyn yn ôl ei droed.*

84:5 Cymh. Syrieg. Hebraeg, *a phriffyrdd.*
84:10 Tebygol. Hebraeg, *dewiswn.*

85:13 Tebygol. Hebraeg, *ac yn gosod ei gamau i'r
ffordd.*

Gweddi. I Ddafydd.

86 Tro dy glust ataf, ARGLWYDD, ac
    ateb fi,
oherwydd tlawd ac anghenus ydwyf.
² Arbed fy mywyd, oherwydd
    teyrngar wyf fi;
gwared dy was sy'n ymddiried ynot.
³ Ti yw fy Nuw;* bydd drugarog
    wrthyf, O Arglwydd,
oherwydd arnat ti y gwaeddaf trwy'r
    dydd.
⁴ Llawenha enaid dy was,
oherwydd atat ti, Arglwydd, y
    dyrchafaf fy enaid.
⁵ Yr wyt ti, Arglwydd, yn dda a
    maddeugar,
ac yn llawn trugaredd i bawb sy'n
    galw arnat.
⁶ Clyw, O ARGLWYDD, fy ngweddi,
a gwrando ar fy ymbil.
⁷ Yn nydd fy nghyfyngder galwaf
    arnat,
oherwydd yr wyt ti yn fy ateb.
⁸ Nid oes neb fel ti ymhlith y duwiau,
    O Arglwydd,
ac nid oes gweithredoedd fel dy rai
    di.
⁹ Bydd yr holl genhedloedd a
    wnaethost yn dod
ac yn ymgrymu o'th flaen, O
    Arglwydd,
ac yn anrhydeddu dy enw.
¹⁰ Oherwydd yr wyt ti yn fawr ac yn
    gwneud rhyfeddodau;
ti yn unig sydd Dduw.
¹¹ O ARGLWYDD, dysg i mi dy ffordd,
imi rodio yn dy wirionedd;
rho imi galon unplyg i ofni dy enw.
¹² Clodforaf di â'm holl galon, O
    Arglwydd fy Nuw,
ac anrhydeddaf dy enw hyd byth.
¹³ Oherwydd mawr yw dy
    ffyddlondeb tuag ataf,
a gwaredaist fy mywyd o Sheol isod.
¹⁴ O Dduw, cododd gwŷr trahaus yn
    f'erbyn,
ac y mae criw didostur yn ceisio fy
    mywyd,
ac nid ydynt yn meddwl amdanat ti.

¹⁵ Ond yr wyt ti, O Arglwydd, yn
    Dduw trugarog a graslon,
araf i ddigio, a llawn cariad a
    gwirionedd.
¹⁶ Tro ataf, a bydd drugarog,
rho dy nerth i'th was,
a gwared un o hil dy weision.
¹⁷ Rho imi arwydd o'th ddaioni,
a bydded i'r rhai sy'n fy nghasáu
    weld a chywilyddio,
am i ti, ARGLWYDD, fy nghynorthwyo
    a'm cysuro.

I feibion Cora. Salm. Cân.

87 Ar fynyddoedd sanctaidd y
    sylfaenodd hi;
² y mae'r ARGLWYDD yn caru pyrth
    Seion
yn fwy na holl drigfannau Jacob.
³ Dywedir pethau gogoneddus
    amdanat ti,
O ddinas Duw.   *Sela*
⁴ "Yr wyf yn enwi Rahab a Babilon
ymysg y rhai sy'n fy nghydnabod;
am Philistia, Tyrus ac Ethiopia
fe ddywedir, 'Ganwyd hwy yno'."
⁵ Ac fe ddywedir am Seion,
"Ganwyd hwn-a-hwn ynddi;
y Goruchaf ei hun sy'n ei sefydlu
    hi."
⁶ Bydd yr ARGLWYDD, wrth restru'r
    bobl, yn ysgrifennu,
"Ganwyd hwy yno."   *Sela*
⁷ Bydd cantorion a dawnswyr yn
    dweud,
"Y mae fy holl darddiadau ynot ti."

*Cân. Salm. I feibion Cora. I'r
Cyfarwyddwr: ar Mahalath Leannoth.
Mascîl. I Heman yr Esrahead.*

88 O ARGLWYDD, Duw fy
    iachawdwriaeth,
liw dydd galwaf arnat,
gyda'r nos deuaf atat.
² Doed fy ngweddi hyd atat,
tro dy glust at fy llef.

³ Yr wyf yn llawn helbulon,
ac y mae fy mywyd yn ymyl Sheol.
⁴ Ystyriwyd fi gyda'r rhai sy'n disgyn
    i'r pwll,
ac euthum fel un heb nerth,

86:3 Hebraeg, *Ti yw fy Nuw* yn yr adn. flaenorol.

⁵ fel un wedi ei adael gyda'r meirw,
fel y lladdedigion sy'n gorffwys
  mewn bedd—
rhai nad wyt yn eu cofio bellach
am eu bod wedi eu torri ymaith o'th
  afael.
⁶ Gosodaist fi yn y pwll isod,
yn y mannau tywyll a'r dyfnderau.
⁷ Daeth dy ddigofaint yn drwm
  arnaf,
a llethaist fi â'th holl donnau. Sela
⁸ Gwnaethost i'm cydnabod bellhau
  oddi wrthyf,
a'm gwneud yn ffiaidd iddynt.
Yr wyf wedi fy nghaethiwo ac ni allaf
  ddianc;
⁹ y mae fy llygaid yn pylu gan
  gystudd.
Galwaf arnat ti bob dydd, O
  ARGLWYDD,
ac y mae fy nwylo'n ymestyn atat.
¹⁰ A wnei di ryfeddodau i'r meirw?
A yw'r cysgodion yn codi i'th
  foliannu?   Sela
¹¹ A fynegir dy gariad yn y bedd,
a'th wirionedd yn nhir Abadon?
¹² A yw dy ryfeddodau'n wybyddus
  yn y tywyllwch,
a'th fuddugoliaethau yn nhir angof?

¹³ Ond yr wyf fi yn llefain arnat ti am
  gymorth, O ARGLWYDD,
ac yn y bore daw fy ngweddi atat.
¹⁴ O ARGLWYDD, pam yr wyt yn fy
  ngwrthod,
ac yn cuddio dy wyneb oddi wrthyf?
¹⁵ Anghenus wyf, ac ar drengi o'm
  hieuenctid;
dioddefais dy ddychrynfeydd, ac yr
  wyf mewn dryswch.
¹⁶ Aeth dy ddigofaint drosof,
ac y mae dy ymosodiadau yn fy
  nifetha.
¹⁷ Y maent yn f'amgylchu fel llif
  trwy'r dydd,
ac yn cau'n gyfan gwbl amdanaf.
¹⁸ Gwnaethost i gâr a chyfaill bellhau
  oddi wrthyf,
a thywyllwch yw fy nghydnabod.

Mascîl. I Ethan yr Esrahead.

89 Canaf byth am dy gariad, O
  ARGLWYDD,*
ac â'm genau mynegaf dy
  ffyddlondeb dros y
  cenedlaethau;
² oherwydd y mae dy gariad wedi ei
  sefydlu dros byth,
a'th ffyddlondeb mor sicr â'r
  nefoedd.
³ Dywedaist*, "Gwneuthum gyfamod
  â'm hetholedig,
a thyngu wrth Ddafydd fy ngwas,
⁴ 'Gwnaf dy had yn sefydlog am byth,
a sicrhau dy orsedd dros y
  cenedlaethau.' "   Sela
⁵ Bydded i'r nefoedd foliannu dy
  ryfeddodau, O ARGLWYDD,
a'th ffyddlondeb yng nghynulliad y
  rhai sanctaidd.
⁶ Oherwydd pwy yn y nefoedd a
  gymherir â'r ARGLWYDD?
Pwy ymysg y duwiau sy'n debyg i'r
  ARGLWYDD,
⁷ yn Dduw a ofnir yng nghyngor y
  rhai sanctaidd,
yn fawr ac ofnadwy goruwch pawb
  o'i amgylch?
⁸ O ARGLWYDD Dduw y lluoedd,
pwy sydd nerthol fel tydi, O
  ARGLWYDD,
gyda'th ffyddlondeb o'th amgylch?
⁹ Ti sy'n llywodraethu ymchwydd y
  môr;
pan gyfyd ei donnau, yr wyt ti'n eu
  gostegu.
¹⁰ Ti a ddryliodd Rahab yn gelain;
gwasgeraist dy elynion â nerth dy
  fraich.
¹¹ Eiddot ti yw'r nefoedd, a'r ddaear
  hefyd;
ti a seiliodd y byd a'r cyfan sydd
  ynddo.
¹² Ti a greodd ogledd a de;
y mae Tabor a Hermon yn moliannu
  dy enw.
¹³ Y mae gennyt ti fraich nerthol;
y mae dy law yn gref, dy ddeheulaw
  wedi ei chodi.

89:1 Felly Fersiynau. Hebraeg, *am gariad yr* ARGLWYDD.
89:3 Felly Fersiynau. Hebraeg, *dywedais* yn yr adn. flaenorol.

¹⁴ Cyfiawnder a barn yw sylfaen dy
     orsedd;
y mae cariad a gwirionedd yn mynd
     o'th flaen.
¹⁵ Gwyn eu byd y bobl sydd wedi
     dysgu dy glodfori,
sy'n rhodio, ARGLWYDD, yng ngoleuni
     dy wyneb,
¹⁶ sy'n gorfoleddu bob amser yn dy
     enw,
ac yn llawenhau yn dy gyfiawnder.
¹⁷ Oherwydd ti yw gogoniant eu
     nerth,
a thrwy dy ffafr di y dyrchefir ein
     corn.
¹⁸ Oherwydd y mae ein tarian yn
     eiddo i'r ARGLWYDD,
a'n brenin i Sanct Israel.

¹⁹ Gynt lleferaist mewn gweledigaeth
wrth dy ffyddloniaid a dweud,
"Gosodais goron* ar un grymus,
a dyrchafu un a ddewiswyd o blith y
     bobl.
²⁰ Cefais Ddafydd, fy ngwas,
a'i eneinio â'm holew sanctaidd;
²¹ bydd fy llaw yn gadarn gydag ef,
a'm braich yn ei gryfhau.
²² Ni fydd gelyn yn drech nag ef,
na'r drygionus yn ei ddarostwng.
²³ Drylliaf ei elynion o'i flaen,
a thrawaf y rhai sy'n ei gasáu.
²⁴ Bydd fy ffyddlondeb a'm cariad
     gydag ef,
ac yn fy enw i y dyrchefir ei gorn.
²⁵ Gosodaf ei law ar y môr,
a'i ddeheulaw ar yr afonydd.
²⁶ Bydd yntau'n galw arnaf, 'Fy nhad
     wyt ti,
fy Nuw a chraig fy iachawdwriaeth.'
²⁷ A gwnaf finnau ef yn gyntafanedig,
yn uchaf o frenhinoedd y ddaear.
²⁸ Cadwaf fy ffyddlondeb iddo hyd
     byth,
a bydd fy nghyfamod ag ef yn
     sefydlog.
²⁹ Rhof iddo linach am byth,
a'i orsedd fel dyddiau'r nefoedd.
³⁰ Os bydd ei feibion yn gadael fy
     nghyfraith,
a heb rodio yn fy marnau,

³¹ os byddant yn torri fy
     ordeiniadau,
a heb gadw fy ngorchmynion,
³² fe gosbaf eu pechodau â gwialen,
a'u camweddau â fflangellau;
³³ ond ni throf fy nghariad oddi
     wrtho,
na phallu yn fy ffyddlondeb.
³⁴ Ni thorraf fy nghyfamod,
na newid gair a aeth o'm genau.
³⁵ Unwaith am byth y tyngais i'm
     sancteiddrwydd,
ac ni fyddaf yn twyllo Dafydd.
³⁶ Fe barha ei linach am byth,
a'i orsedd cyhyd â'r haul o'm blaen.
³⁷ Bydd wedi ei sefydlu am byth fel y
     lleuad,
yn dyst ffyddlon yn y nef."   Sela

³⁸ Ond eto yr wyt wedi gwrthod, a
     throi heibio,
a digio wrth dy eneiniog.
³⁹ Yr wyt wedi dileu'r cyfamod â'th
     was,
wedi halogi ei goron a'i thaflu i'r
     llawr.
⁴⁰ Yr wyt wedi dryllio ei holl furiau,
a gwneud ei geyrydd yn adfeilion.
⁴¹ Y mae pawb sy'n mynd heibio yn
     ei ysbeilio;
aeth yn warth i'w gymdogion.
⁴² Dyrchefaist ddeheulaw ei
     wrthwynebwyr,
a gwneud i'w holl elynion lawenhau.
⁴³ Yn wir, troist yn ôl fin ei gleddyf,
a pheidio â'i gynnal yn y frwydr.
⁴⁴ Drylliaist ei deyrnwialen o'i law*,
a bwrw ei orsedd i'r llawr.
⁴⁵ Yr wyt wedi byrhau dyddiau ei
     ieuenctid,
ac wedi ei orchuddio â chywilydd.
                                    Sela

⁴⁶ Am ba hyd, ARGLWYDD? A fyddi'n
     ymguddio am byth,
a'th eiddigedd yn llosgi fel tân?
⁴⁷ Cofia mor feidrol ydwyf fi;
ai yn ofer y creaist yr holl bobloedd?
⁴⁸ Pwy fydd byw heb weld
     marwolaeth?
Pwy a arbed ei fywyd o afael Sheol?
                                    Sela

89:19 Tebygol. Cymh. adn. 39. Hebraeg, *Gosodais gymorth*.

89:44 Tebygol. Hebraeg, *Rhoddaist derfyn ar ei ddisgleirdeb*.

⁴⁹ O Arglwydd, ple mae dy gariad gynt,
a dyngaist yn dy ffyddlondeb i Ddafydd?
⁵⁰ Cofia, O Arglwydd, ddirmyg dy was*,
fel yr wyf yn cario yn fy mynwes sarhad* y bobloedd,
⁵¹ fel y bu i'th elynion, ARGLWYDD, ddirmygu
a gwawdio camre dy eneiniog.

⁵² Bendigedig fyddo'r ARGLWYDD am byth!
Amen ac Amen.

LLYFR 4

Gweddi. I Moses, gŵr Duw.

90

Arglwydd, buost yn amddiffynfa* i ni
ymhob cenhedlaeth.
² Cyn geni'r mynyddoedd,
a chyn esgor ar y ddaear a'r byd,
o dragwyddoldeb hyd dragwyddoldeb, ti sydd Dduw.
³ Yr wyt yn troi pobl yn ôl i'r llwch,
ac yn dweud, "Trowch yn ôl, chwi feidrolion."
⁴ Oherwydd y mae mil o flynyddoedd yn dy olwg
fel doe sydd wedi mynd heibio,
ac fel gwyliadwriaeth yn y nos.
⁵ Yr wyt yn eu sgubo ymaith fel breuddwyd;
y maent fel gwellt yn adfywio yn y bore—
⁶ yn tyfu ac yn adfywio yn y bore,
ond erbyn yr hwyr yn gwywo ac yn crino.
⁷ Oherwydd yr ydym ni yn darfod gan dy ddig,
ac wedi'n brawychu gan dy gynddaredd.
⁸ Gosodaist ein camweddau o'th flaen,
ein pechodau dirgel yng ngoleuni dy wyneb.

⁹ Y mae ein holl ddyddiau'n mynd heibio dan dy ddig,
a'n blynyddoedd yn darfod fel ochenaid.
¹⁰ Deng mlynedd a thrigain yw blynyddoedd ein heinioes,
neu efallai bedwar ugain trwy gryfder,
ond y mae eu hyd* yn faich ac yn flinder;
ânt heibio yn fuan, ac ehedwn ymaith.
¹¹ Pwy sy'n gwybod grym dy ddicter,
a'th ddigofaint, fel y rhai sy'n dy ofni?
¹² Felly dysg ni i gyfrif ein dyddiau,
inni gael calon ddoeth.
¹³ Dychwel, O ARGLWYDD. Am ba hyd?
Trugarha wrth dy weision.
¹⁴ Digona ni yn y bore â'th gariad,
inni gael gorfoleddu a llawenhau ein holl ddyddiau.
¹⁵ Rho inni lawenydd gynifer o ddyddiau ag y blinaist ni,
gynifer o flynyddoedd ag y gwelsom ddrygfyd.
¹⁶ Bydded dy weithredoedd yn amlwg i'th weision,
a'th ogoniant i'w plant.
¹⁷ Bydded trugaredd yr Arglwydd ein Duw arnom;
llwydda waith ein dwylo inni,
llwydda waith ein dwylo.

91

Y mae'r sawl sy'n byw yn lloches y Goruchaf,
ac yn aros yng nghysgod yr Hollalluog,
² yn dweud wrth yr ARGLWYDD, "Fy noddfa a'm caer,
fy Nuw, yr un yr ymddiriedaf ynddo."
³ Oherwydd bydd ef yn dy waredu o fagl heliwr,
ac oddi wrth bla difaol;
⁴ bydd yn cysgodi drosot â'i esgyll,
a chei nodded dan ei adenydd;
bydd ei wirionedd yn darian a bwcled.
⁵ Ni fyddi'n ofni rhag dychryn y nos,
na rhag saeth yn hedfan yn y dydd,

89:50 Felly rhai llawysgrifau a Groeg. TM, *weision*.
89:50 Felly Fersiynau. Hebraeg, *holl fawrion*.
90:1 Felly llawysgrifau a Fersiynau. TM, *yn breswylfa*.

90:10 Felly Fersiynau. Hebraeg, *eu balchder*.

⁶ rhag pla sy'n tramwyo yn y
    tywyllwch,
na rhag dinistr sy'n difetha ganol
    dydd.
⁷ Er i fil syrthio wrth dy ochr,
a deng mil ar dy ddeheulaw,
eto ni chyffyrddir â thi.
⁸ Ni fyddi ond yn edrych â'th lygaid
ac yn gweld tâl y drygionus.
⁹ Ond i ti, bydd yr ARGLWYDD yn
    noddfa;
gwnaethost y Goruchaf yn
    amddiffynfa*;
¹⁰ ni ddigwydd niwed i ti,
ac ni ddaw pla yn agos i'th babell.
¹¹ Oherwydd rhydd orchymyn i'w
    angylion
i'th gadw yn dy holl ffyrdd;
¹² byddant yn dy godi ar eu dwylo
rhag iti daro dy droed yn erbyn
    carreg.
¹³ Byddi'n troedio ar y llew a'r asb,
ac yn sathru'r llew ifanc a'r sarff.

¹⁴ "Am iddo lynu wrthyf, fe'i
    gwaredaf;
fe'i diogelaf am ei fod yn adnabod fy
    enw.
¹⁵ Pan fydd yn galw arnaf, fe'i
    hatebaf;
byddaf fi gydag ef mewn cyfyngder,
gwaredaf ef a'i anrhydeddu.
¹⁶ Digonaf ef â hir ddyddiau,
a gwnaf iddo fwynhau fy
    iachawdwriaeth."

Salm. Cân. Ar gyfer y Saboth.

92

Da yw moliannu'r ARGLWYDD,
a chanu mawl i'th enw di, y
    Goruchaf,
² a chyhoeddi dy gariad yn y bore
a'th ffyddlondeb bob nos,
³ gyda'r dectant a'r nabl
a chyda chordiau'r delyn.

⁴ Oherwydd yr wyt ti, O ARGLWYDD,
    wedi fy llawenychu â'th waith;
yr wyf yn gorfoleddu yng
    ngweithgarwch dy ddwylo.
⁵ Mor fawr yw dy weithredoedd, O
    ARGLWYDD,
a dwfn iawn dy feddyliau!
⁶ Un dwl yw'r sawl sydd heb wybod,

a ffŵl yw'r un sydd heb ddeall hyn:
⁷ er i'r annuwiol dyfu fel glaswellt
ac i'r holl wneuthurwyr drygioni
    lwyddo,
eu bod i'w dinistrio am byth,
⁸ ond dy fod ti, ARGLWYDD, yn
    dragwyddol ddyrchafedig.
⁹ Oherwydd wele, dy elynion,
    ARGLWYDD,
wele, dy elynion a ddifethir,
a'r holl wneuthurwyr drygioni a
    wasgerir.
¹⁰ Codaist i fyny fy nghorn fel corn
    ych,
ac eneiniaist fi ag olew croyw.
¹¹ Ymhyfrydodd fy llygaid yng
    nghwymp fy ngelynion*,
a'm clustiau wrth glywed am y rhai
    drygionus a gododd yn f'erbyn.
¹² Y mae'r cyfiawn yn blodeuo fel
    palmwydd,
ac yn tyfu fel cedrwydd Lebanon.
¹³ Y maent wedi eu plannu yn nhŷ'r
    ARGLWYDD,
ac yn blodeuo yng nghynteddau ein
    Duw.
¹⁴ Rhônt ffrwyth hyd yn oed mewn
    henaint,
a pharhânt yn wyrdd ac iraidd.
¹⁵ Cyhoeddant fod yr ARGLWYDD yn
    uniawn,
ac am fy nghraig, nad oes
    anghyfiawnder ynddo.

93

Y mae'r ARGLWYDD yn frenin; y
    mae wedi ei wisgo â
    mawredd,
y mae'r ARGLWYDD wedi ei wisgo, a
    nerth yn wregys iddo.
Yn wir, y mae'r byd yn sicr, ac nis
    symudir;
² y mae dy orsedd wedi ei sefydlu
    erioed;
yr wyt ti er tragwyddoldeb.

³ Cododd y dyfroedd, O ARGLWYDD,
cododd y dyfroedd eu llais,
cododd y dyfroedd eu rhu.
⁴ Cryfach na sŵn dyfroedd mawrion,
cryfach na thonnau'r môr,
yw'r ARGLWYDD yn yr uchelder.

91:9 Felly Fersiynau. Hebraeg, *yn breswylfa*.

92:11 Felly Fersiynau. Hebraeg, *fy ngwylwyr*.

⁵ Y mae dy dystiolaethau'n sicr iawn;
sancteiddrwydd sy'n gweddu i'th dŷ,
O ARGLWYDD, hyd byth.

94

O ARGLWYDD, Dduw dial,
Dduw dial, ymddangos.
² Cyfod, O farnwr y ddaear,
rho eu haeddiant i'r balch.
³ Am ba hyd y bydd y drygionus,
    ARGLWYDD,
y bydd y drygionus yn gorfoleddu?
⁴ Y maent yn tywallt eu parabl
    trahaus;
y mae'r holl wneuthurwyr drygioni'n
    ymfalchïo.
⁵ Y maent yn sigo dy bobl, O
    ARGLWYDD,
ac yn poenydio dy etifeddiaeth.
⁶ Lladdant y weddw a'r estron,
a llofruddio'r amddifad,
⁷ a dweud, "Nid yw'r ARGLWYDD yn
    gweld,
ac nid yw Duw Jacob yn sylwi."
⁸ Deallwch hyn, chwi'r dylaf o bobl!
Ffyliaid, pa bryd y byddwch ddoeth?
⁹ Onid yw'r un a blannodd glust yn
    clywed,
a'r un a luniodd lygad yn gweld?
¹⁰ Onid oes gan yr un sy'n disgyblu
    cenhedloedd gerydd,
a'r un sy'n dysgu pobl wybodaeth?
¹¹ Y mae'r ARGLWYDD yn gwybod
    meddyliau pobl,
mai gwynt ydynt.

¹² Gwyn ei fyd y sawl a ddisgybli, O
    ARGLWYDD,
ac a ddysgi allan o'th gyfraith,
¹³ i roi iddo lonyddwch rhag dyddiau
    adfyd,
nes agor pwll i'r drygionus.
¹⁴ Oherwydd nid yw'r ARGLWYDD yn
    gwrthod ei bobl,
nac yn gadael ei etifeddiaeth;
¹⁵ oherwydd dychwel barn at y rhai
    cyfiawn,
a bydd yr holl rai uniawn yn ei dilyn.

¹⁶ Pwy a saif drosof yn erbyn y
    drygionus,
a sefyll o'm plaid yn erbyn
    gwneuthurwyr drygioni?
¹⁷ Oni bai i'r ARGLWYDD fy
    nghynorthwyo
byddwn yn fuan wedi mynd i dir
    distawrwydd.
¹⁸ Pan oeddwn yn meddwl bod fy
    nhroed yn llithro,
yr oedd dy ffyddlondeb di, O
    ARGLWYDD, yn fy nghynnal.
¹⁹ Er bod pryderon fy nghalon yn
    niferus,
y mae dy gysuron di'n fy llawenhau.
²⁰ A fydd cynghrair rhyngot ti a
    llywodraeth distryw,
sy'n cynllunio niwed trwy gyfraith?
²¹ Cytunant â'i gilydd am fywyd y
    cyfiawn,
a chondemnio'r dieuog i farw.
²² Ond y mae'r ARGLWYDD yn
    amddiffyn i mi,
a'm Duw yn graig i'm llochesu.
²³ Daw â'u camweddau eu hunain yn
    ôl arnynt,
ac fe'u diddyma am eu drygioni.
Bydd yr ARGLWYDD ein Duw yn eu
    diddymu.

95

Dewch, canwn yn llawen i'r
    ARGLWYDD,
rhown floedd o orfoledd i graig ein
    hiachawdwriaeth.
² Down i'w bresenoldeb â diolch,
gorfoleddwn ynddo â chaneuon
    mawl.
³ Oherwydd Duw mawr yw'r
    ARGLWYDD,
a brenin mawr goruwch yr holl
    dduwiau.
⁴ Yn ei law ef y mae dyfnderau'r
    ddaear,
ac eiddo ef yw uchelderau'r
    mynyddoedd.
⁵ Eiddo ef yw'r môr, ac ef a'i
    gwnaeth;
ei ddwylo ef a greodd y sychdir.

⁶ Dewch, addolwn ac ymgrymwn,
plygwn ein gliniau gerbron yr
    ARGLWYDD a'n gwnaeth.
⁷ Oherwydd ef yw ein Duw,
a ninnau'n bobl iddo a defaid ei
    borfa;
heddiw cewch wybod ei rym*,
os gwrandewch ar ei lais.

95:7 Tebygol. Hebraeg, *ei law* gyda'r llinell flaenorol.

⁸ Peidiwch â chaledu'ch calonnau, fel
  yn Meriba,
fel ar ddiwrnod Massa yn yr
  anialwch,
⁹ pan fu i'ch hynafiaid fy herio
a'm profi, er iddynt weld fy ngwaith.
¹⁰ Am ddeugain mlynedd y ffieiddiais
  y genhedlaeth honno,
a dweud, "Pobl â'u calonnau'n
  cyfeiliorni ydynt,
ac nid ydynt yn gwybod fy ffyrdd."
¹¹ Felly tyngais yn fy nig
na chaent ddyfod i'm gorffwysfa.

96
Canwch i'r ARGLWYDD gân
  newydd,
canwch i'r ARGLWYDD yr holl ddaear.
² Canwch i'r ARGLWYDD, bendithiwch
  ei enw,
cyhoeddwch ei iachawdwriaeth o
  ddydd i ddydd.
³ Dywedwch am ei ogoniant ymysg y
  bobloedd,
ac am ei ryfeddodau ymysg yr holl
  genhedloedd.
⁴ Oherwydd mawr yw'r ARGLWYDD, a
  theilwng iawn o fawl;
y mae i'w ofni'n fwy na'r holl
  dduwiau.
⁵ Eilunod yw holl dduwiau'r
  bobloedd,
ond yr ARGLWYDD a wnaeth y
  nefoedd.
⁶ Y mae anrhydedd a mawredd o'i
  flaen,
nerth a gogoniant yn ei gysegr.

⁷ Rhowch i'r ARGLWYDD, dylwythau'r
  cenhedloedd,
rhowch i'r ARGLWYDD anrhydedd a
  nerth;
⁸ rhowch i'r ARGLWYDD anrhydedd ei
  enw,
dygwch offrwm a dewch i'w
  gynteddoedd.
⁹ Ymgrymwch i'r ARGLWYDD yn
  ysblander ei sancteiddrwydd;
crynwch o'i flaen, yr holl ddaear.
¹⁰ Dywedwch ymhlith y cenhedloedd,
  "Y mae'r ARGLWYDD yn frenin";
yn wir, y mae'r byd yn sicr ac nis
  symudir;

bydd ef yn barnu'r bobloedd yn
  uniawn.
¹¹ Bydded y nefoedd yn llawen a
  gorfoledded y ddaear;
rhued y môr a'r cyfan sydd ynddo,
¹² llawenyched y maes a phopeth
  sydd ynddo.
Yna bydd holl brennau'r goedwig yn
  canu'n llawen
¹³ o flaen yr ARGLWYDD, oherwydd y
  mae'n dod,
oherwydd y mae'n dod i farnu'r
  ddaear.
Bydd yn barnu'r byd â chyfiawnder,
a'r bobloedd â'i wirionedd.

97
Y mae'r ARGLWYDD yn frenin;
  gorfoledded y ddaear,
bydded ynysoedd lawer yn llawen.
² Y mae cymylau a thywyllwch o'i
  amgylch,
cyfiawnder a barn yn sylfaen i'w
  orsedd.
³ Y mae tân yn mynd o'i flaen,
ac yn llosgi ei elynion oddi amgylch.
⁴ Y mae ei fellt yn goleuo'r byd,
a'r ddaear yn gweld ac yn crynu.
⁵ Y mae'r mynyddoedd yn toddi fel
  cwyr o flaen yr ARGLWYDD,
o flaen Arglwydd yr holl ddaear.
⁶ Y mae'r nefoedd yn cyhoeddi ei
  gyfiawnder,
a'r holl bobloedd yn gweld ei
  ogoniant.
⁷ Bydded cywilydd ar yr holl
  addolwyr delwau
sy'n ymffrostio mewn eilunod;
ymgrymwch iddo ef, yr holl dduwiau.
⁸ Clywodd Seion a llawenhau,
ac yr oedd trefi Jwda yn gorfoleddu
o achos dy farnedigaethau, O
  ARGLWYDD.
⁹ Oherwydd yr wyt ti, ARGLWYDD, yn
  oruchaf dros yr holl ddaear;
yr wyt wedi dy ddyrchafu'n uwch o
  lawer na'r holl dduwiau.

¹⁰ Y mae'r ARGLWYDD yn caru'r rhai
  sy'n casáu drygioni,
y mae'n cadw bywydau ei
  ffyddloniaid,
ac yn eu gwaredu o ddwylo'r
  drygionus.

¹¹ Heuwyd goleuni ar y cyfiawn,
a llawenydd ar yr uniawn o galon.
¹² Llawenhewch yn yr ARGLWYDD, rai cyfiawn,
a moliannwch ei enw sanctaidd.

Salm.

98
Canwch i'r ARGLWYDD gân newydd,
oherwydd gwnaeth ryfeddodau.
Cafodd fuddugoliaeth â'i ddeheulaw
ac â'i fraich sanctaidd.
² Gwnaeth yr ARGLWYDD ei fuddugoliaeth yn hysbys,
datguddiodd ei gyfiawnder o flaen y cenhedloedd.
³ Cofiodd ei gariad a'i ffyddlondeb tuag at dŷ Israel;
gwelodd holl gyrrau'r ddaear fuddugoliaeth ein Duw.
⁴ Bloeddiwch mewn gorfoledd i'r ARGLWYDD, yr holl ddaear,
canwch mewn llawenydd a rhowch fawl.
⁵ Canwch fawl i'r ARGLWYDD â'r delyn,
â'r delyn ac â sain cân.
⁶ Â thrwmpedau ac â sain utgorn
bloeddiwch o flaen y Brenin, yr ARGLWYDD.
⁷ Rhued y môr a'r cyfan sydd ynddo,
y byd a phawb sy'n byw ynddo.
⁸ Bydded i'r dyfroedd guro dwylo;
bydded i'r mynyddoedd ganu'n llawen gyda'i gilydd
⁹ o flaen yr ARGLWYDD, oherwydd y mae'n dyfod i farnu'r ddaear;
bydd yn barnu'r byd â chyfiawnder,
a'r bobloedd ag uniondeb.

99
Y mae'r ARGLWYDD yn frenin, cryna'r bobloedd;
y mae wedi ei orseddu uwch y cerwbiaid, ysgydwa'r ddaear.
² Y mae'r ARGLWYDD yn fawr yn Seion,
y mae'n ddyrchafedig uwch yr holl bobloedd.
³ Bydded iddynt foli dy enw mawr ac ofnadwy—
sanctaidd yw ef.

⁴ Un cryf sydd frenin; y mae'n caru cyfiawnder.
Ti sydd wedi sefydlu uniondeb;
gwnaethost farn a chyfiawnder yn Jacob.
⁵ Dyrchafwch yr ARGLWYDD ein Duw;
ymgrymwch o flaen ei droedfainc—
sanctaidd yw ef.
⁶ Yr oedd Moses ac Aaron ymhlith ei offeiriaid,
a Samuel ymhlith y rhai a alwodd ar ei enw;
galwasant ar yr ARGLWYDD, ac atebodd hwy.
⁷ Llefarodd wrthynt mewn colofn gwmwl;
cadwasant ei dystiolaethau a'r ddeddf a roddodd iddynt.
⁸ O ARGLWYDD, ein Duw, atebaist hwy;
Duw yn maddau fuost iddynt,
ond yn dial eu camweddau.
⁹ Dyrchafwch yr ARGLWYDD ein Duw,
ymgrymwch yn ei fynydd sanctaidd—
sanctaidd yw'r ARGLWYDD ein Duw.

Salm. I ddiolch.

100
Bloeddiwch mewn gorfoledd i'r ARGLWYDD, yr holl ddaear.
² Addolwch yr ARGLWYDD mewn llawenydd,
dewch o'i flaen â chân.
³ Gwybyddwch mai'r ARGLWYDD sydd Dduw;
ef a'n gwnaeth, a'i eiddo ef ydym,
ei bobl a defaid ei borfa.
⁴ Dewch i mewn i'w byrth â diolch,
ac i'w gynteddau â mawl.
Diolchwch iddo, bendithiwch ei enw.
⁵ Oherwydd da yw'r ARGLWYDD;
y mae ei gariad hyd byth,
a'i ffyddlondeb hyd genhedlaeth a chenhedlaeth.

I Ddafydd. Salm.

101
Canaf am ffyddlondeb a chyfiawnder;
i ti, ARGLWYDD, y pynciaf gerdd.
² Rhof sylw i'r ffordd berffaith;

pa bryd y deui ataf?
Rhodiaf â chalon gywir
    ymysg fy nhylwyth;
³ ni osodaf fy llygaid
    ar ddim annheilwng.
Cas gennyf yr un sy'n twyllo;
nid oes a wnelwyf ddim ag ef.
⁴ Bydd y gwyrgam o galon yn troi
    oddi wrthyf,
ac ni fyddaf yn cymdeithasu â'r
    drwg.
⁵ Pwy bynnag sy'n enllibio'i gymydog
    yn ddirgel,
rhof daw arno;
y ffroenuchel a'r balch,
ni allaf ei oddef.
⁶ Ond y mae fy llygaid ar ffyddloniaid
    y tir,
iddynt gael trigo gyda mi;
y sawl a rodia yn y ffordd berffaith
a fydd yn fy ngwasanaethu.
⁷ Ni chaiff unrhyw un sy'n twyllo
drigo yn fy nhŷ,
nac unrhyw un sy'n dweud celwydd
aros yn fy ngŵydd.
⁸ Fore ar ôl bore rhof daw
ar holl rai drygionus y wlad,
a thorraf ymaith o ddinas yr
    ARGLWYDD
yr holl wneuthurwyr drygioni.

*Gweddi'r gostyngedig, pan yw'n wan
ac yn bwrw ei gŵyn o flaen yr
ARGLWYDD.*

102 ARGLWYDD, clyw fy ngweddi,
a doed fy nghri atat.
² Paid â chuddio dy wyneb oddi
    wrthyf
yn nydd fy nghyfyngder;
tro dy glust ataf,
brysia i'm hateb yn y dydd y galwaf.
³ Oherwydd y mae fy nyddiau'n
    darfod fel mwg,
a'm hesgyrn yn llosgi fel ffwrn.
⁴ Yr wyf wedi fy nharo, ac yn gwywo
    fel glaswellt;
yr wyf yn darfod o beidio â bwyta.
⁵ Oherwydd sŵn fy ochneidio
y mae fy esgyrn yn glynu wrth fy
    nghnawd.
⁶ Yr wyf fel pelican mewn anialwch,
ac fel tylluan mewn adfeilion.

⁷ Yr wyf yn methu cysgu,
ac fel aderyn unig ar do.
⁸ Y mae fy ngelynion yn fy ngwawdio
    trwy'r amser,
a'm gwatwarwyr yn defnyddio fy enw
    fel melltith.
⁹ Yr wyf yn bwyta lludw fel bara,
ac yn cymysgu fy niod â dagrau,
¹⁰ o achos dy lid a'th ddigofaint,
oherwydd cydiaist ynof a'm bwrw o'r
    neilltu.
¹¹ Y mae fy mywyd fel cysgod
    hwyrddydd;
yr wyf yn gwywo fel glaswelltyn.
¹² Ond yr wyt ti, ARGLWYDD, wedi dy
    orseddu am byth,
a phery dy enw dros y cenedlaethau.
¹³ Byddi'n codi ac yn trugarhau wrth
    Seion;
y mae'n adeg i dosturio wrthi,
oherwydd fe ddaeth yr amser.
¹⁴ Y mae dy weision yn hoffi ei meini,
ac yn tosturio wrth ei llwch.
¹⁵ Bydd y cenhedloedd yn ofni enw'r
    ARGLWYDD,
a holl frenhinoedd y ddaear dy
    ogoniant.
¹⁶ Oherwydd bydd yr ARGLWYDD yn
    adeiladu Seion,
bydd yn ymddangos yn ei ogoniant;
¹⁷ bydd yn gwrando ar weddi'r
    gorthrymedig,
ac ni fydd yn diystyru eu herfyniad.
¹⁸ Bydded hyn yn ysgrifenedig i'r
    genhedlaeth i ddod,
fel bod pobl sydd eto heb eu geni yn
    moli'r ARGLWYDD:
¹⁹ ddarfod iddo edrych i lawr o'i
    uchelder sanctaidd,
i'r ARGLWYDD edrych o'r nefoedd ar y
    ddaear,
²⁰ i wrando ocheneidiau
    carcharorion
a rhyddhau'r rhai oedd i farw,
²¹ fel bod cyhoeddi enw'r ARGLWYDD
    yn Seion,
a'i foliant yn Jerwsalem,
²² pan fo pobloedd a theyrnasoedd
yn ymgynnull ynghyd i addoli'r
    ARGLWYDD.
²³ Y mae wedi sigo fy nerth ar y
    daith,
ac wedi byrhau fy nyddiau.

²⁴ Dywedaf, "O fy Nuw, paid â'm
  cymryd yng nghanol fy nyddiau,
oherwydd y mae dy flynyddoedd di
  dros yr holl genedlaethau.

²⁵ "Gynt fe osodaist sylfeini'r ddaear,
a gwaith dy ddwylo yw'r nefoedd.
²⁶ Y maent hwy yn darfod, ond yr
  wyt ti yn aros;
y maent i gyd yn treulio fel dilledyn.
Yr wyt yn eu newid fel gwisg,
ac y maent yn diflannu;
²⁷ ond yr wyt ti yr un,
a'th flynyddoedd heb ddiwedd.
²⁸ Bydd plant dy weision yn byw'n
  ddiogel,
a'u disgynyddion yn sicr o'th flaen."

I Ddafydd.

103

Fy enaid, bendithia'r
  ARGLWYDD,
a'r cyfan sydd ynof ei enw sanctaidd.
² Fy enaid, bendithia'r ARGLWYDD,
a phaid ag anghofio'i holl ddoniau:
³ ef sy'n maddau fy holl gamweddau,
yn iacháu fy holl afiechyd;
⁴ ef sy'n gwaredu fy mywyd o'r pwll,
ac yn fy nghoroni â chariad a
  thrugaredd;
⁵ ef sy'n fy nigoni â daioni dros fy
  holl ddyddiau
i adnewyddu fy ieuenctid fel eryr.

⁶ Y mae'r ARGLWYDD yn gweithredu
  cyfiawnder
a barn i'r holl rai gorthrymedig.
⁷ Dysgodd ei ffyrdd i Moses,
a'i weithredoedd i blant Israel.
⁸ Trugarog a graslon yw'r ARGLWYDD,
araf i ddigio a llawn ffyddlondeb.
⁹ Nid yw'n ceryddu'n ddiddiwedd,
nac yn meithrin ei ddicter am byth.
¹⁰ Ni wnaeth â ni yn ôl ein pechodau,
ac ni thalodd i ni yn ôl ein
  camweddau.
¹¹ Oherwydd fel y mae'r nefoedd
  uwchben y ddaear,
y mae ei gariad ef dros y rhai sy'n ei
  ofni;
¹² cyn belled ag y mae'r dwyrain o'r
  gorllewin
y pellhaodd ein pechodau oddi
  wrthym.

¹³ Fel y mae tad yn tosturio wrth ei
  blant,
felly y tosturia'r ARGLWYDD wrth y
  rhai sy'n ei ofni.
¹⁴ Oherwydd y mae ef yn gwybod ein
  deunydd,
yn cofio mai llwch ydym.
¹⁵ Y mae dyddiau dyn fel glaswelltyn;
y mae'n blodeuo fel blodeuyn y
  maes—
¹⁶ pan â'r gwynt drosto fe ddiflanna,
ac nid yw ei le'n ei adnabod
  mwyach.
¹⁷ Ond y mae ffyddlondeb yr
  ARGLWYDD o dragwyddoldeb hyd
  dragwyddoldeb
ar y rhai sy'n ei ofni,
a'i gyfiawnder i blant eu plant,
¹⁸ i'r rhai sy'n cadw ei gyfamod,
yn cofio'i orchmynion ac yn
  ufuddhau.

¹⁹ Gosododd yr ARGLWYDD ei orsedd
  yn y nefoedd,
ac y mae ei frenhiniaeth ef yn rheoli
  pob peth.
²⁰ Bendithiwch yr ARGLWYDD, ei
  angylion,
y rhai cedyrn sy'n gwneud ei air,
ac yn ufuddhau i'w eiriau.
²¹ Bendithiwch yr ARGLWYDD, ei holl
  luoedd,
ei weision sy'n gwneud ei ewyllys.
²² Bendithiwch yr ARGLWYDD, ei holl
  weithredoedd,
ym mhob man o dan ei lywodraeth.
Fy enaid, bendithia'r ARGLWYDD.

104

Fy enaid, bendithia'r
  ARGLWYDD.
O ARGLWYDD fy Nuw, mawr iawn wyt
  ti;
yr wyt wedi dy wisgo ag ysblander ac
  anrhydedd,
² a'th orchuddio â goleuni fel mantell.
Yr wyt yn taenu'r nefoedd fel pabell,
³ yn gosod tulathau dy balas ar y
  dyfroedd,
yn cymryd y cymylau'n gerbyd,
yn marchogaeth ar adenydd y gwynt,
⁴ yn gwneud y gwyntoedd yn
  negeswyr,
a'r fflamau tân yn weision.

⁵ Gosodaist y ddaear ar ei sylfeini,
fel na fydd yn symud byth bythoedd;
⁶ gwnaethost i'r dyfnder ei gorchuddio fel dilledyn,
ac y mae dyfroedd yn sefyll goruwch y mynyddoedd.
⁷ Gan dy gerydd di fe ffoesant,
gan sŵn dy daranau ciliasant draw,
⁸ a chodi dros fynyddoedd a disgyn i'r dyffrynnoedd,
i'r lle a bennaist ti iddynt;
⁹ rhoist iddynt derfyn nad ydynt i'w groesi,
rhag iddynt ddychwelyd a gorchuddio'r ddaear.
¹⁰ Yr wyt yn gwneud i ffynhonnau darddu mewn hafnau,
yn gwneud iddynt lifo rhwng y mynyddoedd;
¹¹ rhônt ddiod i holl fwystfilod y maes,
a chaiff asynnod gwyllt eu disychedu;
¹² y mae adar y nefoedd yn nythu yn eu hymyl,
ac yn trydar ymysg y canghennau.
¹³ Yr wyt yn dyfrhau'r mynyddoedd o'th balas;
digonir y ddaear trwy dy ddarpariaeth.
¹⁴ Yr wyt yn gwneud i'r gwellt dyfu i'r gwartheg,
a phlanhigion at wasanaeth pobl,
i ddwyn allan fwyd o'r ddaear,
¹⁵ a gwin i lonni calonnau pobl,
olew i ddisgleirio'u hwynebau,
a bara i gynnal eu calonnau.
¹⁶ Digonir y coedydd cryfion*,
y cedrwydd Lebanon a blannwyd,
¹⁷ lle mae'r adar yn nythu,
a'r ciconia yn cartrefu yn eu brigau.
¹⁸ Y mae'r mynyddoedd uchel ar gyfer geifr,
ac y mae'r clogwyni yn lloches i'r brochod.
¹⁹ Yr wyt yn gwneud i'r lleuad nodi'r tymhorau,
ac i'r haul wybod pryd i fachlud.
²⁰ Trefnaist dywyllwch, fel bod nos,
a holl anifeiliaid y goedwig yn ymlusgo allan,
²¹ gyda'r llewod ifanc yn rhuo am ysglyfaeth,
ac yn ceisio eu bwyd oddi wrth Dduw.
²² Ond pan gyfyd yr haul, y maent yn mynd ymaith,
ac yn gorffwyso yn eu ffeuau.
²³ A daw pobl allan i weithio,
ac at eu llafur hyd yr hwyrnos.
²⁴ Mor niferus yw dy weithredoedd, O ARGLWYDD!
Gwnaethost y cyfan mewn doethineb;
y mae'r ddaear yn llawn o'th greaduriaid.
²⁵ Dyma'r môr mawr a llydan,
gydag ymlusgiaid dirifedi
a chreaduriaid bach a mawr.
²⁶ Arno y mae'r llongau yn tramwyo,
a Lefiathan, a greaist i chwarae ynddo.
²⁷ Y mae'r cyfan ohonynt yn dibynnu arnat ti
i roi iddynt eu bwyd yn ei bryd.
²⁸ Pan roddi iddynt, y maent yn ei gasglu ynghyd;
pan agori dy law, cânt eu diwallu'n llwyr.
²⁹ Ond pan guddi dy wyneb, fe'u drysir;
pan gymeri eu hanadl, fe ddarfyddant,
a dychwelyd i'r llwch.
³⁰ Pan anfoni dy anadl, cânt eu creu,
ac yr wyt yn adnewyddu wyneb y ddaear.
³¹ Bydded gogoniant yr ARGLWYDD dros byth,
a bydded iddo lawenhau yn ei weithredoedd.
³² Pan yw'n edrych ar y ddaear, y mae'n crynu;
pan yw'n cyffwrdd â'r mynyddoedd, y maent yn mygu.
³³ Canaf i'r ARGLWYDD tra byddaf byw,
rhof foliant i Dduw tra byddaf.
³⁴ Bydded fy myfyrdod yn gymeradwy ganddo;
yr wyf yn llawenhau yn yr ARGLWYDD.
³⁵ Bydded i'r pechaduriaid ddarfod o'r tir,
ac na fydded y drygionus mwyach.
Fy enaid, bendithia'r ARGLWYDD.
Molwch yr ARGLWYDD.

104:16 Neu, *coedydd yr ARGLWYDD.*

105

Diolchwch i'r ARGLWYDD.
   Galwch ar ei enw,
gwnewch yn hysbys ei weithredoedd
   ymysg y bobloedd.
² Canwch iddo, moliannwch ef,
dywedwch am ei holl ryfeddodau.
³ Gorfoleddwch yn ei enw sanctaidd;
llawenhaed calon y rhai sy'n ceisio'r
   ARGLWYDD.
⁴ Ceisiwch yr ARGLWYDD a'i nerth,
ceisiwch ei wyneb bob amser.
⁵ Cofiwch y rhyfeddodau a wnaeth,
ei wyrthiau a'r barnedigaethau a
   gyhoeddodd,
⁶ chwi ddisgynyddion Abraham, ei
   was,
disgynyddion Jacob, ei etholedig.

⁷ Ef yw'r ARGLWYDD ein Duw,
ac y mae ei farnedigaethau dros yr
   holl ddaear.
⁸ Y mae'n cofio ei gyfamod dros
   byth,
gair ei orchymyn hyd fil o
   genedlaethau,
⁹ sef y cyfamod a wnaeth ag
   Abraham,
a'i lw i Isaac—
¹⁰ yr hyn a osododd yn ddeddf i
   Jacob,
ac yn gyfamod tragwyddol i Israel,
¹¹ a dweud, "I chwi y rhoddaf wlad
   Canaan
yn gyfran eich etifeddiaeth."
¹² Pan oeddent yn fychan o rif,
yn ychydig, ac yn grwydriaid yn y
   wlad,
¹³ yn crwydro o genedl i genedl,
ac o un deyrnas at bobl eraill,
¹⁴ ni adawodd i neb eu darostwng,
ond ceryddodd frenhinoedd o'u
   hachos,
¹⁵ a dweud, "Peidiwch â chyffwrdd
   â'm heneiniog,
na gwneud niwed i'm proffwydi."

¹⁶ Pan alwodd am newyn dros y
   wlad,
a thorri ymaith eu cynhaliaeth o
   fara,
¹⁷ yr oedd wedi anfon gŵr o'u
   blaenau,
Joseff, a werthwyd yn gaethwas.
¹⁸ Doluriwyd ei draed yn y cyffion,
a rhoesant haearn am ei wddf,
¹⁹ nes i'r hyn a ddywedodd ef ddod
   yn wir,
ac i air yr ARGLWYDD ei brofi'n gywir.
²⁰ Anfonodd y brenin i'w ryddhau—
brenin y cenhedloedd yn ei wneud
   yn rhydd;
²¹ gwnaeth ef yn feistr ar ei dŷ,
ac yn llywodraethwr ar ei holl eiddo,
²² i hyfforddi ei dywysogion yn ôl ei
   ddymuniad,
ac i ddysgu doethineb i'w henuriaid.

²³ Yna daeth Israel hefyd i'r Aifft,
a Jacob i grwydro yn nhir Ham.
²⁴ A gwnaeth yr Arglwydd ei bobl yn
   ffrwythlon iawn,
ac aethant yn gryfach na'u gelynion.
²⁵ Trodd yntau eu calon i gasáu ei
   bobl,
ac i ymddwyn yn ddichellgar at ei
   weision.
²⁶ Yna anfonodd ei was Moses,
ac Aaron, yr un yr oedd wedi ei
   ddewis,
²⁷ a thrwy eu geiriau hwy gwnaeth*
   arwyddion
a gwyrthiau yn nhir Ham.
²⁸ Anfonodd dywyllwch, ac aeth yn
   dywyll,
eto yr* oeddent yn gwrthryfela yn
   erbyn ei eiriau.
²⁹ Trodd eu dyfroedd yn waed,
a lladdodd eu pysgod.
³⁰ Llanwyd eu tir â llyffaint,
hyd yn oed ystafelloedd eu
   brenhinoedd.
³¹ Pan lefarodd ef, daeth haid o
   bryfed
a llau trwy'r holl wlad.
³² Rhoes iddynt genllysg yn lle glaw,
a mellt yn fflachio trwy eu gwlad.
³³ Trawodd y gwinwydd a'r
   ffigyswydd,
a malurio'r coed trwy'r wlad.
³⁴ Pan lefarodd ef, daeth locustiaid
a lindys heb rifedi,
³⁵ nes iddynt fwyta'r holl laswellt
   trwy'r wlad,
a difa holl gynnyrch y ddaear.

105:27 Felly Fersiynau. Hebraeg, *rhoddasant arnynt hwy eiriau.*
105:28 Felly Fersiynau. Hebraeg, *nid.*

³⁶ A thrawodd bob cyntafanedig yn y wlad,
blaenffrwyth eu holl nerth.

³⁷ Yna dygodd hwy allan gydag arian ac aur,
ac nid oedd un yn baglu ymysg y llwythau.

³⁸ Llawenhaodd yr Eifftiaid pan aethant allan,
oherwydd bod arnynt eu hofn hwy.

³⁹ Lledaenodd gwmwl i'w gorchuddio,
a thân i oleuo iddynt yn y nos.

⁴⁰ Pan fu iddynt ofyn, anfonodd soflieir iddynt,
a digonodd hwy â bara'r nefoedd.

⁴¹ Holltodd graig nes bod dŵr yn pistyllio,
ac yn llifo fel afon trwy'r diffeithwch.

⁴² Oherwydd yr oedd yn cofio ei addewid sanctaidd
i Abraham ei was.

⁴³ Dygodd ei bobl allan mewn llawenydd,
ei rai etholedig mewn gorfoledd.

⁴⁴ Rhoes iddynt diroedd y cenhedloedd,
a chymerasant feddiant o ffrwyth llafur pobloedd,

⁴⁵ er mwyn iddynt gadw ei ddeddfau,
ac ufuddhau i'w gyfreithiau.
Molwch yr ARGLWYDD.

106
Molwch yr ARGLWYDD.
Diolchwch i'r ARGLWYDD, oherwydd da yw,
ac y mae ei gariad hyd byth.

² Pwy all draethu gweithredoedd nerthol yr ARGLWYDD,
neu gyhoeddi ei holl foliant?

³ Gwyn eu byd y rhai sy'n cadw barn,
ac yn gwneud cyfiawnder bob amser.

⁴ Cofia fi, ARGLWYDD, pan wnei ffafr â'th bobl;
ymwêl â mi, pan fyddi'n gwaredu,

⁵ imi gael gweld llwyddiant y rhai a ddewisi,
a llawenhau yn llawenydd dy genedl,
a gorfoleddu gyda'th etifeddiaeth di.

⁶ Yr ydym ni, fel ein hynafiaid, wedi pechu;
yr ydym wedi troseddu a gwneud drygioni.

⁷ Pan oedd ein hynafiaid yn yr Aifft
ni wnaethant sylw o'th ryfeddodau,
na chofio maint dy ffyddlondeb,
ond gwrthryfela yn erbyn y Goruchaf* ger y Môr Coch.

⁸ Ond gwaredodd ef hwy er mwyn ei enw,
er mwyn dangos ei rym.

⁹ Ceryddodd y Môr Coch ac fe sychodd,
ac arweiniodd hwy trwy'r dyfnder fel pe trwy'r anialwch.

¹⁰ Gwaredodd hwy o law'r rhai oedd yn eu casáu,
a'u harbed o law'r gelyn.

¹¹ Caeodd y dyfroedd am eu gwrthwynebwyr,
ac nid arbedwyd yr un ohonynt.

¹² Yna credasant ei eiriau,
a chanu mawl iddo.

¹³ Ond yn fuan yr oeddent wedi anghofio ei weithredoedd,
ac nid oeddent yn aros am ei gyngor.

¹⁴ Daeth eu blys drostynt yn yr anialwch,
ac yr oeddent yn profi Duw yn y diffeithwch.

¹⁵ Rhoes yntau iddynt yr hyn yr oeddent yn ei ofyn,
ond anfonodd nychdod i'w mysg.

¹⁶ Yr oeddent yn cenfigennu yn y gwersyll wrth Moses,
a hefyd wrth Aaron, un sanctaidd yr ARGLWYDD.

¹⁷ Yna agorodd y ddaear a llyncu Dathan,
a gorchuddio cwmni Abiram.

¹⁸ Torrodd tân allan ymhlith y cwmni,
a llosgwyd y drygionus yn y fflamau.

¹⁹ Gwnaethant lo yn Horeb,
ac ymgrymu i'r ddelw,

²⁰ gan newid yr un oedd yn ogoniant iddynt
am ddelw o ych yn pori gwellt.

²¹ Yr oeddent wedi anghofio Duw, eu Gwaredydd,
a oedd wedi gwneud pethau mawrion yn yr Aifft,

106:7 Cymh. Groeg. Hebraeg, *wrth y môr*.

²² pethau rhyfeddol yng ngwlad Ham,
a phethau ofnadwy ger y Môr Coch.
²³ Felly dywedodd ef y byddai'n eu dinistrio,
oni bai i Moses, yr un a ddewisodd,
sefyll yn y bwlch o'i flaen,
i droi'n ôl ei ddigofaint rhag eu dinistrio.
²⁴ Yna bu iddynt ddilorni'r wlad hyfryd,
ac nid oeddent yn credu ei air;
²⁵ yr oeddent yn grwgnach yn eu pebyll,
a heb wrando ar lais yr ARGLWYDD.
²⁶ Cododd yntau ei law a thyngu
y byddai'n peri iddynt syrthio yn yr anialwch,
²⁷ ac yn gwasgaru* eu disgynyddion i blith y cenhedloedd,
a'u chwalu trwy'r gwledydd.
²⁸ Yna aethant i gyfathrach â Baal-peor,
a bwyta ebyrth y meirw;
²⁹ yr oeddent wedi cythruddo'r ARGLWYDD â'u gweithredoedd,
a thorrodd pla allan yn eu mysg.
³⁰ Ond cododd Phinees a'u barnu,
ac ataliwyd y pla.
³¹ A chyfrifwyd hyn yn gyfiawnder iddo
dros y cenedlaethau am byth.
³² Bu iddynt gythruddo'r Arglwydd hefyd wrth ddyfroedd Meriba,
a bu'n ddrwg ar Moses o'u plegid,
³³ oherwydd gwnaethant ei ysbryd yn chwerw,
ac fe lefarodd yntau yn fyrbwyll.
³⁴ Ni fu iddynt ddinistrio'r bobloedd
y dywedodd yr ARGLWYDD amdanynt,
³⁵ ond cymysgu gyda'r cenhedloedd,
a dysgu gwneud fel hwythau.
³⁶ Yr oeddent yn addoli eu delwau,
a bu hynny'n fagl iddynt.
³⁷ Yr oeddent yn aberthu eu meibion a'u merched i'r demoniaid.
³⁸ Yr oeddent yn tywallt gwaed dieuog,
gwaed eu meibion a'u merched
yr oeddent yn eu haberthu i ddelwau Canaan;
a halogwyd y ddaear â'u gwaed.
³⁹ Felly aethant yn aflan trwy'r hyn a wnaent,
ac yn buteiniaid trwy eu gweithredoedd.
⁴⁰ Yna cythruddodd dicter yr ARGLWYDD yn erbyn ei bobl,
a ffieiddiodd ei etifeddiaeth;
⁴¹ rhoddodd hwy yn llaw'r cenhedloedd,
a llywodraethwyd hwy gan y rhai oedd yn eu casáu;
⁴² fe'u gorthrymwyd gan eu gelynion,
a'u darostwng dan eu hawdurdod.
⁴³ Lawer gwaith y gwaredodd hwy,
ond yr oeddent hwy yn wrthryfelgar eu bwriad,
ac yn cael eu darostwng oherwydd eu drygioni.
⁴⁴ Er hynny, cymerodd sylw o'u cyfyngder
pan glywodd eu cri am gymorth;
⁴⁵ cofiodd ei gyfamod â hwy,
ac edifarhau oherwydd ei gariad mawr;
⁴⁶ parodd iddynt gael trugaredd
gan bawb oedd yn eu caethiwo.

⁴⁷ Gwareda ni, O ARGLWYDD ein Duw,
a chynnull ni o blith y cenhedloedd,
inni gael rhoi diolch i'th enw sanctaidd,
ac ymhyfrydu yn dy fawl.

⁴⁸ Bendigedig fyddo'r ARGLWYDD, Duw Israel,
o dragwyddoldeb hyd dragwyddoldeb;
dyweded yr holl bobl, "Amen."
Molwch yr ARGLWYDD.

LLYFR 5

107

Diolchwch i'r ARGLWYDD, oherwydd da yw,
ac y mae ei gariad hyd byth.
² Fel yna dyweded y rhai a waredwyd gan yr ARGLWYDD,
y rhai a waredodd ef o law'r gelyn,
³ a'u cynnull ynghyd o'r gwledydd,
o'r dwyrain a'r gorllewin,
o'r gogledd a'r de.

106:27 Felly Fersiynau. Hebraeg, *yn peri syrthio*.

⁴ Aeth rhai ar goll mewn anialdir a diffeithwch,
heb gael ffordd at ddinas i fyw ynddi;
⁵ yr oeddent yn newynog ac yn sychedig,
ac yr oedd eu nerth yn pallu.
⁶ Yna gwaeddasant ar yr ARGLWYDD yn eu cyfyngder,
a gwaredodd hwy o'u hadfyd;
⁷ arweiniodd hwy ar hyd ffordd union
i fynd i ddinas i fyw ynddi.
⁸ Bydded iddynt ddiolch i'r ARGLWYDD am ei gariad,
ac am ei ryfeddodau i ddynolryw.
⁹ Oherwydd rhoes eu digon i'r sychedig,
a llenwi'r newynog â phethau daionus.

¹⁰ Yr oedd rhai yn eistedd mewn tywyllwch dudew,
yn gaethion mewn gofid a haearn,
¹¹ am iddynt wrthryfela yn erbyn geiriau Duw,
a dirmygu cyngor y Goruchaf.
¹² Llethwyd eu calon gan flinder;
syrthiasant heb neb i'w hachub.
¹³ Yna gwaeddasant ar yr ARGLWYDD yn eu cyfyngder,
a gwaredodd ef hwy o'u hadfyd;
¹⁴ daeth â hwy allan o'r tywyllwch dudew,
a drylliodd eu gefynnau.
¹⁵ Bydded iddynt ddiolch i'r ARGLWYDD am ei gariad,
ac am ei ryfeddodau i ddynolryw.
¹⁶ Oherwydd torrodd byrth pres,
a drylliodd farrau heyrn.

¹⁷ Yr oedd rhai yn ynfyd; oherwydd eu ffyrdd pechadurus
a'u camwedd fe'u cystuddiwyd;
¹⁸ aethant i gasáu pob math o fwyd,
a daethant yn agos at byrth angau.
¹⁹ Yna gwaeddasant ar yr ARGLWYDD yn eu cyfyngder,
a gwaredodd ef hwy o'u hadfyd;
²⁰ anfonodd ei air ac iachaodd hwy,
a gwaredodd hwy o ddistryw.
²¹ Bydded iddynt ddiolch i'r ARGLWYDD am ei gariad,
ac am ei ryfeddodau i ddynolryw.
²² Bydded iddynt ddod ag offrymau diolch,
a dweud am ei weithredoedd mewn gorfoledd.

²³ Aeth rhai i'r môr mewn llongau,
a gwneud eu gorchwylion ar ddyfroedd mawr;
²⁴ gwelsant hwy weithredoedd yr ARGLWYDD,
a'i ryfeddodau yn y dyfnder.
²⁵ Pan lefarai ef, deuai gwynt stormus,
a pheri i'r tonnau godi'n uchel.
²⁶ Cawsant eu codi i'r nefoedd a'u bwrw i'r dyfnder,
a phallodd eu dewrder yn y trybini;
²⁷ yr oeddent yn troi yn simsan fel meddwyn,
ac wedi colli eu holl fedr.
²⁸ Yna gwaeddasant ar yr ARGLWYDD yn eu cyfyngder,
a gwaredodd ef hwy o'u hadfyd;
²⁹ gwnaeth i'r storm dawelu,
ac aeth y tonnau'n ddistaw;
³⁰ yr oeddent yn llawen am iddi lonyddu,
ac arweiniodd hwy i'r hafan a ddymunent.
³¹ Bydded iddynt ddiolch i'r ARGLWYDD am ei gariad,
ac am ei ryfeddodau i ddynolryw.
³² Bydded iddynt ei ddyrchafu yng nghynulleidfa'r bobl,
a'i foliannu yng nghyngor yr henuriaid.

³³ Y mae ef yn troi afonydd yn ddiffeithwch,
a ffynhonnau dyfroedd yn sychdir;
³⁴ y mae ef yn troi tir ffrwythlon yn grastir,
oherwydd drygioni'r rhai sy'n byw yno.
³⁵ Y mae ef yn troi diffeithwch yn llynnau dŵr,
a thir sych yn ffynhonnau.
³⁶ Gwna i'r newynog fyw yno,
a sefydlant ddinas i fyw ynddi;
³⁷ heuant feysydd a phlannu gwinwydd,
a chânt gnydau toreithiog.

³⁸ Bydd ef yn eu bendithio ac yn eu hamlhau,
ac ni fydd yn gadael i'w gwartheg leihau.

³⁹ Pan fyddant yn lleihau ac wedi eu darostwng
trwy orthrwm, helbul a gofid,
⁴⁰ bydd ef yn tywallt gwarth ar dywysogion,
ac yn peri iddynt grwydro trwy'r anialwch diarffordd.
⁴¹ Ond bydd yn codi'r tlawd o'i ofid,
ac yn gwneud ei deulu fel praidd.
⁴² Bydd yr uniawn yn gweld ac yn llawenhau,
ond pob un drygionus yn atal ei dafod.
⁴³ Pwy bynnag sydd ddoeth, rhoed sylw i'r pethau hyn;
bydded iddynt ystyried ffyddlondeb yr ARGLWYDD.

Cân. Salm. I Ddafydd.

108 Y mae fy nghalon yn gadarn, O Dduw;
fe ganaf, a rhoi mawl.
Deffro, fy enaid.*
² Deffro di, nabl a thelyn.
Fe ddeffroaf ar doriad gwawr.
³ Rhof ddiolch i ti, O ARGLWYDD, ymysg y bobloedd,
a chanmolaf di ymysg y cenhedloedd,
⁴ oherwydd y mae dy gariad yn ymestyn hyd y nefoedd,
a'th wirionedd hyd y cymylau.
⁵ Dyrchafa'n uwch na'r nefoedd, O Dduw,
a bydded dy ogoniant dros yr holl ddaear.
⁶ Er mwyn gwaredu dy anwyliaid,
achub â'th ddeheulaw, ac ateb ni.

⁷ Llefarodd Duw yn ei gysegr,
"Yr wyf yn gorfoleddu wrth rannu Sichem,
a mesur dyffryn Succoth yn rhannau;
⁸ eiddof fi yw Gilead a Manasse;
Effraim yw fy helm,
a Jwda yw fy nheyrnwialen;
⁹ Moab yw fy nysgl ymolchi,
ac at Edom y taflaf fy esgid;
ac yn erbyn Philistia y gorfoleddaf."

¹⁰ Pwy a'm dwg i'r ddinas gaerog?
Pwy a'm harwain i Edom?
¹¹ Onid ti, O Dduw, er iti'n gwrthod,
a pheidio â mynd allan gyda'n byddinoedd?
¹² Rho inni gymorth rhag y gelyn,
oherwydd ofer yw ymwared dynol.
¹³ Gyda Duw fe wnawn wrhydri;
ef fydd yn sathru ein gelynion.

I'r Cyfarwyddwr: i Ddafydd. Salm.

109 O Dduw fy moliant, paid â thewi.
² Oherwydd agorasant eu genau drygionus a thwyllodrus yn fy erbyn,
a llefaru wrthyf â thafod celwyddog,
³ a'm hamgylchu â geiriau casineb,
ac ymosod arnaf heb achos.
⁴ Am fy ngharedigrwydd y'm cyhuddant,
a minnau'n gweddïo drostynt.
⁵ Talasant imi ddrwg am dda,
a chasineb am gariad.

⁶ Apwyntier un drwg yn ei erbyn,
a chyhuddwr i sefyll ar ei dde.
⁷ Pan fernir ef, caffer ef yn euog,
ac ystyrier ei weddi'n bechod.
⁸ Bydded ei ddyddiau'n ychydig,
a chymered arall ei swydd;
⁹ bydded ei blant yn amddifad
a'i wraig yn weddw.
¹⁰ Crwydred ei blant i gardota—
wedi eu troi allan* o'u hadfeilion.
¹¹ Cymered y benthyciwr bopeth sydd ganddo,
a dyged estroniaid ei enillion.
¹² Na fydded i neb drugarhau wrtho,
na gwneud ffafr â'i blant amddifad.
¹³ Torrer ymaith ei linach,
a'i henw wedi ei ddileu o fewn cenhedlaeth.
¹⁴ Dyger i gof ddrygioni ei hynafiaid gerbron yr ARGLWYDD,
ac na ddileer pechodau ei fam.
¹⁵ Bydded hyn mewn cof gan yr ARGLWYDD yn wastad,

108:1 Tebygol. Hebraeg, *mawl, hyd yn oed fy anrhydedd.*

109:10 Felly Groeg. Hebraeg, *a cheisiant.*

a bydded iddo dorri ymaith eu coffa
o'r tir.
¹⁶ Oherwydd ni chofiodd hwn fod yn
ffyddlon,
ond erlidiodd y gorthrymedig a'r
tlawd,
a'r drylliedig o galon hyd angau.
¹⁷ Carodd felltithio: doed melltith
arno yntau.
Ni hoffai fendithio; pell y bo bendith
oddi wrtho yntau.
¹⁸ Gwisgodd felltith amdano fel
dilledyn;
suddodd i'w gnawd fel dŵr,
ac fel olew i'w esgyrn.
¹⁹ Bydded fel y dillad a wisga,
ac fel y gwregys sydd amdano bob
amser.
²⁰ Hyn fyddo tâl yr ARGLWYDD i'm
cyhuddwyr,
sy'n llefaru drygioni yn fy erbyn.
²¹ Ond tydi, fy ARGLWYDD Dduw,
gweithreda drosof er mwyn dy enw;
oherwydd daioni dy gariad,
gwareda fi.
²² Yr wyf yn druan a thlawd,
a'm calon mewn gwewyr ynof.
²³ Yr wyf yn darfod fel cysgod
hwyrddydd;
fe'm gyrrir ymaith fel locust.
²⁴ Y mae fy nghliniau'n wan gan
ympryd,
a'm corff yn denau o ddiffyg braster.
²⁵ Deuthum yn gyff gwawd iddynt;
pan welant fi, ysgydwant eu pennau.
²⁶ Cynorthwya, fi, O ARGLWYDD fy
Nuw,
achub fi yn ôl dy drugaredd,
²⁷ a gad iddynt wybod mai dy law di
ydyw,
mai ti, ARGLWYDD, a'i gwnaeth.
²⁸ Pan fônt hwy'n melltithio,
bendithia di;
cywilyddier fy ngwrthwynebwyr, a
bydded dy was yn llawen.
²⁹ Gwisger fy nghyhuddwyr â gwarth;
bydded eu cywilydd fel mantell
amdanynt.
³⁰ Clodforaf fi yr ARGLWYDD â'm
genau,
a moliannaf ef yng ngŵydd
cynulleidfa.

³¹ Oherwydd saif ef ar ddeheulaw'r
tlawd,
i'w achub rhag ei gyhuddwyr.

I Ddafydd. Salm.

110 Dywedodd yr ARGLWYDD wrth
fy Arglwydd:
"Eistedd ar fy neheulaw,
nes imi wneud dy elynion yn
droedfainc i ti."

² Y mae'r ARGLWYDD yn estyn i ti o
Seion deyrnwialen awdurdod;
llywodraetha dithau yng nghanol dy
elynion.
³ Y mae dy bobl yn deyrngar iti ar
ddydd dy eni
mewn gogoniant sanctaidd o groth y
wawr;
fel gwlith y'th genhedlais di.
⁴ Tyngodd yr ARGLWYDD, ac ni
newidia,
"Yr wyt yn offeiriad am byth
yn ôl urdd Melchisedec."
⁵ Y mae'r Arglwydd ar dy ddeheulaw
yn dinistrio brenhinoedd yn nydd ei
ddicter.
⁶ Fe weinydda farn ymysg y
cenhedloedd,
a'u llenwi â chelanedd;
dinistria benaethiaid
dros ddaear lydan.
⁷ Fe yf o'r nant ar y ffordd,
ac am hynny y cwyd ei ben.

111 Molwch yr ARGLWYDD.
Diolchaf i'r ARGLWYDD â'm holl galon
yng nghwmni'r uniawn, yn y
gynulleidfa.
² Mawr yw gweithredoedd yr
ARGLWYDD,
fe'u harchwilir gan bawb sy'n
ymhyfrydu ynddynt.
³ Llawn anrhydedd a mawredd yw ei
waith,
a saif ei gyfiawnder am byth.
⁴ Gwnaeth inni gofio ei ryfeddodau;
graslon a thrugarog yw'r ARGLWYDD.
⁵ Mae'n rhoi bwyd i'r rhai sy'n ei
ofni,
ac yn cofio ei gyfamod am byth.

⁶ Dangosodd i'w bobl rym ei
　weithredoedd
trwy roi iddynt etifeddiaeth y
　cenhedloedd.
⁷ Y mae gwaith ei ddwylo yn gywir a
　chyfiawn,
a'i holl orchmynion yn ddibynadwy;
⁸ y maent wedi eu sefydlu hyd byth,
ac wedi eu llunio o wirionedd ac
　uniondeb.
⁹ Rhoes waredigaeth i'w bobl,
a gorchymyn ei gyfamod dros byth.
Sanctaidd ac ofnadwy yw ei enw.
¹⁰ Dechrau doethineb yw ofn yr
　ARGLWYDD;
y mae deall da gan bawb sy'n ufudd.
Y mae ei foliant yn para byth.

112 Molwch yr ARGLWYDD.
Gwyn ei fyd y sawl sy'n ofni'r
　ARGLWYDD,
ac yn ymhyfrydu'n llwyr yn ei
　orchmynion.
² Bydd ei ddisgynyddion yn gedyrn
　ar y ddaear,
yn genhedlaeth uniawn wedi ei
　bendithio.
³ Bydd golud a chyfoeth yn ei dŷ,
a bydd ei gyfiawnder yn para am
　byth.
⁴ Fe lewyrcha goleuni mewn
　tywyllwch i'r uniawn;
y mae'r cyfiawn yn raslon a
　thrugarog.*
⁵ Da yw i bob un drugarhau a rhoi
　benthyg,
a threfnu ei orchwylion yn onest;
⁶ oherwydd ni symudir ef o gwbl,
a chofir y cyfiawn dros byth.
⁷ Nid yw'n ofni newyddion drwg;
y mae ei galon yn ddi-gryn, yn
　ymddiried yn yr ARGLWYDD.
⁸ Y mae ei galon yn ddi-sigl, ac nid
　ofna
nes iddo weld diwedd ar ei elynion.
⁹ Y mae wedi rhoi'n hael i'r tlodion;
y mae ei gyfiawnder yn para am
　byth,
a'i gorn wedi ei ddyrchafu mewn
　anrhydedd.

112:4 Felly rhai llawysgrifau. TM, *graslon a
thrugarog a chyfiawn.*

¹⁰ Gwêl y drygionus hyn ac y mae'n
　ddig;
ysgyrnyga'i ddannedd a diffygia;
derfydd am obaith y drygionus.

113 Molwch yr ARGLWYDD.
Molwch, chwi weision yr ARGLWYDD,
molwch enw'r ARGLWYDD.
² Bendigedig fyddo enw'r ARGLWYDD
o hyn allan a hyd byth.
³ O godiad haul hyd ei fachlud
bydded enw'r ARGLWYDD yn
　foliannus.
⁴ Uchel yw'r ARGLWYDD goruwch yr
　holl genhedloedd,
a'i ogoniant goruwch y nefoedd.
⁵ Pwy sydd fel yr ARGLWYDD ein Duw
yn y nefoedd neu ar y ddaear,
⁶ yn gosod ei orseddfainc yn uchel
a hefyd yn ymostwng i edrych yn isel?
⁷ Y mae ef yn codi'r gwan o'r llwch
ac yn dyrchafu'r anghenus o'r
　domen,
⁸ i'w gosod gyda phendefigion,
gyda phendefigion ei bobl.
⁹ Rhydd deulu i'r wraig ddi-blant;
daw hi'n fam lawen i blant.
Molwch yr ARGLWYDD.

114 Pan ddaeth Israel allan o'r
　Aifft,
tŷ Jacob o blith pobl estron eu
　hiaith,
² daeth Jwda yn gysegr iddo,
ac Israel yn arglwyddiaeth iddo.
³ Edrychodd y môr a chilio,
a throdd yr Iorddonen yn ei hôl.
⁴ Neidiodd y mynyddoedd fel
　hyrddod,
a'r bryniau fel ŵyn.
⁵ Beth sydd arnat, fôr, dy fod yn cilio,
a'r Iorddonen, dy fod yn troi'n ôl?
⁶ Pam, fynyddoedd, yr ydych yn
　neidio fel hyrddod,
a chwithau'r bryniau, fel ŵyn?
⁷ Cryna, O ddaear, ym mhresenoldeb
　yr Arglwydd,
ym mhresenoldeb Duw Jacob,
⁸ sy'n troi'r graig yn llyn dŵr
a'r callestr yn ffynhonnau.

115

¹ Nid i ni, O ARGLWYDD, nid i ni,
ond i'th enw dy hun, rho ogoniant,
er mwyn dy gariad a'th ffyddlondeb.

² Pam y mae'r cenhedloedd yn dweud,
"Ple mae eu Duw?"
³ Y mae ein Duw ni yn y nefoedd;
fe wna beth bynnag a ddymuna.
⁴ Arian ac aur yw eu delwau hwy,
ac wedi eu gwneud â dwylo dynol.
⁵ Y mae ganddynt enau nad ydynt yn siarad,
a llygaid nad ydynt yn gweld;
⁶ y mae ganddynt glustiau nad ydynt yn clywed,
a ffroenau nad ydynt yn arogli;
⁷ y mae ganddynt ddwylo nad ydynt yn teimlo,
a thraed nad ydynt yn cerdded;
ac ni ddaw sŵn o'u gyddfau.
⁸ Y mae eu gwneuthurwyr yn mynd yn debyg iddynt,
ac felly hefyd bob un sy'n ymddiried ynddynt.

⁹ O Israel, ymddirieda yn yr ARGLWYDD.
Ef yw eu cymorth a'u tarian.
¹⁰ O dŷ Aaron, ymddiriedwch yn yr ARGLWYDD.
Ef yw eu cymorth a'u tarian.
¹¹ Chwi sy'n ofni'r ARGLWYDD,
ymddiriedwch yn yr ARGLWYDD.
Ef yw eu cymorth a'u tarian.
¹² Y mae'r ARGLWYDD yn ein cofio ac yn ein bendithio;
fe fendithia dŷ Israel,
fe fendithia dŷ Aaron,
¹³ fe fendithia'r rhai sy'n ofni'r ARGLWYDD,
y bychan a'r mawr fel ei gilydd.

¹⁴ Bydded yr ARGLWYDD yn eich amlhau,
chwi a'ch plant hefyd.
¹⁵ Bydded ichwi gael bendith gan yr ARGLWYDD
a wnaeth nefoedd a daear.
¹⁶ Y nefoedd, eiddo'r ARGLWYDD yw,
ond fe roes y ddaear i ddynolryw.
¹⁷ Nid yw'r meirw yn moliannu'r ARGLWYDD,
na'r holl rai sy'n mynd i lawr i dawelwch.
¹⁸ Ond yr ydym ni'n bendithio'r ARGLWYDD
yn awr a hyd byth.
Molwch yr ARGLWYDD.

116

¹ Yr wyf yn caru'r ARGLWYDD,
am iddo wrando ar lef fy ngweddi,
² am iddo droi ei glust ataf
y dydd y gwaeddais arno.
³ Yr oedd clymau angau wedi tynhau amdanaf,
a gefynnau Sheol wedi fy nal,
a minnau'n dioddef adfyd ac ing.
⁴ Yna gelwais ar enw'r ARGLWYDD:
"Yr wyf yn erfyn, ARGLWYDD, gwared fi."
⁵ Graslon yw'r ARGLWYDD, a chyfiawn,
ac y mae ein Duw ni'n tosturio.
⁶ Ceidw'r ARGLWYDD y rhai syml;
pan ddarostyngwyd fi, fe'm gwaredodd.
⁷ Gorffwysa unwaith eto, fy enaid,
oherwydd bu'r ARGLWYDD yn hael wrthyt;
⁸ oherwydd gwaredodd fy enaid rhag angau,
fy llygaid rhag dagrau,
fy nhraed rhag baglu.
⁹ Rhodiaf gerbron yr ARGLWYDD
yn nhir y rhai byw.
¹⁰ Yr oeddwn yn credu y byddwn wedi fy narostwng;
cefais fy nghystuddio'n drwm;
¹¹ yn fy nghyni dywedais,
"Y mae pawb yn dwyllodrus."

¹² Sut y gallaf dalu i'r ARGLWYDD
am ei holl haelioni tuag ataf?
¹³ Dyrchafaf gwpan iachawdwriaeth,
a galw ar enw'r ARGLWYDD.
¹⁴ Talaf fy addunedau i'r ARGLWYDD
ym mhresenoldeb ei holl bobl.
¹⁵ Gwerthfawr yng ngolwg yr ARGLWYDD
yw marwolaeth ei ffyddloniaid.
¹⁶ O ARGLWYDD, dy was yn wir wyf fi,
gwas o hil gweision;
yr wyt wedi datod fy rhwymau.
¹⁷ Rhof i ti offrwm diolch,

a galw ar enw'r ARGLWYDD.
¹⁸ Talaf fy addunedau i'r ARGLWYDD
ym mhresenoldeb ei holl bobl,
¹⁹ yng nghynteddau tŷ'r ARGLWYDD
yn dy ganol di, O Jerwsalem.
Molwch yr ARGLWYDD.

117

Molwch yr ARGLWYDD, yr holl
 genhedloedd;
clodforwch ef, yr holl bobloedd.
² Oherwydd mae ei gariad yn gryf
 tuag atom,
ac y mae ffyddlondeb yr ARGLWYDD
 dros byth.
Molwch yr ARGLWYDD.

118

Diolchwch i'r ARGLWYDD,
 oherwydd da yw,
ac y mae ei gariad hyd byth.
² Dyweded Israel yn awr,
"Y mae ei gariad hyd byth."
³ Dyweded tŷ Aaron yn awr,
"Y mae ei gariad hyd byth."
⁴ Dyweded y rhai sy'n ofni'r
 ARGLWYDD,
"Y mae ei gariad hyd byth."
⁵ O'm cyfyngder gwaeddais ar yr
 ARGLWYDD;
atebodd yntau fi a'm rhyddhau.
⁶ Y mae'r ARGLWYDD o'm tu, nid
 ofnaf;
beth a wna pobl i mi?
⁷ Y mae'r ARGLWYDD o'm tu i'm
 cynorthwyo,
a gwelaf ddiwedd ar y rhai sy'n fy
 nghasáu.
⁸ Gwell yw llochesu yn yr ARGLWYDD
nag ymddiried yn neb meidrol.
⁹ Gwell yw llochesu yn yr ARGLWYDD
nag ymddiried mewn tywysogion.
¹⁰ Daeth yr holl genhedloedd i'm
 hamgylchu;
yn enw'r ARGLWYDD fe'u gyrraf
 ymaith.
¹¹ Daethant i'm hamgylchu ar bob tu;
yn enw'r ARGLWYDD fe'u gyrraf
 ymaith.
¹² Daethant i'm hamgylchu fel
 gwenyn,
a llosgi* fel tân mewn drain;

yn enw'r ARGLWYDD fe'u gyrraf
 ymaith.
¹³ Gwthiwyd fi'n galed nes fy mod ar
 syrthio,
ond cynorthwyodd yr ARGLWYDD fi.
¹⁴ Yr ARGLWYDD yw fy nerth a'm cân,
ac ef yw'r un a'm hachubodd.
¹⁵ Clywch gân gwaredigaeth
ym mhebyll y rhai cyfiawn:
"Y mae deheulaw'r ARGLWYDD yn
 gweithredu'n rymus;
¹⁶ y mae deheulaw'r ARGLWYDD wedi
 ei chodi;
y mae deheulaw'r ARGLWYDD yn
 gweithredu'n rymus."
¹⁷ Nid marw ond byw fyddaf,
ac adroddaf am weithredoedd yr
 ARGLWYDD.
¹⁸ Disgyblodd yr ARGLWYDD fi'n llym,
ond ni roddodd fi yn nwylo
 marwolaeth.
¹⁹ Agorwch byrth cyfiawnder i mi;
dof finnau i mewn a diolch i'r
 ARGLWYDD.
²⁰ Dyma borth yr ARGLWYDD;
y cyfiawn a ddaw i mewn drwyddo.
²¹ Diolchaf i ti am fy ngwrando
a dod yn waredigaeth i mi.
²² Y maen a wrthodod yr
 adeiladwyr
a ddaeth yn brif gonglfaen.
²³ Gwaith yr ARGLWYDD yw hyn,
ac y mae'n rhyfeddod yn ein golwg.
²⁴ Dyma'r dydd y gweithredodd yr
 ARGLWYDD;
gorfoleddwn a llawenhawn ynddo.
²⁵ Yr ydym yn erfyn, ARGLWYDD,
 achub ni;
yr ydym yn erfyn, ARGLWYDD, rho
 lwyddiant.
²⁶ Bendigedig yw'r un sy'n dod yn
 enw'r ARGLWYDD.
Bendithiwn chwi o dŷ'r ARGLWYDD.
²⁷ Yr ARGLWYDD sydd Dduw, rhoes
 oleuni i mi.
Â changau ymunwch yn yr
 orymdaith
hyd at gyrn yr allor.
²⁸ Ti yw fy Nuw, a rhoddaf ddiolch i
 ti;
fy Nuw, fe'th ddyrchafaf di.

118:12 Felly Fersiynau. Hebraeg, *diffodd.*

²⁹ Diolchwch i'r ARGLWYDD,
oherwydd da yw,
ac y mae ei gariad hyd byth.

119 Gwyn eu byd y rhai perffaith eu ffordd,
y rhai sy'n rhodio yng nghyfraith yr ARGLWYDD.
² Gwyn eu byd y rhai sy'n cadw ei farnedigaethau,
ac yn ei geisio ef â'u holl galon,
³ y rhai nad ydynt wedi gwneud unrhyw ddrwg,
ond sy'n rhodio yn ei ffyrdd ef.
⁴ Yr wyt ti wedi gwneud dy ofynion yn ddeddfau
i'w cadw'n ddyfal.
⁵ O na allwn gerdded yn unionsyth
a chadw dy ddeddfau!
⁶ Yna ni'm cywilyddir os cadwaf fy llygaid
ar dy holl orchmynion.
⁷ Fe'th glodforaf di â chalon gywir
wrth imi ddysgu am dy farnau cyfiawn.
⁸ Fe gadwaf dy ddeddfau;
paid â'm gadael yn llwyr.

⁹ Sut y ceidw'r ifanc ei lwybr yn lân?
Trwy gadw dy air di.
¹⁰ Fe'th geisiais di â'm holl galon;
paid â gadael imi wyro oddi wrth dy orchmynion.
¹¹ Trysorais dy eiriau yn fy nghalon
rhag imi bechu yn dy erbyn.
¹² Bendigedig wyt ti, O ARGLWYDD;
dysg i mi dy ddeddfau.
¹³ Bûm yn ailadrodd â'm gwefusau
holl farnau dy enau.
¹⁴ Ar hyd ffordd dy farnedigaethau
cefais lawenydd
sydd uwchlaw pob cyfoeth.
¹⁵ Byddaf yn myfyrio ar dy ofynion di,
ac yn cadw dy lwybrau o flaen fy llygaid.
¹⁶ Byddaf yn ymhyfrydu yn dy ddeddfau,
ac nid anghofiaf dy air.

¹⁷ Bydd dda wrth dy was; gad imi fyw,
ac fe gadwaf dy air.
¹⁸ Agor fy llygaid imi weld
rhyfeddodau dy gyfraith.
¹⁹ Ymdeithydd wyf fi ar y ddaear;
paid â chuddio dy orchmynion oddi wrthyf.
²⁰ Y mae fy nghalon yn dihoeni o hiraeth
am dy farnau di bob amser.
²¹ Fe geryddaist y trahaus, y rhai melltigedig
sy'n gwyro oddi wrth dy orchmynion.
²² Tyn ymaith oddi wrthyf eu gwaradwydd a'u sarhad,
oherwydd bûm ufudd i'th farnedigaethau.
²³ Er i dywysogion eistedd mewn cynllwyn yn f'erbyn,
bydd dy was yn myfyrio ar dy ddeddfau;
²⁴ y mae dy farnedigaethau'n hyfrydwch i mi,
a hefyd yn gynghorwyr imi.

²⁵ Y mae fy enaid yn glynu wrth y llwch;
adfywia fi yn ôl dy air.
²⁶ Adroddais am fy hynt ac atebaist fi;
dysg i mi dy ddeddfau.
²⁷ Gwna imi ddeall ffordd dy ofynion,
ac fe fyfyriaf ar dy ryfeddodau.
²⁸ Y mae fy enaid yn anniddig gan ofid,
cryfha fi yn ôl dy air.
²⁹ Gosod ffordd twyll ymhell oddi wrthyf,
a rho imi ras dy gyfraith.
³⁰ Dewisais ffordd ffyddlondeb,
a gosod dy farnau o'm blaen.
³¹ Glynais wrth dy farnedigaethau.
O ARGLWYDD, paid â'm cywilyddio.
³² Dilynaf ffordd dy orchmynion,
oherwydd ehangaist fy neall.

³³ O ARGLWYDD, dysg fi yn ffordd dy ddeddfau,
ac o'i chadw fe gaf wobr.
³⁴ Rho imi ddeall, er mwyn imi ufuddhau i'th gyfraith
a'i chadw â'm holl galon;
³⁵ gwna imi gerdded yn llwybr dy orchmynion,
oherwydd yr wyf yn ymhyfrydu ynddo.

³⁶ Tro fy nghalon at dy farnedigaethau
yn hytrach nag at elw;
³⁷ tro ymaith fy llygaid rhag gweld gwagedd;
adfywia fi â'th air*.
³⁸ Cyflawna i'th was yr addewid
a roddaist i'r rhai sy'n dy ofni.
³⁹ Tro ymaith y gwaradwydd yr wyf yn ei ofni,
oherwydd y mae dy farnau'n dda.
⁴⁰ Yr wyf yn dyheu am dy ofynion;
adfywia fi â'th gyfiawnder.

⁴¹ Pâr i'th gariad ddod ataf, O ARGLWYDD,
a'th iachawdwriaeth yn ôl dy addewid;
⁴² yna rhoddaf ateb i'r rhai sy'n fy ngwatwar,
oherwydd ymddiriedais yn dy air.
⁴³ Paid â chymryd gair y gwirionedd o'm genau,
oherwydd fe obeithiais yn dy farnau.
⁴⁴ Cadwaf dy gyfraith bob amser,
hyd byth bythoedd.
⁴⁵ Rhodiaf oddi amgylch yn rhydd,
oherwydd ceisiais dy ofynion.
⁴⁶ Siaradaf am dy farnedigaethau gerbron brenhinoedd,
ac ni fydd arnaf gywilydd;
⁴⁷ ymhyfrydaf yn dy orchmynion
am fy mod yn eu caru.
⁴⁸ Parchaf dy orchmynion
am fy mod yn eu caru,
a myfyriaf ar dy ddeddfau.

⁴⁹ Cofia dy air i'th was,
y gair y gwnaethost imi ymddiried ynddo.
⁵⁰ Hyn fu fy nghysur mewn adfyd,
fod dy addewid di yn fy adfywio.
⁵¹ Y mae'r trahaus yn fy ngwawdio o hyd,
ond ni throis oddi wrth dy gyfraith.
⁵² Yr wyf yn cofio dy farnau erioed,
ac yn cael cysur ynddynt, O ARGLWYDD.
⁵³ Cydia digofaint ynof oherwydd y rhai drygionus
sy'n gwrthod dy gyfraith.
⁵⁴ Daeth dy ddeddfau'n gân i mi
ymhle bynnag y bûm yn byw.

⁵⁵ Yr wyf yn cofio dy enw yn y nos, O ARGLWYDD,
ac fe gadwaf dy gyfraith.
⁵⁶ Hyn sydd wir amdanaf,
imi ufuddhau i'th ofynion.

⁵⁷ Ti yw fy rhan, O ARGLWYDD;
addewais gadw dy air.
⁵⁸ Yr wyf yn erfyn arnat â'm holl galon,
bydd drugarog wrthyf yn ôl dy addewid.
⁵⁹ Pan feddyliaf am fy ffyrdd,
trof fy nghamre'n ôl at dy farnedigaethau;
⁶⁰ brysiaf, heb oedi,
i gadw dy orchmynion.
⁶¹ Er i glymau'r drygionus dynhau amdanaf,
eto nid anghofiais dy gyfraith.
⁶² Codaf ganol nos i'th foliannu di
am dy farnau cyfiawn.
⁶³ Yr wyf yn gymar i bawb sy'n dy ofni,
i'r rhai sy'n ufuddhau i'th ofynion.
⁶⁴ Y mae'r ddaear, O ARGLWYDD, yn llawn o'th ffyddlondeb;
dysg i mi dy ddeddfau.

⁶⁵ Gwnaethost ddaioni i'th was,
yn unol â'th air, O ARGLWYDD.
⁶⁶ Dysg imi ddirnadaeth a gwybodaeth,
oherwydd yr wyf yn ymddiried yn dy orchmynion.
⁶⁷ Cyn imi gael fy ngheryddu euthum ar gyfeiliorn,
ond yn awr yr wyf yn cadw dy air.
⁶⁸ Yr wyt ti yn dda, ac yn gwneud daioni;
dysg i mi dy ddeddfau.
⁶⁹ Y mae'r trahaus yn fy mhardduo â chelwydd,
ond yr wyf fi'n ufuddhau i'th ofynion â'm holl galon;
⁷⁰ y mae eu calon hwy'n drwm gan fraster,
ond yr wyf fi'n ymhyfrydu yn dy gyfraith.
⁷¹ Mor dda yw imi gael fy ngheryddu,
er mwyn imi gael dysgu dy ddeddfau!
⁷² Y mae cyfraith dy enau yn well i mi
na miloedd o aur ac arian.

119:37 Felly llawysgrifau a Targwm. TM, *â'th ffyrdd*.

73 Dy ddwylo di a'm gwnaeth ac a'm lluniodd;
rho imi ddeall i ddysgu dy orchmynion.
74 Pan fydd y rhai sy'n dy ofni yn fy ngweld, fe lawenychant
am fy mod yn gobeithio yn dy air.
75 Gwn, O ARGLWYDD, fod dy farnau'n gyfiawn,
ac mai mewn ffyddlondeb yr wyt wedi fy ngheryddu.
76 Bydded dy gariad yn gysur i mi,
yn unol â'th addewid i'th was.
77 Pâr i'th drugaredd ddod ataf, fel y byddaf fyw,
oherwydd y mae dy gyfraith yn hyfrydwch i mi.
78 Cywilyddier y trahaus oherwydd i'w celwydd fy niweidio,
ond byddaf fi'n myfyrio ar dy ofynion.
79 Bydded i'r rhai sy'n dy ofni droi ataf fi,
iddynt gael gwybod dy farnedigaethau.
80 Bydded fy nghalon bob amser yn dy ddeddfau,
rhag imi gael fy nghywilyddio.

81 Y mae fy enaid yn dyheu am dy iachawdwriaeth,
ac yn gobeithio yn dy air;
82 y mae fy llygaid yn pylu wrth ddisgwyl am dy addewid;
dywedaf, "Pa bryd y byddi'n fy nghysuro?"
83 Er imi grebachu fel costrel groen mewn mwg,
eto nid anghofiaf dy ddeddfau.
84 Am ba hyd y disgwyl dy was cyn iti roi barn ar fy erlidwyr?
85 Y mae gwŷr trahaus, rhai sy'n anwybyddu dy gyfraith,
wedi cloddio pwll ar fy nghyfer.
86 Y mae dy holl orchmynion yn sicr;
pan fyddant yn fy erlid â chelwydd, cynorthwya fi.
87 Bu ond y dim iddynt fy nifetha oddi ar y ddaear,
ond eto ni throis fy nghefn ar dy ofynion.
88 Yn ôl dy gariad adfywia fi,
ac fe gadwaf farnedigaethau dy enau.

89 Y mae dy air, O ARGLWYDD, yn dragwyddol,
wedi ei osod yn sefydlog yn y nefoedd.
90 Y mae dy ffyddlondeb hyd genhedlaeth a chenhedlaeth;
seiliaist y ddaear, ac y mae'n sefyll.
91 Yn ôl dy ordeiniadau y maent yn sefyll hyd heddiw,
oherwydd gweision i ti yw'r cyfan.
92 Oni bai i'th gyfraith fod yn hyfrydwch i mi,
byddai wedi darfod amdanaf yn fy adfyd;
93 nid anghofiaf dy ofynion hyd byth,
oherwydd trwyddynt hwy adfywiaist fi.
94 Eiddot ti ydwyf; gwareda fi,
oherwydd ceisiais dy ofynion.
95 Y mae'r drygionus yn gwylio amdanaf i'm dinistrio,
ond fe ystyriaf fi dy farnedigaethau.
96 Gwelaf fod popeth yn dod i ben,
ond nid oes terfyn i'th orchymyn di.

97 O fel yr wyf yn caru dy gyfraith!
Hi yw fy myfyrdod drwy'r dydd.
98 Y mae dy orchymyn yn fy ngwneud yn ddoethach na'm gelynion,
oherwydd y mae gyda mi bob amser.
99 Yr wyf yn fwy deallus na'm holl athrawon,
oherwydd bod dy farnedigaethau'n fyfyrdod i mi.
100 Yr wyf yn deall yn well na'r rhai hen,
oherwydd imi ufuddhau i'th ofynion.
101 Cedwais fy nhraed rhag pob llwybr drwg,
er mwyn imi gadw dy air.
102 Nid wyf wedi troi oddi wrth dy farnau,
oherwydd ti fu'n fy nghyfarwyddo.
103 Mor felys yw dy addewid i'm genau,
melysach na mêl i'm gwefusau.
104 O'th ofynion di y caf ddeall;
dyna pam yr wyf yn casáu llwybrau twyll.

105 Y mae dy air yn llusern i'm troed,
ac yn oleuni i'm llwybr.
106 Tyngais lw, a gwneud adduned
i gadw dy farnau cyfiawn.
107 Yr wyf mewn gofid mawr;

O ARGLWYDD, adfywia fi yn ôl dy air.
¹⁰⁸ Derbyn deyrnged fy ngenau, O
ARGLWYDD,
a dysg i mi dy farnedigaethau.
¹⁰⁹ Bob dydd y mae fy mywyd yn fy
nwylo,
ond nid wyf yn anghofio dy gyfraith.
¹¹⁰ Gosododd y drygionus rwyd i mi,
ond nid wyf wedi gwyro oddi wrth
dy ofynion.
¹¹¹ Y mae dy farnedigaethau yn
etifeddiaeth imi am byth,
oherwydd y maent yn llonder i'm
calon.
¹¹² Yr wyf wedi gosod fy mryd ar
ufuddhau i'th ddeddfau;
y mae eu gwobr yn dragwyddol.

¹¹³ Yr wyf yn casáu rhai anwadal,
ond yn caru dy gyfraith.
¹¹⁴ Ti yw fy lloches a'm tarian;
yr wyf yn gobeithio yn dy air.
¹¹⁵ Trowch ymaith oddi wrthyf, chwi
rai drwg,
er mwyn imi gadw gorchmynion fy
Nuw.
¹¹⁶ Cynnal fi yn ôl dy addewid, fel y
byddaf fyw,
ac na chywilyddier fi yn fy hyder.
¹¹⁷ Dal fi i fyny, fel y caf waredigaeth,
imi barchu dy ddeddfau yn wastad.
¹¹⁸ Yr wyt yn gwrthod pawb sy'n
gwyro oddi wrth dy ddeddfau,
oherwydd mae eu twyll yn ofer.
¹¹⁹ Yn sothach yr ystyri holl rai
drygionus y ddaear;
am hynny yr wyf yn caru dy
farnedigaethau.
¹²⁰ Y mae fy nghnawd yn crynu gan
dy arswyd,
ac yr wyf yn ofni dy farnau.

¹²¹ Gwneuthum farn a chyfiawnder;
paid â'm gadael i'm gorthrymwyr.
¹²² Bydd yn feichiau er lles dy was;
paid â gadael i'r trahaus fy
ngorthrymu.
¹²³ Y mae fy llygaid yn pylu wrth
ddisgwyl am dy iachawdwriaeth,
ac am dy addewid o fuddugoliaeth.
¹²⁴ Gwna â'th was yn ôl dy gariad,
a dysg i mi dy ddeddfau.
¹²⁵ Dy was wyf fi; rho imi ddeall
i wybod dy farnedigaethau.

¹²⁶ Y mae'n amser i'r ARGLWYDD
weithredu,
oherwydd torrwyd dy gyfraith.
¹²⁷ Er hynny yr wyf yn caru dy
orchmynion
yn fwy nag aur, nag aur coeth.
¹²⁸ Am hyn cerddaf yn union yn ôl dy
holl ofynion,
a chasâf lwybrau twyll.

¹²⁹ Y mae dy farnedigaethau'n
rhyfeddol;
am hynny yr wyf yn eu cadw.
¹³⁰ Pan ddatguddir dy air, bydd yn
goleuo
ac yn rhoi deall i'r syml.
¹³¹ Yr wyf yn agor fy ngheg mewn
blys,
oherwydd yr wyf yn dyheu am dy
orchmynion.
¹³² Tro ataf a bydd drugarog,
yn ôl dy arfer i'r rhai sy'n caru dy
enw.
¹³³ Cadw fy ngham yn sicr fel yr
addewaist,
a phaid â gadael i ddrygioni fy
meistroli.
¹³⁴ Rhyddha fi oddi wrth ormes
dynol,
er mwyn imi ufuddhau i'th ofynion
di.
¹³⁵ Bydded llewyrch dy wyneb ar dy
was,
a dysg i mi dy ddeddfau.
¹³⁶ Y mae fy llygaid yn ffrydio dagrau
am nad yw pobl yn cadw dy gyfraith.

¹³⁷ Cyfiawn wyt ti, O ARGLWYDD,
a chywir yw dy farnau.
¹³⁸ Y mae'r barnedigaethau a roddi
yn gyfiawn
ac yn gwbl ffyddlon.
¹³⁹ Y mae fy nghynddaredd yn fy ysu
am fod fy ngelynion yn anghofio dy
eiriau.
¹⁴⁰ Y mae dy addewid wedi ei
phrofi'n llwyr,
ac y mae dy was yn ei charu.
¹⁴¹ Er fy mod i yn fychan ac yn
ddinod,
nid wyf yn anghofio dy ofynion.
¹⁴² Y mae dy gyfiawnder di yn
gyfiawnder tragwyddol,
ac y mae dy gyfraith yn wirionedd.

¹⁴³ Daeth cyfyngder a gofid ar fy ngwarthaf,
ond yr wyf yn ymhyfrydu yn dy orchmynion.
¹⁴⁴ Y mae dy farnedigaethau di'n gyfiawn byth;
rho imi ddeall, fel y byddaf fyw.

¹⁴⁵ Gwaeddaf â'm holl galon; ateb fi, ARGLWYDD,
ac fe fyddaf ufudd i'th ddeddfau.
¹⁴⁶ Gwaeddaf arnat ti; gwareda fi,
ac fe gadwaf dy farnedigaethau.
¹⁴⁷ Codaf cyn y wawr a gofyn am gymorth,
a gobeithiaf yn dy eiriau.
¹⁴⁸ Y mae fy llygaid yn effro yng ngwyliadwriaethau'r nos,
i fyfyrio ar dy addewid.
¹⁴⁹ Gwrando fy llef yn ôl dy gariad;
O ARGLWYDD, yn ôl dy farnau adfywia fi.
¹⁵⁰ Y mae fy erlidwyr dichellgar yn agosáu,
ond y maent yn bell oddi wrth dy gyfraith.
¹⁵¹ Yr wyt ti yn agos, O ARGLWYDD,
ac y mae dy holl orchmynion yn wirionedd.
¹⁵² Gwn erioed am dy farnedigaethau,
i ti eu sefydlu am byth.

¹⁵³ Edrych ar fy adfyd a gwared fi,
oherwydd nid anghofiais dy gyfraith.
¹⁵⁴ Amddiffyn fy achos ac achub fi;
adfywia fi yn ôl dy addewid.
¹⁵⁵ Y mae iachawdwriaeth ymhell oddi wrth y drygionus,
oherwydd nid ydynt yn ceisio dy ddeddfau.
¹⁵⁶ Mawr yw dy drugaredd, O ARGLWYDD;
adfywia fi yn ôl dy farn.
¹⁵⁷ Y mae fy erlidwyr a'm gelynion yn niferus,
ond eto ni wyrais oddi wrth dy farnedigaethau.
¹⁵⁸ Gwelais y rhai twyllodrus, a ffieiddiais
am nad ydynt yn cadw dy air.
¹⁵⁹ Gwêl fel yr wyf yn caru dy ofynion;
O ARGLWYDD, adfywia fi yn ôl dy gariad.

¹⁶⁰ Hanfod dy air yw gwirionedd,
ac y mae dy holl farnau cyfiawn yn dragwyddol.

¹⁶¹ Y mae tywysogion yn fy erlid yn ddiachos,
ond dy air di yw arswyd fy nghalon.
¹⁶² Yr wyf yn llawenhau o achos dy addewid,
fel un sy'n cael ysbail fawr.
¹⁶³ Yr wyf yn casáu ac yn ffieiddio twyll,
ond yn caru dy gyfraith di.
¹⁶⁴ Seithwaith y dydd yr wyf yn dy foli
oherwydd dy farnau cyfiawn.
¹⁶⁵ Caiff y rhai sy'n caru dy gyfraith wir heddwch,
ac nid oes dim yn peri iddynt faglu.
¹⁶⁶ Yr wyf yn disgwyl am dy iachawdwriaeth, O ARGLWYDD,
ac yn ufuddhau i'th orchmynion.
¹⁶⁷ Yr wyf yn cadw dy farnedigaethau
ac yn eu caru'n fawr.
¹⁶⁸ Yr wyf yn ufudd i'th ofynion a'th farnedigaethau,
oherwydd y mae fy holl ffyrdd o'th flaen.

¹⁶⁹ Doed fy llef atat, O ARGLWYDD;
rho imi ddeall yn ôl dy air.
¹⁷⁰ Doed fy neisyfiad atat;
gwared fi yn ôl dy addewid.
¹⁷¹ Bydd fy ngwefusau'n tywallt moliant
am iti ddysgu i mi dy ddeddfau.
¹⁷² Bydd fy nhafod yn canu am dy addewid,
oherwydd y mae dy holl orchmynion yn gyfiawn.
¹⁷³ Bydded dy law yn barod i'm cynorthwyo,
oherwydd yr wyf wedi dewis dy ofynion.
¹⁷⁴ Yr wyf yn dyheu am dy iachawdwriaeth, O ARGLWYDD,
ac yn ymhyfrydu yn dy gyfraith.
¹⁷⁵ Gad imi fyw i'th foliannu di,
a bydded i'th farnau fy nghynorthwyo.
¹⁷⁶ Euthum ar gyfeiliorn fel dafad ar goll;
chwilia am dy was,
oherwydd nid anghofiais dy orchmynion.

Cân Esgyniad.

120 Gwaeddais ar yr ARGLWYDD
   yn fy nghyfyngder,
ac atebodd fi.
² "O ARGLWYDD, gwared fi rhag genau twyllodrus,
a rhag tafod enllibus."

³ Beth a roddir i ti,
a beth yn ychwaneg a wneir, O dafod enllibus?
⁴ Saethau llymion rhyfelwr,
a marwor eirias!
⁵ Gwae fi fy mod yn ymdeithio yn Mesech,
ac yn byw ymysg pebyll Cedar.
⁶ Yn rhy hir y bûm yn byw
gyda'r rhai sy'n casáu heddwch.
⁷ Yr wyf fi am heddwch,
ond pan soniaf am hynny,
y maent hwy am ryfel.

Cân Esgyniad.

121 Codaf fy llygaid tua'r mynyddoedd;
o ble y daw cymorth i mi?

² Daw fy nghymorth oddi wrth yr ARGLWYDD,
creawdwr nefoedd a daear.
³ Nid yw'n gadael i'th droed lithro,
ac nid yw dy geidwad yn cysgu.
⁴ Nid yw ceidwad Israel
yn cysgu nac yn huno.
⁵ Yr ARGLWYDD yw dy geidwad,
yr ARGLWYDD yw dy gysgod ar dy ddeheulaw;
⁶ ni fydd yr haul yn dy daro yn y dydd,
na'r lleuad yn y nos.
⁷ Bydd yr ARGLWYDD yn dy gadw rhag pob drwg,
bydd yn cadw dy einioes.
⁸ Bydd yr ARGLWYDD yn gwylio dy fynd a'th ddod
yn awr a hyd byth.

Cân Esgyniad. I Ddafydd.

122 Yr oeddwn yn llawen pan ddywedasant wrthyf,
"Gadewch inni fynd i dŷ'r ARGLWYDD."
² Y mae ein traed bellach yn sefyll
o fewn dy byrth, O Jerwsalem.
³ Adeiladwyd Jerwsalem yn ddinas
lle'r unir y bobl â'i gilydd.
⁴ Yno yr esgyn y llwythau,
llwythau'r ARGLWYDD,
fel y gorchmynnwyd i Israel,
i roi diolch i enw'r ARGLWYDD.
⁵ Yno y gosodwyd gorseddfeinciau barn,
gorseddfeinciau tŷ Dafydd.
⁶ Gweddïwch am heddwch i Jerwsalem,
"Bydded llwyddiant i'r rhai sy'n dy garu;
⁷ bydded heddwch o fewn dy furiau,
a diogelwch o fewn dy geyrydd."
⁸ Er mwyn fy nghydnabod a'm cyfeillion,
dywedaf, "Bydded heddwch i ti."
⁹ Er mwyn tŷ yr ARGLWYDD ein Duw,
ceisiaf ddaioni i ti.

Cân Esgyniad.

123 Yr wyf yn codi fy llygaid atat ti
sy'n eistedd yn y nefoedd.
² Fel y mae llygaid gweision yn gwylio llaw eu meistr,
a llygaid caethferch yn gwylio llaw ei meistres,
felly y mae ein llygaid ninnau yn gwylio'r ARGLWYDD ein Duw
nes iddo drugarhau wrthym.

³ Bydd drugarog wrthym, O ARGLWYDD, bydd drugarog wrthym,
oherwydd fe gawsom ddigon o sarhad.
⁴ Yn rhy hir y cawsom ddigon ar wawd y trahaus
ac ar sarhad y beilchion.

Cân Esgyniad. I Ddafydd.

124 Oni bai i'r ARGLWYDD fod o'n tu—
dyweded Israel hynny—
² oni bai i'r ARGLWYDD fod o'n tu
pan gododd rhai yn ein herbyn,
³ byddent wedi'n llyncu'n fyw
wrth i'w llid losgi tuag atom;
⁴ byddai'r dyfroedd wedi'n cario ymaith
a'r llif wedi mynd dros ein pennau;

⁵ ie, drosom yr âi
      dygyfor y tonnau.

⁶ Bendigedig fyddo'r ARGLWYDD
      am iddo beidio â'n rhoi
      yn ysglyfaeth i'w dannedd.
⁷ Yr ydym wedi dianc fel aderyn
      o fagl yr heliwr;
   torrodd y fagl,
      yr ydym ninnau'n rhydd.

⁸ Ein cymorth sydd yn enw'r
      ARGLWYDD,
   creawdwr nefoedd a daear.

Cân Esgyniad.

125 Y mae'r rhai sy'n ymddiried
            yn yr ARGLWYDD fel
            Mynydd Seion,
    na ellir ei symud, ond sy'n aros hyd
            byth.
² Fel y mae'r mynyddoedd o amgylch
      Jerwsalem,
   felly y mae'r ARGLWYDD o amgylch ei
      bobl yn awr a hyd byth.
³ Ni chaiff teyrnwialen y drygionus
      orffwys
   ar y tir sy'n rhan i'r rhai cyfiawn,
   rhag i'r cyfiawn estyn eu llaw at
      anghyfiawnder.
⁴ Gwna ddaioni, O ARGLWYDD, i'r
      rhai da
   ac i'r rhai uniawn o galon.
⁵ Ond am y rhai sy'n gwyro i'w ffyrdd
      troellog,
   bydded i'r ARGLWYDD eu dinistrio
      gyda'r gwneuthurwyr drygioni.
   Bydded heddwch ar Israel!

Cân Esgyniad.

126 Pan adferodd yr ARGLWYDD
            lwyddiant Seion,
    yr oeddem fel rhai wedi cael iachâd;
² yr oedd ein genau yn llawn
      chwerthin
   a'n tafodau yn bloeddio canu.
   Yna fe ddywedid ymysg y
      cenhedloedd,
   "Gwnaeth yr ARGLWYDD bethau
      mawr iddynt hwy."
³ Yn wir, gwnaeth yr ARGLWYDD
      bethau mawr i ni,
   a bu i ninnau lawenhau.

⁴ O ARGLWYDD, adfer ein llwyddiant
      fel ffrydiau yn y Negef;
⁵ bydded i'r rhai sy'n hau mewn
      dagrau
   fedi mewn gorfoledd.
⁶ Bydd yr un sy'n mynd allan dan
      wylo,
   ac yn cario ei sach o hadyd,
   yn dychwelyd drachefn mewn
      gorfoledd,
   ac yn cario ei ysgubau.

Cân Esgyniad. I Solomon.

127 Os nad yw'r ARGLWYDD yn
            adeiladu'r tŷ,
    y mae ei adeiladwyr yn gweithio'n ofer.
    Os nad yw'r ARGLWYDD yn gwylio'r
            ddinas,
    y mae'r gwylwyr yn effro'n ofer.
² Yn ofer y codwch yn fore,
      a mynd yn hwyr i orffwyso,
      a llafurio am y bwyd a fwytewch;
   oherwydd mae ef yn rhoi i'w
      anwylyd pan yw'n cysgu.
³ Wele, etifeddiaeth oddi wrth yr
      ARGLWYDD yw meibion,
   a gwobr yw ffrwyth y groth.
⁴ Fel saethau yn llaw rhyfelwr
   yw meibion ieuenctid dyn.
⁵ Gwyn ei fyd y sawl
      sydd â chawell llawn ohonynt;
   ni chywilyddir ef
      pan ddadleua â'i elynion yn y porth.

Cân Esgyniad.

128 Gwyn ei fyd pob un sy'n ofni'r
            ARGLWYDD
    ac yn rhodio yn ei ffyrdd.
² Cei fwyta o ffrwyth dy lafur;
   byddi'n hapus ac yn wyn dy fyd.
³ Bydd dy wraig yng nghanol dy dŷ
      fel gwinwydden ffrwythlon,
   a'th blant o amgylch dy fwrdd
      fel blagur olewydd.
⁴ Wele, fel hyn y bendithir y sawl
      sy'n ofni'r ARGLWYDD.
⁵ Bydded i'r ARGLWYDD dy fendithio
      o Seion,
   iti gael gweld llwyddiant Jerwsalem
      holl ddyddiau dy fywyd,
⁶ ac iti gael gweld plant dy blant.
   Bydded heddwch ar Israel!

Salmau 129–132

Cân Esgyniad.

129 Lawer gwaith o'm hieuenctid
        buont yn ymosod arnaf—
dyweded Israel yn awr—
² lawer gwaith o'm hieuenctid buont
        yn ymosod arnaf,
ond heb erioed fod yn drech na mi.
³ Y mae'r arddwyr wedi aredig fy
        nghefn
gan dynnu cwysau hirion.
⁴ Ond y mae'r ARGLWYDD yn gyfiawn;
torrodd raffau'r rhai drygionus.

⁵ Bydded i'r holl rai sy'n casáu Seion
gywilyddio a chilio'n ôl;
⁶ byddant fel glaswellt pen to,
sy'n crino cyn iddo flaguro—
⁷ ni leinw byth law'r medelwr,
na gwneud coflaid i'r rhwymwr,
⁸ ac ni ddywed neb wrth fynd heibio,
"Bendith yr ARGLWYDD arnoch!
Bendithiwn chwi yn enw'r
        ARGLWYDD."

Cân Esgyniad.

130 O'r dyfnderau y gwaeddais
        arnat, O ARGLWYDD.
² Arglwydd, clyw fy llef;
bydded dy glustiau'n agored
i lef fy ngweddi.

³ Os wyt ti, ARGLWYDD, yn cadw
        cyfrif o gamweddau,
pwy, O Arglwydd, a all sefyll?
⁴ Ond y mae gyda thi faddeuant,
fel y cei dy ofni.

⁵ Disgwyliaf wrth yr ARGLWYDD; y
        mae fy enaid yn disgwyl,
a gobeithiaf yn ei air;
⁶ y mae fy enaid yn disgwyl wrth yr
        Arglwydd
yn fwy nag y mae'r gwylwyr am y bore,
yn fwy nag y mae'r gwylwyr am y bore.

⁷ O Israel, gobeithia yn yr
        ARGLWYDD,
oherwydd gyda'r ARGLWYDD y mae
        ffyddlondeb,
a chydag ef y mae gwaredigaeth
        helaeth.
⁸ Ef sydd yn gwaredu Israel
oddi wrth ei holl gamweddau.

Cân Esgyniad. I Ddafydd.

131 O ARGLWYDD, nid yw fy
        nghalon yn drahaus,
na'm llygaid yn falch;
nid wyf yn ymboeni am bethau rhy
        fawr,
nac am bethau rhy ryfeddol i mi.
² Ond yr wyf wedi tawelu a distewi fy
        enaid,
fel plentyn ar fron ei fam;
fel plentyn y mae fy enaid.

³ O Israel, gobeithia yn yr ARGLWYDD
yn awr a hyd byth.

Cân Esgyniad.

132 O ARGLWYDD, cofia am
        Ddafydd
yn ei holl dreialon,
² fel y bu iddo dyngu i'r ARGLWYDD
ac addunedu i Un Cadarn Jacob,
³ "Nid af i mewn i'r babell y trigaf
        ynddi,
nac esgyn i'r gwely y gorffwysaf arno;
⁴ ni roddaf gwsg i'm llygaid
na hun i'm hamrannau,
⁵ nes imi gael lle i'r ARGLWYDD
a thrigfan i Un Cadarn Jacob."
⁶ Wele, clywsom amdani yn Effrata,
a chawsom hi ym meysydd y coed.
⁷ "Awn i mewn i'w drigfan
a phlygwn wrth ei droedfainc.
⁸ Cyfod, ARGLWYDD, a thyrd i'th
        orffwysfa,
ti ac arch dy nerth.
⁹ Bydded dy offeiriaid wedi eu
        gwisgo â chyfiawnder,
a bydded i'th ffyddloniaid orfoleddu."
¹⁰ Er mwyn Dafydd dy was,
paid â throi oddi wrth wyneb dy
        eneiniog.
¹¹ Tyngodd yr ARGLWYDD i Ddafydd
adduned sicr na thry oddi wrthi:
"O ffrwyth dy gorff
y gosodaf un ar dy orsedd.
¹² Os ceidw dy feibion fy nghyfamod,
a'r tystiolaethau a ddysgaf iddynt,
bydd eu meibion hwythau hyd byth
yn eistedd ar dy orsedd."
¹³ Oherwydd dewisodd yr ARGLWYDD
        Seion,
a'i chwennych yn drigfan iddo:

¹⁴ "Dyma fy ngorffwysfa am byth;
yma y trigaf am imi ei dewis.
¹⁵ Bendithiaf hi â digonedd o
    ymborth,
a digonaf ei thlodion â bara.
¹⁶ Gwisgaf ei hoffeiriaid ag
    iachawdwriaeth,
a bydd ei ffyddloniaid yn gorfoleddu.
¹⁷ Yno y gwnaf i gorn dyfu i Ddafydd;
darperais lamp i'm heneiniog.
¹⁸ Gwisgaf ei elynion â chywilydd,
ond ar ei ben ef y bydd coron
    ddisglair."

Cân Esgyniad. I Ddafydd.

133 Mor dda ac mor ddymunol yw
i bobl fyw'n gytûn.
² Y mae fel olew gwerthfawr ar y pen,
yn llifo i lawr dros y farf,
dros farf Aaron,
yn llifo i lawr dros goler ei wisgoedd.
³ Y mae fel gwlith Hermon
yn disgyn i lawr ar fryniau Seion.
Oherwydd yno y gorchmynnodd yr
    ARGLWYDD ei fendith,
bywyd hyd byth.

Cân Esgyniad.

134 Dewch, bendithiwch yr
    ARGLWYDD,
holl weision yr ARGLWYDD,
sy'n sefyll liw nos yn nhŷ'r
    ARGLWYDD.
² Codwch eich dwylo yn y cysegr,
a bendithiwch yr ARGLWYDD.
³ Bydded i'r ARGLWYDD eich
    bendithio o Seion—
creawdwr nefoedd a daear!

135 Molwch yr ARGLWYDD.
Molwch enw'r ARGLWYDD,
molwch ef, chwi weision yr
    ARGLWYDD,
² sy'n sefyll yn nhŷ'r ARGLWYDD,
yng nghynteddoedd ein Duw.
³ Molwch yr ARGLWYDD, oherwydd
    da yw ef;
canwch i'w enw, oherwydd y mae'n
    ddymunol.
⁴ Dewisodd yr ARGLWYDD Jacob
iddo'i hunan,
ac Israel yn drysor arbennig iddo.
⁵ Oherwydd fe wn i fod yr ARGLWYDD
    yn fawr,
a bod ein Harglwydd ni yn rhagori ar
    yr holl dduwiau.
⁶ Fe wna'r ARGLWYDD beth bynnag a
    ddymuna,
yn y nefoedd ac ar y ddaear,
yn y moroedd a'r holl ddyfnderau.
⁷ Pâr i gymylau godi o derfynau'r
    ddaear;
fe wna fellt ar gyfer y glaw,
a daw gwynt allan o'i ystordai.
⁸ Fe drawodd rai cyntafanedig yr
    Aifft,
yn ddyn ac anifail;
⁹ anfonodd arwyddion a rhybuddion
    trwy ganol yr Aifft,
yn erbyn Pharo a'i holl ddeiliaid.
¹⁰ Fe drawodd genhedloedd
    mawrion,
a lladd brenhinoedd cryfion—
¹¹ Sihon brenin yr Amoriaid,
Og brenin Basan,
a holl dywysogion Canaan;
¹² rhoddodd eu tir yn etifeddiaeth,
yn etifeddiaeth i'w bobl Israel.
¹³ Y mae dy enw, O ARGLWYDD, am
    byth,
a'th enwogrwydd o genhedlaeth i
    genhedlaeth.
¹⁴ Oherwydd fe rydd yr ARGLWYDD
    gyfiawnder i'w bobl,
a bydd yn trugarhau wrth ei weision.
¹⁵ Arian ac aur yw delwau'r
    cenhedloedd,
ac wedi eu gwneud â dwylo dynol.
¹⁶ Y mae ganddynt enau nad ydynt
    yn siarad,
a llygaid nad ydynt yn gweld;
¹⁷ y mae ganddynt glustiau nad ydynt
    yn clywed,
ac nid oes anadl yn eu ffroenau.
¹⁸ Yn mae eu gwneuthurwyr yn mynd
    yn debyg iddynt,
ac felly hefyd bob un sy'n ymddiried
    ynddynt.
¹⁹ Dylwyth Israel, bendithiwch yr
    ARGLWYDD;
Dylwyth Aaron, bendithiwch yr
    ARGLWYDD.

20 Dylwyth Lefi, bendithiwch yr
   ARGLWYDD;
pob un sy'n ofni'r ARGLWYDD,
   bendithiwch yr ARGLWYDD.
21 Bendigedig yn Seion fyddo'r
   ARGLWYDD
sydd yn trigo yn Jerwsalem.
Molwch yr ARGLWYDD.

136

Diolchwch i'r ARGLWYDD am
   mai da yw,
oherwydd mae ei gariad hyd byth.
2 Diolchwch i Dduw y duwiau,
oherwydd mae ei gariad hyd byth.
3 Diolchwch i Arglwydd yr arglwyddi,
oherwydd mae ei gariad hyd byth.

4 Y mae'n gwneud rhyfeddodau
   mawrion ei hunan,
oherwydd mae ei gariad hyd byth;
5 gwnaeth y nefoedd mewn
   doethineb,
oherwydd mae ei gariad hyd byth;
6 taenodd y ddaear dros y dyfroedd,
oherwydd mae ei gariad hyd byth;
7 gwnaeth oleuadau mawrion,
oherwydd mae ei gariad hyd byth;
8 yr haul i reoli'r dydd,
oherwydd mae ei gariad hyd byth,
9 y lleuad a'r sêr i reoli'r nos,
oherwydd mae ei gariad hyd byth.

10 Trawodd rai cyntafanedig yr Aifft,
oherwydd mae ei gariad hyd byth,
11 a daeth ag Israel allan o'u canol,
oherwydd mae ei gariad hyd byth;
12 â llaw gref ac â braich estynedig,
oherwydd mae ei gariad hyd byth.
13 Holltodd y Môr Coch yn ddau,
oherwydd mae ei gariad hyd byth,
14 a dygodd Israel trwy ei ganol,
oherwydd mae ei gariad hyd byth,
15 ond taflodd Pharo a'i lu i'r Môr
   Coch,
oherwydd mae ei gariad hyd byth.

16 Arweiniodd ei bobl trwy'r
   anialwch,
oherwydd mae ei gariad hyd byth,
17 a tharo brenhinoedd mawrion,
oherwydd mae ei gariad hyd byth.
18 Lladdodd frenhinoedd cryfion,
oherwydd mae ei gariad hyd byth;
19 Sihon brenin yr Amoriaid,
oherwydd mae ei gariad hyd byth,
20 Og brenin Basan,
oherwydd mae ei gariad hyd byth;
21 rhoddodd eu tir yn etifeddiaeth,
oherwydd mae ei gariad hyd byth,
22 yn etifeddiaeth i'w was Israel,
oherwydd mae ei gariad hyd byth.
23 Pan oeddem wedi'n darostwng,
   fe'n cofiodd,
oherwydd mae ei gariad hyd byth,
24 a'n gwaredu oddi wrth ein
   gelynion,
oherwydd mae ei gariad hyd byth.

25 Ef sy'n rhoi bwyd i bob creadur,
oherwydd mae ei gariad hyd byth.
26 Diolchwch i Dduw y nefoedd,
oherwydd mae ei gariad hyd byth.

137

Ger afonydd Babilon yr
   oeddem yn eistedd ac yn
   wylo
wrth inni gofio am Seion.
2 Ar yr helyg yno
bu inni grogi ein telynau,
3 oherwydd yno gofynnodd y rhai a'n
   caethiwai am gân,
a'r rhai a'n hanrheithiai am
   ddifyrrwch.
"Canwch inni," meddent, "rai o
   ganeuon Seion."

4 Sut y medrwn ganu cân yr
   ARGLWYDD
mewn tir estron?
5 Os anghofiaf di, Jerwsalem,
bydded fy neheulaw'n ddiffrwyth;
6 bydded i'm tafod lynu wrth daflod
   fy ngenau
os na chofiaf di,
os na osodaf Jerwsalem
yn uwch na'm llawenydd pennaf.

7 O ARGLWYDD, dal yn erbyn pobl
   Edom
ddydd gofid Jerwsalem,
am iddynt ddweud, "I lawr â hi, i
   lawr â hi
hyd at ei sylfeini."
8 O ferch Babilon, a ddistrywir,
gwyn ei fyd y sawl sy'n talu'n ôl i ti
am y cyfan a wnaethost i ni.
9 Gwyn ei fyd y sawl sy'n cipio dy
   blant
ac yn eu dryllio yn erbyn y graig.

I Ddafydd.

138

Clodforaf di â'm holl galon,
    canaf fawl i ti yng ngŵydd duwiau.
² Ymgrymaf tuag at dy deml sanctaidd,
    a chlodforaf dy enw am dy gariad a'th ffyddlondeb,
    oherwydd dyrchefaist dy enw a'th air uwchlaw popeth.
³ Pan elwais arnat, atebaist fi,
    a chynyddaist fy* nerth ynof.

⁴ Bydded i holl frenhinoedd y ddaear dy glodfori, O ARGLWYDD,
    am iddynt glywed geiriau dy enau;
⁵ bydded iddynt ganu am ffyrdd yr ARGLWYDD,
    oherwydd mawr yw gogoniant yr ARGLWYDD.
⁶ Er bod yr ARGLWYDD yn uchel, fe gymer sylw o'r isel,
    ac fe ddarostwng y balch o bell.

⁷ Er imi fynd trwy ganol cyfyngder, adfywiaist fi;
    estynnaist dy law yn erbyn llid fy ngelynion,
    a gwaredaist fi â'th ddeheulaw.
⁸ Bydd yr ARGLWYDD yn gweithredu ar fy rhan.
    O ARGLWYDD, y mae dy gariad hyd byth;
    paid â gadael gwaith dy ddwylo.

I'r Cyfarwyddwr: i Ddafydd. Salm.

139

ARGLWYDD, yr wyt wedi fy chwilio a'm hadnabod.
² Gwyddost ti pa bryd y byddaf yn eistedd ac yn codi;
    yr wyt wedi deall fy meddwl o bell;
³ yr wyt wedi mesur fy ngherdded a'm gorffwys,
    ac yr wyt yn gyfarwydd â'm holl ffyrdd.
⁴ Oherwydd nid oes air ar fy nhafod
    heb i ti, ARGLWYDD, ei wybod i gyd.
⁵ Yr wyt wedi cau amdanaf yn ôl ac ymlaen,
    ac wedi gosod dy law drosof.

⁶ Y mae'r wybodaeth hon yn rhy ryfedd i mi;
    y mae'n rhy uchel i mi ei chyrraedd.

⁷ I ble yr af oddi wrth dy ysbryd?
    I ble y ffoaf o'th bresenoldeb?
⁸ Os dringaf i'r nefoedd, yr wyt yno;
    os cyweiriaf wely yn Sheol, yr wyt yno hefyd.
⁹ Os cymeraf adenydd y wawr
    a thrigo ym mhellafoedd y môr,
¹⁰ yno hefyd fe fydd dy law yn fy arwain,
    a'th ddeheulaw yn fy nghynnal.
¹¹ Os dywedaf, "Yn sicr bydd y tywyllwch yn fy nghuddio*,
    a'r nos yn cau* amdanaf",
¹² eto nid yw tywyllwch yn dywyllwch i ti;
    y mae'r nos yn goleuo fel dydd,
    a'r un yw tywyllwch a goleuni.

¹³ Ti a greodd fy ymysgaroedd,
    a'm llunio yng nghroth fy mam.
¹⁴ Clodforaf di, oherwydd yr wyt yn ofnadwy a rhyfeddol,
    ac y mae dy weithredoedd yn rhyfeddol.
Yr wyt yn fy adnabod mor dda;
¹⁵ ni chuddiwyd fy ngwneuthuriad oddi wrthyt
    pan oeddwn yn cael fy ngwneud yn y dirgel,
    ac yn cael fy llunio yn nyfnderoedd y ddaear.
¹⁶ Gwelodd dy lygaid fy nefnydd di-lun;
    y mae'r cyfan wedi ei ysgrifennu yn dy lyfr;
    cafodd fy nyddiau eu ffurfio
    pan nad oedd yr un ohonynt.
¹⁷ Mor ddwfn i mi yw dy feddyliau, O Dduw,
    ac mor lluosog eu nifer!
¹⁸ Os cyfrifaf hwy, y maent yn amlach na'r tywod,
    a phe gorffennwn hynny, byddit ti'n parhau gyda mi.
¹⁹ Fy Nuw, O na fyddit ti'n lladd y drygionus,
    fel y byddai rhai gwaedlyd yn troi oddi wrthyf—

138:3 Felly Fersiynau. Hebraeg, *a gwnaethost fi'n eofn â.*
139:11 Felly Fersiynau. Hebraeg, *fy nhrechu.*
139:11 Felly Sgrôl. TM, *yn oleuni.*

Salmau 139–141

²⁰ y rhai sy'n dy herio di yn ddichellgar,
ac yn gwrthryfela'n ofer yn dy erbyn.
²¹ Onid wyf yn casáu, O ARGLWYDD, y rhai sy'n dy gasáu di,
ac yn ffieiddio'r rhai sy'n codi yn dy erbyn?
²² Yr wyf yn eu casáu â chas perffaith,
ac y maent fel gelynion i mi.
²³ Chwilia fi, O Dduw, iti adnabod fy nghalon;
profa fi, iti ddeall fy meddyliau.
²⁴ Edrych a wyf ar ffordd a fydd yn loes i mi,
ac arwain fi yn y ffordd dragwyddol.

I'r Cyfarwyddwr: Salm. I Ddafydd.

140 O ARGLWYDD, gwared fi rhag pobl ddrygionus;
cadw fi rhag rhai sy'n gorthrymu,
² rhai sy'n cynllunio drygioni yn eu calon,
a phob amser yn codi cythrwfl.
³ Y mae eu tafod yn finiog fel sarff,
ac y mae gwenwyn gwiber dan eu gwefusau. *Sela*
⁴ O ARGLWYDD, arbed fi rhag dwylo'r drygionus;
cadw fi rhag rhai sy'n gorthrymu,
rhai sy'n cynllunio i faglu fy nhraed.
⁵ Bu rhai trahaus yn cuddio magl i mi,
a rhai dinistriol yn taenu rhwyd,
ac yn gosod maglau ar ymyl y ffordd. *Sela*

⁶ Dywedais wrth yr ARGLWYDD, "Fy Nuw wyt ti";
gwrando, O ARGLWYDD, ar lef fy ngweddi.
⁷ O ARGLWYDD Dduw, fy iachawdwriaeth gadarn,
cuddiaist fy mhen yn nydd brwydr.
⁸ O ARGLWYDD, paid â rhoi eu dymuniad i'r drygionus,
paid â llwyddo eu bwriad. *Sela*
⁹ Y mae rhai o'm hamgylch yn codi* eu pen,
ond bydded i ddrygioni eu gwefusau eu llethu.

¹⁰ Bydded i farwor tanllyd syrthio arnynt;
bwrier hwy i ffosydd dyfnion heb allu codi.
¹¹ Na fydded lle i'r enllibus yn y wlad;
bydded i ddrygioni ymlid y gorthrymwr yn ddiarbed.
¹² Gwn y gwna'r ARGLWYDD gyfiawnder â'r truan,
ac y rhydd farn i'r anghenus.
¹³ Yn sicr bydd y cyfiawn yn clodfori dy enw;
bydd yr uniawn yn byw yn dy bresenoldeb.

Salm. I Ddafydd.

141 O ARGLWYDD, gwaeddaf arnat, brysia ataf;
gwrando ar fy llef pan alwaf arnat.
² Bydded fy ngweddi fel arogldarth o'th flaen,
ac estyniad fy nwylo fel offrwm hwyrol.
³ O ARGLWYDD, gosod warchod ar fy ngenau,
gwylia dros ddrws fy ngwefusau.
⁴ Paid â throi fy nghalon at bethau drwg,
i fod yn brysur wrth weithredoedd drygionus
gyda rhai sy'n wneuthurwyr drygioni;
paid â gadael imi fwyta o'u danteithion.

⁵ Bydded i'r cyfiawn fy nharo mewn cariad a'm ceryddu,
ond na fydded i olew'r drygionus* eneinio fy mhen,
oherwydd y mae fy ngweddi yn wastad yn erbyn eu drygioni.
⁶ Pan fwrir eu barnwyr yn erbyn craig,
byddant yn gwybod mor ddymunol oedd fy ngeiriau.
⁷ Fel darnau o bren neu o graig ar y llawr,
bydd eu* hesgyrn wedi eu gwasgaru yng ngenau Sheol.

140:9 Hebraeg, *y maent yn codi* ar ddiwedd adn. 8.
141:5 Felly Groeg. Hebraeg, *olew'r pen.*
141:7 Felly Fersiynau. Hebraeg, *ein.*

⁸ Y mae fy llygaid arnat ti, O
    ARGLWYDD Dduw;
ynot ti y llochesaf; paid â'm gadael
    heb amddiffyn.
⁹ Cadw fi o'r rhwyd a osodwyd imi,
ac o fagl y gwneuthurwyr drygioni.
¹⁰ Bydded i'r drygionus syrthio i'w
    rhwydau eu hunain,
a myfi fy hun yn mynd heibio.

Mascîl. I Ddafydd, pan oedd yn yr ogof. Gweddi.

142 Gwaeddaf yn uchel ar yr
    ARGLWYDD,
ymbiliaf yn uchel ar yr ARGLWYDD.
² Arllwysaf fy nghwyn o'i flaen,
a mynegaf fy nghyfyngder yn ei
    bresenoldeb.
³ Pan yw fy ysbryd yn pallu,
yr wyt ti'n gwybod fy llwybr.

Ar y llwybr a gerddaf
y maent wedi cuddio magl.
⁴ Edrychaf i'r dde, a gweld
nad oes neb yn gyfaill imi;
nid oes dihangfa imi,
na neb yn malio amdanaf.

⁵ Gwaeddais arnat ti, O ARGLWYDD;
dywedais, "Ti yw fy noddfa,
a'm rhan yn nhir y rhai byw."
⁶ Gwrando ar fy nghri,
oherwydd fe'm darostyngwyd yn isel;
gwared fi oddi wrth fy erlidwyr,
oherwydd y maent yn gryfach na mi.
⁷ Dwg fi allan o'm caethiwed,
er mwyn imi glodfori dy enw.
Bydd y rhai cyfiawn yn tyrru ataf
pan fyddi di yn dda wrthyf.

Salm. I Ddafydd.

143 ARGLWYDD, clyw fy ngweddi,
gwrando ar fy neisyfiad.
Ateb fi yn dy ffyddlondeb—
yn dy gyfiawnder.
² Paid â mynd i farn â'th was,
oherwydd nid oes neb byw yn
    gyfiawn o'th flaen di.

³ Y mae'r gelyn wedi fy ymlid,
ac wedi sathru fy mywyd i'r llawr;
gwnaeth imi eistedd mewn
    tywyllwch,
fel rhai wedi hen farw.

⁴ Y mae fy ysbryd yn pallu ynof,
a'm calon wedi ei dal gan arswyd.
⁵ Yr wyf yn cofio am y dyddiau gynt,
yn myfyrio ar y cyfan a wnaethost,
ac yn meddwl am waith dy ddwylo.
⁶ Yr wyf yn estyn fy nwylo atat ti,
ac yn sychedu amdanat fel tir sych.
                                Sela

⁷ Brysia i'm hateb, O ARGLWYDD,
y mae fy ysbryd yn pallu;
paid â chuddio dy wyneb oddi
    wrthyf,
neu byddaf fel y rhai sy'n disgyn i'r
    pwll.
⁸ Pâr imi glywed yn y bore am dy
    gariad,
oherwydd yr wyf wedi ymddiried
    ynot ti;
gwna imi wybod pa ffordd i'w
    cherdded,
oherwydd yr wyf wedi dyrchafu fy
    enaid atat ti.
⁹ O ARGLWYDD, gwareda fi oddi wrth
    fy ngelynion,
oherwydd atat ti yr wyf wedi ffoi am
    gysgod.
¹⁰ Dysg imi wneud dy ewyllys,
oherwydd ti yw fy Nuw;
bydded i'th ysbryd daionus fy arwain
ar hyd tir gwastad.
¹¹ Er mwyn dy enw, O ARGLWYDD,
    cadw fy einioes;
yn dy gyfiawnder dwg fi o'm
    cyfyngder,
¹² ac yn dy gariad difetha fy
    ngelynion;
dinistria'r holl rai sydd yn fy
    ngorthrymu,
oherwydd dy was wyf fi.

I Ddafydd.

144 Bendigedig yw yr ARGLWYDD,
    fy nghraig;
ef sy'n dysgu i'm dwylo ymladd,
ac i'm bysedd ryfela;
² fy nghâr a'm cadernid,
fy nghaer a'm gwaredydd,
fy nharian a'm lloches,
sy'n darostwng pobloedd* odanaf.

144:2 Felly llawysgrifau a Fersiynau. TM, *fy mhobl.*

³ O ARGLWYDD, beth yw meidrolyn, i
    ti ofalu amdano,
a'r teulu dynol, i ti ei ystyried?
⁴ Y mae'r meidrol yn union fel anadl,
a'i ddyddiau fel cysgod yn mynd
    heibio.

⁵ ARGLWYDD, agor y nefoedd a thyrd i
    lawr,
cyffwrdd â'r mynyddoedd nes eu bod
    yn mygu;
⁶ saetha allan fellt nes eu gwasgaru,
anfon dy saethau nes peri iddynt
    arswydo.
⁷ Estyn allan dy law o'r uchelder,
i'm hachub ac i'm gwaredu
o ddyfroedd lawer, ac o law
    estroniaid
⁸ sy'n dweud celwydd â'u genau,
a'u deheulaw'n llawn ffalster.

⁹ Canaf gân newydd i ti, O Dduw,
canaf gyda'r offeryn dectant i ti,
¹⁰ ti sy'n rhoi gwaredigaeth i
    frenhinoedd,
ac yn achub Dafydd ei was.
¹¹ Achub fi oddi wrth y cleddyf
    creulon*;
gwared fi o law estroniaid,
sy'n dweud celwydd â'u genau,
a'u deheulaw'n llawn ffalster.
¹² Bydded ein meibion fel planhigion
yn tyfu'n gryf yn eu hieuenctid,
a'n merched fel pileri cerfiedig
mewn adeiladwaith palas.
¹³ Bydded ein hysguboriau yn llawn
o luniaeth o bob math;
bydded ein defaid yn filoedd
ac yn fyrddiynau yn ein meysydd;
¹⁴ bydded ein gwartheg yn drymion,
heb anap nac erthyliad;
ac na fydded gwaedd ar ein
    strydoedd.
¹⁵ Gwyn eu byd y bobl sydd fel hyn.
Gwyn eu byd y bobl y mae'r
    ARGLWYDD yn Dduw iddynt.

Emyn Mawl. I Ddafydd.

145

Dyrchafaf di, fy Nuw, O
    Frenin,
a bendithiaf dy enw byth bythoedd.
² Bob dydd bendithiaf di,
a moliannu dy enw byth bythoedd.
³ Mawr yw'r ARGLWYDD, a theilwng
    iawn o fawl,
ac y mae ei fawredd yn
    anchwiliadwy.

⁴ Molianna'r naill genhedlaeth dy
    waith wrth y llall,
a mynegi dy weithredoedd nerthol.
⁵ Am ysblander gogoneddus dy
    fawredd y dywedant,
a myfyrio* ar ryfeddodau.
⁶ Cyhoeddant rym dy weithredoedd
    ofnadwy,
ac adrodd am dy fawredd.
⁷ Dygant i gof dy ddaioni helaeth,
a chanu am dy gyfiawnder.

⁸ Graslon a thrugarog yw'r
    ARGLWYDD,
araf i ddigio, a llawn ffyddlondeb.
⁹ Y mae'r ARGLWYDD yn dda wrth
    bawb,
ac y mae ei drugaredd tuag at ei holl
    waith.

¹⁰ Y mae dy holl waith yn dy foli,
    ARGLWYDD,
a'th saint yn dy fendithio.
¹¹ Dywedant am ogoniant dy deyrnas,
a sôn am dy nerth,
¹² er mwyn dangos i bobl dy
    weithredoedd nerthol
ac ysblander gogoneddus dy
    deyrnas.
¹³ Teyrnas dragwyddol yw dy
    deyrnas,
a saif dy lywodraeth byth bythoedd.
Y mae'r ARGLWYDD yn ffyddlon yn ei
    holl eiriau,
ac yn drugarog yn ei holl
    weithredoedd.*
¹⁴ Fe gynnal yr ARGLWYDD bawb sy'n
    syrthio,
a chodi pawb sydd wedi eu
    darostwng.
¹⁵ Try llygaid pawb mewn gobaith
    atat ti,
ac fe roi iddynt eu bwyd yn ei bryd;
¹⁶ y mae dy law yn agored,
ac yr wyt yn diwallu popeth byw yn
    ôl d'ewyllys.

144:11 Hebraeg, *oddi wrth ... creulon* yn yr adn. flaenorol.
145:5 Felly Fersiynau. Hebraeg, *rhof*.
145:13 Felly un llawysgrif, Fersiynau a Sgrôl. TM heb *Y mae'r ... weithredoedd.*

¹⁷ Y mae'r ARGLWYDD yn gyfiawn yn
  ei holl ffyrdd
ac yn ffyddlon yn ei holl
  weithredoedd.
¹⁸ Y mae'r ARGLWYDD yn agos at
  bawb sy'n galw arno,
at bawb sy'n galw arno mewn
  gwirionedd.
¹⁹ Gwna ddymuniad y rhai sy'n ei
  ofni;
gwrendy ar eu cri, a gwareda hwy.
²⁰ Gofala'r ARGLWYDD am bawb sy'n
  ei garu,
ond y mae'n distrywio'r holl rai
  drygionus.
²¹ Llefara fy ngenau foliant yr
  ARGLWYDD,
a bydd pob creadur yn bendithio'i
  enw sanctaidd
byth bythoedd.

146 Molwch yr ARGLWYDD.
Fy enaid, mola'r ARGLWYDD.
² Molaf yr ARGLWYDD tra byddaf byw,
canaf fawl i'm Duw tra byddaf.
³ Peidiwch ag ymddiried mewn
  tywysogion,
mewn unrhyw un na all waredu;
⁴ bydd ei anadl yn darfod ac yntau'n
  dychwelyd i'r ddaear,
a'r diwrnod hwnnw derfydd am ei
  gynlluniau.

⁵ Gwyn ei fyd y sawl y mae Duw
  Jacob yn ei gynorthwyo,
ac y mae ei obaith yn yr ARGLWYDD
  ei Dduw,
⁶ creawdwr nefoedd a daear a'r môr,
a'r cyfan sydd ynddynt.
Y mae ef yn cadw'n ffyddlon hyd
  byth,
⁷ ac yn gwneud barn â'r
  gorthrymedig;
y mae'n rhoi bara i'r newynog.
Y mae'r ARGLWYDD yn rhyddhau
  carcharorion;
⁸ y mae'r ARGLWYDD yn rhoi golwg i'r
  deillion,
ac yn codi pawb sydd wedi eu
  darostwng;
y mae'r ARGLWYDD yn caru'r rhai
  cyfiawn.

⁹ Y mae'r ARGLWYDD yn gwylio dros y
  dieithriaid,
ac yn cynnal y weddw a'r amddifad;
y mae'n difetha ffordd y drygionus.
¹⁰ Bydd yr ARGLWYDD yn teyrnasu
  hyd byth,
a'th Dduw di, O Seion, dros y
  cenedlaethau.
Molwch yr ARGLWYDD.

147 Molwch yr ARGLWYDD.
Da yw canu mawl i'n Duw ni,
oherwydd hyfryd a gweddus yw
  mawl.
² Y mae'r ARGLWYDD yn adeiladu
  Jerwsalem,
y mae'n casglu rhai gwasgaredig
  Israel.
³ Y mae'n iacháu'r rhai drylliedig o
  galon,
ac yn rhwymo eu doluriau.
⁴ Y mae'n pennu nifer y sêr,
ac yn rhoi enwau arnynt i gyd.
⁵ Mawr yw ein Harglwydd ni, a chryf
  o nerth;
y mae ei ddoethineb yn ddifesur.
⁶ Y mae'r ARGLWYDD yn codi'r rhai
  gostyngedig,
ond yn bwrw'r drygionus i'r llawr.
⁷ Canwch i'r ARGLWYDD mewn diolch,
canwch fawl i'n Duw â'r delyn.
⁸ Y mae ef yn gorchuddio'r nefoedd â
  chymylau,
ac yn darparu glaw i'r ddaear;
y mae'n gwisgo'r mynyddoedd â
  glaswellt,
a phlanhigion at wasanaeth pobl*.
⁹ Y mae'n rhoi eu porthiant i'r
  anifeiliaid,
a'r hyn a ofynnant i gywion y gigfran.
¹⁰ Nid yw'n ymhyfrydu yn nerth
  march,
nac yn cael pleser yng nghyhyrau
  gŵr;
¹¹ ond pleser yr ARGLWYDD yw'r rhai
  sy'n ei ofni,
y rhai sy'n gobeithio yn ei gariad.
¹² Molianna yr ARGLWYDD, O
  Jerwsalem;

147:8 Felly Groeg a Fwlgat. Cymh. 104:14. Hebraeg heb *a phlanhigion . . . pobl.*

mola dy Dduw, O Seion,
¹³ oherwydd cryfhaodd farrau dy
    byrth,
a bendithiodd dy blant o'th fewn.
¹⁴ Y mae'n rhoi heddwch i'th
    derfynau,
ac yn dy ddigoni â'r ŷd gorau.
¹⁵ Y mae'n anfon ei orchymyn i'r
    ddaear,
ac y mae ei air yn rhedeg yn gyflym.
¹⁶ Y mae'n rhoi eira fel gwlân,
yn taenu barrug fel lludw,
¹⁷ ac yn gwasgaru ei rew fel briwsion;
pwy a all ddal ei oerni ef?
¹⁸ Y mae'n anfon ei air, ac yn eu
    toddi;
gwna i'w wynt chwythu, ac fe lifa'r
    dyfroedd.
¹⁹ Y mae'n mynegi ei air i Jacob,
ei ddeddfau a'i farnau i Israel;
²⁰ ni wnaeth fel hyn ag unrhyw
    genedl,
na dysgu iddynt ei farnau.
Molwch yr ARGLWYDD.

148 Molwch yr ARGLWYDD.
Molwch yr ARGLWYDD o'r nefoedd,
molwch ef yn yr uchelderau.
² Molwch ef, ei holl angylion;
molwch ef, ei holl luoedd.
³ Molwch ef, haul a lleuad;
molwch ef, yr holl sêr disglair.
⁴ Molwch ef, nef y nefoedd,
a'r dyfroedd sydd uwch y nefoedd.
⁵ Bydded iddynt foli enw'r
    ARGLWYDD,
oherwydd ef a orchmynnodd, a
    chrewyd hwy;
⁶ fe'u gwnaeth yn sicr fyth bythoedd;
rhoes iddynt ddeddf nas torrir.

⁷ Molwch yr ARGLWYDD o'r ddaear,
chwi ddreigiau a'r holl ddyfnderau,
⁸ tân a chenllysg, eira a mwg,
y gwynt stormus sy'n ufudd i'w air;
⁹ y mynyddoedd a'r holl fryniau,
y coed ffrwythau a'r holl gedrwydd;
¹⁰ anifeiliaid gwyllt a'r holl rai dof,
ymlusgiaid ac adar hedegog;
¹¹ brenhinoedd y ddaear a'r holl
    bobloedd,
tywysogion a holl farnwyr y ddaear;
¹² gwŷr ifainc a gwyryfon,
hynafgwyr a llanciau hefyd.
¹³ Bydded iddynt foli enw'r
    ARGLWYDD,
oherwydd ei enw ef yn unig sydd
    ddyrchafedig,
ac y mae ei ogoniant ef uwchlaw
    daear a nefoedd.
¹⁴ Y mae wedi dyrchafu corn ei bobl,
ac ef yw moliant ei holl ffyddloniaid,
pobl Israel, sy'n agos ato.
Molwch yr ARGLWYDD.

149 Molwch yr ARGLWYDD.
Canwch i'r ARGLWYDD gân newydd,
ei foliant yng nghynulleidfa'r
    ffyddloniaid.
² Bydded i Israel lawenhau yn ei
    chreawdwr,
ac i blant Seion orfoleddu yn eu
    brenin.
³ Molwch ei enw â dawns,
canwch fawl iddo â thympan a
    thelyn.
⁴ Oherwydd y mae'r ARGLWYDD yn
    ymhyfrydu yn ei bobl;
y mae'n rhoi gwaredigaeth yn goron
    i'r gostyngedig.
⁵ Bydded i'r ffyddloniaid orfoleddu
    mewn gogoniant,
a llawenhau ar eu clustogau.
⁶ Bydded uchel-foliant Duw yn eu
    genau,
a chleddyf daufiniog yn eu llaw
⁷ i weithredu dial ar y cenhedloedd
a cherydd ar y bobloedd;
⁸ i rwymo eu brenhinoedd mewn
    cadwynau,
a'u pendefigion â gefynnau haearn;
⁹ i weithredu'r farn a nodwyd ar eu
    cyfer.
Ef yw gogoniant ei holl ffyddloniaid.
Molwch yr ARGLWYDD.

150 Molwch yr ARGLWYDD.
Molwch Dduw yn ei gysegr,
molwch ef yn ei ffurfafen gadarn.
² Molwch ef am ei weithredoedd
    nerthol,
molwch ef am ei holl fawredd.
³ Molwch ef â sain utgorn,
molwch ef â nabl a thelyn.

⁴ Molwch ef â thympan a dawns,
molwch ef â llinynnau a phibau.
⁵ Molwch ef â sŵn symbalau,
molwch ef â symbalau uchel.

⁶ Bydded i bopeth byw foliannu'r
ARGLWYDD.
Molwch yr ARGLWYDD.

LLYFR Y
DIARHEBION

Gwerth Diarhebion

1 Diarhebion Solomon fab Dafydd,
brenin Israel—
² i gael doethineb ac addysg,
i ddeall geiriau deallus,
³ i dderbyn addysg fuddiol,
cyfiawnder, barn, ac uniondeb,
⁴ i roi craffter i'r gwirion,
a gwybodaeth a synnwyr i'r ifanc.
⁵ Y mae'r doeth yn gwrando ac yn
cynyddu mewn dysg,
a'r deallus yn ennill medrusrwydd,
⁶ i ddeall dameg a'i dehongliad,
dywediadau'r doeth a'u posau.

Cyngor i'r Ifanc

⁷ Ofn yr ARGLWYDD yw dechrau
gwybodaeth,
ond y mae ffyliaid yn diystyru
doethineb a disgyblaeth.
⁸ Fy mab, gwrando ar addysg dy
dad,
paid â gwrthod cyfarwyddyd dy fam;
⁹ bydd yn dorch brydferth ar dy ben,
ac yn gadwyn am dy wddf.
¹⁰ Fy mab, os hudir di gan
bechaduriaid,
paid â chytuno â hwy.
¹¹ Fe ddywedant, "Tyrd gyda ni,
inni gynllwynio i dywallt gwaed,
a llechu'n ddiachos yn erbyn y
diniwed;
¹² fel Sheol, llyncwn hwy'n fyw
ac yn gyfan, fel rhai'n disgyn i'r pwll;
¹³ fe gymerwn bob math ar gyfoeth,
a llenwi ein tai ag ysbail;
¹⁴ bwrw dy goelbren gyda ni,
a bydd un pwrs rhyngom i gyd."
¹⁵ Fy mab, paid â mynd yr un ffordd
â hwy;
cadw dy droed oddi ar eu llwybr.
¹⁶ Oherwydd y mae eu traed yn
rhuthro at ddrwg,
ac yn prysuro i dywallt gwaed.
¹⁷ Yn sicr, ofer yw gosod rhwyd
yng ngolwg unrhyw aderyn hedegog.
¹⁸ Am eu gwaed eu hunain y maent
yn cynllwynio,
ac yn llechu yn eu herbyn eu hunain.
¹⁹ Dyma dynged pob un awchus am
elw;
y mae'n cymryd einioes y sawl a'i
piau.

Doethineb yn Galw

²⁰ Y mae doethineb yn galw'n uchel
yn y stryd,
yn codi ei llais yn y sgwâr,
²¹ yn gweiddi ar ben y muriau,
yn traethu ei geiriau ym mynedfa
pyrth y ddinas.
²² Chwi'r rhai gwirion, pa hyd y
bodlonwch ar fod yn wirion,
ac yr ymhyfryda'r gwatwarwyr mewn
gwatwar,
ac y casâ ffyliaid wybodaeth?
²³ Os newidiwch eich ffyrdd dan fy
ngherydd,
tywalltaf fy ysbryd arnoch,
a gwneud i chwi ddeall fy ngeiriau.

²⁴ Ond am i mi alw, a chwithau heb ymateb,
ac imi estyn fy llaw, heb neb yn gwrando;
²⁵ am i chwi ddiystyru fy holl gyngor,
a gwrthod fy ngherydd—
²⁶ am hynny, chwarddaf ar eich dinistr,
a gwawdio pan ddaw dychryn arnoch,
²⁷ pan ddaw dychryn arnoch fel corwynt,
a dinistr yn taro fel storm,
pan ddaw adfyd a gwasgfa arnoch.
²⁸ Yna galwant arnaf, ond nid atebaf;
fe'm ceisiant yn ddyfal, ond heb fy nghael.
²⁹ Oherwydd iddynt gasáu gwybodaeth,
a throi oddi wrth ofn yr ARGLWYDD,
³⁰ a gwrthod fy nghyngor,
ac anwybyddu fy holl gerydd,
³¹ cânt fwyta o ffrwyth eu ffyrdd,
a syrffedu ar eu cynlluniau.
³² Oherwydd bydd anufudd-dod y gwirion yn eu lladd,
a difrawder y ffyliaid yn eu difa.
³³ Ond bydd yr un a wrendy arnaf yn byw'n ddiogel,
yn dawel heb ofni drwg.

Gwobr Doethineb

2 Fy mab, os derbynni fy ngeiriau,
a thrysori fy ngorchmynion,
² a gwrando'n astud ar ddoethineb,
a rhoi dy feddwl ar ddeall;
³ os gelwi am ddeall,
a chodi dy lais am wybodaeth,
⁴ a chwilio amdani fel am arian,
a chloddio amdani fel am drysor—
⁵ yna cei ddeall ofn yr ARGLWYDD,
a chael gwybodaeth o Dduw.
⁶ Oherwydd yr ARGLWYDD sy'n rhoi doethineb,
ac o'i enau ef y daw gwybodaeth a deall.
⁷ Y mae'n trysori crafter i'r uniawn;
y mae'n darian i'r rhai a rodia'n gywir.
⁸ Y mae'n diogelu llwybrau cyfiawnder,
ac yn gwarchod ffordd ei ffyddloniaid.
⁹ Yna byddi'n deall cyfiawnder a barn,
ac uniondeb a phob ffordd dda;
¹⁰ oherwydd bydd doethineb yn dod i'th feddwl,
a deall yn rhoi pleser iti.
¹¹ Bydd pwyll yn dy amddiffyn,
a deall yn dy warchod,
¹² ac yn dy gadw rhag ffordd drygioni,
a rhag y rhai sy'n siarad yn dwyllodrus—
¹³ y rhai sy'n gadael y ffordd iawn
i rodio yn llwybrau tywyllwch,
¹⁴ sy'n cael pleser mewn gwneud drwg
a mwynhad mewn twyll,
¹⁵ y rhai y mae eu ffordd yn gam
a'u llwybrau'n droellog.
¹⁶ Fe'th geidw oddi wrth y wraig ddieithr,
a rhag y ddynes estron a'i geiriau dengar,
¹⁷ sydd wedi gadael cymar ei hieuenctid,
ac wedi anghofio cyfamod ei Duw.
¹⁸ Oherwydd y mae ei thŷ yn gwyro at angau,
a'i llwybrau at y cysgodion.
¹⁹ Ni ddaw neb sy'n mynd ati yn ei ôl,
ac ni chaiff ailafael ar lwybrau bywyd.
²⁰ Felly gofala di rodio yn ffyrdd y da,
a chadw at lwybrau'r cyfiawn.
²¹ Oherwydd y rhai cyfiawn a drig yn y tir,
a'r rhai cywir a gaiff aros ynddo;
²² ond torrir y rhai drwg o'r tir,
a diwreiddir y twyllwyr ohono.

Cyngor i'r Ifanc

3 Fy mab, paid ag anghofio fy nghyfarwyddyd;
cadw fy ngorchmynion yn dy gof.
² Oherwydd ychwanegant at nifer dy ddyddiau
a rhoi blynyddoedd o fywyd a llwyddiant.
³ Paid â gollwng gafael ar deyrngarwch a ffyddlondeb;
rhwym hwy am dy wddf,

ysgrifenna hwy ar lech dy galon;
⁴ a byddi'n ennill ffafr ac enw da yng ngolwg Duw a dynion.

⁵ Ymddiried yn llwyr yn yr ARGLWYDD,
a phaid â dibynnu ar dy ddeall dy hun.
⁶ Cydnabydda ef yn dy holl ffyrdd,
bydd ef yn sicr o gadw dy lwybrau'n union.
⁷ Paid â bod yn ddoeth yn dy olwg dy hun;
ofna'r ARGLWYDD, a chilia oddi wrth ddrwg.
⁸ Bydd hyn yn iechyd i'th gorff,
ac yn faeth i'th esgyrn.
⁹ Anrhydedda'r ARGLWYDD â'th gyfoeth,
ac â blaenffrwyth dy holl gynnyrch.
¹⁰ Yna bydd dy ysguboriau'n orlawn,
a'th gafnau'n gorlifo gan win.
¹¹ Fy mab, paid â diystyru disgyblaeth yr ARGLWYDD,
a phaid â digio wrth ei gerydd;
¹² oherwydd ceryddu'r un a gâr y mae'r ARGLWYDD,
fel tad sy'n hoff o'i blentyn.
¹³ Gwyn ei fyd y sawl a gafodd ddoethineb,
a'r un sy'n berchen deall.
¹⁴ Y mae mwy o elw ynddi nag mewn arian,
a'i chynnyrch yn well nag aur.
¹⁵ Y mae'n fwy gwerthfawr na gemau,
ac nid yw dim a ddymuni yn debyg iddi.
¹⁶ Yn ei llaw dde y mae hir oes,
a chyfoeth ac anrhydedd yn ei llaw chwith.
¹⁷ Ffyrdd hyfryd yw ei ffyrdd,
a heddwch sydd ar ei holl lwybrau.
¹⁸ Y mae'n bren bywyd i'r neb a gydia ynddi,
a dedwydd yw'r rhai sy'n glynu wrthi.
¹⁹ Trwy ddoethineb y sylfaenodd yr ARGLWYDD y ddaear,
ac â deall y sicrhaodd y nefoedd;
²⁰ trwy ei ddeall y ffrydiodd y dyfnderau,
ac y defnynna'r cymylau wlith.

²¹ Fy mab, dal d'afael ar graffter a phwyll;
paid â'u gollwng o'th olwg;
²² byddant yn iechyd i'th enaid,
ac yn addurn am dy wddf.
²³ Yna cei gerdded ymlaen heb bryder,
ac ni fagla dy droed.
²⁴ Pan eisteddi*, ni fyddi'n ofni,
a phan orweddi, bydd dy gwsg yn felys.
²⁵ Paid ag ofni rhag unrhyw ddychryn disymwth,
na dinistr y drygionus pan ddaw;
²⁶ oherwydd bydd yr ARGLWYDD yn hyder iti,
ac yn cadw dy droed rhag y fagl.
²⁷ Paid â gwrthod cymwynas i'r sawl sy'n ei haeddu,
os yw yn dy allu i'w gwneud.
²⁸ Paid â dweud wrth dy gymydog,
"Tyrd yn d'ôl eto,
ac fe'i rhoddaf iti yfory",
er ei fod gennyt yn awr.
²⁹ Paid â chynllunio drwg yn erbyn dy gymydog,
ac yntau'n ymddiried ynot.
³⁰ Paid â chweryla'n ddiachos ag unrhyw un,
ac yntau heb wneud cam â thi.
³¹ Paid â chenfigennu wrth ormeswr,
na dewis yr un o'i ffyrdd.
³² Oherwydd y mae'r ARGLWYDD yn ffieiddio'r cyfeiliornus,
ond yn rhannu ei gyfrinach â'r uniawn.
³³ Y mae melltith yr ARGLWYDD ar dŷ'r drygionus,
ond y mae'n bendithio trigfa'r cyfiawn.
³⁴ Er iddo ddirmygu'r dirmygwyr,
eto fe rydd ffafr i'r gostyngedig.
³⁵ Etifedda'r doeth anrhydedd,
ond y ffyliaid bentwr o warth.

Doniau Doethineb

4 Gwrandewch, blant, ar gyfarwyddyd tad,
ac ystyriwch i chwi ddysgu deall.
² Oherwydd yr wyf yn rhoi i chwi hyfforddiant da;

3:24 Felly Groeg. Hebraeg, *orweddi*.

peidiwch â gwrthod fy nysgeidiaeth.
³ Bûm innau hefyd yn fab i'm tad,
yn annwyl, ac yn unig blentyn fy
   mam.
⁴ Dysgodd yntau fi, a dweud wrthyf,
"Gosod dy feddwl ar fy ngeiriau;
cadw fy ngorchmynion iti gael byw.
⁵ Paid ag anghofio na chilio oddi
   wrth fy ngeiriau.
Cais ddoethineb, cais ddeall;
⁶ paid â'i gadael, a bydd hithau'n dy
   gadw;
câr hi, a bydd yn d'amddiffyn.
⁷ Doethineb yw'r pennaf peth; cais
   ddoethineb;
â'r cyfan sydd gennyt, cais ddeall.
⁸ Meddwl yn uchel ohoni, ac fe'th
   ddyrchefir ganddi;
fe'th anrhydedda, os cofleidi hi.
⁹ Gesyd dorch brydferth ar dy ben,
a rhoi coron anrhydedd iti."
¹⁰ Fy mab, gwrando, a dal ar fy
   ngeiriau,
ac fe ychwanegir blynyddoedd at dy
   fywyd.
¹¹ Hyfforddais di yn ffordd
   doethineb;
dysgais iti gerdded llwybrau union.
¹² Pan gerddi, ni rwystrir dy gam,
a phan redi, ni fyddi'n baglu.
¹³ Glŷn wrth addysg, a hynny'n ddi-
   ollwng;
dal d'afael ynddi, oherwydd hi yw dy
   fywyd.
¹⁴ Paid â dilyn llwybr y drygionus,
na cherdded ffordd pobl ddrwg;
¹⁵ gochel hi, paid â'i throedio,
tro oddi wrthi a dos yn dy flaen.
¹⁶ Oherwydd ni allant hwy gysgu os
   na fyddant wedi gwneud drwg;
collant gwsg os na fyddant wedi
   baglu rhywun.
¹⁷ Y maent yn bwyta bara a gafwyd
   trwy dwyll,
ac yn yfed gwin gormes.
¹⁸ Y mae llwybr y cyfiawn fel golau'r
   wawr,
sy'n cynyddu yn ei lewyrch hyd ganol
   dydd.
¹⁹ Ond y mae ffordd y drygionus fel
   tywyllwch dudew;
ni wyddant beth sy'n eu baglu.
²⁰ Fy mab, rho sylw i'm geiriau,

a gwrando ar fy ymadrodd.
²¹ Paid â'u gollwng o'th olwg;
cadw hwy yn dy feddwl;
²² oherwydd y maent yn fywyd i'r un
   sy'n eu cael,
ac yn iechyd i'w holl gorff.
²³ Yn fwy na dim, edrych ar ôl dy
   feddwl,
oherwydd oddi yno y tardd bywyd.
²⁴ Gofala osgoi geiriau twyllodrus,
a chadw draw oddi wrth siarad
   dichellgar.
²⁵ Cadw dy lygaid yn unionsyth,
ac edrych yn syth o'th flaen.
²⁶ Rho sylw i lwybr dy droed,
i'th holl ffyrdd fod yn ddiogel.
²⁷ Paid â throi i'r dde nac i'r chwith,
a chadw dy droed rhag y drwg.

Rhybudd rhag Godineb

5 Fy mhlentyn, rho sylw i'm
   doethineb,
a gwrando ar fy neall,
² er mwyn iti ddal ar synnwyr
ac i'th wefusau ddiogelu deall.
³ Y mae gwefusau'r wraig ddieithr yn
   diferu mêl,
a'i geiriau yn llyfnach nag olew,
⁴ ond yn y diwedd y mae'n
   chwerwach na wermod,
yn llymach na chleddyf daufiniog.
⁵ Prysura ei thraed at farwolaeth,
ac arwain ei chamre i Sheol.
⁶ Nid yw hi'n ystyried llwybr bywyd;
y mae ei ffyrdd yn anwadal, a
   hithau'n ddi-hid.
⁷ Ond yn awr, blant, gwrandewch
   arnaf,
a pheidiwch â throi oddi wrth fy
   ymadroddion.
⁸ Cadw draw oddi wrth ei ffordd;
paid â mynd yn agos at ddrws ei thŷ;
⁹ rhag iti roi dy enw da i eraill
a'th urddas i estroniaid,
¹⁰ a rhag i ddieithriaid ymborthi ar
   dy gyfoeth
ac i'th lafur fynd i dŷ estron;
¹¹ rhag iti gael gofid pan ddaw dy
   ddiwedd,
pan fydd dy gorff a'th gnawd yn
   darfod,

¹² a dweud, "Pam y bu imi gasáu
    disgyblaeth,
ac anwybyddu cerydd?
¹³ Nid oeddwn yn gwrando ar lais fy
    athrawon,
nac yn rhoi sylw i'r rhai a'm dysgai.
¹⁴ Yr oeddwn ar fin bod yn gwbl
    ddrwg
yng ngolwg y gynulleidfa gyfan."

¹⁵ Yf ddŵr o'th bydew dy hun,
dŵr sy'n tarddu o'th ffynnon di.
¹⁶ Paid â gadael i'th ffynhonnau
    orlifo* i'r ffordd,
na'th ffrydiau dŵr i'r stryd.
¹⁷ Byddant i ti dy hun yn unig,
ac nid i'r dieithriaid o'th gwmpas.
¹⁸ Bydded bendith ar dy ffynnon,
a llawenha yng ngwraig dy ieuenctid,
¹⁹ ewig hoffus, iyrches ddymunol;
bydded i'w bronnau dy foddhau bob
    amser,
a chymer bleser o'i chariad yn gyson.
²⁰ Fy mhlentyn, pam y ceisi bleser
    gyda gwraig ddieithr,
a chofleidio estrones?
²¹ Oherwydd y mae'r ARGLWYDD yn
    gwylio ffyrdd pob un,
ac yn chwilio ei holl lwybrau.
²² Delir y drygionus gan ei gamwedd
    ei hun,
ac fe'i caethiwir yng nghadwynau ei
    bechod;
²³ bydd farw o ddiffyg disgyblaeth,
ar goll oherwydd ei ffolineb mawr.

Rhybuddion Pellach

6 Fy mab, os rhoddaist wystl i'th
    gymydog,
neu fynd yn feichiau i ddieithryn,
² a chael dy rwymo gan dy eiriau dy
    hun,
a'th ddal gan eiriau dy enau,
³ yna gweithreda fel hyn, fy mab, ac
    achub dy hun:
gan dy fod yn llaw dy gymydog,
dos ar frys ac ymbil â'th gymydog;
⁴ paid â rhoi cwsg i'th lygaid
na gorffwys i'th amrannau;
⁵ achub dy hun fel ewig o afael yr
    heliwr*,

neu aderyn o law yr adarwr.
⁶ Ti ddiogyn, dos at y morgrugyn,
a sylwa ar ei ffordd a bydd ddoeth.
⁷ Er nad oes ganddo arweinydd
na rheolwr na llywodraethwr,
⁸ y mae'n darparu ei gynhaliaeth yn
    yr haf,
yn casglu ei fwyd amser cynhaeaf.
⁹ O ddiogyn, am ba hyd y byddi'n
    gorweddian?
Pa bryd y codi o'th gwsg?
¹⁰ Ychydig gwsg, ychydig hepian,
ychydig blethu dwylo i orffwys,
¹¹ a daw tlodi arnat fel dieithryn
    creulon,
ac angen fel gŵr arfog.

¹² Un dieflig, un drwg,
sy'n taenu geiriau dichellgar,
¹³ yn wincio â'i lygad, yn pwnio â'i
    droed,
ac yn gwneud arwyddion â'i fysedd.
¹⁴ Ei fwriad yw gwyrdroi, cynllunio
    drwg yn wastad,
a chreu cynnen.
¹⁵ Am hynny daw dinistr arno yn
    ddisymwth;
fe'i dryllir yn sydyn heb fodd i'w
    arbed.

¹⁶ Chwe pheth sy'n gas gan yr
    ARGLWYDD,
saith peth sy'n ffiaidd ganddo:
¹⁷ llygaid balch, tafod ffals,
dwylo'n tywallt gwaed dieuog,
¹⁸ calon yn cynllunio oferedd,
traed yn prysuro i wneud drwg,
¹⁹ gau dyst yn dweud celwydd,
ac un sy'n codi cynnen rhwng
    perthnasau.

Rhybudd rhag Godineb

²⁰ Fy mab, cadw orchymyn dy dad;
paid ag anwybyddu cyfarwyddyd dy
    fam;
²¹ clyma hwy'n wastad yn dy galon,
rhwym hwy am dy wddf.
²² Fe'th arweiniant ple bynnag yr ei,
a gwylio drosot pan orffwysi,
ac ymddiddan â thi pan gyfodi.
²³ Oherwydd y mae gorchymyn yn
    llusern, a chyfarwyddyd yn
    oleuni,

5:16 Cymh. Groeg. Hebraeg, *A orlifa dy ffynhonnau.*
6:5 Cymh. Groeg. Hebraeg heb *yr heliwr.*

a cherydd disgyblaeth yn arwain i fywyd,
24 ac yn dy gadw rhag gwraig cymydog
a rhag gweniaith y ddynes estron.
25 Paid â chwennych ei phrydferthwch,
a phaid â gadael i'w chiledrychiad dy ddal;
26 oherwydd gellir cael putain am bris torth,
ond y mae gwraig rhywun arall yn chwilio am fywyd brasach.
27 A all dyn gofleidio tân yn ei fynwes heb losgi ei ddillad?
28 A all dyn gerdded ar farwor heb losgi ei draed?
29 Felly y bydd yr un sy'n mynd at wraig ei gymydog;
ni all unrhyw un gyffwrdd â hi heb gosb.
30 Oni ddirmygir lleidr pan fo'n dwyn i foddhau ei chwant, er ei fod yn newynog?
31 Pan ddelir ef, rhaid iddo dalu'n ôl seithwaith,
a rhoi'r cyfan sydd ganddo.
32 Felly, y mae'r godinebwr yn un disynnwyr,
ac yn ei ddifetha'i hun wrth wneud hynny;
33 caiff niwed ac amarch,
ac ni ddilëir ei warth.
34 Oherwydd y mae eiddigedd yn cynddeiriogi gŵr priod,
ac nid yw'n arbed pan ddaw cyfle i ddial;
35 ni fyn dderbyn iawndal,
ac nis bodlonir, er cymaint a roddi.

7 Fy mab, cadw fy ngeiriau,
a thrysora fy ngorchmynion.
2 Cadw fy ngorchmynion, iti gael byw,
a boed fy nghyfarwyddyd fel cannwyll dy lygad.
3 Rhwym hwy am dy fysedd,
ysgrifenna hwy ar lech dy galon.
4 Dywed wrth ddoethineb, "Fy chwaer wyt ti",
a chyfarch ddeall fel câr,
5 i'th gadw dy hun rhag y wraig ddieithr,
a rhag yr estrones a'i geiriau gwenieithus.

Y Wraig Anfoesol

6 Yr oeddwn yn ffenestr fy nhŷ,
yn edrych allan trwy'r dellt
7 ac yn gwylio'r rhai ifainc gwirion;
a gwelais yn eu plith un disynnwyr
8 yn mynd heibio i gornel y stryd,
ac yn troi i gyfeiriad ei thŷ
9 yn y cyfnos, yn hwyr y dydd,
pan oedd yn dechrau nosi a thywyllu.
10 Daeth dynes i'w gyfarfod,
wedi ei gwisgo fel putain, ac yn llawn ystryw—
11 un benchwiban a gwamal,
nad yw byth yn aros gartref,
12 weithiau ar y stryd, weithiau yn y sgwâr,
yn llercian ym mhob cornel—
13 y mae'n cydio ynddo ac yn ei gusanu,
ac yn ddigon wynebgaled i ddweud wrtho,
14 "Roedd yn rhaid imi offrymu heddoffrymau,
ac rwyf newydd gyflawni f'addewid;
15 am hynny y deuthum allan i'th gyfarfod
ac i chwilio amdanat, a dyma fi wedi dy gael.
16 Taenais ar fy ngwely gwrlid
o frethyn lliwgar yr Aifft;
17 ac rwyf wedi persawru fy ngwely â myrr, aloes a sinamon.
18 Tyrd, gad inni ymgolli mewn cariad tan y bore,
a chael mwynhad wrth garu.
19 Oherwydd nid yw'r gŵr gartref;
fe aeth ar daith bell.
20 Cymerodd god o arian gydag ef,
ac ni fydd yn ôl nes y bydd y lleuad yn llawn."
21 Y mae'n ei ddenu â'i pherswâd,
ac yn ei hudo â'i geiriau gwenieithus.
22 Y mae yntau'n ei ddilyn heb oedi,
fel ych yn mynd i'r lladd-dy,
fel carw yn neidio i'r rhwyd
23 cyn i'r saeth ei drywanu i'r byw,
fel aderyn yn hedeg yn syth i'r fagl
heb wybod fod ei einioes mewn perygl.

²⁴ Yn awr, blant, gwrandewch arnaf,
a rhowch sylw i'm geiriau.
²⁵ Paid â gadael i'th galon dy ddenu
i'w ffyrdd,
a phaid â chrwydro i'w llwybrau;
²⁶ oherwydd y mae wedi taro llawer
yn gelain,
a lladdwyd nifer mawr ganddi.
²⁷ Ffordd i Sheol yw ei thŷ,
yn arwain i lawr i neuaddau
marwolaeth.

Mawl i Ddoethineb

8 Onid yw doethineb yn galw,
a deall yn codi ei lais?
² Y mae'n sefyll ar y mannau uchel
ar fin y ffordd,
ac yn ymyl y croesffyrdd;
³ Y mae'n galw gerllaw'r pyrth sy'n
arwain i'r dref,
wrth y fynedfa at y pyrth:
⁴ "Arnoch chwi, bobl, yr wyf yn galw,
ac atoch chwi, ddynolryw, y daw fy
llais.
⁵ Chwi, y rhai gwirion, dysgwch
graffter,
a chwithau, ffyliaid, ceisiwch
synnwyr.
⁶ Gwrandewch, oherwydd traethaf
bethau gwerthfawr,
a daw geiriau gonest o'm genau.
⁷ Traetha fy nhafod y gwir,
ac y mae anwiredd yn ffiaidd gan fy
ngenau.
⁸ Y mae fy holl eiriau yn gywir;
nid yw'r un ohonynt yn ŵyr na
thraws.
⁹ Y mae'r cyfan yn eglur i'r deallus,
ac yn uniawn i'r un sy'n ceisio
gwybodaeth.
¹⁰ Derbyniwch fy nghyfarwyddyd yn
hytrach nag arian,
oherwydd gwell yw nag aur.
¹¹ Yn wir, y mae doethineb yn well na
gemau,
ac ni all yr holl bethau dymunol
gystadlu â hi.
¹² Yr wyf fi, doethineb, yn byw gyda
chrafter,
ac wedi cael gwybodaeth a synnwyr.
¹³ Ofn yr ARGLWYDD yw casáu
drygioni;
yr wyf yn ffieiddio balchder ac
uchelgais,
ffordd drygioni a geiriau traws.
¹⁴ Fy eiddo i yw cyngor a chraffter,
a chennyf fi y mae deall a gallu.
¹⁵ Trwof fi y teyrnasa brenhinoedd,
ac y llunia llywodraethwyr ddeddfau
cyfiawn.
¹⁶ Trwof fi y caiff tywysogion
awdurdod,
ac y barna penaethiaid yn gyfiawn.
¹⁷ Yr wyf yn caru pob un sy'n fy
ngharu i,
ac y mae'r rhai sy'n fy ngheisio'n
ddyfal yn fy nghael.
¹⁸ Gennyf fi y mae cyfoeth ac
anrhydedd,
digonedd o olud a chyfiawnder.
¹⁹ Y mae fy ffrwythau'n well nag aur,
aur coeth,
a'm cynnyrch yn well nag arian pur.
²⁰ Rhodiaf ar hyd ffordd cyfiawnder,
ar ganol llwybrau barn,
²¹ a rhoddaf gyfoeth i'r rhai a'm câr,
a llenwi eu trysordai.

²² "Lluniodd yr ARGLWYDD fi ar
ddechrau ei waith,
yn gyntaf o'i weithredoedd gynt.
²³ Fe'm sefydlwyd yn y gorffennol
pell,
yn y dechrau, cyn bod daear.
²⁴ Ganwyd fi cyn bod dyfnderau,
cyn bod ffynhonnau yn llawn dŵr.
²⁵ Cyn gosod sylfeini'r mynyddoedd,
cyn bod y bryniau, y ganwyd fi,
²⁶ cyn iddo greu tir a meysydd,
ac o flaen pridd y ddaear.
²⁷ Yr oeddwn i yno pan oedd yn
gosod y nefoedd yn ei lle
ac yn rhoi cylch dros y dyfnder,
²⁸ pan oedd yn cadarnhau'r cymylau
uwchben
ac yn sicrhau ffynhonnau'r dyfnder,
²⁹ pan oedd yn gosod terfyn i'r môr,
rhag i'r dyfroedd anufuddhau i'w air,
a phan oedd yn cynllunio sylfeini'r
ddaear.
³⁰ Yr oeddwn i wrth ei ochr yn
gyson,
yn hyfrydwch iddo beunydd,
yn ddifyrrwch o'i flaen yn wastad,
³¹ yn ymddifyrru yn y byd a greodd,
ac yn ymhyfrydu mewn pobl.

³² "Yn awr, blant, gwrandewch arnaf;
gwyn eu byd y rhai sy'n cadw fy
ffyrdd.
³³ Gwrandewch ar gyfarwyddyd, a
byddwch ddoeth;
peidiwch â'i anwybyddu.
³⁴ Gwyn ei fyd y sawl sy'n gwrando
arnaf,
sy'n disgwyl yn wastad wrth fy nrws,
ac yn gwylio wrth fynedfa fy nhŷ.
³⁵ Yn wir, y mae'r un sy'n fy nghael i
yn cael bywyd,
ac yn ennill ffafr yr ARGLWYDD;
³⁶ ond y mae'r un sy'n methu fy
nghael yn ei ddinistrio'i hun,
a phawb sy'n fy nghasáu yn caru
marwolaeth."

Doethineb a Ffolineb

9 Y mae doethineb wedi adeiladu ei
thŷ,
ac yn naddu ei saith golofn;
² y mae wedi paratoi ei chig a
chymysgu ei gwin
a hulio ei bwrdd.
³ Anfonodd allan ei llancesau,
ac ar uchelfannau'r ddinas y mae'n
galw,
⁴ "Dewch yma, bob un sy'n wirion."
Y mae'n dweud wrth y rhai
disynnwyr,
⁵ "Dewch, bwytewch gyda mi,
ac yfwch y gwin a gymysgais.
⁶ Gadewch eich gwiriondeb, ichwi
gael byw;
rhodiwch yn ffordd deall."

⁷ Dirmyg a gaiff yr un sy'n disgyblu
gwatwarwr,
a'i feio a gaiff yr un sy'n ceryddu'r
drygionus.
⁸ Paid â cheryddu gwatwarwr, rhag
iddo dy gasáu;
cerydda'r doeth, ac fe'th gâr di.
⁹ Rho gyngor i'r doeth, ac fe â'n
ddoethach;
dysga'r cyfiawn, ac fe gynydda mewn
dysg.
¹⁰ Ofn yr ARGLWYDD yw dechrau
doethineb,
ac adnabod y Sanctaidd yw deall.
¹¹ Oherwydd trwof fi y cynydda dy
ddyddiau,
ac yr ychwanegir blynyddoedd at dy
fywyd.
¹² Os wyt yn ddoeth, byddi ar dy elw;
ond os wyt yn gwawdio, ti dy hun
fydd yn dioddef.

¹³ Y mae gwraig ffôl yn benchwiban,
yn ddiddeall, heb wybod dim.
¹⁴ Y mae'n eistedd wrth ddrws ei thŷ,
ar fainc yn uchelfannau'r ddinas,
¹⁵ yn galw ar y rhai sy'n mynd heibio
ac yn dilyn eu gorchwylion eu
hunain:
¹⁶ "Dewch yma, bob un sy'n wirion."
Y mae'n dweud wrth y rhai
disynnwyr,
¹⁷ "Y mae dŵr lladrad yn felys,
a bara wedi ei ddwyn yn flasus."
¹⁸ Ond ni wyddant hwy mai meirwon
yw'r rhai sydd yno,
ac mai yn nyfnder Sheol y mae ei
gwahoddedigion.

Diarhebion Solomon

10 Dyma ddiarhebion Solomon:
Y mae mab doeth yn gwneud ei dad
yn llawen,
ond mab ffôl yn dwyn gofid i'w fam.
² Nid oes elw o drysorau a gaed
mewn drygioni,
ond y mae cyfiawnder yn amddiffyn
rhag marwolaeth.
³ Nid yw'r ARGLWYDD yn gadael i'r
cyfiawn newynu,
ond y mae'n siomi chwant y rhai
drwg.
⁴ Y mae llaw segur yn dwyn tlodi,
ond llaw ddiwyd yn peri cyfoeth.
⁵ Y mae mab sy'n cywain yn yr haf yn
ddeallus,
ond un sy'n cysgu trwy'r cynhaeaf yn
dod â chywilydd.
⁶ Bendithion sy'n disgyn ar y
cyfiawn,
ond y mae genau'r drwg yn cuddio
trais.
⁷ Y mae cofio'r cyfiawn yn dwyn
bendith,
ond y mae enw'r drwg yn diflannu.
⁸ Y mae'r doeth yn derbyn
gorchymyn,
ond y ffôl ei siarad yn cael ei
ddifetha.

⁹ Y mae'r un sy'n byw'n uniawn yn cerdded yn ddiogel,
ond darostyngir yr un sy'n gwyrdroi ei ffyrdd.
¹⁰ Y mae wincio â'r llygad yn achosi helbul,
ond cerydd agored yn peri heddwch.*
¹¹ Ffynnon bywyd yw geiriau'r cyfiawn,
ond y mae genau'r drwg yn cuddio trais.
¹² Y mae casineb yn achosi cynnen,
ond y mae cariad yn cuddio pob trosedd.
¹³ Ar wefusau'r deallus ceir doethineb,
ond rhoddir gwialen ar gefn y disynnwyr.
¹⁴ Y mae'r doeth yn trysori deall,
ond dwyn dinistr yn agos a wna siarad ffôl.
¹⁵ Golud y cyfoethog yw ei ddinas gadarn,
ond dinistr y tlawd yw ei dlodi.
¹⁶ Cyflog y cyfiawn yw bywyd,
ond cynnyrch y drwg yw pechod.
¹⁷ Y mae derbyn disgyblaeth yn arwain i fywyd,
ond gwrthod cerydd yn arwain ar ddisberod.
¹⁸ Y mae gwefusau twyllodrus yn anwesu casineb,
a ffôl yw'r un sy'n enllibio.
¹⁹ Pan amlheir geiriau nid oes ball ar dramgwyddo,
ond y mae'r deallus yn atal ei eiriau.
²⁰ Y mae tafod y cyfiawn fel arian dethol,
ond diwerth yw calon yr un drwg.
²¹ Y mae geiriau'r cyfiawn yn cynnal llawer,
ond y mae ffyliaid yn marw o ddiffyg synnwyr.
²² Bendith yr ARGLWYDD sy'n rhoi cyfoeth,
ac nid yw'n ychwanegu gofid gyda hi.
²³ Gwneud anlladrwydd sy'n ddifyrrwch i'r ffôl,
ond doethineb yw hyfrydwch y deallus.

²⁴ Yr hyn a ofna a ddaw ar y drygionus,
ond caiff y cyfiawn ei ddymuniad.
²⁵ Ar ôl y storm, ni bydd sôn am y drygionus,
ond y mae sylfaen y cyfiawn yn dragwyddol.
²⁶ Fel finegr i'r dannedd, neu fwg i'r llygaid,
felly y mae'r diogyn i'w feistr.
²⁷ Y mae ofn yr ARGLWYDD yn estyn dyddiau,
ond mae blynyddoedd y rhai drygionus yn cael eu byrhau.
²⁸ Y mae gobaith y cyfiawn yn troi'n llawenydd,
ond derfydd gobaith y drygionus.
²⁹ Y mae ffordd yr ARGLWYDD yn noddfa i'r uniawn,
ond yn ddinistr i'r rhai a wna ddrwg.
³⁰ Ni symudir y cyfiawn byth,
ond nid erys y drygionus ar y ddaear.
³¹ Y mae genau'r cyfiawn yn llefaru doethineb,
ond torrir ymaith y tafod twyllodrus.
³² Gŵyr gwefusau'r cyfiawn beth sy'n gymeradwy,
ond twyllodrus yw genau'r drygionus.

11 Y mae cloriannau twyllodrus yn ffiaidd gan yr ARGLWYDD,
ond pwysau cywir wrth ei fodd.
² Yn dilyn balchder fe ddaw amarch,
ond gyda'r rhai gwylaidd y mae doethineb.
³ Y mae eu gonestrwydd yn arwain yr uniawn,
ond eu gwyrni eu hunain yn difa'r twyllwyr.
⁴ Nid oes gwerth mewn cyfoeth yn nydd dicter,
ond y mae cyfiawnder yn amddiffyn rhag angau.
⁵ Y mae cyfiawnder y cywir yn ei gadw ar y ffordd union,
ond cwympa'r drygionus trwy ei ddrygioni.
⁶ Y mae eu cyfiawnder yn gwaredu'r uniawn,
ond eu trachwant yn fagl i'r twyllwyr.

10:10 Felly Groeg. Hebraeg, *ond y mae'r ffôl ei siarad yn cael ei ddifetha*. Cymh. adn. 8b.

7 Pan fydd farw'r drygionus, derfydd gobaith,
a daw terfyn ar hyder mewn cyfoeth.
8 Gwaredir y cyfiawn rhag adfyd,
ond fe â'r drygionus dros ei ben iddo.
9 Y mae'r annuwiol yn dinistrio'i gymydog â'i eiriau,
ond gwaredir y cyfiawn trwy ddeall.
10 Ymhyfryda dinas yn llwyddiant y cyfiawn,
a cheir gorfoledd pan ddinistrir y drygionus.
11 Dyrchefir dinas gan fendith yr uniawn,
ond dinistrir hi trwy eiriau'r drygionus.
12 Y mae'r disynnwyr yn dilorni ei gymydog,
ond cadw'n dawel a wna'r deallus.
13 Y mae'r straegar yn bradychu cyfrinach,
ond y mae'r teyrngar yn ei chadw.
14 Heb ei chyfarwyddo, methu a wna cenedl,
ond y mae diogelwch mewn llawer o gynghorwyr.
15 Daw helbul o fynd yn feichiau dros ddieithryn,
ond y mae'r un sy'n casáu mechnïaeth yn ddiogel.
16 Y mae gwraig raslon yn cael clod,
ond pobl ddidostur sy'n ennill cyfoeth.
17 Dwyn elw iddo'i hun y mae'r trugarog,
ond ei niweidio'i hun y mae'r creulon.
18 Gwneud elw twyllodrus y mae'r drygionus,
ond caiff yr un sy'n hau cyfiawnder gyflog teg.
19 I'r un sy'n glynu wrth gyfiawnder daw bywyd,
ond i'r sawl sy'n dilyn drygioni marwolaeth.
20 Y mae'r rhai gwrthnysig yn ffiaidd gan yr ARGLWYDD,
ond y mae'r rhai cywir wrth ei fodd.
21 Y mae'n sicr na chaiff un drwg osgoi cosb,
ond caiff plant y cyfiawn fynd yn rhydd.
22 Fel modrwy aur yn nhrwyn hwch,
felly y mae gwraig brydferth heb synnwyr.
23 Dymuno'r hyn sydd dda a wna'r cyfiawn,
ond diflanna gobaith y drygionus.
24 Y mae un yn hael, ac eto'n ennill cyfoeth,
ond arall yn grintach, a phob amser mewn angen.
25 Llwydda'r un a wasgar fendithion,
a diwellir yr un a ddiwalla eraill.
26 Y mae pobl yn melltithio'r un sy'n cronni ŷd,
ond yn bendithio'r sawl sy'n ei werthu.
27 Y mae'r un sy'n ceisio daioni yn ennill ffafr,
ond syrth drygioni ar y sawl sy'n ei ddilyn.
28 Cwympa'r un sy'n ymddiried yn ei gyfoeth,
ond ffynna'r cyfiawn fel deilen werdd.
29 Y mae'r un sy'n peri helbul i'w deulu'n etifeddu'r gwynt,
a bydd y ffôl yn was i'r doeth.
30 Ffrwyth cyfiawnder yw pren y bywyd,
ond y mae trais* yn difa bywydau.
31 Os caiff y cyfiawn ei dalu ar y ddaear,
pa faint mwy y drygionus a'r pechadur?

12

Y mae'r sawl sy'n caru disgyblaeth yn caru gwybodaeth,
ond hurtyn sy'n casáu cerydd.
2 Y mae'r daionus yn ennill ffafr yr ARGLWYDD,
ond condemnir y dichellgar.
3 Ni ddiogelir neb trwy ddrygioni,
ac ni ddiwreiddir y cyfiawn.
4 Y mae gwraig fedrus yn goron i'w gŵr,
ond un ddigywilydd fel pydredd yn ei esgyrn.
5 Y mae bwriadau'r cyfiawn yn gywir,
ond cynlluniau'r drygionus yn dwyllodrus.

11:30 Cymh. Groeg. Hebraeg, *y mae'r doeth.*

⁶ Cynllwyn i dywallt gwaed yw
geiriau'r drygionus,
ond y mae ymadroddion y cyfiawn
yn eu gwaredu.
⁷ Dymchwelir y drygionus, a derfydd
amdanynt,
ond saif tŷ'r cyfiawn yn gadarn.
⁸ Canmolir rhywun ar sail ei ddeall,
ond gwawdir y meddwl troëdig.
⁹ Gwell bod yn ddiymhongar ac yn
ennill tamaid,
na bod yn ymffrostgar a heb fwyd.
¹⁰ Y mae'r cyfiawn yn ystyriol o'i
anifail,
ond y mae'r drygionus yn ddidostur.
¹¹ Y mae'r un sy'n trin ei dir yn cael
digon o fwyd,
ond y mae'r sawl sy'n dilyn oferedd
yn ddisynnwyr.
¹² Blysia'r drygionus am ysbail
drygioni,
ond y mae gwreiddyn y cyfiawn yn
sicr.*
¹³ Meglir y drwg gan dramgwydd ei
eiriau,
ond dianc y cyfiawn rhag adfyd.
¹⁴ Trwy ffrwyth ei eiriau y digonir
pob un â daioni,
a thelir iddo yn ôl yr hyn a wnaeth.
¹⁵ Y mae ffordd y ffôl yn iawn yn ei
olwg,
ond gwrendy'r doeth ar gyngor.
¹⁶ Buan y dengys y ffôl ei fod wedi ei
gythruddo,
ond y mae'r call yn anwybyddu
sarhad.
¹⁷ Y mae tyst gonest yn dweud y gwir,
ond celwydd a draetha'r gau dyst.
¹⁸ Y mae geiriau'r straegar fel brath
cleddyf,
ond y mae tafod y doeth yn iacháu.
¹⁹ Erys geiriau gwir am byth,
ond ymadrodd celwyddog am eiliad.
²⁰ Dichell sydd ym meddwl y rhai
sy'n cynllwynio drwg,
ond daw llawenydd i'r rhai sy'n
cynllunio heddwch.
²¹ Ni ddaw unrhyw niwed i'r cyfiawn,
ond bydd y drygionus yn llawn
helbul.
²² Y mae geiriau twyllodrus yn
ffiaidd gan yr ARGLWYDD,

ond y mae'r rhai sy'n gweithredu'n
gywir wrth ei fodd.
²³ Y mae'r call yn cuddio'i wybodaeth,
ond ffyliaid yn cyhoeddi eu ffolineb.
²⁴ Yn llaw y rhai diwyd y mae'r
awdurdod,
ond y mae diogi yn arwain i
gaethiwed.
²⁵ Y mae pryder meddwl yn llethu
rhywun,
ond llawenheir ef gan air caredig.
²⁶ Y mae'r cyfiawn yn cilio oddi wrth
ddrwg*,
ond y mae ffordd y drygionus yn eu
camarwain.
²⁷ Ni fydd y diogyn yn rhostio'i helfa,
ond gan y diwyd bydd golud mawr.
²⁸ Ar ffordd cyfiawnder y mae bywyd,
ac nid oes marwolaeth yn ei llwybrau.

13

Y mae mab doeth yn derbyn
disgyblaeth tad,
ond ni wrendy gwatwarwr ar gerydd.
² Trwy ffrwyth ei enau y digonir pob
un â daioni,
ond awchu am drais y mae twyllwyr.
³ Y mae'r un sy'n gwylio'i eiriau yn
diogelu ei fywyd,
ond ei ddinistrio'i hun y mae'r un
sy'n siarad gormod.
⁴ Y mae'r diogyn yn awchu, ac eto
heb gael dim,
ond y mae'r diwyd yn ffynnu.
⁵ Y mae'r cyfiawn yn casáu twyll,
ond y mae'r drygionus yn
gweithredu'n ffiaidd a gwarthus.
⁶ Y mae cyfiawnder yn amddiffyn
ffordd y cywir,
ond drygioni yn dymchwel y
pechadur.
⁷ Rhydd ambell un yr argraff ei fod
yn gyfoethog, a heb ddim ganddo;
ymddengys arall yn dlawd, ac
yntau'n gyfoethog iawn.
⁸ Y pridwerth am fywyd pob un yw ei
gyfoeth,
ond ni chlyw'r tlawd fygythion.
⁹ Disgleiria goleuni'r cyfiawn,
ond diffydd lamp y drygionus.
¹⁰ Y mae'r disynnwyr yn codi cynnen
trwy ymffrostio,

12:12 Hebraeg yn ansicr. **12:26** Neu, *oddi wrth ei gymydog*.

ond y mae doethineb gan y rhai sy'n derbyn cyngor.
11 Derfydd cyfoeth a gafwyd yn ddiymdrech,
ond o'i gasglu bob yn dipyn fe gynydda.
12 Y mae'r gobaith a oedir yn clafychu'r galon,
ond y dymuniad a gyflawnir yn bren bywiol.
13 Ei niweidio'i hun y mae'r un sy'n dirmygu cyngor,
ond gwobrwyir yr un sy'n parchu gorchymyn.
14 Y mae cyfarwyddyd y doeth yn ffynnon fywiol
i arbed rhag maglau marwolaeth.
15 Y mae deall da yn ennill ffafr,
ond garw yw ffordd y twyllwyr.
16 Y mae pawb call yn gweithredu'n ddeallus,
ond y mae'r ffôl yn amlygu ffolineb.
17 Y mae negesydd drwg yn achosi dinistr,
ond cennad cywir yn dwyn lles.
18 Tlodi a gwarth sydd i'r un sy'n anwybyddu disgyblaeth,
ond anrhydeddir y sawl sy'n derbyn cerydd.
19 Y mae dymuniad a gyflawnir yn felys ei flas,
ond cas gan ffyliaid droi oddi wrth ddrwg.
20 Trwy rodio gyda'r doeth ceir doethineb,
ond daw niwed o aros yng nghwmni ffyliaid.
21 Y mae dinistr yn dilyn pechaduriaid,
ond daioni yw gwobr y cyfiawn.
22 Gedy'r daionus etifeddiaeth i'w blant,
ond rhoddir cyfoeth pechadur i'r cyfiawn.
23 Ceir digon o fwyd ym mraenar y tlodion,
ond heb gyfiawnder fe ddiflanna.
24 Casáu ei fab a wna'r un sy'n arbed y wialen,
ond ei garu y mae'r sawl a rydd gerydd cyson.
25 Y mae'r cyfiawn yn bwyta hyd ddigon,
ond gwag fydd bol y drygionus.

14
Y mae gwraig ddoeth* yn adeiladu ei thŷ,
ond y ffôl yn ei dynnu i lawr â'i dwylo'i hun.
2 Y mae'r un sy'n rhodio'n gywir yn ofni'r ARGLWYDD,
ond y cyfeiliornus ei ffyrdd yn ei ddirmygu.
3 Yng ngeiriau'r ffôl y mae gwialen i'w gefn,
ond y mae ymadroddion y doeth yn ei amddiffyn.
4 Heb ychen y mae'r preseb yn wag,
ond trwy nerth ych ceir cynnyrch llawn.
5 Nid yw tyst gonest yn dweud celwydd,
ond y mae gau dyst yn pentyrru anwireddau.
6 Chwilia'r gwatwarwr am ddoethineb heb ei chael,
ond daw gwybodaeth yn rhwydd i'r deallus.
7 Cilia oddi wrth yr un ffôl,
oherwydd ni chei eiriau deallus ganddo.
8 Y mae doethineb y call yn peri iddo ddeall ei ffordd,
ond ffolineb y ffyliaid yn camarwain.
9 Y mae ffyliaid yn gwawdio euogrwydd,
ond yr uniawn yn deall beth sy'n dderbyniol.
10 Gŵyr y galon am ei chwerwder ei hun,
ac ni all dieithryn gyfranogi o'i llawenydd.
11 Dinistrir tŷ'r drygionus,
ond ffynna pabell yr uniawn.
12 Y mae ffordd sy'n ymddangos yn union,
ond sy'n arwain i farwolaeth yn ei diwedd.
13 Hyd yn oed wrth chwerthin gall fod y galon yn ofidus,
a llawenydd yn troi'n dristwch yn y diwedd.

14:1 Hebraeg, *doethineb gwragedd*.

¹⁴ Digonir y gwrthnysig gan ei ffyrdd
 ei hun,
 a'r daionus gan ei weithredoedd
 yntau.
¹⁵ Y mae'r gwirion yn credu pob gair,
 ond y mae'r call yn ystyried pob
 cam.
¹⁶ Y mae'r doeth yn ofalus ac yn cilio
 oddi wrth ddrwg,
 ond y mae'r ffôl yn ddiofal a
 gorhyderus.
¹⁷ Y mae'r diamynedd yn
 gweithredu'n ffôl,
 a chaseir yr un dichellgar.
¹⁸ Ffolineb yw rhan y rhai gwirion,
 ond gwybodaeth yw coron y rhai
 call.
¹⁹ Ymgryma'r rhai drwg o flaen pobl
 dda,
 a'r drygionus wrth byrth y cyfiawn.
²⁰ Caseir y tlawd hyd yn oed gan ei
 gydnabod,
 ond y mae digon o gyfeillion gan y
 cyfoethog.
²¹ Y mae'r un a ddirmyga'i gymydog
 yn pechu,
 ond dedwydd yw'r un sy'n garedig
 wrth yr anghenus.
²² Onid yw'r rhai sy'n cynllwynio
 drwg yn cyfeiliorni,
 ond y rhai sy'n cynllunio da yn
 deyrngar a ffyddlon?
²³ Ym mhob llafur y mae elw,
 ond y mae gwag-siarad yn arwain i
 angen.
²⁴ Eu crafter* yw coron y doeth,
 ond ffolineb yw addurn* y ffyliaid.
²⁵ Y mae tyst geirwir yn achub
 bywydau,
 ond y mae'r twyllwr yn pentyrru
 celwyddau.
²⁶ Yn ofn yr ARGLWYDD y mae
 sicrwydd y cadarn,
 a bydd yn noddfa i'w blant.
²⁷ Y mae ofn yr ARGLWYDD yn
 ffynnon fywiol
 i arbed rhag maglau marwolaeth.
²⁸ Yn amlder pobl y mae anrhydedd
 brenin;
 ond heb bobl, dinistrir
 llywodraethwr.

²⁹ Y mae digon o ddeall gan yr
 amyneddgar,
 ond dyrchafu ffolineb a wna'r byr ei
 dymer.
³⁰ Meddwl iach yw iechyd y corff,
 ond cancr i'r esgyrn yw cenfigen.
³¹ Y mae'r un sy'n gorthrymu'r tlawd
 yn amharchu ei Greawdwr,
 ond y sawl sy'n trugarhau wrth yr
 anghenus yn ei anrhydeddu.
³² Dymchwelir y drygionus gan ei
 ddrygioni ei hun,
 ond caiff y cyfiawn loches hyd yn oed
 wrth farw.
³³ Trig doethineb ym meddwl y
 deallus,
 ond dirmygir hi ymysg ffyliaid.
³⁴ Y mae cyfiawnder yn dyrchafu
 cenedl,
 ond pechod yn warth ar bobloedd.
³⁵ Rhydd brenin ffafr i was deallus,
 ond digia wrth yr un a'i sarha.

15

Y mae ateb llednais yn dofi dig,
 ond gair garw yn cynnau llid.
² Y mae tafod y doeth yn clodfori
 deall,
 ond genau ffyliaid yn parablu
 ffolineb.
³ Y mae llygaid yr ARGLWYDD ym
 mhob man,
 yn gwylio'r drwg a'r da.
⁴ Y mae tafod tyner yn bren bywiol,
 ond tafod garw yn dryllio'r ysbryd.
⁵ Diystyra'r ffôl ddisgyblaeth ei dad,
 ond deallus yw'r un a rydd sylw i
 gerydd.
⁶ Y mae llawer o gyfoeth yn nhŷ'r
 cyfiawn,
 ond trallod sydd yn enillion y
 drygionus.
⁷ Gwasgaru gwybodaeth y mae
 genau'r doeth,
 ond nid felly feddwl y ffyliaid.
⁸ Ffiaidd gan yr ARGLWYDD yw aberth
 y drygionus,
 ond y mae gweddi'r uniawn wrth ei
 fodd.
⁹ Ffiaidd gan yr ARGLWYDD yw ffordd
 y drygionus,
 ond y mae'n caru'r rhai sy'n dilyn
 cyfiawnder.

14:24 Cymh. Groeg. Hebraeg, *Eu cyfoeth*.
14:24 Tebygol. Hebraeg, *ffolineb*.

¹⁰ Bydd disgyblaeth lem ar yr un sy'n
 gadael y ffordd,
a bydd y sawl sy'n casáu cerydd yn
 trengi.
¹¹ Y mae Sheol ac Abadon dan lygad
 yr ARGLWYDD;
pa faint mwy feddyliau pobl?
¹² Nid yw'r gwatwarwr yn hoffi
 cerydd;
nid yw'n cyfeillachu â'r doethion.
¹³ Y mae calon lawen yn sirioli'r
 wyneb,
ond dryllir yr ysbryd gan boen
 meddwl.
¹⁴ Y mae calon ddeallus yn ceisio
 gwybodaeth,
ond y mae genau'r ffyliaid yn
 ymborthi ar ffolineb.
¹⁵ I'r cystuddiol, y mae pob diwrnod
 yn flinderus,
ond y mae calon hapus yn wledd
 wastadol.
¹⁶ Gwell ychydig gydag ofn yr
 ARGLWYDD
na chyfoeth mawr a thrallod gydag
 ef.
¹⁷ Gwell yw pryd o lysiau lle mae
 cariad,
nag ych pasgedig a chasineb gydag
 ef.
¹⁸ Y mae un drwg ei dymer yn codi
 cynnen,
ond y mae'r amyneddgar yn tawelu
 cweryl.
¹⁹ Y mae ffordd y diog fel llwyn
 mieri,
ond llwybr yr uniawn fel priffordd
 wastad.
²⁰ Rhydd mab doeth lawenydd i'w
 dad,
ond y mae'r ffôl yn dilorni ei fam.
²¹ Y mae ffolineb yn ddifyrrwch i'r
 disynnwyr,
ond y mae'r deallus yn cadw ffordd
 union.
²² Drysir cynlluniau pan nad oes
 ymgynghori,
ond daw llwyddiant pan geir llawer o
 gynghorwyr.
²³ Caiff rhywun foddhad pan fydd
 ganddo ateb,
a beth sy'n well na gair yn ei bryd?

²⁴ Y mae ffordd y bywyd yn
 dyrchafu'r deallus,
i'w droi oddi wrth Sheol isod.
²⁵ Y mae'r ARGLWYDD yn dymchwel
 tŷ'r balch,
ond yn diogelu terfynau'r weddw.
²⁶ Ffiaidd gan yr ARGLWYDD yw
 bwriadau drwg,
ond y mae geiriau pur yn hyfrydwch
 iddo.
²⁷ Y mae'r un sy'n awchu am elw yn
 creu anghydfod yn ei dŷ,
ond y sawl sy'n casáu cil-dwrn yn
 cael bywyd.
²⁸ Y mae'r cyfiawn yn ystyried cyn
 rhoi ateb,
ond y mae genau'r drygionus yn
 parablu drwg.
²⁹ Pell yw'r ARGLWYDD oddi wrth y
 drygionus,
ond gwrendy ar weddi'r cyfiawn.
³⁰ Y mae llygaid sy'n gloywi yn
 llawenhau'r galon,
a newydd da yn adfywio'r corff.
³¹ Y mae'r glust sy'n gwrando ar
 wersi bywyd
yn aros yng nghwmni'r doeth.
³² Y mae'r un sy'n gwrthod
 disgyblaeth yn ei gasáu ei hun,
ond y sawl sy'n gwrando ar gerydd
 yn berchen deall.
³³ Y mae ofn yr ARGLWYDD yn
 ddisgyblaeth mewn doethineb,
a gostyngeiddrwydd yn arwain i
 anrhydedd.

16 Pobl biau trefnu eu meddyliau,
ond oddi wrth yr ARGLWYDD y daw
 ateb y tafod.
² Y mae holl ffyrdd rhywun yn bur
 yn ei olwg ei hun,
ond y mae'r ARGLWYDD yn pwyso'r
 cymhellion.
³ Cyflwyna dy weithredoedd i'r
 ARGLWYDD,
a chyflawnir dy gynlluniau.
⁴ Gwnaeth yr ARGLWYDD bob peth i
 bwrpas,
hyd yn oed y drygionus ar gyfer
 dydd adfyd.
⁵ Ffiaidd gan yr ARGLWYDD yw pob
 un balch;
y mae'n sicr na chaiff osgoi cosb.

⁶ Trwy deyrngarwch a ffyddlondeb y
   maddeuir camwedd,
a thrwy ofn yr ARGLWYDD y troir
   oddi wrth ddrwg.
⁷ Pan yw'r ARGLWYDD yn hoffi ffyrdd
   rhywun,
gwna hyd yn oed i'w elynion fyw
   mewn heddwch ag ef.
⁸ Gwell ychydig gyda chyfiawnder
nag enillion mawr heb farn.
⁹ Y mae meddwl rhywun yn
   cynllunio'i ffordd,
ond yr ARGLWYDD sy'n trefnu ei
   gamre.
¹⁰ Ceir dyfarniad oddi ar wefusau'r
   brenin;
nid yw ei enau yn bradychu
   cyfiawnder.
¹¹ Mater i'r ARGLWYDD yw mantol a
   chloriannau cyfiawn;
a'i waith ef yw'r holl bwysau yn y
   god.
¹² Ffiaidd gan frenhinoedd yw
   gwneud drwg,
oherwydd trwy gyfiawnder y sicrheir
   gorsedd.
¹³ Hyfrydwch brenin* yw genau
   cyfiawn,
a hoffa'r sawl sy'n llefaru'n uniawn.
¹⁴ Y mae llid brenin yn gennad
   angau,
ond fe'i dofir gan yr un doeth.
¹⁵ Yn llewyrch wyneb brenin y ceir
   bywyd,
ac y mae ei ffafr fel cwmwl glaw yn y
   gwanwyn.
¹⁶ Gwell nag aur yw ennill doethineb,
a gwell dewis deall nag arian.
¹⁷ Y mae priffordd yr uniawn yn troi
   oddi wrth ddrygioni,
a chadw ei fywyd y mae'r un sy'n
   gwylio'i ffordd.
¹⁸ Daw balchder o flaen dinistr,
ac ymffrost o flaen cwymp.
¹⁹ Gwell bod yn ddistadl gyda'r
   anghenus
na rhannu ysbail gyda'r balch.
²⁰ Y mae'r medrus yn ei fater yn
   llwyddo,
a'r un sy'n ymddiried yn yr
   ARGLWYDD yn ddedwydd.

²¹ Y doeth o galon a ystyrir yn
   ddeallus,
a geiriau deniadol sy'n ychwanegu
   dysg.
²² Y mae deall yn ffynnon bywyd i'w
   berchennog,
ond ffolineb yn ddisgyblaeth i
   ffyliaid.
²³ Y mae meddwl y doeth yn gwneud
   ei eiriau'n ddeallus,
ac yn ychwanegu dysg at ei
   ymadroddion.
²⁴ Y mae geiriau teg fel diliau mêl,
yn felys i'r blas ac yn iechyd i'r corff.
²⁵ Y mae ffordd sy'n ymddangos yn
   union,
ond sy'n arwain i farwolaeth.
²⁶ Angen llafurwr sy'n gwneud iddo
   lafurio,
a'i enau sy'n ei annog ymlaen.
²⁷ Y mae dihiryn yn cynllunio drwg;
y mae fel tân poeth ar ei wefusau.
²⁸ Y mae rhywun croes yn creu
   cynnen,
a'r straegar yn gwahanu cyfeillion.
²⁹ Y mae rhywun traws yn denu ei
   gyfaill,
ac yn ei arwain ar ffordd wael.
³⁰ Y mae'r un sy'n wincio llygad yn
   cynllunio trawster,
a'r sawl sy'n crychu ei wefusau yn
   gwneud drygioni.
³¹ Y mae gwallt sy'n britho yn goron
   anrhydedd;
fe'i ceir wrth rodio'n gyfiawn.
³² Gwell bod yn amyneddgar nag yn
   rhyfelwr,
a rheoli tymer na chipio dinas.
³³ Er bwrw'r coelbren i'r arffed,
oddi wrth yr ARGLWYDD y daw pob
   dyfarniad.

17

Gwell yw tamaid sych, a
   llonyddwch gydag ef,
na thŷ yn llawn o wleddoedd ynghyd
   â chynnen.
² Y mae gwas deallus yn feistr ar fab
   gwarthus,
ac yn rhannu'r etifeddiaeth gyda'r
   brodyr.
³ Y mae tawddlestr i arian a ffwrnais
   i aur,

16:13 Felly Groeg. Hebraeg, *brenhinoedd*.

ond yr ARGLWYDD sy'n profi
calonnau.
⁴ Y mae'r drwgweithredwr yn
gwrando ar eiriau anwir,
a'r celwyddog yn rhoi sylw i dafod
maleisus.
⁵ Y mae'r un sy'n gwatwar y tlawd yn
amharchu ei Greawdwr,
ac ni chaiff y sawl sy'n ymhyfrydu
mewn trychineb osgoi cosb.
⁶ Coron yr hen yw plant eu plant,
a balchder plant yw eu rhieni.
⁷ Nid yw geiriau gwych yn gweddu i
ynfytyn,
nac ychwaith eiriau celwyddog i
bendefig.
⁸ Carreg hud yw llwgrwobr i'r sawl
a'i defnyddia;
fe lwydda ple bynnag y try.
⁹ Y mae'r un sy'n cuddio tramgwydd
yn ceisio cyfeillgarwch,
ond y mae'r sawl sy'n ailadrodd
stori yn gwahanu cyfeillion.
¹⁰ Y mae cerydd yn peri mwy o loes
i'r deallus
na chan cernod i ynfytyn.
¹¹ Ar wrthryfela y mae bryd y
drygionus,
ond fe anfonir cennad creulon yn ei
erbyn.
¹² Gwell yw cyfarfod ag arthes wedi
colli ei chenawon
na chyfarfod ag ynfytyn yn ei ffolineb.
¹³ Os bydd i neb dalu drwg am dda,
nid ymedy dinistr â'i dŷ.
¹⁴ Y mae dechrau cweryl fel diferiad
dŵr;
ymatal di cyn i'r gynnen lifo allan.
¹⁵ Cyfiawnhau'r drygionus a
chondemnio'r cyfiawn—
y mae'r ddau fel ei gilydd yn ffiaidd
gan yr ARGLWYDD.
¹⁶ Pa werth sydd i arian yn llaw
ynfytyn?
Ai i brynu doethineb, ac yntau heb
ddeall?
¹⁷ Y mae cyfaill yn gyfaill bob amser;
ar gyfer adfyd y genir brawd.
¹⁸ Un disynnwyr sy'n rhoi gwystl,
ac yn mynd yn feichiau dros ei
gyfaill.
¹⁹ Y mae'r un sy'n hoffi tramgwyddo
yn hoffi cynnen,

a'r sawl sy'n ehangu ei borth yn
gofyn am ddinistr.
²⁰ Nid yw'r meddwl cyfeiliornus yn
cael daioni,
a disgyn i ddinistr a wna'r troellog ei
dafod.
²¹ Y mae'r un sy'n cenhedlu ffŵl yn
wynebu gofid,
ac nid oes llawenydd i dad ynfytyn.
²² Y mae calon lawen yn rhoi iechyd,
ond ysbryd isel yn sychu'r esgyrn.
²³ Cymer y drygionus lwgrwobr o'i
fynwes
i wyrdroi llwybrau barn.
²⁴ Ceidw'r deallus ei olwg ar
ddoethineb,
ond ar gyrrau'r ddaear y mae llygaid
ynfytyn.
²⁵ Y mae mab ynfyd yn flinder i'w
dad,
ac yn achos chwerwder i'w fam.
²⁶ Yn wir nid da cosbi'r cyfiawn,
ac nid iawn curo'r bonheddig.
²⁷ Y mae'r prin ei eiriau yn meddu
gwybodaeth,
a thawel ei ysbryd yw'r deallus.
²⁸ Tra tawa'r ffŵl, fe'i hystyrir yn
ddoeth,
a'r un sy'n cau ei geg yn ddeallus.

18 Y mae'r un sy'n cadw ar wahân
yn ceisio cweryl*,
ac yn ymosod ar bob cynllun.
² Nid yw'r ynfyd yn ymhyfrydu mewn
deall,
dim ond mewn mynegi ei feddwl ei
hun.
³ Yn dilyn drygioni fe ddaw dirmyg,
a gwarth ar ôl amarch.
⁴ Y mae geiriau yn ddyfroedd dyfnion,
yn ffrwd yn byrlymu, yn ffynnon
doethineb.
⁵ Nid da yw dangos ffafr tuag at y
drygionus,
i amddifadu'r cyfiawn o farn.
⁶ Y mae genau'r ynfyd yn arwain at
gynnen,
a'i eiriau yn gofyn am gurfa.
⁷ Genau'r ynfyd yw ei ddinistr,
ac y mae ei eiriau yn fagl iddo'i hun.

18:1 Felly Fersiynau. Hebraeg, *ceisio dymuniad.*

⁸ Y mae geiriau'r straegar fel danteithion
sy'n mynd i lawr i'r cylla.
⁹ Y mae'r diog yn ei waith
yn frawd i'r un sy'n dwyn dinistr.
¹⁰ Y mae enw'r ARGLWYDD yn dŵr cadarn;
rhed y cyfiawn ato ac y mae'n ddiogel.
¹¹ Golud y cyfoethog yw ei ddinas gadarn,
ac y mae fel mur cryf yn ei dyb ei hun.
¹² Cyn dyfod dinistr, y mae'r galon yn falch,
ond daw gostyngeiddrwydd o flaen anrhydedd.
¹³ Y mae'r un sy'n ateb cyn gwrando
yn dangos ffolineb ac amarch.
¹⁴ Gall ysbryd rhywun ei gynnal yn ei afiechyd,
ond os yw'r ysbryd yn isel, pwy a'i cwyd?
¹⁵ Y mae meddwl deallus yn ennill gwybodaeth,
a chlust y doeth yn chwilio am ddeall.
¹⁶ Y mae rhodd rhywun yn agor drysau iddo,
ac yn ei arwain at y mawrion.
¹⁷ Y mae'r cyntaf i ddadlau ei achos yn ymddangos yn gyfiawn,
nes y daw ei wrthwynebwr a'i groesholi.
¹⁸ Rhydd y coelbren derfyn ar gwerylon,
ac y mae'n dyfarnu rhwng y cedyrn.
¹⁹ Y mae brawd a dramgwyddwyd fel caer* gadarn,
a chwerylon fel bollt castell.
²⁰ O ffrwyth ei enau y digonir cylla pob un,
a chynnyrch ei wefusau sy'n ei ddiwallu.
²¹ Y mae'r tafod yn gallu rhoi marwolaeth neu fywyd,
ac y mae'r rhai sy'n ei hoffi yn bwyta'i ffrwyth.
²² Y sawl sy'n cael gwraig sy'n cael daioni
ac yn ennill ffafr gan yr ARGLWYDD.
²³ Y mae'r tlawd yn siarad yn ymbilgar,
ond y cyfoethog yn ateb yn arw.
²⁴ Honni eu bod yn gyfeillion a wna rhai;
ond ceir hefyd gyfaill sy'n glynu'n well na brawd.

19

Gwell yw'r tlawd sy'n byw'n onest
na'r un twyllodrus ei eiriau, ac yntau'n ynfyd.
² Nid oes gwerth mewn brwdfrydedd heb ddeall;
y mae'r chwim ei droed yn colli'r ffordd.
³ Ffolineb rhywun sy'n difetha'i ffordd,
ond yn erbyn yr ARGLWYDD y mae'n dal dig.
⁴ Y mae cyfoeth yn amlhau cyfeillion,
ond colli ei gyfaill y mae'r tlawd.
⁵ Ni chaiff tyst celwyddog osgoi cosb,
ac ni ddianc yr un sy'n dweud celwydd.
⁶ Y mae llawer yn ceisio ffafr pendefig,
a phawb yn gyfaill i'r sawl sy'n rhoi.
⁷ Y mae holl frodyr y tlawd yn ei gasáu;
gymaint mwy y pellha'i gyfeillion oddi wrtho!
Y mae'n eu dilyn â geiriau, ond nid ydynt yno.
⁸ Y mae'r synhwyrol yn caru ei fywyd,
a'r un sy'n diogelu gwybodaeth yn cael daioni.
⁹ Ni chaiff tyst celwyddog osgoi cosb,
a difethir yr un sy'n dweud celwydd.
¹⁰ Nid yw moethusrwydd yn gweddu i'r ynfyd,
na rheoli tywysogion i gaethwas.
¹¹ Y mae deall yn gwneud rhywun yn amyneddgar,
a'i anrhydedd yw maddau tramgwydd.
¹² Y mae llid brenin fel rhuad llew ifanc,
ond ei ffafr fel gwlith ar laswellt.
¹³ Y mae mab ynfyd yn ddinistr i'w dad,
a checru gwraig fel diferion parhaus.
¹⁴ Oddi wrth rieni yr etifeddir tŷ a chyfoeth,
ond gan yr ARGLWYDD y ceir gwraig ddeallus.

18:19 Felly Groeg. Hebraeg, *o gaer*.

¹⁵ Y mae segurdod yn dwyn trymgwsg,
ac i'r diogyn daw newyn.
¹⁶ Y mae'r un sy'n cadw gorchymyn yn ei ddiogelu ei hun,
ond bydd y sawl sy'n diystyru ei ffyrdd yn marw.
¹⁷ Y mae'r un sy'n trugarhau wrth y tlawd yn rhoi benthyg i'r ARGLWYDD,
ac fe dâl ef yn ôl iddo am ei weithred.
¹⁸ Cerydda dy fab tra bo gobaith iddo,
ond gofala beidio â'i ladd.
¹⁹ Daw cosb ar y gwyllt ei dymer;
er iti ei helpu, rhaid gwneud hynny eto.
²⁰ Gwrando ar gyngor, a derbyn ddisgyblaeth,
er mwyn iti fod yn ddoeth yn y diwedd.
²¹ Niferus yw bwriadau meddwl pobl,
ond cyngor yr ARGLWYDD sy'n sefyll.
²² Peth dymunol mewn pobl yw eu teyrngarwch,
a gwell yw tlotyn na rhywun celwyddog.
²³ Y mae ofn yr ARGLWYDD yn arwain i fywyd,
a'r sawl a'i medd yn gorffwyso heb berygl niwed.
²⁴ Er i'r diogyn wthio'i law i'r ddysgl,
eto nid yw'n ei chodi at ei enau.
²⁵ Os curi'r gwatwarwr, bydd y gwirion yn dysgu gwers;
os ceryddi'r deallus, ef ei hun sy'n ennill gwybodaeth.
²⁶ Y mae'r sawl sy'n cam-drin ei dad ac yn diarddel ei fam
yn fab gwaradwyddus ac amharchus.
²⁷ Fy mab, os gwrthodi wrando ar gerydd,
byddi'n troi oddi wrth eiriau gwybodaeth.
²⁸ Y mae tyst anonest yn gwatwar barn,
a genau'r drygionus yn parablu* camwedd.
²⁹ Trefnwyd cosb ar gyfer gwatwarwyr,
a chernodiau i gefn ynfydion.

20 Gwatwarwr yw gwin, a therfysgwr yw diod gadarn;
nid doeth mo'r sawl sydd dan eu dylanwad.
² Y mae bygythiad brenin fel rhuad llew ifanc;
y mae'r sawl a'i cynhyrfa'n peryglu ei fywyd.
³ Clod i bob un yw gwrthod cweryla,
ond rhuthro i ymryson a wna pob ynfytyn.
⁴ Nid yw'r diog yn aredig yn yr hydref;
eto y mae'n disgwyl yn amser cynhaeaf, heb ddim i'w gael.
⁵ Y mae cyngor yn y meddwl fel dyfroedd dyfnion,
ond gall dyn deallus ei dynnu allan.
⁶ Y mae llawer un yn honni bod yn deyrngar,
ond pwy a all gael dyn ffyddlon?
⁷ Y mae'r cyfiawn yn rhodio'n gywir;
gwyn eu byd ei blant ar ei ôl!
⁸ Y mae brenin sy'n eistedd ar orsedd barn
yn gallu nithio pob drwg â'i lygaid.
⁹ Pwy a all ddweud, "Yr wyf wedi puro fy meddwl;
yr wyf yn lân o'm pechod"?
¹⁰ Pan geir amrywiaeth mewn pwysau neu fesurau,
y mae'r naill a'r llall yn ffiaidd gan yr ARGLWYDD.
¹¹ Trwy ei weithredoedd y dengys yr ifanc
a yw ei waith yn bur ac yn uniawn.
¹² Y glust sy'n clywed a'r llygad sy'n gweld,
yr ARGLWYDD a'u gwnaeth ill dau.
¹³ Paid â bod yn hoff o gysgu, rhag iti fynd yn dlawd;
cadw dy lygad yn agored, a chei ddigon o fwyd.
¹⁴ "Gwael iawn," meddai'r prynwr;
ond wrth fynd ymaith, y mae'n canmol ei fargen.
¹⁵ Y mae digonedd o aur ac o emau,
ond geiriau deallus yw'r trysor gwerthfawrocaf.

19:28 Tebygol. Cymh. 15:28. Hebraeg, *llyncu*.

¹⁶ Cymer wisg y sawl sy'n mechnïo
   dros estron,
a chadw hi'n ernes o'i addewid ar
   ran dieithryn.
¹⁷ Melys i rywun yw bara a gafwyd
   trwy dwyll,
ond yn y diwedd llenwir ei geg â
   graean.
¹⁸ Sicrheir cynlluniau trwy gyngor;
rhaid trefnu'n ofalus ar gyfer rhyfel.
¹⁹ Y mae'r straegar yn bradychu
   cyfrinach;
paid â chyfeillachu â'r llac ei dafod.
²⁰ Os bydd rhywun yn melltithio ei
   dad a'i fam,
diffoddir ei oleuni mewn tywyllwch
   dudew.
²¹ Os ceir etifeddiaeth sydyn yn y
   dechrau,
ni bydd bendith ar ei diwedd.
²² Paid â dweud, "Talaf y pwyth yn
   ôl";
disgwyl wrth yr ARGLWYDD i achub
   dy gam.
²³ Ffiaidd gan yr ARGLWYDD yw
   amrywiaeth mewn pwysau,
ac nid da ganddo gloriannau
   twyllodrus.
²⁴ Yr ARGLWYDD sy'n rheoli camre
   pobl;
sut y gall neb ddeall ei ffordd?
²⁵ Gall rhywun fynd i fagl wrth
   gysegru'n fyrbwyll,
ac yna dechrau ystyried ar ôl
   gwneud addunedau.
²⁶ Y mae brenin doeth yn nithio'r
   drygionus,
ac yn troi'r rhod yn eu herbyn.
²⁷ Llewyrcha'r ARGLWYDD ar ysbryd
   pobl,
i chwilio i ddyfnderau eu bod.
²⁸ Y mae teyrngarwch a chywirdeb yn
   gwarchod y brenin,
a diogelir ei orsedd gan deyrngarwch.
²⁹ Gogoniant yr ifainc yw eu nerth,
ac addurn i'r hen yw penwynni.
³⁰ Y mae taro i'r byw yn gwella drwg,
a dyrnodiau yn iacháu rhywun
   drwyddo.

21

Y mae calon brenin yn llaw'r
   ARGLWYDD fel ffrwd o ddŵr;
fe'i try i ble bynnag y dymuna.

² Y mae ffyrdd pob un i gyd yn
   uniawn yn ei olwg ei hun,
ond y mae'r ARGLWYDD yn
   cloriannu'r galon.
³ Y mae gwneud cyfiawnder a barn
yn fwy derbyniol gan yr ARGLWYDD
   nag aberth.
⁴ Llygaid balch a chalon ymffrostgar,
dyma nodau'r drygionus, ac y maent
   yn bechod.
⁵ Y mae cynlluniau'r diwyd yn sicr o
   arwain i ddigonedd,
ond daw angen ar bob un sydd
   mewn brys.
⁶ Y mae trysorau wedi eu hennill
   trwy gelwydd
fel tarth yn diflannu neu fagl*
   marwolaeth.
⁷ Rhwydir y rhai drygionus gan eu
   trais,
am iddynt wrthod gwneud yr hyn
   sydd uniawn.
⁸ Troellog yw ffordd y troseddwr,
ond uniawn yw gweithred y didwyll.
⁹ Gwell yw byw mewn congl ar ben tŷ
na rhannu cartref gyda gwraig gecrus.
¹⁰ Y mae'r drygionus yn awchu am
   wneud drwg;
nid yw'n edrych yn drugarog ar ei
   gymydog.
¹¹ Pan gosbir gwatwarwr, daw'r
   gwirion yn ddoeth;
ond pan ddysgir gwers i'r doeth,
   daw ef ei hun i ddeall.
¹² Y mae'r Un Cyfiawn yn sylwi ar
   dŷ'r drygionus;
y mae'n bwrw'r rhai drwg i ddinistr.
¹³ Os bydd rhywun yn fyddar i gri'r
   tlawd,
ni chaiff ei ateb pan fydd yntau'n
   galw.
¹⁴ Y mae rhodd ddirgel yn lliniaru
dig, a chil-dwrn dan glogyn yn
   tawelu llid mawr.
¹⁵ Caiff y cyfiawn lawenydd wrth
   wneud cyfiawnder,
ond daw dinistr ar y rhai sy'n
   gwneud drwg.
¹⁶ Bydd rhywun sy'n troi oddi ar
   ffordd deall
yn gorffwys yng nghwmni'r meirw.

21:6 Felly llawysgrifau a Fersiynau. TM, *neu rai'n ceisio*.

Diarhebion 21, 22

¹⁷ Mewn angen y bydd y sawl sy'n caru pleser,
ac ni ddaw'r sawl sy'n hoffi gwin ac olew yn gyfoethog.
¹⁸ Y mae'r drygionus yn bridwerth dros y cyfiawn,
a'r twyllwr dros y rhai uniawn.
¹⁹ Gwell byw mewn anialwch
na chyda gwraig gecrus a dicllon.
²⁰ Yn nhŷ'r doeth y mae trysor dymunol ac olew,
ond y mae'r ffôl yn eu difa.
²¹ Y mae'r sawl sy'n dilyn cyfiawnder a theyrngarwch
yn cael bywyd llwyddiannus ac anrhydedd.
²² Y mae'r doeth yn gallu mynd i ddinas gadarn
a bwrw i lawr y gaer yr ymddiriedir ynddi.
²³ Y sawl sy'n gwylio ei enau a'i dafod,
fe'i ceidw ei hun rhag gofidiau.
²⁴ Y mae'r balch yn ffroenuchel; gwatwarwr yw ei enw,
gweithreda yn gwbl drahaus.
²⁵ Y mae blys y diog yn ei ladd,
am fod ei ddwylo'n gwrthod gweithio.
²⁶ Trachwantu y mae'r annuwiol bob amser*,
ond y mae'r cyfiawn yn rhoi heb arbed.
²⁷ Ffiaidd yw aberth y drygionus,
yn enwedig pan offrymir ef mewn dichell.
²⁸ Difethir y tyst celwyddog,
ond y mae'r tyst cywir yn cael llefaru.
²⁹ Y mae'r drygionus yn caledu ei wyneb,
ond yr uniawn yn trefnu ei ffyrdd.
³⁰ Nid yw doethineb na deall na chyngor
yn ddim o flaen yr ARGLWYDD.
³¹ Er paratoi march ar gyfer dydd brwydr,
eto eiddo'r ARGLWYDD yw'r fuddugoliaeth.

22 Mwy dymunol yw enw da na chyfoeth lawer,
a gwell yw parch nag arian ac aur.
² Y mae un peth yn gyffredin i gyfoethog a thlawd:
yr ARGLWYDD a'u creodd ill dau.
³ Y mae'r craff yn gweld perygl ac yn ei osgoi,
ond y gwirion yn mynd rhagddo ac yn talu am hynny.
⁴ Gwobr gostyngeiddrwydd ac ofn yr ARGLWYDD
yw cyfoeth, anrhydedd a bywyd.
⁵ Y mae drain a maglau ar ffordd y gwrthnysig,
ond y mae'r un gwyliadwrus yn cadw draw oddi wrthynt.
⁶ Hyffordda blentyn ar ddechrau ei daith,
ac ni thry oddi wrthi pan heneiddia.
⁷ Y mae'r cyfoethog yn rheoli'r tlawd,
ac y mae'r benthyciwr yn was i'r echwynnwr.
⁸ Y mae'r un sy'n hau anghyfiawnder yn medi gofid,
a bydd gwialen ei ymffrost yn methu.
⁹ Bendithir yr un hael
am ei fod yn rhannu ei fara i'r tlawd.
¹⁰ Bwrw allan y gwatwarwr, a cheir terfyn ar ymryson,
a diwedd ar ddadlau a gwawd.
¹¹ Yr un sy'n hoffi purdeb meddwl
a geiriau grasol, y mae ef yn gyfaill i frenin.
¹² Y mae llygaid yr ARGLWYDD yn gwarchod deall,
ond y mae ef yn dymchwel geiriau twyllwr.
¹³ Dywed y diog, "Y mae llew y tu allan;
fe'm lleddir yn y stryd."
¹⁴ Y mae genau'r wraig ddieithr fel pwll dwfn;
y mae'r un a ddigiodd yr ARGLWYDD yn syrthio iddo.
¹⁵ Y mae ffolineb ynghlwm wrth feddwl plentyn,
ond y mae gwialen disgyblaeth yn ei yrru oddi wrtho.
¹⁶ Y sawl sy'n gorthrymu'r tlawd i geisio elw iddo'i hun,

21:26 Felly Groeg. Hebraeg, *Y mae bob amser yn trachwantu'n drachwantus.*

ac yn rhoi i'r cyfoethog, bydd
hwnnw'n diweddu mewn angen.

Geiriau'r Doethion

17 Rho sylw, a gwrando ar eiriau'r
doethion,
a gosod dy feddwl ar fy neall;
18 oherwydd y mae'n werth iti eu
cadw yn dy galon,
ac iddynt oll gael eu sicrhau ar dy
wefusau.
19 Er mwyn i ti roi dy hyder yn yr
ARGLWYDD
yr wyf yn eu dysgu iti heddiw—ie, i
ti!
20 Onid wyf wedi ysgrifennu iti ddeg
ar hugain o ddywediadau,
yn llawn cyngor a deall,
21 i ddysgu iti wirionedd geiriau
cywir,
fel y gelli roi ateb cywir i'r rhai a'th
anfonodd?
22 Paid ag ysbeilio'r tlawd am ei fod
yn dlawd,
a phaid â sathru'r anghenus yn y
porth;
23 oherwydd bydd yr ARGLWYDD yn
dadlau eu hachos,
ac yn difetha'r rhai sy'n eu difetha
hwy.
24 Paid â chyfeillachu â neb a
chanddo dymer ddrwg,
nac aros yng nghwmni'r dicllon,
25 rhag iti ddysgu ei ffordd,
a'th gael dy hun mewn magl.
26 Paid â rhoi gwystl,
a mynd yn feichiau am ddyledion;
27 os na fydd gennyt ddim i dalu,
oni chymerir dy wely oddi arnat?
28 Paid â symud yr hen derfynau
a osodwyd gan dy hynafiaid.
29 Gwelaist un medrus yn ei waith;
bydd yn gwasanaethu brenhinoedd,
ond ni fydd yn gwasanaethu pobl
ddibwys.

23 Pan eisteddi i fwyta gyda
llywodraethwr,
rho sylw manwl i'r hyn sydd o'th
flaen,
2 a gosod gyllell at dy wddf
os wyt yn un blysig.
3 Paid â chwennych ei ddanteithion,
oherwydd bwyd sy'n twyllo ydyw.
4 Paid â'th flino dy hun i ennill
cyfoeth;
bydd yn ddigon synhwyrol i ymatal.
5 Os tynni dy lygaid oddi arno, y
mae'n diflannu,
oherwydd y mae'n magu adenydd,
fel eryr yn hedfan i'r awyr.
6 Paid â bwyta gyda neb cybyddlyd,
na chwennych ei ddanteithion,
7 oherwydd bydd hynny fel blewyn
yn ei lwnc;
bydd yn dweud wrthyt, "Bwyta ac
yf",
ond ni fydd yn meddwl hynny.
8 Byddi'n chwydu'r tameidiau a
fwyteaist,
ac yn gwastraffu dy ganmoliaeth.
9 Paid â llefaru yng nghlyw'r ffŵl,
oherwydd bydd yn dirmygu synnwyr
dy eiriau.
10 Paid â symud yr hen derfynau,
na chymryd meddiant o diroedd yr
amddifaid;
11 oherwydd y mae eu Gwaredwr yn
gryf,
a bydd yn amddiffyn eu hachos yn
dy erbyn.
12 Gosod dy feddwl ar gyfarwyddyd,
a'th glust ar eiriau deall.
13 Paid ag atal disgyblaeth oddi wrth
blentyn;
os byddi'n ei guro â gwialen, ni fydd
yn marw.
14 Os byddi'n ei guro â gwialen,
byddi'n achub ei fywyd o Sheol.
15 Fy mab, os bydd dy galon yn
ddoeth,
bydd fy nghalon innau yn llawen.
16 Byddaf yn llawenhau drwof i gyd
pan fydd dy enau yn llefaru'n
uniawn.
17 Paid â chenfigennu wrth
bechaduriaid,
ond wrth y rhai sy'n ofni'r
ARGLWYDD bob amser;
18 os felly, bydd dyfodol iti,
ac ni thorrir ymaith dy obaith.
19 Fy mab, gwrando a bydd ddoeth,
a gosod dy feddwl ar y ffordd iawn.
20 Paid â chyfathrachu â'r rhai sy'n
yfed gwin,

nac ychwaith â'r rhai glwth;
²¹ oherwydd bydd y diotwr a'r glwth
  yn mynd yn dlawd,
a bydd syrthni'n eu gwisgo mewn
  carpiau.
²² Gwrando ar dy dad, a'th
  genhedlodd,
a phaid â dirmygu dy fam pan fydd
  yn hen.
²³ Pryn wirionedd, a phaid â'i
  werthu;
pryn ddoethineb, cyfarwyddyd a
  deall.
²⁴ Bydd rhieni'r cyfiawn yn llawen
  iawn,
a'r rhai a genhedlodd y doeth yn
  ymhyfrydu ynddo.
²⁵ Bydded i'th dad a'th fam gael
  llawenydd,
ac i'r un a esgorodd arnat gael
  hyfrydwch.
²⁶ Fy mab, dal sylw arnaf,
a bydded i'th lygaid ymhyfrydu yn fy
  ffyrdd.
²⁷ Y mae'r butain fel pwll dwfn,
a'r ddynes estron fel pydew cul;
²⁸ y mae'n llercian fel lleidr,
ac yn amlhau'r godinebwyr ymysg
  dynion.
²⁹ Pwy sy'n cael gwae? Pwy sy'n cael
  gofid?
Pwy sy'n cael ymryson a chŵyn?
Pwy sy'n cael poen yn ddiachos,
a chochni llygaid?
³⁰ Y rhai sy'n oedi uwchben gwin,
ac yn dod i brofi gwin wedi ei
  gymysgu.
³¹ Paid ag edrych ar win pan yw'n
  goch,
pan yw'n pefrio yn y cwpan,
ac yn mynd i lawr yn esmwyth.
³² Yn y diwedd bydd yn brathu fel
  sarff,
ac yn pigo fel gwiber.
³³ Bydd dy lygaid yn gweld pethau
  rhyfedd,
a'th feddwl yn mynegi pethau
  cymysg.
³⁴ Byddi fel un yn mynd i'w wely yng
  nghanol y môr,
fel un yn gorwedd ar ben yr
  hwylbren.

³⁵ Byddi'n dweud*, "Y maent yn fy
  nharo, ond nid wyf yn teimlo
  briw;
y maent yn fy nghernodio, ond ni wn
  hynny.
Pa bryd y deffroaf, imi geisio cael
  diod eto?"

24
Paid â chenfigennu wrth bobl
  ddrwg,
na dymuno bod yn eu cwmni;
² oherwydd y maent hwy'n meddwl
  am drais,
a'u genau'n sôn am drybini.
³ Fe adeiledir tŷ trwy ddoethineb,
a'i sicrhau trwy wybodaeth.
⁴ Trwy ddeall y llenwir ystafelloedd
â phob eiddo gwerthfawr a dymunol.
⁵ Y mae'r doeth yn fwy grymus na'r
  cryf,
a'r un deallus na'r un nerthol;
⁶ oherwydd gelli drefnu dy frwydr â
  medrusrwydd,
a chael buddugoliaeth â llawer o
  gynghorwyr.
⁷ Y mae doethineb allan o gyrraedd y
  ffŵl;
nid yw'n agor ei geg yn y porth.
⁸ Bydd yr un sy'n cynllunio i wneud
  drwg
yn cael ei alw yn ddichellgar.
⁹ Y mae dichell y ffŵl yn bechod,
ac y mae pobl yn ffieiddio'r
  gwatwarwr.
¹⁰ Os torri dy galon yn nydd
  cyfyngder,
yna y mae dy nerth yn wan.
¹¹ Achub y rhai a ddygir i farwolaeth;
rho gymorth i'r rhai a lusgir i'w
  lladd.
¹² Os dywedi, "Ni wyddem ni am
  hyn",
onid yw'r un sy'n pwyso'r galon yn
  deall?
Y mae'r un sy'n dy wylio yn gwybod,
ac yn talu i bob un yn ôl ei waith.
¹³ Fy mab, bwyta fêl, oherwydd y
  mae'n dda,
ac y mae diliau mêl yn felys i'th
  enau.

23:35 Felly Fersiynau. Hebraeg heb *Byddi'n dweud*.

¹⁴ Felly y mae deall a doethineb i'th
   fywyd;
os cei hwy, yna y mae iti ddyfodol,
ac ni thorrir ymaith dy obaith.

¹⁵ Paid â llechu fel drwgweithredwr
   wrth drigfan y cyfiawn,
a phaid ag ymosod ar ei gartref.
¹⁶ Er i'r cyfiawn syrthio seithwaith,
   eto fe gyfyd;
ond fe feglir y drygionus gan adfyd.

¹⁷ Paid â llawenhau pan syrth dy elyn,
nac ymfalchïo pan feglir ef,
¹⁸ rhag i'r ARGLWYDD weld, a bod yn
   anfodlon,
a throi ei ddig oddi wrtho.

¹⁹ Na fydd ddig wrth y rhai drygionus,
na chenfigennu wrth y rhai sy'n
   gwneud drwg.
²⁰ Oherwydd nid oes dyfodol i neb
   drwg,
a diffoddir goleuni'r drygionus.

²¹ Fy mab, ofna'r ARGLWYDD a'r
   brenin;
paid â bod yn anufudd iddynt,*
²² oherwydd fe ddaw dinistr sydyn
   oddi wrthynt,
a phwy a ŵyr y distryw a achosant ill
   dau?

Rhagor o Eiriau'r Doethion

²³ Dyma hefyd eiriau'r doethion:

Nid yw'n iawn dangos ffafr mewn
   barn.
²⁴ Pwy bynnag a ddywed wrth yr
   euog, "Yr wyt yn ddieuog",
fe'i melltithir gan bobloedd a'i
   gollfarnu gan genhedloedd.
²⁵ Ond caiff y rhai sy'n eu ceryddu
   foddhad,
a daw gwir fendith arnynt.
²⁶ Y mae rhoi ateb gonest
fel rhoi cusan ar wefusau.

²⁷ Rho drefn ar dy waith y tu allan,
a threfna'r hyn sydd yn dy gae,
ac yna adeilada dy dŷ.

²⁸ Paid â thystio yn erbyn dy
   gymydog yn ddiachos,
na thwyllo â'th eiriau.

²⁹ Paid â dweud, "Gwnaf iddo fel y
   gwnaeth ef i mi;
talaf iddo yn ôl ei weithred."

³⁰ Euthum heibio i faes un diog,
ac i winllan un disynnwyr,
³¹ a sylwais eu bod yn llawn drain,
a danadl drostynt i gyd,
a'u mur o gerrig wedi ei chwalu.
³² Edrychais arnynt ac ystyried;
sylwais a dysgu gwers:
³³ ychydig gwsg, ychydig hepian,
ychydig blethu dwylo i orffwys,
³⁴ a daw tlodi atat fel dieithryn
   creulon,
ac angen fel gŵr arfog.

Rhagor o Ddiarhebion Solomon

25 Dyma hefyd ddiarhebion Solomon,
a gofnodwyd gan wŷr Heseceia brenin
Jwda:

² Gogoniant Duw yw cadw pethau'n
   guddiedig,
a gogoniant brenhinoedd yw eu
   chwilio allan.
³ Fel y mae'r nefoedd yn uchel a'r
   ddaear yn ddwfn,
felly ni ellir chwilio calonnau
   brenhinoedd.
⁴ Symud yr amhuredd o'r arian,
a daw'n llestr yn llaw'r gof.
⁵ Symud y drygionus o ŵydd y
   brenin,
a sefydlir ei orsedd mewn cyfiawnder.
⁶ Paid ag ymddyrchafu yng ngŵydd y
   brenin,
na sefyll yn lle'r mawrion,
⁷ oherwydd gwell yw cael dweud
   wrthyt am symud i fyny,
na'th symud i lawr i wneud lle i
   bendefig.

⁸ Paid â brysio i wneud achos o'r hyn
   a welaist*,
rhag, wedi iti orffen gwneud hynny,
i'th gymydog ddwyn gwarth arnat.
⁹ Dadlau dy achos â'th gymydog,
ond paid â dadlennu cyfrinach
   rhywun arall,
¹⁰ rhag iddo dy sarhau pan glyw,
a thithau'n methu galw dy
   annoethineb yn ôl.

24:21 Felly Groeg. Hebraeg, *paid ag ymgyfeillachu â rhai sy'n newid.*

25:8 Hebraeg, *yr hyn a welaist* yn yr adn. flaenorol.

Diarhebion 25, 26

¹¹ Fel afalau aur ar addurniadau o arian,
felly y mae gair a leferir yn ei bryd.
¹² Fel modrwy aur neu addurn o aur gwerthfawr,
felly y mae cerydd y doeth i glust sy'n gwrando.
¹³ Fel oerni eira yn amser cynhaeaf,
felly y mae negesydd ffyddlon i'r rhai sy'n ei anfon;
y mae'n adfywio ysbryd ei feistri.
¹⁴ Fel cymylau a gwynt, na roddant law,
felly y mae'r un sy'n brolio rhodd heb ei rhoi.
¹⁵ Ag amynedd gellir darbwyllo llywodraethwr,
a gall tafod tyner dorri asgwrn.
¹⁶ Os cei fêl, bwyta'r hyn y mae ei angen arnat,
rhag iti gymryd gormod, a'i daflu i fyny.
¹⁷ Paid â mynd yn rhy aml i dŷ dy gymydog,
rhag iddo gael digon arnat, a'th gasáu.
¹⁸ Fel pastwn, neu gleddyf, neu saeth loyw,
felly y mae tyst yn dweud celwydd yn erbyn ei gymydog.
¹⁹ Fel dant drwg, neu droed yn llithro,
felly y mae ymddiried mewn twyllwr yn amser adfyd.
²⁰ Fel diosg gwisg ar ddiwrnod oer,
neu roi finegr ar friw,
felly y mae canu caneuon i galon drist.
²¹ Os yw dy elyn yn newynu, rho iddo fara i'w fwyta,
ac os yw'n sychedig, rho iddo ddŵr i'w yfed;
²² byddi felly'n pentyrru marwor ar ei ben,
ac fe dâl yr ARGLWYDD iti.
²³ Y mae gwynt y gogledd yn dod â glaw,
a thafod enllibus yn dod â chilwg.
²⁴ Y mae'n well byw mewn congl ar ben tŷ
na rhannu cartref gyda gwraig gecrus.
²⁵ Fel dŵr oer i lwnc sychedig,
felly y mae newydd da o wlad bell.
²⁶ Fel ffynnon wedi ei difwyno, neu bydew wedi ei lygru,
felly y mae'r cyfiawn yn gwegian o flaen y drygionus.
²⁷ Nid yw'n dda bwyta gormod o fêl,
a rhaid wrth ofal gyda chanmoliaeth.*
²⁸ Fel dinas wedi ei bylchu a heb fur,
felly y mae'r sawl sy'n methu rheoli ei dymer.

26 Fel eira yn yr haf, neu law yn ystod y cynhaeaf,
felly nid yw anrhydedd yn gweddu i'r ffôl.
² Fel aderyn y to yn hedfan, neu wennol yn gwibio,
felly ni chyflawnir melltith ddiachos.
³ Chwip i geffyl, ffrwyn i asyn,
a gwialen i gefn ffyliaid!
⁴ Paid ag ateb y ffŵl yn ôl ei ffolineb,
rhag i ti fynd yn debyg iddo.
⁵ Ateb y ffŵl yn ôl ei ffolineb,
rhag iddo fynd yn ddoeth yn ei olwg ei hun.
⁶ Y mae'r sawl sy'n anfon neges yn llaw ffŵl
yn torri ymaith ei draed ei hun ac yn profi trais.
⁷ Fel coesau'r cloff yn honcian,
felly y mae dihareb yng ngenau ffyliaid.
⁸ Fel gosod carreg mewn ffon dafl,
felly y mae rhoi anrhydedd i ffŵl.
⁹ Fel draenen yn mynd i law meddwyn,
felly y mae dihareb yng ngenau ffyliaid.
¹⁰ Fel saethwr yn clwyfo pawb sy'n mynd heibio,
felly y mae'r un sy'n cyflogi ffŵl neu feddwyn.
¹¹ Fel ci yn troi'n ôl at ei gyfog,
felly y mae'r ffŵl sy'n ailadrodd ei ffolineb.
¹² Fe welaist un sy'n ddoeth yn ei olwg ei hun;
y mae mwy o obaith i ffŵl nag iddo ef.

25:27 Cymh. Fersiynau. Hebraeg, *a chwilio eu hanrhydedd yw anrhydedd.*

¹³ Dywed y diog, "Y mae llew ar y ffordd,
llew yn rhydd yn y strydoedd!"
¹⁴ Fel y mae drws yn troi ar ei golyn,
felly y mae'r diog yn ei wely.
¹⁵ Y mae'r diog yn gwthio'i law i'r ddysgl,
ond yn rhy ddiog i'w chodi i'w geg.
¹⁶ Y mae'r diog yn ddoethach yn ei olwg ei hun
na saith o rai sy'n ateb yn synhwyrol.
¹⁷ Fel cydio yng nghlustiau ci sy'n mynd heibio,
felly y mae ymyrryd yng nghweryl rhywun arall.
¹⁸ Fel rhywun gwallgof yn saethu pentewynion â saethau marwol,
¹⁹ felly y mae'r un sy'n twyllo'i gymydog,
ac yn dweud, "Dim ond cellwair yr oeddwn."
²⁰ Heb goed fe ddiffydd tân,
a heb y straegar fe dderfydd am gynnen.
²¹ Fel glo i farwor, a choed i dân,
felly y mae'r cwerylgar yn creu cynnen.
²² Y mae geiriau'r straegar fel danteithion
sy'n mynd i lawr i'r cylla.
²³ Fel golchiad arian ar lestr pridd,
felly y mae geiriau esmwyth* a chalon ddrygionus.
²⁴ Y mae gelyn yn rhagrithio â'i eiriau,
ac yn cynllunio twyll yn ei galon;
²⁵ pan yw'n llefaru'n deg, paid ag ymddiried ynddo,
oherwydd y mae saith peth ffiaidd yn ei feddwl;
²⁶ er iddo guddio'i gasineb â rhagrith,
datguddir ei ddrygioni yn y gynulleidfa.
²⁷ Y mae'r un sy'n cloddio pwll yn syrthio iddo,
a daw carreg yn ôl ar yr un sy'n ei threiglo.
²⁸ Y mae tafod celwyddog yn casáu purdeb,
a genau gwenieithus yn dwyn dinistr.

27 Paid ag ymffrostio ynglŷn ag yfory,
oherwydd ni wyddost beth a ddigwydd mewn diwrnod.
² Gad i ddieithryn dy ganmol, ac nid dy enau dy hun;
un sy'n estron, ac nid dy wefusau dy hun.
³ Y mae pwysau mewn carreg, a thywod yn drwm,
ond y mae casineb y ffŵl yn drymach na'r ddau.
⁴ Y mae dicter yn greulon, a digofaint fel llifeiriant,
ond pwy a all sefyll o flaen cenfigen?
⁵ Y mae cerydd agored
yn well na chariad a guddir.
⁶ Y mae dyrnodiau cyfaill yn ddidwyll,
ond cusanau gelyn yn dwyllodrus.
⁷ Y mae un wedi ei ddigoni yn gwrthod mêl,
ond i'r newynog, melys yw popeth chwerw.
⁸ Fel aderyn yn crwydro o'i nyth,
felly y mae rhywun sy'n crwydro o'i gynefin.
⁹ Y mae olew a phersawr yn llawenhau'r galon,
a mwynder cyfaill yn cyfarwyddo'r enaid.
¹⁰ Paid â chefnu ar dy gyfaill a chyfaill dy rieni,
a phaid â mynd i dŷ dy frawd yn nydd dy adfyd.
Y mae cyfaill agos yn well na brawd ymhell.
¹¹ Fy mab, bydd ddoeth, a llawenha fy nghalon;
yna gallaf roi ateb i'r rhai sy'n fy amharchu.
¹² Y mae'r craff yn gweld perygl ac yn ei osgoi,
ond y mae'r gwirion yn mynd rhagddo ac yn talu am hynny.
¹³ Cymer wisg y sawl sy'n mynd yn feichiau dros ddyn dieithr,
a chadw hi'n ernes o'i addewid ar ran dieithryn.
¹⁴ Y mae'r un sy'n bendithio'i gyfaill â llef uchel,
ac yn codi'n fore i wneud hynny,

26:23 Felly Groeg. Hebraeg, *tanllyd*.

yn cael ei ystyried yn un sy'n ei
felltithio.
15 Diferion parhaus ar ddiwrnod
glawog,
tebyg i hynny yw gwraig yn cecru;
16 y mae ei hatal fel ceisio atal y
gwynt,
neu fel un yn ceisio dal olew yn ei
law.
17 Y mae haearn yn hogi haearn,
ac y mae pob un hogi meddwl* ei
gyfaill.
18 Yr un sy'n gofalu am ffigysbren
sy'n bwyta'i ffrwyth,
a'r sawl sy'n gwylio tros ei feistr sy'n
cael anrhydedd.
19 Fel yr adlewyrchir wyneb mewn
dŵr,
felly y mae'r galon yn ddrych o'r
unigolyn.
20 Ni ddigonir Sheol nac Abadon,
ac ni ddiwellir llygaid neb ychwaith.
21 Y mae tawddlestr i'r arian, a
ffwrnais i'r aur,
felly y profir cymeriad gan
ganmoliaeth.
22 Er iti bwyo'r ffôl â phestl mewn
morter
yn gymysg â'r grawn mân,
eto ni elli yrru ei ffolineb allan ohono.

23 Gofala'n gyson am dy braidd,
a rho sylw manwl i'r ddiadell;
24 oherwydd nid yw cyfoeth yn para
am byth,
na choron o genhedlaeth i
genhedlaeth.
25 Ar ôl cario'r gwair, ac i'r adladd
ymddangos,
a chasglu gwair y mynydd,
26 yna cei ddillad o'r ŵyn,
a phris y tir o'r bychod geifr,
27 a bydd digon o laeth geifr yn
ymborth i ti a'th deulu,
ac yn gynhaliaeth i'th forynion.

28

Y mae'r drygionus yn ffoi heb i
neb ei erlid,
ond fe saif y cyfiawn yn gadarn fel
llew.
2 Pan fydd gwlad mewn gwrthryfel
bydd nifer o arweinwyr,
ond trwy bobl synhwyrol a deallus y
sefydlir trefn.
3 Y mae un tlawd yn gorthrymu
tlodion,
fel glaw yn curo cnwd heb adael
cynnyrch.
4 Y mae'r rhai sy'n cefnu ar y gyfraith
yn canmol y drygionus,
ond y mae'r rhai sy'n cadw'r gyfraith
yn ymladd yn eu herbyn.
5 Nid yw pobl ddrwg yn deall beth yw
cyfiawnder,
ond y mae'r rhai sy'n ceisio'r
ARGLWYDD yn deall y cyfan.
6 Y mae'n well bod yn dlawd, a
rhodio'n gywir,
na bod yn gyfoethog ac yn droellog ei
ffyrdd.
7 Y mae plentyn deallus yn cadw'r
gyfraith,
ond y mae'r un sy'n cyfeillachu â'r
glwth yn dwyn anfri ar ei rieni.
8 Y mae'r un sy'n cynyddu ei gyfoeth
trwy log ac usuriaeth
yn ei gasglu i'r un sy'n garedig wrth y
tlawd.
9 Pwy bynnag sy'n gwrthod gwrando
ar y gyfraith,
bydd ei weddi ef yn ffieidd-dra.
10 Bydd yr un sy'n camarwain yr
uniawn i ffordd ddrwg
yn syrthio ei hun i'r pwll a wnaeth;
ond caiff y cywir etifeddiaeth dda.
11 Y mae'r cyfoethog yn ddoeth yn ei
olwg ei hun,
ond y mae'r tlawd deallus yn gweld
trwyddo.
12 Pan yw'r cyfiawn yn
llywodraethu*, ceir urddas
mawr;
ond pan ddaw'r drygionus i
awdurdod, bydd pobl yn
ymguddio.
13 Ni lwydda'r un sy'n cuddio'i
droseddau,
ond y mae'r un sy'n eu cyffesu ac yn
cefnu arnynt yn cael trugaredd.
14 Gwyn ei fyd y sawl sy'n ofni'r
ARGLWYDD yn wastad;
ond y mae'r un sy'n caledu ei galon
yn disgyn i ddinistr.

27:17 Neu, *wyneb*.   **28:12** Tebygol. Hebraeg, *gorfoleddu*.

15 Fel llew yn rhuo, neu arth yn rhuthro,
felly y mae un drygionus yn llywodraethu pobl dlawd.
16 Y mae llywodraethwr heb ddeall yn pentyrru trawster,
ond y mae'r un sy'n casáu llwgrwobr yn estyn ei ddyddiau.
17 Y mae un sy'n euog o dywallt gwaed
yn ffoi i gyfeiriad y pwll; peidied neb â'i atal.
18 Y mae'r un sy'n rhodio'n gywir yn ddiogel,
ond y mae'r sawl sy'n droellog ei ffyrdd yn syrthio i'r pwll*.
19 Y mae'r un sy'n trin ei dir yn cael digon o fwyd,
ond y mae'r sawl sy'n dilyn oferedd yn llawn tlodi.
20 Caiff y ffyddlon lawer o fendithion,
ond ni fydd yr un sydd ar frys i ymgyfoethogi heb ei gosb.
21 Nid yw'n iawn dangos ffafr,
ac eto fe drosedda rhywun am damaid o fara.
22 Y mae un cybyddlyd yn rhuthro am gyfoeth;
nid yw'n ystyried y daw arno angen.
23 Caiff y sawl sy'n ceryddu fwy o barch yn y diwedd
na'r un sy'n gwenieithio.
24 Y mae'r un sy'n lladrata oddi ar ei dad neu ei fam,
ac yn dweud nad yw'n drosedd, yn gymar i'r un sy'n dinistrio.
25 Y mae'r trachwantus yn creu cynnen,
ond y mae'r un sy'n ymddiried yn yr ARGLWYDD yn cael llawnder.
26 Y mae'r un sy'n ymddiried ynddo'i hun yn ynfyd,
ond fe waredir y sawl sy'n dilyn doethineb.
27 Ni ddaw angen ar yr un sy'n rhoi i'r tlawd,
ond daw llawer o felltithion ar yr un sy'n cau ei lygaid.
28 Pan ddaw'r drygionus i awdurdod, bydd pobl yn ymguddio,
ond ar ôl eu difa, bydd y cyfiawn yn amlhau.

29

Bydd un sy'n ystyfnigo trwy ei geryddu'n fynych
yn cael ei ddryllio'n sydyn heb fodd i'w adfer.
2 Pan fydd y cyfiawn yn llywodraethu*, llawenha'r bobl,
ond pan fydd y drygionus yn rheoli, bydd y bobl yn griddfan.
3 Y mae'r un sy'n caru doethineb yn rhoi llawenydd i'w dad,
ond y mae'r un sy'n cyfeillachu â phuteiniaid yn gwastraffu ei eiddo.
4 Y mae brenin yn rhoi cadernid i wlad trwy gyfiawnder,
ond y mae'r un sy'n codi trethi yn ei difa.
5 Y mae'r sawl sy'n gwenieithio wrth ei gyfaill
yn taenu rhwyd i'w draed.
6 Rhwydir y drygionus gan gamwedd,
ond y mae'r cyfiawn yn canu'n llawen.
7 Y mae'r cyfiawn yn gwybod hawliau'r tlodion,
ond nid yw'r drygionus yn ystyried deall.
8 Y mae'r gwatwarwyr yn creu cyffro mewn dinas,
ond y mae'r doethion yn tawelu dicter.
9 Os â un doeth i gyfraith â ffŵl,
bydd y ffŵl yn cythruddo ac yn gwawdio,
ac ni cheir llonyddwch.
10 Y mae rhai gwaedlyd yn casáu'r un cywir,
ond y mae'r rhai cyfiawn yn diogelu ei fywyd.
11 Y mae'r ffŵl yn arllwys ei holl ddig,
ond y mae'r doeth yn ei gadw dan reolaeth.
12 Os yw llywodraethwr yn gwrando ar gelwydd,
bydd ei holl weision yn ddrygionus.
13 Y mae hyn yn gyffredin i'r tlawd a'r gormeswr:
yr ARGLWYDD sy'n goleuo llygaid y ddau.

28:18 Felly Syrieg. Hebraeg, *i un*.   29:2 Cymh. Groeg. Hebraeg, *niferus*.

¹⁴ Os yw brenin yn barnu'r tlodion
  yn gywir,
yna fe sefydlir ei orsedd am byth.
¹⁵ Y mae gwialen a cherydd yn rhoi
  doethineb,
ond y mae plentyn afreolus yn dwyn
  gwarth ar ei fam.
¹⁶ Pan amlha'r drygionus, bydd
  camwedd yn cynyddu,
ond bydd y cyfiawn yn edrych ar eu
  cwymp.
¹⁷ Disgybla dy fab, a daw â chysur
  iti,
a rhydd lawenydd iti yn dy fywyd.
¹⁸ Lle na cheir gweledigaeth, bydd y
  bobl ar chwâl;
ond gwyn ei fyd y sawl sy'n cadw'r
  gyfraith.
¹⁹ Nid â geiriau yn unig y disgyblir
  gwas;
er iddo ddeall, nid yw'n ymateb.
²⁰ Fe welaist un sy'n eiddgar i
  siarad;
y mae mwy o obaith i'r ffŵl nag iddo
  ef.
²¹ Wrth faldodi gwas o'i lencyndod,
bydd yn troi'n anniolchgar yn y
  diwedd.
²² Codi cynnen y mae rhywun cas,
ac un dicllon yn ychwanegu
  camwedd.
²³ Y mae balchder unrhyw un yn ei
  ddarostwng,
ond y mae'r gostyngedig yn cael
  anrhydedd.
²⁴ Gelyn iddo'i hun yw'r sawl sy'n
  rhannu â lleidr;
y mae'n clywed y felltith, ond heb
  ddweud dim.
²⁵ Magl yw ofni pobl,
ond diogel yw'r un sy'n ymddiried yn
  yr ARGLWYDD.
²⁶ Y mae llawer yn ceisio ffafr
  llywodraethwr,
ond oddi wrth yr ARGLWYDD y daw
  cyfiawnder.
²⁷ Y mae'r cyfiawn yn ffieiddio'r
  anghyfiawn,
a'r drygionus yn ffieiddio'r uniawn ei
  ffordd.

Geiriau Agur

30 Geiriau Agur fab Jaceh o Massa.
Dyma'i eiriau i Ithiel, i Ithiel ac Ucal:

² Yr wyf yn fwy anwar na neb;
nid oes deall dynol gennyf.
³ Ni ddysgais ddoethineb,
ac nid wyf yn dirnad deall yr Un
  Sanctaidd.
⁴ Pwy a esgynnodd i'r nefoedd, ac
  yna disgyn?
Pwy a gasglodd y gwynt yn ei ddwrn?
Pwy a rwymodd y dyfroedd mewn
  gwisg?
Pwy a sefydlodd holl derfynau'r
  ddaear?
Beth yw ei enw, neu enw ei fab, os
  wyt yn gwybod?
⁵ Y mae pob un o eiriau Duw wedi ei
  brofi;
y mae ef yn darian i'r rhai sy'n
  ymddiried ynddo.
⁶ Paid ag ychwanegu dim at ei eiriau,
rhag iddo dy geryddu, a'th gael yn
  gelwyddog.
⁷ Gofynnaf am ddau beth gennyt;
paid â'u gwrthod cyn imi farw:
⁸ symud wagedd a chelwydd ymhell
  oddi wrthyf;
paid â rhoi imi dlodi na chyfoeth;
portha fi â'm dogn o fwyd,
⁹ rhag imi deimlo ar ben fy nigon,
  a'th wadu,
a dweud, "Pwy yw'r ARGLWYDD?"
Neu rhag imi fynd yn dlawd, a
  throi'n lleidr,
a gwneud drwg i enw fy Nuw.

Rhagor o Ddiarhebion

¹⁰ Paid â difrïo gwas wrth ei feistr,
rhag iddo dy felltithio, a'th gael yn
  euog.
¹¹ Y mae rhai yn melltithio'u tad,
ac yn amharchu eu mam.
¹² Y mae rhai yn bur yn eu golwg eu
  hunain,
ond heb eu glanhau o'u haflendid.
¹³ Y mae rhai yn ymddwyn yn falch,
a'u golygon yn uchel.
¹⁴ Y mae rhai â'u dannedd fel
  cleddyfau,

a'u genau fel cyllyll,
yn difa'r tlawd o'r tir,
a'r anghenus o blith pobl.

¹⁵ Y mae gan y gele ddwy ferch
sy'n dweud, "Dyro, dyro."
Y mae tri pheth na ellir eu digoni,
ie, pedwar nad ydynt byth yn dweud,
"Digon":
¹⁶ Sheol, a'r groth amhlantadwy,
a'r tir sydd heb ddigon o ddŵr,
a'r tân nad yw byth yn dweud,
"Digon".

¹⁷ Y llygad sy'n gwatwar tad,
ac yn dirmygu ufudd-dod i fam,
fe'i tynnir allan gan gigfrain y dyffryn,
ac fe'i bwyteir gan y fwltur.

¹⁸ Y mae tri pheth yn rhyfeddol imi,
pedwar na allaf eu deall:
¹⁹ ffordd yr eryr yn yr awyr,
ffordd neidr ar graig,
ffordd llong ar y cefnfor,
a ffordd dyn gyda merch.

²⁰ Dyma ymddygiad y wraig odinebus:
y mae'n bwyta, yn sychu ei cheg,
ac yn dweud, "Nid wyf wedi gwneud
drwg."

²¹ Y mae tri pheth sy'n cynhyrfu'r
ddaear,
pedwar na all hi eu dioddef:
²² gwas pan ddaw'n frenin,
ffŵl pan gaiff ormod o fwyd,
²³ dynes atgas yn cael gŵr,
a morwyn yn disodli ei meistres.

²⁴ Y mae pedwar peth ar y ddaear
sy'n fach,
ond yn eithriadol ddoeth:
²⁵ y morgrug, creaduriaid sydd heb
gryfder,
ond sy'n casglu eu bwyd yn yr haf;
²⁶ y cwningod, creaduriaid sydd heb
nerth,
ond sy'n codi eu tai yn y creigiau;
²⁷ y locustiaid, nad oes ganddynt
frenin,
ond sydd i gyd yn mynd allan yn
rhengoedd;
²⁸ a'r fadfall, y gelli ei dal yn dy law,
ond sydd i'w chael ym mhalas
brenhinoedd.

²⁹ Y mae tri pheth sy'n hardd eu
cerddediad,
pedwar sy'n rhodio'n urddasol:
³⁰ llew, gwron ymhlith yr anifeiliaid,
nad yw'n cilio oddi wrth yr un
ohonynt;
³¹ ceiliog yn torsythu; bwch gafr;
a brenin yn arwain ei bobl.

³² Os bu iti ymddwyn yn ffôl trwy
ymffrostio,
neu gynllwynio drwg, rho dy law ar
dy enau.
³³ Oherwydd o gorddi llaeth ceir
ymenyn,
o wasgu'r trwyn ceir gwaed,
ac o fegino llid ceir cynnen.

Cyngor i Frenin

31 Geiriau Lemuel brenin Massa, y
rhai a ddysgodd ei fam iddo:

² Beth yw hyn, fy mab, mab fy
nghroth?
Beth yw hyn, mab fy addunedau?
³ Paid â threulio dy nerth gyda
merched,
na'th fywyd gyda'r rhai sy'n dinistrio
brenhinoedd.
⁴ Nid gweddus i frenhinoedd, O
Lemuel,
nid gweddus i frenhinoedd yfed gwin,
ac nid gweddus i reolwyr flysio diod
gadarn,
⁵ rhag iddynt yfed, ac anghofio'r hyn
a ddeddfwyd,
a gwyrdroi achos y rhai
gorthrymedig i gyd.
⁶ Rhowch ddiod gadarn i'r un sydd
ar ddarfod,
a gwin i'r chwerw ei ysbryd;
⁷ cânt hwy yfed ac anghofio'u tlodi,
a pheidio â chofio'u gofid byth mwy.
⁸ Dadlau o blaid y mud,
a thros achos yr holl rai diobaith.
⁹ Siarad yn eglur, a rho farn gyfiawn;
cefnoga achos yr anghenus a'r tlawd.

Y Wraig Fedrus

¹⁰ Pwy a all ddod o hyd i wraig
fedrus?
Y mae hi'n fwy gwerthfawr na gemau.
¹¹ Y mae calon ei gŵr yn ymddiried
ynddi,
ac ni fydd pall ar ei henillion.

¹² Y mae'n gwneud daioni iddo yn
    hytrach na cholled,
a hynny ar hyd ei hoes.
¹³ Y mae'n ceisio gwlân a llin,
ac yn cael pleser o weithio â'i dwylo.
¹⁴ Y mae, fel llongau masnachwr,
yn dwyn ei hymborth o bell.
¹⁵ Y mae'n codi cyn iddi ddyddio,
yn darparu bwyd i'w thylwyth,
ac yn trefnu gorchwylion ei
    morynion.
¹⁶ Ar ôl ystyried yn fanwl, y mae'n
    prynu maes,
ac yn plannu gwinllan â'i henillion.
¹⁷ Y mae'n gwregysu ei llwynau â
    nerth,
ac yn dangos mor gryf yw ei
    breichiau.
¹⁸ Y mae'n sicrhau bod ei busnes yn
    broffidiol,
ac ni fydd ei lamp yn diffodd trwy'r
    nos.
¹⁹ Y mae'n gosod ei llaw ar y cogail,
a'i dwylo'n gafael yn y werthyd.
²⁰ Y mae'n estyn ei llaw i'r anghenus,
a'i dwylo i'r tlawd.
²¹ Nid yw'n pryderu am ei thylwyth
    pan ddaw eira,
oherwydd byddant i gyd wedi eu
    dilladu'n glyd.
²² Y mae'n gwneud cwrlidau iddi ei
    hun,
ac y mae ei gwisg o liain main a
    phorffor.
²³ Y mae ei gŵr yn adnabyddus yn y
    pyrth,
pan yw'n eistedd gyda henuriaid yr
    ardal.
²⁴ Y mae'n gwneud gwisgoedd o liain
    ac yn eu gwerthu,
ac yn darparu gwregysau i'r
    masnachwr.
²⁵ Y mae wedi ei gwisgo â nerth ac
    anrhydedd,
ac yn wynebu'r dyfodol dan
    chwerthin.
²⁶ Y mae'n siarad yn ddoeth,
a cheir cyfarwyddyd caredig ar ei
    thafod.
²⁷ Y mae'n cadw golwg ar yr hyn sy'n
    digwydd i'w theulu,
ac nid yw'n bwyta bara segurdod.
²⁸ Y mae ei phlant yn tyfu ac yn ei
    bendithio;
a bydd ei gŵr yn ei chanmol:
²⁹ "Y mae llawer o ferched wedi
    gweithio'n fedrus,
ond yr wyt ti'n rhagori arnynt i gyd."
³⁰ Y mae tegwch yn twyllo, a
    phrydferthwch yn darfod,
ond y wraig sy'n ofni'r ARGLWYDD, y
    mae hon i'w chanmol.
³¹ Rhowch iddi o ffrwyth ei dwylo,
a bydded i'w gwaith ei chanmol yn y
    pyrth.

LLYFR

Y PREGETHWR

Oferedd Bywyd

1 Geiriau'r Pregethwr, mab Dafydd,
    brenin yn Jerwsalem:
² "Gwagedd llwyr," meddai'r
    Pregethwr,
"gwagedd llwyr yw'r cyfan."
³ Pa elw sydd i neb yn ei holl lafur,
wrth iddo ymlafnio dan yr haul?
⁴ Y mae cenhedlaeth yn mynd, ac un
    arall yn dod,
ond y mae'r ddaear yn aros am byth.
⁵ Y mae'r haul yn codi ac yn
    machlud,
ac yn brysio'n ôl i'r lle y cododd.
⁶ Y mae'r gwynt yn chwythu i'r de,
ac yna'n troi i'r gogledd;
y mae'r gwynt yn troelli'n barhaus,

ac yn dod yn ôl i'w gwrs.
⁷ Y mae'r holl nentydd yn rhedeg i'r môr,
ond nid yw'r môr byth yn llenwi;
y mae'r nentydd yn mynd yn ôl i'w tarddle,
ac yna'n llifo allan eto.
⁸ Y mae pob peth mor flinderus
fel na all neb ei fynegi;
ni ddigonir y llygad trwy edrych,
na'r glust trwy glywed.
⁹ Yr hyn a fu a fydd,
a'r hyn a wnaed a wneir;
nid oes dim newydd dan yr haul.
¹⁰ A oes unrhyw beth y gellir dweud amdano,
"Edrych, dyma beth newydd"?
Y mae'r cyfan yn bod ers amser maith,
y mae'n bod o'n blaenau ni.
¹¹ Ni chofir am y rhai a fu,
nac ychwaith am y rhai a ddaw ar eu hôl;
ni chofir amdanynt gan y rhai a fydd yn eu dilyn.

Profiad y Pregethwr

¹² Yr oeddwn i, y Pregethwr, yn frenin ar Israel yn Jerwsalem. ¹³ Rhoddais fy mryd ar astudio a chwilio, trwy ddoethineb, y cyfan sy'n digwydd dan y nef. Gorchwyl diflas yw'r un a roddodd Duw i bobl ymboeni yn ei gylch. ¹⁴ Gwelais yr holl bethau a ddigwyddodd dan yr haul, ac yn wir nid yw'r cyfan ond gwagedd ac ymlid gwynt.

¹⁵ Ni ellir unioni yr hyn sydd gam,
na chyfrif yr hyn sydd ar goll.

¹⁶ Dywedais wrthyf fy hun, "Llwyddais i ennill mwy o ddoethineb nag unrhyw frenin o'm blaen yn Jerwsalem; cefais brofi llawer o ddoethineb a gwybodaeth." ¹⁷ Rhoddais fy mryd ar ddeall doethineb a gwybodaeth, ynfydrwydd a ffoliaeth, a chanfûm nad oedd hyn ond ymlid gwynt.

¹⁸ Oherwydd y mae cynyddu doethineb yn cynyddu gofid,
ac ychwanegu gwybodaeth yn ychwanegu poen.

2 Dywedais wrthyf fy hun, "Tyrd yn awr, gad imi brofi pleser, a'm mwynhau fy hun," ² ond yr oedd hyn hefyd yn wagedd. Dywedais fod chwerthin yn ynfydrwydd, ac nad oedd pleser yn dda i ddim. ³ Ceisiais godi fy nghalon â gwin, gan ofalu fy mod yn ymddwyn yn ddoeth ac yn ffrwyno ffoliaeth, nes imi weld beth oedd yn dda i bobl ei wneud dan y nef yn ystod cyfnod byr eu hoes. ⁴ Gwneuthum bethau mawr: adeiledais dai i mi fy hun, a phlannu gwinllannoedd; ⁵ gwneuthum erddi a pherllannau, a phlannu pob math ar goed ffrwythau ynddynt; ⁶ gwneuthum hefyd lynnoedd i ddyfrhau ohonynt y llwyni coed oedd yn tyfu; ⁷ prynais gaethion, yn ddynion a merched, ac yr oedd gennyf weision wedi eu geni yn fy nhŷ; yr oedd gennyf fwy o wartheg a defaid nag unrhyw un a fu o'm blaen yn Jerwsalem; ⁸ cesglais arian ac aur, trysorau brenhinoedd a thaleithiau; yr oedd gennyf hefyd gantorion a chantoresau, a digonedd o ferched gordderch* i ddifyrru dynion. ⁹ Deuthum yn enwog, ac yn fwy llwyddiannus nag unrhyw un a fu o'm blaen yn Jerwsalem; ac eto glynais wrth ddoethineb. ¹⁰ Nid oeddwn yn cadw draw oddi wrth unrhyw beth a chwenychai fy llygaid, nac yn troi ymaith oddi wrth unrhyw bleser. Yn wir yr oeddwn yn cael llawenydd yn fy holl lafur, a hyn oedd fy nhâl am fy holl waith. ¹¹ Yna, pan drois i edrych ar y cyfan a wnaeth fy nwylo a'r llafur yr ymdrechais i'w gyflawni, gwelwn nad oedd y cyfan ond gwagedd ac ymlid gwynt, heb unrhyw elw dan yr haul.

¹² Yna trois i edrych ar ddoethineb, ac ar ynfydrwydd a ffoliaeth. Beth rhagor y gall y sawl a ddaw ar ôl y brenin ei wneud nag sydd eisoes wedi ei wneud? ¹³ Yna gwelais fod doethineb yn werthfawrocach nag ynfydrwydd, fel y mae goleuni yn werthfawrocach na thywyllwch. ¹⁴ Y mae'r doeth â'i lygaid yn ei ben, ond y mae'r ffôl yn rhodio yn y tywyllwch; eto canfûm mai'r un peth yw tynged y ddau. ¹⁵ Yna dywedais wrthyf fy hun, "Yr un peth a ddigwydd i mi ac i'r

---

2:8 Tebygol. Hebraeg yn aneglur.

ffôl. Pa elw a gaf o fod yn ddoeth?" Yna dywedais, "Y mae hyn hefyd yn wagedd." ¹⁶ Oherwydd ni chofir am byth am y doeth mwy na'r ffôl, ond fe anghofir am y naill a'r llall fel yr â'r dyddiau heibio; yn wir, marw y mae'r doeth fel y ffôl. ¹⁷ Yna deuthum i gasáu bywyd, gan fod y cyfan sy'n digwydd dan yr haul yn achosi blinder imi; yn wir y mae'r cyfan yn wagedd ac yn ymlid gwynt.

¹⁸ Yr oeddwn yn casáu'r holl lafur a gyflawnais dan yr haul, gan y bydd yn rhaid imi ei adael i'r un a ddaw ar fy ôl; ¹⁹ a phwy sy'n gwybod ai doeth ynteu ffôl fydd hwnnw? Ac eto, ef fydd yn rheoli'r holl lafur a gyflawnais mewn doethineb dan yr haul. Y mae hyn hefyd yn wagedd. ²⁰ Yna euthum i anobeithio'n llwyr am yr holl lafur a gyflawnais dan yr haul. ²¹ Oherwydd y mae'r sawl a lafuriodd yn ddoeth a deallus a chyda medr yn gadael ei eiddo i un na lafuriodd amdano. Y mae hyn hefyd yn wagedd ac yn flinder mawr. ²² Beth a gaiff neb am yr holl lafur a'r ymdrech a gyflawnodd dan yr haul? ²³ Oherwydd y mae ei holl ddyddiau yn ofidus, a'i orchwyl yn boenus; a hyd yn oed yn y nos nid oes gorffwys i'w feddwl. Y mae hyn hefyd yn wagedd.

²⁴ Nid oes dim yn well i neb na bwyta ac yfed a chael mwynhad o'i lafur. Yn wir gwelais fod hyn yn dod oddi wrth Dduw; ²⁵ oherwydd pwy all fwyta a chael mwynhad hebddo ef*? ²⁶ Yn wir, y mae Duw yn rhoi doethineb, deall a llawenydd i'r sawl sy'n dda yn ei olwg, ond i'r un sy'n pechu fe roddir y dasg o gasglu a chronni ar gyfer yr un sy'n dda yng ngolwg Duw. Y mae hyn hefyd yn wagedd ac yn ymlid gwynt.

Tymor i Bob Peth

3 Y mae tymor i bob peth, ac amser i bob gorchwyl dan y nef:
² amser i eni, ac amser i farw,
amser i blannu, ac amser i ddiwreiddio'r hyn a blannwyd;
³ amser i ladd, ac amser i iacháu,
amser i dynnu i lawr, ac amser i adeiladu;
⁴ amser i wylo, ac amser i chwerthin,
amser i alaru, ac amser i ddawnsio;
⁵ amser i daflu cerrig, ac amser i'w casglu,
amser i gofleidio, ac amser i ymatal;
⁶ amser i geisio, ac amser i golli,
amser i gadw, ac amser i daflu ymaith;
⁷ amser i rwygo, ac amser i drwsio,
amser i dewi, ac amser i siarad;
⁸ amser i garu, ac amser i gasáu,
amser i ryfel, ac amser i heddwch.

⁹ Pa elw a gaiff y gweithiwr wrth lafurio? ¹⁰ Gwelais y dasg a roddodd Duw i bobl i'w chyflawni. ¹¹ Gwnaeth bopeth yn hyfryd yn ei amser, a hefyd rhoddodd dragwyddoldeb yng nghalonnau pobl; eto ni all neb ddirnad yr hyn a wnaeth Duw o'r dechrau i'r diwedd. ¹² Yr wyf yn gwybod nad oes dim yn well i bobl mewn bywyd na bod yn llawen a gwneud da, ¹³ a gwn mai rhodd Duw yw fod pob un yn bwyta ac yn yfed ac yn cael mwynhad o'i holl lafur. ¹⁴ Yr wyf yn gwybod hefyd fod y cyfan a wna Duw yn aros byth; ni ellir ychwanegu ato na thynnu oddi wrtho. Gweithreda Duw fel hyn er mwyn i bobl ei barchu. ¹⁵ Y mae'r hyn sy'n bod wedi bod eisoes, a'r hyn sydd i ddod hefyd wedi bod eisoes, ac y mae Duw yn chwilio am yr hyn a ddiflannodd.

Anghyfiawnder

¹⁶ Hefyd gwelais dan yr haul fod drygioni wedi cymryd lle barn a chyfiawnder. ¹⁷ Ond dywedais wrthyf fy hun, "Bydd Duw yn barnu'r cyfiawn a'r drygionus, oherwydd y mae wedi trefnu amser i bob gorchwyl a gwaith." ¹⁸ Dywedais wrthyf fy hun, "Y mae Duw yn profi pobl er mwyn iddynt weld eu bod fel yr anifeiliaid." ¹⁹ Oherwydd yr un peth a ddigwydd i bobl ac anifeiliaid, yr un yw eu tynged; y mae'r naill fel y llall yn marw. Yr un anadl sydd ynddynt i gyd; nid oes gan neb dynol fantais dros anifail. Y mae hyn i gyd yn wagedd. ²⁰ Y maent i gyd yn mynd i'r un lle; daethant i gyd o'r llwch, ac i'r llwch y maent yn dychwelyd. ²¹ Pwy sy'n gwybod a yw ysbryd dynol yn mynd i fyny ac ysbryd anifail yn mynd i lawr i'r ddaear? ²² Yna gwelais nad oes dim yn well i rywun na'i fwynhau ei hun yn ei waith, oherwydd

---

2:25 Felly Fersiynau. Hebraeg, *hebof fi*.

dyna yw ei dynged. Pwy all wneud iddo weld beth fydd ar ei ôl?

4 Unwaith eto ystyriais yr holl orthrymderau sy'n digwydd dan yr haul. Gwelais ddagrau y rhai a orthrymwyd, ac nid oedd neb i'w cysuro; yr oedd nerth o blaid eu gorthrymwyr, ac nid oedd neb i'w cysuro. ² Yna deuthum i'r casgliad ei bod yn well ar y rhai sydd eisoes wedi marw na'r rhai sy'n dal yn fyw. ³ Ond gwell na'r ddau yw'r rhai sydd eto heb eu geni, ac sydd heb weld y drwg a wneir dan yr haul.

⁴ Hefyd sylwais ar yr holl lafur a medr mewn gwaith, ei fod yn codi o genfigen rhwng rhywun a'i gymydog. Y mae hyn hefyd yn wagedd ac yn ymlid gwynt.

⁵ Y mae'r ffôl yn plethu ei ddwylo, ac yn ei ddifa'i hun.

⁶ Gwell yw llond un llaw mewn llonyddwch na llond dwy law mewn gofid ac ymlid gwynt.

⁷ Unwaith eto gwelais y gwagedd sydd dan yr haul: ⁸ rhywun unig heb fod ganddo na chyfaill, na mab na brawd; nid oes diwedd ar ei holl lafur, eto nid yw cyfoeth yn rhoi boddhad iddo. Nid yw'n gofyn, "I bwy yr wyf yn llafurio, ac yn fy amddifadu fy hun o bleser?" Y mae hyn hefyd yn wagedd ac yn orchwyl diflas.

⁹ Y mae dau yn well nag un, oherwydd y maent yn cael tâl da am eu llafur; ¹⁰ os bydd y naill yn syrthio, y mae'r llall yn gallu ei godi, ond gwae'r un sydd ar ei ben ei hun; pan yw'n syrthio, nid oes ganddo neb i'w godi. ¹¹ Hefyd os bydd dau yn gorwedd gyda'i gilydd, y mae'r naill yn cadw'r llall yn gynnes; ond sut y gall un gadw'n gynnes ar ei ben ei hun? ¹² Er y gellir trechu un, y mae dau yn gallu gwrthsefyll. Ni ellir torri rhaff deircainc ar frys.

¹³ Y mae bachgen tlawd, ond doeth, yn well na brenin hen a ffôl, nad yw bellach yn gwybod sut i dderbyn cyngor. ¹⁴ Yn wir, gall un ddod allan o garchar i fod yn frenin, er iddo gael ei eni'n dlawd yn ei deyrnas. ¹⁵ Gwelais bawb oedd yn byw ac yn rhodio dan yr haul yn dilyn y bachgen oedd yn lle'r brenin. ¹⁶ Nid oedd terfyn ar yr holl bobl, ac yr oedd ef yn ben arnynt i gyd; ond nid oedd y rhai a ddaeth ar ei ôl yn ymhyfrydu ynddo. Yn wir, y mae hyn hefyd yn wagedd ac yn ymlid gwynt.

Rhybudd rhag Llefaru'n Fyrbwyll

5 * Gwylia dy droed pan fyddi'n mynd i dŷ Dduw. Y mae'n well nesáu i wrando nag offrymu aberth ffyliaid, oherwydd nid ydynt hwy'n gwybod eu bod yn gwneud drwg. ² Paid â bod yn fyrbwyll â'th enau na bod ar frys o flaen Duw. Y mae Duw yn y nefoedd, ac yr wyt ti ar y ddaear, felly bydd yn fyr dy eiriau. ³ Yn wir, fe ddaw breuddwyd pan yw gorchwylion yn cynyddu, a siarad ffôl pan bentyrrir geiriau. ⁴ Pan wnei adduned i Dduw, paid ag oedi ei chyflawni, oherwydd nid yw ef yn ymhyfrydu mewn ffyliaid. Cyflawna di'r hyn yr wyt wedi ei addunedu. ⁵ Y mae'n well iti beidio ag addunedu na pheidio â chyflawni'r hyn yr wyt wedi ei addunedu. ⁶ Paid â gadael i'th enau dy arwain i bechu, a phaid â dweud o flaen y cennad, "Camgymeriad oedd hyn." Pam y dylai Duw gasáu dy ymadrodd, a difa gwaith dy ddwylo? ⁷ Y mae llawer o freuddwydion ac amlder geiriau yn wagedd; ond ofna di Dduw.

Oferedd Bywyd

⁸ Os gweli'r tlawd yn cael ei orthrymu, a bod rhai yn atal barn a chyfiawnder mewn talaith, paid â synnu at yr hyn sy'n digwydd; oherwydd y mae un uwch yn gwylio pob swyddog, a rhai uwch eto drostynt ill dau. ⁹ Y mae cynnyrch y tir i bawb; y mae'r brenin yn cael y tir sydd wedi ei drin. ¹⁰ Ni ddigonir yr ariangar ag arian, na'r un sy'n caru cyfoeth ag elw. Y mae hyn hefyd yn wagedd. ¹¹ Pan yw cyfoeth yn cynyddu, y mae'r rhai sy'n byw arno yn amlhau; a pha fudd sydd i'w berchennog ond edrych arno? ¹² Y mae cwsg y gweithiwr yn felys, boed wedi bwyta ychydig neu lawer; ond y mae digonedd y cyfoethog yn ei rwystro rhag cysgu'n dawel.

¹³ Gwelais ddrwg poenus dan yr haul: cyfoeth wedi ei gadw yn peri niwed i'w berchennog, ¹⁴ a'r cyfoeth yn diflannu trwy anffawd flin, ac yntau, pan gaiff fab,

---

5:1 Hebraeg, 4:17.

heb ddim i'w roi iddo. ¹⁵ Fel y daeth allan o groth ei fam, bydd yn dychwelyd yno yn noeth, yn union fel y daeth; ac ni chaiff ddim am ei lafur i'w gymryd gydag ef. ¹⁶ Y mae hyn hefyd yn ddrwg poenus: yn union fel y daeth, yr â pob un ymaith; a pha elw sydd iddo, ac yntau wedi llafurio am wynt? ¹⁷ Y mae wedi treulio'i ddyddiau mewn tywyllwch a gofid*, mewn dicter mawr a gwaeledd a llid.

¹⁸ Dyma'r hyn a welais: y mae'n dda a gweddus i ddyn fwyta ac yfed, a chael mwynhad o'r holl lafur a gyflawna dan yr haul yn ystod dyddiau ei fywyd, a roddwyd iddo gan Dduw; dyna yw ei dynged. ¹⁹ Yn wir y mae pob un y rhoddodd Duw iddo gyfoeth a meddiannau a'r gallu i'w mwynhau, i dderbyn ei dynged, a bod yn llawen yn ei lafur; rhodd Duw yw hyn. ²⁰ Yn wir ni fydd yn meddwl yn ormodol am ddyddiau ei fywyd, gan fod Duw yn ei gadw'n brysur â llawenydd yn ei galon.

6 Dyma ddrwg a welais dan yr haul, ac y mae'n flinder ar bobl: ² un wedi cael cyfoeth, meddiannau ac anrhydedd gan Dduw, heb fod yn brin o ddim a ddymunai, ac eto heb gael gan Dduw y gallu i'w mwynhau, ond dieithryn yn hytrach yn cael mwynhad ohonynt. Y mae hyn yn wagedd ac yn gystudd blin. ³ Pe byddai rhywun yn rhiant i gant o blant, yn byw am flynyddoedd lawer ac yn cael oes hir, ond heb allu mwynhau daioni bywyd na chael ei gladdu, yna dywedaf ei bod yn well ar yr erthyl nag arno ef. ⁴ Oherwydd y mae'r erthyl yn dod mewn gwagedd ac yn mynd ymaith mewn tywyllwch, lle cuddir ei enw; ⁵ eto caiff hwn, er na welodd yr haul na gwybod am ddim, fwy o lonyddwch na'r llall, ⁶ hyd yn oed pe byddai hwnnw'n byw am fil o flynyddoedd ddwywaith drosodd, ond heb brofi daioni. Onid ydynt i gyd yn mynd i'r un lle?

⁷ Y mae holl lafur pobl ar gyfer eu genau, ond eto ni ddiwellir eu chwant. ⁸ Pa fantais sydd gan y doeth ar y ffôl, neu gan y tlawd a ŵyr sut i ymddwyn yng ngŵydd pobl? ⁹ Gwell gweld â'r llygaid na blys anniwall. Y mae hyn hefyd yn wagedd ac yn ymlid gwynt.

¹⁰ Y mae'r hyn sydd eisoes yn bod yn hysbys, ac fe wyddys beth yw pobl; ni allant ddadlau ag un cryfach na hwy. ¹¹ Y mae amlhau geiriau yn amlhau gwagedd; a pha fantais sydd i neb? ¹² Pwy a ŵyr beth sydd dda i neb yng nghyfnod byr ei fywyd gwag, a dreulia fel cysgod? Pwy all ddweud wrtho beth dan yr haul a ddaw ar ei ôl?

Myfyrdodau

7 Y mae enw da yn well nag ennaint
  gwerthfawr,
a dydd marw yn well na dydd geni.
² Y mae'n well mynd i dŷ galar
na mynd i dŷ gwledd;
oherwydd marw yw tynged pawb,
a dylai'r byw ystyried hyn.
³ Y mae tristwch yn well na
  chwerthin;
er i'r wyneb fod yn drist, gall y galon
  fod yn llawen.
⁴ Y mae calon y doethion yn nhŷ
  galar,
ond calon y ffyliaid yn nhŷ pleser.
⁵ Y mae'n well gwrando ar gerydd y
  doeth
na gwrando ar gân ffyliaid.
⁶ Oherwydd y mae chwerthin y ffŵl
fel clindarddach drain o dan
  grochan.
Y mae hyn hefyd yn wagedd.
⁷ Yn wir, y mae gormes yn gwneud y
  doeth yn ynfyd,
ac y mae cil-dwrn yn llygru'r meddwl.
⁸ Y mae diwedd peth yn well na'i
  ddechrau,
ac amynedd yn well nag ymffrost.
⁹ Paid â rhuthro i ddangos dig,
oherwydd ym mynwes ffyliaid y mae
  dig yn aros.
¹⁰ Paid â dweud, "Pam y mae'r
  dyddiau a fu yn well na'r rhai
  hyn?"
Oherwydd ni ddangosir doethineb
  wrth ofyn hyn.
¹¹ Y mae cael doethineb cystal ag
  etifeddiaeth,
ac yn fantais i'r rhai sy'n gweld yr
  haul.

5:17 Felly Groeg. Hebraeg, *a bydd yn bwyta*.

¹² Y mae doethineb yn gystal amddiffyn ag arian; mantais deall yw bod doethineb yn rhoi bywyd i'w pherchennog. ¹³ Ystyria'r hyn a wnaeth Duw; pwy all unioni'r hyn a wyrodd ef? ¹⁴ Bydd lawen pan yw'n dda arnat, ond yn amser adfyd ystyria hyn: Duw a wnaeth y naill beth a'r llall, fel na all neb ganfod beth a fydd yn dilyn.

¹⁵ Yn ystod fy oes o wagedd gwelais y cyfan: un cyfiawn yn darfod yn ei gyfiawnder, ac un drygionus yn cael oes faith yn ei ddrygioni. ¹⁶ Paid â bod yn rhy gyfiawn, a phaid â bod yn or-ddoeth; pam y difethi dy hun? ¹⁷ Paid â bod yn rhy ddrwg, a phaid â bod yn ffŵl; pam y byddi farw cyn dy amser? ¹⁸ Y mae'n werth iti ddal dy afael ar y naill beth, a pheidio â gollwng y llall o'th law. Yn wir, y mae'r un sy'n ofni Duw yn eu dilyn ill dau.

¹⁹ Y mae doethineb yn rhoi mwy o gryfder i'r doeth nag sydd gan ddeg llywodraethwr mewn dinas.

²⁰ Yn wir, nid oes neb cyfiawn ar y ddaear sydd bob amser yn gwneud daioni, heb bechu.

²¹ Paid â chymryd sylw o bob gair a ddywedir, rhag ofn iti glywed dy was yn dy felltithio; ²² yn wir fe wyddost dy fod ti dy hun wedi melltithio eraill lawer gwaith.

²³ Yr wyf wedi rhoi prawf ar hyn i gyd trwy ddoethineb. Dywedais, "Yr wyf am fod yn ddoeth," ond yr oedd yn bell oddi wrthyf. ²⁴ Y mae'r hyn sy'n digwydd yn bell ac yn ddwfn iawn; pwy a all ei ganfod? ²⁵ Fe euthum ati i ddeall â'm meddwl, i chwilio a cheisio doethineb a rheswm, a deall drygioni ffolineb, a ffolineb ynfydrwydd. ²⁶ A chanfûm rywbeth chwerwach na marwolaeth: gwraig sydd â'i chalon yn faglau a rhwydau, a'i dwylo'n rhwymau. Y mae'r un sy'n dda yng ngolwg Duw yn dianc oddi wrthi, ond fe ddelir y pechadur ganddi. ²⁷ "Edrych, dyma'r peth a ganfûm," medd y Pregethwr, "trwy osod y naill beth wrth y llall i chwilio am ystyr, ²⁸ oherwydd yr oeddwn yn chwilio amdano'n ddyfal ond yn methu ei gael; canfûm un dyn ymhlith mil, ond ni chefais yr un wraig ymhlith y cyfan ohonynt. ²⁹ Edrych, hyn yn unig a ganfûm: bod Duw wedi creu pobl yn uniawn; ond y maent hwy wedi ceisio llawer o gynlluniau."

8
Pwy sydd fel y doeth?
Pwy sy'n deall ystyr pethau?
Y mae doethineb yn gwneud i wyneb rhywun ddisgleirio,
ac yn newid caledwch ei drem.

Ufuddhau i'r Brenin

² Cadw orchymyn y brenin*, o achos y llw i Dduw. ³ Paid â rhuthro o'i ŵydd, na dyfalbarhau gyda'r hyn sydd ddrwg, oherwydd y mae ef yn gwneud yr hyn a ddymuna. ⁴ Y mae awdurdod yng ngair y brenin, a phwy a all ofyn iddo, "Beth wyt yn ei wneud?" ⁵ Ni ddaw niwed i'r un sy'n cadw gorchymyn, a gŵyr y doeth yr amser a'r ffordd i weithredu. ⁶ Yn wir, y mae amser a ffordd i bob gorchwyl, er bod trueni pobl yn drwm arnynt. ⁷ Nid oes neb sy'n gwybod beth a fydd; a phwy a all fynegi beth a ddigwydd? ⁸ Ni all neb reoli'r gwynt, ac nid oes gan neb awdurdod dros ddydd marwolaeth. Nid oes bwrw arfau mewn rhyfel, ac ni all drygioni waredu ei feistr. ⁹ Gwelais hyn i gyd wrth imi sylwi ar yr hyn a ddigwydd dan yr haul, pan fydd rhywun yn arglwyddiaethu ar ei gymrodyr i beri niwed iddynt.

Drygioni a Chyfiawnder

¹⁰ Yna gwelais bobl ddrwg yn cael eu claddu. Arferent fynd a dod o'r lle sanctaidd, a chael eu canmol yn y ddinas lle'r oeddent wedi gwneud y pethau hyn. Y mae hyn hefyd yn wagedd. ¹¹ Gan na roddir dedfryd fuan ar weithred ddrwg, y mae calonnau pobl yn ymroi'n llwyr i ddrygioni. ¹² Gall pechadur wneud drwg ganwaith a byw'n hir; eto gwn y bydd daioni i'r rhai sy'n ofni Duw ac yn ei barchu. ¹³ Ni fydd daioni i'r drygionus, ac nid estynnir ei ddyddiau fel cysgod, am nad yw'n ofni Duw.

8:2 Hebraeg yn ychwanegu *myfi*.

¹⁴ Dyma'r gwagedd a wneir ar y ddaear: pobl gyfiawn yn derbyn fel pe byddent wedi gweithredu'n anghyfiawn, a phobl ddrwg yn derbyn fel pe byddent wedi gweithredu'n gyfiawn. Dywedais fod hyn hefyd yn wagedd. ¹⁵ Yr wyf yn canmol llawenydd, gan mai'r unig beth da i bawb dan yr haul yw bwyta ac yfed a bod yn llawen; oherwydd fe erys hyn gyda hwy pan y maent yn llafurio yn ystod y dyddiau a rydd Duw iddynt dan yr haul.

¹⁶ Pan roddais fy mryd ar ddeall doethineb a sylwi ar yr hyn a ddigwydd ar y ddaear, a gweld pobl heb gael cwsg i'w llygaid na dydd na nos, ¹⁷ yna gwelais y cyfan a wnaeth Duw. Eto nid oes neb yn gallu dirnad yr hyn a wneir dan yr haul. Er iddo ymdrechu i chwilio, nid yw'n dirnad; ac er i'r doeth feddwl ei fod yn deall, nid yw yntau'n dirnad.

9 Ystyriais hyn i gyd, a chanfod bod y rhai cyfiawn a doeth â'u gweithredoedd yn llaw Duw, ac na ŵyr neb prun ai cariad ai casineb sy'n ei aros. ² Yr un peth sy'n digwydd i bawb—i'r cyfiawn a'r drygionus, i'r da a'r drwg*, i'r glân a'r aflan, i'r un sy'n aberthu a'r un nad yw'n aberthu. Y mae'r daionus a'r pechadur fel ei gilydd, a'r un sy'n tyngu llw fel yr un sy'n ofni gwneud hynny. ³ Dyma sy'n ddrwg yn y cyfan a ddigwydd dan yr haul: mai'r un peth yw tynged pawb. Y mae calon pobl yn llawn drygioni, a ffolineb yn eu calonnau ar hyd eu bywyd, ac yna y maent yn marw. ⁴ Y mae gobaith i'r un a gyfrifir ymysg y byw; oherwydd y mae ci byw yn well na llew marw. ⁵ Y mae'r byw yn gwybod y byddant farw, ond nid yw'r meirw yn gwybod dim; nid oes bellach wobr iddynt, oherwydd fe ddiflanna'r cof amdanynt. ⁶ Yn wir y mae eu cariad, a'u casineb a'u cenfigen eisoes wedi darfod, a bellach nid oes iddynt ran yn yr holl bethau a ddigwydd dan yr haul.

⁷ Dos, bwyta dy fwyd mewn llawenydd, ac yf dy win â chalon lawen, oherwydd y mae Duw eisoes yn fodlon ar dy weithredoedd.

⁸ Gofala fod gennyt ddillad gwyn bob amser, a chofia roi olew ar dy ben. ⁹ Mwynha fywyd gyda'r wraig yr wyt yn ei charu, a hynny yn ystod holl ddyddiau dy fywyd gwag a roddodd ef iti dan yr haul, oherwydd dyma yw dy dynged mewn bywyd, ac yn y llafur a gyflawni dan yr haul. ¹⁰ Beth bynnag yr wyt yn ei wneud, gwna â'th holl egni; oherwydd yn Sheol, lle'r wyt yn mynd, nid oes gwaith na gorchwyl, deall na doethineb.

¹¹ Unwaith eto, dyma a sylwais dan yr haul: nid y cyflym sy'n ennill y ras, ac nid y cryf sy'n ennill y rhyfel; nid y doethion sy'n cael bwyd, nid y deallus sy'n cael cyfoeth, ac nid y rhai gwybodus sy'n cael ffafr. Hap a damwain sy'n digwydd iddynt i gyd. ¹² Ni ŵyr neb pa bryd y daw ei amser; fel y delir pysgod mewn rhwyd ac adar mewn magl, felly y delir pobl gan amser adfyd sy'n dod arnynt yn ddisymwth.

Doethineb a Ffolineb

¹³ Dyma hefyd y ddoethineb a welais dan yr haul, ac yr oedd yn hynod yn fy ngolwg: ¹⁴ yr oedd dinas fechan, ac ychydig o bobl ynddi; ymosododd brenin nerthol arni a'i hamgylchynu ac adeiladu gwarchae cryf yn ei herbyn. ¹⁵ Yr oedd ynddi ddyn tlawd a doeth, ac fe waredodd ef y ddinas trwy ei ddoethineb; eto ni chofiodd neb am y dyn tlawd hwnnw. ¹⁶ Ond yr wyf yn dweud bod doethineb yn well na chryfder, er i ddoethineb y dyn tlawd gael ei dirmygu, a neb yn gwrando ar ei eiriau.

¹⁷ Y mae geiriau tawel y doethion yn well na bloedd llywodraethwr ymysg ffyliaid. ¹⁸ Y mae doethineb yn well nag arfau rhyfel, ond y mae un pechadur yn difetha llawer o ddaioni.

10 Fel y mae pryfed meirw yn
    gwneud i ennaint y
    peraroglydd ddrewi,
felly y mae ychydig ffolineb yn tynnu
    oddi wrth ddoethineb ac
    anrhydedd.
² Y mae calon y doeth yn ei arwain i'r
    dde,
ond calon y ffôl yn ei droi i'r chwith.

9:2 Felly Fersiynau. Hebraeg heb *a'r drwg*.

³ Pan yw'r ffôl yn cerdded ar y
  ffordd,
nid oes synnwyr ganddo,
ac y mae'n dweud wrth bawb ei fod
  yn ynfyd.
⁴ Os enynnir llid y llywodraethwr yn
  dy erbyn,
paid ag ymddiswyddo;
y mae pwyll yn tymheru troseddau
  mawr.

⁵ Gwelais beth drwg dan yr haul, sef camgymeriad yn deillio oddi wrth y llywodraethwr: ⁶ ffŵl wedi ei osod mewn safleoedd pwysig, a'r cyfoethog wedi eu gosod yn israddol. ⁷ Gwelais weision ar geffylau, a thywysogion yn cerdded fel gweision.

⁸ Y mae'r un sy'n cloddio pwll yn
  syrthio iddo,
a'r sawl sy'n chwalu clawdd yn cael
  ei frathu gan neidr.
⁹ Y mae'r un sy'n symud cerrig yn
  cael niwed ganddynt,
a'r sawl sy'n hollti coed yn cael dolur
  ganddynt.
¹⁰ Os yw bwyell yn ddi-fin, a heb ei
  hogi,
yna rhaid defnyddio mwy o nerth;
ond y mae medr yn dod â
  llwyddiant.
¹¹ Os na swynir neidr cyn iddi
  frathu,
nid oes mantais o gael swynwr.

¹² Y mae geiriau'r doeth yn ennill
  ffafr,
ond geiriau'r ffôl yn ei ddinistrio.
¹³ Y mae ei eiriau'n dechrau yn ffôl,
ac yn diweddu mewn ynfydrwydd
  llwyr,
¹⁴ a'r ffŵl yn amlhau geiriau.
Nid oes neb yn gwybod beth a ddaw,
a phwy a all ddweud wrth neb beth
  fydd ar ei ôl?
¹⁵ Y mae llafur y ffôl yn ei wneud yn
  lluddedig,
ac ni ŵyr sut i fynd i'r ddinas.

¹⁶ Gwae di, wlad, pan fydd gwas yn
  frenin arnat,
a'th dywysogion yn gwledda yn y
  bore!
¹⁷ Gwyn dy fyd, wlad, pan fydd dy
  frenin yn fab pendefig,
a'th dywysogion yn gwledda ar yr
  amser priodol,
a hynny i gryfhau ac nid i feddwi!
¹⁸ Y mae'r trawstiau'n dadfeilio o
  ganlyniad i ddiogi,
a'r tŷ'n gollwng o achos llaesu dwylo.
¹⁹ I gael llawenydd y paratoir gwledd,
ac y mae gwin yn llonni bywyd,
ac arian yn ateb i bopeth.
²⁰ Paid â melltithio'r brenin yn dy
  feddwl,
na'r cyfoethog yn dy ystafell wely,
oherwydd gall adar yr awyr gario dy
  lais,
a pherchen adain fynegi'r hyn a
  ddywedi.

11

Bwrw dy fara ar wyneb y
  dyfroedd,
ac fe'i cei'n ôl ymhen dyddiau lawer.
² Rhanna dy gyfran rhwng saith neu
  wyth,
oherwydd ni wyddost pa drychineb
  a ddaw ar y ddaear.
³ Os yw'r cymylau yn llawn glaw,
y maent yn ei arllwys ar y ddaear;
os syrth coeden i'r de neu i'r
  gogledd,
y mae'n aros lle y disgyn.
⁴ Ni fydd yr un sy'n dal sylw ar y
  gwynt yn hau,
na'r un sy'n gwylio'r cymylau yn
  medi.

⁵ Megis nad wyt yn gwybod sut y daw bywyd i'r esgyrn yng nghroth y feichiog, felly nid wyt yn deall gwaith Duw, yr Un sy'n gwneud popeth. ⁶ Hau dy had yn y bore, a phaid â gorffwys cyn yr hwyr, oherwydd ni wyddost pa un a fydd yn llwyddo, neu a fydd y cyfan yn dda. ⁷ Y mae goleuni'n ddymunol, a phleser i'r llygaid yw gweld yr haul. ⁸ Os bydd rhywun fyw am flynyddoedd maith, bydded iddo fwynhau'r cyfan ohonynt; ond fe ddylai gofio y bydd dyddiau tywyllwch yn niferus. Y mae'r cyfan sy'n digwydd yn wagedd.

Cyngor i'r Ifanc

⁹ Ŵr ifanc, bydd lawen yn dy ieuenctid, a bydded iti fwynhad yn nyddiau dy lencyndod; rhodia yn ôl dymuniad dy

galon a'r hyn a wêl dy lygaid, ond cofia y bydd Duw yn dy alw i farn am hyn i gyd. ¹⁰ Symud ddicter o'th galon, a thro flinder oddi wrthyt; y mae mebyd ac ieuenctid yn wagedd.

12 Cofia dy Greawdwr yn nyddiau dy ieuenctid, cyn i'r dyddiau blin ddod, ac i'r blynyddoedd nesáu pan fyddi'n dweud, "Ni chaf bleser ynddynt." ² Cofia amdano cyn tywyllu'r haul a'r goleuni, y lloer a'r sêr, a chyn i'r cymylau ddychwelyd ar ôl y glaw. ³ Dyma'r dydd pan fydd ceidwaid y tŷ yn crynu, a dynion cryf yn gwargrymu; pan fydd y merched sy'n malu yn peidio â gweithio am eu bod yn ychydig, a phan fydd golwg y rhai sy'n edrych trwy'r ffenestri wedi pylu; ⁴ pan fydd y drysau i'r stryd wedi cau, a sŵn y felin yn distewi; pan fydd rhywun yn cael ei ddychryn gan gân aderyn, am fod yr holl adar a ganai wedi distewi; ⁵ pan fydd pobl yn ofni llecyn uchel a pheryglon ar y ffordd; pan fydd y pren almon yn gwynnu, a cheiliog rhedyn yn ymlusgo'n feichus, a'i chwant heb ei gyffroi; pan fydd rhywun ar fynd i'w gartref bythol, a'r galarwyr yn crynhoi yn y stryd. ⁶ Cofia amdano cyn torri'r llinyn arian a darnio'r llestr aur, cyn malurio'r piser wrth y ffynnon a thorri'r olwyn wrth y pydew, ⁷ cyn i'r llwch fynd yn ôl i'r ddaear lle bu ar y cychwyn, a chyn i'r ysbryd ddychwelyd at y Duw a'i rhoes. ⁸ "Gwagedd llwyr," meddai'r Pregethwr, "gwagedd yw'r cyfan."

Crynodeb

⁹ Yn ogystal â'i fod ef ei hun yn ddoeth, yr oedd y Pregethwr yn dysgu deall i'r bobl, yn pwyso a chwilio, ac yn gosod mewn trefn lawer o ddiarhebion. ¹⁰ Ceisiodd y Pregethwr gael geiriau dymunol ac ysgrifennu geiriau cywir mewn trefn.

¹¹ Y mae geiriau'r doethion fel symbylau, a'r casgliad o'u geiriau fel hoelion wedi eu gosod yn eu lle; y maent wedi eu rhoi gan un bugail. ¹² Cymer rybudd, fy mab, rhag ychwanegu atynt. Y mae cyfansoddi llyfrau yn waith diddiwedd, ac y mae astudio dyfal yn flinder i'r corff.

¹³ Wedi clywed y cyfan, dyma swm y mater: ofna Dduw a chadw ei orchmynion, oherwydd dyma ddyletswydd pob un. ¹⁴ Yn wir, y mae Duw yn barnu pob gweithred, hyd yn oed yr un guddiedig, boed dda neu ddrwg.

CANIAD SOLOMON

Y Caniad Cyntaf

1 Cân y caniadau, eiddo Solomon.

² Cusana fi â chusanau dy* wefusau,
oherwydd y mae dy gariad yn well
na gwin,
³ ac arogl dy bersawr yn hyfryd,
a'th enw fel persawr wedi ei
wasgaru;
dyna pam y mae merched yn dy garu.

⁴ Tyn fi ar dy ôl, gad inni redeg
gyda'n gilydd;
cymer fi i'th ystafell, O frenin*.

Gad inni lawenhau ac ymhyfrydu
ynot,
a chanmol dy gariad yn fwy na gwin;
mor briodol yw iddynt dy garu!

⁵ O ferched Jerwsalem,
er fy mod yn dywyll fy lliw

1:2 Tebygol. Hebraeg, *Y mae'n fy nghusanu â chusanau ei.*

1:4 Felly Syrieg. Hebraeg, *cymerodd y brenin fi i'w ystafell.*

fel pebyll Cedar neu lenni pebyll
    Solomon,
yr wyf yn brydferth.
⁶ Peidiwch â rhythu arnaf am fy mod
    yn dywyll fy lliw,
oherwydd i'r haul fy llosgi.
Bu meibion fy mam yn gas wrthyf,
a gwneud imi wylio'r gwinllannoedd;
ond ni wyliais fy ngwinllan fy hun.
⁷ Fy nghariad, dywed wrthyf
ymhle'r wyt yn bugeilio'r praidd,
ac yn gwneud iddynt orffwys ganol
    dydd.
Pam y byddaf fel un yn crwydro*
wrth ymyl praidd dy gyfeillion?

⁸ O ti, y decaf o ferched,
os nad wyt yn gwybod,
yna dilyn lwybrau'r defaid,
a bugeilia dy fynnod
gerllaw pebyll y bugeiliaid.
⁹ F'anwylyd, yr wyf yn dy gyffelybu
i feirch cerbydau Pharo.
¹⁰ Mor brydferth yw dy ruddiau
    rhwng y plethi,
a'th wddf gan emau.
¹¹ Fe wnawn iti gadwynau aur
gydag addurniadau arian.

¹² Pan yw'r brenin ar ei wely,
y mae fy nard yn gwasgaru arogl.
¹³ Y mae fy nghariad fel clwstwr o
    fyrr
yn gorffwys rhwng fy mronnau.
¹⁴ Y mae fy nghariad fel tusw o
    flodau henna
o winllannoedd En-gedi.

¹⁵ O mor brydferth wyt, f'anwylyd,
O mor brydferth,
a'th lygaid fel colomennod!

¹⁶ Mor brydferth wyt, fy nghariad,
O mor ddymunol!
Y mae ein gwely wedi ei orchuddio â
    dail.
¹⁷ Y cedrwydd yw trawstiau ein tŷ
a'r ffynidwydd yw ei ddistiau.

2 Yr wyf fel rhosyn Saron,
fel lili'r dyffrynnoedd.

² Ie, lili ymhlith drain
yw f'anwylyd ymysg merched.

³ Fel pren afalau ymhlith prennau'r
    goedwig
yw fy nghariad ymysg y bechgyn.
Yr oeddwn wrth fy modd yn eistedd
    yn ei gysgod,
ac yr oedd ei ffrwyth yn felys i'm
    genau.
⁴ Cymerodd fi i'r gwindy,
gyda baner ei gariad drosof.
⁵ Rhoddodd imi rawnwin i'w bwyta,
a'm hadfywio ag afalau,
oherwydd yr oeddwn yn glaf o
    gariad.
⁶ Yr oedd ei fraich chwith dan fy
    mhen,
a'i fraich dde yn fy nghofleidio.
⁷ Ferched Jerwsalem, yr wyf yn
    ymbil arnoch
yn enw iyrchod ac ewigod y maes.
Peidiwch â deffro na tharfu fy
    nghariad
nes y bydd yn barod.

Yr Ail Ganiad

⁸ Ust! dyma fy nghariad,
dyma ef yn dod;
y mae'n neidio ar y mynyddoedd,
ac yn llamu ar y bryniau.
⁹ Y mae fy nghariad fel gafrewig,
neu hydd ifanc;
dyna ef yn sefyll y tu allan i'n mur,
yn edrych trwy'r ffenestri,
ac yn syllu rhwng y dellt.
¹⁰ Y mae fy nghariad yn galw arnaf ac
    yn dweud wrthyf,
"Cod yn awr, f'anwylyd,
a thyrd, fy mhrydferth;
¹¹ oherwydd edrych, aeth y gaeaf
    heibio,
ciliodd y glaw a darfu;
¹² y mae'r blodau'n ymddangos yn y
    meysydd,
daeth yn amser i'r adar ganu,
ac fe glywir cân y durtur yn ein
    gwlad;
¹³ y mae'r ffigysbren yn llawn ffigys
    ir,
a blodau'r gwinwydd yn gwasgaru
    aroglau peraidd.
Cod yn awr, f'anwylyd,
a thyrd, fy mhrydferth."
¹⁴ Fy ngholomen, sydd yn encilion y
    graig,

1:7 Felly Fersiynau. Hebraeg yn aneglur.

yng nghysgod y clogwyni,
gad imi weld dy wyneb,
a chlywed dy lais,
oherwydd y mae dy lais yn swynol,
a'th wyneb yn brydferth.

¹⁵ Daliwch inni'r llwynogod,
y llwynogod bychain,
sy'n difetha'r gwinllannoedd
pan yw'r blodau ar y gwinwydd.

¹⁶ Y mae fy nghariad yn eiddo i mi,
a minnau'n eiddo iddo ef;
y mae'n bugeilio'i braidd ymysg y
 lilïau.

¹⁷ Cyn i awel y dydd godi,
ac i'r cysgodion ddiflannu,
tro ataf, fy nghariad,
a bydd yn debyg i afrewig
neu hydd ifanc ar y mynyddoedd
 ysgythrog.

3

Bob nos ar fy ngwely
ceisiais fy nghariad;
fe'i ceisiais, ond heb ei gael.
² Mi godais, a mynd o amgylch y
 dref,
trwy'r heolydd a'r strydoedd;
chwiliais am fy nghariad;
chwilio, ond heb ei gael.
³ Daeth y gwylwyr i'm cyfarfod,
wrth iddynt fynd o amgylch y dref,
a gofynnais, "A welsoch chwi fy
 nghariad?"
⁴ Ymhen ychydig wedi imi eu gadael,
fe gefais fy nghariad;
gafaelais ynddo, a gwrthod ei ollwng
nes ei ddwyn i dŷ fy mam,
i ystafell yr un a esgorodd arnaf.

⁵ Ferched Jerwsalem, yr wyf yn
 ymbil arnoch
yn enw iyrchod ac ewigod y maes.
Peidiwch â deffro na tharfu
 f'anwylyd
nes y bydd hi'n dymuno.

Y Trydydd Caniad

⁶ Beth yw hyn sy'n dod o'r anialwch,
fel colofn o fwg
yn llawn arogl o fyrr a thus,
ac o bowdrau marsiandïwr?
⁷ Dyma gerbyd Solomon;

o'i gylch y mae trigain o ddynion
 cryfion,
y rhai cryfaf yn Israel,
⁸ pob un yn cario cleddyf,
ac wedi ei hyfforddi i ryfela,
pob un â'i gleddyf ar ei glun,
yn barod ar gyfer dychryn yn y nos.

⁹ Gwnaeth y Brenin Solomon iddo'i
 hun
gadair gludo o goed Lebanon,
¹⁰ gyda'i pholion o arian,
ei chefn o aur, ei sedd o borffor,
a'r tu mewn iddi yn lledr
o waith merched Jerwsalem.
¹¹ Dewch allan, ferched Seion,
edrychwch ar y Brenin Solomon
yn gwisgo'r goron a roddodd ei fam
 iddo
ar ddydd ei briodas,
y dydd pan oedd yn llawen.

4

Mor brydferth wyt, f'anwylyd,
mor brydferth wyt!
Y tu ôl i'th orchudd y mae dy lygaid
 fel colomennod,
a'th wallt fel diadell o eifr
yn dod i lawr o Fynydd Gilead.
² Y mae dy ddannedd fel diadell o
 ddefaid wedi eu cneifio
yn dod i fyny o'r olchfa,
y cwbl ohonynt yn efeilliaid,
heb un yn amddifad.
³ Y mae dy wefusau fel edau
 ysgarlad,
a'th enau yn hyfryd;
y tu ôl i'th orchudd y mae dy arlais
fel darn o bomgranad.
⁴ Y mae dy wddf fel tŵr Dafydd,
wedi ei adeiladu, rhes ar res,
a mil o estylch yn crogi arno,
y cwbl ohonynt yn darianau
 rhyfelwyr.

⁵ Y mae dy ddwy fron fel dwy elain,
gefeilliaid ewig yn pori ymysg y
 lilïau.
⁶ Cyn i awel y dydd godi,
ac i'r cysgodion ddiflannu,
fe af i'r mynydd myrr,
ac i fryn y thus.
⁷ Yr wyt i gyd yn brydferth,
 f'anwylyd;
nid oes yr un brycheuyn arnat.

⁸ O briodferch, tyrd gyda mi o
	Lebanon,
tyrd gyda mi o Lebanon;
tyrd i lawr o gopa Amana,
ac o ben Senir a Hermon,
o ffeuau'r llewod
a mynyddoedd y llewpardiaid.

⁹ Fy chwaer a'm priodferch, yr wyt
	wedi ennill fy nghalon,
wedi ennill fy nghalon ag un
	edrychiad,
ag un gem o'r gadwyn am dy wddf.
¹⁰ Mor hyfryd yw dy gariad, fy
	chwaer a'm priodferch!
Y mae dy gariad yn well na gwin,
ac arogl dy bersawr yn hyfrytach
	na'r holl berlysiau.
¹¹ O briodferch, y mae dy wefusau'n
	diferu diliau mêl,
y mae mêl a llaeth dan dy dafod,
ac y mae arogl dy ddillad fel arogl
	Lebanon.
¹² Gardd wedi ei chau i mewn yw fy
	chwaer a'm priodferch,
gardd* wedi ei chau i mewn, ffynnon
	wedi ei selio.
¹³ Y mae dy blanhigion yn berllan o
	bomgranadau,
yn llawn o'r ffrwythau gorau,
henna a nard,
¹⁴ nard a saffrwn, calamis a sinamon,
hefyd yr holl goed thus,
myrr ac aloes a'r holl berlysiau gorau.
¹⁵ Y mae'r ffynnon yn yr ardd yn
	ffynnon o ddyfroedd byw
yn ffrydio o Lebanon.

¹⁶ Deffro, O wynt y gogledd,
a thyrd, O wynt y de;
chwyth ar fy ngardd
i wasgaru ei phersawr.
Doed fy nghariad i'w ardd,
a bwyta ei ffrwyth gorau.

5 Yr wyf wedi dod i'm gardd, fy
	chwaer a'm priodferch;
cesglais fy myrr a'm perlysiau,
a bwyta fy niliau a'm mêl,
ac yfed fy ngwin a'm llaeth.

Gyfeillion, bwytewch ac yfwch,
nes meddwi ar gariad.

Y Pedwerydd Caniad

² Yr oeddwn yn cysgu, ond â'm calon
	yn effro.
Ust! Y mae fy nghariad yn curo:
"Agor imi, fy chwaer, f'anwylyd,
fy ngholomen, yr un berffaith yn fy
	ngolwg,
oherwydd y mae fy ngwallt yn diferu
	o wlith,
a'm barf o ddefnynnau'r nos."
³ Ond yr wyf wedi diosg fy mantell;
a oes raid imi ei gwisgo eto?
Yr wyf wedi golchi fy nhraed;
a oes raid imi eu maeddu eto?
⁴ Pan roes fy nghariad ei law ar y
	glicied,
yr oeddwn wedi fy nghynhyrfu trwof.
⁵ Codais i agor i'm cariad,
ac yr oedd fy nwylo'n diferu o fyrr,
a'r myrr o'm bysedd yn llifo ar
	ddolennau'r clo.
⁶ Pan agorais i'm cariad,
yr oedd wedi cilio a mynd ymaith,
ac yr oeddwn yn drist am ei fod wedi
	mynd;
chwiliais amdano, ond heb ei gael;
gelwais arno, ond nid oedd yn ateb.
⁷ Daeth y gwylwyr i'm cyfarfod,
wrth iddynt fynd o amgylch y dref,
a rhoesant gurfa imi a'm niweidio;
bu i'r rhai oedd yn gwylio'r mur
ddwyn fy mantell oddi arnaf.
⁸ Ferched Jerwsalem, yr wyf yn
	ymbil arnoch.
Os dewch o hyd i'm cariad,
dywedwch wrtho fy mod yn glaf o
	gariad.

⁹ A yw dy gariad di yn well nag eraill,
O ti, y decaf o ferched?
A yw dy gariad di yn well nag eraill,
i beri iti ymbil fel hyn arnom?

¹⁰ Y mae fy nghariad yn deg a
	gwridog,
yn sefyll allan ymysg deng mil.
¹¹ Y mae ei ben fel aur coeth,
a'i wallt yn gyrliog,
yn ddu fel y frân.
¹² Y mae ei lygaid fel colomennod
wrth ffrydiau dŵr,
wedi eu golchi â llaeth,
a'u gosod yn briodol yn eu lle.

4:12 Felly llawysgrifau a Fersiynau. TM, *pentwr*.

¹³ Y mae ei ruddiau fel gwely
   perlysiau
yn gwasgaru persawr;
y mae ei wefusau fel lilïau
yn diferu o fyrr rhedegog.
¹⁴ Y mae ei ddwylo fel dysglau aur
yn llawn gemau;
y mae ei gorff fel gwaith ifori
wedi ei orchuddio â saffir.
¹⁵ Y mae ei goesau fel colofnau o
   farmor,
wedi eu gosod ar sylfaen o aur,
a'i ymddangosiad fel Lebanon,
mor urddasol â'r cedrwydd.
¹⁶ Y mae ei wefusau yn felys;
y mae popeth ynddo'n ddymunol.
Un fel hyn yw fy nghariad,
un fel hyn yw fy nghyfaill,
O ferched Jerwsalem.

6 O ti, y decaf o ferched,
ple'r aeth dy gariad?
Pa ffordd yr aeth dy gariad,
inni chwilio amdano gyda thi?

² Fe aeth fy nghariad i lawr i'w ardd,
i'r gwelyau perlysiau,
i ofalu am y gerddi,
ac i gasglu'r lilïau.

³ Yr wyf fi'n eiddo fy nghariad,
ac yntau'n eiddof finnau;
y mae'n bugeilio ymysg y lilïau.

Y Pumed Caniad

⁴ Yr wyt yn brydferth fel Tirsa,
   f'anwylyd,
yn hardd fel Jerwsalem,
mor uddasol â llu banerog.
⁵ Tro dy lygaid oddi wrthyf,
y maent yn fy nghyffroi;
y mae dy wallt fel diadell o eifr
yn dod i lawr o Fynydd Gilead.
⁶ Y mae dy ddannedd fel diadell o
   ddefaid
yn dod i fyny o'r olchfa,
y cwbl ohonynt yn efeilliaid,
heb un yn amddifad.
⁷ Y tu ôl i'th orchudd y mae dy arlais
fel darn o bomgranad.
⁸ Er bod trigain o freninesau
a phedwar ugain o
   ordderchwragedd,
a llancesau na ellir eu rhifo,

⁹ y mae fy ngholomen, yr un
   berffaith,
ar ei phen ei hun,
unig blentyn ei mam,
y lanaf yng ngolwg yr un a esgorodd
   arni.
Gwelodd y merched hi a'i galw'n
   ddedwydd,
ac y mae breninesau a
   gordderchwragedd yn ei
   chlodfori.

¹⁰ Pwy yw hon sy'n ymddangos fel y
   wawr,
yn brydferth fel y lloer, yn ddisglair
   fel yr haul,
yn urddasol fel llu banerog?

¹¹ Euthum i lawr i'w ardd gnau
i edrych ar ffrwythau'r dyffryn,
a gweld a oedd y winwydden yn
   blaguro,
a blodau ar y pomgranadau.
¹² Ni wyddwn y cawn fy rhoi
yng ngherbydau perthnasau'r
   tywysog*.

¹³ * Tyrd yn ôl, tyrd yn ôl, Sulames!
Tyrd yn ôl, tyrd yn ôl, gad inni dy
   weld.

O fel yr hoffwch edrych ar y Sulames
yn dawnsio rhwng y rhengoedd!

7 Mor brydferth yw dy draed mewn
   sandalau, O ferch y tywysog!
Y mae dy gluniau lluniaidd fel gemau
o waith crefftwr medrus.
² Y mae dy fogail fel ffiol gron
nad yw byth yn brin o win cymysg;
y mae dy fol fel pentwr o wenith
wedi ei amgylchynu gan lilïau.
³ Y mae dy ddwy fron fel dwy elain,
gefeilliaid ewig.
⁴ Y mae dy wddf fel tŵr ifori,
a'th lygaid fel y llynnoedd yn Hesbon,
ger mynedfa Bath-rabbim;
y mae dy drwyn fel tŵr Lebanon,
sy'n edrych i gyfeiriad Damascus.
⁵ Y mae dy ben yn ymddangos fel
   Carmel
a gwallt dy ben fel porffor,

6:12 Felly llawysgrifau a Fersiynau. TM, *fy mhobl frenhinol*.
6:13 Hebraeg, 7:1.

a brenin wedi ei garcharu yn y plethi.
⁶ Mor brydferth, mor hardd wyt,
fy anwylyd, y fwyaf dymunol.
⁷ Y mae dy gorff fel palmwydden,
a'th fronnau fel clwstwr o'i
ffrwythau.
⁸ Dywedais, "Dringaf y balmwydden,
a gafael yn ei brigau."
Bydded dy fronnau fel clwstwr o
rawnwin,
ac arogl dy anadl fel afalau,
⁹ a'th wefusau fel y gwin gorau
yn llifo'n esmwyth mewn cariad,
ac yn llithro rhwng gwefusau a
dannedd*.

¹⁰ Yr wyf fi'n eiddo i'm cariad,
ac yntau'n fy chwennych.
¹¹ Tyrd, fy nghariad, gad inni fynd
allan i'r maes,
a threulio'r nos ymysg y llwyni
henna.
¹² Gad inni fynd yn fore i'r
gwinllannoedd,
i edrych a yw'r winwydden yn blaguro,
a'i blodau yn agor,
a'r pomgranadau yn blodeuo;
yno fe ddangosaf fy nghariad tuag
atat.
¹³ Y mae'r mandragorau yn gwasgar
eu harogl;
o gwmpas ein drws ceir yr holl
ffrwythau gorau,
ffrwythau newydd a hen
a gedwais i ti, fy nghariad.

8 O na fyddit yn frawd i mi,
wedi dy fagu ar fronnau fy mam!
Yna pan welwn di yn y stryd byddwn
yn dy gusanu,
ac ni fyddai neb yn fy nirmygu.
² Byddwn yn dy arwain
a'th ddwyn i dŷ fy mam a'm
hyfforddodd,
a rhoi gwin llysiau yn ddiod iti,
sudd fy mhomgranadau.
³ Yna byddai ei fraich chwith o dan
fy mhen,
a'i fraich dde yn fy nghofleidio.

⁴ Ferched Jerwsalem, yr wyf yn
ymbil arnoch,

Peidiwch â deffro na tharfu fy
nghariad
nes y bydd yn barod.

Y Chweched Caniad

⁵ Pwy yw hon sy'n dod i fyny o'r
anialwch,
yn pwyso ar ei chariad?

Deffroais di dan y pren afalau,
lle bu dy fam mewn gwewyr gyda thi,
lle bu'r un a esgorodd arnat mewn
gwewyr.
⁶ Gosod fi fel sêl ar dy galon,
fel sêl ar dy fraich;
oherwydd y mae cariad mor gryf â
marwolaeth,
a nwyd mor greulon â'r bedd;
y mae'n llosgi fel ffaglau tanllyd,
fel fflam angerddol.
⁷ Ni all dyfroedd lawer ddiffodd
cariad,
ac ni all afonydd ei foddi.
Pe byddai rhywun yn cynnig holl
gyfoeth ei dŷ am gariad,
byddai hynny yn cael ei ddirmygu'n
llwyr.

⁸ Y mae gennym chwaer fach
sydd heb fagu bronnau.
Beth a wnawn i'n chwaer
pan ofynnir amdani?
⁹ Os mur yw hi,
byddwn yn adeiladu caer arian arno;
os drws,
byddwn yn ei gau ag astell
gedrwydd.

¹⁰ Mur wyf fi,
a'm bronnau fel tyrau;
yn ei olwg ef yr wyf
fel un yn rhoi boddhad.
¹¹ Yr oedd gan Solomon winllan yn
Baal-hamon;
pan osododd ei winllan yng ngofal
gwylwyr,
yr oedd pob un i roi mil o ddarnau
arian am ei ffrwyth.
¹² Ond y mae fy ngwinllan i yn eiddo
i mi fy hun;
fe gei di, Solomon, y mil o ddarnau
arian,
a chaiff y rhai sy'n gwylio'i ffrwyth
ddau gant.

7:9 Felly Fersiynau. Hebraeg, *gwefusau cysgwyr*.

¹³ Ti sy'n eistedd yn yr ardd,
a chyfeillion yn gwrando ar dy lais,
gad i mi dy glywed.

¹⁴ Brysia allan, fy nghariad,
a bydd yn debyg i afrewig,
neu'r hydd ifanc
ar fynyddoedd y perlysiau.

LLYFR
ESEIA

Y Proffwyd

1 Dyma'r weledigaeth a ddaeth i Eseia fab Amos am Jwda a Jerwsalem yn ystod teyrnasiad Usseia, Jotham, Ahas a Heseceia, brenhinoedd Jwda.

Pobl Wrthryfelgar

² Clyw, nefoedd! Gwrando, ddaear!
Oherwydd llefarodd yr ARGLWYDD:
"Megais blant a'u meithrin,
ond codasant mewn gwrthryfel yn
f'erbyn.
³ Y mae'r ych yn adnabod y sawl a'i
piau,
a'r asyn breseb ei berchennog;
ond nid yw Israel yn adnabod,
ac nid yw fy mhobl yn deall."

⁴ O genhedlaeth bechadurus,
pobl dan faich o ddrygioni,
epil drwgweithredwyr,
plant anrheithwyr!
Y maent wedi gadael yr ARGLWYDD,
wedi dirmygu Sanct Israel, a throi
cefn.
⁵ I ba ddiben y trewir chwi mwyach,
gan eich bod yn parhau i wrthgilio?
Y mae eich pen yn ddoluriau i gyd,
a'ch holl galon yn ysig;
⁶ o'r corun i'r sawdl nid oes un man
yn iach,
dim ond archoll a chlais a dolur
crawnllyd
heb eu gwasgu na'u rhwymo na'u
hesmwytho ag olew.

⁷ Y mae eich gwlad yn anrhaith, eich
dinasoedd yn ulw,
a dieithriaid yn ysu eich tir yn eich
gŵydd;
y mae'n ddiffaith fel Sodom* ar ôl ei
dinistrio.
⁸ Gadawyd Seion
fel caban mewn gwinllan,
fel cwt mewn gardd cucumerau,
fel dinas dan warchae.
⁹ Oni bai i ARGLWYDD y Lluoedd
adael i ni weddill bychan,
byddem fel Sodom, a'r un ffunud â
Gomorra.

¹⁰ Clywch air yr ARGLWYDD, chwi
reolwyr Sodom,
gwrandewch ar gyfraith ein Duw,
chwi bobl Gomorra.
¹¹ "Beth i mi yw eich aml aberthau?"
medd yr ARGLWYDD.
"Cefais syrffed ar boethoffrwm o
hyrddod a braster anifeiliaid;
ni chaf bleser o waed bustych nac o
ŵyn na bychod.
¹² Pan ddewch i ymddangos o'm
blaen,
pwy sy'n gofyn hyn gennych, sef
mathru fy nghynteddau?
¹³ Peidiwch â chyflwyno rhagor o
offrymau ofer;
y mae arogldarth yn ffiaidd i mi.
Gŵyl y newydd-loer, Sabothau a
galw cymanfa—
ni allaf oddef drygioni a chynulliad
sanctaidd.

1:7 Tebygol. Hebraeg, *dieithriaid*.

¹⁴ Y mae'n gas gan f'enaid eich
    newydd-loerau a'ch gwyliau
    sefydlog;
aethant yn faich arnaf, a blinais eu
    dwyn.
¹⁵ Pan ledwch eich dwylo mewn
    gweddi,
trof fy llygaid ymaith;
er i chwi amlhau eich ymbil,
    ni fynnaf wrando arnoch.
Y mae eich dwylo'n llawn gwaed;
¹⁶ ymolchwch, ymlanhewch.
Ewch â'ch gweithredoedd drwg o'm
    golwg;
¹⁷ peidiwch â gwneud drwg, dysgwch
    wneud daioni.
Ceisiwch farn, achubwch gam y
    gorthrymedig,
amddiffynnwch yr amddifad, a
    chymerwch blaid y weddw.
¹⁸ "Yn awr, ynteu, ymresymwn â'n
    gilydd," medd yr ARGLWYDD.
"Pe bai eich pechodau fel ysgarlad,
fe fyddant cyn wynned â'r eira;
pe baent cyn goched â phorffor,
fe ânt fel gwlân.
¹⁹ Os bodlonwch i ufuddhau,
    cewch fwyta o ddaioni'r tir;
²⁰ ond os gwrthodwch, a gwrthryfela,
    fe'ch ysir â chleddyf."
Genau'r ARGLWYDD a'i llefarodd.

Y Ddinas Bechadurus

²¹ O fel yr aeth y ddinas ffyddlon yn
    butain!
Bu'n llawn o farn, a thrigai
    cyfiawnder ynddi,
ond bellach llofruddion.
²² Aeth dy arian yn sorod,
a'th win yn gymysg â dŵr.
²³ Y mae dy arweinwyr yn
    wrthryfelwyr
ac yn bartneriaid lladron;
y maent i gyd yn caru cil-dwrn
ac yn chwilio am wobrau;
nid ydynt yn amddiffyn yr amddifad,
ac ni roddant sylw i gŵyn y weddw.

²⁴ Am hynny, medd yr ARGLWYDD,
    ARGLWYDD y Lluoedd, Cadernid
    Israel,
"Aha! Caf fwrw fy llid ar y rhai sy'n fy
    mlino,
a dialaf ar fy ngelynion.

²⁵ Trof fy llaw yn dy erbyn,
puraf dy sorod â thrwyth,
a symudaf dy holl amhuredd.
²⁶ Trof dy farnwyr i fod fel cynt,
a'th gynghorwyr fel yn y dechrau.
Ac wedi hynny fe'th elwir
yn ddinas gyfiawn, yn dref ffyddlon."

²⁷ Gwaredir Seion trwy farn,
a'i rhai edifeiriol trwy gyfiawnder.
²⁸ Ond daw dinistr i'r gwrthryfelwyr
    a'r pechaduriaid ynghyd,
a diddymir y rhai a gefna ar Dduw.

²⁹ Bydd arnoch gywilydd o'r* deri a
    oedd yn hoff gennych,
a gwridwch dros eich gerddi dethol;
³⁰ byddwch fel coeden dderw a'i dail
    wedi gwywo,
ac fel gardd heb ddŵr ynddi.
³¹ Bydd y cadarn fel cynnud,
a'i orchest fel gwreichionen;
fe losgant ill dau ynghyd,
ac ni all neb eu diffodd.

Heddwch i'r Cenhedloedd

2 Micha 4:1-3
Y gair a welodd Eseia fab Amos am
Jwda a Jerwsalem:

² Yn y dyddiau diwethaf bydd
    mynydd tŷ'r ARGLWYDD
wedi ei osod yn ben ar y mynyddoedd
ac yn uwch na'r bryniau.
Dylifa'r holl genhedloedd ato,
³ a daw pobloedd lawer, a dweud,
"Dewch, esgynnwn i fynydd yr
    ARGLWYDD,
i deml Duw Jacob;
bydd yn dysgu i ni ei ffyrdd,
a byddwn ninnau'n rhodio yn ei
    lwybrau."
Oherwydd o Seion y daw'r gyfraith,
a gair yr ARGLWYDD o Jerwsalem.
⁴ Barna ef rhwng cenhedloedd,
a thorri'r ddadl i bobloedd lawer;
curant eu cleddyfau'n geibiau,
a'u gwaywffyn yn grymanau.
Ni chyfyd cenedl gleddyf yn erbyn
    cenedl,
ac ni ddysgant ryfel mwyach.

⁵ Tŷ Jacob, dewch, rhodiwn yng
    ngoleuni'r ARGLWYDD.

1:29 Felly llawysgrifau a Targwm. TM, *Fe'u cywilyddir gan y.*

Darostwng Balchder

⁶ Gwrthodaist dŷ Jacob, dy bobl,
oherwydd y maent yn llawn
  dewiniaid* o'r dwyrain,
a swynwyr fel y Philistiaid,
ac y maent yn gwneud cyfeillion o
  estroniaid.
⁷ Y mae eu gwlad yn llawn o arian ac
  aur,
ac nid oes terfyn ar eu trysorau;
y mae eu gwlad yn llawn o feirch,
ac nid oes terfyn ar eu cerbydau;
⁸ y mae eu gwlad yn llawn o eilunod;
ymgrymant i waith eu dwylo,
i'r hyn a wnaeth eu bysedd.
⁹ Am hynny y gostyngir y
  ddynoliaeth,
ac y syrth pob un—
paid â maddau iddynt.
¹⁰ Ewch i'r graig, ymguddiwch yn y
  llwch
rhag ofn yr ARGLWYDD, a rhag
  ysblander ei fawrhydi ef.
¹¹ Fe syrth uchel drem y ddynoliaeth,
a gostyngir balchder pob un;
yr ARGLWYDD yn unig a ddyrchefir
yn y dydd hwnnw.

¹² Canys y mae gan ARGLWYDD y
  Lluoedd ddydd
yn erbyn pob un balch ac uchel,
yn erbyn pob un dyrchafedig ac
  uchel*,
¹³ yn erbyn holl gedrwydd Lebanon,
sy'n uchel a dyrchafedig;
yn erbyn holl dderi Basan,
¹⁴ yn erbyn yr holl fynyddoedd uchel
ac yn erbyn pob bryn dyrchafedig;
¹⁵ yn erbyn pob tŵr uchel
ac yn erbyn pob magwyr gadarn;
¹⁶ yn erbyn holl longau Tarsis
ac yn erbyn yr holl gychod pleser.
¹⁷ Yna fe ddarostyngir uchel drem y
  ddynoliaeth,
ac fe syrth balchder y natur ddynol.
Yr ARGLWYDD yn unig a ddyrchefir
yn y dydd hwnnw.
¹⁸ Â'r eilunod heibio i gyd.
¹⁹ Â pawb i holltau yn y creigiau
ac i dyllau yn y ddaear,
rhag ofn yr ARGLWYDD, a rhag
  ysblander ei fawrhydi ef,
pan gyfyd i ysgwyd y ddaear.

²⁰ Yn y dydd hwnnw bydd pobl
yn taflu eu heilunod arian
a'r eilunod aur a wnaethant i'w
  haddoli,
yn eu taflu i'r tyrchod daear a'r
  ystlumod;
²¹ ac yn mynd i ogofeydd yn y
  creigiau
ac i holltau yn y clogwyni,
rhag ofn yr ARGLWYDD, a rhag
  ysblander ei fawrhydi ef,
pan gyfyd i ysgwyd y ddaear.
²² Peidiwch â gwneud dim â
  meidrolyn
sydd ag anadl yn ei ffroenau,
canys pa werth sydd iddo?

Barn ar Jerwsalem a Jwda

3 Wele, y mae'r Arglwydd, ARGLWYDD
  y Lluoedd,
yn symud ymaith o Jerwsalem a
  Jwda
y gynhaliaeth a'r ffon—
yr holl gynhaliaeth o fara ac o
  ddŵr—
² y gŵr cadarn, y rhyfelwr,
y barnwr a'r proffwyd,
y dewinwr a'r henadur,
³ y capten a'r swyddog,
y cynghorwr a'r swynwr celfydd,
a'r sawl sy'n deall hudoliaeth.
⁴ Gosodaf fechgyn yn swyddogion
  arnynt
a phlantos i'w rheoli;
⁵ a bydd y bobl yn gorthrymu ei
  gilydd,
a phob un ei gymydog;
bydd y llanc yn drahaus yn erbyn yr
  henwr,
a'r di-nod yn erbyn y parchus.
⁶ Pan gaiff rhywun afael ar ei frawd
yn nhŷ ei dad, fe ddywed,
"Y mae gennyt ti glogyn;
bydd di'n bennaeth arnom;
bydded y pentwr hwn o garnedd
dan dy awdurdod di."
⁷ Ond yn y dydd hwnnw fe etyb,
"Na, ni allaf fod yn arweinydd
  arnoch.

2:6 Cymh. Targwm. Hebraeg heb *dewiniaid*.
2:12 Felly Groeg. Hebraeg, *isel*.

Nid oes bara yn fy nhŷ,
na chlogyn ychwaith;
ni chewch fy ngosod i yn bennaeth y tylwyth."
⁸ Cwympodd Jerwsalem, syrthiodd Jwda;
y mae eu geiriau a'u gweithredoedd yn erbyn yr ARGLWYDD,
yn herio ei fawrhydi.
⁹ Y mae'r olwyg ar eu hwynebau yn tystio yn eu herbyn,
ac y maent yn cyhoeddi eu pechodau fel Sodom.
Gwae hwy! Y maent yn dwyn drwg arnynt eu hunain.
¹⁰ Dywedwch y bydd yn dda ar y cyfiawn,
canys cânt fwyta ffrwyth eu gweithredoedd.
¹¹ Gwae'r anwir! Bydd yn ddrwg arno,
canys fe gaiff yr hyn a haedda.
¹² Plant sy'n gorthrymu fy mhobl,
a gwragedd sy'n eu rheoli.
O fy mhobl, y mae dy arweinwyr yn dy gamarwain,
ac yn drysu trywydd dy lwybrau.

Duw yn Barnu

¹³ Y mae'r ARGLWYDD yn sefyll i ddadlau ei achos,
ac yn barod i farnu ei bobl*.
¹⁴ Y mae'r ARGLWYDD yn dod i farn
yn erbyn henuriaid y bobl a'u swyddogion:
"Yr ydych wedi lloffa'r winllan yn llwyr;
y mae cyfran y tlawd yn eich tai.
¹⁵ Beth yw eich meddwl, yn ysigo fy mhobl
ac yn mathru wyneb y tlawd?"
medd yr Arglwydd, ARGLWYDD y Lluoedd.

Rhybuddio Merched Jerwsalem

¹⁶ Dywedodd yr ARGLWYDD,
"Oherwydd i ferched Seion dorsythu,
a cherdded o amgylch â'u gyddfau'n ymestyn allan,
a'u llygaid yn cilwenu, a'u camau'n fursennaidd,

3:13 Felly Fersiynau. Hebraeg, *y bobloedd*.

a rhodio â fferledau am eu traed,
¹⁷ bydd yr ARGLWYDD yn rhoi clafr ar gorun merched Seion,
bydd yr ARGLWYDD yn dinoethi eu gwarthle hwy."

¹⁸ Yn y dydd hwnnw bydd yr ARGLWYDD yn symud ymaith bob addurn—y fferledau, y coronigau, y cilgantiau, ¹⁹ y clustlysau, y breichledau, y gorchuddion, ²⁰ y penwisgoedd, y cadwyni, y gwregys, y blychau perarogl, y mân swyndlysau; ²¹ y fodrwy-sêl, y fodrwy trwyn; ²² y gwisgoedd hardd, y fantell, y glog a'r pyrsau; ²³ y gwisgoedd sidan a'r gwisgoedd lliain, y twrban a'r gorchudd wyneb.

²⁴ Yn lle perarogl bydd drewdod,
yn lle gwregys bydd rhaff;
yn lle tresi o wallt bydd moelni,
yn lle mantell bydd sachliain,
yn lle prydferthwch bydd marc llosg.
²⁵ Syrth dy wŷr gan gleddyf,
a'th wŷr nerthol mewn rhyfel;
²⁶ bydd pyrth y ddinas yn gofidio ac yn galaru,
a hithau wedi ei gadael yn unig, yn eistedd ar y llawr.

4 Yn y dydd hwnnw,
bydd saith o fenywod yn ymaflyd mewn un gŵr,
ac yn dweud,
"Bwytawn ein bara ein hunain,
a gwisgo ein dillad ein hunain;
yn unig galwer ni wrth dy enw di,
a symud ymaith ein gwaradwydd."

Blaguryn yr ARGLWYDD

² Yn y dydd hwnnw,
bydd blaguryn yr ARGLWYDD yn brydferthwch ac yn ogoniant;
a bydd ffrwyth y tir yn falchder ac yn brydferthwch
i'r rhai dihangol yn Israel.
³ Yna gelwir yn sanctaidd bob un sydd ar ôl yn Seion ac wedi ei adael yn Jerwsalem, pob un y cofnodir ei fod yn fyw yn Jerwsalem. ⁴ Pan fydd yr ARGLWYDD wedi golchi ymaith fudreddi merched Seion, a charthu gwaed Jerwsalem o'i chanol trwy ysbryd barn ac ysbryd tanllyd, ⁵ yna fe grea'r

ARGLWYDD gwmwl yn y dydd, a llewyrch tân fflamllyd yn y nos, uwchben pob adeilad ar Fynydd Seion a phob man ymgynnull. Canys bydd y gogoniant yn ortho dros bopeth, ⁶ ac yn bafiliwn i gysgodi yn y dydd rhag gwres, ac yn noddfa a lloches rhag tymestl a glaw.

Cân y Winllan

5 Mi ganaf i'm hanwylyd
  ganig serch am ei winllan.
Yr oedd gan f'anwylyd winllan
  ar fryncyn tra ffrwythlon;
² fe'i cloddiodd, a'i digaregu;
fe'i plannodd â'r gwinwydd gorau;
cododd dŵr yn ei chanol,
a naddu gwinwryf ynddi.
Disgwyliodd iddi ddwyn grawnwin,
  ond fe ddygodd rawn drwg.
³ Yn awr, breswylwyr Jerwsalem,
a chwi, bobl Jwda,
barnwch rhyngof fi a'm gwinllan.
⁴ Beth oedd i'w wneud i'm gwinllan,
  yn fwy nag a wneuthum?
Pam, ynteu, pan ddisgwyliwn iddi
    ddwyn grawnwin,
  y dygodd rawn drwg?
⁵ Yn awr, mi ddywedaf wrthych
  beth a wnaf i'm gwinllan.
Tynnaf ymaith ei chlawdd,
  ac fe'i difethir;
chwalaf ei mur,
  ac fe'i sethrir dan draed;
⁶ gadawaf hi wedi ei difrodi;
ni chaiff ei thocio na'i hofio;
fe dyf ynddi fieri a drain,
a gorchmynnaf i'r cymylau
  beidio â glawio arni.
⁷ Yn wir, gwinllan ARGLWYDD y
    Lluoedd yw tŷ Israel,
a phobl Jwda yw ei blanhigyn
    dethol;
disgwyliodd gael barn, ond cafodd
    drais;
yn lle cyfiawnder fe gafodd gri.

Barn ar Bechodau'r Dydd

⁸ Gwae'r rhai sy'n cydio tŷ wrth dŷ,
sy'n chwanegu cae at gae
nes llyncu pob man,
ac yn eich gadael chwi'n unig yng
    nghanol y tir.

⁹ Tyngodd* ARGLWYDD y Lluoedd yn
    fy nghlyw,
"Bydd plastai yn anghyfannedd,
a thai helaeth a theg heb
    drigiannydd.
¹⁰ Bydd deg cyfair o winllan yn dwyn
    un bath,
a homer o had heb gynhyrchu dim
    ond un effa."

¹¹ Gwae'r rhai sy'n codi'n fore
  i ddilyn diod gadarn,
ac sy'n oedi hyd yr hwyr
  nes i'r gwin eu cynhyrfu.
¹² Yn eu gwleddoedd fe geir y delyn
    a'r nabl,
y tabwrdd a'r ffliwt a'r gwin;
ond nid ystyriant waith yr ARGLWYDD
nac edrych ar yr hyn a wnaeth.

¹³ Am hynny, caethgludir fy mhobl
o ddiffyg gwybodaeth;
bydd eu bonedd yn trengi o newyn
a'u gwerin yn gwywo gan syched.
¹⁴ Am hynny, lledodd Sheol ei llwnc,
ac agor ei cheg yn ddiderfyn;
fe lyncir y bonedd a'r werin,
ei thyrfa a'r sawl a ymffrostia ynddi.
¹⁵ Darostyngir gwrêng a bonedd,
a syrth llygad y balch;
¹⁶ ond dyrchefir ARGLWYDD y
    Lluoedd mewn barn,
a sancteiddir y Duw sanctaidd mewn
    cyfiawnder.
¹⁷ Yna bydd ŵyn yn pori fel yn eu
    cynefin,
a'r mynnod geifr* yn bwyta ymysg yr
    adfeilion.

¹⁸ Gwae'r rhai sy'n tynnu drygioni â
    rheffynnau oferedd,
a phechod megis â rhaffau men,
¹⁹ y rhai sy'n dweud, "Brysied,
prysured gyda'i orchwyl, inni gael
    gweld;
doed pwrpas Sanct Israel i'r golwg,
    inni wybod beth yw."
²⁰ Gwae'r rhai sy'n galw drwg yn
    dda, a da yn ddrwg,
sy'n gwneud tywyllwch yn oleuni, a
    goleuni yn dywyllwch,
sy'n gwneud chwerw yn felys a melys
    yn chwerw.

5:9 Cymh. Groeg. Hebraeg heb *Tyngodd*.
5:17 Felly Groeg. Hebraeg, *a'r dieithriaid*.

²¹ Gwae'r rhai sy'n ddoeth yn eu
golwg eu hunain,
ac yn gall yn eu tyb eu hunain.
²² Gwae'r rhai sy'n arwyr wrth yfed
gwin,
ac yn gryfion wrth gymysgu diod
gadarn,
²³ y rhai sy'n cyfiawnhau'r euog am
wobr,
ac yn gwrthod cyfiawnder i'r cyfiawn.

²⁴ Am hynny, fel yr ysir y sofl gan
dafod o dân
ac y diflanna'r mân us yn y fflam,
felly y pydra eu gwreiddyn
ac y diflanna eu blagur fel llwch;
am iddynt wrthod cyfraith
ARGLWYDD y Lluoedd,
a dirmygu gair Sanct Israel.
²⁵ Am hynny enynnodd llid yr
ARGLWYDD yn erbyn ei bobl,
ac estynnodd ei law yn eu herbyn,
a'u taro;
fe grynodd y mynyddoedd,
a gorweddai'r celanedd fel
ysgarthion ar y strydoedd.
Er hynny ni throdd ei lid ef,
ac y mae'n dal i estyn allan ei law.

²⁶ Fe gyfyd faner i genhedloedd pell,
a chwibana arnynt o eithaf y ddaear,
ac wele, fe ddônt yn fuan a chwim.
²⁷ Nid oes neb yn blino nac yn baglu,
nid oes neb yn huno nac yn cysgu,
nid oes neb a'i wregys wedi ei
ddatod,
nac a charrai ei esgidiau wedi ei
thorri.
²⁸ Y mae eu saethau'n llym
a'u bwâu i gyd yn dynn;
y mae carnau eu meirch fel callestr,
ac olwynion eu cerbydau fel corwynt.
²⁹ Y mae eu rhuad fel llew;
rhuant fel llewod ifanc,
sy'n chwyrnu wrth afael yn yr
ysglyfaeth
a'i dwyn ymaith, heb neb yn ei
harbed.
³⁰ Rhuant arni yn y dydd hwnnw,
fel rhuad y môr;
ac os edrychir tua'r tir, wele
dywyllwch a chyfyngdra,
a'r goleuni yn tywyllu gan ei
gymylau.

Galwad Eseia

6 Yn y flwyddyn y bu farw'r Brenin Usseia, gwelais yr ARGLWYDD. Yr oedd yn eistedd ar orsedd uchel, ddyrchafedig, a godre'i wisg yn llenwi'r deml. ² Uwchlaw yr oedd seraffiaid i weini arno, pob un â chwech adain, dwy i guddio'r wyneb, dwy i guddio'r traed, a dwy i ehedeg. ³ Yr oedd y naill yn datgan wrth y llall,

"Sanct, Sanct, Sanct yw ARGLWYDD y
Lluoedd;
y mae'r holl ddaear yn llawn o'i
ogoniant."

⁴ Ac fel yr oeddent yn galw, yr oedd sylfeini'r rhiniogau'n ysgwyd, a llanwyd y tŷ gan fwg. ⁵ Yna dywedais, "Gwae fi! Y mae wedi darfod amdanaf! Dyn a'i wefusau'n aflan ydwyf, ac ymysg pobl a'u gwefusau'n aflan yr wyf yn byw; ac eto, yr wyf â'm llygaid fy hun wedi edrych ar y brenin, ARGLWYDD y Lluoedd." ⁶ Ond ehedodd un o'r seraffiaid ataf, a dwyn yn ei law farworyn a gymerodd mewn gefel oddi ar yr allor; ⁷ ac fe'i rhoes i gyffwrdd â'm genau, a dweud, "Wele, y mae hwn wedi cyffwrdd â'th enau; symudwyd dy ddrygioni, a maddeuwyd dy bechod." ⁸ Yna clywais yr ARGLWYDD yn dweud,

"Pwy a anfonaf? Pwy a â drosom ni?"

Atebais innau, "Dyma fi, anfon fi."
⁹ Dywedodd,

"Dos, dywed wrth y bobl hyn,
'Clywch yn wir, ond peidiwch â deall;
edrychwch yn wir, ond peidiwch â
dirnad.'
¹⁰ Brasâ galon y bobl,
trymha eu clustiau,
cau eu llygaid;
rhag iddynt weld â'u llygaid,
clywed â'u clustiau,
deall â'u calon,
a dychwelyd i'w hiacháu."

¹¹ Gofynnais innau, "Pa hyd, ARGLWYDD?"
Atebodd,

"Nes y bydd dinasoedd wedi eu
hanrheithio
heb drigiannydd,

a'r tai heb bobl,
a'r wlad yn anrhaith anghyfannedd;
¹² nes y bydd yr ARGLWYDD wedi
   gyrru pawb ymhell,
a difrod mawr yng nghanol y wlad.
¹³ Ac os erys y ddegfed ran ar ôl
   ynddi,
fe'i llosgir drachefn;
fel llwyfen neu dderwen fe'i teflir
   ymaith,
fel boncyff o'r uchelfa.*
Had sanctaidd yw ei boncyff."

Neges i Ahas

7 Yn ystod dyddiau Ahas fab Jotham, fab Usseia, brenin Jwda, daeth Resin brenin Syria, a Pheca fab Remaleia, brenin Israel, i ryfela yn erbyn Jerwsalem, ond methu ei gorchfygu. ² Yr oedd tŷ Dafydd wedi ei rybuddio bod Syria mewn cytundeb ag Effraim; ac yr oedd ei galon ef a'i bobl wedi cynhyrfu fel prennau coedwig yn ysgwyd o flaen y gwynt.
³ Yna dywedodd yr ARGLWYDD wrth Eseia, "Dos allan, a'th fab Sear-jasub* gyda thi, i gyfarfod Ahas wrth derfyn pistyll y llyn uchaf ar ffordd Maes y Pannwr, ⁴ a dywed wrtho, 'Bydd ofalus, cadw'n dawel a phaid ag ofni; paid â digalonni o achos y ddau stwmp hyn o bentewynion myglyd, am fod Resin a'r Syriaid a mab Remaleia yn llosgi gan lid. ⁵ Oherwydd i Syria ac Effraim a mab Remaleia wneud cynllwyn drwg yn d'erbyn, a dweud, ⁶ "Gadewch inni ymosod ar Jwda, a'i dychryn, a'i throi o'n plaid, a gosod brenin arni, sef mab Tabeal," ⁷ dyma y mae'r ARGLWYDD Dduw yn ei ddweud:

Ni saif hyn, ac ni ddigwydd.
⁸ Pen Syria yw Damascus,
a phen Damascus yw Resin.
Cyn diwedd pum mlynedd a thrigain
   bydd Effraim wedi ei dryllio a
   pheidio â bod yn bobl.
⁹ Pen Effraim yw Samaria,
a phen Samaria yw mab Remaleia.
Oni fyddwch yn sefydlog, ni'ch
   sefydlogir.'"

Arwydd i Ahas

¹⁰ Llefarodd yr ARGLWYDD eto wrth Ahas, a dweud, ¹¹ "Gofyn am arwydd gan yr ARGLWYDD dy Dduw, arwydd o ddyfnder Sheol neu o uchder nefoedd." ¹² Ond atebodd Ahas, "Ni ofynnaf, ac nid wyf am osod yr ARGLWYDD ar brawf." ¹³ Dywedodd yntau, "Gwrandewch yn awr, tŷ Dafydd. Ai peth bach yn eich golwg yw trethu amynedd pobl, a'ch bod am drethu amynedd fy Nuw hefyd? ¹⁴ Am hynny, y mae'r ARGLWYDD ei hun yn rhoi arwydd i chwi: Wele ferch ifanc* yn feichiog, a phan esgor ar fab, fe'i geilw'n Immanuel*. ¹⁵ Bydd yn bwyta menyn a mêl pan ddaw i wybod sut i wrthod y drwg a dewis y da. ¹⁶ Cyn i'r plentyn wybod sut i wrthod y drwg a dewis y da, fe ddifrodir tir y ddau frenin yr wyt yn eu hofni. ¹⁷ Bydd yr ARGLWYDD yn dwyn arnat ti ac ar dy bobl ac ar dŷ dy dad ddyddiau na fu eu tebyg er pan dorrodd Effraim oddi wrth Jwda—brenin Asyria."

¹⁸ Yn y dydd hwnnw
   chwibana'r ARGLWYDD am y
      gwybedyn o afonydd pell yr Aifft,
   ac am y wenynen o wlad Asyria;
¹⁹ fe ddônt ac ymsefydlu i gyd yn yr
      hafnau serth
   ac yn agennau'r creigiau,
   ar yr holl goed drain
   ac ar yr holl borfeydd.

²⁰ Yn y dydd hwnnw
   bydd yr ARGLWYDD, ag ellyn a logwyd
      y tu hwnt i'r Ewffrates,
   brenin Asyria,
   yn eillio'r holl ben a blew'r traed,
   ac yn torri ymaith y farf hefyd.

²¹ Yn y dydd hwnnw
   bydd rhywun yn cadw'n fyw heffer a
      dwy ddafad;
²² a chaiff ganddynt ddigon o laeth
   i fedru bwyta menyn;
   canys bwyteir menyn a mêl
   gan bob un a adewir yn y wlad.

²³ Yn y dydd hwnnw
   bydd pob man lle bu mil o winwydd,
   gwerth mil o ddarnau arian,

6:13 Felly Sgrôl A. TM yn aneglur.
7:3 H.y., *Bydd gweddill yn dychwelyd.*
7:14 Groeg yn cyfieithu fel *y wyryf.*
7:14 H.y., *Y mae Duw gyda ni.*

yn fieri ac yn ddrain.
²⁴ Daw dynion yno â saethau a bwâu,
canys bydd mieri a drain ym mhobman.
²⁵ Ni ddaw neb i'r llechweddau
lle bu'r gaib unwaith yn trin,
rhag ofn y mieri a'r drain;
byddant yn lle i ollwng gwartheg iddo,
ac yn gynefin defaid.

Arwydd i'r Bobl

8 Dywedodd yr ARGLWYDD wrthyf, "Cymer sgrôl fawr ac ysgrifenna arni mewn llythrennau eglur, 'I Maher-shalal-has-bas'*; ² a galw* yn dystion cywir i mi Ureia yr offeiriad a Sechareia fab Jeberecheia." ³ Yna euthum at y broffwydes; beichiogodd hithau ac esgor ar fab, a dywedodd yr ARGLWYDD wrthyf, "Galw ei enw Maher-shalal-has-bas, ⁴ oherwydd cyn i'r bachgen fedru galw, 'Fy nhad' neu 'Fy mam', bydd golud Damascus ac ysbail Samaria yn cael eu dwyn ymaith o flaen brenin Asyria."

Dinistr Brenin Asyria

⁵ Llefarodd yr ARGLWYDD wrthyf drachefn,

⁶ "Oherwydd i'r bobl hyn wrthod
dyfroedd Siloa, sy'n llifo'n dawel,
a chrynu gan ofn* o flaen Resin a mab Remaleia,
⁷ am hynny, bydd yr ARGLWYDD yn dwyn arnynt
ddyfroedd yr Ewffrates, yn gryf ac yn fawr,
brenin Asyria a'i holl ogoniant.
Fe lifa dros ei holl sianelau,
a thorri dros ei holl gamlesydd;
⁸ fe ysguba trwy Jwda fel dilyw,
a gorlifo nes cyrraedd at y gwddf.
Bydd cysgod ei adenydd yn llenwi holl led dy dir,
O Immanuel*."

⁹ Ystyriwch*, bobloedd, fe'ch dryllir;
gwrandewch, chwi bellafion byd;
ymwregyswch, ac fe'ch dryllir;
ymwregyswch, ac fe'ch dryllir.
¹⁰ Lluniwch gyngor, ac fe'i diddymir;
dywedwch air, ac ni saif,
Oherwydd y mae Duw gyda ni*.

Ofni Duw

¹¹ Fel hyn y dywedodd yr ARGLWYDD wrthyf, pan oedd yn gafael yn dynn ynof ac yn fy rhybuddio rhag rhodio yn llwybrau'r bobl hyn:

¹² "Peidiwch â dweud 'Cynllwyn!'
am bob peth a elwir yn gynllwyn gan y bobl hyn;
a pheidiwch ag ofni'r hyn y maent hwy yn ei ofni,
nac arswydo rhagddo.
¹³ Ond ystyriwch yn sanctaidd ARGLWYDD y Lluoedd;
ofnwch ef, ac arswydwch rhagddo ef.
¹⁴ Bydd ef yn fagl*,
ac i ddau dŷ Israel bydd yn faen tramgwydd ac yn graig rhwystr;
bydd yn rhwyd ac yn fagl i drigolion Jerwsalem.
¹⁵ A bydd llawer yn baglu drostynt;
syrthiant, ac fe'u dryllir;
cânt eu baglu a'u dal."

¹⁶ Rhwyma'r dystiolaeth,
selia'r gyfraith ymhlith fy nisgyblion.
¹⁷ Disgwyliaf finnau am yr ARGLWYDD,
sy'n cuddio'i wyneb rhag tŷ Jacob;
arhosaf yn eiddgar amdano.

¹⁸ Wele fi a'r meibion a roes yr ARGLWYDD i mi yn arwyddion ac yn argoelion yn Israel oddi wrth ARGLWYDD y Lluoedd, sy'n trigo ym Mynydd Seion.

¹⁹ A phan fydd y bobl yn dweud wrthych, "Ewch i ymofyn â'r swynwyr a'r dewiniaid sy'n sisial a sibrwd", onid yw'r bobl yn ymhel â'r duwiau, ac yn ymofyn â'r meirw dros y byw ²⁰ am gyfarwyddyd a thystiolaeth? Dyma'r gair a ddywedant, ac nid oes oleuni ynddo. ²¹ Bydd yn tramwy trwy'r wlad* mewn caledi a newyn; a phan newyna bydd yn chwerwi, ac yn melltithio ei

---

8:1 H.y., *Brysia'r ysbail, prysura'r ysglyfaeth.*
8:2 Felly Groeg. Hebraeg, *a gelwais.*
8:6 Tebygol. Hebraeg, *yn ymhyfrydu yn.*
8:8 H.y., *Duw gyda ni.*
8:9 Felly Groeg. Hebraeg, *Torrer chwi.*

8:10 Hebraeg, *Immanuel.*
8:14 Tebygol. Hebraeg, *cysegr.*
8:21 Hebraeg, *tramwy trwyddi.*

frenin a'i Dduw. ²² A phan fydd yn troi ei olwg tuag i fyny neu'n edrych tua'r ddaear, wele drallod a thywyllwch, caddug cyfyngder; bydd wedi ei fwrw i dywyllwch du.

Geni Bachgen

9 * Ond ni fydd tywyllwch eto i'r sawl a fu mewn cyfyngder. Yn yr amser gynt bu cam-drin ar wlad Sabulon a gwlad Nafftali, ond ar ôl hyn bydd yn anrhydeddu Galilea'r cenhedloedd, ar ffordd y môr, dros yr Iorddonen.

² Y bobl oedd yn rhodio mewn
  tywyllwch
a welodd oleuni mawr;
y rhai a fu'n byw mewn gwlad o
  gaddug dudew
a gafodd lewyrch golau.
³ Amlheaist orfoledd* iddynt,
chwanegaist lawenydd;
llawenhânt o'th flaen fel yn adeg y
  cynhaeaf,
ac fel y byddant yn gorfoleddu wrth
  rannu'r ysbail.
⁴ Oherwydd drylliaist yr iau oedd yn
  faich iddynt,
a'r croesfar oedd ar eu hysgwydd,
a'r ffon oedd gan eu gyrrwr,
fel yn nydd Midian.
⁵ Pob esgid ar droed rhyfelwr mewn
  ysgarmes,
a phob dilledyn wedi ei drybaeddu
  mewn gwaed,
fe'u llosgir fel tanwydd.
⁶ Canys bachgen a aned i ni,
mab a roed i ni,
a bydd yr awdurdod ar ei ysgwydd.
Fe'i gelwir, "Cynghorwr rhyfeddol,
  Duw cadarn,
Tad bythol, Tywysog heddychlon".
⁷ Ni bydd diwedd ar gynnydd ei
  lywodraeth,
nac ar ei heddwch
i orsedd Dafydd a'i frenhiniaeth,
i'w sefydlu'n gadarn â barn a
  chyfiawnder,
o hyn a hyd byth.
Bydd sêl ARGLWYDD y Lluoedd yn
  gwneud hyn.

Digofaint Duw yn Erbyn Israel

⁸ Anfonodd yr ARGLWYDD air yn
  erbyn Jacob,
ac fe ddisgyn ar Israel.
⁹ Gostyngir* yr holl bobl—
Effraim a thrigolion Samaria—
sy'n dweud mewn balchder a thraha,
¹⁰ "Syrthiodd y priddfeini,
ond fe adeiladwn ni â cherrig nadd;
torrwyd y prennau sycamor,
ond fe rown ni gedrwydd yn eu lle."
¹¹ Y mae'r ARGLWYDD yn codi
  gwrthwynebwyr* yn eu herbyn;
y mae'n cyffroi eu gelynion.
¹² Y mae Syriaid o'r dwyrain a
  Philistiaid o'r gorllewin
yn ysu Israel â'u safnau'n agored.
Er hynny ni throdd ei lid ef,
ac y mae'n dal i estyn allan ei law.

¹³ Ond ni throdd y bobl at yr un a'u
  trawodd,
na cheisio ARGLWYDD y Lluoedd;
¹⁴ am hynny tyr yr ARGLWYDD ymaith
  o Israel y pen a'r gynffon,
y gangen balmwydd a'r frwynen
  mewn un dydd;
¹⁵ yr hynafgwr a'r anrhydeddus yw'r
  pen,
y proffwyd sy'n dysgu celwydd yw'r
  gynffon.
¹⁶ Y rhai sy'n arwain y bobl hyn
sy'n peri iddynt gyfeiliorni;
a'r rhai a arweiniwyd sy'n cael eu
  drysu.
¹⁷ Am hynny nid arbed* yr
  ARGLWYDD eu gwŷr ifainc,
ac ni thosturia wrth eu hamddifaid
  na'u gweddwon.
Y mae pob un ohonynt yn annuwiol
  a drygionus,
a phob genau yn traethu
  ynfydrwydd.
Er hynny ni throdd ei lid ef,
ac y mae'n dal i estyn allan ei law.
¹⁸ Oherwydd y mae drygioni yn llosgi
  fel tân,
yn ysu'r mieri a'r drain,
yn cynnau yn nrysni'r coed,
ac yn codi'n golofnau o fwg.

9:1 Hebraeg, 8:23.
9:3 Tebygol. Hebraeg, *y genedl ni*.
9:9 Neu, *Gŵyr*.
9:11 Tebygol. Hebraeg, *gwrthwynebwyr Resin*.
9:17 Felly Sgrôl A. TM, *ni lawenycha*.

¹⁹ Gan ddigofaint ARGLWYDD y Lluoedd
y mae'r wlad ar dân;
y mae'r bobl fel tanwydd,
ac nid arbedant ei gilydd.
²⁰ Cipia un o'r dde, ond fe newyna;
bwyta'r llall o'r chwith, ond nis digonir.
Bydd pob un yn bwyta cnawd ei blant—
²¹ Manasse Effraim, ac Effraim Manasse,
ac ill dau yn erbyn Jwda.
Er hynny ni throdd ei lid ef,
ac y mae'n dal i estyn allan ei law.

10 Gwae'r rhai a wnânt ddeddfau anghyfiawn
a deddfu gormes yn ddi-baid;
² i droi'r tlodion oddi wrth farn,
ac amddifadu'r anghenus o blith fy mhobl o'u hawliau;
i wneud gweddwon yn ysbail iddynt
a'r rhai amddifad yn anrhaith.
³ Beth a wnewch yn nydd y dial,
yn y dinistr a ddaw o bell?
At bwy y ffowch am help?
Ple y gadewch eich cyfoeth,
⁴ i osgoi crymu ymhlith y carcharorion
a syrthio ymhlith y lladdedigion?
Er hynny, ni throdd ei lid ef,
ac y mae'n dal i estyn allan ei law.

Asyria yn Llaw Duw

⁵ "Gwae Asyria, gwialen fy llid;
hi yw ffon fy nigofaint*.
⁶ Anfonaf hi yn erbyn cenedl annuwiol,
a rhof orchymyn iddi yn erbyn pobl fy nicter,
i gymryd ysbail ac i anrheithio,
a'u mathru dan draed fel baw'r heolydd.
⁷ Ond nid yw hi'n amcanu fel hyn,
ac nid yw'n bwriadu felly;
canys y mae ei bryd ar ddifetha
a thorri ymaith genhedloedd lawer.
⁸ Fe ddywed,
'Onid yw fy swyddogion i gyd yn frenhinoedd?

⁹ Onid yw Calno fel Carchemis,
a Hamath fel Arpad,
a Samaria fel Damascus?'
¹⁰ Fel yr estynnais fy llaw hyd at deyrnasoedd eilunod,
a oedd â'u delwau'n amlach na rhai Jerwsalem a Samaria,
¹¹ ac fel y gwneuthum i Samaria ac i'w delwau hi,
oni wnaf felly hefyd i Jerwsalem a'i heilunod?"

¹² Pan orffen yr ARGLWYDD ei holl waith ar Fynydd Seion a Jerwsalem, fe gosba ymffrost trahaus brenin Asyria a hunanhyder ei ysbryd am iddo ddweud,

¹³ "Yn fy nerth fy hun y gwneuthum hyn,
a thrwy fy noethineb, pan oeddwn yn cynllunio.
Symudais ffiniau cenhedloedd,
ysbeiliais eu trysorau;
fel tarw bwriais i lawr y trigolion.
¹⁴ Cefais hyd i gyfoeth y bobl fel nyth;
ac fel y bydd dyn yn casglu wyau wedi eu gadael,
felly y cesglais innau bob gwlad ynghyd;
nid oedd adain yn symud
na phig yn agor i glochdar."

¹⁵ A ymffrostia'r fwyell yn erbyn y cymynwr?
A ymfawryga'r llif yn erbyn yr hwn a'i tyn?
Fel pe bai gwialen yn ysgwyd yr un sy'n ei chwifio,
neu ffon yn trin un nad yw'n bren!
¹⁶ Am hynny bydd yr Arglwydd, ARGLWYDD y Lluoedd,
yn anfon clefyd i nychu ei ryfelwyr praff,
a than ei ogoniant fe gyfyd twymyn fel llosgiad tân.
¹⁷ Bydd Goleuni Israel yn dân
a'i Un Sanctaidd yn fflam;
fe lysg ac fe ysa
ei ddrain a'i fieri mewn un dydd.
¹⁸ Fe ddifoda ogoniant ei goedwig a'i ddoldir,
fel claf yn nychu, yn enaid a chorff.
¹⁹ A bydd gweddill prennau ei goedwig mor brin
nes y bydd plentyn yn gallu eu cyfrif.

10:5 Hebraeg yn ychwanegu *yn eu llaw*.

Gweddill Israel

20 Yn y dydd hwnnw ni fydd gweddill Israel, a'r rhai a ddihangodd yn nhŷ Jacob, yn pwyso bellach ar yr un a'u trawodd; ond pwysant yn llwyr ar yr ARGLWYDD, Sanct Israel.

21 Bydd gweddill yn dychwel,
gweddill Jacob,
at Dduw sydd yn gadarn.
22 Canys, er i'th bobl Israel fod fel
tywod y môr,
gweddill yn unig fydd yn dychwel.
Cyhoeddwyd dinistr, yn gorlifo
mewn cyfiawnder.
23 Canys bydd yr Arglwydd,
ARGLWYDD y Lluoedd,
yn gwneud dinistr terfynol
yng nghanol yr holl ddaear.

Darostwng Asyria

24 Am hynny, fel hyn y dywed yr Arglwydd, ARGLWYDD y Lluoedd: "Fy mhobl, sy'n preswylio yn Seion, paid ag ofni rhag yr Asyriaid, er iddynt dy guro â gwialen, a chodi eu ffon yn dy erbyn fel y gwnaeth yr Eifftiaid. 25 Canys ymhen ychydig bach fe dderfydd fy llid, a bydd fy nigofaint yn troi i'w difetha hwy. 26 A bydd ARGLWYDD y Lluoedd yn ysgwyd chwip yn eu herbyn, fel y gwnaeth yn lladdfa Midian wrth garreg Oreb, ac yn codi ei wialen dros y môr fel y cododd hi dros yr Aifft."

27 Yn y dydd hwnnw
symudir ei faich oddi ar dy ysgwydd,
a dryllio'i iau oddi ar dy war.
Esgynnodd o Rimmon*,
28 daeth at Aiath,
tramwyodd drwy Migron,
rhoddodd ei gelfi i'w cadw yn
Michmas;
29 aethant dros Maabara
ac aros dros nos yn Geba.
Dychrynodd Rama, arswydodd
Gibea Saul.
30 Bloeddia'n groch, Bath-galim;
gwrando arni, Lais; ateb hi,
Anathoth.
31 Y mae Madmena ar ffo,
a phobl Gebim yn chwilio am
nodded.
32 Heddiw y mae'n sefyll yn Nob,
ac yn cau ei ddwrn yn erbyn mynydd
merch Seion,
bryn Jerwsalem.

33 Wele yr Arglwydd, ARGLWYDD y
Lluoedd,
yn cymynu'r prennau yn frawychus;
torrir ymaith y rhai talgryf,
a chwympir y rhai uchel.
34 Tyr â bwyell lwyni'r goedwig,
a syrth Lebanon a'i choed cadarn*.

Cangen o Jesse

11 O'r cyff a adewir i Jesse fe ddaw
blaguryn,
ac fe dyf cangen o'i wraidd ef;
2 bydd ysbryd yr ARGLWYDD yn
gorffwys arno,
yn ysbryd doethineb a deall,
yn ysbryd cyngor a grym,
yn ysbryd gwybodaeth ac ofn yr
ARGLWYDD;
3 ymhyfryda yn ofn yr ARGLWYDD.
Nid wrth yr hyn a wêl y barna,
ac nid wrth yr hyn a glyw y dyfarna,
4 ond fe farna'r tlawd yn gyfiawn
a dyfarnu'n uniawn i rai anghenus y
ddaear.
Fe dery'r ddaear â gwialen ei enau,
ac â gwynt ei wefusau fe ladd y rhai
drygionus.
5 Cyfiawnder fydd gwregys ei lwynau
a ffyddlondeb yn rhwymyn am ei
ganol.

6 Fe drig y blaidd gyda'r oen,
fe orwedd y llewpard gyda'r myn;
bydd y llo a'r llew yn cydbori*,
a bachgen bychan yn eu harwain.
7 Bydd y fuwch yn pori gyda'r arth,
a'u llydnod yn cydorwedd;
bydd y llew yn bwyta gwair fel ych.
8 Bydd plentyn sugno yn chwarae
wrth dwll yr asb,
a baban yn estyn ei law dros ffau'r
wiber.
9 Ni wnânt ddrwg na difrod
yn fy holl fynydd sanctaidd,
canys fel y lleinw'r dyfroedd y môr
i'w ymylon,

10:27 Tebygol. Hebraeg yn aneglur.
10:34 Felly Groeg. Hebraeg, *trwy un cadarn.*
11:6 Felly Sgrôl A a'r Groeg. TM, *a'r anifail bras ynghyd.*

felly y llenwir y ddaear â gwybodaeth
yr ARGLWYDD.
¹⁰ Ac yn y dydd hwnnw
bydd gwreiddyn Jesse yn sefyll fel
baner i'r bobloedd;
bydd y cenhedloedd yn ymofyn ag ef,
a bydd ei drigfan yn ogoneddus.
¹¹ Ac yn y dydd hwnnw
fe estyn yr ARGLWYDD ei law
drachefn
i adennill gweddill ei bobl
a adewir, o Asyria a'r Aifft,
o Pathros ac Ethiopia ac Elam,
o Sinar a Hamath ac o ynysoedd y
môr.
¹² Fe gyfyd faner i'r cenhedloedd,
a chasglu alltudion Israel;
fe gynnull rai gwasgar Jwda
o bedwar ban y byd.
¹³ Diflanna cenfigen Effraim,
a thorrir ymaith elynion Jwda.
Ni chenfigenna Effraim wrth Jwda,
ac ni fydd Jwda'n gwrthwynebu
Effraim.
¹⁴ Ond disgynnant ar lethrau'r
Philistiaid yn y gorllewin,
ac ynghyd fe ysbeiliant y
dwyreinwyr;
bydd Edom a Moab o fewn eu gafael,
a phlant Ammon yn ufudd iddynt.
¹⁵ Gwna'r ARGLWYDD yn sychdir*
dafod môr yr Aifft;
chwifia'i law dros yr Ewffrates,
ac â'i wynt deifiol
fe'i hollta yn saith o ffrydiau,
i'w throedio yn droetsych.
¹⁶ A bydd priffordd i weddill ei bobl,
i'r gweddill a adewir o Asyria,
megis y bu i Israel
pan ddaeth i fyny o wlad yr Aifft.

Caneuon Moliant

12 Yn y dydd hwnnw fe ddywedi,
"Molaf di, O ARGLWYDD;
er iti ddigio wrthyf,
trodd dy lid, a rhoist gysur imi.
² Wele, Duw yw fy iachawdwriaeth;
rwy'n hyderus, ac nid ofnaf;
canys yr ARGLWYDD Dduw yw fy
nerth a'm cân,
ac ef yw fy iachawdwr."

11:15 Felly Groeg. Hebraeg, *Llwyr ddifoda'r*
ARGLWYDD.

³ Mewn llawenydd fe dynnwch ddŵr
o ffynhonnau iachawdwriaeth.
⁴ Yn y dydd hwnnw fe ddywedi,
"Diolchwch i'r ARGLWYDD,
galwch ar ei enw;
hysbyswch ei weithredoedd ymhlith
y cenhedloedd,
cyhoeddwch fod ei enw'n oruchaf.
⁵ Canwch salmau i'r ARGLWYDD,
canys enillodd fuddugoliaeth;
hysbyser hyn yn yr holl dir.
⁶ Bloeddia, llefa'n llawen, ti sy'n
preswylio yn Seion;
canys y mae Sanct Israel yn fawr yn
eich plith."

Yn Erbyn Babilon

13 Yr oracl am Fabilon; yr hyn a
welodd Eseia fab Amos.
² Dyrchafwch faner ar fynydd moel,
codwch lef tuag atynt;
amneidiwch â'ch dwylo
iddynt ddod i mewn i byrth y
pendefigion.
³ Gorchmynnais i'r rhai a gysegrais;
ie, gelwais ar fy ngwŷr cedyrn i
weithredu fy nicter,
y rhai sy'n falch o'm gorchest.
⁴ Clywch, sŵn tyrfa ar y
mynyddoedd,
fel pobloedd heb rifedi!
Clywch, dwndwr teyrnasoedd,
fel cenhedloedd wedi eu crynhoi.
ARGLWYDD y Lluoedd sydd yn
cynnull
y llu ar gyfer brwydr.
⁵ Dônt o wlad bell,
o eithaf y nefoedd—
offer llid yr ARGLWYDD—
i ddifa'r holl dir.
⁶ Udwch, y mae dydd yr ARGLWYDD
yn agos;
daw fel dinistr oddi wrth yr
Hollalluog.
⁷ Am hynny fe laesa'r holl ddwylo,
a bydd pob calon yn toddi gan fraw.
⁸ Bydd poen ac artaith yn cydio
ynddynt;
byddant mewn gwewyr fel gwraig
wrth esgor.
Edrychant yn syn ar ei gilydd,
a'u hwynebau'n gwrido fel fflam.

⁹ Wele, daw dydd yr ARGLWYDD,
yn greulon gan ddigofaint a llid,
i wneud y ddaear yn ddiffaith
a dileu ei phechaduriaid ohoni.
¹⁰ Bydd sêr y nefoedd a'u planedau
yn atal eu goleuni;
tywylla'r haul ar ei godiad,
ac ni oleua'r lloer â'i llewyrch.
¹¹ Cosbaf y byd am ei bechod,
a'r drygionus am eu camwedd;
gwnaf i falchder y beiddgar beidio,
gostyngaf ymffrost y trahaus.
¹² Gwnaf bobl yn brinnach nag aur
coeth,
a'r ddynoliaeth nag aur Offir.
¹³ Am hynny fe gryna'r* nefoedd
ac ysgydwir y ddaear o'i lle,
oherwydd digofaint ARGLWYDD y
Lluoedd
yn nydd angerdd ei lid.
¹⁴ Fel ewig wedi ei tharfu,
fel praidd heb neb i'w corlannu,
bydd pawb yn troi at ei dylwyth,
a phob un yn ffoi i'w gynefin.
¹⁵ Trywenir pob un a geir,
a lleddir â'r cleddyf bob un a ddelir.
¹⁶ Dryllir eu plant o flaen eu llygaid,
ysbeilir eu tai, treisir eu gwragedd.

¹⁷ Wele, yr wyf yn cyffroi yn eu
herbyn y Mediaid,
rhai nad yw arian yn cyfrif ganddynt,
ac na roddant bris ar aur.
¹⁸ Dryllia'u bwâu y gwŷr ifanc;
ni thosturiant wrth ffrwyth y groth,
nac edrych yn drugarog ar blant.
¹⁹ A bydd Babilon, yr odidocaf o'r
teyrnasoedd,
a gogoniant ysblennydd y Caldeaid,
fel Sodom a Gomorra
wedi i Dduw eu dinistrio.
²⁰ Ni chyfanheddir hi o gwbl,
na phreswylio ynddi dros y
cenedlaethau;
ni phabella'r Arab o'i mewn,
ac ni chorlanna'r bugail ynddi.
²¹ Ond bydd anifeiliaid gwyllt yn
gorwedd yno;
llenwir hi gan ffeuau i greaduriaid
swnllyd;
bydd yr estrys yn trigo yno, a bychod
yn llamu yno;

²² bydd y siacal yn cyfarth yn ei
thyrau,
a'r hiena yn ei phlastai hyfryd.
Y mae ei hamser wrth law,
ac nid estynnir ei dyddiau.

Adfer Israel

14 Tosturia'r ARGLWYDD wrth Jacob, ac fe ddewis Israel drachefn iddo'i hun. Fe'u gesyd yn eu tir eu hunain, a daw estroniaid i ymgysylltu â hwy ac i lynu wrth deulu Jacob. ² Bydd pobloedd yn eu hebrwng i'w lle, a defnyddia teulu Jacob hwy yn weision a morynion yn nhir yr ARGLWYDD; byddant yn caethiwo'r rhai a'u gwnaeth hwy'n gaeth, ac yn llywodraethu ar y rhai a'u gorthrymodd hwy.

Yn Erbyn Brenin Babilon

³ Yn y dydd y bydd yr ARGLWYDD yn rhoi llonydd i ti oddi wrth dy boen a'th lafur a'r gaethwasiaeth greulon y buost ynddi, ⁴ fe gei ddatgan y dychan hwn yn erbyn brenin Babilon:

O fel y darfu'r gorthrymwr
ac y peidiodd ei orffwylltra!*
⁵ Drylliodd yr ARGLWYDD ffon yr
annuwiol
a gwialen y llywiawdwyr,
⁶ a fu'n taro'r bobloedd mewn dig,
heb atal eu hergyd,
ac yn sathru'r bobloedd mewn llid
a'u herlid yn ddi-baid.
⁷ Daeth llonyddwch i'r holl ddaear, a
thawelwch;
ac y maent yn gorfoleddu ar gân.
⁸ Y mae hyd yn oed y ffynidwydd yn
ymffrostio yn dy erbyn,
a chedrwydd Lebanon hefyd, gan
ddweud,
"Er pan fwriwyd di ar dy orwedd
ni chododd neb i'n torri ni i lawr."
⁹ Bydd Sheol isod yn cynhyrfu
drwyddi
i'th dderbyn pan gyrhaeddi;
bydd yn cyffroi'r cysgodion i'th
gyfarfod,
pob un a fu'n arweinydd ar y ddaear;

13:13 Felly Groeg. Hebraeg, *paraf grynu'r.*

14:4 Felly Sgrôl A a'r Fersiynau. TM, *ei dinas aur.*

gwneir i bob un godi oddi ar ei
    orsedd,
sef pob un a fu'n frenin ar y
    cenhedloedd.
¹⁰ Bydd pob un ohonynt yn ymateb,
ac yn dy gyfarch fel hyn:
"Aethost tithau'n wan fel ninnau;
yr wyt yr un ffunud â ni."
¹¹ Dygwyd dy falchder i lawr yn
    Sheol,
yn sŵn miwsig dy nablau;
oddi tanat fe daenir y llyngyr,
a throsot y mae'r pryfed yn gwrlid.
¹² O fel y syrthiaist o'r nefoedd,
ti, seren ddydd, fab y wawr!
Fe'th dorrwyd i'r llawr,
ti, a fu'n llorio'r cenhedloedd.
¹³ Dywedaist ynot dy hun, "Dringaf
    fry i'r nefoedd,
dyrchafaf fy ngorsedd yn uwch na'r
    sêr uchaf;
eisteddaf ar y mynydd cynnull
ym mhellterau'r Gogledd.
¹⁴ Dringaf yn uwch na'r cymylau;
fe'm gwnaf fy hun fel y Goruchaf."
¹⁵ Ond i lawr i Sheol y'th ddygwyd,
i lawr i ddyfnderau'r pwll.

¹⁶ Bydd y rhai a'th wêl yn synnu
ac yn pendroni drosot, gan ddweud,
"Ai dyma'r un a wnaeth i'r ddaear
    grynu,
ac a ysgytiodd deyrnasoedd?
¹⁷ Ai hwn a droes y byd yn anialwch,
a dinistrio'i ddinasoedd
heb ryddhau ei garcharorion i fynd
    adref?"
¹⁸ Gorwedd holl frenhinoedd y
    cenhedloedd mewn anrhydedd,
pob un yn ei le ei hun;
¹⁹ ond fe'th fwriwyd di allan heb fedd,
fel erthyl* a ffieiddir;
fe'th orchuddiwyd â chelanedd
wedi eu trywanu â chleddyf,
ac yn disgyn i waelodion* y pwll,
fel cyrff wedi eu sathru dan draed.
²⁰ Ni chei dy gladdu mewn bedd fel
    hwy,
oherwydd difethaist dy dir a
    lleddaist dy bobl.
Nac enwer byth mwy hil yr annuwiol;
²¹ darparwch laddfa i'w blant,
oherwydd drygioni eu hynafiaid,
rhag iddynt godi ac etifeddu'r tir
a gorchuddio'r byd â dinasoedd.

Dinistrio Babilon

²² "Codaf yn eu herbyn,"
    medd ARGLWYDD y Lluoedd,
"a dinistrio enw Babilon a'r gweddill
    sydd ynddi,
yn blant a phlant i blant,"
    medd yr ARGLWYDD.
²³ "A gwnaf hi'n gynefin i aderyn y
    bwn,
yn gors ddiffaith,
ac ysgubaf hi ag ysgubell distryw,"
    medd ARGLWYDD y Lluoedd.

Dinistrio Asyria

²⁴ Tyngodd ARGLWYDD y Lluoedd,
"Fel y cynlluniais y bydd,
ac fel y bwriedais y digwydd;
²⁵ drylliaf Asyria yn fy nhir,
mathraf hi ar fy mynyddoedd;
symudir ei hiau oddi arnat*
a'i phwn oddi ar dy* gefn.
²⁶ Hwn yw'r cynllun a drefnwyd i'r
    holl ddaear,
a hon yw'r llaw a estynnwyd dros yr
    holl genhedloedd.
²⁷ Oherwydd ARGLWYDD y Lluoedd a
    gynlluniodd;
pwy a'i diddyma?
Ei law ef a estynnwyd;
pwy a'i try'n ôl?"

Yn Erbyn Philistia

²⁸ Yn y flwyddyn y bu farw'r Brenin Ahas daeth yr oracl hwn:

²⁹ Paid â llawenychu, Philistia gyfan,
am dorri'r wialen a'th drawodd;
oherwydd o wreiddyn y sarff fe gyfyd
    gwiber,
a bydd ei hepil yn sarff wenwynig
    wibiog.
³⁰ Caiff y tlawd bori yn fy nolydd*
a'r anghenus orwedd yn dawel;
ond lladdaf dy wreiddyn â newyn,
a dinistriaf* y rhai sy'n weddill
    ohonot.

14:19 Cymh. Groeg. Hebraeg, *fel cangen*.
14:19 Felly Fwlgat. Hebraeg, *i gerrig*.
14:25 Felly Sgrôl. TM, *oddi arnynt*.
14:25 Felly Sgrôl. TM, *ei gefn*.
14:30 Felly llawysgrifau. TM, *rhai cyntafanedig*.
14:30 Felly Sgrôl. TM, *dinistria*.

³¹ Uda, borth! Gwaedda, ddinas!
Y mae Philistia gyfan mewn gwewyr.
Y mae mwg yn dod o'r gogledd,
ac nid oes neb yn ei rengoedd yn
llusgo.
³² Beth yw'r ateb i gennad y bobl?
"Gwnaeth yr ARGLWYDD Seion yn
ddiogel,
ac ynddi y caiff trueiniaid ei bobl
loches."

Yn Erbyn Moab

15 Yr oracl am Moab:

Y noson y dinistrir Ar, fe dderfydd
am Moab;
y noson y dinistrir Cir, fe dderfydd
am Moab.
² Dringa merch* Dibon i'r uchelfa i
wylo;
dros Nebo a thros Medeba fe uda
Moab.
Bydd moelni ar bob pen, a phob
barf wedi ei heillio;
³ gwisgir sachliain yn yr heolydd;
ar bennau'r tai, ac yn sgwâr y dref,
bydd pawb yn udo ac yn beichio
wylo.
⁴ Bydd Hesbon ac Eleale yn llefain,
a chlywir eu cri hyd Jahas;
am hynny bydd llwynau Moab yn
crynu,
ac yntau yn ysgwyd drwyddo.
⁵ Y mae fy nghalon yn llefain dros
Moab.
Bydd ei ffoaduriaid yn mynd mor
bell â Soar,
hyd Eglath-shalisheia;
dringant riw Luhith dan wylo,
a thorri calon ar ffordd Horonaim.
⁶ Bydd dyfroedd Nimrim yn sychdir;
gwywa'r llysiau, metha'r egin,
diflanna'r glesni.

⁷ Am hynny cludant dros nant
Arabim
yr eiddo a'r enillion a gasglwyd
ganddynt.
⁸ Aeth y gri o amgylch terfynau
Moab,
nes bod udo yn Eglaim, ac udo yn
Beer-elim.
⁹ Y mae dyfroedd Dimon yn llawn o
waed,
ond dygaf waeth eto ar Dimon—
llew ar warthaf ffoaduriaid Moab,
ac ar warthaf y gweddill yn y tir.

16 Anfonodd llywodraethwr y wlad
ŵyn
o Sela yn yr anialwch i fynydd merch
Seion.
² Y mae merched Moab wrth rydau
Arnon
fel adar aflonydd wedi eu troi o'u
nythod.
³ "Dwg gyngor, gwna dy fwriad yn
glir;
bydded dy gysgod fel nos drosom,
hyd yn oed ar ganol dydd;
cuddia'r ffoaduriaid,
paid â bradychu'r crwydriaid.
⁴ Bydded i ffoaduriaid* Moab aros
gyda thi;
bydd di yn lloches iddynt rhag y
dinistrydd."
Pan ddaw diwedd ar drais,
a pheidio o'r ysbeilio,
a darfod o'r mathrwyr o'r tir,
⁵ yna sefydlir gorsedd trwy
deyrngarwch,
ac arni fe eistedd un ffyddlon
ym mhabell Dafydd,
barnwr yn ceisio barn deg
ac yn barod i fod yn gyfiawn.

⁶ Clywsom am falchder Moab—
mor falch ydoedd—
ac am ei thraha, ei malais a'i
haerllugrwydd,
heb sail i'w hymffrost.
⁷ Am hynny fe uda Moab;
uded Moab i gyd.
Fe* riddfana mewn dryswch llwyr
am deisennau grawnwin Cir-
hareseth.
⁸ Oherwydd pallodd erwau Hesbon a
gwinwydd Sibma;
drylliodd arglwyddi'r cenhedloedd ei
grawnwin cochion;
buont yn cyrraedd hyd at Jaser,
ac yn ymestyn trwy'r anialwch.
Yr oedd ei blagur yn gwthio allan,

15:2 Tebygol. Hebraeg, *y tŷ a*.
16:4 Felly Groeg. Hebraeg, *fy ffoaduriaid*.
16:7 Felly Fersiynau. Hebraeg, *Cewch*.

ac yn cyrraedd ar draws y môr.
⁹ Am hynny wylaf dros winwydd
  Sibma
fel yr wylais dros Jaser;
dyfrhaf di â'm dagrau, Hesbon ac
  Eleale;
canys ar dy ffrwythau haf ac ar dy
  gynhaeaf daeth gwaedd.
¹⁰ Ysgubwyd ymaith y llawenydd a'r
  gorfoledd o'r dolydd;
mwyach ni chenir ac ni floeddir yn y
  gwinllannoedd,
ni sathra'r sathrwr win yn y cafnau,
a rhoddais daw ar weiddi'r
  cynaeafwyr.
¹¹ Am hynny fe alara f'ymysgaroedd
  fel tannau telyn dros Moab,
a'm hymysgaroedd dros Cir-hareseth.
¹² Pan ddaw Moab i addoli,
ni wna ond ei flino'i hun yn yr
  uchelfa;
pan ddaw i'r cysegr i weddïo,
ni thycia ddim.

¹³ Dyna'r gair a lefarodd yr ARGLWYDD wrth Moab gynt. ¹⁴ Yn awr fe ddywed yr ARGLWYDD, "Ymhen tair blynedd, yn ôl tymor gwas cyflog, bydd gogoniant Moab yn ddirmyg er cymaint ei rhifedi; bydd y rhai sy'n weddill yn ychydig ac yn ddibwys."

Yn Erbyn Damascus

17 Yr oracl am Ddamascus:
"Wele fe beidia Damascus â bod yn
  ddinas;
bydd yn bentwr o adfeilion.
² Gwrthodir ei dinasoedd am byth*,
a byddant yn lle i ddiadelloedd
orwedd ynddo heb neb i'w cyffroi.
³ Derfydd am y gaer yn Effraim,
ac am y frenhiniaeth yn Namascus;
bydd gweddill Syria fel gogoniant
  Israel,"
medd ARGLWYDD y Lluoedd.

⁴ "Ac yn y dydd hwnnw,
bydd gogoniant Jacob yn cilio
a braster ei gig yn darfod.
⁵ Pan fydd medelwr yn casglu'r cnwd
  ŷd,
ac yn medi'r tywysennau â'i fraich,
bydd fel lloffa tywysennau yn nyffryn
  Reffaim.
⁶ Ac ni chaiff ond gweddillion wrth
  guro'r olewydd,
dim ond dau ffrwyth neu dri ar flaen
  y brigau,
pedwar neu bump o ffrwythau ar
  ganghennau'r coed,"
medd yr ARGLWYDD, Duw Israel.

⁷ Yn y dydd hwnnw fe edrych pobl at eu Gwneuthurwr, a throi eu golwg at Sanct Israel. ⁸ Nid edrychant at yr allorau, gwaith eu dwylo, nac ychwaith at yr hyn a wnaeth eu bysedd—y pyst cysegredig a'r allorau arogldarthu. ⁹ Yn y dydd hwnnw y gadewir eu dinasoedd cadarn fel adfeilion dinasoedd yr Hefiaid a'r Amoriaid*, a adawyd o achos yr Israeliaid; a byddant yn ddiffaith.

¹⁰ Oherwydd anghofiaist y Duw a'th
  achubodd;
ni chofiaist graig dy gadernid;
am hynny, er i ti blannu planhigion
  hyfryd
a gosod impyn estron,
¹¹ a'u cael i dyfu ar y dydd y
  plennaist hwy
ac i flodeuo yn y bore yr heuaist hwy,
bydd y cnwd wedi crino mewn dydd
  o ofid
a gwendid nychlyd.

¹² Och! Twrf pobloedd lawer
yn taranu fel tonnau'r môr;
y mae rhuad y bobloedd fel rhuad
  dyfroedd cryfion.
¹³ Er bod y bobloedd yn rhuo fel
  rhuad dyfroedd mawrion,
pan geryddir hwy, fe ffoant ymhell;
erlidir hwy fel peiswyn ar fynydd o
  flaen y gwynt,
fel plu ysgall o flaen corwynt.
¹⁴ Tua'r hwyrddydd wele drallod;
cyn y bore aeth y cyfan.
Dyma dynged ein hysbeilwyr,
dyma ran ein rheibwyr.

Yn Erbyn Ethiopia

18 Gwae wlad yr adenydd chwim,
sydd tu draw i afonydd Ethiopia,

17:2 Felly Groeg. Hebraeg, *Bydd dinasoedd Aroer wedi eu gwrthod.*

17:9 Cymh. Groeg. Hebraeg, *fel tir coediog a rhosydd.*

² ac yn anfon cenhadau dros y môr
mewn cychod o bapurfrwyn ar
    wyneb y dyfroedd.
Ewch, chwi negeswyr cyflym,
at genedl sy'n dal ac yn llyfn,
at bobl a ofnir ymhell ac agos,
cenedl gref sy'n mathru eraill,
a'i thir wedi ei rannu gan afonydd.
³ Chwi, holl drigolion byd a phobl y
    ddaear,
edrychwch pan godir baner ar y
    mynyddoedd,
gwrandewch pan gân yr utgorn.

⁴ Fel hyn y dywedodd yr ARGLWYDD
    wrthyf:
"Gwyliaf yn llonydd o'm trigfan,
yr un fath â thes yr haul
a chwmwl gwlith yng ngwres y
    cynhaeaf."
⁵ Canys cyn y cynhaeaf, pan
    dderfydd y blodau,
a'r tusw blodau yn troi'n rawnwin
    aeddfed,
torrir ymaith y brigau â chyllell
    finiog,
a thynnir i ffwrdd y cangau sydd ar
    led.
⁶ Fe'u gadewir i gyd i adar rheibus y
    mynydd
ac i anifeiliaid gwylltion.
Yno bydd yr adar rheibus yn
    treulio'r haf,
a'r anifeiliaid gwylltion yn gaeafu.

⁷ Yn yr amser hwnnw dygir rhoddion i ARGLWYDD y Lluoedd gan bobl dal a llyfn, pobl a ofnir ymhell ac agos, cenedl gref sy'n mathru eraill, a'i thir wedi ei rannu gan afonydd, i'r lle sy'n dwyn enw ARGLWYDD y Lluoedd, Mynydd Seion.

Yn Erbyn yr Aifft

19 Yr oracl am yr Aifft:

Wele'r ARGLWYDD yn marchogaeth ar
    gwmwl buan,
ac yn dod i'r Aifft;
bydd eilunod yr Aifft yn crynu o'i
    flaen,
a chalon yr Eifftiaid yn toddi o'u
    mewn.
² "Gyrraf Eifftiwr yn erbyn Eifftiwr;
ymladd brawd yn erbyn brawd,
a chymydog yn erbyn cymydog,
dinas yn erbyn dinas,
a theyrnas yn erbyn teyrnas.
³ Palla ysbryd yr Eifftiaid o'u mewn,
a drysaf eu cynlluniau;
ânt i ymofyn â'u heilunod a'u
    swynwyr,
â'u dewiniaid a'u dynion hysbys.
⁴ Trosglwyddaf yr Aifft i feistr caled,
a theyrnasa brenin creulon arnynt,"
medd yr Arglwydd, ARGLWYDD y
    Lluoedd.

⁵ Sychir dyfroedd y Neil,
bydd yr afon yn hesb a sych,
⁶ y ffosydd yn drewi,
ffrydiau y Neil yn edwino gan
    sychder,
a'r brwyn a'r helyg yn gwywo;
⁷ bydd lleiniau o dir moel wrth y
    Neil,
a bydd popeth a heuir gyda glan yr
    afon
yn crino ac yn diflannu'n llwyr.
⁸ Bydd y pysgotwyr yn tristáu ac yn
    cwynfan,
pob un sy'n taflu bach yn y Neil;
bydd y rhai sy'n bwrw rhwydi ar y
    dyfroedd yn dihoeni.
⁹ Bydd gweithwyr llin mewn trallod,
a'r cribwragedd a'r gwehyddion yn
    gwelwi.
¹⁰ Bydd y rhai sy'n nyddu yn benisel
a phob crefftwr yn torri ei galon.

¹¹ O'r fath ffyliaid, chwi dywysogion
    Soan,
y doethion sy'n cynghori Pharo â
    chyngor hurt!
Sut y gallwch ddweud wrth Pharo,
"Mab y doethion wyf fi,
o hil yr hen frenhinoedd"?
¹² Ble mae dy ddoethion?
Bydded iddynt lefaru'n awr, a'th
    ddysgu
beth a fwriadodd ARGLWYDD y
    Lluoedd ynglŷn â'r Aifft.
¹³ Gwnaed tywysogion Soan yn
    ffyliaid,
a thwyllwyd tywysogion Noff;
aeth penaethiaid ei llwythau â'r Aifft
    ar gyfeiliorn.
¹⁴ Cynhyrfodd yr ARGLWYDD ysbryd
    drygioni o'i mewn,

a gwneud i'r Aifft gyfeiliorni ym
   mhopeth a wna,
fel y bydd meddwyn yn ymdroi yn ei
   gyfog.
¹⁵ Ni bydd dim y gellir ei wneud i'r
   Aifft gan neb,
na phen na chynffon, na changen na
   brwynen.

¹⁶ Yn y dydd hwnnw bydd yr Eifftiaid fel gwragedd yn crynu gan ofn o flaen y llaw y bydd ARGLWYDD y Lluoedd yn ei hysgwyd yn eu herbyn. ¹⁷ Bydd tir Jwda yn arswyd i'r Aifft, a phob sôn amdano yn codi ofn arni, oherwydd y cynllun a fwriadodd ARGLWYDD y Lluoedd yn ei herbyn.

¹⁸ Yn y dydd hwnnw bydd pump o ddinasoedd yr Aifft yn siarad iaith Canaan, ac yn tyngu llw o ffyddlondeb i ARGLWYDD y Lluoedd. Enw un ohonynt fydd Dinas yr Haul*.

¹⁹ Yn y dydd hwnnw bydd allor i'r ARGLWYDD yng nghanol yr Aifft, a cholofn i'r ARGLWYDD ar ei goror. ²⁰ Bydd yn arwydd ac yn dystiolaeth i ARGLWYDD y Lluoedd yng ngwlad yr Aifft; pan lefant ar yr ARGLWYDD oherwydd eu gorthrymwyr, bydd yntau yn anfon gwaredydd iddynt i'w hamddiffyn a'u hachub. ²¹ Bydd yr ARGLWYDD yn ei wneud ei hun yn adnabyddus i'r Eifftiaid, a byddant hwythau'n cydnabod yr ARGLWYDD yn y dydd hwnnw, ac yn ei addoli ag aberth a bwydoffrwm, ac yn addunedu i'r ARGLWYDD ac yn talu eu haddunedau iddo. ²² Bydd yr ARGLWYDD yn taro'r Aifft, yn ei tharo ac yn ei gwella; pan ddychwelant at yr ARGLWYDD bydd yntau'n gwrando arnynt ac yn eu hiacháu. ²³ Yn y dydd hwnnw bydd priffordd o'r Aifft i Asyria; fe â'r Asyriaid i'r Aifft a'r Eifftiaid i Asyria, a bydd yr Eifftiaid yn addoli gyda'r* Asyriaid.

²⁴ Yn y dydd hwnnw bydd Israel yn un o dri, gyda'r Aifft ac Asyria, ac yn gyfrwng bendith yng nghanol y byd. ²⁵ Bendith ARGLWYDD y Lluoedd fydd, "Bendith ar yr Aifft, fy mhobl, ac ar Asyria, gwaith fy nwylo, ac ar Israel, f'etifeddiaeth."

19:18 Neu, *Dinas Distryw.*
19:23 Neu, *yn weision i'r.*

Neges y Proffwyd Noeth

20 Yn y flwyddyn pan ddaeth y cadfridog*, a anfonwyd gan Sargon brenin Asyria, i Asdod ac ymladd yn ei herbyn a'i hennill, ² dyna'r pryd y dywedodd yr ARGLWYDD wrth* Eseia fab Amos, "Dos, datod y sachliain oddi am dy lwynau, a thyn dy sandalau oddi am dy draed." Fe wnaeth hynny, a cherddodd o amgylch heb ddillad ac yn droednoeth. ³ Dywedodd yr ARGLWYDD, "Fel y mae fy ngwas Eseia wedi bod yn cerdded heb ddillad ac yn droednoeth am dair blynedd, yn arwydd ac yn rhybudd yn erbyn yr Aifft ac Ethiopia, ⁴ felly y bydd brenin Asyria yn arwain yr Eifftiaid yn gaeth ac Ethiopia i gaethglud, yn ifanc a hen, heb ddillad, yn droednoeth ac yn dinnoeth, yn gywilydd i'r Aifft. ⁵ Bydd pawb mewn arswyd a dryswch o achos Ethiopia, eu gobaith, a'r Aifft, eu balchder. ⁶ Bydd pawb sy'n trigo ar y traethau hyn yn y dydd hwnnw yn dweud, 'Dyma sydd wedi digwydd i'r rhai yr oeddem ni'n gobeithio ynddynt ac yn dibynnu arnynt* am help a gwaredgaeth o afael brenin Asyria. Sut felly y dihangwn?' "

Yn Erbyn Babilon

21 Yr oracl am anialwch y môr:

Fel corwynt yn chwyrlïo dros y
   Negef,
felly y daw dinistr o'r anialwch, o
   wlad ofnadwy.
² Mynegwyd gweledigaeth greulon i
   mi:
bradwr yn bradychu, anrheithiwr yn
   anrheithio.
Cod, Elam! I'r gwarchae, Fediaid!
Rhof daw ar bob griddfan a
   achoswyd.
³ Am hynny llanwyd fy llwynau â
   gofid,
cydiwyd ynof gan wewyr, fel gwraig
   wrth esgor;
cythryblwyd fi wrth ei glywed,
brawychais wrth ei weld.

20:1 Neu, *pan ddaeth Tartan.*
20:2 Felly Groeg. Hebraeg, *trwy.*
20:6 Felly Sgrôl A. TM, *yn ffoi atynt.*

Eseia 21, 22

⁴ Y mae fy meddwl yn drysu, a braw
   yn fy nirdynnu;
trodd yr hwyrddydd a ddymunais yn
   ddychryn imi.
⁵ Huliant fwrdd, taenant y lliain,
   y maent yn bwyta ac yn yfed.
Codwch, chwi dywysogion, gloywch
   eich tarian.
⁶ Oherwydd fel hyn y dywed yr
   Arglwydd wrthyf:
"Dos, gosod wyliwr i fynegi'r hyn a
   wêl.
⁷ Os bydd yn gweld cerbyd gyda
   phâr o feirch,
marchog ar asyn neu farchog ar
   gamel,
y mae i sylwi'n ddyfal, ddyfal."
⁸ Yna fe lefodd y gwyliwr*,
"Rwyf wedi sefyll ar y tŵr ar hyd y
   dydd, O Arglwydd,
ac rwyf wedi cadw gwyliadwriaeth
   am nosau cyfan;
⁹ a dyma a ddaeth—gŵr mewn
   cerbyd gyda phâr o feirch,
yn dweud, 'Y mae wedi syrthio! Y
   mae Babilon wedi syrthio,
a holl ddelwau ei duwiau wedi eu
   dryllio i'r llawr.' "
¹⁰ Chwi, fy eiddo a fu dan y dyrnwr
   ac a nithiwyd,
mynegais i chwi yr hyn a glywais
gan ARGLWYDD y Lluoedd, Duw
   Israel.

Yn Erbyn Edom

¹¹ Yr oracl am Duma:

Geilw un arnaf o Seir,
"O wyliwr, beth am y nos?
O wyliwr, beth am y nos?"
¹² Atebodd y gwyliwr,
"Daw bore, a nos hefyd.
Os ydych am ofyn, gofynnwch,
a dewch yn ôl eto."

Yn Erbyn Arabia

¹³ Yr oracl am Arabia:

Yn llwyni Arabia y lletywch,
chwi garafanau Dedanim;
¹⁴ dewch â diod i gyfarfod y rhai
   sychedig.
Chwi drigolion Tema,

ewch i gyfarfod y ffoedigion â bara;
¹⁵ oherwydd ffoesant rhag y cleddyf,
   rhag y cleddyf noeth
a'r bwa anelog, a rhag pwys y frwydr.

¹⁶ Oherwydd fel hyn y dywed yr Arglwydd wrthyf: "O fewn blwyddyn, yn ôl tymor gwas cyflog, daw diwedd ar holl ogoniant Cedar; ¹⁷ ychydig o saethwyr bwa o blith gwŷr grymus Cedar a fydd yn weddill." Llefarodd yr ARGLWYDD, Duw Israel.

Yn Erbyn Jerwsalem

22 Yr oracl am ddyffryn y weledigaeth:

Beth sy'n bod? Pam y mae pawb
   ohonoch
wedi dringo i bennau'r tai?
² Dinas yn llawn cynnwrf, un mewn
   terfysg, tref mewn berw!
Ni laddwyd dy laddedigion â'r
   cleddyf,
na'th feirwon mewn brwydr.
³ Ffodd dy arweinwyr i gyd gyda'i
   gilydd,
fe'u daliwyd heb blygu bwa;
daliwyd dy filwyr praffaf* i gyd
   gyda'i gilydd,
er iddynt ffoi ymhell i ffwrdd.
⁴ Am hynny dywedais, "Trowch eich
   golwg oddi wrthyf,
gadewch i mi wylo'n chwerw;
peidiwch â cheisio fy niddanu
am ddinistr merch fy mhobl."

⁵ Oherwydd y mae gan yr Arglwydd,
   ARGLWYDD y Lluoedd,
ddiwrnod o derfysg, o fathru ac o
   ddryswch
yn nyffryn y weledigaeth,
diwrnod o falurio ceyrydd
ac o weiddi yn y mynyddoedd.
⁶ Cododd Elam ei gawell saethau,
bachwyd meirch wrth gerbydau
   Aram*,
dinoethodd Cir ei tharian.
⁷ Aeth eich dyffrynnoedd dethol yn
   llawn cerbydau,
a'r gwŷr meirch yn gwarchae ar y
   pyrth;

21:8 Felly Sgrôl ac un Fersiwn. TM, *llew.*
22:3 Felly Groeg. Hebraeg, *dy filwyr a gafwyd ynot.*
22:6 Tebygol. Hebraeg, *dyn.*

⁸ dinoethwyd amddiffynfa Jwda.
Yn y dydd hwnnw buoch yn
    archwilio'r
arfogaeth yn Nhŷ'r Goedwig,
⁹ yn edrych y bylchau yn Ninas
    Dafydd
am eu bod yn niferus,
ac yn cronni dyfroedd y Llyn Isaf.
¹⁰ Buoch hefyd yn rhifo tai
    Jerwsalem
ac yn tynnu rhai i lawr i ddiogelu'r
    mur;
¹¹ gwnaethoch gronfa rhwng y ddau
    fur
i ddal y dyfroedd o'r Hen Lyn.
Ond ni roesoch sylw i'r un a'i
    gwnaeth,
nac ystyried yr hwn a'i lluniodd
    erstalwm.

¹² Yn y dydd hwnnw, fe alwodd yr
    Arglwydd,
ARGLWYDD y Lluoedd, am wylofain a
    galaru,
am eillio pen a gwregysu â sachliain;
¹³ ond dyma lawenydd a gorfoledd,
lladd gwartheg a lladd defaid,
bwyta cig ac yfed gwin, a dweud,
"Gadewch inni fwyta ac yfed,
oherwydd yfory byddwn farw."

¹⁴ Datguddiodd ARGLWYDD y Lluoedd
hyn yn fy nghlyw, a dweud,

"Yn wir, ni lanheir yr drygioni hwn
    nes i chwi farw."
Dyna a ddywedodd yr Arglwydd,
ARGLWYDD y Lluoedd.

¹⁵ Dyma'r hyn a ddywed yr
    Arglwydd, ARGLWYDD y Lluoedd:
"Dos, a gofyn i'r swyddog hwn,
Sebna, arolygydd y tŷ,
¹⁶ 'Beth a wnei di yma, pwy sydd
    gennyt yma,
dy fod wedi torri bedd yma i ti dy
    hun,
gan dorri dy fedd ar le uchel
a naddu claddfa i ti dy hun mewn
    craig?
¹⁷ Wele, bydd yr ARGLWYDD yn gafael
    yn dynn ynot
ac yn dy hyrddio i lawr, ŵr cryf;
¹⁸ bydd yn dy chwyrlïo amgylch
    ogylch,
ac yn dy daflu fel pêl ar faes agored,
    llydan.
Yno y byddi farw, ac yno yr erys dy
    gerbydau mawreddog,
yn warth i dŷ dy feistr.
¹⁹ Fe'th yrraf o'th swydd, ac fe'th
    fwrir o'th safle.'"

²⁰ "Yn y dydd hwnnw byddaf yn galw am fy ngwas Eliacim fab Hilceia, ²¹ ac yn ei wisgo â'th fantell di, ac yn rhwymo dy wregys amdano, ac yn rhoi d'awdurdod di yn ei law. Bydd ef yn dad i drigolion Jerwsalem ac i bobl Jwda. ²² Gosodaf allwedd tŷ Dafydd ar ei ysgwydd; beth bynnag y bydd yn ei agor, ni fydd neb yn gallu ei gau, a beth bynnag y bydd yn ei gau, ni fydd neb yn gallu ei agor. ²³ Byddaf yn ei osod yn sicr, fel hoelen yn ei lle; bydd yn orsedd ogoneddus yn nhŷ ei dad. ²⁴ Ef fydd yn cynnal holl bwys y teulu, yr hil a'r epil, sef yr holl lestri mân, yn gwpanau ac yn gawgiau. ²⁵ Yn y dydd hwnnw," medd ARGLWYDD y Lluoedd, "fe symudir yr hoelen a osodwyd yn sicr yn ei lle; fe'i torrir ac fe syrthia; dryllir hefyd y llwyth a oedd arni." Llefarodd yr ARGLWYDD.

Yn Erbyn Tyrus

23 Yr oracl am Tyrus:

Udwch, longau Tarsis, oherwydd
    anrheithiwyd y porthladd;
wrth groesi o dir Chittim fe welir
    hynny.
² Wylwch, drigolion y glannau,
masnachwyr Sidon, sy'n tramwyo'r
    môr,
³ a'th weision ar y dyfroedd
    mawrion*;
cnwd Sihor, cynhaeaf y Neil, oedd dy
    gyllid,
a masnachwr y cenhedloedd oeddit
    ti.
⁴ Cywilydd arnat, Sidon, canys
    llefarodd y môr,
caer y môr, a dweud,
"Nid wyf mewn gwewyr nac yn esgor,
nac yn magu llanciau nac yn
    meithrin morynion."
⁵ Pan ddaw'r newydd i'r Aifft,

23:3 Cymh. Fersiynau a Sgrôl. TM, *cyflawnodd di. Ar y dyfroedd mawrion . . .*

gwingant wrth glywed am Tyrus.
⁶ Ewch drosodd i Tarsis;
udwch, drigolion y glannau.
⁷ Ai hon yw eich dinas brysur,
sydd â'i hanes mor hen,
a'i theithio wedi mynd â hi
i ymsefydlu mor bell?
⁸ Pwy a gynlluniodd hyn yn erbyn
    Tyrus goronog,
oedd â'i masnachwyr yn dywysogion
a'i marchnatwyr yn fawrion y
    ddaear?
⁹ ARGLWYDD y Lluoedd a'i
    cynlluniodd,
i ddifwyno pob gogoniant balch,
i ddiraddio holl fawrion y ddaear.
¹⁰ Dos trwy dy dir, fel y gwna'r Neil,
    ferch Tarsis;
nid oes atalfa mwyach.
¹¹ Estynnodd yr ARGLWYDD ei law
    dros y môr,
ysgydwodd deyrnasoedd;
rhoes orchymyn ynghylch Canaan,
i ddinistrio ei cheyrydd.
¹² A dywedodd,
"Ni chei ymffrostio ddim mwy,
ti forwyn a orthrymwyd, ferch
    Sidon;
cod, dos drosodd i Chittim,
ond ni chei orffwys yno chwaith."

¹³ Edrych ar wlad y Caldeaid. Y rhain—nid yr Asyriaid—yw'r bobl a bennodd Tyrus i'r anifeiliaid gwylltion. Hwy a gododd warchae, a dryllio'i phalasau, a'i thynnu i lawr yn adfeilion.

¹⁴ Udwch, chwi longau Tarsis,
oherwydd anrheithiwyd eich
    amddiffynfa.

¹⁵ Yn yr amser hwnnw fe anghofir Tyrus am ddeng mlynedd a thrigain, sef hyd einioes un brenin; ac ymhen deng mlynedd a thrigain bydd cyflwr Tyrus fel y butain yn y gân:

¹⁶ "Cymer dy delyn, rhodianna trwy'r
    ddinas,
di butain a anghofiwyd;
tyn yn dyner ar y tannau,
cân dy ganeuon yn aml,
fel y cofir di drachefn."

¹⁷ Ar ddiwedd y deng mlynedd a thrigain, bydd yr ARGLWYDD yn ymweld eto â Tyrus; fe â hithau'n ôl at ei masnach a'i llogi ei hun i bob teyrnas ar y ddaear. ¹⁸ Ond bydd ei helw a'i henillion wedi eu neilltuo i'r ARGLWYDD; ni chronnir hwy na'u cuddio, ond bydd ei masnach yn darparu llawnder o fwyd a gwisgoedd hardd i'r rhai sy'n byw yng ngŵydd yr ARGLWYDD.

Dinistr ar y Ddaear

24 Wele, y mae'r ARGLWYDD yn
    gwacáu'r ddaear,
yn ei difrodi, yn ei throi â'i hwyneb i
    waered,
ac yn gyrru ei thrigolion ar wasgar.
² Bydd yr un ffunud i bobl ac i
    offeiriad,
i was ac i feistr, i lawforwyn ac i
    feistres,
i brynwr ac i werthwr, i echwynnwr
    ac i fenthyciwr,
i'r un sy'n derbyn llog ac i'r un sy'n
    ei dalu.
³ Gwneir y ddaear yn gwbl wag, a'i
    hysbeilio'n llwyr.
Oherwydd yr ARGLWYDD a lefarodd y
    gair hwn.

⁴ Gwywodd y ddaear a chrino,
dihoenodd y byd ac edwino,
dihoenodd uchelfeydd y ddaear*.
⁵ Halogwyd y ddaear gan ei
    phreswylwyr,
am iddynt dorri'r cyfreithiau, newid
    y deddfau
a diddymu'r cyfamod tragwyddol.
⁶ Am hynny fe ysir y wlad gan
    felltith,
a chosbir ei thrigolion;
am hynny hefyd fe â'r trigolion yn
    llai a llai,
ac ychydig fydd yn weddill.
⁷ Fe â'r gwin newydd yn wan,
dihoena'r winwydden,
a thry'r gorfoleddwyr i riddfan.
⁸ Bydd sŵn llawen y tympanau yn
    peidio,
a thrwst y gyfeddach yn distewi,
a'r delyn hyfryd yn dawel.
⁹ Ni fydd yfed gwin yn sŵn canu;
bydd y ddiod yn chwerw i'r yfwr.

24:4 Felly Groeg. Hebraeg, *uchelfeydd pobl y ddaear*.

¹⁰ Bydd dinas anhrefn wedi ei
   dryllio,
a phob tŷ ar glo rhag i neb fynd
   iddo.
¹¹ Er galw am win yn yr heolydd,
bydd diwedd ar bob cyfeddach,
a diflanna llawenydd o'r wlad.
¹² Anghyfanhedd-dra yn unig a
   adewir yn y ddinas,
a bydd ei phyrth wedi eu dryllio'n
   gandryll.
¹³ Felly y bydd dros y byd i gyd
   ymhlith y bobloedd,
fel ar adeg ysgwyd yr olewydd
a lloffa'r gwinwydd ar ôl y cynhaeaf.

¹⁴ Byddant yn codi llef ac yn
   llawenhau,
datganant glod yr ARGLWYDD o'r
   gorllewin.
¹⁵ Am hynny taler parch i'r
   ARGLWYDD yn y dwyrain,
i enw'r ARGLWYDD, Duw Israel, yn
   ynysoedd y gorllewin.
¹⁶ O eithafoedd y ddaear fe glywn
   orfoledd:
"Gogoniant i'r Un Cyfiawn."
Ond fe ddywedaf fi, "Nychdod!
   Nychdod!
Gwae fi! y twyllwyr a dwyllodd,
   twyllwyr a dwyllodd â'u twyll."
¹⁷ Dychryn, pwll, magl
sydd ar dy gyfer, breswylydd y tir;
¹⁸ y sawl a ffy o drwst y dychryn
a syrth i'r pwll,
a'r sawl a gyfyd o ganol y pwll
a ddelir yn y fagl.
Oherwydd agorir ffenestri'r uchelder,
ac fe gryna seiliau'r ddaear;
¹⁹ dryllir y ddaear yn deilchion,
ei rhwygo drwyddi a'i hysgwyd yn
   ffyrnig;
²⁰ bydd y ddaear yn gwegian yn ôl a
   blaen fel meddwyn,
yn siglo fel caban gwyliwr;
bydd pwysau ei chamwedd mor
   drwm arni,
fel y bydd yn syrthio heb godi byth
   mwy.

²¹ Yn y dydd hwnnw fe gosba'r
   ARGLWYDD lu'r nef yn y nef,
a brenhinoedd y ddaear ar y ddaear.
²² Fe'u cesglir ynghyd, yn glòs fel
   carcharorion mewn cell;
caeir arnynt yng ngharchar, a'u cosbi
   ymhen amser hir.
²³ Gwaradwyddir y lloer,
a chywilyddia'r haul,
oherwydd teyrnasa ARGLWYDD y
   Lluoedd
ar Fynydd Seion ac yn Jerwsalem,
a'i ogoniant yn amlwg gerbron ei
   henuriaid.

Moliant i Dduw

25 O ARGLWYDD, fy Nuw ydwyt ti;
mawrygaf di a chlodforaf dy enw
am iti gyflawni bwriad rhyfeddol,
sy'n sicr a chadarn ers oesoedd.
² Gwnaethost ddinas yn bentwr,
a thref gaerog yn garnedd;
ysgubwyd ymaith y plasty o'r ddinas,
ac nis adeiledir byth eto.
³ Am hynny y mae pobl nerthol yn dy
   ogoneddu,
a dinasoedd cenhedloedd trahaus yn
   dy barchu.
⁴ Canys buost yn noddfa i'r tlawd,
yn noddfa i'r anghenus yn ei
   gyfyngder,
yn lloches rhag y storm ac yn gysgod
   rhag y gwres.
Oherwydd y mae anadl y rhai
   trahaus fel gwynt oer,
⁵ neu fel gwres ar dir sych.
Rwyt yn tawelu twrf y dieithriaid;
fel y bydd gwres yn oeri dan gwmwl,
felly y bydd cân y trahaus yn distewi.

Gwledd ar Fynydd Seion

⁶ Ar y mynydd hwn bydd ARGLWYDD
   y Lluoedd
yn paratoi gwledd o basgedigion i'r
   bobl i gyd,
gwledd o win wedi aeddfedu,
o basgedigion breision a hen win
   wedi ei hidlo'n lân.
⁷ Ac ar y mynydd hwn fe ddifa'r
   gorchudd
a daenwyd dros yr holl bobloedd,
llen galar sy'n cuddio pob cenedl;
⁸ llyncir angau am byth,
a bydd yr ARGLWYDD Dduw yn sychu
   ymaith ddagrau oddi ar bob
   wyneb,
ac yn symud ymaith warth ei bobl
   o'r holl ddaear.

Yr ARGLWYDD a lefarodd hyn.
⁹ Yn y dydd hwnnw fe ddywedir,
"Wele, dyma ein Duw ni.
Buom yn disgwyl amdano i'n
 gwaredu;
dyma'r ARGLWYDD y buom yn
 disgwyl amdano,
gorfoleddwn a llawenychwn yn ei
 iachawdwriaeth."
¹⁰ Oherwydd bydd llaw yr ARGLWYDD
 yn gorffwys dros y mynydd hwn,
ond fe sethrir Moab dan ei draed
fel sathru gwellt mewn tomen;
¹¹ bydd Moab yn estyn ei ddwylo allan
 yn ei chanol,
fel nofiwr yn eu hestyn i nofio,
ond fe suddir ei balchder gyda phob
 symudiad dwylo.
¹² Bydd yr ARGLWYDD yn bwrw'r
 amddiffynfa i lawr,
yn gwneud eich muriau yn
 gydwastad â'r pridd,
ac yn eu taflu i lawr i'r llwch.

Cân o Foliant

26 Yn y dydd hwnnw cenir y gân
 hon yng ngwlad Jwda:
Y mae gennym ddinas gadarn;
y mae'n gosod iachawdwriaeth yn
 furiau a chaerau iddi.
² Agorwch y pyrth i'r genedl gyfiawn
 ddod i mewn,
y genedl sy'n cadw'r ffydd.
³ Yr wyt yn cadw mewn heddwch
 perffaith
y sawl sydd â'i feddylfryd arnat,
am ei fod yn ymddiried ynot.
⁴ Ymddiriedwch yn yr ARGLWYDD o
 hyd,
canys craig dragwyddol yw'r
 ARGLWYDD Dduw.
⁵ Y mae'n tynnu i lawr breswylwyr yr
 uchelder
a'r ddinas ddyrchafedig;
fe'i gwna'n wastad, yn gydwastad â'r
 llawr,
a'i bwrw i'r llwch;
⁶ fe'i sethrir dan draed, traed y rhai
 truenus,
a than sang y rhai tlawd.
⁷ Y mae'r llwybr yn wastad i'r rhai
 cyfiawn;

gwnei ffordd y cyfiawn yn llyfn*;
⁸ edrychwn ninnau atat ti, O
 ARGLWYDD,
am lwybr dy farnedigaethau;
d'enw di a'th goffa di yw ein dyhead
 dwfn.
⁹ Deisyfaf di â'm holl galon drwy'r
 nos,
a cheisiaf di'n daer gyda'r wawr;
oherwydd pan fydd dy
 farnedigaethau yn y wlad,
bydd trigolion byd yn dysgu
 cyfiawnder.
¹⁰ Er gwneud cymwynas â'r
 annuwiol, ni ddysg gyfiawnder;
fe wna gam hyd yn oed mewn gwlad
 gyfiawn,
ac ni wêl fawredd yr ARGLWYDD.
¹¹ O ARGLWYDD, dyrchafwyd dy law,
 ond nis gwelant;
gad iddynt weld dy sêl dros dy bobl,
 a chywilyddio;
a bydded i dân d'elyniaeth eu hysu.
¹² ARGLWYDD, ti sy'n trefnu heddwch
 i ni,
oherwydd ti a wnaeth ein holl
 weithredoedd trosom.
¹³ O ARGLWYDD ein Duw, er i
 arglwyddi eraill reoli trosom,
dy enw di yn unig a gydnabyddwn.
¹⁴ Y maent yn feirw, heb fedru byw,
yn gysgodion, heb fedru codi
 mwyach.
I hynny y cosbaist hwy a'u difetha,
a diddymu pob atgof amdanynt.
¹⁵ Ond cynyddaist y genedl, O
 ARGLWYDD,
cynyddaist y genedl, a'th ogoneddu
 dy hun;
estynnaist holl derfynau'r wlad.
¹⁶ Mewn adfyd, O ARGLWYDD,
 roeddem yn dy geisio,
ac yn tywallt allan ein gweddi
pan oeddet yn ein ceryddu.
¹⁷ Fel y bydd gwraig ar fin esgor
yn gwingo ac yn gweiddi gan boen,
felly y'n ceir ni yn dy ŵydd, O
 ARGLWYDD;
¹⁸ yr oeddem yn feichiog, ac fel pe
 baem ar fin esgor,
a heb eni dim ond gwynt.

26:7 Hebraeg yn ychwanegu *union*. Groeg hebddo.

Ni chawsom waredigaeth i'r wlad,
nac epilio ar rai i drigiannu'r byd.
¹⁹ Ond bydd dy feirw di yn byw,
a'u cyrff marw yn codi.
Chwi sy'n trigo yn y llwch, deffrowch
a chanwch;
oherwydd y mae dy wlith fel gwlith
goleuni,
a thithau'n peri iddo ddisgyn ar fro'r
cysgodion.
²⁰ Dewch, fy mhobl, ewch i'ch
ystafell,
caewch y drws, ac ymguddiwch am
ennyd,
nes i'r llid gilio.
²¹ Canys wele, y mae'r ARGLWYDD yn
dod allan o'i fangre
i gosbi trigolion y ddaear am eu
drygioni;
yna fe ddatgela'r ddaear y gwaed a
dywalltwyd,
ac ni chuddia ei lladdedigion byth
mwy.

Gwaredigaeth i Israel

27 Yn y dydd hwnnw bydd yr
ARGLWYDD â'i gleddyf creulon, mawr a
nerthol yn cosbi Lefiathan, y sarff
wibiog, Lefiathan, y sarff gordeddog, ac
yn lladd y ddraig sydd yn y môr. ² Yn y
dydd hwnnw y canwch gân y winllan
ddymunol:

³ "Myfi, yr ARGLWYDD, fydd yn ei
chadw,
yn ei dyfrhau bob munud,
ac yn ei gwylio nos a dydd,
rhag i neb ei cham-drin.
⁴ Nid oes gennyf lid yn ei herbyn;
os drain a mieri a rydd imi,
rhyfelaf yn ei herbyn, a'u llosgi i gyd;
⁵ ond os yw am afael ynof am
sicrwydd, gwnaed heddwch â
mi,
gwnaed heddwch â mi."

⁶ Fe ddaw'r adeg i Jacob fwrw
gwraidd,
ac i Israel flodeuo a blaguro,
a llenwi'r ddaear i gyd â chnwd.

⁷ A drawodd Duw ef fel y trawodd ef
yr un a'i trawodd?
A laddwyd ef fel y lladdodd ef yr un
a'i lladdodd?
⁸ Trwy symud ymaith a bwrw allan,
yr wyt yn ei barnu,
ac yn ei hymlid â gwynt creulon pan
gyfyd o'r dwyrain.
⁹ Am hynny, fel hyn y mae glanhau
drygioni Jacob,
a hyn* fydd yn symud ymaith ei
gamwedd—
gwneud holl feini'r allor
fel cerrig calch wedi eu malu,
heb bost nac allor yn sefyll.
¹⁰ Oherwydd y mae'r ddinas gadarn
yn unig,
yn fangre wedi ei gadael a'i gwrthod,
fel diffeithdir,
lle y mae'r llo yn pori a gorwedd,
ac yn cnoi pob blaguryn sy'n tyfu.
¹¹ Pan wywa'i changau, fe'u torrir,
a daw'r gwragedd a chynnau tân â
hwy.
Am mai pobl heb ddeall ydynt,
ni fydd eu Gwneuthurwr yn dangos
dim trugaredd,
na'u Creawdwr yn gwneud dim ffafr
â hwy.
¹² Yn y dydd hwnnw bydd yr
ARGLWYDD yn dyrnu ŷd
o'r afon Ewffrates hyd nant yr Aifft,
ac fe gewch chwi, blant Israel, eich
lloffa bob yn un ac un.
¹³ Yn y dydd hwnnw fe genir ag
utgorn mawr;
ac fe ddaw'r rhai oedd ar goll yng
ngwlad Asyria,
a'r rhai oedd ar chwâl yn yr Aifft,
ac addoli'r ARGLWYDD yn y mynydd
sanctaidd,
yn Jerwsalem.

Gwae ar Effraim

28 Gwae goronau balch meddwon
Effraim,
blodau gwyw eu haddurn
gogoneddus
ar ben y beilchion* bras a
orchfygwyd gan win.
² Wele, y mae gan yr ARGLWYDD un
nerthol a chryf;

27:9 Hebraeg yn ychwanegu *yr holl ffrwyth.*
28:1 Felly Sgrôl. TM, *y dyffryn.* Felly hefyd yn adn. 4.

fel storm o genllysg, fel tymestl
    ddinistriol,
fel cenllif o ddyfroedd yn gorlifo'n
    ddilyw,
fe ymesyd yn ddidostur ar y ddaear.
3 Bydd coronau balch meddwon
    Effraim
wedi eu mathru dan draed;
4 a bydd blodau gwyw eu haddurn
    gogoneddus
ar ben y beilchion bras
fel ffigysen gynnar cyn yr haf;
pan wêl rhywun hi fe'i llynca gyda'i
    bod yn ei law.

5 Yn y dydd hwnnw bydd ARGLWYDD
    y Lluoedd
yn goron odidog, yn dorch brydferth
    i weddill ei bobl,
6 yn ysbryd tegwch i'r sawl sy'n
    eistedd mewn barn,
ac yn gadernid i'r sawl sy'n troi'r
    rhyfel draw o'r porth.

7 Ond y mae eraill sy'n simsan gan
    win,
ac yn gwegian yn eu diod;
y mae'r offeiriad a'r proffwyd yn
    simsan yn eu diod,
ac wedi drysu gan win;
y maent yn gwegian mewn diod,
yn simsan yn eu gweledigaeth,
ac yn baglu yn eu dyfarniad.
8 Y mae pob bwrdd yn un chwydfa;
nid oes unman heb fudreddi.

9 "Pwy y mae'n ceisio'i ddysgu,
ac i bwy y mae am roi gwers?
Ai rhai newydd eu diddyfnu
a'u tynnu oddi wrth y fron?
10 Y mae fel dysgu sillafu:
'o s' am 'os', 'o s' am 'os'; 'a c' am
    'ac', 'a c' am 'ac'—
gair bach yma, gair bach draw."
11 Yn wir, trwy iaith estron a thafod
    dieithr
y lleferir wrth y bobl hyn,
12 y rhai y dywedodd wrthynt,
"Dyma'r orffwysfa, rhowch orffwys
    i'r lluddedig,
dyma'r esmwythfa"—ond ni fynnent
    wrando.
13 Ond dyma air yr ARGLWYDD
    iddynt:
"Mater o ddysgu sillafu yw hi:
'o s' am 'os', 'o s' am 'os'; 'a c' am
    'ac', 'a c' am 'ac'—
gair bach yma, gair bach draw."
Felly, wrth fynd ymlaen, fe syrthiant
    yn ôl,
a'u clwyfo, a'u baglu a'u dal.

14 Am hynny, gwrandewch air yr
    ARGLWYDD, chwi wŷr gwatwarus,
penaethiaid y bobl hyn sydd yn
    Jerwsalem.
15 Yr ydych chwi'n dweud,
"Gwnaethom gyfamod ag angau
a chynghrair â Sheol:
pan fydd y ffrewyll lethol yn mynd
    heibio, ni fydd yn cyffwrdd â ni,
am inni wneud celwydd yn noddfa
    inni a cheisio lloches mewn
    twyll."
16 Am hynny, fel hyn y dywed yr
    ARGLWYDD Dduw:
"Wele fi'n gosod carreg sylfaen yn
    Seion,
maen a brofwyd, conglfaen
    gwerthfawr, sylfaen safadwy;
ni frysia'r sawl sy'n credu.
17 Gwnaf farn yn llinyn mesur,
a chyfiawnder yn blymen;
bydd y cenllysg yn ysgubo ymaith
    eich noddfa celwydd,
a'r dyfroedd yn boddi eich lloches;
18 diddymir eich cyfamod ag angau,
ac ni saif eich cynghrair â Sheol.
Pan â'r ffrewyll lethol heibio
cewch eich mathru dani.
19 Bob tro y daw heibio, fe'ch tery;
y naill fore ar ôl y llall fe ddaw,
liw dydd a liw nos."
Ni fydd namyn dychryn i'r sawl a
    ddeall y wers.
20 Y mae'r gwely'n rhy fyr i rywun
    ymestyn ynddo,
a'r cwrlid yn rhy gul i'w blygu
    amdano.
21 Bydd yr ARGLWYDD yn codi fel ar
    Fynydd Perasim,
ac yn bwrw ei ddicter fel yn nyffryn
    Gibeon,
i orffen ei waith, ei ddieithr waith,
ac i gyflawni ei orchwyl, ei estron
    orchwyl.
22 Yn awr, peidiwch â'ch gwatwar,
rhag i'r rhwymau dynhau
    amdanoch,

canys clywais gyhoeddi diwedd a
  therfyn ar yr holl wlad
gan Arglwydd DDUW y Lluoedd.

²³ Clywch, gwrandewch arnaf,
rhowch sylw, a gwrandewch ar fy
  ngeiriau.
²⁴ A fydd yr arddwr yn aredig trwy'r
  dydd ar gyfer hau,
trwy'r dydd yn torri'r tir ac yn ei
  lyfnu?
²⁵ Oni fydd, ar ôl lefelu'r wyneb,
yn taenu ffenigl ac yn gwasgaru
  cwmin,
yn hau gwenith a haidd*,
a cheirch ar y dalar?
²⁶ Y mae ei Dduw yn ei hyfforddi
ac yn ei ddysgu'n iawn.
²⁷ Nid â llusgen y dyrnir ffenigl,
ac ni throir olwyn men ar gwmin;
ond dyrnir ffenigl â ffon,
a'r cwmin â gwialen.
²⁸ Fe felir ŷd i gael bara,
ac nid yw'r dyrnwr yn ei falu'n ddi-
  ddiwedd;
er gyrru olwyn men drosto,
ni chaiff y meirch ei fathru.
²⁹ Daw hyn hefyd oddi wrth
  ARGLWYDD y Lluoedd;
y mae ei gyngor yn rhyfeddol
a'i allu'n fawr.

Gwae ar Ddinas Dafydd

29 Gwae Ariel, Ariel,
y ddinas lle gwersyllodd Dafydd.
Gadewch i'r blynyddoedd fynd
  heibio,
aed y gwyliau yn eu cylch;
² yna dygaf gyfyngder ar Ariel,
a bydd galar a chwynfan;
bydd yn Ariel* mewn gwirionedd i
  mi.
³ Gwersyllaf o'th gwmpas fel cylch,
gwarchaeaf o'th amgylch â thyrau,
codaf offer gwarchae yn dy erbyn.
⁴ Fe'th ddarostyngir, a byddi'n
  llefaru o'r pridd,
ac yn sisial dy eiriau o'r llwch;
daw dy lais fel llais ysbryd o'r pridd,
daw sibrwd dy eiriau o'r llwch.

⁵ Ond bydd tyrfa dy elynion fel llwch
  mân,
a thyrfa dy gaseion fel us yn mynd
  heibio;
yna'n sydyn, ar amrantiad,
⁶ fe'th gosbir gan ARGLWYDD y
  Lluoedd
â tharan a daeargryn a sŵn mawr,
â storm a thymestl a fflam dân ysol.
⁷ Bydd holl dyrfa'r cenhedloedd sy'n
  rhyfela yn erbyn Ariel,
yn erbyn ei holl amddiffynfa a'i
  chadernid, ac yn ei gormesu,
fel breuddwyd, fel gweledigaeth
  nos—
⁸ fel y bydd y newynog yn
  breuddwydio ei fod yn bwyta,
ac yn deffro a'i gael ei hun yn wag,
fel y bydd y sychedig yn
  breuddwydio ei fod yn yfed,
ac yn deffro a'i gael ei hun yn wan a
  sychedig.
Felly y bydd gyda thyrfa'r holl
  genhedloedd
sy'n rhyfela yn erbyn Mynydd Seion.

⁹ Safwch yn syn a syfrdan, yn ddall a
  hurt;
ewch yn feddw, ond nid ar win,
yn chwil, ond nid ar ddiod gadarn.
¹⁰ Canys tywalltodd yr ARGLWYDD
  arnoch ysbryd trymgwsg;
caeodd eich llygaid, sef y proffwydi,
a gorchuddiodd eich pennau, sef y
  gweledyddion.

¹¹ Aeth y broffwydoliaeth i gyd fel geiriau
llyfr dan sêl. Os rhoddir ef i un a all
ddarllen, a dweud, "Darllen hwn i mi", fe
etyb, "Ni allaf, oherwydd y mae wedi ei
selio." ¹² Ac os rhoddir ef i un na all
ddarllen, a dweud, "Darllen hwn i mi", fe
etyb, "Ni fedraf ddarllen."

¹³ Yna fe ddywedodd yr ARGLWYDD,

"Oherwydd bod y bobl hyn yn nesáu
  ataf
ac yn talu gwrogaeth i mi â geiriau
  yn unig,
ond eu calon ymhell oddi wrthyf,
a'u parch i mi yn ddim ond cyfraith
  ddynol wedi ei dysgu ar gof,
¹⁴ am hynny wele fi'n gwneud
  rhyfeddod eto,
ac yn syfrdanu'r bobl hyn;

28:25 Felly Fersiynau. Hebraeg yn ychwanegu dau
air amwys.
29:2 H.y., *Allor danllyd.*

difethir doethineb eu doethion
a chuddir deall y rhai deallus."

¹⁵ Gwae y rhai sy'n cloddio'n ddwfn
i gadw eu cynllwyn yn gudd rhag yr
ARGLWYDD;
am fod eu gwaith yn y tywyllwch,
dywedant, "Pwy sy'n ein gweld? Pwy
sy'n gwybod?"
¹⁶ Troi popeth o chwith yr ydych.
A yw'r crochenydd i'w ystyried fel
clai?
A ddywed y peth a wnaethpwyd am
ei wneuthurwr,
"Nid ef a'm gwnaeth"?
A ddywed y llestr am ei luniwr, "Nid
yw'n deall"?

¹⁷ Onid ychydig bach fydd eto
nes troi Lebanon yn ddoldir,
a'r doldir yn cael ei ystyried yn
goetir?
¹⁸ Yn y dydd hwnnw bydd y rhai
byddar yn clywed geiriau o lyfr,
a llygaid y deillion yn gweld allan o'r
tywyllwch dudew.
¹⁹ Caiff y rhai llariaidd eto
lawenychu yn yr ARGLWYDD,
a'r tlotaf o bobl ymffrostio yn Sanct
Israel.
²⁰ Darfu am y rhai creulon, peidiodd
y rhai trahaus,
torrir ymaith bob un sy'n barod i
wneud drygioni,
²¹ a phawb sy'n cyhuddo dyn o
gamwedd,
yn gosod magl i'r un sy'n erlyn yn y
porth,
ac yn atal barn trwy dwyllo'r
cyfiawn.

²² Am hynny, fel hyn y dywed yr
ARGLWYDD wrth dŷ Jacob, y Duw a
waredodd Abraham:

"Nid yw'n amser i Jacob gywilyddio,
nac yn awr i'w wyneb welwi;
²³ pan wêl ef ei blant, gwaith fy nwylo
o'i fewn,
fe sancteiddiant fy enw,
sancteiddiant Sanct Jacob,
ac ofnant Dduw Israel;
²⁴ a bydd y rhai cyfeiliornus o ysbryd
yn dysgu deall,
a'r rhai gwrthnysig yn derbyn gwers."

Gwae ar y Genedl Wrthryfelgar

30 "Gwae chwi, blant gwrthryfelgar,"
medd yr ARGLWYDD,
"sy'n gweithio cynllun na ddaeth
oddi wrthyf fi,
ac yn dyfeisio planiau nad
ysbrydolwyd gennyf fi,
ac yn pentyrru pechod ar bechod.
² Ânt i lawr i'r Aifft, heb ofyn fy
marn,
i geisio help gan Pharo, a lloches yng
nghysgod yr Aifft.
³ Ond bydd help Pharo yn dwyn
gwarth arnoch,
a lloches yng nghysgod yr Aifft yn
waradwydd.
⁴ Canys, er bod ei swyddogion yn
Soan
a'i genhadau mor bell â Hanes,
⁵ fe ddaw pob un i gywilydd
oherwydd pobl ddi-fudd,
nad ydynt yn help na llesâd, ond yn
warth a gwaradwydd."

⁶ Oracl am anifeiliaid y Negef:

Trwy wlad caledi a loes,
gwlad y llewes a'r llew,
y wiber a'r sarff hedegog,
fe gludant eu cyfoeth ar gefn
asynnod
a'u trysorau ar grwmp camelod,
at bobl ddi-fudd.
⁷ Canys y mae help yr Aifft yn ofer a
gwag;
am hynny galwaf hi, Rahab segur.

⁸ Yn awr dos ac ysgrifenna ar lech,
a nodi hyn mewn llyfr,
iddo fod mewn dyddiau a ddaw
yn dystiolaeth barhaol.
⁹ Pobl wrthryfelgar yw'r rhain,
plant celwyddog,
plant na fynnant wrando cyfraith yr
ARGLWYDD,
¹⁰ ond sy'n dweud wrth y
gweledyddion, "Peidiwch ag
edrych",
ac wrth y proffwydi, "Peidiwch â
phroffwydo i ni bethau uniawn,
ond llefarwch weniaith a
gweledigaethau hudolus.
¹¹ Trowch o'r ffordd, gadewch y
llwybr uniawn,

parwch i Sanct Israel adael llonydd i
ni."

¹² Am hynny, fe ddywed Sanct Israel
fel hyn:
"Am i chwi wrthod y gair hwn
ac ymddiried mewn twyll a cham, a
phwyso arnynt,
¹³ bydd y drygioni hwn yn eich golwg
fel mur uchel a hollt yn rhedeg i lawr
ar ei hyd,
ac yn sydyn, mewn eiliad, yn chwalu;
¹⁴ bydd yn torri fel llestr
crochenydd,
yn chwilfriw ulw mân;
ni cheir ymysg ei ddarnau
gragen i godi tân oddi ar aelwyd,
neu i godi dŵr o ffos."

¹⁵ Canys fel hyn y dywed yr Arglwydd
DDUW, Sanct Israel:
"Wrth ddychwelyd a bod yn dawel y
byddwch gadwedig,
wrth lonyddu a bod yn hyderus y
byddwch gadarn.
Ni fynnwch chwi hyn, ond dweud,
¹⁶ 'Nid felly, fe ffown ni ar feirch.'
Felly bydd yn rhaid i chwi ffoi.
'Fe farchogwn ni feirch cyflym,'
meddwch.
Felly bydd eich erlidwyr yn gyflym.
¹⁷ Bydd mil yn ffoi ar fygythiad un;
ar fygythiad pump, fe ffowch nes
eich gadael
fel lluman ar ben mynydd,
ac fel baner ar fryn."
¹⁸ Er hynny, y mae'r ARGLWYDD yn
disgwyl
i gael trugarhau wrthych,
ac yn barod i ddangos tosturi.
Canys Duw cyfiawnder yw'r
ARGLWYDD;
gwyn ei fyd pob un sy'n disgwyl
wrtho.

¹⁹ Chwi bobl Seion, trigolion Jerwsalem,
peidiwch ag wylo mwyach. Bydd ef yn
rasol wrth sŵn dy gri; pan glyw di, fe'th
etyb. ²⁰ Er i'r Arglwydd roi iti fara adfyd
a dŵr cystudd, ni chuddir dy athrawon
mwyach, ond caiff dy lygaid eu gweld.
²¹ Pan fyddwch am droi i'r dde neu i'r
chwith, fe glywch â'ch clustiau lais o'ch
ôl yn dweud, "Dyma'r ffordd, rhodiwch
ynddi." ²² Fe ffieiddiwch eich delwau
arian cerfiedig a'ch eilunod euraid.
Gwrthodi hwy fel budreddi; dywedi
wrthynt, "Bawiach." ²³ Ac fe rydd ef iti
law i'r had a heui yn y pridd, a bydd
cynnyrch y ddaear yn rawn bras a llawn;
bydd dy anifeiliaid yn pori mewn porfa
eang yn y dydd hwnnw, ²⁴ a chaiff yr
ychen a'r asynnod sy'n llafurio'r tir eu
bwydo â phorthiant blasus, wedi ei
nithio â fforch a rhaw. ²⁵ Ar bob mynydd
uchel a bryn dyrchafedig bydd afonydd
a ffrydiau o ddŵr, yn nydd y lladdfa
fawr, pan syrth y tyrau. ²⁶ A bydd
llewyrch y lleuad fel llewyrch yr haul, a
llewyrch yr haul yn seithwaith mwy, fel
llewyrch saith diwrnod, ar y dydd pan
fydd yr ARGLWYDD yn rhwymo briw ei
bobl, ac yn iacháu'r archoll ar ôl eu taro.

Dinistr Asyria

²⁷ Wele, daw enw'r ARGLWYDD o bell;
bydd ei ddigofaint yn llosgi a'i
gynddaredd yn llym,
ei wefusau'n llawn o ddicter
a'i dafod fel tân ysol,
²⁸ ei anadl fel llifeiriant yn rhuthro
ac yn cyrraedd at y gwddf;
bydd yn hidlo'r cenhedloedd â gogr
dinistriol,
ac yn gosod ffrwyn ym mhennau'r
bobloedd i'w harwain ar
gyfeiliorn.
²⁹ Ond i chwi fe fydd cân, fel ar
noson o ŵyl sanctaidd;
a bydd eich calon yn llawen, fel
llawenydd rhai'n dawnsio i sŵn
ffliwt
wrth fynd i fynydd yr ARGLWYDD, at
Graig Israel.
³⁰ Bydd yr ARGLWYDD yn peri clywed
ei lais mawreddog,
ac yn dangos ei fraich yn taro
mewn dicter llidiog a fflamau tân
ysol,
mewn torgwmwl a thymestl a
chenllysg.
³¹ Bydd Asyria yn brawychu rhag
sŵn yr ARGLWYDD,
pan fydd ef yn taro â'i wialen.
³² Wrth iddo'i chosbi, bydd pob
curiad o'i wialen,
pan fydd yr ARGLWYDD yn ei gosod
arni,

yn cadw'r amser i dympanau a
    thelynau,
yn y rhyfeloedd pan gyfyd ei fraich i
    ymladd yn eu herbyn.
33 Oherwydd darparwyd Toffet
    erstalwm,
a'i baratoi i'r brenin,
a'i wneud yn ddwfn ac yn eang,
a'i bwll tân yn llawn o goed,
ac anadl yr ARGLWYDD fel ffrwd o
    frwmstan
yn cynnau'r tân.

Ni Ddaw Cymorth o'r Aifft

31 Gwae'r rhai sy'n mynd i lawr i'r
    Aifft am gymorth,
ac yn ymddiried mewn meirch,
a'u hyder mewn rhifedi cerbydau a
    chryfder gwŷr meirch,
ond sydd heb edrych at Sanct Israel,
    na cheisio'r ARGLWYDD.
2 Ond y mae ef yn fedrus i ddwyn
    dinistr,
ac nid yw'n galw ei air yn ôl;
fe gyfyd yn erbyn tŷ'r rhai drygionus
ac yn erbyn swcwr y rhai ofer.
3 Meidrolion yw'r Eifftiaid, nid Duw;
a chnawd yw eu meirch, nid ysbryd;
pan fydd yr ARGLWYDD yn estyn ei
    law,
fe fagla'r cynorthwywr ac fe syrthia'r
    sawl a gynorthwyir,
a darfyddant oll gyda'i gilydd.
4 Fel hyn y dywedodd yr ARGLWYDD
    wrthyf:
"Fel y rhua llew neu lew ifanc
    uwchben ei ysglyfaeth—
ac er galw lliaws o fugeiliaid yn ei
    erbyn,
nid yw'n dychryn rhag eu gwaedd,
nac yn ofni rhag eu twrf—
felly y daw ARGLWYDD y Lluoedd i
    lawr
i frwydro dros Fynydd Seion a'i
    bryn.
5 Fel yr adar yn hofran uwchben,
felly y bydd ARGLWYDD y Lluoedd yn
    amddiffyn Jerwsalem;
bydd yn amddiffyn ac yn gwaredu,
    yn arbed ac yn achub."

6 Dychwelwch at yr un a adawsoch yn llwyr, blant Israel. 7 Oherwydd yn y dydd hwnnw bydd pob un ohonoch yn dirmygu'r eilun arian a'r eilun aur a wnaeth eich dwylo mewn pechod.

8 "Syrth Asyria drwy gleddyf, ond
    nid un dynol,
a chleddyf nad yw'n eiddo meidrolyn
    fydd yn ei ddifa;
os gallant ffoi rhag y cleddyf,
bydd y gwŷr ifainc yn gwneud llafur
    gorfod;
9 bydd ei gadernid yn pallu gan fraw,
a'i swyddogion yn rhy ofnus i ffoi,"
medd yr ARGLWYDD, sydd â'i dân yn
    llosgi yn Seion
a'i ffwrn yn Jerwsalem.

Teyrnas Cyfiawnder

32 Wele, bydd brenin yn teyrnasu
    mewn cyfiawnder,
a'i dywysogion yn llywodraethu
    mewn barn,
2 pob un yn gysgod rhag y gwynt
ac yn lloches rhag y dymestl,
fel afonydd dyfroedd mewn sychdir,
fel cysgod craig fawr mewn tir
    blinedig.
3 Ni chaeir llygaid y rhai sy'n gweld,
ac fe glyw clustiau'r rhai sy'n
    gwrando;
4 bydd calon y difeddwl yn synied ac
    yn deall,
a thafod y bloesg yn siarad yn llithrig
    a chlir.
5 Ni elwir mwyach y ffŵl yn
    fonheddig,
ac ni ddywedir bod y cnaf yn
    llednais.
6 Oherwydd y mae'r ffŵl yn traethu
    ffolineb,
a'i galon yn dyfeisio drygioni,
i weithio annuwioldeb,
i draethu celwydd am yr ARGLWYDD;
y mae'n atal bwyd rhag y newynog,
ac yn gwrthod diod i'r sychedig.
7 Y mae cynllwyn y cnaf yn faleisus;
y mae'n dyfeisio camwri
i ddifetha'r tlawd trwy dwyll,
a gwadu cyfiawnder i'r anghenus.
8 Ond y mae'r anrhydeddus yn
    gweithredu anrhydedd,
ac yn ei anrhydedd y saif.

⁹ Safwch, chwi wragedd moethus, a
  chlywch;
gwrandewch fy ymadroddion, chwi
  ferched hyderus.
¹⁰ Ymhen ychydig dros flwyddyn
  cewch eich ysgwyd o'ch
  difrawder,
oherwydd derfydd y cynhaeaf gwin, a
  chwithau heb gasglu ffrwyth.
¹¹ Chwi sy'n ddiofal, pryderwch,
ymysgydwch o'ch difrawder.
Tynnwch eich dillad ac ymnoethi;
rhowch sachliain am eich llwynau.
¹² Curwch eich bronnau
am y meysydd braf a'r gwinwydd
  ffrwythlon,
¹³ am dir fy mhobl, sy'n tyfu drain a
  mieri,
ac am yr holl dai diddan yn y ddinas
  lon.
¹⁴ Canys cefnwyd ar y palas,
a gwacawyd y ddinas boblog.
Aeth y gaer a'r tŵr yn ogofeydd am
  byth,
yn hyfrydwch i'r asynnod gwyllt
ac yn borfa i'r preiddiau.
¹⁵ Pan dywelltir arnom ysbryd oddi
  fry,
a'r anialwch yn mynd yn ddoldir,
a'r doldir yn cael ei ystyried yn
  goetir,
¹⁶ yna caiff barn drigo yn yr anialwch
a chyfiawnder gartrefu yn y doldir;
¹⁷ bydd cyfiawnder yn creu heddwch,
a'i effeithiau yn llonyddwch a
  diogelwch hyd byth.
¹⁸ Yna bydd fy mhobl yn trigo mewn
  bro heddychlon,
mewn anheddau diogel, a chartrefi
  tawel,
¹⁹ a'r goedwig wedi ei thorri i lawr*,
a'r ddinas yn gydwastad â'r pridd.
²⁰ Gwyn eich byd chwi sy'n hau wrth
  lan pob afon,
ac yn gollwng yr ych a'r asyn yn
  rhydd.

Cymorth mewn Argyfwng

33
Gwae di, anrheithiwr na chefaist
  dy anrheithio,
ti dwyllwr na chefaist dy dwyllo;
pan beidi ag anrheithio, fe'th
  anrheithir,
pan beidi â thwyllo, fe'th dwyllir di.
² O ARGLWYDD, trugarha wrthym, yr
  ydym yn disgwyl amdant;
bydd yn nerth i ni* bob bore,
ac yn iachawdwriaeth i ni ar awr
  gyfyng.
³ Gan sŵn terfysg fe ffy pobloedd,
gan dy daranu* di fe wasgerir
  cenhedloedd.
⁴ Cesglir eich ysbail fel petai lindys
  yn ei gasglu;
fel haid o locustiaid fe heidir o'i
  gylch.
⁵ Dyrchafwyd yr ARGLWYDD, fe drig
  yn yr uchelder;
fe leinw Seion â barn a chyfiawnder,
⁶ ac ef fydd sicrwydd dy amserau.
Doethineb a gwybodaeth fydd
  cyfoeth dy iachawdwriaeth,
ac ofn yr ARGLWYDD fydd dy drysor.
⁷ Clyw! Y mae'r glewion yn galw o'r
  tu allan,
a chenhadau heddwch yn wylo'n
  chwerw.
⁸ Y mae'r priffyrdd yn ddiffaith,
heb neb yn troedio'r ffordd;
diddymwyd cyfamodau, diystyrwyd
  cytundebau*,
nid yw neb yn cyfrif dim.
⁹ Y mae'r wlad mewn galar a gofid,
Lebanon wedi drysu a gwywo;
aeth Saron yn anialwch,
a Basan a Charmel heb ddail.
¹⁰ "Ond yn awr mi godaf," medd yr
  ARGLWYDD,
"yn awr mi ymddyrchafaf, yn awr
  byddaf yn uchel.
¹¹ Yr ydych yn feichiog o us ac yn
  esgor ar sofl;
tân yn eich ysu fydd eich anadl;
¹² bydd y bobl fel llwch calch,
fel drain wedi eu torri a'u llosgi yn y
  tân."
¹³ Chwi rai pell, gwrandewch beth a
  wneuthum,
ac ystyriwch fy nerth, chwi rai agos.

32:19 Felly llawysgrif. Cymh. Groeg a Syrieg. TM,
bwrw cenllysg.

33:2 Felly rhai llawysgrifau a Fersiynau. TM, *iddynt*.
33:3 Felly Sgrôl A. TM, *dy ddyrchafiad*.
33:8 Felly Sgrôl A. TM, *dinasoedd*.

¹⁴ Mae'r pechaduriaid yn Seion yn
    ofni,
a'r annuwiol yn crynu gan ddychryn:
"Pwy ohonom a all fyw gyda thân
    ysol,
a phwy a breswylia mewn llosgfa
    dragwyddol?"
¹⁵ Y sawl sy'n rhodio'n gyfiawn ac yn
    dweud y gwir,
sy'n gwrthod elw trawster,
sy'n cau ei ddwrn rhag derbyn
    llwgrwobr,
sy'n cau ei glustiau rhag clywed am
    lofruddio,
sy'n cau ei lygaid rhag edrych ar
    anfadwaith.
¹⁶ Y mae ef yn trigo yn yr uchelder,
a'i loches yn amddiffynfeydd y
    creigiau,
a'i fara'n dod iddo, a'i ddŵr yn sicr.
¹⁷ Fe wêl dy lygaid frenin yn ei
    degwch,
a gwelant dir yn ymestyn ymhell;
¹⁸ byddi'n dwyn i gof yr ofnau:
"Ble mae'r un fu'n cofnodi?
Ble mae'r un fu'n pwyso?
Ble mae'r un fu'n cyfri'r tyrau?"
¹⁹ Ni chei weld pobl farbaraidd,
pobl a'u hiaith yn rhy ddieithr i'w
    dirnad,
a'u tafod yn rhy floesg i'w ddeall.
²⁰ Edrych ar Seion, dinas ein
    huchelwyliau;
bydded dy lygaid yn gweld
    Jerwsalem,
bro diddanwch, pabell na symudir;
ni thynnir un o'i phegiau byth,
ac ni thorrir un o'i rhaffau.
²¹ Yno, yn wir, y mae gennym yr
    ARGLWYDD yn ei fawredd,
a mangre afonydd a ffrydiau llydain;
ni fydd llong rwyfau'n tramwy yno,
na llong fawr yn hwylio heibio.
²² Yr ARGLWYDD yw ein barnwr,
yr ARGLWYDD yw ein deddfwr;
yr ARGLWYDD yw ein brenin,
ac ef fydd yn ein gwaredu.
²³ Y mae dy raffau'n llac,
heb ddal yr hwylbren yn gadarn yn
    ei le,
ac nid yw'r hwyliau wedi eu lledu.

Yna fe rennir ysbail ac anrhaith
    mawr,
a bydd y cloff yn rheibio ysglyfaeth.
²⁴ Ni ddywed neb o'r preswylwyr,
    "Rwy'n glaf",
a maddeuir i'r trigolion eu
    camweddau.

Barn ar y Cenhedloedd

34 Nesewch i wrando, chwi
    genhedloedd;
clywch, chwi bobloedd.
Gwrandawed y ddaear a'i llawnder,
y byd a'i holl gynnyrch.
² Canys y mae dicter yr ARGLWYDD
    yn erbyn yr holl bobl,
a'i lid ar eu holl luoedd;
difroda hwy a'u rhoi i'w lladd.
³ Bwrir allan eu lladdedigion,
cyfyd drewdod o'u celanedd,
a throchir y mynyddoedd â'u gwaed.
⁴ Malurir holl lu'r nefoedd,
plygir yr wybren fel sgrôl,
a chwymp ei holl lu,
fel cwympo dail oddi ar winwydden
a ffrwyth aeddfed oddi ar ffigysbren.
⁵ Canys ymddengys* cleddyf yr
    ARGLWYDD* yn y nef;
wele, fe ddisgyn ar Edom,
ar y bobl a ddedfryda* i farn.
⁶ Y mae gan yr ARGLWYDD gleddyf
wedi ei drochi mewn gwaed a'i besgi
    ar fraster,
ar waed ŵyn a bychod a braster
    arennau hyrddod.
Y mae gan yr ARGLWYDD aberth yn
    Bosra,
a lladdfa fawr yn nhir Edom.
⁷ Daw ychen gwyllt i lawr gyda hwy,
a bustych gyda theirw;
mwydir eu tir gan waed,
a bydd eu pridd yn doreithiog gan y
    braster.
⁸ Canys y mae gan yr ARGLWYDD
    ddydd dial,
a chan amddiffynnydd Seion
    flwyddyn talu'r pwyth.
⁹ Troir afonydd Edom yn byg, a'i
    phridd yn frwmstan;
bydd ei gwlad yn byg yn llosgi;

34:5 Felly Sgrôl A. TM, *mwydo*.
34:5 Tebygol. Hebraeg, *fy nghleddyf*.
34:5 Tebygol. Hebraeg, *a ddedfrydaf*.

¹⁰ nis diffoddir na nos na dydd,
a bydd ei mwg yn esgyn am byth.
O genhedlaeth i genhedlaeth bydd yn ddiffaith,
ac ni fydd neb yn ei thramwyo byth eto.
¹¹ Fe'i meddiennir gan y pelican ac aderyn y bwn,
a bydd y dylluan wen a'r gigfran yn trigo yno;
bydd ef yn estyn drosti linyn anhrefn,
a phlymen tryblith dros ei dewrion.
¹² Fe'i gelwir yn lle heb deyrn,
a bydd ei holl dywysogion yn ddiddim.
¹³ Bydd drain yn tyfu yn ei phalasau,
danadl ac ysgall o fewn ei cheyrydd;
bydd yn drigfan i fleiddiaid,
yn gyrchfan i estrys.
¹⁴ Bydd yr anifeiliaid gwyllt a'r siacal yn cydgrynhoi,
a'r bwch gafr yn galw ar ei gymar;
yno hefyd y clwyda'r frân nos
ac y daw o hyd i'w gorffwysfa.
¹⁵ Yno y nytha'r dylluan,
a dodwy ei hwyau a'u deor,
a chasglu ei chywion dan ei hadain;
yno hefyd y bydd y barcutiaid yn ymgasglu,
pob un gyda'i gymar.
¹⁶ Chwiliwch yn llyfr yr ARGLWYDD, darllenwch ef;
ni chollir dim un o'r rhain,
ni fydd un ohonynt heb ei gymar;
canys genau'r ARGLWYDD a orchmynnodd,
a'i ysbryd ef a'u casglodd ynghyd.
¹⁷ Ef hefyd a drefnodd eu cyfran,
a'i law a rannodd iddynt â llinyn mesur;
cânt ei meddiannu hyd byth,
a phreswylio ynddi o genhedlaeth i genhedlaeth.

Llawenydd wrth Ddychwelyd

35 Llawenyched yr anial a'r sychdir,
gorfoledded y diffeithwch, a blodeuo.
² Blodeued fel maes o saffrwn,
a gorfoleddu â llawenydd a chân.
Rhodder gogoniant Lebanon iddo,
mawrhydi Carmel a Saron;
cânt weld gogoniant yr ARGLWYDD,
a mawrhydi ein Duw ni.
³ Cadarnhewch y dwylo llesg,
cryfhewch y gliniau gwan;
⁴ dywedwch wrth y pryderus,
"Ymgryfhewch, nac ofnwch.
wele, fe ddisgyn ar Edom,
ar y bobl a ddedfryda* i farn.
⁵ Yna fe agorir llygaid y deillion
a chlustiau'r byddariaid;
⁶ fe lama'r cloff fel hydd,
fe gân tafod y mudan;
tyr dyfroedd allan yn yr anialwch,
ac afonydd yn y diffeithwch;
⁷ bydd y crastir yn llyn,
a'r tir sych yn ffynhonnau byw;
yn y tir garw, lle cyrcha'r siacal,
bydd gweirglodd o gorsennau a brwyn.
⁸ Yno bydd priffordd a ffordd,
a gelwir hi yn ffordd sanctaidd;
ni bydd yr halogedig yn mynd ar hyd-ddi;
bydd yn ffordd i'r pererin,
ac nid i'r cyfeiliorn, i grwydro ar hyd-ddi.
⁹ Ni ddaw llew yno,
ni ddring bwystfil rheibus iddi—
ni cheir y rheini yno.
Ond y rhai a ryddhawyd fydd yn rhodio arni,
¹⁰ a gwaredigion yr ARGLWYDD fydd yn dychwelyd.
Dônt i Seion dan ganu,
bob un gyda llawenydd tragwyddol;
hebryngir hwy gan lawenydd a gorfoledd,
a bydd gofid a griddfan yn ffoi ymaith.

Asyria yn Erbyn Jerwsalem

36 2 Bren. 18:13–27; 2 Cron. 32:1–19

Yn y bedwaredd flwyddyn ar ddeg o deyrnasiad Heseceia, ymosododd Senacherib brenin Asyria ar holl ddinasoedd caerog Jwda a'u goresgyn. ² Ac anfonodd brenin Asyria y prif swyddog* â byddin gref o Lachis i Jerwsalem at y Brenin Heseceia; ac fe safodd wrth bistyll y Llyn Uchaf, sydd gerllaw priffordd Maes y Pannwr. ³ Daeth Eliacim fab Hilceia, arolygwr y palas, ato i'r fan honno, a chydag ef

---
35:4 Neu, *â thâl Duw*.
36:2 Neu, *Rabsace*.

Sebna yr ysgrifennydd a Joa fab Asaff, y cofiadur. ⁴ Dywedodd y prif swyddog wrthynt, "Dywedwch wrth Heseceia mai dyma neges yr ymerawdwr, brenin Asyria: 'Beth yw sail yr hyder hwn sydd gennyt? ⁵ A wyt ti'n meddwl bod geiriau yn gwneud y tro ar gyfer rhyfel, yn lle cynllun a nerth? Ar bwy, ynteu, yr wyt yn dibynnu wrth godi gwrthryfel yn f'erbyn? ⁶ Ai'r Aifft—ffon o gorsen wedi ei hysigo, sy'n rhwygo ac yn anafu llaw y sawl sy'n pwyso arni? Un felly yw Pharo brenin yr Aifft i bwy bynnag sy'n dibynnu arno. ⁷ Neu os dywedi wrthyf, "Yr ydym yn dibynnu ar yr ARGLWYDD ein Duw", onid ef yw'r un y tynnodd Heseceia ei uchelfeydd a'i allorau, a dweud wrth Jwda a Jerwsalem, "O flaen yr allor hon yr addolwch"? ⁸ Yn awr, beth am daro bargen gyda'm meistr, brenin Asyria? Rhof ddwy fil o feirch iti, os gelli di gael marchogion iddynt. ⁹ Neu sut y gelli wrthod un capten o blith gweision lleiaf fy meistr, a dibynnu ar yr Aifft am gerbydau a marchogion? ¹⁰ Heblaw hyn, ai heb yr ARGLWYDD y deuthum i fyny yn erbyn y wlad hon i'w dinistrio? Yr ARGLWYDD a ddywedodd wrthyf, "Dos i fyny yn erbyn y wlad hon, a dinistria hi".'"

¹¹ Dywedodd Eliacim a Sebna a Joa wrth y prif swyddog, "Gwell gennym iti siarad â ni yn Aramaeg, oherwydd yr ydym yn ei deall, a pheidio â siarad yn Hebraeg yng nghlyw'r bobl sydd ar y mur." ¹² Ond atebodd y prif swyddog, "Ai at dy feistr a thithau yr anfonodd fy meistr fi i ddweud fy neges, yn hytrach nag at y bobl sydd ar y mur, a fydd, fel chwithau, yn bwyta eu tom ac yn yfed eu dŵr eu hunain?" ¹³ Yna fe safodd y prif swyddog a gweiddi'n uchel mewn Hebraeg, "Clywch eiriau'r ymerawdwr, brenin Asyria; ¹⁴ dyma y mae'n ei ddweud: 'Peidiwch â gadael i Heseceia eich twyllo; ni all ef eich gwaredu. ¹⁵ Peidiwch â chymryd eich perswadio ganddo i ddibynnu ar yr ARGLWYDD pan yw'n dweud, "Bydd yr ARGLWYDD yn siŵr o'n gwaredu, ac ni roddir y ddinas hon i afael brenin Asyria." ¹⁶ Peidiwch â gwrando ar Heseceia.' Dyma eiriau brenin Asyria: 'Gwnewch delerau heddwch â mi; dewch allan ataf; ac yna caiff pob un fwyta o'i winwydden ac o'i ffigysbren, ac yfed dŵr o'i ffynnon ei hun, ¹⁷ nes i mi ddod i'ch dwyn i wlad debyg i'ch gwlad eich hun, gwlad ŷd a gwin, gwlad bara a gwinllannoedd. ¹⁸ Cymerwch ofal rhag i Heseceia eich hudo chwi trwy ddweud, "Bydd yr ARGLWYDD yn ein gwaredu." A yw duw unrhyw un o'r cenhedloedd wedi gwaredu ei wlad o afael brenin Asyria? ¹⁹ Ple mae duwiau Hamath ac Arpad? Ple mae duwiau Seffarfaim? A wnaethant hwy waredu Samaria o'm gafael? ²⁰ Prun o holl dduwiau'r gwledydd hyn sydd wedi gwaredu ei wlad o'm gafael? Sut, ynteu, y mae'r ARGLWYDD yn mynd i waredu Jerwsalem o'm gafael?'" ²¹ Cadw'n ddistaw a wnaeth y bobl, heb ateb gair, oherwydd yr oedd y brenin wedi rhoi gorchymyn nad oeddent i'w ateb. ²² Yna daeth Eliacim fab Hilceia, arolygwr y palas, a Sebna yr ysgrifennydd a Joa fab Asaff, y cofiadur, at Heseceia, a'u dillad wedi eu rhwygo, ac adrodd wrtho yr hyn yr oedd y prif swyddog wedi ei ddweud.

Addo Gwaredigaeth i Jerwsalem

37 2 Bren. 19:1-19

Pan glywodd y Brenin Heseceia yr hanes, rhwygodd yntau ei ddillad a rhoi sachliain amdano a mynd i dŷ'r ARGLWYDD, ² ac anfon Eliacim arolygwr y palas, a Sebna yr ysgrifennydd, a'r rhai hynaf o'r offeiriaid, i gyd mewn sachliain, at y proffwyd Eseia fab Amos, ³ i ddweud wrtho, "Fel hyn y dywed Heseceia: 'Y mae heddiw'n ddydd o gyfyngder a cherydd a gwarth; y mae fel pe bai plant ar fin cael eu geni, a'r fam heb nerth i esgor arnynt. ⁴ O na fyddai'r ARGLWYDD dy Dduw yn gwrando ar eiriau'r prif swyddog a anfonwyd gan ei feistr, brenin Asyria, i gablu'r Duw byw, a hefyd yn ei geryddu am y geiriau a glywodd yr ARGLWYDD dy Dduw! Dos i weddi dros y gweddill sydd ar ôl.'" ⁵ Pan ddaeth gweision y Brenin Heseceia at Eseia, ⁶ dywedodd Eseia wrthynt, "Dywedwch wrth eich meistr, 'Fel hyn y dywed yr ARGLWYDD: Paid ag ofni'r pethau a glywaist pan oedd llanciau brenin Asyria yn fy nghablu. ⁷ Edrych, rwy'n rhoi ysbryd ynddo, ac fe glyw si fydd yn peri iddo ddychwelyd i'w wlad; hefyd, gwnaf iddo syrthio gan y cleddyf yn y wlad honno.'"

⁸ Pan ddychwelodd y prif swyddog, cafodd ar ddeall fod brenin Asyria wedi gadael Lachis, a'i fod yn rhyfela yn erbyn Libna. ⁹ Ond pan ddeallodd fod Tirhaca brenin Ethiopia ar ei ffordd i ryfela yn ei erbyn, fe anfonodd genhadau eilwaith* at Heseceia a dweud, ¹⁰ "Dywedwch wrth Heseceia brenin Jwda, 'Paid â chymryd dy dwyllo gan dy Dduw, yr wyt yn ymddiried ynddo, ac sy'n dweud na roddir Jerwsalem i afael brenin Asyria. ¹¹ Y mae'n siŵr dy fod wedi clywed am yr hyn a wnaeth brenhinoedd Asyria i'r holl wledydd, a'u bod wedi eu difrodi; a gei di dy arbed? ¹² A waredodd duwiau'r cenhedloedd hwy—y cenhedloedd a ddinistriodd fy hynafiaid, fel Gosan a Haran a Reseff, a phobl Eden a drigai yn Telassar? ¹³ Ple mae brenhinoedd Hamath, Arpad, Lahir*, Seffarfaim, Hena ac Ifa?'".

Gweddi Heseceia

¹⁴ Cymerodd Heseceia'r neges gan y cenhadau a'i darllen. Yna aeth i fyny i dŷ'r ARGLWYDD, a'i hagor yng ngŵydd yr ARGLWYDD, ¹⁵ a gweddïo fel hyn: ¹⁶ "O ARGLWYDD y Lluoedd, Duw Israel, sydd wedi ei orseddu ar y cerwbiaid, ti yn unig sydd Dduw dros holl deyrnasoedd y byd; tydi a wnaeth y nefoedd a'r ddaear. ¹⁷ O ARGLWYDD, gogwydda dy glust a chlyw; O ARGLWYDD, agor dy lygaid a gwêl; gwrando'r neges a anfonodd Senacherib i watwar y Duw byw. ¹⁸ Y mae'n wir, O ARGLWYDD, fod brenhinoedd Asyria wedi difa'r holl genhedloedd a'r gwledydd, ¹⁹ ac wedi taflu eu duwiau i'r tân; cawsant eu dinistrio am nad duwiau mohonynt, eithr gwaith dwylo dynol, o goed a charreg. ²⁰ Yn awr, O ARGLWYDD ein Duw, gwared ni o'i afael ef, ac yna caiff holl deyrnasoedd y ddaear wybod mai ti yw'r ARGLWYDD, tydi yn unig."

Neges Eseia
2 Bren. 19:20–37

²¹ Anfonodd Eseia fab Amos at Heseceia a dweud, "Fel hyn y dywed yr ARGLWYDD, Duw Israel: Oherwydd i ti weddïo arnaf ynghylch Senacherib brenin Asyria, ²² dyma'r gair a lefarodd yr ARGLWYDD yn ei erbyn ef:

'Y mae'r forwyn, merch Seion, yn dy
  ddirmygu,
yn chwerthin am dy ben;
y mae merch Jerwsalem yn ysgwyd
  ei phen ar dy ôl.
²³ Pwy wyt ti yn ei ddifenwi ac yn ei
  gablu?
Yn erbyn pwy yr wyt yn codi dy lais?
Yr wyt yn gwneud ystum dirmygus
yn erbyn Sanct Israel.
²⁴ Trwy dy weision fe geblaist yr
  ARGLWYDD, a dweud,
"Gyda lliaws fy ngherbydau
dringais yn uchel i gopa'r
  mynyddoedd,
i bellterau Lebanon;
torrais y praffaf o'i gedrwydd, a'r
  dewisaf o'i ffynidwydd;
euthum i'w gwr uchaf, ei lechweddau
  coediog;
²⁵ cloddiais ffynhonnau ac yfed eu
  dyfroedd;
â gwadn fy nhroed sychais holl
  ffrydiau'r Neil."

²⁶ " 'Oni chlywaist i mi wneud hyn
  erstalwm,
ac i mi lunio hyn yn y dyddiau gynt?
Bellach rwy'n ei ddwyn i ben;
bydd dinasoedd caerog yn syrthio
yn garneddau wedi eu dinistrio;
²⁷ bydd y trigolion, a'u nerth yn
  pallu,
yn ddigalon ac mewn gwarth,
fel gwellt y maes, llysiau gwyrdd
a glaswellt pen to
wedi eu deifio gan wynt y dwyrain*.
²⁸ Rwy'n gwybod pryd yr wyt yn codi
  ac* yn eistedd,
yn mynd allan ac yn dod i mewn,
a'r modd yr wyt yn cynddeiriogi yn
  f'erbyn.

37:9 Felly 2 Bren. 19:9. Hebraeg, *a chlywodd*.
37:13 Neu, *dinas*.

37:27 Felly Sgrôl A. TM, *deifio cyn iddo dyfu*.
37:28 Felly Sgrôl A. TM heb *yn codi ac*.

²⁹ Oherwydd dy fod yn gynddeiriog
   yn f'erbyn,
a bod sŵn dy draha yn fy nghlustiau,
fe osodaf fy mach yn dy ffroen
   a'm ffrwyn yn dy weflau,
a'th yrru'n ôl ar hyd y ffordd y
   daethost.'

³⁰ "Bydd hyn yn arwydd i ti, Heseceia. Eleni bwyteir yr hyn sy'n tyfu ohono'i hun, a'r flwyddyn nesaf yr hyn sydd wedi ei hau ohono'i hun; ac yn y drydedd flwyddyn cewch hau a medi, a phlannu gwinllannoedd hefyd a bwyta'u ffrwyth. ³¹ Bydd y dihangol a adewir yn nhŷ Jwda yn gwreiddio at i lawr ac yn ffrwytho at i fyny; ³² oherwydd allan o Jerwsalem fe ddaw gweddill, a rhai dihangol allan o Fynydd Seion. Sêl ARGLWYDD y Lluoedd a wna hyn.

³³ "Am hynny, fel hyn y dywed yr ARGLWYDD am frenin Asyria:

'Ni ddaw ef i mewn i'r ddinas hon,
   nac anfon saeth i mewn iddi;
nid ymosoda arni â tharian,
   na chodi clawdd yn ei herbyn.
³⁴ Ar hyd y ffordd y daeth fe
   ddychwel,
ac ni ddaw i mewn i'r ddinas hon,'
   medd yr ARGLWYDD.
³⁵ 'Amddiffynnaf y ddinas hon i'w
   gwaredu,
er fy mwyn fy hun ac er mwyn fy
   ngwas Dafydd.' "

³⁶ Yna aeth angel yr ARGLWYDD i wersyll yr Asyriaid a tharo i lawr gant wyth deg a phump o filoedd; pan ddaeth y bore, cafwyd hwy i gyd yn gelanedd meirwon. ³⁷ Yna aeth Senacherib brenin Asyria i ffwrdd a dychwelyd i Ninefe ac aros yno. ³⁸ Pan oedd yn addoli yn nheml ei dduw Nisroch, daeth ei feibion Adram-melech a Sareser a'i ladd â'r cleddyf, ac yna dianc i wlad Ararat. Daeth ei fab Esarhadon i'r orsedd yn ei le.

Gwaeledd Heseceia

38 2 Bren. 20:1–11; 2 Cron. 32:24–26
Yn y dyddiau hynny aeth Heseceia'n glaf hyd farw, a daeth y proffwyd Eseia fab Amos ato a dweud, "Fel hyn y dywed yr ARGLWYDD: 'Trefna dy dŷ, oherwydd rwyt ar fin marw; ni fyddi fyw.' " ² Troes Heseceia ei wyneb at y pared a gweddïo ar yr ARGLWYDD, ³ a dweud, "O ARGLWYDD, cofia fel yr oeddwn yn rhodio ger dy fron di â chywirdeb a chalon berffaith, ac yn gwneud yr hyn oedd dda yn dy olwg." Ac fe wylodd Heseceia'n chwerw. ⁴ Yna daeth gair yr ARGLWYDD at Eseia a dweud, ⁵ "Dos, dywed wrth Heseceia, 'Fel hyn y dywed yr ARGLWYDD, Duw dy dad Dafydd: Clywais dy weddi a gwelais dy ddagrau; yn awr rwyf am ychwanegu pymtheng mlynedd at dy ddyddiau. ⁶ A gwaredaf di a'r ddinas hon o afael brenin Asyria, a byddaf yn gysgod dros y ddinas hon. ⁷ Dyma arwydd i ti oddi wrth yr ARGLWYDD, y bydd yr ARGLWYDD yn gwneud yr hyn a ddywedodd. ⁸ Edrych, yr wyf yn peri i'r cysgod a deflir ar risiau Ahas gan yr haul fynd yn ei ôl ddeg o risiau.' " Ac aeth yr haul yn ei ôl ddeg o'r grisiau yr oedd eisoes wedi mynd i lawr drostynt.

⁹ Cerdd Heseceia brenin Jwda, pan fu'n glaf ac yna gwella o'i glefyd:

¹⁰ Dywedais, "Yn anterth fy nyddiau
   rhaid i mi fynd,
a chael fy symud i byrth y bedd
   weddill fy mlynyddoedd";
¹¹ dywedais, "Ni chaf weld yr
   ARGLWYDD
yn nhir y rhai byw,
ac ni chaf edrych eto ar neb o
   drigolion y byd*.
¹² Dygwyd fy nhrigfan oddi arnaf
a'i symud i ffwrdd fel pabell bugail;
fel gwehydd rwy'n dirwyn fy nyddiau
   i ben,
i'w torri ymaith o'r gwŷdd.
O fore hyd nos rwyt yn fy narostwng.
¹³ O, fel rwy'n dyheu am y bore!
Maluriwyd fy esgyrn fel gan lew;
o fore hyd nos rwyt yn fy narostwng.
¹⁴ Rwy'n trydar fel gwennol neu
   fronfraith,
rwy'n cwynfan fel colomen.
Blinodd fy llygaid ar edrych i fyny;
O ARGLWYDD, pledia ar fy rhan a
   bydd yn feichiau drosof."
¹⁵ Beth allaf fi ei ddweud?
Llefarodd ef wrthyf ac fe'i gwnaeth.

38:11 Felly rhai llawysgrifau. TM, *darfyddiad*.

Ciliodd fy nghwsg i gyd*,
am ei bod mor chwerw arnaf.

¹⁶ ARGLWYDD, trwy'r pethau hyn y
    bydd rhywun fyw,
ac yn yr holl bethau hyn y mae hoen
    fy ysbryd.
Adfer fi, gwna i mi fyw.
¹⁷ Wele, er lles y bu'r holl chwerwder
    hwn i mi;
yn dy gariad dygaist fi o bwll distryw,
a thaflu fy holl bechodau y tu ôl i'th
    gefn.
¹⁸ Canys ni fydd y bedd yn diolch i ti,
nac angau yn dy glodfori;
ni all y rhai sydd wedi disgyn i'r pwll
obeithio am dy ffyddlondeb.
¹⁹ Ond y byw, y byw yn unig fydd yn
    diolch i ti,
fel y gwnaf finnau heddiw;
gwna tad i'w blant wybod am dy
    ffyddlondeb.
²⁰ Yr ARGLWYDD a'm gwared i;
am hynny canwn â'n hofferynnau
    llinynnol
holl ddyddiau ein bywyd
yn nhŷ'r ARGLWYDD.

²¹ Yr oedd Eseia wedi dweud, "Gadewch iddynt gymryd swp o ffigys, a'i osod ar y cornwyd, ac fe fydd byw." ²² A dywedodd Heseceia, "Beth yw'r prawf y caf fynd i fyny i dŷ'r ARGLWYDD?"

Negeswyr o Fabilon

39 2 Bren. 20:12-19
Yr adeg honno anfonodd Merodach Baladan, mab Baladan brenin Babilon, genhadau gydag anrheg i Heseceia, oherwydd clywsai fod Heseceia wedi bod yn wael ac wedi gwella. ² Croesawodd Heseceia hwy, a dangos iddynt ei drysordy, yr arian a'r aur a'r perlysiau a'r olew persawrus, a hefyd yr holl arfdy a phob peth oedd yn ei storfeydd; nid oedd dim yn ei dŷ nac yn ei holl deyrnas nas dangosodd Heseceia iddynt. ³ Yna daeth y proffwyd Eseia at y Brenin Heseceia a gofyn, "Beth a ddywedodd y dynion hyn, ac o ble y daethant?" Atebodd Heseceia, "Daethant ataf o wlad bell, o Fabilon."

⁴ Yna holodd, "Beth a welsant yn dy dŷ?" Dywedodd Heseceia, "Gwelsant y cwbl sydd yn fy nhŷ; nid oes dim yn fy nhrysordy nad wyf wedi ei ddangos iddynt." ⁵ Yna dywedodd Eseia wrth Heseceia, "Gwrando air ARGLWYDD y Lluoedd: ⁶ 'Wele'r dyddiau'n dyfod pan ddygir pob peth sydd yn dy dŷ di, a phob peth a grynhodd dy ragflaenwyr hyd y dydd hwn, i Fabilon, ac ni adewir dim,' medd yr ARGLWYDD. ⁷ 'Dygir oddi arnat rai o'r meibion a genhedli, a byddant yn weision ystafell yn llys brenin Babilon.'" ⁸ Yna dywedodd Heseceia wrth Eseia, "O'r gorau; gair yr ARGLWYDD yr wyt yn ei lefaru." Meddyliai, "Bydd heddwch a sicrwydd dros fy nghyfnod i o leiaf."

Neges o Gysur

40 Cysurwch, cysurwch fy mhobl—
dyna a ddywed eich Duw.
² Siaradwch yn dyner wrth
    Jerwsalem,
a dywedwch wrthi
ei bod wedi cwblhau ei thymor
    gwasanaeth
a bod ei chosb wedi ei thalu,
ei bod wedi derbyn yn ddwbl oddi ar
    law'r ARGLWYDD
am ei holl bechodau.
³ Llais un yn galw,
"Paratowch yn yr anialwch ffordd yr
    ARGLWYDD,
unionwch yn y diffeithwch briffordd
    i'n Duw ni.
⁴ Caiff pob pant ei godi,
pob mynydd a bryn ei ostwng;
gwneir y tir ysgythrog yn llyfn,
a'r tir anwastad yn wastadedd.
⁵ Datguddir gogoniant yr ARGLWYDD,
a phawb ynghyd yn ei weld.
Genau'r ARGLWYDD a lefarodd."

⁶ Llais un yn dweud, "Galw";
a daw'r ateb, "Beth a alwaf?
Y mae pob un meidrol fel glaswellt,
a'i holl nerth fel blodeuyn y maes.
⁷ Y mae'r glaswellt yn crino, a'r
    blodeuyn yn gwywo
pan chwyth anadl yr ARGLWYDD
    arno.
Yn wir, glaswellt yw'r bobl.

38:15 Cymh. Syrieg. Hebraeg, *cerddaf yn ofalus fy holl flynyddoedd.*

⁸ Y mae'r glaswellt yn crino, a'r
    blodeuyn yn gwywo;
ond y mae gair ein Duw ni yn sefyll
    hyd byth."

⁹ Dring i fynydd uchel;
ti, Seion, sy'n cyhoeddi newyddion
    da,
cod dy lais yn gryf;
ti, Jerwsalem, sy'n cyhoeddi
    newyddion da,
gwaedda, paid ag ofni.
Dywed wrth ddinasoedd Jwda,
"Dyma eich Duw chwi."
¹⁰ Wele'r Arglwydd DDUW
yn dod mewn nerth,
yn rheoli â'i fraich.
Wele, y mae ei wobr ganddo,
a'i dâl gydag ef.
¹¹ Y mae'n porthi ei braidd fel bugail,
ac â'i fraich yn eu casglu ynghyd;
y mae'n cludo'r ŵyn yn ei gôl,
ac yn coleddu'r mamogiaid.

¹² Pwy a fesurodd y dyfroedd yng
    nghledr ei law,
a gosod terfyn y nefoedd â'i
    rychwant?
Pwy a roes holl bridd y ddaear
    mewn mantol,
a phwyso'r mynyddoedd mewn tafol,
a'r bryniau mewn clorian?
¹³ Pwy a gyfarwydda ysbryd yr
    ARGLWYDD,
a bod yn gynghorwr i'w ddysgu?
¹⁴ Â phwy yr ymgynghora ef i ennill
    deall,
a phwy a ddysg iddo lwybrau barn?
Pwy a ddysg iddo wybodaeth,
a'i gyfarwyddo yn llwybrau deall?
¹⁵ Y mae'r cenhedloedd fel defnyn
    allan o gelwrn,
i'w hystyried fel mân lwch y
    cloriannau;
y mae'r ynysoedd mor ddibwys â'r
    llwch ar y llawr.
¹⁶ Nid oes yn Lebanon ddigon o goed
    i roi tanwydd,
na digon o anifeiliaid ar gyfer
    poethoffrwm.
¹⁷ Nid yw'r holl genhedloedd yn
    ddim ger ei fron ef;
y maent yn llai na dim, ac i'w
    hystyried yn ddiddim.

¹⁸ I bwy, ynteu, y cyffelybwch Dduw?
Pa lun a dynnwch ohono?
¹⁹ Ai delw? Crefftwr sy'n llunio
    honno,
ac eurych yn ei goreuro
ac yn gwneud cadwyni arian iddi.
²⁰ Y mae un sy'n rhy dlawd i wneud
    hynny
yn dewis darn o bren na phydra,
ac yn ceisio crefftwr cywrain
i'w osod i fyny'n ddelw na ellir ei
    syflyd.
²¹ Oni wyddoch? Oni chlywsoch?
Oni fynegwyd i chwi o'r dechreuad?
Onid ydych wedi amgyffred er
    sylfaenu'r ddaear?
²² Y mae ef yn eistedd ar gromen y
    ddaear,
a'i thrigolion yn ymddangos fel
    locustiaid.
Y mae'n taenu'r nefoedd fel llen,
ac yn ei lledu fel pabell i drigo ynddi.
²³ Y mae'n gwneud y mawrion yn
    ddiddim,
a rheolwyr y ddaear yn dryblith.
²⁴ Prin eu bod wedi eu plannu na'u
    hau,
prin bod eu gwraidd wedi cydio yn y
    pridd,
nag y bydd ef yn chwythu arnynt, a
    hwythau'n gwywo,
a chorwynt yn eu dwyn ymaith fel
    us.
²⁵ "I bwy, ynteu, y cyffelybwch fi?
Tebyg i bwy?" meddai'r Sanct.
²⁶ Codwch eich llygaid i fyny;
edrychwch, pwy a fu'n creu'r pethau
    hyn?
Pwy a fu'n galw allan eu llu fesul un
ac yn rhoi enw i bob un ohonynt?
Gan faint ei nerth, a'i fod mor
    eithriadol gryf,
nid oes yr un ar ôl.

²⁷ Pam y dywedi, O Jacob,
ac y lleferi, O Israel,
"Cuddiwyd fy nghyflwr oddi wrth yr
    ARGLWYDD,
ac aeth fy hawliau o olwg fy Nuw"?
²⁸ Oni wyddost, oni chlywaist?
Duw tragwyddol yw'r ARGLWYDD
a greodd gyrrau'r ddaear;
ni ddiffygia ac ni flina,

ac y mae ei ddeall yn anchwiliadwy.
²⁹ Y mae'n rhoi nerth i'r diffygiol,
ac yn ychwanegu cryfder i'r di-rym.
³⁰ Y mae'r ifainc yn diffygio ac yn blino,
a'r cryfion yn syrthio'n llipa;
³¹ ond y mae'r rhai sy'n disgwyl wrth yr ARGLWYDD
yn adennill eu nerth;
y maent yn magu adenydd fel eryr,
yn rhedeg heb flino,
ac yn rhodio heb ddiffygio.

Cymorth i Israel

41 "Rhowch sylw astud i mi, chwi ynysoedd,
bydded i'r bobl nesáu*;
bydded iddynt nesáu a llefaru;
down ynghyd i farn.

² "Pwy sy'n codi un o'r dwyrain,
a buddugoliaeth yn ei gyfarfod bob cam?
Y mae'n bwrw cenhedloedd i lawr o'i flaen,
ac yn darostwng brenhinoedd.
Y mae'n eu gwneud fel llwch â'i gleddyf,
fel us yn chwyrlïo â'i fwa.
³ Y mae'n eu hymlid, ac yn tramwyo'n ddiogel
ar hyd llwybr na throediodd o'r blaen.
⁴ Pwy a wnaeth ac a gyflawnodd hyn,
a galw'r cenedlaethau o'r dechreuad?
Myfi, yr ARGLWYDD, yw'r dechrau,
a myfi sydd yno yn y diwedd hefyd."
⁵ Gwelodd yr ynysoedd, ac ofni;
daeth cryndod ar eithafion byd;
daethant, a nesáu.

⁶ Y mae pawb yn helpu ei gilydd,
a'r naill yn dweud wrth y llall,
"Ymgryfha."
⁷ Y mae'r crefftwr yn annog yr eurych,
a'r un sy'n llyfnhau â'r morthwyl
yn annog yr un sy'n taro ar yr eingion;
y mae'n dyfarnu bod y sodro'n iawn,
ac yn sicrhau'r ddelw â hoelion rhag iddi symud.

⁸ "Ti, Israel, yw fy ngwas;
ti, Jacob, a ddewisais,
had Abraham, f'anwylyd.
⁹ Dygais di o bellteroedd byd,
a'th alw o'i eithafion,
a dweud wrthyt, 'Fy ngwas wyt ti;
rwyf wedi dy ddewis ac nid dy wrthod.'
¹⁰ Paid ag ofni, yr wyf fi gyda thi;
paid â dychryn, myfi yw dy Dduw.
Cryfhaf di a'th nerthu,
cynhaliaf di â llaw dde orchfygol.
¹¹ Yn awr cywilyddir a gwaradwyddir
pob un sy'n digio wrthyt;
bydd pob un sy'n ymrafael â thi
yn mynd yn ddim ac yn diflannu.
¹² Byddi'n chwilio am y rhai sy'n ymosod arnat,
ond heb eu cael;
bydd pob un sy'n rhyfela yn dy erbyn
yn mynd yn ddim, ac yn llai na dim.
¹³ Canys myfi, yr ARGLWYDD dy Dduw,
sy'n gafael yn dy law dde,
ac yn dweud wrthyt, 'Paid ag ofni,
yr wyf fi'n dy gynorthwyo.'
¹⁴ "Paid ag ofni, ti'r pryfyn Jacob,
na thithau'r lleuen* Israel;
byddaf fi'n dy gynorthwyo," medd yr ARGLWYDD,
Sanct Israel, dy Waredydd.
¹⁵ "Yn awr, fe'th wnaf yn fen ddyrnu—
un newydd, ddanheddog a miniog;
byddi'n dyrnu'r mynyddoedd a'u malu,
ac yn gwneud y bryniau fel us.
¹⁶ Byddi'n eu nithio, a'r gwynt yn eu chwythu i ffwrdd,
a'r dymestl yn eu gwasgaru.
Ond byddi di'n llawenychu yn yr ARGLWYDD
ac yn ymhyfrydu yn Sanct Israel.

¹⁷ "Pan fydd y tlawd a'r anghenus yn chwilio am ddŵr, heb ei gael,
a'u tafodau'n gras gan syched,
byddaf fi, yr ARGLWYDD, yn eu hateb;
ni fyddaf fi, Duw Israel, yn eu gadael.

41:1 Tebygol. Hebraeg, *bydded i'r bobl adennill eu nerth*. Cymh. 40:31.

41:14 Neu, *gwŷr*.

¹⁸ Agoraf afonydd ar ben y moelydd,
a ffynhonnau yng nghanol y
  dyffrynnoedd;
gwnaf y diffeithwch yn llynnoedd,
a'r crastir yn ffrydiau dyfroedd.
¹⁹ Plannaf yn yr anialwch gedrwydd,
acasia, myrtwydd ac olewydd;
gosodaf ynghyd yn y diffeithwch
ffynidwydd, ffawydd a phren bocs.
²⁰ Felly cânt weld a gwybod,
ystyried ac amgyffred
mai llaw'r ARGLWYDD a wnaeth hyn,
ac mai Sanct Israel a'i creodd."

Duw yn Herio'r Eilunod

²¹ "Gosodwch eich achos gerbron,"
  medd yr ARGLWYDD.
"Cyflwynwch eich dadleuon," medd
  brenin Jacob.
²² "Bydded iddynt ddod a hysbysu i
  ni
beth sydd i ddigwydd.
Beth oedd y pethau cyntaf?
  Dywedwch,
er mwyn inni eu hystyried,
a gwybod eu canlyniadau;
neu dywedwch wrthym y pethau
  sydd i ddod.
²³ Mynegwch y pethau a ddaw ar ôl
  hyn,
inni gael gwybod mai duwiau ydych;
gwnewch rywbeth, da neu ddrwg,
er mwyn i ni gael braw ac ofni
  trwom.
²⁴ Yn wir, nid ydych chwi'n ddim,
ac nid yw'ch gwaith ond diddim.
Ffieiddbeth yw'r un sy'n eich dewis.

²⁵ "Codais un o'r gogledd, ac fe
  ddaeth,
un o'r dwyrain, ac fe eilw ar f'enw;
y mae'n sathru rhaglawiaid fel pridd,
ac fel crochenydd yn sathru clai.
²⁶ Pwy a fynegodd hyn o'r dechreuad,
  inni gael gwybod,
neu ei ddweud ymlaen llaw, inni gael
  ei ategu?
Nid oes neb wedi dweud na mynegi
  dim,
ac ni chlywodd neb eich ymadrodd.
²⁷ Gosodaf un i lefaru'n* gyntaf wrth
  Seion,
ac i gyhoeddi newyddion da i
  Jerwsalem.
²⁸ Pan edrychaf, nid oes neb yno;
nid oes cynghorwr yn eu plith
a all ateb pan ofynnaf.
²⁹ Yn wir, nid ydynt i gyd ond dim;
llai na dim yw eu gwaith,
gwynt a gwagedd yw eu delwau."

Gwas yr ARGLWYDD

42 "Dyma fy ngwas, yr wyf yn ei
  gynnal,
f'etholedig, yr wyf yn ymhyfrydu
  ynddo.
Rhoddais fy ysbryd ynddo,
i gyhoeddi barn i'r cenhedloedd.
² Ni fydd yn gweiddi nac yn codi ei
  lais,
na pheri ei glywed yn yr heol.
³ Ni fydd yn dryllio corsen ysig,
nac yn diffodd llin yn mygu;
bydd yn cyhoeddi barn gywir.
⁴ Ni fydd yn diffodd, ac ni chaiff ei
  ddryllio,
nes iddo osod barn ar y ddaear;
y mae'r ynysoedd yn disgwyl am ei
  gyfraith."

⁵ Fel hyn y dywed Duw, yr
  ARGLWYDD,
a greodd y nefoedd a'i thaenu allan,
a luniodd y ddaear a'i chynnyrch,
a roddodd anadl i'r bobl sydd arni,
ac ysbryd i'r rhai sy'n rhodio ynddi:
⁶ "Myfi yw'r ARGLWYDD;
gelwais di mewn cyfiawnder,
a gafael yn dy law;
lluniais di a'th osod yn gyfamod
  pobl,
yn oleuni cenhedloedd;
⁷ i agor llygaid y deillion,
i arwain caethion allan o'r carchar,
a'r rhai sy'n byw mewn tywyllwch o'u
  cell.
⁸ Myfi yw'r ARGLWYDD, dyna fy enw;
ni roddaf fy ngogoniant i neb arall,
na'm clod i ddelwau cerfiedig.
⁹ Wele, y mae'r pethau cyntaf wedi
  digwydd,
a mynegaf yn awr bethau newydd;
cyn iddynt darddu rwy'n eu hysbysu
  ichwi."

41:27 Felly Sgrôl. TM yn aneglur.

Moliant i'r ARGLWYDD

¹⁰ Canwch i'r ARGLWYDD gân newydd,
canwch ei glod o eithaf y ddaear;
bydded i'r môr a'i gyflawnder ei ganmol*,
yr ynysoedd a'r rhai sy'n trigo ynddynt.
¹¹ Bydded i'r diffeithwch a'i ddinasoedd godi llef,
y pentrefi lle mae Cedar yn trigo;
bydded i drigolion Sela ganu
a bloeddio o ben y mynyddoedd.
¹² Bydded iddynt roi clod i'r ARGLWYDD,
a mynegi ei fawl yn yr ynysoedd.
¹³ Y mae'r ARGLWYDD yn mynd allan fel arwr,
fel rhyfelwr yn cyffroi mewn llid;
y mae'n bloeddio, yn codi ei lais,
ac yn trechu ei elynion.

¹⁴ "Bûm dawel dros amser hir,
yn ddistaw, ac yn ymatal;
yn awr llefaf fel gwraig yn esgor,
a gwingo a griddfan.
¹⁵ Gwnaf fynyddoedd a bryniau yn ddiffaith,
a pheri i'w holl lysiau gleision wywo;
gwnaf afonydd yn ynysoedd,
a llynnau yn sychdir.
¹⁶ Yna arweiniaf y deillion ar hyd ffordd ddieithr,
a'u tywys mewn llwybrau nad adnabuant;
paraf i'r tywyllwch fod yn oleuni o'u blaen,
ac unionaf ffyrdd troellog.
Dyma a wnaf iddynt, ac ni adawaf hwy.
¹⁷ Ond cilio mewn cywilydd
a wna'r rhai sy'n ymddiried mewn eilunod
ac yn dweud wrth ddelwau tawdd,
'Chwi yw ein duwiau ni.'

Israel yn Fyddar a Dall

¹⁸ "Chwi sy'n fyddar, clywch;
chwi sy'n ddall, edrychwch a gwelwch.
¹⁹ Does neb mor ddall â'm gwas,
nac mor fyddar â'r negesydd a anfonaf;
does neb mor ddall â'r un ymroddedig,
mor ddall â gwas yr ARGLWYDD.
²⁰ Er iddo weld llawer, nid yw'n* eu hystyried;
er bod ei glustiau'n agored, nid yw'n gwrando."
²¹ Dymunodd yr ARGLWYDD, er mwyn ei gyfiawnder,
fawrhau'r gyfraith, a'i gwneud yn anrhydeddus;
²² ond ysbeiliwyd ac anrheithiwyd y bobl hyn;
cawsant bawb eu dal mewn tyllau,
a'u cuddio mewn celloedd,
yn ysbail heb waredydd,
yn anrhaith heb neb i ddweud,
"Rho'n ôl."
²³ Pwy ohonoch a all wrando ar hyn,
ac ystyried a gwrando i'r diwedd?
²⁴ Pwy a wnaeth Jacob yn anrhaith,
a rhoi Israel i'r ysbeilwyr?
Onid yr ARGLWYDD, y pechasom yn ei erbyn?
Nid oeddent am rodio yn ei ffyrdd
na gwrando ar ei gyfraith;
²⁵ felly tywalltodd ei lid a'i ddicter arnynt,
a chynddaredd y frwydr.
Caeodd y fflam amdano,
ond ni ddysgodd ei wers;
llosgodd, ond nid ystyriodd.

Gwir Waredydd Israel

43 Yn awr, dyma'r hyn a ddywed yr ARGLWYDD
a'th greodd, Jacob, ac a'th luniodd, Israel:
"Paid ag ofni, oherwydd gwaredaf di;
galwaf ar dy enw; eiddof fi ydwyt.
² Pan fyddi'n mynd trwy'r dyfroedd,
byddaf gyda thi;
a thrwy'r afonydd, ni ruthrant drosot.
Pan fyddi'n rhodio trwy'r tân, ni'th ddeifir,
a thrwy'r fflamau, ni losgant di.
³ Oherwydd myfi, yr ARGLWYDD dy Dduw,

42:10 Tebygol. Hebraeg, *y rhai sy'n disgyn i'r môr a'i gyflawnder.*

42:20 Hebraeg, *nid wyt yn.*

Sanct Israel, yw dy Waredydd;
rhof yr Aifft yn iawn trosot,
Ethiopia a Seba yn gyfnewid
    amdanat.
⁴ Am dy fod yn werthfawr yn fy
    ngolwg,
yn ogoneddus, a minnau'n dy garu,
rhof eraill yn gyfnewid amdanat,
a phobloedd am dy einioes.
⁵ Paid ag ofni; yr wyf fi gyda thi.
Dygaf dy had o'r dwyrain,
casglaf di o'r gorllewin;
⁶ gorchmynnaf i'r gogledd, 'Rho',
ac i'r de, 'Paid â dal yn ôl;
tyrd â'm meibion o bell,
a'm merched o eithafoedd byd—
⁷ pob un sydd â'm henw arno,
ac a greais i'm gogoniant,
ac a luniais, ac a wneuthum.'"

Tystion i Dduw

⁸ Dygwch allan y bobl sy'n ddall, er
    bod llygaid ganddynt,
y rhai sy'n fyddar, er bod clustiau
    ganddynt.
⁹ Y mae'r holl bobl wedi eu casglu
    ynghyd,
a'r bobloedd wedi eu cynnull.
Pwy yn eu plith a fynega hyn,
a chyhoeddi i ni y pethau gynt?
Gadewch iddynt alw tystion i brofi'r
    achos,
a gwrando, a dyfarnu ei fod yn wir.
¹⁰ "Chwi yw fy nhystion," medd yr
    ARGLWYDD,
"fy ngwas, a etholais
er mwyn ichwi gael gwybod, a
    chredu ynof,
a deall mai myfi yw Duw.
Nid oedd duw wedi ei greu o'm
    blaen,
ac ni fydd yr un ar fy ôl.
¹¹ Myfi, myfi yw'r ARGLWYDD;
nid oes waredydd ond myfi.
¹² Myfi a fu'n mynegi, yn achub ac yn
    cyhoeddi,
pan nad oedd duw dieithr yn eich
    plith;
ac yr ydych chwi'n dystion i mi,"
    medd yr ARGLWYDD,
"mai myfi yw Duw.
¹³ O'r dydd hwn, myfi yw Duw;
ni all neb waredu o'm llaw.

Beth bynnag a wnaf, ni all neb ei
    ddadwneud."

¹⁴ Dyma'r hyn a ddywed yr
    ARGLWYDD,
eich Gwaredydd, Sanct Israel:
"Er eich mwyn chwi byddaf yn anfon
    i Fabilon,
yn dryllio'r barrau i gyd,
ac yn troi cân y Caldeaid yn wylofain.
¹⁵ Myfi, yr ARGLWYDD, yw eich Sanct;
creawdwr Israel yw eich brenin."

¹⁶ Dyma'r hyn a ddywed yr
    ARGLWYDD,
a agorodd ffordd yn y môr
a llwybr yn y dyfroedd enbyd;
¹⁷ a ddug allan gerbyd a march,
byddin a dewrion,
a hwythau'n gorwedd heb neb i'w
    codi,
yn darfod ac yn diffodd fel llin:
¹⁸ "Peidiwch â meddwl am y pethau
    gynt,
peidiwch ag aros gyda'r hen hanes.
¹⁹ Edrychwch, rwyf yn gwneud peth
    newydd;
y mae'n tarddu yn awr; oni allwch ei
    adnabod?
Yn wir, rwy'n gwneud ffordd yn yr
    anialwch,
ac afonydd yn y diffeithwch.
²⁰ Bydd anifeiliaid gwylltion yn fy
    mawrygu,
y bleiddiaid a'r estrys,
am imi roi dŵr yn yr anialwch
ac afonydd yn y diffeithwch,
er mwyn rhoi dŵr i'm pobl,
    f'etholedig,
²¹ sef y bobl a luniais i mi fy hun,
iddynt fynegi fy nghlod.

²² "Jacob, ni elwaist arnaf fi,
ond blinaist arnaf, Israel.
²³ Ni ddygaist i mi ddafad yn
    boethoffrwm,
na'm hanrhydeddu â'th ebyrth;
ni roddais faich bwydoffrwm arnat,
na'th flino am arogldarth.
²⁴ Ni phrynaist i mi galamus ag
    arian,
na'm llenwi â'th ebyrth breision;
ond rhoddaist dy bechodau yn faich
    arnaf,
blinaist fi â'th gamweddau.

²⁵ "Myfi, myfi yw Duw,
sy'n dileu dy droseddau er fy mwyn
   fy hun,
heb alw i gof dy bechodau.
²⁶ Cyhudda fi, dadleuwn â'n gilydd;
gosod dy achos gerbron, iti gael
   dyfarniad.
²⁷ Pechodd dy dad cyntaf,
a chododd d'arweinwyr yn f'erbyn,
²⁸ a halogodd dy dywysogion fy
   nghysegr*;
felly rhoddais Jacob i'w ddinistrio,
ac Israel yn waradwydd."

Israel Etholedig

44 "Yn awr, gwrando, fy ngwas
   Jacob,
Israel, yr hwn a ddewisais;
² dyma'r hyn a ddywed yr ARGLWYDD
   a'th wnaeth,
a'th luniodd o'r groth ac a'th
   gynorthwya:
Paid ag ofni, fy ngwas Jacob,
Jesurun, yr hwn a ddewisais.
³ Tywalltaf ddyfroedd ar y tir
   sychedig
a ffrydiau ar y sychdir;
tywalltaf fy ysbryd ar dy had
a'm bendith ar dy hiliogaeth.
⁴ Tarddant allan fel glaswellt,
fel helyg wrth ffrydiau dyfroedd.
⁵ Dywed un, 'Rwyf fi'n perthyn i'r
   ARGLWYDD';
bydd un arall yn cymryd enw Jacob,
ac un arall drachefn yn ei arwyddo'i
   hun, 'Eiddo'r ARGLWYDD',
ac yn ei gyfenwi ei hun, 'Israel'."

⁶ Dyma a ddywed yr ARGLWYDD,
   brenin Israel,
ARGLWYDD y Lluoedd, ei Waredydd:
"Myfi yw'r cyntaf, a myfi yw'r olaf;
nid oes duw ond myfi.
⁷ Pwy sy'n debyg i mi? Bydded iddo
   ddatgan,
a mynegi a gosod ei achos ger fy
   mron.
Pwy a gyhoeddodd erstalwm y
   pethau sydd i ddod?*

Dyweded wrthym* beth sydd i
   ddigwydd.
⁸ Peidiwch ag ofni na dychryn;
oni ddywedais wrthych erstalwm?
Fe fynegais, a chwi yw fy nhystion.
A oes duw ond myfi?
Nid oes craig. Ni wn i am un."

⁹ Y mae pawb sy'n gwneud eilunod
   yn ddiddim,
ac nid oes lles yng ngwrthrych eu
   serch;
y mae eu tystion heb weld a heb
   wybod,
ac o'r herwydd fe'u cywilyddir.
¹⁰ Pwy sy'n gwneud duw neu'n cerfio
   delw
os nad yw'n elw iddo?
¹¹ Gwelwch, cywilyddir pawb sy'n
   gweithio arno,
ac nid yw'r crefftwyr yn ddim ond
   pobl.
Pan gasglant ynghyd a dod at ei
   gilydd,
daw ofn a chywilydd arnynt i gyd.

¹² Y mae'r gof yn hogi* cŷn
ac yn gweithio'r haearn yn y tân;
y mae'n ei ffurfio â morthwylion,
ac yn gweithio arno â nerth ei fraich.
Yna bydd arno angen bwyd, a'i nerth
   yn pallu,
ac eisiau diod arno, ac yntau'n
   diffygio.
¹³ Y mae'r saer coed yn estyn llinyn,
ac yn marcio â phensil;
yna y mae'n llyfnhau'r pren â'r plaen,
ac yn ei fesur â chwmpas,
ac yn ei gerfio ar ffurf meidrolyn,
mor lluniaidd â ffurf ddynol—i fyw
   mewn tŷ.
¹⁴ Y mae rhywun yn torri iddo'i hun
   gedrwydden,
neu'n dewis cypreswydden neu
   dderwen
wedi tyfu'n gryf yng nghanol y
   goedwig—
cedrwydden wedi ei phlannu, a'r
   glaw wedi ei chryfhau.
¹⁵ Bydd peth ohoni'n danwydd i
   rywun i ymdwymo wrtho;

43:28 Cymh. Groeg. Hebraeg, *Halogais dywysogion sanctaidd.*
44:7 Tebygol. Hebraeg, *er pan osodais bobl hynafol a phethau sydd i ddigwydd?*
44:7 Hebraeg, *wrthynt.*
44:12 Felly Groeg. Hebraeg heb *yn hogi.*

bydd hefyd yn cynnau tân i grasu
  bara;
a hefyd yn gwneud duw i'w addoli;
fe'i gwna'n ddelw gerfiedig ac
  ymgrymu iddi.
¹⁶ Ie, y mae'n llosgi'r hanner yn dân,
ac yn rhostio cig arno,
ac yn bwyta'i wala;
y mae hefyd yn ymdwymo ac yn
  dweud,
"Y mae blas ar dân;
peth braf yw gweld y fflam."
¹⁷ O'r gweddill y mae'n gwneud delw
  i fod yn dduw,
ac yn ymgrymu iddo a'i addoli;
y mae'n gweddïo arno ac yn dweud,
"Gwared fi; fy nuw ydwyt."

¹⁸ Nid yw'r bobl yn gwybod nac yn
  deall;
aeth eu llygaid yn ddall rhag gweld,
a'u deall rhag amgyffred.
¹⁹ Nid yw neb wedi troi'r peth yn ei
  feddwl,
nac yn gwybod nac yn deall, i ddweud,
"Llosgais hanner yn dân, a chrasu
  bara yn y marwor;
rhostiais gig a'i fwyta;
ac o'r gweddill rwy'n gwneud
  ffieiddbeth,
ac yn ymgrymu i ddarn o bren."
²⁰ Yn wir y mae'n ymborthi ar ludw,
a'i feddwl crwydredig wedi ei yrru ar
  gyfeiliorn;
ni all ei waredu ei hun a dweud,
"Onid twyll yw'r hyn sydd yn fy llaw?"

²¹ "Ystyria hyn, Jacob,
oherwydd fy ngwas wyt ti, Israel.
Lluniais di, gwas i mi wyt ti;
O Israel, paid â'm hanghofio*.
²² Dileais dy gamweddau fel cwmwl,
a'th bechodau fel niwl;
dychwel ataf, canys yr wyf wedi dy
  waredu."

²³ Canwch, nefoedd, oherwydd yr
  ARGLWYDD a wnaeth hyn;
gwaeddwch, ddyfnderoedd daear;
bloeddiwch, O fynyddoedd,
a'r goedwig a phob coeden o'i mewn;
y mae'r ARGLWYDD wedi gwaredu
  Jacob,
a chael gogoniant yn Israel.

Adfer Jerwsalem

²⁴ Dyma a ddywed yr ARGLWYDD, dy
  Waredydd,
a'r hwn a'th luniodd o'r groth:
"Myfi, yr ARGLWYDD, a wnaeth y
  cyfan—
estyn y nefoedd fy hunan,
a lledu'r ddaear heb neb gyda mi;
²⁵ diddymu arwyddion celwyddog,
gwneud ffyliaid o'r rhai sy'n dewino;
troi doethion yn eu hôl,
a gwneud eu gwybodaeth yn
  ynfydrwydd;
²⁶ cadarnhau gair ei was,
a chyflawni cyngor ei genhadon;
dweud wrth Jerwsalem, 'Fe'th
  breswylir',
ac wrth ddinasoedd Jwda, 'Fe'ch
  adeiledir,
cyfodaf drachefn eich adfeilion';
²⁷ dweud wrth y dyfnder, 'Bydd sych,
rwy'n sychu hefyd d'afonydd';
²⁸ dweud wrth Cyrus, 'Fy Mugail',
ac fe gyflawna fy holl fwriad;
dweud wrth Jerwsalem, 'Fe'th
  adeiledir',
ac wrth y deml, 'Fe'th sylfaenir'."

Galw Cyrus

45 Dyma a ddywed yr ARGLWYDD
wrth Cyrus ei eneiniog,
  yr un y gafaelais yn ei law
  i ddarostwng cenhedloedd o'i flaen,
  i ddiarfogi brenhinoedd,
  i agor dorau o'i flaen,
  ac ni chaeir pyrth rhagddo:
² "Mi af o'th flaen di
i lefelu'r mynyddoedd;
torraf y dorau pres,
a dryllio'r barrau haearn.
³ Rhof iti drysorau o leoedd tywyll,
wedi eu cronni mewn mannau
  dirgel,
er mwyn iti wybod mai myfi yw'r
  ARGLWYDD,
Duw Israel, sy'n dy gyfarch wrth dy
  enw.
⁴ Er mwyn fy ngwas Jacob,
a'm hetholedig Israel,
gelwais di wrth dy enw,
a'th gyfenwi, er na'm hadwaenit.

44:21 Neu, *ni fyddi'n angof gennyf.*

⁵ Myfi yw'r ARGLWYDD, ac nid oes arall;
ar wahân i mi nid oes Duw.
Gwregysais di, er na'm hadwaenit,
⁶ er mwyn iddynt wybod,
o godiad haul hyd ei fachlud,
nad oes neb ond myfi.
Myfi yw'r ARGLWYDD, ac nid oes arall,
⁷ yn llunio goleuni
ac yn creu tywyllwch,
yn peri llwyddiant ac yn achosi methiant;
myfi, yr ARGLWYDD, sy'n gwneud y cyfan.

⁸ "Defnynnwch oddi fry, O nefoedd;
tywallted yr wybren gyfiawnder.
Agored y ddaear, er mwyn i iachawdwriaeth egino*
ac i gyfiawnder flaguro.
Myfi, yr ARGLWYDD, a'i gwnaeth.

⁹ "Gwae'r sawl sy'n ymryson â'i luniwr,
darn o lestr yn erbyn y crochenydd.
A ddywed y clai wrth ei luniwr, 'Beth wnei di?'
neu, 'Nid oes graen ar dy waith'?
¹⁰ Gwae'r sawl sy'n dweud wrth dad, 'Beth genhedli di?'
neu wrth wraig, 'Ar beth yr esgori?'"

¹¹ Fel hyn y dywed yr ARGLWYDD,
Sanct Israel a'i luniwr:
"A ydych yn fy holi* i am fy mhlant,
ac yn gorchymyn imi am waith fy nwylo?
¹² Myfi a wnaeth y ddaear,
a chreu pobl arni;
fy llaw i a estynnodd y nefoedd,
a threfnu ei holl lu.
¹³ Myfi a gododd Cyrus i fuddugoliaeth,
ac unioni ei holl lwybrau.
Ef fydd yn codi fy ninas,
ac yn gollwng fy nghaethion yn rhydd,
ond nid am bris nac am wobr,"
medd ARGLWYDD y Lluoedd.

¹⁴ Dyma a ddywed yr ARGLWYDD:
"Bydd llafurwyr yr Aifft,
masnachwyr Ethiopia a'r Sabeaid tal
yn croesi atat ac yn eiddo i ti;
dônt ar dy ôl mewn cadwyni,
ymgrymant i ti a chyffesu,
'Yn sicr y mae Duw yn eich plith,
ac nid oes neb ond ef yn Dduw.'"

¹⁵ Yn wir, Duw cuddiedig wyt ti,
Dduw Israel, y Gwaredydd.
¹⁶ Cywilyddir a gwaradwyddir hwy i gyd;
â'r seiri delwau oll yn waradwydd,
¹⁷ ond gwaredir Israel gan yr ARGLWYDD
â gwaredigaeth dragwyddol;
ni'ch cywilyddir ac ni'ch gwaradwyddir
byth bythoedd.

¹⁸ Dyma a ddywed yr ARGLWYDD,
creawdwr y nefoedd, yr un sy'n Dduw,
lluniwr y ddaear a'i gwneuthurwr, yr un a'i sefydlodd,
yr un a'i creodd, nid i fod yn afluniaidd,
ond a'i ffurfiodd i'w phreswylio:
"Myfi yw'r ARGLWYDD, ac nid oes arall;
¹⁹ nid mewn dirgelwch y lleferais,
nid mewn man tywyll o'r ddaear;
ni ddywedais wrth feibion Jacob,
'Ceisiwch fi mewn anhrefn.'
Myfi, yr ARGLWYDD, yw'r un sy'n llefaru cyfiawnder,
ac yn mynegi uniondeb.

²⁰ "Ymgasglwch, dewch yma,
nesewch gyda'ch gilydd,
rai dihangol y cenhedloedd.
Nid oes gwybodaeth gan gludwyr delwau pren
a'r rhai sy'n gweddïo ar dduw na all eu hachub.
²¹ Dewch ymlaen, cyflwynwch eich achos;
boed iddynt gymryd cyngor ynghyd.
Pwy a fynegodd hyn o'r blaen?
Pwy a'i dywedodd o'r dechrau?
Onid myfi, yr ARGLWYDD?
Nid oes Duw ond myfi, Duw cyfiawn, a Gwaredydd.
Nid oes neb ond myfi.

45:8 Felly Sgrôl A. TM, *ffrwytho*.
45:11 TM, *yr hyn sydd i ddod*.

²² Chwi, holl gyrrau'r ddaear,
edrychwch ataf i'ch gwaredu,
canys myfi wyf Dduw, ac nid oes arall.
²³ Ar fy llw y tyngais;
gwir a ddaeth allan o'm genau,
gair na ddychwel:
i mi bydd pob glin yn plygu
a phob tafod yn tyngu.
²⁴ Fe ddywedir amdanaf,
'Yn ddiau, yn yr ARGLWYDD y mae cyfiawnder a nerth'."
Bydd pob un a ddigiodd wrtho
yn dod ato ef mewn cywilydd.
²⁵ Cyfiawnheir holl deulu Israel,
ac ymhyfrydant yn yr ARGLWYDD.

Duwiau Babilon

46 Crymodd Bel, plygodd Nebo;
ar gefn anifail ac ych y mae eu delwau,
ac aeth y rhain, a fu'n ddyrchafedig,
yn faich ar anifeiliaid blinedig.
² Plygant a chrymant gyda'i gilydd,
ni allant arbed y llwyth,
ond ânt eu hunain i gaethglud.

³ "Gwrandewch arnaf fi, dŷ Jacob,
a phawb sy'n weddill o dŷ Israel;
buoch yn faich i mi o'r groth,
ac yn llwyth i mi o'r bru;
⁴ hyd eich henaint, myfi yw Duw,
hyd eich penwynni, mi a'ch cariaf.
Myfi sy'n gwneud, myfi sy'n cludo,
myfi sy'n cario, a myfi sy'n arbed.
⁵ I bwy y'm cyffelybwch? Â phwy y gwnewch fi'n gyfartal?
I bwy y'm cymharwch? Pwy sy'n debyg i mi?
⁶ Y mae'r rhai sy'n gwastraffu aur o'r pwrs,
ac yn arllwys eu harian i glorian,
yn llogi eurych ac yn gwneud duw
i'w addoli ac i ymgrymu iddo.
⁷ Codant ef ar eu hysgwydd a'i gario,
gosodant ef yn ei le, ac yno y saif heb symud;
os llefa neb arno, nid yw'n ei ateb,
nac yn ei achub o'i gyfyngder.

⁸ "Cofiwch hyn, ac ystyriwch;
galwch i gof, chwi wrthryfelwyr.
⁹ Cofiwch y pethau gynt, ymhell yn ôl;
oherwydd myfi sydd Dduw, ac nid arall,
yn Dduw heb neb yn debyg i mi.
¹⁰ Rwyf o'r dechreuad yn mynegi'r diwedd,
ac o'r cychwyn yr hyn oedd heb ei wneud.
Dywedaf, 'Fe saif fy nghyngor,
a chyflawnaf fy holl fwriad.'
¹¹ Galwaf ar aderyn ysglyfaethus o'r dwyrain,
a gŵr a wna fy nghyngor o wlad bell.
Yn wir, lleferais ac fe'i dygaf i ben,
fe'i lluniais ac fe'i gwnaf.
¹² Gwrandewch arnaf fi, chwi bobl ystyfnig,
chwi sy'n bell oddi wrth gyfiawnder.
¹³ Paraf i'm cyfiawnder nesáu;
nid yw'n bell, ac nid oeda fy iachawdwriaeth.
Rhof iachawdwriaeth yn Seion,
a'm gogoniant i Israel.

Cwymp Babilon

47 "Disgyn, ac eistedd yn y lludw,
ti, ferch wyry Babilon.
Eistedd ar y llawr yn ddi-orsedd,
ti, ferch y Caldeaid;
ni'th elwir byth eto yn dyner a moethus.
² Cymer y meini melin i falu blawd,
tyn dy orchudd,
rhwyga dy sgert, dangos dy gluniau,
rhodia trwy ddyfroedd.
³ Dangoser dy noethni,
a gweler dy warth.
Dygaf ddial, ac nid arbedaf neb."
⁴ Ein gwaredydd yw Sanct Israel;
ARGLWYDD y Lluoedd yw ei enw.

⁵ "Eistedd yn fud, dos i'r tywyllwch,
ti, ferch y Caldeaid;
ni'th elwir byth eto yn arglwyddes y teyrnasoedd.
⁶ Digiais wrth fy mhobl,
halogais fy etifeddiaeth,
rhoddais hwy yn dy law;
ond ni chymeraist drugaredd arnynt,
gwnaethost yr iau yn drwm ar yr oedrannus.
⁷ Dywedaist, 'Byddaf yn arglwyddes hyd byth',
ond nid oeddit yn ystyried hyn,

nac yn cofio sut y gallai ddiweddu.
⁸ Yn awr, ynteu, gwrando ar hyn,
y foethus, sy'n eistedd mor
    gyfforddus,
sy'n dweud wrthi ei hun, 'Myfi, does
    neb ond myfi.
Ni fyddaf fi'n eistedd yn weddw,
nac yn gwybod beth yw colli plant.'
⁹ Fe ddaw'r ddau beth hyn arnat
    ar unwaith, yr un diwrnod—
colli plant a gweddwdod,
a'r ddau'n dod arnat yn llawn,
er bod dy hudoliaeth yn aml
a'th swynion yn nerthol.

¹⁰ "Pan oeddit yn ymddiried yn dy
    ddrygioni,
dywedaist, 'Does neb yn fy ngweld.'
Roedd dy ddoethineb a'th wybodaeth
    yn dy gamarwain,
a dywedaist, 'Myfi, does neb ond
    myfi.'
¹¹ Ond fe ddaw arnat ti ddinistr
na wyddost sut i'w swyno;
fe ddisgyn arnat ddistryw
na elli mo'i ochelyd.
Daw trychineb arnat yn sydyn,
heb yn wybod iti.

¹² "Glŷn wrth dy swynion a'th
    hudoliaethau aml
y buost yn ymflino â hwy o'th
    ieuenctid—
efallai y cei help ganddynt;
efallai y medri godi arswyd
    drwyddynt.
¹³ Rwyt wedi dy lethu gan nifer dy
    gynghorwyr;
bydded iddynt sefyll yn awr a'th
    achub—
dewiniaid y nefoedd a gwylwyr y sêr,
sy'n proffwydo bob mis yr hyn a
    ddigwydd iti.
¹⁴ Edrych, y maent fel us, a'r tân yn
    eu hysu;
ni fedrant eu harbed eu hunain rhag
    y fflam.
Nid glo i dwymo wrtho yw hwn,
nid tân i eistedd o'i flaen.
¹⁵ Fel hyn y bydd y rhai y buost yn
    ymflino â hwy
ac yn ymhel â hwy o'th ieuenctid;
trônt ymaith bob un i'w ffordd ei
    hun,
heb allu dy waredu."

Israel Ystyfnig

48 "Gwrandewch hyn, dŷ Jacob,
y rhai a elwir ar enw Israel,
sy'n tarddu o had* Jwda,
sy'n tyngu yn enw'r ARGLWYDD
ac yn galw ar Dduw Israel,
heb fod yn onest na didwyll.
² Galwant eu hunain yn bobl y
    ddinas sanctaidd,
a phwyso ar Dduw Israel;
ARGLWYDD y Lluoedd yw ei enw.

³ "Mynegais y pethau cyntaf
    erstalwm,
eu cyhoeddi â'm genau fy hun a'u
    gwneud yn hysbys;
ar drawiad gweithredais, a pheri
    iddynt ddigwydd.
⁴ Gwyddwn dy fod yn ystyfnig,
a'th war fel gewyn haearn,
a'th dalcen fel pres;
⁵ am hynny rhois wybod i ti
    erstalwm,
a'th hysbysu cyn iddynt ddigwydd,
rhag i ti ddweud, 'Fy nelw a'u
    gwnaeth,
fy eilun a'm cerfddelw a'u trefnodd.'
⁶ Clywaist a gwelaist hyn i gyd;
onid ydych am ei gydnabod?
Ac yn awr rwyf am fynegi i chwi
    bethau newydd,
pethau cudd na wyddoch ddim
    amdanynt.
⁷ Yn awr y crewyd hwy, ac nid
    erstalwm,
ac ni chlywaist ddim amdanynt cyn
    heddiw,
rhag i ti ddweud, 'Roeddwn i'n
    gwybod.'
⁸ Nid oeddit wedi clywed na gwybod;
erstalwm roedd dy glust heb agor;
oherwydd gwyddwn dy fod yn
    dwyllodrus i'r eithaf,
ac iti o'r bru gael yr enw o fod yn
    droseddwr.

⁹ "Er mwyn fy enw ateliais fy llid,
er mwyn fy moliant ymateliais rhag
    dy ddifa.
¹⁰ Purais di, ond nid fel arian;
profais di ym mhair cystudd.

48:1 Felly Targwm. Cymh. Sgrôl A. TM, *o ddyfroedd*.

¹¹ Er fy mwyn fy hun y gwneuthum
  hyn;
a gânt halogi fy enw?*
Ni roddaf fy anrhydedd i arall.

Rhyddhau Israel

¹² "Clyw fi, Jacob,
ac Israel, yr un a elwais:
Myfi yw;
myfi yw'r cyntaf, a'r olaf hefyd.
¹³ Fy llaw a sylfaenodd y ddaear,
a'm deheulaw a daenodd y nefoedd;
pan alwaf arnynt, ufuddhânt ar
  unwaith.

¹⁴ "Dewch bawb at eich gilydd a
  gwrando;
pwy ohonynt a fynegodd hyn?
Yr un y mae'r ARGLWYDD yn ei hoffi
fydd yn cyflawni ei fwriad ar Fabilon
  ac ar had* y Caldeaid.
¹⁵ Myfi fy hun a lefarodd, myfi a'i
  galwodd;
dygais ef allan, a llwyddo ei ffordd.
¹⁶ Dewch ataf, clywch hyn:
O'r dechrau ni leferais yn ddirgel;
o'r amser y digwyddodd, yr oeddwn
  i yno."
Ac yn awr ysbryd yr Arglwydd DDUW
a'm hanfonodd i.

¹⁷ Fel hyn y dywed yr ARGLWYDD,
dy Waredydd, Sanct Israel:
"Myfi yw'r ARGLWYDD dy Dduw,
sy'n dy ddysgu er dy les,
ac yn dy arwain yn y ffordd y dylit ei
  cherdded.
¹⁸ Pe bait wedi gwrando ar fy
  ngorchymyn,
byddai dy heddwch fel yr afon,
a'th gyfiawnder fel tonnau'r môr;
¹⁹ a byddai dy had fel y tywod,
a'th epil fel ei raean,
a'u henw heb ei dorri ymaith na'i
  ddileu o'm gŵydd."
²⁰ Ewch allan o Fabilon, ffowch oddi
  wrth y Caldeaid;
mynegwch hyn â bloedd gorfoledd,
cyhoeddwch ef, a'i hysbysu hyd
  gyrrau'r ddaear;
dywedwch, "Yr ARGLWYDD a
  waredodd ei was Jacob."

²¹ Nid oedd arnynt syched
pan arweiniodd hwy yn y lleoedd
  anial;
gwnaeth i ddŵr lifo iddynt o'r graig;
holltodd y graig a phistyllodd y dŵr.
²² "Nid oes llwyddiant i'r annuwiol,"
medd yr ARGLWYDD.

Gwas yr ARGLWYDD

49 Gwrandewch arnaf, chwi
  ynysoedd,
rhowch sylw, chwi bobl o bell.
Galwodd yr ARGLWYDD fi o'r groth;
o fru fy mam fe'm henwodd.
² Gwnaeth fy ngenau fel cleddyf llym,
a'm cadw yng nghysgod ei law;
gwnaeth fi yn saeth loyw,
a'm cuddio yng nghawell ei saethau.
³ Dywedodd wrthyf, "Fy ngwas wyt
  ti;
ynot ti, Israel, y caf ogoniant."
⁴ Dywedais innau, "Llafuriais yn
  ofer,
a threuliais fy nerth i ddim;
er hynny y mae fy achos gyda'r
  ARGLWYDD
a'm gwobr gyda'm Duw."

⁵ Ac yn awr, llefarodd yr ARGLWYDD,
a'm lluniodd o'r groth yn was iddo,
i adfer Jacob iddo a chasglu Israel
  ato,
i'm gogoneddu yng ngŵydd yr
  ARGLWYDD,
am fod fy Nuw yn gadernid i mi.
⁶ Dywedodd, "Peth bychan yw i ti fod
  yn was i mi,
i godi llwythau Jacob ar eu traed,
ac adfer rhai cadwedig Israel;
fe'th wnaf di yn oleuni i'r
  cenhedloedd,
i'm hiachawdwriaeth gyrraedd hyd
  eithaf y ddaear."

⁷ Fel hyn y dywed yr ARGLWYDD,
Gwaredydd Israel, a'i Sanct,
wrth yr un a ddirmygir ac a ffieiddir
  gan bobloedd,
wrth gaethwas y trahaus:
"Bydd brenhinoedd yn sefyll pan
  welant,
a'r tywysogion yn ymgrymu,
o achos yr ARGLWYDD, sy'n ffyddlon,
a Sanct Israel, a'th ddewisodd di."

48:11 Felly Groeg. Hebraeg heb *fy enw*.
48:14 Felly Groeg. Hebraeg, *ar ei fraich*.

Adfer Jerwsalem

⁸ Fel hyn y dywed yr ARGLWYDD:
"Atebaf di yn adeg ffafr,
a'th gynorthwyo ar ddydd
  iachawdwriaeth;
cadwaf di, a'th osod yn gyfamod i'r
  bobl;
adferaf y tir a rhannu'r tiroedd
  anrhaith yn etifeddiaeth;
⁹ a dywedaf wrth y carcharorion,
  'Ewch allan',
ac wrth y rhai mewn tywyllwch,
  'Dewch i'r golau'.
Cânt bori ar fin y ffyrdd
a chael porfa ar y moelydd.
¹⁰ Ni newynant ac ni sychedant,
ni fydd gwres na haul yn eu taro,
oherwydd un sy'n tosturio wrthynt
  sy'n eu harwain,
ac yn eu tywys at ffynhonnau o
  ddŵr.
¹¹ Gwnaf bob mynydd yn ffordd,
a llenwi o dan fy llwybrau.
¹² Y mae rhai yn dod o bell,
a rhai o'r gogledd a'r gorllewin,
ac eraill o wlad Sinim."
¹³ Cân, nefoedd; gorfoledda, ddaear;
bloeddiwch ganu, fynyddoedd.
Canys y mae'r ARGLWYDD yn cysuro
  ei bobl,
ac yn tosturio wrth ei drueiniaid.

¹⁴ Dywedodd Seion, "Gwrthododd yr
  ARGLWYDD fi,
ac anghofiodd fy Arglwydd fi."
¹⁵ "A anghofia gwraig ei phlentyn
  sugno,
neu fam blentyn ei chroth?
Fe allant hwy anghofio,
ond nid anghofiaf fi di.
¹⁶ Edrych, rwyf wedi dy gerfio ar
  gledr fy nwylo;
y mae dy furiau bob amser o flaen fy
  llygaid;
¹⁷ y mae dy adeiladwyr yn gyflymach
  na'r rhai sy'n dy ddinistrio,
ac y mae dy anrheithwyr wedi mynd
  ymaith.
¹⁸ Edrych o'th amgylch, a gwêl;
y mae pawb yn ymgasglu ac yn dod
  atat.
Cyn wired â'm bod yn fyw," medd yr
  ARGLWYDD,
"byddi'n eu gwisgo i gyd fel addurn,
ac yn eu rhwymo amdanat fel y gwna
  priodferch.
¹⁹ Bydd dy ddiffeithwch a'th
  anialwch a'th dir anrhaith
yn rhy gyfyng bellach i'th
  breswylwyr,
gan fod dy ddifodwyr ymhell i
  ffwrdd.
²⁰ Bydd y plant a anwyd yn nydd dy
  alar
yn dweud eto'n hyglyw,
'Nid oes digon o le i mi;
symud draw, i mi gael lle i fyw.'
²¹ "Yna y dywedi ynot dy hun,
'Pwy a genhedlodd y rhain i mi,
a minnau'n weddw ac yn ddi-blant?
Yr oeddwn i mewn caethglud ac yn
  ddigartref;
pwy a'u magodd hwy?
Yn wir, roeddwn i wedi fy ngadael ar
  fy mhen fy hun;
o ble, ynteu, y daeth y rhain?'"
²² Fel hyn y dywed yr Arglwydd
  DDUW:
"Rhof arwydd â'm llaw i'r
  cenhedloedd,
a chodaf fy maner i'r bobloedd,
a dygant dy feibion yn eu mynwes,
a chludo dy ferched ar eu hysgwydd.
²³ Bydd brenhinoedd yn dadau
  maeth iti,
a'u tywysogesau yn famau maeth iti;
plygant i'r llawr o'th flaen
a llyfu llwch dy draed;
yna y cei wybod mai myfi yw'r
  ARGLWYDD,
ac na siomir neb sy'n disgwyl
  wrthyf."

²⁴ A ddygir ysbail oddi ar y cadarn?
A ryddheir carcharor o law'r
  gormeswr?*
²⁵ Fel hyn y dywed yr ARGLWYDD:
"Fe ddygir carcharor o law'r cadarn,
ac fe ryddheir ysbail o law'r
  gormeswr;
myfi fydd yn dadlau â'th gyhuddwr,
ac yn gwaredu dy blant.
²⁶ Gwnaf i'th orthrymwyr fwyta'u
  cnawd eu hunain,
a meddwaf hwy â'u gwaed eu hunain
  fel â gwin;

49:24 Felly Sgrôl a Fersiynau ac adn. 25. TM, *cyfiawn*.

yna caiff pawb wybod
mai myfi, yr ARGLWYDD, yw dy
   Waredydd,
ac mai Un Cadarn Jacob yw dy
   Achubydd."

Pechod Israel ac Ufudd-dod y Gwas

50 Fel hyn y dywed yr ARGLWYDD:
"Ple, felly, mae llythyr ysgar eich
   mam,
a roddais i'w gyrru ymaith?
Neu, i ba echwynnwr y gwerthais
   chwi?
O achos eich camweddau y
   gwerthwyd chwi,
ac oherwydd eich troseddau y
   gyrrwyd eich mam ymaith.
² Pam nad oedd neb yma pan
   ddeuthum,
na neb yn ateb pan elwais?
A yw fy llaw yn rhy fyr i achub,
neu a wyf yn rhy wan i waredu?
Gwelwch, rwy'n sychu'r môr â'm
   dicter,
ac yn troi afonydd yn ddiffeithwch;
y mae eu pysgod yn drewi o ddiffyg
   dŵr,
ac yn trengi o sychder.
³ Rwy'n gwisgo'r nefoedd â
   galarwisg,
ac yn rhoi sachliain yn amdo
   iddynt."

⁴ Rhoes yr ARGLWYDD Dduw i mi
   dafod un yn dysgu,
i wybod sut i gynnal y diffygiol â
   gair;
bob bore y mae'n agor fy nghlust
i wrando fel un yn dysgu.
⁵ Agorodd yr ARGLWYDD Dduw fy
   nghlust,
ac ni wrthwynebais innau, na
   chilio'n ôl.
⁶ Rhoddais fy nghefn i'r curwyr,
a'm cernau i'r rhai a dynnai'r farf;
ni chuddiais fy wyneb rhag
   gwaradwydd na phoer.
⁷ Y mae'r Arglwydd DDUW yn fy
   nghynnal,
am hynny ni chaf fy sarhau;
felly gosodaf fy wyneb fel callestr,
a gwn na'm cywilyddir.

⁸ Y mae'r hwn sy'n fy nghyfiawnhau
   wrth law.
Pwy a ddadlau i'm herbyn? Gadewch
   i ni wynebu'n gilydd;
pwy a'm gwrthwyneba? Gadewch
   iddo nesáu ataf.
⁹ Y mae'r Arglwydd DDUW yn fy
   nghynnal:
pwy a'm condemnia?
Byddant i gyd yn treulio fel dilledyn
a ysir gan wyfyn.

¹⁰ Pwy bynnag ohonoch sy'n ofni'r
   ARGLWYDD,
gwrandawed ar lais ei was.
Yr un sy'n rhodio mewn tywyllwch
   heb olau ganddo,
ymddirieded yn enw'r ARGLWYDD,
a phwyso ar ei Dduw.
¹¹ Ond chwi i gyd, sy'n cynnau tân
ac yn goleuo tewynion,
rhodiwch wrth lewyrch eich tân,
a'r tewynion a oleuwyd gennych.
Dyma'r hyn a ddaw i chwi o'm llaw:
byddwch yn gorwedd mewn
   dioddefaint.

Gwaredigaeth i Seion

51 "Gwrandewch arnaf, chwi sy'n
      dilyn cyfiawnder,
sy'n ceisio'r ARGLWYDD.
Edrychwch ar y graig y'ch naddwyd
   ohoni,
ac ar y chwarel lle'ch cloddiwyd;
² edrychwch at Abraham eich tad,
ac at Sara, a'ch dygodd i'r byd;
un ydoedd pan elwais ef,
ond fe'i bendithiais a'i amlhau.
³ Bydd yr ARGLWYDD yn cysuro
   Seion,
yn cysuro ei holl fannau
   anghyfannedd;
bydd yn gwneud ei hanialwch yn
   Eden,
a'i diffeithwch yn ardd yr ARGLWYDD;
ceir o'i mewn lawenydd a gorfoledd,
emyn diolch a sain cân.

⁴ "Gwrandewch arnaf, fy mhobl;
clywch fi, fy nghenedl;
oherwydd daw cyfraith allan oddi
   wrthyf,
a bydd fy marn yn goleuo pobloedd.

⁵ Y mae fy muddugoliaeth gerllaw,
a'm hiachawdwriaeth ar ddod;
bydd fy mraich yn rheoli'r bobloedd;
bydd yr ynysoedd yn disgwyl wrthyf,
ac yn ymddiried yn fy mraich.
⁶ Codwch eich golwg i'r nefoedd,
edrychwch ar y ddaear islaw;
y mae'r nefoedd yn diflannu fel mwg,
a'r ddaear yn treulio fel dilledyn,
a'i thrigolion yn marw fel gwybed*;
ond bydd fy iachawdwriaeth yn
  parhau byth,
ac ni phalla fy muddugoliaeth.

⁷ "Gwrandewch arnaf, chwi sy'n
  adnabod cyfiawnder,
rhai sydd â'm cyfraith yn eu calon:
Peidiwch ag ofni gwaradwydd pobl,
nac arswydo rhag eu gwatwar;
⁸ oherwydd bydd y pryf yn eu hysu
  fel dilledyn,
a'r gwyfyn yn eu bwyta fel gwlân;
ond bydd fy muddugoliaeth yn
  parhau byth,
a'm hiachawdwriaeth i bob
  cenhedlaeth."

⁹ Deffro, deffro, gwisg dy nerth,
O fraich yr ARGLWYDD;
deffro, fel yn y dyddiau gynt,
a'r oesoedd o'r blaen.
Onid ti a ddrylliodd Rahab,
a thrywanu'r ddraig?
¹⁰ Onid ti a sychodd y môr,
dyfroedd y dyfnder mawr?
Onid ti a wnaeth ddyfnderau'r môr
  yn ffordd
i'r gwaredigion groesi?
¹¹ Fe ddychwel gwaredigion yr
  ARGLWYDD;
dônt i Seion dan ganu,
a llawenydd tragwyddol ar bob un.
Hebryngir hwy gan lawenydd a
  gorfoledd,
a bydd gofid a griddfan yn ffoi
  ymaith.

¹² "Myfi, myfi sy'n eich diddanu;
pam, ynteu, yr ofnwch neb meidrol,
neu rywun sydd fel glaswelltyn?
¹³ Pam yr ydych yn anghofio'r
  ARGLWYDD, eich Creawdwr,
yr un a ledodd y nefoedd,
ac a sylfaenodd y ddaear?

Pam yr ofnwch o hyd, drwy'r dydd,
rhag llid gorthrymwr sy'n barod i
  ddistrywio?
Ond ple mae llid y gorthrymwr?
¹⁴ Caiff y caeth ei ryddhau yn y man;
ni fydd yn marw yn y gell,
ac ni fydd pall ar ei fara.
¹⁵ Myfi yw'r ARGLWYDD, dy Dduw,
sy'n cynhyrfu'r môr nes i'r tonnau
  ruo;
ARGLWYDD y Lluoedd yw fy enw.
¹⁶ Gosodais fy ngeiriau yn dy enau,
cysgodais di yng nghledr fy llaw;
taenais y nefoedd a sylfaenais y
  ddaear,
a dweud wrth Seion, 'Fy mhobl wyt
  ti.' "

Cwpan Digofaint Duw

¹⁷ Deffro, deffro, cod, Jerwsalem;
yfaist o law yr ARGLWYDD gwpan ei
  lid,
yfaist bob dafn o waddod y cwpan
  meddwol.
¹⁸ O blith yr holl blant yr esgorodd
  arnynt,
nid oes un a all ei thywys;
o'r holl rai a fagodd,
nid oes un a afael yn ei llaw.
¹⁹ Daeth dau drychineb i'th
  gyfarfod—
pwy a'th ddiddana?
Dinistr a distryw, newyn a
  chleddyf—
pwy a'th gysura?*
²⁰ Gorwedd dy blant yn llesg ym
  mhen pob heol,
fel gafrewig mewn magl;
y maent yn llawn o lid yr ARGLWYDD,
a cherydd dy Dduw.
²¹ Am hynny, gwrando'n awr, y druan,
sy'n feddw, er nad trwy win.
²² Fel hyn y dywed yr ARGLWYDD, dy
  Arglwydd a'th Dduw di,
yr un sy'n dadlau achos ei bobl:
"Cymerais o'th law y cwpan
  meddwol,
ac nid yfi mwyach waddod cwpan fy
  llid;
²³ ond rhof hi yn llaw dy ormeswyr,
a ddywedodd wrthyt, 'Plyga i lawr

51:6 Felly Sgrôl. TM, *marw yr un modd.*

51:19 Felly Sgrôl a Fersiynau. TM, *trwy bwy y'th gysuraf?*

i ni gerdded trosot.'
Ac fe roist dy gefn fel llawr,
ac fel heol iddynt gerdded trosti."

Gwaredigaeth Seion Gerllaw

52 Deffro, deffro, gwisg dy nerth,
Seion;
ymwisga yn dy ddillad godidog,
O Jerwsalem, y ddinas sanctaidd;
oherwydd ni ddaw i mewn iti
mwyach
neb dienwaededig nac aflan.
² Cod, ymysgwyd o'r llwch, ti
Jerwsalem gaeth;
tyn y rhwymau oddi ar dy war, ti
gaethferch Seion.

³ Fel hyn y dywed yr ARGLWYDD:
"Gwerthwyd chwi am ddim,
ac fe'ch gwaredir heb arian."
⁴ Canys fel hyn y dywed yr Arglwydd
Dduw:
"Yn y dechrau, i'r Aifft yr aeth fy
mhobl i ymdeithio,
ac yna bu Asyria'n eu gormesu'n
ddiachos.
⁵ Ond yn awr, beth a gaf yma?" medd
yr ARGLWYDD.
"Y mae fy mhobl wedi eu dwyn
ymaith am ddim,
eu gorthrymwyr yn llawn ymffrost,"
medd yr ARGLWYDD,
"a'm henw'n cael ei ddilorni o hyd,
drwy'r dydd.
⁶ Am hynny, fe gaiff fy mhobl
adnabod fy enw;
y dydd hwnnw cânt wybod
mai myfi yw Duw, sy'n dweud,
'Dyma fi.'"

⁷ Mor weddaidd ar y mynyddoedd
yw traed y negesydd
sy'n cyhoeddi heddwch, yn datgan
daioni, yn cyhoeddi
iachawdwriaeth;
sy'n dweud wrth Seion, "Dy Dduw
sy'n teyrnasu."
⁸ Clyw, y mae dy wylwyr yn codi eu
llais
ac yn bloeddio'n llawen gyda'i
gilydd;
â'u llygaid eu hunain y gwelant
yr ARGLWYDD yn dychwelyd i Seion.

⁹ Bloeddiwch, cydganwch, chwi
adfeilion Jerwsalem,
oherwydd tosturiodd yr ARGLWYDD
wrth ei bobl,
a gwaredodd Jerwsalem.
¹⁰ Dinoethodd yr ARGLWYDD ei fraich
sanctaidd
yng ngŵydd yr holl genhedloedd,
ac fe wêl holl gyrrau'r ddaear
iachawdwriaeth ein Duw ni.

¹¹ Allan! Allan! Ymaith â chwi!
Peidiwch â chyffwrdd â dim aflan.
Ewch allan o'i chanol, glanhewch
eich hunain,
chwi sy'n cludo llestri'r ARGLWYDD.
¹² Nid ar ffrwst yr ewch allan,
ac nid fel ffoaduriaid y byddwch yn
ymadael,
oherwydd bydd yr ARGLWYDD ar y
blaen,
a Duw Israel y tu cefn i chwi.

Y Gwas Dioddefus

¹³ Yn awr, bydd fy ngwas yn llwyddo;
fe'i codir, a'i ddyrchafu, a bydd yn
uchel iawn.
¹⁴ Ar y pryd roedd llawer yn synnu
ato*—
roedd ei wedd yn rhy hagr i ddyn,
a'i bryd yn hyllach na neb dynol,
¹⁵ a phobloedd lawer yn troi i ffwrdd
rhag ei weld,
a brenhinoedd yn fud o'i blegid.
Ond byddant yn gweld peth nas
eglurwyd iddynt,
ac yn deall yr hyn na chlywsant
amdano.

53 Pwy a gredai'r hyn a glywsom?
I bwy y datguddiwyd braich yr
ARGLWYDD?
² Fe dyfodd o'i flaen fel blaguryn,
ac fel gwreiddyn mewn tir sych;
nid oedd na phryd na thegwch iddo,
na harddwch i'w hoffi wrth inni ei
weld.
³ Roedd wedi ei ddirmygu a'i wrthod
gan eraill,
yn ŵr clwyfedig, cyfarwydd â dolur;
yr oeddem fel pe'n cuddio'n
hwynebau oddi wrtho,

52:14 Felly rhai llawysgrifau. TM, *atat*.

yn ei ddirmygu ac yn ei anwybyddu.
⁴ Eto, ein dolur ni a gymerodd,
a'n gwaeledd ni a ddygodd—
a ninnau'n ei gyfrif wedi ei glwyfo
a'i daro gan Dduw, a'i ddarostwng.
⁵ Ond archollwyd ef am ein
   troseddau ni,
a'i ddryllio am ein camweddau ni;
roedd pris ein heddwch ni arno ef,
a thrwy ei gleisiau ef y cawsom ni
   iachâd.
⁶ Rydym ni i gyd wedi crwydro fel
   defaid,
pob un yn troi i'w ffordd ei hun;
a rhoes yr ARGLWYDD arno ef
ein beiau ni i gyd.
⁷ Fe'i gorthrymwyd a'i ddarostwng,
ond nid agorai ei enau;
arweiniwyd ef fel oen i'r lladdfa,
ac fel y bydd dafad yn ddistaw yn
   llaw'r cneifiwr,
felly nid agorai yntau ei enau.
⁸ Cymerwyd ef ymaith heb ei roi ar
   brawf na'i farnu—
pwy oedd yn malio am ei dynged?
Fe'i torrwyd o dir y rhai byw,
a'i daro am drosedd fy mhobl.
⁹ Rhoddwyd iddo fedd gyda'r rhai
   drygionus,
a beddrod* gyda'r troseddwyr*,
er na wnaethai niwed i neb
ac nad oedd twyll yn ei enau.

¹⁰ Yr ARGLWYDD a fynnai ei ddryllio
a gwneud iddo ddioddef.
Pan rydd ei fywyd yn aberth dros
   bechod,
fe wêl ei had, fe estyn ei ddyddiau,
ac fe lwydda ewyllys yr ARGLWYDD yn
   ei law ef.
¹¹ Wedi helbulon ei fywyd fe wêl
   oleuni*,
a chael ei fodloni yn ei wybodaeth;
bydd fy ngwas* yn cyfiawnhau
   llawer,
ac yn dwyn eu camweddau.
¹² Am hynny rhof iddo ran gyda'r
   mawrion
ac fe ranna'r ysbail gyda'r cedyrn,

oherwydd iddo dywallt ei fywyd i
   farwolaeth,
a chael ei gyfrif gyda throseddwyr,
a dwyn pechodau llaweroedd,
ac eiriol dros y troseddwyr.

Gogoniant Seion

54 "Cân di, y wraig ddi-blant na
   chafodd esgor;
dyro gân, bloeddia ganu, ti na
   phrofaist wewyr esgor;
oherwydd y mae plant y wraig a
   adawyd yn lluosocach na phlant
   y wraig briod,"
medd yr ARGLWYDD.
² "Helaetha faint dy babell,
estyn allan lenni dy drigfannau;
gollwng y rhaffau allan i'r pen,
a sicrha'r hoelion.
³ Oherwydd byddi'n ymestyn i'r dde
   ac i'r chwith;
bydd dy had yn disodli'r
   cenhedloedd,
ac yn cyfanheddu dinasoedd
   anrheithiedig.
⁴ Paid ag ofni, oherwydd ni
   chywilyddir di,
ni ddaw gwaradwydd na gwarth
   arnat;
oherwydd fe anghofi gywilydd dy
   ieuenctid,
ac ni chofi bellach am warth dy
   weddwdod.
⁵ Oherwydd yr un a'th greodd yw dy
   ŵr—
ARGLWYDD y Lluoedd yw ei enw;
Sanct Israel yw dy Waredydd,
a Duw yr holl ddaear y gelwir ef.
⁶ Fel gwraig wedi ei gadael, a'i
   hysbryd yn gystuddiol,
y galwodd yr ARGLWYDD di—
gwraig ifanc wedi ei gwrthod,"
medd dy Dduw.
⁷ "Am ennyd fechan y'th adewais,
ond fe'th ddygaf yn ôl â thosturi
   mawr.
⁸ Am ychydig, mewn dicter moment,
cuddiais fy wyneb rhagot;
ond â chariad di-baid y tosturiaf
   wrthyt,"
medd yr ARGLWYDD, dy Waredydd.

53:9 Felly Sgrôl. TM, *ac yn ei farwolaeth.*
53:9 Tebygol. Hebraeg, *cyfoethog.*
53:11 Felly Sgrôl a Groeg. TM heb *oleuni.*
53:11 Felly rhai llawysgrifau. TM yn ychwanegu *cyfiawn.*

⁹ "Y mae hyn i mi fel dyddiau Noa,
pan dyngais nad âi dyfroedd Noa
byth mwyach dros y ddaear;
felly tyngaf na ddigiaf wrthyt ti byth mwy,
na'th geryddu ychwaith.
¹⁰ Er i'r mynyddoedd symud,
ac i'r bryniau siglo,
ni symuda fy ffyddlondeb oddi wrthyt,
a bydd fy nghyfamod heddwch yn ddi-sigl,"
medd yr ARGLWYDD, sy'n tosturio wrthyt.

¹¹ "Y druan helbulus, ddigysur!
Rwyf am osod dy feini mewn morter,
a'th sylfeini mewn saffir.
¹² Gwnaf dy dyrau o ruddem,
a'th byrth o risial;
bydd dy fur i gyd yn feini dethol,
¹³ a'th adeiladwyr* oll wedi eu dysgu gan yr ARGLWYDD.
Daw llwyddiant mawr i'th blant,
¹⁴ a byddi wedi dy sylfaenu ar gyfiawnder;
byddi'n bell oddi wrth orthrymder,
heb ofn arnat,
ac oddi wrth ddychryn, na ddaw'n agos atat.
¹⁵ Os bydd rhai yn ymosod arnat,
nid oddi wrthyf fi y daw hyn;
bydd pwy bynnag sy'n ymosod arnat yn cwympo o'th achos.
¹⁶ Edrych, myfi a greodd y gof,
sy'n chwythu'r marwor yn dân,
ac yn llunio arf at ei waith;
myfi hefyd a greodd y dinistrydd i ddistrywio.
¹⁷ Ond ni lwydda unrhyw arf a luniwyd yn dy erbyn;
gwrthbrofir pob tafod a'th gyhudda mewn barn.
Dyma etifeddiaeth gweision yr ARGLWYDD,
ac oddi wrthyf fi y daw eu goruchafiaeth,"
medd yr ARGLWYDD.

Gwahoddiad i'r Sychedig

55

"Dewch i'r dyfroedd, bob un y mae syched arno;
dewch, er eich bod heb arian;
prynwch a bwytewch.
Dewch, prynwch win a llaeth,
heb arian a heb dâl.
² Pam y gwariwch arian am yr hyn nad yw'n fara,
a llafurio am yr hyn nad yw'n digoni?
Gwrandewch arnaf yn astud,
a chewch fwyta'r hyn sydd dda,
a mwynhau danteithion.
³ Gwrandewch arnaf, dewch ataf;
clywch, a byddwch fyw.
Gwnaf â chwi gyfamod tragwyddol,
fy ffyddlondeb sicr i Ddafydd.
⁴ Edrych, rhois ef yn dyst i'r bobl,
yn arweinydd ac yn gyfarwyddwr i'r bobl.
⁵ Edrych, byddi'n galw ar genedl nid adweini,
a bydd cenedl nad yw'n dy adnabod yn rhedeg atat;
oherwydd yr ARGLWYDD dy Dduw,
o achos Sanct Israel, am iddo dy ogoneddu."

⁶ Ceisiwch yr ARGLWYDD tra gellir ei gael,
galwch arno tra bydd yn agos.
⁷ Gadawed y drygionus ei ffordd,
a'r un ofer ei fwriadau,
a dychwelyd at yr ARGLWYDD, iddo drugarhau wrtho,
ac at ein Duw ni, oherwydd fe faddau'n helaeth.
⁸ "Oherwydd nid fy meddyliau i yw eich meddyliau chwi,
ac nid eich ffyrdd chwi yw fy ffyrdd i," medd yr ARGLWYDD.
⁹ "Fel y mae'r nefoedd yn uwch na'r ddaear,
y mae fy ffyrdd i yn uwch na'ch ffyrdd chwi,
a'm meddyliau i na'ch meddyliau chwi.
¹⁰ Fel y mae'r glaw a'r eira yn disgyn o'r nefoedd,
a heb ddychwelyd yno nes dyfrhau'r ddaear,
a gwneud iddi darddu a ffrwythloni,
a rhoi had i'w hau a bara i'w fwyta,
¹¹ felly y mae fy ngair sy'n dod o'm genau;

54:13 Felly Sgrôl. TM, *a'th blant.*

ni ddychwel ataf yn ofer,
ond fe wna'r hyn a ddymunaf,
a llwyddo â'm neges.

¹² "Mewn llawenydd yr ewch allan,
ac mewn heddwch y'ch arweinir;
bydd y mynyddoedd a'r bryniau'n
    bloeddio canu o'ch blaen,
a holl goed y maes yn curo dwylo.
¹³ Bydd ffynidwydd yn tyfu yn lle
    drain,
a myrtwydd yn lle mieri;
bydd hyn yn glod i'r ARGLWYDD,
yn arwydd tragwyddol na ddilëir
    mohono."

Duw a'r Cenhedloedd

56 Fel hyn y dywed yr ARGLWYDD:
"Cadwch farn, gwnewch gyfiawnder;
oherwydd y mae fy iachawdwriaeth
    ar ddod,
a'm goruchafiaeth ar gael ei
    datguddio.
² Gwyn ei fyd y sawl sy'n gwneud
    felly,
a'r un sy'n glynu wrth hyn,
yn cadw'r Saboth heb ei halogi,
ac yn ymgadw rhag gwneud unrhyw
    ddrwg."

³ Na ddyweded y dieithryn a lynodd
    wrth yr ARGLWYDD,
"Yn wir y mae'r ARGLWYDD yn fy
    ngwahanu oddi wrth ei bobl."
Na ddyweded yr eunuch, "Pren crin
    wyf fi."
⁴ Fel hyn y dywed yr ARGLWYDD:
"I'r eunuchiaid sy'n cadw fy
    Sabothau
ac yn dewis y pethau a hoffaf
ac yn glynu wrth fy nghyfamod,
⁵ y rhof yn fy nhŷ ac oddi mewn i'm
    muriau
gofgolofn ac enw a fydd yn well na
    meibion a merched;
rhof iddynt enw parhaol nas torrir
    ymaith.
⁶ A'r dieithriaid sy'n glynu wrth yr
    ARGLWYDD,
yn ei wasanaethu ac yn caru ei enw,
sy'n dod yn weision iddo ef,
yn cadw'r Saboth heb ei halogi
ac yn glynu wrth fy nghyfamod—

⁷ dygaf y rhain i'm mynydd
    sanctaidd,
a rhof iddynt lawenydd yn fy nhŷ
    gweddi,
a derbyn eu poethoffrwm a'u
    haberth ar fy allor;
oherwydd gelwir fy nhŷ yn dŷ gweddi
    i'r holl bobloedd,"
⁸ medd yr Arglwydd DDUW,
sy'n casglu alltudion Israel.
"Casglaf ragor eto at y rhai sydd
    wedi eu casglu."

Cyhuddo'r Drygionus

⁹ Dewch i ddifa, chwi fwystfilod
    gwyllt,
holl anifeiliaid y coed.
¹⁰ Y mae'r gwylwyr i gyd yn ddall a
    heb ddeall;
y maent i gyd yn gŵn mud heb fedru
    cyfarth,
yn breuddwydio, yn gorweddian, yn
    hoffi hepian,
¹¹ yn gŵn barus na wyddant beth yw
    digon.
Y maent hefyd yn fugeiliaid heb
    fedru deall,
pob un yn troi i'w ffordd ei hun,
a phob un yn edrych am elw iddo'i
    hun,
¹² ac yn dweud, "Dewch, af i gyrchu
    gwin;
gadewch i ni feddwi ar ddiod
    gadarn;
bydd yfory'n union fel heddiw,
ond yn llawer gwell."

Eilunaddoliaeth Israel

57 Y mae'r cyfiawn yn darfod
    amdano heb neb yn malio;
cymerir ymaith bobl deyrngar heb
    neb yn malio.
Ond cyn dyfod drygfyd cymerir
    ymaith y cyfiawn,
² ac fe â i dangnefedd;
a gorffwyso yn ei wely
y bydd y sawl sy'n rhodio'n gywir.

³ "Dewch yma, chwi blant hudoles,
epil y godinebwr a'r butain.
⁴ Pwy yr ydych yn ei wawdio?
Ar bwy yr ydych yn gwneud
    ystumiau ac yn tynnu tafod?

Onid plant gwrthryfelgar ydych, ac
 epil twyll,
⁵ chwi sy'n llosgi gan nwyd dan bob
 pren derw,
dan bob pren gwyrddlas,
ac yn aberthu plant yn y glynnoedd,
 yn holltau'r clogwyni?
⁶ Ymhlith cerrig llyfn y dyffryn y mae
 dy ddewis;
yno y mae dy ran.
Iddynt hwy y tywelltaist
 ddiodoffrwm,
ac y dygaist fwydoffrwm.
A gaf fi fy nhawelu am hyn?
⁷ Gwnaethost dy wely ar fryn uchel a
 dyrchafedig,
a mynd yno i offrymu aberth.
⁸ Gosodaist dy arwydd ar gefn y
 drws a'r pyst,
a'm gadael i a'th ddinoethi dy hun;
aethost i fyny yno i daenu dy wely
ac i daro bargen â hwy,
Rwyt wrth dy fodd yn gorwedd gyda
 hwy,
ac yn gweld eu noethni.
⁹ Ymwelaist â Molech gydag olew,
ac amlhau dy beraroglau;
anfonaist dy negeswyr i bob
 cyfeiriad,
a'u gyrru hyd yn oed i Sheol.
¹⁰ Blinaist gan amlder dy deithio,
ond ni ddywedaist, 'Dyna ddigon.'
Enillaist dy gynhaliaeth,
ac am hynny ni ddiffygiaist.

¹¹ "Pwy a wnaeth iti arswydo ac ofni,
a gwneud iti fod yn dwyllodrus,
a'm hanghofio, a pheidio â meddwl
 amdanaf?
Oni fûm ddistaw, a hynny'n hir,
a thithau heb fy ofni?
¹² Cyhoeddaf dy gyfiawnder a'th
 weithredoedd.
Ni fydd dy eilunod o unrhyw les iti;
¹³ pan weiddi, ni fyddant yn dy
 waredu.
Bydd y gwynt yn eu dwyn ymaith i
 gyd,
ac awel yn eu chwythu i ffwrdd.
Ond bydd y sawl a ymddiried ynof fi
yn meddiannu'r ddaear,
ac yn etifeddu fy mynydd sanctaidd."

Cysur i'r Edifeiriol

¹⁴ Fe ddywedir,
"Gosodwch sylfaen, paratowch
 ffordd;
symudwch bob rhwystr oddi ar
 ffordd fy mhobl."
¹⁵ Oherwydd fel hyn y dywed yr
 uchel a dyrchafedig,
sydd â'i drigfan yn nhragwyddoldeb,
a'i enw'n Sanctaidd:
"Er fy mod yn trigo mewn uchelder
 sanctaidd,
rwyf gyda'r cystuddiol ac isel ei
 ysbryd,
i adfywio'r rhai isel eu hysbryd,
a bywhau calon y rhai cystuddiol.
¹⁶ Ni fyddaf yn ymryson am byth
nac yn dal dig yn dragywydd,
rhag i'w hysbryd ballu o'm blaen;
oherwydd myfi a greodd eu hanadl.
¹⁷ Digiais wrtho am ei wanc
 pechadurus,
a'i daro, a throi mewn dicter oddi
 wrtho;
aeth yntau rhagddo'n gyndyn yn ei
 ffordd ei hun,
¹⁸ ond gwelais y ffordd yr aeth.
Iachâf ef, a rhoi gorffwys iddo;
¹⁹ cysuraf ef, a rhoi geiriau cysur i'w
 alarwyr.
Heddwch i'r pell ac i'r agos,"
medd yr ARGLWYDD, "a mi a'i hiachâf
 ef."
²⁰ Ond y mae'r drygionus fel môr
 tonnog
na fedr ymdawelu,
a'i ddyfroedd yn corddi llaid a baw.
²¹ "Nid oes heddwch i'r drygionus,"
medd fy Nuw.

Gwir Ympryd

58 "Gwaedda'n uchel, paid ag
 arbed,
cod dy lais fel utgorn;
mynega eu gwrthryfel i'm pobl,
a'u pechod i dŷ Jacob.
² Y maent yn fy ngheisio'n
 feunyddiol,
ac yn deisyfu gwybod fy ffordd;
ac fel cenedl sy'n gweithredu
 cyfiawnder,
heb droi cefn ar farn eu Duw,

dônt i ofyn barn gyfiawn gennyf,
ac y maent yn deisyfu nesáu at
    Dduw.
³ " 'Pam y gwnawn ympryd, a thithau
    heb edrych?
Pam y'n cystuddiwn ein hunain, a
    thithau heb sylwi?' meddant.
Yn wir, wrth ymprydio, ceisio'ch lles
    eich hunain yr ydych,
a gyrru ar eich gweision yn galetach.
⁴ Y mae eich ympryd yn arwain at
    gynnen a chweryl,
a tharo â dyrnod maleisus;
nid yw'r fath ddiwrnod o ympryd
yn dwyn eich llais i fyny uchod.
⁵ Ai dyma'r math o ympryd a
    ddewisais—
diwrnod i rywun ei gystuddio'i hun?
A yw i grymu ei ben fel brwynen,
a gwneud ei wely mewn sachliain a
    lludw?
Ai hyn a elwi yn ympryd,
yn ddiwrnod i ryngu bodd i'r
    ARGLWYDD?

⁶ "Onid dyma'r dydd ympryd a
    ddewisais:
tynnu ymaith rwymau anghyfiawn,
a llacio clymau'r iau,
gollwng yn rhydd y rhai a
    orthrymwyd,
a dryllio pob iau?
⁷ Onid rhannu dy fara gyda'r
    newynog,
a derbyn y tlawd digartref i'th dŷ,
dilladu'r noeth pan y'i gweli,
a pheidio ag ymguddio rhag dy
    deulu dy hun?
⁸ Yna fe ddisgleiria d'oleuni fel y
    wawr,
a byddi'n ffynnu mewn iechyd yn
    fuan;
bydd dy gyfiawnder yn mynd o'th
    flaen,
a gogoniant yr ARGLWYDD yn dy
    ddilyn.
⁹ Pan elwi, bydd yr ARGLWYDD yn
    ateb,
a phan waeddi, fe ddywed, 'Dyma fi.'

"Os symudi'r gorthrwm ymaith,
os peidi â chodi bys i gyhuddo ar
    gam,
¹⁰ os rhoddi o'th fodd i'r anghenus,
a diwallu angen y cystuddiol,
yna cyfyd goleuni i ti o'r tywyllwch,
a bydd y caddug fel canol dydd.
¹¹ Bydd yr ARGLWYDD yn dy arwain
    bob amser,
yn diwallu dy angen mewn cyfnod
    sych,
ac yn cryfhau dy esgyrn;
yna byddi fel gardd ddyfradwy,
ac fel ffynnon ddŵr
a'i dyfroedd heb ballu.
¹² Bydd rhai ohonoch yn adeiladu'r
    hen furddunod
ac yn codi ar yr hen sylfeini;
fe'th elwir yn gaewr bylchau,
ac yn adferwr tai adfeiliedig.*

¹³ "Os peidi â sathru'r Saboth dan
    draed,
a pheidio â cheisio dy les dy hun ar
    fy nydd sanctaidd,
ond galw'r Saboth yn hyfrydwch,
a dydd sanctaidd yr ARGLWYDD yn
    ogoneddus;
os anrhydeddi ef, trwy beidio â
    theithio,
na cheisio dy les na thrafod dy
    faterion dy hun;
¹⁴ yna cei foddhad yn yr ARGLWYDD.
Cei farchogaeth ar uchelfannau'r
    ddaear,
a phorthaf di ag etifeddiaeth dy dad
    Jacob."
Y mae genau'r ARGLWYDD wedi
    llefaru.

Pechod, Cyffes ac Adferiad y Bobl

59 Nid aeth llaw'r ARGLWYDD yn rhy
    fyr i achub,
na'i glust yn rhy drwm i glywed;
² ond eich camweddau chwi a
    ysgarodd
rhyngoch a'ch Duw,
a'ch pechodau chwi a barodd iddo
    guddio'i wyneb
fel nad yw'n eich clywed.
³ Y mae'ch dwylo'n halogedig gan
    waed,
a'ch bysedd gan gamwedd;
y mae'ch gwefusau'n dweud celwydd,
a'ch tafod yn sibrwd twyll.

58:12 Tebygol. Hebraeg, *llwybrau i'w preswylio.*

⁴ Nid oes erlynydd teg
na diffynnydd gonest,
ond y maent yn ymddiried mewn
    gwegi ac yn llefaru twyll,
yn feichiog o niwed ac yn esgor ar
    ddrygioni.
⁵ Y maent yn deor wyau gwiberod,
ac yn nyddu gwe pry copyn;
os bwyti o'r wyau, byddi farw;
os torri un, daw neidr allan.
⁶ Nid yw gwe pry copyn yn gwneud
    dillad;
nid oes neb yn gwneud gwisg ohoni;
ofer yw eu gweithredoedd i gyd,
a'u dwylo'n llunio trais.
⁷ Y mae eu traed yn rhuthro at
    gamwedd,
ac yn brysio i dywallt gwaed
    diniwed;
bwriadau maleisus yw eu bwriadau,
distryw a dinistr sydd ar eu ffyrdd;
⁸ ni wyddant am ffordd heddwch,
nid oes cyfiawnder ar eu llwybrau;
y mae eu ffyrdd i gyd yn gam,
ac nid oes heddwch i neb sy'n eu
    cerdded.
⁹ Am hynny, ciliodd barn oddi
    wrthym,
ac nid yw cyfiawnder yn cyrraedd
    atom;
edrychwn am oleuni, ond tywyllwch
    a gawn,
am ddisgleirdeb, ond mewn caddug
    y cerddwn;
¹⁰ rydym yn ymbalfalu ar y pared fel
    deillion,
yn ymbalfalu fel rhai heb lygaid;
rydym yn baglu ganol dydd fel pe
    bai'n gyfnos,
fel y meirw yn y cysgodion.
¹¹ Rydym i gyd yn chwyrnu fel eirth,
yn cwyno ac yn cwyno fel
    colomennod;
rydym yn disgwyl am gyfiawnder,
    ond nis cawn,
am iachawdwriaeth, ond ciliodd
    oddi wrthym.
¹² Y mae ein troseddau yn niferus
    ger dy fron,
a'n pechodau yn tystio yn ein
    herbyn;

y mae'n troseddau'n amlwg inni,
ac yr ydym yn cydnabod ein
    camweddau:
¹³ gwrthryfela a gwadu'r ARGLWYDD,
troi ymaith oddi wrth ein Duw,
llefaru trawster a gwrthgilio,
myfyrio a dychmygu geiriau
    celwyddog.
¹⁴ Gwthir barn o'r neilltu,
ac y mae cyfiawnder yn cadw draw,
oherwydd cwympodd gwirionedd ar
    faes y dref,
ac ni all uniondeb ddod i mewn.
¹⁵ Y mae gwirionedd yn eisiau,
ac ysbeilir yr un sy'n ymwrthod â
    drygioni.

Gwelodd yr ARGLWYDD hyn,
ac yr oedd yn ddrwg yn ei olwg
nad oedd barn i'w chael.
¹⁶ Gwelodd nad oedd neb yn malio,
rhyfeddodd nad oedd neb yn
    ymyrryd;
yna daeth ei fraich ei hun â
    buddugoliaeth iddo,
a chynhaliodd ei gyfiawnder ef.
¹⁷ Gwisgodd gyfiawnder fel llurig,
a helm iachawdwriaeth am ei ben;
gwisgodd ddillad dialedd,
a rhoi eiddigedd fel mantell amdano.
¹⁸ Bydd yn talu i bawb yn ôl ei
    haeddiant—
llid i'w wrthwynebwyr, cosb i'w
    elynion;
bydd yn rhoi eu haeddiant i'r
    ynysoedd.
¹⁹ Felly, ofnant enw'r ARGLWYDD yn y
    gorllewin,
a'i ogoniant yn y dwyrain;
oherwydd fe ddaw fel afon mewn llif
yn cael ei gyrru gan ysbryd yr
    ARGLWYDD.
²⁰ "Fe ddaw gwaredydd i Seion,
at y rhai yn Jacob sy'n cefnu ar
    wrthryfel,"
medd yr ARGLWYDD.

²¹ "Dyma," medd yr ARGLWYDD, "fy
nghyfamod â hwy. Bydd fy ysbryd i
arnat, a gosodaf fy ngeiriau yn dy enau;
nid ymadawant oddi wrthyt nac oddi
wrth dy blant, na phlant dy blant, o'r
pryd hwn hyd byth," medd yr ARGLWYDD.

Gogoniant Seion

60 "Cod, llewyrcha,
oherwydd daeth dy oleuni;
llewyrchodd gogoniant yr ARGLWYDD
    arnat.
² Er bod tywyllwch yn gorchuddio'r
    ddaear,
a'r fagddu dros y bobloedd,
bydd yr ARGLWYDD yn llewyrchu
    arnat ti,
a gwelir ei ogoniant arnat.
³ Fe ddaw'r cenhedloedd at dy oleuni,
a brenhinoedd at ddisgleirdeb dy
    wawr.

⁴ "Cod dy lygaid ac edrych o'th
    gwmpas;
y maent i gyd yn ymgasglu i ddod
    atat,
yn dwyn dy feibion a'th ferched o
    bell,
ac yn eu cludo ar eu hystlys;
⁵ pan weli, bydd dy wyneb yn gloywi,
bydd dy galon yn llawn cyffro a
    llawenydd;
troir atat gyflawnder y môr,
a daw golud y cenhedloedd yn eiddo
    iti.
⁶ Bydd gyrroedd o gamelod yn dy
    orchuddio,
daw camelod masnach o Midian,
    Effa a Sheba;
byddant i gyd yn cludo aur a thus,
ac yn mynegi moliant yr ARGLWYDD.
⁷ Cesglir holl ddefaid Cedar atat,
a bydd hyrddod Nebaioth at dy
    wasanaeth;
offrymir hwy'n aberthau derbyniol
    ar fy allor,
ac ychwanegaf at ogoniant fy nhŷ
    gogoneddus.

⁸ "Pwy yw'r rhain sy'n ehedeg fel
    cwmwl,
ac fel colomennod i'w nythle?
⁹ Y mae cychod yr ynysoedd yn
    ymgasglu,
a llongau Tarsis ar y blaen,
i ddod â'th blant o bell,
a'u harian a'u haur gyda hwy,
er anrhydedd i'r ARGLWYDD dy
    Dduw, Sanct Israel;
oherwydd y mae wedi dy ogoneddu.

¹⁰ "Dieithriaid fydd yn codi dy furiau,
a'u brenhinoedd yn dy wasanaethu,
oherwydd, er i mi yn fy nig dy daro,
penderfynais dosturio wrthyt.
¹¹ Bydd dy byrth yn agored bob
    amser,
heb eu cau ddydd na nos,
er mwyn dwyn golud y cenhedloedd
    atat,
gyda'u brenhinoedd yn osgordd.
¹² Oherwydd difethir y genedl a'r
    deyrnas sy'n gwrthod dy
    wasanaethu;
dinistrir y cenhedloedd hynny'n
    llwyr.
¹³ Daw gogoniant Lebanon atat—
y ffynidwydd, y ffawydd a'r pren
    bocs—
i harddu man fy nghysegr,
ac anrhydeddu'r lle y gosodaf fy
    nhraed.
¹⁴ Daw plant dy ormeswyr atat yn
    ostyngedig;
bydd pob un a'th ddiystyrodd yn
    ymostwng wrth dy draed;
galwant di yn Ddinas yr ARGLWYDD,
    Seion Sanct Israel.

¹⁵ "Yn lle dy fod yn wrthodedig ac yn
    atgas,
heb neb yn tramwyo trwot,
fe'th wnaf yn ogoniant tragwyddol,
ac yn llawenydd o oes i oes.
¹⁶ Cei sugno llaeth cenhedloedd,
a'th fagu ar fronnau brenhinoedd,
a chei wybod mai myfi, yr
    ARGLWYDD, yw dy Achubydd,
ac mai Duw cadarn Jacob yw dy
    Waredydd.

¹⁷ "Yn lle pres dygaf aur,
yn lle haearn dygaf arian,
ac yn lle coed, bres,
yn lle cerrig, haearn;
gwnaf dy lywodraethwyr yn
    heddychol
a'th feistradoedd yn gyfiawn.
¹⁸ Ni chlywir mwyach am drais yn dy
    wlad,
nac am ddistryw na dinistr o fewn
    dy derfynau,
ond gelwi dy fagwyrydd yn
    Iachawdwriaeth,
a'th byrth yn Foliant.

¹⁹ "Nid yr haul fydd mwyach yn
     goleuo i ti yn y dydd,
ac nid y lleuad fydd yn llewyrchu i ti
     yn y nos;
ond yr ARGLWYDD fydd yn oleuni di-
     baid i ti,
a'th Dduw fydd yn ddisgleirdeb i ti.
²⁰ Ni fachluda dy haul mwyach,
ac ni phalla dy leuad;
oherwydd yr ARGLWYDD fydd yn
     oleuni di-baid i ti,
a daw diwedd ar ddyddiau dy alar.
²¹ Bydd dy bobl i gyd yn gyfiawn,
yn gwreiddio yn y tir am byth,
yn flaguryn a blennais—
fy ngwaith fy hun i'm gogoneddu.
²² Daw'r lleiaf yn llwyth,
a'r ychydig yn genedl gref.
Myfi yw'r ARGLWYDD;
brysiaf i wneud hyn yn ei amser."

Blwyddyn Ffafr Duw

61 Y mae ysbryd yr Arglwydd DDUW
     arnaf,
oherwydd i'r ARGLWYDD fy eneinio
i gyhoeddi newyddion da i'r tlodion,
a chysuro'r toredig o galon;
i gyhoeddi rhyddid i'r caethion,
a rhoi gollyngdod i'r carcharorion;
² i gyhoeddi blwyddyn ffafr yr
     ARGLWYDD
a dydd dial ein Duw ni;
i ddiddanu pawb sy'n galaru,
³ a gofalu am alarwyr Seion;
a rhoi iddynt goron yn lle lludw,
olew llawenydd yn lle galar,
mantell moliant yn lle digalondid.
Gelwir hwy yn brennau cyfiawnder
wedi eu plannu gan yr ARGLWYDD i'w
     ogoniant.
⁴ Ailadeiladant hen adfeilion,
cyfodant fannau a fu'n
     anghyfannedd;
atgyweiriant ddinasoedd diffaith
ac anghyfanhedd-dra llawer oes.

⁵ Bydd dieithriaid yn gweini fel
     bugeiliaid i'ch praidd,
ac estroniaid fydd eich garddwyr
     a'ch gwinllanwyr.
⁶ Gelwir chwi'n offeiriaid yr
     ARGLWYDD,
a'ch enwi'n weinidogion ein Duw ni;

cewch fwyta o olud y cenhedloedd
ac ymffrostio yn eu cyfoeth.
⁷ Yn lle'r rhan ddwbl o gywilydd,
yn lle'r gwarth a'r cwynfan a ddaeth
     i'w rhan,
fe etifeddant ran ddwbl yn eu gwlad,
a chael llawenydd di-baid.

⁸ "Oherwydd rwyf fi, yr ARGLWYDD,
     yn hoffi cyfiawnder,
ac yn casáu trais a chamwri;
rhof iddynt eu gwobr yn ddi-feth,
a gwnaf gyfamod tragwyddol â hwy.
⁹ Bydd eu plant yn adnabyddus
     ymysg y cenhedloedd,
a'u hil ymhlith y bobloedd;
bydd pawb fydd yn eu gweld yn eu
     cydnabod
yn genedl a fendithiodd yr
     ARGLWYDD."

¹⁰ Llawenychaf yn fawr yn yr
     ARGLWYDD,
gorfoleddaf yn fy Nuw;
canys gwisgodd amdanaf wisgoedd
     iachawdwriaeth,
taenodd fantell cyfiawnder drosof,
fel y bydd priodfab yn gwisgo'i
     dorch,
a phriodferch yn ei haddurno'i hun
     â'i thlysau.
¹¹ Fel y gwna'r ddaear i'r blagur dyfu,
a'r ardd i'r hadau egino,
felly y gwna'r ARGLWYDD Dduw i
     gyfiawnder a moliant
darddu gerbron yr holl genhedloedd.

Enw Newydd i Seion

62 Er mwyn Seion ni thawaf,
er mwyn Jerwsalem ni fyddaf
     ddistaw,
hyd oni ddisgleiria'i chyfiawnder yn
     llachar,
a'i hiachawdwriaeth fel ffagl yn
     llosgi.
² Bydd y cenhedloedd yn gweld dy
     gyfiawnder,
a'r holl frenhinoedd dy ogoniant;
gelwir arnat enw newydd,
a roddir i ti o enau'r ARGLWYDD.
³ Byddi'n goron odidog yn llaw'r
     ARGLWYDD,
ac yn dorch frenhinol yn llaw dy
     Dduw.

⁴ Ni'th enwir mwyach, Gwrthodedig,
ac ni ddywedir drachefn am dy wlad,
    Anghyfannedd;
eithr enwir di, Heffsiba*,
a'th wlad, Beula*,
oherwydd ymhyfryda'r ARGLWYDD
    ynot,
a phriodir dy wlad.
⁵ Fel y bydd llanc yn priodi merch
    ifanc,
bydd dy adeiladydd yn dy briodi di;
fel y bydd priodfab yn llawen yn ei
    briod,
felly y bydd dy Dduw yn llawen ynot
    ti.

⁶ Ar dy furiau di, O Jerwsalem,
    gosodais wylwyr
nad ydynt yn tewi ddydd na nos;
chwi sy'n galw ar yr ARGLWYDD,
    peidiwch â distewi,
⁷ na rhoi llonydd iddo,
nes iddo sefydlu Jerwsalem,
a'i gwneud yn destun moliant trwy'r
    byd.
⁸ Tyngodd yr ARGLWYDD i'w
    ddeheulaw ac i'w fraich nerthol,
"Ni roddaf dy ŷd byth eto'n ymborth
    i'th elyn,
ac ni chaiff dieithriaid yfed y gwin y
    llafuriaist amdano;
⁹ ond y rhai a'i casgla fydd yn bwyta,
ac yn diolch i'r ARGLWYDD amdano;
y rhai a'i cynnull fydd yn yfed
oddi mewn i gynteddau fy nghysegr."

¹⁰ Ewch i mewn, ewch i mewn drwy'r
    pyrth,
paratowch ffordd i'r bobloedd;
codwch briffordd a symudwch y
    cerrig,
dyrchafwch arwydd i'r bobloedd.
¹¹ Clywch, cyhoeddodd yr ARGLWYDD
i bellafoedd y ddaear,
"Dywedwch wrth ferch Seion,
'Y mae dy Achubydd yn dyfod;
y mae ei wobr yn ei law,
ac y mae ei dâl ganddo.'"
¹² Fe'u gelwir hwy yn Bobl Sanctaidd,
Gwaredigion yr ARGLWYDD,
ac fe'th elwir di, Yr un a geisiwyd,
Dinas nas gwrthodwyd.

62:4 H.y., *Fy hyfrydwch sydd ynddi.*
62:4 H.y., *Fy mhriod.*

Dydd Dial a Gwaredigaeth

63 Pwy yw hwn sy'n dod o Edom,
yn dod o Bosra, a'i ddillad yn goch;
y mae ei wisg yn hardd,
a'i gerddediad yn llawn o nerth?
"Myfi yw, yn cyhoeddi cyfiawnder,
ac yn abl i waredu."
² Pam y mae dy wisg yn goch,
a'th ddillad fel un yn sathru mewn
    gwinwryf?
³ "Bûm yn sathru'r grawnwin fy
    hunan,
ac nid oedd neb o'r bobl gyda mi;
sethrais hwy yn fy llid,
a'u mathru yn fy nicter.
Ymdaenodd eu gwaed dros fy nillad
nes cochi fy ngwisgoedd i gyd;
⁴ oherwydd roedd fy mryd ar ddydd
    dial,
a daeth fy mlwyddyn i waredu.
⁵ Edrychais, ond nid oedd neb i'm
    helpu,
a synnais nad oedd neb i'm cynnal;
fy mraich fy hun a'm gwaredodd,
a chynhaliwyd fi gan fy nicter.
⁶ Sethrais y bobl yn fy llid,
a'u meddwi yn fy nicter,
a thywallt eu gwaed ar lawr."

Mawl a Gweddi

⁷ Mynegaf ffyddlondeb yr ARGLWYDD,
a chanu ei glodydd
am y cyfan a roddodd yr ARGLWYDD i
    ni,
a'i ddaioni mawr i dŷ Israel,
am y cyfan a roddodd iddynt o'i
    drugaredd,
ac o lawnder ei gariad di-sigl.
⁸ Fe ddywedodd, "Yn awr, fy mhobl i
    ydynt,
plant nad ydynt yn twyllo",
a daeth yn Waredydd iddynt yn eu
    holl gystuddiau.
⁹ Nid cennad nac angel, ond ef ei
    hun a'u hachubodd;
yn ei gariad ac yn ei dosturi y
    gwaredodd hwy,
a'u codi a'u cario drwy'r dyddiau
    gynt.
¹⁰ Ond buont yn wrthryfelgar, a
    gofidio'i ysbryd sanctaidd;
troes yntau'n elyn iddynt,

ac ymladd yn eu herbyn.
¹¹ Yna fe gofiwyd am y dyddiau gynt,
am Moses a'i bobl.
Ple mae'r un a ddygodd allan o'r
    môr
fugail ei braidd?
Ple mae'r un a roes yn eu canol hwy
ei ysbryd sanctaidd,
¹² a pheri i'w fraich ogoneddus
arwain deheulaw Moses,
a hollti'r dyfroedd o'u blaen,
i wneud iddo'i hun enw tragwyddol?
¹³ Arweiniodd hwy trwy'r
    dyfnderoedd,
fel arwain march yn yr anialwch;
¹⁴ mor sicr eu troed ag ych yn mynd
    i lawr i'r dyffryn
y tywysodd ysbryd yr ARGLWYDD
    hwy.
Felly yr arweiniaist dy bobl,
a gwneud iti enw ardderchog.

¹⁵ Edrych i lawr o'r nefoedd,
o'th annedd sanctaidd, ardderchog,
    a gwêl.
Ple mae dy angerdd a'th nerth,
tynerwch dy galon a'th dosturi?
Paid ag ymatal rhagom,
¹⁶ oherwydd ti yw ein tad.
Er nad yw Abraham yn ein
    hadnabod,
nac Israel yn ein cydnabod,
tydi, yr ARGLWYDD, yw ein tad,
Ein Gwaredydd yw dy enw erioed.
¹⁷ Pam, ARGLWYDD, y gadewaist i ni
    grwydro oddi ar dy ffyrdd,
a chaledu ein calonnau rhag dy ofni?
Dychwel, er mwyn dy weision,
    llwythau dy etifeddiaeth.
¹⁸ Pam y sathrodd annuwiolion dy
    gysegr,*
ac y sarnodd ein gelynion dy le
    sanctaidd?
¹⁹ Eiddot ti ydym ni erioed;
ond ni fuost yn rheoli drostynt hwy,
ac ni alwyd dy enw arnynt.

64 * O na fuaset wedi rhwygo'r
    nefoedd, a dod i lawr,
a'r mynyddoedd yn toddi o'th flaen,

² fel tân yn llosgi prysgwydd,
fel dŵr yn berwi ar dân,
er mwyn i'th enw ddod yn hysbys
    i'th gaseion,
ac i'r cenhedloedd grynu yn dy ŵydd!
³ Pan wnaethost bethau ofnadwy heb
    i ni eu disgwyl,
daethost i lawr, a thoddodd y
    mynyddoedd o'th flaen.
⁴ Ni chlywodd neb erioed,
ni ddaliodd clust, ni chanfu llygad
unrhyw Dduw ond tydi,
a wnâi ddim dros y rhai sy'n disgwyl
    wrtho.
⁵ Rwyt yn cyfarfod â'r rhai sy'n hoffi
    gwneud cyfiawnder,
y rhai sy'n cofio am dy ffyrdd.
Er dy fod yn digio pan oeddem ni'n
    pechu,
eto roeddem yn dal i droseddu yn dy
    erbyn.*
⁶ Aethom i gyd fel peth aflan,
a'n holl gyfiawnderau fel clytiau
    budron;
yr ydym i gyd wedi crino fel deilen,
a'n camweddau yn ein chwythu i
    ffwrdd fel y gwynt.
⁷ Ac nid oes neb yn galw ar dy enw,
nac yn trafferthu i afael ynot;
cuddiaist dy wyneb oddi wrthym,
a'n traddodi i afael* ein camweddau.

⁸ Ond tydi, O ARGLWYDD, yw ein tad;
ni yw'r clai a thi yw'r crochenydd;
gwaith dy ddwylo ydym i gyd.
⁹ Paid â digio'n llwyr, ARGLWYDD,
na chofio camwedd am byth.
Edrych, yn awr, dy bobl ydym ni i
    gyd.
¹⁰ Aeth dy ddinasoedd sanctaidd yn
    anialwch;
y mae Seion yn anialwch a
    Jerwsalem yn anghyfannedd.
¹¹ Y mae ein tŷ sanctaidd a hardd,
lle y byddai'n hynafiaid yn dy
    foliannu,
wedi mynd yn lludw,
a phob peth annwyl gennym yn
    anrhaith.
¹² A ymateli di, ARGLWYDD, oherwydd
    y pethau hyn?
A dewi di, a'n cystuddio'n llwyr?

63:18 Tebygol. Hebraeg, *O'r braidd yr etifeddodd pobl dy gysegr.*
64:1 Hebraeg, 63:19.

64:5 Felly Groeg. Hebraeg yn aneglur.
64:7 Felly Groeg. Hebraeg, *a'n toddi oherwydd.*

Barn ac Iachawdwriaeth

65 "Yr oeddwn yno i'm ceisio gan rai nad oeddent yn holi amdanaf,
yno i'm cael gan rai na chwilient amdanaf.
Dywedais, 'Edrychwch, dyma fi',
wrth genedl na alwai ar fy enw.
[2] Estynnais fy nwylo'n feunyddiol at bobl wrthryfelgar,
rhai oedd yn rhodio ffordd drygioni,
ac yn dilyn eu mympwy eu hunain,
[3] rhai oedd yn fy mhryfocio'n ddibaid yn fy wyneb,
yn aberthu mewn gerddi ac yn arogldarthu ar briddfeini,
[4] yn eistedd ymhlith y beddau,
ac yn treulio'r nos mewn mynwentydd,
yn bwyta cig moch, a'u llestri'n llawn o gawl aflan.
[5] Dywedant, 'Cadw draw,
paid â'm cyffwrdd, rwy'n rhy sanctaidd i ti.'
Y mae'r bobl hyn yn fwg yn fy ffroenau,
yn dân sy'n mygu drwy'r dydd.
[6] Ond y mae'r cyfan wedi ei ysgrifennu o'm blaen;
ni thawaf, ond fe dalaf yn ôl;
i'r byw y talaf yn ôl
[7] eich camweddau chwi a'ch hynafiaid,"
medd yr ARGLWYDD.
"Am iddynt arogldarthu ar y mynyddoedd,
a'm cablu ar y bryniau,
mesuraf eu tâl iddynt* i'r byw."

[8] Fel hyn y dywed yr ARGLWYDD:
"Fel pan geir gwin newydd mewn swp o rawn,
ac y dywedir, 'Paid â'i ddinistrio,
oherwydd y mae bendith ynddo',
felly y gwnaf finnau er mwyn fy ngweision;
ni ddinistriaf yr un ohonynt.
[9] Ond paraf i epil ddod o Jacob,
a rhai i etifeddu fy mynyddoedd o Jwda;
bydd y rhai a ddewisaf yn eu hetifeddu,
a'm gweision yn trigo yno.
[10] Bydd Saron yn borfa defaid,
a dyffryn Achor yn orweddfa gwartheg,
ar gyfer fy mhobl sy'n fy ngheisio.

[11] "Ond chwi sy'n gwrthod yr ARGLWYDD,
sy'n diystyru fy mynydd sanctaidd,
sy'n gosod bwrdd i'r duw Ffawd
ac yn llenwi cwpanau o win cymysg i Hap,
[12] dedfrydaf chwi i'r cleddyf,
a'ch darostwng i gyd i'ch lladd;
canys gelwais, ond ni roesoch ateb,
lleferais, ond ni wrandawsoch.
Gwnaethoch bethau sy'n atgas gennyf,
a dewis yr hyn nad yw wrth fy modd."
[13] Am hynny, fel hyn y dywed yr Arglwydd DDUW:
"Edrychwch, bydd fy ngweision yn bwyta a chwithau'n newynu;
bydd fy ngweision yn yfed a chwithau'n sychedu;
bydd fy ngweision yn llawenhau a chwithau'n cywilyddio;
[14] bydd fy ngweision yn canu o lawenydd
a chwithau'n griddfan mewn gofid calon,
ac yn galaru mewn ing.
[15] Erys eich enw yn felltith gan f'etholedigion;
bydd yr Arglwydd DDUW yn dy ddifa,
ond fe rydd enw gwahanol ar ei weision.
[16] Bydd pawb ar y ddaear sy'n ceisio bendith
yn ceisio'i fendith yn enw Duw gwirionedd,
a phawb ar y ddaear sy'n tyngu llw
yn tyngu ei lw yn enw Duw gwirionedd."

Nefoedd Newydd a Daear Newydd

"Anghofir y treialon gynt,
ac fe'u cuddir o'm golwg.
[17] Yr wyf fi'n creu nefoedd newydd a daear newydd;

65:7 Tebygol. Hebraeg, *eu tâl cyntaf.*

ni chofir y pethau gynt na meddwl
  amdanynt.
18 Byddwch lawen, gorfoleddwch yn
    ddi-baid
am fy mod i yn creu,
ie, yn creu Jerwsalem yn orfoledd,
a'i phobl yn llawenydd.
19 Gorfoleddaf yn Jerwsalem,
llawenychaf yn fy mhobl;
ni chlywir ynddi mwyach na sŵn
  wylofain na chri trallod.
20 Ni bydd yno byth eto blentyn yn
   dihoeni,
na henwr heb gyflawni nifer ei
  flynyddoedd;
llanc fydd yr un sy'n marw'n
  ganmlwydd,
a dilornir y sawl nad yw'n cyrraedd
  ei gant.
21 Byddant yn adeiladu tai ac yn byw
   ynddynt,
yn plannu gwinllannoedd ac yn
  bwyta'u ffrwyth;
22 ni fydd neb yn adeiladu i arall
   gyfanheddu,
nac yn plannu ac arall yn bwyta.
Bydd fy mhobl yn byw cyhyd â
  choeden,
a'm hetholedig yn llwyr fwynhau
  gwaith eu dwylo.
23 Ni fyddant yn llafurio'n ofer,
nac yn magu plant i drallod;
cenhedlaeth a fendithiwyd gan yr
  ARGLWYDD ydynt,
hwy a'u hepil hefyd.
24 Byddaf yn eu hateb cyn iddynt
   alw,
ac yn eu gwrando wrth iddynt lefaru.
25 Bydd y blaidd a'r oen yn cydbori,
a'r llew yn bwyta gwair fel ych;
a llwch fydd bwyd y sarff.
Ni wnânt ddrwg na difrod
yn fy holl fynydd sanctaidd," medd
  yr ARGLWYDD.

Gobaith yn Nuw

66 Fel hyn y dywed yr ARGLWYDD:

"Y nefoedd yw fy ngorsedd, a'r
  ddaear fy nhroedfainc;
ple, felly, y codwch dŷ i mi,
a phle y caf fan i orffwys?

2 Fy llaw i a wnaeth y pethau hyn i
   gyd,
a'r eiddof fi yw* pob peth," medd yr
  ARGLWYDD.
"Ond fe edrychaf ar y truan,
yr un o ysbryd gostyngedig,
ac sy'n parchu fy ngair.

3 "Prun ai lladd ych ai lladd dyn,
ai aberthu oen ai tagu ci,
ai offrymu bwydoffrwm ai aberthu
  gwaed moch,
ai arogldarthu thus ai bendithio
  eilun,
dewis eu ffordd eu hunain y maent,
ac ymhyfrydu yn eu ffieidd-dra.
4 Ond dewisaf fi ofid iddynt,
a dwyn arnynt yr hyn a ofnant;
oherwydd pan elwais, ni chefais
  ateb,
pan leferais, ni wrandawsant;
gwnaethant bethau sydd yn atgas
  gennyf,
a dewis yr hyn nad yw wrth fy
  modd."

5 Clywch air yr ARGLWYDD,
chwi sy'n parchu ei air:
"Dywedodd eich tylwyth sy'n eich
  casáu,
ac sy'n eich gwrthod oherwydd fy
  enw,
'Bydded i'r ARGLWYDD gael ei
  ogoneddu,
er mwyn i ni weld eich llawenydd.'
Ond cywilyddir hwy.
6 Clywch! Gwaedd o'r ddinas, llef o'r
  deml,
sŵn yr ARGLWYDD yn talu'r pwyth i'w
  elynion.

7 "A fydd gwraig yn esgor cyn
dechrau ei phoenau?
A yw'n geni plentyn cyn i'w gewyr
  ddod arni?
8 A glywodd rhywun am y fath beth?
A welodd rhywun rywbeth tebyg?
A ddaw gwlad i fod mewn un dydd?
A enir cenedl ar unwaith?
Ond gyda bod Seion yn clafychu,
bydd yn esgor ar ei phlant.
9 A ddygaf fi at y geni heb beri
  esgor?"
medd yr ARGLWYDD.

66:2 Felly Groeg. Hebraeg, *ac y mae.*

"A baraf fi esgor ac yna'i rwystro?" medd dy Dduw.

¹⁰ "Llawenhewch gyda Jerwsalem, a byddwch yn falch o'i herwydd,
bawb sy'n ei charu;
llawenhewch gyda hi â'ch holl galon,
bawb a fu'n galaru o'i phlegid,
¹¹ er mwyn ichwi fedru sugno a chael eich diwallu
o'i bronnau diddanus,
er mwyn ichwi fedru tynnu arni a chael eich diddanu
gan ddigonedd ei gogoniant."

¹² Fel hyn y dywed yr ARGLWYDD:
"Edrychwch, rwy'n estyn iddi heddwch fel afon,
a golud y cenhedloedd fel ffrwd lifeiriol.
Cewch sugno, cewch eich cludo ar ei hystlys,
a'ch siglo ar ei gliniau.
¹³ Fel y cysurir plentyn gan ei fam
byddaf fi'n eich cysuro chwi;
ac yn Jerwsalem y'ch cysurir.
¹⁴ Cewch weld hyn, a bydd yn llawenydd i'ch calon,
bydd eich holl gorff yn ffynnu fel llysieuyn;
dangosir bod llaw yr ARGLWYDD gyda'i weision,
a'i lid yn erbyn ei elynion.
¹⁵ Edrychwch, y mae'r ARGLWYDD yn dod â thân,
a'i gerbydau fel corwynt,
i dalu'r pwyth mewn llid dicllon,
ac i geryddu â fflamau tân.
¹⁶ Oherwydd trwy dân y bydd yr ARGLWYDD yn barnu,
a thrwy gleddyf yn erbyn pob cnawd;
a lleddir llawer gan yr ARGLWYDD.

¹⁷ "Pawb sy'n ymgysegru ac yn eu puro eu hunain ar gyfer y gerddi, ac yn gorymdeithio trwyddynt, ac yn bwyta cig moch, ymlusgiaid*, a llygod—daw diwedd ar eu gwaith a'u bwriad*," medd yr ARGLWYDD.

¹⁸ "Rwyf fi'n dod i gasglu ynghyd bob cenedl ac iaith; a dônt i weld fy ngogoniant. ¹⁹ Gosodaf arwydd yn eu mysg, ac anfonaf rai o'u gwaredigion at y cenhedloedd, i Tarsis, Put, Lydia, Mesech*, Tubal a Jafan, ac ynysoedd pell, na chlywsant sôn amdanaf na gweld fy ngogoniant; a chyhoeddant hwy fy ngogoniant i'r cenhedloedd. ²⁰ Dygant eich tylwyth i gyd o blith yr holl genhedloedd yn fwydoffrwm i'r ARGLWYDD; ar feirch, mewn cerbydau a gwageni, ar fulod a chamelod y dônt i'm mynydd sanctaidd, Jerwsalem," medd yr ARGLWYDD, "yn union fel y bydd plant Israel yn dwyn y bwydoffrwm mewn llestr glân i dŷ'r ARGLWYDD. ²¹ A byddaf yn dewis rhai ohonynt yn offeiriad ac yn Lefiaid," medd yr ARGLWYDD.

²² "Fel y bydd y nefoedd newydd a'r ddaear newydd,
yr wyf fi yn eu creu, yn parhau ger fy mron," medd yr ARGLWYDD,
"felly y parha eich had a'ch enw chwi.
²³ O fis i fis, o Saboth i Saboth,
daw pob cnawd i ymgrymu o'm blaen," medd yr ARGLWYDD.
²⁴ "Ac ânt allan a gweld
celanedd y rhai a bechodd yn f'erbyn;
ni bydd eu pryf yn marw,
na'u tân yn diffodd;
a byddant yn ffiaidd gan bawb."

66:17 Hebraeg, *ffieidd-dra*.
66:17 Hebraeg, *eu gwaith a'u bwriad* yn adn. 18.
66:19 Felly Groeg, Hebraeg, *y rhai sy'n tynnu bwa*.

LLYFR
JEREMEIA

Jeremeia

1 Geiriau Jeremeia fab Hilceia, un o'r offeiriaid oedd yn Anathoth, yn nhiriogaeth Benjamin. ² Ato ef y daeth gair yr ARGLWYDD yn nyddiau Joseia fab Amon, brenin Jwda, yn y drydedd flwyddyn ar ddeg o'i deyrnasiad. ³ Daeth hefyd yn ystod dyddiau Jehoiacim, mab Joseia brenin Jwda, a hyd ddiwedd yr un mlynedd ar ddeg o deyrnasiad Sedeceia, mab Joseia brenin Jwda, sef hyd at gaethgludiad Jerwsalem yn y pumed mis.

Galw Jeremeia

⁴ Daeth gair yr ARGLWYDD ataf a dweud,

⁵ "Cyn i mi dy lunio yn y groth, fe'th
    adnabûm;
a chyn dy eni, fe'th gysegrais;
rhoddais di'n broffwyd i'r
    cenhedloedd."

⁶ Dywedais innau, "O Arglwydd DDUW, ni wn pa fodd i lefaru, oherwydd bachgen wyf fi." ⁷ Ond dywedodd yr ARGLWYDD wrthyf,

"Paid â dweud, 'Bachgen wyf fi';
oherwydd fe ei at bawb yr anfonaf di
    atynt,
a llefaru pob peth a orchmynnaf i ti.
⁸ Paid ag ofni o'u hachos.
oherwydd yr wyf fi gyda thi i'th
    waredu," medd yr ARGLWYDD.

⁹ Yna estynnodd yr ARGLWYDD ei law a chyffwrdd â'm genau; a dywedodd yr ARGLWYDD wrthyf,

"Wele, rhoddais fy ngeiriau yn dy
    enau.
¹⁰ Edrych, fe'th osodais di heddiw
    dros y cenhedloedd
a thros y teyrnasoedd,
i ddiwreiddio ac i dynnu i lawr,
i ddifetha ac i ddymchwelyd,
i adeiladu ac i blannu."

Dwy Weledigaeth

¹¹ Daeth gair yr ARGLWYDD ataf a dweud, "Jeremeia, beth a weli di?" Dywedais innau, "Yr wyf yn gweld gwialen almon*." ¹² Atebodd yr ARGLWYDD, "Gwelaist yn gywir, oherwydd yr wyf fi'n gwylio* fy ngair i'w gyflawni." ¹³ A daeth gair yr ARGLWYDD ataf yr eildro a dweud, "Beth a weli di?" Dywedais innau, "Yr wyf yn gweld crochan yn berwi, a'i ogwydd o'r gogledd." ¹⁴ A dywedodd yr ARGLWYDD wrthyf, "O'r gogledd yr ymarllwys dinistr dros holl drigolion y tir. ¹⁵ Oherwydd dyma fi'n galw holl deuluoedd teyrnas y gogledd," medd yr ARGLWYDD, "a dônt a gosod bob un ei orsedd ar drothwy pyrth Jerwsalem, yn erbyn ei holl furiau o'u hamgylch, ac yn erbyn holl ddinasoedd Jwda; ¹⁶ a thraethaf fy marnedigaeth arnynt am eu holl gamwedd yn cefnu arnaf fi, gan arogldarthu i dduwiau eraill, ac addoli gwaith eu dwylo eu hunain.

¹⁷ "Torcha dithau dy wisg; cod a llefara wrthynt bob peth a orchmynnaf i ti. Paid ag arswydo o'u hachos, rhag i mi dy ddistrywio di o'u blaen. ¹⁸ A rhof finnau di heddiw yn ddinas gaerog, yn golofn haearn ac yn fur pres, yn erbyn yr holl dir, yn erbyn brenhinoedd Jwda a'i thywysogion, ei hoffeiriaid a phobl y wlad. ¹⁹ Ymladdant yn dy erbyn, ond ni'th orchfygant oherwydd yr wyf fi gyda thi i'th waredu," medd yr ARGLWYDD.

Gofal Duw dros Israel

2 Daeth gair yr ARGLWYDD ataf a dweud, ² "Dos, a chyhoedda yng nghlyw Jerwsalem, a dywed:

'Fel hyn y dywed yr ARGLWYDD:
Cofiaf di am dy deyrngarwch yn dy
    ieuenctid,
ac am dy serch yn ddyweddi,
ac am iti fy nghanlyn yn y
    diffeithwch,

1:11 Hebraeg, *saqed*.
1:12 Hebraeg, *soqed*.

mewn tir heb ei hau.
³ Yr oedd Israel yn gysegredig i'r
  ARGLWYDD,
ac yn flaenffrwyth ei gnwd.
Euog oedd pwy bynnag a'i bwytaodd;
daeth dinistr arno,' " medd yr
  ARGLWYDD.

Pechodau'r Hynafiaid

⁴ Clywch air yr ARGLWYDD, O dŷ Jacob, a holl deuluoedd tŷ Israel. ⁵ Fel hyn y dywed yr ARGLWYDD:

"Pa fai a gafodd eich hynafiaid ynof, i
    ymbellhau oddi wrthyf,
i rodio ar ôl oferedd, a mynd yn
    ofer?
⁶ Ni ddywedasant, 'Ple mae'r
    ARGLWYDD a'n dygodd i fyny o'r
    Aifft,
a'n harwain yn y diffeithwch,
mewn tir anial, llawn o dyllau,
tir sychder a thywyllwch dudew,
tir nas troediwyd erioed, ac na
    thrigodd neb ynddo?'
⁷ Dygais chwi i wlad gnydfawr,
i fwyta ei ffrwyth a'i daioni;
ond daethoch i mewn a halogi fy
    nhir,
a gwneud fy etifeddiaeth yn ffieidd-
    dra.
⁸ Ni ddywedodd yr offeiriaid, 'Ple
    mae'r ARGLWYDD?'
Ni fu i'r rhai oedd yn trin y gyfraith
    f'adnabod,
a throseddodd y bugeiliaid yn
    f'erbyn;
proffwydodd y proffwydi trwy Baal,
gan ddilyn pethau di-lesâd.

Yr ARGLWYDD yn Cyhuddo'i Bobl

⁹ "Am hyn, fe'ch cyhuddaf drachefn,"
    medd yr ARGLWYDD,
"gan gyhuddo hefyd blant eich plant.
¹⁰ Tramwywch drwy ynysoedd
    Chittim ac edrychwch;
anfonwch i Cedar, ystyriwch a
    gwelwch a fu'r fath beth.
¹¹ A fu i unrhyw genedl newid ei
    duwiau,
a hwythau heb fod yn dduwiau?
Ond rhoddodd fy mhobl eu
    gogoniant yn gyfnewid am
    bethau di-lesâd.
¹² O nefoedd, rhyfeddwch at hyn;
arswydwch, ac ewch yn gwbl
    ddiffaith," medd yr ARGLWYDD.
¹³ "Yn wir, gwnaeth fy mhobl ddau
    ddrwg:
fe'm gadawsant i, ffynnon y dyfroedd
    byw,
a chloddio iddynt eu hunain
    bydewau,
pydewau toredig, na allant ddal dŵr.

Canlyniadau Anffyddlondeb Israel

¹⁴ "Ai caethwas yw Israel? Neu a
    anwyd ef yn gaeth?
Pam, ynteu, yr aeth yn ysbail?
¹⁵ Rhuodd y llewod a chodi eu llais
    yn ei erbyn.
Gwnaethant ei dir yn ddiffaith,
a'i ddinasoedd yn anghyfannedd heb
    drigiannydd.
¹⁶ Hefyd, torrodd meibion Noff a
    Tahpanhes dy gorun.
¹⁷ Oni ddygaist hyn arnat dy hun,
trwy adael yr ARGLWYDD dy Dduw
pan oedd yn d'arwain yn y ffordd?
¹⁸ Yn awr, beth a wnei di yn mynd i'r
    Aifft,
i yfed dyfroedd y Neil,
neu'n mynd i Asyria, i yfed dyfroedd
    yr Ewffrates?
¹⁹ Fe'th gosbir gan dy ddrygioni dy
    hun,
a'th geryddu gan dy wrthgiliad.
Ystyria a gwêl mai drwg a chwerw
yw i ti adael yr ARGLWYDD dy Dduw,
a pheidio â'm hofni," medd yr
    Arglwydd, DUW y Lluoedd.

Israel yn Gwrthod Addoli'r ARGLWYDD

²⁰ "Erstalwm yr wyt wedi torri* dy
    iau a dryllio dy rwymau,
a dweud, 'Ni wasanaethaf'.
Canys ar bob bryn uchel a than bob
    pren gwyrddlas,
plygaist i buteinio.
²¹ Plennais di yn winwydden bêr, o
    had glân pur;
sut ynteu y'th drowyd yn blanhigyn
    afrywiog i mi,
yn winwydden estron?

2:20 Felly Groeg. Hebraeg, *torrais*.

²² Pe bait yn ymolchi â neitr, a
        chymryd llawer o sebon,
byddai ôl dy gamwedd yn aros ger fy
        mron," medd yr ARGLWYDD.
²³ "Sut y gelli ddweud, 'Nid wyf wedi
        fy halogi, na mynd ar ôl Baalim?'
Gwêl dy ffordd yn y glyn; ystyria
        beth a wnaethost.
Camel chwim ydwyt, yn gwibio'n
        ddi-drefn yn ei llwybrau;
²⁴ asen wyllt, a'i chynefin yn yr
        anialwch,
yn ei blys yn ffroeni'r gwynt.
Pwy a atal ei nwyd?
Ni flina'r un sy'n ei chwennych;
fe'i cânt yn ei hamser.
²⁵ Cadw dy droed rhag noethni, a'th
        lwnc rhag syched.
Ond dywedaist, 'Nid oes gobaith.
Mi gerais estroniaid ac ar eu hôl hwy
        yr af.'

Israel yn Haeddu ei Chosbi

²⁶ "Fel cywilydd lleidr wedi ei ddal y
        cywilyddia tŷ Israel—
hwy, eu brenhinoedd, a'u
        tywysogion,
eu hoffeiriaid a'u proffwydi.
²⁷ Dywedant wrth bren, 'Ti yw fy
        nhad',
ac wrth garreg, 'Ti a'm cenhedlodd'.
Troesant ataf wegil, ac nid wyneb;
ond yn awr eu hadfyd dywedant,
        'Cod, achub ni'.
²⁸ Ple mae dy dduwiau, a wnaethost
        iti?
Boed iddynt hwy godi os gallant dy
        achub yn awr dy adfyd.
Oherwydd y mae dy dduwiau mor
        niferus â'th ddinasoedd, O
        Jwda.
²⁹ Pam yr ydych yn dadlau â mi?
'Rydych wedi gwrthryfela yn f'erbyn,
        bawb ohonoch," medd yr
        ARGLWYDD.
³⁰ "Yn ofer y trewais eich plant; ni
        dderbyniant gerydd.
Y mae eich cleddyf wedi difa'ch
        proffwydi, fel llew yn rheibio.
³¹ Chwi genhedlaeth, ystyriwch air yr
        ARGLWYDD.
Ai anialwch a fûm i Israel, neu wlad
        tywyllwch?

Pam y dywed fy mhobl, 'Yr ydym ni'n
        rhydd;
ni ddown mwyach atat ti'?
³² A anghofia geneth ei thlysau, neu
        briodferch ei rhubanau?
Eto y mae fy mhobl wedi fy anghofio
        i, ddyddiau di-rif.
³³ "Mor dda yr wyt yn dewis dy
        ffordd i geisio cariadon,
gan ddysgu dy ffyrdd hyd yn oed i
        ferched drwg.
³⁴ Cafwyd ym mhlygion dy wisg waed
        einioes tlodion diniwed—
ac nid yn torri i mewn y deliaist
        hwy—
³⁵ ond er hyn i gyd, yr wyt yn dweud,
        'Rwy'n ddieuog; fe dry ei lid oddi
        wrthyf.'
Ond wele, fe'th ddygaf i farn am* iti
        ddweud, 'Ni phechais.'
³⁶ Mor ddi-hid wyt yn newid dy
        ffordd;
fe'th gywilyddir gan yr Aifft, fel y
        cywilyddiwyd di gan Asyria.
³⁷ Doi allan oddi yno hefyd, a'th
        ddwylo ar dy ben,
oherwydd gwrthoda'r ARGLWYDD y
        rhai yr ymddiriedi ynddynt, ac
        ni lwyddi drwyddynt.

Israel Anffyddlon

3 "Os bydd gŵr yn ysgaru ei wraig, a
        hithau'n ei adael
ac yn mynd yn eiddo i arall, a
        ddychwel ef ati?
Oni halogid y tir yn ddirfawr trwy
        hyn?
Yr wyt wedi puteinio gyda chariadon
        lawer,
ond a fyddi'n dychwelyd ataf?" medd
        yr ARGLWYDD.
² "Cod dy olwg i'r moelydd,
ac edrych am fan na phuteiniaist
        ynddo;
disgwyliaist amdanynt ger y ffyrdd,
        fel Arab yn yr anialwch;
halogaist y tir â'th buteindra, ac â'th
        ddrygioni.
³ Ataliwyd y glawogydd, ac ni ddaeth
        y cawodydd diweddar;

2:35 Neu, *er*.

ond talcen putain oedd gennyt, a
    gwrthodaist gywilyddio.
⁴ Ac onid wyt yn awr yn galw arnaf,
'Fy nhad, cyfaill fy ieuenctid wyt ti—
⁵ a fydd ef yn ddig hyd byth?
a geidw ef lid bob amser?'
Fel hyn y lleferaist,
ond gwnaethost ddrygioni hyd y
    gellaist."

Rhaid i Israel a Jwda Edifarhau

⁶ Dywedodd yr ARGLWYDD wrthyf yn nyddiau'r Brenin Joseia, "A welaist ti'r hyn a wnaeth Israel anffyddlon? Bu'n rhodianna ar bob bryn uchel a than bob pren gwyrddlas, a phuteinio yno. ⁷ Dywedais, 'Wedi iddi wneud hyn i gyd, fe ddychwel ataf.' Ond ni ddychwelodd, a gwelodd ei chwaer dwyllodrus Jwda hynny. ⁸ Gwelodd* mai'n unig oherwydd i Israel anffyddlon odinebu y gollyngais hi, a rhoi iddi ei llythyr ysgar; er hynny nid ofnodd Jwda, ei chwaer dwyllodrus, ond aeth hithau hefyd a phuteinio. ⁹ Halogodd y tir trwy buteinio mor rhwydd, gan odinebu gyda maen a chyda phren. ¹⁰ Ac er hyn oll ni ddychwelodd ei chwaer dwyllodrus Jwda ataf fi â'i holl galon, ond mewn rhagrith," medd yr ARGLWYDD. ¹¹ Dywedodd yr ARGLWYDD wrthyf, "Fe'i cyfiawnhaodd Israel anffyddlon ei hun rhagor Jwda dwyllodrus. ¹² Dos a chyhoedda'r geiriau hyn tua'r gogledd, a dywed:

'Dychwel, Israel anffyddlon,' medd
    yr ARGLWYDD.
'Ni fwriaf fy llid arnoch,
canys ffyddlon wyf fi,' medd yr
    ARGLWYDD.
'Ni fyddaf ddig hyd byth.
¹³ Yn unig cydnebydd dy gamwedd,
iti wrthryfela yn erbyn yr ARGLWYDD
    dy Dduw,
ac afradu dy ffafrau i ddieithriaid
    dan bob pren gwyrddlas,
heb wrando ar fy llais,' medd yr
    ARGLWYDD.

¹⁴ "Dychwelwch, blant anffyddlon," medd yr ARGLWYDD, "oherwydd myfi a'ch piau chwi, ac fe'ch cymeraf bob yn un o ddinas a bob yn ddau o lwyth, a'ch dwyn i Seion. ¹⁵ Yno y rhof i chwi fugeiliaid wrth fodd fy nghalon, a phorthant chwi â gwybodaeth a deall. ¹⁶ Wedi i chwi amlhau a chynyddu yn y wlad, fe ddaw amser," medd yr ARGLWYDD, "pan na ddywedir mwyach, 'Arch cyfamod yr ARGLWYDD', ac ni ddaw i feddwl neb gofio amdani nac ymweld â hi, ac ni wneir hynny mwyach. ¹⁷ Yr adeg honno galwant Jerwsalem yn orsedd yr ARGLWYDD, ac ymgasgla ati'r holl genhedloedd yno at enw'r ARGLWYDD yn Jerwsalem; ac ni rodiant mwyach yn ôl ystyfnigrwydd eu calon ddrygionus. ¹⁸ Yn y dyddiau hynny fe â tŷ Jwda at dŷ Israel, a dônt ynghyd o dir y gogledd i'r tir y perais i'ch hynafiaid ei etifeddu.

Eilunaddoliaeth Pobl Dduw

¹⁹ "Dywedais, 'Sut y gosodaf di
    ymhlith y plant,
i roi i ti dir dymunol,
ac etifeddiaeth orau'r cenhedloedd?'
A dywedais, 'Fe'm gelwi, "Fy nhad",
ac ni throi ymaith oddi ar fy ôl.'
²⁰ Yn ddiau, fel y bydd gwraig yn
    anffyddlon i'w chymar,
felly, dŷ Israel, y buoch yn
    anffyddlon i mi," medd yr
    ARGLWYDD.

²¹ Clyw! Ar y moelydd clywir
    wylofain ac ymbil tŷ Israel,
am iddynt wyro eu ffordd ac
    anghofio'r ARGLWYDD eu Duw.
²² "Dychwelwch, blant anffyddlon;
    iachâf eich ysbryd anffyddlon."
"Wele, fe ddown atat, oherwydd ti
    yw'r ARGLWYDD ein Duw.
²³ Diau y daw oferedd o gyfeddach y
    bryniau a'r mynyddoedd,
ond yn yr ARGLWYDD ein Duw y mae
    iachawdwriaeth Israel.
²⁴ Y mae'r gwarth wedi ysu llafur ein
    hynafiaid o'n hieuenctid:
eu defaid a'u gwartheg, eu meibion
    a'u merched.
²⁵ Gorweddwn yn ein gwarth, a'n
    cywilydd wedi ein hamdói.
Yr ydym wedi pechu yn erbyn yr
    ARGLWYDD ein Duw,
nyni a'n hynafiaid, o'n hieuenctid
    hyd y dydd heddiw,

3:8 Hebraeg, *A gwelais*.

ac ni wrandawsom ar lais yr
ARGLWYDD ein Duw."

Galwad i Edifeirwch

4 "Os dychweli, Israel," medd yr
ARGLWYDD, "os dychweli ataf fi,
a rhoi heibio dy ffieidd-dra o'm
gŵydd, a pheidio â simsanu,
² ac os tyngi mewn gwirionedd,
mewn barn a chyfiawnder, 'Byw
yw yr ARGLWYDD',
yna fe ymfendithia'r cenhedloedd
ynddo, ac ymglodfori ynddo."
³ Oherwydd fel hyn y dywed yr
ARGLWYDD wrth bobl Jwda a
Jerwsalem:
"Braenarwch i chwi fraenar, a
pheidiwch â hau mewn drain.
⁴ Ymenwaedwch i'r ARGLWYDD,
symudwch flaengroen eich
calon,
bobl Jwda a thrigolion Jerwsalem,
rhag i'm digofaint ddod allan fel tân
a llosgi heb neb i'w ddiffodd,
oherwydd drygioni eich
gweithredoedd.

Gelyn o'r Gogledd

⁵ "Mynegwch yn Jwda, cyhoeddwch
yn Jerwsalem, a dywedwch,
'Canwch utgorn yn y tir, bloeddiwch
yn uchel.'
A dywedwch, 'Ymgynullwch, ac awn
i'r dinasoedd caerog.'
⁶ Codwch, ffowch* tua Seion, ffowch
heb sefyllian;
oherwydd dygaf ddrygioni o'r
gogledd, a dinistr mawr.
⁷ Daeth llew i fyny o'i loches,
cychwynnodd difethwr y
cenhedloedd,
a daeth allan o'i drigle i wneud dy
dir yn anrhaith,
ac fe ddinistrir dy ddinasoedd heb
breswyliwr.
⁸ Am hyn ymwregyswch â sachliain,
galarwch ac udwch;
oherwydd nid yw angerdd llid yr
ARGLWYDD wedi troi oddi
wrthym.

⁹ Ac yn y dydd hwnnw," medd yr
ARGLWYDD,
"fe balla hyder y brenin a hyder y
tywysogion;
fe synna'r offeiriaid, ac fe ryfedda'r
proffwydi."
¹⁰ Yna dywedais, "O ARGLWYDD
Dduw,
yr wyt wedi llwyr dwyllo'r bobl hyn a
Jerwsalem,
gan ddweud, 'Bydd heddwch i chwi';
ond trywanodd y cleddyf i'r byw."
¹¹ Yn yr amser hwnnw fe ddywedir
wrth y bobl hyn ac wrth
Jerwsalem,
"Bydd craswynt o'r moelydd uchel
yn y diffeithwch
yn troi i gyfeiriad merch fy mhobl,
¹² nid i nithio nac i buro. Daw gwynt
cryf ataf fi*;
yn awr myfi, ie myfi, a draethaf farn
yn eu herbyn hwy."
¹³ Wele, bydd yn esgyn fel cymylau,
a'i gerbydau fel corwynt,
ei feirch yn gyflymach nag eryrod.
Gwae ni! Anrheithiwyd ni.
¹⁴ Golch dy galon oddi wrth
ddrygioni, Jerwsalem, iti gael dy
achub.
Pa hyd y lletya d'amcanion
drygionus o'th fewn?
¹⁵ Clyw! Cennad o wlad Dan, ac un
yn cyhoeddi gofid o Fynydd
Effraim,
¹⁶ "Rhybuddiwch y cenhedloedd:
'Dyma ef!'
Cyhoeddwch i Jerwsalem: 'Daw gwŷr
i'ch gwarchae o wlad bell,
a chodi eu llais yn erbyn dinasoedd
Jwda.
¹⁷ Fel gwylwyr maes fe'i
hamgylchynant,
am iddi wrthryfela yn fy erbyn i,'"
medd yr ARGLWYDD.

Gofid Jeremeia dros ei Bobl

¹⁸ "Dy ffordd a'th weithredoedd sydd
wedi dod â hyn arnat.
Dyma dy gosb, ac un chwerw yw;
fe'th drawodd hyd at dy galon."
¹⁹ Fy ngwewyr! Fy ngwewyr! Rwy'n
gwingo mewn poen.

4:6 Felly Groeg. Hebraeg, *Codwch faner.*

4:12 Felly Groeg. Hebraeg yn ychwanegu *ohonynt.*

O, barwydydd fy nghalon!
Y mae fy nghalon yn derfysg ynof; ni
    allaf dewi.
Canys clywaf* sain utgorn, twrf
    rhyfel.
²⁰ Daw* dinistr ar ddinistr,
    anrheithir yr holl dir.
Yn ddisymwth anrheithir fy mhebyll,
    a'm llenni mewn eiliad.
²¹ Pa hyd yr edrychaf ar faner,
ac y gwrandawaf ar sain utgorn?

²² Y mae fy mhobl yn ynfyd, nid
    ydynt yn fy adnabod i;
plant angall ydynt, nid rhai deallus
    mohonynt.
Y maent yn fedrus i wneud drygioni,
    ond ni wyddant sut i wneud
    daioni.
²³ Edrychais tua'r ddaear—
    afluniaidd a gwag ydoedd;
tua'r nefoedd—ond nid oedd yno
    oleuni.
²⁴ Edrychais tua'r mynyddoedd,
ac wele hwy'n crynu,
a'r holl fryniau yn gwegian.
²⁵ Edrychais, ac wele, nid oedd neb
    oll;
ac yr oedd holl adar y nefoedd wedi
    cilio.
²⁶ Edrychais, ac wele'r dolydd yn
    ddiffeithwch,
a'r holl ddinasoedd yn ddinistr,
o achos yr ARGLWYDD, o achos
    angerdd ei lid.
²⁷ Oherwydd fel hyn y dywed yr
    ARGLWYDD:
"Bydd yr holl wlad yn anrhaith,
ond ni wnaf ddiwedd arni.
²⁸ Am hyn fe alara'r ddaear, ac fe
    dywylla'r nefoedd fry,
oherwydd imi fynegi fy mwriad;
ac ni fydd yn edifar gennyf, ac ni
    throf yn ôl oddi wrtho."
²⁹ Rhag trwst marchogion a phlygwyr
    bwa y mae'r holl ddinas yn ffoi,
yn mynd i'r drysni ac yn dringo i'r
    creigiau.
Gadewir yr holl ddinasoedd heb neb
    i drigo ynddynt.

³⁰ A thithau'n anrheithiedig,
beth wyt ti'n ei wneud wedi dy wisgo
    ag ysgarlad,
ac wedi ymdrwsio â thlysau aur, a
    lliwio dy lygaid?
Yn ofer yr wyt yn dy wneud dy hun
    yn deg.
Bydd dy gariadon yn dy ddirmygu,
ac yn ceisio dy einioes.
³¹ Ie, clywaf gri fel gwraig yn esgor,
llef ingol fel un yn esgor ar ei
    chyntafanedig—
cri merch Seion yn ochain, ac yn
    gwasgu ar ei dwylo:
"Gwae fi! Rwy'n diffygio, a'r
    lleiddiaid am fy einioes."

Pechod Jerwsalem

5 "Rhedwch yma a thraw trwy
    heolydd Jerwsalem, edrychwch
    a sylwch;
chwiliwch yn ei lleoedd llydain a oes
    un i'w gael
sy'n gwneud barn ac yn ceisio
    gwirionedd,
er mwyn i mi ei harbed hi.
² Er iddynt ddweud, 'Byw yw'r
    ARGLWYDD',
eto tyngu'n gelwyddog y maent."
³ O ARGLWYDD, onid ar wirionedd y
    mae dy lygaid di?
Trewaist hwy, ond ni fu'n ofid
    iddynt;
difethaist hwy, ond gwrthodasant
    dderbyn cerydd.
Gwnaethant eu hwynebau'n galetach
    na charreg,
a gwrthod dychwelyd.
⁴ Yna dywedais, "Nid yw'r rhai hyn
    ond tlodion; ynfydion ydynt,
a heb wybod ffordd yr ARGLWYDD na
    gofynion eu Duw.
⁵ Mi af yn hytrach at y mawrion, i
    ymddiddan â hwy;
fe wyddant hwy ffordd yr ARGLWYDD
    a gofynion eu Duw.
Ond y maent hwythau'n ogystal wedi
    malurio'r iau,
a dryllio'r tresi.
⁶ Am hyn, bydd llew o'r coed yn eu
    taro i lawr,
a blaidd o'r anialwch yn eu
    distrywio;

4:19 Neu, *clywi*.
4:20 Neu, *Cyhoeddir*.

bydd llewpard yn gwylio'u dinasoedd
ac yn llarpio pob un a ddaw allan
 ohonynt;
oherwydd amlhaodd eu troseddau a
 chynyddodd eu gwrthgiliad.

⁷ "Sut y maddeuaf iti am hyn?
Y mae dy blant wedi fy ngadael,
ac wedi tyngu i'r rhai nad ydynt
 dduwiau.
Diwellais hwy, eto gwnaethant
 odineb a heidio i dŷ'r butain.
⁸ Yr oeddent fel meirch nwydus a
 phorthiannus,
pob un yn gweryru am gaseg ei
 gymydog.
⁹ Onid ymwelaf â chwi am hyn?"
 medd yr ARGLWYDD.
"Oni ddialaf ar y fath genedl â hon?

¹⁰ "Tramwywch trwy ei rhesi
 gwinwydd, a dinistriwch hwy,
ond peidiwch â gwneud diwedd
 llwyr.
Torrwch ymaith ei brigau, canys nid
 eiddo'r ARGLWYDD mohonynt.
¹¹ Oherwydd bradychodd tŷ Israel a
 thŷ Jwda fi'n llwyr," medd yr
 ARGLWYDD.

¹² Buont yn gelwyddog am yr
 ARGLWYDD a dweud, "Ni wna ef
 ddim.
Ni ddaw drwg arnom, ni welwn
 gleddyf na newyn;
¹³ nid yw'r proffwydi ond gwynt, nid
 yw'r gair yn eu plith.
Fel hyn y gwneir iddynt."
¹⁴ Am hynny, dyma air yr ARGLWYDD,
 Duw y Lluoedd:
"Am i chwi siarad fel hyn,
dyma fi'n rhoi fy ngeiriau yn dy enau
 fel tân,
a'r bobl hyn yn gynnud, ac fe'u difa.
¹⁵ Wele, fe ddygaf yn eich erbyn, dŷ
 Israel, genedl o bell—
hen genedl, cenedl o'r oesoedd gynt,"
 medd yr ARGLWYDD,
"cenedl nad wyt yn gwybod ei hiaith,
 nac yn deall yr hyn y mae'n ei
 ddweud.
¹⁶ Y mae ei chawell saethau fel bedd
 agored;
gwŷr cedyrn ydynt oll.
¹⁷ Fe ysa dy gynhaeaf a'th fara;

ysa dy feibion a'th ferched;
ysa dy braidd a'th wartheg;
ysa dy winwydd a'th ffigyswydd;
distrywia â chleddyf dy ddinasoedd
 caerog,
y dinasoedd yr wyt yn ymddiried
 ynddynt.

¹⁸ "Ac eto yn y dyddiau hynny," medd yr ARGLWYDD, "ni ddygaf ddiwedd llwyr arnoch. ¹⁹ Pan ddywedwch, 'Pam y gwnaeth yr ARGLWYDD ein Duw yr holl bethau hyn i ni?', fe ddywedi wrthynt, 'Fel y bu i chwi fy ngwrthod i, a gwasanaethu duwiau estron yn eich tir, felly y gwasanaethwch bobl ddieithr mewn gwlad nad yw'n eiddo i chwi.'

²⁰ "Mynegwch hyn yn nhŷ Jacob,
cyhoeddwch hyn yn Jwda a
 dweud,
²¹ 'Clywch hyn yn awr, bobl ynfyd,
 ddiddeall:
y mae ganddynt lygaid, ond ni
 welant; clustiau, ond ni
 chlywant.
²² Onid oes arnoch fy ofn i?' medd yr
 ARGLWYDD. 'Oni chrynwch o'm
 blaen?
Mi osodais y tywod yn derfyn i'r
 môr,
yn derfyn sicr na all ei groesi;
pan ymgasgla'r tonnau ni thyciant,
pan rua'r dyfroedd nid ânt drosto.
²³ Ond calon wrthnysig a
 gwrthryfelgar sydd gan y bobl
 hyn;
y maent yn parhau i wrthgilio.
²⁴ Ac ni ddywedant yn eu calon,
 "Bydded inni ofni'r ARGLWYDD
 ein Duw,
sy'n rhoi'r glaw, a chawodydd y
 gwanwyn a'r hydref yn eu pryd,
a sicrhau i ni wythnosau penodedig
 y cynhaeaf."
²⁵ Ond y mae eich camweddau wedi
 rhwystro hyn,
a'ch pechodau wedi atal daioni
 rhagoch.
²⁶ Oherwydd cafwyd rhai drwg
 ymhlith fy mhobl;
y maent yn gwylio fel un yn gosod
 magl,
ac yn gosod offer dinistr i ddal pobl.
²⁷ Fel y mae cawell yn llawn o adar,

felly y mae eu tai yn llawn o dwyll.
²⁸ Trwy hynny aethant yn fawr a
  chyfoethog, yn dew a bras.
Aethant hefyd y tu hwnt i
  weithredoedd drwg;
ni roddant ddedfryd deg i'r
  amddifad, i beri iddo lwyddo,
ac nid ydynt yn iawn farnu achos y
  tlawd.
²⁹ Onid ymwelaf â chwi am hyn?'
  medd yr ARGLWYDD.
'Oni ddialaf ar y fath genedl â hon?
³⁰ Peth aruthr ac erchyll a ddaeth i'r
  wlad.
³¹ Y mae'r proffwydi yn proffwydo
  celwydd,
a'r offeiriaid yn cyfarwyddo'n unol â
  hynny,
a'm pobl yn hoffi'r peth.
Ond beth a wnewch yn y diwedd?'"

Gwarchae ar Jerwsalem

6 "Ffowch, blant Benjamin, o ganol
  Jerwsalem.
Canwch utgorn yn Tecoa, a chodwch
  ffagl ar Beth-hacerem,
oherwydd y mae drwg yn crynhoi o'r
  gogledd, a dinistr mawr.
² Yr wyf am ddinistrio merch Seion,
  y ferch deg, foethus.
³ Fe ddaw bugeiliaid â'u praidd hyd
  ati,
gosodant bebyll o'i chylch, a phorant
  bob un yn ei lain ei hun.
⁴ 'Paratowch ryfel sanctaidd yn ei
  herbyn;
codwch, awn i fyny ganol dydd.
Gwae ni! Ciliodd y dydd ac y mae
  cysgodau'r hwyr yn ymestyn.
⁵ Codwch, awn i fyny liw nos a
  distrywiwn ei phalasau.'"

⁶ Canys fel hyn y dywed ARGLWYDD y
Lluoedd:
"Torrwch goed, a chodwch glawdd
  yn erbyn Jerwsalem;
hon yw'r ddinas i'w chosbi, nid oes
  dim ond gorthrymder o'i mewn.
⁷ Fel y mae dyfroedd yn tarddu
  mewn ffynnon,
felly y mae ei drygioni ynddi hi.
Am drais ac ysbail y clywir ynddi;
gwaeledd a chleisiau sydd yn wastad
  ger fy mron.
⁸ Cymer wers, O Jerwsalem, rhag i
  mi dy adael yn llwyr,
rhag i mi dy wneud yn anrhaith, yn
  dir anghyfannedd."

Israel Wrthryfelgar

⁹ Fel hyn y dywed ARGLWYDD y Lluoedd:
"Lloffa weddill Israel yn lân, fel lloffa
  gwinwydd;
fel casglwr grawnwin tyn dy law
  eilwaith dros y brigau."

¹⁰ Â phwy y llefaraf i'w rhybuddio, a
  pheri iddynt glywed?
Wele, y mae eu clust yn gaeedig*, ac
  ni allant ddal sylw.
Wele, y mae gair yr ARGLWYDD yn
  ddirmyg iddynt; nid ydynt yn ei
  ddymuno.
¹¹ Yr wyf finnau'n llawn o lid yr
  ARGLWYDD; yr wyf wedi blino ar
  ymatal.

"Tywellltir ef ar y plant yn yr heol,
ac ar gynulliadau'r ifainc hefyd;
delir y gŵr a'r wraig fel ei gilydd,
yr hynafgwr a'r aeddfed mewn
  dyddiau.
¹² Trosglwyddir eu tai i eraill,
a'u meysydd a'u gwragedd ynghyd;
canys estynnaf fy llaw ar drigolion y
  wlad," medd yr ARGLWYDD.
¹³ "O'r lleiaf hyd y mwyaf ohonynt, y
  mae pob un yn awchu am elw;
o'r proffwyd i'r offeiriad, y maent
  bob un yn gweithredu'n ffals.
¹⁴ Dim ond yn arwynebol y maent
  wedi iacháu briw fy mhobl,
gan ddweud, 'Heddwch!
  Heddwch!'—ac nid oes heddwch.
¹⁵ A oes arnynt gywilydd pan wnânt
  ffieidd-dra?
Dim cywilydd o gwbl, ac ni allant
  wrido.
Am hynny fe syrthiant gyda'r
  syrthiedig;
yn nydd eu cosbi fe gwympant,"
  medd yr ARGLWYDD.

6:10 Hebraeg, *yn ddienwaededig*.

Israel yn Gwrthod Ffordd Duw

¹⁶ Fel hyn y dywed yr ARGLWYDD: "Safwch ar y ffyrdd; edrychwch, ac ymofyn am yr hen lwybrau. Ple bynnag y cewch ffordd dda, rhodiwch ynddi, ac fe gewch le i orffwys." Ond dywedasant, "Ni rodiwn ni ddim ynddi." ¹⁷ "Gosodaf wylwyr drosoch," meddai, "gwrandewch ar sain yr utgorn." Ond dywedasant, "Ni wrandawn ni ddim." ¹⁸ "Am hynny clywch, genhedloedd, a gwybydd, gynulliad, beth a ddigwydd iddynt. ¹⁹ Clyw, wlad, rwyf am ddwyn drwg ar y bobl hyn, ffrwyth eu bwriadau hwy eu hunain. Ni wrandawsant ar fy ngeiriau, a gwrthodasant fy nghyfraith. ²⁰ Pam y cludir i mi thus o Sheba, a chorsen bêr o wlad bell? Nid oes pleser i mi yn eich poethoffrwm, na boddhad yn eich aberth."

²¹ Am hynny fe ddywed yr ARGLWYDD,

"Rwyf am osod i'r bobl hyn feini
  tramgwydd a'u dwg i lawr;
tadau a phlant ynghyd, cymydog a
  chyfaill, fe'u difethir."

²² Fel hyn y dywed yr ARGLWYDD:

"Wele, y mae pobl yn dod o dir y
  gogledd;
cenedl gref yn ymysgwyd o
  bellafoedd y ddaear.
²³ Gafaelant mewn bwa a gwaywffon,
  y maent yn greulon a didostur;
y mae eu twrf fel y môr yn rhuo,
  marchogant feirch,
a dod yn rhengoedd, fel gwŷr yn
  mynd i ryfela, yn dy erbyn di,
  ferch Seion."
²⁴ Clywsom y newydd amdanynt, a
  llaesodd ein dwylo;
daliwyd ni gan ddychryn, gwewyr fel
  gwraig yn esgor.
²⁵ Paid â mynd allan i'r maes, na
  rhodio ar y ffordd,
oherwydd y mae gan y gelyn gleddyf,
  ac y mae dychryn ar bob llaw.
²⁶ Merch fy mhobl, gwisga sachliain,
  ymdreigla yn y lludw;
gwna alarnad fel am unig blentyn,
  galarnad chwerw;
oherwydd yn ddisymwth y daw'r
  distrywiwr arnom.

²⁷ "Gosodais di yn safonwr ac yn
  brofwr ymhlith fy mhobl,
i wybod ac i brofi eu ffyrdd.
²⁸ Y maent i gyd yn gyndyn ac
  ystyfnig, yn byw yn enllibus.
Pres a haearn ydynt; y maent i gyd
  yn peri distryw.
²⁹ Y mae'r fegin yn chwythu'n gryf,
  a'r plwm wedi darfod gan y tân;
yn ofer y toddodd y toddydd,
  oherwydd ni symudwyd y
  drygioni.
³⁰ Arian gwrthodedig y gelwir hwy,
  oherwydd gwrthododd yr
  ARGLWYDD hwy."

Jeremeia yn Pregethu yn y Deml

7 Dyma'r gair a ddaeth at Jeremeia oddi wrth yr ARGLWYDD. ² "Saf ym mhorth tŷ'r ARGLWYDD, a chyhoedda yno y gair hwn: 'Clywch air yr ARGLWYDD, chwi holl Jwda sy'n dod i'r pyrth hyn i addoli'r ARGLWYDD. ³ Fel hyn y dywed ARGLWYDD y Lluoedd, Duw Israel: Gwellhewch eich ffyrdd a'ch gweithredoedd, a gwnaf i chwi drigo yn y fan hon. ⁴ Peidiwch ag ymddiried mewn geiriau celwyddog, a dweud, "Teml yr ARGLWYDD, Teml yr ARGLWYDD, Teml yr ARGLWYDD yw hon." ⁵ Os gwir wellhewch eich ffyrdd a'ch gweithredoedd, os gwnewch farn yn gyson rhyngoch a'ch gilydd, ⁶ a pheidio â gorthrymu'r dieithr, yr amddifad a'r weddw, na thywallt gwaed dieuog yn y fan hon, na rhodio ar ôl duwiau eraill i'ch niwed eich hun, ⁷ yna mi wnaf i chwi drigo yn y lle hwn, yn y wlad a roddais i'ch hynafiaid am byth.

⁸ " 'Yr ydych yn ymddiried mewn geiriau celwyddog, heb fod ynddynt elw. ⁹ Onid ydych yn lladrata, yn lladd, yn godinebu, yn tyngu llw celwyddog, yn arogldarthu i Baal, yn dilyn duwiau eraill nad ydych yn eu hadnabod? ¹⁰ Eto yr ydych yn dod ac yn sefyll o'm blaen yn y tŷ hwn, y galwyd fy enw i arno, ac yn dweud, "Fe'n gwaredwyd er mwyn cyflawni'r holl ffieidd-dra hyn." ¹¹ Ai lloches lladron yn eich golwg yw'r tŷ hwn, y gelwir fy enw i arno? Ond yr wyf finnau hefyd wedi gweld hyn, medd yr ARGLWYDD.

¹² " 'Ewch yn awr i'm cysegr yn Seilo, lle y gwneuthum i'm henw drigo ar y dechrau, ac edrychwch ar yr hyn a wneuthum yno oherwydd drygioni fy mhobl Israel. ¹³ Yn awr, gan i chwi wneud yr holl bethau hyn, medd yr ARGLWYDD, mi lefaraf finnau wrthych; mi lefaraf yn daer, ond ni chlywch; mi alwaf arnoch, ond nid atebwch. ¹⁴ Fel y gwneuthum i Seilo, felly y gwnaf i'r tŷ hwn y galwyd fy enw i arno ac yr ymddiriedwch chwithau ynddo; ie, y lle a roddais i chwi ac i'ch hynafiaid. ¹⁵ Taflaf chwi o'm gŵydd fel y teflais eich holl frodyr, holl ddisgynyddion Effraim.'

¹⁶ "Paid tithau â gweddïo dros y bobl hyn, na chodi na llais na gweddi drostynt, a phaid ag eiriol arnaf, oherwydd ni wrandawaf arnat. ¹⁷ Oni weli'r hyn a wnânt yn ninasoedd Jwda, ac yn heolydd Jerwsalem? ¹⁸ Y mae'r plant yn casglu cynnud, y tadau yn cynnau tân, a'r gwragedd yn tylino toes i wneud teisennau i frenhines y nef; y maent yn tywallt diodoffrwm i dduwiau eraill, er mwyn fy nigio i. ¹⁹ Ai myfi y maent yn ei ddigio?" medd yr ARGLWYDD. "Onid hwy eu hunain, i'w cywilydd eu hunain?" ²⁰ Am hyn fe ddywed yr ARGLWYDD Dduw, "Wele, tywelltir fy llid a'm dicter ar y lle hwn, ar ddyn ac ar anifail, ar bren y ddôl, ac ar ffrwyth y ddaear; bydd yn llosgi heb ddiffodd." ²¹ Fel hyn y dywed ARGLWYDD y Lluoedd, Duw Israel: "Chwanegwch eich poethoffrwm at eich aberthau; yna bwytewch y cig. ²² Oherwydd ni ddywedais wrth eich hynafiaid, yn y dydd y dygais hwy o wlad yr Aifft, na'u gorchymyn, ynghylch materion poethoffrwm ac aberth. ²³ Ond dyma'r gair a orchmynnais iddynt: 'Gwrandewch ar fy llais, a byddaf yn Dduw i chwi, a byddwch chwithau'n bobl i mi; a rhodiwch yn yr holl ffyrdd a orchmynnaf i chwi, iddi fod yn dda arnoch.' ²⁴ Ond ni wrandawsant nac estyn clust, ond rhodio yn ôl eu barn eu hunain, ac yn ystyfnigrwydd eu calon ddrwg. Aethant yn ôl ac nid ymlaen. ²⁵ O'r dydd y daeth eich hynafiaid o wlad yr Aifft hyd y dydd hwn, mi anfonais atoch bob dydd fy ngweision y proffwydi; anfonais hwy yn gyson. ²⁶ Ond ni wrandawsant arnaf nac estyn clust, ond caledu gwar a gwneud yn waeth na'u hynafiaid. ²⁷ Lleferi wrthynt yr holl bethau hyn, ond ni wrandawant arnat; gelwi arnynt, ac ni'th atebant. ²⁸ A dywedi wrthynt, 'Hon yw'r genedl a wrthododd wrando ar yr ARGLWYDD ei Duw, ac ni dderbyniodd gerydd. Darfu am wirionedd; fe'i torrwyd ymaith o'u genau.' ²⁹ Cneifia dy wallt, bwrw ef ymaith. Cyfod gwynfan ar yr uchel-leoedd; gwrthododd yr ARGLWYDD y genhedlaeth y digiodd wrthi, a bwriodd hi ymaith. ³⁰ Canys gwnaeth pobl Jwda ddrwg yn fy ngolwg," medd yr ARGLWYDD, "trwy osod eu ffieidd-dra yn y tŷ y gelwir fy enw i arno, a'i halogi. ³¹ Adeiladasant uchelfeydd i Toffet, sydd yn nyffryn Ben-hinnom, i losgi eu meibion a'u merched yn y tân. Ni orchmynnais hyn, ac ni ddaeth i'm meddwl. ³² Am hynny fe ddaw y dyddiau," medd yr ARGLWYDD, "nas gelwir mwyach yn Toffet nac yn ddyffryn Ben-hinnom, ond yn ddyffryn y lladdfa; a chleddir yn Toffet, o ddiffyg lle. ³³ Bydd celanedd y bobl hyn yn fwyd i adar y nefoedd ac i anifeiliaid y ddaear, ac ni bydd neb i'w gyrru i ffwrdd. ³⁴ A pharaf i bob llais ddistewi yn ninasoedd Jwda a heolydd Jerwsalem, llais llawen a llon, llais priodfab a phriodferch. Bydd y wlad yn ddiffeithwch.

8 "Yn yr amser hwnnw," medd yr ARGLWYDD, "fe godir o'u beddau esgyrn brenhinoedd Jwda, esgyrn y tywysogion, esgyrn yr offeiriaid, esgyrn y proffwydi ac esgyrn trigolion Jerwsalem, ² a'u taenu yn wyneb yr haul a'r lleuad a holl lu'r nefoedd y buont yn eu caru ac yn eu gwasanaethu, gan rodio ar eu hôl ac ymofyn ganddynt a'u haddoli. Byddant heb eu casglu a heb eu claddu; byddant yn dom ar wyneb y ddaear. ³ Bydd angau yn well nag einioes gan yr holl weddill a adewir o'r teulu drwg hwn ym mhob man y gyrrais hwy iddo," medd ARGLWYDD y Lluoedd.

Jeremeia 8

Pechod a Chosb

⁴ "Dywedi wrthynt, 'Fel hyn y dywed yr ARGLWYDD:

Os cwympant, oni chyfodant? Os try
  un ymaith, oni ddychwel?
⁵ Pam, ynteu, y trodd y bobl hyn
  ymaith,
ac y parhaodd Jerwsalem i encilio?
Glynasant wrth dwyll, gan wrthod
  dychwelyd.
⁶ Cymerais sylw a gwrandewais, ond
  ni lefarodd neb yn uniawn;
nid edifarhaodd neb am ei ddrygioni
  a dweud, "Beth a wneuthum?"
Y mae pob un yn troi yn ei redfa, fel
  march cyn rhuthro i'r frwydr.
⁷ Y mae'r crëyr yn yr awyr yn
  adnabod ei dymor;
y durtur a'r wennol a'r fronfraith yn
  cadw amser eu dyfod;
ond nid yw fy mhobl yn gwybod trefn
  yr ARGLWYDD.
⁸ Sut y dywedwch, "Yr ydym yn
  ddoeth, y mae cyfraith yr
  ARGLWYDD gyda ni"?
Yn sicr, gwnaeth ysgrifbin celwyddog
  yr ysgrifennydd gelwydd ohoni.
⁹ Cywilyddiwyd y doeth, fe'u
  dychrynwyd ac fe'u daliwyd.
Dyma hwy wedi gwrthod gair yr
  ARGLWYDD;
pa ddoethineb sydd ganddynt felly?
¹⁰ " 'Am hynny, rhof eu gwragedd i
  eraill,
a'u meysydd i'w concwerwyr.
Oherwydd o'r lleiaf hyd y mwyaf y
  mae pawb yn awchu am elw;
o'r proffwyd i'r offeiriad y maent bob
  un yn gweithredu'n ffals.
¹¹ Dim ond yn arwynebol y maent
  wedi iacháu briw merch fy
  mhobl,
gan ddweud, "Heddwch!
  Heddwch!"—ac nid oes heddwch.
¹² A oes cywilydd arnynt pan wnânt
  ffieidd-dra?
Dim cywilydd o gwbl! Ni allant
  wrido.
Am hynny fe syrthiant gyda'r
  syrthiedig;
yn nydd eu cosbi fe gwympant,'
  medd yr ARGLWYDD.
¹³ " 'Pan gasglwn hwy,' medd yr
  ARGLWYDD,
'nid oedd grawnwin ar y gwinwydd,
  na ffigys ar y ffigysbren;
gwywodd y ddeilen, aeth heibio yr
  hyn a roddais iddynt.' "
¹⁴ Pam yr oedwn? Ymgasglwch
  ynghyd,
inni fynd i'r dinasoedd caerog, a
  chael ein difetha yno.
Canys yr ARGLWYDD ein Duw a
  barodd ein difetha;
rhoes i ni ddŵr gwenwynig i'w yfed,
oherwydd pechasom yn erbyn yr
  ARGLWYDD.
¹⁵ Disgwyl yr oeddem am heddwch,
  ond ni ddaeth daioni;
am amser iachâd, ond dychryn a
  ddaeth.
¹⁶ Clywir ei feirch yn ffroeni o wlad
  Dan;
crynodd yr holl ddaear gan drwst ei
  stalwyni'n gweryru.
Daethant gan ysu'r tir a'i lawnder,
y ddinas a'r rhai oedd yn trigo
  ynddi.
¹⁷ "Dyma fi'n anfon seirff i'ch mysg,
gwiberod na ellir eu swyno,
ac fe'ch brathant," medd yr
  ARGLWYDD.

Gofid Jeremeia dros ei Bobl

¹⁸ Y mae fy ngofid y tu hwnt i
  wellhad,*
a'm calon wedi clafychu.
¹⁹ Clyw! Cri merch fy mhobl o wlad
  bellennig:
"Onid yw'r ARGLWYDD yn Seion?
  Onid yw ei brenin ynddi?"
"Pam y maent yn fy nigio â'u delwau,
  â'u heilunod estron?"
²⁰ "Aeth y cynhaeaf heibio, darfu'r
  haf, a ninnau heb ein hachub."
²¹ Oherwydd briw merch fy mhobl yr
  wyf finnau wedi fy mrifo,
wedi galaru, ac wedi fy nal gan
  syndod.
²² Onid oes balm yn Gilead? Onid
  oes yno ffisigwr?
Pam, ynteu, nad yw iechyd merch fy
  mhobl yn gwella?

8:18 Tebygol. Cymh. llawysgrifau a Fersiynau.
Y frawddeg yn aneglur yn TM.

9 * O na bai fy mhen yn ddyfroedd,
a'm llygaid yn ffynnon o
ddagrau!
Wylwn ddydd a nos am laddedigion
merch fy mhobl.
² O na bai gennyf yn yr anialwch lety
fforddolion!
Gadawn fy mhobl, a mynd i ffwrdd
oddi wrthynt.
Canys y maent oll yn odinebwyr, ac
yn gwmni o dwyllwyr.
³ "Plygasant eu tafod, fel bwa, i
gelwydd;
ac nid ar bwys gwirionedd yr
aethant yn gryf yn y wlad.
Aethant o un drwg i'r llall, ac nid
ydynt yn fy adnabod i," medd yr
ARGLWYDD.

⁴ "Gocheled pob un ei gymydog, ac
na rodded neb goel ar ei
berthynas;
canys yn sicr disodlwr yw pob
perthynas, ac enllibiwr yw pob
cymydog.
⁵ Y mae pob un yn twyllo'i gymydog,
heb ddweud y gwir;
dysgodd i'w dafod ddweud celwydd,
troseddodd, ac ymflino nes methu
edifarhau*.
⁶ Pentyrrant ormes ar ormes, twyll
ar dwyll;
gwrthodant fy adnabod i," medd yr
ARGLWYDD.
⁷ Am hynny, fel hyn y dywed
ARGLWYDD y Lluoedd:
"Rwyf am eu toddi a'u puro hwy.
Beth arall a wnaf o achos merch fy
mhobl?
⁸ Saeth yn lladd yw eu tafod; y mae'n
llefaru'n dwyllodrus.
Y mae'n traethu heddwch wrth ei
gymydog, ond yn ei galon yn
gosod cynllwyn iddo.
⁹ Onid ymwelaf â hwy am y pethau
hyn?" medd yr ARGLWYDD.
"Oni ddialaf ar y fath genedl â hon?
¹⁰ Codaf wylofain a chwynfan am y
mynyddoedd, a galarnad am
lanerchau'r anialwch;
canys y maent wedi eu dinistrio fel
nad â neb heibio, ac ni chlywant
fref y gwartheg;
y mae adar y nef a'r anifeiliaid hefyd
wedi ffoi ymaith.
¹¹ Gwnaf Jerwsalem yn garneddau
ac yn drigfan bleiddiaid;
a gwnaf ddinasoedd Jwda yn
ddiffeithwch heb breswylydd."

¹² Pwy sy'n ddigon doeth i ddeall hyn? Wrth bwy y traethodd genau yr ARGLWYDD, er mwyn iddo fynegi? Pam y dinistriwyd y tir, a'i ddifa fel anialwch heb neb yn ei dramwyo?

¹³ Dywedodd yr ARGLWYDD, "Am iddynt wrthod fy nghyfraith a roddais o'u blaen hwy, heb ei dilyn a heb wrando ar fy llais, ¹⁴ ond rhodio yn ôl ystyfnigrwydd eu calon, a dilyn Baalim, fel y dysgodd eu hynafiaid iddynt, ¹⁵ am hynny fel hyn y dywed ARGLWYDD y Lluoedd, Duw Israel: Wele, bwydaf y bobl hyn â wermod, a'u diodi â dŵr gwenwynig. ¹⁶ Gwasgaraf hwy ymysg cenhedloedd nad ydynt hwy na'u hynafiaid wedi eu hadnabod, ac anfonaf gleddyf ar eu hôl nes gorffen eu difetha."

Cwynfan yn Jerwsalem

¹⁷ Fel hyn y dywed ARGLWYDD y Lluoedd:

"Ystyriwch! Galwch ar y galar-
wragedd i ddod;
anfonwch am y gwragedd medrus,
iddynt hwythau ddod.
¹⁸ Bydded iddynt frysio, a chodi
cwynfan amdanom,
er mwyn i'n llygaid ollwng dagrau,
a'n hamrannau ddiferu dŵr.
¹⁹ Canys clywyd sŵn cwynfan o
Seion,
'Pa fodd yr aethom yn anrhaith,
a'n gwaradwyddo yn llwyr?
Gadawsom ein gwlad, bwriwyd i
lawr ein trigfannau.'"

²⁰ Clywch, wragedd, air yr
ARGLWYDD,
a derbynied eich clust air ei enau ef.
Dysgwch gwynfan i'ch merched,
a galargan bawb i'w gilydd.
²¹ Y mae angau wedi dringo trwy ein
ffenestri,
a dod i'n palasau,

9:1 Hebraeg, 8:23.
9:5 Felly Groeg. Hebraeg yn ansicr.

i ysgubo'r plant o'r heolydd
a'r rhai ifainc o'r lleoedd agored.

²² Llefara, "Fel hyn y dywed yr ARGLWYDD:

'Bydd celaneddau yn disgyn fel tom
   ar wyneb maes,
fel ysgubau ar ôl y medelwr heb neb
   i'w cynnull.' "

²³ Fel hyn y dywed yr ARGLWYDD:

"Nac ymffrostied y doeth yn ei
   ddoethineb,
na'r cryf yn ei gryfder, na'r cyfoethog
   yn ei gyfoeth.

²⁴ Ond y sawl sy'n ymffrostio, ymffrostied yn hyn: ei fod yn fy neall ac yn fy adnabod i, mai myfi yw'r ARGLWYDD, sy'n gweithredu'n ffyddlon, yn gwneud barn a chyfiawnder ar y ddaear, ac yn ymhyfrydu yn y pethau hyn," medd yr ARGLWYDD. ²⁵ "Wele'r dyddiau yn dod," medd yr ARGLWYDD, "pan gosbaf bob cenedl enwaededig, ²⁶ sef yr Aifft, Jwda ac Edom, plant Ammon a Moab, a phawb o drigolion yr anialwch sydd â'u talcennau'n foel. Oherwydd y mae'r holl genhedloedd yn ddienwaededig, a holl dŷ Israel heb enwaedu arnynt yn eu calon."

Duw a'r Eilunod

10 Clywch y gair a lefarodd yr ARGLWYDD wrthych, dŷ Israel. ² Fel hyn y dywed yr ARGLWYDD:

"Peidiwch â dysgu ffordd y
   cenhedloedd,
na chael eich dychryn gan
   arwyddion y nefoedd,
fel y dychrynir y cenhedloedd
   ganddynt.

³ Y mae arferion y bobloedd fel
   eilun—
pren wedi ei gymynu o'r goedwig,
gwaith dwylo saer â bwyell;

⁴ ac wedi iddynt ei harddu ag arian
   ac aur,
y maent yn ei sicrhau â morthwyl a
   hoelion, rhag iddo symud.

⁵ Fel bwgan brain mewn gardd
   cucumerau, ni all eilunod lefaru;
rhaid eu cludo am na allant
   gerdded.
Peidiwch â'u hofni; ni allant wneud
   niwed,
na gwneud da chwaith."

⁶ Nid oes neb fel tydi, ARGLWYDD;
   mawr wyt,
mawr yw dy enw mewn nerth.

⁷ Pwy ni'th ofna, Frenin y
   cenhedloedd?
Hyn sy'n gweddu i ti.
Canys ymhlith holl ddoethion y
   cenhedloedd,
ac ymysg eu holl deyrnasoedd, nid
   oes neb fel tydi.

⁸ Y maent bob un yn ddwl ac ynfyd,
wedi eu dysgu gan eilunod o bren!

⁹ Dygir arian gyr o Tarsis, ac aur o
   Uffas,
gwaith y saer a dwylo'r eurych;
a'u gwisg o ddeunydd fioled a
   phorffor—
gwaith crefftwyr ydyw i gyd.

¹⁰ Ond yr ARGLWYDD yw'r gwir
   Dduw;
ef yw'r Duw byw a'r brenin
   tragwyddol;
y mae'r ddaear yn crynu rhag ei lid,
ac ni all y cenhedloedd ddioddef ei
   ddicter.

¹¹ Fel hyn y dywedwch wrthynt: "Y duwiau na wnaethant y nefoedd a'r ddaear, fe gânt eu difa o'r ddaear ac oddi tan y nefoedd."

Emyn Mawl i Dduw

¹² Gwnaeth ef y ddaear trwy ei nerth,
sicrhaodd y byd trwy ei ddoethineb,
estynnodd y nefoedd trwy ei ddeall.

¹³ Pan rydd ei lais, daw twrf
   dyfroedd yn y nefoedd,
fe bair godi tarth o eithafoedd y
   ddaear.
Gwna fellt gyda'r glaw, a dwg allan
   wyntoedd o'i ystordai.

¹⁴ Ynfyd yw pob un, a heb
   wybodaeth.
Cywilyddir pob eurych gan ei eilun,
canys celwydd yw ei ddelwau tawdd,
ac nid oes anadl ynddynt.

¹⁵ Oferedd ŷnt, a gwaith i'w wawdio;
yn amser eu cosbi fe'u difethir.

¹⁶ Nid yw Duw Jacob fel y rhain,

oherwydd ef yw lluniwr pob peth,
ac Israel yw ei lwyth dewisol.
ARGLWYDD y Lluoedd yw ei enw.

Y Gaethglud sy'n Dod

¹⁷ Casgla dy bwn a dos allan o'r wlad,
ti, yr hon sy'n trigo dan warchae.
¹⁸ Canys fel hyn y dywed yr
ARGLWYDD:
"Dyma fi'n taflu allan drigolion y
    wlad y tro hwn;
dygaf arnynt gyfyngder, ac fe
    deimlant hynny."
¹⁹ Gwae fi am fy mriw! Y mae fy
    archoll yn ddwfn,
ond dywedais, "Dyma ofid yn wir, a
    rhaid i mi ei oddef."
²⁰ Drylliwyd fy mhabell, torrwyd fy
    rhaffau i gyd;
aeth fy mhlant oddi wrthyf, nid oes
    neb ohonynt mwy;
nid oes neb a estyn fy mhabell eto,
    na chodi fy llenni.
²¹ Aeth y bugeiliaid yn ynfyd;
nid ydynt yn ceisio'r ARGLWYDD;
am hynny nid ydynt yn llwyddo, ac y
    mae eu holl braidd ar wasgar.

²² Clyw! Neges! Wele, y mae'n dod!
Cynnwrf mawr o dir y gogledd,
i wneud dinasoedd Jwda yn
    ddiffeithwch
ac yn drigfa bleiddiaid.

²³ Gwn, O ARGLWYDD, nad eiddo neb
    ei ffordd;
ni pherthyn i'r teithiwr drefnu ei
    gamre.
²⁴ Cosba fi, ARGLWYDD, ond mewn
    barn,
nid yn ôl dy lid, rhag iti fy niddymu.

²⁵ Tywallt dy lid ar y cenhedloedd
    nad ydynt yn dy adnabod,
ac ar y teuluoedd nad ydynt yn galw
    ar dy enw.
Canys y maent wedi bwyta Jacob,
ei fwyta a'i ddifetha,
ac wedi difodi ei drigfan.

Jeremeia a'r Cyfamod

11 Dyma'r gair a ddaeth at Jeremeia oddi wrth yr ARGLWYDD: ² "Clywch eiriau'r cyfamod hwn, a llefarwch wrth bobl Jwda a thrigolion Jerwsalem, ³ a dweud wrthynt, 'Fel hyn y dywed ARGLWYDD Dduw Israel: Melltith ar y sawl na wrendy ar eiriau'r cyfamod hwn, ⁴ a orchmynnais i'ch hynafiaid y dydd y dygais hwy allan o'r Aifft, o'r ffwrnais haearn, a dweud, "Gwrandewch arnaf, a gwnewch yn unol â'r hyn a orchmynnaf i chwi; a byddwch yn bobl i mi, a byddaf finnau'n Dduw i chwi." ⁵ Fel hyn y gwireddir y llw a dyngais i'ch hynafiaid, i roi iddynt wlad yn llifeirio o laeth a mêl, fel y mae heddiw.' " Atebais innau, "Amen, ARGLWYDD."

⁶ Yna dywedodd yr ARGLWYDD wrthyf, "Cyhoedda'r holl eiriau hyn yn ninasoedd Jwda ac yn heolydd Jerwsalem, a dywed, 'Clywch eiriau'r cyfamod hwn, a'u gwneud. ⁷ Oherwydd rhybuddiais eich hynafiaid o'r dydd y dygais hwy o'r Aifft hyd y dydd hwn; rhybuddiais hwy yn ddifrifol, a dweud, "Gwrandewch arnaf." ⁸ Ond ni wrandawsant, nac estyn clust i glywed, ond rhodiodd pob un yn ôl ystyfnigrwydd ei galon ddrygionus. Felly dygais arnynt holl eiriau'r cyfamod hwn y gorchmynnais iddynt ei wneud ond na wnaethant.' "

⁹ Dywedodd yr ARGLWYDD wrthyf, "Cafwyd cynllwyn ymhlith pobl Jwda a thrigolion Jerwsalem. ¹⁰ Troesant yn ôl at ddrygioni eu hynafiaid gynt pan wrthodent wrando fy ngeiriau. Aethant ar ôl duwiau eraill i'w gwasanaethu, a thorrodd tŷ Israel a thŷ Jwda fy nghyfamod, a wneuthum â'u hynafiaid. ¹¹ Am hynny fel hyn y dywed yr ARGLWYDD: Rwyf am ddwyn drwg arnynt na allant ei osgoi; a gwaeddant arnaf, ond ni wrandawaf. ¹² Yna fe â dinasoedd Jwda a thrigolion Jerwsalem i weiddi ar y duwiau yr arferent arogldarthu iddynt, ond yn sicr ni allant hwy eu gwaredu yn amser eu drygfyd. ¹³ Yn wir, y mae dy dduwiau mor aml â'th ddinasoedd, O Jwda, ac wrth nifer heolydd Jerwsalem codasoch allorau er cywilydd, allorau i arogldarthu i Baal.

¹⁴ "Ond amdanat ti, paid â gweddïo dros y bobl hyn, na chodi cri na gweddi, oherwydd ni fynnaf wrando pan alwant arnaf yn ystod eu drygfyd.

¹⁵ "Beth sydd a wnelo f'anwylyd â'm
    tŷ,
  a hithau'n cyflawni gweithredoedd
    ysgeler?
  A all llwon*, neu gig sanctaidd, droi
    dy ddinistr heibio,
  fel y gelli lawenychu?
¹⁶ Olewydden ddeiliog deg a
    ffrwythlon y galwodd yr
    ARGLWYDD di;
  ond â thrwst cynnwrf mawr fe
    gyneua dân ynddi,
  ac ysir ei changau.

¹⁷ ARGLWYDD y Lluoedd, yr un a'th blannodd, a draetha ddrwg yn dy erbyn, oherwydd y drygioni a wnaeth tŷ Israel a thŷ Jwda, gan fy nigio ac arogldarthu i Baal."

¹⁸ Yr ARGLWYDD a'm hysbysodd, a mi a'i gwn; dangosodd i mi eu gweithredoedd. ¹⁹ Yr oeddwn innau fel oen tyner yn cael ei arwain i'w ladd, ac ni wyddwn mai ar fy nghyfer i y gosodent gynllwynion, gan ddweud, "Distrywiwn y pren a'i ffrwyth; torrwn ef ymaith o dir y rhai byw, fel na chofir ei enw mwy."

²⁰ O ARGLWYDD y Lluoedd, barnwr
    cyfiawn,
  chwiliwr y galon a'r deall,
  rho i mi weld dy ddialedd arnynt,
  canys i ti y datguddiaf fy nghwyn.

²¹ Am hynny, fel hyn y dywed yr ARGLWYDD am bobl Anathoth, sydd yn ceisio fy* einioes ac yn dweud, "Paid â phroffwydo mwyach yn enw yr ARGLWYDD, ac ni fyddi farw trwy ein dwylo ni." ²² Am hynny, fel hyn y dywed ARGLWYDD y Lluoedd: "Rwyf am ddial arnynt; bydd eu gwŷr ifainc farw trwy'r cleddyf, a'u meibion a'u merched o newyn; ²³ ac ni bydd gweddill ohonynt. Dygaf ddrygfyd ar bobl Anathoth ym mlwyddyn eu cosbi."

Jeremeia'n Holi'r ARGLWYDD

12 Cyfiawn wyt, ARGLWYDD, pan ddadleuaf â thi;
  er hynny, gosodaf fy achos o'th flaen:

Pam y llwydda ffordd y drygionus, ac
    y ffynna pob twyllwr?
² Plennaist hwy, a gwreiddiasant;
  tyfant a dwyn ffrwyth.
  Yr wyt ar flaen eu tafod, ond ymhell
    o'u calon.
³ Ond yr wyt yn f'adnabod i,
    ARGLWYDD, yn fy ngweld,
  ac yn profi fy meddyliau tuag atat.
  Didola hwy fel defaid i'r lladdfa,
  a'u corlannu erbyn diwrnod lladd.

⁴ Pa hyd y galara'r tir, ac y gwywa'r glaswellt ym mhob maes? O achos drygioni y rhai sy'n trigo yno, ysgubwyd ymaith anifail ac aderyn, er i'r bobl ddweud, "Ni wêl ef ein diwedd ni."

Ateb Duw

⁵ "Os wyt wedi rhedeg gyda'r gwŷr
    traed, a hwythau'n dy flino,
  pa fodd y cystedli â meirch?
  Ac os wyt yn baglu mewn gwlad
    rwydd,
  pa fodd y llwyddi yng ngwlad wyllt
    yr Iorddonen?

⁶ Oherwydd y mae hyd yn oed dy dylwyth a'th deulu dy hun wedi dy dwyllo; buont yn galw'n daer ar dy ôl; paid â'u coelio, er iddynt ddweud geiriau teg wrthyt.

⁷ Gadewais fy nhŷ, rhois heibio fy
    nhreftadaeth,
  rhois anwylyd fy nghalon yn llaw ei
    gelynion.
⁸ Aeth fy nhreftadaeth yn fy ngolwg
    fel llew yn y coed;
  y mae'n codi ei llais yn f'erbyn; am
    hynny yr wyf yn ei chasáu.
⁹ Onid yw fy nhreftadaeth i mi fel
    aderyn brith,
  a'r adar yn ymgasglu yn ei erbyn?
  Casglwch holl fwystfilod y maes, a'u
    dwyn i fwyta.
¹⁰ Y mae bugeiliaid lawer wedi
    distrywio fy ngwinllan,
  a sathru ar fy rhandir;
  gwnaethant fy rhandir dirion yn
    anial diffaith.
¹¹ Gwnaethant hi'n anrhaith, ac fe
    alara'r anrheithiedig wrthyf;
  anrheithiwyd yr holl wlad, ac nid oes
    neb yn malio.

11:15 Groeg. Hebraeg, *A all llawer.*
11:21 Felly Groeg. Hebraeg, *dy.*

¹² Daw dinistrwyr ar holl foelydd yr
    anialwch;
  y mae cleddyf yr ARGLWYDD yn difa'r
    wlad o'r naill ben i'r llall;
  nid oes heddwch i un cnawd.
¹³ Y maent yn hau gwenith ac yn
    medi drain,
  yn ymlâdd heb elwa dim;
  yn cael eu siomi yn eu* cynhaeaf,
  oherwydd angerdd llid yr
    ARGLWYDD."

¹⁴ Fel hyn y dywed yr ARGLWYDD am fy holl gymdogion drwg, sy'n ymyrryd â'r etifeddiaeth a roddais i'm pobl Israel i'w meddiannu: "Rwyf am eu diwreiddio o'u tir, a thynnu tŷ Jwda o'u plith. ¹⁵ Ac yna, wedi i mi eu diwreiddio, fe drugarhaf wrthynt drachefn, a'u hadfer bob un i'w etifeddiaeth a'i dir. ¹⁶ Os dysgant yn drwyadl ffyrdd fy mhobl, a thyngu i'm henw, 'Byw yw'r ARGLWYDD', fel y dysgasant fy mhobl i dyngu i Baal, yna sefydlir hwy yng nghanol fy mhobl. ¹⁷ Ond os na wrandawant, yna'n sicr fe ddiwreiddiaf a llwyr ddinistrio'r genedl honno," medd yr ARGLWYDD.

Y Gwregys Lliain

13 Fel hyn y dywedodd yr ARGLWYDD wrthyf: "Dos a phryn wregys lliain, a'i roi am dy lwynau; paid â'i ddodi mewn dŵr." ² Prynais wregys ar air yr ARGLWYDD, a'i roi am fy llwynau. ³ Daeth gair yr ARGLWYDD ataf eilwaith, a dweud, ⁴ "Cymer y gwregys a brynaist, ac sydd am dy lwynau, a dos i ymyl afon Ewffrates a'i guddio yno mewn hollt yn y graig." ⁵ Felly euthum a'i guddio wrth ymyl afon Ewffrates, yn ôl gorchymyn yr ARGLWYDD i mi. ⁶ Ar ôl dyddiau lawer dywedodd yr ARGLWYDD wrthyf, "Dos i ymyl afon Ewffrates, a chymer oddi yno y gwregys y gorchmynnais iti ei guddio yno." ⁷ Euthum innau yno, a chloddio a chymryd y gwregys o'r lle y cuddiais ef; ac wele, yr oedd y gwregys wedi ei ddifetha, ac nid oedd yn dda i ddim. ⁸ Yna daeth gair yr ARGLWYDD ataf a dweud, ⁹ "Fel hyn y dywed yr ARGLWYDD: Felly y difethaf finnau falchder Jwda a balchder mawr Jerwsalem. ¹⁰ Fel y gwregys yma, nad yw'n dda i ddim, y bydd y bobl ddrygionus hyn, sy'n gwrthod gwrando ar fy ngeiriau, ond yn rhodio yn ystyfnigrwydd eu calon, ac yn dilyn duwiau eraill i'w gwasanaethu a'u haddoli. ¹¹ Oherwydd fel y gafael gwregys am lwynau rhywun, felly y perais i holl dŷ Israel a holl dŷ Jwda afael ynof fi," medd yr ARGLWYDD, "i fod yn bobl i mi, ac yn enw, ac yn foliant ac yn ogoniant; ond ni wrandawsant.

Y Gostrel Win

¹² "Dywed wrthynt y gair yma: 'Fel hyn y dywed ARGLWYDD Dduw Israel: Llenwir pob costrel â gwin.' A dywedant wrthyt, 'Oni wyddom ni'n iawn y llenwir pob costrel â gwin?' ¹³ Yna dywedi wrthynt, 'Fel hyn y dywed yr ARGLWYDD: Dyma fi'n llenwi'n feddw holl drigolion y tir hwn, yn frenhinoedd sy'n eistedd ar orseddfainc Dafydd, yn offeiriaid ac yn broffwydi, a holl drigolion Jerwsalem. ¹⁴ Drylliaf hwy y naill yn erbyn y llall, rhieni a phlant ynghyd, medd yr ARGLWYDD; nid arbedaf ac ni thosturiaf ac ni thrugarhaf, eithr difethaf hwy.'"

Bygwth Caethglud

¹⁵ Clywch a gwrandewch; peidiwch
    ag ymfalchïo,
  canys llefarodd yr ARGLWYDD.
¹⁶ Rhowch ogoniant i'r ARGLWYDD
    eich Duw
  cyn iddo beri tywyllwch,
  a chyn i'ch traed faglu yn y gwyll ar y
    mynyddoedd;
  a thra byddwch yn disgwyl am olau,
  bydd yntau'n ei droi yn dywyllwch
    dudew,
  ac yn ei wneud yn nos ddu.
¹⁷ Ac os na wrandewch ar hyn,
  mi wylaf yn y dirgel am eich
    balchder;
  fe ffrydia fy llygaid ddagrau chwerw,
  oherwydd dwyn diadell yr
    ARGLWYDD i gaethiwed.

¹⁸ "Dywed wrth y brenin a'r fam
    frenhines,
  'Eisteddwch yn ostyngedig,
  oherwydd syrthiodd eich coron
    anrhydeddus oddi ar eich pen*.'

12:13 Hebraeg, *eich*.

13:18 Felly Groeg. Hebraeg yn aneglur.

¹⁹ Caeir dinasoedd y Negef, heb neb
   i'w hagor;
caethgludir Jwda gyfan, caethgludir
   hi yn llwyr."

²⁰ Dyrchafwch eich llygaid, a
      gwelwch
y rhai a ddaw o'r gogledd.
Ple mae'r praidd a roddwyd i ti, dy
   ddiadell braf?
²¹ Beth a ddywedi pan roddir y rhai
   a ddysgaist yn feistri arnat,
a'r rhai a fegaist yn ben arnat?
Oni chydia ynot ofidiau, fel gwraig
   wrth esgor?
²² A phan feddyli, "Pam y
      digwyddodd hyn i mi?",
yn ôl amlder dy gamwedd y codwyd
   godre dy wisg,
ac y dinoethwyd dy gorff.
²³ A newidia'r Ethiopiad ei groen,
   neu'r llewpard ei frychni?
A allwch chwithau wneud daioni,
   chwi a fagwyd mewn drygioni?

²⁴ "Fe'u chwalaf hwy fel us
   a chwythir gan wynt y diffeithwch.
²⁵ Hyn fydd dy ran, yr hyn a fesurais
   i ti," medd yr ARGLWYDD,
"am i ti fy anghofio, ac ymddiried
   mewn celwydd.
²⁶ Mi godaf odre dy wisg dros dy
      wyneb,
ac amlygir dy warth.
²⁷ Gwelais dy anlladrwydd, dy
      odineb, dy weryriad nwydus,
a budreddi dy buteindra ar fryn a
      maes.
Gwae di, Jerwsalem! Ni fyddi'n lân!
Pa hyd, eto, y pery hyn?"

Y Sychder Mawr

14 Dyma air yr ARGLWYDD at
Jeremeia ynghylch y sychder:

² "Y mae Jwda'n galaru, a'i phyrth yn
      llesg;
y maent yn cwynfan ar lawr, a chri
   Jerwsalem yn esgyn fry.
³ Y mae'r pendefigion yn anfon y
      gweision i gyrchu dŵr;
dônt at y ffosydd a'u cael yn sych,
dychwelant a'u llestri'n wag;
mewn cywilydd a dryswch fe
   guddiant eu hwynebau.
⁴ Oherwydd craciodd y pridd am na
   ddaeth glaw i'r wlad;
mewn cywilydd cuddiodd yr
   amaethwyr eu hwynebau.
⁵ Y mae'r ewig yn bwrw llwdn yn y
      maes, ac yn ei adael am nad oes
      porfa;
⁶ y mae'r asynnod gwyllt yn sefyll ar
   y moelydd uchel, ac yn yfed
   gwynt fel bleiddiaid;
pylodd eu llygaid am nad oes gwellt."

⁷ "Yn ddiau, er i'n drygioni dystio yn
      ein herbyn,
O ARGLWYDD, gweithreda er mwyn
   dy enw.
Y mae ein gwrthgilio'n aml,
   pechasom yn dy erbyn.
⁸ Gobaith Israel, a'i geidwad yn awr
   ei adfyd,
pam y byddi fel dieithryn yn y tir,
fel ymdeithydd yn lledu pabell i aros
      noson?
⁹ Pam y byddi fel un mewn syndod,
fel un cryf yn methu achub?
Ond eto yr wyt yn ein mysg ni,
   ARGLWYDD;
dy enw di a roddwyd arnom; paid
   â'n gadael."

¹⁰ Fel hyn y dywed yr ARGLWYDD wrth y
bobl hyn:

"Mor hoff ganddynt yw crwydro heb
   atal eu traed;
am hynny, ni fyn yr ARGLWYDD
   mohonynt,
fe gofia eu drygioni yn awr, a chosbi
   eu pechodau."

¹¹ Dywedodd yr ARGLWYDD wrthyf, "Paid
â gweddïo dros les y bobl hyn. ¹² Pan
ymprydiant, ni wrandawaf ar eu cri; pan
aberthant boethoffrwm a bwydoffrwm,
ni fynnaf hwy; ond difethaf hwy â'r
cleddyf a newyn a haint." ¹³ Dywedais
innau, "O fy Arglwydd DDUW, wele'r
proffwydi yn dweud wrthynt, 'Ni welwch
gleddyf, ni ddaw newyn arnoch, ond fe
rof i chwi wir heddwch yn y lle hwn.'"
¹⁴ A dywedodd yr ARGLWYDD wrthyf,
"Proffwydo celwyddau yn fy enw i y
mae'r proffwydi; nid anfonais hwy, na
gorchymyn iddynt, na llefaru wrthynt.

Proffwydant i chwi weledigaethau gau, a dewiniaeth ffôl, a thwyll eu dychymyg eu hunain. ¹⁵ Am hynny, fel hyn y dywed yr ARGLWYDD am y proffwydi sy'n proffwydo yn fy enw er nad anfonais hwy, sy'n dweud na bydd cleddyf na newyn yn y wlad hon: 'Trwy'r cleddyf a newyn y difethir y proffwydi hynny. ¹⁶ Oherwydd y newyn a'r cleddyf, teflir allan i heolydd Jerwsalem y bobl y proffwydir iddynt, heb neb i'w claddu hwy eu hunain na'u gwragedd na'u meibion na'u merched. Tywalltaf eu drygioni arnynt.'

¹⁷ "A dywedi wrthynt y gair hwn:
'Difered fy llygaid ddagrau, nos a
  dydd heb beidio.
Daeth briw enbyd i'r wyryf, merch fy
  mhobl;
ergyd drom iawn.
¹⁸ Os af i'r maes, yno y mae'r cyrff a
  laddwyd â'r cleddyf.
Os af i'r ddinas, yno y mae'r rhai a
  nychwyd gan y newyn.
Y mae'r proffwyd hefyd a'r offeiriad
  yn crwydro'r wlad,
a heb ddeall.' "

Y Bobl yn Ymbil ar yr ARGLWYDD

¹⁹ A wrthodaist ti Jwda yn llwyr? A
  ffieiddiaist ti Seion?
Pam y trewaist ni heb fod inni
  iachâd?
Disgwyl yr oeddem am heddwch,
  ond ni ddaeth daioni;
am amser iachâd, ond dychryn a
  ddaeth.
²⁰ Cydnabyddwn, ARGLWYDD, ein
  drygioni,
a chamwedd ein hynafiaid;
yn wir, yr ydym wedi pechu yn dy
  erbyn.
²¹ Ond oherwydd dy enw, paid â'n
  ffieiddio ni,
na dirmygu dy orsedd ogoneddus;
cofia dy gyfamod â ni, paid â'i dorri.
²² A oes neb ymhlith gau dduwiau'r
  cenhedloedd a rydd lawogydd?
A rydd y nefoedd ei hun gawodydd?
Na, ond ti, yr ARGLWYDD ein Duw,
ynot ti yr hyderwn, ti yn unig a
  wnei'r pethau hyn oll.

Tynged Pobl Jwda

15 Dywedodd yr ARGLWYDD wrthyf, "Pe safai Moses a Samuel o'm blaen, eto ni byddai gennyf serch at y bobl hyn. Bwrw hwy allan o'm golwg, a bydded iddynt fynd ymaith. ² Ac os dywedant wrthyt, 'I ble'r awn?', dywed wrthynt, 'Fel hyn y dywed yr ARGLWYDD:

Y sawl sydd i angau, i angau;
y sawl sydd i gleddyf, i gleddyf;
y sawl sydd i newyn, i newyn;
y sawl sydd i gaethiwed, i gaethiwed.'

³ A chosbaf hwy mewn pedair ffordd, medd yr ARGLWYDD: cleddyf i ladd, y cŵn i larpio, adar y nefoedd a bwystfilod gwyllt i ysu ac i ddifa. ⁴ Gwnaf hwy yn arswyd i holl deyrnasoedd y byd, oherwydd yr hyn a wnaeth Manasse fab Heseceia, brenin Jwda, yn Jerwsalem.

⁵ Pwy a drugarha wrthyt, O
  Jerwsalem?
Pwy a gydymdeimla â thi?
Pwy a ddaw heibio i ymofyn
  amdanat?
⁶ Gadewaist fi, medd yr ARGLWYDD,
a throi dy gefn arnaf;
ac estynnaf finnau fy llaw yn dy
  erbyn i'th ddifa;
rwy'n blino ar drugarhau.
⁷ Gwyntyllaf hwy â gwyntyll ym
  mhyrth y wlad;
di-blantaf, difethaf fy mhobl,
am na ddychwelant o'u ffyrdd.
⁸ Gwnaf eu gweddwon yn amlach na
  thywod y môr;
dygaf anrheithiwr ganol dydd yn
  erbyn mam y gŵr ifanc,
paraf i ddychryn a braw ddod arni
  yn ddisymwth.
⁹ Llesgâ'r un a esgorodd ar saith o
  feibion;
syrth mewn llesmair,
machluda ei haul, a hi eto'n ddydd;
fe'i dygir i gywilydd a gwaradwydd.
Rhoddaf i'r cleddyf y rhai sy'n
  weddill,
yng ngŵydd eu gelynion, medd yr
  ARGLWYDD."

Cwyn Jeremeia

¹⁰ Gwae fi, fy mam, iti fy nwyn i'r byd

yn ŵr ymrafael, yn ŵr cynnen i'r holl
wlad.
Ni bûm nac echwynnwr na dyledwr,
eto y mae pawb yn fy melltithio.

¹¹ Dywedodd yr ARGLWYDD,
"Yn ddiau gwaredaf di er daioni;
gwnaf i'th elyn ymbil â thi
yn amser adfyd ac yn amser gofid."

¹² "A ellir torri haearn, haearn o'r
gogledd, neu bres?
¹³ Gwnaf dy gyfoeth a'th drysorau yn
anrhaith,
nid am bris ond oherwydd dy holl
bechod yn dy holl derfynau.
¹⁴ Gwnaf i ti wasanaethu* d'elynion
mewn gwlad nad adwaenost,
canys yn fy nicter cyneuwyd tân, a
lysg hyd byth*."

¹⁵ Fe wyddost ti, O ARGLWYDD;
cofia fi, ymwêl â mi, dial drosof ar
f'erlidwyr.
Yn dy amynedd, paid â'm dwyn
ymaith;
gwybydd i mi ddwyn gwarth er dy
fwyn di.
¹⁶ Cafwyd geiriau gennyt, ac aethant
yn ymborth i mi;
daeth dy air yn llawenydd i mi, ac yn
hyfrydwch fy nghalon;
canys galwyd dy enw arnaf, O
ARGLWYDD Dduw y Lluoedd.
¹⁷ Nid eisteddais yng nghwmni'r
gwamal,
ac ni chefais hwyl gyda hwy;
ond eisteddwn fy hunan, oherwydd
dy afael di arnaf;
llenwaist fi â llid.
¹⁸ Pam y mae fy mhoen yn ddi-baid,
a'm clwy yn ffyrnig, ac yn gwrthod
iachâd?
A fyddi di i mi fel nant dwyllodrus,
neu fel dyfroedd yn pallu?

¹⁹ Am hynny, fel hyn y dywed yr
ARGLWYDD:

"Os dychweli, fe'th adferaf ac fe sefi
o'm blaen;
os tynni allan y gwerthfawr oddi
wrth y di-werth,

byddi fel genau i mi;
try'r bobl atat ti, ond ni throi di
atynt hwy.
²⁰ Fe'th wnaf i'r bobl hyn yn fagwyr o
bres;
ymladdant yn dy erbyn ond ni'th
orchfygant,
canys yr wyf gyda thi i'th achub ac
i'th wared," medd yr ARGLWYDD.
²¹ "Gwaredaf di o afael y rhai
drygionus,
rhyddhaf di o law'r rhai creulon."

Dydd Cosb

16 Daeth gair yr ARGLWYDD ataf:
² "Paid â chymryd iti wraig; na fydded i ti feibion na merched yn y lle hwn. ³ Canys fel hyn y dywed yr ARGLWYDD am y bechgyn a'r genethod a enir yn y lle hwn, ac am y mamau a'u dwg hwy a'r hynafiaid a'u cenhedla yn y wlad hon: ⁴ 'Byddant farw o angau dychrynllyd. Ni fydd galaru ar eu hôl ac ni chleddir hwy; byddant fel tail ar wyneb y tir. Fe'u lleddir gan gleddyf a newyn, a bydd eu celanedd yn ymborth i adar y nefoedd a bwystfilod gwyllt.' ⁵ Fel hyn y dywed yr ARGLWYDD: 'Paid â mynd i dŷ galar, na mynd i alaru na chydymdeimlo, oherwydd cymerais ymaith fy heddwch oddi wrth y bobl hyn,' medd yr ARGLWYDD, 'a hefyd fy nghariad a'm tosturi. ⁶ Byddant farw, yn fawr a bach, yn y wlad hon; ni chleddir mohonynt ac ni alerir amdanynt; ni fyddant yn anafu eu cyrff nac yn eillio'u pennau o'u plegid. ⁷ Ni rennir bara* galar i roi cysur iddynt am y marw, ac nid estynnir cwpan cysur am na thad na mam. ⁸ Ac nid ei di i dŷ gwledd, i eistedd gyda hwy i fwyta ac yfed.'

⁹ "Fel hyn y dywed ARGLWYDD y Lluoedd, Duw Israel:

'Yn y lle hwn, o flaen eich llygaid ac
yn eich dyddiau,
rwyf yn rhoi taw ar seiniau
llawenydd a hapusrwydd,
ar lais priodfab a phriodferch.'

¹⁰ "Pan fynegi'r holl eiriau hyn i'r bobl, dywedant wrthyt, 'Pam y llefarodd yr

---

15:14 Felly llawysgrifau a Jer. 17:4. TM, *Gwnaf i ti fynd drosodd.*
15:14 Cymh. 17:4. Hebraeg, *a lysg arnoch.*

16:7 Felly Groeg. Hebraeg, *iddynt.*

ARGLWYDD yr holl ddrwg mawr hwn yn ein herbyn? Beth yw ein trosedd? Pa bechod a wnaethom yn erbyn yr ARGLWYDD ein Duw?' ¹¹ Dywed dithau wrthynt, 'Oherwydd i'ch hynafiaid fy ngadael i,' medd yr ARGLWYDD, 'a rhodio ar ôl duwiau eraill, a'u gwasanaethu a'u haddoli, a'm gwrthod i, heb gadw fy nghyfraith. ¹² A gwnaethoch chwi yn waeth na'ch hynafiaid, gan rodio bob un yn ôl ystyfnigrwydd ei galon ddrygionus, heb wrando arnaf fi. ¹³ Am hynny, fe'ch hyrddiaf chwi allan o'r wlad hon i wlad nad adwaenoch chwi na'ch hynafiaid; yno gwasanaethwch dduwiau eraill, ddydd a nos, oherwydd ni wnaf unrhyw ffafr â chwi.'

Dychwelyd o'r Gaethglud

¹⁴ "Am hynny, y mae'r dyddiau ar ddod," medd yr ARGLWYDD, "pryd na ddywedir mwyach, 'Byw fyddo'r ARGLWYDD a ddygodd dylwyth Israel i fyny o wlad yr Aifft', ¹⁵ ond, 'Byw fyddo'r ARGLWYDD a ddygodd dylwyth Israel o dir y gogledd, o'r holl wledydd lle gyrrodd hwy.' Ac fe'u dychwelaf i'w gwlad, y wlad a roddais i'w hynafiaid.

Dal y Bobl am eu Pechod

¹⁶ "Yr wyf yn anfon am bysgotwyr lawer," medd yr ARGLWYDD, "ac fe'u daliant. Wedi hynny anfonaf am helwyr lawer, ac fe'u heliant oddi ar bob mynydd a phob bryn, ac o holltau'r creigiau. ¹⁷ Oherwydd y mae fy llygaid ar eu holl ffyrdd hwy; ni chuddiwyd hwy o'm gŵydd, ac nid yw eu drygioni wedi ei gelu o'm golwg. ¹⁸ Yn gyntaf, mi dalaf yn ddwbl am eu drygioni a'u pechod, am iddynt halogi fy nhir â chelanedd eu duwiau ffiaidd; llanwodd eu ffieidd-dra fy etifeddiaeth."

Hyder Jeremeia yn yr ARGLWYDD

¹⁹ O ARGLWYDD, fy nerth a'm cadernid,
fy noddfa mewn dydd o flinder,
atat ti y daw'r cenhedloedd, o gyrion pellaf byd, a dweud,
"Diau i'n hynafiaid etifeddu celwydd, oferedd, a phethau di-les.
²⁰ A wna rhywun dduw iddo'i hun?
Nid yw'r rhain yn dduwiau."

²¹ "Am hynny, wele, paraf iddynt wybod;
y waith hon mi ddangosaf iddynt fy nerth a'm grym.
A deallant mai'r ARGLWYDD yw fy enw.

Pechod a Chosb Jwda

17 "Y mae pechod Jwda wedi ei ysgrifennu â phin haearn,
a'i gerfio â blaen adamant ar lech eu calon,
² ac ar gyrn eu* hallorau i atgoffa eu plant.
Y mae eu hallorau a'u pyst wrth ymyl prennau gwyrddlas ar fryniau uchel,
³ yn y mynydd-dir a'r meysydd.
Gwnaf dy gyfoeth a'th drysorau yn anrhaith,
yn bris* am dy bechod trwy dy holl derfynau.
⁴ Gollyngi o'th afael yr etifeddiaeth a roddais i ti,
a gwnaf i ti wasanaethu dy elynion mewn gwlad nad adwaenost,
canys yn fy nicter cyneuwyd* tân a lysg hyd byth."

⁵ Fel hyn y dywed yr ARGLWYDD:

"Melltigedig fo'r sawl sydd â'i hyder mewn meidrolyn,
ac yn gwneud cnawd yn fraich iddo,
ac yn gwyro oddi wrth yr ARGLWYDD.
⁶ Bydd fel prysgwydd yn y diffeithwch;
ni fydd yn gweld daioni pan ddaw.
Fe gyfanhedda fannau moelion yr anialwch,
mewn tir hallt heb neb yn trigo ynddo.
⁷ Bendigedig yw'r sawl sy'n hyderu yn yr ARGLWYDD,
a'r ARGLWYDD yn hyder iddo.
⁸ Y mae fel pren a blannwyd ar lan dyfroedd,
yn gwthio'i wreiddiau i'r afon,
heb ofni gwres pan ddaw, a'i ddail yn ir;

17:2 Felly llawysgrifau a Fersiynau. TM, *eich*.
17:3 Felly 15:13. Hebraeg, *yn uchelfeydd*.
17:4 Cymh. llawysgrifau a Fersiynau. TM, *cyneuasoch*.

ar dymor sych ni phrydera, ac ni
    phaid â ffrwytho.
⁹ "Y mae'r galon yn fwy ei thwyll na
    dim,
a thu hwnt i iachâd; pwy sy'n ei deall
    hi?
¹⁰ Ond yr wyf fi, yr ARGLWYDD, yn
    chwilio'r galon
ac yn profi cymhellion,
i roi i bawb yn ôl eu ffyrdd
ac yn ôl ffrwyth eu gweithredoedd."

¹¹ Fel petrisen yn crynhoi cywion nas
    deorodd,
y mae'r sawl sy'n casglu cyfoeth yn
    anghyfiawn;
yng nghanol ei ddyddiau bydd yn ei
    adael ef,
a bydd ei ddiwedd yn ei ddangos yn
    ynfyd.

¹² Gorsedd ogoneddus, ddyrchafedig
    o'r dechreuad,
dyna fan ein cysegr ni.
¹³ O ARGLWYDD, gobaith Israel,
gwaradwyddir pawb a'th adawa;
torrir ymaith* oddi ar y ddaear y
    rhai sy'n troi oddi wrthyt*,
am iddynt adael yr ARGLWYDD,
    ffynnon y dyfroedd byw.

Ceisio Gwaredigaeth

¹⁴ Iachâ fi, O ARGLWYDD, ac fe'm
    hiacheir;
achub fi, ac fe'm hachubir;
canys ti yw fy moliant.
¹⁵ Ie, dywedant wrthyf,
"Ple mae gair yr ARGLWYDD? Deued
    yn awr!"
¹⁶ Ond myfi, ni phwysais arnat i'w
    drygu*,
ac ni ddymunais iddynt y dydd blin.
Gwyddost fod yr hyn a ddaeth o'm
    genau yn uniawn ger dy fron.
¹⁷ Paid â bod yn ddychryn i mi;
fy nghysgod wyt ti yn nydd drygfyd.
¹⁸ Gwaradwydder f'erlidwyr, ac na'm
    gwaradwydder i;
brawycher hwy, ac na'm brawycher i;
dwg arnynt hwy ddydd drygfyd,
dinistria hwy â dinistr deublyg.

17:13 Felly rhai Fersiynau. Hebraeg, *ysgrifennir.*
17:13 Tebygol. Hebraeg, *wrthyf.*
17:16 Cymh. Fersiynau. Hebraeg, *rhag bugeilio.*

Cadw'r Saboth

¹⁹ Fel hyn y dywedodd yr ARGLWYDD wrthyf: "Dos, a saf ym mhorth Benjamin*, yr un y mae brenhinoedd Jwda yn mynd i mewn ac allan trwyddo, ac yn holl byrth Jerwsalem, ²⁰ a dywed wrthynt, 'Clywch air yr ARGLWYDD, O frenhinoedd Jwda, a holl Jwda, a holl drigolion Jerwsalem sy'n dod trwy'r pyrth hyn. ²¹ Fel hyn y dywed yr ARGLWYDD: Gwyliwch am eich einioes na ddygwch faich ar y dydd Saboth, na'i gludo trwy byrth Jerwsalem; ²² ac na ddygwch faich allan o'ch tai ar y dydd Saboth, na gwneud dim gwaith; ond sancteiddiwch y dydd Saboth, fel y gorchmynnais i'ch hynafiaid. ²³ Ond ni wrandawsant hwy, na gogwyddo clust, ond ystyfnigo rhag gwrando, a rhag derbyn disgyblaeth. ²⁴ Er hynny, os gwrandewch yn ddyfal arnaf, medd yr ARGLWYDD, a pheidio â dwyn baich trwy byrth y ddinas hon ar y dydd Saboth, ond sancteiddio'r dydd Saboth trwy beidio â gwneud dim gwaith arno, ²⁵ yna fe ddaw trwy byrth y ddinas hon frenhinoedd a thywysogion i eistedd ar orsedd Dafydd, ac i deithio mewn cerbydau a marchogaeth ar feirch—hwy a'u tywysogion, pobl Jwda a phreswylwyr Jerwsalem—a chyfanheddir y ddinas hon hyd byth. ²⁶ A daw pobloedd o ddinasoedd Jwda a chwmpasoedd Jerwsalem, a thirogaeth Benjamin, o'r Seffela a'r mynydd-dir, a'r Negef, gan ddwyn poethoffrymau ac aberthau, bwydoffrwm a thus, ac offrwm diolch i dŷ'r ARGLWYDD. ²⁷ Ac os na wrandewch arnaf a sancteiddio'r dydd Saboth, a pheidio â chludo baich wrth ddod i mewn i byrth Jerwsalem ar y dydd Saboth, yna mi gyneuaf dân yn y pyrth hynny, tân a lysg balasau Jerwsalem, heb neb i'w ddiffodd.'"

Jeremeia yn Nhŷ'r Crochenydd

18 Dyma'r gair a ddaeth at Jeremeia oddi wrth yr ARGLWYDD: ² "Cod a dos i lawr i dŷ'r crochenydd; yno y paraf i ti glywed fy ngeiriau." ³ Euthum i lawr i dŷ'r crochenydd, a'i gael yn gweithio ar y

17:19 Hebraeg, *Meibion y bobl.*

droell. ⁴ A difwynwyd yn llaw'r crochenydd y llestr pridd yr oedd yn ei lunio, a gwnaeth ef yr eildro yn llestr gwahanol, fel y gwelai'n dda.

⁵ Yna daeth gair yr ARGLWYDD ataf, ⁶ "Oni allaf fi eich trafod chwi, tŷ Israel, fel y mae'r crochenydd hwn yn ei wneud â'r clai?" medd yr ARGLWYDD. "Fel clai yn llaw'r crochenydd, felly yr ydych chwi yn fy llaw i, tŷ Israel. ⁷ Ar unrhyw funud gallaf benderfynu diwreiddio a thynnu i lawr, a difetha cenedl neu deyrnas. ⁸ Ac os bydd y genedl honno y lleferais yn ei herbyn yn troi oddi wrth ei drygioni, gallaf ailfeddwl am y drwg a fwriedais iddi. ⁹ Ar unrhyw funud gallaf benderfynu adeiladu a phlannu cenedl neu deyrnas, ¹⁰ ond os gwna'r genedl honno ddrygioni yn fy ngolwg, a gwrthod gwrando arnaf, gallaf ailfeddwl am y da a addewais iddi. ¹¹ Yn awr dywed wrth bobl Jwda ac wrth breswylwyr Jerwsalem, 'Fel hyn y dywed yr ARGLWYDD: Wele fi'n llunio drwg yn eich erbyn, ac yn cynllunio yn eich erbyn. Dychwelwch, yn wir, bob un o'i ffordd ddrwg, a gwella'ch ffyrdd a'ch gweithredoedd.' ¹² Ond dywedant hwy, 'Y mae pethau wedi mynd yn rhy bell. Dilynwn ein bwriadau ein hunain, a gweithredwn bob un yn ôl ystyfnigrwydd ei galon drygionus.'"

¹³ Am hynny, fel hyn y dywed yr ARGLWYDD:

"Ymofynnwch ymhlith y
    cenhedloedd,
pwy a glywodd ddim tebyg i hyn.
Gwnaeth y forwyn Israel beth erchyll
    iawn.
¹⁴ A gilia eira Lebanon oddi ar
    greigiau'r llethrau?
A sychir dyfroedd yr ucheldir*,
sy'n ffrydiau oerion?
¹⁵ Ond mae fy mhobl wedi
    f'anghofio,
ac wedi arogldarthu i dduwiau gau
a barodd iddynt dramgwyddo yn eu
    ffyrdd, yr hen rodfeydd,
a cherdded llwybrau mewn ffyrdd
    heb eu trin.

18:14 Tebygol. Hebraeg, *A ddiwreiddir dyfroedd dieithr.*

¹⁶ Gwnaethant eu tir yn
    anghyfannedd,
i rai chwibanu drosto hyd byth;
bydd pob un sy'n mynd heibio iddo
    yn synnu,
ac yn ysgwyd ei ben.
¹⁷ Fel gwynt y dwyrain y chwalaf hwy
    o flaen y gelyn;
yn nydd eu trychineb dangosaf
    iddynt fy ngwegil, nid fy wyneb."

Cynllwyn yn erbyn Jeremeia

¹⁸ A dywedodd y bobl, "Dewch, gwnawn gynllwyn yn erbyn Jeremeia; ni chiliodd cyfarwyddyd oddi wrth yr offeiriad, na chyngor oddi wrth y doeth, na gair oddi wrth y proffwyd; dewch, gadewch inni ei faeddu â'r tafod, a pheidio ag ystyried yr un o'i eiriau."

¹⁹ Ystyria fi, O ARGLWYDD,
a chlyw beth y mae f'achwynwyr yn
    ei ddweud.
²⁰ A ad-delir drwg am dda?
Cloddiasant bwll ar fy nghyfer.
Cofia imi sefyll o'th flaen,
i lefaru'n dda amdanynt
ac i droi ymaith dy ddig oddi
    wrthynt.
²¹ Am hynny rho'u plant i'r newyn,
lladder hwy trwy rym y cleddyf;
bydded eu gwragedd yn weddwon di-
    blant,
a'u gwŷr yn farw gelain,
a'u gwŷr ifainc wedi eu taro â'r
    cleddyf mewn rhyfel.
²² Bydded i waedd godi o'u tai,
am i'r ysbeiliwr ddod yn ddisymwth
    ar eu gwarthaf;
canys cloddiasant bwll i'm dal,
a chuddio maglau i'm traed.
²³ Ond yr wyt ti, O ARGLWYDD, yn
    gwybod
am eu holl gynllwyn yn f'erbyn, i'm
    lladd.
Paid â maddau iddynt eu camwedd,
na dileu eu pechod o'th ŵydd.
Bydded iddynt faglu o'th flaen;
delia â hwy yn awr dy ddigofaint.

Dryllio'r Ystên

19 Fel hyn y dywed yr ARGLWYDD: "Dos a phryn ystên bridd o waith crochenydd, a chymer rai o blith henuriaid y bobl a'r offeiriaid, ² a dos allan i ddyffryn Ben-hinnom wrth fynedfa Porth Harsith*, a chyhoedda yno y geiriau a fynegaf wrthyt, ³ a dweud, 'Clywch air yr ARGLWYDD, frenhinoedd Jwda a phreswylwyr Jerwsalem. Fel hyn y dywed ARGLWYDD y Lluoedd, Duw Israel: Byddaf yn dwyn y fath ddrwg ar y lle hwn nes bod clustiau pwy bynnag a glyw amdano yn merwino.

⁴ " 'Am iddynt fy ngwrthod, a cham-ddefnyddio'r lle hwn ac arogldarthu ynddo i dduwiau eraill nad oeddent yn eu hadnabod, hwy na'u hynafiaid na brenhinoedd Jwda, a llenwi'r lle â gwaed y rhai dieuog, ⁵ ac adeiladu uchelfeydd i Baal, i losgi eu meibion yn y tân fel poethoffrwm i Baal, peth na orchmynnais, na'i lefaru, ac na ddaeth i'm meddwl— ⁶ am hynny, wele'r dyddiau'n dod, medd yr ARGLWYDD, pryd na elwir y lle hwn mwyach yn Toffet nac yn ddyffryn Ben-hinnom, ond yn ddyffryn y lladdfa.

⁷ " 'Gwnaf gyngor Jwda a Jerwsalem yn ofer yn y lle hwn, a pharaf i'r bobl syrthio trwy'r cleddyf o flaen eu gelynion, a mynd i afael y rhai sy'n ceisio'u bywyd; rhof eu celanedd yn fwyd i adar y nefoedd a bwystfilod gwyllt. ⁸ Gwnaf y ddinas hon yn arswyd ac yn syndod, a bydd pawb sy'n mynd heibio yn arswydo ac yn synnu at ei holl glwyfau. ⁹ Gwnaf iddynt fwyta cnawd eu meibion a chnawd eu merched; bwytânt gnawd ei gilydd yn y gwarchae ac yn y cyfyngder a ddygir arnynt gan eu gelynion a'r rhai sy'n ceisio'u bywyd.'

¹⁰ "Yna fe ddrylli'r ystên yng ngŵydd y gwŷr a aeth gyda thi, ¹¹ a dweud wrthynt, 'Fel hyn y dywed ARGLWYDD y Lluoedd: Drylliaf y bobl hyn a'r ddinas hon, fel y dryllir llestr y crochenydd, ac ni ellir ei gyfannu mwyach. Fe gleddir cyrff yn Toffet o ddiffyg lle arall i'w claddu. ¹² Felly y gwnaf i'r lle hwn a'i breswylwyr, medd yr ARGLWYDD, i beri i'r ddinas hon fod fel Toffet. ¹³ A bydd tai Jerwsalem a thai brenhinoedd Jwda fel mangre Toffet, yn halogedig—yr holl dai lle bu arogldarthu ar y to i holl lu'r nefoedd, a lle bu tywallt diodoffrwm i dduwiau eraill.' "

¹⁴ Daeth Jeremeia o Toffet, lle'r oedd yr ARGLWYDD wedi ei anfon i broffwydo, a safodd yng nghyntedd tŷ'r ARGLWYDD, a llefarodd wrth yr holl bobl, ¹⁵ "Fel hyn y dywed ARGLWYDD y Lluoedd, Duw Israel: 'Dyma fi'n dwyn ar y ddinas hon, ac ar ei holl drefi, yr holl ddrwg a leferais yn eu herbyn, am iddynt ystyfnigo a gwrthod gwrando ar fy ngeiriau.' "

Jeremeia a Pasur yr Offeiriad

20 Yr oedd Pasur fab Immer, yr offeiriad, yn brif swyddog yn nhŷ'r ARGLWYDD, a phan glywodd fod Jeremeia yn proffwydo'r geiriau hyn, ² trawodd Pasur y proffwyd Jeremeia, a'i roi yn y cyffion ym mhorth uchaf Benjamin yn nhŷ'r ARGLWYDD. ³ Trannoeth, pan ollyngodd Pasur ef o'r cyffion, dywedodd Jeremeia wrtho, "Nid Pasur y galwodd yr ARGLWYDD di ond Dychryn-ar-bob-llaw*. ⁴ Canys fel hyn y dywed yr ARGLWYDD: 'Wele fi'n dy wneud yn ddychryn i ti dy hun ac i bawb o'th geraint. Syrthiant wrth gleddyf eu gelynion, a thithau'n gweld. Rhof hefyd holl Jwda yng ngafael brenin Babilon, i'w gaethgludo i Fabilon a'u taro â'r cleddyf. ⁵ Rhof hefyd olud y ddinas hon, a'i holl gynnyrch, a phob dim gwerthfawr sydd ganddi, a holl drysorau brenhinoedd Jwda, yng ngafael eu gelynion, i'w hanrheithio a'u meddiannu a'u cludo i Fabilon. ⁶ A byddi di, Pasur, a holl breswylwyr dy dŷ, yn mynd i gaethiwed; i Fabilon yr ei, ac yno y byddi farw, a'th gladdu—ti a'th holl gyfeillion y proffwydaist gelwydd iddynt.' "

Cwynfan Jeremeia

⁷ Twyllaist fi, O ARGLWYDD, ac fe'm twyllwyd.
Cryfach oeddit na mi, a gorchfygaist fi.
Cyff gwawd wyf ar hyd y dydd,
a phawb yn fy ngwatwar.
⁸ Bob tro y llefaraf ac y gwaeddaf,
"Trais! Anrhaith!" yw fy llef.
Canys y mae gair yr ARGLWYDD i mi

19:2 H.y., *Porth y darnau o lestri pridd.*   **20:3** Hebraeg, *Magor missabib.*

yn waradwydd ac yn ddirmyg ar hyd
  y dydd.
⁹ Os dywedaf, "Ni soniaf amdano,
  ac ni lefaraf mwyach yn ei enw",
y mae yn fy nghalon yn llosgi fel tân
  wedi ei gau o fewn fy esgyrn.
Blinaf yn ymatal; yn wir, ni allaf.
¹⁰ Clywais sibrwd gan lawer—
  dychryn-ar-bob-llaw:
"Cyhuddwch ef! Fe'i cyhuddwn ni ef!"
Y mae pawb a fu'n heddychlon â mi
yn gwylio am gam gwag gennyf, ac yn
  dweud,
"Efallai yr hudir ef, ac fe'i
  gorchfygwn, a dial arno."
¹¹ Ond y mae'r ARGLWYDD gyda mi,
fel rhyfelwr cadarn;
am hynny fe dramgwydda'r rhai sy'n
  fy erlid,
ac ni orchfygant;
gwaradwyddir hwy'n fawr, canys ni
  lwyddant,
ac nid anghofir fyth eu gwarth.
¹² O ARGLWYDD y Lluoedd, yr wyt yn
  profi'r cyfiawn,
ac yn gweld y galon a'r meddwl;
rho imi weld dy ddialedd arnynt,
canys dadlennais i ti fy nghwyn.
¹³ Canwch i'r ARGLWYDD.
  Moliannwch yr ARGLWYDD.
Achubodd einioes y tlawd o afael y
  rhai drygionus.
¹⁴ Melltith ar y dydd y'm ganwyd;
na fendiger y dydd yr esgorodd fy
  mam arnaf.
¹⁵ Melltith ar y gŵr aeth â'r neges i'm
  tad,
"Ganwyd mab i ti",
a rhoi llawenydd mawr iddo.
¹⁶ Bydded y gŵr hwnnw fel y
  dinasoedd
a ddymchwelodd yr ARGLWYDD yn
  ddiarbed.
Bydded iddo glywed gwaedd yn y
  bore,
a bloedd am hanner dydd,
¹⁷ oherwydd na laddwyd mohonof yn
  y groth,
ac na fu fy mam yn fedd i mi,
a'i chroth yn feichiog arnaf byth.
¹⁸ Pam y deuthum allan o'r groth,
i weld trafferth a gofid,
a threulio fy nyddiau mewn gwarth?

Duw yn Gwrthod Sedeceia

21 Dyma'r gair a ddaeth at Jeremeia oddi wrth yr ARGLWYDD pan anfonodd y Brenin Sedeceia ato ef Pasur fab Malcheia a'r offeiriad Seffaneia fab Maaseia, a dweud, ² "Ymofyn â'r ARGLWYDD drosom ni, oherwydd y mae Nebuchadnesar brenin Babilon yn rhyfela yn ein herbyn. Tybed a wna yr ARGLWYDD â ni yn ôl ei holl ryfeddodau, a pheri iddo gilio ymaith oddi wrthym?"

³ Dywedodd Jeremeia wrthynt, "Dyma'r hyn a ddywedwch wrth Sedeceia: ⁴ 'Fel hyn y dywed yr ARGLWYDD, Duw Israel: Wele fi'n troi arnoch chwi yr arfau rhyfel sydd yn eich dwylo i ymladd yn erbyn brenin Babilon a'r Caldeaid, sy'n gwarchae arnoch o'r tu allan i'r gaer; fe'u casglaf hwy i ganol y ddinas hon. ⁵ Byddaf fi fy hun yn rhyfela yn eich erbyn, a'm llaw wedi ei hestyn allan, a'm braich yn gref, mewn soriant a llid a digofaint mawr. ⁶ Trawaf drigolion y ddinas hon, yn ddyn ac yn anifail; byddant farw o haint mawr. ⁷ Ac wedi hynny, medd yr ARGLWYDD, rhof Sedeceia brenin Jwda a'i weision, a'r bobl a weddillir yn y ddinas hon wedi'r haint a'r cleddyf a'r newyn, yng ngafael Nebuchadnesar brenin Babilon, ac yng ngafael eu gelynion a'r rhai a geisiai eu heinioes. Bydd ef yn eu taro â min y cleddyf, heb dosturio wrthynt nac arbed nac estyn trugaredd.'

⁸ "Wrth y bobl hyn hefyd dywed, 'Fel hyn y dywed yr ARGLWYDD: Wele fi'n gosod o'ch blaen ffordd bywyd a ffordd marwolaeth. ⁹ Bydd y sawl sy'n aros yn y ddinas hon yn marw drwy gleddyf neu newyn neu haint, a'r sawl sy'n mynd allan ac yn ildio i'r Caldeaid sy'n gwarchae arnoch yn byw; bydd yn arbed ei fywyd. ¹⁰ Gosodais fy wyneb yn erbyn y ddinas hon, er drwg ac nid er da, medd yr ARGLWYDD; fe'i rhoddir yng ngafael brenin Babilon, a bydd ef yn ei llosgi â thân.'

Barn ar Dŷ Brenin Jwda

¹¹ "Wrth dŷ brenin Jwda dywed,
'Clyw air yr ARGLWYDD.

¹² Tŷ Dafydd, fel hyn y dywed yr
   ARGLWYDD:
Barnwch yn uniawn yn y bore,
achubwch yr ysbeiliedig o afael y
   gormeswr,
rhag i'm llid fynd allan yn dân,
a llosgi heb neb i'w ddiffodd,
oherwydd eich gweithredoedd drwg.'

¹³ "Wele fi yn dy erbyn, ti breswylydd
   y dyffryn
wrth graig y gwastadedd," medd yr
   ARGLWYDD.
"Fe ddywedwch chwi, 'Pwy ddaw i
   waered yn ein herbyn?
Pwy ddaw i mewn i'n gwâl?'
¹⁴ Talaf i chwi yn ôl ffrwyth eich
   gweithredoedd," medd yr
   ARGLWYDD.
"Cyneuaf dân yn ei choedwig,
ac ysa bob peth o'i hamgylch."

Neges Jeremeia i Dŷ Brenin Jwda

22 Fel hyn y dywed yr ARGLWYDD:
"Dos i waered i dŷ brenin Jwda, a llefara yno y gair hwn: ² 'Clyw air yr ARGLWYDD, frenin Jwda, sy'n eistedd ar orsedd Dafydd, tydi a'th weision a'th bobl sy'n tramwy trwy'r pyrth hyn. ³ Fel hyn y dywed yr ARGLWYDD: Gwnewch farn a chyfiawnder; achubwch yr ysbeiliedig o afael y gormeswr. Peidiwch â gwneud cam na niwed i'r dieithr, na'r amddifad na'r weddw, na thywallt gwaed dieuog yn y lle hwn. ⁴ Os yn wir y cyflawnwch y gair hwn, daw trwy byrth y tŷ hwn frenhinoedd yn eistedd ar orsedd Dafydd, yn teithio mewn cerbydau ac yn marchogaeth ar feirch, pob un â'i weision a'i bobl. ⁵ Ond os na wrandewch ar y geiriau hyn, af ar fy llw, medd yr ARGLWYDD, y bydd y tŷ hwn yn anghyfannedd. ⁶ Oherwydd fel hyn y dywed yr ARGLWYDD wrth dŷ brenin Jwda:

Rwyt i mi fel Gilead, a chopa
   Lebanon;
ond fe'th wnaf yn ddiffeithwch
ac yn ddinas anghyfannedd.
⁷ Neilltuaf ddinistrwyr yn dy erbyn,
   pob un â'i arfau;
fe dorrant dy gedrwydd gorau,
   a'u bwrw i'r tân.

⁸ Bydd cenhedloedd lawer yn mynd heibio i'r ddinas hon, a phob un yn dweud wrth ei gilydd, "Pam y gwnaeth yr ARGLWYDD fel hyn â'r ddinas fawr hon?" ⁹ Ac atebant, "Oherwydd iddynt gefnu ar gyfamod yr ARGLWYDD eu Duw, ac addoli duwiau eraill, a'u gwasanaethu." ' "

Neges Jeremeia ynglŷn â Salum

¹⁰ Peidiwch ag wylo dros y marw, na
   gofidio amdano;
wylwch yn wir dros yr un sy'n mynd
   ymaith,
oherwydd ni ddychwel mwyach,
na gweld gwlad ei enedigaeth.

¹¹ Oherwydd fel hyn y dywed yr ARGLWYDD am Salum, mab Joseia brenin Jwda, a deyrnasodd yn lle Joseia ei dad: "Aeth allan o'r lle hwn, ac ni ddychwel yma eto; ¹² bydd farw yn y lle y caethgludwyd ef iddo, ac ni wêl y wlad hon eto."

Neges Jeremeia ynglŷn â Jehoiacim

¹³ Gwae'r sawl a adeilada'i dŷ heb
   gyfiawnder,
a'i lofftydd heb farn,
gan fynnu gwasanaeth ei gymydog yn
   rhad,
heb roi iddo ddim am ei waith.
¹⁴ Gwae'r sawl a ddywed, "Adeiladaf i
   mi fy hun dŷ eang
ac iddo lofftydd helaeth."
Gwna iddo ffenestri, a phaneli o
   gedrwydd,
a'i liwio â fermiliwn.
¹⁵ A wyt yn d'ystyried dy hun yn
   frenin
oherwydd i ti gystadlu mewn
   cedrwydd?
Oni fwytaodd dy dad, ac yfed,
gan wneud cyfiawnder a barn,
ac yna bu'n dda arno?
¹⁶ Barnodd ef achos y tlawd a'r
   anghenus,
ac yna bu'n dda arno.
"Onid hyn yw f'adnabod i?" medd yr
   ARGLWYDD.
¹⁷ Nid yw dy lygad na'th galon ond ar
   dy enillion anghyfiawn,
i dywallt gwaed dieuog ac i dreisio a
   gwneud cam.

¹⁸ Am hynny, fel hyn y dywed yr
ARGLWYDD am Jehoiacim fab Joseia,
brenin Jwda:

"Ni alarant amdano, a dweud, 'O fy
  mrawd! O fy nghâr!'
Ni alarant amdano, a dweud, 'O
  Arglwydd! O Fawrhydi!'
¹⁹ Fel claddu asyn y cleddir ef—
  ei lusgo a'i daflu y tu hwnt i byrth
    Jerwsalem."

Neges Jeremeia am Dynged Jerwsalem

²⁰ Dring i Lebanon, a gwaedda;
  yn Basan cod dy lef;
  bloeddia o Abarim,
"Dinistriwyd pawb sy'n dy garu."
²¹ Lleferais wrthyt yn dy wynfyd;
  dywedaist, "Ni wrandawaf."
Dyma dy ffordd o'th ieuenctid,
  ac ni wrandewaist arnaf.
²² Bugeilia'r gwynt dy holl fugeiliaid,
  ac i gaethiwed yr â dy geraint;
  yna fe'th gywilyddir a'th
    waradwyddo
  am dy holl ddrygioni.
²³ Ti, sy'n trigo yn Lebanon,
  ac a fagwyd rhwng y cedrwydd,
  O fel y llefi pan ddaw arnat wewyr,
  pangfeydd fel gwraig yn esgor!

Barn Duw ar Coneia

²⁴ "Cyn wired â'm bod yn fyw," medd yr ARGLWYDD, "pe byddai Coneia, mab Jehoiacim brenin Jwda, yn fodrwy ar fy llaw dde, fe'th dynnwn di oddi yno, ²⁵ a'th roi yng ngafael y rhai sy'n ceisio dy einioes, ac yng ngafael y rhai yr wyt yn ofni rhagddynt, sef yng ngafael Nebuchadnesar brenin Babilon, ac yn llaw y Caldeaid. ²⁶ Fe'th fwriaf di, a'th fam a'th esgorodd, i wlad ddieithr lle ni'ch ganwyd, ac yno byddwch farw. ²⁷ Ni ddychwelant i'r wlad yr hiraethant am ddychwelyd iddi."

²⁸ Ai llestr dirmygus, drylliedig yw'r
    dyn hwn, Coneia,
  teclyn heb ddim hoffus ynddo?
  Pam y bwriwyd hwy ymaith, ef a'i
    had,
  a'u taflu i wlad nad adwaenant?

²⁹ Wlad! Wlad! Wlad!
  Clyw air yr ARGLWYDD.
³⁰ Fel hyn y dywed yr ARGLWYDD:
"Cofrestrwch y gŵr hwn yn ddi-
    blant,
  gŵr na lwydda ar hyd ei oes;
  canys ni lwydda neb o'i had ef
  i eistedd ar orsedd Dafydd,
  na llywodraethu eto yn Jwda."

Gobaith i'r Dyfodol

23 Gwae chwi fugeiliaid, sydd yn gwasgaru defaid fy mhorfa ac yn eu harwain ar grwydr," medd yr ARGLWYDD. ² Am hynny fel hyn y dywed yr ARGLWYDD, Duw Israel, am y bugeiliaid sy'n bugeilio fy mhobl: "Gwasgarasoch fy mhraidd, a'u hymlid ymaith, heb wylio drostynt; ond yr wyf fi am ymweld â chwi am eich gwaith drygionus," medd yr ARGLWYDD. ³ "Yr wyf fi am gasglu ynghyd weddill fy mhraidd o'r holl wledydd lle y gyrrais hwy, a'u dwyn drachefn i'w corlan; ac fe amlhânt yn ffrwythlon. ⁴ Gosodaf arnynt fugeiliaid a'u bugeilia, ac nid ofnant mwyach, na chael braw; ac ni chosbir hwy," medd yr ARGLWYDD.

⁵ "Wele'r dyddiau yn dod," medd yr
    ARGLWYDD,
"y cyfodaf i Ddafydd Flaguryn
    cyfiawn,
  brenin a fydd yn llywodraethu'n
    ddoeth,
  yn gwneud barn a chyfiawnder yn y
    tir.
⁶ Yn ei ddyddiau ef fe achubir Jwda
  ac fe drig Israel mewn diogelwch;
  dyma'r enw a roddir iddo:
  'Yr ARGLWYDD ein Cyfiawnder.'

⁷ "Am hynny, wele'r dyddiau'n dod," medd yr ARGLWYDD, "pryd na ddywed neb mwyach, 'Byw fyddo'r ARGLWYDD a ddygodd dylwyth Israel i fyny o wlad yr Aifft', ⁸ ond, 'Byw fyddo'r ARGLWYDD a ddygodd dylwyth Israel o dir y gogledd, a'u tywys o'r holl wledydd lle y gyrrais hwy, i drigo eto yn eu gwlad eu hunain.'"

Neges Jeremeia am y Proffwydi

⁹ Am y proffwydi:

Torrodd fy nghalon, y mae fy esgyrn
 i gyd yn crynu;
yr wyf fel dyn mewn diod, gŵr wedi
 ei orchfygu gan win,
oherwydd yr ARGLWYDD ac
 oherwydd ei eiriau sanctaidd.
¹⁰ Y mae'r tir yn llawn o odinebwyr,
ac o'u herwydd hwy* y mae'r wlad
 wedi ei deifio,
y mae porfeydd yr anialwch wedi
 crino;
y mae eu hynt yn ddrwg a'u cadernid
 yn ddim.
¹¹ "Aeth proffwyd ac offeiriad yn
 annuwiol;
o fewn fy nhŷ y cefais eu drygioni,"
 medd yr ARGLWYDD.
¹² "Am hynny bydd eu ffyrdd fel
 mannau llithrig;
gyrrir hwy i'r tywyllwch, a byddant
 yn syrthio yno.
Canys dygaf ddrygioni arnynt ym
 mlwyddyn eu cosbi," medd yr
 ARGLWYDD.

¹³ "Ymhlith proffwydi Samaria
 gwelais beth anweddus:
y maent yn proffwydo yn enw Baal,
ac yn hudo fy mhobl Israel ar
 gyfeiliorn.
¹⁴ Ymhlith proffwydi Jerwsalem
 gwelais beth erchyll:
godinebu a rhodio mewn anwiredd;
y maent yn cynnal breichiau'r rhai
 drygionus,
fel na thry neb oddi wrth ei
 ddrygioni.
I mi aethant oll fel Sodom, a'u
 trigolion fel Gomorra."

¹⁵ Am hynny fel hyn y dywed yr ARGLWYDD, Duw y Lluoedd, am y proffwydi:

"Wele, rhof wermod yn fwyd iddynt,
 a dŵr bustl yn ddiod,
canys o blith proffwydi Jerwsalem
 aeth annuwioldeb allan trwy'r
 holl dir."

¹⁶ Fel hyn y dywed ARGLWYDD y Lluoedd: "Peidiwch â gwrando ar eiriau'r proffwydi sy'n proffwydo i chwi, gan addo i chwi bethau ffals; y maent yn llefaru gweledigaeth o'u dychymyg eu hunain, ac nid o enau yr ARGLWYDD. ¹⁷ Parhânt i ddweud wrth y rhai sy'n dirmygu gair yr ARGLWYDD*, 'Heddwch fo i chwi'; ac wrth bob un sy'n rhodio yn ôl ystyfnigrwydd ei galon dywedant, 'Ni ddaw arnoch niwed.'

¹⁸ "Pwy a safodd yng nghyngor yr
 ARGLWYDD,
a gweld a chlywed ei air?
Pwy a ddaliodd ar ei air, a'i wrando?
¹⁹ Wele gorwynt yr ARGLWYDD yn
 mynd allan yn ffyrnig,
gan chwyrlio fel tymestl,
a throelli uwchben yr annuwiol.
²⁰ Ni phaid digofaint yr ARGLWYDD
nes iddo gwblhau ei fwriadau a'u
 cyflawni.
Yn y dyddiau diwethaf y deallwch
 hyn yn eglur.
²¹ Nid anfonais y proffwydi, ond eto
 fe redant;
ni leferais wrthynt, ond eto fe
 broffwydant.
²² Pe baent wedi sefyll yn fy
 nghyngor, byddent wedi peri i'm
 pobl wrando ar fy ngeiriau,
a'u troi o'u ffyrdd drygionus ac o'u
 gweithredoedd drwg.

²³ "Onid Duw agos wyf fi," medd yr
 ARGLWYDD, "ac nid Duw pell?
²⁴ A all unrhyw un lechu yn y dirgel
 fel na welaf mohono?" medd yr
 ARGLWYDD.
"Onid wyf yn llenwi'r nefoedd a'r
 ddaear?" medd yr ARGLWYDD.

²⁵ "Clywais yr hyn a ddywedodd y proffwydi sy'n proffwydo celwydd yn fy enw gan ddweud, 'Breuddwydiais, breuddwydiais!' ²⁶ Pa hyd yr erys ym mwriad y proffwydi broffwydo celwydd—proffwydi hudoliaeth eu calon eu hunain? ²⁷ Bwriadant beri i'm pobl anghofio fy enw trwy adrodd eu breuddwydion y naill wrth y llall, fel y bu i'w hynafiaid anghofio fy enw o achos

---

23:10 Felly llawysgrifau, Groeg a Syrieg. TM, *llwon*.

23:17 Felly Groeg. Hebraeg, *wrth fy nirmygwyr; dywedodd yr ARGLWYDD*.

Baal. ²⁸ Y proffwyd sydd â breuddwyd ganddo, myneged ei freuddwyd, a'r hwn sydd â'm gair i ganddo, llefared fy ngair yn ffyddlon. Beth sy'n gyffredin rhwng gwellt a gwenith?" medd yr ARGLWYDD.

²⁹ "Onid yw fy ngair fel tân," medd yr ARGLWYDD, "ac fel gordd sy'n dryllio'r graig? ³⁰ Am hynny, wele fi yn erbyn y proffwydi sy'n lladrata fy ngeiriau oddi ar ei gilydd," medd yr ARGLWYDD. ³¹ "Wele fi yn erbyn y proffwydi sy'n llunio geiriau ac yn eu cyhoeddi fel oracl," medd yr ARGLWYDD. ³² "Wele fi yn erbyn y rhai sy'n proffwydo breuddwydion gau, yn eu hadrodd, ac yn hudo fy mhobl â'u hanwiredd a'u gwagedd," medd yr ARGLWYDD. "Nid anfonais i mohonynt, na rhoi gorchymyn iddynt; ni wnânt ddim lles i'r bobl hyn," medd yr ARGLWYDD.

Baich yr ARGLWYDD

³³ "Pan ofynnir iti gan y bobl hyn, neu gan broffwyd neu offeiriad, 'Beth yw baich yr ARGLWYDD?' dywedi wrthynt, 'Chwi yw'r baich*; ac fe'ch bwriaf ymaith, medd yr ARGLWYDD.' ³⁴ Os dywed proffwyd neu offeiriad neu'r bobl, 'Baich yr ARGLWYDD', mi gosbaf hwnnw a'i dŷ. ³⁵ Fel hyn y bydd pob un ohonoch yn dweud wrth siarad ymhlith eich gilydd: 'Beth a etyb yr ARGLWYDD?' neu, 'Beth a lefara'r ARGLWYDD?' ³⁶ Ond ni fyddwch yn sôn eto am 'faich yr ARGLWYDD', oherwydd daeth 'baich' i olygu eich gair chwi eich hunain; yr ydych wedi gwyrdroi geiriau'r Duw byw, ARGLWYDD y Lluoedd, ein Duw ni. ³⁷ Fel hyn y dywedi wrth y proffwyd hwnnw: 'Pa ateb a roes yr ARGLWYDD iti?', neu, 'Beth a lefarodd wrthyt?' ³⁸ Ac os dywedwch, 'Baich yr ARGLWYDD', yna, fel hyn y dywed yr ARGLWYDD: Am i chwi ddefnyddio'r gair hwn, 'Baich yr ARGLWYDD', er i mi anfon atoch a dweud, 'Peidiwch â defnyddio "Baich yr ARGLWYDD",' ³⁹ fe'ch codaf* chwi fel baich a'ch taflu o'm gŵydd, chwi a'r ddinas a roddais i chwi ac i'ch hynafiaid. ⁴⁰ Rhof arnoch warth tragwyddol a gwaradwydd tragwyddol nas anghofir."

23:33 Felly Groeg. Hebraeg, *Beth yw'r baich?*
23:39 Felly rhai llawysgrifau a'r Groeg. TM, *mi a'ch llwyr anghofiaf.*

Dau Gawell o Ffigys

24 Dangosodd yr ARGLWYDD i mi, ac yno yr oedd dau gawell o ffigys wedi eu gosod o flaen teml yr ARGLWYDD. Yr oedd hyn ar ôl i Nebuchadnesar brenin Babilon gaethgludo Jechoneia, mab Jehoiacim brenin Jwda, a thywysogion Jwda, a'r crefftwyr a'r gofaint o Jerwsalem, a'u dwyn i Fabilon. ² Yn un cawell yr oedd ffigys da iawn, fel ffigys blaenffrwyth, ac yn yr ail gawell ffigys drwg iawn, na ellid eu bwyta gan mor ddrwg oeddent. ³ Dywedodd yr ARGLWYDD wrthyf, "Beth a weli di, Jeremeia?" A dywedais, "Ffigys; y ffigys da yn dda iawn, a'r rhai drwg yn ddrwg iawn, na ellid eu bwyta gan mor ddrwg oeddent."

⁴ Daeth gair yr ARGLWYDD ataf: ⁵ "Fel hyn y dywed yr ARGLWYDD, Duw Israel: 'Fel y ffigys da hyn yr ystyriaf y rhai a gaethgludwyd o Jwda, ac a yrrais o'r lle hwn er eu lles i wlad y Caldeaid. ⁶ Cadwaf fy ngolwg arnynt er daioni, a dygaf hwy'n ôl i'r wlad hon, a'u hadeiladu, ac nid eu tynnu i lawr; eu plannu ac nid eu diwreiddio. ⁷ Rhof iddynt galon i'm hadnabod, mai myfi yw'r ARGLWYDD; a byddant yn bobl i mi, a minnau'n Dduw iddynt hwy. Byddant yn troi ataf fi â'u holl galon.'

⁸ "Fel hyn y dywed yr ARGLWYDD: 'Fel y ffigys drwg, na ellid eu bwyta gan mor ddrwg oeddent, yr ystyriaf Sedeceia brenin Jwda, a'i dywysogion, a gweddill Jerwsalem a adewir yn y wlad hon, a'r rhai sy'n trigo yng ngwlad yr Aifft. ⁹ Gwnaf hwy'n arswyd, yn gywilydd i holl deyrnasoedd y ddaear, ac yn ddihareb a gwatwar a melltith, ym mhob man lle'r alltudiaf hwy. ¹⁰ Gyrraf arnynt gleddyf a newyn a haint, nes eu difodi o'r tir a rois iddynt ac i'w hynafiaid.'"

Y Gelyn o'r Gogledd

25 Dyma'r gair a ddaeth at Jeremeia am holl bobl Jwda ym mhedwaredd flwyddyn Jehoiacim fab Joseia, brenin Jwda, a blwyddyn gyntaf Nebuchadnesar brenin Babilon. ² Llefarodd Jeremeia y proffwyd wrth holl bobl

Jwda a holl breswylwyr Jerwsalem, gan ddweud, ³ "O'r drydedd flwyddyn ar ddeg o deyrnasiad Joseia fab Amon, brenin Jwda, hyd heddiw, hynny yw, tair blynedd ar hugain, daeth gair yr ARGLWYDD ataf a lleferais wrthych yn gyson, ond ni wrandawsoch. ⁴ Anfonodd yr ARGLWYDD ei holl weision y proffwydi atoch yn gyson; ond ni wrandawsoch, na gogwyddo clust i wrando, ⁵ pan ddywedwyd, 'Dychwelwch, yn awr, bob un o'i ffordd annuwiol, ac o'ch gweithredoedd drwg, a thrigwch yn y tir a roes yr ARGLWYDD i chwi ac i'ch hynafiaid byth ac yn dragywydd. ⁶ Peidiwch â mynd ar ôl duwiau eraill, i'w gwasanaethu a'u haddoli, a pheidiwch â'm digio â gwaith eich dwylo; yna ni wnaf niwed i chwi.' ⁷ Ond ni wrandawsoch arnaf," medd yr ARGLWYDD, "ond fy nigio â gwaith eich dwylo, er niwed i chwi.

⁸ "Am hynny, fel hyn y dywed ARGLWYDD y Lluoedd: 'Oherwydd na wrandawsoch ar fy ngeiriau, ⁹ yr wyf yn anfon am holl lwythau'r gogledd,' medd yr ARGLWYDD, 'ac am Nebuchadnesar brenin Babilon, fy ngwas, a'u dwyn yn erbyn y wlad hon a'i phreswylwyr, ac yn erbyn yr holl genhedloedd hyn oddi amgylch; a difrodaf hwy a'u gosod yn ddychryn ac yn syndod ac yn anghyfanedd-dra hyd byth. ¹⁰ Ataliaf o'u plith bob sain hyfryd a llawen, sain priodfab a phriodferch, sain meini melin yn malu, a golau llusern. ¹¹ Bydd yr holl wlad hon yn ddiffaith ac yn ddychryn, a bydd y cenhedloedd hyn yn gwasanaethu brenin Babilon am ddeng mlynedd a thrigain. ¹² Ar ddiwedd y deng mlynedd a thrigain hyn cosbaf frenin Babilon a'r genedl honno am eu camwedd,' medd yr ARGLWYDD, 'a chosbaf wlad y Caldeaid, a gwnaf hi yn anghyfannedd hyd byth. ¹³ Dygaf ar y wlad honno yr holl eiriau a leferais yn ei herbyn, a phob peth sydd wedi ei ysgrifennu yn y llyfr hwn, pob peth a broffwydodd Jeremeia yn erbyn yr holl genhedloedd. ¹⁴ Canys fe'u caethiwir hwythau gan genhedloedd cryfion a brenhinoedd mawrion, ac felly y talaf iddynt yn ôl eu gweithredoedd a gwaith eu dwylo.' "

Barn Duw ar y Cenhedloedd

¹⁵ Fel hyn y dywed yr ARGLWYDD, Duw Israel, wrthyf: "Cymer y cwpan hwn o win llidiog o'm llaw, a rho ef i'w yfed i'r holl genhedloedd yr anfonaf di atynt. ¹⁶ Byddant yn ei yfed, ac yn gwegian, ac yn gwallgofi oherwydd y cleddyf a anfonaf i'w plith." ¹⁷ Cymerais y cwpan o law yr ARGLWYDD, a diodais yr holl genhedloedd yr anfonodd yr ARGLWYDD fi atynt: ¹⁸ Jerwsalem a dinasoedd Jwda, ei brenhinoedd a'i thywysogion, i'w gwneud yn ddiffeithwch, yn ddychryn, yn syndod, ac yn felltith, fel y maent heddiw; ¹⁹ hefyd Pharo brenin yr Aifft, a'i weision a'i dywysogion a'i holl bobl, ²⁰ a'u holl estroniaid; holl frenhinoedd gwlad Us, a holl frenhinoedd gwlad y Philistiaid, ac Ascalon a Gasa ac Ecron a gweddill Asdod; ²¹ Edom a Moab a phobl Ammon; ²² holl frenhinoedd Tyrus a holl frenhinoedd Sidon, a brenhinoedd yr ynysoedd dros y môr; ²³ Dedan a Tema a Bus; pawb sydd â'u talcennau'n foel; ²⁴ holl frenhinoedd Arabia, a holl frenhinoedd y llwythau cymysg sy'n trigo yn yr anialwch; ²⁵ holl frenhinoedd Simri, a holl frenhinoedd Elam, a holl frenhinoedd Media; ²⁶ holl frenhinoedd y gogledd, yn agos ac ymhell, y naill ar ôl y llall, a holl deyrnasoedd byd ar wyneb y ddaear; brenin Sesach* a gaiff yfed ar eu hôl hwy.

²⁷ "Dywedi wrthynt, 'Fel hyn y dywed ARGLWYDD y Lluoedd, Duw Israel: Yfwch, a meddwi a chyfogi, a syrthio heb godi, oherwydd y cleddyf a anfonaf i'ch plith.' ²⁸ Os gwrthodant gymryd y cwpan o'th law i'w yfed, yna dywedi wrthynt, 'Fel hyn y dywed ARGLWYDD y Lluoedd: Y mae'n rhaid ei yfed. ²⁹ Canys wele, yr wyf yn dechrau niweidio'r ddinas y galwyd fy enw arni; a ddihangwch chwi? Ni ddihangwch; canys yr wyf yn galw am gleddyf yn erbyn holl breswylwyr y wlad, medd ARGLWYDD y Lluoedd.' ³⁰ Proffwydi dithau yn eu herbyn yr holl eiriau hyn a dweud,

---

25:26 H.y., *Babilon*.

'Y mae'r ARGLWYDD yn rhuo o'r
  uchelder;
o'i drigfan sanctaidd fe gyfyd ei lef;
rhua'n chwyrn yn erbyn ei drigle;
gwaedda, fel gwaedd rhai yn sathru
  grawnwin,
yn erbyn holl breswylwyr y tir.
³¹ Atseinia'r twrf hyd eithafoedd byd,
canys bydd Duw'n dwyn achos yn
  erbyn y cenhedloedd,
ac yn mynd i farn yn erbyn pob
  cnawd,
ac yn rhoi'r drygionus i'r cleddyf,
  medd yr ARGLWYDD.' "

³² Fel hyn y dywed ARGLWYDD y Lluoedd:

"Y mae dinistr ar gerdded allan o'r
  naill genedl i'r llall;
cyfyd tymestl fawr o eithafoedd byd.

³³ Y dydd hwnnw, bydd lladdedigion yr ARGLWYDD yn ymestyn o'r naill gwr i'r ddaear hyd y llall; ni fydd galaru amdanynt, ac nis cesglir na'u claddu; byddant yn dom ar wyneb y ddaear."

³⁴ Udwch, fugeiliaid, gwaeddwch;
ymdreiglwch yn y lludw, chwi
  bendefigion y praidd;
canys cyflawnwyd y dyddiau i'ch
  lladd a'ch gwasgaru,
ac fe gwympwch fel llydnod* dethol.
³⁵ Collir lloches gan y bugeiliaid,
a dihangfa gan bendefigion y praidd.
³⁶ Clyw gri'r bugeiliaid,
a nâd pendefigion y praidd!
Oherwydd y mae'r ARGLWYDD yn
  difa'u porfa;
³⁷ dryllir corlannau heddychlon gan
  lid digofaint yr ARGLWYDD.
³⁸ Fel llew, gadawodd ei loches;
aeth eu tir yn anghyfannedd gan lid
  gorthrymwr,
a llid digofaint yr ARGLWYDD.

Gosod Jeremeia ar Brawf

26 Yn nechrau teyrnasiad Jehoiacim fab Joseia, brenin Jwda, daeth y gair hwn oddi wrth yr ARGLWYDD: ² "Fel hyn y dywed yr ARGLWYDD: Saf yng nghyntedd tŷ'r ARGLWYDD a phan ddaw holl ddinasoedd Jwda i addoli yn nhŷ'r ARGLWYDD, llefara wrthynt yr holl eiriau a orchmynnaf, heb atal gair. ³ Efallai y gwrandawant, a dychwelyd, pob un o'i ffordd ddrwg, a minnau'n newid fy meddwl am y drwg a fwriedais iddynt oherwydd eu gweithredoedd drygionus. ⁴ Dywed wrthynt, 'Fel hyn y dywed yr ARGLWYDD: Os na wrandewch arnaf, a rhodio yn ôl fy nghyfraith a rois o'ch blaen, ⁵ a gwrando ar eiriau fy ngweision y proffwydi a anfonaf atoch—fel y gwnaed yn gyson, a chwithau heb wrando— ⁶ yna gwnaf y tŷ hwn fel Seilo, a'r ddinas hon yn felltith i holl genhedloedd y ddaear.'"

⁷ Clywodd yr offeiriaid a'r proffwydi a'r holl bobl Jeremeia yn llefaru'r geiriau hyn yn nhŷ'r ARGLWYDD. ⁸ Pan orffennodd fynegi'r cyfan a orchmynnodd yr ARGLWYDD wrth yr holl bobl, daliodd yr offeiriaid a'r proffwydi a'r holl bobl ef, a dweud, "Rhaid iti farw; ⁹ pam y proffwydaist yn enw'r ARGLWYDD a dweud, 'Bydd y tŷ hwn fel Seilo, a gwneir y ddinas hon yn anghyfannedd, heb breswylydd'?" Yna ymgasglodd yr holl bobl o gwmpas Jeremeia yn nhŷ'r ARGLWYDD.

¹⁰ Pan glywodd tywysogion Jwda am hyn, daethant i fyny o dŷ'r brenin i dŷ'r ARGLWYDD, ac eistedd yn nrws porth newydd tŷ'r ARGLWYDD*. ¹¹ Dywedodd yr offeiriaid a'r proffwydi wrth y tywysogion ac wrth yr holl bobl, "Y mae'r gŵr hwn yn haeddu cosb marwolaeth, oherwydd proffwydodd yn erbyn y ddinas hon, fel y clywsoch chwi eich hunain."

¹² Yna llefarodd Jeremeia wrth yr holl dywysogion a'r holl bobl, gan ddweud, "Yr ARGLWYDD a'm hanfonodd i broffwydo yn erbyn y tŷ hwn a'r ddinas hon yr holl eiriau a glywsoch. ¹³ Yn awr, gwellhewch eich ffyrdd a'ch gweithredoedd, a gwrandewch ar lais yr ARGLWYDD eich Duw, ac fe newidia'r ARGLWYDD ei feddwl am y drwg a lefarodd yn eich erbyn. ¹⁴ Amdanaf fi, dyma fi yn eich dwylo; gwnewch i mi fel y gwelwch yn dda ac uniawn. ¹⁵ Ond gwybyddwch yn sicr, os lladdwch fi, y byddwch yn dwyn arnoch eich hunain,

---

25:34 Felly Groeg. Hebraeg, *fel llestri*.

26:10 Felly'r Fersiynau. Hebraeg, *porth newydd yr ARGLWYDD*.

ac ar y ddinas hon a'i thrigolion, waed dyn dieuog. Yn wir, yr ARGLWYDD sydd wedi fy anfon atoch i lefaru'r holl eiriau hyn yn eich clyw."

¹⁶ Dywedodd y tywysogion a'r holl bobl wrth yr offeiriaid a'r proffwydi, "Nid yw'r gŵr hwn yn haeddu cosb marwolaeth, oherwydd yn enw'r ARGLWYDD ein Duw y llefarodd wrthym." ¹⁷ Yna cododd rhai o blith henuriaid y wlad a dweud wrth holl gynulleidfa'r bobl, ¹⁸ "Bu Micha o Moreseth yn proffwydo yn nyddiau Heseceia brenin Jwda, a dywedodd wrth holl bobl Jwda, 'Fel hyn y dywed ARGLWYDD y Lluoedd:

Bydd Seion yn faes wedi ei aredig,
a Jerwsalem yn garneddau,
a mynydd y deml yn fynydd-dir coediog.'

¹⁹ A laddwyd ef gan Heseceia brenin Jwda a holl Jwda? Onid ofnodd ef yr ARGLWYDD a cheisio ffafr yr ARGLWYDD, ac oni newidiodd yr ARGLWYDD ei feddwl am y drwg a lefarodd yn eu herbyn? Ond dyma ni am wneud drwg mawr i ni ein hunain." ²⁰ A bu gŵr arall hefyd yn proffwydo yn enw'r ARGLWYDD, Ureia fab Semaia o Ciriath-jearim. Proffwydodd yn union yr un peth â Jeremeia yn erbyn y ddinas hon a'r wlad hon. ²¹ Clywodd y Brenin Jehoiacim a'i holl osgordd a'i dywysogion ei eiriau, a cheisiodd y brenin ei ladd. Pan glywodd Ureia, fe ofnodd a ffoi i'r Aifft. ²² Yna anfonodd Jehoiacim wŷr i'r Aifft, sef Elnathan fab Achbor a gwŷr eraill; ²³ a daethant i'r Aifft, a chyrchu Ureia oddi yno a'i ddwyn at y Brenin Jehoiacim; lladdodd yntau ef â'r cleddyf, a thaflu ei gorff i fynwent y bobl gyffredin.

²⁴ Yr oedd Ahicam fab Saffan o blaid Jeremeia, fel na roddwyd ef yng ngafael y bobl i'w ladd.

Jeremeia'n Gwisgo Iau

27 Yn nechrau teyrnasiad Sedeceia* fab Joseia, brenin Jwda, daeth y gair hwn at Jeremeia oddi wrth yr ARGLWYDD. ² Fel hyn y dywedodd yr ARGLWYDD: "Gwna i ti rwymau a barrau iau, a'u gosod ar dy war; ³ ac anfon* at frenhinoedd Edom, Moab, Ammon, Tyrus a Sidon, trwy law'r cenhadau a ddaw i Jerwsalem at Sedeceia brenin Jwda. ⁴ Gorchmynna iddynt ddweud hyn wrth eu meistriaid, 'Fel hyn y dywed ARGLWYDD y Lluoedd, Duw Israel: Fel hyn y dywedwch wrth eich meistriaid: ⁵ "Â'm gallu mawr ac â'm braich estynedig gwneuthum y ddaear, a phobl, a'r anifeiliaid sydd ar wyneb y ddaear, a'u rhoi i'r sawl y gwelaf yn dda. ⁶ Yn awr, rhof y gwledydd hyn oll yn llaw fy ngwas Nebuchadnesar brenin Babilon, a rhof hyd yn oed yr holl anifeiliaid gwyllt iddo ef i'w wasanaethu. ⁷ Bydd yr holl genhedloedd yn ei wasanaethu ef a'i fab a mab ei fab, nes dod awr ei wlad yntau, a'i feistroli gan genhedloedd niferus a brenhinoedd mawrion. ⁸ Os bydd cenedl neu deyrnas heb wasanaethu Nebuchadnesar brenin Babilon, a heb roi ei gwar dan iau brenin Babilon, mi gosbaf y genedl honno â'r cleddyf a newyn a haint," medd yr ARGLWYDD, "nes imi ei dinistrio'n llwyr trwy ei law ef. ⁹ Peidiwch â gwrando ar eich proffwydi na'ch dewiniaid na'ch breuddwydwyr na'ch hudolion na'ch swynwyr, sy'n llefaru wrthych gan ddweud, 'Ni fyddwch yn gwasanaethu brenin Babilon.' ¹⁰ Oherwydd proffwydant gelwydd i chwi, er mwyn eich gyrru ymhell o'ch tir, ac i mi eich alltudio ac i chwi drengi. ¹¹ Ond y genedl a rydd ei gwar dan iau brenin Babilon, a'i wasanaethu, gadawaf honno yn ei thir," medd yr ARGLWYDD; "caiff ei drin a thrigo ynddo." '

¹² Lleferais wrth Sedeceia brenin Jwda hefyd yn unol â'r holl eiriau hyn, gan ddweud, "Rhowch eich gwar dan iau brenin Babilon, a'i wasanaethu ef a'i bobl, er mwyn ichwi gael byw. ¹³ Pam y byddwch farw, ti a'th bobl, trwy'r cleddyf a newyn a haint, yn ôl yr hyn a ddywedodd yr ARGLWYDD am y genedl na fydd yn gwasanaethu brenin Babilon? ¹⁴ Peidiwch â gwrando ar eiriau'r proffwydi sy'n dweud wrthych, 'Ni fyddwch yn gwasanaethu brenin Babilon.' Oherwydd y maent yn

---

27:1 Felly rhai llawysgrifau. Cymh. adn. 3, etc. TM, *Jehoiacim*.

27:3 Felly Groeg. Hebraeg, *a'u hanfon*.

proffwydo celwydd i chwi. ¹⁵ Yn wir, nid myfi a'u hanfonodd," medd yr ARGLWYDD, "ond proffwydo'n gelwyddog y maent yn fy enw i, er mwyn i mi eich alltudio chwi ac i chwi drengi, chwi a'r proffwydi sy'n proffwydo i chwi."

¹⁶ Yna lleferais wrth yr offeiriaid a'r holl bobl hyn, gan ddweud, "Fel hyn y dywed yr ARGLWYDD: 'Peidiwch â gwrando ar eiriau eich proffwydi sy'n proffwydo i chwi fod llestri tŷ'r ARGLWYDD i'w dwyn yn ôl o Fabilon yn awr ar fyrder. Y maent yn proffwydo celwydd i chwi; ¹⁷ peidiwch â gwrando arnynt, ond gwasanaethwch frenin Babilon, er mwyn ichwi gael byw. Pam y bydd y ddinas hon yn anghyfannedd? ¹⁸ Os proffwydi ydynt, ac os yw gair yr ARGLWYDD ganddynt, boed iddynt ymbil yn awr ar ARGLWYDD y Lluoedd rhag i'r llestri a adawyd yn nhŷ'r ARGLWYDD, ac yn nhŷ brenin Jwda ac yn Jerwsalem, fynd i Fabilon.'

¹⁹ "Fel hyn y dywed ARGLWYDD y Lluoedd ynghylch y colofnau, y môr a'r troliau, ac ynghylch gweddill y llestri a adawyd yn y ddinas hon, ²⁰ heb eu cymryd ymaith gan Nebuchadnesar brenin Babilon pan gaethgludodd Jechoneia fab Jehoiacim, brenin Jwda, o Jerwsalem i Fabilon, ynghyd â holl uchelwyr Jwda a Jerwsalem. ²¹ Fel hyn y dywed ARGLWYDD y Lluoedd, Duw Israel, ynghylch y llestri a adawyd yn nhŷ'r ARGLWYDD a thŷ brenin Jwda a Jerwsalem: ²² 'I Fabilon y dygir hwy, ac yno y byddant hyd y dydd y ceisiaf fi hwy,' medd yr ARGLWYDD; 'yna fe'u cyrchaf a'u hadfer i'r lle hwn.'"

Jeremeia a'r Proffwyd Hananeia

28 Yn yr un flwyddyn, yn nechrau teyrnasiad Sedeceia brenin Jwda, sef y bedwaredd flwyddyn a'r pumed mis, llefarodd Hananeia fab Assur, y proffwyd o Gibeon, wrthyf yn nhŷ'r ARGLWYDD, yng ngŵydd yr offeiriaid a'r holl bobl, gan ddweud, ² "Fel hyn y dywed ARGLWYDD y Lluoedd, Duw Israel: 'Torraf iau brenin Babilon. ³ O fewn dwy flynedd adferaf i'r lle hwn holl lestri tŷ'r ARGLWYDD, a gymerodd Nebuchadnesar brenin Babilon o'r lle hwn a'u dwyn i Fabilon. ⁴ Adferaf hefyd i'r lle hwn Jechoneia fab Jehoiacim, brenin Jwda, a holl gaethglud Jwda a aeth i Fabilon,' medd yr ARGLWYDD, 'canys torraf iau brenin Babilon.'" ⁵ Yna llefarodd y proffwyd Jeremeia wrth Hananeia y proffwyd, yng ngŵydd yr offeiriaid a'r holl bobl a safai yn nhŷ'r ARGLWYDD, ⁶ gan ddweud, "Amen, gwnaed yr ARGLWYDD felly; cadarnhaed yr ARGLWYDD y geiriau a broffwydaist, ac adfer o Fabilon i'r lle hwn lestri tŷ'r ARGLWYDD, a'r holl gaethglud. ⁷ Ond gwrando yn awr ar y gair hwn a lefaraf yn dy glyw, ac yng nghlyw'r holl bobl: ⁸ bu'r proffwydi a fu o'm blaen i ac o'th flaen di, o'r amser gynt, yn proffwydo rhyfeloedd a newyn a haint yn erbyn gwledydd lawer a theyrnasoedd mawrion. ⁹ Am y sawl sy'n proffwydo heddwch, gwyddys am y proffwyd hwnnw, mai'r ARGLWYDD yn wir a'i hanfonodd, os daw ei air i ben." ¹⁰ Yna cymerodd Hananeia y barrau oddi ar war y proffwyd Jeremeia, a'u torri. ¹¹ Dywedodd Hananeia yng ngŵydd yr holl bobl, "Fel hyn y dywed yr ARGLWYDD: 'Felly, o fewn dwy flynedd, torraf iau Nebuchadnesar brenin Babilon oddi ar war yr holl genhedloedd.'" Yna aeth y proffwyd Jeremeia ymaith.

¹² Wedi i Hananeia y proffwyd dorri'r iau oddi ar war y proffwyd Jeremeia, daeth gair yr ARGLWYDD at Jeremeia, ¹³ "Dos, a dywed wrth Hananeia, 'Fel hyn y dywed yr ARGLWYDD: Fe dorraist farrau pren; mi wnaf* yn eu lle farrau haearn. ¹⁴ Oherwydd fel hyn y dywed ARGLWYDD y Lluoedd, Duw Israel: Rhof iau haearn ar war yr holl genhedloedd hyn, i wasanaethu Nebuchadnesar brenin Babilon, ac fe'i gwasanaethant; a rhof iddo hyd yn oed yr anifeiliaid gwyllt.'" ¹⁵ Dywedodd y proffwyd Jeremeia wrth Hananeia y proffwyd, "Clyw yn awr, Hananeia! Nid anfonodd yr ARGLWYDD di; ond peraist i'r bobl hyn ymddiried mewn celwydd. ¹⁶ Am hynny, fel hyn y dywed yr ARGLWYDD: 'Yr wyf yn dy yrru di oddi ar wyneb y ddaear; o

---

28:13 Felly Groeg. Hebraeg, *fe wnei.*

fewn blwyddyn byddi farw, oherwydd dysgaist wrthryfel yn erbyn yr ARGLWYDD.' " ¹⁷ Bu farw Hananeia y proffwyd y flwyddyn honno, yn y seithfed mis.

Llythyr Jeremeia at yr Iddewon ym Mabilon

29 Dyma eiriau'r llythyr a anfonodd y proffwyd Jeremeia o Jerwsalem at weddill yr henuriaid yn y gaethglud, a'r offeiriaid a'r proffwydi, ac at yr holl bobl a gaethgludodd Nebuchadnesar o Jerwsalem i Fabilon. ² Bu hyn wedi i'r Brenin Jechoneia, a'r fam frenhines a'r eunuchiaid, swyddogion Jwda a Jerwsalem, a'r seiri a'r gofaint, adael Jerwsalem. ³ Anfonodd y llythyr trwy law Elasa fab Saffan a Gemareia fab Hilceia, a anfonwyd gan Sedeceia brenin Jwda i Fabilon at Nebuchadnesar brenin Babilon. ⁴ Dyma ei eiriau: "Fel hyn y dywed ARGLWYDD y Lluoedd, Duw Israel: 'At yr holl gaethglud a gaethgludais o Jerwsalem i Fabilon. ⁵ Codwch dai a thrigwch ynddynt; plannwch erddi a bwyta o'u ffrwyth; ⁶ priodwch wragedd, a magu meibion a merched; cymerwch wragedd i'ch meibion a rhoi gwŷr i'ch merched, i fagu meibion a merched; amlhewch yno, ac nid lleihau. ⁷ Ceisiwch heddwch y ddinas y caethgludais chwi iddi, a gweddïwch drosti ar yr ARGLWYDD, oherwydd yn ei heddwch hi y bydd heddwch i chwi.'

⁸ "Fel hyn y dywed ARGLWYDD y Lluoedd, Duw Israel: 'Peidiwch â chymryd eich twyllo gan eich proffwydi sydd yn eich mysg, na'ch dewiniaid, a pheidiwch â gwrando ar y* breuddwydion a freuddwydiant*. ⁹ Proffwydant i chwi gelwydd yn f'enw i; nid anfonais hwy,' medd yr ARGLWYDD.

¹⁰ "Fel hyn y dywed yr ARGLWYDD: 'Pan gyflawnir deng mlynedd a thrigain i Fabilon, ymwelaf â chwi a chyflawni fy mwriad daionus tuag atoch, i'ch adfer i'r lle hwn. ¹¹ Oherwydd myfi sy'n gwybod fy mwriadau a drefnaf ar eich cyfer,' medd yr ARGLWYDD, 'bwriadau o heddwch, nid niwed, i roi ichwi ddyfodol gobeithiol. ¹² Yna galwch arnaf, a dewch i weddïo arnaf, a gwrandawaf arnoch. ¹³ Fe'm ceisiwch a'm cael; pan chwiliwch â'ch holl galon ¹⁴ fe'm cewch,' medd yr ARGLWYDD, 'ac adferaf ichwi lwyddiant, a'ch casglu o blith yr holl genhedloedd, ac o'r holl leoedd y gyrrais chwi iddynt,' medd yr ARGLWYDD; 'ac fe'ch dychwelaf i'r lle y caethgludwyd chwi ohono.'

¹⁵ "Yr ydych yn dweud, 'Cododd yr ARGLWYDD broffwydi i ni draw ym Mabilon.' ¹⁶ Ond dywed yr ARGLWYDD fel hyn am y brenin sy'n eistedd ar orsedd Dafydd, ac am yr holl bobl sy'n trigo yn y ddinas hon, a'r rhai nad aethant gyda chwi i'r gaethglud; ¹⁷ ie, fel hyn y dywed ARGLWYDD y Lluoedd: 'Dyma fi'n anfon arnynt y cleddyf a newyn a haint; a gwnaf hwy fel ffigys drwg, na ellir eu bwyta gan mor ddrwg ydynt. ¹⁸ Ymlidiaf hwy â'r cleddyf a newyn a haint, a gwnaf hwy'n arswyd i holl deyrnasoedd y ddaear, yn felltith ac arswyd a syndod a chywilydd ymhlith yr holl genhedloedd y gyrraf hwy atynt. ¹⁹ Megis na wrandawsant ar fy ngeiriau, a anfonais atynt yn gyson trwy fy ngweision y proffwydi,' medd yr ARGLWYDD, 'felly ni wrandawsoch chwithau,' medd yr ARGLWYDD. ²⁰ 'Ond yn awr gwrandewch air yr ARGLWYDD, chwi yr holl gaethglud a yrrais o Jerwsalem i Fabilon.'

²¹ "Fel hyn y dywed ARGLWYDD y Lluoedd, Duw Israel, am Ahab fab Colaia, ac am Sedeceia fab Maaseia, sy'n proffwydo i chwi gelwydd yn fy enw i: 'Dyma fi'n eu rhoi yn llaw Nebuchadnesar brenin Babilon, a bydd ef yn eu lladd yn eich gŵydd chwi. ²² Ac o'u hachos hwy fe gyfyd ymhlith holl gaethglud Jwda ym Mabilon y ffurf hon o felltith: "Boed i'r ARGLWYDD dy drin di fel Sedeceia ac fel Ahab, y rhai a rostiodd brenin Babilon yn y tân." ²³ Oherwydd gwnaethant yn ysgeler yn Israel, gan odinebu â gwragedd eu cymdogion, a dweud yn f'enw i gelwydd nas gorchmynnais iddynt. Myfi sy'n gwybod, ac yn tystio,' medd yr ARGLWYDD."

29:8 Felly Groeg. Hebraeg, *eich*.
29:8 Felly Groeg. Hebraeg, *a freuddwydiwch*.

Llythyr Semaia

²⁴ "Wrth Semaia y Nehelamiad fe ddywedi, ²⁵ 'Fel hyn y dywed ARGLWYDD y Lluoedd, Duw Israel: Anfonaist lythyrau yn d'enw dy hun at holl bobl Jerwsalem, ac at yr offeiriad Seffaneia fab Maaseia ac at yr holl offeiriaid, gan ddweud: ²⁶ Gosododd yr ARGLWYDD di yn offeiriad yn lle Jehoiada'r offeiriad, i arolygu yn nhŷ'r ARGLWYDD ar bob gŵr gorffwyll sy'n proffwydo, a'i osod mewn cyffion a rhigod. ²⁷ Yn awr pam na cheryddaist Jeremeia o Anathoth, sy'n proffwydo i chwi? ²⁸ Oherwydd anfonodd ef atom i Fabilon a dweud: Bydd y gaethglud hon yn hir; codwch dai a thrigwch ynddynt, a phlannwch erddi a bwyta'u ffrwyth.' " ²⁹ Ac yr oedd yr offeiriad Seffaneia wedi darllen y llythyr hwn yng nghlyw y proffwyd Jeremeia. ³⁰ A daeth gair yr ARGLWYDD at Jeremeia a dweud, ³¹ "Anfon at yr holl gaethglud a dweud, 'Fel hyn y dywed yr ARGLWYDD wrth Semaia y Nehelamiad: Oherwydd i Semaia broffwydo i chwi, a minnau heb ei anfon, a pheri ichwi ymddiried mewn celwydd— ³² am hynny, fel hyn y dywed yr ARGLWYDD: Dyma fi'n ymweld â Semaia y Nehelamiad, ac â'i hil. Ni adewir yr un o'i eiddo ymhlith y bobl hyn, ac ni wêl y daioni yr wyf fi am ei roi i'm pobl, medd yr ARGLWYDD, oherwydd dysgodd wrthryfel yn erbyn yr ARGLWYDD.' "

Addewidion yr ARGLWYDD i'w Bobl

30 Dyma'r gair a ddaeth at Jeremeia oddi wrth yr ARGLWYDD: ² "Fel hyn y dywed yr ARGLWYDD, Duw Israel: 'Ysgrifenna'r holl eiriau a leferais wrthyt mewn llyfr, ³ oherwydd y mae'r dyddiau yn dod,' medd yr ARGLWYDD, 'yr adferaf lwyddiant i'm pobl Israel a Jwda,' medd yr ARGLWYDD, 'a'u dychwelyd i'r wlad a roddais i'w hynafiaid; ac etifeddant hi.' "

⁴ Dyma'r geiriau a lefarodd yr ARGLWYDD am Israel ac am Jwda: ⁵ "Fel hyn y dywed yr ARGLWYDD:

'Sŵn dychryn a glywsom; braw, ac nid heddwch.
⁶ Gofynnwch yn awr, ac ystyriwch. A all gwryw esgor?
Pam, ynteu, y gwelaf bob gŵr â'i ddwylo am ei lwynau fel gwraig wrth esgor,
a phob un yn newid gwedd ac yn gwelwi?
⁷ Canys dydd mawr yw hwnnw, heb ei debyg;
dydd blin yw hwn i Jacob, ond gwaredir ef ohono.

⁸ Yn y dydd hwnnw,' medd ARGLWYDD y Lluoedd, 'torraf ei iau ef oddi ar eu gwar, a drylliaf eu rhwymau*; ac ni chaiff dieithriaid wneud gwas ohonynt mwy. ⁹ Ond gwasanaethant yr ARGLWYDD eu Duw, a Dafydd eu brenin, y byddaf yn ei sefydlu iddynt.

¹⁰ " 'A thithau, fy ngwas Jacob, paid ag ofni,' medd yr ARGLWYDD,
'paid ag arswydo, Israel,
canys achubaf di o bell, a'th epil o wlad eu caethiwed.
Bydd Jacob yn dychwelyd ac yn cael llonydd;
bydd yn esmwyth arno, ac ni fydd neb i'w ddychryn.
¹¹ Oherwydd yr wyf gyda thi i'th achub,' medd yr ARGLWYDD;
'gwnaf ddiwedd ar yr holl genhedloedd y gwasgerais di yn eu plith,
ond ni wnaf ddiwedd arnat ti.
Ond ceryddaf di yn ôl dy haeddiant;
ni'th adawaf yn gwbl ddi-gosb.' "

¹² Fel hyn y dywed yr ARGLWYDD:
"Y mae dy glwy'n anwelladwy a'th archoll yn ddwfn;
¹³ nid oes neb i ddadlau dy achos;
nid oes na moddion nac iachâd i'th ddolur.
¹⁴ Y mae dy holl gariadon wedi dy anghofio; nid ydynt yn dy geisio;
trewais di â dyrnod gelyn, â chosb greulon,
oherwydd maint dy ddrygioni ac amlder dy bechodau.
¹⁵ Pam yr wyt yn llefain am dy glwy?
Y mae dy ddolur yn anwelladwy.

30:8 Felly Groeg. Hebraeg, *oddi ar dy war, a drylliaf dy rwymau.*

Oherwydd maint dy ddrygioni ac
    amlder dy bechodau
yr wyf wedi gwneud hyn i ti.
¹⁶ "Am hynny ysir pawb sy'n dy ysu
    di; ac fe â pawb sy'n dy ormesu i
    gyd i gaethiwed.
Bydd dy anrheithwyr yn anrhaith, a
    gwnaf dy holl ysbeilwyr yn ysbail.
¹⁷ Oherwydd adferaf iechyd i ti, ac
    iachâf di o'th friwiau," medd yr
    ARGLWYDD,
"am iddynt dy alw yn ysgymun,
Seion, yr un nad yw neb yn ymofyn
    amdani."

¹⁸ Fel hyn y dywed yr ARGLWYDD:
"Dyma fi'n adfer llwyddiant i bebyll
    Jacob,
yn tosturio wrth ei anheddau.
Cyfodir y ddinas ar ei charnedd,
a saif y llys yn ei le.
¹⁹ Daw allan ohonynt foliant a sain
    pobl yn gorfoleddu,
amlhaf hwy, ac ni leihânt;
    anrhydeddaf hwy, ac nis
    bychenir.
²⁰ Bydd eu plant fel y buont gynt, a
    sefydlir eu cynulliad yn fy
    ngŵydd;
cosbaf bob un a'u gorthryma.
²¹ Bydd eu pendefig yn un o'u plith,
    a daw eu llywodraethwr allan o'u
    mysg;
paraf iddo nesáu, ac fe ddaw ataf;
canys pwy, o'i ewyllys ei hun, a faidd
    ddod ataf?" medd yr ARGLWYDD.
²² "A byddwch chwi'n bobl i mi, a
    minnau'n Dduw i chwi."

²³ Wele gorwynt yr ARGLWYDD yn
    mynd allan yn ffyrnig,
corwynt yn chwyrlïo, yn troi
    uwchben y drygionus.
²⁴ Ni phaid digofaint llidiog yr
    ARGLWYDD, nes cwblhau ei
    gynlluniau a'u cyflawni;
yn y dyddiau diwethaf y deallwch hyn.

Israel yn Dychwelyd Adref

31 "Yr adeg honno," medd yr
ARGLWYDD, "byddaf fi'n Dduw i holl
deuluoedd Israel, a byddant hwy'n bobl
i mi."

² Fel hyn y dywed yr ARGLWYDD:
"Cafodd y bobl a osgôdd y cleddyf
    ffafr yn yr anialwch;
tramwyodd Israel i gael llonydd
    iddo'i hun.
³ Erstalwm ymddangosodd yr
    ARGLWYDD iddo*.
Cerais di â chariad diderfyn;
am hynny parheais yn ffyddlon iti.
⁴ Adeiladaf di drachefn, y wyryf
    Israel, a chei dy adeiladu;
cei ymdrwsio eto â'th dympanau, a
    mynd allan yn llawen i'r ddawns.
⁵ Cei blannu eto winllannoedd ar
    fryniau Samaria,
a'r rhai sy'n plannu fydd yn cymryd
    y ffrwyth.
⁶ Oherwydd daw dydd pan fydd
    gwylwyr ym Mynydd Effraim yn
    galw,
'Codwch, dringwn i Seion at yr
    ARGLWYDD ein Duw.' "

⁷ Fel hyn y dywed yr ARGLWYDD:
"Canwch orfoledd i Jacob, a
    chodwch gân i'r bennaf o'r
    cenhedloedd;
cyhoeddwch, molwch a dywedwch,
'Gwaredodd yr ARGLWYDD dy bobl,
    sef gweddill Israel.'

⁸ "Ie, dygaf hwy o dir y gogledd,
    casglaf hwy o bellafoedd byd;
gyda hwy daw'r dall a'r cloff, y
    feichiog ynghyd â'r hon sy'n
    esgor;
yn gynulliad mawr fe ddychwelant
    yma.
⁹ Dônt dan wylo, ond arweiniaf fi
    hwy â thosturi*,
tywysaf hwy wrth ffrydiau dyfroedd
ar ffordd union na faglant ynddi.
Yr wyf yn dad i Israel, ac Effraim yw
    fy nghyntafanedig.

¹⁰ "Clywch air yr ARGLWYDD,
    genhedloedd;
cyhoeddwch yn yr ynysoedd pell, a
    dweud,
'Yr un a wasgarodd Israel fydd yn ei
    gasglu;

31:3 Felly Groeg. Hebraeg, *i mi*.
31:9 Felly Groeg. Hebraeg, *deisyfiadau*.

bydd yn gwylio drosto fel bugail dros
  ei braidd.'
¹¹ Canys yr ARGLWYDD a waredodd
    Jacob,
a'i achub o afael un trech nag ef.
¹² Dônt a chanu yn uchelder Seion;
ymddisgleiriant gan ddaioni'r
    ARGLWYDD,
oherwydd yr ŷd a'r gwin a'r olew,
ac oherwydd epil y defaid a'r
    gwartheg.
A bydd eu bywyd fel gardd
    ddyfradwy, heb ddim nychdod
    mwyach.
¹³ Yna fe lawenha'r ferch mewn
    dawns,
a'r gwŷr ifainc a'r hen hefyd ynghyd;
trof eu galar yn orfoledd a diddanaf
    hwy;
gwnaf eu llawenydd yn fwy na'u
    gofid.
¹⁴ Diwallaf yr offeiriaid â braster,
a digonir fy mhobl â'm daioni,"
    medd yr ARGLWYDD.

¹⁵ Fel hyn y dywed yr ARGLWYDD:

"Clywir llef yn Rama,
galarnad ac wylofain,
Rachel yn wylo am ei phlant,
yn gwrthod ei chysuro am ei phlant,
oherwydd nad ydynt mwy."

¹⁶ Fel hyn y dywed yr ARGLWYDD:

"Paid ag wylo, ymatal rhag dagrau,
oherwydd y mae elw i'th lafur," medd
    yr ARGLWYDD;
"dychwelant o wlad y gelyn.
¹⁷ Y mae gobaith iti yn y diwedd,"
    medd yr ARGLWYDD;
"fe ddychwel dy blant i'w bro eu
    hunain.
¹⁸ Gwrandewais yn astud ar Effraim
    yn cwyno,
'Disgyblaist fi fel llo heb ei ddofi, a
    chymerais fy nisgyblu;
adfer fi, imi ddychwelyd,
oherwydd ti yw'r ARGLWYDD fy Nuw.
¹⁹ Wedi imi droi, bu edifar gennyf;
wedi i mi ddysgu, trewais fy nghlun;
cefais fy nghywilyddio a'm
    gwaradwyddo,
gan ddwyn gwarth fy ieuenctid.'

²⁰ "A yw Effraim yn fab annwyl, ac yn
    blentyn hyfryd i mi?
Bob tro y llefaraf yn ei erbyn, parhaf
    i'w gofio o hyd.
Y mae fy enaid yn dyheu amdano, ni
    allaf beidio â thrugarhau wrtho,"
    medd yr ARGLWYDD.

²¹ "Cyfod iti arwyddion, gosod iti
    fynegbyst,
astudia'r ffordd yn fanwl, y briffordd
    a dramwyaist;
dychwel, wyryf Israel, dychwel i'th
    ddinasoedd hyn.
²² Pa hyd y byddi'n ymdroi, ferch
    anwadal?
Y mae'r ARGLWYDD wedi creu peth
    newydd ar y ddaear,
benyw yn amddiffyn gŵr."

Dyfodol Ffyniannus Pobl Dduw

²³ Fel hyn y dywed ARGLWYDD y Lluoedd,
Duw Israel: "Dywedir eto y gair hwn yn
nhir Jwda a'i dinasoedd, pan adferaf ei
llwyddiant:

'Bendithied yr ARGLWYDD di,
gartref cyfiawnder, fynydd
    sanctaidd.'
²⁴ Yno bydd Jwda a'i dinasoedd yn
    preswylio ynghyd,
yr amaethwyr a bugeiliaid y praidd;
²⁵ paraf wlychu llwnc y sychedig,
a digoni pob un sydd yn nychu."

²⁶ Ar hyn deffroais a sylwi, a melys oedd
fy nghwsg imi.

²⁷ "Y mae'r dyddiau'n dod," medd yr
ARGLWYDD, "yr heuaf dŷ Israel a thŷ
Jwda â had dyn ac â had anifail. ²⁸ Ac fel
y gwyliais drostynt i ddiwreiddio a
thynnu i lawr, i ddymchwel a dinistrio a
pheri drwg, felly y gwyliaf drostynt i
adeiladu a phlannu," medd yr
ARGLWYDD. ²⁹ "Yn y dyddiau hynny, ni
ddywedir mwyach,

'Y rhieni fu'n bwyta grawnwin
    surion,
ond ar ddannedd y plant y mae
    dincod.'

³⁰ Oherwydd bydd pob un yn marw am
ei gamwedd ei hun; y sawl fydd yn bwyta
grawnwin surion, ar ei ddannedd ef y
bydd dincod.

31 "Y mae'r dyddiau'n dod," medd yr ARGLWYDD, "y gwnaf gyfamod newydd â thŷ Israel ac â thŷ Jwda. 32 Ni fydd yn debyg i'r cyfamod a wneuthum â'u hynafiaid, y dydd y gafaelais yn eu llaw i'w harwain allan o wlad yr Aifft. Torasant y cyfamod hwnnw, er mai myfi oedd yn arglwydd arnynt," medd yr ARGLWYDD. 33 "Ond dyma'r cyfamod a wnaf â thŷ Israel ar ôl y dyddiau hynny," medd yr ARGLWYDD; "rhof fy nghyfraith o'u mewn, ysgrifennaf hi ar eu calon, a byddaf fi'n Dduw iddynt a hwythau'n bobl i mi. 34 Ac ni fyddant mwyach yn dysgu bob un ei gymydog a phob un ei berthynas, gan ddweud, 'Adnebydd yr ARGLWYDD'; oblegid byddant i gyd yn f'adnabod, o'r lleiaf hyd y mwyaf ohonynt," medd yr ARGLWYDD, "oherwydd maddeuaf iddynt eu drygioni, ac ni chofiaf eu pechodau byth mwy."

35 Fel hyn y dywed yr ARGLWYDD,
sy'n rhoi'r haul yn oleuni'r dydd,
a threfn y lleuad a'r sêr yn oleuni'r nos,
sy'n cynhyrfu'r môr nes bod ei donnau'n rhuo
(ARGLWYDD y Lluoedd yw ei enw):
36 "Os cilia'r drefn hon o'm gŵydd,"
 medd yr ARGLWYDD,
"yna bydd had Israel yn peidio hyd byth â bod yn genedl ger fy mron."

37 Fel hyn y dywed yr ARGLWYDD:

"Pe gellid mesur y nefoedd fry,
a chwilio sylfeini'r ddaear isod,
gwrthodwn innau hefyd holl had Israel
am yr holl bethau a wnaethant,"
 medd yr ARGLWYDD.

38 "Y mae'r dyddiau'n dod," medd yr ARGLWYDD, "yr ailadeiledir y ddinas i'r ARGLWYDD, o dŵr Hananel hyd Borth y Gongl, 39 a gosodir y llinyn mesur eto gyferbyn â hi, dros fryn Gareb, a throi tua Goath. 40 A bydd holl ddyffryn y celanedd a'r lludw, a'r holl feysydd hyd nant Cidron, hyd gongl Porth y Meirch yn y dwyrain, yn sanctaidd i'r ARGLWYDD. Ni ddiwreiddir mo'r ddinas, ac ni ddymchwelir mohoni mwyach hyd byth."

Jeremeia'n Prynu Maes

32 Dyma'r gair a ddaeth at Jeremeia oddi wrth yr ARGLWYDD yn negfed flwyddyn Sedeceia brenin Jwda, a deunawfed flwyddyn Nebuchadnesar. 2 Y pryd hwnnw yr oedd llu brenin Babilon yn gwarchae ar Jerwsalem, a'r proffwyd Jeremeia wedi ei garcharu yng nghyntedd y gwarchodlu yn llys brenin Jwda. 3 Oherwydd yr oedd Sedeceia brenin Jwda wedi ei garcharu, a dweud, "Pam yr wyt yn proffwydo, 'Fel hyn y dywed yr ARGLWYDD: Dyma fi'n rhoi'r ddinas hon yng ngafael brenin Babilon, a bydd ef yn ei chymryd; 4 ac ni ddihanga Sedeceia brenin Jwda o afael y Caldeaid, ond fe'i rhoir yn gyfan gwbl yng ngafael brenin Babilon; a bydd yn ymddiddan ag ef wyneb yn wyneb, ac yn edrych arno lygad yn llygad. 5 Bydd yntau'n mynd â Sedeceia i Fabilon, ac yno yr erys nes imi ymweld ag ef,' medd yr ARGLWYDD. 'Er ichwi ymladd yn erbyn y Caldeaid, ni chewch lwyddiant'?"

6 Yna dywedodd Jeremeia, "Daeth gair yr ARGLWYDD ataf a dweud, 7 'Fe ddaw Hanamel, mab dy ewythr Salum, atat a dweud, "Pryn fy maes yn Anathoth, oherwydd gennyt ti y mae hawl perthynas agosaf i'w brynu." ' 8 A daeth Hanamel, fy nghefnder, ataf i gyntedd y gwarchodlu, yn ôl gair yr ARGLWYDD, a dweud wrthyf, 'Pryn, yn awr, fy maes yn Anathoth, yn nhir Benjamin, oherwydd gennyt ti y mae'r hawl i etifeddu a'r hawl i brynu; pryn ef iti.' Gwyddwn wrth hyn mai gair yr ARGLWYDD ydoedd. 9 Yna prynais y maes yn Anathoth gan fy nghefnder Hanamel, a phwysais iddo yr arian, dau sicl ar bymtheg. 10 Arwyddais y gweithredoedd, a'u selio a chymryd tystion, a phwyso'r arian mewn cloriannau. 11 Yna cymerais weithredoedd y pryniant, yr un a seliwyd yn ôl deddf a defod, a'r copi agored, 12 a rhois weithredoedd y pryniant i Baruch fab Nereia, fab Maaseia, yng ngŵydd Hanamel fy nghefnder, ac yng ngŵydd y tystion a arwyddodd weithredoedd y pryniant, ac

yng ngŵydd yr holl Iddewon oedd yn eistedd yng nghyntedd y gwarchodlu. ¹³ Gorchmynnais i Baruch yn eu gŵydd hwy, ¹⁴ 'Fel hyn y dywed ARGLWYDD y Lluoedd, Duw Israel: Cymer y gweithredoedd hyn, gweithredoedd y pryniant hwn, yr un a seliwyd a'r un agored, a'u dodi mewn llestr pridd, iddynt barhau dros gyfnod hir.' ¹⁵ Oherwydd fel hyn y dywed ARGLWYDD y Lluoedd, Duw Israel, 'Prynir eto dai a meysydd a gwinllannoedd yn y tir hwn.'

Gweddi Jeremeia

¹⁶ "Wedi imi roi gweithredoedd y pryniant i Baruch fab Nereia, gweddïais ar yr ARGLWYDD fel hyn: ¹⁷ 'O ARGLWYDD Dduw, gwnaethost y nefoedd a'r ddaear â'th fawr allu a'th fraich estynedig; nid oes dim yn amhosibl i ti. ¹⁸ Yr wyt yn ffyddlon i filoedd, yn ad-dalu drygioni'r rhieni i'w plant ar eu hôl; Duw mawr, yr Un cadarn, ARGLWYDD y Lluoedd yw dy enw, ¹⁹ mawr yn dy gyngor, nerthol yn dy weithred. Y mae dy lygaid ar holl ffyrdd rhai meidrol, i dalu i bob un yn ôl ei ffyrdd, ac yn ôl ffrwyth ei weithredoedd. ²⁰ Gwnaethost arwyddion a rhyfeddodau yng ngwlad yr Aifft, a hyd y dydd hwn yn Israel ac ymhlith pobloedd; gwnaethost i ti'r enw sydd gennyt heddiw. ²¹ Daethost â'th bobl Israel allan o dir yr Aifft ag arwyddion a rhyfeddodau, ac â llaw gref a braich estynedig, a dychryn mawr; ²² rhoist iddynt y wlad hon, y tyngaist wrth eu hynafiaid i'w rhoi iddynt, yn wlad yn llifeirio o laeth a mêl. ²³ Daethant hwy a'i meddiannu, ond ni fuont yn ufudd i'th lais, na rhodio yn dy gyfraith. Ni wnaethant ddim oll o'r hyn a orchmynnaist iddynt, a pheraist tithau i'r holl niwed hwn ddigwydd iddynt. ²⁴ Y mae'r cloddiau gwarchae wedi cyrraedd at y ddinas i'w goresgyn; trwy'r cleddyf a newyn a haint rhoir y ddinas yng ngafael y Caldeaid sy'n ymladd yn ei herbyn. Y mae'r hyn a ddywedaist wedi digwydd, fel y gweli. ²⁵ Ac yr wyt ti, O ARGLWYDD Dduw, wedi dweud wrthyf, "Pryn y maes ag arian a chymer dystion", er bod y ddinas i'w rhoi yng ngafael y Caldeaid.' "

²⁶ Daeth gair yr ARGLWYDD at Jeremeia a dweud, ²⁷ "Myfi yw'r ARGLWYDD, Duw pob cnawd. A oes dim yn rhy ryfeddol i mi? ²⁸ Am hynny, fel hyn y dywed yr ARGLWYDD: 'Yr wyf yn rhoi'r ddinas hon yng ngafael y Caldeaid ac yn llaw Nebuchadnesar brenin Babilon, a bydd ef yn ei chymryd. ²⁹ A daw'r Caldeaid i ymladd yn erbyn y ddinas hon, a'i rhoi ar dân, a'i llosgi ynghyd â'r tai y buont ar eu toeau yn arogldarthu i Baal, ac yn tywallt diodoffrwm i dduwiau eraill, i'm digio i. ³⁰ Oblegid o'u mebyd ni wnaeth pobl Israel a Jwda ddim ond yr hyn oedd ddrwg yn fy ngolwg; ni wnaeth pobl Israel ddim ond fy nigio â gwaith eu dwylo,' medd yr ARGLWYDD. ³¹ 'Oherwydd enynnodd y ddinas hon fy nigofaint a'm llid o'r dydd yr adeiladwyd hi hyd heddiw; symudaf hi o'm gŵydd, ³² o achos yr holl ddrygioni a wnaeth pobl Israel a phobl Jwda i'm digio— hwy, eu brenhinoedd, eu tywysogion, eu hoffeiriaid, eu proffwydi, pobl Jwda a phreswylwyr Jerwsalem. ³³ Troesant wegil tuag ataf, ac nid wyneb; dysgais hwy yn gyson a thaer, ond ni fynnent wrando na derbyn gwers. ³⁴ Rhoesant eu ffieidd-dra yn y tŷ a alwyd ar fy enw, a'i halogi. ³⁵ Codasant uchelfeydd i Baal yn nyffryn Ben-hinnom, i aberthu eu meibion a'u merched i Moloch; ni orchmynnais hyn iddynt, ac ni ddaeth i'm meddwl iddynt wneud y fath ffieiddra, i beri i Jwda bechu.'

Addo Gobaith

³⁶ "Yn awr, gan hynny, fel hyn y dywed yr ARGLWYDD, Duw Israel, wrth y ddinas hon, y dywedwch y rhoir hi yng ngafael brenin Babilon trwy'r cleddyf a newyn a haint: ³⁷ 'Casglaf hwy o'r holl wledydd y gyrrais hwy iddynt yn fy nig a'm llid a'm soriant mawr, a dychwelaf hwy i'r lle hwn, a gwnaf iddynt breswylio'n ddiogel. ³⁸ Byddant yn bobl i mi, a minnau'n Dduw iddynt hwy. ³⁹ A rhof iddynt un meddwl ac un ffordd, i'm hofni bob amser, er lles iddynt ac i'w plant ar eu hôl. ⁴⁰ Gwnaf â hwy gyfamod tragwyddol, ac ni throf ef ymaith oddi wrthynt, ond gwneud yn dda iddynt;

rhof fy ofn yn eu calon, rhag iddynt gilio oddi wrthyf. ⁴¹ Fy llawenydd fydd gwneud yn dda iddynt; yn wir â'm holl galon ac â'm holl enaid fe'u plannaf yn y tir hwn.'

⁴² "Oherwydd fel hyn y dywed yr ARGLWYDD: 'Megis y dygais ar y bobl hyn yr holl ddrwg mawr hwn, felly y dygaf arnynt yr holl ddaioni a addawaf iddynt. ⁴³ Fe brynir meysydd yn y wlad hon y dywedwch amdani, "Anghyfannedd yw, heb ddyn nac anifail, ac wedi ei rhoi yng ngafael y Caldeaid." ⁴⁴ Prynant feysydd am arian, ac arwyddo'r gweithredoedd, a'u selio a chael tystion, yn nhiriogaeth Benjamin, o amgylch Jerwsalem, yn ninasoedd Jwda, yn ninasoedd y mynydd-dir, yn ninasoedd y Seffela ac yn ninasoedd y Negef. Mi a adferaf eu llwyddiant,' medd yr ARGLWYDD."

Addo Gobaith Eto

33 Daeth gair yr ARGLWYDD yr ail waith at Jeremeia tra oedd yn dal wedi ei gaethiwo yng nghyntedd y gwarchodlu, a dweud, ² "Fel hyn y dywed yr ARGLWYDD, a wnaeth y ddaear*, a'i llunio i'w sefydlu (yr ARGLWYDD yw ei enw): ³ 'Galw arnaf, ac atebaf di; mynegaf i ti bethau mawr a dirgel na wyddost amdanynt.' ⁴ Oblegid fel hyn y dywed yr ARGLWYDD, Duw Israel, am dai'r ddinas hon, ac am dai brenhinoedd Jwda, y tai a dynnir i lawr oherwydd y cloddiau gwarchae, ac oherwydd y cleddyf: ⁵ 'Daw'r Caldeaid i ymladd, a'u llenwi â chelanedd y dynion a drawaf yn fy llid a'm digofaint; cuddiais fy wyneb oddi wrth y ddinas hon oherwydd eu holl ddrygioni. ⁶ Dygaf iddi yn awr wellhad a meddyginiaeth; iachâf hwy, a dangos iddynt dymor o heddwch a diogelwch. ⁷ Adferaf lwyddiant Jwda a llwyddiant Israel; adeiladaf hwy fel yn y dechreuad. ⁸ Glanhaf hwy o'r holl ddrygioni a wnaethant yn f'erbyn, a maddeuaf yr holl gamweddau a wnaethant yn f'erbyn. ⁹ Bydd y ddinas imi'n enw llawen, yn glod a gogoniant i holl genhedloedd y ddaear pan glywant am yr holl ddaioni a wnaf iddi; ac ofnant a chrynant oherwydd yr holl ddaioni a'r holl heddwch a wnaf iddi.'

¹⁰ "Fel hyn y dywed yr ARGLWYDD am y lle hwn, y dywedwch amdano ei fod wedi ei ddifodi, heb bobl nac anifeiliaid; ac am ddinasoedd Jwda a heolydd Jerwsalem, sy'n ddiffeithle, heb bobl na phreswylwyr a heb anifail: ¹¹ 'Clywir eto ynddynt sŵn gorfoledd a llawenydd, sain priodfab a sain priodferch, llais rhai'n dweud,

"Molwch ARGLWYDD y Lluoedd,
oherwydd da yw'r ARGLWYDD,
oherwydd y mae ei gariad hyd byth."

A dygant offrwm diolch i dŷ'r ARGLWYDD; oherwydd adferaf eu llwyddiant yn y wlad fel yn y dechreuad,' medd yr ARGLWYDD.

¹² "Fel hyn y dywed ARGLWYDD y Lluoedd: 'Bydd eto yn y lle hwn sydd wedi ei ddifrodi, heb ddyn nac anifail, ac yn ei holl ddinasoedd, fannau gorffwys i'r bugeiliaid a chorlannau i'r praidd. ¹³ Yn ninasoedd y mynydd-dir a dinasoedd y Seffela a dinasoedd y Negef, yn nhiriogaeth Benjamin ac o amgylch Jerwsalem ac yn ninasoedd Jwda, bydd eto braidd yn symud trwy ddwylo'r sawl fydd yn rhifo,' medd yr ARGLWYDD.

¹⁴ "'Y mae'r dyddiau'n dod,'" medd yr ARGLWYDD, "y cyflawnaf y gair daionus a addewais i dŷ Israel ac i dŷ Jwda. ¹⁵ Yn y dyddiau hynny, yn yr adeg honno, paraf i flaguryn cyfiawnder flaguro i Ddafydd, ac fe wna ef farn a chyfiawnder yn y wlad. ¹⁶ Yn y dyddiau hynny achubir Jwda, a bydd Jerwsalem yn ddiogel, a dyma'r enw a roddir iddi: 'Yr ARGLWYDD yw ein cyfiawnder.'

¹⁷ "Fel hyn y dywed yr ARGLWYDD: 'Ni fydd Dafydd byth heb ŵr yn eistedd ar orsedd tŷ Israel; ¹⁸ ac ni fydd yr offeiriaid o Lefiaid byth heb ŵr yn fy ngŵydd yn offrymu poethoffrwm, ac yn offrymu bwydoffrwm, ac yn aberthu.'"

¹⁹ Daeth gair yr ARGLWYDD at Jeremeia a dweud, ²⁰ "Fel hyn y dywed yr ARGLWYDD: 'Os gallwch ddiddymu fy nghyfamod â'r dydd, a'm cyfamod â'r nos, fel na bydd dydd na nos yn eu pryd, ²¹ yna gellir diddymu fy nghyfamod â'm gwas Dafydd, fel na bydd iddo fab yn

---

33:2 Felly Groeg. Hebraeg, *yr un a'i gwnaeth hi.*

teyrnasu ar ei orsedd, a hefyd fy nghyfamod â'r offeiriaid o Lefiaid sy'n gweinyddu i mi. ²² Fel na ellir cyfrif llu'r nefoedd na mesur tywod y môr, felly yr amlhaf epil fy ngwas Dafydd, a'r Lefiaid sy'n gweinyddu i mi.'"

²³ Daeth gair yr ARGLWYDD at Jeremeia a dweud, ²⁴ "Oni sylwaist beth y mae'r bobl hyn yn ei lefaru, gan ddweud, 'Y mae'r ARGLWYDD wedi gwrthod y ddau dylwyth a ddewisodd'? Felly y dirmygant fy mhobl, ac nid ydynt mwyach yn genedl yn eu gŵydd. ²⁵ Fel hyn y dywed yr ARGLWYDD: 'Pan fydd fy nghyfamod â'r dydd a'r nos yn peidio â sefyll, a threfn y nefoedd a'r ddaear, ²⁶ yna gwrthodaf gymryd rhai o had Jacob, a'm gwas Dafydd, i lywodraethu ar had Abraham ac Isaac a Jacob. Adferaf hwy, a byddaf drugarog wrthynt.'"

Neges i Sedeceia

34 Dyma'r gair a ddaeth at Jeremeia oddi wrth yr ARGLWYDD pan oedd Nebuchadnesar brenin Babilon yn rhyfela yn erbyn Jerwsalem a'i holl faestrefi, gyda'i holl lu a holl deyrnasoedd y byd oedd dan ei lywodraeth, a'r holl bobloedd. ² Fel hyn y dywed yr ARGLWYDD, Duw Israel: "Dos a llefara wrth Sedeceia brenin Jwda, a dweud wrtho, 'Fel hyn y dywed yr ARGLWYDD: Yr wyf yn rhoi'r ddinas hon yng ngafael brenin Babilon, a bydd ef yn ei llosgi â thân. ³ Ac ni ddihengi dithau o'i afael, ond yr wyt yn sicr o gael dy ddal, a'th roi yn ei afael; byddi'n edrych arno lygad yn llygad, ac yntau'n ymddiddan â thi wyneb yn wyneb, a byddi'n mynd i Fabilon. ⁴ Ond clyw air yr ARGLWYDD, Sedeceia brenin Jwda. Fel hyn y dywed yr ARGLWYDD amdanat: Ni fyddi farw drwy'r cleddyf. ⁵ Mewn hedd y byddi farw, ac fel y llosgwyd peraroglau i'th ragflaenwyr, y brenhinoedd gynt a fu o'th flaen, felly y llosgir hwy i ti; a bydd galar amdanat fel eu harglwydd. Dyma'r gair a leferais i,'" medd yr ARGLWYDD.

⁶ Llefarodd y proffwyd Jeremeia yr holl eiriau hyn yn Jerwsalem wrth Sedeceia brenin Jwda, ⁷ pan oedd llu brenin Babilon yn rhyfela yn erbyn Jerwsalem ac yn erbyn holl ddinasoedd Jwda oedd yn weddill, sef Lachis ac Aseca; oherwydd hwy oedd yr unig ddinasoedd caerog a adawyd o blith dinasoedd Jwda.

Rhyddid i Gaethweision

⁸ Daeth gair at Jeremeia oddi wrth yr ARGLWYDD, wedi i'r Brenin Sedeceia wneud cyfamod â'r holl bobl yn Jerwsalem i gyhoeddi rhyddhad, ⁹ sef bod pob un i ollwng ei gaethion o Hebreaid yn rhydd, boed wryw neu fenyw, rhag bod neb yn cadw Iddew arall yn gaeth. ¹⁰ Cytunodd pob un o'r tywysogion, a'r bobl a dderbyniodd y cyfamod, i ryddhau ei gaethwas a'i gaethferch, rhag iddynt fod yn gaeth mwyach; ac ar ôl cytuno, gollyngasant hwy yn rhydd. ¹¹ Ond wedi hynny bu edifar ganddynt, a dygasant yn ôl y gweision a'r morynion a ollyngwyd yn rhydd, a'u caethiwo eilwaith. ¹² A dyma'r gair a ddaeth at Jeremeia oddi wrth yr ARGLWYDD: ¹³ "Fel hyn y dywed yr ARGLWYDD, Duw Israel: 'Gwneuthum gyfamod â'ch hynafiaid, y dydd y dygais hwy o wlad yr Aifft, o dŷ caethiwed, a dweud, ¹⁴ "Cyn pen saith mlynedd yr ydych i ollwng yn rhydd bob un ei frawd o Hebrëwr a werthwyd iddo ac a'i gwasanaethodd am chwe blynedd, a'i ollwng yn rhydd oddi wrtho." Ond ni wrandawodd eich hynafiaid arnaf, na rhoi clust. ¹⁵ A heddiw bu edifar gennych chwi, a gwnaethoch yr hyn sydd uniawn yn fy ngolwg trwy gyhoeddi bod pob un i ryddhau ei gymydog, a gwneud cyfamod ger fy mron yn y tŷ y galwyd fy enw arno. ¹⁶ Ond wedyn bu edifar gennych am hyn, a halogasoch fy enw trwy i bob un ddwyn yn ôl ei was a'i forwyn y dymunai eu gollwng yn rhydd, a'u caethiwo eilwaith. ¹⁷ Am hynny, fel hyn y dywed yr ARGLWYDD: Ni wrandawsoch arnaf fi i gyhoeddi diwrnod rhyddhad i'ch gilydd, yn berthnasau a chymdogion; yn awr dyma fi'n cyhoeddi diwrnod rhyddhad i'r cleddyf a haint a newyn!' medd yr ARGLWYDD. 'Fe'ch gwnaf yn arswyd i holl deyrnasoedd y ddaear. ¹⁸ A'r rhai a

dorrodd fy nghyfamod, heb gyflawni'r amodau a wnaethant yn fy ngŵydd, gwnaf hwy fel y llo a holltwyd yn ddau er mwyn iddynt gerdded rhwng y ddwy ran. ¹⁹ Am dywysogion Jwda a thywysogion Jerwsalem, y gweinyddwyr a'r offeiriaid a holl bobl y wlad a gerddodd rhwng dwy ran y llo a holltwyd, ²⁰ fe'u rhof yn llaw eu gelynion ac yn llaw y rhai sy'n ceisio'u heinioes; bydd eu celanedd yn fwyd i adar y nefoedd ac i anifeiliaid gwyllt. ²¹ Rhof Sedeceia brenin Jwda, a'i holl dywysogion, yn llaw eu gelynion a'r rhai sy'n ceisio'u heinioes, ac yn llaw llu brenin Babilon sydd yn awr yn cilio oddi wrthych. ²² Dyma fi'n gorchymyn,' medd yr ARGLWYDD, 'iddynt droi'n ôl at y ddinas hon ac ymladd yn ei herbyn; byddant yn ei goresgyn ac yn ei llosgi â thân; ie, gwnaf ddinasoedd Jwda yn anghyfannedd, heb breswylydd ynddynt.'"

Jeremeia a'r Rechabiaid

35 Dyma'r gair a ddaeth at Jeremeia oddi wrth yr ARGLWYDD yn nyddiau Jehoiacim fab Joseia, brenin Jwda, a dweud, ² "Dos i dŷ'r Rechabiaid, a siarad â hwy; pâr iddynt ddod i dŷ'r ARGLWYDD, i un o'r ystafelloedd yno, a chynnig iddynt win i'w yfed." ³ Yna cymerais Jaasaneia, mab Jeremeia fab Habasineia, a'i frodyr, a'i holl feibion, a holl deulu'r Rechabiaid. ⁴ Deuthum â hwy i dŷ'r ARGLWYDD, i ystafell meibion Hanan fab Igdaleia, gŵr Duw, sef yr ystafell sydd yn ymyl ystafell y tywysogion, ac uwchben ystafell Maaseia fab Salum, ceidwad y drws. ⁵ Rhois gerbron teulu'r Rechabiaid ffiolau llawn o win a chwpanau, a dywedais wrthynt, "Yfwch win." ⁶ Ond dywedasant, "Nid yfwn ni win, oherwydd gorchmynnodd Jonadab, mab Rechab ein tad, i ni, 'Peidiwch ag yfed gwin, chwi na'ch plant, byth; ⁷ peidiwch ag adeiladu tŷ, na hau had, na phlannu gwinllan, na meddiannu dim; ond lle bynnag y byddwch yn aros, trigwch mewn pebyll bob amser, er mwyn ichwi fyw am ddyddiau lawer yn y wlad lle'r ydych.' ⁸ A buom yn ufudd i lais Jonadab, mab Rechab ein tad, ym mhob peth a orchmynnodd i ni; nid ydym ni na'n gwragedd na'n meibion na'n merched erioed wedi yfed gwin, ⁹ nac adeiladu tai i fyw ynddynt, nac wedi cael na gwinllan na maes na had. ¹⁰ Yr ydym yn byw mewn pebyll, ac yn gwneud popeth fel y gorchmynnodd Jonadab ein tad inni. ¹¹ Ond pan gododd Nebuchadnesar brenin Babilon yn erbyn y wlad, dywedasom, 'Dewch, awn i Jerwsalem i osgoi llu'r Caldeaid a llu Syria'; a dyna pam yr ydym yn byw yn Jerwsalem."

¹² Yna daeth gair yr ARGLWYDD at Jeremeia a dweud, ¹³ "Fel hyn y dywed ARGLWYDD y Lluoedd, Duw Israel:'Dos a llefara wrth bobl Jwda a phreswylwyr Jerwsalem. Oni chymerwch eich disgyblu i wrando fy ngeiriau?' medd yr ARGLWYDD. ¹⁴ 'Fe gadwyd geiriau Jonadab fab Rechab pan orchmynnodd i'w blant nad yfent win, oherwydd nid ydynt yn ei yfed hyd heddiw, ond y maent yn ufuddhau i orchymyn eu tad. Ond er i mi lefaru'n daer wrthych, nid ydych chwi'n ufuddhau i mi. ¹⁵ Anfonais atoch fy holl weision, y proffwydi, a'u hanfon yn gyson gan ddweud: "Trowch yn wir bob un o'i ffordd ddrygionus, a gwella'ch gweithredoedd; peidiwch â mynd ar ôl duwiau eraill i'w gwasanaethu. Yna cewch fyw yn y tir a roddais i chwi ac i'ch hynafiaid." Ond ni wrandawsoch arnaf fi nac ufuddhau. ¹⁶ Cadwodd meibion Jonadab fab Rechab orchymyn eu tad, ond nid ufuddhaodd y bobl hyn i mi.'

¹⁷ "Am hynny, fel hyn y dywed ARGLWYDD Dduw y Lluoedd, Duw Israel: 'Yr wyf am ddwyn ar Jwda a holl drigolion Jerwsalem yr holl ddrwg a leferais yn eu herbyn, oherwydd lleferais wrthynt ac ni wrandawsant, gelwais arnynt ac nid atebasant.'" ¹⁸ Ac wrth deulu'r Rechabiaid dywedodd Jeremeia, "Fel hyn y dywed ARGLWYDD y Lluoedd, Duw Israel; 'Oherwydd i chwi ufuddhau i orchymyn Jonadab eich tad, a chadw ei holl ddeddfau a gwneud pob peth a orchmynnodd i chwi, ¹⁹ am hynny, fel hyn y dywed ARGLWYDD y Lluoedd, Duw Israel: Ni fydd Jonadab fab Rechab byth heb ŵr i sefyll yn fy ngŵydd.'"

Baruch yn Darllen y Sgrôl yn y Deml

36 Yn y bedwaredd flwyddyn i Jehoiacim fab Joseia, brenin Jwda, daeth y gair hwn at Jeremeia oddi wrth yr ARGLWYDD: ² "Cymer sgrôl, ac ysgrifenna arni yr holl eiriau a leferais wrthyt yn erbyn Israel a Jwda a'r holl genhedloedd, o'r dydd y dechreuais lefaru wrthyt, o ddyddiau Joseia hyd heddiw. ³ Efallai y bydd tŷ Jwda, pan glywant am yr holl ddinistr y bwriadaf ei ddwyn arnynt, yn troi, pob un o'i ffordd annuwiol, a minnau'n maddau iddynt eu drygioni a'u pechod."

⁴ Yna galwodd Jeremeia ar Baruch fab Nereia, ac wrth i Jeremeia lefaru ysgrifennodd Baruch yn y sgrôl yr holl eiriau a lefarodd yr ARGLWYDD wrth Jeremeia. ⁵ Yna rhoes y gorchymyn hwn i Baruch: "Fe'm rhwystrwyd i rhag mynd i dŷ'r ARGLWYDD, ⁶ ond dos di, ac ar ddydd ympryd darllen o'r sgrôl, yng nghlyw'r bobl yn nhŷ'r ARGLWYDD, holl eiriau'r ARGLWYDD fel y lleferais hwy. Darllen hwy hefyd yng nghlyw holl bobl Jwda a ddaw o'u dinasoedd. ⁷ Efallai y derbynnir eu gweddi gan yr ARGLWYDD, ac y bydd pob un yn troi o'i ffordd ddrygionus, oherwydd y mae'r llid a'r digofaint a fynegodd yr ARGLWYDD yn erbyn y bobl hyn yn fawr." ⁸ Gwnaeth Baruch fab Nereia bob peth a orchmynnodd y proffwyd Jeremeia iddo, a darllenodd yn nhŷ'r ARGLWYDD eiriau'r ARGLWYDD o'r llyfr.

⁹ Yn y bumed flwyddyn i Jehoiacim fab Joseia, brenin Jwda, yn y nawfed mis, cyhoeddwyd ympryd gerbron yr ARGLWYDD i drigolion Jerwsalem ac i'r holl bobl a ddaeth o ddinasoedd Jwda i Jerwsalem. ¹⁰ Yna darllenodd Baruch holl eiriau Jeremeia o'r sgrôl yng nghlyw'r holl bobl yn nhŷ'r ARGLWYDD, yn ystafell Gemareia fab Saffan, yr ysgrifennydd, yn y cyntedd uchaf wrth y fynedfa i'r Porth Newydd yn nhŷ'r ARGLWYDD. ¹¹ Pan glywodd Michaia fab Gemareia, fab Saffan, holl eiriau'r ARGLWYDD o'r llyfr, ¹² aeth i lawr i dŷ'r brenin, i ystafell yr ysgrifennydd, ac yno yr oedd yr holl swyddogion yn eistedd: Elisama yr ysgrifennydd, a Delaia fab Semaia, ac Elnathan fab Achbor, a Gemareia fab Saffan, a Sedeceia fab Hananeia, a'r holl swyddogion. ¹³ Mynegodd Michaia iddynt bob peth a glywodd pan ddarllenodd Baruch o'r sgrôl yng nghlyw'r bobl. ¹⁴ Yna anfonodd yr holl swyddogion Jehudi fab Nethaneia, fab Selemeia, fab Cushi, at Baruch a dweud, "Cymer yn dy law y sgrôl a ddarllenaist yng nghlyw'r bobl, a thyrd." Cymerodd Baruch fab Nereia y sgrôl yn ei law, ac aeth atynt. ¹⁵ Dywedasant hwythau wrtho, "Eistedd yma, a darllen hi inni." Darllenodd Baruch, ¹⁶ a phan glywsant y geiriau, troesant at ei gilydd mewn braw, a dweud wrth Baruch, "Rhaid inni fynegi hyn i gyd i'r brenin." ¹⁷ Gofynasant i Baruch, "Eglura inni yn awr sut y bu iti ysgrifennu'r holl eiriau hyn a ddywedodd." ¹⁸ Atebodd Baruch, "Ef ei hun oedd yn llefaru wrthyf yr holl eiriau hyn, a minnau'n eu hysgrifennu ag inc ar y sgrôl." ¹⁹ Yna dywedodd y swyddogion wrth Baruch, "Dos ac ymguddia, ti a Jeremeia, a pheidiwch â gadael i neb wybod lle'r ydych." ²⁰ Yna aethant at y brenin i'r llys, ar ôl iddynt gadw'r sgrôl yn ystafell Elisama yr ysgrifennydd, a mynegwyd y cwbl yng nghlyw'r brenin.

Y Brenin yn Llosgi'r Sgrôl

²¹ Yna anfonwyd Jehudi gan y brenin i gyrchu'r sgrôl, a daeth yntau â hi o ystafell Elisama yr ysgrifennydd; a darllenodd Jehudi hi yng nghlyw'r brenin a'r holl swyddogion oedd yn sefyll yn ymyl y brenin. ²² Y nawfed mis oedd hi, ac yr oedd y brenin yn eistedd yn y gaeafdy, a'r rhwyll dân wedi ei chynnau o'i flaen. ²³ Pan fyddai Jehudi wedi darllen tair neu bedair colofn, torrai'r brenin hwy â chyllell yr ysgrifennydd, a'u taflu i'w llosgi yn y rhwyll dân, nes difa'r sgrôl gyfan yn y tân. ²⁴ Ond nid oedd y brenin na'i weision yn arswydo nac yn rhwygo'u dillad, wrth wrando ar yr holl eiriau hyn. ²⁵ Pan ymbiliodd Elnathan a Delaia a Gemareia ar y brenin i beidio â llosgi'r sgrôl, ni wrandawai arnynt. ²⁶ Yna gorchmynnodd y brenin i Jerahmeel fab

y brenin a Seraia fab Asriel a Selemeia fab Abdiel ddal Baruch yr ysgrifennydd a Jeremeia y proffwyd; ond cuddiodd yr ARGLWYDD hwy.

Jeremeia'n Ysgrifennu Sgrôl Arall

27 Wedi i'r brenin losgi'r sgrôl a'r holl eiriau a ysgrifennodd Baruch o enau Jeremeia, daeth gair yr ARGLWYDD at Jeremeia a dweud, 28 "Cymer sgrôl arall, ac ysgrifenna arni'r holl eiriau oedd yn y sgrôl gyntaf, yr un a losgodd Jehoiacim brenin Jwda. 29 A dywed wrth Jehoiacim brenin Jwda, 'Fel hyn y dywed yr ARGLWYDD: Fe losgaist ti'r sgrôl hon, gan ddweud, "Pam yr ysgrifennaist arni fod brenin Babilon yn sicr o ddod ac anrheithio'r wlad hon, nes darfod dyn ac anifail oddi arni?" 30 Am hynny, fel hyn y dywed yr ARGLWYDD am Jehoiacim brenin Jwda: Ni bydd iddo neb i eistedd ar orsedd Dafydd; teflir allan ei gelain i wres y dydd a rhew'r nos. 31 Ymwelaf ag ef ac â'i had a'i weision am eu drygioni, a dwyn arnynt hwy a thrigolion Jerwsalem a phobl Jwda yr holl ddinistr a leferais yn eu herbyn, a hwythau heb wrando.'" 32 Yna cymerodd Jeremeia sgrôl arall, a'i rhoi i Baruch fab Nereia, yr ysgrifennydd, ac ysgrifennodd ef ynddi o enau Jeremeia holl eiriau'r llyfr a losgodd Jehoiacim brenin Jwda. Ychwanegodd atynt hefyd lawer o eiriau tebyg.

Cais Sedeceia i Jeremeia

37 Gosodwyd Sedeceia fab Joseia yn frenin ar yr orsedd yng ngwlad Jwda gan Nebuchadnesar yn lle Coneia fab Jehoiacim; 2 ond ni wrandawodd ef, na'i weision na phobl y wlad, ar eiriau'r ARGLWYDD a lefarwyd trwy'r proffwyd Jeremeia.

3 Anfonodd y Brenin Sedeceia Jehucal fab Selemeia a Seffaneia fab Maaseia yr offeiriad at y proffwyd Jeremeia, a dweud, "Gweddïa yn awr drosom ar yr ARGLWYDD ein Duw." 4 Yr oedd Jeremeia'n rhodio'n rhydd ymhlith y bobl, oherwydd nid oedd eto wedi ei roi yng ngharchar. 5 Ac yr oedd llu Pharo wedi dod i fyny o'r Aifft, a phan glywodd y Caldeaid oedd yn gwarchae ar Jerwsalem am hyn, ciliasant oddi wrth Jerwsalem.

6 Yna daeth gair yr ARGLWYDD at y proffwyd Jeremeia a dweud, 7 "Dyma'r hyn a ddywed yr ARGLWYDD, Duw Israel: 'Dywedwch fel hyn wrth frenin Jwda, sydd wedi eich anfon i ymofyn â mi: Bydd llu Pharo, a ddaeth atoch yn gymorth, yn dychwelyd i'w wlad ei hun, i'r Aifft. 8 Yna bydd y Caldeaid yn dychwelyd ac yn rhyfela yn erbyn y ddinas hon, yn ei hennill ac yn ei llosgi â thân. 9 Fel hyn y dywed yr ARGLWYDD: Peidiwch â'ch twyllo'ch hunain, gan ddweud, "Y mae'r Caldeaid yn siŵr o gilio oddi wrthym", oherwydd ni chiliant. 10 Oherwydd pe baech yn trechu holl lu'r Caldeaid sydd yn rhyfela yn eich erbyn, heb adael neb ond y rhai archolledig, eto byddent yn codi bob un o'i babell ac yn llosgi'r ddinas hon â thân.'"

Dal Jeremeia a'i Garcharu

11 Pan giliodd llu'r Caldeaid oddi wrth Jerwsalem o achos llu Pharo, 12 yr oedd Jeremeia'n gadael Jerwsalem i fynd i dir Benjamin i gymryd meddiant o'i dreftadaeth yno ymysg y bobl; 13 a phan gyrhaeddodd borth Benjamin, yr oedd swyddog y gwarchodlu yno, dyn o'r enw Ireia fab Selemeia, fab Hananeia; daliodd ef y proffwyd Jeremeia a dweud, "Troi at y Caldeaid yr wyt ti." 14 Atebodd Jeremeia ef, "Celwydd yw hynny; nid wyf yn troi at y Caldeaid." Ond ni wrandawai Ireia arno, ond fe'i daliodd a mynd ag ef at y swyddogion. 15 Ffyrnigodd y swyddogion at Jeremeia, a'i guro a'i garcharu yn nhŷ Jonathan yr ysgrifennydd, y tŷ a wnaethpwyd yn garchardy.

16 Felly yr aeth Jeremeia i'r ddaeargell ac aros yno dros amryw o ddyddiau. 17 Yna anfonodd y Brenin Sedeceia, a'i dderbyn i'w ŵydd a'i holi'n gyfrinachol yn ei dŷ, a dweud, "A oes gair oddi wrth yr ARGLWYDD?" Atebodd Jeremeia, "Oes; fe'th roddir yn llaw brenin Babilon." 18 A dywedodd Jeremeia wrth y Brenin Sedeceia, "Pa ddrwg a wneuthum i ti neu i'th weision neu i'r bobl hyn, i beri i chwi fy rhoi yng

ngharchar? ¹⁹ Ple mae eich proffwydi a broffwydodd i chwi a dweud na ddôi brenin Babilon yn eich erbyn, nac yn erbyn y wlad hon? ²⁰ Yn awr, gwrando, f'arglwydd frenin, a doed fy nghais o'th flaen. Paid â'm hanfon yn ôl i dŷ Jonathan yr ysgrifennydd, rhag i mi farw yno." ²¹ Yna rhoes y Brenin Sedeceia orchymyn, a rhoddwyd Jeremeia yng ngofal llys y gwylwyr, a rhoddwyd iddo ddogn dyddiol o un dorth o fara o Stryd y Pobyddion, nes darfod yr holl fara yn y ddinas. Ac arhosodd Jeremeia yng nghyntedd y gwylwyr.

Jeremeia mewn Pydew

38 Clywodd Seffateia fab Mattan, Gedaleia fab Pasur, Jucal fab Selemeia, a Pasur fab Malcheia y geiriau yr oedd Jeremeia'n eu llefaru wrth yr holl bobl, gan ddweud, ² "Fel hyn y dywed yr ARGLWYDD: 'Pwy bynnag fydd yn aros yn y ddinas hon, fe fydd farw trwy gleddyf, newyn a haint; ond pwy bynnag fydd yn mynd allan at y Caldeaid, bydd hwnnw fyw; bydd yn arbed ei fywyd ac yn byw.' ³ Fel hyn y dywed yr ARGLWYDD: 'Yn ddiau rhoir y ddinas hon yng ngafael llu brenin Babilon, a bydd ef yn ei hennill.'" ⁴ Yna dywedodd y swyddogion wrth y brenin, "Atolwg, rhodder y dyn hwn i farwolaeth; oblegid y mae'n gwanhau dwylo gweddill y milwyr sydd yn y ddinas hon, a phawb o'r bobl, trwy lefaru fel hyn wrthynt. Nid yw'r dyn yn meddwl am les y bobl hyn, ond am eu niwed." ⁵ Atebodd y Brenin Sedeceia, "Y mae yn eich dwylo chwi; ni ddichon y brenin wneud dim i'ch gwrthwynebu yn y mater." ⁶ A chymerasant Jeremeia, a'i fwrw i bydew Malcheia, mab y brenin, yng nghyntedd y gwylwyr; gollyngasant Jeremeia i lawr wrth raffau. Nid oedd dŵr yn y pydew, dim ond llaid, a suddodd Jeremeia yn y llaid.

⁷ Clywodd Ebed-melech yr Ethiopiad, eunuch ym mhlasty'r brenin, eu bod wedi rhoi Jeremeia yn y pydew. Yr oedd y brenin yn eistedd ym mhorth Benjamin, ⁸ ac aeth Ebed-melech allan o'r plasty at y brenin a dweud, ⁹ "F'arglwydd frenin, gwnaeth y gwŷr hyn ddrwg ym mhob peth a wnaethant i'r proffwyd Jeremeia, trwy ei fwrw i'r pydew; bydd farw yn y lle gan y newyn, am nad oes bara mwyach yn y ddinas." ¹⁰ Yna gorchmynnodd y brenin i Ebed-melech yr Ethiopiad, "Cymer gyda thi dri* o wŷr, a chodi'r proffwyd Jeremeia o'r pydew cyn iddo farw." ¹¹ Cymerodd Ebed-melech y gwŷr ac aeth i'r ystafell wisgo* yn y plasty, a chymryd oddi yno hen garpiau a hen fratiau, a'u gollwng i lawr wrth raffau at Jeremeia yn y pydew. ¹² A dywedodd Ebed-melech yr Ethiopiad wrth Jeremeia, "Gosod yr hen garpiau a'r bratiau dan dy geseiliau o dan y rhaffau." Gwnaeth Jeremeia felly. ¹³ A thynasant Jeremeia i fyny wrth y rhaffau, a'i godi o'r pydew. Wedi hyn arhosodd Jeremeia yng nghyntedd y gwylwyr.

Sedeceia'n Ceisio Cyngor Jeremeia

¹⁴ Anfonodd y Brenin Sedeceia i gyrchu'r proffwyd Jeremeia ato yn y trydydd cyntedd i dŷ'r ARGLWYDD, a dywedodd wrth Jeremeia, "Yr wyf am ofyn rhywbeth i ti; paid â chelu dim oddi wrthyf." ¹⁵ Dywedodd Jeremeia wrth Sedeceia, "Os mynegaf i ti, oni roi fi i farwolaeth? Os rhof gyngor i ti, ni wrandewi arnaf." ¹⁶ Ond tyngodd y Brenin Sedeceia wrth Jeremeia yn gyfrinachol, "Cyn wired â bod yr ARGLWYDD, a roes einioes inni, yn fyw, ni'th rof i farwolaeth, na'th roi yng ngafael y rhai hyn sy'n ceisio dy einioes." ¹⁷ Yna dywedodd Jeremeia wrth Sedeceia, "Fel hyn y dywed yr ARGLWYDD, Duw'r Lluoedd, Duw Israel: 'Os ei allan ac ymostwng i swyddogion brenin Babilon, yna byddi fyw, ac ni losgir y ddinas hon â thân; byddi fyw, ti a'th dylwyth. ¹⁸ Os nad ei allan at swyddogion brenin Babilon, rhoir y ddinas hon yng ngafael y Caldeaid, ac fe'i llosgant hi â thân, ac ni fyddi dithau'n dianc o'u gafael.'" ¹⁹ A dywedodd y Brenin Sedeceia wrth Jeremeia, "Y mae arnaf ofn yr Iddewon a drodd at y Caldeaid, rhag iddynt fy rhoi

---

38:10 Felly un llawysgrif. TM, *ddeg ar hugain*.
38:11 Tebygol. Hebraeg, *i'r ystafell dan y trysordy*.

yn eu gafael ac iddynt fy ngham-drin."
²⁰ Dywedodd Jeremeia, "Ni'th roddir yn eu gafael. Gwrando yn awr ar lais yr ARGLWYDD yn yr hyn yr wyf yn ei lefaru wrthyt, a bydd yn dda iti, a chedwir dy einioes. ²¹ Os gwrthodi fynd allan, dyma'r gair a ddatguddiodd yr ARGLWYDD i mi: ²² 'Wele, caiff yr holl wragedd a adawyd yn nhŷ brenin Jwda eu dwyn allan at swyddogion brenin Babilon, ac fe ddywedant,

"Hudodd dy gyfeillion di, a buont yn drech na thi;
yn awr, a'th draed wedi glynu yn y llaid, troesant draw oddi wrthyt." '

²³ Dygir allan dy holl wragedd a'th blant at y Caldeaid, ac ni ddihengi dithau o'u gafael, ond fe'th ddelir yng ngafael brenin Babilon, a llosgir y ddinas hon â thân."

²⁴ Yna dywedodd Sedeceia wrth Jeremeia, "Paid â gadael i neb wybod am y geiriau hyn, ac ni fyddi farw. ²⁵ Ond os clyw'r swyddogion i mi ymddiddan â thi, a dod atat a dweud wrthyt, 'Mynega i ni beth a draethodd y brenin wrthyt ti, a beth a ddywedaist wrth y brenin; paid â chelu dim oddi wrthym, ac ni'th roddwn i farwolaeth', ²⁶ yna dywedi wrthynt, 'Yr oeddwn yn gwneud cais yn ostyngedig i'r brenin, ar iddo beidio â'm gyrru'n ôl i dŷ Jonathan i farw yno.' " ²⁷ Pan ddaeth yr holl swyddogion at Jeremeia, a'i holi, mynegodd ef iddynt bob peth yn ôl gorchymyn y brenin. A pheidiasant â'i holi ragor, ac ni chlywyd am y neges. ²⁸ Ac arhosodd Jeremeia yng nghyntedd y gwylwyr hyd y dydd y syrthiodd Jerwsalem, ac yr oedd yno pan syrthiodd Jerwsalem.

Cwymp Jerwsalem

39 Yn y nawfed flwyddyn i Sedeceia brenin Jwda, yn y degfed mis, daeth Nebuchadnesar brenin Babilon a'i holl lu yn erbyn Jerwsalem a gwarchae arni; ² ac yn yr unfed flwyddyn ar ddeg i Sedeceia, yn y pedwerydd mis, ar y nawfed dydd torrwyd bwlch ym mur y ddinas. ³ Daeth holl swyddogion brenin Babilon i mewn a sefyll yn y Porth Canol, sef Nergal-sareser, Samgar-nebo, Sarsechim, Rabsaris, Nergal-sareser, Rabmag, a holl swyddogion eraill brenin Babilon. ⁴ Pan welodd Sedeceia brenin Jwda a'i holl filwyr hwy, ffoesant a gadael y ddinas liw nos, gan ddilyn ffordd gardd y brenin i'r porth rhwng y ddau fur, ac allan i ffordd Araba. ⁵ Ond canlynodd llu'r Caldeaid hwy, a goddiweddyd Sedeceia yn rhosydd Jericho a'i ddal, a'i ddwyn at Nebuchadnesar brenin Babilon yn Ribla yng ngwlad Hamath; yno y dyfarnwyd arno. ⁶ A lladdodd brenin Babilon feibion Sedeceia o flaen ei lygaid yn Ribla; a lladdodd brenin Babilon hefyd holl uchelwyr Jwda. ⁷ Yna fe dynnodd lygaid Sedeceia, a'i rwymo mewn cadwynau pres i'w ddwyn i Fabilon. ⁸ Llosgodd y Caldeaid â thân blasty'r brenin a thai'r bobl, a dryllio muriau Jerwsalem. ⁹ Yna caethgludodd Nebusaradan, pennaeth y milwyr, weddill y bobl i Fabilon, sef y rhai oedd wedi eu gadael yn y ddinas, a'r rhai oedd wedi troi ato ef*; ¹⁰ a gadawodd yng ngwlad Jwda rai pobl dlawd nad oedd ganddynt ddim, a rhoi iddynt yr adeg honno winllannoedd a meysydd.

Rhyddhau Jeremeia

¹¹ Rhoddodd Nebuchadnesar brenin Babilon orchymyn ynghylch Jeremeia trwy law Nebusaradan, pennaeth y milwyr, a dweud, ¹² "Cymer ef a gofala amdano; paid â gwneud dim niwed iddo, ond gwneud fel y dywed wrthyt." ¹³ Yna anfonodd Nebusaradan, pennaeth y milwyr, a Nebusasban, Rabsaris, Nergal-sareser, Rabmag a holl benaethiaid brenin Babilon, ¹⁴ a chymryd Jeremeia o gyntedd y gwylwyr, a'i roi i Gedaleia fab Ahicam, fab Saffan, i'w gyrchu adref; a thrigodd ymhlith y bobl.

¹⁵ Daeth gair yr ARGLWYDD at Jeremeia pan oedd yn garcharor yng nghyntedd y gwylwyr, a dweud, ¹⁶ "Dos a dywed wrth Ebed-melech yr Ethiopiad, 'Fel hyn y dywed ARGLWYDD y Lluoedd, Duw Israel: Yr wyf yn dwyn fy ngeiriau yn erbyn y ddinas hon er drwg ac nid er

---
39:9 Tebygol. Hebraeg, *a'r gweddill a adawyd.*

lles, a chyflawnir hwy yn dy ŵydd y dydd hwnnw. ¹⁷ Ond gwaredaf di y dydd hwnnw,' medd yr ARGLWYDD, 'ac ni'th roddir yng ngafael y dynion y mae arnat eu hofn. ¹⁸ Oherwydd rwy'n sicr o'th waredu, ac ni syrthi trwy'r cleddyf; byddi'n arbed dy fywyd am dy fod wedi ymddiried ynof fi,' medd yr ARGLWYDD."

Jeremeia'n Aros gyda Gedaleia

40 Dyma'r gair oddi wrth yr ARGLWYDD a ddaeth at Jeremeia wedi i Nebusaradan, pennaeth y milwyr, ei ollwng yn rhydd o Rama. Yr oedd wedi ei ddwyn yno mewn rhwymau yng nghanol yr holl garcharorion o Jerwsalem a Jwda oedd yn cael eu caethgludo i Fabilon. ² Cymerodd pennaeth y milwyr Jeremeia a dweud wrtho, "Rhagfynegodd yr ARGLWYDD dy Dduw y drwg hwn yn erbyn y lle hwn, ³ a chyflawnodd ei eiriau, oherwydd pechasoch yn erbyn yr ARGLWYDD; ni wrandawsoch arno, a daeth yr aflwydd hwn arnoch. ⁴ Edrych yn awr, yr wyf yn dy ryddhau di heddiw o'r cadwynau sydd arnat. Os wyt yn dewis dod gyda mi i Fabilon, tyrd, a gofalaf amdanat; os nad wyt yn dewis dod gyda mi, paid; edrych, y mae'r holl wlad o'th flaen, dos i'r fan sydd orau gennyt. ⁵ Os yw'n well gennyt aros*, dychwel at Gedaleia fab Ahicam, fab Saffan, a osododd brenin Babilon yn arolygydd dros ddinasoedd Jwda, ac aros gydag ef ymhlith y bobl; neu dos i'r lle a fynni." Rhoddodd pennaeth y milwyr iddo ddogn o fwyd, a rhodd, a'i ollwng ymaith. ⁶ Aeth Jeremeia i Mispa at Gedaleia fab Ahicam, ac aros gydag ef ymhlith y bobl oedd wedi eu gadael yn y wlad.

Gedaleia yn Llywodraethwr Jwda

⁷ Pan glywodd holl swyddogion y lluoedd, a'r milwyr oedd ar hyd y wlad, fod brenin Babilon wedi gosod Gedaleia fab Ahicam i arolygu'r wlad, ac i fwrw golwg dros y rhai tlawd, yn wŷr, gwragedd a phlant, oedd heb eu caethgludo i Fabilon, ⁸ fe ddaethant at Gedaleia i Mispa. Daeth Ismael fab Nethaneia, Johanan a Jonathan, meibion Carea, a Seraia fab Tanhumeth, a meibion Effai o Netoffa, a Jesaneia mab y Maachathiad, y rhain i gyd a'u milwyr; ⁹ a thyngodd Gedaleia fab Ahicam, fab Saffan wrthynt ac wrth eu milwyr, gan ddweud, "Peidiwch ag ofni gwasanaethu'r Caldeaid; cartrefwch yn y wlad, a gwasanaethu brenin Babilon, a bydd yn dda arnoch. ¹⁰ Byddaf fi'n byw yn Mispa, i wasanaethu'r Caldeaid a fydd yn dod atom; cewch chwi gasglu'r gwin a'r ffrwythau haf a'r olew, a'u rhoi yn eich llestri, a thrigo yn y dinasoedd a feddiannwch." ¹¹ Yna clywodd yr holl Iddewon oedd yn Moab, ac ymhlith Ammon ac yn Edom ac yn yr holl wledydd, fod brenin Babilon wedi gadael gweddill yn Jwda, a gosod Gedaleia fab Ahicam, fab Saffan yn arolygydd arnynt; ¹² a dychwelodd yr holl Iddewon o'r mannau lle gwasgarwyd hwy i Jwda, at Gedaleia yn Mispa, a chasglu stôr helaeth o win a ffrwythau haf.

Llofruddio Gedaleia

¹³ Daeth Johanan fab Carea, a holl swyddogion y lluoedd oedd ar hyd y wlad, at Gedaleia yn Mispa, ¹⁴ a dweud wrtho, "A wyddost ti fod Baalis brenin yr Ammoniaid wedi anfon Ismael fab Nethaneia i'th ladd di?" Ond ni chredai Gedaleia fab Ahicam hwy. ¹⁵ A dywedodd Johanan fab Carea yn gyfrinachol wrth Gedaleia yn Mispa, "Da ti, gad imi fynd, heb yn wybod i neb, a lladd Ismael fab Nethaneia. Pam y caiff ef dy ladd di, a gwasgaru'r holl Iddewon a ymgasglodd atat, a pheri i'r gweddill yn Jwda ddarfod?" ¹⁶ Ond dywedodd Gedaleia fab Ahicam wrth Johanan fab Carea, "Paid â gwneud hynny, oherwydd yr wyt yn dweud celwydd am Ismael."

41 Yn y seithfed mis daeth Ismael fab Nethaneia, fab Elisama, o deulu'r brenin, a chydag ef bendefigion y brenin, deg ohonynt, i Mispa at Gedaleia fab Ahicam; a thra oeddent yn bwyta pryd gyda'i gilydd yn Mispa, ² cododd Ismael fab Nethaneia a'r dengwr, a tharo

---

40:5 Tebygol. Hebraeg yn ddyrys.

Gedaleia fab Ahicam, fab Saffan, â'r cleddyf, a lladd yr un oedd wedi ei osod gan frenin Babilon yn arolygydd dros y wlad. ³ Hefyd lladdodd Ismael yr holl Iddewon oedd gyda Gedaleia yn Mispa, a milwyr y Caldeaid a oedd yn digwydd bod yno.

⁴ Trannoeth wedi lladd Gedaleia, cyn bod neb yn gwybod, ⁵ daeth gwŷr o Sichem a Seilo a Samaria, pedwar ugain ohonynt, wedi eillio'u barfau a rhwygo'u dillad ac archolli eu cyrff, â bwyd-offrymau a thus yn eu dwylo i'w dwyn i deml yr ARGLWYDD. ⁶ Yna daeth Ismael fab Nethaneia allan o Mispa i gyfarfod â hwy, gan wylo wrth ddod. Pan gyfarfu â hwy dywedodd, "Dewch at Gedaleia fab Ahicam." ⁷ Wedi iddynt gyrraedd canol y ddinas, lladdwyd hwy gan Ismael fab Nethaneia a'r gwŷr oedd gydag ef, a'u bwrw i bydew. ⁸ Ond dywedodd deg o ddynion o'u plith wrth Ismael, "Paid â'n lladd ni, oherwydd y mae gennym yn y maes gronfa gudd o wenith a haidd ac olew a mêl." Felly ni laddwyd y rhain gyda'u cymdeithion. ⁹ Y pydew yr oedd y Brenin Asa wedi ei gloddio pan fygythiwyd ef gan Baasa brenin Israel oedd yr un y bwriodd Ismael iddo holl gelaneddau'r gwŷr yr oedd wedi eu lladd trwy eu twyllo ag enw Gedaleia. Llanwodd Ismael fab Nethaneia y pydew â'r lladdedigion. ¹⁰ Yna daliodd Ismael holl weddill y bobl oedd yn Mispa, sef merched y brenin a'r holl bobl oedd wedi eu gadael yn Mispa pan osododd Nebusaradan, pennaeth y gwylwyr, Gedaleia fab Ahicam yn arolygydd drostynt. Daliodd Ismael fab Nethaneia hwy, a chychwynnodd fynd drosodd at yr Ammoniaid.

¹¹ Pan glywodd Johanan fab Carea, a holl swyddogion y lluoedd arfog oedd gydag ef, am yr holl ddrwg yr oedd Ismael fab Nethaneia wedi ei wneud, ¹² cymerasant gyda hwy eu holl wŷr i ymladd yn erbyn Ismael fab Nethaneia, a daethant o hyd iddo wrth y pwll mawr yn Gibeon. ¹³ Llawenychodd yr holl bobl oedd gydag Ismael pan welsant Johanan fab Carea a holl swyddogion ei luoedd, ¹⁴ a dyna'r holl bobl yr oedd Ismael wedi eu dwyn yn gaeth o Mispa yn troi ac yn mynd drosodd at Johanan fab Carea. ¹⁵ Ond dihangodd Ismael fab Nethaneia, ac wyth o ddynion gydag ef, oddi wrth Johanan, a mynd drosodd at yr Ammoniaid. ¹⁶ Yna cymerodd Johanan fab Carea a swyddogion ei luoedd bawb oedd ar ôl o'r bobl yr oedd Ismael fab Nethaneia wedi eu dwyn o Mispa, ar ôl iddo ladd Gedaleia fab Ahicam. Dygodd ef yn ôl o Gibeon ddynion a gwŷr rhyfel, gwragedd a phlant ac eunuchod. ¹⁷ Aethant oddi yno ac aros yn llety Chimham, yn ymyl Bethlehem, ar eu ffordd wrth ffoi i'r Aifft ¹⁸ rhag y Caldeaid; oblegid yr oeddent yn eu hofni hwy am fod Ismael fab Nethaneia wedi lladd Gedaleia fab Ahicam, y gŵr a osododd brenin Babilon yn arolygydd dros y wlad.

Gweddi Jeremeia ac Ateb Duw

42 Nesaodd swyddogion y lluoedd, a Johanan fab Carea a Jesaneia fab Hosaia, a'r holl bobl yn fach a mawr, ² a dweud wrth y proffwyd Jeremeia, "Os gweli'n dda, ystyria'n cais, a gweddïa drosom ni ar yr ARGLWYDD dy Dduw, a thros yr holl weddill hyn, oherwydd gadawyd ni'n ychydig allan o nifer mawr, fel y gweli. ³ Dyweded yr ARGLWYDD dy Dduw wrthym y ffordd y dylem rodio a'r hyn y dylem ei wneud." ⁴ Atebodd y proffwyd Jeremeia hwy, "Gwnaf, mi weddïaf drosoch ar yr ARGLWYDD eich Duw yn ôl eich cais, a beth bynnag fydd ateb yr ARGLWYDD, fe'i mynegaf heb atal dim oddi wrthych." ⁵ Dywedasant hwythau wrth Jeremeia, "Bydded yr ARGLWYDD yn dyst cywir a ffyddlon yn ein herbyn os na wnawn yn ôl pob gair y bydd yr ARGLWYDD dy Dduw yn ei orchymyn inni. Yn sicr, fe'i gwnawn. ⁶ Boed dda neu ddrwg, fe wrandawn ni ar yr ARGLWYDD ein Duw, yr anfonwn di ato, fel y byddo'n dda inni; gwrandawn ar yr ARGLWYDD ein Duw."

⁷ Ymhen deg diwrnod daeth gair yr ARGLWYDD at Jeremeia, ⁸ a galwodd ato Johanan fab Carea a swyddogion y lluoedd oedd gydag ef, a'r holl bobl yn fach a mawr, ⁹ a dweud wrthynt, "Fel hyn y dywed yr ARGLWYDD, Duw Israel, yr anfonasoch fi ato i gyflwyno eich cais

iddo: ¹⁰ 'Os arhoswch yn y wlad hon, fe'ch adeiladaf, ac nid eich tynnu i lawr; fe'ch plannaf, ac nid eich diwreiddio, oherwydd rwy'n gofidio am y drwg a wneuthum i chwi. ¹¹ Peidiwch ag ofni rhag brenin Babilon, yr un y mae arnoch ei ofn; peidiwch â'i ofni ef,' medd yr ARGLWYDD, 'canys byddaf gyda chwi i'ch achub a'ch gwaredu o'i afael. ¹² Gwnaf drugaredd â chwi, a bydd ef yn trugarhau wrthych ac yn eich adfer i'ch gwlad eich hun. ¹³ Ond os dywedwch, "Nid arhoswn yn y wlad hon", gan wrthod gwrando ar lais yr ARGLWYDD eich Duw, ¹⁴ a dweud, "Nage, ond fe awn i'r Aifft; ni welwn ryfel yno na chlywed sain utgorn na bod mewn newyn am fara, ac yno y trigwn", ¹⁵ yna, clywch air yr ARGLWYDD, chwi weddill Jwda. Fel hyn y dywed ARGLWYDD y Lluoedd, Duw Israel: Os mynnwch droi eich wyneb tua'r Aifft, a mynd yno i drigo, ¹⁶ yna bydd y cleddyf a ofnwch yma yn eich goddiweddyd yno yng ngwlad yr Aifft, a'r newyn sy'n peri pryder ichwi yn eich dilyn i'r Aifft. Ac yno y byddwch farw. ¹⁷ Trwy gleddyf a newyn a haint bydd farw pob un a dry ei wyneb tua'r Aifft i drigo yno; ni bydd un yn weddill nac yn ddihangol, oherwydd y dialedd a ddygaf arnynt.'

¹⁸ "Fel hyn y dywed ARGLWYDD y Lluoedd, Duw Israel: 'Fel y tywalltwyd fy llid a'm digofaint ar drigolion Jerwsalem, felly y tywelltir fy nigofaint arnoch chwithau pan ewch i'r Aifft. Byddwch yn destun melltith ac arswyd, gwawd a gwarth; ac ni chewch weld y lle hwn byth eto.' ¹⁹ Dywedodd yr ARGLWYDD wrthych, 'Chwi weddill Jwda, peidiwch â mynd i'r Aifft.' Bydded hysbys i chwi i mi eich rhybuddio heddiw. ²⁰ Twyllo'ch hunain yr oeddech wrth fy anfon i at yr ARGLWYDD eich Duw, a dweud, 'Gweddïa drosom ar yr ARGLWYDD ein Duw, a mynega i ni bob peth a ddywed yr ARGLWYDD ein Duw; ac fe'i gwnawn.' ²¹ Mynegais ef i chwi heddiw, ond ni wrandawsoch ar lais yr ARGLWYDD eich Duw mewn dim yr anfonodd fi atoch i'w ddweud. ²² Yn awr, bydded hysbys y byddwch farw trwy gleddyf a newyn a haint yn y lle yr ydych yn dewis mynd iddo i fyw."

Cymryd Jeremeia i'r Aifft

43 Pan orffennodd Jeremeia lefaru wrth y bobl yr holl eiriau a anfonodd yr ARGLWYDD eu Duw atynt drwyddo ef, ² atebodd Asareia fab Hosaia a Johanan fab Carea a'r holl rai sarhaus, a dweud wrth Jeremeia, "Dweud celwydd yr wyt; ni orchmynnodd yr ARGLWYDD ein Duw iti ddweud, 'Peidiwch â mynd i fyw i'r Aifft.' ³ Baruch fab Nereia sydd wedi dy annog di yn ein herbyn, er mwyn ein rhoi yng ngafael y Caldeaid, iddynt hwy ein lladd neu ein caethgludo i Fabilon." ⁴ Ac ni wrandawodd Johanan fab Carea, a swyddogion y llu a'r bobl, ar lais yr ARGLWYDD, i aros yn nhir Jwda. ⁵ Ond cymerodd Johanan fab Carea a swyddogion y llu holl weddill Jwda, a oedd wedi dychwelyd i drigo yng ngwlad Jwda o blith yr holl genhedloedd y gwasgarwyd hwy yn eu plith— ⁶ y gwŷr, y gwragedd a'r plant, merched y brenin a phawb yr oedd Nebusaradan, pennaeth y gwylwyr, wedi eu gadael gyda Gedaleia fab Ahicam, fab Saffan; a hefyd y proffwyd Jeremeia a Baruch fab Nereia. ⁷ Ac aethant i wlad yr Aifft, heb wrando ar lais yr ARGLWYDD, a chyrraedd Tahpanhes.

⁸ Daeth gair yr ARGLWYDD at Jeremeia yn Tahpanhes: ⁹ "Cymer gerrig mawr, ac yng ngŵydd pobl Jwda gosod hwy mewn morter yn y palmant wrth ddrws tŷ Pharo yn Tahpanhes, ¹⁰ a dywed wrthynt, 'Fel hyn y dywed ARGLWYDD y Lluoedd, Duw Israel: Dyma fi'n anfon i gyrchu fy ngwas, Nebuchadnesar brenin Babilon, a chodaf ei orsedd ar y cerrig hyn a osodais, ac fe daena ef ei ortho drostynt. ¹¹ Yna fe ddaw a tharo gwlad yr Aifft, gan ladd y rhai sydd i'w lladd, a chaethiwo'r rhai sydd i fynd i gaethiwed, a rhoi i'r cleddyf y rhai sydd i'w rhoi i'r cleddyf. ¹² Bydd* yn cynnau tân yn nhemlau duwiau'r Aifft ac yn eu llosgi, a chario'r duwiau ymaith. A bydd yn glanhau gwlad yr Aifft fel y bydd bugail yn glanhau ei wisg o'r llau; ac yna'n mynd ymaith mewn heddwch. ¹³ Bydd yn malu'r colofnau yn Nheml yr Haul yng

---

43:12 Felly Groeg. Hebraeg, *Byddaf.*

ngwlad yr Aifft, ac yn llosgi temlau duwiau'r Aifft â thân.'"

Neges yr ARGLWYDD i'r Iddewon yn yr Aifft

44 Dyma'r gair a ddaeth at Jeremeia am yr holl Iddewon oedd yn byw yng ngwlad yr Aifft, sef yn Migdol, Tahpanhes a Noff, ac ym mro Pathros: ² "Fel hyn y dywed ARGLWYDD y Lluoedd, Duw Israel: 'Gwelsoch yr holl ddinistr a ddygais ar Jerwsalem ac ar holl ddinasoedd Jwda; y maent heddiw yn anghyfannedd, heb neb yn byw ynddynt, ³ o achos y drygioni a wnaethant i'm digio, gan losgi arogldarth ac addoli duwiau eraill nad oeddent hwy na chwithau na'ch hynafiaid yn eu hadnabod. ⁴ Anfonais atoch fy holl weision y proffwydi, a'u hanfon yn gyson i ddweud, "Yn wir, peidiwch â chyflawni'r ffieidd-beth hwn sydd yn gas gennyf." ⁵ Ond ni wrandawsant, nac estyn clust i droi oddi wrth eu drygioni ac i beidio ag arogldarthu i dduwiau eraill. ⁶ Felly tywalltwyd fy llid a'm digofaint, a llosgi yn ninasoedd Jwda ac yn heolydd Jerwsalem, a'u gwneud yn anghyfannedd a diffaith, fel y maent heddiw.' ⁷ Yn awr, fel hyn y dywed ARGLWYDD Dduw y Lluoedd, Duw Israel: 'Pam yr ydych yn gwneud y drwg mawr hwn yn eich erbyn eich hunain, a thorri ymaith o Jwda ŵr a gwraig, plentyn a baban, fel nad oes gennych weddill yn aros? ⁸ Pam yr ydych yn fy nigio i â gwaith eich dwylo, ac yn arogldarthu i dduwiau eraill yng ngwlad yr Aifft, lle y daethoch i fyw, gan eich difetha eich hunain, a bod yn felltith ac yn warth ymysg holl genhedloedd y ddaear? ⁹ A ydych wedi anghofio drygioni eich hynafiaid a drygioni brenhinoedd Jwda a drygioni eu gwragedd*, a'ch drygioni chwi eich hunain a'ch gwragedd, a wnaed yn nhir Jwda ac yn heolydd Jerwsalem? ¹⁰ Hyd heddiw nid ydych wedi ymostwng, nac ofni, na rhodio yn fy nghyfraith a'm deddfau, a roddais o'ch blaen ac o flaen eich hynafiaid.'

¹¹ "Am hynny, fel hyn y dywed ARGLWYDD y Lluoedd, Duw Israel: 'Yr wyf yn gosod fy wyneb yn eich erbyn er niwed, i ddifetha holl Jwda. ¹² Cymeraf weddill Jwda, a ddewisodd fynd i wlad yr Aifft i aros yno, a difethir hwy oll. Yng ngwlad yr Aifft y syrthiant; trwy gleddyf a newyn y difethir hwy; yn fach a mawr, byddant farw trwy gleddyf a newyn, a byddant yn destun melltith ac arswyd, gwawd a gwarth. ¹³ Cosbaf y rhai sy'n byw yng ngwlad yr Aifft, fel y cosbais Jerwsalem drwy gleddyf a newyn a haint. ¹⁴ Ymysg gweddill Jwda, a ddaeth i aros yng ngwlad yr Aifft, ni fydd un yn dianc nac wedi ei adael i ddychwelyd i wlad Jwda, er iddynt ddyheu am gael dychwelyd i fyw yno. Ni ddychwelant yno, ar wahân i ffoaduriaid.'"

¹⁵ Yna atebwyd Jeremeia gan y gwŷr a wyddai fod eu gwragedd yn arogldarthu i dduwiau eraill, a chan yr holl wragedd oedd yn sefyll gerllaw yn gynulleidfa fawr, a'r holl bobl oedd yn trigo yn Pathros yn yr Aifft. ¹⁶ "Nid ydym am wrando arnat," meddent, "yn y mater y lleferaist amdano wrthym yn enw'r ARGLWYDD. ¹⁷ Yn hytrach, yr ydym am fynnu gwneud yn ôl pob addewid a wnaethom i ni ein hunain; yr ydym am arogldarthu i frenhines y nefoedd, a thywallt iddi ddiodoffrwm, fel y gwnaethom o'r blaen yn ninasoedd Jwda ac yn heolydd Jerwsalem, ni a'n hynafiaid, ein brenhinoedd a'n tywysogion. Yr oeddem yn cael digon o fara, a bu'n dda arnom, ac ni welsom ddrwg. ¹⁸ Byth er yr adeg y peidiasom ag arogldarthu i frenhines y nefoedd a thywallt diodoffrwm iddi, bu arnom eisiau pob dim, ac fe'n dinistriwyd â'r cleddyf ac â newyn. ¹⁹ Pan oeddem yn arogldarthu i frenhines y nefoedd ac yn tywallt diodoffrwm iddi, ai heb i'n gwŷr hefyd gymeradwyo y gwnaethom iddi deisennau ar ei llun, neu dywallt diodoffrwm iddi?" ²⁰ A dywedodd Jeremeia wrth yr holl bobl, yn wŷr ac yn wragedd, a oedd wedi rhoi iddo yr ateb hwn, ²¹ "Onid yr arogldarthu a wnaethoch chwi a'ch hynafiaid, eich brenhinoedd a'ch tywysogion, a phobl y wlad yn ninasoedd Jwda a heolydd

---

44:9 Felly Groeg. Hebraeg, *ei wragedd*.

Jerwsalem yw'r peth a gofiodd yr ARGLWYDD? Oni ddaeth hyn i'w feddwl? ²² Ni allai'r ARGLWYDD oddef yn hwy eich gweithredoedd drwg, a'r ffieiddbeth a wnaethoch; a gwnaeth eich gwlad yn anghyfannedd, ac yn syndod ac yn felltith, heb breswylydd, fel y mae heddiw. ²³ Oherwydd ichwi arogldarthu, a phechu felly yn erbyn yr ARGLWYDD, ac am na wrandawsoch ar lais yr ARGLWYDD, na rhodio yn ei gyfraith ef, nac yn ei ddeddfau na'i dystiolaethau, oherwydd hynny y digwyddodd yr aflwydd hwn i chwi, fel y gwelir heddiw."

²⁴ Dywedodd Jeremeia wrth yr holl bobl a'r holl wragedd, "Clywch air yr ARGLWYDD, chwi holl bobl Jwda sydd yng ngwlad yr Aifft. ²⁵ Fel hyn y dywed ARGLWYDD y Lluoedd, Duw Israel: 'Gwnaethoch chwi a'ch gwragedd addewid â'ch genau, a'i chyflawni â'ch dwylo, gan ddweud, "Yr ydym am gyflawni'r addunedau a addunedwyd gennym i arogldarthu i frenhines y nef a thywallt diodoffrwm iddi." Cyflawnwch, ynteu, eich addunedau, a thalwch hwy.' ²⁶ Ond gwrandewch air yr ARGLWYDD, chwi holl bobl Jwda sy'n byw yng ngwlad yr Aifft. 'Tyngais innau i'm henw mawr,' medd yr ARGLWYDD, 'na fydd f'enw mwyach ar wefus neb o bobl Jwda yn holl wlad yr Aifft, i ddweud, "Byw fyddo'r Arglwydd DDUW". ²⁷ Dyma fi'n effro i ddwyn drygioni arnynt, ac nid daioni; difethir â'r cleddyf ac â newyn holl bobl Jwda sydd yng ngwlad yr Aifft, nes y bydd diwedd arnynt. ²⁸ A'r rhai a ddihanga rhag y cleddyf, dychwelant o wlad yr Aifft i dir Jwda yn ychydig o nifer; a chaiff holl weddill Jwda, a ddaeth i wlad yr Aifft i aros yno, ystyried gair pwy a saif, fy ngair i ynteu eu gair hwy.'

²⁹ " 'Dyma'r arwydd i chwi,' medd yr ARGLWYDD: 'Cosbaf chwi yn y lle hwn er mwyn i chwi wybod fod fy ngeiriau'n sefyll yn gadarn yn eich erbyn er drwg.' ³⁰ Fel hyn y dywed yr ARGLWYDD: 'Yr wyf fi'n rhoi Pharo Hoffra brenin yr Aifft yn llaw ei elynion, a'r rhai sy'n ceisio'i einioes, fel y rhoddais Sedeceia brenin Jwda yn llaw Nebuchadnesar brenin Babilon, ei elyn a oedd yn ceisio'i einioes.' "

Addewid Duw i Baruch

45 Dyma'r gair a lefarodd y proffwyd Jeremeia wrth Baruch fab Nereia, pan ysgrifennodd ef y geiriau hyn mewn llyfr, yn ôl cyfarwyddyd Jeremeia, yn y bedwaredd flwyddyn i Jehoiacim fab Joseia, brenin Jwda: ² "Fel hyn y dywed ARGLWYDD Dduw Israel wrthyt ti, Baruch: ³ 'Dywedaist, "Gwae fi, oherwydd ychwanegodd yr ARGLWYDD dristwch at fy ngofid; diffygiais gan fy ngriddfan, ac ni chefais orffwys." ' ⁴ Fel hyn y dywedi wrth Baruch: 'Dyma air yr ARGLWYDD: Wele, fe dynnaf i lawr yr hyn a adeiledais, a diwreiddio'r hyn a blennais. Digwydd hyn i'r holl wlad. ⁵ A thithau, a geisi i ti dy hun bethau mawrion? Paid â'u ceisio, oherwydd dyma fi'n dod â drwg ar bob cnawd,' medd yr ARGLWYDD; 'ond gadawaf i ti arbed dy fywyd, ple bynnag yr ei.' "

Trechu'r Aifft yn Carchemis

46 Dyma air yr ARGLWYDD, a ddaeth at y proffwyd Jeremeia ynglŷn â'r cenhedloedd, ² am yr Aifft, ynglŷn â lluoedd Pharo Necho brenin yr Aifft pan oeddent yn Carchemis yn ymyl yr Ewffrates, wedi i Nebuchadnesar brenin Babilon eu gorchfygu yn y bedwaredd flwyddyn i Jehoiacim fab Joseia, brenin Jwda:

³ "Cymerwch fwcled a tharian,
ewch yn eich blaen i'r frwydr.
⁴ Cenglwch y ceffylau,
marchogwch y meirch,
safwch yn barod, pawb â'i helm,
gloywch eich gwaywffyn,
gwisgwch eich llurigau.
⁵ Beth a welaf? Y maent mewn braw,
ciliant yn ôl, lloriwyd eu cedyrn;
ffoesant ar ffrwst, heb edrych yn ôl;
dychryn ar bob llaw!" medd yr
ARGLWYDD.
⁶ "Ni all y buan ffoi,
na'r cadarn ddianc;
tua'r gogledd ar lan yr Ewffrates
y baglant ac y syrthiant.

⁷ "Pwy yw hon sy'n codi fel y Neil,
fel afonydd â'u dyfroedd yn dygyfor?

⁸ Yr Aifft sy'n codi fel y Neil,
fel afonydd â'u dyfroedd yn dygyfor.
Ac meddai, 'Fe godaf a gorchuddio'r
    ddaear;
dinistriaf bob dinas a'i thrigolion.'
⁹ Ymlaen, chwi feirch;
rhuthrwch, chwi gerbydau rhyfel.
Allan, chwi wŷr cedyrn—
Ethiopiaid a gwŷr Put, sy'n dwyn
    tarian;
gwŷr o Lydia, sy'n arfer tynnu bwa.
¹⁰ Hwn yw dydd ARGLWYDD Dduw'r
    Lluoedd,
dydd dialedd i ddial ar ei elynion.
Ysa'r cleddyf nes syrffedu;
meddwa ar eu gwaed.
Canys bydd ARGLWYDD Dduw'r
    Lluoedd yn cynnal aberth
yng ngwlad y gogledd, wrth afon
    Ewffrates.
¹¹ Dos i fyny i Gilead, a chymer falm,
O wyryf, ferch yr Aifft;
yn ofer y cymeraist gyffuriau lawer,
canys ni fydd gwellhad i ti.
¹² Fe glyw'r cenhedloedd am dy
    waradwydd,
ac y mae dy waedd yn llenwi'r
    ddaear;
cadarn yn syrthio yn erbyn cadarn,
a'r ddau'n cwympo gyda'i gilydd."

Dyfodiad Nebuchadnesar

¹³ Dyma'r gair a lefarodd yr ARGLWYDD wrth y proffwyd Jeremeia pan oedd Nebuchadnesar brenin Babilon ar ddod i daro gwlad yr Aifft:

¹⁴ "Mynegwch yn yr Aifft,
    cyhoeddwch yn Migdol,
hysbyswch yn Noff ac yn Tahpanhes;
dywedwch, 'Saf, a bydd barod,
canys y mae cleddyf yn ysu o'th
    amgylch.'
¹⁵ Pam yr ysgubwyd Apis* ymaith,
a pham na ddaliodd dy darw ei dir?
Yr ARGLWYDD a'i bwriodd i lawr.
¹⁶ Parodd i luoedd faglu a syrthio
y naill yn erbyn y llall.
Dywedasant, 'Cyfodwch,
dychwelwn at ein pobl,
i wlad ein genedigaeth,
rhag cleddyf y gorthrymwr.'

¹⁷ Rhowch yn enw ar Pharo brenin yr
    Aifft,
'Y Broliwr a gollodd ei gyfle'.
¹⁸ Cyn wired â'm bod yn fyw," medd y
    Brenin—
ARGLWYDD y Lluoedd yw ei enw—
"fe ddaw, fel Tabor ymhlith y
    mynyddoedd,
a Charmel uwchlaw'r môr.
¹⁹ Casgla iti becyn ar gyfer caethglud,
ti, drigiannydd yr Aifft;
canys bydd Noff yn anghyfannedd;
fe'i difethir, a bydd heb breswylydd.
²⁰ "Heffer gyda'r brydferthaf yw'r
    Aifft,
ond daeth cleren o'r gogledd arni.
²¹ Yr oedd ei milwyr cyflog yn ei
    chanol
fel lloi pasgedig;
a throesant hwythau hefyd ymaith,
a ffoi ynghyd, heb oedi;
canys daeth dydd eu gofid arnynt,
ac awr eu cosbi.
²² Y mae ei sŵn fel sarff yn hisian*,
canys daeth y gelyn yn llu,
daeth yn ei herbyn â bwyeill;
fel rhai yn cymynu coed,
²³ torrant i lawr ei choedydd," medd
    yr ARGLWYDD.
"Canys ni ellir eu rhifo;
y maent yn amlach eu rhif na
    locustiaid,
heb rifedi arnynt.
²⁴ Cywilyddir merch yr Aifft,
a'i rhoi yng ngafael pobl y gogledd."

Yr ARGLWYDD yn Gwaredu ei Bobl

²⁵ Dywedodd ARGLWYDD y Lluoedd, Duw Israel, "Byddaf yn cosbi Thebes, a Pharo a'r Aifft, a'i duwiau a'i brenhinoedd, Pharo a'r rhai sy'n ymddiried ynddo. ²⁶ Rhof hwy yng ngafael y rhai sy'n ceisio'u heinioes, yng ngafael Nebuchadnesar brenin Babilon, ac yng ngafael ei weision; ac wedi hynny cyfanheddir hi fel o'r blaen," medd yr ARGLWYDD.

²⁷ "Ond tydi, fy ngwas Jacob, paid ag
    ofni;
paid ag arswydo, Israel;
canys dyma fi'n dy achub o bell,

46:15 Felly Groeg. Hebraeg heb *Apis*.

46:22 Felly Groeg. Hebraeg, *yn mynd ymaith*.

a'th had o wlad eu caethiwed.
Bydd Jacob yn dychwelyd ac yn cael
llonydd;
bydd yn esmwyth arno, ac ni fydd
neb i'w ddychryn.
²⁸ Tydi, fy ngwas Jacob, paid ag
ofni," medd yr ARGLWYDD,
"canys yr wyf fi gyda thi;
gwnaf ddiwedd ar yr holl
genhedloedd
y gyrrais di atynt;
ond ni wnaf ddiwedd arnat ti.
Disgyblaf di mewn barn,
ni'th adawaf yn ddi-gosb."

Neges yr ARGLWYDD ynghylch Philistia

47 Dyma air yr ARGLWYDD a ddaeth at y proffwyd Jeremeia ynghylch y Philistiaid, cyn i Pharo daro Gasa. ² "Fel hyn y dywed yr ARGLWYDD:

'Wele, y mae dyfroedd yn tarddu o'r gogledd,
ac yn llifeirio'n ffrwd gref;
llifant dros y wlad a'i chynnwys,
ei dinasoedd a'u preswylwyr.
Y mae'r bobl yn gweiddi
a holl breswylwyr y wlad yn udo,
³ oherwydd sŵn carnau ei feirch yn
curo,
ac oherwydd trwst ei gerbydau
a thwrf yr olwynion.
Ni thry'r rhieni'n ôl i edrych am y
plant;
gwanychodd eu dwylo gymaint.
⁴ Daeth y dydd i ddinistrio
yr holl Philistiaid,
i dorri allan o Tyrus ac o Sidon
bob un sy'n aros i'w cynorthwyo.
Dinistria'r ARGLWYDD y Philistiaid,
gweddill ynystir Cafftor.
⁵ Daeth moelni ar Gasa,
a dinistriwyd Ascalon.
Ti, weddill yr Anacim*,
pa hyd yr archolli dy hun?
⁶ O gleddyf yr ARGLWYDD,
pa hyd y byddi heb ymlonyddu?
Dychwel i'th wain;
gorffwys, a bydd dawel.
⁷ Pa fodd yr ymlonydda,
gan i'r ARGLWYDD ei orchymyn?

Yn erbyn Ascalon, ac yn erbyn glan y
môr
y gosododd ef.'"

Dinistr Moab

48 Am Moab, fel hyn y dywed ARGLWYDD y Lluoedd, Duw Israel:

"Gwae Nebo, canys fe'i
hanrheithiwyd!
Cywilyddiwyd a daliwyd Ciriathaim;
cywilyddiwyd Misgab, a'i difetha.
² Ni bydd gogoniant Moab mwyach;
yn Hesbon cynlluniwyd drwg yn eu
herbyn:
'Dewch, dinistriwn hi fel na bydd yn
genedl!'
Distewir dithau, Madmen,
erlidia'r cleddyf di.
³ Clyw waedd o Horonaim,
'Anrhaith a dinistr mawr!'
⁴ Dinistriwyd Moab;
clywir ei gwaedd hyd yn Soar*.
⁵ Canys dringant riw Luhith
dan wylo'n chwerw;
ac ar lechwedd Horonaim
clywir cri ddolefus dinistr.
⁶ Ffowch, dihangwch am eich
einioes,
fel y gwna'r asyn gwyllt* yn yr
anialwch.
⁷ "Am i ti ymddiried yn dy
weithredoedd
a'th drysorau dy hun,
cei dithau hefyd dy ddal;
â Cemos i ffwrdd i gaethglud,
ynghyd â'i offeiriaid a'i benaethiaid.
⁸ Daw'r anrheithiwr i bob dinas,
ni ddihanga un ohonynt;
derfydd am y dyffryn, difwynir y
gwastadedd,
fel y dywed yr ARGLWYDD.
⁹ Rhowch garreg fedd* ar Moab,
canys difodwyd hi'n llwyr;
gwnaed ei dinasoedd yn
anghyfannedd,
heb breswylydd ynddynt.
¹⁰ Melltith ar y sawl sy'n gwneud
gwaith yr ARGLWYDD yn ddi-sut,

47:5 Felly Groeg. Hebraeg, *weddill eu dyffryn.*
48:4 Felly Groeg. Hebraeg, *ei rhai bychain.*
48:6 Felly Groeg. Hebraeg, *fel Aroer.*
48:9 Felly Groeg. Hebraeg yn aneglur.

melltith ar bwy bynnag sy'n atal ei
    gleddyf rhag gwaed.

¹¹ "Bu'n esmwyth ar Moab erioed;
gorffwysodd fel gwin ar ei waddod;
nis tywalltwyd o lestr i lestr;
nid aeth hi i gaethiwed.
Felly y cadwodd ei blas,
ac ni newidiodd ei sawr.

¹² "Am hynny, wele'r dyddiau yn dod," medd yr ARGLWYDD, "yr anfonaf rai i'w hysgwyd; ac ysgydwant hi, a gwacáu ei llestri a dryllio'r costrelau. ¹³ A chywilyddir Moab o achos Cemos, fel y cywilyddiwyd Israel o achos Bethel, eu hyder hwy.

¹⁴ "Pa fodd y dywedwch, 'Cedyrn ŷm
    ni,
a gwŷr nerthol i ryfel'?
¹⁵ Daeth anrheithiwr Moab a'i
    dinasoedd i fyny,
a disgynnodd y gorau o'i hieuenctid
    i'r lladdfa,"
medd y Brenin—ARGLWYDD y
    Lluoedd yw ei enw.

¹⁶ "Daeth dinistr Moab yn agos,
ac y mae ei thrychineb yn prysuro'n
    gyflym.
¹⁷ Galarwch drosti, bawb sydd o'i
    hamgylch,
bawb sy'n adnabod ei henw.
Gofynnwch, 'Pa fodd y torrwyd y ffon
    gref
a'r wialen hardd?'
¹⁸ Disgyn o'th ogoniant,
ac eistedd ar dir sychedig,
ti, breswylferch Dibon;
canys daeth anrheithiwr Moab yn dy
    erbyn,
a dinistrio d'amddiffynfeydd.
¹⁹ Saf ar ymyl y ffordd, a gwêl,
ti, breswylferch Aroer;
gofyn i'r sawl sy'n ffoi ac yn dianc,
a dywed, 'Beth a ddigwyddodd?'
²⁰ Cywilyddiwyd Moab, a'i dinistrio;
udwch, a llefwch.
Mynegwch yn Arnon fod Moab yn
    anrhaith.

²¹ "Daeth barn ar y gwastadedd, ar Holon a Jahas a Meffaath, ²² ar Dibon a Nebo a Beth-diblathaim; ²³ ar Ciriathaim a Beth-gamul a Beth-meon; ²⁴ ar Cerioth a Bosra, a holl ddinasoedd gwlad Moab, ymhell ac yn agos. ²⁵ Tynnwyd ymaith gorn Moab, a thorrwyd ei braich," medd yr ARGLWYDD.

²⁶ "Gwnewch hi'n feddw,
canys ymfawrygodd yn erbyn yr
    ARGLWYDD;
ymdrybaedded Moab yn ei chwydfa,
a bydded felly'n gyff gwawd.
²⁷ Oni bu Israel yn gyff gwawd i ti,
er nad oedd ymysg lladron,
fel yr ysgydwit dy ben wrth sôn
    amdani?

²⁸ "Cefnwch ar y dinasoedd, a
    thrigwch yn y creigiau,
chwi breswylwyr Moab;
byddwch fel colomen yn nythu
yn ystlysau'r graig uwch yr hafn.
²⁹ Clywsom am falchder Moab,
ac un falch iawn yw hi—
balch, hy, ffroenuchel ac
    uchelgeisiol.
³⁰ Mi wn," medd yr ARGLWYDD, "ei
    bod yn haerllug;
y mae ei hymffrost yn gelwydd,
a'i gweithredoedd yn ffals.
³¹ Am hynny fe udaf dros Moab;
llefaf dros Moab i gyd,
griddfanaf dros bobl Cir-heres.
³² Wylaf drosot yn fwy nag yr wylir
    dros Jaser,
ti, winwydden Sibma;
estynnodd dy gangau hyd y môr,
yn cyrraedd hyd* Jaser;
ond rhuthrodd yr anrheithiwr ar dy
    ffrwythau
ac ar dy gynhaeaf gwin.
³³ Bydd diwedd ar lawenydd a
    gorfoledd
yn y doldir ac yng ngwlad Moab;
gwnaf i'r gwin ddarfod o'r cafnau,
ac ni fydd neb yn sathru â
    bloddest—
bloddest nad yw'n floddest.

³⁴ "Daw cri o Hesbon ac* Eleale; codant eu llef hyd Jahas, o Soar hyd Horonaim ac Eglath-Shalisheia, oherwydd aeth dyfroedd Nimrim yn ddiffaith. ³⁵ Gwnaf ddiwedd yn Moab," medd yr ARGLWYDD,

---

48:32 Cymh. Eseia 16:8. Hebraeg, *hyd fôr.*
48:34 Felly Eseia 15:4. Hebraeg, *O gri Hesbon hyd.*

"ar y sawl sy'n offrymu mewn uchelfa, ac yn arogldarthu i'w dduwiau. ³⁶ Am hynny bydd fy nghalon yn dolefain fel sain ffliwt dros Moab, ac yn dolefain fel sain ffliwt dros wŷr Cir-heres, oblegid darfu'r golud a gasglasant. ³⁷ Bydd pob pen yn foel a phob barf wedi ei heillio, archollir pob llaw, a bydd sachliain am y llwynau. ³⁸ Ar ben pob tŷ yn Moab, ac ym mhob heol, bydd galar, oherwydd drylliaf Moab fel llestr nad oes neb yn ei hoffi," medd yr ARGLWYDD. ³⁹ "Pa fodd y malwyd hi? Udwch! Pa fodd y troes Moab ei gwegil o gywilydd? Felly y bydd Moab yn gyff gwawd ac yn achos arswyd i bawb o'i hamgylch."

⁴⁰ Fel hyn y dywed yr ARGLWYDD:

"Wele, bydd un fel eryr yn ehedeg,
ac yn lledu ei adenydd dros Moab;
⁴¹ gorchfygir y dinasoedd,
ac enillir yr amddiffynfeydd,
a bydd calon dewrion Moab, y
    diwrnod hwnnw,
fel calon gwraig wrth esgor.
⁴² Difethir Moab o fod yn bobl,
canys ymfawrygodd yn erbyn yr
    ARGLWYDD.
⁴³ Dychryn, ffos a magl
sydd yn dy erbyn, ti breswylydd
    Moab,"
medd yr ARGLWYDD.
⁴⁴ "Y sawl a ffy rhag y dychryn,
fe syrth i'r ffos;
a'r sawl a gyfyd o'r ffos,
fe'i delir yn y fagl.
Dygaf yr holl bethau hyn arni, ar
    Moab, ym mlwyddyn ei chosb,"
medd yr ARGLWYDD.

⁴⁵ "Gerllaw Hesbon y safant,
yn ffoaduriaid heb nerth;
canys aeth tân allan o Hesbon,
a fflam o blas* Sihon,
ac yswyd talcen Moab
a chorun plant y cythrwfl.
⁴⁶ Gwae di, Moab! Darfu am bobl
    Cemos;
cymerwyd dy feibion ymaith i
    gaethglud,
a'th ferched i gaethiwed.

⁴⁷ Eto byddaf yn adfer llwyddiant Moab yn y dyddiau diwethaf," medd yr ARGLWYDD. Dyna ddiwedd barnedigaeth Moab.

Barn yr ARGLWYDD ar Ammon

49 Am yr Ammoniaid, fel hyn y dywed yr ARGLWYDD:

"Onid oes meibion gan Israel?
Onid oes etifedd iddo?
Pam, ynteu, yr etifeddodd Milcom
    diriogaeth Gad,
a pham y mae ei bobl yn preswylio
    yn ninasoedd Israel?
² Am hynny, y mae'r dyddiau yn
    dod," medd yr ARGLWYDD,
"y paraf glywed utgorn rhyfel yn
    erbyn Rabba'r Ammoniaid,
a bydd yn garnedd anghyfannedd,
a llosgir ei phentrefi â thân;
yna difreinia Israel y rhai a'i
    difreiniodd hi,"
medd yr ARGLWYDD.
³ "Uda, Hesbon, oherwydd
    anrheithiwyd Ai;
gwaeddwch, ferched Rabba,
gwisgwch wregys o sachliain,
galarwch, rhedwch gan rwygo eich
    cyrff*;
canys â Milcom i gaethglud
ynghyd â'i offeiriaid a'i benaethiaid.
⁴ Pam yr ymffrosti yn dy
    ddyffrynnoedd?*
O ferch anffyddlon, sy'n ymddiried
    yn ei thrysorau cudd,
ac yn dweud, 'Pwy a ddaw yn fy
    erbyn?'
⁵ Yr wyf yn dwyn arswyd arnat,"
medd ARGLWYDD Dduw y Lluoedd,
"rhag pawb sydd o'th amgylch;
fe'ch gyrrir allan, bob un ar ei gyfer,
ac ni bydd neb i gynnull y
    ffoaduriaid.
⁶ Ac wedi hynny adferaf lwyddiant yr
    Ammoniaid," medd yr
    ARGLWYDD.

48:45 Felly rhai llawysgrifau. TM, *fflam rhwng*.

49:3 Felly Aramaeg; cymh. 48:37. Hebraeg, *eich cloddiau*.
49:4 Tebygol. Hebraeg, *yn y dyffrynnoedd? Dy ddyffryn a lifa*.

Barn yr ARGLWYDD ar Edom

7 Am Edom, fel hyn y dywed ARGLWYDD y Lluoedd:

"Onid oes doethineb mwyach yn
    Teman?
A ddifethwyd cyngor o blith y deallus,
ac a fethodd eu doethineb hwy?
8 Ffowch, trowch eich cefn, trigwch
    mewn cilfachau,
chwi breswylwyr Dedan;
canys dygaf drychineb Esau arno
pan gosbaf ef.
9 Pe dôi cynaeafwyr gwin atat,
yn ddiau gadawent loffion grawn;
pe dôi lladron liw nos,
nid ysbeilient ond yr hyn a'u digonai.
10 Ond yr wyf fi wedi llwyr ddinoethi
    Esau;
datguddiais ei fannau cudd,
ac nid oes ganddo unman i
    ymguddio.
Difethwyd ei blant a'i dylwyth a'i
    gymdogion,
ac nid ydynt mwyach.
11 Gad dy rai amddifaid; fe'u cadwaf
    yn fyw;
bydded i'th weddwon ymddiried
    ynof fi."

12 Oherwydd fel hyn y dywed yr ARGLWYDD; "Wele, y rhai ni ddyfarnwyd iddynt yfed o'r cwpan, bu raid iddynt yfed. A ddihengi di yn ddigerydd? Na wnei, ond bydd raid i tithau yfed. 13 Canys tyngais i mi fy hun," medd yr ARGLWYDD, "y bydd Bosra yn anghyfannedd, yn warth, yn anialwch ac yn felltith, a'i holl ddinasoedd yn ddiffeithwch oesol."

14 Clywais genadwri gan yr
    ARGLWYDD;
anfonwyd cennad i blith y
    cenhedloedd:
"Ymgasglwch, dewch yn ei herbyn,
codwch i'r frwydr.
15 Canys wele, gwnaf di'n fach ymysg
    y cenhedloedd,
yn ddirmygedig ymhlith pobloedd.
16 Y mae'r arswyd a beraist wedi dy
    dwyllo;
gwnaeth dy galon yn falch.
Tydi sy'n trigo yn holltau'r graig
ac yn glynu wrth grib y bryniau,
er i ti osod dy nyth cyn uched â'r
    eryr,
fe'th hyrddiaf i lawr oddi yno," medd
    yr ARGLWYDD.

17 "Bydd Edom yn anghyfannedd, a phawb sy'n mynd heibio yn arswydo, gan synnu oherwydd ei holl glwyfau. 18 Fel pan ddinistriwyd Sodom a Gomorra a'u cymdogion," medd yr ARGLWYDD, "ni fydd neb yn aros nac yn ymweld â hi. 19 Wele, fel llew'n dod i fyny o wlad wyllt yr Iorddonen i'r borfa barhaol, ymlidiaf hwy ymaith yn ddisymwth oddi wrthi. Pwy a ddewisaf i'w osod drosti? Oherwydd pwy sydd fel myfi? Pwy a'm geilw i i gyfrif? Pwy yw'r bugail a saif o'm blaen i? 20 Am hynny, clywch yr hyn a fwriadodd yr ARGLWYDD yn erbyn Edom, a'i gynlluniau yn erbyn preswylwyr Teman: yn ddiau, fe lusgir ymaith hyd yn oed y lleiaf o'r praidd; yn ddiau, bydd eu porfeydd yn arswydo o'u plegid. 21 Fe gryn y ddaear gan sŵn eu cwymp; clywir eu cri wrth y Môr Coch. 22 Ie, bydd un yn codi, yn ehedeg fel eryr, ac yn lledu ei adenydd yn erbyn Bosra; a bydd calon cedyrn Edom y dydd hwnnw fel calon gwraig wrth esgor."

Barn yr ARGLWYDD ar Ddamascus

23 Am Ddamascus.

"Gwaradwyddwyd Hamath ac Arpad,
canys clywsant newydd drwg;
cynhyrfir hwy gan bryder,
fel y môr na ellir ei dawelu.
24 Llesgaodd Damascus, a throdd i
    ffoi;
goddiweddodd dychryn hi,
a gafaelodd cryndod a gwasgfa ynddi
    fel mewn gwraig wrth esgor.
25 Mor wrthodedig* yw dinas moliant,
caer llawenydd*!

26 Am hynny fe syrth ei gwŷr ifainc yn ei heolydd, a dinistrir ei holl filwyr y dydd hwnnw," medd ARGLWYDD y Lluoedd.

27 "Mi gyneuaf dân ym mur
    Damascus,
ac fe ddifa lysoedd Ben-hadad."

49:25 Felly Fwlgat. Hebraeg, *anwrthodedig*.
49:25 Felly Groeg. Hebraeg, *fy llawenydd*.

Barn ar Dylwyth Cedar a Dinas Hasor

28 Am Cedar, a theyrnasoedd Hasor, y rhai a drawyd gan Nebuchadnesar brenin Babilon, fel hyn y dywed yr ARGLWYDD:

"Codwch, esgynnwch yn erbyn Cedar;
anrheithiwch bobl y dwyrain.
29 Cymerir ymaith eu pebyll a'u diadellau,
llenni eu pebyll, a'u celfi i gyd;
dygir eu camelod oddi arnynt,
a bloeddir wrthynt, 'Dychryn ar bob llaw!'
30 Ffowch, rhedwch ymhell; trigwch mewn cilfachau,
chwi breswylwyr Hasor," medd yr ARGLWYDD;
"oherwydd gwnaeth Nebuchadnesar brenin Babilon gynllwyn,
a lluniodd gynllun yn eich erbyn.
31 Codwch, esgynnwch yn erbyn y genedl ddiofal,
sy'n byw'n ddiogel," medd yr ARGLWYDD,
"heb ddorau na barrau iddi,
a'i phobl yn byw iddynt eu hunain.
32 Bydd eu camelod yn anrhaith,
a'u minteioedd anifeiliaid yn ysbail;
gwasgaraf tua phob gwynt
y rhai sydd â'u talcennau'n foel;
o bob cyfeiriad dygaf arnynt eu dinistr," medd yr ARGLWYDD.
33 "Bydd Hasor yn gynefin siacaliaid,
ac yn anghyfannedd byth;
ni fydd neb yn byw ynddi,
nac unrhyw un yn aros yno."

Barn yr ARGLWYDD ar Elam

34 Dyma air yr ARGLWYDD, a ddaeth at y proffwyd Jeremeia am Elam, yn nechrau teyrnasiad Sedeceia brenin Jwda: 35 "Fel hyn y dywed ARGLWYDD y Lluoedd:

'Yr wyf am dorri bwa Elam,
eu cadernid pennaf hwy.
36 Dygaf ar Elam bedwar gwynt, o bedwar cwr y nefoedd;
gwasgaraf hwy tua'r holl wyntoedd hyn;
ni bydd cenedl na ddaw ffoaduriaid Elam ati.
37 Canys gyrraf ar Elam ofn o flaen eu gelynion
ac o flaen y rhai sy'n ceisio'u heinioes;
dygaf arnynt ddinistr, sef angerdd fy nigofaint,' medd yr ARGLWYDD.
'Gyrraf y cleddyf ar eu hôl,
nes i mi eu llwyr ddifetha.
38 A gosodaf fy ngorseddfainc yn Elam,
a difa oddi yno y brenin a'r swyddogion,' medd yr ARGLWYDD.
39 "Ond yn y dyddiau diwethaf mi adferaf lwyddiant Elam," medd yr ARGLWYDD.

Goresgyn Babilon

50 Dyma'r gair a lefarodd yr ARGLWYDD am Fabilon, gwlad y Caldeaid, trwy'r proffwyd Jeremeia:

2 "Mynegwch ymysg y cenhedloedd, a chyhoeddwch;
codwch faner a chyhoeddwch;
peidiwch â chelu ond dywedwch,
'Goresgynnwyd Babilon,
gwaradwyddwyd Bel,
brawychwyd Merodach.
Daeth cywilydd dros ei heilunod a dryliwyd ei delwau.'
3 Canys daeth cenedl yn ei herbyn o'r gogledd;
gwna ei gwlad yn anghyfannedd,
ac ni thrig ynddi na dyn nac anifail.
Ffoesant ac aethant ymaith."

4 "Yn y dyddiau hynny a'r amser hwnnw," medd yr ARGLWYDD, "daw pobl Israel a phobl Jwda ynghyd gan wylo, i ymofyn am yr ARGLWYDD eu Duw. 5 Holant am Seion, i droi eu hwyneb tuag yno, a dweud, 'Dewch, glynwn wrth yr ARGLWYDD mewn cyfamod tragwyddol nas anghofir.'

6 "Praidd ar ddisberod oedd fy mhobl; gyrrodd eu bugeiliaid hwy ar gyfeiliorn, a'u troi ymaith ar y mynyddoedd; crwydrasant o fynydd i fryn, gan anghofio'u corlan. 7 Yr oedd pob un a ddôi o hyd iddynt yn eu difa, a'u gelynion

yn dweud, 'Nid oes dim bai arnom ni,
oherwydd y maent wedi pechu yn erbyn
yr ARGLWYDD, eu gwir gynefin—yr
ARGLWYDD, gobaith eu hynafiaid.'

8 "Ffowch o ganol Babilon, ewch
   allan o wlad y Caldeaid,
a safwch fel y bychod o flaen y
   praidd;
9 canys wele fi'n cynhyrfu ac yn
   arwain yn erbyn Babilon
dyrfa o genhedloedd mawrion o dir y
   gogledd;
safant yn rhengoedd yn ei herbyn;
ac oddi yno y goresgynnir hi.
Y mae eu saethau fel rhai milwr
   cyfarwydd na ddychwel yn
   waglaw.
10 Ysbail fydd Caldea, a chaiff ei holl
   ysbeilwyr eu gwala," medd yr
   ARGLWYDD.
11 "Chwi, y rhai sy'n mathru
   f'etifeddiaeth,
er ichwi lawenhau, er ichwi
   orfoleddu,
er ichwi brancio fel llo mewn porfa,
er ichwi weryru fel meirch,
12 caiff eich mam ei chywilyddio'n
   ddirfawr,
a gwaradwyddir yr un a roes
   enedigaeth ichwi.
Ie, bydd yn wehilion y cenhedloedd,
yn anialwch, yn grastir ac yn
   ddiffeithwch.
13 Oherwydd digofaint yr ARGLWYDD,
   ni phreswylir hi,
ond bydd yn anghyfannedd i gyd;
bydd pawb sy'n mynd heibio i
   Fabilon yn arswydo
ac yn synnu at ei holl glwyfau.
14 "Trefnwch eich rhengoedd yn
   gylch yn erbyn Babilon,
bawb sy'n tynnu bwa;
ergydiwch ati, heb arbed saethau,
canys yn erbyn yr ARGLWYDD y
   pechodd.
15 Bloeddiwch yn ei herbyn mewn
   goruchafiaeth, o bob cyfeiriad:
'Gwnaeth arwydd o ymostyngiad,
cwympodd ei hamddiffynfeydd,
bwriwyd ei muriau i lawr.'
Gan mai dial yr ARGLWYDD yw hyn,
dialwch arni;
megis y gwnaeth hi, gwnewch iddi
   hithau.
16 Torrwch ymaith o Fabilon yr
   heuwr,
a'r sawl sy'n trin cryman ar adeg
   medi.
Rhag cleddyf y gorthrymwr
bydd pob un yn troi at ei bobl ei
   hun,
a phob un yn ffoi i'w wlad.
17 "Praidd ar wasgar yw Israel,
a'r llewod yn eu hymlid.
Brenin Asyria a'u hysodd gyntaf, yna
Nebuchadnesar brenin Babilon yn olaf
oll a gnodd eu hesgyrn. 18 Am hynny, fel
hyn y dywed ARGLWYDD y Lluoedd, Duw
Israel: 'Yr wyf am gosbi brenin Babilon,
a'i wlad, fel y cosbais frenin Asyria. 19 Ac
adferaf Israel i'w borfa, ac fe bora ar
Garmel ac yn Basan; digonir ei chwant
ar fynydd-dir Effraim a Gilead. 20 Yn y
dyddiau hynny a'r amser hwnnw,' medd
yr ARGLWYDD, 'yn ofer y ceisir drygioni
Israel, ac ni cheir pechod Jwda;
oherwydd maddeuaf i'r rhai a adawaf yn
weddill.'

21 "Dos i fyny yn erbyn gwlad
   Merathaim,
ac yn erbyn trigolion Pecod;
anrheithia hi, difetha hi'n llwyr,"
   medd yr ARGLWYDD.
"Gwna yn ôl yr hyn oll a orchmynnaf
   i ti.
22 Clyw! Rhyfel yn y wlad!
Dinistr mawr!
23 Gwêl fel y drylliwyd gordd yr holl
   ddaear,
ac y torrwyd hi'n dipiau.
Gwêl fel yr aeth Babilon yn syndod
ymhlith y cenhedloedd.
24 Gosodais fagl i ti, Babilon,
a daliwyd di heb yn wybod iti;
fe'th gafwyd ac fe'th ddaliwyd
am iti ymryson yn erbyn yr
   ARGLWYDD.
25 Agorodd yr ARGLWYDD ei ystordy,
a dwyn allan arfau ei ddigofaint;
oherwydd gwaith ARGLWYDD Dduw y
   Lluoedd yw hyn
yng ngwlad y Caldeaid.
26 Dewch yn ei herbyn o'r cwr eithaf,
ac agorwch ei hysguboriau hi;

gwnewch bentwr ohoni fel pentwr
    ŷd,
a'i difetha'n llwyr, heb weddill iddi.
²⁷ Lladdwch ei holl fustych hi,
a gadael iddynt ddisgyn i'r lladdfa.
Gwae hwy! Daeth eu dydd,
ac amser eu cosbi.
²⁸ Clyw! Y maent yn ffoi ac yn dianc
    o wlad Babilon,
i gyhoeddi yn Seion ddial yr
    ARGLWYDD ein Duw,
ei ddial am ei deml.

²⁹ "Galwch y saethwyr yn erbyn
    Babilon,
pob un sy'n tynnu bwa;
gwersyllwch yn ei herbyn o amgylch,
rhag i neb ddianc ohoni.
Talwch iddi yn ôl ei gweithred,
ac yn ôl y cwbl a wnaeth gwnewch
    iddi hithau;
canys bu'n drahaus yn erbyn yr
    ARGLWYDD, yn erbyn Sanct
    Israel.
³⁰ Am hynny fe syrth ei gwŷr ifainc
    yn ei heolydd,
a dinistrir ei holl filwyr y dydd
    hwnnw," medd yr ARGLWYDD.

³¹ "Dyma fi yn dy erbyn di, yr un
    balch,"
medd yr ARGLWYDD, Duw'r Lluoedd,
"canys daeth dy ddydd, a'r awr i mi
    dy gosbi.
³² Tramgwydda'r balch a syrth heb
    neb i'w godi;
cyneuaf yn ei ddinasoedd dân fydd
    yn difa'i holl amgylchedd."

³³ Fel hyn y dywed ARGLWYDD y Lluoedd:
"Gorthrymwyd pobl Israel, a phobl
Jwda gyda hwy; daliwyd hwy'n dynn
gan bawb a'u caethiwodd, a gwrthod eu
gollwng. ³⁴ Ond y mae eu Gwaredwr yn
gryf; ARGLWYDD y Lluoedd yw ei enw.
Bydd ef yn dadlau eu hachos yn gadarn,
ac yn dwyn llonydd i'w wlad, ond
aflonyddwch i breswylwyr Babilon.

³⁵ "Cleddyf ar y Caldeaid," medd yr
    ARGLWYDD,
"ar breswylwyr Babilon,
ar ei swyddogion a'i gwŷr doeth!
³⁶ Cleddyf ar ei dewiniaid,
iddynt fynd yn ynfydion!
Cleddyf ar ei gwŷr cedyrn,

iddynt gael eu difetha!
³⁷ Cleddyf ar ei meirch a'i
    cherbydau,
ac ar y milwyr cyflog yn ei chanol,
iddynt fod fel merched!
Cleddyf ar ei holl drysorau,
iddynt gael eu hysbeilio!
³⁸ Cleddyf* ar ei dyfroedd,
iddynt sychu!
Oherwydd gwlad delwau yw hi,
wedi ynfydu ar eilunod.

³⁹ "Am hynny bydd anifeiliaid yr anialdir a'r hiena yn trigo yno, a'r estrys yn cael cartref yno; ni fydd neb yn preswylio yno mwyach, ac nis cyfanheddir o genhedlaeth i genhedlaeth. ⁴⁰ Fel y dymchwelodd Duw Sodom a Gomorra a'u cymdogaeth," medd yr ARGLWYDD, "felly ni fydd neb yn byw yno, nac unrhyw un yn tramwyo ynddi.

⁴¹ "Wele, y mae pobl yn dod o'r
    gogledd—
cenedl fawr a brenhinoedd lawer
yn ymysgwyd o bellteroedd byd.
⁴² Gafaelant yn y bwa a'r waywffon;
y maent yn greulon a didostur;
y mae eu twrf fel y môr yn rhuo;
marchogant ar feirch,
a dod yn rhengoedd fel gwŷr i ryfel
yn dy erbyn di, ferch Babilon.
⁴³ Clywodd brenin Babilon sôn
    amdanynt,
ac aeth ei ddwylo'n llesg;
daliwyd ef gan wasgfa,
a gwewyr fel eiddo gwraig wrth
    esgor.

⁴⁴ "Wele, fel llew'n dod i fyny o wlad wyllt yr Iorddonen i'r borfa barhaol, fe'u hymlidiaf ymaith yn ddisymwth oddi wrthi. Pwy a ddewisaf i'w osod drosti? Oherwydd pwy sydd fel myfi? Pwy a'm geilw i i gyfrif? Pwy yw'r bugail a saif o'm blaen i? ⁴⁵ Am hynny, clywch yr hyn a fwriadodd yr ARGLWYDD yn erbyn Babilon, a'i gynlluniau yn erbyn gwlad y Caldeaid. Yn ddiau fe lusgir ymaith hyd yn oed y lleiaf o'r praidd; yn wir bydd eu porfeydd yn arswydo o'u plegid. ⁴⁶ Bydd y ddaear yn crynu gan sŵn dal Babilon; clywir ei chri ymhlith y cenhedloedd."

50:38 Cymh. Fersiynau. Hebraeg, *Sychder*.

Barn Bellach ar Fabilon

51 Fel hyn y dywed yr ARGLWYDD:
"Wele, mi godaf wynt dinistriol
yn erbyn Babilon a phreswylwyr
  Caldea*.
² Anfonaf nithwyr i Fabilon;
fe'i nithiant, a gwacáu ei thir;
canys dônt yn ei herbyn o bob tu yn
  nydd ei blinder.
³ Na thynned y saethwr* ei fwa,
na gwisgo'i lurig.
Peidiwch ag arbed ei gwŷr ifainc,
difethwch yn llwyr ei holl lu.
⁴ Syrthiant yn farw yn nhir y
  Caldeaid,
wedi eu trywanu yn ei heolydd hi.
⁵ Canys ni adewir Israel na Jwda yn
  weddw
gan eu Duw, gan ARGLWYDD y
  Lluoedd;
ond y mae gwlad y Caldeaid yn llawn
  euogrwydd
yn erbyn Sanct Israel.
⁶ Ffowch o ganol Babilon,
achubed pob un ei hunan.
Peidiwch â chymryd eich difetha gan
  ei drygioni hi,
canys amser dial yw hwn i'r
  ARGLWYDD;
y mae ef yn talu'r pwyth iddi hi.
⁷ Cwpan aur oedd Babilon yn llaw'r
  ARGLWYDD,
yn meddwi'r holl ddaear;
byddai'r cenhedloedd yn yfed o'i
  gwin,
a'r cenhedloedd felly'n mynd yn
  ynfyd.
⁸ Yn ddisymwth syrthiodd Babilon, a
  drylliwyd hi;
udwch drosti!
Cymerwch falm i'w dolur,
i edrych a gaiff hi ei hiacháu.
⁹ Ceisiem iacháu Babilon, ond ni
  chafodd ei hiacháu;
gadewch hi, ac awn bawb i'w wlad.
Canys cyrhaeddodd ei barnedigaeth
  i'r nefoedd,
a dyrchafwyd hi hyd yr wybren.

¹⁰ Bu i'r ARGLWYDD ein cyfiawnhau.
Dewch, traethwn yn Seion
waith yr ARGLWYDD ein Duw.

¹¹ "Hogwch y saethau. Llanwch y
  cewyll.
Cynhyrfodd yr ARGLWYDD ysbryd
  brenhinoedd Media;
canys y mae ei fwriad yn erbyn
  Babilon, i'w dinistrio.
Dial yr ARGLWYDD yw hyn, dial am ei
  deml.
¹² Codwch faner yn erbyn muriau
  Babilon;
cryfhewch y wyliadwriaeth,
a darparu gwylwyr a gosod
  cynllwynwyr;
oherwydd bwriadodd a chwblhaodd
  yr ARGLWYDD
yr hyn a lefarodd am drigolion
  Babilon.
¹³ Ti, ddinas aml dy drysorau,
sy'n trigo gerllaw dyfroedd lawer,
daeth diwedd arnat ac ar dy
  gribddeilio.
¹⁴ Tyngodd ARGLWYDD y Lluoedd
  iddo'i hun,
'Diau imi dy lenwi â phobl
mor niferus â'r locustiaid;
ond cenir cân floddest yn dy erbyn.'"

Emyn o Fawl i Dduw

¹⁵ Gwnaeth ef y ddaear trwy ei nerth,
sicrhaodd y byd trwy ei ddoethineb,
a thrwy ei ddeall estynnodd y
  nefoedd.
¹⁶ Pan rydd ei lais, daw twrf
  dyfroedd yn y nefoedd,
bydd yn peri i darth godi o
  eithafoedd y ddaear,
yn gwneud mellt â'r glaw, ac yn
  dwyn allan wyntoedd o'i
  ystordai.
¹⁷ Ynfyd yw pob un, a heb
  wybodaeth.
Cywilyddir pob eurych gan ei eilun,
canys celwydd yw ei ddelwau tawdd,
ac nid oes anadl ynddynt.
¹⁸ Oferedd ŷnt, a gwaith i'w wawdio;
yn amser eu cosbi fe'u difethir.
¹⁹ Nid yw Duw Jacob fel y rhain,
canys ef yw lluniwr pob peth,
ac Israel yw ei lwyth dewisol.
ARGLWYDD y Lluoedd yw ei enw.

51:1 Hebraeg, *calon fy ngwrthwynebwyr*. Mwysair am Caldea.
51:3 Cymh. Fersiynau. Hebraeg, *Tuag at y saethwr a dynn*.

Bwyell yr ARGLWYDD

²⁰ "Bwyell cad wyt ti i mi, ac erfyn rhyfel.
Â thi y drylliaf y cenhedloedd,
ac y dinistriaf deyrnasoedd;
²¹ â thi y drylliaf y march a'i farchog,
â thi y drylliaf y cerbyd a'r cerbydwr;
²² â thi y drylliaf ŵr a gwraig,
â thi y drylliaf henwr a llanc,
â thi y drylliaf ŵr ifanc a morwyn;
²³ â thi y drylliaf y bugail a'i braidd,
â thi y drylliaf yr amaethwr a'i wedd,
â thi y drylliaf lywodraethwyr a'u swyddogion.

Cosb Babilon

²⁴ "Talaf yn ôl i Fabilon ac i holl breswylwyr Caldea yn eich golwg chwi am yr holl ddrwg a wnaethant i Seion," medd yr ARGLWYDD.

²⁵ "Dyma fi yn dy erbyn di, fynydd dinistr," medd yr ARGLWYDD,
"dinistrydd yr holl ddaear.
Estynnaf fy llaw yn dy erbyn,
a'th dreiglo i lawr o'r creigiau,
a'th wneud yn fynydd llosgedig.
²⁶ Ni cheir ohonot faen congl na charreg sylfaen,
ond byddi'n anialwch parhaol," medd yr ARGLWYDD.

²⁷ "Codwch faner yn y tir,
canwch utgorn ymysg y cenhedloedd,
neilltuwch genhedloedd i ryfela yn ei herbyn;
galwch yn ei herbyn y teyrnasoedd,
Ararat, Minni ac Ascenas.
Gosodwch gadlywydd yn ei herbyn,
dygwch ymlaen feirch, mor niferus â'r locustiaid heidiog.
²⁸ Neilltuwch genhedloedd yn ei herbyn,
brenhinoedd Media a'i llywodraethwyr a'i swyddogion,
a holl wledydd eu hymerodraeth.
²⁹ Bydd y ddaear yn crynu ac yn gwingo mewn poen,
oherwydd fe saif bwriadau'r ARGLWYDD yn erbyn Babilon,
i wneud gwlad Babilon yn anialdir, heb neb yn trigo ynddo.

³⁰ Peidiodd cedyrn Babilon ag ymladd;
llechant yn eu hamddiffynfeydd;
pallodd eu nerth, aethant fel gwragedd;
llosgwyd eu tai, a thorrwyd barrau'r pyrth.
³¹ Rhed negesydd i gyfarfod negesydd,
a chennad i gyfarfod cennad,
i fynegi i frenin Babilon
fod ei ddinas wedi ei goresgyn o'i chwr.
³² Enillwyd y rhydau,
llosgwyd y corsydd â thân,
a daeth braw ar wŷr y gwarchodlu.
³³ Canys fel hyn y dywed ARGLWYDD y Lluoedd, Duw Israel:
'Y mae merch Babilon fel llawr dyrnu adeg ei fathru;
ar fyrder daw amser ei chynhaeaf.'"

Yr ARGLWYDD yn Cynorthwyo Israel

³⁴ "Fe'm hyswyd ac fe'm hysigwyd gan Nebuchadnesar brenin Babilon;
bwriodd fi heibio fel llestr gwag;
fel draig fe'm llyncodd;
llanwodd ei fol â'm rhannau danteithiol,
a'm chwydu allan."
³⁵ Dyweded preswylydd Seion,
"Bydded ar Fabilon y trais a wnaed arnaf fi ac ar fy nghnawd!"
Dyweded Jerwsalem,
"Bydded fy ngwaed ar drigolion Caldea!"
³⁶ Am hynny, fel hyn y dywed yr ARGLWYDD:
"Dyma fi'n dadlau dy achos, ac yn dial drosot;
disbyddaf ei môr hi, a sychaf ei ffynhonnau.
³⁷ Bydd Babilon yn garneddau, yn drigfa i siacaliaid;
yn arswyd ac yn syndod, heb neb i breswylio ynddi.
³⁸ "Rhuant ynghyd fel llewod,
a chwyrnu fel cenawon llew.
³⁹ Paraf i'w llymeitian ddarfod mewn twymyn,
meddwaf hwy nes y byddant yn chwil,

ac yn syrthio i drymgwsg diderfyn,
  diddeffro," medd yr ARGLWYDD.
⁴⁰ "Dygaf hwy i waered, fel ŵyn i'r
  lladdfa,
fel hyrddod neu fychod geifr.

⁴¹ "O fel y goresgynnwyd Babilon*
ac yr enillwyd balchder yr holl
  ddaear!
O fel yr aeth Babilon yn syndod i'r
  cenhedloedd!
⁴² Ymchwyddodd y môr yn erbyn
  Babilon,
a'i gorchuddio â'i donnau terfysglyd.
⁴³ Aeth ei dinasoedd yn ddiffaith,
yn grastir ac anialdir,
heb neb yn trigo ynddynt
nac unrhyw un yn ymdaith
  trwyddynt.
⁴⁴ Cosbaf Bel ym Mabilon,
a thynnaf o'i safn yr hyn a lyncodd;
ni ddylifa'r cenhedloedd ato ef
  mwyach,
canys syrthiodd muriau Babilon.
⁴⁵ Ewch allan ohoni, fy mhobl;
achubed pob un ei hunan rhag
  angerdd llid yr ARGLWYDD.

⁴⁶ "Gochelwch rhag i'ch calon lwfrhau, a pheidiwch ag ofni rhag chwedlau a daenir drwy'r wlad. Clywir si un flwyddyn, a si drachefn y flwyddyn wedyn; ceir trais yn y wlad a llywodraethwr yn erbyn llwodraethwr. ⁴⁷ Oherwydd y mae'r dyddiau'n dod y cosbaf ddelwau Babilon; bydd yr holl wlad yn waradwydd, a'i lladdedigion i gyd yn syrthio yn ei chanol. ⁴⁸ Yna fe orfoledda'r nefoedd a'r ddaear, a phob peth sydd ynddynt, yn erbyn Babilon, oherwydd daw anrheithwyr o'r gogledd yn ei herbyn," medd yr ARGLWYDD. ⁴⁹ "Rhaid i Fabilon syrthio oherwydd lladdedigion Israel, fel y syrthiodd lladdedigion yr holl ddaear oherwydd Babilon. ⁵⁰ Ewch heb oedi, chwi y rhai a ddihangodd rhag y cleddyf; cofiwch yr ARGLWYDD yn y pellteroedd, galwch Jerwsalem i gof. ⁵¹ 'Gwaradwyddwyd ni,' meddwch, 'pan glywsom gerydd, gorchuddiwyd ein hwyneb â gwarth, canys daeth estroniaid i gynteddoedd sanctaidd tŷ'r ARGLWYDD.'

⁵² "Am hynny, dyma'r dyddiau'n dod," medd yr ARGLWYDD, "y cosbaf ei delwau ac y griddfana'r rhai clwyfedig trwy'r holl wlad. ⁵³ Er i Fabilon ddyrchafu i'r nefoedd, a diogelu ei hamddiffynfa uchel, daw ati anrheithwyr oddi wrthyf fi," medd yr ARGLWYDD. ⁵⁴ "Clyw! Daw gwaedd o Fabilon, dinistr mawr o wlad y Caldeaid. ⁵⁵ Oherwydd anrheithia'r ARGLWYDD Fabilon, a distewi ei sŵn mawr. Bydd ei thonnau'n rhuo fel dyfroedd yn dygyfor, a'i thwrf yn codi. ⁵⁶ Oblegid daw anrheithiwr yn ei herbyn, yn erbyn Babilon; delir ei chedyrn, dryllir eu bwa, oherwydd bydd yr ARGLWYDD, Duw dial, yn talu iddynt yn llawn. ⁵⁷ Meddwaf ei thywysogion a'i doethion, ei llywodraethwyr a'i swyddogion, a'i gwŷr cedyrn; cysgant hun ddiderfyn, ddiddeffro," medd y Brenin—ARGLWYDD y Lluoedd yw ei enw.

⁵⁸ Fel hyn y dywed ARGLWYDD y Lluoedd:

"Dryllir i'r llawr furiau llydan
  Babilon;
llosgir ei phyrth uchel â thân;
yn ofer y llafuriodd y bobloedd,
a bydd ymdrech y cenhedloedd yn
  gorffen mewn tân."

Anfon Neges Jeremeia i Fabilon

⁵⁹ Dyma hanes gorchymyn y proffwyd Jeremeia i Seraia fab Nereia, fab Maaseia, pan aeth i Fabilon gyda Sedeceia brenin Jwda, yn y bedwaredd flwyddyn o'i deyrnasiad. Swyddog cyflenwi oedd Seraia. ⁶⁰ Ysgrifennodd Jeremeia mewn llyfr yr holl aflwydd oedd i ddod ar Fabilon, yr holl eiriau hyn a ysgrifennwyd yn erbyn Babilon. ⁶¹ A dywedodd Jeremeia wrth Seraia, "Pan ddoi i Fabilon, edrych ar hwn, a darllen yr holl eiriau hyn, ⁶² ac yna dywed, 'O ARGLWYDD, lleferaist yn erbyn y lle hwn i'w ddinistrio, fel na byddai ynddo na dyn nac anifail yn byw, ond iddo fod yn anghyfannedd tragwyddol.' ⁶³ Pan orffenni ddarllen y llyfr, rhwyma garreg wrtho a'i fwrw i ganol afon Ewffrates, ⁶⁴ a dywed, 'Fel hyn y suddir Babilon; ni fydd yn codi mwyach wedi'r dinistr a ddygaf arni; a diffygiant.'" Dyma ddiwedd geiriau Jeremeia.

51:41 Hebraeg, *Sesach*. Mwysair am Fabilon.

Cwymp Jerwsalem

52 2 Bren. 24:18—25:7

Un ar hugain oed oedd Sedeceia pan ddechreuodd deyrnasu, a theyrnasodd yn Jerwsalem am un mlynedd ar ddeg; enw ei fam oedd Hamutal merch Jeremeia o Libna. ² Gwnaeth yr hyn oedd ddrwg yng ngolwg yr ARGLWYDD, yn union fel yr oedd Jehoiacim wedi gwneud; ³ ac oherwydd digofaint yr ARGLWYDD cafodd Jerwsalem a Jwda eu bwrw allan o'i ŵydd.

Gwrthryfelodd Sedeceia yn erbyn brenin Babilon, ⁴ ac yn nawfed flwyddyn ei deyrnasiad, yn y degfed mis, ar y degfed dydd o'r mis, daeth Nebuchadnesar brenin Babilon, gyda'i holl fyddin, yn erbyn Jerwsalem, a chodi gwarchae yn ei herbyn ac adeiladu tyrau gwarchae o'i hamgylch. ⁵ Bu'r ddinas dan warchae hyd yr unfed flwyddyn ar ddeg o deyrnasiad Sedeceia. ⁶ Yn y pedwerydd mis, ar y nawfed dydd o'r mis, yr oedd y newyn yn drwm yn y ddinas, ac nid oedd bwyd i'r werin. ⁷ Yna bylchwyd y muriau, a ffodd yr holl ryfelwyr allan o'r ddinas yn y nos drwy'r porth rhwng y ddau fur, gerllaw gardd y brenin, er bod y Caldeaid o amgylch y ddinas. Aethant i gyfeiriad yr Araba. ⁸ Aeth llu'r Caldeaid i ymlid y brenin, a goddiweddyd Sedeceia yn rhosydd Jericho, a'i holl lu ar wasgar oddi wrtho. ⁹ Daliwyd y brenin, a'i ddwyn o flaen brenin Babilon yn Ribla, yng ngwlad Hamath; a barnwyd ei achos ef. ¹⁰ Lladdodd brenin Babilon feibion Sedeceia o flaen ei lygaid; lladdodd hefyd holl benaethiaid Jwda yn Ribla. ¹¹ Yna fe dynnodd lygaid Sedeceia, a'i rwymo â chadwyni, a dygodd brenin Babilon ef i Fabilon, a'i roi mewn carchar hyd ddydd ei farw.

Dinistrio'r Deml

2 Bren. 25:8–17

¹² Yn y pumed mis, ar y degfed dydd o'r mis, yn y bedwaredd flwyddyn ar bymtheg i'r Brenin Nebuchadnesar, brenin Babilon, daeth Nebusaradan, pennaeth y gosgorddlu oedd yn gwasanaethu'r brenin, i Jerwsalem, ¹³ a llosgi â thân dŷ'r ARGLWYDD, a thŷ'r brenin, a'r holl dai yn Jerwsalem, sef holl dai y bobl fawr. ¹⁴ Drylliodd llu y Caldeaid, a oedd gyda phennaeth y gosgorddlu, yr holl furiau oedd yn amgylchu Jerwsalem. ¹⁵ Caethgludodd Nebusaradan, capten y gwarchodlu, weddill y bobl dlawd a adawyd ar ôl yn y ddinas*, a hefyd y rhai a giliodd at frenin Babilon, ynghyd â gweddill y crefftwyr. ¹⁶ Ond gadawodd Nebusaradan, pennaeth y gosgorddlu, rai o dlodion y wlad i fod yn winllanwyr ac amaethwyr.

¹⁷ Drylliodd y Caldeaid y colofnau pres oedd yn nhŷ'r ARGLWYDD, a'r troliau a'r môr pres yn nhŷ'r ARGLWYDD, a chymryd y pres i Fabilon; ¹⁸ cymerasant hefyd y crochanau, y rhawiau, y sisyrnau, y cawgiau, y thuserau, a'r holl lestri pres a oedd yng ngwasanaeth y deml. ¹⁹ Cymerodd pennaeth y gosgorddlu y celfi o fetel gwerthfawr, yn aur ac yn arian—ffiolau, pedyll tân, cawgiau, crochanau, canwyllbrennau, thuserau, a chwpanau diodoffrwm. ²⁰ Nid oedd terfyn ar bwysau'r pres yn yr holl lestri hyn, sef y ddwy golofn, y môr a'r deuddeg ych pres oddi tano, a'r troliau yr oedd Solomon wedi eu gwneud i dŷ'r ARGLWYDD. ²¹ Ynglŷn â'r colofnau: yr oedd y naill yn ddeunaw cufydd o uchder, a'i hamgylchedd yn ddeuddeg cufydd; yr oedd yn wag o'i mewn, a thrwch y metel yn bedair modfedd. ²² Ar ei phen yr oedd cnap pres, a'i uchder yn bum cufydd, a rhwydwaith a phomgranadau o amgylch y cnap, y cwbl o bres. Ac yr oedd y golofn arall, gyda'i phomgranadau, yr un fath. ²³ Yr oedd naw deg a chwech o'r pomgranadau yn y golwg, a chant o bomgranadau i gyd, ar y rhwydwaith o amgylch.

Cymryd Pobl Jwda i Fabilon

2 Bren. 25:18–21, 27–30

²⁴ Cymerodd pennaeth y gosgorddlu Seraia y prif offeiriad, a Seffaneia yr ail offeiriad, a thri cheidwad y drws; ²⁵ a chymerodd o'r ddinas y swyddog oedd yn gofalu am y gwŷr rhyfel, a saith o

---

52:15 Hebraeg yn ychwanegu *y bobl dlawd*. Groeg hebddo.

ddynion o blith cynghorwyr y brenin oedd yn parhau yn y ddinas, ac ysgrifennydd pennaeth y fyddin, a fyddai'n galw'r bobl i'r fyddin, a thrigain o'r werin a gafwyd yn y ddinas. ²⁶ Cymerodd Nebusaradan, pennaeth y gosgorddlu, y rhai hyn, a mynd at frenin Babilon yn Ribla. ²⁷ Fflangellodd brenin Babilon hwy i farwolaeth yn Ribla, yng ngwlad Hamath. Felly y caethgludwyd Jwda o'i gwlad ei hun.

²⁸ Dyma'r bobl a gaethgludwyd gan Nebuchadnesar: yn y seithfed flwyddyn, tair mil a thri ar hugain o Iddewon; ²⁹ yn y ddeunawfed flwyddyn i Nebuchadnesar, caethgludwyd o Jerwsalem wyth gant tri deg a dau o bobl; ³⁰ yn y drydedd flwyddyn ar hugain i Nebuchadnesar, caethgludodd Nebusaradan, pennaeth y gosgorddlu, saith gant pedwar deg a phump o Iddewon. Yr oedd y cyfanswm yn bedair mil chwe chant.

³¹ Yn yr ail flwyddyn ar bymtheg ar hugain o gaethgludiad Jehoiachin brenin Jwda, yn y deuddegfed mis, ar y pumed dydd ar hugain o'r mis, gwnaeth Efil-merodach brenin Babilon, ym mlwyddyn gyntaf ei deyrnasiad, ffafr â Jehoiachin brenin Jwda, a'i ddwyn allan o'r carchar, ³² a dweud yn deg wrtho, a pheri iddo eistedd ar sedd uwch na seddau'r brenhinoedd eraill oedd gydag ef ym Mabilon. ³³ Felly diosgodd ei ddillad carchar, a bu'n westai i'r brenin weddill ei ddyddiau. ³⁴ Ei gynhaliaeth oedd y dogn dyddiol a roddid iddo gan frenin Babilon, yn ôl gofyn pob dydd, holl ddyddiau ei einioes hyd ddydd ei farw.

LLYFR

GALARNAD

Galar Jerwsalem

1 O mor unig yw'r ddinas a fu'n llawn o bobl!
Y mae'r un a fu'n fawr ymysg y
    cenhedloedd yn awr fel gweddw,
a'r un a fu'n dywysoges y taleithiau
    dan lafur gorfod.
² Y mae'n wylo'n chwerw yn y nos,
a dagrau ar ei gruddiau;
nid oes ganddi neb i'w chysuro
o blith ei holl gariadon;
y mae ei chyfeillion i gyd wedi ei
    bradychu,
ac wedi troi'n elynion iddi.
³ Aeth Jwda i gaethglud mewn
    trallod
ac mewn gorthrwm mawr;
y mae'n byw ymysg y cenhedloedd,
ond heb gael lle i orffwys;
y mae ei holl erlidwyr wedi ei
    goddiweddyd
yng nghanol ei gofidiau.
⁴ Y mae ffyrdd Seion mewn galar
am nad oes neb yn dod i'r gwyliau;
y mae ei holl byrth yn anghyfannedd,
a'i hoffeiriaid yn griddfan;
y mae ei merched ifainc yn
    drallodus,
a hithau mewn chwerwder.
⁵ Daeth ei gwrthwynebwyr yn feistri
    arni,
a llwyddodd ei gelynion,
oherwydd y mae'r ARGLWYDD wedi
    dwyn trallod arni
o achos amlder ei throseddau;
y mae ei phlant wedi mynd ymaith
yn gaethion o flaen y gelyn.
⁶ Diflannodd y cyfan o'i hanrhydedd
oddi wrth ferch Seion;
y mae ei thywysogion fel ewigod

sy'n methu cael porfa;
y maent wedi ffoi, heb nerth,
o flaen yr erlidwyr.
⁷ Yn nydd ei thrallod a'i chyni
y mae Jerwsalem yn cofio'r holl
 drysorau
oedd ganddi yn y dyddiau gynt.
Pan syrthiodd ei phobl i ddwylo'r
 gwrthwynebwyr,
heb neb i'w chynorthwyo,
edrychodd ei gwrthwynebwyr arni
a chwerthin o achos ei dinistr.
⁸ Pechodd Jerwsalem yn erchyll;
am hynny fe aeth yn ffieidd-dra.
Y mae pawb oedd yn ei pharchu yn
 ei dirmygu
am iddynt weld ei noethni;
y mae hithau'n griddfan
ac yn troi draw.
⁹ Yr oedd ei haflendid yng ngodre'i
 dillad;
nid ystyriodd ei thynged.
Yr oedd ei chwymp yn arswydus,
ac nid oedd neb i'w chysuro.
Edrych, O ARGLWYDD, ar fy nhrallod,
oherwydd y mae'r gelyn wedi
 gorchfygu.
¹⁰ Estynnodd y gelyn ei law
i gymryd ei holl drysorau;
yn wir, gwelodd hi y cenhedloedd
yn dod i'w chysegr—
rhai yr oeddit ti wedi eu gwahardd
yn dod i mewn i'th gynulliad!
¹¹ Yr oedd ei phobl i gyd yn griddfan
wrth iddynt chwilio am fara;
yr oeddent yn cyfnewid eu trysorau
 am fwyd
i'w cynnal eu hunain.
Edrych, O ARGLWYDD, a gwêl,
oherwydd euthum yn ddirmyg.
¹² Onid yw hyn o bwys i chwi sy'n
 mynd heibio?
Edrychwch a gwelwch;
a oes gofid fel y gofid
a osodwyd yn drwm arnaf,
ac a ddygodd yr ARGLWYDD arnaf
yn nydd ei lid angerddol?
¹³ Anfonodd dân o'r uchelder,
a threiddiodd i'm hesgyrn;
gosododd rwyd i'm traed,
a'm troi'n ôl;
gwnaeth fi yn ddiffaith
ac yn gystuddiol trwy'r dydd.

¹⁴ Clymwyd fy nhroseddau
 amdanaf*;
plethwyd hwy â'i law ei hun;
gosododd ei iau* ar fy ngwddf,
ac ysigodd fy nerth;
rhoddodd yr Arglwydd fi yng ngafael
 rhai
na allaf godi yn eu herbyn.
¹⁵ Diystyrodd yr Arglwydd
yr holl ryfelwyr oedd ynof;
galwodd ar fyddin i ddod yn f'erbyn,
i ddifetha fy ngwŷr ifainc;
fel y sethrir grawnwin y sathrodd yr
 Arglwydd
y forwyn, merch Jwda.
¹⁶ O achos hyn yr wyf yn wylo,
ac y mae fy llygad yn llifo gan
 ddagrau,
oherwydd pellhaodd yr un sy'n fy
 nghysuro
ac yn fy nghynnal;
y mae fy mhlant wedi eu hanrheithio
am fod y gelyn wedi gorchfygu.
¹⁷ Estynnodd Seion ei dwylo,
ond nid oedd neb i'w chysuro;
gorchmynnodd yr ARGLWYDD i'r
 gelynion
amgylchynu Jacob o bob cyfeiriad;
yr oedd Jerwsalem wedi mynd
yn ffieidd-dra yn eu mysg.
¹⁸ Y mae'r ARGLWYDD yn gyfiawn,
ond gwrthryfelais yn erbyn ei air.
Gwrandewch yn awr, yr holl
 bobloedd,
ac edrychwch ar fy nolur:
aeth fy merched a'm dynion ifainc i
 gaethglud.
¹⁹ Gelwais ar fy nghariadon,
ond y maent hwy wedi fy mradychu;
trengodd f'offeiriaid a'm henuriaid
 yn y ddinas,
wrth chwilio am fwyd i'w cynnal eu
 hunain.
²⁰ Edrych, O ARGLWYDD, oherwydd y
 mae'n gyfyng arnaf;
y mae f'ymysgaroedd mewn poen,
a'm calon wedi cyffroi,
oherwydd yr wyf wedi gwrthryfela i'r
 eithaf.

1:14 Cymh. llawysgrifau a Fersiynau. TM, *Clymwyd iau fy nhroseddau*.
1:14 Cymh. Fersiynau. Hebraeg, *daethant i fyny*.

O'r tu allan, y mae'r cleddyf wedi
  gwneud rhai'n amddifad;
yn y tŷ, nid oes dim ond
  marwolaeth.
²¹ Gwrandewch pan wyf yn griddfan,
heb neb i'm cysuro.
Clywodd fy holl elynion am fy
  nhrychineb,
a llawenhau am iti wneud hyn;
ond byddi di'n dwyn arnynt y dydd a
  benodaist,
a byddant hwythau fel finnau.
²² Gad i'w holl ddrygioni ddod i'th
  sylw,
a dwg gosb arnynt,
fel y cosbaist fi am fy holl
  droseddau;
oherwydd y mae fy ngriddfannau'n
  aml,
a'm calon yn gystuddiol.

Cosb Jerwsalem

2 O'r fath dywyllwch a ddygodd yr
  Arglwydd
ar ferch Seion yn ei ddig!
Bwriodd ogoniant Israel
o'r nefoedd i'r llawr,
ac ni chofiodd am ei droedfainc
yn nydd ei ddicter.
² Difethodd yr Arglwydd yn ddiarbed
holl drigfannau Jacob;
yn ei ddigofaint dinistriodd
amddiffynfeydd merch Jwda;
taflodd i lawr a difwynodd
y deyrnas a'i phenaethiaid.
³ Yn angerdd ei ddig torrodd
gyrn Israel i gyd;
tynnodd yn ôl ei ddeheulaw
wrth i'r gelyn ymosod;
llosgodd yn Jacob fel fflam dân
yn difa popeth o'i hamgylch.
⁴ Fel gelyn paratôdd ei fwa,
safodd â'i ddeheulaw'n barod,
ac fel gwrthwynebwr fe laddodd
y cyfan oedd yn ddymunol i'r llygad;
tywalltodd ei lid fel tân
ar babell merch Seion.
⁵ Y mae'r Arglwydd wedi troi'n elyn
ac wedi difetha Israel;
difethodd ei holl balasau,
a dinistrio'i hamddiffynfeydd;
gwnaeth i alar a gofid
gynyddu i ferch Jwda.

⁶ Chwalodd ei babell fel chwalu
  gardd,
a dinistrio'r man cyfarfod;
gwnaeth yr ARGLWYDD i Seion
  anghofio
ei gŵyl a'i Saboth;
yn angerdd ei lid dirmygodd
frenin ac offeiriad.
⁷ Gwrthododd yr Arglwydd ei allor,
a ffieiddio'i gysegr;
rhoddodd furiau ei phalasau
yn llaw'r gelyn;
gwaeddasant hwythau yn nhŷ'r
  ARGLWYDD
fel ar ddydd gŵyl.
⁸ Yr oedd yr ARGLWYDD yn
  benderfynol
o ddinistrio mur merch Seion;
gosododd linyn mesur arni,
ac ni thynnodd yn ôl ei law rhag
  difetha.
Gwnaeth i wrthglawdd a mur alaru;
aethant i gyd yn wan.
⁹ Suddodd ei phyrth i'r ddaear;
torrodd a maluriodd ef ei barrau.
Y mae ei brenin a'i phenaethiaid
ymysg y cenhedloedd,
ac nid oes cyfraith mwyach;
ni chaiff ei phroffwydi
weledigaeth gan yr ARGLWYDD.
¹⁰ Y mae henuriaid merch Seion
yn eistedd yn fud ar y ddaear,
wedi taflu llwch ar eu pennau
a gwisgo sachliain;
y mae merched ifainc Jerwsalem
wedi crymu eu pennau i'r llawr.
¹¹ Dallwyd fy llygaid gan ddagrau;
y mae f'ymysgaroedd mewn poen.
Yr wyf yn tywallt fy nghalon allan
o achos dinistr merch fy mhobl,
ac am fod plant a babanod yn
  llewygu
yn strydoedd y ddinas.
¹² Yr oeddent yn gweiddi ar eu
  mamau,
"Ple cawn ni rawn a gwin?"—
wrth iddynt lewygu fel rhai clwyfedig
yn strydoedd y ddinas,
ac wrth iddynt ymladd am eu bywyd
ym mynwes eu mamau.
¹³ Beth allaf ei ddweud o'th blaid,
a beth a ddychmygaf amdanat, ferch
  Jerwsalem?

I bwy y gallaf dy gyffelybu er mwyn
  dy gysur,
y forwyn, ferch Seion?
Y mae dy ddolur mor ddwfn â'r môr,
  pwy a all dy iacháu?
¹⁴ Yr oedd gweledigaethau dy
    broffwydi
yn gelwyddog a thwyllodrus;
ni fu iddynt ddatgelu dy gamwedd
er mwyn adfer dy lwyddiant;
yr oedd yr oraclau a roddasant iti
yn gelwyddog a chamarweiniol.
¹⁵ Y mae pob un sy'n mynd heibio
yn curo'i ddwylo o'th achos;
y maent yn chwibanu ac yn ysgwyd
    eu pennau
ar ferch Jerwsalem:
"Ai hon yw'r ddinas a gyfrifid yn
    goron prydferthwch,
ac yn llawenydd yr holl ddaear?"
¹⁶ Y mae dy holl elynion
yn gweiddi'n groch yn dy erbyn,
yn chwibanu ac yn ysgyrnygu
    dannedd;
dywedant, "Yr ydym wedi ei difetha;
dyma'r dydd yr oeddem yn disgwyl
    amdano;
yr ydym wedi cael ei weld!"

¹⁷ Gwnaeth yr ARGLWYDD yr hyn a
    gynlluniodd;
cyflawnodd ei fwriad,
a drefnodd ers amser maith,
a dinistriodd yn ddiarbed;
gwnaeth i'r gelyn lawenhau o'th
    achos,
a dyrchafu corn dy wrthwynebwyr.
¹⁸ Gwaedda* ar yr Arglwydd,
O fur merch Seion;
tywallt ddagrau'n genllif ddydd a
    nos;
paid ag ymatal na rhoi gorffwys i'th
    lygaid.
¹⁹ Cod, a gwaedda liw nos,
ar gychwyn pob gwyliadwriaeth;
tywallt dy galon fel dŵr
o flaen yr Arglwydd;
estyn dy ddwylo tuag ato
am fywyd dy blant,
sy'n llewygu gan newyn
ym mhen pob stryd.
²⁰ Edrych, ARGLWYDD, a gwêl.
I bwy y gwnaethost hyn?

2:18 Tebygol. Hebraeg, *Gwaeddodd eu calon*.

A yw'r gwragedd i fwyta'u hepil,
y plant y maent yn eu hanwesu?
A leddir offeiriad a phroffwyd
yng nghysegr yr Arglwydd?
²¹ Gorwedd yr ifanc a'r hen
yn y llwch ar y strydoedd;
y mae fy merched a'm dynion ifainc
wedi syrthio trwy'r cleddyf;
lleddaist hwy yn nydd dy ddicter,
a'u difa'n ddiarbed.
²² Gelwaist ar fy ymosodwyr o bob
    cyfeiriad,
fel ar ddydd gŵyl;
nid oedd un yn dianc nac yn cael ei
    arbed
yn nydd dicter yr ARGLWYDD;
lladdodd fy ngelyn
bob un a anwesais ac a fegais.

Edifeirwch a Gobaith

3 Myfi yw'r gŵr a welodd ofid
dan wialen ei ddicter.
² Gyrrodd fi allan a gwneud imi
    gerdded
trwy dywyllwch lle nad oedd goleuni.
³ Daliodd i droi ei law yn f'erbyn,
a hynny ddydd ar ôl dydd.

⁴ Parodd i'm cnawd a'm croen
    ddihoeni,
a maluriodd f'esgyrn.
⁵ Gwnaeth warchae o'm cwmpas,
a'm hamgylchynu â chwerwder a
    blinder.
⁶ Gwnaeth i mi aros mewn
    tywyllwch,
fel rhai wedi hen farw.

⁷ Caeodd arnaf fel na allwn ddianc,
a gosododd rwymau trwm amdanaf.
⁸ Pan elwais, a gweiddi am gymorth,
fe wrthododd fy ngweddi.
⁹ Caeodd fy ffyrdd â meini mawrion,
a gwneud fy llwybrau'n gam.

¹⁰ Y mae'n gwylio amdanaf fel arth,
fel llew yn ei guddfa.
¹¹ Tynnodd fi oddi ar y ffordd a'm
    dryllio,
ac yna fy ngadael yn ddiymgeledd.
¹² Paratôdd ei fwa, a'm gosod
yn nod i'w saeth.

¹³ Anelodd saethau ei gawell
a'u trywanu i'm perfeddion.

¹⁴ Yr oeddwn yn gyff gwawd i'r holl
bobloedd,
yn destun caneuon gwatwarus
drwy'r dydd.
¹⁵ Llanwodd fi â chwerwder,
a'm meddwi â'r wermod.
¹⁶ Torrodd fy nannedd â cherrig,
a gwneud imi grymu yn y lludw.
¹⁷ Yr wyf wedi f'amddifadu o
heddwch;
anghofiais beth yw daioni.
¹⁸ Yna dywedais, "Diflannodd fy
nerth,
a hefyd fy ngobaith oddi wrth yr
ARGLWYDD."
¹⁹ Cofia fy nhrallod a'm crwydro,
y wermod a'r bustl.
²⁰ Yr wyf fi yn ei gofio'n wastad,
ac wedi fy narostwng.
²¹ Meddyliaf yn wastad am hyn,
ac felly disgwyliaf yn eiddgar.
²² Nid oes terfyn* ar gariad yr
ARGLWYDD,
ac yn sicr ni phalla ei dosturiaethau.
²³ Y maent yn newydd bob bore,
a mawr yw dy ffyddlondeb.
²⁴ Dywedais, "Yr ARGLWYDD yw fy
rhan,
am hynny disgwyliaf wrtho."
²⁵ Da yw'r ARGLWYDD i'r rhai sy'n
gobeithio ynddo,
i'r rhai sy'n ei geisio.
²⁶ Y mae'n dda disgwyl yn dawel
am iachawdwriaeth yr ARGLWYDD.
²⁷ Da yw bod un yn cymryd yr iau
arno
yng nghyfnod ei ieuenctid.
²⁸ Boed iddo eistedd ar ei ben ei
hun,
a bod yn dawel pan roddir hi arno;
²⁹ boed iddo osod ei enau yn y llwch;
hwyrach fod gobaith iddo.
³⁰ Boed iddo droi ei rudd i'r un sy'n
ei daro,
a bod yn fodlon i dderbyn dirmyg.
³¹ Oherwydd nid yw'r Arglwydd
yn gwrthod am byth;
³² er iddo gystuddio,

bydd yn trugarhau yn ôl ei dosturi
mawr,
³³ gan nad o'i fodd y mae'n dwyn
gofid
ac yn cystuddio pobl.
³⁴ Sathru dan draed
holl garcharorion y ddaear,
³⁵ a thaflu o'r neilltu hawl rhywun
gerbron y Goruchaf,
³⁶ a gwyrdroi achos—
Onid yw'r Arglwydd yn sylwi ar hyn?
³⁷ Pwy a all orchymyn i unrhyw beth
ddigwydd
heb i'r Arglwydd ei drefnu?
³⁸ Onid o enau'r Goruchaf
y daw drwg a da?
³⁹ Sut y gall unrhyw un byw
rwgnach,
ie, unrhyw feidrolyn, yn erbyn ei
gosb?
⁴⁰ Bydded inni chwilio a phrofi ein
ffyrdd,
a dychwelyd at yr ARGLWYDD,
⁴¹ a dyrchafu'n calonnau a'n dwylo
at Dduw yn y nefoedd.
⁴² Yr ydym ni wedi troseddu a
gwrthryfela,
ac nid wyt ti wedi maddau.
⁴³ Yr wyt yn llawn dig ac yn ein
herlid,
yn lladd yn ddiarbed.
⁴⁴ Ymguddiaist mewn cwmwl
rhag i'n gweddi ddod atat.
⁴⁵ Gwnaethost ni'n ysbwriel ac yn
garthion
ymysg y bobloedd.
⁴⁶ Y mae'n holl elynion
yn gweiddi'n groch yn ein herbyn.
⁴⁷ Fe'n cawsom ein hunain mewn
dychryn a magl,
hefyd mewn difrod a dinistr.
⁴⁸ Y mae fy llygad yn ffrydiau o ddŵr
o achos dinistr merch fy mhobl;
⁴⁹ y mae'n diferu'n ddi-baid,
heb gael gorffwys,
⁵⁰ hyd onid edrycha'r ARGLWYDD
a gweld o'r nefoedd.
⁵¹ Y mae fy llygad yn flinder imi
o achos dinistr holl ferched fy ninas.

3:22 Felly llawysgrifau a rhai Fersiynau. TM yn aneglur.

⁵² Y mae'r rhai sy'n elynion imi heb achos
yn fy erlid yn wastad fel aderyn.
⁵³ Y maent yn fy mwrw'n fyw i'r pydew,
ac yn taflu cerrig arnaf.
⁵⁴ Llifodd y dyfroedd trosof,
a dywedais, "Y mae ar ben arnaf."
⁵⁵ Gelwais ar d'enw, O ARGLWYDD,
o waelod y pydew.
⁵⁶ Clywaist fy llef: "Paid â throi'n glustfyddar
i'm cri am gymorth."
⁵⁷ Daethost yn agos ataf y dydd y gelwais arnat;
dywedaist, "Paid ag ofni."
⁵⁸ Yr oeddit ti, O Arglwydd, yn dadlau f'achos,
ac yn gwaredu fy mywyd.
⁵⁹ Gwelaist, O ARGLWYDD, y cam a wnaethpwyd â mi,
a dyfernaist o'm plaid.
⁶⁰ Gwelaist eu holl ddial,
a'u holl gynllwynio yn f'erbyn.
⁶¹ Clywaist, O ARGLWYDD, eu dirmyg,
a'u holl gynllwynio yn f'erbyn—
⁶² geiriau a sibrydion fy ngwrthwynebwyr
yn f'erbyn bob dydd.
⁶³ Edrych arnynt—yn eistedd neu'n sefyll,
fi yw testun eu gwawd.
⁶⁴ O ARGLWYDD, tâl iddynt
yn ôl gweithredoedd eu dwylo.
⁶⁵ Rho iddynt ofid calon,
a bydded dy felltith arnynt.
⁶⁶ O ARGLWYDD, erlid hwy yn dy lid,
a dinistria hwy oddi tan y nefoedd.

Jerwsalem ar ôl ei Chwymp

4 O fel y pylodd yr aur,
ac y newidiodd yr aur coeth!
Gwasgarwyd meini'r cysegr
ym mhen pob stryd.
² Plant gwerthfawr Seion,
a oedd yn werth eu pwysau mewn aur,
yn awr yn cael eu hystyried fel llestri pridd,
gwaith dwylo crochenydd!
³ Y mae hyd yn oed siacaliaid yn dinoethi'r fron
i roi sugn i'w hepil,
ond y mae merch fy mhobl wedi mynd yn greulon,
fel estrys yn yr anialwch.
⁴ Y mae tafod y plentyn sugno
yn glynu wrth ei daflod o syched;
y mae'r plant yn cardota bara,
heb neb yn ei roi iddynt.
⁵ Y mae'r rhai a arferai fwyta danteithion
yn ddiymgeledd yn y strydoedd,
a'r rhai a fagwyd mewn ysgarlad
yn ymgreinio ar domennydd ysbwriel.
⁶ Y mae trosedd merch fy mhobl
yn fwy na phechod Sodom,
a ddymchwelwyd yn ddisymwth
heb i neb godi llaw yn ei herbyn.
⁷ Yr oedd ei thywysogion yn lanach nag eira,
yn wynnach na llaeth;
yr oedd eu cyrff yn gochach na chwrel,
a'u pryd fel saffir.
⁸ Ond aeth eu hwynepryd yn dduach na pharddu,
ac nid oes neb yn eu hadnabod yn y strydoedd;
crebachodd eu croen am eu hesgyrn,
a sychodd fel pren.
⁹ Yr oedd y rhai a laddwyd â'r cleddyf yn fwy ffodus
na'r rhai oedd yn marw o newyn,
oherwydd yr oeddent hwy yn dihoeni,
wedi eu hamddifadu o gynnyrch y meysydd.
¹⁰ Yr oedd gwragedd tyner-galon â'u dwylo eu hunain
yn berwi eu plant,
i'w gwneud yn fwyd iddynt eu hunain,
pan ddinistriwyd merch fy mhobl.
¹¹ Bwriodd yr ARGLWYDD ei holl lid,
a thywalltodd angerdd ei ddig;
cyneuodd dân yn Seion,
ac fe ysodd ei sylfeini.
¹² Ni chredai brenhinoedd y ddaear,
na'r un o drigolion y byd,
y gallai ymosodwr neu elyn
fynd i mewn trwy byrth Jerwsalem.

¹³ Ond fe ddigwyddodd hyn
  oherwydd pechodau ei
  phroffwydi
a chamweddau ei hoffeiriaid,
a dywalltodd waed y cyfiawn yn ei
  chanol hi.
¹⁴ Yr oeddent yn crwydro fel deillion
  yn y strydoedd,
wedi eu halogi â gwaed,
fel na feiddiai neb gyffwrdd â'u
  dillad.
¹⁵ "Cadwch draw, maent yn aflan,"—
  dyna a waeddai pobl—
"cadwch draw, cadwch draw,
  peidiwch â'u cyffwrdd!"
Yn wir fe ffoesant a mynd ar grwydr,
a dywedwyd ymysg y cenhedloedd,
"Ni chânt aros yn ein plith mwyach."
¹⁶ Yr ARGLWYDD ei hun a'u
  gwasgarodd,
heb edrych arnynt mwyach;
ni roddwyd anrhydedd i'r offeiriaid,
na ffafr i'r henuriaid.

¹⁷ Yr oedd ein llygaid yn pallu
wrth edrych yn ofer am gymorth;
buom yn disgwyl a disgwyl
wrth genedl na allai achub.
¹⁸ Yr oeddent yn gwylio pob cam a
  gymerem,
fel na allem fynd allan i'n strydoedd.
Yr oedd ein diwedd yn agos, a'n
  dyddiau'n dod i ben;
yn wir fe ddaeth ein diwedd.
¹⁹ Yr oedd ein herlidwyr yn
  gyflymach
nag eryrod yr awyr;
yr oeddent yn ein herlid ar y
  mynyddoedd,
ac yn gwylio amdanom yn y
  diffeithwch.
²⁰ Anadl ein bywyd, eneiniog yr
  ARGLWYDD,
a ddaliwyd yn eu maglau,
a ninnau wedi meddwl mai yn ei
  gysgod ef
y byddem yn byw'n ddiogel ymysg y
  cenhedloedd.
²¹ Gorfoledda a bydd lawen, ferch
  Edom,
sy'n preswylio yng ngwlad Us!
Ond fe ddaw'r cwpan i tithau hefyd;
byddi'n feddw ac yn dy ddinoethi dy
  hun.

²² Daeth terfyn ar dy gosb, ferch
  Seion;
ni chei dy gaethgludo eto.
Ond fe ddaw dy gosb arnat ti, ferch
  Edom;
fe ddatgelir dy bechod.

Gweddïo am Drugaredd

5 Cofia, O ARGLWYDD, beth
  ddigwyddodd inni;
edrych a gwêl ein gwarth.
² Rhoddwyd ein hetifeddiaeth i
  estroniaid,
a'n tai i ddieithriaid.
³ Yr ydym fel rhai amddifad, heb
  dadau,
a'n mamau fel gweddwon.
⁴ Y mae'n rhaid inni dalu am y dŵr a
  yfwn,
a phrynu'r coed a gawn.
⁵ Y mae iau ar ein gwarrau, ac fe'n
  gorthrymir;
yr ydym wedi blino, ac ni chawn
  orffwys.
⁶ Gwnaethom gytundeb â'r Aifft,
ac yna ag Asyria, i gael digon o fwyd.
⁷ Pechodd ein tadau, ond nid ydynt
  mwyach;
ni sy'n dwyn y baich am eu
  camweddau.
⁸ Caethweision sy'n llywodraethu
  arnom,
ac nid oes neb i'n hachub o'u gafael.
⁹ Yr ydym yn peryglu'n heinioes wrth
  gyrchu bwyd,
oherwydd y cleddyf yn yr anialwch.
¹⁰ Y mae ein croen wedi duo fel ffwrn
oherwydd y dwymyn a achosir gan
  newyn.
¹¹ Treisir gwragedd yn Seion,
a merched ifainc yn ninasoedd
  Jwda.
¹² Crogir llywodraethwyr gerfydd eu
  dwylo,
ac ni pherchir yr henuriaid.
¹³ Y mae'r dynion ifainc yn llafurio
  â'r maen melin,
a'r llanciau'n baglu dan bwysau'r
  coed.
¹⁴ Gadawodd yr henuriaid y porth,
a'r gwŷr ifainc eu cerddoriaeth.
¹⁵ Diflannodd llawenydd o'n
  calonnau,

a throdd ein dawnsio yn alar. ¹⁶ Syrthiodd y goron oddi ar ein pen; gwae ni, oherwydd pechasom. ¹⁷ Dyma pam y mae ein calon yn gystuddiol, ac oherwydd hyn y pylodd ein llygaid: ¹⁸ am fod Mynydd Seion wedi mynd yn ddiffeithwch, a'r siacaliaid yn prowla yno am ysglyfaeth.

¹⁹ Yr wyt ti, O ARGLWYDD, wedi dy orseddu am byth, ac y mae dy orsedd o genhedlaeth i genhedlaeth. ²⁰ Pam yr wyt yn ein hanghofio o hyd, ac wedi'n gwrthod am amser mor faith?

²¹ ARGLWYDD, tyn ni'n ôl atat, ac fe ddychwelwn; adnewydda ein dyddiau fel yn yr amser a fu, ²² os nad wyt wedi'n gwrthod yn llwyr, ac yn ddig iawn wrthym.

LLYFR
ESECIEL

Gweledigaeth y Creaduriaid a Gorsedd Duw

1 Ar y pumed dydd o'r pedwerydd mis yn y ddegfed flwyddyn ar hugain, a minnau ymysg y caethgludion wrth afon Chebar, agorwyd y nefoedd a chefais weledigaethau o Dduw. ² Ar y pumed dydd o'r mis ym mhumed flwyddyn caethgludiad y Brenin Jehoiachin, ³ daeth gair yr ARGLWYDD at yr offeiriad Eseciel fab Busi yn Caldea, wrth afon Chebar; ac yno daeth llaw yr ARGLWYDD arno.

⁴ Wrth imi edrych, gwelais wynt tymhestlog yn dod o'r gogledd, a chwmwl mawr a thân yn tasgu a disgleirdeb o'i amgylch, ac o ganol y tân rywbeth tebyg i belydrau pres. ⁵ Ac o'i ganol daeth ffurf pedwar creadur, a'u hymddangosiad fel hyn: yr oeddent ar ddull dynol, ⁶ gyda phedwar wyneb a phedair adain i bob un ohonynt; ⁷ yr oedd eu coesau yn syth, a gwadnau eu traed fel gwadnau llo, ac yr oeddent yn disgleirio fel efydd gloyw. ⁸ Yr oedd ganddynt ddwylo dynol o dan bob un o'u pedair adain; yr oedd gan y pedwar wynebau ac adenydd, ⁹ ac yr oedd eu hadenydd yn cyffwrdd â'i gilydd. Nid oeddent yn troi o'u llwybr wrth gerdded, ond fe âi pob un yn syth yn ei flaen. ¹⁰ Yr oedd ffurf eu hwynebau fel hyn: yr oedd gan y pedwar ohonynt wyneb dynol, yna wyneb llew ar yr ochr dde, ac wyneb ych ar yr ochr chwith, ac wyneb eryr. ¹¹ Yr oedd eu hadenydd* wedi eu lledu uwchben, gyda dwy i bob creadur yn cyffwrdd â rhai'r agosaf ato, a dwy yn cuddio ei gorff. ¹² Yr oedd pob un yn cerdded yn syth yn ei flaen i ble bynnag yr oedd yr ysbryd yn mynd; nid oeddent yn troi o'u llwybr wrth gerdded. ¹³ Ac ymhlith* y creaduriaid yr oedd rhywbeth a edrychai fel marwor tân yn llosgi, neu fel ffaglau yn symud ymysg y creaduriaid; yr oedd y tân yn ddisglair, a mellt yn dod allan o'i ganol. ¹⁴ Yr oedd y creaduriaid yn symud yn ôl ac ymlaen, yn debyg i fflachiad mellten.

1:11 Felly Fersiynau. Hebraeg yn ychwanegu *a'u hwynebau.*
1:13 Felly Groeg. Hebraeg, *A thebygrwydd.*

¹⁵ Fel yr oeddwn yn edrych ar y creaduriaid, gwelais olwynion ar y llawr yn ymyl y creaduriaid, un ar gyfer pob wyneb. ¹⁶ Yr oedd ymddangosiad a gwneuthuriad yr olwynion fel hyn: yr oeddent yn debyg i belydrau o eurfaen, gyda'r un dull i bob un o'r pedwar; o ran gwneuthuriad yr oeddent yn edrych fel pe bai olwyn oddi mewn i olwyn, ¹⁷ a phan oeddent yn symud ymlaen i un o'r pedwar cyfeiriad, nid oeddent yn troi o'u llwybr wrth fynd. ¹⁸ Yr oedd ganddynt gylchau, ac fel yr edrychwn* arnynt yr oedd eu cylchau—y pedwar ohonynt—yn llawn o lygaid oddi amgylch. ¹⁹ Pan gerddai'r creaduriaid, symudai'r olwynion oedd wrth eu hochr; a phan godai'r creaduriaid oddi ar y ddaear, fe godai'r olwynion hefyd. ²⁰ Ple bynnag yr oedd yr ysbryd yn mynd, yno yr aent hwythau hefyd; ac fe godai'r olwynion i'w canlyn, oherwydd yr oedd ysbryd y creaduriaid yn yr olwynion. ²¹ Pan symudai'r naill, fe symudai'r llall; pan safai'r naill, fe safai'r llall; pan godai'r creaduriaid oddi ar y ddaear, fe godai'r olwynion i'w canlyn, oherwydd bod ysbryd y creaduriaid yn yr olwynion.

²² Uwchben y creaduriaid yr oedd math ar ffurfafen, yn debyg i belydrau grisial ac yn arswydus; yr oedd wedi ei lledaenu dros eu pennau oddi uchod. ²³ O dan y ffurfafen yr oedd adenydd pob un wedi eu lledu nes cyffwrdd â rhai'r agosaf ato, ac yr oedd gan bob un ohonynt ddwy i guddio'i gorff.* ²⁴ Ac yr oeddwn yn clywed sŵn eu hadenydd wrth iddynt symud, ac yr oedd fel sŵn llawer o ddyfroedd, fel sŵn yr Hollalluog, fel sŵn storm, fel sŵn byddin; pan oeddent yn aros, yr oeddent yn gostwng eu hadenydd. ²⁵ Yr oedd sŵn uwchben y ffurfafen oedd dros eu pennau; pan oeddent yn aros, yr oeddent yn gostwng eu hadenydd. ²⁶ Uwchben y ffurfafen oedd dros eu pennau yr oedd rhywbeth tebyg i faen saffir ar ffurf gorsedd, ac yn uchel i fyny ar yr orsedd ffurf oedd yn edrych yn ddynol. ²⁷ O'r hyn a edrychai fel ei lwynau i fyny, gwelwn ef yn debyg i belydrau o bres, yn debyg i dân wedi ei gau mewn ffwrnais; ac o'r hyn a edrychai fel ei lwynau i lawr, gwelwn ef yn debyg i dân gyda disgleirdeb o'i amgylch. ²⁸ Yr oedd y disgleirdeb o'i amgylch yn debyg i enfys mewn cwmwl ar ddiwrnod glawog; yr oedd yn edrych fel ffurf ar ogoniant yr ARGLWYDD.

Galw Eseciel

Wedi imi weld, syrthiais ar fy wyneb, a chlywais lais yn siarad,

2 ac yn dweud wrthyf, "Fab dyn, saf ar dy draed, ac fe siaradaf â thi." ² Ac fel yr oedd yn siarad â mi, daeth yr ysbryd arnaf a'm codi ar fy nhraed, a gwrandewais arno'n siarad â mi. ³ Dywedodd wrthyf, "Fab dyn, yr wyf yn dy anfon at blant Israel, at y genedl o wrthryfelwyr sydd wedi gwrthryfela yn fy erbyn; y maent hwy a'u hynafiaid wedi troseddu yn fy erbyn hyd y dydd heddiw. ⁴ At blant wynebgaled ac ystyfnig yr wyf yn dy anfon, ac fe ddywedi wrthynt, 'Fel hyn y dywed yr Arglwydd DDUW.' ⁵ Prun bynnag a wrandawant ai peidio—oherwydd tylwyth gwrthryfelgar ydynt—fe fyddant yn gwybod fod proffwyd yn eu mysg. ⁶ A thithau, fab dyn, paid â'u hofni hwy nac ofni eu geiriau, er eu bod yn gwrthryfela yn dy erbyn ac yn gwrthgilio*, a thithau yn eistedd ar sgorpionau; paid ag ofni eu geiriau nac arswydo rhag eu hwynebau, oherwydd tylwyth gwrthryfelgar ydynt. ⁷ Ond llefara di fy ngeiriau wrthynt, prun bynnag a wrandawant ai peidio, oherwydd gwrthryfelwyr ydynt.

⁸ "Yn awr, fab dyn, gwrando ar yr hyn a ddywedaf wrthyt, a phaid â gwrthryfela fel y tylwyth gwrthryfelgar hwn; agor dy geg a bwyta'r hyn yr wyf yn ei roi iti." ⁹ Ac fel yr oeddwn yn edrych, gwelais law wedi ei hestyn tuag ataf gyda sgrôl ynddi. ¹⁰ Datododd y sgrôl o'm blaen, ac yr oedd ysgrifen ar ei hwyneb a'i chefn; yn ysgrifenedig arni yr oedd galarnadau, cwynfan a gwae.

3 Yna dywedodd wrthyf, "Fab dyn, bwyta'r hyn sydd o'th flaen; bwyta'r

---

1:18 Tebygol. Hebraeg yn aneglur.
1:23 Hebraeg yn ailadrodd *ac yr oedd . . . gorff.*
2:6 Tebygol. Hebraeg, *ddrain.*

sgrôl hon, a dos a llefara wrth dŷ Israel." ² Agorais fy ngheg, a rhoddodd imi'r sgrôl i'w bwyta, ³ a dweud wrthyf, "Fab dyn, bwyda dy hun a llanw dy fol â'r sgrôl hon yr wyf yn ei rhoi iti." Bwyteais, ac yr oedd cyn felysed â mêl yn fy ngenau.

⁴ Dywedodd wrthyf, "Fab dyn, dos yn awr at dŷ Israel a llefara fy ngeiriau wrthynt. ⁵ Nid at bobl ddieithr eu hiaith ac anodd eu lleferydd y'th anfonir, ond at dŷ Israel. ⁶ Na, nid at lawer o bobl ddieithr eu hiaith ac anodd eu lleferydd, a thithau heb ddeall eu geiriau; yn wir, pe bawn wedi dy anfon atynt hwy, byddent yn gwrando arnat. ⁷ Ond nid yw tŷ Israel yn fodlon gwrando arnat, am nad ydynt yn fodlon gwrando arnaf fi, oherwydd y mae tŷ Israel i gyd yn wynebgaled ac yn ystyfnig. ⁸ Yn awr, fe'th wnaf mor wynebgaled ac ystyfnig â hwythau. ⁹ Gwnaf dy dalcen fel diemwnt, yn galetach na challestr; paid â'u hofni nac arswydo rhag eu hwynebau, oherwydd tylwyth gwrthryfelgar ydynt."

¹⁰ Yna dywedodd wrthyf, "Fab dyn, gwrando ar yr holl eiriau yr wyf yn eu llefaru wrthyt, a derbyn hwy i'th galon. ¹¹ Dos yn awr at dy bobl sydd yn y gaethglud, a llefara wrthynt a dweud, 'Fel hyn y dywed yr Arglwydd DDUW', prun bynnag a wrandawant ai peidio." ¹² Cododd yr ysbryd fi, a chlywais o'r tu ôl imi sŵn tymestl fawr: "Bendigedig yw gogoniant yr ARGLWYDD yn ei le." ¹³ Clywais sŵn adenydd y creaduriaid yn cyffwrdd â'i gilydd, a sŵn yr olwynion wrth eu hochr, a sain tymestl fawr. ¹⁴ Cododd yr ysbryd fi a'm cario ymaith; ac yr oeddwn yn mynd yn chwerw yng ngwres fy ysbryd, a llaw yr ARGLWYDD yn drwm arnaf. ¹⁵ Deuthum i Tel-abib at y caethgludion oedd wedi ymsefydlu wrth afon Chebar, ac aros lle'r oeddent hwy yn byw; arhosais yno yn eu mysg wedi fy syfrdanu am saith diwrnod.

Gosod Eseciel yn Wyliwr
Esec. 33:1–9

¹⁶ Ar ddiwedd y saith diwrnod daeth gair yr ARGLWYDD ataf a dweud: ¹⁷ "Fab dyn, gosodais di yn wyliwr i dŷ Israel; byddi'n clywed gair o'm genau ac yn rhoi rhybudd iddynt oddi wrthyf. ¹⁸ Os dywedaf wrth y drygionus, 'Byddi'n sicr o farw', a thithau heb ei rybuddio a heb lefaru wrtho i'w droi o'i ffordd ddrygionus er mwyn iddo fyw, bydd y drygionus hwnnw farw am ei gamwedd, ond byddaf yn dy ddal di yn gyfrifol am ei waed. ¹⁹ Ond os byddi wedi rhybuddio'r drygionus, ac yntau heb droi oddi wrth ei ddrygioni ac o'i ffordd ddrygionus, bydd yn marw am ei gamwedd, ond byddi di wedi dy arbed dy hunan. ²⁰ Os bydd un cyfiawn yn troi oddi wrth gyfiawnder ac yn gwneud drwg, a minnau wedi rhoi rhwystr o'i flaen, bydd farw; am na rybuddiaist ef, bydd farw am ei gamwedd, ac ni chofir y pethau cyfiawn a wnaeth; ond byddaf yn dy ddal di yn gyfrifol am ei waed. ²¹ Ond os byddi wedi rhybuddio'r cyfiawn rhag pechu, ac yntau'n peidio â phechu, yn sicr fe gaiff fyw am iddo gymryd ei rybuddio, a byddi dithau wedi dy arbed dy hunan."

Caethiwo Eseciel

²² Daeth llaw yr ARGLWYDD arnaf yno, a dywedodd wrthyf, "Cod a dos i'r gwastadedd, ac fe lefaraf wrthyt yno." ²³ Codais a mynd i'r gwastadedd, ac yr oedd gogoniant yr ARGLWYDD yn sefyll yno, yn union fel y gogoniant a welais wrth afon Chebar, a syrthiais ar fy wyneb. ²⁴ Yna daeth yr ysbryd arnaf a'm codi ar fy nhraed, a llefarodd wrthyf gan ddweud, "Dos a chau arnat dy hun yn dy dŷ. ²⁵ Fe roddir rhwymau amdanat ti, fab dyn, a'th glymu â hwy fel na elli fynd allan ymysg dy bobl. ²⁶ Gwnaf i'th dafod lynu wrth daflod dy enau, a byddi'n fud, fel na elli eu ceryddu, oherwydd tylwyth gwrthryfelgar ydynt. ²⁷ Ond pan lefaraf fi wrthyt, fe agoraf dy enau, ac fe ddywedi wrthynt, 'Fel hyn y dywed yr Arglwydd DDUW.' Bydded i'r sawl sy'n gwrando arnat wrando, ac i'r sawl sy'n gwrthod wrthod; oherwydd tylwyth gwrthryfelgar ydynt.

Darlunio'r Gwarchae ar Jerwsalem

4 "Tithau, fab dyn, cymer briddlech a'i gosod o'th flaen, a darlunia arni ddinas Jerwsalem. ² Gosod warchae arni, adeilada warchglawdd o'i hamgylch,

cod esgynfa tuag ati, rho wersylloedd yn ei herbyn a gosod beiriannau hyrddio o'i chwmpas. ³ Yna cymer badell haearn a'i rhoi fel mur o haearn rhyngot ti a'r ddinas, a thro dy wyneb tuag ati; a bydd dan warchae, a thithau'n ymosod arni. Arwydd fydd hyn i dŷ Israel.

⁴ "Yna gorwedd ar dy ochr chwith, a gosod ddrygioni tŷ Israel arni; byddi'n cario eu drygioni am nifer y dyddiau y byddi'n gorwedd ar dy ochr. ⁵ Yr wyf wedi pennu ar dy gyfer yr un nifer o ddyddiau ag o flynyddoedd eu drygioni, sef tri chant naw deg o ddyddiau, iti gario drygioni tŷ Israel. ⁶ Wedi iti orffen hyn, gorwedd ar dy ochr dde, a charia ddrygioni tŷ Jwda; yr wyf wedi pennu ar dy gyfer ddeugain o ddyddiau, sef diwrnod am bob blwyddyn. ⁷ Tro dy wyneb tuag at warchae Jerwsalem, ac â'th fraich yn noeth proffwyda yn ei herbyn. ⁸ Rhoddaf rwymau amdanat fel na elli droi o'r naill ochr i'r llall nes iti orffen dyddiau dy warchae.

⁹ "Cymer iti wenith a haidd, ffa a phys, miled a cheirch, a'u rhoi mewn un llestr, a gwna fara ohonynt; byddi'n ei fwyta yn ystod y tri chant naw deg o ddyddiau y byddi'n gorwedd ar dy ochr. ¹⁰ Byddi'n bwyta dy fwyd wrth bwysau, ugain sicl y dydd, ac yn ei fwyta yr un amser bob dydd. ¹¹ A byddi'n yfed dŵr wrth fesur, chweched ran o hin, ac yn ei yfed yr un amser bob dydd. ¹² Byddi'n ei fwyta yn deisen haidd wedi ei chrasu yng ngŵydd y bobl ar gynnud o garthion dynol." ¹³ A dywedodd yr ARGLWYDD, "Fel hyn y bydd plant Israel yn bwyta bara halogedig ymysg y cenhedloedd y gyrraf hwy atynt." ¹⁴ Atebais, "O Arglwydd DDUW, nid wyf erioed wedi fy halogi fy hun; o'm hieuenctid hyd yn awr nid wyf wedi bwyta dim a fu farw nac a ysglyfaethwyd, ac ni ddaeth cig aflan i'm genau." ¹⁵ Yna dywedodd wrthyf, "Edrych, fe ganiatâf iti ddefnyddio tail gwartheg yn lle carthion dynol i grasu dy fara." ¹⁶ Dywedodd hefyd, "Fab dyn, yr wyf yn torri ymaith y gynhaliaeth o fara o Jerwsalem; mewn pryder y byddant yn bwyta bara wrth bwysau, ac mewn braw yn yfed dŵr wrth fesur. ¹⁷ Bydd y fath brinder o fara a dŵr fel y byddant yn brawychu o weld ei gilydd; byddant yn darfod oherwydd eu drygioni.

Rhannu Gwallt y Proffwyd

5 "Tithau, fab dyn, cymer iti gleddyf llym a'i ddefnyddio fel ellyn barbwr i eillio dy ben a'th farf, ac yna cymer gloriannau a rhannu'r gwallt. ² Llosga draean ohono mewn tân yng nghanol y ddinas pan ddaw dyddiau'r gwarchae i ben; cymer draean a'i daro â'r cleddyf o amgylch y ddinas; gwasgara draean i'r gwynt, ac fe'i hymlidiaf â chleddyf. ³ Cymer hefyd ychydig bach ohono a'i glymu yng ngodre dy wisg. ⁴ Cymer ychydig ohono eto a'i daflu i ganol tân a'i losgi; bydd tân yn lledu ohono i holl dŷ Israel.

⁵ "Fel hyn y dywed yr Arglwydd DDUW: Dyma Jerwsalem; fe'i gosodais yng nghanol y cenhedloedd, gyda gwledydd o'i hamgylch, ⁶ ac y mae wedi gwrthryfela'n waeth yn erbyn fy marnau a'm deddfau na'r cenhedloedd a'r gwledydd o'i hamgylch, oherwydd y mae'r bobl wedi gwrthod fy marnau, ac nid ydynt yn dilyn fy neddfau.

⁷ "Fel hyn y dywed yr Arglwydd DDUW: Am i chwi fod yn fwy terfysglyd na'r cenhedloedd o'ch amgylch, a pheidio â dilyn fy neddfau nac ufuddhau i'm barnau, na hyd yn oed farnau'r cenhedloedd o'ch amgylch, ⁸ felly, fel hyn y dywed yr Arglwydd DDUW: Edrych, yr wyf fi fy hun yn dy erbyn. Gwnaf farn â thi yng ngŵydd y cenhedloedd; ⁹ oherwydd dy holl ffieidd-dra gwnaf i ti yr hyn nas gwneuthum erioed ac nis gwnaf eto. ¹⁰ Am hynny, yn dy ganol di bydd rhieni yn bwyta eu plant a phlant yn bwyta eu rhieni; gwnaf farn â thi, a gwasgaraf i'r pedwar gwynt y rhai a weddillir ohonot. ¹¹ Felly, cyn wired â'm bod yn fyw, medd yr Arglwydd DDUW, am i ti halogi fy nghysegr â'th holl bethau atgas a ffiaidd, byddaf finnau yn dy ddarostwng, ac ni fyddaf yn tosturio, nac yn trugarhau. ¹² Bydd traean o'th bobl yn marw o haint ac yn darfod o newyn o'th fewn; bydd traean yn syrthio trwy'r cleddyf o'th amgylch; a byddaf yn gwasgaru traean i'r pedwar gwynt ac yn eu hymlid â'r

cleddyf. ¹³ Yna fe dderfydd fy nig, ac fe dawela fy llid yn eu herbyn, a byddaf fodlon; pan fydd fy llid yn eu herbyn wedi darfod, byddant yn gwybod mai myfi'r ARGLWYDD sydd wedi llefaru yn fy eiddigedd. ¹⁴ Rhoddaf di'n anrhaith ac yn warth ymysg y cenhedloedd o'th amgylch, yng ngŵydd pawb sy'n mynd heibio. ¹⁵ Byddi'n warth ac yn watwar, yn wers ac yn fraw i'r cenhedloedd o'th amgylch, pan wnaf farn â thi mewn dig ac mewn llid ac â cherydd miniog. Myfi, yr ARGLWYDD, a lefarodd. ¹⁶ Pan fyddaf yn saethu atat â'm saethau marwol a dinistriol o newyn, byddaf yn saethu i'th ddinistrio; dygaf ragor o newyn arnat a thorraf ymaith dy gynhaliaeth o fara. ¹⁷ Anfonaf arnat newyn a bwystfilod gwylltion, ac fe'th wnânt yn ddi-blant; bydd haint a thywallt gwaed yn ysgubo drosot, a gwnaf i gleddyf ddod arnat. Myfi, yr ARGLWYDD, a lefarodd."

Proffwydo yn erbyn Mynyddoedd Israel

6 Daeth gair yr ARGLWYDD ataf a dweud, ² "Fab dyn, tro dy wyneb at fynyddoedd Israel, a phroffwyda wrthynt, ³ a dweud, 'Fynyddoedd Israel, gwrandewch air yr Arglwydd DDUW. Fel hyn y dywed yr Arglwydd DDUW wrth y mynyddoedd a'r bryniau, wrth y nentydd a'r dyffrynnoedd: Yr wyf fi'n dod yn eich erbyn â'r cleddyf, a dinistriaf eich uchelfeydd. ⁴ Anrheithir eich allorau a dryllir eich allorau arogldarth, a thaflaf eich clwyfedigion o flaen eich eilunod. ⁵ Bwriaf gyrff pobl Israel o flaen eu heilunod, a gwasgaraf eich esgyrn o amgylch eich allorau. ⁶ Lle bynnag y byddwch yn byw, fe anrheithir y dinasoedd ac fe fwrir i lawr yr uchelfeydd, fel bod eich allorau wedi eu hanrheithio a'u dinistrio, eich eilunod wedi eu dryllio a'u malurio, eich allorau arogldarth wedi eu chwalu a'ch gwaith wedi ei ddileu. ⁷ Bydd clwyfedigion yn syrthio yn eich mysg, a chewch wybod mai myfi yw'r ARGLWYDD.

⁸ " 'Ond gadawaf weddill; oherwydd bydd rhai ohonoch yn dianc rhag y cleddyf ymysg y cenhedloedd, pan wasgerir chwi trwy'r gwledydd. ⁹ Ymysg y cenhedloedd lle caethgludwyd hwy, bydd y rhai a ddihangodd yn fy nghofio—fel y drylliwyd fi gan eu calonnau godinebus pan oeddent yn troi oddi wrthyf, a chan eu llygaid pan oeddent yn godinebu gydag eilunod; yna byddant yn eu casáu eu hunain am y drygioni a wnaethant ac am eu holl ffieidd-dra. ¹⁰ A chânt wybod mai myfi yw'r ARGLWYDD; nid yn ofer y dywedais y byddwn yn gwneud y drwg hwn iddynt.

¹¹ " 'Fel hyn y dywed yr Arglwydd DDUW: Cura dy ddwylo a chura â'th draed, a dywed "Och!" o achos holl ffieidd-dra drygionus tŷ Israel, oherwydd fe syrthiant trwy gleddyf a newyn a haint. ¹² Bydd yr un sydd ymhell yn marw o haint, yr un agos yn syrthio trwy'r cleddyf, a'r un a adawyd ac a arbedwyd yn marw o newyn; ac yna fe gyflawnaf fy llid yn eu herbyn. ¹³ A chewch wybod mai myfi yw'r ARGLWYDD, pan fydd eu clwyfedigion ymysg eu heilunod o amgylch eu hallorau ar bob bryn uchel, ar holl bennau'r mynyddoedd, dan bob pren gwyrddlas a than bob derwen ddeiliog lle buont yn offrymu arogl peraidd i'w holl eilunod. ¹⁴ Byddaf yn estyn fy llaw yn eu herbyn, a gwnaf y tir yn anrhaith diffaith o'r anialwch hyd Dibla*, lle bynnag y maent yn byw; a chânt wybod mai myfi yw'r ARGLWYDD.' "

Daeth y Diwedd

7 Daeth gair yr ARGLWYDD ataf a dweud, ² "Tithau, fab dyn, dywed*, 'Fel hyn y dywed yr Arglwydd DDUW wrth dir Israel: Diwedd! Daeth y diwedd ar bedwar cwr y wlad. ³ Daeth y diwedd yn awr arnat ti, ac anfonaf fy nig arnat; barnaf di yn ôl dy ffyrdd, a thalaf iti am dy holl ffieidd-dra. ⁴ Ni fyddaf yn tosturio wrthyt, ac ni fyddaf yn trugarhau, ond talaf iti am dy ffyrdd ac am y ffieidd-dra sydd yn dy ganol. Yna cewch wybod mai myfi yw'r ARGLWYDD.

⁵ " 'Fel hyn y dywed yr Arglwydd DDUW: Trychineb ar ben* trychineb! Y mae'n dod! ⁶ Daeth diwedd! Daeth y

---

6:14 Yn ôl rhai llawysgrifau, *Ribla*.
7:2 Felly Fersiynau. Hebraeg heb *dywed*.
7:5 Felly Syrieg. Hebraeg, *un*.

diwedd! Y mae wedi cychwyn yn dy erbyn! Fe ddaeth! ⁷ Fe ddaeth y farn arnat ti sy'n byw yn y wlad; daeth yr amser, agos yw'r dydd; y mae terfysg, ac nid llawenydd, ar y mynyddoedd*. ⁸ Yn awr, ar fyrder, tywalltaf fy llid arnat a chyflawni fy nig tuag atat; barnaf di yn ôl dy ffyrdd, a thalu iti am dy holl ffieidd-dra. ⁹ Ni fyddaf yn tosturio wrthyt, nac yn trugarhau; talaf iti am dy ffyrdd ac am y ffieidd-dra sydd yn dy ganol. Yna cewch wybod mai myfi'r ARGLWYDD sy'n taro.

¹⁰ " 'Dyma'r dydd! Fe ddaeth! Aeth y farn allan. Blagurodd anghyfiawnder, blodeuodd traha, ¹¹ tyfodd trais yn anghyfiawnder dybryd; ni adewir neb ohonynt, neb o'r dyrfa, na dim o'u cyfoeth na dim o werth. ¹² Daeth yr amser, cyrhaeddodd y dydd. Na fydded i'r prynwr lawenhau nac i'r gwerthwr ofidio, oherwydd daeth dicter ar y dyrfa i gyd. ¹³ Ni ddychwel y gwerthwr at yr hyn a werthodd, cyhyd ag y byddant ill dau'n fyw; oherwydd ni throir yn ôl y weledigaeth ynglŷn â'r dyrfa. O achos drygioni ni fydd yr un ohonynt yn dal gafael yn ei einioes. ¹⁴ Er iddynt ganu utgorn a gwneud popeth yn barod, nid â yr un allan i ryfel, oherwydd y mae fy nicter ar y dyrfa i gyd.

¹⁵ " 'Oddi allan y mae cleddyf, ac oddi mewn haint a newyn; bydd y rhai sydd allan yn y maes yn marw trwy'r cleddyf, a'r rhai sydd yn y ddinas yn cael eu hysu gan newyn a haint. ¹⁶ Bydd yr holl rai a ddihangodd i'r mynyddoedd, fel colomennod y dyffryn, pob un ohonynt yn griddfan am ei ddrygioni. ¹⁷ Bydd pob llaw yn llipa a phob glin fel glastwr; ¹⁸ byddant yn gwisgo sachliain, ac wedi eu gorchuddio â braw; bydd cywilydd ar bob wyneb a moelni ar bob pen. ¹⁹ Taflant eu harian i'r strydoedd, a bydd eu haur fel peth aflan; ni fedr eu harian na'u haur eu gwaredu yn nydd digofaint yr ARGLWYDD; ac ni fedrant ddigoni eu heisiau na llenwi eu stumogau; ond eu camwedd fydd eu cwymp. ²⁰ Yr oeddent yn llawenhau â balchder yn eu tlysau hardd, ac yn eu gwneud yn ddelwau ffiaidd ac atgas; am hynny yr wyf yn eu hystyried yn aflan. ²¹ Fe'u rhoddaf yn ysbail yn nwylo estroniaid, ac yn anrhaith i rai drygionus y ddaear, a halogir hwy. ²² Trof fy wyneb oddi wrthynt, a halogir fy nhrysor; daw ysbeilwyr i mewn yno a'i halogi a gwneud anrhaith.*

²³ " 'Am fod y wlad yn llawn o dywallt gwaed*, a'r ddinas yn llawn o drais, ²⁴ dof â'r rhai gwaethaf o'r cenhedloedd yno, a byddant yn meddiannu eu tai; rhoddaf derfyn ar falchder y rhai cedyrn, ac fe halogir eu cysegrleoedd. ²⁵ Y mae dychryn ar ddyfod, a byddant yn ceisio heddwch, ond heb ei gael. ²⁶ Daw trallod ar ben trallod, a sibrydion ar ben sibrydion; ceisiant weledigaeth gan y proffwyd, a bydd y gyfraith yn pallu gan yr offeiriad, a chyngor gan yr henuriaid. ²⁷ Bydd y brenin mewn galar, a'r tywysog wedi ei wisgo ag arswyd, a bydd dwylo pobl y wlad yn crynu. Gwnaf â hwy yn ôl eu ffyrdd, a barnaf hwy yn ôl eu safonau eu hunain; a chânt wybod mai myfi yw'r ARGLWYDD.' "

Ffieidd-dra Tŷ Israel

8 Ar y pumed dydd o'r chweched mis yn y chweched flwyddyn, a minnau'n eistedd yn fy nhŷ, a henuriaid Jwda yn eistedd o'm blaen, daeth llaw yr Arglwydd DDUW arnaf yno. ² Ac wrth imi edrych, gwelais ffurf oedd o ran ymddangosiad yn ddynol. O'r hyn a edrychai fel ei lwynau i lawr, yr oedd yn dân, ac o'i lwynau i fyny yr oedd yn debyg i efydd gloyw a disglair. ³ Estynnodd allan yr hyn a edrychai fel llaw, a'm cymryd gerfydd gwallt fy mhen. Cododd yr ysbryd fi rhwng daear a nefoedd, a mynd â mi mewn gweledigaethau Duw i Jerwsalem, at ddrws porth y gogledd i'r cyntedd mewnol, lle safai delw eiddigedd, sy'n achosi eiddigedd. ⁴ Ac yno yr oedd gogoniant Duw Israel, fel yn y weledigaeth a gefais yn y gwastadedd. ⁵ Yna dywedodd wrthyf, "Fab dyn, cod dy olygon i gyfeiriad y gogledd." Codais

---

7:7 Tebygol. Hebraeg yn aneglur.

7:22 Cymh. Groeg. Hebraeg, *Gwna'r gadwyn* yn yr adn. ddilynol yn lle *gwneud anrhaith*.

7:23 Felly Groeg. Hebraeg, *o farn gwaed*.

fy ngolygon i gyfeiriad y gogledd, a gwelais yno, i'r gogledd o borth yr allor, yn y fynedfa, y ddelw hon o eiddigedd. ⁶ Dywedodd wrthyf, "Fab dyn, a weli di beth y maent yn ei wneud, y pethau cwbl ffiaidd y mae tŷ Israel yn eu gwneud yma, i'm pellhau oddi wrth fy nghysegr? Ond fe gei weld eto bethau mwy ffiaidd."

⁷ Yna aeth â mi at ddrws y cyntedd, ac wrth imi edrych gwelais dwll yn y mur. ⁸ Dywedodd wrthyf, "Fab dyn, cloddia i'r mur." Cloddiais i'r mur, a gwelais ddrws yno. ⁹ Dywedodd wrthyf, "Dos i mewn, ac edrych ar y ffieidd-dra drygionus y maent yn ei wneud yno." ¹⁰ Euthum i mewn, ac wrth imi edrych gwelais bob math o ymlusgiaid, anifeiliaid atgas, a holl eilunod tŷ Israel, wedi eu cerfio ym mhobman ar y mur. ¹¹ Yr oedd deg a thrigain o henuriaid tŷ Israel yn sefyll o'u blaenau, a Jaasaneia fab Saffan yn sefyll yn eu canol; yr oedd thuser yn llaw pob un ohonynt, a chwmwl persawrus o arogldarth yn codi. ¹² A dywedodd wrthyf, "A welaist ti, fab dyn, beth y mae henuriaid tŷ Israel yn ei wneud yn y tywyllwch, bob un ohonynt yn ystafell ei gerfddelw? Fe ddywedant, 'Nid yw'r ARGLWYDD yn ein gweld; gadawodd yr ARGLWYDD y wlad.' " ¹³ Dywedodd hefyd, "Fe gei weld eto bethau mwy ffiaidd y maent yn eu gwneud."

¹⁴ Yna aeth â mi at ddrws porth y gogledd i dŷ'r ARGLWYDD, a gwelais yno wragedd yn eistedd i wylo am Tammus. ¹⁵ A dywedodd wrthyf, "A welaist ti hyn, fab dyn? Fe gei weld eto bethau mwy ffiaidd na'r rhain."

¹⁶ Yna aeth â mi i gyntedd mewnol tŷ'r ARGLWYDD, ac yno wrth ddrws teml yr ARGLWYDD, rhwng y cyntedd a'r allor, yr oedd tua phump ar hugain o ddynion; yr oedd eu cefnau at deml yr ARGLWYDD, a'u hwynebau tua'r dwyrain, ac yr oeddent yn ymgrymu i'r haul yn y dwyrain. ¹⁷ Dywedodd wrthyf, "A welaist ti hyn, fab dyn? Ai bychan o beth yw bod tŷ Jwda yn gwneud y pethau ffiaidd a wnânt yma? Ond y maent hefyd yn llenwi'r ddaear â thrais ac yn cythruddo rhagor arnaf; edrych arnynt yn gosod y brigyn wrth eu trwynau. ¹⁸ Byddaf fi'n gweithredu mewn llid tuag atynt; ni fyddaf yn tosturio nac yn trugarhau. Er iddynt weiddi'n uchel yn fy nghlustiau, ni wrandawaf arnynt."

Cosbi Jerwsalem

9 Yna clywais lais uchel yn dweud, "Dewch â'r rhai sydd i gosbi'r ddinas, pob un ag arf distryw yn ei law." ² Gwelais chwech o ddynion yn dod o gyfeiriad y porth uchaf, sy'n wynebu'r gogledd, pob un ag arf marwol yn ei law; gyda hwy yr oedd dyn wedi ei wisgo â lliain, ac offer ysgrifennu wrth ei wasg. Daethant i mewn a sefyll gyferbyn â'r allor bres. ³ Yna cododd gogoniant Duw Israel i fyny oddi ar y cerwbiaid, lle bu'n aros, a mynd at riniog y deml. Galwodd yr ARGLWYDD ar y dyn oedd wedi ei wisgo â lliain, ac offer ysgrifennu wrth ei wasg, ⁴ a dweud wrtho, "Dos trwy ganol y ddinas, trwy ganol Jerwsalem, a rho nod ar dalcen pob un sy'n gofidio ac yn galaru am yr holl bethau ffiaidd a wneir ynddi." ⁵ A dywedodd yn fy nghlyw wrth y lleill, "Ewch trwy'r ddinas ar ei ôl ef, a lladdwch; peidiwch â thosturio na thrugarhau. ⁶ Lladdwch hynafgwyr, gwŷr ifainc a llancesi, gwragedd a phlant; ond peidiwch â chyffwrdd ag unrhyw un sydd â nod arno. Dechreuwch yn fy nghysegr." A dechreuodd y dynion gyda'r henuriaid oedd o flaen y deml. ⁷ Yna dywedodd wrthynt, "Halogwch y deml, a llanwch y cynteddoedd â'r rhai a laddwyd; ewch allan." Aethant allan a lladd trwy'r ddinas. ⁸ Tra oeddent yn lladd, a minnau wedi fy ngadael ar fy mhen fy hun, syrthiais ar fy wyneb, a gwaeddais a dweud, "O Arglwydd DDUW, a ddistrywi di holl weddill Israel wrth dywallt dy lid ar Jerwsalem?" ⁹ Atebodd fi, "Y mae drygioni tŷ Israel a Jwda yn hynod fawr; y mae'r wlad yn llawn o dywallt gwaed, a'r ddinas yn llawn anghyfiawnder, am eu bod yn dweud, 'Gadawodd yr ARGLWYDD y wlad; nid yw'r ARGLWYDD yn gweld.' ¹⁰ Nid wyf fi am dosturio na thrugarhau; talaf iddynt am eu ffyrdd." ¹¹ A dyna'r dyn oedd wedi ei wisgo â lliain, ac offer ysgrifennu wrth ei wasg, yn dod â gair yn ôl a dweud, "Yr wyf wedi gwneud fel y gorchmynnaist."

Gogoniant Duw yn Ymadael â'r Deml

10 Wrth imi edrych, gwelais yn y ffurfafen uwchben y cerwbiaid rywbeth tebyg i orsedd o faen saffir, yn ymddangos uwchlaw iddynt. ² A dywedodd yr ARGLWYDD wrth y dyn oedd wedi ei wisgo â lliain, "Dos i mewn rhwng yr olwynion o dan y cerwbiaid, a llanw dy ddwylo â'r marwor tanllyd sydd rhwng y cerwbiaid, a'i wasgar dros y ddinas." Gwnaeth hynny yn fy ngolwg. ³ Yr oedd y cerwbiaid yn sefyll ar ochr dde y deml pan aeth y dyn i mewn, ac yr oedd cwmwl yn llenwi'r cyntedd mewnol. ⁴ Yr oedd gogoniant yr ARGLWYDD wedi codi oddi ar y cerwbiaid a mynd at riniog y deml. Yr oedd y cwmwl yn llenwi'r adeilad, a'r cyntedd yn llawn o ddisgleirdeb gogoniant yr ARGLWYDD. ⁵ Yr oedd sŵn adenydd y cerwbiaid i'w glywed cyn belled â'r cyntedd nesaf allan, fel llais y Duw Hollalluog pan fydd yn llefaru.

⁶ Pan orchmynnodd i'r dyn oedd wedi ei wisgo â lliain, a dweud, "Cymer dân oddi rhwng yr olwynion, oddi rhwng y cerwbiaid", fe aeth yntau i mewn a sefyll yn ymyl yr olwyn. ⁷ Yna estynnodd un o blith y cerwbiaid ei law at y tân oedd rhwng y cerwbiaid; cododd beth ohono a'i roi yn nwylo'r dyn oedd wedi ei wisgo â lliain; cymerodd yntau ef a mynd allan. ⁸ O dan adenydd y cerwbiaid fe welid rhywbeth tebyg i law ddynol.

⁹ Wrth imi edrych, gwelais hefyd bedair olwyn yn ymyl y cerwbiaid, un olwyn yn ymyl pob cerwb; yr oedd ymddangosiad yr olwynion yn debyg i eurfaen disglair. ¹⁰ O ran ymddangosiad yr oedd y pedair yn debyg i'w gilydd, fel pe bai olwyn oddi mewn i olwyn. ¹¹ Pan symudent, fe aent i un o'r pedwar cyfeiriad, ond nid oeddent yn troi o'u llwybr wrth fynd. Fe âi'r cerwbiaid i ble bynnag yr oedd y pen yn wynebu, ond nid oeddent yn troi o'u llwybr wrth fynd. ¹² Yr oedd eu holl gorff—eu cefnau, eu dwylo a'u hadenydd—a'r olwynion hefyd, y pedair ohonynt, yn llawn o lygaid. ¹³ Ac am yr olwynion, fe'u galwyd yn fy nghlyw yn chwyrnellwyr. ¹⁴ Yr oedd gan bob un o'r cerwbiaid bedwar wyneb: y cyntaf yn wyneb cerwb; yr ail yn wyneb dyn; y trydydd yn wyneb llew; y pedwerydd yn wyneb eryr. ¹⁵ Yna fe gododd y cerwbiaid i fyny; dyma'r creaduriaid a welais wrth afon Chebar. ¹⁶ Pan symudai'r cerwbiaid, fe symudai'r olwynion wrth eu hochr; pan estynnai'r cerwbiaid eu hadenydd i godi oddi ar y ddaear, nid oedd yr olwynion yn ymadael â hwy. ¹⁷ Pan safent, fe safent hwythau, a phan godent, fe godent hwythau, oherwydd yr oedd ysbryd y creaduriaid yn yr olwynion.

¹⁸ Yna symudodd gogoniant yr ARGLWYDD o fod uwchben rhiniog y deml, ac arhosodd uwchben y cerwbiaid. ¹⁹ Estynnodd y cerwbiaid eu hadenydd a chodi oddi ar y ddaear yn fy ngŵydd, ac fel yr oeddent yn mynd yr oedd yr olwynion yn mynd gyda hwy. Ond bu iddynt aros wrth ddrws porth y dwyrain i dŷ'r ARGLWYDD, ac yr oedd gogoniant Duw Israel yno uwch eu pennau.

²⁰ Dyma'r creaduriaid a welais dan Dduw Israel wrth afon Chebar, a sylweddolais mai cerwbiaid oeddent. ²¹ Yr oedd gan bob un bedwar wyneb, a chan bob un bedair adain, gyda rhywbeth tebyg i law ddynol dan eu hadenydd. ²² Yr oedd eu hwynebau yn debyg o ran ymddangosiad i'r wynebau a welais wrth afon Chebar; yr oedd pob un ohonynt yn symud yn syth yn ei flaen.

Barn ar Arweinwyr Israel

11 Yna cododd yr ysbryd fi a mynd â mi at borth y dwyrain i dŷ'r ARGLWYDD, sef yr un sy'n wynebu tua'r dwyrain. Ac yno wrth ddrws y porth yr oedd pump ar hugain o ddynion, a gwelais yn eu mysg Jaasaneia fab Assur a Pelateia fab Benaia, arweinwyr y bobl. ² Dywedodd yr ARGLWYDD wrthyf, "Fab dyn, dyma'r dynion sy'n cynllwyn drygioni ac yn rhoi cyngor drwg yn y ddinas hon, ³ ac yn dweud, 'Nid yw'n amser eto i adeiladu tai; y ddinas yw'r crochan, a ninnau yw'r cig.' ⁴ Felly, proffwyda yn eu herbyn; proffwyda, fab dyn."

⁵ Daeth ysbryd yr ARGLWYDD arnaf a dweud wrthyf, "Dywed, 'Fel hyn y dywed

yr ARGLWYDD: Dyma fel y llefarwch, dŷ Israel; fe wn i beth sy'n dod i'ch meddyliau. ⁶ Yr ydych wedi lladd llawer yn y ddinas hon, ac wedi llenwi ei strydoedd â meirwon. ⁷ Felly, fel hyn y dywed yr Arglwydd DDUW: Y cyrff a roesoch yn ei chanol yw'r cig, a'r ddinas yw'r crochan, ond fe'ch gyrraf allan ohoni. ⁸ Yr ydych yn ofni cleddyf, ond cleddyf a ddygaf arnoch, medd yr Arglwydd DDUW. ⁹ Fe'ch gyrraf allan ohoni a'ch rhoi yn nwylo estroniaid, a gwnaf farn â chwi. ¹⁰ Fe syrthiwch drwy'r cleddyf, ac fe'ch barnaf ar derfynau Israel; yna cewch wybod mai myfi yw'r ARGLWYDD. ¹¹ Nid y ddinas hon fydd y crochan i chwi, ac nid chwi fydd y cig o'i fewn; ond ar derfynau Israel y barnaf chwi. ¹² Cewch wybod mai myfi yw'r ARGLWYDD; ni fuoch yn dilyn fy neddfau nac yn ufuddhau i'm barnau, ond yn gwneud yn ôl barnau'r cenhedloedd sydd o'ch amgylch.'"

¹³ Ac fel yr oeddwn yn proffwydo, bu farw Pelateia fab Benaia. Syrthiais ar fy wyneb a gweiddi â llais uchel a dweud, "Och! Fy Arglwydd DDUW, a wyt am wneud diwedd llwyr ar weddill Israel?"

Addewid Duw i Israel

¹⁴ Daeth gair yr ARGLWYDD ataf a dweud, ¹⁵ "Fab dyn, am dy dylwyth—tylwyth o'r un gwaed â thi, a holl dŷ Israel—y mae trigolion Jerwsalem yn dweud, 'Y maent hwy yn bell oddi wrth yr ARGLWYDD; i ni y rhoddwyd y tir yn etifeddiaeth.' ¹⁶ Felly dywed, 'Fel hyn y dywed yr Arglwydd DDUW: Er imi eu hanfon ymhell i blith y cenhedloedd, a'u gwasgaru trwy'r gwledydd, eto am ychydig bûm yn gysegr iddynt yn y gwledydd lle maent.' ¹⁷ Felly dywed, 'Fel hyn y dywed yr Arglwydd DDUW: Fe'ch casglaf o blith y bobloedd, a'ch dwyn ynghyd o'r gwledydd lle gwasgarwyd chwi, a rhoddaf ichwi dir Israel.' ¹⁸ Pan ddônt yno, fe fwriant allan ohoni ei holl bethau atgas a ffiaidd. ¹⁹ Rhoddaf iddynt galon unplyg, ac ysbryd newydd ynddynt; tynnaf ohonynt y galon garreg, a rhoi iddynt galon gig. ²⁰ Yna byddant yn dilyn fy neddfau ac yn gofalu cadw fy marnau; byddant yn bobl i mi, a byddaf finnau yn Dduw iddynt hwy. ²¹ Ond am y rhai sydd â'u calon yn dilyn* pethau atgas a ffiaidd, rhoddaf dâl iddynt am hynny, medd yr Arglwydd DDUW."

Y Gogoniant yn Ymadael

²² Yna cododd y cerwbiaid eu hadenydd, gyda'r olwynion wrth eu hochrau; ac yr oedd gogoniant Duw Israel uwch eu pennau. ²³ Cododd gogoniant yr ARGLWYDD o fod dros ganol y ddinas, ac arhosodd dros y mynydd sydd i'r dwyrain ohoni. ²⁴ Cododd yr ysbryd fi a mynd â mi at y gaethglud ym Mabilon mewn gweledigaeth trwy ysbryd Duw. Yna aeth y weledigaeth a gefais oddi wrthyf, ²⁵ a dywedais wrth y caethgludion y cyfan a ddangosodd yr ARGLWYDD imi.

Y Proffwyd a'r Gaethglud

12 Daeth gair yr ARGLWYDD ataf a dweud, ² "Fab dyn, yr wyt yn byw yng nghanol tylwyth gwrthryfelgar; y mae ganddynt lygaid i weld, ond ni welant, a chlustiau i glywed, ond ni chlywant, am eu bod yn dylwyth gwrthryfelgar. ³ Felly, fab dyn, gwna'n barod dy baciau ar gyfer caethglud, ac ymfuda liw dydd yn eu gŵydd; a phan ymfudi o'th gartref yn eu gŵydd i le arall, efallai y deallant eu bod yn dylwyth gwrthryfelgar. ⁴ Dos â'th baciau allan, fel paciau caethglud, liw dydd yn eu gŵydd, a dos dithau allan yn eu gŵydd gyda'r nos, yn union fel y rhai sy'n mynd i gaethglud. ⁵ Yn eu gŵydd cloddia drwy'r mur, a dos* allan drwyddo. ⁶ Yn eu gŵydd cod dy baciau ar dy ysgwydd a mynd â hwy allan yn y gwyll; gorchuddia dy wyneb rhag iti weld y tir, oherwydd gosodais di'n arwydd i dŷ Israel." ⁷ Gwneuthum fel y gorchmynnwyd imi. Liw dydd euthum â'm paciau allan, fel paciau caethglud, a liw nos cloddiais trwy'r mur â'm dwylo, a mynd â hwy allan yn y gwyll a'u cario ar fy ysgwydd yn eu gŵydd.

⁸ Daeth gair yr ARGLWYDD ataf yn y bore a dweud, ⁹ "Fab dyn, oni ofynnodd Israel, y tylwyth gwrthryfelgar, iti, 'Beth wyt ti'n ei wneud?' ¹⁰ Dywed wrthynt,

---

11:21 Hebraeg yn ychwanegu *calon*.
12:5 Felly Fersiynau. Hebraeg, *dwg*.

'Fel hyn y dywed yr Arglwydd DDUW: Y mae a wnelo'r baich hwn â'r tywysog yn Jerwsalem, ac y mae holl dylwyth Israel yn ei chanol.' 11 Dywed, 'Yr wyf fi'n arwydd i chwi; fel y gwneuthum i, felly y gwneir iddynt hwy; ânt i gaethiwed i'r gaethglud.' 12 Bydd y tywysog sydd yn eu plith yn codi ei faciau ar ei ysgwydd yn y gwyll ac yn mynd allan; cloddir trwy'r mur, iddo fynd* allan trwyddo, a bydd yn gorchuddio'i wyneb rhag iddo weld y tir â'i lygaid. 13 Taenaf fy rhwyd drosto, ac fe'i delir yn fy magl; af ag ef i Fabilon, gwlad y Caldeaid, ond ni fydd yn ei gweld, ac yno y bydd farw. 14 A byddaf yn gwasgaru i'r pedwar gwynt yr holl rai sydd o'i amgylch, ei gynorthwywyr a'i luoedd, ac yn eu hymlid â chleddyf noeth. 15 Byddant yn gwybod mai myfi yw'r ARGLWYDD pan fyddaf yn eu gwasgaru ymysg y cenhedloedd ac yn eu chwalu trwy'r gwledydd. 16 Ond byddaf yn arbed ychydig ohonynt rhag y cleddyf, a rhag newyn a haint, er mwyn iddynt gydnabod eu ffieidd-dra ymysg y cenhedloedd lle'r ânt; a byddant yn gwybod mai myfi yw'r ARGLWYDD."

17 Daeth gair yr ARGLWYDD ataf a dweud, 18 "Fab dyn, bwyta dy fwyd gan grynu, ac yfed dy ddiod mewn dychryn a phryder. 19 Yna dywed wrth bobl y wlad, 'Fel hyn y dywed yr Arglwydd DDUW am y rhai sy'n byw yn Jerwsalem ac yng ngwlad Israel: Byddant yn bwyta'u bwyd mewn pryder ac yn yfed eu diod mewn anobaith, oherwydd fe ddinoethir eu gwlad o bopeth sydd ynddi o achos trais yr holl rai sy'n byw ynddi. 20 Difethir y dinasoedd sydd wedi eu cyfanheddu, a bydd y wlad yn anrhaith. Yna byddwch yn gwybod mai myfi yw'r ARGLWYDD.'"

Neges trwy Ddihareb

21 Daeth gair yr ARGLWYDD ataf a dweud, 22 "Fab dyn, beth yw'r ddihareb hon sydd gennych am wlad Israel, 'Y mae'r dyddiau'n mynd heibio, a phob gweledigaeth yn pallu'? 23 Am hynny, dywed wrthynt, 'Fel hyn y dywed yr Arglwydd DDUW: Rhoddaf ddiwedd ar y ddihareb hon, ac ni ddefnyddiant hi mwyach yn Israel.' Dywed wrthynt, 'Y mae'r dyddiau'n agosáu pan gyflawnir* pob gweledigaeth.' 24 Oherwydd ni fydd eto weledigaeth dwyllodrus na dewiniaeth wenieithus ymysg tylwyth Israel. 25 Ond byddaf fi, yr ARGLWYDD, yn llefaru yr hyn a ddymunaf, ac fe'i cyflawnir heb ragor o oedi. Yn eich dyddiau chwi, dylwyth gwrthryfelgar, byddaf yn cyflawni'r hyn a lefaraf," medd yr Arglwydd DDUW.

26 Daeth gair yr ARGLWYDD ataf a dweud, 27 "Fab dyn, y mae tylwyth Israel yn dweud, 'Ar gyfer y dyfodol pell y mae'r weledigaeth a gafodd, ac am amseroedd i ddod y mae'n proffwydo.' 28 Felly dywed wrthynt, 'Fel hyn y dywed yr Arglwydd DDUW: Nid oedir fy ngeiriau rhagor; cyflawnir yr hyn a lefaraf,' medd yr Arglwydd DDUW."

Proffwydo yn erbyn Proffwydi

13 Daeth gair yr ARGLWYDD ataf a dweud, 2 "Fab dyn, proffwyda yn erbyn proffwydi Israel sy'n proffwydo; a dywed wrth y rhai sy'n proffwydo o'u meddyliau eu hunain, 'Gwrandewch air yr ARGLWYDD.' 3 Fel hyn y dywed yr Arglwydd DDUW: Gwae'r proffwydi ynfyd sy'n dilyn eu hysbryd eu hunain ac sydd heb weld dim! 4 Bu dy broffwydi, O Israel, fel llwynogod mewn adfeilion. 5 Nid aethoch i fyny i'r bylchau, ac adeiladu'r mur i dŷ Israel, er mwyn iddo sefyll yn y frwydr ar ddydd yr ARGLWYDD. 6 Y mae eu gweledigaethau yn dwyllodrus a'u dewiniaeth yn gelwydd; er nad yw'r ARGLWYDD wedi eu hanfon, y maent yn dweud,'Medd yr ARGLWYDD', ac yn disgwyl iddo gyflawni eu gair. 7 Onid gweld gweledigaeth dwyllodrus a llefaru dewiniaeth gelwyddog yr oeddech wrth ddweud, 'Medd yr ARGLWYDD', a minnau heb lefaru?

8 "Felly, fel hyn y dywed yr Arglwydd DDUW: Am ichwi lefaru'n dwyllodrus a chael gweledigaethau celwyddog, yr wyf fi yn eich erbyn, medd yr Arglwydd DDUW. 9 Bydd fy llaw yn erbyn y proffwydi sy'n cael gweledigaethau twyllodrus ac yn llefaru dewiniaeth

---

12:12 Felly Fersiynau. Hebraeg, *ddwyn*.   **12:23** Cymh. Syrieg. Hebraeg, *gair*.

gelwyddog; ni fyddant yn perthyn i gyngor fy mhobl nac wedi eu rhestru ar gofrestr tŷ Israel, ac ni fyddant yn dod i dir Israel. Yna byddwch yn gwybod mai myfi yw'r Arglwydd DDUW.

¹⁰ "Am iddynt arwain fy mhobl ar gyfeiliorn a dweud, 'Heddwch', er nad oedd heddwch, y maent yn codi wal simsan ac yn ei dwbio â gwyngalch. ¹¹ Dywed wrth y rhai sy'n ei gwyngalchu y bydd yn cwympo; daw glaw yn llifeiriant, paraf i'r cenllysg ddisgyn, a bydd gwyntoedd stormus yn rhwygo. ¹² Pan fydd y mur yn cwympo, oni ofynnir i chwi, 'Ymhle mae'r gwyngalch a roesoch?'? ¹³ Felly, fel hyn y dywed yr Arglwydd DDUW: Yn fy nig gwnaf i wynt stormus rwygo, yn fy llid daw glaw yn llifeiriant, ac yn fy nig daw cenllysg i'w dinistrio. ¹⁴ Chwalaf y mur a wyngalchwyd, a'i wneud yn wastad â'r llawr a dinoethi ei sylfaen. A phan syrth o'ch cwmpas, fe'ch dinistrir; yna byddwch yn gwybod mai myfi yw'r ARGLWYDD. ¹⁵ Byddaf yn gweithredu fy nig yn erbyn y mur ac yn erbyn y rhai a fu'n ei wyngalchu, a dywedaf wrthych, 'Darfu am y mur ac am y rhai a fu'n ei wyngalchu, ¹⁶ sef proffwydi Israel, a broffwydodd wrth Jerwsalem a chael gweledigaethau o heddwch, er nad oedd heddwch, medd yr Arglwydd DDUW.'

¹⁷ "A thithau, fab dyn, gosod dy wyneb yn erbyn merched dy bobl, sy'n proffwydo o'u meddyliau eu hunain. Proffwyda yn eu herbyn ¹⁸ a dywed, 'Fel hyn y dywed yr Arglwydd DDUW: Gwae'r gwragedd sy'n gwau breichledau hud ar bob garddwrn, ac yn gwneud gorchudd o bob maint ar y pen, er mwyn rhwydo bywydau pobl. A fyddwch yn rhwydo bywydau fy mhobl, ond yn cadw eich bywydau eich hunain yn ddiogel? ¹⁹ Yr ydych wedi fy halogi i ymysg fy mhobl er mwyn dyrneidiau o haidd a thameidiau o fara. Yr ydych wedi lladd y rhai na ddylent farw, ac wedi arbed bywyd y rhai na ddylent fyw, trwy eich celwyddau wrth fy mhobl, sy'n gwrando ar gelwydd. ²⁰ Felly, fel hyn y dywed yr Arglwydd DDUW: Yr wyf yn erbyn eich breichledau hud, yr ydych â hwy yn rhwydo bywydau fel adar, a thorraf hwy oddi ar eich breichiau; gollyngaf yn rhydd y bywydau yr ydych yn eu rhwydo fel adar. ²¹ Torraf ymaith eich gorchuddion, a gwaredaf fy mhobl o'ch dwylo, ac ni fyddant eto yn ysglyfaeth yn eich dwylo; yna byddwch yn gwybod mai myfi yw'r ARGLWYDD. ²² Am ichwi ddigalonni'r cyfiawn â'ch twyll, er nad oeddwn i'n ei niweidio, ac am ichwi gefnogi'r drygionus, rhag iddo droi o'i ffordd ddrwg ac arbed ei fywyd, ²³ felly ni fyddwch yn cael gweledigaethau twyllodrus eto nac yn ymarfer dewiniaeth. Byddaf yn gwaredu fy mhobl o'ch dwylo, a byddwch yn gwybod mai myfi yw'r ARGLWYDD.' "

Gair yn erbyn Eilunod

14 Daeth rhai o henuriaid Israel ataf ac eistedd i lawr o'm blaen. ² A daeth gair yr ARGLWYDD ataf a dweud, ³ "Fab dyn, y mae'r dynion hyn wedi codi eu heilunod yn eu calonnau ac wedi gosod eu tramgwydd pechadurus o'u blaenau. A adawaf iddynt ymofyn â mi o gwbl? ⁴ Felly, llefara wrthynt a dywed, 'Fel hyn y dywed yr Arglwydd DDUW: Pan fydd unrhyw un o dŷ Israel sydd wedi codi ei eilunod yn ei galon ac wedi gosod ei dramgwydd pechadurus o'i flaen yn dod at broffwyd, byddaf fi, yr ARGLWYDD, yn ei ateb fy hunan*, yn ôl ei holl eilunod. ⁵ Gwnaf hyn er mwyn cydio yng nghalonnau tŷ Israel, gan eu bod i gyd wedi ymddieithrio oddi wrthyf trwy eu heilunod.' ⁶ Felly dywed wrth dŷ Israel, 'Fel hyn y dywed yr Arglwydd DDUW: Edifarhewch, a throwch oddi wrth eich eilunod ac oddi wrth eich holl ffieidd-dra. ⁷ Pan fydd unrhyw un o dŷ Israel, neu unrhyw estron sy'n byw yn Israel, yn ymddieithrio oddi wrthyf, yn codi ei eilunod yn ei galon, ac yn gosod ei dramgwydd pechadurus o'i flaen, ac yna'n dod at broffwyd i ymofyn â mi, byddaf fi, yr ARGLWYDD, yn ei ateb fy hunan. ⁸ Byddaf yn gosod fy wyneb yn erbyn hwnnw, ac yn ei wneud yn esiampl ac yn ddihareb, ac yn ei dorri ymaith o blith fy mhobl; yna byddwch yn gwybod mai myfi yw'r ARGLWYDD. ⁹ Os twyllir y

---

14:4 Felly Targwm. Cymh. adn. 7. Hebraeg yn aneglur.

proffwyd i lefaru neges, myfi, yr ARGLWYDD, a dwyllodd y proffwyd hwnnw, a byddaf yn estyn fy llaw yn ei erbyn ac yn ei ddinistrio o blith fy mhobl Israel. ¹⁰ Byddant yn dwyn eu cosb—yr un fydd cosb y proffwyd â chosb y sawl sy'n ymofyn ag ef—¹¹ rhag i dŷ Israel byth eto fynd ar gyfeiliorn oddi wrthyf na'u halogi eu hunain rhagor â'u holl ddrygioni; ond byddant yn bobl i mi, a minnau'n Dduw iddynt hwy, medd yr Arglwydd DDUW.' "

Noa, Daniel a Job

¹² Daeth gair yr ARGLWYDD ataf a dweud, ¹³ "Fab dyn, os bydd gwlad yn pechu yn f'erbyn trwy fod yn anffyddlon, a minnau'n estyn fy llaw yn ei herbyn, yn torri ei chynhaliaeth o fara, yn anfon newyn arni, ac yn torri ymaith ohoni ddyn ac anifail; ¹⁴ hyd yn oed pe byddai Noa, Daniel a Job, y tri ohonynt, yn ei chanol, ni fyddent yn arbed ond eu bywydau eu hunain trwy eu cyfiawnder," medd yr Arglwydd DDUW. ¹⁵ "Neu pe bawn yn anfon bwystfilod gwylltion i'r wlad, a hwythau'n ei diboblogi, a'i gwneud yn ddiffeithwch, heb neb yn mynd trwyddi o achos y bwystfilod, ¹⁶ cyn wired â'm bod yn fyw," medd yr Arglwydd DDUW, "pe byddai'r tri dyn hyn ynddi, ni fyddent yn arbed eu meibion na'u merched; hwy eu hunain yn unig a arbedid, ond byddai'r wlad yn ddiffeithwch. ¹⁷ Neu, pe bawn yn dwyn cleddyf ar y wlad honno ac yn dweud, 'Aed cleddyf trwy'r wlad', a phe bawn yn torri ymaith ohoni ddyn ac anifail, ¹⁸ cyn wired â'm bod yn fyw," medd yr Arglwydd DDUW, "pe byddai'r tri dyn hyn ynddi, ni fyddent yn arbed eu meibion na'u merched; hwy eu hunain yn unig a arbedid. ¹⁹ Neu, pe bawn yn anfon pla i'r wlad honno, ac yn tywallt fy nig arni trwy dywallt gwaed, ac yn torri ymaith ohoni ddyn ac anifail, ²⁰ cyn wired â'm bod yn fyw," medd yr Arglwydd DDUW, "pe byddai Noa, Daniel a Job ynddi, ni fyddent yn arbed na mab na merch. Eu bywydau eu hunain yn unig a arbedent trwy eu cyfiawnder.

²¹ "Fel hyn y dywed yr Arglwydd DDUW: Pa faint gwaeth y bydd pan anfonaf ar Jerwsalem fy mhedair cosb erchyll, sef cleddyf, newyn, bwystfilod gwylltion a phla, i dorri ymaith ohoni ddyn ac anifail. ²² Eto, fe arbedir gweddill ynddi, sef meibion a merched a ddygir allan; dônt allan atat, a phan weli eu hymddygiad a'u gweithredoedd, fe'th gysurir am y drwg a ddygais ar Jerwsalem; yn wir, am bob drwg a ddygais arni. ²³ Fe'th gysurir pan weli eu hymddygiad a'u gweithredoedd, oherwydd byddi'n gwybod nad heb achos y gwneuthum y cyfan ynddi, medd yr Arglwydd DDUW."

Dameg y Winwydden

15 Daeth gair yr ARGLWYDD ataf a dweud, ² "Fab dyn, sut y mae pren y winwydden yn well na phob coeden, ac na phob cangen ar goed y goedwig? ³ A gymerir pren ohoni i wneud rhywbeth defnyddiol? A wneir ohoni hoelen bren i grogi rhywbeth arni? ⁴ Os rhoddir hi'n gynnud i dân, bydd y tân yn difa'r ddau ben, a'r canol yn golosgi; ac i beth y mae'n dda wedyn? ⁵ Os na ellid gwneud dim defnyddiol ohoni pan oedd yn gyfan, pa faint llai y gwneir dim defnyddiol ohoni wedi i'r tân ei difa ac iddi olosgi? ⁶ Felly, fel hyn y dywed yr Arglwydd DDUW: Fel y rhoddais bren y winwydden o blith coed y goedwig yn gynnud i'r tân, felly y gwnaf i drigolion Jerwsalem. ⁷ Byddaf yn gosod fy wyneb yn eu herbyn; er iddynt ddod allan o'r tân, eto bydd y tân yn eu difa. A phan osodaf fy wyneb yn eu herbyn, byddwch yn gwybod mai myfi yw'r ARGLWYDD. ⁸ Gwnaf y wlad yn ddiffeithwch, am iddynt fod yn anffyddlon, medd yr Arglwydd DDUW."

Jerwsalem y Wraig Anffyddlon

16 Daeth gair yr ARGLWYDD ataf a dweud, ² "Fab dyn, gwna i Jerwsalem sylweddoli ei ffieidd-dra, ³ a dywed wrthi, 'Fel hyn y dywed yr Arglwydd DDUW wrth Jerwsalem: O wlad Canaan yr wyt o ran dy dras a'th enedigaeth; Amoriad oedd dy dad, a'th fam yn Hethiad. ⁴ Ac am dy enedigaeth, ar ddydd dy eni ni thorrwyd llinyn dy fogail, na'th olchi mewn dŵr i'th lanhau, na'th rwbio â halen, na'th rwymo â chadach. ⁵ Ni thosturiodd neb wrthyt i wneud yr un o'r pethau hyn i ti, nac i drugarhau wrthyt; ond fe'th luchiwyd allan i'r maes, oherwydd fe'th ffieiddiwyd y diwrnod y ganwyd di.

⁶ " 'Yna fe ddeuthum heibio iti, a'th weld yn ymdrybaeddu yn dy waed, a dywedais wrthyt yn dy waed, "Bydd fyw."* ⁷ Gwneuthum iti dyfu fel planhigyn y maes; tyfaist a chynyddu a chyrraedd aeddfedrwydd. Chwyddodd dy fronnau a thyfodd dy wallt, er dy fod yn llwm a noeth.

⁸ " 'Deuthum heibio iti drachefn a sylwi arnat, a gweld dy fod yn barod am gariad; taenais gwr fy mantell drosot a chuddio dy noethni. Tynghedais fy hun iti, a gwneud cyfamod â thi, medd yr Arglwydd DDUW, a daethost yn eiddo imi. ⁹ Golchais di mewn dŵr a glanhau'r gwaed oddi arnat, a'th eneinio ag olew. ¹⁰ Gwisgais di mewn brodwaith a rhoi iti sandalau lledr; rhoddais liain main amdanat a'th orchuddio â sidan. ¹¹ Addurnais di â thlysau, a rhoi breichledau am dy freichiau a chadwyn am dy wddf; ¹² rhoddais fodrwy yn dy drwyn, tlysau ar dy glustiau a choron hardd ar dy ben. ¹³ Yr oeddit wedi dy addurno ag aur ac arian, a'th wisgo â lliain, sidan a brodwaith; yr oeddit yn bwyta peilliaid, mêl ac olew; yr oeddit yn hynod o brydferth, a chodaist i fod yn frenhines. ¹⁴ Aethost yn enwog ymysg y cenhedloedd o achos dy brydferthwch, oherwydd fe'i perffeithiwyd trwy'r harddwch a roddais i arnat, medd yr Arglwydd DDUW.

¹⁵ " 'Ond aethost i ymddiried yn dy brydferthwch, a phuteiniaist oherwydd dy enwogrwydd; yr oeddit yn cynnig dy gorff i unrhyw un a âi heibio, ac yntau'n ei gymryd. ¹⁶ Cymeraist rai o'th ddillad, a gwneud i ti dy hun uchelfeydd lliwgar, a phuteiniaist yno; ni fu peth fel hyn, ac ni fydd ychwaith. ¹⁷ Cymeraist hefyd dy dlysau prydferth, y tlysau o aur ac arian a roddais iti, a gwnaethost i ti dy hun eilunod gwryw a phuteinio gyda hwy; ¹⁸ cymeraist dy ddillad o frodwaith i'w gorchuddio, ac offrymu fy olew a'm harogldarth o'u blaenau. ¹⁹ A'r bwyd a roddais iti—oherwydd bwydais di â pheilliaid, olew a mêl—fe'i rhoddaist o'u blaenau yn arogldarth hyfryd; fel hyn y bu, medd yr Arglwydd DDUW. ²⁰ Cymeraist dy feibion a'th ferched, a oedd yn blant i mi, a'u hoffrymu yn fwyd iddynt; a oedd hyn yn llai o beth na'th buteindra? ²¹ Lleddaist fy mhlant a'u haberthu i'r eilunod. ²² Ac yn dy holl ffieidd-dra a'th buteindra, ni chofiaist ddyddiau dy ieuenctid, pan oeddit yn llwm a noeth ac yn ymdrybaeddu yn dy waed.

²³ " 'Wedi dy holl ddrygioni (Gwae! Gwae di! medd yr Arglwydd DDUW), ²⁴ adeiledaist i ti dy hun lwyfan, a gwnaethost iti uchelfa ym mhob sgwâr. ²⁵ Ar ben pob stryd codaist dy uchelfa, a halogi dy brydferthwch gan ledu dy goesau i bob un a âi heibio, a phuteinio'n ddiddiwedd. ²⁶ Puteiniaist gyda'r Eifftiaid, dy gymdogion trachwantus, ac ennyn fy nig â'th buteindra diddiwedd. ²⁷ Estynnais innau fy llaw yn dy erbyn, a lleihau dy diriogaeth; rhoddais di i ddymuniad dy elynion, merched y Philistiaid, a gywilyddiwyd gan dy ffordd anllad. ²⁸ Puteiniaist hefyd gyda'r Asyriaid, am dy fod heb dy ddigoni; ac wedi iti buteinio, nid oeddit eto wedi cael digon. ²⁹ Cynyddaist dy buteindra hyd at Caldea, gwlad o fasnachwyr, ac eto ni chefaist ddigon.

³⁰ " 'Mor ddolurus yw dy galon, medd yr Arglwydd DDUW, dy fod yn gwneud yr holl bethau hyn, ac yn gweithredu fel putain ddigywilydd! ³¹ Pan godaist dy lwyfan ar ben pob stryd, a gwneud dy uchelfa ym mhob sgwâr, eto nid oeddit yn union fel putain, gan dy fod yn dirmygu tâl. ³² O wraig o butain, cymeraist estroniaid yn lle dy ŵr. ³³ Derbyn tâl y mae pob putain, ond rhoi tâl yr wyt ti i'th holl gariadon, gan eu llwgrwobrwyo i ddod atat o bob man i buteinio gyda thi. ³⁴ Yr wyt yn wahanol i wragedd eraill yn dy buteindra; nid oes neb yn dy geisio di; yr wyt yn rhoi tâl yn lle derbyn tâl, a dyna'r gwahaniaeth.

16:6 Felly Groeg. Hebraeg yn ailadrodd *a dywedais . . . "Bydd fyw."*

35 " 'Felly, butain, gwrando ar air yr ARGLWYDD. 36 Fel hyn y dywed yr Arglwydd DDUW: Am iti fod yn gwbl anllad, a dangos dy noethni wrth buteinio gyda'th gariadon, ac oherwydd dy holl eilunod ffiaidd, ac am iti roi iddynt waed dy blant, 37 felly, fe gasglaf ynghyd dy holl gariadon y cefaist bleser gyda hwy, y rhai yr oeddit yn eu caru a'r rhai yr oeddit yn eu casáu. Fe'u casglaf ynghyd yn dy erbyn o bob man, ac fe'th ddinoethaf o'u blaenau, ac fe welant dy holl noethni. 38 Rhof arnat gosb godinebwyr a rhai'n tywallt gwaed, a dwyn arnat waed llid ac eiddigedd. 39 A rhof di yn nwylo dy gariadon; bwriant i lawr dy lwyfan a dinistrio dy uchelfeydd, tynnant dy ddillad oddi amdanat, a chymryd dy dlysau hardd a'th adael yn llwm a noeth. 40 Dônt â thyrfa yn dy erbyn, ac fe'th labyddiant â cherrig a'th rwygo â'u cleddyfau. 41 Llosgant dy dai, a rhoi cosb arnat yng ngŵydd llawer o wragedd. Rhof ddiwedd ar dy buteindra, ac ni fyddi'n talu eto i'th gariadon. 42 Yna gwnaf i'm llid gilio, a throf ymaith fy eiddigedd oddi wrthyt; ymdawelaf, ac ni ddigiaf rhagor. 43 Am iti anghofio dyddiau dy ieuenctid, a'm cynddeiriogi â'r holl bethau hyn, felly byddaf finnau'n peri i'r hyn a wnaethost ddod ar dy ben di dy hun, medd yr Arglwydd DDUW. Oni wnaethost anlladrwydd yn ogystal â'th holl ffieidd-dra?

44 " 'Bydd pob un sy'n defnyddio diarhebion yn dweud y ddihareb hon amdanat: "Fel y fam y bydd y ferch." 45 Yr wyt ti'n ferch i'th fam, a gasaodd ei gŵr a'i phlant, ac yn chwaer i'th chwiorydd, a gasaodd eu gwŷr a'u plant; Hethiad oedd eich mam, a'ch tad yn Amoriad. 46 Dy chwaer hynaf oedd Samaria, a oedd yn byw gyda'i merched tua'r gogledd, a'th chwaer ieuengaf oedd Sodom, a oedd yn byw gyda'i merched tua'r de. 47 Nid yn unig fe gerddaist yn eu ffyrdd hwy a dilyn eu ffieidd-dra, ond ymhen ychydig amser yr oeddit yn fwy llygredig na hwy yn dy holl ffyrdd. 48 Cyn wired â'm bod yn fyw, medd yr Arglwydd DDUW, ni wnaeth dy chwaer Sodom a'i merched fel y gwnaethost ti a'th ferched. 49 Hyn oedd drygioni dy chwaer Sodom: yr oedd hi a'i merched yn falch, yn gorfwyta, ac mewn esmwythyd diofal; ond ni roesant gymorth i'r tlawd anghenus. 50 Bu iddynt ymddyrchafu a gwneud ffieidd-dra o'm blaen; felly fe'u symudais ymaith, fel y gwelaist. 51 Ni wnaeth Samaria chwaith hanner dy ddrygioni di. Gwnaethost fwy o ffieidd-dra na hwy, a pheri i'th chwiorydd ymddangos yn gyfiawn ar gyfrif yr holl bethau ffiaidd a wnaethost ti. 52 Derbyn di felly warth, oherwydd sicrheaist ddedfryd ffafriol i'th chwiorydd; am fod dy ddrygioni di yn fwy ffiaidd na'r eiddo hwy, ymddangosant hwy yn fwy cyfiawn na thi. Felly, cywilyddia a derbyn dy warth, oherwydd gwnaethost i'th chwiorydd ymddangos yn gyfiawn.

Adfer Sodom a Samaria

53 " 'Eto, adferaf eu llwyddiant—llwyddiant Sodom a'i merched, a llwyddiant Samaria a'i merched—ac adferaf dy lwyddiant dithau gyda hwy, 54 er mwyn iti dderbyn dy warth, a bod arnat gywilydd o'r cyfan a wnaethost, er iti ddwyn cysur iddynt hwy. 55 Bydd dy chwiorydd Sodom a Samaria, a'u merched, yn dychwelyd i'w cyflwr blaenorol, a byddi dithau a'th ferched yn dychwelyd i'ch cyflwr blaenorol. 56 Nid oedd unrhyw sôn gennyt am dy chwaer Sodom yn nydd dy falchder, 57 cyn datguddio dy ddrygioni. Ond yn awr daethost fel hithau*, yn destun gwaradwydd i ferched Edom* a'r holl rai sydd o'u hamgylch, ac i ferched Philistia, sef yr holl rai o'th amgylch sy'n dy ddilorni. 58 Byddi'n derbyn cosb dy anlladrwydd a'th ffieidd-dra, medd yr ARGLWYDD.

59 " 'Fel hyn y dywed yr Arglwydd DDUW: Gwnaf â thi yn ôl dy haeddiant, am iti ddiystyru llw a thorri cyfamod; 60 eto fe gofiaf fi fy nghyfamod â thi yn nyddiau dy ieuenctid, a sefydlaf gyfamod tragwyddol â thi. 61 Yna, fe gofi dy ffyrdd, a chywilyddio pan dderbynni dy chwiorydd, y rhai hŷn na thi a'r rhai iau na thi; rhof hwy yn ferched i ti, ond

---

16:57 Tebygol. Cymh. Groeg. Hebraeg, *fel amser*.
16:57 Felly llawysgrifau a Syrieg. TM, *Syria*.

nid oherwydd fy nghyfamod â thi. ⁶² Felly, sefydlaf fy nghyfamod â thi, a byddi'n gwybod mai myfi yw'r ARGLWYDD. ⁶³ Fe gofi a chywilyddio, ac nid agori dy enau rhagor, oherwydd dy warth pan faddeuaf fi iti am y cyfan a wnaethost, medd yr Arglwydd DDUW.' "

Dameg yr Eryr a'r Winwydden

17 Daeth gair yr ARGLWYDD ataf a dweud, ² "Fab dyn, gosod bos a llefara ddameg wrth dŷ Israel, ³ a dywed, 'Fel hyn y dywed yr Arglwydd DDUW: Daeth i Lebanon eryr mawr, a chanddo adenydd cryfion, a'i esgyll yn hirion ac yn llawn plu amryliw. Cymerodd frigyn uchaf y gedrwydden, ⁴ a thorrodd flaen uchaf y brigyn a'i gymryd i wlad o fasnachwyr a'i blannu yn ninas marsiandïwyr. ⁵ Cymerodd hefyd beth o had y tir a'i roi mewn daear ffrwythlon; plannodd ef fel helygen wrth ddigon o ddŵr. ⁶ Blagurodd a daeth yn winwydden, â'i thyfiant yn lledu'n isel, ei changhennau'n troi ato ef, ond ei gwreiddiau'n parhau odani. Felly daeth yn winwydden, gan dyfu canghennau a bwrw allan frigau. ⁷ Ond yr oedd eryr mawr arall*, a chanddo adenydd cryfion a digon o blu, a throdd y winwydden hon ei gwreiddiau i'w gyfeiriad ef, ac o'r rhandir lle plannwyd hi anfonodd allan ganghennau ato ef i geisio dŵr. ⁸ Fe'i trawsblannwyd mewn daear dda wrth ddigon o ddŵr er mwyn iddi dyfu canghennau, cynhyrchu ffrwyth a dod yn winwydden odidog.' ⁹ Dywed, 'Fel hyn y dywed yr Arglwydd DDUW: A ffynna hi? Oni chodir ei gwreiddiau hi, a thynnu ei ffrwyth? Oni wywa ei thyfiant newydd hi yn llwyr, nes y gellir tynnu ymaith ei gwreiddiau heb fraich gref na llawer o bobl? ¹⁰ Os trawsblennir hi, a ffynna? Oni wywa'n llwyr, fel petai wedi ei tharo gan wynt y dwyrain—gwywo ar y rhandir lle bu'n tyfu?'"

¹¹ Daeth gair yr ARGLWYDD ataf a dweud, ¹² "Dywed wrth y tylwyth gwrthryfelgar hwn, 'Oni wyddoch beth a olyga hyn?' Dywed, 'Daeth brenin Babilon i Jerwsalem a chymryd ei brenin a'i thywysogion, a mynd â hwy gydag ef i Fabilon. ¹³ Yna cymerodd un o'r teulu brenhinol, a gwneud cytundeb ag ef a'i osod dan lw. Aeth ag arweinwyr y wlad ymaith, ¹⁴ er mwyn darostwng y deyrnas, rhag iddi godi drachefn; ac ni allai sefyll ond trwy gadw cytundeb ag ef. ¹⁵ Ond gwrthryfelodd y brenin yn ei erbyn trwy anfon negeswyr i'r Aifft i geisio meirch a byddin fawr. A lwydda? A arbedir y sawl sy'n gwneud fel hyn? A all dorri'r cytundeb a chael ei arbed? ¹⁶ Cyn wired â'm bod yn fyw, medd yr Arglwydd DDUW, bydd farw ym Mabilon, yng ngwlad y brenin a'i rhoes ar yr orsedd ac y diystyrodd ei lw ac y torrodd ei gytundeb. ¹⁷ Ni all Pharo gyda'i fyddin gref a'i lu mawr wneud dim drosto mewn rhyfel, pan godir esgynfa ac adeiladu gwarchglawdd i ladd llawer o bobl. ¹⁸ Diystyrodd y llw a thorri'r cytundeb; er iddo daro bargen, eto gwnaeth y pethau hyn, ac felly nis arbedir. ¹⁹ Am hynny, fel hyn y dywed yr Arglwydd DDUW: Cyn wired â'm bod yn fyw, ar ei ben ef ei hun y dygaf fy llw a ddiystyrodd a'm cytundeb a dorrodd. ²⁰ Taenaf fy rhwyd drosto, ac fe'i delir yn fy magl; af ag ef i Fabilon a'i farnu yno am iddo fod yn anffyddlon i mi. ²¹ Lleddir â'r cleddyf holl wŷr dethol* ei fyddin, a gwasgerir y gweddill i'r pedwar gwynt. Yna byddwch yn gwybod mai myfi, yr ARGLWYDD, a lefarodd.

²² " 'Fel hyn y dywed yr Arglwydd DDUW: Cymeraf finnau hefyd frigyn o ben y gedrwydden a'i blannu; torraf flagur tyner o'r blaenion a'i blannu ar fynydd mawr ac uchel. ²³ Ar fynydd-dir uchel Israel y plannaf ef; fe dyf ganghennau, a rhoi ffrwyth a dod yn gedrwydden odidog. Bydd adar o bob math yn nythu ynddo, ac yn clwydo yng nghysgod ei gangau. ²⁴ Bydd holl goed y maes yn gwybod mai myfi'r ARGLWYDD sy'n darostwng y goeden uchel ac yn codi'r goeden isel, yn sychu'r goeden iraidd ac yn bywiocáu'r goeden grin. Myfi, yr ARGLWYDD, a lefarodd, ac fe'i gwnaf.'"

17:7 Felly Fersiynau. Hebraeg, *un.*

17:21 Felly llawysgrifau a Fersiynau. TM, *holl ffoedigion.*

Pob Un yn ôl ei Bechod ei Hun

18 Daeth gair yr ARGLWYDD ataf a dweud, ² "Beth a olygwch wrth ddefnyddio'r ddihareb hon am wlad Israel:

'Y tadau fu'n bwyta grawnwin surion,
ond ar ddannedd y plant y mae dincod'?

³ Cyn wired â'm bod yn fyw," medd yr Arglwydd DDUW, "ni ddefnyddiwch eto'r ddihareb hon yn Israel. ⁴ I mi y perthyn pob enaid byw, y rhiant a'r plentyn fel ei gilydd; a'r sawl sy'n pechu fydd farw.

⁵ "Bwriwch fod dyn cyfiawn sy'n gwneud barn a chyfiawnder. ⁶ Nid yw'n bwyta yn uchelfeydd y mynyddoedd, nac yn edrych ar eilunod tŷ Israel; nid yw'n halogi gwraig ei gymydog, nac yn mynd at wraig yn ystod ei misglwyf. ⁷ Nid yw'n gorthrymu neb, ond y mae'n dychwelyd gwystl y dyledwr, ac nid yw'n lladrata; y mae'n rhoi bwyd i'r newynog a dillad am y noeth. ⁸ Nid yw'n rhoi ei arian ar log nac yn derbyn elw; y mae'n atal ei law rhag drygioni, ac yn gwneud barn gywir rhwng dynion a'i gilydd. ⁹ Y mae'n dilyn fy neddfau ac yn cadw'n gywir fy marnau; y mae'n ddyn cyfiawn, a bydd yn sicr o fyw," medd yr Arglwydd DDUW.

¹⁰ "Bwriwch fod ganddo fab sy'n treisio ac yn tywallt gwaed, ac yn gwneud un o'r pethau hyn*, ¹¹ er na wnaeth ei dad* yr un ohonynt. Y mae'n bwyta yn uchelfeydd y mynyddoedd, ac yn halogi gwraig ei gymydog; ¹² y mae'n gorthrymu'r tlawd a'r anghenus ac yn lladrata; nid yw'n dychwelyd gwystl y dyledwr; y mae'n edrych ar eilunod ac yn gwneud ffieidd-dra; ¹³ y mae'n rhoi ei arian ar log ac yn derbyn elw. A fydd ef fyw? Na fydd! Am iddo wneud yr holl bethau ffiaidd hyn fe fydd yn sicr o farw, a bydd ei waed arno ef ei hun.

¹⁴ "Bwriwch fod gan hwnnw fab sy'n gweld yr holl ddrygioni a wnaeth ei dad; ac wedi iddo weld, nid yw'n ymddwyn felly. ¹⁵ Nid yw'n bwyta yn uchelfeydd y mynyddoedd, nac yn edrych ar eilunod tŷ Israel, nac yn halogi gwraig ei gymydog. ¹⁶ Nid yw'n gorthrymu neb, nac yn gofyn gwystl gan ddyledwr, nac yn lladrata; y mae'n rhoi bwyd i'r newynog a dillad am y noeth. ¹⁷ Y mae'n atal ei law rhag drygioni*, ac nid yw'n cymryd llog nac elw; y mae'n cadw fy marnau ac yn dilyn fy neddfau. Ni fydd ef farw am drosedd ei dad, ond bydd yn sicr o fyw. ¹⁸ Bydd ei dad farw o achos ei droseddau ei hun, am iddo elwa trwy drais, lladrata oddi ar berthynas, a gwneud yr hyn nad oedd yn iawn ymysg ei bobl.

¹⁹ "Eto fe ofynnwch, 'Pam nad yw'r mab yn euog am drosedd y tad?' Am i'r mab wneud barn a chyfiawnder, a chadw fy holl ddeddfau ac ufuddhau iddynt, bydd yn sicr o fyw. ²⁰ Y sawl sy'n pechu a fydd farw. Ni fydd y mab yn euog am drosedd y tad, na'r tad am drosedd y mab; fe dderbyn y cyfiawn yn ôl ei gyfiawnder, a'r drygionus yn ôl ei ddrygioni.

²¹ "Os bydd y drygionus yn troi oddi wrth yr holl ddrygioni a wnaeth, yn cadw fy holl ddeddfau, ac yn gwneud barn a chyfiawnder, bydd yn sicr o fyw; ni fydd farw. ²² Ni chofir yn ei erbyn yr un o'i droseddau, ond oherwydd y cyfiawnder a wnaeth bydd fyw. ²³ A wyf yn ymhyfrydu ym marw'r drygionus?" medd yr Arglwydd DDUW. "Onid gwell gennyf iddo droi o'i ffyrdd a byw? ²⁴ Ond os bydd dyn cyfiawn yn troi o'i gyfiawnder, ac yn gwneud drygioni a'r holl bethau ffiaidd y mae'r dyn drygionus yn eu gwneud, a fydd ef fyw? Ni chofir yr un o'r pethau cyfiawn a wnaeth, ond am iddo fod yn anffyddlon a chyflawni pechodau, bydd farw.

²⁵ "Eto fe ddywedwch, 'Nid yw ffordd yr Arglwydd yn gyfiawn.' Clywch hyn, dŷ Israel: A yw fy ffordd i yn anghyfiawn? Onid eich ffyrdd chwi sy'n anghyfiawn? ²⁶ Os bydd dyn cyfiawn yn troi o'i gyfiawnder ac yn gwneud drygioni, bydd farw o'i achos; am y drygioni a wnaeth bydd farw. ²⁷ Ond os bydd dyn drwg yn troi o'r drygioni a wnaeth ac yn gwneud

---

18:10 Felly llawysgrifau a Fersiynau. TM, *gwneud i frawd o un o'r pethau hyn.*
18:11 Cymh. Groeg. Hebraeg, *ef.*

18:17 Felly Groeg. Cymh. adn. 8. Hebraeg, *oddi wrth y tlawd.*

barn a chyfiawnder, bydd yn arbed ei fywyd. ²⁸ Am iddo weld, a throi oddi wrth yr holl droseddau y bu'n eu gwneud, bydd yn sicr o fyw; ni fydd farw. ²⁹ Ac eto fe ddywed tŷ Israel, 'Nid yw ffordd yr Arglwydd yn gyfiawn.' A yw fy ffyrdd i yn anghywir, dŷ Israel? Onid eich ffyrdd chwi sy'n anghywir?

³⁰ "Felly, dŷ Israel, fe'ch barnaf bob un am ei ffordd ei hun," medd yr Arglwydd DDUW. "Edifarhewch, a throwch oddi wrth eich holl wrthryfel, fel na fydd drygioni yn dramgwydd i chwi. ³¹ Bwriwch ymaith yr holl droseddau a wnaethoch, a mynnwch galon newydd ac ysbryd newydd; pam y byddwch farw, dŷ Israel? ³² Nid wyf yn ymhyfrydu ym marwolaeth neb," medd yr Arglwydd DDUW; "edifarhewch a byddwch fyw."

Galarnad am Dywysogion

19 "Gwna alarnad am dywysogion Israel, ² a dywed:

'Y fath lewes oedd dy fam
ymhlith y llewod!
Gorweddodd ymysg y llewod ifainc
a magu ei chenawon.
³ Meithrinodd un o'i chenawon,
a thyfodd yn llew ifanc;
dysgodd larpio ysglyfaeth
a bwyta pobl.
⁴ Clywodd y cenhedloedd amdano,
ac fe'i daliwyd yn eu pwll;
aethant ag ef â bachau
i wlad yr Aifft.
⁵ Pan welodd hi ei siomi*
a dinistrio ei gobaith,
cymerodd un arall o'i chenawon
a gwneud llew ifanc ohono.
⁶ Yr oedd yn prowla ymhlith y
llewod,
a thyfodd yn llew ifanc;
dysgodd larpio ysglyfaeth
a bwyta pobl.
⁷ Tynnodd i lawr eu ceyrydd*,
a dinistrio eu dinasoedd;
daeth ofn ar y wlad a phopeth ynddi
oherwydd sŵn ei ruo.

⁸ Yna daeth y cenhedloedd yn ei
erbyn
o'r taleithiau o amgylch;
taenasant eu rhwyd drosto,
ac fe'i daliwyd yn eu pwll.
⁹ Tynasant ef i gawell â bachau,
a mynd ag ef at frenin Babilon;
rhoddwyd ef mewn carchar,
fel na chlywyd ei sŵn mwyach
ar fynyddoedd Israel.

¹⁰ " 'Yr oedd dy fam fel gwinwydden
mewn gwinllan*,
wedi ei phlannu yn ymyl dyfroedd;
yr oedd yn ffrwythlon a brigog
am fod digon o ddŵr.
¹¹ Yr oedd ei changhennau yn
gryfion,
yn addas i deyrnwialen
llywodraethwyr.
Tyfodd yn uchel iawn,
uwchlaw'r prysgwydd;
yr oedd yn amlwg oherwydd ei
huchder
a nifer ei changau.
¹² Ond fe'i diwreiddiwyd mewn
dicter,
fe'i bwriwyd hi i'r llawr;
deifiodd gwynt y dwyrain hi,
dinoethwyd hi o'i ffrwythau;
gwywodd ei changau cryfion,
ac yswyd hwy gan dân.
¹³ Yn awr, y mae wedi ei
thrawsblannu mewn diffeithwch,
mewn tir cras a sychedig.
¹⁴ Lledodd tân o un o'i changhennau
ac ysu ei blagur*;
ni adawyd arni yr un gangen gref,
yn addas i deyrnwialen
llywodraethwr.'

Galarnad yw hon, ac y mae i'w defnyddio'n alarnad."

Neges i'r Henuriaid

20 Ar y degfed dydd o'r pumed mis yn y seithfed flwyddyn, daeth rhai o henuriaid Israel i ymofyn â'r ARGLWYDD, ac yr oeddent yn eistedd o'm blaen. ² Daeth gair yr ARGLWYDD ataf a dweud, ³ "Fab dyn, llefara wrth henuriaid Israel

---

19:5 Felly Fersiynau. Hebraeg, *ei disgwyl*.
19:7 Tebygol. Cymh. Fersiynau. Hebraeg, *Adnabu eu gweddwon*.
19:10 Felly llawysgrifau. TM, *yn dy waed*.
19:14 Felly Groeg. Hebraeg yn ychwanegu *ei ffrwyth*.

a dywed wrthynt: 'Fel hyn y dywed yr Arglwydd DDUW: Ai i ymofyn â mi y daethoch? Cyn wired â'm bod yn fyw, medd yr Arglwydd DDUW, ni adawaf i chwi ymofyn â mi.' 4 A wnei di eu barnu? A wnei eu barnu, fab dyn? Pâr iddynt wybod am ffieidd-dra eu hynafiaid, 5 a dywed wrthynt, 'Fel hyn y dywed yr Arglwydd DDUW: Yn y dydd y dewisais Israel, tyngais wrth ddisgynyddion tylwyth Jacob, a datguddiais fy hun iddynt yng ngwlad yr Aifft; tyngais wrthynt a dweud, "Myfi yw'r ARGLWYDD eich Duw." 6 Y diwrnod hwnnw tyngais wrthynt y byddwn yn dod â hwy allan o wlad yr Aifft i'r wlad a geisiais iddynt, gwlad yn llifeirio o laeth a mêl, y decaf o'r holl wledydd. 7 Dywedais wrthynt, "Pob un ohonoch, bwriwch ymaith y pethau atgas y mae eich llygaid yn syllu arnynt, a pheidiwch â'ch halogi eich hunain ag eilunod yr Aifft. Myfi yw'r ARGLWYDD eich Duw."

8 " 'Ond bu iddynt wrthryfela yn f'erbyn a gwrthod gwrando arnaf; ni wnaeth yr un ohonynt fwrw ymaith y pethau atgas yr oedd eu llygaid yn syllu arnynt, na gadael eilunod yr Aifft. Bwriadwn dywallt fy llid a dod â'm dicter arnynt yng ngwlad yr Aifft; 9 eto gweithredais er mwyn fy enw rhag ei halogi yng ngolwg y cenhedloedd yr oeddent yn eu mysg, a datguddiais fy hun yn eu gŵydd trwy fynd ag Israel allan o wlad yr Aifft. 10 Felly euthum â hwy allan o wlad yr Aifft a mynd â hwy i'r anialwch. 11 Rhoddais iddynt fy neddfau, a pheri iddynt wybod fy marnau; pwy bynnag a'u gwna, bydd fyw trwyddynt. 12 Rhoddais iddynt hefyd fy Sabothau yn arwydd rhyngom, er mwyn iddynt wybod fy mod i, yr ARGLWYDD, yn eu sancteiddio.

13 " 'Ond gwrthryfelodd tylwyth Israel yn f'erbyn yn yr anialwch. Nid oeddent yn dilyn fy neddfau, ac yr oeddent yn gwrthod fy marnau—er mai'r sawl a'u gwna a fydd byw—ac yn halogi'n llwyr fy Sabothau. Yna bwriadwn dywallt fy llid arnynt yn yr anialwch a'u difetha; 14 eto gweithredais er mwyn fy enw, rhag ei halogi yng ngolwg y cenhedloedd y deuthum â hwy allan yn eu gŵydd.

15 Tyngais wrthynt yn yr anialwch na fyddwn yn dod â hwy i'r wlad a roddais iddynt, gwlad yn llifeirio o laeth a mêl, y decaf o'r holl wledydd, 16 oherwydd iddynt wrthod fy marnau a pheidio â chadw fy neddfau, ond halogi fy Sabothau, am fod eu calon yn dilyn eu heilunod. 17 Eto edrychais mewn tosturi arnynt, rhag eu dinistrio, ac ni roddais ddiwedd arnynt yn yr anialwch. 18 Dywedais wrth eu plant yn yr anialwch, "Peidiwch â dilyn deddfau eich rhieni, na chadw eu barnau, na halogi eich hunain â'u heilunod. 19 Myfi yw'r ARGLWYDD eich Duw; dilynwch fy neddfau a gwylio eich bod yn cadw fy marnau. 20 Cadwch fy Sabothau'n sanctaidd, iddynt fod yn arwydd rhyngom, a chewch wybod mai myfi yw'r ARGLWYDD eich Duw."

21 " 'Ond gwrthryfelodd eu plant yn fy erbyn. Nid oeddent yn dilyn fy neddfau, nac yn cadw fy marnau—er mai'r sawl a'u gwna a fydd byw—ac yr oeddent yn halogi fy Sabothau. Yna bwriadwn dywallt fy llid a dod â'm dicter arnynt yn yr anialwch. 22 Ond ateliais fy llaw a gweithredais er mwyn fy enw, rhag ei halogi yng ngolwg y cenhedloedd y deuthum â hwy allan yn eu gŵydd. 23 Tyngais wrthynt yn yr anialwch y byddwn yn eu gwasgaru ymysg y cenhedloedd ac yn eu chwalu trwy'r gwledydd, 24 oherwydd iddynt beidio â gwneud fy marnau, ond gwrthod fy neddfau, halogi fy Sabothau, a throi eu llygaid at eilunod eu hynafiaid. 25 Yn wir, rhoddais iddynt ddeddfau heb fod yn dda, a barnau na allent fyw wrthynt; 26 gwneuthum iddynt eu halogi eu hunain â'u rhoddion trwy aberthu pob cyntafanedig, er mwyn imi eu brawychu, ac er mwyn iddynt wybod mai myfi yw'r ARGLWYDD.'

27 "Felly, fab dyn, llefara wrth dŷ Israel a dywed wrthynt, 'Fel hyn y dywed yr Arglwydd DDUW: Yn hyn hefyd y bu i'ch hynafiaid fy nghablu a bod yn anffyddlon imi. 28 Pan ddeuthum â hwy i'r wlad yr oeddwn wedi tyngu y byddwn yn ei rhoi iddynt, a hwythau'n gweld bryn uchel neu bren deiliog, fe offryment aberthau yno a chyflwyno rhoddion a'm

digiai; rhoddent yno eu harogldarth peraidd, a thywallt eu diodoffrwm. ²⁹ Yna dywedais wrthynt, "Beth yw'r uchelfa hon yr ewch iddi?" A gelwir hi yn Bama* hyd y dydd hwn.'

³⁰ "Am hynny, dywed wrth dŷ Israel, 'Fel hyn y dywed yr Arglwydd DDUW: A ydych yn eich halogi eich hunain fel y gwnaeth eich hynafiaid, a phuteinio gyda'u heilunod atgas? ³¹ Pan gyflwynwch eich rhoddion, a gwneud i'ch plant fynd trwy'r tân, yr ydych yn eich halogi eich hunain â'ch holl eilunod hyd heddiw. Sut y gadawaf i chwi ymofyn â mi, dŷ Israel? Cyn wired â'm bod yn fyw, medd yr Arglwydd DDUW, ni adawaf i chwi ymofyn â mi.

Carthu'r Gwrthryfelwyr

³² " 'Yr ydych yn dweud, "Byddwn fel y cenhedloedd, fel pobloedd y gwledydd, yn addoli pren a charreg"; ond yn sicr ni ddigwydd yr hyn sydd yn eich meddwl. ³³ Cyn wired â'm bod yn fyw, medd yr Arglwydd DDUW, llywodraethaf drosoch â llaw gref, â braich estynedig ac â llid tywalltedig. ³⁴ Dof â chwi o blith y cenhedloedd, a'ch casglu o'r gwledydd lle gwasgarwyd chwi, â llaw gref, â braich estynedig ac â llid tywalltedig. ³⁵ Dof â chwi i anialwch y cenhedloedd a'ch barnu yno wyneb yn wyneb. ³⁶ Fel y bernais eich hynafiaid yn anialwch gwlad yr Aifft, felly y barnaf chwithau, medd yr Arglwydd DDUW. ³⁷ Gwnaf i chwi fynd heibio dan y wialen, a'ch dwyn i rwymyn y cyfamod. ³⁸ Fe garthaf o'ch plith y rhai sy'n gwrthryfela ac yn codi yn f'erbyn; er imi ddod â hwy o'r wlad lle maent yn aros, eto nid ânt i dir Israel. Yna byddwch yn gwybod mai myfi yw'r ARGLWYDD.'

³⁹ "A chwithau, dŷ Israel, fel hyn y dywed yr Arglwydd DDUW: Aed pob un ohonoch i addoli ei eilunod. Yna byddwch yn siŵr o wrando arnaf fi, ac ni fyddwch yn halogi fy enw sanctaidd â'ch rhoddion ac â'ch eilunod. ⁴⁰ Oherwydd ar fy mynydd sanctaidd, ar fynydd uchel Israel, medd yr Arglwydd DDUW, y bydd holl dŷ Israel, a phob un sydd yn y wlad, yn fy addoli, ac yno y derbyniaf hwy. Yno y ceisiaf eich aberthau a'ch offrymau gorau, ynghyd â'ch holl aberthau sanctaidd. ⁴¹ Fe'ch derbyniaf chwi fel arogldarth peraidd, pan ddof â chwi allan o blith y cenhedloedd, a'ch casglu o'r gwledydd lle gwasgarwyd chwi, a sancteiddiaf fy hun ynoch chwi yng ngŵydd y cenhedloedd. ⁴² Yna byddwch yn gwybod mai myfi yw'r ARGLWYDD, pan ddof â chwi i dir Israel, y wlad y tyngais y byddwn yn ei rhoi i'ch hynafiaid. ⁴³ Yno byddwch yn cofio eich ffyrdd, a'r holl bethau a wnaethoch i'ch halogi eich hunain, a byddwch yn eich casáu eich hunain am yr holl ddrygioni a wnaethoch. ⁴⁴ Yna byddwch yn gwybod mai myfi yw'r ARGLWYDD, pan fyddaf yn ymwneud â chwi er mwyn fy enw, ac nid yn ôl eich ffyrdd drygionus a'ch gweithredoedd llygredig, O dŷ Israel, medd yr Arglwydd DDUW."

Tân yng Nghoedwig y De

⁴⁵ * Daeth gair yr ARGLWYDD ataf a dweud, ⁴⁶ "Fab dyn, tro dy wyneb i gyfeiriad Teman, a llefara i gyfeiriad y Negef; proffwyda yn erbyn tir coediog y Negef. ⁴⁷ Dywed wrth goedwig y de, 'Gwrando air yr ARGLWYDD. Fel hyn y dywed yr Arglwydd DDUW: Dyma fi'n cynnau tân ynot, ac fe ysir dy holl goed, yr ir a'r crin fel ei gilydd. Ni ddiffoddir y fflam danllyd, ond fe losgir ganddi bob wyneb o'r de i'r gogledd. ⁴⁸ Bydd pawb yn gweld mai myfi'r ARGLWYDD a fu'n ei chynnau, ac nis diffoddir.' " ⁴⁹ A dywedais, "Och! Fy Arglwydd DDUW, y maent yn dweud amdanaf, 'Onid llefaru damhegion y mae?' "

Cleddyf o'r Wain yn erbyn Israel

21 * Daeth gair yr ARGLWYDD ataf a dweud, ² "Fab dyn, tro dy wyneb tua Jerwsalem, a llefara yn erbyn ei chysegr* a phroffwyda yn erbyn tir Israel. ³ Dywed wrth dir Israel, 'Fel hyn y dywed yr ARGLWYDD: Yr wyf fi yn dy erbyn; tynnaf fy nghleddyf o'i wain a thorri ymaith ohonot y cyfiawn a'r

---

20:29 H.y., *Uchelfa*.
20:45 Hebraeg, 21:1.
21:1 Hebraeg, 21:6.
21:2 Felly rhai llawysgrifau Groeg a Syrieg. Hebraeg, *cysegrleoedd*.

drygionus. ⁴ Oherwydd fy mod am dorri ymaith ohonot y cyfiawn a'r drygionus y tynnir fy nghleddyf o'i wain yn erbyn pawb o'r de i'r gogledd. ⁵ Yna bydd pob un yn gwybod fy mod i, yr ARGLWYDD, wedi tynnu fy nghleddyf o'i wain; ni fydd yn dychwelyd yno byth eto.' ⁶ Ac yn awr, fab dyn, griddfan; griddfan yn chwerw o'u blaenau â chalon ddrylliedig. ⁷ A phan ofynnant iti pam dy fod yn griddfan, fe ddywedi, 'Oherwydd y newyddion; pan ddaw, bydd pob calon yn toddi, pob llaw yn llipa, pob ysbryd yn pallu a phob glin yn ddŵr. Fe ddigwydd, ac y mae ar ddyfod, medd yr Arglwydd DDUW.'"

⁸ Daeth gair yr ARGLWYDD ataf a dweud, ⁹ "Fab dyn, proffwyda a dweud, 'Fel hyn y dywed yr ARGLWYDD:

Cleddyf! Cleddyf wedi ei hogi,
  a hefyd wedi ei loywi—
¹⁰ wedi ei hogi er mwyn lladd,
  a'i loywi i fflachio fel mellten!
O fy mab, fe chwifir gwialen
  i ddilorni pob eilun pren!*
¹¹ Rhoddwyd y cleddyf i'w loywi,
  yn barod i law ymaflyd ynddo;
y mae'r cleddyf wedi ei hogi a'i loywi,
  yn barod i'w roi yn llaw y lladdwr.'
¹² Gwaedda ac uda, fab dyn,
  oherwydd y mae yn erbyn fy mhobl,
  yn erbyn holl dywysogion Israel—
fe'u bwrir hwythau i'r cleddyf gyda'm pobl;
  felly trawa dy glun.

¹³ Oherwydd bydd profi. Pam yr ydych yn dilorni'r wialen? Ni lwydda, medd yr Arglwydd DDUW.

¹⁴ "Ac yn awr, fab dyn, proffwyda,
  a thrawa dy ddwylo yn erbyn ei gilydd;
chwifier y cleddyf ddwywaith a thair—
cleddyf i ladd ydyw,
cleddyf i wneud lladdfa fawr,
  ac y mae'n chwyrlïo o'u hamgylch.
¹⁵ Er mwyn i'w calon doddi,
  ac i lawer ohonynt syrthio,
yr wyf wedi gosod cleddyf dinistr*
  wrth eu holl byrth.

Och! Fe'i gwnaed i ddisgleirio fel mellten,
  ac fe'i tynnir i ladd.
¹⁶ Tro'n finiog i'r dde ac i'r chwith,
  i ble bynnag y pwyntia dy flaen.
¹⁷ Byddaf finnau hefyd yn taro fy nwylo,
  ac yna'n tawelu fy llid.
Myfi yr ARGLWYDD a lefarodd."

¹⁸ Daeth gair yr ARGLWYDD ataf a dweud, ¹⁹ "Yn awr, fab dyn, noda ddwy ffordd i gleddyf brenin Babilon ddod, a'r ddwy yn arwain o'r un wlad, a gosod fynegbost ar ben y ffordd sy'n dod i'r ddinas. ²⁰ Noda un ffordd i'r cleddyf ddod yn erbyn Rabba'r Ammoniaid, a'r llall yn erbyn Jwda a Jerwsalem gaerog. ²¹ Oherwydd fe oeda brenin Babilon ar y groesffordd lle mae'r ddwy ffordd yn fforchi, i geisio argoel; bydd yn bwrw coelbren â saethau, yn ymofyn â'i eilunod ac yn edrych ar yr afu. ²² Yn ei law dde bydd coelbren Jerwsalem, iddo* roi gorchymyn i ladd, codi bonllef rhyfel, gosod peiriannau hyrddio yn erbyn y pyrth, codi esgynfa ac adeiladu gwarchglawdd. ²³ Bydd yn ymddangos yn argoel twyllodrus i'r rhai sy'n deyrngar iddo, ond bydd ef yn dwyn eu trosedd i gof ac yn eu caethiwo. ²⁴ Felly, fel hyn y dywed yr Arglwydd DDUW: Oherwydd ichwi ddwyn eich trosedd i gof trwy eich gwrthryfel agored, ac amlygu eich pechodau yn y cyfan a wnewch, oherwydd i chwi wneud hyn, fe'ch caethiwir.

²⁵ "A thithau, dywysog annuwiol a drygionus Israel, yr un y daeth ei ddydd yn amser y gosb derfynol, ²⁶ fel hyn y dywed yr Arglwydd DDUW: Diosg y benwisg a thyn y goron; nid fel y bu y bydd; dyrchefir yr isel a darostyngir yr uchel. ²⁷ Adfail! Adfail! Yn adfail na fu ei bath y gwnaf hi, nes i'r hwn a'i piau trwy deg ddod, ac imi ei rhoi iddo ef.

Cleddyf yn erbyn Ammon

²⁸ "Yn awr, fab dyn, proffwyda a dywed, 'Fel hyn y dywed yr Arglwydd DDUW wrth yr Ammoniaid a'u heilun*:

21:10 Hebraeg yn aneglur.
21:15 Cymh. Groeg. Hebraeg yn aneglur.
21:22 Hebraeg yn ychwanegu *osod peiriannau hyrddio*.
21:28 Hebraeg, *gwarth*.

Cleddyf! Cleddyf wedi ei dynnu i ladd, wedi ei loywi i ddifa ac i ddisgleirio fel mellten! ²⁹ Er bod gweledigaethau gau amdanat ac argoelion twyllodrus ynglŷn â thi, fe'th osodir ar yddfau'r drygionus sydd i'w lladd, sef y rhai y daeth eu dydd yn amser y gosb derfynol. ³⁰ Yna, dychweler ef i'w wain. Yn y lle y crewyd di, yng ngwlad dy gynefin, y barnaf di. ³¹ Tywalltaf fy llid arnat a chwythu fy nig tanllyd drosot; rhoddaf di yn nwylo dynion creulon, dynion medrus i ddinistrio. ³² Byddi'n gynnud i dân, bydd dy waed trwy'r tir, ac ni chofir amdanat. Myfi yr ARGLWYDD a lefarodd.'"

Troseddau Jerwsalem

22 Daeth gair yr ARGLWYDD ataf a dweud, ² "Yn awr, fab dyn, a ferni di? A ferni di y ddinas waedlyd, a pheri iddi wybod ei holl ffieidd-dra? ³ Dywed wrthi, 'Fel hyn y dywed yr Arglwydd DDUW: O ddinas, sy'n dwyn ei thynged arni ei hun trwy dywallt gwaed o'i mewn, ac yn ei halogi ei hun â'i heilunod, ⁴ yr wyt yn euog oherwydd y gwaed a dywelltaist, ac yn halogedig oherwydd yr eilunod a wnaethost. Daethost â'th ddyddiau i ben, a daeth diwedd ar dy flynyddoedd. Am hynny, gwnaf di'n warth i'r cenhedloedd ac yn gyff gwawd i'r holl wledydd. ⁵ Bydd y rhai agos a'r rhai pell yn dy wawdio di, yr un enwog am dy ddrygioni a'r un llawn cythrwfl. ⁶ Ynot ti y mae holl dywysogion Israel yn defnyddio'u nerth i dywallt gwaed. ⁷ O'th fewn di y maent yn dirmygu tad a mam, yn gorthrymu'r dieithr sydd ynot, ac yn cam-drin yr amddifad a'r weddw. ⁸ Yr wyt wedi diystyru fy mhethau sanctaidd ac wedi halogi fy Sabothau. ⁹ Y mae ynot bobl sy'n enllibio er mwyn tywallt gwaed, yn bwyta yng nghysegrfeydd y mynyddoedd ac yn gweithredu'n anllad o'th fewn. ¹⁰ Y mae ynot rai sy'n datguddio noethni eu tadau, ac yn treisio merched yn ystod eu misglwyf; ¹¹ y mae un yn gwneud ffieidd-dra gyda gwraig ei gymydog, un arall yn halogi'n anllad ei ferch-yng-nghyfraith, ac un arall yn treisio ei chwaer, merch ei dad ei hun. ¹² Y mae ynot rai sy'n derbyn llwgrwobr am dywallt gwaed; yr wyt yn cymryd llog ac elw, ac yn elwa ar dy gymdogion trwy drais. Anghofiaist fi, medd yr Arglwydd DDUW.

¹³ " 'Yn wir, byddaf yn dyrnu yn erbyn yr elw a wnaethost ac yn erbyn y gwaed sydd o'th fewn. ¹⁴ A ddeil dy ddewrder, ac a fydd dy ddwylo'n gryf yn y dydd y byddaf fi'n ymwneud â thi? Myfi yr ARGLWYDD a lefarodd, a myfi a fydd yn gweithredu. ¹⁵ Fe'th wasgaraf ymysg y cenhedloedd a'th chwalu trwy'r gwledydd, a rhof ddiwedd ar dy aflendid. ¹⁶ Pan fyddi'n halogedig yng ngolwg y cenhedloedd, byddi'n gwybod mai myfi yw'r ARGLWYDD.'"

¹⁷ Daeth gair yr ARGLWYDD ataf a dweud, ¹⁸ "Fab dyn, fe aeth tŷ Israel yn amhur gennyf; y maent i gyd yn gymysg o bres, alcam, haearn a phlwm mewn ffwrnais; arian amhur ydynt. ¹⁹ Felly, fel hyn y dywed yr Arglwydd DDUW: Oherwydd i chwi oll fynd yn amhur, fe'ch casglaf ynghyd i Jerwsalem. ²⁰ Fel y cesglir arian, pres, haearn, plwm ac alcam i ffwrnais â thân dani i'w toddi, felly y casglaf finnau chwi yn fy nicter a'm llid, a'ch rhoi yno a'ch toddi. ²¹ Fe'ch casglaf, a chwythu arnoch â'm dig tanllyd, ac fe'ch toddir ynddi. ²² Fel y toddir arian mewn ffwrnais, felly y toddir chwithau ynddi, a byddwch yn gwybod mai myfi'r ARGLWYDD a dywalltodd fy llid arnoch."

²³ Daeth gair yr ARGLWYDD ataf a dweud, ²⁴ "Fab dyn, dywed wrthi, 'Gwlad heb gael cawodydd* na glaw fuost yn nydd dicter.' ²⁵ Y mae brad ei thywysogion* o'i mewn fel rhu llew yn llarpio'i ysglyfaeth; y maent yn traflyncu pobl, yn cymryd eu cyfoeth a'u trysor, ac yn gwneud llawer yn weddwon o'i mewn. ²⁶ Y mae ei hoffeiriaid yn treisio fy nghyfraith ac yn halogi fy mhethau sanctaidd; nid ydynt yn gwahaniaethu rhwng sanctaidd a chyffredin, nac yn cydnabod gwahaniaeth rhwng glân ac aflan; y maent yn anwybyddu fy Sabothau, ac fe'm halogir yn eu mysg. ²⁷ Y mae ei swyddogion o'i mewn fel bleiddiaid yn llarpio ysglyfaeth; y maent

---

22:24 Felly Groeg. Hebraeg, *glendid*.
22:25 Felly Groeg, Hebraeg, *ei phroffwydi*.

yn tywallt gwaed ac yn lladd pobl er mwyn gwneud elw. 28 Y mae ei phroffwydi'n gwyngalchu drostynt â gweledigaethau gau ac argoelion twyllodrus, ac yn dweud, 'Fel hyn y dywed yr Arglwydd DDUW', a'r ARGLWYDD heb ddweud. 29 Y mae pobl y wlad yn arfer trais ac yn lladrata; y maent yn gorthrymu'r tlawd a'r anghenog, ac yn treisio'r dieithryn gan atal cyfiawnder. 30 Chwiliais am rywun yn eu mysg a allai adeiladu mur, a sefyll o'm blaen yn y bwlch, i amddiffyn y wlad rhag dinistr, ond ni chefais yr un. 31 Tywelltais fy llid arnynt a'u dinistrio â'm dicter tanllyd, a dwyn ar eu pennau eu hunain yr hyn a wnaethant," medd yr Arglwydd DDUW.

Dwy Chwaer yn Puteinio

23 Daeth gair yr ARGLWYDD ataf a dweud, 2 "Fab dyn, yr oedd unwaith ddwy wraig, merched yr un fam. 3 Aethant yn buteiniaid yn yr Aifft, gan ddechrau'n ifanc; yno y chwaraewyd â'u bronnau a gwasgu eu tethau morwynol. 4 Ohola oedd enw'r hynaf, ac Oholiba oedd ei chwaer; daethant yn eiddof fi, a ganwyd iddynt feibion a merched. Samaria yw Ohola a Jerwsalem yw Oholiba.

5 "Puteiniodd Ohola pan oedd yn eiddo i mi, a chwantu ei chariadon, yr Asyriaid, yn swyddogion 6 mewn lifrai glas, yn llywodraethwyr a chadfridogion—gwŷr ifainc dymunol, pob un ohonynt, ac yn marchogaeth ar geffylau. 7 Puteiniodd gyda'i dewis o holl wŷr yr Asyriaid, a'i halogi ei hun gydag eilunod y rhai a chwantai. 8 Ni throes oddi wrth y puteindra a gychwynnodd yn yr Aifft, pan oedd hi'n ifanc a rhai'n gorwedd gyda hi ac yn gwasgu ei thethau morwynol ac yn tywallt eu chwant arni. 9 Am hynny, rhoddais hi yn nwylo ei chariadon, yn nwylo'r Asyriaid yr oedd yn eu chwantu. 10 Bu iddynt hwythau ei dinoethi, cymryd ei meibion a'i merched, a'i lladd hithau â'r cleddyf. Daeth yn enwog ymysg gwragedd, a rhoddwyd barn arni.

11 "Er i'w chwaer Oholiba weld hyn, eto aeth yn fwy llwgr na'i chwaer yn ei chwant a'i phuteindra. 12 Chwantodd hithau'r Asyriaid, yn llywodraethwyr a chadfridogion, yn swyddogion mewn lifrai glas a marchogion ar geffylau—gwŷr ifainc dymunol, pob un ohonynt. 13 Gwelais hithau hefyd yn ei halogi ei hun; yr un ffordd yr âi'r ddwy. 14 Ond fe wnaeth hi fwy o buteindra. Gwelodd ddynion wedi eu darlunio ar bared—lluniau o'r Caldeaid, wedi eu lliwio mewn coch, 15 yn gwisgo gwregys am eu canol a thwrbanau llaes am eu pennau, a phob un ohonynt yn ymddangos fel swyddog ac yn edrych yn debyg i'r Babiloniaid, brodorion gwlad Caldea. 16 Pan welodd hwy, fe'u chwantodd ac anfon negeswyr amdanynt i Caldea. 17 Daeth y Babiloniaid ati i wely cariad a'i halogi â'u puteindra; wedi iddi gael ei halogi ganddynt, fe droes ymaith mewn atgasedd oddi wrthynt. 18 Pan wnaeth ei phuteindra'n amlwg a datguddio'i noethni, fe drois innau oddi wrthi, fel yr oeddwn wedi troi mewn atgasedd oddi wrth ei chwaer. 19 Ond fe wnaeth ragor o buteindra wrth iddi gofio am ddyddiau ei hieuenctid, pan oedd yn butain yng ngwlad yr Aifft. 20 Yno yr oedd yn chwantu ei chariadon, a oedd â'u haelodau fel rhai asynnod ac yn bwrw eu had fel stalwyni. 21 Felly yr oeddit yn ail-fyw anlladrwydd dy ieuenctid, pan wasgwyd dy dethau a chwarae â'th fronnau ifainc yn yr Aifft.*

22 "Felly, Oholiba, fel hyn y dywed yr Arglwydd DDUW: 'Yr wyf am gyffroi yn dy erbyn dy gariadon, y troist mewn atgasedd oddi wrthynt; dof â hwy yn dy erbyn o bob tu— 23 y Babiloniaid a'r holl Galdeaid, gwŷr Pecod, Soa a Coa, a'r holl Asyriaid, gwŷr ifainc dymunol pob un ohonynt, i gyd yn llywodraethwyr a chadfridogion, yn benaethiaid a swyddogion* ac yn marchogaeth ar geffylau. 24 Dônt yn dy erbyn o'r gogledd*, â cherbydau, gwageni a mintai o bobl, ac fe safant yn dy erbyn o bob tu gyda bwcled a tharian a chyda helmedau; rhof iddynt hawl i gosbi, ac

---

23:21 Cymh. Fersiynau. Hebraeg, *pan wasgwyd dy dethau er mwyn dy fronnau ifainc o'r Aifft.*
23:23 Tebygol. Cymh. adn. 5 a 12. Hebraeg, *gwahoddedigion.*
23:24 Felly Groeg. Hebraeg yn aneglur.

fe'th gosbant yn ôl eu dedfryd eu hunain. ²⁵ Trof f'eiddigedd yn dy erbyn, ac fe weithredant fy llid arnat; torrant ymaith dy drwyn a'th glustiau, a bydd y rhai a adewir ohonot yn syrthio trwy'r cleddyf; cymerant dy feibion a'th ferched, ac fe losgir y rhai a adewir â thân. ²⁶ Tynnant dy ddillad oddi amdanat, a chymerant hefyd dy dlysau prydferth. ²⁷ Rhof derfyn ar dy anlladrwydd ac ar y puteindra a gychwynnodd yng ngwlad yr Aifft; ni fyddi'n edrych arnynt eto â blys, nac yn cofio'r Aifft mwyach.'

²⁸ "Fel hyn y dywed yr Arglwydd DDUW: 'Yr wyf am dy roi yn nwylo'r rhai a gasei, y rhai y troist mewn atgasedd oddi wrthynt. ²⁹ Fe weithredant yn atgas tuag atat, a chymryd popeth y gweithiaist amdano; fe'th adawant yn llwm a noeth, a datguddir noethni dy buteindra. Dy anlladrwydd a'th buteindra ³⁰ a ddaeth â hyn arnat, oherwydd iti yn dy buteindra fynd ar ôl y cenhedloedd a'th halogi dy hun gyda'u heilunod. ³¹ Aethost yr un ffordd â'th chwaer, a rhof ei chwpan hi yn dy law.'

³² "Fel hyn y dywed yr Arglwydd DDUW:

'Fe yfi o gwpan dy chwaer,
cwpan dwfn a llydan;
fe fyddi'n wawd ac yn watwar,
oherwydd fe ddeil lawer.
³³ Fe'th lenwir â meddwdod a gofid;
cwpan dinistr ac anobaith
yw cwpan dy chwaer Samaria.
³⁴ Fe'i hyfi i'r gwaelod;
yna fe'i maluri'n ddarnau
a rhwygo dy fronnau.'

Myfi a lefarodd," medd yr Arglwydd DDUW.

³⁵ "Felly, fel hyn y dywed yr Arglwydd DDUW: 'Oherwydd iti fy anghofio a'm bwrw y tu ôl i'th gefn, bydd yn rhaid iti ddwyn cosb dy anlladrwydd a'th buteindra.'"

³⁶ Dywedodd yr ARGLWYDD wrthyf, "Fab dyn, a ferni di Ohola ac Oholiba, a gosod eu ffieidd-dra o'u blaenau? ³⁷ Oherwydd bu iddynt odinebu, ac y mae gwaed ar eu dwylo; buont yn godinebu gyda'u heilunod, ac yn aberthu'n fwyd iddynt hyd yn oed y plant a anwyd i mi ohonynt. ³⁸ Gwnaethant hyn hefyd i mi: yr un pryd fe lygrasant fy nghysegr a halogi fy Sabothau. ³⁹ Ar y dydd pan oeddent yn aberthu eu plant i'w heilunod, aethant i mewn i'm cysegr i'w halogi. Dyna a wnaethant yn fy nhŷ. ⁴⁰ Anfonasant hefyd negeswyr i gyrchu dynion o bell; a phan ddaethant, yr oeddit yn ymolchi, yn lliwio dy lygaid ac yn gwisgo dy dlysau. ⁴¹ Yr oeddit yn eistedd ar wely drudfawr, wedi gosod bwrdd o'i flaen a rhoi arno fy arogldarth a'm holew i. ⁴² Yr oedd sŵn tyrfa ddiofal o'i amgylch, ac fe ddygwyd y Sabeaid o'r anialwch yn ogystal â mintai o ddynion cyffredin; rhoesant freichledau ar freichiau'r merched a thorchau prydferth ar eu pennau. ⁴³ Yna fe ddywedais am yr un oedd wedi diffygio gan buteindra, 'Yn awr, bydded iddynt buteinio gyda hi, oherwydd putain ydyw.' ⁴⁴ Aethant ati fel yr â dyn at butain; felly yr aethant at Ohola ac Oholiba, y merched anllad. ⁴⁵ Ond bydd dynion cyfiawn yn eu cosbi â dedfryd puteiniaid ac â dedfryd rhai'n tywallt gwaed, oherwydd puteiniaid ydynt ac y mae gwaed ar eu dwylo."

⁴⁶ Fel hyn y dywed yr Arglwydd DDUW: "Dewch â mintai yn eu herbyn i'w dychryn a'u hysbeilio. ⁴⁷ Bydd y fintai yn eu llabyddio â cherrig, yn eu darnio â chleddyfau, yn lladd eu meibion a'u merched, ac yn llosgi eu tai â thân. ⁴⁸ Rhof derfyn ar anlladrwydd yn y wlad, ac fe rybuddir pob gwraig rhag bod mor anllad â chwi. ⁴⁹ Byddwch yn derbyn cosb am eich anlladrwydd a thâl am ddrygioni eich eilunaddoliad. Yna byddwch yn gwybod mai myfi yw'r Arglwydd DDUW."

Dameg y Crochan

24 Ar y degfed dydd o'r degfed mis yn y nawfed flwyddyn daeth gair yr ARGLWYDD ataf a dweud, ² "Fab dyn, gwna gofnod o enw'r dydd hwn, ie, yr union ddydd hwn, oherwydd heddiw y gosododd brenin Babilon warchae ar Jerwsalem. ³ Llefara ddameg wrth y tŷ gwrthryfelgar hwn, a dywed wrthynt, 'Fel hyn y dywed yr Arglwydd DDUW:

Gosod y crochan ar y tân,
ei osod a rhoi dŵr ynddo.
⁴ Casgl ddarnau iddo—
y darnau dewisol, y goes a'r
ysgwydd;
llanw ef â'r gorau o'r esgyrn,
⁵ a chymer dy ddewis o'r praidd.
Gosod y coed* dano,
cod ef i'r berw,
a berwi'r esgyrn ynddo.

⁶ " 'Felly, fel hyn y dywed yr Arglwydd DDUW: Gwae'r ddinas waedlyd, y crochan y mae rhwd arno, rhwd nad â allan ohono! Gwagiwch ef bob yn ddarn, heb fwrw coelbren am yr un ohonynt. ⁷ Yr oedd y gwaed yng nghanol y ddinas wedi ei dywallt ar y graig noeth, ac nid ar y ddaear i'r llwch ei guddio. ⁸ Er mwyn ennyn llid a chodi dialedd, rhois innau ei gwaed ar graig noeth fel na ellir ei guddio.

⁹ " 'Felly, fel hyn y dywed yr Arglwydd DDUW: Gwae'r ddinas waedlyd! Gwnaf fi bwll tân mawr. ¹⁰ Gosod dithau ddigon o goed, cynnau'r tân, coginia'r cig, cymysga'r perlysiau, a llosger yr esgyrn. ¹¹ Yna gosod y crochan yn wag ar y tanwydd nes iddo boethi ac i'w bres gochi, er mwyn toddi'r amhuredd a difa'r rhwd. ¹² Yn ofer y blinais*; nid â'r rhwd trwchus allan ohono hyd yn oed trwy dân. ¹³ Dy amhuredd di yw anlladrwydd; oherwydd imi geisio dy lanhau, ac na ddoit yn lân o'th amhuredd, ni fyddi'n lân eto nes i'm llid yn dy erbyn dawelu. ¹⁴ Myfi, yr ARGLWYDD, a lefarodd; daeth yn amser imi weithredu. Ni fyddaf yn ymatal, nac yn tosturio nac yn trugarhau. Fe'th fernir yn ôl dy ffyrdd a'th weithredoedd,' medd yr Arglwydd DDUW."

Marw Gwraig Eseciel

¹⁵ Daeth gair yr ARGLWYDD ataf a dweud, ¹⁶ "Fab dyn, ag un trawiad yr wyf am gymryd oddi wrthyt yr un fwyaf dymunol yn dy olwg, ond nid wyt i alaru nac wylo na cholli dagrau. ¹⁷ Ochneidia'n ddistaw, ond paid â galaru am y marw. Cadw orchudd am dy ben a rho sandalau am dy draed; paid â gorchuddio dy enau na bwyta bwyd galar*." ¹⁸ Yr oeddwn yn siarad â'r bobl yn y bore, a chyda'r nos bu farw fy ngwraig; bore trannoeth gwneuthum fel y gorchmynnwyd imi. ¹⁹ Yna dywedodd y bobl wrthyf, "Oni ddywedi beth sydd a wnelo'r pethau hyn a wnei â ni?" ²⁰ Yna dywedais wrthynt, "Daeth gair yr ARGLWYDD ataf a dweud, ²¹ 'Dywed wrth dŷ Israel, "Fel hyn y dywed yr Arglwydd DDUW: Yr wyf yn mynd i halogi fy nghysegr, yr hwn yr wyt yn ymfalchïo yn ei gadernid, ac sydd mor ddymunol a hoff yn dy olwg. Bydd y meibion a'r merched a adawyd yn syrthio trwy'r cleddyf. ²² Fe wnewch chwi fel y gwneuthum i; ni fyddwch yn gorchuddio eich genau nac yn bwyta bwyd galar*. ²³ Byddwch yn cadw gorchudd am eich pennau a sandalau am eich traed, heb alaru nac wylo. Ond byddwch yn dihoeni oherwydd eich camweddau ac yn ochneidio wrth eich gilydd. ²⁴ Bydd Eseciel yn arwydd i chwi, ac fe wnewch fel y gwnaeth ef; pan ddigwydd hyn, byddwch yn gwybod mai myfi yw'r Arglwydd DDUW."

²⁵ " 'Ac yn awr, fab dyn, ar y dydd pan gymeraf ymaith y gaer yr oeddent yn ymfalchïo yn ei gogoniant ac a oedd mor ddymunol a hoff yn eu golwg, a phan gymeraf eu meibion a'u merched, ²⁶ ar y dydd hwnnw fe ddaw atat ffoadur i ddweud y newydd. ²⁷ Y diwrnod hwnnw fe agorir dy enau; fe siaredi â'r ffoadur ac ni fyddi'n fud mwyach. Byddi'n arwydd iddynt, a byddant yn gwybod mai myfi yw'r ARGLWYDD.' "

Proffwydo yn erbyn Ammon

25 Daeth gair yr ARGLWYDD ataf a dweud, ² "Fab dyn, tro dy wyneb at yr Ammoniaid a phroffwyda yn eu herbyn. ³ Dywed wrthynt, 'Gwrandewch air yr Arglwydd DDUW. Fel hyn y dywed yr Arglwydd DDUW: Oherwydd iti ddweud, "Aha!" pan halogwyd fy nghysegr a phan anrheithiwyd tir Israel a phan ddygwyd tŷ Jwda i gaethglud, ⁴ am hynny fe'th rof yn eiddo i bobl y dwyrain. Gosodant

---

24:5 Tebygol. Cymh. adn. 10. Hebraeg, *yr esgyrn*.
24:12 Tebygol. Hebraeg yn aneglur.
24:17 Cymh. Fersiynau. Hebraeg, *dynion*.
24:22 Cymh. adn. 17. Hebraeg, *dynion*.

hwy eu gwersylloedd, a chodi eu pebyll yn dy ganol; byddant yn bwyta dy gnydau ac yn yfed dy laeth. ⁵ Fe wnaf Rabba yn borfa i gamelod ac Ammon yn gynefin defaid, a byddwch yn gwybod mai myfi yw'r ARGLWYDD. ⁶ Fel hyn y dywed yr Arglwydd DDUW: Oherwydd iti guro dwylo a tharo traed a llawenhau â holl falais dy galon yn erbyn Israel, ⁷ am hynny yr wyf am estyn fy llaw yn dy erbyn a'th roi yn anrhaith i'r cenhedloedd; torraf di ymaith o blith y bobloedd a'th ddifetha o fysg y gwledydd. Fe'th ddinistriaf, a byddi'n gwybod mai myfi yw'r ARGLWYDD.

Proffwydo yn erbyn Moab

⁸ " 'Fel hyn y dywed yr Arglwydd DDUW: Oherwydd i Moab a Seir ddweud, "Edrych, aeth tŷ Jwda fel yr holl genhedloedd", ⁹ am hynny fe ddifethaf derfynau Moab, sef dinasoedd y gororau*, Beth-jesimoth, Baal-meon a Ciriathaim, rhai gorau'r wlad. ¹⁰ Rhof Moab gyda'r Ammoniaid yn eiddo i bobl y dwyrain, fel na bydd i'r Ammoniaid gael eu cofio ymhlith y cenhedloedd, ¹¹ a gweithredaf farn ar Moab. Yna byddant yn gwybod mai myfi yw'r ARGLWYDD.

Proffwydo yn erbyn Edom

¹² " 'Fel hyn y dywed yr Arglwydd DDUW: Oherwydd i Edom ddial ar dŷ Jwda, a bod yn euog iawn trwy wneud hynny, ¹³ am hynny fel hyn y dywed yr Arglwydd DDUW: Fe estynnaf fy llaw yn erbyn Edom, a thorri ymaith ohoni ddyn ac anifail, a'i gwneud yn anrhaith; o Teman hyd Dedan byddant yn syrthio trwy'r cleddyf. ¹⁴ Byddaf yn dial ar Edom trwy fy mhobl Israel, ac fe wnânt ag Edom yn ôl fy nicter a'm llid. Yna byddant yn gwybod mai dyma fy nialedd, medd yr Arglwydd DDUW.

Proffwydo yn erbyn y Philistiaid

¹⁵ " 'Fel hyn y dywed yr Arglwydd DDUW: Oherwydd i'r Philistiaid weithredu'n ddialgar, a dial â malais yn eu calonnau, a dinistrio o achos hen gasineb, ¹⁶ am hynny fel hyn y dywed yr Arglwydd DDUW: Fe estynnaf fy llaw yn erbyn y Philistiaid, ac fe dorraf ymaith y Cerethiaid, a dinistrio'r rhai sy'n weddill ar hyd yr arfordir. ¹⁷ Dygaf ddialedd mawr arnynt a'u cosbi yn fy nicter. Yna byddant yn gwybod mai myfi yw'r ARGLWYDD, pan fyddaf yn dial arnynt.' "

Proffwydo yn erbyn Tyrus

26 Ar ddydd cyntaf y mis cyntaf* yn yr unfed flwyddyn ar ddeg, daeth gair yr ARGLWYDD ataf a dweud, ² "Fab dyn, oherwydd i Tyrus ddweud am Jerwsalem, 'Aha! Fe ddrylliwyd porth y cenhedloedd, ac fe'i gwnaed yn agored i mi; fe lwyddaf fi am ei bod hi'n anrheithiedig', ³ am hynny fel hyn y dywed yr Arglwydd DDUW: 'Yr wyf yn dy erbyn, O Tyrus, ac fe ddygaf lawer o genhedloedd yn dy erbyn, fel môr yn dygyfor. ⁴ Fe fyddant yn dinistrio muriau Tyrus ac yn bwrw i lawr ei thyrau; crafaf y pridd ohoni a'i gwneud yn graig noeth. ⁵ Bydd yn lle i daenu rhwydau allan yng nghanol y môr, oherwydd myfi a lefarodd,' medd yr Arglwydd DDUW. 'Bydd yn anrhaith i'r cenhedloedd, ⁶ ac fe ddinistrir ei maestrefi trwy'r cleddyf; yna byddant yn gwybod mai myfi yw'r ARGLWYDD.'

⁷ "Fel hyn y dywed yr Arglwydd DDUW: 'Fe ddof â Nebuchadnesar brenin Babilon, brenin y brenhinoedd, yn erbyn Tyrus o'r gogledd gyda meirch a cherbydau, gyda marchogion a mintai fawr yn fyddin. ⁸ Bydd yn dinistrio dy faestrefi trwy'r cleddyf, yn gosod gwarchae arnat, yn codi esgynfa tuag atat, ac yn gosod tarianau yn dy erbyn. ⁹ Fe dry ei beiriannau hyrddio yn erbyn dy furiau, a dymchwel dy dyrau â'i arfau. ¹⁰ Bydd ei feirch mor niferus nes dy orchuddio â llwch; bydd dy furiau'n crynu gan sŵn y meirch, y gwageni a'r cerbydau, wrth iddo ddod i mewn trwy'r pyrth fel un* yn dod i ddinas wedi ei bylchu. ¹¹ Bydd carnau ei feirch yn sathru dy strydoedd i gyd; fe leddir dy bobl â'r cleddyf, ac fe syrth dy golofnau cedyrn i'r llawr. ¹² Anrheithiant dy

---

25:9 Tebygol. Hebraeg yn aneglur.

26:1 Cymh. Groeg. Hebraeg heb *cyntaf*.
26:10 Cymh. Fersiynau. Hebraeg, *rhai*.

gyfoeth a chymryd dy nwyddau'n ysbail; dymchwelant dy furiau a chwalu dy dai dymunol, a lluchio'r meini, y coed a'r pridd i ganol y môr. ¹³ Rhof ddiwedd ar sŵn dy ganiadau, ac ni chlywir sain dy delynau mwyach. ¹⁴ Gwnaf di'n graig noeth, ac fe ddoi'n lle i daenu rhwydau; nid ailadeiledir di mwyach, oherwydd myfi'r ARGLWYDD a lefarodd,' medd yr Arglwydd DDUW.

¹⁵ "Fel hyn y dywed yr Arglwydd DDUW wrth Tyrus: 'Oni fydd yr ynysoedd yn crynu gan sŵn dy gwymp, pan fydd yr archolledig yn cwynfan a phan fydd rhai yn lladd o'th fewn? ¹⁶ Yna bydd holl dywysogion y môr yn disgyn oddi ar eu gorseddau, yn tynnu eu mentyll ac yn diosg eu gwisgoedd o frodwaith. Byddant wedi eu gwisgo â dychryn, yn eistedd ar lawr ac yn crynu bob eiliad, ac wedi eu brawychu o'th achos. ¹⁷ Yna, fe godant alarnad a dweud amdanat,

> "O, fel y dinistriwyd di, y ddinas enwog
> a fu'n gartref i forwyr!
> Buost yn rymus ar y moroedd,
> ti a'th drigolion,
> a gosodaist dy arswyd
> ar dy holl drigolion.
> ¹⁸ Yn awr y mae'r ynysoedd yn crynu
> ar ddydd dy gwymp;
> y mae'r ynysoedd yn y môr yn arswydo
> wrth i ti syrthio." '

¹⁹ Fel hyn y dywed yr Arglwydd DDUW: 'Pan wnaf di'n ddinas anrheithiedig, fel y dinasoedd sydd heb drigolion, a phan ddygaf y dyfnfor drosot, a'r dyfroedd mawrion yn dy orchuddio, ²⁰ yna fe'th fwriaf i lawr gyda'r rhai sy'n disgyn i'r pwll at bobl o'r oesoedd gynt. Gwnaf iti fyw yn y tir isod, fel mewn hen adfeilion, gyda'r rhai sy'n disgyn i'r pwll; ac ni ddychweli i gymryd dy le* yn nhir y rhai byw. ²¹ Rhof iti ddiwedd ofnadwy, ac ni fyddi mwyach; fe'th geisir, ond ni cheir mohonot byth mwy,' medd yr Arglwydd DDUW."

Galarnad am Tyrus

27 Daeth gair yr ARGLWYDD ataf a dweud, ² "Fab dyn, cod alarnad am Tyrus. ³ Dywed wrth Tyrus sydd wrth fynedfa'r môr, marsiandwr y bobloedd ar lawer o ynysoedd, 'Fel hyn y dywed yr Arglwydd DDUW:

> Yr wyt ti, O Tyrus, yn dweud,
> "Yr wyf fi'n berffaith mewn
>   prydferthwch."
> ⁴ Y mae dy derfynau yng nghanol y moroedd;
> gwnaeth dy adeiladwyr dy
>   brydferthwch yn berffaith.
> ⁵ Gwnaethant dy holl waith coed o
>   binwydd Senir,
> a chymryd cedrwydd Lebanon i
>   wneud hwylbren iti.
> ⁶ Gwnaethant dy rwyfau o dderw
>   Basan,
> a'th fwrdd o binwydd goror Chittim,
> wedi ei addurno ag ifori.
> ⁷ Lliain wedi ei frodio o'r Aifft oedd
>   dy hwyliau,
> ac yn gwneud baner iti;
> yr oedd dy gysgodlenni yn las a
>   phorffor
> o ororau Elisa.
> ⁸ Gwŷr Sidon ac Arfad oedd dy
>   rwyfwyr,
> ac yr oedd ynot ti, O Tyrus, wŷr
>   medrus
> â'u llaw ar y llyw.
> ⁹ Yr oedd gwŷr profiadol a medrus o
>   Gebal
> ar dy fwrdd i gyweirio'r agennau;
> yr oedd holl longau'r môr a'u dynion
> yn dod atat i farchnata dy nwyddau.
> ¹⁰ Yr oedd gwŷr Persia, Lydia a Phut
> yn filwyr yn dy fyddin,
> yn crogi eu tarianau a'u helmedau
>   ynot;
> ac yr oeddent yn dy wneud yn
>   hardd.
> ¹¹ Yr oedd gwŷr Arfad a Helech ar dy
>   furiau o amgylch,
> a gwŷr Gammad yn dy dyrau;
> yr oeddent yn crogi eu tarianau ar
>   dy furiau,
> ac yn gwneud dy brydferthwch yn
>   berffaith.

26:20 Felly Groeg. Hebraeg, *a rhof anrhydedd*.

¹² " 'Yr oedd Tarsis yn marchnata gyda thi oherwydd dy holl gyfoeth, ac yn rhoi iti arian, haearn, alcam a phlwm yn gyfnewid am dy nwyddau. ¹³ Jafan, Tubal a Mesech oedd dy farsiandïwyr, ac yn cyfnewid caethweision a llestri pres yn dy farchnad. ¹⁴ Yr oedd rhai o Beth-togarma yn cyfnewid ceffylau, meirch a mulod am dy nwyddau. ¹⁵ Yr oedd gwŷr Rhodos* yn farsiandïwyr i ti, ac ynysoedd lawer yn marchnata gyda thi, ac yn rhoi'n dâl iti gyrn ifori ac eboni. ¹⁶ Yr oedd Aram yn marchnata gyda thi am fod gennyt ddigon o nwyddau, ac yn rhoi glasfeini, porffor, brodwaith, lliain, cwrel a gemau yn gyfnewid am dy nwyddau. ¹⁷ Yr oedd Jwda a gwlad Israel hefyd ymhlith dy farsiandïwyr, ac yn cyfnewid gwenith o Minnith, ŷd, mêl, olew a balm yn dy farchnad. ¹⁸ Am fod gennyt ddigon o nwyddau a chyfoeth, yr oedd Damascus yn marchnata gyda thi win o Helbon a gwlân o Sahar. ¹⁹ Yr oedd Dan a Jafan o Usal yn rhoi haearn gyr, casia a chalamus yn gyfnewid am nwyddau yn dy farchnad. ²⁰ Yr oedd Dedan yn marchnata brethynnau ar gyfer dy gyfrwyau. ²¹ Yr oedd Arabia a holl dywysogion Cedar yn bargeinio â thi ac yn cyfnewid ŵyn, hyrddod a geifr. ²² Yr oedd marsiandïwyr Sheba a Rama ymhlith dy farsiandïwyr, ac yn rhoi iti'n nwyddau y gorau o berlysiau a meini gwerthfawr ac aur. ²³ Yr oedd Haran, Canne, Eden a marsiandïwyr Sheba, Asyria a Chilmad yn marchnata gyda thi. ²⁴ Yn dy farchnadoedd yr oeddent yn marchnata gwisgoedd heirdd, brethynnau gleision, brodwaith, a charpedi amryliw mewn rheffynnau wedi eu troi a'u clymu. ²⁵ Llongau Tarsis oedd yn cludo dy nwyddau.

Llanwyd di â llwyth trwm
yng nghanol y moroedd.
²⁶ Aeth dy rwyfwyr â thi allan
i'r moroedd mawr,
ond y mae gwynt y dwyrain wedi dy ddryllio
yng nghanol y moroedd.

²⁷ " ' Bydd dy gyfoeth, dy nwyddau, dy fasnach, dy forwyr, dy longwyr, dy seiri llongau, dy farchnatawyr, dy holl filwyr, a phawb arall sydd ar dy fwrdd yn suddo yng nghanol y môr y diwrnod y dryllir di.

²⁸ " 'Pan glywir cri dy longwyr,
bydd yr arfordir yn crynu.
²⁹ Bydd yr holl rwyfwyr yn gadael eu llongau,
a'r morwyr a'r llongwyr yn sefyll ar y lan,
³⁰ yn gweiddi'n uchel ac yn wylo'n chwerw amdanat,
yn rhoi llwch ar eu pennau ac yn ymdrybaeddu mewn lludw.
³¹ Eilliant eu pennau o'th achos, a gwisgo sachliain;
wylant yn chwerw amdanat mewn galar trist.
³² Yn eu cwynfan a'u galar codant alarnad amdanat:
"Pwy erioed a dawelwyd fel Tyrus yn nghanol y môr?
³³ Pan âi dy nwyddau allan ar y moroedd,
yr oeddit yn diwallu llawer o genhedloedd;
trwy dy gyfoeth mawr a'th nwyddau
gwnaethost frenhinoedd y ddaear yn gyfoethog.
³⁴ Ond yn awr yr wyt wedi dy ddryllio gan y môr
yn nyfnder y dyfroedd;
aeth dy nwyddau a'th holl fintai
i lawr i'th ganlyn.
³⁵ Brawychwyd holl drigolion yr ynysoedd o'th achos;
y mae eu brenhinoedd yn crynu gan ofn,
a phryder ar eu hwynebau.
³⁶ Y mae marsiandïwyr y cenhedloedd wedi eu syfrdanu o'th blegid;
aethost yn ddychryn, ac ni cheir mohonot mwyach." ' "

Proffwydo yn erbyn Brenin Tyrus

28 Daeth gair yr ARGLWYDD ataf a dweud, ² "Fab dyn, dywed wrth lywodraethwr Tyrus, 'Fel hyn y dywed yr Arglwydd DDUW:

27:15 Felly Groeg. Hebraeg, *Dedan*.

Ym malchder dy galon fe
    ddywedaist,
"Yr wyf yn dduw,
ac yn eistedd ar orsedd y duwiau
    yng nghanol y môr."
Ond dyn wyt, ac nid duw,
er iti dybio dy fod fel duw—
³ yn ddoethach yn wir na Daniel,
heb yr un gyfrinach yn guddiedig
    oddi wrthyt.
⁴ Trwy dy ddoethineb a'th ddeall
    enillaist iti gyfoeth,
a chael aur ac arian i'th ystordai.
⁵ Trwy dy fedr mewn masnach
    cynyddaist dy gyfoeth,
ac aeth dy galon i ymfalchïo ynddo.'

⁶ "Fel hyn y dywed yr Arglwydd DDUW:

'Oherwydd iti dybio dy fod fel duw,
⁷ fe ddygaf estroniaid yn dy erbyn,
y fwyaf didostur o'r cenhedloedd;
tynnant eu cleddyfau yn erbyn
    gwychder dy ddoethineb,
a thrywanu d'ogoniant.
⁸ Bwriant di i lawr i'r pwll,
a byddi farw o'th glwyfau
yn nyfnderoedd y môr.
⁹ A ddywedi, "Duw wyf fi,"
yng ngŵydd y rhai sy'n dy ladd?
Dyn wyt, ac nid duw,
yn nwylo'r rhai sy'n dy drywanu.
¹⁰ Byddi'n profi marwolaeth y
    dienwaededig
trwy ddwylo estroniaid.

Myfi a lefarodd,' medd yr Arglwydd
DDUW."

¹¹ Daeth gair yr ARGLWYDD ataf a
dweud, ¹² "Fab dyn, cod alarnad am
frenin Tyrus a dywed wrtho, 'Fel hyn y
dywed yr Arglwydd DDUW:

Yr oeddit yn esiampl o
    berffeithrwydd,
yn llawn doethineb, a pherffaith dy
    brydferthwch.
¹³ Yr oeddit yn Eden, gardd Duw,
a phob carreg werthfawr yn
    d'addurno—
rhuddem, topas ac emrallt,
eurfaen, onyx a iasbis,
saffir, glasfaen a beryl,
ac yr oedd dy fframiau a'th gerfiadau
    i gyd yn aur;
ar ddydd dy eni y paratowyd hwy.

¹⁴ Fe'th osodais gyda cherwb
    gwarcheidiol wedi ei eneinio;
yr oeddit ar fynydd sanctaidd Duw,
ac yn cerdded ymysg y cerrig tanllyd.
¹⁵ Yr oeddit yn berffaith yn dy ffyrdd
    o ddydd dy eni,
nes darganfod drygioni ynot.
¹⁶ Fel yr amlhaodd dy fasnach fe'th
    lanwyd â thrais,
ac fe bechaist.
Felly fe'th fwriais allan fel peth aflan
    o fynydd Duw,
ac esgymunodd y cerwb
    gwarcheidiol di
o fysg y cerrig tanllyd.
¹⁷ Ymfalchïodd dy galon yn dy
    brydferthwch,
a halogaist dy ddoethineb er mwyn
    d'ogoniant;
lluchiais di i'r llawr,
a'th adael i'r brenhinoedd edrych
    arnat.
¹⁸ Trwy dy droseddau aml, ac
    anghyfiawnder dy fasnach,
fe halogaist dy gysegrleoedd;
felly gwneuthum i dân ddod allan
    ohonot a'th ysu,
a'th wneud yn lludw ar y ddaear yng
    ngŵydd pawb oedd yn edrych.
¹⁹ Y mae pob un ymhlith y bobloedd
    sy'n d'adnabod wedi ei syfrdanu;
aethost yn ddychryn, ac ni cheir
    mohonot mwyach.'"

Proffwydo yn erbyn Sidon

²⁰ Daeth gair yr ARGLWYDD ataf a dweud,
²¹ "Fab dyn, tro dy wyneb tua Sidon a
phroffwyda yn ei herbyn, ²² a dywed, 'Fel
hyn y dywed yr Arglwydd DDUW:

Yr wyf yn dy erbyn, O Sidon,
ac amlygaf fy ngogoniant yn dy
    ganol.
Byddant yn gwybod mai myfi yw'r
    ARGLWYDD,
pan weithredaf fy nghosb arni
ac amlygu fy sancteiddrwydd ynddi.
²³ Anfonaf bla iddi, a thywallt gwaed
    ar ei heolydd;
syrth y lladdedigion o'i mewn o
    achos y cleddyf sydd o'i
    hamgylch.
Yna byddant yn gwybod mai myfi
    yw'r ARGLWYDD.'

²⁴ "Ni fydd gan dŷ Israel mwyach fieri i'w pigo na drain i'w poeni ymysg yr holl gymdogion a fu'n eu dilorni. Yna byddant yn gwybod mai myfi yw'r Arglwydd DDUW.

²⁵ "Fel hyn y dywed yr Arglwydd DDUW: 'Pan gasglaf dŷ Israel o fysg y bobloedd lle gwasgarwyd hwy, ac amlygu fy sancteiddrwydd ynddynt yng ngŵydd y cenhedloedd, cânt fyw yn eu tir eu hunain, a roddais i'm gwas Jacob. ²⁶ Byddant yn byw'n ddiogel yno, yn codi tai ac yn plannu gwinllannoedd; byddant yn byw'n ddiogel pan fyddaf fi'n gweithredu barn ar yr holl gymdogion a fu'n eu dilorni. Yna byddant yn gwybod mai myfi yw'r ARGLWYDD eu Duw.'"

Proffwydo yn erbyn yr Aifft

29 Ar y deuddegfed dydd o'r degfed mis yn y ddegfed flwyddyn, daeth gair yr ARGLWYDD ataf a dweud, ² "Fab dyn, tro dy wyneb yn erbyn Pharo brenin yr Aifft, a phroffwyda yn ei erbyn ef ac yn erbyn yr Aifft gyfan. ³ Llefara a dweud, 'Fel hyn y dywed yr Arglwydd DDUW:

Yr wyf yn dy erbyn, O Pharo, brenin
  yr Aifft,
y ddraig fawr sy'n ymlusgo yng
  nghanol ei hafonydd,
ac yn dweud, "Myfi biau'r Neil, myfi
  a'i gwnaeth."
⁴ Rhof fachau yn dy safn,
a gwneud i bysgod dy afonydd lynu
  wrth gen dy groen;
tynnaf di i fyny o ganol dy afonydd
gyda'u holl bysgod yn glynu wrth gen
  dy groen.
⁵ Fe'th fwriaf i'r anialwch, ti a holl
  bysgod dy afonydd;
syrthi ar wyneb y ddaear heb dy
  gasglu na'th gladdu*;
rhof di'n fwyd i'r anifeiliaid gwylltion
  a'r adar.

⁶ Yna bydd holl drigolion yr Aifft yn gwybod mai myfi yw'r ARGLWYDD, oherwydd iti* fod yn ffon o frwyn i dŷ Israel. ⁷ Pan gydiodd yr Aifft ynot â'i law, torraist eu hysgwyddau a'u niweidio; pan bwysodd arnat, torraist ac ysigo* eu llwynau. ⁸ Felly fel hyn y dywed yr Arglwydd DDUW: Yr wyf am ddwyn cleddyf arnat a thorri ymaith ohonot ddyn ac anifail; bydd gwlad yr Aifft yn anrhaith ac yn ddiffeithwch. ⁹ Yna byddant yn gwybod mai myfi yw'r ARGLWYDD. Oherwydd iti* ddweud, "Myfi biau'r Neil, myfi a'i gwnaeth", ¹⁰ am hynny yr wyf yn dy erbyn ac yn erbyn dy afonydd, a gwnaf wlad yr Aifft yn ddiffeithwch llwyr ac yn dir anrheithiedig o Migdol hyd Aswan, hyd derfyn Ethiopia. ¹¹ Ni throedia dyn nac anifail trwyddi, ac fe fydd yn anghyfannedd am ddeugain mlynedd. ¹² Fe wnaf wlad yr Aifft yn anrhaith ymysg gwledydd anrheithiedig, a bydd ei dinasoedd yn anrheithiedig am ddeugain mlynedd ymysg dinasoedd anghyfannedd. Byddaf yn gwasgaru'r Eifftiaid ymysg y cenhedloedd, ac yn eu chwalu trwy'r gwledydd.

¹³ "'Fel hyn y dywed yr Arglwydd DDUW: Ar derfyn deugain mlynedd fe gasglaf yr Eifftiaid o blith y bobloedd lle gwasgarwyd hwy, ¹⁴ ac fe adferaf lwyddiant yr Aifft, a'u dychwelyd i wlad Pathros, gwlad eu hynafiaid, ac yno byddant yn deyrnas fechan. ¹⁵ Hi fydd yr isaf o'r teyrnasoedd, ac ni ddyrchafa mwy goruwch y cenhedloedd; fe'i gwnaf mor fychan fel na lywodraetha eto dros y cenhedloedd. ¹⁶ Ni fydd yr Aifft mwyach yn hyder i dŷ Israel, ond bydd yn eu hatgoffa o'u trosedd gynt, yn troi ati am gymorth. Yna byddant yn gwybod mai myfi yw'r Arglwydd DDUW.'"

¹⁷ Ar y dydd cyntaf o'r mis cyntaf yn y seithfed flwyddyn ar hugain, daeth gair yr ARGLWYDD ataf a dweud, ¹⁸ "Fab dyn, gwnaeth Nebuchadnesar brenin Babilon i'w fyddin lafurio'n galed yn erbyn Tyrus, nes bod pob pen yn foel a phob ysgwydd yn ddolurus, ond ni chafodd ef na'i fyddin elw o Tyrus am eu llafur caled. ¹⁹ Am hynny fel hyn y dywed yr Arglwydd DDUW: 'Yr wyf am roi gwlad yr Aifft i Nebuchadnesar brenin Babilon, a bydd yn cymryd ei chyfoeth; yr anrhaith a gymer a'r ysbail a ladrata

---

29:5 Felly llawysgrifau. TM, *gynnull*.
29:6 Felly Fersiynau. Hebraeg, *iddynt*.
29:7 Felly Fersiynau. Hebraeg, *a pheri sefyll*.
29:9 Felly Fersiynau. Hebraeg, *iddo*.

ohoni fydd y tâl i'w fyddin. ²⁰ Rhoddais iddo wlad yr Aifft yn gyflog am ei waith, oherwydd i mi y buont yn gweithio,' medd yr Arglwydd DDUW.

²¹ " 'Y dydd hwnnw, paraf i gorn dyfu i dŷ Israel, a gwnaf iti agor dy enau yn eu mysg, a byddant yn gwybod mai myfi yw'r ARGLWYDD.' "

Barn ar yr Aifft

30 Daeth gair yr ARGLWYDD ataf a dweud, ² "Fab dyn, proffwyda, a dywed, 'Fel hyn y dywed yr Arglwydd DDUW:

Galarwch, a dweud,
"Och am y dydd!"
³ Oherwydd agos yw'r dydd,
agos yw dydd yr ARGLWYDD—
dydd o gymylau,
dydd barn y cenhedloedd.
⁴ Daw cleddyf yn erbyn yr Aifft,
a bydd gewyr yn Ethiopia
pan syrth lladdedigion yr Aifft,
a chymerir ymaith ei chyfoeth
a malurio'i sylfeini.

⁵ " ' Bydd Ethiopia, Put, Lydia a holl Arabia, Libya*, a phobl y wlad sydd mewn cynghrair â hwy, yn syrthio trwy'r cleddyf.

⁶ " 'Fel hyn y dywed yr ARGLWYDD:
Bydd y rhai sy'n cefnogi'r Aifft yn syrthio,
a darostyngir ei grym balch;
o Migdol i Aswan
byddant yn syrthio trwy'r cleddyf,'
medd yr Arglwydd DDUW.
⁷ 'Byddant yn anrhaith ymysg gwledydd anrheithiedig,
a bydd eu dinasoedd ymysg dinasoedd anghyfannedd.
⁸ Yna byddant yn gwybod mai myfi yw'r ARGLWYDD,
pan rof dân ar yr Aifft,
a phan ddryllir ei holl gynorthwywyr.

⁹ Y diwrnod hwnnw fe â negeswyr allan mewn llongau oddi wrthyf i ddychryn Ethiopia ddiofal, a daw gewyr arnynt pan syrth yr Aifft; yn wir y mae'n dod.

¹⁰ " 'Fel hyn y dywed yr Arglwydd DDUW: Rhof ddiwedd ar finteioedd yr Aifft trwy law Nebuchadnesar brenin Babilon. ¹¹ Dygir ef, a'i fyddin gydag ef, y greulonaf o'r cenhedloedd, i mewn i ddifetha'r wlad; tynnant eu cleddyfau yn erbyn yr Aifft a llenwi'r wlad â lladdedigion. ¹² Sychaf yr afonydd hefyd, a gwerthu'r wlad i rai drwg; trwy ddwylo estroniaid anrheithiaf y wlad a phopeth sydd ynddi. Myfi yr ARGLWYDD a lefarodd.

¹³ " 'Fel hyn y dywed yr Arglwydd DDUW: Dinistriaf yr eilunod a rhof ddiwedd ar y delwau sydd yn Noff; ni fydd tywysog yng ngwlad yr Aifft mwyach, a pharaf fod ofn trwy'r wlad. ¹⁴ Anrheithiaf Pathros, a rhof dân ar Soan, a gweithredu barn ar Thebes. ¹⁵ Tywalltaf fy llid ar Sin, cadarnle'r Aifft, a thorri ymaith finteioedd Thebes. ¹⁶ Rhof dân ar yr Aifft, a bydd Sin mewn gwewyr mawr; rhwygir Thebes a bydd Noff mewn cyfyngder yn ddyddiol. ¹⁷ Fe syrth gwŷr ifainc On a Pibeseth trwy'r cleddyf, a dygir y merched i gaethglud. ¹⁸ Bydd y dydd yn dywyllwch yn Tahpanhes, pan dorraf yno iau yr Aifft a dod â'i grym balch i ben; fe'i gorchuddir â chwmwl, a dygir ei merched i gaethglud. ¹⁹ Gweithredaf farn ar yr Aifft, a byddant yn gwybod mai myfi yw'r ARGLWYDD.' "

²⁰ Ar y seithfed dydd o'r mis cyntaf yn yr unfed flwyddyn ar ddeg, daeth gair yr ARGLWYDD ataf a dweud, ²¹ "Fab dyn, torrais fraich Pharo brenin yr Aifft, ond ni rwymwyd hi i'w gwella, na'i rhoi mewn rhwymyn i'w chryfhau i ddal y cleddyf. ²² Felly fel hyn y dywed yr Arglwydd DDUW: 'Yr wyf yn erbyn Pharo brenin yr Aifft, a thorraf ei freichiau, yr un iach a'r un sydd wedi ei thorri, a gwneud i'r cleddyf syrthio o'i law. ²³ Gwasgaraf yr Eifftiaid ymysg y cenhedloedd a'u chwalu trwy'r gwledydd. ²⁴ Cryfhaf freichiau brenin Babilon a rhoi fy nghleddyf yn ei law, ond torraf freichiau Pharo, a bydd yn griddfan o'i flaen fel un wedi ei glwyfo i farwolaeth. ²⁵ Atgyfnerthaf freichiau brenin Babilon, ond bydd breichiau Pharo'n llipa. Yna byddant yn gwybod

---

30:5 Cymh. Fersiynau. Hebraeg, *Chub*.

mai myfi yw'r ARGLWYDD, pan rof fy nghleddyf yn llaw brenin Babilon, ac yntau'n ei ysgwyd yn erbyn gwlad yr Aifft. ²⁶ Gwasgaraf yr Eifftiaid ymysg y cenhedloedd a'u chwalu trwy'r gwledydd, a byddant yn gwybod mai myfi yw'r ARGLWYDD.' "

Dymchwel y Gedrwydden

31 Ar y dydd cyntaf o'r trydydd mis yn yr unfed flwyddyn ar ddeg, daeth gair yr ARGLWYDD ataf a dweud;

² "Fab dyn, dywed wrth Pharo brenin
  yr Aifft ac wrth ei finteioedd,
'I bwy yr wyt yn debyg yn dy
  fawredd?
³ Edrych ar Asyria; yr oedd fel
  cedrwydden yn Lebanon,
ac iddi gangen brydferth yn bwrw
  cysgod dros y goedwig,
yn tyfu'n uchel, a'i brig yn uwch na'r
  cangau trwchus.
⁴ Yr oedd dyfroedd yn ei chyfnerthu
  a'r dyfnder yn peri iddi dyfu,
a'u nentydd yn llifo o amgylch ei
  gwreiddiau,
ac yn ffrydio'n aberoedd i holl goed y
  maes.
⁵ Felly tyfodd yn uwch na holl goed y
  maes;
yr oedd ei cheinciau'n ymestyn a'i
  changau'n lledaenu,
am fod digon o ddŵr yn y sianelau.
⁶ Yr oedd holl adar y nefoedd yn
  nythu yn ei cheinciau,
a'r holl anifeiliaid gwylltion yn epilio
  dan ei changau,
a'r holl genhedloedd mawrion yn
  byw yn ei chysgod.
⁷ Yr oedd ei mawredd yn brydferth,
  a'i cheinciau'n ymestyn,
oherwydd yr oedd ei gwreiddiau'n
  cyrraedd at ddigon o ddŵr.
⁸ Ni allai cedrwydd o ardd Duw
  gystadlu â hi,
ac nid oedd y pinwydd yn cymharu o
  ran ceinciau;
nid oedd y ffawydd yn debyg iddi o
  ran cangau,
ac ni allai'r un goeden o ardd Duw
  gystadlu â hi o ran
  prydferthwch.
⁹ Gwneuthum hi'n brydferth â digon
  o ganghennau,
nes bod holl goed Eden, gardd Duw,
  yn cenfigennu wrthi.

¹⁰ " 'Felly, fel hyn y dywed yr Arglwydd DDUW: Oherwydd iddi dyfu'n uchel, gan godi ei phen yn uwch na'r cangau ac ymfalchïo yn ei huchder, ¹¹ rhoddais hi yn llaw rheolwr y cenhedloedd, iddo wneud â hi yn ôl ei drygioni. Bwriais hi o'r neilltu. ¹² Estroniaid, y greulonaf o'r cenhedloedd, a'i torrodd i lawr a'i gadael. Syrthiodd ei changhennau ar y mynyddoedd ac i'r holl ddyffrynnoedd; yr oedd ei changau wedi eu torri yn holl gilfachau'r tir; daeth holl genhedloedd y ddaear allan o'i chysgod a'i gadael. ¹³ Aeth holl adar y nefoedd i fyw ar ei boncyff, a'r holl anifeiliaid gwylltion i'w brigau. ¹⁴ Oherwydd hyn, nid yw'r holl goed eraill wrth y dyfroedd i dyfu'n uchel na chodi eu pennau'n uwch na'r cangau; nid ydynt, oherwydd bod digon o ddŵr, i sefyll mor uchel; y maent i gyd wedi eu tynghedu i farwolaeth yn y tir isod, gyda meidrolion, ymhlith y rhai sy'n disgyn i'r pwll.

¹⁵ " 'Fel hyn y dywed yr Arglwydd DDUW: Yn y dydd yr aed â hi i lawr i Sheol, gorchuddiais y dyfnder â galar drosti; ateliais ei hafonydd a dal yn ôl ei digonedd o ddŵr. O'i herwydd hi gwisgais Lebanon â phrudd-der, a chrinodd holl goed y maes. ¹⁶ Gwneuthum i'r cenhedloedd grynu gan sŵn ei chwymp, pan ddygais hi i lawr i Sheol gyda'r rhai sy'n disgyn i'r pwll; felly cysurir yn y tir isod holl goed Eden sy'n cael eu dyfrhau, y rhai gorau a mwyaf dewisol yn Lebanon. ¹⁷ Aethant hwythau hefyd gyda hi i lawr i Sheol at y rhai a laddwyd â'r cleddyf; gwasgarwyd y rhai oedd yn byw yn ei chysgod ymhlith y cenhedloedd. ¹⁸ Prun o goed Eden sy'n debyg i ti mewn gogoniant a mawredd? Ond fe'th ddygir dithau hefyd gyda choed Eden i'r tir isod, a byddi'n gorwedd gyda'r dienwaededig a laddwyd â'r cleddyf. Dyna Pharo a'i holl finteioedd,' medd yr Arglwydd DDUW."

Galarnad am Pharo

32 Ar y dydd cyntaf o'r deuddegfed mis yn y ddeuddegfed flwyddyn, daeth gair yr ARGLWYDD ataf a dweud;

² "Fab dyn, cod alarnad am Pharo brenin yr Aifft, a dywed wrtho,
'Yr wyt fel llew ymysg y cenhedloedd.
Yr wyt fel draig yn y moroedd,
yn ymdroelli yn d'afonydd,
yn corddi dŵr â'th draed,
ac yn maeddu ei ffrydiau.

" 'Fel hyn y dywed yr Arglwydd DDUW:
Â thyrfa fawr o bobl fe daflaf fy rhwyd drosot,
ac fe'th godant i fyny ynddi.
⁴ Fe'th luchiaf ar y ddaear,
a'th daflu ar y maes agored,
a gwneud i holl adar y nefoedd ddisgyn arnat,
a diwallu'r holl anifeiliaid gwylltion ohonot.
⁵ Gwasgaraf dy gnawd ar y mynyddoedd,
a llenwi'r dyffrynnoedd â'th weddillion*.
⁶ Mwydaf y ddaear hyd at y mynyddoedd
â'r gwaed fydd yn llifo ohonot,
a bydd y cilfachau yn llawn ohono.
⁷ Pan ddiffoddaf di, gorchuddiaf y nefoedd
a thywyllu ei sêr;
cuddiaf yr haul â chwmwl,
ac ni rydd y lloer ei goleuni.
⁸ Tywyllaf holl oleuadau disglair y nefoedd uwch dy ben,
ac fe'i gwnaf yn dywyll dros dy dir,'
medd yr Arglwydd DDUW.

⁹ " 'Gofidiaf galon llawer o bobl pan af â thi i gaethglud* ymysg y cenhedloedd, i wledydd nad wyt yn eu hadnabod. ¹⁰ Gwnaf i lawer o bobl frawychu o'th achos, a bydd eu brenhinoedd yn crynu mewn braw o'th blegid pan ysgydwaf fy nghleddyf o'u blaenau; byddant yn ofni am eu heinioes bob munud ar ddydd dy gwymp. ¹¹ Fel hyn y dywed yr Arglwydd DDUW:

Daw cleddyf brenin Babilon yn dy erbyn.
¹² Gwnaf i'th finteioedd syrthio trwy gleddyfau'r rhai cryfion,
y greulonaf o'r holl genhedloedd.
Dymchwelant falchder yr Aifft,
ac fe ddifethir ei holl finteioedd.
¹³ Dinistriaf ei holl wartheg o ymyl y dyfroedd;
ni fydd traed dynol yn eu corddi mwyach,
na charnau anifeiliaid yn eu maeddu.
¹⁴ Yna gwnaf eu dyfroedd yn groyw,
a bydd eu hafonydd yn llifo fel olew,'
medd yr Arglwydd DDUW.
¹⁵ 'Pan wnaf wlad yr Aifft yn anrhaith,
a dinoethi'r wlad o'r hyn sydd ynddi;
pan drawaf i lawr bawb sy'n byw ynddi,
yna byddant yn gwybod mai myfi yw'r ARGLWYDD.

¹⁶ Dyma'r alarnad a lafargenir amdani; merched y cenhedloedd fydd yn ei chanu, ac am yr Aifft a'i holl finteioedd y canant hi,' medd yr Arglwydd DDUW."

Gyda'r Meirw yn y Pwll

¹⁷ Ar y pymthegfed dydd o'r mis cyntaf* yn y ddeuddegfed flwyddyn, daeth gair yr ARGLWYDD ataf a dweud, ¹⁸ "Fab dyn, galara am finteioedd yr Aifft, a bwrw hi i lawr, hi a merched y cenhedloedd cryfion, i'r tir isod gyda'r rhai sy'n disgyn i'r pwll.

¹⁹ 'A gei di ffafr rhagor nag eraill?
Dos i lawr, a gorwedd gyda'r dienwaededig.
²⁰ Syrthiant gyda'r rhai a leddir â'r cleddyf;
tynnwyd y cleddyf, llusgir hi a'i minteioedd ymaith.
²¹ O ganol Sheol fe ddywed y cryfion amdani hi a'i chynorthwywyr,
"Daethant i lawr a gorwedd gyda'r dienwaededig a laddwyd â'r cleddyf."
²² Y mae Asyria a'i holl luoedd yno,
ac o'i hamgylch feddau'r lladdedigion,

32:5 Cymh. Fersiynau. Hebraeg, *â'th uchder*.
32:9 Felly Groeg. Hebraeg, *pan ddinistriaf di*.
32:17 Felly Groeg. Hebraeg heb *cyntaf*.

yr holl rai a laddwyd â'r cleddyf.
²³ Y mae eu beddau yn nyfnder y
   pwll,
ac y mae ei holl lu o amgylch ei
   bedd;
y mae'r holl rai a fu'n achosi braw yn
   nhir y byw
wedi syrthio trwy'r cleddyf.
²⁴ Y mae Elam a'i holl luoedd o
   amgylch ei bedd,
i gyd wedi eu lladd a syrthio trwy'r
   cleddyf;
y mae'r holl rai a fu'n achosi braw yn
   nhir y byw
i lawr yn y tir isod gyda'r
   dienwaededig,
ac yn dwyn eu gwarth gyda'r rhai
   sy'n disgyn i'r pwll.
²⁵ Gwnaed gwely iddi ymysg y
   lladdedigion,
gyda'i holl luoedd o amgylch ei
   bedd;
y maent i gyd yn ddienwaededig,
   wedi eu lladd â'r cleddyf.
Am iddynt achosi braw yn nhir y
   byw,
y maent yn dwyn eu gwarth gyda'r
   rhai sy'n disgyn i'r pwll,
ac yn gorwedd ymysg y lladdedigion.
²⁶ Y mae Mesach a Tubal yno, a'u
   holl luoedd o amgylch eu
   beddau,
y maent i gyd yn ddienwaededig,
   wedi eu lladd â'r cleddyf,
am iddynt achosi braw yn nhir y
   byw.
²⁷ Onid ydynt yn gorwedd gyda'r
   rhyfelwyr a syrthiodd yn
   ddienwaededig,
a mynd i lawr i Sheol gyda'u harfau
   rhyfel,
a rhoi eu harfau dan eu pennau?
Daeth cosb eu troseddau ar eu
   hesgyrn,
oherwydd bod braw ar y cryfion hyn
   trwy dir y byw.
²⁸ Byddi dithau hefyd ymysg y
dienwaededig, wedi dy ddryllio ac yn
gorwedd gyda'r rhai a laddwyd â'r
cleddyf. ²⁹ Y mae Edom gyda'i
brenhinoedd a'i holl dywysogion yno; er
eu grym y maent gyda'r rhai a laddwyd
â'r cleddyf, yn gorwedd gyda'r
dienwaededig, gyda'r rhai sy'n disgyn i'r
pwll. ³⁰ Y mae holl dywysogion y gogledd
a'r holl Sidoniaid yno; aethant i lawr
mewn gwarth gyda'r lladdedigion, er
gwaetha'r braw a achosodd eu cryfder; y
maent yn gorwedd yn ddienwaededig
gyda'r rhai a laddwyd â'r cleddyf, ac yn
dwyn eu gwarth gyda'r rhai sy'n disgyn
i'r pwll. ³¹ Pan fydd Pharo yn eu gweld
bydd yn ymgysuro am ei holl
finteioedd—Pharo a'i holl lu, a laddwyd
â'r cleddyf,' medd yr Arglwydd DDUW.
³² 'Oherwydd achosodd* fraw trwy holl
dir y byw, ac fe'i rhoir i orwedd, ef a'i holl
finteioedd, ymysg y dienwaededig a
laddwyd â'r cleddyf,' medd yr Arglwydd
DDUW."

Eseciel yn Wyliedydd

33 Esec. 3:16–21

Daeth gair yr ARGLWYDD ataf a
dweud, ² "Fab dyn, llefara wrth dy bobl a
dweud wrthynt, 'Bwriwch fy mod yn
anfon cleddyf yn erbyn gwlad, a phobl y
wlad yn dewis un gŵr o'u plith i fod yn
wyliwr iddynt, ³ ac yntau'n gweld y
cleddyf yn dod yn erbyn y wlad ac yn
canu utgorn i rybuddio'r bobl; ⁴ yna, os
bydd rhywun yn clywed sain yr utgorn
ond heb dderbyn y rhybudd, a'r cleddyf
yn dod ac yn ei ladd, ef ei hun fydd yn
gyfrifol am ei waed. ⁵ Oherwydd iddo
glywed sain yr utgorn a pheidio â derbyn
rhybudd, ef ei hun fydd yn gyfrifol am ei
waed; pe byddai wedi derbyn rhybudd,
byddai wedi arbed ei fywyd. ⁶ Ond pe
byddai'r gwyliedydd yn gweld y cleddyf
yn dod ac yn peidio â chanu'r utgorn i
rybuddio'r bobl, a'r cleddyf yn dod ac yn
lladd un ohonynt, yna, er i hwnnw gael ei
ladd am ei ddrygioni, byddwn yn dal y
gwyliedydd yn gyfrifol am ei waed.'

⁷ "Fab dyn, gosodais di yn wyliwr i dŷ
Israel; byddi'n clywed gair o'm genau ac
yn rhoi rhybudd iddynt oddi wrthyf.
⁸ Os dywedaf fi wrth y drygionus, 'O
ddrygionus, byddi'n sicr o farw', a
thithau'n peidio â llefaru i'w rybuddio i
droi o'i ffordd, yna, er i'r drygionus farw
am ei ddrygioni, byddaf yn dy ddal di'n
gyfrifol am ei waed. ⁹ Ond os byddi'n
rhybuddio'r drygionus i droi o'i ffordd,

32:32 Tebygol. Hebraeg, *achosais*.

ac yntau'n gwrthod, fe fydd farw am ei ddrygioni, ond fe fyddi di'n arbed dy fywyd.

¹⁰ "Fab dyn, dywed wrth dŷ Israel, 'Dyma a ddywedwch: "Y mae ein troseddau a'n pechodau yn fwrn arnom, ac yr ydym yn darfod o'u plegid; sut y byddwn fyw?" ' ¹¹ Dywed wrthynt, 'Cyn wired â'm bod yn fyw, medd yr Arglwydd DDUW, nid wyf yn ymhyfrydu ym marwolaeth y drygionus, ond yn hytrach ei fod yn troi o'i ffordd ac yn byw. Trowch, trowch o'ch ffyrdd drwg! Pam y byddwch farw, O dŷ Israel?'

¹² "Fab dyn, dywed wrth dy bobl, 'Ni fydd cyfiawnder y cyfiawn yn ei waredu pan fydd yn pechu, ac ni fydd drygioni'r drygionus yn peri iddo syrthio pan fydd yn troi oddi wrth ei ddrygioni; ni all y cyfiawn fyw trwy ei gyfiawnder pan fydd yn pechu.' ¹³ Os dywedaf wrth y cyfiawn y bydd yn sicr o fyw, ac yntau wedyn yn ymddiried yn ei gyfiawnder ac yn gwneud drygioni, ni chofir yr un o'i weithredoedd cyfiawn; bydd farw am y drygioni a wnaeth. ¹⁴ Ac os dywedaf wrth y drygionus, 'Byddi'n sicr o farw', ac yntau'n troi oddi wrth ei ddrygioni ac yn gwneud yr hyn sy'n gywir a chyfiawn, ¹⁵ yn dychwelyd gwystl, yn adfer yr hyn a ladrataodd, yn dilyn rheolau'r bywyd ac yn ymatal rhag drwg, bydd yn sicr o fyw; ni fydd farw. ¹⁶ Ni chofir yn ei erbyn yr un o'i bechodau; gwnaeth yr hyn sy'n gywir a chyfiawn, a bydd yn sicr o fyw.

¹⁷ "Eto fe ddywed dy bobl, 'Nid yw ffordd yr Arglwydd yn gyfiawn'; ond eu ffordd hwy sy'n anghyfiawn. ¹⁸ Os try un cyfiawn oddi wrth ei gyfiawnder a gwneud drwg, bydd farw am hynny. ¹⁹ Os try un drygionus oddi wrth ei ddrygioni a gwneud yr hyn sy'n gywir a chyfiawn, bydd fyw am hynny. ²⁰ Eto fe ddywedwch, 'Nid yw ffordd yr Arglwydd yn gyfiawn'! O dŷ Israel, fe farnaf bob un ohonoch yn ôl ei ffyrdd."

Cwymp Jerwsalem

²¹ Ar y pumed dydd o'r degfed mis yn neuddegfed flwyddyn ein caethglud, daeth ataf ddyn oedd wedi dianc o Jerwsalem a dweud, "Cwympodd y ddinas!" ²² Y noson cyn iddo gyrraedd, yr oedd llaw yr ARGLWYDD wedi dod arnaf, ac yr oedd wedi agor fy ngenau cyn i'r dyn ddod ataf yn y bore. Felly yr oedd fy ngenau'n agored, ac nid oeddwn bellach yn fud.

²³ Daeth gair yr ARGLWYDD ataf a dweud, ²⁴ "Fab dyn, y mae'r rhai sy'n byw yn yr adfeilion yna yng ngwlad Israel yn dweud, 'Un dyn oedd Abraham, ac fe feddiannodd y wlad; ond yr ydym ni'n llawer, ac yn sicr y mae'r wlad wedi ei rhoi'n feddiant i ni.' ²⁵ Felly, dywed wrthynt, 'Fel hyn y dywed yr Arglwydd DDUW: Yr ydych yn bwyta cig gyda'r gwaed, yn codi eich golygon at eich eilunod, ac yn tywallt gwaed; a fyddwch felly'n meddiannu'r wlad? ²⁶ Yr ydych yn dibynnu ar eich cleddyf, yn gwneud ffieidd-dra, a phob un ohonoch yn halogi gwraig ei gymydog; a fyddwch felly'n meddiannu'r wlad?' ²⁷ Dywed wrthynt, 'Fel hyn y dywed yr Arglwydd DDUW: Cyn wired â'm bod yn fyw, bydd y rhai a adawyd yn yr adfeilion yn syrthio trwy'r cleddyf, y sawl sydd allan yn y wlad yn cael ei roi i'r anifeiliaid gwylltion i'w ddifa, a'r rhai sydd mewn amddiffynfeydd ac ogofeydd yn marw o bla. ²⁸ Gwnaf y wlad yn ddiffeithwch anial, a bydd diwedd ar ei rym balch; bydd mynyddoedd Israel mor ddiffaith fel na fydd neb yn eu croesi. ²⁹ Yna byddant yn gwybod mai myfi yw'r ARGLWYDD, pan fyddaf wedi gwneud y wlad yn ddiffeithwch anial oherwydd yr holl ffieidd-dra a wnaethant.'

³⁰ "Amdanat ti, fab dyn, y mae dy bobl yn siarad ger y muriau ac wrth ddrysau'r tai, ac yn dweud wrth ei gilydd, 'Dewch i wrando beth yw'r gair a ddaeth oddi wrth yr ARGLWYDD.' ³¹ Fe ddaw fy mhobl yn ôl eu harfer, ac eistedd o'th flaen a gwrando ar dy eiriau, ond ni fyddant yn eu gwneud. Y mae geiriau serchog yn eu genau, ond eu calon yn eu harwain ar ôl elw. ³² Yn wir, nid wyt ti iddynt hwy ond un yn canu caneuon serch mewn llais peraidd ac yn chwarae offeryn yn dda, oherwydd y maent yn gwrando ar dy eiriau ond heb eu gwneud. ³³ Pan ddigwydd hyn, ac y mae hynny'n sicr, byddant yn gwybod i broffwyd fod yn eu mysg."

Bugeiliaid Israel

34 Daeth gair yr ARGLWYDD ataf a dweud, ² "Fab dyn, proffwyda yn erbyn bugeiliaid Israel; proffwyda, a dywed wrthynt, 'Fel hyn y dywed yr Arglwydd DDUW: Gwae fugeiliaid Israel, nad ydynt yn gofalu ond amdanynt eu hunain! Oni ddylai'r bugeiliaid ofalu am y praidd? ³ Yr ydych yn bwyta'r braster, yn gwisgo'r gwlân, yn lladd y pasgedig, ond nid ydych yn gofalu am y praidd. ⁴ Nid ydych wedi cryfhau'r ddafad wan na gwella'r glaf na rhwymo'r ddolurus; ni ddaethoch â'r grwydredig yn ôl, na chwilio am y golledig; buoch yn eu rheoli'n galed ac yn greulon. ⁵ Fe'u gwasgarwyd am eu bod heb fugail, ac yna aethant yn fwyd i'r holl anifeiliaid gwylltion. ⁶ Crwydrodd fy mhraidd dros yr holl fynyddoedd a bryniau uchel; aethant ar wasgar dros yr holl ddaear, ond nid oedd neb yn eu ceisio nac yn chwilio amdanynt.

⁷ " 'Felly, fugeiliaid, clywch air yr ARGLWYDD. ⁸ Cyn wired â'm bod yn fyw, medd yr Arglwydd DDUW, oherwydd i'r praidd fynd yn ysglyfaeth ac yn fwyd i'r holl anifeiliaid gwylltion, am nad oedd fugail, ac oherwydd i'm bugeiliaid beidio â chwilio am fy mhraidd ond gofalu amdanynt eu hunain yn hytrach nag am y praidd, ⁹ felly, fugeiliaid, clywch air yr ARGLWYDD. ¹⁰ Fel hyn y dywed yr Arglwydd DDUW: Yr wyf yn erbyn y bugeiliaid, ac yn eu dal yn gyfrifol am fy mhraidd. Byddaf yn eu hatal rhag gofalu am y praidd, rhag i'r bugeiliaid mwyach ofalu amdanynt eu hunain. Gwaredaf fy mhraidd o'u genau, ac ni fyddant mwyach yn fwyd iddynt.

¹¹ " 'Fel hyn y dywed yr Arglwydd DDUW: Byddaf fi fy hunan yn chwilio am fy mhraidd ac yn gofalu amdanynt. ¹² Fel y mae bugail yn gofalu am ei braidd gwasgaredig pan fydd yn eu mysg, felly y byddaf finnau'n gofalu am fy mhraidd; byddaf yn eu gwaredu o'r holl fannau lle gwasgarwyd hwy ar ddydd cymylau a thywyllwch. ¹³ Dygaf hwy allan o fysg y bobloedd, a'u casglu o'r gwledydd, a dod â hwy i'w gwlad eu hunain; bugeiliaf hwy ar fynyddoedd Israel, ger y nentydd ac yn holl fannau cyfannedd y wlad. ¹⁴ Gofalaf amdanynt mewn porfa dda, a bydd uchelfannau mynyddoedd Israel yn dir pori iddynt; yno byddant yn gorwedd ar dir pori da ac yn ymborthi ar borfa fras ar fynyddoedd Israel. ¹⁵ Byddaf fi fy hun yn bugeilio fy nefaid ac yn gwneud iddynt orwedd, medd yr Arglwydd DDUW. ¹⁶ Byddaf yn ceisio'r ddafad golledig ac yn dychwelyd y wasgaredig; byddaf yn rhwymo'r ddolurus ac yn cryfhau'r wan. Ond byddaf yn difa'r fras a'r gref; byddaf yn eu bugeilio â chyfiawnder.

¹⁷ " 'Amdanoch chwi, fy mhraidd, fel hyn y dywed yr Arglwydd DDUW: Wele, byddaf fi'n barnu rhwng y naill ddafad a'r llall, a rhwng hyrddod a bychod. ¹⁸ Onid yw'n ddigon ichwi bori ar borfa dda heb ichwi sathru gweddill eich porfa â'ch traed, ac yfed dŵr clir heb ichwi faeddu'r gweddill â'ch traed? ¹⁹ A yw'n rhaid i'm praidd fwyta'r hyn a sathrwyd gennych, ac yfed yr hyn a faeddwyd â'ch traed?

²⁰ " 'Felly, fel hyn y dywed yr Arglwydd DDUW wrthynt: Byddaf fi fy hunan yn barnu rhwng defaid bras a defaid tenau. ²¹ Oherwydd eich bod yn gwthio ag ystlys ac ysgwydd, ac yn twlcio'r gweiniaid â'ch cyrn nes ichwi eu gyrru ar wasgar, ²² byddaf yn gwaredu fy mhraidd, ac ni fyddant mwyach yn ysglyfaeth, a byddaf yn barnu rhwng y naill ddafad a'r llall. ²³ Byddaf yn gosod arnynt un bugail, fy ngwas Dafydd, a bydd ef yn gofalu amdanynt; ef fydd yn gofalu amdanynt ac ef fydd eu bugail. ²⁴ Myfi, yr ARGLWYDD, fydd eu Duw, a'm gwas Dafydd fydd yn dywysog yn eu mysg; myfi, yr ARGLWYDD, a lefarodd.

²⁵ " 'Gwnaf gyfamod heddwch â hwy, a pheri i fwystfilod gwylltion ddarfod o'r wlad; yna byddant yn byw yn yr anialwch ac yn cysgu yn y coedwigoedd mewn diogelwch. ²⁶ Gwnaf hwy, a'r mannau o amgylch fy mynyddoedd, yn fendith; anfonaf i lawr y cawodydd yn eu pryd, a byddant yn gawodydd bendith. ²⁷ Bydd coed y maes yn rhoi eu ffrwyth, a'r tir ei gnydau, a bydd y bobl yn ddiogel yn eu gwlad. Byddant yn gwybod mai myfi yw'r ARGLWYDD, pan fyddaf yn torri

barrau eu hiau ac yn eu gwaredu o ddwylo'r rhai sy'n eu caethiwo. ²⁸ Ni fyddant mwyach yn ysglyfaeth i'r cenhedloedd, ac ni fydd anifeiliaid gwylltion yn eu difa; byddant yn byw'n ddiogel heb neb i'w dychryn. ²⁹ Byddaf yn darparu iddynt blanhigfa ffrwythlon*, ac ni fyddant mwyach yn dioddef newyn yn y wlad na dirmyg y cenhedloedd. ³⁰ Yna byddant yn gwybod fy mod i, yr ARGLWYDD eu Duw, gyda hwy, ac mai hwy, tŷ Israel, yw fy mhobl, medd yr Arglwydd DDUW. ³¹ Chwi fy mhraidd, praidd fy mhorfa, yw fy mhobl, a myfi yw eich Duw, medd yr Arglwydd DDUW.' "

Barn Duw ar Edom

35 Daeth gair yr ARGLWYDD ataf a dweud, ² "Fab dyn, gosod dy wyneb yn erbyn Mynydd Seir; proffwyda yn ei erbyn ³ a dywed, 'Fel hyn y dywed yr Arglwydd DDUW: Wele fi yn dy erbyn, Fynydd Seir; estynnaf fy llaw yn dy erbyn, a'th wneud yn ddiffeithwch anial. ⁴ Gwnaf dy ddinasoedd yn adfeilion a byddi dithau'n ddiffaith; yna byddi'n gwybod mai myfi yw'r ARGLWYDD. ⁵ Oherwydd iti goleddu hen elyniaeth a darostwng pobl Israel i'r cleddyf yn nydd eu trallod, yn nydd eu cosb derfynol, ⁶ felly, cyn wired â'm bod yn fyw, medd yr Arglwydd DDUW, fe'th ddedfrydaf i waed, a bydd gwaed yn dy ymlid; am na chaseaist ti waed, gwaed fydd yn dy ymlid. ⁷ Gwnaf Fynydd Seir yn ddiffeithwch anial, a thorraf ymaith oddi yno bawb sy'n mynd a dod. ⁸ Llanwaf dy fynyddoedd â chelaneddau; bydd y rhai a laddwyd â'r cleddyf yn syrthio ar dy fryniau, yn dy ddyffrynnoedd ac yn dy holl nentydd. ⁹ Gwnaf di yn ddiffeithwch am byth, ac ni fydd neb yn byw yn dy ddinasoedd. Yna byddi'n gwybod mai myfi yw'r ARGLWYDD.

¹⁰ " 'Oherwydd iti ddweud, "Eiddof fi fydd y ddwy genedl hyn a'r ddwy wlad hyn, a chymeraf feddiant ohonynt", er bod yr ARGLWYDD yno, ¹¹ felly, cyn wired â'm bod yn fyw, medd yr Arglwydd DDUW, fe wnaf â thi yn ôl y dig a'r eiddigedd a ddangosaist ti yn dy gasineb tuag atynt; gwnaf fy hunan yn wybyddus yn eu mysg pan farnaf di. ¹² Yna, byddi'n gwybod i mi, yr ARGLWYDD, glywed yr holl bethau gwaradwyddus a leferaist yn erbyn mynyddoedd Israel pan ddywedaist, "Y maent yn ddiffeithwch; fe'u rhoddwyd i ni i'w difa." ¹³ Ymddyrchefaist yn f'erbyn â'th enau ac amlhau geiriau yn f'erbyn, a chlywais innau. ¹⁴ Fel hyn y dywed yr Arglwydd DDUW: Tra bydd yr holl ddaear yn llawenhau, fe'th wnaf di'n ddiffeithwch. ¹⁵ Oherwydd iti lawenhau pan wnaed etifeddiaeth tŷ Israel yn ddiffeithwch, fel hyn y gwnaf i tithau: byddi di'n ddiffeithwch, o Fynydd Seir, ti a'r cyfan o Edom. Yna byddant yn gwybod mai myfi yw'r ARGLWYDD.'

Bendith i Israel

36 "Fab dyn, proffwyda wrth fynyddoedd Israel a dywed, 'O fynyddoedd Israel, clywch air yr ARGLWYDD. ² Fel hyn y dywed yr Arglwydd DDUW: Oherwydd i'r gelyn ddweud amdanoch, "Aha! Daeth yr hen uchelfeydd yn eiddo i ni!" ³ felly proffwyda a dywed: Fel hyn y dywed yr Arglwydd DDUW: Oherwydd iddynt eich gwneud yn ddiffeithwch ac yn anrhaith o bob tu, nes ichwi fynd yn eiddo i weddill y cenhedloedd, yn destun siarad ac yn enllib i'r bobl, ⁴ felly, O fynyddoedd Israel, clywch air yr Arglwydd DDUW. Fel hyn y dywed yr Arglwydd DDUW wrth y mynyddoedd a'r bryniau, wrth y nentydd a'r dyffrynnoedd, wrth yr adfeilion diffaith a'r dinasoedd anghyfannedd, sydd wedi mynd yn ysglyfaeth ac yn wawd i weddill y cenhedloedd o amgylch; ⁵ felly, fel hyn y dywed yr Arglwydd DDUW: Lleferais yn fy sêl ysol yn erbyn gweddill y cenhedloedd, ac yn erbyn y cyfan o Edom, oherwydd iddynt, â llawenydd yn eu calon a malais yn eu hysbryd, wneud fy nhir yn eiddo iddynt eu hunain a gwneud ei borfa yn anrhaith.' ⁶ Felly, proffwyda am dir Israel, a dywed wrth y mynyddoedd a'r bryniau, wrth y nentydd a'r dyffrynnoedd, 'Fel hyn y dywed yr Arglwydd DDUW: Wele fi'n

---

34:29 Cymh. Fersiynau. Hebraeg, *er enw*.

llefaru yn fy eiddigedd a'm llid, oherwydd ichwi ddioddef dirmyg y cenhedloedd. ⁷ Felly, fel hyn y dywed yr Arglwydd DDUW: Yr wyf yn tyngu y bydd y cenhedloedd o'ch amgylch yn dioddef dirmyg.

⁸ " 'Ond byddwch chwi, fynyddoedd Israel, yn tyfu canghennau ac yn cynhyrchu ffrwyth i'm pobl Israel, oherwydd fe ddônt adref ar fyrder. ⁹ Wele, yr wyf fi o'ch tu ac yn troi'n ôl atoch; cewch eich aredig a'ch hau, ¹⁰ a byddaf yn lluosogi pobl arnoch, sef tŷ Israel i gyd. Fe gyfanheddir y dinasoedd ac fe adeiledir yr adfeilion. ¹¹ Byddaf yn lluosogi pobl ac anifeiliaid arnoch, a byddant yn lluosogi ac yn ffrwythloni; byddaf yn peri i rai fyw arnoch fel o'r blaen, a gwnaf fwy o ddaioni i chwi na chynt. Yna byddwch yn gwybod mai myfi yw'r ARGLWYDD. ¹² Gwnaf i bobl, fy mhobl Israel, gerdded arnoch; byddant yn eich meddiannu, a byddwch yn etifeddiaeth iddynt, ac ni fyddwch byth eto'n eu gwneud yn amddifad. ¹³ Fel hyn y dywed yr Arglwydd DDUW: Oherwydd bod pobl yn dweud wrthych, "Yr ydych yn difa pobl ac yn amddifadu eich cenedl o blant", ¹⁴ felly, ni fyddwch eto'n difa pobl nac yn gwneud eich cenedl yn amddifad, medd yr Arglwydd DDUW. ¹⁵ Ni pharaf ichwi eto glywed dirmyg y cenhedloedd, na dioddef gwawd y bobloedd, na gwneud i'ch cenedl gwympo, medd yr Arglwydd DDUW.' "

¹⁶ Daeth gair yr ARGLWYDD ataf a dweud, ¹⁷ "Fab dyn, pan oedd tŷ Israel yn byw yn eu gwlad eu hunain, yr oeddent yn ei halogi trwy eu ffyrdd a'u gweithredoedd; yr oedd eu ffyrdd i mi fel halogrwydd misol gwraig. ¹⁸ Felly tywelltais fy llid arnynt, oherwydd iddynt dywallt gwaed ar y tir a'i halogi â'u heilunod. ¹⁹ Gwasgerais hwy ymhlith y cenhedloedd nes eu bod ar chwâl trwy'r gwledydd; fe'u bernais yn ôl eu ffyrdd a'u gweithredoedd. ²⁰ I ble bynnag yr aethant ymysg y cenhedloedd, yr oeddent yn halogi fy enw sanctaidd; oherwydd fe ddywedwyd amdanynt, 'Pobl yr ARGLWYDD yw'r rhain, ond eto fe'u gyrrwyd allan o'i wlad.' ²¹ Ond yr wyf yn gofalu am fy enw sanctaidd, a halogwyd gan dŷ Israel pan aethant allan i blith y cenhedloedd.

²² "Felly dywed wrth dŷ Israel, 'Fel hyn y dywed yr Arglwydd DDUW: Nid er dy fwyn di, dŷ Israel, yr wyf yn gweithredu, ond er mwyn fy enw sanctaidd, a halogaist pan aethost allan i blith y cenhedloedd. ²³ Amlygaf sancteiddrwydd fy enw mawr, a halogwyd gennyt ti ymysg y cenhedloedd. Yna bydd y cenhedloedd yn gwybod mai myfi yw'r ARGLWYDD, medd yr Arglwydd DDUW, pan fyddaf trwoch chwi yn amlygu fy sancteiddrwydd yn eu gŵydd. ²⁴ Oherwydd byddaf yn eich cymryd o blith y cenhedloedd, yn eich casglu o'r holl wledydd, ac yn dod â chwi i'ch gwlad eich hunain. ²⁵ Taenellaf ddŵr glân drosoch i'ch glanhau; a byddwch yn lân o'ch holl aflendid ac o'ch holl eilunod. ²⁶ Rhof i chwi galon newydd, a bydd ysbryd newydd ynoch; tynnaf allan ohonoch y galon garreg, a rhof i chwi galon gig. ²⁷ Rhof fy ysbryd ynoch, a gwneud ichwi ddilyn fy neddfau a gofalu cadw fy ngorchmynion. ²⁸ Byddwch yn byw yn y tir a roddais i'ch hynafiaid; byddwch yn bobl i mi, a minnau'n Dduw i chwi. ²⁹ Gwaredaf chwi o'ch holl aflendid; byddaf yn galw am y grawn ac yn gwneud digon ohono, ac ni fyddaf yn dwyn newyn arnoch. ³⁰ Byddaf yn cynyddu ffrwythau'r coed a chnydau'r maes, rhag ichwi byth eto ddioddef dirmyg newyn ymysg y cenhedloedd. ³¹ Yna byddwch yn cofio eich ffyrdd drygionus a'r gweithredoedd drwg, a byddwch yn eich casáu eich hunain am eich camweddau a'ch ffieidd-dra. ³² Bydded wybyddus i chwi nad er eich mwyn chwi yr wyf yn gweithredu, medd yr Arglwydd DDUW. Bydded cywilydd a gwarth arnoch am eich ffyrdd, dŷ Israel!

³³ " 'Fel hyn y dywed yr Arglwydd DDUW: Ar y dydd y glanhaf chwi o'ch holl gamweddau, fe gyfanheddir y dinasoedd ac fe adeiledir yr adfeilion. ³⁴ Caiff y wlad oedd yn ddiffaith ei thrin, rhag iddi fod yn ddiffaith yng ngolwg pawb sy'n mynd heibio. ³⁵ Fe ddywedant, "Aeth y wlad hon, a fu'n ddiffaith, fel gardd Eden, ac y mae'r dinasoedd a fu'n adfeilion, ac yn

ddiffeithwch anial, wedi eu cyfaneddu a'u hamddiffyn." ³⁶ Yna, bydd y cenhedloedd a adawyd o'ch amgylch yn gwybod i mi, yr ARGLWYDD, ailadeiladu'r hyn a ddinistriwyd ac ailblannu'r hyn oedd yn ddiffaith. Myfi yr ARGLWYDD a lefarodd, ac fe'i gwnaf.

³⁷ " 'Fel hyn y dywed yr Arglwydd DDUW: Byddaf eto'n gwrando ar gais tŷ Israel ac yn gwneud hyn iddynt: byddaf yn amlhau eu pobl fel praidd. ³⁸ Mor lluosog â phraidd yr offrwm, mor lluosog â phraidd Jerwsalem ar ei gwyliau penodedig, felly y llenwir y dinasoedd a fu'n adfeilion â phraidd o bobl. Yna byddant yn gwybod mai myfi yw'r ARGLWYDD.' "

Gweledigaeth Dyffryn yr Esgyrn

37 Daeth llaw yr ARGLWYDD arnaf, ac aeth â mi allan trwy ysbryd yr ARGLWYDD a'm gosod yng nghanol dyffryn a oedd yn llawn esgyrn. ² Aeth â mi'n ôl a blaen o'u hamgylch, a gwelais lawer iawn o esgyrn ar lawr y dyffryn, ac yr oeddent yn sychion iawn. ³ Gofynnodd imi, "Fab dyn, a all yr esgyrn hyn fyw?" Atebais innau, "O Arglwydd DDUW, ti sy'n gwybod." ⁴ Dywedodd wrthyf, "Proffwyda wrth yr esgyrn hyn a dywed wrthynt, 'Esgyrn sychion, clywch air yr ARGLWYDD. ⁵ Fel hyn y dywed yr Arglwydd DDUW wrth yr esgyrn hyn: Wele, fe roddaf fi anadl ynoch, a byddwch fyw. ⁶ Rhoddaf ewynnau arnoch, paraf i gnawd ddod arnoch a rhoddaf groen drosoch; rhoddaf anadl ynoch, a byddwch fyw. Yna byddwch yn gwybod mai myfi yw'r ARGLWYDD.' "

⁷ Proffwydais fel y gorchmynnwyd imi. Ac fel yr oeddwn yn proffwydo daeth sŵn, a hefyd gynnwrf, a daeth yr esgyrn ynghyd, asgwrn at asgwrn. ⁸ Edrychais, ac yr oedd gewynnau arnynt, a chnawd hefyd, ac yr oedd croen drostynt, ond nid oedd anadl ynddynt. ⁹ Yna dywedodd wrthyf, "Proffwyda wrth yr anadl; proffwyda, fab dyn, a dywed wrth yr anadl, 'Fel hyn y dywed yr Arglwydd DDUW: O anadl, tyrd o'r pedwar gwynt, ac anadla ar y lladdedigion hyn, iddynt fyw.' " ¹⁰ Proffwydais fel y gorchmynnwyd imi, a daeth anadl iddynt ac aethant yn fyw, a chodi ar eu traed yn fyddin gref iawn.

¹¹ Yna dywedodd wrthyf, "Fab dyn, holl dŷ Israel yw'r esgyrn hyn. Y maent yn dweud, 'Aeth ein hesgyrn yn sychion, darfu am ein gobaith, ac fe'n torrwyd ymaith.' ¹² Felly, proffwyda wrthynt a dywed, 'Fel hyn y dywed yr Arglwydd DDUW: O fy mhobl, yr wyf am agor eich beddau a'ch codi ohonynt, ac fe af â chwi'n ôl i dir Israel. ¹³ Yna, byddwch chwi fy mhobl yn gwybod mai myfi yw'r ARGLWYDD, pan agoraf eich beddau a'ch codi ohonynt. ¹⁴ Rhoddaf fy ysbryd ynoch, a byddwch fyw, ac fe'ch gosodaf yn eich gwlad eich hunain. Yna byddwch yn gwybod mai myfi'r ARGLWYDD a lefarodd, ac mai myfi a'i gwnaeth, medd yr ARGLWYDD.' "

Un Genedl

¹⁵ Daeth gair yr ARGLWYDD ataf a dweud, ¹⁶ "Fab dyn, cymer ffon ac ysgrifenna arni, 'I Jwda ac i'r Israeliaid sydd mewn cysylltiad ag ef'; yna cymer ffon arall ac ysgrifenna arni, 'Ffon Effraim: i Joseff a holl dŷ Israel sydd mewn cysylltiad ag ef.' ¹⁷ Una hwy â'i gilydd yn un ffon, fel y dônt yn un yn dy law. ¹⁸ Pan ddywed dy bobl, 'Oni ddywedi wrthym beth yw ystyr hyn?' ¹⁹ ateb hwy, 'Fel hyn y dywed yr Arglwydd DDUW: Byddaf yn cymryd ffon Joseff, sydd yn nwylo Effraim, a llwythau Israel mewn cysylltiad ag ef, ac yn uno â hi ffon Jwda, ac yn eu gwneud yn un ffon, fel y byddant yn un yn fy llaw.' ²⁰ Dal y ffyn yr ysgrifennaist arnynt yn dy law o'u blaenau, ²¹ a dywed wrthynt, 'Fel hyn y dywed yr Arglwydd DDUW: Wele fi'n cymryd yr Israeliaid o blith y cenhedloedd lle'r aethant; fe'u casglaf o bob man, a mynd â hwy i'w gwlad eu hunain. ²² Gwnaf hwy'n un genedl yn y wlad, ar fynyddoedd Israel, a bydd un brenin drostynt i gyd; ni fyddant byth eto'n ddwy genedl, ac ni rennir hwy mwyach yn ddwy deyrnas. ²³ Ni fyddant yn eu halogi eu hunain eto â'u heilunod, eu pethau atgas a'u holl droseddau, oherwydd byddaf yn eu gwaredu o'u holl wrthgilio*, a fu'n ddrygioni ynddynt, ac

---

37:23 Felly llawysgrifau. TM, *breswylfeydd*.

fe'u glanhaf; byddant hwy'n bobl i mi, a minnau'n Dduw iddynt hwy. ²⁴ " 'Fy ngwas Dafydd a fydd yn frenin arnynt, a bydd un bugail drostynt i gyd. Byddant yn dilyn fy nghyfreithiau ac yn gofalu cadw fy neddfau. ²⁵ Byddant yn byw yn y wlad a roddais i'm gwas Jacob, y wlad lle bu'ch hynafiaid yn byw; byddant hwy a'u plant a phlant eu plant yn byw yno am byth, a bydd fy ngwas Dafydd yn dywysog iddynt am byth. ²⁶ Gwnaf gyfamod heddwch â hwy, ac fe fydd yn gyfamod tragwyddol; sefydlaf hwy, a'u lluosogi, a gosodaf fy nghysegr yn eu mysg am byth. ²⁷ Bydd fy nhrigfan gyda hwy; a byddaf fi'n Dduw iddynt, a hwythau'n bobl i mi. ²⁸ Yna, pan fydd fy nghysegr yn eu mysg am byth, bydd y cenhedloedd yn gwybod mai myfi, yr ARGLWYDD, sy'n sancteiddio Israel.' "

Proffwydo yn erbyn Gog

38 Daeth gair yr ARGLWYDD ataf a dweud, ² "Fab dyn, gosod dy wyneb yn erbyn Gog yn nhir Magog, prif dywysog Mesach a Tubal; proffwyda yn ei erbyn, ³ a dywed, 'Fel hyn y dywed yr Arglwydd DDUW: Wele fi yn dy erbyn di, Gog, prif dywysog Mesach a Tubal; ⁴ byddaf yn dy droi'n ôl, yn rhoi bachau yn dy safn ac yn dy dynnu allan—ti, a'th holl fyddin, yn feirch a marchogion, y cyfan ohonynt yn llu mawr arfog, â bwcled a tharian, a phob un yn chwifio'i gleddyf. ⁵ Bydd Persia, Ethiopia a Libya gyda hwy, oll â tharianau a helmedau; ⁶ Gomer hefyd a'i holl fyddin, a Beth-togarma o bellterau'r gogledd a'i holl fyddin; bydd pobloedd lawer gyda thi.

⁷ " 'Bydd barod ac ymbaratoa, ti a'r holl fyddinoedd sydd o'th amgylch, a byddi'n eu gwarchod. ⁸ Ar ôl dyddiau lawer fe'th gynullir, ac mewn blynyddoedd i ddod byddi'n mynd yn erbyn gwlad sydd wedi ei hadfer ar ôl rhyfel, a'i phobl wedi eu casglu o blith llawer o genhedloedd ar fynyddoedd Israel, lle bu diffeithwch cyhyd; fe'u dygwyd allan o blith y bobloedd, ac yn awr y maent i gyd yn byw'n ddiogel. ⁹ Byddi di a'th holl fyddin, a phobloedd lawer gyda thi, yn mynd i fyny ac yn ymdaith fel storm; byddi fel cwmwl yn gorchuddio'r ddaear.

¹⁰ " 'Fel hyn y dywed yr Arglwydd DDUW: Y diwrnod hwnnw fe ddaw syniadau i'th feddwl, a byddi'n dyfeisio cynllun drygionus, ¹¹ ac yn dweud, "Af i fyny yn erbyn gwlad o bentrefi diamddiffyn, ac ymosod ar bobl heddychol sy'n byw'n ddiogel—pob un ohonynt yn byw heb furiau na barrau na phyrth. ¹² Fe ysbeiliaf ac fe anrheithiaf; trof fy llaw yn erbyn yr adfeilion a gyfanheddwyd, ac yn erbyn y bobl a gasglwyd o blith y cenhedloedd ac sydd yn meddu da ac eiddo ac yn byw yng nghanol y wlad." ¹³ Bydd Sheba a Dedan, a marchnatwyr Tarsis a'i holl bentrefi, yn dweud wrthynt, "Ai i anrheithio y daethost? A gesglaist dy lu i ysbeilio, i gymryd arian ac aur, i gipio da ac eiddo, i gymryd llawer o ysbail?" '

¹⁴ "Felly, fab dyn, proffwyda a dywed wrth Gog, 'Fel hyn y dywed yr Arglwydd DDUW: Y diwrnod hwnnw, pan fydd fy mhobl Israel yn byw'n ddiogel, oni fyddi'n cyffroi?* ¹⁵ Fe ddoi o'th le ym mhellterau'r gogledd, ti a phobloedd lawer gyda thi, i gyd yn marchogaeth ar geffylau, yn llu mawr ac yn fyddin gref. ¹⁶ Doi i fyny yn erbyn fy mhobl Israel fel cwmwl yn gorchuddio'r ddaear. Mewn dyddiau i ddod, O Gog, fe'th ddygaf yn erbyn fy nhir, er mwyn i'r cenhedloedd f'adnabod pan amlygaf fy sancteiddrwydd trwoch chwi yn eu gŵydd.

¹⁷ " 'Fel hyn y dywed yr Arglwydd DDUW: Onid ti yw'r un y dywedais amdano yn y dyddiau gynt trwy fy ngweision, proffwydi Israel, a fu yr amser hwnnw yn proffwydo am flynyddoedd y dygwn di yn eu herbyn? ¹⁸ Y diwrnod hwnnw, pan fydd Gog yn dod yn erbyn tir Israel, fe gwyd dicter fy llid, medd yr Arglwydd DDUW. ¹⁹ Yn fy eiddigedd a gwres fy nig cyhoeddaf y bydd, y diwrnod hwnnw, ddaeargryn mawr yng ngwlad Israel. ²⁰ Bydd popeth yn crynu o'm blaen—pysgod y môr, adar yr awyr, yr anifeiliaid gwylltion, holl ymlusgiaid y tir, a phob meidrolyn ar wyneb y ddaear; dymchwelir y mynyddoedd, syrth y creigiau, a bwrir

---

38:14 Felly Groeg. Hebraeg, *oni fyddi'n gwybod?*

pob mur i'r llawr. ²¹ Galwaf am bob math o ddychryn* yn erbyn Gog, medd yr Arglwydd DDUW. Bydd cleddyf pob un yn erbyn ei gymydog; ²² dof i farn yn ei erbyn â haint ac â gwaed; tywalltaf lawogydd trymion, cenllysg, tân a brwmstan arno ef a'i fyddin a'r bobloedd lawer sydd gydag ef. ²³ Amlygaf fy mawredd a'm sancteiddrwydd, a gwnaf fy hun yn wybyddus yng ngolwg llawer o genhedloedd. Yna byddant yn gwybod mai myfi yw'r ARGLWYDD.'

Cwymp Gog

39 "Fab dyn, proffwyda yn erbyn Gog a dywed, 'Fel hyn y dywed yr Arglwydd DDUW: Wele fi yn dy erbyn di, Gog, prif dywysog Mesach a Tubal. ² Byddaf yn dy droi ac yn dy lusgo ymlaen; dof â thi o bellterau'r gogledd, a'th anfon yn erbyn mynyddoedd Israel. ³ Yna trawaf dy fwa o'th law chwith a pheri i'th saethau ddisgyn o'th law dde. ⁴ Ar fynyddoedd Israel y syrthi, ti a'th holl fyddin a'r bobloedd sydd gyda thi; fe'th rof yn fwyd i bob math o adar ysglyfaethus ac i'r anifeiliaid gwylltion. ⁵ Byddi'n syrthio yn y maes, oherwydd myfi a lefarodd, medd yr Arglwydd DDUW. ⁶ Byddaf yn anfon tân ar Magog ac ar y rhai sy'n byw'n ddiogel ar yr arfordir; a byddant yn gwybod mai myfi yw'r ARGLWYDD.

⁷ " 'Gwnaf fy enw sanctaidd yn wybyddus ymhlith fy mhobl Israel, ac ni adawaf i'm henw sanctaidd gael ei halogi mwyach; a bydd y cenhedloedd yn gwybod mai myfi, yr ARGLWYDD, yw Sanct Israel. ⁸ Y mae'n dod! Bydd yn digwydd, medd yr Arglwydd DDUW. Dyma'r diwrnod y dywedais amdano!

⁹ " 'Yna, bydd y rhai sy'n byw yn ninasoedd Israel yn mynd allan ac yn gwneud tân o'r arfau ac yn eu llosgi—y tarianau bach a mawr, y bwâu a'r saethau, y pastynau a'r gwaywffyn; byddant yn gwneud tân ohonynt am saith mlynedd. ¹⁰ Ni fyddant yn casglu cynnud o'r meysydd nac yn torri coed yn y coedwigoedd, gan y byddant yn gwneud tân o'r arfau. Byddant yn ysbeilio'u hysbeilwyr ac yn anrheithio'u hanrheithwyr, medd yr Arglwydd DDUW.

¹¹ " 'Y diwrnod hwnnw fe roddaf i Gog feddrod yn Israel, yn nyffryn y rhai sy'n croesi i'r dwyrain at y môr; bydd yn rhwystr i'r rhai sy'n croesi drosodd, oherwydd bydd Gog a'i holl luoedd wedi eu claddu yno, ac fe'i gelwir yn Ddyffryn Hamon Gog*. ¹² Bydd tŷ Israel yn eu claddu am saith mis, er mwyn glanhau'r wlad. ¹³ Bydd holl bobl y wlad yn eu claddu, a bydd yn glod iddynt ar y diwrnod y gogoneddir fi, medd yr Arglwydd DDUW. ¹⁴ Neilltuir dynion i fynd trwy'r wlad yn gyson i gladdu'r rhai a adawyd* ar wyneb y ddaear, er mwyn ei glanhau; ar derfyn y saith mis byddant yn dechrau chwilio. ¹⁵ Wrth iddynt fynd trwy'r wlad, ac i un ohonynt weld asgwrn dynol, bydd hwnnw'n codi arwydd yn ei ymyl nes i'r claddwyr ei gladdu yn Nyffryn Hamon Gog. ¹⁶ Bydd yno hefyd dref o'r enw Hamona*. Felly y glanheir y wlad.'

¹⁷ "Fab dyn, fel hyn y dywed yr Arglwydd DDUW: Galw ar bob math o adar ac ar yr holl anifeiliaid gwylltion, 'Ymgasglwch a dewch at eich gilydd o bob tu i'r aberth yr wyf yn ei baratoi i chwi, sef yr aberth mawr ar fynyddoedd Israel; a byddwch yn bwyta cnawd ac yn yfed gwaed. ¹⁸ Byddwch yn bwyta cnawd y cedyrn ac yn yfed gwaed tywysogion y ddaear, yn union fel pe byddent yn hyrddod ac ŵyn, yn fychod a bustych, pob un ohonynt wedi ei besgi yn Basan. ¹⁹ Yn yr aberth yr wyf fi'n ei baratoi i chwi, byddwch yn bwyta braster nes eich digoni ac yn yfed gwaed nes meddwi. ²⁰ Fe'ch digonir wrth fy mwrdd â meirch a marchogion, â chedyrn a phob math o filwyr,' medd yr Arglwydd DDUW.

Adfer Israel

²¹ "Byddaf yn gosod fy ngogoniant ymysg y cenhedloedd, a bydd yr holl genhedloedd yn gweld y farn a wneuthum a'r llaw a osodais arnynt. ²² O'r dydd hwnnw ymlaen, bydd tŷ

38:21 Felly Groeg. Hebraeg, *Galwaf ar fy holl fynyddoedd am gleddyf*.
39:11 H.y., *Tyrfa Gog*.
39:14 Felly Groeg a Syrieg. Hebraeg yn ychwanegu *a'r rhai sy'n croesi drosodd*.
39:16 H.y., *Tyrfa*.

Israel yn gwybod mai myfi yw'r ARGLWYDD eu Duw. ²³ Bydd y cenhedloedd yn gwybod mai am eu drygioni yr aeth tŷ Israel i gaethglud; am iddynt fod yn anffyddlon i mi y cuddiais fy wyneb oddi wrthynt a'u rhoi yn nwylo'u gelynion nes iddynt i gyd syrthio trwy'r cleddyf. ²⁴ Fe wneuthum â hwy yn ôl eu haflendid a'u troseddau, a chuddiais fy wyneb oddi wrthynt.

²⁵ "Felly, fel hyn y dywed yr Arglwydd DDUW: Yn awr, fe adferaf lwyddiant Jacob a thosturio wrth holl dŷ Israel; a byddaf yn eiddigus o'm henw sanctaidd. ²⁶ Byddant yn anghofio'u gwarth, a'u holl anffyddlondeb tuag ataf fi pan oeddent yn byw'n ddiogel yn eu gwlad heb neb i'w dychryn. ²⁷ Pan ddychwelaf hwy o blith y bobloedd a'u casglu o wledydd eu gelynion, amlygaf fy sancteiddrwydd trwyddynt hwy yng ngŵydd llawer o genhedloedd. ²⁸ Yna byddant yn gwybod mai myfi yw'r ARGLWYDD eu Duw, oherwydd, er imi eu hanfon i gaethglud ymhlith y cenhedloedd, fe'u casglaf ynghyd i'w gwlad heb adael yr un ohonynt ar ôl. ²⁹ Ni chuddiaf fy wyneb oddi wrthynt mwyach, oherwydd byddaf yn tywallt fy ysbryd ar dŷ Israel, medd yr Arglwydd DDUW."

Eseciel yn Jerwsalem

40 Ar ddechrau'r bumed flwyddyn ar hugain o'n caethglud, ar y degfed o'r mis yn y bedwaredd flwyddyn ar ddeg wedi cwymp y ddinas, ar yr union ddiwrnod hwnnw, daeth llaw yr ARGLWYDD arnaf a mynd â mi yno. ² Mewn gweledigaethau Duw, aeth â mi i dir Israel a'm gosod ar fynydd uchel iawn gydag adeiladau tebyg i ddinas ar ei ochr ddeheuol. ³ Cymerodd fi yno, a gwelais ddyn a'i ymddangosiad yn debyg i bres; yr oedd yn sefyll wrth y porth, â llinyn o liain a ffon fesur yn ei law. ⁴ Dywedodd y dyn wrthyf, "Fab dyn, edrych â'th lygaid, gwrando â'th glustiau, a dal sylw ar bopeth a ddangosaf i ti, oherwydd dyna pam y daethpwyd â thi yma. Dywed wrth dŷ Israel am y cyfan a weli."

Porth y Dwyrain

⁵ Gwelais fur yn amgylchu'n llwyr safle'r deml. Yr oedd y ffon fesur yn llaw'r dyn yn chwe chufydd hir, sef cufydd a dyrnfedd; a phan fesurodd y mur yr oedd ei drwch yn hyd y ffon, a'i uchder yn hyd y ffon. ⁶ Yna aeth at y porth oedd yn wynebu'r dwyrain, ac i fyny ei risiau, a phan fesurodd riniog y porth yr oedd yn hyd y ffon*. ⁷ Yr oedd hyd yr ystafelloedd ochr yn un ffon, a'u lled yn un ffon, a'r mur rhwng yr ystafelloedd yn bum cufydd o led; yr oedd rhiniog y porth ger y cyntedd gyferbyn â'r deml yn hyd un ffon. ⁸ Yna mesurodd gyntedd y porth*, ⁹ ac yr oedd yn wyth cufydd o ddyfnder, a'i bileri yn ddau gufydd o drwch. Yr oedd cyntedd y porth gyferbyn â'r deml. ¹⁰ Y tu mewn i borth y dwyrain yr oedd tair o ystafelloedd ochr o'r ddeutu; yr un oedd mesuriadau'r tair, ac yr oedd y pileri ar bob ochr o'r un mesuriadau. ¹¹ Yna mesurodd led agoriad y porth; yr oedd yn ddeg cufydd, ac yr oedd ei hyd yn dri chufydd ar ddeg. ¹² Yr oedd wal cufydd o uchder o flaen yr ystafelloedd, ac yr oedd yr ystafelloedd yn chwe chufydd sgwâr. ¹³ Yna mesurodd y porth o ben mur cefn un ystafell i ben mur cefn yr un gyferbyn; yr oedd yn bum cufydd ar hugain o'r naill agoriad i'r llall. ¹⁴ Mesurodd ar hyd y muriau o amgylch y porth o'r tu mewn, a'u cael yn drigain cufydd*. ¹⁵ Yr oedd y pellter o agoriad y porth i ben draw'r cyntedd yn hanner can cufydd. ¹⁶ Yr oedd ffenestri bychain oddi amgylch yn yr ystafelloedd ac yn y muriau y tu mewn i'r porth, ac felly hefyd yn y cyntedd; yr oedd y ffenestri oddi amgylch yn wynebu i mewn, ac yr oedd y pileri wedi eu haddurno â phalmwydd.

Y Cyntedd Nesaf Allan

¹⁷ Yna aeth â mi i'r cyntedd nesaf allan, a gwelais yno ystafelloedd, a phalmant wedi ei wneud o amgylch y cyntedd; yr

---

40:6 Felly Groeg. Hebraeg yn ychwanegu *un rhiniog yn un ffon o led.*
40:8 Felly llawysgrifau a Fersiynau. TM yn ychwanegu *gyferbyn â'r deml, yr oedd yn un ffon.*
⁹ *Yna mesurodd gyntedd y porth.*
40:14 Tebygol. Cymh. Groeg. Hebraeg yn aneglur.

oedd deg ar hugain o ystafelloedd yn wynebu'r palmant. ¹⁸ Yr oedd y palmant wrth ochr y pyrth, a'r un hyd â'r pyrth; hwn oedd y palmant isaf. ¹⁹ Yna mesurodd o'r tu mewn i'r porth isaf at y tu allan i'r cyntedd nesaf i mewn; yr oedd yn gan cufydd ar yr ochr ddwyreiniol ac ar yr ochr ogleddol.

Porth y Gogledd

²⁰ Yna mesurodd hyd a lled y porth oedd yn wynebu'r gogledd yn y cyntedd nesaf allan. ²¹ Yr oedd ei ystafelloedd, tair o'r ddeutu, ei bileri a'i gyntedd yr un mesuriadau â rhai'r porth cyntaf; yr oedd yn hanner can cufydd o hyd ac yn bum cufydd ar hugain o led. ²² Yr oedd ei ffenestri, ei gyntedd a'i balmwydd yr un mesuriadau â rhai porth y dwyrain; arweiniai saith o risiau ato, ac yr oedd y cyntedd gyferbyn â hwy. ²³ Yr oedd agoriad i'r cyntedd nesaf i mewn gyferbyn â phorth y gogledd, fel yr oedd ym mhorth y dwyrain. Mesurodd o'r naill borth i'r llall, ac yr oedd yn gan cufydd.

Porth y De

²⁴ Yna arweiniodd fi at ochr y de, a gwelais borth yn wynebu'r de. Mesurodd ei bileri a'i gyntedd, a'r un oedd eu mesuriadau â'r lleill. ²⁵ Yr oedd ffenestri o amgylch yn y porth ac yn ei gyntedd, fel ffenestri'r lleill. Hanner can cufydd oedd ei hyd, a phum cufydd ar hugain ei led. ²⁶ Arweiniai saith o risiau ato, ac yr oedd y cyntedd gyferbyn â hwy; yr oedd y pileri ar y naill ochr a'r llall wedi eu haddurno â phalmwydd. ²⁷ Yn y cyntedd nesaf i mewn yr oedd porth yn wynebu'r de, a mesurodd o'r porth hwn at y porth nesaf allan ar ochr y de; yr oedd yn gan cufydd.

Cyntedd y De

²⁸ Yna aeth â mi trwy borth y de i'r cyntedd nesaf i mewn, a mesurodd y porth; yr un oedd ei fesuriadau â'r lleill. ²⁹ Yr oedd ei ystafelloedd, ei bileri a'i gyntedd yr un mesuriadau â'r lleill, ac yr oedd ffenestri o amgylch y porth ac yn ei gyntedd. Hanner can cufydd oedd ei hyd, a phum cufydd ar hugain ei led.

³⁰ Yr oedd cynteddoedd y pyrth o amgylch y cyntedd nesaf i mewn yn bum cufydd ar hugain o led, a phum cufydd o ddyfnder. ³¹ Wynebai ei gyntedd y cyntedd nesaf allan; yr oedd ei bileri wedi eu haddurno â phalmwydd, ac yr oedd wyth o risiau'n arwain ato.

Cyntedd y Dwyrain

³² Yna aeth â mi i'r cyntedd nesaf i mewn ar ochr y dwyrain, a mesurodd y porth; yr un oedd ei fesuriadau â'r lleill. ³³ Yr oedd ei ystafelloedd, ei bileri a'i gyntedd yr un mesuriadau â'r lleill, ac yr oedd ffenestri o amgylch y porth ac yn ei gyntedd. Hanner can cufydd oedd ei hyd, a phum cufydd ar hugain ei led. ³⁴ Wynebai ei gyntedd y cyntedd nesaf allan; yr oedd ei bileri wedi eu haddurno â phalmwydd, ac yr oedd wyth o risiau'n arwain ato.

³⁵ Yna aeth â mi at borth y gogledd, a'i fesur; yr un oedd ei fesuriadau â'r lleill; ³⁶ felly hefyd ei ystafelloedd, ei bileri a'i gyntedd, ac yr oedd ffenestri o'i amgylch. Hanner can cufydd oedd ei hyd, a phum cufydd ar hugain ei led. ³⁷ Wynebai ei gyntedd* y cyntedd nesaf allan; yr oedd ei bileri wedi eu haddurno â phalmwydd, ac yr oedd wyth o risiau'n arwain ato.

Adeiladu'r Cyntedd Nesaf Allan

³⁸ Yng nghyntedd y porth* yr oedd ystafell ac iddi ddrws, ac yno y golchid y poethoffrwm. ³⁹ Yng nghyntedd y porth yr oedd hefyd ddau fwrdd o boptu, ac arnynt y lleddid y poethoffrwm, yr offrwm dros bechod a'r offrwm dros gamwedd. ⁴⁰ Yng nghyntedd nesaf allan y porth, wrth ymyl y grisiau oedd yn arwain i borth y gogledd, yr oedd dau fwrdd, a'r ochr arall i'r grisiau hefyd ddau fwrdd. ⁴¹ Yr oedd pedwar o fyrddau ar un ochr i'r porth, a phedwar ar yr ochr arall, wyth i gyd; ac arnynt y lleddid yr aberthau. ⁴² Yr oedd hefyd bedwar bwrdd o feini nadd ar gyfer y poethoffrwm, pob un yn gufydd a hanner o hyd, yn gufydd a hanner o led ac yn gufydd o uchder; arnynt hwy y

40:37 Felly Fersiynau. Hebraeg, *ei bileri*.
40:38 Felly Fersiynau. Hebraeg, *Ym mhileri'r pyrth*.

rhoddid yr offer ar gyfer lladd y poethoffrwm a'r aberthau eraill. ⁴³ Ar y muriau oddi amgylch yr oedd bachau dwbl, dyrnfedd o hyd; yr oedd y byrddau ar gyfer cig yr offrwm.

Ystafelloedd yr Offeiriaid

⁴⁴ Y tu allan i'r porth nesaf i mewn, a'r tu mewn i'r cyntedd nesaf i mewn, yr oedd dwy ystafell*, un ger porth y gogledd ac yn wynebu'r de, ac un ger porth y de* ac yn wynebu'r gogledd. ⁴⁵ Dywedodd wrthyf, "Y mae'r ystafell sy'n wynebu'r de ar gyfer yr offeiriaid sy'n gofalu am y deml, ⁴⁶ ac y mae'r un sy'n wynebu'r gogledd ar gyfer yr offeiriaid sy'n gofalu am yr allor, sef meibion Sadoc, yr unig rai o feibion Lefi sy'n cael dynesu at yr ARGLWYDD i'w wasanaethu." ⁴⁷ Yna mesurodd y cyntedd, ac yr oedd yn sgwâr, yn gan cufydd o hyd ac yn gan cufydd o led; yr oedd yr allor o flaen y deml.

Y Deml

⁴⁸ Aeth â mi at gyntedd y deml, a mesur pileri'r cyntedd; yr oedd eu trwch yn bum cufydd bob ochr. Yr oedd lled y porth yn bedwar cufydd ar ddeg, a'i furiau* yn dri chufydd o led bob ochr. ⁴⁹ Yr oedd y cyntedd yn ugain cufydd o led, ac yn ddeuddeg* cufydd o'r blaen i'r cefn; arweiniai grisiau i fyny ato, ac yr oedd colofnau bob ochr i'r pileri.

41 Yna aeth â mi i mewn i'r deml a mesur y pileri; yr oedd y pileri bob ochr yn chwe chufydd o drwch*. ² Yr oedd y mynediad yn ddeg cufydd o led, a muriau'r mynediad bob ochr yn bum cufydd o drwch. Mesurodd hefyd hyd y deml; yr oedd yn ddeugain cufydd, a'i lled yn ugain cufydd. ³ Yna aeth i'r cysegr nesaf i mewn a mesur pileri'r mynediad, ac yr oeddent yn ddau gufydd o drwch; yr oedd y mynediad yn chwe chufydd o led, a muriau'r* mynediad yn saith cufydd o drwch. ⁴ Mesurodd hefyd hyd y cysegr nesaf i mewn; yr oedd yn ugain cufydd, a'i led yn ugain cufydd ar draws y cysegr. Dywedodd wrthyf, "Dyma'r cysegr sancteiddiaf."

⁵ Yna mesurodd fur y deml; yr oedd yn chwe chufydd o drwch, ac yr oedd pob ystafell o amgylch y deml yn bedwar cufydd o led. ⁶ Yr oedd yr ystafelloedd ar dri uchder, y naill ar ben y llall, a deg ar hugain ym mhob uchder. Yr oedd bwtresi* o amgylch mur y deml i gynnal yr ystafelloedd, fel nad oeddent yn cael eu cynnal gan fur y deml. ⁷ Yr oedd yr ystafelloedd o amgylch y deml yn lletach wrth godi o'r naill uchder i'r llall. Yr oedd yr adeiladwaith o amgylch y deml yn codi mewn esgynfeydd, fel bod yr ystafelloedd yn lletach wrth esgyn; ac yr oedd grisiau'n arwain o'r llawr isaf i'r llawr uchaf trwy'r llawr canol. ⁸ Gwelais fod o amgylch y deml balmant yn sylfaen i'r ystafelloedd, a'i led yr un maint â ffon fesur, sef chwe chufydd o hyd. ⁹ Pum cufydd oedd trwch mur nesaf allan yr ystafelloedd, ac yr oedd y lle agored rhwng ystafelloedd y deml ¹⁰ ac ystafelloedd yr offeiriaid yn ugain cufydd o led o amgylch y deml. ¹¹ Yr oedd dau fynediad o'r lle agored i'r ystafelloedd ochr, y naill yn y gogledd a'r llall yn y de; ac yr oedd lled y lle agored yn bum cufydd oddi amgylch.

¹² Yr oedd yr adeilad a wynebai gwrt y deml ar ochr y gorllewin yn ddeg cufydd a thrigain o led, a mur yr adeilad yn bum cufydd o drwch oddi amgylch, a hyd yr adeilad yn ddeg cufydd a phedwar ugain.

¹³ Yna mesurodd y deml; yr oedd yn gan cufydd o hyd, ac yr oedd y cwrt a'r adeilad gyda'i furiau hefyd yn gan cufydd o hyd. ¹⁴ Yr oedd lled wyneb y deml a'r cwrt ar ochr y dwyrain yn gan cufydd. ¹⁵ Yna mesurodd hyd yr adeilad a wynebai'r cwrt yng nghefn y deml, gyda'i orielau bob ochr, ac yr oedd yn gan cufydd.

40:44 Felly Groeg. Hebraeg, *yr oedd ystafelloedd y cantorion.*
40:44 Felly Groeg. Hebraeg, *y dwyrain.*
40:48 Felly Groeg. Hebraeg heb *yn bedwar . . . furiau.*
40:49 Felly Groeg. Hebraeg, *un ar ddeg.*
41:1 Felly Groeg ac un llawysgrif. TM yn ychwanegu *lled y babell.*
41:3 Felly Groeg. Hebraeg heb *muriau.*
41:6 Tebygol. Cymh. 1 Bren. 6:6. Hebraeg yn aneglur.

Yr oedd y deml, y cysegr nesaf i mewn a'r cyntedd yn wynebu'r cwrt, ¹⁶ yn ogystal â'r rhiniogau, y ffenestri bychain a'r orielau o amgylch y tri ohonynt, sef y cyfan o'r rhiniog ymlaen, wedi eu byrddio â choed; yr oedd y muriau o'r llawr at y ffenestri* wedi eu byrddio. ¹⁷ Yn y lle uwchben y mynediad i'r cysegr nesaf i mewn, ar y tu allan, a hefyd ar y muriau o amgylch y cysegr mewnol a'r cysegr allanol, ¹⁸ yr oedd cerfiadau ar ffurf cerwbiaid a choed palmwydd, sef palmwydd a cherwbiaid bob yn ail. Yr oedd dau wyneb gan bob cerwb, ¹⁹ wyneb dyn at y balmwydden ar un ochr, a wyneb llew at y balmwydden ar yr ochr arall. Yr oeddent wedi eu cerfio o amgylch yr holl deml. ²⁰ O'r llawr at y lle uwchben y drws, yr oedd cerwbiaid a phalmwydd wedi eu cerfio ar fur y deml.

²¹ Yr oedd pyst drws y deml yn sgwâr; ac o flaen y cysegr sancteiddiaf yr oedd rhywbeth tebyg ²² i allor o goed, tri chufydd o uchder a dau gufydd o hyd; yr oedd ei chornelau, ei sylfaen* a'i hochrau o goed. Dywedodd y dyn wrthyf, "Dyma'r bwrdd sydd o flaen yr ARGLWYDD." ²³ Yr oedd drysau dwbl i'r deml ac i'r cysegr sancteiddiaf; ²⁴ yr oedd dwy ddalen i bob drws, a'r ddwy wedi eu bachu wrth ei gilydd. ²⁵ Ar ddrysau'r deml yr oedd cerfiadau o gerwbiaid ac o balmwydd, fel ar y muriau, ac yr oedd cornis pren ar flaen y cyntedd o'r tu allan. ²⁶ Ym muriau'r cyntedd yr oedd ffenestri bychain, a phalmwydd wedi eu cerfio bob ochr. Yr oedd cornis hefyd ar bob un o ystafelloedd ochr y deml.

Adeiladau gerllaw'r Deml

42 Yna aeth y dyn â mi allan tua'r gogledd i'r cyntedd nesaf allan, ac arweiniodd fi i'r ystafelloedd oedd gyferbyn â chwrt y deml a'r adeilad tua'r gogledd. ² Hyd yr adeilad â'i ddrws tua'r gogledd oedd can cufydd, a'i led yn hanner can cufydd. ³ Yn yr ugain cufydd oedd yn perthyn i'r cyntedd nesaf i mewn, a chyferbyn â phalmant y cyntedd nesaf allan, yr oedd orielau yn wynebu ei gilydd ar dri llawr. ⁴ O flaen yr ystafelloedd yr oedd llwybr caeedig, deg cufydd o led a chan cufydd o hyd.* Yr oedd eu drysau tua'r gogledd. ⁵ Yr oedd yr ystafelloedd uchaf yn gulach, gan fod yr orielau yn tynnu mwy oddi arnynt hwy nag oddi ar yr ystafelloedd ar loriau isaf a chanol yr adeilad. ⁶ Nid oedd colofnau i ystafelloedd y trydydd llawr, fel yn y cynteddau, ac felly yr oedd eu lloriau'n llai na rhai'r lloriau isaf a chanol. ⁷ Yr oedd y mur y tu allan yn gyfochrog â'r ystafelloedd, a chyferbyn â hwy, ac yn ymestyn i gyfeiriad y cyntedd nesaf allan; yr oedd yn hanner can cufydd o hyd. ⁸ Yr oedd y rhes ystafelloedd ar yr ochr nesaf at y cyntedd allanol yn hanner can cufydd o hyd, a'r rhai ar yr ochr nesaf i'r cysegr yn gan cufydd. ⁹ Islaw'r ystafelloedd hyn yr oedd mynediad o du'r dwyrain, fel y deuir atynt o'r cyntedd nesaf allan, ¹⁰ lle mae'r mur allanol yn cychwyn*.

Tua'r de*, gyferbyn â'r cwrt a chyferbyn â'r adeilad, yr oedd ystafelloedd, ¹¹ gyda rhodfa o'u blaen. Yr oeddent yn debyg i ystafelloedd y gogledd; yr un oedd eu hyd a'u lled, a hefyd eu mynedfeydd a'u cynllun. Yr oedd drysau'r ystafelloedd yn y gogledd ¹² yn debyg i ddrysau'r ystafelloedd yn y de. Ar ben y llwybr, yr oedd drws yn y mur mewnol i gyfeiriad y dwyrain, er mwyn dod i mewn.

¹³ Yna dywedodd wrthyf, "Y mae ystafelloedd y gogledd ac ystafelloedd y de, sy'n wynebu'r cwrt, yn ystafelloedd cysegredig, lle bydd yr offeiriaid sy'n dynesu at yr ARGLWYDD yn bwyta'r offrymau sancteiddiaf; yno y byddant yn rhoi'r offrymau sancteiddiaf, y bwydoffrwm, yr aberth dros bechod a'r aberth dros gamwedd, oherwydd lle cysegredig ydyw. ¹⁴ Pan fydd yr offeiriaid wedi dod i mewn i'r cysegr, nid ydynt i fynd allan i'r cyntedd nesaf allan heb adael ar ôl y gwisgoedd a oedd ganddynt wrth wasanaethu, oherwydd y maent yn sanctaidd. Y maent i wisgo dillad eraill i fynd allan lle mae'r bobl."

41:16 Hebraeg yn ychwanegu *a'r ffenestri*.
41:22 Felly Groeg. Hebraeg, *ei huchder*.
42:4 Felly Fersiynau. Hebraeg, *a ffordd o un cufydd*.
42:10 Tebygol. Cymh. Groeg. Hebraeg, *lled*.
42:10 Tebygol. Cymh. Groeg. Hebraeg, *dwyrain*.

Mesuriadau Safle'r Deml

¹⁵ Wedi iddo orffen mesur oddi mewn i safle'r deml, aeth â mi allan trwy'r porth oedd i gyfeiriad y dwyrain, a mesur yr hyn oedd oddi amgylch. ¹⁶ Mesurodd ochr y dwyrain â'r ffon fesur, a chael y mesur oddi amgylch yn bum can cufydd. ¹⁷ Mesurodd ochr y gogledd â'r ffon fesur, a chael y mesur oddi amgylch yn bum can cufydd. ¹⁸ Mesurodd ochr y de â'r ffon fesur, a chael y mesur yn bum can cufydd. ¹⁹ Aeth drosodd i ochr y gorllewin, a mesurodd â'r ffon fesur bum can cufydd. ²⁰ Fe'i mesurodd ar y pedair ochr. Yr oedd mur oddi amgylch, yn bum can cufydd o hyd ac yn bum can cufydd o led, i wahanu rhwng y sanctaidd a'r cyffredin.

Duw yn Dychwelyd i'r Deml

43 Yna aeth â mi at y porth oedd yn wynebu tua'r dwyrain, ² a gwelais ogoniant Duw Israel yn dod o'r dwyrain. Yr oedd ei lais fel sŵn llawer o ddyfroedd, ac yr oedd y ddaear yn disgleirio gan ei ogoniant. ³ Yr oedd y weledigaeth yn debyg i'r un a gefais pan ddaeth i ddinistrio'r ddinas, ac i'r un a gefais wrth afon Chebar; a syrthiais ar fy wyneb. ⁴ Fel yr oedd gogoniant yr ARGLWYDD yn dod i mewn i'r deml trwy'r porth oedd yn wynebu tua'r dwyrain, ⁵ cododd yr ysbryd fi a mynd â mi i'r cyntedd nesaf i mewn, ac yr oedd y deml yn llawn o ogoniant yr ARGLWYDD.

⁶ Fel yr oedd y dyn yn sefyll yn f'ymyl, clywais rywun yn siarad â mi o'r deml, ⁷ ac yn dweud wrthyf, "Fab dyn, dyma le fy ngorsedd, lle gwadnau fy nhraed, a'r lle y byddaf yn trigo ymhlith pobl Israel am byth. Ni fydd yr Israeliaid na'u brenhinoedd byth eto'n halogi fy enw sanctaidd trwy eu puteindra a'r delwau o'u brenhinoedd wedi iddynt farw. ⁸ Wrth iddynt osod eu rhiniog wrth ochr fy rhiniog i, a physt eu pyrth wrth ochr pyst fy mhyrth i, heb ddim ond mur yn ein gwahanu, bu iddynt halogi fy enw sanctaidd trwy eu ffieidd-dra; a dinistriais hwy yn fy nig. ⁹ Yn awr, bydded iddynt droi ymaith oddi wrthyf eu puteindra a'r delwau o'u brenhinoedd, ac fe drigaf yn eu plith am byth.

¹⁰ "Fab dyn, disgrifia'r deml i bobl Israel, er mwyn iddynt gywilyddio am eu camweddau. Bydded iddynt ystyried y cynllun, ¹¹ ac os byddant yn cywilyddio am y cyfan a wnaethant, dangos iddynt batrwm y deml, ei chynllun, ei hagoriadau a'i mynedfeydd, a'i holl batrwm. Gwna iddynt wybod ei holl ddeddfau* a'i holl gyfreithiau; ysgrifenna hwy yn eu gŵydd, er mwyn iddynt ddilyn ei phatrwm a chadw ei deddfau. ¹² Dyma fydd cyfraith y deml: bydd yr holl diriogaeth oddi amgylch ar ben y mynydd yn gwbl sanctaidd. Dyna gyfraith y deml.

Yr Allor

¹³ "Dyma fesuriadau'r allor mewn cufyddau hir, sef cufydd a dyrnfedd: bydd ei gwaelod yn gufydd o uchder* ac yn gufydd o led, gyda chantel rhychwant o led o amgylch yr ymyl. A dyma fydd uchder yr allor: ¹⁴ o'r gwaelod ar y llawr hyd y silff isaf, bydd yn ddau gufydd, ac yn gufydd o led; o'r silff leiaf hyd y silff fwyaf bydd yn bedwar cufydd, ac yn gufydd o led. ¹⁵ Bydd aelwyd yr allor yn bedwar cufydd o uchder, a bydd pedwar corn yn codi i fyny oddi ar yr aelwyd. ¹⁶ Bydd aelwyd yr allor yn sgwâr, deuddeg cufydd o hyd a deuddeg cufydd o led. ¹⁷ Bydd y silff uchaf hefyd yn sgwâr, yn bedwar cufydd ar ddeg o hyd a phedwar cufydd ar ddeg o led, gyda chantel o hanner cufydd, a gwaelod o gufydd oddi amgylch. Bydd grisiau'r allor yn wynebu tua'r dwyrain."

¹⁸ Yna dywedodd wrthyf, "Fab dyn, fel hyn y dywed yr Arglwydd DDUW: Dyma'r deddfau ynglŷn ag aberthu poeth-offrymau a thaenellu gwaed ar yr allor, pan fydd wedi ei hadeiladu: ¹⁹ yn aberth dros bechod byddi'n rhoi bustach ifanc i'r offeiriaid sy'n Lefiaid o deulu Sadoc, oherwydd hwy fydd yn dynesu ataf i'm gwasanaethu, medd yr Arglwydd DDUW. ²⁰ Byddi'n cymryd o'i waed ac yn ei roi ar bedwar corn yr allor, ar bedair cornel y silff uchaf, ac ar y cantel oddi amgylch;

43:11 TM yn ychwanegu *a'i holl batrwm*.
43:13 Tebygol. Cymh. Groeg. Hebraeg heb *o uchder*.

felly byddi'n puro'r allor ac yn gwneud cymod drosti. ²¹ Byddi'n cymryd bustach yr aberth dros bechod ac yn ei losgi yn y lle penodol yn y deml, y tu allan i'r cysegr. ²² Ar yr ail ddiwrnod yr wyt i offrymu bwch gafr di-nam yn aberth dros bechod, a phuro'r allor, fel y purwyd hi â'r bustach. ²³ Wedi iti orffen puro'r allor, yr wyt i aberthu bustach ifanc di-nam, a hwrdd di-nam o'r praidd. ²⁴ Offryma hwy i'r ARGLWYDD, a bydded i'r offeiriaid daenellu halen drostynt a'u haberthu'n boethoffrwm i'r ARGLWYDD. ²⁵ Am saith diwrnod tyrd â bwch gafr bob dydd yn aberth dros bechod; tyrd hefyd â bustach ifanc a hwrdd o'r praidd, y ddau yn ddi-nam. ²⁶ Am saith diwrnod byddant yn gwneud cymod dros yr allor ac yn ei glanhau, ac felly'n ei chysegru. ²⁷ Ar ddiwedd y dyddiau hyn, sef o'r wythfed diwrnod ymlaen, bydd yr offeiriaid yn aberthu eich poethoffrymau a'ch heddoffrymau ar yr allor; ac yna fe'ch derbyniaf, medd yr Arglwydd DDUW."

Mynediad i'r Cysegr

44 Yna aeth y dyn â mi'n ôl at borth nesaf allan y cysegr, a oedd yn wynebu tua'r dwyrain; ac yr oedd wedi ei gau. ² Dywedodd yr ARGLWYDD wrthyf, "Y mae'r porth hwn i fod ar gau; nid oes neb i'w agor nac i fynd trwyddo; y mae i fod ar gau oherwydd i'r ARGLWYDD, Duw Israel, ddod trwyddo. ³ Y tywysog yn unig a gaiff eistedd yn y porth i fwyta ym mhresenoldeb yr ARGLWYDD; daw ef i mewn trwy gyntedd y porth ac ymadael yr un ffordd."

⁴ Yna aeth â mi ar hyd ffordd porth y gogledd at flaen y deml; a phan edrychais, gwelais fod gogoniant yr ARGLWYDD yn llenwi'r deml, a syrthiais ar fy wyneb. ⁵ Dywedodd yr ARGLWYDD wrthyf, "Fab dyn, dal sylw, edrych yn ofalus, a gwrando'n astud ar y cyfan a ddywedaf wrthyt ynglŷn â holl ddeddfau'r deml a'i chyfreithiau. Rho sylw i fynedfa'r deml ac i holl allanfeydd y cysegr. ⁶ Dywed wrth dŷ gwrthryfelgar Israel, 'Fel hyn y dywed yr Arglwydd DDUW: Dyna ddigon ar dy holl ffieidd-dra, dŷ Israel! ⁷ Ychwanegaist at dy holl ffieidd-dra trwy ddod ag estroniaid, dienwaededig o ran calon a chnawd, i mewn i'm cysegr a'i halogi; tra oeddit ti'n offrymu bwyd, gyda'r braster a'r gwaed, yr oeddent hwy'n torri fy nghyfamod. ⁸ Yn lle gofalu am fy mhethau sanctaidd dy hunan, fe roddaist y cyfrifoldeb ar y bobl hyn i ofalu am fy nghysegr. ⁹ Fel hyn y dywed yr Arglwydd DDUW: Nid yw'r un estron dienwaededig o ran calon a chnawd i ddod i mewn i'm cysegr, hyd yn oed yr estroniaid sy'n byw ymhlith pobl Israel. ¹⁰ Bydd y Lefiaid, a ymbellhaodd oddi wrthyf pan aeth Israel ar gyfeiliorn, a chrwydro ar ôl eu heilunod, yn gorfod dwyn eu cosb. ¹¹ Byddant yn gwas-anaethu yn fy nghysegr trwy ofalu am byrth y deml, ac yn gweini yno; byddant yn lladd y poethoffrwm a'r aberth i'r bobl, ac yn gweini ar y bobl ac yn eu gwasanaethu. ¹² Ond oherwydd iddynt eu gwasanaethu o flaen eu heilunod, a gwneud i dŷ Israel syrthio i bechu, fe dyngais y bydd yn rhaid iddynt ddwyn eu cosb, medd yr Arglwydd DDUW. ¹³ Ni chânt ddod yn agos ataf i'm gwasanaethu fel offeiriaid, na dynesu at yr un o'm pethau sanctaidd na'm hoffrymau sancteiddiaf; rhaid iddynt ddwyn gwarth am y ffieidd-dra a wnaethant. ¹⁴ Eto rhof arnynt ddyletswydd i ofalu am y deml, i fod yn gyfrifol am yr holl wasanaeth a'r holl waith ynddi.

Yr Offeiriaid yn Gwasanaethu

¹⁵ "'Ond bydd yr offeiriaid sy'n Lefiaid o dylwyth Sadoc, ac a fu'n gofalu am fy nghysegr pan grwydrodd pobl Israel oddi wrthyf, yn dynesu ataf i'm gwasanaethu; byddant yn sefyll o'm blaen i offrymu'r braster a'r gwaed, medd yr Arglwydd DDUW. ¹⁶ Hwy fydd yn dod i mewn i'm cysegr, a hwy fydd yn dynesu at fy mwrdd i'm gwasanaethu'n ffyddlon. ¹⁷ Pan fyddant yn dod trwy byrth y cyntedd mewnol, y maent i wisgo dillad o liain; nid ydynt i roi unrhyw ddillad o wlân amdanynt pan fyddant yn gwasanaethu ym mhyrth y cyntedd mewnol neu i mewn yn y deml. ¹⁸ Byddant yn gwisgo gorchudd o liain

am eu pennau, a gwregys o liain am eu llwynau; nid ydynt i wisgo dim a wna iddynt chwysu. ¹⁹ Pan fyddant yn mynd i'r cyntedd allanol, lle mae'r bobl, y maent i ddiosg y dillad a fu ganddynt yn gwasanaethu, a'u gadael yn yr ystafelloedd cysegredig; rhoddant wisgoedd eraill amdanynt, rhag i'w dillad drosglwyddo i'r bobl yr hyn sy'n sanctaidd. ²⁰ Nid ydynt i eillio'u pennau, na gadael i'w gwallt dyfu'n hir, ond y maent i dorri eu gwalltiau. ²¹ Nid yw'r un offeiriad i yfed gwin pan fydd yn mynd i'r cyntedd mewnol. ²² Nid ydynt i briodi â gweddwon nac â gwragedd a ysgarwyd, ond gallant briodi gwyryfon o dylwyth tŷ Israel, neu weddwon i offeiriaid. ²³ Y maent i ddysgu i'm pobl y gwahaniaeth rhwng sanctaidd a chyffredin, a dangos iddynt sut i wahaniaethu rhwng glân ac aflan. ²⁴ Mewn achos o ymrafael, y mae'r offeiriaid i weithredu fel barnwyr, a barnu yn ôl fy nghyfreithiau. Y maent i gadw fy neddfau a'm hordeiniadau ar fy holl wyliau penodedig, a chadw fy Sabothau'n sanctaidd. ²⁵ Nid yw offeiriad i'w halogi ei hun trwy fynd yn agos at berson marw, ond os yw'r un marw yn dad neu'n fam, yn fab neu'n ferch, yn frawd neu'n chwaer ddi-briod iddo, fe gaiff ei halogi ei hun. ²⁶ Ar ôl iddo'i lanhau ei hun, y mae i aros am saith diwrnod. ²⁷ A'r diwrnod y bydd yn mynd i mewn i gyntedd mewnol y cysegr i wasanaethu, y mae i offrymu ei aberth dros bechod, medd yr Arglwydd DDUW.

²⁸ " 'Ni* fydd ganddynt etifeddiaeth yn Israel, ond myfi fydd eu hetifeddiaeth hwy; paid â rhoi iddynt unrhyw eiddo yn Israel, oherwydd myfi fydd eu heiddo hwy. ²⁹ Byddant yn bwyta'r bwydoffrwm, yr aberth dros bechod a'r offrwm dros gamwedd, a'u heiddo hwy fydd pob diofryd yn Israel. ³⁰ Eiddo'r offeiriaid hefyd fydd y gorau o'r holl flaenffrwyth ac o'ch holl offrymau arbennig. Rhowch i'r offeiriaid hefyd y gyfran gyntaf o'ch blawd mâl, er mwyn i fendith fod ar eich tai. ³¹ Nid yw'r offeiriad i fwyta dim a fu farw neu a larpiwyd, boed aderyn neu anifail.

44:28 Felly Fwlgat. Hebraeg heb *Ni*.

Y Tir Cysegredig

45 " 'Pan fyddwch yn rhannu'r wlad yn etifeddiaeth trwy fwrw coelbren, neilltuwch yn dir cysegredig i'r ARGLWYDD gyfran yn mesur pum mil ar hugain o gufyddau o hyd ac ugain* mil o gufyddau o led; a bydd yr holl gyfran yn sanctaidd trwyddi. ² Bydded pum can cufydd sgwâr ohono ar gyfer y cysegr, gyda hanner can cufydd yn dir agored o'i amgylch. ³ Yn y tir cysegredig mesurwch gyfran pum mil ar hugain o gufyddau o hyd a deng mil o gufyddau o led; yma y bydd y cysegr, sef y cysegr sancteiddiaf. ⁴ Bydd hon yn gyfran gysegredig o'r tir, ar gyfer yr offeiriaid sy'n gwasanaethu yn y cysegr ac yn dynesu i wasanaethu'r ARGLWYDD; bydd yn lle ar gyfer eu tai, yn ogystal ag yn lle sanctaidd i'r cysegr. ⁵ Bydd cyfran pum mil ar hugain o gufyddau o hyd a deng mil o gufyddau o led yn etifeddiaeth i'r Lefiaid sy'n gwasanaethu yn y deml, iddynt gael dinasoedd i fyw ynddynt*.

⁶ " 'Yn gyfochrog â'r tir sanctaidd, neilltuwch yn etifeddiaeth i'r ddinas gyfran pum mil o gufyddau o led a phum mil ar hugain o gufyddau o hyd; bydd hwn yn perthyn i holl dŷ Israel.

⁷ " 'Y tywysog fydd piau'r tir o boptu i'r tir cysegredig ac i'r tir sy'n perthyn i'r ddinas. Bydd ei dir ef yn ymestyn tua'r gorllewin ar un ochr, a thua'r dwyrain ar yr ochr arall, ac yn rhedeg yn gyfochrog â rhan un o'r llwythau, o derfyn y gorllewin hyd derfyn y dwyrain. ⁸ Y tir hwn fydd etifeddiaeth y tywysog yn Israel; ac ni chaiff fy nhywysogion orthrymu fy mhobl mwyach, ond gadawant i Israel etifeddu'r wlad yn ôl ei llwythau.

Rheolau i'r Tywysogion

⁹ " 'Fel hyn y dywed yr Arglwydd DDUW: Dyna ddigon, chwi dywysogion Israel! Rhowch heibio eich trais a'ch gormes; gwnewch yr hyn sy'n gywir a chyfiawn, a pheidiwch â throi fy mhobl allan o'u hetifeddiaeth, medd yr Arglwydd DDUW.

45:1 Felly Groeg. Hebraeg, *a deng*.
45:5 Felly Groeg. Hebraeg, *iddynt gael ugain o ystafelloedd*.

¹⁰ " 'Bydded gennych gloriannau cywir, effa gywir a bath cywir. ¹¹ Y mae'r effa a'r bath i fod o'r un maint, y bath yn pwyso degfed ran o homer a'r effa ddegfed ran o homer; yr homer fydd y safon ar gyfer y ddau. ¹² Bydd y sicl yn pwyso ugain gera, a bydd eich mina yn pwyso ugain sicl a phum sicl ar hugain a phymtheg sicl.

¹³ " 'Dyma'r offrwm a ddygwch: y chweched ran o effa o bob homer o wenith, a'r chweched ran o effa o bob homer o haidd. ¹⁴ Y rheol ynglŷn ag olew, gan fesur yn ôl y bath, fydd: degfed ran o bath o bob corus; y mae corus yn cynnwys deg bath neu homer, gan fod deg bath yn gyfartal â homer. ¹⁵ Hefyd un ddafad o bob diadell o ddeucant gan holl dylwythau* Israel. Byddant yn fwydoffrwm, yn boethoffrwm ac yn heddoffrymau i wneud cymod dros Israel, medd yr Arglwydd DDUW. ¹⁶ Bydd holl bobl y wlad yn rhoi'r offrwm hwn i'r tywysog yn Israel. ¹⁷ Dyletswydd y tywysog fydd darparu'r poethoffrymau, y bwydoffrymau a'r diodoffrymau ar gyfer y gwyliau, y newydd-loerau a'r Sabothau, sef holl wyliau penodedig tŷ Israel. Bydd yn darparu'r aberth dros bechod, y bwydoffrwm, y poethoffrwm a'r heddoffrymau i wneud cymod dros dŷ Israel.

Y Gwyliau
Ex. 12:1–20; Lef. 23:33–43

¹⁸ " 'Fel hyn y dywed yr Arglwydd DDUW: Ar y dydd cyntaf o'r mis cyntaf, cymer fustach ifanc di-nam, a phura'r cysegr. ¹⁹ Y mae'r offeiriad i gymryd o waed yr aberth dros bechod a'i roi ar byst pyrth y deml, ar bedair cornel silff uchaf yr allor ac ar byst pyrth y cyntedd mewnol. ²⁰ Gwna'r un modd ar y seithfed dydd o'r mis dros unrhyw un a bechodd yn ddifwriad neu trwy anwybodaeth; felly y gwnewch gymod dros y tŷ.

²¹ " 'Ar y pedwerydd ar ddeg o'r mis cyntaf, cadwch y Pasg, yn ŵyl am saith diwrnod, pan fyddwch yn bwyta bara croyw. ²² Y diwrnod hwnnw y mae'r tywysog i baratoi bustach yn aberth dros bechod ar ei ran ei hun ac ar ran holl bobl y wlad. ²³ Bob dydd yn ystod saith diwrnod yr ŵyl y mae i ddarparu saith bustach a saith hwrdd di-nam yn boethoffrwm i'r ARGLWYDD, a bwch gafr yn aberth dros bechod. ²⁴ Yn fwydoffrwm y mae i ddarparu effa am bob bustach ac effa am bob hwrdd, gyda hin o olew am bob effa. ²⁵ Ar y pymthegfed dydd o'r seithfed mis, ac am saith diwrnod yr ŵyl honno, y mae i ddarparu'r un modd, yn aberth dros bechod, boethoffrwm, bwydoffrwm ac olew.

Y Tywysog

46 " 'Fel hyn y dywed yr Arglwydd DDUW: Y mae porth y cyntedd nesaf i mewn, sy'n wynebu tua'r dwyrain, i fod ar gau am y chwe diwrnod gwaith, ond ar agor ar y dydd Saboth ac ar ddydd y newydd-loer. ² Y mae'r tywysog i ddod i mewn trwy gyntedd y porth, a sefyll ger pyst y porth; ac y mae'r offeiriaid i aberthu ei boethoffrwm a'i hedd-offrymau. Y mae i addoli wrth riniog y porth ac yna mynd allan, ond ni chaeir y porth hyd fin nos. ³ Ar y Sabothau a'r newydd-loerau y mae pobl y wlad i addoli gerbron yr ARGLWYDD wrth fynedfa'r porth hwn. ⁴ Bydd y poethoffrwm a ddygir gan y tywysog i'r ARGLWYDD ar y Saboth yn cynnwys chwe oen di-nam a hwrdd di-nam. ⁵ Bydd effa o fwydoffrwm gyda'r hwrdd, ond gyda'r ŵyn bydd yn gymaint ag a ddymuna; bydd hin o olew am bob effa. ⁶ Ar ddiwrnod y newydd-loer y mae i offrymu bustach ifanc, chwe oen a hwrdd, y cyfan yn ddi-nam. ⁷ Y mae i ddarparu effa o fwydoffrwm gyda'r bustach, effa gyda'r hwrdd, a chyda'r ŵyn gymaint ag a ddymuna; bydd hin o olew am bob effa. ⁸ Pan ddaw'r tywysog i mewn, y mae i ddod trwy gyntedd y porth, a mynd allan yr un ffordd.

⁹ " 'Pan fydd pobl y wlad yn dod o flaen yr ARGLWYDD ar y gwyliau penodedig, y mae'r sawl sy'n dod i mewn i addoli trwy borth y gogledd i fynd allan trwy borth y de, a'r sawl sy'n dod i mewn trwy borth y de i fynd allan trwy borth y gogledd. Ni chaiff neb ymadael trwy'r porth y daeth i mewn trwyddo, ond mynd allan trwy'r

---

45:15 Tebygol. Hebraeg, *holl fannau dyfrhau*.

porth gyferbyn. ¹⁰ Bydd y tywysog hefyd yn eu plith, yn mynd i mewn pan ânt hwy i mewn, ac yn mynd allan pan ânt hwy allan.

¹¹ " 'Ar y gwyliau a'r adegau penodedig, bydd effa o fwydoffrwm gyda bustach, effa gyda hwrdd, ond gyda'r ŵyn gymaint ag a ddymunir; bydd hin o olew am bob effa. ¹² Pan fydd y tywysog yn darparu offrwm gwirfodd i'r ARGLWYDD, yn boethoffrwm neu'n heddoffrymau, fe agorir iddo'r porth sy'n wynebu tua'r dwyrain. Bydd yn aberthu ei boethoffrwm neu ei offrymau hedd fel y gwna ar y Saboth. Yna fe â allan, ac wedi iddo fynd allan fe gaeir y porth.

Yr Offrwm Dyddiol

¹³ " 'Bob dydd yr wyt i ddarparu oen blwydd di-nam yn boethoffrwm i'r ARGLWYDD; yr wyt i'w ddarparu bob bore. ¹⁴ Yr wyt hefyd i ddarparu bob bore fwydoffrwm yn pwyso chweched ran o effa, gyda thraean hin o olew i fwydo'r blawd; y mae cyflwyno bwydoffrwm i'r ARGLWYDD yn ddeddf dragwyddol. ¹⁵ Felly darpara'r oen, y bwydoffrwm a'r olew bob bore yn boethoffrwm cyson.

Y Tywysog a'r Tir

¹⁶ " 'Fel hyn y dywed yr Arglwydd DDUW: Os bydd y tywysog yn rhoi rhodd o'i etifeddiaeth i un o'i feibion, fe â hefyd i'w ddisgynyddion; bydd yn eiddo iddynt hwy trwy etifeddiaeth. ¹⁷ Ond os bydd y tywysog yn rhoi rhodd o'i etifeddiaeth i un o'i weision, bydd yn eiddo i'r gwas hyd flwyddyn ei ryddhau, ac yna bydd yn dychwelyd i'r tywysog; ei feibion yn unig a gaiff gadw ei etifeddiaeth. ¹⁸ Nid yw'r tywysog i gymryd o etifeddiaeth y bobl, a'u troi allan o'u tir; o'i eiddo ei hun y rhydd etifeddiaeth i'w feibion, fel na fydd yr un o'm pobl yn cael ei wahanu oddi wrth ei etifeddiaeth.' "

Ceginau'r Offeiriaid

¹⁹ Yna aeth y dyn â mi trwy'r mynediad wrth ochr y porth i'r ystafelloedd cysegredig a wynebai tua'r gogledd, ac a berthynai i'r offeiriaid; a gwelais yno le yn y pen gorllewinol. ²⁰ Dywedodd wrthyf, "Dyma'r lle y bydd yr offeiriaid yn coginio'r offrwm dros gamwedd a'r aberth dros bechod, ac yn pobi'r bwydoffrwm, rhag iddynt ddod â hwy i'r cyntedd nesaf allan a throsglwyddo i'r bobl yr hyn sydd sanctaidd."

²¹ Yna aeth â mi i'r cyntedd nesaf allan a'm harwain i bedair cornel y cyntedd, a gwelais gyntedd ymhob un o'r pedair cornel. ²² Ym mhedair cornel y cyntedd nesaf allan yr oedd cynteddoedd bychain*, deugain cufydd o hyd a deg cufydd ar hugain o led; yr oedd pob un o'r cynteddoedd yn y pedair cornel yr un maint. ²³ Y tu mewn i'r pedwar cyntedd yr oedd rhes o feini oddi amgylch, ac aelwydydd wedi eu gwneud yn agos at y meini o amgylch. ²⁴ A dywedodd wrthyf, "Dyma'r ceginau lle bydd y rhai sy'n gwasanaethu yn y deml yn coginio aberthau'r bobl."

Yr Afon o'r Deml

47 Aeth y dyn â mi'n ôl at ddrws y deml, a gwelais ddŵr yn dod allan o dan riniog y deml tua'r dwyrain, oherwydd wynebai'r deml tua'r dwyrain; yr oedd y dŵr yn dod i lawr o dan ochr dde'r deml, i'r de o'r allor. ² Yna aeth â mi allan trwy borth y gogledd, a'm harwain oddi amgylch o'r tu allan at borth y dwyrain, ac yr oedd y dŵr yn llifo o'r ochr dde.

³ Wrth i'r dyn fynd allan tua'r dwyrain â llinyn mesur yn ei law, mesurodd fil o gufyddau, a'm harwain trwy ddyfroedd oedd at y fferau. ⁴ Yna mesurodd fil arall, a'm harwain trwy ddyfroedd oedd at y gliniau; a mesurodd fil arall, a'm harwain trwy ddyfroedd oedd at y wasg. ⁵ Mesurodd fil arall eto, ond yr oedd yn afon na allwn ei chroesi, oherwydd yr oedd y dyfroedd wedi codi gymaint fel y gellid nofio ynddynt, ac yn afon na ellid ei chroesi. ⁶ A dywedodd wrthyf, "Fab dyn, a welaist ti hyn?"

Yna aeth â mi'n ôl at lan yr afon. ⁷ Pan gyrhaeddais yno, gwelais nifer mawr o goed ar ddwy lan yr afon. ⁸ Dywedodd wrthyf, "Y mae'r dyfroedd hyn yn llifo i diriogaeth y dwyrain, ac yna i lawr i'r

---

46:22 Felly Fersiynau. Hebraeg yn aneglur.

Araba ac i mewn i'r môr, y môr y mae ei ddyfroedd yn ddrwg, ac fe'u purir. ⁹ Bydd pob math o ymlusgiaid yn byw lle bynnag y llifa'r afon, a bydd llawer iawn o bysgod, oherwydd bydd yr afon hon yn llifo yno ac yn puro'r dyfroedd; bydd popeth yn byw lle llifa'r afon. ¹⁰ Bydd pysgotwyr yn sefyll ar y lan, ac o En-gedi hyd En-eglaim bydd lle i daenu rhwydau; bydd llawer math o bysgod, fel pysgod y Môr Mawr. ¹¹ Ni fydd y rhosydd a'r corsydd yn cael eu puro, ond fe'u gadewir ar gyfer halen. ¹² Ar y glannau oddeutu'r afon fe dyf coed ffrwythau o bob math, ac ni fydd eu dail yn gwywo na'u ffrwyth yn methu; ffrwythant bob mis, oherwydd bydd y dyfroedd o'r cysegr yn llifo atynt, a bydd eu ffrwyth yn fwyd a'u dail yn iechyd."

Terfynau'r Tiroedd

¹³ Fel hyn y dywed yr Arglwydd DDUW: "Dyma'r terfynau ar gyfer rhannu'r wlad yn etifeddiaeth i ddeuddeg llwyth Israel, gyda dwy gyfran i Joseff. ¹⁴ Yr wyt i'w rhannu'n gyfartal rhyngddynt; tyngais y byddwn yn ei rhoi i'ch hynafiaid, ac fe ddaw'r wlad hon yn etifeddiaeth i chwi.

¹⁵ "Dyma fydd terfyn y wlad: ar ochr y gogledd bydd yn rhedeg o'r Môr Mawr ar hyd ffordd Hethlon heibio i Lebo-hamath i Sedad, ¹⁶ Berotha a Sibraim, sydd ar y terfyn rhwng Damascus a Hamath, a chyn belled â Haser-hatticon, sydd ar derfyn Hauran. ¹⁷ Bydd y terfyn yn ymestyn o'r môr at Hasar-enan ar hyd terfyn gogleddol Damascus, gyda therfyn Hamath i'r gogledd. Dyma fydd terfyn y gogledd.

¹⁸ "Ar ochr y dwyrain bydd yn rhedeg rhwng Hauran a Damascus, ar hyd yr Iorddonen rhwng Gilead a thir Israel, ac at fôr y dwyrain hyd at Tamar*. Dyma fydd terfyn y dwyrain.

¹⁹ "Ar ochr y de bydd yn rhedeg o Tamar at ddyfroedd Meriba-cades ac ar hyd yr afon at y Môr Mawr. Dyma fydd terfyn y de.

²⁰ "Ar ochr y gorllewin, y Môr Mawr fydd y terfyn nes dod gyferbyn â Lebo-hamath. Dyma fydd terfyn y gorllewin.

47:18 Felly Fersiynau. Hebraeg, *at fôr y dwyrain mesurwch.*

²¹ "Rhannwch y wlad hon rhyngoch yn ôl llwythau Israel, ²² a'i neilltuo'n etifeddiaeth i chwi ac i'r estroniaid sy'n byw yn eich mysg ac yn magu plant; byddant hwythau yn eich mysg fel rhai o frodorion Israel, ac fel chwithau byddant yn cael etifeddiaeth ymhlith llwythau Israel. ²³ Ym mha lwyth bynnag y bydd yr estron yn ymsefydlu, yno y byddwch yn rhoi etifeddiaeth iddo, medd yr Arglwydd DDUW.

Rhannu'r Wlad

48 "Dyma enwau'r llwythau. Ar derfyn y gogledd, wrth ymyl ffordd Hethlon i Lebo-hamath a Hasar-enan, gyda Damascus ar derfyn y gogledd at ymyl Hamath, ac yn ymestyn o ddwyrain i orllewin, bydd Dan: un gyfran. ² Ar derfyn Dan, o ddwyrain i orllewin, bydd Aser: un gyfran. ³ Ar derfyn Aser, o ddwyrain i orllewin, bydd Nafftali: un gyfran. ⁴ Ar derfyn Nafftali, o ddwyrain i orllewin, bydd Manasse: un gyfran. ⁵ Ar derfyn Manasse, o ddwyrain i orllewin, bydd Effraim: un gyfran. ⁶ Ar derfyn Effraim, o ddwyrain i orllewin, bydd Reuben: un gyfran. ⁷ Ar derfyn Reuben, o ddwyrain i orllewin, bydd Jwda: un gyfran. ⁸ Ar derfyn Jwda, o ddwyrain i orllewin, bydd y gyfran a neilltuir yn arbennig; bydd yn bum mil ar hugain o gufyddau o led, a bydd yn ymestyn o ddwyrain i orllewin yn gyfartal â chyfran un o'r llwythau; a bydd y cysegr yn ei chanol. ⁹ Bydd y gyfran a neilltuir yn arbennig i'r ARGLWYDD yn bum mil ar hugain o gufyddau o hyd a deng mil o gufyddau o led. ¹⁰ Dyma fydd yn gyfran gysegredig i'r offeiriaid: cyfran pum mil ar hugain o gufyddau o hyd ar ochr y gogledd, deng mil o led ar ochr y gorllewin, deng mil o led ar ochr y dwyrain, a phum mil ar hugain o hyd ar ochr y de; ac yn y canol bydd cysegr yr ARGLWYDD. ¹¹ Bydd y gyfran hon i'r offeiriaid cysegredig o deulu Sadoc a fu'n ffyddlon i'm gwasanaethu, heb fynd ar gyfeiliorn fel y gwnaeth y Lefiaid pan aeth yr Israeliaid ar grwydr. ¹² Bydd yn gyfran arbennig iddynt hwy o'r rhan gysegredig o'r tir; bydd yn gyfran gysegredig yn terfynu ar gyfran y Lefiaid.

¹³ Dyma fydd i'r Lefiaid: cyfran o dir pum mil ar hugain o gufyddau o hyd a deng mil o gufyddau o led, yn rhedeg yn gyfochrog â therfyn yr offeiriaid; pum mil ar hugain o gufyddau fydd ei hyd cyfan, a'i led yn ddeng mil o gufyddau. ¹⁴ Ni chânt werthu dim ohono, na'i gyfnewid; ni ellir ei drosglwyddo, oherwydd dyma'r gorau o'r tir, ac y mae'n gysegredig i'r ARGLWYDD.

¹⁵ "Bydd y gweddill, sef pum mil o gufyddau o led a phum mil ar hugain o hyd, ar gyfer defnydd cyffredin y ddinas, ar gyfer tai a phorfeydd. Bydd y ddinas yn ei ganol, ¹⁶ a'i mesuriadau fel a ganlyn: ar ochr y gogledd, pedair mil a hanner o gufyddau; ar ochr y de, pedair mil a hanner; ar ochr y dwyrain, pedair mil a hanner, ac ar ochr y gorllewin, pedair mil a hanner. ¹⁷ Bydd y tir pori ar gyfer y ddinas yn ddau gan cufydd a hanner ar ochr y gogledd, dau gant a hanner ar ochr y de, dau gant a hanner ar ochr y dwyrain, a dau gant a hanner ar ochr y gorllewin. ¹⁸ Bydd y gweddill yn rhedeg yn gyfochrog â therfyn y gyfran gysegredig, a bydd o'r un hyd â hi, sef deng mil o gufyddau ar ochr y dwyrain a deng mil ar ochr y gorllewin. Bydd ei gynnyrch yn fwyd i weithwyr y ddinas. ¹⁹ O holl lwythau Israel y daw gweithwyr y ddinas a fydd yn ei drin. ²⁰ Bydd y gyfran gyfan yn sgwâr o bum mil ar hugain o gufyddau ar bob ochr; fe'i neilltuir yn gyfran gysegredig ynghyd ag eiddo'r ddinas.

²¹ "Bydd y gweddill a adewir oddeutu'r gyfran gysegredig ac eiddo'r ddinas yn perthyn i'r tywysog. Bydd yn ymestyn i'r dwyrain ar un ochr, ac i'r gorllewin ar yr ochr arall i'r gyfran gysegredig o bum mil ar hugain o gufyddau; bydd yn rhedeg yn gyfochrog â chyfrannau'r llwythau, ac yn perthyn i'r tywysog; bydd y gyfran gysegredig a chysegr y deml yn y canol. ²² Felly bydd eiddo'r Lefiaid ac eiddo'r ddinas yng nghanol eiddo'r tywysog, a bydd eiddo'r tywysog rhwng terfyn Jwda a therfyn Benjamin.

²³ "Dyma weddill y llwythau: yn ymestyn o'r dwyrain i'r gorllewin bydd Benjamin: un gyfran. ²⁴ Ar derfyn Benjamin, o ddwyrain i orllewin, bydd Simeon: un gyfran. ²⁵ Ar derfyn Simeon, o ddwyrain i orllewin, bydd Issachar: un gyfran. ²⁶ Ar derfyn Issachar, o ddwyrain i orllewin, bydd Sabulon: un gyfran. ²⁷ Ar derfyn Sabulon, o ddwyrain i orllewin, bydd Gad: un gyfran. ²⁸ Bydd terfyn de Gad yn rhedeg o Tamar at ddyfroedd Meriba-cades, ac ar hyd yr afon at y Môr Mawr.

²⁹ "Dyma'r tir a roddi'n etifeddiaeth i lwythau Israel, a dyma'u cyfrannau, medd yr Arglwydd DDUW.

Pyrth y Ddinas

³⁰ "Dyma'r ffyrdd allan o'r ddinas: ar ochr y gogledd, sy'n bedair mil a hanner o gufyddau o hyd, ³¹ fe enwir pyrth y ddinas ar ôl llwythau Israel. Y tri phorth ar ochr y gogledd fydd porth Reuben, porth Jwda a phorth Lefi. ³² Ar ochr y dwyrain, sy'n bedair mil a hanner o gufyddau o hyd, bydd tri phorth, sef porth Joseff, porth Benjamin a phorth Dan. ³³ Ar ochr y de, sy'n bedair mil a hanner o gufyddau o hyd, bydd tri phorth, sef porth Simeon, porth Issachar a phorth Sabulon. ³⁴ Ar ochr y gorllewin, sy'n bedair mil a hanner o gufyddau o hyd, bydd tri phorth, sef porth Gad, porth Aser a phorth Nafftali. ³⁵ Bydd y pellter o amgylch y ddinas yn ddeunaw mil o gufyddau. Ac enw'r ddinas o'r dydd hwn fydd, 'Y mae'r ARGLWYDD yno'."

LLYFR DANIEL

Daniel a'i Gyfeillion yn Llys Nebuchadnesar

1 Yn y drydedd flwyddyn o deyrnasiad Jehoiacim brenin Jwda, daeth Nebuchadnesar brenin Babilon i Jerwsalem a gwarchae arni. [2] A rhoddodd yr Arglwydd Jehoiacim brenin Jwda yn ei law, a rhai o lestri tŷ Dduw, ac aeth yntau â hwy i wlad Sinar a'u cadw yn nhrysordy ei dduw. [3] Yna gorchmynnodd y brenin i Aspenas, ei brif swyddog, ddewis, o blith teulu brenhinol Israel a'r penaethiaid, [4] rai bechgyn golygus heb unrhyw nam corfforol arnynt, yn hyddysg ym mhob gwyddor, yn ddeallus a gwybodus, ac yn gymwys i wasanaethu llys y brenin, ac iddo'u trwytho yn llên ac iaith y Caldeaid. [5] Trefnodd y brenin iddynt dderbyn bwyd a gwin bob dydd o'i fwrdd ei hun, a chael eu hyfforddi am dair blynedd cyn mynd yn weision i'r llys. [6] Yn eu mysg yr oedd Jwdeaid, o'r enwau Daniel, Hananeia, Misael ac Asareia; [7] ond galwodd y prif swyddog Daniel yn Beltesassar, Hananeia yn Sadrach, Misael yn Mesach, ac Asareia yn Abednego.

[8] Penderfynodd Daniel beidio â'i halogi ei hun â bwyd a gwin o fwrdd y brenin, ac erfyniodd ar y prif swyddog i'w arbed rhag cael ei halogi. [9] Parodd Duw i'r prif swyddog ymddwyn yn ffafriol a charedig at Daniel, [10] ond dywedodd y prif swyddog wrth Daniel, "Rwy'n ofni f'arglwydd frenin; ef sydd wedi pennu'ch bwyd a'ch diod, a phe sylwai eich bod yn edrych yn fwy gwelw na'ch cyfeillion byddech yn peryglu fy mywyd." [11] Dywedodd Daniel wrth y swyddog a osododd y prif swyddog i ofalu am Daniel, Hananeia, Misael ac Asareia, [12] "Rho brawf ar dy weision am ddeg diwrnod: rhodder inni lysiau i'w bwyta a dŵr i'w yfed, [13] ac wedyn cymharu'n gwedd ni a gwedd y bechgyn sy'n bwyta o fwyd y brenin. Yna gwna â'th weision fel y gweli'n dda." [14] Cydsyniodd yntau, a'u profi am ddeg diwrnod. [15] Ac ymhen y deg diwrnod yr oeddent yn edrych yn well ac yn fwy graenus na'r holl fechgyn oedd yn bwyta o fwyd y brenin. [16] Felly cadwodd y swyddog y bwyd a'r gwin, a rhoi llysiau iddynt.

[17] Rhoddodd Duw i'r pedwar bachgen wybod a deall pob math o lenyddiaeth a gwyddor; a chafodd Daniel y gallu i ddatrys pob gweledigaeth a breuddwyd. [18] Pan ddaeth yr amser a benodwyd gan y brenin i'w dwyn i'r llys, cyflwynodd y prif swyddog hwy i Nebuchadnesar. [19] Ar ôl i'r brenin siarad â hwy, ni chafwyd neb yn eu mysg fel Daniel, Hananeia, Misael ac Asareia; felly daethant hwy yn weision i'r brenin. [20] A phan fyddai'r brenin yn eu holi ar unrhyw fater o ddoethineb a deall, byddai'n eu cael ddengwaith yn well na holl ddewiniaid a swynwyr ei deyrnas. [21] A bu Daniel yno hyd flwyddyn gyntaf y Brenin Cyrus.

Breuddwyd Nebuchadnesar

2 Yn yr ail flwyddyn o'i deyrnasiad, breuddwydiodd Nebuchadnesar; yr oedd ei feddwl yn gynhyrfus ac ni allai gysgu, [2] a pharodd y brenin iddynt alw'r dewiniaid a'r swynwyr a'r hudolwyr a'r Caldeaid i esbonio'r hyn yr oedd wedi ei freuddwydio. Pan ddaethant o flaen y brenin, [3] dywedodd wrthynt, "Cefais freuddwyd, ac yr wyf yn poeni ynghylch ei hystyr." [4] Atebodd y Caldeaid mewn Aramaeg, "O frenin, bydd fyw byth! Adrodd dy freuddwyd wrth dy weision, a rhown iti'r dehongliad." [5] Atebodd y brenin, "Dyma fy mhenderfyniad: os na fynegwch i mi'r freuddwyd a'i dehongliad, cewch eich rhwygo'n ddarnau, a chwelir eich tai. [6] Ond os mynegwch y freuddwyd a'i dehongliad, cewch anrhegion a chyfoeth ac anrhydedd mawr gennyf fi. Felly mynegwch imi'r freuddwyd a'i dehongliad." ⁷ Dywedasant yr ail waith, "Adrodded y brenin y freuddwyd wrth ei weision; yna rhoddwn ninnau ei dehongliad." ⁸ Atebodd y brenin, "Y mae'n amlwg eich bod yn oedi'n fwriadol, am ichwi sylweddoli fy mhenderfyniad; ⁹ un ddedfryd yn unig sy'n eich aros os na fynegwch y freuddwyd imi. Yr ydych wedi cytuno â'ch gilydd i ddweud celwydd i'm camarwain hyd nes y daw tro ar fyd. Dywedwch wrthyf beth oedd y freuddwyd, a chaf wybod y medrwch ei dehongli." ¹⁰ Atebodd y Caldeaid, "Nid oes neb ar wyneb daear a all fynegi'r hyn y mae'r brenin yn ei ofyn, oherwydd nid yw'r un brenin o fri ac awdurdod wedi gofyn cwestiwn fel hwn i ddewin na swynwr na Chaldead. ¹¹ Y mae'r brenin wedi gofyn cwestiwn dyrys na all neb ei ateb ond y duwiau, nad ydynt yn byw ym myd y cnawd." ¹² Yna llidiodd y brenin a chynddeiriogi, a gorchymyn difa holl ddoethion Babilon. ¹³ Cyhoeddwyd dedfryd fod y doethion i'w lladd; a chwiliwyd am Daniel a'i gyfeillion, i'w lladd hwythau.

Duw'n Datguddio Ystyr y Freuddwyd i Daniel

¹⁴ Ymresymodd Daniel yn ddoeth a phwyllog ag Arioch, capten gwarchodlu'r brenin, pan ddaeth i ladd y doethion. ¹⁵ Dywedodd wrtho, "Ti, gennad y brenin, pam y mae dedfryd y brenin mor chwyrn?" ¹⁶ Eglurodd Arioch y cyfan i Daniel, ac aeth Daniel at y brenin a gofyn am amser, iddo gael cyfle i fynegi'r dehongliad iddo. ¹⁷ Yna aeth Daniel i'w dŷ ac adrodd yr hanes wrth ei gyfeillion, Hananeia, Misael ac Asareia, ¹⁸ a'u hannog hwy i erfyn am drugaredd gan Dduw'r nefoedd ynglŷn â'r dirgelwch hwn, rhag i Daniel a'i gyfeillion gael eu difa gyda'r gweddill o ddoethion Babilon. ¹⁹ Datguddiwyd y dirgelwch i Daniel mewn gweledigaeth nos. Bendithiodd Daniel Dduw'r nefoedd, a dyma'i eiriau:

²⁰ "Bendigedig fyddo enw Duw yn oes oesoedd;
eiddo ef yw doethineb a nerth.
²¹ Ef sy'n newid amserau a thymhorau,
yn diorseddu brenhinoedd a'u hadfer,
yn rhoi doethineb i'r doeth a gwybodaeth i'r deallus.
²² Ef sy'n datguddio pethau dwfn a chuddiedig,
yn gwybod yr hyn sydd yn dywyll;
gydag ef y trig goleuni.
²³ Diolchaf a rhof fawl i ti, O Dduw fy hynafiaid,
am i ti roi doethineb a nerth i mi.
Dangosaist i mi yn awr yr hyn a ofynnwyd gennym,
a rhoi gwybod inni beth sy'n poeni'r brenin."

Daniel yn Dehongli'r Freuddwyd i'r Brenin

²⁴ Yna aeth Daniel at Arioch, a benodwyd gan y brenin i ladd doethion Babilon, a dweud wrtho, "Paid â difa doethion Babilon. Dos â fi at y brenin, a mynegaf y dehongliad iddo." ²⁵ Brysiodd Arioch i fynd â Daniel at y brenin, a dweud wrtho, "Cefais ddyn ymhlith alltudion Jwda a all roi'r dehongliad i'r brenin." ²⁶ Meddai'r brenin wrth Daniel, a alwyd yn Beltesassar, "A fedri di ddweud wrthyf beth oedd y freuddwyd a welais, a'i dehongli?" ²⁷ Atebodd Daniel, "Nid oes doethion na swynwyr na dewiniaid na brudwyr a fedr ddehongli i'r brenin y dirgelwch y mae'n holi yn ei gylch; ²⁸ ond y mae Duw yn y nefoedd sy'n datguddio dirgelion, ac ef sy'n dangos i'r Brenin Nebuchadnesar beth a ddigwydd yn y dyfodol. Dyma'r freuddwyd a'r gweledigaethau a gefaist yn dy wely: ²⁹ Meddwl am y dyfodol yr oeddit ti, O frenin, yn dy wely; a mynegodd datguddiwr dirgelion iti beth sydd i ddod. ³⁰ Ond rhoddwyd datguddiad o'r dirgelwch i mi, nid am fy mod yn ddoethach na neb arall, ond er mwyn mynegi'r dehongliad i'r brenin, a pheri iti ddeall dy feddyliau. ³¹ O frenin, delw fawr a welaist yn y weledigaeth, ac yr oedd yn sefyll o'th flaen yn fawr ac yn llachar, a'i golwg yn codi arswyd. ³² Yr oedd pen y ddelw yn aur coeth, ei bron a'i breichiau'n arian, ei bol a'i chluniau'n

bres, ³³ ei choesau'n haearn, a'i thraed yn gymysgedd o haearn a chlai. ³⁴ Tra oeddit yn edrych, naddwyd carreg heb gymorth llaw; trawodd hon y ddelw yn ei thraed o haearn a chlai, a'u malurio. ³⁵ Yna drylliwyd yr haearn, y clai, y pres, yr arian a'r aur gyda'i gilydd, nes eu bod fel us llawr dyrnu yn yr haf. Chwythodd y gwynt hwy i ffwrdd, ac nid oedd golwg ohonynt. Ond tyfodd y garreg a faluriodd y ddelw yn fynydd mawr, a llenwi'r holl ddaear.

³⁶ "Dyna'r freuddwyd, ac yn awr fe rown y dehongliad i'r brenin. ³⁷ Yr wyt ti, O frenin, yn frenin y brenhinoedd; rhoddodd Duw'r nefoedd i ti frenhiniaeth, awdurdod, nerth a gogoniant, ³⁸ a'th ethol i lywodraethu ar bobl ac anifeiliaid y maes ac adar yr awyr ple bynnag y bônt. Ti yw'r pen aur. ³⁹ Ar dy ôl daw brenhiniaeth arall, wannach na thi. Yna trydedd frenhiniaeth, un o bres, yn teyrnasu dros yr holl ddaear. ⁴⁰ Wedyn pedwaredd frenhiniaeth, a fydd cyn gryfed â haearn. Ac fel y mae haearn yn malurio ac yn dryllio popeth, bydd hithau'n malurio ac yn dryllio'r rhain i gyd. ⁴¹ Fel y gwelaist y traed a'r bysedd yn gymysgedd o glai crochenydd a haearn, felly bydd brenhiniaeth ranedig; bydd peth ohoni'n gryf fel haearn, yn union fel y gwelaist yr haearn yn gymysg â'r pridd cleiog. ⁴² Ac fel yr oedd bysedd y traed yn gymysg o haearn ac o glai, felly y bydd rhan o'r frenhiniaeth yn gryf a rhan yn wan. ⁴³ Fel y gwelaist yr haearn yn gymysg â'r pridd cleiog, felly y byddant hwy'n priodi trwy'i gilydd*; ond ni lŷn y naill wrth y llall, fel nad yw haearn a phridd yn glynu. ⁴⁴ Yn nyddiau'r brenhinoedd hynny bydd Duw'r nefoedd yn sefydlu brenhiniaeth nas difethir byth, brenhiniaeth na chaiff ei gadael i eraill. Bydd hon yn dryllio ac yn rhoi terfyn ar yr holl freniniaethau eraill, ond bydd hi ei hun yn para am byth, ⁴⁵ fel y garreg a welaist yn cael ei naddu o'r mynydd heb gymorth llaw ac yn malurio'r haearn, y pres, y clai, yr arian, a'r aur. Dangosodd y Duw mawr i'r brenin beth sydd i ddigwydd ar ôl hyn. Y mae'r freuddwyd yn ddilys, a'i dehongliad yn sicr."

Y Brenin yn Gwobrwyo Daniel

⁴⁶ Yna plygodd y Brenin Nebuchadnesar i lawr ac ymgrymu i Daniel, a gorchymyn offrymu iddo aberth ac arogldarth. ⁴⁷ Dywedodd y brenin wrth Daniel, "Yn wir, Duw y duwiau ac Arglwydd y brenhinoedd yw eich Duw chwi, a datguddiwr dirgelion; oherwydd medraist ddatrys y dirgelwch hwn." ⁴⁸ Yna dyrchafodd y brenin Daniel a rhoi llawer iawn o anrhegion iddo, a'i wneud yn ben ar holl dalaith Babilon ac yn bennaeth doethion Babilon. ⁴⁹ Ar gais Daniel penododd y brenin Sadrach, Mesach ac Abednego yn llywodraethwyr yn nhalaith Babilon, ond arhosodd Daniel ei hun yn llys y brenin.

Nebuchadnesar yn Gorchymyn i Bawb Addoli'r Ddelw Aur

3 Gwnaeth y Brenin Nebuchadnesar ddelw aur drigain cufydd o uchder a chwe chufydd o led, a'i gosod yng ngwastadedd Dura yn nhalaith Babilon. ² A gwysiodd y Brenin Nebuchadnesar y tywysogion, y penaethiaid, y pendefigion, y rhaglawiaid, y trysorwyr, y barnwyr, y cyfreithwyr, a holl lywodraethwyr y taleithiau i ddod ynghyd i gysegru'r ddelw a wnaeth y Brenin Nebuchadnesar. ³ Yna daeth y tywysogion, y penaethiaid, y pendefigion, y rhaglawiaid, y trysorwyr, y barnwyr, y cyfreithwyr, a holl lywodraethwyr y taleithiau at ei gilydd i gysegru'r ddelw a wnaeth Nebuchadnesar, a sefyll o'i blaen. ⁴ Gwaeddodd y cyhoeddwr yn uchel, "Dyma'r gorchymyn i chwi bobloedd, genhedloedd ac ieithoedd. ⁵ Pan glywch sŵn y corn, y pibgorn, y delyn, y trigon, y crythau, a'r bagbib, a phob math o offeryn, syrthiwch ac addoli'r ddelw aur a wnaeth y Brenin Nebuchadnesar. ⁶ Pwy bynnag sy'n gwrthod syrthio ac addoli, caiff ei daflu ar unwaith i ganol ffwrn o dân poeth." ⁷ Felly, cyn gynted ag y clywodd yr holl bobl sŵn y corn, y pibgorn, y delyn, y trigon, y crythau, a'r bagbib, a phob math o offeryn,

---
2:43 Felly Fersiynau. Aramaeg, *trwy had dyn*.

syrthiodd y bobloedd a'r cenhedloedd a'r ieithoedd ac addoli'r ddelw aur a wnaeth Nebuchadnesar.

Y Ffwrnais o Dân Poeth

8 Dyna'r adeg y daeth rhai o'r Caldeaid â chyhuddiad yn erbyn yr Iddewon, 9 a dweud wrth y Brenin Nebuchadnesar, "O frenin, bydd fyw byth! 10 Rhoddaist orchymyn, O frenin, fod pawb a glywai sŵn y corn, y pibgorn, y delyn, y trigon, y crythau, a'r bagbib, a phob math o offeryn, i syrthio ac addoli'r ddelw aur, 11 a bod pob un sy'n gwrthod syrthio ac addoli i'w daflu i ganol ffwrnais o dân poeth. 12 Y mae rhyw Iddewon a benodaist yn llywodraethwyr yn nhalaith Babilon—Sadrach, Mesach ac Abednego—heb gymryd dim sylw ohonot, O frenin. Nid ydynt yn gwasanaethu dy dduwiau, nac yn addoli'r ddelw aur a wnaethost," 13 Yna, mewn tymer wyllt, anfonodd Nebuchadnesar am Sadrach, Mesach ac Abednego. Pan ddygwyd hwy o flaen y brenin, 14 dywedodd, "Sadrach, Mesach ac Abednego, a yw'n wir nad ydych yn gwasanaethu fy nuwiau i nac yn addoli'r ddelw aur a wneuthum? 15 Yn awr, a ydych yn barod i syrthio ac addoli'r ddelw a wneuthum, pan glywch sŵn y corn, y pibgorn, y delyn, y trigon, y crythau, a'r bagbib, a phob math o offeryn? Os na wnewch, teflir chwi ar unwaith i ganol ffwrnais o dân poeth. Pa dduw a all eich gwaredu o'm gafael?" 16 Atebodd Sadrach, Mesach ac Abednego y brenin, "Nid oes angen i ni dy ateb ynglŷn â hyn. 17 Y mae'r Duw a addolwn ni yn alluog i'n hachub, ac fe'n hachub o ganol y ffwrnais danllyd ac o'th afael dithau, O frenin; 18 a hyd yn oed os na wna, yr ydym am i ti wybod, O frenin, na wasanaethwn ni dy dduwiau nac addoli'r ddelw aur a wnaethost." 19 Yna cynddeiriogodd Nebuchadnesar, a newid ei agwedd tuag at Sadrach, Mesach ac Abednego. 20 Gorchmynnodd dwymo'r ffwrnais yn seithwaith poethach nag arfer, ac i filwyr praff o'i fyddin rwymo Sadrach, Mesach ac Abednego a'u taflu i'r ffwrnais dân. 21 Felly rhwymwyd y tri yn eu dillad—cotiau, crysau a chapiau—a'u taflu i ganol y ffwrnais dân. 22 Yr oedd gorchymyn y brenin mor chwyrn, a'r ffwrnais mor boeth, 23 yswyd y dynion oedd yn cario Sadrach, Mesach ac Abednego gan fflamau'r tân, a syrthiodd y tri gwron, Sadrach, Mesach ac Abednego, yn eu rhwymau i ganol y ffwrnais dân.

24 Yna neidiodd Nebuchadnesar ar ei draed mewn syndod a dweud wrth ei gynghorwyr, "Onid tri dyn a daflwyd gennym yn rhwym i ganol y tân?" "Gwir, O frenin," oedd yr ateb. 25 "Ond," meddai yntau, "rwy'n gweld pedwar o ddynion yn cerdded yn rhydd ynghanol y tân, heb niwed, a'r pedwerydd yn debyg i un o feibion y duwiau." 26 Yna aeth Nebuchadnesar at geg y ffwrnais a dweud, "Sadrach, Mesach ac Abednego, gweision y Duw Goruchaf, dewch allan a dewch yma." A daeth Sadrach, Mesach ac Abednego allan o ganol y tân. 27 Pan ddaeth tywysogion, penaethiaid, pendefigion a chynghorwyr y brenin at ei gilydd, gwelsant nad oedd y tân wedi cyffwrdd â chyrff y tri. Nid oedd gwallt eu pen wedi ei ddeifio, na'u dillad wedi eu llosgi, ac nid oedd arogl tân arnynt. 28 A dywedodd Nebuchadnesar, "Bendigedig yw Duw Sadrach, Mesach ac Abednego, a anfonodd ei angel i achub ei weision, a ymddiriedodd ynddo a herio gorchymyn y brenin, a rhoi eu cyrff i'r tân yn hytrach na gwasanaethu ac addoli unrhyw dduw ond eu Duw eu hunain. 29 Yr wyf yn gorchymyn fod unrhyw un, beth bynnag fo'i bobl, ei genedl, neu ei iaith, sy'n cablu Duw Sadrach, Mesach ac Abednego yn cael ei rwygo'n ddarnau, a bod ei dŷ i'w droi'n domen. Nid oes duw arall a all waredu fel hyn." 30 Yna parodd y brenin lwyddiant i Sadrach, Mesach ac Abednego yn nhalaith Babilon.

Ail Freuddwyd Nebuchadnesar

4 *"Y Brenin Nebuchadnesar at yr holl bobloedd a chenhedloedd ac ieithoedd trwy'r byd i gyd. Bydded heddwch i chwi! 2 Dewisais ddadlennu'r arwyddion

---

4:1 Aramaeg, 3:31.

a'r rhyfeddodau a wnaeth y Duw Goruchaf â mi.

³ Mor fawr yw ei arwyddion ef,
mor nerthol ei ryfeddodau!
Y mae ei frenhiniaeth yn frenhiniaeth dragwyddol,
a'i arglwyddiaeth o genhedlaeth i genhedlaeth.

⁴ * "Yr oeddwn i, Nebuchadnesar, yn mwynhau bywyd braf yn fy nhŷ a moethusrwydd yn fy llys. ⁵ Tra oeddwn ar fy ngwely, cefais freuddwyd a'm dychrynodd, a chynhyrfwyd fi gan fy nychmygion, a chododd fy ngweledigaethau arswyd arnaf. ⁶ Gorchmynnais ddwyn ataf holl ddoethion Babilon i ddehongli fy mreuddwyd. ⁷ Pan ddaeth y dewiniaid, y swynwyr, y Caldeaid, a'r hudolwyr, adroddais y freuddwyd wrthynt, ond ni fedrent ei dehongli. ⁸ Yna daeth un arall ataf, sef Daniel, a elwir Beltesassar ar ôl fy nuw i, dyn yn llawn o ysbryd y duwiau sanctaidd; ac adroddais fy mreuddwyd wrtho: ⁹ 'Beltesassar fy mhrif ddewin, gwn fod ysbryd y duwiau sanctaidd ynot ac nad oes dirgelwch sy'n rhy anodd i ti; gwrando ar y freuddwyd a welais, a mynega'i dehongliad.' ¹⁰ Dyma fy ngweledigaethau ar fy ngwely:

Tra oeddwn yn edrych, gwelais
goeden uchel iawn yng nghanol y ddaear.
¹¹ Tyfodd y goeden yn fawr a chryf,
a'i huchder yn cyrraedd i'r entrychion;
yr oedd i'w gweld o bellteroedd byd.
¹² Yr oedd ei dail yn brydferth a'i ffrwyth yn niferus,
ac ymborth arni i bopeth byw.
Oddi tani câi anifeiliaid loches,
a thrigai adar yr awyr yn ei changhennau,
a châi pob creadur byw fwyd ohoni.

¹³ "Tra oeddwn ar fy ngwely, yn edrych ar fy ngweledigaethau, gwelwn wyliwr sanctaidd yn dod i lawr o'r nefoedd, ¹⁴ ac yn gweiddi'n uchel,

'Torrwch y goeden, llifiwch ei changhennau;
tynnwch ei dail a gwasgarwch ei ffrwyth.
Gwnewch i'r anifeiliaid ffoi o'i chysgod a'r adar o'i changhennau.
¹⁵ Ond gadewch y boncyff a'i wraidd yn y ddaear,
a chadwyn o haearn a phres amdano yng nghanol y maes.
Bydd gwlith y nefoedd yn ei wlychu,
a bydd ei le gyda'r anifeiliaid sy'n pori'r ddaear.
¹⁶ Newidir y galon ddynol sydd ganddo
a rhoir calon anifail iddo yn ei le.
Bydd hyn dros saith cyfnod.
¹⁷ Dedfryd y gwylwyr yw hyn,
a dyma ddatganiad y rhai sanctaidd,
er mwyn i bawb byw wybod mai'r Goruchaf sy'n rheoli teyrnasoedd pobl ac yn eu rhoi i'r sawl a fyn, ac yn gosod yr isaf yn ben arni.'

Daniel yn Dehongli'r Freuddwyd

¹⁸ "Dyma'r freuddwyd a welais i, y Brenin Nebuchadnesar. Dywed tithau, Beltesassar, beth yw'r dehongliad, oherwydd ni fedr yr un o ddoethion fy nheyrnas ei dehongli imi, ond medri di, am fod ysbryd y duwiau sanctaidd ynot."
¹⁹ Aeth Daniel, a enwyd Beltesassar, yn fud am funud, a'i feddwl mewn penbleth. Dywedodd y brenin, "Paid â gadael i'r freuddwyd a'r dehongliad dy boeni, Beltesassar." Atebodd yntau, "Boed hon yn freuddwyd i'th gaseion, a'i dehongliad i'th elynion. ²⁰ Y goeden a welaist yn tyfu'n fawr a chryf, a'i huchder yn cyrraedd i'r entrychion ac i'w gweld o bellteroedd byd, ²¹ a'i dail yn brydferth, a'i ffrwyth yn niferus, ac ymborth arni i bopeth, a lloches i anifeiliaid oddi tani, a chartref i adar yr awyr yn ei changhennau— ²² ti, O frenin, yw'r goeden honno. Yr wyt wedi tyfu'n fawr a chryf, a'th fawredd wedi cynyddu ac wedi cyrraedd i'r entrychion, a'th frenhiniaeth yn ymestyn i bellteroedd byd. ²³ Fe welaist hefyd, O frenin, wyliwr sanctaidd yn dod i lawr ac yn dweud, 'Torrwch y goeden a difethwch hi, ond gadewch y boncyff a'i wraidd yn y ddaear, a chadwyn o haearn a phres

---

4:4 Aramaeg, 4:1.

amdano yng nghanol y maes; bydd gwlith y nefoedd yn ei wlychu, a bydd ei le gyda'r anifeiliaid, hyd nes i saith cyfnod fynd heibio.' ²⁴ Dyma'r dehongliad, O frenin: Datganiad y Goruchaf ynglŷn â'm harglwydd frenin yw hwn. ²⁵ Cei dy yrru o ŵydd pobl, a bydd dy gartref gyda'r anifeiliaid; byddi'n bwyta gwellt fel ych, a bydd gwlith y nefoedd yn dy wlychu. Bydd saith cyfnod yn mynd heibio, nes iti wybod mai'r Goruchaf sy'n rheoli teyrnasoedd pobl ac yn eu rhoi i'r sawl a fyn. ²⁶ Am y gorchymyn i adael boncyff y pren a'i wraidd, bydd dy frenhiniaeth yn sefydlog wedi iti ddeall mai'r nefoedd sy'n teyrnasu. ²⁷ Derbyn fy nghyngor, O frenin: tro oddi wrth dy bechodau trwy wneud cyfiawnder, a'th droseddau trwy wneud trugaredd â'r tlodion, iti gael dyddiau hir o heddwch."

²⁸ Digwyddodd hyn i gyd i'r Brenin Nebuchadnesar. ²⁹ Ym mhen deuddeng mis, yr oedd y brenin yn cerdded ar do ei balas ym Mabilon, ³⁰ ac meddai, "Onid hon yw Babilon fawr, a godais trwy rym fy nerth yn gartref i'r brenin ac er clod i'm mawrhydi?" ³¹ Cyn i'r brenin orffen siarad, daeth llais o'r nefoedd, "Dyma neges i ti, O Frenin Nebuchadnesar: Cymerwyd y frenhiniaeth oddi arnat. ³² Cei dy yrru o ŵydd pobl, a bydd dy gartref gyda'r anifeiliaid. Byddi'n bwyta gwellt fel ych, a bydd saith cyfnod yn mynd heibio, nes iti wybod mai'r Goruchaf sy'n rheoli teyrnasoedd pobl ac yn eu rhoi i'r sawl a fyn." ³³ Digwyddodd hyn ar unwaith i Nebuchadnesar. Cafodd ei yrru o ŵydd pobl; yr oedd yn bwyta gwellt fel ych, ei gorff yn wlyb gan wlith y nefoedd, ei wallt yn hir fel plu eryr, a'i ewinedd yn hir fel crafangau aderyn.

Nebuchadnesar yn Moli Duw

³⁴ "Ymhen amser, codais i, Nebuchadnesar, fy llygaid i'r nefoedd, ac adferwyd fy synnwyr. Yna bendithiais y Goruchaf, a moli a mawrhau'r un sy'n byw yn dragywydd.

Y mae ei arglwyddiaeth yn
arglwyddiaeth dragwyddol,
a'i frenhiniaeth o genhedlaeth i
genhedlaeth.
³⁵ Nid yw neb o drigolion y ddaear
yn cyfrif dim;
y mae'n gwneud fel y mynno â llu'r
nefoedd
ac â thrigolion y ddaear.
Ni fedr neb ei atal, a gofyn iddo,
'Beth wyt yn ei wneud?'

³⁶ Y pryd hwnnw adferwyd fy synnwyr a dychwelodd fy mawrhydi a'm clod, er gogoniant fy mrenhiniaeth. Daeth fy nghynghorwyr a'm tywysogion ataf. Cadarnhawyd fi yn fy nheyrnas, a rhoddwyd llawer mwy o rym i mi. ³⁷ Ac yn awr yr wyf fi, Nebuchadnesar, yn moli, yn mawrhau ac yn clodfori Brenin y Nefoedd, sydd â'i weithredoedd yn gywir a'i ffyrdd yn gyfiawn, ac yn gallu darostwng y balch."

Gwledd Belsassar

5 Gwnaeth y Brenin Belsassar wledd fawr i fil o'i dywysogion, ac yfodd win gyda hwy. ² Wedi cael blas y gwin, gorchmynnodd Belsassar ddwyn y llestri aur ac arian a ladrataodd ei dad Nebuchadnesar o'r deml yn Jerwsalem, er mwyn i'r brenin a'i dywysogion a'i wragedd a'i ordderchwragedd yfed ohonynt. ³ Felly dygwyd y llestri aur a ladratawyd o'r deml yn Jerwsalem, ac yfodd y brenin a'i dywysogion a'i wragedd a'i ordderchwragedd ohonynt. ⁴ Wrth yfed y gwin, yr oeddent yn moliannu duwiau o aur ac arian, o bres a haearn, o bren a charreg.

⁵ Yn sydyn, ymddangosodd bysedd llaw ddynol yn ysgrifennu ar blastr y pared gyferbyn â'r canhwyllbren yn llys y brenin, a gwelai'r brenin y llaw ddynol yn ysgrifennu. ⁶ Yna gwelwodd y brenin mewn dychryn, ac aeth ei gymalau'n llipa a'i liniau'n grynedig. ⁷ Galwodd y brenin am y swynwyr a'r Caldeaid a'r sêr-ddewiniaid, ac meddai wrth ddoethion Babilon, "Os medr unrhyw un ddarllen yr ysgrifen hon a'i dehongli i mi, caiff hwnnw wisg borffor, a chadwyn aur am ei wddf, a llywodraethu'n drydydd yn y deyrnas." ⁸ Yna daeth doethion y brenin ato, ond ni fedrent

ddarllen yr ysgrifen na'i dehongli i'r brenin. ⁹ Felly cynhyrfodd y Brenin Belsassar yn enbyd, a gwelwi, ac yr oedd ei dywysogion yn yr un dryswch.

¹⁰ Wrth glywed sŵn y brenin a'i dywysogion, daeth y frenhines i'r ystafell fwyta a dweud, "O frenin, bydd fyw byth! Paid ag edrych mor gynhyrfus a gwelw. ¹¹ Y mae gŵr yn dy deyrnas sy'n llawn o ysbryd y duwiau sanctaidd, ac yn amser dy dad dangosodd oleuni a deall, a doethineb fel doethineb y duwiau; a gwnaed ef gan dy dad, y Brenin Nebuchadnesar, yn ben ar y dewiniaid a'r swynwyr a'r Caldeaid a'r sêr-ddewiniaid. ¹² Gan fod yn Daniel, a alwodd y brenin yn Beltesassar, ysbryd ardderchog, a deall a dirnadaeth, a'r gallu i ddehongli breuddwydion ac esbonio dirgelion a datrys problemau, anfon yn awr am Daniel; gall ef roi dehongliad."

Daniel yn Dehongli'r Ysgrifen

¹³ Yna daethpwyd â Daniel at y brenin, a gofynnodd y brenin iddo, "Ai ti yw Daniel, un o'r caethgludion a ddug fy nhad, y brenin, o Jwda? ¹⁴ Rwy'n clywed fod ysbryd y duwiau ynot a'th fod yn llawn o oleuni a deall a doethineb ragorol. ¹⁵ Er i'r doethion a'r swynwyr ddod yma i ddarllen yr ysgrifen hon a'i dehongli i mi, nid ydynt yn medru rhoi dehongliad ohoni. ¹⁶ Ond rwy'n clywed dy fod ti'n gallu rhoi deongliadau a datrys problemau. Yn awr os medri ddarllen yr ysgrifen a'i dehongli i mi, cei wisg borffor, a chadwyn aur am dy wddf, a llywodraethu'n drydydd yn y deyrnas." ¹⁷ Yna atebodd Daniel y brenin, "Cei gadw d'anrhegion, a rhoi dy wobrwyon i eraill, ond fe ddarllenaf yr ysgrifen a'i dehongli i'r brenin. ¹⁸ Rhoes y Duw Goruchaf frenhiniaeth a mawredd a gogoniant ac urddas i'th dad Nebuchadnesar. ¹⁹ Ac oherwydd y mawredd a roed iddo, yr oedd yr holl bobloedd, cenhedloedd ac ieithoedd yn crynu mewn ofn o'i flaen. Gallai ladd neu gadw'n fyw, dyrchafu neu ddarostwng y neb a fynnai. ²⁰ Ond pan ymffrostiodd a mynd yn falch, fe'i diorseddwyd a chymerwyd ei ogoniant oddi arno. ²¹ Gyrrwyd ef o ŵydd pobl, rhoddwyd iddo galon anifail, ac yr oedd ei gartref gyda'r asynnod gwylltion. Yr oedd yn bwyta gwellt fel ych, ac yr oedd ei gorff yn wlyb gan wlith y nefoedd, nes iddo wybod mai'r Duw Goruchaf sy'n rheoli teyrnasoedd pobl ac yn eu rhoi i'r sawl a fyn. ²² Ond amdanat ti, ei fab Belsassar, er iti wybod hyn oll, ni ddarostyngaist dy hun. ²³ Yr wyt wedi herio Arglwydd y nefoedd trwy ddod â llestri ei dŷ ef o'th flaen, a thithau a'th dywysogion a'th wragedd a'th ordderchwragedd yn yfed gwin ohonynt. Yr wyt wedi moliannu duwiau o arian ac aur, o bres a haearn, o bren a charreg, nad ydynt yn clywed dim, nac yn gweld nac yn gwybod; ac nid wyt wedi mawrhau'r Duw y mae d'einioes a'th ffyrdd yn ei law. ²⁴ Dyna pam yr anfonwyd y llaw i ysgrifennu'r geiriau hyn. Fel hyn y mae'r ysgrifen yn darllen: 'Mene, Mene, Tecel, Wparsin.' ²⁶ A dyma'r dehongliad. 'Mene': rhifodd Duw flynyddoedd dy deyrnasiad, a daeth ag ef i ben. ²⁷ 'Tecel': pwyswyd di yn y glorian, a'th gael yn brin. ²⁸ 'Peres': rhannwyd dy deyrnas, a'i rhoi i'r Mediaid a'r Persiaid." ²⁹ Yna, ar orchymyn Belsassar, cafodd Daniel wisg borffor, a chadwyn o aur am ei wddf, a'i benodi yn drydydd llywodraethwr yn y deyrnas. ³⁰ A'r noson honno lladdwyd Belsassar, brenin y Caldeaid. ³¹ * A derbyniodd Dareius y Mediad y deyrnas, yn ŵr dwy a thrigain oed.

Daniel yn Ffau'r Llewod

6 *Penderfynodd Dareius benodi cant ac ugain o lywodraethwyr, un i fod dros bob rhan o'r deyrnas, ² a throstynt hwy dri rhaglaw, gan gynnwys Daniel; ac iddynt hwy yr oedd y llywodraethwyr yn gyfrifol, i warchod buddiannau'r brenin. ³ Yr oedd Daniel yn rhagori ar y rhaglawiaid a'r llywodraethwyr am fod ganddo ddawn arbennig, a bwriadai'r brenin ei osod dros yr holl deyrnas. ⁴ Yna chwiliodd y rhaglawiaid a'r llywodraethwyr am ryw achos ynglŷn â'r deyrnas y gallent ei ddwyn yn erbyn

---
5:31 Aramaeg, 6:1.
6:1 Aramaeg, 6:2.

Daniel, ond ni fedrent gael achos na bai ynddo; am ei fod mor ddidwyll, ni chawsant unrhyw amryfusedd na bai ynddo. ⁵ Yna dywedodd y dynion hyn, "Ni fedrwn gael unrhyw achos yn erbyn y Daniel hwn os na chawn rywbeth ynglŷn â chyfraith ei Dduw." ⁶ Felly aeth y rhaglawiaid a'r llywodraethwyr gyda'i gilydd at y brenin a dweud wrtho, "O Frenin Dareius, bydd fyw byth! ⁷ Y mae holl swyddogion y deyrnas, yn benaethiaid a llywodraethwyr, yn gynghorwyr a rhaglawiaid, yn unfryd â'i gilydd y dylai'r brenin wneud deddf a gorchymyn pendant fod pob un sydd, o fewn deg diwrnod ar hugain, yn ymbil ar unrhyw dduw neu ddyn, ar wahân i ti, O frenin, i'w daflu i ffau'r llewod. ⁸ Yn awr, O frenin, cadarnha'r gorchymyn ac arwydda'r ddogfen, fel na chaiff ei newid, yn ôl cyfraith ddigyfnewid y Mediaid a'r Persiaid." ⁹ Felly arwyddodd y Brenin Dareius y ddogfen a'r gorchymyn.

¹⁰ Pan glywodd Daniel fod y ddogfen wedi ei harwyddo, aeth i'w dŷ. Yr oedd ffenestri ei lofft yn agor i gyfeiriad Jerwsalem, ac yntau'n parhau i benlinio deirgwaith y dydd, a gweddïo a thalu diolch i'w Dduw, yn ôl ei arfer. ¹¹ Daeth y bobl hyn gyda'i gilydd a dal Daniel yn ymbil ac yn erfyn ar ei Dduw. ¹² Yna aethant at y brenin a'i atgoffa am ei orchymyn: "Onid wyt wedi arwyddo gorchymyn fod pob un sydd, o fewn deg diwrnod ar hugain, yn gweddïo ar unrhyw dduw neu ddyn ar wahân i ti, O frenin, i'w daflu i ffau'r llewod?" Atebodd y brenin, "Dyna'r gorchymyn, yn unol â chyfraith ddigyfnewid y Mediaid a'r Persiaid." ¹³ Dywedasant hwythau wrth y brenin, "Nid yw'r Daniel yma, o gaethglud Jwda, yn cymryd unrhyw sylw ohonot ti na'r gorchymyn a arwyddaist, O frenin, ond y mae'n gweddïo deirgwaith y dydd." ¹⁴ Pan glywodd y brenin hyn yr oedd yn drist iawn, a cheisiodd ffordd i achub Daniel, ac ymdrechu hyd fachlud haul i'w arbed. ¹⁵ Ond daeth y rhain gyda'i gilydd at y brenin a dweud wrtho, "Gwyddost, O frenin, fod pob gorchymyn a deddf o eiddo'r brenin yn ddigyfnewid yn ôl cyfraith y Mediaid a'r Persiaid." ¹⁶ Felly gorchmynnodd y brenin iddynt ddod â Daniel, a'i daflu i ffau'r llewod; ond dywedodd wrth Daniel, "Bydded i'th Dduw, yr wyt yn ei wasanaethu'n barhaus, dy achub." ¹⁷ Yna daethant â maen, a'i osod ar geg y ffau, a seliodd y brenin ef â'i sêl ei hun a sêl ei bendefigion, rhag bod unrhyw newid ar y dyfarniad yn erbyn Daniel.

¹⁸ Dychwelodd y brenin i'w balas a threulio'r noson mewn ympryd; ni ddaethpwyd â merched ato, ac ni allai gysgu. ¹⁹ Yn y bore, ar doriad gwawr, cododd y brenin a mynd ar frys at ffau'r llewod. ²⁰ Wedi iddo gyrraedd y ffau, galwodd ar Daniel mewn llais pryderus a dweud, "Daniel, gwas y Duw byw, a fedrodd dy Dduw, yr wyt yn ei wasanaethu'n barhaus, dy achub rhag y llewod?" ²¹ Atebodd Daniel y brenin, "O frenin, bydd fyw byth! ²² Anfonodd fy Nuw ei angel, a chau safn y llewod fel na wnaethant niwed i mi, am fy mod yn ddieuog yn ei olwg; ni wneuthum niwed i tithau chwaith, O frenin." ²³ Gorfoleddodd y brenin, a gorchymyn rhyddhau Daniel o'r ffau. A phan gafodd ei ryddhau, nid oedd unrhyw niwed i'w weld arno, am iddo ymddiried yn ei Dduw. ²⁴ Ac ar orchymyn y brenin, daethant â'r rhai oedd wedi cyhuddo Daniel, a'u taflu i ffau'r llewod, hwy a'u plant a'u gwragedd, a chyn iddynt gyrraedd gwaelod y ffau yr oedd y llewod wedi eu llarpio ac wedi malu eu hesgyrn yn chwilfriw.

²⁵ Yna ysgrifennodd y Brenin Dareius at yr holl bobloedd, o bob cenedl ac iaith trwy'r byd i gyd, "Heddwch fo i chwi! ²⁶ Yr wyf yn gorchymyn fod pawb ym mhob talaith o'm teyrnas i ofni a pharchu Duw Daniel.

Ef yw'r Duw byw, y tragwyddol;
  ni ddinistrir ei frenhiniaeth, a phery
    ei arglwyddiaeth byth.
²⁷ Y mae'n achub ac yn gwaredu,
  yn gwneud arwyddion a
    rhyfeddodau
  yn y nefoedd ac ar y ddaear;
  ef a achubodd Daniel o afael y
    llewod."

28 A llwyddodd y Daniel hwn yn ystod teyrnasiad Dareius a theyrnasiad Cyrus y Persiad.

Gweledigaeth y Pedwar Bwystfil

7 Yn y flwyddyn gyntaf i Belsassar brenin Babilon, cafodd Daniel freuddwyd a gweledigaethau tra oedd yn gorwedd ar ei wely. Ysgrifennodd Daniel y freuddwyd, a dyma sylwedd yr hanes a adroddodd. ² Yn fy ngweledigaeth yn y nos gwelais bedwar gwynt y nefoedd yn corddi'r môr mawr, ³ a phedwar bwystfil anferth yn codi o'r môr, pob un yn wahanol i'w gilydd. ⁴ Yr oedd y cyntaf fel llew a chanddo adenydd eryr; a thra oeddwn yn edrych, rhwygwyd ei adenydd a chodwyd ef oddi ar y ddaear a'i osod ar ei draed fel bod dynol, a rhoddwyd meddwl dynol iddo. ⁵ Yna gwelais fwystfil arall, yr ail, yn debyg i arth. Yr oedd yn hanner codi ar un ochr, ac yr oedd tair asen yn ei safn rhwng ei ddannedd, a dywedwyd wrtho, "Cyfod, bwyta lawer o gig." ⁶ Wedyn, a minnau'n dal i edrych, gwelais un arall, tebyg i lewpard, a phedair adain aderyn ar ei gefn; ac yr oedd gan y bwystfil bedwar pen, a rhoddwyd arglwyddiaeth iddo. ⁷ Yna, tra oeddwn yn edrych ar weledigaethau'r nos, gwelais bedwerydd bwystfil, un arswydus ac erchyll a chryf eithriadol, a chanddo ddannedd mawr o haearn; yr oedd yn bwyta ac yn malu ac yn sathru'r gweddill dan ei draed. Yr oedd hwn yn wahanol i'r holl fwystfilod eraill oedd o'i flaen, ac yr oedd ganddo ddeg o gyrn. ⁸ Fel yr oeddwn yn sylwi ar y cyrn, gwelais gorn arall, un bychan, yn codi o'u mysg, a thynnwyd tri o'r cyrn cyntaf o'u gwraidd i wneud lle iddo, ac yn y corn yma gwelais lygaid fel llygaid dynol a cheg yn traethu balchder.

Yr Hen Ddihenydd a'r Un fel Mab Dyn

⁹ Fel yr oeddwn yn edrych,
gosodwyd y gorseddau yn eu lle
ac eisteddodd Hen Ddihenydd;
yr oedd ei wisg cyn wynned â'r eira,
a gwallt ei ben fel gwlân pur;
yr oedd ei orsedd yn fflamau o dân,
a'i holwynion yn dân crasboeth.

¹⁰ Yr oedd afon danllyd yn llifo allan
o'i flaen.
Yr oedd mil o filoedd yn ei
wasanaethu
a myrdd o fyrddiynau'n sefyll ger ei
fron.
Eisteddodd y llys ac agorwyd y
llyfrau.

¹¹ Oherwydd sŵn geiriau balch y corn, daliais i edrych, ac fel yr oeddwn yn gwneud hynny lladdwyd y bwystfil a dinistrio'i gorff a'i daflu i ganol y tân. ¹² Collodd y bwystfilod eraill eu harglwyddiaeth, ond cawsant fyw am gyfnod a thymor. ¹³ Ac fel yr oeddwn yn edrych ar weledigaethau'r nos,

Gwelais un fel mab dyn yn dyfod ar
gymylau'r nef;
a daeth at yr Hen Ddihenydd a chael
ei gyflwyno iddo.
¹⁴ Rhoddwyd iddo arglwyddiaeth a
gogoniant a brenhiniaeth,
i'r holl bobloedd o bob cenedl ac
iaith ei wasanaethu.
Y mae ei arglwyddiaeth yn
dragwyddol a digyfnewid,
a'i frenhiniaeth yn un na ddinistrir.

Dehongli'r Gweledigaethau

¹⁵ Yr oeddwn i, Daniel, wedi fy nghynhyrfu'n fawr, a brawychwyd fi gan fy ngweledigaethau. ¹⁶ Euthum at un o'r rhai oedd yn sefyll yn ymyl, a gofynnais iddo beth oedd ystyr hyn i gyd. Atebodd yntau a rhoi dehongliad o'r cyfan imi: ¹⁷ "Pedwar brenin yn codi o'r ddaear yw'r pedwar bwystfil. ¹⁸ Ond bydd saint y Goruchaf yn derbyn y frenhiniaeth ac yn ei meddiannu'n oes oesoedd." ¹⁹ Yna dymunais wybod ystyr y pedwerydd bwystfil, a oedd yn wahanol i'r lleill i gyd, yn arswydus iawn, a chanddo ddannedd o haearn a chrafangau o bres, yn bwyta ac yn malu ac yn sathru'r gweddill dan ei draed; ²⁰ a hefyd ystyr y deg corn ar ei ben, a'r corn arall a gododd, a thri yn syrthio o'i flaen—y corn ac iddo lygaid, a cheg yn traethu balchder ac yn gwneud mwy o ymffrost na'r lleill. ²¹ Dyma'r corn a welais yn rhyfela yn erbyn y saint ac yn eu trechu, ²² hyd nes i'r Hen Ddihenydd ddyfod a dyfarnu o blaid saint y Goruchaf, ac i'r

saint feddiannu'r deyrnas. ²³ Dyma'i ateb: "Pedwaredd frenhiniaeth ar y ddaear yw'r pedwerydd bwystfil. Bydd hi'n wahanol i'r holl freniniaethau eraill; bydd yn ysu'r holl ddaear, ac yn ei sathru a'i malu. ²⁴ Saif y deg corn dros ddeg brenin a fydd yn codi; daw un arall ar eu hôl, yn wahanol i'r lleill, ac yn darostwng tri brenin. ²⁵ Bydd yn herio'r Goruchaf ac yn llethu saint y Goruchaf, ac yn cynllunio i newid y gwyliau a'r gyfraith; a chaiff awdurdod drostynt am dymor a thymhorau a hanner tymor. ²⁶ Yna bydd y llys yn eistedd, a dygir ymaith ei arglwyddiaeth, i'w distrywio a'i difetha'n llwyr. ²⁷ A rhoddir y frenhiniaeth a'r arglwyddiaeth, a gogoniant pob brenhiniaeth dan y nef, i bobl saint y Goruchaf. Brenhiniaeth dragwyddol fydd eu brenhiniaeth hwy, a bydd pob teyrnas yn eu gwasanaethu ac yn ufuddhau iddynt."

²⁸ Dyma ddiwedd yr hanes; ac yr oeddwn i, Daniel, wedi fy nghynhyrfu'n fawr ac yn welw, ond cedwais y pethau hyn i mi fy hun.

Gweledigaeth yr Hwrdd a'r Bwch Gafr

8 Yn y drydedd flwyddyn o deyrnasiad y Brenin Belsassar cefais i, Daniel, weledigaeth arall at yr un gyntaf a gefais. ² Yr oeddwn yn y palas yn Susan yn nhalaith Elam, a gwelais yn y weledigaeth fy mod wrth yr afon Ulai. ³ Edrychais i fyny a gwelais hwrdd yn sefyll ar lan yr afon. Yr oedd ganddo ddau gorn hir, gyda'r hiraf o'r ddau yn tyfu ar ôl y llall. ⁴ Gwelwn yr hwrdd yn cornio tua'r gorllewin, y gogledd a'r de, ac ni allai'r un anifail ei wrthsefyll na neb achub o'i afael. Yr oedd yn gwneud fel y mynnai, ac yn cyflawni gorchestion. ⁵ Fel yr oeddwn yn ystyried hyn gwelais fwch gafr a chanddo gorn enfawr rhwng ei lygaid; yr oedd yn dod o'r gorllewin ar draws yr holl wlad heb gyffwrdd â'r ddaear. ⁶ Daeth at yr hwrdd deugorn a welais yn sefyll ar lan yr afon, a rhuthro arno â'i holl nerth. ⁷ Gwelais ef yn nesáu'n ffyrnig at yr hwrdd, yn ei daro ac yn torri ei ddau gorn, ac am nad oedd yr hwrdd yn ddigon cryf i'w wrthsefyll, bwriodd ef i'r llawr a'i fathru; ac nid oedd neb i achub yr hwrdd o'i afael. ⁸ Yna ymorchestodd y bwch gafr yn fwy byth, ond yn ei anterth torrwyd y corn mawr, a chododd pedwar corn amlwg yn ei le, yn wynebu tua phedwar gwynt y nefoedd. ⁹ Ac allan o un ohonynt daeth corn bychan a dyfodd yn gryf tua'r de a'r dwyrain a'r wlad hyfryd. ¹⁰ Dyrchafodd hwn at lu'r nef, a thaflu rhai o'r llu ac o'r sêr i'r llawr a'u mathru. ¹¹ Ymchwyddodd yn erbyn tywysog y llu, a diddymu'r offrwm dyddiol a difetha'i gysegr. ¹² Mewn pechod gosodwyd llu yn erbyn yr offrwm dyddiol, a thaflu gwirionedd i'r llawr. Felly y llwyddodd yn y cwbl a wnaeth. ¹³ Clywais un o'r rhai sanctaidd yn siarad, ac un arall yn dweud wrth yr un a siaradai, "Am ba hyd y pery'r weledigaeth o'r offrwm dyddiol, a'r pechod anrheithiol, a sarnu'r cysegr a'r llu?" ¹⁴ Dywedodd wrtho*, "Am ddwy fil tri chant o ddyddiau, hwyr a bore; yna fe adferir y cysegr."

Gabriel yn Esbonio'r Weledigaeth

¹⁵ Ac fel yr oeddwn i, Daniel, yn edrych ar y weledigaeth ac yn ceisio'i deall, gwelwn un tebyg i fod dynol yn sefyll o'm blaen, ¹⁶ a chlywais lais dynol yn galw dros afon Ulai ac yn dweud, "Gabriel, esbonia'r weledigaeth." ¹⁷ Yna daeth Gabriel at y man lle'r oeddwn yn sefyll, a phan ddaeth, crynais mewn ofn a syrthio ar fy wyneb. Dywedodd wrthyf, "Deall, fab dyn, mai ag amser y diwedd y mae a wnelo'r weledigaeth." ¹⁸ Wrth iddo siarad â mi, syrthiais ar fy hyd ar lawr mewn llewyg, ond cyffryddodd ef â mi a'm gosod ar fy nhraed, ¹⁹ a dweud, "Yn wir rhof wybod iti beth a ddigwydd pan ddaw'r llid i ben, oherwydd y mae i'r diwedd ei amser penodedig. ²⁰ Brenhinoedd Media a Persia yw'r hwrdd deugorn a welaist. ²¹ Brenin Groeg yw'r bwch blewog, a'r corn mawr rhwng ei lygaid yw'r brenin cyntaf. ²² A'r un a dorrwyd, a phedwar yn codi yn ei le, dyma bedair brenhiniaeth yn codi o'r un genedl, ond heb feddu'r un nerth ag ef.

8:14 Felly Groeg. Hebraeg, *wrthyf*.

²³ Ac ar ddiwedd eu teyrnasiad,
pan fydd y troseddwyr yn eu
    hanterth,
fe gyfyd brenin creulon a chyfrwys.
²⁴ Bydd ei nerth yn fawr,*
ac fe wna niwed anhygoel;
fe lwydda yn yr hyn a wna,
ac fe ddinistria'r cedyrn a phobl y
    saint.
²⁵ Yn ei gyfrwystra fe wna i ddichell
    ffynnu;
cynllunia orchestion yn ei galon,
a heb rybudd fe ddinistria lawer.
Heria dywysog y tywysogion,
ond fe'i torrir i lawr heb gymorth
    llaw.
²⁶ Y mae'r weledigaeth a roddwyd
    am yr hwyr a'r bore yn wir;
ond cadw di'r weledigaeth dan sêl,
am ei bod yn cyfeirio at y dyfodol
    pell."

²⁷ Yr oeddwn i, Daniel, wedi diffygio, a bûm yn glaf am ddyddiau. Yna codais i wasanaethu'r brenin, wedi fy syfrdanu gan y weledigaeth a heb ei deall.

Gweddi Daniel

9 Daeth Dareius fab Ahasferus o linach y Mediaid yn frenin ar deyrnas y Caldeaid. ² Ym mlwyddyn gyntaf ei deyrnasiad, yr oeddwn i, Daniel, yn chwilio'r llyfrau ynglŷn â'r hyn a ddywedodd yr ARGLWYDD wrth Jeremeia'r proffwyd am nifer y blynyddoedd hyd derfyn dinistr Jerwsalem, sef deng mlynedd a thrigain. ³ Yna trois at yr Arglwydd Dduw mewn gweddi daer ac ymbil, gydag ympryd a sachliain a lludw. ⁴ Gweddïais ar yr ARGLWYDD fy Nuw a chyffesu a dweud, "O Arglwydd, y Duw mawr ac ofnadwy, sy'n cadw cyfamod ac sy'n ffyddlon i'r rhai sy'n ei garu ac yn cadw ei orchmynion, ⁵ yr ydym wedi pechu a gwneud camwedd a drwg, ac wedi gwrthryfela ac anwybyddu d'orchmynion a'th ddeddfau. ⁶ Ni wrandawsom ar dy weision y proffwydi, a fu'n llefaru yn dy enw wrth ein brenhinoedd a'n tywysogion a'n hynafiaid, ac wrth holl bobl y wlad. ⁷ I ti, Arglwydd, y perthyn cyfiawnder; ond heddiw fel erioed, cywilydd sydd i ni, bobl Jwda a thrigolion Jerwsalem a holl Israel, yn agos ac ymhell, ym mhob gwlad lle'r alltudiwyd hwy am iddynt dy fradychu. ⁸ O ARGLWYDD, cywilydd sydd i ni, i'n brenhinoedd a'n tywysogion a'n hynafiaid, am inni bechu yn dy erbyn. ⁹ Ond y mae trugaredd a maddeuant gan yr Arglwydd ein Duw, er inni wrthryfela yn ei erbyn ¹⁰ a gwrthod gwrando ar lais yr ARGLWYDD ein Duw i ddilyn ei gyfreithiau, a roddodd inni trwy ei weision y proffwydi. ¹¹ Y mae holl Israel wedi torri dy gyfraith a gwrthod gwrando ar dy lais; ac am inni bechu yn ei erbyn tywalltwyd arnom y felltith a'r llw sy'n ysgrifenedig yng nghyfraith Moses gwas Duw. ¹² Cyflawnodd yr hyn a ddywedodd amdanom ni ac am ein barnwyr trwy ddwyn dinistr mawr arnom, oherwydd ni ddigwyddodd yn unman ddim tebyg i'r hyn a ddigwyddodd yn Jerwsalem. ¹³ Daeth y dinistr hwn arnom, fel y mae'n ysgrifenedig yng nghyfraith Moses; eto nid ydym wedi ymbil ar yr ARGLWYDD ein Duw trwy droi oddi wrth ein camweddau ac ystyried dy wirionedd di. ¹⁴ Cadwodd yr ARGLWYDD olwg ar y dinistr hwn nes dod ag ef arnom, am fod yr ARGLWYDD ein Duw yn gyfiawn yn ei holl weithredoedd, a ninnau heb wrando ar ei lais.

¹⁵ "Ac yn awr, O Arglwydd ein Duw, sydd wedi achub dy bobl o wlad yr Aifft â llaw gref a gwneud enw i ti dy hun hyd heddiw, yr ydym ni wedi pechu a gwneud drygioni. ¹⁶ O Arglwydd, yn unol â'th holl weithredoedd cyfiawn, erfyniwn arnat i droi dy lid a'th ddigofaint oddi wrth dy ddinas Jerwsalem, dy fynydd sanctaidd, oherwydd am ein pechodau ni ac am gamweddau ein hynafiaid y mae Jerwsalem a'th bobl yn wawd i bawb o'n cwmpas. ¹⁷ Ac yn awr, ein Duw, gwrando ar weddi ac ymbil dy was, ac er dy fwyn dy hun pâr i'th wyneb ddisgleirio ar dy gysegr anghyfannedd. ¹⁸ Fy Nuw, gostwng dy glust a gwrando; agor dy lygaid ac edrych ar ein hanrhaith ac ar y

---

8:24 Felly Groeg. Hebraeg yn ychwanegu *ond nid yn ei nerth.*

ddinas y gelwir dy enw arni; nid oherwydd ein cyfiawnder ein hunain yr ydym yn ymbil o'th flaen, ond oherwydd dy aml drugareddau di. ¹⁹ Gwrando, O Arglwydd! Trugarha, O Arglwydd! Gwrando, O Arglwydd, a gweithreda! Er dy fwyn dy hun, fy Nuw, paid ag oedi, oherwydd dy enw di sydd ar dy ddinas ac ar dy bobl."

Gabriel yn Esbonio'r Broffwydoliaeth

²⁰ A thra oeddwn yn llefaru ac yn gweddïo, yn cyffesu fy mhechod a phechod fy mhobl Israel, ac yn ymbil o flaen yr ARGLWYDD fy Nuw dros fynydd sanctaidd fy Nuw, ²¹ ehedodd y gŵr Gabriel, a welais eisoes yn y weledigaeth, a chyffyrddodd â mi ar adeg yr offrwm hwyrol. ²² Esboniodd i mi a dweud, "Daniel, rwyf wedi dod yn awr i'th hyfforddi. ²³ Pan ddechreuaist ymbil, cyhoeddwyd gair, a deuthum innau i'w fynegi, oherwydd cefaist ffafr. Ystyria'r gair a deall y weledigaeth.

²⁴ "Nodwyd deg wythnos a thrigain i'th bobl ac i'th ddinas sanctaidd, i roi diwedd ar wrthryfel a therfyn ar bechodau, i wneud iawn am ddrygioni ac i adfer cyfiawnder tragwyddol; i roi sêl ar weledigaeth a phroffwydoliaeth, ac i eneinio'r lle sancteiddiolaf. ²⁵ Deall hyn ac ystyria: bydd saith wythnos o'r amser y daeth gorchymyn i ailadeiladu Jerwsalem hyd ddyfodiad tywysog eneiniog; yna am ddwy wythnos a thrigain adnewyddir heol a ffos, ond bydd yn amser adfyd. ²⁶ Ac ar ôl y ddwy wythnos a thrigain fe leddir yr un eneiniog heb neb o'i du, a difethir y ddinas a'r cysegr gan filwyr tywysog sydd i ddod. Bydd yn gorffen mewn llifeiriant, gyda rhyfel yn peri anghyfanedd-dra hyd y diwedd. ²⁷ Fe wna gyfamod cadarn â llawer am un wythnos, ac am hanner yr wythnos rhydd derfyn ar aberth ac offrwm. Ac yn sgîl y ffieiddbeth daw anrheithiwr*, a erys hyd y diwedd, pan dywelltir ar yr anrheithiwr yr hyn a ddywedwyd."

Y Weledigaeth ar Lan Afon Tigris

10 Yn y drydedd flwyddyn i Cyrus brenin Persia rhoddwyd datguddiad i Daniel, a elwid Beltesassar. Yr oedd yn ddatguddiad gwir, er ei bod yn ymdrech fawr ei ddeall; ond rhoddwyd iddo ddeall trwy'r weledigaeth.

² Yn y dyddiau hynny, yr oeddwn i, Daniel, mewn galar am dair wythnos. ³ Ni fwyteais ddanteithion ac ni chyffyrddais â chig na gwin, ac nid irais fy hun am y tair wythnos gyfan. ⁴ Ar y pedwerydd ar hugain o'r mis cyntaf, a minnau'n eistedd ar lan yr afon fawr, afon Tigris, ⁵ codais fy ngolwg a gwelais ddyn wedi ei wisgo mewn lliain, a gwregys o aur Offir am ei ganol. ⁶ Yr oedd ei gorff fel maen beryl a'i wyneb fel mellt; yr oedd ei lygaid fel ffaglau tân, ei freichiau a'i draed fel pres gloyw, a'i lais fel sŵn tyrfa. ⁷ Myfi, Daniel, yn unig a welodd y weledigaeth; ni welodd y rhai oedd gyda mi mohoni, ond daeth arnynt ddychryn mawr a ffoesant i ymguddio. ⁸ Gadawyd fi ar fy mhen fy hun i edrych ar y weledigaeth fawr hon; pallodd fy nerth, newidiodd fy ngwedd yn arswydus, ac euthum yn wan. ⁹ Fe'i clywais yn siarad, ac wrth wrando ar sŵn ei eiriau syrthiais ar fy hyd ar lawr mewn llewyg. ¹⁰ Yna cyffyrddodd llaw â mi, a'm gosod yn sigledig ar fy ngliniau a'm dwylo, ¹¹ a dywedodd wrthyf, "Daniel, cefaist ffafr; ystyria'r geiriau a lefaraf wrthyt, a saf ar dy draed, oherwydd anfonwyd fi atat." Pan lefarodd wrthyf, codais yn grynedig. ¹² Yna dywedodd wrthyf, "Paid ag ofni, Daniel, oherwydd o'r dydd cyntaf y penderfynaist geisio deall ac ymostwng o flaen dy Dduw, clywyd dy eiriau; ac oherwydd hynny y deuthum i. ¹³ Am un diwrnod ar hugain bu tywysog teyrnas Persia yn sefyll yn f'erbyn; yna daeth Mihangel, un o'r prif dywysogion, i'm helpu, pan adawyd fi yno gyda thywysog* brenhinoedd Persia. ¹⁴ Deuthum i roi gwybod i ti beth a ddigwydd i'th bobl yn niwedd y dyddiau, oherwydd gweledigaeth am y dyfodol yw hon hefyd."

9:27 Groeg, *Ac ar y pinacl bydd y ffieiddbeth diffeithiol.* Cymh. 11:31.

10:13 Felly Groeg. Hebraeg, *yno gyda*.

¹⁵ Wedi iddo ddweud hyn wrthyf, ymgrymais hyd lawr heb ddweud dim. ¹⁶ Yna cyffyrddodd un tebyg i fod dynol â'm gwefusau, ac agorais fy ngenau i siarad, a dywedais wrth yr un oedd yn sefyll o'm blaen, "F'arglwydd, y mae fy ngofid yn fawr oherwydd y weledigaeth, a phallodd fy nerth. ¹⁷ Sut y gall gwas f'arglwydd ddweud dim wrth f'arglwydd, a minnau yn awr heb nerth nac anadl ynof?" ¹⁸ Unwaith eto cyffyrddodd yr un tebyg i fod dynol â mi a'm cryfhau, ¹⁹ a dweud, "Paid ag ofni, cefaist ffafr; heddwch i ti. Bydd wrol, bydd gryf." Ac fel yr oedd yn siarad â mi cefais nerth, a dywedais, "Llefara, f'arglwydd, oblegid rhoddaist nerth i mi." ²⁰ Yna dywedodd, "A wyddost pam y deuthum atat? Dywedaf wrthyt beth sy'n ysgrifenedig yn llyfr y gwirionedd. Rwy'n dychwelyd yn awr i ymladd â thywysog Persia, ac wedyn fe ddaw tywysog Groeg.* ²¹ Ac nid oes neb yn fy nghynorthwyo yn erbyn y rhai hyn ar wahân i'ch tywysog Mihangel. ¹ Ac ym mlwyddyn gyntaf Dareius y Mediad, sefais innau i'w gryfhau a'i nerthu.

Yr Aifft a Syria

11 "Yn awr dywedaf y gwir wrthyt: cyfyd tri brenin arall yn Persia, ac yna pedwerydd, a fydd yn gyfoethocach o lawer na hwy i gyd, ac fel yr ymgryfha trwy ei gyfoeth bydd yn cyffroi pawb yn erbyn brenhiniaeth Groeg. ³ Yna fe gyfyd brenin cryf a llywodraethu dros ymerodraeth fawr a gwneud fel y myn. ⁴ Ond, cyn gynted ag y bydd mewn awdurdod, rhwygir ei deyrnas a'i rhannu i bedwar gwynt y nefoedd, ac nid i'w ddisgynyddion; ni fydd yn ymerodraeth fel ei eiddo ef, oherwydd diwreiddir ei frenhiniaeth a'i rhoi i eraill ar wahân i'r rhain. ⁵ Bydd brenin y de yn gryf, ond bydd un o'i dywysogion yn gryfach nag ef ac yn llywodraethu ar ymerodraeth fwy na'r eiddo ef. ⁶ Ymhen rhai blynyddoedd gwnânt gytundeb â'i gilydd, a daw merch brenin y de yn wraig i frenin y gogledd, i selio'r cytundeb; ond ni fydd ei dylanwad yn aros na'i hil yn para. Fe'i bradychir hi a'i gosgordd, a hefyd ei phlentyn a'r un a'i cynhaliodd. ⁷ Yna fe dyf blaguryn o'i gwraidd, a sefyll yn ei lle, a dod yn erbyn y fyddin i gaer brenin y gogledd, a llwyddo i'w threchu. ⁸ Bydd yn cludo ymaith i'r Aifft eu duwiau a'u heilunod a'u celfi gwerthfawr o arian ac aur. ⁹ Ni fydd ymosod ar frenin y gogledd am rai blynyddoedd, ond fe ddaw hwnnw yn erbyn teyrnas brenin y de, a dychwelyd i'w wlad ei hun.

¹⁰ "Bydd ei feibion yn ymbaratoi i ryfel ac yn casglu mintai gref o filwyr; ac fe ddaw un ohonynt a rhuthro ymlaen fel llif a rhyfela hyd at y gaer. ¹¹ Yna bydd brenin y de yn ffyrnigo ac yn ymladd yn erbyn brenin y gogledd; bydd hwnnw'n arwain llu mawr, ond rhoddir y llu yn llaw ei elyn. ¹² Pan orchfygir y llu, bydd yn ymfalchïo ac yn lladd myrddiynau, ond heb ennill buddugoliaeth. ¹³ Yna bydd brenin y gogledd yn codi llu arall, mwy na'r cyntaf, ac ymhen amser fe ddaw â byddin fawr ac adnoddau lawer. ¹⁴ Y pryd hwnnw bydd llawer yn gwrthryfela yn erbyn brenin y de, a therfysgwyr o blith dy bobl di yn codi, ac felly'n cyflawni'r weledigaeth, ond methu a wnânt. ¹⁵ Yna daw brenin y gogledd a gwarchae ar ddinas gaerog a'i hennill. Ni fydd byddinoedd y de, na'r milwyr dewisol, yn medru ei wrthsefyll, am eu bod heb nerth. ¹⁶ Bydd ei wrthwynebydd yn gwneud fel y myn, ac ni saif neb o'i flaen; bydd yn ymsefydlu yn y wlad hyfryd, a fydd yn llwyr dan ei awdurdod. ¹⁷ Ei fwriad fydd dod â holl rym ei deyrnas, ac yna fe wna gytundeb ag ef a rhoi iddo ferch yn briod er mwyn distrywio'r deyrnas; ond ni fydd hynny'n tycio nac yn troi'n fantais iddo. ¹⁸ Yna fe dry at yr ynysoedd, ac ennill llawer ohonynt, ond fe rydd pennaeth estron derfyn ar ei ryfyg, a throi ei ryfyg yn ôl arno ef ei hun. ¹⁹ Yna fe gilia'n ôl at amddiffynfeydd ei wlad; ond methu a wna, a syrthio a diflannu o'r golwg. ²⁰ Yn ei le daw un a fydd yn anfon allan swyddog i drethu golud y deyrnas; mewn ychydig ddyddiau fe'i torrir yntau i lawr, ond nid mewn cythrwfl nac mewn brwydr.

10:20 Hebraeg, trefn y ddwy frawddeg yn wahanol.

Brenin Dirmygus Syria

21 "Yn ei le ef cyfyd un dirmygus, ond ni roddir iddo ogoniant brenhinol. Yn ddirybudd y daw, a chymryd y frenhiniaeth trwy weniaith. 22 Ysgubir ymaith fyddinoedd nerthol o'i flaen, a'u dryllio hwy a thywysog y cyfamod hefyd. 23 Er iddo wneud cytundeb, bydd yn twyllo, ac yn para i gryfhau, er lleied yw ei genedl. 24 Heb rybudd meddianna rannau ffrwythlonaf y dalaith, a gwneud yr hyn na wnaeth yr un o'i hynafiaid, sef rhannu eu hysglyfaeth a'u hysbail a'u golud, a chynllwyn yn erbyn dinasoedd caerog, ond am gyfnod yn unig.

25 "Mewn nerth a balchder fe ymesyd â byddin fawr ar frenin y de, a daw yntau i ryfel â byddin fawr a chref iawn; ond ni fedr barhau, am fod rhai yn cynllwyn yn ei erbyn. 26 Y rhai sy'n bwyta wrth ei fwrdd a fydd yn ei ddifetha; ysgubir ymaith ei fyddin, a syrthia llawer yn gelain. 27 Bwriad drwg fydd gan y ddau frenin yma, ac er eu bod wrth yr un bwrdd, byddant yn dweud celwydd wrth ei gilydd; ond ni lwyddant, oherwydd ar yr amser penodedig fe ddaw'r diwedd. 28 Bydd brenin y gogledd yn dychwelyd i'w wlad ei hun a chanddo lawer o ysbail, ond â'i galon yn erbyn y cyfamod sanctaidd; ar ôl gweithredu, â'n ôl i'w wlad ei hun.

29 "Ar amser penodedig fe ddaw'n ôl eilwaith i'r de, ond ni fydd y tro hwn fel y tro cyntaf. 30 Daw llongau Chittim yn ei erbyn, a bydd yntau'n digalonni ac yn troi'n ôl; unwaith eto fe ddengys ei lid yn erbyn y cyfamod sanctaidd, a rhoi sylw i bawb sy'n ei dorri. 31 Daw rhai o'i filwyr a halogi'r cysegr a'r amddiffynfa, a dileu'r offrwm beunyddiol a gosod yno y ffieiddbeth diffeithiol. 32 Trwy ei weniaith fe ddena'r rhai sy'n torri'r cyfamod, ond bydd y bobl sy'n adnabod eu Duw yn gweithredu'n gadarn. 33 Bydd y deallus ymysg y bobl yn dysgu'r lliaws, ond am ryw hyd byddant yn syrthio trwy gleddyf a thân, trwy gaethiwed ac anrhaith. 34 Pan syrthiant, cânt rywfaint o gymorth, er y bydd llawer yn ymuno â hwy trwy weniaith. 35 Bydd rhai o'r deallus yn syrthio er mwyn cael eu puro a'u glanhau a'u cannu ar gyfer amser y diwedd, oherwydd y mae'r amser penodedig yn dod. 36 Bydd y brenin yn gwneud fel y myn, yn ymorchestu ac yn ymddyrchafu uwchlaw pob duw, ac yn cablu Duw y duwiau. Bydd yn llwyddo hyd ddiwedd y llid, oherwydd yr hyn a ordeiniwyd a fydd. 37 Nid ystyria dduwiau ei hynafiaid na'r duw a hoffir gan wragedd; nid ystyria'r un duw, ond ei osod ei hun yn uwch na hwy i gyd. 38 Yn eu lle fe anrhydedda dduw'r caerau; ag aur ac arian a meini gwerthfawr a phethau dymunol bydd yn anrhydeddu duw oedd yn ddieithr i'w hynafiaid. 39 Bydd yn gorfodi pobl duw dieithr i amddiffyn ei gaerau, yn rhoi anrhydedd i'r rhai sy'n ei gydnabod, yn gwneud iddynt lywodraethu dros y lliaws, ac yn rhannu tir iddynt am bris.

40 "Yn amser y diwedd daw brenin y de allan i ymladd, a daw brenin y gogledd fel corwynt yn ei erbyn â cherbydau a marchogion a llawer o longau; bydd hwnnw'n ymosod ar y gwledydd ac yn eu gorlifo. 41 Daw i'r wlad hyfryd, a chaiff llawer eu difa; ond bydd rhai, fel Edom a Moab a gweddill Ammon, yn dianc o'i afael. 42 Ymleda'i awdurdod dros y gwledydd, ac ni chaiff yr Aifft ei harbed. 43 Daw trysorau aur ac arian a holl bethau dymunol yr Aifft i'w feddiant, a bydd y Libyaid a'r Ethiopiaid yn ei ddilyn. 44 Ond daw newyddion o'r dwyrain a'r gogledd a'i gynhyrfu, ac fe â allan mewn cynddaredd i ladd a dinistrio llawer. 45 Gesyd bebyll ei bencadlys rhwng y môr a'r mynydd sanctaidd godidog; ond daw ei yrfa i ben heb neb yn ei helpu.

Yr Amser Diwethaf

12 "Ac yn yr amser hwnnw cyfyd Mihangel, y tywysog mawr, sy'n gwarchod dros dy bobl; a bydd cyfnod blin na fu erioed ei fath er pan ffurfiwyd cenedl hyd yr amser hwnnw. Ond yn yr amser hwnnw gwaredir dy bobl, pob un yr ysgrifennwyd ei enw yn y llyfr. 2 Bydd llawer o'r rhai sy'n cysgu yn llwch y ddaear yn deffro, rhai i fywyd tragwyddol, a rhai i waradwydd a dirmyg tragwyddol. 3 Disgleiria'r deallus fel y ffurfafen, a'r rhai sydd wedi troi llawer at gyfiawnder, byddant fel y sêr yn oes oesoedd. ⁴ Ond amdanat ti, Daniel, cadw'r geiriau'n ddiogel, a selia'r llyfr hyd amser y diwedd. Bydd llawer yn rhedeg yma ac acw, a bydd gofid* yn cynyddu."

⁵ Yna edrychais i, Daniel, a gweld dau arall yn sefyll un bob ochr i'r afon. ⁶ A gofynnodd y naill i'r llall, sef y gŵr mewn gwisg liain a oedd uwchlaw dyfroedd yr afon, "Pa bryd y bydd terfyn ar y rhyfeddodau?" ⁷ Sylwais ar y gŵr mewn gwisg liain a oedd ar lan bellaf yr afon; cododd ei ddwy law i'r nef a thyngu, "Cyn wired â bod y Tragwyddol yn fyw, am amser ac amserau a hanner amser y bydd hyn, a daw'r cwbl i ben pan roddir terfyn ar ddiddymu nerth y bobl sanctaidd." ⁸ Yr oeddwn yn clywed heb ddeall, a gofynnais, "F'arglwydd, beth a ddaw o hyn?" ⁹ Dywedodd yntau, "Dos, Daniel, oherwydd y mae'r geiriau wedi eu cadw'n ddiogel a'u selio hyd amser y diwedd. ¹⁰ Bydd llawer yn ymlanhau ac yn eu cannu eu hunain ac yn cael eu puro; bydd yr holl rai drygionus yn gwneud drwg heb ddeall, heb neb ond y deallus yn amgyffred. ¹¹ Ac o'r amser y diddymir yr aberth beunyddiol, a gosod yno y ffieiddbeth diffeithiol, bydd mil dau gant naw deg o ddyddiau. ¹² Gwyn ei fyd yr un fydd yn disgwyl ac yn cyrraedd y mil tri chant tri deg a phump o ddyddiau. ¹³ Dos dithau ymlaen hyd y diwedd; yna cei orffwys, a sefyll i dderbyn dy ran yn niwedd y dyddiau."

12:4 Neu, *gwybodaeth*.

LLYFR
HOSEA

1 Gair yr ARGLWYDD at Hosea fab Beeri yn nyddiau Usseia, Jotham, Ahas a Heseceia, brenhinoedd Jwda, ac yn nyddiau Jeroboam fab Joas, brenin Israel.

Gwraig a Phlant Hosea

² Dyma ddechrau geiriau'r ARGLWYDD trwy Hosea. Dywedodd yr ARGLWYDD wrth Hosea, "Dos, cymer iti wraig o butain, a phlant puteindra, oherwydd puteiniodd y wlad i gyd trwy gilio oddi wrth yr ARGLWYDD." ³ Fe aeth a chymryd Gomer, merch Diblaim; beichiogodd hithau a geni mab iddo. ⁴ Yna dywedodd yr ARGLWYDD wrtho, "Enwa ef Jesreel, oherwydd ymhen ychydig eto dialaf ar dŷ Jehu am waed Jesreel*, ⁵ a rhof derfyn ar frenhiniaeth tŷ Israel. Y dydd hwnnw torraf fwa Israel yn nyffryn Jesreel."

⁶ Beichiogodd Gomer eilwaith a geni merch. A dywedodd yr ARGLWYDD wrth Hosea, "Enwa hi Lo-ruhama*, oherwydd ni wnaf drugaredd mwyach â thŷ Israel, i roi maddeuant iddynt. ⁷ Ond gwnaf drugaredd â thŷ Jwda, a gwaredaf hwy trwy'r ARGLWYDD eu Duw; ond ni waredaf hwy trwy'r bwa, y cleddyf, rhyfel, meirch na marchogion."

⁸ Wedi iddi ddiddyfnu Lo-ruhama, beichiogodd Gomer a geni mab. ⁹ A dywedodd yr ARGLWYDD, "Enwa ef Lo-ammi*, oherwydd nid ydych yn bobl i mi, na minnau'n Dduw i chwithau."

1:4 H.y., *Heua Duw*.
1:6 Hebraeg, *Heb-drugaredd*.
1:9 Hebraeg, *Nid-fy-mhobl*.

Adfer Israel

¹⁰ * Bydd nifer plant Israel fel tywod
  y môr,
na ellir ei fesur na'i rifo.
Yn y lle y dywedwyd wrthynt, "Nid-
  fy-mhobl ydych",
fe ddywedir wrthynt, "Meibion y
  Duw byw".
¹¹ Cesglir ynghyd blant Jwda a
  phlant Israel,
a gosodant iddynt un pen;
dônt i fyny o'r wlad,
oherwydd mawr fydd dydd Jesreel.

Gomer Anffyddlon—Israel Anffyddlon

2 * "Dywedwch wrth eich brodyr, 'Fy-
  mhobl*',
ac wrth eich chwiorydd, 'Cafodd-
  drugaredd*'.
² Plediwch â'ch mam, plediwch—
onid yw'n wraig i mi,
a minnau'n ŵr iddi hi?—
ar iddi symud ei phuteindra o'i
  hwyneb,
a'i godineb oddi rhwng ei bronnau.
³ Onid e, byddaf yn ei diosg yn noeth
ac yn ei gosod fel ar ddydd ei
  geni,
a'i gwneud fel anialwch a'i gosod fel
  tir sych,
a'i lladd â syched;
⁴ ni wnaf drugaredd â'i phlant,
am eu bod yn blant puteindra.
⁵ Oherwydd i'w mam buteinio,
ac i'r hon a'u cariodd ymddwyn yn
  waradwyddus,
a dweud, 'Af ar ôl fy nghariadon,
sy'n rhoi imi fy mara a'm dŵr, fy
  ngwlân a'm llin, fy olew a'm
  diod'—
⁶ am hynny, caeaf ei* ffordd â drain,
a gosodaf rwystr rhag iddi gael ei
  llwybrau.
⁷ Fe ymlid ei chariadon heb eu dal,
fe'u cais heb eu cael;
yna dywed, 'Dychwelaf at y gŵr oedd
  gennyf,
gan ei bod yn well arnaf y pryd
  hwnnw nag yn awr.'
⁸ Ond ni ŵyr hi mai myfi a roddodd
  iddi ŷd a gwin ac olew,
ac amlhau iddi arian ac aur, pethau
  a roesant hwy i Baal.
⁹ Felly, cymeraf yn ôl fy ŷd yn ei bryd
  a'm gwin yn ei dymor;
dygaf ymaith fy ngwlân a'm llin, a
  guddiai ei noethni.
¹⁰ Yn awr, dinoethaf ei gwarth
  gerbron ei chariadon,
ac ni fyn yr un ohonynt ei chipio o'm
  llaw.
¹¹ Rhof derfyn ar ei holl lawenydd,
ei gwyliau, ei newydd-loerau, ei
  Sabothau a'i gwyliau sefydlog.
¹² Difethaf ei gwinwydd a'i
  ffigyswydd, y dywedodd
  amdanynt,
'Dyma fy nhâl, a roes fy nghariadon i
  mi.'
Gwnaf hwy'n goedwig, a bydd yr
  anifeiliaid gwylltion yn eu difa.
¹³ Cosbaf hi am ddyddiau gŵyl y
  Baalim, pan losgodd arogldarth
  iddynt,
a gwisgo'i modrwy a'i haddurn,
a mynd ar ôl ei chariadon a'm
  hanghofio i," medd yr ARGLWYDD.

Yr ARGLWYDD yn Caru ei Bobl

¹⁴ "Am hynny, wele, fe'i denaf;
af â hi i'r anialwch, a siarad yn
  dyner wrthi.
¹⁵ Rhof iddi yno ei gwinllannoedd,
a bydd dyffryn Achor* yn ddrws
  gobaith.
Yno fe ymetyb hi fel yn nyddiau ei
  hieuenctid,
fel yn y dydd y daeth i fyny o wlad yr
  Aifft.
¹⁶ "Yn y dydd hwnnw," medd yr
ARGLWYDD, "gelwi fi 'Fy ngŵr', ac ni'm
gelwi mwyach 'Fy Baal*'; ¹⁷ symudaf
ymaith enwau'r Baalim o'i genau, ac ni
chofir hwy mwy wrth eu henwau. ¹⁸ Yn y
dydd hwnnw gwnaf i ti* gyfamod â'r
anifeiliaid gwylltion, ac adar yr awyr ac
ymlusgiaid y ddaear; symudaf o'r tir y

1:10 Hebraeg, 2:1.
2:1 Hebraeg, 2:3.
2:1 Hebraeg, *Ammi*.
2:1 Hebraeg, *Ruhama*.
2:6 Felly Groeg a Syrieg. Hebraeg, *dy*.
2:15 H.y., *Helynt*.
2:16 H.y., *Fy meistr*.
2:18 Hebraeg, *iddynt hwy*.

bwa, y cleddyf, a rhyfel, a gwnaf i ti*
orffwyso mewn diogelwch. ¹⁹ Fe'th
ddyweddïaf â mi fy hun dros byth; fe'th
ddyweddïaf â mi mewn cyfiawnder a
barn, mewn cariad a thrugaredd.
²⁰ Fe'th ddyweddïaf â mi mewn
ffyddlondeb, a byddi'n adnabod yr
ARGLWYDD.

> ²¹ "Yn y dydd hwnnw," medd yr
>   ARGLWYDD,
> "atebaf y nef, ac etyb hithau y
>   ddaear;
> ²² etyb y ddaear yr ŷd, y gwin a'r
>   olew,
> ac atebant hwythau Jesreel*;
> ²³ ac fe'i heuaf i mi fy hun yn y tir.
> Gwnaf drugaredd â Lo-ruhama*;
> dywedaf wrth Lo-ammi*, 'Fy-mhobl
>   wyt ti',
> a dywed yntau, 'Fy Nuw'."

Hosea a'r Wraig Anffyddlon

3 Dywedodd yr ARGLWYDD wrthyf,
"Dos eto, câr wraig a gerir gan arall ac
sy'n odinebwraig, fel y câr yr ARGLWYDD
blant Israel er iddynt droi at dduwiau
eraill a hoffi teisennau grawnwin."
² Felly, fe'i prynais am bymtheg darn
arian, a homer a hanner o haidd.
³ Dywedais wrthi, "Aros amdanaf am
ddyddiau lawer, heb buteinio na'th roi
dy hun i neb; felly y gwnaf finnau i ti."
⁴ Oherwydd am ddyddiau lawer yr erys
plant Israel heb frenin na thywysog, heb
offrwm na cholofn, heb effod na
theraffim. ⁵ Wedi hyn, bydd plant Israel
yn troi eto i geisio'r ARGLWYDD eu Duw a
Dafydd eu brenin, ac yn troi mewn braw
yn y dyddiau diwethaf at yr ARGLWYDD
ac at ei ddaioni.

Cyhuddiadau'r ARGLWYDD

4 Clywch air yr ARGLWYDD, blant
    Israel.
> Y mae gan yr ARGLWYDD achos yn
>   erbyn trigolion y tir,
> am nad oes ffyddlondeb, cariad na
>   gwybodaeth o Dduw yn y tir,
> ² ond tyngu a chelwydda, lladd a
>   lladrata,
> godinebu a threisio, a lladd yn dilyn
>   lladd.
> ³ Am hynny, galara'r wlad, nycha'i
>   holl drigolion;
> dygir ymaith anifeiliaid y maes,
> adar yr awyr hefyd a physgod y môr.

> ⁴ "Peidied neb ag ymryson, ac na
>   chyhudded neb;
> y mae fy achos yn dy erbyn di,
>   offeiriad.*
> ⁵ Yr wyt yn baglu liw dydd,
> a syrth y proffwyd hefyd gyda thi yn
>   y nos.
> Dinistriaf dy fam;
> ⁶ difethir fy mhobl o eisiau
>   gwybodaeth;
> am i ti wrthod gwybodaeth y
>   gwrthodaf di yn offeiriad imi;
> am i ti anghofio cyfraith dy Dduw yr
>   anghofiaf finnau dy blant.

> ⁷ "Fel yr amlhânt, mwy y pechant yn
>   f'erbyn;
> trof eu gogoniant yn warth.
> ⁸ Bwytânt bechod fy mhobl,
> ac estyn eu safn at eu drygioni.
> ⁹ Bydd y bobl fel yr offeiriad;
> fe'u cosbaf am eu ffyrdd a dial
>   arnynt am eu gweithredoedd.
> ¹⁰ Bwytânt, ond heb eu digoni,
> puteiniant, ond heb amlhau,
> am iddynt ddiystyru yr ARGLWYDD.

> ¹¹ "Y mae puteindra, gwin a gwin
>   newydd
> yn dwyn ymaith y deall.
> ¹² Y mae fy mhobl yn ymofyn â
>   phren, a'u gwialen sy'n eu
>   cyfarwyddo;
> oherwydd ysbryd puteindra a'u
>   camarweiniodd,
> troesant mewn puteindra oddi wrth
>   eu Duw.
> ¹³ Y maent yn aberthu ar bennau'r
>   mynyddoedd,
> ac yn offrymu ar y bryniau,
> o dan y dderwen, y boplysen a'r
>   terebinth
> am fod eu cysgod yn dda.

2:18 Hebraeg, *iddynt hwy.*
2:22 H.y., *Heua Duw.*
2:23 H.y., *Heb-drugaredd.*
2:23 H.y., *Nid-fy-mhobl.*

4:4 Felly Groeg. Hebraeg, *y mae dy bobl fel rhai'n dadlau ag offeiriad.*

"Am hynny, y mae eich merched yn
  puteinio
a'ch merched-yng-nghyfraith yn
  godinebu.
14 Ni chosbaf eich merched pan
  buteiniant,
na'ch merched-yng-nghyfraith pan
  odinebant,
oherwydd y mae'r dynion yn troi at
  buteiniaid
ac yn aberthu gyda phuteiniaid y
  cysegr.
Pobl heb ddeall, fe'u difethir.
15 "Er i ti buteinio, Israel, na fydded
  Jwda'n euog.
Peidiwch â mynd i Gilgal, nac i fyny i
  Beth-afen,
a pheidiwch â thyngu, 'Cyn wired â
  bod yr ARGLWYDD yn fyw.'
16 Fel heffer anhydrin y mae Israel yn
  anodd ei thrin;
a all yr ARGLWYDD yn awr eu bwydo
  fel oen mewn porfa?
17 "Glynodd Effraim wrth eilunod;
  gadawer iddo.
18 Cwmni o feddwon wedi ymollwng i
  buteindra!
Syrthiodd ei arweinwyr mewn cariad
  â gwarth.
19 Clymodd y gwynt hwy* yn ei
  adenydd,
a chywilyddiant oherwydd eu
  haberthau.

Barn ar Israel

5 "Clywch hyn, offeiriaid;
  gwrandewch, dŷ Israel;
daliwch sylw, dylwyth y brenin.
  Arnoch chwi y daw'r farn,
am i chwi fod yn fagl yn Mispa ac yn
  rhwyd wedi ei thaenu ar Tabor;
2 gwnaethant bwll Sittim* yn ddwfn.
  Ond fe gosbaf fi bawb ohonynt.
3 "Adwaenais Effraim, ac ni
  chuddiodd Israel ei hun oddi
  wrthyf;
ond yn awr, O Effraim, fe
  buteiniaist, ac fe'i halogodd
  Israel ei hun.

4 Ni chaniatâ eu gweithredoedd
  iddynt droi at eu Duw,
am fod ysbryd puteindra o'u mewn,
  ac nad adwaenant yr ARGLWYDD."

Rhybudd rhag Eilunaddoliaeth

5 Y mae balchder Israel yn tystio yn
  ei erbyn;
syrth Israel ac Effraim trwy eu
  camwedd,
syrth Jwda hefyd gyda hwy.
6 Ânt gyda'u defaid a'u gwartheg i
  geisio'r ARGLWYDD,
ond heb ei gael—ciliodd oddi
  wrthynt.
7 Buont dwyllodrus i'r ARGLWYDD,
  gan iddynt eni plant
  anghyfreithlon.
Yn awr, fe ddifa'r gorthrymydd* eu
  rhandiroedd.

Rhyfel rhwng Jwda ac Israel

8 "Canwch utgorn yn Gibea a
  thrwmped yn Rama;
rhowch floedd yn Beth-afen: 'Ar dy ôl
  di, Benjamin!'
9 Bydd Effraim yn anrhaith yn nydd
  y cosbi;
mynegaf yr hyn sydd sicr ymysg
  llwythau Israel.
10 Y mae tywysogion Jwda fel rhai
  sy'n symud terfyn;
bwriaf fy llid arnynt fel dyfroedd.
11 Gorthrymwyd Effraim, fe'i
  drylliwyd trwy farn,
oherwydd iddo ddewis dilyn
  gwagedd*.
12 Byddaf fel dolur crawnllyd i
  Effraim,
ac fel cancr i dŷ Jwda.
13 "Pan welodd Effraim ei glefyd a
  Jwda ei ddoluriau,
aeth Effraim at Asyria ac anfonodd
  at frenin mawr*;
ond ni all ef eich gwella na'ch iacháu
  o'ch doluriau.
14 Oherwydd yr wyf fi fel llew i
  Effraim, ac fel llew ifanc i dŷ
  Jwda;

4:19 Hebraeg, *hi*.
5:2 Tebygol. Hebraeg yn ansicr.
5:7 Tebygol. Hebraeg, *lleuad newydd*.
5:11 Cymh. Groeg a Syrieg. Hebraeg, *gorchymyn*.
5:13 Hebraeg, *Jareb*.

myfi, ie myfi, a larpiaf, ac af ymaith;
cipiaf, ac ni bydd gwaredydd.

¹⁵ "Dychwelaf drachefn i'm lle, nes
  iddynt weld eu bai,
a chwilio amdanaf, a'm ceisio yn eu
  hadfyd."

Edifeirwch Ffuantus

6 "Dewch, dychwelwn drachefn at yr
    ARGLWYDD;
fe'n drylliodd, ac fe'n hiachâ;
fe'n trawodd, ac fe'n
  meddyginiaetha.
² Fe'n hadfywia ar ôl deuddydd,
a'n codi ar y trydydd dydd, inni fyw
  yn ei ŵydd.
³ Gadewch inni adnabod, ymdrechu
  i adnabod, yr ARGLWYDD;
y mae ei ddyfodiad mor sicr â'r
  wawr;
daw fel glaw atom, fel glaw gwanwyn
  sy'n dyfrhau'r ddaear."

⁴ "Beth a wnaf i ti, Effraim? Beth a
    wnaf i ti, Jwda?
Y mae dy ffyddlondeb fel tarth y
  bore, fel gwlith sy'n codi'n
  gynnar.
⁵ Am hynny, fe'u drylliais trwy'r
  proffwydi,
fe'u lleddais â geiriau fy ngenau,
a daw fy marn allan fel goleuni.
⁶ Oherwydd ffyddlondeb a geisiaf, ac
  nid aberth,
gwybodaeth o Dduw yn hytrach na
  phoethoffrymau.
⁷ Yn Adma* torasant gyfamod,
yno buont dwylloddrus tuag ataf.
⁸ Dinas rhai ofer yw Gilead,
wedi ei thrybaeddu â gwaed.
⁹ Fel y bydd lladron yn disgwyl am
    rywun,
felly'r ymunodd yr offeiriaid yn
  fintai;
byddant yn lladd ar y ffordd i
  Sichem,
yn wir, yn gwneud anfadwaith.
¹⁰ Yng nghysegr Israel gwelais beth
    erchyll;
yno y mae puteindra Effraim, ac yr
  halogodd Israel ei hun.

6:7 Hebraeg, *Fel Adda*.

¹¹ I tithau hefyd, Jwda, paratowyd
    cynhaeaf.

7 "*Pan ddymunaf adfer llwyddiant fy
    mhobl ac iacháu Israel,
datguddir camwedd Effraim a
  drygioni Samaria,
oherwydd y maent yn ymddwyn yn
  ffals;
y mae lleidr yn torri i mewn,
ysbeiliwr yn anrheithio ar y
  stryd.
² Nid ydynt yn ystyried fy mod yn
  cofio'u holl ddrygioni;
y mae eu gweithredoedd yn gylch o'u
  cwmpas,
y maent yn awr ger fy mron.
³ Y maent yn llawenychu'r brenin â'u
    drygioni,
a'r tywysogion â'u celwyddau.
⁴ Y mae pawb ohonynt yn odinebwyr
  fel ffwrn a daniwyd gan bobydd,
nad oes angen ei chyffwrdd o
  dyliniad y toes nes iddo godi.
⁵ Ar ddydd gŵyl ein brenin
clafychodd y tywysogion gan
  effaith gwin;
estynnodd yntau ei law gyda'r
  gwatwarwyr.
⁶ Fel ffwrn y mae* eu calon yn llosgi
  gan ddichell;
ar hyd y nos bydd eu dicter yn mud-
  losgi;
yn y bore bydd yn cynnau fel fflamau
  tân.
⁷ Y mae pawb ohonynt yn boeth fel
    ffwrn, ac ysant eu barnwyr;
syrthiodd eu holl frenhinoedd, ac ni
  eilw yr un ohonynt arnaf.

Israel a'r Cenhedloedd

⁸ "Y mae Effraim wedi ymgymysgu
    â'r cenhedloedd;
y mae Effraim fel teisen heb ei throi.
⁹ Y mae estroniaid yn ysu ei nerth,
  ac yntau heb wybod;
lledodd penwynni drosto, ac yntau
  heb wybod.
¹⁰ Y mae balchder Israel yn tystio yn
    ei erbyn;

7:1 Hebraeg, 6:11.
7:6 Cymh. Groeg. Hebraeg, *y dygasant yn agos*.

eto ni ddychwelant at yr ARGLWYDD
  eu Duw,
ac ni cheisiant ef, er hyn i gyd.

¹¹ "Y mae Effraim fel colomen,
  yn ffôl a diddeall;
galwant ar yr Aifft, ânt i Asyria.
¹² Fel yr ânt, lledaf fy rhwyd
    drostynt,
a'u dwyn i lawr fel adar yr awyr;
fe'u cosbaf fel rhybudd cyhoeddus.
¹³ Gwae hwy am grwydro oddi
    wrthyf!
Distryw arnynt am wrthryfela yn
  f'erbyn!
Gwaredwn hwy, ond dywedant
  gelwydd amdanaf.
¹⁴ "Ni lefant o ddifrif arnaf, ond
    dolefant ar eu gwelyau;
am ŷd a gwin fe'u hanafant eu
  hunain, gwrthryfelant yn f'erbyn.
¹⁵ Er i mi eu dysgu a nerthu eu
    breichiau,
eto dyfeisiant ddrwg yn f'erbyn.
¹⁶ Trônt yn ôl heb lwyddo*; y maent
    fel bwa twyllodrus;
syrth eu penaethiaid â'r cleddyf
  oherwydd haerllugrwydd eu
  tafodau.
Dyma'u dirmyg yng ngwlad yr Aifft.

Condemnio Eilunaddoliaeth Israel

8 "At dy wefus â'r utgorn!
Y mae un tebyg i eryr yn erbyn tŷ'r
  ARGLWYDD,
am iddynt dorri fy nghyfamod
a gwrthryfela yn erbyn fy nghyfraith.
² Llefant arnaf, 'O Dduw, yr ydym ni,
  Israel, yn dy adnabod.'
³ Ffieiddiodd Israel ddaioni;
bydd gelyn yn ei ymlid yntau.

⁴ "Gwnaethant frenhinoedd, ond nid
    trwof fi;
gwnaethant dywysogion, nad
  oeddwn yn eu hadnabod.
Â'u harian a'u haur gwnaethant
  iddynt eu hunain ddelwau,
a hynny er distryw.
⁵ Ffieiddiais* dy lo, Samaria;

cyneuodd fy llid yn ei erbyn.
⁶ Pa hyd y methant ymlanhau yn
    Israel?*
Crefftwr a'i gwnaeth;
nid yw'n dduw.
Dryllir llo Samaria yn chwilfriw.

⁷ "Canys y maent yn hau gwynt,
  ac yn medi corwynt.
Y mae'r corsennau ŷd heb rawn,
  ni rônt flawd;
pe rhoent, estroniaid a'i llyncai.
⁸ Llyncwyd Israel;
y mae eisoes ymysg y cenhedloedd
  fel llestr diwerth.
⁹ Aethant i fyny at Asyria,
  fel asyn gwyllt ar ddisberod.
Bargeiniodd Effraim am gariadon;
¹⁰ er iddynt fargeinio ymysg y
    cenhedloedd,
fe'u casglaf yn awr,
wedi iddynt am ychydig wingo dan y
  baich, yn frenin a thywysogion.

¹¹ "Amlhaodd Effraim allorau;
ond aethant iddo yn allorau i bechu.
¹² Er i mi ysgrifennu llawer o
    ddeddfau,
fe'u hystyrir fel peth dieithr.
¹³ Carant aberthau;*
aberthant gig a'i fwyta;
ond nid yw'r ARGLWYDD yn fodlon
  arnynt.
Yn awr fe gofia eu drygioni,
a chosbi eu pechodau;
dychwelant i'r Aifft.
¹⁴ Canys anghofiodd Israel ei
    Wneuthurwr,
ac adeiladodd balasau;
lluosogodd Jwda ddinasoedd
  caerog;
ond anfonaf dân ar ei ddinasoedd
ac fe ysa ei amddiffynfeydd."

Cyhoeddi Cosb ar Israel

9 Paid â llawenychu, Israel.
Paid â gorfoleddu* fel y bobloedd;
canys puteiniaist a gadael dy Dduw,
ceraist am dâl ar bob llawr dyrnu.
² Ni fydd llawr dyrnu a gwinwryf yn
    eu porthi hwy;

7:16 Hebraeg yn ansicr.
8:5 Hebraeg, *Ffieiddiodd.*
8:6 Felly Groeg. Hebraeg yn ansicr.
8:13 Tebygol. Hebraeg yn ansicr.
9:1 Felly Groeg. Hebraeg, *Hyd orfoledd.*

bydd y gwin newydd yn eu siomi.
³ Nid arhosant yn nhir yr ARGLWYDD;
ond dychwel Effraim i'r Aifft,
a bwytânt beth aflan yn Asyria.

⁴ Ni thywalltant win yn offrwm i'r
    ARGLWYDD,
ac ni fodlonir ef â'u haberthau;
byddant iddynt fel bara galarwyr,
sy'n halogi pawb sy'n ei fwyta.
Canys at eu hangen eu hunain y
    bydd eu bara,
ac ni ddaw i dŷ'r ARGLWYDD.

⁵ Beth a wnewch ar ddydd yr ŵyl
    sefydlog,
ar ddydd uchel ŵyl yr ARGLWYDD?
⁶ Canys wele, ffoant rhag dinistr;
bydd yr Aifft yn eu casglu,
a Memffis yn eu claddu;
bydd danadl yn meddiannu eu
    trysorau arian,
a drain fydd yn eu pebyll.

⁷ Daeth dyddiau cosbi,
dyddiau i dalu'r pwyth,
a darostyngir Israel.
"Ffŵl yw'r proffwyd,
gwallgof yw gŵr yr ysbryd."
O achos dy ddrygioni mawr
bydd dy elyniaeth yn fawr.
⁸ Y mae'r proffwyd yn wyliwr i
    Effraim, pobl fy Nuw,
ond y mae magl heliwr ar ei holl
    ffyrdd
a gelyniaeth yn nhŷ ei Dduw.
⁹ Syrthiasant yn ddwfn i lygredd,
fel yn nyddiau Gibea.
Fe gofia Duw eu drygioni
a chosbi eu pechodau.

Pechod Israel a'i Ganlyniadau

¹⁰ "Fel grawnwin yn yr anialwch y
    cefais hyd i Israel;
fel blaenffrwyth ar ffigysbren
    newydd y gwelais eich tadau.
Ond aethant i Baal-peor,
a'u rhoi eu hunain i warth eilun;
ac aethant mor ffiaidd â gwrthrych
    eu serch.
¹¹ Bydd gogoniant Effraim yn ehedeg
    ymaith fel aderyn;
ni bydd na geni, na chario plant na
    beichiogi.
¹² Pe magent blant,
fe'u gwnawn yn llwyr amddifad.
Gwae hwy pan ymadawaf oddi
    wrthynt!
¹³ Yn ôl a welais, bydd Effraim yn
    gwneud ei feibion yn ysglyfaeth,*
ac yn dwyn ei blant allan i'r lladdfa."
¹⁴ Dyro iddynt, ARGLWYDD—
beth a roddi?
Dyro iddynt groth yn erthylu,
a bronnau hysbion.

¹⁵ "Yn Gilgal y mae eu holl ddrygioni;
yno'n wir y rhois fy nghas arnynt.
Oherwydd eu gweithredoedd
    drygionus,
gyrraf hwy allan o'm tŷ.
Ni charaf hwy ychwaneg;
gwrthryfelwyr yw eu holl
    dywysogion.

¹⁶ "Trawyd Effraim.
Sychodd eu gwraidd;
ni ddygant ffrwyth.
Er iddynt eni plant,
lladdaf anwyliaid eu crothau."

¹⁷ Bydd fy Nuw yn eu gwrthod,
am iddynt beidio â gwrando arno;
byddant yn grwydriaid ymysg y
    cenhedloedd.

Cosb Duw ar Israel

10 Gwinwydden doreithiog* oedd
    Israel,
a'i ffrwyth yr un fath â hi.
Fel yr amlhaodd ei ffrwyth,
amlhaodd yntau allorau;
fel y daeth ei dir yn well,
gwnaeth yntau ei golofnau yn well.
² Aeth eu calon yn ffals,
ac yn awr y maent yn euog.
Dryllia ef eu hallorau,
a difetha'u colofnau.

³ Yn awr y maent yn dweud,
"Nid oes inni frenin,
am nad ydym yn ofni'r ARGLWYDD,
a pha beth a wnâi brenin i ni?"
⁴ Llefaru geiriau y maent,
a gwneud cyfamod â llwon ffals.
Y mae barn yn codi fel chwyn
    gwenwynllyd
yn rhychau'r maes.

9:13 Hebraeg yn ansicr.
10:1 Neu, *wael.*

⁵ Y mae trigolion Samaria yn crynu o
   achos llo* Beth-afen.
Y mae ei bobl yn galaru amdano,
   a'i eilun-offeiriaid yn wylofain*
       amdano,
   am i'w ogoniant ymadael oddi wrtho.
⁶ Fe'i dygir ef i Asyria,
   yn anrheg i frenin mawr*.
Gwneir Effraim yn warth
   a chywilyddia Israel oherwydd ei
       eilun*.
⁷ Y mae brenin Samaria yn gyffelyb i
   frigyn ar wyneb dyfroedd.
⁸ Distrywir uchelfeydd Beth-afen,
   pechod Israel;
tyf drain a mieri ar eu hallorau;
a dywedant wrth y mynyddoedd,
   "Cuddiwch ni",
ac wrth y bryniau, "Syrthiwch
   arnom".
⁹ "Er dyddiau Gibea pechaist, O
       Israel;
safasant yno mewn gwrthryfel.
Oni ddaw rhyfel arnynt yn Gibea?
¹⁰ Dof i'w cosbi,
a chasglu pobloedd yn eu herbyn,
pan gaethiwir hwy am eu drygioni
   deublyg.
¹¹ "Heffer wedi ei thorri i mewn yw
       Effraim;
y mae'n hoff o ddyrnu;
gosodaf iau ar ei gwar deg,
a rhof Effraim mewn harnais;
bydd Jwda yn aredig,
a Jacob yn llyfnu iddo.
¹² Heuwch gyfiawnder,
a byddwch yn medi ffyddlondeb;
triniwch i chwi fraenar;
y mae'n bryd ceisio'r ARGLWYDD,
iddo ddod a glawio cyfiawnder
   arnoch.
¹³ "Buoch yn aredig drygioni,
yn medi anghyfiawnder,
ac yn bwyta ffrwyth celwydd.
"Am iti ymddiried yn dy ffordd,
ac yn nifer dy ryfelwyr,
¹⁴ fe gwyd terfysg ymysg dy bobl,

a dinistrir dy holl amddiffynfeydd,
fel y dinistriwyd Beth-arbel gan
   Salman yn nydd rhyfel,
a dryllio'r fam gyda'i phlant.
¹⁵ Felly y gwneir i chwi, Bethel,
oherwydd eich drygioni mawr;
gyda'r wawr torrir brenin Israel i
   lawr."

Cariad Duw at ei Bobl Wrthryfelgar

11 "Pan oedd Israel yn fachgen fe'i
       cerais,
ac o'r Aifft y gelwais fy mab.
² Fel y galwn arnynt, aent ymaith
       oddi wrthyf*;
aberthent i Baal ac arogldarthu i
   eilunod.
³ "Myfi a fu'n dysgu Effraim i
       gerdded,
a'u cymryd erbyn eu breichiau;
ond ni fynnent gydnabod i mi eu
   hiacháu.
⁴ Tywysais hwy â rheffynnau caredig
ac â rhwymau cariad;
bûm iddynt fel un yn codi'r iau, yn
   llacio'r ffrwyn*,
ac yn plygu atynt i'w porthi.
⁵ "Ni ddychwelant i wlad yr Aifft,
ond Asyria fydd yn frenin arnynt,
am iddynt wrthod dychwelyd ataf.
⁶ Chwyrlïa cleddyf yn erbyn eu
       dinasoedd,
a difa byst eu pyrth
a'u difetha am eu cynllwynion.
⁷ Y mae fy mhobl yn mynnu cilio
       oddi wrthyf;
er iddynt alw ar dduw goruchel,
ni fydd yn eu dyrchafu o gwbl.
⁸ "Pa fodd y'th roddaf i fyny, Effraim,
a'th roi ymaith, Israel?
Pa fodd y'th wnaf fel Adma,
a'th osod fel Seboim?
Newidiodd fy meddwl ynof;
enynnodd fy nhosturi hefyd.
⁹ Ni chyflawnaf angerdd fy llid,
ni ddinistriaf Effraim eto;
canys Duw wyf fi, ac nid meidrolyn,

10:5 Hebraeg, *lloi*.
10:5 Hebraeg, *gorfoleddu*.
10:6 Hebraeg, *i frenin Jareb*. Neu, *i frenin a ymryson*.
10:6 Hebraeg, *ei gyngor*.

11:2 Felly Groeg. Hebraeg, *Fel y galwent . . . oddi wrthynt*.
11:4 Hebraeg yn ansicr.

y Sanct yn dy ganol;
ac ni ddof i ddinistrio*.

¹⁰ "Ânt ar ôl yr ARGLWYDD; fe rua fel
    llew.
Pan rua ef, daw ei blant dan grynu
    o'r gorllewin;
¹¹ dônt dan grynu fel aderyn o'r Aifft,
ac fel colomen o wlad Asyria,
a gosodaf hwy eto yn eu cartrefi,"
    medd yr ARGLWYDD.
¹² * Amgylchodd Effraim fi â
    chelwydd,
a thŷ Israel â thwyll;
ond y mae Jwda'n ymwneud â Duw,
ac yn ffyddlon i'r Sanct.

Condemnio Israel a Jwda

12 Y mae Effraim yn bugeilio gwynt,
ac yn dilyn gwynt y dwyrain trwy'r
    dydd;
amlhânt dwyll a thrais;
gwnânt gytundeb ag Asyria,
a dygant olew i'r Aifft.

² Y mae gan yr ARGLWYDD achos yn
    erbyn Jwda;
fe gosba Jacob yn ôl ei ffyrdd,
a thalu iddo yn ôl ei weithredoedd.
³ Yn y groth gafaelodd yn sawdl ei
    frawd,
ac wedi iddo dyfu ymdrechodd â
    Duw.
⁴ Ymdrechodd â'r angel a gorchfygu;
wylodd a cheisiodd ei ffafr.
Ym Methel y cafodd ef,
a siarad yno ag ef*—
⁵ ARGLWYDD Dduw y lluoedd,
yr ARGLWYDD yw ei enw.
⁶ A thithau, trwy nerth dy Dduw,
    dychwel,
cadw deyrngarwch a barn,
a disgwyl wrth dy Dduw bob amser.

⁷ Y mae masnachwr* a chanddo
    gloriannau twyllodrus
yn caru gorthrymu.
⁸ Dywedodd Effraim, "Yn wir, rwy'n
    gyfoethog,
ac enillais olud;
yn fy holl enillion ni cheir
na drygioni na phechod."
⁹ "Myfi yw'r ARGLWYDD dy Dduw,
a'th ddygodd o wlad yr Aifft;
gwnaf iti eto drigo mewn pebyll,
fel yn nyddiau'r ŵyl sefydlog.
¹⁰ "Lleferais wrth y proffwydi;
ac amlheais weledigaethau
a dangos gwers trwy'r proffwydi.
¹¹ Am fod eilunod yn Gilead,
pethau cwbl ddiddim;
am fod aberthu teirw yn Gilgal,
bydd eu hallorau fel pentyrrau cerrig
ar rychau'r meysydd."
¹² Ffodd Jacob i dir Aram;
gwasanaethodd Israel am wraig;
am wraig y cadwodd ddefaid.
¹³ Trwy broffwyd y dygodd yr
    ARGLWYDD Israel o'r Aifft,
a thrwy broffwyd y cadwyd ef.
¹⁴ Cythruddodd Effraim ef yn
    chwerw,
a bydd i'w Arglwydd ei adael yn ei
    euogrwydd,
a throi ei waradwydd yn ôl arno.

Barn Derfynol ar Israel

13 Pan lefarai Effraim byddai
    dychryn;
yr oedd yn ddyrchafedig yn Israel;
ond pan bechodd gyda Baal, bu
    farw.
² Ac yn awr y maent yn pechu
    ychwaneg;
gwnânt iddynt eu hunain ddelwau
    tawdd,
eilunod cywrain o arian,
y cyfan yn waith crefftwyr.
"Aberthwch* i'r rhai hyn," meddant.
Pobl yn cusanu lloi!
³ Felly byddant fel tarth y bore,
ac fel gwlith yn codi'n gyflym,
fel us yn chwyrlïo o'r llawr dyrnu,
ac fel mwg trwy hollt.

⁴ "Myfi yw'r ARGLWYDD dy Dduw,
a'th ddygodd o wlad yr Aifft;
nid adwaenit Dduw heblaw myfi,
ac nid oedd Achubydd ond myfi.
⁵ Gofelais amdanat yn yr anialwch,
yn nhir sychder.
⁶ Dan fy ngofal cawsant ddigon;

11:9 Hebraeg, *i'r ddinas.*
11:12 Hebraeg, 12:1.
12:4 Felly Groeg. Hebraeg, *â ni.*
12:7 Neu, *Canaanead.*

13:2 Hebraeg, *Aberthwyr.*

fe'u llanwyd, a dyrchafodd eu calon;
felly yr anghofiwyd fi.
⁷ Minnau, byddaf fel llew iddynt;
llechaf fel llewpard ar ymyl y llwybr.
⁸ Syrthiaf arnynt fel arth wedi colli ei
    chenawon,
rhwygaf gnawd eu mynwes,
ac yno traflyncaf hwy fel llew,
fel y llarpia anifail gwyllt hwy.

⁹ "Pan ddinistriaf di, O Israel,
pwy fydd dy gynorthwywr?
¹⁰ Ble yn awr mae dy frenin, i'th
    achub yn dy holl ddinasoedd,
a'th farnwyr, y dywedaist amdanynt,
'Dyro inni frenin a thywysogion'?
¹¹ Rhoddais iti frenin yn fy nig,
ac fe'i dygais ymaith yn fy
    nghynddaredd.
¹² Rhwymwyd drygioni Effraim,
a storiwyd ei bechod.
¹³ Pan ddaw poenau esgor,
am mai plentyn anghall ydyw,
ni esyd ei hun yn yr amser
ym man yr esgor.

¹⁴ "A waredaf hwy o afael Sheol?
A achubaf hwy rhag angau?
O angau, ble mae dy blâu?
O Sheol, ble mae dy ddinistr?*
Cuddiwyd trugaredd* oddi wrth fy
    llygaid.

¹⁵ "Yn wir yr oedd yn dwyn ffrwyth
    ymysg brodyr,
ond daw dwyreinwynt, gwynt yr
    ARGLWYDD,
yn codi o'r anialwch;
â ei ffynnon yn hesb,
a sychir ei bydew;
dinoetha ei drysordy
o'i holl ddarnau gwerthfawr.
¹⁶ * Bydd Samaria yn euog,
am iddi wrthryfela yn erbyn ei Duw;
syrthiant wrth y cleddyf,
dryllir eu rhai bychain yn chwilfriw,
a rhwygir eu rhai beichiog yn
    agored."

Apêl Hosea at Israel

14 Dychwel, Israel, at yr ARGLWYDD
    dy Dduw,
canys syrthiaist oherwydd dy
    ddrygioni.
² Cymerwch eiriau gyda chwi,
a dychwelwch at yr ARGLWYDD;
dywedwch wrtho, "Maddau'r holl
    ddrygioni,
derbyn ddaioni, a rhown i ti ffrwyth*
    ein gwefusau.
³ Ni all Asyria ein hachub,
ac ni farchogwn ar geffylau;
ac wrth waith ein dwylo
ni ddywedwn eto, 'Ein Duw'.
Ynot ti y caiff yr amddifad
    drugaredd."

Ymateb Duw

⁴ "Iachâf eu hanffyddlondeb;
fe'u caraf o'm bodd,
oherwydd trodd fy llid oddi wrthynt.
⁵ Byddaf fel gwlith i Israel;
blodeua fel lili
a lleda'i wraidd fel pren poplys*.
⁶ Lleda'i flagur,
a bydd ei brydferthwch fel yr
    olewydden,
a'i arogl fel Lebanon.
⁷ Dychwelant a thrigo yn fy
    nghysgod*;
cynhyrchant ŷd,
ffrwythant fel y winwydden,
bydd eu harogl fel gwin Lebanon.

⁸ "Beth sydd a wnelo Effraim mwy ag
    eilunod?
Myfi sydd yn ei ateb ac yn ei arwain
    yn gywir.
Yr wyf fi fel cypreswydden ddeiliog;
oddi wrthyf y daw dy ffrwyth."

⁹ Pwy bynnag sydd ddoeth, dealled
    hyn;
pwy bynnag sydd ddeallgar,
    gwybydded.
Oherwydd y mae ffyrdd yr
    ARGLWYDD yn gywir;
rhodia'r cyfiawn ynddynt,
ond meglir y drygionus ynddynt.

13:14 Felly Groeg a Syrieg. Hebraeg yn amwys.
13:14 Neu, *dialedd*.
13:16 Hebraeg, 14:1.

14:2 Felly Groeg a Syrieg. Hebraeg, *loi*.
14:5 Hebraeg, *fel Lebanon*.
14:7 Hebraeg, *ei gysgod*.

LLYFR
JOEL

Locustiaid yn Ymosod

1 Gair yr ARGLWYDD, a ddaeth at Joel fab Pethuel.

² Clywch hyn, henuriaid,
gwrandewch, holl drigolion y wlad.
A ddigwyddodd peth fel hyn yn eich dyddiau chwi,
neu yn nyddiau eich hynafiaid?
³ Dywedwch am hyn wrth eich plant,
a dyweded eich plant wrth eu plant,
a'u plant hwythau wrth y genhedlaeth nesaf.

⁴ Yr hyn a adawodd y cyw locust,
fe'i bwytaodd y locust sydd ar ei dyfiant;
yr hyn a adawodd y locust ar ei dyfiant,
fe'i bwytaodd y locust mawr;
a'r hyn a adawodd y locust mawr,
fe'i bwytaodd y locust difaol.

⁵ Deffrowch feddwon, ac wylwch;
galarwch, bob yfwr gwin,
am y gwin newydd a dorrwyd ymaith o'ch genau.

⁶ Oherwydd daeth cenedl i oresgyn fy nhir,
a honno'n un gref a dirifedi;
dannedd llew yw ei dannedd,
ac y mae ganddi gilddannedd llewes.
⁷ Maluriodd fy ngwinwydd,
a darnio fy nghoed ffigys;
rhwygodd ymaith y rhisgl yn llwyr,
ac aeth y cangau'n wynion.

⁸ Galara di fel gwyryf yn gwisgo sachliain
am ddyweddi ei hieuenctid.
⁹ Pallodd y bwydoffrwm a'r diodoffrwm yn nhŷ'r ARGLWYDD;
y mae'r offeiriaid, gweinidogion yr ARGLWYDD, yn galaru.
¹⁰ Anrheithiwyd y tir,
y mae'r ddaear yn galaru,
oherwydd i'r grawn gael ei ddifa,
ac i'r gwin ballu,
ac i'r olew sychu.

¹¹ Safwch mewn braw, amaethwyr,
galarwch, winwyddwyr,
am y gwenith a'r haidd;
oherwydd difawyd cynhaeaf y maes.
¹² Gwywodd y winwydden,
a deifiwyd y ffigysbren.
Y prennau pomgranad, y palmwydd a'r coed afalau—
y mae holl brennau'r maes wedi gwywo.
A diflannodd llawenydd o blith y bobl.

Galwad i Edifeirwch

¹³ Gwisgwch sachliain a galaru, offeiriaid,
codwch gwynfan, weinidogion yr allor.
Ewch i dreulio'r nos mewn sachliain,
weinidogion fy Nuw,
oherwydd i'r bwydoffrwm a'r diodoffrwm
gael eu hatal o dŷ eich Duw.
¹⁴ Cyhoeddwch ympryd,
galwch gynulliad.
Chwi henuriaid, cynullwch holl drigolion y wlad
i dŷ'r ARGLWYDD eich Duw,
a llefwch ar yr ARGLWYDD.

¹⁵ Och y fath ddiwrnod!
Oherwydd y mae dydd yr ARGLWYDD yn agos;
daw fel dinistr oddi wrth yr Hollalluog.
¹⁶ Oni ddiflannodd y bwyd o flaen ein llygaid,
a dedwyddwch a llawenydd o dŷ ein Duw?
¹⁷ Y mae'r had yn crebachu o dan y tywyrch,
yr ysgubor wedi ei chwalu
a'r granar yn adfeilion,
am i'r grawn fethu.
¹⁸ Y fath alar gan yr anifeiliaid!
Y mae'r gyrroedd gwartheg mewn dryswch
am eu bod heb borfa;

ac y mae'r diadelloedd defaid yn darfod.

¹⁹ Arnat ti, ARGLWYDD, yr wyf yn llefain,
oherwydd difaodd tân borfeydd yr anialwch,
a llosgodd fflam holl goed y maes.
²⁰ Y mae'r anifeiliaid gwylltion yn llefain arnat,
oherwydd sychodd y nentydd
a difaodd tân borfeydd yr anialwch.

Rhybudd am Ddydd yr ARGLWYDD

2 Canwch utgorn yn Seion,
bloeddiwch ar fy mynydd sanctaidd.
Cryned holl drigolion y wlad
am fod dydd yr ARGLWYDD yn dyfod;
y mae yn agos—
² dydd o dywyllwch ac o gaddug,
dydd o gymylau ac o ddüwch.
Fel cysgod yn ymdaenu dros y mynyddoedd,
wele luoedd mawr a chryf;
ni fu eu bath erioed,
ac ni fydd ar eu hôl ychwaith
am genedlaethau dirifedi.

³ Ysa tân o'u blaen
a llysg fflam ar eu hôl.
Y mae'r wlad o'u blaen fel gardd Eden,
ond ar eu hôl yn anialwch diffaith,
ac ni ddianc dim rhagddo.

⁴ Y maent yn ymddangos fel ceffylau,
ac yn carlamu fel meirch rhyfel.
⁵ Fel torf o gerbydau
neidiant ar bennau'r mynyddoedd;
fel sŵn fflamau tân yn ysu sofl,
fel byddin gref yn barod i ryfel.
⁶ Arswyda'r cenhedloedd rhagddynt,
a gwelwa pob wyneb.
⁷ Rhuthrant fel milwyr,
dringant y mur fel rhyfelwyr;
cerdda pob un yn ei flaen
heb wyro* o'i reng.
⁸ Ni wthiant ar draws ei gilydd,
dilyn pob un ei lwybr ei hun;
er y saethau, ymosodant
ac ni ellir eu hatal*.

⁹ Rhuthrant yn erbyn y ddinas,
rhedant dros ei muriau,
dringant i fyny i'r tai,
ânt i mewn trwy'r ffenestri fel lladron.
¹⁰ Ysgwyd y ddaear o'u blaen
a chryna'r nefoedd.
Bydd yr haul a'r lleuad yn tywyllu
a'r sêr yn atal eu goleuni.
¹¹ Cwyd yr ARGLWYDD ei lef ar flaen ei fyddin;
y mae ei lu yn fawr iawn,
a'r un sy'n cyflawni ei air yn gryf.
Oherwydd mawr yw dydd yr ARGLWYDD,
ac ofnadwy, a phwy a'i deil?

Galwad i Ddychwelyd at Dduw

¹² "Yn awr," medd yr ARGLWYDD,
"dychwelwch ataf â'ch holl galon,
ag ympryd, wylofain a galar.
¹³ Rhwygwch eich calon, nid eich dillad,
a dychwelwch at yr ARGLWYDD eich Duw."
Graslon a thrugarog yw ef,
araf i ddigio, a mawr ei ffyddlondeb,
ac yn edifar ganddo wneud niwed.
¹⁴ Pwy a ŵyr na thry a thosturio,
a gadael bendith ar ei ôl—
bwydoffrwm a diodoffrwm i'r ARGLWYDD eich Duw?

¹⁵ Canwch utgorn yn Seion,
cyhoeddwch ympryd,
galwch gymanfa,
¹⁶ cynullwch y bobl,
Neilltuwch y gynulleidfa,
cynullwch yr henuriaid,
casglwch y plant,
hyd yn oed y babanod.
Doed y priodfab o'i ystafell
a'r briodferch o'i siambr.

¹⁷ Rhwng y porth a'r allor
wyled yr offeiriaid, gweinidogion yr ARGLWYDD,
a dweud, "Arbed dy bobl, O ARGLWYDD.
Paid â gwneud dy etifeddiaeth yn warth
ac yn gyff gwawd ymysg y cenhedloedd.
Pam y dywedir ymysg y bobloedd,
'Ple mae eu Duw?'"

2:7 Felly Fersiynau. Hebraeg, *heb gymryd gwystl*.
2:8 Hebraeg yn ansicr.

Duw yn Ateb Gweddi'r Bobl

18 Yna aeth yr ARGLWYDD yn eiddigeddus dros ei dir, a thrugarhau wrth ei bobl.
19 Atebodd yr ARGLWYDD a dweud wrth ei bobl,
"Yr wyf yn anfon i chwi rawn a gwin ac olew
nes eich digoni;
ac ni wnaf chwi eto'n warth ymysg y cenhedloedd.
20 Symudaf y gelyn o'r gogledd ymhell oddi wrthych,
a'i yrru i dir sych a diffaith,
â'i reng flaen at fôr y dwyrain
a'i reng ôl at fôr y gorllewin;
bydd ei arogl drwg a'i ddrewdod yn codi,
am iddo ymorchestu."
21 Paid ag ofni, ddaear;
bydd lawen a gorfoledda,
oherwydd fe wnaeth yr ARGLWYDD bethau mawrion.
22 Peidiwch ag ofni, anifeiliaid gwylltion,
oherwydd bydd porfeydd yr anialwch yn wyrddlas;
bydd y coed yn dwyn ffrwyth,
a'r coed ffigys a'r gwinwydd yn rhoi eu cnwd yn helaeth.
23 Blant Seion, byddwch lawen,
gorfoleddwch yn yr ARGLWYDD eich Duw;
oherwydd rhydd ef ichwi law cynnar digonol;
fe dywallt y glawogydd ichwi,
y rhai cynnar a'r rhai diweddar fel o'r blaen.
24 Bydd y llawr dyrnu yn llawn o ŷd
a'r cafnau yn orlawn o win ac olew.
25 "Ad-dalaf ichwi am y blynyddoedd
a ddifaodd y locust ar ei dyfiant a'r locust mawr,
y locust difaol a'r cyw locust,
fy llu mawr, a anfonais i'ch mysg.
26 "Fe fwytewch yn helaeth, nes eich digoni,
a moliannu enw'r ARGLWYDD eich Duw,
a wnaeth ryfeddod â chwi.
Ni wneir fy mhobl yn waradwydd mwyach.
27 Cewch wybod fy mod i yng nghanol Israel,
ac mai myfi, yr ARGLWYDD, yw eich Duw, ac nid neb arall.
Ni wneir fy mhobl yn waradwydd mwyach.

Dydd yr ARGLWYDD

28 * "Ar ôl hyn
tywalltaf fy ysbryd ar bawb;
bydd eich meibion a'ch merched yn proffwydo,
bydd eich hynafgwyr yn gweld breuddwydion,
a'ch gwŷr ifainc yn cael gweledigaethau.
29 Hyd yn oed ar y gweision a'r morynion
fe dywalltaf fy ysbryd yn y dyddiau hynny.
30 "Rhof argoelion yn y nefoedd ac ar y ddaear,
gwaed a thân a cholofnau mwg.
31 Troir yr haul yn dywyllwch
a'r lleuad yn waed
cyn i ddydd mawr ac ofnadwy yr ARGLWYDD ddod.
32 A bydd pob un sy'n galw ar enw'r ARGLWYDD yn cael ei achub,
oherwydd ar Fynydd Seion ac yn Jerwsalem bydd rhai dihangol,
fel y dywedodd yr ARGLWYDD,
ac ymysg y gwaredigion rai a elwir gan yr ARGLWYDD.

Barn Duw ar y Cenhedloedd

3 * "Yn y dyddiau hynny ac ar yr amser hwnnw,
pan adferaf lwyddiant Jwda a Jerwsalem,
2 fe gasglaf yr holl genhedloedd
a'u dwyn i ddyffryn Jehosaffat*,
a mynd i farn â hwy yno
ynglŷn â'm pobl a'm hetifeddiaeth, Israel,
am iddynt eu gwasgaru ymysg y cenhedloedd
a rhannu fy nhir,
3 a bwrw coelbren am fy mhobl,

2:28 Hebraeg, 3:1.
3:1 Hebraeg, 4:1.
3:2 H.y., *Yr ARGLWYDD a farna*.

a chynnig bachgen am butain,
a gwerthu geneth am win a'i yfed.

⁴ "Beth ydych chwi i mi, Tyrus a Sidon, a holl ranbarthau Philistia? Ai talu'n ôl i mi yr ydych? Os talu'n ôl i mi yr ydych, fe ddychwelaf y tâl ar eich pen chwi eich hunain yn chwim a buan. ⁵ Yr ydych wedi cymryd f'arian a'm haur, ac wedi dwyn fy nhrysorau gwerthfawr i'ch temlau. ⁶ Yr ydych wedi gwerthu pobl Jwda a Jerwsalem i'r Groegiaid er mwyn eu symud ymhell o'u goror. ⁷ Ond yn awr fe'u galwaf o'r mannau lle'u gwerthwyd, a dychwelaf eich tâl ar eich pen chwi eich hunain. ⁸ Gwerthaf eich bechgyn a'ch merched i bobl Jwda, a byddant hwythau'n eu gwerthu i'r Sabeaid, cenedl bell." Yr ARGLWYDD a lefarodd.

⁹ "Cyhoeddwch hyn ymysg y
    cenhedloedd:
'Ymgysegrwch i ryfel;
galwch y gwŷr cryfion;
doed y milwyr ynghyd i ymosod.
¹⁰ Curwch eich ceibiau'n gleddyfau
a'ch crymanau'n waywffyn;
dyweded y gwan, "Rwy'n rhyfelwr."
¹¹ " 'Dewch ar frys,
chwi genhedloedd o amgylch,
ymgynullwch yno.' "
Anfon i lawr dy ryfelwyr, O
    ARGLWYDD.
¹² "Bydded i'r cenhedloedd
    ymysgwyd
a dyfod i ddyffryn Jehosaffat;
oherwydd yno'r eisteddaf mewn
    barn
ar yr holl genhedloedd o amgylch.
¹³ "Codwch y cryman,
y mae'r cynhaeaf yn barod;
dewch i sathru,

y mae'r gwinwryf yn llawn;
y mae'r cafnau'n gorlifo,
oherwydd mawr yw eu drygioni."

Bendith Duw ar ei Bobl

¹⁴ Tyrfa ar dyrfa
yn nyffryn y ddedfryd,
oherwydd agos yw dydd yr
    ARGLWYDD
yn nyffryn y ddedfryd.
¹⁵ Bydd yr haul a'r lleuad yn tywyllu,
a'r sêr yn atal eu goleuni.
¹⁶ Rhua'r ARGLWYDD o Seion,
a chodi ei lef o Jerwsalem;
cryna'r nefoedd a'r ddaear.
Ond y mae'r ARGLWYDD yn gysgod
    i'w bobl,
ac yn noddfa i blant Israel.

¹⁷ "Cewch wybod mai myfi yw'r
    ARGLWYDD eich Duw,
yn trigo yn Seion, fy mynydd
    sanctaidd.
A bydd Jerwsalem yn sanctaidd,
ac nid â dieithriaid trwyddi eto.

¹⁸ "Yn y dydd hwnnw,
difera'r mynyddoedd win newydd,
a llifa'r bryniau o laeth,
a bydd holl nentydd Jwda yn llifo o
    ddŵr.
Tardd ffynnon o dŷ'r ARGLWYDD
a dyfrhau dyffryn Sittim.

¹⁹ "Bydd yr Aifft yn anghyfannedd
ac Edom yn anialwch diffaith,
oherwydd y gorthrwm ar bobl Jwda
wrth dywallt gwaed y dieuog yn eu
    gwlad.
²⁰ Ond erys Jwda dros byth
a Jerwsalem dros genedlaethau.
²¹ Dialaf eu gwaed, ac ni ollyngaf yr
    euog*,
a phreswylia'r ARGLWYDD yn Seion."

3:21 Felly Groeg a Syrieg. Hebraeg yn ansicr.

LLYFR
AMOS

1 Geiriau Amos, un o fugeiliaid Tecoa, a gafodd weledigaeth am Israel yn nyddiau Usseia brenin Jwda, ac yn nyddiau Jeroboam fab Joas brenin Israel, ddwy flynedd cyn y daeargryn.

Geiriau Amos

² Dywedodd,

"Rhua'r ARGLWYDD o Seion,
a chwyd ei lef o Jerwsalem;
galara porfeydd y bugeiliaid,
a gwywa pen Carmel."

Barn Duw ar y Cenhedloedd

Syria

³ Fel hyn y dywed yr ARGLWYDD:

"Am dri o droseddau Damascus,
ac am bedwar, ni throf y gosb yn ôl*;
am iddynt ddyrnu Gilead
â llusg-ddyrnwyr haearn,
⁴ anfonaf dân ar dŷ Hasael,
ac fe ddifa geyrydd Ben-hadad.
⁵ Drylliaf farrau pyrth Damascus,
a thorraf ymaith y trigolion o
 ddyffryn Afen,
a pherchen y deyrnwialen o Beth-
 eden;
a chaethgludir pobl Syria i Cir,"
medd yr ARGLWYDD.

Philistia

⁶ Fel hyn y dywed yr ARGLWYDD:

"Am dri o droseddau Gasa,
ac am bedwar, ni throf y gosb yn ôl;
am iddynt gaethgludo poblogaeth
 gyfan
i'w caethiwo yn Edom,
⁷ anfonaf dân ar fur Gasa,
ac fe ddifa ei cheyrydd.
⁸ Torraf ymaith y trigolion o Asdod,
a pherchen y deyrnwialen o Ascalon;
trof fy llaw yn erbyn Ecron,
a difodir gweddill y Philistiaid,"
medd yr Arglwydd DDUW.

Tyrus

⁹ Fel hyn y dywed yr ARGLWYDD:

"Am dri o droseddau Tyrus,
ac am bedwar, ni throf y gosb yn ôl;
am iddynt gaethgludo poblogaeth
 gyfan i Edom,
ac anghofio cyfamod brawdol,
¹⁰ anfonaf dân ar fur Tyrus,
ac fe ddifa ei cheyrydd."

Edom

¹¹ Fel hyn y dywed yr ARGLWYDD:

"Am dri o droseddau Edom,
ac am bedwar, ni throf y gosb yn ôl;
am iddo ymlid ei frawd â chleddyf,
a mygu ei drugaredd,
a bod ei lid yn rhwygo'n barhaus
a'i ddigofaint yn dal am byth,
¹² anfonaf dân ar Teman,
ac fe ddifa geyrydd Bosra."

Ammon

¹³ Fel hyn y dywed yr ARGLWYDD:

"Am dri o droseddau'r Ammoniaid,
ac am bedwar, ni throf y gosb yn ôl;
am iddynt rwygo gwragedd beichiog
 Gilead,
er mwyn ehangu eu terfynau,
¹⁴ cyneuaf dân ar fur Rabba,
ac fe ddifa ei cheyrydd
â bloedd ar ddydd brwydr,
a chorwynt ar ddydd tymestl.
¹⁵ A chaethgludir eu brenin,
ef a'i swyddogion i'w ganlyn," medd
 yr ARGLWYDD.

Moab

2 Fel hyn y dywed yr ARGLWYDD:

"Am dri o droseddau Moab,
ac am bedwar, ni throf y gosb yn ôl;
am iddo losgi'n galch esgyrn brenin
 Edom,

1:3 Hebraeg, *ni throf ef yn ôl*. Felly hefyd yn adn. 6,9,11,13, a 2:1,4,6.

² anfonaf dân ar Moab,
ac fe ddifa geyrydd Cerioth.
Bydd farw Moab yng nghanol terfysg,
yng nghanol banllefau a sŵn utgorn.
³ Torraf ymaith y pennaeth o'i
chanol,
a lladdaf ei holl swyddogion gydag
ef," medd yr ARGLWYDD.

Jwda
⁴ Fel hyn y dywed yr ARGLWYDD:

"Am dri o droseddau Jwda,
ac am bedwar, ni throf y gosb yn ôl;
am iddynt wrthod cyfraith yr
ARGLWYDD,
a pheidio â chadw ei ddeddfau,
a'u denu ar gyfeiliorn gan y
celwyddau
a ddilynwyd gan eu hynafiaid,
⁵ anfonaf dân ar Jwda,
ac fe ddifa geyrydd Jerwsalem."

Barn Duw ar Israel
⁶ Fel hyn y dywed yr ARGLWYDD:

"Am dri o droseddau Israel,
ac am bedwar, ni throf y gosb yn ôl;
am iddynt werthu'r cyfiawn am arian
a'r anghenog am bâr o sandalau;
⁷ am eu bod yn sathru pen y tlawd i'r
llwch
ac yn ystumio ffordd y gorthrymedig;
am fod dyn a'i dad yn mynd at yr un
llances,
fel bod halogi ar fy enw sanctaidd;
⁸ am eu bod yn gorwedd ar ddillad
gwystl
yn ymyl pob allor;
am eu bod yn yfed gwin y ddirwy
yn nhŷ eu Duw.

⁹ "Eto, myfi a ddinistriodd yr
Amoriad o'u blaenau,
a'i uchder fel uchder cedrwydd
a'i gryfder fel y derw;
dinistriais ei ffrwyth oddi arno
a'i wreiddiau oddi tano.
¹⁰ Myfi hefyd a'ch dygodd o'r Aifft,
a'ch arwain am ddeugain mlynedd
yn yr anialwch,
i feddiannu gwlad yr Amoriad.
¹¹ Codais rai o'ch meibion yn
broffwydi,
a rhai o'ch llanciau yn Nasareaid.
Onid fel hyn y bu, bobl Israel?"
medd yr ARGLWYDD.
¹² "Ond gwnaethoch i'r Nasareaid
yfed gwin,
a rhoesoch orchymyn i'r proffwydi,
'Peidiwch â phroffwydo.'
¹³ "Wele, yr wyf am eich gwasgu i
lawr,
fel y mae trol lawn ysgubau yn
gwasgu.
¹⁴ Derfydd am ddihangfa i'r cyflym,
ac ni ddeil y cryf yn ei gryfder,
ac ni all y rhyfelwr ei waredu ei hun;
¹⁵ ni saif y saethwr bwa;
ni all y cyflym ei droed ei achub ei
hun,
na'r marchog ei waredu ei hun;
¹⁶ bydd y dewraf ei galon o'r
rhyfelwyr
yn ffoi yn noeth yn y dydd hwnnw,"
medd yr ARGLWYDD.

Gair yn erbyn Israel
3 Gwrandewch y gair a lefarodd yr
ARGLWYDD yn eich erbyn, bobl Israel, yn
erbyn yr holl deulu a ddygais i fyny o'r
Aifft:

² "Chwi'n unig a adwaenais
o holl deuluoedd y ddaear;
am hynny, fe'ch cosbaf chwi
am eich holl gamweddau."

³ A gerdda dau gyda'i gilydd
heb wneud cytundeb?
⁴ A rua llew yn y goedwig
pan fydd heb ysglyfaeth?
A waedda'r llew ifanc o'i ffau
pan fydd heb ddal dim?
⁵ A syrth aderyn ar y ddaear*
os nad oes magl iddo?
A neidia'r groglath oddi ar y ddaear
os nad yw wedi dal dim?
⁶ A genir utgorn yn y ddinas
heb i'r bobl ddychryn?
A ddaw trychineb i'r ddinas
heb i'r ARGLWYDD ei anfon?
⁷ Ni wna'r Arglwydd DDUW ddim
heb ddangos ei fwriad i'w weision, y
proffwydi.
⁸ Rhuodd y llew;
pwy nid ofna?

3:5 Felly Groeg. Hebraeg, *ar fagl y ddaear.*

Llefarodd yr Arglwydd DDUW;
pwy all beidio â phroffwydo?

Tynged Samaria

⁹ Cyhoeddwch wrth geyrydd Asyria*,
ac wrth geyrydd gwlad yr Aifft;
dywedwch, "Ymgynullwch ar
   fynyddoedd Samaria,
ac edrych ar y terfysgoedd mawr o'i
   mewn,
ac ar y gorthrymderau sydd ynddi."
¹⁰ "Ni wyddant sut i wneud yr hyn
   sy'n iawn," medd yr ARGLWYDD.
"Y maent yn pentyrru trais ac ysbail
   yn eu ceyrydd."
¹¹ Am hynny, fel hyn y dywed yr
   Arglwydd DDUW:
"Daw gelyn i amgylchu'r wlad,
a bwrw i lawr dy amddiffynfeydd
ac ysbeilio dy geyrydd."

¹² Fel hyn y dywed yr ARGLWYDD: "Fel y gwareda'r bugail ddwy goes neu ddarn o glust o safn y llew, felly o'r Israeliaid sy'n trigo yn Samaria, gwaredir cwr o fatras neu ddarn* o wely."

¹³ "Clywch, a thystiwch yn erbyn tŷ
      Jacob,"
   medd yr Arglwydd DDUW, Duw'r
      Lluoedd.
¹⁴ "Ar y dydd y cosbaf Israel am ei
      bechodau,
   fe gosbaf allorau Bethel;
   torrir cyrn yr allor,
   a syrthiant i'r llawr.
¹⁵ Difethaf y tŷ gaeaf a'r tŷ haf;
   derfydd am y tai ifori,
   a daw diwedd ar y tai mawrion,"
      medd yr ARGLWYDD.

Israel Heb Ddychwelyd

4 Clywch y gair hwn, fuchod Basan,
sydd ym mynydd Samaria,
sy'n gorthrymu'r tlawd ac yn treisio'r
   anghenus,
sy'n dweud wrth eu gwŷr, "Dewch â
   gwin, inni gael yfed":
² Tyngodd yr Arglwydd DDUW i'w
   sancteiddrwydd,
"Fe ddaw, yn wir, ddyddiau arnoch
pan ddygir chwi i ffwrdd â bachau,
a'r olaf ohonoch â bachau pysgota.
³ Ac ewch allan trwy'r bylchau,
pob un ohonoch ar ei chyfer,
ac fe'ch bwrir i Harmon," medd yr
   ARGLWYDD.

⁴ "Dewch i Fethel a throseddu,
i Gilgal a phechu fwyfwy;
dygwch eich aberthau bob bore
a'ch degymau bob tridiau;
⁵ offrymwch aberth diolch o fara
   lefeinllyd,
cyhoeddwch aberthau gwirfodd, a
   gwnewch hwy'n hysbys;
canys hyn a hoffwch, bobl Israel,"
   medd yr Arglwydd DDUW.

⁶ "Myfi a adawodd eich dannedd yn
      lân yn eich holl ddinasoedd,
ac eisiau bara ym mhob man;
er hynny ni throesoch yn ôl ataf,"
      medd yr ARGLWYDD.

⁷ "Myfi hefyd a ataliodd y glaw oddi
      wrthych,
pan oedd eto dri mis hyd y cynhaeaf;
rhoddais law ar un ddinas,
a'i atal oddi ar un arall;
glawiodd ar un cae,
a gwywodd y cae na chafodd law;
⁸ crwydrodd dwy ddinas neu dair i
   un ddinas
i yfed dŵr, ond heb gael digon;
er hynny ni throesoch yn ôl ataf,"
      medd yr ARGLWYDD.

⁹ "Trewais chwi â malltod a llwydni;
difeais* eich gerddi a'ch
   gwinllannoedd;
bwytaodd y locust eich coed ffigys
   a'ch olewydd;
er hynny ni throesoch yn ôl ataf,"
      medd yr ARGLWYDD.

¹⁰ "Anfonais arnoch haint fel haint yr
      Aifft;
lleddais eich llanciau â'r cleddyf,
a chaethgludo eich meirch*;
gwneuthum i ddrewdod eich
   gwersyll godi i'ch ffroenau;
er hynny ni throesoch yn ôl ataf,"
      medd yr ARGLWYDD.

3:9 Felly Groeg. Hebraeg, *Asdod*.
3:12 Hebraeg yn ansicr.

4:9 Hebraeg, *amlder*.
4:10 Hebraeg, *gyda chaethgludiad eich meirch*.

¹¹ "Dymchwelais chwi, fel y
    dymchwelodd Duw Sodom a
    Gomorra,
ac yr oeddech fel pentewyn wedi ei
    gipio o'r tân;
er hynny ni throesoch yn ôl ataf,"
    medd yr ARGLWYDD.

¹² "Hyn felly a wnaf i ti, Israel.
Gan fy mod am wneud hyn i ti,
bydd yn barod, Israel, i gyfarfod â'th
    Dduw."

¹³ Wele, lluniwr y mynyddoedd a
    chrëwr y gwynt,
yr un sy'n mynegi ei feddwl i
    ddynolryw,
yr un sy'n gwneud y bore'n
    dywyllwch,
ac yn cerdded uchelderau'r ddaear—
yr ARGLWYDD, Duw y Lluoedd, yw ei
    enw.

Galarnad am Israel

5 Clywch y gair hwn a lefaraf yn eich
erbyn; galarnad yw, dŷ Israel:

² "Y mae'r wyryf Israel wedi syrthio,
ac ni chyfyd eto;
gadawyd hi ar lawr,
heb neb i'w chodi."

³ Fel hyn y dywed yr ARGLWYDD Dduw
wrth dŷ Israel:

"Y ddinas a anfonodd fil
a gaiff gant yn ôl;
a'r un a anfonodd gant
a gaiff ddeg yn ôl."

⁴ Fel hyn y dywed yr ARGLWYDD wrth dŷ
Israel:

"Ceisiwch fi, a byddwch fyw;
⁵ peidiwch â cheisio Bethel,
nac ymweld â Gilgal,
na theithio i Beerseba;
oherwydd yn wir fe gaethgludir
    Gilgal,
ac ni bydd Bethel yn ddim."

⁶ Ceisiwch yr ARGLWYDD, a byddwch
    fyw—
rhag iddo ruthro fel tân drwy dŷ
    Joseff
a'i ddifa, heb neb i'w ddiffodd ym
    Methel—

⁷ chwi sy'n troi barn yn wermod,
ac yn taflu cyfiawnder i'r llawr.

⁸ Ef a wnaeth Pleiades ac Orion;
ef sy'n troi tywyllwch yn fore,
ac yn tywyllu'r dydd yn nos.
Ef sy'n galw ar ddyfroedd y môr,
ac yn eu tywallt ar wyneb y tir;
yr ARGLWYDD yw ei enw.

⁹ Gwna i ddinistr fflachio ar y cryf,
a daw distryw ar y gaer.

¹⁰ Y maent yn casáu'r un a wna farn
    yn y porth,
ac yn ffieiddio'r sawl a lefara'n onest.

¹¹ Felly, am ichwi sathru'r tlawd,
a chymryd oddi arno ei gyfran
    gwenith—
er ichwi godi tai o gerrig nadd,
ni chewch fyw ynddynt;
er ichwi blannu gwinllannoedd
    hyfryd,
ni chewch yfed eu gwin.

¹² Canys gwn mor niferus yw'ch
    troseddau
ac mor fawr yw'ch pechodau—
chwi, sy'n gorthrymu'r cyfiawn, yn
    derbyn llwgrwobr,
ac yn troi ymaith y tlawd yn y porth.

¹³ Felly tawed y doeth ar y fath amser,
canys amser drwg ydyw.

¹⁴ Ceisiwch ddaioni, ac nid drygioni,
fel y byddwch fyw
ac y bydd yr ARGLWYDD, Duw'r
    Lluoedd, gyda chwi,
fel yr ydych yn honni ei fod.

¹⁵ Casewch ddrygioni, carwch
    ddaioni,
gofalwch am farn yn y porth;
efallai y trugarha'r ARGLWYDD, Duw'r
    Lluoedd,
wrth weddill Joseff.

¹⁶ Am hynny, fel hyn y dywed yr
ARGLWYDD, Duw'r Lluoedd, yr
Arglwydd:

"Ym mhob sgwâr fe fydd wylo,
ym mhob stryd fe ddywedant, 'Och!
    Och!'
Galwant ar y llafurwr i alaru
ac ar y galarwyr i gwynfan.

¹⁷ Bydd wylofain ym mhob gwinllan,
oherwydd mi af trwy dy ganol,"
    medd yr ARGLWYDD.

Dydd yr ARGLWYDD

¹⁸ Gwae y rhai sy'n dyheu am ddydd
  yr ARGLWYDD!
Beth fydd dydd yr ARGLWYDD i chwi?
Tywyllwch fydd, nid goleuni;
¹⁹ fel pe bai dyn yn dianc rhag llew,
  ac arth yn ei gyfarfod;
neu'n cyrraedd y tŷ ac yn rhoi ei law
  ar y pared,
a neidr yn ei frathu.
²⁰ Onid tywyllwch fydd dydd yr
  ARGLWYDD, ac nid goleuni;
caddug, heb lygedyn golau ynddo?

²¹ "Yr wyf yn casáu, yr wyf yn
  ffieiddio eich gwyliau;
nid oes imi bleser yn eich
  cymanfaoedd.
²² Er ichwi aberthu imi
  boethoffrymau a bwydoffrymau,
ni allaf eu derbyn;
ac nid edrychaf ar eich
  heddoffrymau o'ch pasgedigion.
²³ Ewch â sŵn eich caneuon oddi
  wrthyf;
ni wrandawaf ar gainc eich telynau.
²⁴ Ond llifed barn fel dyfroedd
a chyfiawnder fel afon gref.

²⁵ "A ddaethoch ag aberthau ac offrymau i mi yn yr anialwch am ddeugain mlynedd, dŷ Israel? ²⁶ Fe gludwch ymaith eich delwau, a wnaethoch i chwi—eich duw Saccuth, a Caiwan eich seren-dduw— ²⁷ oherwydd caethgludaf chwi y tu hwnt i Ddamascus," medd yr ARGLWYDD; Duw'r Lluoedd yw ei enw.

Dinistr Israel

6 Gwae y rhai sydd mewn
  esmwythyd yn Seion,
y rhai sy'n teimlo'n ddiogel ar
  Fynydd Samaria,
gwŷr mawr y genedl bennaf,
y rhai y mae tŷ Israel yn troi atynt.
² Ewch trosodd i Calne ac
  edrychwch;
oddi yno ewch i Hamath fawr,
ac yna i lawr i Gath y Philistiaid.
A ydynt yn well na'ch teyrnasoedd
  chwi?
A yw eu tiriogaeth yn fwy na'r
  eiddoch chwi?

³ Chwi, sy'n ceisio pellhau'r dydd
  drwg,
ond yn dwyn teyrnasiad trais yn nes;
⁴ yn gorwedd ar welyau ifori
ac yn ymestyn ar eich matresi;
yn gwledda ar ŵyn o'r ddiadell
ac ar y lloi pasgedig;
⁵ yn canu maswedd i sain y nabl,
ac fel Dafydd yn dyfeisio offerynnau
  cerdd;
⁶ yn yfed gwin fesul powlennaid,
ac yn eich iro'ch hunain â'r olew
  gorau;
ond heb boeni am ddinistr Joseff!
⁷ Felly, yn awr, chwi fydd y cyntaf i'r
  gaethglud;
derfydd am rialtwch y rhai sy'n
  gorweddian.

⁸ Tyngodd yr Arglwydd DDUW iddo'i
  hun;
medd yr ARGLWYDD, Duw'r Lluoedd:
"Yr wyf yn ffieiddio balchder Jacob,
ac yn casáu ei geyrydd;
gadawaf y ddinas a phopeth sydd
  ynddi."

⁹ Os gadewir deg o bobl mewn un tŷ, byddant farw. ¹⁰ Pan ddaw perthynas, sydd am losgi un ohonynt, yno i'w godi a dwyn ei gorff allan o'r tŷ, a dweud wrth un sydd yng nghanol y tŷ, "A oes rhywun gyda thi?" fe ddywed yntau, "Nac oes." Yna fe ddywed, "Taw! Nid yw enw'r ARGLWYDD i'w grybwyll."

¹¹ Wele, yr ARGLWYDD sy'n
  gorchymyn;
bydd yn taro'r plasty yn deilchion
a'r bwthyn yn siwrwd.
¹² A garlama meirch ar graig?
A ellir aredig môr ag ychen?
Ond troesoch chwi farn yn wenwyn,
a ffrwyth cyfiawnder yn wermod.
¹³ Llawenhau yr ydych am Lo-debar,
a dweud, "Onid trwy ein nerth ein
  hunain
y cymerasom ni Carnaim?"
¹⁴ "Wele, yr wyf yn codi cenedl yn
  eich erbyn, tŷ Israel,"
medd ARGLWYDD Dduw'r Lluoedd,
"ac fe'ch gorthrymant o Lebo-
  hamath
hyd at afon yr Araba."

Gweledigaeth o Locustiaid

7 Fel hyn y dangosodd yr Arglwydd DDUW i mi: dyma haid o locustiaid yn codi ar ddechrau tyfiant yr adladd, sef y cynhaeaf ar ôl torri cnwd y brenin. ² Pan oeddent yn gorffen bwyta gwellt y ddaear, dywedais,

"O Arglwydd DDUW, maddau!
Sut y saif Jacob,
ac yntau mor fychan?"

³ Edifarhaodd yr ARGLWYDD am hyn. "Ni fydd hyn," medd yr ARGLWYDD.

Gweledigaeth o Dân

⁴ Fel hyn y dangosodd yr Arglwydd DDUW i mi: dyma'r Arglwydd DDUW yn galw am farn trwy dân, a hwnnw'n difa'r dyfnder mawr, ac yn ysu'r tir hefyd. ⁵ A dywedais,

"O Arglwydd DDUW, paid!
Sut y saif Jacob,
ac yntau mor fychan?"

⁶ Ac edifarhaodd yr ARGLWYDD. "Ni fydd hyn chwaith," medd yr Arglwydd DDUW.

Gweledigaeth o Linyn Plwm

⁷ Fel hyn y dangosodd i mi: dyma'r Arglwydd yn sefyll ger mur a godwyd â llinyn plwm, a'r llinyn plwm yn ei law. ⁸ A dywedodd yr ARGLWYDD wrthyf, "Beth a weli, Amos?" Atebais innau, "Llinyn plwm." A dywedodd yr Arglwydd,

"Wele fi'n gosod llinyn plwm
yng nghanol fy mhobl Israel;
nid af heibio iddynt byth eto.
⁹ Difodir uchelfeydd Isaac
a distrywir cysegrleoedd Israel;
a chodaf gleddyf yn erbyn tŷ
    Jeroboam."

Amos ac Amaseia

¹⁰ Yna anfonodd Amaseia offeiriad Bethel at Jeroboam brenin Israel i ddweud, "Cynllwyniodd Amos yn dy erbyn yng nghanol tŷ Israel; ni all y wlad oddef ei holl eiriau. ¹¹ Oherwydd fel hyn y dywed Amos: 'Bydd Jeroboam yn marw trwy'r cleddyf, ac Israel yn mynd i gaethglud ymhell o'u gwlad.'" ¹² A dywedodd Amaseia wrth Amos, "Dos ymaith, weledydd; ffo i wlad Jwda; ennill dy damaid yno, a phroffwyda yno. ¹³ Paid â phroffwydo ym Methel eto, gan mai dyma gysegr y brenin a theml y wladwriaeth." ¹⁴ Ond atebodd Amos a dweud wrth Amaseia, "Nid oeddwn i'n broffwyd, nac yn fab i broffwyd chwaith; bugail oeddwn i, a garddwr coed sycamor; ¹⁵ ond cymerodd yr ARGLWYDD fi oddi wrth y praidd, a dywedodd yr ARGLWYDD wrthyf, 'Dos i broffwydo i'm pobl Israel.' ¹⁶ Gwrando yn awr ar air yr ARGLWYDD.

Yr wyt ti'n dweud, 'Paid â
    phroffwydo yn erbyn Israel,
a phaid â llefaru yn erbyn tŷ Isaac.'
¹⁷ Am hynny, fel hyn y dywed yr
    ARGLWYDD:
'Bydd dy wraig yn puteinio yn y
    ddinas;
fe syrth dy feibion a'th ferched trwy'r
    cleddyf;
rhennir dy dir â'r llinyn;
byddi dithau'n marw mewn gwlad
    aflan,
ac Israel yn mynd i gaethglud ymhell
    o'u gwlad.'"

Gweledigaeth o Ffrwythau Haf

8 Fel hyn y dangosodd yr Arglwydd DDUW i mi: dyma fasgedaid o ffrwythau haf*, ² a gofynnodd ef, "Beth a weli, Amos?" Atebais innau, "Basgedaid o ffrwythau haf*." Yna dywedodd yr ARGLWYDD wrthyf,

"Daeth y diwedd* ar fy mhobl Israel;
nid af heibio iddynt byth eto.
³ Bydd cantorion y deml yn
    galarnadu yn y dydd hwnnw,"
    medd yr Arglwydd DDUW,
"bod y cyrff mor niferus
fel y teflir hwy'n ddi-sôn ym mhob
    man."

Tynged Israel

⁴ Gwrandewch hyn, chwi sy'n
    sathru'r anghenus
ac yn difa tlodion y wlad,

8:1 Hebraeg, *qayits*.
8:2 Hebraeg, *qayits*.
8:2 Hebraeg, *qets*.

⁵ ac yn dweud, "Pa bryd y mae'r
  newydd-loer yn diweddu,
inni gael gwerthu ŷd;
a'r saboth, inni roi'r grawn ar werth,
inni leihau'r effa a thrymhau'r sicl,
inni gael twyllo â chloriannau
  anghywir,
⁶ inni gael prynu'r tlawd am arian
a'r anghenus am bâr o sandalau,
a gwerthu ysgubion yr ŷd?"

⁷ Tyngodd yr ARGLWYDD i falchder
  Jacob,
"Ni allaf fyth anghofio'u
  gweithredoedd.
⁸ Onid am hyn y cryna'r ddaear
nes y galara'i holl drigolion,
ac y cwyd i gyd fel y Neil,
a dygyfor a gostwng fel afon yr Aifft?"

⁹ "Y dydd hwnnw," medd yr
  Arglwydd DDUW,
"gwnaf i'r haul fachlud am hanner
  dydd,
a thywyllaf y ddaear gefn dydd golau.
¹⁰ Trof eich gwyliau yn alaru
a'ch holl ganiadau yn wylofain;
rhof sachliain am eich llwynau
a moelni ar eich pennau.
Fe'i gwnaf yn debyg i alar am unig fab;
bydd ei ddiwedd yn ddiwrnod
  chwerw.

¹¹ "Wele'r dyddiau yn dod," medd yr
  Arglwydd DDUW,
"pan anfonaf newyn i'r wlad;
nid newyn am fara, na syched am
  ddŵr,
ond am glywed geiriau'r ARGLWYDD.
¹² Crwydrant o fôr i fôr
ac o'r gogledd i'r dwyrain;
ânt yn ôl ac ymlaen i geisio gair yr
  ARGLWYDD,
ond heb ei gael.

¹³ "Yn y dydd hwnnw, bydd gwyryfon
  teg a gwŷr ifainc
yn llewygu o syched.
¹⁴ Y rhai sy'n tyngu i Asima Samaria,
ac yn dweud, 'Cyn wired â bod dy
  dduw yn fyw, Dan',
neu, 'Cyn wired â bod dy dduw* yn
  fyw, Beerseba'—
fe syrthiant oll heb godi byth mwy."

Barn yr ARGLWYDD

9 Gwelais yr ARGLWYDD yn sefyll gerllaw'r allor, ac yn dweud,

"Taro gapan y drws nes i'r rhiniogau
  ysgwyd,
a maluria hwy ar eu pennau i gyd;
y rhai a adewir, fe'u lladdaf â'r
  cleddyf;
ni ffy yr un ohonynt ymaith,
ni ddianc yr un ohonynt.
² Pe baent yn cloddio hyd at Sheol,
fe dynnai fy llaw hwy oddi yno;
pe baent yn dringo i'r nefoedd,
fe'u dygwn i lawr oddi yno.
³ Pe baent yn ymguddio ar ben
  Carmel,
fe chwiliwn amdanynt, a'u cymryd
  oddi yno;
pe baent yn cuddio o'm golwg yng
  ngwaelod y môr,
byddwn yn gorchymyn i'r ddraig eu
  brathu yno.
⁴ Pe bai eu gelynion yn eu dwyn
  ymaith i gaethglud,
fe rown orchymyn i'm cleddyf eu
  lladd yno;
cadwaf fy ngolwg arnynt,
er drwg ac nid er da."

⁵ Yr Arglwydd, DUW y Lluoedd—
ef sy'n cyffwrdd â'r ddaear, a
  hithau'n toddi,
a'i holl drigolion yn galaru;
bydd i gyd yn dygyfor fel y Neil,
ac yn gostwng fel afon yr Aifft;
⁶ ef sy'n codi ei breswylfeydd yn y
  nefoedd
ac yn sylfaenu ei gromen ar y ddaear;
ef sy'n galw ar ddyfroedd y môr
ac yn eu tywallt dros y tir;
yr ARGLWYDD yw ei enw.

⁷ "Onid ydych chwi fel pobl Ethiopia
  i mi,
O bobl Israel?" medd yr ARGLWYDD.
"Oni ddygais Israel i fyny o'r Aifft,
a'r Philistiaid o Cafftor
a'r Syriaid o Cir?
⁸ Wele, y mae llygaid yr Arglwydd
  DDUW
ar y deyrnas bechadurus;
fe'i dinistriaf oddi ar wyneb y ddaear;

8:14 Felly Groeg. Hebraeg, *ffordd*.

eto ni ddinistriaf dŷ Jacob yn llwyr,"
medd yr ARGLWYDD.
⁹ "Wele, yr wyf yn gorchymyn,
ac ysgydwaf dŷ Israel ymhlith yr holl
    genhedloedd
fel ysgwyd gogr,
heb i'r un gronyn syrthio i'r ddaear.
¹⁰ Lleddir holl bechaduriaid fy
    mhobl â'r cleddyf,
y rhai sy'n dweud, 'Ni chyffwrdd
    dinistr â ni, na dod yn agos atom.'

Adferiad Israel

¹¹ "Yn y dydd hwnnw, codaf furddun
    dadfeiliedig Dafydd;
trwsiaf ei fylchau a chodaf ei
    adfeilion,
a'i ailadeiladu fel yn y dyddiau gynt,
¹² fel y gallant goncro gweddill Edom
a'r holl genhedloedd y galwyd fy enw
    arnynt,"
medd yr ARGLWYDD. Ef a wna hyn.
¹³ "Wele'r dyddiau yn dod," medd yr
    ARGLWYDD,
"pan fydd yr un sy'n aredig yn
    goddiweddyd y sawl sy'n medi,
a'r sawl sy'n sathru'r grawnwin yn
    goddiweddyd y sawl sy'n hau'r
    had;
bydd y mynyddoedd yn diferu gwin
    newydd,
a phob bryn yn llifo ohono.
¹⁴ Adferaf lwyddiant fy mhobl Israel,
ac adeiladant y dinasoedd
    adfeiliedig, a byw ynddynt;
plannant winllannoedd ac yfed eu
    gwin,
palant erddi a bwyta'u cynnyrch.
¹⁵ Fe'u plannaf yn eu gwlad,
ac ni ddiwreiddir hwy byth eto
o'r tir a rois iddynt,"
medd yr ARGLWYDD dy Dduw.

LLYFR
OBADEIA

Yr ARGLWYDD yn Cosbi Edom

¹ Gweledigaeth Obadeia.

Fel hyn y dywed yr Arglwydd DDUW
    am Edom
(clywsom genadwri gan yr
    ARGLWYDD;
anfonwyd cennad i blith y
    cenhedloedd*:
"Codwch! Gadewch inni fynd i
    frwydr yn eu herbyn"):
² "Wele, gwnaf di'n fychan ymysg y
    cenhedloedd,
ac fe'th lwyr ddirmygir.
³ Twyllwyd di gan dy galon falch,
ti sy'n byw yn agennau'r graig,
a'th drigfan yn uchel;
dywedi yn dy galon,
'Pwy a'm tyn i'r llawr?'
⁴ Er iti esgyn cyn uched â'r eryr,
a gosod dy nyth ymysg y sêr,
fe'th hyrddiaf i lawr oddi yno," medd
    yr ARGLWYDD.
⁵ "Pe dôi lladron atat,
neu ysbeilwyr liw nos
(O fel y'th ddinistriwyd!),
onid digon iddynt eu hunain yn unig
    a ysbeilient?
Pe dôi cynaeafwyr grawnwin atat,
oni adawent loffion?
⁶ O fel yr anrheithiwyd Esau,
ac yr ysbeiliwyd ei drysorau!
⁷ Y mae dy holl gynghreiriaid wedi
    dy dwyllo,
y maent wedi dy yrru dros y terfyn;
y mae dy gyfeillion wedi dy drechu,
dy wahoddedigion wedi gosod magl i
    ti—
nid oes deall ar hyn.

1:1 Cymh. Jer. 49:14.

⁸ Ar y dydd hwnnw," medd yr
  ARGLWYDD,
"oni ddileaf ddoethineb o Edom,
a deall o fynydd Esau?
⁹ Y mae dy gedyrn mewn braw, O
  Teman,
fel y torrir ymaith bob un o fynydd
  Esau.
¹⁰ Am y lladdfa*, ac am y trais yn
  erbyn dy frawd Jacob,
fe'th orchuddir gan warth,
ac fe'th dorrir ymaith am byth.

¹¹ "Ar y dydd y sefaist draw,
ar y dydd y dygodd estroniaid ei
  gyfoeth,
ac y daeth dieithriaid trwy ei byrth
a bwrw coelbren am Jerwsalem,
yr oeddit tithau fel un ohonynt.
¹² Ni ddylit ymfalchïo ar ddydd dy
  frawd,
dydd ei drallod.
Ni ddylit lawenhau dros blant Jwda
ar ddydd eu dinistr;
ni ddylit wneud sbort
ar ddydd gofid.
¹³ Ni ddylit fynd i borth fy mhobl
ar ddydd eu hadfyd;
ni ddylit ymfalchïo yn eu dinistr
ar ddydd eu hadfyd;
ni ddylit ymestyn am eu heiddo
ar ddydd eu hadfyd.
¹⁴ Ni ddylit sefyll ar y groesffordd
i ddifa eu ffoaduriaid;
ni ddylit drosglwyddo'r rhai a
  ddihangodd
ar ddydd gofid.

Duw yn Barnu'r Cenhedloedd

¹⁵ "Y mae dydd yr ARGLWYDD yn
  agos;

1:10 Cymh. Fersiynau. Hebraeg, *am y lladdfa* yn adn. 9.

daw ar yr holl genhedloedd.
Fel y gwnaethost ti y gwneir i ti;
fe ddychwel dy weithredoedd ar dy
  ben dy hun.
¹⁶ Fel yr yfaist ar fy mynydd
  sanctaidd,
fe yf yr holl genhedloedd yn ddi-
  baid;
yfant a llowciant,
a mynd yn anymwybodol.

Buddugoliaeth Israel

¹⁷ "Ond ym Mynydd Seion bydd rhai
  dihangol
a fydd yn sanctaidd;
meddianna tŷ Jacob ei eiddo'i hun.
¹⁸ A bydd tŷ Jacob yn dân,
tŷ Joseff yn fflam,
a thŷ Esau yn gynnud;
fe'i cyneuant a'i losgi,
ac ni fydd gweddill o dŷ Esau,
oherwydd llefarodd yr ARGLWYDD.
¹⁹ Bydd y Negef yn meddiannu
  mynydd Esau,
a'r Seffela yn meddiannu gwlad y
  Philistiaid;
byddant yn meddiannu tir Effraim a
  thir Samaria,
a bydd Benjamin yn meddiannu
  Gilead.
²⁰ Bydd pobl Israel, caethgludion y
  fyddin,
yn meddiannu Canaan hyd
  Sareffath;
a chaethgludion Jerwsalem yn
  Seffarad
yn meddiannu dinasoedd y Negef.
²¹ Bydd gwaredwyr yn mynd i fyny i
  Fynydd Seion,
i reoli mynydd Esau;
a bydd y frenhiniaeth yn eiddo i'r
  ARGLWYDD."

LLYFR JONA

Anufudd-dod Jona

1 Daeth gair yr ARGLWYDD at Jona fab Amittai, a dweud, ² "Cod, dos i Ninefe, y ddinas fawr, a llefara yn ei herbyn; oherwydd daeth ei drygioni i'm sylw." ³ Ond cododd Jona i ffoi oddi wrth yr ARGLWYDD i Tarsis. Aeth i lawr i Jopa a chael llong yn mynd i Tarsis, ac wedi talu ei dreuliau aeth arni i fynd gyda hwy i Tarsis oddi wrth yr ARGLWYDD. ⁴ Ond cododd yr ARGLWYDD wynt nerthol ar y môr, a bu storm mor arw ar y môr nes bod y llong mewn perygl o gael ei dryllio. ⁵ Yr oedd y morwyr wedi dychryn, a phob un yn gweiddi ar ei dduw, a thaflasant y gêr oedd ar y llong i'r môr i'w hysgafnu. Ond yr oedd Jona wedi mynd i grombil y llong i orwedd, ac wedi cysgu. ⁶ A daeth capten y llong ato a gofyn, "Beth yw dy feddwl, yn cysgu? Cod, a galw ar dy dduw; efallai y meddylia'r duw amdanom, rhag ein difetha."

⁷ Yna dywedodd y morwyr wrth ei gilydd, "O achos pwy y daeth y drwg hwn arnom? Gadewch inni fwrw coelbren, inni gael gwybod." Felly bwriasant goelbren, a syrthiodd y coelbren ar Jona. ⁸ Yna dywedasant wrtho, "Dywed i ni,* beth yw dy neges? O ble y daethost? Prun yw dy wlad? O ba genedl yr wyt?" ⁹ Atebodd yntau hwy, "Hebrëwr wyf fi; ac yr wyf yn ofni'r ARGLWYDD, Duw'r nefoedd, a wnaeth y môr a'r sychdir." ¹⁰ A daeth ofn mawr ar y dynion, a dywedasant wrtho, "Beth yw hyn a wnaethost?" Oherwydd gwyddai'r dynion mai ffoi oddi wrth yr ARGLWYDD yr oedd, gan iddo ddweud hynny wrthynt. ¹¹ Yna dywedasant, "Beth a wnawn â thi, er mwyn i'r môr ostegu inni, oherwydd y mae'n gwaethygu o hyd." ¹² Atebodd yntau, "Cymerwch fi a'm taflu i'r môr, ac yna fe dawela'r môr ichwi; oherwydd gwn mai o'm hachos i y daeth y storm arw hon arnoch." ¹³ Rhwyfodd y dynion yn galed i gyrraedd tir, ond ni allent, gan fod y môr yn gwaethygu o hyd yn eu herbyn. ¹⁴ Yna gwaeddasant ar yr ARGLWYDD a dweud, "O ARGLWYDD, paid â gadael inni gael ein difetha am fywyd y dyn hwn, na rhoi gwaed dieuog yn ein herbyn; ti yw'r ARGLWYDD, ac yr wyt yn gwneud fel y gweli'n dda." ¹⁵ Yna cymerasant Jona a'i daflu i'r môr, a llonyddodd y môr o'i gynnwrf. ¹⁶ Ac ofnodd y gwŷr yr ARGLWYDD yn fawr iawn, gan offrymu aberth i'r ARGLWYDD a gwneud addunedau. ¹⁷ A threfnodd yr ARGLWYDD i bysgodyn mawr lyncu Jona; a bu Jona ym mol y pysgodyn am dri diwrnod a thair noson.

Gweddi Jona

2 Yna gweddïodd Jona ar yr ARGLWYDD ei Dduw o fol y pysgodyn a dweud,

² "Gelwais ar yr ARGLWYDD yn fy nghyfyngder, ac atebodd fi;
o ddyfnder Sheol y gwaeddais, a chlywaist fy llais.
³ Teflaist fi i'r dyfnder, i eigion y môr, a'r llanw yn f'amgylchu;
yr oedd dy holl donnau a'th lifeiriant yn mynd dros fy mhen.
⁴ Yna dywedais, 'Fe'm gyrrwyd allan o'th olwg di;
sut y caf edrych eto ar dy deml sanctaidd?'
⁵ Caeodd y dyfroedd amdanaf, a'r dyfnder o'm cwmpas;
clymodd y gwymon am fy mhen wrth wreiddiau'r mynyddoedd;
⁶ euthum i lawr i'r wlad y caeodd ei bolltau arnaf am byth.
Eto, dygaist fy mywyd i fyny o'r pwll, O ARGLWYDD fy Nuw.
⁷ Pan deimlais fy hun yn llewygu, cofiais am yr ARGLWYDD,
a daeth fy ngweddi atat i'th deml sanctaidd.

1:8 Felly Groeg. Hebraeg yn ychwanegu *o achos pwy y daeth y drwg hwn arnom?*

⁸ Y mae'r rhai sy'n addoli eilunod
    gwag yn gwadu eu teyrngarwch.
⁹ Ond aberthaf i ti â chân o ddiolch.
    Talaf yr hyn a addunedais;
    i'r ARGLWYDD y perthyn gwaredu."

¹⁰ A llefarodd yr ARGLWYDD wrth y pysgodyn, a chwydodd yntau Jona ar y lan.

Ufudd-dod Jona

3 Yna daeth gair yr ARGLWYDD at Jona yr eildro a dweud, ² "Cod, dos i Ninefe, y ddinas fawr, a llefara wrthi y neges a ddywedaf fi wrthyt." ³ Cododd Jona a mynd i Ninefe yn ôl gair yr ARGLWYDD. Yr oedd Ninefe'n ddinas fawr iawn, yn daith tridiau ar ei thraws. ⁴ Yna dechreuodd Jona fynd trwy'r ddinas, ac wedi mynd o daith un diwrnod cyhoeddodd, "Ymhen deugain diwrnod fe ddymchwelir Ninefe." ⁵ Credodd pobl Ninefe yn Nuw, a chyhoeddasant ympryd a gwisgo sachliain, o'r mwyaf hyd y lleiaf ohonynt. ⁶ A phan ddaeth y newydd at frenin Ninefe, cododd yntau oddi ar ei orsedd, a diosg ei fantell a gwisgo sachliain ac eistedd mewn lludw. ⁷ Gwnaeth broclamasiwn a'i gyhoeddi yn Ninefe:

"Trwy orchymyn y brenin a'i uchelwyr:

"Na fydded i ddyn nac anifail, gwartheg na defaid, brofi dim; na fydded iddynt fwyta nac yfed. ⁸ Bydded iddynt* wisgo sachliain a galw yn daer ar Dduw. Bydded i bob un droi oddi wrth ei ffordd ddrygionus ac oddi wrth y trais sydd ar ei ddwylo. ⁹ Pwy a ŵyr na fydd Duw yn edifarhau eto, ac yn troi oddi wrth ei ddig mawr, fel na'n difethir ni?"

¹⁰ Pan welodd Duw beth a wnaethant, a'u bod wedi troi o'u ffyrdd drygionus, edifarhaodd am y drwg y bwriadodd ei wneud iddynt, ac nis gwnaeth.

Dicter Jona a Thrugaredd Duw

4 Yr oedd Jona'n anfodlon iawn am hyn, a theimlai'n ddig. ² Yna gweddïodd ar yr ARGLWYDD a dweud, "Yn awr, ARGLWYDD, onid hyn a ddywedais pan oeddwn gartref? Dyna pam yr achubais y blaen trwy ffoi i Tarsis. Gwyddwn dy fod yn Dduw graslon a thrugarog, araf i ddigio, mawr o dosturi ac yn edifar ganddo wneud niwed. ³ Yn awr, ARGLWYDD, cymer fy mywyd oddi arnaf; gwell gennyf farw na byw." ⁴ Atebodd Duw, "A yw'n iawn iti deimlo'n ddig?" ⁵ Aeth Jona allan ac aros i'r dwyrain o'r ddinas. Gwnaeth gaban iddo'i hun yno, ac eistedd yn ei gysgod i weld beth a ddigwyddai i'r ddinas. ⁶ A threfnodd yr ARGLWYDD Dduw i blanhigyn dyfu dros Jona i fod yn gysgod dros ei ben ac i leddfu ei drallod; ac yr oedd Jona'n falch iawn o'r planhigyn. ⁷ Ond gyda'r wawr drannoeth, trefnodd Duw i bryfyn nychu'r planhigyn, nes iddo grino. ⁸ A phan gododd yr haul trefnodd Duw wynt poeth o'r dwyrain, ac yr oedd yr haul yn taro ar ben Jona nes iddo lewygu; gofynnodd am gael marw, a dweud, "Gwell gennyf farw na byw." ⁹ A gofynnodd Duw i Jona, "A yw'n iawn iti deimlo'n ddig o achos y planhigyn?" Atebodd yntau, "Y mae'n iawn imi deimlo'n ddig hyd angau." ¹⁰ Dywedodd Duw, "Yr wyt ti'n tosturio wrth blanhigyn na fuost yn llafurio gydag ef nac yn ei dyfu; mewn noson y daeth, ac mewn noson y darfu. ¹¹ Oni thosturiaf finnau wrth Ninefe, y ddinas fawr, lle mae mwy na chant ac ugain o filoedd o bobl sydd heb wybod y gwahaniaeth rhwng y llaw chwith a'r llaw dde, heb sôn am lu o anifeiliaid?"

3:8 Hebraeg, *Bydded i ddyn ac anifail.*

LLYFR MICHA

1 Gair yr ARGLWYDD a ddaeth at Micha o Moreseth yn nyddiau Jotham, Ahas a Heseceia, brenhinoedd Jwda. Dyma'i weledigaethau am Samaria a Jerwsalem.

Barn ar Samaria a Jerwsalem

² Gwrandewch, bobloedd, bawb ohonoch;
clyw dithau, ddaear, a phopeth ynddi.
Y mae'r Arglwydd DDUW, yr
 Arglwydd o'i deml sanctaidd,
yn dyst yn eich erbyn.
³ Wele'r ARGLWYDD yn dod allan o'i drigfan,
yn dod i lawr ac yn troedio ar uchelderau'r ddaear.
⁴ Y mae'r mynyddoedd yn toddi dano,
a'r dyffrynnoedd yn hollti'n agored,
fel cwyr o flaen tân,
fel dyfroedd wedi eu tywallt ar oriwaered.
⁵ Am drosedd Jacob y mae hyn oll,
ac am bechod tŷ Israel.
Beth yw trosedd Jacob? Onid Samaria?
Beth yw pechod tŷ* Jwda? Onid Jerwsalem?
⁶ "Am hynny, gwnaf Samaria yn garnedd ar faes agored,
yn lle i blannu gwinwydd;
gwnaf i'w cherrig dreiglo i'r dyffryn,
a dinoethaf ei sylfeini.
⁷ Malurir ei holl gerfddelwau,
llosgir ei holl enillion yn y tân,
a gwnaf ddifrod o'i delwau;
o enillion puteindra y casglodd hwy,
ac yn dâl puteindra y dychwelant."
⁸ Am hyn y galaraf ac yr wylaf,
a mynd yn noeth a heb esgidiau;
galarnadaf fel y siacal,
a llefain fel tylluanod yr anialwch,
⁹ am nad oes meddyginiaeth i'w chlwyf;
oherwydd daeth hyd at Jwda,
a chyrraedd at borth fy mhobl,
hyd at Jerwsalem.

Y Gelyn yn Nesáu

¹⁰ Peidiwch â chyhoeddi'r peth yn Gath,
a pheidiwch ag wylo yn Baca*;
yn Beth-affra ymdreiglwch yn y llwch.
¹¹ Ewch ymlaen, drigolion Saffir;
onid mewn noethni a chywilydd
yr â trigolion Saanan allan?
Galar sydd yn Beth-esel,
a pheidiodd â bod yn gynhaliaeth i chwi.
¹² Mewn gwewyr am newydd da y mae trigolion Maroth,
oherwydd i ddrygioni oddi wrth yr ARGLWYDD
ddod hyd at borth Jerwsalem.
¹³ Harneisiwch y meirch wrth y cerbydau,
drigolion Lachis;
chwi oedd cychwyn pechod i ferch Seion,
ac ynoch chwi y caed troseddau Israel.
¹⁴ Felly, rhodder anrheg ymadael i Moreseth-gath;
y mae Beth-achsib* yn dwyllodrus i frenhinoedd Israel.
¹⁵ Dygaf eto yr anrheithiwr at bobl Maresa,
a bydd gogoniant Israel yn mynd i Adulam.
¹⁶ Eillia dy ben a gwna dy hun yn foel,
am y plant a hoffaist;
gwna dy hun yn foel fel eryr,
am iddynt fynd oddi wrthyt i gaethglud.

Tynged Gormeswyr y Tlawd

2 Gwae'r rhai sy'n dyfeisio niwed,
ac yn llunio drygioni yn eu gwelyau,
ac ar doriad dydd yn ei wneud,
cyn gynted ag y bydd o fewn eu gallu.
² Y maent yn chwenychu meysydd ac yn eu cipio,

1:5 Felly Groeg. Hebraeg, *uchelfeydd*.
1:10 Neu, *yn hidl*.
1:14 Hebraeg, *tai Achsib*.

a thai, ac yn eu meddiannu;
y maent yn treisio perchennog a'i dŷ,
dyn a'i etifeddiaeth.
³ Felly, fel hyn y dywed yr
ARGLWYDD:
"Wele fi'n dyfeisio yn erbyn y tylwyth
hwn y fath ddrwg
na all eich gwarrau ei osgoi;
ni fyddwch yn cerdded yn dorsyth,
oherwydd bydd yn amser drwg.
⁴ Yn y dydd hwnnw, gwneir dychan
ohonoch,
a chenir galargan chwerw a dweud,
'Yr ydym wedi'n difa'n llwyr;
y mae cyfran fy mhobl yn newid
dwylo.
Sut y gall neb adfer i mi
ein meysydd sydd wedi eu
rhannu?' "
⁵ Am hyn, ni bydd neb i fesur i ti
trwy fwrw coelbren
yng nghynulleidfa'r ARGLWYDD.

Ymryson â'r Gau Broffwydi

⁶ Fel hyn y proffwydant: "Peidiwch â
phroffwydo;
peidied neb â phroffwydo am hyn;
ni ddaw cywilydd arnom.
⁷ A ddywedir hyn am dŷ Jacob?
A yw'r ARGLWYDD yn ddiamynedd?
Ai ei waith ef yw hyn?
Onid yw fy ngeiriau'n gwneud daioni
i'r sawl sy'n cerdded yn uniawn?
⁸ "Ond yr ydych chwi'n codi yn erbyn
fy mhobl fel gelyn
yn cipio ymaith fantell yr heddychol,
ac yn dwyn dinistr rhyfel ar y rhai
sy'n rhodio'n ddiofal.*
⁹ Yr ydych yn troi gwragedd fy mhobl
o'u tai dymunol,
ac yn dwyn eu llety* oddi ar eu plant
am byth.
¹⁰ Codwch! Ewch! Nid oes yma
orffwysfa i chwi,
oherwydd yr aflendid sy'n dinistrio â
dinistr creulon.
¹¹ Pe byddai rhywun mewn ysbryd
twyll a chelwydd yn dweud,
'Proffwydaf i chwi am win a diod
gadarn',
câi fod yn broffwyd i'r bobl hyn."

¹² "Yn wir, fe gasglaf y cyfan ohonot,
Jacob,
a chynullaf ynghyd weddill Israel;
gosodaf hwy gyda'i gilydd, fel defaid
Bosra,
fel diadell yn ei phorfa yn tyrru o
Edom.
¹³ Fe â'r un a agorodd y bwlch i fyny
o'u blaen;
torrant hwythau trwy'r porth a
rhuthro allan.
Â eu brenin o'u blaenau,
a bydd yr ARGLWYDD yn eu harwain."

3 Yna dywedais,
"Clywch, benaethiaid Jacob,
arweinwyr tŷ Israel!
Oni ddylech chwi wybod beth sy'n
iawn?
² Yr ydych yn casáu daioni ac yn
caru drygioni,
yn rhwygo'u croen oddi ar fy mhobl,
a'u cnawd oddi ar eu hesgyrn;
³ yr ydych yn bwyta'u cnawd,
yn blingo'u croen oddi amdanynt,
yn dryllio'u hesgyrn,
yn eu malu fel cnawd* i badell
ac fel cig i grochan.
⁴ Yna fe waeddant ar yr ARGLWYDD,
ond ni fydd yn eu hateb;
bydd yn cuddio'i wyneb oddi
wrthynt yr amser hwnnw,
am fod eu gweithredoedd mor
ddrygionus."

⁵ Fel hyn y dywed yr ARGLWYDD am y
proffwydi
sy'n arwain fy mhobl ar gyfeiliorn,
y rhai os cânt rywbeth i'w fwyta
sy'n cyhoeddi heddwch,
ond pan na rydd neb ddim iddynt
sy'n cyhoeddi rhyfel yn ei erbyn:
⁶ "Am hyn bydd yn nos heb
weledigaeth arnoch,
ac yn dywyllwch heb ddim
dewiniaeth;
bydd yr haul yn machlud ar y
proffwydi,
a'r dydd yn tywyllu o'u cwmpas."
⁷ Bydd y gweledyddion mewn gwarth
a'r dewiniaid mewn cywilydd;

2:8 Hebraeg yn ansicr.
2:9 Hebraeg, *fy ngogoniant.*
3:3 Felly Groeg. Hebraeg, *fel yr hyn sydd.*

byddant i gyd yn gorchuddio'u genau,
am nad oes ateb oddi wrth Dduw.

⁸ Ond amdanaf fi, rwy'n llawn grym
ac ysbryd yr ARGLWYDD, a chyfiawnder a nerth,
i gyhoeddi ei drosedd i Jacob,
a'i bechod i Israel.
⁹ Clywch hyn, benaethiaid Jacob,
arweinwyr tŷ Israel,
chwi sy'n casáu cyfiawnder
ac yn gwyrdroi pob uniondeb,
¹⁰ yn adeiladu Seion trwy dywallt gwaed
a Jerwsalem trwy dwyll.
¹¹ Y mae ei phenaethiaid yn barnu yn ôl y tâl,
ei hoffeiriaid yn cyfarwyddo yn ôl y wobr,
ei phroffwydi yn cyflwyno neges yn ôl yr arian;
ac eto, pwysant ar yr ARGLWYDD, a dweud,
"Onid yw'r ARGLWYDD yn ein mysg?
Ni ddaw drwg arnom."
¹² Am hynny, o'ch achos chwi
bydd Seion yn faes wedi ei aredig,
a Jerwsalem yn garneddau,
a mynydd y deml yn fynydd-dir coediog.

Yr ARGLWYDD yn Teyrnasu mewn Heddwch

4 Eseia 2:1-4
Yn y dyddiau diwethaf bydd mynydd tŷ'r ARGLWYDD
wedi ei osod ar ben y mynyddoedd
ac yn uwch na'r bryniau.
Dylifa'r bobloedd ato,
² a daw cenhedloedd lawer, a dweud,
"Dewch, esgynnwn i fynydd yr ARGLWYDD,
i deml Duw Jacob,
er mwyn iddo ddysgu inni ei ffyrdd
ac i ninnau rodio yn ei lwybrau."
Oherwydd o Seion y daw'r gyfraith,
a gair yr ARGLWYDD o Jerwsalem.
³ Bydd ef yn barnu rhwng cenhedloedd,
ac yn torri'r ddadl i bobloedd cryfion o bell;
byddant hwy'n curo'u cleddyfau'n geibiau,
a'u gwaywffyn yn grymanau.
Ni chyfyd cenedl gleddyf yn erbyn cenedl,
ac ni ddysgant ryfel mwyach;
⁴ a bydd pob un yn eistedd dan ei winwydden
a than ei ffigysbren, heb neb i'w ddychryn.
Oherwydd genau ARGLWYDD y Lluoedd a lefarodd.
⁵ Rhodia pob un o'r cenhedloedd yn enw ei duw,
ac fe rodiwn ninnau yn enw'r ARGLWYDD ein Duw dros byth.

Adferiad Israel

⁶ "Yn y dydd hwnnw," medd yr ARGLWYDD,
"fe gasglaf y cloff,
a chynnull y rhai a wasgarwyd
a'r rhai a gosbais;
⁷ a gwnaf weddill o'r cloff,
a chenedl gref o'r gwasgaredig,
a theyrnasa'r ARGLWYDD drostynt ym Mynydd Seion
yn awr a hyd byth.
⁸ A thithau, tŵr y ddiadell, mynydd merch Seion,
i ti y daw, ie, y daw y llywodraeth a fu,
y frenhiniaeth i ferch Jerwsalem."

Ymryson Arall â'r Gau Broffwydi

⁹ "Pam yn awr yr wyt yn llefain yn uchel?
Onid oes gennyt frenin?
A yw dy gynghorwyr wedi darfod,
nes bod poenau, fel gwewyr gwraig yn esgor, wedi cydio ynot?"
¹⁰ "Gwinga a gwaedda, ferch Seion,
fel gwraig yn esgor,
oherwydd yn awr byddi'n mynd o'r ddinas
ac yn byw yn y maes agored;
byddi'n mynd i Fabilon.
Yno fe'th waredir;
yno bydd yr ARGLWYDD yn dy achub
o law d'elynion."
¹¹ "Yn awr y mae llawer o genhedloedd
wedi ymgasglu yn dy erbyn,
ac yn dweud, 'Haloger hi,

a chaed ein llygaid weld eu
  dymuniad ar Seion.'
¹² Ond nid ydynt hwy'n gwybod
  meddyliau'r ARGLWYDD,
nac yn deall ei fwriad,
oherwydd y mae ef wedi eu casglu fel
  ysgubau i'r llawr dyrnu.
¹³ Cod i ddyrnu, ferch Seion,
oherwydd gwnaf dy gorn o haearn
a'th garnau o bres,
ac fe fethri bobloedd lawer;
yn ddiofryd i'r ARGLWYDD y gwneir
  eu helw,
a'u cyfoeth i Arglwydd yr holl ddaear."

5 * "Yn awr, dos i mewn i'th gaer, ti
  ferch gaerog;
y mae gwarchae wedi ei osod yn ein
  herbyn;
trewir barnwr Israel ar ei foch â ffon."

Addo Llywodraethwr o Fethlehem

² Ond ti, Bethlehem Effrata,
sy'n fechan i fod ymhlith llwythau
  Jwda,
ohonot ti y daw allan i mi
un i fod yn llywodraethwr yn Israel,
a'i darddiad yn y gorffennol,
mewn dyddiau gynt.
³ Felly fe'u gedy hyd amser esgor yr
  un feichiog,
ac yna fe ddychwel y rhai fydd yn
  weddill yn Israel
at eu tylwyth.
⁴ Fe saif ac arwain y praidd yn nerth
  yr ARGLWYDD,
ac ym mawredd enw'r ARGLWYDD ei
  Dduw.
A byddant yn ddiogel,
oherwydd bydd ef yn fawr hyd
  derfynau'r ddaear;
⁵ ac yna bydd heddwch.

Gwaredigaeth a Chosb

Pan ddaw Asyria i'n gwlad,
a cherdded hyd ein tir*,
codwn yn ei erbyn saith o fugeiliaid
ac wyth o arweinwyr pobl.
⁶ A bugeiliant Asyria â'r cleddyf,
a thir Nimrod â'r cleddyf noeth;

fe'n gwaredant oddi wrth Asyria
pan ddaw i'n gwlad
a sarnu'n terfynau.
⁷ A bydd gweddill Jacob yng nghanol
  pobloedd lawer,
fel gwlith oddi wrth yr ARGLWYDD,
fel cawodydd ar laswellt,
nad ydynt yn disgwyl wrth ddyn,
nac yn aros am feibion dynion.
⁸ A bydd gweddill Jacob ymhlith y
  cenhedloedd,
ac yng nghanol pobloedd lawer,
fel llew ymysg anifeiliaid y goedwig,
fel llew ifanc ymhlith diadelloedd
  defaid,
sydd, wrth fynd heibio, yn mathru
ac yn malurio, heb neb i waredu.
⁹ Bydd dy law wedi ei chodi yn erbyn
  dy wrthwynebwyr,
a thorrir ymaith dy holl elynion.

¹⁰ "Yn y dydd hwnnw," medd yr
  ARGLWYDD,
"distrywiaf dy feirch o'ch plith,
a dinistriaf dy gerbydau.
¹¹ Distrywiaf ddinasoedd dy wlad,
a mathraf dy holl geyrydd.
¹² Distrywiaf swyngyfaredd o'th afael,
ac ni fydd gennyt ddewiniaid.
¹³ Distrywiaf dy gerfddelwau
a'th golofnau o'ch mysg,
a mwyach nid addoli waith dy
  ddwylo dy hun.
¹⁴ Diwreiddiaf y prennau Asera yn
  eich plith,
a dinistriaf dy ddinasoedd.
¹⁵ Mewn llid a digofaint fe ddialaf
ar yr holl genhedloedd na fuont yn
  ufudd."

Achos yr ARGLWYDD yn erbyn Israel

6 Clywch yn awr beth a ddywed yr
  ARGLWYDD:
"Cod, dadlau dy achos o flaen y
  mynyddoedd,
a bydded i'r bryniau glywed dy lais.
² Clywch achos yr ARGLWYDD, chwi
  fynyddoedd,
chwi gadarn sylfeini'r ddaear;
oherwydd y mae gan yr ARGLWYDD
  achos yn erbyn ei bobl,
ac fe'i dadlau yn erbyn Israel.

5:1 Hebraeg, 4:14.
5:5 Felly Fersiynau. Hebraeg, *palasau*.

³ O fy mhobl, beth a wneuthum i ti?
Sut y blinais di? Ateb fi.
⁴ Dygais di i fyny o'r Aifft,
gwaredais di o dŷ'r caethiwed,
a rhoddais Moses, Aaron a Miriam
    i'th arwain.
⁵ O fy mhobl, cofia beth oedd bwriad
    Balac brenin Moab,
a sut yr atebodd Balaam fab Beor ef,
a hefyd y daith o Sittim i Gilgal,
er mwyn iti wybod cyfiawnder yr
    ARGLWYDD."

⁶ Â pha beth y dof o flaen yr
    ARGLWYDD,
a phlygu gerbron y Duw uchel?
A ddof ger ei fron â phoethoffrymau,
neu â lloi blwydd?
⁷ A fydd yr ARGLWYDD yn fodlon ar
    filoedd o hyrddod
neu ar fyrddiwn o afonydd olew?
A rof fy nghyntafanedig am fy
    nghamwedd,
fy mhlant fy hun am fy mhechod?
⁸ Dywedodd wrthyt, feidrolyn, beth
    sydd dda,
a'r hyn a gais yr ARGLWYDD gennyt:
dim ond gwneud beth sy'n iawn,
    caru teyrngarwch,
ac ymostwyng i rodio'n ostyngedig
    gyda'th Dduw.

Euogrwydd Israel a'i Chosb

⁹ Clyw! Y mae'r ARGLWYDD yn
    gweiddi ar y ddinas—
y mae llwyddiant o ofni ei enw:
"Gwrando, di lwyth, a chyngor y
    ddinas*.
¹⁰ A anghofiaf enillion twyllodrus yn
    nhŷ'r twyllwr,
a'r mesur prin sy'n felltigedig?
¹¹ A oddefaf gloriannau twyllodrus,
neu gyfres o bwysau ysgafn?
¹² Y mae ei chyfoethogion yn llawn
    trais,
a'i thrigolion yn dweud celwydd,
a thafodau ffals yn eu genau.
¹³ Ond yr wyf fi'n dy daro nes dy
    glwyfo,
i'th anrheithio am dy bechodau:
¹⁴ byddi'n bwyta, ond heb dy ddigoni,

a bydd y bwyd yn pwyso* ar dy
    stumog;
byddi'n cilio, ond heb ddianc,
a'r sawl a ddianc, fe'i lladdaf â'r
    cleddyf;
¹⁵ byddi'n hau, ond heb fedi,
yn sathru olewydd, ond heb
    ddefnyddio'r olew,
a gwinwydd, ond heb yfed gwin.
¹⁶ Cedwaist* ddeddfau Omri,
a holl weithredoedd tŷ Ahab,
a dilynaist eu cynghorion,
er mwyn imi dy wneud yn ddiffaith
a'th drigolion* yn gyff gwawd;
a dygwch ddirmyg y bobl*."

Trueni Israel

7 Gwae fi! Yr wyf fel gweddillion
    ffrwythau haf,
ac fel lloffion cynhaeaf gwin;
nid oes grawnwin i'w bwyta,
na'r ffigys cynnar a flysiaf.
² Darfu am y ffyddlon o'r tir,
ac nid oes neb uniawn ar ôl;
y maent i gyd yn llechu i ladd,
a phawb yn hela'i gilydd â rhwyd.
³ Y mae eu dwylo'n fedrus mewn
    drygioni,
y swyddog yn codi tâl a'r barnwr yn
    derbyn gwobr,
a'r uchelwr yn mynegi ei ddymuniad
    llygredig.
⁴ Y maent yn gwneud i'w cymwynas
    droi* fel mieri,
a'u huniondeb fel drain.
Daeth y dydd y gwyliwyd amdano,
    dydd cosb;
ac yn awr y bydd yn ddryswch
    iddynt.
⁵ Peidiwch â rhoi hyder mewn
    cymydog,
nac ymddiried mewn cyfaill;
gwylia ar dy enau rhag gwraig dy
    fynwes.
⁶ Oherwydd y mae'r mab yn
    amharchu ei dad,
y ferch yn gwrthryfela yn erbyn ei
    mam,

6:14 Hebraeg yn ansicr.
6:16 Felly Fersiynau. Hebraeg, *Cadwodd*.
6:16 Hebraeg, *a'i thrigolion*.
6:16 Felly Fersiynau. Hebraeg, *fy mhobl*.
7:4 Hebraeg, *gwneud i droi* yn adn. 3.

6:9 Cymh. Groeg. Hebraeg yn ansicr.

y ferch-yng-nghyfraith yn erbyn ei
  mam-yng-nghyfraith;
a gelynion rhywun yw ei dylwyth ei
  hun.
⁷ Ond edrychaf fi at yr ARGLWYDD,
disgwyliaf wrth Dduw fy
  iachawdwriaeth;
gwrendy fy Nuw arnaf.

Gwaredigaeth i Israel

⁸ Paid â llawenychu yn f'erbyn, fy
  ngelyn;
er imi syrthio, fe godaf.
Er fy mod yn trigo mewn tywyllwch,
bydd yr ARGLWYDD yn oleuni i mi.
⁹ Dygaf ddig yr ARGLWYDD—
  oherwydd pechais yn ei erbyn—
nes iddo ddadlau f'achos a rhoi
  dedfryd o'm plaid,
nes iddo fy nwyn allan i oleuni,
ac imi weld ei gyfiawnder.
¹⁰ Yna fe wêl fy ngelyn a
  chywilyddio—
yr un a ddywedodd wrthyf, "Ble
  mae'r ARGLWYDD dy Dduw?"
Yna bydd fy llygaid yn gloddesta
  arno,
pan sethrir ef fel baw ar yr heolydd.

¹¹ Bydd yn ddydd adeiladu dy furiau,
yn ddydd ehangu terfynau,
¹² yn ddydd pan ddônt atat o Asyria
  hyd yr Aifft*,
ac o'r Aifft hyd afon Ewffrates,
o fôr i fôr, ac o fynydd i fynydd.
¹³ Ond bydd y ddaear yn ddiffaith,
oherwydd ei thrigolion;
dyma ffrwyth eu gweithredoedd.

7:12 Hebraeg, *y dinasoedd*.

Yr ARGLWYDD yn Tosturio wrth Israel

¹⁴ Bugeilia dy bobl â'th ffon,
y ddiadell sy'n etifeddiaeth iti,
sy'n trigo ar wahân mewn coedwig
  yng nghanol Carmel;
porant Basan a Gilead fel yn y
  dyddiau gynt.

¹⁵ Fel yn y dyddiau pan ddaethost
  allan o'r Aifft,
fe ddangosaf iddynt ryfeddodau.
¹⁶ Fe wêl y cenhedloedd, a
  chywilyddio
er eu holl rym;
rhônt eu dwylo ar eu genau
a bydd eu clustiau'n fyddar;
¹⁷ llyfant y llwch fel neidr,
fel ymlusgiaid y ddaear;
dônt yn grynedig allan o'u llochesau,
a throi mewn dychryn at yr
  ARGLWYDD ein Duw,
ac ofnant di.
¹⁸ Pwy sydd Dduw fel ti, yn maddau
  camwedd,
ac yn mynd heibio i drosedd
  gweddill ei etifeddiaeth?
Nid yw'n dal ei ddig am byth,
ond ymhyfryda mewn trugaredd.
¹⁹ Bydd yn tosturio wrthym eto,
ac yn golchi ein camweddau,
ac yn taflu ein holl bechodau i eigion
  y môr.
²⁰ Byddi'n ffyddlon i Jacob
ac yn deyrngar i Abraham,
fel y tyngaist i'n tadau
yn y dyddiau gynt.

LLYFR
NAHUM

Barn Duw ar Ninefe

1 Oracl am Ninefe. Llyfr gweledigaeth Nahum o Elcos.

² Duw eiddigeddus ac un sy'n dial
yw'r ARGLWYDD;
y mae'r ARGLWYDD yn dial ac yn
llawn llid;
y mae'r ARGLWYDD yn dial ar ei
wrthwynebwyr,
ac yn dal dig at ei elynion.
³ Y mae'r ARGLWYDD yn araf i ddigio
ond yn fawr o nerth,
ac nid yw'n gadael yr euog yn ddigosb.

Y mae ei ffordd yn y corwynt a'r
dymestl,
a llwch ei draed yw'r cymylau.
⁴ Y mae'n ceryddu'r môr ac yn ei
sychu,
ac yn gwneud pob afon yn hesb;
gwywa Basan a Charmel,
a derfydd gwyrddlesni Lebanon.
⁵ Cryna'r mynyddoedd o'i flaen,
a thodda'r bryniau;
difrodir y ddaear o'i flaen,
y byd a phopeth sy'n byw ynddo.

⁶ Pwy a saif o flaen ei lid?
Pwy a ddeil gynddaredd ei ddig?
Tywelltir ei lid fel tân,
a dryllir y creigiau o'i flaen.
⁷ Y mae'r ARGLWYDD yn dda—yn
amddiffynfa yn nydd argyfwng;
y mae'n adnabod y rhai sy'n
ymddiried ynddo.
⁸ Ond â llifeiriant ysgubol gwna
ddiwedd llwyr ar ei
wrthwynebwyr*,
ac fe ymlid ei elynion i'r tywyllwch.
⁹ Beth a gynlluniwch yn erbyn yr
ARGLWYDD?
Gwna ef ddiwedd llwyr,
fel na ddaw blinder ddwywaith.
¹⁰ Fel perth o ddrain fe'u hysir,
fel diotwyr â'u diod,
fel sofl wedi sychu'n llwyr.

¹¹ Ohonot ti, Ninefe, y daeth allan un
yn cynllwynio
drygioni yn erbyn yr ARGLWYDD—
cynghorwr dieflig.
¹² Fel hyn y dywed yr ARGLWYDD:

"Er eu bod yn gyflawn a niferus,
eto fe'u torrir i lawr, a darfyddant.
Er imi dy flino,
ni flinaf di mwyach.
¹³ Yn awr, fe ddryllaf ei iau oddi
arnat,
a thorraf dy rwymau."

¹⁴ Rhoes yr ARGLWYDD orchymyn
amdanat:
"Ni fydd had o'th hil mwyach;
torraf ymaith ddelw ac eilun o dŷ dy
dduwiau;
a rhoddaf i ti fedd am dy fod yn
ddirmygedig."

¹⁵ * Wele ar y mynyddoedd draed y
negesydd
yn cyhoeddi heddwch.
Dathla dy wyliau, O Jwda,
tâl dy addunedau,
oherwydd ni ddaw'r dieflig i'th
oresgyn byth eto;
fe'i torrwyd ymaith yn llwyr.

Cwymp Ninefe

2 Daeth dinistrydd i fyny yn dy
erbyn;
diogela'r amddiffynfa, gwylia'r
ffordd,
rhwyma dy wregys, a chasgla dy
nerth ynghyd.

² Y mae'r ARGLWYDD yn adfer
gogoniant Jacob,
a gogoniant Israel yr un modd,
er i'r anrheithwyr eu difetha
a dinoethi eu canghennau.

³ Y mae tarian ei ryfelwyr yn goch,
a'r milwyr mewn ysgarlad,
a'i gerbydau yn eu rhengoedd

1:8 Felly Groeg. Hebraeg, *ei lle*. **1:15** Hebraeg, 2:1.

yn fflachio fel tân,
a'r gwŷr meirch* yn prancio.
⁴ Rhuthra'r cerbydau trwy'r
  strydoedd,
a gweu trwy'i gilydd yn y mannau
  agored;
fflachiant fel ffaglau,
gwibiant fel mellt.
⁵ Gelwir y glewion i'r frwydr,
baglant hwythau wrth ddod;
brysiant at y mur,
a pharatoir yr amddiffyn.
⁶ Agorir llifddorau'r afonydd,
ac y mae'r plas mewn dychryn;
⁷ dygir y frenhines* ymaith i
  gaethglud,
a'i morynion yn galaru,
yn cwyno fel colomennod
ac yn curo dwyfron.
⁸ Y mae Ninefe fel llyn
a'i ddyfroedd yn diflannu.
"Aros! Aros!" meddant, ond nid yw
  neb yn troi'n ôl.
⁹ Ysbeiliwch yr arian! Ysbeiliwch yr
  aur!
Nid oes terfyn ar y trysor,
nac ar y cyfoeth o bethau dymunol.
¹⁰ Wedi ei hysbeilio, ei hanrheithio a'i
  dinoethi,
pob calon yn toddi, pob glin yn
  gwegian,
y llwynau'n crynu,
ac wyneb pawb yn gwelwi!

¹¹ Ple mae ffau'r llew ac ogof* y
  llewod ifainc,
cynefin y llew a'r llewes,
lle triga'r cenawon heb eu tarfu?
¹² Darniodd y llew ddigon i'w
  genawon,
a lladd ar gyfer ei lewesau;
llanwodd ei ogofeydd ag ysglyfaeth,
a'i loches â'i raib.
¹³ "Wele fi yn dy erbyn," medd
  ARGLWYDD y Lluoedd.
"Llosgaf dy ffau* mewn mwg,
ac ysa'r cleddyf dy genawon;
torraf ymaith dy ysbail o'r tir,
ac ni chlywir mwyach sôn am dy
  weithredoedd."

Gwae Ninefe

3 Gwae'r ddinas waedlyd,
sy'n dwyll i gyd,
yn llawn anrhaith
a heb derfyn ar ysbail!
² Clec y chwip, trwst olwynion,
meirch yn carlamu a cherbydau'n
  ysgytian,
³ marchogion yn ymosod,
cleddyfau'n disgleirio, gwaywffyn yn
  fflachio.
Llu o glwyfedigion,
pentyrrau o gyrff,
meirwon dirifedi—
baglant dros y cyrff.
⁴ Y cyfan oherwydd puteindra
  mynych y butain,
y deg ei phryd, meistres swynion,
a dwyllodd genhedloedd â'i
  phuteindra,
a phobloedd â'i swynion.
⁵ "Wele fi yn dy erbyn," medd
  ARGLWYDD y Lluoedd.
"Codaf odre dy wisg at dy wyneb,
a dangosaf dy noethni i'r
  cenhedloedd,
a'th warth i'r teyrnasoedd.
⁶ Taflaf fudreddi drosot,
gwaradwyddaf di a'th wneud yn sioe.
⁷ Yna bydd pob un a'th wêl yn cilio
  oddi wrthyt ac yn dweud,
'Difethwyd Ninefe, pwy a
  gydymdeimla â hi?'
O ble y ceisiaf rai i'th gysuro?"

⁸ A wyt yn well na Thebes,
sydd ar lannau'r Neil,
gyda dŵr o'i hamgylch,
y môr yn fur,
a'r lli yn wrthglawdd iddi?
⁹ Ethiopia oedd ei chadernid,
a'r Aifft hefyd, a hynny'n
  ddihysbydd;
Put a Libya oedd ei chymorth*.
¹⁰ Ond dygwyd hithau ymaith a'i
  chaethgludo;
drylliwyd ei phlantos ar ben pob
  heol;
bwriwyd coelbren am ei huchelwyr,
a rhwymwyd ei mawrion â
  chadwynau.

2:3 Felly Groeg a Syrieg. Hebraeg, *pinwydd*.
2:7 Hebraeg yn ansicr.
2:11 Hebraeg, *a phorfa*.
2:13 Tebygol. Hebraeg, *ei cherbyd*.

3:9 Felly Groeg. Hebraeg, *dy gymorth*.

¹¹ Byddi dithau hefyd yn chwil a
   chuddiedig,
ac yn ceisio noddfa rhag y gelyn.
¹² Bydd dy holl amddiffynfeydd fel
   coed ffigys
gyda'u ffigys cynnar aeddfed;
pan ysgydwir hwy, syrthiant i geg y
   bwytawr.
¹³ Wele, gwragedd yw dy filwyr yn dy
   ganol,
y mae pyrth dy wlad yn agored i'th
   elynion,
a thân wedi ysu eu barrau.
¹⁴ Tyn ddŵr ar gyfer gwarchae,
cryfha dy amddiffynfeydd;
dos at y clai,
sathra'r pridd,
moldia briddfeini.
¹⁵ Er hynny, cei dy ddifa gan dân,
fe'th dorrir ymaith â'r cleddyf,
ac fe'th ysir fel gan locust.
Lluosoga fel y locust,
lluosoga fel y sbonciwr,
haid sy'n ymledu ac yn hedfan
   ymaith.
¹⁶ Y mae dy farsiandïwyr
yn lluosocach na sêr y nefoedd,
¹⁷ dy dywysogion fel locustiaid,
dy gapteiniaid fel cwmwl o
   sboncwyr—
ymsefydlant ar y muriau ar
   ddiwrnod oer,
ond pan gyfyd yr haul ehedant
   ymaith,
ac ni ŵyr neb ble maent.
¹⁸ Cysgu y mae dy fugeiliaid, O frenin
   Asyria,
a'th arweinwyr yn gorffwyso;
gwasgarwyd dy luoedd hyd y
   mynyddoedd,
heb neb i'w casglu.
¹⁹ Ni ellir lliniaru dy glwyf;
y mae dy archoll yn ddwfn.
Bydd pob un a glyw'r newydd
   amdanat
yn curo'i ddwylo o'th blegid.
A oes rhywun nad yw wedi dioddef
   oddi wrth dy ddrygioni
   diddiwedd?

LLYFR

HABACUC

Cwyn Habacuc

1 Yr oracl a dderbyniodd Habacuc y proffwyd mewn gweledigaeth.

² Am ba hyd, ARGLWYDD, y gwaeddaf
   am gymorth,
a thithau heb wrando,
ac y llefaf arnat, "Trais!"
a thithau heb waredu?
³ Pam y peri imi edrych ar ddrygioni,
a gwneud imi weld trallod?
Anrhaith a thrais sydd o'm blaen,
cynnen a therfysg yn codi.
⁴ Am hynny, â'r gyfraith yn ddi-rym,
ac nid yw cyfiawnder byth yn
   llwyddo;
yn wir y mae'r drygionus yn
   amgylchu'r cyfiawn,
a daw cyfiawnder allan yn wyrgam.

Ateb yr ARGLWYDD

⁵ "Edrychwch ymysg y cenhedloedd,
   a sylwch;
rhyfeddwch, a byddwch wedi'ch
   syfrdanu;
oherwydd yn eich dyddiau chwi yr
   wyf yn gwneud gwaith
na choeliech, pe dywedid wrthych.
⁶ Oherwydd wele, yr wyf yn codi'r
   Caldeaid,
y genedl greulon a gwyllt,
sy'n ymdaith ledled y ddaear

i feddiannu cartrefi nad ydynt yn
    eiddo iddynt.
⁷ Arswydus ac ofnadwy ydynt,
yn dilyn eu rheolau a'u hawdurdod
    eu hunain.
⁸ Y mae eu meirch yn gyflymach na'r
    llewpard,
yn ddycnach na bleiddiaid yr hwyr,
ac yn ysu am fynd.
Daw ei farchogion o bell,
yn ehedeg fel fwltur yn brysio at
    ysglyfaeth.
⁹ Dônt i gyd i dreisio,
a bydd dychryn o'u blaen;
casglant gaethion rif y tywod;
¹⁰ gwawdiant frenhinoedd
a dirmygant arweinwyr;
dirmygant bob amddiffynfa,
a gosod gwarchae i'w meddiannu.
¹¹ Yna rhuthrant heibio fel gwynt—
dynion euog, a wnaeth dduw o'u
    nerth."

Habacuc yn Cwyno Eto

¹² Onid wyt ti erioed, O ARGLWYDD,
fy Nuw sanctaidd na fyddi farw?
O ARGLWYDD, ti a'u penododd i farn;
O Graig, ti a'u dewisodd i ddwyn
    cerydd.
¹³ Ti, sydd â'th lygaid yn rhy bur i
    edrych ar ddrwg,
ac na elli oddef camwri,
pam y goddefi bobl dwyllodrus,
a bod yn ddistaw pan fydd y
    drygionus
yn traflyncu un mwy cyfiawn nag ef
    ei hun?
¹⁴ Pam y gwnei bobl fel pysgod y môr,
fel ymlusgiaid heb neb i'w rheoli?
¹⁵ Coda hwy i fyny â bach, bob un
    ohonynt,
a'u dal mewn rhwydau,
a'u casglu â llusgrwydau;
yna mae'n llawenhau ac yn
    gorfoleddu,
¹⁶ yn cyflwyno aberth i'w rhwydau
ac yn arogldarthu i'r llusgrwydau,
am mai trwyddynt hwy y caiff fyw'n
    fras
a bwyta'n foethus.
¹⁷ A ydyw felly i wagio'r rhwydau'n
    ddiddiwedd,
a lladd cenhedloedd yn ddidostur?

Yr ARGLWYDD yn Ateb Eto

2 Safaf ar fy nisgwylfa,
a chymryd fy safle ar y tŵr;
syllaf i weld beth a ddywed wrthyf,
a beth fydd ei ateb i'm cwyn.
² Atebodd yr ARGLWYDD fi:
"Ysgrifenna'r weledigaeth,
a gwna hi'n eglur ar lechen,
fel y gellir ei darllen wrth redeg;
³ oherwydd fe ddaw eto weledigaeth
    yn ei hamser—
daw ar frys i'w chyflawni, a heb ball.
Yn wir nid oeda; disgwyl amdani,
oherwydd yn sicr fe ddaw, a heb
    fethu.
⁴ Yr un nad yw ei enaid yn uniawn
    sy'n ddi-hid,
ond bydd y cyfiawn fyw trwy ei
    ffyddlondeb."

Gwaeau

⁵ Y mae cyfoeth* yn dwyllodrus, yn
    gwneud rhywun yn falch a di-
    ddal;
y mae yntau'n lledu ei safn fel Sheol,
ac fel marwolaeth yn anniwall,
yn casglu'r holl genhedloedd iddo'i
    hun
ac yn cynnull ato'r holl bobloedd.
⁶ Oni fyddant i gyd yn adrodd
    dychan yn ei erbyn,
ac yn ei watwar yn sbeitlyd a dweud,
"Gwae'r sawl sy'n pentyrru'r hyn nad
    yw'n eiddo iddo,*
ac yn cadw iddo'i hun wystl y
    dyledwr."
⁷ Oni chyfyd dy echwynwyr yn sydyn,
ac oni ddeffry'r rhai sy'n dy
    ddychryn,
a thithau'n syrthio'n ysglyfaeth
    iddynt?
⁸ Am i ti dy hun ysbeilio
    cenhedloedd lawer,
bydd gweddill pobloedd y byd yn dy
    ysbeilio di,
o achos y tywallt gwaed a'r
    anrheithio ar y tir
a'r ddinas a'i holl drigolion.
⁹ Gwae'r sawl a gais enillion
    drygionus i'w feddiant,

2:5 Felly Sgrôl. TM, *gwin*.
2:6 Hebraeg yn ychwanegu *Am ba hyd?*

er mwyn gosod ei nyth yn uchel,
a'i waredu ei hun o afael blinder.
¹⁰ Cynlluniaist warth i'th dŷ dy hun
trwy dorri ymaith bobloedd lawer,
a pheryglaist dy einioes dy hun.
¹¹ Oherwydd gwaedda'r garreg o'r mur,
ac etyb trawst o'r gwaith coed.

¹² Gwae'r sawl sy'n adeiladu dinas trwy waed,
ac yn sylfaenu dinas ar anghyfiawnder.
¹³ Wele, onid oddi wrth ARGLWYDD y lluoedd y daw hyn:
fod pobloedd yn llafurio i ddim ond tân,
a chenhedloedd yn ymdrechu i ddim o gwbl?
¹⁴ Oherwydd llenwir y ddaear â gwybodaeth o ogoniant yr ARGLWYDD,
fel y mae'r dyfroedd yn llenwi'r môr.

¹⁵ Gwae'r sawl sy'n gwneud i'w gymydog yfed o gwpan ei lid,
ac yn ei feddwi er mwyn cael gweld ei noethni.
¹⁶ Byddi'n llawn o warth, ac nid o ogoniant.
Yf dithau nes y byddi'n simsan.*
Atat ti y daw cwpan deheulaw'r ARGLWYDD,
a bydd dy warth yn fwy na'th ogoniant.
¹⁷ Bydd y trais a wnaed yn Lebanon yn dy oresgyn,
a dinistr yr anifeiliaid yn dy arswydo,
o achos y tywallt gwaed a'r anrheithio ar y tir
a'r ddinas a'i holl drigolion.

¹⁸ Pa fudd i'w wneuthurwr yw'r eilun a luniodd?
Nid yw ond delw dawdd a dysgwr celwydd.
Er bod y gwneuthurwr yn ymddiried yn ei waith,
nid yw'n gwneud ond delwau mud.
¹⁹ Gwae'r sawl a ddywed wrth bren, "Deffro",
ac wrth garreg fud, "Ymysgwyd".*

Y mae wedi ei amgylchu ag aur ac arian,
ond nid oes dim anadl ynddo.
²⁰ Ond y mae'r ARGLWYDD yn ei deml sanctaidd;
bydded i'r holl ddaear ymdawelu ger ei fron.

Gweddi Habacuc

3 Gweddi'r proffwyd Habacuc. Ar Sigionoth.

² O ARGLWYDD, clywais y sôn amdanat,
a gwelais* dy waith, O ARGLWYDD.
Adnewydda ef yng nghanol y blynyddoedd,
datguddia ef yng nghanol y blynyddoedd,
ac yn dy lid cofia drugaredd.
³ Y mae Duw yn dyfod o Teman,
a'r Sanctaidd o Fynydd Paran.   Sela
Y mae ei ogoniant yn gorchuddio'r nefoedd,
a'i fawl yn llenwi'r ddaear.
⁴ Y mae ei lewyrch fel y wawr,
a phelydrau'n fflachio o'i law;
ac yno y mae cuddfan ei nerth.
⁵ Â haint allan o'i flaen,
a daw pla allan ar ei ôl.
⁶ Pan saif, y mae'r ddaear yn ysgwyd;
pan edrycha, gwna i'r cenhedloedd grynu;
rhwygir y mynyddoedd hen
a siglir y bryniau oesol;
llwybrau oesol sydd ganddo.
⁷ Gwelais bebyll Cusan mewn helbul
a llenni tir Midian yn crynu.
⁸ A wyt yn ddig wrth y dyfroedd, ARGLWYDD?
A yw dy lid yn erbyn yr afonydd,
a'th ddicter at y môr?
Pan wyt yn marchogaeth dy feirch
a'th gerbydau i fuddugoliaeth,
⁹ y mae dy fwa wedi ei ddarparu
a'r saethau'n barod i'r llinyn.   Sela
Yr wyt yn hollti'r ddaear ag afonydd;
¹⁰ pan wêl y mynyddoedd di, fe'u dirdynnir.
Ysguba'r llifddyfroedd ymlaen;
tarana'r dyfnder a chodi ei ddwylo'n uchel.

2:16 Felly Groeg a Syrieg. Hebraeg, *nes y byddi'n ddienwaededig.*
2:19 Hebraeg yn ychwanegu *Hwn sy'n dysgu.*
3:2 Cymh. Groeg. Hebraeg, *ac ofnais.*

¹¹ Saif yr haul a'r lleuad yn eu lle,
rhag fflachiau dy saethau cyflym,
rhag llewyrch dy waywffon ddisglair.
¹² Mewn llid yr wyt yn camu dros y
ddaear,
ac mewn dicter yn mathru
cenhedloedd.
¹³ Ei allan i waredu dy bobl,
i waredu dy eneiniog;
drylli dŷ'r drygionus i'r llawr,
a dinoethi'r sylfaen hyd at y graig.
Sela
¹⁴ Tryweni â'th waywffyn bennau'r
rhyfelwyr
a ddaeth fel corwynt i'n gwasgaru,
fel rhai'n llawenhau i lyncu'r tlawd
yn ddirgel.
¹⁵ Pan sethri'r môr â'th feirch,
y mae'r dyfroedd mawrion yn
ymchwyddo.
¹⁶ Clywais innau, a chynhyrfwyd fy
ymysgaroedd,
cryna fy ngwefusau gan y sŵn;
daw pydredd i'm hesgyrn,
a gollwng fy nhraed danaf;
disgwyliaf am i'r dydd blin
wawrio ar y bobl sy'n ymosod
arnom.
¹⁷ Er nad yw'r ffigysbren yn blodeuo,
ac er nad yw'r gwinwydd yn dwyn
ffrwyth;
er i'r cynhaeaf olew ballu,
ac er nad yw'r meysydd yn rhoi
bwyd;
er i'r praidd ddarfod o'r gorlan,
ac er nad oes gwartheg yn y beudai;
¹⁸ eto llawenychaf yn yr ARGLWYDD,
a llawenhaf yn Nuw fy
iachawdwriaeth.
¹⁹ Yr ARGLWYDD Dduw yw fy nerth;
gwna fy nhraed yn ysgafn fel ewig,
a phâr imi rodio uchelfannau.
*I'r Cyfarwyddwr: gydag offerynnau
llinynnol.*

LLYFR

SEFFANEIA

Dydd Barn yr ARGLWYDD

1 Gair yr ARGLWYDD, a ddaeth at Seffaneia fab Cushi, fab Gedaleia, fab Amareia, fab Heseceia, yn nyddiau Joseia fab Amon, brenin Jwda.

² "Ysgubaf ymaith yn llwyr bopeth
oddi ar wyneb y ddaear," medd
yr ARGLWYDD.
³ "Ysgubaf ymaith ddyn ac anifail;
ysgubaf ymaith adar y nefoedd a
physgod y môr;
darostyngaf y rhai drygionus,
a thorraf ymaith ddyn oddi ar wyneb
y ddaear," medd yr ARGLWYDD.
⁴ "Estynnaf fy llaw yn erbyn Jwda
ac yn erbyn holl drigolion Jerwsalem;
a thorraf ymaith o'r lle hwn weddill
Baal,
ac enw'r offeiriaid gau,
⁵ a'r rhai sy'n ymgrymu ar bennau'r
tai i lu'r nef,
y rhai sy'n ymgrymu ac yn tyngu i'r
ARGLWYDD
ond hefyd yn tyngu i Milcom,
⁶ a'r rhai sydd wedi cefnu ar yr
ARGLWYDD,
ac nad ydynt yn ceisio'r ARGLWYDD
nac yn ymgynghori ag ef."
⁷ Distawrwydd o flaen yr Arglwydd
DDUW!
Oherwydd y mae dydd yr ARGLWYDD
yn agos;
y mae'r ARGLWYDD wedi paratoi
aberth

ac wedi cysegru ei wahoddedigion.
⁸ "Ac ar ddydd aberth yr ARGLWYDD
mi gosbaf y swyddogion a'r tŷ
    brenhinol,
a phawb sy'n gwisgo dillad estron.
⁹ Ar y dydd hwnnw
mi gosbaf bawb sy'n camu dros y
    rhiniog
ac yn llenwi tŷ eu harglwydd â thrais
    a thwyll.

¹⁰ "Ar y dydd hwnnw," medd yr
    ARGLWYDD,
"clywir gwaedd o Borth y Pysgod,
a chri o Ail Barth y ddinas,
a malurio trystfawr o'r bryniau.
¹¹ Gwaeddwch, drigolion y
    Farchnad*.
Oherwydd darfu am yr holl
    fasnachwyr,
a thorrwyd ymaith yr holl bwyswyr
    arian.

¹² "Yn yr amser hwnnw
chwiliaf Jerwsalem â llusernau,
a chosbaf y rhai sy'n ymbesgi uwch
    eu gwaddod
ac yn dweud wrthynt eu hunain,
'Ni wna'r ARGLWYDD na da na drwg.'
¹³ Anrheithir eu cyfoeth
a difethir eu tai;
codant dai, ond ni chânt fyw
    ynddynt;
plannant winllannoedd, ond ni chânt
    yfed eu gwin."

¹⁴ Y mae dydd mawr yr ARGLWYDD
    yn agos,
yn agos ac yn dod yn gyflym;
chwerw yw trwst dydd yr ARGLWYDD,
ac yna y gwaedda'r rhyfelwr yn
    uchel.
¹⁵ Dydd dicter yw'r dydd hwnnw,
dydd blinder a gofid,
dydd dinistr a difrod,
dydd tywyllwch a düwch,
dydd cymylau a chaddug,
¹⁶ dydd utgorn a bloedd rhyfel
yn erbyn y dinasoedd caerog
ac yn erbyn y tyrau uchel.
¹⁷ "Mi ddof â thrybini ar bobl,
a cherddant fel deillion;

am iddynt bechu yn erbyn yr
    ARGLWYDD
tywelltir eu gwaed fel llwch
a'u perfedd fel tom,
¹⁸ ac ni all eu harian na'u haur eu
    gwaredu."
Ar ddydd dicter yr ARGLWYDD
ysir yr holl dir â thân ei lid,
oherwydd gwna ddiwedd, ie, yn
    fuan,
ar holl drigolion y ddaear.

Galwad i Edifeirwch

2 Ymgasglwch a dewch ynghyd,
    genedl ddigywilydd,
² cyn i chwi gael eich gyrru ymaith, a
    diflannu fel us,
cyn i gynddaredd llid yr ARGLWYDD
    ddod arnoch,
cyn i ddydd dicter yr ARGLWYDD
    ddod arnoch.
³ Ceisiwch yr ARGLWYDD, holl rai
    gostyngedig y ddaear sy'n cadw
    ei ddeddfau;
ceisiwch gyfiawnder, ceisiwch
    ostyngeiddrwydd;
efallai y cewch guddfan yn nydd llid
    yr ARGLWYDD.

Yn erbyn Philistia

⁴ Bydd Gasa yn anghyfannedd
ac Ascalon yn ddiffaith;
gyrrir allan drigolion Asdod ganol
    dydd,
a diwreiddir Ecron.
⁵ Gwae drigolion glan y môr, cenedl
    y Cerethiaid!
Y mae gair yr ARGLWYDD yn eich
    erbyn,
O Ganaan, gwlad y Philistiaid:
"Difethaf chwi heb adael trigiannydd
    ar ôl."
⁶ A bydd glan y môr yn borfa,
yn fythod i fugeiliaid
ac yn gorlannau i ddefaid.
⁷ Bydd glan y môr yn eiddo i weddill
    tŷ Jwda;
yno y porant, a gorwedd fin nos yn
    nhai Ascalon.
Oherwydd bydd yr ARGLWYDD eu
    Duw yn ymweld â hwy
ac yn adfer eu llwyddiant.

1:11 Tebygol. Hebraeg, *Machtes*.

Yn erbyn Moab ac Ammon

⁸ "Clywais wawd Moab
a gwatwaredd yr Ammoniaid,
fel y bu iddynt wawdio fy mhobl
a bygwth eu terfyn.
⁹ Am hynny, cyn wired â'm bod i'n fyw,"
medd ARGLWYDD y Lluoedd, Duw
    Israel,
"bydd Moab fel Sodom,
a'r Ammoniaid fel Gomorra,
yn dir danadl, yn bentwr o halen, yn
    ddiffaith am byth.
Bydd y rhai a adawyd o'm pobl yn
    eu hanrheithio,
a gweddill fy nghenedl yn
    meddiannu eu tir."
¹⁰ Dyma'r tâl am eu balchder,
am iddynt wawdio a bygwth pobl
    ARGLWYDD y Lluoedd.
¹¹ Bydd yr ARGLWYDD yn ofnadwy yn
    eu herbyn,
oherwydd fe ddarostwng holl
    dduwiau'r ddaear hyd newyn,
a bydd holl arfordir y cenhedloedd
    yn ymostwng iddo,
pob un yn ei le ei hun.

Yn erbyn Ethiopia ac Asyria

¹² Chwithau hefyd, Ethiopiaid,
fe'ch lleddir â'm cleddyf.
¹³ Ac fe estyn ei law yn erbyn y
    gogledd,
a dinistrio Asyria;
fe wna Ninefe'n anialwch,
yn sych fel diffeithwch.
¹⁴ Bydd diadelloedd yn gorwedd yn
    ei chanol,
holl anifeiliaid y maes*;
bydd y pelican ac aderyn y bwn
yn nythu yn ei thrawstiau;
bydd y dylluan yn llefain yn ei ffenestr,
a'r gigfran* wrth y rhiniog,
am fod y cedrwydd yn noeth.
¹⁵ Dyma'r ddinas fostfawr
oedd yn byw mor ddiofal,
ac yn dweud wrthi ei hun,
"Myfi, nid oes neb ond myfi."
Y fath ddiffeithwch ydyw,
lloches i anifeiliaid gwylltion!
Bydd pob un a â heibio iddi
yn chwibanu ac yn codi dwrn arni.

Pechod a Gwaredigaeth Jerwsalem

3 Gwae'r ddinas orthrymus,
yr un wrthryfelgar a budr!
² Ni wrandawodd ar lais neb,
ac ni dderbyniodd gyngor;
nid ymddiriedodd yn yr ARGLWYDD,
ac ni nesaodd at ei Duw.
³ Llewod yn rhuo yn ei chanol
oedd ei swyddogion;
ei barnwyr yn fleiddiaid yr hwyr,
heb adael dim tan y bore;
⁴ ei phroffwydi'n rhyfygus
ac yn rhai twyllodrus;
ei hoffeiriaid yn halogi'r cysegredig
ac yn treisio'r gyfraith.
⁵ Ond y mae'r ARGLWYDD yn ei
    chanol yn gyfiawn;
nid yw'n gwneud cam;
fore ar ôl bore y mae'n traddodi barn
heb ballu ar doriad y dydd;
ond ni ŵyr yr anghyfiawn gywilydd.

⁶ "Torrais ymaith genhedloedd,
ac y mae eu tyrau'n garnedd;
gwneuthum eu strydoedd yn
    ddiffeithwch
nad eir trwyddo;
anrheithiwyd eu dinasoedd,
heb bobl, heb drigiannydd.
⁷ Dywedais, 'Bydd yn sicr o'm hofni
a derbyn cyngor,
ac ni chyll olwg* ar y cyfan
a ddygais arni.'
Ond yr oeddent yn eiddgar i lygru eu
    holl weithredoedd.

⁸ "Felly, disgwyliwch amdanaf," medd
    yr ARGLWYDD,
"am y dydd y codaf yn dyst i'ch
    erbyn;
oherwydd fy mwriad yw casglu
    cenhedloedd
a chynnull teyrnasoedd,
i dywallt fy nicter arnynt,
holl gynddaredd fy llid;
oherwydd â thân fy llid yr ysir yr
    holl dir.
⁹ "Yna, rhof i'r bobloedd wefus bur,
iddynt oll alw ar enw'r ARGLWYDD
a'i wasanaethu'n unfryd.

2:14 Cymh. Groeg. Hebraeg, *y genedl*.
2:14 Cymh. Groeg. Hebraeg, *diffeithwch*.
3:7 Felly Groeg a Syrieg. Hebraeg, *ei thrigfan*.

¹⁰ O'r tu hwnt i afonydd Ethiopia
y dygir offrwm i mi gan y rhai ar
   wasgar
sy'n ymbil arnaf.
¹¹ "Ar y dydd hwnnw
ni'th waradwyddir am dy holl waith
yn gwrthryfela i'm herbyn;
oherwydd symudaf o'th blith
y rhai sy'n ymhyfrydu mewn
   balchder,
ac ni fyddi byth mwy'n ymddyrchafu
yn fy mynydd sanctaidd.
¹² Ond gadawaf yn dy fysg
bobl ostyngedig ac isel,
a bydd gweddill Israel yn ymddiried
   yn enw'r ARGLWYDD;
¹³ ni wnânt ddim anghyfiawn na
   dweud celwydd,
ac ni cheir tafod twyllodrus yn eu
   genau;
oherwydd porant, a gorweddant heb
   neb i'w dychryn."

Cân o Lawenydd
¹⁴ Cân, ferch Seion;
gwaedda'n uchel, O Israel;
llawenha a gorfoledda â'th holl
   galon, ferch Jerwsalem.
¹⁵ Trodd yr ARGLWYDD dy gosb oddi
   wrthyt,
a symud dy elynion.

Y mae brenin Israel, yr ARGLWYDD,
   yn dy ganol,
ac nid ofni ddrwg mwyach.
¹⁶ Y dydd hwnnw dywedir wrth
   Jerwsalem,
"Nac ofna, Seion,
ac na laesa dy ddwylo;
¹⁷ y mae'r ARGLWYDD dy Dduw yn dy
   ganol,
yn rhyfelwr i'th waredu;
fe orfoledda'n llawen ynot,
a'th adnewyddu yn ei gariad;
llawenycha ynot â chân
¹⁸ fel ar ddydd gŵyl.*
Symudaf aflwydd ymaith oddi
   wrthyt,
rhag bod iti gywilydd o'i blegid.
¹⁹ Wele fi'n talu'r pwyth i'th
   orthrymwyr yn yr amser hwnnw;
gwaredaf y rhai cloff a chasglaf y
   rhai gwasgaredig,
a rhof iddynt glod ac enw yn holl dir
   eu gwarth.
²⁰ Y pryd hwnnw,
pan fydd yn amser i'ch casglu, mi
   ddof â chwi adref;
oherwydd rhof i chwi glod ac enw
ymhlith holl bobloedd y ddaear,
pan adferaf eich llwyddiant yn eich
   gŵydd," medd yr ARGLWYDD.

3:18 Cymh. Groeg. Hebraeg yn aneglur.

LLYFR
HAGGAI

Gorchymyn i Ailadeiladu'r Deml

1 Yn ail flwyddyn y Brenin Dareius, yn y chweched mis, ar y dydd cyntaf o'r mis, daeth gair yr ARGLWYDD trwy'r proffwyd Haggai at Sorobabel fab Salathiel, llywodraethwr Jwda, ac at Josua fab Josedec, yr archoffeiriad. ² Fel hyn y dywed ARGLWYDD y Lluoedd: "Y mae'r bobl hyn yn dweud na ddaeth yr amser i adeiladu tŷ'r ARGLWYDD." ³ A daeth gair yr ARGLWYDD trwy'r proffwyd Haggai: ⁴ "Ai amser yw i chwi eich hunain fyw yn eich tai moethus, a'r tŷ hwn yn adfeilion?" ⁵ Yn awr, fel hyn y dywed ARGLWYDD y Lluoedd: "Ystyriwch eich cyflwr. ⁶ Hauasoch lawer, ond medi ychydig; yr ydych yn bwyta, ond heb gael digon; yr ydych yn yfed, ond heb eich llenwi byth; yr ydych yn ymwisgo, ond heb fod yn gynnes byth; y mae'r sawl sy'n ennill cyflog yn ei gadw mewn cod dyllog."

⁷ Fel hyn y dywed ARGLWYDD y Lluoedd: "Ystyriwch eich cyflwr. ⁸ Ewch

i'r mynydd, torrwch goed i adeiladu'r tŷ, i mi gael ymhyfrydu ynddo a chael anrhydedd," medd yr ARGLWYDD. ⁹ "Yr ydych yn edrych am lawer, ond yn cael ychydig; pan ddygwch y cynhaeaf adref, yr wyf yn chwythu arno. Pam?" medd ARGLWYDD y Lluoedd. "Am fod fy nhŷ yn adfeilion, a chwithau bob un ohonoch â thŷ i fynd iddo. ¹⁰ Dyna pam yr ataliodd y nefoedd y gwlith ac y cadwodd y ddaear ei ffrwyth, ¹¹ ac y cyhoeddais innau sychder ar y ddaear, y mynyddoedd, yr ŷd, y gwin, yr olew, ar bopeth o gynnyrch y tir, ar ddyn ac anifail, ac ar holl lafur dwylo."

Ymateb y Bobl

¹² Gwrandawodd Sorobabel fab Salathiel a Josua fab Josedec, yr archoffeiriad, a holl weddill y bobl, ar lais yr ARGLWYDD eu Duw a geiriau Haggai, y proffwyd a anfonodd yr ARGLWYDD eu Duw; ac ofnodd y bobl o flaen yr ARGLWYDD. ¹³ Yna llefarodd Haggai, cennad yr ARGLWYDD, neges yr ARGLWYDD i'r bobl: "Yr wyf fi gyda chwi," medd yr ARGLWYDD. ¹⁴ A chynhyrfodd yr ARGLWYDD ysbryd Sorobabel fab Salathiel, llywodraethwr Jwda, ac ysbryd Josua fab Josedec, yr archoffeiriad, a gweddill y bobl; a daethant a dechrau gweithio ar dŷ ARGLWYDD y Lluoedd, eu Duw hwy, ¹⁵ ar y pedwerydd dydd ar hugain o'r chweched mis.

Gogoniant y Deml Newydd

2 Yn ail flwyddyn y Brenin Dareius, yn y seithfed mis, ar yr unfed dydd ar hugain o'r mis, daeth gair yr ARGLWYDD trwy'r proffwyd Haggai: ² "Dywed wrth Sorobabel fab Salathiel, llywodraethwr Jwda, ac wrth Josua fab Josedec, yr archoffeiriad, ac wrth weddill y bobl, ³ 'A adawyd un yn eich plith a welodd y tŷ hwn yn ei ogoniant cyntaf? Sut yr ydych chwi yn ei weld yn awr? Onid megis dim yn eich golwg? ⁴ Yn awr, ymgryfha, Sorobabel,'" medd yr ARGLWYDD, "'ac ymgryfha, Josua fab Josedec, yr archoffeiriad, ac ymgryfhewch, holl bobl y tir,'" medd yr ARGLWYDD. "'Gweithiwch, oherwydd yr wyf fi gyda chwi,'" medd ARGLWYDD y Lluoedd, ⁵ "'yn unol â'r addewid a wneuthum i chwi pan ddaethoch allan o'r Aifft. Y mae fy ysbryd yn aros yn eich plith; peidiwch ag ofni.'" ⁶ Oherwydd fel hyn y dywed ARGLWYDD y Lluoedd: "Unwaith eto, ymhen ychydig, yr wyf am ysgwyd y nefoedd a'r ddaear, y môr a'r sychdir, ⁷ ac ysgydwaf hefyd yr holl genhedloedd; daw trysor yr holl genhedloedd i mewn, a llanwaf y tŷ hwn â gogoniant," medd ARGLWYDD y Lluoedd. ⁸ "Eiddof fi yr arian a'r aur," medd ARGLWYDD y Lluoedd. ⁹ "Bydd gogoniant y tŷ diwethaf hwn yn fwy na'r cyntaf," medd ARGLWYDD y Lluoedd; "ac yn y lle hwn rhof heddwch," medd ARGLWYDD y Lluoedd.

Y Proffwyd yn Ymgynghori â'r Offeiriaid

¹⁰ Ar y pedwerydd dydd ar hugain o'r nawfed mis yn ail flwyddyn Dareius, daeth gair yr ARGLWYDD at y proffwyd Haggai. ¹¹ Fel hyn y dywed ARGLWYDD y Lluoedd: "Gofynnwch fel hyn i'r offeiriaid am gyfarwyddyd: ¹² 'Os dwg un ym mhlyg ei wisg gig wedi ei gysegru, a gadael i'r wisg gyffwrdd â bara, neu gawl, neu win, neu olew, neu unrhyw fwyd, a fyddant yn gysegredig?'" Atebodd yr offeiriaid, "Na fyddant." ¹³ Yna dywedodd Haggai, "Os bydd rhywun sy'n halogedig oherwydd cysylltiad â chorff marw yn cyffwrdd â'r rhain, a fyddant yn halogedig?" Atebodd yr offeiriaid, "Byddant." ¹⁴ Yna dywedodd Haggai, "'Felly y mae'r bobl hyn, a'r genedl hon ger fy mron,' medd yr ARGLWYDD, 'a hefyd holl waith eu dwylo; y mae pob offrwm a ddygant yma yn halogedig.'"

¹⁵ "Yn awr, ystyriwch sut y bu hyd at y dydd hwn. Cyn rhoi carreg ar garreg yn nheml yr ARGLWYDD, sut y bu? ¹⁶ Dôi un at bentwr ugain mesur, a chael deg; dôi at winwryf i dynnu hanner can mesur, a chael ugain. ¹⁷ Trewais chwi, a holl lafur eich dwylo, â malltod, llwydni a chenllysg, ac eto ni throesoch ataf," medd yr ARGLWYDD. ¹⁸ "Yn awr ystyriwch sut y bydd o'r dydd hwn ymlaen, o'r pedwerydd dydd ar hugain o'r nawfed

mis, dydd gosod sylfaen teml yr ARGLWYDD; ystyriwch. ¹⁹ A fydd had eto yn yr ysgubor? A fydd y winwydden, y ffigysbren, y pomgranadwydden a'r olewydden eto heb roi dim? O'r dydd hwn ymlaen fe'ch bendithiaf."

Addewid yr ARGLWYDD i Sorobabel

²⁰ Daeth gair yr ARGLWYDD at Haggai eilwaith ar bedwerydd dydd ar hugain y mis: ²¹ "Dywed wrth Sorobabel, llywodraethwr Jwda, 'Yr wyf fi am ysgwyd y nefoedd a'r ddaear; ²² dymchwelaf orsedd brenhinoedd, dinistriaf gryfder teyrnasoedd y cenhedloedd, a dymchwelaf gerbydau a marchogion; bydd ceffylau a'u marchogion yn syrthio, pob un trwy gleddyf ei gyfaill. ²³ Yn y dydd hwnnw,' " medd ARGLWYDD y Lluoedd, " 'fe'th gymeraf di Sorobabel fab Salathiel, fy ngwas,' " medd yr ARGLWYDD, " 'ac fe'th wisgaf fel sêl-fodrwy, oherwydd tydi a ddewisais,' " medd ARGLWYDD y Lluoedd.

LLYFR
SECHAREIA

Galwad i Ddychwelyd at yr ARGLWYDD

1 Yn yr wythfed mis o ail flwyddyn Dareius, daeth gair yr ARGLWYDD at y proffwyd Sechareia fab Beracheia, fab Ido, a dweud, ² "Digiodd yr ARGLWYDD yn fawr wrth eich hynafiaid. ³ Dywed wrthynt, 'Fel hyn y dywed ARGLWYDD y Lluoedd: Dychwelwch ataf fi,' medd ARGLWYDD y Lluoedd, 'a dychwelaf finnau atoch chwi,' medd ARGLWYDD y Lluoedd. ⁴ 'Peidiwch â bod fel eich hynafiaid, y galwodd y proffwydi gynt arnynt, a dweud, Fel hyn y dywed ARGLWYDD y Lluoedd: Trowch oddi wrth eich ffyrdd drygionus a'ch gweithredoedd drygionus, ond ni wrandawsant na rhoi sylw imi,' medd yr ARGLWYDD. ⁵ 'Eich hynafiaid—ple maent? A'r proffwydi—a ydynt i fyw am byth? ⁶ Ond y geiriau a'r deddfau a orchmynnais i'm gweision y proffwydi— oni ddaethant ar eich hynafiaid? A ddychwelasant hwy a dweud, Gwnaeth ARGLWYDD y Lluoedd fel y bwriadodd i ni am ein ffyrdd a'n gweithredoedd?' "

Gweledigaeth y Meirch

⁷ Ar y pedwerydd ar hugain o'r unfed mis ar ddeg, sef mis Sebat, o ail flwyddyn Dareius, daeth gair yr ARGLWYDD at y proffwyd Sechareia fab Beracheia, fab Ido. ⁸ Dywedodd Sechareia: Neithiwr cefais weledigaeth, dyn yn marchogaeth ar geffyl coch. Yr oedd yn sefyll rhwng y myrtwydd yn y pant, ac o'i ôl yr oedd meirch cochion, brithion a gwynion. ⁹ A gofynnais, "Beth yw'r rhai hyn, arglwydd?" A dywedodd yr angel oedd yn siarad â mi, "Dangosaf i ti beth ydynt." ¹⁰ Yna dywedodd y gŵr oedd yn sefyll rhwng y myrtwydd, "Dyma'r rhai a anfonodd yr ARGLWYDD i dramwyo dros y ddaear." ¹¹ A dywedasant wrth angel yr ARGLWYDD, a oedd yn sefyll rhwng y myrtwydd, "Yr ydym wedi bod dros y ddaear, ac y mae'r holl ddaear yn dawel ac yn heddychlon." ¹² Yna atebodd angel yr ARGLWYDD, "O ARGLWYDD y Lluoedd, am ba hyd y peidi â thosturio wrth Jerwsalem ac wrth ddinasoedd Jwda, y dangosaist dy lid wrthynt y deng mlynedd a thrigain hyn?" ¹³ A llefarodd yr Arglwydd eiriau caredig

a chysurlon wrth yr angel oedd yn siarad â mi, [14] a dywedodd yr angel oedd yn siarad â mi, "Cyhoedda, Fel hyn y dywed ARGLWYDD y Lluoedd: 'Yr wyf yn eiddigeddus iawn dros Jerwsalem a thros Seion. [15] Yr wyf yn llawn llid mawr yn erbyn y cenhedloedd y mae'n esmwyth arnynt, am iddynt bentyrru drwg ar ddrwg pan nad oedd fy llid ond bychan.' [16] Am hynny, fel hyn y dywed yr ARGLWYDD: 'Dychwelaf i Jerwsalem mewn trugaredd ac adeiledir fy nhŷ ynddi,' medd ARGLWYDD y Lluoedd, 'ac estynnir llinyn mesur dros Jerwsalem.' [17] Cyhoedda hefyd, Fel hyn y dywed ARGLWYDD y Lluoedd: 'Bydd fy ninasoedd eto'n orlawn o ddaioni; rhydd yr ARGLWYDD eto gysur i Seion, a bydd eto'n dewis Jerwsalem.'"

Gweledigaeth y Cyrn

[18] * Edrychais i fyny a gwelais, ac wele bedwar corn. [19] A gofynnais i'r angel oedd yn siarad â mi, "Beth yw'r rhain?" A dywedodd wrthyf, "Dyma'r cyrn a wasgarodd Jwda, Israel a Jerwsalem." [20] Yna dangosodd yr ARGLWYDD imi bedwar gof. [21] A dywedais, "Beth y mae'r rhain am ei wneud?" Atebodd, "Bu'r cyrn hyn yn gwasgaru Jwda mor llwyr fel na allai neb godi ei ben; ond daeth y gofaint i'w dychryn a dinistrio cyrn y cenhedloedd a gododd gorn yn erbyn gwlad Jwda i'w gwasgaru."

Gweledigaeth y Llinyn Mesur

2 * Pan edrychais i fyny, gwelais ŵr â llinyn mesur yn ei law, [2] a dywedais, "Ble'r wyt ti'n mynd?" Atebodd, "I fesur Jerwsalem, i weld beth yw ei lled a beth yw ei hyd." [3] Wrth i'r angel oedd yn siarad â mi ddod allan, daeth angel arall i'w gyfarfod, [4] a dweud wrtho, "Rhed i ddweud wrth y llanc acw, 'Bydd Jerwsalem yn faestrefi heb furiau, gan mor niferus fydd pobl ac anifeiliaid ynddi. [5] A byddaf fi,' medd yr ARGLWYDD, 'yn fur o dân o'i hamgylch, a byddaf yn ogoniant yn ei chanol.'"

Galw'r Bobl Adref o'r Gaethglud

[6] "Gwyliwch, gwyliwch! Ffowch o dir y gogledd," medd yr ARGLWYDD, "oherwydd taenaf chwi ar led fel pedwar gwynt y nefoedd," medd yr ARGLWYDD. [7] "Gwyliwch! Ffowch i Seion, chwi sy'n trigo ym Mabilon." [8] Oherwydd fel hyn y dywed ARGLWYDD y Lluoedd, wedi i'w ogoniant fy anfon at y cenhedloedd sy'n eich ysbeilio, am fod pob un sy'n cyffwrdd â chwi yn cyffwrdd â channwyll ei lygad: [9] "Wele fi'n ysgwyd fy nwrn yn eu herbyn, a byddant yn ysbail i'w gweision eu hunain." Yna cewch wybod mai ARGLWYDD y Lluoedd a'm hanfonodd. [10] "Gwaedda a gorfoledda, ferch Seion; oherwydd yr wyf yn dod i drigo yn dy ganol," medd yr ARGLWYDD. [11] "A bydd cenhedloedd lawer yn glynu wrth yr ARGLWYDD yn y dydd hwnnw, ac yn dod yn bobl i mi, a byddaf yn trigo yn dy ganol, a chei wybod mai ARGLWYDD y Lluoedd a'm hanfonodd atat. [12] Bydd yr ARGLWYDD yn etifeddu Jwda yn gyfran iddo yn y tir sanctaidd, a bydd eto yn dewis Jerwsalem. [13] Distawed pawb gerbron yr ARGLWYDD, oherwydd y mae wedi codi o'i drigfa sanctaidd."

Yr Archoffeiriad Josua

3 Yna dangosodd imi Josua yr archoffeiriad, yn sefyll o flaen angel yr ARGLWYDD, a Satan yn sefyll ar ei ddeheulaw i'w gyhuddo. [2] A dywedodd yr ARGLWYDD wrth Satan, "Y mae'r ARGLWYDD yn dy geryddu di, Satan; yr ARGLWYDD, yr un a ddewisodd Jerwsalem, sy'n dy geryddu di. Onid marworyn wedi ei arbed o'r tân yw hwn?" [3] Yr oedd Josua yn sefyll o flaen yr angel mewn dillad budron; [4] a dywedodd yr angel wrth ei osgordd, "Tynnwch y dillad budron oddi amdano." Dywedodd wrth Josua, "Edrych fel y symudais dy euogrwydd oddi wrthyt, ac fe'th wisgaf â gwisgoedd gwynion." [5] Dywedodd hefyd, "Rhodder twrban glân am ei ben"; a rhoesant dwrban glân am ei ben, a dillad amdano; ac yr oedd angel yr ARGLWYDD yn sefyll gerllaw. [6] Yna rhybuddiodd angel yr ARGLWYDD Josua a dweud,

---

1:18 Hebraeg, 2:1.
2:1 Hebraeg, 2:5.

⁷ "Fel hyn y dywed ARGLWYDD y Lluoedd: 'Os rhodi yn fy ffyrdd a chadw fy ngorchmynion, cei reoli fy nhŷ a gofalu am fy llysoedd, a rhof iti'r hawl i fynd a dod gyda'r osgordd. ⁸ Gwrando, Josua yr archoffeiriad, ti a'th gyfeillion sydd ger dy fron, oherwydd arwyddion yw'r dynion hyn. Wele fi'n arwain allan fy ngwas, y Blaguryn. ⁹ Dyma'r garreg a osodaf o flaen Josua, carreg ac iddi saith llygad, ac wele fi'n egluro eu hystyr,' medd ARGLWYDD y Lluoedd. 'Symudaf ymaith euogrwydd y tir hwn mewn un diwrnod. ¹⁰ Y dydd hwnnw,' medd ARGLWYDD y Lluoedd, 'byddwch yn gwahodd bob un ei gilydd i eistedd o dan ei winwydden ac o dan ei ffigysbren.' "

Gweledigaeth y Canhwyllbren

4 Dychwelodd yr angel oedd yn siarad â mi, a'm deffro fel rhywun yn deffro o'i gwsg, ² a dweud wrthyf, "Beth a weli?" Atebais innau, "Yr wyf yn gweld canhwyllbren, yn aur i gyd, a'i badell ar ei ben; y mae iddo saith o lampau a saith o bibellau i'r lampau arno; ³ y mae dwy olewydden gerllaw iddo, un ar dde'r badell a'r llall ar ei chwith." ⁴ Gofynnais i'r angel oedd yn siarad â mi, "Beth yw'r rhain, f'arglwydd?" ⁵ Ac atebodd yr angel oedd yn siarad â mi, "Oni wyddost beth yw'r rhain?" Dywedais, "Na wn i, f'arglwydd." ⁶ Yna dywedodd wrthyf, "Dyma air yr ARGLWYDD at Sorobabel: 'Nid trwy lu ac nid trwy nerth, ond trwy fy ysbryd,' medd ARGLWYDD y Lluoedd. ⁷ Beth wyt ti, O fynydd mawr? O flaen Sorobabel nid wyt ond gwastadedd. Bydd ef yn gosod y garreg uchaf, a phawb yn galw arni, 'Bendith! Bendith arni!' " ⁸ Daeth gair yr ARGLWYDD ataf a dweud, ⁹ "Dwylo Sorobabel sy'n sylfaenu'r tŷ hwn, a'i ddwylo ef a'i gorffen"; a chewch wybod mai ARGLWYDD y Lluoedd a'm hanfonodd i atoch. ¹⁰ "Pwy bynnag a ddirmygodd ddydd y pethau bychain, caiff lawenhau wrth weld carreg y gwahanu yn llaw Sorobabel.

Y saith hyn yw llygaid yr ARGLWYDD sy'n tramwyo dros yr holl ddaear."

¹¹ Yna gofynnais iddo, "Beth yw'r ddwy olewydden hyn ar dde a chwith y canhwyllbren?" ¹² A gofynnais iddo eilwaith, "Beth yw'r ddwy gangen olewydd sydd yn ymyl y ddwy bibell aur sy'n tywallt yr olew*?" ¹³ Ac atebodd fi, "Oni wyddost beth yw'r rhain?" Dywedais innau, "Na wn i, f'arglwydd." ¹⁴ Yna dywedodd, "Y rhain yw'r ddau eneiniog sy'n gwasanaethu ARGLWYDD yr holl ddaear."

Gweledigaeth y Sgrôl yn Ehedeg

5 Edrychais i fyny eto, a gweld sgrôl yn ehedeg. ² A dywedodd wrthyf, "Beth a weli?" Dywedais innau, "Yr wyf yn gweld sgrôl yn ehedeg, yn ugain cufydd ei hyd, a'i lled yn ddeg cufydd." ³ Yna dywedodd wrthyf, "Dyma'r felltith sy'n mynd allan dros yr holl ddaear: yn ôl un ochr, torrir ymaith pwy bynnag sy'n lladrata; yn ôl yr ochr arall, torrir ymaith pwy bynnag sy'n tyngu anudon. ⁴ Fe'i hanfonaf allan," medd ARGLWYDD y Lluoedd, "ac fe â i mewn i dŷ'r lleidr ac i dŷ'r un sy'n tyngu'n gelwyddog yn fy enw; ac fe erys yng nghanol ei dŷ a'i ddifetha, yn goed a cherrig."

Gweledigaeth y Ddynes mewn Casgen

⁵ Daeth yr angel oedd yn siarad â mi a dweud wrthyf, "Edrych i fyny i weld beth yw hyn sy'n dod i'r golwg." ⁶ Pan ofynnais, "Beth ydyw?" atebodd, "Casgen sy'n dod." A dywedodd, "Dyma'u drygioni trwy'r holl ddaear." ⁷ Yna codwyd y caead plwm, ac yr oedd dynes yn eistedd yn y gasgen. ⁸ Dywedodd yr angel, "Drygioni yw hon," a thaflodd hi i waelod y gasgen a chau'r caead plwm arni. ⁹ Edrychais i fyny, a gweld dwy wraig yn dod, a'r gwynt dan eu hadenydd (yr oedd ganddynt adenydd fel adenydd garan), ac yn codi'r gasgen rhwng nefoedd a daear. ¹⁰ Yna gofynnais i'r angel oedd yn siarad â mi, "I ble maent yn mynd â'r gasgen?" ¹¹ Dywedodd wrthyf, "I godi tŷ iddi yng ngwlad Sinar, a phan fydd yn barod fe'i gadewir yno yn ei lle priodol."

4:12 Tebygol. Hebraeg, *yr aur.*

Gweledigaeth y Pedwar Cerbyd

6 Edrychais i fyny eto, a gweld pedwar cerbyd yn dod allan rhwng dau fynydd, a'r rheini'n fynyddoedd o bres. ² Wrth y cerbyd cyntaf yr oedd meirch cochion, wrth yr ail, feirch duon, ³ wrth y trydydd, feirch gwynion, ac wrth y pedwerydd, feirch brithion. ⁴ Yna gofynnais i'r angel oedd yn siarad â mi, "Beth yw'r rhain, f'arglwydd?" ⁵ Ac atebodd yr angel, "Y rhain yw pedwar gwynt y nefoedd sy'n mynd allan o'u safle gerbron Arglwydd yr holl ddaear. ⁶ Y mae'r cerbyd gyda cheffylau duon yn mynd i dir y gogledd, yr un gyda'r rhai gwynion i'r gorllewin, yr un gyda'r rhai brithion* i'r de." ⁷ Daeth y meirch allan yn barod i dramwyo'r ddaear. A dywedodd, "Ewch i dramwyo'r ddaear." A gwnaethant hynny. ⁸ Yna galwodd arnaf a dweud, "Edrych fel y mae'r rhai sy'n mynd i dir y gogledd wedi rhoi gorffwys i'm hysbryd yn nhir y gogledd."

Gorchymyn i Goroni Josua

⁹ Daeth gair yr ARGLWYDD ataf a dweud, ¹⁰ "Cymer arian ac aur oddi ar Haldai, Tobeia a Jedaia, caethgludion a ddaeth o Fabilon, a dos di y dydd hwnnw i dŷ Joseia fab Seffaneia. ¹¹ Gwna goron o'r arian a'r aur, a'i rhoi ar ben Josua fab Josedec, yr archoffeiriad, ¹² a dweud wrtho, 'Fel hyn y dywed ARGLWYDD y Lluoedd: Wele'r dyn a'i enw Blaguryn, oherwydd blagura o'i gyff ac adeiladu teml yr ARGLWYDD. ¹³ Ef fydd yn adeiladu teml yr ARGLWYDD ac yn dwyn anrhydedd ac yn eistedd i deyrnasu ar ei orsedd; bydd offeiriad yn ymyl ei orsedd a chytundeb perffaith rhyngddynt.' ¹⁴ A bydd y goron yn nheml yr ARGLWYDD yn goffâd i Haldai, Tobeia, Jedaia a Joseia* fab Seffaneia. ¹⁵ Daw rhai o bell i adeiladu teml yr ARGLWYDD, a chewch wybod mai ARGLWYDD y Lluoedd a'm hanfonodd i atoch. A bydd hyn os gwrandewch yn astud ar lais yr ARGLWYDD eich Duw."

6:6 Tebygol. Hebraeg, *ar eu holau*.
6:14 Tebygol. Hebraeg, *Hen*.

Ymprydio'n Annheilwng

7 Ym mhedwaredd flwyddyn y Brenin Dareius, ar y pedwerydd dydd o'r nawfed mis, Cislef, daeth gair yr ARGLWYDD at Sechareia. ² Yr oedd pobl Bethel wedi anfon Sareser a Regemmelech a'u gwŷr i geisio ffafr yr ARGLWYDD, ³ ac i ofyn i'r offeiriaid oedd yn nhŷ ARGLWYDD y Lluoedd ac i'r proffwydi, "A ddylid galaru ac ymprydio yn y pumed mis fel y gwneir ers blynyddoedd bellach?" ⁴ Yna daeth gair ARGLWYDD y Lluoedd ataf a dweud, ⁵ "Dywed wrth holl bobl y tir ac wrth yr offeiriaid, 'Pan oeddech yn ymprydio ac yn galaru yn y pumed mis ac yn y seithfed mis y deng mlynedd a thrigain hyn, ai er fy mwyn i yr oeddech yn ymprydio? ⁶ A phan oeddech yn bwyta ac yn yfed, onid er eich mwyn eich hunain yr oeddech yn bwyta ac yn yfed? ⁷ Onid hyn a gyhoeddodd yr ARGLWYDD trwy'r proffwydi gynt pan oedd Jerwsalem yn boblog a llewyrchus, gyda'i threfi o'i hamgylch, a'r Negef a'r Seffela hefyd yn boblog?'"

Anufudd-dod yn Achos y Gaethglud

⁸ Daeth gair yr ARGLWYDD at Sechareia: ⁹ "Fel hyn y dywed ARGLWYDD y Lluoedd: 'Barnwch yn deg, a dangoswch drugaredd a thosturi tuag at eich gilydd; ¹⁰ peidiwch â gorthrymu'r weddw, yr amddifad, yr estron a'r tlawd, na dyfeisio yn eich meddyliau ddrwg i'ch gilydd.' ¹¹ Ond gwrthodasant wrando, a throi cefn yn ystyfnig arnaf, a chau eu clustiau rhag iddynt glywed. ¹² Gwnaethant eu calonnau fel carreg rhag clywed y gyfraith a'r geiriau a anfonodd ARGLWYDD y Lluoedd â'i ysbryd trwy'r proffwydi gynt; a daeth digofaint mawr oddi wrth ARGLWYDD y Lluoedd. ¹³ 'Nid oeddent hwy'n gwrando pan oeddwn i'n galw; yn yr un modd nid oeddwn innau'n gwrando pan oeddent hwy'n galw,' medd ARGLWYDD y Lluoedd, ¹⁴ 'a gwasgerais hwy ymhlith yr holl genhedloedd nad oeddent yn eu hadnabod, a gadael eu tir yn ddiffaith ar eu hôl, heb neb yn mynd a dod yno. Felly

y gwnaethant eu tir dymunol yn ddiffeithwch.' "

Addo Adfer Jerwsalem

8 A daeth gair yr ARGLWYDD ataf a dweud, ² "Fel hyn y dywed ARGLWYDD y Lluoedd: 'Yr wyf yn eiddigeddus dros Seion, yn eiddigeddus iawn; â llid mawr yr wyf yn eiddigeddus drosti.' ³ Fel hyn y dywed yr ARGLWYDD: 'Dychwelaf i Seion a thrigo yng nghanol Jerwsalem, a gelwir Jerwsalem, Y Ddinas Ffyddlon, a mynydd ARGLWYDD y Lluoedd, Y Mynydd Sanctaidd.' ⁴ Fel hyn y dywed ARGLWYDD y Lluoedd: 'Bydd hen wŷr a gwragedd unwaith eto yn eistedd yn heolydd Jerwsalem, pob un â ffon yn ei law oherwydd ei henaint; ⁵ bydd strydoedd y ddinas yn llawn o fechgyn a genethod yn chwarae ar hyd y stryd.' ⁶ Fel hyn y dywed ARGLWYDD y Lluoedd: 'Os yw'n rhyfedd yng ngolwg gweddill y bobl hyn yn y dyddiau hynny, a yw hefyd yn rhyfedd yn fy ngolwg i?' medd ARGLWYDD y Lluoedd. ⁷ Fel hyn y dywed ARGLWYDD y Lluoedd: 'Wele fi'n gwaredu fy mhobl o wledydd y dwyrain a'r gorllewin, a'u dwyn i drigo yng nghanol Jerwsalem; ⁸ a byddant yn bobl i mi, a minnau'n Dduw iddynt hwy, mewn gwirionedd a chyfiawnder.'

⁹ "Fel hyn y dywed ARGLWYDD y Lluoedd: 'Chwi yn y dyddiau hyn sy'n clywed y geiriau hyn o enau'r proffwydi oedd yno pan osodwyd sylfeini tŷ ARGLWYDD y Lluoedd, cryfhaer eich dwylo i adeiladu'r deml. ¹⁰ Oherwydd cyn y dyddiau hynny nid oedd llogi ar ddyn nac ar anifail, ac ni chaed llonydd gan y gelyn i fynd a dod, ac yr oeddwn yn gyrru pob un ohonynt yn erbyn ei gilydd. ¹¹ Ond yn awr nid wyf yr un tuag at weddill y bobl hyn ag yn y dyddiau gynt,' medd ARGLWYDD y Lluoedd. ¹² 'Oherwydd bydd hau mewn heddwch; rhydd y winwydden ei ffrwyth, y tir ei gynnyrch, a'r nefoedd ei gwlith; rhof yr holl bethau hyn yn feddiant i weddill y bobl hyn. ¹³ Ac fel y buoch chwi, dŷ Jwda a thŷ Israel, yn felltith ymysg y cenhedloedd, felly y'ch gwaredaf, a byddwch yn fendith. Peidiwch ag ofni, ond cryfhaer eich dwylo.'

¹⁴ "Oherwydd fel hyn y dywed ARGLWYDD y Lluoedd: 'Fel y bwriedais wneud drwg i chwi pan gythruddodd eich hynafiaid fi,' medd ARGLWYDD y Lluoedd, 'ac nid edifarheais, ¹⁵ felly y bwriadaf eto yn y dyddiau hyn wneud da i Jerwsalem ac i dŷ Jwda; peidiwch ag ofni. ¹⁶ Dyma'r peth a wnewch: dywedwch y gwir wrth eich gilydd; gwnewch farn uniawn a chywir yn eich pyrth; ¹⁷ peidiwch â dyfeisio â'ch meddyliau ddrwg i'ch gilydd, na charu llwon celwyddog, oherwydd yr wyf yn casáu yr holl bethau hyn,' medd yr ARGLWYDD."

¹⁸ Daeth gair ARGLWYDD y Lluoedd ataf a dweud, ¹⁹ "Fel hyn y dywed ARGLWYDD y Lluoedd: 'Bydd ymprydiau'r pedwerydd mis, a'r pumed mis, a'r seithfed mis, a'r degfed mis yn troi'n dymhorau llawenydd a dedwyddwch, ac yn wyliau llawen i dŷ Jwda; felly carwch wirionedd a heddwch.'

²⁰ "Fel hyn y dywed ARGLWYDD y Lluoedd: 'Daw eto bobloedd a thrigolion dinasoedd mawrion; ²¹ bydd trigolion un dref yn mynd at drigolion tref arall ac yn dweud, Awn i geisio ffafr yr ARGLWYDD ac i ymofyn ag ARGLWYDD y Lluoedd; ac fe af finnau hefyd. ²² Daw pobloedd cryfion a chenhedloedd nerthol i ymofyn ag ARGLWYDD y Lluoedd yn Jerwsalem ac i geisio ffafr yr ARGLWYDD.' ²³ Fel hyn y dywed ARGLWYDD y Lluoedd: 'Yn y dyddiau hynny bydd deg o blith cenhedloedd o bob iaith yn cydio yn llewys rhyw Iddew ac yn dweud, Awn gyda chwi, oherwydd clywsom fod Duw gyda chwi.' "

Barn ar y Cenhedloedd

9 Oracl. Gair yr ARGLWYDD yn nhir Hadrach
ac yn Namascus, ei orffwysfa.
Yn wir, eiddo'r ARGLWYDD yw
     dinasoedd Aram*,
fel holl lwythau Israel;
² hefyd Hamath, sy'n terfynu arni,
a Tyrus a Sidon, er eu bod yn
     ddoeth iawn.
³ Cododd Tyrus dŵr iddi ei hun;

9:1 Tebygol. Hebraeg, *llygad dyn*.

pentyrrodd arian fel llwch,
ac aur fel llaid heol.
⁴ Ond wele, y mae'r ARGLWYDD yn
  cymryd ei heiddo
ac yn difetha ei grym ar y môr;
ac ysir hithau yn y tân.

⁵ Bydd Ascalon yn gweld ac yn ofni,
Gasa hefyd, a bydd yn gwingo gan
  ofid,
ac Ecron, oherwydd drysir ei
  gobaith;
derfydd am frenin yn Gasa,
a bydd Ascalon heb drigolion;
⁶ pobl gymysgryw fydd yn trigo yn
  Asdod,
a thorraf ymaith falchder y
  Philistiad.
⁷ Tynnaf ymaith ei waed o'i enau,
a'i ffieidd-dra oddi rhwng ei
  ddannedd;
bydd yntau'n weddill i'n Duw ni,
ac fel tylwyth yn Jwda;
a bydd Ecron fel y Jebusiaid.
⁸ Yna gwersyllaf i wylio fy nhŷ,
fel na chaiff neb fynd i mewn nac
  allan.
Ni ddaw gorthrymydd atynt mwyach,
oherwydd yr wyf yn gwylio'n awr â'm
  llygaid fy hun.

Brenin i Seion

⁹ "Llawenha'n fawr, ferch Seion;
bloeddia'n uchel, ferch Jerwsalem.
Wele dy frenin yn dod atat
â buddugoliaeth a gwaredigaeth,
yn ostyngedig ac yn marchogaeth ar
  asyn,
ar ebol, llwdn asen.
¹⁰ Tyr* ymaith y cerbyd o Effraim
a'r meirch o Jerwsalem;
a thorrir ymaith y bwa rhyfel.
Bydd yn siarad heddwch â'r
  cenhedloedd;
bydd ei lywodraeth o fôr i fôr,
o'r Ewffrates hyd derfynau'r ddaear.

¹¹ "Amdanat ti, oherwydd gwaed y
  cyfamod rhyngom,
gollyngaf dy garcharorion yn rhydd
  o'r pydew di-ddŵr.
¹² Dychwelwch i'ch amddiffynfa,
chwi garcharorion hyderus;

heddiw yr wyf yn cyhoeddi i chwi
  adferiad dauddyblyg.
¹³ Yr wyf wedi plygu fy mwa, Jwda,
ac wedi gosod fy saeth ynddo,
  Effraim;
codaf dy feibion, Seion,
yn erbyn meibion* Groeg,
a gwnaf di yn gleddyf rhyfelwr."

Duw'n Ymddangos

¹⁴ Bydd yr ARGLWYDD yn ymddangos
  uwch eu pennau,
a'i saeth yn fflachio fel mellten;
Bydd yr Arglwydd DDUW yn rhoi
  bloedd â'r utgorn
ac yn mynd allan yng
  nghorwyntoedd y de.
¹⁵ Bydd ARGLWYDD y Lluoedd yn
  amddiffyn iddynt;
llwyddant*, sathrant y cerrig tafl,
byddant yn derfysglyd feddw fel gan
  win,
wedi eu trochi fel cyrn* allor.
¹⁶ Y dydd hwnnw bydd yr ARGLWYDD
  eu Duw yn eu gwaredu;
bydd ei bobl fel praidd,
fel gemau coron yn disgleirio dros ei
  dir.
¹⁷ Mor dda ac mor brydferth fydd!
Bydd ŷd yn nerth i'r llanciau,
a gwin i'r morynion.

Yr ARGLWYDD yn Addo Gwaredigaeth

10

Gofynnwch i'r ARGLWYDD am law
yn nhymor glaw'r gwanwyn;
yr ARGLWYDD sy'n gwneud y cymylau
  trymion
a'r cawodydd glaw,
ac yn rhoi gwellt y maes i bawb.
² Oherwydd y mae'r teraffim yn
  llefaru oferedd,
a gweledigaeth y dewiniaid yn
  gelwydd;
cyhoeddant freuddwydion
  twyllodrus,
a chynnig cysur gwag.

9:10 Felly Groeg. Hebraeg, *Torraf*.
9:13 Felly Groeg. Hebraeg, *dy feibion*.
9:15 Hebraeg, *bwytânt*.
9:15 Cymh. Groeg. Hebraeg yn ychwanegu *fel dysgl*.

Am hynny y mae'r bobl yn crwydro fel defaid,
yn druenus am eu bod heb fugail.

³ "Enynnodd fy llid yn erbyn y bugeiliaid,
a dygaf gosb ar arweinwyr y praidd;
oherwydd gofala ARGLWYDD y Lluoedd am ei braidd, tŷ Jwda,
a'u gwneud yn farch-rhyfel balch.
⁴ Ohonynt hwy y daw'r conglfaen a hoelen y babell;
ohonynt hwy y daw'r bwa rhyfel;
ohonynt hwy y daw pob cadfridog.
⁵ Byddant gyda'i gilydd fel rhyfelwyr
yn sathru'r heolydd lleidiog yn y frwydr;
brwydrant am fod yr ARGLWYDD gyda hwy,
a pharant gywilydd i farchogion.
⁶ Gwnaf dŷ Jwda yn nerthol,
a gwaredaf dŷ Joseff;
dychwelaf hwy am fy mod yn tosturio wrthynt,
a byddant fel pe bawn heb erioed eu gwrthod;
oherwydd myfi yw'r ARGLWYDD eu Duw, ac fe'u hatebaf.
⁷ Yna bydd Effraim fel rhyfelwr,
a'i galon yn llawenhau fel gan win,
a bydd ei blant yn gweld ac yn llawenychu,
a'u calonnau'n gorfoleddu yn yr ARGLWYDD.
⁸ Chwibanaf arnynt i'w casglu ynghyd, oherwydd gwaredaf hwy,
a byddant cyn amled ag y buont gynt.
⁹ Er imi eu gwasgaru ymysg cenhedloedd,
eto mewn gwledydd pell fe'm cofiant,
a magu plant, a dychwelyd.
¹⁰ Dygaf hwy'n ôl o wlad yr Aifft,
a chasglaf hwy o Asyria;
dygaf hwy i mewn i dir Gilead a Lebanon
hyd nes y byddant heb le.
¹¹ Ânt trwy fôr yr argyfwng;
trewir tonnau'r môr,
a sychir holl ddyfnderoedd y Neil.
Darostyngir balchder Asyria,
a throir ymaith deyrnwialen yr Aifft.
¹² Gwnaf hwy'n nerthol yn yr ARGLWYDD,

ac ymdeithiant yn ei enw," medd yr ARGLWYDD.

11 Agor dy byrth, O Lebanon,
er mwyn i dân ysu dy gedrwydd.
² Galarwch, ffynidwydd; oherwydd syrthiodd y cedrwydd,
dinistriwyd y coed cryfion.
Galarwch, dderw Basan,
oherwydd syrthiodd y goedwig drwchus.
³ Clywch alarnadu'r bugeiliaid,
am i'w gogoniant gael ei ddinistrio;
clywch ru'r llewod,
am i goedwig yr Iorddonen gael ei difetha.

Y Ddau Fugail

⁴ Fel hyn y dywed yr ARGLWYDD fy Nuw: "Portha'r praidd sydd i'w lladd. ⁵ Bydd y sawl sy'n eu prynu yn eu lladd heb deimlo'n euog; bydd y sawl sy'n eu gwerthu yn dweud, 'Bendigedig fo'r ARGLWYDD, cefais gyfoeth'; ac ni fydd eu bugeiliaid yn tosturio wrthynt. ⁶ Yn wir, ni thosturiaf mwy wrth drigolion y wlad," medd yr ARGLWYDD. "Wele fi'n gwneud i bawb syrthio i ddwylo'i gilydd ac i ddwylo'u brenin; ac fel y dinistrir y wlad, ni waredaf neb o'u gafael."

⁷ Porthais y praidd a oedd i'w lladd ar gyfer y marchnatwyr. Cymerais ddwy ffon, a galw'r naill, Trugaredd, a'r llall, Undeb; a phorthais y praidd. ⁸ Mewn un mis diswyddais dri o'r bugeiliaid am imi flino arnynt, ac yr oeddent hwythau'n fy nghasáu innau. ⁹ Yna dywedais, "Ni fugeiliaf chwi; y rhai sydd i farw, bydded iddynt farw, a'r rhai sydd i'w dinistrio, bydded iddynt fynd i ddinistr; a bydded i'r rhai sy'n weddill fwyta cnawd ei gilydd." ¹⁰ A chymerais fy ffon Trugaredd a'i thorri, gan ddiddymu'r cyfamod a wneuthum â'r holl bobloedd. ¹¹ Fe'i diddymwyd y dydd hwnnw, a gwyddai'r marchnatwyr a edrychai arnaf mai gair yr ARGLWYDD oedd hyn. ¹² A dywedais wrthynt, "Os yw'n dderbyniol gennych, rhowch imi fy nghyflog; os nad yw, peidiwch." A bu iddynt hwythau bwyso fy nghyflog, deg darn ar hugain o arian. ¹³ Yna dywedodd yr ARGLWYDD wrthyf,

"Bwrw ef i'r drysorfa*—y pris teg a osodwyd arnaf, i'm troi ymaith!" A chymerais y deg darn ar hugain a'u bwrw i'r drysorfa yn nhŷ'r ARGLWYDD. ¹⁴ Yna torrais yr ail ffon, Undeb, gan ddiddymu'r frawdoliaeth rhwng Jwda ac Israel.

¹⁵ Yna dywedodd yr ARGLWYDD wrthyf, "Cymer eto offer bugail diwerth, ¹⁶ oherwydd yr wyf yn codi yn y wlad fugail na fydd yn gofalu am y ddafad golledig, nac yn ceisio'r grwydredig*, nac yn gwella'r friwedig, nac yn porthi'r iach, ond a fydd yn bwyta cnawd y rhai bras ac yn rhwygo'u traed i ffwrdd.

¹⁷ Gwae'r bugail diwerth,
sy'n gadael y praidd.
Trawed y cleddyf ei fraich
a'i lygad de;
bydded ei fraich yn gwbl ddiffrwyth,
a'i lygad de yn hollol ddall."

Gwaredigaeth Jerwsalem

12 Oracl. Gair yr ARGLWYDD am Israel. Dyma a ddywed yr ARGLWYDD a daenodd y nefoedd a sylfaenu'r ddaear a llunio ysbryd mewn pobl: ² "Wele fi'n gwneud Jerwsalem yn gwpan feddwol i'r holl bobloedd oddi amgylch; a bydd yn Jwda warchae yn erbyn Jerwsalem. ³ Yn y dydd hwnnw, pan fydd holl genhedloedd y ddaear wedi ymgasglu yn ei herbyn, gwnaf Jerwsalem yn garreg rhy drom i'r holl bobloedd, a bydd pwy bynnag a'i cwyd yn brifo'n arw. ⁴ Y dydd hwnnw," medd yr ARGLWYDD, "trawaf bob ceffyl â syndod, a'i farchog â dryswch; cadwaf fy ngolwg ar dŷ Jwda, ond trawaf holl geffylau'r bobloedd yn ddall. ⁵ Yna dywed tylwythau Jwda wrthynt eu hunain, 'Cafodd trigolion Jerwsalem nerth trwy ARGLWYDD y Lluoedd, eu Duw.'

⁶ "Y dydd hwnnw gwnaf dylwythau Jwda fel basged dân yng nghanol coed, fel ffagl dân mewn ysgub; byddant yn ysu'r holl bobloedd o'u cwmpas, ar y dde a'r chwith, ac eto bydd Jerwsalem ei hun yn aros yn ddiogel yn ei lle.

⁷ "Rhydd yr ARGLWYDD waredigaeth yn gyntaf i deuluoedd Jwda, rhag i ogoniant tŷ Dafydd a gogoniant trigolion Jerwsalem ddyrchafu'n uwch na Jwda. ⁸ Yn y dydd hwnnw bydd yr ARGLWYDD yn amddiffyn trigolion Jerwsalem, a bydd y gwannaf ohonynt fel Dafydd, yn y dydd hwnnw, a llinach Dafydd fel Duw, fel angel yr ARGLWYDD yn mynd o'u blaenau.

⁹ "Yn y dydd hwnnw af ati i ddinistrio'r holl genhedloedd sy'n dod yn erbyn Jerwsalem. ¹⁰ A thywalltaf ar linach Dafydd ac ar drigolion Jerwsalem ysbryd gras a gweddïau, ac edrychant ar yr un a drywanwyd ganddynt, a galaru amdano fel am uniganedig, ac wylo amdano fel am gyntafanedig. ¹¹ Y dydd hwnnw bydd y galar yn Jerwsalem gymaint â'r galar am Hadad-rimmon yn nyffryn Megido. ¹² Galara'r wlad, pob teulu wrtho'i hun—teulu llinach Dafydd wrtho'i hun, a'i wragedd wrthynt eu hunain; teulu llinach Nathan wrtho'i hun a'i wragedd wrthynt eu hunain; ¹³ teulu llinach Lefi wrtho'i hun, a'i wragedd wrthynt eu hunain; teulu Simei wrtho'i hun, a'i wragedd wrthynt eu hunain; ¹⁴ a'r gweddill o'r holl deuluoedd wrthynt eu hunain, a'u gwragedd wrthynt eu hunain.

Glanhau o Bechod

13 "Yn y dydd hwnnw bydd ffynnon wedi ei hagor i linach Dafydd ac i drigolion Jerwsalem, ar gyfer pechod ac aflendid. ² Yn y dydd hwnnw," medd ARGLWYDD y Lluoedd, "torraf ymaith enwau'r eilunod o'r tir, ac ni chofir hwy mwyach; symudaf hefyd o'r tir y proffwydi ac ysbryd aflendid. ³ Ac os cyfyd un i broffwydo eto, fe ddywed ei dad a'i fam a'i cenhedlodd, 'Ni chei fyw, am iti lefaru twyll yn enw'r ARGLWYDD', a bydd ei dad a'i fam a'i cenhedlodd yn ei ladd wrth iddo broffwydo. ⁴ Yn y dydd hwnnw bydd ar bob proffwyd gywilydd o'i welediaeth wrth broffwydo, ac ni fydd yn gwisgo mantell o flew er mwyn twyllo, ⁵ ond dywed, 'Nid proffwyd wyf fi, ond dyn yn trin tir, a'r tir yn gynhaliaeth imi o'm hieuenctid.' ⁶ Os dywed rhywun wrtho, 'Beth yw'r

---

11:13 Felly Syrieg. Hebraeg, *crochenydd*.
11:16 Felly Syrieg. Hebraeg, *ceisio'r llanc*.

Gorchymyn i Ladd Bugail Duw

⁷ "Deffro, gleddyf, yn erbyn fy
mugail,
ac yn erbyn y gŵr sydd yn f'ymyl,"
medd ARGLWYDD y Lluoedd.
"Taro'r bugail, a gwasgerir y praidd,
a rhof fy llaw yn erbyn y rhai
bychain.
⁸ Yn yr holl dir," medd yr ARGLWYDD,
"trewir dwy ran o dair, a threngant,
a gadewir traean yn fyw.
⁹ A dygaf y drydedd ran trwy dân,
a'u puro fel y purir arian,
a'u profi fel y profir aur.
Byddant yn galw ar f'enw,
a minnau fy hun yn ateb;
dywedaf fi, 'Fy mhobl ydynt',
a dywedant hwy, 'Yr ARGLWYDD yw
ein Duw'."

Jerwsalem a'r Cenhedloedd

14 Wele, y mae diwrnod i'r ARGLWYDD yn dod, ac fe rennir yn dy ŵydd yr ysbail a gymerwyd oddi arnat. ² Casglaf yr holl genhedloedd i frwydr yn erbyn Jerwsalem; cymerir y ddinas, ysbeilir y tai, a threisir y gwragedd, caethgludir hanner y ddinas, ond ni thorrir ymaith weddill y bobl o'r ddinas. ³ Yna â'r ARGLWYDD allan i ymladd yn erbyn y cenhedloedd hynny, fel yr ymladd yn nydd brwydr. ⁴ Yn y dydd hwnnw, gesyd ei draed ar Fynydd yr Olewydd, sydd gyferbyn â Jerwsalem i'r dwyrain; a holltir Mynydd yr Olewydd yn ddau o'r dwyrain i'r gorllewin gan ddyffryn mawr, a symud hanner y mynydd tua'r gogledd a hanner tua'r de. ⁵ Llenwir y dyffryn rhwng y mynyddoedd (oherwydd y mae'r dyffryn rhyngddynt yn cyrraedd hyd Asal), a bydd wedi ei lenwi fel yr oedd ar ôl ei lenwi gan y daeargryn yn amser Usseia brenin Jwda. Yna bydd yr ARGLWYDD fy Nuw yn dod, a'i holl rai sanctaidd gydag ef*.

⁶ Ar y dydd hwnnw ni bydd na gwres, nac oerni, na rhew. ⁷ A bydd yn un diwrnod—y mae'n wybyddus i'r ARGLWYDD—heb wahaniaeth rhwng dydd a nos; a bydd goleuni gyda'r hwyr.

⁸ Ar y dydd hwnnw daw dyfroedd bywiol allan o Jerwsalem, eu hanner yn mynd i fôr y dwyrain a'u hanner i fôr y gorllewin, ac fe ddigwydd hyn haf a gaeaf. ⁹ Yna bydd yr ARGLWYDD yn frenin ar yr holl ddaear; a'r dydd hwnnw bydd yr ARGLWYDD yn un, a'i enw'n un. ¹⁰ Bydd yr holl ddaear yn wastadedd o Geba i Rimmon yn y de, a Jerwsalem yn sefyll yn uchel yn ei lle ac yn boblog o borth Benjamin hyd le'r hen borth, hyd borth y gornel, ac o dŵr Hananel hyd winwryf y brenin. ¹¹ Bydd yn boblog, ac ni fydd dan felltith mwyach, ond gellir byw'n ddiogel ynddi.

¹² Bydd yr ARGLWYDD yn taro'r holl bobloedd a fu'n rhyfela yn erbyn Jerwsalem â'r pla hwn: bydd eu cnawd yn pydru, a hwythau'n dal ar eu traed, eu llygaid yn pydru yn eu tyllau, a'u tafod yn eu safn. ¹³ Ar y dydd hwnnw daw dychryn mawr arnynt oddi wrth yr ARGLWYDD. Bydd y naill yn codi yn erbyn y llall, a byddant yn ymladd yn erbyn ei gilydd; ¹⁴ a bydd Jwda'n rhyfela yn Jerwsalem. Cesglir cyfoeth yr holl genhedloedd oddi amgylch—aur ac arian a digonedd o ddillad. ¹⁵ A syrth pla tebyg ar geffyl a mul, ar gamel ac asyn, ac ar bob anifail yn eu gwersylloedd.

¹⁶ Yna bydd pob un a adawyd o'r holl genhedloedd a ddaeth yn erbyn Jerwsalem yn dod i fyny flwyddyn ar ôl blwyddyn i addoli'r brenin, ARGLWYDD y Lluoedd, ac i gadw gŵyl y Pebyll. ¹⁷ A phrun bynnag o deuluoedd y ddaear nad â i fyny i Jerwsalem i addoli'r brenin, ARGLWYDD y Lluoedd, ni ddisgyn glaw arno. ¹⁸ Ac os bydd teulu'r Aifft heb fynd i fyny ac ymddangos, yna fe ddaw arnynt y pla sydd gan yr ARGLWYDD i daro'r cenhedloedd nad ydynt yn mynd i fyny i gadw gŵyl y Pebyll. ¹⁹ Dyna fydd cosb yr Aifft, a chosb unrhyw genedl nad yw'n mynd i fyny i gadw gŵyl y Pebyll.

²⁰ Ar y dydd hwnnw, bydd "Sanctaidd i'r ARGLWYDD" wedi ei ysgrifennu ar glychau'r meirch, a bydd y cawgiau yn nhŷ'r ARGLWYDD fel y dysglau o flaen yr

---

14:5 Felly Fersiynau. Hebraeg, *gyda thi*.

allor; ²¹ a bydd pob cawg yn Jerwsalem a Jwda yn sanctaidd i ARGLWYDD y Lluoedd, a bydd pob un sy'n dod i aberthu yn cymryd un ohonynt i ferwi cig. Ni fydd marchnatwr yn nhŷ ARGLWYDD y Lluoedd ar y dydd hwnnw.

LLYFR
MALACHI

Oracl

1 Gair yr ARGLWYDD i Israel trwy Malachi.

Duw yn Caru Jacob

² "Rwy'n eich caru," medd yr ARGLWYDD, a dywedwch chwithau, "Ym mha ffordd yr wyt yn ein caru?" "Onid yw Esau'n frawd i Jacob?" medd yr ARGLWYDD. ³ "Yr wyf yn caru Jacob, ond yn casáu Esau; gwneuthum ei fynyddoedd yn ddiffeithwch a'i etifeddiaeth yn gartref i siacal yr anialwch." ⁴ Os dywed Edom, "Maluriwyd ni, ond adeiladwn ein hadfeilion eto," fe ddywed ARGLWYDD y Lluoedd fel hyn: "Os adeiladant, fe dynnaf i lawr, ac fe'u gelwir yn diriogaeth drygioni ac yn bobl y digiodd yr ARGLWYDD wrthynt am byth." ⁵ Cewch weld hyn â'ch llygaid eich hunain a dweud, "Y mae'r ARGLWYDD yn fawr hyd yn oed y tu allan i Israel."

Ceryddu'r Offeiriaid

⁶ "Y mae mab yn anrhydeddu ei dad, a gwas ei feistr. Os wyf fi'n dad, ple mae f'anrhydedd? Os wyf yn feistr, ple mae fy mharch?" medd ARGLWYDD y Lluoedd wrthych chwi'r offeiriaid, sy'n dirmygu ei enw. A dywedwch, "Sut y bu inni ddirmygu dy enw?" ⁷ "Wrth offrymu bwyd halogedig ar fy allor." A dywedwch, "Sut y bu inni ei halogi?" "Wrth feddwl y gellir dirmygu bwrdd yr ARGLWYDD, ⁸ a thybio, pan fyddwch yn offrymu anifeiliaid dall yn aberth, nad yw hynny'n ddrwg, a phan fyddwch yn offrymu rhai cloff neu glaf, nad yw hynny'n ddrwg. Pe dygech hyn i lywodraethwr y wlad, a fyddai ef yn fodlon ac yn dangos ffafr atoch?" medd ARGLWYDD y Lluoedd. ⁹ "Yn awr, ceisiwch ffafr Duw, er mwyn iddo drugarhau wrthym; a'r fath rodd gennych, a ddengys ef ffafr atoch?" medd ARGLWYDD y Lluoedd. ¹⁰ "O na fyddai rhywun o'ch plith yn cloi'r drysau, rhag i chwi aberthu'n ofer ar fy allor! Nid wyf yn fodlon o gwbl arnoch," medd ARGLWYDD y Lluoedd, "ac ni dderbyniaf offrwm gennych. ¹¹ Oherwydd y mae f'enw yn fawr ymysg y cenhedloedd o'r dwyrain i'r gorllewin, ac ym mhob man offrymir arogldarth ac offrwm pur i'm henw; oherwydd mawr yw f'enw ymysg y cenhedloedd," medd ARGLWYDD y Lluoedd. ¹² "Ond yr ydych chwi yn ei halogi wrth feddwl y gallwch ddifwyno bwrdd yr ARGLWYDD â bwyd gwrthodedig. ¹³ Wrth ei arogli, fe ddywedwch, 'Mor atgas yw!' " medd ARGLWYDD y Lluoedd. "Os dygwch anifeiliaid anafus, cloff neu glaf, a'u cyflwyno'n offrwm, a dderbyniaf hwy gennych?" medd yr ARGLWYDD. ¹⁴ "Melltith ar y twyllwr sy'n addunedu hwrdd o'i braidd, ond sy'n aberthu i'r Arglwydd un â nam arno; oherwydd brenin mawr wyf fi," medd ARGLWYDD y Lluoedd, "a'm henw'n ofnadwy ymhlith y cenhedloedd."

2 Yn awr, offeiriaid, i chwi y mae'r gorchymyn hwn. ² "Os na wrandewch, a gofalu am anrhydeddu fy enw," medd ARGLWYDD y Lluoedd, "yna anfonaf felltith arnoch, a melltithiaf eich bendithion; yn wir, yr wyf wedi eu melltithio eisoes, am nad ydych yn ystyried. ³ Wele fi'n torri ymaith eich braich* ac yn taflu carthion i'ch wynebau, carthion eich uchel-wyliau, ac yn eich troi ymaith oddi wrthyf. ⁴ Yna cewch wybod imi anfon y gorchymyn hwn atoch, er mwyn parhau fy nghyfamod â Lefi," medd ARGLWYDD y Lluoedd. ⁵ "Fy nghyfamod ag ef oedd bywyd a heddwch; rhoddais hyn iddo er mwyn iddo ofni, ac ofnodd yntau fi a pharchu fy enw. ⁶ Gwir gyfarwyddyd oedd yn ei enau, ac ni chaed twyll ar ei wefusau; rhodiai gyda mi mewn heddwch ac uniondeb, a throdd lawer oddi wrth ddrygioni. ⁷ Y mae gwefusau offeiriad yn diogelu gwybodaeth, ac y mae pawb yn ceisio cyfarwyddyd o'i enau, oherwydd cennad ARGLWYDD y Lluoedd yw. ⁸ Ond troesoch chwi oddi ar y ffordd, a gwneud i lawer faglu â'ch cyfarwyddyd; yr ydych wedi diddymu cyfamod Lefi," medd ARGLWYDD y Lluoedd. ⁹ "Yr wyf finnau wedi eich gwneud yn ddirmygus ac yn waradwyddus gan yr holl bobl, yn gymaint ag ichwi beidio â chadw fy ffyrdd, ac ichwi ddangos ffafr yn eich cyfarwyddyd."

Anffyddlondeb y Bobl

¹⁰ Onid un tad sydd gennym oll? Onid un Duw a'n creodd? Pam felly yr ydym yn dwyllodrus tuag at ein gilydd, gan ddifwyno cyfamod ein hynafiaid? ¹¹ Bu Jwda'n dwyllodrus, a gwnaed pethau ffiaidd yn Israel ac yn Jerwsalem; oherwydd halogodd Jwda y cysegr a gâr yr ARGLWYDD trwy briodi merch duw estron. ¹² Bydded i'r ARGLWYDD dorri ymaith o bebyll Jacob pwy bynnag a wna hyn, boed dyst* neu ddiffynnydd, er iddo ddwyn offrwm i ARGLWYDD y Lluoedd.

¹³ Dyma beth arall a wnewch: yr ydych yn tywallt dagrau ar allor yr ARGLWYDD, gan wylo a galaru am nad yw ef bellach yn edrych ar eich offrwm nac yn derbyn rhodd gennych. ¹⁴ Yr ydych yn gofyn, "Pam?" Am i'r ARGLWYDD fod yn dyst rhyngot ti a gwraig dy ieuenctid, y buost yn anffyddlon iddi, er mai hi yw dy gymar a'th wraig trwy gyfamod. ¹⁵ Onid yn un y gwnaeth chwi, yn gnawd ac ysbryd? A beth yw amcan yr undod hwn, ond cael plant i Dduw? Gwyliwch arnoch eich hunain rhag bod yn anffyddlon i wraig eich ieuenctid. ¹⁶ "Oherwydd yr wyf yn casáu ysgariad," medd ARGLWYDD y Lluoedd, Duw Israel, "a'r sawl sy'n gwisgo trais fel dilledyn," medd ARGLWYDD y Lluoedd. Felly, gwyliwch arnoch eich hunain rhag bod yn anffyddlon.

Dydd y Farn yn Agos

¹⁷ Yr ydych wedi blino'r ARGLWYDD â'ch geiriau. Gofynnwch, "Sut yr ydym wedi ei flino?" Trwy ddweud, "Y mae pawb sy'n gwneud drygioni yn dda yng ngolwg yr ARGLWYDD, ac y mae'n fodlon arnynt"; neu trwy ofyn, "Ple mae Duw cyfiawnder?"

3 "Wele fi'n anfon fy nghennad i baratoi fy ffordd o'm blaen; ac yn sydyn fe ddaw'r Arglwydd yr ydych yn ei geisio i mewn i'w deml; y mae cennad y cyfamod yr ydych yn hoff ohono yn dod," medd ARGLWYDD y Lluoedd. ² Pwy a all ddal dydd ei ddyfodiad, a phwy a saif pan ymddengys? Y mae fel tân coethydd ac fel sebon golchydd. ³ Fe eistedd i lawr fel un yn coethi a phuro arian, ac fe bura feibion Lefi a'u coethi fel aur ac arian, er mwyn iddynt fod yn addas i ddwyn offrymau i'r ARGLWYDD. ⁴ Yna bydd offrwm Jwda a Jerwsalem yn hyfrydwch i'r ARGLWYDD, fel yn y dyddiau gynt a'r blynyddoedd a fu.

⁵ "Yna nesâf atoch i farn, yn dyst parod yn erbyn dewiniaid a godinebwyr; yn erbyn y rhai sy'n tyngu'n gelwyddog; yn erbyn y rhai sy'n gorthrymu'r gwas cyflog, y weddw a'r amddifad; yn erbyn y rhai sy'n gwthio'r estron o'r neilltu, ac

---

2:3 Felly Groeg. Hebraeg, *ceryddu eich plant.*
2:12 Cymh. Groeg. Hebraeg yn aneglur.

nad ydynt yn fy ofni i," medd ARGLWYDD y Lluoedd.

Degymau

⁶ "Oherwydd nid wyf fi, yr ARGLWYDD, yn newid, ac nid ydych chwithau'n peidio â bod yn blant Jacob. ⁷ O ddyddiau eich hynafiaid, troesoch oddi wrth fy neddfau a pheidio â'u cadw. Dychwelwch ataf fi, a dychwelaf finnau atoch chwi," medd ARGLWYDD y Lluoedd. "A dywedwch, 'Sut y dychwelwn?' ⁸ A ysbeilia rhywun Dduw? Eto yr ydych chwi yn fy ysbeilio i. A dywedwch, 'Sut yr ydym yn dy ysbeilio?' Yn eich degymau a'ch cyfraniadau. ⁹ Fe'ch melltithiwyd â melltith am eich bod yn fy ysbeilio i, y genedl gyfan ohonoch. ¹⁰ Dygwch y degwm llawn i'r trysordy, fel y bo bwyd yn fy nhŷ. Profwch fi yn hyn," medd ARGLWYDD y Lluoedd, "nes imi agor i chwi ffenestri'r nefoedd a thywallt arnoch fendith yn helaeth. ¹¹ Ceryddaf hefyd y locust, rhag iddo ddifetha cynnyrch eich tir a gwneud eich gwinwydden yn ddiffrwyth," medd ARGLWYDD y Lluoedd. ¹² "Yna bydd yr holl genhedloedd yn dweud, 'Gwyn eich byd', oherwydd byddwch yn wlad o hyfrydwch," medd ARGLWYDD y Lluoedd.

Duw yn Addo Trugarhau

¹³ "Bu eich geiriau'n galed yn f'erbyn," medd yr ARGLWYDD, "a dywedwch, 'Beth a ddywedasom yn dy erbyn?' ¹⁴ Dywedasoch, 'Ofer yw gwasanaethu Duw. Pa ennill yw cadw ei ddeddfau neu rodio'n wynepdrist gerbron ARGLWYDD y Lluoedd? ¹⁵ Yn awr, yr ydym ni'n ystyried mai'r trahaus sy'n hapus, ac mai'r rhai sy'n gwneud drwg sy'n llwyddo, ac yn dianc hefyd er iddynt herio Duw.'"

¹⁶ Yna, fel yr oedd y rhai a ofnai Dduw yn siarad â'i gilydd, sylwodd Duw a gwrando, ac ysgrifennwyd ger ei fron gofrestr o'r rhai a oedd yn ofni'r ARGLWYDD ac yn meddwl am ei enw. ¹⁷ "Eiddof fi fyddant," medd ARGLWYDD y Lluoedd, "fy eiddo arbennig ar y dydd pan weithredaf; ac arbedaf hwy fel y mae dyn yn arbed ei fab, a'i gwasanaetha. ¹⁸ Yna, unwaith eto, byddwch yn gweld rhagor rhwng y cyfiawn a'r drygionus, rhwng yr un sy'n gwasanaethu Duw a'r un nad yw."

Dyfodiad Dydd yr ARGLWYDD

4 * "Wele'r dydd yn dod, yn llosgi fel ffwrnais, pan fydd yr holl rai balch a'r holl wneuthurwyr drwg yn sofl; bydd y dydd hwn sy'n dod yn eu llosgi," medd ARGLWYDD y Lluoedd, "heb adael iddynt na gwreiddyn na changen. ² Ond i chwi sy'n ofni fy enw fe gyfyd haul cyfiawnder â meddyginiaeth yn ei esgyll, ac fe ewch allan a llamu fel lloi wedi eu gollwng. ³ Fe sathrwch y rhai drwg, oherwydd byddant fel lludw dan wadnau eich traed, ar y dydd pan weithredaf," medd ARGLWYDD y Lluoedd.

⁴ "Cofiwch gyfraith fy ngwas Moses, y deddfau a'r ordeiniadau a orchmynnais iddo yn Horeb ar gyfer Israel gyfan.

⁵ "Wele fi'n anfon atoch Elias y proffwyd cyn dod dydd mawr ac ofnadwy'r ARGLWYDD. ⁶ Ac fe dry galonnau'r rhieni at y plant a chalonnau'r plant at y rhieni, rhag imi ddod a tharo'r ddaear â difodiant."

4:1–6 Hebraeg, 3:19–24.

JERWSALEM YNG NGHYFNOD Y TESTAMENT NEWYDD

- I Gesarea
- Mur presennol y Ddinas
- I Jericho
- Porth Damascus
- Llyn Beth-satha
- PRAETORIWM
- CAER
- Hen fur y Ddinas
- I Fethania
- Porth
- Y DEML
- Gethsemane
- Golgotha
- Porth
- Porth Prydferth
- Porth
- Cyntedd y Cenhedloedd
- Porth Solomon
- I Jopa
- Porth Gennath
- Pont
- Pyrth
- I Fethlehem
- PALAS HEROD
- DYFFRYN CEDRON
- Llyn
- Mur presennol y Ddinas
- Llyn Siloam
- Porth
- 0 200 400
- Medrau
- DYFFRYN HINNOM
- I'r Môr Marw
- Ffyrdd

i

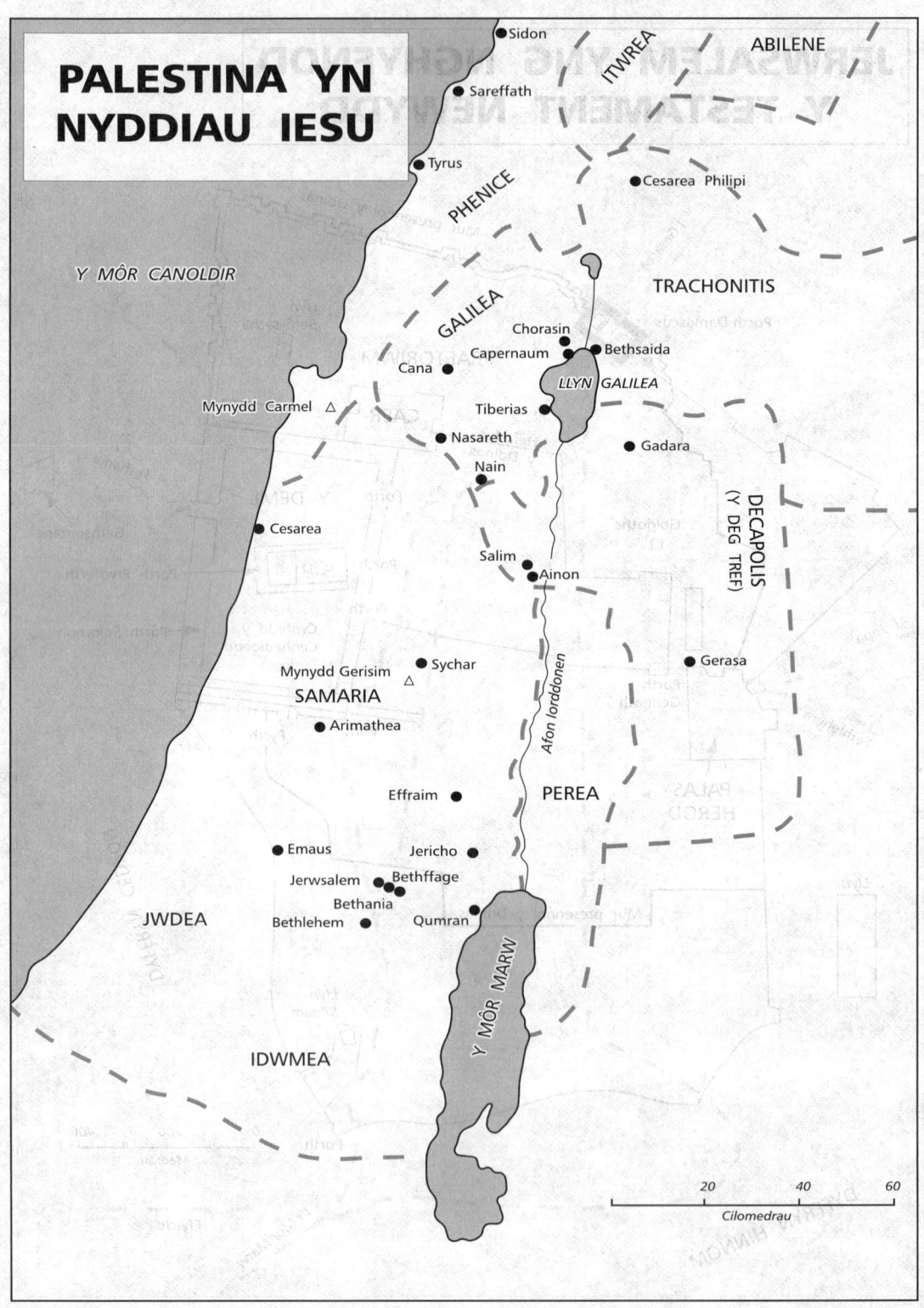

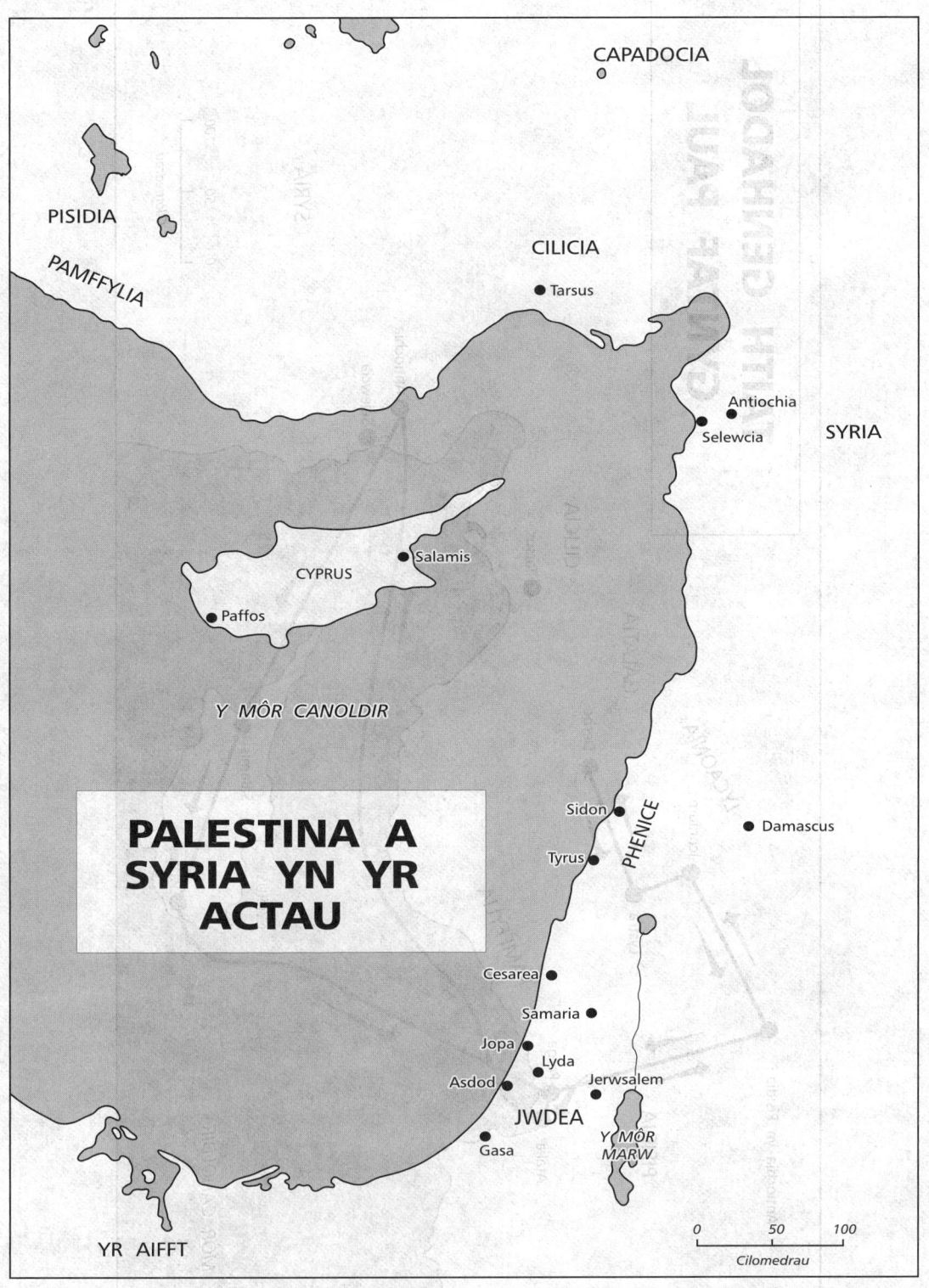

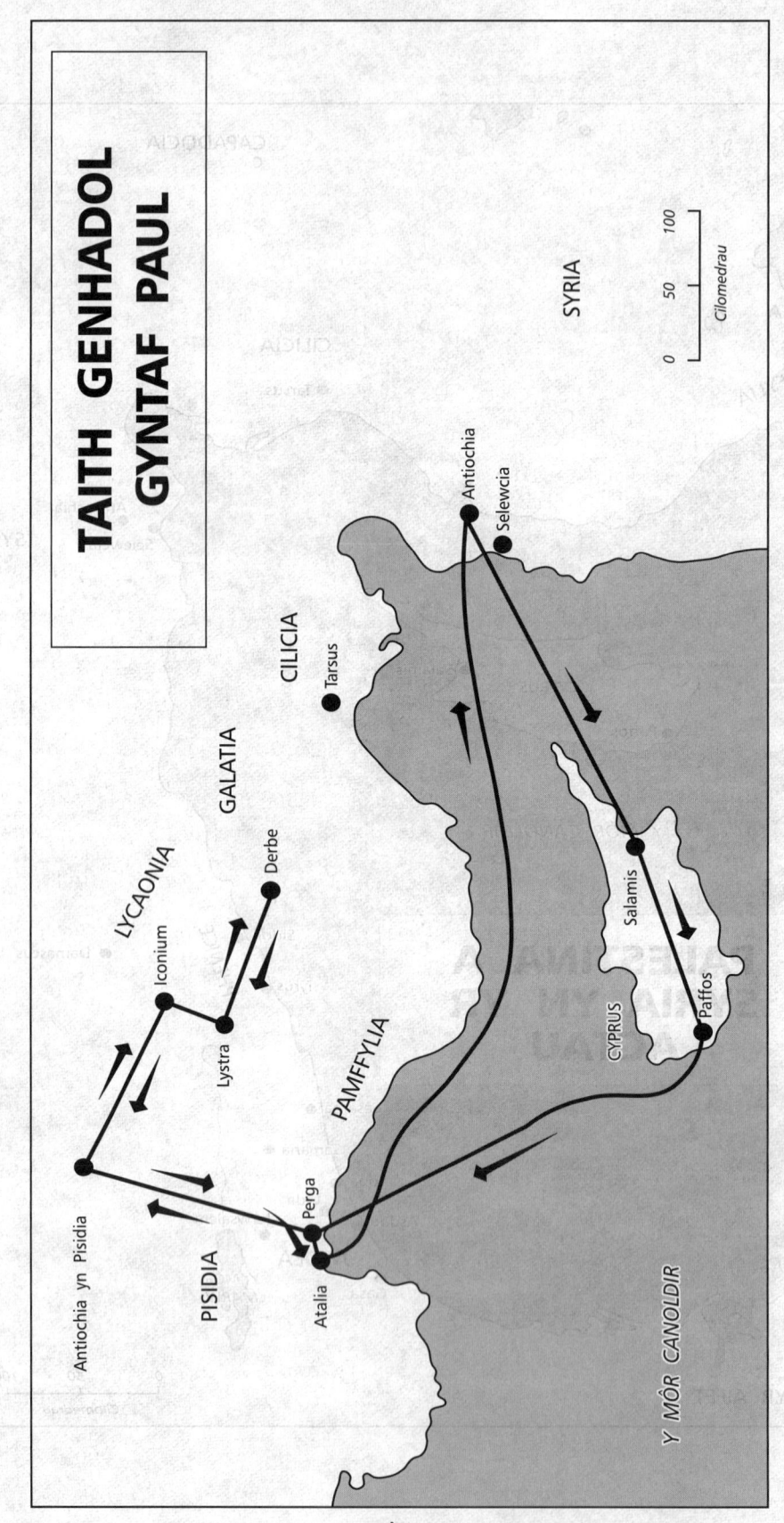

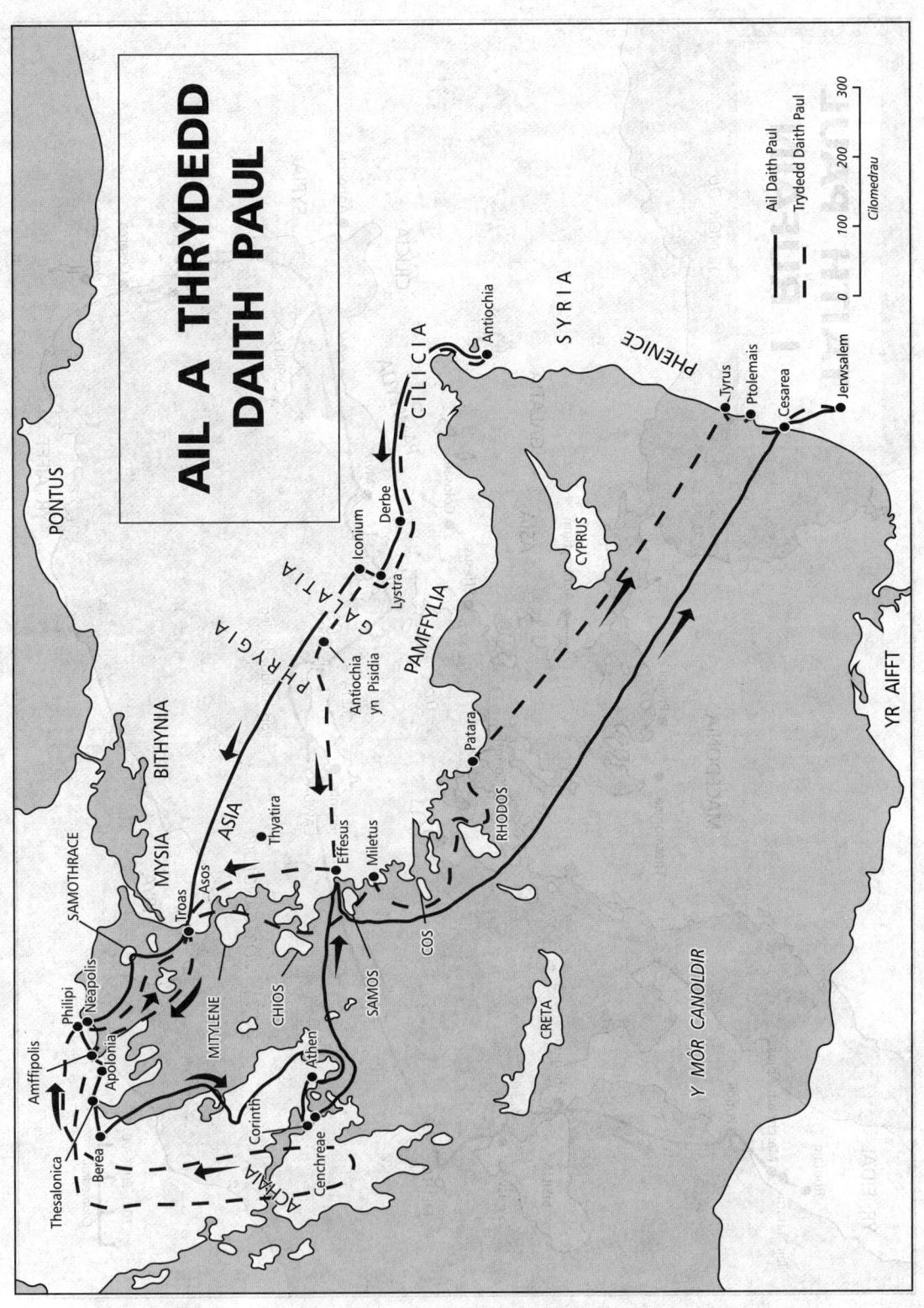

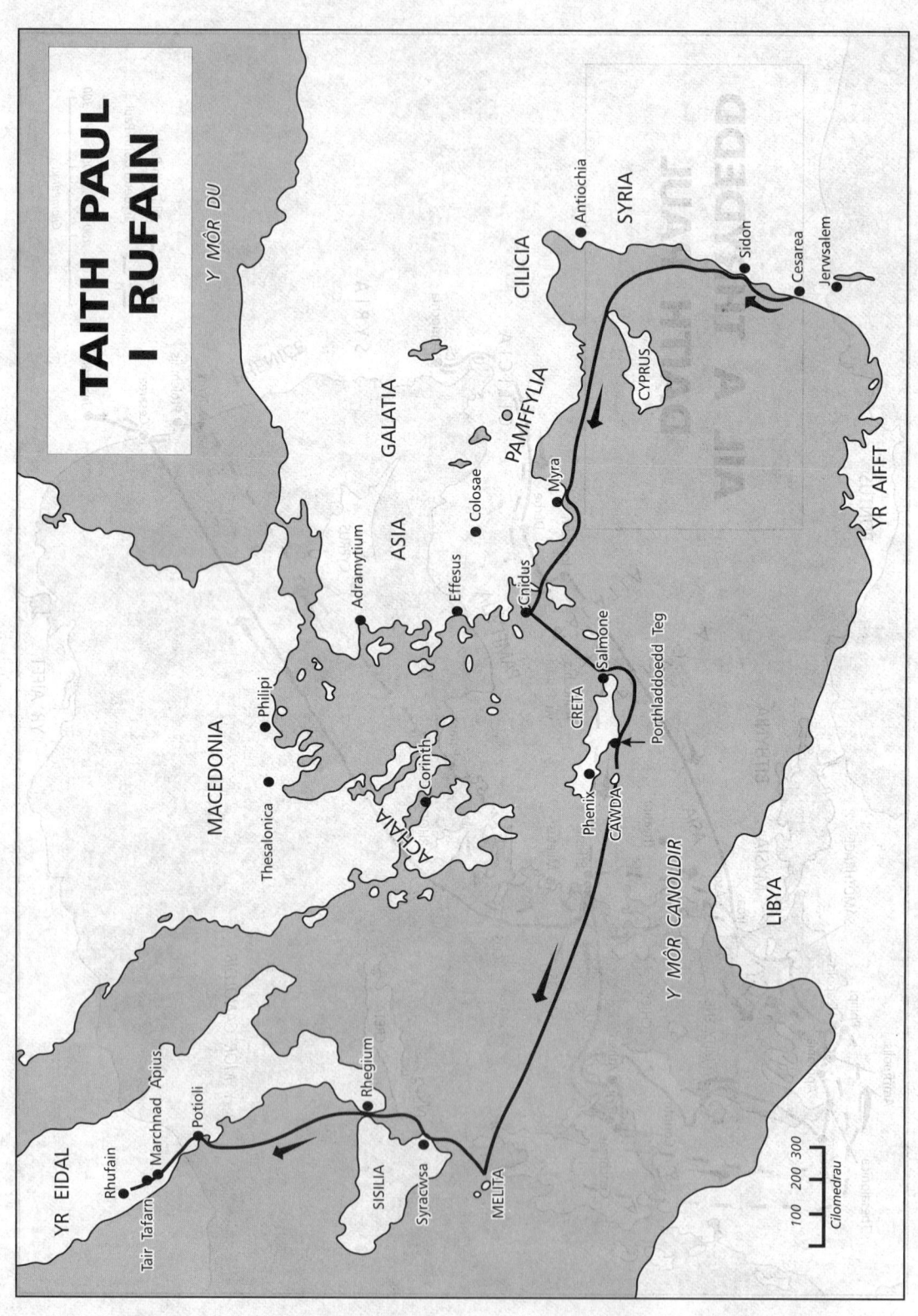

Y TESTAMENT NEWYDD

RHAGARWEINIAD I'R TESTAMENT NEWYDD

Fel yr eglurwyd yn y Rhagarweiniad i argraffiad 1975 o Destament Newydd *Y Beibl Cymraeg Newydd*, penderfynodd aelodau y Panel Cyfieithu beidio â cheisio ffurfio'u testun Groeg eclectig eu hunain, fel y gwnaeth cyfieithwyr *The New English Bible*, ond yn hytrach ddilyn testun cydnabyddedig a chyfarwydd a fyddai o fewn cyrraedd unrhyw ddarllenydd a fynnai wybod yn union pa destun Groeg oedd cynsail y cyfieithiad. Y testun a ddewiswyd oedd hwnnw a gyhoeddwyd yn 1966 dan nawdd y Cymdeithasau Beiblaidd Unedig: *The Greek New Testament*. Yn 1983 cafwyd argraffiad newydd a chywiredig o'r testun hwnnw, a rhaid oedd dwyn y cyfieithiad Cymraeg i gysondeb â'r argraffiad yma. Felly, y testun Groeg sy'n sail i'r fersiwn diwygiedig o Destament 1975 a gyflwynir yn y gyfrol bresennol yw *The Greek New Testament*, edited by Kurt Aland, Matthew Black, Carlo M. Martini, Bruce M. Metzger, and Allen Wikgren in co-operation with the Institute for New Testament Textual Research, Münster/Westphalia under the direction of Kurt Aland and Barbara Aland, Third Edition (Corrected), United Bible Societies, 1983. Hwn bellach yw'r testun a ddefnyddir yn gyffredinol gan fwyafrif mawr ysgolheigion cyfoes.

Y mae tri pheth y dylid eu nodi yn y cyswllt hwn: (i) Er iddynt ddilyn *geiriad* y testun Groeg, nid yw'r cyfieithwyr yn ddieithriad wedi dilyn y *brawddegu* a'r *atalnodi* a geir ynddo. Nid yw'r atalnodau yn rhan o'r llawysgrifau cynnar, a rhaid i bob golygydd arfer ei synnwyr a'i reddf ei hun yn hyn o beth. O ran hyd brawddegau, a'r defnydd o atalnodau, y mae eglurder mynegiant yn y Gymraeg yn gofyn weithiau am driniaeth wahanol i'r hyn a geir yn y Roeg. (ii) Mewn mannau lle gosodir geiriau mewn bachau petryal yn y testun Groeg, gan fod hynny'n arwyddo ansicrwydd ar ran golygyddion y testun hwnnw ynglŷn â chynnwys y geiriau ai peidio, teimlodd y Panel fod ganddo ryddid i benderfynu drosto'i hun a ddylid cyfieithu'r geiriau oddi mewn i'r bachau ai peidio. Yn yr achosion hyn, fodd bynnag, os oedd y darlleniad a wrthodwyd yn golygu gwahaniaeth pwysig o ran ystyr, gofalwyd ei gynnwys mewn nodyn ar odre'r tudalen. (iii) Yn y mannau a ganlyn, penderfynodd y Panel, am resymau digonol yn ei dyb ei hun, ddilyn darlleniad a geir fel amrywiad yn *apparatus criticus The Greek New Testament* yn hytrach na'r darlleniad a welir yn nhestun y gwaith hwnnw: Marc 6:22; Ioan 5:2; Actau 12:25; 2 Corinthiaid 12:7; 1 Thesaloniaid 2:7; Iago 1:12; 2 Pedr 3:10. Yn yr achosion hyn, gall y cyfarwydd, trwy chwilio *apparatus criticus* y testun Groeg, ddarganfod y darlleniad a ddilynwyd yn y cyfieithiad, ac fe gaiff fod darlleniad y testun ei hun wedi ei gyfieithu mewn nodyn godre yn y cyfieithiad.

Y mae rhaniadau'r testun, a'r penawdau uwch eu pen, yn cyfateb yn union i'r hyn a geir yn *The Greek New Testament*; felly hefyd y darnau a argreffir ar ffurf barddoniaeth. Barnodd y Panel y byddai dilyn patrymau'r testun Groeg yn y pethau hyn yn hwyluso'r ffordd i'r darllenydd a fyn gyfeirio at y gwreiddiol, a hynny heb beri unrhyw anhwylustod i ddarllenwyr eraill. Mewn rhai mannau, yn enwedig yn yr Efengylau Cyfolwg, cynhwysir o dan y penawdau groes-gyfeiriadau at adrannau cyfochrog mewn rhannau eraill o'r Testament Newydd. Ac eithrio'r rhain, ni chynhwyswyd unrhyw groes-gyfeiriadau at adrannau eraill o'r Beibl a ddyfynnir, neu y ceir adlais ohonynt, yn y testun; penderfynwyd, yn yr argraffiad cyntaf hwn o leiaf, beidio â gorlwytho godre'r tudalennau â llu o gyfeiriadau felly.

Y mae'r nodiadau godre a gynhwysir yn ymrannu'n dri dosbarth: (i) *Amrywiadau darlleniad*. Lle y ceir tystiolaeth sylweddol o blaid darlleniad gwahanol i'r hyn a gyfieithwyd yn y testun, a phan yw'r amrywiad yn golygu cyfnewidiad pwysig o ran ystyr, rhoddir cyfieithiad ohono, gyda'r cyflwyniad, "Yn ôl darlleniad arall". Ceisiwyd gofalu gwneud hyn lle bynnag y mae'r cyfieithiad newydd yn dilyn darlleniad sy'n drawiadol o wahanol i ffurf draddodiadol a chyfarwydd y Beibl Cymraeg (e.e., yn Mathew 27:16–17 ac 1 Corinthiaid 13:3). (ii) *Amrywiadau cyfieithiad*. Lle y mae ystyr y gwreiddiol yn ansicr a dau gyfieithiad (neu ragor) yr un mor bosibl â'i gilydd, a phan yw'r gwahaniaeth ystyr yn bwysig neu o ddiddordeb arbennig, rhoddir yn y testun y cyfieithiad oedd yn fwyaf cymeradwy gan fwyafrif aelodau'r Panel, a'r cyfieithiad(au) posibl arall (eraill) ar odre'r tudalen gyda'r cyflwyniad, "Neu". (iii) *Nodiadau eglurhaol*, er mwyn tynnu sylw at ryw ystyr sy'n amlwg yn yr iaith wreiddiol ond na ellir ei gyfleu mewn cyfieithiad (e.e., yn Ioan 3:8 a Philemon 11); neu er mwyn egluro ystyr ymadrodd Aramaeg a gadwyd heb ei gyfieithu yn y Groeg ac a gedwir felly hefyd yn y cyfieithiad Cymraeg (e.e., yn 1 Corinthiaid 16:22). Y mae'r enghreifftiau o'r math hwn o nodiadau yn brin, a hynny'n fwriadol, gan fod aelodau'r Panel Cyfieithu yn gryf o'r farn mai cyfieithu, ac nid esbonio, oedd y dasg a ymddiriedwyd iddynt.

Am yr un rheswm ceisiodd y Panel, hyd y gallai, ymgadw rhag unrhyw duedd i aralleirio y gwreiddiol yn hytrach na'i gyfieithu (gweler y Rhagarweiniad Cyffredinol ar ddechrau'r gyfrol hon). Gyda golwg ar dermau diwinyddol "technegol", barnodd y Panel mai gwell ar y cyfan oedd cadw'r ffurfiau Cymraeg traddodiadol, sydd fel rheol yn drosiadau llythrennol o'r termau gwreiddiol, yn hytrach na gwisgo mantell yr esboniwr ac aralleirio'r termau er ceisio esbonio'u hystyron. Am y rheswm hwn cadwyd termau fel "teyrnas Dduw", "bywyd tragwyddol", "yng Nghrist", "cnawd", "cyfiawn-cyfiawnhau-cyfiawnhad-cyfiawnder", "sant-sanctaidd-sancteiddio-sancteiddhad", etc. Weithiau, fodd bynnag, pan yw'r cyfieithiad llythrennol a thraddodiadol yn gamarweiniol, a lle y mae cytundeb gweddol gyffredinol ymhlith esbonwyr cyfoes ynglŷn ag ystyr y term gwreiddiol, mentrwyd ar gyfieithiad newydd.

Yn yr argraffiad presennol diwygiwyd fersiwn gwreiddiol *Y Beibl Cymraeg Newydd* o'r Testament Newydd (1975) mewn tair ffordd: (i) Fel yr eglurwyd eisoes, cysonwyd y cyfieithiad â ffurf ddiweddaraf y testun Groeg. Golyga hyn, mewn rhai mannau (e.e., Marc 6:20), fod darlleniad a welwyd ar odre'r tudalen yn 1975 erbyn hyn wedi ei ddyrchafu i destun y cyfieithiad. Golyga hefyd fod nifer yr amrywiadau darlleniad a nodir ar odre'r tudalennau wedi cynyddu, er mwyn i'r rheswm dros y gwahaniaeth rhwng 1988 a 1975 ddod yn amlwg i'r darllenydd. (ii) Yn y dyfyniadau o'r Hen Destament sy'n britho'r Testament Newydd, ceisiwyd sicrhau'r mesur llawnaf sy'n bosibl o gyfatebiaeth rhwng y dyfyniad a ffynhonnell y dyfyniad, fel y gwelir hwnnw yn fersiwn *Y Beibl Cymraeg Newydd* o'r Hen Destament. Golygodd hynny newidiadau yn y modd y troswyd nifer o'r dyfyniadau hyn. Yn y cyswllt hwn, rhaid pwysleisio nad yw cyfatebiaeth gyflawn rhwng dyfyniad a'i ffynhonnell bob amser yn bosibl, na chwaith yn briodol, gan nad yw'r darn fel y dyfynnir ef yng Ngroeg y Testament Newydd bob amser yn cyfateb yn union i'r darn fel y ceir ef yn Hebraeg yr Hen Destament. Byddai awduron y Testament Newydd fel arfer yn dyfynnu o'r LXX, neu ryw Fersiwn arall, ac nid o'r Hebraeg gwreiddiol; byddent hefyd, yn aml, yn dyfynnu'n rhydd ac yn addasu'r dyfyniad i'w pwrpas eu hunain. Barnwyd, er hynny, y dylai'r dyfyniad a'r ffynhonnell, oddi mewn i'r un Fersiwn Cymraeg o'r Beibl cyflawn, fod mor debyg i'w gilydd, o ran geirfa, cystrawen a ffurf, ag a ganiateir gan y rheidrwydd i gyfleu'n ffyddlon yr ystyr a berthyn i'r dyfyniad yn y cyd-destun y ceir ef ynddo yn y Testament Newydd. (iii) Rhoddwyd ystyriaeth ofalus i'r holl sylwadau, beirniadaethau, ac awgrymiadau a gynigiwyd mewn adolygiadau a thrafodaethau a gyhoeddwyd er pan ymddangosodd argraffiad 1975, a hefyd mewn llythyrau a dderbyniwyd mewn ymateb i'r gwahoddiad a estynnwyd yn y Rhagair i'r argraffiad hwnnw. Dymunir cydnabod yn ddiolchgar yr holl sylwadau hyn. Mabwysiadwyd cryn nifer ohonynt wrth ddiwygio'r cyfieithiad ar gyfer yr ail argraffiad presennol; caiff pob adolygydd a gohebydd chwilio drosto'i hun i weld a fabwysiadwyd ei welliannau ef ei hun ai peidio! Teg yw ychwanegu i'r cyfieithwyr eu hunain, heb eu hysgogi gan farn neb arall, ailfeddwl ynghylch amryw o'u trosiadau gwreiddiol, ac i hynny weithiau esgor ar ddiwygio. Gwir y dywedwyd mai proses ddiderfyn yw'r dasg o gyfieithu'r Ysgrythurau.

YR EFENGYL YN ÔL
MATHEW

Llinach Iesu Grist

Lc. 3:23–38

1 Dyma restr achau Iesu Grist, Mab Dafydd, mab Abraham.

² Yr oedd Abraham yn dad i Isaac, Isaac yn dad i Jacob, a Jacob yn dad i Jwda a'i frodyr. ³ Yr oedd Jwda yn dad i Peres a Sera, a Tamar yn fam iddynt; yr oedd Peres yn dad i Hesron, Hesron i Ram, ⁴ Ram i Amminadab, Amminadab i Nahson, Nahson i Salmon; ⁵ yr oedd Salmon yn dad i Boas, a Rahab yn fam iddo, Boas yn dad i Obed, a Ruth yn fam iddo, Obed yn dad i Jesse, ⁶ a Jesse yn dad i'r Brenin Dafydd.

Yr oedd Dafydd yn dad i Solomon, a gwraig Ureia yn fam iddo, ⁷ yr oedd Solomon yn dad i Rehoboam, Rehoboam yn dad i Abeia, ac Abeia'n dad i Asa. ⁸ Yr oedd Asa'n dad i Jehosaffat, Jehosaffat i Joram, Joram i Usseia, ⁹ Usseia i Jotham, Jotham i Ahas, Ahas i Heseceia, ¹⁰ Heseceia i Manasse, Manasse i Amon, ac Amon i Joseia. ¹¹ Yr oedd Joseia yn dad i Jechoneia a'i frodyr yng nghyfnod y gaethglud i Fabilon.

¹² Ar ôl y gaethglud i Fabilon, yr oedd Jechoneia yn dad i Salathiel, Salathiel i Sorobabel, ¹³ Sorobabel i Abiwd, Abiwd i Eliacim, Eliacim i Asor, ¹⁴ Asor i Sadoc, Sadoc i Achim, Achim i Eliwd, ¹⁵ Eliwd i Eleasar, Eleasar i Mathan, a Mathan i Jacob. ¹⁶ Yr oedd Jacob yn dad i Joseff, gŵr Mair, a hi a roddodd enedigaeth i Iesu, a elwid y Meseia.

¹⁷ Felly, pedair ar ddeg yw cyfanrif y cenedlaethau o Abraham hyd Ddafydd, a phedair ar ddeg o Ddafydd hyd y gaethglud i Fabilon, a phedair ar ddeg hefyd o'r gaethglud i Fabilon hyd y Meseia.

Genedigaeth Iesu Grist

Lc. 2:1–7

¹⁸ Fel hyn y bu genedigaeth Iesu Grist. Pan oedd Mair ei fam wedi ei dyweddïo i Joseff, cyn iddynt ddod at ei gilydd fe gafwyd ei bod hi'n feichiog o'r Ysbryd Glân. ¹⁹ A chan ei fod yn ddyn cyfiawn, ond heb ddymuno ei chywilyddio'n gyhoeddus, penderfynodd Joseff, ei gŵr, ei gollwng ymaith yn ddirgel. ²⁰ Ond wedi iddo gynllunio felly, dyma angel yr Arglwydd yn ymddangos iddo mewn breuddwyd, a dweud, "Joseff fab Dafydd, paid ag ofni cymryd Mair yn wraig i ti, oherwydd y mae'r hyn a genhedlwyd ynddi yn deillio o'r Ysbryd Glân. ²¹ Bydd yn esgor ar fab, a gelwi ef Iesu, am mai ef a wareda ei bobl oddi wrth eu pechodau." ²² A digwyddodd hyn oll fel y cyflawnid y gair a lefarwyd gan yr Arglwydd trwy'r proffwyd:

²³ "Wele, bydd y wyryf yn beichiogi,
 ac yn esgor ar fab,
a gelwir ef Immanuel",

hynny yw, o'i gyfieithu, "Y mae Duw gyda ni". ²⁴ A phan ddeffrôdd Joseff o'i gwsg, gwnaeth fel yr oedd angel yr Arglwydd wedi gorchymyn, a chymryd Mair yn wraig iddo. ²⁵ Ond ni chafodd gyfathrach â hi hyd nes iddi esgor ar fab; a galwodd ef Iesu.

Ymweliad y Seryddion

2 Wedi i Iesu gael ei eni ym Methlehem Jwdea yn nyddiau'r Brenin Herod, daeth seryddion o'r dwyrain i Jerwsalem ² a holi, "Ble mae'r hwn a anwyd yn frenin yr Iddewon? Oherwydd gwelsom ei seren ef ar ei chyfodiad, a daethom i'w addoli." ³ A phan glywodd y Brenin Herod hyn, cythruddwyd ef, a Jerwsalem i gyd gydag ef. ⁴ Galwodd ynghyd yr holl brif offeiriaid ac ysgrifenyddion y bobl, a holi ganddynt ble yr oedd y Meseia i gael ei eni. ⁵ Eu hateb oedd, "Ym Methlehem Jwdea, oherwydd felly yr ysgrifennwyd gan y proffwyd:

⁶ 'A thithau Bethlehem yng ngwlad
 Jwda,
 nid y lleiaf wyt ti o lawer ymysg
 tywysogion Jwda,

canys ohonot ti y daw allan
    arweinydd
a fydd yn fugail ar fy mhobl Israel.'"

⁷ Yna galwodd Herod y seryddion yn ddirgel ato, a holodd hwy'n fanwl pa bryd yr oedd y seren wedi ymddangos. ⁸ Anfonodd hwy i Fethlehem gan ddweud, "Ewch, a chwiliwch yn fanwl am y plentyn, a phan fyddwch wedi dod o hyd iddo, rhowch wybod i mi er mwyn i minnau hefyd fynd a'i addoli." ⁹ Wedi gwrando ar y brenin aethant ar eu taith, a dyma'r seren a welsent ar ei chyfodiad yn mynd o'u blaen hyd nes iddi ddod ac aros uwchlaw'r man lle'r oedd y plentyn. ¹⁰ A phan welsant y seren, yr oeddent yn llawen dros ben. ¹¹ Daethant i'r tŷ a gweld y plentyn gyda Mair ei fam; syrthiasant i lawr a'i addoli, ac wedi agor eu trysorau offrymasant iddo anrhegion, aur a thus a myrr. ¹² Yna, ar ôl cael eu rhybuddio mewn breuddwyd i beidio â dychwelyd at Herod, aethant yn ôl i'w gwlad ar hyd ffordd arall.

Ffoi i'r Aifft

¹³ Wedi iddynt ymadael, dyma angel yr Arglwydd yn ymddangos i Joseff mewn breuddwyd, ac yn dweud, "Cod, a chymer y plentyn a'i fam gyda thi, a ffo i'r Aifft, ac aros yno hyd nes y dywedaf wrthyt, oherwydd y mae Herod yn mynd i chwilio am y plentyn er mwyn ei ladd." ¹⁴ Yna cododd Joseff, a chymerodd y plentyn a'i fam gydag ef liw nos, ac ymadael i'r Aifft. ¹⁵ Arhosodd yno hyd farwolaeth Herod, fel y cyflawnid y gair a lefarwyd gan yr Arglwydd trwy'r proffwyd: "O'r Aifft y gelwais fy mab."

Lladd y Bechgyn

¹⁶ Yna, pan ddeallodd Herod iddo gael ei dwyllo gan y seryddion, aeth yn gynddeiriog, a rhoddodd orchymyn i ladd pob bachgen ym Methlehem a'r holl gyffiniau oedd yn ddwyflwydd oed neu lai, gan gyfrif o'r amser yr holodd ef y seryddion. ¹⁷ Felly y cyflawnwyd y gair a lefarwyd trwy Jeremeia'r proffwyd:

¹⁸ "Clywyd llef yn Rama,
    wylofain a galaru dwys;
Rachel yn wylo am ei phlant,

ac ni fynnai ei chysuro, am nad
    oeddent mwy."

Dychwelyd o'r Aifft

¹⁹ Ar ôl i Herod farw, dyma angel yr Arglwydd yn ymddangos mewn breuddwyd i Joseff yn yr Aifft, ²⁰ ac yn dweud, "Cod, a chymer y plentyn a'i fam gyda thi, a dos i wlad Israel, oherwydd bu farw y rhai oedd yn ceisio bywyd y plentyn." ²¹ Yna cododd Joseff, a chymerodd y plentyn a'i fam gydag ef, a mynd i wlad Israel. ²² Ond wedi clywed bod Archelaus yn teyrnasu dros Jwdea yn lle ei dad Herod, daeth ofn ar Joseff fynd yno. Cafodd ei rybuddio mewn breuddwyd, ac ymadawodd i barthau Galilea, ²³ ac ymsefydlodd mewn tref a elwid Nasareth, fel y cyflawnid y gair a lefarwyd trwy'r proffwydi: "Gelwir ef yn Nasaread."

Pregethu Ioan Fedyddiwr

3 Mc. 1:1-8; Lc. 3:1-9, 15-17; In. 1:19-28
Yn y dyddiau hynny daeth Ioan Fedyddiwr, gan bregethu'r genadwri hon yn anialwch Jwdea: ² "Edifarhewch, oherwydd y mae teyrnas nefoedd wedi dod yn agos." ³ Dyma'r hwn y soniwyd amdano gan y proffwyd Eseia pan ddywedodd:

"Llais un yn galw yn yr anialwch,
'Paratowch ffordd yr Arglwydd,
    unionwch y llwybrau iddo.'"

⁴ Yr oedd dillad Ioan o flew camel, a gwregys o groen am ei ganol, a'i fwyd oedd locustiaid a mêl gwyllt. ⁵ Yr oedd trigolion Jerwsalem a Jwdea i gyd, a'r holl wlad o amgylch yr Iorddonen, ⁶ yn mynd allan ato, ac yn cael eu bedyddio ganddo yn afon Iorddonen, gan gyffesu eu pechodau.

⁷ A phan welodd Ioan lawer o'r Phariseaid a'r Sadwceaid yn dod i'w bedyddio ganddo, dywedodd wrthynt: "Chwi epil gwiberod, pwy a'ch rhybuddiodd i ffoi rhag y digofaint sydd i ddod? ⁸ Dygwch ffrwyth gan hynny a fydd yn deilwng o'ch edifeirwch. ⁹ A pheidiwch â meddwl dweud wrthych eich hunain, 'Y mae gennym Abraham yn dad', oherwydd rwy'n dweud wrthych y gall Duw godi plant i Abraham

o'r cerrig hyn. ¹⁰ Ac y mae'r fwyell eisoes wrth wraidd y coed; felly, y mae pob coeden nad yw'n dwyn ffrwyth da yn cael ei thorri i lawr a'i bwrw i'r tân. ¹¹ Yr wyf fi yn eich bedyddio â dŵr i edifeirwch; ond y mae'r hwn sydd yn dod ar f'ôl i yn gryfach na mi, un nad wyf fi'n deilwng i gario'i* sandalau. Bydd ef yn eich bedyddio â'r Ysbryd Glân ac â thân. ¹² Y mae ei wyntyll yn barod yn ei law, a bydd yn nithio'n lân yr hyn a ddyrnwyd, ac yn casglu ei rawn i'r ysgubor. Ond am yr us, bydd yn llosgi hwnnw â thân anniffoddadwy."

Bedydd Iesu

Mc. 1:9–11; Lc. 3:21–22

¹³ Yna daeth Iesu o Galilea i'r Iorddonen at Ioan i'w fedyddio ganddo. ¹⁴ Ceisiodd Ioan ei rwystro, gan ddweud, "Myfi sydd ag angen fy medyddio gennyt ti, ac a wyt ti yn dod ataf fi?" ¹⁵ Meddai Iesu wrtho, "Gad i hyn fod yn awr, oherwydd fel hyn y mae'n weddus i ni gyflawni popeth y mae cyfiawnder yn ei ofyn." Yna gadodd Ioan iddo ddod. ¹⁶ Bedyddiwyd Iesu, ac yna, pan godod allan o'r dŵr, dyma'r nefoedd yn agor iddo, a gwelodd Ysbryd Duw yn disgyn fel colomen ac yn dod arno. ¹⁷ A dyma lais o'r nefoedd yn dweud, "Hwn yw fy Mab, yr Anwylyd; ynddo ef yr wyf yn ymhyfrydu."

Temtiad Iesu

4 Mc. 1:12–13; Lc. 4:1–13
Yna arweiniwyd Iesu i'r anialwch gan yr Ysbryd, i gael ei demtio gan y diafol. ² Wedi iddo ymprydio am ddeugain dydd a deugain nos daeth arno eisiau bwyd. ³ A daeth y temtiwr a dweud wrtho, "Os Mab Duw wyt ti, dywed wrth y cerrig hyn am droi'n fara." ⁴ Ond atebodd Iesu ef, "Y mae'n ysgrifenedig:

'Nid ar fara yn unig y bydd rhywun
    fyw,
ond ar bob gair sy'n dod allan
o enau Duw.'"

⁵ Yna cymerodd y diafol ef i'r ddinas sanctaidd, a'i osod ar dŵr uchaf y deml, ⁶ a dweud wrtho, "Os Mab Duw wyt ti, bwrw dy hun i lawr; oherwydd y mae'n ysgrifenedig:

'Rhydd orchymyn i'w angylion
    amdanat;
byddant yn dy godi ar eu dwylo
rhag iti daro dy droed yn erbyn
    carreg.'"

⁷ Dywedodd Iesu wrtho, "Y mae'n ysgrifenedig drachefn: 'Paid â gosod yr Arglwydd dy Dduw ar ei brawf.'" ⁸ Unwaith eto cymerodd y diafol ef i fynydd uchel iawn, a dangos iddo holl deyrnasoedd y byd a'u gogoniant, ⁹ a dweud wrtho, "Y rhain i gyd a roddaf i ti, os syrthi i lawr a'm haddoli i." ¹⁰ Yna dywedodd Iesu wrtho, "Dos ymaith, Satan; oherwydd y mae'n ysgrifenedig:

'Yr Arglwydd dy Dduw a addoli,
    ac ef yn unig a wasanaethi.'"

¹¹ Yna gadawodd y diafol ef, a daeth angylion a gweini arno.

Dechrau'r Weinidogaeth yng Ngalilea

Mc. 1:14–15; Lc. 4:14–15

¹² Ar ôl iddo glywed bod Ioan wedi ei garcharu, aeth Iesu ymaith i Galilea. ¹³ A chan adael Nasareth aeth i fyw i Gapernaum, tref ar lan y môr yng nghyffiniau Sabulon a Nafftali, ¹⁴ fel y cyflawnid y gair a lefarwyd trwy Eseia'r proffwyd:

¹⁵ "Gwlad Sabulon a gwlad Nafftali,
ar y ffordd i'r môr, tu hwnt i'r
    Iorddonen, Galilea'r
    Cenhedloedd;
¹⁶ y bobl oedd yn trigo mewn
    tywyllwch
a welodd oleuni mawr,
ac ar drigolion tir cysgod angau
y gwawriodd goleuni."

¹⁷ O'r amser hwnnw y dechreuodd Iesu bregethu'r genadwri hon: "Edifarhewch, oherwydd y mae teyrnas nefoedd wedi dod yn agos."

Galw Pedwar Pysgotwr

Mc. 1:16–20; Lc. 5:1–11

¹⁸ Wrth gerdded ar lan Môr Galilea gwelodd Iesu ddau frawd, Simon, a elwid Pedr, ac Andreas ei frawd, yn bwrw rhwyd i'r môr; pysgotwyr oeddent. ¹⁹ A dywedodd wrthynt, "Dewch ar fy ôl i, ac

---

3:11 Neu, *i dynnu ei.*

fe'ch gwnaf yn bysgotwyr dynion." ²⁰ Gadawsant eu rhwydau ar unwaith a'i ganlyn ef. ²¹ Ac wedi iddo fynd ymlaen oddi yno gwelodd ddau frawd arall, Iago fab Sebedeus ac Ioan ei frawd, yn y cwch gyda Sebedeus eu tad yn cyweirio eu rhwydau. Galwodd hwythau, ²² ac ar unwaith, gan adael y cwch a'u tad, canlynasant ef.

Gweinidogaethu i Dyrfa Fawr
Lc. 6:17–19

²³ Yr oedd yn mynd o amgylch Galilea gyfan, dan ddysgu yn eu synagogau hwy a phregethu efengyl y deyrnas, ac iacháu pob afiechyd a phob llesgedd ymhlith y bobl. ²⁴ Aeth y sôn amdano trwy Syria gyfan; dygasant ato yr holl gleifion oedd yn dioddef dan amrywiol afiechydon, y rhai oedd yn cael eu llethu gan boenau, y rhai oedd wedi eu meddiannu gan gythreuliaid, y rhai'n dioddef o ffitiau, a'r rhai oedd wedi eu parlysu; ac fe iachaodd ef hwy. ²⁵ A dilynwyd ef gan dyrfaoedd mawr o Galilea a'r Decapolis, a Jerwsalem a Jwdea, a'r tu hwnt i'r Iorddonen.

Y Bregeth ar y Mynydd

5 Mth. 5—7

Pan welodd Iesu y tyrfaoedd, aeth i fyny'r mynydd, ac wedi iddo eistedd i lawr daeth ei ddisgyblion ato. ² Dechreuodd eu hannerch a'u dysgu fel hyn:

Y Gwynfydau
Lc. 6:20–23

³ "Gwyn eu byd y rhai sy'n dlodion yn yr ysbryd,
oherwydd eiddynt hwy yw teyrnas nefoedd.
⁴ Gwyn eu byd y rhai sy'n galaru,
oherwydd cânt hwy eu cysuro.
⁵ Gwyn eu byd y rhai addfwyn,
oherwydd cânt hwy etifeddu'r ddaear.
⁶ Gwyn eu byd y rhai sy'n newynu a sychedu am gyfiawnder,
oherwydd cânt hwy eu digon.
⁷ Gwyn eu byd y rhai trugarog,
oherwydd cânt hwy dderbyn trugaredd.
⁸ Gwyn eu byd y rhai pur eu calon,
oherwydd cânt hwy weld Duw.
⁹ Gwyn eu byd y tangnefeddwyr,
oherwydd cânt hwy eu galw'n blant i Dduw.
¹⁰ Gwyn eu byd y rhai a erlidiwyd yn achos cyfiawnder,
oherwydd eiddynt hwy yw teyrnas nefoedd.

¹¹ Gwyn eich byd pan fydd pobl yn eich gwaradwyddo a'ch erlid, ac yn dweud pob math o ddrygair celwyddog yn eich erbyn, o'm hachos i. ¹² Llawenhewch a gorfoleddwch, oherwydd y mae eich gwobr yn fawr yn y nefoedd; felly yn wir yr erlidiwyd y proffwydi oedd o'ch blaen chwi.

Halen a Goleuni
Mc. 9:50; Lc. 4:34–35

¹³ "Chwi yw halen y ddaear; ond os cyll yr halen ei flas, â pha beth yr helltir ef? Nid yw'n dda i ddim bellach ond i'w luchio allan a'i sathru dan draed. ¹⁴ Chwi yw goleuni'r byd. Ni ellir cuddio dinas a osodir ar fryn. ¹⁵ Ac nid oes neb yn goleuo cannwyll ac yn ei rhoi dan lestr, ond yn hytrach ar ganhwyllbren, a bydd yn rhoi golau i bawb sydd yn y tŷ. ¹⁶ Felly boed i'ch goleuni chwithau lewyrchu gerbron eraill, er mwyn iddynt weld eich gweithredoedd da chwi a gogoneddu eich Tad, yr hwn sydd yn y nefoedd.

Dysgeidiaeth ar y Gyfraith

¹⁷ "Peidiwch â thybio i mi ddod i ddileu'r Gyfraith na'r proffwydi; ni ddeuthum i ddileu ond i gyflawni. ¹⁸ Yn wir, rwy'n dweud wrthych, hyd nes i nef a daear ddarfod, ni dderfydd yr un llythyren na'r un manylyn lleiaf o'r Gyfraith nes i'r cwbl ddigwydd. ¹⁹ Am hynny, pwy bynnag fydd yn dirymu un o'r gorchmynion lleiaf hyn ac yn dysgu i eraill wneud felly, gelwir ef y lleiaf yn nheyrnas nefoedd. Ond pwy bynnag a'i ceidw ac a'i dysg i eraill, gelwir hwnnw'n fawr yn nheyrnas nefoedd. ²⁰ Rwy'n dweud wrthych, oni fydd eich cyfiawnder chwi yn rhagori llawer ar eiddo'r ysgrifenyddion a'r Phariseaid, nid ewch byth i mewn i deyrnas nefoedd.

Dysgeidiaeth ar Ddicter

²¹ "Clywsoch fel y dywedwyd wrth y rhai gynt, 'Na ladd; pwy bynnag sy'n lladd, bydd yn atebol i farn.' ²² Ond rwyf fi'n dweud wrthych y bydd pob un sy'n ddig wrth ei frawd* yn atebol i farn. Pwy bynnag sy'n sarhau ei frawd*, bydd yn atebol i'r llys, a phwy bynnag sy'n dweud wrtho, 'Y ffŵl', bydd yn ateb am hynny yn nhân uffern. ²³ Felly os wyt yn cyflwyno dy offrwm wrth yr allor, ac yno'n cofio bod gan dy frawd rywbeth yn dy erbyn, ²⁴ gad dy offrwm yno o flaen yr allor, a dos ymaith; myn gymod yn gyntaf â'th frawd, ac yna tyrd a chyflwyno dy offrwm. ²⁵ Os bydd rhywun yn dy gymryd i'r llys, bydd barod i ddod i gytundeb buan tra byddwch ar y ffordd yno, rhag i'th wrthwynebydd dy draddodi i'r barnwr, ac i'r barnwr dy roi i'r swyddog, ac i ti gael dy fwrw i garchar. ²⁶ Yn wir, rwy'n dweud wrthyt, ni ddoi di byth allan oddi yno cyn talu'n ôl y geiniog olaf.

Dysgeidiaeth ar Odineb

²⁷ "Clywsoch fel y dywedwyd, 'Na odineba.' ²⁸ Ond rwyf fi'n dweud wrthych fod pob un sy'n edrych mewn blys ar wraig, eisoes wedi cyflawni godineb â hi yn ei galon. ²⁹ Os yw dy lygad de yn achos cwymp iti, tyn ef allan a'i daflu oddi wrthyt; y mae'n fwy buddiol iti golli un o'th aelodau na bod dy gorff cyfan yn cael ei daflu i uffern. ³⁰ Ac os yw dy law dde yn achos cwymp iti, tor hi ymaith a'i thaflu oddi wrthyt; y mae'n fwy buddiol iti golli un o'th aelodau na bod dy gorff cyfan yn mynd i uffern.

Dysgeidiaeth ar Ysgariad

Mth. 19:9; Mc. 10:11-12; Lc. 16:18

³¹ "Dywedwyd hefyd, 'Pwy bynnag sy'n ysgaru ei wraig, rhodded iddi lythyr ysgar.' ³² Ond rwyf fi'n dweud wrthych fod pob un sy'n ysgaru ei wraig, ar wahân i achos o anffyddlondeb, yn peri iddi hi odinebu, ac y mae'r sawl sy'n priodi gwraig a ysgarwyd yn godinebu.

Dysgeidiaeth ar Lwon

³³ "Clywsoch hefyd fel y dywedwyd wrth y rhai gynt, 'Na thynga lw twyllodrus', a 'Rhaid iti gadw pob llw a roist i'r Arglwydd.' ³⁴ Ond rwyf fi'n dweud wrthych: peidiwch â thyngu llw o gwbl; nac i'r nef, gan mai gorsedd Duw ydyw; ³⁵ nac i'r ddaear, gan mai ei droedfainc ef ydyw; nac i Jerwsalem, gan mai dinas y Brenin mawr ydyw. ³⁶ Paid â thyngu chwaith i'th ben, oherwydd ni elli wneud un blewyn yn wyn nac yn ddu. ³⁷ Ond boed eich 'ie' yn 'ie', a'ch 'nage' yn 'nage'; beth bynnag sy'n ychwanegol at hyn, o'r Un drwg y mae.

Dysgeidiaeth ar Ddial

Lc. 6:29-30

³⁸ "Clywsoch fel y dywedwyd, 'Llygad am lygad, a dant am ddant.' ³⁹ Ond rwyf fi'n dweud wrthych: peidiwch â gwrthsefyll y sawl sy'n gwneud drwg i chwi. Os bydd rhywun yn dy daro ar dy foch dde, tro'r llall ato hefyd. ⁴⁰ Ac os bydd rhywun am fynd â thi i gyfraith a chymryd dy grys, gad iddo gael dy fantell hefyd. ⁴¹ Ac os bydd rhywun yn dy orfodi i'w ddanfon am un cilomedr, dos gydag ef ddau. ⁴² Rho i'r sawl sy'n gofyn gennyt, a phaid â throi i ffwrdd oddi wrth y sawl sydd am fenthyca gennyt.

Caru Gelynion

Lc. 6:27-28, 32-36

⁴³ "Clywsoch fel y dywedwyd, 'Câr dy gymydog, a chasâ dy elyn.' ⁴⁴ Ond rwyf fi'n dweud wrthych: carwch eich gelynion,* a gweddïwch dros y rhai sy'n eich erlid; ⁴⁵ felly fe fyddwch yn blant i'ch Tad sydd yn y nefoedd, oherwydd y mae ef yn peri i'w haul godi ar y drwg a'r da, ac yn rhoi glaw i'r cyfiawn a'r anghyfiawn. ⁴⁶ Os carwch y rhai sy'n eich caru chwi, pa wobr sydd i chwi? Onid yw hyd yn oed y casglwyr trethi yn gwneud cymaint â hynny? ⁴⁷ Ac os cyfarchwch eich cydnabod yn unig, pa ragoriaeth sydd yn hynny? Onid yw'r Cenhedloedd hyd yn oed yn gwneud cymaint â hynny? ⁴⁸ Felly byddwch

---

5:22 Yn ôl darlleniad arall ychwanegir *yn ddiachos*.
5:22 Neu, *sy'n dweud wrth ei frawd, 'Raca'*.

5:44 Yn ôl darlleniad arall ychwanegir *bendithiwch y rhai sy'n eich melltithio, gwnewch ddaioni i'r rhai sy'n eich casáu*.

chwi'n berffaith fel y mae eich Tad nefol yn berffaith.

Dysgeidiaeth ar Elusennau

6 "Cymerwch ofal i beidio â chyflawni eich dyletswyddau crefyddol o flaen eraill, er mwyn cael eich gweld ganddynt; os gwnewch, nid oes gwobr i chwi gan eich Tad, yr hwn sydd yn y nefoedd.

2 "Felly, pan fyddi'n rhoi elusen, paid â chanu utgorn o'th flaen, fel y mae'r rhagrithwyr yn gwneud yn y synagogau ac yn yr heolydd, er mwyn cael eu canmol gan eraill. Yn wir, rwy'n dweud wrthych, y mae eu gwobr ganddynt eisoes. 3 Ond pan fyddi di'n rhoi elusen, paid â gadael i'th law chwith wybod beth y mae dy law dde yn ei wneud. 4 Felly bydd dy elusen di yn y dirgel, a bydd dy Dad, sydd yn gweld yn y dirgel, yn dy wobrwyo.

Dysgeidiaeth ar Weddi
Lc. 11:2-4

5 "A phan fyddwch yn gweddïo, peidiwch â bod fel y rhagrithwyr; oherwydd y maent hwy'n hoffi gweddïo ar eu sefyll yn y synagogau ac ar gonglau'r heolydd, er mwyn cael eu gweld gan eraill. Yn wir, rwy'n dweud wrthych, y mae eu gwobr ganddynt eisoes. 6 Ond pan fyddi di'n gweddïo, dos i mewn i'th ystafell, ac wedi cau dy ddrws gweddïa ar dy Dad sydd yn y dirgel, a bydd dy Dad sydd yn gweld yn y dirgel yn dy wobrwyo. 7 Ac wrth weddïo, peidiwch â phentyrru geiriau fel y mae'r Cenhedloedd yn gwneud; y maent hwy'n tybied y cânt eu gwrando am eu haml eiriau. 8 Peidiwch felly â bod yn debyg iddynt hwy, oherwydd y mae eich Tad yn gwybod cyn i chwi ofyn iddo beth yw eich anghenion. 9 Felly, gweddïwch chwi fel hyn:

'Ein Tad yn y nefoedd,
sancteiddier dy enw;
10 deled dy deyrnas;
gwneler dy ewyllys,
ar y ddaear fel yn y nef.
11 Dyro inni heddiw ein bara beunyddiol*;

12 a maddau inni ein troseddau*,
fel yr ŷm ni wedi maddau i'r rhai a droseddodd yn ein herbyn;
13 a phaid â'n dwyn i brawf,
ond gwared ni rhag yr Un drwg*.*'

14 Oherwydd os maddeuwch i eraill eu camweddau, bydd eich Tad nefol hefyd yn maddau i chwi. 15 Ond os na faddeuwch i eraill eu camweddau, ni fydd eich Tad chwaith yn maddau eich camweddau chwi.

Dysgeidiaeth ar Ymprydio

16 "A phan fyddwch yn ymprydio, peidiwch â bod yn wynepdrist fel y rhagrithwyr; y maent hwy'n anffurfio eu hwynebau er mwyn i eraill gael gweld eu bod yn ymprydio. Yn wir, rwy'n dweud wrthych, y mae eu gwobr ganddynt eisoes. 17 Ond pan fyddi di'n ymprydio, eneinia dy ben a golch dy wyneb, 18 fel nad pobl a gaiff weld dy fod yn ymprydio, ond yn hytrach dy Dad sydd yn y dirgel; a bydd dy Dad, sydd yn gweld yn y dirgel, yn dy wobrwyo.

Trysor yn y Nef
Lc. 12:33-34

19 "Peidiwch â chasglu ichwi drysorau ar y ddaear, lle mae gwyfyn a rhwd yn difa, a lle mae lladron yn torri trwodd ac yn lladrata. 20 Casglwch ichwi drysorau yn y nef, lle nad yw gwyfyn na rhwd yn difa, a lle nad yw lladron yn torri trwodd nac yn lladrata. 21 Oherwydd lle mae dy drysor, yno hefyd y bydd dy galon.

Goleuni'r Corff
Lc. 11:34-36

22 "Y llygad yw cannwyll y corff; felly os bydd dy lygad yn hael*, bydd dy gorff yn llawn goleuni. 23 Ond os bydd dy lygad yn drachwantus, bydd dy gorff yn llawn tywyllwch. Ac os yw'r goleuni sydd ynot yn dywyllwch, mor fawr yw'r tywyllwch!

6:11 Neu, *ein bara at yfory.* Neu, *y bara sy'n ein cynnal.*

6:12 Groeg, *dyledion.*
6:13 Neu, *rhag y drwg.*
6:13 Yn ôl darlleniad arall ychwanegir *Oherwydd eiddot ti yw'r deyrnas a'r gallu a'r gogoniant am byth. Amen.*
6:22 Yn llythrennol, *sengl.*

Duw a Mamon

Lc. 16:13

24 "Ni all neb wasanaethu dau feistr; oherwydd bydd un ai'n casáu'r naill ac yn caru'r llall, neu'n deyrngar i'r naill ac yn dirmygu'r llall. Ni allwch wasanaethu Duw a Mamon*.

Gofal a Phryder

Lc. 12:22–34

25 "Am hynny rwy'n dweud wrthych, peidiwch â phryderu am eich bywyd, beth i'w fwyta na'i yfed, nac am eich corff, beth i'w wisgo; onid oes mwy i fywyd rhywun na bwyd, a mwy i'w gorff na dillad? 26 Edrychwch ar adar yr awyr: nid ydynt yn hau nac yn medi nac yn casglu i ysguboriau, ac eto y mae eich Tad nefol yn eu bwydo. Onid ydych chwi yn llawer mwy gwerthfawr na hwy? 27 Prun ohonoch a all ychwanegu un funud at ei oes* trwy bryderu? 28 A pham yr ydych yn pryderu am ddillad? Ystyriwch lili'r maes, pa fodd y maent yn tyfu; nid ydynt yn llafurio nac yn nyddu. 29 Ond rwy'n dweud wrthych, nid oedd gan hyd yn oed Solomon yn ei holl ogoniant wisg i'w chymharu ag un o'r rhain. 30 Os yw Duw yn dilladu felly laswellt y maes, sydd yno heddiw ac yfory yn cael ei daflu i'r ffwrn, onid llawer mwy y dillada chwi, chwi o ychydig ffydd? 31 Peidiwch felly â phryderu a dweud, 'Beth yr ydym i'w fwyta?' neu 'Beth yr ydym i'w yfed?' neu 'Beth yr ydym i'w wisgo?' 32 Dyna'r holl bethau y mae'r Cenhedloedd yn eu ceisio; y mae eich Tad nefol yn gwybod fod arnoch angen y rhain i gyd. 33 Ond ceisiwch yn gyntaf deyrnas Dduw a'i gyfiawnder ef, a rhoir y pethau hyn i gyd yn ychwaneg i chwi. 34 Peidiwch felly â phryderu am yfory, oherwydd bydd gan yfory ei bryder ei hun. Digon i'r diwrnod ei drafferth ei hun.

Barnu Eraill

7 Lc. 6:37–38, 41–42

"Peidiwch â barnu, rhag ichwi gael eich barnu; 2 oherwydd fel y byddwch chwi'n barnu y cewch chwithau eich barnu, ac â'r mesur a rowch y rhoir i chwithau. 3 Pam yr wyt yn edrych ar y brycheuyn sydd yn llygad dy gyfaill, a thithau heb sylwi ar y trawst sydd yn dy lygad dy hun? 4 Neu sut y dywedi wrth dy gyfaill, 'Gad imi dynnu allan y brycheuyn o'th lygad di', a dyna drawst yn dy lygad dy hun? 5 Ragrithiwr, yn gyntaf tyn y trawst allan o'th lygad dy hun, ac yna fe weli yn ddigon eglur i dynnu'r brycheuyn o lygad dy gyfaill. 6 Peidiwch â rhoi'r hyn sy'n sanctaidd i'r cŵn, na thaflu eich perlau o flaen y moch, rhag iddynt eu sathru dan eu traed, a throi arnoch a'ch rhwygo.

Gofynnwch, Chwiliwch, Curwch

Lc. 11:9–13

7 "Gofynnwch, ac fe roddir i chwi; ceisiwch, ac fe gewch; curwch, ac fe agorir i chwi. 8 Oherwydd y mae pawb sy'n gofyn yn derbyn, a'r sawl sy'n ceisio yn cael, ac i'r un sy'n curo agorir y drws. 9 Pwy ohonoch, os bydd ei blentyn yn gofyn am fara, a rydd iddo garreg? 10 Neu os bydd yn gofyn am bysgodyn, a rydd iddo sarff? 11 Am hynny, os ydych chwi, sy'n ddrwg, yn medru rhoi rhoddion da i'ch plant, gymaint mwy y rhydd eich Tad sydd yn y nefoedd bethau da i'r rhai sy'n gofyn ganddo! 12 Pa beth bynnag y dymunwch i eraill ei wneud i chwi, gwnewch chwithau felly iddynt hwy; hyn yw'r Gyfraith a'r proffwydi.

Y Porth Cyfyng

Lc. 13:24

13 "Ewch i mewn trwy'r porth cyfyng; oherwydd llydan yw'r porth ac eang yw'r ffordd sy'n arwain i ddistryw, a llawer yw'r rhai sy'n mynd ar hyd-ddi. 14 Ond cyfyng yw'r porth a chul yw'r ffordd sy'n arwain i fywyd, ac ychydig yw'r rhai sy'n ei chael.

Adnabod Coeden wrth ei Ffrwyth

Lc. 6:43–44

15 "Gochelwch rhag gau broffwydi, sy'n dod atoch yng ngwisg defaid, ond sydd o'u mewn yn fleiddiaid rheibus. 16 Wrth eu ffrwythau yr adnabyddwch hwy. Ai oddi ar ddrain y mae casglu grawnwin, neu oddi ar ysgall ffigys? 17 Felly y mae

---

6:24 Neu, *Arian.*
6:27 Neu, *y maint lleiaf at ei daldra.*

pob coeden dda yn dwyn ffrwyth da, a choeden wael yn dwyn ffrwyth drwg. ¹⁸ Ni all coeden dda ddwyn ffrwyth drwg, na choeden wael ffrwyth da. ¹⁹ Y mae pob coeden nad yw'n dwyn ffrwyth da yn cael ei thorri i lawr a'i bwrw i'r tân. ²⁰ Felly, wrth eu ffrwythau yr adnabyddwch hwy.

Nid Adnabûm Erioed Mohonoch
Lc. 13:25-27

²¹ "Nid pawb sy'n dweud wrthyf, 'Arglwydd, Arglwydd', fydd yn mynd i mewn i deyrnas nefoedd, ond y sawl sy'n gwneud ewyllys fy Nhad, yr hwn sydd yn y nefoedd. ²² Bydd llawer yn dweud wrthyf yn y dydd hwnnw, 'Arglwydd, Arglwydd, oni fuom yn proffwydo yn dy enw di, ac yn dy enw di yn bwrw allan gythreuliaid, ac yn dy enw di yn cyflawni gwyrthiau lawer?' ²³ Ac yna dywedaf wrthynt yn eu hwynebau, 'Nid adnabûm erioed mohonoch; ewch ymaith oddi wrthyf, chwi ddrwgweithredwyr.'

Y Ddwy Sylfaen
Lc. 6:47-49

²⁴ "Pob un felly sy'n gwrando ar y geiriau hyn o'r eiddof ac yn eu gwneud, fe'i cyffelybir i un call, a adeiladodd ei dŷ ar y graig. ²⁵ Disgynnodd y glaw a daeth y llifogydd, a chwythodd y gwyntoedd a tharo yn erbyn y tŷ hwnnw, ond ni syrthiodd, am ei fod wedi ei sylfaenu ar y graig. ²⁶ A phob un sy'n gwrando ar y geiriau hyn o'r eiddof a heb eu gwneud, fe'i cyffelybir i un ffôl, a adeiladodd ei dŷ ar y tywod. ²⁷ A disgynnodd y glaw a daeth y llifogydd, a chwythodd y gwyntoedd a tharo yn erbyn y tŷ hwnnw, ac fe syrthiodd, a dirfawr oedd ei gwymp."

²⁸ Pan orffennodd Iesu lefaru'r geiriau hyn, synnodd y tyrfaoedd at yr hyn yr oedd yn ei ddysgu; ²⁹ oherwydd yr oedd yn eu dysgu fel un ag awdurdod ganddo, ac nid fel eu hysgrifenyddion.

Glanhau Dyn Gwahanglwyfus

8 Mc. 1:40-45; Lc. 5:12-16

Wedi iddo ddod i lawr o'r mynydd dilynodd tyrfaoedd mawr ef. ² A dyma ddyn gwahanglwyfus yn dod ato ac yn syrthio o'i flaen a dweud, "Syr, os mynni, gelli fy nglanhau." ³ Estynnodd Iesu ei law a chyffwrdd ag ef gan ddweud, "Yr wyf yn mynnu, glanhaer di." Ac ar unwaith glanhawyd ei wahanglwyf. ⁴ Meddai Iesu wrtho, "Gwylia na ddywedi wrth neb, ond dos a dangos dy hun i'r offeiriad, ac offryma'r rhodd a orchmynnodd Moses, yn dystiolaeth gyhoeddus."

Iacháu Gwas Canwriad
Lc. 7:1-10; In. 4:43-54

⁵ Ar ôl iddo fynd i mewn i Gapernaum daeth canwriad ato ac erfyn arno: ⁶ "Syr, y mae fy ngwas yn gorwedd yn y tŷ wedi ei barlysu, mewn poenau enbyd." ⁷ Dywedodd Iesu wrtho, "Fe ddof fi i'w iacháu." ⁸ Atebodd y canwriad, "Syr, nid wyf yn deilwng i ti ddod dan fy nho; ond dywed air yn unig, a chaiff fy ngwas ei iacháu. ⁹ Oherwydd dyn sydd dan awdurdod wyf finnau, a chennyf filwyr danaf; byddaf yn dweud wrth hwn, 'Dos', ac fe â, ac wrth un arall, 'Tyrd', ac fe ddaw, ac wrth fy ngwas, 'Gwna hyn', ac fe'i gwna." ¹⁰ Pan glywodd Iesu hyn, fe ryfeddodd, a dywedodd wrth y rhai oedd yn ei ddilyn, "Yn wir, rwy'n dweud wrthych, ni chefais gan neb yn Israel ffydd mor fawr. ¹¹ Rwy'n dweud wrthych y daw llawer o'r dwyrain a'r gorllewin a chymryd eu lle yn y wledd gydag Abraham ac Isaac a Jacob yn nheyrnas nefoedd. ¹² Ond caiff plant y deyrnas eu bwrw allan i'r tywyllwch eithaf; bydd yno wylo a rhincian dannedd." ¹³ A dywedodd Iesu wrth y canwriad, "Dos ymaith; boed iti fel y credaist." Ac fe iachawyd ei was y munud hwnnw.

Iacháu Llawer
Mc. 1:29-34; Lc. 4:38-41

¹⁴ Pan ddaeth i dŷ Pedr, gwelodd Iesu ei fam-yng-nghyfraith ef yn gorwedd yn wael dan dwymyn. ¹⁵ Fe gyffyrddodd â'i llaw, a gadawodd y dwymyn hi, ac fe gododd a dechrau gweini arno. ¹⁶ Gyda'r nos daethant â llawer oedd wedi eu meddiannu gan gythreuliaid ato, ac fe fwriodd allan yr ysbrydion â'i air, ac iacháu pawb oedd yn glaf; ¹⁷ fel y cyflawnid y gair a lefarwyd trwy Eseia'r proffwyd:

"Ef a gymerodd ein gwendidau
ac a ddug ymaith ein clefydau."

Rhai yn Dymuno Canlyn Iesu
Lc. 9:57–62

[18] Pan welodd Iesu dyrfa o'i amgylch, rhoddodd orchymyn i groesi i'r ochr draw. [19] Daeth un o'r ysgrifenyddion a dweud wrtho, "Athro, canlynaf di lle bynnag yr ei." [20] Meddai Iesu wrtho, "Y mae gan y llwynogod ffeuau, a chan adar yr awyr nythod, ond gan Fab y Dyn nid oes lle i roi ei ben i lawr." [21] Dywedodd un arall o'i ddisgyblion wrtho, "Arglwydd, caniatâ imi yn gyntaf fynd a chladdu fy nhad." [22] Ond meddai Iesu wrtho, "Canlyn fi, a gad i'r meirw gladdu eu meirw eu hunain."

Gostegu Storm
Mc. 4:35–41; Lc. 8:22–25

[23] Aeth Iesu i mewn i'r cwch, a chanlynodd ei ddisgyblion ef. [24] A dyma storm fawr yn codi ar y môr, nes bod y cwch yn cael ei guddio gan y tonnau; ond yr oedd ef yn cysgu. [25] Daethant ato a'i ddeffro a dweud, "Arglwydd, achub ni, y mae ar ben arnom." [26] A dywedodd wrthynt, "Pam y mae arnoch ofn, chwi o ychydig ffydd?" Yna cododd a cheryddodd y gwyntoedd a'r môr, a bu tawelwch mawr. [27] Synnodd y bobl a dweud, "Pa fath ddyn yw hwn? Y mae hyd yn oed y gwyntoedd a'r môr yn ufuddhau iddo."

Iacháu'r Dynion oedd ym meddiant Cythreuliaid yn Gadara
Mc. 5:1–20; Lc. 8:26–39

[28] Wedi iddo fynd i'r ochr draw, i wlad y Gadareniaid*, daeth i'w gyfarfod ddau ddyn oedd wedi eu meddiannu gan gythreuliaid, yn dod allan o blith y beddau; yr oeddent mor ffyrnig fel na allai neb fynd heibio'r ffordd honno. [29] A dyma hwy'n gweiddi, "Beth sydd a fynni di â ni, Fab Duw? A ddaethost yma cyn yr amser i'n poenydio ni?" [30] Cryn bellter oddi wrthynt yr oedd cenfaint fawr o foch yn pori. [31] Ymbiliodd y cythreuliaid arno, "Os wyt yn ein bwrw ni allan, anfon ni i'r genfaint moch."

[32] Meddai ef wrthynt, "Ewch." Ac fe aethant allan o'r dynion a mynd i mewn i'r moch. A dyma'r genfaint i gyd yn rhuthro dros y dibyn i'r môr, ac yn trengi yn y dyfroedd. [33] Ffodd eu bugeiliaid, a mynd am y dref i adrodd yr holl hanes, a'r hyn oedd wedi digwydd i'r dynion a fu ym meddiant cythreuliaid. [34] A dyma'r holl dref yn mynd allan i gyfarfod â Iesu, ac wedi ei weld, yn erfyn arno symud o'u gororau.

Iacháu Dyn wedi ei Barlysu
Mc. 2:1–12; Lc. 5:17–26

9 Aeth Iesu i mewn i gwch a chroesi'r môr a dod i'w dref ei hun. [2] A dyma hwy'n dod â dyn wedi ei barlysu ato, yn gorwedd ar wely. Pan welodd Iesu eu ffydd hwy dywedodd wrth y claf, "Cod dy galon, fy mab; maddeuwyd dy bechodau." [3] A dyma rai o'r ysgrifenyddion yn dweud ynddynt eu hunain, "Y mae hwn yn cablu." [4] Deallodd Iesu eu meddyliau ac meddai, "Pam yr ydych yn meddwl pethau drwg yn eich calonnau? [5] Oherwydd prun sydd hawsaf, ai dweud, 'Maddeuwyd dy bechodau', ai ynteu dweud, 'Cod a cherdda'? [6] Ond er mwyn i chwi wybod fod gan Fab y Dyn awdurdod i faddau pechodau ar y ddaear"—yna meddai wrth y claf, "Cod, a chymer dy wely a dos adref." [7] A chododd ac aeth ymaith i'w gartref. [8] Pan welodd y tyrfaoedd hyn daeth ofn arnynt, a rhoesant ogoniant i Dduw, yr hwn a roddodd y fath awdurdod i ddynion.

Galw Mathew
Mc. 2:13–17; Lc. 5:27–32

[9] Wrth fynd heibio oddi yno gwelodd Iesu ddyn a elwid Mathew yn eistedd wrth y dollfa, a dywedodd wrtho, "Canlyn fi." Cododd yntau a chanlynodd ef. [10] Ac yr oedd wrth bryd bwyd yn ei dŷ, a dyma lawer o gasglwyr trethi ac o bechaduriaid yn dod ac yn cydfwyta gyda Iesu a'i ddisgyblion. [11] A phan welodd y Phariseaid, dywedasant wrth ei ddisgyblion, "Pam y mae eich athro yn bwyta gyda chasglwyr trethi a phechaduriaid?" [12] Clywodd Iesu, a dywedodd, "Nid ar y cryfion ond ar y cleifion y mae angen meddyg. [13] Ond

---

8:28 Yn ôl darlleniadau eraill, *Gergeseniaid*, neu, *Geraseniaid*.

ewch a dysgwch beth yw ystyr hyn, 'Trugaredd a ddymunaf, nid aberth'. Oherwydd i alw pechaduriaid, nid rhai cyfiawn, yr wyf fi wedi dod."

Holi ynglŷn ag Ymprydio

Mc. 2:18–22; Lc. 5:33–39

14 Yna daeth disgyblion Ioan ato a dweud, "Pam yr ydym ni a'r Phariseaid yn ymprydio llawer, ond dy ddisgyblion di ddim yn ymprydio?" 15 Dywedodd Iesu wrthynt, "A all gwesteion priodas alaru cyhyd ag y mae'r priodfab gyda hwy? Ond fe ddaw dyddiau pan ddygir y priodfab oddi wrthynt, ac yna yr ymprydiant. 16 Ni fydd neb yn gwnïo clwt o frethyn heb ei bannu ar hen ddilledyn; oherwydd fe dynn y clwt wrth y dilledyn, ac fe â'r rhwyg yn waeth. 17 Ni fydd pobl chwaith yn tywallt gwin newydd i hen grwyn; os gwnânt, fe rwygir y crwyn, fe gollir y gwin a difethir y crwyn. Ond byddant yn tywallt gwin newydd i grwyn newydd, ac fe gedwir y ddau."

Merch y Llywodraethwr, a'r Wraig a Gyffyrddodd â Mantell Iesu

Mc. 5:21–43; Lc. 8:40–56

18 Tra oedd ef yn siarad fel hyn â hwy, dyma ryw lywodraethwr yn dod ato ac ymgrymu iddo a dweud, "Y mae fy merch newydd farw; ond tyrd a rho dy law arni, ac fe fydd fyw." 19 A chododd Iesu a dilynodd ef gyda'i ddisgyblion. 20 A dyma wraig ac arni waedlif ers deuddeng mlynedd yn dod ato o'r tu ôl ac yn cyffwrdd ag ymyl ei fantell. 21 Oherwydd yr oedd hi wedi dweud ynddi ei hun, "Dim ond imi gyffwrdd â'i fantell, fe gaf fy iacháu." 22 A throes Iesu, a gwelodd hi, ac meddai, "Cod dy galon, fy merch; y mae dy ffydd wedi dy iacháu di." Ac iachawyd y wraig o'r munud hwnnw. 23 Pan ddaeth Iesu i dŷ'r llywodraethwr, a gweld y pibyddion a'r dyrfa mewn cynnwrf, 24 dywedodd, "Ewch ymaith, oherwydd nid yw'r eneth wedi marw; cysgu y mae." Dechreusant chwerthin am ei ben. 25 Ac wedi i'r dyrfa gael ei gyrru allan, aeth ef i mewn a gafael yn ei llaw, a chododd yr eneth. 26 Ac aeth yr hanes am hyn allan i'r holl ardal honno.

Iacháu Dau Ddyn Dall

27 Wrth i Iesu fynd oddi yno, dilynodd dau ddyn dall ef gan weiddi, "Trugarha wrthym ni, Fab Dafydd." 28 Wedi iddo ddod i'r tŷ daeth y deillion ato, a gofynnodd Iesu iddynt, "A ydych yn credu y gallaf wneud hyn?" Dywedasant wrtho, "Ydym, syr." 29 Yna cyffyrddodd â'u llygaid a dweud, "Yn ôl eich ffydd boed i chwi." 30 Agorwyd eu llygaid, a rhybuddiodd Iesu hwy yn llym, "Gofalwch na chaiff neb wybod." 31 Ond aethant allan a thaenu'r hanes amdano yn yr holl ardal honno.

Iacháu Dyn Mud

32 Fel yr oeddent yn mynd ymaith, dyma rywrai'n dwyn ato ddyn mud wedi ei feddiannu gan gythraul. 33 Wedi i'r cythraul gael ei fwrw allan, llefarodd y mudan; a rhyfeddodd y tyrfaoedd gan ddweud, "Ni welwyd erioed y fath beth yn Israel." 34 Ond dywedodd y Phariseaid, "Trwy bennaeth y cythreuliaid y mae'n bwrw allan gythreuliaid."

Tosturi Iesu

35 Yr oedd Iesu'n mynd o amgylch yr holl drefi a'r pentrefi, dan ddysgu yn eu synagogau hwy, a phregethu efengyl y deyrnas, ac iacháu pob afiechyd a phob llesgedd. 36 A phan welodd ef y tyrfaoedd, tosturiodd wrthynt am eu bod yn flinderus a diymadferth fel defaid heb fugail. 37 Yna meddai wrth ei ddisgyblion, "Y mae'r cynhaeaf yn fawr ond y gweithwyr yn brin; 38 deisyfwch felly ar Arglwydd y cynhaeaf anfon gweithwyr i'w gynhaeaf."

Cenhadaeth y Deuddeg

10 Mc. 3:13–19; Lc. 6:12–16

Wedi galw ato ei ddeuddeg disgybl, rhoddodd Iesu iddynt awdurdod dros ysbrydion aflan, i'w bwrw allan, ac i iacháu pob afiechyd a phob llesgedd. 2 A dyma enwau'r deuddeg apostol: yn gyntaf Simon, a elwir Pedr, ac Andreas ei frawd, ac Iago fab Sebedeus, ac Ioan ei frawd, 3 Philip a Bartholomeus, Thomas a Mathew'r casglwr trethi, Iago fab Alffeus, a Thadeus*, 4 Simon y Selot, a Jwdas Iscariot, yr un a'i bradychodd ef.

10:3 Yn ôl darlleniad arall, *Lebeus*.

Rhoi Comisiwn i'r Deuddeg
Mc. 6:7–13; Lc. 9:1–6

⁵ Y deuddeg hyn a anfonodd Iesu allan wedi rhoi'r gorchmynion yma iddynt: "Peidiwch â mynd i gyfeiriad y Cenhedloedd, a pheidiwch â mynd i mewn i un o drefi'r Samariaid. ⁶ Ewch yn hytrach at ddefaid colledig tŷ Israel. ⁷ Ac wrth fynd cyhoeddwch y genadwri: 'Y mae teyrnas nefoedd wedi dod yn agos.' ⁸ Iachewch y cleifion, cyfodwch y meirw, glanhewch y gwahanglwyfus, bwriwch allan gythreuliaid; derbyniasoch heb dâl, rhowch heb dâl. ⁹ Peidiwch â chymryd aur nac arian na phres yn eich gwregys, ¹⁰ na chod i'r daith nac ail grys na sandalau na ffon. Y mae'r gweithiwr yn haeddu ei fwyd. ¹¹ I ba dref neu bentref bynnag yr ewch, holwch pwy sy'n deilwng yno, ac arhoswch yno hyd nes y byddwch yn ymadael â'r ardal. ¹² A phan fyddwch yn mynd i mewn i dŷ, cyfarchwch y tŷ. ¹³ Ac os bydd y tŷ yn deilwng, doed eich tangnefedd arno. Ond os na fydd y tŷ yn deilwng, dychweled eich tangnefedd atoch. ¹⁴ Ac os bydd rhywun yn gwrthod eich derbyn ac yn gwrthod gwrando ar eich geiriau, ewch allan o'r tŷ hwnnw neu'r dref honno ac ysgydwch y llwch oddi ar eich traed. ¹⁵ Yn wir, rwy'n dweud wrthych y caiff tir Sodom a Gomorra lai i'w ddioddef yn Nydd y Farn na'r dref honno.

Erledigaethau i Ddod
Mc. 6:7–13; Lc. 21:12–17

¹⁶ "Dyma fi yn eich anfon allan fel defaid i blith bleiddiaid; felly byddwch yn gall fel seirff ac yn ddiniwed fel colomennod. ¹⁷ Gochelwch rhag pobl; oherwydd fe'ch traddodant chwi i lysoedd, ac fe'ch fflangellant yn eu synagogau. ¹⁸ Cewch eich dwyn o flaen llywodraethwyr a brenhinoedd o'm hachos i, i ddwyn tystiolaeth iddynt ac i'r Cenhedloedd. ¹⁹ Pan draddodant chwi, peidiwch â phryderu pa fodd na pha beth i lefaru, oherwydd fe roddir i chwi y pryd hwnnw eiriau i'w llefaru. ²⁰ Nid chwi sydd yn llefaru, ond Ysbryd eich Tad sy'n llefaru ynoch chwi. ²¹ Bradycha brawd ei frawd i farwolaeth, a thad ei blentyn, a chyfyd plant yn erbyn eu rhieni a pheri eu lladd. ²² A chas fyddwch gan bawb o achos fy enw i; ond y sawl sy'n dyfalbarhau i'r diwedd a gaiff ei achub. ²³ Pan erlidiant chwi mewn un dref, ffowch i un arall. Yn wir, rwy'n dweud wrthych, ni fyddwch wedi cwblhau trefi Israel cyn dyfod Mab y Dyn.

²⁴ "Nid yw disgybl yn well na'i athro, na gwas yn well na'i feistr. ²⁵ Digon i'r disgybl yw bod fel ei athro, a'r gwas fel ei feistr. Os galwasant feistr y tŷ yn Beelsebwl, pa faint mwy ei deulu?

Pwy i'w Ofni
Lc. 12:2–7

²⁶ "Peidiwch â'u hofni hwy. Oherwydd nid oes dim wedi ei guddio na ddatguddir, na dim yn guddiedig na cheir ei wybod. ²⁷ Yr hyn a ddywedaf wrthych yn y tywyllwch, dywedwch ef yng ngolau dydd; a'r hyn a sibrydir i'ch clust, cyhoeddwch ef ar bennau'r tai. ²⁸ A pheidiwch ag ofni'r rhai sy'n lladd y corff, ond na allant ladd yr enaid; ofnwch yn hytrach yr hwn sy'n gallu dinistrio'r enaid a'r corff yn uffern. ²⁹ Oni werthir dau aderyn y to am geiniog? Eto nid oes un ohonynt yn syrthio i'r ddaear heb eich Tad. ³⁰ Amdanoch chwi, y mae hyd yn oed pob blewyn o wallt eich pen wedi ei rifo. ³¹ Peidiwch ag ofni felly; yr ydych chwi'n werth mwy na llawer o adar y to.

Cyffesu Crist gerbron Dynion
Lc. 12:8–9

³² "Pwy bynnag fydd yn fy arddel i gerbron eraill, byddaf finnau hefyd yn eu harddel hwy gerbron fy Nhad, yr hwn sydd yn y nefoedd. ³³ Ond pwy bynnag fydd yn fy ngwadu i gerbron eraill, byddaf finnau hefyd yn eu gwadu hwy gerbron fy Nhad, yr hwn sydd yn y nefoedd.

Nid Heddwch, ond Cleddyf
Lc. 12:51–53; 14:26–27

³⁴ "Peidiwch â meddwl mai i ddwyn heddwch i'r ddaear y deuthum; nid i ddwyn heddwch y deuthum ond cleddyf. ³⁵ Oherwydd deuthum i rannu
'dyn yn erbyn ei dad,
a merch yn erbyn ei mam,

a merch-yng-nghyfraith yn erbyn ei mam-yng-nghyfraith; ³⁶ a gelynion rhywun fydd ei deulu ei hun'.

³⁷ Nid yw'r sawl sy'n caru tad neu fam yn fwy na myfi yn deilwng ohonof fi; ac nid yw'r sawl sy'n caru mab neu ferch yn fwy na myfi yn deilwng ohonof fi. ³⁸ A'r sawl nad yw'n cymryd ei groes ac yn canlyn ar fy ôl i, nid yw'n deilwng ohonof fi. ³⁹ Yr un sy'n ennill ei fywyd a'i cyll, a'r un sy'n colli ei fywyd er fy mwyn i a'i hennill.

Gwobrau
Mc. 9:41

⁴⁰ "Y mae'r sawl sy'n eich derbyn chwi yn fy nerbyn i, a'r sawl sy'n fy nerbyn i yn derbyn yr hwn a'm hanfonodd i. ⁴¹ Pwy bynnag sy'n derbyn proffwyd am ei fod yn broffwyd, fe gaiff wobr proffwyd, a phwy bynnag sy'n derbyn un cyfiawn am ei fod yn un cyfiawn, fe gaiff wobr un cyfiawn. ⁴² A phwy bynnag a rydd gymaint â chwpanaid o ddŵr oer i un o'r rhai bychain hyn am ei fod yn ddisgybl, yn wir, rwy'n dweud wrthych, ni chyll ei wobr."

11
Pan orffennodd Iesu ddysgu ei ddeuddeg disgybl, symudodd oddi yno er mwyn dysgu a phregethu yn eu trefi hwy.

Negesyddion Ioan Fedyddiwr
Lc. 7:18–35

² Pan glywodd Ioan yn y carchar am weithredoedd Crist, anfonodd trwy ei ddisgyblion ³ a gofyn iddo, "Ai ti yw'r hwn sydd i ddod, ai am rywun arall yr ydym i ddisgwyl?" ⁴ Ac atebodd Iesu hwy, "Ewch a dywedwch wrth Ioan yr hyn yr ydych yn ei glywed ac yn ei weld. ⁵ Y mae'r deillion yn cael eu golwg yn ôl, y cloffion yn cerdded, y gwahangleifion yn cael eu glanhau a'r byddariaid yn clywed, y meirw yn codi, y tlodion yn cael clywed y newydd da. ⁶ Gwyn ei fyd y sawl na fydd yn cwympo o'm hachos i." ⁷ Wrth i ddisgyblion Ioan fynd ymaith, dechreuodd Iesu sôn am Ioan wrth y tyrfaoedd. "Beth yr aethoch allan i'r anialwch i edrych arno? Ai brwynen yn siglo yn y gwynt? ⁸ Beth yr aethoch allan i'w weld? Ai un wedi ei wisgo mewn dillad esmwyth? Yn nhai brenhinoedd y mae'r rhai sy'n gwisgo dillad esmwyth. ⁹ Beth yr aethoch allan i'w weld? Ai proffwyd? Ie, meddaf wrthych, a mwy na phroffwyd. ¹⁰ Dyma'r un y mae'n ysgrifenedig amdano:

'Wele fi'n anfon fy nghennad o'th flaen,
i baratoi'r ffordd ar dy gyfer.'

¹¹ Yn wir, rwy'n dweud wrthych, ni chododd ymhlith meibion gwragedd neb mwy na Ioan Fedyddiwr; ac eto y mae'r lleiaf yn nheyrnas nefoedd yn fwy nag ef. ¹² O ddyddiau Ioan Fedyddiwr hyd yn awr y mae teyrnas nefoedd yn cael ei threisio, a threiswyr sy'n ei chipio hi. ¹³ Hyd at Ioan y proffwydodd yr holl broffwydi a'r Gyfraith; ¹⁴ ac os mynnwch dderbyn hynny, ef yw Elias sydd ar ddod. ¹⁵ Y sawl sydd â chlustiau ganddo, gwrandawed.

¹⁶ "Â phwy y cymharaf y genhedlaeth hon? Y mae'n debyg i blant yn eistedd yn y marchnadoedd ac yn galw ar ei gilydd:

¹⁷ 'Canasom ffliwt i chwi, ac ni
 ddawnsiasoch;
canasom alarnad, ac nid wylasoch.'

¹⁸ Oherwydd daeth Ioan, un nad yw'n bwyta nac yn yfed, ac y maent yn dweud, 'Y mae cythraul ynddo.' ¹⁹ Daeth Mab y Dyn, un sy'n bwyta ac yn yfed, ac y maent yn dweud, 'Dyma feddwyn glwth, cyfaill i gasglwyr trethi a phechaduriaid.' Ac eto profir gan ei gweithredoedd fod doethineb Duw yn iawn."

Gwae'r Trefi Diedifar
Lc. 10:13–15

²⁰ Yna dechreuodd geryddu'r trefi lle y gwnaed y rhan fwyaf o'i wyrthiau, am nad oeddent wedi edifarhau. ²¹ "Gwae di, Chorasin! Gwae di, Bethsaida! Oherwydd petai'r gwyrthiau a wnaed ynoch chwi wedi eu gwneud yn Tyrus a Sidon, buasent wedi edifarhau erstalwm mewn sachliain a lludw. ²² Ond rwy'n dweud wrthych, caiff Tyrus a Sidon lai i'w ddioddef yn Nydd y Farn na chwi. ²³ A thithau, Capernaum,

'A ddyrchefir di hyd nef?
Byddi'n disgyn hyd Hades*.'

11:23 Neu, *Trigfan y Meirw.*

Oherwydd petai'r gwyrthiau a wnaed ynot ti wedi eu gwneud yn Sodom, buasai'n sefyll hyd heddiw. 24 Ond rwy'n dweud wrthych y caiff tir Sodom lai i'w ddioddef yn Nydd y Farn na thi."

Dewch ataf Fi am Orffwystra
Lc. 10:21-22

25 Yr amser hwnnw dywedodd Iesu, "Yr wyf yn dy foliannu di, O Dad, Arglwydd nef a daear, am iti guddio'r pethau hyn rhag y doethion a'r deallusion, a'u datguddio i rai bychain; 26 ie, O Dad, oherwydd felly y rhyngodd dy fodd di. 27 Traddodwyd i mi bob peth gan fy Nhad. Nid oes neb yn adnabod y Mab, ond y Tad, ac nid oes neb yn adnabod y Tad, ond y Mab a'r rhai hynny y mae'r Mab yn dewis ei ddatguddio iddynt. 28 Dewch ataf fi, bawb sy'n flinedig ac yn llwythog, ac fe roddaf fi orffwystra i chwi. 29 Cymerwch fy iau arnoch a dysgwch gennyf, oherwydd addfwyn ydwyf a gostyngedig o galon, ac fe gewch orffwystra i'ch eneidiau. 30 Y mae fy iau i yn hawdd ei dwyn, a'm baich i yn ysgafn."

Tynnu Tywysennau ar y Saboth

12 Mc. 2:23-28; Lc. 6:1-5

Yr amser hwnnw aeth Iesu drwy'r caeau ŷd ar y Saboth; yr oedd eisiau bwyd ar ei ddisgyblion, a dechreusant dynnu tywysennau a'u bwyta. 2 Pan welodd y Phariseaid hynny, meddent wrtho, "Edrych, y mae dy ddisgyblion yn gwneud peth sy'n groes i'r Gyfraith ar y Saboth." 3 Dywedodd yntau wrthynt, "Onid ydych wedi darllen beth a wnaeth Dafydd, pan oedd eisiau bwyd arno ef a'r rhai oedd gydag ef? 4 Sut yr aeth i mewn i dŷ Dduw a sut y bwytasant y torthau cysegredig, nad oedd yn gyfreithlon iddo ef na'r rhai oedd gydag ef eu bwyta, ond i'r offeiriaid yn unig? 5 Neu onid ydych wedi darllen yn y Gyfraith fod yr offeiriaid ar y Saboth yn y deml yn halogi'r Saboth ond eu bod yn ddieuog? 6 Rwy'n dweud wrthych fod rhywbeth mwy na'r deml yma. 7 Pe buasech wedi deall beth yw ystyr y dywediad, 'Trugaredd a ddymunaf, nid aberth', ni fuasech wedi condemnio'r dieuog. 8 Oherwydd y mae Mab y Dyn yn arglwydd ar y Saboth."

Y Dyn â'r Llaw Ddiffrwyth
Mc. 3:1-6; Lc. 6:6-11

9 Symudodd oddi yno a daeth i'w synagog hwy. 10 Yno yr oedd dyn a chanddo law ddiffrwyth. Gofynasant i Iesu, er mwyn cael cyhuddiad i'w ddwyn yn ei erbyn, "A yw'n gyfreithlon iacháu ar y Saboth?" 11 Dywedodd yntau wrthynt, "Pwy ohonoch a chanddo un ddafad, os syrth honno i bydew ar y Saboth, na fydd yn gafael ynddi a'i chodi? 12 Gymaint mwy gwerthfawr yw dyn na dafad. Am hynny y mae'n gyfreithlon gwneud da ar y Saboth." 13 Yna dywedodd wrth y dyn, "Estyn dy law." Estynnodd yntau hi, a gwnaed ei law yn holliach fel y llall. 14 Ac fe aeth y Phariseaid allan a chynllwyn yn ei erbyn, sut i'w ladd.

Y Gwas Dewisedig

15 Ond daeth Iesu i wybod hyn, ac aeth ymaith oddi yno. Dilynodd llawer ef, ac fe iachaodd bawb ohonynt, 16 a rhybuddiodd hwy i beidio â'i wneud yn hysbys, 17 fel y cyflawnid y gair a lefarwyd trwy Eseia'r proffwyd:

18 "Dyma fy ngwas, yr un a
  ddewisais,
fy anwylyd, yr ymhyfrydodd fy enaid
  ynddo.
Rhoddaf fy Ysbryd arno,
a bydd yn cyhoeddi barn i'r
  Cenhedloedd.
19 Ni fydd yn ymrafael nac yn
  gweiddi,
ac ni chlyw neb ei lais ef yn yr
  heolydd.
20 Ni fydd yn mathru corsen doredig,
nac yn diffodd cannwyll sy'n mygu,
nes iddo ddwyn barn i
  fuddugoliaeth.
21 Ac yn ei enw ef y bydd gobaith y
  Cenhedloedd."

Iesu a Beelsebwl
Mc. 3:20-30; Lc. 11:14-23; 12:10

22 Yna dygwyd ato ddyn â chythraul ynddo, yn ddall a mud; iachaodd Iesu ef, nes bod y mudan yn llefaru ac yn gweld. 23 A synnodd yr holl dyrfaoedd a dweud, "A yw'n bosibl mai hwn yw Mab Dafydd?" 24 Ond pan glywodd y

Phariseaid, dywedasant, "Nid yw hwn yn bwrw allan gythreuliaid ond trwy Beelsebwl, pennaeth y cythreuliaid." ²⁵ Deallodd Iesu eu meddyliau a dywedodd wrthynt, "Caiff pob teyrnas a ymrannodd yn ei herbyn ei hun ei difrodi, ac ni bydd yr un dref na thŷ a ymrannodd yn ei erbyn ei hun yn sefyll. ²⁶ Ac os yw Satan yn bwrw allan Satan, y mae wedi ymrannu yn ei erbyn ei hun; sut felly y saif ei deyrnas? ²⁷ Ac os trwy Beelsebwl yr wyf fi'n bwrw allan gythreuliaid, trwy bwy y mae eich disgyblion chwi yn eu bwrw allan? Am hynny hwy fydd yn eich barnu. ²⁸ Ond os trwy Ysbryd Duw yr wyf fi'n bwrw allan gythreuliaid, yna y mae teyrnas Dduw wedi cyrraedd atoch. ²⁹ Neu sut y gall rhywun fynd i mewn i dŷ un cryf ac ysbeilio'i ddodrefn heb yn gyntaf rwymo'r un cryf? Wedyn caiff ysbeilio'i dŷ ef. ³⁰ Os nad yw rhywun gyda mi, yn fy erbyn i y mae, ac os nad yw'n casglu gyda mi, gwasgaru y mae. ³¹ Am hynny rwy'n dweud wrthych, maddeuir pob pechod a chabledd i bobl, ond y cabledd yn erbyn yr Ysbryd ni faddeuir mohono. ³² Caiff pwy bynnag a ddywed air yn erbyn Mab y Dyn, faddeuant; ond pwy bynnag a'i dywed yn erbyn yr Ysbryd Glân, ni chaiff faddeuant nac yn yr oes hon nac yn yr oes sydd i ddod.

Coeden a'i Ffrwyth
Lc. 6:43–45

³³ "Naill ai cyfrifwch y goeden yn dda a'i ffrwyth yn dda, neu cyfrifwch y goeden yn wael a'i ffrwyth yn wael. Wrth ei ffrwyth y mae'r goeden yn cael ei hadnabod. ³⁴ Chwi epil gwiberod, sut y gallwch lefaru pethau da, a chwi eich hunain yn ddrwg? Oherwydd yn ôl yr hyn sy'n llenwi'r galon y mae'r genau'n llefaru. ³⁵ Y mae'r dyn da o'i drysor da yn dwyn allan bethau da, a'r dyn drwg o'i drysor drwg yn dwyn allan bethau drwg. ³⁶ Rwy'n dweud wrthych am bob gair difudd a lefara pobl, fe roddant gyfrif amdano yn Nydd y Farn. ³⁷ Oherwydd wrth dy eiriau y cei dy gyfiawnhau, ac wrth dy eiriau y cei dy gondemnio."

Ceisio Arwydd
Mc. 8:11–12; Lc. 11:29–32

³⁸ Yna dywedodd rhai o'r ysgrifenyddion a'r Phariseaid wrtho, "Athro, fe garem weld arwydd gennyt." ³⁹ Atebodd yntau, "Cenhedlaeth ddrygionus ac annuwiol sy'n ceisio arwydd, eto ni roddir arwydd iddi ond arwydd y proffwyd Jona. ⁴⁰ Oherwydd fel y bu Jona ym mol y morfil am dri diwrnod a thair nos, felly y bydd Mab y Dyn yn nyfnder y ddaear am dri diwrnod a thair nos. ⁴¹ Bydd pobl Ninefe yn codi yn y Farn gyda'r genhedlaeth hon ac yn ei chondemnio hi; oherwydd edifarhasant hwy dan genadwri Jona, ac yr ydych chwi'n gweld yma beth mwy na Jona. ⁴² Bydd Brenhines y De yn codi yn y Farn gyda'r genhedlaeth hon ac yn ei chondemnio; oherwydd daeth hi o eithafoedd y ddaear i glywed doethineb Solomon, ac yr ydych chwi'n gweld yma beth mwy na Solomon.

Yr Ysbryd Aflan yn Dychwelyd
Lc. 11:24–26

⁴³ "Pan fydd ysbryd aflan yn mynd allan o rywun, bydd yn rhodio trwy fannau sychion gan geisio gorffwysfa, ac nid yw yn ei gael. ⁴⁴ Yna y mae'n dweud, 'Mi ddychwelaf i'm cartref, y lle y deuthum ohono.' Wedi cyrraedd, y mae'n ei gael yn wag, wedi ei ysgubo a'i osod mewn trefn. ⁴⁵ Yna y mae'n mynd ac yn cymryd gydag ef saith ysbryd arall mwy drygionus nag ef ei hun; y maent yn dod i mewn ac yn ymgartrefu yno; ac y mae cyflwr olaf y dyn hwnnw yn waeth na'r cyntaf. Felly hefyd y bydd i'r genhedlaeth ddrwg hon."

Mam a Brodyr Iesu
Mc. 3:31–35; Lc. 8:19–21

⁴⁶ Tra oedd ef yn dal i siarad â'r tyrfaoedd, yr oedd ei fam a'i frodyr yn sefyll y tu allan yn ceisio siarad ag ef. ⁴⁷ Dywedodd rhywun wrtho, "Dacw dy fam a'th frodyr yn sefyll y tu allan yn ceisio siarad â thi."* ⁴⁸ Atebodd Iesu ef, "Pwy yw fy mam, a phwy yw fy mrodyr?" ⁴⁹ A chan estyn ei law at ei ddisgyblion dywedodd, "Dyma fy mam a'm brodyr i.

12:47 Yn ôl darlleniad arall gadewir allan adn. 47.

⁵⁰ Oherwydd pwy bynnag sy'n gwneud ewyllys fy Nhad, yr hwn sydd yn y nefoedd, y mae hwnnw'n frawd i mi, ac yn chwaer, ac yn fam."

Dameg yr Heuwr

13 Mc. 4:1–9; Lc. 8:4–8
Y diwrnod hwnnw aeth Iesu allan o'r tŷ ac eisteddodd ar lan y môr. ² Daeth tyrfaoedd mawr ynghyd ato, nes iddo fynd ac eistedd mewn cwch, ac yr oedd yr holl dyrfa yn sefyll ar y lan. ³ Fe lefarodd lawer wrthynt ar ddamhegion, gan ddweud: "Aeth heuwr allan i hau. ⁴ Ac wrth iddo hau, syrthiodd peth had ar hyd y llwybr, a daeth yr adar a'i fwyta. ⁵ Syrthiodd peth arall ar leoedd creigiog, lle ni chafodd fawr o bridd, a thyfodd yn gyflym am nad oedd iddo ddyfnder daear. ⁶ Ond wedi i'r haul godi fe'i llosgwyd, ac am nad oedd iddo wreiddyn fe wywodd. ⁷ Syrthiodd hadau eraill ymhlith y drain, a thyfodd y drain a'u tagu. ⁸ A syrthiodd eraill ar dir da a ffrwytho, peth ganwaith cymaint, a pheth drigain, a pheth ddeg ar hugain. ⁹ Y sawl sydd â chlustiau ganddo, gwrandawed."

Pwrpas y Damhegion

Mc. 4:10–12; Lc. 8:9–10
¹⁰ Daeth y disgyblion a dweud wrtho, "Pam yr wyt yn siarad wrthynt ar ddamhegion?" ¹¹ Atebodd yntau, "I chwi y mae gwybod cyfrinachau teyrnas nefoedd wedi ei roi, ond iddynt hwy nis rhoddwyd. ¹² Oherwydd i'r sawl y mae ganddo y rhoir, a bydd ganddo fwy na digon; ond oddi ar yr sawl nad oes ganddo y dygir hyd yn oed hynny sydd ganddo. ¹³ Am hynny yr wyf yn siarad wrthynt ar ddamhegion; oherwydd er iddynt edrych nid ydynt yn gweld, ac er iddynt wrando nid ydynt yn clywed nac yn deall. ¹⁴ A chyflawnir ynddynt hwy y broffwydoliaeth gan Eseia sy'n dweud:

'Er clywed a chlywed, ni ddeallwch ddim;
er edrych ac edrych, ni welwch ddim.
¹⁵ Canys brasawyd calon y bobl yma, y mae eu clyw yn drwm,
a'u llygaid wedi cau;
rhag iddynt weld â'u llygaid,
a chlywed â'u clustiau,
a deall â'u calon, a throi'n ôl,
i mi eu hiacháu.'

¹⁶ Ond gwyn eu byd eich llygaid chwi am eu bod yn gweld, a'ch clustiau chwi am eu bod yn clywed. ¹⁷ Yn wir, rwy'n dweud wrthych fod llawer o broffwydi a rhai cyfiawn wedi dyheu am weld y pethau yr ydych chwi yn eu gweld, ac nis gwelsant, a chlywed y pethau yr ydych chwi yn eu clywed, ac nis clywsant.

Egluro Dameg yr Heuwr

Mc. 4:13–20; Lc. 8:11–15
¹⁸ "Gwrandewch chwithau felly ar ddameg yr heuwr. ¹⁹ Pan fydd unrhyw un yn clywed gair y deyrnas heb ei ddeall, daw'r Un drwg a chipio'r hyn a heuwyd yn ei galon. Dyma'r un sy'n derbyn yr had ar hyd y llwybr. ²⁰ A'r un sy'n derbyn yr had ar leoedd creigiog, dyma'r un sy'n clywed y gair ac yn ei dderbyn ar ei union yn llawen. ²¹ Ond nid oes ganddo wreiddyn ynddo'i hunan, a thros dro y mae'n para; pan ddaw gorthrymder neu erlid o achos y gair, fe gwymp ar unwaith. ²² Yr un sy'n derbyn yr had ymhlith y drain, dyma'r un sy'n clywed y gair, ond y mae gofal y byd hwn a hudoliaeth golud yn tagu'r gair, ac y mae'n mynd yn ddiffrwyth. ²³ A'r un sy'n derbyn yr had ar dir da, dyma'r un sy'n clywed y gair ac yn ei ddeall, ac yn dwyn ffrwyth ac yn rhoi peth ganwaith cymaint, a pheth drigain, a pheth ddeg ar hugain."

Dameg yr Efrau ymysg yr Ŷd

²⁴ Cyflwynodd Iesu ddameg arall iddynt: "Y mae teyrnas nefoedd yn debyg i ddyn a heuodd had da yn ei faes. ²⁵ Ond pan oedd pawb yn cysgu, daeth ei elyn a hau efrau ymysg yr ŷd a mynd ymaith. ²⁶ Pan eginodd y cnwd a dwyn ffrwyth, yna ymddangosodd yr efrau hefyd. ²⁷ Daeth gweision gŵr y tŷ a dweud wrtho, 'Syr, onid had da a heuaist yn dy faes? O ble felly y daeth efrau iddo?' ²⁸ Atebodd yntau, 'Gelyn a wnaeth hyn.' Meddai'r gweision wrtho, 'A wyt am i ni fynd allan a chasglu'r efrau?' ²⁹ 'Na,' meddai ef, 'wrth gasglu'r efrau fe allwch

ddiwreiddio'r ŷd gyda hwy. ³⁰ Gadewch i'r ddau dyfu gyda'i gilydd hyd y cynhaeaf, ac yn amser y cynhaeaf dywedaf wrth y medelwyr, "Casglwch yr efrau yn gyntaf, a rhwymwch hwy'n sypynnau i'w llosgi, ond crynhowch yr ŷd i'm hysgubor." ' "

Damhegion yr Hedyn Mwstard a'r Lefain

Mc. 4:30–32; Lc. 13:18–21

³¹ A dyma ddameg arall a gyflwynodd iddynt: "Y mae teyrnas nefoedd yn debyg i hedyn mwstard, a gymerodd rhywun a'i hau yn ei faes. ³² Dyma'r lleiaf o'r holl hadau, ond wedi iddo dyfu, ef yw'r mwyaf o'r holl lysiau, a daw yn goeden, fel bod adar yr awyr yn dod ac yn nythu yn ei changhennau."

³³ Llefarodd ddameg arall wrthynt: "Y mae teyrnas nefoedd yn debyg i lefain; y mae gwraig yn ei gymryd, ac yn ei gymysgu â thri mesur o flawd gwenith, nes lefeinio'r cwbl."

Arfer Damhegion

Mc. 4:33–34

³⁴ Dywedodd Iesu'r holl bethau hyn ar ddamhegion wrth y tyrfaoedd; heb ddameg ni fyddai'n llefaru dim wrthynt, ³⁵ fel y cyflawnid y gair a lefarwyd trwy'r proffwyd:

"Agoraf fy ngenau ar ddamhegion,
traethaf bethau sy'n guddiedig er
seiliad y byd."

Egluro Dameg yr Efrau

³⁶ Yna, wedi gollwng y tyrfaoedd, daeth i'r tŷ. A daeth ei ddisgyblion ato a dweud, "Eglura i ni ddameg yr efrau yn y maes." ³⁷ Dywedodd yntau, "Yr un sy'n hau'r had da yw Mab y Dyn. ³⁸ Y maes yw'r byd. Yr had da yw plant y deyrnas; yr efrau yw plant yr Un drwg, ³⁹ a'r gelyn a'u heuodd yw'r diafol; y cynhaeaf yw diwedd amser, a'r medelwyr yw'r angylion. ⁴⁰ Yn union fel y cesglir yr efrau a'u llosgi yn y tân, felly y bydd yn niwedd amser. ⁴¹ Bydd Mab y Dyn yn anfon ei angylion, a byddant yn casglu allan o'i deyrnas ef bopeth sy'n peri tramgwydd, a'r rhai sy'n gwneud anghyfraith, ⁴² a byddant yn eu taflu i'r ffwrnais danllyd; bydd yno wylo a rhincian dannedd. ⁴³ Yna bydd y rhai cyfiawn yn disgleirio fel yr haul yn nheyrnas eu Tad. Yr sawl sydd â chlustiau ganddo, gwrandawed.

Tair Dameg

⁴⁴ "Y mae teyrnas nefoedd yn debyg i drysor wedi ei guddio mewn maes; pan ddaeth rhywun o hyd iddo, fe'i cuddiodd, ac yn ei lawenydd y mae'n mynd ac yn gwerthu'r cwbl sydd ganddo, ac yn prynu'r maes hwnnw.

⁴⁵ "Eto y mae teyrnas nefoedd yn debyg i fasnachwr sy'n chwilio am berlau gwych. ⁴⁶ Wedi iddo ddarganfod un perl gwerthfawr, aeth i ffwrdd a gwerthu'r cwbl oedd ganddo, a'i brynu.

⁴⁷ "Eto y mae teyrnas nefoedd yn debyg i rwyd a fwriwyd i'r môr ac a ddaliodd bysgod o bob math. ⁴⁸ Pan oedd yn llawn, tynnodd dynion hi i'r lan ac eistedd i lawr a chasglu'r rhai da i lestri a thaflu'r rhai gwael i ffwrdd. ⁴⁹ Felly y bydd yn niwedd amser; bydd yr angylion yn mynd allan ac yn gwahanu'r drwg o blith y cyfiawn, ⁵⁰ ac yn eu taflu i'r ffwrnais danllyd; bydd yno wylo a rhincian dannedd.

Trysorau Newydd a Hen

⁵¹ "A ydych wedi deall yr holl bethau hyn?" Dywedasant wrtho, "Ydym." ⁵² "Am hynny," meddai ef wrthynt, "y mae pob ysgrifennydd a ddaeth yn ddisgybl yn nheyrnas nefoedd yn debyg i berchen tŷ sydd yn dwyn allan o'i drysorfa bethau newydd a hen."

Gwrthod Iesu yn Nasareth

Mc. 6:1–6; Lc. 4:16–30

⁵³ Pan orffennodd Iesu'r damhegion hyn, aeth oddi yno. ⁵⁴ Ac wedi dod i fro ei febyd, yr oedd yn dysgu yn eu synagog hwy, nes iddynt synnu a dweud, "O ble y cafodd hwn y ddoethineb hon a'r gweithredoedd nerthol hyn? ⁵⁵ Onid mab y saer yw hwn? Onid Mair yw enw ei fam ef, ac Iago a Joseff a Simon a Jwdas yn frodyr iddo? ⁵⁶ Ac onid yw ei chwiorydd i gyd yma gyda ni? O ble felly y cafodd hwn yr holl bethau hyn?" ⁵⁷ Yr oedd ef yn peri tramgwydd iddynt.

Dywedodd Iesu wrthynt, "Nid yw proffwyd heb anrhydedd ond yn ei fro ei hun ac yn ei gartref." 58 Ac ni wnaeth lawer o wyrthiau yno o achos eu hanghrediniaeth.

Marwolaeth Ioan Fedyddiwr

14 Mc. 6:14–29; Lc. 9:7–9

Yr amser hwnnw clywodd Herod y tetrarch y sôn am Iesu, 2 a dywedodd wrth ei weision, "Ioan Fedyddiwr yw hwn; y mae ef wedi ei godi oddi wrth y meirw, a dyna pam y mae'r gweithredoedd nerthol ar waith ynddo ef." 3 Oherwydd yr oedd Herod wedi dal Ioan a'i roi yn rhwym yng ngharchar o achos Herodias, gwraig Philip ei frawd. 4 Yr oedd Ioan wedi dweud wrtho, "Nid yw'n gyfreithlon i ti ei chael hi." 5 Ac er bod Herod yn dymuno ei ladd, yr oedd arno ofn y bobl, am eu bod yn ystyried Ioan yn broffwyd. 6 Pan oedd Herod yn dathlu ei ben-blwydd, dawnsiodd merch Herodias gerbron y cwmni a phlesio Herod 7 gymaint nes iddo addo ar ei lw roi iddi beth bynnag a ofynnai. 8 Ar gyfarwyddyd ei mam, dywedodd hi, "Rho i mi, yma ar ddysgl, ben Ioan Fedyddiwr." 9 Aeth y brenin yn drist, ond oherwydd ei lw, ac oherwydd ei westeion, gorchmynnodd ei roi iddi, 10 ac anfonodd i dorri pen Ioan yn y carchar. 11 Daethpwyd â'i ben ef ar ddysgl a'i roi i'r eneth, ac aeth hi ag ef i'w mam. 12 Yna daeth ei ddisgyblion a mynd â'r corff ymaith a'i gladdu, ac aethant ac adrodd yr hanes wrth Iesu.

Porthi'r Pum Mil

Mc. 6:30–44; Lc. 9:10–17; In. 6:1–14

13 Pan glywodd Iesu, aeth oddi yno mewn cwch i le unig o'r neilltu. Ond clywodd y tyrfaoedd, a dilynasant ef dros y tir o'r trefi. 14 Pan laniodd Iesu, gwelodd dyrfa fawr, a thosturiodd wrthynt ac iacháu eu cleifion hwy. 15 Fel yr oedd yn nosi daeth ei ddisgyblion ato a dweud, "Y mae'r lle yma'n unig ac y mae hi eisoes yn hwyr. Gollwng y tyrfaoedd, iddynt fynd i'r pentrefi i brynu bwyd iddynt eu hunain." 16 Meddai Iesu wrthynt, "Nid oes rhaid iddynt fynd ymaith. Rhowch chwi rywbeth i'w fwyta iddynt." 17 Meddent hwy wrtho, "Nid oes gennym yma ond pum torth a dau bysgodyn." 18 Meddai yntau, "Dewch â hwy yma i mi." 19 Ac wedi gorchymyn i'r tyrfaoedd eistedd ar y glaswellt, cymerodd y pum torth a'r ddau bysgodyn, a chan edrych i fyny i'r nef a bendithio, torrodd y torthau a rhoddodd hwy i'r disgyblion, a'r disgyblion i'r tyrfaoedd. 20 Bwytasant oll a chael digon, a chodasant ddeuddeg basgedaid lawn o'r tameidiau oedd dros ben. 21 Ac yr oedd y rhai oedd yn bwyta tua phum mil o wŷr, heblaw gwragedd a phlant.

Cerdded ar y Dŵr

Mc. 6:45–52; In. 6:15–21

22 Yna'n ddi-oed gwnaeth i'r disgyblion fynd i'r cwch a hwylio o'i flaen i'r ochr draw, tra byddai ef yn gollwng y tyrfaoedd. 23 Wedi eu gollwng aeth i fyny'r mynydd o'r neilltu i weddïo, a phan aeth hi'n hwyr yr oedd yno ar ei ben ei hun. 24 Yr oedd y cwch eisoes gryn bellter oddi wrth y tir, ac mewn helbul gan y tonnau, oherwydd yr oedd y gwynt yn ei erbyn. 25 Rhwng tri a chwech o'r gloch y bore daeth ef atynt dan gerdded ar y môr. 26 Pan welodd y disgyblion ef yn cerdded ar y môr, dychrynwyd hwy nes dweud, "Drychiolaeth yw", a gweiddi gan ofn. 27 Ond ar unwaith siaradodd Iesu â hwy. "Codwch eich calon," meddai, "myfi yw; peidiwch ag ofni." 28 Atebodd Pedr ef, "Arglwydd, os tydi yw, gorchymyn i mi ddod atat ar y tonnau." 29 Meddai Iesu, "Tyrd." Disgynnodd Pedr o'r cwch a cherddodd ar y tonnau, a daeth at Iesu. 30 Ond pan welodd rym y gwynt brawychodd, ac wrth ddechrau suddo gwaeddodd, "Arglwydd, achub fi." 31 Estynnodd Iesu ei law ar unwaith a gafael ynddo gan ddweud, "Ti o ychydig ffydd, pam y petrusaist?" 32 Ac wedi iddynt ddringo i'r cwch, gostegodd y gwynt. 33 Yna addolodd y rhai oedd yn y cwch ef, gan ddweud, "Yn wir, Mab Duw wyt ti."

Iacháu'r Cleifion yn Genesaret

Mc. 6:53–56

34 Wedi croesi'r môr daethant i dir yn Genesaret. 35 Adnabu pobl y lle hwnnw ef, ac anfonasant i'r holl gymdogaeth

honno, a daethant â'r cleifion i gyd ato, ³⁶ ac erfyn arno am iddynt gael yn unig gyffwrdd ag ymyl ei fantell. A llwyr iachawyd pawb a gyffyrddodd ag ef.

Traddodiad yr Hynafiaid

15 Mc. 7:1-23

Yna daeth Phariseaid ac ysgrifenyddion o Jerwsalem at Iesu a dweud, ² "Pam y mae dy ddisgyblion di yn troseddu yn erbyn traddodiad yr hynafiaid? Oherwydd nid ydynt yn golchi eu dwylo pan fyddant yn bwyta'u bwyd." ³ Atebodd yntau hwy, "A pham yr ydych chwithau yn troseddu yn erbyn gorchymyn Duw er mwyn eich traddodiad? ⁴ Oherwydd dywedodd Duw, 'Anrhydedda dy dad a'th fam', a 'Bydded farw'n gelain y sawl a felltithia ei dad neu ei fam.' ⁵ Ond yr ydych chwi'n dweud, 'Os dywed rhywun wrth ei dad neu ei fam, "Offrwm i Dduw yw beth bynnag y gallasit ei dderbyn yn gymorth gennyf fi", ni chaiff anrhydeddu ei dad*.' ⁶ Ac yr ydych wedi dirymu gair Duw er mwyn eich traddodiad chwi. ⁷ Ragrithwyr, da y proffwydodd Eseia amdanoch:

⁸ 'Y mae'r bobl hyn yn fy anrhydeddu
â'u gwefusau,
ond y mae eu calon ymhell oddi wrthyf;
⁹ yn ofer y maent yn fy addoli,
gan ddysgu gorchmynion dynol fel athrawiaethau.' "

¹⁰ Galwodd y dyrfa ato a dywedodd wrthynt, "Gwrandewch a deallwch. ¹¹ Nid yr hyn sy'n mynd i mewn i enau rhywun sy'n ei halogi, ond yr hyn sy'n dod allan o'i enau, dyna sy'n halogi rhywun." ¹² Yna daeth ei ddisgyblion a dweud wrtho, "A wyddost fod y Phariseaid wedi eu tramgwyddo wrth glywed dy eiriau?" ¹³ Atebodd yntau, "Pob planhigyn na phlannodd fy Nhad nefol, fe'i diwreiddir. ¹⁴ Gadewch iddynt; arweinwyr dall i ddeillion ydynt. Os bydd rhywun dall yn arwain rhywun dall, bydd y ddau yn syrthio i bydew." ¹⁵ Dywedodd Pedr wrtho, "Eglura'r ddameg hon inni." ¹⁶ Meddai Iesu, "A ydych chwithau'n dal mor ddiddeall? ¹⁷ Oni welwch fod popeth sy'n mynd i mewn i'r genau yn mynd i'r cylla ac yn cael ei yrru allan i'r geudy? ¹⁸ Ond y mae'r pethau sy'n dod allan o'r genau yn dod o'r galon, a dyna'r pethau sy'n halogi rhywun. ¹⁹ Oherwydd o'r galon y daw cynllunio drygionus, llofruddio, godinebu, puteinio, lladrata, camdystiolaethu, a chablu. ²⁰ Dyma'r pethau sy'n halogi rhywun; ond bwyta â dwylo heb eu golchi, nid yw hynny'n halogi neb."

Ffydd y Gananees

Mc. 7:24-30

²¹ Aeth Iesu allan oddi yno ac ymadawodd i barthau Tyrus a Sidon. ²² A dyma wraig oedd yn Gananees o'r cyffiniau hynny yn dod ymlaen gan weiddi, "Syr, trugarha wrthyf, Fab Dafydd; y mae fy merch wedi ei meddiannu gan gythraul ac yn dioddef yn enbyd." ²³ Ond nid atebodd ef un gair iddi. A daeth ei ddisgyblion ato a gofyn iddo, "Gyr hi i ffwrdd, oherwydd y mae'n gweiddi ar ein hôl." ²⁴ Atebodd yntau, "Ni'm hanfonwyd at neb ond at ddefaid colledig tŷ Israel." ²⁵ Ond daeth hithau ac ymgrymu iddo gan ddweud, "Syr, helpa fi." ²⁶ Atebodd Iesu, "Nid yw'n deg cymryd bara'r plant a'i daflu i'r cŵn." ²⁷ Dywedodd hithau, "Gwir, syr, ond y mae hyd yn oed y cŵn yn bwyta o'r briwsion sy'n syrthio oddi ar fwrdd eu meistri." ²⁸ Yna atebodd Iesu hi, "Wraig, mawr yw dy ffydd; boed iti fel y mynni." Ac fe iachawyd ei merch o'r munud hwnnw.

Iacháu Llawer

²⁹ Symudodd Iesu oddi yno ac aeth gerllaw Môr Galilea, ac i fyny'r mynydd. Eisteddodd yno, ³⁰ a daeth tyrfaoedd mawr ato gan ddwyn gyda hwy y cloff a'r dall, yr anafus a'r mud, a llawer eraill; gosodasant hwy wrth ei draed, ac iachaodd ef hwy, ³¹ er syndod i'r dyrfa wrth weld y mud yn llefaru, yr anafus yn holliach, y cloff yn cerdded a'r dall yn gweld; a rhoesant ogoniant i Dduw Israel.

15:5 Yn ôl darlleniad arall ychwanegir *neu ei fam*.

Porthi'r Pedair Mil
Mc. 8:1–10

³² Galwodd Iesu ei ddisgyblion ato, ac meddai, "Yr wyf yn tosturio wrth y dyrfa, oherwydd y maent wedi bod gyda mi dridiau erbyn hyn, ac nid oes ganddynt ddim i'w fwyta. Ac ni fynnaf eu hanfon ymaith ar eu cythlwng, rhag iddynt lewygu ar y ffordd." ³³ Dywedodd y disgyblion wrtho, "O ble, mewn lle anial, y cawn ddigon o fara i fwydo tyrfa mor fawr?" ³⁴ Gofynnodd Iesu iddynt, "Pa sawl torth sydd gennych?" "Saith," meddent hwythau, "ac ychydig bysgod bychain." ³⁵ Gorchmynnodd i'r dyrfa eistedd ar y ddaear. ³⁶ Yna cymerodd y saith torth a'r pysgod, ac wedi diolch fe'u torrodd a'u rhoi i'r disgyblion, a'r disgyblion i'r tyrfaoedd. ³⁷ Bwytasant oll a chael digon, a chodasant lond saith cawell o'r tameidiau oedd dros ben. ³⁸ Yr oedd y rhai oedd yn bwyta yn bedair mil o wŷr, heblaw gwragedd a phlant. ³⁹ Wedi gollwng y tyrfaoedd aeth Iesu i mewn i'r cwch a daeth i gyffiniau Magadan.

Ceisio Arwydd
Mc. 8:11–13; Lc. 12:54–56

16 Daeth y Phariseaid a'r Sadwceaid ato, ac i roi prawf arno gofynasant iddo ddangos iddynt arwydd o'r nef. ² Ond atebodd ef hwy, "Gyda'r nos fe ddywedwch, 'Bydd yn dywydd teg, oherwydd y mae'r wybren yn goch.' ³ Ac yn y bore, 'Bydd yn stormus heddiw, oherwydd y mae'r wybren yn goch ac yn gymylog.' Gwyddoch sut i ddehongli golwg y ffurfafen, ond ni allwch ddehongli arwyddion yr amserau.* ⁴ Cenhedlaeth ddrygionus ac annuwiol sy'n ceisio arwydd, eto ni roddir arwydd iddi ond arwydd Jona." A gadawodd hwy a mynd ymaith.

Surdoes y Phariseaid a'r Sadwceaid
Mc. 8:14–21

⁵ Pan ddaeth y disgyblion i'r ochr draw yr oeddent wedi anghofio dod â bara. ⁶ Meddai Iesu wrthynt, "Gwyliwch a gochelwch rhag surdoes y Phariseaid a'r Sadwceaid." ⁷ Ac yr oeddent hwy'n trafod ymhlith ei gilydd gan ddweud, "Ni ddaethom â bara." ⁸ Deallodd Iesu a dywedodd, "Chwi o ychydig ffydd, pam yr ydych yn trafod ymhlith eich gilydd nad oes gennych fara? A ydych eto heb weld? ⁹ Onid ydych yn cofio'r pum torth i'r pum mil a pha sawl basgedaid a gymerasoch i fyny? ¹⁰ Nac ychwaith y saith torth i'r pedair mil a pha sawl llond cawell a gymerasoch? ¹¹ Sut na welwch nad ynglŷn â bara y dywedais wrthych? Gochelwch, meddaf, rhag surdoes y Phariseaid a'r Sadwceaid." ¹² Yna y deallasant iddo lefaru nid am ochel rhag surdoes y torthau, ond rhag yr hyn a ddysgai'r Phariseaid a'r Sadwceaid.

Datganiad Pedr ynglŷn â Iesu
Mc. 8:27–30; Lc. 9:18–21

¹³ Daeth Iesu i barthau Cesarea Philipi, a holodd ei ddisgyblion: "Pwy y mae pobl yn dweud yw Mab y Dyn*?" ¹⁴ Dywedasant hwythau, "Mae rhai'n dweud Ioan Fedyddiwr, ac eraill Elias, ac eraill drachefn, Jeremeia neu un o'r proffwydi." ¹⁵ "A chwithau," meddai wrthynt, "pwy meddwch chwi ydwyf fi?" ¹⁶ Atebodd Simon Pedr, "Ti yw'r Meseia, Mab y Duw byw." ¹⁷ Dywedodd Iesu wrtho, "Gwyn dy fyd, Simon fab Jona, oherwydd nid cig a gwaed a ddatguddiodd hyn iti ond fy Nhad, sydd yn y nefoedd. ¹⁸ Ac rwyf fi'n dweud wrthyt mai ti yw Pedr, ac ar y graig hon yr adeiladaf fy eglwys, ac ni chaiff holl bwerau Hades y trechaf arni. ¹⁹ Rhoddaf iti allweddau teyrnas nefoedd, a beth bynnag a waherddi ar y ddaear a waherddir yn y nefoedd, a beth bynnag a ganiatei ar y ddaear a ganiateir yn y nefoedd." ²⁰ Yna gorchmynnodd i'w ddisgyblion beidio â dweud wrth neb mai ef oedd y Meseia.

Iesu'n Rhagfynegi ei Farwolaeth a'i Atgyfodiad
Mc. 8:31—9:1; Lc. 9:22–27

²¹ O'r amser hwnnw y dechreuodd Iesu ddangos i'w ddisgyblion fod yn rhaid

---

16:3 Yn ôl darlleniad arall gadewir allan *Gyda'r nos . . . amserau.*

16:13 Yn ôl darlleniad arall, *ydwyf fi, Mab y Dyn.*

iddo fynd i Jerwsalem, a dioddef llawer gan yr henuriaid a'r prif offeiriaid a'r ysgrifenyddion, a'i ladd, a'r trydydd dydd ei gyfodi. ²² A chymerodd Pedr ef a dechrau ei geryddu gan ddweud, "Na ato Duw, Arglwydd. Ni chaiff hyn ddigwydd i ti." ²³ Troes yntau, a dywedodd wrth Pedr, "Dos ymaith o'm golwg, Satan; maen tramgwydd ydwyt imi, oherwydd nid ar bethau Duw y mae dy fryd ond ar bethau dynol." ²⁴ Yna dywedodd Iesu wrth ei ddisgyblion, "Os myn neb ddod ar fy ôl i, rhaid iddo ymwadu ag ef ei hun a chodi ei groes a'm canlyn i. ²⁵ Oherwydd pwy bynnag a fyn gadw ei fywyd, fe'i cyll, ond pwy bynnag a gyll ei fywyd er fy mwyn i, fe'i caiff. ²⁶ Pa elw a gaiff rhywun os ennill yr holl fyd a fforffedu ei fywyd? Neu beth a rydd rhywun yn gyfnewid am ei fywyd? ²⁷ Oherwydd y mae Mab y Dyn ar ddyfod yng ngogoniant ei Dad gyda'i angylion, ac yna fe dâl i bob un yn ôl ei ymddygiad. ²⁸ Yn wir, rwy'n dweud wrthych, y mae rhai o'r sawl sy'n sefyll yma na phrofant flas marwolaeth nes iddynt weld Mab y Dyn yn dyfod yn ei deyrnas."

Gweddnewidiad Iesu

17 Mc. 9:2–13; Lc. 9:28–36

Ymhen chwe diwrnod dyma Iesu'n cymryd Pedr ac Iago ac Ioan ei frawd, ac yn mynd â hwy i fynydd uchel o'r neilltu. ² A gweddnewidiwyd ef yn eu gŵydd hwy, a disgleiriodd ei wyneb fel yr haul, ac aeth ei ddillad yn wyn fel y goleuni. ³ A dyma Moses ac Elias yn ymddangos iddynt, yn ymddiddan ag ef. ⁴ A dywedodd Pedr wrth Iesu, "Arglwydd, y mae'n dda ein bod ni yma; os mynni, gwnaf yma dair pabell, un i ti ac un i Moses ac un i Elias." ⁵ Tra oedd ef yn dal i siarad, dyma gwmwl golau yn cysgodi drostynt, a llais o'r cwmwl yn dweud, "Hwn yw fy Mab, yr Anwylyd; ynddo ef yr wyf yn ymhyfrydu; gwrandewch arno." ⁶ A phan glywodd y disgyblion hyn syrthiasant ar eu hwynebau a chydiodd ofn mawr ynddynt. ⁷ Daeth Iesu atynt a chyffwrdd â hwy gan ddweud, "Codwch, a pheidiwch ag ofni." ⁸ Ac wedi edrych i fyny ni welsant neb ond Iesu yn unig.

⁹ Wrth iddynt ddod i lawr o'r mynydd gorchmynnodd Iesu iddynt, "Peidiwch â dweud wrth neb am y weledigaeth nes y bydd Mab y Dyn wedi ei gyfodi oddi wrth y meirw." ¹⁰ Gofynnodd y disgyblion iddo, "Pam y mae'r ysgrifenyddion yn dweud bod yn rhaid i Elias ddod yn gyntaf?" ¹¹ Atebodd yntau, "Bydd Elias yn dod ac yn adfer pob peth. ¹² Ond rwy'n dweud wrthych fod Elias eisoes wedi dod, ond iddynt fethu ei adnabod, a gwneud iddo beth bynnag a fynnent; felly hefyd y mae Mab y Dyn yn mynd i ddioddef ar eu llaw." ¹³ Yna deallodd y disgyblion mai am Ioan Fedyddiwr y bu'n sôn wrthynt.

Iacháu Bachgen â Chythraul ynddo

Mc. 9:14–29; Lc. 9:37–43a

¹⁴ Pan ddaethant at y dyrfa, daeth dyn at Iesu gan benlinio o'i flaen a dweud, ¹⁵ "Syr, tosturia wrth fy mab, oherwydd y mae'n dioddef o ffitiau ac yn dioddef yn enbyd, yn cwympo'n aml i'r tân ac yn aml i'r dŵr. ¹⁶ Deuthum ag ef at dy ddisgyblion di, ac ni allasant hwy ei iacháu." ¹⁷ Atebodd Iesu, "O genhedlaeth ddi-ffydd a gwyrgam, pa hyd y byddaf gyda chwi? Pa hyd y goddefaf chwi? Dewch ag ef yma ataf fi." ¹⁸ Ceryddodd Iesu y cythraul, ac aeth allan ohono, ac fe iachawyd y bachgen o'r munud hwnnw. ¹⁹ Yna daeth y disgyblion at Iesu o'r neilltu a dweud, "Pam na allem ni ei fwrw ef allan?" ²⁰ Meddai ef wrthynt, "Am fod eich ffydd chwi mor wan. Yn wir, rwy'n dweud wrthych, os bydd gennych ffydd gymaint â hedyn mwstard, fe ddywedwch wrth y mynydd hwn, 'Symud oddi yma draw', a symud a wna. Ac ni fydd dim yn amhosibl i chwi.*"

Iesu Eilwaith yn Rhagfynegi ei Farwolaeth a'i Atgyfodiad

Mc. 9:30–32; Lc. 9:43b–45

²² Pan oeddent gyda'i gilydd yng Ngalilea dywedodd Iesu wrthynt, "Y mae Mab y Dyn i'w draddodi i ddwylo pobl, ²³ ac fe'i lladdant ef, a'r trydydd dydd fe'i cyfodir." Ac aethant yn drist iawn.

17:20 Yn ôl darlleniad arall ychwanegir adn. 21: *Nid â'r math hwn allan ond trwy weddi ac ympryd.*

Talu Treth y Deml

²⁴ Wedi iddynt ddod i Gapernaum, daeth y rhai oedd yn casglu treth y deml at Pedr a gofyn, "Onid yw eich athro yn talu treth y deml?" ²⁵ "Ydyw," meddai Pedr. Pan aeth i'r tŷ, achubodd Iesu'r blaen arno trwy ofyn, "Simon, beth yw dy farn di? Gan bwy y mae brenhinoedd y byd yn derbyn tollau a threthi? Ai gan eu dinasyddion eu hunain ynteu gan estroniaid?" ²⁶ "Gan estroniaid," meddai Pedr. Dywedodd Iesu wrtho, "Felly y mae'r dinasyddion yn rhydd o'r dreth. ²⁷ Ond rhag i ni beri tramgwydd iddynt, dos at y môr a bwrw fachyn iddo, a chymer y pysgodyn cyntaf a ddaw i fyny. Agor ei geg ac fe gei ddarn o arian. Cymer hwnnw a rho ef iddynt drosof fi a thithau."

Y Mwyaf yn y Deyrnas

18 Mc. 9:33–37; Lc. 9:46–48

Yr amser hwnnw daeth y disgyblion at Iesu a gofyn, "Pwy sydd fwyaf yn nheyrnas nefoedd?" ² Galwodd Iesu blentyn ato, a'i osod yn eu canol hwy, ³ a dywedodd, "Yn wir, rwy'n dweud wrthych, heb gymryd eich troi a dod fel plant, nid ewch fyth i mewn i deyrnas nefoedd. ⁴ Pwy bynnag, felly, fydd yn ei ddarostwng ei hun i fod fel y plentyn hwn, dyma'r un sydd fwyaf yn nheyrnas nefoedd. ⁵ A phwy bynnag sy'n derbyn un plentyn fel hwn yn fy enw i, y mae'n fy nerbyn i.

Achosion Cwymp

Mc. 9:42–48; Lc. 17:1–2

⁶ "Ond pwy bynnag sy'n achos cwymp i un o'r rhai bychain hyn sy'n credu ynof fi, byddai'n well iddo pe crogid maen melin mawr am ei wddf a'i foddi yn eigion y môr. ⁷ Gwae'r byd oherwydd achosion cwymp; y maent yn rhwym o ddod, ond gwae'r sawl sy'n gyfrifol am achos cwymp. ⁸ Os yw dy law neu dy droed yn achos cwymp i ti, tor hi ymaith a'i thaflu oddi wrthyt; y mae'n well iti fynd i mewn i'r bywyd yn anafus neu'n gloff, na chael dy daflu, a dwy law neu ddau droed gennyt, i'r tân tragwyddol. ⁹ Ac os yw dy lygad yn achos cwymp i ti, tyn ef allan a'i daflu oddi wrthyt; y mae'n well iti fynd i mewn i'r bywyd yn unllygeidiog na chael dy daflu, a dau lygad gennyt, i dân uffern.

Dameg y Ddafad Golledig

Lc. 15:3–7

¹⁰ "Gwyliwch rhag i chwi ddirmygu un o'r rhai bychain hyn; oherwydd rwy'n dweud wrthych fod eu hangylion hwy yn y nefoedd bob amser yn edrych ar wyneb fy Nhad sydd yn y nefoedd.* ¹² Beth yw eich barn chwi? Os bydd gan rywun gant o ddefaid a bod un ohonynt yn mynd ar grwydr, oni fydd yn gadael y naw deg a naw ar y mynyddoedd ac yn mynd i chwilio am yr un sydd ar grwydr? ¹³ Ac os daw o hyd iddi, yn wir, rwy'n dweud wrthych, y mae'n llawenhau mwy amdani nag am y naw deg a naw nad aethant ar grwydr. ¹⁴ Felly nid ewyllys eich Tad, yr hwn sydd yn y nefoedd, yw bod un o'r rhai bychain hyn ar goll.

Brawd Sy'n Pechu

Lc. 17:3

¹⁵ "Os pecha dy gyfaill yn dy erbyn, dos a dangos ei fai iddo, o'r neilltu rhyngot ti ac ef. Os bydd yn gwrando arnat, fe enillaist dy gyfaill. ¹⁶ Ond os na fydd yn gwrando, cymer gyda thi un neu ddau arall, er mwyn i bob peth sefyll ar air dau neu dri o dystion. ¹⁷ Os bydd yn gwrthod gwrando arnynt hwy, dywed wrth yr eglwys; ac os bydd yn gwrthod gwrando ar yr eglwys, cyfrifa ef fel un o'r Cenhedloedd a'r casglwr trethi.

¹⁸ "Yn wir, rwy'n dweud wrthych, pa bethau bynnag a waharddwch ar y ddaear, fe'u gwaherddir yn y nef, a pha bethau bynnag a ganiatewch ar y ddaear, fe'u caniateir yn y nef. ¹⁹ A thrachefn rwy'n dweud wrthych, os bydd dau ohonoch yn cytuno ar y ddaear i ofyn am unrhyw beth, fe'i rhoddir iddynt gan fy Nhad, yr hwn sydd yn y nefoedd. ²⁰ Oherwydd lle y mae dau neu dri wedi dod ynghyd yn fy enw i, yr wyf yno yn eu canol."

18:10 Yn ôl darlleniad arall ychwanegir adn. 11: *Oherwydd daeth Mab y Dyn i achub y colledig.*

Dameg y Gwas Anfaddeugar

²¹ Yna daeth Pedr a gofyn iddo, "Arglwydd, pa sawl gwaith y mae fy nghyfaill i bechu yn fy erbyn a minnau i faddau iddo? Ai hyd seithwaith?" ²² Meddai Iesu wrtho, "Nid hyd seithwaith a ddywedaf wrthyt, ond hyd saith deg seithwaith. ²³ Am hynny y mae teyrnas nefoedd yn debyg i frenin a benderfynodd adolygu cyfrifon ei weision. ²⁴ Dechreuodd ar y gwaith, a dygwyd ato was oedd yn ei ddyled o ddeng mil o godau o arian*. ²⁵ A chan na allai dalu, gorchmynnodd ei feistr iddo gael ei werthu, ynghyd â'i wraig a'i blant a phopeth a feddai, er mwyn talu'r ddyled. ²⁶ Syrthiodd y gwas ar ei liniau o flaen ei feistr a dweud, 'Bydd yn amyneddgar wrthyf, ac fe dalaf y cwbl iti.' ²⁷ A thosturiodd meistr y gwas hwnnw wrtho; gollyngodd ef yn rhydd a maddau'r ddyled iddo. ²⁸ Aeth y gwas hwnnw allan a daeth o hyd i un o'i gydweision a oedd yn ei ddyled ef o gant o ddarnau arian*; ymaflodd ynddo gerfydd ei wddf gan ddweud, 'Tâl dy ddyled.' ²⁹ Syrthiodd ei gydwas i lawr a chrefodd arno, 'Bydd yn amyneddgar wrthyf, ac fe dalaf iti.' ³⁰ Ond gwrthododd; yn hytrach fe aeth a'i fwrw i garchar hyd nes y talai'r ddyled. ³¹ Pan welodd ei gydweision beth oedd wedi digwydd, fe'u blinwyd yn fawr iawn, ac aethant ac adrodd yr holl hanes wrth eu meistr. ³² Yna galwodd ei feistr ef ato, ac meddai, 'Y gwas drwg, fe faddeuais i yr holl ddyled honno i ti, am iti grefu arnaf. ³³ Oni ddylit tithau fod wedi trugarhau wrth dy gydwas, fel y gwneuthum i wrthyt ti?' ³⁴ Ac yn ei ddicter traddododd ei feistr ef i'r poenydwyr hyd nes y talai'r ddyled yn llawn. ³⁵ Felly hefyd y gwna fy Nhad nefol i chwithau os na faddeuwch bob un i'w gyfaill o'ch calon."

Dysgeidiaeth ar Ysgariad

19 Mc. 10:1-12

Pan orffennodd Iesu lefaru'r geiriau hyn, ymadawodd â Galilea a daeth i diriogaeth Jwdea y tu hwnt i'r Iorddonen. ² Dilynodd tyrfaoedd mawr ef, ac iachaodd hwy yno.

³ Daeth Phariseaid ato i roi prawf arno gan ofyn, "A yw'n gyfreithlon i ŵr ysgaru ei wraig am unrhyw reswm a fyn?" ⁴ Atebodd yntau gan ofyn, "Onid ydych wedi darllen mai yn wryw a benyw y gwnaeth y Creawdwr hwy o'r dechreuad?" ⁵ A dywedodd, "Dyna pam y bydd dyn yn gadael ei dad a'i fam ac yn glynu wrth ei wraig, a bydd y ddau yn un cnawd. ⁶ Gan hynny nid dau mohonynt mwyach, ond un cnawd. Felly, yr hyn a gysylltodd Duw, ni ddylai neb ei wahanu." ⁷ Meddent hwy wrtho, "Pam felly y gorchmynnodd Moses roi llythyr ysgar iddi a'i hanfon ymaith?" ⁸ Atebodd ef hwy, "Oherwydd eich ystyfnigrwydd y rhoddodd Moses ganiatâd ichwi i ysgaru eich gwragedd, ond nid felly yr oedd o'r dechreuad. ⁹ Rwy'n dweud wrthych, pwy bynnag sy'n ysgaru ei wraig, ond am anffyddlondeb, ac yn priodi un arall, y mae'n godinebu.*" ¹⁰ Dywedodd ei ddisgyblion wrtho, "Os dyma'r sefyllfa rhwng dyn a'i wraig, y mae'n well peidio â phriodi." ¹¹ Atebodd yntau, "Nid peth i bawb yw derbyn y gair hwn, dim ond i'r rhai a ddoniwyd felly. ¹² Y mae rhai eunuchiaid sydd felly o groth eu mam, rhai sydd wedi eu gwneud yn eunuchiaid gan eraill, a rhai eto sydd wedi eu gwneud eu hunain yn eunuchiaid er mwyn teyrnas nefoedd. Boed i'r sawl sy'n gallu derbyn hyn ei dderbyn."

Bendithio Plant Bach

Mc. 10:13-16; Lc. 18:15-17

¹³ Yna daethpwyd â phlant ato, iddo roi ei ddwylo arnynt a gweddïo. Ceryddodd y disgyblion hwy, ¹⁴ ond dywedodd Iesu, "Gadewch i'r plant ddod ataf fi a pheidiwch â'u rhwystro, oherwydd i rai fel hwy y mae teyrnas nefoedd yn perthyn." ¹⁵ Ac wedi rhoi ei ddwylo arnynt, aeth oddi yno.

18:24 Neu, *o dalentau*. Roedd talent yn gyfwerth â chan mil denarius, sef cyflog pymtheg i ugain mlynedd.
18:28 Neu, *o gan denarius*. Darn arian oedd denarius. Un denarius oedd y cyflog arferol am ddiwrnod o waith ar y tir. Cymh. Mth. 20:1-16; Dat. 6:6.

19:9 Yn ôl darlleniad arall ychwanegir *Ac y mae'r dyn sy'n priodi gwraig a ysgarwyd yn godinebu.*

Y Dyn Ifanc Cyfoethog

Mc. 10:17-31; Lc. 18:18-30

¹⁶ Dyma ddyn yn dod ato ac yn gofyn, "Athro, pa beth da a wnaf i gael bywyd tragwyddol?" ¹⁷ A dywedodd Iesu wrtho, "Pam yr wyt yn fy holi am yr hyn sy'n dda? Un yn unig sy'n dda. Ond os mynni fynd i mewn i'r bywyd, cadw'r gorchmynion." ¹⁸ Meddai yntau wrtho, "Pa rai?" Atebodd Iesu, " 'Na ladd, na odineba, na ladrata, na chamdystiolaetha, ¹⁹ anrhydedda dy dad a'th fam', a 'Câr dy gymydog fel ti dy hun.' " ²⁰ Dywedodd y dyn ifanc wrtho, "Yr wyf wedi cadw'r rhain i gyd. Beth arall sydd eisiau?" ²¹ Meddai Iesu wrtho, "Os mynni fod yn berffaith, dos, gwerth dy eiddo a dyro i'r tlodion, a chei drysor yn y nefoedd; a thyrd, canlyn fi." ²² Ond pan glywodd y dyn ifanc y gair hwn, aeth ymaith yn drist, oherwydd yr oedd yn berchen meddiannau lawer.

²³ Dywedodd Iesu wrth ei ddisgyblion, "Yn wir, rwy'n dweud wrthych mai anodd fydd hi i rywun cyfoethog fynd i mewn i deyrnas nefoedd. ²⁴ Rwy'n dweud wrthych eto, y mae'n haws i gamel fynd trwy grau nodwydd nag i rywun cyfoethog fynd i mewn i deyrnas Dduw." ²⁵ Pan glywodd y disgyblion hyn, synasant yn fawr ac meddent, "Pwy felly all gael ei achub?" ²⁶ Edrychodd Iesu arnynt a dywedodd wrthynt, "Gyda dynion y mae hyn yn amhosibl, ond gyda Duw y mae pob peth yn bosibl." ²⁷ Yna atebodd Pedr ef, "Dyma ni wedi gadael pob peth a'th ganlyn di. Beth felly a gawn ni?" ²⁸ Dywedodd Iesu wrthynt, "Yn wir, rwy'n dweud wrthych, pan enir yr oes newydd, pan fydd Mab y Dyn yn eistedd ar ei orsedd ogoneddus, byddwch chwi a'm canlynodd i hefyd yn eistedd ar ddeuddeg gorsedd gan farnu deuddeg llwyth Israel. ²⁹ A phob un a adawodd dai neu frodyr neu chwiorydd neu dad neu fam neu blant neu diroedd er mwyn fy enw i, caiff dderbyn ganwaith cymaint ac etifeddu bywyd tragwyddol. ³⁰ Ond bydd llawer o'r rhai blaenaf yn olaf, ac o'r rhai olaf yn flaenaf.

Y Gweithwyr yn y Winllan

20 "Y mae teyrnas nefoedd yn debyg i berchen tŷ a aeth allan gyda'r bore bach i gyflogi gweithwyr i'w winllan. ² Cytunodd â'r gweithwyr am dâl o un darn arian* y dydd ac anfonodd hwy i'w winllan. ³ Aeth allan eilwaith tua naw o'r gloch y bore, a gwelodd eraill yn sefyll yn segur yn y farchnad. ⁴ Dywedodd wrthynt hwythau, 'Ewch chwi hefyd i'r winllan, ac fe dalaf i chwi beth bynnag fydd yn deg'; ⁵ ac aethant yno. Yna fe aeth allan eto tua chanol dydd, a thua thri o'r gloch y prynhawn, a gwneud fel o'r blaen. ⁶ Tua phump o'r gloch aeth allan a dod o hyd i eraill yn sefyll yno, ac meddai wrthynt, 'Pam yr ydych yn sefyll yma drwy'r dydd yn segur?' ⁷ 'Am na chyflogodd neb ni,' oedd eu hateb. 'Ewch chwi hefyd i'r winllan,' meddai ef. ⁸ Gyda'r nos dyma berchen y winllan yn dweud wrth ei oruchwyliwr, 'Galw'r gweithwyr, a thâl eu cyflog iddynt, gan ddechrau gyda'r rhai diwethaf a dibennu gyda'r cyntaf.' ⁹ Daeth y rhai a gyflogwyd tua phump o'r gloch, a derbyniasant un darn arian yr un. ¹⁰ A phan ddaeth y rhai a gyflogwyd gyntaf, tybiasant y caent fwy, ond un darn arian yr un a gawsant hwythau hefyd. ¹¹ Ac wedi eu cael dechreusant rwgnach yn erbyn y perchen tŷ ¹² gan ddweud, 'Dim ond un awr y gweithiodd y rhai diwethaf yma, a gwnaethost hwy'n gyfartal â ni, sydd wedi llafurio drwy'r dydd yn y gwres tanbaid.' ¹³ Ond atebodd y meistr: 'Gyfaill,' meddai wrth un ohonynt, 'nid wyf yn gwneud cam â thi. Onid am un darn arian y cytunaist â mi? ¹⁴ Cymer yr hyn sydd i ti a dos ymaith. Rwy'n dewis rhoi i'r olaf yma fel i tithau. ¹⁵ Onid yw'n gyfreithlon imi wneud fel rwy'n dewis â'm heiddo fy hun? Neu ai cenfigen yw dy ymateb i'm haelioni? ¹⁶ Felly bydd y rhai olaf yn flaenaf a'r rhai blaenaf yn olaf.' "

20:2 Neu, *o ddenarius*. Gw. nodyn ar Mth. 18:28. Felly hefyd yn adn. 9,10 a 13.

Iesu y Drydedd Waith yn Rhagfynegi ei Farwolaeth a'i Atgyfodiad

Mc. 10:32–34; Lc. 18:31–34

17 Wrth fynd i fyny i Jerwsalem cymerodd Iesu'r deuddeg disgybl ar wahân, ac ar y ffordd dywedodd wrthynt, 18 "Dyma ni'n mynd i fyny i Jerwsalem; fe gaiff Mab y Dyn ei draddodi i'r prif offeiriaid a'r ysgrifenyddion; condemniant ef i farwolaeth, 19 a'i drosglwyddo i'r Cenhedloedd i'w watwar a'i fflangellu a'i groeshoelio; ac ar y trydydd dydd fe'i cyfodir."

Cais Iago ac Ioan

Mc. 10:35–45

20 Yna daeth mam meibion Sebedeus ato gyda'i meibion, gan ymgrymu a gofyn ffafr ganddo. 21 Meddai ef wrthi, "Beth a fynni?" Atebodd, "Gorchymyn fod i'm dau fab hyn gael eistedd, un ar dy law dde ac un ar dy law chwith yn dy deyrnas." 22 Atebodd Iesu, "Ni wyddoch beth yr ydych yn ei ofyn. A allwch chwi yfed y cwpan yr wyf fi i'w yfed?" "Gallwn," meddent. 23 Dywedodd wrthynt, "Cewch yfed fy nghwpan i, ond eistedd ar fy llaw dde ac ar fy llaw chwith, nid gennyf fi y mae'r hawl i roi hynny; y mae'n perthyn i'r rhai y mae wedi ei ddarparu ar eu cyfer gan fy Nhad." 24 Pan glywodd y deg, aethant yn ddig wrth y ddau frawd. 25 Galwodd Iesu hwy ato ac meddai, "Gwyddoch fod llywodraethwyr y Cenhedloedd yn arglwyddiaethu arnynt, a'u gwŷr mawr yn dangos eu hawdurdod drostynt. 26 Ond nid felly y mae i fod yn eich plith chwi; yn hytrach, pwy bynnag sydd am fod yn fawr yn eich plith, rhaid iddo fod yn was i chwi, 27 a phwy bynnag sydd am fod yn flaenaf yn eich plith, rhaid iddo fod yn gaethwas i chwi, 28 fel Mab y Dyn, na ddaeth i gael ei wasanaethu ond i wasanaethu, ac i roi ei einioes yn bridwerth dros lawer."

Iacháu Dau Ddyn Dall

Mc. 10:46–52; Lc. 18:35–43

29 Fel yr oeddent yn mynd allan o Jericho, dilynodd tyrfa fawr ef. 30 Yr oedd dau ddyn dall yn eistedd ar fin y ffordd, a phan glywsant fod Iesu yn mynd heibio, gwaeddasant, "Syr, trugarha wrthym, Fab Dafydd." 31 Ceryddodd y dyrfa hwy a dweud wrthynt am dewi, ond gweiddi'n fwy byth a wnaethant, "Syr, trugarha wrthym, Fab Dafydd." 32 Safodd Iesu, a'u galw a dweud, "Beth yr ydych am i mi ei wneud i chwi?" 33 Meddent hwy wrtho, "Syr, mae arnom eisiau i'n llygaid gael eu hagor." 34 Tosturiodd Iesu wrthynt a chyffyrddodd â'u llygaid, a chawsant eu golwg yn ôl yn y fan, a chanlynasant ef.

Yr Ymdaith Fuddugoliaethus i mewn i Jerwsalem

21 Mc. 11:1–11; Lc. 19:28–40; In. 12:12–19

Pan ddaethant yn agos i Jerwsalem a chyrraedd Bethffage a Mynydd yr Olewydd, anfonodd Iesu ddau ddisgybl 2 gan ddweud wrthynt, "Ewch i'r pentref sydd gyferbyn â chwi, ac yn syth fe gewch asen wedi ei rhwymo, ac ebol gyda hi. Gollyngwch hwy a dewch â hwy ataf. 3 Ac os dywed rhywun rywbeth wrthych, dywedwch, 'Y mae ar y Meistr eu hangen'; a bydd yn eu rhoi ar unwaith." 4 Digwyddodd hyn fel y cyflawnid y gair a lefarwyd trwy'r proffwyd:

5 "Dywedwch wrth ferch Seion,
  'Wele dy frenin yn dod atat,
  yn ostyngedig ac yn marchogaeth ar asyn,
  ac ar ebol, llwdn anifail gwaith.'"

6 Aeth y disgyblion a gwneud fel y gorchmynnodd Iesu iddynt; 7 daethant â'r asen a'r ebol ato, a rhoesant eu mentyll ar eu cefn, ac eisteddodd Iesu arnynt. 8 Taenodd tyrfa fawr iawn eu mentyll ar y ffordd, ac yr oedd eraill yn torri canghennau o'r coed ac yn eu taenu ar y ffordd. 9 Ac yr oedd y tyrfaoedd ar y blaen iddo a'r rhai o'r tu ôl yn gweiddi:

"Hosanna i Fab Dafydd!
Bendigedig yw'r un sy'n dod yn enw'r Arglwydd.
Hosanna yn y goruchaf!"

¹⁰ Pan ddaeth ef i mewn i Jerwsalem cynhyrfwyd y ddinas drwyddi. Yr oedd pobl yn gofyn, "Pwy yw hwn?" ¹¹ a'r tyrfaoedd yn ateb, "Y proffwyd Iesu yw hwn, o Nasareth yng Ngalilea."

Glanhau'r Deml
Mc. 11:15–19; Lc. 19:45–48; In. 2:13–22

¹² Aeth Iesu i mewn i'r deml, a bwriodd allan bawb oedd yn prynu ac yn gwerthu yn y deml; taflodd i lawr fyrddau'r cyfnewidwyr arian a chadeiriau'r rhai oedd yn gwerthu colomennod, ¹³ a dywedodd wrthynt, "Y mae'n ysgrifenedig:

'Gelwir fy nhŷ i yn dŷ gweddi,
ond yr ydych chwi yn ei wneud yn ogof lladron.'"

¹⁴ A daeth deillion a chloffion ato yn y deml, ac iachaodd hwy. ¹⁵ Ond pan welodd y prif offeiriaid a'r ysgrifenyddion y rhyfeddodau a wnaeth, a'r plant yn gweiddi yn y deml, "Hosanna i Fab Dafydd!", aethant yn ddig, ¹⁶ a dywedasant wrtho, "A wyt yn clywed beth y mae'r rhain yn ei ddweud?" Atebodd Iesu, "Ydwyf. Onid ydych erioed wedi darllen: 'O enau babanod a phlant sugno y darperaist fawl i ti dy hun'?" ¹⁷ Yna gadawodd Iesu hwy ac aeth allan o'r ddinas i Fethania, a threuliodd y nos yno.

Melltithio'r Ffigysbren
Mc. 11:12–14, 20–24

¹⁸ Yn y bore, wrth iddo ddychwelyd i'r ddinas, daeth chwant bwyd arno. ¹⁹ A phan welodd ffigysbren ar fin y ffordd aeth ato, ond ni chafodd ddim arno ond dail yn unig. Dywedodd wrtho, "Na fydded ffrwyth arnat ti byth mwy." Ac ar unwaith crinodd y ffigysbren. ²⁰ Pan welodd y disgyblion hyn, fe ryfeddasant a dweud, "Sut y crinodd y ffigysbren ar unwaith?" ²¹ Atebodd Iesu hwy, "Yn wir, rwy'n dweud wrthych, os bydd gennych ffydd, heb amau dim, nid yn unig fe wnewch yr hyn a wnaed i'r ffigysbren, ond hyd yn oed os dywedwch wrth y mynydd hwn, 'Coder di a bwrier di i'r môr', hynny a fydd. ²² A beth bynnag oll y gofynnwch amdano mewn gweddi, os ydych yn credu, fe'i cewch."

Amau Awdurdod Iesu
Mc. 11:27–33; Lc. 20:1–8

²³ Daeth Iesu i'r deml, a phan oedd yn dysgu yno daeth y prif offeiriaid a henuriaid y bobl ato a gofyn, "Trwy ba awdurdod yr wyt ti'n gwneud y pethau hyn? Pwy roddodd i ti'r awdurdod hwn?" ²⁴ Atebodd Iesu hwy, "Fe ofynnaf finnau un peth i chwi, ac os atebwch hwnnw, fe ddywedaf finnau wrthych trwy ba awdurdod yr wyf yn gwneud y pethau hyn. ²⁵ Bedydd Ioan, o ble yr oedd? Ai o'r nef ai o'r byd daearol?" Dechreusant ddadlau â'i gilydd a dweud, "Os dywedwn, 'O'r nef', fe ddywed wrthym, 'Pam, ynteu, na chredasoch ef?' ²⁶ Ond os dywedwn, 'O'r byd daearol', y mae arnom ofn y dyrfa, oherwydd y mae pawb yn dal fod Ioan yn broffwyd." ²⁷ Atebasant Iesu, "Ni wyddom ni ddim." Ac meddai yntau wrthynt, "Ni ddywedaf finnau chwaith wrthych chwi trwy ba awdurdod yr wyf yn gwneud y pethau hyn.

Dameg y Ddau Fab

²⁸ "Ond beth yw eich barn chwi ar hyn? Yr oedd dyn a chanddo ddau fab. Aeth at y cyntaf a dweud, 'Fy mab, dos heddiw a gweithia yn y winllan.' ²⁹ Atebodd yntau, 'Na wnaf'; ond yn ddiweddarach newidiodd ei feddwl a mynd. ³⁰ Yna fe aeth y tad at y mab arall a gofyn yr un modd. Atebodd hwnnw, 'Fe af fi, syr'; ond nid aeth. ³¹ Prun o'r ddau a gyflawnodd ewyllys y tad?" "Y cyntaf," meddent. Dywedodd Iesu wrthynt, "Yn wir, rwy'n dweud wrthych fod y casglwyr trethi a'r puteiniaid yn mynd i mewn i deyrnas Dduw o'ch blaen chwi. ³² Oherwydd daeth Ioan atoch yn dangos ffordd cyfiawnder, ac ni chredasoch ef. Ond fe gredodd y casglwyr trethi a'r puteiniaid ef. A chwithau, ar ôl ichwi weld hynny, ni newidiasoch eich meddwl a dod i'w gredu.

Dameg y Winllan a'r Tenantiaid
Mc. 12:1–12; Lc. 20:9–19

³³ "Gwrandewch ar ddameg arall. Yr oedd rhyw berchen tŷ a blannodd winllan; cododd glawdd o'i hamgylch, a

chloddio cafn i'r gwinwryf ynddi, ac adeiladu tŵr. Gosododd hi i denantiaid, ac aeth oddi cartref. ³⁴ A phan ddaeth amser y cynhaeaf yn agos, anfonodd ei weision at y tenantiaid i dderbyn ei ffrwythau. ³⁵ Daliodd y tenantiaid ei weision; curasant un, a lladd un arall a llabyddio un arall. ³⁶ Anfonodd drachefn weision eraill, mwy ohonynt na'r rhai cyntaf, a gwnaeth y tenantiaid yr un modd â hwy. ³⁷ Yn y diwedd anfonodd atynt ei fab, gan ddweud, 'Fe barchant fy mab.' ³⁸ Ond pan welodd y tenantiaid y mab dywedasant wrth ei gilydd, 'Hwn yw'r etifedd; dewch, lladdwn ef, a meddiannwn ei etifeddiaeth.' ³⁹ A chymerasant ef, a'i fwrw allan o'r winllan, a'i ladd. ⁴⁰ Felly pan ddaw perchen y winllan, beth a wna i'r tenantiaid hynny?" ⁴¹ "Fe lwyr ddifetha'r dyhirod," meddent wrtho, "a gosod y winllan i denantiaid eraill, rhai fydd yn rhoi'r ffrwythau iddo yn eu tymhorau." ⁴² Dywedodd Iesu wrthynt, "Onid ydych erioed wedi darllen yn yr Ysgrythurau:

'Y maen a wrthododd yr adeiladwyr,
hwn a ddaeth yn faen y gongl;
gan yr Arglwydd y gwnaethpwyd hyn,
ac y mae'n rhyfeddol yn ein golwg ni'?

⁴³ Am hynny rwy'n dweud wrthych y cymerir teyrnas Dduw oddi wrthych chwi, ac fe'i rhoddir i genedl sy'n dwyn ei ffrwythau hi. ⁴⁴ A'r sawl sy'n syrthio ar y maen hwn, fe'i dryllir; pwy bynnag y syrth y maen arno, fe'i maluria.*"

⁴⁵ Pan glywodd y prif offeiriaid a'r Phariseaid ei ddamhegion, gwyddent mai amdanynt hwy yr oedd yn sôn. ⁴⁶ Yr oeddent yn ceisio ei ddal, ond yr oedd arnynt ofn y tyrfaoedd, am eu bod hwy yn ei gyfrif ef yn broffwyd.

Dameg y Wledd Briodas

22 Lc. 14:15–24

A llefarodd Iesu drachefn wrthynt ar ddamhegion. ² "Y mae teyrnas nefoedd," meddai, "yn debyg i frenin a drefnodd wledd briodas i'w fab. ³ Anfonodd ei weision i alw'r gwahoddedigion i'r neithior, ond nid oeddent am ddod. ⁴ Anfonodd eilwaith weision eraill gan ddweud, 'Dywedwch wrth y gwahoddedigion, "Dyma fi wedi paratoi fy ngwledd, y mae fy mustych a'm llydnod pasgedig wedi eu lladd, a phopeth yn barod; dewch i'r neithior." ' ⁵ Ond ni chymerodd y gwahoddedigion sylw, ac aethant ymaith, un i'w faes, ac un arall i'w fasnach. ⁶ A gafaelodd y lleill yn ei weision a'u cam-drin yn warthus a'u lladd. ⁷ Digiodd y brenin, ac anfonodd ei filwyr i ddifetha'r llofruddion hynny a llosgi eu tref. ⁸ Yna meddai wrth ei weision, 'Y mae'r wledd briodas yn barod, ond nid oedd y gwahoddedigion yn deilwng. ⁹ Ewch felly i bennau'r strydoedd, a gwahoddwch bwy bynnag a gewch yno i'r wledd briodas.' ¹⁰ Ac fe aeth y gweision hynny allan i'r ffyrdd a chasglu ynghyd bawb a gawsant yno, yn ddrwg a da. A llanwyd neuadd y wledd briodas gan westeion. ¹¹ Aeth y brenin i mewn i gael golwg ar y gwesteion, a gwelodd yno ddyn heb wisg briodas amdano. ¹² Meddai wrtho, 'Gyfaill, sut y daethost i mewn yma heb wisg briodas?' A thrawyd y dyn yn fud. ¹³ Yna dywedodd y brenin wrth ei wasanaethyddion, 'Rhwymwch ei draed a'i ddwylo a bwriwch ef i'r tywyllwch eithaf; bydd yno wylo a rhincian dannedd.' ¹⁴ Y mae llawer, yn wir, wedi eu gwahodd, ond ychydig wedi eu hethol."

Talu Trethi i Gesar

Mc. 12:13–17; Lc. 20:20–26

¹⁵ Yna fe aeth y Phariseaid a chynllwynio sut i'w rwydo ar air. ¹⁶ A dyma hwy'n anfon eu disgyblion ato gyda'r Herodianiaid i ddweud, "Athro, gwyddom dy fod yn gwbl eirwir, ac yn dysgu ffordd Duw yn unol â'r gwirionedd; ni waeth gennyt am neb, ac yr wyt yn ddi-dderbyn-wyneb. ¹⁷ Dywed wrthym, felly, beth yw dy farn: a yw'n gyfreithlon talu treth i Gesar, ai nid yw?" ¹⁸ Deallodd Iesu eu dichell a dywedodd, "Pam yr ydych yn rhoi prawf arnaf, ragrithwyr? ¹⁹ Dangoswch i mi ddarn arian y dreth." Daethant â darn arian* iddo, ²⁰ ac

---

21:44 Yn ôl darlleniad arall gadewir allan *A'r sawl . . . maluria.*

22:19 Gw. nodyn ar Mth. 18:28.

meddai ef wrthynt, "Llun ac arysgrif pwy sydd yma?" ²¹ Dywedasant wrtho, "Cesar." Yna meddai ef wrthynt, "Talwch felly bethau Cesar i Gesar, a phethau Duw i Dduw." ²² Pan glywsant hyn rhyfeddasant, a gadawsant ef a mynd ymaith.

Holi ynglŷn â'r Atgyfodiad

Mc. 12:18–27; Lc. 20:27–40

²³ Yr un diwrnod daeth ato Sadwceaid yn dweud nad oes dim atgyfodiad. ²⁴ Gofynasant iddo, "Athro, dywedodd Moses, 'Os bydd rhywun farw heb blant ganddo, y mae ei frawd i briodi'r wraig ac i godi plant i'w frawd.' ²⁵ Yr oedd saith o frodyr yn ein plith; priododd y cyntaf, a bu farw, a chan nad oedd plant ganddo gadawodd ei wraig i'w frawd. ²⁶ A'r un modd yr ail a'r trydydd, hyd at y seithfed. ²⁷ Yn olaf oll bu farw'r wraig. ²⁸ Yn yr atgyfodiad, felly, gwraig prun o'r saith fydd hi? Oherwydd cafodd pob un hi'n wraig." ²⁹ Atebodd Iesu hwy, "Yr ydych yn cyfeiliorni am nad ydych yn deall na'r Ysgrythurau na gallu Duw. ³⁰ Oherwydd yn yr atgyfodiad ni phriodant ac ni phriodir hwy; y maent fel angylion yn y nef. ³¹ Ond ynglŷn ag atgyfodiad y meirw, onid ydych wedi darllen y gair a lefarwyd wrthych gan Dduw, ³² 'Myfi, Duw Abraham a Duw Isaac a Duw Jacob ydwyf'? Nid Duw'r meirw yw ef, ond y rhai byw." ³³ A phan glywodd y tyrfaoedd yr oeddent yn synnu at yr hyn yr oedd yn ei ddysgu.

Y Gorchymyn Mawr

Mc. 12:28–34; Lc. 10:25–38

³⁴ Clywodd y Phariseaid iddo roi taw ar y Sadwceaid, a daethant at ei gilydd. ³⁵ Ac i roi prawf arno, gofynnodd un ohonynt, ac yntau'n athro'r Gyfraith, ³⁶ "Athro, pa orchymyn yw'r mwyaf yn y Gyfraith?" ³⁷ Dywedodd Iesu wrtho, " 'Câr yr Arglwydd dy Dduw â'th holl galon ac â'th holl enaid ac â'th holl feddwl.' ³⁸ Dyma'r gorchymyn cyntaf a'r pwysicaf. ³⁹ Ac y mae'r ail yn debyg iddo: 'Câr dy gymydog fel ti dy hun.' ⁴⁰ Ar y ddau orchymyn hyn y mae'r holl Gyfraith a'r proffwydi yn dibynnu."

Holi ynglŷn â Mab Dafydd

Mc. 12:35–37; Lc. 20:41–44

⁴¹ Yr oedd y Phariseaid wedi ymgynnull, a gofynnodd Iesu iddynt, ⁴² "Beth yw eich barn chwi ynglŷn â'r Meseia? Mab pwy ydyw?" "Mab Dafydd," meddent wrtho. ⁴³ "Sut felly," gofynnodd Iesu, "y mae Dafydd trwy'r Ysbryd yn ei alw'n Arglwydd, pan ddywed:

⁴⁴ 'Dywedodd yr Arglwydd wrth fy Arglwydd i,
"Eistedd ar fy neheulaw
nes imi osod dy elynion dan dy draed " '?

⁴⁵ Os yw Dafydd felly yn ei alw'n Arglwydd, sut y mae'n fab iddo?" ⁴⁶ Ac nid oedd neb yn gallu ateb gair iddo, ac o'r diwrnod hwnnw ni feiddiodd neb ei holi ddim mwy.

Cyhuddo'r Ysgrifenyddion a'r Phariseaid

23 Mc. 12:38–40; Lc. 11:37–52, 20:45–47

Yna llefarodd Iesu wrth y tyrfaoedd a'i ddisgyblion. ² Dywedodd: "Y mae'r ysgrifenyddion a'r Phariseaid yn eistedd yng nghadair Moses. ³ Felly gwnewch a chadwch bopeth a ddywedant wrthych, ond peidiwch â dilyn eu hymddygiad, oherwydd siarad y maent, heb weithredu. ⁴ Y maent yn rhwymo beichiau trymion ac anodd eu dwyn*, ac yn eu gosod ar ysgwyddau pobl, ond nid ydynt hwy eu hunain yn fodlon codi bys i'w symud. ⁵ Cyflawnant eu holl weithredoedd er mwyn cael eu gweld gan eraill. Y maent yn gwneud eu phylacterau'n llydan ac ymylon eu mentyll yn llaes; ⁶ y maent yn hoffi cael y seddau anrhydedd mewn gwleddoedd a'r prif gadeiriau yn y synagogau, ⁷ a chael cyfarchiadau yn y marchnadoedd a'u galw gan bobl yn 'Rabbi'. ⁸ Ond peidiwch chwi â chymryd eich galw yn 'Rabbi', oherwydd un athro sydd gennych, a chymrodyr ydych chwi i gyd. ⁹ A pheidiwch â galw neb yn dad ichwi ar y ddaear, oherwydd un tad sydd gennych chwi, sef eich Tad nefol. ¹⁰ A pheidiwch â chymryd eich galw'n

---

23:4 Yn ôl darlleniad arall gadewir allan *ac anodd eu dwyn*.

arweinwyr chwaith, oherwydd un arweinydd sydd gennych, sef y Meseia. ¹¹ Rhaid i'r un mwyaf ohonoch fod yn was i chwi. ¹² Darostyngir pwy bynnag fydd yn ei ddyrchafu ei hun, a dyrchefir pwy bynnag fydd yn ei ddarostwng ei hun.

¹³ "Gwae chwi, ysgrifenyddion a Phariseaid, ragrithwyr, oherwydd yr ydych yn cau drws teyrnas nefoedd yn wyneb pobl; nid ydych yn mynd i mewn eich hunain, nac yn gadael i'r rhai sydd am fynd i mewn wneud hynny.*

¹⁵ "Gwae chwi, ysgrifenyddion a Phariseaid, ragrithwyr, oherwydd yr ydych yn cwmpasu môr a thir i wneud un proselyt, ac wedi ei gael fe'i gwnewch yn ddwywaith cymaint o blentyn uffern ag yr ydych chwi.

¹⁶ "Gwae chwi, arweinwyr dall sy'n dweud, 'Os bydd rhywun yn tyngu llw i'r deml, nid yw hynny'n golygu dim; ond os bydd yn tyngu i'r aur sydd yn y deml, y mae rhwymedigaeth arno.' ¹⁷ Ffyliaid a deillion, prun sydd fwyaf, yr aur, ynteu'r deml sy'n gwneud yr aur yn gysegredig? ¹⁸ A thrachefn fe ddywedwch, 'Os bydd rhywun yn tyngu llw i'r allor, nid yw hynny'n golygu dim; ond os bydd yn tyngu i'r offrwm sydd ar yr allor, y mae rhwymedigaeth arno.' ¹⁹ Ddeillion, prun sydd fwyaf, yr offrwm, ynteu'r allor sy'n gwneud yr offrwm yn gysegredig? ²⁰ Felly y mae'r sawl sy'n tyngu llw i'r allor yn tyngu iddi hi ac i bopeth sydd arni, ²¹ ac y mae'r sawl sy'n tyngu llw i'r deml yn tyngu iddi hi ac i'r hwn sy'n preswylio ynddi. ²² Ac y mae'r sawl sy'n tyngu llw i'r nef yn tyngu i orsedd Duw ac i'r hwn sy'n eistedd arni.

²³ "Gwae chwi, ysgrifenyddion a Phariseaid, ragrithwyr, oherwydd yr ydych yn talu degwm o fintys ac anis a chwmin, ond gadawsoch heibio bethau trymach y Gyfraith, cyfiawnder a thrugaredd a ffyddlondeb, yr union bethau y dylasech ofalu amdanynt, heb adael heibio'r lleill. ²⁴ Arweinwyr dall! Yr ydych yn hidlo'r gwybedyn ac yn llyncu'r camel.

²⁵ "Gwae chwi, ysgrifenyddion a Phariseaid, ragrithwyr, oherwydd yr ydych yn glanhau'r tu allan i'r cwpan a'r ddysgl, ond y tu mewn y maent yn llawn trachwant a hunanfoddhad. ²⁶ Y Pharisead dall, glanha'n gyntaf y tu mewn i'r cwpan, fel y bydd y tu allan iddo hefyd yn lân.

²⁷ "Gwae chwi, ysgrifenyddion a Phariseaid, ragrithwyr, oherwydd yr ydych yn debyg i feddau wedi eu gwyngalchu, sydd o'r tu allan yn ymddangos yn hardd, ond y tu mewn y maent yn llawn o esgyrn y meirw a phob aflendid. ²⁸ Felly hefyd yn allanol yr ydych chwithau yn ymddangos i bobl yn gyfiawn, ond oddi mewn yr ydych yn llawn rhagrith ac anghyfraith.

²⁹ "Gwae chwi, ysgrifenyddion a Phariseaid, ragrithwyr, oherwydd yr ydych yn adeiladu beddau'r proffwydi ac yn addurno beddfeini'r rhai cyfiawn, ³⁰ ac yn dweud, 'Pe baem ni'n byw yn nyddiau ein hynafiaid, ni fyddem wedi ymuno gyda hwy i dywallt gwaed y proffwydi.' ³¹ Felly yr ydych yn tystio yn eich erbyn eich hunain eich bod yn blant i'r rhai a lofruddiodd y proffwydi. ³² Ewch chwithau ymlaen i orffen yr hyn a ddechreuodd eich hynafiaid. ³³ Chwi seirff ac epil gwiberod, sut y dihangwch rhag barn uffern? ³⁴ Am hynny dyma fi'n anfon atoch broffwydi a rhai doeth a rhai dysgedig; byddwch yn lladd ac yn croeshoelio rhai ohonynt, ac yn fflangellu eraill yn eich synagogau, a'u herlid o un dref i'r llall. ³⁵ Felly, ar eich pen chwi y bydd yr holl waed diniwed a dywalltwyd ar y ddaear, o waed Abel gyfiawn hyd at waed Sechareia fab Beracheia, a lofruddiasoch rhwng y cysegr a'r allor. ³⁶ Yn wir, rwy'n dweud wrthych, ar ben y genhedlaeth hon y bydd yr holl bethau hyn.

Y Galarnad dros Jerwsalem

Lc. 13:34-35

³⁷ "Jerwsalem, Jerwsalem, tydi sy'n lladd y proffwydi ac yn llabyddio'r rhai a anfonwyd atat, mor aml y dymunais gasglu dy blant ynghyd, fel y mae iâr yn casglu ei chywion dan ei hadenydd, ond

---

23:13 Yn ôl darlleniad arall ychwanegir adn. 14: *Gwae chwi, ysgrifenyddion a Phariseaid, ragrithwyr, oherwydd yr ydych yn difa cartrefi gwragedd gweddwon, ac mewn rhagrith yn gweddïo'n faith; am hynny fe dderbyniwch drymach dedfryd.*

gwrthod a wnaethoch. ³⁸ Wele, y mae eich tŷ yn cael ei adael yn anghyfannedd. ³⁹ Oherwydd rwy'n dweud wrthych, ni chewch fy ngweld o hyn allan hyd y dydd pan ddywedwch, 'Bendigedig yw'r un sy'n dod yn enw'r Arglwydd.'"

Rhagfynegi Dinistr y Deml

24 Mc. 13:1-2; Lc. 21:5-6
Aeth Iesu allan o'r deml, a phan oedd ar ei ffordd oddi yno daeth ei ddisgyblion ato i dynnu ei sylw at adeiladau'r deml. ² Dywedodd yntau wrthynt, "Oni welwch yr holl bethau hyn? Yn wir, rwy'n dweud wrthych, ni adewir yma faen ar faen; ni bydd yr un heb ei fwrw i lawr."

Dechrau'r Gwewyr
Mc. 13:3-13; Lc. 21:7-19

³ Fel yr oedd yn eistedd ar Fynydd yr Olewydd daeth y disgyblion ato o'r neilltu a gofyn, "Dywed wrthym pa bryd y bydd hyn, a beth fydd yr arwydd o'th ddyfodiad ac o ddiwedd amser?" ⁴ Atebodd Iesu hwy, "Gwyliwch na fydd i neb eich twyllo. ⁵ Oherwydd fe ddaw llawer yn fy enw i gan ddweud, 'Myfi yw'r Meseia', ac fe dwyllant lawer. ⁶ Byddwch yn clywed am ryfeloedd a sôn am ryfeloedd; gofalwch beidio â chyffroi, oherwydd rhaid i hyn ddigwydd, ond nid yw'r diwedd eto. ⁷ Oblegid cyfyd cenedl yn erbyn cenedl, a theyrnas yn erbyn teyrnas, a bydd adegau o newyn a daeargrynfâu mewn mannau. ⁸ Ond dechrau'r gwewyr fydd hyn oll. ⁹ Yna fe'ch traddodir i gael eich cosbi a'ch lladd, a chas fyddwch gan bob cenedl o achos fy enw i. ¹⁰ A'r pryd hwnnw bydd llawer yn cwympo ymaith; byddant yn bradychu ei gilydd ac yn casáu ei gilydd. ¹¹ Fe gyfyd llawer o broffwydi gau a thwyllant lawer. ¹² Ac am fod drygioni yn amlhau bydd cariad llawer iawn yn oeri. ¹³ Ond y sawl sy'n dyfalbarhau i'r diwedd a gaiff ei achub. ¹⁴ Ac fe gyhoeddir yr Efengyl hon am y deyrnas drwy'r byd i gyd fel tystiolaeth i'r holl genhedloedd, ac yna y daw'r diwedd.

Y Gorthrymder Mawr
Mc. 13:14-23; Lc. 21:20-24

¹⁵ "Felly, pan welwch 'y ffieiddbeth diffeithiol', y soniodd y proffwyd Daniel amdano, yn sefyll yn y lle sanctaidd" (dealled y darllenydd) ¹⁶ "yna ffoed y rhai sydd yn Jwdea i'r mynyddoedd. ¹⁷ Y sawl sydd ar ben y tŷ, peidied â mynd i lawr i gipio'i bethau o'i dŷ; ¹⁸ a'r sawl sydd yn y cae, peidied â throi yn ei ôl i gymryd ei fantell. ¹⁹ Gwae'r gwragedd beichiog a'r rhai sy'n rhoi'r fron yn y dyddiau hynny! ²⁰ A gweddïwch na fyddwch yn gorfod ffoi yn y gaeaf nac ar y Saboth, ²¹ oblegid y pryd hwnnw bydd gorthrymder mawr na fu ei debyg o ddechrau'r byd hyd yn awr, ac na fydd byth chwaith. ²² Ac oni bai fod y dyddiau hynny wedi eu byrhau, ni fuasai neb byw wedi ei achub; ond er mwyn yr etholedigion fe fyrheir y dyddiau hynny. ²³ Yna, os dywed rhywun wrthych, 'Edrych, dyma'r Meseia', neu 'Dacw ef', peidiwch â'i gredu. ²⁴ Oherwydd fe gyfyd gau feseiau a gau broffwydi, a rhoddant arwyddion mawr a rhyfeddodau nes arwain ar gyfeiliorn hyd yn oed yr etholedigion, petai hynny'n bosibl. ²⁵ Yn awr yr wyf wedi dweud wrthych ymlaen llaw. ²⁶ Felly, os dywedant wrthych, 'Dyma ef yn yr anialwch', peidiwch â mynd allan; neu os dywedant, 'Dyma ef mewn ystafelloedd o'r neilltu', peidiwch â'u credu. ²⁷ Oherwydd fel y mae'r fellten yn dod o'r dwyrain ac yn goleuo hyd at y gorllewin, felly y bydd dyfodiad Mab y Dyn. ²⁸ Lle bynnag y bydd y gelain, yno yr heidia'r fwlturiaid*.

Dyfodiad Mab y Dyn
Mc. 13:24-27; Lc. 21:25-28

²⁹ "Yn union ar ôl gorthrymder y dyddiau hynny,

'Tywyllir yr haul,
ni rydd y lloer ei llewyrch,
syrth y sêr o'r nef,
ac ysgydwir nerthoedd y nefoedd.'

³⁰ A'r pryd hwnnw ymddengys arwydd Mab y Dyn yn y nef; y pryd hwnnw bydd holl lwythau'r ddaear yn galaru, a gwelant Fab y Dyn yn dyfod ar gymylau'r

---
24:28 Groeg, *eryrod*.

nef gyda nerth a gogoniant mawr. ³¹ Ac fe anfona ei angylion wrth sain utgorn mawr, a byddant yn cynnull ei etholedigion o'r pedwar gwynt, o un eithaf i'r nefoedd hyd at y llall.

Gwers y Ffigysbren
Mc. 13:28–31; Lc. 21:29–33

³² "Dysgwch wers oddi wrth y ffigysbren. Pan fydd ei gangen yn ir ac yn dechrau deilio, gwyddoch fod yr haf yn agos. ³³ Felly chwithau, pan welwch yr holl bethau hyn, byddwch yn gwybod ei fod yn agos, wrth y drws. ³⁴ Yn wir, rwy'n dweud wrthych, nid â'r genhedlaeth hon heibio nes i'r holl bethau hyn ddigwydd. ³⁵ Y nef a'r ddaear, ânt heibio, ond fy ngeiriau i, nid ânt heibio ddim.

Y Dydd a'r Awr Anhysbys
Mc. 13:32–37; Lc. 17:26–30, 34–36

³⁶ "Ond am y dydd hwnnw a'r awr ni ŵyr neb, nac angylion y nef, na'r Mab, neb ond y Tad yn unig. ³⁷ Fel y bu yn nyddiau Noa, felly hefyd y bydd yn nyfodiad Mab y Dyn. ³⁸ Fel yr oedd pobl yn y dyddiau cyn y dilyw yn bwyta ac yn yfed, yn cymryd gwragedd ac yn cael gwŷr, hyd y dydd yr aeth Noa i mewn i'r arch, ³⁹ ac ni wyddent ddim hyd nes y daeth y dilyw a'u hysgubo ymaith i gyd; felly hefyd y bydd yn nyfodiad Mab y Dyn. ⁴⁰ Y pryd hwnnw bydd dau yn y cae; cymerir un a gadewir y llall. ⁴¹ Bydd dwy wraig yn malu yn y felin; cymerir un a gadewir y llall. ⁴² Byddwch wyliadwrus gan hynny; oherwydd ni wyddoch pa ddydd y daw eich Arglwydd. ⁴³ Ond gwybyddwch hyn: pe buasai meistr y tŷ yn gwybod pa amser y byddai'r lleidr yn dod, buasai ar ei wyliadwriaeth ac ni fuasai wedi caniatáu iddo dorri i mewn i'w dŷ. ⁴⁴ Am hynny chwithau hefyd, byddwch barod, oherwydd pryd na thybiwch y daw Mab y Dyn.

Y Gwas Ffyddlon neu Anffyddlon
Lc. 12:41–48

⁴⁵ "Pwy ynteu yw'r gwas ffyddlon a chall a osodwyd gan ei feistr dros weision y tŷ, i roi eu bwyd iddynt yn ei bryd? ⁴⁶ Gwyn ei fyd y gwas hwnnw a geir yn gwneud felly gan ei feistr pan ddaw; ⁴⁷ yn wir, rwy'n dweud wrthych y gesyd ef dros ei holl eiddo. ⁴⁸ Ond os yw'r gwas hwnnw'n ddrwg, ac os dywed yn ei galon, 'Y mae fy meistr yn oedi', ⁴⁹ a dechrau curo'i gydweision, a bwyta ac yfed gyda'r meddwon, ⁵⁰ yna bydd meistr y gwas hwnnw yn cyrraedd ar ddiwrnod annisgwyl iddo ef ac ar awr nas gŵyr; ⁵¹ ac fe'i cosba yn llym, a gosod ei le gyda'r rhagrithwyr; bydd yno wylo a rhincian dannedd.

Dameg y Deg Geneth

25 "Y pryd hwnnw bydd teyrnas nefoedd yn debyg i ddeg o enethod a gymerodd eu lampau a mynd allan i gyfarfod â'r priodfab. ² Yr oedd pump ohonynt yn ffôl a phump yn gall. ³ Cymerodd y rhai ffôl eu lampau ond heb gymryd olew gyda hwy, ⁴ ond cymerodd y rhai call, gyda'u lampau, olew mewn llestri. ⁵ Gan fod y priodfab yn hwyr yn dod aethant i gyd i hepian a chysgu. ⁶ Ac ar ganol nos daeth gwaedd: 'Dyma'r priodfab, ewch allan i'w gyfarfod.' ⁷ Yna cododd y genethod hynny i gyd a pharatoi eu lampau. ⁸ Dywedodd y rhai ffôl wrth y rhai call, 'Rhowch i ni beth o'ch olew, oherwydd y mae'n lampau ni yn diffodd.' ⁹ Atebodd y rhai call, 'Na yn wir, ni fydd digon i ni ac i chwithau. Gwell i chwi fynd at y gwerthwyr a phrynu peth i chwi eich hunain.' ¹⁰ A thra oeddent yn mynd i brynu'r olew, cyrhaeddodd y priodfab, ac aeth y rhai oedd yn barod i mewn gydag ef i'r wledd briodas, a chlowyd y drws. ¹¹ Yn ddiweddarach dyma'r genethod eraill yn dod ac yn dweud, 'Syr, syr, agor y drws i ni.' ¹² Atebodd yntau, 'Yn wir, rwy'n dweud wrthych, nid wyf yn eich adnabod.' ¹³ Byddwch wyliadwrus gan hynny, oherwydd ni wyddoch na'r dydd na'r awr.

Dameg y Codau o Arian
Lc. 19:11–27

¹⁴ "Y mae fel dyn a oedd yn mynd oddi cartref ac a alwodd ei weision a rhoi ei eiddo yn eu gofal. ¹⁵ I un fe roddodd bum cod o arian*, i un arall ddwy, i un arall un, i bob un yn ôl ei allu, ac fe aeth

---
25:15 Neu, *bum talent*. Felly hefyd trwy'r ddameg hon.

oddi cartref. ¹⁶ Ar unwaith aeth yr un a dderbyniodd bum cod a masnachu â hwy, ac fe enillodd atynt bump arall. ¹⁷ Felly hefyd enillodd yr un a gafodd ddwy god ddwy arall atynt. ¹⁸ Ond y sawl a dderbyniodd un god, aeth ef ymaith a chloddio twll yn y ddaear a chuddio arian ei feistr. ¹⁹ Ymhen cryn dipyn o amser daeth meistr y gweision hynny yn ôl ac fe adolygodd eu cyfrifon hwy. ²⁰ Daeth yr un a dderbyniodd bum cod a chyflwyno iddo bump arall. 'Meistr,' meddai, 'rhoddaist bum cod o arian yn fy ngofal; dyma bum cod arall a enillais i atynt.' ²¹ 'Ardderchog, fy ngwas da a ffyddlon,' meddai ei feistr wrtho, 'buost yn ffyddlon wrth ofalu am ychydig, fe osodaf lawer yn dy ofal; tyrd i ymuno yn llawenydd dy feistr.' ²² Yna daeth yr un â'r ddwy god, a dywedodd, 'Meistr, rhoddaist ddwy god o arian yn fy ngofal; dyma ddwy god arall a enillais i atynt.' ²³ Meddai ei feistr wrtho, 'Ardderchog, fy ngwas da a ffyddlon; buost yn ffyddlon wrth ofalu am ychydig, fe osodaf lawer yn dy ofal; tyrd i ymuno yn llawenydd dy feistr.' ²⁴ Yna daeth yr un oedd wedi derbyn un god, a dywedodd, 'Meistr, gwyddwn dy fod yn ddyn caled, yn medi lle heuodd eraill ac yn casglu lle gwasgarodd eraill. ²⁵ Yn fy ofn euthum a chuddio dy god o arian yn y ddaear. Dyma i ti dy eiddo yn ôl.' ²⁶ Atebodd ei feistr ef, 'Y gwas drwg a diog, yr oeddit yn gwybod, meddi, fy mod yn medi lle heuodd eraill ac yn casglu lle gwasgarodd eraill. ²⁷ Dylit felly fod wedi gosod fy arian yn y banc, a buasai fy eiddo wedi ennill llog erbyn i mi ddod i'w hawlio. ²⁸ Felly cymerwch y god o arian oddi arno a rhowch hi i'r un a chanddo ddeg cod. ²⁹ Oherwydd i bawb y mae ganddo y rhoddir, a bydd ar ben ei ddigon, ond oddi ar yr hwn nad oes ganddo fe gymerir hyd yn oed hynny sydd ganddo. ³⁰ A bwriwch y gwas diwerth i'r tywyllwch eithaf; bydd yno wylo a rhincian dannedd.'

Barnu'r Cenhedloedd

³¹ "Pan ddaw Mab y Dyn yn ei ogoniant, a'r holl angylion gydag ef, yna bydd yn eistedd ar orsedd ei ogoniant. ³² Fe gesglir yr holl genhedloedd ger ei fron, a bydd ef yn eu didoli oddi wrth ei gilydd, fel y mae bugail yn didoli'r defaid oddi wrth y geifr, ³³ ac fe esyd y defaid ar ei law dde a'r geifr ar y chwith. ³⁴ Yna fe ddywed y Brenin wrth y rhai ar y dde iddo, 'Dewch, chwi sydd dan fendith fy Nhad, i etifeddu'r deyrnas a baratowyd ichwi er seiliad y byd. ³⁵ Oherwydd bûm yn newynog a rhoesoch fwyd imi, bûm yn sychedig a rhoesoch ddiod imi, bûm yn ddieithr a chymerasoch fi i'ch cartref; ³⁶ bûm yn noeth a rhoesoch ddillad amdanaf, bûm yn glaf ac ymwelsoch â mi, bûm yng ngharchar a daethoch ataf.' ³⁷ Yna bydd y rhai cyfiawn yn ei ateb: 'Arglwydd,' gofynnant, 'pryd y'th welsom di'n newynog a'th borthi, neu'n sychedig a rhoi diod iti? ³⁸ A phryd y'th welsom di'n ddieithr a'th gymryd i'n cartref, neu'n noeth a rhoi dillad amdanat? ³⁹ Pryd y'th welsom di'n glaf neu yng ngharchar ac ymweld â thi?' ⁴⁰ A bydd y Brenin yn eu hateb, 'Yn wir, rwy'n dweud wrthych, yn gymaint ag ichwi ei wneud i un o'r lleiaf o'r rhain, fy nghymrodyr, i mi y gwnaethoch.'

⁴¹ "Yna fe ddywed wrth y rhai ar y chwith, 'Ewch oddi wrthyf, chwi sydd dan felltith, i'r tân tragwyddol a baratowyd i'r diafol a'i angylion. ⁴² Bûm yn newynog ac ni roesoch fwyd imi, bûm yn sychedig ac ni roesoch ddiod imi; ⁴³ bûm yn ddieithr ac ni chymerasoch fi i'ch cartref, yn noeth ac ni roesoch ddillad amdanaf, yn glaf ac yng ngharchar ac nid ymwelsoch â mi.' ⁴⁴ Yna atebant hwythau: 'Arglwydd,' gofynnant, 'pryd y'th welsom di'n newynog neu'n sychedig neu'n ddieithr neu'n noeth neu'n glaf neu yng ngharchar heb weini arnat?' ⁴⁵ A bydd ef yn eu hateb, 'Yn wir, rwy'n dweud wrthych, yn gymaint ag ichwi beidio â'i wneud i un o'r rhai lleiaf hyn, nis gwnaethoch i minnau chwaith.' ⁴⁶ Ac fe â'r rhain ymaith i gosb dragwyddol, ond y rhai cyfiawn i fywyd tragwyddol."

Y Cynllwyn i Ladd Iesu

26 Mc. 14:1–2; Lc. 22:1–2; In. 11:45–53

Pan orffennodd Iesu lefaru'r holl eiriau hyn, dywedodd wrth ei ddisgyblion, ² "Gwyddoch fod y Pasg yn dod ymhen deuddydd, ac fe draddodir Mab y Dyn i'w groeshoelio." ³ Yna daeth y prif offeiriaid a henuriaid y bobl ynghyd yng nghyntedd yr archoffeiriad, a elwid Caiaffas, ⁴ a chynllwyn i ddal Iesu trwy ddichell a'i ladd. ⁵ Ond dweud yr oeddent, "Nid yn ystod yr ŵyl, rhag digwydd cynnwrf ymhlith y bobl."

Yr Eneinio ym Methania
Mc. 14:3–9; In. 12:1–8

⁶ Pan oedd Iesu ym Methania yn nhŷ Simon y gwahanglwyfus, ⁷ daeth gwraig ato a chanddi ffiol alabaster o ennaint gwerthfawr, a thywalltodd yr ennaint ar ei ben tra oedd ef wrth bryd bwyd. ⁸ Pan welodd y disgyblion hyn, aethant yn ddig a dweud, "I ba beth y bu'r gwastraff hwn? ⁹ Oherwydd gallesid gwerthu'r ennaint hwn am lawer o arian a'i roi i'r tlodion." ¹⁰ Sylwodd Iesu ar hyn a dywedodd wrthynt, "Pam yr ydych yn poeni'r wraig? Oherwydd gweithred brydferth a wnaeth hi i mi. ¹¹ Y mae'r tlodion gyda chwi bob amser, ond ni fyddaf fi gyda chwi bob amser. ¹² Wrth dywallt yr ennaint hwn ar fy nghorff, fy mharatoi yr oedd hi ar gyfer fy nghladdu. ¹³ Yn wir, rwy'n dweud wrthych, pa le bynnag y pregethir yr Efengyl yma yn yr holl fyd, adroddir hefyd yr hyn a wnaeth hon, er cof amdani."

Jwdas yn Cydsynio i Fradychu Iesu
Mc. 14:10–11; Lc. 22:3–6

¹⁴ Yna aeth un o'r Deuddeg, hwnnw a elwid Jwdas Iscariot, at y prif offeiriaid ¹⁵ a dweud, "Beth a rowch imi os bradychaf ef i chwi?" Talasant iddo ddeg ar hugain o ddarnau arian; ¹⁶ ac o'r pryd hwnnw dechreuodd geisio cyfle i'w fradychu ef.

Gwledd y Pasg gyda'r Disgyblion
Mc. 14:12–21; Lc. 22:7–14, 21–23; In. 13:21–30

¹⁷ Ar ddydd cyntaf gŵyl y Bara Croyw daeth y disgyblion at Iesu a gofyn, "Ble yr wyt ti am inni baratoi i ti fwyta gwledd y Pasg?" ¹⁸ Dywedodd yntau, "Ewch i'r ddinas at ddyn arbennig a dywedwch wrtho, 'Y mae'r Athro'n dweud, "Y mae fy amser i'n agos; yn dy dŷ di yr wyf am gadw'r Pasg gyda'm disgyblion." ' " ¹⁹ A gwnaeth y disgyblion fel y gorchmynnodd Iesu iddynt, a pharatoesant wledd y Pasg. ²⁰ Gyda'r nos yr oedd wrth y bwrdd gyda'r Deuddeg. ²¹ Ac fel yr oeddent yn bwyta, dywedodd Iesu, "Yn wir, rwy'n dweud wrthych y bydd i un ohonoch fy mradychu i." ²² A chan dristáu yn fawr dechreusant ddweud wrtho, bob un ohonynt, "Nid myfi yw, Arglwydd?" ²³ Atebodd yntau, "Un a wlychodd ei law gyda mi yn y ddysgl, hwnnw a'm bradycha i. ²⁴ Y mae Mab y Dyn yn wir yn ymadael, fel y mae'n ysgrifenedig amdano, ond gwae'r dyn hwnnw y bradychir Mab y Dyn ganddo! Da fuasai i'r dyn hwnnw petai heb ei eni." ²⁵ Dywedodd Jwdas ei fradychwr, "Nid myfi yw, Rabbi?" Meddai Iesu wrtho, "Ti a ddywedodd hynny.*"

Sefydlu Swper yr Arglwydd
Mc. 14:22–26; Lc. 22:15–20; 1 Cor. 11:23–25

²⁶ Ac wrth iddynt fwyta, cymerodd Iesu fara, ac wedi bendithio fe'i torrodd a'i roi i'r disgyblion, a dywedodd, "Cymerwch, bwytewch; hwn yw fy nghorff." ²⁷ A chymerodd gwpan, ac wedi diolch fe'i rhoddodd iddynt gan ddweud, "Yfwch ohono, bawb, ²⁸ oherwydd hwn yw fy ngwaed i, gwaed y cyfamod, a dywelltir dros lawer er maddeuant pechodau. ²⁹ Rwy'n dweud wrthych nad yfaf o hyn allan o hwn, ffrwyth y winwydden, hyd y dydd hwnnw pan yfaf ef yn newydd gyda chwi yn nheyrnas fy Nhad." ³⁰ Ac wedi iddynt ganu emyn aethant allan i Fynydd yr Olewydd.

Rhagfynegi Gwadiad Pedr
Mc. 14:27–31; Lc. 22:31–34; In. 13:36–38

³¹ Yna dywedodd Iesu wrthynt, "Fe ddaw cwymp i bob un ohonoch chwi o'm hachos i heno, oherwydd y mae'n ysgrifenedig:

'Trawaf y bugail,
a gwasgerir defaid y praidd.'

26:25 Neu, *Fe ddywedaist y gwir.*

Mathew 26

32 Ond wedi i mi gael fy nghyfodi, af o'ch blaen chwi i Galilea." 33 Atebodd Pedr ef, "Er iddynt gwympo bob un o'th achos di, ni chwympaf fi byth." 34 Meddai Iesu wrtho, "Yn wir, rwy'n dweud wrthyt y bydd i ti heno, cyn i'r ceiliog ganu, fy ngwadu i deirgwaith." 35 "Hyd yn oed petai'n rhaid imi farw gyda thi," meddai Pedr wrtho, "ni'th wadaf byth." Ac felly y dywedodd y disgyblion i gyd.

Y Weddi yn Gethsemane
Mc. 14:32–42; Lc. 22:39–46

36 Yna daeth Iesu gyda hwy i le a elwir Gethsemane, ac meddai wrth y disgyblion, "Eisteddwch yma tra byddaf fi'n mynd fan draw i weddïo." 37 Ac fe gymerodd gydag ef Pedr a dau fab Sebedeus; a dechreuodd deimlo tristwch a thrallod dwys. 38 Yna meddai wrthynt, "Y mae f'enaid yn drist iawn hyd at farw. Arhoswch yma a gwyliwch gyda mi." 39 Aeth ymlaen ychydig, a syrthiodd ar ei wyneb gan weddïo, "Fy Nhad, os yw'n bosibl, boed i'r cwpan hwn fynd heibio i mi; ond nid fel y mynnaf fi, ond fel y mynni di." 40 Daeth yn ôl at y disgyblion a'u cael hwy'n cysgu, ac meddai wrth Pedr, "Felly! Oni allech wylio am un awr gyda mi? 41 Gwyliwch, a gweddïwch na ddewch i gael eich profi. Y mae'r ysbryd yn barod ond y cnawd yn wan." 42 Aeth ymaith drachefn yr ail waith a gweddïo, "Fy Nhad, os nad yw'n bosibl i'r cwpan hwn fynd heibio heb i mi ei yfed, gwneler dy ewyllys di." 43 A phan ddaeth yn ôl fe'u cafodd hwy'n cysgu eto, oherwydd yr oedd eu llygaid yn drwm. 44 Ac fe'u gadawodd eto a mynd ymaith i weddïo y drydedd waith, gan lefaru'r un geiriau drachefn. 45 Yna daeth at y disgyblion a dweud wrthynt, "A ydych yn dal i gysgu a gorffwys?* Dyma'r awr yn agos, a Mab y Dyn yn cael ei fradychu i ddwylo pechaduriaid. 46 Codwch ac awn. Dyma fy mradychwr yn agosáu."

Bradychu a Dal Iesu
Mc. 14:43–50; Lc. 22:47–53; In. 18:3–12

47 Yna, tra oedd yn dal i siarad, dyma Jwdas, un o'r Deuddeg, yn dod, a chydag ef dyrfa fawr yn dwyn cleddyfau a phastynau, wedi eu hanfon gan y prif offeiriaid a henuriaid y bobl. 48 Rhoddodd ei fradychwr arwydd iddynt gan ddweud, "Yr un a gusanaf yw'r dyn; daliwch ef." 49 Ac yn union aeth at Iesu a dweud, "Henffych well, Rabbi," a chusanodd ef. 50 Dywedodd Iesu wrtho, "Gyfaill, gwna'r hyn yr wyt yma i'w wneud.*" Yna daethant a rhoi eu dwylo ar Iesu a'i ddal. 51 A dyma un o'r rhai oedd gyda Iesu yn estyn ei law ac yn tynnu ei gleddyf a tharo gwas yr archoffeiriad a thorri ei glust i ffwrdd. 52 Yna dywedodd Iesu wrtho, "Rho dy gleddyf yn ôl yn ei le, oherwydd bydd pawb sy'n cymryd y cleddyf yn marw trwy'r cleddyf. 53 A wyt yn tybio na allwn ddeisyf ar fy Nhad, ac na roddai i mi yn awr fwy na deuddeg lleng o angylion? 54 Ond sut felly y cyflawnid yr Ysgrythurau sy'n dweud mai fel hyn y mae'n rhaid iddi ddigwydd?" 55 A'r pryd hwnnw dywedodd Iesu wrth y dyrfa, "Ai fel at leidr, â chleddyfau a phastynau, y daethoch allan i'm dal i? Yr oeddwn yn eistedd beunydd yn y deml yn dysgu, ac ni ddaliasoch fi. 56 Ond digwyddodd hyn oll fel y cyflawnid yr hyn a ysgrifennodd y proffwydi." Yna gadawodd y disgyblion ef bob un, a ffoi.

Iesu gerbron y Sanhedrin
Mc. 14:53–65; Lc. 22:54–55, 63–71; In. 18:12–14, 19–24

57 Aeth y rhai oedd wedi dal Iesu ag ef ymaith i dŷ Caiaffas yr archoffeiriad, lle'r oedd yr ysgrifenyddion a'r henuriaid wedi dod ynghyd. 58 Canlynodd Pedr ef o hirbell hyd at gyntedd yr archoffeiriad, ac wedi mynd i mewn eisteddodd gyda'r gwasanaethwyr, i weld y diwedd. 59 Yr oedd y prif offeiriaid a'r holl Sanhedrin yn ceisio camdystiolaeth yn erbyn Iesu, er mwyn ei roi i farwolaeth, 60 ond ni chawsant ddim, er i lawer o dystion gau ddod ymlaen. Yn y diwedd daeth dau ymlaen 61 a dweud, "Dywedodd hwn, 'Gallaf fwrw i lawr deml Duw, ac ymhen tridiau ei hadeiladu.'" 62 Yna cododd yr archoffeiriad ar ei draed a dweud wrtho, "Onid atebi ddim? Beth am dystiolaeth y

---

26:45 Neu, *Cysgwch bellach a gorffwyswch.*   26:50 Neu, *Gyfaill, beth yr wyt yma i'w wneud?*

rhain yn dy erbyn?" ⁶³ Parhaodd Iesu'n fud; a dywedodd yr archoffeiriad wrtho, "Yr wyf yn rhoi siars i ti dyngu yn enw'r Duw byw a dweud wrthym ai ti yw'r Meseia, Mab Duw." ⁶⁴ Dywedodd Iesu wrtho, "Ti a ddywedodd hynny*; ond rwy'n dweud wrthych:

> 'O hyn allan fe welwch Fab y Dyn yn eistedd ar ddeheulaw'r Gallu ac yn dyfod ar gymylau'r nef.'"

⁶⁵ Yna rhwygodd yr archoffeiriad ei ddillad a dweud, "Cabledd! Pa raid i ni wrth dystion bellach? Yr ydych newydd glywed ei gabledd. ⁶⁶ Sut y barnwch chwi?" Atebasant, "Y mae'n haeddu marwolaeth." ⁶⁷ Yna poerasant ar ei wyneb a'i gernodio; trawodd rhai ef ⁶⁸ a dweud, "Proffwyda i ni, Feseia! Pwy a'th drawodd?"

Pedr yn Gwadu Iesu

Mc. 14:66–72; Lc. 22:56–62; In. 18:15–18, 25–27

⁶⁹ Yr oedd Pedr yn eistedd y tu allan yn y cyntedd. A daeth un o'r morynion ato a dweud, "Yr oeddit tithau hefyd gyda Iesu'r Galilead." ⁷⁰ Ond gwadodd ef o flaen pawb a dweud, "Nid wyf yn gwybod am beth yr wyt ti'n sôn." ⁷¹ Ac wedi iddo fynd allan i'r porth, gwelodd morwyn arall ef a dweud wrth y rhai oedd yno, "Yr oedd hwn gyda Iesu'r Nasaread." ⁷² Gwadodd yntau drachefn â llw, "Nid wyf yn adnabod y dyn." ⁷³ Ymhen ychydig, dyma'r rhai oedd yn sefyll yno yn dod at Pedr ac yn dweud wrtho, "Yn wir yr wyt ti hefyd yn un ohonynt, achos y mae dy acen yn dy fradychu." ⁷⁴ Yna dechreuodd yntau regi a thyngu, "Nid wyf yn adnabod y dyn." Ac ar unwaith fe ganodd y ceiliog. ⁷⁵ Cofiodd Pedr y gair a lefarodd Iesu, "Cyn i'r ceiliog ganu, fe'm gwedi i deirgwaith." Aeth allan ac wylo'n chwerw.

Dod â Iesu gerbron Pilat

27 Mc. 15:1; Lc. 23:1–2; In. 18:28–32
Pan ddaeth yn ddydd, cynllwyniodd yr holl brif offeiriaid a henuriaid y bobl yn erbyn Iesu i'w roi i farwolaeth. ² Rhwymasant ef a mynd ag ef ymaith a'i drosglwyddo i Pilat, y rhaglaw.

26:64 Neu, *Fe ddywedaist y gwir.*

Marwolaeth Jwdas

Act. 1:18–19

³ Yna pan welodd Jwdas, ei fradychwr, fod Iesu wedi ei gondemnio, bu'n edifar ganddo ac aeth â'r deg darn arian ar hugain yn ôl at y prif offeiriaid a'r henuriaid. ⁴ Dywedodd, "Pechais trwy fradychu dyn dieuog." "Beth yw hynny i ni?" meddent hwy. "Rhyngot ti a hynny." ⁵ A thaflodd Jwdas yr arian i lawr yn y deml ac ymadael; aeth ymaith, ac fe'i crogodd ei hun. ⁶ Wedi iddynt dderbyn yr arian, dywedodd y prif offeiriaid, "Nid yw'n gyfreithlon ei roi yn nhrysorfa'r deml, gan mai pris gwaed ydyw." ⁷ Ac wedi ymgynghori, prynasant Faes y Crochenydd â'r arian, fel mynwent i ddieithriaid. ⁸ Dyna pam y gelwir y maes hwnnw hyd heddiw yn Faes y Gwaed. ⁹ Felly y cyflawnwyd y gair a lefarwyd trwy Jeremeia'r proffwyd: "Cymerasant y deg darn arian ar hugain, pris y sawl y rhoddodd rhai o blant Israel bris arno, ¹⁰ a'u gwario i brynu maes y crochenydd, fel y gorchmynnodd yr Arglwydd i mi."

Pilat yn Holi Iesu

Mc. 15:2–5; Lc. 23:3–5; In. 18:33–38

¹¹ Safodd Iesu gerbron y rhaglaw; a holodd y rhaglaw ef: "Ai ti yw Brenin yr Iddewon?" Atebodd Iesu, "Ti sy'n dweud hynny.*" ¹² A phan gyhuddwyd ef gan y prif offeiriaid a'r henuriaid, nid atebodd ddim. ¹³ Yna meddai Pilat wrtho, "Onid wyt yn clywed faint o dystiolaeth y maent yn ei dwyn yn dy erbyn?" ¹⁴ Ond ni roes ef iddo ateb i gymaint ag un cyhuddiad, er syndod mawr i'r rhaglaw.

Dedfrydu Iesu i Farwolaeth

Mc. 15:6–15; Lc. 23:13–25; In. 18:39—19:16

¹⁵ Ar yr ŵyl yr oedd y rhaglaw yn arfer rhyddhau i'r dyrfa un carcharor o'u dewis hwy. ¹⁶ A'r pryd hwnnw yr oedd carcharor adnabyddus yn y ddalfa, o'r enw Iesu Barabbas*. ¹⁷ Felly, wedi iddynt ymgynnull, gofynnodd Pilat iddynt, "Pwy a fynnwch i mi ei ryddhau i chwi, Iesu Barabbas* ynteu Iesu a elwir y Meseia?" ¹⁸ Oherwydd gwyddai mai o

---

27:11 Neu, *Yr wyt yn dweud y gwir.*
27:16 Yn ôl darlleniad arall, *o'r enw Barabbas.*
27:17 Yn ôl darlleniad arall, *i chwi, Barabbas.*

genfigen y traddodasant ef. ¹⁹ A thra oedd Pilat yn eistedd ar y brawdle anfonodd ei wraig neges ato, yn dweud, "Paid â chael dim i'w wneud â'r dyn cyfiawn yna, oherwydd cefais lawer o ofid mewn breuddwyd neithiwr o'i achos ef." ²⁰ Ond perswadiodd y prif offeiriaid a'r henuriaid y tyrfaoedd i ofyn am ryddhau Barabbas a rhoi Iesu i farwolaeth. ²¹ Atebodd y rhaglaw gan ofyn iddynt, "Prun o'r ddau a fynnwch i mi ei ryddhau i chwi?" ²² "Barabbas," meddent hwy. "Beth, ynteu, a wnaf â Iesu a elwir y Meseia?" gofynnodd Pilat iddynt. Atebasant i gyd, "Croeshoelier ef." ²³ "Ond pa ddrwg a wnaeth ef?" meddai yntau. Gwaeddasant hwythau yn uwch byth, "Croeshoelier ef." ²⁴ Pan welodd Pilat nad oedd dim yn tycio ond yn hytrach bod cynnwrf yn codi, cymerodd ddŵr, a golchodd ei ddwylo o flaen y dyrfa, a dweud, "Yr wyf fi'n ddieuog o waed y dyn hwn; chwi fydd yn gyfrifol." ²⁵ Ac atebodd yr holl bobl, "Boed ei waed arnom ni ac ar ein plant." ²⁶ Yna rhyddhaodd Pilat iddynt Barabbas, a thraddododd Iesu, ar ôl ei fflangellu, i'w groeshoelio.

Y Milwyr yn Gwatwar Iesu
Mc. 15:16–20; In. 19:2–3

²⁷ Yna cymerodd milwyr y rhaglaw Iesu i'r Praetoriwm a chynnull yr holl fintai o'i gwmpas. ²⁸ Wedi diosg ei ddillad, rhoesant glogyn ysgarlad amdano; ²⁹ plethasant goron o ddrain a'i gosod ar ei ben, a gwialen yn ei law dde. Aethant ar eu gliniau o'i flaen a'i watwar: "Henffych well, Frenin yr Iddewon!" ³⁰ Poerasant arno, a chymryd y wialen a'i guro ar ei ben. ³¹ Ac wedi iddynt ei watwar, tynasant y clogyn oddi amdano a'i wisgo ef â'i ddillad ei hun, a mynd ag ef ymaith i'w groeshoelio.

Croeshoelio Iesu
Mc. 15:21–32; Lc. 23:26–43; In. 19:17–27

³² Wrth fynd allan daethant ar draws dyn o Cyrene o'r enw Simon, a gorfodi hwnnw i gario ei groes ef. ³³ Daethant i le a elwir Golgotha, hynny yw, "Lle Penglog", ³⁴ ac yno rhoesant iddo i'w yfed win wedi ei gymysgu â bustl, ond ar ôl iddo ei brofi, gwrthododd ei yfed. ³⁵ Croeshoeliasant ef, ac yna rhanasant ei ddillad, gan fwrw coelbren, ³⁶ ac eisteddasant yno i'w wylio. ³⁷ Uwch ei ben gosodwyd y cyhuddiad yn ei erbyn mewn ysgrifen: "Hwn yw Iesu, Brenin yr Iddewon." ³⁸ Yna croeshoeliwyd gydag ef ddau leidr, un ar y dde ac un ar y chwith. ³⁹ Yr oedd y rhai oedd yn mynd heibio yn ei gablu ef, yn ysgwyd eu pennau ⁴⁰ ac yn dweud, "Ti sydd am fwrw'r deml i lawr a'i hadeiladu mewn tridiau, achub dy hun, os Mab Duw wyt ti, a disgyn oddi ar y groes." ⁴¹ A'r un modd yr oedd y prif offeiriaid hefyd, ynghyd â'r ysgrifenyddion a'r henuriaid, yn ei watwar ac yn dweud, ⁴² "Fe achubodd eraill; ni all ei achub ei hun. Brenin Israel yn wir! Disgynned yn awr oddi ar y groes ac fe gredwn ynddo. ⁴³ Ymddiriedodd yn Nuw; boed i Dduw ei waredu yn awr, os yw â'i fryd arno, oherwydd dywedodd, 'Mab Duw ydwyf.' " ⁴⁴ Yr un modd, yr oedd hyd yn oed y lladron a groeshoeliwyd gydag ef yn ei wawdio.

Marwolaeth Iesu
Mc. 15:33–41; Lc. 23:44–49; In. 19:28–30

⁴⁵ O ganol dydd, daeth tywyllwch dros yr holl wlad hyd dri o'r gloch y prynhawn. ⁴⁶ A thua thri o'r gloch gwaeddodd Iesu â llef uchel, "Eli, Eli, lema sabachthani", hynny yw, "Fy Nuw, fy Nuw, pam yr wyt wedi fy ngadael?" ⁴⁷ O glywed hyn, meddai rhai o'r sawl oedd yn sefyll yno, "Y mae hwn yn galw ar Elias." ⁴⁸ Ac ar unwaith fe redodd un ohonynt a chymryd ysbwng a'i lenwi â gwin sur a'i ddodi ar flaen gwialen a'i gynnig iddo i'w yfed. ⁴⁹ Ond yr oedd y lleill yn dweud, "Gadewch inni weld a ddaw Elias i'w achub." ⁵⁰ Gwaeddodd Iesu drachefn â llef uchel, a bu farw. ⁵¹ A dyma len y deml yn cael ei rhwygo yn ddwy o'r pen i'r gwaelod. Siglwyd y ddaear a holltwyd y creigiau; ⁵² agorwyd y beddau a chyfodwyd cyrff llawer o'r saint oedd wedi huno. ⁵³ Ac ar ôl atgyfodiad Iesu, daethant allan o'u beddau a mynd i mewn i'r ddinas sanctaidd, ac fe'u gwelwyd gan lawer. ⁵⁴ Ond pan welodd y canwriad, a'r rhai oedd gydag ef yn gwylio Iesu, y daeargryn a'r cwbl oedd yn digwydd, daeth ofn mawr arnynt a

dywedasant, "Yn wir, Mab Duw* oedd hwn." ⁵⁵ Yr oedd yno lawer o wragedd yn edrych o hirbell, rhai oedd wedi canlyn Iesu o Galilea i weini arno; ⁵⁶ yn eu plith yr oedd Mair Magdalen, Mair mam Iago a Joseff, a mam meibion Sebedeus.

Claddu Iesu

Mc. 15:42–47; Lc. 23:50–56; In. 19:38–42

⁵⁷ Pan aeth yn hwyr, daeth dyn cyfoethog o Arimathea o'r enw Joseff, a oedd yntau wedi dod yn ddisgybl i Iesu. ⁵⁸ Aeth hwn at Pilat a gofyn am gorff Iesu; yna gorchmynnodd Pilat ei roi iddo. ⁵⁹ Cymerodd Joseff y corff a'i amdói mewn lliain glân, ⁶⁰ a'i osod yn ei fedd newydd ef ei hun, yr oedd wedi ei naddu yn y graig. Yna treiglodd faen mawr wrth ddrws y bedd ac aeth ymaith. ⁶¹ Ac yr oedd Mair Magdalen a'r Fair arall yno yn eistedd gyferbyn â'r bedd.

Y Gwarchodlu wrth y Bedd

⁶² Trannoeth, y dydd ar ôl y Paratoad, daeth y prif offeiriaid a'r Phariseaid ynghyd at Pilat ⁶³ a dweud, "Syr, daeth i'n cof fod y twyllwr yna, pan oedd eto'n fyw, wedi dweud, 'Ar ôl tridiau fe'm cyfodir.' ⁶⁴ Felly rho orchymyn i'r bedd gael ei warchod yn ddiogel hyd y trydydd dydd, rhag i'w ddisgyblion ddod a'i ladrata a dweud wrth y bobl, 'Y mae wedi ei gyfodi oddi wrth y meirw', ac felly bod y twyll olaf yn waeth na'r cyntaf." ⁶⁵ Dywedodd Pilat wrthynt, "Cymerwch warchodlu; ewch a gwnewch y bedd mor ddiogel ag y gallwch." ⁶⁶ Aethant hwythau a diogelu'r bedd trwy selio'r maen, a gosod y gwarchodlu wrth law.

Atgyfodiad Iesu

28 Mc. 16:1–8; Lc. 24:1–12; In. 20:1–10

Ar ôl y Saboth, a dydd cyntaf yr wythnos ar wawrio, daeth Mair Magdalen a'r Fair arall i edrych ar y bedd. ² A bu daeargryn mawr; daeth angel yr Arglwydd i lawr o'r nef, ac aeth at y maen a'i dreiglo i ffwrdd ac eistedd arno. ³ Yr oedd ei wedd fel mellten a'i wisg yn wyn fel eira. ⁴ Yn eu dychryn o'i weld, crynodd y gwarchodwyr, ac aethant fel rhai marw. ⁵ Ond llefarodd yr angel wrth y gwragedd: "Peidiwch chwi ag ofni," meddai. "Gwn mai ceisio Iesu, a groeshoeliwyd, yr ydych. ⁶ Nid yw ef yma, oherwydd y mae wedi ei gyfodi, fel y dywedodd y byddai; dewch i weld y man lle y bu'n gorwedd. ⁷ Ac yna ewch ar frys i ddweud wrth ei ddisgyblion, 'Y mae wedi ei gyfodi oddi wrth y meirw, ac yn awr y mae'n mynd o'ch blaen chwi i Galilea; yno y gwelwch ef.' Dyna fy neges i chwi." ⁸ Aethant ymaith ar frys oddi wrth y bedd, mewn ofn a llawenydd mawr, a rhedeg i ddweud wrth ei ddisgyblion. ⁹ A dyma Iesu'n cyfarfod â hwy a dweud, "Henffych well!" Aethant ato a gafael yn ei draed a'i addoli. ¹⁰ Yna meddai Iesu wrthynt, "Peidiwch ag ofni; ewch a dywedwch wrth fy mrodyr am fynd i Galilea, ac yno fe'm gwelant i."

Adroddiad y Gwarchodlu

¹¹ Tra oedd y gwragedd ar eu ffordd, dyma rai o'r gwarchodlu yn mynd i'r ddinas ac yn dweud wrth y prif offeiriaid am yr holl bethau a ddigwyddodd. ¹² Ac wedi iddynt ymgynnull gyda'r henuriaid ac ymgynghori, rhoesant swm sylweddol o arian i'r milwyr, ¹³ gan ddweud wrthynt, "Dywedwch fod ei ddisgyblion ef wedi dod yn y nos, a'i ladrata tra oeddech chwi'n cysgu. ¹⁴ Ac os daw hyn i glyw y rhaglaw, fe'i perswadiwn ni ef a sicrhau na fydd raid ichwi bryderu." ¹⁵ Cymerodd y milwyr yr arian a gwneud fel y cawsant eu cyfarwyddo. Taenwyd y stori hon ar led ymysg Iddewon hyd y dydd heddiw.

Rhoi Comisiwn i'r Disgyblion

Mc. 16;14–18; Lc. 24:36–49; In. 20:19–23; Act. 1:9–11

¹⁶ Aeth yr un disgybl ar ddeg i Galilea i'r mynydd lle y trefnodd Iesu iddynt fod; ¹⁷ a phan welsant ef addolasant ef, er bod rhai yn amau. ¹⁸ Daeth Iesu atynt a llefaru wrthynt: "Rhoddwyd i mi," meddai, "bob awdurdod yn y nef ac ar y ddaear. ¹⁹ Ewch, gan hynny, a gwnewch ddisgyblion o'r holl genhedloedd, gan eu bedyddio hwy yn enw'r Tad a'r Mab a'r Ysbryd Glân, ²⁰ a dysgu iddynt gadw'r holl orchmynion a roddais i chwi. Ac yn awr, yr wyf fi gyda chwi yn wastad hyd ddiwedd amser."

27:54 Neu, *mab i Dduw*.

YR EFENGYL YN ÔL
MARC

Pregethu Ioan Fedyddiwr

1 Mth. 3:1–12; Lc. 3:1–9, 15–17; In. 1:19–28

Dechrau Efengyl Iesu Grist, Mab Duw*. ² Fel y mae'n ysgrifenedig yn y proffwyd Eseia*:

"Wele fi'n anfon fy nghennad o'th
  flaen
i baratoi dy ffordd.
³ Llais un yn galw yn yr anialwch,
'Paratowch ffordd yr Arglwydd,
  unionwch y llwybrau iddo' "—

⁴ ymddangosodd Ioan Fedyddiwr yn yr anialwch, yn* cyhoeddi bedydd edifeirwch yn foddion maddeuant pechodau. ⁵ Ac yr oedd holl wlad Jwdea, a holl drigolion Jerwsalem, yn mynd allan ato, ac yn cael eu bedyddio ganddo yn afon Iorddonen, gan gyffesu eu pechodau. ⁶ Yr oedd Ioan wedi ei wisgo mewn dillad o flew camel a gwregys o groen am ei ganol, a locustiaid a mêl gwyllt oedd ei fwyd. ⁷ A dyma'i genadwri: "Y mae un cryfach na mi yn dod ar f'ôl i. Nid wyf fi'n deilwng i blygu a datod carrai ei sandalau ef. ⁸ Â dŵr y bedyddiais i chwi, ond â'r Ysbryd Glân y bydd ef yn eich bedyddio."

Bedydd Iesu

Mth. 3:13–17; Lc. 3:21–22

⁹ Yn y dyddiau hynny daeth Iesu o Nasareth Galilea, a bedyddiwyd ef yn afon Iorddonen gan Ioan. ¹⁰ Ac yna, wrth iddo godi allan o'r dŵr, gwelodd y nefoedd yn rhwygo'n agored a'r Ysbryd fel colomen yn disgyn arno. ¹¹ A daeth llais o'r nefoedd: "Ti yw fy Mab, yr Anwylyd; ynot ti yr wyf yn ymhyfrydu."

Temtiad Iesu

Mth. 4:1–11; Lc. 4:1–13

¹² Ac yna gyrrodd yr Ysbryd ef ymaith i'r anialwch, ¹³ a bu yn yr anialwch am ddeugain diwrnod yn cael ei demtio gan Satan. Yr oedd yng nghanol yr anifeiliaid gwylltion, a'r angylion oedd yn gweini arno.

Dechrau'r Weinidogaeth yng Ngalilea

Mth. 4:12–17; Lc. 4:14–15

¹⁴ Wedi i Ioan gael ei garcharu daeth Iesu i Galilea gan gyhoeddi Efengyl Duw a dweud: ¹⁵ "Y mae'r amser wedi ei gyflawni ac y mae teyrnas Dduw wedi dod yn agos. Edifarhewch a chredwch yr Efengyl."

Galw Pedwar Pysgotwr

Mth. 4:18–22; Lc. 5:1–11

¹⁶ Wrth gerdded ar lan Môr Galilea gwelodd Iesu Simon a'i frawd Andreas yn bwrw rhwyd i'r môr; pysgotwyr oeddent. ¹⁷ Dywedodd Iesu wrthynt, "Dewch ar fy ôl i, ac fe'ch gwnaf yn bysgotwyr dynion." ¹⁸ A gadawsant eu rhwydau ar unwaith a'i ganlyn ef. ¹⁹ Wedi iddo fynd ymlaen ychydig gwelodd Iago fab Sebedeus ac Ioan ei frawd; yr oeddent wrthi'n cyweirio'r rhwydau yn y cwch. ²⁰ Galwodd hwythau ar unwaith, a chan adael eu tad Sebedeus yn y cwch gyda'r gweision, aethant ymaith ar ei ôl ef.

Y Dyn ag Ysbryd Aflan ynddo

Lc. 4:31–37

²¹ Daethant i Gapernaum, ac yna, ar y Saboth, aeth ef i mewn i'r synagog a dechrau dysgu. ²² Yr oedd y bobl yn synnu at yr hyn yr oedd yn ei ddysgu, oherwydd yr oedd yn eu dysgu fel un ag awdurdod ganddo, ac nid fel yr ysgrifenyddion. ²³ Yn eu synagog yr oedd dyn ag ysbryd aflan ynddo. Gwaeddodd hwnnw, ²⁴ gan ddweud, "Beth sydd a fynni di â ni, Iesu o

---

1:1 Yn ôl darlleniad arall gadewir allan *Mab Duw*.
1:2 Yn ôl darlleniad arall, *yn y proffwydi*.
1:4 Yn ôl darlleniad arall, *Ioan yn bedyddio yn yr anialwch ac yn*.

Nasareth? A wyt ti wedi dod i'n difetha ni? Mi wn pwy wyt ti—Sanct Duw." ²⁵ Ceryddodd Iesu ef â'r geiriau: "Taw, a dos allan ohono." ²⁶ A chan ei ysgytian a rhoi bloedd uchel, aeth yr ysbryd aflan allan ohono. ²⁷ Syfrdanwyd pawb, nes troi a holi ei gilydd, "Beth yw hyn? Dyma ddysgeidiaeth newydd ac iddi awdurdod! Y mae hwn yn gorchymyn hyd yn oed yr ysbrydion aflan, a hwythau'n ufuddhau iddo." ²⁸ Ac aeth y sôn amdano ar led ar unwaith trwy holl gymdogaeth Galilea.

Iacháu Llawer

Mth. 8:14–17; Lc. 4:38–41

²⁹ Ac yna, wedi dod allan o'r synagog, aethant i dŷ Simon ac Andreas gydag Iago ac Ioan. ³⁰ Ac yr oedd mam-yng-nghyfraith Simon yn gorwedd yn wael dan dwymyn. Dywedasant wrtho amdani yn ddi-oed; ³¹ aeth yntau ati a gafael yn ei llaw a'i chodi. Gadawodd y dwymyn hi, a dechreuodd hithau weini arnynt. ³² Gyda'r nos, a'r haul wedi machlud, yr oeddent yn dwyn ato yr holl gleifion a'r rhai oedd wedi eu meddiannu gan gythreuliaid. ³³ Ac yr oedd yr holl dref wedi ymgynnull wrth y drws. ³⁴ Iachaodd ef lawer oedd yn glaf dan amrywiol afiechydon, a bwriodd allan lawer o gythreuliaid, ac ni adawai i'r cythreuliaid ddweud gair, oherwydd eu bod yn ei adnabod.

Taith Bregethu

Lc. 4:42–44

³⁵ Bore trannoeth yn gynnar iawn, cododd ef ac aeth allan. Aeth ymaith i le unig, ac yno yr oedd yn gweddïo. ³⁶ Aeth Simon a'i gymdeithion i chwilio amdano; ³⁷ ac wedi dod o hyd iddo dywedasant wrtho, "Y mae pawb yn dy geisio di." ³⁸ Dywedodd yntau wrthynt, "Awn ymlaen i'r trefi nesaf, imi gael pregethu yno hefyd; oherwydd i hynny y deuthum allan." ³⁹ Ac fe aeth drwy holl Galilea gan bregethu yn eu synagogau hwy a bwrw allan gythreuliaid.

Glanhau Dyn Gwahanglwyfus

Mth. 8:1–4; Lc. 5:12–16

⁴⁰ Daeth dyn gwahanglwyfus ato ac erfyn arno ar ei liniau a dweud, "Os mynni, gelli fy nglanhau." ⁴¹ A chan dosturio* estynnodd ef ei law a chyffwrdd ag ef a dweud wrtho, "Yr wyf yn mynnu, glanhaer di." ⁴² Ymadawodd y gwahanglwyf ag ef ar unwaith, a glanhawyd ef. ⁴³ Ac wedi ei rybuddio'n llym gyrrodd Iesu ef ymaith ar ei union, ⁴⁴ a dweud wrtho, "Gwylia na ddywedi ddim wrth neb, ond dos a dangos dy hun i'r offeiriad, ac offryma dros dy lanhad yr hyn a orchmynnodd Moses, yn dystiolaeth gyhoeddus." ⁴⁵ Ond aeth yntau allan a dechrau rhoi'r hanes i gyd ar goedd a'i daenu ar led, fel na allai Iesu mwyach fynd i mewn yn agored i unrhyw dref. Yr oedd yn aros y tu allan, mewn lleoedd unig, ac eto yr oedd pobl yn dod ato o bob cyfeiriad.

Iacháu Dyn wedi ei Barlysu

Mth. 9:1–8; Lc. 5:17–26

2 Pan ddychwelodd i Gapernaum ymhen rhai dyddiau, aeth y newydd ar led ei fod gartref. ² Daeth cynifer ynghyd fel nad oedd mwyach le i neb hyd yn oed wrth y drws. Ac yr oedd yn llefaru'r gair wrthynt. ³ Daethant â dyn wedi ei barlysu ato, a phedwar yn ei gario. ⁴ A chan eu bod yn methu dod â'r claf ato oherwydd y dyrfa, agorasant do'r tŷ lle'r oedd, ac wedi iddynt dorri trwodd dyma hwy'n gollwng i lawr y fatras yr oedd y claf yn gorwedd arni. ⁵ Pan welodd Iesu eu ffydd hwy dywedodd wrth y claf, "Fy mab, maddeuwyd dy bechodau." ⁶ Ac yr oedd rhai o'r ysgrifenyddion yn eistedd yno ac yn meddwl ynddynt eu hunain, ⁷ "Pam y mae hwn yn siarad fel hyn? Y mae'n cablu. Pwy ond Duw yn unig a all faddau pechodau?" ⁸ Deallodd Iesu ar unwaith yn ei ysbryd eu bod yn meddwl felly ynddynt eu hunain, ac meddai wrthynt, "Pam yr ydych yn meddwl pethau fel hyn ynoch eich hunain? ⁹ Prun sydd hawsaf, ai dweud wrth y claf, 'Maddeuwyd dy bechodau', ai ynteu dweud, 'Cod, a chymer dy fatras a cherdda'? ¹⁰ Ond er mwyn i chwi wybod fod gan Fab y Dyn awdurdod i faddau pechodau ar y ddaear"—meddai wrth y claf, ¹¹ "Dyma fi'n dweud wrthyt, cod, a

---

1:41 Yn ôl darlleniad arall, *Ac mewn dicter.*

chymer dy fatras a dos adref." ¹² A chododd y dyn, cymryd ei fatras ar ei union a mynd allan yn eu gŵydd hwy oll, nes bod pawb yn synnu ac yn gogoneddu Duw gan ddweud, "Ni welsom erioed y fath beth."

Galw Lefi
Mth. 9:9-13; Lc. 5:27-32

¹³ Aeth allan eto i lan y môr; ac yr oedd yr holl dyrfa'n dod ato, ac yntau'n eu dysgu hwy. ¹⁴ Ac wrth fynd heibio gwelodd Lefi fab Alffeus yn eistedd wrth y dollfa, a dywedodd wrtho, "Canlyn fi." Cododd yntau a chanlynodd ef. ¹⁵ Ac yr oedd wrth bryd bwyd yn ei dŷ, ac yr oedd llawer o gasglwyr trethi ac o bechaduriaid yn cydfwyta gyda Iesu a'i ddisgyblion—oherwydd yr oedd llawer ohonynt yn ei ganlyn ef. ¹⁶ A phan welodd yr ysgrifenyddion o blith y Phariseaid ei fod yn bwyta gyda'r pechaduriaid a'r casglwyr trethi, dywedasant wrth ei ddisgyblion, "Pam y mae ef yn bwyta gyda chasglwyr trethi a phechaduriaid?" ¹⁷ Clywodd Iesu, a dywedodd wrthynt, "Nid ar y cryfion, ond ar y cleifion, y mae angen meddyg; i alw pechaduriaid, nid rhai cyfiawn, yr wyf fi wedi dod."

Holi ynglŷn ag Ymprydio
Mth. 9:14-17; Lc. 5:33-39

¹⁸ Yr oedd disgyblion Ioan a'r Phariseaid yn ymprydio. A daeth rhywrai ato a gofyn iddo, "Pam y mae disgyblion Ioan a disgyblion y Phariseaid yn ymprydio, ond dy ddisgyblion di ddim yn ymprydio?" ¹⁹ Dywedodd Iesu wrthynt, "A all gwesteion priodas ymprydio tra bydd y priodfab gyda hwy? Cyhyd ag y mae ganddynt y priodfab gyda hwy, ni allant ymprydio. ²⁰ Ond fe ddaw dyddiau pan ddygir y priodfab oddi wrthynt, ac yna fe ymprydiant y diwrnod hwnnw.
²¹ "Ni fydd neb yn gwnïo clwt o frethyn heb ei bannu ar hen ddilledyn; os gwna, fe dynn y clwt wrth y dilledyn, y newydd wrth yr hen, ac fe â'r rhwyg yn waeth. ²² Ac ni fydd neb yn tywallt gwin newydd i hen grwyn; os gwna, fe rwyga'r gwin y crwyn ac fe gollir y gwin a'r crwyn hefyd. Ond y maent yn rhoi gwin newydd mewn crwyn newydd."

Tynnu Tywysennau ar y Saboth
Mth. 12:1-8; Lc. 6:1-5

²³ Un Saboth yr oedd yn mynd trwy'r caeau ŷd, a dechreuodd ei ddisgyblion dynnu'r tywysennau wrth fynd. ²⁴ Ac meddai'r Phariseaid wrtho, "Edrych, pam y maent yn gwneud peth sy'n groes i'r Gyfraith ar y Saboth?" ²⁵ Dywedodd yntau wrthynt, "Onid ydych chwi erioed wedi darllen beth a wnaeth Dafydd, pan oedd mewn angen, ac eisiau bwyd arno ef a'r rhai oedd gydag ef? ²⁶ Sut yr aeth i mewn i dŷ Dduw, yn amser Abiathar yr archoffeiriad, a bwyta'r torthau cysegredig nad yw'n gyfreithlon i neb eu bwyta ond yr offeiriaid; ac fe'u rhoddodd hefyd i'r rhai oedd gydag ef?" ²⁷ Dywedodd wrthynt hefyd, "Y Saboth a wnaethpwyd er mwyn dyn, ac nid dyn er mwyn y Saboth. ²⁸ Felly y mae Mab y Dyn yn arglwydd hyd yn oed ar y Saboth."

Y Dyn â'r Llaw Ddiffrwyth

3 Mth. 12:9-14; Lc. 6:6-11

Aeth i mewn eto i'r synagog, ac yno yr oedd dyn a chanddo law wedi gwywo. ² Ac yr oeddent â'u llygaid arno i weld a fyddai'n iacháu'r dyn ar y Saboth, er mwyn cael cyhuddiad i'w ddwyn yn ei erbyn. ³ A dywedodd wrth y dyn â'r llaw ddiffrwyth, "Saf yn y canol." ⁴ Yna dywedodd wrthynt, "A yw'n gyfreithlon gwneud da ar y Saboth, ynteu gwneud drwg, achub bywyd, ynteu lladd?" Yr oeddent yn fud. ⁵ Yna edrychodd o gwmpas arnynt mewn dicter, yn drist oherwydd eu hystyfnigrwydd, a dywedodd wrth y dyn, "Estyn dy law." Estynnodd yntau hi, a gwnaed ei law yn iach. ⁶ Ac fe aeth y Phariseaid allan ar eu hunion a chynllwyn â'r Herodianiaid yn ei erbyn, sut i'w ladd.

Tyrfa ar Lan y Môr

⁷ Aeth Iesu ymaith gyda'i ddisgyblion i lan y môr, ac fe ddilynodd tyrfa fawr o Galilea. ⁸ Ac o Jwdea a Jerwsalem, o Idwmea a'r tu hwnt i'r Iorddonen a chylch Tyrus a Sidon, daeth tyrfa fawr ato, wedi iddynt glywed y fath bethau mawr yr oedd ef yn eu gwneud. ⁹ A dywedodd wrth ei ddisgyblion am gael cwch yn barod iddo rhag i'r dyrfa wasgu

arno. ¹⁰ Oherwydd yr oedd wedi iacháu llawer, ac felly yr oedd yr holl gleifion yn ymwthio ato i gyffwrdd ag ef. ¹¹ Pan fyddai'r ysbrydion aflan yn ei weld, byddent yn syrthio o'i flaen ac yn gweiddi, "Ti yw Mab Duw." ¹² A byddai yntau yn eu rhybuddio hwy yn bendant i beidio â'i wneud yn hysbys.

Dewis y Deuddeg
Mth. 10:1–4; Lc. 6:12–16

¹³ Aeth i fyny i'r mynydd a galwodd ato y rhai a fynnai ef, ac aethant ato. ¹⁴ Penododd ddeuddeg* er mwyn iddynt fod gydag ef, ac er mwyn eu hanfon hwy i bregethu ¹⁵ ac i feddu awdurdod i fwrw allan gythreuliaid. ¹⁶ Felly y penododd y Deuddeg, ac ar Simon rhoes yr enw Pedr; ¹⁷ yna Iago fab Sebedeus, ac Ioan brawd Iago, a rhoes arnynt hwy yr enw Boanerges, hynny yw, "Meibion y Daran"; ¹⁸ ac Andreas a Philip a Bartholomeus a Mathew a Thomas, ac Iago fab Alffeus, a Thadeus, a Simon y Selot, ¹⁹ a Jwdas Iscariot, yr un a'i bradychodd ef.

Iesu a Beelsebwl
Mth. 12:22–32; Lc. 11:14–23, 12:10

²⁰ Daeth i'r tŷ; a dyma'r dyrfa'n ymgasglu unwaith eto, nes eu bod yn methu cymryd pryd o fwyd hyd yn oed. ²¹ A phan glywodd ei deulu, aethant allan i'w atal ef, oherwydd dweud yr oeddent, "Y mae wedi colli arno'i hun." ²² A'r ysgrifenyddion hefyd, a oedd wedi dod i lawr o Jerwsalem, yr oeddent hwythau'n dweud, "Y mae Beelsebwl ynddo", a, "Trwy bennaeth y cythreuliaid y mae'n bwrw allan gythreuliaid." ²³ Galwodd hwy ato ac meddai wrthynt ar ddamhegion: "Pa fodd y gall Satan fwrw allan Satan? ²⁴ Os bydd teyrnas yn ymrannu yn ei herbyn ei hun, ni all y deyrnas honno sefyll. ²⁵ Ac os bydd tŷ yn ymrannu yn ei erbyn ei hun, ni all y tŷ hwnnw sefyll. ²⁶ Ac os yw Satan wedi codi yn ei erbyn ei hun ac ymrannu, ni all yntau sefyll; y mae ar ben arno. ²⁷ Eithr ni all neb fynd i mewn i dŷ'r un cryf ac ysbeilio'i ddodrefn heb yn gyntaf rwymo'r un cryf; wedyn caiff ysbeilio'i dŷ ef. ²⁸ Yn wir, rwy'n dweud wrthych, maddeuir popeth i blant y ddaear, eu pechodau a'u cableddau, beth bynnag fyddant; ²⁹ ond pwy bynnag a gabla yn erbyn yr Ysbryd Glân, ni chaiff faddeuant byth; y mae'n euog o bechod tragwyddol." ³⁰ Dywedodd hyn oherwydd iddynt ddweud, "Y mae ysbryd aflan ynddo."

Mam a Brodyr Iesu
Mth. 12:46–50; Lc. 8:19–21

³¹ A daeth ei fam ef a'i frodyr, a chan sefyll y tu allan anfonasant ato i'w alw. ³² Yr oedd tyrfa'n eistedd o'i amgylch, ac meddent wrtho, "Dacw dy fam a'th frodyr a'th chwiorydd* y tu allan yn dy geisio." ³³ Atebodd hwy, "Pwy yw fy mam i a'm brodyr?" ³⁴ A chan edrych ar y rhai oedd yn eistedd yn gylch o'i gwmpas, dywedodd, "Dyma fy mam a'm brodyr i. ³⁵ Pwy bynnag sy'n gwneud ewyllys Duw, y mae hwnnw'n frawd i mi, ac yn chwaer, ac yn fam."

Dameg yr Heuwr
Mth. 13:1–9; Lc. 8:4–8

4 Dechreuodd ddysgu eto ar lan y môr. A daeth tyrfa mor fawr ynghyd ato nes iddo fynd ac eistedd mewn cwch ar y môr; ac yr oedd yr holl dyrfa ar y tir wrth ymyl y môr. ² Yr oedd yn dysgu llawer iddynt ar ddamhegion, ac wrth eu dysgu meddai: ³ "Gwrandewch! Aeth heuwr allan i hau. ⁴ Ac wrth iddo hau, syrthiodd peth had ar hyd y llwybr, a daeth yr adar a'i fwyta. ⁵ Syrthiodd peth arall ar dir creigiog, lle ni chafodd fawr o bridd, a thyfodd yn gyflym am nad oedd iddo ddyfnder daear; ⁶ a phan gododd yr haul fe'i llosgwyd, ac am nad oedd iddo wreiddyn fe wywodd. ⁷ Syrthiodd peth arall ymhlith y drain, a thyfodd y drain a'i dagu, ac ni roddodd ffrwyth. ⁸ A syrthiodd hadau eraill ar dir da, a chan dyfu a chynyddu yr oeddent yn ffrwytho ac yn cnydio hyd ddeg ar hugain a hyd drigain a hyd ganwaith cymaint." ⁹ Ac meddai, "Y sawl sydd â chlustiau ganddo i wrando, gwrandawed."

3:14 Yn ôl darlleniad arall ychwanegir *a rhoi'r enw apostolion iddynt*.

3:32 Yn ôl darlleniad arall gadewir allan *a'th chwiorydd*.

Pwrpas y Damhegion
Mth. 13:10–17; Lc. 8:9–10

10 Pan oedd wrtho'i hun, dechreuodd y rhai oedd o'i gwmpas gyda'r Deuddeg ei holi am y damhegion. 11 Ac meddai wrthynt, "I chwi y mae cyfrinach teyrnas Dduw wedi ei rhoi; ond i'r rheini sydd oddi allan y mae popeth ar ddamhegion, 12 fel

'er edrych ac edrych, na welant,
ac er clywed a chlywed, na ddeallant,
rhag iddynt droi'n ôl a derbyn maddeuant.' "

Egluro Dameg yr Heuwr
Mth. 13:18–23; Lc. 8:11–15

13 Ac meddai wrthynt, "Onid ydych yn deall y ddameg hon? Sut ynteu yr ydych yn mynd i ddeall yr holl ddamhegion? 14 Y mae'r heuwr yn hau y gair. 15 Dyma'r rhai ar hyd y llwybr lle'r heuir y gair: cyn gynted ag y clywant, daw Satan ar unwaith a chipio'r gair sydd wedi ei hau ynddynt. 16 A dyma'r rhai sy'n derbyn yr had ar dir creigiog: pan glywant hwy'r gair, derbyniant ef ar eu hunion yn llawen; 17 ond nid oes ganddynt wreiddyn ynddynt eu hunain, a thros dro y maent yn para. Yna pan ddaw gorthrymder neu erlid o achos y gair, fe gwympant ar unwaith. 18 Ac y mae eraill sy'n derbyn yr had ymhlith y drain: dyma'r rhai sydd wedi clywed y gair, 19 ond y mae gofalon y byd hwn a hudoliaeth golud a chwantau am bopeth o'r fath yn dod i mewn ac yn tagu'r gair, ac y mae'n mynd yn ddiffrwyth. 20 A dyma'r rheini a dderbyniodd yr had ar dir da: y maent hwy'n clywed y gair ac yn ei groesawu, ac yn dwyn ffrwyth hyd ddeg ar hugain a hyd drigain a hyd ganwaith cymaint."

Goleuni dan Lestr
Lc. 8:16–18

21 Dywedodd wrthynt, "A fydd rhywun yn dod â channwyll i'w dodi dan lestr neu dan wely? Onid yn hytrach i'w dodi ar ganhwyllbren? 22 Oherwydd nid oes dim yn guddiedig ond i gael ei amlygu, ac ni bu dim dan gêl ond i ddod i'r amlwg.

23 Os oes gan rywun glustiau i wrando, gwrandawed."

24 Dywedodd wrthynt hefyd, "Ystyriwch yr hyn a glywch. Â'r mesur y rhowch y rhoir i chwithau, a rhagor a roir ichwi. 25 Oherwydd i'r sawl y mae ganddo y rhoir, ac oddi ar y sawl nad oes ganddo y cymerir hyd yn oed hynny sydd ganddo."

Dameg yr Had yn Tyfu

26 Ac meddai, "Fel hyn y mae teyrnas Dduw: bydd dyn yn bwrw'r had ar y ddaear 27 ac yna'n cysgu'r nos a chodi'r dydd, a'r had yn egino ac yn tyfu mewn modd nas gŵyr ef. 28 Ohoni ei hun y mae'r ddaear yn dwyn ffrwyth, eginyn yn gyntaf, yna tywysen, yna ŷd llawn yn y dywysen. 29 A phan fydd y cnwd wedi aeddfedu, y mae'n bwrw iddi ar unwaith â'r cryman, gan fod y cynhaeaf wedi dod."

Dameg yr Hedyn Mwstard
Mth. 13:31–32; Lc. 13:18–19

30 Meddai eto, "Pa fodd y cyffelybwn deyrnas Dduw, neu ar ba ddameg y cyflwynwn hi? 31 Y mae'n debyg i hedyn mwstard; pan heuir ef ar y ddaear, hwn yw'r lleiaf o'r holl hadau sydd ar y ddaear, 32 ond wedi ei hau, y mae'n tyfu ac yn mynd yn fwy na'r holl lysiau, ac yn dwyn canghennau mor fawr nes bod adar yr awyr yn gallu nythu dan ei gysgod."

Arfer Damhegion
Mth. 13:34–35

33 Ar lawer o'r fath ddamhegion yr oedd ef yn llefaru'r gair wrthynt, yn ôl fel y gallent wrando; 34 heb ddameg ni fyddai'n llefaru dim wrthynt. Ond o'r neilltu byddai'n egluro popeth i'w ddisgyblion ei hun.

Gostegu Storm
Mth. 8:23–27; Lc. 8:22–25

35 A'r diwrnod hwnnw, gyda'r nos, dywedodd wrthynt, "Awn drosodd i'r ochr draw." 36 A gadawsant y dyrfa, a mynd ag ef yn y cwch fel yr oedd; yr oedd cychod eraill hefyd gydag ef. 37 Cododd tymestl fawr o wynt, ac yr oedd y tonnau'n ymdaflu i'r cwch, nes ei fod erbyn hyn yn llenwi. 38 Yr oedd ef yn

starn y cwch yn cysgu ar glustog. Deffroesant ef a dweud wrtho, "Athro, a wyt ti'n hidio dim ei bod ar ben arnom?" [39] Ac fe ddeffrôdd a cheryddu'r gwynt a dweud wrth y môr, "Bydd ddistaw! Bydd dawel!" Gostegodd y gwynt, a bu tawelwch mawr. [40] A dywedodd wrthynt, "Pam y mae arnoch ofn? Sut yr ydych heb ffydd o hyd?" [41] Daeth ofn dirfawr arnynt, ac meddent wrth ei gilydd, "Pwy ynteu yw hwn? Y mae hyd yn oed y gwynt a'r môr yn ufuddhau iddo."

Iacháu'r Dyn oedd ym meddiant Cythreuliaid yn Gerasa

5 Mth. 8:28–34; Lc. 8:26–39

Daethant i'r ochr draw i'r môr i wlad y Geraseniaid*. [2] A phan ddaeth allan o'r cwch, ar unwaith daeth i'w gyfarfod o blith y beddau ddyn ag ysbryd aflan ynddo. [3] Yr oedd hwn yn cartrefu ymhlith y beddau, ac ni allai neb mwyach ei rwymo hyd yn oed â chadwyn, [4] oherwydd yr oedd wedi cael ei rwymo'n fynych â llyffetheiriau ac â chadwynau, ond yr oedd y cadwynau wedi eu rhwygo ganddo a'r llyffetheiriau wedi eu dryllio; ac ni fedrai neb ei ddofi. [5] Ac yn wastad, nos a dydd, ymhlith y beddau ac ar y mynyddoedd, byddai'n gweiddi ac yn ei anafu ei hun â cherrig. [6] A phan welodd Iesu o bell, rhedodd a syrthio ar ei liniau o'i flaen, [7] a gwaeddodd â llais uchel, "Beth sydd a fynni di â mi, Iesu, Mab y Duw Goruchaf? Yn enw Duw, paid â'm poenydio." [8] Oherwydd yr oedd Iesu wedi dweud wrtho, "Dos allan, ysbryd aflan, o'r dyn." [9] A gofynnodd iddo, "Beth yw dy enw?" Meddai yntau wrtho, "Lleng yw fy enw, oherwydd y mae llawer ohonom." [10] Ac yr oedd yn ymbil yn daer arno beidio â'u gyrru allan o'r wlad.

[11] Yr oedd yno ar lethr y mynydd genfaint fawr o foch yn pori. [12] Ac ymbiliodd yr ysbrydion aflan arno, "Anfon ni i'r moch; gad i ni fynd i mewn iddynt hwy." [13] Ac fe ganiataodd iddynt. Aeth yr ysbrydion aflan allan o'r dyn ac i mewn i'r moch; a rhuthrodd y genfaint dros y dibyn i'r môr, tua dwy fil ohonynt, a boddi yn y môr. [14] Ffodd bugeiliaid y moch ac adrodd yr hanes yn y dref ac yn y wlad, a daeth y bobl i weld beth oedd wedi digwydd. [15] Daethant at Iesu a gweld y dyn, hwnnw yr oedd y lleng cythreuliaid wedi bod ynddo, yn eistedd â'i ddillad amdano ac yn ei iawn bwyll; a daeth arnynt ofn. [16] Adroddwyd wrthynt gan y rhai oedd wedi gweld beth oedd wedi digwydd i'r dyn ym meddiant cythreuliaid, a'r hanes am y moch hefyd. [17] A dechreusant erfyn arno fynd ymaith o'u gororau. [18] Ac wrth iddo fynd i mewn i'r cwch, yr oedd y dyn a oedd wedi bod ym meddiant y cythreuliaid yn erfyn arno am gael bod gydag ef. [19] Ni adawodd iddo, ond meddai wrtho, "Dos adref at dy bobl dy hun a mynega iddynt gymaint y mae'r Arglwydd wedi ei wneud drosot, a'r modd y tosturiodd wrthyt." [20] Aeth yntau ymaith a dechrau cyhoeddi yn y Decapolis gymaint yr oedd Iesu wedi ei wneud drosto; ac yr oedd pawb yn rhyfeddu.

Merch Jairus, a'r Wraig a Gyffyrddodd â Mantell Iesu

Mth. 9:18–26; Lc. 8:40–56

[21] Wedi i Iesu groesi'n ôl yn y cwch* i'r ochr arall, daeth tyrfa fawr ynghyd ato, ac yr oedd ar lan y môr. [22] Daeth un o arweinwyr y synagog, o'r enw Jairus, a phan welodd ef syrthiodd wrth ei draed [23] ac ymbil yn daer arno: "Y mae fy merch fach," meddai, "ar fin marw. Tyrd a rho dy ddwylo arni, iddi gael ei gwella a byw." [24] Ac aeth Iesu ymaith gydag ef.

Yr oedd tyrfa fawr yn ei ganlyn ac yn gwasgu arno. [25] Ac yr oedd yno wraig ac arni waedlif ers deuddeng mlynedd. [26] Yr oedd wedi dioddef yn enbyd dan driniaeth llawer o feddygon, ac wedi gwario'r cwbl oedd ganddi, a heb gael dim lles ond yn hytrach mynd yn waeth. [27] Yr oedd hon wedi clywed am Iesu, a daeth o'r tu ôl iddo yn y dyrfa a chyffwrdd â'i fantell, [28] oherwydd yr oedd hi wedi dweud, "Os cyffyrddaf hyd yn oed â'i ddillad ef, fe gaf fy iacháu." [29] A sychodd llif ei gwaed hi yn y fan, a daeth

---

5:1 Yn ôl darlleniadau eraill, *Gadareniaid*, neu, *Gergeseniaid*.

5:21 Yn ôl darlleniad arall gadewir allan *yn y cwch*.

hithau i wybod yn ei chorff ei bod wedi ei hiacháu o'i chlwyf. ³⁰ Ac ar unwaith deallodd Iesu ynddo'i hun fod y nerth oedd yn tarddu ynddo wedi mynd allan, a throes yng nghanol y dyrfa, a gofyn, "Pwy gyffyrddodd â'm dillad?" ³¹ Meddai ei ddisgyblion wrtho, "Yr wyt yn gweld y dyrfa'n gwasgu arnat ac eto'n gofyn, 'Pwy gyffyrddodd â mi?' " ³² Ond daliodd ef i edrych o'i gwmpas i weld yr un oedd wedi gwneud hyn. ³³ Daeth y wraig, dan grynu yn ei braw, yn gwybod beth oedd wedi digwydd iddi, a syrthiodd o'i flaen ef a dweud wrtho'r holl wir. ³⁴ Dywedodd yntau wrthi hi, "Ferch, y mae dy ffydd wedi dy iacháu di. Dos mewn tangnefedd, a bydd iach o'th glwyf."

³⁵ Tra oedd ef yn llefaru, daeth rhywrai o dŷ arweinydd y synagog a dweud, "Y mae dy ferch wedi marw; pam yr wyt yn poeni'r Athro bellach?" ³⁶ Ond anwybyddodd Iesu y neges, a dywedodd wrth arweinydd y synagog, "Paid ag ofni, dim ond credu." ³⁷ Ac ni adawodd i neb ganlyn gydag ef ond Pedr ac Iago ac Ioan, brawd Iago. ³⁸ Daethant i dŷ arweinydd y synagog, a gwelodd gynnwrf, a phobl yn wylo ac yn dolefain yn uchel. ³⁹ Ac wedi mynd i mewn dywedodd wrthynt, "Pam yr ydych yn llawn cynnwrf ac yn wylo? Nid yw'r plentyn wedi marw, cysgu y mae." ⁴⁰ Dechreusant chwerthin am ei ben. Gyrrodd yntau bawb allan, a chymryd tad y plentyn a'i mam a'r rhai oedd gydag ef, a mynd i mewn lle'r oedd y plentyn. ⁴¹ Ac wedi gafael yn llaw'r plentyn dyma fe'n dweud wrthi, "Talitha cŵm," sy'n golygu, "Fy ngeneth, rwy'n dweud wrthyt, cod." ⁴² Cododd yr eneth ar unwaith a dechrau cerdded, oherwydd yr oedd yn ddeuddeng mlwydd oed. A thrawyd hwy yn y fan â syndod mawr. ⁴³ A rhoddodd ef orchymyn pendant iddynt nad oedd neb i gael gwybod hyn, a dywedodd am roi iddi rywbeth i'w fwyta.

Gwrthod Iesu yn Nasareth

6 Mth. 13:53–58; Lc. 4:16–30

Aeth oddi yno a daeth i fro ei febyd, a'i ddisgyblion yn ei ganlyn. ² A phan ddaeth y Saboth dechreuodd ddysgu yn y synagog. Yr oedd llawer yn synnu wrth wrando, ac meddent, "O ble y cafodd hwn y pethau hyn? A beth yw'r ddoethineb a roed i hwn, a'r fath weithredoedd nerthol sy'n cael* eu gwneud trwyddo ef? ³ Onid hwn yw'r saer, mab Mair a brawd Iago a Joses a Jwdas a Simon? Ac onid yw ei chwiorydd yma gyda ni?" Yr oedd ef yn peri tramgwydd iddynt. ⁴ Meddai Iesu wrthynt, "Nid yw proffwyd heb anrhydedd ond yn ei fro ei hun ac ymhlith ei geraint ac yn ei gartref." ⁵ Ac ni allai wneud unrhyw wyrth yno, ond rhoi ei ddwylo ar ychydig gleifion a'u hiacháu. ⁶ Rhyfeddodd at eu hanghrediniaeth.

Cenhadaeth y Deuddeg

Mth. 10:1, 5–15; Lc. 9:1–6

Yr oedd yn mynd o amgylch y pentrefi dan ddysgu. ⁷ A galwodd y Deuddeg ato a dechrau eu hanfon allan bob yn ddau. Rhoddodd iddynt awdurdod dros ysbrydion aflan, ⁸ a gorchmynnodd iddynt beidio â chymryd dim ar gyfer y daith ond ffon yn unig; dim bara, dim cod, dim pres yn eu gwregys; ⁹ sandalau am eu traed, ond heb wisgo ail grys. ¹⁰ Ac meddai wrthynt, "Lle bynnag yr ewch i mewn i dŷ, arhoswch yno nes y byddwch yn ymadael â'r ardal. ¹¹ Ac os bydd unrhyw le yn gwrthod eich derbyn, a phobl yn gwrthod gwrando arnoch, ewch allan oddi yno ac ysgydwch ymaith y llwch fydd dan eich traed, yn rhybudd iddynt." ¹² Felly aethant allan a phregethu ar i bobl edifarhau, ¹³ ac yr oeddent yn bwrw allan gythreuliaid lawer, ac yn eneinio llawer o gleifion ag olew ac yn eu hiacháu.

Marwolaeth Ioan Fedyddiwr

Mth. 14:1–12; Lc. 9:7–9

¹⁴ Clywodd y Brenin Herod am hyn, oherwydd yr oedd enw Iesu wedi dod

---

6:2 Yn ôl darlleniad arall, *i hwn, bod gwyrthiau hyd yn oed yn cael.*

yn hysbys. Yr oedd pobl yn dweud, "Ioan Fedyddiwr sydd wedi ei godi oddi wrth y meirw, a dyna pam y mae'r gweithredoedd nerthol ar waith ynddo ef." 15 Yr oedd eraill yn dweud, "Elias ydyw"; ac eraill wedyn, "Proffwyd yw, fel un o'r proffwydi gynt." 16 Ond pan glywodd Herod, dywedodd, "Ioan, yr un y torrais i ei ben, sydd wedi ei gyfodi." 17 Oherwydd yr oedd Herod wedi anfon a dal Ioan, a'i roi yn rhwym yng ngharchar o achos Herodias, gwraig Philip ei frawd, am ei fod wedi ei phriodi. 18 Yr oedd Ioan wedi dweud wrth Herod, "Nid yw'n gyfreithlon iti gael gwraig dy frawd." 19 Ac yr oedd Herodias yn dal dig wrtho ac yn dymuno ei ladd, ond ni allai, 20 oherwydd yr oedd ar Herod ofn Ioan, am ei fod yn gwybod mai gŵr cyfiawn a sanctaidd ydoedd. Yr oedd yn ei gadw dan warchodaeth; a byddai'n gwrando arno'n llawen, er ei fod, ar ôl gwrando, mewn penbleth fawr.* 21 Daeth cyfle un diwrnod, pan wnaeth Herod wledd ar ei ben-blwydd i'w bendefigion a'i gadfridogion a gwŷr blaenllaw Galilea. 22 Daeth merch* Herodias i mewn, a dawnsio a phlesio Herod a'i westeion. Dywedodd y brenin wrth yr eneth, "Gofyn imi am y peth a fynni, ac fe'i rhof iti." 23 A gwnaeth lw difrifol iddi, "Beth bynnag a ofynni gennyf, rhof ef iti, hyd at hanner fy nheyrnas." 24 Aeth allan a dywedodd wrth ei mam, "Am beth y caf ofyn?" Dywedodd hithau, "Pen Ioan Fedyddiwr." 25 A brysiodd yr eneth ar unwaith i mewn at y brenin a gofyn, "Yr wyf am iti roi imi, y munud yma, ben Ioan Fedyddiwr ar ddysgl." 26 Aeth y brenin yn drist iawn, ond oherwydd ei lw, ac oherwydd y gwesteion, penderfynodd beidio â thorri ei air iddi. 27 Ac yna anfonodd y brenin ddienyddiwr a gorchymyn iddo ddod â phen Ioan. Fe aeth hwnnw, a thorrodd ei ben ef yn y carchar, 28 a dod ag ef ar ddysgl a'i roi i'r eneth; a rhoddodd yr eneth ef i'w mam. 29 A phan glywodd ei ddisgyblion, daethant, a mynd â'i gorff ymaith a'i ddodi mewn bedd.

Porthi'r Pum Mil
Mth. 14:13-21; Lc. 9:10-17; In. 6:1-14

30 Daeth yr apostolion ynghyd at Iesu a dweud wrtho am yr holl bethau yr oeddent wedi eu gwneud a'u dysgu. 31 A dywedodd wrthynt, "Dewch chwi eich hunain o'r neilltu i le unig a gorffwyswch am dipyn." Oherwydd yr oedd llawer yn mynd a dod, ac nid oedd cyfle iddynt hyd yn oed i fwyta. 32 Ac aethant ymaith yn y cwch i le unig o'r neilltu. 33 Gwelodd llawer hwy'n mynd, a'u hadnabod, a rhedasant ynghyd i'r fan, dros y tir o'r holl drefi, a chyrraedd o'u blaen. 34 Pan laniodd Iesu gwelodd dyrfa fawr, a thosturiodd wrthynt am eu bod fel defaid heb fugail; a dechreuodd ddysgu llawer iddynt. 35 Pan oedd hi eisoes wedi mynd yn hwyr ar y dydd daeth ei ddisgyblion ato a dweud, "Y mae'r lle yma'n unig ac y mae hi eisoes yn hwyr. 36 Gollwng hwy, iddynt fynd i'r wlad a'r pentrefi o amgylch i brynu tipyn o fwyd iddynt eu hunain." 37 Atebodd yntau hwy, "Rhowch chwi rywbeth i'w fwyta iddynt." Meddent wrtho, "A ydym i fynd i brynu bara gwerth dau gant o ddarnau arian*, a'i roi iddynt i'w fwyta?" 38 Meddai yntau wrthynt, "Pa sawl torth sydd gennych? Ewch i edrych." Ac wedi cael gwybod dywedasant, "Pump, a dau bysgodyn." 39 Gorchmynnodd iddynt beri i bawb eistedd yn gwmnïoedd ar y glaswellt. 40 Ac eisteddasant yn rhesi, bob yn gant a hanner cant. 41 Yna cymerodd y pum torth a'r ddau bysgodyn, a chan edrych i fyny i'r nef a bendithio, torrodd y torthau a'u rhoi i'w ddisgyblion i'w gosod gerbron y bobl; rhannodd hefyd y ddau bysgodyn rhwng pawb. 42 Bwytasant oll a chael digon. 43 A chodasant ddeuddeg basgedaid o dameidiau bara, a pheth o'r pysgod. 44 Ac yr oedd y rhai oedd wedi bwyta'r torthau yn bum mil o wŷr.

6:20 Yn ôl darlleniad arall, *ac wedi gwrando arno, byddai'n gwneud llawer o bethau, a pharhau i wrando arno'n llawen.*
6:22 Yn ôl darlleniad arall, *ei ferch.*

6:37 Neu, *dau gan denarius.* Gw. nodyn ar Mth. 18:28.

Cerdded ar y Dŵr

Mth. 14:22–33; In. 6:15–21

⁴⁵ Yna'n ddi-oed gwnaeth i'w ddisgyblion fynd i'r cwch a hwylio o'i flaen i'r ochr draw, i Bethsaida, tra byddai ef yn gollwng y dyrfa. ⁴⁶ Ac wedi canu'n iach iddynt aeth ymaith i'r mynydd i weddïo. ⁴⁷ Pan aeth hi'n hwyr yr oedd y cwch ar ganol y môr, ac yntau ar ei ben ei hun ar y tir. ⁴⁸ A gwelodd hwy mewn helbul wrth rwyfo, oherwydd yr oedd y gwynt yn eu herbyn, a rhywbryd rhwng tri a chwech o'r gloch y bore daeth ef atynt dan gerdded ar y môr. Yr oedd am fynd heibio iddynt; ⁴⁹ ond pan welsant ef yn cerdded ar y môr, tybiasant mai drychiolaeth ydoedd, a gwaeddasant, ⁵⁰ oherwydd gwelodd pawb ef, a dychrynwyd hwy. Siaradodd yntau â hwy ar unwaith a dweud wrthynt, "Codwch eich calon; myfi yw; peidiwch ag ofni." ⁵¹ Dringodd i'r cwch atynt, a gostegodd y gwynt. Yr oedd eu syndod yn fawr dros ben, ⁵² oblegid nid oeddent wedi deall ynglŷn â'r torthau; yr oedd eu meddwl wedi caledu.

Iacháu'r Cleifion yn Genesaret

Mth. 14:34–36

⁵³ Wedi croesi at y tir daethant i Genesaret ac angori wrth y lan. ⁵⁴ Pan ddaethant allan o'r cwch, adnabu'r bobl ef ar unwaith, ⁵⁵ a dyma redeg o amgylch yr holl fro honno a dechrau cludo'r cleifion ar fatresi i ble bynnag y clywent ei fod ef. ⁵⁶ A phle bynnag y byddai'n mynd, i bentrefi neu i drefi neu i'r wlad, yr oeddent yn gosod y rhai oedd yn wael yn y marchnadleoedd, ac yn erfyn arno am iddynt gael dim ond cyffwrdd ag ymyl ei fantell. A phawb a gyffyrddodd ag ef, iachawyd hwy.

Traddodiad yr Hynafiaid

Mth. 15:1–20

7 Ymgasglodd y Phariseaid ato, a rhai ysgrifenyddion oedd wedi dod o Jerwsalem. ² A gwelsant fod rhai o'i ddisgyblion ef yn bwyta'u bwyd â dwylo halogedig, hynny yw, heb eu golchi. ³ (Oherwydd nid yw'r Phariseaid, na neb o'r Iddewon, yn bwyta heb olchi eu dwylo hyd yr arddwrn*, gan lynu wrth draddodiad yr hynafiaid; ⁴ ac ni fyddant byth yn bwyta, ar ôl dod o'r farchnad, heb ymolchi; ac y mae llawer o bethau eraill a etifeddwyd ganddynt i'w cadw, megis golchi cwpanau ac ystenau a llestri pres*.) ⁵ Gofynnodd y Phariseaid a'r ysgrifenyddion iddo, "Pam nad yw dy ddisgyblion di'n dilyn traddodiad yr hynafiaid, ond yn bwyta'u bwyd â dwylo halogedig?" ⁶ Dywedodd yntau wrthynt, "Da y proffwydodd Eseia amdanoch chwi ragrithwyr, fel y mae'n ysgrifenedig:

> 'Y mae'r bobl hyn yn fy anrhydeddu
> â'u gwefusau,
> ond y mae eu calon ymhell oddi
> wrthyf;
> ⁷ yn ofer y maent yn fy addoli,
> gan ddysgu gorchmynion dynol fel
> athrawiaethau.'

⁸ Yr ydych yn anwybyddu gorchymyn Duw ac yn glynu wrth draddodiad dynol." ⁹ Meddai hefyd wrthynt, "Rhai da ydych chwi am wrthod gorchymyn Duw er mwyn cadarnhau eich traddodiad eich hunain. ¹⁰ Oherwydd dywedodd Moses, 'Anrhydedda dy dad a'th fam', a, 'Bydded farw'n gelain y sawl a felltithia ei dad neu ei fam.' ¹¹ Ond yr ydych chwi'n dweud, 'Os dywed rhywun wrth ei dad neu ei fam, "Corban (hynny yw, Offrwm i Dduw) yw beth bynnag y gallasit ei dderbyn yn gymorth gennyf fi",' ¹² ni adewch iddo mwyach wneud dim i'w dad neu i'w fam. ¹³ Yr ydych yn dirymu gair Duw trwy'r traddodiad a drosglwyddir gennych. Ac yr ydych yn gwneud llawer o bethau cyffelyb i hynny."

¹⁴ Galwodd y dyrfa ato drachefn ac meddai wrthynt, "Gwrandewch arnaf bawb, a deallwch. ¹⁵ Nid oes dim sy'n mynd i mewn i rywun o'r tu allan iddo yn gallu ei halogi; ond y pethau sy'n dod allan o rywun, dyna sy'n ei halogi."* ¹⁷ Ac wedi iddo fynd i'r tŷ oddi wrth y dyrfa, dechreuodd ei ddisgyblion ei holi am y

---

7:3 Yn llythrennol, *â'r dwrn*. Ystyr yn ansicr. Yn ôl darlleniad arall, *yn fynych*.
7:4 Yn ôl darlleniad arall ychwanegir *a gwelyau*.
7:15 Yn ôl darlleniad arall ychwanegir adn. 16: *Os oes gan rywun glustiau i wrando, gwrandawed.*

ddameg. ¹⁸ Meddai yntau wrthynt, "A ydych chwithau hefyd yr un mor ddi-ddeall? Oni welwch na all dim sy'n mynd i mewn i rywun o'r tu allan ei halogi, ¹⁹ oherwydd nid yw'n mynd i'w galon ond i'w gylla, ac yna y mae'n mynd allan i'r geudy?" Felly y cyhoeddodd ef yr holl fwydydd yn lân. ²⁰ Ac meddai, "Yr hyn sy'n dod allan o rywun, dyna sy'n ei halogi. ²¹ Oherwydd o'r tu mewn, o galon dynion, y daw allan feddyliau drwg, puteinio, lladrata, llofruddio, ²² godinebu, trachwantu, anfadwaith, twyll, anlladrwydd, cenfigen, cabledd, balchder, ynfydrwydd; ²³ o'r tu mewn y mae'r holl ddrygau hyn yn dod ac yn halogi rhywun."

Ffydd y Wraig o Syroffenicia
Mth. 15:21-28

²⁴ Cychwynnodd oddi yno ac aeth ymaith i gyffiniau Tyrus. Aeth i dŷ, ac ni fynnai i neb wybod; ond ni lwyddodd i ymguddio. ²⁵ Ar unwaith clywodd gwraig amdano, gwraig yr oedd gan ei merch fach ysbryd aflan, a daeth a syrthiodd wrth ei draed ef. ²⁶ Groeges oedd y wraig, Syroffeniciad o genedl; ac yr oedd yn gofyn iddo fwrw'r cythraul allan o'i merch. ²⁷ Meddai yntau wrthi, "Gad i'r plant gael digon yn gyntaf; nid yw'n deg cymryd bara'r plant a'i daflu i'r cŵn." ²⁸ Atebodd hithau ef, "Syr, y mae hyd yn oed y cŵn o dan y bwrdd yn bwyta o friwsion y plant." ²⁹ "Am iti ddweud hynny," ebe yntau, "dos adref; y mae'r cythraul wedi mynd allan o'th ferch." ³⁰ Aeth hithau adref a chafodd y plentyn yn gorwedd ar y gwely, a'r cythraul wedi mynd ymaith.

Iacháu Dyn Mud a Byddar

³¹ Dychwelodd drachefn o gyffiniau Tyrus, a daeth drwy Sidon at Fôr Galilea trwy ganol bro'r Decapolis. ³² Dygasant ato ddyn byddar oedd prin yn gallu siarad, a cheisio ganddo roi ei law arno. ³³ Cymerodd yntau ef o'r neilltu oddi wrth y dyrfa ar ei ben ei hun; rhoes ei fysedd yn ei glustiau, poerodd, a chyffyrddodd â'i dafod; ³⁴ a chan edrych i fyny i'r nef ochneidiodd a dweud wrtho, "Ephphatha", hynny yw, "Agorer di". ³⁵ Agorwyd ei glustiau ar unwaith, a datodwyd rhwym ei dafod a dechreuodd lefaru'n eglur. ³⁶ A gorchmynnodd iddynt beidio â dweud wrth neb; ond po fwyaf yr oedd ef yn gorchymyn iddynt, mwyaf yn y byd yr oeddent hwy'n cyhoeddi'r peth. ³⁷ Yr oeddent yn synnu'n fawr dros ben, gan ddweud, "Da y gwnaeth ef bob peth; y mae'n gwneud hyd yn oed i fyddariaid glywed ac i fudion lefaru."

Porthi'r Pedair Mil

8 Mth. 15:32-39

Yn y dyddiau hynny, a'r dyrfa unwaith eto'n fawr a heb ddim i'w fwyta, galwodd ei ddisgyblion ato, ac meddai wrthynt, ² "Yr wyf yn tosturio wrth y dyrfa, oherwydd y maent wedi bod gyda mi dridiau erbyn hyn, ac nid oes ganddynt ddim i'w fwyta. ³ Ac os anfonaf hwy adref ar eu cythlwng, llewygant ar y ffordd; y mae rhai ohonynt wedi dod o bell." ⁴ Atebodd ei ddisgyblion ef, "Sut y gall neb gael digon o fara i fwydo'r rhain mewn lle anial fel hyn?" ⁵ Gofynnodd iddynt, "Pa sawl torth sydd gennych?" "Saith," meddent hwythau. ⁶ Gorchmynnodd i'r dyrfa eistedd ar y ddaear. Yna cymerodd y saith torth, ac wedi diolch fe'u torrodd a'u rhoi i'w ddisgyblion i'w gosod gerbron; ac fe'u gosodasant gerbron y dyrfa. ⁷ Ac yr oedd ganddynt ychydig o bysgod bychain; ac wedi eu bendithio, dywedodd am osod y rhain hefyd ger eu bron. ⁸ Bwytasant a chael digon, a chodasant y tameidiau oedd yn weddill, lond saith cawell. ⁹ Yr oedd tua phedair mil ohonynt. Gollyngodd hwy ymaith. ¹⁰ Ac yna aeth i mewn i'r cwch gyda'i ddisgyblion, a daeth i ardal Dalmanwtha.

Ceisio Arwydd
Mth. 16:1-4

¹¹ Daeth y Phariseaid allan a dechrau dadlau ag ef. Yr oeddent yn ceisio ganddo arwydd o'r nef, i roi prawf arno. ¹² Ochneidiodd yn ddwys ynddo'i hun. "Pam," meddai, "y mae'r genhedlaeth hon yn ceisio arwydd? Yn wir, rwy'n dweud wrthych, ni roddir arwydd i'r genhedlaeth hon." ¹³ A gadawodd hwy a mynd i'r cwch drachefn a hwylio ymaith i'r ochr draw.

Surdoes y Phariseaid a Herod

Mth. 16:5–12

[14] Yr oeddent wedi anghofio dod â bara, ac nid oedd ganddynt ond un dorth gyda hwy yn y cwch. [15] A dechreuodd eu siarsio, gan ddweud, "Gwyliwch, ymogelwch rhag surdoes y Phariseaid a surdoes Herod." [16] Ac yr oeddent yn trafod ymhlith ei gilydd y ffaith nad oedd ganddynt fara.* [17] Deallodd yntau hyn, ac meddai wrthynt, "Pam yr ydych yn trafod nad oes gennych fara? A ydych eto heb weld na deall? A yw eich meddwl wedi troi'n ystyfnig? [18] A llygaid gennych, onid ydych yn gweld, ac a chlustiau gennych, onid ydych yn clywed? Onid ydych yn cofio? [19] Pan dorrais y pum torth i'r pum mil, pa sawl basgedaid lawn o dameidiau a godasoch?" Meddent wrtho, "Deuddeg." [20] "Pan dorrais y saith i'r pedair mil, llond pa sawl cawell o dameidiau a godasoch?" "Saith," meddent. [21] Ac meddai ef wrthynt, "Onid ydych eto'n deall?"

Iacháu Dyn Dall yn Bethsaida

[22] Daethant i Bethsaida. A dyma hwy'n dod â dyn dall ato, ac yn erfyn arno i gyffwrdd ag ef. [23] Gafaelodd yn llaw'r dyn dall a mynd ag ef allan o'r pentref, ac wedi poeri ar ei lygaid rhoes ei ddwylo arno a gofynnodd iddo, "A elli di weld rhywbeth?" [24] Edrychodd i fyny,* ac meddai, "Yr wyf yn gweld pobl, maent yn edrych fel coed yn cerdded oddi amgylch." [25] Yna rhoes ei ddwylo drachefn ar ei lygaid ef. Craffodd yntau, ac adferwyd ef; yr oedd yn gweld popeth yn eglur o bell. [26] Anfonodd ef adref, gan ddweud, "Paid â mynd i mewn i'r pentref."*

Datganiad Pedr ynglŷn â Iesu

Mth. 16:13–20; Lc. 9:18–21

[27] Aeth Iesu a'i ddisgyblion allan i bentrefi Cesarea Philipi, ac ar y ffordd holodd ei ddisgyblion: "Pwy," meddai wrthynt, "y mae pobl yn dweud ydwyf fi?" [28] Dywedasant hwythau wrtho, "Mae rhai'n dweud Ioan Fedyddiwr, ac eraill Elias, ac eraill drachefn, un o'r proffwydi." [29] Gofynnodd ef iddynt, "A chwithau, pwy meddwch chwi ydwyf fi?" Atebodd Pedr ef, "Ti yw'r Meseia." [30] Rhybuddiodd hwy i beidio â dweud wrth neb amdano.

Iesu'n Rhagfynegi Ei Farwolaeth a'i Atgyfodiad

Mth. 16:21–28; Lc. 9:22–27

[31] Yna dechreuodd eu dysgu bod yn rhaid i Fab y Dyn ddioddef llawer, a chael ei wrthod gan yr henuriaid a'r prif offeiriaid a'r ysgrifenyddion, a'i ladd, ac ymhen tridiau atgyfodi. [32] Yr oedd yn llefaru'r gair hwn yn gwbl agored. A chymerodd Pedr ef ato a dechrau ei geryddu. [33] Troes yntau, ac wedi edrych ar ei ddisgyblion ceryddodd Pedr. "Dos ymaith o'm golwg, Satan," meddai, "oherwydd nid ar bethau Duw y mae dy fryd ond ar bethau dynol." [34] Galwodd ato'r dyrfa ynghyd â'i ddisgyblion a dywedodd wrthynt, "Os myn neb ddod ar fy ôl i, rhaid iddo ymwadu ag ef ei hun a chodi ei groes a'm canlyn i. [35] Oherwydd pwy bynnag a fyn gadw ei fywyd, fe'i cyll, ond pwy bynnag a gyll ei fywyd er fy mwyn i a'r Efengyl, fe'i ceidw. [36] Pa elw a gaiff rhywun o ennill yr holl fyd a fforffedu ei fywyd? [37] Oherwydd beth a all rhywun ei roi'n gyfnewid am ei fywyd? [38] Pwy bynnag fydd â chywilydd ohonof fi ac o'm geiriau yn y genhedlaeth annuwiol a phechadurus hon, bydd ar Fab y Dyn hefyd gywilydd ohonynt hwy, pan ddaw yng ngogoniant ei Dad gyda'r angylion sanctaidd."

9 Meddai hefyd wrthynt, "Yn wir, rwy'n dweud wrthych, y mae rhai o'r sawl sy'n sefyll yma na phrofant flas marwolaeth nes iddynt weld teyrnas Dduw wedi dyfod mewn nerth."

Gweddnewidiad Iesu

Mth. 17:1–13; Lc. 9:28–36

[2] Ymhen chwe diwrnod dyma Iesu'n cymryd Pedr ac Iago ac Ioan ac yn mynd â hwy i fynydd uchel o'r neilltu ar eu

---

8:16 Yn ôl darlleniad arall, *ei gilydd gan ddweud, "Nid oes gennym fara."*
8:24 Neu, *Dechreuodd gael ei olwg yn ôl.*
8:26 Yn ôl darlleniad arall, *"Paid â dweud wrth neb yn y pentref."*

pennau eu hunain. A gweddnewidiwyd ef yn eu gŵydd hwy, ³ ac aeth ei ddillad i ddisgleirio'n glaerwyn, y modd na allai unrhyw bannwr ar y ddaear eu gwynnu. ⁴ Ymddangosodd Elias iddynt ynghyd â Moses; ymddiddan yr oeddent â Iesu. ⁵ A dywedodd Pedr wrth Iesu, "Rabbi, y mae'n dda ein bod ni yma; gwnawn dair pabell, un i ti ac un i Moses ac un i Elias." ⁶ Oherwydd ni wyddai beth i'w ddweud; yr oeddent wedi dychryn cymaint. ⁷ A daeth cwmwl yn cysgodi drostynt; a dyma lais o'r cwmwl, "Hwn yw fy Mab, yr Anwylyd; gwrandewch arno." ⁸ Ac yn ddisymwth, pan edrychasant o amgylch, ni welsant neb mwyach ond Iesu yn unig gyda hwy.

⁹ Wrth iddynt ddod i lawr o'r mynydd rhoddodd orchymyn iddynt beidio â dweud wrth neb am y pethau a welsant, nes y byddai Mab y Dyn wedi atgyfodi oddi wrth y meirw. ¹⁰ Daliasant ar y gair, gan holi yn eu plith eu hunain beth oedd ystyr atgyfodi oddi wrth y meirw. ¹¹ A gofynasant iddo, "Pam y mae'r ysgrifenyddion yn dweud bod yn rhaid i Elias ddod yn gyntaf?" ¹² Meddai yntau wrthynt, "Y mae Elias yn dod yn gyntaf ac yn adfer pob peth. Ond sut y mae'n ysgrifenedig am Fab y Dyn, ei fod i ddioddef llawer a chael ei ddirmygu? ¹³ Ond rwy'n dweud wrthych fod Elias eisoes wedi dod, a gwnaethant iddo beth bynnag a fynnent, fel y mae'n ysgrifenedig amdano."

Iacháu Bachgen ag Ysbryd Aflan ynddo
Mth. 17:14-20; Lc. 9:37-43a

¹⁴ Pan ddaethant at y disgyblion gwelsant dyrfa fawr o'u cwmpas, ac ysgrifenyddion yn dadlau â hwy. ¹⁵ Ac unwaith y gwelodd yr holl dyrfa ef fe'u syfrdanwyd, a rhedasant ato a'i gyfarch. ¹⁶ Gofynnodd yntau iddynt, "Am beth yr ydych yn dadlau â hwy?" ¹⁷ Atebodd un o'r dyrfa ef, "Athro, mi ddois i â'm mab atat; y mae wedi ei feddiannu gan ysbryd mud, ¹⁸ a pha bryd bynnag y mae hwnnw'n gafael ynddo y mae'n ei fwrw ar lawr, ac y mae yntau'n malu ewyn ac yn ysgyrnygu ei ddannedd ac yn mynd yn ddiymadferth. A dywedais wrth dy ddisgyblion am ei fwrw allan, ac ni allasant." ¹⁹ Atebodd Iesu hwy: "O genhedlaeth ddi-ffydd, pa hyd y byddaf gyda chwi? Pa hyd y goddefaf chwi? Dewch ag ef ataf fi." ²⁰ A daethant â'r bachgen ato. Cyn gynted ag y gwelodd yr ysbryd ef, ysgytiodd y bachgen yn ffyrnig. Syrthiodd ar y llawr a rholio o gwmpas dan falu ewyn. ²¹ Gofynnodd Iesu i'w dad, "Faint sydd er pan ddaeth hyn arno?" Dywedodd yntau, "O'i blentyndod; ²² llawer gwaith fe'i taflodd i'r tân neu i'r dŵr, i geisio'i ladd. Os yw'n bosibl iti wneud rhywbeth, tosturia wrthym a helpa ni." ²³ Dywedodd Iesu wrtho, "Os yw'n bosibl! Y mae popeth yn bosibl i'r sawl sydd â ffydd ganddo." ²⁴ Ar unwaith gwaeddodd tad y plentyn, "Yr wyf yn credu; helpa fi yn fy niffyg ffydd." ²⁵ A phan welodd Iesu fod tyrfa'n rhedeg ynghyd, ceryddodd yr ysbryd aflan. "Ysbryd mud a byddar," meddai wrtho, "yr wyf fi yn gorchymyn iti, tyrd allan ohono a phaid â mynd i mewn iddo eto." ²⁶ A chan weiddi a'i ysgytian yn ffyrnig, aeth yr ysbryd allan. Aeth y bachgen fel corff, nes i lawer ddweud ei fod wedi marw. ²⁷ Ond gafaelodd Iesu yn ei law ef a'i godi, a safodd ar ei draed. ²⁸ Ac wedi iddo fynd i'r tŷ gofynnodd ei ddisgyblion iddo o'r neilltu, "Pam na allem ni ei fwrw ef allan?" ²⁹ Ac meddai wrthynt, "Dim ond trwy weddi* y gall y math hwn fynd allan."

Iesu Eilwaith yn Rhagfynegi ei Farwolaeth a'i Atgyfodiad
Mth. 17:22-23; Lc. 9:43b-45

³⁰ Wedi iddynt adael y lle hwnnw, yr oeddent yn teithio trwy Galilea. Ni fynnai Iesu i neb wybod hynny, ³¹ oherwydd yr oedd yn dysgu ei ddisgyblion ac yn dweud wrthynt, "Y mae Mab y Dyn yn cael ei draddodi i ddwylo pobl, ac fe'i lladdant ef, ac wedi cael ei ladd, ymhen tri diwrnod fe atgyfoda." ³² Ond nid oeddent hwy'n deall ei eiriau, ac yr oedd arnynt ofn ei holi.

9:29 Yn ôl darlleniad arall ychwanegir *ac ympryd*.

Pwy yw'r Mwyaf?

Mth. 18:1-5; Lc. 9:46-48

³³ Daethant i Gapernaum, ac wedi cyrraedd y tŷ gofynnodd iddynt, "Beth oeddech chwi'n ei drafod ar y ffordd?" ³⁴ Ond tewi a wnaethant, oherwydd ar y ffordd buont yn dadlau â'i gilydd pwy oedd y mwyaf. ³⁵ Eisteddodd i lawr a galwodd y Deuddeg, a dweud wrthynt, "Pwy bynnag sydd am fod yn flaenaf, rhaid iddo fod yn olaf o bawb ac yn was i bawb." ³⁶ A chymerodd blentyn, a'i osod yn eu canol hwy; cymerodd ef i'w freichiau, a dywedodd wrthynt, ³⁷ "Pwy bynnag sy'n derbyn un plentyn fel hwn yn fy enw i, y mae'n fy nerbyn i, a phwy bynnag sy'n fy nerbyn i, nid myfi y mae'n ei dderbyn, ond yr hwn a'm hanfonodd i."

Yr Hwn nid yw yn ein Herbyn, Drosom Ni y Mae

Lc. 9:49-50

³⁸ Meddai Ioan wrtho, "Athro, gwelsom un yn bwrw allan gythreuliaid yn dy enw di, a buom yn ei wahardd, am nad oedd yn ein dilyn ni." ³⁹ Ond dywedodd Iesu, "Peidiwch â'i wahardd, oherwydd ni all neb sy'n gwneud gwyrth yn fy enw i roi drygair imi yn fuan wedyn. ⁴⁰ Y sawl nid yw yn ein herbyn, drosom ni y mae. ⁴¹ Oherwydd pwy bynnag a rydd gwpanaid o ddŵr i chwi i'w yfed o achos eich bod yn perthyn i'r Meseia, yn wir, rwy'n dweud wrthych, ni chyll ei wobr.

Achosion Cwymp

Mth. 18:6-9; Lc. 17:1-2

⁴² "A phwy bynnag sy'n achos cwymp i un o'r rhai bychain hyn sy'n credu ynof fi, byddai'n well iddo fod wedi ei daflu i'r môr â maen melin mawr ynghrog am ei wddf. ⁴³ Os bydd dy law yn achos cwymp iti, tor hi ymaith; y mae'n well iti fynd i mewn i'r bywyd yn anafus na mynd, a'r ddwy law gennyt, i uffern, i'r tân anniffoddadwy.* ⁴⁵ Ac os bydd dy droed yn achos cwymp iti, tor ef ymaith; y mae'n well iti fynd i mewn i'r bywyd yn gloff na chael dy daflu, a'r ddau droed gennyt, i uffern.* ⁴⁷ Ac os bydd dy lygad yn achos cwymp iti, tyn ef allan; y mae'n well iti fynd i mewn i deyrnas Dduw yn unllygeidiog na chael dy daflu, a dau lygad gennyt, i uffern, ⁴⁸ lle nid yw eu pryf yn marw na'r tân yn diffodd. ⁴⁹ Oblegid fe helltir pob un â thân. ⁵⁰ Da yw'r halen, ond os paid yr halen â bod yn hallt, â pha beth y rhowch flas arno? Bydded gennych halen ynoch eich hunain, a byddwch heddychlon tuag at eich gilydd."

Dysgeidiaeth ar Ysgariad

Mth. 19:1-12

10 Cychwynnodd oddi yno a daeth i diriogaeth Jwdea a'r tu hwnt i'r Iorddonen. Daeth tyrfaoedd ynghyd ato drachefn, a thrachefn yn ôl ei arfer dechreuodd eu dysgu. ² A daeth Phariseaid ato a gofyn iddo a oedd yn gyfreithlon i ŵr ysgaru ei wraig; rhoi prawf arno yr oeddent. ³ Atebodd yntau hwy gan ofyn, "Beth a orchmynnodd Moses i chwi?" ⁴ Dywedasant hwythau, "Rhoddodd Moses ganiatâd i ysgrifennu llythyr ysgar a'i hanfon ymaith." ⁵ Ond meddai Iesu wrthynt, "Oherwydd eich ystyfnigrwydd yr ysgrifennodd ef y gorchymyn hwn ichwi. ⁶ Ond o ddechreuad y greadigaeth, yn wryw a benyw y gwnaeth Duw hwy. ⁷ Dyna pam y bydd dyn yn gadael ei dad a'i fam ac yn glynu wrth ei wraig, ⁸ a bydd y ddau yn un cnawd. Gan hynny nid dau mohonynt mwyach, ond un cnawd. ⁹ Felly, yr hyn a gysylltodd Duw, peidied neb ei wahanu." ¹⁰ Wedi mynd yn ôl i'r tŷ, holodd ei ddisgyblion ef ynghylch hyn. ¹¹ Ac meddai wrthynt, "Pwy bynnag sy'n ysgaru ei wraig ac yn priodi un arall, y mae'n godinebu yn ei herbyn hi; ¹² ac os bydd iddi hithau ysgaru ei gŵr a phriodi un arall, y mae hi'n godinebu."

Bendithio Plant Bach

Mth. 19:13-15; Lc. 18:15-17

¹³ Yr oeddent yn dod â phlant ato, iddo gyffwrdd â hwy. Ceryddodd y disgyblion hwy, ¹⁴ ond pan welodd Iesu hyn aeth yn ddig, a dywedodd wrthynt, "Gadewch i'r

---

9:43 Yn ôl darlleniad arall, *anniffoddadwy,* ⁴⁴ *lle nid yw eu pryf yn marw na'r tân yn diffodd.*

9:45 Yn ôl darlleniad arall, *i uffern,* ⁴⁶ *lle nid yw eu pryf yn marw na'r tân yn diffodd.*

plant ddod ataf fi; peidiwch â'u rhwystro, oherwydd i rai fel hwy y mae teyrnas Dduw yn perthyn. ¹⁵ Yn wir, rwy'n dweud wrthych, pwy bynnag nad yw'n derbyn teyrnas Dduw yn null plentyn, nid â byth i mewn iddi." ¹⁶ A chymerodd hwy yn ei freichiau a'u bendithio, gan roi ei ddwylo arnynt.

Y Dyn Cyfoethog
Mth. 19:16–30; Lc. 18:18–30

¹⁷ Wrth iddo fynd i'w daith, rhedodd rhyw ddyn ato a phenlinio o'i flaen a gofyn iddo, "Athro da, beth a wnaf i etifeddu bywyd tragwyddol?" ¹⁸ A dywedodd Iesu wrtho, "Pam yr wyt yn fy ngalw i yn dda? Nid oes neb da ond un, sef Duw. ¹⁹ Gwyddost y gorchmynion: 'Na ladd, na odineba, na ladrata, na chamdystiolaetha, na chamgolleda, anrhydedda dy dad a'th fam.'" ²⁰ Meddai yntau wrtho, "Athro, yr wyf wedi cadw'r rhain i gyd o'm hieuenctid." ²¹ Edrychodd Iesu arno ac fe'i hoffodd, a dywedodd wrtho, "Un peth sy'n eisiau ynot; dos, gwerth y cwbl sydd gennyt a dyro i'r tlodion, a chei drysor yn y nef; a thyrd, canlyn fi." ²² Cymylodd ei wedd ar y gair, ac aeth ymaith yn drist, oherwydd yr oedd yn berchen meddiannau lawer.

²³ Edrychodd Iesu o'i gwmpas ac meddai wrth ei ddisgyblion, "Mor anodd fydd hi i rai cyfoethog fynd i mewn i deyrnas Dduw!" ²⁴ Syfrdanwyd y disgyblion gan ei eiriau, ond meddai Iesu wrthynt drachefn, "Blant, mor anodd yw mynd* i mewn i deyrnas Dduw! ²⁵ Y mae'n haws i gamel fynd trwy grau nodwydd nag i rywun cyfoethog fynd i mewn i deyrnas Dduw." ²⁶ Synasant yn fwy byth, ac meddent wrth ei gilydd, "Pwy ynteu all gael ei achub?" ²⁷ Edrychodd Iesu arnynt a dywedodd, "Gyda dynion y mae'n amhosibl, ond nid gyda Duw. Y mae pob peth yn bosibl gyda Duw." ²⁸ Dechreuodd Pedr ddweud wrtho, "Dyma ni wedi gadael pob peth ac wedi dy ganlyn di." ²⁹ Meddai Iesu, "Yn wir, rwy'n dweud wrthych, nid oes neb a adawodd dŷ neu frodyr neu chwiorydd neu fam neu dad neu blant neu diroedd er fy mwyn i ac er mwyn yr Efengyl, ³⁰ na chaiff dderbyn ganwaith cymaint yn awr yn yr amser hwn, yn dai a brodyr a chwiorydd a mamau a phlant a thiroedd, ynghyd ag erledigaethau, ac yn yr oes sy'n dod fywyd tragwyddol. ³¹ Ond bydd llawer sy'n flaenaf yn olaf, a'r rhai olaf yn flaenaf."

Iesu y Drydedd Waith yn Rhagfynegi ei Farwolaeth a'i Atgyfodiad
Mth. 20:17–19; Lc. 18:31–34

³² Yr oeddent ar y ffordd yn mynd i fyny i Jerwsalem, ac Iesu'n mynd o'u blaen. Yr oedd arswyd arnynt, ac ofn ar y rhai oedd yn canlyn. Cymerodd y Deuddeg ato drachefn a dechreuodd sôn wrthynt am yr hyn oedd i ddigwydd iddo: ³³ "Dyma ni'n mynd i fyny i Jerwsalem; fe gaiff Mab y Dyn ei draddodi i'r prif offeiriaid a'r ysgrifenyddion; condemniant ef i farwolaeth, a'i drosglwyddo i'r Cenhedloedd; ³⁴ a gwatwarant ef, a phoeri arno a'i fflangellu a'i ladd, ac wedi tridiau fe atgyfoda."

Cais Iago ac Ioan
Mth. 20:20–28

³⁵ Daeth Iago ac Ioan, meibion Sebedeus, ato a dweud wrtho, "Athro, yr ydym am iti wneud i ni y peth a ofynnwn gennyt." ³⁶ Meddai yntau wrthynt, "Beth yr ydych am imi ei wneud i chwi?" ³⁷ A dywedasant wrtho, "Dyro i ni gael eistedd, un ar dy law dde ac un ar dy law chwith yn dy ogoniant." ³⁸ Ac meddai Iesu wrthynt, "Ni wyddoch beth yr ydych yn ei ofyn. A allwch chwi yfed y cwpan yr wyf fi yn ei yfed, neu gael eich bedyddio â'r bedydd y bedyddir fi ag ef?" ³⁹ Dywedasant hwythau wrtho, "Gallwn." Ac meddai Iesu wrthynt, "Cewch yfed y cwpan yr wyf fi yn ei yfed, a bedyddir chwi â'r bedydd y bedyddir fi ag ef, ⁴⁰ ond eistedd ar fy llaw dde neu ar fy llaw chwith, nid gennyf fi y mae'r hawl i'w roi; y mae'n perthyn i'r rhai y mae wedi ei ddarparu ar eu cyfer." ⁴¹ Pan glywodd y deg, aethant yn ddig wrth Iago ac Ioan. ⁴² Galwodd Iesu hwy ato ac

---

10:24 Yn ôl darlleniad arall, *mor anodd yw i'r rhai sy'n ymddiried mewn golud fynd*.

meddai wrthynt, " Gwyddoch fod y rhai a ystyrir yn llywodraethwyr ar y Cenhedloedd yn arglwyddiaethu arnynt, a'u gwŷr mawr hwy yn dangos eu hawdurdod drostynt. 43 Ond nid felly y mae yn eich plith chwi; yn hytrach, pwy bynnag sydd am fod yn fawr yn eich plith, rhaid iddo fod yn was i chwi, 44 a phwy bynnag sydd am fod yn flaenaf yn eich plith, rhaid iddo fod yn gaethwas i bawb. 45 Oherwydd Mab y Dyn, yntau, ni ddaeth i gael ei wasanaethu ond i wasanaethu, ac i roi ei einioes yn bridwerth dros lawer."

Iacháu Bartimeus Ddall

Mth. 20:29–34; Lc. 18:35–43

46 Daethant i Jericho. Ac fel yr oedd yn mynd allan o Jericho gyda'i ddisgyblion a chryn dyrfa, yr oedd mab Timeus, Bartimeus, cardotyn dall, yn eistedd ar fin y ffordd.* 47 A phan glywodd mai Iesu o Nasareth ydoedd, dechreuodd weiddi a dweud, "Iesu, Fab Dafydd, trugarha wrthyf." 48 Ac yr oedd llawer yn ei geryddu ac yn dweud wrtho am dewi; ond yr oedd yntau'n gweiddi'n uwch fyth, "Fab Dafydd, trugarha wrthyf." 49 Safodd Iesu, a dywedodd, "Galwch arno." A dyma hwy'n galw ar y dyn dall ac yn dweud wrtho, "Cod dy galon a saf ar dy draed; y mae'n galw arnat." 50 Taflodd yntau ei fantell oddi arno, llamu ar ei draed a dod at Iesu. 51 Cyfarchodd Iesu ef a dweud, "Beth yr wyt ti am i mi ei wneud iti?" Ac meddai'r dyn dall wrtho, "Rabbwni, y mae arnaf eisiau cael fy ngolwg yn ôl." 52 Dywedodd Iesu wrtho, "Dos, y mae dy ffydd wedi dy iacháu di." A chafodd ei olwg yn ôl yn y fan, a dechreuodd ei ganlyn ef ar hyd y ffordd.

Yr Ymdaith Fuddugoliaethus i mewn i Jerwsalem

11 Mth. 21:1–11; Lc. 19:28–40; In. 12:12–19

Pan ddaethant yn agos i Jerwsalem, at Bethffage a Bethania, ger Mynydd yr Olewydd, anfonodd ddau o'i ddisgyblion, 2 ac meddai wrthynt, "Ewch i'r pentref sydd gyferbyn â chwi, ac yn syth wrth ichwi fynd i mewn iddo, cewch ebol wedi ei rwymo, un nad oes neb wedi bod ar ei gefn erioed. Gollyngwch ef a dewch ag ef yma. 3 Ac os dywed rhywun wrthych, 'Pam yr ydych yn gwneud hyn?' dywedwch, 'Y mae ar y Meistr ei angen, a bydd yn ei anfon yn ôl yma yn union deg.' " 4 Aethant ymaith a chawsant ebol wedi ei rwymo wrth ddrws y tu allan ar yr heol, a gollyngasant ef. 5 Ac meddai rhai o'r sawl oedd yn sefyll yno wrthynt, "Beth ydych yn ei wneud, yn gollwng yr ebol?" 6 Atebasant hwythau fel yr oedd Iesu wedi dweud, a gadawyd iddynt fynd. 7 Daethant â'r ebol at Iesu a bwrw eu mentyll arno, ac eisteddodd yntau ar ei gefn. 8 Taenodd llawer eu mentyll ar y ffordd, ac eraill ganghennau deiliog yr oeddent wedi eu torri o'r meysydd. 9 Ac yr oedd y rhai ar y blaen a'r rhai o'r tu ôl yn gweiddi:

"Hosanna!
Bendigedig yw'r un sy'n dod yn
   enw'r Arglwydd.
10 Bendigedig yw'r deyrnas sy'n dod,
   teyrnas ein tad Dafydd;
Hosanna yn y goruchaf!"

11 Aeth i mewn i Jerwsalem ac i'r deml, ac wedi edrych o'i gwmpas ar bopeth, gan ei bod eisoes yn hwyr, aeth allan i Fethania gyda'r Deuddeg.

Melltithio'r Ffigysbren

Mth. 21:18–19

12 Trannoeth, wedi iddynt ddod allan o Fethania, daeth chwant bwyd arno. 13 A phan welodd o bell ffigysbren ac arno ddail, aeth i edrych tybed a gâi rywbeth arno. A phan ddaeth ato ni chafodd ddim ond dail, oblegid nid oedd yn dymor ffigys. 14 Dywedodd wrtho, "Peidied neb â bwyta ffrwyth ohonot ti byth mwy!" Ac yr oedd ei ddisgyblion yn gwrando.

Glanhau'r Deml

Mth. 21:12–17; Lc. 19:45–48; In. 2:13–22

15 Daethant i Jerwsalem. Aeth i mewn i'r deml a dechreuodd fwrw allan y rhai oedd yn gwerthu a'r rhai oedd yn prynu yn y deml; taflodd i lawr fyrddau'r cyfnewidwyr arian a chadeiriau'r rhai oedd yn gwerthu colomennod, 16 ac ni

---

10:46 Yn ôl darlleniad arall, *Bartimeus, dyn dall, yn eistedd ar fin y ffordd yn cardota.*

adawai i neb gludo dim trwy'r deml. ¹⁷ A dechreuodd eu dysgu a dweud wrthynt, "Onid yw'n ysgrifenedig:

'Gelwir fy nhŷ i yn dŷ gweddi i'r holl genhedloedd,
ond yr ydych chwi wedi ei wneud yn ogof lladron'?"

¹⁸ Clywodd y prif offeiriaid a'r ysgrifenyddion am hyn, a dechreusant geisio ffordd i'w ladd ef, achos yr oedd arnynt ei ofn, gan fod yr holl dyrfa wedi ei syfrdanu gan ei ddysgeidiaeth. ¹⁹ A phan aeth hi'n hwyr aethant allan o'r ddinas.

Gwers y Ffigysbren Crin
Mth. 21:20–22

²⁰ Yn y bore, wrth fynd heibio, gwelsant y ffigysbren wedi crino o'r gwraidd. ²¹ Cofiodd Pedr, a dywedodd wrtho, "Rabbi, edrych, y mae'r ffigysbren a felltithiaist wedi crino." ²² Atebodd Iesu hwy: "Bydded gennych* ffydd yn Nuw; ²³ yn wir, rwy'n dweud wrthych, pwy bynnag a ddywed wrth y mynydd hwn, 'Coder di a bwrier di i'r môr', heb amau yn ei galon, ond credu y digwydd yr hyn a ddywed, fe'i rhoddir iddo. ²⁴ Gan hynny rwy'n dweud wrthych, beth bynnag oll yr ydych yn gweddïo ac yn gofyn amdano, credwch eich bod wedi ei dderbyn, ac fe'i rhoddir i chwi. ²⁵ A phan fyddwch ar eich traed yn gweddïo, os bydd gennych rywbeth yn erbyn unrhyw un, maddeuwch iddynt, er mwyn i'ch Tad sydd yn y nefoedd faddau i chwithau eich camweddau.*"

Amau Awdurdod Iesu
Mth. 21:23–27; Lc. 20:1–8

²⁷ Daethant drachefn i Jerwsalem. Ac wrth ei fod yn cerdded yn y deml, dyma'r prif offeiriaid a'r ysgrifenyddion a'r henuriaid yn dod ato, ²⁸ ac meddent wrtho, "Trwy ba awdurdod yr wyt ti'n gwneud y pethau hyn? Pwy roddodd i ti'r awdurdod hwn i wneud y pethau hyn?" ²⁹ Dywedodd Iesu wrthynt, "Fe ofynnaf un peth i chwi; atebwch fi, ac fe ddywedaf wrthych trwy ba awdurdod yr wyf yn gwneud y pethau hyn. ³⁰ Bedydd Ioan, ai o'r nef yr oedd, ai o'r byd daearol? Atebwch fi." ³¹ Dechreusant ddadlau â'i gilydd a dweud, "Os dywedwn, 'O'r nef', fe ddywed, 'Pam, ynteu, na chredasoch ef?' ³² Eithr a ddywedwn, 'O'r byd daearol'?"—yr oedd arnynt ofn y dyrfa, oherwydd yr oedd pawb yn dal fod Ioan yn broffwyd mewn gwirionedd. ³³ Atebasant Iesu, "Ni wyddom ni ddim." Ac meddai Iesu wrthynt, "Ni ddywedaf finnau chwaith wrthych chwi trwy ba awdurdod yr wyf yn gwneud y pethau hyn."

Dameg y Winllan a'r Tenantiaid

12 Mth. 21:33–46; Lc. 20:9–19

Dechreuodd lefaru wrthynt ar ddamhegion. "Fe blannodd rhywun winllan, a chododd glawdd o'i hamgylch, a chloddio cafn i'r gwinwryf, ac adeiladu tŵr. Gosododd hi i denantiaid, ac aeth oddi cartref. ² Pan ddaeth yn amser, anfonodd was at y tenantiaid i dderbyn ganddynt gyfran o ffrwyth y winllan. ³ Daliasant hwythau ef, a'i guro, a'i yrru i ffwrdd yn waglaw. ⁴ Anfonodd drachefn was arall atynt; trawsant hwnnw ar ei ben a'i amharchu. ⁵ Ac anfonodd un arall; lladdasant hwnnw. A llawer eraill yr un fath: curo rhai a lladd y lleill. ⁶ Yr oedd ganddo un eto, mab annwyl; anfonodd ef atynt yn olaf, gan ddweud, 'Fe barchant fy mab'. ⁷ Ond dywedodd y tenantiaid hynny wrth ei gilydd, 'Hwn yw'r etifedd; dewch, lladdwn ef, a bydd yr etifeddiaeth yn eiddo i ni.' ⁸ A chymerasant ef, a'i ladd, a'i fwrw allan o'r winllan. ⁹ Beth ynteu a wna perchen y winllan? Fe ddaw ac fe ddifetha'r tenantiaid, ac fe rydd y winllan i eraill. ¹⁰ Onid ydych wedi darllen yr Ysgrythur hon:

'Y maen a wrthododd yr adeiladwyr, hwn a ddaeth yn faen y gongl;
¹¹ gan yr Arglwydd y gwnaethpwyd hyn,
ac y mae'n rhyfeddol yn ein golwg ni'?"

¹² Ceisiasant ei ddal ef, ond yr oedd arnynt ofn y dyrfa, oherwydd gwyddent mai yn eu herbyn hwy y dywedodd y ddameg. A gadawsant ef a mynd ymaith.

11:22 Yn ôl darlleniad arall, *Os oes gennych.*
11:25 Yn ôl darlleniad arall ychwanegir adn. 26: *Ond os na faddeuwch chwi, ni faddeua chwaith eich Tad sydd yn y nefoedd eich camweddau chwi.*

Talu Trethi i Gesar
Mth. 22:15-22; Lc. 20:20-26

¹³ Anfonwyd ato rai o'r Phariseaid ac o'r Herodianiaid i'w faglu ar air. ¹⁴ Daethant, ac meddent wrtho, "Athro, gwyddom dy fod yn ddiffuant, ac na waeth gennyt am neb; yr wyt yn ddidderbyn-wyneb, ac yn dysgu ffordd Duw yn gwbl ddiffuant. A yw'n gyfreithlon talu treth i Gesar, ai nid yw? A ydym i dalu, neu beidio â thalu?" ¹⁵ Deallodd yntau eu rhagrith, ac meddai wrthynt, "Pam yr ydych yn rhoi prawf arnaf? Dewch â darn arian* yma, imi gael golwg arno." ¹⁶ A daethant ag un, ac meddai ef wrthynt, "Llun ac arysgrif pwy sydd yma?" Dywedasant hwythau wrtho, "Cesar." ¹⁷ A dywedodd Iesu wrthynt, "Talwch bethau Cesar i Gesar, a phethau Duw i Dduw." Ac yr oeddent yn rhyfeddu ato.

Holi ynglŷn â'r Atgyfodiad
Mth. 22:23-33; Lc. 20:27-40

¹⁸ Daeth ato Sadwceaid, y bobl sy'n dweud nad oes dim atgyfodiad, a dechreusant ei holi. ¹⁹ "Athro," meddent, "ysgrifennodd Moses ar ein cyfer, 'Os bydd rhywun farw, a gadael gwraig, ond heb adael plentyn, y mae ei frawd i gymryd y wraig ac i godi plant i'w frawd.' ²⁰ Yr oedd saith o frodyr. Cymerodd y cyntaf wraig, a phan fu ef farw ni adawodd blant. ²¹ A chymerodd yr ail hi, a bu farw heb adael plant; a'r trydydd yr un modd. ²² Ac ni adawodd yr un o'r saith blant. Yn olaf oll bu farw'r wraig hithau. ²³ Yn yr atgyfodiad, pan atgyfodant, gwraig prun ohonynt fydd hi? Oherwydd cafodd y saith hi'n wraig." ²⁴ Meddai Iesu wrthynt, "Onid dyma achos eich cyfeiliorni, eich bod heb ddeall na'r Ysgrythurau na gallu Duw? ²⁵ Oherwydd pan atgyfodant oddi wrth y meirw, ni phriodant ac ni phriodir hwy; y maent fel angylion yn y nefoedd. ²⁶ Ond ynglŷn â bod y meirw yn codi, onid ydych wedi darllen yn llyfr Moses, yn hanes y Berth, sut y dywedodd Duw wrtho, 'Myfi, Duw Abraham a Duw Isaac a Duw Jacob ydwyf'? ²⁷ Nid Duw'r meirw yw ef, ond y rhai byw. Yr ydych ymhell ar gyfeiliorn."

Y Gorchymyn Mawr
Mth. 22:34-40; Lc. 10:25-28

²⁸ Daeth un o'r ysgrifenyddion ato, wedi eu clywed yn dadlau, ac yn gweld ei fod wedi eu hateb yn dda, a gofynnodd iddo, "Prun yw'r gorchymyn cyntaf o'r cwbl?" ²⁹ Atebodd Iesu, "Y cyntaf yw, 'Gwrando, O Israel, yr Arglwydd ein Duw yw'r unig Arglwydd, ³⁰ a châr yr Arglwydd dy Dduw â'th holl galon ac â'th holl enaid ac â'th holl feddwl ac â'th holl nerth.' ³¹ Yr ail yw hwn, 'Câr dy gymydog fel ti dy hun.' Nid oes gorchymyn arall mwy na'r rhain." ³² Dywedodd yr ysgrifennydd wrtho, "Da y dywedaist, Athro; gwir mai un ydyw ac nad oes Duw arall ond ef. ³³ Ac y mae ei garu ef â'r holl galon ac â'r holl ddeall ac â'r holl nerth, a charu dy gymydog fel ti dy hun, yn rhagorach na'r holl boethoffrymau a'r aberthau." ³⁴ A phan welodd Iesu ei fod wedi ateb yn feddylgar, dywedodd wrtho, "Nid wyt ymhell oddi wrth deyrnas Dduw." Ac ni feiddiai neb ei holi ddim mwy.

Holi ynglŷn â Mab Dafydd
Mth. 22:41-46; Lc. 20:41-44

³⁵ Wrth ddysgu yn y deml dywedodd Iesu, "Sut y mae'r ysgrifenyddion yn gallu dweud bod y Meseia yn Fab Dafydd? ³⁶ Dywedodd Dafydd ei hun, trwy'r Ysbryd Glân :

'Dywedodd yr Arglwydd wrth fy Arglwydd i,
"Eistedd ar fy neheulaw
nes imi osod dy elynion dan dy draed." '

³⁷ Y mae Dafydd ei hun yn ei alw'n Arglwydd; sut felly y mae'n fab iddo?" Yr oedd y dyrfa fawr yn gwrando arno'n llawen.

Cyhuddo'r Ysgrifenyddion
Mth. 23:1-36; Lc. 20:45-47

³⁸ Ac wrth eu dysgu, meddai, "Ymogelwch rhag yr ysgrifenyddion sy'n hoffi rhodianna mewn gwisgoedd llaes, a chael cyfarchiadau yn y marchnadoedd, ³⁹ a'r prif gadeiriau yn y synagogau, a'r seddau anrhydedd mewn gwleddoedd.

12:15 Gw. nodyn ar Mth. 18:28.

⁴⁰ Dyma'r rhai sy'n difa cartrefi gwragedd gweddwon, ac mewn rhagrith yn gweddïo'n faith; fe dderbyn y rhain drymach dedfryd."

Offrwm y Weddw

Lc. 21:1-4

⁴¹ Eisteddodd i lawr gyferbyn â chist y drysorfa, ac yr oedd yn sylwi ar y modd yr oedd y dyrfa yn rhoi arian i mewn yn y gist. Yr oedd llawer o bobl gyfoethog yn rhoi yn helaeth. ⁴² A daeth gweddw dlawd a rhoi dau ddarn bychan o bres, gwerth chwarter ceiniog. ⁴³ Galwodd ei ddisgyblion ato a dywedodd wrthynt, "Yn wir, rwy'n dweud wrthych fod y weddw dlawd hon wedi rhoi mwy na phawb arall sy'n rhoi i'r drysorfa. ⁴⁴ Oherwydd rhoi a wnaethant hwy i gyd o'r mwy na digon sydd ganddynt, ond rhoddodd hon o'i phrinder y cwbl oedd ganddi i fyw arno."

Rhagfynegi Dinistr y Deml

13 Mth. 24:1-2; Lc. 21:5-6

Wrth iddo fynd allan o'r deml, dyma un o'i ddisgyblion yn dweud wrtho, "Edrych, Athro, y fath feini enfawr a'r fath adeiladau gwych!" ² A dywedodd Iesu wrtho, "A weli di'r adeiladau mawr yma? Ni adewir yma faen ar faen; ni bydd yr un heb ei fwrw i lawr."

Dechrau'r Gwewyr

Mth. 24:3-14; Lc. 21:7-19

³ Fel yr oedd yn eistedd ar Fynydd yr Olewydd gyferbyn â'r deml, gofynnodd Pedr ac Iago ac Ioan ac Andreas iddo, o'r neilltu, ⁴ "Dywed wrthym pa bryd y bydd hyn, a beth fydd yr arwydd pan fydd hyn oll ar ddod i ben?" ⁵ A dechreuodd Iesu ddweud wrthynt, "Gwyliwch na fydd i neb eich twyllo. ⁶ Fe ddaw llawer yn fy enw i gan ddweud, 'Myfi yw', ac fe dwyllant lawer. ⁷ A phan glywch am ryfeloedd a sôn am ryfeloedd, peidiwch â chyffroi. Rhaid i hyn ddigwydd, ond nid yw'r diwedd eto. ⁸ Oblegid cyfyd cenedl yn erbyn cenedl, a theyrnas yn erbyn teyrnas. Bydd daeargrynfâu mewn mannau. Bydd adegau o newyn.

⁹ Dechrau'r gwewyr fydd hyn. A chwithau, gwyliwch eich hunain; fe'ch traddodir chwi i lysoedd, a chewch eich fflangellu mewn synagogau a'ch gosod i sefyll gerbron llywodraethwyr a brenhinoedd o'm hachos i, i ddwyn tystiolaeth yn eu gŵydd. ¹⁰ Ond yn gyntaf rhaid i'r Efengyl gael ei chyhoeddi i'r holl genhedloedd. ¹¹ A phan ânt â chwi i'ch traddodi, peidiwch â phryderu ymlaen llaw beth i'w ddweud, ond pa beth bynnag a roddir i chwi y pryd hwnnw, dywedwch hynny; oblegid nid chwi sydd yn llefaru, ond yr Ysbryd Glân. ¹² Bradycha brawd ei frawd i farwolaeth, a thad ei blentyn, a chyfyd plant yn erbyn eu rhieni a pheri eu lladd. ¹³ A chas fyddwch gan bawb o achos fy enw i; ond y sawl sy'n dyfalbarhau i'r diwedd a gaiff ei achub.

Y Gorthrymder Mawr

Mth. 24:15-28; Lc. 21:20-24

¹⁴ "Ond pan welwch 'y ffieiddbeth diffeithiol' yn sefyll lle na ddylai fod" (dealled y darllenydd) "yna ffoed y rhai sydd yn Jwdea i'r mynyddoedd. ¹⁵ Pwy bynnag sydd ar ben y tŷ, peidied â dod i lawr i fynd i mewn i gipio dim o'i dŷ; ¹⁶ a phwy bynnag sydd yn y cae, peidied â throi yn ei ôl i gymryd ei fantell. ¹⁷ Gwae'r gwragedd beichiog a'r rhai sy'n rhoi'r fron yn y dyddiau hynny! ¹⁸ A gweddïwch na ddigwydd hyn yn y gaeaf, ¹⁹ oblegid bydd y dyddiau hynny yn orthrymder na fu ei debyg o ddechrau'r greadigaeth a greodd Duw hyd yn awr, ac na fydd byth. ²⁰ Ac oni bai fod yr Arglwydd wedi byrhau'r dyddiau, ni fuasai neb byw wedi ei achub; ond er mwyn yr etholedigion a etholodd, fe fyrhaodd y dyddiau. ²¹ Ac yna, os dywed rhywun wrthych, 'Edrych, dyma'r Meseia', neu, 'Edrych, dacw ef', peidiwch â'i gredu. ²² Oherwydd fe gyfyd gau feseiau a gau broffwydi, a rhoddant arwyddion a rhyfeddodau i arwain ar gyfeiliorn yr etholedigion, petai hynny'n bosibl. ²³ Ond gwyliwch chwi; yr wyf wedi dweud y cwbl wrthych ymlaen llaw.

Dyfodiad Mab y Dyn
Mth. 24:29–31; Lc. 21:25–28

²⁴ "Ond yn y dyddiau hynny, ar ôl y gorthrymder hwnnw,

'Tywyllir yr haul,
ni rydd y lloer ei llewyrch,
²⁵ syrth y sêr o'r nef,
ac ysgydwir y nerthoedd sydd yn y nefoedd.'

²⁶ A'r pryd hwnnw gwelant Fab y Dyn yn dyfod yn y cymylau gyda nerth mawr a gogoniant. ²⁷ Ac yna'r anfona ei angylion a chynnull ei etholedigion o'r pedwar gwynt, o eithaf y ddaear hyd at eithaf y nef.

Gwers y Ffigysbren
Mth. 24:32–35; Lc. 21:29–33

²⁸ "Dysgwch wers oddi wrth y ffigysbren. Pan fydd ei gangen yn ir ac yn dechrau deilio, gwyddoch fod yr haf yn agos. ²⁹ Felly chwithau, pan welwch y pethau hyn yn digwydd, byddwch yn gwybod ei fod yn agos, wrth y drws. ³⁰ Yn wir, rwy'n dweud wrthych, nid â'r genhedlaeth hon heibio nes i'r holl bethau hyn ddigwydd. ³¹ Y nef a'r ddaear, ânt heibio, ond fy ngeiriau i, nid ânt heibio ddim.

Y Dydd a'r Awr Anhysbys
Mth. 24:36–44

³² "Ond am y dydd hwnnw neu'r awr ni ŵyr neb, na'r angylion yn y nef, na'r Mab, neb ond y Tad. ³³ Gwyliwch, byddwch effro; oherwydd ni wyddoch pa bryd y bydd yr amser. ³⁴ Y mae fel dyn a aeth oddi cartref, gan adael ei dŷ a rhoi awdurdod i'w weision, i bob un ei waith, a gorchymyn i'r porthor wylio. ³⁵ Byddwch wyliadwrus gan hynny—oherwydd ni wyddoch pa bryd y daw meistr y tŷ, ai gyda'r hwyr, ai ar hanner nos, ai ar ganiad y ceiliog, ai yn fore— ³⁶ rhag ofn iddo ddod yn ddisymwth a'ch cael chwi'n cysgu. ³⁷ A'r hyn yr wyf yn ei ddweud wrthych chwi, yr wyf yn ei ddweud wrth bawb: byddwch wyliadwrus."

Y Cynllwyn i Ladd Iesu
Mth. 26:1–5; Lc. 22:1–2; In. 11:45–53

14 Yr oedd y Pasg a gŵyl y Bara Croyw ymhen deuddydd. Ac yr oedd y prif offeiriaid a'r ysgrifenyddion yn ceisio modd i'w ddal trwy ddichell, a'i ladd. ² Oherwydd dweud yr oeddent, "Nid yn ystod yr ŵyl, rhag bod cynnwrf ymhlith y bobl."

Yr Eneinio ym Methania
Mth. 26:6–13; In. 12:1–8

³ A phan oedd ef ym Methania, wrth bryd bwyd yn nhŷ Simon y gwahanglwyfus, daeth gwraig a chanddi ffiol alabaster o ennaint drudfawr, nard pur; torrodd y ffiol a thywalltodd yr ennaint ar ei ben ef. ⁴ Ac yr oedd rhai yn ddig ac yn dweud wrth ei gilydd, "I ba beth y bu'r gwastraff hwn ar yr ennaint? ⁵ Oherwydd gallesid gwerthu'r ennaint hwn am fwy na thri chant o ddarnau arian* a'i roi i'r tlodion." Ac yr oeddent yn ei cheryddu. ⁶ Ond dywedodd Iesu, "Gadewch iddi; pam yr ydych yn ei phoeni? Gweithred brydferth a wnaeth hi i mi. ⁷ Y mae'r tlodion gyda chwi bob amser, a gallwch wneud cymwynas â hwy pa bryd bynnag y mynnwch; ond ni fyddaf fi gyda chwi bob amser. ⁸ A allodd hi, fe'i gwnaeth; achubodd y blaen i eneinio fy nghorff erbyn y gladdedigaeth. ⁹ Yn wir, rwy'n dweud wrthych, pa le bynnag y pregethir yr Efengyl yn yr holl fyd, adroddir hefyd yr hyn a wnaeth hon, er cof amdani."

Jwdas yn Cydsynio i Fradychu Iesu
Mth. 26:14–16; Lc. 22:3–6

¹⁰ Yna aeth Jwdas Iscariot, hwnnw oedd yn un o'r Deuddeg, at y prif offeiriaid i'w fradychu ef iddynt. ¹¹ Pan glywsant, yr oeddent yn llawen, ac addawsant roi arian iddo. A dechreuodd geisio cyfle i'w fradychu ef.

Gwledd y Pasg gyda'r Disgyblion
Mth. 26:17–25; Lc. 22:7–14, 21–23; In. 13:21–30

¹² Ar ddydd cyntaf gŵyl y Bara Croyw, pan leddid oen y Pasg, dywedodd ei ddisgyblion wrtho, "I ble yr wyt ti am inni fynd i baratoi i ti, i fwyta gwledd y Pasg?" ¹³ Ac anfonodd ddau o'i ddisgyblion, ac meddai wrthynt, "Ewch i'r ddinas, ac fe ddaw dyn i'ch cyfarfod,

---

14:5 Neu, *thri chan denarius.* Gw. nodyn ar Mth. 18:28.

yn cario stenaid o ddŵr. Dilynwch ef, ¹⁴ a dywedwch wrth ŵr y tŷ lle'r â i mewn, 'Y mae'r Athro'n gofyn, "Ble mae f'ystafell, lle yr wyf i fwyta gwledd y Pasg gyda'm disgyblion?" ' ¹⁵ Ac fe ddengys ef i chwi oruwchystafell fawr wedi ei threfnu'n barod; yno paratowch i ni." ¹⁶ Aeth y disgyblion ymaith, a daethant i'r ddinas a chael fel yr oedd ef wedi dweud wrthynt, a pharatoesant wledd y Pasg. ¹⁷ Gyda'r nos daeth yno gyda'r Deuddeg. ¹⁸ Ac fel yr oeddent wrth y bwrdd yn bwyta, dywedodd Iesu, "Yn wir, rwy'n dweud wrthych y bydd i un ohonoch fy mradychu i, un sy'n bwyta gyda mi." ¹⁹ Dechreusant dristáu a dweud wrtho y naill ar ôl y llall, "Nid myfi?" ²⁰ Dywedodd yntau wrthynt, "Un o'r Deuddeg, un sy'n gwlychu ei fara gyda mi yn y ddysgl. ²¹ Y mae Mab y Dyn yn wir yn ymadael, fel y mae'n ysgrifenedig amdano, ond gwae'r dyn hwnnw y bradychir Mab y Dyn ganddo! Da fuasai i'r dyn hwnnw petai heb ei eni."

Sefydlu Swper yr Arglwydd
Mth. 26:26–30; Lc. 22:15–20; 1 Cor. 11:23–25

²² Ac wrth iddynt fwyta, cymerodd fara, ac wedi bendithio fe'i torrodd a'i roi iddynt, a dweud, "Cymerwch; hwn yw fy nghorff." ²³ A chymerodd gwpan, ac wedi diolch fe'i rhoddodd iddynt, ac yfodd pawb ohono. ²⁴ A dywedodd wrthynt, "Hwn yw fy ngwaed i, gwaed y cyfamod, sy'n cael ei dywallt er mwyn llawer. ²⁵ Yn wir, rwy'n dweud wrthych nad yfaf byth mwy o ffrwyth y winwydden hyd y dydd hwnnw pan yfaf ef yn newydd yn nheyrnas Dduw." ²⁶ Ac wedi iddynt ganu emyn, aethant allan i Fynydd yr Olewydd.

Rhagfynegi Gwadiad Pedr
Mth. 26:31–35; Lc. 22:31–34; In. 13:36–38

²⁷ A dywedodd Iesu wrthynt, "Fe ddaw cwymp i bob un ohonoch. Oherwydd y mae'n ysgrifenedig:

'Trawaf y bugail,
a gwasgerir y defaid.'

²⁸ Ond wedi i mi gael fy nghyfodi af o'ch blaen chwi i Galilea." ²⁹ Meddai Pedr wrtho, "Er iddynt gwympo bob un, ni wnaf fi." ³⁰ Ac meddai Iesu wrtho, "Yn wir, rwy'n dweud wrthyt y bydd i ti heno nesaf, cyn i'r ceiliog ganu ddwywaith, fy ngwadu i deirgwaith." ³¹ Ond taerai yntau'n fwy byth, "Petai'n rhaid imi farw gyda thi, ni'th wadaf byth." A'r un modd yr oeddent yn dweud i gyd.

Y Weddi yn Gethsemane
Mth. 26:36–46; Lc. 22:39–46

³² Daethant i le o'r enw Gethsemane, ac meddai ef wrth ei ddisgyblion, "Eisteddwch yma tra byddaf yn gweddïo." ³³ Ac fe gymerodd gydag ef Pedr ac Iago ac Ioan, a dechreuodd deimlo arswyd a thrallod dwys, ³⁴ ac meddai wrthynt, "Y mae f'enaid yn drist iawn hyd at farw. Arhoswch yma a gwyliwch." ³⁵ Aeth ymlaen ychydig, a syrthiodd ar y ddaear a gweddïo ar i'r awr, petai'n bosibl, fynd heibio iddo. ³⁶ "Abba! Dad!" meddai, "y mae pob peth yn bosibl i ti. Cymer y cwpan hwn oddi wrthyf. Eithr nid yr hyn a fynnaf fi, ond yr hyn a fynni di." ³⁷ Daeth yn ôl a'u cael hwy'n cysgu, ac meddai wrth Pedr, "Simon, ai cysgu yr wyt ti? Oni ellaist wylio am un awr? ³⁸ Gwyliwch, a gweddïwch na ddewch i gael eich profi. Y mae'r ysbryd yn barod ond y cnawd yn wan." ³⁹ Aeth ymaith drachefn a gweddïo, gan lefaru'r un geiriau. ⁴⁰ A phan ddaeth yn ôl fe'u cafodd hwy'n cysgu eto, oherwydd yr oedd eu llygaid yn drwm; ac ni wyddent beth i'w ddweud wrtho. ⁴¹ Daeth y drydedd waith, a dweud wrthynt, "A ydych yn dal i gysgu a gorffwys?* Dyna ddigon.* Daeth yr awr; dyma Fab y Dyn yn cael ei fradychu i ddwylo pechaduriaid. ⁴² Codwch ac awn. Dyma fy mradychwr yn agosáu."

Bradychu a Dal Iesu
Mth. 26:47–56; Lc. 22:47–53; In. 18:2–12

⁴³ Ac yna, tra oedd yn dal i siarad, dyma Jwdas, un o'r Deuddeg, yn cyrraedd, a chydag ef dyrfa yn dwyn cleddyfau a phastynau, wedi eu hanfon gan y prif offeiriaid a'r ysgrifenyddion a'r

---

14:41 Neu, *Cysgwch bellach a gorffwyswch.*
14:41 Neu, *Fe gafodd ei dâl.* Yn ôl darlleniad arall, *A yw'r diwedd yn bell?*

henuriaid. ⁴⁴ Yr oedd ei fradychwr wedi rhoi arwydd iddynt gan ddweud, "Yr un a gusanaf yw'r dyn; daliwch ef a mynd ag ef ymaith yn ddiogel." ⁴⁵ Ac yn union wedi cyrraedd, aeth ato ef a dweud, "Rabbi," a chusanodd ef. ⁴⁶ Rhoesant hwythau eu dwylo arno a'i ddal. ⁴⁷ Tynnodd rhywun o blith y rhai oedd yn sefyll gerllaw gleddyf, a thrawodd was yr archoffeiriad a thorri ei glust i ffwrdd. ⁴⁸ A dywedodd Iesu wrthynt, "Ai fel at leidr, â chleddyfau a phastynau, y daethoch allan i'm dal i? ⁴⁹ Yr oeddwn gyda chwi beunydd, yn dysgu yn y deml, ac ni ddaliasoch fi. Ond cyflawner yr Ysgrythurau." ⁵⁰ A gadawodd y disgyblion ef bob un, a ffoi.

Y Llanc a Ffodd

⁵¹ Ac yr oedd rhyw lanc yn ei ganlyn ef, yn gwisgo darn o liain dros ei gorff noeth. Cydiasant ynddo ef, ⁵² ond dihangodd, gan adael y lliain a ffoi'n noeth.

Iesu gerbron y Sanhedrin

Mth. 26:57–68; Lc. 22:54–55, 63–71;
In. 18:12–14, 19–24

⁵³ Aethant â Iesu ymaith at yr archoffeiriad, a daeth y prif offeiriaid oll a'r henuriaid a'r ysgrifenyddion ynghyd. ⁵⁴ Canlynodd Pedr ef o hirbell, bob cam i mewn i gyntedd yr archoffeiriad, ac yr oedd yn eistedd gyda'r gwasanaethwyr, yn ymdwymo wrth y tân. ⁵⁵ Yr oedd y prif offeiriaid a'r holl Sanhedrin yn ceisio tystiolaeth yn erbyn Iesu, i'w roi i farwolaeth, ond yn methu cael dim. ⁵⁶ Oherwydd yr oedd llawer yn rhoi camdystiolaeth yn ei erbyn, ond nid oedd eu tystiolaeth yn gyson. ⁵⁷ Cododd rhai a chamdystio yn ei erbyn, ⁵⁸ "Clywsom ni ef yn dweud, 'Mi fwriaf i lawr y deml hon o waith llaw, ac mewn tridiau mi adeiladaf un arall heb fod o waith llaw.' " ⁵⁹ Ond hyd yn oed felly nid oedd eu tystiolaeth yn gyson. ⁶⁰ Yna cododd yr archoffeiriad ar ei draed yn y canol, a holodd Iesu: "Onid atebi ddim? Beth am dystiolaeth y rhain yn dy erbyn?" ⁶¹ Parhaodd yntau'n fud, heb ateb dim. Holodd yr archoffeiriad ef drachefn, ac meddai wrtho, "Ai ti yw'r Meseia, Mab y Bendigedig?" ⁶² Dywedodd Iesu, "Myfi yw,

'ac fe welwch Fab y Dyn
yn eistedd ar ddeheulaw'r Gallu
ac yn dyfod gyda chymylau'r nef.'"

⁶³ Yna rhwygodd yr archoffeiriad ei ddillad a dweud, "Pa raid i ni wrth dystion bellach? ⁶⁴ Clywsoch ei gabledd; sut y barnwch chwi?" A'u dedfryd gytûn arno oedd ei fod yn haeddu marwolaeth. ⁶⁵ A dechreuodd rhai boeri arno a rhoi gorchudd ar ei wyneb, a'i gernodio a dweud wrtho, "Proffwyda." Ac ymosododd y gwasanaethwyr arno â dyrnodiau.

Pedr yn Gwadu Iesu

Mth. 26:69–75; Lc. 22:56–62;
In. 18:15–18, 25–27

⁶⁶ Yr oedd Pedr islaw yn y cyntedd. Daeth un o forynion yr archoffeiriad, ⁶⁷ a phan welodd Pedr yn ymdwymo edrychodd arno ac meddai, "Yr oeddit tithau hefyd gyda'r Nasaread, Iesu." ⁶⁸ Ond gwadodd ef a dweud, "Nid wyf yn gwybod nac yn deall am beth yr wyt ti'n sôn." Ac aeth allan i'r porth.* ⁶⁹ Gwelodd y forwyn ef, a dechreuodd ddweud wedyn wrth y rhai oedd yn sefyll yn ymyl, "Y mae hwn yn un ohonynt." ⁷⁰ Gwadodd yntau drachefn. Ymhen ychydig, dyma'r rhai oedd yn sefyll yn ymyl yn dweud wrth Pedr, "Yr wyt yn wir yn un ohonynt, achos Galilead wyt ti." ⁷¹ Dechreuodd yntau regi a thyngu: "Nid wyf yn adnabod y dyn hwn yr ydych yn sôn amdano." ⁷² Ac yna canodd y ceiliog yr ail waith. Cofiodd Pedr ymadrodd Iesu wrtho, fel y dywedodd, "Cyn i'r ceiliog ganu ddwywaith, fe'm gwedi i deirgwaith." A thorrodd i wylo.

Iesu gerbron Pilat

15 Mth. 27:1–2, 11–14; Lc. 23:1–5;
In. 18:28–38

Cyn gynted ag y daeth hi'n ddydd, ymgynghorodd y prif offeiriaid â'r* henuriaid a'r ysgrifenyddion a'r holl Sanhedrin; yna rhwymasant Iesu a mynd ag ef ymaith a'i drosglwyddo i

---

14:68 Yn ôl darlleniad arall ychwanegir *A chanodd y ceiliog.*

15:1 Yn ôl darlleniad arall, *ffurfiodd y prif offeiriaid gynllwyn gyda'r.*

Pilat. ² Holodd Pilat ef: "Ai ti yw Brenin yr Iddewon?" Atebodd yntau ef: "Ti sy'n dweud hynny.*" ³ Ac yr oedd y prif offeiriaid yn dwyn llawer o gyhuddiadau yn ei erbyn. ⁴ Holodd Pilat ef wedyn: "Onid atebi ddim? Edrych faint o gyhuddiadau y maent yn eu dwyn yn dy erbyn." ⁵ Ond nid atebodd Iesu ddim mwy, er syndod i Pilat.

Dedfrydu Iesu i Farwolaeth

Mth. 27:15–26; Lc. 23:13–25; In. 18:39—19:16

⁶ Ar yr ŵyl yr oedd Pilat yn arfer rhyddhau iddynt un carcharor y gofynnent amdano. ⁷ Ac yr oedd y dyn a elwid Barabbas yn y carchar gyda'r gwrthryfelwyr hynny oedd wedi llofruddio yn ystod y gwrthryfel. ⁸ Daeth y dyrfa i fyny a dechrau gofyn i Pilat wneud yn ôl ei arfer iddynt. ⁹ Atebodd Pilat hwy: "A fynnwch i mi ryddhau i chwi Frenin yr Iddewon?" ¹⁰ Oherwydd gwyddai mai o genfigen yr oedd y prif offeiriaid wedi ei draddodi ef. ¹¹ Ond cyffrôdd y prif offeiriaid y dyrfa i geisio ganddo yn hytrach ryddhau Barabbas iddynt. ¹² Atebodd Pilat drachefn, ac meddai wrthynt, "Beth, ynteu, a wnaf â hwn yr ydych yn ei alw yn Frenin yr Iddewon?" ¹³ Gwaeddasant hwythau yn ôl, "Croeshoelia ef." ¹⁴ Meddai Pilat wrthynt, "Ond pa ddrwg a wnaeth ef?" Gwaeddasant hwythau yn uwch byth, "Croeshoelia ef." ¹⁵ A chan ei fod yn awyddus i fodloni'r dyrfa, rhyddhaodd Pilat Barabbas iddynt, a thraddododd Iesu, ar ôl ei fflangellu, i'w groeshoelio.

Y Milwyr yn Gwatwar Iesu

Mth. 27:27–31; In. 19:2–3

¹⁶ Aeth y milwyr ag ef ymaith i mewn i'r cyntedd, hynny yw, i'r Praetoriwm, a galw ynghyd yr holl fintai. ¹⁷ A gwisgasant ef â phorffor, a phlethu coron ddrain a'i gosod am ei ben. ¹⁸ A dechreusant ei gyfarch: "Henffych well, Frenin yr Iddewon!" ¹⁹ Curasant ei ben â gwialen, a phoeri arno, a phlygu eu gliniau ac ymgrymu iddo. ²⁰ Ac wedi iddynt ei watwar, tynasant y porffor oddi amdano a'i wisgo ef â'i ddillad ei hun. Yna aethant ag ef allan i'w groeshoelio.

Croeshoelio Iesu

Mth. 27:32–44; Lc. 23:26–43; In. 19:17–27

²¹ Gorfodasant un oedd yn mynd heibio ar ei ffordd o'r wlad, Simon o Cyrene, tad Alexander a Rwffus, i gario ei groes ef. ²² Daethant ag ef i'r lle a elwir Golgotha, hynny yw, o'i gyfieithu, "Lle Penglog." ²³ Cynigiasant iddo win â myrr ynddo, ond ni chymerodd ef. ²⁴ A chroeshoeliasant ef,

a rhanasant ei ddillad,
gan fwrw coelbren arnynt i
benderfynu beth a gâi pob un.

²⁵ Naw o'r gloch y bore oedd hi pan groeshoeliasant ef. ²⁶ Ac yr oedd arysgrif y cyhuddiad yn ei erbyn yn dweud: "Brenin yr Iddewon." ²⁷ A chydag ef croeshoeliasant ddau leidr, un ar y dde ac un ar y chwith iddo.* ²⁹ Yr oedd y rhai oedd yn mynd heibio yn ei gablu ef, gan ysgwyd eu pennau a dweud, "Oho, ti sydd am fwrw'r deml i lawr a'i hadeiladu mewn tridiau, ³⁰ disgyn oddi ar y groes ac achub dy hun." ³¹ A'r un modd yr oedd y prif offeiriaid hefyd, ynghyd â'r ysgrifenyddion, yn ei watwar wrth ei gilydd, ac yn dweud, "Fe achubodd eraill; ni all ei achub ei hun. ³² Disgynned y Meseia, Brenin Israel, yn awr oddi ar y groes, er mwyn inni weld a chredu." Yr oedd hyd yn oed y rhai a groeshoeliwyd gydag ef yn ei wawdio.

Marwolaeth Iesu

Mth. 27:45–56; Lc. 23:44–49; In. 19:28–30

³³ A phan ddaeth yn hanner dydd, bu tywyllwch dros yr holl wlad hyd dri o'r gloch y prynhawn. ³⁴ Ac am dri o'r gloch gwaeddodd Iesu â llef uchel, "Eloï, Eloï, lema sabachthani", hynny yw, o'i gyfieithu, "Fy Nuw, fy Nuw, pam yr wyt wedi fy ngadael?" ³⁵ O glywed hyn, meddai rhai o'r sawl oedd yn sefyll gerllaw, "Clywch, y mae'n galw ar Elias." ³⁶ Rhedodd rhywun a llenwi ysbwng â gwin sur a'i ddodi ar flaen gwialen a'i gynnig iddo i'w yfed. "Gadewch inni weld," meddai, "a ddaw Elias i'w dynnu ef i lawr." ³⁷ Ond rhoes Iesu lef uchel, a

---

15:2 Neu, *Yr wyt yn dweud y gwir.*

15:27 Yn ôl darlleniad arall ychwanegir adn. 28: *A chyflawnwyd yr Ysgrythur sy'n dweud, "A chyfrifwyd ef gyda'r troseddwyr."*

bu farw. ³⁸ A rhwygwyd llen y deml yn ddwy o'r pen i'r gwaelod. ³⁹ Pan welodd y canwriad, a oedd yn sefyll gyferbyn ag ef, mai gyda gwaedd felly y bu farw, dywedodd, "Yn wir, Mab Duw* oedd y dyn hwn." ⁴⁰ Yr oedd gwragedd hefyd yn edrych o hirbell; yn eu plith yr oedd Mair Magdalen, a Mair mam Iago Fychan a Joses, a Salome, ⁴¹ gwragedd a fu'n ei ganlyn ac yn gweini arno pan oedd yng Ngalilea, a llawer o wragedd eraill oedd wedi dod i fyny gydag ef i Jerwsalem.

Claddu Iesu

Mth. 27:57-61; Lc. 23:50-56; In. 19:38-42

⁴² Yr oedd hi eisoes yn hwyr, a chan ei bod yn ddydd Paratoad, hynny yw, y dydd cyn y Saboth, ⁴³ daeth Joseff o Arimathea, cynghorwr uchel ei barch a oedd yntau'n disgwyl am deyrnas Dduw, a mentrodd fynd i mewn at Pilat a gofyn am gorff Iesu. ⁴⁴ Rhyfeddodd Pilat ei fod eisoes wedi marw, a galwodd y canwriad ato a gofyn iddo a oedd wedi marw ers meitin. ⁴⁵ Ac wedi cael gwybod gan y canwriad, rhoddodd y corff i Joseff. ⁴⁶ Prynodd yntau liain, ac wedi ei dynnu ef i lawr, a'i amdói yn y lliain, gosododd ef mewn bedd oedd wedi ei naddu o'r graig; a threiglodd faen ar ddrws y bedd. ⁴⁷ Ac yr oedd Mair Magdalen a Mair mam Joses yn edrych ym mhle y gosodwyd ef.

Atgyfodiad Iesu

Mth. 28:1-8; Lc. 24:1-12; In. 20:1-10

16 Wedi i'r Saboth fynd heibio, prynodd Mair Magdalen, a Mair mam Iago, a Salome, beraroglau, er mwyn mynd i'w eneinio ef. ² Ac yn fore iawn ar y dydd cyntaf o'r wythnos, a'r haul newydd godi, dyma hwy'n dod at y bedd. ³ Ac meddent wrth ei gilydd, "Pwy a dreigla'r maen i ffwrdd oddi wrth ddrws y bedd i ni?" ⁴ Ond wedi edrych i fyny, gwelsant fod y maen wedi ei dreiglo i ffwrdd; oherwydd yr oedd yn un mawr iawn. ⁵ Aethant i mewn i'r bedd, a gwelsant ddyn ifanc yn eistedd ar yr ochr dde, a gwisg laes wen amdano, a daeth arswyd arnynt. ⁶ Meddai yntau wrthynt, "Peidiwch ag arswydo. Yr ydych yn ceisio Iesu, y gŵr o Nasareth a groeshoeliwyd. Y mae wedi ei gyfodi; nid yw yma; dyma'r man lle gosodasant ef. ⁷ Ond ewch, dywedwch wrth ei ddisgyblion ac wrth Pedr. 'Y mae'n mynd o'ch blaen chwi i Galilea; yno y gwelwch ef, fel y dywedodd wrthych.'" ⁸ Daethant allan, a ffoi oddi wrth y bedd, oherwydd yr oeddent yn crynu o arswyd. Ac ni ddywedasant ddim wrth neb, oherwydd yr oedd ofn arnynt.*

Ymddangos i Fair Magdalen

Mth. 28:9-10; In. 20:11-18

⁹ *Ar ôl atgyfodi yn fore ar y dydd cyntaf o'r wythnos, ymddangosodd yn gyntaf i Fair Magdalen, gwraig yr oedd wedi bwrw saith gythraul ohoni.* ¹⁰ *Aeth hi a dweud y newydd wrth ei ganlynwyr yn eu galar a'u dagrau.* ¹¹ *A'r rheini, pan glywsant ei fod yn fyw ac wedi ei weld ganddi hi, ni chredasant.*

Ymddangos i Ddau Ddisgybl

Lc. 24:13-35

¹² *Ar ôl hynny, ymddangosodd mewn ffurf arall i ddau ohonynt fel yr oeddent yn cerdded ar eu ffordd i'r wlad;* ¹³ *ac aethant hwy ymaith a dweud y newydd wrth y lleill. Ond ni chredodd y rheini chwaith.*

Rhoi Comisiwn i'r Disgyblion

Mth. 28:16-20; Lc. 24:36-49;
In. 20:19-23; Act. 1:6-8

¹⁴ *Yn ddiweddarach, ymddangosodd i'r un ar ddeg pan oeddent wrth bryd bwyd, ac edliw iddynt eu hanghrediniaeth a'u hystyfnigrwydd, am iddynt beidio â chredu y rhai oedd wedi ei weld ef ar ôl ei gyfodi.* ¹⁵ *A dywedodd wrthynt, "Ewch i'r holl fyd a phregethwch yr Efengyl i'r greadigaeth i gyd.* ¹⁶ *Y sawl a gred ac a fedyddir, fe gaiff ei achub, ond y sawl ni chred, fe'i condemnir.* ¹⁷ *A bydd yr arwyddion hyn yn dilyn i'r sawl a gredodd: bwriant allan gythreuliaid*

16:8 Dyma ddiwedd Efengyl Marc yn ôl darlleniad rhai o'r llawysgrifau hynaf, ond ychwanega llawysgrifau eraill adnodau 9-20, a argreffir yma mewn llythrennau italaidd.

15:39 Neu, *mab i Dduw*.

yn fy enw i, llefarant â thafodau newydd, ¹⁸ gafaelant mewn seirff, ac os yfant wenwyn marwol ni wna ddim niwed iddynt; rhoddant eu dwylo ar gleifion, ac iach fyddant."

Esgyniad Iesu
Lc. 24:50–53; Act. 1:9–11

¹⁹ Felly, wedi iddo lefaru wrthynt, cymerwyd yr Arglwydd Iesu i fyny i'r nef ac eisteddodd ar ddeheulaw Duw.

²⁰ Ac aethant hwy allan a phregethu ym mhob man, a'r Arglwydd yn cydweithio â hwy ac yn cadarnhau'r gair trwy'r arwyddion oedd yn dilyn.*

16:20 Yn lle, neu'n ychwanegol at, adn. 9–20, rhydd rhai llawysgrifau y diweddglo a ganlyn: *Adroddasant yn gryno y cwbl a orchmynnwyd iddynt wrth Pedr a'r rhai oedd gydag ef. Wedi hynny, anfonodd Iesu ei hunan allan trwyddynt hwy, o'r dwyrain hyd at y gorllewin, genadwri sanctaidd ac anllygradwy iachawdwriaeth dragwyddol. Amen.*

YR EFENGYL YN ÔL
LUC

Cyflwyniad i Theoffilus

1 Yn gymaint â bod llawer wedi ymgymryd ag ysgrifennu hanes y pethau a gyflawnwyd yn ein plith, ² fel y traddodwyd hwy inni gan y rhai a fu o'r dechreuad yn llygad-dystion ac yn weision y gair, ³ penderfynais innau, gan fy mod wedi ymchwilio yn fanwl i bopeth o'r dechreuad, eu hysgrifennu i ti yn eu trefn, ardderchocaf Theoffilus, ⁴ er mwyn iti gael sicrwydd am y wybodaeth a dderbyniaist.

Rhagfynegi Genedigaeth Ioan Fedyddiwr

⁵ Yn nyddiau Herod, brenin Jwdea, yr oedd offeiriad o adran Abeia, o'r enw Sachareias, a chanddo wraig o blith merched Aaron; ei henw hi oedd Elisabeth. ⁶ Yr oeddent ill dau yn gyfiawn gerbron Duw, yn ymddwyn yn ddi-fai yn ôl holl orchmynion ac ordeiniadau'r Arglwydd. ⁷ Nid oedd ganddynt blant, oherwydd yr oedd Elisabeth yn ddiffrwyth, ac yr oeddent ill dau wedi cyrraedd oedran mawr. ⁸ Ond pan oedd Sachareias a'i adran, yn eu tro, yn gweinyddu fel offeiriaid gerbron Duw, ⁹ yn ôl arferiad y swydd, daeth i'w ran fynd i mewn i gysegr yr Arglwydd ac offrymu'r arogldarth; ¹⁰ ac ar awr yr offrymu yr oedd holl dyrfa'r bobl y tu allan yn gweddïo. ¹¹ A dyma angel yr Arglwydd yn ymddangos iddo, yn sefyll ar yr ochr dde i allor yr arogldarth; ¹² a phan welodd Sachareias ef, fe'i cythryblwyd a daeth ofn arno. ¹³ Ond dywedodd yr angel wrtho, "Paid ag ofni, Sachareias, oherwydd y mae dy ddeisyfiad wedi ei wrando; bydd dy wraig Elisabeth yn esgor ar fab i ti, a gelwi ef Ioan. ¹⁴ Fe gei lawenydd a gorfoledd, a bydd llawer yn llawenychu o achos ei enedigaeth ef; ¹⁵ oherwydd mawr fydd ef gerbron yr Arglwydd, ac nid yf win na diod gadarn byth; llenwir ef â'r Ysbryd Glân, ie, yng nghroth ei fam, ¹⁶ ac fe dry lawer o bobl Israel yn ôl at yr Arglwydd eu Duw. ¹⁷ Bydd yn cerdded o flaen yr Arglwydd yn ysbryd a nerth Elias, i droi calonnau rhieni at eu plant, ac i droi'r anufudd i feddylfryd y cyfiawn, er mwyn darparu i'r Arglwydd bobl wedi eu paratoi." ¹⁸ Meddai Sachareias wrth yr angel, "Sut y caf sicrwydd o hyn? Oherwydd yr wyf fi yn hen, a'm gwraig wedi cyrraedd oedran mawr." ¹⁹ Atebodd yr angel ef, "Myfi yw Gabriel, sydd yn sefyll gerbron Duw, ac

anfonwyd fi i lefaru wrthyt ac i gyhoeddi iti y newydd da hwn; 20 ac wele, byddi'n fud a heb allu llefaru hyd y dydd y digwydd hyn, am iti beidio â chredu fy ngeiriau, geiriau a gyflawnir yn eu hamser priodol."

21 Yr oedd y bobl yn disgwyl am Sachareias, ac yn synnu ei fod yn oedi yn y cysegr. 22 A phan ddaeth allan, ni allai lefaru wrthynt, a deallasant iddo gael gweledigaeth yn y cysegr; yr oedd yntau yn amneidio arnynt ac yn parhau yn fud. 23 Pan ddaeth dyddiau ei wasanaeth i ben, dychwelodd adref. 24 Ond wedi'r dyddiau hynny beichiogodd Elisabeth ei wraig; ac fe'i cuddiodd ei hun am bum mis, gan ddweud, 25 "Fel hyn y gwnaeth yr Arglwydd i mi yn y dyddiau yr edrychodd arnaf i dynnu ymaith fy ngwarth yng ngolwg y cyhoedd."

Rhagfynegi Genedigaeth Iesu

26 Yn y chweched mis anfonwyd yr angel Gabriel gan Dduw i dref yng Ngalilea o'r enw Nasareth, 27 at wyryf oedd wedi ei dyweddïo i ŵr o'r enw Joseff, o dŷ Dafydd; Mair oedd enw'r wyryf. 28 Aeth yr angel ati a dweud, "Henffych well, tydi, yr un y rhoddodd Duw ei ffafr iddi! Y mae'r Arglwydd gyda thi." 29 Ond cythryblwyd hi drwyddi gan ei eiriau, a cheisiodd ddirnad pa fath gyfarchiad a allai hwn fod. 30 Meddai'r angel wrthi, "Paid ag ofni, Mair, oherwydd cefaist ffafr gyda Duw; 31 ac wele, byddi'n beichiogi yn dy groth ac yn esgor ar fab, a gelwi ef Iesu. 32 Bydd hwn yn fawr, a Mab y Goruchaf y gelwir ef; rhydd yr Arglwydd Dduw iddo orsedd Dafydd ei dad, 33 ac fe deyrnasa ar dŷ Jacob am byth, ac ar ei deyrnas ni bydd diwedd." 34 Meddai Mair wrth yr angel, "Sut y digwydd hyn, gan nad wyf yn cael cyfathrach â gŵr?" 35 Atebodd yr angel hi, "Daw'r Ysbryd Glân arnat, a bydd nerth y Goruchaf yn dy gysgodi; am hynny, gelwir y plentyn a genhedlir yn sanctaidd, Mab Duw. 36 Ac wele, y mae Elisabeth dy berthynas hithau wedi beichiogi ar fab yn ei henaint, a dyma'r chweched mis i'r hon a elwir yn ddiffrwyth; 37 oherwydd ni bydd dim yn amhosibl gyda Duw." 38 Dywedodd Mair, "Dyma lawforwyn yr Arglwydd; bydded i mi yn ôl dy air di." Ac aeth yr angel i ffwrdd oddi wrthi.

Mair yn Ymweld ag Elisabeth

39 Ar hynny cychwynnodd Mair ac aeth ar frys i'r mynydd-dir, i un o drefi Jwda; 40 aeth i dŷ Sachareias a chyfarch Elisabeth. 41 Pan glywodd hi gyfarchiad Mair, llamodd y plentyn yn ei chroth a llanwyd Elisabeth â'r Ysbryd Glân; 42 a llefodd â llais uchel, "Bendigedig wyt ti ymhlith gwragedd, a bendigedig yw ffrwyth dy groth. 43 Sut y daeth i'm rhan i fod mam fy Arglwydd yn dod ataf? 44 Pan glywais dy lais yn fy nghyfarch, dyma'r plentyn yn fy nghroth yn llamu o orfoledd. 45 Gwyn ei byd yr hon a gredodd y cyflawnid yr hyn a lefarwyd wrthi gan yr Arglwydd."

Emyn Mawl Mair

46 Ac meddai Mair:

"Y mae fy enaid yn mawrygu yr Arglwydd,
47 a gorfoleddodd fy ysbryd yn Nuw, fy Ngwaredwr,
48 am iddo ystyried distadledd ei lawforwyn.
Oherwydd wele, o hyn allan fe'm gelwir yn wynfydedig gan yr holl genedlaethau,
49 oherwydd gwnaeth yr hwn sydd nerthol bethau mawr i mi,
a sanctaidd yw ei enw ef;
50 y mae ei drugaredd o genhedlaeth i genhedlaeth
i'r rhai sydd yn ei ofni ef.
51 Gwnaeth rymuster â'i fraich, gwasgarodd y rhai balch eu calon;
52 tynnodd dywysogion oddi ar eu gorseddau,
a dyrchafodd y rhai distadl;
53 llwythodd y newynog â rhoddion, ac anfonodd y cyfoethogion ymaith yn waglaw.
54 Cynorthwyodd ef Israel ei was, gan ddwyn i'w gof ei drugaredd—
55 fel y llefarodd wrth ein hynafiaid— ei drugaredd wrth Abraham a'i had yn dragywydd."

56 Ac arhosodd Mair gyda hi tua thri mis, ac yna dychwelodd adref.

Genedigaeth Ioan Fedyddiwr

⁵⁷ Am Elisabeth, cyflawnwyd yr amser iddi esgor, a ganwyd iddi fab. ⁵⁸ Clywodd ei chymdogion a'i pherthnasau am drugaredd fawr yr Arglwydd iddi, ac yr oeddent yn llawenychu gyda hi. ⁵⁹ A'r wythfed dydd daethant i enwaedu ar y plentyn, ac yr oeddent am ei enwi ar ôl ei dad, Sachareias. ⁶⁰ Ond atebodd ei fam, "Nage, Ioan yw ei enw i fod." ⁶¹ Meddent wrthi, "Nid oes neb o'th deulu â'r enw hwnnw arno." ⁶² Yna gofynasant drwy arwyddion i'w dad sut y dymunai ef ei enwi. ⁶³ Galwodd yntau am lechen fach ac ysgrifennodd, "Ioan yw ei enw." A synnodd pawb. ⁶⁴ Ar unwaith rhyddhawyd ei enau a'i dafod, a dechreuodd lefaru a bendithio Duw. ⁶⁵ Daeth ofn ar eu holl gymdogion, a bu trafod ar yr holl ddigwyddiadau hyn trwy fynydd-dir Jwdea i gyd; ⁶⁶ a chadwyd hwy ar gof gan bawb a glywodd amdanynt. "Beth gan hynny fydd y plentyn hwn?" meddent. Ac yn wir yr oedd llaw'r Arglwydd gydag ef.

Proffwydoliaeth Sachareias

⁶⁷ Llanwyd Sachareias ei dad ef â'r Ysbryd Glân, a phroffwydodd fel hyn:

⁶⁸ "Bendigedig fyddo Arglwydd Dduw Israel
am iddo ymweld â'i bobl a'u prynu i ryddid;
⁶⁹ cododd waredigaeth gadarn i ni
yn nhŷ Dafydd ei was—
⁷⁰ fel y llefarodd trwy enau ei broffwydi sanctaidd yn yr oesoedd a fu—
⁷¹ gwaredigaeth rhag ein gelynion ac o afael pawb sydd yn ein casáu;
⁷² fel hyn y cymerodd drugaredd ar ein hynafiaid,
a chofio ei gyfamod sanctaidd,
⁷³ y llw a dyngodd wrth Abraham ein tad,
y rhoddai inni ⁷⁴ gael ein hachub o afael gelynion,
a'i addoli yn ddi-ofn ⁷⁵ mewn sancteiddrwydd a chyfiawnder
ger ei fron ef holl ddyddiau ein bywyd.
⁷⁶ A thithau, fy mhlentyn, gelwir di yn broffwyd y Goruchaf,
oherwydd byddi'n cerdded o flaen yr Arglwydd i baratoi ei lwybrau,
⁷⁷ i roi i'w bobl wybodaeth am waredigaeth
trwy faddeuant eu pechodau.
⁷⁸ Hyn yw trugaredd calon ein Duw—
fe ddaw* â'r wawrddydd oddi uchod i'n plith,
⁷⁹ i lewyrchu ar y rhai sy'n eistedd yn nhywyllwch cysgod angau,
a chyfeirio ein traed i ffordd tangnefedd."

⁸⁰ Yr oedd y plentyn yn tyfu ac yn cryfhau yn ei ysbryd; a bu yn yr anialwch hyd y dydd y dangoswyd ef i Israel.

Genedigaeth Iesu

2 Mth. 1:18–25

Yn y dyddiau hynny aeth gorchymyn allan oddi wrth Cesar Awgwstus i gofrestru'r holl Ymerodraeth. ² Digwyddodd y cofrestru cyntaf hwn pan oedd Cyrenius yn llywodraethu ar Syria. ³ Aeth pawb felly i'w gofrestru, pob un i'w dref ei hun. ⁴ Oherwydd ei fod yn perthyn i dŷ a theulu Dafydd, aeth Joseff i fyny o dref Nasareth yng Ngalilea i Jwdea, i dref Dafydd a elwir Bethlehem, ⁵ i ymgofrestru ynghyd â Mair ei ddyweddi; ac yr oedd hi'n feichiog. ⁶ Pan oeddent yno, cyflawnwyd yr amser iddi esgor, ⁷ ac esgorodd ar ei mab cyntafanedig; a rhwymodd ef mewn dillad baban a'i osod mewn preseb, am nad oedd lle iddynt yn y gwesty.

Y Bugeiliaid a'r Angylion

⁸ Yn yr un ardal yr oedd bugeiliaid allan yn y wlad yn gwarchod eu praidd liw nos. ⁹ A safodd angel yr Arglwydd yn eu hymyl a disgleiriodd gogoniant yr Arglwydd o'u hamgylch; a daeth arswyd arnynt. ¹⁰ Yna dywedodd yr angel wrthynt, "Peidiwch ag ofni, oherwydd wele, yr wyf yn cyhoeddi i chwi y newydd da am lawenydd mawr a ddaw i'r holl bobl: ¹¹ ganwyd i chwi heddiw yn nhref Dafydd, Waredwr, yr hwn yw'r Meseia, yr Arglwydd; ¹² a dyma'r arwydd i chwi: cewch hyd i'r un bach wedi ei rwymo mewn dillad baban ac yn gorwedd mewn preseb." ¹³ Yn sydyn ymddangosodd

---

1:78 Yn ôl darlleniad arall, *fe ddaeth*.

gyda'r angel dyrfa o'r llu nefol, yn moli Duw gan ddweud:

¹⁴ "Gogoniant yn y goruchaf i Dduw, ac ar y ddaear tangnefedd ymhlith y rhai sydd wrth ei fodd.*"

¹⁵ Wedi i'r angylion fynd ymaith oddi wrthynt i'r nef, dechreuodd y bugeiliaid ddweud wrth ei gilydd, "Gadewch inni fynd i Fethlehem a gweld yr hyn sydd wedi digwydd, y peth yr hysbysodd yr Arglwydd ni amdano." ¹⁶ Aethant ar frys, a chawsant hyd i Fair a Joseff, a'r baban yn gorwedd yn y preseb; ¹⁷ ac wedi ei weld mynegasant yr hyn oedd wedi ei lefaru wrthynt am y plentyn hwn. ¹⁸ Rhyfeddodd pawb a'u clywodd at y pethau a ddywedodd y bugeiliaid wrthynt; ¹⁹ ond yr oedd Mair yn cadw'r holl bethau hyn yn ddiogel yn ei chalon ac yn myfyrio arnynt. ²⁰ Dychwelodd y bugeiliaid gan ogoneddu a moli Duw am yr holl bethau a glywsant ac a welsant, yn union fel y llefarwyd wrthynt.

²¹ Pan ddaeth yr amser i enwaedu arno ymhen wyth diwrnod, galwyd ef Iesu, yr enw a roddwyd iddo gan yr angel cyn i'w fam feichiogi arno.

Cyflwyno Iesu yn y Deml

²² Pan ddaeth amser eu puredigaeth yn ôl Cyfraith Moses, cymerodd ei rieni ef i fyny i Jerwsalem i'w gyflwyno i'r Arglwydd, ²³ yn unol â'r hyn sydd wedi ei ysgrifennu yng Nghyfraith yr Arglwydd: "Pob gwryw cyntafanedig, fe'i gelwir yn sanctaidd i'r Arglwydd"; ²⁴ ac i roi offrwm yn unol â'r hyn sydd wedi ei ddweud yng Nghyfraith yr Arglwydd: "Pâr o durturod neu ddau gyw colomen."

²⁵ Yn awr yr oedd dyn yn Jerwsalem o'r enw Simeon; dyn cyfiawn a duwiol oedd hwn, yn disgwyl am ddiddanwch Israel; ac yr oedd yr Ysbryd Glân arno. ²⁶ Yr oedd wedi cael datguddiad gan yr Ysbryd Glân na welai farwolaeth cyn gweld Meseia'r Arglwydd. ²⁷ Daeth i'r deml dan arweiniad yr Ysbryd; a phan ddaeth y rhieni â'r plentyn Iesu i mewn, i wneud ynglŷn ag ef yn unol ag arfer y Gyfraith, ²⁸ cymerodd Simeon ef i'w freichiau a bendithiodd Dduw gan ddweud:

²⁹ "Yn awr yr wyt yn gollwng dy was yn rhydd, O Arglwydd,
mewn tangnefedd yn unol â'th air;
³⁰ oherwydd y mae fy llygaid wedi gweld dy iachawdwriaeth,
³¹ a ddarperaist yng ngŵydd yr holl bobloedd:
³² goleuni i fod yn ddatguddiad i'r Cenhedloedd
ac yn ogoniant i'th bobl Israel."

³³ Yr oedd ei dad a'i fam yn rhyfeddu at y pethau oedd yn cael eu dweud amdano. ³⁴ Yna bendithiodd Simeon hwy, a dywedodd wrth Fair ei fam, "Wele, gosodwyd hwn er cwymp a chyfodiad llawer yn Israel, ac i fod yn arwydd a wrthwynebir; ³⁵ a thithau, trywenir dy enaid di gan gleddyf; felly y datguddir meddyliau calonnau lawer."

³⁶ Yr oedd proffwydes hefyd, Anna merch Phanuel o lwyth Aser. Yr oedd hon yn oedrannus iawn, wedi byw saith mlynedd gyda'i gŵr ar ôl priodi, ³⁷ ac wedi parhau'n weddw nes ei bod yn awr yn bedair a phedwar ugain oed. Ni byddai byth yn ymadael â'r deml, ond yn addoli gan ymprydio a gweddïo ddydd a nos. ³⁸ A'r awr honno safodd hi gerllaw a moli Duw, a llefaru am y plentyn wrth bawb oedd yn disgwyl rhyddhad Jerwsalem.

Dychwelyd i Nasareth

³⁹ Wedi iddynt gyflawni popeth yn unol â Chyfraith yr Arglwydd, dychwelsant i Galilea, i Nasareth eu tref eu hunain. ⁴⁰ Yr oedd y plentyn yn tyfu yn gryf ac yn llawn doethineb; ac yr oedd ffafr Duw arno.

Y Bachgen Iesu yn y Deml

⁴¹ Byddai ei rieni yn teithio i Jerwsalem bob blwyddyn ar gyfer gŵyl y Pasg. ⁴² Pan oedd ef yn ddeuddeng mlwydd oed, aethant i fyny yn unol â'r arfer ar yr ŵyl, ⁴³ a chadw ei ddyddiau yn gyflawn. Ond pan oeddent yn dychwelyd, arhosodd y bachgen Iesu yn Jerwsalem yn ddiarwybod i'w rieni. ⁴⁴ Gan dybio ei

---

2:14 Yn ôl darlleniad arall, *tangnefedd; ymhlith pobl, ewyllys da.*

fod gyda'u cyd-deithwyr, gwnaethant daith diwrnod cyn dechrau chwilio amdano ymhlith eu perthnasau a'u cydnabod. 45 Wedi methu cael hyd iddo, dychwelsant i Jerwsalem gan chwilio amdano. 46 Ymhen tridiau daethant o hyd iddo yn y deml, yn eistedd yng nghanol yr athrawon, yn gwrando arnynt ac yn eu holi; 47 ac yr oedd pawb a'i clywodd yn rhyfeddu mor ddeallus oedd ei atebion. 48 Pan welodd ei rieni ef, fe'u syfrdanwyd, ac meddai ei fam wrtho, "Fy mhlentyn, pam y gwnaethost hyn inni? Dyma dy dad a minnau yn llawn pryder wedi bod yn chwilio amdanat." 49 Meddai ef wrthynt, "Pam y buoch yn chwilio amdanaf? Onid oeddech yn gwybod mai yn nhŷ fy Nhad y mae'n rhaid i mi fod?" 50 Ond ni ddeallasant hwy y peth a ddywedodd wrthynt. 51 Yna aeth ef i lawr gyda hwy yn ôl i Nasareth, a bu'n ufudd iddynt. Cadwodd ei fam y cyfan yn ddiogel yn ei chalon. 52 Ac yr oedd Iesu yn cynyddu mewn doethineb, a maintioli, a ffafr gyda Duw a'r holl bobl.

Pregethu Ioan Fedyddiwr

3 Mth. 3:1–12; Mc. 1:1–8; In. 1:19–28

Yn y bymthegfed flwyddyn o deyrnasiad Tiberius Cesar, pan oedd Pontius Pilat yn llywodraethu ar Jwdea, a Herod yn dywysog Galilea, a phan oedd Philip ei frawd yn dywysog tiriogaeth Itwrea a Trachonitis, a Lysanias yn dywysog Abilene, 2 ac yn amser archoffeiriadaeth Annas a Caiaffas, daeth gair Duw at Ioan fab Sachareias yn yr anialwch. 3 Aeth ef drwy'r holl wlad oddi amgylch yr Iorddonen gan gyhoeddi bedydd edifeirwch yn foddion maddeuant pechodau, 4 fel y mae'n ysgrifenedig yn llyfr geiriau'r proffwyd Eseia:

"Llais un yn galw yn yr anialwch,
'Paratowch ffordd yr Arglwydd,
unionwch y llwybrau iddo.
5 Caiff pob ceulan ei llenwi,
a phob mynydd a bryn ei lefelu;
gweneir y llwybrau troellog yn union,
a'r ffyrdd garw yn llyfn;
6 a bydd y ddynolryw oll yn gweld
iachawdwriaeth Duw.'"

7 Dywedai wrth y tyrfaoedd oedd yn dod allan i'w bedyddio ganddo: "Chwi epil gwiberod, pwy a'ch rhybuddiodd i ffoi rhag y digofaint sydd i ddod? 8 Dygwch ffrwythau gan hynny a fydd yn deilwng o'ch edifeirwch. Peidiwch â dechrau dweud wrthych eich hunain, 'Y mae gennym Abraham yn dad', oherwydd rwy'n dweud wrthych y gall Duw godi plant i Abraham o'r cerrig hyn. 9 Ac y mae'r fwyell eisoes wrth wraidd y coed; felly, y mae pob coeden nad yw'n dwyn ffrwyth da yn cael ei thorri i lawr a'i bwrw i'r tân." 10 Gofynnai'r tyrfaoedd iddo, "Beth a wnawn ni felly?" 11 Atebai yntau, "Rhaid i'r sawl sydd ganddo ddau grys eu rhannu ag unrhyw un sydd heb grys, a rhaid i'r sawl sydd ganddo fwyd wneud yr un peth." 12 Daeth casglwyr trethi hefyd i'w bedyddio, ac meddent wrtho, "Athro, beth a wnawn ni?" 13 Meddai yntau wrthynt, "Peidiwch â mynnu dim mwy na'r swm a bennwyd ichwi." 14 Byddai dynion ar wasanaeth milwrol hefyd yn gofyn iddo, "Beth a wnawn ninnau?" Meddai wrthynt, "Peidiwch ag ysbeilio neb trwy drais neu gamgyhuddiad, ond byddwch fodlon ar eich cyflog."

15 Gan fod y bobl yn disgwyl, a phawb yn ystyried yn ei galon tybed ai Ioan oedd y Meseia, 16 dywedodd ef wrth bawb: "Yr wyf fi yn eich bedyddio â dŵr; ond y mae un cryfach na mi yn dod. Nid wyf fi'n deilwng i ddatod carrai ei sandalau ef. Bydd ef yn eich bedyddio â'r Ysbryd Glân ac â thân. 17 Y mae ei wyntyll yn barod yn ei law, i nithio'n lân yr hyn a ddyrnwyd, ac i gasglu'r grawn i'w ysgubor. Ond am yr us, bydd yn llosgi hwnnw â thân anniffoddadwy." 18 Fel hyn, a chyda llawer anogaeth arall hefyd, yr oedd yn cyhoeddi'r newydd da i'r bobl. 19 Ond gan ei fod yn ceryddu'r Tywysog Herod ynglŷn â Herodias, gwraig ei frawd, ac ynglŷn â'i holl weithredoedd drygionus, 20 ychwanegodd Herod y drygioni hwn at y cwbl, sef cloi Ioan yng ngharchar.

Bedydd Iesu

Mth. 3:13-17; Mc. 1:9-11

²¹ Pan oedd yr holl bobl yn cael eu bedyddio, yr oedd Iesu, ar ôl ei fedydd ef, yn gweddïo. Agorwyd y nef, ²² a disgynnodd yr Ysbryd Glân arno mewn ffurf gorfforol fel colomen; a daeth llais o'r nef: "Ti yw fy Mab, yr Anwylyd; ynot ti yr wyf yn ymhyfrydu."*

Llinach Iesu

Mth. 1:1-17

²³ Tua deng mlwydd ar hugain oed oedd Iesu ar ddechrau ei weinidogaeth. Yr oedd yn fab, yn ôl y dybiaeth gyffredin, i Joseff fab Eli, ²⁴ fab Mathat, fab Lefi, fab Melchi, fab Jannai, fab Joseff, ²⁵ fab Matathias, fab Amos, fab Nahum, fab Esli, fab Nagai, ²⁶ fab Maath, fab Matathias, fab Semein, fab Josech, fab Joda, ²⁷ fab Joanan, fab Rhesa, fab Sorobabel, fab Salathiel, fab Neri, ²⁸ fab Melchi, fab Adi, fab Cosam, fab Elmadam, fab Er, ²⁹ fab Josua, fab Elieser, fab Jorim, fab Mathat, fab Lefi, ³⁰ fab Simeon, fab Jwda, fab Joseff, fab Jonam, fab Eliacim, ³¹ fab Melea, fab Menna, fab Matatha, fab Nathan, fab Dafydd, ³² fab Jesse, fab Obed, fab Boas, fab Salmon, fab Nahson, ³³ fab Amminadab, fab Admin, fab Arni, fab Hesron, fab Peres, fab Jwda, ³⁴ fab Jacob, fab Isaac, fab Abraham, fab Tera, fab Nachor, ³⁵ fab Serug, fab Reu, fab Peleg, fab Heber, fab Sela, ³⁶ fab Cenan, fab Arffaxad, fab Sem, fab Noa, fab Lamech, ³⁷ fab Methwsela, fab Enoch, fab Jered, fab Maleleel, fab Cenan, ³⁸ fab Enos, fab Seth, fab Adda, fab Duw.

Temtiad Iesu

Mth. 4:1-11; Mc. 1:12-13

4 Dychwelodd Iesu, yn llawn o'r Ysbryd Glân, o'r Iorddonen, ac arweiniwyd ef gan yr Ysbryd yn yr anialwch ² am ddeugain diwrnod, a'r diafol yn ei demtio. Ni fwytaodd ddim yn ystod y dyddiau hynny, ac ar eu diwedd daeth arno eisiau bwyd. ³ Meddai'r diafol wrtho, "Os Mab Duw wyt ti, dywed wrth y garreg hon am droi'n fara."

⁴ Atebodd Iesu ef, "Y mae'n ysgrifenedig: 'Nid ar fara yn unig y bydd rhywun fyw.'"
⁵ Yna aeth y diafol ag ef i fyny a dangos iddo ar amrantiad holl deyrnasoedd y byd, ⁶ a dywedodd wrtho, "I ti y rhof yr holl awdurdod ar y rhain a'u gogoniant hwy; oherwydd i mi y mae wedi ei draddodi, ac yr wyf yn ei roi i bwy bynnag a fynnaf. ⁷ Felly, os addoli di fi, dy eiddo di fydd y cyfan." ⁸ Atebodd Iesu ef, "Y mae'n ysgrifenedig:

'Yr Arglwydd dy Dduw a addoli,
ac ef yn unig a wasanaethi.'"

⁹ Ond aeth y diafol ag ef i Jerwsalem, a'i osod ar dŵr uchaf y deml, a dweud wrtho, "Os Mab Duw wyt ti, bwrw dy hun i lawr oddi yma; ¹⁰ oherwydd y mae'n ysgrifenedig:

'Rhydd orchymyn i'w angylion
amdanat,
i'th warchod di rhag pob perygl',

¹¹ a hefyd:

'Byddant yn dy godi ar eu dwylo
rhag iti daro dy droed yn erbyn
carreg.'"

¹² Yna atebodd Iesu ef, "Y mae'r Ysgrythur yn dweud: 'Paid â gosod yr Arglwydd dy Dduw ar ei brawf.'" ¹³ Ac ar ôl iddo ei demtio ym mhob modd, ymadawodd y diafol ag ef, gan aros ei gyfle.

Dechrau'r Weinidogaeth yng Ngalilea

Mth. 4:12-17; Mc. 1:14-15

¹⁴ Dychwelodd Iesu yn nerth yr Ysbryd i Galilea. Aeth y sôn amdano ar hyd a lled y gymdogaeth. ¹⁵ Yr oedd yn dysgu yn eu synagogau ac yn cael clod gan bawb.

Gwrthod Iesu yn Nasareth

Mth. 13:53-58; Mc. 6:1-6

¹⁶ Daeth i Nasareth, lle yr oedd wedi ei fagu. Yn ôl ei arfer aeth i'r synagog ar y dydd Saboth, a chododd i ddarllen. ¹⁷ Rhoddwyd iddo lyfr y proffwyd Eseia, ac agorodd y sgrôl a chael y man lle'r oedd yn ysgrifenedig:

¹⁸ "Y mae Ysbryd yr Arglwydd arnaf,
oherwydd iddo f'eneinio

3:22 Yn ôl darlleniad arall, *"Fy Mab wyt ti; myfi a'th genhedlodd di heddiw."*

i bregethu'r newydd da i dlodion.
Y mae wedi f'anfon i gyhoeddi
    rhyddhad i garcharorion,
ac adferiad golwg i ddeillion,
i beri i'r gorthrymedig gerdded yn
    rhydd,
¹⁹ i gyhoeddi blwyddyn ffafr yr
    Arglwydd."

²⁰ Wedi cau'r sgrôl a'i rhoi'n ôl i'r swyddog, fe eisteddodd; ac yr oedd llygaid pawb yn y synagog yn syllu arno. ²¹ A'i eiriau cyntaf wrthynt oedd: "Heddiw yn eich clyw chwi y mae'r Ysgrythur hon wedi ei chyflawni." ²² Yr oedd pawb yn ei gymeradwyo ac yn rhyfeddu at y geiriau grasusol oedd yn dod o'i enau ef, gan ddweud, "Onid mab Joseff yw hwn?" ²³ Ac meddai wrthynt, "Diau yr adroddwch wrthyf y ddihareb, 'Feddyg, iachâ dy hun', a dweud, 'Yr holl bethau y clywsom iddynt ddigwydd yng Nghapernaum, gwna hwy yma hefyd ym mro dy febyd.'" ²⁴ Ond meddai, "Yn wir, rwy'n dweud wrthych nad oes dim croeso i'r un proffwyd ym mro ei febyd. ²⁵ Ar fy ngwir rwy'n dweud wrthych, yr oedd llawer o wragedd gweddw yn Israel yn nyddiau Elias pan gaewyd y ffurfafen am dair blynedd a chwe mis, ac y bu newyn mawr ar yr holl wlad. ²⁶ Ond nid at un ohonynt hwy yr anfonwyd Elias, ond yn hytrach at wraig weddw yn Sarepta yng ngwlad Sidon. ²⁷ Ac yr oedd llawer o wahangleifion yn Israel yn amser y proffwyd Eliseus, ac ni lanhawyd yr un ohonynt hwy, ond yn hytrach Naaman y Syriad." ²⁸ Wrth glywed hyn llanwyd pawb yn y synagog â dicter; ²⁹ codasant, a bwriasant ef allan o'r dref a mynd ag ef hyd at ael y bryn yr oedd eu tref wedi ei hadeiladu arno, i'w luchio o'r clogwyn. ³⁰ Ond aeth ef drwy eu canol hwy, ac ymaith ar ei daith.

Y Dyn ag Ysbryd Aflan ynddo
Mc. 1:21–28

³¹ Aeth i lawr i Gapernaum, tref yng Ngalilea, a bu'n dysgu'r bobl ar y Saboth. ³² Yr oeddent yn synnu at yr hyn yr oedd yn ei ddysgu, oherwydd yr oedd ei air yn llawn awdurdod. ³³ Yn y synagog yr oedd dyn a chanddo ysbryd cythraul aflan. Gwaeddodd hwnnw â llais uchel, ³⁴ "Och, beth sydd a fynni di â ni, Iesu o Nasareth? A wyt ti wedi dod i'n difetha ni? Mi wn pwy wyt ti—Sanct Duw." ³⁵ Ceryddodd Iesu ef â'r geiriau, "Taw, a dos allan ohono." Lluchiodd y cythraul y dyn i'w canol ac aeth allan ohono heb niweidio dim arno. ³⁶ Aeth pawb yn syn a dechreusant siarad â'i gilydd, gan ddweud, "Pa air yw hwn? Y mae ef yn gorchymyn yr ysbrydion aflan ag awdurdod ac â nerth, ac y maent yn mynd allan." ³⁷ Yr oedd sôn amdano yn mynd ar hyd a lled y gymdogaeth.

Iacháu Llawer
Mth. 8:14–17; Mc. 1:29–34

³⁸ Ymadawodd Iesu â'r synagog ac aeth i dŷ Simon. Yr oedd mam-yng-nghyfraith Simon yn dioddef dan dwymyn lem, a deisyfasant ar Iesu ar ei rhan. ³⁹ Safodd ef uwch ei phen a cheryddu'r dwymyn, a gadawodd y dwymyn hi; ac ar unwaith cododd a dechrau gweini arnynt. ⁴⁰ Ac ar fachlud haul, pawb oedd â chleifion yn dioddef dan amrywiol afiechydon, daethant â hwy ato; a gosododd yntau ei ddwylo ar bob un ohonynt a'u hiacháu. ⁴¹ Yr oedd cythreuliaid yn ymadael â llawer o bobl gan floeddio, "Mab Duw wyt ti." Ond eu ceryddu a wnâi ef, a gwahardd iddynt ddweud gair, am eu bod yn gwybod mai'r Meseia oedd ef.

Taith Bregethu
Mc. 1:35–39

⁴² Pan ddaeth hi'n ddydd aeth allan a theithio i le unig. Yr oedd y tyrfaoedd yn chwilio amdano, a daethant hyd ato a cheisio'i rwystro rhag mynd ymaith oddi wrthynt. ⁴³ Ond dywedodd ef wrthynt, "Y mae'n rhaid imi gyhoeddi'r newydd da am deyrnas Dduw i'r trefi eraill yn ogystal, oherwydd i hynny y'm hanfonwyd i." ⁴⁴ Ac yr oedd yn pregethu yn synagogau Jwdea.

Galw'r Disgyblion Cyntaf

5 Mth. 4:18–22; Mc. 1:16–20
Unwaith pan oedd y dyrfa'n gwasgu ato ac yn gwrando ar air Duw, ac ef ei hun yn sefyll ar lan Llyn Genesaret, ² gwelodd ddau gwch yn sefyll wrth y lan. Yr oedd y pysgotwyr wedi dod allan ohonynt, ac yr oeddent yn golchi eu

rhwydau. ³ Aeth ef i mewn i un o'r cychod, eiddo Simon, a gofyn iddo wthio allan ychydig o'r tir; yna eisteddodd, a dechrau dysgu'r tyrfaoedd o'r cwch. ⁴ Pan orffennodd lefaru dywedodd wrth Simon, "Dos allan i'r dŵr dwfn, a gollyngwch eich rhwydau am ddalfa." ⁵ Atebodd Simon, "Meistr, drwy gydol y nos buom yn llafurio heb ddal dim, ond ar dy air di mi ollyngaf y rhwydau." ⁶ Gwnaethant hyn, a daliasant nifer enfawr o bysgod, nes bod eu rhwydau bron â rhwygo. ⁷ Amneidiasant ar eu partneriaid yn y cwch arall i ddod i'w cynorthwyo. Daethant hwy, a llwythasant y ddau gwch nes eu bod ar suddo. ⁸ Pan welodd Simon Pedr hyn syrthiodd wrth liniau Iesu gan ddweud, "Dos ymaith oddi wrthyf, oherwydd dyn pechadurus wyf fi, Arglwydd." ⁹ Yr oedd ef, a phawb oedd gydag ef, wedi eu syfrdanu o weld y llwyth pysgod yr oeddent wedi eu dal; ¹⁰ a'r un modd Iago ac Ioan, meibion Sebedeus, a oedd yn bartneriaid i Simon. Ac meddai Iesu wrth Simon, "Paid ag ofni; o hyn allan dal dynion y byddi di." ¹¹ Yna daethant â'r cychod yn ôl i'r lan, a gadael popeth, a'i ganlyn ef.

Glanhau Dyn Gwahanglwyfus

Mth. 8:1–4; Mc. 1:40–45

¹² Pan oedd Iesu yn un o'r trefi, dyma ddyn yn llawn o'r gwahanglwyf yn ei weld ac yn syrthio ar ei wyneb ac yn ymbil arno, "Syr, os mynni, gelli fy nglanhau." ¹³ Estynnodd Iesu ei law a chyffwrdd ag ef gan ddweud, "Yr wyf yn mynnu, glanhaer di." Ac ymadawodd y gwahanglwyf ag ef ar unwaith. ¹⁴ Gorchmynnodd Iesu iddo beidio â dweud wrth neb: "Dos ymaith," meddai, "a dangos dy hun i'r offeiriad, ac offryma dros dy lanhad fel y gorchmynnodd Moses, yn dystiolaeth gyhoeddus." ¹⁵ Ond yr oedd y sôn amdano yn ymledu fwyfwy, ac yr oedd tyrfaoedd lawer yn ymgynnull i wrando ac i gael eu hiacháu oddi wrth eu clefydau. ¹⁶ Ond byddai ef yn encilio i'r mannau unig ac yn gweddïo.

Iacháu Dyn wedi ei Barlysu

Mth. 9:1–8; Mc. 2:1–12

¹⁷ Un diwrnod yr oedd ef yn dysgu, ac yn eistedd yno yr oedd Phariseaid ac athrawon y Gyfraith oedd wedi dod o bob pentref yng Ngalilea ac o Jwdea ac o Jerwsalem; ac yr oedd nerth yr Arglwydd gydag ef i iacháu. ¹⁸ A dyma wŷr yn cario ar wely ddyn wedi ei barlysu; ceisio yr oeddent ddod ag ef i mewn a'i osod o flaen Iesu. ¹⁹ Wedi methu cael ffordd i ddod ag ef i mewn oherwydd y dyrfa, dringasant ar y to a'i ollwng drwy'r priddlechi, ynghyd â'i wely, i'r canol o flaen Iesu. ²⁰ Wrth weld eu ffydd hwy dywedodd ef, "Ddyn, y mae dy bechodau wedi eu maddau iti." ²¹ A dechreuodd yr ysgrifenyddion a'r Phariseaid feddwl, "Pwy yw hwn sy'n llefaru cabledd? Pwy ond Duw yn unig a all faddau pechodau?" ²² Ond synhwyrodd Iesu eu meddyliau, ac meddai wrthynt, "Pam yr ydych yn meddwl fel hyn ynoch eich hunain? ²³ Prun sydd hawsaf, ai dweud, 'Y mae dy bechodau wedi eu maddau iti', ai ynteu dweud, 'Cod a cherdda'? ²⁴ Ond er mwyn i chwi wybod fod gan Fab y Dyn awdurdod ar y ddaear i faddau pechodau"—meddai wrth y claf, "Dyma fi'n dweud wrthyt, cod a chymer dy wely a dos adref." ²⁵ Ac ar unwaith cododd yntau yn eu gŵydd, cymryd y gwely y bu'n gorwedd arno, a mynd adref gan ogoneddu Duw. ²⁶ Daeth syndod dros bawb a dechreusant ogoneddu Duw; llanwyd hwy ag ofn, ac meddent, "Yr ydym wedi gweld pethau anhygoel heddiw."

Galw Lefi

Mth. 9:9–13; Mc. 2:13–17

²⁷ Wedi hyn aeth allan ac edrychodd ar gasglwr trethi o'r enw Lefi, a oedd yn eistedd wrth y dollfa, ac meddai wrtho, "Canlyn fi." ²⁸ A chan adael popeth cododd yntau a'i ganlyn. ²⁹ Yna gwnaeth Lefi wledd fawr iddo yn ei dŷ; ac yr oedd tyrfa niferus o gasglwyr trethi ac eraill yn cydfwyta gyda hwy. ³⁰ Yr oedd y Phariseaid a'u hysgrifenyddion yn grwgnach wrth ei ddisgyblion gan ddweud, "Pam yr ydych yn bwyta ac

yn yfed gyda chasglwyr trethi a phechaduriaid?" ³¹ Atebodd Iesu hwy, "Nid ar rai iach, ond ar y cleifion y mae angen meddyg; ³² i alw pechaduriaid i edifeirwch, nid rhai cyfiawn, yr wyf fi wedi dod."

Holi ynglŷn ag Ymprydio
Mth. 9:14–17; Mc. 2:18–22

³³ Ond meddent hwythau wrtho, "Y mae disgyblion Ioan yn ymprydio yn aml ac yn adrodd eu gweddïau, a rhai'r Phariseaid yr un modd, ond bwyta ac yfed y mae dy ddisgyblion di." ³⁴ Meddai Iesu wrthynt, "A allwch wneud i westeion priodas ymprydio tra bydd y priodfab gyda hwy? ³⁵ Ond fe ddaw dyddiau pan ddygir y priodfab oddi wrthynt; yna fe ymprydiant yn y dyddiau hynny." ³⁶ Adroddodd hefyd ddameg wrthynt: "Ni fydd neb yn rhwygo clwt allan o ddilledyn newydd a'i roi ar hen ddilledyn; os gwna, nid yn unig fe fydd yn rhwygo'r newydd, ond ni fydd y clwt o'r newydd yn gweddu i'r hen. ³⁷ Ac ni fydd neb yn tywallt gwin newydd i hen grwyn; os gwna, bydd y gwin newydd yn rhwygo'r crwyn, a heblaw colli'r gwin fe ddifethir y crwyn. ³⁸ I grwyn newydd y mae tywallt gwin newydd. ³⁹ Ac ni fydd neb sydd wedi yfed hen win yn dymuno gwin newydd; oherwydd y mae'n dweud, 'Yr hen sydd dda.'"

Tynnu Tywysennau ar y Saboth

6 Mth. 12:1–8; Mc. 2:23–28
Un Saboth yr oedd yn mynd trwy gaeau ŷd, ac yr oedd ei ddisgyblion yn tynnu tywysennau ac yn eu bwyta, gan eu rhwbio yn eu dwylo. ² Ond dywedodd rhai o'r Phariseaid, "Pam yr ydych yn gwneud peth sy'n groes i'r Gyfraith ar y Saboth?" ³ Atebodd Iesu hwy, "Onid ydych wedi darllen am y peth hwnnw a wnaeth Dafydd pan oedd eisiau bwyd arno ef a'r rhai oedd gydag ef? ⁴ Sut yr aeth i mewn i dŷ Dduw a chymryd y torthau cysegredig a'u bwyta a'u rhoi i'r rhai oedd gydag ef, torthau nad yw'n gyfreithlon i neb eu bwyta ond yr offeiriaid yn unig?" ⁵ Ac meddai wrthynt, "Y mae Mab y Dyn yn arglwydd ar y Saboth."

Y Dyn â'r Llaw Ddiffrwyth
Mth. 12:9–14; Mc. 3:1–6

⁶ Ar Saboth arall aeth i mewn i'r synagog a dysgu. Yr oedd yno ddyn â'i law dde yn ddiffrwyth. ⁷ Yr oedd yr ysgrifenyddion a'r Phariseaid â'u llygaid arno i weld a fyddai'n iacháu ar y Saboth, er mwyn cael hyd i gyhuddiad yn ei erbyn. ⁸ Ond yr oedd ef yn deall eu meddyliau, ac meddai wrth y dyn â'r llaw ddiffrwyth, "Cod a saf yn y canol"; a chododd yntau ar ei draed. ⁹ Meddai Iesu wrthynt, "Yr wyf yn gofyn i chwi, a yw'n gyfreithlon gwneud da ar y Saboth, ynteu gwneud drwg, achub bywyd, ynteu ei ddifetha?" ¹⁰ Yna edrychodd o gwmpas arnynt oll a dweud wrth y dyn, "Estyn dy law." Estynnodd yntau hi, a gwnaed ei law yn iach. ¹¹ Ond llanwyd hwy â gorffwylledd, a dechreusant drafod â'i gilydd beth i'w wneud i Iesu.

Dewis y Deuddeg
Mth. 10:1–4; Mc. 3:13–19

¹² Un o'r dyddiau hynny aeth allan i'r mynydd i weddïo, a bu ar hyd y nos yn gweddïo ar Dduw. ¹³ Pan ddaeth hi'n ddydd galwodd ei ddisgyblion ato. Dewisodd o'u plith ddeuddeg, a rhoi'r enw apostolion iddynt: ¹⁴ Simon, a enwodd hefyd yn Pedr; Andreas ei frawd; Iago, Ioan, Philip a Bartholomeus; ¹⁵ Mathew, Thomas, Iago fab Alffeus, a Simon, a elwid y Selot; ¹⁶ Jwdas fab Iago, a Jwdas Iscariot, a droes yn fradwr.

Gweinidogaethu i Dyrfa Fawr
Mth. 4:23–25

¹⁷ Aeth i lawr gyda hwy a sefyll ar dir gwastad, gyda thyrfa fawr o'i ddisgyblion, a llu niferus o bobl o Jwdea gyfan a Jerwsalem ac o arfordir Tyrus a Sidon, a oedd wedi dod i wrando arno ac i'w hiacháu o'u clefydau; ¹⁸ yr oedd y rhai a flinid gan ysbrydion aflan hefyd yn cael eu gwella. ¹⁹ Ac yr oedd yr holl dyrfa'n ceisio cyffwrdd ag ef, oherwydd yr oedd nerth yn mynd allan ohono ac yn iacháu pawb.

Gwynfydau a Gwaeau

Mth. 5:1–12

20 Yna cododd ef ei lygaid ar ei ddisgyblion a dweud:

"Gwyn eich byd chwi'r tlodion,
oherwydd eiddoch chwi yw teyrnas Dduw.
21 Gwyn eich byd chwi sydd yn awr yn newynog,
oherwydd cewch eich digoni.
Gwyn eich byd chwi sydd yn awr yn wylo,
oherwydd cewch chwerthin.

22 Gwyn eich byd pan fydd pobl yn eich casáu, yn eich ysgymuno a'ch gwaradwyddo, ac yn dirmygu eich enw fel peth drwg, o achos Mab y Dyn. 23 Byddwch lawen y dydd hwnnw a llamwch o orfoledd, oherwydd, ystyriwch, y mae eich gwobr yn fawr yn y nef. Oherwydd felly'n union y gwnaeth eu hynafiaid i'r proffwydi.

24 "Ond gwae chwi'r cyfoethogion,
oherwydd yr ydych wedi cael eich diddanwch.
25 Gwae chwi sydd yn awr wedi eich llenwi,
oherwydd daw arnoch newyn.
Gwae chwi sydd yn awr yn chwerthin,
oherwydd cewch ofid a dagrau.

26 Gwae chwi pan fydd pawb yn eich canmol, oherwydd felly'n union y gwnaeth eu hynafiaid i'r gau broffwydi.

Caru Gelynion

Mth. 5:38–48; 7:12a

27 "Ond wrthych chwi sy'n gwrando rwy'n dweud: carwch eich gelynion, gwnewch ddaioni i'r rhai sy'n eich casáu, 28 bendithiwch y rhai sy'n eich melltithio, gweddïwch dros y rhai sy'n eich cam-drin. 29 Pan fydd rhywun yn dy daro di ar dy foch, cynigia'r llall iddo hefyd; pan fydd un yn cymryd dy fantell, paid â'i rwystro rhag cymryd dy grys hefyd. 30 Rho i bawb sy'n gofyn gennyt, ac os bydd rhywun yn cymryd dy eiddo, paid â gofyn amdano'n ôl. 31 Fel y dymunwch i eraill wneud i chwi, gnewch chwithau yr un fath iddynt hwy. 32 Os ydych yn caru'r rhai sy'n eich caru chwi, pa ddiolch fydd i chwi? Y mae hyd yn oed y pechaduriaid yn caru'r rhai sy'n eu caru hwy. 33 Ac os gwnewch ddaioni i'r rhai sy'n gwneud daioni i chwi, pa ddiolch fydd i chwi? Y mae hyd yn oed y pechaduriaid yn gwneud cymaint â hynny. 34 Os rhowch fenthyg i'r rhai yr ydych yn disgwyl derbyn ganddynt, pa ddiolch fydd i chwi? Y mae hyd yn oed bechaduriaid yn rhoi benthyg i bechaduriaid dim ond iddynt gael yr un faint yn ôl. 35 Nage, carwch eich gelynion a gwnewch ddaioni a rhowch fenthyg heb ddisgwyl dim yn ôl*. Bydd eich gwobr yn fawr a byddwch yn blant y Goruchaf, oherwydd y mae ef yn garedig wrth yr anniolchgar a'r drygionus. 36 Byddwch yn drugarog fel y mae eich Tad yn drugarog.

Barnu Eraill

Mth. 7:1–5

37 "Peidiwch â barnu, ac ni chewch eich barnu. Peidiwch â chondemnio, ac ni chewch eich condemnio. Maddeuwch, ac fe faddeuir i chwi. 38 Rhowch, ac fe roir i chwi; rhoir yn eich côl fesur da, wedi ei wasgu i lawr a'i ysgwyd ynghyd nes gorlifo; oherwydd â'r mesur y rhowch y rhoir i chwi yn ôl."

39 Adroddodd hefyd ddameg wrthynt: "A fedr y dall arwain y dall? Onid syrthio i bydew a wna'r ddau? 40 Nid yw disgybl yn well na'i athro; ond wedi ei lwyr gymhwyso bydd pob un fel ei athro. 41 Pam yr wyt yn edrych ar y brycheuyn sydd yn llygad dy gyfaill, a thithau heb sylwi ar y trawst sydd yn dy lygad dy hun? 42 Sut y gelli ddweud wrth dy gyfaill, 'Gyfaill, gad imi dynnu allan y brycheuyn sydd yn dy lygad di', a thi dy hun heb weld y trawst sydd yn dy lygad di? Ragrithiwr, yn gyntaf tyn y trawst allan o'th lygad dy hun, ac yna fe weli yn ddigon eglur i dynnu'r brycheuyn sydd yn llygad dy gyfaill.

Adnabod Coeden wrth ei Ffrwyth

Mth. 7:17–20; 12:34b–35

43 "Oherwydd nid yw coeden dda yn dwyn ffrwyth gwael, ac nid yw coeden

---

6:35 Yn ôl darlleniad arall, *heb anobeithio am neb.*

wael chwaith yn dwyn ffrwyth da. ⁴⁴ Wrth ei ffrwyth ei hun y mae pob coeden yn cael ei hadnabod; nid oddi ar ddrain y mae casglu ffigys, ac nid oddi ar lwyni mieri y mae tynnu grawnwin. ⁴⁵ Y mae'r dyn da yn dwyn daioni o drysor daionus ei galon, a'r dyn drwg yn dwyn drygioni o'i ddrygioni; oherwydd yn ôl yr hyn sy'n llenwi ei galon y mae ei enau yn llefaru.

Y Ddwy Sylfaen

Mth. 7:24–27

⁴⁶ "Pam yr ydych yn galw 'Arglwydd, Arglwydd' arnaf, a heb wneud yr hyn yr wyf yn ei ofyn? ⁴⁷ Pob un sy'n dod ataf ac yn gwrando ar fy ngeiriau ac yn eu gwneud, dangosaf i chwi i bwy y mae'n debyg: ⁴⁸ y mae'n debyg i ddyn a adeiladodd dŷ a chloddio'n ddwfn a gosod sylfaen ar y graig; a phan ddaeth llifogydd, ffrwydrodd yr afon yn erbyn y tŷ hwnnw, ond ni allodd ei syflyd, gan iddo gael ei adeiladu yn gadarn. ⁴⁹ Ond y mae'r sawl sy'n clywed, ond heb wneud, yn debyg i rywun a adeiladodd dŷ ar bridd, heb sylfaen; ffrwydrodd yr afon yn ei erbyn a chwalodd y tŷ hwnnw ar unwaith, a dirfawr fu ei gwymp."

Iacháu Gwas Canwriad

7 Mth. 8:5–13; In. 4:43–54

Wedi iddo orffen llefaru'r holl eiriau hyn wrth y bobl, aeth i mewn i Gapernaum. ² Yr oedd canwriad ac iddo was, gwerthfawr yn ei olwg, a oedd yn glaf ac ar fin marw. ³ Pan glywodd y canwriad am Iesu anfonodd ato henuriaid o Iddewon, i ofyn iddo ddod ac achub bywyd ei was. ⁴ Daethant hwy at Iesu ac ymbil yn daer arno: "Y mae'n haeddu iti wneud hyn drosto, ⁵ oherwydd y mae'n caru ein cenedl, ac ef a adeiladodd ein synagog i ni." ⁶ Pan oedd Iesu ar ei ffordd gyda hwy ac eisoes heb fod ymhell o'r tŷ, anfonodd y canwriad rai o'i gyfeillion i ddweud wrtho, "Paid â thrafferthu, syr, oherwydd nid wyf yn deilwng i ti ddod dan fy nho. ⁷ Am hynny bernais nad oeddwn i fy hun yn deilwng i ddod atat; ond dywed air, a chaffed* fy ngwas ei iacháu. ⁸ Oherwydd dyn sy'n cael ei osod dan awdurdod wyf finnau, a chennyf filwyr danaf; byddaf yn dweud wrth hwn, 'Dos', ac fe â, ac wrth un arall, 'Tyrd', ac fe ddaw, ac wrth fy ngwas, 'Gwna hyn', ac fe'i gwna." ⁹ Pan glywodd Iesu hyn fe ryfeddodd at y dyn, a chan droi at y dyrfa oedd yn ei ddilyn meddai, "Rwy'n dweud wrthych, ni chefais hyd yn oed yn Israel ffydd mor fawr." ¹⁰ Ac wedi i'r rhai a anfonwyd ddychwelyd i'r tŷ, cawsant y gwas yn holliach.

Cyfodi Mab y Weddw yn Nain

¹¹ Yn fuan wedyn aeth Iesu i dref a elwir Nain. Gydag ef ar y daith yr oedd ei ddisgyblion a thyrfa fawr. ¹² Pan gyrhaeddodd yn agos at borth y dref, dyma gynhebrwng yn dod allan; unig fab ei fam oedd y marw, a hithau'n wraig weddw. Yr oedd tyrfa niferus o'r dref gyda hi. ¹³ Pan welodd yr Arglwydd hi, tosturiodd wrthi a dweud, "Paid ag wylo." ¹⁴ Yna aeth ymlaen a chyffwrdd â'r elor. Safodd y cludwyr, ac meddai ef, "Fy machgen, rwy'n dweud wrthyt, cod." ¹⁵ Cododd y marw ar ei eistedd a dechrau siarad, a rhoes Iesu ef i'w fam. ¹⁶ Cydiodd ofn ym mhawb a dechreusant ogoneddu Duw, gan ddweud, "Y mae proffwyd mawr wedi codi yn ein plith", ac, "Y mae Duw wedi ymweld â'i bobl." ¹⁷ Ac aeth yr hanes hwn amdano drwy Jwdea gyfan a'r holl gymdogaeth.

Negesyddion Ioan Fedyddiwr

Mth. 11:2–19

¹⁸ Rhoes disgyblion Ioan adroddiad iddo ynglŷn â hyn oll. ¹⁹ Galwodd yntau ddau o'i ddisgyblion ato a'u hanfon at yr Arglwydd, gan ofyn, "Ai ti yw'r hwn sydd i ddod, ai am rywun arall yr ydym i ddisgwyl?" ²⁰ Daeth y ddau ato a dweud, "Anfonodd Ioan Fedyddiwr ni atat, gan ofyn, 'Ai ti yw'r hwn sydd i ddod, ai am rywun arall yr ydym i ddisgwyl?' " ²¹ Y pryd hwnnw iachaodd ef lawer o afael afiechydon a phlâu ac ysbrydion drwg, a rhoes eu golwg i lawer o ddeillion. ²² Ac atebodd ef hwy, "Ewch a dywedwch wrth Ioan yr hyn yr ydych wedi ei weld ac wedi ei glywed. Y mae'r deillion yn cael eu golwg yn ôl, y cloffion yn cerdded, y gwahangleifion yn cael eu glanhau a'r

---

7:7 Yn ôl darlleniad arall, *a chaiff*.

byddariaid yn clywed, y meirw yn codi, y tlodion yn cael clywed y newydd da. ²³ Gwyn ei fyd y sawl na ddaw cwymp iddo o'm hachos i." ²⁴ Wedi i negesyddion Ioan ymadael, dechreuodd Iesu sôn am Ioan wrth y tyrfaoedd. "Beth yr aethoch allan i'r anialwch i edrych arno? Ai brwynen yn siglo yn y gwynt? ²⁵ Beth yr aethoch allan i'w weld? Ai rhywun wedi ei wisgo mewn dillad esmwyth? Ym mhlasau brenhinoedd y mae gweld dynion moethus mewn gwisgoedd ysblennydd. ²⁶ Beth yr aethoch allan i'w weld? Ai proffwyd? Ie, meddaf wrthych, a mwy na phroffwyd. ²⁷ Dyma'r un y mae'n ysgrifenedig amdano:

'Wele fi'n anfon fy nghennad o'th
    flaen,
i baratoi'r ffordd ar dy gyfer.'

²⁸ Rwy'n dweud wrthych, nid oes ymhlith meibion gwragedd neb mwy na Ioan; ac eto y mae'r lleiaf yn nheyrnas Dduw yn fwy nag ef." ²⁹ (A chydnabod cyfiawnder Duw a wnaeth yr holl bobl a glywodd, a'r casglwyr trethi hefyd, oherwydd yr oeddent wedi derbyn bedydd Ioan; ³⁰ ond troi heibio fwriad Duw ar eu cyfer a wnaeth y Phariseaid ac athrawon y Gyfraith, oherwydd yr oeddent hwy wedi gwrthod cael eu bedyddio ganddo.)

³¹ "Â phwy gan hynny y cymharaf bobl y genhedlaeth hon? I bwy y maent yn debyg? ³² Y maent yn debyg i'r plant sy'n eistedd yn y farchnad ac yn galw ar ei gilydd fel hyn:

'Canasom ffliwt i chwi, ac ni
    ddawnsiasoch;
canasom alarnad, ac nid wylasoch.'

³³ Oherwydd y mae Ioan Fedyddiwr wedi dod, un nad yw'n bwyta bara nac yn yfed gwin, ac yr ydych yn dweud, ' Y mae cythraul ynddo.' ³⁴ Y mae Mab y Dyn wedi dod, un sy'n bwyta ac yn yfed, ac yr ydych yn dweud, 'Dyma feddwyn glwth, cyfaill i gasglwyr trethi a phechaduriaid.' ³⁵ Ac eto profir gan bawb o'i phlant fod doethineb Duw yn gywir."

Maddau i Wraig Bechadurus

³⁶ Gwahoddodd un o'r Phariseaid Iesu i bryd o fwyd gydag ef. Aeth ef i dŷ'r Pharisead a chymryd ei le wrth y bwrdd. ³⁷ A dyma wraig o'r dref oedd yn bechadures yn dod i wybod ei fod wrth bryd bwyd yn nhŷ'r Pharisead. Daeth â ffiol alabaster o ennaint, ³⁸ a sefyll y tu ôl iddo wrth ei draed gan wylo. Yna dechreuodd wlychu ei draed â'i dagrau a'u sychu â gwallt ei phen; ac yr oedd yn cusanu ei draed ac yn eu hiro â'r ennaint. ³⁹ Pan welodd hyn dywedodd y Pharisead oedd wedi ei wahodd wrtho'i hun, "Pe bai hwn yn broffwyd, byddai'n gwybod pwy yw'r wraig sy'n cyffwrdd ag ef, a sut un yw hi. Pechadures yw hi." ⁴⁰ Atebodd Iesu ef, "Simon, y mae gennyf rywbeth i'w ddweud wrthyt." Meddai yntau, "Dywed, Athro." ⁴¹ "Yr oedd gan fenthyciwr arian ddau ddyledwr," meddai Iesu. "Pum cant o ddarnau arian* oedd dyled un, a hanner cant oedd ar y llall. ⁴² Gan nad oeddent yn gallu talu'n ôl, diddymodd y benthyciwr eu dyled i'r ddau. Prun ohonynt, gan hynny, fydd yn ei garu fwyaf?" ⁴³ Atebodd Simon, "Fe dybiwn i mai'r un y diddymwyd y ddyled fwyaf iddo." "Bernaist yn gywir," meddai ef wrtho. ⁴⁴ A chan droi at y wraig, meddai wrth Simon, "A weli di'r wraig hon? Deuthum i mewn i'th dŷ, ac ni roddaist ddŵr imi at fy nhraed; ond hon, gwlychodd hi fy nhraed â'i dagrau a'u sychu â'i gwallt. ⁴⁵ Ni roddaist gusan imi; ond nid yw hon wedi peidio â chusanu fy nhraed byth er pan ddeuthum i mewn. ⁴⁶ Nid iraist fy mhen ag olew; ond irodd hon fy nhraed ag ennaint. ⁴⁷ Am hynny rwy'n dweud wrthyt, y mae ei phechodau, er cynifer ydynt, wedi eu maddau; oherwydd y mae ei chariad yn fawr. Os mai ychydig a faddeuwyd i rywun, ychydig yw ei gariad." ⁴⁸ Ac wrth y wraig meddai, "Y mae dy bechodau wedi eu maddau." ⁴⁹ Yna dechreuodd y gwesteion eraill ddweud wrthynt eu hunain, "Pwy yw hwn sydd hyd yn oed yn maddau pechodau?" ⁵⁰ Ac meddai ef wrth y wraig, "Y mae dy ffydd wedi dy achub di; dos mewn tangnefedd."

7:41 Gw. nodyn ar Mth. 18:28.

Gwragedd yn Cyd-deithio â Iesu

8 Wedi hynny bu ef yn teithio trwy dref a phentref gan bregethu a chyhoeddi'r newydd da am deyrnas Dduw. Yr oedd y Deuddeg gydag ef, ² ynghyd â rhai gwragedd oedd wedi eu hiacháu oddi wrth ysbrydion drwg ac afiechydon: Mair a elwid Magdalen, yr un yr oedd saith gythraul wedi dod allan ohoni; ³ Joanna gwraig Chwsa, goruchwyliwr Herod; Swsanna, a llawer eraill; yr oedd y rhain yn gweini arnynt o'u hadnoddau eu hunain.

Dameg yr Heuwr
Mth. 13:1–9; Mc. 4:1–9

⁴ Yr oedd tyrfa fawr yn ymgynnull, a phobl o bob tref yn dod ato. Dywedodd ef ar ddameg: ⁵ "Aeth heuwr allan i hau ei had. Wrth iddo hau, syrthiodd peth had ar hyd y llwybr; sathrwyd arno, a bwytaodd adar yr awyr ef. ⁶ Syrthiodd peth arall ar y graig; tyfodd, ond gwywodd am nad oedd iddo wlybaniaeth. ⁷ Syrthiodd peth arall i ganol y drain; tyfodd y drain gydag ef a'i dagu. ⁸ A syrthiodd peth arall ar dir da; tyfodd, a chnydiodd hyd ganwaith cymaint." Wrth ddweud hyn fe waeddodd, "Y sawl sydd â chlustiau ganddo i wrando, gwrandawed."

Pwrpas y Damhegion
Mth. 13:10–17; Mc. 4:10–12

⁹ Gofynnodd ei ddisgyblion iddo beth oedd ystyr y ddameg hon. ¹⁰ Meddai ef, "I chwi y mae gwybod cyfrinachau teyrnas Dduw wedi ei roi, ond i bawb arall y maent ar ddamhegion, fel

'er edrych, na welant,
ac er clywed, na ddeallant'.

Egluro Dameg yr Heuwr
Mth. 13:18–23; Mc. 4:13–20

¹¹ "Dyma ystyr y ddameg. Yr had yw gair Duw. ¹² Y rhai ar hyd y llwybr yw'r sawl sy'n clywed, ac yna daw'r diafol a chipio'r gair o'u calonnau, rhag iddynt gredu a chael eu hachub. ¹³ Y rhai ar y graig yw'r sawl sydd, pan glywant, yn croesawu'r gair yn llawen. Ond gan y rhain nid oes gwreiddyn; dros dro y credant, ac mewn awr o brawf fe wrthgiliant. ¹⁴ Yr hyn a syrthiodd ymhlith y drain, dyma'r sawl sy'n clywed, ond wrth iddynt fynd ar eu hynt cânt eu tagu gan ofalon a golud a phleserau bywyd, ac ni ddygant eu ffrwyth i aeddfedrwydd. ¹⁵ Ond hwnnw yn y tir da, dyna'r sawl sy'n clywed y gair â chalon dda rinweddol, yn dal eu gafael ynddo ac yn dwyn ffrwyth trwy ddyfalbarhad.

Goleuni dan Lestr
Mc. 4:21–25

¹⁶ "Ni bydd neb yn cynnau cannwyll ac yn ei chuddio â llestr neu'n ei dodi dan y gwely. Nage, ar ganhwyllbren y dodir hi, er mwyn i'r rhai sy'n dod i mewn weld ei goleuni. ¹⁷ Oherwydd nid oes dim yn guddiedig na ddaw'n amlwg, na dim dan gêl na cheir ei wybod ac na ddaw i'r amlwg. ¹⁸ Ystyriwch gan hynny sut yr ydych yn gwrando, oherwydd i'r sawl y mae ganddo y rhoir, ac oddi ar y sawl nad oes ganddo y cymerir hyd yn oed hynny y mae ef yn tybio ei fod ganddo."

Mam a Brodyr Iesu
Mth. 12:46–50; Mc. 3:31–35

¹⁹ Daeth ei fam a'i frodyr i edrych amdano, ond ni allent gyrraedd ato o achos y dyrfa. ²⁰ Hysbyswyd ef, "Y mae dy fam a'th frodyr yn sefyll y tu allan ac yn dymuno dy weld." ²¹ Atebodd yntau hwy, "Fy mam a'm brodyr i yw'r rhain sy'n gwrando ar air Duw ac yn ei weithredu."

Gostegu Storm
Mth. 8:23–27; Mc. 4:35–41

²² Un diwrnod, aeth ef i mewn i gwch, a'i ddisgyblion hefyd, ac meddai wrthynt, "Awn drosodd i ochr draw'r llyn," a hwyliasant ymaith. ²³ Tra oeddent ar y dŵr, aeth Iesu i gysgu. A disgynnodd tymestl o wynt ar y llyn; yr oedd y cwch yn llenwi, a hwythau mewn perygl. ²⁴ Aethant ato a'i ddeffro, a dweud, "Meistr, meistr, mae hi ar ben arnom!" Deffrôdd ef, a cheryddodd y gwynt a'r dyfroedd tymhestlog; darfu'r dymestl a bu tawelwch. ²⁵ Yna meddai ef wrthynt, "Ble mae eich ffydd?" Daeth ofn a syndod arnynt, ac meddent wrth ei

gilydd, "Pwy ynteu yw hwn? Y mae'n gorchymyn hyd yn oed y gwyntoedd a'r dyfroedd, a hwythau'n ufuddhau iddo."

Iacháu'r Dyn oedd ym meddiant Cythreuliaid yn Gerasa

Mth. 8:28–34; Mc. 5:1–20

26 Daethant i'r lan i wlad y Geraseniaid*, sydd gyferbyn â Galilea. 27 Pan laniodd ef, daeth i'w gyfarfod ddyn o'r dref â chythreuliaid ynddo. Ers amser maith nid oedd wedi gwisgo dilledyn, ac nid mewn tŷ yr oedd yn byw ond ymhlith y beddau. 28 Pan welodd ef Iesu, rhoes floedd a syrthio o'i flaen, gan weiddi â llais uchel, "Beth sydd a fynni di â mi, Iesu Fab y Duw Goruchaf? Yr wyf yn erfyn arnat, paid â'm poenydio." 29 Oherwydd yr oedd ef wedi gorchymyn i'r ysbryd aflan fynd allan o'r dyn. Aml i dro yr oedd yr ysbryd wedi cydio ynddo, ac er ei rwymo â chadwynau a llyffetheiriau a'i warchod, byddai'n dryllio'r rhwymau, a'r cythraul yn ei yrru i'r unigeddau. 30 Yna gofynnodd Iesu iddo, "Beth yw dy enw?" "Lleng," meddai yntau, oherwydd yr oedd llawer o gythreuliaid wedi mynd i mewn iddo. 31 Dechreusant ymbil ar Iesu i beidio â gorchymyn iddynt fynd ymaith i'r dyfnder.

32 Yr oedd yno genfaint fawr o foch yn pori ar y mynydd. Ymbiliodd y cythreuliaid arno i ganiatáu iddynt fynd i mewn i'r moch; ac fe ganiataodd iddynt. 33 Aeth y cythreuliaid allan o'r dyn ac i mewn i'r moch, a rhuthrodd y genfaint dros y dibyn i'r llyn a boddi. 34 Pan welodd bugeiliaid y moch beth oedd wedi digwydd fe ffoesant, gan adrodd yr hanes yn y dref ac yn y wlad. 35 Daeth pobl allan i weld beth oedd wedi digwydd. Daethant at Iesu, a chael y dyn yr oedd y cythreuliaid wedi mynd allan ohono yn eistedd wrth draed Iesu, â'i ddillad amdano ac yn ei iawn bwyll; a daeth arnynt ofn. 36 Adroddwyd yr hanes wrthynt gan y rhai oedd wedi gweld sut yr iachawyd y dyn oedd wedi bod ym meddiant cythreuliaid. 37 Yna gofynnodd holl boblogaeth gwlad y Geraseniaid iddo fynd ymaith oddi wrthynt, am fod ofn mawr wedi cydio ynddynt; ac aeth ef i mewn i'r cwch i ddychwelyd. 38 Yr oedd y dyn yr oedd y cythreuliaid wedi mynd allan ohono yn erfyn am gael bod gydag ef; ond anfonodd Iesu ef yn ei ôl, gan ddweud, 39 "Dychwel adref, ac adrodd gymaint y mae Duw wedi ei wneud drosot." Ac aeth ef ymaith trwy'r holl dref gan gyhoeddi gymaint yr oedd Iesu wedi ei wneud drosto.

Merch Jairus, a'r Wraig a Gyffyrddodd â Mantell Iesu

Mth. 9:18–26; Mc. 5:21–43

40 Pan ddychwelodd Iesu croesawyd ef gan y dyrfa, oherwydd yr oedd pawb yn disgwyl amdano. 41 A dyma ddyn o'r enw Jairus yn dod, ac yr oedd ef yn arweinydd yn y synagog; syrthiodd hwn wrth draed Iesu ac ymbil arno i ddod i'w gartref, 42 am fod ganddo unig ferch, ynghylch deuddeng mlwydd oed, a'i bod hi'n marw.

Tra oedd ef ar ei ffordd yr oedd y tyrfaoedd yn gwasgu arno. 43 Yr oedd yno wraig ac arni waedlif ers deuddeng mlynedd. Er iddi wario ar feddygon y cwbl oedd ganddi i fyw arno, nid oedd wedi llwyddo i gael gwellhad gan neb. 44 Daeth hon ato o'r tu ôl a chyffwrdd ag ymyl ei fantell; ar unwaith peidiodd llif ei gwaed hi. 45 Ac meddai Iesu, "Pwy gyffyrddodd â mi?" Gwadodd pawb, ac meddai Pedr, "Meistr, y tyrfaoedd sy'n pwyso ac yn gwasgu arnat." 46 Ond meddai Iesu, "Fe gyffyrddodd rhywun â mi, oherwydd fe synhwyrais i fod nerth wedi mynd allan ohonof." 47 Pan ganfu'r wraig nad oedd hi ddim wedi osgoi sylw, daeth ymlaen dan grynu; syrthiodd wrth ei draed a mynegi gerbron yr holl bobl pam yr oedd hi wedi cyffwrdd ag ef, a sut yr oedd wedi gwella ar unwaith. 48 Ac meddai ef wrthi, "Fy merch, dy ffydd sydd wedi dy iacháu di; dos mewn tangnefedd."

49 Tra oedd ef yn llefaru, daeth rhywun o dŷ arweinydd y synagog a dweud, "Y mae dy ferch wedi marw; paid â phoeni'r Athro bellach." 50 Ond clywodd Iesu, ac meddai wrtho, "Paid ag

---

8:26 Yn ôl darlleniadau eraill, *Gergeseniaid*, neu, *Gadareniaid*. Felly hefyd yn adn. 37.

ofni; dim ond credu, ac fe'i hachubir." ⁵¹ Pan gyrhaeddodd y tŷ, ni adawodd i neb fynd i mewn gydag ef ond Pedr ac Ioan ac Iago, ynghyd â thad y ferch a'i mam. ⁵² Yr oedd pawb yn wylo ac yn galaru drosti. Ond meddai ef, "Peidiwch ag wylo; nid yw hi wedi marw, cysgu y mae." ⁵³ Dechreusant chwerthin am ei ben, am eu bod yn sicr ei bod wedi marw. ⁵⁴ Gafaelodd ef yn ei llaw a dweud yn uchel, "Fy ngeneth, cod." ⁵⁵ Yna dychwelodd ei hysbryd, a chododd ar unwaith. Gorchmynnodd ef roi iddi rywbeth i'w fwyta. ⁵⁶ Syfrdanwyd ei rhieni, ond rhybuddiodd ef hwy i beidio â sôn gair wrth neb am yr hyn oedd wedi digwydd.

Cenhadaeth y Deuddeg

Mth. 10:5–15; Mc. 6:7–13

9 Galwodd Iesu y Deuddeg ynghyd a rhoddodd iddynt nerth ac awdurdod i fwrw allan gythreuliaid o bob math ac i wella clefydau. ² Yna anfonodd hwy allan i gyhoeddi teyrnas Dduw ac i iacháu'r cleifion. ³ Meddai wrthynt, "Peidiwch â chymryd dim ar gyfer y daith, na ffon na chod na bara nac arian, na bod â dau grys yr un. ⁴ I ba dŷ bynnag yr ewch, arhoswch yno nes y byddwch yn ymadael â'r ardal; ⁵ a phwy bynnag fydd yn gwrthod eich derbyn, ewch allan o'r dref honno ac ysgwyd ymaith y llwch oddi ar eich traed, yn rhybudd iddynt." ⁶ Aethant allan a theithio o bentref i bentref, gan gyhoeddi'r newydd da ac iacháu ym mhob man.

Pryder Herod

Mth. 14:1–12; Mc. 6:14–29

⁷ Clywodd y Tywysog Herod am yr holl bethau oedd yn digwydd. Yr oedd mewn cyfyng-gyngor am fod rhai yn dweud fod Ioan wedi ei godi oddi wrth y meirw, ⁸ ac eraill fod Elias wedi ymddangos, ac eraill wedyn fod un o'r hen broffwydi wedi atgyfodi. ⁹ Ond meddai Herod, "Fe dorrais i ben Ioan; ond pwy yw hwn yr wyf yn clywed y fath bethau amdano?" Ac yr oedd yn ceisio cael ei weld ef.

Porthi'r Pum Mil

Mth. 14:13–21; Mc. 6:30–44; In. 6:1–14

¹⁰ Dychwelodd yr apostolion a dywedasant wrth Iesu yr holl bethau yr oeddent wedi eu gwneud. Cymerodd hwy gydag ef ac encilio o'r neilltu i dref a elwir Bethsaida. ¹¹ Ond pan glywodd y tyrfaoedd hyn aethant ar ei ôl. Croesawodd ef hwy, a dechrau llefaru wrthynt am deyrnas Dduw ac iacháu'r rhai ag angen gwellhad arnynt. ¹² Yn awr yr oedd y dydd yn dechrau dirwyn i ben, a daeth y Deuddeg ato a dweud, "Gollwng y dyrfa, iddynt fynd i'r pentrefi a'r wlad o amgylch a chael llety a bwyd, oherwydd yr ydym mewn lle unig yma." ¹³ Meddai ef wrthynt, "Rhowch chwi rywbeth i'w fwyta iddynt." Meddent hwy, "Nid oes gennym ddim ond pum torth a dau bysgodyn, heb inni fynd a phrynu bwyd i'r holl bobl hyn." ¹⁴ Yr oeddent ynghylch pum mil o wŷr. Ac meddai ef wrth ei ddisgyblion, "Parwch iddynt eistedd yn gwmnïoedd o ryw hanner cant yr un." ¹⁵ Gwnaethant felly, a pheri i bawb eistedd. ¹⁶ Cymerodd yntau y pum torth a'r ddau bysgodyn, a chan edrych i fyny i'r nef fe'u bendithiodd, a'u torri, a'u rhoi i'w ddisgyblion i'w gosod gerbron y dyrfa. ¹⁷ Bwytasant a chafodd pawb ddigon. A chodwyd deuddeg basgedaid o dameidiau o'r hyn oedd dros ben ganddynt.

Datganiad Pedr ynglŷn â Iesu

Mth. 16:13–19; Mc. 8:27–29

¹⁸ Pan oedd Iesu'n gweddïo o'r neilltu yng nghwmni'r disgyblion, gofynnodd iddynt, "Pwy y mae'r tyrfaoedd yn dweud ydwyf fi?" ¹⁹ Atebasant hwythau, "Mae rhai'n dweud Ioan Fedyddiwr, ac eraill Elias, ac eraill drachefn fod un o'r hen broffwydi wedi atgyfodi." ²⁰ "A chwithau," gofynnodd iddynt, "pwy meddwch chwi ydwyf fi?" Atebodd Pedr, "Meseia Duw."

Iesu'n Rhagfynegi Ei Farwolaeth a'i Atgyfodiad

Mth. 16:20–28; Mc. 8:30—9:1

²¹ Rhybuddiodd ef hwy, a'u gwahardd rhag dweud hyn wrth neb. ²² "Y mae'n rhaid i Fab y Dyn," meddai, "ddioddef

llawer a chael ei wrthod gan yr henuriaid a'r prif offeiriaid a'r ysgrifenyddion, a'i ladd, a'r trydydd dydd ei gyfodi." 23 A dywedodd wrth bawb, "Os myn neb ddod ar fy ôl i, rhaid iddo ymwadu ag ef ei hun a chodi ei groes bob dydd a'm canlyn i. 24 Oherwydd pwy bynnag a fyn gadw ei fywyd, fe'i cyll, ond pwy bynnag a gyll ei fywyd er fy mwyn i, fe'i ceidw. 25 Pa elw a gaiff rhywun o ennill yr holl fyd a'i ddifetha neu ei fforffedu ei hun? 26 Oherwydd pwy bynnag y bydd arnynt gywilydd ohonof fi ac o'm geiriau, bydd ar Fab y Dyn gywilydd ohonynt hwythau, pan ddaw yn ei ogoniant ef a'i Dad a'r angylion sanctaidd. 27 Yn wir, rwy'n dweud wrthych, y mae rhai o'r sawl sy'n sefyll yma na phrofant flas marwolaeth nes iddynt weld teyrnas Dduw."

Gweddnewidiad Iesu

Mth. 17:1–8; Mc. 9:2–8

28 Ynghylch wyth diwrnod wedi iddo ddweud hyn, cymerodd Pedr ac Ioan ac Iago gydag ef a mynd i fyny'r mynydd i weddïo. 29 Tra oedd ef yn gweddïo, newidiodd gwedd ei wyneb a disgleiriodd ei wisg yn llachar wyn. 30 A dyma ddau ddyn yn ymddiddan ag ef; Moses ac Elias oeddent, 31 wedi ymddangos mewn gogoniant ac yn siarad am ei ymadawiad, y weithred yr oedd i'w chyflawni yn Jerwsalem. 32 Yr oedd Pedr a'r rhai oedd gydag ef wedi eu llethu gan gwsg; ond deffroesant a gweld ei ogoniant ef, a'r ddau ddyn oedd yn sefyll gydag ef. 33 Wrth i'r rheini ymadael â Iesu, dywedodd Pedr wrtho, "Meistr, y mae'n dda ein bod ni yma; gwnawn dair pabell, un i ti ac un i Moses ac un i Elias." Ni wyddai beth yr oedd yn ei ddweud. 34 Tra oedd yn dweud hyn, daeth cwmwl a chysgodi drostynt, a chydiodd ofn ynddynt wrth iddynt fynd i mewn i'r cwmwl. 35 Yna daeth llais o'r cwmwl yn dweud, "Hwn yw fy Mab, yr Etholedig; gwrandewch arno." 36 Ac wedi i'r llais lefaru cafwyd Iesu wrtho'i hun. A bu'r disgyblion yn ddistaw, heb ddweud wrth neb y pryd hwnnw am yr hyn yr oeddent wedi ei weld.

Iacháu Bachgen ag Ysbryd Aflan ynddo

Mth. 17:14–18; Mc. 9:14–27

37 Trannoeth, wedi iddynt ddod i lawr o'r mynydd, daeth tyrfa fawr i'w gyfarfod. 38 A dyma ddyn yn gweiddi o'r dyrfa, "Athro, rwy'n erfyn arnat edrych ar fy mab, gan mai ef yw fy unig fab. 39 Y mae ysbryd yn gafael ynddo ac â bloedd sydyn yn ei gynhyrfu nes ei fod yn malu ewyn; ac y mae'n dal i'w ddirdynnu yn ddiollwng bron. 40 Erfyniais ar dy ddisgyblion ei fwrw allan, ac ni allasant." 41 Atebodd Iesu, "O genhedlaeth ddi-ffydd a gwyrgam, pa hyd y byddaf gyda chwi ac yn eich goddef? Tyrd â'th fab yma." 42 Wrth iddo ddod ymlaen bwriodd y cythraul ef ar lawr a'i gynhyrfu; ond ceryddodd Iesu yr ysbryd aflan, ac iacháu'r plentyn a'i roi yn ôl i'w dad. 43 Ac yr oedd pawb yn rhyfeddu at fawredd Duw.

Iesu Eilwaith yn Rhagfynegi ei Farwolaeth

Mth. 17:22–23; Mc. 9:30–32

A thra oedd pawb yn synnu at ei holl weithredoedd, meddai ef wrth ei ddisgyblion, 44 "Clywch, a chofiwch chwi y geiriau hyn: y mae Mab y Dyn i'w draddodi i ddwylo pobl." 45 Ond nid oeddent yn deall yr ymadrodd hwn; yr oedd ei ystyr wedi ei guddio oddi wrthynt, fel nad oeddent yn ei ganfod, ac yr oedd arnynt ofn ei holi ynglŷn â'r ymadrodd hwn.

Pwy yw'r Mwyaf?

Mth. 18:1–5; Mc. 9:33–37

46 Cododd trafodaeth yn eu plith, prun ohonynt oedd y mwyaf? 47 Ond gwyddai Iesu am feddyliau eu calonnau. Cymerodd blentyn, a'i osod wrth ei ochr, 48 ac meddai wrthynt, "Pwy bynnag sy'n derbyn y plentyn hwn yn fy enw i, y mae'n fy nerbyn i; a phwy bynnag sy'n fy nerbyn i, y mae'n derbyn yr hwn a'm hanfonodd i. Oherwydd y lleiaf yn eich plith chwi oll, hwnnw sydd fawr."

Y Sawl nad yw yn eich Erbyn, Drosoch Chwi y Mae

Mc. 9:38-40

⁴⁹ Atebodd Ioan, "Meistr, gwelsom un yn bwrw allan gythreuliaid yn dy enw di, a buom yn ei wahardd am nad yw'n dy ddilyn gyda ni." ⁵⁰ Ond meddai Iesu wrtho, "Peidiwch â gwahardd, oherwydd y sawl nad yw yn eich erbyn, drosoch chwi y mae."

Pentref yn Samaria yn Gwrthod Derbyn Iesu

⁵¹ Pan oedd y dyddiau cyn ei gymryd i fyny yn dirwyn i ben, troes ef ei wyneb i fynd i Jerwsalem, ⁵² ac anfonodd allan negesyddion o'i flaen. Cychwynasant, a mynd i mewn i bentref yn Samaria i baratoi ar ei gyfer. ⁵³ Ond gwrthododd y bobl ei dderbyn am ei fod ar ei ffordd i Jerwsalem. ⁵⁴ Pan welodd ei ddisgyblion, Iago ac Ioan, hyn, meddent, "Arglwydd, a fynni di inni alw tân i lawr o'r nef a'u dinistrio?*" ⁵⁵ Ond troes ef a'u ceryddu.* ⁵⁶ Ac aethant i bentref arall.

Rhai yn Dymuno Canlyn Iesu

Mth. 8:19-22

⁵⁷ Pan oeddent ar y ffordd yn teithio, meddai rhywun wrtho, "Canlynaf di lle bynnag yr ei." ⁵⁸ Meddai Iesu wrtho, "Y mae gan y llwynogod ffeuau, a chan adar yr awyr nythod, ond gan Fab y Dyn nid oes lle i roi ei ben i lawr." ⁵⁹ Ac meddai wrth un arall, "Canlyn fi." Meddai yntau, "Arglwydd, caniatâ imi yn gyntaf fynd a chladdu fy nhad." ⁶⁰ Ond meddai ef wrtho, "Gad i'r meirw gladdu eu meirw eu hunain; dos di a chyhoedda deyrnas Dduw." ⁶¹ Ac meddai un arall, "Canlynaf di, Arglwydd; ond yn gyntaf caniatâ imi ffarwelio â'm teulu." ⁶² Ond meddai Iesu wrtho, "Nid yw'r sawl a osododd ei law ar yr aradr, ac sy'n edrych yn ôl, yn addas i deyrnas Dduw."

Cenhadaeth y Deuddeg a Thrigain

10 Wedi hynny penododd yr Arglwydd ddeuddeg* a thrigain arall, a'u hanfon allan o'i flaen, bob yn ddau, i bob tref a man yr oedd ef ei hun am fynd iddynt. ² Dywedodd wrthynt, "Y mae'r cynhaeaf yn fawr ond y gweithwyr yn brin; deisyfwch felly ar arglwydd y cynhaeaf i anfon gweithwyr i'w gynhaeaf. ³ Ewch; dyma fi'n eich anfon allan fel ŵyn i blith bleiddiaid. ⁴ Peidiwch â chario na phwrs na chod na sandalau, a pheidiwch â chyfarch neb ar y ffordd. ⁵ Pa dŷ bynnag yr ewch i mewn iddo, dywedwch yn gyntaf, 'Tangnefedd i'r teulu hwn.' ⁶ Os bydd yno rywun tangnefeddus, bydd eich tangnefedd yn gorffwys arno ef; onid e, bydd yn dychwelyd atoch chwi. ⁷ Arhoswch yn y tŷ hwnnw, a bwyta ac yfed yr hyn a gewch ganddynt, oherwydd y mae'r gweithiwr yn haeddu ei gyflog. Peidiwch â symud o dŷ i dŷ. ⁸ Ac i ba dref bynnag yr ewch, a chael derbyniad, bwytewch yr hyn a osodir o'ch blaen. ⁹ Iachewch y cleifion yno, a dywedwch wrthynt, 'Y mae teyrnas Dduw wedi dod yn agos atoch.' ¹⁰ Pa dref bynnag yr ewch iddi a chael eich gwrthod, ewch allan i'w strydoedd a dywedwch, ¹¹ 'Yn eich erbyn chwi, yr ydym yn sychu ymaith hyd yn oed y llwch o'ch tref a lynodd wrth ein traed. Eto gwybyddwch hyn: y mae teyrnas Dduw wedi dod yn agos.' ¹² Rwy'n dweud wrthych y caiff Sodom ar y Dydd hwnnw lai i'w ddioddef na'r dref honno.

Gwae'r Trefi Diedifar

Mth. 11:20-24

¹³ "Gwae di, Chorasin! Gwae di, Bethsaida! Oherwydd petai'r gwyrthiau a wnaethpwyd ynoch chwi wedi eu gwneud yn Tyrus a Sidon, buasent wedi edifarhau erstalwm, gan eistedd mewn sachliain a lludw. ¹⁴ Eto, caiff Tyrus a Sidon lai i'w ddioddef yn y Farn na chwi. ¹⁵ A thithau, Capernaum,

'A ddyrchefir di hyd nef?
Byddi'n disgyn* hyd Hades.'

9:54 Yn ôl darlleniad arall ychwanegir *fel y gwnaeth Elias.*
9:55 Yn ôl darlleniad arall ychwanegir *"Ni wyddoch,"* meddai, *"o ba ysbryd yr ydych.*
⁵⁶ *Oherwydd ni ddaeth Mab y Dyn i ddinistrio bywydau pobl ond i'w hachub."*

10:1 Yn ôl darlleniad arall, *ddeg.* Felly hefyd yn adn. 17.
10:15 Yn ôl darlleniad arall, *Fe'th ddymchwelir.*

16 Y mae'r sawl sy'n gwrando arnoch chwi yn gwrando arnaf fi, a'r sawl sy'n eich anwybyddu chwi yn f'anwybyddu i; ac y mae'r sawl sy'n f'anwybyddu i yn anwybyddu'r hwn a'm hanfonodd i."

Y Deuddeg a Thrigain yn Dychwelyd

17 Dychwelodd y deuddeg a thrigain yn llawen, gan ddweud, "Arglwydd, y mae hyd yn oed y cythreuliaid yn ymddarostwng inni yn dy enw di." 18 Meddai wrthynt, "Yr oeddwn yn gweld Satan fel mellten yn syrthio o'r nef. 19 Dyma fi wedi rhoi i chwi yr awdurdod i sathru ar seirff ac ysgorpionau, ac i drechu holl nerth y gelyn; ac ni'ch niweidir chwi gan ddim. 20 Eto, peidiwch â llawenhau yn hyn, fod yr ysbrydion yn ymddarostwng i chwi; llawenhewch oherwydd fod eich enwau wedi eu hysgrifennu yn y nefoedd."

Iesu'n Gorfoleddu

Mth. 11:25-27; 13:16-17

21 Yr awr honno gorfoleddodd yn yr Ysbryd Glân, ac meddai, "Yr wyf yn dy foliannu di, O Dad, Arglwydd nef a daear, am iti guddio'r pethau hyn rhag y doethion a'r deallusion, a'u datguddio i rai bychain; ie, O Dad, oherwydd felly y rhyngodd dy fodd di. 22 Traddodwyd i mi bob peth gan fy Nhad. Ni ŵyr neb pwy yw'r Mab ond y Tad, na phwy yw'r Tad ond y Mab a'r rhai hynny y mae'r Mab yn dewis ei ddatguddio iddynt." 23 Yna troes at ei ddisgyblion ac meddai wrthynt o'r neilltu, "Gwyn eu byd y llygaid sy'n gweld y pethau yr ydych chwi yn eu gweld. 24 Oherwydd rwy'n dweud wrthych fod llawer o broffwydi a brenhinoedd wedi dymuno gweld y pethau yr ydych chwi yn eu gweld, ac nis gwelsant, a chlywed y pethau yr ydych chwi yn eu clywed, ac nis clywsant."

Y Samariad Trugarog

25 Dyma un o athrawon y Gyfraith yn codi i roi prawf arno, gan ddweud, "Athro, beth a wnaf i etifeddu bywyd tragwyddol?" 26 Meddai ef wrtho, "Beth sy'n ysgrifenedig yn y Gyfraith? Beth a ddarlleni di yno?" 27 Atebodd yntau, " 'Câr yr Arglwydd dy Dduw â'th holl galon ac â'th holl enaid ac â'th holl nerth ac â'th holl feddwl, a châr dy gymydog fel ti dy hun.' " 28 Meddai ef wrtho, "Atebaist yn gywir; gwna hynny, a byw fyddi." 29 Ond yr oedd ef am ei gyfiawnhau ei hun, ac meddai wrth Iesu, "A phwy yw fy nghymydog?" 30 Atebodd Iesu, "Yr oedd rhyw ddyn yn mynd i lawr o Jerwsalem i Jericho, a syrthiodd i blith lladron. Wedi tynnu ei ddillad oddi amdano a'i guro, aethant ymaith, a'i adael yn hanner marw. 31 Fel y digwyddodd, yr oedd offeiriad yn mynd i lawr ar hyd y ffordd honno; pan welodd ef, aeth heibio o'r ochr arall. 32 Yr un modd daeth Lefiad hefyd at y man; gwelodd ef, ac aeth heibio o'r ochr arall. 33 Ond daeth teithiwr o Samariad ato; pan welodd hwn ef, tosturiodd wrtho. 34 Aeth ato a rhwymo ei glwyfau, gan arllwys olew a gwin arnynt; gosododd ef ar ei anifail ei hun, a'i arwain i lety, a gofalu amdano. 35 Trannoeth tynnodd ddau ddarn arian* allan a'u rhoi i'r gwesteiwr, gan ddweud, 'Gofala amdano. Os byddi wedi gwario rhywbeth dros ben, fe dalaf fi yn ôl iti pan ddychwelaf.' 36 Prun o'r tri hyn, dybi di, fu'n gymydog i'r dyn a syrthiodd i blith lladron?" 37 Meddai ef, "Yr un a gymerodd drugaredd arno." Ac meddai Iesu wrtho, "Dos, a gwna dithau yr un modd."

Ymweld â Martha a Mair

38 Pan oeddent ar daith, aeth Iesu i mewn i bentref, a chroesawyd ef i'w chartref gan wraig o'r enw Martha. 39 Yr oedd ganddi hi chwaer a elwid Mair; eisteddodd hi wrth draed yr Arglwydd a gwrando ar ei air. 40 Ond yr oedd Martha mewn dryswch oherwydd yr holl waith gweini, a daeth ato a dweud, "Arglwydd, a wyt ti heb hidio dim fod fy chwaer wedi fy ngadael i weini ar fy mhen fy hun? Dywed wrthi, felly, am fy nghynorthwyo." 41 Atebodd yr Arglwydd hi, "Martha, Martha, yr wyt yn pryderu ac yn trafferthu am lawer o bethau, 42 ond un peth sy'n angenrheidiol. Y mae

---

10:35 Neu, *ddau ddenarius*. Gw. nodyn ar Mth. 18:28.

Mair wedi dewis y rhan orau, ac nis dygir oddi arni."

Dysgeidiaeth ar Weddi

11 Mth. 6:9–15; 7:7–11
Yr oedd ef yn gweddïo mewn rhyw fan, ac wedi iddo orffen dywedodd un o'i ddisgyblion wrtho, "Arglwydd, dysg i ni weddïo, fel y dysgodd Ioan yntau i'w ddisgyblion ef." ² Ac meddai wrthynt, "Pan weddïwch, dywedwch:

'Dad,* sancteiddier dy enw;
deled dy deyrnas;*
³ dyro inni o ddydd i ddydd ein bara beunyddiol;*
⁴ a maddau inni ein pechodau,
oherwydd yr ydym ninnau yn maddau i bob un sy'n troseddu yn ein herbyn*;
a phaid â'n dwyn i brawf*.'"

⁵ Yna meddai wrthynt, "Pe bai un ohonoch yn mynd at gyfaill ganol nos ac yn dweud wrtho, 'Gyfaill, rho fenthyg tair torth imi, ⁶ oherwydd y mae cyfaill imi wedi cyrraedd acw ar ôl taith, ac nid oes gennyf ddim i'w osod o'i flaen'; ⁷ a phe bai yntau yn ateb o'r tu mewn, 'Paid â'm blino; y mae'r drws erbyn hyn wedi ei folltio, a'm plant gyda mi yn y gwely; ni allaf godi i roi dim iti', ⁸ rwy'n dweud wrthych, hyd yn oed os gwrthyd ef godi a rhoi rhywbeth iddo o achos eu cyfeillgarwch, eto oherwydd ei daerni digywilydd fe fydd yn codi ac yn rhoi iddo gymaint ag sydd arno ei eisiau. ⁹ Ac yr wyf fi'n dweud wrthych: gofynnwch, ac fe roddir i chwi; ceisiwch, ac fe gewch; curwch, ac fe agorir i chwi. ¹⁰ Oherwydd y mae pawb sy'n gofyn yn derbyn, a'r sawl sy'n ceisio yn cael, ac i'r un sy'n curo agorir y drws. ¹¹ Os bydd mab un ohonoch yn gofyn i'w dad am bysgodyn, a rydd ef iddo sarff yn lle pysgodyn? ¹² Neu os bydd yn gofyn am wy, a rydd ef iddo ysgorpion? ¹³ Am hynny, os ydych chwi, sy'n ddrwg, yn medru rhoi rhoddion da i'ch plant, gymaint mwy y rhydd y Tad nefol yr Ysbryd Glân i'r rhai sy'n gofyn ganddo."

Iesu a Beelsebwl
Mth. 12:22–30; Mc. 3:20–27

¹⁴ Yr oedd yn bwrw allan gythraul, a hwnnw'n un mud. Ac wedi i'r cythraul fynd allan, llefarodd y mudan. Synnodd y tyrfaoedd, ¹⁵ ond meddai rhai ohonynt, "Trwy Beelsebwl, pennaeth y cythreuliaid, y mae'n bwrw allan gythreuliaid." ¹⁶ Yr oedd eraill am ei brofi, a gofynasant am arwydd ganddo o'r nef. ¹⁷ Ond yr oedd ef yn deall eu meddyliau hwy, ac meddai wrthynt, "Caiff pob teyrnas a ymrannodd yn ei herbyn ei hun ei difrodi, a'r tai yn cwympo ar ben ei gilydd.* ¹⁸ Ac os yw Satan yntau wedi ymrannu yn ei erbyn ei hun, sut y saif ei deyrnas?—gan eich bod chwi'n dweud mai trwy Beelsebwl yr wyf yn bwrw allan gythreuliaid. ¹⁹ Ac os trwy Beelsebwl yr wyf fi'n bwrw allan gythreuliaid, trwy bwy y mae eich disgyblion chwi yn eu bwrw allan? Am hynny hwy fydd yn eich barnu. ²⁰ Ond os trwy fys Duw yr wyf fi'n bwrw allan gythreuliaid, yna y mae teyrnas Dduw wedi cyrraedd atoch. ²¹ Pan fydd dyn cryf yn ei arfwisg yn gwarchod ei blasty ei hun, bydd ei eiddo yn cael llonydd; ²² ond pan fydd un cryfach nag ef yn ymosod arno ac yn ei drechu, bydd hwnnw'n cymryd yr arfwisg yr oedd ef wedi ymddiried ynddi, ac yn rhannu'r ysbail. ²³ Os nad yw rhywun gyda mi, yn fy erbyn i y mae, ac os nad yw'n casglu gyda mi, gwasgaru y mae.

Yr Ysbryd Aflan yn Dychwelyd
Mth. 12:43–45

²⁴ "Pan fydd ysbryd aflan yn mynd allan o rywun, bydd yn rhodio trwy fannau sychion gan geisio gorffwysfa, ond heb ei gael. Yna y mae'n dweud, 'Mi ddychwelaf i'm cartref, y lle y deuthum ohono.' ²⁵ Wedi cyrraedd, y mae'n ei gael wedi ei ysgubo a'i osod mewn trefn. ²⁶ Yna y mae'n mynd ac yn cymryd ato saith ysbryd arall mwy drygionus nag ef ei

---

11:2 Yn ôl darlleniad arall, *Ein Tad yn y nefoedd.*
11:2 Yn ôl darlleniad arall ychwanegir *gwneler dy ewyllys, ar y ddaear fel yn y nef.*
11:3 Neu, *ein bara at yfory.* Neu, *y bara sy'n ein cynnal.*
11:4 Groeg, *sydd mewn dyled i ni.*
11:4 Yn ôl darlleniad arall ychwanegir *ond gwared ni rhag yr Un drwg.*

11:17 Neu, *ei difrodi, ac y mae tŷ a ymrannodd yn ei erbyn ei hun yn syrthio.*

hun; y maent yn mynd i mewn ac yn ymgartrefu yno; ac y mae cyflwr olaf y dyn hwnnw yn waeth na'r cyntaf."

Gwynfyd Gwirioneddol

27 Wrth iddo ddweud hyn, cododd gwraig o'r dyrfa ei llais ac meddai wrtho, "Gwyn eu byd y groth a'th gariodd di a'r bronnau a sugnaist." 28 "Nage," meddai ef, "gwyn eu byd y rhai sy'n clywed gair Duw ac yn ei gadw."

Ceisio Arwydd

Mth. 12:38-42; Mc. 8:12

29 Wrth i'r tyrfaoedd gynyddu, dechreuodd lefaru: "Y mae'r genhedlaeth hon yn genhedlaeth ddrygionus; y mae'n ceisio arwydd. Eto ni roddir arwydd iddi ond arwydd Jona. 30 Oherwydd fel y bu Jona yn arwydd i bobl Ninefe, felly y bydd Mab y Dyn yntau i'r genhedlaeth hon. 31 Bydd Brenhines y De yn codi yn y Farn gyda phobl y genhedlaeth hon, ac yn eu condemnio hwy; oherwydd daeth hi o eithafoedd y ddaear i glywed doethineb Solomon, ac yr ydych chwi'n gweld yma beth mwy na Solomon. 32 Bydd pobl Ninefe yn codi yn y Farn gyda'r genhedlaeth hon, ac yn ei chondemnio hi; oherwydd edifarhasant hwy dan genadwri Jona, ac yr ydych chwi'n gweld yma beth mwy na Jona.

Goleuni'r Corff

Mth. 5:15; 6:22-23

33 "Ni bydd neb yn cynnau cannwyll ac yn ei rhoi mewn man cudd neu dan lestr, ond ar ganhwyllbren, er mwyn i'r rhai sy'n dod i mewn weld ei goleuni. 34 Dy lygad yw cannwyll dy gorff. Pan fydd dy lygad yn iach, y mae dy gorff hefyd yn llawn goleuni; ond pan fydd yn sâl, y mae dy gorff hefyd yn llawn tywyllwch. 35 Ystyria gan hynny ai tywyllwch yw'r goleuni sydd ynot ti. 36 Felly, os yw dy gorff yn llawn goleuni, heb unrhyw ran ohono mewn tywyllwch, bydd yn llawn goleuni, fel pan fydd cannwyll yn dy oleuo â'i llewyrch."

Cyhuddo'r Phariseaid ac Athrawon y Gyfraith

Mth. 23:1-36; Mc. 12:38-40; Lc. 20:45-47

37 Pan orffennodd lefaru, gwahoddodd Pharisead ef i bryd o fwyd yn ei dŷ. Aeth i mewn a chymryd ei le wrth y bwrdd. 38 Pan welodd y Pharisead nad oedd wedi ymolchi yn gyntaf cyn bwyta, fe synnodd. 39 Ond meddai'r Arglwydd wrtho, "Yr ydych chwi'r Phariseaid yn wir yn glanhau tu allan y cwpan a'r ddysgl, ond o'ch mewn yr ydych yn llawn anrhaith a drygioni. 40 Ynfydion, onid yr hwn a wnaeth y tu allan a wnaeth y tu mewn hefyd? 41 Ond rhowch yn elusen y pethau sydd y tu mewn i'r cwpan, a dyna bopeth yn lân ichwi. 42 Ond gwae chwi'r Phariseaid, oherwydd yr ydych yn talu degwm o fintys a rhyw a phob llysieuyn, ond yn diystyru cyfiawnder a chariad Duw, yr union bethau y dylasech ofalu amdanynt, ond heb esgeuluso'r lleill. 43 Gwae chwi'r Phariseaid, oherwydd yr ydych yn caru'r prif gadeiriau yn y synagogau a'r cyfarchiadau yn y marchnadoedd. 44 Gwae chwi, oherwydd yr ydych fel beddau heb eu nodi, a phobl yn cerdded drostynt yn ddiarwybod."

45 Atebodd un o athrawon y Gyfraith ef, "Athro, wrth ddweud hyn yr wyt yn ein sarhau ninnau." 46 Meddai ef, "Gwae chwithau athrawon y Gyfraith, oherwydd yr ydych yn beichio pobl â beichiau anodd eu dwyn, beichiau nad yw un o'ch bysedd chwi byth yn cyffwrdd â hwy. 47 Gwae chwi, oherwydd yr ydych yn codi beddfeini i'r proffwydi, ond eich hynafiaid chwi a'u lladdodd. 48 Gan hynny, yn ôl eich tystiolaeth eich hunain, yr ydych yn cymeradwyo gweithredoedd eich hynafiaid, oherwydd hwy a'u lladdodd, a chwi sy'n codi'r beddfeini. 49 Am hynny hefyd y dywedodd Doethineb Duw, 'Anfonaf atynt broffwydi ac apostolion, a byddant yn lladd ac yn erlid rhai ohonynt'; 50 ac felly gelwir y genhedlaeth hon i gyfrif am waed yr holl broffwydi, a dywalltwyd er seiliad y byd, 51 o waed Abel hyd at waed Sechareia, a drengodd rhwng yr allor a'r cysegr. Ie, rwy'n dweud wrthych, fe elwir y genhedlaeth hon i gyfrif amdano.

⁵² Gwae chwi athrawon y Gyfraith, oherwydd ichwi gymryd ymaith allwedd gwybodaeth; nid aethoch i mewn eich hunain, a'r rhai oedd am fynd i mewn, eu rhwystro a wnaethoch." ⁵³ Wedi iddo fynd allan oddi yno dechreuodd yr ysgrifenyddion a'r Phariseaid fagu dig tuag ato, a'i holi yn fanwl ynghylch llawer o bethau, ⁵⁴ gan aros fel helwyr i'w faglu ar ryw air o'i enau.

Rhybudd rhag Rhagrith

12 Yn y cyfamser yr oedd y dyrfa wedi ymgynnull yn ei miloedd, nes eu bod yn sathru ei gilydd dan draed. Dechreuodd ef ddweud wrth ei ddisgyblion yn gyntaf, "Gochelwch rhag surdoes y Phariseaid, hynny yw, eu rhagrith. ² Nid oes dim wedi ei guddio nas datguddir, na dim yn guddiedig na cheir ei wybod. ³ Am hyn, popeth y buoch yn ei ddweud yn y tywyllwch, fe'i clywir yng ngolau dydd; a'r hyn y buoch yn ei sibrwd yn y glust mewn ystafelloedd o'r neilltu, fe'i cyhoeddir ar bennau'r tai.

Pwy i'w Ofni
Mth. 10:28–31

⁴ "Rwy'n dweud wrthych chwi fy nghyfeillion, peidiwch ag ofni'r rhai sy'n lladd y corff, ac sydd wedi hynny heb allu i wneud dim pellach. ⁵ Ond dangosaf i chwi pwy i'w ofni: ofnwch yr hwn sydd ag awdurdod ganddo i fwrw i uffern wedi'r lladd; ie, rwy'n dweud wrthych, ofnwch hwnnw. ⁶ Oni werthir pump aderyn y to am ddwy geiniog? Eto nid yw un ohonynt yn angof gan Dduw. ⁷ Yn wir, y mae hyd yn oed pob blewyn o wallt eich pen wedi ei rifo. Peidiwch ag ofni; yr ydych yn werth mwy na llawer o adar y to.

Cyffesu Crist gerbron Dynion
Mth. 10:32–33; 12:32; 10:19–20

⁸ "Rwy'n dweud wrthych, pwy bynnag a'm harddel i gerbron eraill, bydd Mab y Dyn hefyd yn eu harddel hwy gerbron angylion Duw; ⁹ ond y sawl sydd yn fy ngwadu i gerbron eraill, fe'i gwedir ef gerbron angylion Duw. ¹⁰ Caiff pwy bynnag a ddywed air yn erbyn Mab y Dyn, faddeuant; ond ni faddeuir i'r sawl sy'n cablu yn erbyn yr Ysbryd Glân. ¹¹ Pan ddygant chwi gerbron y synagogau a'r ynadon a'r awdurdodau, peidiwch â phryderu am ddull nac am gynnwys eich amddiffyniad, nac am eich ymadrodd; ¹² oherwydd bydd yr Ysbryd Glân yn eich dysgu chwi ar y pryd beth fydd yn rhaid ei ddweud."

Dameg yr Ynfytyn Cyfoethog

¹³ Meddai rhywun o'r dyrfa wrtho, "Athro, dywed wrth fy mrawd am roi i mi fy nghyfran o'n hetifeddiaeth." ¹⁴ Ond meddai ef wrtho, "Ddyn, pwy a'm penododd i yn farnwr neu yn gymrodeddwr rhyngoch?" ¹⁵ A dywedodd wrthynt, "Gofalwch ymgadw rhag trachwant o bob math, oherwydd, er cymaint ei gyfoeth, nid yw bywyd neb yn dibynnu ar ei feddiannau." ¹⁶ Ac adroddodd ddameg wrthynt: "Yr oedd tir rhyw ŵr cyfoethog wedi dwyn cnwd da. ¹⁷ A dechreuodd feddwl a dweud wrtho'i hun, 'Beth a wnaf fi, oherwydd nid oes gennyf unman i gasglu fy nghnydau iddo?' ¹⁸ Ac meddai, 'Dyma beth a wnaf fi: tynnaf f'ysguboriau i lawr ac adeiladu rhai mwy, a chasglaf yno fy holl ŷd a'm heiddo. ¹⁹ Yna dywedaf wrthyf fy hun, "Ddyn, y mae gennyt stôr o lawer o bethau ar gyfer blynyddoedd lawer; gorffwys, bwyta, yf, bydd lawen."' ²⁰ Ond meddai Duw wrtho, 'Yr ynfytyn, heno y mynnir dy einioes yn ôl gennyt, a phwy gaiff y pethau a baratoaist?' ²¹ Felly y bydd hi ar y rhai sy'n casglu trysor iddynt eu hunain a heb fod yn gyfoethog gerbron Duw."

Gofal a Phryder
Mth. 6:25–34, 19–21

²² Meddai wrth ei ddisgyblion, "Am hynny rwy'n dweud wrthych, peidiwch â phryderu am eich bywyd nac am eich corff, beth i'w fwyta na beth i'w wisgo. ²³ Oherwydd y mae mwy i fywyd rhywun na bwyd, a mwy i'w gorff na dillad. ²⁴ Ystyriwch y brain: nid ydynt yn hau nac yn medi, nid oes ganddynt ystordy nac ysgubor, ac eto y mae Duw yn eu bwydo. Gymaint mwy gwerthfawr ydych chwi na'r adar! ²⁵ A phrun ohonoch a all

ychwanegu munud at ei oes* trwy bryderu? ²⁶ Felly os yw hyd yn oed y peth lleiaf y tu hwnt i'ch gallu, pam yr ydych yn pryderu am y gweddill? ²⁷ Ystyriwch y lili, pa fodd y maent yn tyfu: nid ydynt yn llafurio nac yn nyddu; ond rwy'n dweud wrthych, nid oedd gan hyd yn oed Solomon yn ei holl ogoniant wisg i'w chymharu ag un o'r rhain. ²⁸ Os yw Duw yn dilladu felly y glaswellt, sydd heddiw yn y meysydd ac yfory yn cael ei daflu i'r ffwrn, gymaint mwy y dillada chwi, chwi o ychydig ffydd! ²⁹ A chwithau, peidiwch â rhoi eich bryd ar beth i'w fwyta a beth i'w yfed, a pheidiwch â byw mewn pryder; ³⁰ oherwydd dyna'r holl bethau y mae cenhedloedd y byd yn eu ceisio, ond y mae gennych chwi Dad sy'n gwybod fod arnoch eu hangen. ³¹ Ceisiwch yn hytrach ei deyrnas ef, a rhoir y pethau hyn yn ychwaneg i chwi. ³² Peidiwch ag ofni, fy mhraidd bychan, oherwydd gwelodd eich Tad yn dda roi i chwi'r deyrnas. ³³ Gwerthwch eich eiddo a rhowch ef yn elusen; gwnewch i chwi eich hunain byrsau nad ydynt yn treulio, trysor dihysbydd yn y nefoedd, lle nad yw lleidr yn dod ar y cyfyl, na gwyfyn yn difa. ³⁴ Oherwydd lle mae eich trysor, yno hefyd y bydd eich calon.

Gweision Gwyliadwrus

Mth. 24:45–51

³⁵ "Bydded eich gwisg wedi ei thorchi a'ch canhwyllau ynghynn. ³⁶ Byddwch chwithau fel rhai yn disgwyl dychweliad eu meistr o briodas, i agor iddo cyn gynted ag y daw a churo. ³⁷ Gwyn eu byd y gweision hynny a geir ar ddihun gan eu meistr pan ddaw; yn wir, rwy'n dweud wrthych y bydd ef yn torchi ei wisg, ac yn eu gosod wrth y bwrdd, ac yn dod ac yn gweini arnynt. ³⁸ Ac os daw ef ar hanner nos neu yn yr oriau mân, a'u cael felly, gwyn eu byd. ³⁹ A gwybyddwch hyn: pe buasai meistr y tŷ yn gwybod pa bryd y byddai'r lleidr yn dod, ni fuasai wedi gadael iddo dorri i mewn i'w dŷ. ⁴⁰ Chwithau hefyd, byddwch barod, oherwydd pryd na thybiwch y daw Mab y Dyn."

⁴¹ Meddai Pedr, "Arglwydd, ai i ni yr wyt yn adrodd y ddameg hon, ai i bawb yn ogystal?" ⁴² Dywedodd yr Arglwydd, "Pwy ynteu yw'r goruchwyliwr ffyddlon a chall a osodir gan ei feistr dros ei weision, i roi eu dogn bwyd iddynt yn ei bryd? ⁴³ Gwyn ei fyd y gwas hwnnw a geir yn gwneud felly gan ei feistr pan ddaw; ⁴⁴ yn wir, rwy'n dweud wrthych y gesyd ef dros ei holl eiddo. ⁴⁵ Ond os dywed y gwas hwnnw yn ei galon, 'Y mae fy meistr yn oedi dod', a dechrau curo'r gweision a'r morynion, a bwyta ac yfed a meddwi, ⁴⁶ yna bydd meistr y gwas hwnnw yn cyrraedd ar ddiwrnod annisgwyl iddo ef ac ar awr nas gŵyr; ac fe'i cosba yn llym, a gosod ei le gyda'r anffyddloniaid. ⁴⁷ Bydd y gwas hwnnw sy'n gwybod ewyllys ei feistr, ac eto heb ddarparu na gwneud dim yn ôl ei ewyllys, yn cael curfa dost; ⁴⁸ ond bydd y gwas nad yw'n gwybod, ond sydd wedi haeddu curfa, yn cael un ysgafn. Disgwylir llawer gan y sawl a dderbyniodd lawer; a gofynnir llawer mwy yn ôl gan yr un y mae llawer wedi ei ymddiried iddo.

Iesu'n Achos Ymraniad

Mth. 10:34–36

⁴⁹ "Yr wyf fi wedi dod i fwrw tân ar y ddaear, ac O na fyddai eisoes wedi ei gynnau! ⁵⁰ Y mae bedydd y mae'n rhaid fy medyddio ag ef, a chymaint yw fy nghyfyngder hyd nes y cyflawnir ef! ⁵¹ A ydych chwi'n tybio mai i roi heddwch i'r ddaear yr wyf fi wedi dod? Nage, meddaf wrthych, ond ymraniad. ⁵² Oherwydd o hyn allan bydd un teulu o bump wedi ymrannu, tri yn erbyn dau a dau yn erbyn tri:

> ⁵³ 'Ymranna'r tad yn erbyn y mab
> a'r mab yn erbyn y tad,
> y fam yn erbyn ei merch
> a'r ferch yn erbyn ei mam,
> y fam-yng-nghyfraith yn erbyn y
>   ferch-yng-nghyfraith
> a'r ferch-yng-nghyfraith yn erbyn ei
>   mam-yng-nghyfraith.'"

12:25 Neu, *y maint lleiaf at ei daldra.*

Dehongli'r Amser
Mth. 16:2–3

⁵⁴ Dywedodd wrth y tyrfaoedd hefyd, "Pan welwch gwmwl yn codi yn y gorllewin, yr ydych yn dweud ar unwaith, 'Daw yn law', ac felly y bydd; ⁵⁵ a phan welwch wynt y de yn chwythu, yr ydych yn dweud, 'Daw yn wres', a hynny fydd. ⁵⁶ Chwi ragrithwyr, medrwch ddehongli'r olwg ar y ddaear a'r ffurfafen, ond sut na fedrwch ddehongli'r amser hwn?

Cymodi â'th Wrthwynebwr
Mth. 5:25–26

⁵⁷ "A pham nad ydych ohonoch eich hunain yn barnu beth sydd yn iawn? ⁵⁸ Pan wyt yn mynd gyda'th wrthwynebwr at yr ynad, gwna dy orau ar y ffordd yno i gymodi ag ef, rhag iddo dy lusgo gerbron y barnwr, ac i'r barnwr dy draddodi i'r cwnstabl, ac i'r cwnstabl dy fwrw i garchar. ⁵⁹ Rwy'n dweud wrthyt, ni ddoi di byth allan oddi yno cyn talu'n ôl y geiniog olaf un."

Edifarhau neu Ddarfod Amdanoch

13 Yr un adeg, daeth rhywrai a mynegi iddo am y Galileaid y cymysgodd Pilat eu gwaed â'u hebyrth. ² Atebodd ef hwy, "A ydych chwi'n tybio fod y rhain yn waeth pechaduriaid na'r holl Galileaid eraill, am iddynt ddioddef hyn? ³ Nac oeddent, meddaf wrthych; eto, os nad edifarhewch, fe dderfydd amdanoch oll yn yr un modd. ⁴ Neu'r deunaw hynny y syrthiodd y tŵr arnynt yn Siloam a'u lladd, a ydych chwi'n tybio fod y rhain yn waeth troseddwyr na holl drigolion eraill Jerwsalem? ⁵ Nac oeddent, meddaf wrthych; eto, os nad edifarhewch, fe dderfydd amdanoch oll yn yr un modd."

Dameg y Ffigysbren Diffrwyth

⁶ Adroddodd y ddameg hon: "Yr oedd gan rywun ffigysbren wedi ei blannu yn ei winllan. Daeth i chwilio am ffrwyth arno, ac ni chafodd ddim. ⁷ Ac meddai wrth y gwinllannydd, 'Ers tair blynedd bellach yr wyf wedi bod yn dod i geisio ffrwyth ar y ffigysbren hwn, a heb gael dim. Am hynny tor ef i lawr; pam y caiff dynnu maeth o'r pridd?' ⁸ Ond atebodd ef, 'Meistr, gad iddo eleni eto, imi balu o'i gwmpas a'i wrteithio. ⁹ Ac os daw â ffrwyth y flwyddyn nesaf, popeth yn iawn; onid e, cei ei dorri i lawr.'"

Iacháu Gwraig Wargrwm ar y Saboth

¹⁰ Yr oedd yn dysgu yn un o'r synagogau ar y Saboth. ¹¹ Yr oedd yno wraig oedd ers deunaw mlynedd yng ngafael ysbryd oedd wedi bod yn ei gwanychu nes ei bod yn wargrwm ac yn hollol analluog i sefyll yn syth. ¹² Pan welodd Iesu hi galwodd arni, "Wraig, yr wyt wedi dy waredu o'th wendid." ¹³ Yna dododd ei ddwylo arni, ac ar unwaith ymunionodd drachefn, a dechrau gogoneddu Duw. ¹⁴ Ond yr oedd arweinydd y synagog yn ddig fod Iesu wedi iacháu ar y Saboth, ac meddai wrth y dyrfa, "Y mae chwe diwrnod gwaith; dewch i'ch iacháu ar y dyddiau hynny, ac nid ar y dydd Saboth." ¹⁵ Atebodd yr Arglwydd ef, "Chwi ragrithwyr, onid yw pob un ohonoch ar y Saboth yn gollwng ei ych neu ei asyn o'r preseb ac yn mynd ag ef allan i'r dŵr? ¹⁶ Ond dyma un o ferched Abraham, a fu yn rhwymau Satan ers deunaw mlynedd; a ddywedwch na ddylasid ei rhyddhau hi o'r rhwymyn hwn ar y dydd Saboth?" ¹⁷ Wrth iddo ddweud hyn, codwyd cywilydd ar ei holl wrthwynebwyr, a llawenychodd y dyrfa i gyd oherwydd ei holl weithredoedd gogoneddus.

Damhegion yr Hedyn Mwstard a'r Lefain
Mth. 13:31–33; Mc. 4:30–32

¹⁸ Meddai gan hynny, "I beth y mae teyrnas Dduw yn debyg, ac i beth y cyffelybaf hi? ¹⁹ Y mae'n debyg i hedyn mwstard; y mae rhywun yn ei gymryd ac yn ei fwrw i'w ardd, ac y mae'n tyfu ac yn dod yn goeden, ac y mae adar yr awyr yn nythu yn ei changhennau."

²⁰ Ac meddai eto, "I beth y cyffelybaf deyrnas Dduw? ²¹ Y mae'n debyg i lefain; y mae gwraig yn ei gymryd, ac yn ei gymysgu â thri mesur o flawd gwenith, nes lefeinio'r cwbl."

Y Drws Cul

Mth. 7:13-14; 21-23

22 Yr oedd yn mynd trwy'r trefi a'r pentrefi gan ddysgu, ar ei ffordd i Jerwsalem. 23 Meddai rhywun wrtho, "Arglwydd, ai ychydig yw'r rhai sy'n cael eu hachub?" Ac meddai ef wrthynt, 24 "Ymegnïwch i fynd i mewn trwy'r drws cul, oherwydd rwy'n dweud wrthych y bydd llawer yn ceisio mynd i mewn ac yn methu. 25 Unwaith y bydd meistr y tŷ wedi codi a chau'r drws, gallwch chwithau sefyll y tu allan a churo ar y drws, gan ddweud, 'Arglwydd, agor inni'; ond bydd ef yn eich ateb, 'Ni wn o ble'r ydych.' 26 Yna dechreuwch ddweud, 'Buom yn bwyta ac yn yfed gyda thi, a buost ti yn dysgu yn ein strydoedd ni.' 27 A dywed ef wrthych, 'Ni wn o ble'r ydych. Ewch ymaith oddi wrthyf, chwi ddrwgweithredwyr oll.' 28 Bydd yno wylo a rhincian dannedd, pan welwch Abraham ac Isaac a Jacob a'r holl broffwydi yn nheyrnas Dduw, a chwithau'n cael eich bwrw allan. 29 A daw rhai o'r dwyrain a'r gorllewin ac o'r gogledd a'r de, a chymryd eu lle yn y wledd yn nheyrnas Dduw. 30 Ac yn wir, bydd rhai sy'n olaf yn flaenaf, a rhai sy'n flaenaf yn olaf."

Y Galarnad dros Jerwsalem

Mth. 23:37-39

31 Y pryd hwnnw, daeth rhai Phariseaid ato a dweud wrtho, "Dos i ffwrdd oddi yma, oherwydd y mae Herod â'i fryd ar dy ladd di." 32 Meddai ef wrthynt, "Ewch a dywedwch wrth y cadno hwnnw, 'Heddiw ac yfory byddaf yn bwrw allan gythreuliaid ac yn iacháu, a'r trydydd dydd cyrhaeddaf gyflawniad fy ngwaith.' 33 Eto, heddiw ac yfory a thrennydd y mae'n rhaid imi fynd ar fy nhaith, oherwydd ni ddichon i broffwyd farw y tu allan i Jerwsalem. 34 Jerwsalem, Jerwsalem, tydi sy'n lladd y proffwydi ac yn llabyddio'r rhai a anfonwyd atat, mor aml y dymunais gasglu dy blant ynghyd, fel y mae iâr yn casglu ei chywion dan ei hadenydd, ond gwrthod a wnaethoch. 35 Wele, y mae eich tŷ yn cael ei adael yn anghyfannedd. Ac rwy'n dweud wrthych, ni chewch fy ngweld hyd y dydd pan ddywedwch, 'Bendigedig yw'r un sy'n dod yn enw'r Arglwydd.'"

Iacháu'r Dyn â Dropsi arno

14 Aeth i mewn i dŷ un o arweinwyr y Phariseaid ar y Saboth am bryd o fwyd; ac yr oeddent hwy â'u llygaid arno. 2 Ac yno ger ei fron yr oedd dyn â'r dropsi arno. 3 A llefarodd Iesu wrth athrawon y Gyfraith a'r Phariseaid, gan ddweud, "A yw'n gyfreithlon iacháu ar y Saboth, ai nid yw?" 4 Ond ni ddywedasant hwy ddim. Yna cymerodd y claf a'i iacháu a'i anfon ymaith. 5 Ac meddai wrthynt, "Pe bai mab* neu ych unrhyw un ohonoch yn syrthio i bydew, oni fyddech yn ei dynnu allan ar unwaith, hyd yn oed ar y dydd Saboth?" 6 Ni allent gynnig unrhyw ateb i hyn.

Gwers i'r Gwesteion ac i Wahoddwr

7 Yna adroddodd ddameg wrth y gwesteion, wrth iddo sylwi sut yr oeddent yn dewis y seddau anrhydedd: 8 "Pan wahoddir di gan rywun i wledd briodas, paid â chymryd y lle anrhydedd, rhag ofn ei fod wedi gwahodd rhywun amlycach na thi; 9 oherwydd os felly, daw'r sawl a'ch gwahoddodd chwi'ch dau a dweud wrthyt, 'Rho dy le i hwn', ac yna byddi dithau mewn cywilydd yn cymryd y lle isaf. 10 Yn hytrach, pan wahoddir di, dos a chymer y lle isaf, fel pan ddaw'r gwahoddwr y dywed wrthyt, 'Gyfaill, tyrd yn uwch'; yna dangosir parch iti yng ngŵydd dy holl gyd-westeion. 11 Oherwydd darostyngir pob un sy'n ei ddyrchafu ei hun, a dyrchefir pob un sy'n ei ddarostwng ei hun." 12 Meddai hefyd wrth ei wahoddwr, "Pan fyddi'n trefnu cinio neu swper, paid â gwahodd dy gyfeillion na'th frodyr na'th berthnasau na'th gymdogion cyfoethog, rhag ofn iddynt hwythau yn eu tro dy wahodd di, ac iti gael dy ad-dalu. 13 Pan fyddi'n trefnu gwledd, gwahodd yn hytrach y tlodion, yr anafusion, y cloffion, a'r deillion; 14 a gwyn fydd dy

---

14:5 Yn ôl darlleniad arall, *asyn*.

fyd, am nad oes ganddynt fodd i dalu'n ôl iti; cei dy dalu'n ôl yn atgyfodiad y cyfiawn."

Dameg y Wledd Fawr
Mth. 22:1–10

15 Clywodd un o'i gyd-westeion hyn ac meddai wrtho, "Gwyn ei fyd pwy bynnag a gaiff gyfran yn y wledd yn nheyrnas Dduw." 16 Ond meddai ef wrtho, "Yr oedd dyn yn trefnu gwledd fawr. Gwahoddodd lawer o bobl, 17 ac anfonodd ei was ar awr y wledd i ddweud wrth y gwahoddedigion, 'Dewch, y mae popeth yn barod yn awr.' 18 Ond dechreuodd pawb ymesgusodi yn unfryd. Meddai'r cyntaf wrtho, 'Rwyf wedi prynu cae, ac y mae'n rhaid imi fynd allan i gael golwg arno; a wnei di fy esgusodi, os gweli di'n dda?' 19 Meddai un arall, 'Rwyf wedi prynu pum pâr o ychen, ac rwyf ar fy ffordd i roi prawf arnynt; a wnei di fy esgusodi, os gweli di'n dda?' 20 Ac meddai un arall, 'Rwyf newydd briodi, ac am hynny ni allaf ddod.' 21 Aeth y gwas at ei feistr a rhoi gwybod iddo. Yna digiodd meistr y tŷ, ac meddai wrth ei was, 'Dos allan ar unwaith i heolydd a strydoedd cefn y dref, a thyrd â'r tlodion a'r anafusion a'r deillion a'r cloffion i mewn yma.' 22 Pan ddywedodd y gwas, 'Meistr, y mae dy orchymyn wedi ei gyflawni, ond y mae lle o hyd', 23 meddai ei feistr wrtho, 'Dos allan i'r ffyrdd ac i'r cloddiau, a myn ganddynt hwy ddod i mewn, fel y llenwir fy nhŷ; 24 oherwydd rwy'n dweud wrthych na chaiff dim un o'r rheini oedd wedi eu gwahodd brofi fy ngwledd.'"

Cost Bod yn Ddisgybl

25 Yr oedd tyrfaoedd niferus yn teithio gydag ef, a throes a dweud wrthynt, 26 "Os daw rhywun ataf fi heb gasáu ei dad ei hun, a'i fam a'i wraig a'i blant a'i frodyr a'i chwiorydd, a hyd yn oed ei fywyd ei hun, ni all fod yn ddisgybl imi. 27 Pwy bynnag nad yw'n cario ei groes ei hun ac yn dod ar fy ôl i, ni all fod yn ddisgybl imi. 28 Oherwydd os bydd un ohonoch chwi yn dymuno adeiladu twr, oni fydd yn gyntaf yn eistedd i lawr i gyfrif y gost, er mwyn gweld a oes ganddo ddigon i gwblhau'r gwaith? 29 Onid e, fe all ddigwydd iddo osod y sylfaen ac wedyn fethu gorffen, nes bod pawb sy'n gwylio yn mynd ati i'w watwar 30 gan ddweud, 'Dyma rywun a ddechreuodd adeiladu ac a fethodd orffen.' 31 Neu os bydd brenin ar ei ffordd i ryfela yn erbyn brenin arall, oni fydd yn gyntaf yn eistedd i lawr i ystyried a all ef, â deng mil o filwyr, wrthsefyll un sy'n ymosod arno ag ugain mil? 32 Os na all, bydd yn anfon llysgenhadon i geisio telerau heddwch tra bo'r llall o hyd ymhell i ffwrdd. 33 Yr un modd, gan hynny, ni all neb ohonoch nad yw'n ymwrthod â'i holl feddiannau fod yn ddisgybl i mi.

Halen Di-flas
Mth. 5:13; Mc. 9:50

34 "Peth da yw halen. Ond os cyll yr halen ei hun ei flas, â pha beth y rhoddir blas arno? 35 Nid yw'n dda i'r pridd nac i'r domen; lluchir ef allan. Y sawl sydd â chlustiau ganddo i wrando, gwrandawed."

Dameg y Ddafad Golledig
Mth. 18:12–14

15 Yr oedd yr holl gasglwyr trethi a'r pechaduriaid yn nesáu ato i wrando arno. 2 Ond yr oedd y Phariseaid a'r ysgrifenyddion yn grwgnach ymhlith ei gilydd, gan ddweud, "Y mae hwn yn croesawu pechaduriaid ac yn cydfwyta gyda hwy." 3 A dywedodd ef y ddameg hon wrthynt: 4 "Bwriwch fod gan un ohonoch chwi gant o ddefaid, a digwydd iddo golli un ohonynt; onid yw'n gadael y naw deg a naw yn yr anialdir ac yn mynd ar ôl y ddafad golledig nes dod o hyd iddi? 5 Wedi dod o hyd iddi y mae'n ei gosod ar ei ysgwyddau yn llawen, 6 yn mynd adref, ac yn gwahodd ei gyfeillion a'i gymdogion ynghyd, gan ddweud wrthynt, 'Llawenhewch gyda mi, oherwydd yr wyf wedi cael hyd i'm dafad golledig.' 7 Rwy'n dweud wrthych, yr un modd bydd mwy o lawenydd yn y nef am un pechadur sy'n edifarhau nag am naw deg a naw o rai cyfiawn nad oes arnynt angen edifeirwch.

Dameg y Darn Arian Colledig

8 "Neu bwriwch fod gan wraig ddeg darn arian, a digwydd iddi golli un darn; onid yw hi'n cynnau cannwyll ac yn ysgubo'r tŷ ac yn chwilio'n ddyfal nes dod o hyd iddo? 9 Ac wedi dod o hyd iddo, y mae'n gwahodd ei chyfeillesau a'i chymdogion ynghyd, gan ddweud, 'Llawenhewch gyda mi, oherwydd yr wyf wedi cael hyd i'r darn arian a gollais.' 10 Yr un modd, rwy'n dweud wrthych, y mae llawenydd ymhlith angylion Duw am un pechadur sy'n edifarhau."

Dameg y Mab Colledig

11 Ac meddai, "Yr oedd dyn a chanddo ddau fab. 12 Dywedodd yr ieuengaf ohonynt wrth ei dad, 'Fy nhad, dyro imi'r gyfran o'th ystad sydd i ddod imi.' A rhannodd yntau ei eiddo rhyngddynt. 13 Ychydig ddyddiau yn ddiweddarach, wedi newid y cwbl am arian, ymfudodd y mab ieuengaf i wlad bell, ac yno gwastraffodd ei eiddo ar fyw'n afradlon. 14 Pan oedd wedi gwario'r cyfan, daeth newyn enbyd ar y wlad honno, a dechreuodd yntau fod mewn eisiau. 15 Aeth ac ymlynu wrth un o ddinasyddion y wlad, ac anfonodd hwnnw ef i'w gaeau i ofalu am y moch. 16 Buasai'n falch o wneud pryd o'r plisg yr oedd y moch yn eu bwyta; ond nid oedd neb yn cynnig dim iddo. 17 Yna daeth ato'i hun a dweud, 'Faint o weision cyflog sydd gan fy nhad, a phob un ohonynt yn cael mwy na digon o fara, a minnau yma yn marw o newyn? 18 Fe godaf, ac fe af at fy nhad a dweud wrtho, "Fy nhad, pechais yn erbyn y nef ac yn dy erbyn di. 19 Nid wyf mwyach yn haeddu fy ngalw'n fab iti; cymer fi fel un o'th weision cyflog." ' 20 Yna cododd a mynd at ei dad. A phan oedd eto ymhell i ffwrdd, gwelodd ei dad ef. Tosturiodd wrtho, rhedodd ato, a rhoes ei freichiau am ei wddf a'i gusanu. 21 Ac meddai ei fab wrtho, 'Fy nhad, pechais yn erbyn y nef ac yn dy erbyn di. Nid wyf mwyach yn haeddu fy ngalw'n fab iti.' 22 Ond meddai ei dad wrth ei weision, 'Brysiwch! Dewch â gwisg allan, yr orau, a'i gosod amdano. Rhowch fodrwy ar ei fys a sandalau am ei draed. 23 Dewch â'r llo sydd wedi ei besgi, a lladdwch ef. Gadewch inni wledda a llawenhau, 24 oherwydd yr oedd hwn, fy mab, wedi marw, a daeth yn fyw eto; yr oedd ar goll, a chafwyd hyd iddo.' Yna dechreusant wledda yn llawen.

25 "Yr oedd ei fab hynaf yn y caeau. Pan nesaodd at y tŷ ar ei ffordd adref, clywodd sŵn cerddoriaeth a dawnsio. 26 Galwodd un o'r gweision ato a gofyn beth oedd ystyr hyn. 27 'Dy frawd sydd wedi dychwelyd,' meddai ef wrtho, 'ac am iddo ei gael yn ôl yn holliach, y mae dy dad wedi lladd y llo oedd wedi ei besgi.' 28 Digiodd ef, a gwrthod mynd i mewn. Daeth ei dad allan a'i gymell yn daer i'r tŷ, 29 ond atebodd ef, 'Yr holl flynyddoedd hyn bûm yn was bach iti, heb anufuddhau erioed i'th orchymyn. Ni roddaist erioed i mi gymaint â myn gafr, imi gael gwledda gyda'm cyfeillion. 30 Ond pan ddychwelodd hwn, dy fab sydd wedi difa dy eiddo gyda phuteiniaid, lleddaist iddo ef y llo oedd wedi ei besgi.' 31 'Fy mhlentyn,' meddai'r tad wrtho, 'yr wyt ti bob amser gyda mi, ac y mae'r cwbl sydd gennyf yn eiddo i ti. 32 Yr oedd yn rhaid gwledda a llawenhau, oherwydd yr oedd hwn, dy frawd, wedi marw, a daeth yn fyw; yr oedd ar goll, a chafwyd hyd iddo.' "

Dameg y Goruchwyliwr Anonest

16 Dywedodd wrth ei ddisgyblion hefyd, "Yr oedd dyn cyfoethog a chanddo oruchwyliwr. Achwynwyd wrth ei feistr fod hwn yn gwastraffu ei eiddo ef. 2 Galwodd ef ato a dweud wrtho, 'Beth yw'r hanes hwn amdanat? Dyro imi gyfrifon dy oruchwyliaeth, oherwydd ni elli gadw dy swydd bellach.' 3 Yna meddai'r goruchwyliwr wrtho'i hun, 'Beth a wnaf fi? Y mae fy meistr yn cymryd fy swydd oddi arnaf. Nid oes gennyf mo'r nerth i labro, ac y mae arnaf gywilydd cardota. 4 Fe wn i beth a wnaf i gael croeso i gartrefi pobl pan ddiswyddir fi.' 5 Galwodd ato bob un o ddyledwyr ei feistr, ac meddai wrth y cyntaf, 'Faint sydd arnat i'm meistr?' 6 Atebodd yntau, 'Mil o fesurau o olew olewydd.' 'Cymer dy gyfrif,' meddai ef, 'eistedd i lawr, ac ysgrifenna ar unwaith

"bum cant." ' ⁷ Yna meddai wrth un arall, 'A thithau, faint sydd arnat ti?' Atebodd yntau, 'Mil o fesurau o rawn.' 'Cymer dy gyfrif,' meddai ef, 'ac ysgrifenna "wyth gant." ' ⁸ Cymeradwyodd y meistr y goruchwyliwr anonest am iddo weithredu yn gall; oherwydd y mae plant y byd hwn yn gallach na phlant y goleuni yn eu hymwneud â'u tebyg. ⁹ Ac rwyf fi'n dweud wrthych, gwnewch gyfeillion i chwi eich hunain o'r Mamon* anonest, er mwyn i chwi gael croeso i'r tragwyddol bebyll pan ddaw dydd Mamon i ben. ¹⁰ Y mae rhywun sy'n gywir yn y pethau lleiaf yn gywir yn y pethau mawr hefyd, a'r un sy'n anonest yn y pethau lleiaf yn anonest yn y pethau mawr hefyd. ¹¹ Gan hynny, os na fuoch yn gywir wrth drin y Mamon anonest, pwy a ymddirieda i chwi y gwir olud? ¹² Ac os na fuoch yn gywir wrth drin eiddo pobl eraill, pwy a rydd i chwi eich eiddo eich hunain? ¹³ Ni all unrhyw was wasanaethu dau feistr; oherwydd bydd un ai'n casáu'r naill ac yn caru'r llall, neu'n deyrngar i'r naill ac yn dirmygu'r llall. Ni allwch wasanaethu Duw a Mamon."

Y Gyfraith a Theyrnas Dduw

¹⁴ Yr oedd y Phariseaid, sy'n bobl ariangar, yn gwrando ar hyn oll ac yn ei watwar. ¹⁵ Ac meddai wrthynt, "Chwi yw'r rhai sy'n ceisio eu cyfiawnhau eu hunain yng ngolwg y cyhoedd, ond y mae Duw yn adnabod eich calonnau; oherwydd yr hyn sydd aruchel yng ngolwg y cyhoedd, ffieiddbeth yw yng ngolwg Duw. ¹⁶ Y Gyfraith a'r proffwydi oedd mewn grym hyd at Ioan; oddi ar hynny, y mae'r newydd da am deyrnas Dduw yn cael ei gyhoeddi, a phawb yn ceisio mynediad iddi trwy drais. ¹⁷ Ond byddai'n haws i'r nef a'r ddaear ddarfod nag i fanylyn lleiaf y Gyfraith golli ei rym. ¹⁸ Y mae pob un sy'n ysgaru ei wraig ac yn priodi un arall yn godinebu, ac y mae'r dyn sy'n priodi gwraig a ysgarwyd gan ei gŵr yn godinebu.

16:9 Neu, *Arian*.

Y Dyn Cyfoethog a Lasarus

¹⁹ "Yr oedd dyn cyfoethog oedd yn arfer gwisgo porffor a lliain main, ac yn gwledda'n wych bob dydd. ²⁰ Wrth ei ddrws gorweddai dyn tlawd, o'r enw Lasarus, yn llawn cornwydydd, ²¹ ac yn dyheu am wneud pryd o'r hyn a syrthiai oddi ar fwrdd y dyn cyfoethog; ac yn wir byddai'r cŵn yn dod i lyfu ei gornwydydd. ²² Bu farw'r dyn tlawd, a dygwyd ef ymaith gan yr angylion i wledda wrth ochr Abraham. Bu farw'r dyn cyfoethog yntau, a chladdwyd ef. ²³ Yn Hades, ac yntau mewn poen arteithiol, cododd ei lygaid a gweld Abraham o bell, a Lasarus wrth ei ochr. ²⁴ A galwodd, 'Abraham, fy nhad, trugarha wrthyf; anfon Lasarus i wlychu blaen ei fys mewn dŵr ac i oeri fy nhafod, oherwydd yr wyf mewn ingoedd yn y tân hwn.' ²⁵ 'Fy mhlentyn,' meddai Abraham, 'cofia iti dderbyn dy wynfyd yn ystod dy fywyd, a Lasarus yr un modd ei adfyd; yn awr y mae ef yma yn cael ei ddiddanu, a thithau yn dioddef mewn ingoedd. ²⁶ Heblaw hyn oll, rhyngom ni a chwi y mae agendor llydan wedi ei osod, rhag i neb a ddymunai hynny groesi oddi yma atoch chwi, neu gyrraedd oddi yna atom ni.' ²⁷ Atebodd ef, 'Os felly, fy nhad, rwy'n erfyn arnat ei anfon ef i dŷ fy nhad, ²⁸ at y pum brawd sydd gennyf, i'w rhybuddio am y cyfan, rhag iddynt hwythau ddod i'w harteithio yn y lle hwn.' ²⁹ Ond dywedodd Abraham, 'Y mae Moses a'r proffwydi ganddynt; dylent wrando arnynt hwy.' ³⁰ 'Nage, Abraham, fy nhad,' atebodd ef, 'ond os â rhywun atynt oddi wrth y meirw, fe edifarhânt.' ³¹ Ond meddai ef wrtho, 'Os nad ydynt yn gwrando ar Moses a'r proffwydi, yna ni chânt eu hargyhoeddi hyd yn oed os atgyfoda rhywun o blith y meirw.'"

Rhai o Ddywediadau Iesu

17 Mth. 18:6-7, 21-22; Mc. 9:42
Dywedodd wrth ei ddisgyblion, "Y mae achosion cwymp yn rhwym o ddod, ond gwae'r sawl sy'n gyfrifol amdanynt; ² byddai'n well iddo fod wedi ei daflu i'r môr â maen melin ynghrog am ei wddf, nag iddo fod yn achos cwymp i un o'r

rhai bychain hyn. ³ Cymerwch ofal. Os pecha dy gyfaill, cerydda ef; os edifarha, maddau iddo; ⁴ os pecha yn dy erbyn saith gwaith mewn diwrnod, ac eto troi'n ôl atat saith gwaith gan ddweud, 'Y mae'n edifar gennyf', maddau iddo."

⁵ Meddai'r apostolion wrth yr Arglwydd, "Cryfha ein* ffydd." ⁶ Ac meddai'r Arglwydd, "Pe bai gennych ffydd gymaint â hedyn mwstard, fe allech ddweud wrth y forwydden hon, 'Coder dy wreiddiau a phlanner di yn y môr', a byddai'n ufuddhau i chwi.

⁷ "Os oes gan un ohonoch was sy'n aredig neu'n bugeilio, a fydd yn dweud wrtho pan ddaw i mewn o'r caeau, 'Tyrd yma ar unwaith a chymer dy le wrth y bwrdd'? ⁸ Na, yr hyn a ddywed fydd, 'Paratoa swper imi; torcha dy wisg a gweina arnaf nes imi orffen bwyta ac yfed; ac wedyn cei fwyta ac yfed dy hun.' ⁹ A yw'n diolch i'w was am gyflawni'r gorchmynion a gafodd? ¹⁰ Felly chwithau; pan fyddwch wedi cyflawni'r holl orchmynion a gawsoch, dywedwch, 'Gweision ydym, heb unrhyw deilyngdod; cyflawni ein dyletswydd a wnaethom.'"

Glanhau Deg o Wahangleifion

¹¹ Yr oedd ef, ar ei ffordd i Jerwsalem, yn mynd trwy'r wlad rhwng Samaria a Galilea, ¹² ac yn mynd i mewn i ryw bentref, pan ddaeth deg o ddynion gwahanglwyfus i gyfarfod ag ef. Safasant bellter oddi wrtho ¹³ a chodi eu lleisiau arno: "Iesu, feistr, trugarha wrthym." ¹⁴ Gwelodd ef hwy ac meddai wrthynt, "Ewch i'ch dangos eich hunain i'r offeiriaid." Ac ar eu ffordd yno, fe'u glanhawyd hwy. ¹⁵ Ac un ohonynt, pan welodd ei fod wedi ei iacháu, a ddychwelodd gan ogoneddu Duw â llais uchel. ¹⁶ Syrthiodd ar ei wyneb wrth draed Iesu gan ddiolch iddo; a Samariad oedd ef. ¹⁷ Atebodd Iesu, "Oni lanhawyd y deg? Ble mae'r naw? ¹⁸ Ai'r estron hwn yn unig a gafwyd i ddychwelyd ac i roi gogoniant i Dduw?" ¹⁹ Yna meddai wrtho, "Cod, a dos ar dy hynt; dy ffydd sydd wedi dy iacháu di."

Dyfodiad y Deyrnas

Mth. 24:23-28, 37-41

²⁰ Gofynnwyd iddo gan y Phariseaid pryd y deuai teyrnas Dduw. Atebodd hwy, "Nid rhywbeth i wylio amdano yw dyfodiad teyrnas Dduw. ²¹ Ni bydd pobl yn dweud, 'Dyma hi', neu 'Dacw hi'; edrychwch, y mae teyrnas Dduw yn eich plith* chwi." ²² Ac meddai wrth ei ddisgyblion, "Daw dyddiau pan fyddwch yn dyheu am gael gweld un o ddyddiau Mab y Dyn, ac ni welwch mohono. ²³ Dywedant wrthych, 'Dacw ef', neu 'Dyma ef'; peidiwch â mynd, peidiwch â rhedeg ar eu hôl. ²⁴ Oherwydd fel y fellten sy'n fflachio o'r naill gwr o'r nef hyd y llall, felly y bydd Mab y Dyn yn ei ddydd ef. ²⁵ Ond yn gyntaf y mae'n rhaid iddo ddioddef llawer, a chael ei wrthod gan y genhedlaeth hon. ²⁶ Ac fel y bu hi yn nyddiau Noa, felly hefyd y bydd hi yn nyddiau Mab y Dyn: ²⁷ yr oedd pobl yn bwyta, yn yfed, yn cymryd gwragedd, yn cael gwŷr, hyd y dydd yr aeth Noa i mewn i'r arch ac y daeth y dilyw a difa pawb. ²⁸ Fel y bu hi yn nyddiau Lot: yr oedd pobl yn bwyta, yn yfed, yn prynu, yn gwerthu, yn plannu, yn adeiladu; ²⁹ ond y dydd yr aeth Lot allan o Sodom, fe lawiodd tân a brwmstan o'r nef a difa pawb. ³⁰ Yn union felly y bydd hi yn y dydd y datguddir Mab y Dyn. ³¹ Y dydd hwnnw, os bydd rhywun ar y to, a'i bethau yn y tŷ, peidied â mynd i lawr i'w cipio; a'r un modd peidied neb fydd yn y cae â throi yn ei ôl. ³² Cofiwch wraig Lot. ³³ Pwy bynnag a gais gadw ei fywyd ei hun, fe'i cyll, a phwy bynnag a'i cyll, fe'i ceidw yn fyw. ³⁴ Rwy'n dweud wrthych, y nos honno bydd dau mewn un gwely; cymerir y naill a gadewir y llall. ³⁵ Bydd dwy wraig yn malu yn yr un lle; cymerir y naill a gadewir y llall.*" ³⁷ Ac atebasant hwythau ef, "Ble, Arglwydd?" Meddai ef wrthynt, "Lle bydd y gelain, yno yr heidia'r fwlturiaid."

17:5 Neu, *Dyro i ni.*

17:21 Neu, *y mae teyrnas Dduw o'ch mewn.* Neu, *y mae teyrnas Dduw o fewn eich cyrraedd.* Neu, *daw teyrnas Dduw yn sydyn i'ch plith.*

17:35 Yn ôl darlleniad arall ychwanegir adn. 36: *Bydd dau yn y cae; cymerir y naill a gadewir y llall.*

Dameg y Weddw a'r Barnwr

18 Dywedodd ddameg wrthynt i ddangos fod yn rhaid iddynt weddïo bob amser yn ddiflino: ² "Mewn rhyw dref yr oedd barnwr. Nid oedd yn ofni Duw nac yn parchu eraill. ³ Yn y dref honno yr oedd hefyd wraig weddw a fyddai'n mynd ger ei fron ac yn dweud, 'Rho imi ddedfryd gyfiawn yn erbyn fy ngwrthwynebwr.' ⁴ Am hir amser daliodd i'w gwrthod, ond yn y diwedd meddai wrtho'i hun, 'Er nad wyf yn ofni Duw nac yn parchu eraill, ⁵ eto, am fod y wraig weddw yma yn fy mhoeni o hyd, fe roddaf iddi'r ddedfryd, rhag iddi ddal i ddod a'm plagio i farwolaeth.' " ⁶ Ac meddai'r Arglwydd, "Clywch eiriau'r barnwr anghyfiawn. ⁷ A fydd Duw yn gwrthod cyfiawnder i'w etholedigion, sy'n galw'n daer arno ddydd a nos? A fydd ef yn oedi yn eu hachos hwy? ⁸ Rwy'n dweud wrthych y rhydd ef gyfiawnder iddynt yn ebrwydd. Ond eto, pan ddaw Mab y Dyn, a gaiff ef ffydd ar y ddaear?"

Dameg y Pharisead a'r Casglwr Trethi

⁹ Dywedodd hefyd y ddameg hon wrth rai oedd yn sicr eu bod hwy eu hunain yn gyfiawn, ac yn dirmygu pawb arall: ¹⁰ "Aeth dau ddyn i fyny i'r deml i weddïo, y naill yn Pharisead a'r llall yn gasglwr trethi. ¹¹ Safodd y Pharisead wrtho'i hun a gweddïo fel hyn: 'O Dduw, yr wyf yn diolch iti am nad wyf fi fel pawb arall, yn rheibus, yn anghyfiawn, yn odinebus, na chwaith fel y casglwr trethi yma. ¹² Yr wyf yn ymprydio ddwywaith yr wythnos, ac yn talu degwm ar bopeth a gaf.' ¹³ Ond yr oedd y casglwr trethi yn sefyll ymhell i ffwrdd, heb geisio cymaint â chodi ei lygaid tua'r nef; yr oedd yn curo ei fron gan ddweud, 'O Dduw, bydd drugarog wrthyf fi, bechadur.' ¹⁴ Rwy'n dweud wrthych, dyma'r un a aeth adref wedi ei gyfiawnhau, nid y llall; oherwydd darostyngir pob un sy'n ei ddyrchafu ei hun, a dyrchefir pob un sy'n ei ddarostwng ei hun."

Bendithio Plant Bach

Mth. 19:13–15; Mc. 10:13–16

¹⁵ Yr oeddent yn dod â'u babanod hefyd ato, iddo gyffwrdd â hwy, ond wrth weld hyn dechreuodd y disgyblion eu ceryddu. ¹⁶ Ond galwodd Iesu'r plant ato gan ddweud, "Gadewch i'r plant ddod ataf fi a pheidiwch â'u rhwystro, oherwydd i rai fel hwy y mae teyrnas Dduw yn perthyn. ¹⁷ Yn wir, rwy'n dweud wrthych, pwy bynnag nad yw'n derbyn teyrnas Dduw yn null plentyn, nid â byth i mewn iddi."

Y Llywodraethwr Ifanc Cyfoethog

Mth. 19:16–30; Mc. 10:17–31

¹⁸ Gofynnodd rhyw lywodraethwr iddo, "Athro da, beth a wnaf i etifeddu bywyd tragwyddol?" ¹⁹ Dywedodd Iesu wrtho, "Pam yr wyt yn fy ngalw i yn dda? Nid oes neb da ond un, sef Duw. ²⁰ Gwyddost y gorchmynion: 'Na odineba, na ladd, na ladrata, na chamdystiolaetha, anrhydedda dy dad a'th fam.' " ²¹ Meddai yntau, "Yr wyf wedi cadw'r rhain i gyd o'm hieuenctid." ²² Pan glywodd Iesu hyn, dywedodd wrtho, "Un peth sydd ar ôl i ti ei wneud: gwerth y cwbl sydd gennyt, a rhanna ef ymhlith y tlodion, a chei drysor yn y nefoedd; a thyrd, canlyn fi." ²³ Ond pan glywodd ef hyn, aeth yn drist iawn, oherwydd yr oedd yn gyfoethog dros ben.

²⁴ Pan welodd Iesu ef wedi tristáu, meddai, "Mor anodd yw hi i'r rhai goludog fynd i mewn i deyrnas Dduw! ²⁵ Oherwydd y mae'n haws i gamel fynd i mewn trwy grau nodwydd nag i'r cyfoethog fynd i mewn i deyrnas Dduw." ²⁶ Ac meddai'r gwrandawyr, "Pwy ynteu all gael ei achub?" ²⁷ Atebodd yntau, "Y mae'r hyn sy'n amhosibl gyda dynion yn bosibl gyda Duw." ²⁸ Yna dywedodd Pedr, "Dyma ni wedi gadael ein heiddo a'th ganlyn di." ²⁹ Ond meddai ef wrthynt, "Yn wir, rwy'n dweud wrthych nad oes neb a adawodd dŷ neu wraig neu frodyr neu rieni neu blant, er mwyn teyrnas Dduw, ³⁰ na chaiff dderbyn yn ôl lawer gwaith cymaint yn yr amser hwn, ac yn yr oes sy'n dod fywyd tragwyddol."

Iesu Unwaith Eto yn Rhagfynegi ei Farwolaeth a'i Atgyfodiad

Mth. 20:17-19; Mc. 10:32-34

31 Cymerodd y Deuddeg gydag ef a dweud wrthynt, "Dyma ni'n mynd i fyny i Jerwsalem, a chyflawnir ar Fab y Dyn bob peth sydd wedi ei ysgrifennu trwy'r proffwydi; 32 oherwydd caiff ei drosglwyddo i'r Cenhedloedd, a'i watwar a'i gam-drin, a phoeri arno; 33 ac wedi ei fflangellu lladdant ef, a'r trydydd dydd fe atgyfoda." Nid oeddent hwy yn deall dim o hyn; 34 yr oedd y peth hwn wedi ei guddio rhagddynt, a'i eiriau y tu hwnt i'w hamgyffred.

Iacháu Cardotyn Dall ger Jericho

Mth. 20:29-34; Mc. 10:46-52

35 Wrth iddo nesáu at Jericho, yr oedd dyn dall yn eistedd ar fin y ffordd yn cardota. 36 Pan glywodd y dyrfa yn dod gofynnodd beth oedd hynny, 37 a mynegwyd iddo fod Iesu o Nasareth yn mynd heibio. 38 Bloeddiodd yntau, "Iesu, Fab Dafydd, trugarha wrthyf." 39 Yr oedd y rhai ar y blaen yn ei geryddu ac yn dweud wrtho am dewi; ond yr oedd ef yn gweiddi'n uwch fyth, "Fab Dafydd, trugarha wrthyf." 40 Safodd Iesu, a gorchymyn dod ag ef ato. Wedi i'r dyn nesáu gofynnodd Iesu iddo, 41 "Beth yr wyt ti am i mi ei wneud iti?" Meddai ef, "Syr, mae arnaf eisiau cael fy ngolwg yn ôl." 42 Dywedodd Iesu wrtho, "Derbyn dy olwg yn ôl; dy ffydd sydd wedi dy iacháu di." 43 Cafodd ei olwg yn ôl ar unwaith, a dechreuodd ei ganlyn ef gan ogoneddu Duw. Ac o weld hyn rhoddodd yr holl bobl foliant i Dduw.

Iesu a Sacheus

19 Yr oedd wedi dod i mewn i Jericho, ac yn mynd trwy'r dref. 2 Dyma ddyn o'r enw Sacheus, un oedd yn brif gasglwr trethi ac yn ŵr cyfoethog, 3 yn ceisio gweld prun oedd Iesu; ond yr oedd yno ormod o dyrfa, ac yntau'n ddyn byr. 4 Rhedodd ymlaen a dringo sycamorwydden er mwyn gweld Iesu, oherwydd yr oedd ar fynd heibio y ffordd honno. 5 Pan ddaeth Iesu at y fan, edrychodd i fyny a dweud wrtho, "Sacheus, tyrd i lawr ar dy union; y mae'n rhaid imi aros yn dy dŷ di heddiw." 6 Daeth ef i lawr ar ei union a'i groesawu yn llawen. 7 Pan welsant hyn, dechreuodd pawb rwgnach ymhlith ei gilydd gan ddweud, "Y mae wedi mynd i letya at ddyn pechadurus." 8 Ond safodd Sacheus yno, ac meddai wrth yr Arglwydd, "Dyma hanner fy eiddo, syr, yn rhodd i'r tlodion; os mynnais arian ar gam gan neb, fe'i talaf yn ôl bedair gwaith." 9 "Heddiw," meddai Iesu wrtho, "daeth iachawdwriaeth i'r tŷ hwn, oherwydd mab i Abraham yw'r gŵr hwn yntau. 10 Daeth Mab y Dyn i geisio ac i achub y colledig."

Dameg y Deg Darn Aur

Mth. 25:14-30

11 Tra oeddent yn gwrando ar hyn, fe aeth ymlaen i ddweud dameg, am ei fod yn agos i Jerwsalem a hwythau'n tybied fod teyrnas Dduw i ymddangos ar unwaith. 12 Meddai gan hynny, "Aeth dyn o uchel dras i wlad bell i gael ei wneud yn frenin, ac yna dychwelyd i'w deyrnas. 13 Galwodd ato ddeg o'i weision a rhoi darn aur bob un iddynt, gan ddweud wrthynt, 'Ewch i fasnachu nes imi ddychwelyd.' 14 Ond yr oedd ei ddeiliaid yn ei gasáu, ac anfonasant lysgenhadon ar ei ôl i ddatgan: 'Ni fynnwn hwn yn frenin arnom.' 15 Ond dychwelodd ef wedi ei wneud yn frenin, a gorchmynnodd alw ato y gweision hynny yr oedd wedi rhoi'r arian iddynt, i gael gwybod pa lwyddiant yr oeddent wedi ei gael. 16 Daeth y cyntaf ato gan ddweud, 'Meistr, y mae dy ddarn aur wedi ennill ato ddeg darn arall.' 17 'Ardderchog, fy ngwas da,' meddai yntau wrtho. 'Am iti fod yn ffyddlon yn y pethau lleiaf, yr wyf yn dy benodi yn llywodraethwr ar ddeg tref.' 18 Daeth yr ail gan ddweud, 'Y mae dy ddarn aur, Meistr, wedi gwneud pum darn.' 19 'Tithau hefyd,' meddai wrth hwn yn ei dro, 'bydd yn bennaeth ar bum tref.' 20 Yna daeth y trydydd gan ddweud, 'Meistr, dyma dy ddarn aur. Fe'i cedwais yn ddiogel mewn cadach. 21 Yr oedd arnaf dy ofn di. Yr wyt yn ddyn caled, yn cymryd yr hyn a ystoriodd eraill ac yn medi'r hyn a heuodd eraill.' 22 'Â'th

eiriau dy hun,' atebodd ef, 'y'th gondemniaf, y gwas drwg. Yr oeddit yn gwybod, meddi, fy mod yn ddyn caled, yn cymryd yr hyn a ystoriodd eraill ac yn medi'r hyn a heuodd eraill. 23 Pam felly na roddaist fy arian mewn banc? Buasai wedi ennill llog erbyn imi ddod i'w godi.' 24 Yna meddai wrth y rhai oedd yno, 'Cymerwch y darn aur oddi arno a rhowch ef i'r un a chanddo ddeg darn.' 25 'Meistr,' meddent hwy wrtho, 'y mae ganddo ddeg darn yn barod.' 26 Rwy'n dweud wrthych, i bawb y mae ganddynt y rhoddir, ond oddi ar y rhai nad oes ganddynt fe gymerir hyd yn oed hynny sydd ganddynt. 27 A'm gelynion, y rheini na fynnent fi yn frenin arnynt, dewch â hwy yma a lladdwch hwy yn fy ngŵydd."

Yr Ymdaith Fuddugoliaethus i mewn i Jerwsalem

Mth. 21:1–11; Mc. 11:1–11; In. 12:12–19

28 Wedi dweud hyn aeth rhagddo ar ei ffordd i fyny i Jerwsalem, gan gerdded ar y blaen. 29 Pan gyrhaeddodd yn agos i Bethffage a Bethania, ger y mynydd a elwir Olewydd, anfonodd ddau o'i ddisgyblion 30 gan ddweud, "Ewch i'r pentref gyferbyn. Wrth ichwi ddod i mewn iddo cewch yno ebol wedi ei rwymo, un nad oes neb wedi bod ar ei gefn erioed. Gollyngwch ef a dewch ag ef yma. 31 Ac os bydd rhywun yn gofyn i chwi, 'Pam yr ydych yn ei ollwng?', dywedwch fel hyn: 'Y mae ar y Meistr ei angen.'" 32 Aeth y rhai a anfonwyd, a chael yr ebol, fel yr oedd ef wedi dweud wrthynt. 33 Pan oeddent yn gollwng yr ebol, meddai ei berchenogion wrthynt, "Pam yr ydych yn gollwng yr ebol?" 34 Atebasant hwythau, "Y mae ar y Meistr ei angen," 35 a daethant ag ef at Iesu. Yna taflasant eu mentyll ar yr ebol, a gosod Iesu ar ei gefn. 36 Wrth iddo fynd yn ei flaen, yr oedd pobl yn taenu eu mentyll ar y ffordd.

37 Pan oedd yn nesáu at y ffordd sy'n disgyn o Fynydd yr Olewydd, dechreuodd holl dyrfa ei ddisgyblion yn eu llawenydd foli Duw â llais uchel am yr holl wyrthiau yr oeddent wedi eu gweld, 38 gan ddweud:

"Bendigedig yw'r un sy'n dod
yn frenin yn enw'r Arglwydd;
yn y nef, tangnefedd,
a gogoniant yn y goruchaf."

39 Ac meddai rhai o'r Phariseaid wrtho o'r dyrfa, "Athro, cerydda dy ddisgyblion." 40 Atebodd yntau, "Rwy'n dweud wrthych, os bydd y rhain yn tewi, bydd y cerrig yn gweiddi."

41 Pan ddaeth yn agos a gweld y ddinas, wylodd drosti 42 gan ddweud, "Pe bait tithau, y dydd hwn, wedi adnabod ffordd tangnefedd—ond na, fe'i cuddiwyd rhag dy lygaid. 43 Oherwydd daw arnat ddyddiau pan fydd dy elynion yn codi clawdd yn dy erbyn, ac yn dy amgylchynu ac yn gwasgu arnat o bob tu. 44 Fe'th ddymchwelant hyd dy seiliau, ti a'th blant o'th fewn; ni adawant faen ar faen ynot ti, oherwydd dy fod heb adnabod yr amser pan ymwelwyd â thi."

Glanhau'r Deml

Mth. 21:12–17; Mc. 11:15–19; In. 2:13–22

45 Aeth i mewn i'r deml a dechrau bwrw allan y rhai oedd yn gwerthu, 46 gan ddweud wrthynt, "Y mae'n ysgrifenedig:

'A bydd fy nhŷ i yn dŷ gweddi,
    ond gwnaethoch chwi ef yn ogof
        lladron.'"

47 Yr oedd yn dysgu o ddydd i ddydd yn y deml. Yr oedd y prif offeiriaid a'r ysgrifenyddion, ynghyd ag arweinwyr y bobl, yn ceisio modd i'w ladd, 48 ond heb daro ar ffordd i wneud hynny, oherwydd fod yr holl bobl yn gwrando arno ac yn dal ar ei eiriau.

Amau Awdurdod Iesu

20 Mth. 21:23–27; Mc. 11:27–33
Un o'r dyddiau pan oedd ef yn dysgu'r bobl yn y deml ac yn cyhoeddi'r newydd da, daeth y prif offeiriaid a'r ysgrifenyddion, ynghyd â'r henuriaid, ato, 2 ac meddent wrtho, "Dywed wrthym trwy ba awdurdod yr wyt ti'n gwneud y pethau hyn, neu pwy roddodd i ti'r awdurdod hwn." 3 Atebodd ef hwy, "Fe ofynnaf finnau rywbeth i chwi. Dywedwch wrthyf: 4 bedydd Ioan, ai o'r nef yr oedd, ai o'r byd daearol?" 5 Dadleusant â'i gilydd gan ddweud, "Os

dywedwn, 'O'r nef', fe ddywed, 'Pam na chredasoch ef?' ⁶ Ond os dywedwn, 'O'r byd daearol', bydd yr holl bobl yn ein llabyddio, oherwydd y maent yn argyhoeddedig fod Ioan yn broffwyd." ⁷ Ac atebasant nad oeddent yn gwybod o ble'r oedd. ⁸ Meddai Iesu wrthynt, "Ni ddywedaf finnau chwaith wrthych chwi trwy ba awdurdod yr wyf yn gwneud y pethau hyn."

Dameg y Winllan a'r Tenantiaid
Mth. 21:33-46; Mc. 12:1-12

⁹ Dechreuodd ddweud y ddameg hon wrth y bobl: "Fe blannodd rhywun winllan, ac wedi iddo ei gosod hi i denantiaid, aeth oddi cartref am amser hir. ¹⁰ Pan ddaeth yn amser, anfonodd was at y tenantiaid iddynt roi iddo gyfran o ffrwyth y winllan. Ond ei guro a wnaeth y tenantiaid, a'i yrru i ffwrdd yn waglaw. ¹¹ Anfonodd ef was arall, ond curasant hwn hefyd a'i amharchu, a'i yrru i ffwrdd yn waglaw. ¹² Anfonodd ef drachefn drydydd, ond clwyfasant hwn hefyd a'i fwrw allan. ¹³ Yna meddai perchen y winllan, 'Beth a wnaf fi? Fe anfonaf fy mab, yr anwylyd; efallai y parchant ef.' ¹⁴ Ond pan welodd y tenantiaid hwn, dechreusant drafod ymhlith ei gilydd gan ddweud, 'Hwn yw'r etifedd; lladdwn ef, er mwyn i'r etifeddiaeth ddod yn eiddo i ni.' ¹⁵ A bwriasant ef allan o'r winllan a'i ladd. Beth ynteu a wna perchen y winllan iddynt? ¹⁶ Fe ddaw ac fe ddifetha'r tenantiaid hynny, ac fe rydd y winllan i eraill." Pan glywsant hyn meddent, "Na ato Duw!" ¹⁷ Edrychodd ef arnynt a dweud, "Beth felly yw ystyr yr Ysgrythur hon:

'Y maen a wrthododd yr adeiladwyr,
    hwn a ddaeth yn faen y gongl'?

¹⁸ Pawb sy'n syrthio ar y maen hwn, fe'i dryllir; pwy bynnag y syrth y maen arno, fe'i maluria." ¹⁹ Ceisiodd yr ysgrifenydd- ion a'r prif offeiriaid osod dwylo arno y pryd hwnnw, ond yr oedd arnynt ofn y bobl, oherwydd gwyddent mai yn eu herbyn hwy y dywedodd y ddameg hon.

Talu Trethi i Gesar
Mth. 22:15-22; Mc. 12:13-17

²⁰ Gwyliasant eu cyfle ac anfon ysbiwyr, yn rhith pobl onest, i'w ddal ef ar air, er mwyn ei draddodi i awdurdod brawdlys y rhaglaw. ²¹ Gofynasant iddo, "Athro, gwyddom fod dy eiriau a'th ddysgeidiaeth yn gywir; yr wyt yn ddi-dderbyn-wyneb, ac yn dysgu ffordd Duw yn gwbl ddiffuant. ²² A yw'n gyfreithlon inni dalu treth i Gesar, ai nid yw?" ²³ Ond deallodd ef eu hystryw, ac meddai wrthynt, ²⁴ "Dangoswch imi ddarn arian*. Llun ac arysgrif pwy sydd arno?" "Cesar," meddent hwy. ²⁵ Dywedodd ef wrthynt, "Gan hynny, talwch bethau Cesar i Gesar, a phethau Duw i Dduw." ²⁶ Yr oeddent wedi methu ei ddal ar air o flaen y bobl, a chan ryfeddu at ei ateb aethant yn fud.

Holi ynglŷn â'r Atgyfodiad
Mth. 22:23-33; Mc. 12:18-27

²⁷ Daeth ato rai o'r Sadwceaid, y bobl sy'n dal nad oes dim atgyfodiad. Gofynasant iddo, ²⁸ "Athro, ysgrifennodd Moses ar ein cyfer, os bydd rhywun farw yn ŵr priod, ond yn ddi-blant, fod ei frawd i gymryd y wraig ac i godi plant i'w frawd. ²⁹ Yn awr, yr oedd saith o frodyr. Cymerodd y cyntaf wraig, a bu farw'n ddi-blant. ³⁰ Cymerodd yr ail ³¹ a'r trydydd hi, ac yn yr un modd bu'r saith farw heb adael plant. ³² Yn ddiweddarach bu farw'r wraig hithau. ³³ Beth am y wraig felly? Yn yr atgyfodiad, gwraig prun ohonynt fydd hi? Oherwydd cafodd y saith hi'n wraig." ³⁴ Meddai Iesu wrthynt, "Y mae plant y byd hwn yn priodi ac yn cael eu priodi; ³⁵ ond y rhai a gafwyd yn deilwng i gyrraedd y byd hwnnw a'r atgyfodiad oddi wrth y meirw, ni phriodant ac ni phriodir hwy. ³⁶ Ni allant farw mwyach, oherwydd y maent fel angylion. Plant Duw ydynt, am eu bod yn blant yr atgyfodiad. ³⁷ Ond bod y meirw yn codi, y mae Moses yntau wedi dangos hynny yn hanes y Berth, pan ddywed, 'Arglwydd Dduw Abraham a Duw Isaac a Duw Jacob'. ³⁸ Nid Duw'r meirw yw ef, ond y rhai byw, oherwydd y mae pawb

---

20:24 Gw. nodyn ar Mth. 18:28.

yn fyw iddo ef." ³⁹ Atebodd rhai o'r ysgrifenyddion, "Athro, da y dywedaist", ⁴⁰ oherwydd ni feiddient mwyach ei holi am ddim.

Holi ynglŷn â Mab Dafydd
Mth. 22:41–46; Mc. 12:35–37

⁴¹ A dywedodd wrthynt, "Sut y mae pobl yn gallu dweud fod y Meseia yn Fab Dafydd? ⁴² Oherwydd y mae Dafydd ei hun yn dweud yn llyfr y Salmau:

'Dywedodd yr Arglwydd wrth fy
    Arglwydd i,
"Eistedd ar fy neheulaw
⁴³ nes imi osod dy elynion yn
    droedfainc i'th draed." '

⁴⁴ Yn awr, y mae Dafydd yn ei alw'n Arglwydd; sut felly y mae'n fab iddo?"

Cyhuddo'r Ysgrifenyddion
Mth. 23:1–36; Mc. 12:38–40; Lc. 11:37–54

⁴⁵ A'r holl bobl yn gwrando, meddai wrth ei ddisgyblion, ⁴⁶ "Gochelwch rhag yr ysgrifenyddion sy'n hoffi rhodianna mewn gwisgoedd llaes, sy'n caru cael cyfarchiadau yn y marchnadoedd, a'r prif gadeiriau yn y synagogau, a'r seddau anrhydedd mewn gwleddoedd, ⁴⁷ ac sy'n difa cartrefi gwragedd gweddwon, ac mewn rhagrith yn gweddïo'n faith; fe dderbyn y rhain drymach dedfryd."

Offrwm y Weddw
Mc. 12:41–44

21 Cododd ei lygaid a gweld pobl gyfoethog yn rhoi eu rhoddion i mewn yng nghist y drysorfa. ² Yna gwelodd wraig weddw dlawd yn rhoi dau ddarn bychan o bres ynddi, ³ ac meddai, "Yn wir, rwy'n dweud wrthych fod y weddw dlawd hon wedi rhoi mwy na phawb. ⁴ Oherwydd cyfrannodd y rhain i gyd o'r mwy na digon sydd ganddynt, ond rhoddodd hon o'i phrinder y cwbl oedd ganddi i fyw arno."

Rhagfynegi Dinistr y Deml
Mth. 24:1–2; Mc. 13:1–2

⁵ Wrth i rywrai sôn am y deml, ei bod wedi ei haddurno â meini gwych a rhoddion cysegredig, meddai ef, ⁶ "Am y pethau hyn yr ydych yn syllu arnynt, fe ddaw dyddiau pryd ni adewir maen ar faen; ni bydd yr un heb ei fwrw i lawr."

Arwyddion ac Erledigaethau
Mth. 24:3–14; Mc. 13:3–13

⁷ Gofynasant iddo, "Athro, pa bryd y bydd hyn? Beth fydd yr arwydd pan fydd hyn ar ddigwydd?" ⁸ Meddai yntau, "Gwyliwch na chewch eich twyllo. Oherwydd fe ddaw llawer yn fy enw i gan ddweud, 'Myfi yw', ac, 'Y mae'r amser wedi dod yn agos'. Peidiwch â mynd i'w canlyn. ⁹ A phan glywch am ryfeloedd a gwrthryfeloedd, peidiwch â chymryd eich dychrynu. Rhaid i hyn ddigwydd yn gyntaf, ond nid yw'r diwedd i fod ar unwaith." ¹⁰ Y pryd hwnnw dywedodd wrthynt, "Cyfyd cenedl yn erbyn cenedl, a theyrnas yn erbyn teyrnas. ¹¹ Bydd daeargrynfâu dirfawr, a newyn a phlâu mewn mannau. Bydd argoelion arswydus ac arwyddion enfawr o'r nef. ¹² Ond cyn hyn oll byddant yn gosod dwylo arnoch ac yn eich erlid. Fe'ch traddodir i'r synagogau ac i garchar, fe'ch dygir gerbron brenhinoedd a llywodraethwyr o achos fy enw i; ¹³ hyn fydd eich cyfle i dystiolaethu. ¹⁴ Penderfynwch beidio â phryderu ymlaen llaw ynglŷn â'ch amddiffyniad; ¹⁵ fe roddaf fi i chwi huodledd, a doethineb na all eich holl wrthwynebwyr ei wrthsefyll na'i wrth-ddweud. ¹⁶ Fe'ch bradychir gan eich rhieni a'ch ceraint a'ch perthnasau a'ch cyfeillion, a pharant ladd rhai ohonoch. ¹⁷ A chas fyddwch gan bawb o achos fy enw i. ¹⁸ Ond ni chollir yr un blewyn o wallt eich pen. ¹⁹ Trwy eich dyfalbarhad meddiannwch fywyd i chwi eich hunain.

Rhagfynegi Dinistr Jerwsalem
Mth. 24:15–21; Mc. 13:14–19

²⁰ "Ond pan welwch Jerwsalem wedi ei hamgylchynu gan fyddinoedd, yna byddwch yn gwybod fod awr ei diffeithio wedi dod yn agos. ²¹ Y pryd hwnnw, ffoed y rhai sydd yn Jwdea i'r mynyddoedd. Pob un sydd yng nghanol y ddinas, aed allan ohoni; a phob un sydd yn y wlad, peidied â mynd i mewn iddi. ²² Oherwydd dyddiau dial fydd y rhain, pan fydd pob peth sy'n ysgrifenedig yn cael ei gyflawni.

²³ Gwae'r gwragedd beichiog a'r rhai sy'n rhoi'r fron yn y dyddiau hynny! Daw cyfyngder dirfawr ar y wlad, a digofaint ar y bobl hon. ²⁴ Byddant yn cwympo dan fin y cleddyf, ac fe'u dygir yn garcharorion i'r holl genhedloedd. Caiff Jerwsalem ei mathru dan draed y Cenhedloedd nes cyflawni eu hamserau hwy.

Dyfodiad Mab y Dyn

Mth. 24:29-31; Mc. 13:24-27

²⁵ "Bydd arwyddion yn yr haul a'r lloer a'r sêr. Ar y ddaear bydd cenhedloedd mewn cyfyngder yn eu pryder rhag trymru ac ymchwydd y môr. ²⁶ Bydd pobl yn llewygu gan ofn wrth ddisgwyl y pethau sy'n dod ar y byd; oherwydd ysgydwir nerthoedd y nefoedd. ²⁷ A'r pryd hwnnw gwelant Fab y Dyn yn dyfod mewn cwmwl gyda nerth a gogoniant mawr. ²⁸ Pan ddechreua'r pethau hyn ddigwydd, ymunionwch a chodwch eich pennau, oherwydd y mae eich rhyddhad yn agosáu."

Gwers y Ffigysbren

Mth. 24:32-35; Mc. 13:28-31

²⁹ Adroddodd ddameg wrthynt: "Edrychwch ar y ffigysbren a'r holl goed. ³⁰ Pan fyddant yn dechrau deilio, fe wyddoch eich hunain o'u gweld fod yr haf bellach yn agos. ³¹ Felly chwithau, pan welwch y pethau hyn yn digwydd, byddwch yn gwybod fod teyrnas Dduw yn agos. ³² Yn wir, rwy'n dweud wrthych, nid â'r genhedlaeth hon heibio nes i'r cwbl ddigwydd. ³³ Y nef a'r ddaear, ânt heibio, ond fy ngeiriau i, nid ânt heibio ddim.

Anogaeth i Fod yn Effro

³⁴ "Cymerwch ofal, rhag i'ch meddyliau gael eu pylu gan ddiota a meddwi a gofalon bydol, ac i'r dydd hwnnw ddod arnoch yn ddisymwth ³⁵ fel magl; oherwydd fe ddaw* ar bawb sy'n trigo ar wyneb y ddaear gyfan. ³⁶ Byddwch effro bob amser, gan ddeisyf am nerth i ddianc rhag yr holl bethau hyn sydd ar ddigwydd, ac i sefyll yng ngŵydd Mab y Dyn."

³⁷ Yn ystod y dydd byddai'n dysgu yn y deml, ond byddai'n mynd allan ac yn treulio'r nos ar y mynydd a elwir Olewydd. ³⁸ Yn y bore bach deuai'r holl bobl ato yn y deml i wrando arno.*

Y Cynllwyn i Ladd Iesu

22 Mth. 26:1-5, 14-16; Mc. 14:1-2, 10-11; In. 11:45-53

Yr oedd gŵyl y Bara Croyw, y Pasg fel y'i gelwir, yn agosáu. ² Yr oedd y prif offeiriaid a'r ysgrifenyddion yn ceisio modd i'w ladd, oherwydd yr oedd arnynt ofn y bobl. ³ Ac aeth Satan i mewn i Jwdas, a elwid Iscariot, hwnnw oedd yn un o'r Deuddeg. ⁴ Aeth ef a thrafod gyda'r prif offeiriaid a swyddogion gwarchodlu'r deml sut i fradychu Iesu iddynt. ⁵ Cytunasant yn llawen iawn i dalu arian iddo. ⁶ Cydsyniodd yntau, a dechreuodd geisio cyfle i'w fradychu ef iddynt heb i'r dyrfa wybod.

Paratoi Gwledd y Pasg

Mth. 26:17-25; Mc. 14:12-21; In. 13:21-30

⁷ Daeth dydd gŵyl y Bara Croyw, pryd yr oedd yn rhaid lladd oen y Pasg. ⁸ Anfonodd ef Pedr ac Ioan gan ddweud, "Ewch a pharatowch inni gael bwyta gwledd y Pasg." ⁹ Meddent hwy wrtho, "Ble yr wyt ti am inni ei pharatoi?" ¹⁰ Atebodd hwy, "Wedi i chwi fynd i mewn i'r ddinas fe ddaw dyn i'ch cyfarfod, yn cario stenaid o ddŵr. Dilynwch ef i'r tŷ yr â i mewn iddo, ¹¹ a dywedwch wrth ŵr y tŷ, 'Y mae'r Athro yn gofyn i ti, "Ble mae f'ystafell, lle yr wyf i fwyta gwledd y Pasg gyda'm disgyblion?"' ¹² Ac fe ddengys ef i chwi oruwchystafell fawr wedi ei threfnu; yno paratowch." ¹³ Aethant ymaith, a chael fel yr oedd ef wedi dweud wrthynt, a pharatoesant wledd y Pasg.

Sefydlu Swper yr Arglwydd

Mth. 26:26-30; Mc. 14:22-26; 1 Cor. 11:23-25

¹⁴ Pan ddaeth yr awr, cymerodd ei le wrth y bwrdd, a'r apostolion gydag ef. ¹⁵ Meddai wrthynt, "Mor daer y bûm yn dyheu am gael bwyta gwledd y Pasg hwn

---

21:35 Yn ôl darlleniad arall, *yn ddisymwth.* ³⁵ Fel magl y daw.

21:38 Yn ôl darlleniad arall ychwanegir yr adran a welir yn In. 7:53—8:11.

gyda chwi cyn imi ddioddef! ¹⁶ Oherwydd rwy'n dweud wrthych na fwytâf hi byth hyd nes y cyflawnir hi yn nheyrnas Dduw." ¹⁷ Derbyniodd gwpan, ac wedi diolch meddai, "Cymerwch hwn a rhannwch ef ymhlith eich gilydd. ¹⁸ Oherwydd rwy'n dweud wrthych nad yfaf o hyn allan o ffrwyth y winwydden hyd nes y daw teyrnas Dduw." ¹⁹ Cymerodd fara, ac wedi diolch fe'i torrodd a'i roi iddynt gan ddweud, "Hwn yw fy nghorff, sy'n cael ei roi er eich mwyn chwi; gwnewch hyn er cof amdanaf." ²⁰ Yr un modd hefyd fe gymerodd y cwpan ar ôl swper gan ddweud, "Y cwpan hwn yw'r cyfamod newydd yn fy ngwaed i, sy'n cael ei dywallt er eich mwyn chwi.* ²¹ Ond dyma law fy mradychwr gyda'm llaw i ar y bwrdd. ²² Oherwydd y mae Mab y Dyn yn wir yn mynd ymaith, yn ôl yr hyn sydd wedi ei bennu, ond gwae'r dyn hwnnw y bradychir ef ganddo!" ²³ A dechreusant ofyn ymhlith ei gilydd prun ohonynt oedd yr un oedd am wneud hynny.

Y Ddadl ynglŷn â Mawredd

²⁴ Cododd cweryl hefyd yn eu plith: prun ohonynt oedd i'w gyfrif y mwyaf? ²⁵ Meddai ef wrthynt, "Y mae brenhinoedd y Cenhedloedd yn arglwyddiaethu arnynt, a'r rhai sydd ag awdurdod drostynt yn cael eu galw yn gymwynaswyr. ²⁶ Ond peidiwch chwi â gwneud felly. Yn hytrach, bydded y mwyaf yn eich plith fel yr ieuengaf, a'r arweinydd fel un sy'n gweini. ²⁷ Pwy sydd fwyaf, yr un sy'n eistedd wrth y bwrdd neu'r un sy'n gweini? Onid yr un sy'n eistedd? Ond yr wyf fi yn eich plith fel un sy'n gweini. ²⁸ Chwi yw'r rhai sydd wedi dal gyda mi trwy gydol fy nhreialon. ²⁹ Ac fel y cyflwynodd fy Nhad deyrnas i mi, yr wyf finnau yn cyflwyno un i chwi; ³⁰ cewch fwyta ac yfed wrth fy mwrdd i yn fy nheyrnas i, ac eistedd ar orseddau gan farnu deuddeg llwyth Israel.

22:20 Yn ôl darlleniad arall gadewir allan *sy'n cael ei roi . . . ei dywallt er eich mwyn chwi*. Yn adn. 20 gellir cyfieithu: Y cwpan hwn, sy'n cael ei dywallt er eich mwyn chwi, yw'r cyfamod newydd yn fy ngwaed i.

Rhagfynegi Gwadiad Pedr

Mth. 26:31–35; Mc. 14:27–31; In. 13:36–38

³¹ "Simon, Simon, dyma Satan wedi eich hawlio chwi, i'ch gogrwn fel ŷd; ³² ond yr wyf fi wedi deisyf drosot ti na fydd dy ffydd yn pallu. A thithau, pan fyddi wedi dychwelyd ataf, cadarnha dy frodyr." ³³ Meddai ef wrtho, "Arglwydd, gyda thi rwy'n barod i fynd i garchar ac i farwolaeth." ³⁴ "Rwy'n dweud wrthyt, Pedr," atebodd ef, "ni chân y ceiliog heddiw cyn y byddi wedi gwadu deirgwaith dy fod yn fy adnabod i."

Pwrs, Cod a Chleddyf

³⁵ Dywedodd wrthynt, "Pan anfonais chwi allan heb bwrs na chod na sandalau, a fuoch yn brin o ddim?" "Naddo," atebasant. ³⁶ Meddai yntau, "Ond yn awr, os oes gennych bwrs, ewch ag ef gyda chwi, a'ch cod yr un modd; ac os nad oes gennych gleddyf, gwerthwch eich mantell a phrynu un. ³⁷ Rwy'n dweud wrthych fod yn rhaid cyflawni ynof fi yr Ysgrythur sy'n dweud: 'A chyfrifwyd ef gyda throseddwyr.' Oherwydd y mae'r hyn a ragddywedwyd amdanaf fi yn dod i ben." ³⁸ "Arglwydd," atebasant hwy, "dyma ddau gleddyf." Meddai yntau wrthynt, "Dyna ddigon."

Y Weddi ar Fynydd yr Olewydd

Mth. 26:36–46; Mc. 14:32–42

³⁹ Yna aeth allan, a cherdded yn ôl ei arfer i Fynydd yr Olewydd, a'i ddisgyblion hefyd yn ei ddilyn. ⁴⁰ Pan gyrhaeddodd y fan, meddai wrthynt, "Gweddïwch na ddewch i gael eich profi." ⁴¹ Yna ymneilltuodd Iesu oddi wrthynt tuag ergyd carreg, a chan benlinio dechreuodd weddïo ⁴² gan ddweud, "O Dad, os wyt ti'n fodlon, cymer y cwpan hwn oddi wrthyf. Ond gwneler dy ewyllys di, nid fy ewyllys i." ⁴³ Ac ymddangosodd angel o'r nef iddo, a'i gyfnerthu. ⁴⁴ Gan gymaint ei ing, yr oedd yn gweddïo'n ddwysach, ac yr oedd ei chwys fel dafnau o waed yn diferu ar y ddaear.* ⁴⁵ Cododd o'i weddi a mynd at ei ddisgyblion a'u cael yn cysgu o achos eu gofid. ⁴⁶ Meddai

---

22:44 Yn ôl darlleniad arall gadewir allan *Ac ymddangosodd . . . ar y ddaear*.

wrthynt, "Pam yr ydych yn cysgu? Codwch, a gweddïwch na ddewch i gael eich profi."

Bradychu a Dal Iesu

Mth. 26:47-56; Mc. 14:43-50; In. 18:3-11

⁴⁷ Tra oedd yn dal i siarad, fe ymddangosodd tyrfa, a Jwdas, fel y'i gelwid, un o'r Deuddeg, ar ei blaen. Nesaodd ef at Iesu i'w gusanu. ⁴⁸ Meddai Iesu wrtho, "Jwdas, ai â chusan yr wyt yn bradychu Mab y Dyn?" ⁴⁹ Pan welodd ei ddilynwyr beth oedd ar ddigwydd, meddent, "Arglwydd, a gawn ni daro â'n cleddyfau?" ⁵⁰ Trawodd un ohonynt was yr archoffeiriad a thorri ei glust dde i ffwrdd. ⁵¹ Atebodd Iesu, "Peidiwch! Dyna ddigon!" Cyffyrddodd â'r glust a'i hadfer. ⁵² Yna meddai Iesu wrth y rhai oedd wedi dod yn ei erbyn, y prif offeiriaid a swyddogion gwarchodlu'r deml a'r henuriaid, "Ai fel at leidr, â chleddyfau a phastynau, y daethoch allan? ⁵³ Er fy mod gyda chwi beunydd yn y deml, ni wnaethoch ddim i'm dal. Ond eich awr chwi yw hon, a'r tywyllwch biau'r awdurdod."

Pedr yn Gwadu Iesu

Mth. 26:57-58, 69-75; Mc. 14:53-54, 66-72; In. 18:12-18, 25-27

⁵⁴ Daliasant ef, a mynd ag ef ymaith i mewn i dŷ'r archoffeiriad. Yr oedd Pedr yn canlyn o hirbell. ⁵⁵ Cyneuodd rhai dân yng nghanol y cyntedd, ac eistedd gyda'i gilydd. Eisteddodd Pedr yn eu plith. ⁵⁶ Gwelodd morwyn ef yn eistedd wrth y tân, ac wedi syllu arno meddai, "Yr oedd hwn hefyd gydag ef." ⁵⁷ Ond gwadodd ef a dweud, "Nid wyf fi'n ei adnabod, ferch." ⁵⁸ Yn fuan wedi hynny gwelodd un arall ef, ac meddai, "Yr wyt tithau yn un ohonynt." Ond meddai Pedr, "Nac ydwyf, ddyn." ⁵⁹ Ymhen rhyw awr, dechreuodd un arall daeru, "Yn wir yr oedd hwn hefyd gydag ef, oherwydd Galilead ydyw." ⁶⁰ Meddai Pedr, "Ddyn, nid wyf yn gwybod am beth yr wyt ti'n sôn." Ac ar unwaith, tra oedd yn dal i siarad, canodd y ceiliog. ⁶¹ Troes yr Arglwydd ac edrych ar Pedr, a chofiodd ef air yr Arglwydd wrtho, "Cyn i'r ceiliog ganu heddiw, fe'm gwedi i deirgwaith." ⁶² Aeth allan ac wylo'n chwerw.*

Gwatwar a Churo Iesu

Mth. 26:67-68; Mc. 14:65

⁶³ Yr oedd gwarcheidwaid Iesu yn ei watwar a'i guro. ⁶⁴ Rhoesant orchudd amdano, a dechrau ei holi gan ddweud, "Proffwyda! Pwy a'th drawodd?" ⁶⁵ A dywedasant lawer o bethau cableddus eraill wrtho.

Iesu gerbron y Sanhedrin

Mth. 26:59-66; Mc. 14:55-64; In. 18:19-24

⁶⁶ Pan ddaeth yn ddydd, cyfarfu Cyngor henuriaid y bobl, y prif offeiriaid a'r ysgrifenyddion. Daethant ag ef gerbron eu brawdlys ⁶⁷ gan ddweud, "Os ti yw'r Meseia, dywed hynny wrthym." Meddai yntau wrthynt, "Os dywedaf hynny wrthych, fe wrthodwch gredu; ⁶⁸ ac os holaf chwi, fe wrthodwch ateb. ⁶⁹ O hyn allan bydd Mab y Dyn yn eistedd ar ddeheulaw Gallu Duw." ⁷⁰ Meddent oll, "Ti felly yw Mab Duw?" Atebodd hwy, "Chwi sy'n dweud mai myfi yw.*" ⁷¹ Yna meddent, "Pa raid inni wrth dystiolaeth bellach? Oherwydd clywsom ein hunain y geiriau o'i enau ef."

Dod â Iesu gerbron Pilat

23 Mth. 27:1-2, 11-14; Mc. 15:1-5; In. 18:28-38

Codasant oll yn dyrfa a dod ag ef gerbron Pilat. ² Dechreusant ei gyhuddo gan ddweud, "Cawsom y dyn hwn yn arwain ein cenedl ar gyfeiliorn, yn gwahardd talu trethi i Gesar, ac yn honni mai ef yw'r Meseia, sef y brenin." ³ Holodd Pilat ef: "Ai ti yw Brenin yr Iddewon?" Atebodd yntau ef, "Ti sy'n dweud hynny.*" ⁴ Ac meddai Pilat wrth y prif offeiriaid a'r tyrfaoedd, "Nid wyf yn cael dim trosedd yn achos y dyn hwn." ⁵ Ond dal i daeru yr oeddent: "Y mae'n cyffroi'r bobl â'i ddysgeidiaeth, trwy Jwdea gyfan. Dechreuodd yng Ngalilea, ac y mae wedi cyrraedd hyd yma."

22:62 Yn ôl darlleniad arall gadewir allan *Aeth allan . . . chwerw.*
22:70 Neu, *Yr ydych yn dweud y gwir; myfi yw.*
23:3 Neu, *Yr wyt yn dweud y gwir.*

Iesu gerbron Herod

⁶ Pan glywodd Pilat hyn, gofynnodd ai Galilead oedd y dyn; ⁷ ac wedi deall ei fod dan awdurdod Herod, cyfeiriodd yr achos ato, gan fod Herod yntau yn Jerwsalem y dyddiau hynny. ⁸ Pan welodd Herod Iesu, mawr oedd ei lawenydd; bu'n awyddus ers amser hir i'w weld, gan iddo glywed amdano, ac yr oedd yn gobeithio ei weld yn cyflawni rhyw wyrth. ⁹ Bu'n ei holi'n faith, ond nid atebodd Iesu iddo yr un gair. ¹⁰ Yr oedd y prif offeiriaid a'r ysgrifenyddion yno, yn ei gyhuddo yn ffyrnig. ¹¹ A'i drin yn sarhaus a wnaeth Herod hefyd, ynghyd â'i filwyr. Fe'i gwatwarodd, a gosododd wisg ysblennydd amdano, cyn cyfeirio'r achos yn ôl at Pilat. ¹² Daeth Herod a Philat yn gyfeillion i'w gilydd y dydd hwnnw; cyn hynny yr oedd gelyniaeth rhyngddynt.

Dedfrydu Iesu i Farwolaeth

Mth. 27:15–26; Mc. 15:6–15;
In. 18:39—19:16

¹³ Galwodd Pilat y prif offeiriaid ac aelodau'r Cyngor a'r bobl ynghyd, ¹⁴ ac meddai wrthynt, "Daethoch â'r dyn hwn ger fy mron fel un sy'n arwain y bobl ar gyfeiliorn. Yn awr, yr wyf fi wedi holi'r dyn hwn yn eich gŵydd chwi, a heb gael ei fod yn euog o unrhyw un o'ch cyhuddiadau yn ei erbyn; ¹⁵ ac ni chafodd Herod chwaith, oherwydd cyfeiriodd ef ei achos yn ôl atom ni. Fe welwch nad yw wedi gwneud dim sy'n haeddu marwolaeth. ¹⁶ Gan hynny, mi ddysgaf wers iddo â'r chwip a'i ollwng yn rhydd."* ¹⁸ Ond gwaeddasant ag un llais, "Ymaith â hwn, rhyddha Barabbas inni." ¹⁹ Dyn oedd hwnnw wedi ei fwrw i garchar o achos gwrthryfel a llofruddiaeth oedd wedi digwydd yn y ddinas. ²⁰ Drachefn anerchodd Pilat hwy, yn ei awydd i ryddhau Iesu, ²¹ ond bloeddiasant hwy, "Croeshoelia ef, croeshoelia ef." ²² Y drydedd waith meddai wrthynt, "Ond pa ddrwg a wnaeth ef? Ni chefais unrhyw achos i'w ddedfrydu i farwolaeth. Gan hynny, mi ddysgaf wers iddo â'r chwip a'i ollwng yn rhydd." ²³ Ond yr oeddent yn pwyso arno â'u crochlefain byddarol, gan fynnu ei groeshoelio ef, ac yr oedd eu bonllefau yn ennill y dydd. ²⁴ Yna penderfynodd Pilat ganiatáu eu cais; ²⁵ rhyddhaodd yr hwn yr oeddent yn gofyn amdano, y dyn oedd wedi ei fwrw i garchar am wrthryfela a llofruddio, a thraddododd Iesu i'w hewyllys hwy.

Croeshoelio Iesu

Mth. 27:32–44; Mc. 15:21–32; In. 19:17–27

²⁶ Wedi mynd ag ef ymaith gafaelsant yn Simon, brodor o Cyrene, a oedd ar ei ffordd o'r wlad, a gosod y groes ar ei gefn, iddo ei chario y tu ôl i Iesu. ²⁷ Yr oedd tyrfa fawr o'r bobl yn ei ddilyn, ac yn eu plith wragedd yn galaru ac yn wylofain drosto. ²⁸ Troes Iesu atynt a dweud, "Ferched Jerwsalem, peidiwch ag wylo amdanaf fi; wylwch yn hytrach amdanoch eich hunain ac am eich plant. ²⁹ Oherwydd dyma ddyddiau yn dod pan fydd pobl yn dweud, 'Gwyn eu byd y gwragedd diffrwyth a'r crothau nad esgorasant a'r bronnau na roesant sugn.' ³⁰ Y pryd hwnnw bydd pobl yn dechrau

'Dweud wrth y mynyddoedd,
  "Syrthiwch arnom",
ac wrth y bryniau,
  "Gorchuddiwch ni." '

³¹ Oherwydd os gwneir hyn i'r pren glas, pa beth a ddigwydd i'r pren crin?"

³² Daethpwyd ag eraill hefyd, dau droseddwr, i'w dienyddio gydag ef. ³³ Pan ddaethant i'r lle a elwir Y Benglog, yno croeshoeliwyd ef a'r troseddwyr, y naill ar y dde a'r llall ar y chwith iddo. ³⁴ Ac meddai Iesu, "O Dad, maddau iddynt, oherwydd ni wyddant beth y maent yn ei wneud."* A bwriasant goelbrennau i rannu ei ddillad. ³⁵ Yr oedd y bobl yn sefyll yno, yn gwylio. Yr oedd aelodau'r Cyngor hwythau yn ei wawdio gan ddweud, "Fe achubodd eraill; achubed ei hun, os ef yw Meseia Duw, yr Etholedig." ³⁶ Daeth y milwyr hefyd ato a'i watwar, gan gynnig gwin sur

---

23:16 Yn ôl darlleniad arall ychwanegir adn. 17: *Yr oedd yn rhaid iddo ryddhau un carcharor iddynt ar y Pasg.*

23:34 Yn ôl darlleniad arall gadewir allan *Ac meddai . . . yn ei wneud."*

iddo, ³⁷ a chan ddweud, "Os ti yw Brenin yr Iddewon, achub dy hun." ³⁸ Yr oedd hefyd arysgrif uwch ei ben: "Hwn yw Brenin yr Iddewon."

³⁹ Yr oedd un o'r troseddwyr ar ei groes yn ei gablu gan ddweud, "Onid ti yw'r Meseia? Achub dy hun a ninnau." ⁴⁰ Ond atebodd y llall, a'i geryddu: "Onid oes arnat ofn Duw, a thithau dan yr un ddedfryd? ⁴¹ I ni, y mae hynny'n gyfiawn, oherwydd haeddiant ein gweithredoedd sy'n dod inni. Ond ni wnaeth hwn ddim o'i le." ⁴² Yna dywedodd, "Iesu, cofia fi pan ddoi i'th deyrnas*." ⁴³ Atebodd yntau, "Yn wir, rwy'n dweud wrthyt, heddiw byddi gyda mi ym Mharadwys."

Marwolaeth Iesu
Mth. 27:45-56; Mc. 15:33-41; In. 19:28-30

⁴⁴ Erbyn hyn yr oedd hi tua hanner dydd. Daeth tywyllwch dros yr holl wlad hyd dri o'r gloch y prynhawn, ⁴⁵ a'r haul wedi diffodd. Rhwygwyd llen y deml yn ei chanol. ⁴⁶ Llefodd Iesu â llef uchel, "O Dad, i'th ddwylo di yr wyf yn cyflwyno fy ysbryd." A chan ddweud hyn bu farw. ⁴⁷ Pan welodd y canwriad yr hyn oedd wedi digwydd, dechreuodd ogoneddu Duw gan ddweud, "Yn wir, dyn cyfiawn oedd hwn." ⁴⁸ Ac wedi gweld yr hyn a ddigwyddodd, troes yr holl dyrfaoedd, a oedd wedi ymgynnull i wylio'r olygfa, tuag adref gan guro eu bronnau. ⁴⁹ Yr oedd ei holl gyfeillion, ynghyd â'r gwragedd oedd wedi ei ddilyn ef o Galilea, yn sefyll yn y pellter ac yn gweld y pethau hyn.

Claddu Iesu
Mth. 27:57-61; Mc. 15:42-47; In. 19:38-42

⁵⁰ Yr oedd dyn o'r enw Joseff, aelod o'r Cyngor a dyn da a chyfiawn, ⁵¹ nad oedd wedi cydsynio â'u penderfyniad a'u gweithred hwy. Yr oedd yn hanu o Arimathea, un o drefi'r Iddewon, ac yn disgwyl am deyrnas Dduw. ⁵² Aeth hwn at Pilat a gofyn am gorff Iesu. ⁵³ Wedi ei dynnu ef i lawr a'i amdói mewn lliain, gosododd ef mewn bedd wedi ei naddu, lle nad oedd neb hyd hynny wedi gorwedd. ⁵⁴ Dydd y Paratoad oedd hi, ac yr oedd y Saboth ar ddechrau. ⁵⁵ Fe ddilynodd y gwragedd oedd wedi dod gyda Iesu o Galilea, a gwelsant y bedd a'r modd y gosodwyd ei gorff. ⁵⁶ Yna aethant yn eu holau i baratoi peraroglau ac eneiniau.

Atgyfodiad Iesu
Mth. 28:1-10; Mc. 16:1-8; In. 20:1-10

Ar y Saboth buont yn gorffwys yn ôl y gorchymyn.

24 Ar y dydd cyntaf o'r wythnos, ar doriad gwawr, daethant at y bedd gan ddwyn y peraroglau yr oeddent wedi eu paratoi. ² Cawsant y maen wedi ei dreiglo i ffwrdd oddi wrth y bedd, ³ ond pan aethant i mewn ni chawsant gorff yr Arglwydd Iesu.* ⁴ Yna, a hwythau mewn penbleth ynglŷn â hyn, dyma ddau ddyn yn ymddangos iddynt mewn gwisgoedd llachar. ⁵ Daeth ofn arnynt, a phlygasant eu hwynebau tua'r ddaear. Meddai'r dynion wrthynt, "Pam yr ydych yn ceisio ymhlith y meirw yr hwn sy'n fyw? ⁶ Nid yw ef yma; y mae wedi ei gyfodi.* Cofiwch fel y llefarodd wrthych tra oedd eto yng Ngalilea, ⁷ gan ddweud ei bod yn rhaid i Fab y Dyn gael ei draddodi i ddwylo pechaduriaid, a'i groeshoelio, a'r trydydd dydd atgyfodi." ⁸ A daeth ei eiriau ef i'w cof. ⁹ Dychwelsant o'r bedd, ac adrodd yr holl bethau hyn wrth yr un ar ddeg ac wrth y lleill i gyd. ¹⁰ Mair Magdalen a Joanna a Mair mam Iago oedd y gwragedd hyn; a'r un pethau a ddywedodd y gwragedd eraill hefyd, oedd gyda hwy, wrth yr apostolion. ¹¹ Ond i'w tyb hwy, lol oedd yr hanesion hyn, a gwrthodasant gredu'r gwragedd. ¹² Ond cododd Pedr a rhedeg at y bedd; plygodd i edrych, ac ni welodd ddim ond y llieiniau. Ac aeth ymaith, gan ryfeddu wrtho'i hun at yr hyn oedd wedi digwydd.*

23:42 Yn ôl darlleniad arall, *ddoi i deyrnasu.*
24:3 Yn ôl darlleniad arall, *ni chawsant y corff.*
24:6 Yn ôl darlleniad arall gadewir allan *Nid yw ef yma; y mae wedi ei gyfodi.*
24:12 Yn ôl darlleniad arall gadewir allan *Ond cododd Pedr . . . wedi digwydd.*

Cerdded i Emaus

Mc. 16:12–13

¹³ Yn awr, yr un dydd, yr oedd dau ohonynt ar eu ffordd i bentref, oddeutu un cilomedr ar ddeg o Jerwsalem, o'r enw Emaus. ¹⁴ Yr oeddent yn ymddiddan â'i gilydd am yr holl ddigwyddiadau hyn. ¹⁵ Yn ystod yr ymddiddan a'r trafod, nesaodd Iesu ei hun atynt a dechrau cerdded gyda hwy, ¹⁶ ond rhwystrwyd eu llygaid rhag ei adnabod ef. ¹⁷ Meddai wrthynt, "Beth yw'r sylwadau hyn yr ydych yn eu cyfnewid wrth gerdded?" Safasant hwy, a'u digalondid yn eu hwynebau. ¹⁸ Atebodd yr un o'r enw Cleopas, "Rhaid mai ti yw'r unig ymwelydd â Jerwsalem nad yw'n gwybod am y pethau sydd wedi digwydd yno y dyddiau diwethaf hyn." ¹⁹ "Pa bethau?" meddai wrthynt. Atebasant hwythau, "Y pethau sydd wedi digwydd i Iesu o Nasareth, dyn oedd yn broffwyd nerthol ei weithredoedd a'i eiriau yng ngŵydd Duw a'r holl bobl. ²⁰ Traddododd ein prif offeiriaid ac aelodau ein Cyngor ef i'w ddedfrydu i farwolaeth, ac fe'i croeshoeliasant. ²¹ Ein gobaith ni oedd mai ef oedd yr un oedd yn mynd i brynu Israel i ryddid, ond at hyn oll, heddiw yw'r trydydd dydd er pan ddigwyddodd y pethau hyn. ²² Er hynny, fe'n syfrdanwyd gan rai gwragedd o'n plith; aethant yn y bore bach at y bedd, ²³ a methasant gael ei gorff, ond dychwelsant gan daeru eu bod wedi gweld angylion yn ymddangos, a bod y rheini'n dweud ei fod ef yn fyw. ²⁴ Aeth rhai o'n cwmni allan at y bedd, a'i gael yn union fel y dywedodd y gwragedd, ond ni welsant mohono ef." ²⁵ Meddai Iesu wrthynt, "Mor ddiddeall ydych, a mor araf yw eich calonnau i gredu'r cwbl a lefarodd y proffwydi! ²⁶ Onid oedd yn rhaid i'r Meseia ddioddef y pethau hyn, a mynd i mewn i'w ogoniant?" ²⁷ A chan ddechrau gyda Moses a'r holl broffwydi, dehonglodd iddynt y pethau a ysgrifennwyd amdano ef ei hun yn yr holl Ysgrythurau.

²⁸ Wedi iddynt nesáu at y pentref yr oeddent ar eu ffordd iddo, cymerodd ef arno ei fod yn mynd ymhellach. ²⁹ Ond meddent wrtho, gan bwyso arno, "Aros gyda ni, oherwydd y mae hi'n nosi, a'r dydd yn dirwyn i ben." Yna aeth i mewn i aros gyda hwy. ³⁰ Wedi cymryd ei le wrth y bwrdd gyda hwy, cymerodd y bara a bendithio, a'i dorri a'i roi iddynt. ³¹ Agorwyd eu llygaid hwy, ac adnabuasant ef. A diflannodd ef o'u golwg. ³² Meddent wrth ei gilydd, "Onid oedd ein calonnau ar dân ynom wrth iddo siarad â ni ar y ffordd, pan oedd yn egluro'r Ysgrythurau inni?" ³³ Codasant ar unwaith a dychwelyd i Jerwsalem. Cawsant yr un ar ddeg a'u dilynwyr wedi ymgynnull ynghyd ³⁴ ac yn dweud fod yr Arglwydd yn wir wedi ei gyfodi, ac wedi ymddangos i Simon. ³⁵ Adroddasant hwythau yr hanes am eu taith, ac fel yr oeddent wedi ei adnabod ef ar doriad y bara.

Ymddangos i'r Disgyblion

Mth. 28:16–20; Mc. 16:14–18; In. 20:19–23; Act. 1:6–8

³⁶ Wrth iddynt ddweud hyn, ymddangosodd ef yn eu plith, ac meddai wrthynt, "Tangnefedd i chwi."* ³⁷ Yn eu dychryn a'u hofn, yr oeddent yn tybied eu bod yn gweld ysbryd. ³⁸ Gofynnodd iddynt, "Pam yr ydych wedi cynhyrfu? Pam y mae amheuon yn codi yn eich meddyliau? ³⁹ Gwelwch fy nwylo a'm traed; myfi yw, myfi fy hun. Cyffyrddwch â mi a gwelwch, oherwydd nid oes gan ysbryd gnawd ac esgyrn fel y canfyddwch fod gennyf fi." ⁴⁰ Wrth ddweud hyn dangosodd iddynt ei ddwylo a'i draed.* ⁴¹ A chan eu bod yn eu llawenydd yn dal i wrthod credu ac yn rhyfeddu, meddai wrthynt, "A oes gennych rywbeth i'w fwyta yma?" ⁴² Rhoesant iddo ddarn o bysgodyn wedi ei rostio. ⁴³ Cymerodd ef, a bwyta yn eu gŵydd.

⁴⁴ Dywedodd wrthynt, "Dyma ystyr fy ngeiriau a leferais wrthych pan oeddwn eto gyda chwi: ei bod yn rhaid i bob peth gael ei gyflawni sy'n ysgrifenedig amdanaf yng Nghyfraith Moses a'r proffwydi a'r salmau." ⁴⁵ Yna agorodd eu

---

24:36 Yn ôl darlleniad arall gadewir allan *ac meddai . . . i chwi."*
24:40 Yn ôl darlleniad arall gadewir allan *Wrth ddweud . . . a'i draed.*

meddyliau, iddynt ddeall yr Ysgrythurau. ⁴⁶ Meddai wrthynt, "Fel hyn y mae'n ysgrifenedig: fod y Meseia i ddioddef, ac i atgyfodi oddi wrth y meirw ar y trydydd dydd, ⁴⁷ a bod edifeirwch, yn foddion maddeuant pechodau, i'w gyhoeddi* yn ei enw ef i'r holl genhedloedd, gan ddechrau yn Jerwsalem. ⁴⁸ Chwi yw'r tystion i'r pethau hyn. ⁴⁹ Ac yn awr yr wyf fi'n anfon arnoch yr hyn a addawodd fy Nhad; chwithau, arhoswch yn y ddinas nes eich gwisgo chwi oddi uchod â nerth."

24:47 Yn ôl darlleniad arall, *edifeirwch a maddeuant pechodau i'w cyhoeddi*.

Esgyniad Iesu

Mc. 16:19–20; Act. 1:9–11

⁵⁰ Aeth â hwy allan i gyffiniau Bethania. Yna cododd ei ddwylo a'u bendithio. ⁵¹ Wrth iddo'u bendithio, fe ymadawodd â hwy ac fe'i dygwyd i fyny i'r nef.* ⁵² Wedi iddynt ei addoli ar eu gliniau,* dychwelsant yn llawen iawn i Jerwsalem. ⁵³ Ac yr oeddent yn y deml yn ddi-baid, yn bendithio Duw.

24:51 Yn ôl darlleniad arall gadewir allan *ac fe'i . . . i'r nef*.
24:52 Yn ôl darlleniad arall gadewir allan *Wedi . . . ar eu gliniau*.

YR EFENGYL YN ÔL

IOAN

Daeth y Gair yn Gnawd

1 Yn y dechreuad yr oedd y Gair; yr oedd y Gair gyda Duw, a Duw oedd y Gair. ² Yr oedd ef yn y dechreuad gyda Duw. ³ Daeth pob peth i fod trwyddo ef; hebddo ef ni ddaeth un dim sydd mewn bod. ⁴ Ynddo ef yr oedd bywyd,* a'r bywyd, goleuni dynion ydoedd. ⁵ Y mae'r goleuni yn llewyrchu yn y tywyllwch, ac nid yw'r tywyllwch wedi ei drechu* ef.

⁶ Daeth dyn wedi ei anfon oddi wrth Dduw, a'i enw Ioan. ⁷ Daeth hwn yn dyst, i dystiolaethu am y goleuni, er mwyn i bawb ddod i gredu trwyddo. ⁸ Nid ef oedd y goleuni, ond daeth i dystiolaethu am y goleuni. ⁹ Yr oedd y gwir oleuni, sy'n goleuo pawb, eisoes yn dod i'r byd.* ¹⁰ Yr oedd yn y byd, a daeth y byd i fod trwyddo, ac nid adnabu'r byd mohono. ¹¹ Daeth i'w gynefin ei hun, ac ni dderbyniodd ei bobl ei hun mohono. ¹² Ond cynifer ag a'i derbyniodd, rhoes iddynt hwy, y rhai sy'n credu yn ei enw, hawl i ddod yn blant Duw, ¹³ plant wedi eu geni nid o waed nac o ewyllys cnawd nac o ewyllys gŵr, ond o Dduw.

¹⁴ A daeth y Gair yn gnawd a phreswylio yn ein plith, yn llawn gras a gwirionedd; gwelsom ei ogoniant ef, ei ogoniant fel unig Fab yn dod oddi wrth y Tad.* ¹⁵ Y mae Ioan yn tystio amdano ac yn cyhoeddi: "Hwn oedd yr un y dywedais amdano, 'Y mae'r hwn sy'n dod ar f'ôl i wedi fy mlaenori i, oherwydd yr oedd yn bod o'm blaen i.' " ¹⁶ O'i gyflawnder ef yr ydym ni oll wedi derbyn gras ar ben gras. ¹⁷ Oherwydd trwy Moses y rhoddwyd y Gyfraith, ond gras a gwirionedd, trwy Iesu Grist y daethant. ¹⁸ Nid oes neb wedi gweld Duw erioed; yr unig Un, ac yntau'n Dduw*, yr hwn sydd ym mynwes y Tad, hwnnw a'i gwnaeth yn hysbys.

1:4 Neu, *ni ddaeth un dim i fod. Yr hyn a ddaeth i fod, ynddo ef bywyd ydoedd*.
1:5 Neu, *ei amgyffred*.
1:9 Neu, *Ef oedd y gwir oleuni, sy'n goleuo pawb sy'n dod i'r byd*.
1:14 Neu, *yn ein plith; gwelsom . . . y Tad, yn llawn gras a gwirionedd*.
1:18 Yn ôl darlleniad arall, *yr unig Fab*.

Tystiolaeth Ioan Fedyddiwr

Mth. 3:1–12; Mc. 1:2–8; Lc. 3:1–9, 15–17

¹⁹ Dyma dystiolaeth Ioan, pan anfonodd yr Iddewon o Jerwsalem offeiriaid a Lefiaid ato i ofyn iddo, "Pwy wyt ti?" ²⁰ Addefodd ac ni wadodd, a dyma a addefodd: "Nid myfi yw'r Meseia." ²¹ Yna gofynasant iddo: "Beth, ynteu? Ai ti yw Elias?" "Nage," meddai. "Ai ti yw'r Proffwyd?" "Nage," atebodd eto. ²² Ar hynny dywedasant wrtho, "Pwy wyt ti? Rhaid i ni roi ateb i'r rhai a'n hanfonodd ni. Beth sydd gennyt i'w ddweud amdanat dy hun?" ²³ "Myfi," meddai, "yw

> 'Llais un yn galw yn yr anialwch:
> "Unionwch ffordd yr Arglwydd" '—

fel y dywedodd y proffwyd Eseia." ²⁴ Yr oeddent wedi eu hanfon gan y Phariseaid, ²⁵ a holasant ef a gofyn iddo, "Pam, ynteu, yr wyt yn bedyddio, os nad wyt ti na'r Meseia nac Elias na'r Proffwyd?" ²⁶ Atebodd Ioan hwy: "Yr wyf fi'n bedyddio â dŵr, ond y mae yn sefyll yn eich plith un nad ydych chwi'n ei adnabod, ²⁷ yr un sy'n dod ar f'ôl i, nad wyf fi'n deilwng i ddatod carrai ei sandal." ²⁸ Digwyddodd hyn ym Methania*, y tu hwnt i'r Iorddonen, lle'r oedd Ioan yn bedyddio.

Dyma Oen Duw

²⁹ Trannoeth gwelodd Iesu'n dod tuag ato, a dywedodd, "Dyma Oen Duw, sy'n cymryd ymaith bechod y byd! ³⁰ Hwn yw'r un y dywedais i amdano, 'Ar f'ôl i y mae gŵr yn dod sydd wedi fy mlaenori i, oherwydd yr oedd yn bod o'm blaen i.' ³¹ Nid oeddwn innau'n ei adnabod, ond deuthum i yn bedyddio â dŵr er mwyn hyn, iddo ef gael ei amlygu i Israel." ³² A thystiodd Ioan fel hyn: "Gwelais yr Ysbryd yn disgyn o'r nef fel colomen, ac fe arhosodd arno ef. ³³ Nid oeddwn innau'n ei adnabod, ond yr un a'm hanfonodd i fedyddio â dŵr, dywedodd ef wrthyf, 'Pwy bynnag y gweli di'r Ysbryd yn disgyn ac yn aros arno, hwn yw'r un sy'n bedyddio â'r Ysbryd Glân.' ³⁴ Yr wyf finnau wedi gweld ac wedi dwyn tystiolaeth mai Mab* Duw yw hwn."

Y Disgyblion Cyntaf

³⁵ Trannoeth yr oedd Ioan yn sefyll eto gyda dau o'i ddisgyblion, ³⁶ ac wrth wylio Iesu'n cerdded heibio meddai, "Dyma Oen Duw!" ³⁷ Clywodd ei ddau ddisgybl ef yn dweud hyn, ac aethant i ganlyn Iesu. ³⁸ Troes Iesu, ac wrth eu gweld yn canlyn, dywedodd wrthynt, "Beth yr ydych yn ei geisio?" Dywedasant wrtho, "Rabbi," (ystyr hyn, o'i gyfieithu, yw Athro) "ble'r wyt ti'n aros?" ³⁹ Dywedodd wrthynt, "Dewch i weld." Felly aethant a gweld lle'r oedd yn aros; a'r diwrnod hwnnw arosasant gydag ef. Yr oedd hi tua phedwar o'r gloch y prynhawn. ⁴⁰ Andreas, brawd Simon Pedr, oedd un o'r ddau a aeth i ganlyn Iesu ar ôl gwrando ar Ioan. ⁴¹ Y peth cyntaf a wnaeth hwn oedd cael hyd i'w frawd, Simon, a dweud wrtho, "Yr ydym wedi darganfod y Meseia" (hynny yw, o'i gyfieithu, Crist). ⁴² Daeth ag ef at Iesu. Edrychodd Iesu arno a dywedodd, "Ti yw Simon fab Ioan; dy enw fydd Ceffas" (enw a gyfieithir Pedr).

Galw Philip a Nathanael

⁴³ Trannoeth, penderfynodd Iesu ymadael a mynd i Galilea. Cafodd hyd i Philip, ac meddai wrtho, "Canlyn fi." ⁴⁴ Gŵr o Bethsaida, tref Andreas a Pedr, oedd Philip. ⁴⁵ Cafodd Philip hyd i Nathanael a dweud wrtho, "Yr ydym wedi darganfod y gŵr yr ysgrifennodd Moses yn y Gyfraith amdano, a'r proffwydi hefyd, Iesu fab Joseff o Nasareth." ⁴⁶ Dywedodd Nathanael wrtho, "A all dim da ddod o Nasareth?" "Tyrd i weld," ebe Philip wrtho. ⁴⁷ Gwelodd Iesu Nathanael yn dod tuag ato, ac meddai amdano, "Dyma Israeliad gwerth yr enw, heb ddim twyll ynddo." ⁴⁸ Gofynnodd Nathanael iddo, "Sut yr wyt yn f'adnabod i?" Atebodd Iesu ef: "Gwelais di cyn i Philip alw arnat, pan oeddit dan y ffigysbren." ⁴⁹ "Rabbi," meddai Nathanael wrtho, "ti yw Mab Duw, ti yw Brenin Israel." ⁵⁰ Atebodd Iesu ef: "A wyt yn credu oherwydd i mi ddweud wrthyt fy mod wedi dy weld dan y ffigysbren? Cei weld pethau mwy na hyn." ⁵¹ Ac meddai wrtho, "Yn wir, yn wir, rwy'n dweud wrthych,

---

1:28 Yn ôl darlleniad arall, *yn Bethabara*.
1:34 Yn ôl darlleniad arall, *Etholedig*.

cewch weld y nef wedi agor, ac angylion Duw yn esgyn ac yn disgyn ar Fab y Dyn."

Y Briodas yng Nghana

2 Y trydydd dydd yr oedd priodas yng Nghana Galilea, ac yr oedd mam Iesu yno. ² Gwahoddwyd Iesu hefyd, a'i ddisgyblion, i'r briodas. ³ Pallodd y gwin, ac meddai mam Iesu wrtho ef, "Nid oes ganddynt win." ⁴ Dywedodd Iesu wrthi hi, "Wraig, beth sydd a fynni â mi? Nid yw f'awr i wedi dod eto." ⁵ Dywedodd ei fam wrth y gwasanaethyddion, "Gwnewch beth bynnag a ddywed wrthych." ⁶ Yr oedd yno chwech o lestri carreg i ddal dŵr, wedi eu gosod ar gyfer defod glanhad yr Iddewon, a phob un yn dal ugain neu ddeg ar hugain o alwyni*. ⁷ Dywedodd Iesu wrthynt, "Llanwch y llestri â dŵr," a llanwasant hwy hyd yr ymyl. ⁸ Yna meddai wrthynt, "Yn awr tynnwch beth allan ac ewch ag ef i lywydd y wledd." A gwnaethant felly. ⁹ Profodd llywydd y wledd y dŵr, a oedd bellach yn win, heb wybod o ble'r oedd wedi dod, er bod y gwasanaethyddion a fu'n tynnu'r dŵr yn gwybod. Yna galwodd llywydd y wledd ar y priodfab ¹⁰ ac meddai wrtho, "Bydd pawb yn rhoi'r gwin da yn gyntaf, ac yna, pan fydd pobl wedi meddwi, y gwin salach; ond yr wyt ti wedi cadw'r gwin da hyd yn awr." ¹¹ Gwnaeth Iesu hyn, y cyntaf o'i arwyddion, yng Nghana Galilea; amlygodd felly ei ogoniant, a chredodd ei ddisgyblion ynddo.

¹² Wedi hyn aeth ef a'i fam a'i frodyr a'i ddisgyblion i lawr i Gapernaum, ac aros yno am ychydig ddyddiau.

Glanhau'r Deml

Mth. 21:12–13; Mc. 11:15–18; Lc. 19:45–46

¹³ Yr oedd Pasg yr Iddewon yn ymyl, ac aeth Iesu i fyny i Jerwsalem. ¹⁴ A chafodd yn y deml y rhai oedd yn gwerthu ychen a defaid a cholomennod, a'r cyfnewidwyr arian wrth eu byrddau. ¹⁵ Gwnaeth chwip o gordenni, a gyrrodd hwy oll allan o'r deml, y defaid a'r ychen hefyd. Taflodd arian mân y cyfnewidwyr ar chwâl, a bwrw eu byrddau wyneb i waered. ¹⁶ Ac meddai wrth y rhai oedd yn gwerthu colomennod, "Ewch â'r rhain oddi yma. Peidiwch â gwneud tŷ fy Nhad i yn dŷ masnach." ¹⁷ Cofiodd ei ddisgyblion eiriau'r Ysgrythur: "Bydd sêl dros dy dŷ di yn fy ysu." ¹⁸ Yna heriodd yr Iddewon ef a gofyn, "Pa arwydd sydd gennyt i'w ddangos i ni, yn awdurdod dros wneud y pethau hyn?" ¹⁹ Atebodd Iesu hwy: "Dinistriwch y deml hon, ac mewn tridiau fe'i codaf hi." ²⁰ Dywedodd yr Iddewon, "Chwe blynedd a deugain y bu'r deml hon yn cael ei hadeiladu, ac a wyt ti'n mynd i'w chodi mewn tridiau?" ²¹ Ond sôn yr oedd ef am deml ei gorff. ²² Felly, wedi iddo gael ei gyfodi oddi wrth y meirw, cofiodd ei ddisgyblion iddo ddweud hyn, a chredasant yr Ysgrythur, a'r gair yr oedd Iesu wedi ei lefaru.

Iesu'n Adnabod Pob Dyn

²³ Tra oedd yn Jerwsalem yn dathlu gŵyl y Pasg, credodd llawer yn ei enw ef wrth weld yr arwyddion yr oedd yn eu gwneud. ²⁴ Ond nid oedd Iesu yn ei ymddiried ei hun iddynt, oherwydd yr oedd yn adnabod y natur ddynol. ²⁵ Nid oedd arno angen tystiolaeth neb ynglŷn â'r ddynolryw; yr oedd ef ei hun yn gwybod beth oedd mewn dynion.

Iesu a Nicodemus

3 Yr oedd dyn o blith y Phariseaid, o'r enw Nicodemus, aelod o Gyngor yr Iddewon. ² Daeth hwn at Iesu liw nos a dweud wrtho, "Rabbi, fe wyddom iti ddod atom yn athro oddi wrth Dduw; ni allai neb wneud yr arwyddion hyn yr wyt ti'n eu gwneud oni bai fod Duw gydag ef." ³ Atebodd Iesu ef: "Yn wir, yn wir, rwy'n dweud wrthyt, oni chaiff rhywun ei eni o'r newydd* ni all weld teyrnas Dduw." ⁴ Meddai Nicodemus wrtho, "Sut y gall neb gael ei eni ac yntau'n hen? A yw'n bosibl, tybed, i rywun fynd i mewn i groth ei fam eilwaith a chael ei eni?" ⁵ Atebodd Iesu: "Yn wir, yn wir, rwy'n dweud wrthyt, oni chaiff rhywun ei eni o ddŵr a'r Ysbryd ni all fynd i mewn i deyrnas Dduw. ⁶ Yr hyn sydd wedi ei eni

---

2:6 Tua 75 neu 115 o litrau.   **3:3** Neu, *oddi uchod*. Felly hefyd yn adn. 7.

o'r cnawd, cnawd yw, a'r hyn sydd wedi ei eni o'r Ysbryd, ysbryd yw. ⁷ Paid â rhyfeddu imi ddweud wrthyt, 'Y mae'n rhaid eich geni chwi o'r newydd.' ⁸ Y mae'r gwynt yn chwythu lle y myn, ac yr wyt yn clywed ei sŵn, ond ni wyddost o ble y mae'n dod nac i ble y mae'n mynd. Felly y mae gyda phob un sydd wedi ei eni o'r Ysbryd."* ⁹ Dywedodd Nicodemus wrtho, "Sut y gall hyn fod?" ¹⁰ Atebodd Iesu ef: "A thithau yn athro Israel, a wyt heb ddeall y pethau hyn? ¹¹ Yn wir, yn wir, rwy'n dweud wrthyt mai am yr hyn a wyddom yr ydym yn siarad, ac am yr hyn a welsom yr ydym yn tystiolaethu; ac eto nid ydych yn derbyn ein tystiolaeth. ¹² Os nad ydych yn credu ar ôl imi lefaru wrthych am bethau'r ddaear, sut y credwch os llefaraf wrthych am bethau'r nef? ¹³ Nid oes neb wedi esgyn i'r nef ond yr un a ddisgynnodd o'r nef, Mab y Dyn*. ¹⁴ Ac fel y dyrchafodd Moses y sarff yn yr anialwch, felly y mae'n rhaid i Fab y Dyn gael ei ddyrchafu, ¹⁵ er mwyn i bob un sy'n credu gael bywyd tragwyddol ynddo ef."

¹⁶ Do*, carodd Duw y byd gymaint nes iddo roi ei unig Fab, er mwyn i bob un sy'n credu ynddo ef beidio â mynd i ddistryw ond cael bywyd tragwyddol. ¹⁷ Oherwydd nid i gondemnio'r byd yr anfonodd Duw ei Fab i'r byd, ond er mwyn i'r byd gael ei achub trwyddo ef. ¹⁸ Nid yw neb sy'n credu ynddo ef yn cael ei gondemnio, ond y mae'r sawl nad yw'n credu wedi ei gondemnio eisoes, oherwydd ei fod heb gredu yn enw unig Fab Duw. ¹⁹ A dyma'r condemniad, i'r goleuni ddod i'r byd ond i ddynion garu'r tywyllwch yn hytrach na'r goleuni, am fod eu gweithredoedd yn ddrwg. ²⁰ Oherwydd y mae pob un sy'n gwneud drwg yn casáu'r goleuni, ac nid yw'n dod at y goleuni rhag ofn i'w weithredoedd gael eu dadlennu. ²¹ Ond y mae'r sawl sy'n gwneud y gwirionedd yn dod at y goleuni, fel yr amlygir mai yn Nuw y mae ei weithredoedd wedi eu cyflawni.*

Rhaid iddo Ef Gynyddu ac i Minnau Leihau

²² Ar ôl hyn aeth Iesu a'i ddisgyblion i wlad Jwdea, a bu'n aros yno gyda hwy ac yn bedyddio. ²³ Yr oedd Ioan yntau yn bedyddio yn Ainon, yn agos i Salim, am fod digonedd o ddŵr yno; ac yr oedd pobl yn dod yno ac yn cael eu bedyddio. ²⁴ Nid oedd Ioan eto wedi ei garcharu. ²⁵ Yna cododd dadl rhwng rhai o ddisgyblion Ioan a rhyw Iddew* ynghylch defod glanhad. ²⁶ Daethant at Ioan a dweud wrtho, "Rabbi, y dyn hwnnw oedd gyda thi y tu hwnt i'r Iorddonen, yr un yr wyt ti wedi dwyn tystiolaeth iddo, edrych, y mae ef yn bedyddio a phawb yn dod ato ef." ²⁷ Atebodd Ioan: "Ni all neb dderbyn un dim os nad yw wedi ei roi iddo o'r nef. ²⁸ Yr ydych chwi eich hunain yn dystion i mi, imi ddweud, 'Nid myfi yw'r Meseia; un wedi ei anfon o'i flaen ef wyf fi.' ²⁹ Y priodfab yw'r hwn y mae'r briodferch ganddo; y mae cyfaill y priodfab, sydd wrth ei ochr ac yn gwrando arno, yn fawr ei lawenydd wrth glywed llais y priodfab. Dyma fy llawenydd i yn ei gyflawnder. ³⁰ Y mae'n rhaid iddo ef gynyddu ac i minnau leihau."

Yr Hwn sy'n Dod o'r Nef

³¹ Y mae'r hwn sy'n dod oddi uchod goruwch pawb; y mae'r hwn sydd o'r ddaear yn ddaearol ei anian ac yn ddaearol ei iaith. Y mae'r sawl sy'n dod o'r nef goruwch pawb; ³² y mae'n tystiolaethu am yr hyn a welodd ac a glywodd, ond nid yw neb yn derbyn ei dystiolaeth. ³³ Y mae'r sawl sydd yn derbyn ei dystiolaeth yn rhoi ei sêl ar fod Duw yn eirwir. ³⁴ Oherwydd y mae'r hwn a anfonodd Duw yn llefaru geiriau Duw; nid wrth fesur y bydd Duw yn rhoi'r Ysbryd. ³⁵ Y mae'r Tad yn caru'r Mab, ac y mae wedi rhoi pob peth yn ei ddwylo ef. ³⁶ Pwy bynnag sy'n credu yn y Mab, y mae bywyd tragwyddol ganddo; pwy bynnag sy'n anufudd i'r Mab, ni wêl fywyd, ond y mae digofaint Duw yn aros arno.

3:8 Yr un gair Groeg sydd wedi ei gyfieithu *gwynt* ar ddechrau adn. 8 ac *Ysbryd* ar ei diwedd. Perthyn y ddau ystyr i'r gair.
3:13 Yn ôl darlleniad arall ychwanegir *yr hwn sydd yn y nef.*
3:16 Neu, *ynddo ef.* "Do, . . .
3:21 Neu, . . . *cyflawni".*

3:25 Yn ôl darlleniad arall, *Iddewon.*

Iesu a'r Wraig o Samaria

4 Pan ddeallodd Iesu fod y Phariseaid wedi clywed ei fod ef yn ennill ac yn bedyddio mwy o ddisgyblion nag Ioan ² (er nad Iesu ei hun, ond ei ddisgyblion, fyddai'n bedyddio), ³ gadawodd Jwdea ac aeth yn ôl i Galilea. ⁴ Ac yr oedd yn rhaid iddo fynd trwy Samaria. ⁵ Felly daeth i dref yn Samaria o'r enw Sychar, yn agos i'r darn tir a roddodd Jacob i'w fab Joseff. ⁶ Yno yr oedd ffynnon Jacob, a chan fod Iesu wedi blino ar ôl ei daith eisteddodd i lawr wrth y ffynnon. Yr oedd hi tua hanner dydd.

⁷ Dyma wraig o Samaria yn dod yno i dynnu dŵr. Meddai Iesu wrthi, "Rho i mi beth i'w yfed." ⁸ Yr oedd ei ddisgyblion wedi mynd i'r dref i brynu bwyd. ⁹ A dyma'r wraig o Samaria yn dweud wrtho, "Sut yr wyt ti, a thithau'n Iddew, yn gofyn am rywbeth i'w yfed gennyf fi, a minnau'n wraig o Samaria?" (Wrth gwrs, ni bydd yr Iddewon yn rhannu'r un llestri* â'r Samariaid.) ¹⁰ Atebodd Iesu hi, "Pe bait yn gwybod beth yw rhodd Duw, a phwy sy'n gofyn iti, 'Rho i mi beth i'w yfed', ti fyddai wedi gofyn iddo ef a byddai ef wedi rhoi i ti ddŵr bywiol." ¹¹ "Syr," meddai'r wraig wrtho, "nid oes gennyt ddim i dynnu dŵr, ac y mae'r pydew'n ddwfn. O ble, felly, y mae gennyt y 'dŵr bywiol' yma? ¹² A wyt ti'n fwy na Jacob, ein tad ni, a roddodd y pydew inni, ac a yfodd ohono, ef ei hun a'i feibion a'i anifeiliaid?" ¹³ Atebodd Iesu hi, "Bydd pawb sy'n yfed o'r dŵr hwn yn profi syched eto; ¹⁴ ond pwy bynnag sy'n yfed o'r dŵr a roddaf fi iddo, ni bydd arno syched byth. Bydd y dŵr a roddaf iddo yn troi yn ffynnon o ddŵr o'i fewn, yn ffrydio i fywyd tragwyddol." ¹⁵ "Syr," meddai'r wraig wrtho, "rho'r dŵr hwn i mi, i'm cadw rhag sychedu a dal i ddod yma i dynnu dŵr."

¹⁶ Dywedodd Iesu wrthi, "Dos adref, galw dy ŵr a thyrd yn ôl yma." ¹⁷ "Nid oes gennyf ŵr," atebodd y wraig. Meddai Iesu wrthi, "Dywedaist y gwir wrth ddweud, 'Nid oes gennyf ŵr.' ¹⁸ Oherwydd fe gefaist bump o wŷr, ac nid gŵr i ti yw'r dyn sydd gennyt yn awr. Yr wyt wedi dweud y gwir am hyn." ¹⁹ "Syr," meddai'r wraig wrtho, "rwy'n gweld dy fod ti'n broffwyd. ²⁰ Yr oedd ein hynafiaid yn addoli ar y mynydd hwn. Ond yr ydych chwi'r Iddewon yn dweud mai yn Jerwsalem y mae'r man lle dylid addoli." ²¹ "Cred fi, wraig," meddai Iesu wrthi, "y mae amser yn dod pan na fyddwch yn addoli'r Tad nac ar y mynydd hwn nac yn Jerwsalem. ²² Yr ydych chwi'r Samariaid yn addoli heb wybod beth yr ydych yn ei addoli. Yr ydym ni'n gwybod beth yr ydym yn ei addoli, oherwydd oddi wrth yr Iddewon y mae iachawdwriaeth yn dod. ²³ Ond y mae amser yn dod, yn wir y mae yma eisoes, pan fydd y gwir addolwyr yn addoli'r Tad mewn ysbryd a gwirionedd, oherwydd rhai felly y mae'r Tad yn eu ceisio i fod yn addolwyr iddo. ²⁴ Ysbryd yw Duw, a rhaid i'w addolwyr ef addoli mewn ysbryd a gwirionedd." ²⁵ Meddai'r wraig wrtho, "Mi wn fod y Meseia" (ystyr hyn yw Crist) "yn dod. Pan ddaw ef, bydd yn mynegi i ni bob peth." ²⁶ Dywedodd Iesu wrthi, "Myfi yw, sef yr un sy'n siarad â thi."

²⁷ Ar hyn daeth ei ddisgyblion yn ôl. Yr oeddent yn synnu ei fod yn siarad â gwraig, ac eto ni ofynnodd neb, "Beth wyt ti'n ei geisio?" neu "Pam yr wyt yn siarad â hi?" ²⁸ Gadawodd y wraig ei hystên ac aeth i ffwrdd i'r dref, ac meddai wrth y bobl yno, ²⁹ "Dewch i weld dyn a ddywedodd wrthyf bopeth yr wyf wedi ei wneud. A yw'n bosibl mai hwn yw'r Meseia?" ³⁰ Daethant allan o'r dref a chychwyn tuag ato ef.

³¹ Yn y cyfamser yr oedd y disgyblion yn ei gymell, gan ddweud, "Rabbi, cymer fwyd." ³² Dywedodd ef wrthynt, "Y mae gennyf fi fwyd i'w fwyta na wyddoch chwi ddim amdano." ³³ Ar hynny, dechreuodd y disgyblion ofyn i'w gilydd, "A oes rhywun, tybed, wedi dod â bwyd iddo?" ³⁴ Meddai Iesu wrthynt, "Fy mwyd i yw gwneud ewyllys yr hwn a'm hanfonodd, a gorffen y gwaith a roddodd i mi. ³⁵ Oni fyddwch chwi'n dweud, 'Pedwar mis eto, ac yna daw'r cynhaeaf'? Ond dyma fi'n dweud wrthych, codwch eich llygaid ac edrychwch ar y meysydd, oherwydd y maent yn wyn ac yn barod i'w cynaeafu.

4:9 Neu, *yn cyfeillachu.*

³⁶ Eisoes y mae'r medelwr yn derbyn ei dâl ac yn casglu ffrwyth i fywyd tragwyddol, ac felly bydd yr heuwr a'r medelwr yn cydlawenhau. ³⁷ Yn hyn o beth y mae'r dywediad yn wir: 'Y mae un yn hau ac un arall yn medi.' ³⁸ Anfonais chwi i fedi cynhaeaf nad ydych wedi llafurio amdano. Eraill sydd wedi llafurio, a chwithau wedi cerdded i mewn i'w llafur."

³⁹ Daeth llawer o'r Samariaid o'r dref honno i gredu yn Iesu drwy air y wraig a dystiodd: "Dywedodd wrthyf bopeth yr wyf wedi ei wneud." ⁴⁰ Felly pan ddaeth y Samariaid hyn ato ef, gofynasant iddo aros gyda hwy; ac fe arhosodd yno am ddau ddiwrnod. ⁴¹ A daeth llawer mwy i gredu ynddo trwy ei air ei hun. ⁴² Meddent wrth y wraig, "Nid trwy'r hyn a ddywedaist ti yr ydym yn credu mwyach, oherwydd yr ydym wedi ei glywed drosom ein hunain, ac fe wyddom mai hwn yn wir yw Gwaredwr y byd."

Iacháu Mab y Swyddog
Mth. 8:5-13; Lc. 7:1-10

⁴³ Ymhen y ddau ddiwrnod ymadawodd Iesu a mynd oddi yno i Galilea. ⁴⁴ Oherwydd Iesu ei hun a dystiodd nad oes i broffwyd anrhydedd yn ei wlad ei hun. ⁴⁵ Pan gyrhaeddodd Galilea croesawodd y Galileaid ef, oherwydd yr oeddent hwythau wedi bod yn yr ŵyl ac wedi gweld y cwbl a wnaeth ef yn Jerwsalem yn ystod yr ŵyl.

⁴⁶ Daeth Iesu unwaith eto i Gana Galilea, lle'r oedd wedi troi'r dŵr yn win. Yr oedd rhyw swyddog i'r brenin â mab ganddo yn glaf yng Nghapernaum. ⁴⁷ Pan glywodd hwn fod Iesu wedi dod i Galilea o Jwdea, aeth ato a gofyn iddo ddod i lawr i iacháu ei fab, oherwydd ei fod ar fin marw. ⁴⁸ Dywedodd Iesu wrtho, "Heb ichwi weld arwyddion a rhyfeddodau, ni chredwch chwi byth." ⁴⁹ Meddai'r swyddog wrtho, "Tyrd i lawr, syr, cyn i'm plentyn farw." ⁵⁰ "Dos adref," meddai Iesu wrtho, "y mae dy fab yn fyw." Credodd y dyn y gair a ddywedodd Iesu wrtho, a chychwynnodd ar ei daith. ⁵¹ Pan oedd ar ei ffordd i lawr, daeth ei weision i'w gyfarfod a dweud bod ei fachgen yn fyw. ⁵² Holodd hwy felly am yr amser pan fu i'r bachgen droi ar wella, ac atebasant ef, "Am un o'r gloch brynhawn ddoe y gadawodd y dwymyn ef." ⁵³ Yna sylweddolodd y tad mai dyna'r union awr y dywedodd Iesu wrtho, "Y mae dy fab yn fyw." Ac fe gredodd, ef a'i deulu i gyd. ⁵⁴ Hwn felly oedd yr ail arwydd i Iesu ei wneud, wedi iddo ddod o Jwdea i Galilea.

Iacháu wrth y Pwll

5 Ar ôl hyn aeth Iesu i fyny i Jerwsalem i ddathlu un o wyliau'r Iddewon. ² Y mae yn Jerwsalem, wrth Borth y Defaid, bwll a elwir Bethesda* yn iaith yr Iddewon, a phum cyntedd colofnog yn arwain iddo. ³ Yn y cynteddau hyn byddai tyrfa o gleifion yn gorwedd, yn ddeillion a chloffion a phobl wedi eu parlysu.* ⁵ Yn eu plith yr oedd dyn a fu'n wael ers deunaw mlynedd ar hugain. ⁶ Pan welodd Iesu ef yn gorwedd yno, a deall ei fod fel hyn ers amser maith, gofynnodd iddo, "A wyt ti'n dymuno cael dy wella?" ⁷ Atebodd y claf ef, "Syr, nid oes gennyf neb i'm gosod yn y pwll pan ddaw cynnwrf i'r dŵr, a thra byddaf fi ar fy ffordd bydd rhywun arall yn mynd i mewn o'm blaen i." ⁸ Meddai Iesu wrtho, "Cod, cymer dy fatras a cherdda." ⁹ Ac ar unwaith yr oedd y dyn wedi gwella, a chymerodd ei fatras a dechrau cerdded.

Yr oedd yn Saboth y dydd hwnnw. ¹⁰ Dywedodd yr Iddewon felly wrth y dyn oedd wedi ei iacháu, "Y Saboth yw hi; nid yw'n gyfreithlon iti gario dy fatras." ¹¹ Atebodd yntau hwy, "Y dyn hwnnw a'm gwellodd a ddywedodd wrthyf, 'Cymer dy fatras a cherdda.'" ¹² Gofynasant iddo, "Pwy yw'r dyn a ddywedodd wrthyt, 'Cymer dy fatras a cherdda'?" ¹³ Ond nid oedd y dyn a iachawyd yn gwybod pwy oedd ef, oherwydd yr oedd Iesu wedi troi oddi yno, am fod tyrfa yn y lle. ¹⁴ Maes o law daeth Iesu o hyd i'r dyn yn y deml, ac

---

5:2 Yn ôl darlleniadau eraill, *Bethsatha* neu *Bethsaida*.
5:3 Yn ôl darlleniad arall, *wedi eu parlysu, yn disgwyl cynnwrf yn y dŵr,* ⁴ *oherwydd byddai angel yr Arglwydd o bryd i'w gilydd yn dod i lawr i'r pwll ac yn cynhyrfu'r dŵr, ac yna byddai'r cyntaf i fynd i mewn i'r pwll ar ôl i'r dŵr gael ei gynhyrfu yn cael ei iacháu o ba afiechyd bynnag oedd arno.*

meddai wrtho, "Dyma ti wedi gwella. Paid â phechu mwyach, rhag i rywbeth gwaeth ddigwydd iti." 15 Aeth y dyn i ffwrdd a dywedodd wrth yr Iddewon mai Iesu oedd y dyn a'i gwellodd. 16 A dyna pam y dechreuodd yr Iddewon erlid Iesu, am ei fod yn gwneud y pethau hyn ar y Saboth. 17 Ond atebodd Iesu hwy, "Y mae fy Nhad yn dal i weithio hyd y foment hon, ac yr wyf finnau'n gweithio hefyd." 18 Parodd hyn i'r Iddewon geisio'n fwy byth ei ladd ef, oherwydd nid yn unig yr oedd yn torri'r Saboth, ond yr oedd hefyd yn galw Duw yn dad iddo ef ei hun, ac yn ei wneud ei hun felly yn gydradd â Duw.

Awdurdod y Mab

19 Felly atebodd Iesu hwy, "Yn wir, yn wir, rwy'n dweud wrthych, nid yw'r Mab yn gallu gwneud dim ohono ei hun, dim ond yr hyn y mae'n gweld y Tad yn ei wneud. Beth bynnag y mae'r Tad yn ei wneud, hyn y mae'r Mab yntau yn ei wneud yr un modd. 20 Oherwydd y mae'r Tad yn caru'r Mab ac yn dangos iddo'r holl bethau y mae ef ei hun yn eu gwneud. Ac fe ddengys iddo weithredoedd mwy na'r rhain, i beri i chwi ryfeddu. 21 Oherwydd fel y mae'r Tad yn codi'r meirw ac yn rhoi bywyd iddynt, felly hefyd y mae'r Mab yntau yn rhoi bywyd i'r sawl a fyn. 22 Nid yw'r Tad chwaith yn barnu neb, ond y mae wedi rhoi pob hawl i farnu i'r Mab, 23 er mwyn i bawb roi i'r Mab yr un parch ag a rônt i'r Tad. O beidio â pharchu'r Mab, y mae rhywun yn peidio â pharchu'r Tad a'i hanfonodd ef. 24 Yn wir, yn wir, rwy'n dweud wrthych fod y sawl sy'n gwrando ar fy ngair i, ac yn credu'r hwn a'm hanfonodd i, yn meddu ar fywyd tragwyddol. Nid yw'n dod dan gondemniad; i'r gwrthwyneb, y mae wedi croesi o farwolaeth i fywyd. 25 Yn wir, yn wir, rwy'n dweud wrthych fod amser yn dod, yn wir y mae yma eisoes, pan fydd y meirw yn clywed llais Mab Duw, a'r rhai sy'n clywed yn cael bywyd. 26 Oherwydd fel y mae gan y Tad fywyd ynddo ef ei hun, felly hefyd rhoddodd i'r Mab gael bywyd ynddo ef ei hun. 27 Rhoddodd iddo hefyd awdurdod i weinyddu barn, am mai Mab y Dyn yw ef. 28 Peidiwch â rhyfeddu at hyn, oherwydd y mae amser yn dod pan fydd pawb sydd yn eu beddau yn clywed ei lais ef 29 ac yn dod allan; bydd y rhai a wnaeth ddaioni yn codi i fywyd, a'r rhai a wnaeth ddrygioni yn codi i gael eu barnu.

30 "Nid wyf fi'n gallu gwneud dim ohonof fy hun. Fel yr wyf yn clywed, felly yr wyf yn barnu, ac y mae fy marn i yn gyfiawn, oherwydd nid fy ewyllys i fy hun yr wyf yn ei cheisio, ond ewyllys yr hwn a'm hanfonodd i.

Tystion i Iesu

31 "Os wyf fi'n tystiolaethu amdanaf fy hun, nid yw fy nhystiolaeth yn wir. 32 Y mae un arall sydd yn tystiolaethu amdanaf fi, ac mi wn mai gwir yw'r dystiolaeth y mae ef yn ei thystio amdanaf. 33 Yr ydych chwi wedi anfon at Ioan, ac y mae gennych dystiolaeth ganddo ef i'r gwirionedd. 34 Nid dynol yw'r dystiolaeth amdanaf, ond rwy'n dweud hyn er mwyn i chwi gael eich achub: 35 Cannwyll oedd Ioan, yn llosgi ac yn llewyrchu, a buoch chwi'n fodlon gorfoleddu dros dro yn ei oleuni ef. 36 Ond y mae gennyf fi dystiolaeth fwy na'r eiddo Ioan, oherwydd y gweithredoedd a roes y Tad i mi i'w cyflawni, yr union weithredoedd yr wyf yn eu gwneud, y rhain sy'n tystiolaethu amdanaf fi mai'r Tad sydd wedi fy anfon. 37 A'r Tad a'm hanfonodd i, y mae ef ei hun wedi tystiolaethu amdanaf fi. Nid ydych chwi erioed wedi clywed ei lais na gweld ei wedd, 38 ac nid oes gennych mo'i air ef yn aros ynoch, oherwydd nid ydych chwi'n credu'r hwn a anfonodd ef. 39 Yr ydych yn chwilio'r Ysgrythurau oherwydd tybio yr ydych fod ichwi fywyd tragwyddol ynddynt hwy. Ond tystiolaethu amdanaf fi y mae'r rhain; 40 eto ni fynnwch ddod ataf fi i gael bywyd.

41 "Y clod yr wyf fi'n ei dderbyn, nid clod dynol mohono. 42 Ond mi wn i amdanoch chwi, nad oes gennych ddim cariad tuag at Dduw ynoch eich hunain. 43 Yr wyf fi wedi dod yn enw fy Nhad, ac nid ydych yn fy nerbyn i; os daw rhywun

arall yn ei enw ei hun, fe dderbyniwch hwnnw. ⁴⁴ Sut y gallwch gredu, a chwithau yn derbyn clod gan eich gilydd a heb geisio'r clod sydd gan yr unig Dduw i'w roi? ⁴⁵ Peidiwch â meddwl mai myfi fydd yn dwyn cyhuddiad yn eich erbyn gerbron y Tad. Moses yw'r un sydd yn eich cyhuddo, hwnnw yr ydych chwi wedi rhoi eich gobaith arno. ⁴⁶ Pe baech yn credu Moses byddech yn fy nghredu i, oherwydd amdanaf fi yr ysgrifennodd ef. ⁴⁷ Ond os nad ydych yn credu'r hyn a ysgrifennodd ef, sut yr ydych i gredu'r hyn yr wyf fi'n ei ddweud?"

Porthi'r Pum Mil

6 Mth. 14:13–21; Mc. 6:30–44; Lc. 9:10–17

Ar ôl hyn aeth Iesu ymaith ar draws Môr Galilea (hynny yw, Môr Tiberias). ² Ac yr oedd tyrfa fawr yn ei ganlyn, oherwydd yr oeddent wedi gweld yr arwyddion yr oedd wedi eu gwneud ar y cleifion. ³ Aeth Iesu i fyny'r mynydd ac eistedd yno gyda'i ddisgyblion. ⁴ Yr oedd y Pasg, gŵyl yr Iddewon, yn ymyl. ⁵ Yna cododd Iesu ei lygaid a gwelodd fod tyrfa fawr yn dod tuag ato, ac meddai wrth Philip, "Ble y gallwn brynu bara i'r rhain gael bwyta?" ⁶ Dweud hyn yr oedd i roi prawf arno, oherwydd gwyddai ef ei hun beth yr oedd yn mynd i'w wneud. ⁷ Atebodd Philip ef, "Ni byddai bara gwerth dau gant o ddarnau arian* yn ddigon i roi tamaid bach i bob un ohonynt." ⁸ A dyma un o'i ddisgyblion, Andreas, brawd Simon Pedr, yn dweud wrtho, ⁹ "Y mae bachgen yma a phum torth haidd a dau bysgodyn ganddo, ond beth yw hynny rhwng cynifer?" ¹⁰ Dywedodd Iesu, "Gwnewch i'r bobl eistedd i lawr." Yr oedd llawer o laswellt yn y lle, ac eisteddodd y dynion i lawr, rhyw bum mil ohonynt. ¹¹ Yna cymerodd Iesu y torthau, ac wedi diolch fe'u rhannodd i'r rhai oedd yn eistedd. Gwnaeth yr un peth hefyd â'r pysgod, gan roi i bob un faint a fynnai. ¹² A phan oeddent wedi cael digon, meddai wrth ei ddisgyblion, "Casglwch y tameidiau sy'n weddill, rhag i ddim fynd yn wastraff." ¹³ Fe'u casglasant, felly, a llenwi deuddeg basged â'r tameidiau yr oedd y bwytawyr wedi eu gadael yn weddill o'r pum torth haidd. ¹⁴ Pan welodd y bobl yr arwydd hwn yr oedd Iesu wedi ei wneud, dywedasant, "Hwn yn wir yw'r Proffwyd sy'n dod i'r byd." ¹⁵ Yna synhwyrodd Iesu eu bod am ddod a'i gipio ymaith i'w wneud yn frenin, a chiliodd i'r mynydd eto ar ei ben ei hun.

Cerdded ar y Dŵr

Mth. 14:22–27; Mc. 6:45–52

¹⁶ Pan aeth hi'n hwyr, aeth ei ddisgyblion i lawr at y môr ¹⁷ ac i mewn i gwch, a dechrau croesi'r môr i Gapernaum. Yr oedd hi eisoes yn dywyll, ac nid oedd Iesu wedi dod atynt hyd yn hyn. ¹⁸ Yr oedd gwynt cryf yn chwythu a'r môr yn arw. ¹⁹ Yna, wedi iddynt rwyfo am ryw bum neu chwe chilomedr, dyma hwy'n gweld Iesu yn cerdded ar y môr ac yn nesu at y cwch, a daeth ofn arnynt. ²⁰ Ond meddai ef wrthynt, "Myfi yw; peidiwch ag ofni." ²¹ Yr oeddent am ei gymryd ef i'r cwch, ond ar unwaith cyrhaeddodd y cwch i'r lan yr oeddent yn hwylio ati.

Iesu, Bara'r Bywyd

²² Trannoeth, sylwodd y dyrfa oedd wedi aros ar yr ochr arall i'r môr na fu ond un cwch yno. Gwyddent nad oedd Iesu wedi mynd i'r cwch gyda'i ddisgyblion, ond eu bod wedi hwylio ymaith ar eu pennau eu hunain. ²³ Ond yr oedd cychod eraill o Tiberias wedi dod yn agos i'r fan lle'r oeddent wedi bwyta'r bara ar ôl i'r Arglwydd roi diolch. ²⁴ Felly, pan welodd y dyrfa nad oedd Iesu yno, na'i ddisgyblion chwaith, aethant hwythau i'r cychod hyn a hwylio i Gapernaum i chwilio am Iesu. ²⁵ Fe'i cawsant ef yr ochr draw i'r môr, ac meddent wrtho, "Rabbi, pryd y daethost ti yma?" ²⁶ Atebodd Iesu hwy, "Yn wir, yn wir, rwy'n dweud wrthych, yr ydych yn fy ngheisio i, nid am ichwi weld arwyddion, ond am ichwi fwyta'r bara a chael digon. ²⁷ Gweithiwch, nid am y bwyd sy'n darfod, ond am y bwyd sy'n para i fywyd tragwyddol. Mab y Dyn a rydd hwn ichwi, oherwydd arno ef y mae Duw y Tad wedi gosod sêl ei awdurdod."

6:7 Neu, *dau gan denarius*. Gw. nodyn ar Mth. 18:28.

28 Yna gofynasant iddo, "Beth sydd raid inni ei wneud i gyflawni'r gweithredoedd a fyn Duw?" 29 Atebodd Iesu, "Dyma'r gwaith a fyn Duw: eich bod yn credu yn yr un y mae ef wedi ei anfon." 30 "Os felly," meddent wrtho, "pa arwydd a wnei di, i ni gael gweld a chredu ynot? Beth fedri di ei wneud? 31 Cafodd ein hynafiaid fanna i'w fwyta yn yr anialwch, fel y mae'n ysgrifenedig, 'Rhoddodd iddynt fara o'r nef i'w fwyta.'" 32 Yna dywedodd Iesu wrthynt, "Yn wir, yn wir, rwy'n dweud wrthych, nid Moses sydd wedi rhoi'r bara o'r nef ichwi, ond fy Nhad sydd yn rhoi ichwi y gwir fara o'r nef. 33 Oherwydd bara Duw yw'r hwn sy'n disgyn o'r nef ac yn rhoi bywyd i'r byd."

34 Dywedasant wrtho ef, "Syr, rho'r bara hwn inni bob amser." 35 Meddai Iesu wrthynt, "Myfi yw bara'r bywyd. Ni bydd eisiau bwyd byth ar y sawl sy'n dod ataf fi, ac ni bydd syched byth ar y sawl sy'n credu ynof fi. 36 Ond fel y dywedais wrthych, yr ydych chwi wedi fy ngweld, ac eto nid ydych yn credu. 37 Bydd pob un y mae'r Tad yn ei roi i mi yn dod ataf fi, ac ni fwriaf allan byth mo'r sawl sy'n dod ataf fi. 38 Oherwydd yr wyf wedi disgyn o'r nef nid i wneud fy ewyllys fy hun ond ewyllys yr hwn a'm hanfonodd i. 39 Ac ewyllys yr hwn a'm hanfonodd i yw hyn: nad wyf i golli neb o'r rhai y mae ef wedi eu rhoi imi, ond fy mod i'w hatgyfodi yn y dydd olaf. 40 Oherwydd ewyllys fy Nhad yw hyn: fod pob un sy'n gweld y Mab ac yn credu ynddo i gael bywyd tragwyddol. A byddaf fi'n ei atgyfodi yn y dydd olaf."

41 Yna dechreuodd yr Iddewon rwgnach amdano oherwydd iddo ddweud, "Myfi yw'r bara a ddisgynnodd o'r nef." 42 "Onid hwn," meddent, "yw Iesu fab Joseff? Yr ydym ni'n adnabod ei dad a'i fam. Sut y gall ef ddweud yn awr, 'Yr wyf wedi disgyn o'r nef'?" 43 Atebodd Iesu hwy, "Peidiwch â grwgnach ymhlith eich gilydd. 44 Ni all neb ddod ataf fi heb i'r Tad a'm hanfonodd i ei dynnu; a byddaf fi'n ei atgyfodi yn y dydd olaf. 45 Y mae'n ysgrifenedig yn y proffwydi: 'Fe gânt oll eu dysgu gan Dduw.' Y mae pob un a wrandawodd ar y Tad ac a ddysgodd ganddo yn dod ataf fi. 46 Nid bod neb wedi gweld y Tad, ac eithrio'r hwn sydd oddi wrth Dduw; y mae hwnnw wedi gweld y Tad. 47 Yn wir, yn wir, rwy'n dweud wrthych, y mae gan y sawl sy'n credu fywyd tragwyddol. 48 Myfi yw bara'r bywyd. 49 Bwytaodd eich hynafiaid y manna yn yr anialwch, ac eto buont farw. 50 Ond dyma'r bara sy'n disgyn o'r nef, er mwyn i rywun gael bwyta ohono a pheidio â marw. 51 Myfi yw'r bara bywiol hwn a ddisgynnodd o'r nef. Caiff pwy bynnag sy'n bwyta o'r bara hwn fyw am byth. A'r bara sydd gennyf fi i'w roi yw fy nghnawd; a'i roi a wnaf dros fywyd y byd."

52 Yna dechreuodd yr Iddewon ddadlau'n daer â'i gilydd, gan ddweud, "Sut y gall hwn roi ei gnawd i ni i'w fwyta?" 53 Felly dywedodd Iesu wrthynt, "Yn wir, yn wir, rwy'n dweud wrthych, oni fwytewch gnawd Mab y Dyn ac yfed ei waed, ni bydd gennych fywyd ynoch. 54 Y mae gan y sawl sy'n bwyta fy nghnawd i ac yn yfed fy ngwaed i fywyd tragwyddol, a byddaf fi'n ei atgyfodi yn y dydd olaf. 55 Oherwydd fy nghnawd i yw'r gwir fwyd, a'm gwaed i yw'r wir ddiod. 56 Y mae'r sawl sy'n bwyta fy nghnawd i ac yn yfed fy ngwaed i yn aros ynof fi, a minnau ynddo yntau. 57 Y Tad byw a'm hanfonodd i, ac yr wyf fi'n byw oherwydd y Tad; felly'n union bydd y sawl sy'n fy mwyta i yn byw o'm herwydd innau. 58 Dyma'r bara a ddisgynnodd o'r nef. Nid yw hwn fel y bara a fwytaodd yr hynafiaid; buont hwy farw. Caiff y sawl sy'n bwyta'r bara hwn fyw am byth." 59 Dywedodd Iesu y pethau hyn wrth ddysgu yn y synagog yng Nghapernaum.

Geiriau Bywyd Tragwyddol

60 Wedi iddynt ei glywed, meddai llawer o'i ddisgyblion, "Geiriau caled yw'r rhain. Pwy all wrando arnynt?" 61 Gwyddai Iesu ynddo'i hun fod ei ddisgyblion yn grwgnach am ei eiriau, ac meddai wrthynt, "A yw hyn yn peri tramgwydd i chwi? 62 Beth ynteu os gwelwch Fab y Dyn yn esgyn i'r lle'r oedd o'r blaen? 63 Yr Ysbryd sy'n rhoi bywyd; nid yw'r cnawd yn tycio dim. Y mae'r geiriau yr wyf fi wedi eu llefaru wrthych yn ysbryd ac yn fywyd. 64 Ac eto y mae

rhai ohonoch sydd heb gredu." Yr oedd Iesu, yn wir, yn gwybod o'r cychwyn pwy oedd y rhai oedd heb gredu, a phwy oedd yr un a'i bradychai. 65 "Dyna pam," meddai, "y dywedais wrthych na allai neb ddod ataf fi heb i'r Tad beri iddo wneud hynny."

66 O'r amser hwn trodd llawer o'i ddisgyblion yn eu holau a pheidio mwyach â mynd o gwmpas gydag ef. 67 Yna gofynnodd Iesu i'r Deuddeg, "A ydych chwithau hefyd, efallai, am fy ngadael?" 68 Atebodd Simon Pedr ef, "Arglwydd, at bwy yr awn ni? Y mae geiriau bywyd tragwyddol gennyt ti, 69 ac yr ydym ni wedi dod i gredu a gwybod mai ti yw Sanct Duw." 70 Atebodd Iesu hwy, "Onid myfi a'ch dewisodd chwi'r Deuddeg? Ac eto, onid diafol yw un ohonoch?" 71 Yr oedd yn siarad am Jwdas fab Simon Iscariot, oherwydd yr oedd hwn, ac yntau'n un o'r Deuddeg, yn mynd i'w fradychu ef.

Anghrediniaeth Brodyr Iesu

7 Ar ôl hyn bu Iesu'n teithio o amgylch yng Ngalilea. Ni fynnai fynd o amgylch yn Jwdea, oherwydd yr oedd yr Iddewon yn chwilio amdano i'w ladd. 2 Yr oedd gŵyl yr Iddewon, gŵyl y Pebyll, yn ymyl, 3 ac felly dywedodd ei frodyr wrtho, "Dylit adael y lle hwn a mynd i Jwdea, er mwyn i'th ddisgyblion hefyd weld y gweithredoedd yr wyt ti'n eu gwneud. 4 Oherwydd nid yw neb sy'n ceisio bod yn yr amlwg yn gwneud dim yn y dirgel. Os wyt yn gwneud y pethau hyn, dangos dy hun i'r byd." 5 Nid oedd hyd yn oed ei frodyr yn credu ynddo. 6 Felly dyma Iesu'n dweud wrthynt, "Nid yw'r amser yn aeddfed i mi eto, ond i chwi y mae unrhyw amser yn addas. 7 Ni all y byd eich casáu chwi, ond y mae'n fy nghasáu i am fy mod i'n tystio amdano fod ei weithredoedd yn ddrwg. 8 Ewch chwi i fyny i'r ŵyl. Nid wyf fi'n mynd* i fyny i'r ŵyl hon, oherwydd nid yw fy amser i wedi dod i'w gyflawniad eto." 9 Wedi dweud hyn fe arhosodd ef yng Ngalilea.

Iesu yng Ngŵyl y Pebyll

10 Ond pan oedd ei frodyr wedi mynd i fyny i'r ŵyl, fe aeth yntau hefyd i fyny, nid yn agored ond yn ddirgel, fel petai. 11 Yr oedd yr Iddewon yn chwilio amdano yn yr ŵyl ac yn dweud, "Ble mae ef?" 12 Yr oedd llawer o sibrwd amdano ymhlith y tyrfaoedd: rhai yn dweud, "Dyn da yw ef", ond "Na," meddai eraill, "twyllo'r bobl y mae." 13 Er hynny, nid oedd neb yn siarad yn agored amdano, rhag ofn yr Iddewon.

14 Pan oedd yr ŵyl eisoes ar ei hanner, aeth Iesu i fyny i'r deml a dechrau dysgu. 15 Yr oedd yr Iddewon yn rhyfeddu ac yn gofyn, "Sut y mae gan hwn y fath ddysg, ac yntau heb gael hyfforddiant?" 16 Atebodd Iesu hwy, "Nid eiddof fi yw'r hyn yr wyf yn ei ddysgu, ond eiddo'r hwn a'm hanfonodd i. 17 Pwy bynnag sy'n ewyllysio gwneud ei ewyllys ef, caiff wybod a yw'r hyn yr wyf yn ei ddysgu yn dod oddi wrth Dduw, ai ynteu siarad ohonof fy hunan yr wyf. 18 Y mae'r sawl sy'n siarad ohono'i hun yn ceisio anrhydedd iddo'i hun; ond y mae'r sawl sy'n ceisio anrhydedd i'r hwn a'i hanfonodd yn ddiffuant ac yn ddiddichell. 19 Onid yw Moses wedi rhoi'r Gyfraith i chwi? Ac eto nid oes neb ohonoch yn cadw'r Gyfraith. Pam yr ydych yn ceisio fy lladd i?" 20 Atebodd y dyrfa, "Y mae cythraul ynot. Pwy sy'n ceisio dy ladd di?" 21 Meddai Iesu wrthynt, "Un weithred a wneuthum, ac yr ydych oll yn rhyfeddu o'r herwydd. 22 Rhoddodd Moses i chwi ddefod enwaediad—er nad gyda Moses y cychwynnodd ond gyda'r patriarchiaid—ac yr ydych yn enwaedu ar blentyn ar y Saboth. 23 Os enwaedir ar blentyn ar y Saboth rhag torri Cyfraith Moses, a ydych yn ddig wrthyf fi am imi iacháu holl gorff rhywun ar y Saboth? 24 Peidiwch â barnu yn ôl yr olwg, ond yn ôl safonau barn gyfiawn."

Ai Hwn yw'r Meseia?

25 Yna dechreuodd rhai o drigolion Jerwsalem ddweud, "Onid hwn yw'r dyn y maent yn ceisio ei ladd? 26 A dyma fe'n siarad yn agored heb i neb ddweud dim yn ei erbyn. Tybed a yw'r llywodraethwyr

---

7:8 Yn ôl darlleniad arall, *Nid wyf fi eto'n mynd*.

wedi dod i wybod i sicrwydd mai hwn yw'r Meseia? ²⁷ Ac eto, fe wyddom ni o ble y mae'r dyn yma'n dod; ond pan ddaw'r Meseia, ni bydd neb yn gwybod o ble y mae'n dod." ²⁸ Ar hynny, cyhoedddodd Iesu'n uchel, wrth ddysgu yn y deml, "Yr ydych yn f'adnabod i ac yn gwybod o ble rwy'n dod. Ond nid wyf wedi dod ohonof fy hun. Y mae'r hwn a'm hanfonodd i â'i hanfod yn wirionedd, ond nid ydych chwi'n ei adnabod ef. ²⁹ Yr wyf fi'n ei adnabod ef, oherwydd oddi wrtho ef y deuthum, ac ef a'm hanfonodd." ³⁰ Am hynny ceisiasant ei ddal, ond ni osododd neb law arno, oherwydd nid oedd ei awr ef wedi dod eto. ³¹ Credodd llawer o blith y dyrfa ynddo, ac meddent, "A fydd y Meseia, pan ddaw, yn gwneud mwy o arwyddion nag a wnaeth y dyn hwn?"

Anfon Swyddogion i Ddal Iesu

³² Clywodd y Phariseaid y dyrfa'n sibrwd y pethau hyn amdano. Ac fe anfonodd y prif offeiriaid a'r Phariseaid swyddogion i'w ddal ef. ³³ Felly dywedodd Iesu, "Am ychydig amser eto y byddaf gyda chwi, ac yna af at yr hwn a'm hanfonodd i. ³⁴ Fe chwiliwch amdanaf fi, ond ni chewch hyd imi; lle yr wyf fi ni allwch chwi ddod." ³⁵ Meddai'r Iddewon wrth ei gilydd, "I ble mae hwn ar fynd, fel na bydd i ni gael hyd iddo? A yw ar fynd, tybed, at y rhai sydd ar wasgar ymhlith y Groegiaid, a dysgu'r Groegiaid? ³⁶ Beth yw ystyr y gair hwn a ddywedodd, 'Fe chwiliwch amdanaf fi, ond ni chewch hyd i mi; lle yr wyf fi, ni allwch chwi ddod'?"

Ffrydiau o Ddŵr Bywiol

³⁷ Ar ddydd olaf yr ŵyl, y dydd mawr, safodd Iesu a chyhoeddi'n uchel: "Pwy bynnag sy'n sychedig, deued ataf fi ac yfed. ³⁸ Allan o'r sawl sy'n credu ynof fi,* fel y dywedodd yr Ysgrythur, y bydd ffrydiau o ddŵr bywiol yn llifo." ³⁹ Sôn yr oedd am yr Ysbryd yr oedd y rhai a gredodd ynddo ef yn mynd i'w dderbyn. Oherwydd nid oedd yr Ysbryd ganddynt eto, am nad oedd Iesu wedi cael ei ogoneddu eto.

Ymraniad ymhlith y Dyrfa

⁴⁰ Ar ôl ei glywed yn dweud hyn, meddai rhai o blith y dyrfa, "Hwn yn wir yw'r Proffwyd." ⁴¹ Meddai eraill, "Hwn yw'r Meseia." Ond meddai rhai, "Does bosibl mai o Galilea y mae'r Meseia yn dod? ⁴² Onid yw'r Ysgrythur yn dweud mai o linach Dafydd ac o Fethlehem, y pentref lle'r oedd Dafydd yn byw, y daw'r Meseia?" ⁴³ Felly bu ymraniad ymhlith y dyrfa o'i achos ef. ⁴⁴ Yr oedd rhai ohonynt yn awyddus i'w ddal, ond ni osododd neb ddwylo arno.

Anghrediniaeth y Llywodraethwyr

⁴⁵ Daeth y swyddogion yn ôl at y prif offeiriaid a'r Phariseaid, a gofynnodd y rheini iddynt, "Pam na ddaethoch ag ef yma?" ⁴⁶ Atebodd y swyddogion, "Ni lefarodd neb erioed fel hyn." ⁴⁷ Yna dywedodd y Phariseaid, "A ydych chwithau hefyd wedi eich twyllo? ⁴⁸ A oes unrhyw un o'r llywodraethwyr wedi credu ynddo, neu o'r Phariseaid? ⁴⁹ Ond y dyrfa yma nad yw'n gwybod dim am y Gyfraith, dan felltith y maent." ⁵⁰ Yr oedd Nicodemus, y dyn oedd wedi dod ato o'r blaen, yn un ohonynt; meddai ef wrthynt, ⁵¹ "A yw ein Cyfraith ni yn barnu rhywun heb roi gwrandawiad iddo yn gyntaf, a chael gwybod beth y mae'n ei wneud?" ⁵² Atebasant ef, "A wyt tithau hefyd yn dod o Galilea? Chwilia'r Ysgrythurau, a chei weld nad yw proffwyd byth yn codi o Galilea."*

Y Wraig oedd wedi ei Dal mewn Godineb

⁵³ *Ac aethant adref bob un. ¹ Ond aeth Iesu i Fynydd yr Olewydd. ² Yn y bore bach daeth eto i'r deml, ac yr oedd y bobl i gyd yn dod ato. Wedi iddo eistedd a dechrau eu dysgu, ³ dyma'r ysgrifen-yddion a'r Phariseaid yn dod â gwraig ato oedd wedi ei dal mewn godineb, a'i rhoi i sefyll yn y canol.*

7:38 Neu, *deued ataf fi, ac yfed y sawl sy'n credu ynof fi. Allan ohono.*

7:52 Yn ôl y llawysgrifau hynaf, dilynir hyn gan 8:12, ond ychwanega llawysgrifau eraill adnodau 7:53—8:11, a argreffir yma mewn llythrennau italaidd.

⁴ "Athro," meddent wrtho, "y mae'r wraig hon wedi ei dal yn y weithred o odinebu. ⁵ Gorchmynnodd Moses yn y Gyfraith i ni labyddio gwragedd o'r fath. Beth sydd gennyt ti i'w ddweud?" ⁶ Dweud hyn yr oeddent er mwyn rhoi prawf arno, a chael cyhuddiad i'w ddwyn yn ei erbyn. Plygodd Iesu i lawr ac ysgrifennu ar y llawr â'i fys. ⁷ Ond gan eu bod yn dal ati i ofyn y cwestiwn iddo, ymsythodd ac meddai wrthynt, "Pwy bynnag ohonoch sy'n ddibechod, gadewch i hwnnw fod yn gyntaf i daflu carreg ati." ⁸ Yna plygodd eto ac ysgrifennu ar y llawr. ⁹ A dechreuodd y rhai oedd wedi clywed fynd allan, un ar ôl y llall, y rhai hynaf yn gyntaf, nes i Iesu gael ei adael ar ei ben ei hun, a'r wraig yno yn y canol. ¹⁰ Ymsythodd Iesu a gofyn iddi, "Wraig, ble maent? Onid oes neb wedi dy gondemnio?" ¹¹ Meddai hithau, "Neb, syr." Ac meddai Iesu, "Nid wyf finnau'n dy gondemnio chwaith. Dos, ac o hyn allan paid â phechu mwyach."

Iesu, Goleuni'r Byd

8 Yna llefarodd Iesu wrthynt eto. "Myfi yw goleuni'r byd," meddai. "Ni bydd neb sy'n fy nghanlyn i byth yn rhodio yn y tywyllwch, ond bydd ganddo oleuni'r bywyd." ¹³ Meddai'r Phariseaid wrtho, "Tystiolaethu amdanat dy hun yr wyt ti; nid yw dy dystiolaeth yn wir." ¹⁴ Atebodd Iesu hwy, "Er mai myfi sydd yn tystiolaethu amdanaf fy hun, y mae fy nhystiolaeth yn wir am fy mod yn gwybod o ble y deuthum ac i ble'r wyf yn mynd. Ond ni wyddoch chwi o ble'r wyf yn dod nac i ble'r wyf yn mynd. ¹⁵ Yr ydych chwi'n barnu yn ôl safonau dynol. Minnau, nid wyf yn barnu neb, ¹⁶ ac os byddaf yn barnu y mae'r farn a roddaf yn ddilys, oherwydd nid myfi yn unig sy'n barnu, ond myfi a'r Tad a'm hanfonodd i. ¹⁷ Y mae'n ysgrifenedig yn eich Cyfraith chwi fod tystiolaeth dau ddyn yn wir. ¹⁸ Myfi yw'r un sydd yn tystiolaethu amdanaf fy hun, ac y mae'r Tad a'm hanfonodd i hefyd yn tystiolaethu amdanaf." ¹⁹ Yna meddent wrtho, "Ble mae dy Dad di?" Atebodd Iesu, "Nid ydych yn fy adnabod i na'm Tad; pe baech yn fy adnabod i, byddech yn adnabod fy Nhad hefyd." ²⁰ Llefarodd y geiriau hyn yn y trysordy, wrth ddysgu yn y deml. Ond ni afaelodd neb ynddo, oherwydd nid oedd ei awr wedi dod eto.

Lle'r Wyf Fi'n Mynd, Ni Allwch Chwi Ddod

²¹ Dywedodd wrthynt wedyn, "Yr wyf fi'n ymadael â chwi. Fe chwiliwch amdanaf fi, ond byddwch farw yn eich pechod. Lle'r wyf fi'n mynd, ni allwch chwi ddod." ²² Meddai'r Iddewon felly, "A yw'n mynd i'w ladd ei hun, gan ei fod yn dweud, 'Lle'r wyf fi'n mynd, ni allwch chwi ddod'?" ²³ Meddai Iesu wrthynt, "Yr ydych chwi oddi isod, yr wyf fi oddi uchod. Yr ydych chwi o'r byd hwn, nid wyf fi o'r byd hwn. ²⁴ Dyna pam y dywedais wrthych y byddwch farw yn eich pechodau; oherwydd marw yn eich pechodau a wnewch, os na chredwch mai myfi yw." ²⁵ Gofynasant iddo felly, "Pwy wyt ti?" Atebodd Iesu hwy, "Yr wyf o'r dechrau yr hyn yr wyf yn ei ddweud wrthych.* ²⁶ Gallwn ddweud llawer amdanoch, a hynny mewn barn. Ond y mae'r hwn a'm hanfonodd i yn eirwir, a'r hyn a glywais ganddo ef yw'r hyn yr wyf yn ei gyhoeddi i'r byd." ²⁷ Nid oeddent hwy'n deall mai am y Tad yr oedd yn llefaru wrthynt. ²⁸ Felly dywedodd Iesu wrthynt, "Pan fyddwch wedi dyrchafu Mab y Dyn byddwch yn gwybod mai myfi yw, ac nad wyf yn gwneud dim ohonof fy hun, ond fy mod yn dweud yr union bethau y mae'r Tad wedi eu dysgu imi. ²⁹ Ac y mae'r hwn a'm hanfonodd i gyda mi; nid yw wedi fy ngadael ar fy mhen fy hun, oherwydd yr wyf bob amser yn gwneud y pethau sydd wrth ei fodd ef." ³⁰ Wrth iddo ddweud hyn, daeth llawer i gredu ynddo.

Bydd y Gwirionedd yn eich Rhyddhau

³¹ Yna dywedodd Iesu wrth yr Iddewon oedd wedi credu ynddo, "Os arhoswch chwi yn fy ngair i, yr ydych mewn gwirionedd yn ddisgyblion i mi. ³² Cewch wybod y gwirionedd, a bydd y gwirionedd

---

8:25 Neu, *Pam yr wyf yn siarad â chwi o gwbl?* Neu, *Yr hyn yr wyf wedi ei ddweud wrthych o'r dechrau un.*

yn eich rhyddhau." ³³ Atebasant ef, "Plant Abraham ydym ni, ac ni buom erioed yn gaethweision i neb. Sut y gelli di ddweud, 'Fe'ch gwneir yn rhydddion'?" ³⁴ Atebodd Iesu hwy, "Yn wir, yn wir, rwy'n dweud wrthych fod pob un sy'n cyflawni pechod yn gaethwas i bechod. ³⁵ Ac nid oes gan y caethwas le arhosol yn y tŷ, ond y mae'r mab yn aros am byth. ³⁶ Felly os yw'r Mab yn eich rhyddhau chwi, byddwch yn rhydd mewn gwirionedd. ³⁷ Rwy'n gwybod mai plant Abraham ydych. Ond yr ydych yn ceisio fy lladd i am nad yw fy ngair i yn cael lle ynoch. ³⁸ Yr wyf fi'n siarad am y pethau yr wyf wedi eu gweld gyda'm Tad, ac yr ydych chwi'n gwneud y pethau a glywsoch gan eich tad."

Eich Tad y Diafol

³⁹ Atebasant ef, "Abraham yw ein tad ni." Meddai Iesu wrthynt, "Pe baech yn blant i Abraham, byddech yn gwneud* yr un gweithredoedd ag Abraham. ⁴⁰ Ond dyma chwi yn awr yn ceisio fy lladd i, dyn sydd wedi llefaru wrthych y gwirionedd a glywais gan Dduw. Ni wnaeth Abraham mo hynny. ⁴¹ Gwneud gweithredoedd eich tad eich hunain yr ydych chwi." "Nid plant puteindra mohonom ni," meddent wrtho. "Un Tad sydd gennym, sef Duw." ⁴² Meddai Iesu wrthynt, "Petai Duw yn dad i chwi, byddech yn fy ngharu i, oherwydd oddi wrth Dduw y deuthum allan a dod yma. Nid wyf wedi dod ohonof fy hun, ond ef a'm hanfonodd. ⁴³ Pam nad ydych yn deall yr hyn yr wyf yn ei ddweud? Am nad ydych yn gallu gwrando ar fy ngair i. ⁴⁴ Plant ydych chwi i'ch tad, y diafol, ac yr ydych â'ch bryd ar gyflawni dymuniadau eich tad. Llofrudd oedd ef o'r cychwyn; nid yw'n sefyll yn y gwirionedd, oherwydd nid oes dim gwirionedd ynddo. Pan fydd yn dweud celwydd, datguddio'i natur ei hun y mae, oherwydd un celwyddog yw ef, a thad pob celwydd. ⁴⁵ Ond yr wyf fi'n dweud y gwirionedd, ac am hynny nid ydych yn fy nghredu. ⁴⁶ Pwy ohonoch chwi sydd am brofi fy mod i'n euog o bechod? Os wyf yn dweud y gwir, pam nad ydych chwi yn fy nghredu? ⁴⁷ Y mae'r sawl sydd o Dduw yn gwrando geiriau Duw. Nid ydych chwi o Dduw, a dyna pam nad ydych yn gwrando."

Cyn Geni Abraham, yr Wyf Fi

⁴⁸ Atebodd yr Iddewon ef, "Onid ydym ni'n iawn wrth ddweud, 'Samariad wyt ti, ac y mae cythraul ynot'?" ⁴⁹ Atebodd Iesu, "Nid oes cythraul ynof; parchu fy Nhad yr wyf fi, a chwithau'n fy amharchu i. ⁵⁰ Nid wyf fi'n ceisio fy ngogoniant fy hun, ond y mae un sydd yn ei geisio, ac ef sy'n barnu. ⁵¹ Yn wir, yn wir, rwy'n dweud wrthych, os bydd rhywun yn cadw fy ngair i, ni wêl farwolaeth byth." ⁵² Meddai'r Iddewon wrtho, "Yr ydym yn gwybod yn awr fod cythraul ynot. Bu Abraham farw, a'r proffwydi hefyd, a dyma ti'n dweud, 'Os bydd rhywun yn cadw fy ngair i, ni chaiff brofi blas marwolaeth byth.' ⁵³ A wyt ti'n fwy na'n tad ni, Abraham? Bu ef farw, a bu'r proffwydi farw. Pwy yr wyt ti'n dy gyfrif dy hun?" ⁵⁴ Atebodd Iesu, "Os fy ngogoneddu fy hun yr wyf fi, nid yw fy ngogoniant yn ddim. Fy Nhad sydd yn fy ngogoneddu, yr un yr ydych chwi'n dweud amdano, 'Ef yw ein Duw ni.' ⁵⁵ Nid ydych yn ei adnabod, ond yr wyf fi'n ei adnabod. Pe bawn yn dweud nad wyf yn ei adnabod, byddwn yn gelwyddog fel chwithau. Ond yr wyf yn ei adnabod, ac yr wyf yn cadw ei air ef. ⁵⁶ Gorfoleddu a wnaeth eich tad Abraham o weld fy nydd i; fe'i gwelodd, a llawenhau." ⁵⁷ Yna meddai'r Iddewon wrtho, "Nid wyt ti'n hanner cant oed eto. A wyt ti wedi gweld Abraham?" ⁵⁸ Dywedodd Iesu wrthynt, "Yn wir, yn wir, rwy'n dweud wrthych, cyn geni Abraham, yr wyf fi."* ⁵⁹ Yna codasant gerrig i'w taflu ato. Ond aeth Iesu o'u golwg, ac allan o'r deml.

Iacháu Dyn Dall o'i Enedigaeth

9 Wrth fynd ar ei daith, gwelodd Iesu ddyn dall o'i enedigaeth. ² Gofynnodd ei ddisgyblion iddo, "Rabbi, pwy a bechodd, ai hwn ynteu ei rieni, i beri iddo gael ei eni'n ddall?" ³ Atebodd Iesu,

---

8:39 Yn ôl darlleniad arall, *Os ydych yn blant i Abraham, gwnewch.*

8:58 Neu, *Myfi yw.*

"Ni phechodd hwn na'i rieni chwaith, ond fe amlygir gweithredoedd Duw ynddo ef. [4] Y mae'n rhaid i ni* gyflawni gweithredoedd yr hwn a'm hanfonodd i tra mae hi'n ddydd. Y mae'r nos yn dod, pan na all neb weithio. [5] Tra byddaf yn y byd, goleuni'r byd ydwyf." [6] Wedi dweud hyn poerodd ar y llawr a gwneud clai o'r poeryn; yna irodd lygaid y dyn â'r clai, [7] ac meddai wrtho, "Dos i ymolchi ym mhwll Siloam" (enw a gyfieithir Anfonedig). Aeth y dyn yno ac ymolchi, a phan ddaeth yn ôl yr oedd yn gweld. [8] Dyma'i gymdogion, felly, a'r bobl oedd wedi arfer o'r blaen ei weld fel cardotyn, yn dweud, "Onid hwn yw'r dyn fyddai'n eistedd i gardota?" [9] Meddai rhai, "Hwn yw ef." "Na," meddai eraill, "ond y mae'n debyg iddo." Ac meddai'r dyn ei hun, "Myfi yw ef." [10] Gofynasant iddo felly, "Sut yr agorwyd dy lygaid di?" [11] Atebodd yntau, "Y dyn a elwir Iesu a wnaeth glai ac iro fy llygaid a dweud wrthyf, 'Dos i Siloam i ymolchi.' Ac wedi imi fynd yno ac ymolchi, cefais fy ngolwg." [12] Gofynasant iddo, "Ble mae ef?" "Ni wn i," meddai yntau.

Y Phariseaid yn Archwilio'r Iachâd

[13] Aethant â'r dyn oedd wedi bod gynt yn ddall at y Phariseaid. [14] Yr oedd yn Saboth y dydd hwnnw pan wnaeth Iesu glai ac agor llygaid y dyn. [15] A dyma'r Phariseaid yn gofyn iddo eto sut yr oedd wedi cael ei olwg. Ac meddai wrthynt, "Rhoddodd glai ar fy llygaid ac ymolchais, a dyma fi'n gweld." [16] Felly dywedodd rhai o'r Phariseaid, "Nid yw'r dyn hwn o Dduw; nid yw'n cadw'r Saboth." Ond meddai eraill, "Sut y gall dyn sy'n bechadur wneud y fath arwyddion?" Ac yr oedd ymraniad yn eu plith, [17] a dyma hwy'n gofyn eto i'r dyn dall, "Beth sydd gennyt ti i'w ddweud amdano ef, gan iddo agor dy lygaid di?" Atebodd yntau, "Proffwyd yw ef."

[18] Gwrthododd yr Iddewon gredu amdano iddo fod yn ddall a derbyn ei olwg, nes iddynt alw rhieni'r dyn [19] a'u holi hwy: "Ai hwn yw eich mab chwi? A ydych chwi'n dweud ei fod wedi ei eni'n ddall? Sut felly y mae'n gweld yn awr?" [20] Atebodd ei rieni, "Fe wyddom mai hwn yw ein mab a'i fod wedi ei eni'n ddall. [21] Ond ni wyddom sut y mae'n gweld yn awr, ac ni wyddom pwy a agorodd ei lygaid. Gofynnwch iddo ef. Y mae'n ddigon hen. Caiff ateb drosto'i hun." [22] Atebodd ei rieni fel hyn am fod arnynt ofn yr Iddewon, oherwydd yr oedd yr Iddewon eisoes wedi cytuno bod unrhyw un a fyddai'n cyffesu Iesu fel Meseia i gael ei dorri allan o'r synagog. [23] Dyna pam y dywedodd ei rieni, "Y mae'n ddigon hen. Gofynnwch iddo ef."

[24] Yna galwasant atynt am yr ail waith y dyn a fu'n ddall, ac meddent wrtho, "Dywed y gwir gerbron Duw. Fe wyddom ni mai pechadur yw'r dyn hwn." [25] Atebodd yntau, "Ni wn i a yw'n bechadur ai peidio. Un peth a wn i: roeddwn i'n ddall, ac yn awr rwyf yn gweld." [26] Meddent wrtho, "Beth wnaeth ef iti? Sut yr agorodd ef dy lygaid di?" [27] Atebodd hwy, "Rwyf wedi dweud wrthych eisoes, ond nid ydych wedi gwrando. Pam yr ydych mor awyddus i glywed y peth eto? Does bosibl eich bod chwi hefyd yn awyddus i fod yn ddisgyblion iddo?" [28] Ar hyn, dyma hwy'n ei ddifrïo ac yn dweud wrtho, "Ti sy'n ddisgybl i'r dyn. Disgyblion Moses ydym ni. [29] Fe wyddom fod Duw wedi llefaru wrth Moses, ond am y dyn hwn, ni wyddom o ble y mae wedi dod." [30] Atebodd y dyn hwy, "Y peth rhyfedd yw hyn, na wyddoch chwi o ble y mae wedi dod, ac eto fe agorodd ef fy llygaid i. [31] Fe wyddom nad yw Duw yn gwrando ar bechaduriaid, ond ei fod yn gwrando ar unrhyw un sy'n dduwiol ac yn gwneud ei ewyllys ef. [32] Ni chlywyd erioed fod neb wedi agor llygaid rhywun oedd wedi ei eni'n ddall. [33] Oni bai fod y dyn hwn o Dduw, ni allai wneud dim." [34] Atebodd y Phariseaid ef, "Fe'th aned di yn gyfan gwbl mewn pechod, ac a wyt ti yn ein dysgu ni?" Yna taflasant ef allan.

Dallineb Ysbrydol

[35] Clywodd Iesu eu bod wedi ei daflu allan, a phan gafodd hyd iddo gofynnodd iddo, "A wyt ti'n credu ym Mab y Dyn*?"

9:4 Yn ôl darlleniad arall, *i mi.*

9:35 Yn ôl darlleniad arall, *Mab Duw.*

³⁶ Atebodd yntau, "Pwy yw ef, syr, er mwyn imi gredu ynddo?" ³⁷ Meddai Iesu wrtho, "Yr wyt wedi ei weld ef. Yr un sy'n siarad â thi, hwnnw yw ef." ³⁸ "Yr wyf yn credu, Arglwydd," meddai'r dyn, gan ymgrymu o'i flaen. ³⁹ A dywedodd Iesu, "I farnu y deuthum i i'r byd hwn, er mwyn i'r rhai nad ydynt yn gweld gael gweld, ac i'r rhai sydd yn gweld fynd yn ddall."

⁴⁰ Clywodd rhai o'r Phariseaid oedd yno gydag ef hyn, ac meddent wrtho, "A ydym ni hefyd yn ddall?" ⁴¹ Atebodd Iesu hwy: "Pe baech yn ddall, ni byddai gennych bechod. Ond am eich bod yn awr yn dweud, 'Yr ydym yn gweld', y mae eich pechod yn aros.

Dameg Corlan y Defaid

10 "Yn wir, yn wir, rwy'n dweud wrthych, lleidr ac ysbeiliwr yw'r sawl nad yw'n mynd i mewn trwy'r drws i gorlan y defaid, ond sy'n dringo i mewn rywle arall. ² Yr un sy'n mynd i mewn trwy'r drws yw bugail y defaid. ³ Y mae ceidwad y drws yn agor i hwn, ac y mae'r defaid yn clywed ei lais, ac yntau'n galw ei ddefaid ei hun wrth eu henwau ac yn eu harwain hwy allan. ⁴ Pan fydd wedi dod â'i ddefaid ei hun i gyd allan, bydd yn cerdded ar y blaen, a'r defaid yn ei ganlyn oherwydd eu bod yn adnabod ei lais ef. ⁵ Ni chanlynant neb dieithr byth, ond ffoi oddi wrtho, oherwydd nid ydynt yn adnabod llais dieithriaid." ⁶ Dywedodd Iesu hyn wrthynt ar ddameg, ond nid oeddent hwy'n deall ystyr yr hyn yr oedd yn ei lefaru wrthynt.

Iesu, y Bugail Da

⁷ Felly dywedodd Iesu eto, "Yn wir, yn wir, rwy'n dweud wrthych, myfi yw drws y defaid. ⁸ Lladron ac ysbeilwyr oedd pawb a ddaeth o'm blaen i; ond ni wrandawodd y defaid arnynt hwy. ⁹ Myfi yw'r drws; os daw rhywun i mewn trwof fi, caiff ei gadw'n ddiogel, caiff fynd i mewn ac allan, a dod o hyd i borfa. ¹⁰ Ni ddaw'r lleidr ond i ladrata ac i ladd ac i ddinistrio. Yr wyf fi wedi dod er mwyn i ddynion gael bywyd, a'i gael yn ei holl gyflawnder. ¹¹ Myfi yw'r bugail da. Y mae'r bugail da yn rhoi ei einioes dros y defaid. ¹² Y mae'r gwas cyflog, nad yw'n fugail nac yn berchen y defaid, yn gweld y blaidd yn dod ac yn gadael y defaid ac yn ffoi; ac y mae'r blaidd yn eu hysglyfio ac yn eu gyrru ar chwâl. ¹³ Y mae'n ffoi am mai gwas cyflog yw, ac am nad oes ofal arno am y defaid. ¹⁴ Myfi yw'r bugail da; yr wyf yn adnabod fy nefaid, a'm defaid yn f'adnabod i, ¹⁵ yn union fel y mae'r Tad yn f'adnabod i, a minnau'n adnabod y Tad. Ac yr wyf yn rhoi fy einioes dros y defaid. ¹⁶ Y mae gennyf ddefaid eraill hefyd, nad ydynt yn perthyn i'r gorlan hon. Rhaid imi ddod â'r rheini i mewn, ac fe wrandawant ar fy llais. Yna bydd un praidd ac un bugail. ¹⁷ Y mae'r Tad yn fy ngharu i oherwydd fy mod yn rhoi fy einioes, i'w derbyn eilwaith. ¹⁸ Nid yw neb yn ei dwyn oddi arnaf, ond myfi ohonof fy hun sy'n ei rhoi. Y mae gennyf hawl i'w rhoi, ac y mae gennyf hawl i'w derbyn eilwaith. Hyn a gefais yn orchymyn gan fy Nhad."

¹⁹ Bu ymraniad eto ymhlith yr Iddewon o achos y geiriau hyn. ²⁰ Yr oedd llawer ohonynt yn dweud, "Y mae cythraul ynddo, y mae'n wallgof. Pam yr ydych yn gwrando arno?" ²¹ Ond yr oedd eraill yn dweud, "Nid geiriau dyn â chythraul ynddo yw'r rhain. A yw cythraul yn gallu agor llygaid y deillion?"

Yr Iddewon yn Gwrthod Iesu

²² Yna daeth amser dathlu gŵyl y Cysegru yn Jerwsalem. Yr oedd yn aeaf, ²³ ac yr oedd Iesu'n cerdded yn y deml, yng Nghloestr Solomon. ²⁴ Daeth yr Iddewon o'i amgylch a gofyn iddo, "Am ba hyd yr wyt ti am ein cadw ni mewn ansicrwydd? Os tydi yw'r Meseia, dywed hynny wrthym yn blaen." ²⁵ Atebodd Iesu hwy, "Yr wyf wedi dweud wrthych, ond nid ydych yn credu. Y mae'r gweithredoedd hyn yr wyf fi yn eu gwneud yn enw fy Nhad yn tystiolaethu amdanaf fi. ²⁶ Ond nid ydych chwi'n credu, am nad ydych yn perthyn i'm defaid i. ²⁷ Y mae fy nefaid i yn gwrando ar fy llais i, ac yr wyf fi'n eu hadnabod, a hwythau'n fy nghanlyn i. ²⁸ Yr wyf fi'n rhoi bywyd tragwyddol iddynt; nid ânt byth i ddistryw, ac ni chaiff neb eu cipio

hwy allan o'm llaw i. ²⁹ Hwy yw rhodd fy Nhad i mi, rhodd sy'n fwy na dim oll,* ac ni all neb eu cipio allan o law fy Nhad. ³⁰ Myfi a'r Tad, un ydym."

³¹ Unwaith eto casglodd yr Iddewon gerrig i'w labyddio ef. ³² Dywedodd Iesu wrthynt, "Yr wyf wedi dangos i chwi lawer o weithredoedd da trwy rym y Tad. O achos prun ohonynt yr ydych am fy llabyddio?" ³³ Atebodd yr Iddewon ef, "Nid am weithred dda yr ydym am dy labyddio, ond am gabledd, oherwydd dy fod ti, a thithau'n ddyn, yn dy wneud dy hun yn Dduw." ³⁴ Atebodd Iesu hwythau, "Onid yw'n ysgrifenedig yn eich Cyfraith chwi, 'Fe ddywedais i, "Duwiau ydych." ' ³⁵ Os galwodd ef y rhai hynny y daeth gair Duw atynt yn dduwiau—ac ni ellir diddymu'r Ysgrythur—³⁶ sut yr ydych chwi yn dweud, 'Yr wyt yn cablu', oherwydd fy mod i, yr un y mae'r Tad wedi ei gysegru a'i anfon i'r byd, wedi dweud, 'Mab Duw ydwyf'? ³⁷ Os nad wyf yn gwneud gweithredoedd fy Nhad, peidiwch â'm credu. ³⁸ Ond os wyf yn eu gwneud, credwch y gweithredoedd, hyd yn oed os na chredwch fi, er mwyn ichwi ganfod a gwybod bod y Tad ynof fi, a minnau yn y Tad." ³⁹ Gwnaethant gais eto i'w ddal ef, ond llithrodd trwy eu dwylo hwy.

⁴⁰ Aeth Iesu i ffwrdd eto dros yr Iorddonen i'r man lle bu Ioan gynt yn bedyddio, ac arhosodd yno. ⁴¹ Daeth llawer ato yno, ac yr oeddent yn dweud, "Ni wnaeth Ioan unrhyw arwydd, ond yr oedd popeth a ddywedodd Ioan am y dyn hwn yn wir." ⁴² A daeth llawer i gredu ynddo yn y lle hwnnw.

Marwolaeth Lasarus

11 Yr oedd rhyw ddyn o'r enw Lasarus yn wael. Yr oedd yn byw ym Methania, pentref Mair a'i chwaer Martha. ² Mair oedd y ferch a eneiniodd yr Arglwydd ag ennaint, a sychu ei draed â'i gwallt; a'i brawd hi, Lasarus, oedd yn wael. ³ Anfonodd y chwiorydd, felly, neges at Iesu: "Y mae dy gyfaill, syr, yma'n wael." ⁴ Pan glywodd Iesu, meddai, "Nid yw'r gwaeledd hwn i fod yn angau i Lasarus, ond yn ogoniant i Dduw; bydd yn gyfrwng i Fab Duw gael ei ogoneddu drwyddo." ⁵ Yn awr yr oedd Iesu'n caru Martha a'i chwaer a Lasarus. ⁶ Ac wedi clywed ei fod ef yn wael, arhosodd am ddau ddiwrnod yn y fan lle'r oedd. ⁷ Ac wedyn, dywedodd wrth ei ddisgyblion, "Gadewch inni fynd yn ôl i Jwdea." ⁸ "Rabbi," meddai'r disgyblion wrtho, "gynnau yr oedd yr Iddewon yn ceisio dy labyddio. Sut y gelli fynd yn ôl yno?" ⁹ Atebodd Iesu: "Onid oes deuddeg awr mewn diwrnod? Os yw rhywun yn cerdded yng ngolau dydd, nid yw'n baglu, oherwydd y mae'n gweld golau'r byd hwn. ¹⁰ Ond os yw rhywun yn cerdded yn y nos, y mae'n baglu, am nad oes golau ganddo." ¹¹ Ar ôl dweud hyn meddai wrthynt, "Y mae ein cyfaill Lasarus yn huno, ond yr wyf yn mynd yno i'w ddeffro." ¹² Dywedodd y disgyblion wrtho, "Arglwydd, os yw'n huno fe gaiff ei wella." ¹³ Ond at ei farwolaeth ef yr oedd Iesu wedi cyfeirio, a hwythau'n meddwl mai siarad am hun cwsg yr oedd. ¹⁴ Felly dywedodd Iesu wrthynt yn blaen, "Y mae Lasarus wedi marw. ¹⁵ Ac er eich mwyn chwi yr wyf yn falch nad oeddwn yno, er mwyn ichwi gredu. Ond gadewch inni fynd ato." ¹⁶ Ac meddai Thomas, a elwir Didymus, wrth ei gyd-ddisgyblion, "Gadewch i ninnau fynd hefyd, i farw gydag ef."

Iesu, yr Atgyfodiad a'r Bywyd

¹⁷ Pan gyrhaeddodd yno, cafodd Iesu fod Lasarus eisoes yn ei fedd ers pedwar diwrnod. ¹⁸ Yr oedd Bethania yn ymyl Jerwsalem, ryw dri chilomedr oddi yno. ¹⁹ Ac yr oedd llawer o'r Iddewon wedi dod at Martha a Mair i'w cysuro ar golli eu brawd. ²⁰ Pan glywodd Martha fod Iesu yn dod, aeth i'w gyfarfod; ond eisteddodd Mair yn y tŷ. ²¹ Dywedodd Martha wrth Iesu, "Pe buasit ti yma, syr, ni buasai fy mrawd wedi marw. ²² A hyd yn oed yn awr, mi wn y rhydd Duw i ti beth bynnag a ofynni ganddo." ²³ Dywedodd Iesu wrthi, "Fe atgyfoda dy frawd." ²⁴ "Mi wn," meddai Martha wrtho, "y bydd yn atgyfodi yn yr atgyfodiad ar y dydd olaf." ²⁵ Dywedodd

---

10:29 Yn ôl darlleniad arall, *Y mae fy Nhad, a'u rhoddodd hwy i mi, yn fwy na phawb.*

Iesu wrthi, "Myfi yw'r atgyfodiad a'r bywyd. Pwy bynnag sy'n credu ynof fi, er iddo farw, fe fydd byw; ²⁶ a phob un sy'n byw ac yn credu ynof fi, ni bydd marw byth. A wyt ti'n credu hyn?" ²⁷ "Ydwyf, Arglwydd," atebodd hithau, "yr wyf fi'n credu mai tydi yw'r Meseia, Mab Duw, yr Un sy'n dod i'r byd."

Iesu'n Wylo

²⁸ Wedi iddi ddweud hyn, aeth ymaith a galw ei chwaer Mair a dweud wrthi o'r neilltu, "Y mae'r Athro wedi cyrraedd, ac y mae am dy weld." ²⁹ Pan glywodd Mair hyn, cododd ar frys a mynd ato ef. ³⁰ Nid oedd Iesu wedi dod i mewn i'r pentref eto, ond yr oedd yn dal yn y fan lle'r oedd Martha wedi ei gyfarfod. ³¹ Pan welodd yr Iddewon, a oedd gyda hi yn y tŷ yn ei chysuro, fod Mair wedi codi ar frys a mynd allan, aethant ar ei hôl gan dybio ei bod hi'n mynd at y bedd, i wylo yno. ³² A phan ddaeth Mair i'r fan lle'r oedd Iesu, a'i weld, syrthiodd wrth ei draed ac meddai wrtho, "Pe buasit ti yma, syr, ni buasai fy mrawd wedi marw." ³³ Wrth ei gweld hi'n wylo, a'r Iddewon oedd wedi dod gyda hi hwythau'n wylo, cynhyrfwyd ysbryd Iesu gan deimlad dwys.* ³⁴ "Ble'r ydych wedi ei roi i orwedd?" gofynnodd. "Tyrd i weld, syr," meddant wrtho. ³⁵ Torrodd Iesu i wylo. ³⁶ Yna dywedodd yr Iddewon, "Gwelwch gymaint yr oedd yn ei garu ef." ³⁷ Ond dywedodd rhai ohonynt, "Oni allai hwn, a agorodd lygaid y dall, gadw'r dyn yma hefyd rhag marw?"

Galw Lasarus o'r Bedd

³⁸ Dan deimlad dwys* drachefn, daeth Iesu at y bedd. Ogof ydoedd, a maen yn gorwedd ar ei thraws. ³⁹ "Symudwch y maen," meddai Iesu. A dyma Martha, chwaer y dyn oedd wedi marw, yn dweud wrtho, "Erbyn hyn, syr, y mae'n drewi; y mae yma ers pedwar diwrnod." ⁴⁰ "Oni ddywedais wrthyt," meddai Iesu wrthi, "y cait weld gogoniant Duw, dim ond iti gredu?" ⁴¹ Felly symudasant y maen. A chododd Iesu ei lygaid i fyny a dweud, "O Dad, rwy'n diolch i ti am wrando arnaf. ⁴² Roeddwn i'n gwybod dy fod bob amser yn gwrando arnaf, ond dywedais hyn o achos y dyrfa sy'n sefyll o gwmpas, er mwyn iddynt gredu mai tydi a'm hanfonodd." ⁴³ Ac wedi dweud hyn, gwaeddodd â llais uchel, "Lasarus, tyrd allan." ⁴⁴ Daeth y dyn a fu farw allan, a'i draed a'i ddwylo wedi eu rhwymo â llieiniau, a chadach am ei wyneb. Dywedodd Iesu wrthynt, "Datodwch ei rwymau, a gadewch iddo fynd."

Y Cynllwyn i Ladd Iesu

Mth. 26:1–5; Mc. 14:1–2; Lc. 22:1–2

⁴⁵ Felly daeth llawer o'r Iddewon, y rhai oedd wedi dod at Mair a gweld beth yr oedd Iesu wedi ei wneud, i gredu ynddo. ⁴⁶ Ond aeth rhai ohonynt i ffwrdd at y Phariseaid a dweud wrthynt beth yr oedd Iesu wedi ei wneud. ⁴⁷ Am hynny galwodd y prif offeiriaid a'r Phariseaid gyfarfod o'r Sanhedrin, a dywedasant: "Beth yr ydym am ei wneud? Y mae'r dyn yma'n gwneud llawer o arwyddion. ⁴⁸ Os gadawn iddo barhau fel hyn, bydd pawb yn credu ynddo, ac fe ddaw'r Rhufeiniaid a chymryd oddi wrthym ein teml a'n cenedl hefyd." ⁴⁹ Ond dyma un ohonynt, Caiaffas, a oedd yn archoffeiriad y flwyddyn honno, yn dweud wrthynt: "Nid ydych chwi'n deall dim. ⁵⁰ Nid ydych yn sylweddoli mai mantais i chwi fydd i un dyn farw dros y bobl, yn hytrach na bod y genedl gyfan yn cael ei difodi." ⁵¹ Nid ohono'i hun y dywedodd hyn, ond proffwydo yr oedd, ac yntau'n archoffeiriad y flwyddyn honno, fod Iesu'n mynd i farw dros y genedl, ⁵² ac nid dros y genedl yn unig ond hefyd er mwyn casglu plant Duw oedd ar wasgar, a'u gwneud yn un. ⁵³ O'r diwrnod hwnnw, felly, gwnaethant gynllwyn i'w ladd ef.

⁵⁴ Am hynny, peidiodd Iesu mwyach â mynd oddi amgylch yn agored ymhlith yr Iddewon. Aeth i ffwrdd oddi yno i'r wlad sydd yn ymyl yr anialwch, i dref a elwir Effraim, ac arhosodd yno gyda'i ddisgyblion.

⁵⁵ Yn awr yr oedd Pasg yr Iddewon yn ymyl, ac aeth llawer i fyny i Jerwsalem o'r wlad cyn y Pasg, ar gyfer defod eu puredigaeth. ⁵⁶ Ac yr oeddent yn chwilio

---
11:33 Neu, *gan ddicter.*
11:38 Neu, *Yn ddig.*

am Iesu, ac yn sefyll yn y deml a dweud wrth ei gilydd, "Beth dybiwch chwi? Nad yw ef ddim yn dod i'r ŵyl?" ⁵⁷ Ac er mwyn iddynt ei ddal, yr oedd y prif offeiriaid a'r Phariseaid wedi rhoi gorchmynion, os oedd rhywun yn gwybod lle'r oedd ef, ei fod i'w hysbysu hwy.

Yr Eneinio ym Methania

12 Mth. 26:6–13; Mc. 14:3–9
Chwe diwrnod cyn y Pasg, daeth Iesu i Fethania, lle'r oedd Lasarus yn byw, y dyn yr oedd wedi ei godi oddi wrth y meirw. ² Yno gwnaethpwyd iddo swper; yr oedd Martha yn gweini, a Lasarus yn un o'r rhai oedd gydag ef wrth y bwrdd. ³ A chymerodd Mair fesur o ennaint costfawr, nard pur, ac eneiniodd draed Iesu a'u sychu â'i gwallt. A llanwyd y tŷ gan bersawr yr ennaint. ⁴ A dyma Jwdas Iscariot, un o'i ddisgyblion, yr un oedd yn mynd i'w fradychu, yn dweud, ⁵ "Pam na werthwyd yr ennaint hwn am dri chant o ddarnau arian*, a'i roi i'r tlodion?" ⁶ Ond fe ddywedodd hyn, nid am fod gofal ganddo am y tlodion, ond am mai lleidr ydoedd, yn cymryd o'r cyfraniadau yn y god arian oedd yn ei ofal. ⁷ "Gad lonydd iddi," meddai Iesu, "er mwyn iddi gadw'r ddefod ar gyfer dydd fy nghladdedigaeth. ⁸ Y mae'r tlodion gyda chwi bob amser, ond nid wyf fi gyda chwi bob amser."

Y Cynllwyn yn erbyn Lasarus

⁹ Daeth tyrfa fawr o'r Iddewon i wybod ei fod yno, a daethant ato, nid o achos Iesu yn unig, ond er mwyn gweld Lasarus hefyd, y dyn yr oedd ef wedi ei godi oddi wrth y meirw. ¹⁰ Ond gwnaeth y prif offeiriaid gynllwyn i ladd Lasarus hefyd, ¹¹ gan fod llawer o'r Iddewon, o'i achos ef, yn gwrthgilio ac yn credu yn Iesu.

Yr Ymdaith Fuddugoliaethus i mewn i Jerwsalem

Mth. 21:1–11; Mc. 11:1–11; Lc. 19:28–40

¹² Trannoeth, clywodd y dyrfa fawr a oedd wedi dod i'r ŵyl fod Iesu'n dod i Jerwsalem. ¹³ Cymerasant ganghennau o'r palmwydd ac aethant allan i'w gyfarfod, gan weiddi:

"Hosanna!
Bendigedig yw'r un sy'n dod yn
   enw'r Arglwydd,
yn Frenin Israel."

¹⁴ Cafodd Iesu hyd i asyn ifanc ac eistedd arno, fel y mae'n ysgrifenedig:

¹⁵ "Paid ag ofni, ferch Seion;
wele dy frenin yn dod,
yn eistedd ar ebol asen."

¹⁶ Ar y cyntaf ni ddeallodd y disgyblion ystyr y pethau hyn, ond wedi i Iesu gael ei ogoneddu, cofiasant fod y pethau hyn yn ysgrifenedig amdano, ac iddynt eu gwneud iddo. ¹⁷ Yr oedd y dyrfa, a oedd gydag ef pan alwodd Lasarus o'r bedd a'i godi o blith y meirw, yn tystiolaethu am hynny. ¹⁸ Dyna pam yr aeth tyrfa'r ŵyl i'w gyfarfod—yr oeddent wedi clywed am yr arwydd yma yr oedd wedi ei wneud. ¹⁹ Gan hynny, dywedodd y Phariseaid wrth ei gilydd, "Edrychwch, nid ydych yn llwyddo o gwbl. Aeth y byd i gyd ar ei ôl ef."

Groegiaid yn Ceisio Iesu

²⁰ Ymhlith y bobl oedd yn dod i fyny i addoli ar yr ŵyl, yr oedd rhyw Roegiaid. ²¹ Daeth y rhain at Philip, a oedd o Bethsaida yng Ngalilea, a gofyn iddo, "Syr, fe hoffem weld Iesu." ²² Aeth Philip i ddweud wrth Andreas; ac aeth Andreas a Philip i ddweud wrth Iesu. ²³ A dyma Iesu'n eu hateb. "Y mae'r awr wedi dod," meddai, "i Fab y Dyn gael ei ogoneddu. ²⁴ Yn wir, yn wir, rwy'n dweud wrthych, os nad yw'r gronyn gwenith yn syrthio i'r ddaear ac yn marw, y mae'n aros ar ei ben ei hun; ond os yw'n marw, y mae'n dwyn llawer o ffrwyth. ²⁵ Y mae'r sawl sy'n caru ei einioes yn ei cholli; a'r sawl sy'n casáu ei einioes yn y byd hwn, bydd yn ei chadw i fywyd tragwyddol. ²⁶ Os yw rhywun am fy ngwasanaethu i, rhaid

---

12:5 Neu, *dri chan denarius*. Gw. nodyn ar Mth. 18:28.

iddo fy nghanlyn i; lle bynnag yr wyf fi, yno hefyd y bydd fy ngwasanaethwr. Os yw rhywun yn fy ngwasanaethu i, fe gaiff ei anrhydeddu gan y Tad.

Rhaid i Fab y Dyn gael Ei Ddyrchafu

27 "Yn awr y mae fy enaid mewn cynnwrf. Beth a ddywedaf? 'O Dad, gwared fi rhag yr awr hon'? Na, i'r diben hwn y deuthum i'r awr hon. 28 O Dad, gogonedda dy enw." Yna daeth llais o'r nef: "Yr wyf wedi ei ogoneddu, ac fe'i gogoneddaf eto." 29 Pan glywodd y dyrfa oedd yn sefyll gerllaw, dechreusant ddweud mai taran oedd; dywedodd eraill, "Angel sydd wedi llefaru wrtho." 30 Atebodd Iesu, "Nid er fy mwyn i, ond er eich mwyn chwi, y daeth y llais hwn. 31 Dyma awr barnu'r byd hwn; yn awr y mae tywysog y byd hwn i gael ei fwrw allan. 32 A minnau, os caf fy nyrchafu oddi ar y ddaear, fe dynnaf bawb ataf fy hun." 33 Dywedodd hyn i ddangos beth fyddai dull y farwolaeth oedd yn ei aros. 34 Yna atebodd y dyrfa ef: "Yr ydym ni wedi dysgu o'r Gyfraith fod y Meseia i aros am byth. Sut yr wyt ti'n dweud, felly, bod yn rhaid i Fab y Dyn gael ei ddyrchafu? Pwy yw'r Mab y Dyn yma?" 35 Dywedodd Iesu wrthynt, "Am ychydig amser eto y bydd y goleuni yn eich plith. Rhodiwch tra bo'r goleuni gennych, rhag i'r tywyllwch eich goddiweddyd. Nid yw'r sawl sy'n rhodio yn y tywyllwch yn gwybod lle y mae'n mynd. 36 Tra bo'r goleuni gennych, credwch yn y goleuni, ac felly plant y goleuni fyddwch."

Anghrediniaeth yr Iddewon

Wedi iddo lefaru'r geiriau hyn, aeth Iesu i ffwrdd ac ymguddio rhagddynt. 37 Er iddo wneud cynifer o arwyddion yng ngŵydd y bobl, nid oeddent yn credu ynddo. 38 Cyflawnwyd felly y gair a ddywedodd y proffwyd Eseia:

"Arglwydd, pwy a gredodd yr hyn a
 glywsant gennym?
I bwy y datguddiwyd braich yr
 Arglwydd?"

39 O achos hyn ni allent gredu, oherwydd dywedodd Eseia beth arall:

40 "Y mae ef wedi dallu eu llygaid,
 ac wedi tywyllu eu deall,
rhag iddynt weld â'u llygaid,
 a deall â'u meddwl, a throi'n ôl,
 i mi eu hiacháu."

41 Dywedodd Eseia hyn am iddo weld ei ogoniant; amdano ef yr oedd yn llefaru. 42 Eto i gyd fe gredodd llawer hyd yn oed o'r llywodraethwyr ynddo ef; ond o achos y Phariseaid ni fynnent ei arddel, rhag iddynt gael eu torri allan o'r synagog. 43 Dewisach oedd ganddynt glod gan bobl na chlod gan Dduw.

Gair Iesu yn Barnu

44 Cyhoeddodd Iesu: "Y mae'r sawl sy'n credu ynof fi yn credu nid ynof fi ond yn yr un a'm hanfonodd i. 45 Ac y mae'r sawl sy'n fy ngweld i yn gweld yr un a'm hanfonodd i. 46 Yr wyf fi wedi dod i'r byd yn oleuni, ac felly nid yw neb sy'n credu ynof fi yn aros yn y tywyllwch. 47 Os yw rhywun yn clywed fy ngeiriau i ac yn gwrthod eu cadw, nid myfi sy'n ei farnu, oherwydd ni ddeuthum i farnu'r byd ond i achub y byd. 48 Y mae gan y sawl sy'n fy ngwrthod i, ac yn peidio â derbyn fy ngeiriau, un sydd yn ei farnu. Bydd y gair hwnnw a leferais i yn ei farnu yn y dydd olaf. 49 Oherwydd nid ohonof fy hunan y lleferais, ond y Tad ei hun, hwnnw a'm hanfonodd i, sydd wedi rhoi gorchymyn i mi beth a ddywedaf a beth a lefaraf. 50 A gwn fod ei orchymyn ef yn fywyd tragwyddol. Yr hyn yr wyf fi'n ei lefaru, felly, rwy'n ei lefaru yn union fel y mae'r Tad wedi dweud wrthyf."

Golchi Traed y Disgyblion

13 Ar drothwy gŵyl y Pasg, yr oedd Iesu'n gwybod fod ei awr wedi dod, iddo ymadael â'r byd hwn a mynd at y Tad. Yr oedd wedi caru'r rhai oedd yn eiddo iddo yn y byd, ac fe'u carodd hyd yr eithaf*. 2 Yn ystod swper, pan oedd y diafol eisoes wedi gosod yng nghalon Jwdas fab Simon Iscariot y bwriad i'w fradychu ef, 3 dyma Iesu, ac yntau'n gwybod bod y Tad wedi rhoi pob peth yn ei ddwylo ef, a'i fod wedi dod oddi wrth Dduw a'i fod yn mynd at Dduw, 4 yn codi

---

13:1 Neu, *hyd y diwedd.*

o'r swper ac yn rhoi ei wisg o'r neilltu, yn cymryd tywel ac yn ei glymu am ei ganol. ⁵ Yna tywalltodd ddŵr i'r badell, a dechreuodd olchi traed y disgyblion, a'u sychu â'r tywel oedd am ei ganol. ⁶ Daeth at Simon Pedr yn ei dro, ac meddai ef wrtho, "Arglwydd, a wyt ti am olchi fy nhraed i?" ⁷ Atebodd Iesu ef: "Ni wyddost ti ar hyn o bryd beth yr wyf fi am ei wneud, ond fe ddoi i wybod ar ôl hyn." ⁸ Meddai Pedr wrtho, "Ni chei di olchi fy nhraed i byth." Atebodd Iesu ef, "Os na chaf dy olchi di, nid oes lle iti gyda mi." ⁹ "Arglwydd," meddai Simon Pedr wrtho, "nid fy nhraed yn unig, ond golch fy nwylo a'm pen hefyd." ¹⁰ Dywedodd Iesu wrtho, "Y mae'r sawl sydd wedi ymolchi drosto yn lân i gyd, ac nid oes arno angen golchi dim ond ei draed.* Ac yr ydych chwi yn lân, ond nid pawb ohonoch." ¹¹ Oherwydd gwyddai pwy oedd am ei fradychu. Dyna pam y dywedodd, "Nid yw pawb ohonoch yn lân."

¹² Wedi iddo olchi eu traed, ac ymwisgo a chymryd ei le unwaith eto, gofynnodd iddynt, "A ydych yn deall beth yr wyf wedi ei wneud i chwi? ¹³ Yr ydych chwi'n fy ngalw i yn 'Athro' ac yn 'Arglwydd', a hynny'n gwbl briodol, oherwydd dyna wyf fi. ¹⁴ Os wyf fi, felly, a minnau'n Arglwydd ac yn Athro, wedi golchi eich traed chwi, fe ddylech chwithau hefyd olchi traed eich gilydd. ¹⁵ Yr wyf wedi rhoi esiampl i chwi; yr ydych chwithau i wneud fel yr wyf fi wedi ei wneud i chwi. ¹⁶ Yn wir, yn wir, rwy'n dweud wrthych, nid yw unrhyw was yn fwy na'i feistr, ac nid yw'r un a anfonir yn fwy na'r un a'i hanfonodd. ¹⁷ Os gwyddoch y pethau hyn, gwyn eich byd os gweithredwch arnynt. ¹⁸ Nid wyf yn siarad amdanoch i gyd. Yr wyf fi'n gwybod pwy a ddewisais. Ond y mae'n rhaid i'r Ysgrythur gael ei chyflawni: 'Y mae'r un sy'n bwyta fy mara i wedi codi ei sawdl yn f'erbyn.' ¹⁹ Yr wyf fi'n dweud wrthych yn awr, cyn i'r peth ddigwydd, er mwyn ichwi gredu, pan ddigwydd, mai myfi yw. ²⁰ Yn wir, yn wir, rwy'n dweud wrthych, y mae'r sawl sy'n derbyn unrhyw un a anfonaf fi yn fy nerbyn i, ac y mae'r sawl sy'n fy nerbyn i yn derbyn yr hwn a'm hanfonodd i."

Iesu'n Rhagfynegi ei Fradychu
Mth. 26:20–25; Mc. 14:17–21; Lc. 22:21–23

²¹ Wedi iddo ddweud hyn, cynhyrfwyd ysbryd Iesu a thystiodd fel hyn: "Yn wir, yn wir, rwy'n dweud wrthych fod un ohonoch yn mynd i'm bradychu i." ²² Dechreuodd y disgyblion edrych ar ei gilydd, yn methu dyfalu am bwy yr oedd yn sôn. ²³ Yr oedd un o'i ddisgyblion, yr un yr oedd Iesu'n ei garu, yn nesaf ato ef wrth y bwrdd. ²⁴ A dyma Simon Pedr yn rhoi arwydd i hwn i holi Iesu am bwy yr oedd yn sôn. ²⁵ A dyma'r disgybl hwnnw yn pwyso'n ôl ar fynwes Iesu ac yn gofyn iddo, "Pwy yw ef, Arglwydd?" ²⁶ Atebodd Iesu, "Yr un y gwlychaf y tamaid yma o fara a'i roi iddo, hwnnw yw ef." Yna gwlychodd y tamaid a'i roi i Jwdas fab Simon Iscariot. ²⁷ Ac yn dilyn ar hyn, aeth Satan i mewn i hwnnw. Meddai Iesu wrtho, "Yr hyn yr wyt yn ei wneud, brysia i'w gyflawni." ²⁸ Nid oedd neb o'r cwmni wrth y bwrdd yn deall pam y dywedodd hynny wrtho. ²⁹ Gan mai yng ngofal Jwdas yr oedd y god arian, tybiodd rhai fod Iesu wedi dweud wrtho, "Pryn y pethau y mae arnom eu heisiau at yr ŵyl", neu am roi rhodd i'r tlodion. ³⁰ Yn union wedi cymryd y tamaid bara aeth Jwdas allan. Yr oedd hi'n nos.

Y Gorchymyn Newydd

³¹ Ar ôl i Jwdas fynd allan dywedodd Iesu, "Yn awr y mae Mab y Dyn wedi ei ogoneddu, a Duw wedi ei ogoneddu ynddo ef. ³² Ac os yw Duw wedi ei ogoneddu ynddo ef, bydd Duw yntau yn ei ogoneddu ef ynddo'i hun, ac yn ei ogoneddu ar unwaith. ³³ Fy mhlant, am ychydig amser eto y byddaf gyda chwi; fe chwiliwch amdanaf, a'r hyn a ddywedais wrth yr Iddewon, yr wyf yn awr yn ei ddweud wrthych chwi hefyd, 'Ni allwch chwi ddod lle'r wyf fi'n mynd.' ³⁴ Yr wyf yn rhoi i chwi orchymyn newydd: carwch eich gilydd. Fel y cerais i chwi, felly yr ydych chwithau i garu'ch gilydd. ³⁵ Os bydd gennych gariad tuag at eich gilydd, wrth hynny bydd pawb yn gwybod mai disgyblion i mi ydych."

13:10 Yn ôl darlleniad arall, *angen ymolchi eto*.

Rhagfynegi Gwadiad Pedr

Mth. 26:31–35; Mc. 14:27–31; Lc. 22:31–34

36 Meddai Simon Pedr wrtho, "Arglwydd, i ble'r wyt ti'n mynd?" Atebodd Iesu ef, "Lle'r wyf fi'n mynd, ni elli di ar hyn o bryd fy nghanlyn, ond fe fyddi'n fy nghanlyn maes o law." 37 "Arglwydd," gofynnodd Pedr iddo, "pam na allaf dy ganlyn yn awr? Fe roddaf fy einioes drosot." 38 Atebodd Iesu, "A roddi dy einioes drosof? Yn wir, yn wir, rwy'n dweud wrthyt, ni chân y ceiliog cyn iti fy ngwadu i dair gwaith.

Iesu, y Ffordd at y Tad

14 "Peidiwch â gadael i ddim gynhyrfu'ch calon. Credwch yn Nuw, a chredwch ynof finnau. 2 Yn nhŷ fy Nhad y mae llawer o drigfannau; pe na byddai felly, a fyddwn i wedi dweud wrthych fy mod yn mynd i baratoi lle i chwi?* 3 Ac os af a pharatoi lle i chwi, fe ddof yn ôl, a'ch cymryd chwi ataf fy hun, er mwyn i chwithau fod lle'r wyf fi. 4 Fe wyddoch y ffordd i'r lle'r wyf fi'n mynd.*" 5 Meddai Thomas wrtho, "Arglwydd, ni wyddom i ble'r wyt yn mynd. Sut y gallwn wybod y ffordd?" 6 Dywedodd Iesu wrtho, "Myfi yw'r ffordd a'r gwirionedd a'r bywyd. Nid yw neb yn dod at y Tad ond trwof fi. 7 Os ydych wedi f'adnabod i, byddwch* yn adnabod y Tad hefyd. Yn wir, yr ydych bellach yn ei adnabod ef ac wedi ei weld ef." 8 Meddai Philip wrtho, "Arglwydd, dangos i ni y Tad, a bydd hynny'n ddigon inni." 9 Atebodd Iesu ef, "A wyf wedi bod gyda chwi cyhyd heb i ti fy adnabod, Philip? Y mae'r sawl sydd wedi fy ngweld i wedi gweld y Tad. Sut y medri di ddweud, 'Dangos i ni y Tad'? 10 Onid wyt yn credu fy mod i yn y Tad, a'r Tad ynof fi? Y geiriau yr wyf fi'n eu dweud wrthych, nid ohonof fy hun yr wyf yn eu llefaru; y Tad sy'n aros ynof fi sydd yn gwneud ei weithredoedd ei hun. 11 Credwch fi pan ddywedaf fy mod i yn y Tad, a'r Tad ynof fi; neu ynteu credwch ar sail y gweithredoedd eu hunain. 12 Yn wir, yn wir, rwy'n dweud wrthych, bydd pwy bynnag sy'n credu ynof fi hefyd yn gwneud y gweithredoedd yr wyf fi'n eu gwneud; yn wir, bydd yn gwneud rhai mwy na'r rheini, oherwydd fy mod i'n mynd at y Tad. 13 Beth bynnag a ofynnwch yn fy enw i, fe'i gwnaf, er mwyn i'r Tad gael ei ogoneddu yn y Mab. 14 Os gofynnwch unrhyw beth i mi* yn fy enw i, fe'i gwnaf.

Addo'r Ysbryd

15 "Os ydych yn fy ngharu i, fe gadwch fy ngorchmynion i. 16 Ac fe ofynnaf finnau i'm Tad, ac fe rydd ef i chwi Eiriolwr* arall i fod gyda chwi am byth, 17 Ysbryd y Gwirionedd. Ni all y byd ei dderbyn ef, am nad yw'r byd yn ei weld nac yn ei adnabod ef; yr ydych chwi yn ei adnabod, oherwydd gyda chwi y mae'n aros ac ynoch chwi y bydd. 18 Ni adawaf chwi'n amddifad; fe ddof yn ôl atoch chwi. 19 Ymhen ychydig amser, ni bydd y byd yn fy ngweld i ddim mwy, ond byddwch chwi'n fy ngweld, fy mod yn fyw; a byw fyddwch chwithau hefyd. 20 Yn y dydd hwnnw byddwch chwi'n gwybod fy mod i yn fy Nhad, a'ch bod chwi ynof fi, a minnau ynoch chwithau. 21 Pwy bynnag y mae fy ngorchmynion i ganddo, ac sy'n eu cadw hwy, yw'r un sy'n fy ngharu i. A'r un sy'n fy ngharu i, fe'i cerir gan fy Nhad, a byddaf finnau yn ei garu, ac yn f'amlygu fy hun iddo." 22 Meddai Jwdas wrtho (nid Jwdas Iscariot), "Arglwydd, beth sydd wedi digwydd i beri dy fod yn mynd i'th amlygu dy hun i ni, ac nid i'r byd?" 23 Atebodd Iesu ef: "Os yw rhywun yn fy ngharu, bydd yn cadw fy ngair i, a bydd fy Nhad yn ei garu, ac fe ddown ato a gwneud ein trigfa gydag ef. 24 Nid yw'r sawl nad yw'n fy ngharu i yn cadw fy ngeiriau i. A'r gair hwn yr ydych chwi yn ei glywed, nid fy ngair i ydyw, ond gair y Tad a'm hanfonodd i.

25 "Yr wyf wedi dweud hyn wrthych tra wyf yn aros gyda chwi. 26 Ond bydd yr

---

14:2 Yn ôl darlleniad arall, *felly, byddwn wedi dweud wrthych. Oherwydd yr wyf yn mynd i baratoi lle i chwi.*
14:4 Yn ôl darlleniad arall, *Fe wyddoch lle'r wyf fi'n mynd, ac fe wyddoch y ffordd yno.*
14:7 Yn ôl darlleniad arall, *Pe byddech yn f'adnabod i, byddech.*
14:14 Yn ôl darlleniad arall gadewir allan *i mi.*
14:16 Neu, *Gyfnerthwr;* neu, *Ddiddanydd.* Felly hefyd yn 14:26; 15:26; a 16:7.

Eiriolwr, yr Ysbryd Glân, a anfona'r Tad yn fy enw i, yn dysgu popeth ichwi, ac yn dwyn ar gof ichwi y cwbl a ddywedais i wrthych. ²⁷ Yr wyf yn gadael i chwi dangnefedd; yr wyf yn rhoi i chwi fy nhangnefedd i fy hun. Nid fel y mae'r byd yn rhoi yr wyf fi'n rhoi i chwi. Peidiwch â gadael i ddim gynhyrfu'ch calon, a pheidiwch ag ofni. ²⁸ Clywsoch beth a ddywedais i wrthych, 'Yr wyf fi yn ymadael â chwi, ac fe ddof atoch chwi.' Pe baech yn fy ngharu i, byddech yn llawenhau fy mod yn mynd at y Tad, oherwydd y mae'r Tad yn fwy na mi. ²⁹ Yr wyf fi wedi dweud wrthych yn awr, cyn i'r peth ddigwydd, er mwyn ichwi gredu pan ddigwydd. ³⁰ Ni byddaf yn siarad llawer gyda chwi eto, oherwydd y mae tywysog y byd hwn yn dod. Nid oes ganddo ddim gafael arnaf fi, ³¹ ond rhaid i'r byd wybod fy mod i'n caru'r Tad ac yn gwneud yn union fel y mae'r Tad wedi gorchymyn imi. Codwch, ac awn oddi yma.

Iesu, y Wir Winwydden

15 "Myfi yw'r wir winwydden, a'm Tad yw'r gwinllannwr. ² Y mae ef yn torri i ffwrdd bob cangen ynof fi nad yw'n dwyn ffrwyth, ac yn glanhau pob un sydd yn dwyn ffrwyth, er mwyn iddi ddwyn mwy o ffrwyth. ³ Yr ydych chwi eisoes yn lân trwy'r gair yr wyf wedi ei lefaru wrthych. ⁴ Arhoswch ynof fi, a minnau ynoch chwi. Ni all y gangen ddwyn ffrwyth ohoni ei hun, heb iddi aros yn y winwydden; ac felly'n union ni allwch chwithau heb i chwi aros ynof fi. ⁵ Myfi yw'r winwydden; chwi yw'r canghennau. Y mae'r sawl sydd yn aros ynof fi, a minnau ynddo yntau, yn dwyn llawer o ffrwyth, oherwydd ar wahân i mi ni allwch wneud dim. ⁶ Os na fydd rhywun yn aros ynof fi, caiff ei daflu i ffwrdd fel y gangen ddiffrwyth, ac fe wywa; dyma'r canghennau a gesglir, i'w taflu i'r tân a'u llosgi. ⁷ Os arhoswch ynof fi, ac os erys fy ngeiriau ynoch chwi, gofynnwch am beth a fynnwch, ac fe'i rhoddir ichwi. ⁸ Dyma sut y gogoneddir fy Nhad: trwy i chwi ddwyn llawer o ffrwyth a bod yn ddisgyblion i mi. ⁹ Fel y mae'r Tad wedi fy ngharu i, yr wyf finnau wedi eich caru chwi. Arhoswch yn fy nghariad i. ¹⁰ Os cadwch fy ngorchmynion fe arhoswch yn fy nghariad, yn union fel yr wyf fi wedi cadw gorchmynion fy Nhad, ac yr wyf yn aros yn ei gariad ef.

¹¹ "Yr wyf wedi dweud hyn wrthych er mwyn i'm llawenydd i fod ynoch, ac i'ch llawenydd chwi fod yn gyflawn. ¹² Dyma fy ngorchymyn i: carwch eich gilydd fel y cerais i chwi. ¹³ Nid oes gan neb gariad mwy na hyn, sef bod rhywun yn rhoi ei einioes dros ei gyfeillion. ¹⁴ Yr ydych chwi'n gyfeillion i mi os gwnewch yr hyn yr wyf fi'n ei orchymyn ichwi. ¹⁵ Nid wyf mwyach yn eich galw yn weision, oherwydd nid yw'r gwas yn gwybod beth y mae ei feistr yn ei wneud. Yr wyf wedi eich galw yn gyfeillion, oherwydd yr wyf wedi gwneud yn hysbys i chwi bob peth a glywais gan fy Nhad. ¹⁶ Nid chwi a'm dewisodd i, ond myfi a'ch dewisodd chwi, a'ch penodi i fynd allan a dwyn ffrwyth, ffrwyth sy'n aros. Ac yna, fe rydd y Tad i chwi beth bynnag a ofynnwch ganddo yn fy enw i. ¹⁷ Dyma'r gorchymyn yr wyf yn ei roi i chwi: carwch eich gilydd.

Casineb y Byd

¹⁸ "Os yw'r byd yn eich casáu chwi, fe wyddoch ei fod wedi fy nghasáu i o'ch blaen chwi. ¹⁹ Pe baech yn perthyn i'r byd, byddai'r byd yn caru'r eiddo'i hun. Ond gan nad ydych yn perthyn i'r byd, oherwydd i mi eich dewis chwi allan o'r byd, y mae'r byd yn eich casáu chwi. ²⁰ Cofiwch y gair a ddywedais i wrthych: 'Nid yw unrhyw was yn fwy na'i feistr.' Os erlidiasant fi, fe'ch erlidiant chwithau; os cadwasant fy ngair i, fe gadwant yr eiddoch chwithau. ²¹ Fe wnânt hyn oll i chwi o achos fy enw i, am nad ydynt yn adnabod yr hwn a'm hanfonodd i. ²² Pe buaswn i heb ddod a llefaru wrthynt, ni buasai ganddynt bechod. Ond yn awr nid oes ganddynt esgus am eu pechod. ²³ Y mae'r sawl sy'n fy nghasáu i yn casáu fy Nhad hefyd. ²⁴ Pe na buaswn wedi gwneud gweithredoedd yn eu plith na wnaeth neb arall, ni buasai ganddynt bechod. Ond yn awr y maent wedi gweld, ac wedi casáu fy

Nhad a minnau. ²⁵ Ond rhaid oedd cyflawni'r gair sy'n ysgrifenedig yn eu Cyfraith hwy: 'Y maent wedi fy nghasáu heb achos.'

²⁶ "Pan ddaw'r Eiriolwr a anfonaf fi atoch oddi wrth y Tad, sef Ysbryd y Gwirionedd, sy'n dod oddi wrth y Tad, bydd ef yn tystiolaethu amdanaf fi. ²⁷ Ac yr ydych chwi hefyd yn tystiolaethu, am eich bod gyda mi o'r dechrau.

16

"Yr wyf wedi dweud y pethau hyn wrthych i'ch cadw rhag cwympo. ² Fe'ch torrant chwi allan o'r synagogau; yn wir y mae'r amser yn dod pan fydd pawb fydd yn eich lladd chwi yn meddwl ei fod yn offrymu gwasanaeth i Dduw. ³ Fe wnânt hyn am nad ydynt wedi adnabod na'r Tad na myfi. ⁴ Ond yr wyf wedi dweud y pethau hyn wrthych er mwyn ichwi gofio, pan ddaw'r amser iddynt ddigwydd, fy mod i wedi eu dweud wrthych.

Gwaith yr Ysbryd

"Ni ddywedais hyn wrthych o'r dechrau, oherwydd yr oeddwn i gyda chwi. ⁵ Ond yn awr, yr wyf yn mynd at yr hwn a'm hanfonodd i, ac eto nid yw neb ohonoch yn gofyn i mi, 'Ble'r wyt ti'n mynd?' ⁶ Ond am fy mod wedi dweud hyn wrthych, daeth tristwch i lenwi eich calon. ⁷ Yr wyf fi'n dweud y gwir wrthych: y mae'n fuddiol i chwi fy mod i'n mynd ymaith. Oherwydd os nad af, ni ddaw'r Eiriolwr atoch chwi. Ond os af, fe'i hanfonaf ef atoch. ⁸ A phan ddaw, fe argyhoedda ef y byd ynglŷn â phechod, a chyfiawnder, a barn; ⁹ ynglŷn â phechod am nad ydynt yn credu ynof fi; ¹⁰ ynglŷn â chyfiawnder oherwydd fy mod i'n mynd at y Tad, ac na chewch fy ngweld ddim mwy; ¹¹ ynglŷn â barn am fod tywysog y byd hwn wedi cael ei farnu.

¹² "Y mae gennyf lawer eto i'w ddweud wrthych, ond ni allwch ddal y baich ar hyn o bryd. ¹³ Ond pan ddaw ef, Ysbryd y Gwirionedd, fe'ch arwain chwi yn* yr holl wirionedd. Oherwydd nid ohono'i hun y bydd yn llefaru; ond yr hyn a glyw y bydd yn ei lefaru, a'r hyn sy'n dod y bydd yn ei fynegi i chwi. ¹⁴ Bydd ef yn fy ngogoneddu i, oherwydd bydd yn cymryd o'r hyn sy'n eiddo i mi ac yn ei fynegi i chwi. ¹⁵ Y mae pob peth sydd gan y Tad yn eiddo i mi. Dyna pam y dywedais ei fod yn cymryd o'r hyn sy'n eiddo i mi ac yn ei fynegi i chwi.

Troi Tristwch yn Llawenydd

¹⁶ "Ymhen ychydig amser, ni byddwch yn fy ngweld i ddim mwy, ac ymhen ychydig wedyn, fe fyddwch yn fy ngweld." ¹⁷ Yna meddai rhai o'i ddisgyblion wrth ei gilydd, "Beth yw hyn y mae'n ei ddweud wrthym, 'Ymhen ychydig amser, ni byddwch yn fy ngweld i, ac ymhen ychydig amser wedyn, fe fyddwch yn fy ngweld', ac 'Oherwydd fy mod i'n mynd at y Tad'? ¹⁸ Beth," meddent, "yw'r 'ychydig amser' yma y mae'n sôn amdano? Nid ydym yn deall am beth y mae'n siarad." ¹⁹ Sylweddolodd Iesu eu bod yn awyddus i'w holi, ac meddai wrthynt, "Ai dyma'r hyn yr ydych yn ei drafod gyda'ch gilydd, fy mod i wedi dweud, 'Ymhen ychydig amser, ni byddwch yn fy ngweld i, ac ymhen ychydig amser wedyn, fe fyddwch yn fy ngweld'? ²⁰ Yn wir, yn wir, rwy'n dweud wrthych, y byddwch chwi'n wylo ac yn galaru, a bydd y byd yn llawenhau. Byddwch chwi'n drist, ond fe droir eich tristwch yn llawenydd. ²¹ Y mae gwraig mewn poen wrth esgor, gan fod ei hamser wedi dod. Ond pan fydd y baban wedi ei eni, nid yw hi'n cofio'r gwewyr ddim mwy gan gymaint ei llawenydd fod plentyn wedi ei eni i'r byd. ²² Felly chwithau, yr ydych yn awr mewn tristwch. Ond fe'ch gwelaf chwi eto, ac fe lawenha eich calon, ac ni chaiff neb ddwyn eich llawenydd oddi arnoch. ²³ Y dydd hwnnw ni byddwch yn holi dim arnaf. Yn wir, yn wir, rwy'n dweud wrthych, beth bynnag a ofynnwch gan y Tad yn fy enw i, bydd ef yn ei roi ichwi. ²⁴ Hyd yn hyn nid ydych wedi gofyn dim yn fy enw i. Gofynnwch, ac fe gewch, ac felly bydd eich llawenydd yn gyflawn.

Yr Wyf Fi wedi Gorchfygu'r Byd

²⁵ "Yr wyf wedi dweud y pethau hyn wrthych ar ddamhegion. Y mae amser

---

16:13 Yn ôl darlleniad arall, *at*.

yn dod pan na fyddaf yn siarad wrthych ar ddamhegion ddim mwy, ond yn llefaru wrthych yn gwbl eglur am y Tad. ²⁶ Yn y dydd hwnnw, byddwch yn gofyn yn fy enw i. Nid wyf yn dweud wrthych y byddaf fi'n gweddïo ar y Tad drosoch chwi, ²⁷ oherwydd y mae'r Tad ei hun yn eich caru chwi, am i chwi fy ngharu i a chredu fy mod i wedi dod oddi wrth Dduw. ²⁸ Deuthum oddi wrth y Tad, ac yr wyf wedi dod i'r byd; bellach yr wyf yn gadael y byd eto ac yn mynd at y Tad." ²⁹ Meddai ei ddisgyblion ef, "Dyma ti yn awr yn siarad yn gwbl eglur; nid ar ddameg yr wyt yn llefaru mwyach. ³⁰ Yn awr fe wyddom dy fod yn gwybod pob peth, ac nad oes arnat angen i neb dy holi. Dyna pam yr ydym yn credu dy fod wedi dod oddi wrth Dduw." ³¹ Atebodd Iesu hwy, "A ydych yn credu yn awr? ³² Edrychwch, y mae amser yn dod, yn wir y mae wedi dod, pan gewch eich gwasgaru bob un i'w le ei hun, a'm gadael i ar fy mhen fy hun. Ac eto, nid wyf ar fy mhen fy hun, oherwydd y mae'r Tad gyda mi. ³³ Yr wyf wedi dweud hyn wrthych er mwyn i chwi, ynof fi, gael tangnefedd. Yn y byd fe gewch orthrymder, ond codwch eich calon, yr wyf fi wedi gorchfygu'r byd."

Gweddi Iesu

17 Wedi iddo lefaru'r geiriau hyn, cododd Iesu ei lygaid i'r nef a dywedodd: "O Dad, y mae'r awr wedi dod. Gogonedda dy Fab, er mwyn i'r Mab dy ogoneddu di. ² Oherwydd rhoddaist iddo ef awdurdod ar bob un, awdurdod i roi bywyd tragwyddol i bawb yr wyt ti wedi eu rhoi iddo ef. ³ A hyn yw bywyd tragwyddol: dy adnabod di, yr unig wir Dduw, a'r hwn a anfonaist ti, Iesu Grist. ⁴ Yr wyf fi wedi dy ogoneddu ar y ddaear trwy orffen y gwaith a roddaist imi i'w wneud. ⁵ Yn awr, O Dad, gogonedda di fyfi ger dy fron, dy hun â'r gogoniant oedd i mi ger dy fron cyn bod y byd.

⁶ "Yr wyf wedi amlygu dy enw i'r rhai a roddaist imi allan o'r byd. Eiddot ti oeddent, ac fe'u rhoddaist i mi. Y maent wedi cadw dy air di. ⁷ Y maent yn gwybod yn awr mai oddi wrthyt ti y mae popeth a roddaist i mi. ⁸ Oherwydd yr wyf wedi rhoi iddynt hwy y geiriau a roddaist ti i mi, a hwythau wedi eu derbyn, a chanfod mewn gwirionedd mai oddi wrthyt ti y deuthum, a chredu mai ti a'm hanfonodd i. ⁹ Drostynt hwy yr wyf fi'n gweddïo. Nid dros y byd yr wyf yn gweddïo, ond dros y rhai a roddaist imi, oherwydd eiddot ti ydynt. ¹⁰ Y mae popeth sy'n eiddof fi yn eiddot ti, a'r eiddot ti yn eiddof fi. Ac yr wyf fi wedi fy ngogoneddu ynddynt hwy. ¹¹ Nid wyf fi mwyach yn y byd, ond y maent hwy yn y byd. Yr wyf fi'n dod atat ti. O Dad sanctaidd, cadw hwy'n ddiogel trwy dy enw, yr enw a roddaist* i mi, er mwyn iddynt fod yn un fel yr ydym ni yn un. ¹² Pan oeddwn gyda hwy, yr oeddwn i'n eu cadw'n ddiogel trwy dy enw, yr enw a roddaist i mi. Gwyliais drostynt, ac ni chollwyd yr un ohonynt, ar wahân i fab colledigaeth, i'r Ysgrythur gael ei chyflawni. ¹³ Ond yn awr yr wyf yn dod atat ti, ac yr wyf yn llefaru'r geiriau hyn yn y byd er mwyn i'm llawenydd i fod ganddynt yn gyflawn ynddynt hwy eu hunain. ¹⁴ Yr wyf fi wedi rhoi iddynt dy air di, ac y mae'r byd wedi eu casáu hwy, am nad ydynt yn perthyn i'r byd, fel nad wyf finnau'n perthyn i'r byd. ¹⁵ Nid wyf yn gweddïo ar i ti eu cymryd allan o'r byd, ond ar i ti eu cadw'n ddiogel rhag yr Un drwg. ¹⁶ Nid ydynt yn perthyn i'r byd, fel nad wyf finnau'n perthyn i'r byd. ¹⁷ Cysegra hwy yn y gwirionedd. Dy air di yw'r gwirionedd. ¹⁸ Fel yr anfonaist ti fi i'r byd, yr wyf fi'n eu hanfon hwy i'r byd. ¹⁹ Ac er eu mwyn hwy yr wyf fi'n fy nghysegru fy hun, er mwyn iddynt hwythau fod wedi eu cysegru yn y gwirionedd.

²⁰ "Ond nid dros y rhain yn unig yr wyf yn gweddïo, ond hefyd dros y rhai fydd yn credu ynof fi trwy eu gair hwy. ²¹ Rwy'n gweddïo ar iddynt oll fod yn un, ie, fel yr wyt ti, O Dad, ynof fi a minnau ynot ti, iddynt hwy hefyd fod ynom ni, er mwyn i'r byd gredu mai tydi a'm hanfonodd i. ²² Yr wyf fi wedi rhoi iddynt hwy y gogoniant a roddaist ti i mi, er mwyn iddynt fod yn un fel yr ydym ni yn un: ²³ myfi ynddynt hwy, a thydi ynof fi, a

---

17:11 Yn ôl darlleniad arall, *y rhai a roddaist*. Felly hefyd yn adn. 12.

hwythau felly wedi eu dwyn i undod perffaith, er mwyn i'r byd wybod mai tydi a'm hanfonodd i, ac i ti eu caru hwy fel y ceraist fi. 24 O Dad, am y rhai yr wyt ti wedi eu rhoi i mi, fy nymuniad yw iddynt hwy fod gyda mi lle'r wyf fi, er mwyn iddynt weld fy ngogoniant, y gogoniant a roddaist i mi oherwydd i ti fy ngharu cyn seilio'r byd. 25 O Dad cyfiawn, nid yw'r byd yn dy adnabod, ond yr wyf fi'n dy adnabod, ac y mae'r rhain yn gwybod mai tydi a'm hanfonodd i. 26 Yr wyf wedi gwneud dy enw di yn hysbys iddynt, ac fe wnaf hynny eto, er mwyn i'r cariad â'r hwn yr wyt wedi fy ngharu i fod ynddynt hwy, ac i minnau fod ynddynt hwy."

Bradychu a Dal Iesu

18 Mth. 26:47–56; Mc. 14:43–50; Lc. 22:47–53

Wedi iddo ddweud hyn, aeth Iesu allan gyda'i ddisgyblion a chroesi nant Cidron. Yr oedd gardd yno, ac iddi hi yr aeth ef a'i ddisgyblion. 2 Yr oedd Jwdas hefyd, ei fradychwr, yn gwybod am y lle, oherwydd yr oedd Iesu lawer gwaith wedi cyfarfod â'i ddisgyblion yno. 3 Cymerodd Jwdas felly fintai o filwyr, a swyddogion oddi wrth y prif offeiriaid a'r Phariseaid, ac aeth yno gyda llusernau a ffaglau ac arfau. 4 Gan fod Iesu'n gwybod pob peth oedd ar fin digwydd iddo, aeth allan atynt a gofyn, "Pwy yr ydych yn ei geisio?" 5 Atebasant ef, "Iesu o Nasareth." "Myfi yw," meddai yntau wrthynt. Ac yr oedd Jwdas, ei fradychwr, yn sefyll yno gyda hwy. 6 Pan ddywedodd Iesu wrthynt, "Myfi yw", ciliasant yn ôl a syrthio i'r llawr. 7 Felly gofynnodd iddynt eilwaith, "Pwy yr ydych yn ei geisio?" "Iesu o Nasareth," meddent hwythau. 8 Atebodd Iesu, "Dywedais wrthych mai myfi yw. Os myfi yr ydych yn ei geisio, gadewch i'r rhain fynd." 9 Felly cyflawnwyd y gair yr oedd wedi ei lefaru: "Ni chollais yr un o'r rhai a roddaist imi." 10 Yna tynnodd Simon Pedr y cleddyf oedd ganddo, a tharo gwas yr archoffeiriad a thorri ei glust dde i ffwrdd. Enw'r gwas oedd Malchus. 11 Ac meddai Iesu wrth Pedr, "Rho dy gleddyf yn ôl yn y wain. Onid wyf am yfed y cwpan y mae'r Tad wedi ei roi imi?"

Iesu gerbron yr Archoffeiriad

Mth. 26:57–58; Mc. 14:53–54; Lc. 22:54

12 Yna cymerodd y fintai a'i chapten, a swyddogion yr Iddewon, afael yn Iesu a'i rwymo. 13 Aethant ag ef at Annas yn gyntaf. Ef oedd tad-yng-nghyfraith Caiaffas, a oedd yn archoffeiriad y flwyddyn honno. 14 Caiaffas oedd y dyn a gynghorodd yr Iddewon mai mantais fyddai i un dyn farw dros y bobl.

Pedr yn Gwadu Iesu

Mth. 26:69–70; Mc. 14:66–68; Lc. 22:55–57

15 Yr oedd Simon Pedr yn canlyn Iesu, a disgybl arall hefyd. Yr oedd y disgybl hwn yn adnabyddus i'r archoffeiriad, ac fe aeth i mewn gyda Iesu i gyntedd yr archoffeiriad, 16 ond safodd Pedr wrth y drws y tu allan. Felly aeth y disgybl arall, yr un oedd yn adnabyddus i'r archoffeiriad, allan a siarad â'r forwyn oedd yn cadw'r drws, a daeth â Pedr i mewn. 17 A dyma'r forwyn oedd yn cadw'r drws yn dweud wrth Pedr, "Tybed a wyt tithau'n un o ddisgyblion y dyn yma?" "Nac ydwyf," atebodd yntau. 18 A chan ei bod yn oer, yr oedd y gweision a'r swyddogion wedi gwneud tân golosg, ac yr oeddent yn sefyll yn ymdwymo wrtho. Ac yr oedd Pedr yntau yn sefyll gyda hwy yn ymdwymo.

Yr Archoffeiriad yn Holi Iesu

Mth. 26:59–66; Mc. 14:55–64; Lc. 22:66–71

19 Yna holodd yr archoffeiriad Iesu am ei ddisgyblion ac am ei ddysgeidiaeth. 20 Atebodd Iesu ef: "Yr wyf fi wedi siarad yn agored wrth y byd. Yr oeddwn i bob amser yn dysgu mewn synagog ac yn y deml, lle y bydd yr Iddewon i gyd yn ymgynnull; nid wyf wedi siarad dim yn y dirgel. 21 Pam yr wyt yn fy holi i? Hola'r rhai sydd wedi clywed yr hyn a leferais wrthynt. Dyma'r sawl sy'n gwybod beth a ddywedais i." 22 Pan ddywedodd hyn, rhoddodd un o'r swyddogion oedd yn sefyll yn ei ymyl gernod i Iesu, gan ddweud, "Ai felly yr wyt yn ateb yr archoffeiriad?" 23 Atebodd Iesu, "Os dywedais rywbeth o'i le, rho dystiolaeth ynglŷn â hynny. Ond os oeddwn yn fy lle, pam yr wyt yn fy nharo?" 24 Yna anfonodd

Annas ef, wedi ei rwymo, at Caiaffas, yr archoffeiriad.

Pedr yn Gwadu Iesu Eto
Mth. 26:71–75; Mc. 14:69–72; Lc. 22:58–62

25 Yr oedd Simon Pedr yn sefyll yno yn ymdwymo. Meddent wrtho felly, "Tybed a wyt tithau'n un o'i ddisgyblion?" Gwadodd yntau: "Nac ydwyf," meddai. 26 Dyma un o weision yr archoffeiriad, perthynas i'r un y torrodd Pedr ei glust i ffwrdd, yn gofyn iddo, "Oni welais i di yn yr ardd gydag ef?" 27 Yna gwadodd Pedr eto. Ac ar hynny, canodd y ceiliog.

Iesu gerbron Pilat
Mth. 27:1–2, 11–14; Mc. 15:1–5; Lc. 23:1–5

28 Aethant â Iesu oddi wrth Caiaffas i'r Praetoriwm. Yr oedd yn fore. Nid aeth yr Iddewon eu hunain i mewn i'r Praetoriwm, rhag iddynt gael eu halogi, er mwyn gallu bwyta gwledd y Pasg. 29 Am hynny, daeth Pilat allan atynt hwy, ac meddai, "Beth yw'r cyhuddiad yr ydych yn ei ddwyn yn erbyn y dyn hwn?" 30 Atebasant ef, "Oni bai fod hwn yn droseddwr, ni buasem wedi ei drosglwyddo i ti." 31 Yna dywedodd Pilat wrthynt, "Cymerwch chwi ef, a barnwch ef yn ôl eich Cyfraith eich hunain." Meddai'r Iddewon wrtho, "Nid yw'n gyfreithlon i ni roi neb i farwolaeth." 32 Felly cyflawnwyd y gair yr oedd Iesu wedi ei lefaru i ddangos beth fyddai dull y farwolaeth oedd yn ei aros. 33 Yna, aeth Pilat i mewn i'r Praetoriwm eto. Galwodd Iesu, ac meddai wrtho, "Ai ti yw Brenin yr Iddewon?" 34 Atebodd Iesu, "Ai ohonot dy hun yr wyt ti'n dweud hyn, ai ynteu eraill a ddywedodd hyn wrthyt amdanaf fi?" 35 Atebodd Pilat, "Ai Iddew wyf fi? Dy genedl dy hun a'i phrif offeiriaid sydd wedi dy drosglwyddo di i mi. Beth wnaethost ti?" 36 Atebodd Iesu, "Nid yw fy nheyrnas i o'r byd hwn. Pe bai fy nheyrnas i o'r byd hwn, byddai fy ngwasanaethwyr i yn ymladd, rhag imi gael fy nhrosglwyddo i'r Iddewon. Ond y gwir yw, nid dyma darddle fy nheyrnas i." 37 Yna meddai Pilat wrtho, "Yr wyt ti yn frenin, ynteu?" "Ti sy'n dweud fy mod yn frenin," atebodd Iesu. "Er mwyn hyn yr wyf fi wedi cael fy ngeni, ac er mwyn hyn y deuthum i'r byd, i dystiolaethu i'r gwirionedd. Y mae pawb sy'n perthyn i'r gwirionedd yn gwrando ar fy llais i." 38 Meddai Pilat wrtho, "Beth yw gwirionedd?"

Dedfrydu Iesu i Farwolaeth
Mth. 27:15–31; Mc. 15:6–20; Lc. 23:13–25

Wedi iddo ddweud hyn, daeth allan eto at yr Iddewon ac meddai wrthynt, "Nid wyf fi'n cael unrhyw achos yn ei erbyn. 39 Ond y mae'n arfer gennych i mi ryddhau un carcharor ichwi ar y Pasg. A ydych yn dymuno, felly, imi ryddhau ichwi Frenin yr Iddewon?" 40 Yna gwaeddasant yn ôl, "Na, nid hwnnw, ond Barabbas." Terfysgwr oedd Barabbas.

19 Yna cymerodd Pilat Iesu, a'i fflangellu. 2 A phlethodd y milwyr goron o ddrain a'i gosod ar ei ben ef, a rhoi mantell borffor amdano. 3 Ac yr oeddent yn dod ato ac yn dweud, "Henffych well, Frenin yr Iddewon!" ac yn ei gernodio. 4 Daeth Pilat allan eto, ac meddai wrthynt, "Edrychwch, rwy'n dod ag ef allan atoch, er mwyn ichwi wybod nad wyf yn cael unrhyw achos yn ei erbyn." 5 Daeth Iesu allan, felly, yn gwisgo'r goron ddrain a'r fantell borffor. A dywedodd Pilat wrthynt, "Dyma'r dyn." 6 Pan welodd y prif offeiriaid a'r swyddogion ef, gwaeddasant, "Croeshoelia, croeshoelia." "Cymerwch ef eich hunain a chroeshoeliwch," meddai Pilat wrthynt, "oherwydd nid wyf fi'n cael achos yn ei erbyn." 7 Atebodd yr Iddewon ef, "Y mae gennym ni Gyfraith, ac yn ôl y Gyfraith honno fe ddylai farw, oherwydd fe'i gwnaeth ei hun yn Fab Duw."

8 Pan glywodd Pilat y gair hwn, ofnodd yn fwy byth. 9 Aeth yn ei ôl i mewn i'r Praetoriwm, a gofynnodd i Iesu, "O ble'r wyt ti'n dod?" Ond ni roddodd Iesu ateb iddo. 10 Dyma Pilat felly yn gofyn iddo, "Onid wyt ti am siarad â mi? Oni wyddost fod gennyf awdurdod i'th ryddhau di, a bod gennyf awdurdod hefyd i'th groeshoelio di?" 11 Atebodd Iesu ef, "Ni fyddai gennyt ddim awdurdod arnaf fi oni bai ei fod wedi ei roi iti oddi uchod. Gan hynny, y mae'r hwn a'm trosglwyddodd i ti yn euog o

bechod mwy." ¹² O hyn allan, ceisiodd Pilat ei ryddhau ef. Ond gwaeddodd yr Iddewon: "Os wyt yn rhyddhau'r dyn hwn, nid wyt yn gyfaill i Gesar. Y mae pob un sy'n ei wneud ei hun yn frenin yn gwrthryfela yn erbyn Cesar."

¹³ Pan glywodd Pilat y geiriau hyn, daeth â Iesu allan, ac eisteddodd ar y brawdle yn y lle a elwir Y Palmant (yn iaith yr Iddewon, Gabbatha). ¹⁴ Dydd Paratoad y Pasg oedd hi, tua hanner dydd. A dywedodd Pilat wrth yr Iddewon, "Dyma eich brenin." ¹⁵ Gwaeddasant hwythau, "Ymaith ag ef, ymaith ag ef, croeshoelia ef." Meddai Pilat wrthynt, "A wyf i groeshoelio eich brenin chwi?" Atebodd y prif offeiriaid, "Nid oes gennym frenin ond Cesar." ¹⁶ Yna traddododd Pilat Iesu iddynt i'w groeshoelio.

Croeshoelio Iesu

Mth. 27:32–44; Mc. 15:21–32; Lc. 23:26–43

Felly cymerasant Iesu. ¹⁷ Ac aeth allan, gan gario'i groes ei hun, i'r man a elwir Lle Penglog (yn iaith yr Iddewon fe'i gelwir Golgotha). ¹⁸ Yno croeshoeliasant ef, a dau arall gydag ef, un ar bob ochr a Iesu yn y canol. ¹⁹ Ysgrifennodd Pilat deitl, a'i osod ar y groes; dyma'r hyn a ysgrifennwyd: "Iesu o Nasareth, Brenin yr Iddewon." ²⁰ Darllenodd llawer o'r Iddewon y teitl hwn, oherwydd yr oedd y fan lle croeshoeliwyd Iesu yn agos i'r ddinas. Yr oedd y teitl wedi ei ysgrifennu yn iaith yr Iddewon, ac mewn Lladin a Groeg. ²¹ Yna meddai prif offeiriaid yr Iddewon wrth Pilat, "Paid ag ysgrifennu, 'Brenin yr Iddewon', ond yn hytrach, 'Dywedodd ef, "Brenin yr Iddewon wyf fi."'" ²² Atebodd Pilat, "Yr hyn a ysgrifennais a ysgrifennais."

²³ Wedi iddynt groeshoelio Iesu, cymerodd y milwyr ei ddillad ef a'u rhannu'n bedair rhan, un i bob milwr. Cymerasant ei grys hefyd; yr oedd hwn yn ddiwnïad, wedi ei weu o'r pen yn un darn. ²⁴ "Peidiwn â'i rhwygo hi," meddai'r milwyr wrth ei gilydd, "gadewch inni fwrw coelbren amdani, i benderfynu pwy gaiff hi." Felly cyflawnwyd yr Ysgrythur sy'n dweud:

"Rhanasant fy nillad yn eu mysg,
a bwrw coelbren ar fy ngwisg."

Felly y gwnaeth y milwyr. ²⁵ Ond yn ymyl croes Iesu yr oedd ei fam ef yn sefyll gyda'i chwaer, Mair gwraig Clopas, a Mair Magdalen. ²⁶ Pan welodd Iesu ei fam, felly, a'r disgybl yr oedd yn ei garu yn sefyll yn ei hymyl, meddai wrth ei fam, "Wraig, dyma dy fab di." ²⁷ Yna dywedodd wrth y disgybl, "Dyma dy fam di." Ac o'r awr honno, cymerodd y disgybl hi i mewn i'w gartref.

Marwolaeth Iesu

Mth. 27:45–56; Mc. 15:33–41; Lc. 23:44–49

²⁸ Ar ôl hyn yr oedd Iesu'n gwybod bod pob peth bellach wedi ei orffen, ac er mwyn i'r Ysgrythur gael ei chyflawni dywedodd, "Y mae arnaf syched." ²⁹ Yr oedd llestr ar lawr yno, yn llawn o win sur, a dyma hwy'n dodi ysbwng, wedi ei lenwi â'r gwin yma, ar ddarn o isop, ac yn ei godi at ei wefusau. ³⁰ Yna, wedi iddo gymryd y gwin, dywedodd Iesu, "Gorffennwyd." Gwyrodd ei ben, a rhoi i fyny ei ysbryd.

Trywanu Ystlys Iesu

³¹ Yna, gan ei bod yn ddydd Paratoad, gofynnodd yr Iddewon i Pilat am gael torri coesau'r rhai a groeshoeliwyd, a chymryd y cyrff i lawr, rhag iddynt ddal i fod ar y groes ar y Saboth, oherwydd yr oedd y Saboth hwnnw'n uchel-ŵyl. ³² Felly daeth y milwyr, a thorri coesau'r naill a'r llall a groeshoeliwyd gyda Iesu. ³³ Ond pan ddaethant at Iesu a gweld ei fod ef eisoes yn farw, ni thorasant ei goesau. ³⁴ Ond fe drywanodd un o'r milwyr ei ystlys ef â phicell, ac ar unwaith dyma waed a dŵr yn llifo allan. ³⁵ Y mae'r un a welodd y peth wedi dwyn tystiolaeth i hyn, ac y mae ei dystiolaeth ef yn wir. Y mae hwnnw'n gwybod ei fod yn dweud y gwir, a gallwch chwithau felly gredu. ³⁶ Digwyddodd hyn er mwyn i'r Ysgrythur gael ei chyflawni: "Ni thorrir asgwrn ohono." ³⁷ Ac y mae'r Ysgrythur hefyd yn dweud mewn lle arall: "Edrychant ar yr hwn a drywanwyd ganddynt."

Claddu Iesu

Mth. 27:57-61; Mc. 15:42-47; Lc. 23:50-56

[38] Ar ôl hyn, gofynnodd Joseff o Arimathea ganiatâd gan Pilat i gymryd corff Iesu i lawr. Yr oedd Joseff yn ddisgybl i Iesu, ond yn ddisgybl cudd, gan fod ofn yr Iddewon arno. Rhoddodd Pilat ganiatâd, ac felly aeth Joseff i gymryd y corff i lawr. [39] Aeth Nicodemus hefyd, y dyn oedd wedi dod at Iesu y tro cyntaf liw nos, a daeth ef â thua chan mesur o fyrr ac aloes yn gymysg.* [40] Cymerasant gorff Iesu, a'i rwymo, ynghyd â'r peraroglau, mewn llieiniau, yn unol ag arferion claddu'r Iddewon. [41] Yn y fan lle croeshoeliwyd ef yr oedd gardd, ac yn yr ardd yr oedd bedd newydd nad oedd neb erioed wedi ei roi i orwedd ynddo. [42] Felly, gan ei bod yn ddydd Paratoad i'r Iddewon, a chan fod y bedd hwn yn ymyl, rhoesant Iesu i orwedd ynddo.

Atgyfodiad Iesu

20 Mth. 28:1-10; Mc. 16:1-8; Lc. 24:1-12

Ar y dydd cyntaf o'r wythnos, yn fore, tra oedd hi eto'n dywyll, dyma Mair Magdalen yn dod at y bedd, ac yn gweld bod y maen wedi ei dynnu oddi wrth y bedd. [2] Rhedodd, felly, nes dod at Simon Pedr a'r disgybl arall, yr un yr oedd Iesu'n ei garu. Ac meddai wrthynt, "Y maent wedi cymryd yr Arglwydd allan o'r bedd, ac ni wyddom lle y maent wedi ei roi i orwedd." [3] Yna cychwynnodd Pedr a'r disgybl arall allan, a mynd at y bedd. [4] Yr oedd y ddau'n cydredeg, ond rhedodd y disgybl arall ymlaen yn gynt na Pedr, a chyrraedd y bedd yn gyntaf. [5] Plygodd i edrych, a gwelodd y llieiniau yn gorwedd yno, ond nid aeth i mewn. [6] Yna daeth Simon Pedr ar ei ôl, a mynd i mewn i'r bedd. Gwelodd y llieiniau yn gorwedd yno, [7] a hefyd y cadach oedd wedi bod am ei ben ef; nid oedd hwn yn gorwedd gyda'r llieiniau, ond ar wahân, wedi ei blygu ynghyd. [8] Yna aeth y disgybl arall, y cyntaf i ddod at y bedd, yntau i mewn. Gwelodd, ac fe gredodd. [9] Oherwydd nid oeddent eto wedi deall yr hyn a ddywed yr Ysgrythur, fod yn rhaid iddo atgyfodi oddi wrth y meirw. [10] Yna aeth y disgyblion yn ôl adref.

Iesu'n Ymddangos i Fair Magdalen

Mc. 16:9-11

[11] Ond yr oedd Mair yn dal i sefyll y tu allan i'r bedd, yn wylo. Wrth iddi wylo felly, plygodd i edrych i mewn i'r bedd, [12] a gwelodd ddau angel mewn dillad gwyn yn eistedd lle'r oedd corff Iesu wedi bod yn gorwedd, un wrth y pen a'r llall wrth y traed. [13] Ac meddai'r rhain wrthi, "Wraig, pam yr wyt ti'n wylo?" Atebodd hwy, "Y maent wedi cymryd fy Arglwydd i ffwrdd, ac ni wn i lle y maent wedi ei roi i orwedd." [14] Wedi iddi ddweud hyn, troes yn ei hôl, a gwelodd Iesu'n sefyll yno, ond heb sylweddoli mai Iesu ydoedd. [15] "Wraig," meddai Iesu wrthi, "pam yr wyt ti'n wylo? Pwy yr wyt yn ei geisio?" Gan feddwl mai'r garddwr ydoedd, dywedodd hithau wrtho, "Os mai ti, syr, a'i cymerodd ef, dywed wrthyf lle y rhoddaist ef i orwedd, ac fe'i cymeraf fi ef i'm gofal." [16] Meddai Iesu wrthi, "Mair." Troes hithau, ac meddai wrtho yn iaith yr Iddewon, "Rabbwni" (hynny yw, Athro). [17] Meddai Iesu wrthi, "Paid â glynu wrthyf, oherwydd nid wyf eto wedi esgyn at y Tad. Ond dos at fy mrodyr, a dywed wrthynt, 'Yr wyf yn esgyn at fy Nhad i a'ch Tad chwi, fy Nuw i a'ch Duw chwi.'" [18] Ac aeth Mair Magdalen i gyhoeddi'r newydd i'r disgyblion. "Yr wyf wedi gweld yr Arglwydd," meddai, ac eglurodd ei fod wedi dweud y geiriau hyn wrthi.

Iesu'n Ymddangos i'r Disgyblion

Mth. 28:16-20; Mc. 16:14-18; Lc. 24:36-49

[19] Gyda'r nos ar y dydd cyntaf hwnnw o'r wythnos, yr oedd y drysau wedi eu cloi lle'r oedd y disgyblion, oherwydd eu bod yn ofni'r Iddewon. A dyma Iesu'n dod ac yn sefyll yn eu canol, ac yn dweud wrthynt, "Tangnefedd i chwi!" [20] Wedi dweud hyn, dangosodd ei ddwylo a'i ystlys iddynt. Pan welsant yr Arglwydd, llawenychodd y disgyblion. [21] Meddai Iesu wrthynt eilwaith, "Tangnefedd i chwi! Fel y mae'r Tad wedi fy anfon i, yr wyf fi hefyd yn eich anfon chwi." [22] Ac

---

19:39 Groeg, *can litr* (30 cilogram).

wedi dweud hyn, anadlodd arnynt a dweud: "Derbyniwch yr Ysbryd Glân. ²³ Os maddeuwch bechodau rhywun, y maent wedi eu maddau; os peidiwch â'u maddau, y maent heb eu maddau."

Anghrediniaeth Thomas

²⁴ Nid oedd Thomas, a elwir Didymus, un o'r Deuddeg, gyda hwy pan ddaeth Iesu atynt. ²⁵ Ac felly dywedodd y disgyblion eraill wrtho, "Yr ydym wedi gweld yr Arglwydd." Ond meddai ef wrthynt, "Os na welaf ôl yr hoelion yn ei ddwylo, a rhoi fy mys yn ôl yr hoelion, a'm llaw yn ei ystlys, ni chredaf fi byth." ²⁶ Ac ymhen wythnos, yr oedd y disgyblion unwaith eto yn y tŷ, a Thomas gyda hwy. A dyma Iesu'n dod, er bod y drysau wedi eu cloi, ac yn sefyll yn y canol a dweud, "Tangnefedd i chwi!" ²⁷ Yna meddai wrth Thomas, "Estyn dy fys yma. Edrych ar fy nwylo. Estyn dy law a'i rhoi yn fy ystlys. A phaid â bod yn anghredadun, bydd yn gredadun." ²⁸ Atebodd Thomas ef, "Fy Arglwydd a'm Duw!" ²⁹ Dywedodd Iesu wrtho, "Ai am i ti fy ngweld i yr wyt ti wedi credu?* Gwyn eu byd y rhai a gredodd heb iddynt weld."

Amcan y Llyfr

³⁰ Yr oedd llawer o arwyddion eraill, yn wir, a wnaeth Iesu yng ngŵydd ei ddisgyblion, nad ydynt wedi eu cofnodi yn y llyfr hwn. ³¹ Ond y mae'r rhain wedi eu cofnodi er mwyn i chwi gredu* mai Iesu yw'r Meseia, Mab Duw, ac er mwyn i chwi trwy gredu gael bywyd yn ei enw ef.

Iesu'n Ymddangos i'r Saith Disgybl

21 Ar ôl hyn, amlygodd Iesu ei hun unwaith eto i'w ddisgyblion, ar lan Môr Tiberias. A dyma sut y gwnaeth hynny. ² Yr oedd Simon Pedr, a Thomas, a elwir Didymus, a Nathanael o Gana Galilea, a meibion Sebedeus, a dau arall o'i ddisgyblion, i gyd gyda'i gilydd. ³ A dyma Simon Pedr yn dweud wrth y lleill, "Rwy'n mynd i bysgota." Atebasant ef, "Rydym ninnau'n dod gyda thi." Aethant allan, a mynd i mewn i'r cwch. Ond ni ddaliasant ddim y noson honno. ⁴ Pan ddaeth y bore, safodd Iesu ar y lan, ond nid oedd y disgyblion yn gwybod mai Iesu ydoedd. ⁵ Dyma Iesu felly'n gofyn iddynt, "Does gennych ddim pysgod, fechgyn?" "Nac oes," atebasant ef. ⁶ Meddai yntau wrthynt, "Bwriwch y rhwyd i'r ochr dde i'r cwch, ac fe gewch helfa." Gwnaethant felly, ac ni allent dynnu'r rhwyd i mewn gan gymaint y pysgod oedd ynddi. ⁷ A dyma'r disgybl hwnnw yr oedd Iesu'n ei garu yn dweud wrth Pedr, "Yr Arglwydd yw." Yna, pan glywodd Simon Pedr mai'r Arglwydd ydoedd, clymodd ei wisg uchaf amdano (oherwydd yr oedd wedi tynnu ei ddillad), a neidiodd i mewn i'r môr. ⁸ Daeth y disgyblion eraill yn y cwch, gan lusgo'r rhwyd yn llawn o bysgod; nid oeddent ymhell o'r lan, dim ond rhyw gan medr. ⁹ Wedi iddynt lanio, gwelsant dân golosg wedi ei osod, a physgod arno, a bara. ¹⁰ Meddai Iesu wrthynt, "Dewch â rhai o'r pysgod yr ydych newydd eu dal." ¹¹ Dringodd Simon Pedr i'r cwch, a thynnu'r rhwyd i'r lan yn llawn o bysgod braf, cant pum deg a thri ohonynt. Ac er bod cymaint ohonynt, ni thorrodd y rhwyd. ¹² "Dewch," meddai Iesu wrthynt, "cymerwch frecwast." Ond nid oedd neb o'r disgyblion yn beiddio gofyn iddo, "Pwy wyt ti?" Yr oeddent yn gwybod mai yr Arglwydd ydoedd. ¹³ Daeth Iesu atynt, a chymerodd y bara a'i roi iddynt, a'r pysgod yr un modd. ¹⁴ Dyma, yn awr, y drydedd waith i Iesu ymddangos i'w ddisgyblion ar ôl iddo gael ei gyfodi oddi wrth y meirw.

Portha Fy Nefaid

¹⁵ Yna, wedi iddynt gael brecwast, gofynnodd Iesu i Simon Pedr, "Simon fab Ioan, a wyt ti'n fy ngharu i yn fwy na'r rhain?" Atebodd ef, "Ydwyf, Arglwydd, fe wyddost ti fy mod yn dy garu di*." Meddai Iesu wrtho, "Portha fy ŵyn." ¹⁶ Wedyn gofynnodd iddo yr ail waith, "Simon fab Ioan, a wyt ti'n fy ngharu i?" "Ydwyf, Arglwydd," meddai Pedr wrtho, "fe wyddost ti fy mod yn dy garu di."

20:29 Neu, *Am i ti fy ngweld i yr wyt ti wedi credu.*
20:31 Yn ôl darlleniad arall, *i chwi barhau i gredu.*
21:15 Neu, *yn gyfaill i ti.* Felly hefyd yn adn. 16 a 17.

Meddai Iesu wrtho, "Bugeilia fy nefaid." ¹⁷ Gofynnodd iddo y drydedd waith, "Simon fab Ioan, a wyt ti'n fy ngharu i?*" Aeth Pedr yn drist am ei fod wedi gofyn iddo y drydedd waith, "A wyt ti'n fy ngharu i?" Ac meddai wrtho, "Arglwydd, fe wyddost ti bob peth, ac rwyt ti'n gwybod fy mod yn dy garu di." Dywedodd Iesu wrtho, "Portha fy nefaid. ¹⁸ Yn wir, yn wir, rwy'n dweud wrthyt, pan oeddit yn ifanc, yr oeddit yn dy wregysu dy hunan, ac yn mynd lle bynnag y mynnit. Ond pan fyddi'n hen, byddi'n estyn dy ddwylo i rywun arall dy wregysu, a mynd â thi lle nad wyt yn mynnu." ¹⁹ Dywedodd hyn i ddangos beth fyddai dull y farwolaeth yr oedd Pedr i ogoneddu Duw trwyddi. Ac wedi iddo ddweud hyn, meddai wrth Pedr, "Canlyn fi."

Y Disgybl Annwyl

²⁰ Trodd Pedr, a gwelodd y disgybl yr oedd Iesu'n ei garu yn eu canlyn—yr un oedd wedi pwyso'n ôl ar fynwes Iesu yn ystod y swper, ac wedi gofyn iddo, "Arglwydd, pwy yw'r un sy'n mynd i'th fradychu di?" ²¹ Pan welodd Pedr hwn, felly, gofynnodd i Iesu, "Arglwydd, beth am hwn?" ²² Atebodd Iesu ef, "Os byddaf yn dymuno iddo ef aros hyd nes y dof fi, beth yw hynny i ti? Canlyn di fi." ²³ Aeth y gair yma ar led ymhlith ei ddilynwyr, a thybiwyd nad oedd y disgybl hwnnw i farw. Ond ni ddywedodd Iesu wrtho nad oedd i farw, ond, "Os byddaf yn dymuno iddo aros hyd nes y dof fi, beth yw hynny i ti?"

²⁴ Hwn yw'r disgybl sydd yn tystiolaethu am y pethau hyn, ac sydd wedi ysgrifennu'r pethau hyn. Ac fe wyddom ni fod ei dystiolaeth ef yn wir.

²⁵ Y mae hefyd lawer o bethau eraill a wnaeth Iesu. Petai pob un o'r rhain yn cael ei gofnodi, ni byddai'r byd, i'm tyb i, yn ddigon mawr i ddal y llyfrau fyddai'n cael eu hysgrifennu.*

21:17 Neu, *A wyt ti'n gyfaill i mi?* Felly hefyd yn y frawddeg nesaf.

21:25 Yn ôl darlleniad arall ychwanegir yr adran a welir yn In. 7:53—8:11.

ACTAU'R APOSTOLION

Addo'r Ysbryd Glân

1 Ysgrifennais y llyfr cyntaf, Theoffilus, am yr holl bethau y dechreuodd Iesu eu gwneud a'u dysgu* ² hyd y dydd y cymerwyd ef i fyny, wedi iddo roi gorchmynion trwy'r Ysbryd Glân i'r apostolion yr oedd wedi eu dewis. ³ Dangosodd ei hun hefyd iddynt yn fyw, wedi ei ddioddefaint, drwy lawer o arwyddion sicr, gan fod yn weledig iddynt yn ystod deugain diwrnod a llefaru am deyrnas Dduw. ⁴ A thra oedd gyda hwy, gorchmynnodd iddynt beidio ag ymadael o Jerwsalem, ond disgwyl am yr hyn a addawodd y Tad. "Fe glywsoch am hyn gennyf fi," meddai. ⁵ "Oherwydd â dŵr y bedyddiodd Ioan, ond fe'ch bedyddir chwi â'r Ysbryd Glân ymhen ychydig ddyddiau."

Esgyniad Iesu

⁶ Felly, wedi iddynt ddod ynghyd, fe ofynasant iddo, "Arglwydd, ai dyma'r adeg yr wyt ti am adfer y deyrnas i Israel?" ⁷ Dywedodd yntau wrthynt, "Nid chwi sydd i wybod amseroedd neu brydiau y mae'r Tad wedi eu gosod o fewn ei awdurdod ef ei hun. ⁸ Ond fe dderbyniwch nerth wedi i'r Ysbryd Glân

---

1:1 Neu, *bethau a wnaeth ac a ddysgodd Iesu o'r dechrau.*

ddod arnoch, a byddwch yn dystion i mi yn Jerwsalem, ac yn holl Jwdea a Samaria, a hyd eithaf y ddaear." ⁹ Wedi iddo ddweud hyn, a hwythau'n edrych, fe'i dyrchafwyd, a chipiodd cwmwl ef o'u golwg. ¹⁰ Fel yr oeddent yn syllu tua'r nef, ac yntau'n mynd, dyma ddau ŵr yn sefyll yn eu hymyl mewn dillad gwyn, ¹¹ ac meddai'r rhain, "Wŷr Galilea, pam yr ydych yn sefyll yn edrych tua'r nef? Bydd yr Iesu hwn, sydd wedi ei gymryd i fyny oddi wrthych i'r nef, yn dod yn yr un modd ag y gwelsoch ef yn mynd i'r nef."

Dewis Olynydd Jwdas

¹² Yna dychwelsant i Jerwsalem o'r mynydd a elwir Olewydd, sydd yn agos i Jerwsalem, daith Saboth oddi yno. ¹³ Wedi cyrraedd, aethant i fyny i'r oruwchystafell, lle'r oeddent yn aros: Pedr ac Ioan ac Iago ac Andreas, Philip a Thomas, Bartholomeus a Mathew, Iago fab Alffeus a Simon y Selot a Jwdas fab Iago. ¹⁴ Yr oedd y rhain oll yn dyfalbarhau yn unfryd mewn gweddi, ynghyd â rhai gwragedd a Mair, mam Iesu, a chyda'i frodyr.

¹⁵ Un o'r dyddiau hynny cododd Pedr ymysg y credinwyr—yr oedd tyrfa o bobl yn yr un lle, rhyw gant ac ugain ohonynt—ac meddai, ¹⁶ "Gyfeillion, rhaid oedd cyflawni'r Ysgrythur a ragddywedodd yr Ysbryd Glân trwy enau Dafydd am Jwdas, yr un a ddangosodd y ffordd i'r rhai a ddaliodd Iesu; ¹⁷ oherwydd fe'i cyfrifid yn un ohonom ni, a chafodd ei ran yn y weinidogaeth hon." ¹⁸ (Fe brynodd hwn faes â'r tâl am ei ddrygwaith, ac wedi syrthio ar ei wyneb fe rwygodd yn ei ganol, a thywalltwyd ei berfedd i gyd allan. ¹⁹ A daeth hyn yn hysbys i holl drigolion Jerwsalem, ac felly galwyd y maes hwnnw yn eu hiaith hwy eu hunain yn Aceldama, hynny yw, Maes y Gwaed.) ²⁰ "Oherwydd y mae'n ysgrifenedig yn Llyfr y Salmau:

'Aed ei gartrefle yn anghyfannedd,
  heb neb yn byw ynddo',

a hefyd:

'Cymered arall ei oruchwyliaeth.'

²¹ Felly, rhaid i un o'r rhai a fu yn ein cwmni ni yr holl amser y bu'r Arglwydd Iesu yn mynd i mewn ac allan yn ein plith ni, ²² o fedydd Ioan hyd y dydd y cymerwyd ef i fyny oddi wrthym, ddod yn dyst gyda ni o'i atgyfodiad ef." ²³ Ystyriwyd dau: Joseff, a elwid Barsabas ac a gyfenwid Jwstus, a Mathias. ²⁴ Yna aethant i weddi: "Adwaenost ti, Arglwydd, galonnau pawb. Amlyga prun o'r ddau hyn a ddewisaist ²⁵ i gymryd ei le yn y weinidogaeth a'r apostolaeth hon, y cefnodd Jwdas arni i fynd i'w le ei hun." ²⁶ Bwriasant goelbrennau arnynt, a syrthiodd y coelbren ar Mathias, a chafodd ef ei restru gyda'r un apostol ar ddeg.

Dyfodiad yr Ysbryd Glân

2 Ar ddydd cyflawni cyfnod y Pentecost yr oeddent oll ynghyd yn yr un lle, ² ac yn sydyn fe ddaeth o'r nef sŵn fel gwynt grymus yn rhuthro, ac fe lanwodd yr holl dŷ lle'r oeddent yn eistedd. ³ Ymddangosodd iddynt dafodau fel o dân yn ymrannu ac yn eistedd un ar bob un ohonynt; ⁴ a llanwyd hwy oll â'r Ysbryd Glân, a dechreusant lefaru â thafodau dieithr, fel yr oedd yr Ysbryd yn rhoi lleferydd iddynt.

⁵ Yr oedd yn preswylio yn Jerwsalem Iddewon, pobl dduwiol o bob cenedl dan y nef; ⁶ ac wrth glywed y sŵn hwn fe ymgasglodd tyrfa ohonynt, ac yr oeddent wedi drysu'n lân am fod pob un ohonynt yn eu clywed hwy yn siarad yn ei iaith ei hun. ⁷ Yr oeddent yn synnu ac yn rhyfeddu, ac yn dweud, "Onid Galileaid yw'r rhain oll sy'n llefaru? ⁸ A sut yr ydym ni yn eu clywed bob un ohonom yn ei iaith ei hun, iaith ei fam? ⁹ Parthiaid a Mediaid ac Elamitiaid, a thrigolion Mesopotamia, Jwdea a Capadocia, Pontus ac Asia, ¹⁰ Phrygia a Pamffylia, yr Aifft a pharthau Libya tua Cyrene, a'r ymwelwyr o Rufain, yn Iddewon a phroselytiaid, ¹¹ Cretiaid ac Arabiaid, yr ydym yn eu clywed hwy yn llefaru yn ein hieithoedd ni am fawrion weithredoedd Duw." ¹² Yr oedd pawb yn synnu mewn penbleth, gan ddweud y naill wrth y llall, "Beth yw ystyr hyn?"

¹³ Ond yr oedd eraill yn dweud yn wawdlyd, "Wedi meddwi y maent."

Araith Pedr ar y Pentecost

¹⁴ Safodd Pedr ynghyd â'r un ar ddeg, a chododd ei lais a'u hannerch: "Chwi Iddewon, a thrigolion Jerwsalem oll, bydded hyn yn hysbys i chwi; gwrandewch ar fy ngeiriau. ¹⁵ Nid yw'r rhain wedi meddwi, fel yr ydych chwi'n tybio, oherwydd dim ond naw o'r gloch y bore yw hi. ¹⁶ Eithr dyma'r hyn a ddywedwyd drwy'r proffwyd Joel:

> ¹⁷ 'A hyn a fydd yn y dyddiau olaf,
> medd Duw:
> tywalltaf o'm Hysbryd ar bawb;
> a bydd eich meibion a'ch merched
> yn proffwydo;
> bydd eich gwŷr ifainc yn cael
> gweledigaethau,
> a'ch hynafgwyr yn gweld
> breuddwydion;
> ¹⁸ hyd yn oed ar fy nghaethweision
> a'm caethforynion,
> yn y dyddiau hynny, fe dywalltaf o'm
> Hysbryd,
> ac fe broffwydant.
> ¹⁹ A rhof ryfeddodau yn y nef uchod
> ac arwyddion ar y ddaear isod,
> gwaed a thân a tharth mwg;
> ²⁰ troir yr haul yn dywyllwch,
> a'r lleuad yn waed,
> cyn i ddydd mawr a disglair yr
> Arglwydd ddod;
> ²¹ a bydd pob un sy'n galw ar enw'r
> Arglwydd yn cael ei achub.'

²² "Bobl Israel, clywch hyn: sôn yr wyf am Iesu o Nasareth, gŵr y mae ei benodi gan Dduw wedi ei amlygu i chwi trwy wyrthiau a rhyfeddodau ac arwyddion a gyflawnodd Duw trwyddo ef yn eich mysg chwi, fel y gwyddoch chwi eich hunain. ²³ Yr oedd hwn wedi ei draddodi trwy fwriad penodedig a rhagwybodaeth Duw, ac fe groeshoeliasoch chwi ef drwy law estroniaid, a'i ladd. ²⁴ Ond cyfododd Duw ef, gan ei ryddhau o wewyr angau, oherwydd nid oedd dichon i angau ei ddal yn ei afael. ²⁵ Oherwydd y mae Dafydd yn dweud amdano:

> 'Yr oeddwn yn gweld yr Arglwydd
> o'm blaen yn wastad,
> canys ar fy neheulaw y mae, fel na'm
> hysgydwer.
> ²⁶ Am hynny llawenychodd fy nghalon
> a gorfoleddodd fy nhafod,
> ie, a bydd fy nghnawd hefyd yn
> preswylio mewn gobaith;
> ²⁷ oherwydd ni fyddi'n gadael fy
> enaid yn Hades,
> nac yn gadael i'th Sanct weld
> llygredigaeth.
> ²⁸ Hysbysaist imi ffyrdd bywyd;
> byddi'n fy llenwi â llawenydd yn dy
> bresenoldeb.'

²⁹ "Gyfeillion, gallaf siarad yn hy wrthych am y patriarch Dafydd, iddo farw a chael ei gladdu, ac y mae ei fedd gyda ni hyd y dydd hwn. ³⁰ Felly, ac yntau'n broffwyd ac yn gwybod i Dduw dyngu iddo ar lw y gosodai un o'i linach ar ei orsedd, ³¹ rhagweld atgyfodiad y Meseia yr oedd pan ddywedodd:*

> 'Ni adawyd ef yn Hades,
> ac ni welodd ei gnawd lygredigaeth.'

³² Yr Iesu hwn a gyfododd Duw, rhywbeth yr ydym ni oll yn dystion ohono. ³³ Felly, wedi iddo gael ei ddyrchafu i* ddeheulaw Duw, a derbyn gan y Tad ei addewid am yr Ysbryd Glân, fe dywalltodd y peth hwn yr ydych chwi yn ei weld a'i glywed. ³⁴ Canys nid Dafydd a esgynnodd i'r nefoedd; y mae ef ei hun yn dweud:

> 'Dywedodd yr Arglwydd wrth fy
> Arglwydd i,
> "Eistedd ar fy neheulaw,
> ³⁵ nes imi osod dy elynion yn
> droedfainc i'th draed." '

³⁶ Felly gwybydded holl dŷ Israel yn sicr fod Duw wedi gwneud yn Arglwydd ac yn Feseia, yr Iesu hwn a groeshoeliasoch chwi."

³⁷ Pan glywsant hyn, fe'u dwysbigwyd yn eu calon, a dywedasant wrth Pedr a'r apostolion eraill, "Beth a wnawn ni, gyfeillion?" ³⁸ Meddai Pedr wrthynt, "Edifarhewch, a bedyddier pob un ohonoch yn enw Iesu Grist er maddeuant eich pechodau, ac fe

---

2:31 Neu, *rhagweld yr oedd atgyfodiad y Meseia wrth lefaru, oherwydd*.
2:33 Neu, *trwy*.

dderbyniwch yr Ysbryd Glân yn rhodd. ³⁹ Oherwydd i chwi y mae'r addewid, ac i'ch plant, ac i bawb sydd ymhell, pob un y bydd yr Arglwydd ein Duw ni yn ei alw ato." ⁴⁰ Ac â llawer o eiriau eraill y tystiolaethodd ger eu bron, a'u hannog, "Dihangwch rhag y genhedlaeth wyrgam hon." ⁴¹ Felly bedyddiwyd y rhai a dderbyniodd ei air, ac ychwanegwyd atynt y diwrnod hwnnw tua thair mil o bersonau. ⁴² Yr oeddent yn dyfalbarhau yn nysgeidiaeth yr apostolion ac yn y gymdeithas, yn y torri bara ac yn y gweddïau.

Bywyd y Credinwyr

⁴³ Daeth ofn ar bob enaid; yr oedd rhyfeddodau ac arwyddion lawer yn cael eu gwneud drwy'r apostolion. ⁴⁴ Yr oedd yr holl gredinwyr ynghyd yn dal pob peth yn gyffredin. ⁴⁵ Byddent yn gwerthu eu heiddo a'u meddiannau, ac yn eu rhannu rhwng pawb, yn ôl fel y byddai angen pob un. ⁴⁶ A chan ddyfalbarhau beunydd yn unfryd yn y deml, a thorri bara yn eu tai, yr oeddent yn cydfwyta mewn llawenydd a symledd calon, ⁴⁷ dan foli Duw a chael ewyllys da'r holl bobl. Ac yr oedd yr Arglwydd yn ychwanegu beunydd at y gynulleidfa y rhai oedd yn cael eu hachub.

Iacháu'r Dyn Cloff wrth Borth y Deml

3 Yr oedd Pedr ac Ioan yn mynd i fyny i'r deml erbyn yr awr weddi, sef tri o'r gloch y prynhawn. ² Ac yr oedd rhywrai'n dod â dyn oedd yn gloff o'i enedigaeth, ac yn ei osod beunydd wrth borth y deml, yr un a elwid y Porth Prydferth, i erfyn am gardod gan y rhai a fyddai'n mynd i mewn i'r deml. ³ Pan welodd hwn Pedr ac Ioan ar fynd i mewn i'r deml, gofynnodd am gael cardod. ⁴ Syllodd Pedr arno, ac Ioan yntau, a dywedodd, "Edrych arnom." ⁵ Gwyliodd yntau hwy, gan ddisgwyl cael rhywbeth ganddynt. ⁶ Dywedodd Pedr, "Arian ac aur nid oes gennyf; ond yr hyn sydd gennyf, hynny yr wyf yn ei roi iti; yn enw Iesu Grist o Nasareth, cod a cherdda." ⁷ A gafaelodd ynddo gerfydd ei law dde, a chododd ef. Ac ar unwaith cryfhaodd ei draed a'i fferau; ⁸ neidiodd i fyny, safodd, a dechreuodd gerdded, ac aeth i mewn gyda hwy i'r deml dan gerdded a neidio a moli Duw. ⁹ Gwelodd yr holl bobl ef yn cerdded ac yn moli Duw. ¹⁰ Yr oeddent yn sylweddoli mai hwn oedd y dyn a fyddai'n eistedd i gardota wrth Borth Prydferth y deml, a llanwyd hwy â braw a syndod am yr hyn oedd wedi digwydd iddo.

Araith Pedr yng Nghloestr Solomon

¹¹ Tra oedd ef yn gafael yn Pedr ac Ioan, rhedodd yr holl bobl ynghyd atynt i'r fan a elwir yn Gloestr Solomon, wedi eu syfrdanu. ¹² A phan welodd Pedr hyn, fe anerchodd y bobl: "Chwi Israeliaid, pam yr ydych yn rhyfeddu at hyn? Pam yr ydych yn syllu arnom ni, fel petaem wedi peri iddo gerdded trwy ein nerth neu ein duwioldeb ni ein hunain? ¹³ Duw Abraham a Duw Isaac a Duw Jacob, Duw ein tadau ni, sydd wedi gogoneddu ei Was Iesu, yr hwn a draddodasoch chwi a'i wadu gerbron Pilat, wedi i hwnnw benderfynu ei ryddhau. ¹⁴ Eithr chwi, gwadasoch yr Un sanctaidd a chyfiawn, a deisyf, fel ffafr i chwi, ryddhau llofrudd. ¹⁵ Lladdasoch Awdur bywyd, ond cyfododd Duw ef oddi wrth y meirw. O hyn yr ydym ni'n dystion. ¹⁶ Ar sail ffydd yn ei enw ef y cyfnerthwyd y dyn yma yr ydych yn ei weld a'i adnabod, a'r ffydd sydd drwy Iesu a roddodd iddo'r llwyr wellhad hwn yn eich gŵydd chwi i gyd. ¹⁷ Yn awr, frodyr, gwn mai gweithredu mewn anwybodaeth a wnaethoch, fel eich llywodraethwyr hwythau. ¹⁸ Ond fel hyn y cyflawnodd Duw yr hyn a ragfynegodd drwy enau'r holl broffwydi, sef dioddefaint ei Feseia. ¹⁹ Edifarhewch, ynteu, a throwch at Dduw, er mwyn dileu eich pechodau. Felly y daw oddi wrth yr Arglwydd dymhorau adnewyddiad, ²⁰ ac yr anfona ef y Meseia a benodwyd i chwi, sef Iesu, ²¹ yr hwn y mae'n rhaid i'r nef ei dderbyn hyd amseroedd adferiad pob peth a lefarodd Duw trwy enau ei broffwydi sanctaidd erioed. ²² Dywedodd Moses, 'Bydd yr Arglwydd eich Duw yn codi i chwi o blith eich cyd-genedl broffwyd,

fel fi. Arno ef yr ydych i wrando ym mhob peth a lefara wrthych. 23 A phob enaid na wrendy ar y proffwyd hwnnw, fe'i llwyr ddifodir o blith y bobl.' 24 A'r holl broffwydi o Samuel a'i olynwyr, cynifer ag a lefarodd, cyhoeddasant hwythau y dyddiau hyn. 25 Chwi yw plant y proffwydi, a phlant y cyfamod a wnaeth Duw â'ch tadau pan ddywedodd wrth Abraham, 'Yn dy ddisgynyddion di y bendithir holl dylwythau'r ddaear.' 26 Wedi i Dduw gyfodi ei Was, anfonodd ef atoch chwi yn gyntaf, i'ch bendithio chwi trwy eich troi bob un oddi wrth eich drygioni."

Pedr ac Ioan gerbron y Cyngor

4 Tra oeddent yn llefaru wrth y bobl, daeth yr offeiriaid a phrif swyddog gwarchodlu'r deml a'r Sadwceaid ar eu gwarthaf, 2 yn flin am eu bod hwy'n dysgu'r bobl ac yn cyhoeddi ynglŷn â Iesu yr atgyfodiad oddi wrth y meirw. 3 Cymerasant afael arnynt a'u rhoi mewn dalfa hyd drannoeth, oherwydd yr oedd hi'n hwyr eisoes. 4 Ond daeth llawer o'r rhai oedd wedi clywed y gair yn gredinwyr, ac aeth eu nifer i gyd yn rhyw bum mil.

5 Trannoeth bu cyfarfod o lywodraethwyr a henuriaid ac ysgrifenyddion yr Iddewon yn Jerwsalem. 6 Yr oedd Annas yr archoffeiriad yno, a Caiaffas ac Ioan ac Alexander a phawb oedd o deulu archoffeiriadol. 7 Rhoesant y carcharorion i sefyll gerbron, a dechrau eu holi, "Trwy ba nerth neu drwy ba enw y gwnaethoch chwi hyn?" 8 Yna, wedi ei lenwi â'r Ysbryd Glân, dywedodd Pedr wrthynt: "Lywodraethwyr y bobl, a henuriaid, 9 os ydym ni heddiw yn cael ein croesholi am gymwynas i ddyn claf, a sut y mae wedi cael ei iacháu, 10 bydded hysbys i chwi i gyd ac i holl bobl Israel mai trwy enw Iesu Grist o Nasareth, a groeshoeliasoch chwi ac a gyfododd Duw oddi wrth y meirw, trwy ei enw ef y mae hwn yn sefyll ger eich bron yn iach. 11 Iesu yw

'Y maen a ddiystyrwyd gennych chwi
  yr adeiladwyr,
ac a ddaeth yn faen y gongl.'

12 Ac nid oes iachawdwriaeth yn neb arall, oblegid nid oes enw arall dan y nef, wedi ei roi i'r ddynolryw, y mae'n rhaid i ni gael ein hachub drwyddo." 13 Wrth weld hyder Pedr ac Ioan, a sylweddoli mai lleygwyr annysgedig oeddent, yr oeddent yn rhyfeddu. Sylweddolent hefyd eu bod hwy wedi bod gyda Iesu. 14 Ac wrth weld y dyn oedd wedi ei iacháu yn sefyll gyda hwy, nid oedd ganddynt ddim ateb. 15 Ac wedi gorchymyn iddynt fynd allan o'r llys, dechreusant ymgynghori â'i gilydd. 16 "Beth a wnawn â'r dynion hyn?" meddent. "Oherwydd y mae'n amlwg i bawb sy'n preswylio yn Jerwsalem fod gwyrth hynod wedi digwydd trwyddynt hwy, ac ni allwn ni wadu hynny. 17 Ond rhag taenu'r peth ymhellach ymhlith y bobl, gadewch inni eu rhybuddio nad ydynt i lefaru mwyach yn yr enw hwn wrth neb o gwbl." 18 Galwasant hwy i mewn, a gorchymyn nad oeddent i siarad na dysgu o gwbl yn enw Iesu. 19 Ond atebodd Pedr ac Ioan hwy: "A yw'n iawn yng ngolwg Duw wrando arnoch chwi yn hytrach nag ar Dduw? Barnwch chwi. 20 Ni allwn ni dewi â sôn am y pethau yr ydym wedi eu gweld a'u clywed." 21 Ar ôl eu rhybuddio ymhellach gollyngodd y llys hwy'n rhydd, heb gael dim modd i'w cosbi, oherwydd y bobl; oblegid yr oedd pawb yn gogoneddu Duw am yr hyn oedd wedi digwydd. 22 Yr oedd y dyn y gwnaethpwyd y wyrth iachaol hon arno dros ddeugain mlwydd oed.

Y Credinwyr yn Gweddïo am Hyder

23 Wedi eu gollwng, aethant at eu pobl eu hunain ac adrodd y cyfan yr oedd y prif offeiriaid a'r henuriaid wedi ei ddweud wrthynt. 24 Wedi clywed, codasant hwythau eu llef yn unfryd at Dduw: "O Benllywydd, tydi a wnaeth y nef a'r ddaear a'r môr a phob peth sydd ynddynt, 25 ac a ddywedodd drwy'r Ysbryd Glân yng ngenau Dafydd dy was, ein tad ni:

'Pam y terfysgodd y Cenhedloedd
  ac y cynlluniodd y bobloedd bethau
    ofer?

²⁶ Safodd brenhinoedd y ddaear,
   ac ymgasglodd y llywodraethwyr
      ynghyd
   yn erbyn yr Arglwydd ac yn erbyn ei
      Feseia* ef.'

²⁷ Canys yn y ddinas hon yn wir ymgasglodd yn erbyn dy Was sanctaidd, Iesu, yr hwn a eneiniaist, Herod a Pontius Pilat ynghyd â'r Cenhedloedd a phobloedd Israel, ²⁸ i wneud yr holl bethau y rhagluniodd dy law a'th gyngor di iddynt ddod. ²⁹ Ac yn awr, Arglwydd, edrych ar eu bygythion, a dyro i'th weision lefaru dy air â phob hyder, ³⁰ ac estyn dithau dy law i beri iachâd ac arwyddion a rhyfeddodau drwy enw dy Was sanctaidd, Iesu." ³¹ Ac wedi iddynt weddïo, ysgydwyd y lle yr oeddent wedi ymgynnull ynddo, a llanwyd hwy oll â'r Ysbryd Glân, a llefarasant air Duw yn hy.

Popeth yn Gyffredin

³² Yr oedd y lliaws credinwyr o un galon ac enaid, ac ni fyddai neb yn dweud am ddim o'i feddiannau mai ei eiddo ef ei hun ydoedd, ond yr oedd ganddynt bopeth yn gyffredin. ³³ Â nerth mawr yr oedd yr apostolion yn rhoi eu tystiolaeth am atgyfodiad yr Arglwydd Iesu, a gras mawr oedd arnynt oll. ³⁴ Yn wir, nid oedd neb anghenus yn eu plith, oherwydd byddai pawb oedd yn berchenogion tiroedd neu dai yn eu gwerthu, yn dod â'r tâl am y pethau a werthid, ³⁵ ac yn ei roi wrth draed yr apostolion; a rhennid i bawb yn ôl fel y byddai angen pob un. ³⁶ Yr oedd Joseff, a gyfenwid Barnabas gan yr apostolion (sef, o'i gyfieithu, Mab Anogaeth), Lefiad, Cypriad o enedigaeth, ³⁷ yn berchen darn o dir, a gwerthodd ef, a daeth â'r arian a'i roi wrth draed yr apostolion.

Ananias a Saffeira

5 Ond yr oedd rhyw ddyn o'r enw Ananias, ynghyd â'i wraig Saffeira, wedi gwerthu eiddo. ² Cadwodd ef beth o'r tâl yn ôl, a'i wraig hithau'n gwybod, a daeth â rhyw gyfran a'i osod wrth draed yr apostolion. ³ Ond meddai Pedr, "Ananias, sut y bu i Satan lenwi dy galon i ddweud celwydd wrth yr Ysbryd Glân, a chadw'n ôl beth o'r tâl am y tir? ⁴ Tra oedd yn aros heb ei werthu, onid yn dy feddiant di yr oedd yn aros? Ac wedi ei werthu, onid gennyt ti yr oedd yr hawl ar yr arian? Sut y rhoddaist le yn dy feddwl i'r fath weithred? Nid wrth ddynion y dywedaist gelwydd, ond wrth Dduw." ⁵ Wrth glywed y geiriau hyn syrthiodd Ananias yn farw, a daeth ofn mawr ar bawb a glywodd. ⁶ A chododd y dynion ifainc, a rhoi amdo amdano, a mynd ag ef allan a'i gladdu.

⁷ Aeth rhyw deirawr heibio, a daeth ei wraig i mewn, heb wybod beth oedd wedi digwydd. ⁸ Dywedodd Pedr wrthi, "Dywed i mi, ai am hyn a hyn y gwerthasoch y tir?" "Ie," meddai hithau, "am hyn a hyn." ⁹ Ac meddai Pedr wrthi, "Sut y bu ichwi gytuno i roi prawf ar Ysbryd yr Arglwydd? Dyma wrth y drws sŵn traed y rhai a fu'n claddu dy ŵr, ac fe ânt â thithau allan hefyd." ¹⁰ Ar unwaith syrthiodd hithau wrth ei draed, a marw. Daeth y dynion ifainc i mewn a'i chael hi'n gorff, ac aethant â hi allan, a'i chladdu gyda'i gŵr. ¹¹ Daeth ofn mawr ar yr holl eglwys ac ar bawb a glywodd am hyn.

Gwneud Arwyddion a Rhyfeddodau Lawer

¹² Trwy ddwylo'r apostolion gwnaed arwyddion a rhyfeddodau lawer ymhlith y bobl. Yr oeddent oll yn arfer dod ynghyd yng Nghloestr Solomon. ¹³ Nid oedd neb arall yn meiddio ymlynu wrthynt, ond yr oedd y bobl yn eu mawrygu, ¹⁴ ac yr oedd credinwyr yn cael eu chwanegu fwyfwy at yr Arglwydd, luoedd o wŷr a gwragedd. ¹⁵ Yn wir, yr oeddent hyd yn oed yn dod â'r cleifion allan i'r heolydd, ac yn eu gosod ar welyau a matresi, fel pan fyddai Pedr yn mynd heibio y câi ei gysgod o leiaf ddisgyn ar ambell un ohonynt. ¹⁶ Byddai'r dyrfa'n ymgynnull hefyd o'r trefi o amgylch Jerwsalem, gan ddod â chleifion a rhai oedd yn cael eu blino gan ysbrydion aflan; ac yr oeddent yn cael eu hiachâu bob un.

4:26 Neu, *Eneiniog.*

Erlid yr Apostolion

¹⁷ Ond llanwyd yr archoffeiriad ag eiddigedd, a'r holl rai hynny oedd gydag ef, sef plaid y Sadwceaid. ¹⁸ Cymerasant afael yn yr apostolion, a'u rhoi mewn dalfa gyhoeddus. ¹⁹ Ond yn ystod y nos agorodd angel yr Arglwydd ddrysau'r carchar a dod â hwy allan; ²⁰ a dywedodd, "Ewch, safwch yn y deml a llefarwch wrth y bobl bob peth ynglŷn â'r Bywyd hwn." ²¹ Wedi iddynt glywed hyn, aethant ar doriad dydd i mewn i'r deml, a dechreusant ddysgu. Wedi i'r archoffeiriad a'r rhai oedd gydag ef gyrraedd, galwasant ynghyd y Sanhedrin, sef senedd gyflawn cenedl Israel, ac anfonasant i'r carchar i gyrchu'r apostolion. ²² Ond ni chafodd y swyddogion a ddaeth yno hyd iddynt yn y carchar. Daethant yn eu holau, ac adrodd, ²³ "Cawsom y carchar wedi ei gloi yn gwbl ddiogel a'r gwylwyr yn sefyll wrth y drysau, ond wedi agor ni chawsom neb oddi mewn." ²⁴ A phan glywodd prif swyddog gwarchodlu'r deml, a'r prif offeiriaid, y geiriau hyn, yr oeddent mewn penbleth yn eu cylch, beth a allai hyn ei olygu. ²⁵ Ond daeth rhywun a dweud wrthynt, "Y mae'r dynion a roesoch yn y carchar yn sefyll yn y deml ac yn dysgu'r bobl." ²⁶ Yna aeth y swyddog gyda'i filwyr i'w nôl, ond heb drais, am eu bod yn ofni cael eu llabyddio gan y bobl.

²⁷ Wedi dod â hwy yno, gwnaethant iddynt sefyll gerbron y Sanhedrin. Holodd yr archoffeiriad hwy, ²⁸ a dweud, "Rhoesom orchymyn pendant i chwi beidio â dysgu yn yr enw hwn, a* dyma chwi wedi llenwi Jerwsalem â'ch dysgeidiaeth, a'ch bwriad yw rhoi'r bai arnom ni am dywallt gwaed y dyn hwn." ²⁹ Atebodd Pedr a'r apostolion, "Rhaid ufuddhau i Dduw yn hytrach nag i ddynion. ³⁰ Y mae Duw ein hynafiaid ni wedi cyfodi Iesu, yr hwn yr oeddech chwi wedi ei lofruddio trwy ei grogi ar bren. ³¹ Hwn a ddyrchafodd Duw at* ei law dde yn Bentywysog a Gwaredwr, i roi edifeirwch i Israel a maddeuant pechodau. ³² Ac yr ydym ni'n dystion o'r pethau hyn, ni a'r Ysbryd Glân a roddodd Duw i'r rhai sy'n ufuddhau iddo."

³³ Pan glywsant hwy hyn, aethant yn ffyrnig ac ewyllysio eu lladd*. ³⁴ Ond fe gododd yn y Sanhedrin ryw Pharisead o'r enw Gamaliel, athro'r Gyfraith, gŵr a berchid gan yr holl bobl, ac archodd anfon y dynion allan am ychydig. ³⁵ "Wŷr Israel," meddai, "cymerwch ofal beth yr ydych am ei wneud â'r dynion hyn. ³⁶ Oherwydd dro'n ôl cododd Theudas, gan honni ei fod yn rhywun, ac ymunodd nifer o ddynion ag ef, ynghylch pedwar cant. Lladdwyd ef, a chwalwyd pawb oedd yn ei ganlyn, ac aethant yn ddim. ³⁷ Ar ôl hwn, cododd Jwdas y Galilead yn nyddiau'r cofrestru, a thynnodd bobl i'w ganlyn. Ond darfu amdano yntau hefyd, a gwasgarwyd pawb o'i ganlynwyr. ³⁸ Ac yn yr achos hwn, rwy'n dweud wrthych, ymogelwch rhag y dynion hyn; gadewch lonydd iddynt. Oherwydd os o ddynion y mae'r bwriad hwn neu'r weithred hon, fe'i dymchwelir; ³⁹ ond os o Dduw y mae, ni fyddwch yn abl i'w ddymchwelyd. Fe all y'ch ceir chwi yn ymladd yn erbyn Duw." ⁴⁰ Ac fe'u perswadiwyd ganddo. Galwasant yr apostolion atynt, ac wedi eu fflangellu a gorchymyn iddynt beidio â llefaru yn enw Iesu, gollyngasant hwy'n rhydd. ⁴¹ Aethant hwythau ymaith o ŵydd y Sanhedrin, yn llawen am iddynt gael eu cyfrif yn deilwng i dderbyn amarch er mwyn yr Enw. ⁴² A phob dydd, yn y deml ac yn eu tai, nid oeddent yn peidio â dysgu a chyhoeddi'r newydd da am y Meseia, Iesu.

Ethol y Saith

6 Yn y dyddiau hynny, pan oedd y disgyblion yn amlhau, bu grwgnach gan yr Iddewon Groeg eu hiaith yn erbyn y rhai Hebraeg, am fod eu gweddwon hwy yn cael eu hesgeuluso yn y ddarpariaeth feunyddiol. ² Galwodd y Deuddeg gynulleidfa'r disgyblion atynt, a dweud, "Nid yw'n addas ein bod ni'n gadael gair Duw, i weini wrth fyrddau. ³ Gyfeillion,

---

5:28 Yn ôl darlleniad arall, *"Oni roesom orchymyn . . . yr enw hwn? A . . ."*
5:31 Neu, *â'i*.
5:33 Yn ôl darlleniad arall, *a chynllwynio i'w lladd*.

dewiswch saith o ddynion o'ch plith ac iddynt air da, yn llawn o'r Ysbryd ac o ddoethineb, ac fe'u gosodwn hwy ar hyn o orchwyl. ⁴ Fe barhawn ni yn ddyfal yn y gweddïo ac yng ngwasanaeth y gair." ⁵ A bu eu geiriau yn gymeradwy gan yr holl gynulleidfa, a dyma ddewis Steffan, gŵr llawn o ffydd ac o'r Ysbryd Glân, a Philip a Prochorus a Nicanor a Timon a Parmenas a Nicolaus, proselyt o Antiochia. ⁶ Gosodasant y rhain gerbron yr apostolion, ac wedi gweddïo rhoesant hwythau eu dwylo arnynt.

⁷ Yr oedd gair Duw'n mynd ar gynnydd. Yr oedd nifer y disgyblion yn Jerwsalem yn lluosogi'n ddirfawr, a thyrfa fawr o'r offeiriaid hefyd yn ufuddhau i'r ffydd.

Dal Steffan

⁸ Yr oedd Steffan, yn llawn gras a nerth, yn gwneud rhyfeddodau ac arwyddion mawr ymhlith y bobl. ⁹ Ond daeth rhai o'r synagog a elwid yn Synagog y Libertiniaid a'r Cyreniaid a'r Alexandriaid, a rhai o bobl Cilicia ac Asia, a dadlau â Steffan, ¹⁰ ond ni allent wrthsefyll y ddoethineb a'r Ysbryd yr oedd yn llefaru drwyddo. ¹¹ Yna annog dynion a wnaethant i ddweud, "Clywsom ef yn llefaru pethau cableddus yn erbyn Moses ac yn erbyn Duw." ¹² A chynyrfasant y bobl a'r henuriaid a'r ysgrifenyddion, ac ymosod arno a'i gipio a dod ag ef gerbron y Sanhedrin, ¹³ a gosod gau dystion i ddweud, "Y mae'r dyn yma byth a hefyd yn llefaru pethau yn erbyn y lle sanctaidd hwn a'r Gyfraith; ¹⁴ oherwydd clywsom ef yn dweud y bydd Iesu'r Nasaread yma yn distrywio'r lle hwn, ac yn newid y defodau a draddododd Moses i ni." ¹⁵ A syllodd pawb oedd yn eistedd yn y Sanhedrin arno, a gwelsant ei wyneb ef fel wyneb angel.

Araith Steffan

7 Gofynnodd yr archoffeiriad: "Ai felly y mae?" ² Meddai yntau: "Frodyr a thadau, clywch. Ymddangosodd Duw'r gogoniant i'n tad ni, Abraham, ac yntau yn Mesopotamia cyn iddo ymsefydlu yn Haran, ³ a dywedodd wrtho, 'Dos allan o'th wlad ac oddi wrth dy berthnasau, a thyrd i'r wlad a ddangosaf iti.' ⁴ Yna fe aeth allan o wlad y Caldeaid, ac ymsefydlodd yn Haran. Oddi yno, wedi i'w dad farw, fe symudodd Duw ef i'r wlad hon, lle'r ydych chwi'n preswylio yn awr. ⁵ Eto ni roes iddo etifeddiaeth ynddi, naddo, ddim lled troed. Addo a wnaeth ei rhoi iddo ef i'w meddiannu, ac i'w ddisgynyddion ar ei ôl, ac yntau heb blentyn. ⁶ Llefarodd Duw fel hyn: 'Bydd ei ddisgynyddion yn alltudion mewn gwlad ddieithr, a chânt eu caethiwo a'u cam-drin am bedwar can mlynedd. ⁷ Ac fe ddof fi â barn ar y genedl y byddant yn ei gwasanaethu,' meddai Duw, 'ac wedi hynny dônt allan, ac addolant fi yn y lle hwn.' ⁸ A rhoddodd iddo gyfamod enwaediad. Felly, wedi geni iddo Isaac, enwaedodd arno yr wythfed dydd. Ac i Isaac ganwyd Jacob, ac i Jacob y deuddeg patriarch.

⁹ "Cenfigennodd y patriarchiaid wrth Joseff a'i werthu i'r Aifft. Ond yr oedd Duw gydag ef, ¹⁰ ac achubodd ef o'i holl gyfyngderau, a rhoddodd iddo ffafr a doethineb yng ngolwg Pharo brenin yr Aifft, a gosododd yntau ef yn llywodraethwr dros yr Aifft a thros ei holl dŷ. ¹¹ Daeth newyn ar yr Aifft i gyd ac ar Ganaan; yr oedd yn gyfyngder mawr, ac ni allai ein hynafiaid gael lluniaeth. ¹² Ond clywodd Jacob fod bwyd yn yr Aifft, ac anfonodd ein tadau yno y tro cyntaf. ¹³ Yr ail dro fe adnabuwyd Joseff gan ei frodyr, a daeth tylwyth Joseff yn hysbys i Pharo. ¹⁴ Anfonodd Joseff, a galw Jacob ei dad ato, a'i holl berthnasau, yn saith deg pump o bobl i gyd. ¹⁵ Ac aeth Jacob i lawr i'r Aifft. Bu farw ef a'n tadau, ¹⁶ a symudwyd hwy yn ôl i Sichem, a'u claddu yn y bedd yr oedd Abraham wedi ei brynu am arian gan feibion Emor yn Sichem.

¹⁷ "Fel yr oedd yr amser yn agosáu i gyflawni'r addewid yr oedd Duw wedi ei rhoi i Abraham, cynyddodd y bobl a lluosogi yn yr Aifft, ¹⁸ nes i frenin gwahanol godi ar yr Aifft, un na wyddai ddim am Joseff. ¹⁹ Bu hwn yn ddichellgar wrth ein cenedl ni, gan gam-drin ein hynafiaid, a pheri bwrw eu

babanod allan fel na chedwid mohonynt yn fyw. ²⁰ Y pryd hwnnw y ganwyd Moses, ac yr oedd yn blentyn cymeradwy yng ngolwg Duw. Magwyd ef am dri mis yn nhŷ ei dad, ²¹ a phan fwriwyd ef allan, cymerodd merch Pharo ef ati, a'i fagu yn fab iddi hi ei hun. ²² Hyfforddwyd Moses yn holl ddoethineb yr Eifftwyr, ac yr oedd yn nerthol yn ei eiriau a'i weithredoedd.

²³ "Yn ystod ei ddeugeinfed flwyddyn, cododd awydd arno i ymweld â'i gydgenedl, plant Israel. ²⁴ Pan welodd un ohonynt yn cael cam, fe'i hamddiffynnodd, a dialodd gam y dyn oedd dan orthrwm trwy daro'r Eifftiwr. ²⁵ Yr oedd yn tybio y byddai ei bobl ei hun yn deall fod Duw trwyddo ef yn rhoi gwaredigaeth iddynt. Ond nid oeddent yn deall. ²⁶ Trannoeth daeth ar draws dau ohonynt yn ymladd, a cheisiodd eu cymodi a chael heddwch, gan ddweud, 'Ddynion, brodyr ydych; pam y gwnewch gam â'ch gilydd?' ²⁷ Ond dyma'r un oedd yn gwneud cam â'i gymydog yn ei wthio i ffwrdd, gan ddweud, 'Pwy a'th benododd di yn llywodraethwr ac yn farnwr arnom ni? ²⁸ A wyt ti am fy lladd i fel y lleddaist yr Eifftiwr ddoe?' ²⁹ A ffodd Moses ar y gair hwn, ac aeth yn alltud yn nhir Midian, lle y ganwyd iddo ddau fab.

³⁰ "Ymhen deugain mlynedd, fe ymddangosodd iddo yn anialwch Mynydd Sinai angel mewn fflam dân mewn perth. ³¹ Pan welodd Moses ef, bu ryfedd ganddo'r olygfa. Wrth iddo nesu i edrych yn fanwl, daeth llais yr Arglwydd: ³² 'Myfi yw Duw dy dadau, Duw Abraham a Duw Isaac a Duw Jacob.' Cafodd Moses fraw, ac ni feiddiai edrych. ³³ Yna dywedodd yr Arglwydd wrtho, 'Datod dy sandalau oddi am dy draed, oherwydd y mae'r lle'r wyt yn sefyll arno yn dir sanctaidd. ³⁴ Gwelais, do, gwelais sut y mae fy mhobl sydd yn yr Aifft yn cael eu camdrin, a chlywais eu griddfan, a deuthum i lawr i'w gwaredu. Yn awr tyrd, imi gael dy anfon di i'r Aifft.' ³⁵ Y Moses hwn, y gŵr a wrthodasant gan ddweud, 'Pwy a'th benododd di yn llywodraethwr ac yn farnwr?'—hwnnw a anfonodd Duw yn llywodraethwr ac yn rhyddhawr, trwy law'r angel a ymddangosodd iddo yn y berth. ³⁶ Hwn a'u harweiniodd hwy allan, gan wneud rhyfeddodau ac arwyddion yng ngwlad yr Aifft ac yn y Môr Coch, ac am ddeugain mlynedd yn yr anialwch. ³⁷ Hwn yw'r Moses a ddywedodd wrth blant Israel, 'Bydd Duw yn codi i chwi o blith eich cydgenedl broffwyd, fel y cododd fi*.' ³⁸ Hwn yw'r un a fu yn y gynulleidfa yn yr anialwch, gyda'r angel a lefarodd wrtho ar Fynydd Sinai a chyda'n hynafiaid ni. Derbyniodd ef oraclau byw i'w rhoi i chwi. ³⁹ Eithr ni fynnodd ein hynafiaid ymddarostwng iddo, ond ei wthio o'r ffordd a wnaethant, a throi'n ôl yn eu calonnau at yr Aifft, ⁴⁰ gan ddweud wrth Aaron, 'Gwna inni dduwiau i fynd o'n blaen; oherwydd y Moses yma, a ddaeth â ni allan o wlad yr Aifft, ni wyddom beth a ddigwyddodd iddo.' ⁴¹ Gwnaethant lo y pryd hwnnw, ac offrymu aberth i'r eilun, ac ymlawenhau yng nghynnyrch eu dwylo eu hunain. ⁴² A throes Duw ymaith, a'u rhoi i fyny i addoli sêr y nef, fel y mae'n ysgrifenedig yn llyfr y proffwydi:

'A offrymasoch i mi laddedigion ac
  aberthau
am ddeugain mlynedd yn yr
  anialwch, dŷ Israel?
⁴³ Na yn wir, dyrchafasoch babell
  Moloch,
a seren eich duw Raiffan,
y delwau a wnaethoch i'w haddoli.
Alltudiaf chwi y tu hwnt i Fabilon.'

⁴⁴ "Yr oedd pabell y dystiolaeth gan ein hynafiaid yn yr anialwch, fel y gorchmynnodd yr hwn a lefarodd wrth Moses ei fod i'w llunio yn ôl y patrwm yr oedd wedi ei weld. ⁴⁵ Ac wedi ei derbyn yn eu tro, daeth ein hynafiaid â hi yma gyda Josua, wrth iddynt oresgyn y cenhedloedd a yrrodd Duw allan o'u blaenau. Ac felly y bu hyd ddyddiau Dafydd. ⁴⁶ Cafodd ef ffafr gerbron Duw, a deisyfodd am gael tabernacl i dŷ* Jacob. ⁴⁷ Eithr Solomon oedd yr un a adeiladodd dŷ iddo. ⁴⁸ Ond nid yw'r

---

7:37 Neu, *fel fi.*
7:46 Yn ôl darlleniad arall, *i Dduw Jacob.*

Goruchaf yn trigo mewn tai o waith llaw;
fel y mae'r proffwyd yn dweud:

> 49 'Y nefoedd yw fy ngorsedd,
>   a'r ddaear yw troedfainc fy nhraed.
>   Pa fath dŷ a adeiladwch imi, medd
>   yr Arglwydd;
>   ble fydd fy ngorffwysfa?
> 50 Onid fy llaw i a wnaeth y pethau
>   hyn oll?'

51 "Chwi rai gwargaled a dienwaededig o galon a chlust, yr ydych chwi yn wastad yn gwrthwynebu'r Ysbryd Glân; fel eich hynafiaid, felly chwithau. 52 Prun o'r proffwydi na fu'ch hynafiaid yn ei erlid? Ie, lladdasant y rhai a ragfynegodd ddyfodiad yr Un Cyfiawn. A chwithau yn awr, bradwyr a llofruddion fuoch iddo ef, 53 chwi y rhai a dderbyniodd y Gyfraith yn ôl cyfarwyddyd angylion, ac eto ni chadwasoch mohoni."

Llabyddio Steffan

54 Wrth glywed y pethau hyn aethant yn ffyrnig yn eu calonnau, ac ysgyrnygu eu dannedd arno. 55 Yn llawn o'r Ysbryd Glân, syllodd Steffan tua'r nef a gwelodd ogoniant Duw, ac Iesu'n sefyll ar ddeheulaw Duw, 56 a dywedodd, "Edrychwch, rwy'n gweld y nefoedd yn agored, a Mab y Dyn yn sefyll ar ddeheulaw Duw." 57 Rhoesant hwythau waedd uchel, a chau eu clustiau, a rhuthro'n unfryd arno, 58 a'i fwrw allan o'r ddinas, a mynd ati i'w labyddio. Dododd y tystion eu dillad wrth draed dyn ifanc o'r enw Saul. 59 Ac wrth iddynt ei labyddio, yr oedd Steffan yn galw, "Arglwydd Iesu, derbyn fy ysbryd." 60 Yna penliniodd, a gwaeddodd â llais uchel, "Arglwydd, paid â dal y pechod hwn yn eu herbyn." Ac wedi dweud hynny, fe hunodd.

8 Yr oedd Saul yn cydsynio â'i lofruddio.

Saul yn Erlid yr Eglwys

Y diwrnod hwnnw dechreuodd erlid mawr ar yr eglwys yn Jerwsalem. Gwasgarwyd hwy, pawb ond yr apostolion, trwy barthau Jwdea a Samaria. 2 Claddwyd Steffan gan wŷr duwiol, ac yr oeddent yn galarnadu'n uchel amdano. 3 Ond anrheithio'r eglwys yr oedd Saul: mynd i mewn i dŷ ar ôl tŷ, a llusgo allan wŷr a gwragedd, a'u traddodi i garchar.

Pregethu'r Efengyl yn Samaria

4 Am y rhai a wasgarwyd, teithiasant gan bregethu'r gair. 5 Aeth Philip i lawr i'r ddinas* yn Samaria, a dechreuodd gyhoeddi'r Meseia iddynt. 6 Yr oedd y tyrfaoedd yn dal yn unfryd ar eiriau Philip, wrth glywed a gweld yr arwyddion yr oedd yn eu gwneud; 7 oherwydd yr oedd ysbrydion aflan yn dod allan o lawer oedd wedi eu meddiannu ganddynt, gan weiddi â llais uchel, ac iachawyd llawer o rai wedi eu parlysu ac o rai cloff. 8 A bu llawenydd mawr yn y ddinas honno.

9 Yr oedd rhyw ŵr o'r enw Simon eisoes yn y ddinas yn dewinio ac yn synnu cenedl Samaria. Yr oedd yn dweud ei fod yn rhywun mawr, 10 ac yr oedd pawb, o fawr i fân, yn dal sylw arno ac yn dweud, "Hwn yw'r gallu dwyfol a elwir y Gallu Mawr." 11 Yr oeddent yn dal sylw arno am ei fod ers cryn amser yn eu synnu â'i ddewiniaeth. 12 Ond wedi iddynt gredu Philip a'i newydd da am deyrnas Dduw ac enw Iesu Grist, dechreuwyd eu bedyddio hwy, yn wŷr a gwragedd. 13 Credodd Simon ei hun hefyd, ac wedi ei fedyddio yr oedd yn glynu'n ddyfal wrth Philip; wrth weld arwyddion a gweithredoedd nerthol yn cael eu cyflawni, yr oedd yn synnu.

14 Pan glywodd yr apostolion yn Jerwsalem fod Samaria wedi derbyn gair Duw, anfonasant atynt Pedr ac Ioan, 15 ac wedi iddynt hwy ddod i lawr yno, gweddïasant drostynt ar iddynt dderbyn yr Ysbryd Glân, 16 oherwydd nid oedd eto wedi disgyn ar neb ohonynt, dim ond eu bod wedi eu bedyddio i enw yr Arglwydd Iesu. 17 Yna rhoes Pedr ac Ioan eu dwylo arnynt, a derbyniasant yr Ysbryd Glân. 18 Pan welodd Simon mai trwy arddodiad dwylo'r apostolion y rhoddid yr Ysbryd, cynigiodd arian iddynt, 19 a dweud, "Rhowch yr awdurdod yma i minnau, fel y bydd i bwy bynnag y rhof fy nwylo arno

---

8:5 Yn ôl darlleniad arall, *i ddinas.*

dderbyn yr Ysbryd Glân." ²⁰ Ond dywedodd Pedr wrtho, "Melltith arnat ti a'th arian, am iti feddwl meddiannu rhodd Duw trwy dalu amdani! ²¹ Nid oes iti ran na chyfran yn hyn o beth, oblegid nid yw dy galon yn uniawn yng ngolwg Duw. ²² Felly edifarha am y drygioni hwn o'r eiddot, ac erfyn ar yr Arglwydd, i weld a faddeuir i ti feddylfryd dy galon, ²³ oherwydd rwy'n gweld dy fod yn llawn chwerwder ac yn gaeth i ddrygioni." ²⁴ Atebodd Simon, "Gweddïwch chwi drosof fi ar yr Arglwydd, fel na ddaw arnaf ddim o'r pethau a ddywedsoch."

²⁵ Wedi iddynt dystiolaethu a llefaru gair yr Arglwydd, cychwynasant hwythau yn ôl i Jerwsalem, a chyhoeddi'r newydd da i lawer o bentrefi'r Samariaid.

Philip a'r Eunuch o Ethiopia

²⁶ Llefarodd angel yr Arglwydd wrth Philip: "Cod," meddai, "a chymer daith tua'r de, i'r ffordd sy'n mynd i lawr o Jerwsalem i Gasa." Ffordd anial yw hon. ²⁷ Cododd yntau ac aeth. A dyma ŵr o Ethiop, eunuch, swyddog uchel i Candace brenhines yr Ethiopiaid, ac yn ben ar ei holl drysor hi; yr oedd hwn wedi dod i Jerwsalem i addoli, ²⁸ ac yr oedd yn dychwelyd ac yn eistedd yn ei gerbyd, yn darllen y proffwyd Eseia. ²⁹ Dywedodd yr Ysbryd wrth Philip, "Dos a glŷn wrth y cerbyd yna." ³⁰ Rhedodd Philip ato a chlywodd ef yn darllen y proffwyd Eseia, ac meddai, "A wyt ti'n deall, tybed, beth yr wyt yn ei ddarllen?" ³¹ Meddai yntau, "Wel, sut y gallwn i, heb i rywun fy nghyfarwyddo?" Gwahoddodd Philip i ddod i fyny ato ac eistedd gydag ef. ³² A hon oedd yr adran o'r Ysgrythur yr oedd yn ei darllen:

"Arweiniwyd ef fel dafad i'r lladdfa,
ac fel y bydd oen yn ddistaw yn llaw
ei gneifiwr,
felly nid yw'n agor ei enau.
³³ Yn ei ddarostyngiad gomeddwyd
iddo farn.
Pwy all draethu am ei
ddisgynyddion?
Oherwydd cymerir ei fywyd oddi ar
y ddaear."

³⁴ Meddai'r eunuch wrth Philip, "Dywed i mi, am bwy y mae'r proffwyd yn dweud hyn? Ai amdano'i hun, ai am rywun arall?" ³⁵ Yna agorodd Philip ei enau, a chan ddechrau o'r rhan hon o'r Ysgrythur traethodd y newydd da am Iesu iddo. ³⁶ Fel yr oeddent yn mynd rhagddynt ar eu ffordd, daethant at ryw ddŵr, ac ebe'r eunuch, "Dyma ddŵr; beth sy'n rhwystro imi gael fy medyddio?"* ³⁸ A gorchmynnodd i'r cerbyd sefyll, ac aethant i lawr ill dau i'r dŵr, Philip a'r eunuch, ac fe'i bedyddiodd ef. ³⁹ Pan ddaethant i fyny o'r dŵr, cipiwyd Philip ymaith gan Ysbryd yr Arglwydd; ni welodd yr eunuch mohono mwyach, ac aeth ymlaen ar ei ffordd yn llawen. ⁴⁰ Cafodd Philip ei hun yn Asotus, ac aeth o gwmpas dan gyhoeddi'r newydd da yn yr holl ddinasoedd nes iddo ddod i Gesarea.

Tröedigaeth Saul

9 Act. 22:6–16; 26:12–18
Yr oedd Saul yn dal i chwythu bygythion angheuol yn erbyn disgyblion yr Arglwydd, ac fe aeth at yr archoffeiriad ² a gofyn iddo am lythyrau at y synagogau yn Namascus, fel os byddai'n cael hyd i rywrai o bobl y Ffordd, yn wŷr neu'n wragedd, y gallai eu dal a dod â hwy i Jerwsalem. ³ Pan oedd ar ei daith ac yn agosáu at Ddamascus, yn sydyn fflachiodd o'i amgylch oleuni o'r nef. ⁴ Syrthiodd ar lawr, a chlywodd lais yn dweud wrtho, "Saul, Saul, pam yr wyt yn fy erlid i?" ⁵ Dywedodd yntau, "Pwy wyt ti, Arglwydd?" Ac ebe'r llais, "Iesu wyf fi, yr hwn yr wyt ti yn ei erlid. ⁶ Ond cod, a dos i mewn i'r ddinas, ac fe ddywedir wrthyt beth sy raid iti ei wneud." ⁷ Yr oedd y dynion oedd yn cyd-deithio ag ef yn sefyll yn fud, yn clywed y llais ond heb weld neb. ⁸ Cododd Saul oddi ar lawr, ond er bod ei lygaid yn agored ni allai weld dim. Arweiniasant ef gerfydd ei law i mewn i Ddamascus. ⁹ Bu am dridiau heb weld, ac ni chymerodd na bwyd na diod.

8:36 Yn ôl darlleniad arall ychwanegir adn. 37: Dywedodd Philip, "Os wyt yn credu â'th holl galon, fe elli." Atebodd yntau, "Yr wyf yn credu mai Mab Duw yw Iesu Grist."

¹⁰ Yr oedd rhyw ddisgybl yn Namascus o'r enw Ananias, a dywedodd yr Arglwydd wrtho ef mewn gweledigaeth, "Ananias." Dywedodd yntau, "Dyma fi, Arglwydd." ¹¹ Ac meddai'r Arglwydd wrtho, "Cod, a dos i'r stryd a elwir y Stryd Union, a gofyn yn nhŷ Jwdas am ddyn o Darsus o'r enw Saul; cei hyd iddo yno, yn gweddïo; ¹² ac y mae wedi gweld mewn gweledigaeth ddyn o'r enw Ananias yn dod i mewn ac yn rhoi ei ddwylo arno i roi ei olwg yn ôl iddo." ¹³ Atebodd Ananias, "Arglwydd, yr wyf wedi clywed gan lawer am y dyn hwn, faint o ddrwg y mae wedi ei wneud i'th saint di yn Jerwsalem. ¹⁴ Yma hefyd y mae ganddo awdurdod oddi wrth y prif offeiriaid i ddal pawb sy'n galw ar dy enw di." ¹⁵ Ond dywedodd yr Arglwydd wrtho, "Dos di; llestr dewis i mi yw hwn, i ddwyn fy enw gerbron y Cenhedloedd a'u brenhinoedd, a cherbron plant Israel. ¹⁶ Dangosaf fi iddo faint sy raid iddo'i ddioddef dros fy enw i." ¹⁷ Aeth Ananias ymaith ac i mewn i'r tŷ, a rhoddodd ei ddwylo arno a dweud, "Y brawd Saul, yr Arglwydd sydd wedi fy anfon—sef Iesu, yr un a ymddangosodd iti ar dy ffordd yma—er mwyn iti gael dy olwg yn ôl, a'th lenwi â'r Ysbryd Glân." ¹⁸ Ar unwaith syrthiodd rhywbeth fel cen oddi ar ei lygaid, a chafodd ei olwg yn ôl. Cododd, ac fe'i bedyddiwyd, ¹⁹ a chymerodd luniaeth ac ymgryfhaodd.

Saul yn Pregethu yn Namascus

Bu gyda'r disgyblion oedd yn Namascus am rai dyddiau, ²⁰ ac ar unwaith dechreuodd bregethu Iesu yn y synagogau, a chyhoeddi mai Mab Duw oedd ef. ²¹ Yr oedd pawb oedd yn ei glywed yn rhyfeddu. "Onid dyma'r dyn," meddent, "a wnaeth ddifrod yn Jerwsalem ar y rhai sy'n galw ar yr enw hwn? Ac onid i hyn yr oedd wedi dod yma, sef i fynd â hwy yn rhwym at y prif offeiriaid?" ²² Ond yr oedd Saul yn ymrymuso fwyfwy, ac yn drysu'r Iddewon oedd yn byw yn Namascus wrth brofi mai Iesu oedd y Meseia.

Saul yn Dianc rhag yr Iddewon

²³ Fel yr oedd dyddiau lawer yn mynd heibio, cynllwyniodd yr Iddewon i'w ladd. ²⁴ Ond daeth eu cynllwyn yn hysbys i Saul. Yr oeddent hefyd yn gwylio'r pyrth ddydd a nos er mwyn ei ladd ef. ²⁵ Ond cymerodd ei ddisgyblion ef yn y nos a'i ollwng i lawr y mur, gan ei ostwng mewn basged.

Saul yn Jerwsalem

²⁶ Wedi iddo gyrraedd Jerwsalem ceisiodd ymuno â'r disgyblion; ond yr oedd ar bawb ei ofn, gan nad oeddent yn credu ei fod yn ddisgybl. ²⁷ Ond cymerodd Barnabas ef a mynd ag ef at yr apostolion, ac adroddodd wrthynt fel yr oedd wedi gweld yr Arglwydd ar y ffordd, ac iddo siarad ag ef, ac fel yr oedd wedi llefaru yn hy yn Namascus yn enw Iesu. ²⁸ Bu gyda hwy, yn mynd i mewn ac allan yn Jerwsalem, ²⁹ gan lefaru'n hy yn enw yr Arglwydd; byddai'n siarad ac yn dadlau â'r Iddewon Groeg eu hiaith, ond yr oeddent hwy'n ceisio'i ladd ef. ³⁰ Pan ddaeth y credinwyr i wybod, aethant ag ef i lawr i Gesarea, a'i anfon ymaith i Darsus.

³¹ Yr oedd yr eglwys yn awr, drwy holl Jwdea a Galilea a Samaria, yn cael heddwch. Yr oedd yn cryfhau, a thrwy rodio yn ofn yr Arglwydd ac yn niddanwch yr Ysbryd Glân, yn mynd ar gynnydd.

Iacháu Aeneas

³² Pan oedd Pedr yn mynd ar daith ac yn galw heibio i bawb, fe ddaeth i lawr at y saint oedd yn trigo yn Lyda. ³³ Yno cafodd ryw ddyn o'r enw Aeneas, a oedd yn gorwedd ers wyth mlynedd ar ei fatras, wedi ei barlysu. ³⁴ Dywedodd Pedr wrtho, "Aeneas, y mae Iesu Grist yn dy iacháu di; cod, a chyweiria dy wely." Ac fe gododd ar unwaith. ³⁵ Gwelodd holl drigolion Lyda a Saron ef, a throesant at yr Arglwydd.

Adfer Bywyd Dorcas

³⁶ Yr oedd yn Jopa ryw ddisgybl o'r enw Tabitha; ystyr hyn, o'i gyfieithu, yw

Dorcas*. Yr oedd hon yn llawn o weithredoedd da ac o elusennau. 37 Yr adeg honno fe glafychodd, a bu farw. Golchasant ei chorff a'i roi i orwedd mewn ystafell ar y llofft. 38 A chan fod Lyda yn agos i Jopa, pan glywodd y disgyblion fod Pedr yno, anfonasant ddau ddyn ato i ddeisyf arno, "Tyrd drosodd atom heb oedi." 39 Cododd Pedr ac aeth gyda hwy. Wedi iddo gyrraedd, aethant ag ef i fyny i'r ystafell, a safodd yr holl wragedd gweddwon yn ei ymyl dan wylo a dangos y crysau a'r holl ddillad yr oedd Dorcas wedi eu gwneud pan oedd gyda hwy. 40 Ond trodd Pedr bawb allan, a phenliniodd a gweddïo, a chan droi at y corff meddai, "Tabitha, cod." Agorodd hithau ei llygaid, a phan welodd Pedr, cododd ar ei heistedd. 41 Rhoddodd yntau ei law iddi a'i chodi, a galwodd y saint a'r gwragedd gweddwon, a'i chyflwyno iddynt yn fyw. 42 Aeth y peth yn hysbys drwy Jopa i gyd, a daeth llawer i gredu yn yr Arglwydd. 43 Arhosodd Pedr am beth amser yn Jopa gyda rhyw farcer o'r enw Simon.

Pedr a Cornelius

10 Yr oedd rhyw ŵr yng Nghesarea o'r enw Cornelius, canwriad o'r fintai Italaidd, fel y gelwid hi; 2 gŵr defosiynol ydoedd, yn ofni Duw, ef a'i holl deulu. Byddai'n rhoi elusennau lawer i'r bobl Iddewig, ac yn gweddïo ar Dduw yn gyson. 3 Tua thri o'r gloch y prynhawn, gwelodd yn eglur mewn gweledigaeth angel Duw yn dod i mewn ato ac yn dweud wrtho, "Cornelius." 4 Syllodd yntau arno a brawychodd, ac meddai, "Beth sydd, f'arglwydd?" Dywedodd yr angel wrtho, "Y mae dy weddïau a'th elusennau wedi esgyn yn offrwm coffa gerbron Duw. 5 Ac yn awr anfon ddynion i Jopa i gyrchu dyn o'r enw Simon, a gyfenwir Pedr. 6 Y mae hwn yn lletya gyda rhyw farcer o'r enw Simon, sydd â'i dŷ wrth y môr." 7 Wedi i'r angel oedd yn llefaru wrtho ymadael, galwodd ddau o'r gweision tŷ a milwr defosiynol, un o'i weision agos, 8 ac adroddodd y cwbl wrthynt a'u hanfon i Jopa.

9 Trannoeth, pan oedd y rhain ar eu taith ac yn agosáu at y ddinas, aeth Pedr i fyny ar y to i weddïo, tua chanol dydd. 10 Daeth chwant bwyd arno ac eisiau cael pryd; a thra oeddent yn ei baratoi, aeth i lesmair. 11 Gwelodd y nef yn agored, a rhywbeth fel hwyl fawr yn disgyn ac yn cael ei gollwng wrth bedair congl tua'r ddaear. 12 O'i mewn yr oedd holl anifeiliaid ac ymlusgiaid y ddaear ac adar yr awyr. 13 A daeth llais ato, "Cod, Pedr, lladd a bwyta." 14 Dywedodd Pedr, "Na, na, Arglwydd; nid wyf fi erioed wedi bwyta dim halogedig nac aflan." 15 A thrachefn eilwaith meddai'r llais wrtho, "Yr hyn y mae Duw wedi ei lanhau, paid ti â'i alw'n halogedig." 16 Digwyddodd hyn deirgwaith; yna yn sydyn cymerwyd y peth i fyny i'r nef.

17 Tra oedd Pedr yn amau ynddo'i hun beth allai ystyr y weledigaeth fod, dyma'r dynion oedd wedi eu hanfon gan Cornelius, wedi iddynt holi am dŷ Simon, yn dod ac yn sefyll wrth y drws. 18 Galwasant a gofyn, "A yw Simon, a gyfenwir Pedr, yn lletya yma?" 19 Tra oedd Pedr yn synfyfyrio ynghylch y weledigaeth, dywedodd yr Ysbryd, "Y mae yma dri dyn* yn chwilio amdanat. 20 Cod, dos i lawr, a dos gyda hwy heb amau dim, oherwydd myfi sydd wedi eu hanfon." 21 Aeth Pedr i lawr at y dynion, ac meddai, "Dyma fi, y dyn yr ydych yn chwilio amdano. Pam y daethoch yma?" 22 Meddent hwythau, "Y canwriad Cornelius, gŵr cyfiawn sy'n ofni Duw ac sydd â gair da iddo gan holl genedl yr Iddewon, a rybuddiwyd gan angel sanctaidd i anfon amdanat i'w dŷ, ac i glywed y pethau sydd gennyt i'w dweud." 23 Felly gwahoddodd hwy i mewn a rhoi llety iddynt.

Trannoeth, cododd ac aeth ymaith gyda hwy, ac aeth rhai o'r credinwyr oedd yn Jopa gydag ef. 24 A thrannoeth, cyrhaeddodd Gesarea. Yr oedd Cornelius yn eu disgwyl, ac wedi galw ynghyd ei berthnasau a'i gyfeillion agos. 25 Wedi i Pedr ddod i mewn, aeth Cornelius i'w gyfarfod, a syrthiodd wrth ei draed a'i addoli. 26 Ond cododd Pedr

---

9:36 Enw Groeg yn golygu *Gafrewig*.

10:19 Yn ôl darlleniadau eraill, *ddau ddyn*, neu, *rai dynion*.

ef ar ei draed, gan ddweud, "Cod; dyn wyf finnau hefyd." ²⁷ A than ymddiddan ag ef aeth i mewn, a chael llawer wedi ymgynnull, ²⁸ ac meddai wrthynt, "Fe wyddoch chwi ei bod yn anghyfreithlon i Iddew gadw cwmni gydag estron neu ymweld ag ef; eto dangosodd Duw i mi na ddylwn alw neb yn halogedig neu'n aflan. ²⁹ Dyna pam y deuthum, heb wrthwynebu o gwbl, pan anfonwyd amdanaf. Rwy'n gofyn, felly, pam yr anfonasoch amdanaf." ³⁰ Ac ebe Cornelius, "Pedwar diwrnod i'r awr hon, yr oeddwn ar weddi am dri o'r gloch y prynhawn yn fy nhŷ, a dyma ŵr yn sefyll o'm blaen mewn gwisg ddisglair, ³¹ ac meddai, 'Cornelius, y mae Duw wedi clywed dy weddi di ac wedi cofio am dy elusennau. ³² Anfon, felly, i Jopa a gwahodd atat Simon, a gyfenwir Pedr; y mae hwn yn lletya yn nhŷ Simon y barcer, wrth y môr.' ³³ Felly anfonais atat ar unwaith, a gwelaist tithau yn dda ddod. Yn awr, ynteu, yr ydym ni bawb yma gerbron Duw i glywed popeth a orchmynnwyd i ti gan yr Arglwydd."

Araith Pedr yn Nhŷ Cornelius

³⁴ A dechreuodd Pedr lefaru: "Ar fy ngwir," meddai, "rwy'n deall nad yw Duw yn dangos ffafriaeth, ³⁵ ond bod y sawl ym mhob cenedl sy'n ei ofni ac yn gweithredu cyfiawnder yn dderbyniol ganddo ef. ³⁶ Y gair hwn a anfonodd i blant Israel, gan gyhoeddi Efengyl tangnefedd drwy Iesu Grist; ef yw Arglwydd pawb. ³⁷ Gwyddoch chwi'r peth a fu drwy holl Jwdea, gan ddechrau yng Ngalilea wedi'r bedydd a gyhoeddodd Ioan—Iesu o Nasareth, ³⁸ y modd yr eneiniodd Duw ef â'r Ysbryd Glân ac â nerth. Aeth ef oddi amgylch gan wneud daioni ac iacháu pawb oedd dan ormes y diafol, am fod Duw gydag ef. ³⁹ Ac yr ydym ni'n dystion o'r holl bethau a wnaeth yng ngwlad yr Iddewon ac yn Jerwsalem. A lladdasant ef, gan ei grogi ar bren. ⁴⁰ Ond cyfododd Duw ef ar y trydydd dydd, a pheri iddo ddod yn weledig, ⁴¹ nid i'r holl bobl, ond i dystion oedd wedi eu rhagethol gan Dduw, sef i ni, y rhai a fu'n cydfwyta ac yn cydyfed gydag ef wedi iddo atgyfodi oddi wrth y meirw. ⁴² Gorchmynnodd i ni bregethu i'r bobl, a thystiolaethu mai hwn yw'r un a benodwyd gan Dduw yn farnwr y byw a'r meirw. ⁴³ I hwn y mae'r holl broffwydi'n tystio, y bydd pawb sy'n credu ynddo ef yn derbyn maddeuant pechodau trwy ei enw."

Y Cenhedloedd yn Derbyn yr Ysbryd Glân

⁴⁴ Tra oedd Pedr yn dal i lefaru'r pethau hyn, syrthiodd yr Ysbryd Glân ar bawb oedd yn gwrando'r gair. ⁴⁵ Synnodd y credinwyr Iddewig, cynifer ag oedd wedi dod gyda Pedr, am fod rhodd yr Ysbryd Glân wedi ei thywallt hyd yn oed ar y Cenhedloedd; ⁴⁶ oherwydd yr oeddent yn eu clywed yn llefaru â thafodau ac yn mawrygu Duw. Yna dywedodd Pedr, ⁴⁷ "A all unrhyw un wrthod y dŵr i fedyddio'r rhain, a hwythau wedi derbyn yr Ysbryd Glân fel ninnau?" ⁴⁸ A gorchmynnodd eu bedyddio hwy yn enw Iesu Grist. Yna gofynasant iddo aros am rai dyddiau.

Adroddiad Pedr i'r Eglwys yn Jerwsalem

11 Clywodd yr apostolion a'r credinwyr yn Jwdea fod y Cenhedloedd hefyd wedi derbyn gair Duw. ² Pan ddaeth Pedr i fyny i Jerwsalem, dechreuodd plaid yr enwaediad ddadlau ag ef, ³ a dweud, "Buost yn ymweld â dynion dienwaededig, ac yn cydfwyta gyda hwy." ⁴ Dechreuodd Pedr adrodd yr hanes wrthynt yn ei drefn. ⁵ "Yr oeddwn i," meddai, "yn nhref Jopa yn gweddïo, a gwelais mewn llesmair weledigaeth: yr oedd rhywbeth fel hwyl fawr yn disgyn ac yn cael ei gollwng o'r nef wrth bedair congl, a daeth hyd ataf. ⁶ Syllais i mewn iddi a cheisio amgyffred; gwelais anifeiliaid y ddaear a'r bwystfilod a'r ymlusgiaid ac adar yr awyr. ⁷ A chlywais lais yn dweud wrthyf, 'Cod, Pedr, lladd a bwyta.' ⁸ Ond dywedais, 'Na, na, Arglwydd; nid aeth dim halogedig neu aflan erioed i'm genau.' ⁹ Atebodd llais o'r nef eilwaith, 'Yr hyn y mae Duw wedi ei lanhau, paid ti â'i alw'n halogedig.' ¹⁰ Digwyddodd hyn deirgwaith, ac yna tynnwyd y cyfan i fyny yn ôl i'r nef. ¹¹ Ac yn union dyma dri dyn yn dod ac yn sefyll wrth y tŷ lle'r oeddem*, wedi eu hanfon ataf o Gesarea. ¹² A dywedodd yr Ysbryd wrthyf am fynd gyda hwy heb amau dim. Daeth y chwe brawd hyn gyda mi, ac aethom i mewn i dŷ'r dyn hwnnw. ¹³ Mynegodd yntau i ni fel yr oedd wedi gweld yr angel yn sefyll yn ei dŷ ac yn dweud, 'Anfon i Jopa i gyrchu Simon, a gyfenwir Pedr; ¹⁴ fe lefara ef eiriau wrthyt, a thrwyddynt hwy achubir di a'th holl deulu.' ¹⁵ Ac nid cynt y dechreuais lefaru nag y syrthiodd yr Ysbryd Glân arnynt hwy fel yr oedd wedi syrthio arnom ninnau ar y cyntaf. ¹⁶ Cofiais air yr Arglwydd, fel yr oedd wedi dweud, 'Â dŵr y bedyddiodd Ioan, ond fe'ch bedyddir chwi â'r Ysbryd Glân.' ¹⁷ Os rhoddodd Duw, ynteu, yr un rhodd iddynt hwy ag i ninnau pan gredasom yn yr Arglwydd Iesu Grist, pwy oeddwn i i allu rhwystro Duw?" ¹⁸ Ac wedi iddynt glywed hyn, fe dawsant, a gogoneddu Duw gan ddweud, "Felly rhoddodd Duw i'r Cenhedloedd hefyd yr edifeirwch a rydd fywyd."

Yr Eglwys yn Antiochia

¹⁹ Yn awr yr oedd y rhai a wasgarwyd oherwydd yr erlid a gododd o achos Steffan wedi teithio cyn belled â Phoenicia a Cyprus ac Antiochia, heb lefaru'r gair wrth neb ond Iddewon yn unig. ²⁰ Ond yr oedd rhai ohonynt yn bobl o Cyprus a Cyrene a dechreusant hwy, wedi iddynt ddod i Antiochia, lefaru wrth y Groegiaid* hefyd, gan gyhoeddi'r newydd da am yr Arglwydd Iesu. ²¹ Yr oedd llaw'r Arglwydd gyda hwy, a mawr oedd y nifer a ddaeth i gredu a throi at yr Arglwydd. ²² Daeth yr hanes amdanynt i glustiau'r eglwys oedd yn Jerwsalem ac anfonasant Barnabas allan i fynd i Antiochia. ²³ Wedi iddo gyrraedd, a gweld gras Duw, yr oedd yn llawen, a bu'n annog pawb i lynu wrth yr Arglwydd o wir fwriad calon; ²⁴ achos yr oedd yn ddyn da, yn llawn o'r Ysbryd Glân ac o ffydd.

A chwanegwyd tyrfa niferus i'r Arglwydd. ²⁵ Yna fe aeth ymaith i Darsus i geisio Saul, ac wedi ei gael daeth ag ef i Antiochia. ²⁶ Am flwyddyn gyfan cawsant gydymgynnull gyda'r eglwys a dysgu tyrfa niferus; ac yn Antiochia y cafodd y disgyblion yr enw Cristionogion gyntaf.

²⁷ Yn y dyddiau hynny daeth proffwydi i lawr o Jerwsalem i Antiochia, ²⁸ a chododd un ohonynt, o'r enw Agabus, a rhoi arwydd trwy'r Ysbryd fod newyn mawr ar ddod dros yr holl fyd; ac felly y bu yn amser Clawdius. ²⁹ Penderfynodd pob un o'r disgyblion gyfrannu, yn ôl fel y gallai fforddio, at gynhaliaeth eu cydgredinwyr oedd yn trigo yn Jwdea. ³⁰ Gwnaethant hynny, ac anfon eu cyfraniad at yr henuriaid trwy law Barnabas a Saul.

Lladd Iago a Charcharu Pedr

12 Tua'r amser hwnnw, fe gymerodd y Brenin Herod afael ar rai o'r eglwys i'w drygu. ² Fe laddodd Iago, brawd Ioan, â'r cleddyf. ³ Pan welodd fod hyn yn gymeradwy gan yr Iddewon, aeth ymlaen i ddal Pedr hefyd. Yn ystod dyddiau gŵyl y Bara Croyw y bu hyn. ⁴ Wedi dal Pedr, fe'i rhoddodd yng ngharchar, a'i draddodi i bedwar pedwariad o filwyr i'w warchod, gan fwriadu dod ag ef allan gerbron y cyhoedd ar ôl y Pasg. ⁵ Felly yr oedd Pedr dan warchodaeth yn y carchar. Ond yr oedd yr eglwys yn gweddïo'n daer ar Dduw ar ei ran.

Rhyddhau Pedr o'r Carchar

⁶ Pan oedd Herod ar fin ei ddwyn gerbron, y nos honno yr oedd Pedr yn cysgu rhwng dau filwr, wedi ei rwymo â dwy gadwyn, a gwylwyr o flaen y drws yn gwarchod y carchar. ⁷ A dyma angel yr Arglwydd yn sefyll yno, a goleuni'n disgleirio yn y gell. Trawodd yr angel Pedr ar ei ystlys, a'i ddeffro a dweud, "Cod ar unwaith." A syrthiodd ei gadwynau oddi ar ei ddwylo. ⁸ Meddai'r angel wrtho, "Rho dy wregys a gwisg dy sandalau." Ac felly y gwnaeth. Meddai wrtho wedyn, "Rho dy fantell amdanat, a chanlyn fi." ⁹ Ac fe'i canlynodd oddi

11:11 Yn ôl darlleniad arall, *oeddwn.*
11:20 Yn ôl darlleniad arall, *yr Helenistiaid.*

yno. Ni wyddai fod yr hyn oedd yn cael ei gyflawni drwy'r angel yn digwydd mewn gwirionedd, ond yr oedd yn tybio mai gweld gweledigaeth yr oedd. ¹⁰ Aethant heibio i'r wyliadwriaeth gyntaf a'r ail, a daethant at y porth haearn oedd yn arwain i'r ddinas; agorodd hwn iddynt ohono'i hun, ac aethant allan a mynd rhagddynt hyd un heol. Yna'n ebrwydd ymadawodd yr angel ag ef. ¹¹ Wedi i Pedr ddod ato'i hun, fe ddywedodd, "Yn awr mi wn yn wir i'r Arglwydd anfon ei angel a'm gwared i o law Herod a rhag popeth yr oedd yr Iddewon yn ei ddisgwyl." ¹² Wedi iddo sylweddoli hyn, aeth i dŷ Mair, mam Ioan a gyfenwid Marc, lle'r oedd cryn nifer wedi ymgasglu ac yn gweddïo. ¹³ Curodd wrth ddrws y cyntedd, a daeth morwyn o'r enw Rhoda i'w ateb. ¹⁴ Pan adnabu hi lais Pedr nid agorodd y drws gan lawenydd, ond rhedodd i mewn a mynegi bod Pedr yn sefyll wrth ddrws y cyntedd. ¹⁵ Dywedasant wrthi, "Rwyt ti'n wallgof." Ond taerodd hithau mai felly yr oedd. Meddent hwythau, "Ei angel ydyw." ¹⁶ Yr oedd Pedr yn dal i guro, ac wedi iddynt agor a'i weld, fe'u syfrdanwyd. ¹⁷ Amneidiodd yntau arnynt â'i law i fod yn ddistaw, ac adroddodd wrthynt sut yr oedd yr Arglwydd wedi dod ag ef allan o'r carchar. Dywedodd hefyd, "Mynegwch hyn i Iago a'r brodyr." Yna ymadawodd, ac aeth ymaith i le arall.

¹⁸ Wedi iddi ddyddio, yr oedd cynnwrf nid bychan ymhlith y milwyr: beth allai fod wedi digwydd i Pedr? ¹⁹ Wedi i Herod chwilio amdano a methu ei gael, holodd y gwylwyr a gorchmynnodd eu dienyddio. Yna aeth i lawr o Jwdea i Gesarea, ac aros yno.

Marwolaeth Herod

²⁰ Yr oedd Herod yn gynddeiriog yn erbyn pobl Tyrus a Sidon. Ond daethant hwy yn unfryd ato, ac wedi ennill Blastus, siambrlen y brenin, o'u plaid, deisyfasant heddwch, am fod eu gwlad hwy yn cael ei chynhaliaeth o wlad y brenin. ²¹ Ar ddiwrnod penodedig, â'i wisg frenhinol amdano, eisteddodd Herod ar ei orsedd a dechrau eu hannerch; ²² a bloeddiodd y bobl, "Llais Duw ydyw, nid llais dyn!" ²³ Ar unwaith trawodd angel yr Arglwydd ef, am nad oedd wedi rhoi'r gogoniant i Dduw; ac fe'i hyswyd gan bryfed, a threngodd.

²⁴ Yr oedd gair yr Arglwydd yn cynyddu ac yn mynd ar led. ²⁵ Dychwelodd Barnabas a Saul o* Jerwsalem wedi iddynt gyflawni eu gwaith, a chymryd gyda hwy Ioan, a gyfenwid Marc.

Rhoi Comisiwn i Barnabas a Saul

13 Yr oedd yn yr eglwys oedd yn Antiochia broffwydi ac athrawon— Barnabas a Simeon, a elwid Niger, a Lwcius o Cyrene, a Manaen, un o wŷr llys y Tywysog Herod, a Saul. ² Tra oeddent hwy'n offrymu addoliad i'r Arglwydd ac yn ymprydio, dywedodd yr Ysbryd Glân, "Neilltuwch yn awr i mi Barnabas a Saul, i'r gwaith yr wyf wedi eu galw iddo." ³ Yna, wedi ymprydio a gweddïo a rhoi eu dwylo arnynt, gollyngasant hwy.

Yr Apostolion yn Pregethu yn Cyprus

⁴ Felly, wedi eu hanfon allan gan yr Ysbryd Glân, daeth y rhain i lawr i Selewcia, a hwylio oddi yno i Cyprus. ⁵ Wedi cyrraedd Salamis, cyhoeddasant air Duw yn synagogau'r Iddewon. Yr oedd ganddynt Ioan hefyd yn gynorthwywr. ⁶ Aethant drwy'r holl ynys hyd Paffos, a chael yno ryw ddewin, gau broffwyd o Iddew, o'r enw Bar-Iesu; ⁷ yr oedd hwn gyda'r rhaglaw, Sergius Pawlus, gŵr deallus. Galwodd hwnnw Barnabas a Saul ato, a cheisio cael clywed gair Duw. ⁸ Ond yr oedd Elymas y dewin (felly y cyfieithir ei enw) yn eu gwrthwynebu, ac yn ceisio gwyrdroi'r rhaglaw oddi wrth y ffydd. ⁹ Ond dyma Saul (a elwir hefyd yn Paul), wedi ei lenwi â'r Ysbryd Glân, yn syllu arno ¹⁰ ac yn dweud, "Ti, sy'n llawn o bob twyll a phob dichell, fab diafol, gelyn pob cyfiawnder, oni pheidi di â gwyrdroi union ffyrdd yr Arglwydd? ¹¹ Yn awr dyma law'r Arglwydd arnat, ac fe fyddi'n ddall, heb weld yr haul, am beth amser."

12:25 Yn ôl darlleniad arall, *i*.

Ac ar unwaith syrthiodd arno niwl a thywyllwch, a dyna lle'r oedd yn ymbalfalu am rywun i estyn llaw iddo. ¹² Yna pan welodd y rhaglaw beth oedd wedi digwydd, daeth i gredu, wedi ei synnu'n fawr gan y ddysgeidiaeth am yr Arglwydd.

Paul a Barnabas yn Antiochia Pisidia

¹³ Wedi hwylio o Paffos, daeth Paul a'i gymdeithion i Perga yn Pamffylia. Ond cefnodd Ioan arnynt, a dychwelyd i Jerwsalem. ¹⁴ Aethant hwythau yn eu blaenau o Perga a chyrraedd Antiochia Pisidia, ac aethant i'r synagog ar y dydd Saboth, ac eistedd yno. ¹⁵ Ar ôl y darllen o'r Gyfraith a'r proffwydi, anfonodd arweinwyr y synagog atynt a gofyn, "Frodyr, os oes gennych air o anogaeth i'r bobl, traethwch." ¹⁶ Cododd Paul, ac wedi amneidio â'i law dywedodd:

"Chwi Israeliaid, a chwi eraill sy'n ofni Duw, gwrandewch. ¹⁷ Duw'r bobl hyn, Israel, a ddewisodd ein tadau ni, ac a ddyrchafodd y bobl pan oeddent yn estroniaid yng ngwlad yr Aifft, ac â braich estynedig fe ddaeth â hwy allan oddi yno. ¹⁸ Am ryw ddeugain mlynedd bu'n cydymddwyn â hwy* yn yr anialwch. ¹⁹ Yna dinistriodd saith genedl yng ngwlad Canaan, a rhoi eu tir hwy yn etifeddiaeth iddynt ²⁰ am ryw bedwar can mlynedd a hanner. Ac wedi hynny rhoddodd iddynt farnwyr hyd at y proffwyd Samuel. ²¹ Ar ôl hyn gofynasant am gael brenin, a rhoddodd Duw iddynt Saul fab Cis, gŵr o lwyth Benjamin, am ddeugain mlynedd. ²² Yna fe'i diorseddodd ef, a chodi Dafydd yn frenin iddynt, a thystiolaethu iddo gan ddweud, 'Cefais Ddafydd fab Jesse yn ŵr wrth fodd fy nghalon, un a wna bob peth yr wyf yn ei ewyllysio.' ²³ O blith disgynyddion hwn y daeth Duw, yn ôl ei addewid, â Gwaredwr i Israel, sef Iesu. ²⁴ Yr oedd Ioan eisoes, cyn iddo ef ddod, wedi cyhoeddi bedydd edifeirwch i holl bobl Israel. ²⁵ Ac wrth ei fod yn cwblhau ei yrfa, dywedodd Ioan, 'Beth yr ydych chwi'n tybio fy mod? Nid hynny wyf fi. Na, dyma un yn dod ar f'ôl i nad wyf fi'n deilwng i ddatod y sandalau am ei draed.'

²⁶ "Frodyr, disgynyddion Abraham a'r rhai yn eich plith sy'n ofni Duw, i ni yr anfonwyd gair yr iachawdwriaeth hon. ²⁷ Oherwydd nid adnabu trigolion Jerwsalem a'u llywodraethwyr mo hwn; ni ddeallasant chwaith eiriau'r proffwydi a ddarllenir bob Saboth, ond eu cyflawni trwy ei gondemnio ef. ²⁸ Er na chawsant ddim rheswm dros ei roi i farwolaeth, ceisiasant gan Pilat ei ladd; ²⁹ ac wedi iddynt ddwyn i ben bopeth oedd wedi ei ysgrifennu amdano, tynasant ef i lawr oddi ar y pren a'i roi mewn bedd. ³⁰ Ond cyfododd Duw ef oddi wrth y meirw; ³¹ ac fe ymddangosodd dros ddyddiau lawer i'r rhai oedd wedi dod i fyny gydag ef o Galilea i Jerwsalem, ac y mae'r rhain yn awr yn dystion iddo i'r bobl. ³² Yr ydym ninnau yn cyhoeddi i chwi newydd da am yr addewid a wnaed i'r hynafiaid, fod Duw wedi ei llwyr gyflawni hi i ni eu plant* trwy atgyfodi Iesu, ³³ fel y mae'n ysgrifenedig hefyd yn yr ail Salm:

'Fy mab wyt ti;
    myfi a'th genhedlodd di heddiw.'

³⁴ Ac am ei atgyfodi ef oddi wrth y meirw, byth i ddychwelyd mwy i lygredigaeth, y mae wedi dweud fel hyn:

'Rhoddaf i chwi y pethau sanctaidd
    sy'n perthyn i Ddafydd, y pethau sicr.'

³⁵ Oherwydd mewn lle arall eto y mae'n dweud:

'Ni adewi i'th Sanct weld
    llygredigaeth.'

³⁶ Canys Dafydd, wedi iddo yn ei genhedlaeth ei hun wasanaethu ewyllys Duw, a fu farw, ac a roddwyd i orffwys gyda'i dadau, a gwelodd lygredigaeth; ³⁷ ond yr hwn a gyfododd Duw, ni welodd hwnnw lygredigaeth. ³⁸ Felly bydded hysbys i chwi, frodyr, mai trwy hwn y cyhoeddir i chwi faddeuant pechodau, ³⁹ a thrwy hwn y rhyddheir pawb sy'n credu oddi wrth yr holl bethau nad oedd modd eich rhyddhau

---

13:18 Yn ôl darlleniad arall, *bu'n eu meithrin*.

13:32 Yn ôl darlleniad arall, *i'n plant*.

oddi wrthynt trwy Gyfraith Moses. ⁴⁰ Gwyliwch, ynteu, na ddaw arnoch yr hyn a ddywedwyd yn y proffwydi:

> ⁴¹ 'Gwelwch, chwi ddirmygwyr,
> a rhyfeddwch, a diflannwch,
> oherwydd yr wyf fi'n cyflawni
>   gweithred yn eich dyddiau chwi,
>   gweithred na chredwch ynddi byth,
>   er ei hadrodd yn llawn ichwi.' "

⁴² Wrth iddynt fynd allan, yr oedd y bobl yn deisyf arnynt i lefaru'r pethau hyn wrthynt y Saboth wedyn. ⁴³ Wedi i'r gynulleidfa gael ei gollwng, aeth llawer o'r Iddewon, ac o'r proselytiaid oedd yn addolwyr Duw, ar ôl Paul a Barnabas, a buont hwythau yn llefaru wrthynt ac yn eu hannog i lynu wrth ras Duw.

⁴⁴ Y Saboth dilynol, daeth bron yr holl ddinas ynghyd i glywed gair yr Arglwydd. ⁴⁵ Pan welodd yr Iddewon y tyrfaoedd fe'u llanwyd â chenfigen, ac yr oeddent yn gwrthddweud y pethau yr oedd Paul yn eu llefaru, gan ei ddifenwi. ⁴⁶ Yna llefarodd Paul a Barnabas yn hy: "I chwi," meddent, "yr oedd yn rhaid llefaru gair Duw yn gyntaf. Ond gan eich bod yn ei wrthod, ac yn eich dyfarnu eich hunain yn annheilwng o'r bywyd tragwyddol, dyma ni'n troi at y Cenhedloedd. ⁴⁷ Oblegid hyn yw gorchymyn yr Arglwydd i ni:

> 'Gosodais di yn oleuni'r
>   Cenhedloedd,
> iti fod yn gyfrwng iachawdwriaeth
>   hyd eithaf y ddaear.' "

⁴⁸ Wrth glywed hyn, yr oedd y Cenhedloedd yn llawenychu ac yn gogoneddu gair yr Arglwydd, a chredodd cynifer ag oedd wedi eu penodi i fywyd tragwyddol. ⁴⁹ Yr oedd gair yr Arglwydd yn ymdaenu drwy'r holl fro. ⁵⁰ Ond fe gyffrôdd yr Iddewon y gwragedd bonheddig oedd yn addolwyr Duw, a phrif wŷr y ddinas, a chodasant erlid yn erbyn Paul a Barnabas, a'u bwrw allan o'u hardal. ⁵¹ Ysgydwasant hwythau'r llwch oddi ar eu traed yn eu herbyn, a daethant i Iconium. ⁵² A llanwyd y disgyblion â llawenydd ac â'r Ysbryd Glân.

Paul a Barnabas yn Iconium

14 Yn Iconium eto, aethant* i mewn i synagog yr Iddewon a llefaru yn y fath fodd nes i liaws mawr o Iddewon a Groegiaid gredu. ² Ond dyma'r Iddewon a wrthododd gredu yn cyffroi meddyliau'r Cenhedloedd, ac yn eu gwyrdroi yn erbyn y credinwyr. ³ Felly treuliasant gryn amser yn llefaru'n hy yn yr Arglwydd, a thystiodd yntau i air ei ras trwy beri gwneud arwyddion a rhyfeddodau trwyddynt hwy. ⁴ Rhannwyd pobl y ddinas; yr oedd rhai gyda'r Iddewon, a rhai gyda'r apostolion. ⁵ Pan wnaed cynnig gan y Cenhedloedd a'r Iddewon, ynghyd â'u harweinwyr, i'w cam-drin a'u llabyddio, ⁶ wedi cael achlust o'r peth, ffoesant i Lystra a Derbe, dinasoedd Lycaonia, ac i'r wlad o amgylch, ⁷ ac yno yr oeddent yn cyhoeddi'r newydd da.

Paul a Barnabas yn Lystra

⁸ Ac yn Lystra yr oedd yn eistedd ryw ddyn â'i draed yn ddiffrwyth, un cloff o'i enedigaeth, nad oedd erioed wedi cerdded. ⁹ Yr oedd hwn yn gwrando ar Paul yn llefaru. Syllodd yntau arno, a gwelodd fod ganddo ffydd i gael ei iacháu, ¹⁰ a dywedodd â llais uchel, "Saf yn unionsyth ar dy draed." Neidiodd yntau i fyny a dechrau cerdded. ¹¹ Pan welodd y tyrfaoedd yr hyn yr oedd Paul wedi ei wneud, gwaeddasant yn iaith Lycaonia: "Y duwiau a ddaeth i lawr atom ar lun dynion"; ¹² a galwasant Barnabas yn Zeus, a Paul yn Hermes, gan mai ef oedd y siaradwr blaenaf. ¹³ Yr oedd teml Zeus y tu allan i'r ddinas, a daeth yr offeiriad â theirw a thorchau at y pyrth gan fwriadu offrymu aberth gyda'r tyrfaoedd. ¹⁴ Pan glywodd yr apostolion, Barnabas a Paul, am hyn, rhwygasant eu dillad, a neidio allan i blith y dyrfa dan weiddi, ¹⁵ "Ddynion, pam yr ydych yn gwneud hyn? Bodau dynol ydym ninnau, o'r un anian â chwi. Cyhoeddi newydd da i chwi yr ydym, i'ch troi oddi wrth y pethau ofer hyn at y Duw byw a wnaeth y nef a'r ddaear a'r môr a phopeth sydd ynddynt. ¹⁶ Yn yr oesoedd

---

14:1 Neu, *aethant ynghyd.*

a fu, goddefodd ef i'r holl genhedloedd rodio yn eu ffyrdd eu hunain. ¹⁷ Ac eto ni adawodd ei hun heb dyst, gan iddo gyfrannu bendithion: rhoi glaw ichwi o'r nef, a thymhorau ffrwythlon, a chyflawnder calon o luniaeth a llawenydd." ¹⁸ Ond er dweud hyn, o'r braidd yr ataliasant y tyrfaoedd rhag offrymu aberth iddynt.

¹⁹ Daeth Iddewon yno o Antiochia ac Iconium; ac wedi iddynt berswadio'r tyrfaoedd, lluchiasant gerrig at Paul, a'i lusgo allan o'r ddinas, gan dybio ei fod wedi marw. ²⁰ Ond ffurfiodd y disgyblion gylch o'i gwmpas, a chododd yntau a mynd i mewn i'r ddinas. Trannoeth, aeth ymaith gyda Barnabas i Derbe.

Dychwelyd i Antiochia yn Syria

²¹ Buont yn cyhoeddi'r newydd da i'r ddinas honno, ac wedi gwneud disgyblion lawer, dychwelsant i Lystra ac i Iconium ac i Antiochia, ²² a chadarnhau eneidiau'r disgyblion a'u hannog i lynu wrth y ffydd, gan ddweud, "Trwy lawer o gyfyngderau yr ydym i fynd i mewn i deyrnas Dduw." ²³ Penodasant iddynt henuriaid ym mhob eglwys, a'u cyflwyno, ar ôl gweddïo ac ymprydio, i'r Arglwydd yr oeddent wedi credu ynddo. ²⁴ Wedi iddynt deithio trwy Pisidia, daethant i Pamffylia; ²⁵ ac wedi llefaru'r gair yn Perga, aethant i lawr i Atalia, ²⁶ ac oddi yno hwyliasant i Antiochia, i'r fan lle'r oeddent wedi eu cyflwyno i ras Duw at y gwaith yr oeddent wedi ei gyflawni. ²⁷ Wedi iddynt gyrraedd, cynullasant yr eglwys ynghyd ac adrodd gymaint yr oedd Duw wedi ei wneud gyda hwy, ac fel yr oedd wedi agor drws ffydd i'r Cenhedloedd. ²⁸ A threuliasant gryn dipyn o amser gyda'r disgyblion.

Y Cyngor yn Jerwsalem

15 Yna daeth rhai i lawr o Jwdea a dysgu'r credinwyr: "Os nad enwaedir arnoch yn ôl defod Moses, ni ellir eich achub." ² A chododd ymryson ac ymddadlau nid bychan rhyngddynt a Paul a Barnabas, a threfnwyd bod Paul a Barnabas, a rhai eraill o'u plith, yn mynd i fyny at yr apostolion a'r henuriaid yn Jerwsalem ynglŷn â'r cwestiwn yma. ³ Felly anfonwyd hwy gan yr eglwys, ac ar eu taith trwy Phoenicia a Samaria buont yn adrodd yr hanes am dröedigaeth y Cenhedloedd, a pharasant lawenydd mawr i'r holl gredinwyr. ⁴ Wedi iddynt gyrraedd Jerwsalem, fe'u derbyniwyd gan yr eglwys a'r apostolion a'r henuriaid, a mynegasant gymaint yr oedd Duw wedi ei wneud trwyddynt hwy. ⁵ Ond cododd rhai credinwyr oedd o sect y Phariseaid, a dweud, "Y mae'n rhaid enwaedu arnynt, a gorchymyn iddynt gadw Cyfraith Moses."

⁶ Ymgynullodd yr apostolion a'r henuriaid i ystyried y mater yma. ⁷ Ar ôl llawer o ddadlau, cododd Pedr a dywedodd wrthynt: "Gyfeillion, gwyddoch chwi fod Duw yn y dyddiau cynnar yn eich plith wedi dewis bod y Cenhedloedd, trwy fy ngenau i, yn cael clywed gair yr Efengyl, a chredu. ⁸ Ac y mae Duw, sy'n adnabod calonnau, wedi dwyn tystiolaeth iddynt trwy roi iddynt hwy yr Ysbryd Glân yr un fath ag i ninnau; ⁹ ac ni wnaeth ddim gwahaniaeth rhyngom ni a hwythau, gan iddo lanhau eu calonnau hwy drwy ffydd. ¹⁰ Yn awr, ynteu, pam yr ydych yn rhoi prawf ar Dduw trwy osod iau ar war y disgyblion, na allodd ein hynafiaid na ninnau mo'i dwyn? ¹¹ Ond yr ydym ni'n credu mai trwy ras yr Arglwydd Iesu yr achubir ni, a hwythau yr un modd."

¹² Tawodd yr holl gynulliad, a gwrando ar Barnabas a Paul yn adrodd am yr holl arwyddion a rhyfeddodau yr oedd Duw wedi eu gwneud ymhlith y Cenhedloedd drwyddynt hwy. ¹³ Wedi iddynt dewi, dywedodd Iago, "Gyfeillion, gwrandewch arnaf fi. ¹⁴ Y mae Simeon wedi dweud sut y gofalodd Duw gyntaf am gael o blith y Cenhedloedd bobl yn dwyn ei enw. ¹⁵ Ac y mae geiriau'r proffwydi yn cytuno â hyn, fel y mae'n ysgrifenedig:

¹⁶ ' "Ar ôl hyn dychwelaf,
ac ailadeiladaf babell syrthiedig
    Dafydd,
ailadeiladaf ei hadfeilion,
a'i hatgyweirio,

¹⁷ fel y ceisier yr Arglwydd gan y bobl
  sy'n weddill,
a chan yr holl Genhedloedd y galwyd
  fy enw arnynt,"
medd yr Arglwydd, sy'n gneud y
  pethau hyn ¹⁸ yn hysbys erioed.'

¹⁹ Felly fy marn i yw na ddylem boeni'r rhai o blith y Cenhedloedd sy'n troi at Dduw, ²⁰ ond ysgrifennu atynt am iddynt ymgadw rhag bwyta pethau sydd wedi eu halogi gan eilunod, a rhag anfoesoldeb rhywiol,* a rhag bwyta na'r hyn sydd wedi ei dagu, na gwaed.* ²¹ Oherwydd y mae gan Moses, er yr oesau cyntaf, rai sy'n ei bregethu ef ym mhob tref, ac fe'i darllenir yn y synagogau bob Saboth."

Y Cyngor yn Ateb

²² Yna penderfynodd yr apostolion a'r henuriaid, ynghyd â'r holl eglwys, ddewis gŵyr o'u plith a'u hanfon i Antiochia gyda Paul a Barnabas, sef Jwdas, a elwid Barsabas, a Silas, gŵyr blaenllaw ymhlith y credinwyr. ²³ Rhoesant y llythyr hwn iddynt i fynd yno: "Y brodyr, yn apostolion a henuriaid, at y credinwyr o blith y Cenhedloedd yn Antiochia a Syria a Cilicia, cyfarchion. ²⁴ Oherwydd inni glywed fod rhai ohonom ni wedi'ch tarfu â'u geiriau, ac ansefydlogi eich meddyliau, heb i ni eu gorchymyn, ²⁵ yr ydym wedi penderfynu'n unfryd ddewis gŵyr a'u hanfon atoch gyda'n cyfeillion annwyl, Barnabas a Paul, ²⁶ dynion sydd wedi cyflwyno eu bywydau dros enw ein Harglwydd Iesu Grist. ²⁷ Felly yr ydym yn anfon Jwdas a Silas, a byddant hwy'n mynegi yr un neges ar lafar. ²⁸ Penderfynwyd gan yr Ysbryd Glân a chennym ninnau beidio â gosod arnoch ddim mwy o faich na'r pethau angenrheidiol hyn: ²⁹ ymgadw rhag bwyta yr hyn sydd wedi ei aberthu i eilunod, neu waed, neu'r hyn sydd wedi ei dagu, a rhag anfoesoldeb rhywiol.* Os cadwch rhag y pethau hyn, fe wnewch yn dda. Ffarwel."

³⁰ Felly anfonwyd hwy, a daethant i lawr i Antiochia, ac wedi galw'r gynulleidfa ynghyd, cyflwynwyd y llythyr. ³¹ Wedi ei ddarllen, yr oeddent yn llawen ar gyfrif yr anogaeth yr oedd yn ei rhoi. ³² Gan fod Jwdas a Silas hwythau'n broffwydi, dywedasant lawer i annog y credinwyr a'u cadarnhau. ³³ Wedi iddynt dreulio peth amser yno fe'u gollyngwyd mewn tangnefedd gan y credinwyr, i ddychwelyd at y rhai a'u hanfonodd.* ³⁵ Arhosodd Paul a Barnabas yn Antiochia, gan ddysgu a phregethu gair yr Arglwydd, ynghyd â llawer eraill.

Paul a Barnabas yn Ymwahanu

³⁶ Wedi rhai dyddiau, dywedodd Paul wrth Barnabas, "Gadewch inni ddychwelyd yn awr, ac ymweld â'r credinwyr ym mhob un o'r dinasoedd y buom yn cyhoeddi gair yr Arglwydd ynddynt, i weld sut y mae hi arnynt." ³⁷ Yr oedd Barnabas yn dymuno cymryd Ioan, a elwid Marc, gyda hwy; ³⁸ ond yr oedd Paul yn barnu na ddylent gymryd yn gydymaith un oedd wedi cefnu arnynt yn Pamffylia, a heb fynd ymlaen a chydweithio â hwy. ³⁹ Bu cymaint cynnen rhyngddynt nes iddynt ymwahanu. Cymerodd Barnabas Marc, a hwylio i Cyprus; ⁴⁰ ond dewisodd Paul Silas, ac aeth i ffwrdd, wedi ei gyflwyno gan y credinwyr i ras yr Arglwydd. ⁴¹ A bu'n teithio drwy Syria a Cilicia, gan gadarnhau'r eglwysi.

Timotheus yn Mynd gyda Paul a Silas

16 Cyrhaeddodd Derbe ac yna Lystra. Yno yr oedd disgybl o'r enw Timotheus, mab i wraig grediniol o

---

15:20 Yn ôl darlleniad arall gadewir allan *a rhag anfoesoldeb rhywiol.*
15:20 Yn ôl darlleniad arall, *rhag bwyta pethau sydd wedi eu halogi gan eilunod, a rhag anfoesoldeb rhywiol, a rhag gwaed, ac i beidio â gwneud i eraill yr hyn na hoffent iddo ddigwydd iddynt eu hunain.*
15:29 Yn ôl un darlleniad arall gadewir allan *a rhag anfoesoldeb rhywiol.* Yn ôl un arall, *rhag bwyta yr hyn sydd wedi ei aberthu i eilunod, a rhag gwaed, a rhag anfoesoldeb rhywiol, ac i beidio â gwneud i eraill yr hyn na hoffech iddo ddigwydd i chwi eich hunain.*
15:33 Yn ôl darlleniad arall ychwanegir adn. 34: *Ond penderfynodd Silas aros yno.*

Iddewes, a'i dad yn Roegwr. ² Yr oedd gair da iddo gan y credinwyr yn Lystra ac Iconium. ³ Yr oedd Paul am i hwn fynd ymaith gydag ef, a chymerodd ef ac enwaedu arno, o achos yr Iddewon oedd yn y lleoedd hynny, oherwydd yr oeddent i gyd yn gwybod mai Groegwr oedd ei dad. ⁴ Fel yr oeddent yn teithio trwy'r dinasoedd, yr oeddent yn traddodi iddynt, er mwyn iddynt eu cadw, y gorchmynion a ddyfarnwyd gan yr apostolion a'r henuriaid oedd yn Jerwsalem. ⁵ Felly yr oedd yr eglwysi yn ymgadarnhau yn y ffydd, ac yn amlhau mewn rhif beunydd.

Y Gŵr o Facedonia yn Ymddangos i Paul

⁶ Aethant trwy ranbarth Phrygia a Galatia, ar ôl i'r Ysbryd Glân eu rhwystro rhag llefaru'r gair yn Asia. ⁷ Wedi iddynt ddod hyd at Mysia, yr oeddent yn ceisio mynd i Bithynia, ond ni chaniataodd ysbryd Iesu iddynt. ⁸ Ac aethant heibio i Mysia, a dod i lawr i Troas. ⁹ Ymddangosodd gweledigaeth i Paul un noson—gŵr o Facedonia yn sefyll ac yn ymbil arno a dweud, "Tyrd drosodd i Facedonia, a chymorth ni." ¹⁰ Pan gafodd ef y weledigaeth, rhoesom gynnig ar fynd i Facedonia ar ein hunion, gan gasglu mai Duw oedd wedi ein galw i gyhoeddi'r newydd da iddynt hwy.

Tröedigaeth Lydia

¹¹ Ac wedi hwylio o Troas, aethom ar union hynt i Samothrace, a thrannoeth i Neapolis, ¹² ac oddi yno i Philipi; dinas yw hon yn rhanbarth gyntaf Macedonia,* ac y mae'n drefedigaeth Rufeinig. Buom yn treulio rhai dyddiau yn y ddinas hon. ¹³ Ar y dydd Saboth aethom y tu allan i'r porth at lan afon, gan dybio fod yno le gweddi. Wedi eistedd, dechreusom lefaru wrth y gwragedd oedd wedi dod ynghyd. ¹⁴ Ac yn gwrando yr oedd gwraig o'r enw Lydia, un oedd yn gwerthu porffor, o ddinas Thyatira, ac un oedd yn addoli Duw. Agorodd yr Arglwydd ei chalon hi i ddal ar y pethau yr oedd Paul yn eu dweud. ¹⁵ Fe'i bedyddiwyd hi a'i theulu, ac yna deisyfodd arnom, gan ddweud, "Os ydych yn barnu fy mod yn credu yn yr Arglwydd, dewch i mewn ac arhoswch yn fy nhŷ." A mynnodd ein cael yno.

I'r Carchar yn Philipi

¹⁶ Un tro pan oeddem ar ein ffordd i'r lle gweddi, daeth rhyw gaethferch a chanddi ysbryd dewiniaeth i'n cyfarfod, un oedd yn dwyn elw mawr i'w meistri trwy ddweud ffortiwn. ¹⁷ Dilynodd hon Paul a ninnau, gan weiddi: "Gweision y Duw Goruchaf yw'r dynion hyn, ac y maent yn cyhoeddi i chwi ffordd iachawdwriaeth." ¹⁸ Gwnaeth hyn am ddyddiau lawer. Blinodd Paul arni, a throes ar yr ysbryd a dweud, "Rwy'n gorchymyn i ti, yn enw Iesu Grist, ddod allan ohoni." Ac allan y daeth, y munud hwnnw. ¹⁹ Pan welodd ei meistri hi fod eu gobaith am elw wedi diflannu, daliasant Paul a Silas, a'u llusgo i'r farchnadfa o flaen yr awdurdodau, ²⁰ ac wedi dod â hwy gerbron yr ynadon, meddent, "Y mae'r dynion yma'n cythryblu ein dinas ni; Iddewon ydynt, ²¹ ac y maent yn cyhoeddi defodau nad yw gyfreithlon i ni, sy'n Rhufeinwyr, eu derbyn na'u harfer." ²² Yna ymunodd y dyrfa yn yr ymosod arnynt. Rhwygodd yr ynadon y dillad oddi amdanynt, a gorchymyn eu curo â ffyn. ²³ Ac wedi rhoi curfa dost iddynt bwriasant hwy i garchar, gan rybuddio ceidwad y carchar i'w cadw'n ddiogel. ²⁴ Gan iddo gael y fath rybudd, bwriodd yntau hwy i'r carchar mewnol, a rhwymo'u traed yn y cyffion.

²⁵ Tua hanner nos, yr oedd Paul a Silas yn gweddïo ac yn canu mawl i Dduw, a'r carcharorion yn gwrando arnynt. ²⁶ Ac yn sydyn bu daeargryn mawr, nes siglo seiliau'r carchar. Agorwyd yr holl ddrysau ar unwaith, a datodwyd rhwymau pawb. ²⁷ Deffrôdd ceidwad y carchar, a phan welodd ddrysau'r carchar yn agored, tynnodd ei gleddyf ac yr oedd ar fin ei ladd ei hun, gan dybio fod ei garcharorion wedi dianc. ²⁸ Ond gwaeddodd Paul yn uchel,

---
16:12 Yn ôl darlleniad arall, *hon yw prif ddinas rhanbarth Macedonia*, neu, *dinas flaenllaw yw hon yn rhanbarth Macedonia*.

"Paid â gwneud dim niwed i ti dy hun; yr ydym yma i gyd." 29 Galwodd ef am oleuadau, a rhuthrodd i mewn; daeth cryndod arno, a syrthiodd o flaen Paul a Silas. 30 Yna daeth â hwy allan a dweud, "Foneddigion, beth sy raid imi ei wneud i gael fy achub?" 31 Dywedasant hwythau, "Cred yn yr Arglwydd Iesu, ac fe gei dy achub, ti a'th deulu." 32 A thraethasant air yr Arglwydd wrtho ef ac wrth bawb oedd yn ei dŷ. 33 Er ei bod yn hwyr y nos, aeth ef â hwy a golchi eu briwiau; ac yn union wedyn fe'i bedyddiwyd ef a phawb o'i deulu. 34 Yna, wedi dod â hwy i'w dŷ, gosododd bryd o fwyd o'u blaen, a gorfoleddodd gyda'i holl deulu am ei fod wedi credu yn Nuw.

35 Pan ddaeth yn ddydd, anfonodd yr ynadon y rhingylliaid â'r neges: "Gollwng y dynion hynny'n rhydd." 36 Adroddodd ceidwad y carchar y neges hon wrth Paul: "Y mae'r ynadon wedi anfon gair i'ch gollwng yn rhydd. Felly, dewch allan yn awr, ac ewch mewn tangnefedd." 37 Ond atebodd Paul hwy, "Cyn ein bwrw ni i garchar, fflangellasant ni ar goedd, heb farnu ein hachos, er ein bod yn ddinasyddion Rhufain. A ydynt yn awr i gael ein bwrw ni allan yn ddirgel? Nac ydynt, yn wir! Gadewch iddynt ddod eu hunain a'n tywys ni allan." 38 Adroddodd y rhingylliaid y neges hon wrth yr ynadon, a chawsant hwy fraw pan glywsant mai Rhufeinwyr oedd Paul a Silas. 39 Aethant i ymddiheuro iddynt, ac wedi eu tywys hwy allan, gofynasant iddynt fynd i ffwrdd o'r ddinas. 40 Wedi dod allan o'r carchar, aethant i dŷ Lydia, a gwelsant y credinwyr, a'u calonogi. Yna aethant ymaith.

Y Cyffro yn Thesalonica

17 Aethant ar hyd y ffordd trwy Amffipolis ac Apolonia, a chyrraedd Thesalonica, lle yr oedd synagog gan yr Iddewon. 2 Ac yn ôl ei arfer aeth Paul i mewn atynt, ac am dri Saboth bu'n ymresymu â hwy ar sail yr Ysgrythurau, 3 gan esbonio a phrofi fod yn rhaid i'r Meseia ddioddef a chyfodi oddi wrth y meirw. Byddai'n dweud, "Hwn yw'r Meseia—Iesu, yr hwn yr wyf fi'n ei gyhoeddi i chwi." 4 Cafodd rhai ohonynt eu hargyhoeddi, ac ymuno â Paul a Silas; ac felly hefyd y gwnaeth lliaws mawr o'r Groegiaid oedd yn addoli Duw, ac nid ychydig o'r gwragedd blaenaf. 5 Ond cenfigennodd yr Iddewon, ac wedi cael gafael ar rai dihirod o blith segurwyr y sgwâr, a'u casglu'n dorf, dechreusant greu terfysg yn y ddinas. Ymosodasant ar dŷ Jason, a cheisio dod â Paul a Silas allan gerbron y dinasyddion. 6 Ond wedi methu dod o hyd iddynt hwy, llusgasant Jason a rhai credinwyr o flaen llywodraethwyr y ddinas, gan weiddi, "Y mae aflonyddwyr yr Ymerodraeth wedi dod yma hefyd, 7 ac y mae Jason wedi rhoi croeso iddynt; y mae'r bobl hyn i gyd yn troseddu yn erbyn ordeiniadau Cesar trwy ddweud fod brenin arall, sef Iesu." 8 Cyffrowyd y dyrfa a'r llywodraethwyr pan glywsant hyn, 9 ond ar ôl derbyn gwarant gan Jason a'r lleill, gollyngasant hwy'n rhydd.

Yr Apostolion yn Berea

10 Cyn gynted ag iddi nosi, anfonodd y credinwyr Paul a Silas i Berea, ac wedi iddynt gyrraedd aethant i synagog yr Iddewon. 11 Yr oedd y rhain yn fwy eangfrydig na'r rhai yn Thesalonica, gan iddynt dderbyn y gair â phob eiddgarwch, gan chwilio'r Ysgrythurau beunydd i weld a oedd pethau fel yr oeddent hwy yn dweud. 12 Gan hynny, credodd llawer ohonynt, ac nid ychydig o'r Groegiaid, yn wragedd bonheddig ac yn wŷr. 13 Ond pan ddaeth Iddewon Thesalonica i wybod fod gair Duw wedi ei gyhoeddi gan Paul yn Berea hefyd, daethant i godi terfysg a chythryblu'r tyrfaoedd yno hefyd. 14 Yna anfonodd y credinwyr Paul ymaith yn ddi-oed i fynd hyd at y môr, ond arhosodd Silas a Timotheus yno. 15 Daeth hebryngwyr Paul ag ef i Athen, ac aethant oddi yno gyda gorchymyn i Silas a Timotheus ddod ato cyn gynted ag y gallent.

Paul yn Athen

16 Tra oedd Paul yn eu disgwyl yn Athen, cythruddwyd ei ysbryd ynddo wrth weld y ddinas yn llawn eilunod. 17 Gan hynny, ymresymodd yn y synagog â'r Iddewon

ac â'r rhai oedd yn addoli Duw, ac yn y sgwâr bob dydd â phwy bynnag a fyddai yno. ¹⁸ Yr oedd rhai o'r athronwyr, yn Epicwriaid a Stoiciaid, yn dadlau ag ef hefyd, a rhai'n dweud, "Beth yn y byd y mae'r clebryn yma yn mynnu ei ddweud?" Meddai eraill, "Y mae'n ymddangos ei fod yn cyhoeddi duwiau dieithr." Oherwydd cyhoeddi'r newydd da am Iesu a'r atgyfodiad yr oedd. ¹⁹ Cymerasant afael ynddo, a mynd ag ef at yr Areopagus, gan ddweud, "A gawn ni wybod beth yw'r ddysgeidiaeth newydd yma a draethir gennyt ti? ²⁰ Oherwydd yr wyt yn dwyn i'n clyw ni ryw syniadau dieithr. Yr ydym yn dymuno cael gwybod, felly, beth yw ystyr y pethau hyn." ²¹ Nid oedd gan neb o'r Atheniaid, na'r dieithriaid oedd ar ymweliad â'r lle, amser i ddim arall ond i adrodd neu glywed y peth diweddaraf.

²² Safodd Paul yng nghanol yr Areopagus, ac meddai: "Bobl Athen, yr wyf yn gweld ar bob llaw eich bod yn dra chrefyddgar. ²³ Oherwydd wrth fynd o gwmpas ac edrych ar eich pethau cysegredig, cefais yn eu plith allor ac arni'n ysgrifenedig, 'I Dduw nid adwaenir'. Yr hyn, ynteu, yr ydych chwi'n ei addoli heb ei adnabod, dyna'r hyn yr wyf fi'n ei gyhoeddi i chwi. ²⁴ Y Duw a wnaeth y byd a phopeth sydd ynddo, nid yw ef, ac yntau'n Arglwydd nef a daear, yn preswylio mewn temlau o waith llaw. ²⁵ Ni wasanaethir ef chwaith â dwylo dynol, fel pe bai arno angen rhywbeth, gan mai ef ei hun sy'n rhoi i bawb fywyd ac anadl a'r cwbl oll. ²⁶ Gwnaeth ef hefyd o un dyn* yr holl genhedloedd, i breswylio ar holl wyneb y ddaear, gan osod cyfnodau penodedig a therfynau eu preswylfod. ²⁷ Yr oeddent i geisio Duw, yn y gobaith y gallent rywfodd ymbalfalu amdano a'i ddarganfod; ac eto nid yw ef nepell oddi wrth yr un ohonom.

²⁸ 'Oherwydd ynddo ef yr ydym yn
byw ac yn symud ac yn bod',

fel, yn wir, y dywedodd rhai o'ch beirdd chwi:

'Canys ei hiliogaeth ef hefyd ydym
ni.'

²⁹ Os ydym ni, felly, yn hiliogaeth Duw, ni ddylem dybio fod y Duwdod yn debyg i aur neu arian neu faen, gwaith nadd celfyddyd a dychymyg dyn. ³⁰ Yn wir, edrychodd Duw heibio i amserau anwybodaeth; ond yn awr y mae'n gorchymyn i bawb ym mhob man edifarhau, ³¹ oblegid gosododd ddiwrnod pryd y bydd yn barnu'r byd mewn cyfiawnder, trwy ŵr a benododd, ac fe roes sicrwydd o hyn i bawb trwy ei atgyfodi ef oddi wrth y meirw."

³² Pan glywsant am atgyfodiad y meirw, dechreuodd rhai wawdio, ond dywedodd eraill, "Cawn dy wrando ar y pwnc hwn rywdro eto." ³³ Felly aeth Paul allan o'u mysg. ³⁴ Ond ymlynodd rhai pobl wrtho, a chredu, ac yn eu plith Dionysius, aelod o lys yr Areopagus, a gwraig o'r enw Damaris, ac eraill gyda hwy.

Paul yng Nghorinth

18 Wedi hynny fe ymadawodd ag Athen, a dod i Gorinth. ² A daeth o hyd i Iddew o'r enw Acwila, brodor o Pontus, gŵr oedd newydd ddod o'r Eidal gyda'i wraig, Priscila, o achos gorchymyn Clawdius i'r holl Iddewon ymadael â Rhufain. Aeth atynt, ³ ac am ei fod o'r un grefft, arhosodd gyda hwy, a gweithio; gwneuthurwyr pebyll oeddent wrth eu crefft. ⁴ Byddai'n ymresymu yn y synagog bob Saboth, a cheisio argyhoeddi Iddewon a Groegiaid.

⁵ Pan ddaeth Silas a Timotheus i lawr o Facedonia, dechreuodd Paul ymroi yn llwyr i bregethu'r gair, gan dystiolaethu wrth yr Iddewon mai Iesu oedd y Meseia. ⁶ Ond yr oeddent hwy'n dal i'w wrthwynebu a'i ddifenwi, ac felly fe ysgydwodd ei ddillad a dweud wrthynt, "Ar eich pen chwi y bo'ch gwaed! Nid oes bai arnaf fi; o hyn allan mi af at y Cenhedloedd." ⁷ Symudodd oddi yno ac aeth i dŷ dyn o'r enw Titius Jwstus, un oedd yn addoli Duw; yr oedd ei dŷ y drws nesaf i'r synagog. ⁸ Credodd Crispus, arweinydd y synagog, yn yr Arglwydd ynghyd â'i holl deulu. Ac wrth glywed,

---

17:26 Neu, *o un cyff*. Yn ôl darlleniad arall, *o un gwaed*.

credodd llawer o'r Corinthiaid a chael eu bedyddio. ⁹ Dywedodd yr Arglwydd wrth Paul un noson, trwy weledigaeth, "Paid ag ofni, ond dal ati i lefaru, a phaid â thewi; ¹⁰ oherwydd yr wyf fi gyda thi, ac ni fydd i neb ymosod arnat ti i wneud niwed iti, oblegid y mae gennyf lawer o bobl yn y ddinas hon." ¹¹ Ac fe arhosodd flwyddyn a chwe mis, gan ddysgu gair Duw yn eu plith.

¹² Pan oedd Galio yn rhaglaw Achaia, cododd yr Iddewon yn unfryd yn erbyn Paul, a dod ag ef gerbron y llys barn, ¹³ gan ddweud, "Y mae hwn yn annog pobl i addoli Duw yn groes i'r Gyfraith." ¹⁴ Pan oedd Paul ar agor ei enau, dywedodd Galio wrth yr Iddewon, "Pe bai yn fater o drosedd neu gamwedd ysgeler, byddwn wrth reswm yn rhoi gwrandawiad i chwi, Iddewon; ¹⁵ ond gan mai dadleuon yw'r rhain ynghylch geiriau ac enwau a'ch Cyfraith arbennig chwi, cymerwch y cyfrifoldeb eich hunain. Nid oes arnaf fi eisiau bod yn farnwr ar y pethau hyn." ¹⁶ A gyrrodd hwy allan o'r llys. ¹⁷ Yna gafaelodd pawb yn Sosthenes, arweinydd y synagog, a'i guro yng ngŵydd y llys. Ond nid oedd Galio yn poeni dim am hynny.

Paul yn Dychwelyd i Antiochia

¹⁸ Arhosodd Paul yno eto gryn ddyddiau, ac wedi ffarwelio â'r credinwyr fe hwyliodd ymaith i Syria, a Priscila ac Acwila gydag ef. Eilliodd ei ben yn Cenchreae, am fod adduned arno. ¹⁹ Pan gyraeddasant Effesus, gadawodd hwy yno, a mynd ei hun i mewn i'r synagog ac ymresymu â'r Iddewon. ²⁰ A phan ofynasant iddo aros am amser hwy, ni chydsyniodd. ²¹ Ond wedi ffarwelio gan ddweud, "Dychwelaf atoch eto, os Duw a'i myn", hwyliodd o Effesus. ²² Wedi glanio yng Nghesarea, aeth i fyny a chyfarch yr eglwys. Yna aeth i lawr i Antiochia, ²³ ac wedi treulio peth amser yno, aeth ymaith, a theithio o le i le trwy wlad Galatia a Phrygia, gan gadarnhau'r holl ddisgyblion.

Apolos yn Pregethu yn Effesus

²⁴ Daeth rhyw Iddew o'r enw Apolos i Effesus. Brodor o Alexandria ydoedd, a gŵr huawdl, cadarn yn yr Ysgrythurau. ²⁵ Yr oedd hwn wedi ei addysgu yn Ffordd yr Arglwydd, ac yn frwd ei ysbryd yr oedd yn llefaru ac yn dysgu yn fanwl y ffeithiau am Iesu, er mai am fedydd Ioan yn unig y gwyddai. ²⁶ Dechreuodd hefyd lefaru'n hy yn y synagog, a phan glywodd Priscila ac Acwila ef, cymerasant ef atynt, ac esbonio iddo Ffordd Duw* yn fanylach. ²⁷ A chan ei fod yn dymuno mynd drosodd i Achaia, cefnogodd y credinwyr ef, ac ysgrifennu at y disgyblion, ar iddynt ei groesawu. Ac wedi iddo gyrraedd, bu'n gynhorthwy mawr i'r rhai oedd trwy ras wedi credu, ²⁸ oherwydd yr oedd yn mynd ati'n egnïol i wrthbrofi dadleuon yr Iddewon, gan ddangos ar goedd trwy'r Ysgrythurau mai Iesu oedd y Meseia.

Paul yn Effesus

19 Tra oedd Apolos yng Nghorinth, teithiodd Paul drwy'r parthau uchaf, a daeth i Effesus. Yno daeth o hyd i rai disgyblion, ² a gofynnodd iddynt, "A dderbyniasoch yr Ysbryd Glân pan gredasoch?" Meddent hwythau wrtho, "Naddo; ni chlywsom hyd yn oed fod yna Ysbryd Glân." ³ Dywedodd yntau, "Â pha fedydd, ynteu, y bedyddiwyd chwi?" Atebasant hwythau, "Â bedydd Ioan." ⁴ Ac meddai Paul, "Bedydd edifeirwch oedd bedydd Ioan, ac fe ddywedodd wrth y bobl am gredu yn yr hwn oedd yn dod ar ei ôl ef, hynny yw, yn Iesu." ⁵ Pan glywsant hyn, fe'u bedyddiwyd hwy i enw'r Arglwydd Iesu, ⁶ a phan roddodd Paul ei ddwylo arnynt daeth yr Ysbryd Glân arnynt, a dechreusant lefaru â thafodau a phroffwydo. ⁷ Yr oedd tua deuddeg ohonynt i gyd.

⁸ Aeth i mewn i'r synagog, ac am dri mis bu'n llefaru'n hy yno, gan ymresymu a cheisio'u hargyhoeddi ynghylch teyrnas Dduw. ⁹ Ond gan fod rhai yn ymgaledu ac yn gwrthod credu, ac yn difenwi'r Ffordd yng ngŵydd y gynulleidfa, ymneilltuodd oddi wrthynt gan gymryd ei ddisgyblion oddi yno, a pharhau i ymresymu bob dydd yn

---

18:26 Yn ôl darlleniad arall, *iddo y Ffordd*.

narlithfa Tyranus. ¹⁰ Parhaodd hyn am ddwy flynedd, nes i holl drigolion Asia, yn Iddewon a Groegiaid, glywed gair yr Arglwydd.

Meibion Scefa

¹¹ Gan mor rhyfeddol oedd y gwyrthiau yr oedd Duw'n eu gwneud trwy ddwylo Paul, ¹² byddai pobl yn dod â chadachau a llieiniau oedd wedi cyffwrdd â'i groen ef, ac yn eu gosod ar y cleifion, a byddai eu clefydau yn eu gadael, a'r ysbrydion drwg yn mynd allan ohonynt. ¹³ A dyma rai o'r Iddewon a fyddai'n mynd o amgylch gan fwrw allan gythreuliaid, hwythau'n ceisio enwi enw'r Arglwydd Iesu uwchben y rhai oedd ag ysbrydion drwg ganddynt, gan ddweud, "Yr wyf yn eich siarsio chwi yn enw Iesu, yr un y mae Paul yn ei bregethu." ¹⁴ Ac yr oedd gan ryw Scefa, prif offeiriad Iddewig, saith mab oedd yn gwneud hyn. ¹⁵ Ond atebodd yr ysbryd drwg hwy, "Iesu, yr wyf yn ei adnabod ef; a Paul, gwn amdano yntau; ond chwi, pwy ydych?" ¹⁶ Dyma'r dyn ac ynddo'r ysbryd drwg yn llamu arnynt, ac yn eu trechu i gyd, a'u maeddu nes iddynt ffoi o'r tŷ yn noeth a chlwyfedig. ¹⁷ Daeth hyn yn hysbys i'r holl Iddewon a'r Groegiaid oedd yn byw yn Effesus, a dychrynodd pawb; a chafodd enw'r Arglwydd Iesu ei fawrygu. ¹⁸ Daeth llawer o'r rhai oedd bellach yn gredinwyr, a chyffesu eu dewiniaeth ar goedd. ¹⁹ Casglodd llawer o'r rhai a fu'n ymarfer â swynion eu llyfrau ynghyd, a'u llosgi yng ngŵydd pawb; cyfrifwyd gwerth y rhain, a'i gael yn hanner can mil o ddarnau arian. ²⁰ Felly, yn ôl nerth yr Arglwydd, yr oedd y gair* yn cynyddu ac yn llwyddo.

Y Cynnwrf yn Effesus

²¹ Wedi i'r pethau hyn gael eu cwblhau, rhoddodd Paul ei fryd ar* deithio trwy Facedonia ac Achaia, ac yna mynd i Jerwsalem. "Wedi imi fod yno," meddai, "rhaid imi weld Rhufain hefyd." ²² Anfonodd i Facedonia ddau o'r rhai oedd yn gweini arno, Timotheus ac Erastus, ond arhosodd ef ei hun am amser yn Asia.

²³ Yn ystod y cyfnod hwnnw, bu cynnwrf nid bychan ynglŷn â'r Ffordd. ²⁴ Yr oedd gof arian o'r enw Demetrius, un oedd yn gwneud cysegrau arian i Artemis*, ac felly'n cael llawer o waith i'w grefftwyr. ²⁵ Casglodd y rhain ynghyd, gyda'r gweithwyr o grefftau cyffelyb, a dywedodd: "Ddynion, fe wyddoch mai o'r fasnach hon y daw ein ffyniant ni. ²⁶ Yr ydych hefyd yn gweld ac yn clywed fod y Paul yma wedi perswadio tyrfa fawr, nid yn Effesus yn unig ond drwy Asia gyfan bron, a'u camarwain drwy ddweud nad duwiau mo'r duwiau o waith llaw. ²⁷ Yn awr, y mae perygl nid yn unig y daw anfri ar ein crefft, ond hefyd y cyfrifir teml y dduwies fawr Artemis yn ddiddim, a hyd yn oed y bydd hi, y dduwies y mae Asia gyfan a'r byd yn ei haddoli, yn cael ei hamddifadu o'i mawrhydi."

²⁸ Pan glywsant hyn, llanwyd hwy â dicter, a dechreusant weiddi, "Mawr yw Artemis yr Effesiaid." ²⁹ Llanwyd y ddinas â'u cynnwrf, a rhuthrasant yn unfryd i'r theatr, gan lusgo gyda hwy gyd-deithwyr Paul, y Macedoniaid Gaius ac Aristarchus. ³⁰ Yr oedd Paul yn dymuno cael mynd gerbron y dinasyddion, ond ni adawai'r disgyblion iddo; ³¹ a hefyd anfonodd rhai o uchel-swyddogion Asia, a oedd yn gyfeillgar ag ef, neges ato i erfyn arno i beidio â mentro i'r theatr. ³² Yn y cyfamser, yr oedd rhai yn gweiddi un peth ac eraill beth arall, oherwydd yr oedd y cyfarfod mewn cynnwrf, ac ni wyddai'r rhan fwyaf i beth yr oeddent wedi dod ynghyd. ³³ Ond tybiodd rhai o'r dyrfa mai Alexander oedd yr achos,* gan i'r Iddewon ei wthio ef i'r blaen. Gwnaeth yntau arwydd â'i law, gan ddymuno ei amddiffyn ei hun gerbron y dinasyddion. ³⁴ Ond pan ddeallwyd mai Iddew ydoedd, cododd un llef oddi wrthynt oll, a buont yn gweiddi am tua dwy awr, "Mawr yw Artemis yr Effesiaid." ³⁵ Ond tawelodd clerc y

---

19:20 Neu, *Felly, mor gadarn yr oedd gair yr Arglwydd.*
19:21 Neu, *penderfynodd Paul dan arweiniad yr Ysbryd.*
19:24 Neu, *Diana.* Felly hefyd yn adn. 27, 28, 34 a 35.
19:33 Neu, *Ond eglurodd rhai o'r dyrfa y mater i Alexander.*

ddinas y dyrfa, a dweud, "Bobl Effesus, pwy sydd heb wybod fod dinas yr Effesiaid yn geidwad teml Artemis fawr, a'r maen a syrthiodd o'r nef? 36 Felly, gan na all neb wadu hyn, rhaid i chwithau fod yn dawel a pheidio â gwneud dim yn fyrbwyll. 37 Yr ydych wedi dod â'r dynion hyn gerbron, er nad ydynt yn ysbeilwyr temlau nac yn cablu ein duwies ni. 38 Gan hynny, os oes gan Demetrius a'i gyd-grefftwyr achos yn erbyn rhywun, y mae'r llysoedd barn yn cael eu cynnal ac y mae rhaglawiaid yno; gadewch i'r ddwy ochr gyhuddo ei gilydd yn ffurfiol. 39 Ond os ydych am fynd â'r peth ymhellach, mewn cyfarfod rheolaidd o'r dinasyddion y mae i gael ei benderfynu. 40 Yn wir, y mae perygl y cyhuddir ninnau o derfysg ynglŷn â'r cyfarfod heddiw, gan nad oes dim achos amdano, ac am hynny ni allwn roi cyfrif am y cynnwrf yma." 41 Ac â'r geiriau hyn daeth â'r cyfarfod i ben.

Taith Paul i Facedonia a Gwlad Groeg

20 Pan beidiodd y cynnwrf, anfonodd Paul am y disgyblion, ac wedi eu hannog, ffarweliodd â hwy ac aeth ymaith ar ei ffordd i Facedonia. 2 Wedi teithio trwy'r parthau hynny ac annog llawer ar y disgyblion yno, daeth i wlad Groeg. 3 Treuliodd dri mis yno, a phan oedd ar hwylio i Syria, gwnaeth yr Iddewon gynllwyn yn ei erbyn, a phenderfynodd ddychwelyd trwy Facedonia. 4 Ei gyd-deithwyr oedd Sopater o Berea, mab Pyrrhus, y Thesaloniaid Aristarchus a Secwndus, Gaius o Derbe*, a Timotheus, a'r Asiaid Tychicus a Troffimus. 5 Yr oedd y rhain wedi mynd o'n blaen, ac yn aros amdanom yn Troas. 6 Hwyliasom ninnau, wedi dyddiau'r Bara Croyw, o Philipi, a chyrraedd atynt yn Troas ymhen pum diwrnod; ac yno y buom am saith diwrnod.

Ymweliad Olaf Paul â Troas

7 Ar ddydd cyntaf yr wythnos, daethom ynghyd i dorri bara. Dechreuodd Paul, a oedd i fynd ymaith drannoeth, eu hannerch, a daliodd i draethu hyd hanner nos. 8 Yr oedd llawer o lampau yn yr oruwchystafell lle'r oeddem wedi ymgynnull, 9 ac yr oedd dyn ifanc o'r enw Eutychus yn eistedd wrth y ffenestr. Yr oedd hwn yn mynd yn fwy a mwy cysglyd, wrth i Paul ddal i ymhelaethu. Pan drechwyd ef yn llwyr gan gwsg, syrthiodd o'r trydydd llawr, a chodwyd ef yn gorff marw. 10 Ond aeth Paul i lawr; syrthiodd arno a'i gofleidio, a dywedodd, "Peidiwch â chynhyrfu; y mae bywyd ynddo." 11 Yna aeth i fyny, a thorri'r bara a bwyta. Yna, wedi ymddiddan am amser hir hyd doriad dydd, aeth ymaith. 12 Ond aethant â'r llanc adref yn fyw, ac fe'u calonogwyd yn anghyffredin.

Y Fordaith o Troas i Miletus

13 Aethom ninnau o flaen Paul i'r llong, a hwylio i gyfeiriad Asos, gan fwriadu ei gymryd i'r llong yno; oblegid dyma'r cyfarwyddyd a roesai ef, gan fwriadu mynd ei hun dros y tir. 14 Pan gyfarfu â ni yn Asos, cymerasom ef i'r llong a mynd ymlaen i Mitylene. 15 Wedi hwylio oddi yno drannoeth, cyraeddasom gyferbyn â Chios, a'r ail ddiwrnod croesi i Samos, a'r dydd* wedyn dod i Miletus. 16 Oherwydd yr oedd Paul wedi penderfynu hwylio heibio i Effesus, rhag iddo orfod colli amser yn Asia, gan ei fod yn brysio er mwyn bod yn Jerwsalem, pe bai modd, erbyn dydd y Pentecost.

Araith Paul i Henuriaid Effesus

17 Anfonodd o Miletus i Effesus a galw ato henuriaid yr eglwys. 18 Pan gyraeddasant ato, dywedodd wrthynt, "Fe wyddoch fel y bûm i gyda chwi yr holl amser, er y diwrnod cyntaf y rhois fy nhroed yn Asia, 19 yn gwasanaethu'r Arglwydd â phob gostyngeiddrwydd, ac â dagrau a threialon a ddaeth i'm rhan trwy gynllwynion yr Iddewon. 20 Gwyddoch nad ymateliais rhag

---

20:4 Yn ôl darlleniad arall, *o Doberius*.

20:15 Yn ôl darlleniad arall, *ac ar ôl aros yn Trogylium, y dydd*.

cyhoeddi i chwi ddim o'r hyn sydd fuddiol, na rhag eich dysgu chwi yn gyhoeddus ac yn eich cartrefi, ²¹ gan dystiolaethu i Iddewon a Groegiaid am edifeirwch tuag at Dduw a ffydd yn ein Harglwydd Iesu. ²² Ac yn awr dyma fi, dan orfodaeth yr Ysbryd, ar fy ffordd i Jerwsalem, heb wybod beth a ddigwydd imi yno, ²³ ond bod yr Ysbryd Glân o dref i dref yn tystiolaethu imi fod rhwymau a gorthrymderau yn fy aros. ²⁴ Ond yr wyf yn cyfrif nad yw fy mywyd o unrhyw werth imi, dim ond imi allu cwblhau fy ngyrfa, a'r weinidogaeth a gefais gan yr Arglwydd Iesu, i dystiolaethu i Efengyl gras Duw.

²⁵ "Ac yn awr, rwy'n gwybod na chewch weld fy wyneb mwyach, chwi oll y bûm i'n teithio yn eich plith gan gyhoeddi'r Deyrnas. ²⁶ Gan hynny, yr wyf yn tystio i chwi y dydd hwn fy mod yn ddieuog o waed unrhyw un; ²⁷ oblegid nid ymateliais rhag cyhoeddi holl arfaeth Duw i chwi. ²⁸ Gofalwch amdanoch eich hunain ac am yr holl braidd, y gosododd yr Ysbryd Glân chwi yn arolygwyr drosto, i fugeilio eglwys Dduw*, yr hon a enillodd ef â gwaed ei briod un*. ²⁹ Mi wn i y daw i'ch plith, wedi fy ymadawiad i, fleiddiaid mileinig nad arbedant y praidd, ³⁰ ac y cyfyd o'ch plith chwi eich hunain rai yn llefaru pethau llygredig, i ddenu'r disgyblion ymaith ar eu hôl. ³¹ Gan hynny, byddwch yn wyliadwrus, gan gofio na pheidiais i, na nos na dydd dros dair blynedd, â rhybuddio pob un ohonoch â dagrau. ³² Ac yn awr yr wyf yn eich cyflwyno i Dduw ac i air ei ras, sydd â'r gallu ganddo i'ch adeiladu, ac i roi i chwi eich etifeddiaeth ymhlith yr holl rai a sancteiddiwyd. ³³ Ni chwenychais arian nac aur na gwisgoedd neb. ³⁴ Fe wyddoch eich hunain mai'r dwylo hyn a fu'n gweini i'm hanghenion i ac eiddo'r rhai oedd gyda mi. ³⁵ Ym mhopeth, dangosais i chwi mai wrth lafurio felly y mae'n rhaid cynorthwyo'r rhai gwan, a dwyn ar gof y geiriau a lefarodd yr Arglwydd Iesu ei hun: 'Dedwyddach yw rhoi na derbyn.' "

20:28 Yn ôl darlleniad arall, *eglwys yr Arglwydd*.
20:28 Neu, *â'i waed ei hun*.

³⁶ Wedi dweud hyn, fe benliniodd gyda hwy oll a gweddïo. ³⁷ Torrodd pawb i wylo'n hidl, a syrthio ar wddf Paul a'i gusanu, ³⁸ gan ofidio yn bennaf am iddo ddweud nad oeddent mwyach i weld ei wyneb. Yna aethant i'w hebrwng ef i'r llong.

Taith Paul i Jerwsalem

21 Wedi i ni ymadael â hwy a chodi angor, daethom ar union hynt i Cos, a thrannoeth i Rhodos, ac oddi yno i Patara. ² Cawsom long yn croesi i Phoenicia, ac aethom arni a hwylio ymaith. ³ Wedi dod i olwg Cyprus, a'i gadael ar y chwith, hwyliasom ymlaen i Syria, a glanio yn Tyrus, oherwydd yno yr oedd y llong yn dadlwytho. ⁴ Daethom o hyd i'r disgyblion, ac aros yno saith diwrnod; a dywedodd y rhain wrth Paul trwy'r Ysbryd am beidio â mynd ymlaen i Jerwsalem. ⁵ Ond pan ddaeth ein dyddiau yno i ben, ymadawsom ar ein taith, a phawb ohonynt, ynghyd â'u gwragedd a'u plant, yn ein hebrwng i'r tu allan i'r ddinas. Aethom ar ein gliniau ar y traeth, a gweddïo, ⁶ a ffarwelio â'n gilydd. Yna dringasom ar fwrdd y llong, a dychwelsant hwythau adref.

⁷ Daeth ein mordaith o Tyrus i ben wrth inni gyrraedd Ptolemais. Cyfarchasom y credinwyr yno ac aros un diwrnod gyda hwy. ⁸ Trannoeth, aethom ymaith a dod i Gesarea; ac aethom i mewn i dŷ Philip yr efengylwr, un o'r Saith, ac aros gydag ef. ⁹ Yr oedd gan hwn bedair merch ddibriod, a dawn proffwydo ganddynt. ¹⁰ Yn ystod y dyddiau lawer y buom gydag ef, daeth dyn i lawr o Jwdea, proffwyd o'r enw Agabus. ¹¹ Daeth atom, a chymryd gwregys Paul, a rhwymo'i draed a'i ddwylo ei hun, a dweud, "Dyma eiriau'r Ysbryd Glân: 'Y gŵr biau'r gwregys hwn, fel hyn y rhwyma'r Iddewon ef yn Jerwsalem, a'i draddodi i ddwylo'r Cenhedloedd.' " ¹² Pan glywsom hyn, dechreusom ni a phobl y lle erfyn arno i beidio â mynd i fyny i Jerwsalem. ¹³ Yna atebodd Paul, "Beth yr ydych yn ei wneud, yn wylo ac yn torri fy nghalon? Oherwydd yr wyf fi'n barod, nid yn unig i gael fy rhwymo, ond hyd yn oed i farw,

yn Jerwsalem, er mwyn enw'r Arglwydd Iesu." ¹⁴ A chan nad oedd modd cael perswâd arno, tawsom gan ddweud, "Gwneler ewyllys yr Arglwydd."

¹⁵ Wedi'r dyddiau hyn, gwnaethom ein paratoadau a chychwyn i fyny i Jerwsalem; ¹⁶ ac fe ddaeth rhai o'r disgyblion o Gesarea gyda ni, gan ddod â ni i dŷ'r gŵr yr oeddem i letya gydag ef, Mnason o Cyprus, un oedd wedi bod yn ddisgybl o'r dechrau.

Paul yn Ymweld â Iago

¹⁷ Wedi inni gyrraedd Jerwsalem, cawsom groeso llawen gan y credinwyr. ¹⁸ A thrannoeth, aeth Paul gyda ni at Iago, ac yr oedd yr henuriaid i gyd yno. ¹⁹ Ar ôl eu cyfarch, adroddodd yn fanwl y pethau yr oedd Duw wedi eu gwneud ymhlith y Cenhedloedd trwy ei weinidogaeth. ²⁰ O glywed hyn, rhoesant ogoniant i Dduw. Yna meddent wrth Paul, "Yr wyt yn gweld, frawd, fod credinwyr dirifedi ymhlith yr Iddewon, ac y maent i gyd yn selog dros y Gyfraith; ²¹ a chawsant wybodaeth amdanat ti, dy fod yn dysgu'r holl Iddewon sydd ymysg y Cenhedloedd i wrthgilio oddi wrth Moses, gan ddweud wrthynt am beidio ag enwaedu ar eu plant na byw yn ôl ein defodau. ²² Beth sydd i'w wneud, felly? Y maent yn siŵr o glywed dy fod wedi dod. ²³ Felly, gwna'r hyn a ddywedwn wrthyt. Y mae gennym bedwar dyn sydd dan lw. ²⁴ Cymer y rhain, a dos di gyda hwy trwy ddefod y pureiddio, a thâl y gost drostynt, iddynt gael eillio eu pennau; yna fe wêl pawb nad oes dim yn y wybodaeth a gawsant amdanat, ond dy fod tithau hefyd yn dilyn ac yn cadw'r Gyfraith. ²⁵ Ond am y credinwyr o blith y Cenhedloedd, yr ydym ni wedi ysgrifennu atynt a rhoi ein dyfarniad, eu bod i ymgadw rhag bwyta yr hyn a aberthwyd i eilunod, neu waed, neu'r hyn a dagwyd, a rhag anfoesoldeb rhywiol.*" ²⁶ Yna fe gymerodd Paul y gwŷr, a thrannoeth aeth trwy ddefod y pureiddio gyda hwy, ac aeth i mewn i'r deml, i roi rhybudd pa bryd y cyflawnid dyddiau'r pureiddio ac yr offrymid yr offrwm dros bob un ohonynt.

Dal Paul yn y Deml

²⁷ Ond pan oedd y saith diwrnod bron ar ben, gwelodd yr Iddewon o Asia ef yn y deml. Codasant gynnwrf yn yr holl dyrfa, a chymryd gafael ynddo, ²⁸ gan weiddi, "Chwi Israeliaid, helpwch ni. Hwn yw'r dyn sy'n dysgu pawb ym mhob man yn erbyn ein pobl a'r Gyfraith a'r lle hwn, ac sydd hefyd wedi dod â Groegiaid i mewn i'r deml, a halogi'r lle sanctaidd hwn." ²⁹ Oherwydd yr oeddent cyn hynny wedi gweld Troffimus yr Effesiad yn y ddinas gydag ef, ac yr oeddent yn meddwl fod Paul wedi dod ag ef i mewn i'r deml. ³⁰ Cyffrowyd yr holl ddinas, a rhuthrodd y bobl ynghyd. Cymerasant afael yn Paul, a'i lusgo allan o'r deml, a chaewyd y drysau ar unwaith. ³¹ Fel yr oeddent yn ceisio'i ladd ef, daeth neges at gapten y fintai fod Jerwsalem i gyd mewn cynnwrf. ³² Cymerodd yntau filwyr a chanwriaid ar unwaith, a rhedeg i lawr atynt; a phan welsant hwy'r capten a'r milwyr, rhoesant y gorau i guro Paul. ³³ Yna daeth y capten atynt, a chymryd gafael yn Paul, a gorchymyn ei rwymo â dwy gadwyn. Dechreuodd holi pwy oedd, a beth yr oedd wedi ei wneud. ³⁴ Yr oedd rhai yn y dyrfa yn bloeddio un peth, ac eraill beth arall. A chan na allai ddod o hyd i'r gwir oherwydd y dwndwr, gorchmynnodd ei ddwyn i'r pencadlys. ³⁵ A phan ddaeth Paul at y grisiau, bu raid i'r milwyr ei gario oherwydd ffyrnigrwydd y dyrfa, ³⁶ oblegid yr oedd tyrfa o bobl yn canlyn dan weiddi, "Ymaith ag ef!"

Paul yn ei Amddiffyn ei Hun

³⁷ Pan oedd ar fin cael ei ddwyn i mewn i'r pencadlys, dyma Paul yn dweud wrth y capten, "A gaf fi ddweud gair wrthyt?" Meddai yntau, "A wyt ti yn medru Groeg? ³⁸ Nid tydi felly yw'r Eifftiwr a gododd derfysg beth amser yn ôl ac a arweiniodd allan i'r anialwch y pedair mil o derfysgwyr arfog?" ³⁹ Dywedodd Paul, "Iddew wyf fi, o Darsus yn Cilicia, dinesydd o ddinas nid di-nod; ac rwy'n

---

21:25 Yn ôl darlleniad arall, *rhag bwyta yr hyn a aberthwyd i eilunod, a rhag gwaed, a rhag anfoesoldeb rhywiol.*

erfyn arnat, caniatâ imi lefaru wrth y bobl." ⁴⁰ Ac wedi iddo gael caniatâd, safodd Paul ar y grisiau, a gwnaeth arwydd â'i law ar y bobl, ac ar ôl cael distawrwydd llwyr anerchodd hwy yn iaith yr Iddewon, gan ddweud:

22 "Frodyr a thadau, gwrandewch ar f'amddiffyniad ger eich bron yn awr." ² Pan glywsant mai yn iaith yr Iddewon yr oedd yn eu hannerch, rhoesant wrandawiad tawelach iddo. Ac meddai, ³ "Iddew wyf fi, wedi fy ngeni yn Nharsus yn Cilicia, ac wedi fy nghodi yn y ddinas hon. Cefais fy addysg wrth draed Gamaliel yn ôl llythyren Cyfraith ein hynafiaid, ac yr wyf yn selog dros Dduw, fel yr ydych chwithau oll heddiw. ⁴ Erlidiais y Ffordd hon hyd at ladd, gan rwymo a rhoi yng ngharchar wŷr a gwragedd, ⁵ fel y mae'r archoffeiriad a holl Gyngor yr henuriaid yn dystion i mi; oddi wrthynt hwy yn wir y derbyniais lythyrau at ein cyd-Iddewon yn Namascus, a chychwyn ar daith i ddod â'r rhai oedd yno hefyd yn rhwym i Jerwsalem i'w cosbi.

Paul yn Sôn am ei Dröedigaeth
Act. 9:1-19; 26:12-18

⁶ "Ond pan oeddwn ar fy nhaith ac yn agosáu at Ddamascus, yn sydyn tua chanol dydd fe fflachiodd goleuni mawr o'r nef o'm hamgylch. ⁷ Syrthiais ar y ddaear, a chlywais lais yn dweud wrthyf, 'Saul, Saul, pam yr wyt yn fy erlid i?' ⁸ Atebais innau, 'Pwy wyt ti, Arglwydd?' A dywedodd wrthyf, 'Iesu o Nasareth wyf fi, yr hwn yr wyt ti yn ei erlid.' ⁹ Gwelodd y rhai oedd gyda mi y goleuni, ond ni chlywsant lais y sawl oedd yn llefaru wrthyf. ¹⁰ A dywedais, 'Beth a wnaf, Arglwydd?' Dywedodd yr Arglwydd wrthyf, 'Cod a dos i Ddamascus, ac yno fe ddywedir wrthyt bopeth yr ordeiniwyd iti ei wneud.' ¹¹ Gan nad oeddwn yn gweld dim oherwydd disgleirdeb y goleuni hwnnw, fe'm harweiniwyd gerfydd fy llaw gan y rhai oedd gyda mi, a deuthum i Ddamascus.

¹² "Daeth rhyw Ananias ataf, gŵr duwiol yn ôl y Gyfraith, a gair da iddo gan yr holl Iddewon oedd yn byw yno. ¹³ Safodd hwn yn f'ymyl a dywedodd wrthyf, 'Y brawd Saul, derbyn dy olwg yn ôl.' Edrychais innau arno a derbyn fy ngolwg yn ôl y munud hwnnw. ¹⁴ A dywedodd yntau: 'Y mae Duw ein tadau wedi dy benodi di i wybod ei ewyllys, ac i weld yr Un Cyfiawn a chlywed llais o'i enau ef; ¹⁵ oherwydd fe fyddi di'n dyst iddo, wrth yr holl ddynolryw, o'r hyn yr wyt wedi ei weld a'i glywed. ¹⁶ Ac yn awr, pam yr wyt yn oedi? Tyrd i gael dy fedyddio a chael golchi ymaith dy bechodau, gan alw ar ei enw ef.'

Anfon Paul at y Cenhedloedd

¹⁷ "Wedi imi ddychwelyd i Jerwsalem, dyma a ddigwyddodd pan oeddwn yn gweddïo yn y deml: euthum i lesmair, ¹⁸ a'i weld ef yn dweud wrthyf, 'Brysia ar unwaith allan o Jerwsalem, oherwydd ni dderbyniant dy dystiolaeth amdanaf fi.' ¹⁹ Dywedais innau, 'Arglwydd, y maent hwy'n gwybod i mi fod o synagog i synagog yn carcharu ac yn fflangellu'r rhai oedd yn credu ynot ti. ²⁰ A phan oedd gwaed Steffan, dy dyst, yn cael ei dywallt, yr oeddwn innau hefyd yn sefyll yn ymyl, ac yn cydsynio, ac yn gwarchod dillad y rhai oedd yn ei ladd.' ²¹ A dywedodd wrthyf, 'Dos, oherwydd yr wyf fi am dy anfon di ymhell at y Cenhedloedd.'"

Paul a'r Capten Rhufeinig

²² Yr oeddent wedi gwrando arno hyd at y gair hwn, ond yna dechreusant weiddi, "Ymaith ag ef oddi ar y ddaear! Y mae'n warth fod y fath ddyn yn cael byw." ²³ Fel yr oeddent yn gweiddi ac yn ysgwyd eu dillad ac yn taflu llwch i'r awyr, ²⁴ gorchmynnodd y capten ei ddwyn ef i mewn i'r pencadlys, a'i holi trwy ei chwipio, er mwyn cael gwybod pam yr oeddent yn bloeddio felly yn ei erbyn. ²⁵ Ond pan glymwyd ef i'w fflangellu, dywedodd Paul wrth y canwriad oedd yn sefyll gerllaw, "A oes gennych hawl i fflangellu dinesydd Rhufeinig, a hynny heb farnu ei achos?" ²⁶ Pan glywodd y canwriad hyn, aeth at y capten, a rhoi adroddiad iddo, gan ddweud, "Beth yr wyt ti am ei wneud? Y mae'r dyn yma yn ddinesydd Rhufeinig." ²⁷ Daeth y capten

ato, ac meddai, "Dywed i mi, a wyt ti'n ddinesydd Rhufeinig?" "Ydwyf," meddai yntau. ²⁸ Atebodd y capten, "Mi delais i swm mawr i gael y ddinasyddiaeth hon." Ond dywedodd Paul, "Cefais i fy ngeni iddi." ²⁹ Ar hyn, ciliodd y rhai oedd ar fin ei holi oddi wrtho. Daeth ofn ar y capten hefyd pan ddeallodd mai dinesydd Rhufeinig ydoedd, ac yntau wedi ei rwymo ef.

Paul gerbron y Cyngor

³⁰ Trannoeth, gan fod y capten am wybod yn sicr beth oedd cyhuddiad yr Iddewon, fe ollyngodd Paul yn rhydd, a gorchymyn i'r prif offeiriaid a'r holl Sanhedrin ymgynnull. Yna daeth ag ef i lawr, a'i osod ger eu bron.

23 Syllodd Paul ar y Sanhedrin, ac meddai, "Frodyr, yr wyf fi wedi byw â chydwybod lân gerbron Duw hyd y dydd hwn." ² Ond gorchmynnodd Ananias yr archoffeiriad i'r rhai oedd yn sefyll yn ei ymyl ei daro ar ei geg. ³ Yna dywedodd Paul wrtho, "Y mae Duw yn mynd i'th daro di, tydi bared gwyngalchog. A wyt ti'n eistedd i'm barnu i yn ôl y Gyfraith, ac yna'n torri'r Gyfraith trwy orchymyn fy nharo?" ⁴ Ond dywedodd y rhai oedd yn sefyll yn ei ymyl, "A wyt ti'n beiddio sarhau archoffeiriad Duw?" ⁵ Ac meddai Paul, "Ni wyddwn, frodyr, mai'r archoffeiriad ydoedd; oherwydd y mae'n ysgrifenedig, 'Paid â dweud yn ddrwg am bennaeth dy bobl.' "

⁶ Sylweddolodd Paul fod y naill ran yn Sadwceaid, a'r llall yn Phariseaid, a dechreuodd lefaru'n uchel yn y Sanhedrin: "Frodyr, Pharisead wyf fi, a mab i Pharisead. Ynghylch gobaith am atgyfodiad y meirw yr wyf ar fy mhrawf." ⁷ Wedi iddo ddweud hyn, aeth yn ddadl rhwng y Phariseaid a'r Sadwceaid, a rhannwyd y cynulliad. ⁸ Oherwydd y mae'r Sadwceaid yn dweud nad oes nac atgyfodiad nac angel nac ysbryd, ond y mae'r Phariseaid yn eu cydnabod i gyd. ⁹ Bu gweiddi mawr, a chododd rhai o'r ysgrifenyddion oedd yn perthyn i blaid y Phariseaid, a dadlau'n daer, gan ddweud, "Nid ydym yn cael dim drwg yn y dyn hwn; a beth os llefarodd ysbryd wrtho, neu angel?" ¹⁰ Ac wrth i'r ddadl boethi, daeth ofn ar y capten rhag i Paul gael ei dynnu'n ddarnau ganddynt, a gorchmynnodd i'r milwyr ddod i lawr i'w gipio ef o'u plith hwy, a mynd ag ef i'r pencadlys.

¹¹ Y noson honno, safodd yr Arglwydd yn ei ymyl a dweud, "Cod dy galon! Oherwydd fel y tystiolaethaist amdanaf fi yn Jerwsalem, felly y mae'n rhaid iti dystiolaethu yn Rhufain hefyd."

Y Cynllwyn i Ladd Paul

¹² Pan ddaeth yn ddydd, gwnaeth yr Iddewon gynllwyn: aethant ar eu llw i beidio â bwyta nac yfed dim nes y byddent wedi lladd Paul. ¹³ Yr oedd mwy na deugain wedi gwneud y cydfwriad hwn. ¹⁴ Aethant at y prif offeiriaid a'r henuriaid, a dweud, "Yr ydym wedi mynd ar ein llw mwyaf difrifol i beidio â phrofi dim bwyd nes y byddwn wedi lladd Paul. ¹⁵ Rhowch chwi, felly, ynghyd â'r Sanhedrin, rybudd yn awr i'r capten, iddo ddod ag ef i lawr atoch, ar yr esgus eich bod am ymchwilio yn fanylach i'w achos. Ac yr ydym ninnau yn barod i'w ladd ef cyn iddo gyrraedd." ¹⁶ Ond fe glywodd mab i chwaer Paul am y cynllwyn, ac aeth i'r pencadlys, a mynd i mewn ac adrodd yr hanes wrth Paul. ¹⁷ Galwodd Paul un o'r canwriaid ato, ac meddai, "Dos â'r llanc yma at y capten; y mae ganddo rywbeth i'w ddweud wrtho." ¹⁸ Felly cymerodd y canwriad ef, a mynd ag ef at y capten, ac meddai, "Galwodd y carcharor Paul fi, a gofyn imi ddod â'r llanc hwn atat ti, am fod ganddo rywbeth i'w ddweud wrthyt." ¹⁹ Cymerodd y capten afael yn ei law, a mynd ag ef o'r neilltu a holi, "Beth yw'r hyn sydd gennyt i'w ddweud wrthyf?" ²⁰ Meddai yntau, "Cytunodd yr Iddewon i ofyn i ti fynd â Paul i lawr yfory i'r Sanhedrin, ar yr esgus fod y rheini am holi yn fanylach yn ei gylch. ²¹ Yn awr, paid â gwrando arnynt, oherwydd y mae mwy na deugain o'u dynion yn aros i ymosod arno; y maent wedi mynd ar eu llw i beidio â bwyta nac yfed nes y byddant wedi ei ladd ef, ac y maent yn barod yn awr, yn disgwyl am dy ganiatâd di." ²² Yna anfonodd y capten y llanc

ymaith, ar ôl gorchymyn iddo, "Paid â dweud wrth neb dy fod wedi rhoi gwybod imi am hyn."

Anfon Paul at Ffelix, y Rhaglaw

²³ Yna galwodd ato ddau ganwriad arbennig, a dweud wrthynt, "Paratowch ddau gant o filwyr i fynd i Gesarea, a saith deg o wŷr meirch a dau gan picellwr, erbyn naw o'r gloch y nos. ²⁴ Darparwch hefyd anifeiliaid, iddynt osod Paul arnynt a mynd ag ef yn ddiogel at Ffelix, y rhaglaw." ²⁵ Ac ysgrifennodd lythyr i'r perwyl hwn: ²⁶ "Clawdius Lysias at yr Ardderchocaf Raglaw Ffelix, cyfarchion. ²⁷ Daliwyd y dyn hwn gan yr Iddewon, ac yr oedd ar fin cael ei ladd ganddynt, ond deuthum ar eu gwarthaf gyda'm milwyr ac achubais ef, wedi imi ddeall ei fod yn ddinesydd Rhufeinig. ²⁸ Gan fy mod yn awyddus i gael gwybod pam yr oeddent yn ei gyhuddo, euthum ag ef i lawr gerbron eu Sanhedrin. ²⁹ Cefais ei fod yn cael ei gyhuddo ynglŷn â materion dadleuol yn eu Cyfraith hwy, ond nad oedd yn wynebu cyhuddiad oedd yn haeddu marwolaeth neu garchar. ³⁰ A chan imi gael ar ddeall y byddai cynllwyn yn erbyn y dyn, yr wyf fi ar unwaith* yn ei anfon atat ti, wedi gorchymyn i'w gyhuddwyr hefyd gyflwyno ger dy fron di eu hachos yn ei erbyn ef.*"

³¹ Felly cymerodd y milwyr Paul, yn ôl y gorchymyn a gawsent, a mynd ag ef yn ystod y nos i Antipatris. ³² Trannoeth, dychwelsant i'r pencadlys, gan adael i'r gwŷr meirch fynd ymlaen gydag ef. ³³ Wedi i'r rhain fynd i mewn i Gesarea, rhoesant y llythyr i'r rhaglaw, a throsglwyddo Paul iddo hefyd. ³⁴ Darllenodd yntau'r llythyr, a holi o ba dalaith yr oedd yn dod. Pan ddeallodd ei fod o Cilicia, ³⁵ dywedodd, "Gwrandawaf dy achos pan fydd dy gyhuddwyr hefyd wedi cyrraedd." A gorchmynnodd ei gadw dan warchodaeth yn Praetoriwm Herod.

Yr Achos yn erbyn Paul

24 Pum diwrnod yn ddiweddarach, daeth Ananias yr archoffeiriad i lawr gyda rhai henuriaid, a dadleuydd o'r enw Tertulus, a gosodasant gerbron y rhaglaw eu hachos yn erbyn Paul. ² Galwyd yntau gerbron, a dechreuodd Tertulus ei erlyniad, gan ddweud: ³ "Trwot ti yr ydym yn mwynhau cyflawnder o heddwch, a thrwy dy ddarbodaeth y mae gwelliannau yn dod i ran y genedl hon ym mhob modd ac ym mhob man. Yr ydym yn eu derbyn, ardderchocaf Ffelix, â phob diolchgarwch. ⁴ Ond rhag i mi dy gadw di yn rhy hir, yr wyf yn deisyf arnat i wrando ar ychydig eiriau gennym, os byddi mor garedig. ⁵ Cawsom y dyn yma yn bla, yn codi ymrafaelion ymhlith yr holl Iddewon trwy'r byd, ac yn arweinydd yn sect y Nasareaid. ⁶ Gwnaeth gynnig ar halogi'r deml hyd yn oed, ond daliasom ef.* ⁸ Ac os holi di ef dy hun, gelli gael sicrwydd am bob dim yr ydym yn ei gyhuddo ohono." ⁹ Ymunodd yr Iddewon hefyd yn y cyhuddo, gan daeru mai felly yr oedd hi.

Paul yn ei Amddiffyn ei Hun gerbron Ffelix

¹⁰ Yna atebodd Paul, wedi i'r rhaglaw amneidio arno i lefaru: "Mi wn dy fod di ers llawer blwyddyn yn farnwr i'r genedl hon, ac am hynny yr wyf yn amddiffyn fy achos yn galonnog. ¹¹ Oherwydd gelli gael sicrwydd nad oes dim mwy na deuddeg diwrnod er pan euthum i fyny i addoli yn Jerwsalem. ¹² Ni chawsant mohonof yn dadlau â neb nac yn casglu tyrfa, yn y deml nac yn y synagogau nac yn y ddinas, ¹³ ac ni allant brofi i ti y cyhuddiadau y maent yn eu dwyn yn awr yn fy erbyn i. ¹⁴ Ond yr wyf yn cyfaddef hyn i ti, mai yn null y Ffordd, a alwant hwy yn sect, felly yr wyf yn addoli Duw ein hynafiaid. Yr wyf yn credu pob peth sydd yn ôl y Gyfraith ac sy'n ysgrifenedig

---

23:30 Yn ôl darlleniad arall, *cynllwyn ganddynt yn erbyn y dyn, yr wyf fi.*
23:30 Yn ôl darlleniad arall ychwanegir *Ffarwel.*

24:6 Yn ôl darlleniad arall ychwanegir *Ac yr oeddem yn bwriadu ei farnu yn ôl ein Cyfraith ni.* ⁷ *Ond daeth Lysias y capten a'i gymryd ef trwy drais mawr allan o'n dwylo ni,* ⁸ *a gorchymyn i'w gyhuddwyr ddod ger dy fron di.*

yn y proffwydi, ¹⁵ ac yn gobeithio yn Nuw—ac y maent hwy eu hunain yn derbyn y gobaith hwn, y bydd atgyfodiad i'r cyfiawn ac i'r anghyfiawn. ¹⁶ Oherwydd hyn, yr wyf finnau hefyd yn ymroi i gadw cydwybod lân gerbron Duw a dynion yn wastad. ¹⁷ Ac ar ôl amryw flynyddoedd, deuthum i wneud elusennau i'm cenedl ac i offrymu aberthau, ¹⁸ ac wrthi'n gwneud hyn y cawsant fi, wedi fy mhureiddio, yn y deml. Nid oedd yno na thyrfa na therfysg. ¹⁹ Ond yr oedd yno ryw Iddewon o Asia, a hwy a ddylai fod yma ger dy fron di i'm cyhuddo i, a chaniatáu fod ganddynt rywbeth yn fy erbyn; ²⁰ neu dyweded y rhain yma pa gamwedd a gawsant ynof pan sefais gerbron y Sanhedrin, ²¹ heblaw'r un ymadrodd hwnnw a waeddais pan oeddwn yn sefyll yn eu plith: 'Ynghylch atgyfodiad y meirw yr wyf ar fy mhrawf heddiw ger eich bron.' "

²² Yr oedd gan Ffelix wybodaeth led fanwl am y Ffordd, a gohiriodd yr achos, gan ddweud, "Pan ddaw Lysias y capten i lawr, rhoddaf ddyfarniad yn eich achos." ²³ Gorchmynnodd i'r canwriad fod Paul i'w gadw dan warchodaeth, ac i gael peth rhyddid, ac nad oeddent i rwystro neb o'i gyfeillion rhag gweini arno.

Dal Paul yn Garcharor

²⁴ Rhai dyddiau wedi hynny, daeth Ffelix yno gyda'i wraig Drwsila, a oedd yn Iddewes. Fe anfonodd am Paul, a gwrandawodd ar ei eiriau ynghylch ffydd yng Nghrist Iesu. ²⁵ Ond wrth iddo drafod cyfiawnder a hunan-ddisgyblaeth a'r Farn oedd i ddod, daeth ofn ar Ffelix a dywedodd, "Dyna ddigon am y tro; anfonaf amdanat eto pan gaf gyfle." ²⁶ Yr un pryd, yr oedd yn gobeithio cael cil-dwrn gan Paul, ac oherwydd hynny byddai'n anfon amdano yn lled fynych, ac yn sgwrsio ag ef.

²⁷ Aeth dwy flynedd heibio, a dilynwyd Ffelix gan Porcius Ffestus; a chan ei fod yn awyddus i ennill ffafr yr Iddewon, gadawodd Ffelix Paul yn garcharor.

Paul yn Apelio at Gesar

25 Felly, dridiau wedi i Ffestus gyrraedd ei dalaith, aeth i fyny i Jerwsalem o Gesarea, ² a gosododd y prif offeiriaid ac arweinwyr yr Iddewon eu hachos yn erbyn Paul ger ei fron. ³ Yr oeddent yn ceisio gan Ffestus eu ffafrio hwy yn ei erbyn ef, yn deisyf arno i anfon amdano i Jerwsalem, ac ar yr un pryd yn gwneud cynllwyn i'w ladd ar y ffordd. ⁴ Atebodd Ffestus, fodd bynnag, fod Paul dan warchodaeth yng Nghesarea, a'i fod ef ei hun yn bwriadu cychwyn i ffwrdd yn fuan. ⁵ "Felly," meddai, "gadewch i'r gwŷr sydd ag awdurdod yn eich plith ddod i lawr gyda mi a'i gyhuddo ef, os yw'r dyn wedi gwneud rhywbeth o'i le."

⁶ Arhosodd Ffestus gyda hwy am wyth neu ddeg diwrnod ar y mwyaf. Yna aeth i lawr i Gesarea, a thrannoeth cymerodd ei le yn y llys a gorchymyn dod â Paul gerbron. ⁷ Pan ymddangosodd Paul, safodd yr Iddewon oedd wedi dod i lawr o Jerwsalem o'i amgylch, gan ddwyn llawer o gyhuddiadau difrifol yn ei erbyn. ⁸ Ond ni allent eu profi yn wyneb yr hyn a ddywedodd Paul yn ei amddiffyniad: "Nid wyf fi wedi troseddu o gwbl, nac yn erbyn Cyfraith yr Iddewon, nac yn erbyn y deml, nac yn erbyn Cesar." ⁹ Ond gan fod Ffestus yn awyddus i ennill ffafr yr Iddewon, gofynnodd i Paul, "A wyt ti'n fodlon mynd i fyny i Jerwsalem a chael dy farnu yno ger fy mron i am y pethau hyn?" ¹⁰ Dywedodd Paul, "Yr wyf fi'n sefyll gerbron llys Cesar, lle y dylid fy marnu. Ni throseddais o gwbl yn erbyn yr Iddewon, fel y gwyddost ti yn eithaf da. ¹¹ Fodd bynnag, os wyf yn droseddwr, ac os wyf wedi gwneud rhywbeth sy'n haeddu marwolaeth, nid wyf yn ceisio osgoi dedfryd marwolaeth. Ond os yw cyhuddiadau'r bobl hyn yn fy erbyn yn ddi-sail, ni all neb fy nhrosglwyddo iddynt fel ffafr. Yr wyf yn apelio at Gesar." ¹² Yna, wedi iddo drafod y mater â'i gynghorwyr, atebodd Ffestus: "At Gesar yr wyt wedi apelio; at Gesar y cei fynd."

Dod â Paul gerbron Agripa a Bernice

13 Ymhen rhai dyddiau daeth y Brenin Agripa a Bernice i lawr i Gesarea i groesawu Ffestus. 14 A chan eu bod yn treulio dyddiau lawer yno, cyflwynodd Ffestus achos Paul i sylw'r brenin. "Y mae yma ddyn," meddai, "wedi ei adael gan Ffelix yn garcharor, 15 a phan oeddwn yn Jerwsalem gosododd y prif offeiriaid a henuriaid yr Iddewon ei achos ef ger fy mron, a gofyn am ei gondemnio. 16 Atebais hwy nad oedd yn arfer gan Rufeinwyr drosglwyddo unrhyw un fel ffafr cyn bod y cyhuddedig yn dod wyneb yn wyneb â'i gyhuddwyr, ac yn cael cyfle i'w amddiffyn ei hun yn erbyn y cyhuddiad. 17 Felly, pan ddaethant ynghyd yma, heb oedi dim cymerais fy lle drannoeth yn y llys, a gorchymyn dod â'r dyn gerbron. 18 Pan gododd ei gyhuddwyr i'w erlyn, nid oeddent yn ei gyhuddo o'r un o'r troseddau a ddisgwyliwn i. 19 Ond rhyw ddadleuon oedd ganddynt ag ef ynghylch eu crefydd eu hunain, ac ynghylch rhyw Iesu oedd wedi marw, ond y mynnai Paul ei fod yn fyw. 20 A chan fy mod mewn penbleth ynglŷn â'r ddadl ar y pethau hyn, gofynnais iddo a oedd yn dymuno mynd i Jerwsalem, a chael ei farnu amdanynt yno. 21 Ond gan i Paul apelio am gael ei gadw dan warchodaeth, i gael dyfarniad gan yr Ymerawdwr, gorchmynnais ei gadw felly nes imi ei anfon at Gesar." 22 Meddai Agripa wrth Ffestus, "Mi hoffwn innau glywed y dyn." Meddai yntau, "Fe gei ei glywed yfory."

23 Trannoeth, felly, daeth Agripa a Bernice, yn fawr eu rhwysg, a mynd i mewn i'r llys ynghyd â chapteiniaid a gwŷr amlwg y ddinas; ac ar orchymyn Ffestus, daethpwyd â Paul gerbron. 24 Ac meddai Ffestus, "Y Brenin Agripa, a chwi oll sydd yma gyda ni, yr ydych yn gweld y dyn hwn, y gwnaeth holl liaws yr Iddewon gais gennyf yn ei gylch, yn Jerwsalem ac yma, gan weiddi na ddylai gael byw ddim mwy. 25 Ond gwelais i nad oedd wedi gwneud dim yn haeddu marwolaeth; a chan i'r dyn ei hun apelio at yr Ymerawdwr, penderfynais ei anfon ato. 26 Ond nid oes gennyf ddim byd pendant i'w ysgrifennu amdano at ein Harglwydd. Gan hynny, yr wyf wedi dod ag ef ymlaen ger eich bron chwi, ac yn enwedig ger dy fron di, y Brenin Agripa, er mwyn gwneud archwiliad, a chael rhywbeth i'w ysgrifennu. 27 Oherwydd, yn fy marn i, peth afresymol yw anfon carcharor ymlaen heb hyd yn oed egluro'r cyhuddiadau yn ei erbyn."

Paul yn ei Amddiffyn ei Hun gerbron Agripa

26 Meddai Agripa wrth Paul, "Y mae caniatâd iti siarad drosot dy hun." Yna fe estynnodd Paul ei law, a dechrau ei amddiffyniad: 2 "Yr wyf yn f'ystyried fy hun yn ffodus, y Brenin Agripa, mai ger dy fron di yr wyf i'm hamddiffyn fy hun heddiw ynglŷn â'r holl gyhuddiadau y mae'r Iddewon yn eu dwyn yn fy erbyn, 3 yn enwedig gan dy fod yn hyddysg yn yr holl arferion a dadleuon a geir ymhlith yr Iddewon. Gan hynny, rwy'n erfyn arnat i wrando arnaf yn amyneddgar. 4 Y mae fy muchedd i o'm mebyd, y modd y bûm yn byw o'r dechrau ymhlith fy nghenedl, a hefyd yn Jerwsalem, yn hysbys i bob Iddew. 5 Y maent yn gwybod ers amser maith, os dymunant dystiolaethu, mai yn ôl sect fwyaf caeth ein crefydd y bûm i'n byw, yn Pharisead. 6 Yn awr yr wyf yn sefyll fy mhrawf ar gyfrif gobaith sydd wedi ei seilio ar yr addewid a wnaed gan Dduw i'n hynafiaid ni, 7 addewid y mae ein deuddeg llwyth ni, trwy addoli'n selog nos a dydd, yn gobeithio ei sylweddoli; ac am y gobaith hwn yr wyf yn cael fy nghyhuddo, O frenin, gan Iddewon! 8 Pam y bernir yn anghredadwy gennych chwi fod Duw yn codi'r meirw? 9 Eto, yr oeddwn i fy hun yn tybio unwaith y dylwn weithio'n ddygn yn erbyn enw Iesu o Nasareth; 10 a gwneuthum hynny yn Jerwsalem. Ar awdurdod y prif offeiriaid, caeais lawer o'r saint mewn carcharau, a phan fyddent yn cael eu lladd, rhoddais fy mhleidlais yn eu herbyn; 11 a thrwy'r holl synagogau mi geisiais lawer gwaith, trwy gosb, eu gorfodi i gablu. Yr oeddwn yn enbyd o

ffyrnig yn eu herbyn, ac yn eu herlid hyd ddinasoedd estron hyd yn oed.

Paul yn Sôn am ei Dröedigaeth
Act. 9:1–19; 22:6–16

12 "Pan oeddwn yn teithio i Ddamascus ar y perwyl hwn gydag awdurdod a chennad y prif offeiriaid, 13 gwelais ar y ffordd ganol dydd, O frenin, oleuni mwy llachar na'r haul yn llewyrchu o'r nef o'm hamgylch i a'r rhai oedd yn teithio gyda mi. 14 Syrthiodd pob un ohonom ar y ddaear, a chlywais lais yn dweud wrthyf yn iaith yr Iddewon, 'Saul, Saul, pam yr wyt yn fy erlid i? Y mae'n galed iti wingo yn erbyn y symbylau.' 15 Dywedais innau, 'Pwy wyt ti, Arglwydd?' A dywedodd yr Arglwydd, 'Iesu wyf fi, yr hwn yr wyt ti yn ei erlid. 16 Ond cod a saf ar dy draed; oherwydd i hyn yr wyf wedi ymddangos i ti, sef i'th benodi di yn was imi, ac yn dyst o'r hyn yr wyt wedi ei weld, ac a weli eto, ohonof fi. 17 Gwaredaf di oddi wrth y bobl hyn ac oddi wrth y Cenhedloedd yr wyf yn dy anfon atynt, 18 i agor eu llygaid, a'u troi o dywyllwch i oleuni, o awdurdod Satan at Dduw, er mwyn iddynt gael maddeuant pechodau a chyfran ymhlith y rhai a sancteiddiwyd trwy ffydd ynof fi.'

Paul yn Dyst i'r Iddewon a'r Cenhedloedd

19 "O achos hyn, y Brenin Agripa, ni bûm anufudd i'r weledigaeth nefol, 20 ond bûm yn cyhoeddi i drigolion Damascus yn gyntaf, ac yn Jerwsalem, a thrwy holl wlad Jwdea, ac i'r Cenhedloedd, eu bod i edifarhau a throi at Dduw, a gweithredu yn deilwng o'u hedifeirwch. 21 Oherwydd hyn y daliodd yr Iddewon fi yn y deml, a cheisio fy llofruddio. 22 Ond mi gefais gymorth gan Dduw hyd heddiw, ac yr wyf yn sefyll gan dystiolaethu i fawr a mân, heb ddweud dim ond y pethau y dywedodd y proffwydi, a Moses hefyd, eu bod i ddigwydd, 23 sef bod yn rhaid i'r Meseia ddioddef, a'i fod ef, y cyntaf i atgyfodi oddi wrth y meirw, i gyhoeddi goleuni i bobl Israel ac i'r Cenhedloedd."

Paul yn Apelio ar i Agripa Gredu

24 Ar ganol yr amddiffyniad hwn, dyma Ffestus yn gweiddi, "Yr wyt yn wallgof, Paul; y mae dy fawr ddysg yn dy yrru di'n wallgof." 25 Meddai Paul, "Na, nid wyf yn wallgof, ardderchocaf Ffestus; yn hytrach, geiriau gwirionedd a synnwyr yr wyf yn eu llefaru. 26 Oherwydd fe ŵyr y brenin am y pethau hyn, ac yr wyf yn llefaru yn hy wrtho. Ni allaf gredu fod dim un o'r pethau hyn yn anhysbys iddo, oherwydd nid mewn rhyw gongl y gwnaed hyn. 27 A wyt ti, y Brenin Agripa, yn credu'r proffwydi? Mi wn i dy fod yn credu." 28 Ac meddai Agripa wrth Paul, "Mewn byr amser yr wyt am fy mherswadio i fod yn Gristion!" 29 Atebodd Paul, "Byr neu beidio, mi weddïwn i ar Dduw, nid am i ti yn unig, ond am i bawb sy'n fy ngwrando heddiw fod yr un fath ag yr wyf fi, ar wahân i'r rhwymau yma."

30 Yna cododd y brenin a'r rhaglaw, a Bernice a'r rhai oedd yn eistedd gyda hwy, 31 ac wedi iddynt ymneilltuo, buont yn ymddiddan â'i gilydd gan ddweud, "Nid yw'r dyn yma yn gwneud dim oll sy'n haeddu marwolaeth na charchar." 32 Ac meddai Agripa wrth Ffestus, "Gallasai'r dyn yma fod wedi cael ei ollwng yn rhydd, oni bai ei fod wedi apelio at Gesar."

Paul yn Hwylio tua Rhufain

27 Pan benderfynwyd ein bod i hwylio i'r Eidal, trosglwyddwyd Paul a rhai carcharorion eraill i ofal canwriad o'r enw Jwlius, o'r fintai Ymerodrol. 2 Aethom ar fwrdd llong o Adramytium oedd ar hwylio i'r porthladdoedd ar hyd glannau Asia, a chodi angor. Yr oedd Aristarchus, Macedoniad o Thesalonica, gyda ni. 3 Trannoeth, cyraeddasom Sidon. Bu Jwlius yn garedig wrth Paul, a rhoddodd ganiatâd iddo fynd at ei gyfeillion, iddynt ofalu amdano. 4 Oddi yno, wedi codi angor, hwyliasom yng nghysgod Cyprus, am fod y gwyntoedd yn ein herbyn; 5 ac wedi inni groesi'r môr sydd gyda glannau Cilicia a Pamffylia, cyraeddasom Myra yn Lycia. 6 Yno cafodd y canwriad long o

Alexandria oedd yn hwylio i'r Eidal, a gosododd ni arni. ⁷ Buom am ddyddiau lawer yn hwylio'n araf, ac yn cael trafferth i gyrraedd i ymyl Cnidus. Gan fod y gwynt yn dal i'n rhwystro, hwyliasom i gysgod Creta gyferbyn â Salmone, ⁸ a thrwy gadw gyda'r tir, daethom â chryn drafferth i le a elwid Porthladdoedd Teg, nid nepell o dref Lasaia.

⁹ Gan fod cryn amser wedi mynd heibio, a bod morio bellach yn beryglus, oherwydd yr oedd hyd yn oed gŵyl yr Ympryd drosodd eisoes, rhoes Paul y cyngor hwn iddynt: ¹⁰ "Ddynion, rwy'n gweld y bydd mynd ymlaen â'r fordaith yma yn sicr o beri difrod a cholled enbyd, nid yn unig i'r llwyth ac i'r llong, ond i'n bywydau ni hefyd." ¹¹ Ond yr oedd y canwriad yn rhoi mwy o goel ar y peilot a meistr y llong nag ar eiriau Paul. ¹² A chan fod y porthladd yn anghymwys i fwrw'r gaeaf ynddo, yr oedd y rhan fwyaf o blaid hwylio oddi yno, yn y gobaith y gallent rywfodd gyrraedd Phenix, porthladd yn Creta yn wynebu'r de-orllewin a'r gogledd-orllewin, a bwrw'r gaeaf yno.

Y Storm ar y Môr

¹³ Pan godedd gwynt ysgafn o'r de, tybiasant fod eu bwriad o fewn eu cyrraedd. Codasant angor, a dechrau hwylio gyda glannau Creta, yn agos i'r tir. ¹⁴ Ond cyn hir, rhuthrodd gwynt tymhestlog, Ewraculon fel y'i gelwir, i lawr o'r tir. ¹⁵ Cipiwyd y llong ymaith, a chan na ellid dal ei thrwyn i'r gwynt, bu raid ildio, a chymryd ein gyrru o'i flaen. ¹⁶ Wedi rhedeg dan gysgod rhyw ynys fechan a elwir Cawda, llwyddasom, trwy ymdrech, i gael y bad dan reolaeth. ¹⁷ Codasant ef o'r dŵr, a mynd ati â chyfarpar i amwregysu'r llong; a chan fod arnynt ofn cael eu bwrw ar y Syrtis, tynasant y gêr hwylio i lawr, a mynd felly gyda'r lli. ¹⁸ Trannoeth, gan ei bod hi'n dal yn storm enbyd arnom, dyma ddechrau taflu'r llwyth i'r môr; ¹⁹ a'r trydydd dydd, lluchio gêr y llong i ffwrdd â'u dwylo eu hunain. ²⁰ Ond heb na haul na sêr i'w gweld am ddyddiau lawer, a'r storm fawr yn dal i'n llethu, yr oedd pob gobaith am gael ein hachub bellach yn diflannu.

²¹ Yna, wedi iddynt fod heb fwyd am amser hir, cododd Paul yn eu canol hwy a dweud: "Ddynion, dylasech fod wedi gwrando arnaf fi, a pheidio â hwylio o Creta, ac arbed y difrod hwn a'r golled. ²² Ond yn awr yr wyf yn eich cynghori i godi'ch calon; oherwydd ni bydd dim colli bywyd yn eich plith chwi, dim ond colli'r llong. ²³ Oherwydd neithiwr safodd yn fy ymyl angel y Duw a'm piau, yr hwn yr wyf yn ei addoli, ²⁴ a dweud, 'Paid ag ofni, Paul; y mae'n rhaid i ti sefyll gerbron Cesar, a dyma Dduw o'i ras wedi rhoi i ti fywydau pawb o'r rhai sy'n morio gyda thi.' ²⁵ Felly codwch eich calonnau, ddynion, oherwydd yr wyf yn credu Duw, mai felly y bydd, fel y dywedwyd wrthyf. ²⁶ Ond y mae'n rhaid i ni gael ein bwrw ar ryw ynys."

²⁷ Daeth y bedwaredd nos ar ddeg, a ninnau'n dal i fynd gyda'r lli ar draws Môr Adria. Tua chanol nos, dechreuodd y morwyr dybio fod tir yn agosáu. ²⁸ Wedi plymio, cawsant ddyfnder o ugain gwryd, ac ymhen ychydig, plymio eilwaith a chael pymtheg gwryd. ²⁹ Gan fod arnynt ofn inni efallai gael ein bwrw ar leoedd creigiog, taflasant bedair angor o'r starn, a deisyf am iddi ddyddio. ³⁰ Dechreuodd y morwyr geisio dianc o'r llong, a gollwng y bad i'r dŵr, dan esgus mynd i osod angorion o'r pen blaen. ³¹ Ond dywedodd Paul wrth y canwriad a'r milwyr, "Os na fydd i'r rhain aros yn y llong, ni allwch chwi gael eich achub." ³² Yna fe dorrodd y milwyr raffau'r bad, a gadael iddo gwympo ymaith.

³³ Pan oedd hi ar ddyddio, dechreuodd Paul annog pawb i gymryd bwyd, gan ddweud, "Heddiw yw'r pedwerydd dydd ar ddeg i chwi fod yn disgwyl yn bryderus, a heb gymryd tamaid o ddim i'w fwyta. ³⁴ Felly yr wyf yn eich annog i gymryd bwyd, oherwydd y mae eich gwaredigaeth yn dibynnu ar hynny; ni chollir blewyn oddi ar ben yr un ohonoch." ³⁵ Wedi iddo ddweud hyn, cymerodd fara, a diolchodd i Dduw yng ngŵydd pawb, a'i dorri a dechrau bwyta. ³⁶ Cododd pawb eu calon, a hwythau

hefyd yn cymryd bwyd. ³⁷ Rhwng pawb yr oedd dau gant saith deg a chwech ohonom yn y llong. ³⁸ Wedi iddynt gael digon o fwyd, dechreusant ysgafnhau'r llong trwy daflu'r ŷd allan i'r môr.

Y Llongddrylliad

³⁹ Pan ddaeth hi'n ddydd, nid oeddent yn adnabod y tir, ond gwelsant gilfach ac iddi draeth, a phenderfynwyd gyrru'r llong i'r lan yno, os oedd modd. ⁴⁰ Torasant yr angorion i ffwrdd, a'u gadael yn y môr. Yr un pryd, datodwyd cyplau'r llywiau, a chodi'r hwyl flaen i'r awel, a chyfeirio tua'r traeth. ⁴¹ Ond daliwyd hwy gan ddeufor-gyfarfod, a gyrasant y llong i dir. Glynodd y pen blaen, a sefyll yn ddiysgog, ond dechreuodd y starn ymddatod dan rym y tonnau. ⁴² Penderfynodd y milwyr ladd y carcharorion, rhag i neb ohonynt nofio i ffwrdd a dianc. ⁴³ Ond gan fod y canwriad yn awyddus i achub Paul, rhwystrodd hwy rhag cyflawni eu bwriad, a gorchmynnodd i'r rhai a fedrai nofio neidio yn gyntaf oddi ar y llong, a chyrraedd y tir, ⁴⁴ ac yna'r lleill, rhai ar ystyllod ac eraill ar ddarnau o'r llong. Ac felly y bu i bawb ddod yn ddiogel i dir.

Paul ar Ynys Melita

28 Wedi inni ddod i ddiogelwch, cawsom wybod mai Melita y gelwid yr ynys. ² Dangosodd y brodorion garedigrwydd anghyffredin tuag atom. Cyneuasant goelcerth, a'n croesawu ni bawb at y tân, oherwydd yr oedd yn dechrau glawio, ac yn oer. ³ Casglodd Paul beth wmbredd o danwydd, ac wedi iddo'u rhoi ar y tân, daeth gwiber allan o'r gwres, a glynu wrth ei law. ⁴ Pan welodd y brodorion y neidr ynghrog wrth ei law, meddent wrth ei gilydd, "Llofrudd, yn sicr, yw'r dyn yma, ac er ei fod wedi dianc yn ddiogel o'r môr, nid yw'r dduwies Cyfiawnder wedi gadael iddo fyw." ⁵ Yna, ysgydwodd ef y neidr ymaith i'r tân, heb gael dim niwed; ⁶ yr oeddent hwy'n disgwyl iddo ddechrau chwyddo, neu syrthio'n farw yn sydyn. Ar ôl iddynt ddisgwyl yn hir, a gweld nad oedd dim anghyffredin yn digwydd iddo, newidiasant eu meddwl a dechrau dweud mai duw ydoedd. ⁷ Yng nghyffiniau'r lle hwnnw, yr oedd tiroedd gan ŵr blaenaf yr ynys, un o'r enw Poplius. Derbyniodd hwn ni, a'n lletya yn gyfeillgar am dridiau. ⁸ Yr oedd tad Poplius yn digwydd bod yn gorwedd yn glaf, yn dioddef gan byliau o dwymyn a chan ddisentri. Aeth Paul i mewn ato, a chan weddïo a rhoi ei ddwylo arno, fe'i hiachaodd. ⁹ Wedi i hyn ddigwydd, daeth y lleill yn yr ynys oedd dan afiechyd ato hefyd, a chael eu hiacháu. ¹⁰ Rhoddodd y bobl hyn anrhydeddau lawer inni, ac wrth inni gychwyn ymaith, ein llwytho â phopeth y byddai arnom ei angen.

Paul yn Cyrraedd Rhufain

¹¹ Tri mis yn ddiweddarach, hwyliasom i ffwrdd mewn llong o Alexandria oedd wedi bwrw'r gaeaf yn yr ynys, a'r Efeilliaid Nefol yn arwydd arni. ¹² Wedi cyrraedd Syracwsai, ac aros yno dridiau, hwyliasom oddi yno a dod i Rhegium. ¹³ Ar ôl diwrnod cododd gwynt o'r de, a'r ail ddydd daethom i Puteoli. ¹⁴ Yno cawsom hyd i gyd-gredinwyr, a gwahoddwyd ni i aros gyda hwy am saith diwrnod. A dyna sut y daethom i Rufain. ¹⁵ Pan glywodd y credinwyr yno amdanom, daethant allan cyn belled â Marchnad Apius a'r Tair Tafarn i'n cyfarfod. Pan welodd Paul hwy, fe ddiolchodd i Dduw, ac ymwrolodd.

¹⁶ Pan aethom i mewn i Rufain fe ganiatawyd i Paul letya ar ei ben ei hun, gyda'r milwr oedd yn ei warchod.

Paul yn Pregethu yn Rhufain

¹⁷ Ymhen tridiau, galwodd Paul ynghyd yr arweinwyr ymysg yr Iddewon. Wedi iddynt ddod at ei gilydd, dywedodd wrthynt, "Er nad wyf fi, frodyr, wedi gwneud dim yn erbyn fy mhobl na defodau'r hynafiaid, cefais fy nhraddodi yn garcharor o Jerwsalem i ddwylo'r Rhufeiniaid. ¹⁸ Yr oeddent hwy, wedi iddynt fy holi, yn dymuno fy ngollwng yn rhydd, am nad oedd dim rheswm dros fy rhoi i farwolaeth. ¹⁹ Ond oherwydd gwrthwynebiad yr Iddewon, cefais fy

ngorfodi i apelio at Gesar; nid bod gennyf unrhyw gyhuddiad yn erbyn fy nghenedl. ²⁰ Dyna'r rheswm, ynteu, fy mod wedi gofyn am eich gweld a chael ymddiddan â chwi; oherwydd o achos gobaith Israel y mae gennyf y gadwyn hon amdanaf." ²¹ Dywedasant hwythau wrtho, "Nid ydym wedi derbyn unrhyw lythyr amdanat ti o Jwdea, ac ni ddaeth neb o'n cyd-Iddewon yma chwaith i adrodd na llefaru dim drwg amdanat ti. ²² Ond fe garem glywed gennyt ti beth yw dy ddaliadau; oherwydd fe wyddom ni am y sect hon, ei bod yn cael ei gwrthwynebu ym mhobman."

²³ Penasant ddiwrnod iddo, a daethant ato i'w lety, nifer mawr ohonynt. O fore tan nos bu yntau'n esbonio iddynt, gan dystiolaethu am deyrnas Dduw, a mynd ati i'w hargyhoeddi ynghylch Iesu ar sail Cyfraith Moses a'r proffwydi. ²⁴ Yr oedd rhai yn credu ei eiriau, ac eraill ddim yn credu; ²⁵ ac yr oeddent yn dechrau ymwahanu, mewn anghytundeb â'i gilydd, pan ddywedodd Paul un gair ymhellach: "Da y llefarodd yr Ysbryd Glân, trwy'r proffwyd Eseia, wrth eich hynafiaid chwi, gan ddweud:

²⁶ 'Dos at y bobl yma a dywed,
"Er clywed a chlywed, ni ddeallwch
 ddim;
er edrych ac edrych, ni welwch
 ddim."
²⁷ Canys brasawyd calon y bobl yma,
y mae eu clyw yn drwm,
a'u llygaid wedi cau;
rhag iddynt weld â'u llygaid,
a chlywed â'u clustiau,
a deall â'u calon a throi'n ôl,
i mi eu hiacháu.'

²⁸ Bydded hysbys i chwi felly fod yr iachawdwriaeth hon sydd oddi wrth Dduw, wedi ei hanfon at y Cenhedloedd, ac fe wrandawant hwy."*

³⁰ Arhosodd Paul ddwy flynedd gyfan yno ar ei gost ei hun, a byddai'n derbyn pawb a ddôi i mewn ato, ³¹ gan gyhoeddi teyrnas Dduw a dysgu am yr Arglwydd Iesu Grist yn gwbl agored, heb neb yn ei wahardd.

28:28 Yn ôl darlleniad arall ychwanegir adn. 29: *Ac wedi iddo ddweud hyn, ymadawodd yr Iddewon, gan ddadlau'n frwd â'i gilydd.*

LLYTHYR PAUL AT Y
RHUFEINIAID

Cyfarch

1 Paul, gwas Crist Iesu, sy'n ysgrifennu, apostol trwy alwad Duw, ac wedi ei neilltuo i wasanaeth Efengyl Duw. ² Addawodd Duw yr Efengyl hon ymlaen llaw trwy ei broffwydi yn yr Ysgrythurau sanctaidd, ³ Efengyl am ei Fab: yn nhrefn y cnawd, ganwyd ef yn llinach Dafydd; ⁴ ond yn nhrefn sanctaidd yr Ysbryd, cyhoeddwyd ef yn Fab Duw, â mawr allu, trwy atgyfodiad o farwolaeth. Dyma Iesu Grist ein Harglwydd. ⁵ Trwyddo ef derbyniasom ras a swydd apostol, i ennill, ar ei ran, ffydd ac ufudd-dod ymhlith yr holl Genhedloedd. ⁶ Ymhlith y rhain yr ydych chwithau, yn rhai wedi eich galw ac yn eiddo i Iesu Grist. ⁷ Yr wyf yn cyfarch pawb yn Rhufain sydd* yn annwyl gan Dduw, a thrwy ei alwad ef yn saint. Gras a thangnefedd i chwi oddi wrth Dduw ein Tad a'r Arglwydd Iesu Grist.

1:7 Yn ôl darlleniad arall, *pawb sydd.*

Paul yn Dymuno Ymweld â Rhufain

⁸ Yn gyntaf oll, yr wyf yn diolch i'm Duw, trwy Iesu Grist, amdanoch chwi oll, oherwydd y mae'r sôn am eich ffydd yn cerdded trwy'r holl fyd. ⁹ Y mae Duw, yr un y mae fy ysbryd yn ei wasanaethu yn Efengyl ei Fab, yn dyst i mi mor ddi-baid y byddaf bob amser yn eich galw i gof yn fy ngweddïau ¹⁰ wrth ofyn ganddo, os dyna'i ewyllys, a gaf fi yn awr o'r diwedd, rywsut neu'i gilydd, rwydd hynt i ddod atoch. ¹¹ Oherwydd y mae hiraeth arnaf am eich gweld, er mwyn eich cynysgaeddu â rhyw ddawn ysbrydol i'ch cadarnhau; ¹² neu yn hytrach, os caf esbonio, i mi, yn eich cymdeithas, gael fy nghalonogi ynghyd â chwi trwy'r ffydd sy'n gyffredin i'r naill a'r llall ohonom. ¹³ Yr wyf am i chwi wybod, fy nghyfeillion, imi fwriadu lawer gwaith ddod atoch, er mwyn cael peth ffrwyth yn eich plith chwi fel y cefais ymhlith y rhelyw o'r Cenhedloedd, ond hyd yma yr wyf wedi fy rhwystro. ¹⁴ Groegiaid a barbariaid, doethion ac annoethion—yr wyf dan rwymedigaeth iddynt oll. ¹⁵ A dyma'r rheswm fy mod i mor eiddgar i bregethu'r Efengyl i chwithau sydd yn Rhufain.*

Gallu'r Efengyl

¹⁶ Nid oes arnaf gywilydd o'r Efengyl, oherwydd gallu Duw yw hi ar waith er iachawdwriaeth i bob un sy'n credu, yr Iddewon yn gyntaf a hefyd y Groegiaid. ¹⁷ Ynddi hi y datguddir cyfiawnder Duw, a hynny trwy ffydd o'r dechrau i'r diwedd, fel y mae'n ysgrifenedig: "Y sawl sydd trwy ffydd yn gyfiawn a gaiff fyw*."

Euogrwydd y Ddynolryw

¹⁸ Y mae digofaint Duw yn cael ei ddatguddio o'r nef yn erbyn holl annuwioldeb ac anghyfiawnder pobl sydd, trwy eu hanghyfiawnder, yn atal y gwirionedd. ¹⁹ Oherwydd y mae'r hyn y gellir ei wybod am Dduw yn amlwg iddynt, a Duw sydd wedi ei amlygu iddynt. ²⁰ Yn wir, er pan greodd Duw y byd, y mae ei briodoleddau anweledig ef, ei dragwyddol allu a'i dduwdod, i'w gweld yn eglur gan y deall yn y pethau a greodd. Am hynny, y maent yn ddiesgus. ²¹ Oherwydd, er iddynt wybod am Dduw, nid ydynt wedi rhoi gogoniant na diolch iddo fel Duw, ond yn hytrach wedi troi eu meddyliau at bethau cwbl ofer; ac y mae wedi mynd yn dywyllwch arnynt yn eu calon ddiddeall. ²² Er honni eu bod yn ddoeth, y maent wedi eu gwneud eu hunain yn ffyliaid. ²³ Y maent wedi ffeirio gogoniant yr anfarwol Dduw am ddelw ar lun dyn marwol, neu adar neu anifeiliaid neu ymlusgiaid.

²⁴ Am hynny, y mae Duw wedi eu traddodi, trwy chwantau eu calonnau, i gaethiwed aflendid, i'w cyrff gael eu hamharchu ganddynt hwy eu hunain.* ²⁵ Y maent wedi ffeirio gwirionedd Duw am anwiredd, ac addoli a gwasanaethu'r hyn a grewyd yn lle'r Creawdwr. Bendigedig yw ef am byth! Amen. ²⁶ Felly y mae Duw wedi eu traddodi i nwydau gwarthus. Y mae eu merched wedi cefnu ar arfer naturiol eu rhyw, ac wedi troi at arferion annaturiol; ²⁷ a'r dynion yr un modd, y maent wedi gadael heibio gyfathrach naturiol â merch, gan losgi yn eu blys am ei gilydd, dynion yn cyflawni bryntni ar ddynion, ac yn derbyn ynddynt eu hunain y tâl anochel am eu camwedd. ²⁸ Am iddynt wrthod cydnabod Duw, y mae Duw wedi eu traddodi i feddwl gwyrdroëdig, i wneud y pethau na ddylid eu gwneud, ²⁹ a hwythau yn gyforiog o bob math o anghyfiawnder a drygioni a thrachwant ac anfadwaith. Y maent yn llawn cenfigen, llofruddiaeth, cynnen, cynllwyn a malais. ³⁰ Clepgwn ydynt, a difenwyr, caseion Duw*, pobl ryfygus a thrahaus ac ymffrostgar, dyfeiswyr drygioni, anufudd i'w rhieni, ³¹ heb ddeall, heb deyrngarwch, heb serch, heb dosturi. ³² Yr oedd gorchymyn cyfiawn Duw, fod y sawl sy'n cyflawni'r fath droseddau yn teilyngu marwolaeth, yn gwbl hysbys i'r rhai hyn; ond y maent nid yn unig yn dal i'w gwneud, ond hefyd yn cymeradwyo'r sawl sydd yn eu cyflawni.

1:15 Yn ôl darlleniad arall, *i chwithau*.
1:17 Neu, *y cyfiawn a gaiff fyw trwy ffydd*.
1:24 Neu, *aflendid, nes eu bod yn amharchu eu cyrff yn eu plith eu hunain*.
1:30 Neu, *yn gas ganddynt Dduw*.

Barn Gyfiawn Duw

2 Yn wyneb hyn, yr wyt ti sy'n eistedd mewn barn, pwy bynnag wyt, yn ddiesgus. Oherwydd, wrth farnu rhywun arall, yr wyt yn dy gollfarnu dy hun, gan dy fod ti, sy'n barnu, yn cyflawni'r un troseddau. ² Fe wyddom fod barn Duw ar y sawl sy'n cyflawni'r fath droseddau yn gwbl gywir. ³ Ond a wyt ti, yr un sy'n eistedd mewn barn ar y rhai sy'n cyflawni'r fath droseddau, ac yn eu gwneud dy hun, a wyt ti'n tybied y cei di ddianc rhag barn Duw? ⁴ Neu, ai dibris gennyt yw cyfoeth ei diriondeb a'i ymatal a'i amynedd? A fynni di beidio â gweld mai amcan tiriondeb Duw yw dy ddwyn i edifeirwch? ⁵ Wrth ddilyn ystyfnigrwydd dy galon ddiedifar, yr wyt yn casglu i ti dy hunan stôr o ddigofaint yn Nydd digofaint, Dydd datguddio barn gyfiawn Duw. ⁶ Bydd ef yn talu i bawb yn ôl eu gweithredoedd: ⁷ bywyd tragwyddol i'r rhai sy'n dal ati i wneud daioni, gan geisio gogoniant, anrhydedd ac anfarwoldeb; ⁸ ond digofaint a dicter i'r rheini a ysgogir gan gymhellion hunanol i fod yn ufudd, nid i'r gwirionedd, ond i anghyfiawnder. ⁹ Gorthrymder ac ing fydd i bob bod dynol sy'n gwneud drygioni, i'r Iddewon yn gyntaf a hefyd i'r Groegiaid; ¹⁰ ond gogoniant ac anrhydedd a thangnefedd fydd i bob un sy'n gwneud daioni, i'r Iddewon yn gyntaf a hefyd i'r Groegiaid. ¹¹ Nid oes ffafriaeth gerbron Duw. ¹² Caiff pawb a bechodd heb y Gyfraith drengi hefyd heb y Gyfraith, a chaiff pawb a bechodd dan y Gyfraith eu barnu trwy'r Gyfraith. ¹³ Nid y rhai sy'n gwrando'r Gyfraith a geir yn gyfiawn gerbron Duw. Na, y rhai sy'n cadw'r Gyfraith a ddyfernir yn gyfiawn ganddo ef. ¹⁴ Pan yw Cenhedloedd sydd heb y Gyfraith yn cadw gofynion y Gyfraith wrth reddf, y maent, gan eu bod heb y Gyfraith, yn gyfraith iddynt eu hunain. ¹⁵ Y maent yn dangos bod yr hyn a ofynnir gan y Gyfraith wedi ei ysgrifennu yn eu calonnau, gan fod eu cydwybod yn cyd-dystiolaethu â'r Gyfraith, ac felly y mae eu meddyliau weithiau'n eu cyhuddo, ac weithiau hefyd yn eu hamddiffyn. ¹⁶ Yn ôl yr Efengyl yr wyf fi'n ei phregethu, felly y bydd yn y Dydd pan fydd Duw yn barnu meddyliau cuddiedig pawb trwy Grist Iesu.

Yr Iddewon a'r Gyfraith

¹⁷ Amdanat ti, fe ddichon dy fod yn cario'r enw "Iddew", yn pwyso ar y Gyfraith, yn ymffrostio yn Nuw, ¹⁸ yn gwybod ei ewyllys, ac oherwydd dy hyfforddi yn y Gyfraith yn gallu canfod yr hyn sy'n rhagori. ¹⁹ Fe ddichon dy fod yn argyhoeddedig dy fod yn arweinydd i'r dall, yn oleuni i'r rhai sydd mewn tywyllwch, ²⁰ yn disgyblu'r ffôl, yn dysgu'r ifanc, a hynny am fod gennyt yn y Gyfraith holl gynnwys gwybodaeth a gwirionedd. ²¹ Os felly, ti sy'n dysgu arall, oni'th ddysgi dy hun? A wyt ti, sy'n pregethu yn erbyn lladrata, yn lleidr? ²² A wyt ti, sy'n llefaru yn erbyn godinebu, yn odinebus? A wyt ti, sy'n ffieiddio eilunod, yn ysbeilio temlau? ²³ A wyt ti, sy'n ymffrostio yn y Gyfraith, yn dwyn gwarth ar Dduw trwy dorri ei Gyfraith? ²⁴ Fel y mae'r Ysgrythur yn dweud, "O'ch achos chwi, ceblir enw Duw ymhlith y Cenhedloedd." ²⁵ Yn ddiau y mae gwerth i enwaediad, os wyt yn cadw'r Gyfraith. Ond os torri'r Gyfraith yr wyt ti, y mae dy enwaediad wedi mynd yn ddienwaediad. ²⁶ Os yw'r sawl nad enwaedwyd arno yn cadw gorchmynion y Gyfraith, oni fydd Duw yn cyfrif ei ddienwaediad yn enwaediad? ²⁷ Bydd y dienwaededig ei gorff, os yw'n cyflawni'r Gyfraith, yn farnwr arnat ti, sydd yn droseddwr y Gyfraith er bod gennyt gyfraith ysgrifenedig a'r enwaediad. ²⁸ Nid Iddew mo'r Iddew sydd yn y golwg. Nid enwaediad chwaith mo'r enwaediad sydd yn y golwg yn y cnawd. ²⁹ Y gwir Iddew yw'r Iddew cuddiedig, a'r gwir enwaediad yw enwaediad y galon, peth ysbrydol, nid llythrennol. Dyma'r un sy'n cael clod, nid gan bobl eraill, ond gan Dduw.

3 Yn wyneb hyn, pa ragorfraint sydd i'r Iddew? Pa werth sydd i'r enwaediad? ² Y mae llawer, ym mhob modd. Yn y lle cyntaf, i'r Iddewon yr ymddiriedwyd oraclau Duw. ³ Ond beth os bu rhai yn anffyddlon? A all eu hanffyddlondeb hwy ddileu ffyddlondeb Duw? [4] Ddim ar unrhyw gyfrif! Rhaid bod Duw yn eirwir, er i bawb arall fod yn gelwyddog. Fel y mae'n ysgrifenedig:

"Fel y'th geir yn gywir yn dy eiriau,
a gorchfygu wrth gael dy farnu."

[5] Ond os yw'n hanghyfiawnder ni yn dwyn i'r golau gyfiawnder Duw, beth a ddywedwn? Mai anghyfiawn yw'r Duw sy'n bwrw ei ddigofaint arnom? (Siarad fel dyn yr wyf.) [6] Ddim ar unrhyw gyfrif! Os nad yw Duw yn gyfiawn, sut y gall farnu'r byd? [7] Ie, ond* os yw fy anwiredd i yn foddion i ddangos helaethrwydd gwirionedd Duw, a dwyn gogoniant iddo, pam yr wyf fi o hyd dan farn fel pechadur? [8] "Gadewch i ni wneud drygioni er mwyn i ddaioni ddilyn"—ai dyna yr ydym yn ei ddweud, fel y mae rhai sy'n ein henllibio yn mynnu? Y mae'r rheini'n llawn haeddu bod dan gondemniad.

Nid oes Neb Cyfiawn

[9] Wel, ynteu, a ydym ni'r Iddewon yn rhagori? Ddim o gwbl!* Yr ydym eisoes wedi cyhuddo Iddewon a Groegiaid fel ei gilydd, o fod dan lywodraeth pechod. [10] Fel y mae'n ysgrifenedig:

"Nid oes neb cyfiawn, nac oes un,
[11] neb sydd yn deall,
neb yn ceisio Duw.
[12] Y mae pawb wedi gwyro, yn ddifudd ynghyd;
nid oes un a wna ddaioni,
nac oes, dim un.
[13] Bedd agored yw eu llwnc,
a'u tafodau'n traethu twyll;
gwenwyn nadredd dan eu gwefusau,
[14] a'u genau'n llawn melltith a
    chwerwedd.
[15] Cyflym eu traed i dywallt gwaed,
[16] distryw a thrallod sydd ar eu
    ffyrdd;
[17] nid ydynt yn adnabod ffordd
    tangnefedd;
[18] nid oes ofn Duw ar eu cyfyl."

[19] Fe wyddom mai wrth y rhai sydd dan y Gyfraith y mae'r Gyfraith yn llefaru pob dim a ddywed. Felly dyna daw ar bob ceg, a'r byd i gyd wedi ei osod dan farn Duw. [20] Oherwydd, "gerbron Duw ni chyfiawnheir neb meidrol" trwy gadw gofynion cyfraith. Yr hyn a geir trwy'r Gyfraith yw ymwybyddiaeth o bechod.

Cyfiawnder Trwy Ffydd

[21] Ond yn awr, yn annibynnol ar gyfraith, y mae cyfiawnder Duw wedi ei amlygu. Y mae'r Gyfraith a'r proffwydi, yn wir, yn dwyn tystiolaeth iddo, [22] ond cyfiawnder sydd o Dduw ydyw, trwy ffydd yn Iesu Grist i bawb sy'n credu. [23] Ie, pawb yn ddiwahaniaeth, oherwydd y maent oll wedi pechu, ac yn amddifad o ogoniant Duw. [24] Gan ras Duw, ac am ddim, y maent yn cael eu cyfiawnhau, trwy'r prynedigaeth sydd yng Nghrist Iesu, [25] yr hwn a osododd Duw gerbron y byd, yn ei waed, yn aberth cymod* trwy ffydd. Gwnaeth Duw hyn i ddangos ei gyfiawnder yn ddiymwad, yn wyneb yr anwybyddu a fu ar bechodau'r gorffennol yn amser ymatal Duw; [26] ie, i ddangos ei gyfiawnder yn ddiymwad yn yr amser presennol hwn, sef ei fod ef ei hun yn gyfiawn a hefyd yn cyfiawnhau'r sawl sy'n meddu ar ffydd yn Iesu.

[27] A oes lle, felly, i'n hymffrost? Nac oes! Y mae wedi ei gau allan. Ar ba egwyddor? Ai egwyddor cadw gofynion cyfraith? Nage'n wir, ond ar egwyddor ffydd. [28] Ein dadl yw y cyfiawnheir rhywun trwy gyfrwng ffydd yn annibynnol ar gadw gofynion cyfraith. [29] Ai Duw'r Iddewon yn unig yw Duw? Onid yw'n Dduw'r Cenhedloedd hefyd? [30] Ydyw, yn wir, oherwydd un yw Duw, a bydd yn cyfiawnhau'r enwaededig trwy ffydd, a'r dienwaededig trwy'r un ffydd. [31] A ydym, ynteu, yn dileu'r Gyfraith trwy'r ffydd hon? Nac ydym, ddim o gwbl! Cadarnhau'r Gyfraith yr ydym.

Abraham yn Esiampl

4 Beth gan hynny a ddywedwn am Abraham, hendad ein llinach? Beth a ddarganfu ef? [2] Oherwydd os cafodd

---

3:7 Yn ôl darlleniad arall, *Oherwydd*.
3:9 Neu, *yn waeth ein cyflwr? Ddim yn hollol.*

3:25 Neu, *yn foddion puredigaeth.* Neu, *yn iawn.*

Abraham ei gyfiawnhau trwy ei weithredoedd, y mae ganddo rywbeth i ymffrostio o'i herwydd. Ond na, gerbron Duw nid oes ganddo ddim. ³ Oherwydd beth y mae'r Ysgrythur yn ei ddweud? "Credodd Abraham yn Nuw, ac fe'i cyfrifwyd iddo yn gyfiawnder." ⁴ Pan fydd rhywun yn gweithio, nid fel rhodd y cyfrifir y tâl, ond fel peth sy'n ddyledus. ⁵ Pan na fydd rhywun yn gweithio, ond yn rhoi ei ffydd yn yr hwn sy'n cyfiawnhau'r annuwiol, cyfrifir ei ffydd i un felly yn gyfiawnder. ⁶ Dyna ystyr yr hyn y mae Dafydd yn ei ddweud am wynfyd y rhai y mae Duw yn cyfrif cyfiawnder iddynt, yn annibynnol ar gadw gofynion cyfraith:

⁷ "Gwyn eu byd y rhai y maddeuwyd
   eu troseddau,
ac y cuddiwyd eu pechodau;
⁸ gwyn ei fyd y sawl na fydd yr
   Arglwydd yn cyfrif pechod yn ei
   erbyn."

⁹ Y gwynfyd hwn, ai braint yn dilyn ar enwaediad yw? Oni cheir ef heb enwaediad hefyd? Ceir yn wir, oherwydd ein hymadrodd yw, "cyfrifwyd ei ffydd i Abraham yn gyfiawnder". ¹⁰ Ond sut y bu'r cyfrif? Ai ar ôl enwaedu arno, ynteu cyn hynny? Cyn yr enwaedu, nid ar ei ôl. ¹¹ Ac wedyn derbyniodd arwydd yr enwaediad, yn sêl o'r cyfiawnder oedd eisoes yn eiddo iddo trwy ffydd, heb enwaediad. O achos hyn, y mae yn dad i bawb sy'n meddu ar ffydd, heb enwaediad, a chyfiawnder felly yn cael ei gyfrif iddynt. ¹² Y mae yn dad hefyd i'r rhai enwaededig sydd, nid yn unig yn enwaededig ond hefyd yn dilyn camre'r ffydd oedd yn eiddo i Abraham ein tad cyn enwaedu arno.

Cyflawni'r Addewid Trwy Ffydd

¹³ Y mae'r addewid i Abraham, neu i'w ddisgynyddion, y byddai yn etifedd y byd, wedi ei rhoi, nid trwy'r Gyfraith ond trwy'r cyfiawnder a geir trwy ffydd. ¹⁴ Oherwydd, os y rhai sy'n byw yn ôl y Gyfraith yw'r etifeddion, yna gwagedd yw ffydd, a diddim yw'r addewid. ¹⁵ Digofaint yw cynnyrch y Gyfraith, ond lle nad oes cyfraith, nid oes trosedd yn ei herbyn chwaith. ¹⁶ Am hynny, rhoddwyd yr addewid trwy ffydd er mwyn iddi fod yn ôl gras, fel y byddai yn ddilys i bawb o ddisgynyddion Abraham, nid yn unig i'r rhai sy'n byw yn ôl y Gyfraith, ond hefyd i'r rhai sy'n byw yn ôl ffydd Abraham. Y mae Abraham yn dad i ni i gyd; ¹⁷ fel y mae'n ysgrifenedig: "Yr wyf yn dy benodi yn dad cenhedloedd lawer." Yn y Duw a ddywedodd hyn y credodd Abraham, y Duw sy'n gwneud y meirw'n fyw, ac yn galw i fod yr hyn nad yw'n bod. ¹⁸ A'r credu hwn, â gobaith y tu hwnt i obaith, a'i gwnaeth yn dad cenhedloedd lawer, yn ôl yr hyn a lefarwyd: "Felly y bydd dy ddisgynyddion." ¹⁹ Er ei fod tua chant oed, ni wanychodd yn ei ffydd, wrth ystyried cyflwr marw ei gorff ei hun a marweidd-dra croth Sara. ²⁰ Nid amheuodd ddim ynglŷn ag addewid Duw, na diffygio mewn ffydd, ond yn hytrach grymusodd yn ei ffydd a rhoi gogoniant i Dduw, ²¹ yn llawn hyder fod Duw yn abl i gyflawni'r hyn yr oedd wedi ei addo. ²² Dyma pam y cyfrifwyd ei ffydd iddo yn gyfiawnder. ²³ Ond ysgrifennwyd y geiriau, "fe'i cyfrifwyd iddo", nid ar gyfer Abraham yn unig, ²⁴ ond ar ein cyfer ni hefyd. Y mae cyfiawnder i'w gyfrif i ni, sydd â ffydd gennym yn yr hwn a gyfododd Iesu ein Harglwydd oddi wrth y meirw. ²⁵ Cafodd ef ei draddodi i farwolaeth am ein camweddau, a'i gyfodi i'n cyfiawnhau ni.

Canlyniadau Cyfiawnhad

5 Am hynny, oherwydd ein bod wedi ein cyfiawnhau trwy ffydd, y mae gennym* heddwch â Duw trwy ein Harglwydd Iesu Grist. ² Trwyddo ef, yn wir, cawsom ffordd, trwy ffydd, i ddod i'r gras hwn yr ydym yn sefyll ynddo. Yr ydym hefyd yn gorfoleddu* yn y gobaith y cawn gyfranogi yng ngogoniant Duw. ³ Heblaw hynny, yr ydym hyd yn oed yn gorfoleddu* yn ein gorthrymderau, oherwydd fe wyddom mai o orthrymder y daw'r gallu i ymddál, ⁴ ac o'r gallu i

---
5:1 Yn ôl darlleniad arall, *gadewch inni ddal ein meddiant.*
5:2 Neu, *Gadewch inni orfoleddu hefyd.*
5:3 Neu, *gadewch inni hyd yn oed orfoleddu.*

ymddál y daw rhuddin cymeriad, ac o gymeriad y daw gobaith. ⁵ A dyma obaith na chawn ein siomi ganddo, oherwydd y mae cariad Duw wedi ei dywallt yn ein calonnau trwy'r Ysbryd Glân y mae ef wedi ei roi i ni. ⁶ Oherwydd y mae* Crist eisoes, yn yr amser priodol, a ninnau'n ddiymadferth, wedi marw dros yr annuwiol. ⁷ Go brin y bydd neb yn marw dros un cyfiawn. Efallai y ceir rhywun yn ddigon dewr i farw dros un da. ⁸ Ond prawf Duw o'r cariad sydd ganddo tuag atom ni yw bod Crist wedi marw drosom pan oeddem yn dal yn bechaduriaid. ⁹ A ninnau yn awr wedi ein cyfiawnhau trwy ei waed ef, y mae'n sicrach fyth y cawn ein hachub trwyddo ef rhag y digofaint. ¹⁰ Oherwydd os cymodwyd ni â Duw trwy farwolaeth ei Fab pan oeddem yn elynion, y mae'n sicrach fyth, ar ôl ein cymodi, y cawn ein hachub trwy ei fywyd. ¹¹ Ond heblaw hynny, yr ydym hefyd yn gorfoleddu yn Nuw trwy ein Harglwydd Iesu Grist; trwyddo ef yr ydym yn awr wedi derbyn y cymod.

Adda a Christ

¹² Ein dadl yw hyn. Daeth pechod i'r byd trwy un dyn, a thrwy bechod farwolaeth, ac yn y modd hwn ymledodd marwolaeth i'r ddynolryw i gyd, yn gymaint ag i bawb bechu. ¹³ Y mae'n wir fod pechod yn y byd cyn bod y Gyfraith, ond yn niffyg cyfraith, nid yw pechod yn cael ei gyfrif. ¹⁴ Er hynny, teyrnasodd marwolaeth o Adda hyd Moses, hyd yn oed ar y rhai oedd heb bechu ar batrwm trosedd Adda; ac y mae Adda yn rhaglun o'r Dyn oedd i ddod.

¹⁵ Ond nid yw'r weithred sy'n drosedd yn cyfateb yn hollol i'r weithred sy'n ras. Y mae'n wir i drosedd yr un ddwyn y llawer i farwolaeth; ond gymaint mwy sydd ar yr ochr arall: helaethrwydd gras Duw a'i rodd raslon i'r llawer, o'r un dyn, Iesu Grist. ¹⁶ Ac ni ellir cymharu canlyniad pechod un dyn â chanlyniad rhodd Duw. Ar y naill law, yn dilyn ar un weithred o drosedd, y mae dedfryd gyfreithiol sy'n collfarnu; ar y llaw arall, yn dilyn ar droseddau lawer, y mae gweithred o ras sy'n dyfarnu'n gyfiawn. ¹⁷ Y mae'n wir i farwolaeth, trwy drosedd yr un, deyrnasu trwy'r un hwnnw; ond gymaint mwy sydd ar yr ochr arall: pobl sy'n derbyn helaethrwydd gras Duw, a'i gyfiawnder yn rhodd, yn cael byw a theyrnasu trwy un dyn, Iesu Grist. ¹⁸ Dyma'r gymhariaeth gan hynny: fel y daeth collfarn ar y ddynolryw i gyd trwy un weithred o drosedd, felly hefyd y daeth cyfiawnhad sy'n esgor ar fywyd i'r ddynolryw i gyd trwy un weithred o gyfiawnder. ¹⁹ Fel y gwnaethpwyd y llawer yn bechaduriaid trwy anufudd-dod un dyn, felly hefyd y gwneir y llawer yn gyfiawn trwy ufudd-dod un dyn. ²⁰ Ond daeth y Gyfraith i mewn, er mwyn i drosedd amlhau; ond lle'r amlhaodd pechod, daeth gorlif helaethach o ras; ²¹ ac felly, fel y teyrnasodd pechod trwy farwolaeth, y mae gras i deyrnasu trwy gyfiawnder, gan ddwyn bywyd tragwyddol trwy Iesu Grist ein Harglwydd.

Yn Farw i Bechod, ond yn Fyw yng Nghrist

6 Beth, ynteu, sydd i'w ddweud? A ydym i barhau mewn pechod, er mwyn i ras amlhau? ² Ddim ar unrhyw gyfrif! Pobl ydym a fu farw i bechod; sut y gallwn ni, mwyach, fyw ynddo? ³ A ydych heb ddeall fod pawb ohonom a fedyddiwyd i Grist Iesu wedi ein bedyddio i'w farwolaeth? ⁴ Trwy'r bedydd hwn i farwolaeth fe'n claddwyd gydag ef, fel, megis y cyfodwyd Crist oddi wrth y meirw mewn amlygiad o ogoniant y Tad, y byddai i ninnau gael byw ar wastad bywyd newydd. ⁵ Oherwydd os daethom ni yn un ag ef trwy farwolaeth ar lun ei farwolaeth ef, fe'n ceir hefyd yn un ag ef trwy atgyfodiad ar lun ei atgyfodiad ef. ⁶ Fe wyddom fod yr hen ddynoliaeth oedd ynom wedi ei chroeshoelio gydag ef, er mwyn dirymu'r corff pechadurus, ac i'n cadw rhag bod, mwyach, yn gaethion i bechod. ⁷ Oherwydd y mae'r sawl sydd wedi marw wedi ei ryddhau oddi wrth bechod. ⁸ Ac os buom ni farw gyda Christ, yr ydym yn credu y cawn fyw

---

5:6 Yn ôl darlleniad arall, *Y mae hyn cyn sicred â bod.*

gydag ef hefyd, ⁹ a ninnau'n gwybod na fydd Crist, sydd wedi ei gyfodi oddi wrth y meirw, yn marw mwyach. Collodd marwolaeth ei harglwyddiaeth arno ef. ¹⁰ Yn gymaint ag iddo farw, i bechod y bu farw, un waith am byth; yn gymaint â'i fod yn fyw, i Dduw y mae'n byw. ¹¹ Felly, yr ydych chwithau i'ch cyfrif eich hunain fel rhai sy'n farw i bechod, ond sy'n fyw i Dduw, yng Nghrist Iesu.

¹² Felly, nid yw pechod i deyrnasu yn eich corff marwol a'ch gorfodi i ufuddhau i'w chwantau. ¹³ Peidiwch ag ildio eich cyneddfau corfforol i bechod, i'w defnyddio i amcanion drwg. Yn hytrach, ildiwch eich hunain i Dduw, yn rhai byw o blith y meirw, ac ildiwch eich cyneddfau iddo, i'w defnyddio i amcanion da. ¹⁴ Nid chaiff pechod arglwyddiaethu arnoch, oherwydd nid ydych mwyach dan deyrnasiad cyfraith, ond dan deyrnasiad gras.

Caethweision Cyfiawnder

¹⁵ Ond beth sy'n dilyn? A ydym i ymroi i bechu, am nad ydym dan deyrnasiad cyfraith, ond dan deyrnasiad gras? Ddim ar unrhyw gyfrif! ¹⁶ Onid ydych yn gwybod, os ydych yn eich ildio eich hunain ag ufudd-dod caethwas i rywun, mai caethion ydych i'r sawl sy'n cael eich ufudd-dod; prun bynnag a ydych yn gaethion i bechod, a marwolaeth yn dilyn, neu'n gaethion i ufudd-dod, a chyfiawnder yn dilyn? ¹⁷ Ond, diolch i Dduw, yr ydych chwi, a fu'n gaethion i bechod, yn awr wedi rhoi ufudd-dod calon i'r patrwm hwnnw o athrawiaeth y traddodwyd chwi iddo. ¹⁸ Cawsoch eich rhyddhau oddi wrth bechod, ac aethoch yn gaethion i gyfiawnder. ¹⁹ Yr wyf yn arfer ymadroddion cyfarwydd, o achos eich cyfyngiadau dynol chwi. Fel yr ildiasoch eich cyneddfau corfforol gynt i fod yn gaethion i aflendid ac anghyfraith, a phenrhyddid yn dilyn, felly ildiwch hwy yn awr i fod yn gaethion i gyfiawnder, a bywyd sanctaidd yn dilyn. ²⁰ Pan oeddech yn gaeth i bechod, yr oeddech yn rhydd oddi wrth gyfiawnder. ²¹ Ond beth oedd ffrwyth y cyfnod hwnnw? Onid pethau sy'n codi cywilydd arnoch yn awr? Oherwydd diwedd y pethau hyn yw marwolaeth. ²² Ond yn awr yr ydych wedi eich rhyddhau oddi wrth bechod, a'ch gwneud yn gaethion i Dduw, ac y mae ffrwyth hyn yn eich meddiant, sef bywyd sanctaidd, a'r diwedd fydd bywyd tragwyddol. ²³ Y mae pechod yn talu cyflog, sef marwolaeth; ond rhoi yn rhad y mae Duw, rhoi bywyd tragwyddol yng Nghrist Iesu ein Harglwydd.

Priodas yn Enghraifft

7 A ydych heb wybod, gyfeillion,—ac yr wyf yn siarad â rhai sy'n gwybod y Gyfraith—fod gan gyfraith awdurdod dros rywun cyhyd ag y bydd yn fyw? ² Er enghraifft, y mae gwraig briod wedi ei rhwymo gan y gyfraith wrth ei gŵr tra bydd ef yn fyw. Ond os bydd y gŵr farw, y mae hi wedi ei rhyddhau o'i rhwymau cyfreithiol wrtho. ³ Felly, os bydd iddi, yn ystod bywyd ei gŵr, ddod yn eiddo i ddyn arall, godinebwraig fydd yr enw arni. Ond os bydd y gŵr farw, y mae hi'n rhydd o'r gyfraith hon, ac ni bydd yn odinebwraig wrth ddod yn eiddo i ddyn arall. ⁴ Ac felly, fy nghyfeillion, yr ydych chwi hefyd, trwy gorff Crist, wedi eich gwneud yn farw mewn perthynas â'r Gyfraith, er mwyn i chwi ddod yn eiddo i rywun arall, sef yr un a gyfodwyd oddi wrth y meirw, er mwyn i ni ddwyn ffrwyth i Dduw. ⁵ Pan oeddem yn byw ym myd y cnawd, yr oedd y nwydau pechadurus, a ysgogir gan y Gyfraith, ar waith yn ein cyneddfau corfforol, yn peri i ni ddwyn ffrwyth i farwolaeth. ⁶ Ond yn awr, gan ein bod wedi marw i'r Gyfraith oedd yn ein dal yn gaeth, fe'n rhyddhawyd o'i rhwymau, i wasanaethu ein Meistr yn ffordd newydd yr Ysbryd, ac nid yn hen ffordd cyfraith ysgrifenedig.

Problem y Pechod sy'n Cartrefu Ynom

⁷ Beth, ynteu, sydd i'w ddweud? Mai pechod yw'r Gyfraith? Ddim ar unrhyw gyfrif! I'r gwrthwyneb, ni buaswn wedi gwybod beth yw pechod ond trwy'r Gyfraith, ac ni buaswn yn gwybod beth yw chwant, oni bai fod y Gyfraith yn dweud, "Na chwennych." ⁸ A thrwy'r

gorchymyn hwn cafodd pechod ei gyfle, a chyffroi ynof bob math o chwantau drwg. ⁹ Oherwydd, heb gyfraith, peth marw yw pechod. Yr oeddwn i'n fyw, un adeg, heb gyfraith; ¹⁰ yna daeth y gorchymyn, a daeth pechod yn fyw, a bûm innau farw. Y canlyniad i mi oedd i'r union orchymyn a fwriadwyd yn gyfrwng bywyd droi yn gyfrwng marwolaeth. ¹¹ Oherwydd trwy'r gorchymyn cafodd pechod ei gyfle, twyllodd fi, a thrwy'r gorchymyn fe'm lladdodd. ¹² Gan hynny, y mae'r Gyfraith yn sanctaidd, a'r gorchymyn yn sanctaidd a chyfiawn a da.

¹³ Os felly, a drodd y peth da hwn yn farwolaeth i mi? Naddo, ddim o gwbl! Yn hytrach, y mae pechod yn defnyddio'r peth da hwn, ac yn dwyn marwolaeth i mi, er mwyn i wir natur pechod ddod i'r golwg. Mewn gair, swydd y gorchymyn yw dwyn pechod i anterth ei bechadurusrwydd. ¹⁴ Gwyddom, yn wir, fod y Gyfraith yn perthyn i fyd yr Ysbryd. Ond perthyn i fyd y cnawd yr wyf fi, un sydd wedi ei werthu yn gaethwas i bechod. ¹⁵ Ni allaf ddeall fy ngweithredoedd, oherwydd yr wyf yn gwneud, nid y peth yr wyf yn ei ewyllysio ond y peth yr wyf yn ei gasáu. ¹⁶ Ac os wyf yn gwneud yr union beth sy'n groes i'm hewyllys, yna yr wyf yn cytuno â'r Gyfraith, ac yn cydnabod ei bod yn dda. ¹⁷ Ond y gwir yw, nid myfi sy'n gweithredu mwyach, ond pechod, sy'n cartrefu ynof fi, ¹⁸ oherwydd mi wn nad oes dim da yn cartrefu ynof fi, hynny yw, yn fy nghnawd. Y mae'r ewyllys i wneud daioni gennyf; y peth nad yw gennyf yw'r gweithredu. ¹⁹ Yr wyf yn cyflawni, nid y daioni yr wyf yn ei ewyllysio ond yr union ddrygioni sy'n groes i'm hewyllys. ²⁰ Ond os wyf yn gwneud yr union beth sy'n groes i'm hewyllys, yna nid myfi sy'n gweithredu mwyach, ond y pechod sy'n cartrefu ynof fi. ²¹ Yr wyf yn cael y ddeddf hon ar waith: pan wyf yn ewyllysio gwneud daioni, drygioni sy'n ei gynnig ei hun imi. ²² Y mae'r gwir ddyn sydd ynof yn ymhyfrydu yng Nghyfraith Duw. ²³ Ond yr wyf yn canfod cyfraith arall yn fy nghyneddfau corfforol, yn brwydro yn erbyn y Gyfraith y mae fy neall yn ei chydnabod, ac yn fy ngwneud yn garcharor i'r gyfraith sydd yn fy nghyneddfau, sef cyfraith pechod. ²⁴ Y dyn truan ag ydwyf! Pwy a'm gwared i o'r corff hwn a'i farwolaeth? ²⁵ Duw, diolch iddo, trwy Iesu Grist ein Harglwydd! Dyma, felly, sut y mae hi arnaf: yr wyf fi, y gwir fi, â'm deall yn gwasanaethu Cyfraith Duw, ond â'm cnawd yn gwasanaethu cyfraith pechod.

Bywyd yn yr Ysbryd

8 Yn awr, felly, nid yw'r rhai sydd yng Nghrist Iesu dan gollfarn o unrhyw fath. ² Oherwydd yng Nghrist Iesu y mae cyfraith yr Ysbryd, sy'n rhoi bywyd, wedi dy ryddhau* o afael cyfraith pechod a marwolaeth. ³ Yr hyn oedd y tu hwnt i allu'r Gyfraith, yn ei gwendid dan gyfyngiadau'r cnawd, y mae Duw wedi ei gyflawni. Wrth anfon ei Fab ei hun, mewn ffurf debyg i'n cnawd pechadurus ni, i ddelio â phechod,* y mae wedi collfarnu pechod yn y cnawd. ⁴ Gwnaeth hyn er mwyn i ofynion cyfiawn y Gyfraith gael eu cyflawni ynom ni, sy'n byw, nid ar wastad y cnawd, ond ar wastad yr Ysbryd. ⁵ Oherwydd y sawl sydd â'u bodolaeth ar wastad y cnawd, ar bethau'r cnawd y mae eu bryd; ond y sawl sydd ar wastad yr Ysbryd, ar bethau'r Ysbryd y mae eu bryd. ⁶ Yn wir, y mae bod â'n bryd ar y cnawd yn farwolaeth, ond y mae bod â'n bryd ar yr Ysbryd yn fywyd a heddwch. ⁷ Oherwydd y mae bod â'n bryd ar y cnawd yn elyniaeth tuag at Dduw; nid yw hynny, ac ni all fod, yn ddarostyngiad i Gyfraith Duw. ⁸ Ni all y sawl sy'n byw ym myd y cnawd foddhau Duw. ⁹ Ond nid ym myd y cnawd yr ydych chwi, ond yn yr Ysbryd, gan fod Ysbryd Duw yn cartrefu ynoch chwi. Pwy bynnag sydd heb Ysbryd Crist, nid eiddo Crist ydyw. ¹⁰ Ond os yw Crist ynoch chwi, y mae'r corff yn farw o achos pechod, ond y mae'r Ysbryd yn fywyd ichwi o achos eich cyfiawnhad. ¹¹ Os yw Ysbryd yr hwn a gyfododd Iesu oddi wrth y meirw yn

---

8:2 Yn ôl darlleniadau eraill, *fy rhyddhau*, neu, *ein rhyddhau*.
8:3 Neu, *i fod yn aberth dros bechod*.

cartrefu ynoch, bydd yr hwn a gyfododd Grist oddi wrth y meirw yn rhoi bywyd newydd hefyd i'ch cyrff marwol chwi, trwy ei Ysbryd, sy'n ymgartrefu ynoch chwi.

¹² Am hynny, gyfeillion, yr ydym dan rwymedigaeth, ond nid i'r cnawd, i fyw ar wastad y cnawd. ¹³ Oherwydd, os ar wastad y cnawd yr ydych yn byw, yr ydych yn sicr o farw; ond os ydych, trwy'r Ysbryd, yn rhoi arferion drwg y corff i farwolaeth, byw fyddwch. ¹⁴ Y mae pawb sy'n cael eu harwain gan Ysbryd Duw yn blant Duw. ¹⁵ Oherwydd nid ysbryd caethiwed sydd unwaith eto'n peri ofn yr ydych wedi ei dderbyn, ond Ysbryd mabwysiad, yr ydym trwyddo yn llefain, "Abba! Dad!" ¹⁶ Y mae'r Ysbryd ei hun yn cyd-dystiolaethu â'n hysbryd ni, ein bod yn blant i Dduw. ¹⁷ Ac os plant, etifeddion hefyd, etifeddion Duw a chydetifeddion â Christ, os yn wir yr ydym yn cyfranogi o'i ddioddefaint ef er mwyn cyfranogi o'i ogoniant hefyd.

Y Gogoniant sydd i Ddod

¹⁸ Yr wyf fi'n cyfrif nad yw dioddefiadau'r presennol i'w cymharu â'r gogoniant sydd ar gael ei ddatguddio i ni. ¹⁹ Yn wir, y mae'r greadigaeth yn disgwyl yn daer am i blant Duw gael eu datguddio. ²⁰ Oherwydd darostyngwyd y greadigaeth i oferedd, nid o'i dewis ei hun, ond trwy'r hwn a'i darostyngodd, ²¹ yn y gobaith y câi'r greadigaeth hithau ei rhyddhau o gaethiwed a llygredigaeth, a'i dwyn i ryddid a gogoniant plant Duw. ²² Oherwydd fe wyddom fod yr holl greadigaeth yn ochneidio, ac mewn gwewyr drwyddi, hyd heddiw. ²³ Ac nid y greadigaeth yn unig, ond nyni sydd â blaenffrwyth yr Ysbryd gennym, yr ydym ninnau'n ochneidio ynom ein hunain wrth ddisgwyl ein mabwysiad yn blant Duw, sef rhyddhad ein corff o gaethiwed. ²⁴ Oherwydd yn y gobaith hwn y cawsom ein hachub. Ond nid gobaith mo'r gobaith sy'n gweld. Pwy sy'n gobeithio* am yr hyn y mae'n ei weld? ²⁵ Yr hyn nad ydym yn ei weld yw gwrthrych gobaith, ac felly yr ydym yn dal i aros amdano mewn amynedd.

²⁶ Yn yr un modd, y mae'r Ysbryd yn ein cynorthwyo yn ein gwendid. Oherwydd ni wyddom ni sut y dylem weddïo, ond y mae'r Ysbryd ei hun yn ymbil trosom ag ocheneidiau y tu hwnt i eiriau. ²⁷ ac y mae Duw, sy'n chwilio calonnau dynol, yn deall bwriad yr Ysbryd, mai ymbil y mae tros y saint yn ôl ewyllys Duw. ²⁸ Gwyddom fod Duw, ym mhob peth, yn gweithio er daioni gyda'r* rhai sy'n ei garu,* y rhai sydd wedi eu galw yn ôl ei fwriad. ²⁹ Oherwydd, cyn eu bod hwy, fe'u hadnabu, a'u rhagordeiniodd i fod yn unffurf ac unwedd â'i Fab, fel mai cyntafanedig fyddai ef ymhlith pobl lawer. ³⁰ A'r rhai a ragordeiniodd, fe'u galwodd hefyd; a'r rhai a alwodd, fe'u cyfiawnhaodd hefyd; a'r rhai a gyfiawnhaodd, fe'u gogoneddodd hefyd.

Cariad Duw

³¹ O ystyried hyn oll, beth a ddywedwn? Os yw Duw trosom, pwy sydd yn ein herbyn? ³² Nid arbedodd Duw ei Fab ei hun, ond ei draddodi i farwolaeth trosom ni oll. Ac os rhoddodd ei Fab, sut y gall beidio â rhoi pob peth i ni gydag ef? ³³ Pwy sydd i ddwyn cyhuddiad yn erbyn etholedigion Duw? Duw yw'r un sy'n dyfarnu'n gyfiawn.* ³⁴ Pwy sydd yn ein collfarnu? Crist Iesu yw'r un a fu farw, yn hytrach a gyfodwyd, yr un hefyd sydd ar ddeheulaw Duw, yr un sydd yn ymbil trosom.* ³⁵ Pwy a'n gwahana ni oddi wrth gariad Crist? Ai gorthrymder, neu ing, neu erlid, neu newyn, neu noethni, neu berygl, neu gleddyf? ³⁶ Hyn yn wir yw ein rhan, fel y mae'n ysgrifenedig:

"Er dy fwyn di fe'n rhoddir i
  farwolaeth drwy'r dydd,
fe'n cyfrifir fel defaid i'w lladd."

³⁷ Ond yn y pethau hyn i gyd y mae gennym fuddugoliaeth lwyr trwy'r hwn

---

8:24 Yn ôl darlleniad arall, *sy'n dal i aros.*

8:28 Neu, *o blaid y.*
8:28 Neu, *fod pob peth yn cydweithio er daioni i'r (neu, gyda'r) rhai sy'n caru Duw.*
8:33 Neu, *Ai Duw, ac yntau'r un sy'n diheuro?*
8:34 Neu, *Ai Crist Iesu, ac yntau'r un a fu farw . . . ymbil trosom?*

a'n carodd ni. ³⁸ Yr wyf yn gwbl sicr na all nac angau nac einioes, nac angylion na thywysogaethau, na'r presennol na'r dyfodol, ³⁹ na grymusterau nac uchelderau na dyfnderau, na dim arall a grewyd, ein gwahanu ni oddi wrth gariad Duw yng Nghrist Iesu ein Harglwydd.

Ethol Israel gan Dduw

9 Ar fy ngwir yng Nghrist, heb ddim anwiredd—ac y mae fy nghydwybod, dan arweiniad yr Ysbryd Glân, yn fy ategu— ² y mae fy ngofid yn fawr, ac y mae gennyf loes ddi-baid yn fy nghalon. ³ Gallwn ddymuno i mi fy hunan fod dan felltith, ac yn ysgymun oddi wrth Grist, pe bai hynny o les iddynt hwy, fy nghyd-Iddewon i, fy mhobl i o ran cig a gwaed. ⁴ Israeliaid ydynt; eu heiddo hwy yw'r mabwysiad, y gogoniant, y cyfamodau, y Gyfraith, yr addoliad a'r addewidion cyfamodau*, a'r Gyfraith, a'r addoliad, a'r addewidion. ⁵ Iddynt hwy y mae'r hynafiaid yn perthyn, ac oddi wrthynt hwy, yn ôl ei linach naturiol, y daeth y Meseia. I'r Duw sy'n llywodraethu'r cwbl boed bendith* am byth. Amen.

⁶ Ond ni ellir dweud bod gair Duw wedi methu. Oherwydd nid yw pawb sydd o linach Israel yn wir Israel. ⁷ Ac ni ellir dweud bod pawb ohonynt, am eu bod yn ddisgynyddion Abraham, yn blant gwirioneddol iddo. Yn hytrach, yng ngeiriau'r Ysgrythur, "Trwy Isaac y gelwir dy ddisgynyddion." ⁸ Hynny yw, nid y plant o linach naturiol Abraham, nid y rheini sy'n blant i Dduw. Yn hytrach, plant yr addewid sy'n cael eu cyfrif yn ddisgynyddion. ⁹ Oherwydd dyma air yr addewid: "Mi ddof yn yr amser hwnnw, a chaiff Sara fab." ¹⁰ Ond y mae enghraifft arall hefyd. Beichiogodd Rebeca o gyfathrach ag un dyn, sef ein tad Isaac. ¹¹ Eto i gyd, cyn geni'r plant a chyn iddynt wneud dim, na da na drwg (fel bod bwriad Duw, sy'n gweithredu trwy etholedigaeth, yn dal mewn grym, yn dibynnu nid ar weithredoedd dynol ond ar yr hwn sy'n galw), ¹² fe ddywedwyd wrthi, "Bydd yr hynaf yn gwasanaethu'r ieuengaf." ¹³ Fel y mae'n ysgrifenedig:

"Jacob, fe'i cerais,
ond Esau, fe'i caseais."

¹⁴ Beth, ynteu, a atebwn i hyn? Bod Duw yn coleddu anghyfiawnder? Ddim ar unrhyw gyfrif! ¹⁵ Y mae'n dweud wrth Moses:

"Trugarhaf wrth bwy bynnag y
  trugarhaf wrtho,
a thosturiaf wrth bwy bynnag y
  tosturiaf wrtho."

¹⁶ Felly, nid mater o ewyllys neu o ymdrech ddynol ydyw, ond o drugaredd Duw. ¹⁷ Fel y dywedir wrth Pharo yn yr Ysgrythur, "Fy union amcan wrth dy godi di oedd dangos fy ngallu ynot ti, a chyhoeddi fy enw trwy'r holl ddaear." ¹⁸ Gwelir, felly, fod Duw yn trugarhau wrth unrhyw un a fyn, a'i fod yn gwneud unrhyw un a fyn yn wargaled.

Digofaint Duw, a'i Drugaredd

¹⁹ Ond fe ddywedi wrthyf, "Os felly, pam y mae Duw yn dal i feio pobl? Pwy a all wrthsefyll ei ewyllys?" ²⁰ Ie, ond pwy wyt ti, feidrolyn, i ateb Duw yn ôl? A yw hi'n debyg y dywed yr hyn a luniwyd wrth yr un a'i lluniodd, "Pam y lluniaist fi fel hyn?" ²¹ Oni all y crochenydd lunio beth bynnag a fynno o'r clai? Onid oes hawl ganddo i wneud, o'r un telpyn, un llestr i gael parch a'r llall amarch? ²² Ond beth os yw Duw, yn ei awydd i ddangos ei ddigofaint ac i amlygu ei nerth, wedi dioddef â hir amynedd y llestri hynny sy'n wrthrychau digofaint ac yn barod i'w dinistrio? ²³ Ei amcan yn hyn fyddai dwyn i'r golau y cyfoeth o ogoniant oedd ganddo ar gyfer y llestri sy'n wrthrychau trugaredd, y rheini yr oedd ef wedi eu paratoi ymlaen llaw i ogoniant. ²⁴ A ni yw'r rhain, ni sydd wedi ein galw, nid yn unig o blith yr Iddewon, ond hefyd o blith y Cenhedloedd. ²⁵ Fel y mae'n dweud yn llyfr Hosea hefyd:

"Galwaf yn bobl i mi rai nad ydynt
  yn bobl i mi,
a galwaf yn anwylyd un nad yw'n
  anwylyd;

9:4 Yn ôl darlleniad arall, *cyfamod.*
9:5 Neu, *y Meseia, sy'n llywodraethu'r cwbl, yn Dduw bendigedig.*

²⁶ ac yn y lle y dywedwyd wrthynt,
'Nid fy mhobl ydych',
yno, fe'u gelwir yn blant y Duw byw."

²⁷ Ac y mae Eseia yn datgan am Israel: "Er i bobl Israel fod mor niferus â thywod y môr, gweddill yn unig fydd yn cael eu hachub; ²⁸ oherwydd llwyr a llym fydd dedfryd yr Arglwydd ar y ddaear." ²⁹ A'r un yw neges gair blaenorol Eseia:

"Oni bai i Arglwydd y Lluoedd adael
   i ni ddisgynyddion,
byddem fel Sodom,
ac yn debyg i Gomorra."

Israel a'r Efengyl

³⁰ Beth, ynteu, a ddywedwn? Hyn, fod Cenhedloedd, nad oeddent â'u bryd ar gyfiawnder, wedi dod o hyd iddo, sef y cyfiawnder sydd trwy ffydd; ³¹ ond bod Israel, er iddi fod â'i bryd ar gyfraith a fyddai'n dod â chyfiawnder, heb ei gael. ³² Am ba reswm? Am iddynt weithredu, nid trwy ffydd ond ar y dybiaeth mai cadw gofynion cyfraith oedd y ffordd. Syrthiasant ar y "maen tramgwydd" ³³ y mae'r Ysgrythur yn sôn amdano:

"Wele, yr wyf yn gosod yn Seion faen
   tramgwydd, a chraig rhwystr,
a'r rhai sy'n credu ynddo, ni
   chywilyddir mohonynt."

10 Fy nghyfeillion, ewyllys fy nghalon, a'm gweddi ar Dduw dros fy mhobl, yw iddynt gael eu dwyn i iachawdwriaeth. ² Gallaf dystio o'u plaid fod ganddynt sêl dros Dduw. Ond sêl heb ddeall ydyw. ³ Oherwydd, yn eu hanwybodaeth am gyfiawnder Duw, a'u hymgais i sefydlu eu cyfiawnder eu hunain, nid ydynt wedi ymostwng i gyfiawnder Duw. ⁴ Oherwydd Crist yw diwedd* y Gyfraith, ac felly, i bob un sy'n credu y daw cyfiawnder Duw.

Iachawdwriaeth i Bawb

⁵ Ysgrifennodd Moses am y cyfiawnder trwy y Gyfraith: "Y sawl sy'n cadw ei gofynion a gaiff fyw trwyddynt." ⁶ Ond fel hyn y dywed y cyfiawnder trwy ffydd:

"Paid â dweud yn dy galon, 'Pwy a esgyn i'r nef?' "—hynny yw, i ddwyn Crist i lawr— ⁷ "neu, 'Pwy a ddisgyn i Hades?' "—hynny yw, i ddwyn Crist i fyny oddi wrth y meirw. ⁸ Ond beth mae'n ei ddweud?

"Y mae'r gair yn agos atat,
   yn dy enau ac yn dy galon."

A dyma'r gair yr ydym ni yn ei bregethu, gair ffydd, sef: ⁹ "Os cyffesi Iesu yn Arglwydd â'th enau, a chredu yn dy galon fod Duw wedi ei gyfodi ef oddi wrth y meirw, cei dy achub." ¹⁰ Oherwydd credu â'r galon sy'n esgor ar gyfiawnder, a chyffesu â'r genau sy'n esgor ar iachawdwriaeth. ¹¹ Y mae'r Ysgrythur yn dweud: "Pob un sy'n credu ynddo, ni chywilyddir mohono." ¹² Nid oes dim gwahaniaeth rhwng Iddewon a Groegiaid. Yr un Arglwydd sydd i bawb, sy'n rhoi o'i gyfoeth i bawb sy'n galw arno. ¹³ Oherwydd, yng ngeiriau'r Ysgrythur, "bydd pob un sy'n galw ar enw yr Arglwydd yn cael ei achub, pwy bynnag yw."

¹⁴ Ond sut y mae pobl i alw ar rywun nad ydynt wedi credu ynddo? Sut y maent i gredu yn rhywun nad ydynt wedi ei glywed? Sut y maent i glywed, heb fod rhywun yn pregethu? ¹⁵ Sut y maent i bregethu, heb gael eu hanfon? Fel y mae'r Ysgrythur yn dweud: "Mor weddaidd yw traed y rhai sy'n cyhoeddi newyddion da." ¹⁶ Eto nid pawb a ufuddhaodd i'r newydd da. Oherwydd y mae Eseia'n dweud, "Arglwydd, pwy a gredodd yr hyn a glywsant gennym?" ¹⁷ Felly, o'r hyn a glywir y daw ffydd, a daw'r clywed trwy air Crist. ¹⁸ Ond y mae'n rhaid gofyn, "A oedd dichon iddynt fethu clywed?" Nac oedd, yn wir, oherwydd:

"Aeth eu lleferydd allan i'r holl
   ddaear,
a'u geiriau hyd eithafoedd byd."

¹⁹ Ond i ofyn peth arall, "A oedd dichon i Israel fethu deall?" Ceir yr ateb yn gyntaf gan Moses:

"Fe'ch gwnaf chwi'n eiddigeddus
   wrth genedl nad yw'n genedl,

10:4 Neu, *Oherwydd Crist yw diben.*

a'ch gwneud yn ddig wrth genedl ddiddeall."

²⁰ Ac yna, y mae Eseia'n beiddio dweud:

"Cafwyd fi gan rai nad oeddent yn fy ngheisio;
gwelwyd fi gan rai nad oeddent yn holi amdanaf."

²¹ Ond am Israel y mae'n dweud: "Ar hyd y dydd bûm yn estyn fy nwylo at bobl anufudd a gwrthnysig."

Gweddill Israel

11 Yr wyf yn gofyn, felly, a yw'n bosibl fod Duw wedi gwrthod ei bobl ei hun? Nac ydyw, ddim o gwbl! Oherwydd yr wyf fi yn Israeliad, o linach Abraham, o lwyth Benjamin. ² Nid yw Duw wedi gwrthod ei bobl, y bobl a adnabu cyn eu bod. Gwyddoch beth y mae'r Ysgrythur yn ei ddweud wrth adrodd hanes Elias yn galw ar Dduw yn erbyn Israel: ³ "Arglwydd, y maent wedi lladd dy broffwydi a bwrw d'allorau i lawr; myfi'n unig sydd ar ôl, ac y maent yn ceisio f'einioes innau." ⁴ Ond yr atebiad dwyfol iddo oedd: "Gadewais i mi fy hun saith mil o bobl sydd heb blygu glin i Baal." ⁵ Felly hefyd yn yr amser presennol hwn, y mae gweddill ar gael, gweddill sydd wedi ei ethol gan ras Duw. ⁶ Ond os trwy ras y bu hyn, ni all fod yn tarddu o gadw gofynion cyfraith; petai felly, byddai gras yn peidio â bod yn ras. ⁷ Mewn gair, y peth y mae Israel yn ei geisio, nid Israel a'i cafodd, ond y rhai a etholodd Duw; caledwyd y lleill, ⁸ fel y mae'n ysgrifenedig:

"Rhoddodd Duw iddynt ysbryd swrth,
llygaid i beidio â gweld,
a chlustiau i beidio â chlywed,
hyd y dydd heddiw."

⁹ Ac y mae Dafydd yn dweud:

"Bydded eu bwrdd yn fagl i'w rhwydo,
ac yn groglath i'w cosbi;
¹⁰ tywyller eu llygaid iddynt beidio â gweld,
a gwna hwy'n wargrwm dros byth."

Iachawdwriaeth y Cenhedloedd

¹¹ Yr wyf yn gofyn, felly, a yw eu llithriad yn gwymp terfynol? Nac ydyw, ddim o gwbl! I'r gwrthwyneb, am iddynt hwy droseddu y mae iachawdwriaeth wedi dod i'r Cenhedloedd, i wneud yr Iddewon yn eiddigeddus. ¹² Ond os yw eu trosedd yn gyfrwng i gyfoethogi'r byd, a'u diffyg yn gyfrwng i gyfoethogi'r Cenhedloedd, pa faint mwy fydd y cyfoethogi pan ddônt yn eu cyflawn rif*?

¹³ Ond i droi atoch chwi y Cenhedloedd. Yr wyf fi'n apostol y Cenhedloedd, ac fel y cyfryw rhoi bri ar fy swydd yr wyf ¹⁴ wrth geisio gwneud fy mhobl yn eiddigeddus, ac achub rhai ohonynt. ¹⁵ Oherwydd os bu eu bwrw hwy allan yn gymod i'r byd, bydd eu derbyn i mewn, yn sicr, yn fywyd o blith y meirw. ¹⁶ Os yw'r tamaid toes a offrymir yn sanctaidd, yna y mae'r toes i gyd yn sanctaidd. Os yw'r gwreiddyn yn sanctaidd, y mae'r canghennau hefyd yn sanctaidd.

¹⁷ Os torrwyd rhai canghennau i ffwrdd, a'th impio di yn eu plith, er mai olewydden wyllt oeddit, ac os daethost felly i gael rhan o faeth gwreiddyn yr olewydden, ¹⁸ paid ag ymffrostio ar draul y canghennau a dorrwyd. Os wyt am ymffrostio, cofia nad tydi sy'n cynnal y gwreiddyn, ond y gwreiddyn sy'n dy gynnal di. ¹⁹ Ond fe ddywedi, "Ie, ond torrwyd y canghennau i ffwrdd er mwyn i mi gael fy impio i mewn." ²⁰ Eithaf gwir; fe'u torrwyd hwy o achos anghrediniaeth, ac fe gefaist ti dy le trwy ffydd. Rho'r gorau i feddyliau mawreddog, a meithrin ofn Duw yn eu lle. ²¹ Oherwydd os nad arbedodd Duw y canghennau naturiol, nid arbeda dithau chwaith. ²² Am hynny, ystyria'r modd y mae Duw yn dangos ei diriondeb a'i erwinder: ei erwinder i'r rhai a gwympodd i fai, ond ei diriondeb i ti, cyhyd ag y cedwi dy hun o fewn cylch ei diriondeb. Os na wnei, cei dithau dy dorri allan o'r cyff. ²³ Ond amdanynt hwy, os na fynnant aros yn eu hanghrediniaeth, cânt eu himpio i mewn i'r cyff, oherwydd y mae Duw yn abl i'w himpio'n ôl. ²⁴ Oherwydd, os cefaist ti dy dorri o olewydden oedd yn wyllt wrth

---

11:12 Neu, *pan gyrhaeddant eu cyflawnder?*

natur, a'th impio i mewn, yn groes i natur, i olewydden gardd, gymaint tebycach yw y cânt hwy, sydd wrth natur yn ganghennau olewydden gardd, eu himpio i mewn i'w holewydden hwy eu hunain!

Adfer Israel

²⁵ Oherwydd yr wyf am i chwi wybod, gyfeillion, am y dirgelwch hwn (bydd hynny'n eich cadw rhag bod yn ddoeth yn eich tyb eich hunain), fod caledwch rhannol wedi syrthio ar Israel, hyd nes y daw'r Cenhedloedd i mewn yn eu cyflawn rif*. ²⁶ Pan ddigwydd hynny, caiff Israel i gyd ei hachub. Fel y mae'n ysgrifenedig:

"Daw'r Gwaredydd o Seion,
a throi pob annuwioldeb oddi wrth Jacob;
²⁷ a dyma'r cyfamod a wnaf fi â hwy,
pan gymeraf ymaith eu pechodau."

²⁸ O safbwynt yr Efengyl, gelynion Duw ydynt, ond y mae hynny'n fantais i chwi. O safbwynt eu hethol gan Dduw, y maent yn annwyl ganddo, ond y maent felly o achos yr hynafiaid. ²⁹ Oherwydd nid oes tynnu'n ôl ar roddion graslon Duw, a'i alwad ef. ³⁰ Buoch chwi unwaith yn anufudd i Dduw, ond yn awr, o ganlyniad i'w hanufudd-dod hwy, yr ydych wedi cael trugaredd. ³¹ Yn yr un modd, o ganlyniad i'r drugaredd a gawsoch chwi, y maent hwy hefyd wedi anufuddhau yn awr, fel mai derbyn trugaredd a wnânt hwythau. ³² Y mae Duw wedi cloi pawb yng ngharchar anufudd-dod, er mwyn gwneud pawb yn wrthrychau ei drugaredd.

³³ O ddyfnder cyfoeth Duw, a'i ddoethineb a'i wybodaeth! Mor anchwiliadwy ei farnedigaethau, mor anolrheiniadwy ei ffyrdd! ³⁴ Oherwydd,

"Pwy a adnabu feddwl yr Arglwydd?
Pwy a fu'n ei gynghori ef?
³⁵ Pwy a achubodd y blaen arno â rhodd,
i gael rhodd yn ôl ganddo?"

³⁶ Oherwydd ohono ef, a thrwyddo ef, ac iddo ef y mae pob peth. Iddo ef y bo'r gogoniant am byth! Amen.

Y Bywyd Newydd yng Nghrist

12 Am hynny, yr wyf yn ymbil arnoch, gyfeillion, ar sail tosturiaethau Duw, i'ch offrymu eich hunain* yn aberth byw, sanctaidd a derbyniol gan Dduw. Felly y rhowch iddo addoliad ysbrydol.* ² A pheidiwch â chydymffurfio â'r byd hwn, ond bydded ichwi gael eich trawsffurfio trwy adnewyddu eich meddwl, er mwyn ichwi allu canfod beth yw ei ewyllys, beth sy'n dda a derbyniol a pherffaith yn ei olwg ef.

³ Oherwydd, yn rhinwedd y gras y mae Duw wedi ei roi i mi, yr wyf yn dweud wrth bob un yn eich plith am beidio â'i gyfrif ei hun yn well nag y dylid ei gyfrif, ond bod yn gyfrifol yn ei gyfrif, ac yn gyson â'r mesur o ffydd y mae Duw wedi ei roi i bob un. ⁴ Yn union fel y mae gennym aelodau lawer mewn un corff, ond nad oes gan yr holl aelodau yr un gwaith, ⁵ felly hefyd yr ydym ni, sy'n llawer, yn un corff yng Nghrist, ac yn aelodau bob un i'w gilydd. ⁶ A chan fod gennym ddoniau sy'n amrywio yn ôl y gras a roddwyd i ni, dylem eu harfer yn gyson â hynny. Os proffwydoliaeth yw dy ddawn, arfer hi yn gymesur â'th ffydd. ⁷ Os dawn gweini ydyw, arfer hi i weini. Os addysgu yw dy ddawn, arfer dy ddawn i addysgu, ac os cynghori, i gynghori. ⁸ Os wyt yn rhannu ag eraill, gwna hynny gyda haelioni; os wyt yn arweinydd, gwna'r gwaith gydag ymroddiad; os wyt yn dangos tosturi, gwna hynny gyda llawenydd.

Rheolau'r Bywyd Cristionogol

⁹ Bydded eich cariad yn ddiragrith. Casewch ddrygioni. Glynwch wrth ddaioni. ¹⁰ Byddwch wresog yn eich serch at eich gilydd fel cymdeithas. Rhowch y blaen i'ch gilydd mewn parch. ¹¹ Yn ddiorffwys eich ymroddiad, yn frwd eich ysbryd, gwasanaethwch yr Arglwydd. ¹² Llawenhewch mewn gobaith. Safwch yn gadarn dan orthrymder. Daliwch ati i weddïo. ¹³ Cyfrannwch at reidiau'r saint, a byddwch barod eich lletygarwch.

11:25 Neu, *Cenhedloedd yn eu cyflawnder.*

12:1 Neu, *i offrymu eich cyrff.*
12:1 Neu, *addoliad bodau rhesymol.*

¹⁴ Bendithiwch y rhai sy'n eich erlid, bendithiwch heb felltithio byth. ¹⁵ Llawenhewch gyda'r rhai sy'n llawenhau, ac wylwch gyda'r rhai sy'n wylo. ¹⁶ Byddwch yn gytûn ymhlith eich gilydd. Gochelwch feddyliau mawreddog; yn hytrach, rhodiwch gyda'r distadl. Peidiwch â'ch cyfrif eich hunain yn ddoeth. ¹⁷ Peidiwch â thalu drwg am ddrwg i neb. Bydded eich amcanion yn anrhydeddus yng ngolwg pawb. ¹⁸ Os yw'n bosibl, ac os yw'n dibynnu arnoch chwi, daliwch mewn heddwch â phawb. ¹⁹ Peidiwch â mynnu dial, gyfeillion annwyl, ond rhowch ei gyfle i'r digofaint dwyfol, fel y mae'n ysgrifenedig: " 'Myfi piau dial, myfi a dalaf yn ôl,' medd yr Arglwydd." ²⁰ Yn hytrach, os bydd dy elynion yn newynu, rho fwyd iddynt; os byddant yn sychedu, rho iddynt beth i'w yfed. Os gwnei hyn, byddi'n pentyrru marwor poeth ar eu pennau. ²¹ Paid â goddef dy drechu gan ddrygioni. Trecha di ddrygioni â daioni.

Ufuddhau i Lywodraethwyr

13 Y mae'n rhaid i bob un ymostwng i'r awdurdodau sy'n ben. Oherwydd nid oes awdurdod heb i Dduw ei sefydlu, ac y mae'r awdurdodau sydd ohoni wedi eu sefydlu gan Dduw. ² Am hynny, y mae'r sawl sy'n gwrthsefyll y fath awdurdod yn gwrthwynebu sefydliad sydd o Dduw. Ac y mae'r cyfryw yn sicr o dynnu barn arnynt eu hunain. ³ Y mae'r llywodraethwyr yn ddychryn, nid i'r sawl sy'n gwneud daioni ond i'r sawl sy'n gwneud drygioni. A wyt ti am fyw heb ofni'r awdurdod? Gwna ddaioni, a chei glod ganddo. ⁴ Oherwydd gwas Duw ydyw, yn gweini arnat ti er dy les. Ond os drygioni a wnei, dylit ofni, oherwydd nid i ddim y mae'n gwisgo'r cleddyf. Gwas Duw ydyw, ie, dialydd i ddwyn digofaint dwyfol ar ddrwgweithredwyr. ⁵ Felly, y mae rheidrwydd arnom ymostwng, nid yn unig o achos y digofaint, ond hefyd o achos cydwybod. ⁶ Dyma pam hefyd yr ydych yn talu trethi, oherwydd gwasanaethu Duw y mae'r awdurdodau wrth fod yn ddyfal yn y gwaith hwn. ⁷ Talwch i bob un ohonynt beth bynnag sy'n ddyledus, boed dreth, boed doll, boed barch, boed anrhydedd.

Cariad Brawdol

⁸ Peidiwch â bod mewn dyled i neb, ar wahân i'r ddyled o garu eich gilydd. Y mae'r sawl sy'n caru pobl eraill wedi cyflawni holl ofynion y Gyfraith. ⁹ Oherwydd y mae'r gorchmynion, "Na odineba, na ladd, na ladrata, na chwennych", a phob gorchymyn arall, wedi eu crynhoi yn y gorchymyn hwn: "Câr dy gymydog fel ti dy hun." ¹⁰ Ni all cariad wneud cam â chymydog. Y mae cariad, felly, yn gyflawniad o holl ofynion y Gyfraith.

Dydd Crist yn Agosáu

¹¹ Ie, gwnewch hyn oll fel rhai sy'n ymwybodol o'r amser, mai dyma'r awr ichwi i ddeffro o gwsg. Erbyn hyn, y mae ein hiachawdwriaeth yn nes atom nag oedd pan ddaethom i gredu. ¹² Y mae'r nos ar ddod i ben, a'r dydd ar wawrio. Gadewch inni, felly, roi heibio weithredoedd y tywyllwch, a gwisgo arfau'r goleuni. ¹³ Gadewch inni fyw yn weddus, fel yng ngolau dydd, heb roi dim lle i loddest a meddwdod, i anniweirdeb ac anlladrwydd, i gynnen ac eiddigedd. ¹⁴ Gwisgwch yr Arglwydd Iesu Grist amdanoch; a pheidiwch â rhoi eich bryd ar foddhau chwantau'r cnawd.

Paid â Barnu dy Frawd

14 Derbyniwch i'ch plith unrhyw un sy'n wan ei ffydd, ond nid er mwyn codi dadleuon. ² Y mae gan ambell un ddigon o ffydd i fwyta pob peth, ond y mae un arall, gan fod ei ffydd mor wan, yn bwyta llysiau yn unig. ³ Rhaid i'r sawl sy'n bwyta pob peth beidio â bychanu'r sawl sy'n ymwrthod, a rhaid i'r sawl sy'n ymwrthod beidio â barnu'r sawl sy'n bwyta, oherwydd y mae Duw wedi ei dderbyn. ⁴ Pwy wyt ti, i fod yn barnu gwas rhywun arall? Gan y Meistr y mae'r hawl i benderfynu a yw rhywun yn sefyll neu'n syrthio. A sefyll a wna, oherwydd y mae'r Meistr yn abl i beri i rywun sefyll. ⁵ Y mae ambell un yn ystyried un dydd yn well na'r llall, ac un arall yn eu hystyried i gyd yn gyfartal. Rhaid i'r naill a'r llall fod yn gwbl argyhoeddedig yn eu meddyliau eu hunain. ⁶ Y mae'r sawl sy'n cadw'r dydd yn ei gadw er gogoniant yr Arglwydd; a'r sawl sy'n bwyta pob peth yn gwneud hynny er gogoniant yr Arglwydd, oherwydd y mae'n rhoi diolch i Dduw. Ac y mae'r un sy'n ymwrthod yn ymwrthod er gogoniant yr Arglwydd; y mae'n rhoi diolch i Dduw. ⁷ Oherwydd nid oes neb ohonom yn byw nac yn marw i ni'n hunain. ⁸ Os byw yr ydym, i'r Arglwydd yr ydym yn byw, ac os marw, i'r Arglwydd yr ydym yn marw. Prun bynnag ai byw ai marw yr ydym, eiddo'r Arglwydd ydym. ⁹ Oherwydd pwrpas Crist wrth farw a dod yn fyw oedd bod yn Arglwydd ar y meirw a'r byw. ¹⁰ Pam yr wyt ti yn barnu rhywun arall? A thithau, pam yr wyt yn bychanu rhywun arall? Oherwydd bydd rhaid inni bob un sefyll gerbron brawdle Duw. ¹¹ Fel y mae'n ysgrifenedig:

> "Cyn wired â'm bod i yn fyw, medd
>   yr Arglwydd, i mi y bydd pob
>   glin yn plygu,
> a phob tafod yn moliannu* Duw."

¹² Am hynny, bydd rhaid i bob un ohonom roi cyfrif amdanom ni'n hunain i Dduw.

Paid â Bod yn Achos Cwymp i'th Frawd

¹³ Felly, peidiwn mwyach â barnu ein gilydd. Yn hytrach, dyfarnwch nad oes neb i roi achlysur i rywun arall gwympo neu faglu. ¹⁴ Mi wn i sicrwydd yn yr Arglwydd Iesu, nad oes dim yn aflan ohono'i hun. Ond i rywun sy'n ystyried rhywbeth yn aflan y mae'r peth hwnnw yn aflan. ¹⁵ Ac felly, os yw'r math o fwyd yr wyt ti'n ei fwyta yn achos gofid i arall, nid wyt ti mwyach yn ymddwyn yn ôl gofynion cariad. Paid â dwyn i ddistryw, â'th fwyd, unrhyw un y bu Crist farw drosto. ¹⁶ Peidiwch â gadael i'r peth sy'n dda yn eich golwg gael gair drwg. ¹⁷ Nid bwyta ac yfed yw teyrnas Dduw, ond cyfiawnder a heddwch a llawenydd yn yr Ysbryd Glân. ¹⁸ Y mae'r sawl sy'n gwasanaethu Crist yn y modd hwn yn dderbyniol gan Dduw ac yn gymeradwy gan bawb. ¹⁹ Felly gadewch inni geisio'r pethau sy'n arwain i heddwch, ac yn adeiladu perthynas gadarn â'n gilydd. ²⁰ Peidiwch â thynnu i lawr, o achos bwyd, yr hyn a wnaeth Duw. Y mae pob bwyd yn lân, ond y mae'n beth drwg i rywun fwyta a thrwy hynny beri cwymp i rywun arall. ²¹ Y peth iawn yw peidio â bwyta cig nac yfed gwin, na gwneud dim a all beri i rywun arall gwympo. ²² Cadw dy ffydd, yn hyn o beth, rhyngot ti a Duw. Dedwydd yw'r sawl nad yw'n ei gollfarnu ei hun yn yr hyn y mae'n ei gymeradwyo. ²³ Ond os bydd rhywun, er gwaethaf ei amheuon, yn bwyta pob peth, y mae wedi ei gollfarnu. Oherwydd nid o ffydd y bydd yn gweithredu. Ac y mae popeth nad yw'n tarddu o ffydd yn bechod.*

Plesio dy Gymydog, nid dy Blesio dy Hun

15 Y mae'n ddyletswydd arnom ni, y rhai cryf, oddef gwendidau'r rhai sy'n eiddil eu cydwybod, a pheidio â'n plesio ein hunain. ² Y mae pob un ohonom i blesio ein cymydog, gan anelu at yr hyn sydd dda er adeiladu ein gilydd. ³ Oherwydd nid ei blesio ei hun a wnaeth Crist. I'r gwrthwyneb, fel y mae'n ysgrifenedig: "Y mae gwaradwydd y rhai oedd yn dy waradwyddo di wedi syrthio arnaf fi." ⁴ Ac fe ysgrifennwyd yr Ysgrythurau gynt er mwyn ein dysgu ni, er mwyn i ni, trwy ddyfalbarhad a thrwy eu hanogaeth hwy, ddal ein gafael yn ein gobaith. ⁵ A rhodded Duw, ffynhonnell pob dyfalbarhad ac anogaeth, i chwi fod yn gytûn eich meddwl ymhlith eich gilydd, yn ôl ewyllys Crist Iesu, ⁶ er mwyn ichwi, yn unfryd ac yn unllais, ogoneddu Duw a Thad ein Harglwydd Iesu Grist.

Yr Efengyl i'r Iddewon a'r Cenhedloedd fel ei Gilydd

⁷ Am hynny, derbyniwch eich gilydd, fel y derbyniodd Crist chwi, er gogoniant Duw. ⁸ Oherwydd yr wyf yn dweud bod Crist wedi dod yn was i'r Iddewon er

---

14:11 Neu, *cyffesu*.

14:23 Yn ôl darlleniad arall, ychwanegir yma yr adran a welir yn 16:25-27.

mwyn dangos geirwiredd Duw, sef ei fod yn cadarnhau'r addewidion i'r hynafiaid, ⁹ a hefyd er mwyn i'r Cenhedloedd ogoneddu Duw am ei drugaredd. Fel y mae'n ysgrifenedig:

"Oherwydd hyn, clodforaf di ymysg y
    Cenhedloedd,
a chanaf i'th enw."

¹⁰ Ac y mae'n dweud eilwaith:

"Llawenhewch, Genhedloedd,
    ynghyd â'i bobl ef."

¹¹ Ac eto:

"Molwch yr Arglwydd, yr holl
    Genhedloedd,
a'r holl bobloedd yn dyblu'r mawl."

¹² Y mae Eseia hefyd yn dweud:

"Fe ddaw gwreiddyn Jesse,
y gŵr sy'n codi i lywodraethu'r
    Cenhedloedd;
arno ef y bydd y Cenhedloedd yn
    seilio'u gobaith."

¹³ A bydded i Dduw, ffynhonnell gobaith, eich llenwi â phob llawenydd a thangnefedd wrth ichwi arfer eich ffydd, nes eich bod, trwy nerth yr Ysbryd Glân, yn gorlifo â gobaith.

Comisiwn Cenhadol Paul

¹⁴ Yr wyf fi, o'm rhan fy hun, yn gwbl sicr, fy nghyfeillion, eich bod chwithau yn llawn daioni, yn gyforiog o bob gwybodaeth, ac yn alluog i hyfforddi eich gilydd. ¹⁵ Bûm braidd yn hy arnoch mewn mannau yn fy llythyr, wrth geisio deffro eich cof. Ond gwneuthum hyn ar bwys y gorchwyl a roddodd Duw i mi o'i ras, ¹⁶ i fod yn weinidog Crist Iesu i'r Cenhedloedd, yn gweini fel offeiriad ar Efengyl Duw, er mwyn cyflwyno'r Cenhedloedd iddo yn offrwm cymeradwy, offrwm wedi ei gysegru gan yr Ysbryd Glân. ¹⁷ Yng Nghrist Iesu, felly, y mae gennyf le i ymffrostio yn fy ngwasanaeth i Dduw, ¹⁸ oherwydd nid wyf am feiddio sôn am ddim ond yr hyn a gyflawnodd Crist trwof fi, yn y dasg o ennill y Cenhedloedd i ufuddhau iddo, mewn gair a gweithred, ¹⁹ trwy rym arwyddion a rhyfeddodau, trwy nerth Ysbryd Duw*. Ac felly, yr wyf fi wedi cwblhau cyhoeddi Efengyl Crist mewn cylch eang, o Jerwsalem cyn belled ag Ilyricum. ²⁰ Yn hyn oll fe'i cedwais yn nod i bregethu'r Efengyl yn y mannau hynny yn unig oedd heb glywed sôn am enw Crist, rhag i mi fod yn adeiladu ar sylfaen rhywun arall; ²¹ fel y mae'n ysgrifenedig:

"Bydd y rheini na chyhoeddwyd dim
    wrthynt amdano yn gweld,
a'r rheini na chlywsant ddim
    amdano yn deall."

Bwriad Paul i Ymweld â Rhufain

²² Hwn oedd y rhwystr a'm cadwodd cyhyd o amser rhag dod atoch chwi. ²³ Ond yn awr, a minnau heb faes cenhadol mwyach yn yr ardaloedd hyn, a'r awydd arnaf ers blynyddoedd lawer i ddod atoch chwi ²⁴ pryd bynnag y byddaf ar fy ffordd i Sbaen, yr wyf yn gobeithio ymweld â chwi wrth fynd trwodd, a chael fy hebrwng gennych ar fy nhaith yno, ar ôl mwynhau eich cwmni am ychydig. ²⁵ Ond ar hyn o bryd yr wyf ar fy ffordd i Jerwsalem, i fynd â chymorth i'r saint yno. ²⁶ Oherwydd y mae Macedonia ac Achaia wedi gweld yn dda gyfrannu i gronfa ar ran y tlodion ymhlith y saint yn Jerwsalem. ²⁷ Gwelsant yn dda, do, ond yr oeddent hefyd dan ddyled iddynt. Oherwydd os cafodd y Cenhedloedd gyfran o'u trysor ysbrydol hwy, y mae'n ddyled ar y Cenhedloedd weini arnynt mewn pethau tymhorol. ²⁸ Felly, pan fyddaf wedi cyflawni'r gorchwyl hwn, a gosod y casgliad yn ddiogel yn eu dwylo, caf gychwyn ar y daith i Sbaen a galw heibio i chwi. ²⁹ Gwn y bydd fy ymweliad â chwi dan fendith gyflawn Crist.

³⁰ Yr wyf yn ymbil arnoch, gyfeillion, trwy ein Harglwydd Iesu Grist, a thrwy'r cariad sy'n ffrwyth yr Ysbryd: ymunwch â mi yn fy ymdrech, a gweddïo ar Dduw trosof, ³¹ ar i mi gael fy arbed rhag yr anghredinwyr yn Jwdea, ac i'r cymorth sydd gennyf i Jerwsalem fod yn dderbyniol gan y saint; ³² ac felly i mi gael dod atoch mewn llawenydd, trwy ewyllys Duw, a'm hatgyfnerthu yn eich

15:19 Yn ôl darlleniad arall, *nerth yr Ysbryd*.

cwmni. ³³ A Duw yr heddwch fyddo gyda chwi oll! Amen.*

Cyfarchion Personol

16 Yr wyf yn cyflwyno i chwi Phebe, ein chwaer, sydd yn gwasanaethu'r eglwys yn Cenchreae. ² Derbyniwch hi yn enw'r Arglwydd, mewn modd teilwng o'r saint, a byddwch yn gefn iddi ym mhob peth y gall fod arni angen eich cymorth, oherwydd y mae hithau wedi bod yn gefn i lawer, ac i mi yn bersonol.

³ Rhowch fy nghyfarchion i Prisca ac Acwila, fy nghydweithwyr yng Nghrist Iesu, ⁴ deuddyn a fentrodd eu heinioes i arbed fy mywyd i. Nid myfi yn unig sydd yn diolch iddynt, ond holl eglwysi'r Cenhedloedd. ⁵ Fy nghyfarchion hefyd i'r eglwys sy'n ymgynnull yn eu tŷ. Cyflwynwch fy nghyfarchion i'm cyfaill annwyl, Epainetus, y cyntaf yn Asia i ddod at Grist. ⁶ Cyfarchion i Fair, a fu'n ddiflin ei llafur ar eich rhan. ⁷ Cyfarchion i Andronicus a Jwnia, sydd o'r un genedl â mi, ac a fu'n gydgarcharorion â mi, yn amlwg ymhlith yr apostolion ac yn Gristionogion o'm blaen i. ⁸ Cyfarchion i Amplias, fy nghyfaill annwyl yn yr Arglwydd. ⁹ Cyfarchion i Wrbanus, ein cydweithiwr yng Nghrist, a'n cyfaill annwyl, Stachus. ¹⁰ Cyfarchwch Apeles, sy'n Gristion profedig. Cyfarchwch y rhai sydd o dŷ Aristobwlus. ¹¹ Cyfarchwch Herodion, sydd o'r un genedl â mi. Cyfarchwch y Cristionogion sydd o dŷ Narcisus. ¹² Cyfarchwch Tryffena a Tryffosa, chwiorydd sy'n llafurio yng ngwasanaeth yr Arglwydd. Cyfarchwch Persis, chwaer annwyl sydd wedi llafurio cymaint yn ei wasanaeth. ¹³ Cyfarchwch Rwffus, sy'n Gristion dethol, a'i fam, sy'n fam i minnau. ¹⁴ Cyfarchwch Asyncritus, Phlegon, Hermes, Patrobas, Hermas, a'r cyfeillion sydd gyda hwy. ¹⁵ Cyfarchwch Philologus a Jwlia, Nereus a'i chwaer Olympas, a'r holl saint sydd gyda hwy. ¹⁶ Cyfarchwch eich gilydd â chusan sanctaidd. Y mae holl eglwysi Crist yn eich cyfarch.

¹⁷ Yr wyf yn ymbil arnoch, gyfeillion, gwyliwch y rhai sydd yn peri rhwyg ac yn codi rhwystrau, yn groes i'r athrawiaeth a ddysgasoch chwi. Gochelwch rhagddynt, ¹⁸ oherwydd nid gwasanaethu Crist ein Harglwydd y mae rhai fel hyn, ond eu chwantau eu hunain; pobl ydynt sydd, trwy eiriau teg a gweniaith, yn hudo meddyliau'r diniwed ar gyfeiliorn. ¹⁹ Ond y mae eich ufudd-dod chwi yn hysbys i bawb. Dyna pam yr wyf yn llawenhau o'ch plegid; ac eto yr wyf am i chwi barhau i fod yn ddoeth mewn daioni ond yn ddiniwed mewn drygioni. ²⁰ Ac felly, buan y bydd Duw yr heddwch yn malu Satan dan eich traed. Gras ein Harglwydd Iesu fyddo gyda chwi!*

²¹ Y mae Timotheus, fy nghydweithiwr, yn eich cyfarch, a hefyd Lwcius a Jason a Sosipater, gwŷr o'r un genedl â mi. ²² (Ac yr wyf finnau, Tertius, sydd wedi ysgrifennu'r llythyr hwn, yn eich cyfarch yn yr Arglwydd.) ²³ Y mae Gaius, a roes ei gartref yn llety i mi ac i'r holl eglwys, yn eich cyfarch. Y mae Erastus, trysorydd y ddinas, yn eich cyfarch, a hefyd y brawd Cwartus.*

Mawlwers

²⁵ Iddo ef sy'n abl i'ch gwneud yn gadarn, yn ôl yr Efengyl yr wyf fi'n ei phregethu, a'r genadwri am Iesu Grist, yn ôl y datguddiad o'r dirgelwch a fu'n guddiedig ers oesoedd maith, ²⁶ ond sydd yn awr wedi ei amlygu trwy'r ysgrythurau proffwydol, ac wedi ei hysbysu ar orchymyn y Duw tragwyddol i'r holl Genhedloedd, i'w hennill i ffydd ac ufudd-dod; ²⁷ i'r unig ddoeth Dduw, trwy Iesu Grist—iddo ef y bo'r gogoniant am byth! Amen.*

15:33 Yn ôl darlleniad un llawysgrif bwysig, gadewir allan *Amen*, ac ychwanegir yma yr adran a welir yn 16:25-27.

16:20 Yn ôl darlleniad arall gadewir allan *Gras . . . gyda chwi!*
16:23 Yn ôl darlleniad arall ychwanegir adn. 24: *Gras ein Harglwydd Iesu Grist fyddo gyda chwi oll! Amen.*
16:27 Yn ôl darlleniad arall gadewir allan adn. 25-27 yma (gweler y nodiadau ar 14:23 a 15:33).

LLYTHYR CYNTAF PAUL AT Y
CORINTHIAID

Cyfarch a Diolch

1 Paul, apostol Crist Iesu trwy alwad a thrwy ewyllys Duw, a'r brawd Sosthenes, ² at eglwys Dduw sydd yng Nghorinth, at y rhai a sancteiddiwyd yng Nghrist Iesu, ac sydd trwy alwad Duw yn saint, ynghyd â phawb ym mhob man sydd yn galw ar enw ein Harglwydd Iesu Grist, eu Harglwydd hwy a ninnau. ³ Gras a thangnefedd i chwi oddi wrth Dduw ein Tad a'r Arglwydd Iesu Grist.

⁴ Yr wyf yn diolch i'm Duw bob amser amdanoch chwi, ar gyfrif y gras dwyfol a roddwyd ichwi yng Nghrist Iesu, ⁵ am eich cyfoethogi ynddo ef ym mhob peth, ym mhob ymadrodd a phob gwybodaeth, ⁶ fel bod y dystiolaeth am Grist wedi ei chadarnhau yn eich plith. ⁷ Oherwydd hyn, nid ydych yn ddiffygiol mewn unrhyw ddawn, wrth ichwi ddisgwyl am ddatguddiad ein Harglwydd Iesu Grist. ⁸ Bydd ef yn eich cadw'n gadarn hyd y diwedd, fel na bydd cyhuddiad yn eich erbyn yn Nydd ein Harglwydd Iesu Grist. ⁹ Y mae Duw'n ffyddlon, a thrwyddo ef y'ch galwyd chwi i gymdeithas ei Fab ef, Iesu Grist ein Harglwydd ni.

Ymraniadau yn yr Eglwys

¹⁰ Yr wyf yn deisyf arnoch, gyfeillion, yn enw ein Harglwydd Iesu Grist, ar i chwi oll fod yn gytûn; na foed ymraniadau yn eich plith, ond byddwch wedi eich cyfannu yn yr un meddwl a'r un farn. ¹¹ Oherwydd hysbyswyd fi amdanoch, fy nghyfeillion, gan rai o dŷ Chlöe, fod cynhennau yn eich plith. ¹² Yr hyn a olygaf yw fod pob un ohonoch yn dweud, "Yr wyf fi'n perthyn i blaid Paul", neu, "Minnau, i blaid Apolos", neu, "Minnau, i blaid Ceffas", neu, "Minnau, i blaid Crist". ¹³ A aeth Crist yn gyfran plaid? Ai Paul a groeshoeliwyd drosoch chwi? Neu, a fedyddiwyd chwi i enw Paul? ¹⁴ Yr wyf yn diolch i Dduw* na fedyddiais i neb ohonoch ond Crispus a Gaius; ¹⁵ peidied neb â dweud i chwi gael eich bedyddio i'm henw i. ¹⁶ O do, mi fedyddiais deulu Steffanas hefyd. Heblaw hynny, ni wn a fedyddiais i neb arall. ¹⁷ Nid i fedyddio yr anfonodd Crist fi, ond i bregethu'r Efengyl, a hynny nid â doethineb geiriau, rhag i groes Crist golli ei grym.

Crist, Gallu a Doethineb Duw

¹⁸ Oblegid y gair am y groes, ffoliner yw i'r rhai sydd ar lwybr colledigaeth, ond i ni sydd ar lwybr iachawdwriaeth, gallu Duw ydyw. ¹⁹ Y mae'n ysgrifenedig:

"Dinistriaf ddoethineb y doethion,
A dileaf ddeall y deallus."

²⁰ Pa le y mae'r un doeth? Pa le y mae'r un dysgedig? Pa le y mae ymresymydd yr oes bresennol? Oni wnaeth Duw ddoethineb y byd yn ffolineb? ²¹ Oherwydd gan fod y byd, yn noethineb Duw, wedi methu adnabod Duw trwy ei ddoethineb ei hun, gwelodd Duw yn dda trwy ffolineb yr hyn yr ydym ni yn ei bregethu achub y rhai sydd yn credu. ²² Y mae'r Iddewon yn gofyn am arwyddion, a'r Groegiaid hwythau yn chwilio am ddoethineb. ²³ Eithr nyni, pregethu yr ydym Grist wedi ei groeshoelio, yn dramgwydd i'r Iddewon ac yn ffolineb i'r Cenhedloedd; ²⁴ ond i'r rhai a alwyd, yn Iddewon a Groegiaid, y mae'n Grist, gallu Duw a doethineb Duw. ²⁵ Oherwydd y mae ffolineb Duw yn ddoethach na doethineb ddynol, a gwendid Duw yn gryfach na chryfder dynol.

²⁶ Ystyriwch sut rai ydych chwi a alwyd, gyfeillion: nid oes rhyw lawer ohonoch yn ddoeth yn ôl safon y byd, nid oes rhyw lawer yn meddu awdurdod, nid oes rhyw lawer o dras uchel. ²⁷ Ond pethau ffôl y byd a ddewisodd Duw er mwyn cywilyddio'r doeth, a phethau gwan y byd a ddewisodd Duw i gywilyddio'r pethau

---

1:14 Yn ôl darlleniad arall, *yn ddiolchgar.*

cedyrn, ²⁸ a phethau distadl y byd, a phethau dirmygedig, a ddewisodd Duw, y pethau nid ydynt, i ddiddymu'r pethau sydd. ²⁹ Ac felly, ni all neb ymffrostio gerbron Duw. ³⁰ Ond trwy ei weithred ef yr ydych chwi yng Nghrist Iesu, yr hwn a wnaed yn ddoethineb i ni oddi wrth Dduw, yn gyfiawnder a sancteiddhad a phrynedigaeth. ³¹ Felly, fel y mae'n ysgrifenedig, "Y sawl sy'n ymffrostio, ymffrostied yn yr Arglwydd."

Pregethu Crist Croeshoeliedig

2 A minnau, pan ddeuthum atoch, gyfeillion, ni ddeuthum fel un yn rhagori mewn huodledd neu ddoethineb, wrth gyhoeddi i chwi ddirgelwch* Duw. ² Oherwydd dewisais beidio â gwybod dim yn eich plith ond Iesu Grist, ac yntau wedi ei groeshoelio. ³ Mewn gwendid ac ofn a chryndod mawr y bûm i yn eich plith; ⁴ a'm hymadrodd i a'm pregeth, nid geiriau deniadol* doethineb oeddent, ond amlygiad sicr o'r Ysbryd a'i nerth, ⁵ er mwyn i'ch ffydd fod yn seiliedig, nid ar ddoethineb ddynol, ond ar allu Duw.

⁶ Eto yr ydym ni yn llefaru doethineb ymhlith y rhai aeddfed, ond nid doethineb yr oes bresennol, na'r eiddo llywodraethwyr yr oes bresennol, sydd ar ddarfod amdanynt. ⁷ Ond yr ydym ni'n llefaru doethineb Duw a'i dirgelwch, doethineb guddiedig, a ragordeiniodd Duw cyn yr oesoedd i'n dwyn i'n gogoniant. ⁸ Nid adnabu neb o lywodraethwyr yr oes bresennol mo'r ddoethineb hon; oherwydd pe buasent wedi ei hadnabod, ni fuasent wedi croeshoelio Arglwydd y gogoniant. ⁹ Ond fel y mae'n ysgrifenedig:

"Pethau na welodd llygad, ac na chlywodd clust,
ac na ddaeth i feddwl neb,
y cwbl a ddarparodd Duw ar gyfer y rhai sy'n ei garu."

¹⁰ Eithr datguddiodd Duw hwy i ni trwy'r Ysbryd. Oblegid y mae'r Ysbryd yn plymio pob peth, hyd yn oed ddyfnderoedd Duw. ¹¹ Oherwydd pwy sy'n deall y natur ddynol, ond yr ysbryd sydd ym mhob un? Yr un modd nid oes neb yn gwybod natur Duw, ond Ysbryd Duw. ¹² Ond nyni, nid ysbryd y byd a dderbyniasom, ond yr Ysbryd sydd oddi wrth Dduw, er mwyn inni wybod y pethau a roddodd Duw o'i ras i ni. ¹³ Yr ydym yn mynegi'r rhain mewn geiriau a ddysgwyd i ni, nid gan ddoethineb ddynol, ond gan yr Ysbryd, gan esbonio pethau ysbrydol i'r rhai sydd yn meddu'r Ysbryd.* ¹⁴ Nid yw'r rhai anianol yn derbyn pethau Ysbryd Duw, oherwydd ffolineb ydynt iddynt hwy, ac ni allant eu hamgyffred, gan mai mewn modd ysbrydol y maent yn cael eu barnu. ¹⁵ Y mae'r rhai ysbrydol yn barnu pob peth, ond ni chânt hwy eu barnu gan neb. ¹⁶ Yng ngeiriau'r Ysgrythur:

"Pwy a adnabu feddwl yr Arglwydd, i'w gyfarwyddo?"

Ond y mae meddwl Crist gennym ni.

Cydweithwyr dros Dduw

3 Minnau, gyfeillion, ni ellais lefaru wrthych fel wrth rai ysbrydol, ond fel wrth rai cnawdol, fel babanod yng Nghrist. ² Llaeth a roddais i chwi'n ymborth, ac nid bwyd solet, oherwydd nid oeddech eto'n barod. Ac nid ydych yn barod yn awr chwaith, ³ oherwydd cnawdol ydych o hyd. Oherwydd, tra bo cenfigen a chynnen yn eich plith, onid cnawdol ydych, ac yn ymddwyn yn ôl safonau dynol? ⁴ Pan yw un yn dweud, "Yr wyf fi'n perthyn i blaid Paul", ac un arall, "Minnau, i blaid Apolos", onid dynol ydych? ⁵ Beth ynteu yw Apolos? Neu beth yw Paul? Dim ond gweision y daethoch chwi i gredu drwyddynt, a phob un yn cyflawni'r gorchwyl a gafodd gan yr Arglwydd. ⁶ Myfi a blannodd, Apolos a ddyfrhaodd, ond Duw oedd yn rhoi'r tyfiant. ⁷ Felly, nid yw'r sawl sy'n plannu yn ddim, na'r sawl sy'n dyfrhau, ond Duw, rhoddwr y tyfiant. ⁸ Yr un sy'n plannu a'r un sy'n dyfrhau, un ydynt, ac fe dderbyn y naill a'r llall ei dâl ei hun, yn

---

2:1 Yn ôl darlleniad arall, *dystiolaeth*.
2:4 Yn ôl darlleniad arall, *nid perswâd*.
2:13 Neu, *gan roddi iaith ysbrydol i bethau ysbrydol*. Neu, *gan gymharu pethau ysbrydol â phethau ysbrydol*.

ôl ei lafur ei hun. ⁹ Canys eiddo Duw ydym ni, fel cydweithwyr; gardd Duw, adeiladwaith Duw, ydych chwi.

¹⁰ Yn ôl y gorchwyl a roddodd Duw i mi o'i ras, mi osodais sylfaen, fel prifadeiladydd celfydd, ac y mae rhywun arall yn adeiladu arni. Gwylied pob un pa fodd y mae'n adeiladu arni. ¹¹ Ni all neb osod sylfaen arall yn lle'r un sydd wedi ei gosod, ac Iesu Grist yw honno. ¹² Os bydd i neb adeiladu ar y sylfaen ag aur, arian, a meini gwerthfawr, neu â choed, gwair, a gwellt, ¹³ daw gwaith pob un i'r amlwg, oherwydd y Dydd a'i dengys. Canys â thân y datguddir y Dydd hwnnw, a bydd y tân yn profi ansawdd gwaith pob un. ¹⁴ Os bydd y gwaith a adeiladodd rhywun ar y sylfaen yn aros, caiff dâl. ¹⁵ Os llosgir gwaith rhywun, caiff ddwyn y golled, ond fe achubir yr adeiladydd ei hun, ond dim ond megis trwy dân. ¹⁶ Oni wyddoch mai teml Duw ydych, a bod Ysbryd Duw yn trigo ynoch? ¹⁷ Os bydd rhywun yn dinistrio teml Duw, bydd Duw'n ei ddinistrio yntau, oherwydd y mae teml Duw yn sanctaidd, a chwi yw'r deml honno.

¹⁸ Peidied neb â'i dwyllo'i hunan; os oes rhywun yn eich plith yn tybio ei fod yn ddoeth yn ôl safonau'r oes hon, bydded ffôl, er mwyn dod yn ddoeth. ¹⁹ Oherwydd y mae doethineb y byd hwn yn ffolineb yng ngolwg Duw. Y mae'n ysgrifenedig:

"Y mae ef yn dal y doethion yn eu
  cyfrwystra",

²⁰ ac eto:

"Y mae'r Arglwydd yn gwybod
  meddyliau'r doethion,
mai ofer ydynt."

²¹ Felly peidied neb ag ymffrostio mewn arweinwyr dynol. Oherwydd y mae pob peth yn eiddo i chwi— ²² Paul, Apolos, Ceffas, y byd, bywyd, angau, y presennol, y dyfodol—pob peth yn eiddo i chwi, ²³ a chwithau yn eiddo Crist, a Christ yn eiddo Duw.

Gweinidogaeth yr Apostolion

4 Bydded i bob un ein cyfrif ni fel gweision Crist a goruchwylwyr dirgelion Duw. ² Yn awr, yr hyn a ddisgwylir mewn goruchwylwyr yw eu cael yn ffyddlon. ³ O'm rhan fy hun, peth bach iawn yw cael fy ngosod ar brawf gennych chwi, neu gan unrhyw lys dynol. Yn wir, nid wyf yn eistedd mewn barn arnaf fy hun. ⁴ Nid oes gennyf ddim ar fy nghydwybod, ond nid wyf drwy hynny wedi fy nghael yn ddieuog. Yr Arglwydd yw fy marnwr i. ⁵ Felly peidiwch â barnu dim cyn yr amser, nes i'r Arglwydd ddod; bydd ef yn goleuo pethau cudd y tywyllwch ac yn gwneud bwriadau'r galon yn amlwg. Ac yna caiff pob un ei glod gan Dduw.

⁶ Yr wyf wedi cymhwyso'r pethau hyn, gyfeillion, ataf fi fy hun ac at Apolos er eich mwyn chwi, ichwi ddysgu, drwom ni, "gadw o fewn yr hyn a ysgrifennwyd", rhag i neb ohonoch ymchwyddo wrth bleidio un a gwrthod y llall. ⁷ Pwy sy'n rhoi rhagoriaeth i ti? Beth sydd gennyt, nad wyt wedi ei dderbyn? Ac os ei dderbyn a wnaethost, pam yr wyt yn ymffrostio fel pe bait heb dderbyn? ⁸ Dyma chwi eisoes wedi cael eich gwala; eisoes wedi dod yn gyfoethog; wedi etifeddu eich teyrnas, a hynny hebom ni! Gwyn fyd na fyddech wedi etifeddu eich teyrnas mewn gwirionedd, er mwyn i ninnau hefyd gael teyrnasu gyda chwi! ⁹ Oherwydd yr wyf yn tybio bod Duw wedi rhoi i ni'r apostolion y lle olaf, fel rhai wedi eu condemnio i farw yn yr arena, gan ein bod wedi dod yn sioe i'r cyfanfyd, i angylion ac i feidrolion. ¹⁰ Ni yn ffyliaid er mwyn Crist, chwithau'n rhai call yng Nghrist! Ni yn wan, chwithau'n gryf! Chwi'n llawn anrhydedd, ninnau heb ddim parch! ¹¹ Hyd yr awr hon y mae arnom newyn a syched, yr ydym yn noeth, yn cael ein cernodio, yn ddigartref, ¹² yn blino gan lafur ein dwylo ein hunain. Ein hateb i'r difenwi sydd arnom yw bendithio; i'r erlid, goddef; ¹³ i'r enllib, geiriau caredig. Fe'n gwnaethpwyd yn garthion y byd, yn olchion pawb, hyd yn awr.

¹⁴ Nid i godi cywilydd arnoch yr wyf yn ysgrifennu hyn, ond i'ch rhybuddio, fel plant annwyl i mi. ¹⁵ Pe byddai gennych ddeng mil o hyfforddwyr yng Nghrist, eto ni fyddai gennych fwy nag un tad, oherwydd yng Nghrist Iesu myfi a ddeuthum yn dad i chwi drwy'r Efengyl. ¹⁶ Am hynny yr wyf yn erfyn arnoch, byddwch efelychwyr ohonof fi. ¹⁷ Dyma pam yr anfonais Timotheus atoch; y mae ef yn fab annwyl i mi, ac yn ffyddlon yn yr Arglwydd, a bydd yn dwyn ar gof i chwi fy ffyrdd i yng Nghrist Iesu, fel y byddaf yn eu dysgu ym mhobman, ym mhob eglwys. ¹⁸ Y mae rhai wedi ymchwyddo, fel pe na bawn i am ddod atoch. ¹⁹ Ond yr wyf am ddod atoch ar fyrder, os caniatâ'r Arglwydd, a chaf wybod, nid am siarad y rhai sydd wedi ymchwyddo, ond am eu gallu. ²⁰ Oherwydd nid mewn siarad y mae teyrnas Dduw, ond mewn gallu. ²¹ Beth yw eich dewis? Ai â gwialen yr wyf i ddod atoch, ynteu â chariad, ac ysbryd addfwynder?

Barn ar Anfoesoldeb

5 Adroddir fel ffaith fod yna anfoesoldeb rhywiol yn eich plith, a hwnnw'r fath anfoesoldeb na cheir mohono hyd yn oed ymhlith y paganiaid, bod rhyw ddyn yn gorwedd gyda gwraig ei dad. ² A dyma chwi, yn llawn ymffrost! Onid eich lle chwi oedd galaru, a bwrw allan o'ch plith yr un a wnaeth y fath beth? ³ Oherwydd dyma fi, yn absennol yn y corff, ond yn bresennol yn yr ysbryd, eisoes wedi rhoi dyfarniad, fel un sy'n bresennol, ar y dyn a wnaeth y fath weithred: ⁴ bod i chwi, ynghyd â'm hysbryd innau, wedi ymgynnull yn enw ein Harglwydd Iesu, a gallu ein Harglwydd Iesu gyda ni, ⁵ draddodi'r fath ddyn i Satan er mwyn dinistrio'r cnawd, a thrwy hynny achub ei ysbryd yn Nydd yr Arglwydd. ⁶ Nid yw eich ymffrost yn weddus. Oni wyddoch fod ychydig lefain yn lefeinio'r holl does? ⁷ Glanhewch yr hen lefain allan, ichwi fod yn does newydd, croyw, fel yr ydych mewn gwirionedd. Oherwydd y mae Crist, ein Pasg ni, wedi ei aberthu. ⁸ Am hynny cadwn yr ŵyl, nid â'r hen lefain, nac ychwaith â lefain malais a llygredd, ond â bara croyw purdeb a gwirionedd.

⁹ Ysgrifennais atoch yn fy llythyr, i ddweud wrthych am beidio â chymysgu â phobl sy'n cyflawni anfoesoldeb rhywiol. ¹⁰ Ond nid am rai anfoesol y byd hwn yr oeddwn yn meddwl o gwbl, na chwaith am y trachwantus, y cribddeilwyr, neu'r eilunaddolwyr; onid e, byddai'n rhaid ichwi fynd allan o'r byd. ¹¹ Ond yn awr yr wyf yn ysgrifennu* i ddweud wrthych am beidio â chymysgu â neb a elwir yn gredadun os yw'n anfoesol yn rhywiol neu'n trachwantu, yn addoli eilunod, yn difenwi, yn meddwi, neu'n cribddeilio; peidiwch hyd yn oed â bwyta gydag un felly. ¹² Oherwydd beth sydd a wnelwyf fi â barnu'r rhai sydd oddi allan? Onid y rhai sydd oddi mewn yr ydych chwi yn eu barnu? ¹³ Duw fydd yn barnu'r rhai sydd oddi allan. Taflwch y dihiryn allan o'ch mysg.

Mynd i Gyfraith gerbron Anghredinwyr

6 Os oes gan un ohonoch gŵyn yn erbyn un arall, a yw'n beiddio mynd â'i achos gerbron yr annuwiol, yn hytrach na cherbron y saint? ² Oni wyddoch mai'r saint sydd i farnu'r byd? Ac os yw'r byd yn cael ei farnu gennych chwi, a ydych yn anghymwys i farnu'r achosion lleiaf? ³ Oni wyddoch y byddwn yn barnu angylion, heb sôn am bethau'r bywyd hwn? ⁴ Felly, os bydd gennych achosion fel hyn, a ydych yn gosod yn farnwyr y rhai sydd isaf eu parch yng ngolwg yr eglwys? ⁵ I godi cywilydd arnoch yr wyf yn dweud hyn. A yw wedi dod i hyn, nad oes neb doeth yn eich plith fydd yn gallu barnu rhwng rhwng cydgredinwyr? ⁶ A yw credinwyr yn mynd i gyfraith â'i gilydd, a hynny gerbron anghredinwyr? ⁷ Yn gymaint â'ch bod yn ymgyfreithio o gwbl â'ch gilydd, yr ydych eisoes, yn wir, wedi colli'r dydd. Pam, yn hytrach, na oddefwch gam? Pam, yn hytrach, na oddefwch golled? ⁸ Ond gwneud cam yr ydych chwi, peri colled yr ydych, a hynny i gydgredinwyr. ⁹ Oni wyddoch na

---

5:11 Neu, *Yn hytrach, ysgrifennu a wneuthum.*

chaiff yr anghyfiawn etifeddu teyrnas Dduw? Peidiwch â chymryd eich camarwain; ni chaiff puteinwyr, nac eilunaddolwyr, na godinebwyr, na rhai sy'n ymlygru â'u rhyw eu hunain, [10] na lladron, na rhai trachwantus, na meddwon, na difenwyr, na chribddeilwyr, etifeddu teyrnas Dduw. [11] A dyna oedd rhai ohonoch chwi; ond yr ydych wedi'ch golchi, a'ch sancteiddio, a'ch cyfiawnhau trwy enw'r Arglwydd Iesu Grist, a thrwy Ysbryd ein Duw ni.

Gogoneddwch Dduw yn eich Corff

[12] "Y mae popeth yn gyfreithlon i mi," meddwch; ond nid yw popeth er lles. "Y mae popeth yn gyfreithlon i mi," meddwch; ond ni chaiff dim fy nghaethiwo i. [13] "Y bwydydd i'r bol a'r bol i'r bwydydd," meddwch; ond fe ddifetha Duw y naill a'r llall. Eto, nid i buteindra y mae'r corff, ond i'r Arglwydd, a'r Arglwydd i'r corff. [14] Cyfododd Duw yr Arglwydd, ac fe'n cyfyd ninnau hefyd drwy ei allu. [15] Oni wyddoch mai aelodau Crist yw eich cyrff chwi? A gymeraf fi, felly, aelodau Crist a'u gwneud yn aelodau putain? Dim byth! [16] Neu oni wyddoch fod dyn sy'n ymlynu wrth butain yn un corff â hi? Oherwydd y mae'r Ysgrythur yn dweud, "Bydd y ddau yn un cnawd." [17] Ond y sawl sy'n ymlynu wrth yr Arglwydd, y mae'n un ysbryd ag ef. [18] Ffowch oddi wrth buteindra; pob pechod arall a wna rhywun, beth bynnag ydyw, y tu allan i'r corff y mae, ond y mae'r sawl sydd yn puteinio yn pechu yn erbyn ei gorff ei hun. [19] Neu, oni wyddoch fod eich corff yn deml i'r Ysbryd Glân sydd ynoch, yr hwn sydd gennych oddi wrth Dduw, ac nad yr eiddoch eich hunain mohonoch? [20] Oherwydd prynwyd chwi am bris. Felly gogoneddwch Dduw yn eich corff.

Problemau ynglŷn â Phriodas

7 Yn awr, ynglŷn â'r pethau yn eich llythyr. Peth da yw i ddyn beidio â chyffwrdd â gwraig. [2] Ond oherwydd yr anfoesoldeb rhywiol sy'n bod, bydded gan bob dyn ei wraig ei hun, a chan bob gwraig ei gŵr ei hun. [3] Dylai'r gŵr roi i'r wraig yr hyn sy'n ddyledus iddi, a'r un modd y wraig i'r gŵr. [4] Nid y wraig biau'r hawl ar ei chorff ei hun, ond y gŵr. A'r un modd, nid y gŵr biau'r hawl ar ei gorff ei hun, ond y wraig. [5] Peidiwch â gwrthod eich gilydd, oddieithr, efallai, ichwi gytuno ar hyn dros dro er mwyn ymroi i weddi, ac yna dod ynghyd eto, rhag i Satan eich temtio oherwydd eich diffyg ymatal. [6] Ond fel goddefiad yr wyf yn dweud hyn, nid fel gorchymyn. [7] Carwn pe bai pawb fel yr wyf fi fy hunan; ond y mae gan bob un ei ddawn ei hun oddi wrth Dduw, y naill fel hyn a'r llall fel arall.

[8] Yr wyf yn dweud wrth y rhai dibriod, a'r gwragedd gweddwon, mai peth da fyddai iddynt aros felly, fel finnau. [9] Ond os na allant ymatal, dylent briodi, oherwydd gwell priodi nag ymlosgi. [10] I'r rhai sydd wedi priodi yr wyf fi'n gorchymyn—na, nid fi, ond yr Arglwydd—nad yw'r wraig i ymadael â'i gŵr; [11] ond os bydd iddi ymadael, dylai aros yn ddibriod, neu gymodi â'i gŵr. A pheidied y gŵr ag ysgaru ei wraig. [12] Wrth y lleill yr wyf fi, nid yr Arglwydd, yn dweud: os bydd gan Gristion wraig ddi-gred, a hithau'n cytuno i fyw gydag ef, ni ddylai ei hysgaru. [13] Ac os bydd gan wraig ŵr di-gred, ac yntau'n cytuno i fyw gyda hi, ni ddylai ysgaru ei gŵr. [14] Oherwydd y mae'r gŵr di-gred wedi ei gysegru trwy ei wraig, a'r wraig ddi-gred wedi ei chysegru trwy ei gŵr o Gristion. Onid e, byddai eich plant yn halogedig. Ond fel y mae, y maent yn sanctaidd. [15] Ond os yw'r anghredadun am ymadael, gadewch i hwnnw neu honno fynd. Nid yw'r gŵr na'r wraig o Gristion, mewn achos felly, yn gaeth; i heddwch y mae Duw wedi eich galw. [16] Oherwydd sut y gwyddost, wraig, nad achubi di dy ŵr? Neu sut y gwyddost, ŵr, nad achubi di dy wraig?

Bywyd yn ôl Galwad Duw

[17] Beth bynnag am hynny, dalied pob un i fyw yn ôl y gyfran a gafodd gan yr Arglwydd, pob un yn ôl yr alwad a gafodd gan Dduw. Yr wyf yn gwneud hyn yn rheol yn yr holl eglwysi. [18] A gafodd rhywun ei alw ac yntau'n enwaededig?

Peidied â chuddio'i gyflwr. A gafodd rhywun ei alw ac yntau'n ddienwaededig? Peidied â cheisio enwaediad. ¹⁹ Nid enwaediad sy'n cyfrif, ac nid dienwaediad sy'n cyfrif, ond cadw gorchmynion Duw. ²⁰ Dylai pob un aros yn y cyflwr yr oedd ynddo pan gafodd ei alw. ²¹ Ai caethwas oeddit pan gefaist dy alw? Paid â phoeni; ond os gelli ennill dy ryddid, cymer dy gyfle, yn hytrach na pheidio.* ²² Oherwydd y sawl oedd yn gaeth pan alwyd ef i fod yn yr Arglwydd, un rhydd yr Arglwydd ydyw. Yr un modd, y sawl oedd yn rhydd pan alwyd ef, un caeth i Grist ydyw. ²³ Am bris y'ch prynwyd chwi. Peidiwch â mynd yn gaeth i feistriaid dynol. ²⁴ Gyfeillion, arhosed pob un gerbron Duw yn y cyflwr hwnnw yr oedd ynddo pan gafodd ei alw.

Y Rhai Dibriod a'r Gweddwon

²⁵ Ynglŷn â'r gwyryfon, nid oes gennyf orchymyn gan yr Arglwydd, ond yr wyf yn rhoi fy marn fel un y gellir, trwy drugaredd yr Arglwydd, ddibynnu arno. ²⁶ Yn fy meddwl i, peth da, yn wyneb yr argyfwng sydd yn pwyso arnom, yw i bob un aros fel y mae. ²⁷ A wyt yn rhwym wrth wraig? Paid â cheisio dy ryddhau. A wyt yn rhydd oddi wrth wraig? Paid â cheisio gwraig. ²⁸ Ond os priodi a wnei, ni fyddi wedi pechu. Ac os prioda gwyryf, ni fydd wedi pechu. Ond fe gaiff rhai felly flinder yn y bywyd hwn, ac am eich arbed yr wyf fi. ²⁹ Hyn yr wyf yn ei ddweud, gyfeillion: y mae'r amser wedi mynd yn brin. Am yr hyn sydd ar ôl ohono, bydded i'r rhai sydd â gwragedd ganddynt fod fel pe baent heb wragedd, ³⁰ a'r rhai sy'n wylo fel pe na baent yn wylo, a'r rhai sy'n llawenhau fel pe na baent yn llawenhau, a'r rhai sy'n prynu fel rhai heb feddu dim, ³¹ a'r rhai sy'n ymwneud â'r byd fel pe na baent yn ymwneud ag ef. Oherwydd mynd heibio y mae holl drefn y byd hwn. ³² Carwn ichwi fod heb ofalon. Y mae'r dyn dibriod yn gofalu am bethau'r Arglwydd, sut i foddhau'r Arglwydd. ³³ Ond y mae'r gŵr priod yn gofalu am bethau'r byd, sut i foddhau ei wraig, ³⁴ ac y mae'n cael ei dynnu y naill ffordd a'r llall. A'r ferch ddibriod a'r wyryf, y maent* yn gofalu am bethau'r Arglwydd, er mwyn bod yn sanctaidd mewn corff yn ogystal ag ysbryd. Ond y mae'r wraig briod yn pryderu am bethau'r byd, sut i foddhau ei gŵr. ³⁵ Yr wyf yn dweud hyn er eich lles chwi eich hunain; nid er mwyn eich dal yn ôl, ond er mwyn gwedduster, ac ymroddiad diwyro i'r Arglwydd.

³⁶ Os oes unrhyw un yn teimlo ei fod yn ymddwyn yn anweddaidd tuag at ei ddyweddi*, os yw ei nwydau'n rhy gryf* ac felly bod y peth yn anorfod, gwnaed yn ôl ei ddymuniad a bydded iddynt briodi; nid oes pechod yn hynny. ³⁷ Ond y sawl sydd yn aros yn gadarn ei feddwl, heb fod dan orfod, ond yn cadw ei ddymuniad dan reolaeth, ac yn penderfynu yn ei feddwl gadw ei ddyweddi* yn wyryf, bydd yn gwneud yn dda. ³⁸ Felly bydd yr hwn sydd yn priodi ei ddyweddi* yn gwneud yn dda, ond bydd y dyn nad yw'n priodi* yn gwneud yn well.

³⁹ Y mae gwraig yn rhwym i'w gŵr cyhyd ag y mae ef yn fyw. Ond os bydd ei gŵr farw, y mae'n rhydd i briodi pwy bynnag a fyn, dim ond iddi wneud hynny yn yr Arglwydd. ⁴⁰ Ond bydd yn ddedwyddach o aros fel y mae, yn ôl fy marn i. Ac yr wyf yn meddwl bod Ysbryd Duw gennyf fi hefyd.

Bwyd wedi ei Aberthu i Eilunod

8 Ynglŷn â bwyd sydd wedi ei aberthu i eilunod, y mae'n wir, fel y dywedwch, "fod gennym i gyd wybodaeth." Y mae "gwybodaeth" yn peri i rywun ymchwyddo, ond y mae cariad yn adeiladu. ² Os oes rhywun yn tybio iddo ddod i wybod rhywbeth, nid yw eto'n gwybod fel y dylai wybod. ³ Os oes

---

7:21 Neu, *a hyd yn oed os gelli ennill dy ryddid, manteisia, yn hytrach, ar gyfle dy gaethiwed.*

7:34 Yn ôl darlleniad arall, *sut i foddhau ei wraig. Ac y mae gwahaniaeth rhwng y wraig a'r wyryf. Y mae'r ferch ddibriod yn pryderu.*
7:36 Neu, *ei gymar mewn gwyryfdod.*
7:36 Neu, *tuag at ei ferch sy'n wyryf, os yw hi wedi hen gyrraedd oed priodi.*
7:37 Neu, *ei gymar.* Neu, *ei ferch.*
7:38 Neu, *yn priodi ei gymar.* Neu, *yn rhoi ei ferch i'w phriodi.*
7:38 Neu, *ei rhoi i'w phriodi.*

rhywun yn caru Duw,* y mae wedi ei adnabod gan Dduw. ⁴ Felly, ynglŷn â bwyta'r hyn sydd wedi ei aberthu i eilunod, gwyddom nad oes "dim eilun yn y cyfanfyd", ac nad oes "dim Duw ond un." ⁵ Oherwydd hyd yn oed os oes rhai a elwir yn dduwiau, naill ai yn y nef neu ar y ddaear—fel yn wir y mae "duwiau" lawer ac "arglwyddi" lawer— ⁶ eto, i ni, un Duw sydd—y Tad, ffynhonnell pob peth, a diben ein bod; ac un Arglwydd Iesu Grist—cyfrwng pob peth, a chyfrwng ein bywyd ni.

⁷ Ond nid yw'r wybodaeth hon gan bawb. Y mae rhai, oherwydd eu bod hyd yma wedi arfer ag eilunod, yn dal i fwyta'r bwyd fel peth wedi ei aberthu i eilunod; ac y mae eu cydwybod, gan ei bod yn wan, yn cael ei llygru. ⁸ Nid bwyd sy'n mynd i'n cymeradwyo ni i Dduw. Nid ydym ar ein colled o beidio â bwyta, nac ar ein hennill o fwyta. ⁹ Ond gwyliwch rhag i'r hawl yma sydd gennych fod yn achos cwymp mewn unrhyw fodd i'r rhai gwan. ¹⁰ Oherwydd os bydd i rywun dy weld di, sy'n meddu ar "wybodaeth", yn bwyta mewn teml eilunod, oni chadarnheir ei gydwybod, ac yntau'n wan, i fwyta pethau wedi eu haberthu i eilunod? ¹¹ Felly, trwy dy "wybodaeth" di, fe ddinistrir yr un gwan, dy gydgredadun y bu Crist farw drosto. ¹² Wrth bechu fel hyn yn erbyn eich cydgredinwyr, a chlwyfo'u cydwybod, a hithau'n wan, yr ydych yn pechu yn erbyn Crist. ¹³ Am hynny, os yw bwyd yn achos cwymp i'm cydgredadun, ni fwytâf fi gig byth, rhag i mi achosi cwymp i'm cydgredadun.

Hawliau Apostol

9 Onid wyf fi'n rhydd? Onid wyf yn apostol? Onid wyf wedi gweld Iesu, ein Harglwydd? Onid fy ngwaith i ydych chwi yn yr Arglwydd? ² Os nad wyf yn apostol i eraill, o leiaf yr wyf felly i chwi; oherwydd chwi yw sêl fy apostolaeth, yn yr Arglwydd.

³ Fy amddiffyniad i'r rhai sy'n eistedd mewn barn arnaf yw hyn: ⁴ onid oes gennym hawl i fwyta ac yfed? ⁵ Onid oes gennym hawl i fynd â gwraig sy'n Gristion o gwmpas gyda ni, fel y gwna'r apostolion eraill, a brodyr yr Arglwydd, a Ceffas? ⁶ Neu ai myfi a Barnabas yn unig sydd heb yr hawl i beidio â gweithio i ennill ein bywoliaeth? ⁷ Pwy fyddai byth yn rhoi gwasanaeth milwr ar ei draul ei hun? Pwy sy'n plannu gwinllan heb fwyta o'r ffrwyth? Pwy sy'n bugeilio praidd heb yfed o'r llaeth? ⁸ Ai ar awdurdod dynol yr wyf yn dweud hyn? Onid yw'r Gyfraith hefyd yn ei ddweud? ⁹ Oherwydd yng Nghyfraith Moses y mae'n ysgrifenedig: "Nid wyt i roi genfa am safn ych tra bydd yn dyrnu." Ai am ychen y mae gofal Duw? ¹⁰ Onid yw'n eglur mai er ein mwyn ni y mae'n ei ddweud? Ie, er ein mwyn ni yr ysgrifennwyd ef, oherwydd dylai'r arddwr aredig, a'r dyrnwr ddyrnu, mewn gobaith am gael cyfran o'r cnwd. ¹¹ Os ydym ni wedi hau had ysbrydol er eich lles chwi, a yw'n ormod inni fedi cnwd materol ar eich traul chwi? ¹² Os oes gan eraill ran yn yr hawl hon arnoch, oni ddylem ni fod â mwy?

Ond nid ydym wedi arfer yr hawl hon; yn hytrach, yr ydym yn goddef pob peth, rhag inni osod unrhyw rwystr ar ffordd Efengyl Crist. ¹³ Oni wyddoch fod y sawl sy'n cyflawni gwasanaethau'r deml yn cael eu bwyd o'r deml, a bod y rhai sy'n gweini wrth yr allor yn cael eu cyfran o aberthau'r allor? ¹⁴ Yn yr un modd hefyd, rhoddodd yr Arglwydd orchymyn i'r rhai sy'n cyhoeddi'r Efengyl, eu bod i fyw ar draul yr Efengyl. ¹⁵ Ond nid wyf fi wedi manteisio ar ddim o'r hawliau hyn. Ac nid er mwyn cael dim o'r fath i mi fy hun yr wyf yn ysgrifennu hyn. Byddai'n well gennyf farw na hynny. Ni chaiff neb droi fy ymffrost yn wagedd. ¹⁶ Oherwydd os wyf yn pregethu'r Efengyl, nid yw hynny'n achos ymffrost i mi, gan fod rheidrwydd wedi ei osod arnaf. Gwae fi os na phregethaf yr Efengyl! ¹⁷ Os o'm gwirfodd yr wyf yn gwneud hyn, y mae imi dâl; ond os o'm hanfodd, yr wyf yn gwneud gorchwyl sydd wedi ei ymddiried imi. ¹⁸ Beth, felly, yw fy nhâl? Hyn ydyw: fy mod, wrth bregethu'r Efengyl, yn ei chyflwyno am ddim, heb fanteisio o gwbl ar fy hawl yn yr Efengyl.

8:3 Yn ôl darlleniad arall, *Os oes rhywun yn caru.*

¹⁹ Oherwydd, er fy mod yn rhydd oddi wrth bawb, yr wyf wedi fy ngwneud fy hun yn gaethwas i bawb, er mwyn ennill rhagor ohonynt. ²⁰ I'r Iddewon, euthum fel Iddew, er mwyn ennill Iddewon. I'r rhai sydd dan y Gyfraith, fel un ohonynt hwy—er nad wyf fy hunan dan y Gyfraith—er mwyn ennill y rhai sydd dan y Gyfraith. ²¹ I'r rhai sydd heb y Gyfraith, fel un ohonynt hwythau—er nad wyf heb Gyfraith Duw, gan fy mod dan Gyfraith Crist—er mwyn ennill y rhai sydd heb y Gyfraith. ²² I'r gweiniaid, euthum yn wan, er mwyn ennill y gweiniaid. Yr wyf wedi mynd yn bob peth i bawb, er mwyn imi, mewn rhyw fodd neu'i gilydd, achub rhai. ²³ Dros yr Efengyl yr wyf yn gwneud pob peth, er mwyn i mi gael cydgyfranogi ynddi.

²⁴ Oni wyddoch am y rhai sy'n rhedeg mewn ras, eu bod i gyd yn rhedeg, ond mai un sy'n derbyn y wobr? Felly, rhedwch i ennill. ²⁵ Y mae pob mabolgampwr yn arfer hunanreolaeth ym mhopeth; y maent hwy, yn wir, yn gwneud hynny er mwyn ennill torch lygradwy, ond y mae i ni un sy'n anllygradwy. ²⁶ Yr wyf fi, gan hynny, yn rhedeg fel un sydd â'r nod yn sicr o'i flaen. Yr wyf yn cwffio, nid fel un sy'n curo'r awyr â'i ddyrnau. ²⁷ Yr wyf yn cernodio fy nghorff, ac yn ei gaethiwo, rhag i mi, sydd wedi pregethu i eraill, fy nghael fy hun yn wrthodedig.

Rhybudd Rhag Eilunaddoliaeth

10 Yr wyf am i chwi wybod, fy nghyfeillion, i'n hynafiaid i gyd fod dan y cwmwl, iddynt i gyd fynd drwy'r môr, ² iddynt i gyd gael* eu bedyddio i Moses yn y cwmwl ac yn y môr, ³ iddynt i gyd fwyta'r un bwyd ysbrydol ⁴ ac yfed yr un ddiod ysbrydol; oherwydd yr oeddent yn yfed o'r graig ysbrydol oedd yn eu dilyn. A Christ oedd y graig honno. ⁵ Eto nid oedd y rhan fwyaf ohonynt wrth fodd Duw; oherwydd fe'u gwasgarwyd hwy'n gyrff yn yr anialwch. ⁶ Digwyddodd y pethau hyn yn esiamplau i ni, i'n rhybuddio rhag chwenychu pethau drwg, fel y gwnaethant hwy. ⁷ Peidiwch â bod yn eilunaddolwyr, fel rhai ohonynt hwy; fel y mae'n ysgrifenedig, "Eisteddodd y bobl i fwyta ac yfed, a chodi i gyfeddach." ⁸ Peidiwn chwaith â chyflawni anfoesoldeb rhywiol, fel y gwnaeth rhai ohonynt hwy—a syrthiodd tair mil ar hugain mewn un diwrnod. ⁹ Peidiwn â gosod Crist* ar ei brawf, fel y gwnaeth rhai ohonynt hwy—ac fe'u difethwyd gan seirff. ¹⁰ Peidiwch â grwgnach, fel y gwnaeth rhai ohonynt hwy—ac fe'u difethwyd gan y Dinistrydd. ¹¹ Yn awr, digwyddodd y pethau hyn iddynt hwy fel esiamplau, ac fe'u hysgrifennwyd fel rhybudd i ni, rhai y daeth terfyn yr oesoedd arnom. ¹² Felly, bydded i'r sawl sy'n tybio ei fod yn sefyll, wylio rhag iddo syrthio. ¹³ Nid oes un prawf wedi dod ar eich gwarthaf nad yw'n gyffredin i bawb. Y mae Duw'n ffyddlon, ac ni fydd ef yn gadael ichwi gael eich profi y tu hwnt i'ch gallu; yn wir, gyda'r prawf, fe rydd ef ddihangfa hefyd, a'ch galluogi i ymgynnal dano.

¹⁴ Felly, fy nghyfeillion annwyl, ffowch oddi wrth eilunaddoliaeth. ¹⁵ Yr wyf yn siarad â chwi fel pobl synhwyrol; barnwch chwi'r hyn yr wyf yn ei ddweud. ¹⁶ Cwpan y fendith yr ydym yn ei fendithio, onid cyfranogiad o waed Crist ydyw? A'r bara yr ydym yn ei dorri, onid cyfranogiad o gorff Crist ydyw? ¹⁷ Gan mai un yw'r bara, yr ydym ni, a ninnau'n llawer, yn un corff, oherwydd yr ydym i gyd yn cyfranogi o'r un bara. ¹⁸ Edrychwch ar yr Israel hanesyddol. Onid yw'r rhai sy'n bwyta'r ebyrth yn gyfranogion o'r allor? ¹⁹ Beth, felly, yr wyf yn ei ddweud? Bod bwyd sydd wedi ei aberthu i eilunod yn rhywbeth? Neu fod eilun yn rhywbeth? ²⁰ Nage, ond mai i gythreuliaid, ac nid i Dduw, y maent* yn aberthu eu hebyrth, ac na fynnwn i chwi fod yn gyfranogion o gythreuliaid.* ²¹ Ni allwch yfed cwpan yr Arglwydd a chwpan cythreuliaid; ni allwch gyfranogi o fwrdd yr Arglwydd ac o fwrdd cythreuliaid. ²² A ydym yn mynnu cyffroi eiddigedd yr Arglwydd? A ydym yn gryfach nag ef?

10:2 Yn ôl darlleniad arall, *i gyd gymryd.*
10:9 Yn ôl darlleniad arall, *gosod yr Arglwydd.*
10:20 Yn ôl darlleniad arall, *y mae'r paganiaid.*
10:20 Neu, *yn gydgyfrannog â chythreuliaid.*

Gwnewch Bopeth er Gogoniant Duw

23 "Y mae popeth yn gyfreithlon," meddwch; ond nid yw popeth er lles. "Y mae popeth yn gyfreithlon," meddwch; ond nid yw popeth yn adeiladu. 24 Peidied neb â cheisio'i les ei hun, ond lles ei gymydog. 25 Bwytewch bopeth a werthir yn y farchnad gig, heb holi'n fanwl yn ei gylch ar dir cydwybod. 26 Oherwydd eiddo'r Arglwydd yw'r ddaear a'i llawnder. 27 Os cewch wahoddiad gan anghredadun, ac os oes awydd arnoch fynd, bwytewch bopeth a osodir ger eich bron, heb holi'n fanwl yn ei gylch ar dir cydwybod. 28 Ond os dywed rhywun wrthych, "Peth wedi ei offrymu yn aberth yw hwn", peidiwch â'i fwyta, er mwyn y sawl a alwodd eich sylw at y peth, ac er mwyn cydwybod; 29 nid eich cydwybod chwi yr wyf yn ei olygu, ond cydwybod y llall. Pam, yn wir, y mae fy rhyddid i yn cael ei farnu gan gydwybod rhywun arall? 30 Os wyf fi'n cymryd fy mwyd â diolch, pam y ceir bai arnaf ar gyfrif bwyd yr wyf yn diolch i Dduw amdano? 31 Felly, beth bynnag a wnewch, prun ai bwyta, neu yfed, neu unrhyw beth arall, gwnewch bopeth er gogoniant Duw. 32 Peidiwch â bod yn achos tramgwydd i'r Iddewon na'r Groegiaid, nac i eglwys Dduw. 33 Byddwch yn debyg i'r hyn wyf fi; yr wyf fi'n ceisio boddhau pawb ym mhob peth, heb geisio fy lles fy hun, ond lles y lliaws, iddynt gael eu hachub.

11 Byddwch yn efelychwyr ohonof fi, fel yr wyf finnau o Grist.

Gorchuddio Pennau Gwragedd

2 Yr wyf yn eich canmol chwi am eich bod yn fy nghofio ym mhob peth, ac yn cadw'r traddodiadau fel y traddodais hwy ichwi. 3 Ond yr wyf am ichwi wybod mai pen* pob gŵr yw Crist, ac mai pen y wraig yw'r gŵr, ac mai pen Crist yw Duw. 4 Y mae pob gŵr sy'n gweddïo neu'n proffwydo â rhywbeth am ei ben yn gwaradwyddo'i ben. 5 Ond y mae pob gwraig sy'n gweddïo neu'n proffwydo heb orchudd ar ei phen yn gwaradwyddo'i phen; y mae hi'n union fel merch sydd wedi ei heillio. 6 Oherwydd os yw gwraig heb orchuddio'i phen, yna fe ddylai hi dorri ei gwallt yn llwyr. Ond os yw'n waradwydd i wraig dorri ei gwallt neu eillio ei phen, fe ddylai hi wisgo gorchudd. 7 Ni ddylai gŵr orchuddio'i ben, ac yntau ar ddelw Duw ac yn ddrych o'i ogoniant ef. Ond drych o ogoniant y gŵr yw'r wraig. 8 Oherwydd nid y gŵr a ddaeth o'r wraig, ond y wraig o'r gŵr. 9 Ac ni chrewyd y gŵr er mwyn y wraig, ond y wraig er mwyn y gŵr. 10 Am hynny, dylai'r wraig gael arwydd awdurdod* ar ei phen, o achos yr angylion. 11 Beth bynnag am hynny, yn yr Arglwydd y mae'r gŵr yn angenrheidiol i'r wraig a'r wraig yn angenrheidiol i'r gŵr. 12 Oherwydd fel y daeth y wraig o'r gŵr, felly hefyd y daw'r gŵr drwy'r wraig. A daw'r cwbl o Dduw. 13 Barnwch drosoch eich hunain: a yw'n weddus i wraig weddïo ar Dduw heb orchudd ar ei phen? 14 Onid yw natur ei hun yn eich dysgu mai anfri yw i ddyn dyfu ei wallt yn hir, 15 ond mai gogoniant gwraig yw tyfu ei gwallt hi'n hir? Oherwydd rhoddwyd ei gwallt iddi hi i fod yn fantell iddi. 16 Ond os myn neb fod yn gecrus, nid oes gennym ni unrhyw arfer o'r fath, na chan eglwysi Duw chwaith.

Difrïo Swper yr Arglwydd

17 Ond wrth eich cyfarwyddo, dyma rywbeth nad wyf yn ei ganmol ynoch, eich bod yn ymgynnull, nid er gwell, ond er gwaeth. 18 Yn gyntaf, pan fyddwch yn ymgynnull fel eglwys, yr wyf yn clywed bod ymraniadau yn eich plith, ac rwy'n credu bod peth gwir yn hyn. 19 Oherwydd y mae pleidiau yn eich plith yn anghenraid, er mwyn i'r rhai dilys yn eich mysg ddod i'r golwg. 20 Felly, pan fyddwch yn ymgynnull, nid swper yr Arglwydd y byddwch yn ei fwyta, 21 oherwydd yn y bwyta y mae pob un yn rhuthro i gymryd ei swper ei hun, ac y mae eisiau bwyd ar un, ac un arall yn feddw. 22 Onid oes gennych dai i fwyta

---

11:3 Neu, *tarddiad*. **11:10** Yn ôl darlleniad arall, *gael gorchudd*.

ac yfed ynddynt? Neu a ydych yn mynnu dirmygu eglwys Dduw, a pheri cywilydd i'r rhai sydd heb ddim? Beth a ddywedaf wrthych? A wyf i'ch canmol? Yn hyn o beth, nid wyf yn eich canmol.

Sefydlu Swper yr Arglwydd

Mth. 26:26–29; Mc. 14:22–25; Lc. 22:14–20

²³ Oherwydd fe dderbyniais i oddi wrth yr Arglwydd yr hyn hefyd a draddodais i chwi: i'r Arglwydd Iesu, y nos y bradychwyd ef, gymryd bara; ²⁴ ac wedi iddo ddiolch, fe'i torrodd, a dweud, "Hwn yw fy nghorff, sydd* er eich mwyn chwi. Gwnewch hyn er cof amdanaf." ²⁵ Yr un modd hefyd fe gymerodd y cwpan, ar ôl swper, gan ddweud, "Y cwpan hwn yw'r cyfamod newydd yn fy ngwaed i. Gwnewch hyn, bob tro yr yfwch ef, er cof amdanaf." ²⁶ Oherwydd bob tro y byddwch yn bwyta'r bara hwn ac yn yfed y cwpan hwn, yr ydych yn cyhoeddi marwolaeth yr Arglwydd, hyd nes y daw.

Cyfranogi o'r Swper yn Annheilwng

²⁷ Felly, pwy bynnag fydd yn bwyta'r bara neu'n yfed cwpan yr Arglwydd yn annheilwng, bydd yn euog o drosedd yn erbyn corff a gwaed yr Arglwydd. ²⁸ Bydded i bob un ei holi ei hunan, ac felly bwyta o'r bara ac yfed o'r cwpan. ²⁹ Oherwydd y mae'r sawl sydd yn bwyta ac yn yfed, os nad yw'n dirnad y corff, yn bwyta ac yn yfed barn arno'i hun. ³⁰ Dyna pam y mae llawer yn eich plith yn wan ac yn glaf, a chryn nifer wedi marw. ³¹ Ond pe baem yn ein barnu ein hunain yn iawn, ni fyddem yn dod dan farn. ³² Ond pan fernir ni gan yr Arglwydd, cael ein disgyblu yr ydym, rhag i ni gael ein condemnio gyda'r byd. ³³ Felly, fy nghyfeillion, pan fyddwch yn ymgynnull i fwyta, arhoswch am eich gilydd. ³⁴ Os bydd ar rywun eisiau bwyd, dylai fwyta gartref, rhag i'ch ymgynulliad arwain i farn arnoch. Ond am y pethau eraill, caf roi trefn arnynt pan ddof atoch.

Doniau Ysbrydol

12 Ynglŷn â doniau ysbrydol, gyfeillion, nid wyf am ichwi fod yn anwybodus yn eu cylch. ² Fe wyddoch sut y byddech yn cael eich ysgubo i ffwrdd at eilunod mud, pan oeddech yn baganiaid. ³ Am hynny, yr wyf yn eich hysbysu nad yw neb sydd yn llefaru trwy Ysbryd Duw yn dweud, "Melltith ar Iesu!" Ac ni all neb ddweud, "Iesu yw'r Arglwydd!" ond trwy yr Ysbryd Glân.

⁴ Y mae amrywiaeth doniau, ond yr un Ysbryd sy'n eu rhoi; ⁵ ac y mae amrywiaeth gweinidogaethau, ond yr un Arglwydd sy'n eu rhoi; ⁶ ac y mae amrywiaeth gweithrediadau, ond yr un Duw sydd yn gweithredu pob peth ym mhawb. ⁷ Rhoddir amlygiad o'r Ysbryd i bob un, er lles pawb. ⁸ Oherwydd fe roddir i un, trwy'r Ysbryd, lefaru doethineb; i un arall, lefaru gwybodaeth, yn ôl yr un Ysbryd; ⁹ i un arall rhoddir ffydd, trwy'r un Ysbryd; i un arall ddoniau iacháu, trwy'r un Ysbryd; ¹⁰ i un arall gyflawni gwyrthiau, i un arall broffwydo, i un arall wahaniaethu rhwng ysbrydoedd, i un arall lefaru â thafodau, i un arall ddehongli tafodau. ¹¹ A'r holl bethau hyn, yr un a'r unrhyw Ysbryd sydd yn eu gweithredu, gan rannu, yn ôl ei ewyllys, i bob un ar wahân.

Llawer o Aelodau mewn Un Corff

¹² Oherwydd fel y mae'r corff yn un, a chanddo lawer o aelodau, a'r rheini oll, er eu bod yn llawer, yn un corff, fel hyn y mae Crist hefyd. ¹³ Oherwydd mewn un Ysbryd y cawsom i gyd ein bedyddio i un corff, boed yn Iddewon neu yn Roegiaid, yn gaethweision neu yn rhyddion, a rhoddwyd i bawb ohonom un Ysbryd i'w yfed. ¹⁴ Oherwydd nid un aelod yw'r corff, ond llawer. ¹⁵ Os dywed y troed, "Gan nad wyf yn llaw, nid wyf yn rhan o'r corff", nid yw am hynny heb fod yn rhan o'r corff. ¹⁶ Ac os dywed y glust, "Gan nad wyf yn llygad, nid wyf yn rhan o'r corff", nid yw am hynny heb fod yn rhan o'r corff. ¹⁷ Petai'r holl gorff yn llygad, lle byddai'r clyw? Petai'r cwbl yn glyw, lle byddai'r arogli? ¹⁸ Ond fel y mae,

---

11:24 Yn ôl darlleniad arall, *sydd yn cael ei dorri*.

gosododd Duw yr aelodau, bob un ohonynt, yn y corff fel y gwelodd ef yn dda. [19] Pe baent i gyd yn un aelod, lle byddai'r corff? [20] Ond fel y mae, llawer yw'r aelodau, ond un yw'r corff. [21] Ni all y llygad ddweud wrth y llaw, "Nid oes arnaf dy angen di", na'r pen chwaith wrth y traed, "Nid oes arnaf eich angen chwi." [22] I'r gwrthwyneb yn hollol, y mae'r aelodau hynny o'r corff sy'n ymddangos yn wannaf yn angenrheidiol; [23] a'r rhai sydd leiaf eu parch yn ein tyb ni, yr ydym yn amgylchu'r rheini â pharch neilltuol; ac y mae ein haelodau anweddaidd yn cael gwedduster neilltuol. [24] Ond nid oes ar ein haelodau gweddus angen hynny. Gosododd Duw y corff wrth ei gilydd, gan roi parchusrwydd neilltuol i'r aelod oedd heb ddim parch, [25] rhag bod ymraniad yn y corff, ac er mwyn i'r holl aelodau gymryd yr un gofal dros ei gilydd. [26] Os bydd un aelod yn dioddef, y mae pob aelod yn cyd-ddioddef; neu os bydd un aelod yn cael ei anrhydeddu, y mae pob aelod yn cydlawenhau.

[27] Yn awr, chwi yw corff Crist, ac y mae i bob un ohonoch ei le fel aelod. [28] Ymhlith y rhain y mae Duw wedi gosod yn yr eglwys, yn gyntaf apostolion, yn ail broffwydi, yn drydydd athrawon, yna cyflawni gwyrthiau, yna doniau iacháu, cynorthwyo, cyfarwyddo, llefaru â thafodau. [29] A yw pawb yn apostol? A yw pawb yn broffwyd? A yw pawb yn athro? A yw pawb yn cyflawni gwyrthiau? [30] A oes gan bawb ddoniau iacháu? A yw pawb yn llefaru â thafodau? A yw pawb yn dehongli? [31] Ond rhowch eich bryd ar y doniau gorau.

Cariad

Ac yr wyf am ddangos i chwi ffordd ragorach fyth.

13 Os llefaraf â thafodau meidrolion ac angylion, a heb fod gennyf gariad, efydd swnllyd ydwyf, neu symbal aflafar. [2] Ac os oes gennyf ddawn proffwydo, ac os wyf yn gwybod y dirgelion i gyd, a phob gwybodaeth, ac os oes gennyf gymaint o ffydd nes gallu symud mynyddoedd, a heb fod gennyf gariad, nid wyf ddim. [3] Ac os rhof fy holl feddiannau i borthi eraill, ac os rhof fy nghorff yn aberth, a hynny er mwyn ymffrostio,* a heb fod gennyf gariad, ni wna hyn ddim lles imi.

[4] Y mae cariad yn amyneddgar; y mae cariad yn gymwynasgar; nid yw cariad yn cenfigennu, nid yw'n ymffrostio, nid yw'n ymchwyddo. [5] Nid yw'n gwneud dim sy'n anweddus, nid yw'n ceisio ei ddibenion ei hun, nid yw'n gwylltio, nid yw'n cadw cyfrif o gam; [6] nid yw'n cael llawenydd mewn anghyfiawnder, ond y mae'n cydlawenhau â'r gwirionedd. [7] Y mae'n goddef i'r eithaf, yn credu i'r eithaf, yn gobeithio i'r eithaf, yn dal ati i'r eithaf.

[8] Nid yw cariad yn darfod byth. Ond proffwydoliaethau, fe'u diddymir hwy; a thafodau, bydd taw arnynt hwy; a gwybodaeth, fe'i diddymir hithau. [9] Oherwydd anghyflawn yw ein gwybod ni, ac anghyflawn ein proffwydo ni. [10] Ond pan ddaw'r hyn sy'n gyflawn, fe ddiddymir yr hyn sy'n anghyflawn. [11] Pan oeddwn yn blentyn, fel plentyn yr oeddwn yn llefaru, fel plentyn yr oeddwn yn meddwl, fel plentyn yr oeddwn yn rhesymu. Ond wedi dod yn ddyn, yr wyf wedi rhoi heibio bethau'r plentyn. [12] Yn awr, gweld mewn drych yr ydym, a hynny'n aneglur; ond yna cawn weld wyneb yn wyneb. Yn awr, anghyflawn yw fy ngwybod; ond yna, caf adnabod fel y cefais innau fy adnabod. [13] Mewn gair, y mae ffydd, gobaith, cariad, y tri hyn, yn aros. A'r mwyaf o'r rhain yw cariad.

Dawn Tafodau a Dawn Proffwydo

14 Dilynwch gariad yn daer, a rhowch eich bryd ar y doniau ysbrydol, yn enwedig dawn proffwydo. [2] Oherwydd y mae'r sawl sydd yn llefaru â thafodau yn llefaru, nid wrth bobl, ond wrth Dduw. Nid oes unrhyw un yn ei ddeall; llefaru pethau dirgel y mae, yn yr Ysbryd. [3] Ond y mae'r sawl sy'n proffwydo yn llefaru wrth bobl bethau sy'n eu hadeiladu a'u calonogi a'u

---

13:3 Yn ôl darlleniad arall, *fy nghorff i'w losgi.*

cysuro. ⁴ Y mae'r sawl sy'n llefaru â thafodau yn ei adeiladu ei hun, ond y mae'r sawl sy'n proffwydo yn adeiladu'r eglwys. ⁵ Mi hoffwn ichwi i gyd lefaru â thafodau, ond yn fwy byth ichwi broffwydo. Y mae'r sawl sy'n proffwydo yn well na'r sawl sy'n llefaru â thafodau, os na all ddehongli'r hyn y mae'n ei ddweud, er mwyn i'r eglwys gael adeiladaeth.

⁶ Yn awr, gyfeillion, os dof atoch gan lefaru â thafodau, pa les a wnaf i chwi, os na ddywedaf rywbeth wrthych sy'n ddatguddiad, neu'n wybodaeth, neu'n broffwydoliaeth, neu'n hyfforddiant? ⁷ Ystyriwch offerynnau difywyd sy'n cynhyrchu sŵn, fel ffliwt neu delyn; os na seiniant eu nodau eglur eu hunain, sut y mae gwybod beth sy'n cael ei ganu arnynt? ⁸ Ac os yw'r utgorn yn rhoi nodyn aneglur, pwy sy'n mynd i'w arfogi ei hun i frwydr? ⁹ Felly chwithau: wrth lefaru â thafodau, os na thraethwch air y gellir ei ddeall, pa fodd y gall neb wybod beth a ddywedir? Malu awyr y byddwch. ¹⁰ Mor niferus yw'r mathau o ieithoedd sydd yn y byd! Ac nid oes unman heb iaith. ¹¹ Ond os nad wyf yn deall ystyr y siaradwr, byddaf yn farbariad aflafar iddo, ac yntau i minnau. ¹² Gan eich bod chwi, felly, a'ch bryd ar ddoniau'r Ysbryd, ceisiwch gyflawnder o'r rhai sy'n adeiladu'r eglwys. ¹³ Felly, bydded i'r sawl sy'n llefaru â thafodau weddïo am y gallu i ddehongli. ¹⁴ Oherwydd os byddaf yn gweddïo â thafodau, y mae fy ysbryd yn gweddïo, ond y mae fy meddwl yn ddiffrwyth. ¹⁵ Beth a wnaf, felly? Mi weddïaf â'm hysbryd, ond mi weddïaf â'm deall hefyd. Mi ganaf â'r ysbryd, ond mi ganaf â'r deall hefyd. ¹⁶ Onid e, os byddi'n moliannu â'r ysbryd, pa fodd y gall rhywun sydd heb ei hyfforddi ddweud yr "Amen" i'r diolch yr wyt yn ei roi, os nad yw'n deall beth yr wyt yn ei ddweud? ¹⁷ Yr wyt ti'n wir yn rhoi'r diolch yn ddigon da, ond nid yw'r llall yn cael ei adeiladu. ¹⁸ Diolch i Dduw, yr wyf fi'n llefaru â thafodau yn fwy na chwi i gyd. ¹⁹ Ond yn yr eglwys, y mae'n well gennyf lefaru pum gair â'm deall, er mwyn hyfforddi eraill, na deng mil o eiriau â thafodau.

²⁰ Fy nghyfeillion, peidiwch â bod yn blantos o ran deall; byddwch yn fabanod o ran drygioni, ond yn aeddfed o ran deall. ²¹ Y mae'n ysgrifenedig yn y Gyfraith:

" ' Trwy rai o dafodau dieithr,
ac â gwefusau estroniaid,
y llefaraf wrth y bobl hyn,
ac eto ni wrandawant arnaf,'

medd yr Arglwydd." ²² Arwyddion yw tafodau, felly, nid i gredinwyr, ond i anghredinwyr; ond proffwydoliaeth, nid i anghredinwyr y mae, ond i gredinwyr. ²³ Felly, pan ddaw holl aelodau'r eglwys ynghyd i'r un lle, os bydd pawb yn llefaru â thafodau, a phobl heb eu hyfforddi, neu anghredinwyr, yn dod i mewn, oni ddywedant eich bod yn wallgof? ²⁴ Ond os bydd pawb yn proffwydo, ac anghredadun neu rywun heb ei hyfforddi yn dod i mewn, fe'i hargyhoeddir gan bawb, a'i ddwyn i farn gan bawb; ²⁵ daw pethau cuddiedig ei galon i'r amlwg, ac felly bydd yn syrthio ar ei wyneb ac yn addoli Duw a dweud, "Y mae Duw yn wir yn eich plith."

Popeth i'w Wneud mewn Trefn

²⁶ Beth amdani, ynteu, gyfeillion? Pan fyddwch yn ymgynnull, bydd gan bob un ei salm, ei air o hyfforddiant, ei ddatguddiad, ei lefaru â thafodau, ei ddehongliad. Gadewch i bob peth fod er adeiladaeth. ²⁷ Os oes rhywun yn llefaru â thafodau, bydded i ddau yn unig, neu dri ar y mwyaf, lefaru, a phob un yn ei dro; a bydded i rywun ddehongli. ²⁸ Os nad oes dehonglydd yn bresennol, bydded y llefarydd yn ddistaw yn y gynulleidfa, a llefaru wrtho'i hun ac wrth Dduw. ²⁹ Dim ond dau neu dri o'r proffwydi sydd i lefaru, a'r lleill i bwyso'r neges. ³⁰ Os daw datguddiad i rywun arall sy'n eistedd gerllaw, bydded i'r proffwyd sy'n llefaru dewi. ³¹ Oherwydd gall pawb ohonoch broffwydo, bob yn un, er mwyn i bawb gael addysg a chysur. ³² Ac y mae ysbryd pob proffwyd yn ddarostyngedig i'r proffwyd. ³³ Nid Duw anhrefn yw Duw, ond Duw heddwch.

Yn ôl y drefn ym mhob un o eglwysi'r saint, ³⁴ dylai'r gwragedd fod yn ddistaw yn yr eglwysi, oherwydd ni chaniateir iddynt lefaru. Dylent fod yn ddarostyngedig, fel y mae'r Gyfraith hefyd yn dweud. ³⁵ Os ydynt am gael gwybod rhywbeth, dylent ofyn i'w gwŷr eu hunain gartref, oherwydd peth anweddus yw i wraig lefaru yn y gynulleidfa. ³⁶ Ai oddi wrthych chwi y cychwynnodd gair Duw? Neu ai atoch chwi yn unig y cyrhaeddodd?

³⁷ Os oes rhywun ohonoch yn tybio ei fod yn broffwyd, neu'n rhywun ysbrydol, dylai gydnabod mai gorchymyn yr Arglwydd yw'r hyn yr wyf yn ei ysgrifennu atoch. ³⁸ Os oes rhai nad ydynt yn cydnabod hynny, ni chânt hwythau eu cydnabod.* ³⁹ Felly, fy nghyfeillion, rhowch eich bryd ar broffwydo, a pheidiwch â gwahardd llefaru â thafodau. ⁴⁰ Dylid gwneud popeth yn weddus ac mewn trefn.

Atgyfodiad Crist

15 Yr wyf am eich atgoffa, gyfeillion, am yr Efengyl a bregethais i chwi ac a dderbyniasoch chwithau, yr Efengyl sydd yn sylfaen eich bywyd ² ac yn foddion eich iachawdwriaeth. A ydych yn dal i lynu wrth yr hyn a bregethais? Onid e, yn ofer y credasoch. ³ Oherwydd, yn y lle cyntaf, traddodais i chwi yr hyn a dderbyniais: i Grist farw dros ein pechodau ni, yn ôl yr Ysgrythurau; ⁴ iddo gael ei gladdu, a'i gyfodi y trydydd dydd, yn ôl yr Ysgrythurau; ⁵ ac iddo ymddangos i Ceffas, ac yna i'r Deuddeg. ⁶ Yna, ymddangosodd i fwy na phum cant o'i ddilynwyr ar unwaith—ac y mae'r mwyafrif ohonynt yn fyw hyd heddiw, er bod rhai wedi huno. ⁷ Yna, ymddangosodd i Iago, yna i'r holl apostolion. ⁸ Yn ddiwethaf oll, fe ymddangosodd i minnau hefyd, fel i ryw erthyl o apostol. ⁹ Oherwydd y lleiaf o'r apostolion wyf fi, un nad wyf deilwng i'm galw yn apostol, gan imi erlid eglwys Dduw. ¹⁰ Ond trwy ras Duw yr wyf yr hyn ydwyf, ac ni bu ei ras ef tuag ataf yn ofer. Yn wir, mi lafuriais yn helaethach na hwy i gyd—eto nid myfi, ond gras Duw, a oedd gyda mi. ¹¹ Ond prun bynnag ai myfi ai hwy, felly yr ydym yn pregethu, ac felly y credasoch chwithau.

Atgyfodiad y Meirw

¹² Yn awr, os pregethir Crist, ei fod wedi ei gyfodi oddi wrth y meirw, sut y mae rhai yn eich plith yn dweud nad oes atgyfodiad y meirw? ¹³ Os nad oes atgyfodiad y meirw, nid yw Crist wedi ei gyfodi chwaith. ¹⁴ Ac os nad yw Crist wedi ei gyfodi, gwagedd yw'r hyn a bregethir gennym ni, a gwagedd hefyd yw eich ffydd chwi, ¹⁵ a ninnau hefyd wedi ein cael yn dystion twyllodrus i Dduw, am ein bod wedi tystiolaethu iddo gyfodi Crist—ac yntau heb wneud hynny, os yw'n wir nad yw'r meirw'n cael eu cyfodi. ¹⁶ Oherwydd os nad yw'r meirw'n cael eu cyfodi, nid yw Crist wedi ei gyfodi chwaith. ¹⁷ Ac os nad yw Crist wedi ei gyfodi, ofer yw eich ffydd, ac yn eich pechodau yr ydych o hyd. ¹⁸ Y mae'n dilyn hefyd fod y rhai a hunodd yng Nghrist wedi darfod amdanynt. ¹⁹ Os ar gyfer y bywyd hwn yn unig yr ydym wedi gobeithio yng Nghrist,* nyni yw'r bobl fwyaf truenus o bawb.

²⁰ Ond y gwir yw fod Crist wedi ei gyfodi oddi wrth y meirw, yn flaenffrwyth y rhai sydd wedi huno. ²¹ Gan mai trwy ddyn y daeth marwolaeth, trwy ddyn hefyd y daeth atgyfodiad y meirw. ²² Oherwydd fel y mae pawb yn marw yn Adda, felly hefyd y gwneir pawb yn fyw yng Nghrist. ²³ Ond pob un yn ei briod drefn: Crist y blaenffrwyth, ac yna, ar ei ddyfodiad ef, y rhai sy'n eiddo Crist. ²⁴ Yna daw'r diwedd, pan fydd Crist yn traddodi'r deyrnas i Dduw'r Tad, ar ôl iddo ddileu pob tywysogaeth, a phob awdurdod a gallu. ²⁵ Oherwydd y mae'n rhaid iddo ef ddal i deyrnasu nes iddo osod ei holl elynion dan ei draed. ²⁶ Y gelyn olaf a ddilëir yw angau. ²⁷ Oherwydd, yng ngeiriau'r Ysgrythur, "darostyngodd bob peth dan ei draed ef." Ond pan yw'n dweud bod pob peth wedi ei ddarostwng, y mae'n amlwg nad yw hyn yn cynnwys Duw, yr un sydd

---

14:38 Yn ôl darlleniad arall, *hynny, gadewch iddo beidio â'i gydnabod.*

15:19 Neu, *bywyd hwn, yr unig beth sydd gennym yng Nghrist yw gobaith.*

wedi darostwng pob peth iddo ef. ²⁸ Ond pan fydd pob peth wedi ei ddarostwng i'r Mab, yna fe ddarostyngir y Mab yntau i'r hwn a ddarostyngodd bob peth iddo ef, ac felly Duw fydd oll yn oll.

²⁹ Os nad oes atgyfodiad, beth a wna'r rhai hynny a fedyddir dros y meirw? Os nad yw'r meirw'n cael eu cyfodi o gwbl, i ba bwrpas y bedyddir hwy drostynt? ³⁰ Ac i ba ddiben yr ydym ninnau hefyd mewn perygl bob awr? ³¹ Yr wyf yn marw beunydd! Y mae hyn cyn wired â bod gennyf ymffrost ynoch, gyfeillion, yng Nghrist Iesu ein Harglwydd. ³² Os fel dyn cyffredin yr ymleddais â bwystfilod yn Effesus,* pa elw fyddai hyn imi? Os na chyfodir y meirw,

"Gadewch inni fwyta ac yfed,
canys yfory byddwn farw."

³³ Peidiwch â chymryd eich camarwain:

"Y mae cwmni drwg yn llygru
cymeriad da."

³⁴ Deffrowch i'ch iawn bwyll, a chefnwch ar bechod. Oherwydd y mae rhai na wyddant ddim am Dduw. I godi cywilydd arnoch yr wyf yn dweud hyn.

Corff yr Atgyfodiad

³⁵ Ond bydd rhywun yn dweud: "Pa fodd y mae'r meirw'n cael eu cyfodi? Â pha fath gorff y byddant yn dod?" ³⁶ Y ffŵl! Beth am yr had yr wyt ti yn ei hau? Ni roddir bywyd iddo heb iddo farw yn gyntaf. ³⁷ A'r hyn yr wyt yn ei hau, nid y corff a fydd ydyw, ond gronyn noeth, o wenith efallai, neu o ryw rawn arall. ³⁸ Ond Duw, yn ôl ei ewyllys ei hun, sydd yn rhoi corff iddo, i bob un o'r hadau ei gorff ei hun. ³⁹ Oherwydd nid yr un cnawd yw pob cnawd, ond un peth yw cnawd dynion, peth arall yw cnawd anifeiliaid, peth arall yw cnawd adar, a pheth arall yw cnawd pysgod. ⁴⁰ Y mae hefyd gyrff nefol a chyrff daearol, ond un peth yw gogoniant y rhai nefol, a pheth gwahanol yw gogoniant y rhai daearol. ⁴¹ Un peth yw gogoniant yr haul, a pheth arall yw gogoniant y lloer, a pheth arall yw gogoniant y sêr. Yn wir, y mae rhagor rhwng seren a seren mewn gogoniant.

⁴² Felly hefyd y bydd gyda golwg ar atgyfodiad y meirw. Heuir mewn llygredigaeth, cyfodir mewn anllygredigaeth. ⁴³ Heuir mewn gwaradwydd, cyfodir mewn gogoniant. Heuir mewn gwendid, cyfodir mewn nerth. Yn gorff anianol yr heuir ef, yn gorff ysbrydol y cyfodir ef. ⁴⁴ Os oes corff anianol, y mae hefyd gorff ysbrydol. ⁴⁵ Felly, yn wir, y mae'n ysgrifenedig: "Daeth y dyn cyntaf, Adda, yn fod byw." Ond daeth yr Adda diwethaf yn ysbryd sydd yn rhoi bywyd. ⁴⁶ Eithr nid yr ysbrydol sy'n dod gyntaf, ond yr anianol, ac yna'r ysbrydol. ⁴⁷ Y dyn cyntaf, o'r ddaear y mae, a llwch ydyw; ond yr ail ddyn, o'r nef y mae. ⁴⁸ Y mae'r rhai sydd o'r llwch yn debyg i'r dyn o'r llwch, ac y mae'r rhai sydd o'r nef yn debyg i'r dyn o'r nef. ⁴⁹ Ac fel y bu delw'r dyn o'r llwch arnom, felly hefyd y bydd delw'r dyn o'r nef arnom.

⁵⁰ Hyn yr wyf yn ei olygu, gyfeillion: ni all cig a gwaed etifeddu teyrnas Dduw, ac ni all llygredigaeth etifeddu anllygredigaeth. ⁵¹ Clywch! Yr wyf yn mynegi dirgelwch ichwi: nid ydym i gyd i huno, ond yr ydym i gyd i gael ein newid, mewn eiliad, ar drawiad amrant, ar ganiad yr utgorn diwethaf. ⁵² Oherwydd bydd yr utgorn yn seinio, y meirw'n cael eu cyfodi yn anllygredig, a ninnau'n cael ein newid. ⁵³ Oherwydd rhaid i'r llygradwy hwn wisgo anllygredigaeth, ac i'r marwol hwn wisgo anfarwoldeb. ⁵⁴ A phan fydd y llygradwy hwn wedi gwisgo anllygredigaeth, a'r marwol hwn wedi gwisgo anfarwoldeb, yna bydd y geiriau hyn sydd yn ysgrifenedig yn dod yn wir:

"Llyncwyd angau mewn
buddugoliaeth.
⁵⁵ O angau, ble mae dy
fuddugoliaeth?
O angau, ble mae dy golyn?"

⁵⁶ Colyn angau yw pechod, a grym pechod yw'r Gyfraith. ⁵⁷ Ond i Dduw y bo'r diolch, yr hwn sy'n rhoi'r fuddugoliaeth i ni trwy ein Harglwydd Iesu Grist. ⁵⁸ Felly, fy nghyfeillion annwyl, byddwch yn gadarn a diysgog, yn helaeth bob amser yng ngwaith yr Arglwydd, gan eich bod yn gwybod nad yw eich llafur yn yr Arglwydd yn ofer.

15:32 Neu, *Os, yn ôl ymadrodd dynion, "ymleddais â bwystfilod" yn Effesus.*

Y Casgliad i'r Saint

16 Ynglŷn â'r casgliad i'r saint, gweithredwch chwithau hefyd yn ôl y cyfarwyddiadau a roddais i eglwysi Galatia. ² Y dydd cyntaf o bob wythnos, bydded i bob un ohonoch yn ôl ei enillion, osod cyfran o'r neilltu ac ar gadw, fel nad pan ddof fi y gwneir y casgliadau. ³ Wedi imi gyrraedd, mi anfonaf pwy bynnag sydd yn gymeradwy yn eich golwg chwi, i ddwyn eich rhodd i Jerwsalem, gyda llythyrau i'w cyflwyno. ⁴ Neu, os bydd yn ymddangos yn iawn i minnau fynd hefyd, fe gânt deithio gyda mi.

Cynlluniau Teithio

⁵ Mi ddof atoch chwi ar ôl mynd trwy Facedonia, oherwydd trwy Facedonia yr wyf am deithio. ⁶ Ac efallai yr arhosaf gyda chwi am ysbaid, neu hyd yn oed dros y gaeaf, er mwyn i chwi fy hebrwng i ba le bynnag y byddaf yn mynd. ⁷ Oherwydd nid wyf am edrych amdanoch, y tro hwn, fel un yn taro heibio ar ei hynt. Rwy'n gobeithio cael aros gyda chwi am beth amser, os bydd yr Arglwydd yn caniatáu. ⁸ Ond rwyf am aros yn Effesus tan y Pentecost. ⁹ Oherwydd y mae drws llydan wedi ei agor imi, un addawol, er bod llawer o wrthwynebwyr.

¹⁰ Os daw Timotheus, gofalwch ei wneud yn ddibryder yn eich plith, oherwydd y mae ef, fel minnau, yn gwneud gwaith yr Arglwydd. ¹¹ Am hynny, peidied neb â'i ddiystyru, ond hebryngwch ef ar ei ffordd â sêl eich bendith, iddo gael dod ataf fi. Oherwydd yr wyf yn ei ddisgwyl gyda'r credinwyr.

¹² Ynglŷn â'n brawd Apolos, erfyniais yn daer arno i ddod atoch gyda'r lleill, ond nid oedd yn fodlon o gwbl ddod* ar hyn o bryd. Ond fe ddaw pan fydd gwell cyfle.

Cais Terfynol a Chyfarchion

¹³ Byddwch yn wyliadwrus, safwch yn gadarn yn y ffydd, byddwch yn wrol, ymgryfhewch. ¹⁴ Popeth a wnewch, gwnewch ef mewn cariad.

¹⁵ Gwyddoch am deulu Steffanas, mai hwy oedd Cristionogion cyntaf Achaia, a'u bod wedi ymroi i weini ar y saint. ¹⁶ Yr wyf yn erfyn arnoch, gyfeillion, ymostwng i rai felly, a phawb sydd yn cydweithio ac yn llafurio gyda ni. ¹⁷ Yr wyf yn llawenhau am fod Steffanas a Ffortwnatus ac Achaicus wedi dod, oherwydd y maent wedi cyflawni yr hyn oedd y tu hwnt i'ch cyrraedd chwi. ¹⁸ Y maent wedi esmwytho ar fy ysbryd i, a'ch ysbryd chwithau hefyd. Cydnabyddwch rai felly.

¹⁹ Y mae eglwysi Asia yn eich cyfarch. Y mae Acwila a Priscila, gyda'r eglwys sy'n ymgynnull yn eu tŷ, yn eich cyfarch yn gynnes yn yr Arglwydd. ²⁰ Y mae'r credinwyr i gyd yn eich cyfarch. Cyfarchwch eich gilydd â chusan sanctaidd.

²¹ Y mae'r cyfarchiad hwn yn fy llaw i fy hun, Paul. ²² Os oes rhywun nad yw'n caru'r Arglwydd, bydded dan felltith. Marana tha*. ²³ Gras yr Arglwydd Iesu fyddo gyda chwi! ²⁴ Fy nghariad innau fyddo gyda chwi oll, yng Nghrist Iesu!

16:12 Neu, *ond yr oedd yn gwbl groes i ewyllys Duw iddo ddod.*
16:22 Ymadrodd Aramaeg sy'n golygu *Tyrd, Arglwydd.*

AIL LYTHYR PAUL AT Y
CORINTHIAID

Cyfarch

1 Paul, apostol Crist Iesu trwy ewyllys Duw, a'r brawd Timotheus, at eglwys Dduw sydd yng Nghorinth, ynghyd â'r holl saint ar hyd a lled Achaia. ² Gras a thangnefedd i chwi oddi wrth Dduw ein Tad, a'r Arglwydd Iesu Grist.

Paul yn Diolch ar ôl Gorthrymder

³ Bendigedig fyddo Duw a Thad ein Harglwydd Iesu Grist, y Tad sy'n trugarhau a'r Duw sy'n rhoi pob diddanwch. ⁴ Y mae'n ein diddanu ym mhob gorthrymder, er mwyn i ninnau, trwy'r diddanwch a gawn ganddo ef, allu diddanu'r rhai sydd dan bob math o orthrymder. ⁵ Oherwydd fel y mae dioddefiadau Crist yn gorlifo hyd atom ni, felly hefyd trwy Grist y mae ein diddanwch yn gorlifo. ⁶ Os gorthrymir ni, er mwyn eich diddanwch chwi a'ch iachawdwriaeth y mae hynny; neu os diddenir ni, er mwyn eich diddanwch chwi y mae hynny hefyd, i'ch nerthu i ymgynnal dan yr un dioddefiadau ag yr ydym ni yn eu dioddef. ⁷ Y mae sail sicr i'n gobaith amdanoch, oherwydd fe wyddom fod i chwi gyfran yn y diddanwch yn union fel y mae gennych gyfran yn y dioddefiadau.

⁸ Yr ydym am i chwi wybod, gyfeillion, am y gorthrymder a ddaeth i'n rhan yn Asia, iddo ein trechu a'n llethu mor llwyr nes inni anobeithio am gael byw hyd yn oed. ⁹ Do, teimlasom ynom ein hunain ein bod wedi derbyn dedfryd marwolaeth; yr amcan oedd ein cadw rhag ymddiried ynom ein hunain, ond yn y Duw sy'n cyfodi'r meirw. ¹⁰ Gwaredodd ef ni gynt oddi wrth y fath berygl* marwol, ac fe'n gwared eto; ynddo ef y mae ein gobaith. Fe'n gwared eto, ¹¹ wrth i chwithau ymuno i'n cynorthwyo â'ch gweddi, ac felly bydd ein gwaredigaeth raslon, trwy weddi llawer, yn destun diolch gan lawer ar ein rhan.

Gohirio Ymweliad Paul

¹² Dyma yw ein hymffrost ni: bod ein cydwybod yn tystio bod ein hymddygiad yn y byd, a mwy byth tuag atoch chwi, wedi ei lywio gan unplygrwydd* a didwylledd duwiol, nid gan ddoethineb ddynol ond gan ras Duw. ¹³ Oherwydd nid ydym yn ysgrifennu dim atoch na allwch ei ddarllen a'i ddeall. Yr wyf yn gobeithio y dewch i ddeall yn gyflawn, ¹⁴ fel yr ydych eisoes wedi deall yn rhannol amdanom, y byddwn ni yn destun ymffrost i chwi yn union fel y byddwch chwi i ninnau yn Nydd ein Harglwydd Iesu.

¹⁵ Am fy mod mor sicr o hyn, yr oeddwn yn bwriadu dod atoch chwi'n gyntaf, er mwyn i chwi gael bendith eilwaith. ¹⁶ Fy amcan oedd ymweld â chwi ar fy ffordd i Facedonia, a dod yn ôl atoch o Facedonia, ac i chwithau fy hebrwng i Jwdea. ¹⁷ Os hyn oedd fy mwriad, a fûm yn wamal? Neu ai fel dyn bydol yr wyf yn gwneud fy nhrefniadau, nes medru dweud "Ie, ie" a "Nage, nage" ar yr un anadl? ¹⁸ Ond fel y mae Duw'n ffyddlon, nid "Ie" a "Nage" hefyd yw ein gair ni i chwi. ¹⁹ Nid oedd Mab Duw, Iesu Grist, a bregethwyd yn eich plith gennym ni, gan Silfanus a Timotheus a minnau, nid oedd ef yn "Ie" ac yn "Nage". "Ie" yw'r gair a geir ynddo ef. ²⁰ Ynddo ef y mae'r "Ie" i holl addewidion Duw. Dyna pam mai trwyddo ef yr ydym yn dweud yr "Amen" er gogoniant Duw. ²¹ Ond Duw yw'r hwn sydd yn ein cadarnhau ni gyda chwi yng Nghrist, ²² ac sydd wedi ein heneinio ni, a'n selio ni, a rhoi'r Ysbryd yn ernes yn ein calonnau.

²³ Yr wyf fi'n galw Duw yn dyst ar fy einioes, mai i'ch arbed chwi y penderfynais beidio â dod i Gorinth. ²⁴ Nid ein bod yn arglwyddiaethu ar eich ffydd chwi. Cydweithio â chwi yr ydym

---

1:10 Yn ôl darlleniad arall, *beryglon*.

1:12 Yn ôl darlleniad arall, *sancteiddrwydd*.

er eich llawenydd, trwy'r ffydd yr ydych yn sefyll yn gadarn ynddi.

2 Penderfynais beidio â dod atoch unwaith eto mewn tristwch. ² Oherwydd os wyf fi'n eich tristáu, pwy fydd yna i'm llonni i ond y sawl a wnaed yn drist gennyf fi? ³ Ac ysgrifennais y llythyr hwnnw rhag imi ddod atoch, a chael tristwch gan y rhai a ddylai roi llawenydd imi. Y mae gennyf hyder amdanoch chwi oll, fod fy llawenydd i yn llawenydd i chwithau i gyd. ⁴ Oherwydd ysgrifennais atoch o ganol gorthrymder mawr a gofid calon, ac mewn dagrau lawer, nid i'ch tristáu chwi ond er mwyn ichwi wybod mor helaeth yw'r cariad sydd gennyf tuag atoch.

Maddeuant i'r Troseddwr

⁵ Os yw rhywun wedi peri tristwch, nid i mi y gwnaeth hynny, ond i chwi i gyd—i raddau, beth bynnag, rhag i mi or-ddweud. ⁶ Digon i'r fath un y gosb hon a osodwyd arno gan y mwyafrif, ⁷ a'ch gwaith chwi bellach yw maddau iddo a'i ddiddanu, rhag iddo gael ei lethu gan ormod o dristwch. ⁸ Am hynny yr wyf yn eich cymell i adfer eich cariad tuag ato. ⁹ Oherwydd f'amcan wrth ysgrifennu oedd eich gosod dan brawf, i weld a ydych yn ufudd ym mhob peth. ¹⁰ Y sawl yr ydych chwi'n maddau rhywbeth iddo, yr wyf fi'n maddau iddo hefyd. A'r hyn yr wyf fi wedi ei faddau, os oedd gennyf rywbeth i'w faddau, fe'i maddeuais er eich mwyn chwi yng ngolwg Crist, ¹¹ rhag i Satan gael mantais arnom, oherwydd fe wyddom yn dda am ei ddichellion ef.

Pryder Paul, a'i Ryddhad

¹² Pan ddeuthum i Troas i bregethu Efengyl Crist, er bod drws wedi ei agor i'm gwaith yn yr Arglwydd, ¹³ ni chefais lonydd i'm hysbryd am na ddeuthum o hyd i'm brawd Titus. Felly cenais yn iach iddynt, a chychwyn am Facedonia.

¹⁴ Ond i Dduw y bo'r diolch, sydd bob amser yn ein harwain ni yng Nghrist yng ngorymdaith ei fuddugoliaeth ef, ac sydd ym mhob man, trwom ni, yn taenu ar led bersawr yr adnabyddiaeth ohono.* ¹⁵ Canys perarogl Crist ydym ni i Dduw, i'r rhai sydd ar lwybr iachawdwriaeth ac i'r rhai sydd ar lwybr colledigaeth; ¹⁶ i'r naill, arogl marwol yn arwain i farwolaeth; i'r lleill, persawr bywiol yn arwain i fywyd. Pwy sydd ddigonol i'r gwaith hwn? ¹⁷ Oherwydd nid pedlera gair Duw yr ydym ni fel y gwna cynifer, ond llefaru fel dynion didwyll, fel cenhadon Duw, a hynny yng ngŵydd Duw, yng Nghrist.

Gweinidogion y Cyfamod Newydd

3 A ydym unwaith eto yn dechrau ein cymeradwyo'n hunain? Neu a oes arnom angen llythyrau cymeradwyaeth atoch chwi neu oddi wrthych, fel sydd ar rai? ² Chwi yw ein llythyr ni; y mae wedi ei ysgrifennu yn ein calonnau, a gall pob un ei ddeall a'i ddarllen. ³ Yr ydych yn dangos yn eglur mai llythyr Crist ydych, llythyr a gyflwynwyd gennym ni, wedi ei ysgrifennu nid ag inc, ond ag Ysbryd y Duw byw, nid ar lechau cerrig, ond ar lechau'r galon ddynol.

⁴ Dyna'r fath hyder sydd gennym trwy Grist tuag at Dduw. ⁵ Nid ein bod yn ddigonol ohonom ein hunain; ni allwn briodoli dim i ni ein hunain; o Dduw y daw ein digonolrwydd ni, ⁶ oherwydd ef a'n gwnaeth ni'n ddigonol i fod yn weinidogion cyfamod newydd, nid cyfamod y gair ysgrifenedig, ond cyfamod yr Ysbryd. Oherwydd lladd y mae'r gair ysgrifenedig, ond rhoi bywyd y mae'r Ysbryd.

⁷ Gweini marwolaeth oedd swydd y Gyfraith a'i geiriau cerfiedig ar feini, ond gan gymaint gogoniant ei chyflwyno, ni allai'r Israeliaid syllu ar wyneb Moses o achos y gogoniant oedd arno, er mai rhywbeth i ddiflannu ydoedd. ⁸ Os felly, pa faint mwy fydd gogoniant gweinidogaeth yr Ysbryd? ⁹ Oherwydd os oedd gogoniant yn perthyn i weinidogaeth sy'n condemnio, rhagorach o lawer mewn gogoniant yw gweinidogaeth sy'n cyfiawnhau. ¹⁰ Yn wir, gwelir yma ogoniant a fu, wedi colli ei ogoniant yn llewyrch gogoniant

---

2:14 Neu, *y wybodaeth amdano.*

rhagorach. ¹¹ Oherwydd os mewn gogoniant y cyflwynwyd yr hyn oedd i ddiflannu, gymaint mwy yw gogoniant yr hyn sydd i aros!

¹² Gan fod gennym ni felly'r fath obaith, yr ydym yn hy iawn, ¹³ ac nid yn debyg i Moses yn gosod gorchudd ar ei wyneb rhag ofn i'r Israeliaid syllu ar ddiwedd y gogoniant oedd i ddiflannu. ¹⁴ Ond pylwyd eu meddyliau. Hyd y dydd hwn, pan ddarllenant yr hen gyfamod, y mae'r un gorchudd yn aros heb ei godi, gan mai yng Nghrist yn unig y symudir ef. ¹⁵ Hyd y dydd hwn, pryd bynnag y darllenir Cyfraith Moses, y mae'r gorchudd yn gorwedd ar eu meddwl. ¹⁶ Ond pryd bynnag y mae rhywun yn troi at yr Arglwydd, fe dynnir ymaith y gorchudd. ¹⁷ Yr Ysbryd yw'r Arglwydd hwn. A lle y mae Ysbryd yr Arglwydd, y mae rhyddid. ¹⁸ Ac yr ydym ni i gyd, heb orchudd ar ein hwyneb, yn edrych, fel mewn drych, ar ogoniant* yr Arglwydd ac yn cael ein trawsffurfio o ogoniant i ogoniant, yn wir lun ohono ef. A gwaith yr Arglwydd, yr Ysbryd, yw hyn.

Trysor mewn Llestri Pridd

4 Am hynny, gan fod y weinidogaeth hon gennym trwy drugaredd Duw, nid ydym yn digalonni. ² Yr ydym wedi ymwrthod â ffyrdd dirgel a chywilyddus; nid ydym yn arfer cyfrwystra nac yn llurgunio gair Duw. Yn hytrach, trwy ddwyn y gwirionedd i'r amlwg yr ydym yn ein cymeradwyo'n hunain i gydwybod pob un gerbron Duw. ³ Os yw'n hefengyl ni dan orchudd, yn achos y rhai sydd ar lwybr colledigaeth y mae hi felly— ⁴ yr anghredinwyr y dallodd duw'r oes bresennol eu meddyliau, rhag iddynt weld goleuni Efengyl gogoniant Crist, delw Duw.* ⁵ Nid ein pregethu ein hunain yr ydym, ond Iesu Grist yn Arglwydd, a ninnau yn weision i chwi er mwyn Iesu. ⁶ Oherwydd y Duw a ddywedodd, "Llewyrched goleuni o'r tywyllwch", a lewyrchodd yn ein calonnau i roi i ni oleuni'r wybodaeth am ogoniant Duw yn wyneb Iesu Grist*.

⁷ Ond y mae'r trysor hwn gennym mewn llestri pridd, i ddangos mai eiddo Duw yw'r gallu tra rhagorol, ac nid eiddom ni. ⁸ Ym mhob peth yr ydym yn cael ein gorthrymu ond nid ein llethu, ein bwrw i ansicrwydd ond nid i anobaith, ⁹ ein herlid ond nid ein gadael yn amddifad, ein taro i lawr ond nid ein dinistrio. ¹⁰ Yr ydym bob amser yn dwyn gyda ni yn ein corff farwolaeth yr Arglwydd Iesu, er mwyn i fywyd Iesu hefyd gael ei ddwyn i'r amlwg yn ein corff ni. ¹¹ Oherwydd yr ydym ni, a ninnau'n fyw, yn cael ein traddodi yn wastad i farwolaeth er mwyn Iesu, i fywyd Iesu hefyd gael ei ddwyn i'r amlwg yn ein cnawd marwol ni. ¹² Felly y mae marwolaeth ar waith ynom ni, a bywyd ynoch chwi. ¹³ Gan fod gennym ni yr un ysbryd crediniol yr ysgrifennir amdano yng ngeiriau'r Ysgrythur, "Credais, ac am hynny y lleferais", yr ydym ninnau hefyd yn credu, ac am hynny yn llefaru, ¹⁴ gan wybod y bydd i'r hwn a gyfododd yr Arglwydd Iesu ein cyfodi ninnau hefyd gyda Iesu, a'n gosod ger ei fron gyda chwi. ¹⁵ Oherwydd er eich mwyn chwi y mae'r cyfan, fel y bo i ras Duw fynd ar gynnydd ymhlith mwy a mwy o bobl, ac amlhau'r diolch fwyfwy er gogoniant Duw.

Byw trwy Ffydd

¹⁶ Am hynny, nid ydym yn digalonni. Er ein bod yn allanol yn dadfeilio, yn fewnol fe'n hadnewyddir ddydd ar ôl dydd. ¹⁷ Oherwydd y baich ysgafn o orthrymder sydd arnom yn awr, darparu y mae, y tu hwnt i bob mesur, bwysau tragwyddol o ogoniant i ni, ¹⁸ dim ond inni gadw'n golwg, nid ar y pethau a welir, ond ar y pethau na welir. Dros amser y mae'r pethau a welir, ond y mae'r pethau na welir yn dragwyddol.

5 Gwyddom, os tynnir i lawr y babell ddaearol hon yr ydym yn byw ynddi, fod gennym adeilad oddi wrth Dduw, tŷ nad yw o waith llaw, sydd yn dragwyddol yn y nefoedd. ² Yma yn wir yr ydym yn

---

3:18 Neu, *yn adlewyrchu gogoniant.*
4:4 Yn ôl darlleniad arall, *rhag i oleuni Efengyl gogoniant Crist, delw Duw, lewyrchu arnynt.*

4:6 Yn ôl darlleniad arall, *wyneb Crist.*

ochneidio yn ein hiraeth am gael ein harwisgo â'r corff o'r nef sydd i fod yn gartref inni; ³ o'n gwisgo felly,* ni cheir mohonom yn noeth. ⁴ Oherwydd yr ydym ni sydd yn y babell hon yn ochneidio dan ein baich; nid ein bod am ymddiosg ond yn hytrach ein harwisgo, er mwyn i'r hyn sydd farwol gael ei lyncu gan fywyd. ⁵ Duw yn wir a'n darparodd ni ar gyfer hyn, ac ef sydd wedi rhoi yr Ysbryd inni yn ernes.

⁶ Am hynny, yr ydym bob amser yn llawn hyder. Gwyddom, tra byddwn yn cartrefu yn y corff, ein bod oddi cartref oddi wrth yr Arglwydd; ⁷ oherwydd yn ôl ffydd yr ydym yn rhodio, nid yn ôl golwg. ⁸ Yr ydym yn llawn hyder, meddaf, a gwell gennym fyddai bod oddi cartref o'r corff a chartrefu gyda'r Arglwydd. ⁹ Y mae ein bryd, felly, gartref neu oddi cartref, ar fod yn gymeradwy ganddo ef. ¹⁰ Oherwydd rhaid i bawb ohonom ymddangos gerbron brawdle Crist, er mwyn i bob un dderbyn ei dâl yn ôl ei weithredoedd yn y corff, ai da ai drwg.

Gweinidogaeth y Cymod

¹¹ Felly, o wybod beth yw ofn yr Arglwydd, yr ydym yn perswadio pobl; y mae'r hyn ydym yn hysbys i Dduw, ac rwy'n gobeithio ei fod yn hysbys i'ch cydwybod chwi hefyd. ¹² Nid ydym yn ein cymeradwyo ein hunain unwaith eto i chwi, ond rhoi cyfle yr ydym i chwi i ymffrostio o'n hachos ni, er mwyn ichwi gael ateb i'r rhai sy'n ymffrostio yn yr hyn sydd ar yr wyneb yn hytrach na'r hyn sydd yn y galon. ¹³ Os ydym allan o'n pwyll, er mwyn Duw y mae hynny; os ydym yn ein hiawn bwyll, er eich mwyn chwi y mae hynny. ¹⁴ Oherwydd y mae cariad Crist yn ein gorfodi ni, a ninnau wedi ein hargyhoeddi o hyn: i un farw dros bawb, ac felly i bawb farw. ¹⁵ A bu ef farw dros bawb er mwyn i'r byw beidio â byw iddynt eu hunain mwyach, ond i'r un a fu farw drostynt, ac a gyfodwyd.

¹⁶ O hyn allan, felly, nid ydym yn ystyried neb o safbwynt dynol. Hyd yn oed os buom yn ystyried Crist o safbwynt dynol, nid ydym yn ei ystyried felly mwyach. ¹⁷ Felly, os yw rhywun yng Nghrist, y mae'n greadigaeth newydd; aeth yr hen heibio, y mae'r newydd yma. ¹⁸ Ond gwaith Duw yw'r cyfan—Duw, yr hwn sydd wedi ein cymodi ni ag ef ei hun trwy Grist a rhoi i ni weinidogaeth y cymod. ¹⁹ Hynny yw, yr oedd Duw yng Nghrist yn cymodi'r byd ag ef ei hun, heb ddal neb yn gyfrifol am ei droseddau, ac y mae wedi ymddiried i ni neges y cymod. ²⁰ Felly cenhadon dros Grist ydym ni, fel pe bai Duw yn apelio atoch trwom ni. Deisyf yr ydym dros Grist, cymoder chwi â Duw. ²¹ Ni wybu Crist beth oedd pechu, ond gwnaeth Duw ef yn un â phechod* drosom ni, er mwyn i ni ddod yn gyfiawnder Duw ynddo ef.

6 Yr ydym ni, fel cydweithwyr, yn apelio atoch i beidio â gadael i'r gras a dderbyniasoch gan Dduw fynd yn ofer. ² Oherwydd y mae Duw'n dweud:

"Yn yr amser cymeradwy y gwrandewais arnat,
a'th gynorthwyo ar ddydd iachawdwriaeth."

Dyma, yn awr, yr amser cymeradwy; dyma, yn awr, ddydd iachawdwriaeth. ³ Nid ydym yn gosod unrhyw faen tramgwydd ar lwybr neb, rhag cael bai ar ein gweinidogaeth. ⁴ Yn hytrach, ym mhob peth yr ydym yn ein cymeradwyo ein hunain fel gweinidogion Duw: yn ein dyfalbarhad mawr; yn ein gorthrymderau, ein gofidiau, a'n cyfyngderau; ⁵ yn ein profiadau o'r chwip, o garchar ac o derfysg; yn ein llafur, ein diffyg cwsg a'n newyn; ⁶ yn ein purdeb, ein gwybodaeth, ein goddefgarwch a'n caredigrwydd; yn yr Ysbryd Glân ac yn ein cariad diragrith; ⁷ yng ngair y gwirionedd ac yn nerth Duw, trwy ddefnyddio arfau cyfiawnder yn y llaw dde a'r llaw chwith, ⁸ doed parch, doed amarch, doed anghlod, doed clod. Twyllwyr y'n gelwir, a ninnau'n eirwir; ⁹ rhai dinod, a ninnau'n enwog; yn marw, ac eto byw ydym; dan gosb, ond heb gael ein lladd; ¹⁰ dan dristwch, ond bob amser yn llawenhau; mewn tlodi, ond yn gwneud llawer yn

---

5:3 Yn ôl darlleniad arall, *hyd yn oed os byddwn heb ein gwisgo.*

5:21 Neu, *yn aberth dros bechod.*

gyfoethog; heb ddim gennym, ac eto'n berchen pob peth.

¹¹ Yr ydym wedi llefaru'n gwbl rydd wrthych, Gorinthiaid; y mae'n calon yn llydan agored tuag atoch. ¹² Nid nyni sy'n cyfyngu arnoch, ond eich teimladau eich hunain. ¹³ I dalu'n ôl—yr wyf yn siarad wrthych fel wrth blant—agorwch chwithau eich calonnau yn llydan.

Chwi yw Teml y Duw Byw

¹⁴ Peidiwch ag ymgysylltu'n amhriodol ag anghredinwyr, oherwydd pa gyfathrach sydd rhwng cyfiawnder ac anghyfraith? A pha gymdeithas sydd rhwng goleuni a thywyllwch? ¹⁵ Pa gytgord sydd rhwng Crist a Belial? Neu pa gyfran sydd i gredadun gydag anghredadun? ¹⁶ Pa gytundeb sydd rhwng teml Duw ac eilunod? Oherwydd nyni yw teml y Duw byw. Fel y dywedodd Duw:

"Trigaf ynddynt hwy, a rhodiaf yn eu plith,
a byddaf yn Dduw iddynt hwy,
a hwythau'n bobl i minnau.
¹⁷ Am hynny, dewch allan o'u plith hwy,
ymwahanwch oddi wrthynt, medd yr Arglwydd,
a pheidiwch â chyffwrdd â dim byd aflan.
Ac fe'ch derbyniaf chwi,
¹⁸ a byddaf i chwi yn dad,
a byddwch chwi'n feibion a merched i mi,
medd yr Arglwydd, yr Hollalluog."

7 Felly, gan fod gennym yr addewidion hyn, gyfeillion annwyl, ymlanhawn oddi wrth bob peth sy'n halogi cnawd ac ysbryd, gan berffeithio ein sancteiddrwydd yn ofn Duw.

Paul yn Llawenhau fod yr Eglwys wedi Edifarhau

² Rhowch le i ni yn eich calonnau. Ni wnaethom gam â neb, na llygru neb, na chymryd mantais ar neb. ³ Nid i'ch condemnio yr wyf yn dweud hyn, oherwydd dywedais wrthych o'r blaen eich bod mor agos at ein calon, nes ein bod gyda'n gilydd, deued marwolaeth neu fywyd. ⁴ Y mae gennyf hyder mawr ynoch, a balchder mawr o'ch herwydd. Y mae fy nghwpan yn llawn o ddiddanwch, ac yn gorlifo â llawenydd yng nghanol ein holl orthrymder.

⁵ Hyd yn oed pan ddaethom i Facedonia, ni chawsom ddim llonydd yn ein gwendid; yn hytrach cawsom ein gorthrymu ym mhob ffordd—brwydrau oddi allan ac ofnau oddi mewn. ⁶ Ond y mae Duw, yr un sydd yn diddanu'r digalon, wedi ein diddanu ninnau trwy ddyfodiad Titus; ⁷ ac nid yn unig trwy ei ddyfodiad ef, ond hefyd trwy'r diddanwch a gafodd ef ynoch chwi. Y mae wedi dweud wrthym am eich hiraeth amdanaf, am eich galar, ac am eich sêl drosof, nes gwneud fy llawenydd yn fwy byth. ⁸ Oherwydd er i mi beri loes i chwi â'm llythyr, nid yw'n flin gennyf; rwy'n gweld i'r llythyr hwnnw beri loes i chwi, o leiaf dros dro, ⁹ ac er y bu'n flin gennyf, yr wyf yn awr yn falch, nid am i chwi gael loes, ond am i'r loes droi'n edifeirwch. Oherwydd derbyniasoch eich loes mewn ffordd dduwiol, ac felly ni chawsoch ddim colled trwom ni. ¹⁰ Canys y mae'r loes a dderbynnir mewn ffordd dduwiol yn creu edifeirwch sydd yn arwain i iachawdwriaeth na ellir bod yn flin amdano; ond y mae'r loes a dderbynnir mewn ffordd fydol yn peri marwolaeth. ¹¹ Ystyriwch ganlyniadau derbyn eich loes mewn ffordd dduwiol: y fath ymroddiad a barodd ynoch, ie, y fath hunanamddiffyniad, y fath ddicter, y fath ofn, y fath ddyhead, y fath sêl, y fath benderfyniad i gosbi'n gyfiawn. Ym mhob ffordd yr ydych wedi dangos eich bod yn ddi-fai yn y mater hwn. ¹² Felly, er i mi yn wir ysgrifennu atoch, nid o achos y sawl a wnaeth y cam, nac o achos y sawl a'i dioddefodd, y gwneuthum hynny, ond er mwyn amlygu i chwi, yng ngŵydd Duw, gymaint yw eich ymroddiad trosom. ¹³ Dyna pam yr ydym yn awr wedi ein diddanu.

Ond yn ogystal â'n diddanwch ni, cawsom lawenydd mwy o lawer yn llawenydd Titus, am i chwi oll roi esmwythâd i'w ysbryd. ¹⁴ Oherwydd os wyf wedi ymffrostio rywfaint wrtho amdanoch chwi, ni chefais fy nghywilyddio, ond fel y mae popeth a ddywedais wrthych chwi yn wir, felly hefyd daeth fy ymffrost wrth Titus yn wir. ¹⁵ Y mae ei galon yn cynhesu fwyfwy tuag atoch o gofio ufudd-dod pob un ohonoch, a'r modd y derbyniasoch ef mewn ofn a dychryn. ¹⁶ Yr wyf yn llawenhau y gallaf ymddiried yn llwyr ynoch.

Rhoi Haelionus

8 Fe garem ichwi wybod, gyfeillion, am y gras a roddwyd gan Dduw yn yr eglwysi ym Macedonia. ² Er iddynt gael eu profi'n llym gan orthrymder, gorlifodd cyflawnder eu llawenydd a dyfnder eu tlodi yn gyfoeth o haelioni ynddynt. ³ Yr wyf yn dyst iddynt roi yn ôl eu gallu, a'r tu hwnt i'w gallu, a hynny o'u gwirfodd eu hunain, ⁴ gan ddeisyf arnom yn daer iawn am gael y fraint o gyfrannu tuag at y cymorth i'r saint— ⁵ ac aethant ymhellach na dim y gobeithiais amdano, gan eu rhoi eu hunain yn gyntaf i'r Arglwydd, ac i ninnau yn ôl ewyllys Duw. ⁶ Felly yr ydym wedi gofyn i Titus orffen y gwaith grasusol hwn yn eich plith yn union fel y dechreuodd arno. ⁷ Ym mhob peth yr ydych yn helaeth, yn eich ffydd a'ch ymadrodd a'ch gwybodaeth, yn eich ymroddiad llwyr ac yn y cariad a enynnwyd ynoch gan ein cariad ni.* Felly hefyd byddwch yn helaeth yn y gorchwyl grasusol hwn.

⁸ Nid fel gorchymyn yr wyf yn dweud hyn, ond i brofi didwylledd eich cariad chwi trwy sôn am ymroddiad pobl eraill. ⁹ Oherwydd yr ydych yn gwybod am ras ein Harglwydd Iesu Grist, fel y bu iddo, ac yntau'n gyfoethog, ddod yn dlawd drosoch chwi, er mwyn i chwi ddod yn gyfoethog trwy ei dlodi ef. ¹⁰ Yn hyn o beth, rhoi fy marn yr wyf, a hynny sydd orau i chwi, y rhai a fu'n gyntaf, nid yn unig i weithredu ond i ewyllysio gweithredu, er y llynedd. ¹¹ Yn awr gorffennwch y gweithredu yn ôl eich gallu, fel y bydd y gorffen yn cyfateb i eiddgarwch eich bwriad. ¹² Oherwydd os ydych yn eiddgar i roi, y mae hynny'n dderbyniol gan Dduw, ar sail yr hyn sydd gan rywun, nid yr hyn nad yw ganddo. ¹³ Nid fy mwriad yw cael esmwythyd i eraill ar draul gorthrymder i chwi, ¹⁴ ond eich gwneud yn gyfartal. Yn yr amser presennol hwn y mae'r hyn sydd dros ben gennych chwi yn cyflenwi eu diffyg hwy, fel y bydd i'r hyn sydd dros ben ganddynt hwy gyflenwi eich diffyg chwi maes o law. Cyfartaledd yw'r diben. ¹⁵ Fel y mae'n ysgrifenedig:

"Nid oedd gormod gan y sawl a
   gasglodd lawer,
na phrinder gan y sawl a gasglodd
   ychydig."

Titus a'i Gymdeithion

¹⁶ Diolch i Dduw, yr hwn a roddodd yng nghalon Titus yr un ymroddiad drosoch. ¹⁷ Oherwydd nid yn unig gwrandawodd ar ein hapêl, ond gymaint yw ei ymroddiad fel y mae o'i wirfodd ei hun yn ymadael i fynd atoch. ¹⁸ Yr ydym yn anfon gydag ef y brawd sy'n uchel ei glod drwy'r holl eglwysi am ei waith dros yr Efengyl, ¹⁹ un sydd, heblaw hyn, wedi ei benodi gan yr eglwysi i fod yn gyd-deithiwr â ni, ac i'n cynorthwyo yn y rhodd raslon yr ydym yn ei gweinyddu, i ddangos gogoniant yr Arglwydd ei hun a'n heiddgarwch ni. ²⁰ Yn hyn oll yr ydym yn gofalu na chaiff neb fai ynom mewn perthynas â'r rhodd hael hon a weinyddir gennym. ²¹ Oherwydd y mae ein hamcanion yn anrhydeddus, nid yn unig yng ngolwg yr Arglwydd, ond hefyd yng ngolwg pobl. ²² Yr ydym hefyd yn anfon gyda hwy ein brawd, yr un y cawsom brawf o'i ymroddiad mewn llawer modd a llawer gwaith. Y mae yn awr yn fwy ymroddgar byth oherwydd yr ymddiriedaeth lwyr sydd ganddo ynoch. ²³ Os gofynnir am Titus, fy nghydymaith yw, a'm cydweithiwr yn eich gwasanaeth; neu am y brodyr, cenhadau'r eglwysi ydynt, a gogoniant Crist. ²⁴ Am hynny, dangoswch iddynt brawf o'ch cariad, ac o'n hymffrost ni amdanoch, yng ngŵydd yr eglwysi.

8:7 Yn ôl darlleniad arall, *yn eich cariad tuag atom ni.*

Y Cymorth i'r Saint

9 Nid oes dim angen i mi ysgrifennu atoch chwi ynglŷn â'r cymorth i'r saint. ² Gwn am eich eiddgarwch, a byddaf yn ymffrostio amdano ac amdanoch chwi wrth y Macedoniaid, ac yn dweud bod Achaia wedi ymbaratoi er y llynedd; a bu eich sêl yn symbyliad i'r rhan fwyaf ohonynt. ³ Rwy'n anfon y brodyr er mwyn sicrhau na cheir ein hymffrost amdanoch yn ofer yn hyn o beth, ond eich bod yn barod, fel y dywedais y byddech. ⁴ Byddai'n beth chwithig pe deuai Macedoniaid gyda mi a'ch cael yn amharod, ac felly i ni—heb sôn amdanoch chwi—gael ein cywilyddio am fod mor sicr ohonoch. ⁵ Dyna pam y teimlais ei bod yn angenrheidiol gofyn i'r brodyr ddod atoch o'm blaen i, a threfnu ymlaen llaw y rhodd yr oeddech wedi ei haddo o'r blaen. Felly byddai'n barod i mi, yn rhodd haelioni, nid rhodd cybydd-dod.

⁶ Cofiwch hyn: a heuo'n brin a fed yn brin, a heuo'n hael a fed yn hael. ⁷ Rhaid i bawb roi o wirfodd ei galon, nid o anfodd neu o raid, oherwydd rhoddwr llawen y mae Duw'n ei garu. ⁸ Y mae Duw yn gallu rhoi pob gras i chwi yn helaeth, er mwyn i chwi, ar ben eich digon bob amser ym mhob peth, allu rhoi yn helaeth i bob gwaith da. ⁹ Fel y mae'n ysgrifenedig:

"Gwasgarodd ei roddion ymhlith y
    tlodion,
y mae ei haelioni yn para am byth."

¹⁰ Bydd yr hwn sydd yn rhoi had i'r heuwr a bara iddo'n ymborth yn rhoi had i chwithau ac yn ei amlhau; bydd yn peri i ffrwyth eich haelioni gynyddu. ¹¹ Ym mhob peth cewch eich cyfoethogi ar gyfer pob haelioni, a bydd hynny trwom ni yn esgor ar ddiolchgarwch i Dduw. ¹² Oherwydd y mae'r cymorth a ddaw o'r gwasanaeth hwn, nid yn unig yn diwallu anghenion y saint ond hefyd yn gorlifo mewn llawer o ddiolchgarwch i Dduw. ¹³ Ar gyfrif y prawf sydd yn y cymorth hwn, byddant yn gogoneddu Duw am eich ufudd-dod i Efengyl Crist, yr Efengyl yr ydych yn ei chyffesu, ac am haelioni eich cyfraniad iddynt hwy ac i bawb. ¹⁴ Byddant yn hiraethu amdanoch ac yn gweddïo ar eich rhan, oherwydd y gras rhagorol a roddodd Duw i chwi. ¹⁵ Diolch i Dduw am ei rodd anhraethadwy.

Paul yn Amddiffyn ei Weinidogaeth

10 Yr wyf fi, Paul, fy hun yn eich annog, ar sail addfwynder a hynawsedd Crist—myfi, y dywedir fy mod yn wylaidd wyneb yn wyneb â chwi ond yn hy arnoch pan fyddaf ymhell. ² Pan fyddaf gyda chwi, yr wyf yn erfyn arnoch na fydd angen imi arfer yn eofn yr hyfdra yr wyf yn ystyried y gallaf feiddio ei arfer tuag at y rhai sy'n ein cyfrif ni'n rhai sy'n byw ar wastad y cnawd. ³ Oherwydd er ein bod yn byw yn y cnawd, nid ar wastad y cnawd yr ydym yn milwrio— ⁴ canys nid arfau gwan y cnawd yw arfau ein milwriaeth ni, ond rhai nerthol Duw sy'n dymchwel cestyll. ⁵ Felly yr ydym yn dymchwel dadleuon dynol, a phob ymhoniad balch sy'n ymgodi yn erbyn yr adnabyddiaeth o* Dduw, ac yn cymryd pob meddwl yn garcharor i fod yn ufudd i Grist. ⁶ Yr ydym yn barod i gosbi pob anufudd-dod unwaith y bydd eich ufudd-dod chwi yn gyflawn.

⁷ Wynebwch y ffeithiau amlwg. Pwy bynnag sy'n credu yn ei galon ei fod yn perthyn i Grist, fe ddylai ystyried hyn hefyd yn ei galon, ein bod ninnau yn perthyn i Grist gymaint ag yntau. ⁸ Hyd yn oed os wyf yn ymffrostio rywfaint yn ormod am ein hawdurdod—awdurdod a roddodd yr Arglwydd i ni er mwyn eich adeiladu, nid eich dymchwel—ni chaf fy nghywilyddio. ⁹ Ni chaf fy nangos, chwaith, fel un sy'n codi dychryn arnoch â'i lythyrau, fel y myn rhai. ¹⁰ "Mae ei lythyrau," meddant, "yn bwysfawr a grymus, ond pan fydd yn bresennol, dyn bach eiddil ydyw, a'i ymadrodd yn haeddu dirmyg." ¹¹ Dealled y rhai sy'n siarad felly hyn: yr hyn ydym ar air mewn llythyrau pan ydym yn absennol, hynny'n union a fyddwn mewn gweithred pan fyddwn yn bresennol.

10:5 Neu, *y wybodaeth am.*

¹² Oherwydd nid ydym yn beiddio cystadlu na'n cymharu ein hunain â'r rhai sydd yn eu canmol eu hunain. Pobl heb ddeall ydynt, yn eu mesur eu hunain wrthynt eu hunain ac yn eu cymharu eu hunain â hwy eu hunain. ¹³ Ond ni fydd ein hymffrost ni y tu hwnt i'n mesur; fe'i cedwir o fewn mesur y terfyn a bennodd Duw i ni, sy'n cyrraedd hyd atoch chwi hefyd. ¹⁴ Oherwydd nid ydym yn mynd y tu hwnt i'n terfyn, fel y byddem pe na bai ein terfyn yn eich cynnwys chwi; ni oedd y cyntaf i ddod ag Efengyl Crist atoch chwi hefyd. ¹⁵ Nid ydym yn ymffrostio y tu hwnt i'n mesur, hynny yw, ar bwys llafur pobl eraill. Ond gobeithio yr ydym, fel y bydd eich ffydd chwi yn mynd ar gynnydd, y bydd ein gwaith yn eich plith yn helaethu'n ddirfawr, o fewn ein terfynau. ¹⁶ Ein bwriad yw pregethu'r Efengyl mewn mannau y tu hwnt i chwi, nid ymffrostio yn y gwaith sydd eisoes wedi ei wneud o fewn terfynau rhywun arall. ¹⁷ Y sawl sy'n ymffrostio, ymffrostied yn yr Arglwydd. ¹⁸ Nid y sawl sydd yn ei ganmol ei hunan, ond y sawl y mae'r Arglwydd yn ei ganmol, sy'n gymeradwy.

Paul a'r Ffug Apostolion

11 O na baech yn fy ngoddef yn fy nhipyn ffolineb! Da chwi, goddefwch fi! ² Oherwydd yr wyf yn eiddigeddus drosoch ag eiddigedd Duw ei hun, gan i mi eich dyweddïo i un gŵr, eich cyflwyno yn wyryf bur i Grist. ³ Ond fel y twyllodd y sarff Efa trwy ei chyfrwystra, y mae arnaf ofn y llygrir eich meddyliau chwi yn yr un modd, a'ch troi oddi wrth ddidwylledd a phurdeb eich ymlyniad wrth Grist. ⁴ Oherwydd os daw rhywun a phregethu Iesu arall, na phregethasom ni, neu os ydych yn derbyn ysbryd gwahanol i'r Ysbryd a dderbyniasoch, neu efengyl wahanol i'r Efengyl a dderbyniasoch, yr ydych yn goddef y cwbl yn llawen. ⁵ Nid wyf yn f'ystyried fy hun yn ôl mewn dim i'r archapostolion hyn. ⁶ Hyd yn oed os wyf yn anfedrus fel siaradwr, nid wyf felly mewn gwybodaeth; ym mhob ffordd ac ar bob cyfle yr ydym wedi gwneud hyn yn eglur i chwi.

⁷ A wneuthum drosedd wrth fy narostwng fy hun er mwyn ichwi gael eich dyrchafu, trwy bregethu ichwi Efengyl Duw yn ddi-dâl? ⁸ Ysbeiliais eglwysi eraill trwy dderbyn cyflog ganddynt er mwyn eich gwasanaethu chwi. ⁹ A phan oeddwn gyda chwi ac mewn angen, ni bûm yn faich ar neb, oherwydd diwallodd y cyfeillion a ddaeth o Facedonia fy angen. Ym mhob peth fe'm cedwais, ac fe'm cadwaf, fy hun rhag bod yn dreth arnoch. ¹⁰ Cyn wired â bod gwirionedd Crist ynof, ni roddir taw ar fy ymffrost hwn yn ardaloedd Achaia. ¹¹ Pam? Am nad wyf yn eich caru? Fe ŵyr Duw fy mod.

¹² Daliaf i wneud yr hyn yr wyf yn ei wneud yn awr, i ddwyn eu cyfle oddi ar y rhai sy'n ceisio cyfle, yn y swydd y maent yn ymffrostio ynddi, i gael eu cyfrif yn gyfartal â ni. ¹³ Ffug apostolion yw'r fath rai, gweithwyr twyllodrus, yn ymrithio fel apostolion i Grist. ¹⁴ Ac nid rhyfedd, oherwydd y mae Satan yntau yn ymrithio fel angel goleuni. ¹⁵ Nid yw'n beth mawr, felly, os yw ei weision hefyd yn ymrithio fel gweision cyfiawnder. Bydd eu diwedd yn unol â'u gweithredoedd.

Dioddefiadau Paul fel Apostol

¹⁶ Rwy'n dweud eto: na thybied neb fy mod yn ffôl. Ond os gwnewch, rhowch i mi ryddid un ffôl i ymffrostio tipyn bach. ¹⁷ Yr wyf yn siarad yn awr, yn yr hyder ymffrostgar hwn, nid fel y mynnai'r Arglwydd imi siarad, ond mewn ffolineb. ¹⁸ Gan fod llawer yn ymffrostio yn ôl safonau'r cnawd, fe ymffrostiaf finnau hefyd. ¹⁹ Oherwydd yr ydych yn goddef ffyliaid yn llawen, a chwithau mor ddoeth! ²⁰ Os bydd rhywun yn eich caethiwo, neu yn eich ysbeilio, neu yn cymryd mantais arnoch, neu yn ymddyrchafu, neu yn eich taro ar eich wyneb, yr ydych yn goddef y cwbl. ²¹ Rwy'n cydnabod, er cywilydd, i ni fod yn wan yn hyn o beth. Ond os oes rhywbeth y beiddia rhywun ymffrostio amdano, fe feiddiaf finnau hefyd—mewn ffolineb yr wyf yn siarad. ²² Ai Hebreaid ydynt? Minnau hefyd. Ai Israeliaid ydynt? Minnau hefyd. Ai disgynyddion

Abraham ydynt? Minnau hefyd. ²³ Ai gweision Crist ydynt? Yr wyf yn siarad yn wallgof, myfi yn fwy; yn fwy o lawer mewn llafur, yn amlach o lawer yng ngharchar, dan y fflangell yn fwy mynych, mewn perygl einioes dro ar ôl tro. ²⁴ Pumwaith y cefais ar law'r Iddewon y deugain llach ond un. ²⁵ Tair gwaith fe'm curwyd â ffyn, unwaith fe'm llabyddiwyd, tair gwaith bûm mewn llongddrylliad, ac am ddiwrnod a noson bûm yn y môr. ²⁶ Bûm ar deithiau yn fynych, mewn peryglon gan afonydd, peryglon ar law lladron, peryglon ar law fy nghenedl fy hun ac ar law'r Cenhedloedd, peryglon yn y dref ac yn yr anialwch ac ar y môr, a pheryglon ymhlith gau gredinwyr. ²⁷ Bûm mewn llafur a lludded, yn fynych heb gwsg, mewn newyn a syched, yn fynych heb luniaeth, yn oer ac yn noeth. ²⁸ Ar wahân i bob peth arall, y mae'r gofal dros yr holl eglwysi yn gwasgu arnaf ddydd ar ôl dydd. ²⁹ Pan fydd rhywun yn wan, onid wyf finnau'n wan? Pan berir i rywun gwympo, onid wyf finnau'n llosgi gan ddicter?

³⁰ Os oes rhaid ymffrostio, ymffrostiaf am y pethau sy'n perthyn i'm gwendid. ³¹ Y mae Duw a Thad yr Arglwydd Iesu, yr hwn sydd fendigedig am byth, yn gwybod nad wyf yn dweud celwydd. ³² Yn Namascus, yr oedd y llywodraethwr oedd dan y Brenin Aretas yn gwylio dinas Damascus er mwyn fy nal i, ³³ ond cefais fy ngollwng i lawr mewn basged drwy ffenestr yn y mur, a dihengais o'i afael.

Gweledigaethau a Datguddiadau

12 Y mae'n rhaid imi ymffrostio. Ni wna ddim lles, ond af ymlaen i sôn am weledigaethau a datguddiadau a roddwyd i mi gan yr Arglwydd. ² Gwn am ddyn yng Nghrist a gipiwyd, bedair blynedd ar ddeg yn ôl, i fyny i'r drydedd nef—ai yn y corff, ai allan o'r corff, ni wn; y mae Duw'n gwybod. ³ Gwn i'r dyn hwnnw gael ei gipio i fyny i Baradwys—ai yn y corff, ai allan o'r corff, ni wn; y mae Duw'n gwybod. ⁴ Ac fe glywodd draethu'r anhraethadwy, geiriau nad oes hawl gan neb dynol i'w llefaru. ⁵ Am hwnnw yr wyf yn ymffrostio; amdanaf fy hun nid ymffrostiaf, ar wahân i'm gwendidau. ⁶ Ond os dewisaf ymffrostio, ni byddaf ffôl, oherwydd dweud y gwir y byddaf. Ond ymatal a wnaf, rhag i neb feddwl mwy ohonof na'r hyn y mae'n ei weld ynof neu'n ei glywed gennyf. ⁷ A rhag i mi ymddyrchafu o achos rhyfeddod y pethau a ddatguddiwyd imi, rhoddwyd* draenen yn fy nghnawd, cennad oddi wrth Satan, i'm poeni, rhag imi ymddyrchafu. ⁸ Ynglŷn â hyn deisyfais ar yr Arglwydd dair gwaith ar iddo'i symud oddi wrthyf. ⁹ Ond dywedodd wrthyf, "Digon i ti fy ngras i; mewn gwendid y daw fy nerth i'w anterth." Felly, yn llawen iawn fe ymffrostiaf fwyfwy yn fy ngwendidau, er mwyn i nerth Crist orffwys arnaf. ¹⁰ Am hynny, yr wyf yn ymhyfrydu, er mwyn Crist, mewn gwendid, sarhad, gofid, erledigaeth, a chyfyngder. Oherwydd pan wyf wan, yna rwyf gryf.

Gofal Paul dros Eglwys Corinth

¹¹ Euthum yn ffôl, ond chwi a'm gyrrodd i hyn. Oherwydd dylaswn i gael fy nghanmol gennych chwi. Nid wyf fi yn ôl mewn dim i'r archapostolion hyn, hyd yn oed os nad wyf fi'n ddim. ¹² Cyflawnwyd arwyddion apostol yn eich plith gyda dyfalbarhad cyson, mewn arwyddion a rhyfeddodau a gwyrthiau nerthol. ¹³ Ym mha beth y bu'n waeth arnoch chwi na'r eglwysi eraill, ond yn hyn, na fûm i yn faich arnoch chwi? Maddeuwch imi y camwedd hwn. ¹⁴ Dyma fi'n barod i ddod atoch y drydedd waith. Ac nid wyf am fod yn faich arnoch. Oherwydd chwi yr wyf yn eu ceisio, nid eich eiddo; nid y plant a ddylai ddarparu ar gyfer eu rhieni, ond y rhieni ar gyfer eu plant. ¹⁵ Fe wariaf fi fy eiddo yn llawen, ac fe'm gwariaf fy hunan i'r eithaf, dros eich eneidiau chwi. Os wyf fi'n eich caru chwi'n fwy, a wyf fi i gael fy ngharu'n llai? ¹⁶ Ond, a chaniatáu na fûm i'n dreth arnoch, eto honnir imi fod yn ddigon cyfrwys i'ch dal trwy ddichell. ¹⁷ A

12:7 Yn ôl darlleniad arall, *ei glywed gennyf, ac o achos rhyfeddod y pethau a ddatguddiwyd imi. Rhag i mi ymddyrchafu, felly, rhoddwyd.*

fanteisiais arnoch trwy unrhyw un o'r rhai a anfonais atoch? ¹⁸ Deisyfais ar Titus fynd atoch, ac anfonais ein brawd gydag ef. A fanteisiodd Titus arnoch? Onid ymddwyn yn yr un ysbryd a wnaethom ni, ac onid dilyn yr un llwybrau?

¹⁹ A ydych yn tybio drwy'r amser mai ein hamddiffyn ein hunain i chwi yr ydym? Gerbron Duw yr ydym yn llefaru, yng Nghrist, a'r cwbl er adeiladaeth i chwi, fy nghyfeillion annwyl. ²⁰ Oherwydd y mae arnaf ofn na chaf chwi, pan ddof, fel y dymunwn ichwi fod, ac na'm ceir innau chwaith fel y dymunech chwi imi fod. Yr wyf yn ofni y bydd cynnen, eiddigedd, llidio, ymgiprys, difenwi, clebran, ymchwyddo, terfysgu. ²¹ Yr wyf yn ofni rhag i'm Duw, pan ddof drachefn, fy narostwng o'ch blaen, a rhag imi orfod galaru dros lawer a oedd wedi pechu gynt, a heb edifarhau am yr amhurdeb a'r anfoesoldeb rhywiol a'r anlladrwydd a wnaethant.

Rhybuddion Terfynol a Chyfarchion

13 Dyma'r drydedd waith y dof atoch chwi. Y mae pob peth i sefyll ar air dau neu dri o dystion. ² Pan oeddwn gyda chwi yr ail waith, rhoddais rybudd i'r rhai oedd gynt wedi pechu, ac i bawb arall; yn awr, a minnau'n absennol, yr wyf yn dal i'w rhybuddio: os dof eto, nid arbedaf. ³ Rwy'n dweud hyn gan eich bod yn gofyn am brawf o'r Crist sy'n llefaru ynof fi, y Crist nad yw'n wan yn ei ymwneud â chwi, ond sydd yn nerthol yn eich plith. ⁴ Oherwydd er ei groeshoelio ef mewn gwendid, eto y mae'n byw trwy nerth Duw. Ac er ein bod ninnau yn wan ynddo ef, eto fe gawn fyw gydag ef trwy nerth Duw, yn ein perthynas â chwi.

⁵ Profwch eich hunain i weld a ydych yn y ffydd; chwiliwch eich hunain. Onid ydych yn sylweddoli bod Iesu Grist ynoch chwi?—a chaniatáu nad ydych wedi methu'r prawf. ⁶ Yr wyf yn gobeithio y dewch chwi i weld nad ydym ni wedi methu. ⁷ Yr ydym yn gweddio ar Dduw na fydd i chwi wneud dim drwg, nid er mwyn i ni ymddangos fel rhai a lwyddodd yn y prawf, ond er mwyn i chwi wneud yr hyn sydd dda, er i ni ymddangos fel rhai a fethodd. ⁸ Oherwydd ni allwn wneud dim yn erbyn y gwirionedd, dim ond dros y gwirionedd. ⁹ Yr ydym yn llawenhau pan fyddwn ni'n wan a chwithau'n gryf; a hyn yn wir yw ein gweddi, i chwi gael eich adfer. ¹⁰ Yr wyf yn ysgrifennu'r pethau hyn, a minnau'n absennol, er mwyn i mi, pan fyddaf yn bresennol, beidio â'ch trafod yn llym wrth arfer yr awdurdod a roddodd yr Arglwydd imi i adeiladu, nid i ddymchwel.

¹¹ Bellach, gyfeillion, ffarwel. Mynnwch eich adfer, gwrandewch ar fy apêl, byddwch o'r un meddwl, a byw'n heddychlon; a bydd Duw'r cariad a'r tangnefedd gyda chwi. ¹² Cyfarchwch eich gilydd â chusan sanctaidd. Y mae'r saint i gyd yn eich cyfarch.

¹³ Gras ein Harglwydd Iesu Grist, a chariad Duw, a chymdeithas yr Ysbryd Glân fyddo gyda chwi oll!

LLYTHYR PAUL AT Y
GALATIAID

Cyfarch

1 Paul, apostol—nid o benodiad dynol, na chwaith trwy awdurdod neb dynol, ond trwy awdurdod Iesu Grist a Duw Dad, yr hwn a'i cyfododd ef oddi wrth y meirw—Paul, 2 a'r credinwyr oll sydd gyda mi, at eglwysi Galatia. 3 Gras a thangnefedd i chwi oddi wrth Dduw ein Tad a'r Arglwydd Iesu Grist, 4 yr hwn a'i rhoes ei hun dros ein pechodau ni, i'n gwaredu ni o'r oes ddrwg bresennol, yn ôl ewyllys Duw ein Tad, 5 i'r hwn y bo'r gogoniant byth bythoedd! Amen.

Nid Oes Efengyl Arall

6 Yr wyf yn synnu eich bod yn cefnu mor fuan ar yr hwn a'ch galwodd chwi trwy ras Crist, ac yn troi at efengyl wahanol. 7 Nid ei bod yn efengyl arall mewn gwirionedd, ond bod rhywrai, yn eu hawydd i wyrdroi Efengyl Crist, yn aflonyddu arnoch. 8 Ond petai rhywun, ni ein hunain hyd yn oed, neu angel o'r nef, yn pregethu i chwi efengyl sy'n groes i'r Efengyl a bregethasom ichwi, melltith arno! 9 Fel yr ydym wedi dweud o'r blaen, felly yr wyf yn dweud eto yn awr: os oes rhywun yn pregethu efengyl i chwi sy'n groes i'r Efengyl a dderbyniasoch, melltith arno!

10 Pwy yr wyf am ei gael o'm plaid yn awr, ai dynion, ai Duw? Ai ceisio plesio dynion yr wyf? Pe bawn â'm bryd o hyd ar blesio dynion, nid gwas i Grist fyddwn.

Paul yn Dod yn Apostol

11 Yr wyf am roi ar ddeall i chwi, gyfeillion, am yr Efengyl a bregethwyd gennyf fi, nad rhywbeth dynol mohoni. 12 Oherwydd nid ei derbyn fel traddodiad dynol a wneuthum, na chael fy nysgu ynddi chwaith; trwy ddatguddiad Iesu Grist y cefais hi.

13 Oherwydd fe glywsoch am fy ymarweddiad gynt yn y grefydd Iddewig, imi fod yn erlid eglwys Dduw i'r eithaf ac yn ceisio'i difrodi hi, 14 ac imi gael y blaen, fel crefyddwr Iddewig, ar gyfoedion lawer yn fy nghenedl, gan gymaint mwy fy sêl dros draddodiadau fy hynafiaid. 15 Ond dyma Dduw, a'm neilltuodd o groth fy mam ac a'm galwodd trwy ei ras, yn dewis 16 datguddio ei Fab ynof fi, er mwyn i mi ei bregethu ymhlith y Cenhedloedd; ac ar unwaith, heb ymgynghori â neb dynol, 17 a heb fynd i fyny i Jerwsalem chwaith at y rhai oedd yn apostolion o'm blaen i, euthum i ffwrdd i Arabia, ac yna dychwelyd i Ddamascus.

18 Wedyn, ar ôl tair blynedd, mi euthum i fyny i Jerwsalem i ymgydnabyddu â Ceffas, ac arhosais gydag ef am bythefnos. 19 Ni welais neb arall o'r apostolion, ar wahân i Iago, brawd yr Arglwydd. 20 Gerbron Duw, nid celwydd yr wyf yn ei ysgrifennu atoch. 21 Wedyn euthum i diriogaethau Syria a Cilicia. 22 Nid oedd gan y cynulleidfaoedd sydd yng Nghrist yn Jwdea ddim adnabyddiaeth bersonol ohonof, 23 dim ond eu bod yn clywed rhai'n dweud, "Y mae ein herlidiwr gynt yn awr yn pregethu'r ffydd yr oedd yn ceisio'i difrodi o'r blaen." 24 Ac yr oeddent yn gogoneddu Duw o'm hachos i.

Yr Apostolion Eraill yn Cydnabod Paul

2 Wedyn, ymhen pedair blynedd ar ddeg, euthum unwaith eto i fyny i Jerwsalem ynghyd â Barnabas, gan gymryd Titus hefyd gyda mi. 2 Euthum i fyny mewn ufudd-dod i ddatguddiad. Gosodais ger eu bron—o'r neilltu, gerbron y rhai a gyfrifir yn arweinwyr—yr Efengyl yr wyf yn ei phregethu ymhlith y Cenhedloedd, rhag ofn fy mod yn rhedeg, neu wedi rhedeg, yn ofer. 3 Ond ni orfodwyd enwaedu ar fy nghydymaith Titus hyd yn oed, er mai Groegwr ydoedd. 4 Codwyd y mater o achos y gau gredinwyr, llechgwn a oedd

wedi llechian i mewn fel ysbiwyr ar y rhyddid sy'n eiddo i ni yng Nghrist Iesu, gyda'r bwriad o'n caethiwo ni. ⁵ Ond ni ildiasom iddynt trwy gymryd ein darostwng, naddo, ddim am foment, er mwyn i wirionedd yr Efengyl aros yn ddianaf ar eich cyfer chwi. ⁶ Ond am y rhai a gyfrifir yn rhywbeth (nid yw o ddim gwahaniaeth i mi beth oeddent gynt; nid yw Duw yn ystyried safle unrhyw un), nid ychwanegodd yr arweinwyr hyn ddim at yr hyn oedd gennyf. ⁷ I'r gwrthwyneb, fe welsant fod yr Efengyl ar gyfer y Cenhedloedd wedi ei hymddiried i mi, yn union fel yr oedd yr Efengyl ar gyfer yr Iddewon wedi ei hymddiried i Pedr. ⁸ Oherwydd yr un a weithiodd yn Pedr i'w wneud yn apostol i'r Iddewon, a weithiodd ynof finnau i'm gwneud yn apostol i'r Cenhedloedd. ⁹ A dyma Iago a Ceffas ac Ioan, y gwŷr a gyfrifir yn golofnau, yn cydnabod y gras oedd wedi ei roi i mi, ac yn estyn i Barnabas a minnau ddeheulaw cymdeithas, ac yn cytuno ein bod ni i fynd at y Cenhedloedd a hwythau at yr Iddewon. ¹⁰ Eu hunig gais oedd ein bod i gofio'r tlodion; a dyna'r union beth yr oeddwn wedi ymroi i'w wneud.

Paul yn Ceryddu Pedr yn Antiochia

¹¹ Ond pan ddaeth Ceffas i Antiochia, fe'i gwrthwynebais yn ei wyneb, gan ei fod yn amlwg ar fai. ¹² Oherwydd, cyn i rywrai ddod yno oddi wrth Iago, byddai ef yn arfer cydfwyta gyda'r Cristionogion cenhedlig, ond wedi iddynt ddod, dechreuodd gadw'n ôl ac ymbellhau, am ei fod yn ofni plaid yr enwaediad. ¹³ Ymunodd yr Iddewon eraill hefyd yn ei ragrith, nes ysgubo Barnabas yntau i ragrithio gyda hwy. ¹⁴ Ond pan welais nad oeddent yn cadw at lwybr gwirionedd yr Efengyl, dywedais wrth Ceffas yng ngŵydd pawb, "Os wyt ti, er dy fod yn Iddew, yn byw nid fel Iddew ond fel Cenedl-ddyn, pa hawl sydd gennyt ti i orfodi'r Cenhedloedd i fyw fel Iddewon?"

Yr Iddewon, fel y Cenhedloedd, i'w Hachub trwy Ffydd

¹⁵ Yr ydym ni wedi'n geni yn Iddewon, nid yn bechaduriaid o'r Cenhedloedd. ¹⁶ Ac eto fe wyddom na chaiff neb ei gyfiawnhau ond trwy ffydd yn Iesu Grist, nid trwy gadw gofynion cyfraith. Felly fe gredasom ninnau yng Nghrist Iesu er mwyn ein cyfiawnhau, nid trwy gadw gofynion cyfraith, ond trwy ffydd yng Nghrist, oherwydd ni chaiff neb meidrol ei gyfiawnhau trwy gadw gofynion cyfraith. ¹⁷ Ond os, wrth geisio cael ein cyfiawnhau yng Nghrist, cafwyd ninnau hefyd yn bechaduriaid, a yw hynny'n golygu bod Crist yn was pechod? Nac ydyw, ddim o gwbl! ¹⁸ Oherwydd os wyf yn adeiladu drachefn y pethau a dynnais i lawr, yr wyf yn fy mhrofi fy hun yn droseddwr. ¹⁹ Oherwydd trwy gyfraith bûm farw i gyfraith, er mwyn byw i Dduw. ²⁰ Yr wyf wedi fy nghroeshoelio gyda Christ; a mwyach, nid myfi sy'n byw, ond Crist sy'n byw ynof fi. A'r bywyd yr wyf yn awr yn ei fyw yn y cnawd, ei fyw trwy ffydd yr wyf, ffydd ym Mab Duw, yr hwn a'm carodd i ac a'i rhoes ei hun i farw trosof fi. ²¹ Nid wyf am ddirymu gras Duw; oherwydd os trwy gyfraith y daw cyfiawnder, yna bu Crist farw yn ddiachos.

Ai Cadw Gofynion Cyfraith, ynteu Ffydd?

3 Y Galatiaid dwl! Pwy sydd wedi eich rheibio chwi, chwi y darluniwyd ar goedd o flaen eich llygaid, Iesu Grist wedi'i groeshoelio? ² Y cwbl yr wyf am ei wybod gennych yw hyn: ai trwy gadw gofynion cyfraith y derbyniasoch yr Ysbryd, ynteu trwy wrando mewn ffydd? ³ A ydych mor ddwl â hyn? Wedi ichwi ddechrau trwy'r Ysbryd, a ydych yn awr yn ceisio pen y daith trwy'r cnawd? ⁴ Ai yn ofer y cawsoch brofiadau mor fawr (os gallant, yn wir, fod yn ofer)? ⁵ Beth, ynteu, am yr hwn sy'n cyfrannu ichwi yr Ysbryd ac yn gweithio gwyrthiau yn eich plith? Ai ar gyfrif cadw gofynion cyfraith, ynteu ar gyfrif gwrando mewn ffydd, y mae'n gwneud hyn oll? ⁶ Y mae fel yn achos Abraham: "Credodd yn Nuw, ac fe'i cyfrifwyd iddo yn gyfiawnder." ⁷ Gwyddoch, gan hynny, am bobl ffydd, mai hwy yw plant Abraham. ⁸ Ac y mae'r Ysgrythur, wrth ragweld mai trwy ffydd y byddai Duw yn cyfiawnhau'r Cenhedloedd, wedi pregethu'r Efengyl ymlaen llaw wrth Abraham fel hyn: "Bendithir yr holl genhedloedd ynot ti." ⁹ Am hynny, y mae pobl ffydd yn cael eu bendithio ynghyd ag Abraham, un llawn ffydd. ¹⁰ Oherwydd y mae pawb sy'n dibynnu ar gadw gofynion cyfraith dan felltith, achos y mae'n ysgrifenedig: "Melltith ar bob un nad yw'n cadw at bob peth sy'n ysgrifenedig yn llyfr y Gyfraith, a'i wneud!" ¹¹ Y mae'n amlwg na chaiff neb ei gyfiawnhau gerbron Duw ar dir cyfraith, oherwydd, "Y sawl sydd trwy ffydd yn gyfiawn a gaiff fyw.*" ¹² Eithr nid "trwy ffydd" yw egwyddor y Gyfraith; dweud y mae hi yn hytrach, "Y sawl sy'n cadw ei gofynion a gaiff fyw trwyddynt hwy." ¹³ Prynodd Crist ryddid i ni oddi wrth felltith y Gyfraith pan ddaeth, er ein mwyn, yn wrthrych melltith, oherwydd y mae'n ysgrifenedig: "Melltith ar bob un a grogir ar bren!" ¹⁴ Y bwriad oedd cael bendith Abraham i ymledu i'r Cenhedloedd yng Nghrist Iesu, er mwyn i ni dderbyn, trwy ffydd, yr Ysbryd a addawyd.

Y Gyfraith a'r Addewid

¹⁵ Gyfeillion, i gymryd enghraifft o'r byd dynol, pan fydd ewyllys, sef cyfamod olaf rhywun, wedi ei chadarnhau, ni chaiff neb ei dirymu nac ychwanegu ati. ¹⁶ Yn awr, i Abraham y rhoddwyd addewidion y cyfamod, ac i'w had ef. Ni ddywedir, "ac i'th hadau", yn y lluosog, ond, "ac i'th had di", yn yr unigol, a'r un hwnnw yw Crist. ¹⁷ Dyma yr wyf yn ei olygu: yn achos cyfamod oedd eisoes wedi ei gadarnhau gan Dduw, nid yw cyfraith, sydd bedwar cant tri deg o flynyddoedd yn ddiweddarach, yn ei ddirymu, nes gwneud yr addewid yn ddiddim. ¹⁸ Oherwydd, os trwy gyfraith y mae'r etifeddiaeth, yna nid yw mwyach trwy addewid; ond trwy addewid y mae Duw o'i ras wedi ei rhoi i Abraham.

¹⁹ Beth, ynteu, am y Gyfraith? Ar gyfrif troseddau yr ychwanegwyd hi, i aros hyd nes y byddai'r had, yr un y gwnaed yr addewid iddo, yn dod. Fe'i gorchmynnwyd trwy angylion, gyda chymorth canolwr. ²⁰ Ond nid oes angen canolwr lle nad oes ond un; ac un yw Duw.

Caethweision a Meibion

²¹ A yw'r Gyfraith, ynteu, yn groes i addewidion Duw? Nac ydyw, ddim o gwbl! Oherwydd pe bai cyfraith wedi ei rhoi â'r gallu ganddi i gyfrannu bywyd, yna, yn wir, fe fyddai cyfiawnder trwy gyfraith. ²² Ond nid felly y mae; yn ôl dyfarniad yr Ysgrythur, y mae'r byd i gyd wedi ei gaethiwo gan bechod, er mwyn peri mai trwy ffydd yn Iesu Grist, ac i'r rhai sy'n meddu'r ffydd honno, y rhoddid yr hyn a addawyd.

²³ Cyn i'r ffydd hon ddod, yr oeddem dan warchodaeth gaeth cyfraith, yn disgwyl am y ffydd oedd i gael ei datguddio. ²⁴ Felly, bu'r Gyfraith yn was i warchod trosom hyd nes i Grist ddod*, ac inni gael ein cyfiawnhau trwy ffydd. ²⁵ Ond gan fod y ffydd hon bellach wedi dod, nid ydym mwyach dan warchodaeth gwas*.

²⁶ Oblegid yr ydych bawb, trwy ffydd, yn blant Duw yng Nghrist Iesu. ²⁷ Oherwydd y mae pob un ohonoch sydd wedi ei fedyddio i Grist wedi gwisgo Crist amdano. ²⁸ Nid oes rhagor rhwng Iddewon a Groegiaid, rhwng caeth a rhydd, rhwng gwryw a benyw, oherwydd un person ydych chwi oll yng Nghrist Iesu. ²⁹ Ac os ydych yn eiddo Crist, yna had Abraham ydych, etifeddion yn ôl yr addewid.

4 Dyma yr wyf yn ei olygu: cyhyd ag y mae'r etifedd dan oed, nid oes dim gwahaniaeth rhyngddo a chaethwas, er ei fod yn berchennog ar y stad i gyd. ² Y mae dan geidwaid a goruchwylwyr hyd y dyddiad a benodwyd gan ei dad. ³ Felly ninnau, pan oeddem dan oed, yr oeddem wedi ein caethiwo dan ysbrydion elfennig y cyfanfyd. ⁴ Ond pan

---

3:11 Neu, *Y cyfiawn a gaiff fwy trwy ffydd.*
3:24 Neu, *yn hyfforddwr i'n tywys ni at Grist.*
3:25 Neu, *hyfforddwr.*

ddaeth cyflawniad yr amser, anfonodd Duw ei Fab, wedi ei eni o wraig, wedi ei eni dan y Gyfraith, ⁵ i brynu rhyddid i'r rhai oedd dan y Gyfraith, er mwyn i ni gael braint mabwysiad. ⁶ A chan eich bod yn blant, anfonodd Duw Ysbryd ei Fab i'n calonnau, yn llefain, "Abba! Dad!" ⁷ Felly, nid caethwas wyt ti bellach, ond plentyn; ac os plentyn, yna etifedd, trwy weithred Duw.

Gofal Paul dros y Galatiaid

⁸ Gynt, yn wir, a chwithau heb adnabod Duw, caethweision oeddech i fodau nad ydynt o ran eu natur yn dduwiau. ⁹ Ond yn awr, a chwithau wedi adnabod Duw, neu yn hytrach, wedi eich adnabod gan Dduw, sut y gallwch droi yn ôl at yr ysbrydion elfennig llesg a thlawd, a mynnu mynd yn gaethweision iddynt hwy unwaith eto? ¹⁰ Cadw dyddiau, a misoedd, a thymhorau, a blynyddoedd, yr ydych. ¹¹ Y mae arnaf ofn mai yn ofer yr wyf wedi llafurio ar eich rhan.

¹² Rwy'n ymbil arnoch, gyfeillion, byddwch fel yr wyf fi, oherwydd fe fûm i, yn wir, fel yr oeddech chwi. Ni wnaethoch ddim cam â mi. ¹³ Fel y gwyddoch, ar achlysur gwendid corfforol y pregethais yr Efengyl i chwi y tro cyntaf; ¹⁴ ac er i gyflwr fy nghorff fod yn demtasiwn i chwi, ni fuoch na dibris na dirmygus ohonof, ond fy nerbyn a wnaethoch fel angel Duw, fel Crist Iesu ei hun. ¹⁵ Ble'r aeth eich llawenydd? Oherwydd gallaf dystio amdanoch, y buasech wedi tynnu'ch llygaid allan a'u rhoi i mi, petasai hynny'n bosibl. ¹⁶ A wyf fi, felly, wedi mynd yn elyn ichwi, am imi ddweud y gwir wrthych? ¹⁷ Y mae yna bobl sy'n rhoi sylw mawr ichwi, ond nid er eich lles; ceisio eich cau chwi allan y maent, er mwyn i chwi roi sylw iddynt hwy. ¹⁸ Peth da bob amser yw ichwi gael sylw, pan fydd hynny er lles, ac nid yn unig pan fyddaf fi'n bresennol gyda chwi. ¹⁹ Fy mhlant bach, yr wyf unwaith eto mewn gwewyr esgor arnoch, hyd nes y ceir ffurf Crist ynoch. ²⁰ Byddai'n dda gennyf fod gyda chwi yn awr, a gostegu fy llais, oherwydd yr wyf mewn penbleth yn eich cylch.

Alegori Hagar a Sara

²¹ Dywedwch i mi, chwi sy'n mynnu bod dan gyfraith, oni wrandewch ar y Gyfraith? ²² Y mae'n ysgrifenedig i Abraham gael dau fab, un o'i gaethferch ac un o'i wraig rydd. ²³ Ganwyd mab y gaethferch yn ôl greddfau'r cnawd, ond ganwyd mab y wraig rydd trwy addewid Duw. ²⁴ Alegori yw hyn oll. Y mae'r gwragedd yn cynrychioli dau gyfamod. Y mae un o Fynydd Sinai, yn geni plant i gaethiwed. ²⁵ Hagar yw hon; y mae Hagar yn cynrychioli Mynydd Sinai yn Arabia,* ac y mae'n cyfateb i'r Jerwsalem sydd yn awr, oherwydd y mae hi, ynghyd â'i phlant, mewn caethiwed. ²⁶ Ond y mae'r Jerwsalem sydd fry yn rhydd, a hi yw ein mam ni. ²⁷ Oherwydd y mae'n ysgrifenedig:

"Llawenha, y wraig ddiffrwyth nad wyt yn dwyn plant;
bloeddia ganu, y wraig nad wyt fyth mewn gwewyr esgor;
oherwydd y mae plant y wraig ddiymgeledd yn lluosocach na phlant y wraig sydd â gŵr ganddi."

²⁸ Ond yr ydych chwi, gyfeillion, fel Isaac, yn blant addewid Duw. ²⁹ Ond fel yr oedd plentyn y cnawd gynt yn erlid plentyn yr Ysbryd, felly y mae yn awr hefyd. ³⁰ Ond beth y mae'r Ysgrythur yn ei ddweud? "Gyrr allan y gaethferch a'i mab, oherwydd ni chaiff mab y gaethferch fyth gydetifeddu â mab y wraig rydd." ³¹ Gan hynny, gyfeillion, nid plant i'r gaethferch ydym ni, ond plant i'r wraig rydd.

5 I ryddid y rhyddhaodd Crist ni. Safwch yn gadarn, felly, a pheidiwch â phlygu eto i iau caethiwed.

Rhyddid Cristionogol

² Dyma fy ngeiriau i, Paul, wrthych chwi: os derbyniwch enwaediad, ni bydd Crist o ddim budd i chwi. ³ Yr wyf yn tystio unwaith eto wrth bob dyn a enwaedir, ei fod dan rwymedigaeth i gadw'r Gyfraith i gyd. ⁴ Chwi sy'n ceisio

---

4:25 Yn ôl darlleniad arall, *Hagar yw hon; mynydd yn Arabia yw Sinai.*

cyfiawnhad trwy gyfraith, y mae eich perthynas â Christ wedi ei thorri; yr ydych wedi syrthio oddi wrth ras. ⁵ Ond yr ydym ni, yn yr Ysbryd, trwy ffydd, yn disgwyl am y cyfiawnder yr ydym yn gobeithio amdano. ⁶ Oherwydd yng Nghrist Iesu nid enwaediad sy'n cyfrif, na dienwaediad, ond ffydd yn gweithredu trwy gariad.

⁷ Yr oeddech yn rhedeg yn dda. Pwy a'ch rhwystrodd chwi rhag canlyn y gwirionedd? ⁸ Nid oddi wrth yr hwn sy'n eich galw y daeth y perswâd yma. ⁹ Y mae ychydig surdoes yn suro'r holl does. ¹⁰ Yr wyf fi'n gwbl hyderus amdanoch yn yr Arglwydd, na fydd i chwi wyro yn eich barn; ond bydd rhaid i hwnnw sy'n aflonyddu arnoch ddwyn ei gosb, pwy bynnag ydyw. ¹¹ Amdanaf fi, gyfeillion, os wyf yn parhau i bregethu'r enwaediad, pam y parheir i'm herlid? Petai hynny'n wir, byddai tramgwydd y groes wedi ei symud. ¹² O na bai eich aflonyddwyr yn eu sbaddu eu hunain hefyd!*

¹³ Fe'ch galwyd chwi, gyfeillion, i ryddid, ond yn unig peidiwch ag arfer eich rhyddid yn gyfle i'r cnawd; yn hytrach trwy gariad byddwch yn weision i'ch gilydd. ¹⁴ Oherwydd y mae'r holl Gyfraith wedi ei mynegi'n gyflawn mewn un gair, sef yn y gorchymyn, "Câr dy gymydog fel ti dy hun." ¹⁵ Ond os cnoi a darnio'ch gilydd yr ydych, gofalwch na chewch eich difa gan eich gilydd.

Ffrwyth yr Ysbryd a Gweithredoedd y Cnawd

¹⁶ Dyma yr wyf yn ei olygu: rhodiwch yn yr Ysbryd, ac ni fyddwch fyth yn cyflawni chwantau'r cnawd. ¹⁷ Oherwydd y mae chwantau'r cnawd yn erbyn yr Ysbryd, a chwantau'r Ysbryd yn erbyn y cnawd. Y maent yn tynnu'n groes i'w gilydd, fel na allwch wneud yr hyn a fynnwch. ¹⁸ Ond os ydych yn cael eich arwain gan yr Ysbryd, nid ydych dan gyfraith. ¹⁹ Y mae gweithredoedd y cnawd yn amlwg, sef puteindra, amhurdeb, anlladrwydd, ²⁰ eilunaddoliaeth, dewiniaeth, cweryla, cynnen, eiddigedd, llidio, ymgiprys, rhwygo, ymbleidio, ²¹ cenfigennu,*

5:12 Neu, *yn cael eu torri ymaith!*
5:21 Yn ôl darlleniad arall, *cenfigennu, llofruddio.*

meddwi, cyfeddach, a phethau tebyg. Yr wyf yn eich rhybuddio, fel y gwneuthum o'r blaen, na chaiff y rhai sy'n gwneud y fath bethau etifeddu teyrnas Dduw.

²² Ond ffrwyth yr Ysbryd yw cariad, llawenydd, tangnefedd, goddefgarwch, caredigrwydd, daioni, ffyddlondeb, addfwynder, hunanddisgyblaeth. ²³ Nid oes cyfraith yn erbyn rhinweddau fel y rhain. ²⁴ Y mae pobl Crist Iesu wedi croeshoelio'r cnawd ynghyd â'i nwydau a'i chwantau. ²⁵ Os yw ein bywyd yn yr Ysbryd, ynddo hefyd bydded ein buchedd. ²⁶ Bydded inni ymgadw rhag gwag ymffrost, rhag herio ein gilydd, a rhag cenfigennu wrth ein gilydd.

Cariwch Feichiau eich Gilydd

6 Gyfeillion, os caiff rhywun ei ddal mewn rhyw drosedd, eich gwaith chwi, y rhai ysbrydol, yw ei adfer mewn ysbryd addfwyn. Ond edrych atat dy hun, rhag ofn i tithau gael dy demtio. ² Cariwch feichiau eich gilydd, ac felly fe gyflawnwch Gyfraith Crist. ³ Oherwydd, os yw rhywun yn tybio ei fod yn rhywbeth, ac yntau yn ddim, ei dwyllo ei hun y mae. ⁴ Y mae pob un i farnu ei waith ei hun, ac yna fe gaiff le i ymffrostio o'i ystyried ei hun yn unig, ac nid neb arall. ⁵ Oherwydd bydd gan bob un ei bwn ei hun i'w gario. ⁶ Y mae'r sawl sy'n cael ei hyfforddi yn y gair i roi cyfran o'i holl feddiannau i'w hyfforddwr. ⁷ Peidiwch â chymryd eich camarwain; ni chaiff Duw mo'i watwar, oherwydd beth bynnag y mae rhywun yn ei hau, hynny hefyd y bydd yn ei fedi. ⁸ Bydd y sawl sy'n hau i'w gnawd ei hun yn medi o'i gnawd lygredigaeth, a'r sawl sy'n hau i'r Ysbryd yn medi o'r Ysbryd fywyd tragwyddol. ⁹ Peidiwn â blino ar wneud daioni, oherwydd cawn fedi'r cynhaeaf yn ei amser, dim ond inni beidio â llaesu dwylo. ¹⁰ Felly, tra bydd amser gennym, gadewch inni wneud da i bawb, ac yn enwedig i'r rhai sydd o deulu'r ffydd.

Rhybudd Terfynol a'r Fendith

¹¹ Gwelwch mor fras yw'r llythrennau hyn yr wyf yn eu hysgrifennu atoch â'm llaw fy hun. ¹² Rhai â'u bryd ar rodres yn y cnawd yw'r rheini sy'n ceisio eich

gorfodi i dderbyn enwaediad, a hynny'n unig er mwyn iddynt hwy arbed cael eu herlid o achos croes Crist. ¹³ Oherwydd nid yw'r rhai a enwaedir eu hunain hyd yn oed yn cadw'r Gyfraith. Y maent am i chwi dderbyn enwaediad er mwyn iddynt hwy gael ymffrostio yn eich cnawd chwi. ¹⁴ O'm rhan fy hun, cadwer fi rhag ymffrostio mewn dim ond yng nghroes ein Harglwydd Iesu Grist, y groes y mae'r byd drwyddi* wedi ei groeshoelio i mi, a minnau i'r byd. ¹⁵ Nid enwaediad sy'n cyfrif, na dienwaediad, ond creadigaeth newydd. ¹⁶ A phawb fydd yn rhodio wrth y rheol hon, tangnefedd arnynt, a thrugaredd, ie, ar Israel Duw!*

¹⁷ Peidied neb bellach â pheri blinder imi, oherwydd yr wyf yn dwyn nodau Iesu yn fy nghorff.

¹⁸ Gras ein Harglwydd Iesu Grist fyddo gyda'ch ysbryd, gyfeillion! Amen.

6:14 Neu, *Iesu Grist, y mae'r byd drwyddo*.

6:16 Neu, *a hefyd ar Israel Duw!*

LLYTHYR PAUL AT YR
EFFESIAID

Cyfarch

1 Paul, apostol Crist Iesu trwy ewyllys Duw, at y saint sydd yn Effesus, yn ffyddlon* yng Nghrist Iesu. ² Gras a thangnefedd i chwi oddi wrth Dduw ein Tad a'r Arglwydd Iesu Grist.

Bendithion Ysbrydol yng Nghrist

³ Bendigedig fyddo Duw a Thad ein Harglwydd Iesu Grist! Y mae wedi'n bendithio ni yng Nghrist â phob bendith ysbrydol yn y nefolion leoedd. ⁴ Cyn seilio'r byd, fe'n dewisodd yng Nghrist i fod yn sanctaidd ac yn ddi-fai ger ei fron mewn cariad. ⁵ O wirfodd ei ewyllys fe'n rhagordeiniodd i gael ein mabwysiadu yn blant iddo'i hun trwy Iesu Grist, ⁶ er clod i'w ras gogoneddus, ei rad rodd i ni yn yr Anwylyd. ⁷ Ynddo ef y mae i ni brynedigaeth trwy ei waed, sef maddeuant ein camweddau; dyma fesur cyfoeth y gras ⁸ a roddodd mor hael i ni, ynghyd â phob doethineb a dirnadaeth. ⁹ Hysbysodd i ni ddirgelwch ei ewyllys, yn unol â'r bwriad a arfaethodd yng Nghrist ¹⁰ yng nghynllun cyflawniad yr amseroedd, sef dwyn yr holl greadigaeth i undod yng Nghrist, gan gynnwys pob peth yn y nefoedd ac ar y ddaear. ¹¹ Ynddo ef hefyd rhoddwyd i ni ran yn yr etifeddiaeth, yn rhinwedd ein rhagordeinio yn ôl arfaeth yr hwn sy'n gweithredu pob peth yn ôl ei fwriad a'i ewyllys ei hun. ¹² A thrwy hyn yr ydym ni, y rhai cyntaf i obeithio yng Nghrist, i ddwyn clod i'w ogoniant ef. ¹³ A chwithau, wedi ichwi glywed gair y gwirionedd, Efengyl eich iachawdwriaeth, ac wedi ichwi gredu ynddo, gosodwyd arnoch yng Nghrist sêl yr Ysbryd Glân, yr hwn oedd wedi ei addo. ¹⁴ Yr Ysbryd hwn yw'r ernes o'n hetifeddiaeth, nes ein prynu'n rhydd i'w meddiannu'n llawn, er clod i ogoniant Duw.

Gweddi Paul

¹⁵ Am hynny, o'r pryd y clywais am y ffydd sydd gennych yn yr Arglwydd Iesu, ac am eich cariad tuag at yr holl saint, ¹⁶ nid wyf fi wedi peidio â diolch amdanoch, gan eich galw i gof yn fy

---

1:1 Yn ôl darlleniad arall, *y saint sydd yn ffyddlon*.

ngweddïau. ¹⁷ A'm gweddi yw, ar i Dduw ein Harglwydd Iesu Grist, Tad y gogoniant, roi i chwi, yn eich adnabyddiaeth ohono ef, yr Ysbryd sy'n rhoi doethineb a datguddiad. ¹⁸ Bydded iddo oleuo llygaid eich deall, a'ch dwyn i wybod beth yw'r gobaith sy'n ymhlyg yn ei alwad, beth yw cyfoeth y gogoniant sydd ar gael yn yr etifeddiaeth y mae'n ei rhoi i chwi ymhlith y saint, ¹⁹ a beth yw aruthrol fawredd y gallu sydd ganddo o'n plaid ni sy'n credu, ²⁰ y grymuster hwnnw a gyflawnodd yng ngrym ei nerth yng Nghrist pan gyfododd ef oddi wrth y meirw, a'i osod i eistedd ar ei ddeheulaw yn y nefolion leoedd, ²¹ ymhell uwchlaw pob tywysogaeth ac awdurdod a gallu ac arglwyddiaeth, a phob teitl a geir, nid yn unig yn yr oes bresennol, ond hefyd yn yr oes sydd i ddod. ²² Darostyngodd Duw bob peth dan ei draed ef, a rhoddodd ef yn ben ar bob peth i'r eglwys; ²³ yr eglwys hon yw ei gorff ef, a chyflawniad yr hwn* sy'n cael ei gyflawni ym mhob peth a thrwy bob peth.*

O Farwolaeth i Fywyd

2 Bu adeg pan oeddech chwithau yn feirw yn eich camweddau a'ch pechodau. ² Yr oeddech yn byw yn ôl ffordd y byd hwn, mewn ufudd-dod i dywysog galluoedd yr awyr, yr ysbryd sydd yn awr ar waith yn y rhai sy'n anufudd i Dduw. ³ Ymhlith y rhai hynny yr oeddem ninnau i gyd unwaith, yn byw yn ôl ein chwantau dynol ac yn porthi dymuniadau'r cnawd a'r synhwyrau; yr oeddem wrth natur, fel pawb arall, yn gorwedd dan ddigofaint Duw. ⁴ Ond gan mor gyfoethog yw Duw yn ei drugaredd, a chan fod ei gariad tuag atom mor fawr, fe'n gwnaeth ni, ⁵ ni oedd yn feirw yn ein camweddau, yn fyw gyda Christ; trwy ras yr ydych wedi eich achub. ⁶ Yng Nghrist Iesu, fe'n cyfododd gydag ef a'n gosod i eistedd gydag ef yn y nefolion leoedd, ⁷ er mwyn dangos, yn yr oesoedd sy'n dod, gyfoeth difesur ei ras trwy ei diriondeb i ni yng Nghrist Iesu. ⁸ Trwy ras yr ydych wedi eich achub, trwy ffydd. Nid eich gwaith chwi yw hyn; rhodd Duw ydyw; ⁹ nid yw'n dibynnu ar weithredoedd, ac felly ni all neb ymffrostio. ¹⁰ Oherwydd ei waith ef ydym, wedi ein creu yng Nghrist Iesu i fywyd o weithredoedd da, bywyd y mae Duw wedi ei drefnu inni o'r dechrau.

Yn Un yng Nghrist

¹¹ Gan hynny, chwi oedd gynt yn Genhedloedd o ran y cnawd, chwi sydd yn cael eich galw yn ddienwaededig gan y rhai a elwir yn enwaededig (ar gyfrif gwaith dwylo dynol ar y cnawd), ¹² chwi, meddaf, cofiwch eich bod yr amser hwnnw heb Grist, yn ddieithriaid i ddinasyddiaeth Israel, yn estroniaid i'r cyfamodau a'u haddewid, heb obaith a heb Dduw yn y byd. ¹³ Ond yn awr, yng Nghrist Iesu, yr ydych chwi, a fu unwaith ymhell, wedi eich dwyn yn agos trwy waed Crist.

¹⁴ Oherwydd ef yw ein heddwch ni. Gwnaeth y ddau, yr Iddewon a'r Cenhedloedd, yn un, wedi chwalu trwy ei gnawd ei hun y canolfur o elyniaeth oedd yn eu gwahanu. ¹⁵ Dirymodd y Gyfraith, a'i gorchmynion a'i hordeiniadau. Ac felly, i wneud heddwch, creodd o'r ddau un ddynoliaeth newydd ynddo ef ei hun, ¹⁶ er mwyn cymodi'r ddau â Duw, mewn un corff, trwy'r groes; trwyddi hi fe laddodd yr elyniaeth. ¹⁷ Fe ddaeth, a phregethu heddwch i chwi y rhai pell, a heddwch hefyd i'r rhai agos. ¹⁸ Oherwydd trwyddo ef y mae gennym ni ein dau ffordd i ddod, mewn un Ysbryd, at y Tad. ¹⁹ Felly, nid estroniaid a dieithriaid ydych mwyach, ond cyd-ddinasyddion â'r saint ac aelodau o deulu Duw. ²⁰ Yr ydych wedi eich adeiladu ar sylfaen yr apostolion a'r proffwydi, a'r conglfaen yw Crist Iesu ei hun. ²¹ Ynddo ef y mae pob rhan a adeiledir* yn cyd-gloi yn ei gilydd ac yn codi'n deml sanctaidd yn yr Arglwydd. ²² Ynddo ef yr ydych chwithau hefyd yn cael eich cydadeiladu i fod yn breswylfod i Dduw yn yr Ysbryd.

1:23 Neu, *yr hyn.*
1:23 Neu, *yr hwn sy'n cyflawni pob peth ym mhob man.*

2:21 Yn ôl darlleniad arall, *y mae'r adeilad cyfan.*

Gweinidogaeth Paul i'r Cenhedloedd

3 Oherwydd hyn, yr wyf fi, Paul, carcharor Crist Iesu er eich mwyn chwi'r Cenhedloedd, yn offrymu fy ngweddi. ² Y mae'n rhaid eich bod wedi clywed am gynllun gras Duw, y gras sydd wedi ei roi i mi er eich lles chwi: ³ sef i'r dirgelwch gael ei hysbysu i mi trwy ddatguddiad. Yr wyf eisoes wedi ysgrifennu'n fyr am hyn, ⁴ ac o'i ddarllen gallwch ddeall fy nirnadaeth o ddirgelwch Crist. ⁵ Yn y cenedlaethau gynt, ni chafodd y dirgelwch hwn mo'i hysbysu i blant dynion, fel y mae yn awr wedi ei ddatguddio gan Ysbryd Duw i'w apostolion sanctaidd a'i broffwydi. ⁶ Dyma'r dirgelwch: bod y Cenhedloedd, ynghyd â'r Iddewon, yn gydetifeddion, yn gydaelodau o'r corff, ac yn gydgyfranogion o'r addewid yng Nghrist Iesu trwy'r Efengyl. ⁷ Dyma'r Efengyl y deuthum i yn weinidog iddi yn ôl rhodd gras Duw, a roddwyd i mi trwy weithrediad ei allu ef. ⁸ I mi, y llai na'r lleiaf o'r holl saint, y rhoddwyd y rhodd raslon hon, i bregethu i'r Cenhedloedd anchwiliadwy olud Crist, ⁹ ac i ddwyn i'r golau gynllun* y dirgelwch a fu'n guddiedig ers oesoedd yn Nuw, Creawdwr pob peth, ¹⁰ er mwyn i ysblander amryfal ddoethineb Duw gael ei hysbysu yn awr, trwy'r eglwys, i'r tywysogaethau a'r awdurdodau yn y nefolion leoedd. ¹¹ Y mae hyn yn unol â'r arfaeth dragwyddol a gyflawnodd yng Nghrist Iesu ein Harglwydd. ¹² Ynddo ef, a thrwy ffydd ynddo, yr ydym yn cael dod at Dduw yn eofn a hyderus. ¹³ Yr wyf yn erfyn, felly, ar ichwi beidio â digalonni o achos fy nioddefiadau drosoch; hwy, yn wir, yw eich gogoniant chwi.

Gwybod Cariad Crist

¹⁴ Oherwydd hyn yr wyf yn plygu fy ngliniau gerbron y Tad, ¹⁵ yr hwn y mae pob teulu yn y nefoedd ac ar y ddaear yn cymryd ei enw oddi wrtho, ¹⁶ ac yn gweddïo ar iddo ganiatáu i chwi, yn ôl cyfoeth ei ogoniant, gryfder a nerth mewnol trwy'r Ysbryd, ¹⁷ ac ar i Grist breswylio yn eich calonnau drwy ffydd. ¹⁸ Boed i chwi, sydd â chariad yn wreiddyn a sylfaen eich bywyd, gael eich galluogi i amgyffred ynghyd â'r holl saint beth yw lled a hyd ac uchder a dyfnder cariad Crist, ¹⁹ a gwybod am y cariad hwnnw, er ei fod uwchlaw gwybodaeth. Felly dygir chwi i gyflawnder, hyd at holl gyflawnder Duw.

²⁰ Iddo ef, sydd â'r gallu ganddo i wneud yn anhraethol well na dim y gallwn ni ei ddeisyfu na'i ddychmygu, trwy'r gallu sydd ar waith ynom ni, ²¹ iddo ef y bo'r gogoniant yn yr eglwys ac yng Nghrist Iesu, o genhedlaeth i genhedlaeth, byth bythoedd! Amen.

Undod y Corff

4 Yr wyf fi, felly, sy'n garcharor er mwyn yr Arglwydd, yn eich annog i fyw yn deilwng o'r alwad a gawsoch. ² Byddwch yn ostyngedig ac addfwyn ym mhob peth, ac yn amyneddgar, gan oddef eich gilydd mewn cariad. ³ Ymrowch i gadw, â rhwymyn tangnefedd, yr undod y mae'r Ysbryd yn ei roi. ⁴ Un corff sydd, ac un Ysbryd, yn union fel mai un yw'r gobaith sy'n ymhlyg yn eich galwad; ⁵ un Arglwydd, un ffydd, un bedydd, ⁶ un Duw a Thad i bawb, yr hwn sydd goruwch pawb, a thrwy bawb, ac ym mhawb.

⁷ Ond i bob un ohonom rhoddwyd gras, ei ran o rodd Crist. ⁸ Am hynny y mae'r Ysgrythur yn dweud:

"Esgynnodd i'r uchelder, gan arwain
  ei garcharorion yn gaeth;
rhoddodd roddion i bobl."

⁹ Beth yw ystyr "esgynnodd"? Onid yw'n golygu ei fod wedi disgyn hefyd i barthau isaf y ddaear? ¹⁰ Yr un a ddisgynnodd yw'r un a esgynnodd hefyd ymhell uwchlaw'r nefoedd i gyd, i lenwi'r holl greadigaeth. ¹¹ A dyma'i roddion: rhai i fod yn apostolion, rhai yn broffwydi, rhai yn efengylwyr, rhai yn fugeiliaid ac yn athrawon, ¹² i gymhwyso'r saint i waith gweinidogaeth, i adeiladu corff Crist. ¹³ Felly y cyrhaeddwn oll hyd at yr undod a berthyn i'r ffydd ac i

---

3:9 Yn ôl darlleniad arall, *ac i oleuo pawb ynglŷn â chynllun*.

adnabyddiaeth o Fab Duw. Y nod yw dynoliaeth lawn dwf, a'r mesur yw'r aeddfedrwydd sy'n perthyn i gyflawnder Crist. ¹⁴ Nid ydym i fod yn fabanod mwyach, yn cael ein lluchio gan donnau a'n gyrru yma a thraw gan bob rhyw awel o athrawiaeth, wedi ein dal gan ystryw y rhai sy'n ddyfeisgar i gynllwynio twyll. ¹⁵ Na, gadewch i ni ddilyn y gwir mewn cariad, a thyfu ym mhob peth i Grist. Ef yw'r pen, ¹⁶ ac wrtho ef y mae'r holl gorff yn cael ei ddal wrth ei gilydd a'i gysylltu drwy bob cymal sy'n rhan ohono. Felly, trwy weithgarwch cyfaddas pob un rhan, ceir prifiant yn y corff, ac y mae'n ei adeiladu ei hun mewn cariad.

Yr Hen Fywyd a'r Newydd

¹⁷ Hyn, felly, yr wyf yn ei ddweud ac yn ei argymell arnoch yn yr Arglwydd, eich bod chwi bellach i beidio â byw fel y mae'r Cenhedloedd yn byw, yn oferedd eu meddwl; ¹⁸ oherwydd tywyllwch sydd yn eu deall, a dieithriaid ydynt i'r bywyd sydd o Dduw, o achos yr anwybodaeth y maent yn ei choleddu a'r ystyfnigrwydd sydd yn eu calon. ¹⁹ Pobl ydynt sydd wedi colli pob teimlad ac wedi ymollwng i'r anlladrwydd sy'n peri i rywrai gyflawni pob math o aflendid yn ddiymatal. ²⁰ Ond nid felly yr ydych chwi wedi dysgu Crist, ²¹ chwi sydd, yn wir, wedi clywed amdano ac wedi eich hyfforddi ynddo, yn union fel y mae'r gwirionedd yn Iesu. ²² Fe'ch dysgwyd eich bod i roi heibio'r hen natur ddynol oedd yn perthyn i'ch ymarweddiad gynt ac sy'n cael ei llygru gan chwantau twyllodrus, ²³ a'ch bod i gael eich adnewyddu mewn ysbryd a meddwl, ²⁴ a gwisgo amdanoch y natur ddynol newydd sydd wedi ei chreu ar ddelw Duw, yn y cyfiawnder a'r sancteiddrwydd sy'n gweddu i'r gwirionedd.

Rheolau'r Bywyd Newydd

²⁵ Gan hynny, ymaith â chelwydd! Dywedwch y gwir bob un wrth ei gymydog, oherwydd yr ydym yn aelodau o'n gilydd. ²⁶ Byddwch ddig, ond peidiwch â phechu; peidiwch â gadael i'r haul fachlud ar eich digofaint, ²⁷ a pheidiwch â rhoi cyfle i'r diafol. ²⁸ Y mae'r lleidr i beidio â lladrata mwyach; yn hytrach, dylai ymroi i weithio'n onest â'i ddwylo ei hun, er mwyn cael rhywbeth i'w rannu â'r sawl sydd mewn angen. ²⁹ Nid oes yr un gair drwg i ddod allan o'ch genau, dim ond geiriau da, sydd er adeiladaeth yn ôl yr angen, ac felly'n dwyn bendith i'r sawl sy'n eu clywed. ³⁰ Peidiwch â thristáu Ysbryd Glân Duw, yr Ysbryd y gosodwyd ei sêl arnoch ar gyfer dydd eich prynu'n rhydd. ³¹ Bwriwch ymaith oddi wrthych bob chwerwder, llid, digofaint, twrw, a sen, ynghyd â phob drwgdeimlad. ³² Byddwch yn dirion wrth eich gilydd; yn dyner eich calon, yn maddau i'ch gilydd fel y maddeuodd Duw yng Nghrist i chwi.

5 Byddwch, felly, yn efelychwyr Duw, fel plant annwyl iddo, ² gan fyw mewn cariad, yn union fel y carodd Crist ni, a'i roi ei hun trosom, yn offrwm ac aberth i Dduw, o arogl pêr. ³ Puteindra, a phob aflendid a thrachwant, peidiwch hyd yn oed â'u henwi yn eich plith, fel y mae'n briodol i saint; ⁴ a'r un modd bryntni, a chleber ffôl, a siarad gwamal, pethau sy'n anweddus. Yn hytrach, geiriau diolch sy'n gweddu i chwi. ⁵ Gwyddoch hyn yn sicr, nad oes cyfran yn nheyrnas Crist a Duw i neb sy'n puteinio neu'n aflan, nac i neb sy'n drachwantus, hynny yw, yn addoli eilunod.

Byddwch Fyw fel Plant Goleuni

⁶ Peidiwch â chymryd eich twyllo gan eiriau gwag neb; o achos y pethau hyn y mae digofaint Duw yn dod ar y rhai sy'n anufudd iddo. ⁷ Peidiwch felly â chyfathrachu â hwy; ⁸ tywyllwch oeddech chwi gynt, ond yn awr goleuni ydych yn yr Arglwydd. Byddwch fyw fel plant goleuni, ⁹ oherwydd gwelir ffrwyth y goleuni ym mhob daioni a chyfiawnder a gwirionedd. ¹⁰ Gwnewch yn siŵr beth sy'n gymeradwy gan yr Arglwydd. ¹¹ Gwrthodwch ymgysylltu â gweithredoedd diffrwyth y tywyllwch, ond yn hytrach dadlennwch eu drygioni. ¹² Gwarthus yw hyd yn oed crybwyll y pethau a wneir ganddynt yn y dirgel.

13 Ond y mae pob peth a ddadlennir gan y goleuni yn dod yn weladwy, oherwydd goleuni yw pob peth a wneir yn weladwy. 14 Am hynny y dywedir:

"Deffro, di sydd yn cysgu,
a chod oddi wrth y meirw,
ac fe dywynna Crist arnat."

15 Felly, gwyliwch eich ymddygiad yn ofalus, gan fyw, nid fel rhai annoeth ond fel rhai doeth. 16 Daliwch ar eich cyfle, oherwydd y mae'r dyddiau'n ddrwg. 17 Am hynny, peidiwch â bod yn ffôl, ond deallwch beth yw ewyllys yr Arglwydd. 18 Peidiwch â meddwi ar win (afradlonedd yw hynny), ond llanwer chwi â'r Ysbryd. 19 Cyfarchwch eich gilydd â salmau ac emynau a chaniadau ysbrydol; canwch a phynciwch o'ch calon i'r Arglwydd. 20 Diolchwch bob amser am bob dim i Dduw y Tad yn enw ein Harglwydd Iesu Grist; 21 a byddwch ddarostyngedig i'ch gilydd, o barchedig ofn tuag at Grist.

Gwragedd a Gwŷr

22 Chwi wragedd, byddwch ddarostyngedig i'ch gwŷr fel i'r Arglwydd; 23 oherwydd y gŵr yw pen y wraig, fel y mae Crist hefyd yn ben yr eglwys; ac ef yw Gwaredwr y corff. 24 Ond fel y mae'r eglwys yn ddarostyngedig i Grist, felly y mae'n rhaid i'r gwragedd fod i'w gwŷr ym mhob peth. 25 Chwi wŷr, carwch eich gwragedd, fel y carodd Crist yntau'r eglwys a'i roi ei hun drosti, 26 i'w sancteiddio a'i glanhau â'r golchiad dŵr a'r gair, 27 er mwyn iddo ef ei hun ei chyflwyno iddo'i hun yn ei llawn ogoniant, heb fod arni frycheuyn na chrychni na dim byd o'r fath, iddi fod yn sanctaidd a di-fai. 28 Yn yr un modd, dylai'r gwŷr garu eu gwragedd fel eu cyrff eu hunain. Y mae'r gŵr sy'n caru ei wraig yn ei garu ei hun. 29 Ni chasaodd neb erioed ei gnawd ei hun; yn hytrach y mae'n ei feithrin a'i ymgeleddu. Felly y gwna Crist hefyd â'r eglwys; 30 oherwydd yr ydym ni'n aelodau o'i gorff ef. 31 Yng ngeiriau'r Ysgrythur: "Dyna pam y bydd dyn yn gadael ei dad a'i fam ac yn glynu wrth ei wraig; a bydd y ddau yn un cnawd." 32 Y mae'r dirgelwch hwn yn fawr. Cyfeirio yr wyf at Grist ac at yr eglwys. 33 Ond yr ydych chwithau bob un i garu ei wraig fel ef ei hun; ac y mae'r wraig hithau i barchu ei gŵr.

Plant a Thadau

6 Chwi blant, ufuddhewch i'ch rhieni yn yr Arglwydd, oherwydd hyn sydd iawn. 2 "Anrhydedda dy dad a'th fam"— hwn yw'r gorchymyn cyntaf ac iddo addewid: 3 "er mwyn iti lwyddo a chael hir ddyddiau ar y ddaear." 4 Chwi dadau, peidiwch â chythruddo'ch plant, ond eu meithrin yn nisgyblaeth a hyfforddiant yr Arglwydd.

Caethweision a Meistri

5 Chwi gaethweision, ufuddhewch i'ch meistri daearol mewn ofn a dychryn, mewn unplygrwydd calon fel i Grist, 6 nid ag esgus o wasanaeth fel rhai sy'n ceisio plesio dynion, ond fel gweision Crist yn gwneud ewyllys Duw â'ch holl galon. 7 Rhowch wasanaeth ewyllysgar fel i'r Arglwydd, nid i ddynion, 8 oherwydd fe wyddoch y bydd pob un, boed gaeth neu rydd, yn derbyn tâl gan yr Arglwydd am ba ddaioni bynnag a wna. 9 Chwi feistri, gwnewch yr un peth iddynt hwy, gan roi'r gorau i fygwth, oherwydd fe wyddoch fod eu Meistr hwy a chwithau yn y nefoedd, ac nad yw ef yn dangos ffafriaeth.

Y Frwydr yn erbyn Drygioni

10 Yn olaf, ymgryfhewch yn yr Arglwydd ac yn nerth ei allu ef. 11 Gwisgwch amdanoch holl arfogaeth Duw, er mwyn ichwi fedru sefyll yn gadarn yn erbyn cynllwynion y diafol. 12 Nid â meidrolion yr ydym yn yr afael, ond â thywysogaethau ac awdurdodau, â llywodraethwyr tywyllwch y byd hwn, â phwerau ysbrydol drygionus yn y nefolion leoedd. 13 Gan hynny, ymarfogwch â holl arfogaeth Duw, er mwyn ichwi fedru gwrthsefyll yn y dydd drwg, ac wedi cyflawni pob peth, sefyll yn gadarn. 14 Safwch, ynteu, â gwirionedd yn wregys am eich canol, a chyfiawnder yn arfwisg ar eich dwyfron, 15 a pharodrwydd i gyhoeddi Efengyl tangnefedd yn esgidiau am eich traed.

¹⁶ Heblaw hyn oll, ymarfogwch â tharian ffydd; â hon byddwch yn gallu diffodd holl saethau tanllyd yr Un drwg. ¹⁷ Derbyniwch helm iachawdwriaeth a chleddyf yr Ysbryd, sef gair Duw. ¹⁸ Ymrowch i weddi ac ymbil, gan weddïo bob amser yn yr Ysbryd. I'r diben hwn, byddwch yn effro, gyda dyfalbarhad ym mhob math o ymbil dros y saint i gyd, ¹⁹ a gweddïwch drosof finnau y bydd i Dduw roi i mi ymadrodd, ac agor fy ngenau, i hysbysu'n eofn ddirgelwch yr Efengyl. ²⁰ Trosti hi yr wyf yn llysgennad mewn cadwynau. Ie, gweddïwch ar i mi lefaru'n hy amdani, fel y dylwn lefaru.

Cyfarchion Terfynol

²¹ Er mwyn i chwithau wybod fy hanes, a beth yr wyf yn ei wneud, fe gewch y cwbl gan Tychicus, y brawd annwyl a'r gweinidog ffyddlon yn yr Arglwydd. ²² Yr wyf yn ei anfon atoch yn unswydd ichwi gael gwybod am ein hynt, ac er mwyn iddo ef eich calonogi.

²³ Tangnefedd i'r cyfeillion, a chariad ynghyd â ffydd oddi wrth Dduw Dad a'r Arglwydd Iesu Grist. ²⁴ Gras fyddo gyda phawb sy'n caru ein Harglwydd Iesu Grist â chariad anfarwol!

LLYTHYR PAUL AT Y
PHILIPIAID

Cyfarch

1 Paul a Timotheus, gweision Crist Iesu, at yr holl saint yng Nghrist Iesu sydd yn Philipi, ynghyd â'r arolygwyr* a'r diaconiaid. ² Gras a thangnefedd i chwi oddi wrth Dduw ein Tad a'r Arglwydd Iesu Grist.

Gweddi Paul dros y Philipiaid

³ Byddaf yn diolch i'm Duw bob tro y byddaf yn cofio amdanoch, ⁴ a phob amser ym mhob un o'm gweddïau dros bob un ohonoch, yr wyf yn gweddïo gyda llawenydd. ⁵ Diolch y byddaf am eich partneriaeth yn yr Efengyl o'r dydd cyntaf hyd yn awr; ⁶ ac yr wyf yn sicr o hyn, y bydd i'r hwn a ddechreuodd waith da ynoch ei gwblhau erbyn Dydd Crist Iesu. ⁷ Felly y mae'n iawn imi deimlo hyn amdanoch i gyd, am fy mod mor hoff ohonoch, ac am eich bod i gyd yn cyfranogi o'r fraint sy'n dod i'm rhan, pan fyddaf yng ngharchar yn ogystal â phan fyddaf yn amddiffyn yr Efengyl neu yn ei chadarnhau. ⁸ Oblegid y mae Duw'n dyst i mi, gymaint yr wyf yn hiraethu, â dyhead Crist Iesu ei hun, am bawb ohonoch. ⁹ Dyma fy ngweddi, ar i'ch cariad gynyddu fwyfwy eto mewn gwybodaeth a phob dirnadaeth, ¹⁰ er mwyn ichwi allu cymeradwyo'r hyn sy'n rhagori,* a bod yn ddidwyll a didramgwydd erbyn Dydd Crist, ¹¹ yn gyflawn o ffrwyth y cyfiawnder sy'n dod trwy Iesu Grist, er gogoniant a mawl i Dduw.

I Mi, Crist yw Byw

¹² Yr wyf am i chwi wybod, gyfeillion, fod y pethau a ddigwyddodd i mi wedi troi, yn hytrach, yn foddion i hyrwyddo'r Efengyl, ¹³ yn gymaint â'i bod wedi dod yn hysbys, trwy'r holl Praetoriwm* ac i bawb arall, mai er mwyn Crist yr wyf yng ngharchar, ¹⁴ a bod y mwyafrif o'r cydgredinwyr, oherwydd i mi gael fy ngharcharu, wedi dod yn hyderus yn yr

---

1:1 Neu, *esgobion*.

1:10 Neu, *allu canfod y rhagor sydd rhwng pethau*.
1:13 Neu, *trwy'r holl bencadlys*. Neu, *trwy'r holl balas*. Neu, *i'r holl warchodlu praetoraidd*.

Arglwydd, ac yn fwy hy o lawer i lefaru'r gair yn ddi-ofn.

15 Y mae'n wir fod rhai yn pregethu Crist o genfigen a chynnen, ac eraill o ewyllys da. 16 O gariad y mae'r rhain yn cyhoeddi Crist, gan wybod mai i amddiffyn yr Efengyl y gosodwyd fi yma, 17 ond y mae'r lleill yn gwneud hynny o gymhellion hunanol ac amhur, gan feddwl peri gofid imi yng ngharchar. 18 Ond pa waeth? Y naill ffordd neu'r llall, prun ai mewn rhith ynteu mewn gwirionedd, y mae Crist yn cael ei gyhoeddi, ac yr wyf yn gorfoleddu yn hyn. Ie, a gorfoleddu a wnaf hefyd, 19 oherwydd mi wn mai canlyniad hyn, ar bwys eich gweddi chwi a chymorth Ysbryd Iesu Grist, fydd fy ngwaredigaeth. 20 Am hyn yr wyf yn disgwyl yn eiddgar, gan obeithio na chaf fy nghywilyddio mewn dim, ond y bydd Crist, yn awr fel erioed, trwy fy ngwroldeb i, yn cael ei fawrygu yn fy nghorff i, prun bynnag ai trwy fy mywyd ai trwy fy marwolaeth. 21 Oherwydd, i mi, Crist yw byw, ac elw yw marw. 22 Ond os wyf i barhau i fyw yn y cnawd, bydd hynny'n golygu y caf ffrwyth o'm llafur. Eto, ni wn beth i'w ddewis. 23 Y mae'n gyfyng arnaf o'r ddeutu; y mae arnaf awydd ymadael a bod gyda Christ, gan fod hynny'n llawer iawn gwell; 24 ond y mae aros yn fy nghnawd yn fwy angenrheidiol er eich mwyn chwi. 25 Rwy'n gwybod hyn i sicrwydd: aros a wnaf, a phara i aros gyda chwi oll, i hyrwyddo eich cynnydd a'ch llawenydd yn y ffydd, 26 er mwyn ichwi ymffrostio fwyfwy, yng Nghrist Iesu, o'm hachos i pan ddof yn ôl atoch.

27 Yn anad dim, bydded eich buchedd yn deilwng o Efengyl Crist, er mwyn imi weld, os dof atoch, neu glywed amdanoch, os byddaf yn absennol, eich bod yn sefyll yn gadarn, yn un o ran ysbryd, gan gydymdrechu yn unfryd dros ffydd yr Efengyl, 28 heb eich dychrynu mewn un dim gan y gwrthwynebwyr. Bydd hyn yn arwydd eglur i'r rheini o'u distryw hwy, ond o'ch iachawdwriaeth chwi, a hynny oddi wrth Dduw. 29 Oherwydd rhoddwyd i chwi y fraint, nid yn unig o gredu yng Nghrist ond hefyd o ddioddef drosto, 30 gan ymdaflu i'r frwydr honno y gwelsoch fi ynddi, ac yr ydych yn awr yn clywed fy mod ynddi o hyd.

Gostyngeiddrwydd Cristionogol a Gostyngeiddrwydd Crist

2 Felly, os oes gennych yng Nghrist unrhyw symbyliad, unrhyw apêl o du cariad, unrhyw gymdeithas trwy'r Ysbryd, os oes unrhyw gynhesrwydd a thosturi, 2 cyflawnwch fy llawenydd trwy fod o'r un meddwl, a'r un cariad gennych at eich gilydd, yn unfryd ac yn unfarn. 3 Peidiwch â gwneud dim o gymhellion hunanol nac o ymffrost gwag, ond mewn gostyngeiddrwydd bydded i bob un ohonoch gyfrif y llall yn deilyngach nag ef ei hun. 4 Bydded gofal gan bob un ohonoch, nid am eich buddiannau eich hunain yn unig ond am fuddiannau pobl eraill hefyd. 5 Amlygwch yn eich plith eich hunain yr agwedd meddwl honno sydd, yn wir, yn eiddo i chwi yng Nghrist Iesu*. 6 Er ei fod ef ar ffurf Duw, ni chyfrifodd fod cydraddoldeb â Duw yn beth i'w gipio*, 7 ond fe'i gwacaodd ei hun, gan gymryd ffurf caethwas a dyfod ar wedd ddynol. 8 O'i gael ar ddull dyn, fe'i darostyngodd ei hun, gan fod yn ufudd hyd angau, ie, angau ar groes. 9 Am hynny tradyrchafodd Duw ef, a rhoi iddo'r enw sydd goruwch pob enw, 10 fel wrth enw Iesu y plygai pob glin yn y nef ac ar y ddaear a than y ddaear, 11 ac y cyffesai pob tafod fod Iesu Grist yn Arglwydd, er gogoniant Duw Dad.

Disgleirio fel Goleuadau yn y Byd

12 Gan hynny, fy nghyfeillion annwyl, fel y buoch bob amser yn ufudd, felly yn awr, nid yn unig fel pe bawn yn bresennol, ond yn fwy o lawer gan fy mod yn absennol, gweithredwch, mewn ofn a dychryn, yr iachawdwriaeth sy'n eiddo ichwi; 13 oblegid Duw yw'r un sydd yn gweithio ynoch i beri ichwi ewyllysio a gweithredu i'w amcanion daionus ef. 14 Gwnewch bopeth heb rwgnach nac ymryson; 15 byddwch yn

---

2:5 Neu, *yr agwedd meddwl oedd hefyd yng Nghrist Iesu.*

2:6 Neu, *yn beth i ddal gafael ynddo.*

ddi-fai a diddrwg, yn blant di-nam i Dduw yng nghanol cenhedlaeth wyrgam a gwrthnysig, yn disgleirio yn eu plith fel goleuadau yn y byd, ¹⁶ yn cyflwyno gair y bywyd.* Felly byddwch yn destun ymffrost i mi yn Nydd Crist, na fu imi redeg y ras yn ofer na llafurio yn ofer. ¹⁷ Ond os tywelltir fy mywyd i yn ddiodoffrwm ac yn aberth er mwyn eich ffydd chwi, yr wyf yn llawen, ac yn cydlawenhau â chwi i gyd. ¹⁸ Yn yr un modd byddwch chwithau'n llawen, a chydlawenhewch â mi.

Timotheus ac Epaffroditus

¹⁹ Ond yr wyf yn gobeithio yn yr Arglwydd Iesu anfon Timotheus atoch ar fyrder, er mwyn imi gael fy nghalonogi o wybod am eich amgylchiadau chwi. ²⁰ Oherwydd nid oes gennyf neb o gyffelyb ysbryd iddo ef, i gymryd gwir ofal am eich buddiannau chwi; ²¹ y maent oll â'u bryd ar eu dibenion eu hunain, nid ar ddibenion Iesu Grist. ²² Gwyddoch fel y profwyd ei werth ef, gan iddo wasanaethu gyda mi, fel mab gyda'i dad, o blaid yr Efengyl. ²³ Dyma'r gŵr, ynteu, yr wyf yn gobeithio'i anfon, cyn gynted byth ag y caf weld sut y bydd hi arnaf. ²⁴ Ac yr wyf yn sicr, yn yr Arglwydd, y byddaf fi fy hun hefyd yn dod yn fuan.

²⁵ Yr wyf yn credu hefyd y dylwn anfon Epaffroditus atoch, brawd a chydweithiwr a chydfilwr i mi, a'ch cennad chwi i weini ar fy anghenraid i. ²⁶ Oherwydd y mae ef wedi bod yn hiraethu amdanoch oll, ac yn poeni am i chwi glywed iddo fod yn glaf. ²⁷ Yn wir, fe fu'n wael, hyd at farw bron; ond fe dosturiodd Duw wrtho, ac nid wrtho ef yn unig ond wrthyf finnau hefyd, rhag imi gael gofid ar ben gofid. ²⁸ Yr wyf, felly, yn fwy eiddgar i'w anfon, er mwyn i chwi lawenhau eto o'i weld, ac i minnau fod yn llai fy ngofid. ²⁹ Derbyniwch ef felly yn yr Arglwydd gyda phob llawenydd; ac anrhydeddwch rai o'i fath ef, ³⁰ oherwydd bu yn ymyl marw er mwyn gwaith Crist pan fentrodd ei fywyd i gyflawni drosof y gwasanaeth na allech chwi mo'i gyflawni.

Y Gwir Gyfiawnder

3 Bellach, gyfeillion, llawenhewch yn yr Arglwydd. Nid yw ysgrifennu'r un pethau atoch yn drafferth i mi, ac i chwi y mae'n ddiogelwch.

² Gwyliwch y cŵn, gwyliwch y drwgweithredwyr, gwyliwch y rhai nad ydynt ond yn gwaedu'r cnawd. ³ Oherwydd ni yw'r rhai gwir enwaededig, ni sy'n addoli trwy Ysbryd Duw,* ac yn ymfalchïo yng Nghrist Iesu heb ymddiried yn y cnawd— ⁴ er bod gennyf, o'm rhan fy hun, le i ymddiried yn y cnawd hefyd. Os oes rhywun arall yn tybio fod ganddo le i ymddiried yn y cnawd, yr wyf fi'n fwy felly: ⁵ wedi enwaedu arnaf yr wythfed dydd, o hil Israel, o lwyth Benjamin, yn Hebrëwr o dras Hebrewyr; yn ôl y Gyfraith, yn Pharisead; ⁶ o ran sêl, yn erlid yr eglwys; yn ôl y cyfiawnder sy'n perthyn i'r Gyfraith, yn ddi-fai. ⁷ Ond beth bynnag oedd yn ennill i mi, yr wyf yn awr yn ei ystyried yn golled oherwydd Crist. ⁸ A mwy na hynny hyd yn oed, yr wyf yn dal i gyfrif pob peth yn golled, ar bwys rhagoriaeth y profiad o adnabod Crist Iesu fy Arglwydd, yr un y collais bob peth o'i herwydd. Yr wyf yn cyfrif y cwbl yn ysbwriel, er mwyn imi ennill Crist ⁹ a'm cael ynddo ef, heb ddim cyfiawnder o'm heiddo fy hun sy'n tarddu o'r Gyfraith, ond hwnnw sydd trwy ffydd yng Nghrist, y cyfiawnder sydd o Dduw ar sail ffydd. ¹⁰ Rwyf am ei adnabod ef, a grym ei atgyfodiad, a chymdeithas ei ddioddefiadau, wrth gael fy nghydffurfio â'i farwolaeth ef, ¹¹ fel y caf i rywfodd, gyrraedd yr atgyfodiad oddi wrth y meirw.

Cyflymu at y Nod

¹² Nid fy mod eisoes wedi cael hyn, neu fy mod eisoes yn berffaith, ond yr wyf yn prysuro ymlaen, er mwyn meddiannu'r peth hwnnw y cefais innau er ei fwyn

---

2:16 Neu, *y byd, gan ddal eich gafael yng ngair y bywyd.*

3:3 Yn ôl darlleniad arall, *addoli Duw yn yr ysbryd.* Yn ôl un arall, *addoli yn yr ysbryd.*

fy meddiannu gan Grist Iesu.* ¹³ Gyfeillion, nid wyf yn ystyried fy mod wedi ei feddiannu; ond un peth, gan anghofio'r hyn sydd o'r tu cefn ac ymestyn yn daer at yr hyn sydd o'r tu blaen, ¹⁴ yr wyf yn cyflymu at y nod, i ennill y wobr y mae Duw yn fy ngalw i fyny ati yng Nghrist Iesu. ¹⁵ Pob un ohonom, felly, sydd ymhlith y rhai aeddfed, dyma sut y dylai feddwl. Ond os ydych o wahanol feddwl am rywbeth, fe ddatguddia Duw hyn hefyd ichwi. ¹⁶ Ond gadewch inni ymddwyn yn unol â'r safon yr ydym wedi ei chyrraedd.

¹⁷ Byddwch yn gydefelychwyr ohonof fi, gyfeillion, a daliwch sylw ar y rhai sy'n byw yn ôl yr esiampl sydd gennych ynom ni. ¹⁸ Oherwydd y mae llawer, yr wyf yn fynych wedi sôn wrthych amdanynt, ac yr wyf yn sôn eto yn awr gan wylo, sydd o ran eu ffordd o fyw yn elynion croes Crist. ¹⁹ Distryw yw eu diwedd, y bol yw eu duw, ac yn eu cywilydd y mae eu gogoniant; pobl â'u bryd ar bethau daearol ydynt. ²⁰ Oherwydd yn y nefoedd y mae ein dinasyddiaeth ni, ac oddi yno hefyd yr ydym yn disgwyl Gwaredwr, sef yr Arglwydd Iesu Grist. ²¹ Bydd ef yn gweddnewid ein corff iselwael ni ac yn ei wneud yn unffurf â'i gorff gogoneddus ef, trwy'r nerth sydd yn ei alluogi i ddwyn pob peth dan ei awdurdod.

4 Am hynny, fy nghyfeillion, anwyliaid yr wyf yn hiraethu amdanynt, fy llawenydd a'm coron, safwch yn gadarn fel hyn yn yr Arglwydd, fy nghyfeillion annwyl.

Anogaethau

² Yr wyf yn annog Euodia, ac yn annog Syntyche, i fyw'n gytûn yn yr Arglwydd. ³ Ac yn wir y mae gennyf gais i tithau, fy nghydymaith cywir dan yr iau: rho dy gymorth i'r gwragedd hyn a gydymdrechodd â mi o blaid yr Efengyl, ynghyd â Clement a'm cydweithwyr eraill, sydd â'u henwau yn llyfr y bywyd. ⁴ Llawenhewch yn yr Arglwydd bob amser; fe'i dywedaf eto, llawenhewch.

⁵ Bydded eich hynawsedd yn hysbys i bob dyn. Y mae'r Arglwydd yn agos. ⁶ Peidiwch â phryderu am ddim, ond ym mhob peth gwneler eich deisyfiadau yn hysbys i Dduw trwy weddi ac ymbil, ynghyd â diolchgarwch. ⁷ A bydd tangnefedd Duw, sydd goruwch pob deall, yn gwarchod dros eich calonnau a'ch meddyliau yng Nghrist Iesu.

⁸ Bellach, gyfeillion, beth bynnag sydd yn wir, beth bynnag sydd yn anrhydeddus, beth bynnag sydd yn gyfiawn a phur, beth bynnag sydd yn hawddgar a chanmoladwy, pob rhinwedd a phopeth yn haeddu clod, myfyriwch ar y pethau hyn. ⁹ Y pethau yr ydych wedi eu dysgu a'u derbyn, eu clywed a'u gweled, ynof fi, gwnewch y rhain; a bydd Duw'r tangnefedd gyda chwi.

Cydnabod Rhodd y Philipiaid

¹⁰ Y mae'n llawenydd mawr yn yr Arglwydd i mi, fod eich gofal amdanaf yn awr o'r diwedd wedi blaguro eto. O ran hynny, yr oedd y gofal gennych; yr amser cyfaddas oedd yn eisiau. ¹¹ Nid fy mod yn dweud hyn am fod arnaf angen, oherwydd yr wyf fi wedi dysgu bod yn fodlon, beth bynnag fy amgylchiadau. ¹² Gwn sut i gymryd fy narostwng, a gwn hefyd sut i fod uwchben fy nigon. Ym mhob rhyw amgylchiadau, yr wyf wedi dysgu'r gyfrinach sut i ddygymod, boed â llawnder neu newyn, â helaethrwydd neu brinder. ¹³ Y mae gennyf gryfder at bob gofyn trwy yr hwn sydd yn fy nerthu i. ¹⁴ Er hynny, da y gwnaethoch wrth rannu â mi fy ngorthrymder.

¹⁵ Yr ydych chwithau, Philipiaid, yn gwybod, pan euthum allan o Facedonia ar gychwyn y genhadaeth, na fu gan yr un eglwys, ar wahân i chwi yn unig, ran gyda mi mewn rhoi a derbyn; ¹⁶ oherwydd yn Thesalonica hyd yn oed anfonasoch unwaith, ac eilwaith, i gyfarfod â'm hangen. ¹⁷ Nid ceisio'r rhodd yr wyf, ond ceisio'r elw sy'n cynyddu i'ch cyfrif chwi. ¹⁸ Yr wyf fi wedi derbyn fy nhâl yn llawn, a mwy na hynny; y mae gennyf gyflawnder ar ôl derbyn trwy law Epaffroditus yr hyn a anfonasoch chwi; y mae hynny'n arogl

---

3:12 Neu, *er mwyn ei feddiannu, oherwydd i Grist Iesu fy meddiannu i.*

pêr, yn aberth cymeradwy, wrth fodd Duw. ¹⁹ A bydd fy Nuw i yn cyflawni eich holl angen chwi yn ôl cyfoeth ei ogoniant yng Nghrist Iesu. ²⁰ I'n Duw a'n Tad y byddo'r gogoniant byth bythoedd! Amen.

Cyfarchion Terfynol

²¹ Cyfarchwch bob sant yng Nghrist Iesu. Y mae'r cyfeillion sydd gyda mi yn eich cyfarch chwi. ²² Y mae'r saint i gyd, ac yn arbennig y rhai sydd yng ngwasanaeth Cesar, yn eich cyfarch. ²³ Gras yr Arglwydd Iesu Grist fyddo gyda'ch ysbryd!

LLYTHYR PAUL AT Y
COLOSIAID

Cyfarch

1 Paul, apostol Crist Iesu trwy ewyllys Duw, a Timotheus ein brawd, ² at y saint yn Colosae, rhai ffyddlon yng Nghrist. Gras a thangnefedd i chwi oddi wrth Dduw ein Tad.

Paul yn Diolch i Dduw am Gristionogion Colosae

³ Yr ydym bob amser yn ein gweddïau yn diolch amdanoch i Dduw, Tad ein Harglwydd Iesu Grist, ⁴ oherwydd i ni glywed am eich ffydd yng Nghrist Iesu, ac am y cariad sydd gennych tuag at yr holl saint, ⁵ deubeth sy'n tarddu o wrthrych eich gobaith, sydd ynghadw yn y nefoedd i chwi. Clywsoch eisoes am y gobaith hwn, yng ngair y gwirionedd, yr Efengyl ⁶ sydd wedi dod atoch. Y mae'r Efengyl yn dwyn ffrwyth ac yn cynyddu trwy'r holl fyd, yn union fel y mae hefyd yn eich plith chwi, o'r dydd y clywsoch am ras Duw a'i amgyffred mewn gwirionedd. ⁷ Dysgasoch hyn oddi wrth Epaffras, ein cydwas annwyl, sy'n weinidog ffyddlon i Grist ar eich* rhan, ⁸ ac ef sydd wedi'n hysbysu ni am eich cariad yn yr Ysbryd.

Person a Gwaith Crist

⁹ Oherwydd hyn, o'r dydd y clywsom hynny, nid ydym yn peidio â gweddïo drosoch. Deisyf yr ydym ar ichwi gael eich llenwi, trwy bob doethineb a deall ysbrydol, ag amgyffrediad o ewyllys Duw, ¹⁰ er mwyn ichwi fyw yn deilwng o'r Arglwydd a rhyngu ei fodd yn gyfan gwbl, gan ddwyn ffrwyth mewn gweithredoedd da o bob math, a chynyddu yn eich adnabyddiaeth o Dduw. ¹¹ Yr ydym yn deisyf ar ichwi gael eich grymuso â phob grymuster, yn ôl nerth ei ogoniant ef, i ddyfalbarhau a hirymaros yn llawen ym mhob dim, ¹² gan ddiolch i'r Tad, yr hwn a'ch gwnaeth yn gymwys i gael cyfran o etifeddiaeth y saint yn y goleuni. ¹³ Gwaredodd ni o afael y tywyllwch, a'n trosglwyddo i deyrnas ei annwyl Fab, ¹⁴ yn yr hwn y mae inni brynedigaeth, sef maddeuant ein pechodau. ¹⁵ Hwn yw delw'r Duw anweledig, cyntafanedig yr holl greadigaeth; ¹⁶ oherwydd ynddo ef y crewyd pob peth yn y nefoedd ac ar y ddaear, pethau gweledig a phethau anweledig, gorseddau, arglwyddiaethau, tywysogaethau ac awdurdodau. Trwyddo ef ac er ei fwyn ef y mae pob peth wedi ei greu. ¹⁷ Y mae ef yn bod cyn pob peth, ac ynddo ef y mae pob peth yn cydsefyll. ¹⁸ Ef hefyd yw pen y corff, sef

---

1:7 Yn ôl darlleniad arall, *ein*.

yr eglwys. Ef yw'r dechrau, y cyntafanedig o blith y meirw, i fod ei hun yn gyntaf ym mhob peth. [19] Oherwydd gwelodd Duw yn dda i'w holl gyflawnder breswylio ynddo ef, [20] a thrwyddo ef, ar ôl gwneud heddwch trwy ei waed ar y groes, i gymodi pob peth ag ef ei hun, y pethau sydd ar y ddaear a'r pethau sydd yn y nefoedd.

[21] Yr oeddech chwithau ar un adeg wedi ymddieithrio, ac yn elyniaethus eich meddwl, a'ch gweithredoedd yn ddrwg. Ond yn awr fe'ch cymododd*, [22] yng nghorff ei gnawd trwy ei farwolaeth, i'ch cyflwyno'n sanctaidd a di-fai a di-fefl ger ei fron. [23] Ond y mae'n rhaid ichwi barhau yn eich ffydd, yn gadarn a diysgog, a pheidio â symud oddi wrth obaith yr Efengyl a glywsoch. Dyma'r Efengyl a bregethwyd ym mhob rhan o'r greadigaeth dan y nef, a'r Efengyl y deuthum i, Paul, yn weinidog iddi.

Gweinidogaeth Paul i'r Eglwys

[24] Yr wyf yn awr yn llawen yn fy nioddefiadau drosoch, ac yn cwblhau yn fy nghnawd yr hyn sy'n ôl o gystuddiau Crist, er mwyn ei gorff, sef yr eglwys. [25] Fe ddeuthum i yn weinidog i'r eglwys yn ôl yr oruchwyliaeth a roddodd Duw i mi er eich mwyn chwi, i gyhoeddi gair Duw yn ei gyflawnder, [26] sef y dirgelwch a fu'n guddiedig ers oesoedd ac ers cenedlaethau, ond sydd yn awr wedi ei amlygu i'w saint. [27] Ewyllysiodd Duw hysbysu iddynt hwy beth yw cyfoeth gogoniant y dirgelwch hwn ymhlith y Cenhedloedd. Dyma'r dirgelwch: Crist ynoch chwi, gobaith y gogoniant. [28] Ei gyhoeddi ef yr ydym ni, gan rybuddio pawb, a dysgu pawb ym mhob doethineb, er mwyn cyflwyno pob un yn gyflawn yng Nghrist. [29] I'r diben hwn yr wyf yn llafurio ac yn ymdrechu trwy ei nerth ef, y nerth sy'n gweithredu'n rymus ynof fi.

2 Oherwydd yr wyf am ichwi wybod cymaint yw fy ymdrech drosoch chwi, a thros y rhai sydd yn Laodicea, a phawb sydd heb fy ngweld wyneb yn wyneb.

[2] Fy nod yw eu calonogi a'u clymu ynghyd mewn cariad, iddynt gael holl gyfoeth y sicrwydd a ddaw yn sgîl dealltwriaeth, ac iddynt amgyffred dirgelwch Duw, sef Crist. [3] Ynddo ef y mae holl drysorau doethineb a gwybodaeth yn guddiedig. [4] Yr wyf yn dweud hyn rhag i neb eich arwain ar gyfeiliorn â'u hymadrodd twyllodrus. [5] Oherwydd, er fy mod yn absennol yn y cnawd, yr wyf gyda chwi yn yr ysbryd, yn llawenhau wrth weld eich rhengoedd disgybledig a chadernid eich ffydd yng Nghrist.

Cyflawnder Bywyd yng Nghrist

[6] Felly, gan eich bod wedi derbyn Crist Iesu, yr Arglwydd, dylech fyw ynddo ef. [7] Cadwch eich gwreiddiau ynddo, gan gael eich adeiladu ynddo, a'ch cadarnhau yn y ffydd fel y'ch dysgwyd, a bod yn ddibrin eich diolch. [8] Gwyliwch rhag i neb eich cipio i gaethiwed drwy athroniaeth a gwag hudoliaeth yn ôl traddodiad dynol, yn ôl ysbrydion elfennig y cyfanfyd, ac nid yn ôl Crist. [9] Oherwydd ynddo ef y mae holl gyflawnder y Duwdod yn preswylio'n gorfforol, [10] ac yr ydych chwithau wedi eich dwyn i gyflawnder ynddo ef. Y mae ef yn ben ar bob tywysogaeth ac awdurdod. [11] Ynddo ef hefyd yr enwaedwyd arnoch ag enwaediad nad yw o waith llaw, ond yn hytrach o ddiosg y corff cnawdol; hwn yw enwaediad Crist. [12] Claddwyd chwi gydag ef yn eich bedydd, ac yn y bedydd hefyd fe'ch cyfodwyd gydag ef drwy ffydd yn nerth Duw, yr hwn a'i cyfododd ef oddi wrth y meirw. [13] Ac er eich bod yn feirw yn eich camweddau a'ch cnawd dienwaededig, fe'ch gwnaeth chwi yn fyw gydag ef. Y mae wedi maddau inni ein holl gamweddau, [14] ac wedi diddymu'r ddogfen oedd yn ein rhwymo i'r gofynion a'n gwnâi ni yn ddyledwyr. Y mae wedi ei bwrw hi o'r neilltu; fe'i hoeliodd ar y groes. [15] Diarfogodd y tywysogaethau a'r awdurdodau, a'u gwneud yn sioe gerbron y byd yng ngorymdaith ei fuddugoliaeth arnynt ar y groes.

1:21 Yn ôl darlleniad arall, *cymodwyd*.

¹⁶ Peidiwch, felly, â chymryd eich barnu gan neb ynglŷn â bwyta ac yfed, neu mewn perthynas â gŵyl neu newydd-loer neu Saboth. ¹⁷ Cysgod yw'r rhain o'r pethau sy'n dod; Crist biau'r sylwedd. ¹⁸ Peidiwch â chymryd eich gwahardd gan ddyfarniad neb sydd â'i fryd ar ddiraddio'r hunan, ac ar addoli angylion ar sail ei weledigaethau. Meddwl cnawdol sy'n peri i rai felly ymchwyddo heb achos, ¹⁹ ac nid oes ganddynt afael ar y pen. Ond oddi wrth y pen y mae'r holl gorff yn cael ei gynnal a'i gydgysylltu trwy'r cymalau a'r gewynnau, ac felly'n prifio â phrifiant sydd o Dduw.

Y Bywyd Newydd yng Nghrist

²⁰ Os buoch farw gyda Christ i ysbrydion elfennig y cyfanfyd, pam yr ydych, fel petaech yn byw o hyd yn y byd, yn ymddarostwng i orchmynion: ²¹ "Peidiwch â chyffwrdd", "Peidiwch â blasu", "Peidiwch â thrafod"— ²² a hynny ynglŷn â phethau sydd i gyd yn darfod wrth eu defnyddio? Dilyn rheolau ac athrawiaethau dynol yr ydych. ²³ Y mae i'r fath bethau enw doethineb, gyda'u crefydd wneud, eu hunanddiraddiad, a'u triniaeth lem o'r corff. Ond nid ydynt o unrhyw werth i atal cnawdolrwydd.*

3 Felly, os cyfodwyd chwi gyda Christ, ceisiwch y pethau sydd uchod, lle y mae Crist yn eistedd ar ddeheulaw Duw. ² Rhowch eich bryd ar y pethau sydd uchod, nid ar y pethau sydd ar y ddaear. ³ Oherwydd buoch farw, ac y mae eich bywyd wedi ei guddio gyda Christ yn Nuw. ⁴ Pan amlygir Crist, eich bywyd chwi*, yna fe gewch chwithau eich amlygu gydag ef mewn gogoniant.

⁵ Rhowch i farwolaeth, felly, y rhannau hynny ohonoch sy'n perthyn i'r ddaear: anfoesoldeb rhywiol, amhurdeb, nwyd, blys, a thrachwant, sydd yn eilunaddoliaeth. ⁶ O achos y pethau hyn y mae digofaint Duw yn dod ar y rhai anufudd. ⁷ Dyna oedd eich ffordd chwithau o ymddwyn ar un adeg, pan oeddech yn byw yn eu canol. ⁸ Ond yn awr, rhowch heibio'r holl bethau hyn: digofaint, llid, drwgdeimlad, cabledd a bryntni o'ch genau. ⁹ Peidiwch â dweud celwydd wrth eich gilydd, gan eich bod wedi diosg yr hen natur ddynol, ynghyd â'i gweithredoedd, ¹⁰ ac wedi gwisgo amdanoch y natur ddynol newydd, sy'n cael ei hadnewyddu mewn gwybodaeth ar ddelw ei Chreawdwr. ¹¹ Nid oes yma ragor rhwng Groegiaid ac Iddewon, enwaediad a dienwaediad, barbariad, Scythiad, caeth, rhydd; ond Crist yw pob peth, a Christ sydd ym mhob peth.

¹² Am hynny, fel etholedigion Duw, sanctaidd ac annwyl, gwisgwch amdanoch dynerwch calon, caredigrwydd, gostyngeiddrwydd, addfwynder ac amynedd. ¹³ Goddefwch eich gilydd, a maddeuwch i'ch gilydd os bydd gan rywun gŵyn yn erbyn rhywun arall; fel y maddeuodd yr Arglwydd i chwi, felly gwnewch chwithau. ¹⁴ Tros y rhain i gyd gwisgwch gariad, sy'n rhwymyn perffeithrwydd. ¹⁵ Bydded i dangnefedd Crist lywodraethu yn eich calonnau; i hyn y cawsoch eich galw, yn un corff. A byddwch yn ddiolchgar. ¹⁶ Bydded i air Crist breswylio ynoch yn ei gyfoeth. Dysgwch a rhybuddiwch eich gilydd gyda phob doethineb. Â chalonnau diolchgar canwch i Dduw salmau ac emynau a chaniadau ysbrydol. ¹⁷ Beth bynnag yr ydych yn ei wneud, ar air neu ar weithred, gwnewch bopeth yn enw yr Arglwydd Iesu, gan roi diolch i Dduw, y Tad, drwyddo ef.

Dyletswyddau Cymdeithasol y Bywyd Newydd

¹⁸ Chwi wragedd, byddwch ddarostyngedig i'ch gwŷr; hyn yw eich dyletswydd fel pobl yr Arglwydd. ¹⁹ Chwi wŷr, carwch eich gwragedd, a pheidiwch â bod yn llym wrthynt.

²⁰ Chwi blant, ufuddhewch i'ch rhieni ym mhob peth, oherwydd hyn sydd gymeradwy ym mhobl yr Arglwydd. ²¹ Chwi dadau, peidiwch â chythruddo eich plant, rhag iddynt ddigalonni.

²² Chwi gaethweision, ufuddhewch ym mhob peth i'ch meistri daearol, nid

---

2:23 Neu, *nid oes iddynt unrhyw werth; porthi cnawdolrwydd y maent.*
3:4 Neu, *ein bywyd ni.*

ag esgus o wasanaeth fel rhai sy'n ceisio plesio dynion, ond mewn unplygrwydd calon yn ofn yr Arglwydd. 23 Beth bynnag yr ydych yn ei wneud, gweithiwch â'ch holl galon, fel i'r Arglwydd, ac nid i neb arall. 24 Gwyddoch mai oddi wrth yr Arglwydd y byddwch yn derbyn yr etifeddiaeth yn wobr. Gwasanaethwch Grist, eich Meistr chwi. 25 Oherwydd y sawl sy'n gwneud cam fydd yn derbyn y cam yn ôl; nid oes ffafriaeth.

4 Chwi feistri, rhowch i'ch caethweision yr hyn sy'n gyfiawn a theg, gan wybod fod gennych chwithau hefyd Feistr yn y nef.

Anogaethau

2 Parhewch i weddïo yn ddyfal, yn effro, ac yn ddiolchgar. 3 Gweddïwch yr un pryd drosom ninnau hefyd, ar i Dduw agor inni ddrws i'r gair, inni gael traethu dirgelwch Crist, y dirgelwch yr wyf yn garcharor er ei fwyn. 4 Gweddïwch ar i mi ei amlygu, fel y mae'n ddyletswydd arnaf lefaru. 5 Byddwch yn ddoeth eich ymddygiad tuag at y rhai sydd y tu allan; daliwch ar eich cyfle. 6 Bydded eich gair bob amser yn rasol, wedi ei flasu â halen, ichwi fedru ateb pob un fel y dylid.

Cyfarchion Terfynol

7 Fe gewch yr holl hanes amdanaf gan Tychicus, y brawd annwyl a'r gweinidog ffyddlon, a'm cydwas yn yr Arglwydd. 8 Yr wyf yn ei anfon atoch yn unswydd ichwi gael gwybod am ein hynt, ac er mwyn iddo ef eich calonogi. 9 Daw Onesimus gydag ef, y brawd ffyddlon ac annwyl, sy'n un ohonoch chwi. Fe gewch yr holl hanes oddi yma ganddynt hwy.

10 Y mae Aristarchus, fy nghydgarcharor, yn eich cyfarch; a Marc, cefnder Barnabas (cawsoch orchmynion ynglŷn ag ef: os daw atoch, rhowch groeso iddo); 11 a Jesws, a elwir Jwstus. Dyma'r unig gredinwyr Iddewig sy'n cydweithio â mi dros deyrnas Dduw; a buont yn gysur mawr imi. 12 Y mae Epaffras, sy'n un ohonoch, caethwas Crist Iesu, yn eich cyfarch. Y mae ef bob amser yn gweddïo'n daer drosoch chwi, ar ichwi sefyll yn gadarn, yn gredinwyr aeddfed, ac yn gwbl argyhoeddedig ym mhob dim y mae Duw yn ei ewyllysio. 13 Yr wyf yn tystio amdano ei fod yn llafurio'n ddygn trosoch chwi, a thros y rhai sydd yn Laodicea ac yn Hierapolis. 14 Y mae Luc, y meddyg annwyl, a Demas yn eich cyfarch. 15 Cyfarchwch y credinwyr yn Laodicea, a Nymffa a'r eglwys sy'n ymgynnull yn ei thŷ. 16 A phan fydd y llythyr hwn wedi ei ddarllen yn eich plith chwi, parwch iddo gael ei ddarllen hefyd yn eglwys y Laodiceaid. Yr ydych chwithau hefyd i ddarllen y llythyr o Laodicea. 17 A dywedwch wrth Archipus, "Gofala dy fod yn cyflawni'r gwasanaeth a ymddiriedodd yr Arglwydd iti."

18 Y mae'r cyfarchiad hwn yn fy llaw i fy hun, Paul. Cofiwch fy mod yng ngharchar. Gras fyddo gyda chwi!

LLYTHYR CYNTAF PAUL AT Y
THESALONIAID

Cyfarch

1 Paul a Silfanus a Timotheus at eglwys y Thesaloniaid yn Nuw y Tad a'r Arglwydd Iesu Grist. Gras a thangnefedd i chwi.

Ffydd ac Esiampl y Thesaloniaid

2 Yr ydym yn diolch i Dduw bob amser amdanoch chwi oll, gan eich galw i gof yn ein gweddïau, 3 a chofio'n ddi-baid gerbron ein Duw a'n Tad am weithgarwch eich ffydd, a llafur eich cariad, a'r dyfalbarhad sy'n tarddu o'ch gobaith yn ein Harglwydd Iesu Grist. 4 Gwyddom, gyfeillion annwyl gan Dduw, eich bod chwi wedi eich ethol, 5 oherwydd nid ar air yn unig y daeth atoch yr Efengyl yr ydym ni yn ei phregethu, ond mewn nerth hefyd, ac yn yr Ysbryd Glân, a chydag argyhoeddiad mawr. Fe wyddoch chwithau hefyd pa fath rai oeddem ni yn eich plith, ac er eich mwyn chwi. 6 Daethoch chwi yn efelychwyr ohonom ni ac o'r Arglwydd, gan ichwi dderbyn y gair mewn gorthrymder mawr, ynghyd â llawenydd yr Ysbryd Glân. 7 Felly daethoch yn esiampl i bawb o'r credinwyr ym Macedonia ac yn Achaia. 8 Canys oddi wrthych chwi yr atseiniodd gair yr Arglwydd, ac nid ym Macedonia ac Achaia yn unig; y mae eich ffydd chwi yn Nuw wedi mynd ar led ym mhob man, fel nad oes angen i ni ddweud dim. 9 Oherwydd y mae pobl ohonynt eu hunain yn sôn amdanom, y fath dderbyniad a gawsom i'ch plith, a'r modd y troesoch at Dduw oddi wrth eilunod, i wasanaethu'r gwir Dduw byw, 10 ac i ddisgwyl ei Fab o'r nefoedd, y Mab a gyfododd ef oddi wrth y meirw, sef Iesu, yr un sydd yn ein gwaredu oddi wrth y digofaint sydd i ddod.

Gweinidogaeth Paul yn Thesalonica

2 Fe wyddoch eich hunain, gyfeillion, na fu ein dyfodiad atoch yn ofer. 2 Yr oeddem eisoes wedi dioddef ac wedi cael ein sarhau, fel y gwyddoch, yn Philipi, ond buom yn hy trwy nerth ein Duw i draethu i chwi Efengyl Duw, er mor galed oedd y frwydr. 3 Oherwydd nid yw ein hapêl ni yn codi o gyfeiliornad, na chwaith o amhurdeb, ac nid oes ynddi dwyll; 4 yn hytrach, fel y cawsom ein profi'n gymeradwy gan Dduw i gael ymddiried yr Efengyl inni, yr ydym yn llefaru fel rhai sy'n boddhau, nid meidrolion ond Duw, yr hwn sy'n profi ein calonnau. 5 Oherwydd, fel y gwyddoch, ni buom un amser yn arfer geiriau gweniaith, na chwaith ffalster i gelu trachwant—fel y mae Duw'n dyst. 6 Ac nid oeddem yn ceisio gogoniant gan bobl, gennych chwi na neb arall, er y gallasem, fel apostolion Crist, fod yn ddynion o bwys. 7 Ond buom yn addfwyn yn eich plith, fel* mamaeth yn meithrin ei phlant ei hun. 8 Felly,* yn ein hoffter ohonoch, yr oedd yn dda gennym gyfrannu i chwi, nid yn unig Efengyl Duw, ond nyni ein hunain hefyd, gan i chwi ddod yn annwyl gennym. 9 Oherwydd yr ydych yn cofio, gyfeillion, am ein llafur a'n lludded; yr oeddem yn gweithio nos a dydd, rhag bod yn faich ar neb ohonoch, wrth bregethu Efengyl Duw i chwi. 10 Yr ydych chwi'n dystion, a Duw yn dyst hefyd, mor sanctaidd a chyfiawn a di-fai y bu ein hymddygiad tuag atoch chwi sy'n credu. 11 A'r un modd, fe wyddoch inni fod i bob un ohonoch fel tad i'w blant, 12 gan apelio atoch, trwy eich annog a'ch rhybuddio i fyw yn deilwng o'r Duw sydd yn eich galw i'w deyrnas a'i ogoniant ei hun.

2:7 Yn ôl darlleniad arall, *buom yn fabanod yn eich plith, fel.*
2:8 Neu, *neb arall; er y gallasem, fel apostolion Crist, fod yn ddynion o bwys,* 7 *buom yn addfwyn yn eich plith. Fel mamaeth yn meithrin ei phlant ei hun,* 8 *felly.*

¹³ Yr ydym ni'n diolch i Dduw yn ddi-baid ar gyfrif hyn hefyd: eich bod chwi, wrth dderbyn gair Duw fel y clywsoch ef gennym ni, wedi ei groesawu, nid fel gair dynol ond fel yr hyn ydyw mewn gwirionedd, sef gair Duw, sydd hefyd ar waith ynoch chwi sy'n gredinwyr. ¹⁴ Oherwydd daethoch chwi, gyfeillion, i efelychu eglwysi Duw yng Nghrist Iesu sydd yn Jwdea, oherwydd yr ydych chwi wedi dioddef yr un pethau yn union oddi ar law eich cydwladwyr ag y maent hwythau oddi ar law yr Iddewon, ¹⁵ y rhai a laddodd yr Arglwydd Iesu, a hefyd y proffwydi, ac a'n herlidiodd ni. Nid ydynt yn boddhau Duw, ac y maent yn elyniaethus i bawb, ¹⁶ gan eu bod yn ein rhwystro ni rhag llefaru i'r Cenhedloedd er mwyn iddynt gael eu hachub. Felly y maent bob amser yn cyflenwi mesur eu pechodau. Ond y mae'r digofaint wedi dod arnynt o'r diwedd.*

Awydd Paul i Ymweld eto â'r Eglwys

¹⁷ Pan oeddem ni, gyfeillion, wedi ein gwneud yn amddifad, o'ch colli chwi dros ychydig amser, o ran golwg ond nid o ran y galon, aethom yn fwy eiddgar, ac yn angerddol ein dymuniad am eich gweld. ¹⁸ Oherwydd buom yn awyddus i ddod atoch—myfi, Paul, dro ar ôl tro— ond rhwystrodd Satan ni. ¹⁹ Canys pwy yw ein gobaith a'n llawenydd, a'r goron yr ymffrostiwn ynddi gerbron ein Harglwydd Iesu ar ei ddyfodiad, pwy ond chwi eich hunain? ²⁰ Ie, chwi yw ein gogoniant a'n llawenydd.

3 Felly, pan na allem ymgynnal yn hwy, buom yn fodlon aros yn Athen ar ein pen ein hunain, ² ac anfon Timotheus, ein brawd a chydweithiwr Duw* yn Efengyl Crist, i'ch cadarnhau a'ch calonogi chwi yn eich ffydd, ³ rhag i neb eich siglo yn y gorthrymderau hyn. Oherwydd fe wyddoch eich hunain mai i hyn yr arfaethwyd ni; ⁴ yn wir, pan oeddem gyda chwi, rhagfynegasom ichwi y byddai i ni ddioddef gorthrymder; ac felly y bu, fel y gwyddoch. ⁵ Am hynny, gan na allwn ymgynnal yn hwy, mi anfonais i gael gwybod am eich ffydd chwi, rhag ofn i'r temtiwr rywsut fod wedi eich temtio, ac i'n llafur ni fynd yn ofer.

⁶ Ond y mae Timotheus newydd ddod atom oddi wrthych, a rhoi newyddion da inni ynglŷn â'ch ffydd a'ch cariad chwi. Y mae'n dweud fod gennych goffa da amdanom bob amser, a'ch bod yn hiraethu cymaint am ein gweld ni ag yr ydym ninnau am eich gweld chwi. ⁷ Am hynny, gyfeillion, cawsom ni, yn ein holl angen a'n gorthrymder, ein calonogi ynglŷn â chwi, ar gyfrif eich ffydd, ⁸ oherwydd os ydych chwi yn awr yn sefyll yn gadarn yn yr Arglwydd, y mae hynny'n rhoi bywyd i ni. ⁹ Pa ddiolch a allwn ei dalu i Dduw amdanoch chwi, am yr holl lawenydd yr ydym yn ei deimlo o'ch plegid gerbron ein Duw? ¹⁰ Yr ydym yn deisyf yn angerddol, nos a dydd, am gael gweld eich wyneb a chyflenwi diffygion eich ffydd.

¹¹ Bydded i'n Duw a'n Tad ei hun, a'n Harglwydd Iesu, gyfeirio ein ffordd atoch! ¹² A chwithau, bydded i'r Arglwydd beri ichwi gynyddu, a rhagori mewn cariad tuag at eich gilydd a thuag at bawb, fel yr ydym ni tuag atoch chwi, ¹³ i gadarnhau eich calonnau, fel y byddwch yn ddi-fai mewn sanc-teiddrwydd gerbron ein Duw a'n Tad yn nyfodiad ein Harglwydd Iesu gyda'i holl saint! Amen.

Byw i Foddhau Duw

4 Bellach, gyfeillion, fel y cawsoch eich hyfforddi gennym ni pa fodd y dylech fyw er mwyn boddhau Duw (ac felly, yn wir, yr ydych yn byw), yr ydym yn gofyn ichwi, ac yn deisyf arnoch yn yr Arglwydd Iesu, i ragori fwyfwy. ² Oherwydd gwyddoch pa gyfarwyddyd a roddasom ichwi oddi wrth yr Arglwydd Iesu. ³ Oherwydd hyn yw ewyllys Duw, ichwi gael eich sancteiddio: yr ydych i ymgadw oddi wrth anfoesoldeb rhywiol; ⁴ y mae pob un ohonoch i wybod sut i gadw ei gorff ei hun* mewn sancteiddrwydd a

---

2:16 Neu, *arnynt yn derfynol.* Neu, *arnynt am byth.*
3:2 Neu, *ein brawd a'n cydweithiwr dros Dduw.* Yn ôl darlleniad arall, *ein brawd a'n cydweithiwr.*

4:4 Neu, *ei wraig ei hun.*

pharch, ⁵ ac nid yn nwyd trachwant, fel y cenhedloedd nad ydynt yn adnabod Duw; ⁶ nid yw neb i gam-drin ei gydgrediniwr, na manteisio arno yn ei ymwneud ag ef, oherwydd, fel y dywedasom wrthych o'r blaen, a'ch rhybuddio, y mae'r Arglwydd yn dial am yr holl bethau hyn. ⁷ Oherwydd galwodd Duw ni, nid i amhurdeb ond i sancteiddrwydd. ⁸ Gan hynny, y mae'r sawl sydd yn diystyru hyn yn diystyru neb ond Duw, yr hwn sy'n rhoi ei Ysbryd Glân i chwi.

⁹ Ynglŷn â chariad at eich gilydd, nid oes arnoch angen i neb ysgrifennu atoch; oherwydd yr ydych chwi eich hunain wedi eich dysgu gan Dduw i garu eich gilydd. ¹⁰ Ac yn wir, yr ydych yn gwneud hyn i bawb o'r credinwyr trwy Facedonia gyfan; ond yr ydym yn eich annog, gyfeillion, i ragori fwyfwy: ¹¹ i roi eich bryd ar fyw yn dawel, a dilyn eich gorchwylion eich hunain, a gweithio â'ch dwylo eich hunain, fel y gorchmynasom ichwi. ¹² Felly byddwch yn ymddwyn yn weddaidd yng ngolwg y rhai sydd y tu allan, ac ni fydd angen dim arnoch*.

Dyfodiad yr Arglwydd

¹³ Yr ydym am ichwi wybod, gyfeillion, am y rhai sydd yn huno, rhag ichwi fod yn drallodus, fel y rhelyw sydd heb ddim gobaith. ¹⁴ Os ydym yn credu i Iesu farw ac atgyfodi, felly hefyd bydd Duw, gydag ef, yn dod â'r rhai a hunodd drwy Iesu.

¹⁵ Hyn yr ydym yn ei ddweud wrthych ar air yr Arglwydd: ni fyddwn ni, y rhai byw a adewir hyd ddyfodiad yr Arglwydd, yn rhagflaenu dim ar y rhai sydd wedi huno. ¹⁶ Oherwydd pan floeddir y gorchymyn, pan fydd yr archangel yn galw ac utgorn Duw yn seinio, bydd yr Arglwydd ei hun yn disgyn o'r nef; bydd y meirw yng Nghrist yn atgyfodi yn gyntaf, ¹⁷ ac yna byddwn ni, y rhai byw a fydd wedi eu gadael, yn cael ein cipio i fyny gyda hwy yn y cymylau, i gyfarfod â'r Arglwydd yn yr awyr; ac felly byddwn gyda'r Arglwydd yn barhaus. ¹⁸ Calonogwch eich gilydd, felly, â'r geiriau hyn.

5 Ynglŷn â'r amseroedd a'r prydiau, gyfeillion, nid oes arnoch angen i neb ysgrifennu atoch. ² Oherwydd yr ydych yn gwybod yn iawn mai fel lleidr yn y nos y daw Dydd yr Arglwydd. ³ Pan fydd pobl yn dweud, "Dyma dangnefedd a diogelwch", dyna'r pryd y daw dinistr disymwth ar eu gwarthaf fel gwewyr esgor ar wraig feichiog, ac ni fydd dim dianc iddynt. ⁴ Ond nid ydych chwi, gyfeillion, mewn tywyllwch, i'r Dydd eich goddiweddyd fel lleidr; ⁵ pobl y goleuni, pobl y dydd, ydych chwi oll. Nid ydym yn perthyn i'r nos nac i'r tywyllwch. ⁶ Am hynny, rhaid inni beidio â chysgu, fel y rhelyw, ond bod yn effro a sobr. ⁷ Y rhai sydd yn cysgu, yn y nos y maent yn cysgu, a'r rhai sydd yn meddwi, yn y nos y maent yn meddwi. ⁸ Ond gan ein bod ni'n perthyn i'r dydd, gadewch inni fod yn sobr, gan wisgo amdanom ffydd a chariad yn ddwyfronneg, a gobaith iachawdwriaeth yn helm. ⁹ Oherwydd nid i ddigofaint y penododd Duw ni, ond i feddu iachawdwriaeth drwy ein Harglwydd Iesu Grist, ¹⁰ yr hwn a fu farw drosom, er mwyn inni gael byw gydag ef, prun bynnag ai yn effro ai yn cysgu y byddwn. ¹¹ Am hynny, calonogwch eich gilydd, ac adeiladwch bob un ei gilydd—fel, yn wir, yr ydych yn gwneud.

Anogaethau Terfynol a Chyfarchion

¹² Yr ydym yn gofyn ichwi, gyfeillion, barchu'r rhai sydd yn llafurio yn eich plith, yn arweinwyr arnoch yn yr Arglwydd, ac yn eich cynghori, ¹³ a synio'n uchel iawn amdanynt mewn cariad, ar gyfrif eu gwaith. Byddwch yn heddychlon yn eich plith eich hunain. ¹⁴ Ac yr ydym yn eich annog, gyfeillion, ceryddwch y segurwyr, cysurwch y gwangalon, cynorthwywch y rhai eiddil, byddwch yn amyneddgar wrth bawb. ¹⁵ Gwyliwch na fydd neb yn talu drwg am ddrwg i neb, ond ceisiwch bob amser les eich gilydd a lles pawb.

¹⁶ Llawenhewch bob amser. ¹⁷ Gweddïwch yn ddi-baid. ¹⁸ Ym mhob dim rhowch ddiolch, oherwydd hyn yw

---

4:12 Neu, *ac ni fyddwch yn dibynnu ar neb*.

ewyllys Duw yng Nghrist Iesu i chwi. ¹⁹ Peidiwch â diffodd yr Ysbryd; ²⁰ peidiwch â dirmygu proffwydoliaethau. ²¹ Ond rhowch brawf ar bob peth, a glynwch wrth yr hyn sydd dda. ²² Ymgadwch rhag pob math o ddrygioni.

²³ Bydded i Dduw'r tangnefedd ei hun eich sancteiddio chwi yn gyfan gwbl, a chadw eich ysbryd a'ch enaid a'ch corff yn gwbl iach a di-fai hyd ddyfodiad ein Harglwydd Iesu Grist! ²⁴ Y mae'r hwn sy'n eich galw yn ffyddlon, ac fe gyflawna ef hyn.

²⁵ Gyfeillion, gweddïwch drosom ninnau.

²⁶ Cyfarchwch y cyfeillion i gyd â chusan sanctaidd. ²⁷ Yn enw'r Arglwydd, parwch ddarllen y llythyr hwn i'r holl gynulleidfa.

²⁸ Gras ein Harglwydd Iesu Grist fyddo gyda chwi!

AIL LYTHYR PAUL AT Y
THESALONIAID

Cyfarch

1 Paul a Silfanus a Timotheus at eglwys y Thesaloniaid yn Nuw ein Tad a'r Arglwydd Iesu Grist. ² Gras a thangnefedd i chwi oddi wrth Dduw ein Tad a'r Arglwydd Iesu Grist.

Y Farn yn Nyfodiad Crist

³ Dylem ddiolch i Dduw bob amser amdanoch chwi, gyfeillion, fel y mae'n weddus, am fod eich ffydd yn cynyddu'n ddirfawr, a chariad pob un ohonoch tuag at ei gilydd yn dyfnhau, ⁴ nes ein bod ninnau yn ymffrostio ynoch ymysg eglwysi Duw, o achos eich dyfalbarhad a'ch ffydd dan yr holl erledigaethau a'r gorthrymderau yr ydych yn eu dioddef. ⁵ Y mae hyn yn brawf o farn gyfiawn Duw, fel y cewch eich cyfrif yn deilwng o deyrnas Dduw, y deyrnas, yn wir, yr ydych yn dioddef er ei mwyn. ⁶ Cyfiawn ar ran Duw, yn sicr, yw talu gorthrymder yn ôl i'r rhai sydd yn eich gorthrymu chwi, ⁷ a rhoi esmwythâd i chwi sy'n cael eich gorthrymu, ac i ninnau hefyd, pan ddatguddir yr Arglwydd Iesu o'r nef gyda'i angylion nerthol. ⁸ Fe ddaw mewn fflamau tân, gan ddial ar y rhai nad ydynt yn adnabod Duw a'r rhai nad ydynt yn ufuddhau i Efengyl ein Harglwydd Iesu. ⁹ Dyma'r rhai fydd yn dioddef dinistr tragwyddol yn gosb, wedi eu cau allan o bresenoldeb yr Arglwydd ac o ogoniant ei nerth ef, ¹⁰ pan ddaw, yn y Dydd hwnnw, i'w ogoneddu gan ei saint ac i fod yn destun rhyfeddod gan bawb a gredodd; oherwydd y mae'r dystiolaeth a gyhoeddwyd gennym ni i chwi wedi ei chredu. ¹¹ I'r diben hwn hefyd yr ydym bob amser yn gweddïo drosoch chwi, ar i'n Duw ni eich cyfrif yn deilwng o'i alwad, a chyflawni trwy ei nerth bob awydd am ddaioni a phob gweithred o ffydd, ¹² fel y bydd enw ein Harglwydd Iesu yn cael ei ogoneddu ynoch chwi, a chwithau ynddo yntau, yn ôl gras ein Duw a'r Arglwydd Iesu Grist.

Yr Un Digyfraith

2 Ynglŷn â dyfodiad ein Harglwydd Iesu Grist, a'n cydgynnull ni ato ef, yr wyf yn deisyf arnoch, gyfeillion, ² beidio â chymryd eich ysgwyd yn ddisymwth allan o'ch pwyll, na'ch cynhyrfu gan ddatganiad ysbryd, neu air, neu lythyr yn honni ei fod oddi wrthym ni, i'r perwyl fod Dydd yr Arglwydd eisoes wedi dod. ³ Peidiwch â chymryd eich twyllo gan neb mewn unrhyw fodd; oherwydd ni ddaw'r Dydd hwnnw nes i'r gwrthgiliad ddod yn gyntaf, ac i'r un digyfraith*, plentyn colledigaeth, gael ei ddatguddio. ⁴ Dyma'r gwrthwynebydd sy'n ymddyrchafu yn erbyn pob un a elwir yn dduw neu sy'n wrthrych addoliad, nes eistedd ei hunan yn nheml Duw, gan gyhoeddi mai ef sydd Dduw. ⁵ Onid ydych yn cofio fy mod wedi dweud hyn wrthych pan oeddwn eto gyda chwi? ⁶ Ac yn awr, gwyddoch am yr hyn sydd yn ei ddal yn ôl er mwyn sicrhau mai yn ei briod amser y datguddir ef. ⁷ Oherwydd y mae grym dirgelwch anghyfraith eisoes ar waith, eithr dim ond nes y bydd yr hwn sydd yn awr yn ei ddal yn ôl wedi ei symud o'r ffordd. ⁸ Ac yna fe ddatguddir yr un digyfraith, a bydd yr Arglwydd Iesu yn ei ladd ag anadl ei enau, ac yn ei ddiddymu trwy ysblander ei ddyfodiad. ⁹ Bydd dyfodiad yr un digyfraith yn digwydd trwy weithrediad Satan; fe'i nodweddir gan bob math o nerth ac arwyddion a rhyfeddodau gau, ¹⁰ a chan bob twyll anghyfiawn, i ddrygu'r rhai sydd ar lwybr colledigaeth am iddynt beidio â derbyn cariad at y gwirionedd a chael eu hachub. ¹¹ Oherwydd hyn y mae Duw yn anfon arnynt dwyll, i beri iddynt gredu celwydd, ¹² ac felly bydd pawb sydd heb gredu'r gwirionedd, ond wedi ymhyfrydu mewn anghyfiawnder, yn cael eu barnu.

Wedi Eich Dewis i Iachawdwriaeth

¹³ Ond fe ddylem ni ddiolch i Dduw bob amser amdanoch chwi, gyfeillion annwyl gan yr Arglwydd, am i Dduw eich dewis chwi fel y rhai cyntaf i brofi* iachawdwriaeth trwy waith sancteiddiol gan yr Ysbryd a thrwy gredu'r gwirionedd. ¹⁴ I hyn y galwodd ef chwi, trwy'r Efengyl yr ydym ni yn ei phregethu: i feddiannu gogoniant ein Harglwydd Iesu Grist. ¹⁵ Am hynny, gyfeillion, safwch yn gadarn, a glynwch wrth y traddodiadau yr ydych wedi eu dysgu gennym ni, naill ai ar air neu trwy lythyr. ¹⁶ A bydded i'n Harglwydd Iesu Grist ei hun, a Duw ein Tad, yr hwn sydd wedi ein caru ac wedi rhoi i ni ddiddanwch tragwyddol a gobaith da trwy ras, ¹⁷ ddiddanu eich calonnau a'ch cadarnhau ym mhob gweithred a gair da!

Gweddïwch drosom Ni

3 Bellach, gyfeillion, gweddïwch drosom ni, ar i air yr Arglwydd fynd rhagddo a chael ei ogoneddu, fel y cafodd yn eich plith chwi, ² ac ar i ni gael ein gwaredu oddi wrth bobl groes a drwg; oherwydd nid yw pawb yn meddu ar ffydd. ³ Ond y mae'r Arglwydd yn ffyddlon, ac fe'ch cadarnha chwi a'ch gwarchod rhag yr Un drwg. ⁴ Y mae gennym hyder yn yr Arglwydd amdanoch, eich bod yn gwneud y pethau yr ydym yn eu gorchymyn, ac y byddwch yn dal i'w gwneud. ⁵ Bydded i'r Arglwydd gyfeirio eich calonnau at gariad Duw ac at amynedd Crist!

Rhybudd rhag Segura

⁶ Yr ydym yn gorchymyn i chwi, gyfeillion, yn enw ein Harglwydd Iesu Grist, gadw draw oddi wrth bob crediniwr sy'n segura yn lle byw yn ôl y traddodiad a dderbyniodd gennym ni. ⁷ Gwyddoch yn iawn fel y dylech ein hefelychu ni, oherwydd nid segura y buom ni yn eich plith, ⁸ na bwyta bara neb am ddim, ond yn hytrach gweithio nos a dydd mewn llafur a lludded, rhag bod yn faich ar neb ohonoch. ⁹ Nid nad oes gennym hawl arnoch, ond gwnaethom hyn er mwyn ein rhoi ein hunain yn esiampl i chwi i'w hefelychu. ¹⁰ Ac yn wir, pan oeddem yn eich plith, rhoesom y gorchymyn hwn i chwi: os oes rhywun sy'n anfodlon gweithio, peidied â bwyta chwaith. ¹¹ Oherwydd yr ydym yn clywed bod rhai yn eich mysg yn segura, yn busnesa ym mhobman heb weithio yn unman. ¹² I'r cyfryw yr ydym yn gorchymyn, ac yn apelio yn yr Arglwydd Iesu Grist, iddynt weithio'n dawel ac ennill eu bywoliaeth eu hunain. ¹³ A pheidiwch chwithau, gyfeillion, â blino ar wneud daioni. ¹⁴ Os bydd rhywrai'n gwrthod ufuddhau i'n gair ni yn y llythyr hwn, cadwch eich llygad arnynt, a pheidiwch

---

2:3 Yn ôl darlleniad arall, *dyn pechod*.
2:13 Yn ôl darlleniad arall, *eich dewis o'r dechreuad i*.

â chymdeithasu â hwy, er mwyn codi cywilydd arnynt. ¹⁵ Eto peidiwch â'u hystyried fel gelynion, ond rhybuddiwch hwy fel cyfeillion.

Y Fendith

¹⁶ Bydded i Arglwydd tangnefedd ei hun roi tangnefedd ichwi bob amser ym mhob modd! Bydded yr Arglwydd gyda chwi oll!

¹⁷ Y mae'r cyfarchiad yn fy llaw i, Paul. Hwn yw'r arwydd ym mhob llythyr; fel hyn y byddaf yn ysgrifennu. ¹⁸ Gras ein Harglwydd Iesu Grist fyddo gyda chwi oll!

LLYTHYR CYNTAF PAUL AT
TIMOTHEUS

Cyfarch

1 Paul, apostol Crist Iesu trwy orchymyn Duw, ein Gwaredwr, a Christ Iesu, ein gobaith, ² at Timotheus, ei blentyn diledryw yn y ffydd. Gras a thrugaredd a thangefedd i ti oddi wrth Dduw y Tad a Christ Iesu ein Harglwydd.

Rhybudd rhag Athrawiaeth Gau

³ Pan oeddwn ar gychwyn i Facedonia, pwysais arnat i ddal ymlaen yn Effesus, a gorchymyn i rai pobl beidio â dysgu athrawiaethau cyfeiliornus, ⁴ a rhoi'r gorau i chwedlau ac achau diddiwedd. Pethau yw'r rhain sy'n hyrwyddo dyfaliadau ofer yn hytrach na chynllun achubol Duw, a ganfyddir trwy ffydd. ⁵ Diben y gorchymyn hwn yw'r cariad sy'n tarddu o galon bur a chydwybod dda a ffydd ddiffuant. ⁶ Gwyro oddi wrth y rhinweddau hyn a barodd i rai droi mewn dadleuon diffaith. ⁷ Y maent â'u bryd ar fod yn athrawon y Gyfraith, ond nid ydynt yn deall dim ar eu geiriau eu hunain, na chwaith ar y pynciau y maent yn eu trafod mor awdurdodol.

⁸ Fe wyddom fod y Gyfraith yn beth ardderchog os caiff ei harfer yn briodol fel cyfraith. ⁹ Gadewch inni ddeall hyn: y mae'r Gyfraith wedi ei llunio, nid ar gyfer y sawl sy'n cadw'r Gyfraith ond ar gyfer y rheini sy'n ei thorri a'i herio, sef yr annuwiol a'r pechadurus, y digrefydd a'r di-dduw, y rhai sy'n lladd tad a mam, yn llofruddio, ¹⁰ yn puteinio, yn ymlygru â'u rhyw eu hunain, yn herwgipio, yn dweud celwydd, yn tyngu ar gam, ac yn gwneud unrhyw beth arall sy'n groes i'r athrawiaeth iach ¹¹ sy'n perthyn i'r Efengyl a ymddiriedwyd i mi, Efengyl ogoneddus y Duw gwynfydedig.

Diolchgarwch am Drugaredd

¹² Yr wyf yn diolch i Grist Iesu ein Harglwydd, yr hwn a'm nerthodd, am iddo fy nghyfrif yn un y gallai ymddiried ynof a'm penodi i'w wasanaeth; ¹³ myfi, yr un oedd gynt yn ei gablu, yn ei erlid, ac yn ei sarhau. Ar waethaf hynny, cefais drugaredd am mai mewn anwybodaeth ac anghrediniaeth y gwneuthum y cwbl. ¹⁴ Gorlifodd gras ein Harglwydd arnaf, ynghyd â'r ffydd a'r cariad sy'n eiddo i ni yng Nghrist Iesu. ¹⁵ A dyma air i'w gredu, sy'n teilyngu derbyniad llwyr: "Daeth Crist Iesu i'r byd i achub pechaduriaid." A minnau yw'r blaenaf ohonynt. ¹⁶ Ond cefais drugaredd, a hynny fel y gallai Crist Iesu ddangos ei faith amynedd yn fy achos i, y blaenaf, a'm gwneud felly yn batrwm i'r rhai fyddai'n dod i gredu ynddo a chael bywyd tragwyddol. ¹⁷ Ac i Frenin tragwyddoldeb, yr anfarwol a'r anweledig a'r unig Dduw, y byddo'r anrhydedd a'r gogoniant byth bythoedd! Amen.

¹⁸ Timotheus, fy mab, dyma'r siars sydd gennyf i ti, o gofio'r dystiolaeth broffwydol a roddwyd iti o'r blaen; ymddiried yn hyn a bydd lew yn y frwydr, ¹⁹ gan ddal dy afael mewn ffydd a chydwybod dda. Am i rai ddiystyru cydwybod, drylliwyd llong eu ffydd. ²⁰ Pobl felly yw Hymenaeus ac Alexander, dau a draddodais i Satan, i'w disgyblu i beidio â chablu.

Cyfarwyddiadau ynglŷn â Gweddïo

2 Yn y lle cyntaf, felly, yr wyf yn annog bod ymbiliau, gweddïau, deisyfiadau a diolchiadau yn cael eu hoffrymu dros bawb, ² dros frenhinoedd a phawb sydd mewn awdurdod, inni gael byw ein bywyd yn dawel a heddychlon, yn llawn duwioldeb a gwedduster. ³ Peth da yw hyn, a chymeradwy gan Dduw, ein Gwaredwr, ⁴ sy'n dymuno gweld pob un yn cael ei achub ac yn dod i ganfod y gwirionedd. ⁵ Oherwydd un Duw sydd, ac un cyfryngwr hefyd rhwng Duw a dynion, sef Crist Iesu, yntau yn ddyn. ⁶ Fe'i rhoes ei hun yn bridwerth dros bawb, yn dystiolaeth yn yr amser priodol i fwriad Duw. ⁷ Ar fy ngwir, heb ddim anwiredd, dyma'r neges y penodwyd fi i dystio iddi fel pregethwr ac apostol, yn athro i'r Cenhedloedd yn y ffydd ac yn y gwirionedd.

⁸ Y mae'n ddymuniad gennyf, felly, fod y gwŷr ym mhob cynulleidfa yn gweddïo, gan ddyrchafu eu dwylo mewn sancteiddrwydd, heb na dicter na dadl; ⁹ a bod y gwragedd, yr un modd, yn gwisgo dillad gweddus, yn wylaidd a diwair, ac yn eu harddu eu hunain, nid â phlethiadau gwallt a thlysau aur a pherlau a gwisgoedd drud, ¹⁰ ond â gweithredoedd da, fel sy'n gweddu i wragedd sy'n honni bod yn dduwiol. ¹¹ Rhaid i wragedd gymryd eu dysgu yn dawel gan lwyr ymostwng. ¹² Ac nid wyf yn caniatáu i wragedd hyfforddi, nac awdurdodi ar y gwŷr; eu lle hwy yw bod yn dawel. ¹³ Oherwydd Adda oedd y cyntaf i gael ei greu, ac wedyn Efa. ¹⁴ Ac nid Adda a dwyllwyd; y wraig oedd yr un a dwyllwyd, a chwympo drwy hynny i drosedd. ¹⁵ Ond caiff ei hachub drwy ddwyn plant—a bwrw y bydd gwragedd yn parhau mewn ffydd a chariad a sancteiddrwydd, ynghyd â diweirdeb.

Cymwysterau Arolygydd

3 Dyma air i'w gredu: "Pwy bynnag sydd â'i fryd ar swydd arolygydd*, y mae'n chwennych gwaith rhagorol." ² Felly, rhaid i arolygydd fod heb nam ar ei gymeriad, yn ŵr i un wraig, yn ddyn sobr, disgybledig, anrhydeddus, lletygar, ac yn athro da. ³ Rhaid iddo beidio â bod yn rhy hoff o win, nac yn rhy barod i daro. I'r gwrthwyneb, dylai fod yn ystyriol a heddychlon a diariangar. ⁴ Dylai fod yn un a chanddo reolaeth dda ar ei deulu, ac yn cadw ei blant yn ufudd, â phob gwedduster. ⁵ Os nad yw rhywun yn medru rheoli ei deulu ei hun, sut y mae'n mynd i ofalu am eglwys Dduw? ⁶ Rhaid iddo beidio â bod yn newydd i'r ffydd, rhag iddo droi'n falch a chwympo dan y condemniad a gafodd y diafol. ⁷ A dylai fod yn un â gair da iddo gan y byd oddi allan, rhag iddo gwympo i waradwydd a chael ei ddal ym magl y diafol.

Cymwysterau Diacon

⁸ Yn yr un modd, rhaid i ddiaconiaid ennyn parch; nid yn ddauwynebog, nac yn drachwantus am win, nac yn chwennych elw anonest. ⁹ A dylent ddal eu gafael ar ddirgelwch y ffydd gyda chydwybod bur. ¹⁰ Dylid eu rhoi hwythau ar brawf ar y cychwyn, ac yna, o'u cael yn ddi-fai, caniatáu iddynt wasanaethu. ¹¹ Yn yr un modd dylai eu gwragedd fod yn weddus, yn ddiwenwyn, yn sobr, ac yn ffyddlon ym mhob dim. ¹² Rhaid i bob diacon fod yn ŵr i un wraig, a chanddo reolaeth dda ar ei blant a'i deulu ei hun. ¹³ Oherwydd y mae'r rhai a gyflawnodd waith da fel diaconiaid yn ennill iddynt eu hunain safle da, a hyder mawr ynglŷn â'r ffydd sy'n eiddo i ni yng Nghrist Iesu.

3:1 Neu, *esgob*. Felly hefyd yn adn. 2.

Dirgelwch Ein Crefydd

¹⁴ Yr wyf yn gobeithio dod atat cyn hir, ond rhag ofn y caf fy rhwystro, yr wyf yn ysgrifennu'r llythyr hwn atat, ¹⁵ er mwyn iti gael gwybod sut y mae ymddwyn yn nheulu Duw, sef eglwys y Duw byw, colofn a sylfaen y gwirionedd. ¹⁶ A rhaid inni'n unfryd gyffesu mai mawr yw dirgelwch ein crefydd:

"Ei amlygu ef* mewn cnawd,
ei gyfiawnhau yn yr ysbryd*,
ei weld gan angylion,
ei bregethu i'r Cenhedloedd,
ei gredu drwy'r byd,
ei ddyrchafu mewn gogoniant."

Rhagfynegi Cefnu ar y Ffydd

4 Y mae'r Ysbryd yn dweud yn eglur y bydd rhai mewn amserau diweddarach yn cefnu ar y ffydd. Byddant yn troi at ysbrydion twyllodrus ac at bethau y mae cythreuliaid yn eu dysgu trwy ragrith pobl gelwyddog. ² Pobl yw'r rhain â'u cydwybod wedi ei serio, ³ yn gwahardd priodi, ac yn mynnu fod pobl yn ymwrthod â bwydydd—bwydydd y mae Duw wedi eu creu i'w derbyn â diolch gan y credinwyr sydd wedi canfod y gwirionedd. ⁴ Oherwydd y mae pob peth a greodd Duw yn dda, ac ni ddylid gwrthod dim yr ydym yn ei dderbyn â diolch iddo ef, ⁵ oherwydd y mae'n cael ei sancteiddio trwy air Duw a gweddi.

Gwas Da i Iesu Grist

⁶ Os dygi di'r pethau hyn i sylw'r gynulleidfa, byddi'n was da i Grist Iesu, yn dy feithrin dy hun â geiriau'r ffydd, a'r athrawiaeth dda yr wyt wedi ei dilyn. ⁷ Paid â gwrando ar chwedlau bydol hen wrachod, ond ymarfer dy hun i fod yn dduwiol. ⁸ Wrth gwrs, y mae i ymarfer y corff beth gwerth, ond i ymarfer duwioldeb y mae pob gwerth, gan fod ynddo addewid o fywyd yn y byd hwn a'r byd a ddaw. ⁹ Dyna air i'w gredu, sy'n teilyngu derbyniad llwyr. ¹⁰ I'r diben hwn yr ydym yn llafurio ac yn ymdrechu,* oherwydd rhoesom ein gobaith yn y Duw byw, sy'n Waredwr i bawb, ond i'r credinwyr yn fwy na neb.

¹¹ Gorchymyn y pethau hyn i'th bobl, a dysg hwy iddynt. ¹² Paid â gadael i neb dy ddiystyru am dy fod yn ifanc. Yn hytrach, bydd di'n batrwm i'r credinwyr mewn gair a gweithred, mewn cariad a ffydd a phurdeb. ¹³ Hyd nes imi ddod, rhaid i ti ymroi i'r darlleniadau a'r pregethu a'r hyfforddi. ¹⁴ Paid ag esgeuluso'r ddawn sydd ynot ac a roddwyd iti trwy eiriau proffwydol ac arddodiad dwylo'r henuriaid. ¹⁵ Gofala am y pethau hyn, ymdafla iddynt, a bydd dy gynnydd yn amlwg i bawb. ¹⁶ Cadw lygad arnat ti dy hun ac ar yr hyfforddiant a roddi, a dal ati yn y pethau hyn. Os gwnei di felly, yna fe fyddi'n dy achub dy hun a'r rhai sy'n gwrando arnat.

Dyletswyddau tuag at Eraill

5 Paid â cheryddu hynafgwr, ond ei gymell fel petai'n dad i ti, y dynion ifainc fel brodyr, ² y gwragedd hŷn fel mamau, a'r merched ifainc â phurdeb llwyr fel chwiorydd.

³ Cydnabydda'r gweddwon, y rheini sy'n weddwon mewn gwirionedd. ⁴ Ond os oes gan y weddw blant neu wyrion, dylai'r rheini yn gyntaf ddysgu ymarfer eu crefydd tuag at eu teulu, a thalu'n ôl i'w rhieni y ddyled sydd arnynt, oherwydd hynny sy'n gymeradwy gan Dduw. ⁵ Ond am yr un sy'n weddw mewn gwirionedd, yr un sydd wedi ei gadael ar ei phen ei hun, y mae hon â'i gobaith wedi ei sefydlu ar Dduw, ac y mae'n parhau nos a dydd mewn ymbiliau a gweddïau. ⁶ Y mae'r weddw afradlon, ar y llaw arall, gystal â marw er ei bod yn fyw. ⁷ Gorchymyn di y pethau hyn hefyd, er mwyn i'r gweddwon fod yn ddigerydd. ⁸ Ond pwy bynnag nad yw'n darparu ar gyfer ei berthnasau, ac yn arbennig ei deulu ei hun, y mae wedi gwadu'r ffydd ac y mae'n waeth nag anghredadun. ⁹ Ni ddylid rhoi gwraig ar restr y gweddwon

---

3:16 Yn ôl darlleniad arall, *Amlygu Duw*.
3:16 Neu, *gan yr Ysbryd*.

4:10 Yn ôl darlleniad arall, *ac yn cael ein gwaradwyddo*.

os nad yw dros drigain oed, ac a fu'n wraig i un gŵr. ¹⁰ A rhaid cael prawf iddi ymroi i weithredoedd da: iddi fagu plant, iddi roi llety i ddieithriaid, iddi olchi traed y saint, iddi gynorthwyo pobl mewn cyfyngder, yn wir iddi ymdaflu i bob math o weithredoedd da. ¹¹ A phaid â chynnwys y rhai iau ar restr y gweddwon, oherwydd cyn gynted ag y bydd eu nwydau yn eu dieithrio oddi wrth Grist, daw arnynt chwant priodi, ¹² a chânt eu condemnio felly am dorri'r adduned a wnaethant ar y dechrau. ¹³ At hynny, byddant yn dysgu bod yn ddiog wrth fynd o gwmpas y tai, ac nid yn unig yn ddiog ond hefyd yn siaradus a busneslyd, yn dweud pethau na ddylid. ¹⁴ Fy nymuniad, felly, yw bod gweddwon iau yn priodi, yn magu plant ac yn cadw tŷ, a pheidio â rhoi cyfle i unrhyw elyn i'n difenwi. ¹⁵ Oherwydd y mae rhai gweddwon eisoes wedi mynd ar gyfeiliorn a chanlyn Satan. ¹⁶ Dylai unrhyw wraig* sy'n gredadun, a chanddi weddwon yn y teulu, ofalu amdanynt. Nid yw'r gynulleidfa i ddwyn y baich mewn achos felly, er mwyn iddynt allu gofalu am y rhai sy'n weddwon mewn gwirionedd.

¹⁷ Y mae'r henuriaid sy'n arweinwyr da yn haeddu cael dwbl y gydnabyddiaeth, yn arbennig y rhai sydd yn llafurio ym myd pregethu a hyfforddi. ¹⁸ Oherwydd y mae'r Ysgrythur yn dweud: "Nid wyt i roi genfa am safn ych tra bydd yn dyrnu", a hefyd: "Y mae'r gweithiwr yn haeddu ei gyflog." ¹⁹ Paid â derbyn cyhuddiad yn erbyn henuriad os na fydd hyn ar air dau neu dri o dystion. ²⁰ Y rhai ohonynt sy'n dal i bechu, cerydda hwy yng ngŵydd pawb, i godi ofn ar y gweddill yr un pryd. ²¹ Yr wyf yn dy rybuddio, yng ngŵydd Duw a Christ Iesu a'r angylion etholedig, i gadw'r rheolau hyn yn ddiragfarn, a'u gweithredu ar bob adeg yn ddiduedd. ²² Paid â bod ar frys i arddodi dwylo ar neb, a thrwy hynny gyfranogi ym mhechodau pobl eraill; cadw dy hun yn bur. ²³ Bellach, paid ag yfed dŵr yn unig, ond cymer ychydig o win at dy stumog a'th aml anhwylderau.

²⁴ Y mae pechodau rhai pobl yn eglur ddigon, ac yn eu rhagflaenu i farn, ond y mae eraill sydd â'u pechodau yn eu dilyn. ²⁵ Yn yr un modd, y mae gweithredoedd da yn eglur ddigon, a hyd yn oed os nad ydynt, nid oes modd eu cuddio.

6

Y mae'r rhai sy'n gaethweision dan yr iau i gyfrif eu meistri eu hunain yn deilwng o wir barch, fel na chaiff enw Duw, na'r athrawiaeth Gristionogol, air drwg. ² Ac ni ddylai'r rhai sydd â'u meistri'n gredinwyr roi llai o barch iddynt am eu bod yn gyd-gredinwyr. Yn hytrach, dylent roi gwell gwasanaeth iddynt am mai credinwyr sy'n annwyl ganddynt yw'r rhai fydd yn elwa ar eu hymroddiad.

Crefydd ynghyd â Bodlonrwydd Mewnol

Dyma'r pethau yr wyt ti i'w dysgu a'u cymell. ³ Os bydd rhywun yn dysgu'n groes i hyn, ac yn gwrthod glynu wrth eiriau iachusol, geiriau ein Harglwydd Iesu Grist, ac wrth athrawiaeth sy'n gyson â bywyd duwiol, ⁴ y mae hwnnw'n llawn balchder, heb ddeall dim, ag awydd afiach ynddo i godi cwestiynau a dadlau am eiriau. Cenfigen a chynnen ac enllib, a drwgdybio cywilyddus ac anghydweld parhaus, sy'n dod o bethau felly, ⁵ mewn pobl sydd â'u meddyliau wedi eu llygru ac sydd wedi eu hamddifadu o'r gwirionedd, rhai sy'n tybio mai modd i ennill cyfoeth yw bywyd duwiol. ⁶ Ac wrth gwrs, y mae cyfoeth mawr mewn bywyd duwiol ynghyd â bodlonrwydd mewnol. ⁷ A'r ffaith yw, na ddaethom â dim i'r byd, ac felly hefyd* na allwn fynd â dim allan ohono. ⁸ Os oes gennym fwyd a dillad, gadewch inni fodloni ar hynny. ⁹ Y mae'r rhai sydd am fod yn gyfoethog yn syrthio i demtasiynau a maglau, a llu o chwantau direswm a niweidiol, sy'n hyrddio pobl i lawr i ddistryw a cholledigaeth. ¹⁰ Oherwydd gwraidd pob math o ddrwg yw cariad at arian, ac wrth geisio cael gafael ynddo crwydrodd

---

5:16 Yn ôl darlleniad arall, *ŵr neu wraig*.

6:7 Yn ôl darlleniad arall, *byd, ac y mae'n eglur*.

rhai oddi wrth y ffydd, a'u trywanu eu hunain ag arteithiau lawer.

Ymdrech Lew y Ffydd

[11] Ond yr wyt ti, ŵr Duw, i ffoi rhag y pethau hyn, ac i roi dy fryd ar uniondeb, duwioldeb, ffydd, cariad, dyfalbarhad ac addfwynder. [12] Ymdrecha ymdrech lew y ffydd, a chymer feddiant o'r bywyd tragwyddol. I hyn y cefaist dy alw pan wnaethost dy gyffes lew o'r ffydd o flaen tystion lawer. [13] Yng ngŵydd Duw, sy'n rhoi bywyd i bob peth, ac yng ngŵydd Crist Iesu, a dystiodd i'r un gyffes lew o flaen Pontius Pilat, yr wyf yn dy gymell [14] i gadw'r gorchymyn yn ddi-fai a digerydd hyd at ymddangosiad ein Harglwydd Iesu Grist, [15] a amlygir yn ei amser addas gan yr unig Bennaeth bendigedig, Brenin y brenhinoedd, Arglwydd yr arglwyddi. [16] Ganddo ef yn unig y mae anfarwoldeb, ac mewn goleuni anhygyrch y mae'n preswylio. Nid oes neb wedi ei weld, ac ni ddichon neb ei weld. Iddo Ef y byddo anrhydedd a gallu tragwyddol! Amen.

[17] Gorchymyn di i gyfoethogion y byd presennol beidio â bod yn falch, ac iddynt sefydlu eu gobaith, nid ar ansicrwydd cyfoeth ond ar y Duw sy'n rhoi inni yn helaeth bob peth i'w fwynhau. [18] Annog hwy i wneud daioni, i fod yn gyfoethog mewn gweithredoedd da, i fod yn hael ac yn barod i rannu, [19] ac felly i gael trysor iddynt eu hunain fydd yn sylfaen sicr ar gyfer y dyfodol, i feddiannu'r bywyd sydd yn fywyd yn wir.

[20] Timotheus, cadw'n ddiogel yr hyn a ymddiriedwyd i'th ofal, a thro dy gefn ar y gwag siarad bydol, a'r gwrthddywediadau a gamenwir yn wybodaeth. [21] Y mae rhai sy'n proffesu'r wybodaeth hon wedi gwyro ymhell oddi wrth y ffydd.

Gras fyddo gyda chwi!

AIL LYTHYR PAUL AT
TIMOTHEUS

Cyfarch

1 Paul, apostol Crist Iesu trwy ewyllys Duw, yn unol â'r addewid am y bywyd sydd yng Nghrist Iesu, [2] at Timotheus, ei blentyn annwyl. Gras a thrugaredd a thangnefedd i ti oddi wrth Dduw y Tad a Christ Iesu ein Harglwydd.

Teyrngarwch i'r Efengyl

[3] Yr wyf yn diolch i Dduw, yr hwn yr wyf yn ei wasanaethu â chydwybod bur fel y gwnaeth fy hynafiaid, pan fyddaf yn cofio amdanat yn fy ngweddïau, fel y gwnaf yn ddi-baid nos a dydd. [4] Wrth gofio am dy ddagrau, rwy'n hiraethu am dy weld a chael fy llenwi â llawenydd. [5] Daw i'm cof y ffydd ddiffuant sydd gennyt, ffydd a drigodd gynt yn Lois, dy nain, ac yn Eunice, dy fam, a gwn yn sicr ei bod ynot tithau hefyd. [6] O ganlyniad, yr wyf yn dy atgoffa i gadw ynghyn y ddawn a roddodd Duw iti, y ddawn sydd ynot trwy arddodiad fy nwylo i. [7] Oherwydd nid ysbryd sy'n peri llwfrdra a roddodd Duw i ni, ond ysbryd sy'n peri nerth a chariad a hunanddisgyblaeth. [8] Felly, na foed cywilydd arnat roi tystiolaeth am ein Harglwydd, na chywilydd ohonof fi, ei garcharor ef; ond cymer dy gyfran o ddioddefaint dros yr Efengyl, trwy'r nerth yr ydym yn ei gael gan Dduw. [9] Ef a'n hachubodd ni, a'n galw â galwedigaeth sanctaidd, nid ar sail ein gweithredoedd ond yn unol â'i arfaeth ei hun a'i ras, y gras a roddwyd inni yng Nghrist Iesu cyn dechrau'r oesoedd,

¹⁰ ond a amlygwyd yn awr drwy ymddangosiad ein Gwaredwr, Crist Iesu. Oherwydd y mae ef wedi dirymu marwolaeth, a dod â bywyd ac anfarwoldeb i'r golau trwy'r Efengyl. ¹¹ I'r Efengyl hon yr wyf fi wedi fy mhenodi'n bregethwr, yn apostol ac yn athro. ¹² Dyma'r rheswm, yn wir, fy mod yn dioddef yn awr. Ond nid oes arnaf gywilydd o'r peth, oherwydd mi wn pwy yr wyf wedi ymddiried ynddo, ac rwy'n gwbl sicr fod ganddo ef allu i gadw'n ddiogel hyd y Dydd hwnnw yr hyn a ymddiriedodd i'm gofal.* ¹³ Cymer fel patrwm i'w ddilyn y geiriau iachusol a glywaist gennyf fi, wrth fyw yn y ffydd a'r cariad sydd yng Nghrist Iesu. ¹⁴ Cadw'n ddiogel, trwy nerth yr Ysbryd Glân sy'n trigo ynom, y peth gwerthfawr a ymddiriedwyd i'th ofal.

¹⁵ Fel y gwyddost, y mae pawb yn Asia wedi cefnu arnaf, gan gynnwys Phygelus a Hermogenes. ¹⁶ Ond dangosed yr Arglwydd drugaredd tuag at deulu Onesifforus, oherwydd cododd ef fy nghalon droeon, ac ni bu arno gywilydd fy mod mewn cadwynau. ¹⁷ Yn wir, pan ddaeth i Rufain, aeth i drafferth fawr i chwilio amdanaf, a daeth o hyd imi. ¹⁸ Rhodded yr Arglwydd iddo ddod o hyd i drugaredd gan yr Arglwydd yn y Dydd hwnnw. Fe wyddost ti yn dda gymaint o wasanaeth a roddodd ef yn Effesus.

Milwr Da i Iesu Grist

2 Felly ymnertha di, fy mab, yn y gras sydd yng Nghrist Iesu. ² Cymer y geiriau a glywaist gennyf fi yng nghwmni tystion lawer, a throsglwydda hwy i ofal pobl ffyddlon a fydd yn abl i hyfforddi eraill hefyd. ³ Cymer dy gyfran o ddioddefaint, fel milwr da i Grist Iesu. ⁴ Nid yw milwr sydd ar ymgyrch yn ymdrafferthu â gofalon bywyd bob dydd, gan fod ei holl fryd ar ennill cymeradwyaeth ei gadfridog. ⁵ Ac os yw rhywun yn cystadlu mewn mabolgampau, ni all ennill y dorch heb gystadlu yn ôl y rheolau. ⁶ Y ffermwr sy'n llafurio sydd â'r hawl gyntaf ar y cnwd. ⁷ Ystyria beth yr wyf yn ei ddweud, oherwydd fe rydd yr Arglwydd iti ddealltwriaeth ym mhob peth.

⁸ Cofia Iesu Grist: ei gyfodi oddi wrth y meirw, ei eni o linach Dafydd, yn ôl yr Efengyl yr wyf fi yn ei phregethu. ⁹ Yng ngwasanaeth yr Efengyl hon yr wyf yn dioddef hyd at garchar, fel rhyw droseddwr, ond nid oes carchar i ddal gair Duw. ¹⁰ Felly, yr wyf yn goddef y cyfan er mwyn ei etholedigion, iddynt hwythau hefyd gael yr iachawdwriaeth sydd yng Nghrist Iesu, ynghyd â gogoniant tragwyddol. ¹¹ Dyma air i'w gredu:

"Os buom farw gydag ef, byddwn fyw
  hefyd gydag ef;
¹² os dyfalbarhawn, cawn deyrnasu
  hefyd gydag ef;
os gwadwn ef, bydd ef hefyd yn ein
  gwadu ninnau;
¹³ os ydym yn anffyddlon, y mae ef
  yn aros yn ffyddlon,
oherwydd ni all ef ei wadu ei hun."

Gweithiwr Cymeradwy

¹⁴ Dwg ar gof i bobl y pethau hyn, gan eu rhybuddio yng ngŵydd Duw i beidio â dadlau am eiriau, peth cwbl anfuddiol, ac andwyol hefyd i'r rhai sy'n gwrando. ¹⁵ Gwna dy orau i'th wneud dy hun yn gymeradwy gan Dduw, fel gweithiwr heb achos i gywilyddio am ei waith, yn ddiwyro wrth gyflwyno gair y gwirionedd. ¹⁶ Gochel siarad gwag rhai bydol, oherwydd agor y ffordd y byddant i fwy o annuwioldeb, ¹⁷ a'u hymadrodd yn ymledu fel cancr. Pobl felly yw Hymenaeus a Philetus; ¹⁸ y maent wedi gwyro oddi wrth y gwirionedd, gan honni bod ein hatgyfodiad eisoes wedi digwydd, ac y maent yn tanseilio ffydd rhai pobl. ¹⁹ Ond dal i sefyll y mae'r sylfaen gadarn a osododd Duw, a'r sêl sydd arni yw: "Y mae'r Arglwydd yn adnabod y rhai sy'n eiddo iddo", a "Pob un sy'n enwi enw'r Arglwydd, cefned ar ddrygioni". ²⁰ Mewn tŷ mawr y mae nid yn unig lestri aur ac arian ond hefyd lestri pren a chlai, rhai i gael parch ac eraill amarch. ²¹ Os yw rhywun yn ei lanhau ei hun oddi wrth y pethau drygionus hyn, yna

---

1:12 Neu, *a ymddiriedais i'w ofal*.

llestr parch fydd ef, cysegredig, defnyddiol i'r Meistr, ac addas i bob gweithred dda. ²² Ffo oddi wrth nwydau ieuenctid, a chanlyn gyfiawnder a ffydd a chariad a heddwch, yng nghwmni'r rhai sy'n galw ar yr Arglwydd â chalon bur. ²³ Paid â gwneud dim â chwestiynau ffôl a di-ddysg; fe wyddost mai codi cwerylon a wnânt. ²⁴ Ni ddylai gwas yr Arglwydd fod yn gwerylgar, ond yn dirion tuag at bawb, yn athro da, yn ymarhous, ²⁵ yn addfwyn wrth ddisgyblu'r rhai sy'n tynnu'n groes. Oherwydd pwy a ŵyr na fydd Duw ryw ddydd yn rhoi iddynt edifeirwch i ddod i ganfod y gwirionedd, ²⁶ ac na ddônt i'w pwyll a dianc o fagl y diafol, yr un a'u rhwydodd a'u caethiwo i'w ewyllys*?

Cymeriad Pobl yn y Dyddiau Diwethaf

3 Rhaid iti ddeall hyn, fod amserau enbyd i ddod yn y dyddiau diwethaf. ² Bydd pobl yn hunangar ac yn ariangar, yn ymffrostgar a balch a sarhaus, yn anufudd i'w rhieni, yn anniolchgar ac yn ddigrefydd. ³ Byddant yn ddi-serch a digymod, yn enllibus a dilywodraeth ac anwar, heb ddim cariad at ddaioni. ⁴ Bradwyr fyddant, yn ddi-hid, yn llawn balchder, yn caru pleser yn hytrach na charu Duw, ⁵ yn cadw ffurf allanol crefydd ond yn gwadu ei grym hi. Cadw draw oddi wrth y rhain. ⁶ Dyma'r math o bobl fydd yn gweithio'u ffordd i mewn i dai rhai eraill, ac yn rhwydo gwragedd ffôl sydd dan faich o bechodau ac yng ngafael pob rhyw nwydau, ⁷ gwragedd sydd o hyd yn ceisio dysgu ond byth yn gallu cyrraedd at wybodaeth o'r gwirionedd. ⁸ Yn union fel y safodd Jannes a Jambres yn erbyn Moses, felly hefyd y mae'r rhai hyn yn gwrthsefyll y gwirionedd. Pobl lygredig eu meddwl ydynt, ac annerbyniol o ran y ffydd. ⁹ Ond nid ânt yn eu blaen ddim pellach, oherwydd fe ddaw eu ffolineb hwy, fel eiddo Jannes a Jambres, yn amlwg ddigon i bawb.

Siars Olaf i Timotheus

¹⁰ Ond yr wyt ti wedi dilyn yn ofalus fy athrawiaeth i a'm ffordd o fyw, fy ymroddiad, fy ffydd, fy amynedd, fy nghariad a'm dyfalbarhad, ¹¹ yr erlid a'r dioddef a ddaeth i'm rhan yn Antiochia ac Iconium a Lystra; ie, yr holl erledigaethau a ddioddefais. A gwaredodd yr Arglwydd fi o'r cyfan i gyd. ¹² Yn wir, eu herlid a gaiff pawb sydd yn ceisio byw bywyd duwiol yng Nghrist Iesu, ¹³ ond bydd pobl ddrwg ac ymhonwyr yn mynd o ddrwg i waeth, gan dwyllo a chael eu twyllo. ¹⁴ Ond glŷn di wrth y pethau a ddysgaist, ac y cefaist dy argyhoeddi ganddynt. Fe wyddost gan bwy y dysgaist hwy, ¹⁵ a'th fod er yn blentyn yn gyfarwydd â'r Ysgrythurau sanctaidd, sydd yn abl i'th wneud yn ddoeth a'th ddwyn i iachawdwriaeth trwy ffydd yng Nghrist Iesu. ¹⁶ Y mae pob Ysgrythur wedi ei hysbrydoli gan Dduw ac yn fuddiol i hyfforddi, a cheryddu, a chywiro, a disgyblu mewn cyfiawnder. ¹⁷ Felly y darperir pob un sy'n perthyn i Dduw â chyflawn ddarpariaeth ar gyfer pob math o weithredoedd da.

4 Yng ngŵydd Duw a Christ Iesu, yr hwn sydd i farnu'r byw a'r meirw, yr wyf yn dy rybuddio ar gyfrif ei ymddangosiad a'i deyrnas ef: ² pregetha'r gair; bydd yn barod bob amser, boed yn gyfleus neu'n anghyfleus; argyhoedda; cerydda; calonoga; a hyn ag amynedd diball wrth hyfforddi. ³ Oherwydd fe ddaw amser pan na fydd pobl yn goddef athrawiaeth iach ond yn dilyn eu chwantau eu hunain, ac yn crynhoi o'u cwmpas liaws o athrawon i oglais eu clustiau, ⁴ gan droi oddi wrth y gwirionedd i wrando ar chwedlau. ⁵ Ond yn hyn oll cadw di ddisgyblaeth arnat dy hun: goddef galedi; gwna waith efengylwr; cyflawna holl ofynion dy weinidogaeth.

⁶ Oherwydd y mae fy mywyd i eisoes yn cael ei dywallt mewn aberth, ac y mae amser fy ymadawiad wedi dod. ⁷ Yr wyf wedi ymdrechu'r ymdrech lew, yr wyf wedi rhedeg yr yrfa i'r pen, yr wyf wedi cadw'r ffydd. ⁸ Bellach y mae torch cyfiawnder ar gadw i mi; a bydd yr

---

2:26 Neu, *diafol, wedi eu rhwydo gan Dduw a'u caethiwo i'w ewyllys.*

Arglwydd, y Barnwr cyfiawn, yn ei chyflwyno hi imi ar y Dydd hwnnw, ac nid i mi yn unig ond i bawb fydd wedi rhoi eu serch ar ei ymddangosiad ef.

Cyfarwyddiadau Personol

9 Gwna dy orau i ddod ataf yn fuan, 10 oherwydd rhoddodd Demas ei serch ar y byd hwn, a'm gadael. Aeth ef i Thesalonica, a Crescens i Galatia, a Titus i Dalmatia. 11 Luc yn unig sydd gyda mi. Galw am Marc, a thyrd ag ef gyda thi, gan ei fod o gymorth mawr i mi yn fy ngweinidogaeth. 12 Anfonais Tychicus i Effesus. 13 Pan fyddi'n dod, tyrd â'r clogyn a adewais ar ôl gyda Carpus yn Troas, a'r llyfrau hefyd, yn arbennig y memrynau. 14 Gwnaeth Alexander, y gof copr, ddrwg mawr imi. Fe dâl yr Arglwydd iddo yn ôl ei weithredoedd. 15 Bydd dithau ar dy wyliadwriaeth rhagddo, oherwydd y mae wedi gwrthwynebu ein cenadwri ni i'r eithaf.

16 Yn y gwrandawiad cyntaf o'm hamddiffyniad, ni safodd neb gyda mi; aeth pawb a'm gadael; peidied Duw â chyfrif hyn yn eu herbyn. 17 Ond safodd yr Arglwydd gyda mi, a rhoddodd nerth imi, er mwyn, trwof fi, i'r pregethu gael ei gyflawni ac i'r holl Genhedloedd gael ei glywed; a chefais fy ngwaredu o enau'r llew. 18 A bydd yr Arglwydd eto'n fy ngwaredu i rhag pob cam, a'm dwyn yn ddiogel i'w deyrnas nefol. Iddo ef y byddo'r gogoniant byth bythoedd! Amen.

Cyfarchion Terfynol

19 Rho fy nghyfarchion i Prisca ac Acwila, a theulu Onesifforus. 20 Arhosodd Erastus yng Nghorinth, a gadewais Troffimus yn glaf yn Miletus. 21 Gwna dy orau i ddod cyn y gaeaf. Y mae Eubwlus a Pwdens a Linus a Claudia, a'r cyfeillion oll, yn dy gyfarch. 22 Yr Arglwydd fyddo gyda'th ysbryd di! Gras fyddo gyda chwi!

LLYTHYR PAUL AT
TITUS

Cyfarch

1 Paul, gwas Duw ac apostol Iesu Grist, sy'n ysgrifennu, yn unol â ffydd etholedigion Duw, a gwybodaeth o'r gwirionedd sy'n gyson â'n crefydd ni, 2 yn seiliedig yn y gobaith am fywyd tragwyddol. Dyma'r bywyd a addawodd y digelwyddog Dduw cyn dechrau'r oesoedd, 3 ac ef hefyd yn ei amser ei hun a ddatguddiodd ei air yn y neges a bregethir. Ymddiriedwyd y neges hon i mi ar orchymyn Duw, ein Gwaredwr. 4 Yr wyf yn cyfarch Titus, fy mhlentyn diledryw yn y ffydd sy'n gyffredin inni. Gras a thangnefedd i ti oddi wrth Dduw y Tad a Christ Iesu ein Gwaredwr.

Gwaith Titus yn Creta

5 Fy mwriad wrth dy adael ar ôl yn Creta oedd iti gael trefn ar y pethau oedd yn aros heb eu gwneud, a sefydlu henuriaid ym mhob tref yn ôl fy nghyfarwyddyd iti: 6 rhaid i henuriad fod yn ddi-fai, yn ŵr i un wraig, a'i blant yn gredinwyr, heb fod wedi eu cyhuddo o afradlonedd nac yn afreolus. 7 Oherwydd rhaid i arolygydd* fod yn ddi-fai, ac yntau yn oruchwyliwr yng ngwasanaeth Duw. Rhaid iddo beidio â bod yn drahaus, nac yn fyr ei dymer, nac yn rhy hoff o win, nac yn rhy barod i daro, nac yn un sy'n chwennych elw anonest, 8 ond yn lletygar, ac yn caru daioni, yn ddisgybledig, yn gyfiawn, yn

---

1:7 Neu, *esgob*.

sanctaidd, yn feistr arno'i hun. ⁹ Dylai ddal ei afael yn dynn yn y gair sydd i'w gredu ac sy'n gyson â'r hyn a ddysgir, er mwyn iddo fedru annog eraill â'i athrawiaeth iach, a gwrthbrofi cyfeiliornad ei wrthwynebwyr.

¹⁰ Oherwydd y mae llawer, ac yn arbennig y credinwyr Iddewig, yn afreolus, ac yn twyllo dynion â'u dadleuon diffaith; ¹¹ ac fe ddylid rhoi taw arnynt. Pobl ydynt sydd yn tanseilio teuluoedd cyfan drwy ddysgu iddynt bethau na ddylent eu dysgu, a hynny er mwyn elw anonest. ¹² Dywedodd un ohonynt, un o'u proffwydi hwy eu hunain:

> "Celwyddgwn fu'r Cretiaid erioed, anifeiliaid anwar, bolrwth a diog."

¹³ Y mae'r dystiolaeth hon yn wir. Am hynny, cerydda hwy'n ddidostur, er mwyn eu cael yn iach yn y ffydd ¹⁴ yn lle bod â'u bryd ar chwedlau Iddewig a gorchmynion pobl sy'n troi cefn ar y gwirionedd. ¹⁵ I'r pur, y mae pob peth yn bur; ond i'r rhai llygredig a di-gred, nid oes dim yn bur; y mae eu deall a'u cydwybod wedi eu llygru. ¹⁶ Y maent yn proffesu eu bod yn adnabod Duw, ond ei wadu y maent â'u gweithredoedd. Y maent yn ffiaidd ac yn anufudd, ac yn anghymwys i unrhyw weithred dda.

Dysgu Athrawiaeth Iach

2 Ond yr wyt ti i lefaru'r hyn sy'n gweddu i'r athrawiaeth iach. ² Dywed wrth yr hynafgwyr am fod yn sobr, yn weddus, yn ddisgybledig, yn iach mewn ffydd a chariad a dyfalbarhad. ³ Ac wrth y gwragedd hynaf yr un modd: am iddynt fod yn ddefosiynol eu hymarweddiad, yn ddiwenwyn, a heb fod yn gaeth i ormodedd o win; ⁴ dylent hyfforddi'r gwragedd ifainc yn y pethau gorau, a'u cymell i garu eu gwŷr a charu eu plant, ⁵ i fod yn ddisgybledig a diwair, i ofalu am eu cartrefi, ac i fod yn garedig, ac yn ddarostyngedig i'w gwŷr, fel na chaiff gair Duw enw drwg. ⁶ Yn yr un modd, cymell y dynion ifainc i arfer hunanddisgyblaeth. ⁷ Ym mhob peth dangos dy hun yn esiampl o weithredoedd da, ac wrth hyfforddi amlyga gywirdeb a gweddustyr ⁸ a neges iachusol, a fydd uwchlaw beirniadaeth. Felly codir cywilydd ar dy wrthwynebwr, gan na fydd ganddo ddim drwg i'w ddweud amdanom. ⁹ Cymell y caethweision i fod yn ddarostyngedig i'w meistri ym mhob peth, i wneud eu dymuniad, i beidio â'u hateb yn ôl ¹⁰ na lladrata oddi arnynt, ond i'w dangos eu hunain yn gwbl ffyddlon a gonest, ac felly yn addurn ym mhob peth i athrawiaeth Duw, ein Gwaredwr.

¹¹ Oherwydd amlygwyd gras Duw i ddwyn gwaredigaeth i bawb, ¹² gan ein hyfforddi i ymwrthod ag annuwioldeb a chwantau bydol, a byw'n ddisgybledig a chyfiawn a duwiol yn y byd presennol, ¹³ a disgwyl cyflawni'r gobaith gwynfydedig yn ymddangosiad gogoniant ein Duw mawr a'n Gwaredwr, Iesu Grist. ¹⁴ Rhoddodd ef ei hun drosom ni i brynu rhyddid inni oddi wrth bob anghyfraith, a'n glanhau ni i fod yn bobl wedi eu neilltuo iddo ef ei hun ac yn llawn sêl dros weithredoedd da. ¹⁵ Dywed y pethau hyn, a chymell a cherydda â phob awdurdod. Peidied neb â'th anwybyddu.

Dal at Weithredoedd Da

3 Dwg ar gof iddynt eu bod i ymostwng i'r awdurdodau sy'n llywodraethu, i fod yn ufudd iddynt, a bod yn barod i wneud unrhyw weithred dda*; ² i beidio â bwrw anfri ar neb, ond i fod yn heddychol ac yn ystyriol, gan ddangos addfwynder yn gyson tuag at bawb. ³ Oherwydd fe fuom ninnau hefyd un amser yn ffôl, yn anufudd, ar gyfeiliorn, yn gaethweision i amryfal chwantau a phleserau, a'n bywyd yn llawn malais a chenfigen, yn atgas gan eraill ac yn casáu ein gilydd. ⁴ Ond pan amlygwyd daioni Duw, ein Gwaredwr, a'i gariad tuag at bobl, ⁵ fe'n hachubodd ni, nid ar sail unrhyw weithredoedd o gyfiawnder a wnaethom ni, ond o'i drugaredd ei hun. Fe'n hachubodd ni trwy olchiad yr ailenedigaeth ac adnewyddiad gan yr Ysbryd Glân, ⁶ a dywalltodd ef arnom ni

---

3:1 Neu, *i gyflawni unrhyw waith gonest.*

yn helaeth drwy Iesu Grist, ein Gwaredwr. ⁷ Ei ddiben oedd ein cyfiawnhau drwy ei ras, ac mewn gobaith, ein gwneud yn etifeddion bywyd tragwyddol.

⁸ Dyna air i'w gredu. Ac y mae'n ddymuniad gennyf i ti fynnu hyn: bod y rhai a ddaeth i gredu yn Nuw i ofalu eu bod yn ymroi i weithredoedd da*. Dyma gyngor da a buddiol i bawb. ⁹ Ond gochel gwestiynau ffôl, ac achau, a chynhennau a chwerylon ynghylch y Gyfraith, oherwydd di-fudd ac ofer ydynt. ¹⁰ Am yr un a fyn greu rhaniadau, ar ôl iddo gael ei rybuddio, a'i ailrybuddio, paid â gwneud dim mwy ag ef; ¹¹ fe wyddost fod un felly wedi ei wyrdroi, ei fod yn pechu, a thrwy hynny yn ei gollfarnu ei hun.

3:8 Neu, *i waith gonest.*

Cyfarwyddiadau Personol a Chyfarchion

¹² Pan anfonaf Artemas neu Tychicus atat, gwna dy orau i ddod ataf i Nicopolis, oherwydd yr wyf wedi penderfynu bwrw'r gaeaf yno. ¹³ Gwna dy orau hefyd dros y cyfreithiwr, Zenas, ac Apolos, i'w hebrwng ar eu taith, gan ofalu na fyddant yn fyr o ddim. ¹⁴ Rhaid i'n pobl ni hefyd ddysgu ymroi i waith gonest* i gyfarfod ag angenrheidiau bywyd; os na wnânt, byddant yn ddi-les.

¹⁵ Y mae pawb sydd gyda mi yn dy gyfarch. Rho fy nghyfarchion i'r rhai sydd yn ein caru yn y ffydd. Gras fyddo gyda chwi oll!

3:14 Neu, *i weithredoedd da.*

LLYTHYR PAUL AT
PHILEMON

Cyfarch

¹ Paul, carcharor Crist Iesu, a Timotheus ein brawd, at Philemon, ein cydweithiwr annwyl, ² ac Apffia, ein chwaer, ac Archipus, ein cydfilwr; ac at yr eglwys sy'n ymgynnull yn dy dŷ. ³ Gras a thangnefedd i chwi oddi wrth Dduw ein Tad a'r Arglwydd Iesu Grist.

Cariad a Ffydd Philemon

⁴ Yr wyf yn diolch i'm Duw bob amser wrth gofio amdanat yn fy ngweddïau, ⁵ oherwydd fy mod yn clywed am dy gariad, a'r ffydd sydd gennyt tuag at yr Arglwydd Iesu ac at yr holl saint. ⁶ Yr wyf yn deisyf y bydd y ffydd, sy'n gyffredin i ti a ninnau, yn gyfrwng effeithiol i ddyfnhau dealltwriaeth o'r holl ddaioni sy'n eiddo i ni yng Nghrist. ⁷ Oherwydd cefais lawer o lawenydd a symbyliad trwy dy gariad, gan fod calonnau'r saint wedi eu llonni drwot ti, fy mrawd.

Paul yn Eiriol dros Onesimus

⁸ Gan hynny, er bod gennyf berffaith ryddid yng Nghrist i roi gorchymyn i ti ynglŷn â'th ddyletswydd, ⁹ yr wyf yn hytrach, ar sail cariad, yn apelio atat. Ie, myfi, Paul, a mi'n llysgennad Crist Iesu, ac yn awr hefyd yn garcharor drosto, ¹⁰ apelio yr wyf atat ar ran fy mhlentyn, Onesimus, un y deuthum yn dad iddo yn y carchar. ¹¹ Bu ef gynt yn ddi-fudd i ti, ond yn awr y mae'n fuddiol iawn i ti ac i minnau.* ¹² Yr wyf yn ei anfon yn ôl atat, ac yntau bellach yn rhan ohonof fi. ¹³ Mi hoffwn ei gadw gyda mi, er mwyn iddo weini arnaf yn dy le di tra byddaf yng ngharchar o achos yr Efengyl. ¹⁴ Ond ni fynnwn wneud dim heb dy gydsyniad di,

1:11 Ystyr yr enw Onesimus yw *buddiol.*

rhag i'th garedigrwydd fod o orfod, nid o wirfodd. ¹⁵ Efallai, yn wir, mai dyma'r rheswm iddo gael ei wahanu oddi wrthyt dros dro, er mwyn iti ei dderbyn yn ôl am byth, ¹⁶ nid fel caethwas mwyach ond fel un sy'n fwy na chaethwas, yn frawd annwyl—annwyl iawn i mi, ond anwylach fyth i ti, fel dyn ac fel Cristion.

¹⁷ Os wyt, felly, yn fy ystyried i yn gymar, derbyn ef fel pe bait yn fy nerbyn i. ¹⁸ Os gwnaeth unrhyw gam â thi, neu os yw yn dy ddyled, cyfrif hynny arnaf fi. ¹⁹ Yr wyf fi, Paul, yn ysgrifennu â'm llaw fy hun: fe dalaf fi yn ôl, a hynny heb sôn dy fod ti'n ddyledus i mi hyd yn oed amdanat dy hun. ²⁰ Ie, frawd, mi fynnwn gael ffafr gennyt ti yn yr Arglwydd; llonna fy nghalon i yng Nghrist.

²¹ Yr wyf yn ysgrifennu atat mewn sicrwydd y byddi'n ufuddhau; gwn y byddi'n gwneud mwy nag yr wyf yn ei ofyn. ²² Yr un pryd hefyd, paratoa lety imi, oherwydd rwy'n gobeithio y caf fy rhoi i chwi mewn ateb i'ch gweddïau.

Cyfarchion Terfynol

²³ Y mae Epaffras, fy nghydgarcharor yng Nghrist Iesu, yn dy gyfarch; ²⁴ a Marc, Aristarchus, Demas a Luc, fy nghydweithwyr. ²⁵ Gras yr Arglwydd Iesu Grist fyddo gyda'ch ysbryd chwi!

Y LLYTHYR AT YR
HEBREAID

Duw wedi Llefaru yn Ei Fab

1 Mewn llawer dull a llawer modd y llefarodd Duw gynt wrth yr hynafiaid trwy'r proffwydi, ond yn y dyddiau olaf hyn llefarodd wrthym ni mewn Mab. ² Hwn yw'r un a benododd Duw yn etifedd pob peth, a'r un y gwnaeth y bydysawd drwyddo. ³ Ef yw disgleirdeb gogoniant Duw, ac y mae stamp ei sylwedd ef arno; ac y mae'n cynnal pob peth â'i air nerthol. Ar ôl iddo gyflawni puredigaeth pechodau, eisteddodd ar ddeheulaw'r Mawrhydi yn yr uchelder, ⁴ wedi dyfod gymaint yn uwch na'r angylion ag y mae'r enw a etifeddodd yn rhagorach na'r eiddynt hwy.

Y Mab yn Uwch na'r Angylion

⁵ Oherwydd wrth bwy o'r angylion y dywedodd Duw erioed:

"Fy Mab wyt ti,
myfi a'th genhedlodd di heddiw"?

Ac eto:

"Byddaf fi yn dad iddo ef,
a bydd yntau yn fab i mi."

⁶ A thrachefn, pan yw'n dod â'i gyntafanedig i mewn i'r byd, y mae'n dweud:

"A bydded i holl angylion Duw ei
addoli."

⁷ Am yr angylion y mae'n dweud:

"Yr hwn sy'n gwneud ei angylion yn
wyntoedd,
a'i weinidogion yn fflam dân";

⁸ ond am y Mab:

"Y mae dy orsedd di, O Dduw, yn
dragwyddol,
a gwialen dy deyrnas di yw gwialen
uniondeb.
⁹ Ceraist gyfiawnder a chasáu
anghyfraith.
Am hynny, O Dduw, y mae dy Dduw
di wedi dy eneinio
ag olew gorfoledd, uwchlaw dy
gymheiriaid."

¹⁰ Y mae hefyd yn dweud:

"Ti, yn y dechrau, Arglwydd, a
    osodaist sylfeini'r ddaear,
a gwaith dy ddwylo di yw'r nefoedd.
¹¹ Fe ddarfyddant hwy, ond yr wyt
    ti'n aros;
ânt hwy i gyd yn hen fel dilledyn;
¹² plygi hwy fel plygu mantell,
a newidir hwy fel newid dilledyn;
ond tydi, yr un ydwyt,
ac ar dy flynyddoedd ni bydd
    diwedd."

¹³ Wrth bwy o'r angylion y dywedodd ef erioed:

"Eistedd ar fy neheulaw
nes imi osod dy elynion yn
    droedfainc i'th draed"?

¹⁴ Onid ysbrydion gwasanaethgar ydynt oll, yn cael eu hanfon i weini, er mwyn y rhai sydd i etifeddu iachawdwriaeth?

Iachawdwriaeth mor Fawr

2 Am hynny, rhaid i ni ddal yn fwy gofalus ar y pethau a glywyd, rhag inni fynd gyda'r llif. ² Oherwydd os oedd y gair a lefarwyd drwy angylion yn sicr, ac os derbyniodd pob trosedd ac anufudd-dod ei gyfiawn dâl, ³ pa fodd y dihangwn ni, os esgeuluswn iachawdwriaeth a gafodd ei chyhoeddi gyntaf drwy enau'r Arglwydd, a'i chadarnhau wedyn i ni gan y rhai oedd wedi ei glywed, ⁴ a Duw yn cyd-dystio drwy arwyddion a rhyfeddodau, a gwyrthiau amrywiol, a thrwy gyfraniadau'r Ysbryd Glân, yn ôl ei ewyllys ei hun?

Tywysog Iachawdwriaeth

⁵ Oherwydd nid i angylion y darostyngodd ef y byd a ddaw, y byd yr ydym yn sôn amdano. ⁶ Tystiolaethodd rhywun yn rhywle yn y geiriau hyn:

"Beth yw dyn, iti ei gofio,
a mab dyn, iti ofalu amdano?
⁷ Gwnaethost ef am ryw ychydig yn
    is na'r angylion;
coronaist ef â gogoniant ac
    anrhydedd.
⁸ Darostyngaist bob peth dan ei
    draed ef."

Wrth ddarostwng pob peth iddo, ni adawodd ddim heb ei ddarostwng iddo. Ond yn awr nid ydym hyd yma yn gweld pob peth wedi ei ddarostwng iddo; ⁹ eithr yr ydym yn gweld Iesu, yr un a wnaed am ryw ychydig yn is na'r angylion, wedi ei goroni â gogoniant ac anrhydedd oherwydd iddo ddioddef marwolaeth, er mwyn iddo, trwy ras Duw,* brofi marwolaeth dros bob dyn.

¹⁰ Oherwydd yr oedd yn gweddu i Dduw, yr hwn y mae popeth yn bod er ei fwyn a phopeth yn bod drwyddo, wrth ddwyn pobl lawer i ogoniant, wneud tywysog eu hiachawdwriaeth yn berffaith trwy ddioddefiadau. ¹¹ Canys yr hwn sydd yn sancteiddio, a'r rhai sy'n cael eu sancteiddio, o'r un cyff y maent oll. Dyna pam nad oes arno gywilydd eu galw hwy'n berthnasau iddo'i hun. ¹² Y mae'n dweud:

"Fe gyhoeddaf dy enw i'm brodyr,
a chanu mawl iti yng nghanol y
    gynulleidfa";

¹³ ac eto:

"Ynddo ef y byddaf fi'n ymddiried";

ac eto fyth:

"Wele fi a'r plant a roes Duw imi."

¹⁴ Felly, gan fod y plant yn cydgyfranogi o'r un cig a gwaed, y mae yntau, yr un modd, wedi cyfranogi o'r cig a gwaed hwnnw, er mwyn iddo, trwy farwolaeth, ddiddymu'r hwn sydd â grym dros farwolaeth, sef y diafol, ¹⁵ a rhyddhau'r rheini oll oedd, trwy ofn marwolaeth, wedi eu dal mewn caethiwed ar hyd eu hoes. ¹⁶ Yn sicr, gafael y mae yn nisgynyddion Abraham ac nid mewn angylion. ¹⁷ Am hynny, yr oedd yn rhaid iddo, ym mhob peth, gael ei wneud yn debyg i'w berthnasau, er mwyn iddo fod yn archoffeiriad tosturiol a ffyddlon, gerbron Duw, i fod yn aberth cymod dros bechodau'r bobl. ¹⁸ Oherwydd, am iddo ef ei hun ddioddef a chael ei demtio, y mae'n gallu cynorthwyo'r rhai sydd yn cael eu temtio.

2:9 Yn ôl darlleniad arall, *iddo, wedi ei wahanu oddi wrth Dduw.*

Iesu'n Uwch na Moses

3 Gan hynny, gyfeillion sanctaidd, chwychwi sy'n cyfranogi o alwad nefol, ystyriwch Apostol ac Archoffeiriad ein cyffes ni, sef Iesu, ² a fu'n ffyddlon i'r hwn a'i penododd, fel y bu Moses hefyd yn ffyddlon yn holl dŷ Dduw. ³ Oherwydd y mae Iesu wedi ei gyfrif yn deilwng o ogoniant mwy na Moses, yn gymaint â bod adeiladydd tŷ yn derbyn mwy o anrhydedd na'r tŷ. ⁴ Y mae pob tŷ yn cael ei adeiladu gan rywun, ond Duw yw adeiladydd pob peth. ⁵ Bu Moses yn ffyddlon yn holl dŷ Dduw fel gwas, i ddwyn tystiolaeth i'r pethau yr oedd Duw yn mynd i'w llefaru; ⁶ ond y mae Crist yn ffyddlon fel Mab sydd â rheolaeth ar dŷ Dduw. A ni yw ei dŷ ef, os daliwn ein gafael yn y gobaith yr ydym yn hyderu ac yn ymffrostio ynddo.

Gorffwysfa i Bobl Dduw

⁷ Gan hynny, fel y mae'r Ysbryd Glân yn dweud:

"Heddiw, os gwrandewch ar ei lais,
⁸ peidiwch â chaledu'ch calonnau fel
    yn y gwrthryfel,
yn nydd y profi yn yr anialwch,
⁹ lle y gosododd eich hynafiaid fi ar
    brawf, a'm profi,
ac y gwelsant fy ngweithredoedd am
    ddeugain mlynedd.
¹⁰ Dyna pam y digiais wrth y
    genhedlaeth honno,
a dweud, 'Y maent yn wastad yn
    cyfeiliorni yn eu calonnau,
ac nid ydynt yn gwybod fy ffyrdd.'
¹¹ Felly tyngais yn fy nig,
'Ni chânt fyth ddod i mewn i'm
    gorffwysfa.'"

¹² Gwyliwch, gyfeillion, na fydd yn neb ohonoch byth galon ddrwg anghrediniol, i beri iddo gefnu ar y Duw byw. ¹³ Yn hytrach, calonogwch eich gilydd bob dydd, tra gelwir hi'n "heddiw", rhag i neb ohonoch gael ei galedu gan dwyll pechod. ¹⁴ Oherwydd yr ydym ni bellach yn gydgyfranogion â Christ,* os glynwn yn dynn hyd y diwedd wrth ein hyder cyntaf. ¹⁵ Dyma'r hyn y mae'r Ysgrythur yn ei ddweud:

"Heddiw, os gwrandewch ar ei lais,
    peidiwch â chaledu'ch calonnau fel
        yn y gwrthryfel."

¹⁶ Pwy, felly, a glywodd, ac a wrthryfelodd wedyn? Onid pawb oedd wedi dod allan o'r Aifft dan arweiniad Moses? ¹⁷ Ac wrth bwy y digiodd ef am ddeugain mlynedd? Onid wrth y rhai a bechodd, y rhai y syrthiodd eu cyrff yn farw yn yr anialwch? ¹⁸ Wrth bwy y tyngodd na chaent fyth ddod i mewn i'w orffwysfa, os nad wrth y rhai a fu'n anufudd? ¹⁹ Ac yr ydym yn gweld mai o achos anghrediniaeth y methasant ddod i mewn.

4 Gochelwn, felly, rhag i neb ohonoch fod wedi eich cau allan megis, a'r addewid yn aros y cawn ddod i mewn i'w orffwysfa ef. ² Oherwydd fe gyhoeddwyd y newyddion da, yn wir, i ni fel iddynt hwythau, ond ni bu'r gair a glywsant o unrhyw fudd iddynt hwy, am nad oeddent wedi eu huno mewn ffydd â'r sawl oedd wedi gwrando ar y gair.* ³ Oblegid nyni, y rhai sydd wedi credu, sydd yn mynd i mewn i'r orffwysfa, yn unol â'r hyn a ddywedodd:

"Felly tyngais yn fy nig,
'Ni chânt fyth ddod i mewn i'm
    gorffwysfa.'"

Ac eto yr oedd ei waith wedi ei orffen er seiliad y byd. ⁴ Oherwydd y mae gair yn rhywle am y seithfed dydd fel hyn: "A gorffwysodd Duw ar y seithfed dydd oddi wrth ei holl waith." ⁵ Felly hefyd yma: "Ni chânt fyth ddod i mewn i'm gorffwysfa." ⁶ Felly, gan ei bod yn sicr y bydd rhai yn cael dod i mewn iddi, a chan fod y rhai y cyhoeddwyd y newyddion da iddynt gynt heb ddod i mewn oherwydd anufudd-dod, ⁷ y mae ef drachefn yn pennu dydd neilltuol, sef "Heddiw", gan lefaru trwy Ddafydd ar ôl cymaint o amser, fel y dyfynnwyd o'r blaen:

"Heddiw, os gwrandewch ar ei lais,
    peidiwch â chaledu'ch calonnau."

3:14 Neu, *yn gyfranogion o Grist.*

4:2 Yn ôl darlleniad arall, *am nad oedd wedi ei gysylltu â ffydd yn y gwrandawyr.*

⁸ Oherwydd petai Josua wedi rhoi gorffwys iddynt, ni byddai Duw wedi sôn ar ôl hynny am ddiwrnod arall. ⁹ Felly, y mae gorffwysfa'r Saboth yn aros yn sicr i bobl Dduw. ¹⁰ Oherwydd mae pwy bynnag a ddaeth i mewn i'w orffwysfa ef yn gorffwys oddi wrth ei waith, fel y gorffwysodd Duw oddi wrth ei waith yntau. ¹¹ Gadewch inni ymdrechu, felly, i fynd i mewn i'r orffwysfa honno, rhag i neb syrthio o achos yr un math o anufudd-dod.

¹² Y mae gair Duw yn fyw a grymus; y mae'n llymach na'r un cleddyf daufiniog, ac yn treiddio hyd at wahaniad yr enaid a'r ysbryd, y cymalau a'r mêr; ac y mae'n barnu bwriadau a meddyliau'r galon. ¹³ Nid oes dim a grewyd yn guddiedig o'i olwg, ond y mae pob peth yn agored ac wedi ei ddinoethi o flaen llygaid yr Un yr ydym ni i roi cyfrif iddo.

Iesu, yr Archoffeiriad Mawr

¹⁴ Gan fod gennym, felly, archoffeiriad mawr sydd wedi mynd drwy'r nefoedd, sef Iesu, Mab Duw, gadewch inni lynu wrth ein cyffes. ¹⁵ Canys nid archoffeiriad heb allu cyd-ddioddef â'n gwendidau sydd gennym, ond un sydd wedi ei demtio ym mhob peth, yn yr un modd â ni, ac eto heb bechod. ¹⁶ Felly, gadewch inni nesáu mewn hyder at orsedd gras, er mwyn derbyn trugaredd a chael gras yn gymorth yn ei bryd.

5 O blith dynion y bydd pob archoffeiriad yn cael ei ddewis, ac ar ran pobl feidrol y caiff ei benodi i'w cynrychioli mewn materion yn ymwneud â Duw, i offrymu rhoddion ac aberthau dros bechodau. ² Y mae'n gallu cydymddwyn â'r rhai anwybodus a chyfeiliornus, gan ei fod yntau hefyd wedi ei amgylchu â gwendid; ³ ac oherwydd y gwendid hwn, rhaid iddo offrymu dros bechodau ar ei ran ei hun, fel ar ran y bobl. ⁴ Nid oes neb yn cymryd yr anrhydedd iddo'i hun; Duw sydd yn ei alw, fel y galwodd Aaron.

⁵ Felly hefyd gyda Christ. Nid ei ogoneddu ei hun i fod yn archoffeiriad a wnaeth, ond Duw a ddywedodd wrtho:

"Fy Mab wyt ti,
myfi a'th genhedlodd di heddiw."

⁶ Fel y mae'n dweud mewn lle arall hefyd:

"Yr wyt ti'n offeiriad am byth
yn ôl urdd Melchisedec."

⁷ Yn nyddiau ei gnawd, fe offrymodd Iesu weddïau ac erfyniadau, gyda llef uchel a dagrau, i'r Un oedd yn abl i'w achub rhag marwolaeth, ac fe gafodd ei wrando o achos ei barchedig ofn.* ⁸ Er mai Mab ydoedd, dysgodd ufudd-dod drwy'r hyn a ddioddefodd, ⁹ ac wedi ei berffeithio, daeth yn ffynhonnell iachawdwriaeth dragwyddol i bawb sydd yn ufuddhau iddo, ¹⁰ wedi ei enwi gan Dduw yn archoffeiriad yn ôl urdd Melchisedec.

Rhybudd rhag Syrthio Ymaith

¹¹ Am Melchisedec* y mae gennym lawer i'w ddweud sydd yn anodd ei egluro, oherwydd eich bod chwi wedi mynd yn araf i ddeall. ¹² Yn wir, er y dylech erbyn hyn fod yn athrawon, y mae arnoch angen rhywun i ailddysgu ichwi elfennau cyntaf oraclau Duw; angen llaeth sydd arnoch chwi, ac nid bwyd cryf. ¹³ Nid oes gan y sawl sy'n byw ar laeth ddim profiad o egwyddor cyfiawnder, am mai baban ydyw. ¹⁴ Pobl wedi cyrraedd eu llawn dwf sy'n cymryd bwyd cryf; y mae eu synhwyrau hwy, trwy ymarfer, wedi eu disgyblu i farnu rhwng da a drwg.

6 Am hynny, gadewch inni ymadael â'r athrawiaeth elfennol am Grist, a mynd ymlaen at y tyfiant llawn. Ni ddylem eilwaith osod y sylfaen, sef edifeirwch am weithredoedd meirwon, a ffydd yn Nuw, ² dysgeidiaeth am olchiadau*, arddodiad dwylo, atgyfodiad y meirw, a'r Farn dragwyddol. ³ A mynd ymlaen a wnawn, os caniatâ Duw. ⁴ Oherwydd y rhai a oleuwyd unwaith, ac a brofodd o'r rhodd nefol, ac a fu'n gyfrannog o'r Ysbryd Glân, ⁵ ac a brofodd ddaioni gair

---
5:7 Neu, *marwolaeth, a chan gael gwrandawiad, fe'i rhyddhawyd o ofn.*
5:11 Neu, *Am hyn.*
6:2 Neu, *fedyddiadau.*

Duw a nerthoedd yr oes i ddod— ⁶ os yw'r rhain wedyn wedi syrthio ymaith, y mae'n amhosibl eu hadfer i edifeirwch, gan eu bod i'w niwed eu hunain yn croeshoelio* Mab Duw, ac yn ei wneud yn waradwydd. ⁷ Oherwydd y mae'r ddaear, sy'n llyncu'r glaw sy'n disgyn arni'n fynych, ac sy'n dwyn cnydau addas i'r rhai y mae'n cael ei thrin er eu mwyn, yn derbyn ei chyfran o fendith Duw. ⁸ Ond os yw'n dwyn drain ac ysgall, y mae'n ddiwerth ac yn agos i felltith, a'i diwedd fydd ei llosgi.

⁹ Er ein bod yn siarad fel hyn, yr ydym yn argyhoeddedig, gyfeillion annwyl, fod pethau gwell yn eich aros chwi, pethau sy'n perthyn i iachawdwriaeth. ¹⁰ Oherwydd nid yw Duw yn anghyfiawn; nid anghofia eich gwaith, a'r cariad tuag at ei enw yr ydych wedi ei amlygu drwy weini i'r saint, ac yn dal ati i weini. ¹¹ Ond ein dyhead yw i bob un ohonoch ddangos yr un eiddgarwch ynglŷn â sicrwydd eich gobaith hyd y diwedd. ¹² Yr ydym am ichwi beidio â bod yn ddiog, ond yn efelychwyr y rhai sydd drwy ffydd ac amynedd yn etifeddu'r addewidion.

Addewid Sicr Duw

¹³ Pan roddodd Duw, felly, addewid i Abraham, gan nad oedd ganddo neb mwy i dyngu wrtho, fe dyngodd wrtho'i hun ¹⁴ gan ddweud: "Yn wir, bendithiaf di, ac yn ddiau, amlhaf di." ¹⁵ Ac felly, wedi disgwyl yn amyneddgar, fe gafodd yr hyn a addawyd. ¹⁶ Oherwydd wrth un mwy y bydd pobl yn tyngu; ac y mae llw yn rhoi gwarant sydd yn derfyn ar bob dadl rhyngddynt. ¹⁷ Felly, pan ewyllysiodd Duw brofi'n llwyrach i etifeddion yr addewid mor ddigyfnewid yw ei fwriad, fe roddodd warant drwy lw, ¹⁸ er mwyn i ddau beth digyfnewid, dau beth yr oedd yn amhosibl i Dduw fod yn gelwyddog ynddynt, beri i ni sydd wedi ffoi am noddfa dderbyn symbyliad cryf i ymaflyd yn y gobaith a osodwyd o'n blaen. ¹⁹ Y mae'r gobaith hwn gennym fel angor i'n bywyd, un diogel a chadarn, ac un sy'n mynd trwodd i'r tu mewn i'r llen, ²⁰ lle y mae Iesu wedi mynd, yn rhagredegydd ar ein rhan, wedi ei wneud yn archoffeiriad am byth, yn ôl urdd Melchisedec.

Urdd Offeiriadol Melchisedec

7 Cyfarfu'r Melchisedec hwn, brenin Salem, offeiriad i'r Duw Goruchaf, ag Abraham wrth iddo ddychwelyd o daro'r brenhinoedd, a bendithiodd ef; ² a rhannodd Abraham iddo yntau ddegwm o'r cwbl. Yn gyntaf, ystyr ei enw ef yw "brenin cyfiawnder"; ac yna, y mae'n frenin Salem, hynny yw, "brenin tangnefedd". ³ Ac yntau heb dad, heb fam, a heb achau, nid oes iddo na dechrau dyddiau na diwedd einioes; ond, wedi ei wneud yn gyffelyb i Fab Duw, y mae'n aros yn offeiriad am byth.

⁴ Ystyriwch pa mor fawr oedd y gŵr hwn y rhoddwyd iddo ddegwm o'r anrhaith gan Abraham y patriarch. ⁵ Yn awr, y mae'r rheini o blith disgynyddion Lefi sy'n cymryd swydd offeiriad dan orchymyn yn ôl y Gyfraith i gymryd degwm gan y bobl, hynny yw, eu cydgenedl, er mai disgynyddion Abraham ydynt. ⁶ Ond y mae hwn, er nad yw o'u llinach hwy, wedi cymryd degwm gan Abraham ac wedi bendithio'r hwn y mae'r addewidion ganddo. ⁷ A heb ddadl o gwbl, y lleiaf sy'n cael ei fendithio gan y mwyaf. ⁸ Yn y naill achos, rhai meidrol sydd yn derbyn degwm, ond yn y llall, un y tystiolaethir amdano ei fod yn aros yn fyw. ⁹ Gellir dweud hyd yn oed fod Lefi, derbyniwr y degwm, yntau wedi talu degwm drwy Abraham, ¹⁰ oblegid yr oedd ef eisoes yn llwynau ei gyndad pan gyfarfu Melchisedec â hwnnw.

¹¹ Os oedd perffeithrwydd i'w gael, felly, trwy'r offeiriadaeth Lefiticaidd— oblegid ar sail honno y rhoddwyd y Gyfraith i'r bobl—pa angen pellach oedd i sôn am offeiriad arall yn codi, yn ôl urdd Melchisedec ac nid yn ôl urdd Aaron? ¹² Oblegid os yw'r offeiriadaeth yn cael ei newid, rhaid bod y Gyfraith hefyd yn cael ei newid. ¹³ Oherwydd y mae'r un y dywedir y pethau hyn amdano yn perthyn i lwyth arall, nad oes yr un aelod ohono wedi gweini wrth yr allor; ¹⁴ ac y mae'n gwbl hysbys fod

---

6:6 Neu, *yn ailgroeshoelio.*

ein Harglwydd ni yn hanu o lwyth Jwda, llwyth na ddywedodd Moses ddim am offeiriad mewn perthynas ag ef. ¹⁵ Y mae'r ddadl yn eglurach fyth os ar ddull Melchisedec y bydd yr offeiriad arall yn codi, ¹⁶ a'i offeiriadaeth yn dibynnu, nid ar gyfraith sydd â'i gorchymyn yn ymwneud â'r cnawd ond ar nerth bywyd annistryw. ¹⁷ Oherwydd tystir amdano:

"Yr wyt ti'n offeiriad am byth
yn ôl urdd Melchisedec."

¹⁸ Felly, y mae yma ddiddymu ar y gorchymyn blaenorol, am ei fod yn wan ac anfuddiol. ¹⁹ Oherwydd nid yw'r Gyfraith wedi dod â dim i berffeithrwydd. Ond yn awr cyflwynwyd i ni obaith rhagorach yr ydym drwyddo yn nesáu at Dduw.

²⁰ Yn awr, ni ddigwyddodd hyn heb i Dduw dyngu llw. ²¹ Daeth y lleill, yn wir, yn offeiriaid heb i lw gael ei dyngu; ond daeth hwn trwy lw yr Un a ddywedodd wrtho:

"Tyngodd yr Arglwydd,
ac nid â'n ôl ar ei air:
'Yr wyt ti'n offeiriad am byth.'"

²² Yn gymaint â hynny, felly, y mae Iesu wedi dod yn feichiau cyfamod rhagorach. ²³ Y mae'r lleill a ddaeth yn offeiriaid yn lluosog hefyd, am fod angau yn eu rhwystro i barhau yn eu swydd; ²⁴ ond y mae gan hwn, am ei fod yn aros am byth, offeiriadaeth na throsglwyddir mohoni. ²⁵ Dyna pam y mae ef hefyd yn gallu achub hyd yr eithaf y rhai sy'n agosáu at Dduw trwyddo ef, gan ei fod yn fyw bob amser i eiriol drostynt.

²⁶ Dyma'r math o archoffeiriad sy'n addas i ni, un sanctaidd, di-fai, dihalog, wedi ei ddidoli oddi wrth bechaduriaid, ac wedi ei ddyrchafu yn uwch na'r nefoedd; ²⁷ un nad oes rhaid iddo yn feunyddiol, fel yr archoffeiriaid, offrymu aberthau yn gyntaf dros ei bechodau ei hun, ac yna dros rai'r bobl. Oblegid fe wnaeth ef hyn un waith am byth pan fu iddo'i offrymu ei hun. ²⁸ Oherwydd y mae'r Gyfraith yn penodi yn archoffeiriaid ddynion sy'n weiniaid, ond y mae geiriau'r llw, sy'n ddiweddarach na'r Gyfraith, yn penodi Mab sydd wedi ei berffeithio am byth.

Archoffeiriad Cyfamod Newydd a Gwell

8 Prif bwynt yr hyn rwy'n ei ddweud yw mai dyma'r math o archoffeiriad sydd gennym, un sydd wedi eistedd ar ddeheulaw gorsedd y Mawrhydi yn y nefoedd, ² yn weinidog y cysegr, sef y gwir dabernacl a osododd yr Arglwydd, nid pobl feidrol. ³ Oherwydd y mae pob archoffeiriad yn cael ei benodi i offrymu rhoddion ac aberthau, ac felly, rhaid bod gan hwn hefyd rywbeth i'w offrymu. ⁴ Yn awr, pe byddai ar y ddaear, ni byddai'n offeiriad o gwbl, gan fod yma eisoes rai sy'n offrymu rhoddion yn ôl y Gyfraith. ⁵ Y mae'r rhain yn gweini mewn cysegr sy'n llun a chysgod o'r un nefol, yn ôl y gorchymyn a gafodd Moses pan oedd ar fin codi'r tabernacl. "Gofala," meddai Duw, "y byddi'n gwneud pob peth yn ôl y patrwm a ddangoswyd iti ar y mynydd." ⁶ Ond, fel y mae, cafodd Iesu weinidogaeth ragorach, gan ei fod yn gyfryngwr cyfamod cymaint gwell—cyfamod, yn wir, sydd wedi ei sefydlu ar addewidion gwell.

⁷ Oherwydd pe bai'r cyfamod cyntaf hwnnw yn ddi-fai, ni byddai lle i ail gyfamod. ⁸ Oblegid y mae Duw'n eu beio pan yw'n dweud:

"Y mae'r dyddiau'n dod, medd yr
    Arglwydd,
y gwnaf gyfamod newydd
â thŷ Israel ac â thŷ Jwda;
⁹ ni fydd yn debyg i'r cyfamod a
    wneuthum â'u hynafiaid,
y dydd y gafaelais yn eu llaw
i'w harwain allan o wlad yr Aifft,
oherwydd nid arosasant hwy yn fy
    nghyfamod i.
A minnau, fe'u diystyrais hwy, medd
    yr Arglwydd.
¹⁰ Dyma'r cyfamod a wnaf â thŷ
    Israel
ar ôl y dyddiau hynny, medd yr
    Arglwydd:
rhof fy nghyfreithiau yn eu meddwl,
ac ysgrifennaf hwy ar eu calon.
A byddaf yn Dduw iddynt,
a hwythau'n bobl i mi.

¹¹ Ac ni fyddant mwyach yn dysgu
bob un ei gyd-ddinesydd*
a phob un ei gilydd, gan ddweud,
'Adnebydd yr Arglwydd.'
Oblegid byddant i gyd yn f'adnabod,
o'r lleiaf hyd y mwyaf ohonynt.
¹² Oherwydd byddaf yn drugarog
wrth eu camweddau,
ac ni chofiaf eu pechodau byth mwy."

¹³ Wrth ddweud "cyfamod newydd", y mae wedi dyfarnu'r cyntaf yn hen; ac y mae'r hyn sy'n mynd yn hen ac oedrannus ar fin diflannu.

Y Cysegr Daearol a'r Cysegr Nefol

9 Yn awr, yr oedd gan y cyfamod cyntaf hefyd ordinhadau addoliad, a chysegr, ond mai cysegr daearol oedd. ² Oblegid codwyd pabell, sef y gyntaf, ac ynddi hi yr oedd y canhwyllbren a'r bwrdd a'r bara gosod; gelwir hon yn Gysegr. ³ A'r tu ôl i'r ail len yr oedd y babell a elwir yn Gysegr Sancteiddiaf, ⁴ lle'r oedd allor aur yr arogldarth, ac arch y cyfamod wedi ei goreuro drosti i gyd; yn honno yr oedd llestr aur yn dal y manna, a gwialen Aaron, a flagurodd unwaith, a llechau'r cyfamod; ⁵ ac uwch ei phen yr oedd cerwbiaid y gogoniant, yn cysgodi'r drugareddfa. Am y rhain ni ellir manylu yn awr.

⁶ Yn ôl y trefniadau hyn, y mae'r offeiriaid yn mynd i mewn yn barhaus i'r babell gyntaf i gyflawni'r gwasanaethau; ⁷ ond yr archoffeiriad yn unig sy'n mynd i'r ail, unwaith yn y flwyddyn, ac nid yw yntau'n mynd heb waed i'w offrymu drosto'i hun a thros bechodau anfwriadol y bobl. ⁸ Yn hyn, y mae'r Ysbryd Glân yn dangos nad oedd y ffordd i'r cysegr wedi ei hamlygu cyhyd ag yr oedd y tabernacl cyntaf yn sefyll. ⁹ Y mae hyn oll yn arwyddlun ar gyfer yr amser presennol. Yn ôl y drefn hon offrymir rhoddion ac aberthau na allant berffeithio'r addolwr yn ei gydwybod, ¹⁰ oherwydd y maent yn ymwneud yn unig â bwydydd a diodydd ac amrywiol olchiadau, ordinhadau allanol sydd wedi eu gosod hyd amser y drefn newydd.

¹¹ Ond yn awr daeth Crist, archoffeiriad y pethau da sydd wedi dod.* Trwy dabernacl rhagorach a pherffeithiach, nid o waith llaw (hynny yw, nid o'r greadigaeth hon), ¹² ac nid â gwaed geifr a lloi, ond â'i waed ei hun, yr aeth ef i mewn un waith am byth i'r cysegr, a sicrhau prynedigaeth dragwyddol. ¹³ Oblegid os yw gwaed geifr a theirw, a lludw anner, o'i daenu ar yr halogedig, yn sancteiddio hyd at buredigaeth allanol, ¹⁴ pa faint mwy y bydd gwaed Crist, yr hwn a'i hoffrymodd ei hun trwy'r Ysbryd tragwyddol yn ddi-nam i Dduw, yn puro ein cydwybod ni oddi wrth weithredoedd meirwon, i wasanaethu'r Duw byw.

¹⁵ Am hynny, y mae ef yn gyfryngwr cyfamod newydd, er mwyn i'r rhai sydd wedi eu galw gael derbyn yr etifeddiaeth dragwyddol a addawyd, gan fod marwolaeth wedi digwydd er sicrhau rhyddhad oddi wrth y troseddau a gyflawnwyd dan y cyfamod cyntaf. ¹⁶ Oherwydd lle y mae ewyllys, y mae'n rhaid profi marwolaeth y sawl a'i gwnaeth; ¹⁷ ar farwolaeth dyn y bydd ewyllys yn dod yn effeithiol; nid yw byth mewn grym tra bydd y sawl a'i gwnaeth yn fyw. ¹⁸ Felly, ni sefydlwyd y cyfamod cyntaf, hyd yn oed, heb waed. ¹⁹ Oblegid ar ôl i Moses gyhoeddi i'r holl bobl bob gorchymyn yn ôl y Gyfraith, cymerodd waed lloi a geifr*, gyda dŵr a gwlân ysgarlad ac isop, a'i daenellu ar y llyfr ei hun ac ar yr holl bobl hefyd, ²⁰ gan ddweud, "Hwn yw gwaed y cyfamod a ordeiniodd Duw ar eich cyfer." ²¹ Ac yn yr un modd taenellodd waed ar y tabernacl hefyd, ac ar holl lestri'r gwasanaeth. ²² Yn wir, â gwaed y mae pob peth bron, yn ôl y Gyfraith, yn cael ei buro, a heb dywallt gwaed nid oes maddeuant.

Dileu Pechod trwy Aberth Crist

²³ Gan hynny, yr oedd yn rhaid i gysgodau o'r pethau nefol gael eu puro â'r pethau hyn, ond y pethau nefol eu hunain ag aberthau gwell na'r rhai hyn. ²⁴ Oherwydd nid i gysegr o waith llaw,

---

8:11 Yn ôl darlleniad arall, *ei gymydog*.
9:11 Yn ôl darlleniad arall, *sydd ar ddod*.
9:19 Yn ôl darlleniad arall, *cymerodd waed lloi*.

rhyw lun o'r cysegr gwirioneddol, yr aeth Crist i mewn, ond i'r nef ei hun, i ymddangos yn awr gerbron Duw drosom ni. 25 Ac nid i'w offrymu ei hun yn fynych y mae'n mynd, fel y bydd yr archoffeiriad yn mynd i mewn i'r cysegr bob blwyddyn â gwaed arall na'r eiddo ei hun; 26 petai felly, buasai wedi gorfod dioddef yn fynych er seiliad y byd. Ond yn awr, un waith am byth, ar ddiwedd yr oesoedd, y mae ef wedi ymddangos er mwyn dileu pechod drwy ei aberthu ei hun. 27 Ac yn gymaint ag y gosodwyd i ddynion eu bod i farw un waith, a bod barn yn dilyn hynny, 28 felly hefyd bydd Crist, ar ôl cael ei offrymu un waith i ddwyn pechodau llawer, yn ymddangos yr ail waith, nid i ddelio â phechod, ond er iachawdwriaeth i'r rhai sydd yn disgwyl amdano.

10 Oherwydd cysgod sydd gan y Gyfraith o'r pethau da sy'n dod, nid gwir ddelw y dirweddau hynny; ac ni all hi o gwbl, trwy'r un aberthau sy'n cael eu hoffrymu'n barhaus, flwyddyn ar ôl blwyddyn, ddwyn yr addolwyr i berffeithrwydd am byth. 2 Petasai hynny'n bosibl, oni fuasent wedi peidio â chael eu hoffrymu, gan na fuasai mwyach ymwybyddiaeth o bechodau gan addolwyr a oedd wedi eu puro un waith am byth? 3 Ond y mae yn yr aberthau goffâd bob blwyddyn am bechodau; 4 oherwydd y mae'n amhosibl i waed teirw a geifr dynnu ymaith bechodau.

5 Dyna pam y mae ef, wrth ddod i'r byd, yn dweud:

"Ni ddymunaist aberth ac offrwm, ond paratoaist gorff i mi.
6 Poethoffrymau ac aberth dros bechod,
nid ymhyfrydaist ynddynt.
7 Yna dywedais,
'Dyma fi wedi dod—
y mae wedi ei ysgrifennu mewn rhol llyfr amdanaf—
i wneud dy ewyllys di, O Dduw.'"

8 Y mae'n dweud, i ddechrau, "Aberthau ac offrymau, a phoethoffrymau ac aberth dros bechod, ni ddymunaist mohonynt ac nid ymhyfrydaist ynddynt." Dyma'r union bethau a offrymir yn ôl y Gyfraith. 9 Yna dywedodd, "Dyma fi wedi dod i wneud dy ewyllys di." Y mae'n diddymu'r peth cyntaf er mwyn sefydlu'r ail. 10 Yn unol â'r ewyllys honno yr ydym wedi ein sancteiddio, trwy gorff Iesu Grist sydd wedi ei offrymu un waith am byth.

11 Y mae pob offeiriad yn sefyll beunydd yn gweini, ac yn offrymu'r un aberthau dro ar ôl tro, aberthau na allant byth ddileu pechodau. 12 Ond am hwn, wedi iddo offrymu un aberth dros bechodau am byth, eisteddodd ar ddeheulaw Duw, 13 yn disgwyl bellach hyd oni osodir ei elynion yn droedfainc i'w draed. 14 Oherwydd ag un offrwm y mae wedi perffeithio am byth y rhai a sancteiddir.

15 Ac y mae'r Ysbryd Glân hefyd yn tystio wrthym; oherwydd wedi iddo ddweud:

16 "Dyma'r cyfamod a wnaf â hwy ar ôl y dyddiau hynny, medd yr Arglwydd:
rhof fy nghyfreithiau yn eu calon, ac ysgrifennaf hwy ar eu meddwl",

17 y mae'n ychwanegu:

"A'u pechodau a'u drwgweithredoedd, ni chofiaf mohonynt byth mwy."

18 Yn awr, lle y ceir maddeuant am y pethau hyn, nid oes angen offrwm dros bechod mwyach.

Nesáu a Dyfalbarhau

19 Felly, gyfeillion, gan fod gennym hyder i fynd i mewn i'r cysegr drwy waed Iesu, 20 ar hyd ffordd newydd a byw y mae ef wedi ei hagor inni drwy'r llen, hynny yw, trwy ei gnawd ef; 21 a chan fod gennym offeiriad mawr ar dŷ Dduw, 22 gadewch inni nesáu â chalon gywir, mewn llawn hyder ffydd, a'n calonnau wedi eu taenellu'n lân oddi wrth gydwybod ddrwg, a'n cyrff wedi eu golchi â dŵr glân. 23 Gadewch inni ddal yn ddiwyro at gyffes ein gobaith, oherwydd y mae'r hwn a roddodd yr addewid yn ffyddlon. 24 Gadewch inni ystyried sut y gallwn ennyn yn ein gilydd gariad a gweithredoedd da, 25 heb gefnu ar ein

cydgynulliad ein hunain, yn ôl arfer rhai, ond annog ein gilydd, ac yn fwy felly yn gymaint â'ch bod yn gweld y Dydd yn dod yn agos.

²⁶ Oherwydd os ydym yn dal i bechu'n fwriadol ar ôl inni dderbyn gwybodaeth am y gwirionedd, nid oes aberth dros bechodau i'w gael mwyach; ²⁷ dim ond rhyw ddisgwyl brawychus am farn, ac angerdd tân a fydd yn difa'r gwrthwynebwyr. ²⁸ Os bydd unrhyw un wedi diystyru Cyfraith Moses, caiff ei ladd yn ddidrugaredd ar air dau neu dri o dystion. ²⁹ Ystyriwch gymaint llymach yw'r gosb a fernir yn haeddiant i'r hwn sydd wedi mathru Mab Duw, ac wedi cyfrif yn halogedig waed y cyfamod y cafodd ei sancteiddio drwyddo, ac wedi difenwi Ysbryd grasol Duw. ³⁰ Oherwydd fe wyddom pwy a ddywedodd:

"Myfi piau dial, myfi a dalaf yn ôl";

ac eto:

"Bydd yr Arglwydd yn barnu ei bobl."

³¹ Peth dychrynllyd yw syrthio i ddwylo'r Duw byw.

³² Cofiwch y dyddiau gynt pan fu i chwi, wedi eich goleuo, sefyll yn gadarn yng ngornest fawr eich cystuddiau: ³³ weithiau, yn eich gwaradwydd a'ch cystuddiau, yn cael eich gwneud yn sioe i'r cyhoedd, ac weithiau yn gymdeithion i'r rhai oedd yn cael eu trin felly. ³⁴ Oherwydd cyd-ddioddefasoch â'r carcharorion, a derbyniasoch mewn llawenydd ysbeilio'ch meddiannau, gan wybod fod meddiant rhagorach ac arhosol yn eiddo i chwi. ³⁵ Peidiwch felly â thaflu eich hyder i ffwrdd, gan fod gwobr fawr yn perthyn iddo. ³⁶ Y mae angen dyfalbarhad arnoch i gyflawni ewyllys Duw a chymryd meddiant o'r hyn a addawyd. ³⁷ Oherwydd, yng ngeiriau'r Ysgrythur:

"Ymhen ennyd, ennyd bach,
fe ddaw yr hwn sydd i ddod, a heb oedi;

³⁸ ond fe gaiff fy un cyfiawn i fyw trwy ffydd,
ac os cilia'n ôl,
ni bydd fy enaid yn ymhyfrydu ynddo."

³⁹ Eithr nid pobl y cilio'n ôl i ddistryw ydym ni, ond pobl â ffydd sy'n mynd i feddiannu bywyd.

Ffydd

11 Yn awr, y mae ffydd yn warant o bethau y gobeithir amdanynt, ac yn sicrwydd* o bethau na ellir eu gweld. ² Trwyddi hi, yn wir, y cafodd y rhai gynt enw da.

³ Trwy ffydd yr ydym yn deall i'r bydysawd gael ei lunio gan air Duw yn y fath fodd nes bod yr hyn sy'n weledig wedi tarddu o'r hyn nad yw'n weladwy.

⁴ Trwy ffydd yr offrymodd Abel i Dduw aberth rhagorach na Cain; trwyddi hi y tystiwyd ei fod yn gyfiawn, wrth i Dduw ei hun dystio i ragoriaeth ei roddion; a thrwyddi hi hefyd y mae ef, er ei fod wedi marw, yn llefaru o hyd. ⁵ Trwy ffydd y cymerwyd Enoch ymaith fel na welai farwolaeth; ac ni chafwyd mohono, am fod Duw wedi ei gymryd. Oherwydd y mae tystiolaeth ei fod, cyn ei gymryd, wedi rhyngu bodd Duw; ⁶ ond heb ffydd y mae'n amhosibl rhyngu ei fodd ef. Oherwydd rhaid i'r sawl sy'n dod at Dduw gredu ei fod ef, a'i fod yn gwobrwyo'r rhai sy'n ei geisio. ⁷ Trwy ffydd, ac o barch i rybudd Duw am yr hyn nad oedd eto i'w weld, yr adeiladodd Noa arch i achub ei deulu; a thrwyddi hi y condemniodd y byd ac y daeth yn etifedd y cyfiawnder a ddaw o ffydd.

⁸ Trwy ffydd yr ufuddhaodd Abraham i'r alwad i fynd allan i'r lle yr oedd i'w dderbyn yn etifeddiaeth; ac fe aeth allan heb wybod i ble'r oedd yn mynd. ⁹ Trwy ffydd yr ymfudodd i wlad yr addewid fel i wlad estron, a thrigodd* mewn pebyll, fel y gwnaeth Isaac a Jacob, cydetifeddion yr un addewid. ¹⁰ Oherwydd yr oedd ef yn disgwyl am ddinas ac iddi sylfeini, a Duw yn bensaer ac yn adeiladydd iddi. ¹¹ Trwy ffydd—a Sara hithau yn ddiffrwyth—y cafodd nerth i genhedlu

---

11:1 Neu, *yn brawf.*
11:9 Neu, *yr ymgartrefodd yng ngwlad yr addewid fel mewn gwlad estron, gan drigo.*

plentyn, er cymaint ei oedran, am iddo* gyfrif yn ffyddlon yr hwn oedd wedi addo. ¹² Am hynny, felly, o un dyn, a hwnnw cystal â bod yn farw, fe gododd disgynyddion fel sêr y nef o ran eu nifer, ac fel tywod dirifedi glan y môr.

¹³ Mewn ffydd y bu farw'r rhai hyn oll, heb fod wedi derbyn yr hyn a addawyd, ond wedi ei weld a'i groesawu o bell, a chyfaddef mai dieithriaid ac ymdeithwyr oeddent ar y ddaear. ¹⁴ Y mae'r rhai sy'n llefaru fel hyn yn dangos yn eglur eu bod yn ceisio mamwlad. ¹⁵ Ac yn wir, pe buasent wedi dal i feddwl am y wlad yr oeddent wedi mynd allan ohoni, buasent wedi cael cyfle i ddychwelyd iddi. ¹⁶ Ond y gwir yw eu bod yn dyheu am wlad well, sef gwlad nefol. Dyna pam nad oes ar Dduw gywilydd ohonynt, nac o gael ei alw yn Dduw iddynt, oherwydd y mae wedi paratoi dinas iddynt.

¹⁷ Trwy ffydd, pan osodwyd prawf arno, yr offrymodd Abraham Isaac. Yr oedd yr hwn oedd wedi croesawu'r addewidion yn barod i offrymu ei unig fab, ¹⁸ er bod Duw wedi dweud wrtho, "Trwy Isaac y gelwir dy ddisgynyddion." ¹⁹ Oblegid barnodd y gallai Duw ei godi hyd yn oed oddi wrth y meirw; ac oddi wrth y meirw, yn wir, a siarad yn ffigurol, y cafodd ef yn ôl. ²⁰ Trwy ffydd y bendithiodd Isaac Jacob ac Esau ar gyfer pethau i ddod. ²¹ Trwy ffydd y bendithiodd Jacob, wrth farw, bob un o feibion Joseff, ac addoli â'i bwys ar ei ffon. ²² Trwy ffydd y soniodd Joseff, wrth farw, am exodus meibion Israel, a rhoi gorchymyn ynghylch ei esgyrn.

²³ Trwy ffydd y cuddiwyd Moses ar ei enedigaeth am dri mis gan ei rieni, oherwydd eu bod yn ei weld yn blentyn tlws. Nid oedd arnynt ofn gorchymyn y brenin. ²⁴ Trwy ffydd y gwrthododd Moses, wedi iddo dyfu i fyny, gael ei alw yn fab i ferch Pharo, ²⁵ gan ddewis goddef adfyd gyda phobl Dduw yn hytrach na chael mwynhad pechod dros dro, ²⁶ a chan ystyried gwaradwydd yr Eneiniog yn gyfoeth mwy na thrysorau'r Aifft, oherwydd yr oedd ei olwg ar y wobr. ²⁷ Trwy ffydd y gadawodd yr Aifft, heb ofni dicter y brenin, canys safodd yn gadarn, fel un yn gweld yr Anweledig. ²⁸ Trwy ffydd y cadwodd ef y Pasg, a thaenellu'r gwaed, rhag i'r Dinistrydd gyffwrdd â meibion cyntafanedig yr Israeliaid. ²⁹ Trwy ffydd yr aethant drwy'r Môr Coch fel pe ar dir sych. Pan geisiodd yr Eifftiaid wneud hynny, fe'u boddwyd. ³⁰ Trwy ffydd y syrthiodd muriau Jericho ar ôl eu hamgylchu am saith diwrnod. ³¹ Trwy ffydd, ni chafodd Rahab, y butain, ei difetha gyda'r rhai oedd wedi gwrthod credu, oherwydd iddi groesawu'r ysbiwyr yn heddychlon.

³² A beth a ddywedaf ymhellach? Fe ballai amser imi adrodd yn fanwl hanes Gideon, Barac, Samson, Jefftha, Dafydd a Samuel a'r proffwydi, ³³ y rhai drwy ffydd a oresgynnodd deyrnasoedd, a weithredodd gyfiawnder, a afaelodd yn yr addewidion, a gaeodd safnau llewod, ³⁴ a ddiffoddodd angerdd tân, a ddihangodd rhag min y cleddyf, a nerthwyd o wendid, a ddaeth yn gadarn mewn rhyfel a gyrru byddinoedd yr estron ar ffo. ³⁵ Derbyniodd gwragedd eu meirwon drwy atgyfodiad. Cafodd eraill eu harteithio, gan wrthod ymwared er mwyn cael atgyfodiad gwell. ³⁶ Cafodd eraill brofi gwatwar a fflangell, ie, cadwynau hefyd, a charchar. ³⁷ Fe'u llabyddiwyd,* fe'u torrwyd â llif, fe'u rhoddwyd i farwolaeth â min y cledd; crwydrasant yma ac acw mewn crwyn defaid, mewn crwyn geifr, yn anghenus, dan orthrwm a chamdriniaeth, ³⁸ rhai nad oedd y byd yn deilwng ohonynt, yn crwydro mewn tiroedd diffaith a mynyddoedd, ac yn cuddio mewn ogofeydd a thyllau yn y ddaear.

³⁹ A'r rhai hyn oll, er iddynt dderbyn enw da trwy eu ffydd, ni chawsant feddiannu'r hyn a addawyd, ⁴⁰ am fod Duw wedi rhagweld rhywbeth gwell ar ein cyfer ni, fel nad ydynt hwy i gael eu perffeithio hebom ni.

11:11 Yn ôl darlleniad arall, *Trwy ffydd y cafodd Sara hithau nerth i feichiogi, er cymaint ei hoedran, am iddi.*

11:37 Yn ôl darlleniad arall, *Fe'u llabyddiwyd, fe'u profwyd.*

Yr Arglwydd yn Disgyblu

12 Am hynny, gan fod cymaint torf o dystion o'n cwmpas, gadewch i ninnau fwrw ymaith bob rhwystr, a'r pechod sy'n ein maglu mor rhwydd,* a rhedeg yr yrfa sydd o'n blaen heb ddiffygio, ² gan gadw ein golwg ar Iesu, awdur a pherffeithydd ffydd. Er mwyn y llawenydd oedd o'i flaen, fe oddefodd ef y groes heb ddiffygio, gan ddiystyru gwarth, ac y mae wedi eistedd ar ddeheulaw gorseddfainc Duw. ³ Meddyliwch amdano ef, a oddefodd y fath elyniaeth ato'i hun gan bechaduriaid, rhag i chwi flino na digalonni.

⁴ Hyd yma, nid ydych wedi gwrthwynebu hyd at waed yn y frwydr yn erbyn pechod, ⁵ ac yr ydych wedi anghofio'r anogaeth sy'n eich annerch fel plant:

"Fy mhlentyn, paid â dirmygu
   disgyblaeth yr Arglwydd,
a phaid â digalonni pan gei dy
   geryddu ganddo;
⁶ oherwydd y mae'r Arglwydd yn
   disgyblu'r sawl y mae'n ei garu,
ac yn fflangellu pob un y mae'n ei
   arddel."

⁷ Goddefwch y cwbl er mwyn disgyblaeth; y mae Duw yn eich trin fel meibion. Canys pa fab sydd nad yw ei dad yn ei ddisgyblu? ⁸ Ac os ydych heb y ddisgyblaeth y mae pob un yn gyfrannog ohoni, yna bastardiaid ydych, ac nid plant cyfreithlon. ⁹ Mwy na hynny, yr oedd gennym rieni daearol i'n disgyblu, ac yr oeddem yn eu parchu hwy. Oni ddylem, yn fwy o lawer, ymddarostwng i'n Tad ysbrydol, a chael byw? ¹⁰ Yr oedd ein tadau yn disgyblu am gyfnod byr, fel yr oeddent hwy'n gweld yn dda; ond y mae ef yn gwneud hynny er ein lles, er mwyn inni allu cyfranogi o'i sancteiddrwydd ef. ¹¹ Nid yw unrhyw ddisgyblaeth, yn wir, ar y pryd yn ymddangos yn bleserus, ond yn hytrach yn boenus; ond yn nes ymlaen, y mae'n dwyn heddychol gynhaeaf cyfiawnder i'r rhai sydd wedi eu hyfforddi ganddi.

¹² Felly, cryfhewch y dwylo llesg a'r gliniau gwan, ¹³ a gwnewch lwybrau union i'ch traed, rhag i'r aelod cloff gael ei ddatgymalu, ond yn hytrach gael ei wneud yn iach.

Rhybudd rhag Gwrthod Gras Duw

¹⁴ Ceisiwch heddwch â phawb, a'r bywyd sanctaidd hwnnw nad oes modd i neb weld yr Arglwydd hebddo. ¹⁵ Cymerwch ofal na chaiff neb syrthio'n ôl oddi wrth ras Duw, rhag i ryw wreiddyn chwerw dyfu i'ch blino, ac i lawer gael eu llygru ganddo. ¹⁶ Na foed yn eich plith unrhyw un sy'n anfoesol, neu'n halogedig fel Esau, a werthodd ei freintiau fel etifedd am bryd o fwyd. ¹⁷ Oherwydd fe wyddoch iddo ef, pan ddymunodd wedi hynny etifeddu'r fendith, gael ei wrthod, oherwydd ni chafodd gyfle i edifarhau, er iddo grefu am hynny â dagrau.

¹⁸ Oherwydd nid ydych chwi wedi dod at ddim* y gellir ei gyffwrdd, at dân sydd yn llosgi, at gaddug a thywyllwch a thymestl, ¹⁹ at floedd utgorn, a llef yn rhoi gorchymyn nes i'r rhai a'i clywodd ymbil am i'r llefaru beidio, ²⁰ am na allent oddef y gorchymyn: "Os bydd anifail, hyd yn oed, yn cyffwrdd â'r mynydd, rhaid ei labyddio." ²¹ A chan mor ofnadwy oedd yr olygfa, dywedodd Moses, "Y mae arnaf arswyd a chryndod." ²² Ond at Fynydd Seion yr ydych chwi wedi dod, ac i ddinas y Duw byw, y Jerwsalem nefol; ac at fyrddiynau o angylion ²³ yn cadw gŵyl, a chynulleidfa y rhai cyntafanedig sydd â'u henwau'n ysgrifenedig yn y nefoedd; ac at Dduw, Barnwr pawb, ac at ysbrydoedd y rhai cyfiawn sydd wedi eu perffeithio, ac at Iesu, ²⁴ cyfryngwr y cyfamod newydd, ac at waed y taenellu, sydd yn llefaru'n gryfach na gwaed Abel.

²⁵ Gwyliwch beidio â gwrthod yr hwn sydd yn llefaru, oherwydd os na ddihangodd y rhai a wrthododd yr hwn oedd yn eu rhybuddio ar y ddaear, mwy o lawer ni bydd dianc i ni os byddwn yn

---

12:1 Neu, *sy'n glynu mor dynn wrthym.* Yn ôl darlleniad arall, *sy'n tynnu'n sylw mor rhwydd.*

12:18 Yn ôl darlleniad arall, *at fynydd.*

troi oddi wrth yr hwn sy'n ein rhybuddio o'r nefoedd. [26] Siglodd ei lais y ddaear y pryd hwnnw, ond yn awr y mae wedi addo, "Unwaith eto yr wyf fi am ysgwyd, nid yn unig y ddaear ond y nefoedd hefyd." [27] Ond y mae'r geiriau, "Unwaith eto", yn dynodi bod y pethau a siglir, fel pethau wedi eu creu, i gael eu symud, er mwyn i'r pethau na siglir aros. [28] Felly, gan ein bod yn derbyn teyrnas ddi-sigl, gadewch inni fod yn ddiolchgar, a thrwy hynny* wasanaethu Duw wrth ei fodd, â pharch ac ofn duwiol. [29] Oherwydd yn wir, tân yn ysu yw ein Duw ni.

Gwasanaeth Cymeradwy gan Dduw

13 Bydded i frawdgarwch barhau. [2] Peidiwch ag anghofio lletygarwch, oherwydd trwyddo y mae rhai, heb wybod hynny, wedi rhoi llety i angylion. [3] Cofiwch y carcharorion, fel pe byddech yn y carchar gyda hwy; a'r rhai a gamdrinnir, fel pobl sydd â chyrff gennych eich hunain. [4] Bydded priodas mewn parch gan bawb, a'r gwely yn ddihalog; oherwydd bydd Duw yn barnu puteinwyr a godinebwyr. [5] Byddwch yn ddiariangar yn eich dull o fyw; byddwch yn fodlon ar yr hyn sydd gennych. Oherwydd y mae ef wedi dweud, "Ni'th adawaf fyth, ac ni chefnaf arnat ddim." [6] Am hynny dywedwn ninnau'n hyderus:

"Yr Arglwydd yw fy nghynorthwywr,
 ac nid ofnaf;
beth a wna pobl i mi?"

[7] Cadwch mewn cof eich arweinwyr, y rhai a lefarodd air Duw wrthych; myfyriwch ar ganlyniad eu buchedd, ac efelychwch eu ffydd. [8] Iesu Grist, yr un ydyw ddoe a heddiw ac am byth. [9] Peidiwch â chymryd eich camarwain gan athrawiaethau amrywiol a dieithr; oherwydd da yw i'r galon gael ei chadarnhau gan ras, ac nid gan fwydydd na fuont o unrhyw les i'r rhai oedd yn ymwneud â hwy. [10] Y mae gennym ni allor nad oes gan wasanaethwyr y tabernacl ddim hawl i fwyta ohoni. [11] Y mae cyrff yr anifeiliaid hynny, y dygir eu gwaed dros bechod i'r cysegr gan yr archoffeiriad, yn cael eu llosgi y tu allan i'r gwersyll. [12] Felly Iesu hefyd, dioddef y tu allan i'r porth a wnaeth ef, er mwyn sancteiddio'r bobl trwy ei waed ei hun. [13] Am hynny, gadewch inni fynd ato ef y tu allan i'r gwersyll, gan oddef y gwaradwydd a oddefodd ef. [14] Oherwydd nid oes dinas barhaus gennym yma; ceisio yr ydym, yn hytrach, y ddinas sydd i ddod. [15] Gadewch inni, felly, drwyddo ef offrymu aberth moliant yn wastadol i Dduw; hynny yw, ffrwyth gwefusau sy'n cyffesu ei enw. [16] Peidiwch ag anghofio gwneud daioni a rhannu ag eraill; oherwydd ag aberthau fel hyn y rhyngir bodd Duw.

[17] Ufuddhewch i'ch arweinwyr, ac ildiwch iddynt, oherwydd y maent hwy'n gwylio'n ddiorffwys dros eich eneidiau, fel rhai sydd i roi cyfrif. Gadewch iddynt allu gwneud hynny'n llawen, ac nid yn ofidus, oherwydd di-fudd i chwi fyddai hynny.

[18] Gweddïwch drosom ni; oherwydd yr ydym yn sicr fod gennym gydwybod lân, am ein bod yn dymuno ymddwyn yn iawn ym mhob peth. [19] Yr wyf yn erfyn yn daerach arnoch i wneud hyn, er mwyn imi gael fy adfer i chwi yn gynt.

Bendith, a Chyfarchion Terfynol

[20] Bydded i Dduw tangnefedd, yr hwn a ddug yn ôl oddi wrth y meirw ein Harglwydd Iesu, Bugail mawr y defaid, trwy waed y cyfamod tragwyddol, [21] eich cymhwyso â phob daioni, er mwyn ichwi wneud ei ewyllys ef; a bydded iddo lunio ynom yr hyn sydd gymeradwy ganddo, trwy Iesu Grist, i'r hwn y byddo'r gogoniant byth bythoedd! Amen.

[22] Yr wyf yn deisyf arnoch chwi, gyfeillion, oddef y gair hwn o anogaeth, oblegid yn fyr yr ysgrifennais atoch. [23] Y newydd yw fod ein brawd Timotheus wedi ei ryddhau, ac os daw mewn pryd, caf eich gweld gydag ef.

[24] Cyfarchwch eich holl arweinwyr, a'r holl saint. Y mae'r cyfeillion o'r Eidal yn eich cyfarch. [25] Gras fyddo gyda chwi oll!

12:28 Neu, *ddi-sigl, bydded gennym ras, a thrwyddo*.

LLYTHYR IAGO

Cyfarch

1 Iago, gwas Duw a'r Arglwydd Iesu Grist, at y deuddeg llwyth sydd ar wasgar, cyfarchion.

Ffydd a Doethineb

² Fy nghyfeillion, cyfrifwch hi'n llawenydd pur pan syrthiwch i amrywiol brofedigaethau, ³ gan wybod fod y prawf ar eich ffydd yn magu dyfalbarhad. ⁴ A gadewch i ddyfalbarhad gyflawni ei waith, er mwyn ichwi fod yn berffaith a chyflawn, heb fod yn ddiffygiol mewn dim. ⁵ Ac os oes un ohonoch yn ddiffygiol mewn doethineb, gofynned gan Dduw, ac fe'i rhoddir iddo, oherwydd y mae Duw yn rhoi i bawb yn hael a heb ddannod. ⁶ Ond gofynned mewn ffydd, heb amau, gan fod y sawl sy'n amau yn debyg i don y môr, sy'n cael ei chwythu a'i chwalu gan y gwynt. ⁷⁻⁸ Nid yw hwnnw—ac yntau rhwng dau feddwl, yn ansicr yn ei holl ffyrdd—i dybio y caiff ddim gan yr Arglwydd.

Tlodi a Chyfoeth

⁹ Dylai'r credadun distadl ymfalchïo pan ddyrchefir ef, ¹⁰ ond yr un cyfoethog ymfalchïo pan ddarostyngir ef, oherwydd diflannu a wna hwnnw fel blodeuyn y maes. ¹¹ Bydd yr haul yn codi yn ei wres tanbaid, a bydd y glaswellt yn crino, ei flodeuyn yn syrthio, a thlysni ei wedd yn darfod. Felly hefyd y diflanna'r cyfoethog yng nghanol ei holl fynd a dod.

Prawf a Themtasiwn

¹² Gwyn ei fyd y sawl sy'n dal ei dir mewn temtasiwn, oherwydd ar ôl iddo fynd trwy'r prawf fe gaiff, yn goron, y bywyd a addawodd yr Arglwydd* i'r rhai sydd yn ei garu ef. ¹³ Ni ddylai neb sy'n cael ei demtio ddweud, "Oddi wrth Dduw y daw fy nhemtasiwn"; oherwydd ni ellir temtio Duw gan ddrygioni, ac nid yw ef ei hun yn temtio neb. ¹⁴ Yn wir, pan yw rhywun yn cael ei demtio, ei chwant ei hun sydd yn ei dynnu ar gyfeiliorn ac yn ei hudo. ¹⁵ Yna, y mae chwant yn beichiogi ac yn esgor ar bechod, ac y mae pechod, ar ôl cyrraedd ei lawn dwf, yn cenhedlu marwolaeth.

¹⁶ Peidiwch â chymryd eich camarwain, fy nghyfeillion annwyl. ¹⁷ Oddi uchod y daw pob rhoi da a phob rhodd berffaith. Disgyn y maent oddi wrth Dad goleuadau'r nef; ac iddo ef ni pherthyn na chyfnewid na chysgod troadau'r rhod. ¹⁸ O'i fwriad ei hun y cenhedlodd ef ni trwy air y gwirionedd, er mwyn inni fod yn fath o flaenffrwyth o'i greaduriaid.

Gwrando a Gweithredu'r Gair

¹⁹ Ystyriwch, fy nghyfeillion annwyl. Rhaid i bob un fod yn gyflym i wrando, ond yn araf i lefaru, ac yn araf i ddigio, ²⁰ oherwydd nid yw dicter dynol yn hyrwyddo cyfiawnder Duw. ²¹ Ymaith gan hynny â phob aflendid, ac ymaith â'r drygioni sydd ar gynnydd, a derbyniwch yn wylaidd y gair hwnnw a blannwyd ynoch, ac sy'n abl i achub eich eneidiau.

²² Byddwch yn weithredwyr y gair, nid yn wrandawyr yn unig, gan eich twyllo eich hunain. ²³ Oherwydd os yw rhywun yn wrandawr y gair, ac nid yn weithredwr, y mae'n debyg i un yn gweld mewn drych yr wyneb a gafodd; ²⁴ fe'i gwelodd ei hun, ac yna, wedi iddo fynd i ffwrdd, anghofiodd ar unwaith pa fath un ydoedd. ²⁵ Ond am y sawl a roes sylw dyfal i berffaith gyfraith rhyddid ac a ddaliodd ati, a dod yn weithredwr ei gofynion, ac nid yn wrandawr anghofus, bydd hwnnw yn ddedwydd yn ei weithredoedd.

²⁶ Os yw rhywun yn tybio ei fod yn grefyddol, ac yntau'n methu ffrwyno'i dafod, ac yn wir yn twyllo'i galon ei hun, yna ofer yw crefydd hwnnw. ²⁷ Dyma'r grefydd sy'n bur a dilychwin yng ngolwg

---

1:12 Yn ôl darlleniad arall, *addawodd Duw*. Yn ôl un arall, *addawodd*.

Duw ein Tad: bod rhywun yn gofalu am yr amddifad a'r gweddwon yn eu cyfyngder, ac yn ei gadw ei hun heb ei ddifwyno gan y byd.

Rhybudd rhag Dangos Ffafriaeth

2 Fy nghyfeillion, fel rhai sydd â ffydd yn ein Harglwydd Iesu Grist, Arglwydd y gogoniant, peidiwch â rhoi lle i ffafriaeth. ² Bwriwch fod dyn â modrwy aur a dillad crand yn dod i'r cwrdd, a bod dyn tlawd mewn dillad carpiog yn dod hefyd. ³ A bwriwch eich bod chwi'n talu sylw i'r un sy'n gwisgo dillad crand, ac yn dweud wrtho ef, "Eisteddwch yma, os gwelwch yn dda"; ond eich bod yn dweud wrth y dyn tlawd, "Saf di fan draw, neu eistedd* wrth fy nhroedfainc." ⁴ Onid ydych yn anghyson eich agwedd ac yn llygredig eich barn?

⁵ Clywch, fy nghyfeillion annwyl. Oni ddewisodd Duw y rhai sy'n dlawd yng ngolwg y byd i fod yn gyfoethog mewn ffydd ac yn etifeddion y deyrnas a addawodd ef i'r rhai sydd yn ei garu? ⁶ Eto rhoesoch chwi anfri ar y dyn tlawd. Onid y cyfoethogion sydd yn eich gormesu chwi, ac onid hwy sydd yn eich llusgo i'r llysoedd? ⁷ Onid hwy sydd yn cablu'r enw glân a alwyd arnoch? ⁸ Wrth gwrs, os cyflawni gofynion y Gyfraith frenhinol yr ydych, yn unol â'r Ysgrythur, "Câr dy gymydog fel ti dy hun", yr ydych yn gwneud yn ardderchog. ⁹ Ond os ydych yn dangos ffafriaeth, cyflawni pechod yr ydych, ac yng ngoleuni'r Gyfraith yr ydych yn droseddwyr. ¹⁰ Y mae pwy bynnag a gadwodd holl ofynion y Gyfraith, ond a lithrodd ar un peth, yn euog o dorri'r cwbl. ¹¹ Oherwydd y mae'r un a ddywedodd, "Na odineba", wedi dweud hefyd, "Na ladd". Os nad wyt yn godinebu, ond eto yn lladd, yr wyt yn droseddwr yn erbyn y Gyfraith. ¹² Llefarwch a gweithredwch fel rhai sydd i'w barnu dan gyfraith rhyddid. ¹³ Didrugaredd fydd y farn honno i'r sawl na ddangosodd drugaredd. Trech trugaredd na barn.

Ffydd Heb Weithredoedd yn Farw

¹⁴ Fy nghyfeillion, pa les yw i rywun ddweud fod ganddo ffydd, ac yntau heb weithredoedd? A all y ffydd honno ei achub? ¹⁵ Os yw brawd neu chwaer yn garpiog ac yn brin o fara beunyddiol, ¹⁶ ac un ohonoch yn dweud wrthynt, "Ewch, a phob bendith ichwi; cadwch yn gynnes a mynnwch ddigon o fwyd", ond heb roi dim iddynt ar gyfer rheidiau'r corff, pa les ydyw? ¹⁷ Felly hefyd y mae ffydd ar ei phen ei hun, os nad oes ganddi weithredoedd, yn farw.

¹⁸ Ond efallai y bydd rhywun yn dweud, "Ffydd sydd gennyt ti, gweithredoedd sydd gennyf fi." O'r gorau, dangos i mi dy ffydd di heb weithredoedd, ac fe ddangosaf finnau i ti fy ffydd i trwy weithredoedd. ¹⁹ Yr wyt ti'n credu bod Duw yn un.* Da iawn! Y mae'r cythreuliaid hefyd yn credu hynny, ac yn crynu. ²⁰ Y ffŵl, a oes rhaid dy argyhoeddi mai diwerth yw ffydd heb weithredoedd? ²¹ Onid trwy ei weithredoedd y cyfiawnhawyd Abraham, ein tad, pan offrymodd ef Isaac, ei fab, ar yr allor? ²² Y mae'n eglur iti mai cydweithio â'i weithredoedd yr oedd ei ffydd, ac mai trwy'r gweithredoedd y cafodd ei ffydd ei mynegi'n berffaith. ²³ Felly cyflawnwyd yr Ysgrythur sy'n dweud, "Credodd Abraham yn Nuw, ac fe'i cyfrifwyd iddo yn gyfiawnder"; a galwyd ef yn gyfaill Duw. ²⁴ Fe welwch felly mai trwy weithredoedd y mae rhywun yn cael ei gyfiawnhau, ac nid trwy ffydd yn unig. ²⁵ Yn yr un modd hefyd, onid trwy weithredoedd y cyfiawnhawyd Rahab, y butain, pan dderbyniodd hi'r negeswyr a'u hanfon i ffwrdd ar hyd ffordd arall? ²⁶ Fel y mae'r corff heb anadl yn farw, felly hefyd y mae ffydd heb weithredoedd yn farw.

2:3 Yn ôl darlleniad arall, *Saf di ar dy draed, neu eistedd fan draw.*

2:19 Neu, *A wyt ti'n credu bod Duw yn un?* Yn ôl darlleniad arall, *Yr wyt* (neu, *A wyt*) *ti'n credu mai un Duw sydd.*

Y Tafod

3 Fy nghyfeillion, peidiwch â thyrru i fod yn athrawon, oherwydd fe wyddoch y byddwn ni'r athrawon yn cael ein barnu'n llymach. ² Oherwydd y mae mynych lithriad yn hanes pawb ohonom. Os gall rhywun ymgadw rhag llithro yn ei ymadrodd, dyma un perffaith, â'r gallu ganddo i ffrwyno ei holl gorff hefyd. ³ Yr ydym yn rhoi'r ffrwyn yng ngenau'r march i'w wneud yn ufudd inni, ac yna gallwn droi ei gorff cyfan. ⁴ A llongau yr un modd; hyd yn oed os ydynt yn llongau mawr, ac yn cael eu gyrru gan wyntoedd geirwon, gellir eu troi â llyw bychan iawn i ba gyfeiriad bynnag y mae'r peilot yn ei ddymuno. ⁵ Felly hefyd y mae'r tafod; aelod bychan ydyw, ond y mae'n honni pethau mawr.

Ystyriwch fel y mae gwreichionen fechan yn gallu rhoi coedwig fawr ar dân. ⁶ A thân yw'r tafod; byd o anghyfiawnder ydyw, wedi ei osod ymhlith ein haelodau, yn halogi'r corff i gyd, ac yn rhoi holl gylch ein bodolaeth ar dân wrth iddo ef ei hun gael ei roi ar dân gan uffern. ⁷ Y mae'r hil ddynol yn gallu rheoli pob math o anifeiliaid ac adar, o ymlusgiaid a physgod; yn wir, y mae wedi eu rheoli. ⁸ Ond nid oes neb sy'n gallu rheoli'r tafod. Drwg diorffwys yw, yn llawn o wenwyn marwol. ⁹ Â'r tafod yr ydym yn bendithio'r Arglwydd a'r Tad; â'r tafod hefyd yr ydym yn melltithio'r rhai a luniwyd ar ddelw Duw. ¹⁰ O'r un genau y mae bendith a melltith yn dod. Fy nghyfeillion, nid felly y mae pethau i fod. ¹¹ A welir dŵr peraidd a dŵr chwerw yn tarddu o lygad yr un ffynnon? ¹² A yw'r pren ffigys, fy nghyfeillion, yn gallu dwyn olifiaid, neu'r winwydden ffigys? Nac ydyw, ac ni ddaw dŵr peraidd o ddŵr hallt chwaith.

Y Ddoethineb sydd Oddi Uchod

¹³ Pwy sy'n ddoeth a deallus yn eich plith? Gadewch i hwnnw, trwy ei ymarweddiad da, ddangos ei weithredoedd mewn gwyleidd-dra sy'n dod o ddoethineb. ¹⁴ Ond os ydych yn coleddu eiddigedd chwerw ac uchelgais hunanol yn eich calon, peidiwch ag ymffrostio a dweud celwydd yn erbyn y gwirionedd. ¹⁵ Nid dyma'r ddoethineb sy'n disgyn oddi uchod; peth daearol yw, peth bydol a chythreulig. ¹⁶ Oherwydd lle bynnag y mae cenfigen ac uchelgais hunanol, yno hefyd y mae anhrefn a phob gweithred ddrwg. ¹⁷ Ond am y ddoethineb sydd oddi uchod, y mae hon yn y lle cyntaf yn bur, ac yna'n heddychol, yn dirion, yn hawdd ymwneud â hi, yn llawn o drugaredd a'i ffrwythau daionus, yn ddiragfarn ac yn ddiragrith. ¹⁸ Y mae cynhaeaf cyfiawnder yn cael ei hau mewn heddwch i'r rhai sy'n gwneud heddwch.

Cyfeillgarwch â'r Byd

4 O ble y daeth ymrafaelion a chwerylon yn eich plith? Onid o'r chwantau sy'n milwrio yn eich aelodau? ² Yr ydych yn chwennych ac yn methu cael; yr ydych yn llofruddio ac eiddigeddu ac yn methu meddiannu; yr ydych yn ymladd a rhyfela. Nid ydych yn cael am nad ydych yn gofyn. ³ A phan fyddwch yn gofyn, nid ydych yn derbyn, a hynny am eich bod yn gofyn ar gam, â'ch bryd ar wario yr hyn a gewch ar eich pleserau. ⁴ Chwi rai anffyddlon, oni wyddoch fod cyfeillgarwch â'r byd yn elyniaeth tuag at Dduw? Y mae unrhyw un sy'n mynnu bod yn gyfaill i'r byd yn ei wneud ei hun yn elyn i Dduw. ⁵ Neu a ydych yn tybio nad oes ystyr i'r Ysgrythur sy'n dweud, "Y mae Duw'n dyheu hyd at eiddigedd am yr ysbryd a osododd i drigo ynom."* ⁶ A gras mwy y mae ef yn ei roi. Oherwydd y mae'r Ysgrythur yn dweud:

> "Y mae Duw'n gwrthwynebu'r
>   beilchion,
> ond i'r gostyngedig y mae'n rhoi
>   gras."

⁷ Felly, ymddarostyngwch i Dduw. Gwrthsafwch y diafol, ac fe ffy oddi wrthych. ⁸ Nesewch at Dduw, ac fe nesâ ef atoch chwi. Glanhewch eich dwylo, chwi bechaduriaid, a phurwch eich calonnau, chwi bobl ddau feddwl. ⁹ Tristewch a galarwch ac wylwch. Bydded i'ch chwerthin droi'n alar a'ch

---

4:5 Neu, *"Dyheu hyd at eiddigedd y mae'r Ysbryd a osododd Duw i drigo ynom."*

llawenydd yn brudd-der. ¹⁰ Ymostyngwch o flaen yr Arglwydd, a bydd ef yn eich dyrchafu chwi.

Barnu Brawd

¹¹ Peidiwch â dilorni eich gilydd, gyfeillion; y mae'r sawl sy'n dilorni rhywun arall, neu'n ei farnu, yn dilorni'r Gyfraith ac yn barnu'r Gyfraith. Ac os wyt ti yn barnu'r Gyfraith, yna nid gwneuthurwr y Gyfraith mohonot, ond ei barnwr hi. ¹² Nid oes ond un deddfroddwr a barnwr, sef yr un sy'n abl i achub a dinistrio. Pwy wyt ti i eistedd mewn barn ar dy gymydog?

Rhybudd rhag Ymffrostio

¹³ Clywch yn awr, chwi sy'n dweud, "Heddiw neu yfory, byddwn yn mynd i'r ddinas a'r ddinas, ac fe dreuliwn flwyddyn yno yn marchnata ac yn gwneud arian." ¹⁴ Nid oes gan rai fel chwi ddim syniad sut y bydd hi ar eich bywyd yfory. Nid ydych ond tarth, sy'n cael ei weld am ychydig, ac yna'n diflannu. ¹⁵ Dylech ddweud, yn hytrach, "Os yr Arglwydd a'i myn, byddwn yn fyw ac fe wnawn hyn neu'r llall." ¹⁶ Ond yn lle hynny, ymffrostio yr ydych yn eich honiadau balch. Y mae pob ymffrost o'r fath yn ddrwg. ¹⁷ Ac felly, pechod yw i rywun beidio â gwneud y daioni y mae'n gwybod y dylai ei wneud.

Rhybudd i'r Cyfoethog

5 Ac yn awr, chwi'r cyfoethogion, wylwch ac udwch o achos y trallodion sydd yn dod arnoch. ² Y mae eich golud wedi pydru, ac y mae'r gwyfyn wedi difa eich dillad. ³ Y mae eich aur a'ch arian wedi rhydu, a bydd eu rhwd yn dystiolaeth yn eich erbyn, ac yn bwyta eich cnawd fel tân. Casglu cyfoeth a wnaethoch yn y dyddiau olaf. ⁴ Clywch! Y mae'r cyflogau na thalasoch i'r gweithwyr a fedodd eich meysydd yn gweiddi allan; ac y mae llefain y medelwyr yng nghlustiau Arglwydd y Lluoedd. ⁵ Buoch yn byw yn foethus a glwth ar y ddaear; buoch yn eich pesgi'ch hunain ar gyfer dydd y lladdfa. ⁶ Yr ydych wedi condemnio a lladd y cyfiawn, heb iddo yntau eich gwrthsefyll.

Amynedd a Gweddi

⁷ Byddwch yn amyneddgar, gyfeillion, hyd ddyfodiad yr Arglwydd. Gwelwch fel y mae'r ffermwr yn aros am gynnyrch gwerthfawr y ddaear, yn fawr ei amynedd amdano nes i'r ddaear dderbyn y glaw cynnar a diweddar. ⁸ Byddwch chwithau hefyd yn amyneddgar, a'ch cadw eich hunain yn gadarn, oherwydd y mae dyfodiad yr Arglwydd wedi dod yn agos. ⁹ Peidiwch ag achwyn ar eich gilydd, fy nghyfeillion, rhag ichwi gael eich barnu. Gwelwch, y mae'r Barnwr yn sefyll wrth y drws. ¹⁰ Ystyriwch, gyfeillion, fel esiampl o rai'n dioddef yn amyneddgar, y proffwydi a lefarodd yn enw'r Arglwydd. ¹¹ Ac yr ydym yn dweud mai gwyn eu byd y rhai a ddaliodd eu tir. Clywsoch am ddyfalbarhad Job, a gwelsoch y diwedd a gafodd ef gan yr Arglwydd; y mae'r Arglwydd mor dosturiol a thrugarog.

¹² Ond yn anad dim, fy nghyfeillion, peidiwch â thyngu llw wrth y nef, nac wrth y ddaear, nac wrth ddim arall chwaith. I'r gwrthwyneb, bydded eich "ie" yn "ie" yn unig, a'ch "nage" yn "nage" yn unig, rhag ichwi syrthio dan farn.

¹³ A oes rhywun yn eich plith mewn adfyd? Dylai weddïo. A oes rhywun yn llawen? Dylai ganu mawl. ¹⁴ A oes rhywun yn glaf yn eich plith? Galwed ato henuriaid yr eglwys, i weddïo trosto a'i eneinio ag olew yn enw yr Arglwydd. ¹⁵ Bydd gweddi a offrymir mewn ffydd yn iacháu y sawl sy'n glaf, a bydd yr Arglwydd yn ei godi ar ei draed; ac os yw wedi pechu, fe gaiff faddeuant. ¹⁶ Felly, cyffeswch eich pechodau i'ch gilydd, a gweddïwch dros eich gilydd, er mwyn ichwi gael iachâd. Peth grymus iawn ac effeithiol yw gweddi y cyfiawn. ¹⁷ Yr oedd Elias yn ddyn o'r un anian â ninnau, ac fe weddïodd ef yn daer am iddi beidio â glawio; ac ni lawiodd ar y ddaear am dair blynedd a chwe mis. ¹⁸ Yna gweddïodd eilwaith, a dyma'r nefoedd yn arllwys ei glaw, a'r ddaear yn dwyn ei ffrwyth.

¹⁹ Fy nghyfeillion, os digwydd i un ohonoch wyro oddi wrth y gwirionedd, ac i un arall ei droi'n ôl, ²⁰ boed iddo wybod hyn: bydd y sawl a drodd y pechadur o gyfeiliorni ei ffordd yn achub ei enaid rhag angau, ac yn dileu lliaws o bechodau.

LLYTHYR CYNTAF

PEDR

Cyfarch

1 Pedr, apostol Iesu Grist, at y dieithriaid sydd ar wasgar yn Pontus, Galatia, Capadocia, Asia a Bithynia, ² sy'n etholedigion yn ôl rhagwybodaeth Duw y Tad, trwy waith sancteiddiol yr Ysbryd, i fod yn ufudd i Iesu Grist ac i'w taenellu â'i waed ef. Gras a thangnefedd a amlhaer i chwi!

Gobaith Bywiol

³ Bendigedig fyddo Duw a Thad ein Harglwydd Iesu Grist! O'i fawr drugaredd, fe barodd ef ein geni ni o'r newydd i obaith bywiol trwy atgyfodiad Iesu Grist oddi wrth y meirw, ⁴ i etifeddiaeth na ellir na'i difrodi, na'i difwyno, na'i difa. Saif hon ynghadw yn y nefoedd i chwi, ⁵ chwi sydd trwy ffydd dan warchod gallu Duw hyd nes y daw iachawdwriaeth, yr iachawdwriaeth sydd yn barod i'w datguddio yn yr amser diwethaf. ⁶ Yn wyneb hyn yr ydych yn gorfoleddu, er eich bod, fe ddichon, yn awr yn profi blinder dros dro dan amrywiol brofedigaethau. ⁷ Y mae hyn wedi digwydd er mwyn i ddilysrwydd eich ffydd chwi, sy'n fwy gwerthfawr na'r aur sy'n darfod—ac y mae hwnnw'n cael ei brofi trwy dân—gael ei amlygu er mawl a gogoniant ac anrhydedd pan ddatguddir Iesu Grist. ⁸ Yr ydych yn ei garu ef, er na welsoch mohono; ac am eich bod yn awr yn credu ynddo heb ei weld, yr ydych yn gorfoleddu â llawenydd anhraethadwy a gogoneddus ⁹ wrth ichwi fedi ffrwyth eich ffydd, sef iachawdwriaeth eich eneidiau.

¹⁰ Iachawdwriaeth yw hon y bu ymofyn ac ymorol dyfal amdani gan y proffwydi a broffwydodd am y gras oedd i ddod i chwi. ¹¹ Holi yr oeddent at ba amser neu amgylchiadau yr oedd Ysbryd Crist o'u mewn yn cyfeirio, wrth dystiolaethu ymlaen llaw i'r dioddefiadau oedd i ddod i ran Crist, ac i'w canlyniadau gogoneddus. ¹² Datguddiwyd i'r proffwydi hyn nad arnynt eu hunain ond arnoch chwi yr oeddent yn gweini wrth sôn am y pethau sydd yn awr wedi eu cyhoeddi i chwi gan y rhai a bregethodd yr Efengyl i chwi drwy nerth yr Ysbryd Glân, a anfonwyd o'r nef. Pethau yw'r rhain y mae angylion yn chwenychu edrych arnynt.

Galwad i Fuchedd Sanctaidd

¹³ Gan hynny, rhowch fin ar* eich meddwl, ymddisgyblwch, a gosodwch eich gobaith yn gyfan gwbl ar y gras sy'n cael ei ddwyn atoch pan ddatguddir Iesu Grist. ¹⁴ Fel plant ufudd, peidiwch â chydymffurfio â'r chwantau y buoch yn eu dilyn gynt yn eich anwybodaeth; ¹⁵ eithr fel yr Un Sanctaidd a'ch galwodd chwi, byddwch chwithau yn sanctaidd yn eich holl ymarweddiad. ¹⁶ Oherwydd y mae'n ysgrifenedig, "Byddwch sanctaidd, oherwydd yr wyf fi yn sanctaidd."

1:13 Neu, *gwregyswch lwynau.*

¹⁷ Ac os fel Tad yr ydych yn galw ar yr hwn sydd yn barnu'n ddidderbynwyneb yn ôl gwaith pob un, ymddygwch mewn parchedig ofn dros amser eich alltudiaeth. ¹⁸ Gwyddoch nad â phethau llygradwy, arian neu aur, y prynwyd ichwi ryddid oddi wrth yr ymarweddiad ofer a etifeddwyd gennych, ¹⁹ ond â gwaed gwerthfawr Un oedd fel oen di-fai a di-nam, sef Crist. ²⁰ Yr oedd Duw wedi ei ddewis cyn seilio'r byd, ac amlygwyd ef yn niwedd yr amserau er eich mwyn chwi ²¹ sydd drwyddo ef yn credu yn Nuw, yr hwn a'i cyfododd ef oddi wrth y meirw ac a roes iddo ogoniant, fel y byddai eich ffydd a'ch gobaith chwi yn Nuw.

²² Gan eich bod, trwy eich ufudd-dod i'r gwirionedd, wedi puro eich eneidiau nes ennyn brawdgarwch diragrith, carwch eich gilydd o galon bur yn angerddol. ²³ Yr ydych wedi eich geni o'r newydd, nid o had llygradwy, ond anllygradwy, trwy air Duw, sydd yn fyw ac yn aros. ²⁴ Oherwydd, yng ngeiriau'r Ysgrythur:

"Y mae pob un meidrol fel glaswellt,
a'i holl ogoniant fel blodeuyn y maes.
Y mae'r glaswellt yn crino,
a'r blodeuyn yn syrthio,
²⁵ ond y mae gair yr Arglwydd yn
aros am byth."

A dyma'r gair a bregethwyd yn Efengyl i chwi.

Y Maen Bywiol a'r Genedl Sanctaidd

2 Ymaith gan hynny â phob drygioni a phob twyll a rhagrith a chenfigen, a phob siarad bychanus! ² Fel babanod newydd eu geni, blysiwch am laeth ysbrydol pur, er mwyn ichwi drwyddo gynyddu i iachawdwriaeth, ³ os ydych* wedi profi tiriondeb yr Arglwydd. ⁴ Wrth ddod ato ef, y maen bywiol, gwrthodedig gan bobl ond etholedig a chlodfawr gan Dduw, ⁵ yr ydych chwithau hefyd, fel meini bywiol, yn cael eich adeiladu yn dŷ ysbrydol, i fod yn offeiriadaeth sanctaidd, er mwyn offrymu aberthau ysbrydol, cymeradwy gan Dduw trwy Iesu Grist. ⁶ Oherwydd y mae'n sefyll yn yr Ysgrythur:

"Wele fi'n gosod maen yn Seion,
conglfaen etholedig a chlodfawr,
a'r hwn sy'n credu ynddo, ni
chywilyddir byth mohono."

⁷ Y mae ei glod, gan hynny, yn eiddoch chwi, y credinwyr; ond i'r anghredinwyr,

"Y maen a wrthododd yr adeiladwyr,
hwn a ddaeth yn faen y gongl",

⁸ a hefyd,

"Maen tramgwydd,
a chraig rhwystr."

Y maent yn tramgwyddo wrth anufuddhau i'r gair; dyma'r dynged a osodwyd iddynt.

⁹ Ond yr ydych chwi yn hil etholedig, yn offeiriadaeth frenhinol, yn genedl sanctaidd, yn bobl o'r eiddo Duw ei hun, i hysbysu gweithredoedd ardderchog yr Un a'ch galwodd chwi allan o dywyllwch i'w ryfeddol oleuni ef:

¹⁰ "A chwi gynt heb fod yn bobl,
yr ydych yn awr yn bobl Dduw;
a chwi gynt heb dderbyn trugaredd,
yr ydych yn awr yn rhai a
dderbyniodd drugaredd."

Byw fel Gweision Duw

¹¹ Gyfeillion annwyl, rwy'n deisyf arnoch, fel alltudion a dieithriaid, i ymgadw rhag y chwantau cnawdol sydd yn rhyfela yn erbyn yr enaid. ¹² Bydded eich ymarweddiad ymhlith y Cenhedloedd mor amlwg o dda nes iddynt hwy, lle y maent yn awr yn eich sarhau fel drwgweithredwyr, ogoneddu Duw yn nydd ei ymweliad ar gyfrif yr hyn a welant o'ch gweithredoedd da chwi.

¹³ Ymostyngwch, er mwyn yr Arglwydd, i bob sefydliad dynol, prun ai i'r ymerawdwr fel y prif awdurdod, ¹⁴ ai i'r llywodraethwyr fel rhai a anfonir ganddo ef er cosb i ddrwgweithredwyr a chlod i weithredwyr daioni. ¹⁵ Oherwydd hyn yw ewyllys Duw, i chwi trwy wneud daioni roi taw ar anwybodaeth ffyliaid. ¹⁶ Rhaid ichwi fyw fel pobl rydd, eto peidio ag arfer eich

---
2:3 Yn ôl darlleniad arall, *a chwithau.*

rhyddid i gelu drygioni, ond bod fel caethweision Duw. ¹⁷ Rhowch barch i bawb, carwch deulu'r ffydd, ofnwch Dduw, parchwch yr ymerawdwr.

Dioddefaint Crist yn Esiampl

¹⁸ Chwi weision, byddwch ddarostyngedig i'ch meistri gyda phob parchedig ofn, nid yn unig i'r rhai da ac ystyriol ond hefyd i'r rhai gormesol. ¹⁹ Oblegid hyn sydd gymeradwy, bod rhywun, am fod ei feddylfryd ar Dduw, yn dygymod â'i flinderau er iddo ddioddef ar gam. ²⁰ Oherwydd pa glod sydd mewn dygymod â chael eich cernodio am ymddwyn yn ddrwg? Ond os am wneud daioni y byddwch yn dioddef, ac yn dygymod â hynny, dyna'r peth sy'n gymeradwy gan Duw. ²¹ Canys i hyn y'ch galwyd, oherwydd dioddefodd* Crist yntau er eich mwyn chwi, gan adael ichwi esiampl, ichwi ganlyn yn ôl ei draed ef. ²² Yng ngeiriau'r Ysgrythur:

"Ni wnaeth ef bechod,
ac ni chafwyd twyll yn ei enau."

²³ Pan fyddai'n cael ei ddifenwi, ni fyddai'n difenwi'n ôl; pan fyddai'n dioddef, ni fyddai'n bygwth, ond yn ei gyflwyno'i hun i'r Un sy'n barnu'n gyfiawn. ²⁴ Ef ei hun a ddygodd ein pechodau yn ei gorff ar* y croesbren, er mwyn i ni ddarfod â'n pechodau a byw i gyfiawnder. Trwy ei archoll ef y cawsoch iachâd. ²⁵ Oherwydd yr oeddech fel defaid ar ddisberod, ond yn awr troesoch at Fugail a Gwarchodwr eich eneidiau.

Gwragedd a Gwŷr

3 Yn yr un modd, chwi wragedd priod, byddwch ddarostyngedig i'ch gwŷr; ac yna, os oes rhai sy'n anufudd i'r gair, fe'u henillir hwy trwy ymarweddiad eu gwragedd, heb i chwi ddweud yr un gair, ² wedi iddynt weld eich ymarweddiad pur a duwiolfrydig. ³ Boed ichwi'n addurn, nid pethau allanol fel plethu gwallt, ymdaclu â thlysau aur, ymharddu â gwisgoedd, ⁴ ond cymeriad cêl y galon a'i degwch di-dranc, sef ysbryd addfwyn a thawel. Dyna sy'n werthfawr yng ngolwg Duw. ⁵ Oherwydd felly hefyd y byddai'r gwragedd sanctaidd gynt, a oedd yn gobeithio yn Nuw, yn eu haddurno eu hunain; byddent yn ymddarostwng i'w gwŷr, ⁶ fel yr ufuddhaodd Sara i Abraham a'i alw'n arglwydd. A phlant iddi hi ydych chwi, os daliwch ati i wneud daioni, heb ofni dim oll.

⁷ Yn yr un modd, chwi wŷr, byddwch yn ystyriol yn eich bywyd priodasol; rhowch y parch dyladwy i'r wraig, gan mai hi yw'r llestr gwannaf, a chan eich bod yn gydetifeddion y gras sy'n rhoi bywyd. Felly, ni chaiff eich gweddïau mo'u rhwystro.

Dioddef o achos Cyfiawnder

⁸ Yn olaf, bawb ohonoch, byddwch o'r un meddwl yn cydymdeimlo â'ch gilydd yn frawdol, yn dyner eich calon, yn ostyngedig eich ysbryd. ⁹ Peidiwch â thalu drwg am ddrwg na sen am sen. I'r gwrthwyneb, bendithiwch! Oherwydd i hyn y cawsoch eich galw—er mwyn i chwi etifeddu bendith. ¹⁰ Yng ngeiriau'r Ysgrythur:

"Yr hwn sy'n ewyllysio caru bywyd
a gweld dyddiau da,
rhaid iddo atal ei dafod rhag drwg,
a'i wefusau rhag llefaru celwydd;
¹¹ rhaid iddo droi oddi wrth ddrwg a
   gwneud da,
ceisio heddwch a'i ddilyn;
¹² canys y mae llygaid yr Arglwydd ar
   y cyfiawn,
a'i glustiau'n agored i'w deisyfiad,
ond y mae wyneb yr Arglwydd yn
   erbyn y rhai sy'n gwneud
   drygioni."

¹³ Felly, pwy a wna niwed ichwi os byddwch yn selog tros ddaioni? ¹⁴ Ond hyd yn oed pe digwyddai ichwi ddioddef o achos cyfiawnder, gwyn eich byd! Peidiwch â'u hofni hwy, a pheidiwch â chymryd eich tarfu, ¹⁵ ond sancteiddiwch Grist yn Arglwydd yn eich calonnau. Byddwch yn barod bob amser i roi ateb i bob un fydd yn ceisio gennych gyfrif am y gobaith sydd ynoch.

2:21 Yn ôl darlleniad arall, *bu farw.*
2:24 Neu, *at.*

Ond gwnewch hynny gydag addfwynder a pharchedig ofn, ¹⁶ gan gadw eich cydwybod yn lân; ac yna, lle'r ydych yn awr yn cael eich sarhau, fe godir cywilydd ar y rhai sy'n dilorni eich ymarweddiad da yng Nghrist. ¹⁷ Oherwydd gwell yw dioddef, os dyna ewyllys Duw, am wneud da nag am wneud drwg. ¹⁸ Oherwydd dioddefodd Crist yntau* un waith am byth dros bechodau, y cyfiawn dros yr anghyfiawn, i'ch dwyn chwi at Dduw. Er ei roi i farwolaeth o ran y cnawd, fe'i gwnaed yn fyw o ran yr ysbryd, ¹⁹ ac felly yr aeth a chyhoeddi ei genadwri i'r ysbrydion yng ngharchar. ²⁰ Yr oedd y rheini wedi bod yn anufudd gynt, pan oedd Duw yn ei amynedd yn dal i ddisgwyl, yn nyddiau Noa ac adeiladu'r arch. Yn yr arch fe achubwyd ychydig, sef wyth enaid, trwy ddŵr, ²¹ ac y mae'r hyn sy'n cyfateb i hynny, sef bedydd, yn eich achub chwi yn awr, nid fel modd i fwrw ymaith fudreddi'r cnawd, ond fel ernes o gydwybod dda tuag at Dduw, trwy atgyfodiad Iesu Grist. ²² Y mae ef, ar ôl mynd i mewn i'r nef, ar ddeheulaw Duw, a'r angylion a'r awdurdodau a'r galluoedd wedi eu darostwng iddo.

Gweinyddwyr Da ar Ras Duw

4 Am hynny, gan i Grist ddioddef yn y cnawd, cymerwch chwithau yr un meddwl yn arfogaeth i chwi—oherwydd y mae'r sawl a ddioddefodd yn y cnawd wedi darfod â phechod— ² fel na fydd ichwi mwyach dreulio gweddill eich amser yn y cnawd yn ôl chwantau dynol, ond yn ôl ewyllys Duw. ³ Oherwydd y mae'r amser a aeth heibio yn hen ddigon i fod wedi gwneud y pethau y mae bryd y Cenhedloedd arnynt, gan rodio mewn trythyllwch, chwantau, meddwdod, cyfeddach, diota ac eilunaddoliaeth ffiaidd. ⁴ Yn hyn o beth, y mae pobl yn ei gweld yn rhyfedd nad ydych chwi'n dal i ruthro gyda hwy i'r un llifeiriant o afradlonedd; ac y maent yn eich cablu. ⁵ Bydd raid iddynt roi cyfrif i'r hwn sydd yn barod i farnu'r byw a'r meirw. ⁶ I'r diben hwn y pregethwyd yr Efengyl i'r meirw hefyd; er mwyn iddynt—er cael eu barnu yn y cnawd fel y bernir pawb—fyw yn yr ysbryd fel y mae Duw yn byw.

⁷ Y mae diwedd pob peth ar ein gwarthaf. Am hynny, ymbwyllwch ac ymddisgyblwch i weddïo. ⁸ O flaen pob peth, cadwch eich cariad at eich gilydd yn llawn angerdd, oherwydd y mae cariad yn dileu lliaws o bechodau. ⁹ Byddwch letygar i'ch gilydd heb rwgnach. ¹⁰ Yn ôl fel y derbyniodd pob un ohonoch ddawn, defnyddiwch eich dawn yng ngwasanaeth eich gilydd, fel gweinyddwyr da ar amryfal ras Duw. ¹¹ Pwy bynnag sy'n llefaru, llefared fel un sydd wedi derbyn oraclau Duw; os yw'n gwasanaethu, gwasanaethed fel un sydd wedi derbyn o'r nerth y mae Duw yn ei gyfrannu. Yr amcan ym mhob dim yw gogoneddu Duw trwy Iesu Grist. Iddo ef y perthyn y gogoniant a'r gallu byth bythoedd. Amen.

Dioddef fel Cristion

¹² Gyfeillion annwyl, peidiwch â rhyfeddu at y prawf tanllyd sydd ar waith yn eich plith, fel petai rhywbeth rhyfedd yn digwydd ichwi. ¹³ Yn hytrach, yn ôl maint eich cyfran yn nioddefiadau Crist llawenhewch, er mwyn ichwi allu llawenhau hefyd, a gorfoleddu, pan ddatguddir ei ogoniant ef. ¹⁴ Os gwaradwyddir chwi oherwydd enw Crist, gwyn eich byd, o achos y mae Ysbryd y gogoniant, sef Ysbryd Duw, yn gorffwys arnoch. ¹⁵ Ni ddylai neb ohonoch ddioddef fel llofrudd neu leidr neu ddrwgweithredwr, neu fel dyn busneslyd*. ¹⁶ Ond os bydd i rywun ddioddef fel Cristion, ni ddylai gywilyddio, ond gogoneddu Duw trwy'r enw hwn. ¹⁷ Oherwydd y mae'n bryd i'r farn ddechrau, a dechrau gyda theulu Duw. Ac os gyda ni yn gyntaf, beth fydd diwedd y rhai sy'n anufudd i Efengyl Duw? ¹⁸ Yng ngeiriau'r Ysgrythur:

"Ac os o'r braidd yr achubir y
  cyfiawn,
ple bydd yr annuwiol a'r pechadur
  yn sefyll?"

3:18 Yn ôl darlleniad arall, *Oherwydd, er eich mwyn chwi, bu Crist yntau farw.*

4:15 Neu, *fel chwyldröwr.*

¹⁹ Am hynny, bydded i'r rhai sy'n dioddef yn ôl ewyllys Duw ymddiried eu heneidiau i'r Creawdwr ffyddlon, gan wneud daioni.

Bugeiliwch Braidd Duw

5 Yr wyf yn apelio, yn awr, at yr henuriaid yn eich plith. Yr wyf finnau'n gyd-henuriad â chwi, ac yn dyst o ddioddefiadau Crist, ac yn un sydd hefyd yn gyfrannog o'r gogoniant sydd ar gael ei ddatguddio. ² Bugeiliwch braidd Duw sydd yn eich gofal, nid dan orfod, ond o'ch gwirfodd yn ôl ffordd Duw; nid er mwyn elw anonest, ond o eiddgarwch, ³ nid fel rhai sy'n tra-arglwyddiaethu ar y rhai a osodwyd dan eu gofal, ond gan fod yn esiamplau i'r praidd. ⁴ A phan ymddengys y Pen Bugail, fe gewch eich coroni â thorch gogoniant, nad yw byth yn gwywo.

⁵ Yn yr un modd, chwi wŷr ifainc, ymostyngwch i'r henuriaid*. A phawb ohonoch, gwisgwch amdanoch ostyngeiddrwydd yng ngwasanaeth eich gilydd, oherwydd, fel y dywed yr Ysgrythur:

"Y mae Duw'n gwrthwynebu'r beilchion,
ond i'r gostyngedig y mae'n rhoi gras."

5:5 Neu, *i'r hynafgwyr.*

⁶ Ymddarostyngwch, gan hynny, dan law gadarn Duw, fel y bydd iddo ef eich dyrchafu pan ddaw'r amser. ⁷ Bwriwch eich holl bryder arno ef, oherwydd y mae gofal ganddo amdanoch.

⁸ Ymddisgyblwch a byddwch effro. Y mae eich gwrthwynebydd, y diafol, yn prowla o gwmpas fel llew yn rhuo, gan chwilio am rywun i'w lyncu. ⁹ Gwrthsafwch ef yn gadarn mewn ffydd, gan wybod fod eich cyd-Gristionogion yn y byd yn profi'r un math o ddioddefiadau. ¹⁰ Ond wedi ichwi ddioddef am ychydig, bydd Duw pob gras, yr hwn a'ch galwodd i'w dragwyddol ogoniant yng Nghrist Iesu, yn eich gwneud yn gymwys, yn gadarn, yn gryf ac yn ddiysgog. ¹¹ Iddo ef y perthyn y gallu am byth. Amen.

Cyfarchion Terfynol

¹² Yr wyf yn ysgrifennu'r ychydig hyn trwy law Silfanus, brawd y gellir, yn ôl fy nghyfrif i, ymddiried ynddo. Fy mwriad yw eich calonogi, a thystio mai dyma wir ras Duw. Safwch yn ddi-sigl ynddo.

¹³ Y mae'r hon ym Mabilon sydd yn gydetholedig â chwi yn eich cyfarch, a Marc, fy mab. ¹⁴ Cyfarchwch eich gilydd â chusan cariad. Tangnefedd i chwi oll sydd yng Nghrist!

AIL LYTHYR
PEDR

Cyfarch

1 Simeon Pedr, gwas ac apostol Iesu Grist, at y rhai sydd, trwy gyfiawnder ein Duw a'n Gwaredwr Iesu Grist, wedi derbyn ffydd gyfuwch ei gwerth â'r eiddom ninnau. ² Gras a thangnefedd a amlhaer i chwi trwy adnabyddiaeth o Dduw ac Iesu ein Harglwydd!

Galwad ac Etholedigaeth y Cristion

³ Y mae ei allu dwyfol wedi rhoi i ni bob peth sy'n angenrheidiol i fywyd a duwioldeb trwy ein hadnabyddiaeth o'r hwn a'n galwodd â'i weithred ogoneddus a rhagorol ei hun. ⁴ Trwy hyn y mae ef wedi rhoi i ni addewidion gwerthfawr dros ben, er mwyn i chwi trwyddynt hwy ddianc o afael llygredigaeth y trachwant sydd yn y byd, a dod yn gyfranogion o'r natur ddwyfol. ⁵ Am yr union reswm yma, felly, gnewch eich gorau glas i ychwanegu rhinwedd at eich ffydd, gwybodaeth at rinwedd, ⁶ hunanddisgyblaeth at wybodaeth, dyfalbarhad at hunanddisgyblaeth, duwioldeb at ddyfalbarhad, ⁷ brawdgarwch at dduwioldeb, a chariad at frawdgarwch. ⁸ Oherwydd os yw'r rhain gennych, ac ar gynnydd, byddant yn peri nad diog a diffrwyth fyddwch yn eich adnabyddiaeth o'n Harglwydd Iesu Grist. ⁹ Ond hebddynt y mae rhywun mor fyr ei olwg nes bod yn ddall, heb ddim cof ganddo am y glanhad oddi wrth ei bechodau gynt. ¹⁰ Dyna pam, gyfeillion, y dylech ymdrechu'n fwy byth i wneud eich galwad a'ch etholedigaeth yn sicr. Oherwydd os gwnewch hyn, ni lithrwch byth. ¹¹ Felly y rhydd Duw ichwi, o'i haelioni, fynediad i dragwyddol deyrnas ein Harglwydd a'n Gwaredwr, Iesu Grist.

¹² Am hynny, rwy'n bwriadu eich atgoffa'n wastad am y pethau hyn, er eich bod yn eu gwybod, ac wedi eich sefydlu'n gadarn yn y gwirionedd sydd gennych. ¹³ Tra bydd y cnawd hwn yn babell imi, yr wyf yn ystyried ei bod hi'n iawn imi eich deffro trwy eich atgoffa amdanynt. ¹⁴ Gwn y bydd yn rhaid i mi roi fy mhabell heibio yn fuan, fel y mae ein Harglwydd Iesu Grist, yn wir, wedi gwneud yn eglur imi. ¹⁵ Gwnaf fy ngorau, felly, i ofalu y byddwch, ar ôl fy ymadawiad, yn gallu dwyn y pethau hyn yn wastad i gof.

Gogoniant Crist a'r Gair Proffwydol

¹⁶ Nid dilyn chwedlau wedi eu dyfeisio'n gyfrwys yr oeddem wrth hysbysu i chwi allu ein Harglwydd Iesu Grist a'i ddyfodiad; yn hytrach, yr oeddem wedi ei weld â'n llygaid ein hunain yn ei fawredd. ¹⁷ Yr oeddem yno pan roddwyd iddo anrhydedd a gogoniant gan Dduw Dad, pan ddaeth y llais ato o'r Gogoniant goruchel yn dweud: "Hwn yw fy Mab, fy Anwylyd; ynddo ef yr wyf yn ymhyfrydu." ¹⁸ Fe glywsom ni'r llais hwn yn dod o'r nef, oherwydd yr oeddem gydag ef ar y mynydd sanctaidd. ¹⁹ Y mae gennym hefyd genadwri gwbl ddibynadwy y proffwydi; a pheth da a fydd i chwi roi sylw iddi, gan ei bod fel cannwyll yn disgleirio mewn lle tywyll, hyd nes y bydd y Dydd yn gwawrio a seren y bore yn codi i lewyrchu yn eich calonnau. ²⁰ Ond sylwch ar hyn yn gyntaf: nid yw'r un broffwydoliaeth o'r Ysgrythur ²¹ yn fater o ddehongliad personol, oherwydd ni ddaeth yr un broffwydoliaeth erioed trwy ewyllys ddynol; pobl oeddent a lefarodd air oddi wrth Dduw wrth gael eu hysgogi gan yr Ysbryd Glân.

Proffwydi Gau ac Athrawon Gau

2 Jwdas 4–13

Ymddangosodd hefyd broffwydi gau ymhlith pobl Israel, ac yn yr un modd bydd athrawon gau yn eich plith chwithau, rhai a fydd yn dwyn i mewn yn llechwraidd heresïau dinistriol, yn gwadu'r Meistr a'u prynodd, ac yn dwyn arnynt eu hunain ddistryw buan. ² A bydd llawer yn dilyn eu harferion anllad, a thrwyddynt hwy caiff ffordd y gwirionedd enw drwg. ³ Yn eu trachwant gwnânt elw ohonoch â'u storïau ffug; y mae eu barnedigaeth ar gerdded erstalwm, a'u dinistr yn rhythu arnynt.

⁴ Oherwydd nid arbedodd Duw yr angylion a bechodd; traddododd hwy i garchar* tywyll uffern, i'w cadw hyd y Farn. ⁵ Nid arbedodd yr hen fyd chwaith, er iddo ddiogelu Noa, pregethwr cyfiawnder, ynghyd â saith arall, wrth ddwyn y dilyw ar fyd y rhai annuwiol. ⁶ Condemniodd hefyd ddinasoedd Sodom a Gomorra i ddistryw; llosgodd hwy'n lludw, a'u gosod yn esiampl o'r hyn sydd i ddigwydd i'r annuwiol. ⁷ Gwaredodd Lot, gŵr cyfiawn oedd yn cael ei drallodi gan fywyd anllad rhai afreolus; ⁸ oherwydd wrth i'r gŵr cyfiawn hwn fyw yn eu plith, yr oedd gweld a chlywed eu gweithredoedd aflywodraethus yn artaith feunyddiol i'w enaid cyfiawn. ⁹ Y mae'r Arglwydd yn medru gwaredu'r duwiol o'u treialon, a chadw'r anghyfiawn hyd Ddydd y Farn i'w cosbi, ¹⁰ ac yn arbennig felly y rhai sy'n byw i borthi chwantau aflan y cnawd, ac yn diystyru awdurdod.

Y maent yn rhyfygus a thrahaus, ac yn sarhau'r bodau nefol yn gwbl eofn, ¹¹ rhywbeth nad yw'r angylion, er eu rhagoriaeth mewn nerth a gallu, yn ei wneud wrth gyhoeddi barn yn eu herbyn hwy gerbron yr Arglwydd. ¹² Ond y mae'r bobl hyn yn siarad yn sarhaus am bethau nad ydynt yn eu deall; y maent fel anifeiliaid direswm sydd, yn nhrefn natur, wedi eu geni i'w dal a'u difetha; ac fel y difethir anifeiliaid, fe'u difethir hwythau. ¹³ Fe gânt ddrwg yn dâl am eu drygioni. Eu syniad am bleser yw gloddesta liw dydd. Yn eich cwmni, mae eu chwant a'u gloddesta* yn warth a gwaradwydd. ¹⁴ Y mae ganddynt lygaid sy'n llawn godineb, na chânt byth mo'u digon o bechod. Y maent yn denu'r ansicr i'w dinistr. Y mae ganddynt galonnau wedi eu hymarfer i drachwant— rhai dan felltith ydynt. ¹⁵ Gadawsant y ffordd union a mynd ar gyfeiliorn, gan ddilyn ffordd Balaam fab Bosor, hwnnw a roes ei fryd ar wobr drygioni, ¹⁶ ond na chafodd ddim ond cerydd am ei drosedd, pan lefarodd asyn mud â llais dynol ac atal gwallgofrwydd y proffwyd.

¹⁷ Ffynhonnau heb ddŵr ydynt, a niwloedd yn cael eu gyrru gan dymestl; y mae'r tywyllwch dudew ar gadw iddynt. ¹⁸ Oherwydd y maent yn llefaru geiriau ymffrostgar a gwag, ac yn defnyddio chwantau anllad y cnawd i ddenu i'w dinistr y rhai nad ydynt ond braidd wedi dianc o blith rhai yn byw'n gyfeiliornus. ¹⁹ Y maent yn addo rhyddid iddynt, a hwythau'n gaeth i lygredigaeth; oherwydd y mae rhywun yn gaeth i beth bynnag sydd wedi ei drechu. ²⁰ Oherwydd os yw rhai sydd wedi dianc rhag aflendid y byd trwy ddod i adnabod ein Harglwydd a'n Gwaredwr, Iesu Grist, wedi eu dal a'u trechu eilwaith gan yr aflendid hwnnw, yna y mae eu diwedd yn waeth na'u dechrau. ²¹ Byddai'n well iddynt hwy fod heb ddod i adnabod ffordd cyfiawnder, yn hytrach na'i hadnabod ac yna droi oddi wrth y gorchymyn sanctaidd a draddodwyd iddynt. ²² Gwireddwyd, yn eu hachos hwy, y ddihareb:

"Y mae ci yn troi'n ôl at ei gyfog ei hun",

a hefyd:

"Y mae'r hwch a ymolchodd yn ymdrybaeddu yn y llaid."

Yr Addewid am Ddyfodiad yr Arglwydd

3 Bellach, gyfeillion annwyl, dyma'r ail lythyr imi ei ysgrifennu atoch. Yn y ddau ohonynt, yr wyf yn ceisio deffro dealltwriaeth ddilychwin ynoch trwy eich atgoffa am y pethau hyn. ² Yr wyf am ichwi gofio'r pethau a ragddywedwyd gan y proffwydi sanctaidd, a gorchymyn yr Arglwydd a'r Gwaredwr, a roddwyd trwy eich apostolion. ³ Deallwch hyn yn gyntaf, y

---
2:4 Yn ôl darlleniad arall, *i bydewau*.
2:13 Darlleniad arall yn ychwanegu *mewn cariad-wleddoedd*.

daw yn y dyddiau diwethaf watwarwyr sy'n byw yn ôl eu chwantau eu hunain, ⁴ ac yn holi'n goeglyd: "Beth a ddaeth o'r addewid am ei ddyfodiad ef? Oherwydd, byth er pan hunodd yr hynafiaid, y mae popeth wedi parhau yn union fel y bu o ddechreuad y greadigaeth." ⁵ Y maent yn fwriadol yn anwybyddu'r ffaith hon, fod y nefoedd yn bod erstalwm, a'r ddaear wedi ei llunio o ddŵr a thrwy ddŵr gan air Duw; ⁶ a thrwy ddŵr y dinistriwyd byd yr oes honno, sef dŵr y dilyw. ⁷ Gan yr un gair hefyd y mae nefoedd a daear yr oes hon wedi eu gosod mewn stôr ar gyfer y tân; y maent ar gadw hyd Ddydd barn a distryw yr annuwiol.

⁸ Gyfeillion annwyl, peidiwch ag anghofio'r un peth hwn, fod un diwrnod yng ngolwg yr Arglwydd fel mil o flynyddoedd, a mil o flynyddoedd fel un diwrnod. ⁹ Nid yw'r Arglwydd yn oedi cyflawni ei addewid, fel y bydd rhai pobl yn deall oedi; bod yn amyneddgar wrthych y mae, am nad yw'n ewyllysio i neb gael ei ddinistrio, ond i bawb ddod i edifeirwch. ¹⁰ Fe ddaw Dydd yr Arglwydd fel lleidr, a'r Dydd hwnnw bydd y nefoedd yn diflannu â thrwst, a'r elfennau yn ymddatod gan wres, a'r ddaear a phopeth sydd ynddi yn peidio â bod.* ¹¹ Gan fod yr holl bethau yma ar gael eu datod fel hyn, ystyriwch pa mor sanctaidd a duwiol y dylai eich ymarweddiad fod, ¹² a chwithau'n disgwyl am Ddydd Duw ac yn prysuro ei ddyfodiad, y Dydd pan ddatodir y nefoedd gan dân ac y toddir yr elfennau gan wres. ¹³ Ond disgwyl yr ydym ni, yn ôl ei addewid ef, am nefoedd newydd a daear newydd, lle bydd cyfiawnder yn cartrefu.

¹⁴ Felly, gyfeillion annwyl, gwnewch eich gorau, wrth ddisgwyl am y pethau hyn, i fod yn ddi-nam a di-fai yng ngolwg Duw, ac i'ch cael mewn tangnefedd. ¹⁵ Ystyriwch amynedd ein Harglwydd yn iachawdwriaeth, yn union fel yr ysgrifennodd ein brawd annwyl, Paul, atoch yn ôl y ddoethineb a roddwyd iddo ef. ¹⁶ Felly hefyd yn ei holl lythyrau y mae'n sôn am y pethau hyn. Y mae rhai pethau ynddynt sydd yn anodd eu deall, pethau y mae'r annysgedig a'r ansicr yn eu gwyrdroi, fel y maent yn gwyrdroi'r Ysgrythurau eraill hefyd, i'w dinistr eu hunain. ¹⁷ Ond yr ydych chwi, gyfeillion annwyl, yn gwybod am y pethau hyn eisoes. Byddwch ar eich gwyliadwriaeth, felly, rhag ichwi gael eich ysgubo ymaith gan gyfeiliornad rhai afreolus, a syrthio o'ch safle cadarn. ¹⁸ Ond cynyddwch mewn gras, ac mewn gwybodaeth o'n Harglwydd a'n Gwaredwr, Iesu Grist. Iddo ef y bo'r gogoniant yn awr ac am byth! Amen.

3:10 Yn ôl darlleniad arall, *yn cael ei dinoethi*. Yn ôl un arall, *yn cael ei llosgi*.

LLYTHYR CYNTAF
IOAN

Gair y Bywyd

1 Yr hyn oedd o'r dechreuad, yr hyn yr ydym wedi ei glywed, yr hyn yr ydym wedi ei weld â'n llygaid, yr hyn yr edrychasom arno, ac a deimlodd ein dwylo, ynglŷn â gair y bywyd, dyna'r hyn yr ydym yn ei gyhoeddi. ² Amlygwyd y bywyd hwn; ac yr ydym wedi gweld, ac yr ydym yn tystiolaethu ac yn cyhoeddi i chwi y bywyd tragwyddol a oedd gyda'r Tad ac a amlygwyd i ni. ³ Yr hyn yr ydym wedi ei weld a'i glywed, yr ydym yn ei gyhoeddi i chwi hefyd, er mwyn i chwithau gael cymundeb â ni. Ac yn wir, y mae ein cymundeb ni gyda'r Tad a chyda'i Fab ef, Iesu Grist. ⁴ Ac yr ydym ni'n ysgrifennu hyn er mwyn i'n llawenydd fod yn gyflawn.

Goleuni yw Duw

⁵ Hon yw'r genadwri yr ydym wedi ei chlywed ganddo ef, ac yr ydym yn ei chyhoeddi i chwi: goleuni yw Duw, ac nid oes ynddo ef ddim tywyllwch. ⁶ Os dywedwn fod gennym gymundeb ag ef, a rhodio yn y tywyllwch, yr ydym yn dweud celwydd, ac nid ydym yn gwneud y gwirionedd; ⁷ ond os rhodiwn yn y goleuni, fel y mae ef yn y goleuni, y mae gennym gymundeb â'n gilydd, ac y mae gwaed Iesu, ei Fab ef, yn ein glanhau ni o bob pechod. ⁸ Os dywedwn ein bod yn ddibechod, yr ydym yn ein twyllo ein hunain, ac nid yw'r gwirionedd ynom. ⁹ Os cyffeswn ein pechodau, y mae ef yn ffyddlon ac yn gyfiawn, ac felly fe faddeua inni ein pechodau, a'n glanhau o bob anghyfiawnder. ¹⁰ Os dywedwn nad ydym wedi pechu, yr ydym yn ei wneud ef yn gelwyddog, ac nid yw ei air ef ynom ni.

Crist, Ein Heiriolwr

2 Fy mhlant, yr wyf yn ysgrifennu'r pethau hyn atoch i'ch cadw rhag pechu. Ond os bydd i rywun bechu, y mae gennym Eiriolwr gyda'r Tad, sef Iesu Grist, y cyfiawn; ² ac ef sy'n aberth cymod dros* ein pechodau, ac nid dros ein pechodau ni yn unig, ond hefyd bechodau'r holl fyd. ³ Dyma sut yr ydym yn gwybod ein bod yn ei adnabod ef, sef ein bod yn cadw ei orchmynion. ⁴ Y sawl sy'n dweud, "Rwyf yn ei adnabod", a heb gadw ei orchmynion, y mae'n gelwyddog, ac nid yw'r gwirionedd ynddo; ⁵ ond pwy bynnag sy'n cadw ei air ef, yn hwnnw, yn wir, y mae cariad at Dduw wedi ei berffeithio. Dyma sut yr ydym yn gwybod ein bod ynddo ef: ⁶ dylai'r sawl sy'n dweud ei fod yn aros ynddo ef rodio ei hun yn union fel y rhodiodd ef.

Y Gorchymyn Newydd

⁷ Gyfeillion annwyl, nid gorchymyn newydd yr wyf yn ei ysgrifennu atoch, ond hen orchymyn, un sydd wedi bod gennych o'r dechrau; y gair a glywsoch yw'r hen orchymyn hwn. ⁸ Eto, yr wyf yn ysgrifennu atoch orchymyn newydd, rhywbeth sydd yn wir ynddo ef ac ynoch chwithau; oherwydd y mae'r tywyllwch yn mynd heibio, a'r gwir oleuni eisoes yn tywynnu. ⁹ Y sawl sy'n dweud ei fod yn y goleuni, ac yn casáu ei gydaelod, yn y tywyllwch y mae o hyd. ¹⁰ Y mae'r sawl sy'n caru ei gydaelod yn aros yn y goleuni, ac nid oes dim ynddo i faglu neb. ¹¹ Ond y sawl sy'n casáu ei gydaelod, yn y tywyllwch y mae, ac yn y tywyllwch y mae'n rhodio, ac nid yw'n gwybod lle y mae'n mynd, am fod y tywyllwch wedi dallu ei lygaid.

¹² Rwyf yn ysgrifennu atoch chwi,
    blant,
   am fod eich pechodau wedi eu
    maddau drwy ei enw ef.
¹³ Rwyf yn ysgrifennu atoch chwi,
    dadau,
   am eich bod yn adnabod yr hwn
    sydd wedi bod o'r dechreuad.

2:2 Neu, *sy'n foddion ein puredigaeth oddi wrth*, neu, *sy'n iawn dros*.

Rwyf yn ysgrifennu atoch chwi, wŷr
ifainc,
am eich bod wedi gorchfygu'r Un
drwg.
Rwyf wedi ysgrifennu atoch chwi,
blant,
am eich bod yn adnabod y Tad.
14 Rwyf wedi ysgrifennu atoch chwi,
dadau,
am eich bod yn adnabod yr hwn
sydd wedi bod o'r dechreuad.
Rwyf wedi ysgrifennu atoch chwi,
wŷr ifainc,
am eich bod yn gryf,
ac am fod gair Duw yn aros ynoch,
a'ch bod wedi gorchfygu'r Un drwg.

15 Peidiwch â charu'r byd na'r pethau sydd yn y byd. Os yw rhywun yn caru'r byd, nid yw cariad y Tad ynddo, 16 oherwydd y cwbl sydd yn y byd—trachwant y cnawd, a thrachwant y llygaid, a balchder mewn meddiannau—nid o'r Tad y mae, ond o'r byd. 17 Y mae'r byd a'i drachwant yn mynd heibio, ond y mae'r sawl sy'n gwneud ewyllys Duw yn aros am byth.

Yr Anghrist

18 Blant, dyma'r awr olaf, ac fel y clywsoch fod yr Anghrist yn dod, yn awr dyma anghristiau lawer wedi dod; wrth hyn yr ydym yn gwybod mai dyma'r awr olaf. 19 Aethant allan oddi wrthym ni, ond nid oeddent yn perthyn i ni, oherwydd pe byddent yn perthyn i ni, byddent wedi aros gyda ni; dangoswyd felly nad oedd neb ohonynt yn perthyn i ni. 20 Ond amdanoch chwi, y mae gennych eneiniad oddi wrth yr Un Sanctaidd, ac yr ydych bawb yn gwybod.* 21 Nid am nad ydych yn gwybod y gwirionedd yr wyf yn ysgrifennu atoch, ond am eich bod yn ei wybod, ac yn gwybod hefyd am bob celwydd, nad yw o'r gwirionedd. 22 Pwy yw'r un celwyddog, ond y sawl sy'n gwadu mai Iesu yw'r Crist? Dyma'r Anghrist, sef yr un sy'n gwadu'r Tad a'r Mab. 23 Pob un sy'n gwadu'r Mab, nid yw'r Tad ganddo chwaith; y sawl sy'n cyffesu'r Mab, y mae'r Tad ganddo hefyd. 24 Chwithau, bydded i'r hyn a glywsoch o'r dechrau aros ynoch. Os bydd yr hyn a glywsoch o'r dechrau yn aros ynoch, byddwch chwithau hefyd yn aros yn y Mab ac yn y Tad. 25 Dyma'r hyn a addawodd ef i ni, sef bywyd tragwyddol.

26 Ysgrifennais hyn atoch ynglŷn â'r rhai sydd am eich arwain ar gyfeiliorn. 27 A chwithau, y mae'r eneiniad a gawsoch ganddo ef yn aros ynoch, ac nid oes arnoch angen neb i'ch dysgu; ond y mae'r eneiniad a roddodd ef yn eich dysgu am bopeth, a gwir yw, nid celwydd. Fel y dysgodd ef chwi, arhoswch ynddo ef.

Plant Duw

28 Ac yn awr, blant, arhoswch ynddo ef, er mwyn inni, pan fydd ef yn ymddangos, gael hyder a bod heb gywilydd arnom ger ei fron ef ar ei ddyfodiad. 29 Os gwyddoch ei fod ef yn gyfiawn, yna fe ddylech wybod bod pob un sy'n gwneud cyfiawnder wedi ei eni ohono ef.

3 Gwelwch pa fath gariad y mae'r Tad wedi ei ddangos tuag atom: cawsom ein galw yn blant Duw, a dyna ydym. Y rheswm nad yw'r byd yn ein hadnabod ni yw nad oedd yn ei adnabod ef. 2 Gyfeillion annwyl, yn awr yr ydym yn blant Duw, ac nid amlygwyd eto beth a fyddwn. Yr ydym yn gwybod, pan fydd ef yn ymddangos,* y byddwn yn debyg iddo, oherwydd cawn ei weld ef fel y mae. 3 Ac y mae pob un y mae'r gobaith hwn ganddo, yn ei buro ei hun, fel y mae Crist yn bur.

4 Y mae pob un sy'n cyflawni pechod yn gwneud anghyfraith hefyd; anghyfraith yw pechod. 5 Yr ydych yn gwybod bod Crist wedi ymddangos er mwyn cymryd ymaith bechodau; ac ynddo ef nid oes pechod. 6 Nid oes neb sy'n aros ynddo ef yn pechu; nid yw'r sawl sy'n pechu wedi ei weld ef na'i adnabod ef. 7 Blant, peidiwch â gadael i neb eich arwain ar gyfeiliorn. Y mae'r

---

2:20 Yn ôl darlleniad arall, *yr ydych yn gwybod pob peth.*

3:2 Neu, *pan amlygir ef.*

sawl sy'n gwneud cyfiawnder yn gyfiawn, fel y mae ef yn gyfiawn. ⁸ O'r diafol y mae'r sawl sy'n cyflawni pechod, oherwydd y mae'r diafol yn pechu o'r dechreuad. I ddinistrio gweithredoedd y diafol yr ymddangosodd Mab Duw. ⁹ Nid oes neb sydd wedi ei eni o Dduw yn cyflawni pechod, oherwydd y mae had Duw yn aros ynddo; ac ni all bechu, oherwydd ei fod wedi ei eni o Dduw. ¹⁰ Dyma sut y mae'n amlwg pwy yw plant Duw a phwy yw plant y diafol: pob un nad yw'n gwneud cyfiawnder, nid yw o Dduw, na'r hwn nad yw'n caru ei gydaelod.

Carwch Eich Gilydd

¹¹ Oherwydd hon yw'r genadwri a glywsoch chwi o'r dechrau: ein bod i garu ein gilydd. ¹² Nid fel Cain, a oedd o'r Un drwg ac a laddodd ei frawd. A pham y lladdodd ef? Oherwydd fod ei weithredoedd ef yn ddrwg, a gweithredoedd ei frawd yn gyfiawn. ¹³ Peidiwch â synnu, gyfeillion, os yw'r byd yn eich casáu chwi. ¹⁴ Yr ydym ni'n gwybod ein bod wedi croesi o farwolaeth i fywyd, am ein bod yn caru ein cydaelodau; y mae'r sawl nad yw'n caru yn aros mewn marwolaeth. ¹⁵ Llofrudd yw pob un sy'n casáu ei gydaelod, ac yr ydych yn gwybod nad oes gan unrhyw lofrudd fywyd tragwyddol yn aros ynddo. ¹⁶ Dyma sut yr ydym yn gwybod beth yw cariad: am iddo ef roi ei einioes drosom ni. Ac fe ddylem ninnau roi ein heinioes dros ein cydaelodau. ¹⁷ Pwy bynnag sydd â meddiannau'r byd ganddo, ac yn gweld ei gydaelod mewn angen, ac eto'n cau ei galon yn ei erbyn, sut y mae cariad Duw yn aros ynddo? ¹⁸ Fy mhlant, gadewch inni garu, nid ar air nac ar dafod ond mewn gweithred a gwirionedd.

Hyder gerbron Duw

¹⁹ Dyma sut y cawn wybod ein bod o'r gwirionedd, a sicrhau ein calonnau yn ei ŵydd ef ²⁰ pryd bynnag y bydd ein calon yn ein condemnio; oherwydd y mae Duw yn fwy na'n calon, ac y mae'n gwybod pob peth. ²¹ Gyfeillion annwyl, os nad yw'n calon yn ein condemnio, y mae gennym hyder gerbron Duw, ²² ac yr ydym yn derbyn ganddo ef bob dim yr ydym yn gofyn amdano, am ein bod yn cadw ei orchmynion ac yn gwneud y pethau sydd wrth ei fodd. ²³ Dyma ei orchymyn: ein bod i gredu yn enw ei Fab ef, Iesu Grist, a charu'n gilydd, yn union fel y rhoddodd ef orchymyn inni. ²⁴ Y mae'r sawl sy'n cadw ei orchmynion ef yn aros ynddo ef, ac ef ynddo yntau. Dyma sut yr ydym yn gwybod ei fod ef yn aros ynom ni: trwy'r Ysbryd a roddodd ef inni.

Ysbryd Duw ac Ysbryd Anghrist

4 Gyfeillion annwyl, peidiwch â chredu pob ysbryd, ond profwch yr ysbrydion i gael gwybod a ydynt o Dduw, oherwydd y mae gau broffwydi lawer wedi mynd allan i'r byd. ² Dyma sut yr ydych yn adnabod Ysbryd Duw: pob ysbryd sy'n cyffesu bod Iesu Grist wedi dod yn y cnawd, o Dduw y mae, ³ a phob ysbryd nad yw'n cyffesu Iesu, nid yw o Dduw. Ysbryd yr Anghrist yw hwn; clywsoch ei fod yn dod, ac yn awr y mae eisoes yn y byd. ⁴ Blant, yr ydych chwi o Dduw, ac yr ydych wedi eu gorchfygu hwy; oherwydd y mae'r hwn sydd ynoch chwi yn gryfach na'r hwn sydd yn y byd. ⁵ I'r byd y maent hwy'n perthyn, ac o'r byd, felly, y daw'r hyn y maent yn ei ddweud; ac y mae'r byd yn gwrando arnynt hwy. ⁶ O Dduw yr ydym ni; y mae'r hwn sy'n adnabod Duw yn gwrando arnom ni, a'r hwn nad yw o Dduw, nid yw'n gwrando arnom ni. Dyma sut yr ydym yn adnabod ysbryd y gwirionedd ac ysbryd cyfeiliornad.

Cariad yw Duw

⁷ Gyfeillion annwyl, gadewch i ni garu ein gilydd, oherwydd o Dduw y mae cariad, ac y mae pob un sy'n caru wedi ei eni o Dduw, ac yn adnabod Duw. ⁸ Y sawl nad yw'n caru, nid yw'n adnabod Duw, oherwydd cariad yw Duw. ⁹ Yn hyn y dangoswyd cariad Duw tuag atom*: bod Duw wedi anfon ei unig Fab i'r byd er mwyn i ni gael byw drwyddo ef. ¹⁰ Yn hyn y mae cariad: nid ein bod ni'n caru

---

4:9 Neu, *cariad Duw ynom*.

Duw, ond ei fod ef wedi ein caru ni, ac wedi anfon ei Fab i fod yn aberth cymod dros* ein pechodau. ¹¹ Gyfeillion annwyl, os yw Duw wedi ein caru ni fel hyn, fe ddylem ninnau hefyd garu ein gilydd. ¹² Nid oes neb wedi gweld Duw erioed; os ydym yn caru ein gilydd, y mae Duw yn aros ynom, ac y mae ei gariad ef wedi ei berffeithio ynom ni.

¹³ Dyma sut yr ydym yn gwybod ein bod yn aros ynddo ef, ac ef ynom ninnau: am iddo ef roi inni o'i Ysbryd. ¹⁴ Yr ydym ni wedi gweld, ac yr ydym yn tystiolaethu bod y Tad wedi anfon ei Fab yn Waredwr y byd. ¹⁵ Pwy bynnag sy'n cyffesu mai Iesu yw Mab Duw, y mae Duw yn aros ynddo, ac yntau yn Nuw. ¹⁶ Felly yr ydym ni wedi dod i adnabod a chredu'r cariad sydd gan Dduw tuag atom.*

Cariad yw Duw, ac y mae'r sawl sy'n aros mewn cariad yn aros yn Nuw, a Duw yn aros ynddo yntau. ¹⁷ Yn hyn y mae cariad wedi cael ei berffeithio ynom: bod gennym hyder yn Nydd y Farn, oherwydd fel y mae ef, felly yr ydym ninnau hefyd yn y byd hwn. ¹⁸ Nid oes ofn mewn cariad, ond y mae cariad perffaith yn bwrw allan ofn; y mae a wnelo ofn â chosb, ac nid yw'r sawl sy'n ofni wedi ei berffeithio mewn cariad. ¹⁹ Yr ydym ni'n caru, am iddo ef yn gyntaf ein caru ni. ²⁰ Os dywed rhywun, "Rwy'n caru Duw", ac yntau'n casáu ei gydaelod, y mae'n gelwyddog; oherwydd ni all neb nad yw'n caru cydaelod y mae wedi ei weld, garu Duw nad yw wedi ei weld. ²¹ A dyma'r gorchymyn sydd gennym oddi wrtho ef: bod i'r sawl sy'n caru Duw garu ei gydaelod hefyd.

Ffydd yn Gorchfygu'r Byd

5 Pob un sy'n credu mai Iesu yw'r Crist, y mae wedi ei eni o Dduw; ac y mae pawb sy'n caru tad yn caru ei blentyn hefyd. ² Dyma sut yr ydym yn gwybod ein bod yn caru plant Duw: pan fyddwn yn caru Duw ac yn cadw ei orchmynion. ³ Oherwydd dyma yw caru Duw: bod inni gadw ei orchmynion. Ac nid yw ei orchmynion ef yn feichus, ⁴ am fod pawb sydd wedi eu geni o Dduw yn gorchfygu'r byd. Hon yw'r oruchafiaeth a orchfygodd y byd: ein ffydd ni. ⁵ Pwy yw gorchfygwr y byd ond y sawl sy'n credu mai Iesu yw Mab Duw?

Tystiolaeth am y Mab

⁶ Dyma'r un a ddaeth drwy ddŵr a gwaed, Iesu Grist; nid trwy ddŵr yn unig, ond trwy'r dŵr a thrwy'r gwaed. Yr Ysbryd yw'r tyst, am mai'r Ysbryd yw'r gwirionedd. ⁷ Oherwydd y mae tri sy'n tystiolaethu, ⁸ yr Ysbryd, y dŵr, a'r gwaed, ac y mae'r tri yn gytûn. ⁹ Os ydym yn derbyn tystiolaeth pobl feidrol, y mae tystiolaeth Duw yn fwy. A hon yw tystiolaeth Duw: ei fod wedi tystio am ei Fab. ¹⁰ Y mae gan y sawl sy'n credu ym Mab Duw y dystiolaeth ynddo'i hun. Y mae'r sawl nad yw'n credu Duw yn ei wneud ef yn gelwyddog, am nad yw wedi credu'r dystiolaeth y mae Duw wedi ei rhoi. ¹¹ A hon yw'r dystiolaeth: bod Duw wedi rhoi inni fywyd tragwyddol. Ac y mae'r bywyd hwn yn ei Fab. ¹² Y sawl y mae'r Mab ganddo, y mae'r bywyd ganddo; y sawl nad yw Mab Duw ganddo, nid yw'r bywyd ganddo.

Gwybod am Fywyd Tragwyddol

¹³ Yr wyf yn ysgrifennu'r pethau hyn atoch chwi, y rhai sydd yn credu yn enw Mab Duw, er mwyn ichwi wybod bod gennych fywyd tragwyddol. ¹⁴ A hwn yw'r hyder sydd gennym ger ei fron ef: y bydd ef yn gwrando arnom os gofynnwn am rywbeth yn unol â'i ewyllys ef. ¹⁵ Ac os ydym yn gwybod ei fod yn gwrando arnom, beth bynnag y byddwn yn gofyn amdano, yr ydym yn gwybod bod y pethau yr ydym wedi gofyn iddo amdanynt yn eiddo inni.

¹⁶ Os gwêl unrhyw un ei gydaelod yn cyflawni pechod nad yw'n bechod marwol, dylai ofyn, ac fe rydd Duw fywyd iddo—hynny yw, i'r rhai nad yw eu pechod yn farwol. Y mae pechod sy'n farwol; nid ynglŷn â hwn yr wyf yn dweud y dylai weddïo. ¹⁷ Y mae pob anghyfiawnder yn bechod; ond y mae hefyd bechod nad yw'n farwol.

4:10 Neu, *i fod yn iawn dros.*
4:16 Neu, *gan Dduw ynom.*

¹⁸ Yr ydym yn gwybod nad yw'r sawl sydd wedi ei eni o Dduw yn dal i bechu, ond y mae'r Un a anwyd o Dduw yn ei gadw, ac nid yw'r Un drwg yn ei gyffwrdd. ¹⁹ Yr ydym yn gwybod ein bod ni o Dduw, a bod yr holl fyd yn gorwedd yng ngafael yr Un drwg. ²⁰ Yr ydym yn gwybod bod Mab Duw wedi dod, ac wedi rhoi inni ddealltwriaeth, er mwyn inni adnabod yr Un gwir; ac yr ydym ni yn yr Un gwir, yn ei Fab ef, Iesu Grist. Hwn yw'r gwir Dduw a'r bywyd tragwyddol. ²¹ Blant, ymgadwch rhag eilunod.

AIL LYTHYR
IOAN

Cyfarch

¹ Yr henuriad at yr arglwyddes etholedig a'i phlant. Yr wyf fi, ac nid myfi yn unig, ond pawb sydd wedi dod i wybod y gwirionedd, yn eich caru yn y gwirionedd, ² er mwyn y gwirionedd sydd yn aros ynom ni, ac a fydd gyda ni am byth. ³ Bydd gras, trugaredd a thangnefedd gyda ni, oddi wrth Dduw y Tad ac oddi wrth Iesu Grist, Mab y Tad, mewn gwirionedd a chariad.

Aros yn Nysgeidiaeth Crist

⁴ Bu'n llawenydd mawr i mi gael rhai o'th blant di yn rhodio yn y gwirionedd, fel y cawsom orchymyn gan y Tad. ⁵ Ac yn awr yr wyf yn erfyn arnat, arglwyddes, ond nid fel un yn ysgrifennu iti orchymyn newydd; gorchymyn a oedd gennym o'r dechrau ydyw, sef ein bod i garu ein gilydd. ⁶ A hyn yw cariad: ein bod yn rhodio yn ôl ei orchmynion ef. A'r gorchymyn hwn, fel y clywsoch o'r dechreuad, yw eich bod i rodio mewn cariad. ⁷ Oherwydd aeth twyllwyr lawer allan i'r byd, y rhai nad ydynt yn cyffesu bod Iesu Grist wedi dod yn y cnawd; dyma'r twyllwr a'r Anghrist. ⁸ Gwyliwch eich hunain, rhag ichwi golli ffrwyth ein* llafur, ond derbyn eich gwobr yn gyflawn. ⁹ Pob un sy'n mynd rhagddo heb aros yn nysgeidiaeth Crist, nid yw Duw ganddo; y sawl sydd yn aros yn y ddysgeidiaeth, y mae'r Tad a'r Mab ganddo. ¹⁰ Os daw rhywun atoch heb ddod â'r ddysgeidiaeth hon, peidiwch â'i dderbyn i'ch tŷ na'i gyfarch ef, ¹¹ oherwydd y mae'r sawl sy'n ei gyfarch yn gyfrannog o'i weithredoedd drygionus.

Cyfarchion Terfynol

¹² Er bod gennyf lawer o bethau i'w hysgrifennu atoch, gwell gennyf beidio â'u hysgrifennu â phapur ac inc; rwy'n gobeithio dod atoch, a siarad â chwi wyneb yn wyneb, ac yna bydd ein llawenydd yn gyflawn. ¹³ Y mae plant dy chwaer etholedig yn dy gyfarch di.

1:8 Yn ôl darlleniad arall, *eich.*

TRYDYDD LLYTHYR

IOAN

Cyfarch

¹ Yr henuriad at Gaius, y gŵr annwyl yr wyf fi yn ei garu yn y gwirionedd.

² Gyfaill annwyl, yr wyf yn dymuno iechyd iti, a llwyddiant ym mhob peth, fel y mae dy enaid yn llwyddo. ³ Oherwydd yr oedd yn llawenydd mawr i mi pan fyddai cyfeillion yn dod ac yn tystio i'th wirionedd di, i'r modd yr wyt ti'n rhodio yn y gwirionedd. ⁴ Nid oes dim sy'n fwy o lawenydd i mi na chlywed bod fy mhlant yn rhodio yn y gwirionedd.

Cydweithrediad a Gwrthwynebiad

⁵ Gyfaill annwyl, yr wyt ti'n gwneud peth teilwng wrth wasanaethu'r cyfeillion, a hwythau'n ddieithriaid. ⁶ Y maent hwy wedi tystio gerbron yr eglwys i'th gariad di; da ti, rho iddynt ar eu taith gymorth teilwng o Dduw. ⁷ Oherwydd er mwyn yr Enw yr aethant allan, heb dderbyn dim gan y Cenhedloedd. ⁸ Felly dylem ni gynorthwyo pobl o'r fath, er mwyn inni fod yn gydweithwyr dros y gwirionedd.

⁹ Ysgrifennais air at yr eglwys, ond nid yw Diotreffes, sy'n chwenychu bod yn ben arnynt, yn derbyn ein hawdurdod. ¹⁰ Felly, pan ddof, byddaf yn galw sylw at yr hyn y mae'n ei wneud, yn clebran yn ein herbyn â geiriau drygionus; ac yn wir, nid yw'n fodlon ar eiriau—y mae'n gwrthod derbyn y cyfeillion, ac yn gwahardd y rhai sydd am eu derbyn, ac yn eu bwrw allan o'r eglwys.

¹¹ Gyfaill annwyl, efelycha ddaioni, nid drygioni. Y sawl sy'n gwneud daioni, o Dduw y mae; ond y sawl sy'n gwneud drygioni, nid yw wedi gweld Duw. ¹² Y mae gair da i Demetrius gan bawb, a chan y gwirionedd ei hun; ac yr ydym ninnau hefyd yn tystio iddo, a gwyddost fod ein tystiolaeth ni yn wir.

Cyfarchion Terfynol

¹³ Y mae gennyf lawer o bethau i'w hysgrifennu atat, ond gwell gennyf beidio ag ysgrifennu atat â phen ac inc. ¹⁴ Rwy'n gobeithio dy weld yn fuan, a chawn siarad wyneb yn wyneb. ¹⁵ Tangnefedd i ti! Y mae'r cyfeillion yma yn dy gyfarch. Cyfarch di y cyfeillion yna, bob un wrth ei enw.

LLYTHYR
JWDAS

Cyfarch

¹ Jwdas, gwas Iesu Grist, a brawd Iago, at y rhai sydd wedi eu galw, yn annwyl gan Dduw y Tad ac wedi eu cadw i Iesu Grist. ² Trugaredd a thangnefedd a chariad a amlhaer i chwi!

Barn ar Athrawon Gau

2 Pedr 2:1–17

³ Gyfeillion annwyl, yr oeddwn yn awyddus iawn i ysgrifennu atoch am yr iachawdwriaeth sy'n eiddo i ni i gyd, ond daeth rheidrwydd arnaf i ysgrifennu atoch i'ch annog i ymuno yn y frwydr o blaid y ffydd a draddodwyd un waith am byth i'r saint. ⁴ Oherwydd y mae rhywrai wedi llithro'n llechwraidd i'ch plith, rhai y mae'r farnedigaeth hon arnynt wedi ei chofnodi erstalwm, mai pobl annuwiol ydynt, yn troi gras ein Duw ni yn anlladrwydd, ac yn gwadu ein hunig Feistr ac Arglwydd, Iesu Grist.

⁵ Er eich bod chwi'n gwybod hyn oll, yr wyf am eich atgoffa fod yr Arglwydd, er iddo unwaith waredu'r bobl* o dir yr Aifft, wedi dinistrio wedyn y rhai oedd heb gredu. ⁶ Cofiwch yr angylion hefyd, y rhai a wrthododd gadw o fewn terfynau eu llywodraeth ac a gefnodd ar eu trigfan eu hunain, iddo ef eu cadw hwy yn y tywyllwch mewn cadwynau tragwyddol, i aros barn y Dydd mawr. ⁷ A chofiwch Sodom a Gomorra, a'r dinasoedd o'u cwmpas; fel yr angylion, ymollwng a wnaethant hwythau i buteindra ac i borthi eu chwantau annaturiol. Wrth gael eu cosbi yn y tân tragwyddol, y maent yn esiampl amlwg i bawb.

⁸ Y mae'r un fath eto yn achos y rhai hyn. Y mae eu breuddwydio yn peri iddynt halogi'r cnawd, a diystyru awdurdod, a sarhau'r bodau nefol. ⁹ Pan oedd Mihangel, yr archangel, mewn ymryson â'r diafol yn dadlau am gorff Moses, ni feiddiodd gyhoeddi barn a fyddai'n sarhau'r diafol; yn hytrach dywedodd, "Cerydded yr Arglwydd di." ¹⁰ Ond y mae'r bobl hyn yn sarhau'r pethau nad ydynt yn eu deall, a'r pethau y maent yn eu deall wrth reddf fel anifeiliaid direswm yw'r pethau sydd yn eu dinistrio. ¹¹ Gwae hwy! Y maent wedi dilyn llwybr Cain; y maent wedi ymollwng, er mwyn elw, i gyfeiliornad Balaam; y maent wedi gwrthryfela fel Core, a darfod amdanynt. ¹² Dyma'r rhai sydd yn feflau yn eich cariadwleddoedd, yn cydeistedd â chwi yn ddigywilydd, bugeiliaid sy'n eu pesgi eu hunain. Cymylau heb ddŵr ydynt, yn cael eu chwythu ymaith gan wyntoedd; coed yr hydref, yn ddiffrwyth ac wedi eu diwreiddio, ddwywaith yn farw; ¹³ tonnau cynddeiriog y môr, yn ewynnu llysnafedd eu gweithredoedd; sêr wedi crwydro o'u llwybrau, a'r tywyllwch dudew ar gadw iddynt am byth.

¹⁴ Am y rhain y mae Enoch hefyd, y seithfed yn llinach Adda, wedi proffwydo wrth ddweud, "Wele, y mae'r Arglwydd yn dod gyda'i fyrddiynau sanctaidd ¹⁵ i weithredu barn ar bawb, i'w condemnio i gyd am annuwioldeb eu holl weithredoedd ysgeler, ac am atgasedd holl eiriau'r pechaduriaid annuwiol hynny yn ei erbyn." ¹⁶ Pobl yn caru grwgnach a gweld bai yw'r rhain, yn byw yn ôl eu chwantau eu hunain, yn ymffrostgar eu siarad, yn gynffonwyr er mwyn ffafr.

Rhybuddion ac Anogaethau

¹⁷ Ond dylech chwi, gyfeillion annwyl, gofio'r pethau a ragddywedwyd gan apostolion ein Harglwydd Iesu Grist. ¹⁸ Dywedasant wrthych, "Yn yr amser diwethaf fe fydd gwatwarwyr, pobl a fydd yn byw yn ôl eu chwantau annuwiol eu hunain." ¹⁹ Dyma'r rhai fydd yn achosi rhaniadau, pobl fydol yn amddifad o'r Ysbryd. ²⁰ Ond rhaid i

---

1:5 Yn ôl darlleniad arall, *Er eich bod un waith am byth wedi cael gwybod hyn oll, yr wyf am eich atgoffa fod Iesu* (cyfeiriad, o bosibl, at Josua), *er iddo waredu'r bobl.*

chwi, gyfeillion annwyl, eich adeiladu eich hunain ar sylfaen eich ffydd hollsanctaidd, a gweddïo yn yr Ysbryd Glân; ²¹ cadwch eich hunain yng nghariad Duw, gan ddisgwyl am i'n Harglwydd Iesu Grist yn ei drugaredd roi ichwi fywyd tragwyddol. ²² Y mae rhai y dylech dosturio wrthynt yn eu hamheuon, eraill y dylech eu hachub a'u cipio o'r tân, ²³ ac y mae eraill y dylech dosturio wrthynt gydag ofn, gan gasáu hyd yn oed y dilledyn sydd â llygredd y cnawd arno.

Bendith

²⁴ Iddo ef, sydd â'r gallu ganddo i'ch cadw rhag syrthio, a'ch gosod yn ddi-fai a gorfoleddus gerbron ei ogoniant, ²⁵ iddo ef, yr unig Dduw, ein Gwaredwr, trwy Iesu Grist ein Harglwydd, y byddo gogoniant a mawrhydi, gallu ac awdurdod, cyn yr oesoedd, ac yn awr, a byth bythoedd! Amen.

DATGUDDIAD IOAN

Rhagymadrodd a Chyfarchiad

1 Dyma'r datguddiad a roddwyd gan Iesu Grist. Fe'i rhoddwyd iddo ef gan Dduw, er mwyn iddo ddangos i'w weision y pethau y mae'n rhaid iddynt ddigwydd ar fyrder. Fe'i gwnaeth yn hysbys trwy anfon ei angel at ei was Ioan. ² Tystiodd yntau i air Duw ac i dystiolaeth Iesu Grist, trwy adrodd y cwbl a welodd. ³ Gwyn ei fyd y sawl sy'n darllen a'r rhai sy'n gwrando geiriau'r broffwydoliaeth hon ac yn cadw'r hyn sy'n ysgrifenedig ynddi. Oherwydd y mae'r amser yn agos.

⁴ Ioan at y saith eglwys yn Asia: gras a thangnefedd i chwi oddi wrth yr hwn sydd a'r hwn oedd a'r hwn sydd i ddod, ac oddi wrth y saith ysbryd sydd gerbron ei orsedd, ⁵ ac oddi wrth Iesu Grist, y tyst ffyddlon, y cyntafanedig oddi wrth y meirw a llywodraethwr brenhinoedd y ddaear.

I'r hwn sydd yn ein caru ni ac a'n rhyddhaodd ni oddi wrth ein pechodau â'i waed, ⁶ ac a'n gwnaeth yn urdd frenhinol, yn offeiriaid i Dduw ei Dad, iddo ef y bo'r gogoniant a'r gallu byth bythoedd! Amen.

⁷ Wele, y mae'n dyfod gyda'r cymylau,
   a bydd pob llygad yn ei weld,
ie, a'r rhai a'i trywanodd,
   a bydd holl lwythau'r ddaear yn
      galaru o'i blegid ef.

Boed felly! Amen.

⁸ "Myfi yw Alffa ac Omega," medd yr Arglwydd Dduw, yr hwn sydd a'r hwn oedd a'r hwn sydd i ddod, yr Hollalluog.

Gweledigaeth o Grist

⁹ Yr oeddwn i, Ioan, eich brawd, sy'n cyfranogi gyda chwi o'r gorthrymder a'r frenhiniaeth a'r dyfalbarhad sydd i ni yn Iesu, ar yr ynys a elwir Patmos, ar gyfrif gair Duw a thystiolaeth Iesu. ¹⁰ Yr oeddwn yn yr Ysbryd ar ddydd yr Arglwydd, a chlywais y tu ôl imi lais uchel, fel sŵn utgorn, ¹¹ yn dweud, "Ysgrifenna mewn llyfr yr hyn a weli, ac anfon ef at y saith eglwys, i Effesus, i Smyrna, i Pergamus, i Thyatira, i Sardis, i Philadelffia, ac i Laodicea."

¹² Yna trois i weld pa lais oedd yn llefaru wrthyf; ac wedi troi, gwelais saith ganhwyllbren aur, ¹³ ac yng nghanol y canwyllbrennau un fel mab dyn, a'i wisg yn cyrraedd hyd ei draed, a gwregys aur am ei ddwyfron. ¹⁴ Yr oedd gwallt ei ben

yn wyn fel gwlân, cyn wynned â'r eira, a'i lygaid fel fflam dân. ¹⁵ Yr oedd ei draed fel pres gloyw, fel petai wedi ei buro mewn ffwrnais, a'i lais fel sŵn llawer o ddyfroedd. ¹⁶ Yn ei law dde yr oedd ganddo saith seren, ac o'i enau yr oedd cleddyf llym daufiniog yn dod allan, ac yr oedd ei wyneb yn disgleirio fel yr haul yn ei anterth.

¹⁷ Pan welais ef, syrthiais wrth ei draed fel un marw; gosododd yntau ei law dde arnaf, a dywedodd, "Paid ag ofni; myfi yw'r cyntaf a'r olaf, ¹⁸ a'r Un byw; bûm farw, ac wele, yr wyf yn fyw byth bythoedd, ac y mae gennyf allweddau Marwolaeth a Hades*. ¹⁹ Ysgrifenna, felly, y pethau a welaist, y pethau sydd, a'r pethau sydd i fod ar ôl hyn. ²⁰ Dyma ystyr dirgel y saith seren a welaist ar fy llaw dde a'r saith ganhwyllbren aur: angylion y saith eglwys yw'r saith seren, a'r saith eglwys yw'r saith ganhwyllbren.

Y Neges i Effesus

2 "At angel yr eglwys yn Effesus, ysgrifenna:
'Dyma y mae'r hwn sy'n dal y saith seren yn ei law dde, ac yn cerdded yng nghanol y saith ganhwyllbren aur, yn ei ddweud: ² Gwn am dy weithredoedd a'th lafur a'th ddyfalbarhad, a gwn na elli oddef y rhai drwg; gwn dy fod wedi rhoi prawf ar y rhai sy'n eu galw eu hunain yn apostolion a hwythau heb fod felly, a chefaist hwy'n gelwyddog; ³ ac y mae gennyt ddyfalbarhad, a dygaist faich trwm er mwyn fy enw i, ac ni ddiffygiaist. ⁴ Ond y mae gennyf hyn yn dy erbyn, iti roi heibio dy gariad cynnar. ⁵ Cofia, felly, o ble y syrthiaist, ac edifarha, a gwna eto dy weithredoedd cyntaf. Os na wnei, ac os nad edifarhei, fe ddof atat a symud dy ganhwyllbren o'i le. ⁶ Ond y mae hyn o'th blaid, dy fod fel minnau yn casáu gweithredoedd y Nicolaiaid. ⁷ Y sawl sydd â chlustiau ganddo, gwrandawed beth y mae'r Ysbryd yn ei ddweud wrth yr eglwysi. I'r hwn sy'n gorchfygu, rhof yr hawl i fwyta o bren y bywyd sydd ym Mharadwys Duw.'

Y Neges i Smyrna

⁸ "Ac at angel yr eglwys yn Smyrna, ysgrifenna:
'Dyma y mae'r cyntaf a'r olaf, yr hwn a fu farw ac a ddaeth yn fyw, yn ei ddweud: ⁹ Gwn am dy orthrymder a'th dlodi, ac eto yr wyt yn gyfoethog; gwn hefyd am gabledd y rhai sy'n eu galw eu hunain yn Iddewon a hwythau heb fod felly, ond yn hytrach yn synagog Satan. ¹⁰ Paid ag ofni'r pethau yr wyt ar fedr eu dioddef. Wele, y mae'r diafol yn mynd i fwrw rhai ohonoch i garchar er mwyn eich profi, ac fe gewch orthrymder am ddeg diwrnod. Bydd ffyddlon hyd angau, a rhof iti goron y bywyd. ¹¹ Y sawl sydd â chlustiau ganddo, gwrandawed beth y mae'r Ysbryd yn ei ddweud wrth yr eglwysi. Y sawl sy'n gorchfygu, ni chaiff niwed gan yr ail farwolaeth.'

Y Neges i Pergamus

¹² "Ac at angel yr eglwys yn Pergamus, ysgrifenna:
'Dyma y mae'r hwn sydd â'r cleddyf llym daufiniog ganddo yn ei ddweud: ¹³ Gwn ym mhle yr wyt yn trigo, sef lle mae gorsedd Satan; ac eto yr wyt yn glynu wrth f'enw i, ac ni wedaist dy ffydd ynof fi, hyd yn oed yn nyddiau fy nhyst Antipas, a fu'n ffyddlon i mi ac a laddwyd yn eich mysg chwi, lle mae Satan yn trigo. ¹⁴ Ond y mae gennyf ychydig bethau yn dy erbyn, fod gennyt rai yna sy'n glynu wrth athrawiaeth Balaam, a ddysgodd i Balac osod magl i blant Israel, a pheri iddynt fwyta pethau a aberthwyd i eilunod, a phuteinio; ¹⁵ yn yr un modd, y mae gennyt tithau hefyd rai sy'n glynu wrth athrawiaeth y Nicolaiaid. ¹⁶ Edifarha felly; os na wnei, fe ddof atat yn fuan, a rhyfela yn eu herbyn hwy â chleddyf fy ngenau. ¹⁷ Y sawl sydd â chlustiau ganddo, gwrandawed beth y mae'r Ysbryd yn ei ddweud wrth yr eglwysi. I'r hwn sy'n gorchfygu, rhof hefyd o'r manna cuddiedig, a rhof iddo garreg wen, ac yn ysgrifenedig ar y garreg enw newydd na fydd neb yn ei wybod ond y sawl sydd yn ei derbyn.'

1:18 H.y., *Trigfan y Meirw.*

Y Neges i Thyatira

[18] "Ac at angel yr eglwys yn Thyatira, ysgrifenna:

'Dyma y mae Mab Duw yn ei ddweud, yr hwn sydd ganddo lygaid fel fflam dân, a'i draed fel pres gloyw: [19] Gwn am dy weithredoedd, dy gariad, dy ffydd, dy wasanaeth, dy ddyfalbarhad, a gwn fod dy weithredoedd diwethaf yn fwy lluosog na'r rhai cyntaf. [20] Ond y mae gennyf hyn yn dy erbyn, dy fod yn goddef y wraig honno, Jesebel, sy'n ei galw ei hun yn broffwydes, a hithau'n dysgu ac yn twyllo fy ngweision i buteinio a bwyta pethau a aberthwyd i eilunod. [21] Rhoddais amser iddi i edifarhau, ond y mae'n gwrthod edifarhau am ei phuteindra. [22] Wele, bwriaf hi i wely cystudd, a'r rhai sy'n godinebu gyda hi i orthrymder mawr, os nad edifarhânt am ei gweithredoedd hi. [23] A lladdaf ei phlant hi yn gelain; ac fe gaiff yr holl eglwysi wybod mai myfi yw'r hwn sy'n chwilio meddyliau a chalonnau. Rhoddaf i chwi bob un yn ôl eich gweithredoedd. [24] Wrth y gweddill ohonoch yn Thyatira, pawb nad ydynt yn derbyn yr athrawiaeth hon, ac sydd heb brofiad o'r hyn a elwir yn ddyfnderoedd Satan, rwy'n dweud hyn: ni osodaf arnoch faich arall, [25] ond yn unig glynwch wrth yr hyn sydd gennych, hyd nes i mi ddod. [26] I'r sawl sy'n gorchfygu ac yn dal ati i wneud fy ngweithredoedd hyd y diwedd,

> rhof iddo awdurdod ar y cenhedloedd—
> [27] a bydd yn eu llywodraethu hwy â gwialen haearn;
> malurir hwy fel llestri pridd—

[28] fel y derbyniais innau hefyd awdurdod gan fy Nhad. Rhof iddo hefyd seren y bore. [29] Y sawl sydd â chlustiau ganddo, gwrandawed beth y mae'r Ysbryd yn ei ddweud wrth yr eglwysi.'

Y Neges i Sardis

3 "Ac at angel yr eglwys yn Sardis, ysgrifenna:
'Dyma y mae'r hwn sydd ganddo saith ysbryd Duw a'r saith seren yn ei ddweud: Gwn am dy weithredoedd, a bod gennyt enw dy fod yn fyw er mai marw ydwyt. [2] Bydd effro, a chryfha'r hyn sydd ar ôl gennyt, sydd ar ddarfod amdano, oherwydd ni chefais dy weithredoedd yn gyflawn yng ngolwg fy Nuw i. [3] Cofia, felly, beth a dderbyniaist ac a glywaist; cadw at hynny ac edifarha. Os na fydd iti ddeffro, fe ddof fel lleidr, ac ni chei wybod pa awr y dof atat. [4] Ond y mae gennyt rai unigolion yn Sardis nad ydynt wedi halogi eu dillad; caiff y rhain rodio gyda mi mewn gwisgoedd gwynion, oherwydd y maent yn deilwng. [5] Y sawl sy'n gorchfygu, gwisgir hwnnw yn yr un modd mewn gwisgoedd gwynion, ac ni thorraf ei enw allan o lyfr y bywyd byth, a chyffesaf ei enw gerbron fy Nhad a cherbron ei angylion ef. [6] Y sawl sydd â chlustiau ganddo, gwrandawed beth y mae'r Ysbryd yn ei ddweud wrth yr eglwysi.'

Y Neges i Philadelffia

[7] "Ac at angel yr eglwys yn Philadelffia, ysgrifenna:
'Dyma y mae'r Un sanctaidd, yr Un gwir, yn ei ddweud,

> yr hwn y mae allwedd Dafydd ganddo,
> yr hwn sy'n agor, ac ni fydd neb yn cau,
> ac yn cau, a neb yn agor:

[8] Gwn am dy weithredoedd, a dyma fi wedi rhoi o'th flaen ddrws agored na fedr neb ei gau. Gwn mai ychydig nerth sydd gennyt, ond cedwaist fy ngair ac ni wedaist fy enw. [9] Wele, rhoddaf iti rai o synagog Satan sydd yn eu galw eu hunain yn Iddewon a hwythau heb fod felly; dweud celwydd y maent. Wele, gwnaf iddynt ddod ac ymgrymu wrth dy draed, a chael gwybod i mi dy garu di. [10] Am iti gadw fy ngair i ddyfalbarhau, byddaf finnau yn dy gadw di rhag awr y prawf sydd ar ddod ar yr holl fyd i brofi trigolion y ddaear. [11] Yr wyf yn dod yn fuan; glyna wrth yr hyn sydd gennyt, rhag i neb ddwyn dy goron di. [12] Y sawl sy'n gorchfygu, fe'i gwnaf yn golofn yn nheml fy Nuw i, ac nid a allan oddi yno byth. Ac ysgrifennaf arno enw fy Nuw i—

ac enw dinas fy Nuw i, y Jerwsalem newydd sy'n disgyn o'r nef oddi wrth fy Nuw i—a'm henw newydd i. [13] Y sawl sydd â chlustiau ganddo, gwrandawed beth y mae'r Ysbryd yn ei ddweud wrth yr eglwysi.'

Y Neges i Laodicea

[14] "Ac at angel yr eglwys yn Laodicea, ysgrifenna:

'Dyma y mae'r Amen, y tyst ffyddlon a gwir, a dechreuad creadigaeth Duw, yn ei ddweud: [15] Gwn am dy weithredoedd; nid wyt nac yn oer nac yn boeth. Gwyn fyd na fyddit yn oer neu yn boeth! [16] Felly, gan mai claear ydwyt, heb fod nac yn boeth nac yn oer, fe'th boeraf allan o'm genau. [17] Dweud yr wyt, "Rwy'n gyfoethog, ac wedi casglu golud, ac nid oes arnaf eisiau dim"; ac ni wyddost mai gwrthrych trueni a thosturi ydwyt, yn dlawd, yn ddall, ac yn noeth. [18] Felly, cynghoraf di i brynu gennyf fi aur wedi ei buro drwy dân, iti ddod yn gyfoethog, a dillad gwyn i'w gwisgo, i guddio gwarth dy noethni, ac eli i iro dy lygaid, iti gael gweld. [19] Yr wyf fi'n ceryddu ac yn disgyblu'r rhai a garaf; bydd selog, felly, ac edifarha. [20] Wele, yr wyf yn sefyll wrth y drws ac yn curo; os clyw rhywun fy llais ac agor y drws, dof i mewn ato a bydd y ddau ohonom yn cydfwyta gyda'n gilydd. [21] I'r sawl sy'n gorchfygu y rhof yr hawl i eistedd gyda mi ar fy ngorsedd, megis y gorchfygais innau ac yr eisteddais gyda'm Tad ar ei orsedd ef. [22] Y sawl sydd â chlustiau ganddo, gwrandawed beth y mae'r Ysbryd yn ei ddweud wrth yr eglwysi.'"

Addoliad y Nef

4 Ar ôl hyn edrychais, ac wele ddrws wedi ei agor yn y nef; a dyma'r llais, a glywswn gyntaf yn llefaru wrthyf fel sŵn utgorn, yn dweud, "Tyrd i fyny yma, a dangosaf iti'r pethau y mae'n rhaid iddynt ddigwydd ar ôl hyn." [2] Ar unwaith, yr oeddwn yn yr Ysbryd; ac wele, yr oedd gorsedd wedi ei gosod yn y nef, ac ar yr orsedd un yn eistedd. [3] Yr oedd hwn yn debyg ei olwg i faen iasbis a sardion, ac o amgylch yr orsedd yr oedd enfys debyg i emrallt. [4] O amgylch yr orsedd yr oedd hefyd bedair gorsedd ar hugain, ac ar y rhain bedwar henuriad ar hugain yn eistedd mewn dillad gwyn, ac ar eu pennau goronau aur. [5] O'r orsedd yr oedd fflachiadau mellt a sŵn taranau yn dod allan, ac yn llosgi gerbron yr orsedd yr oedd saith ffagl dân; y rhain yw saith ysbryd Duw. [6] O flaen yr orsedd yr oedd môr megis o wydr, tebyg i risial.

Ac yng nghanol yr orsedd ac o'i hamgylch yr oedd pedwar creadur byw yn llawn o lygaid o'r tu blaen a'r tu ôl. [7] Yr oedd y creadur cyntaf yn debyg i lew, a'r ail i lo; yr oedd gan y trydydd wyneb dynol, ac yr oedd y pedwerydd yn debyg i eryr yn hedfan. [8] I'r pedwar creadur byw yr oedd chwe adain yr un, ac yr oeddent yn llawn o lygaid o'u hamgylch ac o'u mewn, a heb orffwys ddydd na nos yr oeddent yn dweud:

"Sanct, Sanct, Sanct
yw'r Arglwydd Dduw hollalluog,
yr hwn oedd a'r hwn sydd a'r hwn
    sydd i ddod!"

[9] Pan fydd y creaduriaid byw yn rhoi gogoniant ac anrhydedd a diolch i'r hwn sy'n eistedd ar yr orsedd, yr hwn sy'n byw byth bythoedd, [10] bydd y pedwar henuriad ar hugain yn syrthio o flaen yr hwn sy'n eistedd ar yr orsedd, gan addoli'r hwn sy'n byw byth bythoedd, a bwrw eu coronau gerbron yr orsedd a dweud:

[11] "Teilwng wyt ti, ein Harglwydd a'n
    Duw,
i dderbyn y gogoniant a'r anrhydedd
    a'r gallu,
oherwydd tydi a greodd bob peth,
a thrwy dy ewyllys y daethant i fod
    ac y crewyd hwy."

Y Sgrôl a'r Oen

5 A gwelais yn llaw dde yr hwn oedd yn eistedd ar yr orsedd sgrôl a'i hysgrifen ar yr wyneb ac ar y cefn, wedi ei selio â saith sêl. [2] A gwelais angel nerthol yn cyhoeddi â llef uchel, "Pwy sydd deilwng i agor y sgrôl ac i ddatod ei seliau?" [3] Nid oedd neb yn y nef nac ar y ddaear na

than y ddaear a allai agor y sgrôl nac edrych arni. ⁴ Yr oeddwn i'n wylo'n hidl am na chafwyd neb yn deilwng i agor y sgrôl nac i edrych arni. ⁵ A dywedodd un o'r henuriaid wrthyf, "Paid ag wylo; wele, y mae'r Llew o lwyth Jwda, Gwreiddyn Dafydd, wedi gorchfygu ac ennill yr hawl i agor y sgrôl a'i saith sêl."

⁶ Gwelais Oen yn sefyll yn y canol, gyda'r pedwar creadur byw, rhwng yr orsedd a'r henuriaid. Yr oedd yr Oen fel un wedi ei ladd, ac yr oedd ganddo saith o gyrn a saith o lygaid; y rhain yw saith ysbryd Duw, sydd wedi eu hanfon i'r holl ddaear. ⁷ Daeth yr Oen a chymryd y sgrôl o law dde yr hwn oedd yn eistedd ar yr orsedd. ⁸ Ac wedi iddo gymryd y sgrôl, syrthiodd y pedwar creadur byw a'r pedwar henuriad ar hugain o flaen yr Oen, ac yr oedd gan bob un ohonynt delyn, a ffiolau aur yn llawn o arogldarth; y rhain yw gweddïau'r saint. ⁹ Ac yr oeddent yn canu cân newydd fel hyn:

"Teilwng wyt ti i gymryd y sgrôl
ac i agor ei seliau,
oherwydd ti a laddwyd ac a brynaist
   i Dduw â'th waed
rai o bob llwyth ac iaith a phobl a
   chenedl,
¹⁰ a gwnaethost hwy yn urdd
   frenhinol ac yn offeiriaid i'n Duw
   ni;
ac fe deyrnasant hwy ar y ddaear."

¹¹ Yna edrychais a chlywais lais angylion lawer; yr oeddent o amgylch yr orsedd a'r creaduriaid byw a'r henuriaid. A'u rhif oedd myrdd myrddiynau a miloedd ar filoedd. ¹² Meddent â llef uchel:

"Teilwng yw'r Oen a laddwyd i
   dderbyn
gallu, cyfoeth, doethineb a nerth,
anrhydedd, gogoniant a mawl."

¹³ A chlywais bob peth a grewyd, yn y nef ac ar y ddaear a than y ddaear ac ar y môr, a'r cwbl sydd ynddynt, yn dweud:

"I'r hwn sy'n eistedd ar yr orsedd ac
   i'r Oen
y bo'r mawl a'r anrhydedd a'r
   gogoniant a'r nerth
byth bythoedd!"

¹⁴ A dywedodd y pedwar creadur byw, "Amen"; a syrthiodd yr henuriaid i lawr ac addoli.

Y Seliau

6 Edrychais pan agorodd yr Oen y gyntaf o'r saith sêl, a chlywais y cyntaf o'r pedwar creadur byw yn dweud â llais fel taran, "Tyrd." ² Edrychais, ac wele geffyl gwyn; yr oedd gan ei farchog fwa; rhoddwyd iddo goron, ac fe aeth allan fel concwerwr i ennill concwest.

³ Pan agorodd yr Oen yr ail sêl, clywais yr ail greadur byw yn dweud, "Tyrd." ⁴ A daeth allan geffyl arall, fflamgoch; ac i farchog hwn rhoddwyd awdurdod i ddwyn heddwch oddi ar y ddaear a pheri i bobl ladd ei gilydd, a rhoddwyd iddo gleddyf mawr.

⁵ Pan agorodd y drydedd sêl, clywais y trydydd creadur byw yn dweud, "Tyrd." Edrychais, ac wele geffyl du; ac yr oedd gan ei farchog glorian yn ei law. ⁶ Clywais sŵn fel llais o ganol y pedwar creadur byw yn dweud: "Darn arian am litr o wenith, darn arian am dri litr o haidd; ond paid â difetha'r olew na'r gwin."

⁷ Pan agorodd y bedwaredd sêl, clywais lais y pedwerydd creadur byw yn dweud, "Tyrd." ⁸ Edrychais, ac wele geffyl gwelwlwyd; ac enw ei farchog ef oedd Marwolaeth, ac yn ei ganlyn yn dynn yr oedd Hades. Rhoddwyd iddynt awdurdod ar y bedwaredd ran o'r ddaear, hawl i ladd â'r cleddyf ac â newyn ac â phla, a thrwy fwystfilod y ddaear.

⁹ Pan agorodd y bumed sêl, gwelais dan yr allor eneidiau'r rhai a laddwyd ar gyfrif gair Duw ac am y dystiolaeth yr oeddent wedi ei dwyn. ¹⁰ Gwaeddasant â llais uchel: "Pa hyd, Benllywydd sanctaidd a gwir, cyn i ti farnu, a dial ein gwaed ar drigolion y ddaear?" ¹¹ Yna rhoddwyd i bob un ohonynt fantell wen, a dywedwyd wrthynt am orffwys eto am ychydig amser hyd nes bod nifer eu cydweision a'u cymrodyr, a oedd i'w lladd fel hwythau, yn gyflawn.

¹² Edrychais pan agorodd y chweched sêl. Bu daeargryn mawr, aeth yr haul yn ddu fel sachliain galar, a'r lleuad lawn

yn goch fel gwaed. ¹³ Syrthiodd sêr y nef i'r ddaear fel cawod o ffigys gleision oddi ar ffigysbren pan siglir ef gan wynt mawr. ¹⁴ Rhwygwyd* y ffurfafen fel sgrôl yn cael ei dirwyn, a symudwyd pob mynydd ac ynys o'u lle. ¹⁵ A brenhinoedd y ddaear, y mawrion a'r cadfridogion, y cyfoethogion a'r cryfion, a phawb, yn gaethion ac yn rhyddion, cuddiasant eu hunain mewn ogofeydd ac yng nghreigiau'r mynyddoedd; ¹⁶ a dywedasant wrth y mynyddoedd a'r creigiau, "Syrthiwch arnom, a chuddiwch ni rhag wyneb yr hwn sy'n eistedd ar yr orsedd a rhag digofaint yr Oen, ¹⁷ oherwydd daeth dydd mawr eu digofaint hwy, a phwy all sefyll?"

Selio'r 144,000 o Israel

7 Ar ôl hyn gwelais bedwar angel yn sefyll ar bedair congl y ddaear yn dal pedwar gwynt y ddaear, i gadw'r gwynt rhag chwythu ar y ddaear nac ar y môr nac ar un goeden. ² A gwelais angel arall yn esgyn o godiad haul, a chanddo sêl y Duw byw. Gwaeddodd â llais uchel ar y pedwar angel y rhoddwyd iddynt awdurdod i niweidio'r ddaear a'r môr, ³ a dywedodd: "Peidiwch â niweidio na'r ddaear na'r môr na'r coed nes inni selio gweision ein Duw ar eu talcennau." ⁴ A chlywais rif y rhai a seliwyd, cant pedwar deg a phedair o filoedd wedi eu selio, o bob un o lwythau plant Israel.

⁵ O lwyth Jwda yr oedd deuddeng
    mil wedi eu selio,
o lwyth Reuben deuddeng mil,
o lwyth Gad deuddeng mil,
⁶ o lwyth Aser deuddeng mil,
o lwyth Nafftali deuddeng mil,
o lwyth Manasse deuddeng mil,
⁷ o lwyth Simeon deuddeng mil,
o lwyth Lefi deuddeng mil,
o lwyth Issachar deuddeng mil,
⁸ o lwyth Sabulon deuddeng mil,
o lwyth Joseff deuddeng mil,
ac o lwyth Benjamin deuddeng mil
    wedi eu selio.

Y Dyrfa o Bob Cenedl

⁹ Ar ôl hyn edrychais, ac wele dyrfa fawr na allai neb ei rhifo, o bob cenedl a'r holl lwythau a phobloedd ac ieithoedd, yn sefyll o flaen yr orsedd ac o flaen yr Oen, wedi eu gwisgo â mentyll gwyn, a phalmwydd yn eu dwylo. ¹⁰ Yr oeddent yn gweiddi â llais uchel:

"I'n Duw ni, sy'n eistedd ar yr
    orsedd, ac i'r Oen y perthyn y
    waredigaeth!"

¹¹ Yr oedd yr holl angylion yn sefyll o amgylch yr orsedd a'r henuriaid a'r pedwar creadur byw, a syrthiasant ar eu hwynebau gerbron yr orsedd ac addoli Duw ¹² gan ddweud:

"Amen. I'n Duw ni y bo'r mawl
a'r gogoniant a'r doethineb a'r diolch
a'r anrhydedd a'r gallu a'r nerth
byth bythoedd! Amen."

¹³ Gofynnodd un o'r henuriaid imi, "Y rhai hyn sydd wedi eu gwisgo â mentyll gwyn, pwy ydynt ac o ble y daethant?" ¹⁴ Dywedais wrtho, "Ti sy'n gwybod, f'arglwydd." Meddai yntau wrthyf, "Dyma'r rhai sy'n dod allan o'r gorthrymder mawr; y maent wedi golchi eu mentyll a'u cannu yng ngwaed yr Oen.

¹⁵ Am hynny, y maent o flaen
    gorsedd Duw,
ac yn ei wasanaethu ddydd a nos yn
    ei deml,
a bydd yr hwn sy'n eistedd ar yr
    orsedd yn lloches iddynt.
¹⁶ Ni newynant mwy ac ni sychedant
    mwy,
ni ddaw ar eu gwarthaf na'r haul
na dim gwres,
¹⁷ oherwydd bydd yr Oen sydd yng
    nghanol yr orsedd yn eu bugeilio
    hwy,
ac yn eu harwain i ffynhonnau
    dyfroedd bywyd,
a bydd Duw yn sychu pob deigryn
    o'u llygaid hwy."

Y Seithfed Sêl a'r Thuser Aur

8 Pan agorodd yr Oen y seithfed sêl, bu distawrwydd yn y nef am tua hanner awr. ² Yna gwelais y saith angel sy'n

---

6:14 Neu, *Diflannodd*.

sefyll gerbron Duw; a rhoddwyd iddynt saith utgorn.

³ Daeth angel arall, a safodd wrth yr allor â thuser aur yn ei law. Rhoddwyd iddo ddigonedd o arogldarth i'w offrymu gyda gweddïau'r holl saint ar yr allor aur oedd o flaen yr orsedd. ⁴ O law yr angel esgynnodd mwg yr arogldarth gerbron Duw gyda gweddïau'r saint. ⁵ Cymerodd yr angel y thuser, a llanwodd hi â thân o'r allor a'i thaflu ar y ddaear; ac yna bu sŵn taranau a fflachiadau mellt a daeargryn.

Yr Utgyrn

⁶ Paratôdd y saith angel, yr oedd y saith utgorn ganddynt, i'w seinio.

⁷ Seiniodd y cyntaf ei utgorn. Yna daeth cenllysg a thân, yn gymysg â gwaed, ac fe'u bwriwyd ar y ddaear. Llosgwyd traean o'r ddaear, llosgwyd traean o'r coed, llosgwyd pob porfa las.

⁸ Seiniodd yr ail angel ei utgorn. Yna taflwyd i'r môr rywbeth tebyg i fynydd mawr yn llosgi'n dân. Trodd traean o'r môr yn waed, ⁹ a bu farw traean o greaduriaid byw y môr, a dinistriwyd traean o'r llongau.

¹⁰ Seiniodd y trydydd angel ei utgorn. Yna syrthiodd o'r nef seren fawr yn llosgi fel ffagl; syrthiodd ar draean o'r afonydd ac ar ffynhonnau'r dyfroedd. ¹¹ Enw'r seren yw Wermod, a throdd traean o'r dyfroedd yn wermod, a bu farw llawer o bobl o achos chwerwi'r dyfroedd.

¹² Seiniodd y pedwerydd angel ei utgorn. Yna trawyd traean o'r haul a thraean o'r lleuad a thraean o'r sêr, nes tywyllu traean ohonynt, ac ni bu dim golau am draean o'r dydd, a'r un modd am draean o'r nos.

¹³ Edrychais, a chlywais eryr yn hedfan yng nghanol y nef ac yn llefain â llais uchel, "Gwae, gwae, gwae drigolion y ddaear o achos seiniau'r utgyrn eraill y mae'r tri angel eto i'w seinio!"

9

Seiniodd y pumed angel ei utgorn. Yna gwelais seren wedi syrthio o'r nef i'r ddaear, a rhoddwyd iddi allwedd i bwll y dyfnder. ² Agorodd bwll y dyfnder, a chododd mwg o'r pwll fel mwg ffwrnais fawr, a thywyllwyd yr haul a'r awyr gan fwg y pwll. ³ O'r mwg daeth locustiaid allan ar y ddaear, a rhoddwyd iddynt allu tebyg i'r gallu sydd gan ysgorpionau'r ddaear. ⁴ Dywedwyd wrthynt am beidio â niweidio na phorfa'r ddaear na'r un planhigyn na choeden, ond yn unig y bobl nad oedd sêl Duw ganddynt ar eu talcennau. ⁵ Gorchmynnwyd iddynt beidio â'u lladd, ond eu poenydio am bum mis; a'u poenedigaeth hwy oedd fel poenedigaeth ysgorpion yn brathu rhywun. ⁶ Yn y dyddiau hynny bydd pobl yn chwilio am farwolaeth, ond ni ddônt o hyd iddi, yn chwenychu marw, ond bydd marwolaeth yn ffoi rhagddynt.

⁷ Yn yr olwg arnynt yr oedd y locustiaid yn debyg i geffylau wedi eu paratoi i ryfel. Ar eu pennau yr oedd megis coronau euraid, ac yr oedd eu hwynebau fel wynebau dynol, ⁸ a gwallt ganddynt fel gwallt merched, a'u dannedd fel dannedd llewod. ⁹ Ac yr oedd eu dwyfron fel dwyfronneg o haearn, a sŵn eu hadenydd fel sŵn llawer o gerbydau rhyfel, a'u ceffylau yn carlamu i'r frwydr. ¹⁰ Yr oedd ganddynt gynffonnau tebyg i ysgorpionau, a cholynnau, ac yn eu cynffonnau yr oedd eu gallu i niweidio pobl am bum mis. ¹¹ Yn frenin arnynt yr oedd angel y dyfnder; ei enw mewn Hebraeg yw Abadon, ac yn yr iaith Roeg gelwir ef Apolyon*.

¹² Aeth y gwae cyntaf heibio; wele, daw eto ddau wae ar ôl hyn.

¹³ Seiniodd y chweched angel ei utgorn. Yna clywais lais o blith pedwar corn yr allor aur oedd gerbron Duw, ¹⁴ yn dweud wrth y chweched angel, yr un â'r utgorn ganddo: "Gollwng yn rhydd y pedwar angel sydd wedi eu rhwymo ar lan yr afon fawr, Afon Ewffrates." ¹⁵ Rhyddhawyd y pedwar angel, a oedd wedi eu dal yn barod ar gyfer yr awr a'r dydd a'r mis a'r flwyddyn, i ladd traean o'r ddynolryw. ¹⁶ Yr oedd lluoedd eu gwŷr meirch yn rhifo dau gan miliwn; clywais eu rhif hwy. ¹⁷ Yn fy ngweledigaeth dyma'r olwg a welais ar y ceffylau a'u marchogion: yr oedd eu dwyfronneg yn fflamgoch a glas

---

9:11 H.y., *Y Dinistrydd.*

a melyn, a'u ceffylau â phennau ganddynt fel llewod, a thân a mwg a brwmstan yn dod allan o'u safnau. ¹⁸ Gan y tri phla hyn fe laddwyd traean o'r ddynolryw, hynny yw, gan y tân a'r mwg a'r brwmstan oedd yn dod allan o'u safnau. ¹⁹ Yr oedd gallu'r ceffylau yn eu safnau ac yn eu cynffonnau, oherwydd yr oedd gan eu cynffonnau bennau, fel seirff, ac â'r rhain yr oeddent yn peri niwed.

²⁰ Ac am y gweddill o'r ddynolryw, nas lladdwyd gan y plâu hyn, ni bu edifar ganddynt am yr hyn a luniodd eu dwylo; ac ni pheidiasant ag addoli'r cythreuliaid a'r delwau aur ac arian a phres a cherrig a phren, pethau na allant na gweld na chlywed na cherdded. ²¹ Ni bu edifar ganddynt chwaith am na'u llofruddiaeth na'u dewiniaeth, na'u hanfoesoldeb rhywiol na'u lladrad.

Yr Angel a'r Sgrôl Fechan

10 Yna gwelais angel nerthol arall yn disgyn o'r nef wedi ei wisgo â chwmwl, ac enfys ar ei ben. Yr oedd ei wyneb fel yr haul, a'i goesau fel colofnau o dân. ² Yr oedd yn dal yn ei law sgrôl fechan wedi ei hagor. Gososdodd ei droed dde ar y môr a'r un chwith ar y tir. ³ Yna gwaeddodd â llais uchel fel llew yn rhuo; a phan waeddodd, cododd y saith daran eu llef hwythau. ⁴ Ac wedi i'r saith daran lefaru, yr oeddwn ar fin ysgrifennu; ond clywais lais o'r nef yn dweud, "Gosod y pethau a lefarodd y saith daran dan sêl; paid â'u hysgrifennu." ⁵ A dyma'r angel a welais yn sefyll ar y môr ac ar y tir
  yn codi ei law dde i'r nef
⁶ ac yn tyngu yn enw'r hwn sydd yn
  byw byth bythoedd,
yr hwn a greodd y nef a'r pethau sydd ynddi, y tir a'r pethau sydd ynddo, a'r môr a'r pethau sydd ynddo. Dywedodd: "Ni bydd oedi mwy; ⁷ ond yn nyddiau sain yr utgorn y mae'r seithfed angel i'w seinio, bydd bwriad dirgel Duw wedi ei ddwyn i ben, yn unol â'r newyddion da a gyhoeddodd i'w weision, y proffwydi."

⁸ Yna'r llais a glywais o'r nef, fe'i clywais eto'n llefaru wrthyf gan ddweud, "Dos a chymer y sgrôl sy'n agored yn llaw'r angel sy'n sefyll ar y môr ac ar y tir." ⁹ Euthum at yr angel a dweud wrtho am roi'r sgrôl fechan imi, ac atebodd fi: "Cymer a bwyta hi; fe fydd hi'n chwerw i'th gylla, ond yn felys fel mêl yn dy enau." ¹⁰ Cymerais y sgrôl fechan o law'r angel a'i bwyta hi, ac yr oedd yn felys fel mêl yn fy ngenau; ond wedi i mi ei bwyta aeth fy nghylla yn chwerw. ¹¹ A dywedwyd wrthyf, "Rhaid iti broffwydo eto ynghylch pobloedd a chenhedloedd ac ieithoedd a brenhinoedd lawer."

Y Ddau Dyst

11 Rhoddwyd imi wialen yn ffon fesur, a dywedwyd wrthyf: "Cod a mesura deml Duw a'r allor a'r addolwyr ynddi. ² Ond anwybydda gyntedd allanol y deml; paid â mesur hwnnw, oherwydd fe'i rhoddwyd i'r Cenhedloedd, ac fe sathrant hwy'r ddinas sanctaidd am ddeufis a deugain. ³ Ac fe roddaf i'm dau dyst gennad i broffwydo mewn gwisg sachliain am y deuddeg cant a thrigain hyn o ddyddiau." ⁴ Dyma'r ddwy olewydden a'r ddau ganhwyllbren sy'n sefyll gerbron Arglwydd y ddaear. ⁵ Os myn unrhyw un wneud niwed iddynt, daw tân allan o'u genau a difa'u gelynion; yn y modd hwn y bydd rhaid lladd unrhyw un a fyn wneud niwed iddynt. ⁶ Y mae gan y rhain awdurdod i gau'r nefoedd fel na bydd i law syrthio yn ystod dyddiau eu proffwydo, ac y mae ganddynt awdurdod ar y dyfroedd i'w troi'n waed ac i daro'r ddaear â phob pla mor aml ag y mynnant. ⁷ Wedi iddynt orffen eu tystiolaeth, bydd y bwystfil sy'n codi o'r dyfnder yn rhyfela yn eu herbyn, yn eu gorchfygu a'u lladd. ⁸ Bydd eu cyrff yn strydoedd y ddinas fawr a elwir yn ffigurol yn Sodom a'r Aifft; yno hefyd y croeshoeliwyd eu Harglwydd. ⁹ Am dri diwrnod a hanner, bydd rhai o blith pobloedd a llwythau ac ieithoedd a chenhedloedd yn edrych ar eu cyrff ac yn gwrthod eu rhoi mewn bedd. ¹⁰ A llawenha trigolion y ddaear trostynt a gorfoleddant, gan anfon rhoddion i'w gilydd; oherwydd bu'r ddau broffwyd hyn yn boenedigaeth i drigolion y ddaear. ¹¹ Ond wedi'r tri diwrnod a hanner, daeth anadl einioes oddi wrth

Dduw i mewn iddynt; safasant ar eu traed, a daeth ofn mawr ar y rhai oedd yn eu gwylio. ¹² Yna clywsant lais uchel o'r nef yn dweud wrthynt, "Dewch i fyny yma." Ac aethant i fyny i'r nef mewn cwmwl, a'u gelynion yn eu gwylio. ¹³ Yr awr honno bu daeargryn mawr, a syrthiodd y ddegfed ran o'r ddinas. Lladdwyd saith mil o bobl yn y daeargryn, a brawychwyd y gweddill a rhoesant ogoniant i Dduw'r nef.

¹⁴ Aeth yr ail wae heibio; wele'r trydydd gwae yn dod ar fyrder.

Y Seithfed Utgorn

¹⁵ Seiniodd y seithfed angel ei utgorn. Yna bu lleisiau uchel yn y nef yn dweud:

"Aeth brenhiniaeth y byd yn eiddo
 ein Harglwydd ni a'i Grist ef,
a bydd yn teyrnasu byth bythoedd."

¹⁶ A dyma'r pedwar henuriad ar hugain, sy'n eistedd ar eu gorseddau gerbron Duw, yn syrthio ar eu hwynebau ac yn addoli Duw ¹⁷ gan ddweud:

"Yr ydym yn diolch i ti, O Arglwydd
 Dduw hollalluog,
yr hwn sydd a'r hwn oedd,
am iti feddiannu dy allu mawr
 a dechrau teyrnasu.
¹⁸ Llidiodd y cenhedloedd,
 a daeth dy ddigofaint
ac amser barnu'r meirw,
a rhoi eu gwobr i'th weision y
 proffwydi,
ac i'r saint ac i'r rhai sy'n ofni dy
 enw,
yn fach a mawr,
yr amser i ddinistrio'r rhai sy'n
 dinistrio'r ddaear."

¹⁹ Agorwyd teml Duw yn y nef, a gwelwyd arch ei gyfamod yn ei deml ef; yna bu fflachiadau mellt a sŵn taranau a daeargryn a chenllysg mawr.

Y Wraig a'r Ddraig

12 Gwelwyd arwydd mawr yn y nef, gwraig wedi ei gwisgo â'r haul, a'r lleuad dan ei thraed a choron o ddeuddeg seren ar ei phen. ² Yr oedd yn feichiog, ac yn gweiddi yn ei gwewyr a'i hing am gael esgor. ³ Yna gwelwyd arwydd arall yn y nef, draig fflamgoch fawr, a chanddi saith ben a deg corn, ac ar ei phennau saith diadem. ⁴ Ysgubodd ei chynffon draean o sêr y nef a'u bwrw i'r ddaear. Safodd y ddraig o flaen y wraig oedd ar fin esgor, er mwyn llyncu ei phlentyn ar ei eni. ⁵ Esgorodd hi ar blentyn gwryw, hwnnw sydd i lywodraethu'r holl genhedloedd â gwialen haearn; ond cipiwyd ei phlentyn at Dduw a'i orsedd ef. ⁶ Ffodd y wraig i'r anialwch; yno y mae ganddi le wedi ei baratoi gan Dduw, i'w chynnal ynddo am ddeuddeg cant a thrigain o ddyddiau.

⁷ Yna bu rhyfel yn y nef, Mihangel a'i angylion yn rhyfela yn erbyn y ddraig. Rhyfelodd y ddraig a'i hangylion hithau, ⁸ ond ni orchfygodd, a bellach nid oedd lle iddynt yn y nef. ⁹ Fe'i bwriwyd hi, y ddraig fawr, yr hen sarff, a elwir Diafol a Satan, yr un sy'n twyllo'r holl fyd, fe'i bwriwyd i'r ddaear a'i hangylion gyda hi. ¹⁰ Yna clywais lais uchel yn y nef yn dweud:

"Hon yw awr gwaredigaeth a gallu
 a brenhiniaeth ein Duw ni,
 ac awdurdod ei Grist ef,
oherwydd bwriwyd i lawr gyhuddwr
 ein cymrodyr,
yr hwn sy'n eu cyhuddo gerbron ein
 Duw ddydd a nos.
¹¹ Ond y maent hwy wedi ei orchfygu
 trwy waed yr Oen
a thrwy air eu tystiolaeth,
yn ddibris o'u bywyd hyd angau.
¹² Am hynny, gorfoleddwch, chwi'r
 nefoedd,
a chwi sy'n preswylio ynddynt!
Gwae chwi'r ddaear a'r môr,
oherwydd disgynnodd y diafol
 arnoch
yn fawr ei lid,
o wybod mai byr yw'r amser sydd
 ganddo!"

¹³ Pan welodd y ddraig ei bod wedi ei bwrw i'r ddaear, aeth i erlid y wraig a esgorodd ar y plentyn gwryw. ¹⁴ Ond rhoddwyd i'r wraig ddwy adain eryr mawr er mwyn iddi hedfan i'r anialwch i'w lle ei hun, i'w chynnal yno am amser ac amserau a hanner amser, o olwg y sarff. ¹⁵ Poerodd y sarff o'i genau afon o ddŵr ar ôl y wraig, i'w hysgubo ymaith

gyda'r llif. ¹⁶ Ond rhoes y ddaear ddihangfa i'r wraig: agorodd y ddaear ei genau a llyncu'r afon a boerodd y ddraig o'i genau. ¹⁷ Llidiodd y ddraig wrth y wraig, ac aeth ymaith i ryfela yn erbyn gweddill ei phlant hi, y rhai sy'n cadw gorchmynion Duw ac yn glynu wrth dystiolaeth Iesu. ¹⁸ Ac yna safodd ar dywod y môr.

Y Ddau Fwystfil

13 A gwelais fwystfil yn codi o'r môr, a chanddo ddeg corn a saith ben, ac ar ei gyrn ddeg diadem, ac ar bob un o'i bennau enw cableddus. ² Yr oedd y bwystfil a welais yn debyg i lewpard, ond ei draed fel traed arth a'i enau fel genau llew. A rhoddodd y ddraig iddo ei gallu a'i gorsedd ac awdurdod mawr. ³ Yr oedd un o'i bennau fel pe bai wedi cael ergyd farwol, ond yr oedd ei glwyf marwol wedi ei iacháu. Aeth yr holl fyd ar ôl y bwystfil yn llawn rhyfeddod, ⁴ ac addoli'r ddraig am iddi roi'r awdurdod i'r bwystfil, ac addoli'r bwystfil hefyd gan ddweud, "Pwy sydd debyg i'r bwystfil, a phwy all ryfela yn ei erbyn ef?"

⁵ Rhoddwyd i'r bwystfil enau i draethu ymffrost a chabledd, a rhoddwyd iddo awdurdod i weithredu am ddeufis a deugain. ⁶ Agorodd ei enau mewn cabledd yn erbyn Duw, i gablu ei enw a'i breswylfa ef, sef y rhai sy'n preswylio yn y nef. ⁷ Rhoddwyd hawl iddo hefyd i ryfela yn erbyn y saint a'u gorchfygu hwy, a rhoddwyd iddo awdurdod ar bob llwyth a phobl ac iaith a chenedl. ⁸ Bydd holl drigolion y ddaear yn ei addoli ef, pob un nad yw ei enw'n ysgrifenedig er seiliad y byd yn llyfr bywyd yr Oen a laddwyd*.

⁹ Os oes gan rywun glust, gwrandawed:

¹⁰ "Os yw rhywun i'w gaethiwo*,
 fe'i caethiwir.
 Os yw rhywun i'w ladd â'r cleddyf,
 fe'i lleddir* â'r cleddyf."

Yma y mae angen dyfalbarhad a ffydd y saint.

13:8 Neu, *ysgrifenedig yn llyfr bywyd yr Oen a laddwyd er seiliad y byd.*
13:10 Yn ôl darlleniad arall, *A gaethiwo*.
13:10 Yn ôl darlleniad arall, *A laddo*.

¹¹ Gwelais fwystfil arall yn codi allan o'r ddaear, ac yr oedd ganddo ddau gorn fel oen, ond yn llefaru fel draig. ¹² Yr oedd ganddo holl awdurdod y bwystfil cyntaf, i'w arfer ar ei ran. Gwnaeth i'r ddaear a'i thrigolion addoli'r bwystfil cyntaf, hwnnw yr iachawyd ei glwyf marwol. ¹³ Gwnaeth arwyddion mawr, gan beri hyd yn oed i dân ddisgyn o'r nef i'r ddaear gerbron pawb. ¹⁴ Twyllodd drigolion y ddaear trwy'r arwyddion y rhoddwyd iddo hawl i'w cyflawni ar ran y bwystfil, gan ddweud wrth drigolion y ddaear am wneud delw i'r bwystfil a glwyfwyd â'r cleddyf ac a ddaeth yn fyw. ¹⁵ Rhoddwyd iddo hawl i roi anadl i ddelw'r bwystfil, er mwyn i ddelw'r bwystfil lefaru a pheri lladd pob un nad addolai ddelw'r bwystfil. ¹⁶ Parodd y bwystfil i bawb, yn fach a mawr, yn gyfoethog a thlawd, yn rhydd a chaeth, dderbyn nod ar eu llaw dde neu ar eu talcen, ¹⁷ ac nid oedd neb i allu prynu neu werthu ond y sawl yr oedd ganddo'r nod, sef enw'r bwystfil neu rif ei enw. ¹⁸ Yma y mae angen doethineb: bydded i'r sawl sydd ganddo ddeall ystyried rhif y bwystfil, oherwydd rhif rhywun dynol ydyw; a'i rif ef yw chwe chant chwe deg a chwech.

Cân y 144,000

14 Edrychais, ac wele'r Oen yn sefyll ar Fynydd Seion, a chydag ef gant pedwar deg a phedair o filoedd, a'i enw ef ac enw ei Dad wedi eu hysgrifennu ar eu talcennau. ² Clywais lais o'r nef fel sŵn llawer o ddyfroedd ac fel sŵn taran fawr. Yr oedd y llais a glywais fel sain telynorion yn canu eu telynau. ³ Yr oeddent yn canu cân newydd gerbron yr orsedd a cherbron y pedwar creadur byw a'r henuriaid; ni allai neb ddysgu'r gân ond y cant pedwar deg a phedair o filoedd, y rhai oedd wedi eu prynu oddi ar y ddaear. ⁴ Dyma'r rhai sydd heb eu halogi eu hunain â merched, oherwydd diwair ydynt. Dyma'r rhai sy'n dilyn yr Oen i ble bynnag yr â. Prynwyd hwy o blith y ddynoliaeth, yn flaenffrwyth i Dduw ac i'r Oen; ⁵ ni chafwyd celwydd yn eu genau; y maent yn ddi-fai.

Negesau'r Tri Angel

⁶ Yna gwelais angel arall yn hedfan yng nghanol y nef, a chanddo efengyl dragwyddol i'w chyhoeddi i breswylwyr y ddaear ac i bob cenedl a llwyth ac iaith a phobl. ⁷ Dywedodd â llais uchel, "Ofnwch Dduw, a rhowch iddo ogoniant, oherwydd daeth yr awr iddo farnu. Addolwch yr hwn a wnaeth nef a daear, y môr a ffynhonnau'r dyfroedd."

⁸ Dilynodd angel arall, yr ail, a dweud, "Syrthiodd, syrthiodd Babilon fawr, y ddinas honno sydd wedi peri i'r holl genhedloedd yfed gwin llid ei phuteindra."

⁹ Dilynodd angel arall hwy, y trydydd, a dweud â llais uchel, "Pwy bynnag sy'n addoli'r bwystfil a'i ddelw, ac yn derbyn nod ar ei dalcen neu ar ei law, ¹⁰ caiff yfed gwin llid Duw, wedi ei arllwys yn ei lawn gryfder i gwpan ei ddigofaint, a chaiff ei boenydio mewn tân a brwmstan gerbron angylion sanctaidd a cherbron yr Oen. ¹¹ Bydd mwg eu poenedigaeth yn codi byth bythoedd, ac ni bydd gorffwys na dydd na nos i'r rhai sy'n addoli'r bwystfil a'i ddelw, nac i'r rhai sy'n derbyn nod ei enw ef." ¹² Yma y mae angen dyfalbarhad y saint, y rhai sy'n cadw gorchmynion Duw a'u ffydd yn Iesu.

¹³ Yna clywais lais o'r nef yn dweud, "Ysgrifenna: 'O hyn allan gwyn eu byd y meirw sy'n marw yn yr Arglwydd.' 'Ie,' medd yr Ysbryd, 'cânt orffwys o'u llafur, oherwydd y mae eu gweithredoedd yn eu canlyn hwy.'"

Cynhaeaf y Ddaear

¹⁴ Yna edrychais, ac wele gwmwl gwyn, ac yn eistedd ar y cwmwl un fel mab dyn, a chanddo goron aur ar ei ben a chryman miniog yn ei law. ¹⁵ Daeth angel arall allan o'r deml, yn galw â llais uchel ar yr hwn oedd yn eistedd ar y cwmwl, "Bwrw dy gryman i'r fedel, oherwydd daeth yr awr i fedi; y mae cynhaeaf y ddaear yn aeddfed." ¹⁶ A dyma'r hwn oedd yn eistedd ar y cwmwl yn bwrw ei gryman i'r ddaear, a medwyd y ddaear.

¹⁷ Daeth angel arall allan o'r deml yn y nef, a chanddo yntau gryman miniog. ¹⁸ A daeth angel arall allan o'r allor, ac yr oedd gan hwn awdurdod ar y tân. Galwodd â llais uchel ar yr hwn yr oedd y cryman miniog ganddo. "Bwrw dy gryman miniog," meddai, "a chasgla rawnsypiau gwinwydden y ddaear, oherwydd aeddfedodd ei grawnwin." ¹⁹ A dyma'r angel yn bwrw ei gryman i'r ddaear, yn casglu ffrwyth gwinwydden y ddaear ac yn ei daflu i winwryf mawr digofaint Duw. ²⁰ Sathrwyd y gwinwryf y tu allan i'r ddinas, a llifodd gwaed o'r gwinwryf nes cyrraedd at ffrwynau'r ceffylau, am tua thri chan cilomedr o gwmpas.

Yr Angylion a'r Plâu Olaf

15 Gwelais arwydd arall yn y nef, un mawr a rhyfeddol: saith angel a chanddynt saith bla—y rhai olaf, oherwydd ynddynt hwy y cwblhawyd digofaint Duw.

² Gwelais rywbeth tebyg i fôr o wydr, a thân yn gwau drwyddo, ac yn sefyll ar y môr o wydr gwelais orchfygwyr y bwystfil a'i ddelw a rhif ei enw, yn dal telynau Duw. ³ Yr oeddent yn canu cân Moses, gwas Duw, a chân yr Oen:

"Mawr a rhyfeddol yw dy
    weithredoedd,
O Arglwydd Dduw hollalluog;
cyfiawn a gwir yw dy ffyrdd,
O Frenin y cenhedloedd.*
⁴ Pwy nid ofna, Arglwydd,
a gogoneddu dy enw?
Oherwydd tydi yn unig sydd
    sanctaidd.
Daw'r holl genhedloedd
ac addoli ger dy fron,
oherwydd y mae dy farnedigaethau
    cyfiawn wedi eu hamlygu."

⁵ Ar ôl hyn edrychais, ac agorwyd teml pabell y dystiolaeth yn y nef. ⁶ Ac allan o'r deml daeth y saith angel yr oedd y saith bla ganddynt. Yr oeddent wedi eu gwisgo â lliain disgleirwych, a gwregys aur am eu dwyfron. ⁷ Yna rhoddodd un o'r pedwar creadur byw saith ffiol aur i'r saith angel, yn llawn o lid Duw, yr hwn sy'n byw byth bythoedd. ⁸ Llanwyd y deml â mwg gan ogoniant Duw a'i allu ef,

---

15:3 Yn ôl darlleniad arall, *yr oesoedd*. Yn ôl un arall, *y saint*.

ac ni allai neb fynd i mewn i'r deml hyd nes cwblhau saith bla y saith angel.

Ffiolau Llid Duw

16 Clywais lais uchel o'r deml yn dweud wrth y saith angel, "Ewch ac arllwyswch ar y ddaear saith ffiol llid Duw."

2 Aeth y cyntaf ac arllwys ei ffiol ar y ddaear; a chododd cornwydydd drwg a phoenus ar y rhai yr oedd nod y bwystfil arnynt ac a oedd yn addoli ei ddelw.

3 Arllwysodd yr ail ei ffiol i'r môr; a throes y môr yn debyg i waed corff marw, a bu farw popeth byw oedd yn y môr.

4 Arllwysodd y trydydd ei ffiol i'r afonydd ac i ffynhonnau'r dyfroedd; a throesant yn waed. 5 Yna clywais angel y dyfroedd yn dweud:

"Cyfiawn ydwyt, yr hwn sydd a'r hwn
    oedd, y sanctaidd Un,
yn y barnedigaethau hyn.
6 Oherwydd iddynt dywallt gwaed
    saint a phroffwydi,
rhoddaist iddynt hwythau waed i'w
    yfed;
dyma eu haeddiant."

7 Yna clywais yr allor yn dweud:

"Ie, O Arglwydd Dduw hollalluog,
gwir a chyfiawn yw dy
    farnedigaethau."

8 Arllwysodd y pedwerydd angel ei ffiol ar yr haul; a rhoddwyd iddo hawl i losgi pobl â thân. 9 Llosgwyd pobl yn enbyd, ond cablu a wnaethant enw Duw, yr hwn sydd ganddo awdurdod ar y plâu hyn; ni fu'n edifar ganddynt ac ni roesant ogoniant iddo.

10 Arllwysodd y pumed ei ffiol ar orsedd y bwystfil; a daeth tywyllwch ar ei deyrnas ef. Yr oedd pobl yn cnoi eu tafodau gan boen, 11 ac yn cablu enw Duw'r nef o achos eu poenau a'u cornwydydd, ond ni bu edifar ganddynt am eu gweithredoedd.

12 Arllwysodd y chweched ei ffiol ar yr afon fawr, afon Ewffrates; a sychodd ei dyfroedd hi i baratoi ffordd i'r brenhinoedd o'r dwyrain. 13 Gwelais yn dod allan o enau'r ddraig ac o enau'r bwystfil ac o enau'r gau broffwyd dri ysbryd aflan, tebyg i lyffaint; 14 oherwydd ysbrydion cythreulig oeddent, yn gwneud arwyddion gwyrthiol. Ac aethant allan at frenhinoedd yr holl fyd i'w casglu ynghyd i ryfel ar ddydd mawr Duw, yr Hollalluog. 15 (Wele, rwy'n dod fel lleidr. Gwyn ei fyd y sawl sy'n effro, a'i ddillad ganddo'n barod, rhag iddo fynd o amgylch yn noeth a'i weld yn ei warth.) 16 Ac felly casglasant y brenhinoedd ynghyd i'r lle a elwir mewn Hebraeg, Armagedon.

17 Arllwysodd y seithfed ei ffiol ar yr awyr; a daeth llais uchel o'r deml, o'r orsedd, yn dweud, "Y mae'r cwbl ar ben!" 18 Yna bu fflachiadau mellt a sŵn taranau; bu hefyd ddaeargryn mawr, na ddigwyddodd ei debyg o'r blaen yn hanes y ddynolryw ar y ddaear gan mor fawr ydoedd. 19 Holltwyd y ddinas fawr yn dair rhan, a syrthiodd dinasoedd y cenhedloedd. Cofiodd Duw Fabilon fawr, a rhoi iddi gwpan gwin llid ei ddigofaint. 20 Ciliodd pob ynys, a diflannodd y mynyddoedd o'r golwg. 21 Ac ar bobl disgynnodd o'r awyr genllysg mawr, yn pwyso tua phedwar cilogram ar ddeg ar hugain yr un; ond cablu Duw a wnaethant am bla'r cenllysg, gan mor llym oedd y pla hwnnw.

Y Farn ar y Butain Fawr

17 Yna daeth un o'r saith angel yr oedd y saith ffiol ganddynt, a siarad â mi. "Tyrd yma," meddai, "dangosaf iti'r farn ar y butain fawr sy'n eistedd ar lawer o ddyfroedd. 2 Gyda hi y puteiniodd brenhinoedd y ddaear, ac ar win ei phuteindra y meddwodd trigolion y ddaear." 3 Yna cludodd fi yn yr Ysbryd i anialwch. Gwelais wraig yn eistedd ar fwystfil ysgarlad ag enwau cableddus drosto i gyd, a chanddo saith ben a deg corn. 4 Yr oedd y wraig wedi ei gwisgo â phorffor ac ysgarlad, a'i thecáu â thlysau aur, â gemau gwerthfawr ac â pherlau. Yn ei llaw yr oedd ganddi gwpan aur yn llawn o ffieidd-dra ac aflendid ei phuteindra hi. 5 Ac ar ei thalcen yr oedd enw wedi ei ysgrifennu, ac ystyr dirgel

iddo: "Babilon fawr, mam puteiniaid a ffiaidd bethau'r ddaear." ⁶ Gwelais y wraig yn feddw ar waed y saint ac ar waed tystion Iesu.

Wrth edrych arni, rhyfeddais yn fawr iawn. ⁷ Gofynnodd yr angel imi, "Pam yr wyt yn rhyfeddu? Fe esboniaf fi iti ddirgelwch y wraig a'r bwystfil sy'n ei chario, y bwystfil y mae'r saith ben a'r deg corn ganddo. ⁸ Ynglŷn â'r bwystfil a welaist, yr oedd yn bod, ac nid yw'n bod, ond y mae ar fin codi o'r dyfnder a mynd i ddistryw. Bydd trigolion y ddaear, y rhai nad yw eu henwau'n ysgrifenedig yn llyfr y bywyd er seiliad y byd, yn rhyfeddu o weld y bwystfil; oherwydd yr oedd yn bod, ac nid yw'n bod, ac y mae i ddod. ⁹ Yma y mae angen meddwl â gwelediad ganddo: y saith ben, saith mynydd ydynt, ac arnynt y mae'r wraig yn eistedd. ¹⁰ A saith brenin ydynt hefyd; y mae pump wedi syrthio, y mae un yn llywodraethu, nid yw'r llall wedi dod eto, a phan ddaw nid yw i aros ond am fyr amser. ¹¹ A'r bwystfil oedd yn bod ac nad yw'n bod, yr wythfed yw ef, ac eto y mae'n un o'r saith, ac y mae'n mynd i ddistryw. ¹² A'r deg corn a welaist, deg brenin ydynt, rhai na ddaethant eto i'r orsedd, ond fe dderbyniant awdurdod brenhinol am un awr ynghyd â'r bwystfil. ¹³ Y mae'r rhain yn unfryd ar drosglwyddo eu gallu a'u hawdurdod i'r bwystfil. ¹⁴ Fe ryfelant yn erbyn yr Oen, ac fe orchfyga'r Oen hwy, oherwydd y mae ef yn Arglwydd arglwyddi a Brenin brenhinoedd, a'i osgorddlu ef yw'r rhai a alwyd ac a etholwyd ac sy'n ffyddlon."

¹⁵ A dywedodd wrthyf, "Y dyfroedd a welaist, lle'r oedd y butain yn eistedd, pobloedd a thyrfaoedd, cenhedloedd ac ieithoedd ydynt. ¹⁶ A'r deg corn a welaist, a'r bwystfil, byddant hwy'n casáu'r butain, ac yn ei gadael yn ddiffaith ac yn noeth. Bwytânt ei chnawd hi a'i llosgi'n ulw â thân. ¹⁷ Oherwydd rhoddodd Duw yn eu calonnau gyflawni ei fwriad ef, iddynt drosglwyddo'n unfryd eu teyrnas i'r bwystfil hyd nes cwblhau geiriau Duw. ¹⁸ Y wraig a welaist yw'r ddinas fawr sydd â'r frenhiniaeth ganddi ar frenhinoedd y ddaear."

Babilon yn Syrthio

18 Ar ôl hyn gwelais angel arall yn disgyn o'r nef, a chanddo awdurdod mawr; a goleuwyd y ddaear gan ei ogoniant ef. ² Gwaeddodd â llais cryf:

"Syrthiodd, syrthiodd Babilon fawr,
aeth yn drigfa cythreuliaid,
yn gyrchfa pob ysbryd aflan,
yn gyrchfa pob aderyn aflan,
ac yn gyrchfa pob bwystfil aflan* ac atgas;
³ oherwydd o win llid ei phuteindra y mae'r holl genhedloedd wedi yfed.*
Puteiniodd brenhinoedd y ddaear gyda hi,
ac ymgyfoethogodd masanachwyr y ddaear ar ddigonedd ei moethusrwydd hi."

⁴ Yna clywais lais arall o'r nef yn dweud:

"Dewch allan ohoni, fy mhobl,
rhag i chwi gyfranogi o'i phechodau,
ac o'i phlâu dderbyn rhan;
⁵ oherwydd pentyrrwyd ei phechodau hyd y nef,
a chadwodd Duw ei hanghyfiawnderau hi ar gof.
⁶ Talwch y pwyth yn ôl iddi,
talwch hi'n ddyblyg am ei gweithredoedd;
dyblwch iddi chwerwder y cwpan a gymysgodd hi;
⁷ yn ôl mesur ei rhwysg a'i moethusrwydd,
rhowch iddi boenedigaeth a galar.
Oherwydd yn ei chalon y mae'n dweud,
'Rwy'n eistedd yn frenhines,
nid gweddw wyf,
a galar ni welaf byth.'
⁸ Am hyn daw ei phlâu arni o fewn un dydd,
marwolaeth, galar a newyn,
a llosgir hi'n ulw a thân;
oblegid nerthol yw'r Arglwydd Dduw,
ei barnwr hi."

18:2 Yn ôl darlleniad arall gadewir allan *ac yn gyrchfa pob bwystfil aflan.*
18:3 Yn ôl darlleniad arall, *o win llid ei phuteindra y parodd hi i'r holl genhedloedd yfed.* Yn ôl un arall, *trwy win llid ei phuteindra y mae'r holl genhedloedd wedi syrthio.*

⁹ Bydd brenhinoedd y ddaear, a buteiniodd gyda hi a byw'n foethus, yn wylo a galaru amdani, pan welant fwg ei llosgi hi. ¹⁰ Safant o hirbell gan ofn ei phoenedigaeth, a dweud:

"Gwae, gwae'r ddinas fawr,
Babilon, y ddinas nerthol,
oherwydd mewn un awr daeth arnat
 dy farn!"

¹¹ Bydd masnachwyr y ddaear yn wylo a galaru amdani, oherwydd nid oes neb mwyach yn prynu eu nwyddau, ¹² eu llwythi o aur ac arian, o emau gwerthfawr a pherlau, o liain main a sidan, o borffor ac ysgarlad; eu llwythi o bob pren persawrus ac o bob gwaith ifori a gwaith pren drudfawr neu bres neu haearn neu farmor; ¹³ eu llwythi o sinamon, sbeis a pherlysiau, o fyrr a thus, o win ac olew, o flawd mân a gwenith, o wartheg a defaid, o geffylau a cherbydau, o gaethweision a bywydau pobl. ¹⁴ Dywedant wrthi:

"Y mae'r ffrwyth y chwenychodd dy
 enaid amdano
wedi mynd oddi wrthyt,
a'r holl wychder a'r ysblander oedd
 iti
wedi diflannu oddi wrthyt,
byth mwy i'w canfod!"

¹⁵ Bydd masnachwyr y nwyddau hyn a enillodd eu cyfoeth drwyddi hi yn sefyll o hirbell gan ofn ei phoenedigaeth, yn wylo a galaru ¹⁶ a dweud:

"Gwae, gwae'r ddinas fawr,
sydd wedi ei gwisgo â lliain main,
â phorffor ac ysgarlad,
a'i thecáu â thlysau aur,
â gemau gwerthfawr a pherlau,
¹⁷ oherwydd diffeithio cymaint o
 gyfoeth mewn un awr!"

Yna cafwyd pob capten llong a phob teithiwr ar fôr, llongwyr a phawb sydd â'u gwaith ar y môr, yn sefyll o hirbell ¹⁸ ac yn gweiddi wrth weld mwg ei llosgi hi: "A fu dinas debyg i'r ddinas fawr?" ¹⁹ Bwriasant lwch ar eu pennau a gweiddi mewn dagrau a galar:

"Gwae, gwae'r ddinas fawr,
lle'r enillodd pawb a chanddynt
 longau ar y môr
gyfoeth trwy ei golud hi,
oherwydd ei diffeithio mewn un
 awr!"
²⁰ O nef, gorfoledda drosti,
a chwithau'r saint, a'r apostolion a'r
 proffwydi,
oherwydd y farn a roes hi arnoch
 chwi a roes Duw arni hi*.

²¹ Cododd angel nerthol garreg debyg i faen melin mawr a'i thaflu i'r môr a dweud:

"Yr un mor ffyrnig yr hyrddir i'r
 ddaear
Fabilon, y ddinas fawr,
ac nis ceir byth mwy.
²² A sain telynorion a cherddorion
a rhai'n canu ffliwt ac utgorn,
nis clywir ynot byth mwy;
a phob un sy'n dilyn unrhyw grefft,
nis ceir ynot byth mwy;
a sŵn maen y felin,
nis clywir ynot byth mwy;
²³ a golau lamp,
nis gwelir ynot byth mwy;
a llais priodfab a phriodferch,
nis clywir ynot byth mwy.
Mawrion y ddaear oedd dy
 fasnachwyr di,
a thwyllwyd yr holl genhedloedd gan
 dy ddewiniaeth.
²⁴ Ynddi hi y cafwyd gwaed y
 proffwydi a'r saint,
a phawb a laddwyd ar y ddaear."

19 Ar ôl hyn clywais sŵn fel llais uchel tyrfa fawr yn y nef yn dweud:

"Halelwia!
Eiddo ein Duw ni y waredigaeth a'r
 gogoniant a'r gallu,
² oherwydd gwir a chyfiawn yw ei
 farnedigaethau ef,
gan iddo farnu'r butain fawr
a lygrodd y ddaear â'i phuteindra,
a dial gwaed ei weision
arni hi."

³ A dywedasant eilwaith:

18:20 Neu, *oherwydd barnodd Duw o'ch plaid chwi yn ei herbyn hi.*

"Halelwia!
Bydd ei mwg hi'n codi byth
   bythoedd."

⁴ Syrthiodd y pedwar henuriad ar hugain a'r pedwar creadur byw, ac addoli Duw, yr hwn sy'n eistedd ar yr orsedd, a dweud:

"Amen! Halelwia!"

Gwledd Briodas yr Oen

⁵ A daeth llais allan o'r orsedd yn dweud:

"Molwch ein Duw ni,
chwi ei holl weision ef,
a'r rhai sy'n ei ofni ef,
   yn fach a mawr."

⁶ A chlywais lais fel sŵn tyrfa fawr a sŵn llawer o ddyfroedd a sŵn taranau mawr yn dweud:

"Halelwia!
Oherwydd y mae'r Arglwydd ein
   Duw, yr Hollalluog,
wedi dechrau teyrnasu.
⁷ Llawenhawn a gorfoleddwn,
a rhown iddo'r gogoniant,
oherwydd daeth dydd priodas yr
   Oen,
ac ymbaratôdd ei briodferch ef.
⁸ Rhoddwyd iddi hi i'w wisgo
liain main disglair a glân,
oherwydd gweithredoedd cyfiawn y
   saint yw'r lliain main."

⁹ Dywedodd yr angel wrthyf, "Ysgrifenna: 'Gwyn eu byd y rhai sydd wedi eu gwahodd i wledd briodas yr Oen.'" Dywedodd wrthyf hefyd, "Dyma wir eiriau Duw." ¹⁰ Syrthiais wrth ei draed i'w addoli, ond meddai wrthyf, "Paid! Cydwas â thi wyf fi, ac â'th gymrodyr sy'n glynu wrth dystiolaeth Iesu; addola Dduw. Oherwydd tystiolaeth Iesu sy'n ysbrydoli proffwydoliaeth."

Marchog y Ceffyl Gwyn

¹¹ Gwelais y nef wedi ei hagor, ac wele geffyl gwyn; enw ei farchog oedd Ffyddlon a Gwir, oherwydd mewn cyfiawnder y mae ef yn barnu ac yn rhyfela. ¹² Yr oedd ei lygaid fel fflam dân, ac ar ei ben yr oedd diademau lawer. Yn ysgrifenedig arno yr oedd enw na wyddai neb ond ef ei hun. ¹³ Yr oedd y fantell amdano wedi ei throchi mewn gwaed, ac fe'i galwyd wrth yr enw Gair Duw. ¹⁴ Yn ei ganlyn ar geffylau gwynion yr oedd byddinoedd y nef, wedi eu gwisgo â lliain main disgleirwyn. ¹⁵ O'i enau yr oedd cleddyf llym yn dod allan, iddo daro'r cenhedloedd ag ef; a bydd ef yn eu llywodraethu â gwialen haearn, ac yn sathru gwinwryf llid digofaint Duw, yr Hollalluog. ¹⁶ Yn ysgrifenedig ar ei fantell ac ar ei glun y mae enw: "Brenin brenhinoedd, ac Arglwydd arglwyddi."

¹⁷ Yna gwelais angel yn sefyll yn yr haul, a gwaeddodd â llais uchel wrth yr holl adar oedd yn hedfan yng nghanol y nef: "Dewch, ymgasglwch i wledd fawr Duw; ¹⁸ cewch fwyta cnawd brenhinoedd, cnawd cadfridogion, cnawd y cryfion, cnawd ceffylau a'u marchogion, a chnawd pawb, yn rhyddion ac yn gaethion, yn fach ac yn fawr." ¹⁹ Gwelais y bwystfil, a brenhinoedd y ddaear a'u byddinoedd, wedi ymgasglu i ryfela yn erbyn marchog y ceffyl a'i fyddin. ²⁰ Daliwyd y bwystfil, ac ynghyd ag ef y gau broffwyd oedd wedi gwneud arwyddion gwyrthiol o'i flaen i dwyllo'r rhai oedd wedi derbyn nod y bwystfil ac addoli ei ddelw ef. Bwriwyd y ddau yn fyw i'r llyn tân oedd yn llosgi â brwmstan. ²¹ Lladdwyd y gweddill â'r cleddyf oedd yn dod allan o enau marchog y ceffyl, a chafodd yr holl adar eu gwala o'u cnawd hwy.

Y Mil Blynyddoedd

20 Gwelais angel yn disgyn o'r nef, a chanddo yn ei law allwedd y dyfnder a chadwyn fawr. ² Gafaelodd yn y ddraig, yr hen sarff, sef Diafol a Satan, a rhwymodd hi am fil o flynyddoedd. ³ Bwriodd hi i'r dyfnder, a chloi'r pwll a'i selio arni rhag iddi dwyllo'r cenhedloedd eto, nes i'r mil blynyddoedd ddod i ben; ar ôl hynny, rhaid ei gollwng yn rhydd am ychydig amser.

⁴ Gwelais orseddau, ac yn eistedd arnynt y rhai y rhoddwyd iddynt awdurdod i farnu; gwelais hefyd eneidiau'r rhai a ddienyddiwyd ar gyfrif

tystiolaeth Iesu ac ar gyfrif gair Duw. Nid oedd y rhain wedi addoli'r bwystfil, na'i ddelw ef, na chwaith wedi derbyn ei nod ar eu talcen nac ar eu llaw. Daethant yn fyw, a theyrnasu gyda Christ am fil o flynyddoedd. [5] Ni ddaeth gweddill y meirw yn fyw nes i'r mil blynyddoedd ddod i ben. Dyma'r atgyfodiad cyntaf. [6] Gwyn ei fyd a sanctaidd y sawl sydd â rhan yn yr atgyfodiad cyntaf; nid oes gan yr ail farwolaeth awdurdod arnynt, ond byddant yn offeiriaid Duw a Christ, a theyrnasant gydag ef am y mil blynyddoedd.

[7] Pan ddaw'r mil blynyddoedd i ben, caiff Satan ei ollwng yn rhydd o'i garchar, [8] a daw allan i dwyllo'r cenhedloedd ym mhedwar ban y byd, sef lluoedd Gog a Magog, a'u casglu ynghyd i ryfel; byddant mor niferus â thywod y môr. [9] Cyrchasant dros wyneb y ddaear ac amgylchynu gwersyll y saint a'r ddinas sy'n annwyl gan Dduw. Ond disgynnodd tân o'r nef a'u difa'n llwyr; [10] a bwriwyd y diafol, twyllwr y cenhedloedd, i'r llyn tân a brwmstan, lle mae'r bwystfil hefyd a'r gau broffwyd. Yno cânt eu poenydio ddydd a nos byth bythoedd.

Y Farn gerbron yr Orsedd Fawr Wen

[11] Gwelais orsedd fawr wen a'r Un oedd yn eistedd arni, hwnnw y ffoesai'r ddaear a'r nef o'i ŵydd a'u gadael heb le. [12] Gwelais y meirw, yn fawr a bach, yn sefyll o flaen yr orsedd; ac agorwyd llyfrau. Yna agorwyd llyfr arall, sef llyfr y bywyd; a barnwyd y meirw ar sail yr hyn oedd yn ysgrifenedig yn y llyfrau, yn ôl eu gweithredoedd. [13] Ildiodd y môr y meirw oedd ynddo, ac ildiodd Marwolaeth a Hades y rhai oedd ynddynt hwy, ac fe'u barnwyd, pob un yn ôl ei weithredoedd. [14] Bwriwyd Marwolaeth a Hades i'r llyn tân; dyma'r ail farwolaeth, sef y llyn tân. [15] Pwy bynnag ni chafwyd ei enw'n ysgrifenedig yn llyfr y bywyd, fe'i bwriwyd i'r llyn tân.

Y Nef Newydd a'r Ddaear Newydd

21 Yna gwelais nef newydd a daear newydd; oherwydd yr oedd y nef gyntaf a'r ddaear gyntaf wedi mynd heibio, ac nid oedd môr mwyach. [2] A gwelais y ddinas sanctaidd, Jerwsalem newydd, yn disgyn o'r nef oddi wrth Dduw, wedi ei pharatoi fel priodferch wedi ei thecáu i'w gŵr. [3] Clywais lais uchel o'r orsedd yn dweud, "Wele, y mae preswylfa Duw gyda'r ddynoliaeth; bydd ef yn preswylio gyda hwy, byddant hwy yn bobloedd iddo ef, a bydd Duw ei hun gyda hwy, yn Dduw iddynt.* [4] Fe sych bob deigryn o'u llygaid hwy, ac ni bydd marwolaeth mwyach, na galar na llefain na phoen. Y mae'r pethau cyntaf wedi mynd heibio."

[5] Yna dywedodd yr hwn oedd yn eistedd ar yr orsedd, "Wele, yr wyf yn gwneud pob peth yn newydd." Dywedodd hefyd, "Ysgrifenna, oherwydd dyma eiriau ffyddlon a gwir." [6] A dywedodd wrthyf, "Y mae'r cwbl ar ben! Myfi yw Alffa ac Omega, y dechrau a'r diwedd. Rhoddaf fi i'r sychedig ddiod yn rhodd o ffynnon dŵr y bywyd. [7] Caiff y rhai sy'n gorchfygu etifeddu'r pethau hyn; byddaf yn Dduw iddynt, a byddant hwythau'n blant i mi. [8] Ond y llwfr, y digred, y ffiaidd, y llofruddion, y puteinwyr, y dewiniaid, yr eilunaddolwyr, a phawb celwyddog, eu rhan hwy fydd y llyn sy'n llosgi gan dân a brwmstan, hynny yw yr ail farwolaeth."

Y Jerwsalem Newydd

[9] Daeth un o'r saith angel oedd â'r saith ffiol ganddynt yn llawn o'r saith bla diwethaf, a siaradodd â mi. "Tyrd," meddai, "dangosaf iti'r briodferch, gwraig yr Oen." [10] Ac aeth â mi ymaith yn yr Ysbryd i fynydd mawr ac uchel, a dangosodd imi'r ddinas sanctaidd, Jerwsalem, yn disgyn o'r nef oddi wrth Dduw, [11] a gogoniant Duw ganddi. Yr oedd ei llewyrch fel llewyrch gem dra gwerthfawr, fel maen iasbis, yn disgleirio fel grisial. [12] Yr oedd iddi fur mawr ac uchel a deuddeg porth, ac wrth

---

21:3 Yn ôl darlleniad arall gadewir allan *yn Dduw iddynt*.

y pyrth ddeuddeg angel, ac enwau deuddeg llwyth plant Israel yn ysgrifenedig ar y pyrth. [13] Yr oedd tri phorth o du'r dwyrain, tri o du'r gogledd, tri o du'r de, a thri o du'r gorllewin. [14] I fur y ddinas yr oedd deuddeg carreg sylfaen, ac arnynt enwau deuddeg apostol yr Oen.

[15] Yr oedd gan yr angel oedd yn siarad â mi ffon fesur o aur, i fesur y ddinas a'i phyrth a'i mur. [16] Yr oedd y ddinas wedi ei llunio'n betryal, ei hyd yn gyfartal â'i lled. Mesurodd ef y ddinas â'r ffon. Yr oedd yn ddwy fil, dau gant ac ugain o gilomedrau, a'i hyd a'i lled a'i huchder yn gyfartal. [17] A mesurodd ei mur. Yr oedd yn gant pedwar deg a phedwar cufydd, yn ôl y mesur dynol yr oedd yr angel yn mesur wrtho*. [18] Iasbis oedd defnydd y mur, a'r ddinas ei hun yn aur pur, gloyw fel gwydr. [19] Yr oedd sylfeini mur y ddinas wedi eu haddurno â phob math o emau gwerthfawr: iasbis oedd y garreg sylfaen gyntaf, saffir yr ail, chalcedon y drydedd, emrallt y bedwaredd, [20] sardonyx y bumed, sardion y chweched, eurfaen y seithfed, beryl yr wythfed, topas y nawfed, chrysoprasos y ddegfed, hyacinth yr unfed ar ddeg, amethyst y ddeuddegfed. [21] A deuddeg perl oedd y deuddeg porth; pob porth wedi ei wneud o un perl. Ac yr oedd heol y ddinas yn aur pur, fel gwydr tryloyw.

[22] A theml ni welais ynddi, oherwydd ei theml hi yw'r Arglwydd Dduw, yr Hollalluog, a'r Oen. [23] Nid oes ar y ddinas angen na'r haul na'r lleuad i dywynnu arni, oherwydd gogoniant Duw sy'n ei goleuo, a'i lamp hi yw'r Oen. [24] A bydd y cenhedloedd yn rhodio yn ei goleuni hi, a brenhinoedd y ddaear yn dwyn eu gogoniant i mewn iddi. [25] Byth ni chaeir ei phyrth y dydd, ac ni bydd nos yno. [26] A byddant yn dwyn i mewn iddi ogoniant ac anrhydedd y cenhedloedd. [27] Ni chaiff dim halogedig, na neb sy'n ymddwyn yn ffiaidd neu'n gelwyddog, fynd i mewn iddi hi, neb ond y rhai sydd â'u henwau'n ysgrifenedig yn llyfr bywyd yr Oen.

22 Yna dangosodd yr angel imi afon dŵr y bywyd, yn ddisglair fel grisial, yn llifo allan o orsedd Duw a'r Oen, [2] ar hyd canol heol y ddinas. Ar ddwy lan yr afon yr oedd pren y bywyd, yn dwyn deuddeg cnwd, gan roi pob cnwd yn ei fis; ac yr oedd dail y pren er iachâd y cenhedloedd. [3] Ni bydd dim mwyach dan felltith. Yn y ddinas bydd gorsedd Duw a'r Oen, a'i weision yn ei wasanaethu; [4] cânt weld ei wyneb, a bydd ei enw ar eu talcennau. [5] Ni bydd nos mwyach, ac ni bydd arnynt angen na golau lamp na golau haul, oherwydd bydd yr Arglwydd Dduw yn eu goleuo, a byddant hwy'n teyrnasu byth bythoedd.

Dyfodiad Crist

[6] Yna dywedodd yr angel wrthyf, "Dyma eiriau ffyddlon a gwir: y mae'r Arglwydd Dduw, sy'n ysbrydoli'r proffwydi, wedi anfon ei angel i ddangos i'w weision y pethau y mae'n rhaid iddynt ddigwydd ar fyrder. [7] Ac wele, yr wyf yn dod yn fuan. Gwyn ei fyd y sawl sy'n cadw geiriau proffwydoliaeth y llyfr hwn."

[8] Myfi, Ioan, yw'r un a glywodd ac a welodd y pethau hyn. Ac wedi imi glywed a gweld, syrthiais wrth draed yr angel a'u dangosodd imi, i'w addoli; [9] ond meddai wrthyf, "Paid! Cydwas â thi wyf fi, ac â'th gymrodyr y proffwydi, ac â'r rhai sy'n cadw geiriau'r llyfr hwn; addola Dduw." [10] Dywedodd wrthyf hefyd, "Paid â gosod geiriau proffwydoliaeth y llyfr hwn dan sêl, oherwydd y mae'r amser yn agos. [11] Yr anghyfiawn, parhaed yn anghyfiawn, a'r aflan yn aflan; y cyfiawn, parhaed i wneud cyfiawnder, a'r sanctaidd i fod yn sanctaidd.

[12] "Wele, yr wyf yn dod yn fuan, a'm gwobr gyda mi i'w rhoi i bob un yn ôl ei weithredoedd. [13] Myfi yw Alffa ac Omega, y cyntaf a'r olaf, y dechrau a'r diwedd."

[14] Gwyn eu byd y rhai sy'n golchi eu mentyll er mwyn iddynt gael hawl ar bren y bywyd a mynediad trwy'r pyrth i'r ddinas. [15] Oddi allan y mae'r cŵn, y dewiniaid, y puteinwyr, y llofruddion, yr

---

21:17 H.y., tua 65 medr.

eilunaddolwyr, a phawb sy'n caru celwydd ac yn ei wneud.

¹⁶ "Yr wyf fi, Iesu, wedi anfon fy angel i dystiolaethu am y pethau hyn i chwi ar gyfer yr eglwysi. Myfi yw Gwreiddyn a Hiliogaeth Dafydd, seren ddisglair y bore." ¹⁷ Y mae'r Ysbryd a'r briodferch yn dweud, "Tyrd"; a'r sawl sy'n clywed, dyweded yntau, "Tyrd." A'r sawl sy'n sychedig, deued ymlaen, a'r sawl sydd yn ei ddymuno, derbynied ddŵr y bywyd yn rhodd.

¹⁸ Yr wyf fi'n rhybuddio pob un sy'n clywed geiriau proffwydoliaeth y llyfr hwn: os ychwanega unrhyw un ddim atynt, fe ychwanega Duw iddo yntau y plâu sydd wedi eu hysgrifennu yn y llyfr hwn. ¹⁹ Ac os tyn unrhyw un ddim allan o eiriau llyfr y broffwydoliaeth hon, fe dynn Duw ei ran yntau allan o bren y bywyd, ac o'r ddinas sanctaidd, y pethau yr ysgrifennwyd amdanynt yn y llyfr hwn.

²⁰ Y mae'r sawl sy'n tystiolaethu i'r pethau hyn yn dweud, "Yn wir, yr wyf yn dod yn fuan." Amen. Tyrd, Arglwydd Iesu!

²¹ Gras yr Arglwydd Iesu fyddo gyda phawb!